韵府词库

YUNFUCIKU

张昌龄 著

四川出版集团
巴蜀书社

自序

我国古代优秀的诗词、戏曲、曲艺能流传至今其中的原因之一是有韵。因为押韵能便于人们吟诵、演唱、记忆、流传。押韵能使语言抑扬顿挫，有铿锵谐和的音乐美。押韵能使语言更加动人，更能表达出思想感情，引起人们内心的共鸣，所以深受人们喜爱。

我们说的押韵，也写作“压韵”。古诗词中所说的韵和拼音字母中所说的韵母是不同的概念。古人说的韵部，是指把一些同韵的字排在一起，叫一个韵部，在其中选出一个代表字（领韵字）叫韵目。韵比拼音中的韵母范围要宽一些。比如“麻韵”韵部就包括三个韵母：a，ia，ua。可见诗词中的押韵，就是指用同韵部的字来押韵。

从古至今，讲韵的书不少，关于韵的分类也不相同，原因在于汉字的语音变化大。语音的变化，涉及韵的变化。成书于隋代的《切韵》有193个韵部，到了宋代，最有影响的《广韵》则有206个韵部，宋金时代的旧诗韵已合并为106个韵部。元代的曲韵著作《中原音韵》就只有19个韵部。现代汉语普通话的声韵系统基本形成，自然形成了一种新的切合口语的韵辙，那就是十三辙了。可见汉语语音的不断变化，使韵部也从繁到简了。这里，我不是故意啰唆韵的演变历史，而是想从烦琐难记的韵部中解放出来，写诗词、写戏曲唱词、写快板等，使用大众化的十三辙是最适用的韵部了。这就是本书《韵府词库》采用十三辙的原因。

写有韵的诗、词、曲，怎样选择韵的宽窄，可以就写作的内容和形式而定，不是一个难办的事。我想让人感到困难的是，在押韵的地方要找到一个能表达思想内容的词或词组，这才是难点。古今汉语的词语浩若烟海，谁能全部记得清楚？抑或去查找词语方面的工具书，恐怕也很难如愿。笔者为此，在有关的资料及工具书上选了约6629个领韵单字，围绕这些领韵单字，我查找了等身的资料，搜集了古今汉语的词语、词组（其中包括成语、熟语、格言、歇后语、典故、俗语等）约二十六万个，以飨读者，为写作时提供方便。

本书的领韵单字，按十三辙的顺序先后排列。每个音节，又按四声顺序安排。每个领韵单字，用现代汉语拼音注音。若是多音字，又注出另一读音。每一领域单字后列出该字的意思或常见义项，这对理解领韵单字后所组合成的词语或词组的意思，可能有所帮助。在确定了韵部的前提下，能在领韵单字后的词库里能找到一个词语、词组或句子恰恰与你要押韵的词语意思暗合，那时，读者也许有“踏破铁鞋无觅处，得来全不费工夫”的感觉，如果是这样，笔者就感到万分欣慰了。编写本书的目的正在于此。

本书附录了每韵辙后相应的古韵、“笔画索引”，供读者方便查阅或参考使用。

本书从搜集资料、做卡片、分类、反复修改、抄抄写写到杀青，整整用了近十年时间。天天伏案看书写字，其中的酸甜苦辣只有我自知了。但我想，为了继承发扬祖国悠久的文化，能尽一点微薄之力也值。我在编写过程中可算是单枪匹马，人也快到古稀之年，精力不济，加之水平有限，书中难免有错漏，敬希广大读者批评指正。

谢谢！

张昌龄

2011年1月

目　录

细　目 …………………………………………………………………… (1)
一　发花辙 …………………………………………………………………… (1)
二　波歌辙 …………………………………………………………………… (33)
三　皆学辙 …………………………………………………………………… (91)
四　支齐辙 …………………………………………………………………… (120)
五　姑苏辙 …………………………………………………………………… (270)
六　开怀辙 …………………………………………………………………… (341)
七　飞堆辙 …………………………………………………………………… (367)
八　豪条辙 …………………………………………………………………… (407)
九　侯求辙 …………………………………………………………………… (461)
十　寒前辙 …………………………………………………………………… (499)
十一　人勤辙 ………………………………………………………………… (612)
十二　唐江辙 ………………………………………………………………… (678)
十三　庚东辙 ………………………………………………………………… (729)
笔画索引 …………………………………………………………………… (821)

细 目

一 发花辙 (a ia ua)

bā 八 扒 叭 巴 芭 疤 笆 吧 粑
bá 拔 跋 魃
bǎ 把 靶
bà 坝 把 爸 耙 罢 鲅 霸
ba 吧
pā 趴 啪 葩
pá 扒 杷 爬 耙 琶
pà 帕 怕
mā 妈 蚂 抹
má 麻
mǎ 马 码
mà 骂
ma 蟆
fā 发
fá 乏 伐 垡 阀 筏 罚
fǎ 法
fà 发
dā 答 搭 嗒
dá 达 怛 答
dǎ 打
dà 大
da 瘩
tā 他 趿 塌
tǎ 塔 獭
tà 拓 沓 踏 挞 闼 遝 嗒 榻
ta 遢
ná 拿
nà 那 呐 纳 衲 捺
lā 拉 啦
lá 旯
lǎ 喇
là 剌 辣 腊 蜡 镴
la 啦
gā 嘎
gà 尬
kǎ 卡
hā 哈
zhā 扎 吒 哳 喳 渣 楂
zhá 札 轧 闸 炸 铡
zhǎ 砟 鲊 眨
zhà 诈 榨 炸 栅 咤
chā 喳 叉 杈 差 插 嚓 锸
chá 茬 茶 查 碴 槎 察
chǎ 叉 衩
chà 汊 杈 衩 岔 诧 刹 差
shā 杀 沙 莎 痧 裟 鲨 纱 砂
shǎ 傻
shà 厦 煞 霎
zā 扎 匝
zá 杂 砸
za 臜
cā 擦
sā 撒
sǎ 洒 撒
sà 飒 萨
yā 丫 压 鸦 押 鸭

yá 牙 芽 岈 蚜 崖 涯
睚 衙
yǎ 哑 雅
yà 轧 亚 讶 迓
ya 呀
liǎ 俩
jiā 加 茄 枷 痂 笳 嘉
夹 浃 佳 家 葭
jiá 夹 荚 铗 颊 戛
jiǎ 甲 胛 贾 槚 假 斝
jià 价 驾 架 假 嫁 稼
qiā 掐 袷
qiǎ 卡
qià 恰 洽
xiā 呷 虾 瞎
xiá 匣 狎 柙 侠 峡 狭
硖 遐 瑕 暇 霞 辖
黠
xià 下 吓 夏 罅
wā 挖 哇 洼 蛙 娲
wá 娃
wǎ 瓦
wà 瓦 袜
guā 瓜 呱 刮 括 鸹
guǎ 剐 寡
guà 卦 挂 褂
kuā 夸
kuǎ 垮
kuà 挎 胯 跨
huā 花 砉 哗
huá 华 哗 猾 滑
huà 化 桦 划 画 婳 话
zhuā 抓 挝
zhuǎ 爪
shuā 刷 唰
shuǎ 耍

二 波歌辙（o uo e）

bō 拨 波 饽 钵 剥 播
bó 伯 帛 泊 舶 箔 驳 勃 脖
渤 钹 博 搏 膊 薄 礴 僰
踣
bǒ 跛 簸
bò 檗 擘 簸
bo 卜
pō 坡 颇 泊 泼
pó 婆 皤
pǒ 叵
pò 迫 珀 粕 魄 破
mō 摸
mó 谟 馍 模 摹 膜 麽
摩 磨 蘑 嬷 魔
mǒ 抹
mò 末 沫 秣 没 殁 陌
脉 莫 漠 寞 瘼 墨
默 磨
fó 佛
wō 挝 涡 窝 蜗 倭 喔
wǒ 我
wò 沃 卧 偓 握 幄 渥
涴 硪 斡
yō 唷
duō 咄 哆 多 掇 裰
duó 夺 度 踱 铎
duǒ 朵 垛 躲 亸
duò 剁 垛 跺 沲 舵 惰
堕
tuō 托 拖 脱
tuó 驮 佗 陀 坨 沱 驼
砣 鸵 跎 橐 鼍
tuǒ 妥 庹 椭
tuò 拓 柝 萚 箨 唾
nuó 挪 娜
nuò 诺 喏 搦 懦 糯
luō 捋
luó 罗 萝 猡 逻 椤 锣
箩 骡 螺
luǒ 裸 蓏 蠃
luò 砾 荦 洛 骆 络 珞
烙 硌 落 摞
guō 埚 锅 郭 啯 蝈 聒
guó 国 帼 虢 馘
guǒ 果 馃 裹 椁
guò 过

kuò 扩 括 阔 廓
huō 豁 攉
huó 和 活
huǒ 火 伙
huò 或 惑 和 货 获 祸
霍 藿 豁 镬 蠖
zhuō 拙 捉 倬 桌 棁
zhuó 灼 酌 茁 卓 斫 浊
镯 浞 诼 啄 琢 椓
着 缴 擢 濯
chuō 逴 踔 戳
chuò 娖 龊 惙 啜 辍 绰
shuō 说
shuò 妁 烁 铄 朔 搠 槊
硕 数
ruò 若 弱 蒻 爇
zuō 作 嘬
zuó 昨 笮 捽
zuǒ 左 佐 撮
zuò 作 阼 怍 胙 祚 柞
酢 坐 座 做
cuō 搓 磋 撮
cuó 痤 鄌
cuǒ 脞
cuò 挫 锉 厝 措 错
suō 娑 挲 唆 梭 蓑 缩
suǒ 所 索 琐 锁
suo 嗦
ē 阿
é 讹 俄 哦 峨 娥 鹅
蛾 额
è 厄 扼 轭 垩 恶 饿
谔 鄂 萼 愕 腭 锷
鹗 颚 鳄 遏 频 噩
me 么
dē 得 德
de 的 得
tè 忑 忒 慝 特
nè 讷
ne 呢
lè 勒 乐
le 了

gē 戈 仡 咯 胳 搁 哥
歌 鸽 割
gé 革 蛤 阁 格 骼 隔
嗝 膈 葛
gě 个 合 各 舸
gè 个 各 硌
kē 苛 珂 柯 轲 砢 疴
科 棵 稞 窠 颗 颏
榼 磕
ké 壳 咳
kě 可 坷 渴
kè 克 刻 恪 客 课 嗑
溘
hē 呵 喝
hé 禾 和 合 盒 颌 纥
龁 何 河 荷 劾 阂
核 曷 盍 阖 涸 貉
翮
hè 吓 和 贺 荷 喝 褐
赫 熇 鹤 壑
zhē 蜇 遮 螫
zhé 折 哲 蜇 辄 蛰 詟
谪 磔 辙
zhě 者 赭 褶
zhè 柘 浙 蔗
zhe 着
chē 车
chě 扯
chè 彻 坼 掣 撤 澈
shē 奢 赊 畲
shé 舌 折 蛇
shě 舍
shè 设 社 舍 射 麝 涉
赦 摄 慑
rě 惹
rè 热
zé 则 责 啧 帻 箦 赜
咋 择 泽
zè 仄 昃
cè 册 厕 侧 恻 测 策
sè 色 涩 啬 穑 瑟 塞

三 皆学辙（ie üe）

yē 椰 掖 暍 噎
yé 邪 爷 耶
yě 也 冶 野
yè 业 邺 叶 咽 页 曳
夜 掖 液 腋 烨 谒
靥
biē 憋 鳖
bié 别 蹩
biě 瘪
piē 撇 瞥
piě 撇
miē 咩
miè 灭 蔑 篾
diē 爹 跌
dié 迭 垤 绖 耋 谍 堞
喋 牒 碟 蝶 蹀 鲽
叠 氎
tiē 帖 怗 贴
tiě 帖 铁
tiè 帖 餮
niē 捏
nié 苶
niè 陧 涅 嗫 镊 蹑 臬
嵲 镍 啮 孽 蘖
liē 咧
liě 咧
liè 列 冽 洌 烈 裂 劣
捩 猎 躐 鬣
jiē 节 疖 阶 皆 喈 结
秸 接 揭 嗟 街
jié 孑 节 讦 劫 杰 桀
诘 劼 洁 结 颉 捷
婕 睫 偈 碣 竭 羯
截
jiě 姐 解
jiè 介 芥 玠 界 疥 蚧
戒 诫 届 借 唶 藉
解 犗
qiē 切
qié 伽 茄
qiě 且
qiè 切 窃 妾 怯 朅 挈
惬 箧
xiē 些 楔 歇 蝎
xié 协 胁 邪 挟 携 斜
偕 谐 撷 缬 鞋 勰
xiě 写
xiè 泄 绁 渫 泻 瀣 卸
屑 械 亵 谢 榭 解
薢 廨 懈 蟹 薤 燮
躞
yuē 曰 约 矱
yuě 哕
yuè 月 刖 钥 乐 岳 说
悦 阅 钺 越 樾 跃
粤 鸑 龠 瀹 籥
nüè 疟 虐
lüè 掠 略
juē 屩 撅
jué 孓 决 诀 抉 玦 角
桷 珏 觉 绝 倔 掘
崛 厥 劂 蕨 獗 蹶
谲 鐍 噱 爵 嚼 爝
矍 攫 钁
juè 倔
quē 缺 阙
què 却 埆 确 悫 雀 阕
阙 鹊 搉 榷
xuē 削 靴 薛
xué 穴 峃 学 噱
xuě 雪
xuè 血 谑

四 支齐辙（—i er ü i）

zhī 之 芝 支 吱 枝 肢
氏 胝 祗 只 织 卮
汁 知 脂
zhí 执 絷 直 值 埴 植
殖 侄 职 摭 跖
zhǐ 止 址 沚 芷 祉 趾
只 枳 轵 咫 旨 指
纸 黹 徵
zhì 至 庢 郅 桎 轾 致

铚 窒 蛭 志 痣 豸
忮 识 帜 帙 秩 制
质 锧 踬 炙 治 栉
峙 畤 痔 陟 鸷 贽
挚 鸷 掷 智 滞 彘
置 雉 稚 觯
chī 吃 哧 蚩 嗤 媸 鸱
绨 瓻 眵 痴 螭
chí 池 弛 驰 迟 持 匙
墀 篪
chǐ 尺 齿 侈 耻 豉 褫
chì 叱 斥 赤 饬 炽 翅
敕 啻 眙 傺
shī 尸 失 师 狮 诗 虱
绝 施 湿
shí 十 什 石 祏 时 埘
识 实 拾 食 蚀 湜
寔
shǐ 史 驶 矢 豕 使 始
屎
shì 士 仕 氏 示 世 市
柿 式 试 拭 轼 似
势 事 侍 恃 饰 视
是 适 室 逝 誓 释
谥 嗜 筮 噬 奭 匙
rì 日
zī 孜 咨 姿 资 粢 兹
嗞 嵫 滋 孳 赀 觜
髭 菑 淄 缁 辎 锱
zǐ 子 姊 笫 紫 籽 訾
梓 滓
zì 自 字 牸 恣 眦 渍
cī 差 疵
cí 词 祠 茈 雌 茨 瓷
慈 磁 鹚 辞
cǐ 此 泚
cì 次 伺 刺 赐
sī 私 司 丝 咝 鸶 思
虒 斯 厮 澌 撕 嘶
澌 蛳
sǐ 死
sì 巳 汜 祀 四 泗 驷
寺 似 姒 兕 伺 饲
笥 嗣 俟 涘 食 耜
肆
ér 儿 而
ěr 尔 迩 耳 饵 珥
èr 二 贰
yū 迂 纡 淤
yú 于 盂 竽 玙 欤 予
妤 余 馀 狳 臾 谀
萸 腴 鱼 渔 禺 隅
嵎 愚 俞 揄 嵛 愉
渝 逾 瑜 榆 觎 窬
蝓 娱 虞 雩 舆
yǔ 与 屿 予 伛 俣 宇
羽 雨 禹 语 圄 敔
龉 圉 庾 瘐 窳 貐
yù 与 玉 驭 芋 吁 浴
欲 鹆 裕 饫 妪 郁
育 昱 煜 狱 域 阈
棫 蜮 预 蓣 豫 谕
喻 愈 御 寓 遇 矞
潏 鹬 誉 毓 燠 鬻
nǚ 女
nù 恧 衄
lú 驴 闾 榈
lǚ 吕 侣 捋 旅 膂 偻
屡 缕 褛 履
lǜ 律 虑 滤 率 绿
jū 车 苴 且 狙 疽 趄
雎 拘 驹 居 据 裾
掬 鞠 鞫
jú 局 菊 橘
jǔ 矩 咀 沮 莒 筥 举
jù 巨 拒 苣 炬 距 句
具 俱 惧 犋 剧 倨
据 锯 踞 聚 窭 屦
遽
qū 区 岖 驱 躯 曲 蛐
诎 屈 祛 袪 蛆 黢
趋
qú 劬 朐 鼩 渠 蕖 磲
璩 蘧 瞿 臞 癯 衢

曲
qǔ 取 娶 龋
qù 去 趣 觑
xū 吁 砉 须 胥 谞 顼
虚 墟 嘘 歔 欻 需
繻 魆
xú 徐
xǔ 许 诩 栩 姁 湑 糈
醑
xù 旭 序 叙 溆 恤 洫
畜 蓄 勖 绪 续 絮
婿 煦 蓿
yī 一 伊 咿 衣 依 医
猗 漪 壹 揖 噫
yí 匜 仪 圯 夷 荑 姨
痍 沂 诒 饴 怡 贻
迤 椸 宜 扅 移 簃
颐 蛇 遗 疑 嶷 彝
yǐ 乙 已 以 苡 矣 苢
迤 蚁 倚 椅 扆
yì 乂 义 刈 艾 议 弋
亿 艺 忆 呓 屹 亦
弈 奕 裔 异 抑 邑
挹 悒 浥 佚 泆 轶
役 疫 毅 译 怿 驿
绎 易 埸 蜴 诣 羿
翊 翳 翼 益 嗌 溢
缢 镒 鹢 谊 逸 意
薏 臆 肄 熠 殪 懿
劓
bī 逼
bí 鼻 匕
bǐ 比 妣 秕 彼 笔 鄙
bì 币 必 苾 闷 毖 闭
毕 筚 跸 庇 陛 毙
蓖 畀 痹 箅 敝 蔽
弊 庳 婢 髀 愎 弼
辟 壁 避 璧 襞 躄
碧
pī 丕 伾 邳 坯 狉 批
纰 砒 披 劈 霹
pí 皮 陂 疲 陴 脾 裨
鼙 罴
pǐ 匹 圮 否 痞 癖
pì 屁 辟 僻 澼 甓 譬
mī 咪 眯
mí 弥 祢 迷 谜 縻 縻
靡 醾 麋
mǐ 米 弭 靡
mì 汨 觅 泌 秘 密 谧
蜜 幂
dī 氐 低 羝 堤 鞮 磾
滴
dí 狄 荻 迪 笛 的 籴
涤 敌 觌 髢 嫡 镝
翟
dǐ 诋 邸 坻 抵 底 柢
砥
dì 地 弟 递 娣 睇 第
的 菂 帝 谛 蒂 缔
棣
tī 剔 踢 梯 锑 䴘
tí 绨 鹈 提 缇 骒 啼
蹄 题
tǐ 体
tì 屉 剃 悌 涕 逖 惕
裼 替 嚏 趯
nī 妮
ní 尼 呢 怩 泥 倪 猊
霓 鲵 麑
nǐ 拟 你 旎
nì 泥 昵 逆 匿 睨 腻
溺
lí 丽 骊 鹂 鲡 厘 喱
狸 离 漓 缡 篱 醨
梨 犁 蔾 黎 藜 黧
罹 蠡
lǐ 礼 李 里 俚 娌 理
鲤 逦 澧 醴 鳢
lì 力 荔 历 苈 呖 沥
枥 疬 雳 厉 励 砺
蛎 粝 立 莅 粒 笠
吏 丽 俪 利 俐 莉
猁 痢 例 疠 戾 唳

隶 栎 轹 砾 跞 鬲
栗 傈 篥 詈 哩 蜊
li 璃
jī 几 讥 饥 玑 机 肌
矶 击 圾 芨 乩 鸡
奇 唧 积 笄 屐 姬
基 期 箕 赍 嵇 稽
缉 跻 畸 畿 墼 激
羁
jí 及 伋 岌 汲 级 极
笈 吉 佶 即 亟 殛
革 急 疾 嫉 瘠 蹐
棘 集 楫 辑 戢 踖
蕺 籍
jǐ 几 己 挤 济 给 脊
掎 戟 计
jì 记 纪 忌 伎 芰 技
妓 系 际 季 悸 剂
荠 济 霁 洎 迹 既
暨 鲫 觊 继 偈 寄
祭 寂 绩 蓟 稷 髻
冀 骥 罽
qī 七 漆 妻 凄 萋 栖
戚 嘁 期 欺 攲 缉
蹊
qí 齐 脐 祁 圻 祈 颀
蕲 芪 祇 岐 歧 跂
其 萁 淇 骐 琪 棋
祺 蜞 綦 奇 崎 骑
琦 锜 俟 耆 鳍 鬐
旗 畦
qǐ 乞 岂 屺 杞 企 启
棨 起 绮 气
qì 汽 讫 汔 迄 弃 泣
契 砌 碛 跂 葺 器
憩 荠
xī 夕 汐 穸 兮 西 栖
牺 粞 吸 希 唏 晞
欷 稀 豨 昔 惜 腊
析 淅 晰 皙 蜥 肸
膝 息 熄 螅 奚 傒
徯 溪 蹊 悉 蟋 翕
犀 锡 裼 熙 僖 嘻
嬉 熹 巇 羲 曦
xí 习 席 觋 袭 媳 隰
檄
xǐ 洗 铣 枲 玺 徙 葸
屣 喜 禧 葸
xì 戏 饩 系 屃 细 绤
舄 隙 褉 潝

五 姑苏辙 (u)

wū 乌 呜 污 巫 诬 屋
恶
wú 无 芜 吾 郚 梧 鼯
吴
wǔ 五 伍 午 仵 忤 迕
庑 怃 妩 武 鹉 侮
捂 舞
wù 兀 杌 勿 物 戊 务
雾 坞 误 恶 悟 晤
寤 婺 骛 鹜
bū 逋 晡
bú 醭
bǔ 卜 补 捕 哺 堡
bù 不 布 坊 怖 步 埔
部 瓿 埠 簿
pū 仆 扑 铺
pú 仆 脯 蒲 酺 璞 濮
pǔ 朴 圃 浦 溥 普 谱
蹼
pù 铺 瀑 曝
mú 模
mǔ 母 拇 姆 牡 亩 姥
mù 木 沐 霂 目 睦 牟
牧 募 墓 幕 暮 慕
穆
fū 夫 肤 鈇 麸 趺 跗
稃 敷
fú 夫 芙 扶 蚨 弗 佛
茀 拂 怫 绋 伏 洑
袱 凫 罘 孚 俘 郛
莩 浮 桴 罦 蜉 苻
符 服 菔 箙 绂 韨

祓 黻 匐 幅 辐 福
蝠
fǔ 父 斧 釜 甫 辅 脯
簠 黼 抚 拊 府 俯
腑 腐
fù 父 讣 赴 付 附 鲋
负 妇 阜 复 腹 蝮
覆 馥 洑 副 富 赋
傅 缚 赙
fu 咐
dū 厾 都 嘟 督
dú 毒 独 顿 读 渎 椟
犊 牍 黩 讟
dǔ 肚 笃 堵 赌 睹
dù 芏 杜 肚 妒 度 渡
镀 蠹
tū 凸 秃 突 葖
tú 图 荼 涂 途 徒 菟
屠 腯
tǔ 土 吐
tù 吐 兔 堍 菟
nú 奴 孥 驽
nǔ 努 弩
nù 怒
lū 噜
lú 庐 卢 垆 泸 栌 胪
颅 舻 鲈 芦 炉
lǔ 卤 虏 掳 鲁 橹
lù 陆 录 渌 禄 碌 箓
醁 辂 赂 鹿 漉 辘
簏 麓 路 潞 璐 鹭
露 戮
lu 轳 氇
gū 估 咕 沽 姑 鸪 菇
蛄 酤 辜 孤 菰 觚
箍
gǔ 古 诂 牯 罟 蝦 谷
汩 股 羖 骨 鹘 贾
蛊 鹄 鼓 臌 瞽 毂
縠
gù 故 固 崮 锢 痼 顾
梏 雇

kū 矻 刳 枯 哭 窟
kǔ 苦
kù 库 裤 酷
hū 乎 呼 曶 忽 惚 糊
hú 狐 弧 胡 湖 瑚 鹕
糊 醐 壶 斛 鹄 縠
觳
hǔ 虎 唬 琥 浒
hù 户 护 戽 扈 互 怙
祜 糊 笏 瓠
zhū 朱 诛 洙 珠 株 铢
蛛 诸 猪
zhú 术 竹 竺 逐 烛 蠋
躅 舳
zhǔ 主 拄 渚 煮 属 嘱
瞩 麈 褚
zhù 伫 苎 纻 贮 助 住
注 驻 柱 炷 砫 蛀
杼 祝 著 箸 翥 铸
筑
chū 出 初 樗
chú 刍 鸰 雏 除 蜍 锄
厨 橱 蹰 躇
chǔ 处 杵 础 楮 储 楚
chù 亍 处 怵 绌 黜 畜
搐 触 憷 矗
shū 殳 书 抒 舒 枢 叔
菽 淑 姝 殊 倏 梳
疏 蔬 输 毹
shú 秫 孰 塾 熟 赎
shǔ 暑 署 薯 曙 黍 属
蜀 鼠 数
shù 术 述 戍 束 树 竖
恕 庶 腧 数 墅 漱
澍
rú 如 茹 儒 薷 嚅 濡
孺 襦 颥 蠕
rǔ 汝 乳 辱
rù 入 洳 蓐 溽 缛 褥
zū 租 菹
zú 足 卒 崒 族 镞
zǔ 诅 阻 组 俎 祖

cū 粗
cú 殂
cù 卒 猝 促 醋 蔟 簇
踧 蹙 蹴
sū 苏 酥 窣
sú 俗
sù 夙 诉 肃 素 嗉 愫
速 觫 宿 粟 傈 谡
塑 溯 蔌 簌

六 开怀辙（ai uai）
āi 哀 埃 挨
ái 骙 挨 皑 癌
ǎi 矮 蔼 霭
ài 艾 爱 暧 隘 碍
bái 白
bǎi 百 伯 柏 摆
bài 败 拜 稗
pāi 拍
pái 俳 排 牌
pài 派 湃
mái 埋 霾
mǎi 买
mài 劢 迈 麦 卖 脉
dāi 呆
dǎi 歹 逮
dài 代 岱 贷 袋 黛 绐
殆 怠 带 待 埭 逮
逮 戴 襶
tāi 台 苔 胎
tái 台 苔 抬 骀 炱 薹
tài 太 汰 态 泰
nǎi 乃 艿 奶
nài 奈 柰 耐 鼐
lái 来 莱 崃 徕
lài 赉 睐 赖 濑 癞 籁
gāi 该 陔 垓 荄 赅
gǎi 改
gài 丐 钙 盖 溉 概 戤
kāi 开 揩
kǎi 凯 垲 恺 铠 楷 慨
kài 忾 欬

hái 孩 骸
hǎi 海 醢
hài 亥 骇 害
zhāi 斋 摘
zhái 宅
zhǎi 窄
zhài 债 寨 瘵
chāi 钗 差
chái 侪 柴 豺
chǎi 茝
chài 虿
shāi 筛
shǎi 色
shài 晒
zāi 灾 哉 栽
zǎi 载 宰 崽
zài 再 在 载
cāi 猜
cái 才 材 财 裁
cǎi 采 彩 睬 踩
cài 菜 蔡
sāi 腮 塞
sài 塞 赛
wāi 歪
wài 外
guāi 乖
guǎi 拐
guài 夬 怪
kuài 会 侩 郐 哙 狯 浍
脍 块 快 筷
huái 怀 徊 淮 槐 踝
huài 坏
zhuǎi 跩
zhuài 拽
chuāi 揣
chuǎi 揣
chuài 闼 嘬 揣 踹 膪
shuāi 衰 摔
shuǎi 甩
shuài 帅 率 蟀

七　飞堆辙（ei　uei）

bēi　陂　杯　卑　庳　碑　悲
běi　北
bèi　贝　狈　背　褙　孛　悖
备　糒　惫　倍　焙　蓓
碚　被　琲　辈　臂
pēi　醅
péi　陪　培　赔　裴
pèi　沛　旆　霈　帔　佩　配
辔
méi　没　枚　眉　嵋　湄　楣
鹛　莓　梅　酶　霉　媒
煤
měi　每　美　浼
mèi　妹　昧　寐　魅　袂　媚
fēi　飞　妃　非　菲　啡　骓
绯　扉　蜚　霏
féi　肥　淝　腓
fěi　匪　诽　菲　悱　棐　斐
榧　翡　篚
fèi　芾　肺　吠　狒　沸　费
废
děi　得
něi　馁
nèi　内
lēi　勒
léi　累　畾　雷　擂　羸
lěi　诔　垒　累　磊　蕾　儡
lèi　肋　泪　类　颣　累　酹
擂
gěi　给
hēi　黑　嘿
zéi　贼　鲗
wēi　危　巍　威　葳　偎　隈
煨　微　薇
wéi　韦　围　帏　闱　违　为
圩　桅　唯　帷　惟　维
嵬
wěi　伟　苇　纬　玮　炜　韪
韪　伪　尾　娓　委　诿
萎　痿　洧　鲔　隗　猥
wèi　卫　为　未　味　位　畏
喂　碨　胃　谓　猬　渭
尉　蔚　慰　遗　魏
duī　堆
duì　队　对　怼　兑
tuī　推
tuí　颓
tuǐ　腿
tuì　退　褪　蜕
guī　归　圭　邽　闺　龟　妫
规　瑰
guǐ　宄　轨　匦　诡　鬼　癸
晷　簋
guì　柜　桧　贵　桂　跪
kuī　亏　刲　岿　悝　盔　窥
kuí　奎　逵　馗　隗　魁　葵
揆　骙　暌　夔
kuǐ　傀　硅
kuì　匮　蒉　愦　馈　溃　聩
篑　喟　愧
huī　灰　诙　恢　挥　珲　晖
辉　袆　隳　麾　徽　隳
huí　回　洄
huǐ　虺　悔　毁
huì　卉　汇　会　荟　绘　桧
烩　讳　诲　晦　恚　贿
彗　慧　秽　惠　蕙　喙
阓　缋
zhuī　骓　椎　锥　追
zhuì　坠　缀　惴　缒　膇　赘
chuī　吹　炊
chuí　垂　陲　捶　棰　锤　椎
槌
shuí　谁
shuǐ　水
shuì　说　帨　税　睡
ruí　蕤
ruǐ　蕊
ruì　芮　汭　枘　蚋　锐　瑞
睿
zuǐ　嘴
zuì　最　晬　醉　罪
cuī　衰　缞　榱　崔　催　摧

cuǐ 璀
cuì 脆 萃 悴 淬 瘁 粹
翠 毳
suī 荽 睢
suí 绥 随 遂
suǐ 髓
suì 岁 谇 碎 祟 邃 隧
燧 邃 襚 穗

八 豪条辙 (ao iao)

āo 凹
áo 敖 嗷 廒 遨 熬 聱
螯 謷 鳌 翱
ǎo 拗 袄 媪
ào 坳 坳 拗 奡 傲 骜
奥 墺 懊 澳
bāo 包 苞 胞 炮 剥 煲
褒
báo 雹 薄
bǎo 饱 宝 保 堡 葆 褓
鸨
bào 报 刨 抱 鲍 趵 豹
暴 爆
pāo 抛 泡 脬
páo 咆 庖 炮 袍 匏
pǎo 跑
pào 泡 炮 疱
māo 猫
máo 毛 旄 髦 矛 茅 蝥
蟊 茆 锚
mǎo 卯 昴 铆
mào 茂 眊 耄 冒 帽 瑁
贸 袤 瞀 懋 貌
dāo 刀 叨 忉
dǎo 导 岛 捣 倒 祷 蹈
dào 到 倒 悼 盗 道 稻
纛
tāo 叨 涛 焘 绦 滔 韬
饕
táo 啕 洮 逃 桃 陶 萄
淘 绹 醄 梼
tǎo 讨
tào 套
nāo 孬
náo 呶 挠 猱
nǎo 恼 瑙 脑
nào 闹 淖
lāo 捞
láo 劳 痨 牢 醪
lǎo 老 佬 姥 栳 潦
lào 络 烙 落 酪 唠 涝
gāo 皋 槔 高 膏 篙 羔
糕 睾
gǎo 杲 搞 缟 槁 镐 稿
藁
gào 告 诰
kāo 尻
kǎo 考 拷 烤
kào 铐 犒 靠
hāo 蒿 薅
háo 号 蚝 嗥 毫 豪 壕
嚎 濠
hǎo 好 郝
hào 号 好 昊 耗 浩 皓
鄗 灏
zhāo 钊 招 昭 啁 着 朝
zháo 着
zhǎo 爪 找 沼
zhào 召 诏 照 兆 赵 棹
罩 肇
chāo 抄 钞 超
cháo 巢 朝 嘲 潮
chǎo 吵 炒
shāo 捎 梢 稍 蛸 筲 艄
鞘 烧
sháo 勺 芍 杓 苕 韶
shǎo 少
shào 少 邵 劭 绍 哨 潲
ráo 饶 娆 桡
rǎo 扰
rào 绕
zāo 遭 糟
záo 凿
zǎo 早 枣 蚤 澡 藻

zào 皂 唣 灶 造 慥 噪
燥 躁
cāo 操 糙
cáo 曹 嘈 漕 槽 螬 艚
cǎo 草
sāo 搔 骚 缫 臊
sǎo 扫 嫂
sào 扫 埽 瘙 臊
yāo 幺 夭 妖 要 腰 邀
yáo 爻 肴 尧 侥 峣 姚
珧 陶 窑 谣 摇 徭
遥 瑶 飖
yǎo 杳 咬 窅 窈
yào 药 钥 要 鹞 曜 耀
biāo 标 彪 膘 镖 飙 镳
biǎo 表 裱
biào 摽 鳔
piāo 剽 漂 飘
piáo 嫖 瓢
piǎo 殍 漂 缥 瞟
piào 票
miāo 喵
miáo 苗 描 瞄 鹋
miǎo 杪 眇 秒 渺 缈 藐
邈
miào 妙 庙
diāo 刁 凋 碉 雕 鲷 貂
diào 吊 钓 调 掉 铫
tiāo 佻 挑 祧
tiáo 条 鲦 苕 迢 髫 调
蜩
tiǎo 挑 朓 窕
tiào 眺 跳 粜
niǎo 鸟 袅
niào 尿
liāo 撩
liáo 辽 疗 窌 聊 僚 撩
嘹 獠 寮 缭 燎 鹩
寥
liǎo 了 蓼 燎
liào 瞭料 撂 镣
jiāo 艽 交 郊 茭 姣 胶
蛟 跤 鲛 浇 娇 骄
教 椒 焦 蕉 礁
jiáo 嚼
jiǎo 角 侥 佼 狡 饺 绞
铰 皎 筊 挢 矫 脚
搅 湫 徼 缴 剿
jiào 叫 峤 轿 觉 校 较
教 酵 窖 噍 醮 徼
藠
qiāo 悄 硗 跷 锹 敲 橇
缲
qiáo 乔 侨 荞 峤 桥 翘
谯 憔 樵 瞧
qiǎo 巧 悄
qiào 壳 俏 诮 峭 鞘 窍
翘
xiāo 肖 削 消 宵 绡 硝
销 蛸 霄 魈 枭 枵
鸮 哓 骁 嚣 萧 潇
箫 翛
xiáo 洨 淆 崤
xiǎo 小 晓 筱
xiào 孝 哮 肖 笑 效 校
啸

九 侯求辙 (ou iou)

ōu 讴 沤 瓯 欧 殴 鸥
ǒu 呕 偶 耦 藕
òu 沤
pōu 剖
pǒu 掊
mōu 哞
móu 牟 侔 眸 蛑 谋 缪
鍪
mǒu 某
fǒu 缶 否
dōu 兜 蔸 篼
dǒu 斗 抖 蚪
dòu 斗 豆 逗 脰 痘 读
窦
tōu 偷
tóu 头 投

tòu 透
lōu 搂 瞜
lóu 娄 偻 蒌 喽 楼 耧
蝼 髅
lǒu 搂 嵝 篓
lòu 陋 镂 瘘 漏 露
gōu 勾 沟 钩 缑 鞲 篝
gǒu 苟 狗 枸 笱
gòu 构 购 诟 垢 够 遘
媾 觏 彀
kōu 抠
kǒu 口
kòu 叩 扣 寇 蔻 彀
hóu 侯 喉 猴 篌 骺
hǒu 吼
hòu 后 垕 茩 逅 厚 侯
候 堠
zhōu 舟 辀 鸼 州 洲 诌
周 啁 赒 粥
zhóu 轴
zhǒu 肘 帚
zhòu 纣 酎 绉 皱 咒 咮
宙 胄 昼 甃 骤 籀
碡
chōu 抽 䌷 瘳
chóu 仇 俦 帱 畴 筹 绸
稠 酬 愁 雠
chǒu 丑 瞅
chòu 臭
shōu 收
shóu 熟
shǒu 手 守 首
shòu 寿 受 授 绶 狩 售
兽 瘦
róu 柔 揉 粿 蹂
ròu 肉
zōu 邹 驺 诹 陬
zǒu 走
zòu 奏 揍
còu 凑 辏
sōu 搜 嗖 馊 溲 飕 螋
艘
sǒu 叟 瞍 嗾 数 擞
sòu 嗽
yōu 优 忧 攸 悠 呦 幽
麀 耰
yóu 尤 犹 疣 莸 由 邮
油 游 蝣 猷 輶
yǒu 友 有 酉 莠 牖 黝
yòu 又 右 佑 祐 幼 蚴
侑 囿 宥 狖 柚 釉
鼬 诱
miù 谬 缪
diū 丢
niū 妞
niú 牛
niǔ 扭 纽 钮
niù 拗
liū 溜
liú 刘 浏 留 馏 骝 榴
飗 瘤 流 硫 旒 镠
liǔ 柳 绺
liù 六 溜 遛
jiū 纠 赳 鸠 究 阄 揪
啾 鬏
jiǔ 九 久 玖 灸 韭 酒
jiù 旧 臼 舅 咎 疚 柩
救 厩 就 僦 鹫
qiū 丘 秋 湫 楸 鹙 鳅
鞧
qiú 囚 泅 求 俅 逑 球
赇 裘 虬 酋 遒 璆
qiǔ 糗
xiū 休 咻 庥 鸺 貅 髹
修 脩 羞 馐
xiǔ 朽 宿
xiù 秀 绣 锈 岫 袖 臭
嗅 宿

十 寒前辙 (an ian uan üan)

ān 安 桉 鞍 庵 鹌 谙
盦
ǎn 铵 埯 唵
àn 犴 岸 按 案 胺 暗

黯
bān 扳 颁 班 斑 瘢 般
搬 瘢
bǎn 阪 坂 板 版 钣 舨
bàn 办 半 伴 拌 绊 扮
瓣
pān 潘 攀
pán 胖 盘 槃 磐 磻 蟠
pàn 判 泮 叛 畔 拚 盼
襻
mán 蛮 谩 蔓 鳗 鬘 瞒
mǎn 满
màn 曼 谩 墁 蔓 幔 慢
漫 嫚 缦 熳 馒
fān 帆 番 幡 藩 翻
fán 凡 矾 烦 蕃 璠 膰
燔 蹯 樊 繁
fǎn 反 返
fàn 犯 范 饭 贩 畈 泛
梵
dān 丹 担 单 箪 郸 殚
眈 耽 聃
dǎn 胆 疸 掸 赕 亶
dàn 石 旦 但 担 诞 萏
啖 淡 惮 弹 瘅 蛋
氮 澹
tān 坍 贪 摊 滩 瘫
tán 坛 昙 谈 郯 锬 痰
弹 覃 谭 潭 檀
tǎn 坦 袒 菼 毯 黮
tàn 叹 炭 碳 探
nān 囡
nán 男 南 喃 楠 难 赧
腩 蝻
nàn 难
lán 兰 拦 栏 岚 婪 阑
谰 澜 斓 蓝 篮
lǎn 览 揽 缆 榄 罱 壈
懒
làn 烂 滥
gān 干 玕 杆 肝 矸 竿
甘 坩 苷 泔 柑 疳
gǎn 杆 秆 赶 敢 澉 感
gàn 干 旰 骭 绀 赣
kān 刊 看 勘 堪 戡 龛
kǎn 坎 砍 侃 槛
kàn 看 衎 嵌 磡 阚 瞰
hān 顸 鼾 蚶 酣 憨
hán 汗 邯 含 函 涵 韩
寒
hǎn 罕 喊 阚
hàn 汉 汗 閈 旱 捍 悍
焊 菡 颔 翰 瀚 撼
憾
zhān 占 沾 毡 粘 旃 詹
瞻 邅 鹯 鳣
zhǎn 斩 飐 盏 展 辗
zhàn 占 战 站 栈 绽 湛
颤 蘸
chān 觇 掺 襜
chán 婵 禅 蝉 谗 巉 馋
镵 孱 潺 缠 廛 瀍
躔 蟾
chǎn 产 铲 谄 阐 蒇
chàn 忏 刬 颤 羼 韂
shān 山 芟 杉 衫 删 姗
珊 跚 苫 痁 扇 煽
潸 膻
shǎn 闪 陕
shàn 讪 汕 疝 苫 埠 禅
掞 扇 善 鄯 墡 缮
膳 鳝 擅 赡 蟮
rán 髯 然 燃
rǎn 冉 苒 染
zān 簪
zán 咱
zǎn 噆 攒
zàn 暂 錾 赞 瓒
cān 参 骖 餐
cán 残 蚕 惭
cǎn 惨 篸
càn 灿 粲 璨
sān 三 毵
sǎn 伞 散

sàn 散
yān 咽 烟 恹 殷 焉 鄢
嫣 阏 崦 阉 淹 腌
湮 燕
yán 延 蜒 筵 严 言 妍
研 岩 炎 沿 盐 阎
颜 檐
yǎn 奄 掩 兖 俨 弇 衍
剡 魇 眼 偃 蝘 琰
演 甗 鼹
yàn 厌 餍 砚 咽 唁 彦
谚 艳 滟 晏 䴏 宴
堰 验 雁 赝 焰 焱
酽 谳 燕
biān 边 笾 砭 编 煸 鳊
鞭
biǎn 贬 窆 扁 匾 褊
biàn 卞 抃 忭 汴 弁 变
便 遍 辨 辩 辫
piān 片 偏 篇 翩
pián 便 骈 胼
piàn 片 骗
mián 眠 绵 棉
miǎn 沔 免 勉 娩 冕 湎
缅 腼 渑
miàn 面 眄
diān 掂 滇 颠 巅 癫
diǎn 典 点 踮
diàn 电 佃 甸 钿 坫 店
玷 垫 淀 靛 奠 殿
簟
tiān 天 添
tián 田 佃 畋 钿 恬 甜
湉 填 阗
tiǎn 忝 殄 㥏 覥 腆 觍
tiàn 掭
niān 拈 蔫
nián 年 黏 鲇
niǎn 捻 辇
niàn 念 埝
lián 奁 连 莲 涟 鲢 怜
帘 联 廉 镰 蠊
liǎn 琏 敛 脸 蔹
liàn 练 炼 恋 殓 潋 链
楝 裢
jiān 戋 浅 笺 尖 奸 歼
坚 间 肩 艰 监 兼
蒹 缣 鹣 鳒 菅 渐
犍 鞬 湔 煎 缄 瑊
鞯
jiǎn 拣 笕 茧 柬 俭 捡
检 睑 趼 减 碱 剪
谫 翦 锏 简 戬 蹇
謇
jiàn 见 舰 件 间 涧 锏
饯 贱 践 溅 建 健
楗 毽 腱 键 荐 剑
监 鉴 槛 渐 谏 僭
箭
qiān 千 仟 阡 芊 扦 迁
钎 签 牵 铅 悭 谦
愆 鹐 骞 搴 褰
qián 钤 黔 前 虔 钱 钳
乾 潜
qiǎn 浅 遣 谴 缱
qiàn 欠 芡 嵌 纤 茜 倩
堑 椠 慊 歉
xiān 仙 籼 先 纤 跹 忺
掀 锨 莶 铦 鲜 暹
xián 闲 娴 鹇 贤 弦 舷
咸 涎 衔 嫌
xiǎn 狝 筅 跣 显 险 猃
蚬 鲜 藓 燹
xiàn 见 苋 岘 现 县 限
线 宪 陷 馅 羡 腺
献 霰
wān 弯 湾 剜 蜿 豌
wán 丸 芄 纨 完 玩 顽
wǎn 宛 菀 惋 婉 琬 碗
畹 莞 脘 挽 晚 绾
wàn 万 腕
duān 端
duǎn 短
duàn 段 塅 缎 锻 断 簖

tuān 湍
tuán 团 抟
tuǎn 畽
tuàn 彖
nuǎn 暖
luán 峦 娈 栾 挛 鸾 脔 滦 銮 卵
luàn 乱
guān 关 观 官 倌 棺 冠 鳏
guǎn 莞 馆 琯 管
guàn 观 贯 惯 冠 盥 灌 罐
kuān 宽
kuǎn 款 窾
huān 欢 獾
huán 还 环 洹 桓 貆 萑 锾 圜 阛 澴 寰 嬛 缳 镮 鬟
huǎn 睆 缓
huàn 幻 奂 换 唤 涣 焕 痪 宦 浣 患 漶 逭 豢 擐 镮
zhuān 专 砖 颛
zhuǎn 转
zhuàn 传 转 啭 赚 撰 馔 篆
chuān 川 穿
chuán 传 船 遄 篅 椽
chuǎn 舛 喘
chuàn 串 钏
shuān 闩 拴 栓
shuàn 涮
ruǎn 阮 软
zuān 钻
zuǎn 缵 纂
zuàn 钻
cuān 氽 撺 镩 蹿
cuán 攒
cuàn 窜 篡 爨
suān 酸
suàn 蒜 算
yuān 鸢 鸳 鹓 眢 冤 渊 蜎
yuán 元 芫 园 沅 鼋 员 圆 垣 爰 援 湲 媛 原 源 嫄 螈 羱 袁 猿 辕 缘 橼
yuǎn 远
yuàn 苑 怨 院 垸 掾 媛 瑗 愿
juān 捐 涓 娟 鹃 圈 朘 镌 蠲
juǎn 卷
juàn 卷 倦 圈 狷 绢 罥 桊 眷 鄄
quān 悛 圈
quán 权 全 佺 诠 荃 辁 铨 痊 筌 泉 拳 惓 蜷 鬈 颧
quǎn 犬 畎 绻
quàn 劝 券
xuān 轩 宣 萱 揎 喧 瑄 暄 谖 儇 翾
xuán 玄 痃 悬 旋 漩 璇
xuǎn 选 烜 癣
xuàn 泫 炫 眩 铉 券 绚 楦

十一　人勤辙 (en in uen ün)

ēn 恩
èn 摁
bēn 奔 锛 贲
běn 本 畚
bèn 坌 奔 笨
pēn 喷
pén 盆 湓
pèn 喷
mēn 闷
mén 门 扪 亹
mèn 闷 焖 懑
men 们
fēn 分 芬 纷 氛 棻 雰

fén 坟 汾 棼 焚 濆
fěn 粉
fèn 分 份 忿 奋 偾
愤 粪
nèn 恁 嫩
gēn 根 跟
gén 哏
gèn 亘 艮 茛
kěn 肯 啃 垦 恳
kèn 掯
hén 痕
hěn 很 狠
hèn 恨
zhēn 贞 侦 帧 桢 祯
针 珍 胗 真 砧
蓁 溱 榛 臻 斟
甄 箴
zhěn 诊 轸 畛 疹 袗
枕 缜
zhèn 圳 阵 纼 鸩 振
赈 震 瑱 镇
chēn 抻 郴 琛 嗔 瞋
chén 臣 辰 宸 晨 尘
忱 沉 陈 谌
chěn 碜
chèn 衬 疢 龀 称 趁
榇 谶 伧
shēn 申 伸 呻 绅 身
参 糁 莘 娠 深
shén 神
shěn 沈 审 婶 哂 谂
shèn 肾 甚 葚 椹 渗
蜃 慎
rén 人 壬 仁
rěn 忍 荏 稔
rèn 刃 仞 纫 韧 轫
牣 认 任 饪 妊
纴 衽
zèn 谮
cén 岑 涔
sēn 森
yīn 因 茵 洇 姻 骃
氤 裀 阴 音 喑
愔 殷 堙 闉 禋
yín 吟 垠 银 龈 狺
訚 崟 淫 霪 寅
夤 龂 鄞 螾 嚚
yǐn 尹 引 蚓 饮 隐
瘾
yìn 印 荫 胤 窨 慭
bīn 宾 傧 滨 缤 彬
斌 豳 濒
bìn 摈 殡 膑 鬓
pīn 拼
pín 贫 频 蘋 颦 嫔
pǐn 品
pìn 牝 聘
mín 民 岷 珉 缗 旻
mǐn 皿 闵 闽 悯 抿
泯 湣 愍 敏
līn 拎
lín 邻 林 淋 琳 霖
临 粼 嶙 遴 璘
辚 磷 瞵 鳞 麟
lǐn 凛 廪 懔 檩
lìn 吝 赁 淋 蔺 躏
jīn 巾 斤 今 衿 矜
金 津 筋 禁 襟
jǐn 仅 尽 卺 紧 堇
谨 馑 瑾 槿 锦
jìn 尽 荩 烬 进 近
劲 晋 搢 缙 浸
祲 靳 禁 噤 殣
觐
qīn 钦 嵚 侵 骎 亲
衾
qín 芹 芩 矜 琴 秦
溱 嗪 覃 禽 擒
檎 勤
qǐn 锓 寝
qìn 沁
xīn 心 芯 辛 忻 昕
欣 炘 新 薪 歆
馨

xìn 信衅
wēn 温瘟
wén 文纹蚊雯闻
wěn 刎吻紊稳
wèn 问汶璺
dūn 吨惇敦墩礅
蹾蹲
dǔn 盹趸
dùn 盾遁楯囤沌
炖钝顿
tūn 吞暾黗
tún 屯饨豚臀
lūn 抡
lún 仑伦囵沦纶
轮
lùn 论
gǔn 衮滚磙绲辊
鲧
gùn 棍
kūn 坤昆琨鹍鲲
裈髡
kǔn 捆悃阃壸
kùn 困
hūn 昏惛阍婚荤
hún 浑魂
hùn 诨混溷
zhūn 屯迍肫谆
zhǔn 准
chūn 春椿
chún 纯莼唇淳鹑
醇
chǔn 蠢
shǔn 吮楯
shùn 顺瞬舜瞬
rùn 闰润
zūn 尊遵樽鳟
zǔn 撙
cūn 村皴
cún 存
cǔn 忖
cùn 寸
sūn 孙荪狲飧
sǔn 损笋隼榫
yūn 晕氲
yún 云芸纭耘匀
昀员筠
yǔn 允狁陨殒
yùn 孕运酝郓恽
晕愠缊韫蕴
韵熨
jūn 军皲均钧君
菌麇
jùn 俊峻馂浚骏
畯竣郡捃隽
qūn 囷逡
qún 裙群
xūn 勋埙熏薰曛
醺
xún 旬询郇荀峋
恂洵珣寻浔
鲟纠巡循
xùn 训驯讯汛迅
徇殉逊巽噀
蕈

十二 唐江辙（ang iang uang）

áng 昂
àng 盎
bāng 邦帮梆浜
bǎng 绑榜膀
bàng 蚌棒傍谤蒡
搒磅镑
pāng 乓滂
páng 彷庞逄旁
pàng 胖
máng 邙芒忙盲氓
茫铓駹
mǎng 莽漭蟒
fāng 方邡坊芳枋
fáng 防坊妨肪房
鲂
fǎng 仿访纺昉舫
fàng 放
dāng 当珰铛裆

dǎng 挡 党 谠
dàng 当 挡 档 凼 砀
荡 宕
tāng 汤 镗
táng 唐 塘 搪 溏 螗
糖 赯 堂 樘 膛
螳 棠
tǎng 帑 倘 惝 淌 耥
躺 傥
tàng 烫 趟
nāng 囔
náng 囊
nǎng 曩
lāng 啷
láng 郎 廊 榔 螂 狼
琅 稂
lǎng 朗
làng 莨 阆 浪
gāng 冈 刚 纲 㭎 钢
扛 肛 缸 罡
gǎng 岗 港
gàng 杠
kāng 康 慷 槺 糠 鱇
káng 扛
kàng 亢 伉 抗 炕
hāng 夯
háng 行 吭 杭 颃 航
hàng 沆
zhāng 张 章 彰 獐 漳
嫜 璋 樟
zhǎng 长 涨 掌
zhàng 丈 仗 杖 帐 账
胀 涨 障 嶂 幛
瘴
chāng 伥 昌 菖 猖 娼
鲳
cháng 长 苌 场 肠 尝
偿 裳 常
chǎng 厂 场 昶 敞 氅
chàng 怅 韔 畅 倡 唱
鬯
shāng 伤 汤 殇 觞 商
墒
shǎng 晌 赏
shàng 上 尚 裳
rāng 嚷
ráng 勷 禳 穰 瓤
rǎng 壤 攘 嚷
ràng 让
zāng 赃 脏 牂 臧
zǎng 驵
zàng 奘 葬 脏 藏
cāng 仓 苍 沧 鸧 舱
cáng 藏
sāng 丧 桑
sǎng 搡 嗓 磉 颡
sànq 丧
yāng 央 泱 殃 秧 鸯
鞅
yáng 扬 玚 杨 旸 炀
钖 疡 羊 佯 垟
徉 洋 阳
yǎng 仰 养 氧 痒 瀁
yàng 怏 鞅 样 烊 恙
羕 漾
niáng 娘
niàng 酿
liáng 良 粮 踉 凉 梁
粱 量
liǎng 两 俩 緉 魉
liàng 亮 唴 谅 晾 辆
靓 量 踉 悢
jiāng 江 豇 将 浆 姜
僵 缰 礓 疆
jiǎng 讲 奖 桨 蒋 耩
jiàng 匠 降 绛 将 酱
强
qiāng 羌 蜣 呛 玱 枪
戕 斨 腔 锵 镪
qiáng 强 墙 蔷 嫱 樯
qiǎng 抢 强 镪 襁
qiàng 呛 戗 跄
xiāng 乡 相 厢 湘 缃
箱 香 襄 骧 瓖

镶
xiáng 详 庠 祥 降 翔
xiǎng 享 响 饷 鲞 飨
想 鲞
xiàng 向 项 巷 相 象
像 橡
wāng 尪 汪
wáng 亡 王
wǎng 网 枉 罔 惘 辋
魍 往
wàng 王 旺 望 妄 忘
guāng 光 洸 胱
guǎng 广 犷
guàng 桄 逛
kuāng 匡 劻 洭 筐
kuáng 狂 诳
kuǎng 夼
kuàng 扩 纩 旷 矿 况
贶 框 眶
huāng 肓 荒 慌
huáng 皇 凰 隍 喤 徨
惶 湟 遑 煌 锽
蝗 篁 艎 黄 潢
璜 磺 蟥 簧
huǎng 恍 晃 幌 谎
huàng 晃 滉
zhuāng 庄 桩 妆 装
zhuàng 壮 状 撞 幢 戆
chuāng 创 疮 窗
chuáng 床 幢
chuǎng 闯
chuàng 创 怆
shuāng 双 霜 孀 骦 礵
鹴
shuǎng 爽

十三 庚东辙 (eng ing ueng ong iong)
bēng 伻 祊 崩 嘣 绷
běng 绷 琫
bèng 泵 迸 镚 蹦
pēng 抨 怦 砰 烹
péng 芃 朋 堋 棚 鹏
髟 彭 蓬 篷 搒
pěng 捧
pèng 碰
mēng 蒙
méng 氓 虻 萌 盟 蒙
幪 濛 檬 曚 朦
měng 猛 蜢 艋 蠓 獴
蠓 懵
mèng 孟 梦
fēng 丰 沣 风 枫 疯
封 葑 峰 烽 蜂
锋 酆
féng 冯 逢 缝
fěng 讽
fèng 凤 奉 俸 葑 赗
缝
dēng 灯 登 噔 簦 蹬
děng 等
dèng 邓 僜 凳 嶝 磴
瞪 镫
téng 疼 腾 誊 滕 螣
縢 藤
néng 能
léng 塄 棱 崚
lěng 冷
lèng 堎 睖 愣
gēng 更 庚 赓 鹒 耕
羹
gěng 埂 哽 绠 梗 鲠
耿
gèng 更
kēng 坑 吭 硁 铿
hēng 亨 哼 脝
héng 恒 珩 桁 衡 蘅
横
hèng 横
zhēng 丁 正 征 怔 钲
争 挣 峥 睁 铮
烝 筝 蒸
zhěng 拯 整
zhèng 正 证 政 症 郑
诤 挣

chēng 柽 蛏 琤 称 铛
赪 撑 瞠
chéng 成 诚 城 盛 丞
呈 程 裎 酲 枨
承 乘 惩 塍 澄
橙
chěng 逞 骋
chèng 秤
shēng 升 生 牲 笙 甥
声
shéng 绳
shěng 省 眚
shèng 圣 胜 晟 盛 乘
剩
rēng 扔
réng 仍
zēng 曾 增 憎 缯 罾
矰
zèng 锃 甑 赠
céng 层 曾 嶒
cèng 蹭
sēng 僧
yīng 应 英 莺 婴 撄
嘤 缨 璎 樱 鹦
罂 膺 鹰
yíng 迎 茔 荧 莹 萤
营 萦 蓥 滢 潆
盈 楹 蝇 嬴 瀛
赢
yǐng 郢 颍 颖 影 瘿
yìng 应 映 硬 媵
bīng 冰 兵 槟
bǐng 丙 柄 炳 秉 饼
屏 禀
bìng 并 病
pīng 俜 娉
píng 平 评 坪 苹 枰
萍 凭 屏 瓶
míng 名 茗 洺 铭 明
鸣 冥 蓂 溟 暝
瞑 螟
mǐng 酩
mìng 命
dīng 丁 仃 叮 玎 町
钉 疔 酊 靪
dǐng 顶 酊 鼎
dìng 订 饤 钉 定 啶
腚 碇 锭
tīng 厅 汀 听
tíng 廷 莛 庭 蜓 霆
亭 停 渟 婷
tǐng 町 侹 挺 珽 梃
铤 颋 艇
níng 宁 咛 狞 聍 凝
nǐng 拧
nìng 宁 拧 泞 佞
líng 伶 苓 囹 泠 玲
瓴 铃 鸰 聆 蛉
羚 翎 零 龄 灵
棂 凌 陵 菱 淩
绫 鲮 醽
lǐng 岭 领
lìng 另 令
jīng 茎 泾 经 京 猄
惊 鲸 荆 菁 睛
䴖 精 旌 晶 粳
兢
jǐng 井 阱 刭 颈 景
憬 璟 儆 警
jìng 劲 径 胫 净 竞
竟 境 獍 镜 靖
静 敬
qīng 青 清 蜻 轻 氢
倾 卿
qíng 勍 鲸 情 晴 檠
擎
qǐng 顷 请
qìng 庆 綮 磬 罄
xīng 兴 星 猩 惺 腥
骍
xíng 刑 邢 形 型 硎
钘 行 饧 陉
xǐng 省 醒
xìng 兴 杏 幸 悻 婞

性 姓 荇
wēng 翁 嗡
wěng 蓊 滃
wèng 瓮
dōng 东 冬 咚
dǒng 董 懂
dòng 动 冻 栋 垌 恫
峒 洞
tōng 通
tóng 同 侗 峒 桐 铜
酮 彤 童 僮 潼
曈 瞳
tǒng 统 捅 桶 筒
tòng 同 恸 通 痛
nóng 农 侬 哝 浓 脓
秾
nòng 弄
lóng 龙 茏 咙 珑 栊
昽 胧 砻 眬 聋
笼 隆 癃 窿
lǒng 陇 垄 拢 笼
lòng 弄 哢
gōng 工 功 红 攻 弓
躬 公 蚣 供 龚
肱 宫 恭 觥
gǒng 巩 汞 拱 珙 栱
gòng 共 供 贡
kōng 空
kǒng 孔 恐
kòng 空 控 鞚
hōng 轰 哄 烘 訇 薨
hóng 弘 泓 红 虹 鸿
闳 宏 纮 洪 荭
蕻 黉
hǒng 哄
hòng 讧 澒 哄
zhōng 中 忠 盅 钟 衷
忪 终 螽
zhǒng 肿 种 冢 踵
zhòng 中 仲 种 众 重
chōng 充 冲 忡 舂 憧
艟
chóng 虫 种 重 崇
chǒng 宠
chòng 冲 铳
róng 戎 绒 茸 荣 嵘
蝾 容 蓉 溶 榕
熔 融
rǒng 冗 氄
zōng 枞 宗 综 棕 踪
鬃
zǒng 总 偬
zòng 纵 疭 粽
cōng 苁 枞 匆 葱 囱
骢 聪
cóng 从 丛 淙 悰 琮
潨
sōng 忪 松 凇 菘 淞
嵩
sǒng 耸 悚 竦
sòng 讼 颂 宋 送 诵
yōng 佣 拥 痈 邕 庸
鄘 墉 慵 镛 鳙
雍 壅 饔
yóng 喁 颙
yǒng 永 咏 泳 甬 俑
勇 涌 恿 蛹 踊
yòng 用
jiōng 坰 扃
jiǒng 冏 泂 迥 絅 炯
窘
qióng 邛 筇 穷 藭 茕
穹 琼 蛩 跫
xiōng 凶 匈 讻 汹 胸
兄 芎
xióng 雄 熊
xiòng 诇 敻

一　发花辙

（合古韵、九佳、六麻、二十一马、二十二祃、八黠、十七洽）

八　bā　①数词。②分开。

八八　百八　尺八　次八　胆八　地八
第八　得八　隔八　讳八　韩八　六八
腊八　卢八　木八　七八　丘八　前八
二八　三八　十八　四八　商八　乘八
数八　泰八　五八　望八　亡八　忘八
王八　席八　宣八　响八　音八　凿八
丈八
不满八　大腊八　风律八　火腊八　名山八
矛丈八　十七八　天子八　玉尺八　阴数八
长七短八　横七竖八　夹七夹八　零七碎八
七七八八　歪七扭八　歪七竖八　瞎七瞎八
杂七杂八
天下不如意事，恒十居七八/乌龟吞秤砣，铁心王八/

扒　bā　又音 pá　①挖，刨开。②剥，脱掉。

把皮扒

叭　bā　拟声词。

喇叭
吹喇叭　小喇叭

巴　bā　①黏着。②贴着。③盼望。④尾巴。⑤攀附。⑥古国名。⑦挖。⑧面颊。

巴巴　催巴　东巴　淡巴　嘎巴　光巴
锅巴　干巴　汉巴　哈巴　瓠巴　结巴
紧巴　急巴　倔巴　磕巴　力巴　拉巴
连巴　淋巴　伦巴　泥巴　门巴　栾巴
穷巴　秦巴　掐巴　三巴　田巴　尾巴
下巴　丫巴　盐巴　哑巴　蔫巴　渝巴
中巴　杂巴　咂巴　眨巴　嘴巴
长尾巴　大尾巴　大嘴巴　短巴巴　割尾巴
锅巴巴　干巴巴　急巴巴　嚼牙巴　紧巴巴
焦巴巴　尖嘴巴　留尾巴　翘尾巴　死巴巴
小哑巴　小嘴巴　摇尾巴　眼巴巴　皱巴巴
跌了下巴　狐狸尾巴　撅起嘴巴　挟起尾巴
结结巴巴　急急巴巴　可怜巴巴　语言干巴
皱皱巴巴
露出狐狸尾巴/

芭　bā　①古书里说的一种香草。②芭蕉。

侯芭　荆芭　桐芭　庭芭

疤　bā　①生疮或伤口愈合后留下的痕迹。②像疤一样的痕迹。

疮疤　刀疤　疙疤　结疤　伤疤
揭疮疤
男人三十一朵花，女人三十一个疤/

笆　bā　用竹片或树枝条等编成的东西。

篱笆　新笆　虾笆　竹笆
趁混水打虾笆/

吧　bā　拟声词。

吧吧　的吧　酒吧　喀吧　咔吧　水吧
网吧

粑　bā　饼那样的食物。

粑粑　糍粑　糖粑　糌粑

拔　bá　①往外拉，抽出。②吸出（毒气）。③高出。④挑选。⑤攻取。⑥治理。⑦摆脱。⑧弹，拨弄。

不拔　叱拔　超拔　才拔　吹拔　采拔
抽拔　锄拔　独拔　风拔　符拔　攻拔
杆拔　迥拔　海拔　火拔　拣拔　宏拔
荐拔　峻拔　精拔　进拔　间拔　简拔
掎拔　剑拔　奖拔　鉴拔　鉴拔　景拔
警拔　隽拔　俊拔　开拔　柯拔　克拔
蒐拔　力拔　亮拔　朗拔　难拔　怒拔
露拔　名拔　茂拔　巧拔　奇拔　峭拔
遒拔　排拔　清拔　提拔　矢拔　舍拔
算拔　爽拔　识拔　深拔　神拔　赏拔
树拔　势拔　夭拔　提拔　挺拔　特拔
危拔　洗拔　选拔　秀拔　显拔　新拔
雄拔　引拔　英拔　主拔　自拔　至拔
早拔　织拔　振拔　藻拔　擢拔　甄拔
连茹拔　连根拔　其萃拔　元云拔
不自振拔　苍劲挺拔　高峻挺拔　坚忍不拔
峻峭挺拔　林宗奖拔　弩张剑拔　破格提拔

遒劲挺拔　山峰奇拔　一毛不拔
铁公鸡，一毛不拔/

跋　bá　①越山过岭。②写在书籍、文章的后面的短文。
草跋　回跋　狼跋　扣跋　拓跋　题跋
托跋　序跋　新跋　由跋

魃　bá［旱魃］传说中引起旱灾的妖怪。
赤魃　旱魃　骄魃　女魃　老魃　沴魃
素魃　暑魃　炎魃　娇魃

把　bǎ　又音 bà　①执，持。②把守。③捆扎束成小捆子。④用手握住。⑤给。⑥量词。
半把　秉把　拜把　草把　倒把　捣把
反把　翻把　个把　共把　拱把　火把
话把　剑把　堪把　靠把　满把　强把
手把　要把　同把　戏把　笑把　一把
忆把　远把　欲把　盈把　自把
捞一把　手丫把
烧天火把　投机倒把　拧了一把　捏了一把
旋斫松柴带叶烧，热灶一把，冷灶一把/

靶　bǎ　射击练习使用的目标。
打靶　碟靶　黑靶　环靶　活靶　箭靶
枪靶　脱靶　胸靶　玉靶　中靶
人头靶　跑鹿靶　移动靶

坝　bà　①平地。②在河上拦水的建筑。③江河上改变水流的建筑物。
暗坝　大坝　丁坝　堤坝　河坝　坪坝
水坝　石坝　土坝　塘坝　筑坝
放水坝　空心坝　连拱坝　拦河坝　拦拱坝
拦洪坝　橡皮坝
拦河筑坝　垒堤筑坝

把　bà　又音 bǎ　物体上方便手拿的柄。
车把　叉把　刀把　壶把　话把　剑把
门把　扫把　拖把
拿印把

爸　bà　口语上称呼父亲。
阿爸　爸爸　干爸　老爸
孩子爸　丈人爸

耙　bà　又音 pá　把碎土弄平的一种农具。
耧耙　犁耙　耥耙
把地耙
立夏不下，田家莫耙/

罢　bà　①废去。②停止。③完毕。④免除。
便罢　报罢　朝罢　锄罢　黜罢　读罢
赋罢　官罢　歌罢　见罢　讲罢　酒罢
农罢　梦罢　曲罢　请罢　畋罢　食罢
舞罢　兴罢　写罢　雪罢　欲罢　也罢
妆罢　作罢　战罢　照罢　醉罢
不能罢　春赛罢　歌舞罢　争席罢
社因王罢/自弹还自罢/不能作罢/

鲅　bà　鱼名。
蓝点鲅

霸　bà　①霸占。②依仗权势肆意横行欺压人。③指春秋诸侯联盟的首领。
成霸　称霸　独霸　恶霸　反霸　村霸
劲霸　拒霸　麦霸　起霸　街霸　图霸
无霸　王霸　五霸　兴霸　学霸　乡霸
戏霸　雄霸　渔霸　杂霸　争霸　逐霸
球霸
黄天霸　巨无霸
称王作霸　称王称霸　齐桓长霸　春秋五霸
车匪路霸　金陵一霸
主佐合德，文采必霸/

吧　ba　助词，在句末表请求、命令、同意、疑问、肯定或停顿。
吃吧　滚吧　好吧　喝吧　苦吧　哭吧
来吧　辣吧　去吧　上吧　酸吧　睡吧
说吧　甜吧　谈吧　下吧　行吧　醒吧
笑吧　醉吧

趴　pā　全身向下卧倒。
马趴
大马趴

啪　pā　拟声词。
劈啪　噼啪
噼噼啪啪

葩 pā ①花。②华美。

残葩　丹葩　芬葩　纷葩　寒葩　花葩
含葩　红葩　荷葩　金葩　锦葩　灵葩
丽葩　奇葩　晴葩　双葩　诗葩　霜葩
商葩　天葩　吐葩　五葩　仙葩　香葩
艳葩　玉葩　银葩　藻葩　众葩
词吐葩　春林葩　斗春葩
奇花异葩　艺苑奇葩　詩正面葩　异卉名葩

扒 pá 又音 bā ①扒窃。②用手或工具把物聚集或散开。③一种烹调法。

反扒　偷扒　专扒　捉扒

杷 pá ［枇杷］水果名，果呈球圆形，黄色。

狼杷　枇杷　乌杷　摘杷
金丸枇杷　入画枇杷　深黄枇杷　帖误枇杷
玉浆枇杷

爬 pá ①身子伏地用手和脚向前移动。②向上攀登。

搔爬　醉爬
背痒爬　顺竿爬　仙爪爬　向上爬
滚打摸爬　鸡抓狗爬　连滚带爬
自己跌倒自己爬/王八吃西瓜，滚的滚，爬的爬/

耙 pá 又音 bà ①一种农具。②弄平土块或聚拢。

钉耙　粪耙　木耙　竹耙
钉子耙　五齿耙
倒打一耙
猪八戒上阵，倒打一钉耙/

琶 pá ［琵琶］弦乐器，由木料做成，有四根弦，下部呈瓜子圆形，上有弯曲长柄。

丰琶　凤琶　金琶　琵琶　筝琶
胡琵琶　土琵琶　铜琵琶
别抱琵琶　柴绍琵琶　怀抱琵琶　铁板铜琶
鹦鹉琵琶　反弹琵琶　横抱琵琶

帕 pà 用来擦汗或盖头的方形棉、丝纺织品。

布帕　宝帕　翠帕　黄帕　夹帕　绛帕
鲛帕　绢帕　锦帕　兰帕　罗帕　如帕
手帕　首帕　香帕　绣帕　纸帕
覆锦帕　黄布帕　秋云帕　香罗帕

怕 pà ①恐怕。②害怕。

不怕　惮怕　后怕　骇怕　害怕　惧怕
恐怕　可怕　哪怕　生怕　畏怕　休怕
只怕　最怕
吃惊受怕　担惊受怕　蛇回兽怕　阴森可怕
软的可欺，硬的可怕/天不怕，地不怕/小儿放鞭炮，又爱又怕/

妈 mā ①母亲。②称长一辈或年纪大的已婚妇女。③与姓连用，对中、老年妇女的敬称。

伯妈　爹妈　大妈　阿妈　姑妈　干妈
后妈　舅妈　奶妈　妈妈　王妈　姨妈
婆婆妈妈
娶了媳妇不要妈/

蚂 mā 又音 mǎ、mà 〈方〉蜻蜓。

蚱蚂

抹 mā 又音 mǒ、mò ①擦。②用手按着前后或左右移动。

擦抹
把桌子抹

麻 má ①麻类植物的总称。②芝麻。③麻的茎皮纤维。④人的肢体感觉不灵。⑤物体面不光滑。⑥带细碎的斑点。

把麻　白麻　败麻　蓖麻　草麻　丛麻
春麻　衰麻　大麻　发麻　葛麻　禾麻
黄麻　红麻　胡麻　花麻　苴麻　焦麻
剑麻　绩麻　乱麻　苎麻　沤麻　蓬麻
苘麻　牡麻　青麻　秋麻　柔麻　肉麻
山麻　蛇麻　丝麻　茼麻　酥麻　缌麻
桑麻　天麻　枲麻　线麻　宣麻　荨麻
亚麻　野麻　原麻　芝麻　脂麻　主麻
针麻　种麻　紫麻
择丝麻　阁生麻　黑麻麻　话桑麻　乱麻麻
乱如麻　罗布麻　烂芝麻　密麻麻　蓬生麻
水香麻　雨如麻　玉堂麻
密密麻麻　马尼拉麻　杀人如麻　心绪如麻
心乱如麻　阳城织麻　阳城裂麻　一团乱麻
郑珏一麻
陈谷子烂芝麻/快刀斩乱麻/快刀砍乱麻/抽

刀斩乱麻/白日子挨门子吃茶，夜晚点灯絮麻/

马 mǎ ①一种家畜。耳小面长，颈和尾有长毛，四肢强健，善奔跑。②人发怒时把脸拉长得像马脸。

爱马 鞍马 白马 兵马 宝马 奔马
班马 斑马 牝马 鞭马 车马 出马
驰马 从马 川马 草马 策马 东马
但马 犬马 诞马 儿马 风马 飞马
肥马 驸马 蕃马 夫马 反马 弓马
龟马 狗马 耕马 公马 国马 河马
画马 汗马 胡马 黑马 换马 海马
害马 悍马 贾马 骏马 军马 健马
跨马 快马 口马 叩马 骡马 立马
泥马 老马 良马 劣马 烈马 落马
骒马 鹿马 路马 龙马 郡马 辂马
遛马 秣马 牧马 名马 牡马 枚马
母马 木马 牛马 驽马 怒马 匹马
骗马 拍马 跑马 驱马 骑马 犬马
前马 裘马 戎马 人马 二马 上马
石马 神马 朔马 赛马 司马 水马
塞马 私马 驷马 善马 扇马 铁马
趟马 探马 跳马 套马 头马 投马
天马 铁马 腾马 田马 驮马 童马
喂马 鞯马 洗马 下马 息马 先马
响马 小马 旋马 行马 野马 幼马
玉马 依马 秧马 驭马 饮马 辕马
跃马 意马 宛马 苑马 驿马 冀马
倚马 阳马 野马 檐马 扬马 竹马
仗马 坠马 指马 紫马 驻马 纸马
征马 战马 纵马 种马 灶马 走马
壮马 邹马 行马 相马 泽马 骤马
避骢马 辨六马 大司马 读班马 飞黄马
飞光马 拐子马 果下马 汗血马 黄骠马
金骆马 冀北马 君子马 江都马 跨战马
款段马 龙文马 栏子马 立仗马 两司马
勒住马 跑竹马 跑野马 跑解马 青骢马
千里马 千金马 骑竹马 人头马 始祖马
三花马 山公马 识途马 萨其马 食粟马
乘五马 唐公马 踏雪马 腾空马 五花马
泛驾马 司空马 塞上马 塞翁马 玉珂马
银河马 御六马 紫骝马 追风马 庄生马
朱龙马 玉蹄马
爱妾换马 伯乐相马 吹牛拍马 锉荐供马
持戈试马 得马失马 单枪匹马 非驴非马
风墙阵马 高获诈马 高头大马 管仲随马
白马非马 郭璞活马 何可旋马 好礼卧马
呼牛呼马 呼牛唤马 虎畏驳马 虎板骇马
害群之马 挥戈跃马 韩干画马 横刀跃马
横枪跃马 徽宗封马 江州司马 金戈铁马
鸠车竹马 厉兵秣马 亮制牛马 虏重司马
乌焉成马 溜须拍马 柳营试马 木牛流马
盲人瞎马 弼给弱马 千军万马 取道杀马
青衫司马 青袍白马 青梅竹马 轻盈换马
轻裘肥马 秦琼卖马 骑马找马 骑两头马
石屋看马 宋人投马 孙阳识马 识途老马
宋人御马 声色犬马 束兵秣马 孙膑赛马
素衣白马 素车白马 塞翁失马 塞翁得马
土牛木马 同甫斩马 田忌赛马 田赎弃马
铜围铁马 童牛角马 脱缰之马 脱缰野马
王良策马 王皓失马 问牛知马 武王归马
心猿意马 细侯竹马 香车宝马 悬车束马
悬崖勒马 鲜衣怒马 薛逢羸马 云车风马
玉堂金马 以牛易马 原班人马 岳飞论马
颜回练马 婴数爱马 招兵买马 指鹿为马
御马到马 指鹿作马 泛驾之马 弊车羸马
攀辕扣马 石庆数马

牛不能生马/射人先射马/特洛伊木马/下泽车，款段马/优孟谏楚庄王葬马/赵襄王御马/赵孟頫画马/韩干临厩画马/字经三写，乌焉成马/拳头上站得人，胳膊上走得马/拼得一身剐，敢把皇帝拉下马/舍得一身剐，敢把皇帝拉下马/九方皋相马/二王八司马/

码 mǎ ①表示数目的用具。②表示数目的符号。③量词。④堆叠。

暗码 编码 尺码 筹码 菜码 草码
电码 底码 代码 砝码 加码 价码
解码 明码 密码 面码 缺码 起码
四码 数码 戏码 页码 字码
条形码 立方码 平方码
邮政编码

骂 mà ①拿恶意或粗野的话侮辱人。②斥责人。

挨骂 不骂 谤骂 叱骂 斥骂 臭骂

嘲骂 啐骂 瞋骂 箠骂 大骂 对骂
独骂 诋骂 恶骂 忿骂 复骂 怪骂
诟骂 好骂 秽骂 恚骂 呵骂 海骂
国骂 见骂 叫骂 讥骂 极骂 煎骂
怒骂 詈骂 浪骂 嫚骂 谩骂 慢骂
殴骂 诮骂 辱骂 讪骂 善骂 谇骂
俗骂 饰骂 肆骂 唾骂 推骂 痛骂
讨骂 渲骂 相骂 酗骂 笑骂 啰骂
谪骂 咒骂 诅骂 醉骂 遭骂 责骂
咒骂
官长骂 留书骂 邻妻骂 行酒骂
道学相骂 两马相骂 冷嘲热骂 破口大骂
嬉笑怒骂
传言过话，自讨挨骂/

蟆 ma ［蛤蟆］癞蛤蟆及青蛙的统称。

痴蟆 蛤蟆 喇蟆 石蟆
疥蛤蟆 癞蛤蟆 蚀月蟆 月中蟆
杨戬虾蟆 晋惠闻蟆 三脚蛤蟆

发 fā 又音 fà ①送出。②发射。③表达。④有大量财物而兴旺。⑤发生，产生。⑥揭露。⑦显现，显出。⑧开始行动。⑨分发，散发。⑩送出。

案发 不发 并发 毕发 炳发 奔发
编发 暴发 颁发 爆发 髯发 勃发
迸发 部发 播发 拨发 补发 出发
草发 抽发 常发 晨发 阐发 残发
触发 猝发 大发 点发 打发 调发
导发 弹发 恶发 忿发 发发 复发
风发 分发 奋发 偾发 濆发 告发
后发 好发 挥发 恢发 焕发 荒发
涣发 核发 击发 揭发 激发 间发
进发 竞发 急发 赍发 举发 抉发
寄发 掘发 箭发 骏发 禁发 开发
扣发 刊发 空发 括发 乱发 摅发
燎发 萌发 明发 偶发 批发 拍发
喷发 启发 巧发 秋发 起发 绮发
签发 七发 穷发 窃发 遣发 强发
生发 时发 抒发 收发 沙发 审发
散发 善发 升发 十发 送发 缮发
突发 摘发 插发 佗发 填发 透发
擿发 先发 虚发 睎发 晓发 宣发
祥发 迅发 雄发 牙发 有发 易发
益发 隐发 英发 印发 愈发 艳发
一发 引发 颖发 诱发 越发 足发
杂发 早发 祝发 触发 资发 自发
转发 蒸发 征发 震发 照发 总发
再发
打启发 十二发 思风发 水仙发
春意勃发 踔厉风发 弹无虚发 东窗事发
供弹击发 皆言荣发 机不容发 箭不虚发
旧病复发 间不容发 酒兴大发 精神焕发
零售批发 栗烈髯发 容光焕发 生机勃发
神采焕发 生机萌发 山洪暴发 星驰电发
雄姿英发 英姿焕发 引而不发 印刷散发
一触即发 意气风发 议论英发 直言解发
整装待发 鸟啼花发
变通之际，刻不容发/剪草除根，萌芽不发/箭在弦上，不得不发/矢在弦上，不得不发/是非之地，间不容发/徐庶入曹营，一言不发/

乏 fá ①缺少。②疲乏。③耽误。④无能。

不乏 补乏 喘乏 财乏 承乏 大乏
斗乏 多乏 道乏 浮乏 告乏 饥乏
救乏 绝乏 窘乏 艰乏 倦乏 解乏
济乏 蹇乏 匮乏 困乏 空发 渴乏
内乏 劳乏 累乏 疲乏 气乏 穷乏
缺乏 阙乏 诎乏 声乏 世乏 人乏
小乏 歇乏 虚乏 悬乏 引乏 越乏
振乏 绌乏
樵薪乏 足力乏
词汇贫乏 人困马乏 语言贫乏 账贫贷乏

伐 fá ①攻打。②砍。③自夸。

不伐 北伐 步伐 笔伐 薄伐 才伐
从伐 采伐 大伐 盗伐 放伐 奋伐
功伐 攻伐 火伐 会伐 旧伐 军伐
矫伐 践伐 翦伐 间伐 剪伐 九伐
矜伐 砍伐 口伐 刻伐 来伐 理伐
难伐 楼伐 去伐 樵伐 戕伐 侵伐
日伐 硕伐 杀伐 书伐 所伐 讨伐
挞伐 无伐 勿伐 炫伐 袭伐 先伐
勋伐 夭伐 语伐 征伐 诛伐 主伐

斩伐　作伐　占伐　自伐
单豹伐　斧斤伐
不矜不伐　大张挞伐　浑浚陈伐　口诛笔伐
自矜功伐　执柯作伐

垡 fá ①翻土耕地。②翻耕过的土块。

打垡　耕垡　起垡　晒垡
深耕晒垡

阀 fá ①依仗权势有特殊地位支配的个人或集团。②管道和机器上控制气、液体的部件。

薄阀　财阀　党阀　鼎阀　官阀　贵阀
军阀　门阀　名阀　气阀　荣阀　世阀
学阀　油阀　勋阀
樊哙排阀

筏 fá 用竹、木等编扎成的在水上行驶的交通工具。

宝筏　船筏　草筏　乘筏　大筏　东筏
巨筏　津筏　连筏　木筏　排筏　皮筏
石筏　为筏　玉筏　作筏　竹筏

罚 fá ①指出钱赎罪。②鞭挞。③处理犯罪或犯错误的人。

百罚　必罚　从罚　惩罚　处罚　慎罚
黜罚　大罚　后罚　告罚　觥罚　法罚
干罚　军罚　艰罚　金罚　决罚　奖罚
降罚　能罚　量罚　扑罚　判罚　谴罚
入罚　认罚　受罚　赏罚　失罚　施罚
善罚　天罚　同罚　体罚　挞罚　填罚
五罚　忘罚　刑罚　显罚　行罚　训罚
削罚　有罚　逸罚　佚罚　自罚　脏罚
罪罚　作罚　责罚　重罚　诛罚
金谷罚　天降罚
蒲鞭之罚　法过市罚　行政处罚　信赏必罚
有赏有罚
有善必赏，有恶必罚/

法 fǎ ①法律，法规。②守法。③方法。④标准。⑤效法。⑥准则。⑦法学用语。⑧法术。⑨佛学名词。

案法　八法　不法　百法　兵法　办法
本法　变法　保法　笔法　秉法　宝法
败法　寸法　处法　成法　程法　长法
词法　常法　乘法　持法　敕法　垂法
财法　皴法　除法　道法　斗法　读法
端法　得法　大法　定法　抵法　度法
盗法　废法　伏法　奋法　佛法　方法
非法　分法　犯法　风法　奉法　仿法
古法　骨法　公法　官法　轨法　国法
孤法　护法　活法　合法　画法　害法
圜法　技法　晋法　峻法　加法　旧法
减法　家法　讲法　句法　军法　教法
苛法　看法　坤法　楷法　宽法　六法
疗法　乱法　历法　礼法　立法　量法
离法　门法　母法　名法　魔法　民法
没法　明法　妙法　墨法　猛法　满法
慢法　内法　念法　平法　普法　溢法
屈法　穷法　取法　清法　峭法　轻法
曲法　情法　枪法　勤法　拳法　巧法
如法　上法　书法　示法　失法　色法
说法　守法　试法　设法　世法　税法
谥法　醇法　算法　丝法　绳法　士法
师法　生法　纯法　司法　使法　私法
手法　商法　提法　土法　听法　体法
枉法　违法　五法　玩法　无法　为法
骫法　王法　文法　罔法　完法　杠法
腕法　心法　仙法　想法　悬法　效法
写法　兴法　邪法　信法　选法　宪法
戏法　学法　刑法　西法　循法　行法
新法　一法　易法　约法　语法　有法
异法　用法　缘法　仰法　依法　尧法
义法　知法　执法　指法　主法　止法
正法　作法　重法　周法　战法　治法
则法　宗法　政法　做法　坐法　章法
造法　子法　足法　致法　着法　追法
保险法　兵役法　变戏法　辩证法　成文法
财政法　程序法　沉命法　唱名法　对位法
大臣法　反证法　构词法　公司法　工厂法
根本法　归谬法　国内法　国际法　换骨法
海商法　婚姻法　检字法　基本法　继承法
教学法　激将法　劳动法　老办法　没办法
没王法　票据法　配器法　普通法　平等法
破产法　切分法　诉讼法　实体法　上乘法
素王法　三互法　三尺法　商标法　实在法
甜羹法　特别法　无碍法　无生法　外分法
现行法　选举法　洗心法　想办法　行政法

习惯法　优选法　掩眼法　一王法　养花法
自然法　遮眼法　障眼法　正字法　史可法
阿私标法　秉公执法　不成文法　鞭石之法
春秋笔法　创作方法　传统技法　党纪国法
奉公守法　封闭疗法　国际私法　国际公法
横行不法　郝家之法　毫无办法　骄蹇不法
就地正法　居官守法　龙门笔法　两面手法
民定宪法　目无王法　美声唱法　茅门之法
钦定宪法　千秋可法　钱镠骨法　荣毗奉美
普惜国法　让梨知法　生公说法　绳之以法
贪赃枉法　戊戌变法　舞文弄法　韦澳行法
物理疗法　徇情枉法　想方设法　现身说法
永字八法　以文乱法　以身试法　严刑峻法
艺术手法　鞅更秦法　饮食疗法　战斗方法
执法犯法　斩奴明法　知法犯法　遵纪守法
萧何作法
唯物辩证法/家有家规，国有国法/人情大于王法/世有乱人而无乱法/见剑舞，悟书法/

发　fà　又音 fā　头发。

艾发　白发　编发　辫发　鬓发　长发
齿发　垂发　愁发　翠发　雏发　髭发
多发　短发　断发　高发　割发　膏发
华发　黄发　鹤发　皓发　鹄发　黑发
毫发　炜发　见发　结发　翦发　卷发
假发　截发　髡发　掠发　理发　乱发
绿发　落发　毛发　美发　沐发　浓发
怒发　蓬发　被发　青发　人发　如发
髻发　少发　束发　散发　素发　梳发
疏发　生发　蒜发　损发　霜发　头发
脱发　胎发　龆发　秃发　烫发　乌发
握发　挽发　绾发　玄发　细发　雪发
削发　纤发　秀发　须发　鬑发　蓄发
云发　仪发　银发　栉发　鬃发　再发
指发　直发　捉发　薙发
冲冠发　哈里发　三握发
翱狂晞发　不爽毫发　不差毫发　冲冠怒发
曹操割发　待宾截发　红女白发　贵妃剪发
红颜白发　鸡皮鹤发　皆言荣发　梨眉艾发
缕缕短发　露水湿发　郎潜白发　孟称清发
满头银发　蓬头短发　蓬头垢发　庞眉黄发
潘安白发　潘岳白发　披头散发　千钧一发
青山一发　任撩新发　茸茸短发　誓天断发
陶母截发　驼背鹤发　童颜鹤发　吐哺捉发
吐哺握发　陶母剪发　细不容发　心细如发
一丝细发　一绺头发　一圈卷发　银眉鹤发
自然卷发　朱颜绿发　周公握发　龙眉皓发
苍颜白发　早生华发　析毛辨发
一沐三捉发/一根头发系磨盘，千钧一发/

答　dā　又音 dá　①搭理。②答应。

批答　滴答
羞答答
羞人答答　羞羞答答

搭　dā　①架支。②连接。③配合。④挂。⑤凑上，加上。⑥乘坐。

白搭　抽搭　凑搭　兜搭　勾搭　钩搭
扢搭　间搭　肩搭　乱搭　踔搭　搅搭
摸搭　抹搭　那搭　扭搭　品搭　配搭
铁搭　斜搭　这搭
花花搭搭　驴脸瓜搭
有一搭没一搭/

嗒　dā　又音 tà　拟声词。

吧嗒　嗒嗒　嘀嗒　呱嗒　啪嗒

达　dá　①通。②达到。③表达。④懂得透彻。⑤引进。⑥豁达。⑦显达。

谙达　不达　表达　八达　卞达　博达
辩达　长达　传达　畅达　胃达　辞达
聪达　缠达　沉达　诚达　大达　抵达
洞达　得达　道达　到达　放达　方达
发达　古达　功达　贯达　铦达　高达
哈达　后达　恢达　豁达　宏达　鸿达
宦达　闳达　函达　厚达　荐达　鉴达
进达　九达　济达　敬达　健达　口达
康达　旷达　阔达　廓达　浪达　溜达
老达　乐达　礼达　理达　练达　雷达
迈达　明达　敏达　目达　名达　马达
萌达　求达　巧达　秦达　穷达　任达
荣达　上达　生达　仗达　圣达　速达
身达　深达　始达　送达　舒达　天达
条达　特达　通达　腾达　调达　挑达
踢达　闻达　晚达　午达　五达　未达
武达　下达　先达　显达　贤达　闲达

性达 虚达 右达 宜达 永达 言达
英达 养达 左达 中达 自达 早达
专达 直达 转达 兆达
寒士达 嵇康达 蒙叟达 文学达 王僧达
乡先达 知己达
不求闻达 从难王达 堕甑叔达 飞黄腾达
谷永疏达 肌腱发达 溜溜达达 老陈练达
冥鉴季达 求名利达 情理通达 人情练达
人情通达 异香遍达 四通八达 神会贤达
社会贤达 兴旺发达 下情上达 欲速不达
子孙发达 壮丽旷达
欲速则不达/

怛 dá ①忧伤。②痛苦。③畏惧，惧怕。

忡怛 恻怛 憯怛 惨怛 切怛 动怛
怀怛 惶怛 怛怛 惊怛 悬怛 愊怛
灼怛 伤怛 惋怛 欣怛 震怛 憱怛
劳心怛 中心怛

答 dá 又音 dā ①应答。②报答，答谢。③解答。④回话。

白答 百答 笔答 褒答 报答 裁答
拜答 辩答 持答 酬答 对答 奉答
和答 好答 荐答 解答 金答 亢答
可答 礼答 莫答 难答 批答 抢答
渠答 如答 诗答 神答 题答 问答
戏答 训答 修答 响答 献答 优答
应答 有答 抑答 意答 作答 自答
醉答 赠答 鲊答
千金答 不能答
一问一答 有问必答 渔歌互答
所问非所答/

打 dǎ 又音 dá ①攻打。②使破碎。③殴打。④开凿。⑤购买。⑥制造（器物）。⑦揭。⑧编织。⑨计算，提出。⑩收捕。⑪射出。⑫捆扎。⑬舀取。⑭采用。⑮砍取，割取。

挨打 白打 步打 波打 逼打 鞭打
从打 吹打 抽打 潮打 捶打 大打
短打 踩打 斗打 毒打 对打 吊打
单打 攻打 掴打 该打 轰打 芳打
击打 脚打 开打 叩打 款打 拷打
磕打 乱打 摸打 猛打 扭打 难打
殴打 扑打 拍打 轻打 拳打 敲打
厮打 双打 岁打 受打 散打 摔打
讨打 痛打 途打 铁打 踢打 跌打
武打 闲打 相打 雪打 由打 雨打
在打 自打 直打 责打 摔打
挨拷打 初更打 红板打
吹吹打打 大吹大打 风吹雨打 风吹浪打
鸡飞蛋打 零敲碎打 摸爬滚打 皮鞭抽打
穷追猛打 敲敲打打 擅长短打 稳扎稳打
细吹细打 严刑拷打
打是不打，不打是打/过街的老鼠，人人喊打/老鼠过街人人喊打/舍得一生剐，敢把皇帝打/铁匠出生，光会打/

大 dà 又音 dài ①与“小”相反。②数量大。③程度深。④尊重推崇。⑤思想高尚，技艺精湛。⑥排行第一，自夸。⑦敬辞。

半大 必大 博大 保大 葆大 充大
措大 材大 昌大 醋大 长大 粗大
斥大 称大 城大 斗大 惇大 顶大
电大 胆大 大大 地大 道大 肥大
放大 福大 广大 官大 高大 贵大
光大 更大 共大 戆大 弘大 洪大
浩大 宏大 闳大 扩大 好大 鸿大
九大 矜大 加大 巨大 夸大 阔大
抗大 宽大 老大 拿大 两大 旅大
脸大 量大 门大 面大 莫大 末大
明大 命大 庞大 膨大 庆大 强大
禽大 曲大 人大 偌大 三大 示大
四大 事大 手大 树大 硕大 盛大
天大 体大 托大 五大 伟大 位大
瓦大 尾大 我大 小大 袖大 雄大
颀大 弦大 用大 语大 远大 犹大
遗大 殷大 豫大 自大 正大 壮大
肿大 重大 尊大 最大 增大 坐大
妆大 做大 张大 作大
船老大 巢鹤大 动庸大 胆欲大 花头大
明星大 虎迹大 老措大 六学大 力量大
年岁大 乾坤大 穷措大 穷指大 无穷大
天限大 星辰大 松人大 许飘大 夜朗大
雨声大 眼孔大
白菜肥大 才疏志大 垂肩耳大 度长絜大

待人量大　肥肥大大　肥嫩硕大　丰亨豫大
发展扩大　发扬光大　光明正大　关系重大
顾小失大　规模宏大　金印斗大　见小暗大
家大业大　狂妄自大　宽宽大大　两头做大
目光远大　孟光力大　前程远大　前途远大
人大心大　人大面大　厥流最大　守身为大
事关重大　神通广大　声势浩大　贪小失大
挺拔高大　无后为大　妄自尊大　秀才胆大
夜郎自大　眼光远大　因小失大　自高自大
智小言大　阵容强大　滋事体大　褚小怀大
天大地大

不挨骂长不大/不孝有三，无后为大/八月十五的月亮，光明正大/八仙过海，神通广大/搭起戏台卖豆腐，买卖不大架子大/饿死事小，失节事大/井中蛙妄称尊大/脚不缠不小，官不缠不大/人多力量大/三张纸画个鼻子，面子大/水涨船高，泥多佛大/人大心事大/泰山不让土壤，故能成其大/傻瓜总是脾气大/有容德乃大/艺高人胆大/芝麻绿豆大/

瘩　da　又音 dá　［疙瘩］　①人身上的病块。②小球形或块状的东西。③不易解决的问题。

疙瘩

解疙瘩　老疙瘩

宝贝疙瘩　鬼风疙瘩　疙疙瘩瘩　疙里疙瘩
鸡皮疙瘩　木头疙瘩　榆木疙瘩

他　tā　①代第三人称。②指其他地方。③虚指。

非他　匪他　怪他　吉他　卡他　利他
靡他　排他　其他　思他　随他　听他
无他　由他　有他　言他　怨他　知他

不如他　莫如他　一任他

至死靡他　自觉觉他

王顾左右而言他/

趿　tā　穿鞋时只穿上脚的前半部分。

踏趿　蜡趿　珠趿

塌　tā　①下陷。②倒下。③坍塌。④凹下。

地塌　倒塌　垮塌　崩塌　倾塌　坍塌
颓塌　顽塌　拽塌

软塌塌

地陷天塌

塔　tǎ　①佛教的建筑物。②像塔形的物体。

百塔　宝塔　层塔　踔塔　大塔　灯塔
兜塔　飞塔　发塔　梵塔　花塔　孤塔
圪塔　杆塔　故塔　高塔　古塔　旧塔
结塔　空塔　立塔　玲塔　丽塔　卵塔
破塔　炮塔　七塔　起塔　认塔　瑞塔
什塔　双塔　石塔　水塔　沙塔　松塔
铁塔　跳塔　文塔　危塔　仙塔　寻塔
香塔　像塔　牙塔　玉塔　雁塔　屹塔
钻塔　砖塔　造塔

多宝塔　电视塔　大雁塔　倒影塔　芙蓉塔
风铃塔　回梯塔　金字塔　金建塔　纪念塔
雷峰塔　凌云塔　千寻塔　七宝塔　三兽塔
跳伞塔　香烟塔　遮半塔

积沙成塔　聚沙成塔　身似铁塔　象牙之塔

獭　tǎ　水獭，一种生活在水中的兽。

爱獭　白獭　奔獭　猵獭　豺獭　黑獭
旱獭　海獭　害獭　猿獭　见獭　禁獭
眠獭　群獭　山獭　水獭　沙獭　石獭
鼠獭　乳獭　有獭　鱼獭　养獭　招獭

画鱼逮獭

拓　tà　又音 tuò　把刻有文字、图像的器物、石碑蒙一上层纸，捶打后，让文字图像显现出来。

碑拓　传拓　椎拓　旧拓　临拓　摹拓
石拓　私拓　拓拓　唐拓　细拓　翼拓
诸拓

乌金拓　蝉衣拓

沓　tà　又音 dá　①重复。②会合。③繁杂。④松弛。⑤话多。

波沓　重沓　丛沓　翠沓　蹬沓　稠沓
叨沓　封沓　纷沓　复沓　合沓　会沓
含沓　金沓　骄沓　驳沓　棼沓　疲沓
蓬沓　驱沓　山沓　飒沓　沓沓　颓沓
腾沓　拖沓　万沓　泄沓　晓沓　云沓
濛沓　尊沓　杂沓

波浪沓

纷纭杂沓　泄泄沓沓

踏 tà 又音 tā ①踩，践。②迈步。③搜查，查看。④足着地。⑤勘验。

超踏 踩踏 洞踏 登踏 跗踏 花踏
践踏 脚踏 健踏 乱踏 连踏 马踏
攀踏 头踏 腾踏 踏踏 踢踏 挽踏
闲踏 足踏 展踏 糟踏 转踏
蒲莲慢踏

挞 tà ①拂击。②用鞭、棍等打人。

鞭挞 笞挞 痕挞 决挞 扑挞 亲挞
受挞 挝挞 依挞 遇挞 作挞 自挞
仗挞 斫挞 蛋挞
流血挞 殷武挞

闼 tà 门，小门。

闭闼 春闼 飞闼 高闼 宫闼 华闼
九闼 金闼 家闼 阶闼 排闼 琼闼
邃闼 相闼 星闼 虚闼 绣闼 仙闼
右闼 玉闼 幽闼 左闼 紫闼 转闼
青琐闼 紫薇闼
樊哙排闼

遝 tà ①相及。②沓。

适遝 答遝 纷遝 合遝 驳遝 纠遝
飒遝 苔遝 杂遝

嗒 tà 又音 dā 失意的样子。

舐嗒 神嗒 意嗒

榻 tà 长而矮的床。

笔榻 北榻 半榻 板榻 病榻 宾榻
尘榻 草榻 陈榻 禅榻 床榻 对榻
短榻 挂榻 方榻 分榻 风榻 放榻
故榻 合榻 汗榻 华榻 画榻 几榻
借榻 解榻 讲榻 开榻 连榻 藜榻
木榻 满榻 凹榻 轻榻 侵榻 上榻
石榻 书榻 扫榻 设榻 深榻 同榻
藤榻 卧榻 晚榻 下榻 席榻 徐榻
悬榻 晓榻 绣榻 玉榻 吟榻 月榻
异榻 云榻 椅榻 依榻 竹榻 造榻
置榻 稚榻
陈蕃榻 分半榻 翻经榻 高士榻 合欢榻
南窗榻 留月榻 青鲜榻 山当榻 生公榻
徐稚榻 悬一榻 徐孺榻 荀令榻 幽人榻
陈蕃下榻 缠绵病榻 高悬一榻 鼾声邻榻

遢 ta ［邋遢］不利落，不整洁。

邋遢

拿 ná ①用手或其他方式取物。②拿捏。③捉，逮。④装出，故意做出。

捕拿 大拿 纷拿 烦拿 购拿 胡拿
拘拿 缉拿 攫拿 龙拿 盘拿 擒拿
推拿 腾拿 误拿 捉拿
龙跃凤拿 手到擒拿 悬赏捉拿 一把死拿
横草不动，竖草不拿/

那 nà 又音 nèi nā 代词，指较远的时间、地方或事物。

安那 阿那 边那 不那 禅那 刹那
朝那 何那 堪那 罗那 檀那 舍那
无那 兀那 猗那 有那 遮那 震那
支那
谷律那 一刹那

呐 nà 叫喊。

嗗呐 声呐 唢呐

纳 nà ①接受。②缝补。③收进来。④享受。⑤交付。⑥归纳。

艾纳 不纳 版纳 补纳 包纳 博纳
出纳 采纳 採纳 导纳 父纳 敷纳
广纳 归纳 轨纳 颌纳 汇纳 含纳
海纳 交纳 结纳 集纳 接纳 缴纳
奖纳 嘉纳 款纳 论纳 纳纳 领纳
取纳 勤纳 容纳 少纳 手纳 收纳
受纳 送纳 顺纳 哂纳 吞纳 吐纳
笑纳 销纳 心纳 信纳 翕纳 献纳
询纳 言纳 卸纳 俞纳 引纳 延纳
诱纳 招纳 拙纳 缀纳
康平纳
闭门不纳 方寸海纳 格格不纳 深文周纳
丝湿纳纳

衲 nà ①和尚的衣服。②僧徒自称。③缝缀。

半衲 百衲 布衲 补衲 败衲 敝衲
翠衲 残衲 定衲 毳衲 缝衲 挂衲

坏衲　寒衲　巨衲　戒衲　袈衲　口衲
老衲　片衲　披衲　破衲　千衲　贫衲
诗衲　僧衲　五衲　野衲　衣衲　云衲
紫衲
缝寒衲　云生衲
拘挛补衲

捺　nà　①按，摁。②汉字的笔画之一。

按捺　一捺

拉　lā　又音 lá　①用力让物移动。②用车运。③拉扯。④闲聊。⑤拖长。⑥帮助。⑦挪借。

澳拉　半拉　背拉　拨拉　摆拉　粗拉
催拉　打拉　耷拉　阿拉　法拉　划拉
横拉　巨拉　卡拉　克拉　里拉　觝拉
罗拉　毛拉　扒拉　批拉　前拉　敲拉
色拉　飒拉　沙拉　刷拉　趿拉　拖拉
乌拉　相拉　稀拉　折拉
冬不拉　虎不拉　虎列拉　坎德拉　稀拉拉
用力拉
半半拉拉　臂里拍拉　粗粗拉拉　滴零搭拉
东扯西拉　拖拖拉拉　稀稀拉拉　漓漓拉拉

啦　lā　又音 la　拟声词。

刺啦　呼啦　哗啦　啪啦　哇啦　乌啦
呼啦啦　哇啦啦
劈里啪啦　哗啦哗啦　哗哗啦啦　叽里呱啦
哩哩啦啦　沙啦沙啦　雨声哗啦　咿哩哇啦

旯　lá　［旮旯］角落。

旮旯
背旮旯　山旮旯
旮旮旯旯　叽里旮旯

喇　lǎ　［喇叭］①一种管乐器。②像喇叭似的物体。

哈喇　呼喇　哗喇
吡哩叭喇　唏唎哗喇　伊哩呱喇

剌　lá　又音 là　①违背。②乖戾。

补剌　拔剌　促剌　操剌　缝剌　乖剌
讥剌　离剌　来剌　剌剌　牢剌　泼剌
睢剌　探剌　瓦剌　诇剌
吴儿剌

辣　là　①像姜蒜的味道。②狠毒。③刚劲犀利。

粗辣　毒辣　芳辣　桂辣　火辣　狠辣
甘辣　极辣　蒌辣　苦辣　酷辣　老辣
辣辣　麻辣　泼辣　蒜辣　手辣　热辣
味辣　酸辣　大辣　香辣　微辣　辛辣
卒辣
火辣辣　热辣辣　手段辣
大胆泼辣　口甜心辣　毛焦火辣　酸甜苦辣
太阳毒辣　心黑手辣　心狠手辣　阴险毒辣
姜是老的辣/姜愈老愈辣/砒霜拌大蒜，毒辣/

腊　là　又音 xī　①农历十二月。②祭名。③冬天腌制的鱼、肉类。④剑的两刃。

初腊　残腊　杜腊　答腊　带腊　伏腊
脯腊　后腊　河腊　患腊　寒腊　剑腊
枯腊　年腊　腊腊　每腊　名腊　梅腊
破腊　去腊　社腊　僧腊　散腊　烧腊
鼠腊　瘃腊　天腊　熏腊　遇腊　周腊
正腊　祖腊　鱼腊
江西腊　经残腊　梅迎腊　山分腊　天柱腊
洸穷腊　知迎腊
戚遵祖腊　景宗思腊

蜡　là　又音 zhà　①动物、植物或矿物所产生的油质。有可燃性。②像蜡的质感。③蜡烛。

八蜡　白蜡　称蜡　茶蜡　爨蜡　大蜡
打蜡　点蜡　滴蜡　风蜡　伏蜡　发蜡
蜂蜡　花蜡　黄蜡　贺蜡　红蜡　矩蜡
祭蜡　嚼蜡　绛蜡　口蜡　枯蜡　刻蜡
腊蜡　绿蜡　泪蜡　如蜡　燃蜡　石蜡
尸蜡　通蜡　烫蜡　涂蜡　脱蜡　戏蜡
香蜡　崖蜡　银蜡　印蜡　洋蜡　饴蜡
周蜡　脂蜡　自蜡　坐蜡
白费蜡　黄封蜡　盘上蜡　一支蜡
吹灯拔蜡　脸色如蜡　味同嚼蜡　味如嚼蜡
兴如嚼蜡

镴　là　锡和铅的合金，叫做焊锡。

白镴　焊镴　锡镴

啦 la 又音 lā ①助词，用在句尾。②接近，表感情强烈。

破鞋，甭提啦/门缝里看人，把人看扁啦/头顶上长疮，脚跟流脓，坏透啦/

嘎 gā 又音 gá 拟声词

嘎嘎 呕嘎

笑嘎嘎

唧唧嘎嘎 咬咬嘎嘎 叽叽嘎嘎

尬 gà［尴尬］神态不自然或处境困难，不好处理。

尴尬

不尴不尬

卡 kǎ 又音 qiǎ ①卡片。②卡车。③录音机的仓式装置。④对人和财物的控制。

涤卡 大卡 贺卡 绿卡 林卡 千卡

波尔卡 分厘卡 摩托卡 帕斯卡 十轮卡

圣诞卡 资料卡

哈 hā 又音 hǎ、hà ①张口呼气。②拟声词。

哈哈 哼哈 唏哈

打哈哈 马大哈 笑哈哈

不哼不哈 哼哼哈哈 嘻嘻哈哈

扎 zhā 又音 zhá、zā ①驻扎。②钻进（水里）。③刺。

抄扎 马扎 猛扎 屯扎 针扎 驻扎

似刀扎

往水里扎

吒 zhā 又音 zhà 用于神话中的人名。

哪吒 金吒 木吒

哳 zhā 形容声音细碎，繁杂。

啁哳 嘲哳

喳 zhā 又音 chā ①拟声词。②旧时仆役对主人的应答声。

闹喳喳

叽叽喳喳 咭咭喳喳 唧唧喳喳 晨鸟吱喳

喜鹊叫喳喳/麻雀嫁女，叽叽喳喳/

渣 zhā 物品提炼精华或汁液后剩下的东西。

残渣 沉渣 豆渣 废渣 钢渣 嘎渣

矿渣 炉渣 滤渣 麻渣 煤渣 药渣

油渣 蔗渣

豆腐渣 拾煤渣

楂 zhā 又音 chá 落叶乔木，它的果实叫山楂。

斗楂 钓楂 汉楂 旧楂 巨楂 枯楂

流楂 灵楂 山楂 行楂 仙楂 银楂

八月楂 桂星楂 贯月楂

敷辨梨楂

札 zhá ①信件。②古代写字的小木片。③拔掉。

宝札 笔札 寸札 敕札 彻札 持札

穿札 草札 大札 飞札 芳札 贯札

弋札 翰札 函札 记札 旧札 季札

佳札 金札 教札 简札 解札 集札

缄札 空札 累札 去札 绮札 亲札

书札 手札 省札 输札 天札 文札

凶札 信札 犀札 夭札 云札 玉札

瑶札 执札 奏札

穿七札 侨孔札 相思札 王子札

射穿七札 鱼书雁札

轧 zhá 又音 yà、gá 压（钢坯），如轧钢机。

滚轧 冷轧 热轧

闸 zhá ①一种用门来启闭水流的建筑物。②截断水流。③制动机器的快慢或停止的器具。

暗闸 板闸 车闸 船闸 电闸 放闸

风闸 关闸 横闸 涵闸 开闸 启闸

手闸 水闸 跳闸 下闸 堰闸 胀闸

倒轮闸 分洪闸 进水闸 拦洪闸 排水闸

泄水闸 溢洪闸 泄洪闸

炸 zhá 又音 zhà 把食物放在热油中弄熟的烹调方法。

油炸

铡 zhá ①一种切草的工具。②用铡刀切。

刀铡

把草铡

砟 zhǎ 坚硬的小块东西。

大砟　道砟　灰砟　焦砟　炉砟

鲊 zhǎ　用粉加盐腌制的鱼。

封鲊　还鲊　寄鲊　龙鲊　美鲊　卖鲊
秋鲊　市鲊　食鲊　新鲊　鱼鲊　作鲊
菹鲊
东华鲊
虞对鰕鲊　张华龙鲊　昭帝蛟鲊

眨 zhǎ　眼睛很快的一闭一开。

眼眨
眼一眨　眼不眨
眼睛一眨

诈 zhà　①欺骗。②假装。③用谎言试探，让别人说出真情。

不诈　变诈　鄙诈　辩诈　噪诈　刁诈
多诈　诞诈　讹诈　驵诈　诡诈　讧诈
谎诈　局诈　奸诈　谲诈　狡诈　狙诈
夸诈　揰诈　诓诈　诳诈　逆诈　勒诈
面诈　门诈　谋诈　骗诈　巧诈　欺诈
权诈　奇诈　敲诈　饰诈　设诈　为诈
伪诈　行诈　虚诈　险诈　雄诈　言诈
愚诈　溢诈　阴诈　淫诈　疑诈　札诈
真诈　智诈　炙诈
被敲诈　核讹诈　俗情诈　上官诈
兵不厌诈　掎挈伺诈　礼多必诈　尔虞我诈
无所不诈　卫鞅行诈　为人奸诈　乘伪行诈

榨 zhà　①压出植物体液汁的器具。②用力压出汁液。

压榨　油榨

炸 zhà　又音 zhá　①使用炸药爆破。②因愤怒而发作。③突然破裂。

爆炸　轰炸　气炸

栅 zhà　又音 shān　用竹条、木条做成的隔离物。

大栅　村栅　柴栅　城栅　重栅　古栅
光栅　沟栅　故栅　夹栅　鸡栅　立栅
列栅　篱栅　木栅　门栅　山栅　石栅
守栅　涉栅　豚栅　铁栅　羊栅　闲栅
筑栅
篱笆栅　蘋洲栅　罩鱼栅

咤 zhà　又音 zhā　①生气时对别人大声嚷。②痛惜，慨叹。

大咤　叱咤　叨咤　愤咤　恨咤　怛咤
三咤　肆咤　叹咤　哑咤　窋咤　啸咤
仰咤
风云叱咤　噫喑叱咤　喑恶叱咤

喳 chā　又音 zhā　拟声词。

喊喳
打喳喳
喊喊喳喳　喊哩喀喳

叉 chā　又音 chá、chǎ、chà　①一端有几个齿的器具。②用叉子取物。③叉形的符号标志。

步叉　长叉　刀叉　飞叉　粪叉　钢叉
画叉　戟叉　交叉　灵叉　刘叉　木叉
俳叉　三叉　手叉　铁叉　玉叉　鱼叉
夜叉　音叉　药叉
母夜叉　三齿叉　手八叉　温八叉　鱼可叉
吟八叉　仰八叉
笑面夜叉　王德夜叉　立体交叉　形式交叉

杈 chā　又音 chà　一端有弯齿的用来挑柴的农具。

疯杈　排杈

差 chā　又音 chà、chāi、cī　①差错。②区分。③差数。

不差　舛差　等差　分差　反差　过差
肩差　交差　级差　景差　逆差　廖差
鳞差　落差　日差　偏差　岁差　色差
时差　视差　顺差　黍差　无差　温差
误差　相差　隅差　争差　种差
大小差　电势差　高下差　剪刀差　六级差
星参差　一字差
分秒不差　分毫不差　毫厘不差　丝毫不差
一念之差　一丝不差　阴错阳差
阴阳有错，祸福不差/寸而度之，至文必差/

插 chā　①参与进入。②放入。③栽植禾苗。

安插　表插　编插　穿插　倒插　反插
根插　高插　花插　横插　联插　留插
满插　瓶插　前插　扦插　天插　头插
偷插　斜插　叙插　笑插　玉插　叶插

正插　自插　争插　枚插
芳心插　繁红插　烂漫插　山花插　游人插
挤挤插插

嚓 chā　又音 cā　拟声词。

咔嚓　喀嚓　啪嚓　蓬嚓　拭嚓

锸 chā　掘土的工具，铁锹。

抱锸　畚锸　持锸　攒锸　负锸　荷锸
具锸　利锸　连锸　买锸　锹锸　万锸
下锸　云锸　杖锸
随身锸　栽花锸
陈胜辍锸

茬 chá　①庄稼收割后留在地里的茎和根。②指庄稼收割的次数。③短而硬的胡子、头发。

白茬　重茬　对茬　搭茬　调茬
倒茬　豆茬　翻茬　回茬　话茬　换茬
活茬　急茬　接茬　两茬　连茬　灭茬
麦茬　苗茬　刨茬　头茬　正茬　找茬
抓茬
不对茬　派活茬

茶 chá　①茶树的嫩叶。②用茶叶沏泡的饮料。③过去代称订婚聘礼。④一些饮料的名称。

白茶　薄茶　吃茶　采茶　茶茶　春茶
撤茶　斗茶　点茶　倒茶　分茶　贡茶
会茶　红茶　好茶　花茶　喝茶　护茶
煎茶　看茶　苦茶　龙茶　绿茶　碾茶
毛茶　卖茶　面茶　名茶　麻茶　嫩茶
奶茶　浓茶　焙茶　烹茶　泡茶　品茶
青茶　清茶　钺茶　沏茶　热茶　揉茶
上茶　山茶　受茶　试茶　善茶　嗜茶
午茶　下茶　仙茶　香茶　新茶　用茶
饮茶　酽茶　油茶　芽茶　早茶　煮茶
砖茶　斟茶　制茶　秋茶
北苑茶　儿饼茶　北山茶　碧沉茶　碧绿茶
春芽茶　吃讲茶　棍儿茶　咖啡茶　菊花茶
鸠盘茶　紧压茶　苦丁茶　可可茶　龙凤茶
龙井茶　陆羽茶　六安茶　龙芽茶　绿华茶
女儿茶　蒙山茶　普洱茶　七品茶　七碗茶
七家茶　雀舌茶　日铸茶　松声茶　睡起茶
双井茶　三到茶　酥油茶　乌龙茶　小叶茶
杏仁茶　新泉茶　雪浪茶　云龙茶　鱼眼茶
隐于茶　紫茸茶　煮新茶
北山芽茶　白露芽茶　碧绿山茶　冻井叶茶
德裕试茶　橄榄仙茶　间底寻茶　鸿渐论茶
鲁望品茶　露香发茶　浪酒闲茶　萋萋绿茶
松风鸣茶　小叶儿茶　杨妃山茶
柴米油盐酱醋茶/锦堂客至三杯酒，茅舍人来一盏茶/无酒酌公茶/扬子江心水，蒙山顶上茶/朝霞暮霞，无水煎茶/早晨起来七件事，柴米油盐酱醋茶/

查 chá　又音 zhā　①翻检着看。②检查，寻检。

备查　抽查　存查　抄查　调查　谍查
访查　复查　翻查　核查　检查　稽查
缉查　考查　縻查　盘查　普查　清查
搜查　审查　探查　寻查　巡查　询查
严查　追查　侦查
贯月查　上汉查
实地调查　有案可查

碴 chá　又音 chā①小碎片块。②器物上的破口。③皮肉被碰破。

冰碴　碴碴　对碴　答碴　搭碴　话碴
接碴　找碴　抓碴
不对碴　玻璃碴　玉米碴

槎 chá　用竹木编扎成的筏。

乘槎　钓槎　海槎　浮槎　泛槎　古槎
江槎　客槎　流槎　灵槎　留槎　山槎
使槎　行槎　星槎　仙槎　银槎
八月槎　博望槎　斗边槎　海上槎　泛仙槎
河汉槎　汉使槎　犯斗槎　明河槎　使臣槎
星河槎

察 chá　①详审。②考察。③仔细看。

按察　不察　必察　补察　暴察　存察
查察　粗察　裁察　澄察　财察　察察
大察　点察　得察　督察　洞察　访察
防察　俯察　分察　烦察　观察　迹察
纠察　尽察　检察　近察　讥察　究察
假察　皎察　监察　警察　诇察　觉察
矜察　口察　苛察　考察　勘察　窥察

了察 临察 留察 廉察 亮察 览察
谅察 目察 明察 闵察 亲察 荃察
勤察 耳察 司察 时察 是察 审察
识察 失察 思察 深察 伺察 视察
听察 体察 推察 探察 下察 小察
心察 讯察 询察 省察 巡察 详察
易察 原察 夜察 要察 钤察 至察
侦察 占察 政察 烛察 坐察 诊察
照察 昭察 职察
还言察 司六察 上下察 众好察
不急之察 端倪可察 地面侦察 火力侦察
海上侦察 静默观察 技术侦察 孔奕明察
空中侦察 瞭望观察 人民警察 习焉不察
水上警察 武装警察 小过必察 习而不察
细心观察 刑事警察 仰观俯察 战术侦察
战斗侦察 战略侦察 战役侦察 詹何之察

衩 chǎ 又音 chà 短裤。

裤衩

叉 chà 又音 chā、chá、chǎ 张开，分开。

排叉 劈叉

汊 chà 水流的分支。

港汊 河汊 湖汊

杈 chà 又音 chā 植物的分枝。

打杈 树杈 丫杈 桠杈 枝杈
棉花杈

衩 chà 又音 chǎ 衣服上边有开口的地方。

褂衩 袴衩 裙衩

岔 chà ①由主干分歧的。②错开。③乱子。

出岔 道岔 打岔 旁岔 眼岔
三道岔
大沟小岔

诧 chà ①惊奇。②夸耀。

过诧 惊诧 骇诧 笑诧 自诧

刹 chà 又音 shā 梵语，意为佛寺。

宝刹 大刹 打刹 禅刹 刹刹 佛刹
梵刹 凤刹 废刹 幡刹 古刹 孤刹
挂刹 净刹 旧刹 金刹 立刹 列刹
罗刹 名刹 琼刹 神刹 僧刹 淦刹
双刹 十刹 香刹 霞刹 着刹
浮图刹 金修刹 金银刹 罗二刹
一大僧刹

差 chà 又音 chā、chāi、cī ①缺欠。②不够标准。③不相合。④错误。

才德差 成绩差 两翅差 命秩差 质量差

杀 shā ①消除。②使失去生命。③消灭。④战斗。⑤收束。⑥犹言死。

艾杀 按杀 暗杀 爱杀 拜杀 棒杀
搏杀 怖杀 榜杀 箠杀 冲杀 仇杀
惨杀 刺杀 错杀 残杀 谗杀 愁杀
椎杀 斗杀 打杀 单杀 多杀 独杀
毒杀 断杀 六杀 盗杀 扼杀 恶杀
饿杀 风杀 反杀 丰杀 弗杀 共杀
攻杀 故杀 梏杀 格杀 归杀 该杀
蛊杀 过杀 合杀 黑杀 恨杀 赫杀
鸿杀 击杀 减杀 禁杀 降杀 尽杀
奸杀 矫杀 劫杀 绞杀 极杀 看杀
扣杀 坑杀 酷杀 令杀 能杀 掠杀
立杀 礼杀 利杀 论杀 隆杀 灭杀
末杀 抹杀 谋杀 骂杀 猛杀 蔑杀
虐杀 扑杀 批杀 捕杀 拼杀 捧杀
劈杀 气杀 枪杀 请杀 去杀 情杀
戕杀 噍杀 忍杀 上杀 生杀 身杀
始杀 时杀 肃杀 速杀 射杀 厮杀
捎杀 胜杀 骚杀 牲杀 睡杀 嗜杀
天杀 他杀 屠杀 搤杀 五杀 无杀
枉杀 望杀 危杀 妄杀 误杀 诬杀
下杀 戏杀 凶杀 香杀 笑杀 新杀
鲜杀 夭杀 瘗杀 吟杀 欲杀 诱杀
弈杀 缢杀 中杀 自杀 助杀 重杀
追杀 折杀 杖杀 斩杀 诛杀 诈杀
贼杀 触杀 宰杀 磔杀 鸩杀 谮杀
大夫杀 江流杀 亲亲杀 焉能杀 与时杀
不教而杀 寒风肃杀 捐残去杀 缴枪不杀
近奸近杀 胜残去杀 畏罪自杀 予夺生杀
以杀去杀 一笔抹杀 用计而杀 血腥屠杀
自相残杀 荆刈拜杀 阳父可杀

国人皆曰可杀/毛延寿画像遭杀/依得官法要打杀，依得佛法要饿杀/

沙 shā 又音 shà ①小的石粒。②像沙子的东西。③声音不爽脆。④粗糙。⑤东西松散。

暗沙 白沙 搏沙 长沙 吹沙 虫沙
村沙 蚕沙 尘沙 查沙 虫沙 澄沙
豆沙 带沙 飞沙 风沙 粉沙 河沙
画沙 含沙 恒沙 黄沙 寒沙 江沙
金沙 锦沙 龙沙 流沙 泥沙 量沙
落沙 淖沙 囊沙 耦沙 平沙 爬沙
沙沙 散沙 塞沙 抟沙 汀沙 铁沙
细沙 佣沙 扬沙 银沙 眼沙 雁沙
搏浪沙 吊长沙 伏伙沙 凤豆沙 化虫沙
囊盛沙 浪淘沙 鸟篆沙 披炼沙 万里沙
映浅沙 玉女沙
簸土扬沙 唱筹量沙 道济量沙 多如细沙
韩信囊沙 射影含沙 雨声沙沙 猿鹤虫沙
一盘散沙 折戟沉沙 曾母暗沙

莎 shā 又音 suō 常用于人名、地名。

岸莎 芳莎 菊莎 金莎 绿莎 挪莎
青莎 射莎 踏莎 庭莎 香莎 细莎
烟莎
故田莎 喀秋莎 庭中莎

痧 shā 中医的一种病名。

发痧 刮痧 喉痧 揪痧
瘪螺痧 绞肠痧

裟 shā ［袈裟］和尚身上穿在外面的法衣。

袈裟

鲨 shā 生活在海洋中的一种鱼，体大，性凶猛。

鲶鲨 海鲨 鲸鲨 青鲨

纱 shā ①用棉、麻等纺织成的松细的线。②轻细的纺织品。

白纱 碧纱 抽纱 粗纱 蝉纱 窗纱
纺纱 锋纱 宫纱 隔纱 红纱 婚纱
浣纱 黑纱 经纱 绛纱 鲛纱 翦纱
拷纱 绿纱 落纱 龙纱 络纱 莨纱
面纱 麻纱 棉纱 青纱 轻纱 纱纱
扇纱 团纱 铁纱 乌纱 纬纱 小纱
细纱 羽纱 泽纱 绉纱
白雪纱 巴里纱 玻璃纱 蝉翼纱 护碧纱
黑洋纱 拂绀纱 泡泡纱 膨体纱 乔其纱
香云纱 越溪纱 月印纱 影上纱 照窗纱
罩碧纱
披着轻纱 披麻挂纱 雾似轻纱 王播笼纱
月笼轻纱 帐如轻纱 诗壁无纱
千金答浣纱/

砂 shā ①同“沙”。②朱砂。③像砂的东西。

辰砂 丹砂 毒砂 翻砂 钢砂 矿砂
硇砂 镁砂 硼砂 缩砂 铁砂 钨砂
细砂 型砂 朱砂 紫砂
金刚砂 夜明砂
唇如丹砂 井中丹砂 井有丹砂

傻 shǎ ①愚笨，糊涂。②头脑不明事理，死心眼。③老实而不知变通。

蚩傻 聪傻 痴傻 呆傻 发傻 疯傻
犯傻 憨傻 卖傻 真傻 装傻
疯疯傻傻 装疯卖傻 装痴卖傻 痴茶呆傻

厦 shà 又音 xià ①高大的房屋。②房后突出的部分。

抱厦 大厦 成厦 丰厦 高厦 广厦
后厦 贺厦 巨厦 支厦
高楼大厦 前廊后厦
一木难支大厦/

煞 shà 又音 shā ①很，极。②指凶狠。

愁煞 地煞 恶煞 回煞 急煞 抹煞
忒煞 特煞 尾煞 凶煞 扎煞 羡煞
七十二煞 凶神恶煞 一笔抹煞

霎 shà ①小雨。②极短的（时间）。

半霎 壁霎 吹霎 风霎 柳霎 萎霎
数霎 霎霎 云霎 一霎

扎 zā 又音 zhā、zhá ①缠束。②捆把儿。

包扎 绑扎 寸扎 裹扎 结扎 捆扎
一扎
密扎扎 稳扎扎

匝 zā ①周。②满。③环绕。

不匝 白匝 百匝 兵匝 初扎 花匝
迴匝 环匝 交匝 軨匝 匼匝 空匝
磕匝 柳匝 品匝 萍匝 千匝 三匝
水匝 事匝 数匝 庭匝 未匝 一匝
云匝 有匝 圆匝 周匝
波涛匝 苍翠匝 红蘗匝 金匼匝 年华匝
密匝匝 苔纹匝 瑶林匝 银蟾匝 陈云匝
密密匝匝 绕树三匝

杂 zá ①多样不纯。②不是正项正式的。③混合。④众多的东西。

不杂 半杂 百杂 驳杂 掺杂 嘈杂
丛杂 稠杂 尘杂 沈杂 羼杂 错杂
攒杂 打杂 多杂 道杂 讹杂 花杂
复杂 纷杂 氛杂 繁杂 骨杂 花杂
荒杂 混杂 溷杂 九杂 夹杂 间杂
鸡杂 搅杂 唧杂 苛杂 拉杂 乱杂
凌杂 闹杂 流杂 鳞杂 门杂 庞杂
浅杂 荏杂 冗杂 糅杂 声杂 散杂
事杂 沓杂 芜杂 猥杂 行杂 渲杂
闲杂 宣杂 淆杂 嚣杂 袭杂 云杂
淫杂 影杂 医杂
春云杂 车马杂 丛兰杂 草色杂 多而杂
诗体杂 沙霰杂 文采杂 筝竽杂
碎而不杂 错综复杂 错乱丛杂 佳者错杂
龙蛇混杂 拉拉杂杂 良窳混杂 人声嘈杂
人多嘴杂 鱼龙混杂

砸 zá ①打破。②用重物撞击。

打砸
把锅砸 榔头砸 锤头砸
把事情搞砸/

臜 za 不干净。

腌臜

擦 cā ①贴近。②摩擦。③揩拭。④涂抹。

板擦 俯擦 摩擦 揉擦 拭擦 洗擦
不摩擦 动摩擦 少摩擦

撒 sā 又音 sǎ ①放开。②尽量表现出来。③舍弃。

决撒 撅撒 弥撒
把娇撒 把网撒 做弥撒

洒 sǎ ①散落。②水分散在地。③风度不拘束。

垂洒 飞洒 沸洒 粪洒 挥洒 灰洒
画洒 浇洒 澼洒 泪洒 淋洒 密洒
飘洒 扑洒 泼洒 喷洒 亲洒 清洒
洒洒 身洒 扫洒 散洒 飒洒 脱洒
泛洒 漫洒 潇洒 用洒 陨洒 旨洒
泣如洒
大方潇洒 水流潇洒 文章洒洒 雪花飘洒
洋洋洒洒

撒 sǎ 又音 sā ①播撒。②散落。

播撒 泼撒 扬撒
满地撒

飒 sà ①拟声词。风声。②狂风拉物。③豪迈而矫健。

答飒 拉飒 莅飒 萍飒 衰飒 雪飒
肃飒 飒飒 爽飒 飕飒 萧飒 淅飒
春雨飒 逢宾飒
金风飒飒 秋风飒飒

萨 sà 姓

阿萨 传萨 唱萨 可萨 拉萨 菩萨
拜菩萨 活菩萨 泥菩萨 生菩萨
边名菩萨 观音菩萨
千手千眼的观音菩萨/小庙堂装不了大菩萨/

丫 yā ①树，毛发分杈。②小女孩。③像丫的东西。

杈丫 候丫 脚丫 髻丫 老丫 林丫
流丫 匹丫 青丫 三丫 树丫 一丫
樯丫 小丫 竹丫 楂丫 枝丫
丛菊丫 短墙丫 高桅丫 管箫丫 良平丫
儒林丫 三四丫

压 yā 又音 yà ①压制。②抑制。③从上往下加压力。④逼近。⑤放置不动。

按压 逼压 被压 冲压 沉压 晨压
电压 低压 锻压 地压 风压 覆压
光压 滚压 高压 坏压 积压 降压
挤压 扣压 搁压 抗压 陵压 模压
偏压 气压 权压 欺压 强压 墙压

热压　山压　声压　殊压　势压　天压
弹压　威压　下压　血压　相压　压压
抑压　眼压　液压　重压　钻压　镇压
大气压　高血压　黑压压
层层重压
标准大气压/

鸦 yā　鸟名，羽毛多为黑色。

白鸦　鬓鸦　村鸦　晨鸦　慈鸦　赤鸦
藏鸦　渡鸦　风鸦　飞鸦　归鸦　昏鸦
寒鸦　金鸦　老鸦　林鸦　掠鸦　墨鸦
鸣鸦　暮鸦　呕鸦　双鸦　俗鸦　神鸦
田鸦　涂鸦　啼鸦　万鸦　乌鸦　喜鸦
云鸦　野鸦　栖鸦
反哺鸦　风随鸦　两三鸦　墨如鸦　数点鸦
挽铃鸦　噪寒鸦
彩凤随鸦　墨色如鸦　画蚓涂鸦　书涂嫩鸦
信笔涂鸦
中庭地白树栖鸦/

押 yā　①签字画押。②抵押。③押送。④拘押。

保押　部押　抵押　点押　典押　分押
风押　关押　管押　花押　画押　金押
鉴押　检押　拘押　寄押　羁押　扣押
看押　六押　拉押　判押　签押　佥押
书押　收押　同押　退押　行押　宣押
新押　在押　檐押　总押
太子作抵押/

鸭 yā　水鸟名，指家鸭或野鸭。

白鸭　宝鸭　板鸭　常鸭　春鸭　斗鸭
盗鸭　放鸭　泛鸭　归鸭　红鸭　画鸭
花鸭　旱鸭　获鸭　江鸭　金鸭　家鸭
鸡鸭　烤鸭　绿鸭　卤鸭　秋鸭　乳鸭
双鸭　水鸭　射鸭　睡鸭　填鸭　叉鸭
卧鸭　鹅鸭　小鸭　戏鸭　驯鸭　绣鸭
雄鸭　养鸭　鱼鸭　银鸭　野鸭　子鸭
煮鸭　鲭鸭
北京鸭　刺史鸭　绿头鸭　能言鸭
色蒙斗鸭
眼睛一眨，老母鸡变鸭/

牙 yá　①牙齿。②象牙。③形状像牙的东西。

聱牙　拔牙　冰牙　板牙　伯牙　龅牙
牙牙　补牙　叉牙　查牙　虫牙　冲牙
搓牙　槽牙　祟牙　大牙　道牙　倒牙
佛牙　獠牙　谷牙　高牙　换牙　虎牙
红牙　金牙　君牙　建牙　假牙　嗑牙
鲸牙　龙牙　利牙　奶牙　砮牙　廊牙
獠牙　撩牙　孽牙　门牙　祃牙　磨牙
摩牙　盘牙　犬牙　乳牙　市牙　刷牙
鼠牙　碜牙　童牙　剔牙　铜牙　武牙
小牙　象牙　惜牙　镶牙　云牙　月牙
咬牙　檐牙　爪牙　粘牙　智牙　淄牙
虫吃牙　假象牙　姜子牙　老掉牙　冷心牙
沁齿牙　鼠无牙　闲嗑牙
拔嘴撩牙　钩爪锯牙　红口白牙　虎口拔牙
佶屈聱牙　金口玉牙　诘曲聱牙　课嘴撩牙
老掉了牙　吕后咬牙　利齿能牙　俐齿伶牙
青面獠牙　朔识貂牙　铁嘴铜牙　舞爪张牙
笑掉大牙　一弦月牙　一口假牙　以牙还牙
凿齿磨牙　雀角鼠牙
狗嘴里吐不出象牙/喝凉水都塞牙/老虎嘴里拔牙/水米不打牙/水米不黏牙/笑掉了大牙/以眼还眼，以牙还牙/

芽 yá　①植物体上才长出来的茎、叶或花。②像芽的东西。③草木发芽。

白芽　出芽　抽芽　春芽　催芽　侧芽
豆芽　顶芽　放芽　发芽　根芽　花芽
黄芽　寒芽　槐芽　韭芽　姜芽　菊芽
蒋芽　蕨芽　蓼芽　龙芽　绿芽　兰芽
露芽　嫩芽　麦芽　萌芽　胚芽　芹芽
肉芽　生芽　笋芽　吐芽　心芽　相芽
雪芽　修芽　新芽　玉芽　叶芽　幼芽
腋芽　长芽　竹芽　滋芽
北山芽　谷雨芽　芍药芽　休眠芽　香椿芽
智慧芽
春树萌芽　枯树发芽
老树发新芽/

岈 yá　［嵖岈山］山名。

南岈
三含岈

蚜 yá 吸食嫩芽的害虫。

菜蚜 棉蚜 灭蚜 麦蚜 烟蚜
高粱蚜

崖 yá ①山或高地的侧面。②河水边的高陡岸地。③边际。

白崖 百崖 奔崖 冰崖 层崖 翠崖
巉崖 丹崖 断崖 颠崖 高崖 虎崖
红崖 迥崖 峻崖 绝崖 空崖 灵崖
露崖 磨崖 摩崖 拍崖 千崖 青崖
琼崖 峭崖 秋崖 山崖 石崖 水崖
松崖 深崖 天涯 危崖 无崖 万崖
望崖 悬崖 雪崖 云崖 阴崖 垠崖
岩崖 烟崖 崖崖 畛崖 珠崖 紫崖
勒马悬崖 宁陨于崖 斩吏乖崖

涯 yá ①水边。②水面的区域。③边际。

北涯 边涯 冰涯 重涯 海涯 际涯
津涯 临涯 年涯 两涯 畔涯 穷涯
圣涯 生涯 水涯 天涯 无涯 心涯
西涯 循涯 云涯 一涯 元涯 有涯
枕涯 瀛涯
出海涯 浩无涯 缘无涯 天一涯 知无涯
在天涯
鞍马生涯 地角天涯 海角天涯 寥廓无涯
苜蓿生涯 麦浪无涯 皮肉生涯 戎马生涯
无际无涯 一望无涯 咫尺天涯
近在咫尺，远在天涯/八十岁的老太打哈欠，一望无（涯）牙/

睚 yá 眼角。

眦睚

衙 yá ①旧时官署名。②排列成行的东西。③旧指官吏办公的地方。

北衙 报衙 打衙 放衙 蜂衙 官衙
公衙 合衙 槐衙 南衙 吏衙 柳衙
排衙 入衙 退衙 午衙 晚衙 县衙
押衙 正衙 早衙 坐衙
鼓催衙 吏放衙 南北衙 长官衙
绸被放衙

哑 yǎ 又音 yā ①人不能说话发声。②说话声音干涩不清楚。③因某些原因暂时失去发音功能。

粗哑 噤哑 聋哑 呕哑 声哑 沙哑
嘶哑 呜哑 笑哑 音哑 瘖哑 暗哑
喉咙沙哑 声音嘶哑 推聋装哑 不睬佯哑
装聋作哑

雅 yǎ ①正的，合乎规范的。②不粗俗。③美好。④素常，向来。⑤敬辞。

安雅 不雅 伯雅 稗雅 变雅 博雅
词雅 淳雅 苍雅 春雅 粹雅 大雅
都雅 典雅 敦雅 淡雅 端雅 澹雅
丰雅 风雅 富雅 工雅 广雅 古雅
功雅 高雅 贵雅 怀雅 闳雅 好雅
洪雅 孩雅 季雅 金雅 精雅 俊雅
隽雅 绝雅 静雅 骄雅 苦雅 宽雅
康雅 礼雅 劳雅 老雅 丽雅 凉雅
民雅 明雅 骂雅 蒙雅 乃雅 年雅
朴雅 清雅 妻雅 谦雅 轻雅 二雅
儿雅 尔雅 柔雅 儒雅 三雅 水雅
身雅 师雅 素雅 舒雅 淑雅 奢雅
室雅 韶雅 纯雅 骚雅 赡雅 土雅
田雅 体雅 通雅 童雅 文雅 无雅
望雅 温雅 心雅 玄雅 兴雅 秀雅
闲雅 新雅 娴雅 驯雅 谐雅 霄雅
永雅 优雅 引雅 用雅 逸雅 音雅
俨雅 幽雅 淹雅 愉雅 鱼雅 淫雅
娱雅 宜雅 渊雅 雅雅 妍雅 悠雅
韵雅 正雅 自雅 奏雅 庄雅 壮雅
众雅 藻雅 诤雅
吹合雅 亲风雅 全大雅 入风雅 小隽雅
崇高大雅 风流儒雅 附庸风雅 环境典雅
景色幽雅 举止文雅 举止闲雅 清奇曲雅
曲终奏雅 手足之雅 素净淡雅 文文雅雅
温文尔雅 温文儒雅 无伤大雅 舞步闲雅
舞姿典雅 一日之雅 有伤大雅 鱼鱼雅雅
雍容典雅 雍容大雅 雍容尔雅 园林清雅
郑声乱雅

轧 yà 又音 zhá gá ①倾轧；排挤。②滚压；碾。

抽轧 奋轧 挤轧 碾轧 磨轧 呕轧
排轧 辋轧 权轧 倾轧 上轧 思轧
势轧 同轧 填轧 鸣轧 相轧 鸦轧
泱轧 轶轧 咿轧 轧轧 辗轧

亚 yà ①次一等。②比较差。③亚洲的简称。

罢亚 东亚 道亚 德亚 高亚 基亚
南亚 流亚 松亚 推亚 西亚 已亚
姻亚 中亚
丛菊亚 东南亚 短墙亚 马利亚
布尔乔亚 马来西亚
小布尔乔亚

讶 yà 惊诧。

怪讶 忽讶 惊讶 嗟讶 叹讶 玩讶
原讶 疑讶

迓 yà ①迎接。②溜走。

郊迓 敬迓 两迓 士迓 失迓 仪迓
迎迓 远迓 邀迓 掌迓

呀 ya 又音 yā 助词。

哎呀 嗟呀 呀呀

俩 liǎ 两个。

哥俩 他俩 咱俩
夫妻俩 爹母俩 娘儿俩 爷儿俩

加 jiā ①多种事物合起来增多。②加以。③使数量或程度比原来大，深。

不加 兵加 参加 递加 德加 复加
附加 厚加 横加 更加 交加 胶加
另加 累加 量加 明加 年加 强加
仁加 食加 施加 寿加 添加 外加
威加 相加 虚加 已加 愈加 再加
追加 增加
豆有加 点不加 分外加 伏特加 酒量加
连来加 礼意加 蔑以加 辛迪加 雪交加
一矢加 又何加
冻馁交加 谗口交加 风雪交加 风雨交加
厚爱有加 惊喜交加 冷馁交加 雷电交加
雷雨交加 蔑以复加 贫病交加 拳脚交加
无以复加 勖勉有加 优礼有加 优渥有加

茄 jiā 又音 qié ［旧指］荷茎。（现指）一种较长的卷烟。

雪茄

枷 jiā 古时带在罪犯脖子上的刑具。

带枷 连枷 铁枷

痂 jiā 疮口、伤口痊愈后等凝结成块状物。

疮痂 嗜痂 相痂 主痂
刘邕食痂 邕嗜疮痂

笳 jiā 我国古代北方民族的一种管状乐器。

哀笳 边笳 悲笳 吹笳 晨笳 鼓笳
胡笳 寒笳 芦笳 鸣笳 暮笳 清笳
塞笳 听笳 怨笳 奏笳
陇上笳 柳城笳
蔡琰胡笳 刘畴胡笳

嘉 jiā ①赞许。②美好。③吉庆。④欢乐。

拜嘉 称嘉 宠嘉 亨嘉 静嘉 可嘉
孔嘉 苦嘉 命嘉 孟嘉 谋嘉 静嘉
靖嘉 柔嘉 淑嘉 筵嘉 天嘉 无嘉
心嘉 欣嘉 兴嘉 元嘉 羽嘉 永嘉
分外嘉 来意嘉 万物嘉 意可嘉
诚信可嘉 精神可嘉 落帽孟嘉 障河武嘉

夹 jiā 又音 jiá、gā ①两边用力相持。②处在两者之间。③夹东西的器具。

分夹 发夹 梵夹 画夹 火夹 卷夹
剑夹 篱夹 连夹 皮夹 钳夹 山夹
铁夹 纸夹 竹夹
翻梵夹 怪石夹 讲义夹 芦花夹 橹双夹
一家夹

浃 jiā ①遍及。②湿透。

欸浃 道浃 恩浃 俯浃 化浃 汗浃
惠浃 计浃 均浃 款浃 理浃 普浃
洽浃 濡浃 思浃 末浃 下浃 旬浃
远浃 周浃 泽浃
春留浃 冷风浃 人事浃 天宠浃

佳 jiā 美好。

不佳 比佳 信佳 赛佳 大佳 当佳
更佳 绝佳 句佳 精佳 渐佳 景佳
丽佳 偏佳 颇佳 欠佳 气佳 晴佳
山佳 时佳 甚佳 殊佳 善佳 味佳

小佳　夕佳　言佳　雨佳　意佳　最佳
转佳
尘尾佳　此中佳　分外佳　景色佳　秋菊佳
山色佳　山川佳　天气佳　万象佳　小住佳
雨后佳　眼底佳　自然佳
郭讷言佳　卿言复佳　自古称佳
小时了了，大未必佳/

家 jiā ①家庭。②家的住所。③娶妻成家。④称父辈或亲属的谦词。⑤经营某种行业的人。⑥有某种专门学识的人。⑦词尾。⑧学术流派。

安家　俺家　挨家　八家　兵家　别家
百家　邦家　布家　保家　备家　本家
把家　败家　搬家　病家　厂家　仇家
出家　持家　抄家　炒家　成家　倡家
传家　词家　船家　辞家　大家　东家
当家　对家　店家　独家　到家　单家
丹家　戴家　道家　恩家　夫家　方家
分家　发家　法家　富家　公家　过家
归家　故家　官家　孤家　郭家　国家
管家　顾家　惯家　合家　行家　回家
火家　阖家　还家　汉家　画家　皇家
寒家　婚家　豪家　浑家　旧家　居家
君家　举家　酒家　妓家　家家　克家
看家　客家　女家　六家　乐家　老家
年家　戾家　男家　良家　农家　奴家
理家　恋家　娘家　离家　拢家　邻家
内家　宁家　米家　民家　某家　名家
墨家　贫家　铺家　卜家　破家　婆家
去家　全家　齐家　起家　权家　亲家
轻家　勤家　挈家　倾家　卿家　人家
儒家　上家　士家　四家　私家　书家
洒家　术家　丧家　声家　身家　思家
俗家　世家　识家　诗家　室家　势家
僧家　谁家　商家　数家　释家　输家
天家　田家　头家　他家　通家　王家
无家　外家　忘家　吾家　窝家　小家
下家　仙家　闲家　新家　一家　有家
岳家　医家　冤家　养家　宜家　怨家
渔家　赢家　专家　自家　在家　治家
庄家　桩家　住家　杂家　仲家　宅家
作家　杖家　咱家　看家　诸家

八大家　不当家　百乘家　处士家　串花家
曹大家　大作家　打冤家　读书家　伐冰家
梵王家　高朋家　革命家　观察家　歌唱家
姑娘家　回老家　好人家　活动家　孩子家
近水家　军事家　积善家　老行家　阔人家
空想家　科学家　老人家　理论家　美食家
卖柴家　卖酒家　批判家　婆婆家　主人家
思想家　风女家　收藏家　书法家　涉百家
数口家　天文家　天下家　太上家　体育家
土专家　太乙家　万人家　文学家　文章家
文艺家　五行家　舞蹈家　闲有家　星相家
玉皇家　阴阳家　有人家　音乐家　艺术家
预言家　野心家　野人家　邺侯家　专门家
长者家　政治家　纵横家　资本家　醉为家
白手起家　八相萧家　半路出家　布衣之家
成名成家　大方之家　大户人家　等闲之家
对头冤家　荡户倾家　妇道人家　富贵人家
高朋之家　国而忘家　公而忘家　华贵之家
花柳人家　欢喜冤家　霍不为家　机杼一家
辽海故家　积善人家　开国承家　可谓通家
梨园世家　门户人家　蚂蚁搬家　清白人家
清白之家　勤俭持家　穰穰之家　儿女亲家
四海为家　书香传家　书香人家　仕宦之家
三戟崔家　书香世家　夙世冤家　诗礼之家
天下一家　天下国家　小户人家　小康之家
忧国忘家　殷实人家　在家出家　朕即国家
庄户人家　姊妹之家　挣钱养家　诸子百家
自成一家　只此一家　蓟训历家　会任之家
胡越一家　宿世冤家　九流十家　尺二冤家
产业资本家/谗言误国，妒妇误家/大丈夫四海为家/公而忘私，国而忘家/孔夫子搬家/农业资本家/梁园虽好，不是久恋之家/手工业资本家/五百年前是一家人/谁是常贫久富家/天塌压大家/同行是冤家/唐宋八大家/天上神仙府，世间富贵家/西望长安不见佳（家）/一般树上两般花，五百年前是一家/一手托两家/

葭 jiā 初生的芦苇。

苍葭　吹葭　飞葭　蒹葭
白露葭　琯灰葭　虎在葭　两安葭

夹 jiá 又音 jiā、gā 双层的衣或被。

白夹 单夹 初夹 锦夹 绣夹

荚 jiá 通常指豆科植物长形的果实。

豆荚 带荚 翠荚 历荚 茗荚 蓂荚
秋荚 瑞荚 山荚 散荚 吐荚 榆荚
皂荚
槐树荚

铗 jiá ①剑或剑柄。②冶铸用的钳。

长铗 炊铗 短铗 击铗 矛铗 贫铗
铁铗 弹铗
长弹铗 歌长铗 士为铗
冯谖弹铗 冯骥弹铗 无车弹铗

颊 jiá 脸的两侧。

病颊 搏颊 拄颊 方颊 丰颊 辅颊
挂颊 花颊 缓颊 高颊 红颊 绛颊
口颊 女颊 老颊 两颊 弄颊 流颊
脸颊 面颊 马颊 梅颊 批颊 瓶颊
颧颊 伤颊 腮颊 头颊 拓颊 吻颊
小颊 月颊 印颊 左颊 在颊 曾颊
著颊 庄颊 醉颊
笏拄颊 红胜颊 鹤赤颊 鱼无颊 胭脂颊

戛 jiá ①轻轻敲。②拟声词。③削平。

步戛 大戛 交戛 敬戛 戛戛 摩戛
痛戛 相戛 衡戛 玉戛

甲 jiǎ ①士兵。②一些动物的外壳。③天干第一位。④居第一的代称。⑤战争中护身的装备。⑥古代户口的编制。

按甲 鞍甲 白甲 兵甲 贝甲 保甲
报甲 鼻甲 鳖甲 赤甲 车甲 莱甲
楚甲 翠甲 坼甲 橙甲 带甲 短甲
蜩甲 断甲 遁甲 鼎甲 锻甲 伏甲
孚甲 孚甲 戈甲 弓甲 挂甲 龟甲
庚甲 裹甲 后甲 花甲 厚甲 擐甲
金甲 解甲 精甲 开甲 科甲 盔甲
魁甲 铠甲 六甲 令甲 里甲 留甲
纳甲 怒甲 蓼甲 暖甲 螺甲 鳞甲
门甲 毛甲 马甲 某甲 萌甲 卜甲
披甲 全甲 弃甲 情甲 轻甲 入甲
生甲 首甲 束甲 受甲 私甲 室甲
丧甲 送甲 释甲 膳甲 同甲 铁甲
蹄甲 王甲 五甲 为甲 先甲 往甲
洗甲 秀甲 息甲 犀甲 卸甲 胸甲
喻甲 一甲 衣甲 芽甲 鱼甲 烟甲
银甲 隐甲 药甲 御甲 爪甲 杂甲
早甲 卒甲 坐甲 指甲 组甲 衷甲
装甲 趾甲 紫甲
穿山甲 金锁甲 脚趾甲 径霜甲 金销甲
明光甲 清泉甲 三鼎甲 司徒甲 甲子甲
颜以甲 云布甲 忠信甲
案兵束甲 丢盔弃甲 丢盔卸甲 腹有鳞甲
平腹鳞甲 裹粮坐甲 年逾花甲 入罚二甲
身怀六甲 束戈卷甲 胸中鳞甲 郑君为甲
枕戈寝甲
京报连登黄甲/

胛 jiǎ 肩膀后的部位。

背胛 臂胛 花胛 贯胛 牛胛 肩胛
袒胛 羊胛
熟羊胛

贾 jiǎ 又音 gǔ ①姓。②古代用于人名。

董贾 陆贾 屈贾 宋贾

槚 jiǎ ①楸树又称槚。②茶树的古名。

择槚 楸槚 墓槚 梧槚
舍梧槚

假 jiǎ 又音 jià ①借用；利用。②假设。③不真实。

比假 变假 掺假 孤假 狐假 很假
借假 举假 难假 弄假 浸假 求假
使假 甚假 极假 善假 太假 田假
通假 为假 戏假 陷假 息假 虚假
有假 愿假 造假 做假 装假 真假
虎威狐假 弄虚作假 外表虚假 真真假假
真的自真，假的自假/

斝 jiǎ 古代一种盛酒的器具。

宝斝 翠斝 虎斝 奠斝 金斝 琼斝
玉斝 扬斝

价 jià ①价格。②声望。③价值。④化学上的名词。

比价 标价 半价 原价 变价 保价
壁价 报价 驳价 贬价 倍价 出价
差价 超价 刀价 代价 打价 定价
待价 底价 跌价 掉价 等价 单价
工价 地价 估价 高价 官价 给价
还价 划价 货价 谎价 加价 旧价
基价 计价 讲价 酒价 降价 贱价
减价 开价 括价 论价 落价 廉价
名价 米价 买价 卖价 美价 马价
平价 评价 牌价 全价 起价 市价
杀价 声价 时价 身价 实价 售价
索价 善价 同价 抬价 通价 谈价
讨价 提价 调价 特价 无价 问价
物价 削价 宣价 虚价 玉价 压价
言价 原价 要价 鱼价 议价 韫价
走价 作价 折价 知价 重价 租价
总价 值价 章价 转价 涨价
不二价 本无价 沽酒价 化合价 鸡林价
连城价 千金价 三都价 原子价 一口价
增纸价
哄抬物价 翰林声价 鸡林诗价 漫天要价
讨价还价 香山诗价 言无二价
春宵一刻千金价/黄金有价，药无价/

驾 jià ①系牛、马于车。②古代帝王车乘的总数。③驾驶。④借指帝王。⑤凌驾。

白驾 百驾 并驾 伴驾 宝驾 保驾
别驾 长驾 辰驾 车驾 朝驾 大驾
导驾 档驾 敦驾 方驾 法驾 泛驾
要驾 凤驾 告驾 还驾 护驾 虎驾
候驾 扈驾 鹄驾 鹤驾 就驾 銮驾
孔驾 劳驾 凌驾 銮驾 鸾驾 命驾
秘驾 牛驾 南驾 齐驾 劝驾 亲驾
秋驾 趣驾 屈驾 驱驾 二驾 圣驾
司驾 税驾 夙驾 速驾 肃驾 驶驾
台驾 停驾 枉驾 往驾 下驾 仙驾
星驾 息驾 逊驾 羲驾 轩驾 云驾
仪驾 迎驾 轺驾 优驾 严驾 晏驾
御驾 在驾 坐驾 中驾 正驾 自驾
震驾 尊驾 辎驾
白鹿驾 骖鹤驾 峒山驾 故人驾 鸡鸣驾
七襄驾 千里驾 三清驾 乘舆驾 腾甲驾
恭候大驾 驽马十驾 齐驱并驾 适嵇命驾
文饶下驾 相思命驾

架 jià ①搭起。②物的骨骼。③支撑物体的用具件。④搀扶。⑤殴斗，争吵。

半架 笔架 绑架 吵架 床架 插架
打架 吊架 担架 底架 风架 干架
工架 功架 骨架 棺架 鼓架 购架
花架 画架 桁架 旧架 井架 金架
架架 举架 间架 坚架 禁架 绞架
开架 克架 框架 拉架 闹架 陵架
陆架 铃架 落架 马架 骂架 满架
趴架 劝架 擎架 石架 书架 散架
塌架 藤架 万架 屋架 一架 云架
玉架 衣架 邺架 支架 作架 招架
遮架
大陆架 脚手架 葡萄架 秋千架 蔷薇架
十字架 三脚架 珊瑚架 紫檀架
饭囊衣架 老虎打架 万签插架
打鸭子上架/赶鸭子上架/愿跟明白人说话，不跟糊涂人打架/

假 jià 又音 jiǎ 按规定或经批准的休息日。

补假 病假 禀假 产假 长假 超假
春假 登假 度假 伏假 放假 公假
告假 归假 寒假 降假 婚假 久假
冷假 例假 麦假 满假 年假 乞假
请假 申假 私假 丧假 双假 事假
续假 暑假 天假 休假 息假 孝假
销假 优假 又假 在假 准假
固定假 寒暑假 农忙假 探亲假 过年假

嫁 jià ①女子结婚出嫁。②将罪名、损失转移推给别人。③嫁接。

逼嫁 从嫁 出嫁 初嫁 当嫁 待嫁
改嫁 昏嫁 婚嫁 可嫁 陪嫁 配嫁
娶嫁 女嫁 送嫁 始嫁 逃嫁 未嫁
下嫁 西嫁 许嫁 已嫁 远嫁 作嫁
自嫁 再嫁 转嫁 恨嫁 渴嫁
二十嫁 十五嫁
女大当嫁 男婚女嫁 为人作嫁 因姬遣嫁
皇帝的女儿不愁嫁/男大须婚，女大须嫁/

男大当婚，女大当嫁/儿大当婚，女大当嫁/

稼 jià 种植农作物。

不稼 百稼 多稼 宝稼 躬稼 耕稼
禾稼 教稼 力稼 农稼 纳稼 能稼
木稼 苗稼 墨稼 卜稼 秋稼 伤稼
树稼 田稼 学稼 新稼 作稼 庄稼
大庄稼 樊迟稼 秋庄稼 曾孙稼
楛耕伤稼 樊迟问稼

掐 qiā ①用指甲切断。②用指甲按。③用手指计算。

个掐 细掐 一掐 指掐
把菜掐 一大掐

袷 qiā 又音 jiá 一些少数民族穿的对襟长袍。

白袷 大袷 单袷 锦袷 秋袷 岁袷
收袷 绣袷

卡 qiǎ 又音 kǎ ①在交通要道设置的检查机构。②夹具。③夹在中间、堵塞。

边卡 关卡 根卡 岗卡 哨卡 税卡
豁卡

恰 qià ①正好。②合适，适当。

洞恰 洽恰 恰恰 猥恰

洽 qià ①和谐。②沾湿。③联系商量事情。

爱洽 不洽 布洽 宾洽 博洽 常洽
畅洽 宠洽 大洽 道洽 敦洽 德洽
殚洽 恩洽 方洽 伏洽 敷洽 光洽
该洽 化洽 欢洽 汗洽 和洽 好洽
欢洽 酣洽 滈洽 允洽 君洽 交洽
均洽 讲洽 挟洽 浃洽 接洽 颗洽
款洽 乐洽 流洽 累洽 面洽 旁洽
普洽 溥洽 庆洽 曲洽 亲洽 洽洽
谦洽 潜洽 仁洽 荣洽 融洽 润洽
濡洽 市洽 时洽 商洽 纯洽 赡洽
通洽 文洽 渥洽 雾洽 心洽 习洽
先洽 欣洽 宣洽 协洽 喜洽 祥洽
降洽 翔洽 熙洽 久洽 雨洽 言洽
远洽 渊洽 液洽 在洽 沾洽 政洽
周洽 祖洽
恩信洽 和气洽 皇情洽 流风洽 明水洽
讴歌洽 清兴洽 群动洽 三灵洽 豚鱼洽
王泽洽 欲爱洽 政教洽 中外洽
重熙累洽 私悰款洽 绮琴化洽

呷 xiā 小口地喝。

喋呷 喤呷 叩呷 哮呷 吸呷 嗡呷
一呷 呀呷 饮呷
群鸭呷呷 衣声嗡呷

虾 xiā 又音 há 生活在水中的节肢动物，身上有软壳，腹部有很多环节。

大虾 对虾 丹虾 红虾 海虾 龙虾
劳虾 卤虾 米虾 明虾 毛虾 青虾
石虾 素虾 鱼虾
长臂虾 好跃虾 海马虾 煌化虾 侣鱼虾
沙虹虾 善游虾 五色虾 谢豹虾
捕鱼捉虾

瞎 xiā ①眼睛丧失视觉。②没根据，没来由地说、做。

刺瞎 摸瞎 穷瞎 骑瞎 实瞎 抓瞎
真瞎 装瞎
耳聋瞎 睁眼瞎

匣 xiá 可以开合，体积不大用来收藏东西的器具。

闭匣 拜匣 宝匣 尘匣 翠匣 发匣
粉匣 古匣 话匣 函匣 金匣 剑匣
锦匣 镜匣 龙匣 木匣 琴匣 入匣
石匣 一匣 玉匣 云匣 砚匣 珠匣
纸匣 妆匣 装匣
火柴匣 蛟龙匣 开玉匣 琉璃匣 青玉匣
梳头匣 珊瑚匣 鸳鸯匣 茱萸匣

狎 xiá 亲近，但态度不庄重。

爱狎 鸥狎 欵狎 傲狎 不狎 串狎
宠狎 成狎 恩狎 观狎 惯狎 欢狎
近狎 接狎 款狎 尼狎 难狎 暱狎
笼狎 民狎 慢狎 旁狎 鸥狎 亲狎
思狎 素狎 赏狎 挑狎 通狎 玩狎
侮狎 习狎 欣狎 相狎 驯狎 戏狎
媟狎 亵狎 偎狎 易狎 引狎 淫狎
盐狎 游狎 燕狎
不可狎 邻里狎 莫能狎 市朝狎 言笑狎
幽鸟狎

沙鸥可狎

柙

xiá 关野兽或牲畜的笼子。

奔柙 出柙 虎柙 毁柙 拱柙 画柙
检柙 笼柙 帘柙 密柙 玉柙 猿柙
珠柙
虎兕出柙 珠襦玉柙 纵虎出柙 蠢迪检柙

侠

xiá 指仗恃己力抑强扶弱，见义勇为的人。

大侠 锋侠 豪侠 节侠 佳侠 奸侠
剑侠 健侠 伉侠 气侠 轻侠 任侠
山侠 诗侠 为侠 武侠 凶侠 仙侠
修侠 义侠 游侠 偃侠 燕侠 驵侠
醉侠
布衣侠 郭解侠 五陵侠 乡曲侠
瑶池女侠 众歌裴侠 轻财任侠 风尘三侠

峡

xiá ①两山夹着的水流。②指两山之间。

暗峡 巴峡 出峡 苍峡 翠峡 楚峡
度峡 地峡 富峡 古峡 海峡 巨峡
急峡 绿峡 夔峡 门峡 琴峡 入峡
三峡 山峡 水峡 石峡 深峡 巫峡
下峡 晓峡 西峡 云峡 月峡 渝峡
岩峡 烟峡 阻峡
归巫峡 黄牛峡 琵琶峡 青玉峡 瞿塘峡
松门峡 神女峡 桃花峡 弹筝峡 西陵峡
书箱宝剑峡/

狭

xiá ①窄，不宽阔。②喻心胸狭窄。

隘狭 卑狭 逼狭 褊狭 持狭 促狭
城狭 冲狭 地狭 道狭 德狭 陇狭
诡狭 江狭 拘狭 见狭 津狭 俭狭
涧狭 捐狭 宽狭 量狭 路狭 浅狭
峭狭 硗狭 岁狭 识狭 土狭 投狭
外狭 危狭 小狭 下狭 心狭 险狭
忧狭 约狭 中狭 志狭 迮狭 纵狭
窄狭 踵狭
浮世狭 流泽狭
束广就狭 冤家路狭 直幅高狭

硖

xiá 地名

寒硖 江硖 山硖 月硖 阳硖

遐

xiá ①远。②长久。

不遐 保遐 登遐 福遐 荒遐 柳遐
尔遐 山遐 升遐 人遐 儿遐 任遐
心遐 幽遐 正遐 征遐
久云遐 许叔遐
堕塌裴遐

瑕

xiá ①玉上面的斑点。②过错，缺点。

璧瑕 赤瑕 处瑕 庇瑕 点瑕 涤瑕
攻瑕 怀瑕 绝瑕 匿瑕 求瑕 深瑕
无瑕 微瑕 小瑕 心瑕 纤瑕 有瑕
掩瑕 瑜瑕
心无瑕 玉无瑕 瑜百瑕
白璧无瑕 白璧微瑕 尺瑜寸瑕 洁白无瑕
美玉无瑕 寻弊索瑕 洗垢求瑕 瑜不掩瑕

暇

xiá ①空闲。②从容，悠闲。

安暇 不暇 抽暇 遑暇 空暇 宽暇
农暇 清暇 谁暇 无暇 休暇 有暇
余暇 自暇
三农暇 万几暇 追我暇
好整以暇 应接不暇 自顾不暇
山阴道上，应接不暇/

霞

xiá 在日出、日落前后，天空及云层上出现的彩色的自然光象。

碧霞 赤霞 餐霞 晨霞 翠霞 初霞
残霞 粉霞 彩霞 丹霞 飞霞 绯霞
红霞 晖霞 九霞 江霞 金霞 绛霞
霁霞 绵霞 剪霞 流霞 落霞 暮霞
明霞 青霞 轻霞 栖霞 绮霞 晴霞
倾霞 饵霞 山霞 瑞霞 如霞 食霞
曙霞 暑霞 散霞 晚霞 夕霞 细霞
香霞 霄霞 云霞 余霞 炎霞 饮霞
映霞 烟霞 艳霞 朱霞 早霞 朝霞
紫霞 蒸霞 酌霞
赤城霞 成绮霞 攒红霞 蔡少霞 分鸭霞
浮阁霞 服紫霞 谷口霞 红锦霞 岭冠霞
丽彩霞 明川霞 捧日霞 水浸霞 石楼霞
为裳霞 五色霞 饮流霞 野色霞 照天霞
和云液霞 壶中天霞 开宿雾霞 明赤岸霞
田乐烟霞 桃吐丹霞 物外华霞 仙人披霞

羽客裳霞　照月波霞　真妃餐霞

辖 xiá ①管辖。②车的轴头上穿着的小铁棍，用来防止车轮脱落。

并辖　抱辖　寸辖　车辖　都辖　凤辖
扶辖　管辖　金辖　戒辖　检辖　键辖
铃辖　轮辖　辖辖　馆辖　枢辖　投辖
提辖　脱辖　统辖　巡辖　右辖　左辖
直辖
陈遵辖　井中辖　孟公辖
陈遵投辖　孟公投辖

黠 xiá 聪明而狡猾。

初黠　聪黠　桀黠　鬼黠　诡黠　慧黠
猾黠　佼黠　狡黠　杰黠　奸黠　捷黠
警黠　明黠　敏黠　巧黠　轻黠　稍黠
狷黠　阴黠　颖黠　愚黠　艳黠　诈黠
驵黠
寒鸦黠　诗人黠

下 xià ①位置低。②攻克。③等级低的。④时间在后的。⑤由高处到低处。⑥退场。⑦发布。⑧下降，落下。⑨减掉。⑩量词。

凹下　暗下　按下　不下　白下　把下
部下　拜下　笔下　卑下　部下　庳下
壁下　陛下　才下　存下　垂下　城下
疵下　厨下　爨下　刀下　东下　打下
当下　弟下　底下　灯下　逮下　带下
地下　低下　倒下　蹲下　殿下　丰下
放下　妃下　房下　负下　攻下　阁下
高下　垓下　割下　毂下　鼓下　跪下
户下　汗下　合下　花下　画下　杭下
话下　黑下　麾下　节下　阶下　俱下
降下　脚下　急下　禁下　稷下　家下
刻下　胯下　跨下　两下　里下　礼下
来下　泪下　留下　劣下　拿下　林下
落下　临下　铃下　驽下　楼下　撂下
漏下　辇下　零下　门下　目下　名下
幕下　猛下　南下　年下　皮下　趴下
撇下　弃下　千下　泣下　泉下　屈下
亲下　轻下　浅下　群下　旗下　谦下
阙下　日下　而下　如下　润下　上下
山下　手下　示下　私下　舍下　时下
松下　食下　树下　晒下　稍下　摄下
省下　摔下　慎下　剩下　睡下　属下
天下　台下　投下　堂下　停下　躺下
末下　吴下　往下　洼下　洿下　下下
乡下　先下　休下　形下　心下　宣下
现下　戏下　膝下　御下　一下　以下
月下　宇下　余下　言下　眼下　益下
辕下　腋下　檐下　墉下　之下　竹下
中下　足下　帐下　在下　自下　治下
灶下　坐下　直下　座下　坠下　增下
拜床下　斯为下　笔底下　出人下　出跨下
重庆下　赤墀下　打天下　带雨下　飞絮下
风斯下　风尘下　房檐下　花乱下　寒林下
九天下　甲天下　见高下　家天下　具庆下
寄篱下　牛口下　辇毂下　螭头下　明月下
辟书下　气愈下　秋隼下　三神下　手底下
松子下　盛名下　神雀下　天马下　天底下
循流下　玉杵下　有两下　眼底下　主天下
坐天下
黯然泪下　不相上下　不上不下　不分高下
不在话下　不知高下　不差上下　布钱天下
包打天下　毕卓瓮下　鼻子底下　从天而下
彻上彻下　承上启下　恻然泪下　怆然泪下
丰上锐下　风前月下　放心不下　风回纛下
功盖天下　给台阶下　瓜田李下　汗如雨下
河汾门下　花前月下　九泉之下　江河日下
江河直下　急转直下　居高临下　举国上下
经纬天下　经纶天下　敬上爱下　寄人篱下
老死墉下　泪如雨下　浪然泪下　凌虚飞下
掣手上下　卵翼之下　名扬天下　名满天下
命满天下　买上告下　每况愈下　瞒上欺下
能上能下　泥沙俱下　难分上下　品格低下
普天之下　七上八下　七行俱下　权倾天下
欺上瞒下　屈就就下　骑虎难下　墙高基下
十行俱下　上上下下　十年窗下　矢如雨下
色佳天下　扫除天下　双管齐下　圣明天下
损上益下　声震天下　世风日下　声泪俱下
顺流而下　潸然泪下　天高地下　无敌天下
五行俱下　恶湿居下　委决不下　夕阳西下
泫然泪下　心上心下　心地卑下　相持不下
相比之下　相形之下　依人篱下　优游林下
一统天下　一匡天下　语妙天下　扬名天下

眼皮底下　自邻以下　争持不下　争执不下
足上首下　直上直下　樽前月下　滘上漫下
九天直下　岩墙之下
半语《论语》治天下/官天下，家天下/桂林山水甲天下/攻心为上，攻城为下/见台阶就下/能信不为人下/拿得起，放得下/瞒上不瞒下/毛氏之书走天下/马上得天下/千里之行，始于足下/上不上，下不下/孙猴子坐天下/孙猴子压在五行山下/十五个吊桶打水，七上八下/桃李满天下/无敌于天下/有理走遍天下/言语妙天下/眼皮子底下/尧舜禅让天下/月如悬弓，少雨多风，月如仰瓦，不求自下/知命者，不立于危墙之下/袭六为七，盛名之下/登泰山而小天下/

吓　xià　又音 hè　使害怕。

惊吓　小吓　鸱吓
把人吓　腐鼠吓　狐狸吓

夏　xià　①指中国。②高大的房屋。③华彩。④朝代名。⑤四季中的夏季。

半夏　长夏　称夏　初夏　残夏　大夏
代夏　方夏　光夏　过夏　华夏　后夏
函夏　九夏　今夏　季夏　旌厦　苦夏
立夏　孟夏　暮夏　梅夏　平夏　区夏
清夏　入夏　三夏　司夏　时夏　首夏
肆夏　暑夏　盛夏　通夏　晚夏　维夏
舞夏　西夏　消夏　夏夏　销夏　歇夏
有夏　一夏　突夏　夷夏　阳夏　阴夏
炎夏　淹夏　游夏　虞夏　中夏　主夏
朱夏　作夏　仲夏　坐夏　昭夏　诸夏
猾夏
蝉报夏　分秧夏　荷钱夏　葵日夏　麦浪夏
梅雨夏　祯褫夏　西湖夏
凉至残夏　梅熟初夏　天冬无夏　早樱红夏
竹凉初夏　羲叔正夏
草木荣初夏/三伏尽残夏/雨声多初夏/

罅　xià　①裂缝。②裂开。

百罅　补罅　碧罅　寸罅　缝罅　孔罅
明罅　石罅　无罅　天罅　云罅　岩罅
巇罅

挖　wā　掏，掘。

深挖　掏挖

哇　wā　拟声词。

哇哇　咬哇　淫哇
哭哇哇　小儿哇
唧唧哇哇

洼　wā　①凹陷。②低凹。

鼻洼　碧洼　低洼　碱洼　涝洼　山洼
水洼　渥洼
高冈下洼　坑坑洼洼

蛙　wā　两栖动物，常见的有青蛙。

产蛙　春蛙　官蛙　井蛙　坎蛙　牛蛙
灵蛙　乱蛙　怒蛙　竞蛙　鸣蛙　去蛙
秋蛙　青蛙　群蛙　食蛙　水蛙　树蛙
投蛙　闻蛙　淫蛙　咒蛙　战蛙　篆蛙
鼓吹蛙　井底蛙　叫月蛙　两部蛙　室盘蛙
轼怒蛙　缩如蛙　玉投蛙　黏壁蛙
井底之蛙　坎井之蛙　路轼怒蛙

娲　wā　传说我国古代神话中曾炼五色石补天的女神。

海娲　女娲　灵娲　炼娲　神娲　犧娲
补天女娲

娃　wá　①美女。②小孩。③一些幼小的动物。

村娃　春娃　宫娃　馆娃　姣娃　娇娃
淫娃　女娃　娵娃　鸡娃　牛娃　莲娃
胖娃　吴娃　娃娃　舞娃　小娃　夏娃
猪娃
放牛娃　泥娃娃　美女娃　小娃娃　洋娃娃

瓦　wǎ　又音 wà　①用泥土烧制成的铺屋顶的器物。②瓦状的东西，变形成瓦状的。③电的功率单位。

板瓦　版瓦　碧瓦　车瓦　翠瓦　古瓦
缸瓦　脊瓦　炉瓦　流瓦　明瓦　片瓦
千瓦　筒瓦　无瓦　屋瓦　洋瓦　砚瓦
邺瓦　银瓦　鸳瓦　竹瓦　做瓦　砖瓦
闸瓦　轴瓦　垂瓦　飞瓦　腐瓦　高瓦
毁瓦　枯瓦　老瓦　弄瓦　缥瓦　破瓦

飘瓦 弃瓦 烧瓦 戏瓦 万瓦 添瓦
仰瓦 振瓦 真瓦 掷瓦
滴水瓦 蝴蝶瓦 昆吾瓦 琉璃瓦 青瑶瓦
石棉瓦 霜封瓦 铜雀瓦 藤盖瓦 小青瓦
鱼鳞瓦 鸳鸯瓦
碎砖破瓦 上无片瓦 添砖加瓦 朱甍碧瓦

瓦 wà 又音 wǎ 盖（瓦）。

盖瓦

袜 wà 用布纱制成，穿在脚上的东西。

白袜 宝袜 布袜 补袜 步袜 长袜
臭袜 承袜 渡袜 短袜 结袜 解袜
锦袜 罗袜 覆袜 毛袜 青袜 丝袜
素袜 小袜 洗袜 鞋袜 线袜 衣袜
中袜
尼龙袜 凌波袜 神女袜 生尘袜 鸦头袜
杨妃袜
青鞋布袜 释之结袜

瓜 guā 茎蔓生植物，果实大多可吃，种类多。

北瓜 包瓜 笨瓜 剥瓜 菜瓜 大瓜
打瓜 冬瓜 地瓜 分瓜 胡瓜 番瓜
浮瓜 腐瓜 甘瓜 汉瓜 花瓜 黄瓜
寒瓜 匏瓜 及瓜 金瓜 酱瓜 嘉瓜
蒯瓜 苦瓜 癞瓜 鳞瓜 木瓜 卖瓜
米瓜 南瓜 脑瓜 破瓜 刮瓜 青瓜
秋瓜 石瓜 守瓜 生瓜 收瓜 丝瓜
笋瓜 食瓜 尝瓜 思瓜 视瓜 树瓜
傻瓜 土瓜 甜瓜 糖瓜 王瓜 倭瓜
小瓜 西瓜 香瓜 夏瓜 削瓜 新瓜
油瓜 越瓜 银瓜 种瓜 枣瓜 投瓜
寒瓜
杯种瓜 东门瓜 东陵瓜 东坡瓜 番木瓜
哈密瓜 黄台瓜 虎掌瓜 黄守瓜 故侯瓜
缑氏瓜 老倭瓜 梁上瓜 老腌瓜 脑袋瓜
乞巧瓜 青门瓜 二月瓜 邵平瓜 邵侯瓜
水晶瓜 五色瓜 早春瓜 枣如瓜 召平瓜
避李嫌瓜 除棘还瓜 黄台之瓜 煎豆摘瓜
狸香首瓜 琼却饷瓜 顺藤摸瓜 握拳适瓜
徐光乞瓜 枣大如瓜 种瓜得瓜
捡了芝麻，丢了西瓜/一根蔓上两个瓜/抓了芝麻，丢了西瓜/种豆得豆，种瓜得瓜/

呱 guā 又音 guǎ、gū 拟声词。

呱呱
顶呱呱 叫呱呱
哈哈呱呱 咕咕呱呱 乌鸦呱呱

刮 guā ①用刀贴着在物体表面移动。②搜刮（财物）。③吹（风）。

不刮 刀刮 风刮 磨刮 皮刮 巧刮
青刮 试刮 搜刮 行刮 削刮 竹刮
顶刮刮 寒风刮 叫刮刮 清霜刮

括 guā 又音 kuò （衣服、纸张等）较硬而平整。

挺括

鸹 guā 乌鸦的俗称。

鸧鸹 老鸹
水老鸹

剐 guǎ ①被坚硬、锐利的东西划破。②古代的酷刑。

被车剐
千刀万剐

寡 guǎ ①缺少。②妇女失去丈夫。③孤单。④古代帝王的自称。

才寡 出寡 辞寡 多寡 孤寡 鳏寡
和寡 欢寡 活寡 害寡 姮寡 交寡
就寡 矜寡 力寡 情寡 钱寡 守寡
实寡 声寡 收寡 胜寡 事寡 我寡
恤寡 新寡 言寡 用寡 益寡 怨寡
众寡 助寡 诸寡
守活寡 闻见寡 望门寡 幽栖寡 真赏寡
称孤道寡 唱高和寡 陵弱暴寡 曲高和寡
守望门寡 文君早寡 文君新寡 希音和寡
卓氏新寡 裒多益寡
阳春之曲，和者必寡/

卦 guà ①占卜卦的器具。②改变。③古代的八卦。

八卦 半卦 布卦 变卦 成卦 重卦
打卦 复卦 火卦 合卦 互卦 画卦
吉卦 开卦 筮卦 论卦 卜卦 起卦
乾卦 入卦 筮卦 设卦 说卦 箕卦
推卦 问卦 为卦 一卦 阴卦 遇卦

作卦　占卦　杂卦　阵卦　掷卦　买卦
变了卦　公侯卦　六十卦　否泰卦　四正卦
损益卦　消息卦　再打卦　占鬼卦
伏羲八卦　伏羲画卦　六十四卦　阴阳八卦

挂 guà　①惦记。②悬挂。③登记。④钩。

壁挂　垂挂　惦挂　独挂　倒挂　反挂
帆挂　高挂　刚挂　跟挂　钩挂　记挂
口挂　龙挂　目挂　南挂　披挂　牵挂
双挂　树挂　悬挂　尤挂　一挂　月挂
夜挂　张挂　暂挂
北斗挂　宝益挂　宝旛挂　残霞挂　当空挂
犊鼻挂　帆高挂　冠悬挂　练影挂　帘影挂
丽珠挂　三峡挂　田器挂　弯弓挂　玉钗挂
玉钩挂　银河挂　罾网挂
冰棱悬挂　壁画悬挂　彩灯四挂　低低悬挂
雨帘悬挂　一丝不挂　寸丝不挂

褂 guà　穿在上身的短衣。

大褂　单褂　短褂　汗褂　裤褂　兰褂
马褂　小褂
黄马褂　皮马褂
长衫马褂

夸 kuā　①夸奖。②夸大。③骄傲自大。

多夸　盗夸　浮夸　豪夸　矜夸　骄夸
堪夸　牛夸　浪夸　谩夸　相夸　虚夸
炫夸　雄夸　淫夸　自夸　争夸
大非夸　国色夸　后生夸　何堪夸　竞相夸
莫谩夸　人人夸　未足夸　向人夸　有意夸
畴子可夸　盗刖相夸　将略堪夸　自卖自夸
贞节堪夸

垮 kuǎ　①倒塌。②坏掉。

摧垮　冲垮　打垮　搞垮　累垮　拖垮
整垮　撞垮
突然垮　自己垮
松松垮垮

挎 kuà　把东西挂在肩头或腰间。

风挎　捋挎
把枪挎
包在肩上挎/把菜篮子挎/

胯 kuà　腰和大腿之间的地方。

大胯　带胯　姜胯　开胯　纽胯　细胯
犀胯　玉胯　腰胯　肘胯　钻胯
出我胯　方团胯　尾东胯　银压胯

跨 kuà　①腿分在物体两边坐或站着。②跨越；迈过。③超过时、空、行业界限。

鞍跨　鳌跨　白跨　并跨　出跨　盗跨
飞跨　归跨　横跨　马跨　驴跨　蹑跨
鸾跨　骑跨　世跨　雄跨　远跨　足跨
大步跨

花 huā　①种子植物的有性繁殖器官。②形状像花一样的东西。③混杂不单纯。④错杂的颜色。⑤可供观赏的植物。⑥开花。⑦喻女子。⑧棉花的简称。⑨用来迷惑人的言行。⑩用掉。

暗花　岸花　爱花　白花　百花　刨花
补花　榜花　冰花　笔花　拜花　鬓花
采花　成花　串花　称花　草花　茶花
蚕花　春花　葱花　菜花　採花　插花
翠花　窗花　雌花　粲花　冬花　灯花
斗花　豆花　带花　浪花　戴花　钿花
堆花　稻花　雕花　额花　风花　飞花
发花　繁花　干花　宫花　官花　观花
挂花　桂花　缸花　国花　钢花　火花
浣花　红花　昏花　花花　黄花　荷花
槐花　谎花　鬟花　江花　金花　韭花
井花　茧花　浇花　绢花　菊花　酒花
教花　剑花　蕉花　椒花　镜花　开花
叩花　看花　葵花　六花　女花　李花
兰花　礼花　芦花　弄花　拉花　蜡花
泪花　烙花　梨花　领花　浪花　莲花
腊花　落花　零花　菱花　露花　镂花
名花　卖花　买花　描花　茗花　麻花
麦花　梅花　帽花　墨花　皮花　拍花
判花　盆花　傍花　喷花　潘花　切花
奇花　秋花　琼花　如花　绒花　山花
石花　生花　水花　市花　税花　松花
散花　诗花　赏花　霜花　土花　头花
天花　桃花　堂花　昙花　挑花　桐花

唐花　提花　探花　贫花　帖花　题花
唾花　踏花　烫花　铁花　尾花　五花
武花　晚花　魏花　小花　心花　向花
星花　闲花　香花　血花　寻花　校花
雪花　鲜花　羞花　湘花　绣花　雄花
献花　衔花　云花　玉花　牙花　余花
印花　邮花　养花　鱼花　雨花　油花
移花　盐花　咏花　眼花　胭花　烟花
杨花　扬花　液化　莺花　银花　艳花
樱花　腰花　扎花　折花　烛花　纸花
珠花　种花　栽花　织花　着花　钟花
紫花　醉花　掷花　葬花　錾花　簪花
笔花
白花花　报春花　步莲花　笔生花　茶叶花
虫媒花　朝阳花　长安花　春发花　大红花
大寨花　杜陵花　毒花花　大丽花　代代花
豆腐花　妒榴花　玳瑁花　杜鹃花　掉枪花
帝女花　单生花　带雪花　断肠花　蝶形花
风媒花　凤仙花　富贵花　凤穿花　过墙花
光荣花　管状花　合欢花　黄金花　花中花
蝴蝶花　及弟花　吉贝花　交际花　架子花
君子花　金银花　金凤花　剪水花　剪彩花
空中花　六出花　乐开花　女郎花　鸡冠花
旌节花　解语花　泪生花　洛阳花　萝卜花
喇叭花　凌霄花　落檐花　米囊花　妙笔花
马樱花　满县花　牡丹花　啤酒花　皮辊花
攀枝花　牵牛花　武陵花　仁寿花　三朵花
上苑花　水仙花　树三花　水晶花　水棱花
双头花　舌状花　侍女花　色胜花　酥油花
随风花　筒状花　踏落花　胜桃花　向阳花
一枝花　玉树花　玉媒花　迎春花　远近花
益母花　眼里花　油花花　油菜花　夜来花
扬白花　艳艳花　颜如花　子午花　指甲花
姊妹花　智慧花　紫荆花　紫金花　藏红花
闭月羞花　闭门羞花　笔下生花　笔底生花
笔可生花　败柳残花　步步莲花　单父种花
常棣之花　宠柳娇花　彩笔生花　彩管生花
村名杏花　朵朵莲花　黛玉葬花　风里扬花
雾里看花　火树银花　花瓶插花　含英咀花
挥舞鲜花　击鼓传花　竞放鲜花　锦上添花
镜里观花　江笔生花　郭璞生花　管城生花
口吐莲花　口吻生花　口坠天花　枯木生花
枯树生花　乱坠天花　老眼昏花　罗浮梅花
恋酒迷花　流水落花　落笔生花　落地生花
明日黄花　马上看花　美女簪花　梦笔生花
妙笔生花　漫天雪花　披红戴花　跑马观花
遍地开花　遍种桃花　遍地桃花　遍种桃花
遍地黄花　人面桃花　惹草沾花　三月残花
水性杨花　水稻扬花　水月镜花　霜叶如花
天女散花　天生天花　头昏眼花　头晕眼花
贴花刻花　铁树开花　万树银花　问柳寻花
问柳评花　问官答花　下马看花　下马观花
虚生浪花　雪月风花　云英红花　一丛鲜花
油脂麻花　瑶草奇花　野草闲花　摇动鲜花
只可栽花　竹管生花　走马看花　走马观花
蔽月羞花

步步生莲花/富贵怕见开花/夫妻是树，儿女是花/河阳一县花/功名富贵草头露，骨肉团圆锦上花/落花不是无情物，化作春泥更护花/秋到自然山有色，春来哪里树无花/停车坐爱枫林晚，霜叶红于二月花/玉树后庭花/

砉　huā　又音 xū　拟声词，表动作迅速的声音。

洞砉　地砉　骕砉　霆砉

哗　huā　又音 huá　拟声词，表水流声。

哗哗

河水哗哗　流水哗哗　水声哗哗

华　huá　又音 huā、huà　①光彩。②华丽。③繁华。④精华。⑤华夏，中国。⑥文采。⑦显贵。

白华　闭华　贲华　碧华　才华　翠华
苍华　重华　昌华　词华　登华　德华
风华　丰华　发华　芳华　纷华　浮华
发华　蕃华　繁华　光华　硅华　高华
国华　豪华　九华　京华　金华　箐华
晶华　骄华　精华　践华　空华　狂华
年华　炅华　丽华　南华　流华　硫华
秾华　联华　梦华　清华　情华　轻华
鹊华　琼华　日华　若华　客华　荣华
少华　升华　声华　收华　岁华　嵩华
奢华　皇华　神华　无华　王华　文华
物华　雯华　铧华　鹜华　西华　星华
秀华　纤华　虚华　翔华　锌华　云华

玉华　月华　雨华　英华　余华　瑶华
淹华　凝华　贞华　昭华　摭华　噪华
典藉华　尊绿华　轻世华　优云华　异舜云
耶和华
从简去华　城市繁华　陈设奢华　黜羡遗华
豆蔻年华　典丽风华　富贵年华　绘马子华
花样年华　锦瑟年华　牧羊金华　朴素无华
日精月华　日月光华　水木清华　无奢无华
竞吐光华　质朴无华　真朴无华　踵事增华
枯肠生华　悔读南华　咀英嚼华

哗 huá　又音 huā　人多声杂，乱嚷。

不哗　兵哗　大哗　纷哗　哗哗　天哗
无哗　喧哗　虚哗
避世哗　笑语哗　市声哗
寂静无哗　语笑喧哗　高声喧哗

猾 huá　①奸诈，狡猾。②奸恶的人。

齿猾　大猾　豪猾　横猾　巨猾　奸猾
狡猾　鲸猾　狯猾　老猾　良猾　佞猾
剽猾　巧猾　欺猾　轻猾　强猾　茗猾
贪猾　为猾　顽猾　凶猾　黠猾　险猾
揣奸把猾　老奸巨猾　深奸巨猾　藏奸耍猾
黄鳝爬犁头，绞铧（猾）/

滑 huá　①光滑。②滑溜。③润泽。④狡猾，不诚实。⑤要手段躲避。

冰滑　波滑　碧滑　翠滑　大滑　刁滑
打滑　冻滑　伐滑　浮滑　甘滑　光滑
费滑　光滑　极滑　减滑　泞滑　劳滑
汩滑　路滑　泥滑　流滑　腻滑　美滑
平滑　铍滑　清滑　入滑　柔滑　软滑
润滑　水滑　耍滑　速滑　慎滑　苔滑
贪滑　为滑　沕滑　危滑　温滑　下滑
邪滑　细滑　香滑　差滑　颉滑　虚滑
有滑　雨滑　油滑　淫滑　圆滑　至滑
召滑　足滑
花瓷滑　龙尾滑　泥滑滑　秋尊滑　石头滑
危磴滑　稀膏滑　银床滑　银丝滑　幽砌滑
白净细滑　藏奸耍滑　黄泥溜滑　老奸巨滑
溜光水滑　又圆又滑　油光水滑
前人吃跌，后人把滑/西瓜装在油篓里，又圆又滑/

化 huà　①指化学。②僧人募集财物。③变化。④教化。⑤感化。⑥风俗。⑦词的后缀。

百化　变化　碧化　褒化　丑化　从化
出化　成化　昌化　纯化　殂化　传化
赤化　春化　草化　垂化　淳化　催化
崇化　驰化　醇化　磁化　大化　点化
怛化　待化　淡化　德化　道化　敦化
钝化　遁化　毒化　蝶化　蠹化　恶化
飞化　丰化　风化　凤化　附化　繁化
焚化　孵化　腐化　更化　观化　古化
归化　国化　硅化　钢化　感化　钙化
化化　火化　弘化　幻化　回化　活化
洪化　鸿化　鹤化　叫化　机化　进化
净化　解化　教化　焦化　极化　间化
简化　鸡化　鸠化　剑化　碱化　激化
僵化　开化　克化　鲲化　龙化　鹍化
立化　老化　沦化　林化　硫化　理化
绿化　隆化　卤化　裂化　美化　募化
蒙化　默化　暮化　媒化　泥化　奴化
欧化　贫化　膨化　鹏化　气化　启化
迁化　劝化　汽化　清化　轻化　歧化
强化　儿化　仁化　扰化　乳化　软化
弱化　濡化　热化　熔化　融化　溶化
镕化　人化　升化　石化　声化　圣化
生化　俗化　诗化　纯化　顺化　乘化
禅化　熟化　烧化　深化　神化　善化
数化　淳化　铄化　土化　同化　退化
炭化　投化　蜕化　陶化　特化　碳化
糖化　腾化　颓化　文化　王化　物化
委化　西化　兴化　形化　消化　轩化
宣化　训化　硝化　驯化　销化　云化
元化　行化　羽化　优化　一化　异化
运化　洋化　氧化　孕化　鱼化　雅化
演化　燕化　硬化　衍化　液化　诱化
杖化　正化　造化　指化　皂化　坐化
治化　政化　浊化　露化　转化　赞化
枚化
白热化　表面化　标准化　臭腐化　大众化
电气化　多样化　多元化　典型化　工业化
个性化　公式化　公社化　革命化　国有化
肝硬化　规范化　鹍鹏化　概念化　合作化

合理化　河网化　巨鱼化　机械化　具体化
集体化　类型化　民族化　企业化　强告化
青虾化　人格化　水利化　松子化　数理化
通俗化　现代化　系列化　性格化　形象化
新文化　一元化　一般化　鱼鹏化　猿鹤化
庸俗化　自动化　系统化　抽象化　艺术化
妖魔化　信息化　可视化　数字化　网络化
实时化　风格化　理论化
冰消雪化　败俗伤化　笔参造化　病理变化
出神入化　彩陶文化　动脉硬化　梗顽不化
化学变化　黑陶文化　拘而不化　阶级分化
鸡飞犬化　龙山文化　鹍鹏变化　泥古不化
千变万化　潜移默化　人文进化　食而不化
食古不化　贪污腐化　万千变化　顽固不化
顽梗不化　物理变化　舞步变化　有伤风化
仰韶文化　杨绾风化　鱼龙变化　执而不化
蛛游蜩化　银杯羽化
动脉粥样硬化/读书造化，不读书告化/农业合作化/仰沾时雨之化/

桦 huà　[白桦树] 落叶乔木，皮白色，木材质密。

白桦　松桦　陶桦

划 huà　又音 huá、huai　①区分，划分。②谋划。③　设计。

案划　兵划　比划　摆划　擘划　策划
筹划　点划　断划　分划　规划　汇划
计划　经划　口划　乱划　明划　密划
秘划　谋划　区划　奇划　前划　手划
声划　箕划　天划　为划　心划　一划
爻划　言划　指划　专划
安边划　八卦划　经邦划　三筹划
行政区划　五年计划　远景规划

画 huà　①图画。②绘画。③汉字的一笔叫一画。

点画　波画　笔画　帛画　笔画　别画
板画　牌画　壁画　裱画　擘画　采画
成画　措画　长画　春画　彩画　插画
荻画　读画　雕画　分画　佛画　粉画
扉画　工画　勾画　古画　鬼画　观画
国画　购画　好画　绘画　画画　缋画
界画　经画　绢画　看画　刻画　揆画
乱画　列画　临画　论画　能画　难画
懒画　名画　漠画　买画　卖画　描画
妙画　摹画　漫画　内画　年画　平画
品画　裨画　求画　绮画　二画　入画
石画　水画　书画　俗画　受画　说画
硕画　索画　似画　诗画　图画　炭画
铁画　贴画　文画　纬画　心画　西画
学画　一画　咏画　岩画　妍画　油画
院画　罨画　崖画　杂画　字画　作画
指画　组画　展画　赞画
变体画　风俗画　风景画　花鸟画　胶版画
工笔画　京兆画　历史画　连环画　木炭画
木板画　木版画　墨笔画　磨漆画　人物画
山水画　石版画　仕女画　水粉画　水彩画
水墨画　炭精画　图案画　铜版画　文人画
西泽画　肖像画　宣传画　镶嵌画　院体画
有声画　中国画　招贴画　宗教画　指天画
指头画　张敞画　讲若画
风光如画　工诗善画　古之名画　红旗如画
家宰奇画　骆驼消画　连环图画　眉目如画
齐人论画　琴棋书画　诗中有画　握筹布画
一笔一画　银钩铁画　指指画画　口讲指画
壁上挂钟馗，鬼画（话）/圣人门前卖字画/四扇屏里卷灶王，画（话）里有画（话）/

婳 huà　[婠婳] 形容女子娴静美好。

婠婳　徽婳　明婳

话 huà　①说，谈。②话语，语言。③艺人讲唱的历史或小说的故事。

白话　伴话　报话　丑话　长话　出话
茶话　村话　传话　词话　辞话　刺话
错话　插话　禅话　粗话　蠢话　大话
对话　电话　道话　答话　短话　垫话
搭话　二话　反话　风话　发话　废话
疯话　古话　过话　共话　官话　高话
鬼话　诡话　怪话　行话　汉话　好话
会话　回话　后话　坏话　活话　浑话
胡话　昏话　荤话　横话　喊话　黑话
谎话　京话　佳话　旧话　讲话　酒话
绝话　静话　嘉话　解话　聚话　假话
空话　亮话　冷话　良话　老话　灵话
拉话　量话　炼话　美话　面话　梦话
漫话　偶话　平话　评话　盘话　破话

屁话　痞话　赔话　攀话　气话　靖话
情话　轻话　趣话　人话　儿话　软话
史话　苏话　私话　实话　说话　诗话
神话　俗话　琐话　深话　傻话　天话
土话　同话　讨话　吐话　听话　通话
套话　谈话　童话　无话　外话　问话
玩话　卧话　下话　少话　夕话　现话
闲话　训话　笑话　细话　虚话　胥话
像话　新话　瞎话　一话　运话　逸话
医话　夜话　洋话　野话　幽话　谳话
译话　走话　杂话　准话　重话　真话
转话　赘话　醉话　脏话
不成话　不是话　不像话　北方话　赛主话
长生话　场面话　打电话　地方话　多对话
风凉话　官腔话　过头话　挂电话　隔岁话
行业话　家乡话　家常话　口水话　客家话
客套话　看笑话　刻薄话　老实话　闹笑话
暖心话　门面话　没有话　闽南话　莽撞话
冒昧话　骂人话　牢骚话　平常话　普通话
漂亮话　俏皮话　悄悄话　私房话　实心话
说大话　说二话　说走话　说闲话　说坏话
说空话　说笑话　说废话　说鬼话　说胡话
说诨话　说瞎话　说瞻话　说梦话　天棒话
体已话　通电话　挑灯话　贴心话　调皮话
谈闲话　无生话　外行话　业家话　下流话
心腹话　现成话　一席话　一句话　延客话
应酬话　中国话　知心话　知己话　衷肠话
真心话
车轱辘话　电视电话　话中有话　话里有话
流言混话　录音电话　蓝青官话　说风凉话
神说鬼话　实心实话　无线电话　夜里有话
有线电话　自说自话　早期白话
痴人说梦话/吃了哪行饭，说哪行话/当着真人不说假话/当着矮人不说短话/打开天窗说亮话/风里言风里话/逢人只说三分话/好话不背人，背人无好话/见人说人话，见鬼说鬼话/空口说白话/空口说空话/楼上楼下，电灯电话/巧人爱说藏头话/推开窗子说亮话/闲口说闲话/呷甜荣，说苦话/一家人不说两家话/一家人说两家人的话/睁着眼睛说瞎话/真人面前，莫说假话/

抓 zhuā ①用手指聚拢拿东西。②人用指甲或动物用爪在物体上划过。③捉拿。

不抓　狠抓　虎抓　紧抓　攫抓　乱抓
频抓　搔抓　瞎抓
及时抓　全面抓　亲自抓　一把抓　痒处抓
胡子眉毛一把抓/眉毛胡子一把抓/卖豆芽不带秤乱抓/

挝 zhuā 又音 wō 敲打，打。

鞭挝
祢衡挝　渔阳挝
弟争自挝　击鼓三挝　闭户自挝　渔阳掺挝
缪彤自挝

爪 zhuǎ 又音 zhǎo ①禽兽的脚上的指甲。②像爪的东西。

狗爪　鸡爪　猫爪　爪爪

刷 shuā 又音 shuà ①用毛或棕制成清除或涂抹的用具。②用刷子来清洗污垢或涂抹。③刷子。④淘汰。

板刷　冲刷　点刷　风刷　发刷　粉刷
刮刷　劲刷　蜡刷　毛刷　轻刷　扫刷
拭刷　深刷　刷刷　漱刷　铁刷　洗刷
细刷　鞋刷　靴刷　一刷　牙刷　衣刷
印刷　雨刷　枕刷　澡刷　志刷　振刷
照刷
地板刷　垢尽刷　钢丝刷　黑板刷　马桶刷
猪鬃刷
活字印刷

唰 shuā 拟声词。

雨声唰唰

耍 shuǎ ①玩。②戏弄。③表演，玩弄。

玩耍　戏耍　闲耍　杂耍　作耍
贪玩好耍
龙灯的脑壳，随耍/

二　波歌辙

（合古韵　五歌、二十哿、二十一个、三沃、七曷、十一陌、十五合、十六叶）

拨 bō ①给。②用手指或棍横向外推动、挑动。③分开。④量词。

宝拨 苹拨 摆拨 采拨 扯拨 触拨
差拨 点拨 渡拨 调拨 放拨 勾拨
弓拨 根拨 划拨 桓拨 抉拨 乱拨
弄拨 那拨 撩拨 面拨 末拨 启拨
权拨 设拨 深拨 收拨 停拨 挑拨
铁拨 笑拨 细拨 玉拨 鱼拨 夷拨
英拨 颖拨 自拨 乍拨 支拨 直拨
增拨
白灰拨 衣毋拨

波 bō ①水因振荡产生的起伏的水面。②比喻事情的意外变化。③物理学的名词。

熬波 不波 白波 波波 奔波 脆波
碧波 长波 词波 春波 澄波 大波
地波 电波 短波 钿波 恩波 飞波
风波 伏波 翻波 回波 迥波 洄波
红波 洪波 浩波 海波 湟波 横波
湖波 衡波 巨波 江波 金波 鲸波
劫波 娇波 检波 潏波 激波 帘波
流波 陵波 凌波 涟波 绿波 滤波
铄波 鳞波 木波 米波 溟波 平波
泡波 清波 晴波 轻波 秋波 水波
声波 逝波 素波 天波 桃波 涛波
颓波 无波 微波 小波 心波 细波
星波 香波 婿波 悬波 余波 扬波
旋波 叶波 月波 悬波 一波 余波
音波 银波 眼波 遗波 烟波 艳波
中波 周波 纵波 逐波 震波 载波
次声波 冲击波 超声波 超短波 电磁波
地震波 分米波 毫米波 卷白波 机械波
锦水波 厘米波 平面波 拍岸波 去来波
起嫩波 曲尘波 豕涉波 窣堵波 微生波
鸭绿波 中短波 逐逝波 指下波
暗送秋波 尺水丈波 大海扬波 古井无波
高频电波 滑泥扬波 红掌清波 海不扬波
湖闪金波 平地风波 四处奔波 无线电波
轩然大波 玉液金波 羽觞随波 眼若秋波
眼闪秋波 逐浪随波 逐影随波
随其流而扬其波/

饽 bō ①馒头之类的面食。②甜糕点。

饽饽 碧饽 浮饽 茗饽 沐饽 曲饽

钵 bō ①一种敞口的陶制器皿。②和尚饭碗。

持钵 尘钵 分钵 飞钵 放钵 佛钵
覆钵 饭钵 古钵 供钵 击钵 金钵
经钵 家钵 捺钵 瓶钵 捧钵 乳钵
石钵 托钵 铜钵 瓦钵 行钵 洗钵
香钵 一钵 研钵 玉钵 衣钵 银钵
置钵
渡江钵 伏云钵 龙在钵 莲生钵 众香钵
传授衣钵 和疑衣钵 刻烛击钵 沿门托钵
沿门持钵 咒蓬生钵

剥 bō 又音 bāo ①强制夺去。②依法取消。③削。④脱落。

砭剥 贬剥 残剥 剥剥 崩剥 采剥
摧剥 黜剥 地剥 风剥 粉剥 割剥
冷剥 活剥 耗剥 朘剥 蹇剥 刊剥
刻剥 冷剥 嫩剥 盘剥 漫剥 剽剥
日剥 生剥 蚀剥 霜剥 屯剥 吞剥
颓剥 洗剥 元剥 阳剥 治剥 枝剥
毕毕剥剥 必呶剥剥 烨烨剥剥 高利盘剥
生吞活剥 重利盘剥

播 bō ①撒。②舍弃。③迁移。④传扬。

奔播 传播 重播 春播 插播 点播
德播 飞播 风播 法播 广播 口播
开播 连播 良播 流播 柳播 联播
耧播 名播 秋播 式播 散播 撒播
条播 未播 王播 外播 穴播 夏播
宣播 掀播 用播 玉播 扬播 雨播
演播 宜播 牙播 展播 直播 种播
转播
嘉谷播 二南播 小广播
广为传播 有线广播 新闻联播

伯 bó 又音 bǎi ①兄弟排行次序，伯是老大。②称父亲的哥或年龄大的人。③古代爵位的第三等。

阿伯 八伯 邦伯 伯伯 从伯 词伯
常伯 方伯 风伯 公伯 共伯 鬼伯
火伯 候伯 欢伯 何伯 河伯 侯伯

项伯 海伯 九伯 匠伯 家伯 将伯
箕伯 嘉伯 老伯 郎伯 牧伯 名伯
冥伯 庆伯 秋伯 二伯 四伯 水伯
什伯 寺伯 叔伯 申伯 师伯 诗伯
土伯 屠伯 文伯 伍伯 玄伯 仙伯
苍伯 雄伯 仪伯 姻伯 长伯 召伯
知伯 宗伯 族伯 西伯 森伯 世伯
岐伯 康伯
此河伯 风流伯 梁上伯 文章伯 太宗伯
悲天叔伯 孔璋文伯 山谷诗伯 乳禁河伯

帛 bó 丝织物品的总称。

币帛 布帛 才帛 尺帛 彩帛 财帛
裁帛 赐帛 粗帛 大帛 飞帛 俸帛
干帛 金帛 绢帛 缣帛 旌帛 锦帛
勒帛 裂帛 皮帛 飘帛 披帛 蒲帛
钱帛 生帛 书帛 私帛 纯帛 束帛
粟帛 素帛 赏帛 通帛 物帛 细帛
献帛 玉帛 衣帛 雁帛 竹帛 织帛
租帛 缯帛
璧以帛 红勒帛 润笔帛 求裘帛
赐张缣帛 功垂竹帛 干戈玉帛 衣不重帛
镇周赠帛 钟鼓玉帛
化干戈为玉帛/

泊 bó 又音 pō ①停船靠岸。②淡泊，恬静。③停留。

泊泊 怵泊 凑泊 担泊 淡泊 澹泊
赴泊 纷泊 帆泊 港泊 寄泊 静泊
羁泊 旅泊 浪泊 落泊 流泊 锚泊
漠泊 漂泊 飘泊 萍泊 栖泊 屯泊
恬泊 停泊 小泊 虚泊 玄泊 歇泊
夜泊 止泊 驻泊 湫泊 水泊 血泊
锡泊 栖泊
梁山泊
风当飘泊 鸾飘凤泊

舶 bó 航海的大船。

宝舶 船舶 大舶 帆舶 番舶 海舶
归舶 孤舶 巨舶 浪舶 露舶 蛮舶
市舶 商舶 乘舶 新舶 一舶 游舶
波斯舶 昆仑舶

箔 bó ①金属薄片。②养蚕用的竹席之类。③月苇子、秫秸等编成的帘子。

蚕箔 垂箔 翠箔 画箔 金箔 帘箔
茸箔 上箔 素箔 疏箔 铜箔 苇箔
帷箔 席箔 锡箔 绣箔 新箔 云箔
鱼箔 银箔 珠箔
卢门不箔

驳 bó ①用船装运转载。②马的颜色不纯。③说出自己的道理，否定他人意见。

白驳 标驳 波驳 贬驳 斑驳 霸驳
辩驳 彬驳 舛驳 赤驳 斥驳 翠驳
彩驳 踳驳 调驳 反驳 非驳 封驳
回驳 皇驳 货驳 纠驳 考驳 六驳
论驳 柳驳 猛驳 霉驳 难驳 评驳
批驳 偏驳 芥驳 青驳 起驳 秋驳
鹊驳 双驳 色驳 讪驳 善驳 拖驳
弹驳 芜驳 乌驳 藓驳 霞驳 云驳
有驳 议驳 油驳 卸驳 朱驳 杂驳
黑白驳 金彩驳 隰有驳
不值一驳 彩色斑驳 陆离斑驳 树荫斑驳
无可辩驳

勃 bó ①精神旺盛。②乖戾。③猝然。④变脸色的样子。

白勃 菼勃 勃勃 愎勃 呛勃 方勃
狂勃 坌勃 马勃 炮勃 平勃 蓬勃
去勃 气勃 水勃 色勃 舒勃 王勃
翁勃 忽勃 兴勃 云勃 有勃 郁勃
志勃
克格勃 气蓬勃 英气勃
牛溲马勃 马当王勃 蓬蓬勃勃 腹稿王勃
生气勃勃 生机勃勃 兴致勃勃 雄心勃勃
英姿勃勃 英气勃勃 野心勃勃 意兴勃勃
朝气勃勃 朝气蓬勃

脖 bó ①动物头和躯干相连的部分。②器物像脖子的。

长脖 歪脖 围脖

渤 bó ［渤海］由辽东半岛和山东半岛围抱而成的海。

渤渤 李渤 崩渤 茗渤 溟渤 谤渤
蓬渤 翁渤 雾渤
牛溲马渤

钹 bó 有两个铜质圆形铜片，中心鼓起相打作声的乐器。

击钹 金钹 弄钹 玲钹 门钹 铙钹
铜钹

博 bó ①多。②知识渊博。③古代的一种棋戏。

爱博 奥博 炳博 辩博 沉博 淳博
赌博 德博 恩博 鄂博 丰博 繁博
广博 国博 该博 赅博 弘博 宏博
浩博 恢博 寒博 鸿博 灏博 精博
聚博 开博 宽博 六博 隆博 类博
临博 满博 日博 蒲博 赡博 投博
通博 谈博 下博 学博 详博 雄博
心博 炫博 义博 言博 英博 研博
淹博 饮博 喻博 渊博 游博 赢博
杂博 争博 瞻博 掷博
地大物博 尽财赌博 矜奇炫博 精深奥博
仁言利博 奇人彦博 肃嵩宽博 征引繁博

搏 bó ①拾取。②跳动。③扑打。④搏斗。

不搏 雕搏 扶搏 拊搏 赠搏 方博
击博 疾搏 脉搏 拼搏 鹏搏 肉搏
外搏 上搏 手搏 善搏 相搏 鹰搏
抨搏 自搏 执搏 直搏
九万博
人生能有几回搏/

膊 bó 胳膊。

抢膊 臂膊 隔膊 赤膊 大膊 褡膊
胳膊 拐膊 牛膊 拉膊 鹿膊 袒膊
厚膊 上膊

薄 bó 又音 báo、bò ①轻微，数量少。②看不起，轻视。③不厚道。④物体厚度小。⑤不庄重。

隘薄 薄薄 沉薄 蝉薄 材薄 单薄
单薄 德薄 淡薄 荡薄 恩薄 澹薄
菲薄 房薄 俸薄 愤薄 渎薄 归薄
官薄 功薄 回薄 花薄 忽薄 迴薄
厚薄 毁薄 俭薄 简薄 极薄 浇薄
奸薄 贱薄 激薄 谫薄 克薄 刻薄
酷薄 力薄 凉薄 洛薄 利薄 林薄
礼薄 卤薄 禄薄 兰薄 面薄 命薄
绵薄 靡薄 旁薄 傍薄 滂薄 贪薄
漂薄 飘薄 喷薄 槊薄 鄙薄 去薄
气薄 旁薄 浅薄 轻薄 情薄 硗薄
锲薄 人薄 日薄 时薄 岁薄 衰薄
身薄 俗薄 裘薄 食薄 赏薄 太薄
佻薄 偷薄 腾薄 文薄 苇薄 帷薄
微薄 捡薄 云薄 易薄 衣薄 稀薄
携薄 儇薄 迂薄 厌薄 婴薄 窳薄
艳薄 自薄 竹薄 志薄 芝薄 沾薄
资薄 拙薄 终薄 榛薄 悬薄
人力薄 功名薄 金蚕薄 儒风薄 云容薄
月色薄 杨柳薄 青衫薄
材轻德薄 躬自菲薄 根底浅薄 尖酸刻薄
佳人命薄 空疏浅薄 空疏肤薄 临深履薄
收入微薄 身微力薄 势单力薄 其利甚薄
妄自菲薄 自惭浅薄 自谦礼薄 赞宁命薄
红颜命薄
佳人自来多命薄/

礴 bó ［磅礴］①广大无边际。②（气势）盛大。

般礴 旁礴 盘礴 磅礴
大气磅礴 气势磅礴

僰 bó 我国古代西南地区的某一少数民族。

巴僰 氐僰 滇僰 古僰 荒僰 黑僰
邛僰 羌僰 入僰 西僰 印僰

踣 bó身子倒下。

顿踣 颠踣 价踣 僵踣 仆踣 倾踣
踢踣 先踣 自踣 蹶踣

跛 bǒ 腿脚有毛病，走路身子不稳当。

跛跛 脚跛 蹇跛 狂跛 聋跛 偏跛
眇跛 兔跛 笑跛 御跛
立毋跛 蹶而跛
一颠一跛

簸 bǒ 又音 bò ①农家扬去糠秕的农具。②像簸箕中的米粒一样颠动。

舂簸 舂簸 大簸 颠簸 风簸 翻簸
或簸 浪簸 掀簸 扬簸
云旗簸

檗 bò 落叶乔木，开黄绿色的小花，木质坚硬。

冰檗 茶檗 齿檗 含檗 黄檗 口檗
苦檗 染檗 先檗
饮冰茹檗

擘 bò 又音 bāi ①大拇指。②剖，分开。

巨擘 石擘 披擘 丝擘 云擘
窗纸擘 红笺擘 巨灵擘 巨浪擘 太窗擘
蟹黄擘

簸 bò 又音 bǒ ［簸箕］扬场除杂质的农具。

箕簸

卜 bo 又音 bǔ ［萝卜］二年生草本植物，块根叫萝卜，可吃，种子可入药。

萝卜
红萝卜 胡萝卜 糖萝卜 甜萝卜 小萝卜

坡 pō 地形倾斜的地方。

半坡 层坡 大坡 东坡 登坡 陡坡
督坡 高坡 洪坡 护坡 滑坡 缓坡
阶坡 金坡 老坡 林坡 陆坡 离坡
陵坡 慢坡 满坡 平坡 千坡 趄坡
上坡 山坡 石坡 松坡 土坡 退坡
脱坡 小坡 下坡 斜坡 月坡 阳坡
盈坡 竹坡 治坡
金鸾坡 马嵬坡 玛瑙坡 相见坡 养马坡
胭脂坡 落凤坡 武家坡 长坂坡
赵云血战长坂坡/

颇 pō ①头偏，不正。②相当地。

不颇 廉颇 偶颇 偏颇 险颇 雨颇
地不颇 今亦颇 老犹颇 老廉颇 文不颇
强饭廉颇 浅率偏颇 失之偏颇

泊 pō 又音 bó 湖。

湖泊
江河湖泊

泼 pō ①使猛力倒水洒开。②野蛮不讲理。③有魄力。

泮泼 倒泼 翠泼 发泼 悍泼 华泼
活泼 浇泼 酒泼 解泼 墨泼 泼泼
佩泼 喷泼 瓢泼 青泼 受泼 撒泼
洒泼 投泼 汤泼 一泼 印泼 缨泼
朱泼 章泼 紫泼 簪泼
大雨瓢泼 活活泼泼 清新活泼 生动活泼

婆 pó ①年老的妇人。②从事某些职业的妇女。③ 丈夫的母亲。

阿婆 伯婆 产婆 茶婆 伏婆 佛婆
公婆 姑婆 好婆 黄婆 家婆 六婆
老婆 浪婆 麻婆 孟婆 媒婆 摩婆
贫婆 苦婆 婆婆 虔婆 婆婆 叔婆
婶婆 驱婆 神婆 太婆 偷婆 王婆
外婆 巫婆 稳婆 香婆 牙婆 占婆
坐婆 祖婆
春梦婆 大老婆 关亡婆 管家婆 家主婆
老太婆 老婺婆 怕老婆 蓬蛇婆 亲家婆
收生婆 讨老婆 舞娘婆 小老婆 助产婆
三姑六婆
丑媳妇少不得见公婆/多年的媳妇熬成婆/一个媳妇十个婆婆/

皤 pó ①指白色。②老人白头。

鬓皤 苍皤 皓皤 皤皤 石皤 小皤
白发皤播 华发皤皤

叵 pǒ 不可。

测成叵

迫 pò 又音 pǎi ①急促。②接近。③用强力压制。④强迫。

奔迫 逼迫 被迫 催迫 敦迫 督迫
繁迫 遑迫 惶迫 慌迫 骇迫 交迫
讦迫 拘迫 劫迫 肩迫 焦迫 饥迫
急迫 洊迫 煎迫 紧迫 窘迫 困迫
恐迫 年迫 陵迫 忙迫 气迫 切迫
窍迫 牵迫 情迫 强迫 驱迫 世迫
扇迫 势迫 事迫 天迫 外迫 畏迫
威迫 形迫 胁迫 阴迫 诱迫 险迫
压迫 忧迫 淹迫 卒迫
饥寒迫 简书迫
从容不迫 冻馁交迫 地主压迫 饥寒交迫
贫病交迫 穷寇勿迫 外缠内迫 地势局迫
威胁强迫

珀 pò ［琥珀］古代松柏树脂的化石。

丹珀 虎珀 琥珀 红珀 金珀 墨珀
蜡珀 灵珀 水珀 石珀
千年珀 水晶珀 物象珀 珍珠珀
化石琥珀 玛瑙琥珀

粕 pò 渣滓。

沉粕 漠粕 瓮粕 糟粕
取精去粕

魄 pò 又音 tuò、bó ①精神或魄力。②古人迷信认为是依附形体的精神。

冰魄 病魄 才魄 成魄 楚魄 愁魄
春魄 褫魄 蟾魄 动魄 寺魄 杜魄
定魄 胆魄 蝶魄 荡魄 飞魄 芳魄
粉魄 返魄 朏魄 桂魄 华魄 恨魄
合魄 花魄 还魄 虎魄 皓魄 晦魄
魂魄 金魄 惊魄 娟魄 解魄 奸魄
精魄 惊魄 羁魄 狂魄 灵魄 丽魄
落魄 阑魄 炼魄 满魄 旁魄 魄魄
气魄 请魄 上魄 生魄 失魄 伤魄
死魄 素魄 蜀魄 睡魄 续魄 兔魄
颓魄 亡魄 文魄 心魄 纤魄 仙魄
新魄 险魄 湘魄 月魄 阴魄 养魄
妖魄 营魄 幽魄 怨魄 颜魄 艳魄
烟魄 制魄 糟魄 莹魄
嫦娥魄 杜宇魄 既生魄 既死魄 骊龙魄
旁生魄 旁死魄 始生魄 蜀王魄 哉生魄
冰魂雪魄 驰魂荡魄 丢魂失魄 动人心魄
荡魂摄魄 韩凭恨魄 勾魂摄魄 三魂六魄
惊心动魄 惊魂丧魄 三魂七魄 失魂落魄
丧魂落魄 摄人心魄 天夺之魄 日精月魄
天夺其魄 亡魂失魄 销魂夺魄 销魂荡魄
遗魂亡魄 追魂摄魄 震人心魄 鬼神褫魄

破 pò ①破裂。②破除。③花费。④揭穿。

白破 补破 爆破 冲破 除破 摧破
残破 愁破 戳破 打破 点破 道破
胆破 读破 粉破 攻破 红破 毁破
缓破 击破 惊破 揭破 镜破 开破
看破 窥破 卵破 楼破 拉破 面破
碾破 扑破 蘋破 曲破 入破 如破
山破 石破 岁破 说破 识破 笋破
碎破 撕破 头破 突破 讨破 题破
踏破 诇破 心破 袭破 云破 月破
言破 营破 竹破 折破 指破 侦破
凿破 搒破 撞破 椓破 甑破 自破
参破 跌破
花门破 红窗破 荷衣破 壶口破 菱花破
蒲团破 青衫破 铁鞋破 万卷破 芒鞋破
珠珠破
不攻自破 赤眉异破 巢毁卵破 颠不可破
颠扑不破 各个击破 牢不可破 天惊石破
铁鞋踏破 一语道破 鱼死网破 罗隐题破
不是鱼死，就是网破/东驴西磨，麦城自破/碉堡最容易从内部攻破/瓦罐不离井上破/瓦罐不离井口破/纸扎的灯笼，一戳就破/

摸 mō ①用手轻轻抚摩。②在黑暗中摸取。③探求，寻找。④偷。

暗摸 猜摸 揣摸 触摸 抚摸 估摸
捞摸 扪摸 描摸 手摸 收摸 思摸
掐摸 掏摸 偷摸 寻摸 瞎摸 约摸
捉摸 咂摸 著摸 自摸
东偷西摸 不可捉摸 偷偷摸摸 小偷小摸

谟 mó ①策略。②诈伪。

宝谟 成谟 宸谟 定谟 典谟 帝谟
高谟 宏谟 皇谟 訏谟 嘉谟 良谟
庙谟 谋谟 奇谟 圣谟 文谟 许谟
训谟 远谟 英谟 渊谟 忠谟 谘谟

馍 mó 面食品。

面馍 米馍 馍馍 蒸馍

模 mó 又音 mú ①模仿，效法。②榜样。③制造器物的模型。

传模 德模 范模 轨模 规模 宏模
坏模 坯模 航模 经模 楷模 靠模
拉模 临模 劳模 描模 评模 奇模
前模 手模 圣模 世模 师模 胎模
行模 形模 楦模 远模 英模 遗模
哲模
达士模 最难模 造化模
初具规模 奉为楷模 廿字郇模 女字郇模
卢植楷模 一代楷模

摹 mó 仿效。

傅摹 勾摹 规摹 临摹 描摹 手摹
心摹

膜 mó ①动植物体内像薄皮的组织。②像膜的皮。

薄膜 瓣膜 地膜 笛膜 耳膜 巩膜
骨膜 隔膜 鼓膜 虹膜 角膜 结膜
筋膜 浆膜 肋膜 脑膜 黏膜 水膜
天膜 胎膜 网膜 苇膜 胸膜 羊膜
映膜 眼膜 竹膜 紫膜
处女膜 肠系膜 横膈膜 脉络膜 视网膜
橡皮膜

麽 mó 微小。

极麽 细麽 形麽 幺麽 妆麽

摩 mó 又音 mā ①摩擦。②抚摸。③研究，切磋。

按摩 揣摩 达摩 顶摩 抚摩 拊摩
刮摩 观摩 竿摩 规摩 肩摩 剑摩
矫摩 捺摩 萝摩 三摩 手摩 善摩
揔摩 维摩 相摩 细摩 掐摩 轧摩
月摩 研摩 夜摩
相观摩
电影观摩 毂击肩摩 袂接肩摩 踵接肩摩

磨 mó 又音 mò ①摩擦。②阻碍，困难。③渐渐消失。④拖延时间。

熬磨 珩磨 挫磨 淬磨 磋磨 错磨
缠磨 打磨 砥磨 刮磨 耗磨 耐磨
墨磨 揉磨 仙磨 日磨 软磨 揉磨
手磨 相磨 消磨 新磨 玉磨 研磨
折磨
玷可磨 风雨磨 共月磨 万世磨
百世不磨 耳鬓厮磨 好事多磨 精湛不磨
万世不磨 几经琢磨 切磋琢磨 细心琢磨
恶人自有恶人磨/恶人还被恶人磨/好汉只怕病来磨/人在世上炼，刀在石上磨/英雄只怕病来磨/

蘑 mó 可食用蕈类。

白蘑 口蘑 松蘑 香蘑 鲜蘑

嬷 mó ①旧时称奶奶。②〈方〉称老年妇女。

嬷嬷

魔 mó ①迷信的人所指能迷惑人、害人的鬼怪。②喻恶势力。③神奇，奇异。④嗜好使入迷。

病魔 愁魔 恶魔 风魔 疯魔 酒魔
狂魔 去魔 群魔 驱魔 入魔 诗魔
睡魔 天魔 邪魔 心魔 降魔 妖魔
着魔
唐相酒魔 走火入魔

抹 mǒ 又音 mò、mā ①涂抹。②涂去。③闪过。

除抹 电抹 东抹 淡抹 黛抹 盖抹
红抹 挥抹 毁抹 两抹 浓抹 眉抹
批抹 丝抹 数抹 涂抹 秀抹 一抹
浓笔抹 霜如抹
东涂西抹 淡妆浓抹 浓妆艳抹 晚霞一抹
信笔涂抹

末 mò ①物的尽头。②戏曲中扮演中年男子的角色。③末尾。④事物不是根本的。

本末 百末 保末 卑末 保末 冰末
振末 处末 茶末 错末 才末 草末
冬末 颠末 丰末 风末 奋末 粉末
浮末 副末 毫末 芥末 季末 举末
结末 锯末 弓末 贵末 礼末 年末
那末 领末 绿末 末末 秒末 目末
煤末 弩末 篇末 苹末 去末 切末
浅末 砌末 秋末 日末 肉末 三末
首末 守末 叔末 岁末 身末 始末
事末 碎末 善末 赏末 天末 太末
向末 位末 微末 行末 香末 夏末
息末 像末 云末 月末 用末 易末
烟末 营末 姻末 药末 正末 周末
知末 杂末 执末 逐末 争末 志末
致末 最末
茶叶末 三日末 世纪末
背本就末 纪事本末 去本就末 去本趋末
弃本逐末 秋毫之末 强弩之末 封胡羯末
舍本逐末 舍本就末 崇本抑末 凶终隙末
依草附末 重本抑末 青苹之末 重本轻末

锥刀之末
明察秋毫之末/

沫 mò ①唾液。②液体形成的许多细泡。

白沫 吹沫 兜沫 飞沫 风沫 浮沫
惠沫 归沫 呴沫 膏沫 回沫 盥沫
江沫 沟沫 浇沫 惊沫 溅沫 面沫
流沫 浪沫 丽沫 溟沫 沧沫 喷沫
泉沫 濡沫 水沫 素沫 吐沫 汤沫
跳沫 唾沫 腾沫 枉沫 望沫 洿沫
握沫 血沫 休沫 细沫 洗沫 星沫
新沫 薰沫 涎沫 煦沫 玉沫 浴沫
燠沫 栉沫 珠沫 斋沫
身如沫 酌香沫 肥皂沫 相呴沫 相濡沫
沉渣浮沫 涸鳞濡沫 呴湿濡沫 相濡以沫
涸鳞濡沫
涸泽之鱼，相濡以沫/

秣 mò ①牲口吃的饲料。②喂牲畜。

刍秣 挫秣 催秣 待秣 丰秣 旧秣
粮秣 离秣 饲秣 稍秣 思秣 同秣
夕秣 晓秣 玉秣 仰秣

没 mò 又音 méi ①走向衰落。②沉没，沉下。③终尽。④没收。

岸没 阁没 不没 败没 病没 长没
出没 沉没 罚没 覆没 荒没 浸没
籍没 沦没 末没 灭没 浸没 泯没
潮没 迷没 昧没 没没 埋没 蒙没
乾没 漂没 潜没 日没 辱没 濡没
山没 石没 水没 收没 拾没 似没
深没 吞没 芜没 晚没 星没 屑没
陷没 玉没 云没 抑没 湮没 炀没
淹没 掩没 堙没 隐没 殒没 滜没
殪没 翳没 蚤没 鸿没 鸥没 飘没
微言没 星渐没
北人学没 赍志而没 全军覆没 神出鬼没
头出头没

殁 mò 死。

病殁 存殁 父殁 徂殁 母殁 身殁
逝殁 亡殁 殟殁 谢殁 夭殁 淹殁
湮殁 陨殁 殒殁 早殁 战殁 卒殁
赍老而殁

陌 mò 田间通向东西方向的小路。

宝陌 川陌 长陌 尘陌 春陌 苍陌
翠陌 塍陌 大陌 道陌 短陌 垫陌
坊陌 芳陌 古陌 广陌 沟陌 汉陌
巷陌 九陌 交陌 井陌 郊陌 津陌
六陌 里陌 连陌 南陌 露陌 涂陌
平陌 阡陌 秋陌 畦陌 入陌 绮陌
上陌 水陌 塞陌 桑陌 通陌 芜陌
小陌 秀陌 云陌 远陌 绣陌 足陌
征陌 直陌 紫陌
长安陌 吹箫陌 春风陌 桂香陌 槐花陌
江南陌 金陵陌 开阡陌 刘郎陌 满千陌
天市陌 田连陌 铜铊陌
花街柳陌 铜驼巷陌 桃蹊李陌 田连阡陌

脉 mò 又音 mài 默默地用眼神来表达爱慕的情意。

脉脉
含情脉脉 溶溶脉脉 温情脉脉

莫 mò ①没有。②不要。

暗莫 晻莫 错莫 大莫 伏莫 广莫
公莫 告莫 合莫 槐莫 藉莫 民莫
莫莫 靡莫 侔莫 切莫 求莫 索莫
适莫 文莫 味莫 约莫 蚤莫 著莫
遮莫
休休莫莫 无适无莫

漠 mò ①地面沙石覆盖的地方。②冷淡。

黯漠 才漠 冲漠 大漠 度漠 淡漠
渡漠 典漠 范漠 广漠 荒漠 瀚漠
绝漠 嘉漠 空漠 旷漠 六漠 冷漠
骆漠 溟漠 邈漠 漠漠 穷漠 溥漠
人漠 碛漠 圣漠 沙漠 师漠 朔漠
恬漠 芴漠 讦漠 玄漠 雄漠 阴漠
杳漠 英漠
云漠漠
大海广漠 荒原漠漠 广袤邈漠 龙荒朔漠
云空广漠 烟雾漠漠

寞 mò ①冷落。②寂静。

沉寞　海寞　寂寞　落寞　索寞　芴寞
不甘寂寞　甘就寂寞　人琴寂寞　何嫌寂寞

瘼 mò 病。

民瘼

墨 mò ①黑色。②写字、绘画用的黑色颜料。③名家的字画。④古代的一种刑法。⑤墨家。

宝墨　比墨　笔墨　别墨　碑墨　茶墨
楮墨　淡墨　刀墨　点墨　丹墨　得墨
发墨　粉墨　副墨　古墨　膏墨　宫墨
光墨　灰墨　挥墨　毫墨　黑墨　翰墨
徽墨　旧墨　拒墨　即墨　焦墨　积墨
纠墨　瘠墨　孔墨　苛墨　老墨　泥墨
落墨　浓墨　磨墨　墨墨　泼墨　破墨
求墨　漆墨　儒墨　染墨　水墨　手墨
石墨　松墨　吮墨　扫墨　洒墨　深墨
受墨　诗墨　绳墨　麝墨　帖墨　贪墨
逃墨　铜墨　文墨　闻墨　网墨　闲墨
行墨　引墨　香墨　余墨　杨墨　遗墨
用墨　油墨　有墨　益墨　朱墨　造墨
纸墨　制墨　着墨　职墨
江湖墨　金壶墨　九子墨　淋漓墨　螺子墨
蔷薇墨　松烟墨　胸中墨　一斗墨
白描淡墨　精通文墨　大处落墨　淡天刷墨
浮笔浪墨　规绳矩墨　挥毫泼墨　怀铅吮墨
拘守绳墨　近朱近墨　平公墨墨　舞文弄墨
寻行数墨　形诸笔墨　胸无点墨　游戏笔墨
程君房的百年之墨/李廷珪的墨/

默 mò ①寂静。②不说话，不出声。

喑默　暗默　冲默　沉默　湛默　栱默
贵默　恭默　滈默　后默　荒默　皆默
净默　静默　缄默　噤默　默默　闷默
泯默　去默　潜默　守默　深默　慎默
顺默　塞默　韬默　闲默　玄默　显默
循默　言默　饮默　哑默　幽默　语默
渊默
寒虫默　莺古默
黑色幽默　辟非拱默

磨 mò 又音 mó ①石磨。②用磨碾碎粮食。

阿磨　八磨　抱磨　错磨　大磨　电磨
风磨　规磨　火磨　羯磨　楷磨　拉磨
砻磨　麦磨　米磨　清磨　肉磨　水磨
石磨　擅磨　推磨　铁磨　小磨　洗磨
研磨　作磨　转磨　紫磨　纵磨　沙磨
剑初磨　剑重磨　镜新磨　铁砚磨
指山卖磨
有钱使得鬼推磨/有钱买得鬼推磨/有钱能使鬼推磨/

佛 fó 又音 fú ①信仰佛教的人。②佛教。③佛像。④佛陀的简称。

拜佛　成佛　春佛　大佛　得佛　赕佛
德佛　蝶佛　法佛　佛佛　附佛　奉佛
古佛　归佛　供佛　观佛　感佛　灌佛
后佛　好佛　活佛　简佛　敬佛　精佛
金佛　老佛　立佛　礼佛　念佛　泥佛
佞佛　溺佛　木佛　美佛　千佛　七佛
乞佛　全佛　求佛　前佛　请佛　日佛
仁佛　儒佛　融佛　四佛　石佛　生佛
时佛　顺佛　仿佛　事佛　铜佛　无佛
忘佛　卧佛　选佛　仙佛　消佛　信佛
绣佛　新佛　一佛　玉佛　依佛　雨佛
仰佛　浴佛　坐佛　造佛　作佛
不加佛　河沙佛　贾岛佛　弥勒佛　如来佛
首忘佛　十方佛　十样佛　舍利佛　苏捏佛
西方佛　一女佛　四方佛　现在佛　过去佛
未来佛　见在佛
阿弥陀佛　长斋绣佛　楚英信佛　吃斋念佛
朝山拜佛　范缜辟佛　韩愈辟佛　借花献佛
立地成佛　求神拜佛　烧香拜佛　万方生佛
万象生佛　自当成佛
不受磨炼不成佛/不到西天不识佛/放下屠刀，立地成佛/南无阿弥陀佛/孙悟空遇到如来佛/一人吃斋，十人念佛/庸医不信药，俗僧不信佛/

挝 wō 又音 zhuā 国名，在中南半岛。

老挝

涡 wō 又音 guō ①江河中回旋的水流。②涡状的东西。

淮涡　酒涡　颊涡　梨涡　黎涡　水涡
旋涡　笑涡　漩涡
弹子涡　乱丝涡　生千涡　笑生涡

窝 wō ①泛指鸟兽昆虫的栖息的地方。②藏匿罪人或赃物。③人居住之处。

抢窝 被窝 锢窝 蜂窝 狗窝 硌窝
黑窝 金窝 肩窝 鸡窝 酒窝 龙窝
老窝 肋窝 挪窝 毛窝 山窝 窝窝
心窝 行窝 笑窝 絮窝 眼窝 腋窝
肘窝 炸窝 贼窝
艾窝窝 安乐窝 不动窝 翠云窝 赋茧窝
胳肢窝 黑窝窝 夹肢窝 马蜂窝 钱线窝
强盗窝 山窝窝 是非窝 太阳窝 心口窝
煮石窝
两个笑窝 捅马蜂窝
兵松一个，将松一窝/刚离虎口，又入狼窝/兵熊熊一个，将熊熊一窝/金窝银窝，不如自己的草窝/三只骰儿十九窝/燕子含泥垒大窝/

蜗 wō 蜗牛，软体动物，背上有螺旋而扁圆的硬壳，头上有两对触角。

白蜗 壁蜗 电蜗 磐蜗 耳蜗 栖蜗
睛蜗 战蜗
两角蜗

倭 wō 我国古代称日本。

大倭 东倭 抗倭
小东洋倭

喔 wō 拟声词，鸡叫声。

嗌喔 呃喔 喔喔 咿喔 嘤喔
天鸡喔喔 雄鸡喔喔

我 wǒ 代词，称自己。

爱我 卑我 拜我 谤我 从我 吃我
大我 打我 敌我 得我 赌我 父我
抚我 非我 烦我 服我 福我 饭我
告我 过我 贵我 故我 化我 呼我
坏我 还我 害我 好我 惠我 活我
话我 毁我 见我 就我 教我 疾我
谏我 鞠我 诓我 苦我 乐我 罗我
老我 累我 类我 美我 梦我 配我
骗我 赔我 气我 求我 弃我 劝我
欺我 亲我 尔我 辱我 示我 生我
私我 送我 舍我 胜我 恕我 思我
食我 适我 酸我 听我 无我 为我
畏我 毋我 误我 小我 向我 许我
笑我 偰我 由我 用我 育我 养我
育我 养我 要我 怨我 诱我 邀我
赢我 主我 自我 在我 知我 责我
其我 照我 赞我 赠我 益我
不见我 不及我 百牢我 持赠我 非助我
何如我 胜过我 勿忘我 吴王我 诬陷我
小视我 信任我 中伤我
鲍叔知我 鲍叔怜我 尽其在我 管苏犯我
卿卿我我 时不待我 有人说我 有你无我
有敌无我 依然故我 知我罪我 忠勤忘我
杖藜扶我过桥东，我也要你，你也要我/

沃 wò ①土地肥沃。②灌溉。

百沃 处沃 地沃 丰沃 肥沃 饭沃
膏沃 灌沃 酒沃 良沃 洒沃 启沃
曲沃 壤沃 饶沃 水沃 土沃 五沃
沃沃 渥沃 叶沃 衍沃 野沃 珠沃
百杯沃 六辔沃 清泉沃 山如沃
土地肥沃

卧 wò ①睡倒休息。②有关睡觉的。③隐居。④趴伏。

安卧 病卧 饱卧 被卧 蜷卧 长卧
春卧 蚕卧 愁卧 侧卧 对卧 独卧
倒卧 扶卧 佛卧 俯卧 高卧 环卧
虹卧 昏卧 酣卧 府卧 虎卧 斛卧
横卧 坚卧 据卧 僵卧 困卧 牛卧
凉卧 冷卧 挛卧 罴卧 露卧 起卧
琼卧 寝卧 软卧 睡卧 嗜卧 恬卧
躺卧 坦卧 仙卧 云卧 易卧 仰卧
雨卧 硬卧 鸭卧 隐卧 偃卧 蛹卧
猿卧 坐卧 醉卧 钟卧 枕卧
安石卧 北窗卧 长乡卧 东床卧 东山卧
淮阳卧 南阳卧 三冬卧 松堂卧 天上卧
亭午卧 文侯卧 袁安卧 隐而卧 下床卧
枕桥卧 糟丘卧
安枕而卧 北窗高卧 东山高卧 高枕而卧
和衣而卧 横躺竖卧 淮阳高卧 孔明龙卧
龙跧虎卧 龙跳虎卧 老罴高卧 买山而卧
买山归卧 行住坐卧 元龙高卧 袁安高卧
榻畔酣卧 老罴高卧

偓 wò 用于仙人名。

韩偓 钱偓

握 wò ①弯曲合拢手指拿东西。②掌握。

不握 把握 秉握 持握 大握 发握
紧握 含握 卷握 满握 柔握 手握
上握 吐握 袖握 新握 一握 玉握
盈握 左握 足握 执握 在握 照握
掌握

不盈握 发三握 在掌握
大权在握 三吐三握 胜利在握 熟练掌握
周公反握 一沐三握 胜券在握

幄 wò 帐幕。

宝幄 重幄 成幄 宸幄 翠幄 幨幄
丹幄 典幄 董幄 芳幄 复幄 华幄
花幄 黄幄 广幄 公幄 虎幄 几幄
金幄 经幄 龙幄 林幄 柳幄 萝幄
谋幄 去幄 青幄 轻幄 绮幄 裙幄
松幄 人幄 神幄 设幄 施幄 天幄
吐幄 帷幄 雾幄 仙幄 香幄 萧幄
绣幄 云幄 油幄 御幄 造幄 紫幄
锥幄

添筹海幄 运筹帷幄 生筹帷幄

渥 wò ①沾湿。②沾润。

宠渥 春渥 慈渥 大渥 丹渥 德渥
恩渥 伏渥 蕃渥 惠渥 旧渥 隆渥
露渥 茂渥 清渥 气渥 纯渥 神渥
殊渥 小渥 刑渥 新渥 天渥 优渥
勇渥 郁渥 殷渥 颜渥 沾渥

春冰渥 红梨渥

涴 wò 有油、泥等弄脏衣服、器物。

尘涴 粉涴 泥涴 雨涴

丹青涴 宿粉涴

硪 wò 一种夯砸地基的工具。

打硪 力硪 石硪 徐硪

斡 wò ①运转。②调停。

舛斡 回斡 迴斡 风斡 力斡 排斡
旋斡 运斡 移斡

唷 yō 叹词，表示惊讶或疑问。

哎唷 吭唷 哼唷 喔唷

咄 duō ①叹词。②表呵斥。

叱咄 咄咄 空咄 诃咄 呵咄 纳咄
震咄

书咄咄

怪事咄咄 书空咄咄 冶鸟咄咄

哆 duō 哆嗦，发抖。

侈哆 哆哆 口哆 声哆 言哆 邪哆
哲哆

花枝哆

多 duō ①推重，赞美。②数量大。③相差程度大。

阿多 不多 贝多 别多 椇多 才多
辞多 大多 多多 顶多 蕃多 肥多
繁多 过多 哀多 好多 恨多 很多
惠多 几多 加多 击多 艰多 金多
极多 居多 酒多 孔多 苦多 六多
吏多 理多 粮多 良多 梦多 劝多
情多 三多 事多 山多 甚多 盛多
太多 贪多 心多 许多 雪多 薪多
尤多 云多 余多 鱼多 英多 众多
至多 真多 最多 增多 罪多 诸多
不厌多 差不多 草木多 春思多 词赋多
愁绪多 读书多 风雨多 复云多 蜂蝶多
过雁多 好得多 卷石多 荆棘多 酒债多
历年多 离恨多 绿荫多 暮云多 去日多
取数多 歧路多 前情多 善多多 乡思多
相思多 形胜多 晓风多 一年多 一勺多
月明多 伏兵多 意气多 意趣多 应接多
饮茶多 阅人多 阅历多 野兴多 旨且多
著述多 酌无多
来日无多 去日苦多 从长到多 祠少求多
华祝三多 花色繁多 画科繁多 华祝之多
获益良多 含墨繁多 见广识多 机患才多
积少成多 聚少离多 老景无多 历日无多
历甲何多 罗隐何多 名目繁多 品种繁多

情多累多　睡长梦多　商品繁多　死丧必多
夜长梦多　以少胜多　子孙之多　种类很多
粥少僧多
裱褙匠开酒坊，酒少话（画）多/出的门多，受的罪多/大哥不说二哥，两个差不多/风流不在着衣多/狗吃牛屎，只图多/寡妇门前是非多/好物不在多/好汉打不过人多/黄金未为贵，安乐值钱多/黄金万两未为贵，一家安乐值钱多/酒逢知已千杯少，活不投机半句多/将在谋而不在勇，兵贵精而不贵多/酒到散筵欢趣少，人逢失意叹声多/懒牛懒马屎尿多/罗汉请观音，客少主人多/雷公先唱歌，有雨也不多/穷人的气多/人多舌头多/儿女多来冤业多/人逢喜事精神爽，闷上心来瞌睡多/识人多者是非多/熟读王叔和，不如临证多/天下名山僧占多/因风吹火，用力不多/

掇 duō ①拾取。②用双手端，拿。

不掇　表掇　抄掇　采掇　撺掇　掂掇
俯掇　懒掇　揽掇　取掇　穷掇　手掇
收掇　烧掇　拾掇　远掇　犹掇　直掇
薄言掇　寸心掇　患至掇　月可掇　雨前掇

裰 duō ①古代官绅、士子穿的便服。②缝补衣服。

补裰　直裰

夺 duó ①争取得到。②抢，强取。③使失去。④胜过压倒。

不夺　剥夺　斥夺　椎夺　揣夺　搀夺
裁夺　篡夺　褫夺　斗夺　胆夺　定夺
讹夺　夫夺　拂夺　丐夺　攻夺　括夺
黄夺　毫夺　家夺　劫夺　禁夺　棘夺
攫夺　遽夺　掠夺　凌夺　理夺　略夺
掳夺　目夺　平夺　剽夺　气夺　抢夺
取夺　侵夺　权夺　窃夺　强夺　倾夺
攘夺　尸夺　手夺　扫夺　私夺　收夺
施夺　偷夺　违夺　削夺　先夺　相夺
香夺　席夺　袭夺　与夺　遇夺　易夺
意夺　攖夺　渔夺　诱夺　自夺　争夺
志夺　诈夺
魂消魄夺　蔺生诡夺　气消胆夺　巧取豪夺
巧偷豪夺　上权下夺　生杀予夺　神摇目夺
朱紫相夺
一人立志，万夫莫夺/

度 duó 又音 dù ①计算，推测。②谋虑。

忖度　揣度　裁度　猜度　工度　非度
荒度　揆度　来度　料度　评度　品度
三度　审度　推度　惟度　维度　相度
悬度　意度　臆度　隐度　虞度　自度

踱 duó 慢慢地走。

蹀踱　踉踱

铎 duó ①古乐器名。②古代宣布政教法令时用的大铃。③系挂在颈下的小铃。

宝铎　秉铎　大铎　风铎　梵铎　高铎
金铎　牛铎　铃铎　木铎　鸣铎　司铎
受铎　托铎　听铎　闻铎　尹铎　摇铎
振铎　执铎　钟铎
风绕铎　闹镬铎　为木铎　萧夺铎　占风铎
荀勖牛铎

朵 duǒ ①量词。②用于花朵或云彩那样的东西。③植物的花或苞。

鬓朵　纹朵　朵朵　耳朵　骨朵　冠朵
花朵　儿朵　莲朵　梅朵　千朵　晴朵
双朵　数朵　万朵　五朵　小朵　纤朵
雪朵　细朵　一朵　云朵　月朵　瑶朵
簪朵
长耳朵　大耳朵　花骨朵　含霜朵　书五朵
珊瑚朵　小耳朵　云五朵　咬耳朵　扎耳朵
妆梅朵
飞云五朵　招风耳朵　千枝万朵　鲜花朵朵

垛 duǒ 又音 duò 一种建筑掩蔽物。

城垛　箭垛　门垛　射垛　垟垛

躲 duǒ ①避开。②隐藏。

藏躲　抛躲　闲躲　逃躲
明枪易躲　闪闪躲躲　藏藏躲躲

亸 duǒ 下垂。

楚亸　浮亸　宏亸　轻亸　诗亸　素亸
仙亸　渔亸
凌风亸　逃名亸　云随亸　腻云亸

花娇柳亸

剁 duò 用刀向下迅猛重砍。

杀剁

把馅儿剁 千刀万剁

垛 duò 又音 duǒ 整齐地堆成的堆。

草垛 柴垛 点垛 粉垛 弓垛 两垛
码垛 麦垛 堆垛

柴火垛

跺 duò 提起脚使劲踏地。

把脚跺

两脚一跺

沲 duò 荡漾。

淡沲

舵 duò 装在船尾，控制行船方向的一种设备。

把舵 船舵 管舵 鼓舵 后舵 捩舵
为舵 远舵 掌舵 转舵

方向舵 蓬莱舵 升降舵 吴淞舵 云生舵
中流舵

见风使舵 见风转舵 看风使舵 看风练舵
顺风使舵 顺风倒舵 顺风转舵 随风转舵

行船的看风使舵/

惰 duò ①衰败。②懒惰。

骄惰 不惰 弛惰 怠惰 飞惰 放惰
废惰 恭惰 娇惰 解惰 骄惰 教惰
懒惰 疲惰 气惰 轻惰 勤惰 情惰
疏惰 士惰 少惰 偷惰 天惰 委惰
顽惰 习惰 休惰 懈惰 游惰 慵惰
窳惰 衣惰 自惰

百骸惰 股肱惰 股膝惰 四肢惰 衣冠惰
执玉惰

养子不教父之过，教导不严师之惰/

堕 duò 掉落，落下。

不堕 白堕 吹堕 齿堕 颠堕 发堕
花堕 红堕 隳堕 泪堕 卵堕 鸟堕
恐堕 凉堕 洒堕 损堕 碎堕 天堕
推堕 偷堕 喷堕 颓堕 下堕 倭堕
云堕 月堕 夜堕 自堕 指堕 帻堕
醉堕 谪堕 鸢堕

春蚁堕 火光堕 金钗堕 泪交堕 流萤堕
天花堕 银笋堕

杞忧天堕 骑者善堕 善骑者堕 善酿白堕
绿珠楼堕

善游者没，善骑者堕/

托 tuō ①用手向上承物。②垫。③依赖。④委托。⑤推托。

不托 补托 拜托 茶托 窜托 衬托
称托 诒托 独托 付托 奉托 附托
顾托 花托 烘托 久托 见托 结托
矫托 荐托 假托 寄托 恳托 款托
烂托 落托 摩托 靡托 萍托 全托
枪托 请托 入托 日托 少托 受托
谁托 蜀托 天托 推托 委托 伪托
诿托 相托 信托 栖托 永托 央托
运托 永托 依托 寓托 谒托 自托
重托 属托 转托 嘱托

不堪托 金张托 青绳托 欣有托

负图之托 景物烘托 落落托托 丝萝有托

拖 tuō ①牵引，拉。②拖延。③在体后耷拉着。

倒拖 横拖 力拖 拍拖 徐拖 硬拖

不能拖 慢慢拖 往后拖 用力拖

生拽活拖

脱 tuō ①取下；去掉。②离开。③轻率；轻慢。④漏掉。

不脱 半脱 迸脱 摆脱 剥脱 出脱
齿脱 超脱 春脱 除脱 去脱 度脱
得脱 蹬脱 区脱 讹脱 法脱 高脱
冠脱 活脱 后脱 戒脱 金脱 计脱
解脱 开脱 夸脱 落脱 漏脱 毛脱
抹脱 瓯脱 品脱 劈脱 僻脱 撇脱
全脱 轻脱 清脱 甩脱 洒脱 臊脱
手脱 失脱 兔脱 条脱 熟脱 推脱
透脱 通脱 逃脱 跳脱 挺脱 碗脱
尾脱 形脱 洗脱 虚脱 阴脱 卸脱
影脱 遗脱 颖脱 字脱 走脱 坐脱
捽脱 挣脱 纵脱 转脱

活脱脱 坐鞅脱 金跳脱 力土脱 密司脱

狼奔兔脱　伪装逃脱
尖担两头脱/

驮 tuó　又音 duò　牛马等用背负载人或物。

鞍驮　负驮　犒驮　解驮　铃驮　千驮
万驮　重驮
细马驮　用马驮

佗 tuó　①同“驮”。②负荷。

拜佗　华佗　弟佗　带佗　石佗　佗佗
委佗　尉佗　赵佗
仲孙佗

陀 tuó　①山冈。②一种儿童玩具。

佛陀　沙陀　弥陀　陂陀　盘陀　头陀
妹陀
摩揭陀

坨 tuó　成块或成堆的东西。

冰坨　粉坨　盐坨　坨坨　泥坨
年糕坨　王庆坨　黄沙坨

沱 tuó　①江流中停船的水湾，多用于地名。②眼泪下垂。

碧沱　淡沱　滹沱　呼沱　江沱　滂沱
潭沱　吞沱　雨沱　泽沱　潸沱
大雨沱　江有沱　同涕沱
大雨滂沱　涕泪滂沱

驼 tuó　①指骆驼。②身体向前弯曲，背脊突起。

红驼　金驼　牛驼　骆驼　毛驼　名驼
明驼　奇驼　瘦驼　铜驼　橐驼　银驼
单峰驼　独峰驼　郭橐驼　泣铜驼　双峰驼
腰半驼
荆棘铜驼　棘暗铜驼　洛下铜驼　民拜骆驼
腰弓背驼

砣 tuó　①秤砣。②碾砣。

秤砣　夯砣　碾砣　失砣　司砣　转砣
秤不离砣
公不离婆，秤不离砣/

鸵 tuó　鸵鸟，颈长翅膀小，走得快，在沙漠中生活。

鹋鸵
美洲鸵

跎 tuó　［蹉跎］把光阴白耽误过去。

蹉跎　盘跎
日月蹉跎

橐 tuó　一种口袋。

布橐　笔橐　持橐　垂橐　发橐　负橐
革橐　鼓橐　河橐　缳橐　巨橐　锦橐
开橐　空橐　囊橐　炉橐　弃橐　青橐
盛橐　橐橐　行橐　竹橐　装橐　珍橐
铸橐
才物橐
陆贾分橐

鼍 tuó　鳄鱼的一种，又名扬子鳄，俗名“猪婆龙”。

白鼍　江鼍　灵鼍　杀鼍　取鼍　神鼍
斫蛟鼍　执鸣鼍

妥 tuǒ　①坐定。②稳定。③适当。④完备。⑤垂落。

安妥　不妥　半妥　风妥　飞妥　化妥
花妥　平妥　欠妥　神妥　商妥　帖妥
停妥　谈妥　稳妥　译妥　议妥　烟妥
花片妥　阉妥妥
稳稳妥妥

庹 tuǒ　①人的两手左右平举的长度。②姓。

一庹　姓庹

椭 tuǒ　长圆形。

瘦且椭　小而椭
方圆锐椭

拓 tuò　又音 tà　①开辟。②宏大。

饼拓　打拓　高拓　恢拓　开拓　阔拓
能拓　落拓　外拓　延拓　展拓　兄拓

柝 tuò　古代打更用的梆子。

哀柝　罢柝　驰柝　鼓柝　寒柝　击柝
金柝　玲柝　廊柝　鸣柝　宵柝　祖柝

偃柝
秋城柝　送筹柝
抱关击柝　重门击柝

萚 tuò　草木上脱落下来的叶或皮。

风萚　寒萚　飘萚　轻萚　秋萚　陨萚
叶萚

箨 tuò　竹笋上一片片的笋壳。

初箨　垂箨　粉箨　含箨　解箨　锦箨
枯箨　龙箨　箔箨　青箨　扫箨　笋箨
新箨　余箨　竹箨　紫箨
风卷箨　泉泛箨

唾 tuò　①口液。②用力吐出的口沫。

白唾　必唾　被唾　馋唾　反唾　干唾
口唾　咳唾　颏唾　面唾　猛唾　弃唾
实唾　人唾　涕唾　误唾　笑唾　一唾
玉唾　洟唾　余唾　珠唾
娄公唾　神女唾　随欬唾　珠玉唾
面能干唾　拾人涕唾　银钩玉唾

挪 nuó　①移动。②移用。

通挪　腾挪
挪一挪
枝条腾挪

娜 nuó　又音 nà　［袅娜］①形容草木柔软细长。②形容女子姿态优美。

婀娜　娇娜　娜娜　袅娜　娇娜　夭娜
娉娉婀娜　娉娉袅娜

诺 nuò　①顺从。②答应声。

心诺　百诺　承诺　酬诺　大诺　侫诺
概诺　画诺　金诺　季诺　践诺　领诺
诺诺　轻诺　请诺　二诺　然诺　夙诺
声诺　宿诺　谁诺　缩诺　吐诺　天诺
唯诺　心诺　许诺　一诺　已诺　允诺
应诺　主诺　作诺　重诺
百金诺　凤尾诺　敢不诺　黄金诺　千钧诺
千金诺　岩中诺　季布诺
布重一诺　季布一诺　喃喃诺诺　千金一诺
唯唯诺诺　一呼百诺　已蒙金诺　言而二诺
得黄金百斤，不如得季布一诺/堂上一呼，阶下百诺/堂上一呼，堂下百诺/

喏 nuò　又音 rě　①叹词。②同“诺”。

唯唯喏喏

搦 nuò　①握，持。②挑；惹。

抽搦　俯搦　揺搦　一搦　掩搦　捉搦

懦 nuò　怯懦，软弱。

雌懦　夫懦　立懦　老懦　驽懦　怯懦
柔懦　软懦　葸懦　濡懦　阘懦　选懦
幼懦　庸懦　愚懦

糯 nuò　富于黏性的一种稻谷。

矮糯　合糯　黄糯　粟糯　酿糯
香粳糯

捋 luō　又音 lǚ　①用手握物顺着滑动。②抚摩。

郁捋
大把捋
把胳膊一捋/

罗 luó　①捕鸟的网。②张开网捕捉。③招请；搜集；搜寻。④陈列。⑤过滤器具。⑥经纬线稀疏的丝织品。⑦用罗筛东西。

包罗　波罗　毕罗　碧罗　大罗　多罗
蛾罗　伏罗　藩罗　绯罗　广罗　过罗
高罗　该罗　哈罗　花罗　红罗　睺罗
交罗　旧罗　缉罗　罗罗　纳罗　篓罗
绿罗　绫罗　楼罗　汨罗　摩罗　旁罗
骈罗　普罗　爬罗　青罗　雀罗　轻罗
绮罗　收罗　沙罗　蒐罗　素罗　搜罗
森罗　天罗　同罗　汤罗　网罗　纨罗
纤罗　香罗　胸罗　星罗　新罗　云罗
阎罗　织罗　宇罗　招罗　张罗　摭罗
活阎罗　紧那罗　礼为罗　曼陀罗　曼荼罗
设雀罗　吐火罗　一眨罗　众鸟罗　雉罹罗
翟公罗
包号阎罗　哩哩罗罗　门前雀罗　门可张罗
门外张罗　棋布星罗　廷尉张罗　万象森罗

萝 luó ①指爬蔓植物。②指萝卜。

薜萝 菠萝 垂萝 海萝 结萝 女萝
茑萝 轻萝 柔萝 丝萝 松萝 腾萝
木菠萝

猡 luó 〈方〉猪。

猪猡

逻 luó ①客观规律。②巡逻。

逼逻 独逻 岛逻 钞逻 发逻 古逻
街逻 惊逻 木逻 戍逻 守逻 晚逻
巡逻 厢逻 羊逻 游逻 侦逻
紫寨逻
空中巡逻 执勤巡逻

椤 luó [桫椤]蕨类植物，茎高而直，叶片大，羽状分裂。茎含淀粉，可食用。

桫椤

锣 luó 一种铜做的乐器，形如盘子，用槌子打击发声。

抱锣 大锣 打锣 后锣 金锣 开锣
鸣锣 密锣 手锣 沙锣 敲锣 筛锣
小锣 云锣
九音锣 金汤锣
顺风敲锣
打当面鼓，不敲背后锣/当面鼓，对面锣/

箩 luó 用竹篾编成的器具，大圆口小方格。

簸箩 稻箩 饭箩 筐箩 淘箩 竹箩
折箩
滴水成河，积米成箩/

骡 luó 哺乳动物，驴和马交配而生的一种家畜。

白骡 碧骡 吹骡 大骡 佛骡 光骡
健骡 蹇骡 跨骡 驴骡 马骡 疲骡
青骡 骑骡 神骡 田骡 文骡 一骡
辕骡
善走骡
少君乘骡

螺 luó ①一种软体动物背负硬壳。②像螺样的东西。

扁螺 翠螺 丁螺 钉螺 钿螺 黛螺
法螺 佛螺 红螺 海螺 举螺 髻螺
蒲螺 青螺 秋螺 双螺 蛳螺 田螺
陀螺 烟螺 钟螺
扁卷螺 吹法螺 饭化螺 海山螺 绿纹螺
沦溟螺 素女螺 天狗螺 舞仙螺 鹦鹉螺
指上螺
大吹法螺 盘拥青螺

裸 luǒ 光着身体。引申为没有包裹的东西。

虫裸 赤裸 裳裸 观裸 果裸 全裸
穴裸 献裸 亚裸 郁裸 掌裸 祖裸
赞裸
赤裸裸 升行裸 送神裸 太室裸

蓏 luǒ 古代指瓜类植物的果实。

果蓏 水蓏

蠃 luǒ [蜾蠃]蜂类的一种。

果蠃 蜾蠃

跞 luò 又音 lì 卓越。

卓跞

荦 luò 明显。

驳荦 卓荦 荦荦 怒荦 确荦
来护卓荦

洛 luò ①洛河。②姓。

穿洛 度洛 都洛 顿洛 关洛 巩洛
汉洛 河洛 合洛 怀洛 京洛 旧洛
牢洛 洛洛 十洛 平洛 曲洛 去洛
荣洛 入洛 上洛 石洛 嵩洛 卧洛
温洛 咸洛 许洛 下洛 原洛 宛洛
伊洛 阳洛 颍洛 宅洛
戴渊西洛

骆 luò 古代指黑鬃色的白马。

白骆 别骆 驳骆 亦骆 骈骆 驾骆
卢骆 骝骆 二骆 四骆 山骆 申骆
驼骆 严骆
白花骆 马杂骆
王杨卢骆

络 luò　又音 lào　①缠丝。②指网状的物品。③中医学名。④用网状兜住。⑤缠绕。

宝络　冰络　包络　胞络　穿络　地络
活络　黄络　交络　金络　经络　筋络
橘络　羁络　槁络　罗络　笼络　联络
脉络　蒙络　绳络　网络　先络　星络
玉络　缨络　织络　珠络

珞 luò　似玉的美石。［璎珞］一种用珠玉穿成的装饰品。

宝珞　珞珞　玉珞　璎珞　珠珞
赛璐珞

烙 luò　又音 lào　［炮烙］古代的一种酷刑。

炮烙　刻烙

硌 luò　又音 gè　指山上的大石头。

磊硌

落 luò　又音 lào、là　①停留。②归属。③物体掉下来。④衰败。⑤得到。⑥遗留在后面。⑦用笔写。

杯落　败落　驳落　崩落　剥落　笔落
部落　摆落　碧落　出落　村落　重落
垂落　沉落　徂落　殂落　钗落　翠落
错落　摧落　搀落　黜落　大落　抖落
低落　陊落　带落　胆落　堕落　段落
凋落　跌落　风落　发落　附落　访落
霏落　藩落　各落　果落　高落　槁落
滚落　回落　红落　荒落　花落　虎落
滑落　河落　毁落　濩落　瓠落　隳落
撼落　井落　旧落　击落　角落　菌落
举落　降落　聚落　攟落　溅落　刊落
开落　阔落　空落　扩落　廓落　历落
泪落　辽落　冷落　利落　沦落　罗落
篱落　牢落　里落　磊落　留落　陆落
零落　流落　离落　苓落　庐落　落落
寥落　柳落　毛落　没落　谋落　梅落
卜落　扑落　旁落　破落　飘落　区落
起落　偎落　秋落　萎落　群落　趣落
日落　肉落　失落　弱落　水落　实落
衰落　洒落　散落　数落　筛落　疏落
撒落　天落　屯落　淌落　托落　拓落
亭落　脱落　褪落　跌落　颓落　万落
武落　误落　下落　西落　刑落　学落
星落　陷落　奚落　傒落　墟落　谢落
有落　雨落　永落　邑落　院落　叶落
遗落　鱼落　陨落　隅落　摇落　雁落
子落　中落　自落　坐落　枳落　着落
凿落　坠落　撞落　陬落　涨落
从天落　大落落　空落落　利落落　冷落落
没着落　明河落　梅花落　轻花落　深院落
望而落　因风落　应刃落　月中落　云影落
燕泥落　吟诗落
不知下落　冰雹洒落　此起彼落　草本群落
参差错落　晨星寥落　大大落落　大起大落
大权旁落　低垂下落　发蒙振落　房屋错落
干净利落　干脆利落　光明磊落　瓜熟自落
瓜熟蒂落　果熟蒂落　河倾月落　魂亡胆落
交叉错落　家道中落　立秋叶落　李祐胆落
鸟啼花落　磊磊落落　没着没落　七上八落
千村万落　七零八落　七萎八落　上下错落
水流花落　蛇乡虎落　神丧胆落　散散落落
疏星寥落　兔走鹘落　物价低落　星沉月落
心潮起落　星辰冷落　稀稀落落　贤人寥落
应声而落　月沉星落　鱼沉雁落　一片零落
珠零玉落　翟公冷落　植物群落
明月不常圆，好花容易落/十八个吊桶打水，七上八落/

摞 luò　①重叠放东西。②量词。

一摞
一大摞　砖一摞

埚 guō　［坩埚］用来熔化金属或其他物质的器皿。

坩埚

锅 guō　①煮食物的器具。②烧水或供取暖的设备。③形状像锅的东西。

补锅　背锅　电锅　瓶锅　袋锅　饭锅
水锅　回锅　黑锅　开锅　罗锅　暖锅
气锅　汽锅　砂锅　刷锅　烧锅　汤锅
铁锅　瓦锅　油锅　烟锅　腰锅　蒸锅
砸锅
背黑锅　高压锅　菊花锅　压力锅　烟袋锅
等米下锅　揭不开锅

上刀山，下油锅/

郭 guō ①城外的围着城的墙。②物体四周的边。

安郭 阿郭 北郭 赤郭 此郭 春郭
城郭 大郭 东郭 都郭 坊郭 负郭
废郭 攻郭 黄郭 环郭 寒郭 横郭
郊郭 开郭 南郭 罗郭 柳郭 清郭
耳郭 绕郭 山郭 石郭 水郭 市郭
土郭 外郭 小郭 晓郭 月郭 烟郭
周郭 州郭
春风郭 藏柳郭 富春郭 花绕郭 湖动郭
江临郭 千家郭 山倚郭 襄阳郭 烟舍郭
敝履东郭 薛童城郭 食鬼尺郭 宋玉东郭

啯 guō 拟声词。

啯啯
蛙鸣啯啯

蝈 guō ［蝈蝈］一种身体为绿色或褐色的昆虫，翅短，专吃植物，嫩叶，是害虫。

蝈蝈

聒 guō 使人厌烦的嘈杂声音。

噪聒 沸聒 聒聒 画聒 惊聒 搅聒
鸟聒 咙聒 泉聒 清聒 强聒 喧聒
吟聒 絮聒
春鸠聒 寒蝉聒
声音咙聒 声音喧聒 自相喧聒

国 guó ①国家。②古时的都城。③古代诸侯的封地。④地域。⑤中国的，国家的。

安国 爱国 北国 邦国 报国 秉国
补国 柄国 霸国 出国 充国 成国
传国 春国 疵国 篡国 错国 大国
当国 敌国 帝国 岛国 党国 钓国
都国 盗国 耦国 方国 反国 负国
贩国 佛国 辅国 富国 藩国 公国
古国 各国 光国 归国 攻国 观国
故国 狗国 贾国 回国 华国 花国
何国 江国 旧国 举国 济国 郡国
监国 就国 家国 救国 郊国 建国
绝国 经国 教国 假国 窘国 聚国
疆国 开国 乐国 立国 良国 南国
乱国 列国 邻国 隆国 民国 买国
卖国 冥国 谋国 盟国 男国 念国
贫国 叛国 七国 上国 全国 前国
杞国 穷国 强国 窃国 倾国 衢国
弱国 上国 三国 山国 水国 四国
收国 死国 丧国 射国 寿国 胜国
树国 属国 锁国 土国 天国 他国
托国 通国 屠国 文国 亡国 万国
为国 王国 外国 委国 我国 伪国
误国 小国 下国 乡国 行国 兴国
仙国 许国 亨国 相国 香国 殉国
新国 循国 雄国 一国 与国 异国
因国 用国 医国 鱼国 益国 移国
越国 瀛国 之国 中国 杖国 治国
宗国 竺国 泽国 战国 制国 祖国
忠国 柱国 贼国 肇国 寿国
安乐国 保护国 翠连国 大公国 东道国
独立国 岛衣国 父母国 芙蓉国 附属国
藩属国 工业国 共和国 和邦国 华胥国
槐安国 菡萏国 会员国 君子国 君主国
交战国 蛟龙国 禁酒国 农业国 龙伯国
内陆国 联合国 民主国 梅花国 什从国
酋长国 清凉国 侵略国 山水国 身许国
诗书国 同盟国 缔约国 文身国 蜗牛国
卫星国 协约国 熏风国 烟雾国 烟霞国
中立国 主权国 宗主国 战败国 战胜国
吓梁国
安邦定国 必然王国 保卫祖国 闭关锁国
保家卫国 赤心报国 超级大国 独立王国
富可敌国 汉如敌国 晦肯负国 毁家纾国
尽忠报国 解语倾国 精忠报国 兼并列国
看羊属国 里通外国 绿化祖国 平定鲁国
盘中敌国 千乘之国 齐家治国 强兵富国
窃钩窃国 清谈误国 倾城倾国 热爱祖国
上医医国 舍身为国 叔武守国 丧权辱国
太平天国 天府之国 堂堂大国 同舟敌国
通为各国 武叔守国 万乘之国 相忍为国
胸怀祖国 一片泽国 以身许国 泱泱大国
隐若敌国 有心忧国 以身报国 远适异国
裕民足国 自由王国 直钩钓国 舟中敌国
张能报国 周游列国 诸葛三国 大槐安国

鲁哀侯弃国/五胡十六国/足寒伤心，民怨伤国/交游之仇不同国/

帼 guó 古代妇女包头的巾帕。

巾帼 男帼 绀帼 繻帼

虢 guó 周朝诸侯国名。

对虢 伐虢 封虢 江虢 灭虢 起虢
贰虢 商虢 桃虢 亡虢 小虢 刑虢
造虢
假途灭虢

馘 guó 古代割下敌人左耳，以计数请功。

首馘 翦馘 数馘 讯馘 献馘 斩馘
槁项黄馘

果 guǒ ①植物结的果子。②结果。③果断，坚决。④事情的结果。

不果 白果 百果 剥果 成果 草果
茶果 翅果 得果 恶果 分果 凡果
复果 干果 甘果 瓜果 革果 果果
刚果 后果 怀果 花果 红果 核果
瓠果 结果 坚果 劲果 荐果 荚果
浆果 假果 禁果 谏果 苦果 快果
乐果 落果 裂果 蜡果 杧果 芒果
买果 蜜果 美果 苹果 潘果 七果
气果 青果 奇果 秋果 球果 骁果
仁果 如果 肉果 山果 生果 四果
水果 时果 松果 沙果 送果 硕果
受果 瘦果 蒴果 桑果 蔬果 霜果
投果 糖果 五果 未果 卧果 小果
心果 仙果 行果 效果 香果 鲜果
喜果 新果 献果 雄果 修果 玉果
因果 用果 英果 勇果 野果 腰果
颢果 颖果 液果 鬻果 正果 坐果
战果 斋果 珍果 真果 掷果 涩果
长生果 反效果 君家果 荐酒果 聚会果
聚花果 罗汉果 没结果 面包果 频婆果
齐墩果 说因果 文官果 献瓜果 宜春果
油渣果 遥证果 鬻蔬果 争坠果
恶剧效果 毫无结果 开花结果 科技成果
倒因为果 兰因絮果 前因后果 收因结果
杀敌致果 投潘岳果 言信行果 音响效果
争论未果 纸驴张果 自食其果
落茵落溷非因果/树树开花，没结果/ 言必行，行必果/猪八戒吃人参果/

馃 guǒ 一种油炸的食品。

油炸馃 荞麦馃

裹 guǒ ①包，缠。②花房。③包裹着的东西。

苍裹 包裹 抱裹 尺裹 草裹 缠裹
封裹 腹裹 股裹 浇裹 缴裹 嚼裹
卷裹 尽裹 巾裹 家裹 乃裹 内裹
俗裹 丝裹 识裹 伤裹 围裹 胁裹
相裹 席裹 笑裹 新裹 一裹 运裹
云裹 有裹 银裹 药裹 扎裹 针裹
帐裹 装裹
落叶裹 红裙裹 马革裹 头未裹 烟花裹
红装素裹 浓妆艳裹

椁 guǒ 包在棺材外面的大棺材。

棺椁 碗椁

过 guò 又音 guō ①经过。②超出。③过失。④去世。⑤拜访。⑥到达。⑦过去。⑧度过。

爱过 不过 白过 补过 愎过 穿过
超过 耻过 错过 大过 对过 单过
度过 渡过 掸过 得过 倒过 督过
风过 飞过 放过 弗过 帆过 翻过
复过 改过 归过 功过 观过 规过
寡过 好过 红过 恨过 悔过 交过
计过 见过 记过 经过 酒过 谏过
解过 口过 苦过 空过 看过 跨过
来过 留过 掠过 路过 浪过 鹿过
滤过 抹过 难过 求过 愆过 无过
上过 十过 失过 思过 首过 声过
对过 受过 说过 身过 贯过 胜过
遂过 赛过 饰过 赎过 通过 谈过
透过 跳过 亡过 未过 无过 文过
五过 忘过 委过 诿过 小过 心过
行过 相过 闲过 细过 谢过 引过
有过 易过 宥过 议过 雨过 阴过
鱼过 遇过 越过 雁过 长过 走过
知过 造过 真过 责过 烛过 罪过

熬不过　不我过　不贰过　抱琴过　吹笙过
此日过　斗酒过　风流过　老吾过　告者过
故人过　高轩过　寒雁过　儿度过　客星过
看花过　拗不过　柳叶过　屡经过　履痕过
暮雨过　披纳过　气不过　七夕过　日夜过
矢弗过　岁月过　说不过　赦小过　素秋过
无大过　夕阳过　信不过　信得过　一鸟过
远来过　只不过　左不过　长者过　戴酒过
安世隐过　闭门思过　闭阁思过　长公思过
代人受过　得过且过　风流罪过　将功补过
将功折过　卜商闻过　劝善规过　迁善改过
纾不二过　是仪无过　遂非文过　饰非文过
善能悔过　退思补过　一闪而过　迁怒贰过
使愚使过　一笔带过　远远超过　渔阳掺过
掩鼻而过　直趋而过
不求有功，但求无过/大人不记小人过/佛在心头坐，酒肉穿肠过/老和尚撞钟，得过且过/人非圣贤，孰能无过/是福不是祸，是祸躲不过/香纤棍搭桥，难过/子不言父过/沉舟侧畔千帆过/使功不如使过/一床棉絮盖过/

扩　kuò　放大，张大。

冲扩　彩扩　开扩

括　kuò　又音 guā　①包容。②扎，束。

不括　包括　聪括　大括　发括　锋括
根括　涵括　横括　浑括　概括　赅括
骇括　机括　检括　简括　来括　笼括
囊括　巧括　曲括　前括　三括　矢括
守括　收括　省括　搜括　蒐括　肃括
帖括　统括　下括　羽括　研括　隐括
竹括　总括　追括　综括
北宫括　南宫括
艺术概括　造型简括

阔　kuò　①面积宽广。②久别，疏远。③阔绰。④宽缓。

岸阔　波阔　摆阔　博阔　川阔　长阔
成阔　春阔　道阔　额阔　广阔　光阔
隔阔　海阔　闳阔　浩阔　恢阔　江阔
火阔　间阔　简阔　开阔　空阔　旷阔
宽阔　睽阔　辽阔　连阔　阔阔　离阔
皮阔　启阔　清阔　契阔　水阔　式阔
疏阔　天阔　雾阔　希阔　叙阔　溪阔
易阔　玉阔　迂阔　遥阔　意阔　烟阔
壮阔
波澜阔　才思阔　芳草阔　寒芜阔　两岸阔
秋水阔　天宇阔　天地阔　乡心阔　相见阔
雪片阔　叙契阔　音尘阔
波澜壮阔　海面辽阔　街道宽阔　气势雄阔
天空海阔　胸襟开阔　心胸开阔　眼界开阔

廓　kuò　①物体的外围。②宽，空阔。③扩大。

大廓　摧廓　肤廓　高廓　宏廓　恢廓
空廓　辽廓　轮廓　寥廓　密廓　清廓
情廓　上廓　雾廓　虚廓　胸廓　云廓
月廓
勾勒轮廓　天空寥廓　胸襟恢廓　原野寥廓

豁　huō　又音 huò　①残缺，裂开。②舍弃。

肝胆豁
头童齿豁

攉　huō　把堆存的东西掀到另一个地方。

商攉　扬攉

和　huó　又音 hé　hè、hú、huò　在粉状物中加水搅拌，使相粘。

把面和　用泥和

活　huó　①有生命，生存。②不固定。③生动活泼。④产品，制成品。⑤生计。

不活　本活　笨活　出活　存活　成活
粗活　疵活　翠活　糙活　藏活　大活
带活　得活　长活　鼎活　复活　干活
过活　苟活　搞活　花活　活活　济活
家活　救活　绝活　激活　可活　扛活
苦活　快活　农活　灵活　累活　零活
揽活　忙活　谋活　平活　乞活　羌活
全活　求活　轻活　失活　水活　生活
死活　收活　实活　私活　食活　舒活
托活　甜活　铁活　铜活　偷活　外活
望活　现活　细活　幸活　雪活　鲜活
已活　元活　余活　养活　议活　圆活
腴活　验活　自活　杂活　重活　脏活
做活　长活

不快活 大路活 斗州活 打零活 花意活
家务活 扛大活 扛长活 力气活 千般活
生意活 私生活 私房活 讨生活 小半活
性生活 夜生活 庄稼活 针线活 做生活
不知死活 半死不活 草间求活 道死不活
机动灵活 强死强活 集体生活 你死我活
累死累活 民主生活 埋头干活 慢出细活
拼死拼活 耳软心活 深入生活 甜蜜生活
寻死觅活 栩栩欲活 要死要活 再现生活
组织生活

买干鱼放生，不知死活/没有金刚钻，不揽磁器活/死不死，活不活/天作孽，犹可活；自作孽，不可活/不疯魔，不成活/民非水火不生活/

火

huǒ ①物体燃烧产生的光和焰。②红色的。③怒气。④兴旺，兴隆。⑤火气。⑥比喻紧急。⑦中医术语。⑧指枪炮、弹药。

爱火 暗火 不火 巴火 包火 丙火
边火 近火 迸火 败火 熛火 出火
吹火 炊火 淬火 柴火 燥火 赐火
鹑火 蹿火 大火 打火 电火 丹火
对火 灯火 点火 底火 豆火 妒火
动火 蹈火 断火 讹火 飞火 发火
放火 防火 封火 愤火 烽火 锋火
光火 过火 改火 挂火 拱火 盖火
肝火 国火 观火 鬼火 钢火 膏火
篝火 搆火 回火 红火 活火 荒火
槐火 赫火 慧火 燎火 痹火 交火
江火 君火 军火 借火 举火 家火
急火 禁火 救火 减火 接火 开火
烤火 老火 来火 内火 龙火 冷火
炉火 恼火 流火 笼火 烈火 榴火
雷火 漏火 怒火 骊火 邻火 磷火
灭火 明火 冒火 煤火 猛火 平火
喷火 炮火 配火 欠火 乞火 去火
求火 祈火 起火 权火 取火 枪火
情火 秦火 入火 热火 三火 上火
山火 水火 失火 石火 生火 升火
圣火 似火 社火 实火 身火 神火
烧火 慎火 盛火 燧火 天火 春火
退火 余火 吐火 投火 汤火 炭火
添火 停火 瘀火 塘火 无火 文火
未火 玩火 武火 窝火 微火 小火
心火 向火 行火 星火 消火 香火
虚火 悬火 新火 熄火 瞎火 一火
云火 引火 芋火 阴火 洋火 烟火
夜火 营火 炎火 欲火 遗火 野火
焰火 煴火 炀火 榆火 欲火 渔火
朱火 重火 灶火 走火 着火 竹火
针火 烛火 纵火 战火 钻火 藻火
掌火 蘸火 禳火
百枝火 沉香火 东薪火 动肝火 动烟火
蛾赴火 甘泉火 榾拙火 咸阳火 清明火
燃朱火 三昧火 三界火 撒野火 天明火
讨野火 庭燎火 无名火 无明火 感阳火
吴宫火 谢仙火 一炬火 云母火 自来火
不通水火 不食烟火 不避汤火 丙午属火
抱薪救火 炼若观火 鼻头生火 鼻头出火
春风野火 城门失火 撮盐入火 大动肝火
电光石火 灯蛾扑火 洞若观火 洞如观火
蹈汤赴火 飞蛾扑火 飞蛾赴火 飞蛾投火
反风灭火 风风火火 赴汤蹈火 负薪救火
干柴烈火 隔岸观火 后院起火 贺发失火
黑灯瞎火 解衣包火 解衣抱火 骄阳如火
骄阳似火 急如星火 仅风灭火 假阶救火
里母请火 栾巴救火 榴花似火 燎若观火
燎原列火 明若观火 披麻救火 七月流火
青春似火 热情似火 束蕴请火 顺风吹火
顺风点火 煽风点火 吞刀吐火 投膏止火
万家灯火 魏人钻火 心如急火 星星之火
悬河泻火 赴汤蹈火 瞎灯灭火 以水救火
引风救火 迂儒救火 以火救火 因风纵火
萤光之火 眼射怒火 钻木取火 纸包住火
招风揽火 州官放火 如荼如火 井中求火
破壁燎火

爆竹脾气，一点就发火/不会做饭的看锅，会做饭的看火/干柴碰着烈火/肩膀上放烘笼，脑（恼）火/家无隔宿之粮，灶无半星之火/老子偷瓜盗果，儿子杀人放火/煽阴风，点鬼火/新官三把火/新官上任三把火/以毒攻毒，以火救火/有的向灯，有的向火/远水不救近火/

伙 huǒ ①伙伴，同伴。②结伴，合伙。③由同伴组成的集体。④共同，联合。⑤伙食。

包伙 拆伙 稠伙 丛伙 大伙 打伙
店伙 搭伙 半伙 分伙 繁伙 锅伙
合伙 进伙 结伙 家伙 傢伙 惊伙
开伙 名伙 明伙 拼伙 入伙 天伙
散伙 同伙 团伙 退伙 小伙 一伙
安用伙 笨家伙 大家伙 打平伙 打拼伙
过家伙 好家伙 老家伙 列星伙 小家伙
成群结伙 成群搭伙
三个一群，五个一伙/

或 huò ①也许。②连词，表选择。

或或 即或 间或 偶或 容或 甚或
设或 倘或 抑或

惑 huò ①使迷乱。②疑惑。③欺骗。

袄惑 爱惑 阍惑 不惑 悖惑 蔽惑
嬖惑 辨惑 恻惑 沈惑 猜惑 惭惑
大惑 荡惑 耽惑 非惑 繁惑 果惑
怪惑 蛊惑 诡惑 瞽惑 昏惑 皇惑
患惑 恍惑 遑惑 惶惑 惑惑 簧惑
久惑 骄惑 解惑 激惑 惊惑 困惑
诓惑 恐惑 诳惑 明惑 迷惑 媚惑
魅惑 縻惑 缪惑 溺惑 前惑 欺惑
窃惑 扇惑 爽惑 释惑 搧惑 煽惑
违惑 罔惑 误惑 悟惑 惘惑 诬惑
小惑 心惑 炫惑 淆惑 眩惑 迂惑
抑惑 妖惑 愚惑 荧惑 萦惑 淫惑
营惑 摇惑 诱惑 疑惑 杂惑 众惑
重惑 震惑 睁惑
三不惑
秉三不惑 取象不惑 智者不惑 二缶钟惑

和 huò 又音 hé、hè、hú、huó ①粉状物掺和在一起。②量词。

拌和 掺和 搅和 热和 软和 匀和
杂和

货 huò ①商品，货物。②钱币。③卖，买。④骂人的话。

百货 贝货 办货 北货 闭货 宝货
背货 备货 笨货 出货 仇货 次货
存货 吃货 炒货 残货 陈货 财货
蠢货 丁货 大货 订货 地货 底货
读货 默货 乏货 阜货 发货 干货
广货 国货 贵货 行货 好货 红货
荒货 换货 海货 黄货 黑货 贿货
交货 甲货 居货 江货 旧货 加货
进货 奸货 贱货 假货 聚货 冷货
良货 牟货 南货 掠货 料货 懒货
皮货 泡货 盘货 俏货 求货 起货
奇货 泉货 缺货 期货 扔货 热货
山货 水货 生货 积货 私货 食货
骚货 剩货 土货 提货 通货 脱货
退货 团货 囤货 统货 万货 外货
下货 行货 辛货 邪货 现货 卸货
鲜货 销货 有货 洋货 验货 越货
走货 杂货 装货 载货 转货 殖货
掌货 贼货 增货
大路货 洞子货 国产货 尖儿货 进口货
砍脑货 来路货 烂污货 冒牌货 泼辣货
赔钱货 二手货 热门货 日中货 上等货
山海货 剔庄货 外路货 小气货 小百货
下脚货 一路货 硬通货 中路货
杀人越货
不怕不识货，就怕货比货/娼妓卖酒，两样货/慢工出细货/有眼不识货/一分价钱一分货/一手交钱，一手交货/一分行情一分货/一分钱钞一分货/

获 huò ①得到。②收割庄稼。③猎得。

爱获 不获 百获 堡获 播获 捕获
辩获 创获 抄获 采获 查获 大获
都获 多获 点获 分获 俘获 浮获
访获 归获 固获 耕获 后获 罕获
捍获 巨获 见获 济获 救获 焦获
接获 缉获 截获 缴获 攫获 克获
客获 肯获 康获 卤获 来获 虏获
领获 猎获 拿获 孟获 偶获 破获
全获 其获 起获 取获 秋获 旗获
擒获 荣获 上获 失获 庶获 收获
射获 神获 天获 文获 未获 完获
晚获 鸟获 下获 系获 细获 效获
贤获 薰获 献获 新获 一获 弋获

余获　有获　刈获　育获　陨获　营获
意获　总获　抓获　捉获　执获　侦获
铚获　臧获
不陨获　及时获　擒孟获　三岁获　西邻获
不劳而获　力称鸟获　先难后获　一无所获
一树百获　一薰一获　冀其重获

祸 huò ①灾难。②损害。③罪过。④降祸。⑤毁灭。

兵祸　避祸　车祸　闯祸　惨祸　大祸
党祸　飞祸　非祸　匪祸　福祸　贾祸
构祸　黑祸　黄祸　悔祸　横祸　巨祸
极祸　家祸　结祸　酒祸　绝祸　解祸
惊祸　嫁祸　口祸　女祸　乐祸　连祸
虑祸　罹祸　灭祸　免祸　弭祸　买祸
盘祸　求祸　奇祸　起祸　人祸　惹祸
少祸　速祸　水祸　首祸　时祸　受祸
实祸　纾祸　索祸　始祸　遂祸　祟祸
鼠祸　夭祸　脱祸　挑祸　逃祸　文祸
无祸　外祸　小祸　凶祸　息祸　消祸
偕祸　销祸　因祸　鱼祸　洋祸　阴祸
淫祸　遇祸　殃祸　贻祸　移祸　遗祸
招祸　种祸　灾祸　战祸　贼祸　遭祸
肇祸
飞天祸　自求祸
飞灾横祸　飞来横祸　利灾乐祸　弥天大祸
蚌鹬之祸　泼天大祸　天灾人祸　幸灾乐祸
幸灾乐祸　招灾惹祸　直言贾祸　钟室之祸
白颈乌鸦，开口是祸/动了太岁头上土，无灾也有祸/将相不和，国有大祸/开门揖盗，自招其祸/树大招风，官大招祸/左眼跳财，右眼跳祸/

霍 huò ①疾速。②拟声词。

辞霍　电霍　伐霍　发霍　霍霍　挥霍
留霍　口霍　侵霍　实霍　嵩霍　勿霍
卫霍　萧霍　伊霍　郑霍　治霍　诸霍
抱蔽霍
电光霍霍　福清抑霍　磨刀霍霍　奢侈挥霍

藿 huò ［藿香］多年生草本植物，茎叶可入药。

茨藿　场藿　春藿　丹藿　羹藿　葵藿
牛藿　林藿　粝藿　藜藿　求藿　秋藿
倾藿　茹藿　时藿　薇藿　艺藿　芸藿
园藿
笔以藿　秋原藿
由餐藜藿

豁 huò 又音 huō ①敞亮，通达。②免除。③豁达。

布豁　长豁　除豁　敞豁　齿豁　穿豁
愁豁　大豁　顿豁　訇豁　闳豁　恢豁
豁豁　渐豁　口豁　开豁　空豁　坤豁
林豁　寥豁　路豁　目豁　清豁　山豁
四豁　疏豁　深豁　恬豁　通豁　危豁
显豁　消豁　萧豁　轩豁　醒豁　虚豁
险豁　宵豁　呀豁　意豁
辣豁豁　晴景豁　秋窗豁　天宇豁　夕霏豁
雄词豁

镬 huò ①大锅。②古代无足的大鼎，残酷的刑具。

大镬　晨镬　鼎镬　釜镬　巨镬　露镬
四镬　牲镬　汤镬　铁镬　用镬
孟尝镬
刀锯鼎镬　斧钺汤镬　斧锯鼎镬

蠖 huò ［尺蠖］一种害虫。

尺蠖　蚨蠖　看蠖　龙蠖　屈蠖　桑蠖
温蠖
苍苔蠖　求伸蠖

拙 zhuō ①笨拙。②穷尽。③自谦之词。

骏拙　百拙　笔拙　鄙拙　笨拙　才拙
蚩拙　粗拙　藏拙　发拙　工拙　古拙
官拙　好拙　计拙　鸠拙　蹇拙　脚拙
口拙　老拙　内拙　伫拙　驽拙　朴拙
巧拙　奇拙　浅拙　日拙　手拙　守拙
思拙　事拙　诗拙　万拙　性拙　谢拙
用拙　迂拙　语拙　养拙　雅拙　野拙
愚拙　眼拙
鸠计拙
才疏口拙　藏巧于拙　大巧若拙　父谦子拙
将勤补拙　弄巧成拙　弄巧反拙　勤能补拙
心劳日拙
百巧不如拙/兵无强弱，将有巧拙/兔毫无优劣，弄管有巧拙/

捉 zhuō ①抓。②把握。

把捉 捕捉 追捉 活捉 擒捉 吐捉
生捉 手捉 守捉 追捉 指捉
水中捉 诗须捉
鹰拿雁捉

倬 zhuō ①显著。②大。

汉倬 俏倬 雄倬 昭倬

桌 zhuō 一种可以在上面放东西，桌面是方形或圆形的家具。

摆桌 餐桌 方桌 饭桌 供桌 炕桌
课桌 菱桌 溜桌 上桌 书桌 条桌
忘桌 围桌 圆桌
八仙桌 办公桌 六仙桌 四仙桌 台球桌

棁 zhuō 梁上的短柱。

紫棁 藻棁

灼 zhuó ①烧，炙。②烧伤。③明白。

艾灼 不灼 炊灼 燥灼 当灼 点灼
沸灼 燔灼 火灼 炙灼 焦灼 煎灼
镜灼 可灼 烈灼 内灼 麋灼 钳灼
如灼 爇灼 闪灼 炯灼 烧灼 心灼
萱灼 薰灼 炎灼 幽灼 炙灼 灼灼
炽灼 炤灼 昭灼 照灼 战灼 章灼
震灼 钻灼 钻灼
花灼灼 明灼灼 桃灼灼
烈日灼灼 目光灼灼 心如火灼 霞影灼灼

酌 zhuó ①斟酒。②饮酒。③考虑。

便酌 剥酌 参酌 春酌 残酌 裁酌
对酌 独酌 非酌 飞酌 菲酌 甘酌
觥酌 后酌 华酌 洞酌 九酌 举酌
佳酌 客酌 冷酌 命酌 茗酌 平酌
劝酌 浅酌 亲酌 清酌 倾酌 三酌
水酌 申酌 尝酌 商酌 数酌 觞酌
小酌 行酌 笑酌 献酌 霞酌 一酌
引酌 羽酌 运酌 远酌 饮酌 自酌
斟酌
池上酌 大斗酌 花间酌 林中酌 流霞酌
陶公酌
互相斟酌 敬具菲酌 句斟字酌 自斟自酌

茁 zhuó ①（草木）生长发芽。②茁壮。

初茁 草茁 翠茁 莼茁 弓茁 怒茁
绿茁 露茁 嫩茁 兰茁 萌茁 笋茁
新茁 轧茁 缘茁
翠茁茁 翠蕁茁 句萌茁 阑心茁 茸茸茁
紫茸茁

卓 zhuó ①高明，高超。②直立。③独特。

毕卓 超卓 倒卓 鸿卓 后卓 恢卓
剑卓 两卓 奇卓 清卓 守卓 殊卓
深卓 特卓 行卓 煊卓 卓卓
得英卓 高节卓 苦孔卓 如有卓
盗酒毕卓 允诛董卓 瓮间毕卓 瓮眠毕卓
卧瓮毕卓 颜苦孔卓

斫 zhuó ①砍削。②用斧刃砍。

刺斫 穿斫 采斫 大斫 刀斫 代斫
钩斫 方斫 分斫 伐斫 斧斫 斤斫
交斫 匠斫 剑斫 快斫 砻斫 良斫
劈斫 璞斫 去斫 巧斫 起斫 芟斫
相斫 新斫 玉斫 郢斫 夜斫 邀斫
斫斫
成风斫 轮扁斫 雷氏斫 唐人斫
鼻端妙斫 采椽不斫 望赐郢斫
绳直而枉木斫/茅茨不剪，采椽不斫/

浊 zhuó ①液体不清亮。②混乱。③声音低沉粗重。

白浊 沉浊 稠浊 钝浊 恶浊 放浊
氛浊 纷浊 革浊 垢浊 昏浊 河浊
浑浊 黄浊 混浊 溷浊 激浊 枯浊
泥浊 木浊 命浊 闷浊 气浊 清浊
人浊 水浊 世浊 食浊 守浊 沈浊
湿浊 贪浊 五浊 污浊 渭浊 污浊
汶浊 洿浊 渲浊 菀浊 游浊 止浊
重浊 众浊 滞浊 滓浊
此辈浊 浮蚁浊 魂神浊 洗心浊
河水混浊 空气污浊 言清行浊 扬清激浊
扬清抑浊

镯 zhuó 镯子，套在手腕上的环形装饰物。

金镯　鸣镯　手镯　玉镯　银镯

浞 zhuó 淋，使湿。

寒浞

遭雨浞

诼 zhuó 毁谤。

巧诼　谣诼

啄 zhuó ①鸟用嘴叩击并用来夹东西的取食动作。②拟声词。

别啄　剥啄　餐啄　啐啄　盗啄　高啄
呼啄　近啄　饥啄　鸡啄　鸟啄　吞啄
善啄　同啄　雕啄　一啄　饮啄　野啄
啄啄　俯啄
黄鸟啄　鹤俯啄　灵凤啄
剥剥啄啄　鸡呼啄啄　鸟鵽同啄　一饮一啄

琢 zhuó 又音 zuó 雕刻玉石使成器物。

不琢　采琢　敦琢　琱琢　雕琢　环琢
句琢　金琢　镌琢　暮琢　片琢　剖琢
手琢　诗琢　神琢　施琢　未琢　吟琢
研琢　追琢　琮琢
不雕琢　大圭琢　昆溪琢　良工琢　玉人琢
粉装玉琢　精雕细琢　粉雕玉琢

椓 zhuó ①敲，击。②古代宫刑。

抱椓　昏椓　约椓

着 zhuó 又音 zháo、zhāo、zhe ①接触。②穿衣。③使接触的事物附在别的事物上。④着落。⑤派遣。⑥放置。

不着　白着　沉着　传着　穿着　错着
地着　底着　道着　倒着　逢着　附着
更着　归着　根着　还着　惊着　胶着
来着　黏着　落着　末着　迫着　同着
无着　为着　污着　先着　一着　易着
衣着　倚着　住着　执着　装着
翠以着　舍不着　合得着　棋忘着　无住着
摸头不着
驼子一交，两头没着/

缴 zhuó 又音 jiǎo 系在箭上的绳子。

暗缴　长缴　钓缴　工缴　弓缴　金缴
结缴　离缴　青缴　轻缴　微缴　修缴
引缴　弋缴　羽缴　赠缴

擢 zhuó ①选拔。②拔出。

并擢　表擢　板擢　拔擢　拜擢　褒擢
宠擢　超擢　登擢　横擢　奖擢　旌擢
迁擢　铨擢　荣擢　升擢　识擢　赏擢
饰擢　挺擢　选擢　修擢　引擢　优擢
桂枝擢

濯 zhuó 洗。

百濯　涤濯　袚濯　甘濯　灌濯　浣濯
浇濯　湔濯　洒濯　视濯　善濯　沃濯
秀濯　新濯　薰濯　饮濯　淹濯　澡濯
濯濯
清斯濯　王公濯　缨涤濯
苍翠如濯　童山濯濯　王公伊濯　钩膺濯濯

逴 chuō 遥远。

超逴　凌逴　舶逴　腾逴

踔 chuō ①蹦跳。②超越。

车踔　超踔　踸踔　跉踔　腾踔

戳 chuō ①用物体尖端触击。②图章。③竖立。

刀戳　大戳　盖戳　拦戳　拿戳　猛戳
手戳　玩戳　邮戳　指戳　遭戳　图戳
枪戳　弄戳　小戳　条戳

娖 chuò 谨慎。

娖娖　排娖　整娖

龊 chuò ［龌龊］肮脏，不干净。

龊龊　握龊　龌龊　齷龊
卑鄙龌龊

惙 chuò ①疲乏。②忧愁。

悲惙　惙惙　危惙　瘝惙

啜 chuò 又音 chuài ①喝。②哭泣时抽噎的样子。

饱啜 哺啜 轻啜 热啜 饮啜 小啜
呷啜 浅啜

辍 chuò ①停止。②废去。

不辍 惑辍 特辍 未辍 中辍 作辍
暂辍
日夜不辍 时作时辍

绰 chuò 又音 chāo 宽裕。

绰绰 公绰 勾绰 和绰 宏绰 宽绰
阔绰 轻绰 孙绰 坦绰 闲绰
豪华阔绰 诗歌绰绰 形影绰绰 宇文哭绰
影影绰绰

说 shuō 又音 yuè shuì ①解释。②用语言来表达自己的意思。③说合；介绍。④学说。⑤责备。

按说 奥说 百说 别说 悖说 稗说
鄙说 谤说 辩说 传说 成说 陈说
称说 辞说 驰说 错说 从说 骋说
谗说 潮说 定说 单说 反说 分说
法说 佛说 鼓说 关说 高说 怪说
鬼说 瞽说 合说 好说 华说 巷说
话说 海说 恒说 浑说 胡说 横说
谎说 见说 讲说 界说 具说 据说
解说 街说 家说 挟说 谏说 奖说
剿说 假说 奸说 镌说 开说 空说
论说 乱说 纳说 浪说 能说 佞说
略说 难说 滥说 明说 妙说 缪说
漫说 慢说 谬说 梦说 平说 评说
破说 摽说 罴说 巧说 且说 前说
奇说 劝说 浅说 却说 曲说 妄说
漂说 入说 二说 少说 虽说 私说
申说 述说 所说 诉说 实说 善说
饰说 说说 诵说 数说 天说 听说
通说 坍说 谈说 徒说 推说 图说
往说 吾说 妄说 诬说 诿说 小说
休说 详说 邪说 宣说 许说 细说
学说 虚说 絮说 新说 叙说 瞎说
一说 易说 言说 幽说 翼说 语说
硬说 燕说 要说 演说 诱说 臆说
中说 再说 众说 杂说 指说 直说
照说 摭说 谮说 滞说 遮说 资说
不消说 从毛说 毛公说 长短说 地心说
逢人说 黄莺说 可以说 模仿说 日心说
世俗说 滕口说 游戏说
不由分说 不容分说 笔记小说 长话短说
长篇小说 道听途说 短篇小说 公案小说
好说歹说 花说柳说 黄色小说 横说竖说
黑幕小说 江山助说 拘泥成说 惊险小说
历史小说 门到户说 普罗小说 谴责小说
死说活说 实话实说 推理小说 无知妄说
武侠小说 绣像小说 细谈慢说 言情小说
异端邪说 异端小说 有话明说 燕投张说
郢书燕说 左说右说 中篇小说 自圆其说
詹言曲说 直话直说 章回小说 侦探小说
著书立说 科幻小说 赠缴之说
过头饭好吃，过头话难说/红不说，白不说/拉马克学说/米丘林学说/睁着眼睛乱说/嘴上抹石灰，白说/康德·拉普拉斯假说/大陆漂移说/

妁 shuò 旧社会指媒人。

媒妁 拙妁 憔妁 黏妁

烁 shuò 光亮的样子。

不烁 炳烁 爆烁 焯烁 浮烁 辉烁
徽烁 金烁 焦烁 憔烁 日烁 热烁
闪烁 烁烁 倏烁 彤烁 潭烁 熠烁
灼烁 焯烁 震烁 铸烁
花灼烁
电光闪烁 金波闪烁 露珠闪烁 目光闪烁
三星烁烁 七曜闪烁 晚星闪烁 萤焰闪烁
日光所烁

铄 shuò ①销毁。②金属熔化。③喻毁谤。

暗铄 诱铄 火铄 尽铄 金铄 景铄
矍铄 焦铄 瑰铄 抠铄 缭铄 丕铄
潺铄 熔铄 镕铄 面铄 石铄 锁铄
陶铄 铄铄 外铄 香铄 写铄 销铄
玉铄 咏铄 熠铄 银铄
精神矍铄 马援矍铄 日销月铄

朔 shuò ①夏历每月初一。②清晨。③北方。

道朔　度朔　分朔　告朔　合朔　河朔
横朔　晦朔　怀朔　积朔　命朔　暮朔
乐朔　颁朔　扑朔　听朔　天朔　三朔
五朔　望朔　旬朔　月朔　元朔　言朔
正朔　中朔　至朔
迷离扑朔

搠 shuò ①戳。②刺。

指指搠搠

槊 shuò 长矛，古代兵器。

横槊

硕 shuò ①大。②学识博，德高望重。

般硕　博硕　村硕　材硕　斗硕　敦硕
丰硕　肥硕　坏硕　华硕　宏硕　魁硕
来硕　丽硕　耆硕　交硕　颀硕
苗之硕　鼠且硕
冬瓜肥硕　果实肥硕
人莫知其子之恶，莫如知其苗之硕/

数 shuò 又音 shǔ、shù 多次。

言数　诵数
言之数数

若 ruò ①应允。②如，像。③代词，你。④如果，若是。

不若　般若　波若　葱若　诚若　丹若
杜若　读若　发若　仿若　纷若　寒若
海若　恍若　何若　贺若　九若　即若
寂若　假若　兰若　炙若　练若　莫若
岂若　谦若　如若　若若　上若　似若
时若　设若　孰若　天若　倘若　未若
为若　沃若　宛若　下若　心若　咸若
先若　曰若　有若　俨若　饮若　雨若
犹若　粤若　越若　自若　真若　臑若
赤奋若　惭海若　凤尾若　周有若
狗彘不若　匿表钦若　神态自若　神色自若
坦然自若　谈笑自若　泰然自若　印累绶若
言笑自若　雨旸时若　夷然自若　怡然自若
镇定自若
闻道百莫已若/

弱 ruò ①气力小。②年龄小。③丧失。

暗弱　并弱　卑弱　薄弱　冲弱　孱弱
脆弱　僝弱　单弱　短弱　抚弱　抉弱
蕃弱　繁弱　孤弱　昏弱　豪弱　兼弱
救弱　减弱　苦弱　年弱　老弱　劣弱
理弱　淖弱　驽弱　懦弱　羸弱　民弱
绵弱　贫弱　疲弱　权弱　怯弱　欺弱
浅弱　轻弱　强弱　谦弱　扰弱　荏弱
苒弱　弱弱　怃弱　柔弱　软弱　示弱
少弱　色弱　衰弱　视弱　瘦弱　善弱
体弱　文弱　危弱　微弱　萎弱　小弱
心弱　幸弱　纤弱　性弱　削弱　细弱
销弱　虚弱　稚弱　易弱　愚弱　域弱
辅弱　雅弱　字弱　足弱　子弱　至弱
助弱　振弱
道可弱　季子弱　心力弱　形势弱　新燕弱
枝条弱
不甘示弱　本质虚弱　膑减见弱　锄强扶弱
精神衰弱　三轻柳弱　恃强凌弱　神经衰弱
畏强欺弱　违强凌弱　下强上弱　细小柔弱
以强凌弱　倚强凌弱　抑强扶弱
张飞卖豆腐，人强货弱/

蒻 ruò 嫩细的蒲草。

芳蒻　莞蒻　露蒻　蒲蒻　蒟蒻

爇 ruò 燃烧。

不爇　焚爇　夜爇　烟爇
宝香爇　尘煤爇　兰香爇

作 zuō 又音 zuò 手工业制作的作坊。

夜作
打夜作　小器作　洗衣作　油漆作
服虔赁作　五行八作

嘬 zuō 又音 chuài 聚拢跟唇吸吮。

用嘴嘬

昨 zuó ①今天的前一天。②指过去。

非昨　成昨　莅昨　如昨　胜昨　一昨

忆昨　愈昨

笮
zuó　又音 zé　用竹篾编织的绳。

绵笮　邛笮　羌笮　茸笮　寻笮　竹笮
风中笮　青丝笮

捽
zuó　揪。

摧捽　牵捽　擒捽　撞捽

左
zuǒ　①方位名，跟“右”相反。②斜，偏。③证据。④表进步的革命派别或思潮。⑤相反。

宾左　从左　道左　关左　攻左　官左
贵左　海左　江左　京左　极左　将左
空左　间左　门左　偏左　如左　上左
山左　少左　尚左　谁左　事左　邃左
袒左　易左　往左　先左　相左　辛左
席左　虚左　羊左　验左　证左　转左
骖左
拜尚左　史居左　先为左　周公左
三张二陆两潘一左/

佐
zuǒ　①辅助。②帮助别人的人。

弼佐　从佐　参佐　德佐　蕃佐　辅佐
干佐　官佐　将佐　历佐　良佐　难佐
僚佐　旁佐　上佐　书佐　首佐　天佐
王佐　乡佐　行佐　贤佐　翊佐　一佐
翼佐
甘盘佐　红裙佐　思贤佐　为辅佐　因比佐
伊吕佐

撮
zuǒ　又音 cuō　用于成束的毛发，量词。

毛一撮

作
zuò　又音 zuō　①起，产生。②作品。③装。④当作。⑤写作。⑥起立。⑦劳作。

比作　步作　变作　毕作　出作　东作
称作　蚕作　操作　春作　创作　大作
代作　东作　当作　多作　底作　佃作
单作　动作　稻作　发作　复作　罚作
工作　共作　改作　怪作　功作　鬼作
鼓作　耕作　化作　合作　画作　横作
祸作　叫作　交作　间作　佳作　金作
疾作　解作　将作　杰作　校作　剧作
绝作　继作　激作　客作　愧作　力作
农作　令作　垄作　连作　劳作　拟作
陆作　劣作　赁作　略作　轮作　雷作
名作　平作　票作　巧作　权作　奇作
冗作　认作　手作　述作　诗作　颂作
箕作　输作　天作　田作　套作　无作
忤作　妄作　未作　仵作　毋作　伪作
小作　下作　先作　兴作　习作　相作
写作　行作　细作　协作　偕作　新作
已作　易作　言作　衣作　用作　运作
有作　原作　营作　役作　夜作　庸作
译作　摇作　遗作　赝作　自作　作作
坐作　走作　蚤作　扎作　造作　拙作
恣作　振作　做作　装作　制作　转作
著作
出世作　成名作　处女作　代表作　风雅作
何所作　九滾作　民夜作　前生作　琼瑶作
如此作　山中作　圣人作　颂声作　骚人作
小动作　游仙作　找工作　桢符作
案头工作　程式动作　大题小作　等身著作
服虔赁作　分工合作　反向动作　风声大作
归定动作　搞小动作　皇皇大作　见儿而作
见机而作　即兴之作　矫揉造作　经典著作
经济合作　精心制作　精耕细作　狂风大作
狂飙大作　拟古之作　雷电大作　雷雨交作
雷声大作　蛮来工作　平衡动作　枪声大作
倾斜动作　日出而作　上乘之作　述而不作
社会工作　深耕细作　田野工作　通力合作
文艺创作　无知妄作　诸恶莫作　无恶不作
武不善作　舞蹈动作　虚拟动作　压卷之作
应时之作　应景之作　野外工作　自选动作
做小动作　骤雨大作
君子见机而作/神仙不是凡人作/妖由人兴，孽由自作/

阼
zuò　堂屋前面的台阶。

宾阼　常阼　当阼　登阼　即阼　践阼
进阼　战阼　莅阼　涖阼　庙阼　与阼
在阼

怍
zuò　惭愧。

不怍 耻怍 惭怍 负怍 愧怍 茹怍
悚怍 心怍 余怍
不愧不怍

胙 zuò ①古代祭祀时用的肉。②福佑。

赐胙 分胙 福胙 丰胙 复胙 归胙
荐胙 祭胙 嘉胙 上胙 世胙 受胙
神胙 玉胙

祚 zuò ①赐福。②帝位。

不祚 宝祚 大祚 帝祚 鼎祚 分祚
丰祚 福祚 光祚 国祚 功祚 皇祚
金祚 家祚 践祚 年祚 灵祚 庆祚
三祚 世祚 天祚 万祚 休祚 享祚
锡祚 永祚 远祚 主祚 肇祚
康国祚

柞 zuò 又音 zhà 柞树。

产柞 高柞 莱柞 维柞

酢 zuò 又音 cù 宾客用酒回敬主人。

宾酢 酬酢 交酢 攸酢

坐 zuò ①搭，乘。②物体向后施压力。③古代指定罪。④正，恰恰。⑤居住。⑥同“座”。

安坐 不坐 并坐 便坐 班坐 贬坐
从坐 促坐 茶坐 齿坐 愁坐 厕坐
禅坐 大坐 打坐 当坐 饤坐 独坐
笃坐 端坐 蹲坐 反坐 负坐 趺坐
公坐 共坐 孤坐 高坐 恭坐 后坐
坏坐 胡坐 久坐 近坐 就坐 饥坐
惊坐 俱坐 跽坐 驾坐 箕坐 禁坐
踞坐 静坐 枯坐 旷坐 匡坐 列坐
连坐 沦坐 离坐 露坐 密坐 满坐
瞑坐 默坐 平坐 旁坐 迁坐 强坐
清坐 起坐 骑坐 食坐 侍坐 神坐
深坐 乘坐 随坐 跌坐 兀坐 危坐
稳坐 小坐 行坐 闲坐 笑坐 悬坐
虚坐 歇坐 一坐 缘坐 侑坐 晏坐
颙坐 宴坐 幽坐 正坐 杂坐 钟坐
抱膝坐 陈惊坐 垂钓坐 低眉坐 华独坐
含情坐 横琴坐 佳客坐 看山坐 累裀坐
面壁坐 扪虫坐 鸣筝坐 三独坐 天上坐
忘机坐 往前坐 熏香坐 隐儿坐 掩关坐
震帘坐 支颐坐
愁人广坐 灌夫骂坐 结跏趺坐 联保连坐
平起平坐 鹏止谊坐 席地而坐 众人广坐
正襟危坐 跛立箕坐 袁盎却坐

座 zuò ①座位。②器物托底的部件。③星座。

八座 半座 碑座 宝座 便座 插座
床座 茶座 池座 都座 搭座 底座
帝座 倒座 法座 广座 花座 叫座
加座 惊座 讲座 就座 箕座 钩座
假座 看座 客座 龛座 内座 灵座
邻座 扆座 莲座 落座 楼座 末座
马座 卖座 骂座 满座 旁座 倾座
入座 让座 三座 上座 四座 首座
散座 侍座 驶座 鳣座 天座 胎座
王座 下座 相座 星座 一座 玉座
映座 硬座 雅座 正座 在座 专座
照座 钟座
白羊座 处女座 大熊座 巨蟹座 金牛座
君子座 猎户座 摩羯座 评史座 人马座
如韦座 双子座 双鱼座 狮子座 天平座
天琴座 天蝎座 小熊座 仙人座 仙后座
虫喧座 须弥座 射手座 山羊座 牧羊座
宾朋满座 稠人广座 对号入座 高朋满座
灌夫骂座 使酒骂座 摇席破座 语惊四座
孔融满座
客星犯帝座/

做 zuò ①从事某种工作或活动。②写作。③举行。④装，扮。⑤担任。⑥制作。

承做 定做 胡做 唤做 叫做 看做
蛮做 巧做 认做
敢想敢做 好吃懒做 假戏真做 贪吃懒做
小题大做 只说不做
上门买卖好做/做着不避，避着不做/

搓 cuō 两手相互摩擦。

绿搓 挼搓 揉搓 手搓
柳似搓 雁声搓
两手一搓

磋 cuō ①把象牙、玉等磨制成器物。②研讨。

跮磋　切磋　如磋

角待磋

互相切磋　如切如磋　相切相磋

撮 cuō　又音 zuǒ　①并住指头摘取。②聚合，聚拢。

八撮　把撮　宝撮　抱撮　标撮　抄撮

拂撮　会撮　近撮　简撮　括撮　轻撮

市撮　一撮　夜撮　捉撮　缁撮

一小撮

瘥 cuó　又音 chuài　病轻微。

病瘥　除瘥　荐瘥　色瘥　小瘥　先瘥

行瘥　自瘥　札瘥　治瘥

酂 cuó　又音 zàn　［酂阳］地名。在河南省。

封酂　徒酂

万户酂

百家为酂　五里为酂

脞 cuǒ　小而多。

丛脞

挫 cuò　①挫折。②按下去。

不挫　兵挫　摧挫　黜挫　迭挫　顿挫

诋挫　刚挫　角挫　力挫　气挫　挠挫

衄挫　上挫　失挫　伤挫　受挫　势挫

异挫　折挫　阻挫

沉郁顿挫　抑扬顿挫

锉 cuò　①一种钢制的打磨工具。②用锉打磨的东西。

板锉　扁锉　方锉　钢锉　锅锉　冷锉

土锉　药锉　圆锉　烟锉　折锉　组锉

斫锉

三轮锉　什锦锉

厝 cuò　①放置。②停放棺材。

安厝　别厝　浮厝　客厝　投厝　无厝

杂厝　暂厝

措 cuò　①安放。②筹措办理。

措措　筹措　繁措　举措　内措　失措

无措　罔措　刑措

仓惶失措　仓皇失措　诧然失措　进退失措

举止失措　惊慌失措　惊惶失措　木然失措

茫然失措　手足无措　手足失措　周章失措

张皇失措

错 cuò　①不正确。②磨石。③参差，错杂。④过错。⑤岔开，交错。⑥更迭。

不错　驳错　丛错　出错　参错　差错

舛错　灿错　彩错　厕错　摧错　漼错

璀错　镞错　缠错　大错　打错　定错

读错　方错　纷错　分错　棼错　繁错

过错　攻错　改错　乖错　钩错　互错

华错　昏错　海错　慌错　溷错　交错

甲错　节错　金错　间错　举错　纠错

弄错　粟错　屡错　履错　没错　迷错

庞错　僇错　谬错　认错　三错　失错

神错　挑错　吞错　文错　为错　枉错

违错　昧错　维错　行错　相错　锈错

肃错　霞错　有错　用错　阴错　淫错

正错　杂错　注错　烛错　综错　铸错

词赋错　刚柔错　忙里错　谋生错　犬牙错

司马错　他山错　五色错　致身错　铸大错

挨挨错错　博铁铸错　参差交错　错成大错

大错特错　根盘节错　觥筹交错　将错就错

六州铸错　忙中有错　杯觥交错　盘亘交错

千差万错　犬牙交错　阡陌交错　三差两错

山珍海错　他山攻错　一差二错　议论纷错

阴差阳错　言差语错　纵横交错　铸成大错

履舄交错

鲁班的锯子，不错（锉）/他山之石，不以为错/一步错，步步错/一事差，百事错/知错改错不算错/

娑 suō　［婆娑］盘旋舞蹈的样子。

两娑　金娑　婆娑　娑娑

泪眼婆娑　树影婆娑　夭娇婆娑　月影婆娑

挲 suō　又音 sa、sha　［摩挲］用手抚摩。

摩挲

金狄摩挲

唆 suō 怂恿。

搬唆 撺唆 刁唆 敖唆 啰唆 攛唆
抠唆 骗唆 挑唆 调唆
啰啰唆唆

梭 suō 织布时牵引纬线的工具。

冰梭 穿梭 飞梭 风梭 寒梭 金梭
弄梭 鸣梭 抛梭 如梭 梭梭 天梭
投梭 停梭 新梭 玉梭 鱼梭 银梭
莺梭 掷梭
穿笃梭 疾如梭 明如梭 水面梭 叶底梭
折齿梭 织女梭
车辆如梭 日月如梭 日日如梭 邻女投梭
光阴似箭，日月如梭/

蓑 suō 用草或棕丝编成上宽下窄的雨衣。

短蓑 盖蓑 荷蓑 乱蓑 笠蓑 绿蓑
披蓑 苫蓑 雨蓑 渔蓑 烟蓑 着蓑
白鹭蓑
雨笠烟蓑 戴笠披蓑

缩 suō ①退缩。②由大变小，由长变短，形体发生变化。③节省。④后退。

出缩 抽缩 搐缩 蹙缩 踧缩 大缩
倒缩 龟缩 寒缩 局缩 简缩 紧缩
减缩 蹋缩 愧缩 浓缩 挛缩 茅缩
泉缩 逡缩 蜷缩 日缩 恧缩 水缩
舌缩 收缩 伸缩 瑟缩 蓄缩 澀缩
瑟缩 缩缩 退缩 坍缩 通缩 外缩
畏缩 蜎缩 猬缩 萎缩 微缩 小缩
羞缩 月缩 压缩 盈缩 赢缩 惴缩
筋骨瑟缩 热胀冷缩 瑟瑟缩缩 畏畏缩缩
市场萎缩

所 suǒ ①处所，地方。②机关或其他办事的地方。③明代驻兵的地方。④犹“座”，用于房屋的量词。

本所 便所 处所 场所 厕所 大所
得所 公所 歌所 寡所 何所 花所
儿所 居所 郊所 酒所 禁所 年所
理所 逻所 某所 暮所 去所 棲所
失所 所所 哨所 善所 庭所 塔所
听所 同所 卫所 王所 我所 乡所
行所 虚所 要所 远所 寓所 有所
尊所 正所 在所 坐所 住所 竹所
诊所
刺绣所 垂钓所 裁判所 斗鸭所 涤罪所
防治所 观察所 交易所 佳人所 看守所
疗养所 派出所 清净所 收容所 上厕所
矢石所 托儿所 谈经所 无定所 行在所
休养所 义高所 研究所 医疗所 燕息所
招待所 指挥所 诊疗所
多历年所 各得其所 进退无所 寄颜无所
流移失所 流离失所 死得其所 丁娘十所
无人之所 早为之所

索 suǒ ①大绳子。②寻求。③索要。④法度。⑤绞合。

八索 百索 比索 薄索 尺索 长索
垂索 草索 船索 缠索 大索 电索
度索 带索 凋索 短索 泛索 恩索
分索 腐索 官索 根索 郭索 贯索
钩索 钢索 絚索 函索 恒索 徽索
涸索 金索 沮索 脊索 绞索 家索
检索 空索 枯索 利索 拦索 离索
落索 铃索 勒索 露索 缆索 毛索
木索 麦索 茅索 莫索 密索 麻索
摸索 去索 气索 巧索 求索 邱索
三索 思索 索索 搜索 瑟索 绳索
森索 输索 天索 套索 讨索 探索
绹索 铁索 玩索 毋索 宣索 小索
下索 相索 屑索 须索 寻索 朽索
象索 线索 弦索 需索 萧索 一索
银索 子索 朱索 只索 走索 摘索
找索 竹索 走索 租索 则索 周索
绋索
按图索 才人索 逋急索 高价索 高加索
红粉索 酒偿索 六丁索 绊马索 耳炉索
暗中摸索 不假思索 丁娘十索 九丘八索
枯鱼衔索 利利索索 冥思苦索 敲诈勒索
贪污勒索 凝神思索 知尽能索 智尽能索
路漫漫其修远兮，吾将上下而求索/牝鸡司晨，惟家之索/牝鸡可畏，惟家之索/一度着蛇咬，怕见断井索/一年被蛇咬，三年怕草索/

琐 suǒ ①玉相撞之声。②零碎。③卑微。④环形的饰品。

边琐 卑琐 鄙琐 碧琐 孱琐 丹琐
凡琐 肤琐 烦琐 繁琐 交琐 嵬琐
灵琐 绿琐 旅琐 青琐 如琐 琐琐
碎琐 尾琐 委琐 偎琐 猥琐 微琐
系琐 细琐 庸琐 颛琐
飞花琐 玉莲琐

锁 suǒ ①悬于门、箱上可以启闭的东西。②用锁关住。③链子。④像锁一样的器物。⑤一种缝纫法。

暗锁 不锁 闭锁 长锁 扭锁 翠锁
愁锁 打锁 倒锁 反锁 封锁 古锁
关锁 挂锁 红锁 金锁 枷锁 解锁
静锁 缄锁 韬锁 开锁 空锁 内锁
控锁 连锁 联锁 柳锁 眉锁 密锁
碰锁 轻锁 上锁 石锁 双锁 深锁
铁锁 雾锁 云锁 永锁 鱼锁 烟锁
银锁 折锁 撞锁
北门锁 长命锁 长明锁 弹子锁 樊龙锁
高楼锁 连环锁 密码锁 千寻锁 青铜锁
上下锁 弹簧锁 铁心锁 鸳鸯锁
愁眉紧锁 空中封锁 名疆利锁 瞄准闭锁
披枷带锁 撬门破锁 双层深锁 双眉深锁
星桥铁锁 一江铁锁 战时封锁
进门一把火，出门一把锁/一把钥匙开一把锁/

嗦 suo ［哆嗦］发抖，战栗。

哆嗦 啰嗦
打哆嗦 频勒嗦

阿 ē 又音 ā ①弯曲的地方。②徇私，偏袒。③大山丘。

北阿 长阿 大阿 东阿 冯阿 卷阿
涧阿 女阿 平阿 偏阿 盘阿 纤阿
曲阿 私阿 山阿 四阿 天阿 太阿
泰阿 唯阿 应阿 阳阿 严阿 迎阿
中阿 忤阿
姑射阿 梁父阿 太山阿 玉山阿
柴立不阿 倒持泰阿 公正不阿 刚正不阿
刚直不阿 齐王烹阿 守正不阿 委珠子阿

讹 é ①讹误。②错误。③敲诈。

传讹 差讹 错讹 订讹 凋讹 互讹
骇讹 舛讹 奸讹 较讹 民讹 人讹
是讹 声讹 事讹 迁讹 山讹 式讹
文讹 凶讹 形讹 沃讹 音讹 疑讹
正讹
鸟翎讹 石鼓讹
讹以传讹 考证无讹 王商止讹 以讹传讹
至高止讹 真个无讹

俄 é ①瞬间。②国名。

昂俄 白俄 帝俄 沙俄 隗俄
侧弃俄

哦 é 又音 ǒ、ò 低声地唱。

吟哦
枯叶哦
斯立吟哦

峨 é ①山势高峻。②峨眉山的简称。

嵯峨 峨峨 金峨 岌峨 轲峨 岷峨
岭峨 三峨 嵴峨 危峨 嵬峨 巍峨
香峨 业峨
群山巍峨 水深山峨

娥 é ①女性姿态美好。②指美女。

奔娥 嫦娥 愁娥 翠娥 曹娥 大娥
黛娥 峨娥 方娥 桂娥 宫娥 姮娥
韩娥 金娥 姣娥 娇娥 李娥 灵娥
丽娥 眉娥 媌娥 墨娥 颦娥 齐娥
秦娥 轻娥 琼娥 仙娥 二娥 柔娥
双娥 素娥 神娥 霜娥 小娥 笑娥
香娥 星娥 新娥 羲娥 谢娥 云娥
义娥 玉娥 月娥 烟娥 影娥
画嫦娥 天蚕娥 湘川娥 九秦娥
皓齿青娥 托佣小娥 云雨巫娥 月里嫦娥
月宫嫦娥 红粉青娥 月里姮娥
赤骥换青娥/

鹅 é ①一种比鸭子大的家禽。②阵势名。

爱鹅 白鹅 春鹅 斗鹅 好鹅 换鹅

黑鹅　金鹅　家鹅　荐鹅　驾鹅　笼鹅
木鹅　牧鹅　求鹅　企鹅　天鹅　玩鹅
孝鹅　银鹅　游鹅　子鹅　宰鹅　咏鹅
白天鹅　蔡池鹅　呆头鹅　黑天鹅　馈生鹅
将军鹅　听经鹅　荣驾鹅　杏花鹅　雪里鹅
右军鹅
黄庭换鹅　肥鸡嫩鹅　颈长如鹅　书经为鹅
写经为鹅　墨妙笼鹅
书成换白鹅/王羲之看鹅/

蛾 é ①外形像蝴蝶的昆虫。②“娥眉”的简称。

白蛾　旱蛾　蚕蛾　翠蛾　毒蛾　黛蛾
蛾蛾　飞蛾　谷蛾　鬼蛾　画蛾　火蛾
闹蛾　灭蛾　麦蛾　螟蛾　扑蛾　濒蛾
青蛾　书蛾　双蛾　天蛾　夕蛾　仙蛾
修蛾　香蛾　新蛾　玉蛾　衣蛾　扬蛾
夜蛾　烛蛾
出茧蛾　尺蠖蛾　赶烛蛾　花间蛾　茧成蛾
卷叶蛾　扑灯蛾　五色蛾
托佣小蛾

额 é ①脸面上的额头。②牌匾。③按规定的数量。

半额　白额　兵额　匾额　罢额　碑额
榜额　长额　差额　超额　赐额　戚额
丁额　定额　点额　额额　方额　丰额
份额　粉额　广额　高额　横额　巨额
击额　金额　空额　款额　龙额　莲额
门额　名额　面额　抹额　袜额　满额
梅额　破额　票额　牌额　巧额　前额
缺额　山额　岁额　税额　诚额　数额
题额　下额　香额　修额　限额　虚额
月额　玉额　余额　油额　员额　鱼额
俞额　檐额　折额　总额　足额　租额
妆额　张额　篆额
吃空额　宫黄额　黄垂额　题洞额　玉堂额
愁眉蹙额　梅花点额　疾首蹙额　举手加额
焦头烂额　铜头铁额　韦延题额　以手加额
龙门点额　朱衣点额

厄 è ①困苦。②险要的地方。③受阻。

隘厄　闭厄　抵厄　度厄　砥厄　乏厄
扶厄　火厄　汉厄　金厄　拘厄　艰厄
窘厄　困厄　苦厄　空厄　难厄　漏厄
命厄　屈厄　迫厄　水厄　束厄　书厄
危厄　湮厄　险厄　宥厄　要厄　遇厄
陻厄　作厄　迍厄　阻厄　遭厄　灾厄
邅厄
盐车厄

扼 è ①据守。②用力掐住。

防扼　谷扼　据扼　直扼

轭 è 驾车时，放在牛颈上的器具。

车轭
不识车轭　形象牛轭

垩 è ①白土。②用白土涂饰。

鼻垩　斫垩
成风尽垩

恶 è 又音 wù、ě、wū ①恶劣。②罪恶。③凶狠。④丑陋。⑤坏事。⑥污秽。

不恶　百恶　比恶　报恶　鄙恶　病恶
暴恶　辟恶　庳恶　蔽恶　从恶　分恶
称恶　丑恶　耻恶　绌恶　除恶　窜恶
粗恶　萃恶　惭恶　谗恶　大恶　刁恶
道恶　怠恶　党恶　恶恶　遏恶　飞恶
发恶　富恶　腐恶　罚恶　功恶　过恶
构恶　遘恶　怙恶　患恶　秽恶　豪恶
讳恶　儿恶　奸恶　讥恶　旧恶　绝恶
疾恶　酒恶　嫉恶　积恶　苦恶　酷恶
美恶　卖恶　蛮恶　谬恶　内恶　狞恶
怒恶　稔恶　全恶　去恶　仟恶　弃恶
劝恶　情恶　入恶　十恶　石恶　色恶
首恶　拾恶　受恶　宿恶　溲恶　善恶
躅恶　田恶　同恶　逃恶　瘅恶　万恶
为恶　无恶　畏恶　顽恶　小恶　凶恶
行恶　性恶　宣恶　邪恶　险恶　嫌恶
元恶　阴恶　淫恶　掩恶　怨恶　隐恶
溢恶　止恶　作恶　诈恶　众恶　知恶
拙恶　造恶　贼恶　纵恶　憎恶　诸恶
蛰恶　罪恶　忠恶　交恶　见恶　忌恶
臭味恶　风波恶　客游恶　青绳恶　情绪恶
私心恶　时俗恶　数日恶　羊肠恶　东风恶
不念旧恶　好善嫉恶　进善退恶　居心险恶

迁善黜恶　劝善惩恶　穷凶极恶　赏善罚恶
善善恶恶　虚美隐恶　以恶报恶　用心险恶
彰善瘅恶
君子不为之恶/君子不念旧恶/君子成人之美，不成人之恶/甚美必有甚恶/有奇福者必有奇祸，有甚美者必有甚恶/

饿

è　肚子空着，要吃食物。

挨饿　不饿　多饿　猝饿　冻饿　挡饿
活饿　寒饿　久饿　饥饿　解饿　困饿
殍饿　穷饿　鼠饿　凶饿　一饿
工部饿　西山饿
忍饥挨饿
人是磨盘，睡倒就不饿/

谔

è　正直的话。

谔谔　鲠谔　謇谔　舆谔　忠谔　直谔
一士谔谔
千人诺诺，不如一士谔谔/众人唯唯，不若直士之谔谔/

鄂

è　①湖北的别称。②姓。

都鄂　棣鄂　鄂鄂　华鄂　黄鄂　圻鄂
亡鄂　西鄂　夏鄂　沂鄂　英鄂　岳鄂
郢鄂　镇鄂

萼

è　花萼，在花瓣下部的一圈绿色托片。

苍萼　丛萼　翠萼　棣萼　发萼　跗萼
华萼　红萼　含萼　花萼　金萼　嫩萼
眉萼　破萼　绮萼　双萼　素萼　秀萼
香萼　雪萼　新萼　鲜萼　一萼　云萼
折萼　枝萼　梅萼
细桃萼　胭脂萼
华承棣萼　明皇花萼

愕

è　惊讶。

诧愕　错愕　愕愕　感愕　骇愕　画愕
惊愕　嗟愕　謇愕　骞愕　马愕　切愕
慑愕　惋愕　震愕

腭

è　口腔内的上下两部分。

软腭　上腭　硬腭

锷

è　刀剑的刃口。

冰锷　成锷　词锷　锷锷　锋锷　皓锷
剑锷　敛锷　莲锷　廉锷　砺锷　芒锷
染锷　霜锷　玉锷　饮锷　智锷
气相王锷

鹗

è　一种鸟，名叫鱼鹰，性凶猛。

雕鹗　荐鹗　一鹗
称衡一鹗　庞参一鹗
鸷鸟累百不如鹗/

颚

è　一些节肢动物取食的器官。

上颚　下颚

鳄

è　一种生活在热带水中的凶恶的爬行动物，名叫鳄鱼。

海鳄　鲸鳄　蛟鳄　驱鳄
扬子鳄
退之驱鳄

遏

è　①禁止。②阻止。

达遏　断遏　防遏　捍遏　诅遏　禁遏
静遏　埭遏　怒遏　陂遏　水遏　式遏
天遏　吞遏　塘遏　挖遏　夭遏　掩遏
止遏　阻遏　遮遏　镇遏
白云遏　清风遏
怒不可遏　行云响遏

频

è　鼻梁。

感频　缩频　折频　炙频

噩

è　凶恶而惊人的事。

噩噩　浑噩　作噩
昏昏噩噩　混混噩噩　浑浑噩噩

么

me　又音 yāo、ma、mó　①词尾。②作助词。

多么　恁么　那么　什么　甚么　要么
这么　怎么
没什么　为什么　归去么　换得么
不差什么
卖什么，吆喝什么/卖什么唱什么/装什么像什么/

得 dé 又音 děi、de ①得到。②能，可。③计算结果。④完成。⑤适合。⑥得意。⑦贪得。

不得 并得 必得 博得 重得 赐得
大得 夺得 多得 独得 抖得 懂得
分得 苟得 获得 觉得 见得 记得
亏得 来得 老得 乐得 懒得 两得
留得 了得 落得 难得 民得 买得
免得 认得 求得 取得 失得 舍得
省得 使得 所得 拾得 算得 贪得
显得 晓得 无得 未得 心得 幸得
一得 要得 先得 喜得 新得 应得
相得 赢得 愿得 有得 引得 意得
由得 自得 只得 值得 争得 照得
再得

不由得 巴不得 不相得 穿井得 舍不得
说不得 使不得 未见得 眼见得 鱼水得
由不得

安闲自得 鸥鹭相得 不可多得 垂手可得
垂手而得 楚弓楚得 管见之得 咎有应得
疾足先得 捷足先得 妙手偶得 妙手心得
千虑一得 求之不得 器满意得 人才难得
矢人自得 失而复得 贪多务得 唾手可得
唾手而得 心安理得 心满意得 欣然自得
逍遥自得 一无所得 一举两得 洋洋自得
怡然自得 悠悠自得 悠然自得 罪有应得
开卷有得 哭笑不得

多得不如少得，少得不如现得/富贵本无根，尽从勤里得/愚者千虑，必有一得/愚者岂无一得/一百岁养个儿子，难得/

德 dé ①道德。②好品行。③恩德。④信念。⑤感德。⑥德国。

安德 不德 比德 表德 报德 抱德
背德 饱德 诗德 败德 薄德 播德
才德 昌德 茶德 崇德 惭德 大德
代德 达德 道德 地德 诞德 恶德
恩德 风德 凤德 伐德 放德 妇德
负德 发德 秉德 辅德 懋德 公德
共德 古德 光德 功德 贵德 高德
恭德 钩德 火德 欢德 昏德 怀德
秽德 鸿德 九德 吉德 旧德 积德
讲德 建德 俭德 俊德 绝德 畯德
酒德 口德 孔德 坎德 阃德 揆德
六德 立德 令德 龙德 录德 离德
凉德 陵德 隆德 民德 名德 明德
母德 美德 茂德 敏德 品德 逆德
年德 内德 女德 配德 七德 齐德
迁德 跂德 棋德 欺德 缺德 谦德
潜德 人德 二德 仁德 让德 客德
睿德 三德 上德 四德 失德 世德
守德 私德 素德 施德 硕德 顺德
师德 神德 盛德 颂德 损德 善德
烁德 爽德 醇德 淑德 嗣德 树德
天德 同德 土德 挺德 文德 无德
五德 武德 务德 违德 忘德 韪德
威德 心德 休德 戏德 玄德 先德
相德 畜德 修德 显德 宣德 贤德
腥德 谢德 馨德 一德 元德 艺德
有德 守德 尹德 阳德 友德 阴德
医德 浴德 育德 荫德 饮德 逸德
遗德 养德 淫德 预德 隐德 曜德
懿德 馨德 正德 在德 忠德 重德
昭德 至德 治德 贞德 杖德 祖德
昭德 诛德 振德 种德 遂德 载德
不道德 教三德 君子德 惟在德
爱心以德 报功崇德 存心养德 称功颂德
大恩大德 郡化阳德 仁义道德 丰功茂德
歌功颂德 感恩怀德 感恩戴德 何谓四德
疥疮五德 钜人长德 酒后无德 量力度德
离心离德 民之失德 讴歌颂德 立言立德
卢谈师德 耆年硕德 书贴敬德 土谦阴德
神威翼德 三从四德 同心同德 无怨无德
畏威怀德 舞场七德 行善积德 贤明贤德
一心一德 以怨报德 再生之德 澡身浴德
醉酒饱德 螽斯之德

不以一眚掩大德/公修公德，婆修婆德/女子无才便是德/男子有德便是才，女子无才便是德/

的 de 又音 dí、dì 助词。①用在词或词组后。②用在句末，表肯定。

别的 吃的 穿的 错的 兜的 毒的
好的 红的 华的 鹄的 女的 你的
男的 辣的 妈的 破的 似的 是的
它的 他的 她的 冗的 我的 伍的

有的　仪的　真的　准的
爱美的　当家的　打鼓的　够受的　够瞧的
好样的　没说的　卖菜的　跑堂的　瞧香的
什么的　听说的　掌柜的　掌案的　乍猛的
真格的
不是玩的　婊子养的　打小鼓的　倒插门的
可可儿的　内掌握的　没有说的　立个坏的
赵人持的
矮子过河，安了心的/本事不是吹的/不当家花拉的/比着箍箍买鸭蛋，哪有合适的/吃饱了撑的/吃香的喝辣的/打死胆大的，吓住胆小的/夫妻是打骂不开的/福是自求多的，祸是自作的/弓足弯的，理是真的/临死找个垫背的/路是人走出来的/有把门的，可没有把嘴的/牛皮不是吹的，火车不是推的/满口金牙齿，开口就是黄的/胖子不是一口吃起来的/群众的眼睛是雪亮的/人心是肉长的/人心是肉做的/人爱富的，狗咬穷的/属鸭子的嘴，呱呱的/舌头是扁的，说话是圆的/丫头抱孩子，人家的/腰里夹着个死老鼠，假充打猎的/

得

de　又音 dé、děi　①助词。②用在动词后，表完成。

得得　见得　记得　觉得　引得　在得
晓不得　怨不得　不见得　来不得　了不得
免不得　劝不得　少不得　招不得　怪不得
行不得　要不得　见不得　恨不得　不晓得
按着牛头喝水，勉强不得/点溪荷叶叠青钱，你也使不得，我也使不得/惊马脱笼，赶不得/老虎屁股，摸不得/马蜂窝，捅不得/马尾穿豆腐，提不得/温柔天下去得/乌鸦笑猪黑，自己不觉得/小沟没桥，过得/纸做栏杆，靠不得/醉后相骂，劝不得/

忑

tè　心神不定。

忐忑

忒

tè　又音 tuī　差错。

不忒　差忒　匪忒　轨忒　毫忒　明忒
谬忒　靡忒　潜忒　任忒　无忒　罔忒
凶忒　衍忒　懈忒　愆忒　忮忒　纵忒

慝

tè　①邪恶。②罪过。

谗慝　放慝　回慝　秽慝　荒慝　奸慝
情慝　凶慝　邪慝　羞慝　修慝　引慝
遇慝　淫慝　仄慝　作慝

特

tè　①独特，不平常。②专，单一。③特地。④杰出的。⑤特务。⑥公牛。⑦只，但。

不特　超特　敌特　独特　反特　丰特
伏特　非特　匪特　防特　怪特　孤特
坏特　浩特　介特　绝特　峻特　杰特
模特　貌特　普特　我特　奇特　翘特
殊特　客特　挺特　瓦特　秀特　雄特
新特　英特　逸特　贞特
额鲁特　喀斯特　卫拉特
风格独特　呼和浩特　形状奇特　姿态奇特

讷

nè　语言迟缓，不善说话。

凡讷　口讷　内讷　讷讷　能讷　木讷
朴讷　外讷　欲讷　拙讷　质讷
南南讷讷　修责若讷　奕宽李讷

呢

ne　又音 ní　助词，表疑问、确定、行为正在进行。

忙着呢　好着呢　苦着呢　烦着呢
救谁好呢

勒

lè　又音 lēi　①牲畜头上套有嚼子的马笼头。②收住缰绳，不前进。③强制。④统率。⑤刻。

贝勒　宝勒　部勒　敕勒　凤勒　勾勒
华勒　羁勒　刊勒　罗勒　马勒　耄勒
弥勒　铭勒　辔勒　钳勒　石勒　申勒
心勒　衔勒　绣勒　玉勒　严勒　抑勒
总勒　制勒　珠勒　钟勒　沾勒
黄金勒　贞石勒

乐

lè　又音 yuè　①快活。②乐于。③笑。④使人欢乐的事。

安乐　爱乐　遨乐　不乐　半乐　伯乐
般乐　悲乐　暴乐　长乐　昌乐　忧乐
成乐　诚乐　大乐　多乐　等乐　耽乐
独乐　逗乐　遁乐　富乐　共乐　甘乐
歌乐　高乐　观乐　灌乐　顾乐　和乐
好乐　欢乐　华乐　荒乐　豪乐　皓乐

酣乐　久乐　家乐　居乐　极乐　酒乐
假乐　骄乐　可乐　快乐　苦乐　恺乐
凯乐　岂乐　康乐　女乐　乐乐　良乐
民乐　美乐　孟乐　平乐　贫乐　盘乐
求乐　岂乐　取乐　其乐　穷乐　情乐
人乐　荣乐　饶乐　三乐　色乐　俗乐
盛乐　岁乐　受乐　说乐　思乐　舜乐
所乐　寿乐　俊乐　天乐　同乐　贪乐
拖乐　偷乐　媮乐　小乐　心乐　行乐
相乐　戏乐　享乐　忻乐　欣乐　笑乐
偕乐　喜乐　新乐　谐乐　嬉乐　一乐
永乐　佚乐　优乐　忧乐　怡乐　悦乐
鱼乐　攸乐　语乐　逸乐　淫乐　愉乐
虞乐　谦乐　娱乐　宴乐　游乐　颜乐
燕乐　愿乐　自乐　作乐　湛乐　至乐
足乐　知乐
房中乐　故乡乐　耕渔乐　橘中乐　农家乐
鸟声乐　磨喝乐　清平乐　山水乐　时平乐
室内乐　天上乐　田家乐　一瓢乐　箪瓢乐
吃喝玩乐　怅怅不乐　独制礼乐　合家欢乐
忽忽不乐　濠上之乐　鸠鹏自乐　橘中之乐
家有至乐　老妪泣乐　弄孙之乐　亮方管乐
衾枕之乐　老媪泣乐　及时行乐　欺欢暮乐
快快乐乐　苦中作乐　闷闷不乐　启期之乐
曲肱之乐　天伦之乐　天性和乐　贪图享乐
田家之乐　为善最乐　先忧后乐　享受安乐
寻求快乐　寻欢作乐　寓名安乐　园名独乐
与民同乐　与民偕乐　怡然自乐　有益娱乐
悒悒不乐　怏怏不乐　郁郁不乐　忧郁不乐
鞅鞅不乐　喜怒哀乐　自得其乐　助人为乐
知足常乐　益者三乐　追欢作乐　赵梦天乐
子卯不乐　损者三乐
病无良药，自解自乐/财去人安乐/黄连树下弹琴，苦中取乐/生于忧患，死于安乐/无车公不乐/先天下之忧而忧，后天下之乐而乐/一人向隅，满座不乐/

了　le　又音 liǎo　助词。

必了　不了　罢了　除了　到了　读了
够了　过了　喝了　精了　难了　老了
没了　算了　讫了　为了　忘了　完了
玄了　可惜了
半夜走黑路，碰着鬼了/把嘴说破了/把吃奶的气力也使尽了/从门缝里看人，把人看扁了/丁丁猫想吃樱桃，眼儿望绿了/点心铺里买棺材，走错门了/肺都气炸了/狐狸尾巴露出来了/鸡也飞了，蛋也打了/捷足先登了/老寿星吃砒霜，不想活了/老寿星吃砒霜，活厌了/老鼠碰见猫，浑身都软了/没笼头的马，野惯了/磨子上睡觉，想转了/耳朵起茧了/二月二的煎饼，摊了/烧香引来鬼了/十二岁到敬老院，莫把福享早了/外公死儿，没舅（救）了/泄了气的皮球，瘪了/阎王开店，鬼来了/煮熟的鸭子，飞了/

戈　gē　①古代的一种长柄横刃兵器。②战争。

兵戈　丛戈　操戈　丹戈　雕戈　倒戈
反戈　负戈　干戈　迴戈　荷戈　挥戈
横戈　金戈　鲁戈　寝戈　双戈　天戈
投戈　提戈　探戈　舞戈　行戈　息戈
巡戈　扬戈　游戈　止戈　执戈　枕戈
砺戈
动干戈　鲁阳戈　寻干戈　时军戈　日挥戈
不动兵戈　大动干戈　饿夫倒戈　解甲投戈
刘词枕戈　鲁阳挥戈　蛮触干戈　前徒倒戈
入室操戈　需不搏戈　同室操戈　铁甲金戈
铁马金戈　遇春挺戈　偃武息戈　铸甲销戈
倒载干戈

仡　gē　又音 yì　［仡老族］我国的少数民族之一。

失仡　有仡

咯　gē　又音 kǎ、lo　拟声词。

吡咯　咯咯
母鸡咯咯　蛙声咯咯　笑声咯咯

胳　gē　又音 gé　手腕以上肩膀以下的部分。

后胳　牛胳
肘后曰胳

搁　gē　又音 gé　①放，置。②放进去。

耽搁　耿搁　延搁
搁一搁

拖延耽搁

哥 gē ①兄。②称呼比自己年龄大差不多的男子。

阿哥 八哥 表哥 翠哥 大哥 丹哥
凤哥 哥哥 金哥 老哥 蒙哥 蓬哥
袍哥 客哥 情哥 二哥 僧哥 小哥
行哥 鹦哥
大阿哥 大拇哥 公子哥 老大哥 三十哥
小二哥 小拇哥 也么哥 胖金哥 同志哥
大哥莫说二哥/红嘴绿鹦哥/行不得也哥哥/

歌 gē ①按一定的曲调咏唱的歌曲。②唱。③古代诗歌体裁之一。④歌谣。⑤颂扬。

安歌 哀歌 爱歌 暗歌 巴歌 悲歌
榜歌 长歌 晨歌 春歌 唱歌 楚歌
船歌 酬歌 对歌 当歌 点歌 钓歌
登歌 儿歌 凡歌 凤歌 放歌 副歌
工歌 国歌 高歌 慨歌 赓歌 和歌
欢歌 夯歌 浩歌 毫歌 酣歌 九歌
军歌 结歌 矫歌 剑歌 荆歌 康歌
恺歌 凯歌 俚歌 宁歌 农歌 离歌
旅歌 菱歌 骊歌 螭歌 鸾歌 牧歌
民歌 町歌 讴歌 情歌 请歌 樵歌
衢歌 饶歌 山歌 双歌 诗歌 颂歌
始歌 商歌 舜歌 遂歌 笙歌 觞歌
田歌 童歌 跳歌 踏歌 挽歌 饫歌
我歌 吴歌 顽歌 瘖歌 行歌 巷歌
弦歌 校歌 新歌 献歌 啸歌 弦歌
永歌 乐歌 妍歌 郢歌 泳歌 扬歌
艳歌 秧歌 淫歌 谣歌 雅歌 野歌
渔歌 莺歌 谳歌 正歌 作歌 竹歌
组歌 战歌 珠歌 朝歌 载歌 棹歌
赞歌
遏云歌 暗淡歌 欸乃歌 白云歌 步天歌
长恨歌 采芝歌 采薇歌 采莲歌 唱赞歌
大风歌 分节歌 拂尘歌 国际歌 垓下歌
耕田歌 鼓盆歌 河上歌 黄鹄歌 九九歌
击节歌 击壤歌 击壶歌 金镂歌 荆轲歌
接嚣歌 扣角歌 扣舷歌 康衢歌 牛下歌
牛角歌 宁戚歌 南风歌 来暮歌 扭秧歌
流水歌 麦秀歌 莫愁歌 饭牛歌 齐石歌
敲玉歌 骑牛歌 尔汝歌 绕梁歌 襦裤歌
接㒿歌 式微歌 叔度歌 送春歌 松柏歌
烧饼歌 天马歌 团扇歌 踏踏歌 五子歌
五噫歌 五裤歌 五德歌 宛转歌 下里歌
雪儿歌 易水歌 月影歌 越女歌 越人歌
邑朝歌 郢中歌 跃进歌 倚瑟歌 子夜歌
主题歌 制妙歌 芝房歌 醉后歌 帐中歌
楚竹燕歌 楚路高歌 楚舞吴歌 楚帐闻歌
对唱山歌 德政可歌 妃子扬歌 凤舞鸾歌
放声高歌 放饭流歌 负手之歌 桓伊筝歌
韩娥喜歌 击唾壶歌 击壤而歌 接舆行歌
叩唾壶歌 叩角行歌 鼓盆而歌 牛角之歌
垓下闻歌 曼声长歌 屠牛朝歌 四面楚歌
武城弦歌 拾穗行歌 易水离歌 易水寒歌
射稽唱歌 潭峭行歌 屠牛朝歌 笑语欢歌
乐府民歌 引吭高歌 易水悲歌 沂水弦歌
燕市悲歌 倚楹啸歌 醉舞狂歌 庄鼓盆歌
纵喉高歌 丁督护歌 聋者之歌 独弦哀歌
荆轲易水歌/

鸽 gē 鸟名。鸽子，分家鸽、野鸽。

白鸽 皈鸽 怖鸽 鹁鸽 代鸽 风鸽
飞鸽 放鸽 观鸽 寡鸽 化鸽 花鸽
鸿鸽 家鸽 鸠鸽 笼鸽 七鸽 青鸽
轻鸽 群鸽 晴鸽 楼鸽 信鸽 驯鸽
嗜鸽 原鸽 野鸽 正鸽 紫鸽 纵鸽
传书鸽 和平鸽 狸食鸽 云外鸽 檐睡鸽
良将五鸽 昊昊绒鸽

割 gē ①用刀切断。②分割，舍弃。③决断。

不割 半割 出割 摧割 裁割 大割
多割 豆割 独割 分割 瓜割 贯割
交割 颈割 空割 脔割 判割 剖割
气割 弃割 切割 亲割 侵割 如割
少割 手割 收割 使割 屠割 五割
午割 降割 阉割 一割 引割 余割
氧割 自割 正割 争割 专割 祖割
宰割
稻孙割 牛刀割 铅刀割 蜜初割
操刀必割 黄金刀割 机器收割 铅刀一割
日削月割 任人宰割 心如刀割

革 gé 又音 jí ①改变。②去毛加工后的兽皮。③人身上的皮肤。④开除。⑤告戒。⑥革制的甲盾。

兵革　变革　从革　斥革　黜革　褫革
逮革　鼎革　伐革　肤革　革革　改革
贯革　裹革　轨革　划革　江革　金革
矫革　开革　志革　礼革　厘革　沦革
敛革　鸟革　厘革　马革　皮革　坏革
取革　悛革　柔革　三革　收革　射革
事革　删革　兴革　朽革　席革　训革
犀革　羊革　因革　沿革　执革　制革
猪革　增革
色马革　鼎再革　裹马革　男鞶革
古今沿革　裹尸马革　俛劝偃革　历史沿革
民主改革　土地改革　推衣思革　戏曲改革
元瑜具革

蛤 gé　又音 há　生活在近海泥沙中，体外有壳、颜色美丽的软体动物。

蚌蛤　蜃蛤　大蛤　瑕蛤　吠蛤　花蛤
海蛤　金蛤　枯蛤　灵蛤　老蛤　捞蛤
马蛤　青蛤　群蛤　山蛤　食蛤　天蛤
文蛤　小蛤　香蛤　蝦蛤　蟹蛤　珍蛤
珠蛤　竹蛤
盘中蛤　人钓蛤　味珍蛤　紫唇蛤

阁 gé　①旧时类似楼房的建筑物。②闺房。③搁放食物的橱柜。④现代的内阁。⑤宫廷收藏图书的房子。

阿阁　北阁　白阁　闭阁　便阁　宝阁
出阁　重阁　草阁　禅阁　城阁　翠阁
藏阁　大阁　东阁　登阁　邸阁　钓阁
倒阁　殿阁　飞阁　凤阁　佛阁　防阁
复阁　古阁　谷阁　阁阁　闺阁　高阁
观阁　馆阁　后阁　壶阁　花阁　画阁
弘阁　黄阁　金阁　开阁　杰阁　剑阁
开阁　奎阁　六阁　令阁　内阁　南阁
铃阁　龙阁　兰阁　连阁　纶阁　铃阁
暖阁　楼阁　麟阁　木阁　门阁　灭阁
秘阁　貌阁　满阁　蓬阁　棚阁　欠阁
曲阁　琼阁　绮阁　入阁　三阁　山阁
书阁　孙阁　束阁　守阁　史阁　蜃阁
天阁　投阁　台阁　亭阁　抬阁　文阁
仙阁　舞阁　香阁　虚阁　绣阁　霞阁
玉阁　云阁　月阁　有阁　应阁　芸阁
吟阁　延阁　羽阁　幽阁　驿阁　朱阁
组阁　栈阁　紫阁　妆阁
长信阁　丞相阁　环翠阁　华林阁　公孙阁
龙图阁　凌云阁　凌烟阁　蓬莱阁　麒麟阁
清阏阁　趋凤阁　回香阁　孙弘阁　天章阁
天禄阁　苔生阁　滕王阁　杨雄阁　子云阁
招仙阁
公孙东阁　古市凤阁　国忠春阁　古帝凤阁
国忠香阁　功成图阁　过渡内阁　汉如敌阁
空中楼阁　看守内阁　龙楼凤阁　束之高阁
名高麟阁　深闺高阁　亭台楼阁　香闺绣阁
扬雄投阁　影子内阁　子云投阁　置之高阁
置诸高阁　仙山琼阁

格 gé　①方形的框子。②标准，格式。③人的品质。④隔阂。⑤打，击。⑥推究。⑦中医逻辑术语。

不格　半格　标格　笔格　变格　摆格
才格　出格　耻格　成格　茶格　辞格
窗格　斗格　定格　顶格　尔格　方格
风格　废格　杆格　咯格　古格　告格
高格　骨格　格格　国格　刚格　规格
够格　捍格　合格　惑格　交格　及格
旧格　价格　基格　沮格　简格　降格
空格　考格　老格　来格　论格　离格
募格　平格　品格　炮格　破格　配格
入格　人格　穴格　去格　清格　润格
上格　手格　弓格　失格　升格　俗格
诗格　赏格　数格　体格　天格　图格
条格　文格　物格　仙格　性格　形格
训格　新格　义格　用格　应格　严格
眼格　议格　影格　竹格　忠格　枝格
姿格　昭格　资格
曹刘格　顶顶格　雕龙格　风流格　功过格
黄伞格　九宫格　梅品格　摄提格　陶谢格
修辞格
不拘一格　不变价格　比较价格　别成一格
别具一格　摆老资格　独标一格　独具一格
典型性格　固定价格　可比价格　可以价格
两重人格　聊备一格　子阿就格　自由价格
自成一格

骼 gé　骨头。

膊骼　带骼　骨骼　龙骼　拉骼　牢骼

裂骼　露骼　掩骼　中骼

隔 gé ①距，离。②遮断。③不相合。④阻拦。

不隔　饱隔　春隔　地隔　顿隔　分隔
关隔　更隔　乖隔　间隔　暌隔　离隔
辽隔　路隔　篱隔　否隔　迁隔　惜隔
日隔　山隔　书隔　水隔　岁隔　事隔
疏隔　殊隔　体隔　通隔　相隔　心隔
限隔　悬隔　云隔　永隔　拥隔　遥隔
悠隔
九重隔　石厉隔　疏帘隔　形骸隔　云霄隔
长门隔
两地悬隔　山重水隔　天悬地隔　一山之隔
一水之隔　幽明永隔　一墙之隔　解裳自隔

嗝 gé 胃里的气体从嘴里发生的声音。

打嗝　饱嗝　响嗝
打饱嗝

膈 gé 胸腔和腹腔之间的膜状肌肉。

长门膈

葛 gé 又音 gě ①多年生草本植物，茎皮可做葛麻。②葛布。③表面有横棱的织品。

白葛　采葛　吹葛　裁葛　广葛　瓜葛
葛葛　管葛　故葛　黄葛　介葛　纠葛
家葛　胶葛　就葛　蕉葛　吕葛　茏葛
樛葛　毛葛　麻葛　扪葛　杯葛　裘葛
山葛　食葛　挽葛　头葛　夏葛　细葛
修葛　香葛　衣葛　引葛　冶葛　野葛
越葛　紫葛　煮葛
朝阳葛　华丝葛　锦锦葛　松上葛　汤事葛
文尚葛
孟公瓜葛　南阳三葛

个 gě 又音 gè ［自个儿］自己。

自个

合 gě 又音 hé ①我国旧时的容量单位。②旧时量粮食的器具。

百合　圭合　千合　十合

各 gě 又音 gè 特别，与众不同。

自各

舸 gě 大船。

百舸　楚舸　大舸　钓舸　单舸　风舸
浮舸　泛舸　宏舸　画舸　酒舸　龙舸
轻舸　诗舸　素舸　万舸　小舸　仙舸
渔舸　一舸　走舸　战舸
鸱夷舸　凌风舸　逃名舸　云随舸
鸱夷一舸

个 gè 又音 gě ①量词。②单独的。③物体的大小。

挨个　矮个　别个　成个　蹿个　大个
单个　独个　翻个　各个　高个　后个
换个　几个　九个　今个　挟个　那个
能个　哪个　每个　某个　前个　七个
若个　弱个　是个　似个　谁个　互个
万个　小个　些个　一个　右个　有个
左个　这个　中个　作个　者个　则个
早个　咱个　真个　逐个　整个
碧千个　另一个　留些个　扛大个　细云个
一些个　有一个　夜儿个　昨儿个　竹万个
七个八个　千百万个　又弱一个　又少一个
簸箕大的天，见过几个/好子不用多，一个抵一个/猴子扳包谷，扳一个丢一个/

各 gè 又音 gě ①每个。②不同。

丑各　盍各　各各　佳各
各顾各　歧路各　相思各　各归各　人成各
黄牛角，水牛角，各归各/黄牛过河各顾各，斑鸠树上各叫各/

硌 gè 坚硬的东西接触身体，感到难受或受伤。

砾硌　磊硌　砟硌

苛 kē ①苛刻，过分。②繁琐。

百苛　除苛　烦苛　过苛　伎苛　令苛
蠲苛　忍苛　无苛　万苛　小苛　性苛
严苛　意苛　治苛

珂 kē ①玉石名。②马笼头上的装饰。

还珂　环珂　谏珂　连珂　明珂　鸣珂
佩珂　玉珂　远珂

白玉珂　九门珂　下板珂　学士珂　玉为珂
玉鸣珂
紫玉珂
闾男鸣珂　闾里鸥珂

柯 kē ①斧柄。②树木的枝茎。③姓。

并柯　霸柯　持柯　残柯　蚪柯　伐柯
斧柯　繁柯　古柯　改柯　寒柯　金柯
南柯　烂柯　茗柯　戕柯　琼柯　樵柯
孰柯　铁柯　庭柯　修柯　云柯　玉柯
执柯　枝柯
凤凰柯　桂树柯　烂斧柯　淋漓柯　梦槐柯
梦一柯　小桃柯　寻斧柯　叶辞柯　雨露柯
一南柯
操斧伐柯　一枕南柯　王质烂柯
豪木不掇，将成斧柯/

轲 kē 多用于人名。

撼轲　江轲　荆轲　坎轲　尼轲　孟轲
丘轲　惟轲　一轲　炙轲
不遇轲
刺客荆轲

砢 kē 〈方〉[呵碜] 寒酸，难看。

鬼砢　磊砢

疴 kē 病。

沉疴　积疴　起疴　痊疴　人疴　染疴
宿疴　养疴

科 kē ①生物学上同一目的类别。②行政机关内部组织名称。③学术或业务类别。④法规。⑤古典戏曲中指示演员的动作用语。⑥判定。

不科　本科　丙科　出科　重科　产科
插科　齿科　催科　大科　点科　定科
豆科　动科　登科　分科　妇科　犯科
副科　儿科　工科　高科　桂科　骨科
甲科　金科　臼科　诀科　均科　景科
六科　连科　理科　律科　寥科　脑科
内科　农科　男科　前科　儒科　申科
术科　设科　伤科　殊科　同科　文科
外科　巍科　学科　宣科　新科　盈科
牙科　玉科　严科　医科　应科　眼科
预科　专科　作科　坐科　制科　转科
财务科　敌工科　贺登科　军需科　军械科
口腔科　泌尿科　皮肤科　十三科　三傅科
庶务科　师表科　神经科　迪斯科　童子科
小儿科　心脏科　孝廉科　有道科　长者科
总务科　肿瘤科　侦察科
大方脉科　发策决科　暮岁登科　五子登科
小方脉科　繄夫登科　作奸犯科

棵 kē 用于植物的量词。

大棵　发棵　树棵　一棵
白菜棵

稞 kē 青稞，麦的一种。

青稞

窠 kē ①鸟兽的巢穴。②人安居的住处。

擘窠　凤窠　蜂窠　花窠　画窠　九窠
臼窠　旧窠　鸡窠　六窠　鸟窠　鹊窠
石窠　团窠　血窠　一窠　玉窠　移窠
燕窠　作窠　竹窠
迸金窠　牡丹窠　瑞节窠　雪护窠　印泥窠
险浑覆窠

颗 kē 用于小而圆的粒状物体的量词。

碎颗　翠颗　丹颗　丰颗　饭颗　汗颗
金颗　颗颗　蓬颗　七颗　日颗　砂颗
酥颗　孰颗　星颗　玉颗　樱颗　一颗
余颗
丁香颗　心一颗　一颗颗　夜光颗　掌中颗
珠排颗
红星颗颗　红心一颗
老人酬魏颗/

颏 kē 脸的最下部分，在嘴的下面。

靛颏
青定颏　红点颏　蓝点颏　蓝靛颏　下巴颏

榼 kē ①古代盛酒器具。②泛指盒类容器。

磅榼　残榼　春榼　刀榼　花榼　画榼
轰榼　厚榼　巨榼　金榼　酒榼　雷榼

柳榼 蛮榼 破榼 砰榼 取榼 挈榼
敲榼 倾榼 山榼 卜榼 仙榼 香榼
小榼 洗榼 银榼 野榼 玉榼 竹榼
执榼
车上榼 三升榼 提春榼 元日榼 鸳鸯榼
鹦鹉榼

磕 kē ①碰撞。②咬开壳。

伴磕 磅磕 硠磕 击磕 磕磕 碰磕
敲磕 硼磕 下磕 凶磕 仙磕 相磕
撞磕
雷鼓磕

壳 ké 又音 qiào 坚硬的外皮。

半壳 贝壳 瘪壳 背壳 蚌壳 出壳
弹壳 蛋壳 干壳 果壳 红壳 介壳
空壳 绿壳 脑壳 破壳 卡壳 笋壳
收壳 缩壳 青壳 去壳 躯壳 退壳
脱壳 亡壳 外壳 朽壳 仰壳 硬壳
枳壳 炙壳 煮壳
金蝉脱壳 女遗螺壳

咳 ké 又音 hāi 呼吸器官受刺激而迅速吸呼，引起振动发声。

呛咳 干咳 謦咳 止咳 阵咳 胆咳
肺咳 久咳 呕咳 胃咳 心咳
百日咳 闹咳咳

可 kě 又音 kè ①是，时。②能够。③适合。④但，即。⑤值得。

不可 报可 从可 才可 差可 裁可
诚可 当可 定可 多可 慧可 见可
际可 开可 可可 肯可 堪可 宁可
老可 两可 耐可 猛可 岂可 羌可
痊可 认可 忍可 然可 少可 尚可
适可 试可 淘可 通可 无可 未可
五可 温可 小可 行可 夕可 闲可
许可 献可 与可 印可 犹可 意可
自可 乍可
不一可 大都可 风景可 甘露可 秋病可
一人可 制日可
不知其可 断然不可 断乎不可 点头认可
攻之不可 非同小可 非无不可 何尝不可
模棱两可 缺一不可 然然不可 未为不可
万万不可 未始不可 先见献可 有何不可
依违两可
不可无不可/高来不可又低来不可/无可无不可/

坷 kě 又音 kē ［坎坷］①道路高低不平的样子。②喻不得志。

坎坷 困坷 陷坷
山径坷 慵懒坷

渴 kě ①急切地。②口干想喝水。

奔渴 长渴 除渴 燥渴 馋渴 大渴
干渴 烦渴 介渴 旧渴 近渴 荐渴
饥渴 济渴 酒渴 焦渴 救渴 解渴
口渴 苦渴 枯渴 疗渴 劳渴 人渴
若渴 如渴 忍渴 思渴 畏渴 消渴
泻渴 虚渴 夜渴 饮渴 猿渴 中渴
止渴 醉渴
茶解渴 刘伶渴 临邛渴 三军渴 文园渴
相如渴 遥止渴
爱才若渴 长聊病渴 长聊消渴 盗泉宁渴
将军止渴 岭梅止渴 梅林止渴 求贤若渴
说梅止渴 如饥如渴 如饥似渴 望梅止渴
望梅消渴 思贤若渴 文园病渴 饮鸩止渴
相如病渴 相如消渴
远水解不了近渴/远水不救近渴/

克 kè ①能。②克制，克服。③胜。④攻下。⑤消化。⑥重量单位。

不克 必克 冲克 大克 独克 分克
攻克 刚克 毫克 夹克 进克 忌克
可克 苛克 夸克 力克 厘克 蜡克
屡克 马克 明克 扑克 掊克 千克
禽克 谦克 赏克 柔克 生克 坦克
温克 休克 相克 严克 易克 战克
马赛克
八攻八克 八遇八克 攻无不克 罗曼蒂克
孟什维克 无往不克 务期必克 相生相克

刻 kè ①雕刻。②时间。③不厚道。④减损。⑤苛严。

版刻 碑刻 寸刻 丛刻 此刻 残刻
惨刻 聪刻 锉刻 大刻 道刻 党刻
琱刻 雕刻 翻刻 欢刻 划刻 光刻
忌刻 即刻 急刻 峻刻 晷刻 剪刻

哀刻　镌刻　刊刻　苛刻　立刻　漏刻
镂刻　木刻　秘刻　模刻　摹刻　铭刻
内刻　虐刻　片刻　迁刻　啬刻　顷刻
清刻　峭刻　侵刻　朘刻　锲刻　少刻
石刻　时刻　蚀刻　酸刻　深刻　题刻
犀刻　谿刻　一刻　玉刻　迂刻　业刻
严刻　阳刻　阴刻　印刻　夜刻　崖刻
自刻　竹刻　琢刻　篆刻　鸷刻　溪刻
鼎钟刻　金刀刻　金石刻　晋虎刻　兰亭刻
新漏刻
此时此刻　雕虫篆刻　精雕细刻　立时立刻
每时每刻　千金一刻　时时刻刻　无时无刻
外善内刻　限时限刻　谢文二刻　一点一刻
一时一刻　一时半刻　言文深刻　午时三刻
春宵一刻

恪 kè ①恭敬。②庄严。

不恪　共恪　恭恪　俭恪　兢恪　廉恪
虔恪　清恪　勤恪　三恪　纯恪　有恪
严恪　俨恪　忠恪　致恪
容止严恪

客 kè ①客人。②客观。③旅人。④指从事某种活动的人。⑤寄居。

贲客　宾客　拜客　逋客　病客　贩客
暴客　辩客　镖客　才客　茶客　词客
刺客　常客　吃客　乘客　愁客　大客
吊客　佃客　多客　典客　钓客　待客
答客　搭客　赌客　恶客　飞客　房客
浮客　过客　归客　官客　故客　贵客
改客　怪客　纲客　国客　顾客　贾客
馆客　孤客　会客　好客　贺客　宦客
豪客　海客　旧客　奸客　佳客　结客
接客　浇客　娇客　酒客　剑客　嘉客
羁客　凤客　估客　看客　狂客　娉客
款客　窥客　拉客　来客　奴客　男客
浪客　留客　辂客　凌客　阑客　恼客
旅客　木客　门客　马客　麦客　冥客
幕客　墨客　女客　衲客　票客　陪客
嫖客　棒客　千客　迁客　清客　请客
轻客　掮客　樵客　人客　茸客　上客
水客　书客　生客　速客　送客　俗客
肃客　似客　食客　散客　诗客　说客
饷客　乘客　寿客　熟客　骚客　田客
堂客　通客　僮客　谈客　桐客　文客
为客　外客　我客　舞客　小客　心客
乡客　先客　仙客　行客　戏客　闲客
香客　惜客　狎客　雪客　飨客　侠客
宵客　稀客　新客　溪客　谢客　尤客
云客　一客　宜客　运客　远客　羽客
有客　异客　迎客　逸客　养客　幽客
夜客　宴客　揖客　郢客　渊客　野客
庸客　游客　济客　邀客　燕客　子客
主客　知客　坐客　政客　征客　纵客
重客　逐客　载客　斋客　劄客　醉客
做客　撞客　座客　谪客　赘客　尊客
凤客
不速客　词赋客　垂纶客　蟾宫客　缠头客
丹青客　东山客　登龙客　钓鳌客　膏粱客
黄衫客　回头客　画眉客　酣中客　濠上客
黉门客　江湖客　金马客　金钗客　罗浮客
寻剡客　炳邛客　李膺客　留醉客　梁苑客
梁园客　南冠客　门下客　门谢客　末至客
名利客　眠云客　平原客　贫加客　青云客
青冥客　青春客　青眼客　青琐客　请女客
秋风客　前度客　请春客　麒麟客　三寿客
寿光客　同心客　逃名客　西园客　修咎客
云水客　衣食客　迎仙客　邀上客　竹请客
朱轮客　座上客　座上客　坐谈客　紫芝客
折桂客　珠履客　临邛客
不速之客　闭门谢客　匆匆过客　大宴宾客
杜门谢客　杜陵野客　豪门清客　接待顾客
葛廷宾客　缑山仙客　畸流逸客　孟尝慢客
孟尝好客　平公食客　迁臣逐客　秦桧十客
青蝇吊客　四明狂客　收养门客　善呼之客
骚人逸客　骚人墨客　文人墨客　郑庄好客
载送旅客　蒲东倦客　截发留客
店里的臭虫，吃客/百岁光阴如过客/曲突徙薪忘恩泽，焦头烂额为上客/人生百年如过客/苏妲己请客/茂陵刘郎秋风客/

课 kè ①按计划、内容讲授。②考核。③赋税。④占卜的一种。⑤旧时机关学校等行政上的办事单位。

半课　备课　补课　罢课　充课　常课
重课　晨课　大课　代课　对课　党课

督课 夫课 房课 放课 复课 官课
功课 讲课 郡课 教课 酒课 兼课
开课 考课 旷课 类课 柳课 劝课
起课 缺课 日课 任课 上课 书课
散课 诗课 授课 田课 团课 听课
逃课 退课 停课 无课 温课 下课
相课 优课 有课 夜课 正课 主课
占课 翘课
必修课 唱歌课 灯前课 分夜课 国语课
基础课 美术课 算术课 数学课 体育课
体操课 图画课 添书课 无定课 外交课
外语课 选修课 语文课 音乐课 专业课
政治课
备课上课
三人误大事，六耳不通课/

嗑 kè ①上下门牙对咬东西。②话多。
嗑嗑 唠嗑 噬嗑 枭嗑

溘 kè 忽然。
溘溘

呵 hē 又音 ā、á、ǎ、à、a ①怒责。②呼喊。③笑声。
斥呵 叱呵 诋呵 佛呵 费呵 工呵
呵呵 讥呵 教呵 开呵 恐呵 历呵
怒呵 摩呵 频呵 前呵 诮呵 谯呵
发呵
冻笔呵 宫嫔呵 迦罗呵 乐呵呵 傻呵呵
笑呵呵 一笑呵
李广被呵

喝 hē 又音 hè 食饮液汁或流质食物。
吃喝 洗喝 好喝 佯喝 虚喝 争喝
吃吃喝喝 大吃大喝 肥吃肥喝

禾 hé ①禾苗。②古书上指粟。③特指稻。
锄禾 丹禾 得禾 贡禾 黑禾 嘉禾
纳禾 木禾 秋禾 生禾 术禾 天禾
田禾 仙禾 祥禾 宜禾 养禾 尧禾
偃禾 种禾 珍禾 责禾 植禾
北里禾 充厢禾 成周禾 合欢禾 九真禾
九穗禾 麦养禾 绿云禾 琼山禾 三百禾
深青禾 吐秀禾 玉米禾
碎衣陈禾

和 hé 又音 hè、hú、huó、huò ①连带。②古乐器名。③谐调。④两个以上的数相加的总数。⑤结束战争。
不和 卞和 饱和 葆和 充和 冲和
纯和 淳和 春和 巢和 禅和 醇和
粹和 澄和 慈和 德和 辅和 共和
顾和 媾和 惠和 缓和 交和 荆和
结和 讲和 驾和 宽和 六和 乐和
厘和 凉和 鸾和 暖和 民和 绵和
谋和 平和 脾和 乞和 气和 求和
劝和 洽和 清和 晴和 谦和 人和
仁和 软和 柔和 融和 掺和 失和
色和 说和 顺和 商和 扇和 绥和
笙和 随和 天和 太和 同和 恬和
泰和 调和 文和 违和 温和 微和
婉和 心和 性和 相和 宣和 协和
熙和 雯和 羲和 云和 元和 言和
叶和 怡和 议和 饮和 阳和 养和
影和 颐和 慫和 雍和 懿和 中和
主和 走和 知和 总和 调和 郑和
笛声和 将相和 六合和 蓝采和 麦风和
芍药和 天地和 万物和 行同和 阴阳和
单独媾和 地利人和 凤协鸾和 贵体违和
花色调和 湖水柔和 黄霸宽和 目光温和
秋高气和 日暖风和 日丽风和 色调柔和
时序调和 天气晴和 握手言和 心平气和
丝竹相和 羊祜通和 月色柔和 政清人和
政通人和
面和心不和/三杯万事和/天时地利人和/天时不如地利，地利不如人和/

合 hé 又音 gě ①闭，拢。②不违背。③聚集。④总，全。⑤符合。
暗合 不合 百合 闭合 冰合 保合
胞合 捭合 鸨合 璧合 辨合 重合
采合 场合 参合 翠合 凑合 揣合
撮合 攒合 大合 斗合 对合 道合
点合 钿合 肤合 符合 妃合 复合
逢合 福合 附合 缝合 勾合 苟合
鼓合 搆合 寡合 掰合 化合 回合
会合 好合 汇合 和合 回合 欢合

环合 混合 九合 交合 纠合 尽合
结合 就合 间合 胶合 金合 解合
接合 精合 缉合 集合 鸠合 聚合
开合 款合 六合 连合 理合 离合
啮合 联合 鸟合 黏合 凝合 目合
忙合 弥合 冥合 泯合 谋合 磨合
脑合 捏合 偶合 耦合 片合 匹合
判合 跑合 配合 泮合 拼合 姘合
萍合 胖合 气合 巧合 迁合 切合
契合 秋合 牵合 绮合 嵌合 寝合
熔合 融合 热合 糅合 三合 水合
市合 升合 苏合 索合 说合 稍合
顺合 神合 缩合 天合 沓合 通合
投合 缔合 贴合 偷合 勿合 瓦合
吻合 乌合 晚合 芗合 相合 星合
协合 析合 诉合 啸合 翕合 医合
依合 遇合 应合 阴合 雅合 野合
鱼合 蚁合 夜合 迎合 烟合 游合
意合 愈合 黡合 中合 自合 只合
作合 重合 走合 招合 折合 总合
组合 张合 综合 转合 黏合 缀合
风云合 和和合 金丝合 金兰合 阴簪合
琼筵合 秋烧合 水环合 苔痕合 心事合
意气合 猿鸟合 鸦阵合 知行合 七宝合
药着合 一回合
不谋而合 百年好合 彼此不合 悲欢离合
楚歌四合 道同志合 贯通融合 雾集云合
海空配合 镜圆璧合 里应外合 论高寡合
落落难合 落落寡合 破镜重和 排列组合
曲意迎合 起承转合 情投意合 前仰后合
上下和合 土洋结合 天作之合 云交雨合
延津之合 一开一合 一匡九合 一迎一合
一拍即合 竹树环合 志同道合 珠联璧合
红线金合
干柴烈火，一拍就合/绿树村边合/合久必分，分久必合/

盒 hé 底盖相合用作装东西的器物。

暗盒 饭盒 果盒 花盒 墨盒 食盒
抬盒 提盒 印盒 烟盒 闸盒 纸盒
八音盒 骨灰盒 火柴盒
红线盗盒

颌 hé 又音 gé 构成口腔上部和下部的骨头和肌肉等组织叫颌。

上颌

纥 hé 又音 gē ［回纥］唐代西北的民族。

回纥 临纥
叔梁纥

龁 hé 用牙咬。

虫龁 齮龁 诐龁 咏龁
庶人龁

何 hé ①问。②疑问代词，什么，怎样。③姓。

何何 几何 奈何 耐何 晴何 任何
如何 若何 孰何 孙何 谁何 随何
田何 亡何 无何 为何 谓何 星何
萧何 云何 尹何 阴何 羊何 缘何
弗父何 唤奈何 今若何 君谓何 意如何
可奈何 奈老何 陋如何 奈愁何 末奈何
莫奈何 如之何 没奈何 无几何 无奈何
问几何 问云何 伊那何 夜如何 怎奈何
碑赚孙何 成败萧何 春秋几何 解析几何
立体几何 末如之何 莫可奈何 没可奈何
其奈我何 如之奈何 日饮亡何 日饮无何
徒唤奈何 无论如何
芫荽其如子何/成也萧何，败也萧何/绵绵不绝，缦缦奈何/送君南浦，伤如之何/

河 hé ①专指黄河。②水道的通称。③指天上的银河系。

爱河 暗河 白河 并河 拔河 碧河
冰河 长河 凤河 残河 漕河 大河
带河 导河 渡河 冯河 封河 关河
洪河 黄河 淮河 海河 黑河 九河
江河 金河 界河 减河 截河 绛河
开河 匽河 害河 辽河 内河 老河
临河 汨河 洛河 明河 泥河 秋河
清河 山河 三河 绳河 涉河 塞河
天河 吞河 提河 梯河 淘河 跳河
小河 水河 先河 星河 悬河 晓河
翕河 浙河 云河 玉河 引河 沿河
依河 阴河 运河 延河 饮河 银河
治河 增河

笔翻河 大运河 护城河 虎渡河 决江河
金水河 间歇河 内流河 内陆河 伴斜河
鹊填河 时令河 鼠饮河 外流河 雨翻河
曳落河
百二山河 暴虎冯河 表里山河 不废江河
辩如悬河 滴水成河 贾人渡河 汇流成河
锦绣山河 口若悬河 口似悬河 枯鱼过河
历史长河 牛女渡河 砺山带河 泥船渡河
被山带河 气吞山河 气壮山河 鹊驾银河
三豕涉河 顺帝跳河 谈若悬河 五老游河
魏国山河 洗兵天河 信口开河 血流成河
香象渡河 一虎不河 以指测河 言若悬河
杨文倾河 镇守西河 织女渡河 洗甲天河
抱痛西河 被山带河 襟山带河
背死人过河/不到船翻不跳河/甘戊渡大河/龟婆龟婆，信口开河/聚少成多，滴水成河/摸到石头过河/睁着眼跳黄河/乘槎泛天河

荷 hé 又音 hè 莲。

白荷 冰荷 碧荷 残荷 春荷 独荷
风荷 贩荷 衔荷 芰荷
老荷 绿荷 莲荷 裂荷 藕荷 秋荷
轻荷 绮荷 伤荷 树荷
铜荷 香荷 新荷 谢荷 玉荷 雨荷
杨荷 圆荷 移荷 种荷 珠荷 植荷
金卷荷 片叶荷 镜似荷 贴水荷 万柄荷
新春荷 小圆荷 夜舒荷 珠翻荷

劾 hé ①审决案件。②揭发罪状。

按劾 尺劾 纠劾 举劾 鞫劾 考劾
露劾 巧劾 投劾 推劾 通劾 弹劾
诬劾 阴劾 自劾 坐劾 奏劾 滞劾

阂 hé 阻隔不通。

隔阂 挂阂 结阂 拘阂

核 hé 又音 hú ①果实中坚硬并包含果仁的部分。②像核的东西。③原子核。④仔细对照。

剥核 辨核 查核 残核 地核 复核
覆核 果核 骨核 汉核 怀核 结核
校核 菌核 检核 稽核 精核 考核
克核 课核 刻核 李核 明核 梅核
煤核 品核 评核 去核 弃核 穷核
峭核 实核 事核 审核 吐核 桃核
小核 洗核 细核 评核 肴核 研核
殽核 枣核 综核 钻核 杏核
丁香核 肺结核 骨结核 怀其核 空中核
青田核 细胞核 原子核
油炒枇杷核/

曷 hé ①怎么。②何时。

达曷 咄曷 彤曷 鸟曷 形曷
保成曷

盍 hé 〈书〉何不。

翕盍

阖 hé ①门扇。②关闭。③总共。

本阖 捭阖 阊阖 闾阖 窗阖 洞阖
反阖 还阖 隔阖 开阖 林阖 间阖
门阖 木阖 排阖 启阖 山阖 外阖
勋阖 幽阖 挝阖
左扇阖
纵横捭阖

涸 hé ①水干枯。②竭尽。

不涸 川涸 潮涸 干涸 沟涸 沍涸
耗涸 海涸 竭涸 津涸 焦涸 渴涸
流涸 枯涸 穷涸 涧涸 水涸 思涸
鱼涸 渊涸 滞涸 辙涸
洪荒涸 薇露涸

貉 hé 又音 háo 野兽名。

北貉 表貉 朝貉 国貉 莫貉 屈貉
迫貉 四貉 睡貉 于貉 子貉 朱貉
走貉
朝九貉
一丘之貉

翮 hé ①鸟的翎管。②翅膀。

翅翮 短翮 鹗翮 风翮 凤翮 奋翮
返翮 合翮 喝翮 鸿翮 劲翮 倦翮
举翮 骏翮 六翮 弄翮 落翮 飘翮
企翮 绮翮 轻翮 如翮 弱翮 舒翮

文翮　迅翮　仙翮　息翮　云翮　异翮
羽翮　逸翮　正翮　志翮　折翮　震翮
出林翮　垂天翮　丹霄翮　排虚翮　青冥翮
霜翮翮
伯周六翮　李程长翮

吓 hè　又音 xià　①恫吓。②表不满的叹词。
叱吓　恫吓　互吓　鸿吓　恐吓　马吓
驱吓　威吓　煊吓　呀吓
嘘声恫吓

和 hè　又音 hé、hú、huó、huò　①声音相应地跟着唱。②以诗歌酬答。③附和。
并和　百和　伴和　诹和　倡和　唱和
酬和　傀和　掺和　呕和　附和　寡和
后和　千和　齐和　索和　属和　撒和
未和　应和　燕和　阴和　韵和　赞和
巴人和　百鸟和　吹箫和　甘受和　谁敢和
埙篪和　莺声和
哆哆和和　曲高寡和　随声附和　一唱百和
一唱一和　雅曲难和

贺 hè　①庆祝。②犒劳。③姓。
不贺　抃贺　拜贺　陛贺　称贺　承贺
参贺　朝贺　嘲贺　酬贺　大贺　电贺
道贺　敢贺　恭贺　和贺　皆贺　敬贺
客贺　李贺　来贺　庆贺　入贺　三贺
上贺　受贺　束贺　同贺　相贺　喜贺
谢贺　燕贺　祝贺　阵贺　致贺
国老贺　马上贺　闾里贺　千里贺　青蝇贺
羊酒贺　燕雀贺
白嫌负贺　同喜同贺　燕雀相贺

荷 hè　又音 hé　①背，扛。②承当。③负担。
背荷　薄荷　电荷　担荷　答荷　负荷
过荷　感荷　加荷　克荷　庆荷　轻荷
世荷　身荷　是荷　忝荷　为荷　心荷
永荷　仰荷　重荷　载荷　荷荷　胜荷
百禄荷　恩独荷

喝 hè　又音 hē　①大声喊叫。②嘘气作声。
叱喝　喘喝　禅喝　嗔喝　瞋喝　大喝
笛喝　恫喝　殿喝　断喝　呼喝　呵喝
流喝　苗喝　鸣喝　棒喝　吐喝　听喝
吆喝　喛喝　邀喝
当头棒喝

褐 hè　①用粗麻制的衣服。②黄黑色。
艾褐　矮褐　布褐　被褐　补褐　败褐
赤褐　茶褐　毳褐　短褐　归褐　故褐
冠褐　坏褐　红褐　黄褐　巾褐　解褐
旧褐　交褐　结褐　寄褐　老褐　麻褐
马褐　皮褐　披褐　青褐　裘褐　山褐
裋褐　食褐　素褐　竖褐　投褐　释褐
脱褐　无褐　韦褐　委褐　细褐　衣褐
银褐　吟褐　云褐　拥褐　振褐　宰褐
丁香褐　秋风褐　霜侵褐　珠子褐
饥者不厌糟糠，寒者不厌短褐/

赫 hè　①盛大。②物理学名词。
炳赫　彪赫　赤赫　都赫　惮赫　烨赫
贵赫　熇赫　谟赫　赫赫　辉赫　徽赫
来赫　陆赫　骗赫　敲赫　荣赫　王赫
显赫　熏赫　谊赫　烜赫　煊赫　翕赫
阴赫　于赫　有赫　呀赫　炎赫　燠赫
朝曦赫
声名烜赫　威灵显赫　赵襄赏赫

熇 hè　[熇熇] 烈火燃烧的样子。
烦熇　炎熇

鹤 hè　水鸟名。
爱鹤　白鹤　百鹤　碧鹤　别鹤　病鹤
谤鹤　乘鹤　苍鹤　雌鹤　丁鹤　丹鹤
吊鹤　风鹤　飞鹤　放鹤　龟鹤　孤鹤
缟鹤　寡鹤　化鹤　好鹤　灰鹤　画鹤
黄鹤　鹤鹤　半鹤　九鹤　饥鹤　居鹤
倦鹤　驾鹤　困鹤　控鹤　愧鹤　跨鹤
老鹤　辽鹤　留鹤　鸣鹤　青鹤　骑鹤
群鹤　卫鹤　山鹤　水鹤　笙鹤　双鹤
沙鹤　松鹤　瘦鹤　素鹤　宿鹤　文鹤
望鹤　田鹤　听鹤　仙鹤　戏鹤　轩鹤
相鹤　玄鹤　晓鹤　喜鹤　献鹤　翔鹤
云鹤　有鹤　野鹤　养鹤　猿鹤　坻鹤
致鹤　嵇鹤　驱鹤

白翎鹤　传书鹤　丁家鹤　丁令鹤　丹顶鹤
华表鹤　华亭鹤　缑氏鹤　乘轩鹤　缑山鹤
辽天鹤　辽城鹤　辽东鹤　君子鹤　惊闻鹤
鸣露鹤　识字鹤　王乔鹤　仙客鹤　衔珠鹤
月中鹤　羊公鹤　云飞鹤　扬州鹤　瑶台鹤
支遁鹤　松树鹤
不舞之鹤　虫沙猿鹤　出群野鹤　缠腰骑鹤
东桑跨鹤　道士画鹤　化猿化鹤　华亭唳鹤
缑山骑鹤　缑山笙鹤　焚琴煮鹤　孤云野鹤
墨妙笼鹤　槛花笼鹤　骑扬州鹤　妻梅子鹤
卫懿好鹤　王乔骑鹤　仙翁祝鹤　闲云野鹤
云中白鹤　隐云双鹤　一琴一鹤　杳如黄鹤
扬州骑鹤　扬州跨鹤　腰金骑鹤　隐之双鹤
赵林携鹤　佐卿化鹤　支公好鹤　闲云孤鹤
扬州之鹤
卫懿公养仙鹤/一拳碎黄鹤/丁令威化鹤/

壑　hè　①山谷。②水坑。

川壑　长壑　翠壑　大壑　洞壑　黛壑
峰壑　共壑　沟壑　龟壑　巨壑　涧壑
江壑　绝壑　井壑　坑壑　空壑　林壑
临壑　鸟壑　满壑　鸡壑　丘壑　秋壑
畎壑　浚壑　深壑　耸壑　填壑　岫壑
泉壑　危壑　污壑　谿壑　一壑　云壑
远壑　严壑　夜壑　阴壑　欲壑　幽壑
渊壑　众壑　舟壑
填沟壑　云满壑
不忘沟壑　放情丘壑　千岩万壑　千沟万壑
千山万壑　一丘一壑　以邻为壑　邻国为壑
经丘寻壑

蜇　zhē　又音 zhé　有毒腺的虫子刺人或刺牲畜。

遭峰蜇
被蝎子蜇

遮　zhē　①掩盖。②阻，拦住。

半遮　蔽遮　反遮　拦遮　难遮　山遮
手遮　湿遮　奢遮　扇遮　苔遮　相遮
于遮　阴遮　要遮　邀遮　周遮
败荷遮　碧窗遮　淡烟遮　浮云遮　粉壁遮
高红遮　夹道遮　举扇遮　乌帽遮　绿树遮
半面遮　肉阵遮　三老遮　四周遮　苏莫遮
谁能遮　绣帘遮　竹伞遮

螫　zhē　又音 shì　同“蜇”。

虿螫　蜂螫　蚊螫　辛螫　挟螫　遗螫
折螫

折　zhé　又音 shé、zhē　①弄断。②回转。③弯曲。④折叠。⑤折合抵换。⑥杂剧一回分四折。⑦折服。

按折　半折　百折　兵折　波折　擘折
存折　除折　漕折　挫折　脆折　摧折
剉折　黜折　刁折　大折　斗折　抵折
对折　低折　掂折　道折　短折　方折
腐折　干折　关折　刚折　挂折　骨折
互折　后折　禾折　九折　拒折　卷折
接折　剑折　胶折　槛折　困折　力折
拉折　内折　逆折　陵折　挠折　廉折
木折　矛折　面折　磨折　排折　盘折
攀折　气折　曲折　屈折　倾折　磬折
三折　手折　圣折　身折　始折　豕折
损折　树折　殇折　廷折　万折　五折
委折　菀折　凶折　弦折　夭折　扬折
圆折　玉折　拥折　腰折　仰折　怨折
挫折　周折　众折　竹折　直折　簪折
枝折　折折　诎折　转折　膏折　石折
长廊折　花堪折　巾角折　角巾折　屐齿折
枯荷折　绿可折　太刚折　五斗折　搉三折
凶短折　玉簪折
不曲不折　长廊曲折　蠹众木折　艰难曲折
椒焚桂折　屐齿之折　兰摧玉折　曼延曲折
瓶坠簪折　曲曲折折　往返曲折　蜿蜒曲折
一波三折　迂回曲折　隐晦曲折　朝攀暮折
簪笔磬折
尾大不掉，末大必折/

哲　zhé　①贤明的人。②有智慧。③哲学。

才哲　成哲　聪哲　俊哲　径哲　浚哲
后哲　来哲　良哲　明哲　前哲　睿哲
濬哲　二哲　十哲　圣哲　世哲　时哲
天哲　迪哲　往哲　先哲　宣哲　贤哲
允哲　英哲　蕴哲　颖哲　众哲　则哲
哲哲
近游束哲　孔门十哲

昧先几者非明哲/

蜇 zhé 又音 zhē 海里生活的一种腔肠动物。

海蜇

辄 zhé 总是，就。

动辄 专辄

蛰 zhé ①动物冬眠，伏着不食不动。②蛰居。

百蛰 闭蛰 彼蛰 长蛰 虫蛰 动蛰
冬蛰 江蛰 惊蛰 驱蛰 解蛰 启蛰
潜蛰 入蛰 三蛰 同蛰 卧蛰 翔蛰
腥蛰 永蛰 有蛰 吟蛰 幽蛰 蛰蛰

詟 zhé 恐惧。

磋詟 皆詟 镌詟 磨詟 巧詟 神詟
竦詟 威詟 新詟 芟詟 忧詟 战詟
震詟

谪 zhé ①责罚，贬官。②责备。

百谪 并谪 贬谪 非谪 交谪 考谪
沦谪 迁谪 遣谪 谴谪 始谪 逃谪
徒谪 讨谪 刑谪 阴谪 远谪 拙谪
灾谪

众人交谪

磔 zhé ①古代一种酷刑，车裂。②汉字的一种笔画。

波磔 寸磔 大磔 分磔 风磔 格磔
辜磔 枯磔 离磔 旁磔 披磔 攘磔
逐磔 磔磔

钩辀格磔

辙 zhé ①车轮碾压出的痕迹。②韵辙。③办法，主意。

抱辙 尘辙 东辙 出辙 当辙 饭辙
覆辙 广辙 古辙 改辙 共辙 故辙
轨辙 回辙 合辙 华辙 涸辙 结辙
良辙 灵辙 离辙 没辙 迷辙 埋辙
弭辙 跑辙 綦辙 失辙 扫辙 苏辙
视辙 顺辙 深辙 殊辙 轼辙 同辙
危辙 卧辙 显辙 循辙 煦辙 险辙
一辙 云辙 异辙 易辙 专辙 找辙
照辙 置辙

长者辙 门外辙 十三辙 鲋处辙 卫君辙
波臣守辙 陈平多辙 虫臂拒辙 重蹈覆辙
蹈袭覆辙 更弦易辙 改弦易辙 离题跑辙
南辕北辙 门无蹄辙 凭轼结辙 偏题跑辙
长者车辙 攀辕卧辙 若出一辙 如出一辙
一改故辙

螳螂怒臂当车辙/

者 zhě ①代词。②助词。③语气词。

卑者 笔者 编者 从者 浊者 雌者
粲者 禅者 达者 读者 观者 歌者
耕者 瞽者 火者 何者 和者 或者
患者 黄者 获者 豪者 阍者 记者
净者 精者 缴者 静者 乃者 老者
两者 来者 劳者 流者 曩者 门者
某者 沤者 卜者 贫者 跛者 巧者
顷者 前者 情者 强者 谴者 日者
仁者 弱者 儒者 侍者 夙者 属者
死者 侍者 使者 逝者 秃者 退者
童者 谈者 瞳者 兀者 王者 往者
舞者 小者 行者 昔者 显者 秀者
学者 贤者 远者 音者 夜者 谒者
奕者 隐者 药者 译者 游者 御者
作者 再者 壮者 志者 宅者 杖者
著者 智者 尊者

爱好者 持竿者 采樵者 蚩蚩者 独裁者
读史者 第三者 蛸蛾者 个体者 革命者
观光者 诟食者 冠裳者 何为者 好猎者
好事者 画荚者 佼佼者 击磬者 敬启者
及第者 将命者 剧作者 教唆者 继起者
劳动者 旅游者 肉食者 攘田者 攘鸡者
松使者 善相者 唆使者 胜利者 乘轩者
剩余者 善歌者 嗜好者 同心者 逃亡者
无产者 问津者 忘机者 先行者 先驱者
幸存者 新浴者 相剑者 与会者 有力者
饮酒者 有功者 主使者 知我者 指使者
中式者 占先者 知音者 造物者

虫有蜩者 畴昔曩者 放歌渔者 夫妻祷者
高利贷者 后无来者 好大说者 河伯使者
荦荦大者 刘宽长者 鲁有恶者 绿衣使者
麻衣道者 卖骏马者 青鸟使者 手工业者
始作俑者 善治伛者 小生产者 朱衣使者

善为盗者

春秋责备贤者/楚有善为偷者/共产主义者/流言止于智者/流氓无产者/来是是非人，去是是非者/幕后策划者/齐人有好猎者/前不见古人，后不见来者/人有酤酒者/宋王与使者/未有学养子而后嫁者/先进工作者/小手工业者/新闻工作者/新殖民主义者/知之者不如为之者，为之者不如乐之者/前无古人，后无来者/

赭 zhě ①赤土。②红褐色。③赤裸。④使呈赤色。

赤赭 代赭 丹赭 红赭 汗赭 流赭
买赭 钳赭 山赭 渥赭 衣赭 运赭

面涂赭 沐流赭

赫如渥赭 田叔钳赭

群饮源槁，回食野赭/

褶 zhě ①衣服折叠后留下的印痕。②泛指折皱的部分。

布褶 端褶 卷褶 捐褶 袴褶 跧褶
褶褶 裙褶 缇褶 衣褶 紫褶 转褶
百褶

不倒褶 面百褶

顾杨赠褶

柘 zhè 落叶灌木或小乔木。叶成卵形，可提取黄色染料。

白柘 楚柘 古柘 甘柘 苦柘 奴柘
桑柘 檿柘

歇马柘

浙 zhè 古水名，地名。

江浙 两浙

蔗 zhè 多年生草本植物，茎有节，汁水可制糖。

都蔗 啖蔗 断蔗 短蔗 甘蔗 红蔗
求蔗 食蔗 仙蔗 畦蔗 宜蔗 竹蔗
紫蔗 种蔗

倒餐蔗 江南蔗

着 zhe 又音 zhuó、zháo、zhāo ①助词。②表程度深，常跟“呢”连用。

本着 背着 帮着 比着 朝着 逞着
当着 等着 道着 该着 怀着 紧着
可着 眍着 来着 拎着 搂着 拿着
上着 收着 顺着 随着 睡着 听着
贴着 为着 向着 有着 沿着 倚着
悠着 走着 缘着 照着 活着 恋着

花插着 花搭着 拿么着 那么着 无佳着
先找着 香气着 闲处着 意味着 这么着
怎么着

车 chē 又音 jū ①陆地上的交通工具。②指车轮转动的器具。③车工。④用旋床切东西。⑤乘车。⑥用车取水。

安车 包车 班车 板车 宾车 宝车
葆车 殡车 兵车 飙车 从车 出车
椎车 餐车 船车 叉车 倅车 插车
敞车 餍车 柴车 乘车 超车 铲车
揣车 错车 巢车 彩车 大车 斗车
电车 吊车 单车 挡车 道车 钓车
搭车 登车 钿车 稻车 倒车 堵车
多车 飞车 风车 凤车 发车 纺车
副车 藩车 轓车 翻车 辅车 覆车
公车 归车 高车 革车 攻车 挂车
赶车 鼓车 稿车 火车 后车 会车
花车 惠车 迴车 河车 行车 罕车
活车 货车 颌车 换车 滑车 侯车
魂车 巾车 金车 简车 槛车 缫车
加车 交车 机车 军车 酒车 绞车
娇车 轿车 驾车 柩车 揭车 警车
将车 狡车 空车 客车 卡车 开车
快车 坤车 楼车 立车 列车 牛车
龙车 良车 路车 灵车 鹿车 鸾车
笼车 雷车 绿车 廉车 露车 耧车
缆车 末车 马车 慢车 磨车 排车
破车 蒲车 平车 扒车 拍车 苹车
票车 跑车 爬车 赔车 潘车 抛车
棚车 篷车 囚车 前车 汽车 轻车
遣车 阙车 驱车 寝车 麹车 辎车
日车 找车 轫车 山车 上车 水车
史车 手车 守车 首车 甩车 收车
刹车 属车 扇车 素车 塞车 赛车
试车 煞车 缫车 舍车 天车 田车
同车 通车 套车 拖车 停车 推车
塌车 榻车 檀车 五车 晚车 挽车
误车 纬车 卧车 辒车 下车 小车
行车 学车 洗车 悬车 香车 象车

雪车　祥车　卸车　鲜车　熊车　羲车
云车　曦车　玉车　羊车　牙车　引车
羽车　轧车　押车　雨车　洋车　夜车
邮车　摇车　盐车　晕车　轺车　羸车
舆车　御车　早车　战车　坐车　佐车
炸车　栈车　撞车　转车　装车　辎车
朱车　舟车　驻车
阿香车　白鹿车　步挽车　簿笨车　出无车
铲运车　敞篷车　大有车　大板车　大篷车
东洋车　电瓶车　独轮车　短猿车　负盐车
伏盐车　服盐车　凤凰车　广柳车　故人车
回空车　黄袍车　黄鱼车　鹤乘车　海神车
厄盐车　金根车　吉普车　江州车　架子车
驾子车　计程车　救护车　鸡公车　救火车
锦绣车　脚踏车　开快车　开倒车　开夜车
龙骨车　流水车　铃猎车　末班车
美人车　面包车　闷罐车　闷子车　摩托车
平板车　编箱车　碰碰车　排子车　霹雳车
七香车　七宝车　七星车　驱盐车　人力车
仁义车　双轮车　三轮车　手推车　兽力车
太平车　书五车　坦克车　铁甲车　阚猪车
阘戟车　五云车　卫玠车　问字车　向学车
辒辌车　下泽车　虚左车　小轿车　夕阳车
消防车　羲和车　云母车　云盖车　轨道车
雨随车　油壁车　御史车　鹦鹉车　追锋车
只轮车　自行车　自动车　长者车　皂轮车
指南车　装甲车　紫河车　觳觫车
安步当车　白马素车　鲍妇挽车　宝马香车
闭门造车　鲍归晚车　出租汽车　充栋盈车
唇齿辅车　曹商得车　果掷行车　大型客车
风马云车　公共汽车　敢谏香车　和峤专车
缓步当车　甲胄舟车　驾驶汽车　虑子驱车
囊粮赐车　老牛破车　埋头拉车　墨翟回车
阮遂焚车　离息击车　冯击莎车　束马悬车
驷马高车　熟路轻车　特别快车　太行盐车
螳臂挡车　无轨电车　仙鹤坐车　骥服盐车
学富五车　谒刺盈车　油壁香车　直达快车
卓茂挽车　掷果盈车　乞儿乘车　甘雨随车
卫玠羊车　禽困覆车　快犊破车　乞儿乘车
二马为车
机器脚踏车/老牛拖破车/骐骥困盐车/

扯 chě ①拉。②无边际、不定内容的谈话。③撕裂。④依托。

胡扯　揪扯　拉扯　唠扯　攀扯　牵扯
撕扯　拖扯　闲扯　瞎扯　寻扯
东拉西扯　互相牵扯　胡拉混扯　胡诌八扯
拉拉扯扯　七拉八扯　生拉活扯　瞎诌胡扯
闲聊瞎扯

彻 chè ①道，轨辙。②贯通，深透。③透明。④毁坏。⑤剥取。

不彻　吹彻　穿彻　彩彻　打彻　洞彻
废彻　贯彻　告彻　高彻　火彻　盍彻
迥彻　感彻　寒彻　见彻　进彻　鉴彻
皎彻　客彻　乐彻　朗彻　明彻　上彻
竖彻　疏彻　听彻　通彻　透彻　闻彻
物彻　悟彻　心彻　息彻　秀彻　响彻
云彻　远彻　勇彻　自彻　周彻　目彻
耳彻　鼻彻　口彻　心彻　知彻
果无不彻　甚而不彻
汝心之固，固不可彻/

坼 chè ①裂开。②毁坏。

不坼　冰坼　壁坼　崩坼　陈坼　地坼
发坼　干坼　花坼　江坼　击坼　节坼
金坼　甲坼　龟坼　聚坼　开坼　理坼
离坼　木坼　莫坼　萍坼　亲坼　蕊坼
面坼　书坼　颓坼　文坼　心坼　香坼
藓坼　牙坼　芽坼　英坼
红榴坼　红鬓坼　云渠坼
天崩地坼　天旱地坼　卜人占坼

掣 chè ①拽。②迅速而过。③抽。

波掣　电掣　风掣　飞掣　骨掣　掎掣
卷掣　牵掣　钳掣　手掣　右掣　邪掣
左掣　战掣　撰掣
惊龙掣　六丁掣
潮鸣电掣　风行电掣　风驰电掣　互相牵掣
见舆曳，其牛掣/

撤 chè ①除去。②抽出。③退。

壁撤　裁撤　拂撤　覆撤　告撤　坏撤
毁撤　决撤　雾撤　云撤
往后撤　蔫蔫撤

澈 chè ①水清。②穿过。

澄澈　光澈　洁澈　皎澈　镜澈　明澈
曼澈　清澈　水澈　恬澈　秀澈　虚澈
莹澈　幽澈
冰华澈　碧绿澈　秋月澈　心源澈　朝霞澈

奢 shē ①奢侈。②过分的。

不奢　侈奢　丰奢　纷奢　繁奢　过奢
国奢　高奢　好奢　华奢　豪奢　恬奢
娇奢　骄奢　去奢　穷奢　石奢　示奢
声奢　肆奢　爽奢　太奢　王奢　性奢
淫奢　纵奢
不厌奢　北宫奢　春色奢　莫爱奢
晋国苦奢　穷移极奢　王济豪奢　石崇斗奢
石崇骄奢
贫不学俭，富不学奢/

赊 shē ①购物延期交款。②长久。

道赊　带赊　货赊　交赊　路赊　漏赊
敛赊　欠赊　缣赊　望赊　兴赊　意赊
不用赊　别路赊　楚江赊　朝市赊　春意赊
酒须赊　岁月赊　乡信赊　兴不赊　月色赊
眼望赊　紫烟赊

畲 shē 又音 yú ①用刀耕火种的方法种田。②我国少数民族之一。

烧畲

舌 shé ①人和动物口腔里辨别味道、发音的器官。②象舌的物体。

百舌　笔舌　长舌　存舌　重舌　赤舌
刺舌　齿舌　唇舌　麋舌　掉舌　毒舌
短舌　断舌　倒舌　汉舌　犯舌　费舌
干舌　古舌　过舌　刮舌　鼓舌　火舌
海舌　簧舌　喉舌　卷舌　挢舌　结舌
剧舌　绵舌　浇舌　鸡舌　健舌　捲舌
颊舌　箕舌　缺舌　剪舌　谏舌　嚼舌
老舌　两舌　利舌　浪舌　绿舌　蔺舌
木舌　扪舌　卖舌　帽舌　破舌　巧舌
雀舌　群舌　人舌　二舌　柔舌　弱舌
饶舌　束舌　收舌　蛇舌　拭舌　天舌
吐舌　挑舌　铁舌　谈舌　调舌　痛舌
无舌　为舌　吾舌　吻舌　小舌　心舌
信舌　学舌　雪舌　晓舌　绣舌　新舌
羊舌　咬舌　仪舌　谀舌　众舌　咋舌
直舌　忠舌　嘴舌
费口舌　费唇舌　广长舌　鼓簧舌　君子舌
莲生舌　毛生舌　七重舌　去臭舌　取香舌
三寸舌　西施舌　鹦鹉舌　鹦哥舌　杨妃舌
张仪舌
白费口舌　闭口结舌　笨口拙舌　笨嘴笨舌
播唇弄舌　搬唇弄舌　辩口利舌　浊口臭舌
赤口白舌　赤口毒舌　瞪目结舌　搀话接舌
大费口舌　斗唇合舌　对嘴对舌　杜口结舌
多嘴多舌　钉嘴铁舌　盗割牛舌　丰干饶舌
妇人长舌　鼓吻弄舌　杲卿断舌　鼓唇弄舌
鼓唇摇舌　膏唇拭舌　红口白舌　花嘴花舌
豁口截舌　惊讶咋舌　金口木舌　尖嘴薄舌
缄口结舌　快嘴快舌　弄嘴弄舌　令人咋舌
南蛮鴃舌　美女破舌　摩口膏舌　卖嘴料舌
骗口张舌　贫嘴薄舌　贫嘴贱舌　轻口薄舌
七嘴八舌　呿颐结舌　青口白舌　钳口结舌
箝口结舌　如簧之舌　三寸之舌　是非口舌
酸不溜舌　驷不及舌　缩首卷舌　徒费口舌
调嘴学舌　铜唇铁舌　调唇弄舌　饕口馋舌
枉口拔舌　枉费唇舌　一簧两舌　油嘴滑舌
摇唇鼓舌　鹦鹉学舌　扎口辣舌　拙嘴笨舌
咂嘴弄舌　张嘴结舌　张口结舌
鼓其如簧之舌/凭三寸不烂之舌/人生七尺躯，畏此三寸舌/三寸不烂之舌/

折 shé 又音 zhé、zhē ①断。②亏损。

刚折　槛折　亏折　心折

蛇 shé 又音 yí ①一种爬行动物。②十二生肖之一。

白蛇　巴蛇　奔蛇　杯蛇　虫蛇　长蛇
产蛇　赤蛇　大蛇　毒蛇　断蛇　分蛇
蝮蛇　弓蛇　虺蛇　画蛇　海蛇　黄蛇
金蛇　间蛇　惊蛇　蛟蛇　蝰蛇　龙蛇
弄蛇　灵蛇　盲蛇　埋蛇　蟒蛇　龟蛇
青蛇　侵蛇　蕲蛇　髯蛇　石蛇　生蛇
水蛇　食蛇　睡蛇　神蛇　腾蛇　文蛇
王蛇　无蛇　小蛇　锡蛇　玉蛇　要蛇
鱼蛇　蝠蛇　银蛇　众蛇　新蛇　斩蛇
遗蛇

白花蛇　杯中蛇　赤链蛇　虫冉蛇　常山蛇
大泽蛇　雕弓蛇　地头蛇　广客蛇　化蛟蛇
画足蛇　金环蛇　两头蛇　四脚蛇　腾风蛇
五步蛇　响尾蛇　袖里蛇　蛇怜蛇　影中蛇
银环蛇　眼镜蛇　走龙蛇　鸩斥蛇
杯底逢蛇　笔走龙蛇　笔底龙蛇　拨草寻蛇
春蚓秋蛇　楚相断蛇　打草惊蛇　电似火蛇
飞鸟惊蛇　封豕长蛇　弓影杯蛇　龟长于蛇
涸泽之蛇　举笏击蛇　乐广杯蛇　三尺青蛇
山舞银蛇　岁在龙蛇　叔敖埋蛇　螳螂捕蛇
一龙一蛇　渊材禁蛇　走蚓惊蛇
安足不成蛇/南海之食蛇/强龙不压地头蛇/
强龙难敌地头蛇/金钱白花蛇/

舍 shě　又音 shè　①施舍。②放弃。③离开。

不舍　拨舍　操舍　处舍　除舍　服舍
割舍　难舍　取舍　趣舍　弃舍　时舍
施舍
恋恋不舍　难分难舍　强取不舍　锲而不舍
依依不舍
容易得来容易舍/

设 shè　①陈设。②安排。③假设。④完备。

安设　标设　摆设　从设　创设　常设
春设　陈设　除设　地设　断设　定设
分设　法设　附设　敷设　广设　公设
供设　鬼设　进设　佳设　架设　建设
假设　开设　空设　两设　例设　天设
拓设　特设　添设　未设　埋设　标设
铺设　甚设　肃设　舒设　施设　忘设
显设　虚设　异设　豫设　昭设　增设
芳轨设　随便设　小摆设　罗网设
大胆假设　国防建设　基本建设　醴酒不设
天造地设　天援地设　桎梏之设　神施鬼设
聋子的耳朵，摆设/礼岂为我设/

社 shè　①旧时称土地神。②祭社神的日子和地方。③指某些团体或机构。

白社　报社　薄社　犍社　赤社　茶社
春社　村社　域社　戮社　大社　复社
古社　公社　观社　国社　亳社　净社
结社　建社　酒社　郊社　精社　空社
两社　里社　栎社　旅社　门社　民社
茅社　庙社　鸥社　青社　秋社　入社
书社　诗社　僧社　赛社　田社　退社
王社　韦社　舞社　乡社　西社　吟社
宜社　渔社　殷社　坐社　宗社　总社
整社　宰社　枥社
白莲社　出版社　陈平社　德星社　合作社
农业社　旅行社　清目社　曲辕社　耆英社
通讯社　五戊社　香山社　杨叶社　鸳鸯社
巴黎公社　集体结社　原始公社　邻里罢社
供销合作社/信用合作社/消费合作社/

舍 shè　又音 shě　①居住的房子。②饲养家畜的圈。③客舍。④谦词。⑤古代行军三十里为一舍。

丙舍　茇舍　屏舍　蔽舍　避舍　传舍
村舍　草舍　敞舍　赐舍　大舍　店舍
邸舍　凤舍　返舍　房舍　公舍　宫舍
官舍　馆舍　横舍　寒舍　黉舍　甲舍
居舍　劫舍　家舍　酒舍　精舍　僦舍
客舍　内舍　牛舍　农舍　里舍　邻舍
庐舍　垒舍　旅舍　矛舍　民舍　茅舍
棚舍　七舍　趋舍　齐舍　入舍　柔舍
三舍　上舍　山舍　书舍　僧舍　寺舍
夺舍　宿舍　墅舍　鳣舍　田舍　同舍
外舍　问舍　瓦舍　屋舍　蜗舍　小舍
休舍　学舍　校舍　蟹舍　用舍　园舍
烟舍　驿舍　野舍　谒舍　子舍　自舍
宅舍　冢舍　斋舍　筑舍　暂舍　猪舍
白云舍　城南舍　捐馆舍　君子舍　破寒舍
三椽舍　退三舍　蜗牛舍　袁安舍　栽绕舍
白云亲舍　避君三舍　打家劫舍　道旁作舍
栋栋宿舍　魂不守舍　景星退舍　破窑寒舍
求田问舍　三人同舍　三瓦两舍　神不守舍
退避三舍　竹园精舍　子厚僦舍　左邻右舍
竹篱茅舍　芦洲蟹舍

射 shè　①开弓放箭。②古代六艺之一。③射礼。④液体受压力迅速挤出。⑤放出光热、电波。

暗射　不射　迸射　博射　驰射　攒射
大射　点射　待射　弹射　落射　汉射
发射　伐射　放射　肥射　辐射　工射
姑射　观射　辜射　跪射　好射　合射
横射　吉射　击射　迹射　戒射　积射

郊射　教射　激射　快射　立射　礼射
猎射　外射　喷射　抛射　气射　巧射
齐射　请射　骑射　日射　侥射　上射
双射　闪射　书射　散射　受射　扫射
速射　神射　善射　投射　特射　弹射
透射　无射　外射　五射　武射　卧射
下射　戏射　乡射　学射　斜射　秀射
弋射　引射　月射　远射　要射　映射
夜射　驭射　衍射　隐射　诱射　影射
蜮射　正射　折射　自射　注射　知射
直射　招射　照射　站射
穿扬射　大夫射　贯扎射　含沙射　核辐射
金屏射　晶光射　列姑射　礼乐射　藐姑射
清相射　照相射　两脚射
楚王田射　常羊学射　光芒四射　含沙影射
胡服骑射　后羿善射　纪昌学射　列子学射
条件反射　宣王好射　月光四射　越人学射
挽弓自射
非条件反射/赵武灵王胡服骑射/

麝 shè　兽名，又名“香獐子”。

暗麝　白麝　冰麝　板麝　逢麝　含麝
龙麝　浓麝　兰麝　惊麝　佩麝　山麝
水麝　松麝　湿麝　土麝　小麝　寻麝
薰麝　香麝　衣麝　走麝　逐麝　紫麝
投岩麝　中苔麝

涉 shè　①徒步过水。②经历。③牵连。④广泛阅读。

芨涉　步涉　跋涉　博涉　昌涉　陈涉
冬涉　渡涉　分涉　俯涉　干涉　关涉
过涉　贯涉　该涉　交涉　径涉　济涉
经涉　苦涉　窥涉　历涉　利涉　猎涉
扪涉　披涉　巧涉　牵涉　水涉　深涉
身涉　徒涉　通涉　无涉　单涉　月涉
用涉　远涉　逾涉　游涉　陟涉
扁舟涉　褰裳涉
盗知李涉　互不干涉　横加干涉　了不相涉

赦 shè　免除罪过、租赋。

不赦　大赦　恩赦　放赦　观赦　将赦
宽赦　免赦　曲赦　慎赦　贯赦　三赦
肆赦　散赦　特赦　无赦　小赦　刑赦
一赦　自赦　再赦
金鸡赦　鹊传赦　杀无赦
极恶不赦　青蝇报赦　十恶不赦　万恶不赦

摄 shè　①保养。②拿取。③代理。④收敛。⑤迫近。

不摄　逼摄　出摄　大摄　动摄　倒摄
董摄　分摄　符摄　法摄　俯摄　钩摄
鬼摄　跟摄　纠摄　居摄　兼摄　将摄
救摄　静摄　惊摄　控摄　理摄　目摄
拍摄　屏摄　权摄　请摄　收摄　述摄
试摄　善摄　事摄　讨摄　通摄　统摄
调摄　文摄　缩摄　下摄　心摄　仰摄
移摄　摇摄　珍摄　综摄　震摄　知摄
总摄　追摄
方寸摄

慑 shè　①恐惧，害怕。②让人屈服。

不慑　怖慑　挫慑　大慑　多慑　胆慑
风慑　愤慑　鼓慑　沮慑　惊慑　龙慑
名慑　气慑　怯慑　水慑　声慑　师慑
势慑　惕慑　危慑　无慑　威慑　心慑
远慑　战慑　泽慑　震慑

惹 rě　①招引，挑逗。②沾染。

暗惹　不惹　蝶惹　好惹　撩惹　黏惹
搅惹　怕惹　潜惹　苒惹　同惹　香惹
云惹　烟惹　萦惹　沾惹　招惹
不好惹　苍必惹　残花惹　衣袖惹　游丝惹

热 rè　①温度高。②使热。③情意深。④高体温使人生病。⑤受人喜爱。

白热　比热　暴热　传热　赤热　出热
趁热　炽热　春热　燥热　潮热　大热
当热　电热　多热　地热　导热　毒热
低热　得热　风热　发热　伏热　放热
烦热　废热　沸热　饭热　干热　过热
高热　滚热　隔热　火热　红热　混热
寒热　叹热　加热　积热　急热　觉热
焦热　极热　触热　抗热　苦热　狂热
酷热　内热　冷热　来热　凉热　耐热
闹热　嫩热　闷热　袢热　取热　清热
亲热　潜热　耳热　溽热　热热　上热
山热　水热　生热　受热　灼热　伤热

饬热　烧热　湿热　暑热　盛热　体热
退热　烫热　无热　煨热　微热　心热
血热　吸热　敲热　云热　余热　炎热
荧热　郁热　眼热　燠热　炙热　执热
燥热　挚热
不因热　产褥热　登革热　骨痛热　肝肺热
静胜热　汽化热　溶解热　三伏热　升华热
翁翁热　猩红热　液化热　凝固热　羊肝热
正清热　炙手热
不因人热　不求因热　肠慌腹热　大暑酷热
打铁趁热　打得火热　附炎趁热　感情炽热
忽冷忽热　酒酣耳热　面红耳热　癖性畏热
攀炎附热　亲亲热热　日头炽热　水深火热
说亲道热　太阳毒热　头痛脑热　饮冷内热
眼花耳热　知疼着热　乍冷乍热　炙手可热
蒸藜不热
热水瓶表面冷，心里热/剃头挑子，一头热/

则

zé ①等第。②规则。③模范。④效法。⑤连词。

帝则　典则　定则　法则　否则　附则
古则　公则　规则　化则　惑则　鸿则
简则　楷则　女则　民则　茂则　模则
人则　然则　守则　式则　四则　虽则
实则　盛则　税则　殊则　天则　通则
文则　无则　为则　细则　宪则　夷则
原则　作则　再则　总则　准则　章则
不规则　天下则　习内则　万邦则
弟子是则　经济法则　以身作则　有物有则
自然法则　战斗原则　奏琶令则
和平共处五项原则/

责

zé ①要求。②责任。③责备。

不责　抱责　贬责　簿责　叱责　斥责
称责　偿责　督责　黜责　负责　过责
呵责　恚责　悔责　恨责　逭责　诡责
尽责　具责　见责　讥责　咎责　诘责
苛责　果责　刻责　努责　诺责　缕责
免责　扑责　切责　权责　谴责　任责
岁责　收责　受责　塞责　深责　赏责
挞责　廷责　逃责　痛责　文责　训责
讯责　卸责　悉责　显责　谢责　言责
引责　忧责　专责　自责　重责　追责
指责　职责　罪责　訾责
汗简责　素餐责
但求塞责　萱邱之责　反躬自责　敷衍塞责
横加指责　开脱罪责　概不负责　潦草塞责
聊以塞责　匹夫有责　求媚受责　吴祐返责
人人有责　守土有责　无可指责　引咎自责
自躬自责
国家兴亡，匹夫有责/天下兴亡，匹夫有责/

啧

zé ①鸟鸣声。②争辩。

抽啧　唧啧　怨啧　啧啧
人言啧啧　胥鸟啧啧

帻

zé 古时的一种头巾。

岸帻　必帻　布帻　赤帻　低帻　高帻
冠帻　凤帻　华帻　红帻　加帻　金帻
卷帻　巾帻　江帻　绛帻　鸡帻　鹿帻
绿帻　落帻　青帻　轻帻　取帻　施帻
头帻　洗帻　新帻　晰帻　衣帻　作帻
贼帻　簪帻
半头帻　风欹帻　云侵帻
道济赠帻　道济掷帻　太祖岸帻　延之脱帻

箦

zé 硬竹片编的床席。

拔箦　华箦　家箦　如箦　卧箦　玉箦
易箦　折箦　招箦　煮箦
食笋煮箦

赜

zé 深奥。

奥赜　冥赜　秘赜　穷赜　探赜　渊赜

咋

zé 又音 zǎ、zhā ①咬啃。②大声呼叫。

唉咋　狗咋　灌咋　死咋　喧咋　吒咋
逐咋

择

zé 又音 zhái 挑拣，选择。

别择　采择　差择　财择　错择　改择
格择　拣择　举择　抉择　柬择　简择
精择　考择　口择　练择　诠择　耳择
收择　推择　撢择　无择　详择　选择
主择
自然选择

泽 zé ①水积聚的地方。②湿。③恩泽。④滋润。⑤金属光亮。

白泽 宝泽 川泽 长泽 尺泽 尘泽
池泽 重泽 草泽 畅泽 大泽 地泽
德泽 恩泽 飞泽 方泽 丰泽 芳泽
肤泽 干泽 甘泽 光泽 功泽 溉泽
高泽 国泽 膏泽 秽泽 灌泽 汇泽
和泽 涸泽 惠泽 菏泽 湖泽 鸿泽
九泽 沮泽 景泽 锦泽 口泽 凯泽
兰泽 丽泽 林泽 笠泽 凌泽 流泽
毛泽 墨泽 美泽 曼泽 梦泽 名泽
沛泽 袍泽 滂泽 彭泽 霈泽 庆泽
润泽 山泽 水泽 手泽 少泽 首泽
色泽 世泽 深泽 殊泽 数泽 天泽
同泽 涂泽 万泽 娩泽 芗泽 下泽
香泽 鲜泽 元泽 玉泽 远泽 余泽
悦泽 异泽 仰泽 莹泽 银泽 瑶泽
荫泽 遗泽 中泽 沼泽 周泽 泽泽
震泽
百日泽 大野泽 咳唾泽 青帝泽 诗书泽
文明泽 云梦泽
玻璃光泽 恩光渥泽 焚山烈泽 金属光泽
金刚光泽 浪翻雷泽 浓黑光泽 染髭无泽
染须无泽 树脂光泽 宋臣宗泽 信擒梦泽
谢人恩泽 云中白泽 脂肪光泽

仄 zè ①倾斜。②古汉语上、去、入声的总称。③心里不安。④斜，狭窄。

不仄 逼仄 赤仄 攒仄 反仄 诡仄
居仄 偪仄 路仄 平仄 倾仄 歉仄
日仄 危仄 险仄 仄仄
巢枝仄 奇文仄 石壁仄

昃 zè 太阳偏西。

昏昃 景昃 亏昃 日昃 下昃 西昃
月昃 盈昃 中昃
日中则昃

册 cè ①古代竹简。②赐封。③量词。

哀册 白册 表册 簿册 丁册 大册
丹册 底册 典册 方册 分册 封册
古册 汉册 花册 画册 黄册 辉册
徽册 金册 佳册 简册 立册 另册
纳册 名册 启册 青册 前册 清册
书册 手册 史册 焚册 小册 下册
显册 相册 玉册 有册 押册 瑶册
正册 在册 中册 竹册 注册 账册
丁口册 户口册 花名册 黄绫册 金门册
金腾册 纪念册 集邮册 圯桥册 人名册
兔园册
彪炳史册 工作手册 高文典册 名垂史册
鱼鳞图册

厕 cè ①厕所。②参与，混在其间。

都厕 得厕 公厕 溷厕 井厕 踞厕
女厕 男厕 难厕 茅厕 围厕 陪厕
如厕 他厕 同厕 位厕 匽厕 之厕
在厕 杂厕 临厕 如厕

侧 cè 又音 zhāi、zè ①伏。②旁边。③歪斜。

陛侧 逼侧 赤侧 池侧 道侧 反侧
河侧 海侧 江侧 君侧 两侧 路侧
楼侧 门侧 偏侧 欹侧 泉侧 倾侧
日侧 水侧 松侧 天侧 一侧 月侧
鱼侧 翼侧 左侧 舟侧 枕侧 转侧
清君侧
鼾卧榻侧 卧榻之侧 珠玉在侧 辗转反侧
无反无侧

恻 cè 伤痛。对遭难者表示同情。

悲恻 怆恻 憯恻 楚恻 恻恻 慈恻
动恻 悱恻 愍恻 恳恻 怜恻 悯恻
凄恻 伤恻 惋恻 心恻 吨恻 转恻
缠绵悱恻 凄凄恻恻

测 cè ①测量。②推测。

不测 溜测 辩测 忖测 抽测 草测
猜测 揣测 腹测 观测 规测 画测
航测 检测 监测 勘测 窥测 阒测
难测 量测 理测 蠡测 目测 莫测
叵测 上测 实测 日测 探测 推测
无测 悬测 亿测 预测 遥测 臆测
预测
变化莫测 变幻莫测 兵机莫测 鬼神莫测
管窥蠡测 高深莫测 居心叵测 机谋叵测

人心叵测　身不可测　深不可测　神秘莫测
神妙莫测　神鬼莫测　僧岩不测　天年不测
天有不测　脱有不测　心怀叵测

策 cè　①计谋，策划。②驾驭。③古代的马鞭子。④鞭打。⑤古代的一种文体。

半策　鞭策　才策　长策　策策　捶策
筹策　侍策　大策　定策　对策　方策
负策　发策　佛策　国策　龟策　改策
诡策　后策　挥策　划策　计策　记策
决策　简策　警策　建策　嘉策　课策
揆策　良策　牢策　漏策　马策　庙策
妙策　秘策　谋策　南策　内策　鸟策
辔策　巧策　奇策　群策　驱策　上策
山策　书策　史策　失策　时策　设策
神策　射策　天策　铁策　文策　无策
问策　小策　下策　先策　污策　挟策
悬策　喜策　献策　云策　玉策　严策
吟策　英策　烟策　运策　遗策　揄策
中策　竹策　杖策　枝策　政策
振策　赠策
流涕策　刘贯策　凌云策　绕朝策　上上策
颂竹策　土政策　元女策　纵横策　终军策
比干受策　别无良策　出奇划策　出谋划策
谷城授策　筹商对策　迴筹转策　夸父弃策
绕朝赠策　束手无策　算无遗策　万全之策
武市探策　计然十策　运筹决策　运筹划策
寅陈七策　御边之策　愚民政策　荀攸算策
战略决策　凿龟数策　治河之策

色 sè　又音 shǎi　①脸上的神情。②情景。③种类。④颜色。⑤品质。⑥女子的美貌。⑦情欲。

艾色　爱色　暗色　黯色　本色　白色
百色　补色　鄙色　变色　辨色　菜色
惫色　才色　从色　出色　村色　尘色
茶色　成色　陈色　辞色　财色　春色
残色　菜色　彩色　嗔色　惭色　辞色
愁色　翠色　慈色　橙色　动色　妒色
底色　惮色　掉色　淡色　耽色　得色
德色　黛色　风色　犯色　妃色　肤色
服色　蜚色　粉色　光色　改色　各色
观色　谷色　国色　顾色　火色　互色
灰色　好色　红色　花色　害色　黑色
惠色　寒色　货色　黄色　荒色　槐色
蕙色　褐色　海色　湖色　黑色　晦色
江色　佳色　基色　金色　戒色　角色
间色　堇色　奸色　惧色　倦色　净色
姣色　娇色　饥色　骄色　酒色　绝色
基色　景色　窘色　矜色　惊色　赧色
惧色　锦色　减色　愁色　遽色　酱色
愧色　老色　厉色　吝色　冷色　戾色
令色　男色　弄色　利色　丽色　洛色
蓝色　佞色　浓色　亮色　栗色　捻色
练色　柳色　脸色　骊色　怒色　暖色
目色　米色　名色　面色　暝色　美色
媚色　蜜色　暮色　溟色　瞑色　墨色
难色　女色　气色　齐色　庆色　浅色
起色　群色　情色　秋色　二色　日色
肉色　容色　柔色　染色　挠色　瑞色
润色　上色　山色　水色　市色　闪色
失色　生色　声色　色色　设色　身色
死色　食色　衰色　耸色　神色　塞色
殊色　曙色　深色　素色　夭色　同色
提色　桃色　驼色　汤色　态色　褪色
调色　特色　涂色　贪色　脱色　添色
特色　褡色　糖色　无色　五色　忤色
玩色　物色　温色　怨色　晚色　望色
兴色　凶色　行色　血色　玄色　戏色
晓色　秀色　香色　新色　鲜色　喜色
逊色　避色　霞色　一色　牙色　义色
衣色　冶色　玉色　月色　用色　阴色
远色　有色　怡色　严色　原色　野色
愉色　印色　幼色　音色　悦色　雨色
愠色　夜色　妖色　眼色　烟色　淫色
渊色　鸦色　澺色　渔色　毅色　艳色
颜色　鬻色　占色　正色　作色　庄色
足色　杂色　重色　怍色　战色　真色
着色　振色　棕色　着色　姿色　增色
保护色　饱和色　茶褐色　草五色　赭石色
对比色　丢眼色　递眼色　多秀色　断肠色
广告色　古铜色　明媚色　含古色　合欢色
互补色　红褐色　黄褐色　寒鸦色　寒暖色
金根色　极度色　咖啡色　警戒色　可怜色
看风色　邻近色　留春色　奶油色　流行色
炼五色　描竹色　青莲色　清一色　凄凉色

憔悴色　秋兴色　山中色　使眼色　同音色
添看色　图案色　调眼色　桃吉色　无愧色
鹅儿色　晚霞色　有敬色　有起色　做眼色
黯然失色　不动声色　不豫之色　不露声色
勃然变色　唇无血色　传统特色　察言观色
大惊失色　当行出色　丢眉弄色　第二次色
洞庭春色　风云变色　怫然作色　愤然作色
忿然作色　狗马声色　鸽形菜色　火火色色
和容悦色　和颜悦色　浑然一色　毫不逊色
还廉女色　毫无逊色　绘声绘色　海天一色
荒村景色　湖光山色　湖光水色　鹄形菜色
湖天一色　毫不惧色　毫无愧色　见貌辨色
疾言厉色　疾言遽色　惊恐失色　静言令色
惊惶失色　鉴貌辨色　空即是色　看人眼色
了无颜色　了无惧色　冷暖二色　怒形于色
目迷五色　面不改色　吕无人色　面无土色
面有难色　面无菜色　面有菜色　面有赧色
面有愧色　面有喜色　闽姝侍色　梦布染色
满园春色　满脸春色　满脸喜色　墨分五色
霉气困色　平分秋色　巧言令色　迁正黜色
青红二色　情见于色　裘马声色　水天一色
水光山色　邵瓜五色　水墨彩色　天惊失色
天香国色　天姿国色　贪声逐色　贪图财色
贪图酒色　贪财好色　淡虎变色　桃花映色
五光十色　五颜六色　形形色色　相形失色
相顾失色　修饰润色　喜形于色　霞光霞色
形于辞色　相思颜色　一路货色　义形于色
有声有色　以壮行色　怡颜悦色　鸢肩火色
正言厉色　江天一色　锦江春色　贤贤易色
出门看天气，进门看脸色/酒壮英雄色/梅花优于香，桃花优于色/人上一百，形形色色/心不负人，面无愧色/自古英雄多好色/

涩

sè　①不光滑。②舌头有明矾似的味道。③文章难读难理解。

阈涩　粗涩　船涩　颤涩　发涩　干涩
古涩　梗涩　鲠涩　寒涩　晦涩　艰涩
俭涩　谨涩　骞涩　苦涩　枯涩　冷涩
讷涩　路涩　目涩　奇涩　生涩　石涩
手涩　舌涩　水涩　沙涩　声涩　树涩
酸涩　嘶涩　听涩　苔涩　脱涩　险涩
弦涩　羞涩　叶涩　语涩　游涩　莺涩
滞涩　拙涩
冬涧涩　宦情涩　旬寒涩
含混晦涩　阮郎羞涩　阮囊羞涩　文字枯涩
又苦又涩

啬

sè　①财物当用不用。②节省。

节啬　金啬　俭啬　吝啬　悭啬　贪啬
纤啬　形啬　拙啬
白云啬　早知啬
服田力啬

穑

sè　①收获庄稼。②耕种。

不穑　宝穑　耕穑　稼穑　力穑　农穑
茂穑　收穑　田穑　务穑　先穑
不稼不穑

瑟

sè　①拨弦乐器。②形容颤抖。

布瑟　宝瑟　拌瑟　操瑟　撤瑟　大瑟
东瑟　抚瑟　鼓瑟　工瑟　古瑟　佳瑟
锦瑟　骄瑟　胶瑟　弄瑟　千瑟　齐瑟
取瑟　琴瑟　清瑟　如瑟　素瑟　瑟瑟
骚瑟　调瑟　小瑟　萧瑟　潇瑟　湘瑟
玉瑟　倚瑟　幽瑟　雅瑟　援瑟　摇瑟
赵瑟　奏瑟
红丝瑟　灵奴瑟　清庙瑟　素女瑟　湘灵瑟
云和瑟　曾点瑟　造瑟瑟
泓峥萧瑟　瓠马鼓瑟　胶柱鼓瑟　秋风萧瑟
秋风瑟瑟　如鼓琴瑟　湘灵鼓瑟　姐妹争瑟

塞

sè　又音 sāi、sài　①堵塞。②堵住瓶口的东西。

闭塞　腷塞　蔽塞　鼻塞　充塞　愁塞
菜塞　绌塞　大塞　抵塞　堵塞　遏塞
法塞　防塞　隔塞　梗塞　鲠塞　急塞
挤塞　济塞　禁塞　距塞　解塞　绝塞
开塞　沦塞　愧塞　款塞　路塞　茅塞
内塞　否塞　启塞　穷塞　四塞　栓塞
耳塞　唐塞　糖塞　通塞　阏塞　雾塞
险塞　拥塞　抑塞　壅塞　语塞　噎塞
郁塞　渊塞　迍塞　阻塞　自塞　责塞
窒塞　障塞　榛塞　搪塞
肠阻塞
顿开茅塞　交通阻塞　敷衍搪塞

三 皆学辙

（合古韵 九蟹、六月、九屑）

椰 yē 又音 yè 椰子树，产在热带的常绿乔木，果肉汁可做饮料，果肉还可榨油。

菜椰 象椰 枣椰

掖 yē 又音 yè 把物品塞在衣袋或夹缝中。

藏掖

藏藏掖掖

暍 yē 中暑，伤暑。

吉暍 热暍 扇暍 荫暍

噎 yē 食物堵在食道。

不噎 抽噎 风噎 硬噎 鲠噎 溺噎

气噎 涩噎 酸噎 呕噎 填噎 阗噎

阴噎 哑噎 郁噎 噎噎 祝噎 晻噎

祝哽祝噎 无语凝噎

邪 yé 又音 xié ［莫邪（镆铘）］古宝剑名。

莫邪

干将莫邪

爷 yé ①父亲。②祖父。③古代对神的称呼。④对长辈男子或对财主的称呼。

阿爷 伯爷 大爷 倒爷 佛爷 国爷

姑爷 后爷 寄爷 舅爷 爵爷 老爷

二爷 少爷 师爷 太爷 王爷 爷爷

财神爷 大少爷 大老爷 驸马爷 姑爷爷

姑老爷 阔少爷 老大爷 老太爷 老天爷

老姥爷 老爷爷 老佛爷 土地爷 天老爷

兔儿爷 阎王爷 阎罗爷 灶王爷 祖师爷

绍兴师爷

狗皮膏药的祖师爷/做官当老爷/

耶 yé 又音 yē ①疑问助词。②同“爷”。

阿耶

是耶非耶

也 yě ①副词。②文言助词③句末语气词。

白也 伯也 炳也 夫也 更也 何也

华也 归也 可也 老也 难也 命也

贫也 去也 人也 是也 胜也 市也

土也 往也 蔚也 无也 下也 行也

展也 战也

大夫也 非夫也 何迟也 斯人也 斯子也

夺志也 仙人也 有以也

鞠躬如也 空空如也 溜之乎也 侃侃如也

莫须有也 莫予毒也 水土异也 冤哉枉也

之乎者也

攒矢而折之，不若分而折之易也/患难之中，皆兄弟也/君终无适子，其国可破也/流水落花春去也/来而不往非礼也/前事不忘，后事之师也/孺子不可教也/人而无信，不知其可也/三军可夺帅也，匹夫不可夺志也/勿谓言之不预也/亡羊补牢，未为晚也/知之为知之，不知为不知，是知也/拔一毛而利天下不为也/彼一时此一时也/

冶 yě ①熔炼金属。②女子装扮艳丽。③熔炼金属的地方。

大冶 电冶 淡冶 都冶 锻冶 公冶

古冶 弓冶 给冶 扈冶 金冶 姣冶

佳冶 良冶 炉冶 练冶 丽冶 欧冶

区冶 巧冶 熔冶 容冶 溶冶 铁冶

陶冶 文冶 闲冶 妖冶 姚冶 研冶

跃冶 窕冶 游冶 艳冶 铸冶

野 yě ①郊外。②旧指民间。③不讲情理。④野蛮。⑤指不当朝政的地位。⑥不是人所驯养或培植的动植物。

遍野 鄙野 蔽野 赤野 成野 村野

苍野 草野 朝野 鹑野 粗野 垂野

翠野 春野 大野 东野 分野 发野

芳野 傅野 荒野 九野 亢野 郊野

经野 广野 圹野 旷野 犷野 阔野

陋野 绿野 牧野 民野 漠野 满野

农野 平野 泼野 遍野 芊野 荞野

秋野 清野 山野 四野 莘野 视野

宿野 桑野 撒野 田野 文野 沃野

物野 下野 行野 雪野 原野 岩野

盈野 越野 中野 在野

褚季野 宽阔野 桃林野 张子野

哀鸿遍野 饿殍遍野 发横耍野 芳原绿野

高壁清野　坚壁清野　空室清野　绿菌遍野
满山遍野　漫山遍野　平山广野　遍山漫野
尸骨遍野　深情子野　杀人盈野　体同经野

业　yè　①事业。②职业。③产业。④已经。⑤从事某种工作。⑥筑墙版。

本业　百业　别业　毕业　霸业　才业
从业　产业　重业　创业　成业　茶业
操业　垂业　蚕业　掇业　大业　多业
帝业　待业　地业　德业　鼎业　父业
及业　丰业　法业　非业　复业　发业
副业　废业　附业　工业　改业　各业
功业　官业　故业　感业　弘业　宏业
行业　洪业　堕业　鸿业　旧业　建业
讲业　进业　就业　结业　贱业　敬业
家业　基业　绝业　将业　经业　兢业
举业　建业　继业　口业　开业　矿业
课业　立业　内业　乐业　农业　林业
门业　民业　末业　牧业　美业　明业
茂业　懋业　企业　前业　请业　二业
儒业　术业　失业　四业　生业　司业
世业　守业　受业　私业　实业　师业
宿业　商业　笋业　事业　素业　始业
盛业　嗣业　同业　投业　停业　颓业
偷业　无业　文业　问业　武业　王业
伟业　伪业　休业　兴业　闲业　性业
学业　信业　相业　勋业　修业　歇业
义业　业业　艺业　余业　医业　远业
易业　营业　淫业　渔业　遗业　盈业
虞业　正业　在业　作业　专业　杂业
卒业　造业　宅业　执业　志业　祖业
职业　资业　终业　转业　赞业　攒业
纂业
保险业　沧波业　服务业　工商业　盖世业
耕桑业　理发业　旅馆业　青箱业　清净业
轻工业　手工业　升平业　畜牧业　饮食业
运输业　子孙业　重工业　周召业
安土乐业　安心乐业　安居乐业　安家乐业
安家立业　不务正业　百年大业　车原就业
重温旧梦　重操旧业　粗枝大业　成家立业
当家立业　第一产业　第二产业　第二职业
服务行业　公用事业　各安生业　公共事业
高温作业　各行各业　高空作业　化学工业
回家作业　荒废学业　进德修业　家庭作业
教育事业　矜矜业业　兢兢业业　积功兴业
建功立业　开基创业　课堂作业　课外作业
流水作业　刘殷七业　名山事业　没家没业
平行作业　弃行改业　祛衣受业　勤奋创业
书面作业　文化事业　未竟之业　卫生事业
兄弟七业　西河受业　子承父业　支援农业
自由取业　知识产业　素王之业
及第不必读书，做官何须事业/利不百，不易业/

邺　yè　古地名，今河南安阳。

曹邺　富邺　灌邺　还邺　会邺　建邺
刘邺　来邺　罗邺　守邺　完邺　魏邺
走邺　征邺　治邺

叶　yè　又音 xié　①叶子。②像叶子的东西。③同“页”。④历史较长的时期的分段。⑤草名。

贝叶　百叶　柏叶　败叶　碧叶　此叶
吹叶　赤叶　初叶　册叶　穿叶　茶叶
射叶　垂叶　淬叶　楮叶　莱叶　翠叶
辞叶　残叶　大叶　达叶　顶叶　多叶
凤叶　枫叶　帆叶　肺叶　复叶　柊叶
汉叶　合叶　后叶　花叶　红叶　荷叶
黄叶　寒叶　匐叶　金叶　惊叶　季叶
蕉叶　苦叶　枯叶　柯叶　乐叶　兰叶
落叶　累叶　蒌叶　绿叶　柳叶　嫩叶
木叶　末叶　密叶　片叶　胚叶　佩叶
七叶　千叶　去叶　穷叶　秋叶　琼叶
二叶　如叶　柔叶　山叶　石叶　生叶
双叶　松叶　似叶　桑叶　树叶　诗叶
霜叶　素叶　商叶　摄叶　书叶　托叶
桃叶　桐叶　铜叶　脱叶　铁叶　题叶
万叶　梧叶　萎叶　小叶　莠叶　夏叶
修叶　一叶　云叶　玉叶　叶叶　奕叶
意叶　烟叶　子叶　中叶　至叶　竹叶
枝叶　楮叶
蚕树叶　偈蒲叶　穿杨叶　辞树叶　东井叶
红百叶　牛百叶　内胚叶　沃枝叶　题红叶
无柄叶　外胚叶　完全叶　叶外叶　芸香叶
雨霈叶　蠲忿叶　舟如叶
不完全叶　偈条治叶　传波红叶　渡船桃叶

渡传桃叶　风扫落叶　根根叶叶　红花绿叶
韩屏题叶　金枝玉叶　可乱楮叶　枯枝败叶
葵藿倾叶　连枝分叶　灵芝生叶　莫辨楮叶
眉如柳叶　青枝绿叶　清呼一叶　琼枝玉叶
秋风红叶　虔书柿叶　柔枝嫩叶　诗题红叶
数枝绿叶　添枝加叶　添枝接叶　寻枝摘叶
有枝添叶　御沟题叶　有枝有叶　雨条烟叶
烟条雨叶　御沟红叶　仲无拾叶　御沟流叶
疾风扫落叶/秋风扫落叶/三年成一叶/

咽　yè　又音 yān、yàn　①阻塞。②声音因悲痛发不出声来。

哀咽　暗咽　悲咽　抽咽　充咽　蝉咽
川咽　繁咽　哽咽　感咽　歌咽　鲠咽
号咽　巷咽　光咽　娇咽　克咽　老咽
流咽　气咽　清咽　凄咽　戚咽　水咽
声咽　填咽　鸣咽　阗咽　委咽　咽咽
幽咽　怨咽　韵咽　藻咽　滞咽　阻咽
映咽
迥湍咽　流泉咽　鸣流咽　秋雁咽　危石咽
子规咽
悲哀哽咽　泉声幽咽　幽泉鸣咽

页　yè　①篇，张。②量词。

百页　尺页　册页　插页　扉页　合页
活页　画页　篇页　书页

曳　yè　牵引，拉。

不曳　半曳　驰曳　掣曳　倒曳　扶曳
弗曳　晃曳　大曳　从曳　逆曳　流曳
陵曳　殴曳　漂曳　飘曳　撇曳　容曳
伸曳　拖曳　行曳　斜曳　与曳　曳曳
遥曳　摇曳　争曳
枸杞摇曳　杨柳摇曳

夜　yè　①由天黑到天亮的一段时间。②昏暗。③指夜行。

熬夜　不夜　白夜　半夜　丙夜　长夜
辰夜　查夜　除夜　初夜　春夜　彻夜
丁夜　大夜　当夜　冬夜　放夜　犯夜
过夜　隔夜　后夜　昏夜　晦夜　寒夜
黑夜　辉夜　甲夜　今夜　极夜　兼夜
竟夜　嘉夜　警夜　六夜　良夜　兰夜
连夜　流夜　漏夜　凉夜　滤夜　累夜
冥夜　美夜　幕夜　年夜　卜夜　陪夜
青夜　穷夜　清夜　起夜　前夜　潜夜
入夜　日夜　三夜　上夜　申夜　守夜
时夜　视夜　夙夜　损夜　遂夜　暑夜
深夜　霜夜　同夜　通夜　午夜　戊夜
五夜　问夜　望夜　向夜　行夜　闲夜
消夜　星夜　修夜　夏夜　巡夜　晓夜
雪夜　宵夜　歇夜　一夜　乙夜　元夜
月夜　永夜　雨夜　寅夜　幽夜　夜夜
遥夜　子夜　中夜　早夜　专夜　坐夜
值夜　昨夜　昼夜　烛夜　蚤夜　终夜
整夜　憎夜
穿镃夜　大年夜　孤馆夜　后半夜　花月夜
花吐夜　花烛夜　寒食夜　犬守夜　前半夜
上元夜　三五夜　上半夜　三月夜　偷香夜
鸟啼夜　小年夜　下半夜　仙人夜　星桥夜
月黑夜　一昼夜　蛩鸣夜
熬更守夜　不舍昼夜　霸陵呵夜　黑更半夜
黑天半夜　金投暮夜　静谧之夜　连天连夜
连日继夜　连更晓夜　达明达夜　没日没夜
漫漫长夜　卜昼卜夜　俾昼作夜　日以继夜
日日夜夜　三天三夜　三更半夜　深更半夜
未见叔夜　炫昼缟夜　悠悠长夜　以日继夜
整天整夜
春江花月夜/陈三更，董半夜/见卵而求时夜/

掖　yè　又音 yē　①扶助。②借指奖励，提拔。

宸掖　凤掖　扶掖　逢掖　宫掖　花掖
奖掖　禁掖　椒掖　阑掖　鸾掖　枢掖
提掖　仙掖　香掖　轩掖　淫掖　诱掖
鸳掖　振掖　石掖　曲掖　苍掖　崇掖
广掖　达掖　左掖
章甫缝掖　德舆西掖　遣勤扶掖

液　yè　①溶化的东西。②液体。

白液　宝液　补液　碧液　仇液　肠液
翠液　蟾液　丹液　毒液　凤液　芳液
甘液　华液　焊液　汗液　红液　黄液
涓液　金液　肌液　姜液　津液　精液
浆液　酒液　灵液　泪液　滤液　黏液
流液　醴液　母液　秘液　泉液　琼液

清液 热液 溶液 融液 水液 素液
输液 体液 唾液 五液 胃液 仙液
血液 香液 霞液 云液 玉液 阴液
胰液 烟液 朱液 汁液 珠液 芝液
脑脊液 淋巴液 乳浊液 五粮液 悬浊液
组织液
金波玉液 新鲜血液 胶体溶液

腋 yè ①胳肢窝凹入的部分。②跟腋类似的部分。

病腋 风腋 宫腋 狐腋 肩腋 筋腋
两腋 搂腋 时腋 山腋 素腋 一腋
叶腋 肘腋
变生肘腋 非一狐腋 一狐之腋 雉头狐腋
百羊之皮，不如一孤之腋/良裘非一狐之腋/千羊之皮，不如一狐之腋/千金之裘，非一狐之腋/

烨 yè 火光很盛的样子。

炳烨 光烨 赫烨 玮烨 铧烨 荧烨
烨烨

谒 yè ①请见，拜见。②陈述。③请。

拜谒 版谒 朝谒 参谒 典谒 妇谒
干谒 过谒 晋谒 进谒 觐谒 内谒
清谒 屈谒 请谒 上谒 私谒 险谒
询谒 阍谒 迎谒 赞谒
三访谒
申嘉私谒 高阳入谒

靥 yè ①脸颊两边的小圆窝。②古代妇女面部的妆饰。

宝靥 残靥 翠靥 钿靥 凤靥 妇靥
花靥 欢靥 金靥 酒靥 菊靥 开靥
两靥 榴靥 眉靥 媚靥 权靥 浅靥
桥靥 石靥 双靥 团靥 帖靥 杏靥
星靥 秀靥 笑靥 玉靥 靥靥

憋 biē ①忍住。②气不通。

窝憋
心头憋

鳖 biē 甲鱼，俗称团鱼。

成鳖 大鳖 地鳖 得鳖 化鳖 黄鳖
活鳖 巨鳖 驾鳖 老鳖 马鳖 跛鳖
石鳖 食鳖 土鳖 田鳖 为鳖 鱼鳖
献鳖 鼋鳖 珠鳖
长沙鳖 瓮中鳖 珠崖鳖
关澥钓鳖 买鳖亡鳖 瓮中之鳖 瓮中捉鳖

别 bié 又音 biè ①分别。②差别。③类别，分类。④另外的。⑤用另外的物体卡住。

拜别 搏别 辨别 长别 差别 抢别
辞别 大别 道别 傅别 赋别 分别
访别 个别 各别 告别 国别 拱别
火别 话别 恨别 厚别 久别 诀别
迥别 界别 级别 间别 拣别 旌别
饯别 近别 鉴别 哭别 阔别 款别
睽别 留别 两别 类别 离别 流别
临别 旅别 面别 念别 难别 判别
仳别 派别 区别 泣别 轻别 铨别
二别 三别 少别 死别 送别 识别
伤别 特别 无别 五别 吻别 握别
小别 乡别 心别 序别 性别 惜别
细别 叙别 谢别 有别 异别 永别
眼别 远别 语别 雁别 作别 自别
种别 执别 职别 重别 帐别 章别
致别 赠别 彰别 甄别
沧江别 匆匆别 垂老别 夫妇别 花里别
河桥别 荒村别 河梁别 泾渭别 南浦别
千里别 亲爱别 青春别 山阴别 锁魂别
天地别 无家别 仙凡别 新婚别 易水别
异乡别 折柳别
贵贱之别 挥泪而别 挥手告别 内外有别
男女有别 名号自别 千差万别 三大差别
生离死别 洒泪而别 天渊之别 天壤之别
霄壤之别 云泥之别 虞姬永别 虞歌诀别
依依惜别 挚而有别
比较才有鉴别/千里相送，终有一别/送君千里，终有一别/武则天内外有别/

蹩 bié ①手脚扭伤。②质量不好。

掉蹩 脚蹩 挛蹩 跛蹩 屈蹩 笑蹩

瘪 biě 又音 biē 物体面上凹陷下去。

吃瘪 饿瘪 干瘪

胸脯干瘪　语言干瘪

撇　piē　又音 piě　①丢。②从液体表面上舀取。③击。

波撇　漂撇　振撇　抛撇

瞥　piē　很快地看一下。

瞥瞥　飘瞥　一瞥　斜瞥　眼瞥

撇　piě　又音 piē　①汉字笔画。②撇着嘴，表示轻视。③平着扔出去。④量词。

长撇　点撇

嘴巴一撇

八字没有一撇/

咩　miē　拟声词，羊叫声。

咩咩

羊声咩咩

灭　miè　①熄灭。②消灭。③隐没。

不灭　波灭　除灭　锄灭　摧灭　灯灭

荡灭　焚灭　覆灭　灌灭　火灭　幻灭

灰灭　化灭　坏灭　毁灭　击灭　歼灭

寂灭　烬灭　践灭　绝灭　剪灭　炬灭

兼灭　劓灭　刊灭　空灭　溃灭　论灭

沦灭　末灭　泯灭　名灭　明灭　冥灭

靡灭　糜灭　漫灭　没灭　磨灭　泥灭

难灭　仆灭　平灭　判灭　破灭　去灭

起灭　浸灭　人灭　石灭　示灭　生灭

扫灭　死灭　逝灭　薙灭　吞灭　殄灭

沃灭　消灭　现灭　息灭　香灭　星灭

熄灭　枭灭　仰灭　奄灭　荑灭　陨灭

湮灭　艳灭　翳灭　字灭　诛灭　踪灭

澹灭

吹不灭　尘妄灭　芳音灭　光彩灭　鲸鲵灭

兰膏灭　书三灭　万想灭

不生不灭　不可磨灭　灰飞烟灭　全军覆灭

天诛地灭　云飞烟灭　烟消火灭　自生自灭

人生如灯灭/人不为已，天诛地灭/以小畜大灭/

蔑　miè　①涂染。②无。③小，轻视。

敖蔑　暴蔑　寂蔑　陵蔑　女蔑　蔑蔑

盟蔑　欺蔑　轻蔑　始蔑　污蔑　韦蔑

侮蔑　诬蔑　微蔑　先蔑

造谣诬蔑

篾　miè　劈成的竹薄片或苇子薄片。

苇篾　围篾　席篾　竹篾

细竹篾

爹　diē　父亲或对长辈的称呼。

阿爹　爹爹　粉爹　干爹　公爹　姑爹

后爹　寄爹　老爹　新爹　他爹　姨爹

坑爹

孩子爹　外爹爹

跌　diē　①摔倒。②物价下降。③落下。

踣跌　暴跌　差跌　蹉跌　侧跌　大跌

跌跌　宕跌　色跌　回跌　后跌　滑跌

蹄跌　狂跌　看跌　猛跌　扑跌　倾跌

闪跌　下跌　泻跌　要跌　追跌　撞跌

涨跌

朱相蹉跌

吃饭防噎，走路防跌/

迭　dié　①交换，轮流。②屡次，连着。③及，赶上。

不迭　稠迭　沏迭　覆迭　更迭　互迭

交迭　相迭

忙不迭　兴废迭　去来迭

后悔不迭　叫苦不迭

垤　dié　小土堆。

阜垤　封垤　鹳垤　高垤　孔垤　丘垤

隆垤　邱垤　小垤　一垤　蚁垤　糟垤

莫踬于山而踬于垤/

绖　dié　旧时丧服上的麻布带子。

不绖　出绖　带绖　放绖　加绖　茅绖

墨绖　縗绖　衰绖　要绖

耋　dié　指年龄到七八十岁的老人。

齿耋　大耋　老耋　耄耋　耆耋　乡耋

耇耋

谍 dié ①刺探敌情。②传递情报的活动。

间谍 秘谍 秦谍 防谍 谍谍 反谍
烽谍 汉谍 合谍 怪谍 使谍 行谍
谱谍 宵谍 异谍 侦谍 贼谍
披图案谍

堞 dié 堞墙，像齿状的矮城墙。

城堞 超堞 翠堞 垛堞 冯堞 傅堞
古堞 高堞 故堞 坏堞 荒堞 毁堞
及堞 金堞 楼堞 却堞 危堞 修堞
云堞 运堞 玉堞 墉堞 增堞 雉堞
山为堞 霜统堞 云归堞 鸦栖堞

喋 dié 又音 zhá 没完没了地说话或流血。

喋喋 繁喋 嗫喋 喋喋 新喋 咽喋
鱼声喋喋

牒 dié ①古人书写的书板。②书籍。③公文，证件。

案牒 白牒 宝牒 薄牒 编牒 长牒
赤牒 尺牒 残牒 常牒 度牒 芳牒
符牒 合牒 怀牒 关牒 怪牒 金牒
阶牒 戒牒 军牒 简牒 经牒 家牒
录牒 密牒 秘牒 蒲牒 谱牒 启牒
瑞牒 水牒 史牒 石牒 拾牒 受牒
收牒 讼牒 僧牒 随牒 投牒 图牒
通牒 往牒 伪牒 仙牒 讯牒 限牒
湘牒 玉牒 怨牒 狱牒 竹牒 在牒
截蒲为牒 老媪投牒 名为玉牒 枝叶旁牒
最后通牒 石记王牒 小简曰牒
壮志异时开史牒/

碟 dié 盛食物的底平而小的盘子。

茶碟 菜碟 唱碟 飞碟 冷碟 凉碟
碗碟 影碟 盏碟

蝶 dié 蝴蝶，昆虫名。种类繁多。静止时四翅竖立在背部。在花草中飞行。

伴蝶 春蝶 穿蝶 翠蝶 痴蝶 对蝶
蝶蝶 飞蝶 凤蝶 放蝶 粉蝶 蜂蝶
孤蝶 花蝶 化蝶 红蝶 黑蝶 黄蝶
韩蝶 胡蝶 蝴蝶 蛱蝶 倦蝶 乱蝶
冷蝶 露蝶 恋蝶 梦蝶 扑蝶 千蝶
秋蝶 水蝶 双蝶 宿蝶 小蝶 仙蝶
新蝶 蕊蝶 玉蝶 庄蝶 紫蝶 枕蝶
化蝴蝶 芳草蝶 韩凭蝶 狂蛱蝶 南华蝶
枯叶蝶 梦蛱蝶 翩翩蝶 漆园蝶 谢蝴蝶
栩栩蝶 悠扬蝶 庄生蝶 庄叟蝶 周为蝶
梦蝴蝶
狂蜂浪蝶 明皇放蝶 青陵粉蝶 滕王蛱蝶
谢名蝴蝶 游蜂浪蝶 庄生梦蝶 庄周化蝶
庄周梦蝶 庄周蝴蝶 张绰剪蝶 招峰惹蝶
梁祝化蝶
庄周晓梦迷蝴蝶/

蹀 dié 顿足。

蹈蹀 喋蹀 蹀蹀 跡蹀 连蹀 蹑蹀
马蹀 踥蹀 蹂蹀 蹋蹀 蹬蹀 远蹀
足蹀

鲽 dié 鱼名，比目鱼的一类。

鹣鲽

叠 dié ①重复堆积。②折叠。

百叠 岑叠 层叠 促叠 重叠 残叠
稠叠 翠叠 愁叠 打叠 堆叠 蹀叠
复叠 荷叠 金叠 浃叠 荐叠 积叠
浪叠 累叠 排叠 三叠 山叠 水叠
申叠 双叠 数叠 随叠 万叠 套叠
小叠 云叠 一叠 玉叠 鲜叠 折叠
震叠
肠套叠 歌三叠 寒嶂叠 缭垣叠 五云叠
纸一叠
层层叠叠 重重叠叠 阳关三叠

氎 dié 棉布。

白氎 帛氎 花氎 锦氎 毛氎 软氎
颤氎 香氎 云氎 著氎

帖 tiē 又音 tiè、tiě ①中药的方剂，量词。②顺从。③妥当。④安定。

安帖 伏帖 服帖 府帖 宁帖 券帖
切帖 舒帖 妥帖 贴帖 稳帖 尉帖
熨帖 心帖 卒帖 剪帖
伏伏帖帖 服服帖帖

怗 tiē 平定。

安怗 怗怗

贴 tiē ①典押。②添补。③粘附着。④挨近。⑤妥当。

补贴 衬贴 曲贴 倒贴 伏贴 房贴
锅贴 回贴 紧贴 剪贴 津贴 宁贴
黏贴 切贴 体贴 贴贴 稳贴 招贴
粘贴 张贴 装贴
妥妥贴贴

帖 tiě 又音 tiē、tiè ①柬帖。②写八字的纸片。

秉帖 蚌帖 笔帖 禀帖 榜帖 贷帖
房帖 阁帖 庚帖 回帖 换帖 黑帖
金帖 柬帖 军帖 揭帖 绛帖 括帖
请帖 楔帖 弭帖 手帖 书帖 双帖
田帖 下帖 喜帖 谢帖 文帖 真帖
八字帖 换鹅帖 借船帖 来禽帖 泥金帖
乞米帖 尚书帖 松声帖 银纸帖
匿名揭帖 鱼封雁帖

铁 tiě ①一种金属。②坚硬。③意志坚定。④借指兵器。⑤铁的器物。⑥确定不移。

白铁 冰铁 宝铁 镔铁 尺铁 寸铁
炒铁 槽铁 磁铁 打铁 地铁 冻铁
锻铁 贩铁 废铁 烽铁 戈铁 硅铁
钢铁 灰铁 金铁 劲铁 积铁 铸铁
良铁 拉铁 烙铁 炼铁 毛铁 美铁
马铁 求铁 屈铁 铅铁 钱铁 入铁
如铁 熔铁 山铁 生铁 圣铁 苏铁
索铁 熟铁 烧铁 然铁 土铁 心铁
吸铁 朽铁 消铁 铣铁 顽铁 衔铁
引铁 印铁 冶铁 浴铁 压铁 用铁
圆铁 洋铁 鸦铁 陨铁 盐铁 召铁
折铁 铸铁 泽铁
白日铁 镀锌铁 镀锡铁 灰口铁 六州铁
衾铺铁 马口铁 马蹄铁 绕指铁 三角铁
真如铁
趁热打铁 点金成铁 就热打铁 荆妃孕铁
可锻铸铁 破铜烂铁 球墨铸铁 人造磁铁
手无寸铁 砸锅卖铁 斩钉截铁 咬钉嚼铁

帖 tiè 又音 tiē、tiě 学写字时描摹的样本。

碑帖 法帖 画贴 古帖 晋帖 临帖
门帖 名帖 摹帖 说帖 试帖 堂帖
学帖 楹帖 字帖
丙舍帖 长沙帖 东阳帖 家藏帖 兰陵帖
十钩帖 十七帖 无名帖 习字帖 右军帖
唐临晋帖

飻 tiè 贪食。

饕飻 贪飻

捏 niē ①用手夹住。②手捻东西成形状。③假造。

紧捏 扭捏 拿捏 揉捏 手捏 诬捏
千人捏
扭扭捏捏
半夜起来摭桃子，按着软的捏/

苶 nié 疲倦。

发苶 被苶 蹇苶 萎苶 疲苶 气苶
衰苶

隉 niè ［杌隉］（局势、心情等）不安。

杌隉 阢陧

涅 niè ①染黑。②黑色染料。

处涅 刻涅 溃涅 泥涅 磨涅 泥涅
入涅 石涅 缁涅 在涅 缀涅
武襄面涅

嗫 niè 想说话但吞吞吐吐说不出来。

咕嗫 嚅嗫

镊 niè 用来夹取细小东西的工具。

钗镊 刀镊 华镊 金镊 镜镊 满镊
羞镊 新镊 易镊 掷镊
霜满镊 须懒镊

蹑 niè ①追随。②放轻（脚步）。③踩。

承蹑 度蹑 登蹑 高蹑 后蹑 跨蹑
能蹑 追蹑 上蹑 思蹑 下蹑 行蹑
虚蹑 寻蹑 足蹑 振蹑 震蹑

臬 niè ①箭靶。②古代测日影的竿子。③标准。

圭臬 磨臬 水臬 时臬 兀臬 危臬
司臬 望臬 置臬
陈时臬 广无臬
奉为圭臬

嵲 niè ［嵽嵲］形容山高。

嵽嵲 嵽嵲 峣嵲

镍 niè 一种金属。

镀镍

啮 niè 用牙咬、啃。

侧啮 嚼啮 齙啮 互啮 虎啮 浪啮
能啮 漱啮 蛇啮 噬啮 石啮 鼠啮
蹄啮 鲛啮 有啮 缺啮 仰啮
波涛啮 苔痕啮

孽 niè ①罪恶。②妖孽。③不忠不孝。④坏事。⑤庶子。

袄孽 卑孽 半孽 病孽 败孽 才孽
从孽 虫孽 臣孽 残孽 地孽 帝孽
道孽 恶孽 风孽 蕃孽 孤孽 华孽
昏孽 黄孽 虎孽 狐孽 祸孽 鹤孽
戚孽 揭孽 举孽 奸孽 狂孽 蚁孽
女孽 冷孽 枯孽 狼孽 离孽 媒孽
孽孽 曲孽 群孽 秋孽 如孽 三孽
土孽 山孽 庶孽 生孽 松孽 煽孽
天孽 秃孽 小孽 凶孽 衅孽 云孽
余孽 牙孽 芽孽 冤孽 殃孽 鱼孽
妖孽 鱼孽 作孽 专孽 造孽 灾孽
豕孽 支孽 遭孽 罪孽
爱少孽 白帝孽 白袍孽 赤帝孽 赤松孽
东邻孽 风流孽 富人孽 贵公孽 管城孽
后生孽 寒山孽 佳公孽 鸡叫孽 将门孽
良亏孽 良治孽 良家孽 毛锥孽 千金孽
奇男孽 轻薄孽 儿女孽 谁家孽 田家孽
行客孽 空门孽 玉川孽 羽林孽 壅牖孽
隐居孽 自作孽
残渣余孽
一分权势，一分造孽/

蘖 niè 树砍去后或植物分蘖时长出的新枝。

分蘖 萌蘖 芽蘖 由蘖
饮冰菇蘖 酒醴曲蘖

糵 niè 酿酒用的曲子。

媒糵 曲糵 麴糵

咧 liē 又音 liě、lie ①乱说。②小儿哭。咧咧

胡咧咧 瞎咧咧 大咧咧 笑咧咧
骂骂咧咧 白不咧咧 大大咧咧

咧 liě 又音 liē、lie 嘴角向两边伸展。

嘴直咧

列 liè ①排列。②行列。③众多。④类。⑤量词。

八列 不列 并列 布列 变列 部列
编列 摆列 瞥列 出列 次列 成列
驺列 陈列 朝列 齿列 错列 攒列
对列 队列 单列 等列 鼎列 分列
风列 古列 孤列 官列 恭列 高列
功列 观列 行列 环列 横列 鹤列
就列 爵列 开列 考列 六列 列列
齐列 罗列 论列 胪列 麻列 卡列
品列 平列 排列 骈列 区列 齐列
前列 请列 入列 上列 书列 市列
双列 散列 首列 数列 圣列 森列
同列 吞列 条列 伍列 文列 外列
未列 下列 序列 显列 系列 星列
秀列 言列 玉列 假列 争列 自列
正列 专列 周列 庄列
飞燕列 歌钟列 壶觞列 进士列 三阶列
单马列 一系列 衣冠列 御风列 造土列
鹓鸿列
陈力就列 丁丁列列 相知之列 战争系列
不鼓不成列/

冽 liè ①清澈貌。②寒冷。

惨冽 澄冽 冻冽 风冽 红冽 寒冽
冷冽 栗冽 冽冽 凛冽 慓冽 飕冽
泉冽 凄冽 时冽 有冽 严冽 涌冽
凝冽 香冽

冬沮洌　浙洌洌
北风凛洌　寒风凛洌　流水清洌　朔风凛洌

洌 liè （水、酒）清。

敞洌　澂洌　甘洌　井洌　酒洌　洌洌
清洌　凝洌　甜洌

烈 liè ①气势大。②猛烈。③刚直。④为正义而死的人。⑤功业。

半烈　表烈　暴烈　成烈　炽烈　惨烈
崇烈　大烈　队烈　胆烈　风烈　芳烈
奋烈　愤烈　干烈　光烈　古烈　功烈
高烈　刚烈　火烈　后烈　悍烈　洪烈
弘烈　祸烈　赫烈　犷烈　徽烈　鸿烈
节烈　劲烈　剧烈　骏烈　激烈　亢烈
抗烈　苦烈　驮烈　酷烈　栗烈　烈烈
朗烈　浓烈　凛烈　漠烈　猛烈　卜烈
丕烈　前烈　清烈　强烈　日烈　荣烈
热烈　上烈　饬烈　世烈　肃烈　盛烈
武烈　威烈　腾烈　往烈　休烈　先烈
宣烈　性烈　遐烈　侠烈　馨烈　义烈
余烈　勇烈　英烈　郁烈　遗烈　志烈
炽烈　壮烈　忠烈　争烈　贞烈　遮烈
轰轰烈烈　三贞九烈　西风烈烈　兴高采烈
于今为烈　炎炎烈烈　遗芳余烈　遗孽余烈
愈演愈烈

裂 liè 又音 liě　①分割。②裂开。③扯开。④缯帛的残余。

冰裂　悲裂　迸裂　棚裂　崩裂　爆裂
车裂　吹裂　坼裂　唇裂　苍裂　摧裂
皴裂　东裂　地裂　冻裂　断裂　腭裂
分裂　风裂　幅裂　辐裂　干裂　掴裂
割裂　龟裂　瓜裂　九裂　甲裂　决裂
焦裂　襟裂　皲裂　裰裂　灭裂　明裂
皮裂　劈裂　剖裂　破裂　凄裂　怆裂
碎裂　山裂　石裂　撕裂　酸裂　日裂
天裂　屠裂　吻裂　云裂　玉裂　压裂
足裂　竹裂　炸裂　绽裂　眦裂
芭蕉裂　苍崖裂　肝胆裂　横云裂　面破裂
明镜裂　手皴裂　珠蕾裂
发指眦裂　鲁莽灭裂　卤莽灭裂　目眦尽裂
四分五裂　身败名裂　天冻地裂　天崩地裂
田地龟裂　五内俱裂　心胆俱裂
两人把手拉裂/

劣 liè ①弱。②恶，不好。③小于一定的标准。④仅。

暗劣　卑劣　鄙劣　薄劣　才劣　丑劣
粗劣　刁劣　低劣　钝劣　隋劣　恶劣
凡劣　寡劣　寒劣　贱劣　谨劣　蹇劣
谫劣　空劣　力劣　陋劣　驽劣　懦劣
朴劣　疲劣　怯劣　棋劣　浅劣　瘽劣
儒劣　少劣　事劣　声劣　势劣　琐劣
无劣　芜劣　伪劣　尪劣　顽劣　微劣
猥劣　下劣　朽劣　雄劣　优劣　庸劣
拙劣　窳劣　智劣
井不劣
卑鄙恶劣　大头不劣　高低优劣　品质卑劣
孙权优劣

捩 liè ①回旋。②扭转。

撇捩　关捩　缭捩　托捩　又捩

猎 liè ①捕兽。②打猎的。③经历。④凌虐。⑤掳，捋。

不猎　从猎　出猎　采猎　大猎　打猎
东猎　冬猎　观猎　会猎　见猎　校猎
酒猎　捷猎　谏猎　健猎　猎猎　燎猎
名猎　捕猎　偏猎　且猎　全猎　射猎
狩猎　涉猎　田猎　讨猎　畋猎　围猎
行猎　戏猎　狎猎　雪猎　弋猎　羽猎
夜猎　渔猎　御猎　游猎　占猎　追猎
灞陵夜猎　风声猎猎　焚林而猎　红旗猎猎
秋风猎猎　景宗思猎　贾山涉猎　上蔡逐猎
魏文侯期猎/

躐 liè ①超越。②践踏。

不躐　超躐　僭躐
风狎躐

鬣 liè ①兽类颈上的长毛。②发上竖的样子。③胡须。④松针。

白鬣　长鬣　翠鬣　刀鬣　短鬣　奋鬣
刚鬣　挂鬣　鼓鬣　红鬣　黑鬣　霓鬣
狠鬣　角鬣　鬣鬣　毛鬣　马鬣　美鬣
肉鬣　松鬣　万鬣　雾鬣　戏鬣　虾鬣
朱鬣　振鬣　转鬣
风生鬣　奋鬣鬣

节 jiē 又音 jié ［节骨眼儿］比喻能起决定作用的环节或时机。

关节

打关节 买关节 头关节 通关节

疖 jiē 小疮

疮疖 脓疖 热疖 小疖 硬疖 疡疖

阶 jiē ①台阶。②凭借。③因由。④等级。

半阶 宾阶 兵阶 初阶 重阶 宸阶

崇阶 大阶 登阶 东阶 扶阶 官阶

荒阶 祸阶 及阶 金阶 军阶 结阶

空阶 历阶 兰阶 乱阶 没阶 卧阶

荣阶 绕阶 山阶 石阶 时阶 涉阶

土阶 天阶 台阶 苔阶 通阶 庭阶

泰阶 五阶 午阶 望阶 武阶 下阶

西阶 仙阶 香阶 循阶 雪阶 云阶

玉阶 余阶 音阶 尧阶 寅阶 瑶阶

盈阶 征阶 阼阶 胙阶 侧阶 震阶

红药阶 日流阶 石为阶 笋穿阶 太平阶

下台阶 藓花阶 影侵阶 雁齿阶

晋身之阶 命为七阶 巧不可阶 为厉之阶

月地云阶

皆 jiē 全，都。

孔皆 难皆 信皆

处处皆 禹迹皆

喈 jiē ①指声音和谐。②鸟叫声。

伯喈 喈喈 陆喈 鸣喈

蔡伯喈

八鸾喈喈 鸡鸣喈喈 钟声喈喈 钟鼓喈喈

结 jiē 又音 jié ①长出果实或种子。②健壮，结实。

稻结 梨结 柑结 枣结

不冷不热，五谷不结/六月不热，五谷不结/

秸 jiē 收割农作物之后剩下的茎秆。

剥秸 豆秸 红秸 豪秸 稿秸 苴秸

纳秸 麦秸 茅秸 麻秸 秫秸 有秸

玉米秸 芝麻秸

接 jiē ①接触。②连接。③收取。④迎接。⑤接受。

挨接 不接 补接 承接 春接 翠接

酬接 宾接 对接 锻接 恩接 反接

飞接 赴接 扶接 抚接 高接 跪接

画接 焊接 交接 句接 间接 晋接

铰接 紧接 嫁接 剪接 礼接 连接

邻接 劳接 鳞接 密接 梦接 铆接

哂接 目接 拼接 攀接 亲接 客接

三接 生接 手接 赏接 天接 通接

跳接 外接 形接 相接 衔接 携接

云接 引接 远接 迎接 应接 延接

芽接 蚁接 烟接 援接 影接 邀接

直接 枝接 踵接 缀接

鸡黍接 倾盖接 耳目接 藤萝接 形势接

云天接 烟波接

电弧焊接 短兵相接 果树嫁接 风马不接

肩摩踵接 目不暇接 青黄不接 倾盖相接

趾踵相接

揭 jiē ①揭露。②高举。③扛在肩上。④发表。⑤掀起。

北揭 表揭 奔揭 东揭 担揭 风揭

负揭 高揭 呼揭 旌揭 家揭 开揭

厉揭 礼揭 鸟揭 廉揭 签揭 翘揭

属揭 小揭 掀揭 扬揭 昭揭

深厉浅揭 昭然若揭

薄饼从上揭/

嗟 jiē 文言叹词，表叹息。

彼嗟 悲嗟 长嗟 叱嗟 咄嗟 嗟嗟

矜嗟 惊嗟 见嗟 空嗟 悯嗟 伤嗟

叹嗟 于嗟 吁嗟 兴嗟 猗嗟 怨嗟

咨嗟 震嗟

伯玉嗟 令人嗟 来食嗟 末路嗟 犬羹嗟

贤人嗟 仰面嗟 折腰嗟

街 jiē ①城市的街道。②市集。

长街 垂街 大街 当街 过街 赶街

槁街 稿街 逛街 花街 荒街 槐街

九街 禁街 六街 拦街 临街 兰街

满街 骂街 跑街 曲街 上街 市街

扫街 霜街 天街 通街 铜街 武街

小街　斜街　星街　香街　狭街　御街
雪街　玉街　沿街　雨街　烟街　瑶街
游街　游街　高街
白玉街　步行街　长安街　丁字街　打铜街
华尔街　换天街　绿槐街　骂大街　十字街
十二街　唐人街　香满街　影半街　中心街
走马街　章台街
长安大街　柳市花街　柳巷花街　日转千街
深历浅街　搠笔巡街

孑　jié　①小。②单独，孤单。

单孑　孤孑　孓孑　茕孑
老树孓孑

节　jié　又音 jiē　①竹节。②段。③气节，节操。④交接处，连接处。⑤省减，限制。⑥节日。⑦季节。⑧礼节。⑨符节，使节。⑩节奏。

安节　案节　八节　不节　邦节　拔节
变节　拜节　促节　持节　春节　错节
坼节　雌节　大节　灯节　冬节　动节
端节　汉节　风节　凤节　伏节　发节
符节　拊节　奋节　过节　甘节　改节
圪节　归节　故节　根节　观节　骨节
高节　耿节　鼓节　九节　旧节　击节
金节　季节　节节　佳节　角节　劲节
矜节　筋节　坚节　矫节　假节　绛节
结节　旌节　峻节　俭节　家节　建节
亢节　苦节　抗节　夸节　姱节　立节
六节　令节　冷节　良节　龙节　礼节
年节　亮节　励节　萝节　烈节　陵节
绿节　路节　勔节　凌节　廉节　嫠节
米节　名节　弥节　暮节　藕节　品节
拍节　蒲节　庆节　气节　起节　其节
曲节　奇节　屈节　穷节　情节　清节
秋节　人节　思节　忍节　贰节　软节
辱节　三节　士节　示节　守节　四节
失节　是节　送节　时节　松节　死节
使节　桑节　殊节　删节　素节　淑节
秃节　脱节　调节　痛节　挺节　无节
五节　晚节　微节　下节　小节　心节
闲节　细节　息节　复节　弦节　玺节
循节　殉节　雄节　玉节　仪节　有节
音节　应节　雅节　逾节　陨节　愚节
缛节　志节　竹节　折节　执节　忠节
壮节　杖节　贞节　枝节　肢节　指节
章节　做节　驻节　幢节　撙节
八月节　冰霜节　重阳节　端午节　妇女节
封斋节　复活节　过时节　过春节　国庆节
骨头节　羔羊节　火把节　花钿节　黄花节
黄菊节　汉使节　寒食节　菊花节　建军节
开斋节　六一节　龙歌节　劳动节　凌霄节
猎象节　泼水节　蒲九节　青毛节　青年节
驱羊节　儿童节　人胜节　尔代节　仁寿节
肉孜节　三八节　上元节　生九节　苏子节
苏生节　苏武节　时宪节　圣诞节　珊瑚节
天中节　团圆节　陶令节　五一节　五月节
西山节　牺牲节　元人节　愚人节　袁安节
艳阳节　朱云节　中元节　中秋节　竹炮节
茱萸节　植树节　宰牲节
安排情节　不拘小节　不亏大节　卑躬屈节
柏舟之节　亘阳佳节　褚渊励节　撤退使节
逢年过节　繁文缛节　古尔邦节　进退有节
革命气节　高风峻节　高风亮节　互派使节
黄花晚节　贵金时节　横生枝节　寒暑易节
节欲守节　箕山之节　空气调节　落花时节
罗饷持节　谅固执节　盘根错节　旁枝末节
蟠根错节　清风劲节　清风亮节　七举时节
四时八节　示儿康节　苏武持节　捎关打节
松竹之节　霜降时节　完名全节　细枝末节
新春佳节　虚文缛节　一枝一节　一支半节
一肢末节　无霄灯节　严冬时节　义论清节
召贞使节　贞风亮节　枝枝节节　赵苞忠节
白首一节
八月建军节/成大事，不顾小节/国际劳动节/国际儿童节/国际妇女节/国际劳动妇女节/八一建军节/六一儿童节/六一国际儿童节/罗王向持节/三八妇女节/萨喝达娃节/五一劳动节/五四青年节/

讦　jié　揭发别人的隐私。

诋讦　编讦　非讦　讳讦　告讦　讦讦
绞讦　逆讦　肆讦　峭讦　纸讦　攻讦
互相攻讦

劫 jié ①威胁。②抢劫。③灾难。④强盗。

不劫 百劫 兵劫 别劫 被劫 绑劫
暴劫 尘劫 钞劫 超劫 惨劫 楚劫
大劫 打劫 多劫 盗劫 防劫 焚劫
功劫 更劫 灰劫 坏劫 浩劫 黑劫
几劫 见劫 劫劫 历劫 拦劫 掠劫
路劫 累劫 罹劫 掳劫 灭劫 磨劫
朋劫 剽劫 千劫 抢劫 强劫 骑劫
扰劫 生劫 肆劫 万劫 威劫 小劫
行劫 洗劫 胁劫 一劫 要劫 永劫
遇劫 远劫 诱劫 邀劫 作劫 浊劫
遭劫
红羊劫 恒沙劫 无量劫 遇抢劫
巴巴劫劫 趁火打劫 趁哄打劫 昆池碎劫

杰 jié ①有才能。②杰出。③才智特出的人。

邦杰 才杰 称杰 词杰 怪杰 高杰
刚杰 怀杰 环杰 后杰 豪杰 间杰
俊杰 骏杰 魁杰 灵杰 髦杰 清杰
群杰 朋杰 人杰 三杰 时杰 四杰
诗杰 文杰 秀杰 骁杰 贤杰 雄杰
英杰 壮杰 桌杰
杜陵杰 天下杰
初唐四杰 地灵人杰 汉初三杰 虎头豪杰
昆池碎杰 绿林豪杰 英雄豪杰 妖畏仁杰
识时务者为俊杰/

桀 jié ①才能出众的人。②凶悍。③夏朝末代的君主。

暴桀 桀桀 荒桀 奸桀 夏桀 雄桀
阴桀

诘 jié 又音 jí ①诘问。②查究。③曲折。

傲诘 驳诘 辩诘 次诘 反诘 呵诘
究诘 检诘 镌诘 难诘 利诘 克诘
苦诘 面诘 密诘 盘诘 乔诘 偏诘
穷诘 谴诘 审诘 条诘 廷诘 庭诘
讯诘 致诘
故反诘 官长诘 四方诘 维摩诘 制军诘

劼 jié ①谨慎。②努力。③稳固。

雀劼 敲劼 勋劼 助劼

洁 jié ①干净。②德行清白。③语言简明。

白洁 比洁 不洁 保洁 冰洁 罢洁
纯洁 霜洁 诚洁 大洁 丰洁 芳洁
公洁 光洁 高洁 告洁 孤洁 呵洁
含洁 好洁 华洁 皓洁 洁洁 净洁
涓洁 狷洁 静洁 简洁 皎洁 峻洁
谨洁 康洁 朗洁 廉洁 露洁 虔洁
齐洁 清洁 水洁 圣洁 素洁 太洁
香洁 消洁 完洁 新洁 修洁 蚁洁
莹洁 玉洁 月洁 郁洁 逾洁 自洁
志洁 至洁 贞洁 忠洁 纸洁 整洁
乔洁
凤蝉洁 芳条洁
冰清玉洁 白雪皎洁 穿戴整洁 操守廉洁
奉公廉洁 干净整洁 公正廉洁 金辉玉洁
品质高洁 身修行洁 乌黑光洁 喜其雅洁
月光皎洁 酌泉表洁

结 jié 又音 jiē ①系绾。②用绳打结。③了结。④结交，勾结。⑤聚合。⑥组织。⑦凝结。⑧承认了结的证件。⑨屈曲。

阿结 欸结 巴结 百结 板结 冰结
保结 编结 初结 草结 粗结 愁结
肠结 缠结 打结 冬结 冻结 缔结
恩结 纷结 附结 干结 勾结 甘结
归结 哽结 勾结 感结 构结 绁结
搆结 会结 活结 冱结 喉结 交结
旧结 具结 樛结 胶结 集结 纠结
解结 聚结 澌结 缪结 假结 六结
了结 内结 乱结 娄结 罗结 劳结
纳结 联结 扭结 领结 目结 面结
眉结 谋结 黏结 盘结 蟠结 千结
气结 虬结 情结 绕结 生结 申结
死结 始结 审结 善结 扇结 释结
山结 烧结 团结 条结 抟结 通结
完结 绾结 晚结 枉结 慰结 小结
信结 新结 谐结 义结 有结 忧结
阳结 余结 衣结 郁结 硬结 诱结
凝结 苑结 永结 友结 怨结 萦结
倚结 蕴结 伫结 椎结 总结 组结
粘结 症结 增结 魆结

大团结　丁香结　灯花结　华鬘结　蝴蝶结
流苏结　淋巴结　离情结　双凤结　相思结
鸳鸯结　不可结
愁肠百结　鹑衣百结　洞见症结　逢迎巴结
根株蟠结　精诚团结　老树盘结　龙盘虬结
蟠据固结　柔肠百结　悬鹑百结　珠胎暗结
冤则解，不可结/冤家宜解不可结/

颉 jié　又音 xié　上古用于人名。

仓颉　丐颉　皇颉　顽颉
弟仓颉　四目颉

捷 jié　①快，战胜，胜利的好消息。②迅疾。③抄行小道。

不捷　百捷　报捷　步捷　便捷　大捷
飞捷　关捷　功捷　告捷　劲捷　机捷
给捷　捷捷　矫捷　简捷　健捷　克捷
快捷　凯捷　连捷　猎捷　累捷　敏捷
全捷　巧捷　轻捷　骁捷　翘捷　庆捷
拳捷　轻捷　三捷　手捷　速捷　乘捷
同捷　文捷　武捷　小捷　先捷　迅捷
谐捷　雄捷　献捷　月捷　要捷　妍捷
勇捷　猿捷　足捷　祝捷　直捷　争捷
奏捷　止捷
才思敏捷　连战皆捷　枚皋敏捷　双手敏捷
石趀虔捷　文思敏捷　状元报捷　转身敏捷
张尚辩捷　百举百捷

婕 jié　古代女官名，是帝王妃嫔的称号。

班婕　赵婕

睫 jié　眼睛上下边所生的细毛。

承睫　反睫　交睫　睫睫　目睫　眉睫
上睫　双睫　蚊睫　下睫　远睫　职睫
近在眉睫　看人眉睫　目不见睫　目不交睫
迫于眉睫　迫在眉睫

偈 jié　又音 jì　①勇武。②快速奔跑。

半偈　邦偈　车偈　当偈　偈偈

碣 jié　①高而耸立的石头。②圆顶的石碑。③界碑。

表碣　标碣　勃碣　碑碣　大碣　钓碣
断碣　古碣　高碣　钧碣　恒碣　立碣
降碣　摹碣　铭碣　石碣　王碣　小碣
玉碣　禹碣　瑶碣　遗碣
堕泪碣　华阳碣　三访碣　羊公碣　诸葛碣
残碑断碣　高阳人碣　休那题碣

竭 jié　①穷尽。②干涸。③举，竖起。

不竭　川竭　财竭　唇竭　诚竭　才竭
单竭　典竭　道竭　殚竭　乏竭　公竭
告竭　涸竭　何竭　耗竭　交竭　尽竭
困竭　枯竭　匮竭　力竭　礼竭　粮竭
贫竭　疲竭　穷竭　巧竭　启竭　请竭
倾竭　罄竭　先竭　咸竭　休竭　血竭
入竭　衰竭　私竭　书竭　受竭　稍竭
嘶竭　省竭　有竭　迎竭　造竭　自竭
泽竭
河清海竭　计穷力竭　精疲力竭　筋皮力竭
心力衰竭　声嘶力竭　源源不竭　再衰三竭
甘泉必竭　甘井先竭
渊泉不能竭/取之不尽，用之不竭/一鼓作气，再而衰，三而竭/

羯 jié　①阉割的公羊。②我国古代北方民族名。

好羯　胡羯　剪羯　立羯　力羯　末羯
羌羯　擒羯　戎羯

截 jié　①切断。②段。③阻拦。④截止。

半截　碧截　寸截　钞截　堵截　断截
短截　遏截　风截　浮截　割截　横截
九截　简截　阑截　截截　剿截　剪截
翦截　拦截　脔截　剖截　齐截　切截
讨截　肃截　霞截　云截　有截　约截
掩截　中截　爪截　阻截　斩截　直截
淮浦截　海外截
凉了半截　土埋半截

姐 jiě　①亲戚同辈中比自己年纪大的女子。②称年轻的女子。

阿姐　表姐　龙姐　大姐　姐姐　家姐
空姐　令姐　荔姐　弥姐　妻姐　乳姐
师姐　小姐　媪姐　月姐　窑姐　姨姐
大小姐　小大姐
千金小姐　三陪小姐　亚洲小姐　世界小姐
打的丫环，吓的小姐/

解

jiě 又音 jiè、xiè ①分开。②打开。③解除。④代数方程中的值。⑤讲明白。⑥废除。⑦排泄。⑧通达。

暗解 谙解 不解 兵解 别解 表解
冰解 拨解 崩解 辩解 初解 辞解
潮解 大解 刀解 电解 定解 递解
顿解 达解 得解 风解 分解 费解
辐解 官解 化解 和解 蛤解 慧解
缓解 息解 节解 见解 讲解 集解
经解 救解 口解 开解 空解 宽解
了解 谅解 理解 领解 离解 裂解
缕解 明解 卖解 难解 扭解 排解
剖解 求解 劝解 曲解 缺解 诠解
溶解 熔解 融解 禳解 尸解 水解
申解 识解 始解 身解 疏解 俗解
索解 天解 通解 体解 图解 推解
豚解 题解 调解 瓦解 误解 悟解
小解 心解 形解 消解 训解 详解
晓解 悬解 筍解 降解 携解 义解
有解 易解 衣解 侈解 意解 谕解
臆解 支解 作解 自解 枝解 指解
注解 肢解 珠解 知解 利解 雷解
冰已解 歪酒解 达人解 党禁解 倒悬解
复分解 进学解 经传解 老妪解 连环解
鹿角解 妙理解 跑马解 庖丁解 天地解
陶潜解 迎刃解 众理解 珠珰解 结不解
不可理解 不求甚解 百思不解 冰消瓦解
蝉蜕蛇解 大惑不解 分化瓦解 就地调解
寇贾相解 老妪能解 难分难解 跑马卖解
丝析发解 通俗易解 土崩瓦解 一知半解
应刃而解 迎刃而解 支分节解 枝分缕解
自嘲自解 致发一解
好读书不求甚解/

介

jiè ①正直。②存留。③介绍。④处于二者之间。⑤甲。⑥因，依赖。

不介 并介 保介 逼介 大介 刚介
贵介 孤介 耿介 鲠介 海介 豪介
介介 江介 节介 拘介 矫介 狷介
荐介 简介 良介 廉介 鳞介 媒介
木介 评介 上介 石介 使介 纤介
群介 驷介 绍介 消介 细介 孅介
一介 音介 小介 自介 中介 走介
忠介 则介 织介 职介 缁介 笑介
见介
不易介 耿介介 和而介 已耿介 幽人介
中绍介 左右介 饮酒介 卿为价 鸡鸣介
犬吠介
徐邈通介 直言唐介 褒采一介

芥

jiè 又音 gài ①芥草。②小草，比喻轻微。

虫芥 尘芥 草芥 地芥 蒂芥 负芥
荆芥 老芥 毛芥 买芥 青芥 取芥
石芥 山芥 芾芥 拾芥 蜀芥 土芥
纤芥 辛芥 遗芥 种芥 紫芥 掇芥
针芥
青紫芥 秋用芥 舟如芥 掌中芥
如拾草芥 视如草芥 视同草芥 俯拾地芥

玠

jiè 一种古代祭器。

褚玠 珪玠 毛玠
盗书杨玠 请言卫玠 素屏赐玠

界

jiè ①地界。②界限，范围。③离间。④境域，区划。⑤地质学名词。⑥分界。

边界 出界 地界 搭界 分界 飞界
凡界 法界 封界 佛界 梵界 福界
各界 过界 国界 管界 花界 汉界
画界 划界 九界 交界 经界 金界
接界 净界 境界 疆界 框界 乐界
龙界 临界 连界 莲界 邻界 冥界
区界 入界 壤界 三界 十界 上界
四界 色界 守界 沙界 世界 视界
省界 神界 射界 商界 天界 他界
外界 下界 兮界 仙界 学界 县界
相界 香界 限界 业界 玉界 有界
幽界 眼界 银界 欲界 意界 瑶界
越界 州界 周界 租界 政界
闯世界 大河界 妇女界 九江界 金世界
教育界 科学界 莲花界 满世界 全世界
清凉界 文艺界 文学界 香世界 戏曲界
影视界 自然界
安乐世界 大同世界 大千世界 第一世界
第二世界 第三世界 花花世界 宏观世界
黄金世界 极乐世界 金色世界 内心世界

莲花世界　清平世界　三千世界　娑婆世界
微观世界　小千世界　西方世界　周游世界
震惊世界
三千大世界/钥匙挂在眉毛上，开开眼界/

疥 jiè　疥疮。

不疥　风疥　封疥　患疥　礼疥　体疥
癣疥　已疥　痒疥
封郦疥　老柏疥　爬痒疥　手足疥　斋侯疥

蚧 jiè　［蛤蚧］爬行动物，像壁虎，头大，身上有红色斑点。

蛤蚧

戒 jiè　①防备。②谨慎。③斋戒。④戒除。⑤使警醒不犯错误。

不戒　八戒　备戒　摽戒　传戒　成戒
持戒　常戒　惩戒　大戒　风戒　犯戒
法戒　佛戒　古戒　官戒　悔戒　号戒
炯戒　酒戒　谏戒　监戒　教戒　儆戒
镜戒　鉴戒　警戒　诫戒　禁戒　开戒
女戒　力戒　两戒　能戒　铝戒　明戒
破戒　七戒　十戒　三戒　杀戒　受戒
说戒　宿戒　思戒　善戒　逝戒　天戒
托戒　五戒　先戒　小戒　言戒　自戒
至戒　钟戒　钻戒　斋戒　昭戒　谆戒
父母戒　后车戒　黄石戒　履霜戒　三年戒
杀生戒　止酒戒　钟鼓戒
大开杀戒　覆车当戒　景焕成戒　景焕垂戒
履霜之戒　闻者足戒　十惩大戒　引以为戒
引为鉴戒
牛缺遇盗之戒/前车覆，后车戒/言者无罪，闻者足戒/

诫 jiè　①规劝。②警告。③文体名④文告。⑤箴言。

不诫　众诫　呈诫　垂诫　常诫　告诫
规诫　诰诫　军诫　吉诫　教诫　谏诫
家诫　警诫　女诫　梦诫　劝诫　四诫
深诫　设诫　为诫　闻诫　信诫　宪诫
训诫　新诫　严诫　遗诫　作诫　至诫
箴诫　谆诫
几杖诫　盘盂诫
小惩大诫　遇盗之诫　庾衮父诫　谆谆告诫
狐丘之诫

届 jiè　①到（时候）。②量词。

不届　本届　飞届　换届　历届　上届
守届　如届　天届　首届　应届　远届
夷届
第一届　老三届
至天之届　无远弗届

借 jiè　①假托，借口。②凭借。③帮助。④暂时使用别人的财或物。

不借　出借　称借　筹借　拆借　典借
贷借　风借　分借　告借　互借　阶借
奖借　假借　流借　挪借　凭借　气借
巧借　求借　仍借　饶借　岁借　商借
续借　通借　相借　许借　幸借　一借
租借　资借　摘借　暂借　转借
布帆借　寒食借　双不借　遮道借　背城借
东挪西借

喈 jiè　赞叹。

喈喈
呼笑嚄喈　鹊叫喈喈

藉 jiè　又音 jí　①铺垫。②垫，衬。③坐卧其上。

承藉　地藉　蹈藉　冯藉　顾藉　各藉
孤藉　落藉　陵藉　躏藉　穷藉　腾藉
骀藉　蕴藉　韫藉　永藉　因藉　有藉
仰藉　缊藉　温藉　枕藉　资藉　慰藉
学醖藉
风流蕴藉　聊以慰藉　意未蕴藉

解 jiè　又音 jiě、xiè　①典挡抵押。②押送财物或犯人。

北解　发解　拨解　递解　南解　府解
免解　起解　取解　秋解　省解　选解
押解　蒲解　施解　先解
苏三起解

犗 jiè　阉割的牛。

众犗
千斤犗　五十犗

切 qiē　又音 qiè　①割，截。②切合。③几何学名词。

磋切　多切　复切　繁切　割切　横切

禁切 绞切 酸切 小切 细切 旋切
余切 正切 凿切 琢切
一刀切 拔剑切 搜剔切

伽 qié 又音 jiā、gā ［伽南香］沉香，可入药。［伽蓝］指众僧所住的佛寺。
婆伽 僧伽 云伽

茄 qié 又音 jiā 茄子，一种蔬菜，果实呈圆球形或长圆形，紫色。
颠茄 风茄 番茄 缅茄
红苋紫茄

且 qiě 又音 jū ①暂且，姑且。②副词，表暂时。③连词，表示进一层。
巴且 并且 次且 而且 姑且 苟且
即且 况且 狂且 聊且 昧且 权且
萋且 尚且 犹且 豫且 暂且
因循苟且

切 qiè 又音 qiē ①符合。②迫切。③诚恳。④深深地。⑤反切的简称。⑥责备。
哀切 倍切 悲切 逼切 揣切 惨切
诚切 操切 恻切 返切 讽切 愤切
关切 歌切 击切 近切 究切 劲切
简切 急切 紧切 较切 精切 激切
苦切 苛切 恳切 剀切 恺切 弥切
密切 敏切 摩切 迫切 盼切 切切
洽切 亲切 清切 悄切 情切 确切
凄切 綦切 强切 如切 适切 深切
妥切 贴切 太切 痛切 饕切 望切
心切 一切 严切 殷切 言切 音切
真切 挚切 谆切 箴切 直切 感切
寄切 恳切 深切
悲切切 猜地切 风景切 饥寒切 思归切
辞情切切 洞察一切 教子心切 目空一切
目睹一切 排斥一切 睥睨一切 摒档一切
求成心切 情真意切 情词恳切 情真词切
凄凄切切 亲亲切切 情凄意切 填之切切
思慕甚切 望闻问切 希望綦切 言辞恳切
言辞激切 语言贴切 意深情切

窃 qiè ①偷窃。②私自，暗中。③偷偷地。④谦指自己的（意见）。
不窃 扒窃 草窃 窜窃 钞窃 盗窃
诡窃 惯窃 泓窃 奸窃 据窃 窥窃
滥窃 名窃 绺窃 贫窃 剽窃 窃窃
攘窃 攘窃 失窃 鼠窃 忝窃 叨窃
偷窃 饕窃 行窃 隐窃 卓窃 僭窃
椎埋狗窃 狗偷鼠窃

妾 qiè ①小老婆。②妇女自谦之辞。
爱妾 八妾 婢妾 悲妾 处妾 宠妾
臣妾 蚕妾 帷妾 得妾 妃妾 换妾
姬妾 贱妾 老妾 孽妾 买妾 美妾
仆妾 妻妾 弃妾 取妾 四妾 色妾
侍妾 似妾 盛妾 讨妾 僮妾 为妾
蛟妾 下妾 小妾 仙妾 鱼妾 媵妾
长妾
荡舟妾 画眉妾 机杼妾 箕帚妾 靡芜妾
团扇妾 投筐妾
程松献妾 骏马换妾 三妻四妾 子野买妾

怯 qiè ①害怕。②胆小。③不大方。④体质虚弱。
卑怯 病怯 挫怯 胆怯 孤怯 脆怯
久怯 惧怯 娇怯 惊怯 苦怯 恐怯
愧怯 恇怯 驽怯 凌怯 懒怯 露怯
民怯 弱怯 懦怯 悚怯 士怯 甚怯
睡怯 慑怯 高怯 畏怯 心怯 相怯
羞怯 虚怯 庾怯 勇怯 庸怯 惴怯
自怯
蝶翅怯 空房怯 老不怯 软怯怯 虚怯怯
雁云怯
心乔意怯 心孤意怯 云娇雨怯

朅 qiè ①离去。②勇武。
朅朅

挈 qiè ①提，举。②带领。
草挈 带挈 分挈 扶挈 割挈 拘挈
挈挈 提挈 畛挈 携挈 掎挈
纲提领挈 左提右挈

惬 qiè ①快意。②满足。③舒服。
安惬 不惬 称惬 等惬 多惬 欢惬
快惬 内惬 理惬 颇惬 惬惬 深惬
妥惬 未惬 望惬 稳惬 婉惬 心惬
兴惬 谐惬 一惬 允惬 应惬 永惬

意惬　自惬
公论惬　凉吟惬　威爱惬　幽赏惬

箧 qiè　小箱子一类的东西。

重箧　大箧　倒箧　发箧　故箧　古箧
鼓箧　金箧　缄箧　开箧　筐箧　笼箧
篷箧　弃箧　胠箧　倾箧　箧箧　石箧
十箧　三箧　行箧　香箧　新箧　箱箧
仙箧　衣箧　一箧　竹箧
书留箧　相思箧
谤书满箧　读书满箧　翻箱倒箧　倾筐倒箧
倾箱倒箧　郗愔启箧　阴符发箧　张名三箧

些 xiē　①表不定数量。②略微。

悲些　楚些　短些　好些　荒些　九些
减些　那些　哪些　某些　山些　些些
险些　一些　有些　这些　招些
那么些　这么些

楔 xiē　①楔子。②用楔形物插入。

绰楔　打楔　居楔　加楔　加楔　雷楔
木楔　朴楔　振楔

歇 xiē　①休息。②停止。③睡。④消散。⑤尽。

安歇　不歇　打歇　凋歇　芳歇　歌歇
火歇　寒歇　蕙歇　间歇　既歇　露歇
梅歇　憩歇　气歇　情歇　人歇　荣歇
衰歇　啼歇　停歇　舞歇　未歇　午歇
无歇　休歇　香歇　息歇　消歇　歇歇
有歇　雨歇　艳歇　自歇　中歇
芳未歇　兰膏歇　愁恐歇　午烟歇　永不歇
壮心歇

蝎 xiē　又叫蝎子。有毒钩，可入药。

地蝎　毒蝎　蝮蝎　见蝎　弄蝎　媒蝎
猛蝎　去蝎　蛇蝎　万蝎　屋蝎　走蝎
毒如蛇蝎　撩蜂剔蝎　心如蛇蝎

协 xié　①和谐。②共同。③协助。④帮助。

道协　德协　福协　化协　欢协　和协
嘉协　农协　普协　人协　柔协　妥协
调协　式协　声协　时协　威协　翁协
心协　相协　谐协　久协　用协　远协
仰协　众协　祇协　早协　政协
灵爽协　七政协　人事协　三才协　万民协
万邦协　埙篪协

胁 xié　①从腋下到腰的地方。②逼迫。③收敛。④恐惧。

兵胁　逼胁　仳胁　长胁　短胁　恫胁
腐胁　裹胁　后胁　举胁　劫胁　见胁
恐胁　两胁　监胁　迫胁　剖胁　骈胁
石胁　山胁　伤胁　肾胁　势胁　体胁
外胁　威胁　胸胁　月胁　阴胁　欲胁
诱胁　中胁　左胁　折胁
垂耳骈胁　语出月胁

邪 xié　又音 yé　①不正当。②妖异怪诞。③私。④中医指致病原因。

闭邪　逼邪　诐邪　疵邪　避邪　虫邪
除邪　谗邪　触邪　单邪　风邪　官邪
诡邪　回邪　昏邪　诨邪　寒邪　奸邪
纠邪　骄邪　琅邪　辟邪　颇邪　僻邪
弃邪　去邪　祛邪　奇邪　驱邪　胜邪
若邪　无邪　外邪　讦邪　污邪　巫邪
心邪　洿邪　凶邪　香邪　虚邪　悭邪
阴邪　狎邪　淫邪　妖邪　止邪　正邪
照邪　触邪　南邪　昆邪　昔邪
不信邪　呼韩邪　去奸邪　思无邪　香辟邪
有神邪
纯真无邪　傅奕除邪　天真无邪　是邪非邪
一正压百邪/二福能消百病，一正能除百邪/

挟 xié　①夹持。②挟制。③要挟。

不挟　扶挟　防挟　诡挟　裹挟　家挟
奸挟　狃挟　手挟　相挟　要挟　自挟

携 xié　①离。②带。③手拉着。④提。

便携　分携　扶携　解携　睽携　手携
提携　心携　相携　予携　捉携　招携
冰雪携　共提携　旧俗携　鹿门携　酒频携
两袖携　手自携　玉壶携　醉中携

斜 xié　①倾出。②不正。③向偏离正中的方向移动。

偏斜　鬓斜　钗斜　斗斜　打斜　陡斜
风斜　帆斜　峰斜　横斜　髻斜　路斜

楼斜　柳斜　帽斜　乜斜　偏斜　取斜
欹斜　倾斜　日斜　窝斜　歪斜　唱斜
屋斜　星斜　狭斜　夭斜　月斜　迤斜
烟斜　影斜　竹斜　烛斜　簪斜　喎斜
半榻斜　葛巾斜　汉宫斜　酒帘斜　禁花斜
两袖斜　墨痕斜　片帆斜　五雨斜　日西斜
日历斜　日影斜　水纹斜　数竿斜　五雨斜
舞袖斜　舞腰斜　夕阳斜　绣帘斜　月光斜
玉钞斜　玉钩斜　雁字斜　照水斜　竹影斜
接罹斜
口歪眼斜　口眼喎斜　哩溜歪斜　梁折柱斜
七歪八斜　歪歪斜斜　一溜歪斜　枝条欹斜
何论根株，干大则枝斜/身正不怕影子斜/树正不怕月影斜/

偕 xié ①同行。②普遍。③健壮的样子。

步偕　方偕　计偕　孔偕　俪偕　讣偕
齐偕　相偕　偕偕　与偕　雁偕
出处偕　金石偕　晚风偕　与子偕　与时偕
与君偕
分解和偕　有貌伯偕

谐 xié ①和合。②和谐。③诙谐。

不谐　弼谐　诽谐　单谐　寡谐　和谐
诙谐　缉谐　口谐　克谐　难谐　偶谐
俳谐　气谐　齐谐　情谐　汝谐　少谐
谈谐　调谐　婉谐　心谐　戏谐　先谐
意谐
八音谐　出处谐　凤鸾谐　方朔谐　金石谐
两情谐　绮席谐　赏心谐　素志谐　万民谐
与俗谐　韵未谐　愿已谐
分解和谐　亦庄亦谐　鱼水和谐

撷 xié ①取下，摘下。②用衣兜东西。

采撷　牟撷　搴撷　玩撷　掇撷

缬 xié 有花纹的丝绸织品。

春缬　残缬　采缬　点缬　广缬　红缬
花缬　夹缬　浅缬　散缬　委缬　纹缬
细缬　眼缬　紫缬　醉缬
冰如缬　波纹缬　鱼子缬　醉眼缬

鞋 xié 穿在脚上走路时可以着地的东西。

布鞋　冰鞋　便鞋　草鞋　丁鞋　钉鞋
单鞋　掉鞋　兜鞋　凤鞋　弓鞋　挂鞋
花鞋　夹鞋　胶鞋　坤鞋　女鞋　凉鞋
芒鞋　麻鞋　棉鞋　皮鞋　跑鞋　破鞋
青鞋　球鞋　上鞋　失鞋　笋鞋　僧鞋
靸鞋　套鞋　提鞋　趿鞋　拖鞋　脱鞋
跳鞋　鞝鞋　绱鞋　铁鞋　小鞋　绣鞋
吟鞋　雨鞋　油鞋　振鞋　棕鞋
穿小鞋　风头鞋　高跟鞋　合欢鞋　金泥鞋
穿镂鞋　芒编鞋　棉胶鞋　跑破鞋　双头鞋
水晶鞋　松糕鞋　绣花鞋　拥军鞋
高跟儿鞋　仁凯窃鞋　踏青之鞋　踏破铁鞋
郑人买鞋
常在河边走，难免踏湿鞋/蹲在茅房不拉屎，站在河边不脱鞋/

龤 xié 多用于人名。

万龤　刘龤　钱龤　神龤
雕龙刘龤

写 xiě ①书写。②写作。③抄写。④描摹。⑤移置。

备写　编写　抄写　采写　草写　粗写
传写　刺写　大写　对写　独写　复写
幅写　繁写　改写　横写　简写　就写
可写　刻写　课写　乱写　摅写　能写
临写　连写　烂写　描写　密写　漫写
摹写　默写　难写　披写　拼写　谱写
倾写　三写　手写　水写　书写　速写
抒写　舒写　逝写　缮写　缩写　输写
听写　特写　涂写　陶写　投写　题写
誊写　填写　小写　心写　细写　形写
影写　自写　展写　状写　转写　撰写
冰绡写
轻描淡写

泄 xiè ①液体、气体排出。②泄漏出。③露出。④发泄。⑤中医病名。

不泄　电泄　黜泄　分泄　发泄　方泄
缓泄　骄泄　简泄　沮泄　开泄　漏泄
怒泄　桥泄　呕泄　欧泄　排泄　痞泄
溶泄　融泄　上泄　水泄　渗泄　事泄

睡泄 蓄泄 善泄 通泄 下泄 消泄
写泄 宣泄 泄泄 云泄 言泄 忧泄
语泄 注泄 早泄 湍泄
掣掣泄泄 融融泄泄

绁 xiè ①牵牲畜的绳索。②拴。

便绁 羁绁 累绁 缧绁 衔绁 系绁

渫 xiè ①除去。②疏通。

奥渫 井渫 决渫 浚渫 开渫 清渫
欢未渫 怒未渫

泻 xiè ①液质的东西快速地流。②拉肚子。③倾泻。

奔泻 象泻 地泻 腹泻 河泻 咸泻
及泻 流泻 泉泻 清泻 倾泻 喷泻
水泻 吐泻 填泻 下泻 泄泻 细泻
永泻 溢泻 注泻 珠泻 泽泻 止泻
词源泻 对花泻 泪如泻 石榴泻
大雨倾泻 上吐下泻

瀣 xiè ［沆瀣］夜间的水汽。

碧瀣 崔瀣 沆瀣 结瀣 茂瀣 玉瀣
衣瀣
餐霞饮瀣

卸 xiè ①解去套在马身上的东西。②解除。

报卸 拆卸 交卸 解卸 脱卸 推卸
诿卸 柝卸 装卸
初帆卸 雕鞍卸 事难卸 晚妆卸 银甲卸
大拆大卸

屑 xiè ①碎末。②重视，顾惜。③研成碎末。

不屑 宝屑 冰屑 勃屑 豆屑 飞屑
桂屑 黄屑 金屑 锯屑 经屑 寄屑
露屑 落屑 木屑 麦屑 煤屑 琼屑
栖屑 琐屑 沙屑 松屑 碎屑 骚屑
炭屑 铁屑 谈屑 猥屑 香屑 栖屑
纤屑 屑屑 萧屑 玉屑 银屑 珠屑
霏玉屑 餐松屑 头皮屑 犀角屑 朝霞屑
鄙夷不屑 竹头木屑 彦国吐屑

械 xiè ①器械。②武器。③刑具。④指桎梏。

兵械 持械 扭械 斗械 工械 关械
铠械 机械 军械 缴械 利械 农械
木械 枪械 旗械 器械 戎械 守械
俗械 受械 天械 无械 药械 掷械
兵巧械 长柄械 动若械 短兵械 攻城械
举易械 无所械 云梯械
简单机械 农业机械

亵 xiè ①淫秽。②轻慢。③亲近，狎近。

丑亵 渎亵 烦亵 秽亵 溷亵 轻亵
私亵 猥亵 褻亵 狎亵 淫亵 燕亵

谢 xiè ①感激。②认错。③拒绝。④凋落。

不谢 报谢 败谢 罢谢 拜谢 璧谢
鲍谢 长谢 徂谢 称谢 陈谢 辞谢
酬谢 辍谢 代谢 递谢 道谢 多谢
答谢 凋谢 鄂谢 弗谢 告谢 固谢
高谢 顾谢 跪谢 感谢 后谢 花谢
贿谢 旧谢 殂谢 解谢 寄谢 谨谢
叩谢 愧谢 溘谢 沦谢 赂谢 零谢
名谢 面谢 鸣谢 迁谢 前谢 起谢
请谢 谦谢 赇谢 二谢 三谢 申谢
索谢 推谢 填谢 通谢 陶谢 王谢
委谢 萎谢 谈谢 婉谢 小谢 先谢
谢谢 逊谢 运谢 营谢 颜谢 谒谢
预谢 中谢 作谢 占谢 造谢 重谢
组谢 知谢 致谢 踵谢
大小谢 东山谢 登门谢 故人谢 花开谢
老人谢 免冠谢 杏花谢 殷勤谢
百花凋谢 崔比王谢 基础代谢 新陈代谢
落花红满地，多谢多谢/

榭 xiè ①修筑在台上的房屋。②古代的讲武堂。

池榭 风榭 芳榭 宫榭 高榭 花榭
渐榭 旧榭 离榭 楼榭 凉榭 露榭
柳榭 曲榭 水榭 台榭 亭榭 舞榭
轩榭 宣榭 玉榭 月榭
芳洲榭 凌云榭 瀛州榭
歌台舞榭

解 xiè 又音 jiě、jiè ①明白。②姓。③解县，在山西省。

姓解 老解 心解

薢 xiè ［薢茩］菱的别称。

萆薢

廨 xiè 官吏办事的地方。

府廨 公廨 官廨 立廨 山廨 尉廨
外廨 小廨 修廨 徒廨 至廨
参佐廨 长史廨 扬州廨
会审公廨

懈 xiè ①懈怠。②松，缓。

不懈 弛懈 待懈 怠懈 惰懈 匪懈
后懈 候懈 劳懈 离懈 气懈 屈懈
松懈 伺懈 疏懈 无懈 小懈
不敢懈 筋力懈 守者懈 体无懈 无莛懈
勿自懈
常惫不懈 坚持不懈 始终不懈 学习松懈

蟹 xiè 螃蟹，一种节肢动物。身有甲壳，体呈橘黄色，肉味鲜美。

螯蟹 把蟹 捕蟹 川蟹 持蟹 雌蟹
撤蟹 翠蟹 大蟹 灯蟹 得蟹 稻蟹
非蟹 放蟹 腹蟹 缚蟹 干蟹 红蟹
海蟹 虎蟹 河蟹 黄蟹 江蟹 进蟹
乐蟹 老蟹 名蟹 母蟹 螃蟹 取蟹
山蟹 石蟹 水蟹 食蟹 双蟹 拾蟹
送蟹 生蟹 似蟹 使蟹 嗜蟹 霜蟹
糖蟹 小蟹 仙蟹 行蟹 新蟹 雄蟹
暇蟹 一蟹 遇蟹 鱼蟹 早蟹 紫蟹
醉蟹
多足蟹 横戈蟹 金钱蟹 芦根蟹 怒移蟹
秋照蟹 水甲蟹 梭子蟹 脱壳蟹 无肠蟹
玉质蟹
持怀擘蟹 鬼怖螃蟹 钱昆嗜蟹 味淡撒蟹
鱼鳖虾蟹 落汤螃蟹
一蟹不如一蟹/

薤 xiè 俗称“藠头”，多年生草本植物。

白薤 拔薤 葱薤 春薤 捣薤 倒薤
韭薤 露薤 山薤 霜薤 玉薤 种薤
龙山薤 庾郎薤
得葵翠薤

燮 xiè 调和，谐和。

不燮 北燮 布燮 方燮 宏燮 弘燮
烹燮 天燮 调燮 谐燮 燮燮 远燮

躞 xiè ［蹀躞］迈着小步走路的样子。

蹀躞 玉躞

曰 yuē ①说。②叫做。

期曰 子曰
美其名曰 诗云子曰

约 yuē 又音 yāo ①约束。②大约。③以语气或文字商定需要共同遵守的事。④邀请。⑤俭省。⑥简要。⑦绳子。⑧隐微。

不约 百约 省约 辩约 沟约 冲约
成约 草约 词约 诎约 婵约 淖约
婥约 绰约 大约 订约 缔约 丰约
负约 赴约 古约 公约 贯约 规约
稿约 合约 好约 和约 悔约 捍约
婚约 毁约 节约 居约 归约 纠约
家约 禁约 简约 践约 解约 俭约
捡约 集约 绝约 诫约 困约 立约
掠约 赁约 领约 廉约 履约 民约
面约 明约 谋约 密约 盟约 片约
贫约 破约 求约 弃约 栖约 清约
期约 前约 轻约 契约 签约 如约
弱约 失约 司约 守约 受约 省约
损约 商约 宿约 爽约 誓约 投约
退约 条约 特约 童约 天约 文约
违约 畏约 宛约 委约 绾约 婉约
乡约 行约 相约 削约 信约 协约
限约 新约 义约 言约 依约 要约
幽约 约约 议约 预约 渝约 艳约
隐约 豫约 逾约 邀约 知约 自约
租约 制约 重约
鸡黍约 方外约 林泉约 青山约 轻年约
桥公约 三生约 三章约 诗酒约 携手约
云霞约
百年之约 拆散纵约 对床之约 丰神绰约
风采绰约 风姿绰约 互相制约 纶组节约
俭省节约 鸡黍之约 李崇俭约 厉行节约
勤俭节约 陶侃亲约 桑中之约 桑间之约

文字简约　由博返约　隐隐约约　莺期燕约
众矢之约
不平等条约/官凭印信，私凭票约/

矱

yuē　尺度，标准。

矩矱　准矱

哕

yuě　①呕吐。②拟声词。

干哕　嗢哕

月

yuè　①月亮。②计时的单位，一年的十二个月之一。③形状像月亮的。④姓。

爱月　八月　半月　伴月　包月　宝月
拜月　奔月　彼月　暴月　璧月　出月
此月　初月　除月　春月　残月　畅月
承月　喘月　蟾月　大月　对月　冬月
当月　带月　得月　断月　淡月　钓月
端月　澮月　风月　伏月　乏月　犯月
芳月　浮月　古月　弓月　瓜月　共月
告月　归月　孤月　桂月　珪月　钩月
辜月　皋月　后月　花月　汉月　华月
亥月　荒月　荷月　黄月　海月　皓月
槐月　慧月　寒月　娥月　九月　今月
江月　归月　节月　金月　计月　吉月
佳月　忌月　菊月　俭月　季月　期月
临月　皎月　祭月　镜月　嘉月　霁月
六月　可月　苦月　哭月　兰月　历月
历月　冷月　灵月　林月　良月　凉月
丽月　连月　临月　落月　萝月　腊月
朗月　蜡月　榴月　累月　揽月　前月
忙月　每月　眉月　孟月　明月　弥月
梅月　蜜月　满月　年月　弄月　平月
片月　品月　破月　浦月　蒲月　七月
且月　巧月　前月　却月　缺月　秋月
聊月　二月　入月　日月　如月　闰月
瑞月　上月　十月　三月　山月　水月
四月　时月　岁月　沙月　寺月　是月
朔月　乘月　素月　赏月　扇月　碎月
暑月　曙月　随月　霜月　麝月　天月
团月　涂月　提月　挑月　跳月　踏月
午月　五月　玩月　旺月　渥月　弯月
望月　小月　乡月　夕月　闲月　玄月
旬月　杏月　相月　纤月　弦月　星月
霄月　斜月　隙月　销月　泻月　夏月
新月　晓月　曦月　云月　元月　易月
月月　余月　吟月　阳月　阴月　饮月
夜月　圆月　孕月　淹月　烟月　瑶月
逾月　盈月　偃月　御月　正月　竹月
足月　仲月　坐月　匝月　壮月　指月
捉月　枕月　逐月　终月　斋月　陬月
醉月　整月　愒月　娥月
半边月　半规月　蚌中月　拜新月　悲秋月
闰二月　嘲咏月　吹落月　穿云月　打秋月
冬子月　洞庭月　关山月　歌扇月　挂明月
汉宫月　红五月　海棠月　嘉平月　迷淡月
满篷月　桥畔月　秋霜月　凄凉月　纤纤月
青楼月　青嶂月　三人月　闰三月　闰五月
十一月　十二月　上弦月　水中月　猴望月
霜晨月　亭亭月　谈风月　调风月　玩碎月
望新月　弯钩月　下弦月　相思月　潇湘月
一梳月　云遮月　一床月　迎秋月　瑶台月
圆映月　做满月
半边明月　冰壶秋月　长年累月　成年累月
春花秋月　嫦娥奔月　晨霜晓月　蹉跎岁月
嘲风咏月　啸风弄月　刁风拐月　雕风镂月
壶中日月　飞霜六月　公远玩月　风花雪月
光照日月　光风霁月　何年何月　烘云托月
荒时暴月　海中捞月　海底捞月　寒冬腊月
壶中日月　猴年马月　猴子救月　近水得月
积年累月　经年累月　霁风朗月　镜花水月
牛衣岁月　刘琨啸月　拈花弄月　朗朗明月
卢沟晓月　流星赶月　累年逾月　驴年马月
隆冬腊月　沐日浴月　眉如新月　漫长岁月
暮春三月　披星戴月　批风抹月　迁延岁月
穷年累月　清风明月　二分明月　溶溶夜月
三潭印月　三荒五月　十冬腊月　山间明月
水中捞月　水底捞月　松风水月　隋侯明月
太初日月　无边风月　太初明月　偷丸奔月
停云落月　五黄六月　吴牛喘月　玩日愒月
玩岁愒月　凶年暴月　消磨岁月　虚延岁月
形如弯月　徐勉风月　笑傲风月　星空皓月
羞花闭月　犀牛望月　晓风残月　一弯新月
一弓新月　一轮明月　玉斧修月　有年无月
吟风弄月　烛花风月　优游岁月　阳春三月

咏嘲风月　众星拱月　众星捧月　早春二月
众星攒月　止谈风月　竹烟波月　忠贯日月
峥嵘岁月　整年累月　今月古月　迎风待月
忘味三月　水中捉月　猿猴取月
镜中花，水中月/近水楼台先得月/三十功名尘与土，八千里路云和月/止可谈风月/人生不见日月/

刖　yuè　古时砍脚的酷刑。

悲刖　劓刖　残刖　断刖　犯刖　膑刖
亲刖　黥刖　双刖　行刖　一刖　贻刖
摇刖　自刖　再刖　足刖　遭刖
不辞刖　卞和刖　屡遭刖　迷邦刖
改髌作刖

钥　yuè　又音 yào　①锁。②边防要地。③关键。

扃钥　重钥　关钥　金钥　镉钥　禁钥
库钥　留钥　门钥　秘钥　千钥　上钥
锁钥　天钥　下钥　玉钥　鱼钥　众钥
北门钥
北门锁钥

乐　yuè　又音 lè　①音乐。②乐器。③奏。④乐工。⑤儒家"六艺"之一。

哀乐　播乐　吹乐　达乐　队乐　典乐
敦乐　褅乐　凤乐　广乐　古乐　国乐
管乐　鼓乐　合乐　胡乐　军乐　妓乐
嘉乐　凯乐　恺乐　六乐　立乐　礼乐
民乐　庙乐　缦乐　靡乐　配乐　去乐
起乐　器乐　俗乐　声乐　诗乐　散乐
万乐　外乐　五乐　为乐　杵乐　仙乐
西乐　弦乐　异乐　音乐　易乐　役乐
淫乐　悦乐　宴乐　雅乐　正乐　周乐
杂乐　奏乐
吹奏乐　管弦乐　鼓吹乐　交响乐　九部乐
爵士乐　钧天乐　清庙乐　清商乐　轻音乐
十番乐　十部乐　室内乐　太常乐　一番乐
摇滚乐
标题音乐　电子音乐　电影音乐　夏调音乐
古典音乐　广东音乐　具体音乐　钧天广乐
爵士音乐　偶然音乐　民间音乐　五音八乐
西洋音乐　主题音乐　钟仪操乐

岳　yuè　①高大的山。②对妻家父母的称呼。③姓。

拨岳　北岳　苍岳　东岳　岱岳　黛岳
戴岳　登岳　分岳　方岳　古岳　高岳
华岳　海岳　韩岳　恒岳　九岳　金岳
荆岳　峤岳　令岳　列岳　龙岳　名岳
南岳　潘岳　蓬岳　青岳　秋岳　情岳
琼岳　二岳　十岳　山岳　四岳　神岳
崧岳　台岳　泰岳　无岳　五岳　蔚岳
西岳　仙岳　秀岳　一岳　宜岳　阳岳
幽岳　夜岳　中岳　庄岳　宗岳　召岳
惰情岳　撼山岳　渊渟岳　游五岳
恩同山岳　准题华岳　二毛潘岳

说　yuè　又音 shuō、shuì　古汉语同"悦"字。

欢说　虞说　情说　通说　相说
两情相说

悦　yuè　①高兴。②悦服。③使愉快。

安悦　爱悦　傲悦　不悦　怍悦　充悦
诚悦　禅悦　耽悦　抚悦　法悦　拂悦
傅悦　附悦　歌悦　甘悦　光悦　怪悦
感悦　和悦　欢悦　恢悦　酣悦　结悦
解悦　嘉悦　快悦　空悦　闾悦　愧悦
乐悦　民悦　梦悦　媚悦　内悦　弄悦
难悦　取悦　忻悦　洽悦　清悦　凄悦
耳悦　容悦　迩悦　失悦　孙悦　设悦
天悦　玩悦　万悦　婉悦　慰悦　悟悦
舞悦　相悦　欣悦　信悦　喜悦　易悦
厌悦　怡悦　谀悦　娱悦　愉悦　踊悦
贞悦　醉悦　酬悦　追悦　诜悦
宸心悦　闻风悦
满怀喜悦

阅　yuè　①省视。②看（文字）。③经历。④检阅。⑤阅历。⑥总聚，汇集。

饱阅　呈阅　传阅　陈阅　查阅　参阅
大阅　多阅　订阅　伐阅　阀阅　翻阅
华阅　讲阅　借阅　简阅　校阅　教阅
检阅　解阅　掘阅　批阅　披阅　评阅
圈阅　客阅　拆阅　审阅　索阅　赏阅
讨阅　探阅　玩阅　省阅　详阅　细阅
一阅　展阅　赞阅　赠阅　坐阅

李华再阅　倚门倚阅

钺 yuè　古代兵器名，形似大板斧。

兵钺　秉钺　操钺　斧钺　铁钺　隔钺
黄钺　麾钺　节钺　井钺　金钺　棨钺
手钺　受钺　铁钺　天钺　玄钺　援钺
用钺　有钺　杖钺　章钺　征钺　钺钺
假黄钺

越 yuè　①跨过，跳过。②经过。③不依次序。④声音昂扬。⑤消散。⑥超出。

不越　擂越　差越　穿越　超越　传越
楚越　逴越　踔越　搀越　大越　对越
动越　度越　颠越　飞越　奋越　发越
翻越　广越　古越　过越　汩越　葛越
抗越　胡越　横越　胶越　僭越　激越
开越　纰越　跨越　类越　流越　明越
蛮越　暮越　蒲越　攀越　秦越　穷越
去越　侵越　清越　思越　使越　升越
偷越　腾越　檀越　吴越　文越　易越
秀越　屑越　薛越　于越　义越　由越
亦越　优越　吟越　事越　诛越　永越
英越　陨越　踰越　逾越　羽越　影越
越越　轶越　燕越　宗越　卓越　南越
纵越　檀越
黑越越　越来越　从头越
昂扬激越　不可逾越　鲁人之越　铿锵激越
声音清越　神魂飞越　心驰神越　舄必思越
章甫适越　乘舆播越

樾 yuè 道旁的林荫树。

翠樾　林樾　茂樾　清樾　庭樾　岩樾
荫樾　榛樾

跃 yuè　①跳。②比喻快速前进。③向上。

动跃　忭跃　蹈跃　飞跃　凤跃　奋跃
感跃　回跃　欢跃　活跃　鹤跃　惊跃
金跃　距跃　爵跃　龙跃　忙跃　庆跃
泉跃　崔跃　潜跃　升跃　神跃　谂跃
耸跃　疏跃　跳跃　腾跃　舞跃　欣跃
戏跃　鱼跃　踧跃　燕跃　跃跃　踊跃
虎凤跃　延年跃
虫鸣螽跃　凫趋雀跃　欢欣雀跃　欢呼雀跃
龙腾虎跃　鸢飞鱼跃　燕穿雀跃　纵身一跃

粤 yuè　广东的别称。

百粤　奔粤　东粤　南粤　两粤　欧粤
闽粤　使粤　同粤　投粤　吴粤　燕粤
自粤

鸑 yuè　古代的一种水鸟。

鸟鸑　鸾鸑　瑞鸑　鹔鸑

龠 yuè　①古代一种竹管乐器。②古量器名。

合龠　九龠

瀹 yuè　①疏导河水。②浸渍。

疏瀹

籥 yuè　①古代管乐器。②古代通风管道。

哀籥　豳籥　吹籥　春籥　大籥　关籥
管籥　鼓籥　金籥　炅籥　年籥　南籥
鸣籥　素籥　笙籥　缇籥　索籥　万籥
文籥　舞籥　苇籥　一籥　羽籥　饮籥
左籥　执籥

疟 nüè　又音 yào　疟疾，一种周期性发冷发热的传染病。

病疟　多疟　发疟　患疟　袪疟　热疟
山疟　逃疟　忘疟　应疟　在疟

虐 nüè　①残暴狠毒。②暴烈。③灾害。

不虐　播虐　暴虐　魃虐　残虐　惨虐
大虐　多虐　昏虐　旱虐　劫虐　苛虐
焙虐　酷虐　寇虐　厉虐　戾虐　掳虐
凌虐　取虐　抢虐　戕虐　肆虐　骚虐
汰虐　饕虐　无虐　为虐　威虐　凶虐
邪虐　险虐　刑虐　酗虐　娇虐　助虐
恣虐　诈虐　贼虐　政虐
酒令虐
旱魃为虐　二竖为虐　谑而不虐　助纣为虐
助桀为虐　祝融为虐
到州日亭午，余暑秋更虐/

掠 lüè　①夺取。②斫伐。③拷打。

抄掠　笞掠　残掠　楚掠　榜掠　暴掠

飞掠　拂掠　攻掠　鹘掠　劫掠　考掠
拷掠　梏掠　陆掠　掳掠　杪掠　剽掠
刬掠　侵掠　抢掠　窃掠　驱掠　杀掠
扫掠　梳掠　肆掠　删掠　文掠　相掠
燕掠　栉掠　殴掠
奸淫掳掠
冻死不拆屋，饿死不掳掠/

略 lüè　①疆界。②法度。③巡行。④谋略。⑤掠夺。⑥稍微。⑦大要。

奥略　兵略　豹略　霸略　才略　从略
抄略　策略　粗略　诚略　大略　多略
胆略　方略　封略　广略　过略　赶略
刚略　概略　诡略　忽略　鸿略　节略
计略　劫略　简略　经略　较略　将略
辑略　阔略　领略　漏略　略略　廉略
虏略　目略　没略　妙略　庙略　谋略
谟略　朴略　遍略　七略　侵略　权略
浅略　驱略　缺略　妻略　群略　渠略
阙略　戎略　三略　史略　省略　识略
事略　箕略　胜略　商略　盛略　疏略
删略　通略　脱略　文略　外略　韬略
武略　宣略　细略　线略　详略　雄略
英略　远略　运略　约略　有略　要略
勇略　崖略　意略　义略　传略　志略
王略　知略　战略　资略　智略　赞略
安人略　黄石略　黄公略　缓边略　匡时略
七擒略　神州略　纵横略
长质远略　椎轮大略　宏才在略　黄公三略
雄才大略　雄图大略　长算远略
廊庙之材非一木之枝，帝王之功非一士之略/

屩 juē　草鞋

败屩　草屩　赐屩　蹑屩　木屩　芒屩
绳屩　释屩　雪屩　云屩　烟屩　著屩
居士屩　绿丝屩

撅 juē　①翘起。②顶撞。③折。

蹇撅
硬撅撅　直撅撅

孓 jué　［孑孓］蚊子的幼虫。

孑孓

决 jué　①拿定主意。②执行死刑。③开通水道。④判决。⑤决定最后的胜负。

表决　报决　冲决　处决　参决　齿决
裁决　大决　胆决　荡决　断决　否决
讣决　勾决　公决　果决　河决　横决
句决　决决　亟决　坚决　解决　绞决
鞫决　开决　溃决　立决　临决　量决
栗决　留决　览决　面决　明决　猛决
平决　判决　剖决　票决　取决　气决
枪决　壤决　手决　速决　天决　吐决
未决　小决　先决　谐决　枭决　引决
雨决　用决　议决　要决　勇决　嗌决
淹决　臆决　自决　专决　助决　知决
坐决　指决　斩决　智决　资决　踵决
立谈决　平心决
迟迟不决　迟疑不决　沉吟不决　崔咸夜决
好谋无决　狐疑不决　亟待解决　履穿踵决
民族自决　缺席判决　速战速决　刑事判决
悬而未决　依法判决　依违不决　言听谋决
鱼烂河决　犹豫不决　纳履踵决　十荡十决

诀 jué　①将远离而诀别，长别。②窍门，方法。③口诀。

宝诀　茶诀　辞诀　丹诀　共诀　歌诀
隽诀　口诀　临诀　妙诀　秘诀　棋诀
掐诀　神诀　撤诀　通诀　仙诀　心诀
相诀　新诀　详诀　永诀　要诀　正诀
指诀　真诀
长生诀　壶公诀　看花诀　壶中诀

抉 jué　①挑出。②戳穿。③揭发，指责。

洞抉　构抉　钩抉　抉抉　怒抉　披抉
排抉　搜抉　挑抉　剔抉　爪抉　擿抉
摘抉　拽抉
爬罗剔抉

玦 jué　环形又有缺口的佩玉。

把玦　宝玦　带玦　得玦　赐玦　环玦
金玦　举玦　捐玦　两玦　美玦　佩玦
投玦　一玦　玉玦
珊瑚玦　王孙玦
楚王佩玦　范增举玦

角 jué 又音 jiǎo ①古代酒器。②竞赛。③演员。④比试。⑤角逐。

丑角 旦角 红角 净角 坤角 名角
捧角 配角 书角 生角 正角 主角
最佳配角

桷 jué 方的椽子。

百桷 长桷 翠桷 拱桷 华桷 横桷
巨桷 金桷 刻桷 梁桷 松桷 卧桷
绣桷

珏 jué 并在一起的两块玉。

成珏 方珏 琎珏 名珏 双珏 一珏
金书梦珏

觉 jué 又音 jiào ①睡醒。②使人觉悟、明白。③发觉。④感觉。⑤启发。

不觉 半觉 便觉 车觉 错觉 察觉
错觉 融觉 大觉 斗觉 多觉 独觉
夫觉 发觉 肤觉 乖觉 感觉 后觉
呼觉 幻觉 慧觉 机觉 惊觉 警觉
困觉 空觉 冷觉 念觉 明觉 妙觉
寐觉 梦觉 掀觉 色觉 视觉 诗觉
遂觉 睡觉 听觉 痛觉 无觉 午觉
味觉 忘觉 罔觉 捂觉 温觉 寝觉
先觉 相觉 嗅觉 新觉 醒觉 一觉
易觉 预觉 诱觉 正觉 住觉 自觉
知觉 直觉 智觉 转觉 响觉
不知觉 春梦觉 花前觉 寒铜觉 遽然觉
平衡觉 倩梦觉 睡大觉 睡午觉 睡懒觉
弹指觉 眼惊觉 鸳鸯觉 莺先觉 巾妇觉
不知不觉 大梦初觉 第六感觉 黑甜一觉
如梦幻觉 视觉听觉 先知先觉 政治嗅觉
人不知，鬼不觉/神不知，鬼不觉/

绝 jué ①穷尽。②断绝。③缺乏，贫困。④绝句。⑤极远，隔绝。⑥独一无二的。⑦气息中止。⑧极，最。⑨穿过，越过。

爱绝 不绝 闭绝 阏绝 屏绝 贬绝
摒绝 车绝 长绝 斥绝 垂绝 超绝
词绝 踔绝 摧绝 愁绝 待绝 痴绝
斗绝 杜绝 地绝 带绝 断绝 顿绝
遏绝 阏绝 乏绝 弗绝 放绝 工绝
过绝 古绝 告绝 苟绝 高绝 哏绝
根绝 鬲绝 冠绝 隔绝 回绝 画绝
横绝 魂绝 几绝 叫绝 交绝 尽绝
界绝 决绝 经绝 戒绝 拒绝 奸绝
禁绝 精绝 筋绝 峻绝 惊绝 剿绝
口绝 空绝 阔绝 匮绝 两绝 辽绝
礼绝 沦绝 陵绝 路绝 离绝 灭绝
妙绝 闷绝 梦绝 泯绝 凝绝 七绝
气绝 曲绝 奇绝 弃绝 穷绝 峭绝
清绝 轻绝 遒绝 凄绝 敻绝 十绝
上绝 书绝 三绝 食绝 胜绝 赏绝
天绝 叹绝 五绝 未绝 芜绝 违绝
萎绝 小绝 秀绝 悬绝 袖绝 谢绝
二绝 一绝 雨绝 永绝 引绝 英绝
阳绝 陨绝 艳绝 诣绝 越绝 中绝
自绝 折绝 卓绝 针绝 阻绝 斩绝
崭绝 诛绝
编三绝 恩尽绝 世缘绝 唐三绝
伯旋五绝 恚痛欲绝 长康三绝 称奇道绝
杜门自绝 殚尽粮绝 恩尽义绝 恩断义绝
风清弊绝 风致韵绝 赶尽杀绝 肝肠断绝
艰苦卓绝 继起不绝 来往断绝 来往不绝
李邕三绝 李邕六绝 累世不绝 络绎不绝
袅袅欲绝 绵亘不绝 人琴并绝 拍案叫绝
宋传三绝 死尽灭绝 深恶痛绝 滔滔不绝
叹赏不绝 痛深恶绝 万念俱绝 韦编三绝
韦编屡绝 婉言谢绝 兴灭继绝 兴衰继绝
香烟断绝 与世隔绝 易韦三绝 义断恩绝
艺精技绝 严词拒绝 源源不绝 斩尽杀绝
郑虔三绝
好话说尽，坏事做绝/一日同观三绝/

倔 jué 又音 juè 性情固执，倔强。

健倔 疆倔

掘 jué ①挖。②尽。③直立不动貌。

不掘 采掘 穿掘 倒掘 发掘 负掘
改掘 尽掘 开掘 可掘 力掘 罗掘
培掘 锹掘 挖掘 凿掘 折掘
笋堪掘 心刃掘

崛 jué ①特出的样子。②山峰突起。

嵬崛 魁崛 隆崛 奇崛 郁崛

厥 jué ①磕碰。②失去知觉，不省人事晕倒。③乃，才。

北厥 播厥 插厥 昏厥 寒厥 韩厥
举厥 惊厥 剞厥 劣厥 陆厥 愤厥
气厥 热厥 突厥 胎厥 痰厥 未厥
晕厥 诒厥 贻厥
尹绰与赦厥/

劂 jué ［剞劂］①雕刻用的弯刀。②雕版，刻书。

剞劂 刻劂

蕨 jué 多年生草本植物，根茎横生地下。根状茎可制淀粉，枝可入药。

采蕨 春蕨 老蕨 藜蕨 木蕨 山蕨
食蕨 笋蕨 薇蕨 洗蕨 新蕨 野蕨
西山薇蕨

獗 jué ［猖獗］闹得很凶。

猖獗

蹶 jué 又音 juě ①摔倒。②失败或受挫折。③踏。

爱蹶 不蹶 百蹶 得蹶 颠蹶 方蹶
竭蹶 僵蹶 后蹶 狂蹶 屡蹶 马蹶
善蹶 屯蹶 推蹶 误蹶 先蹶 喜蹶
一蹶 由蹶 迍蹶 触蹶 足蹶
艰难竭蹶

谲 jué ①诡诈。②怪异。

信谲 背谲 成谲 颠谲 果谲 怪谲
诡谲 坏谲 狡谲 沕谲 狂谲 巧谲
奇谲 权谲 势谲 武谲 云谲 纡谲
用谲 诱谲 诈谲 智谲 s
波诡云谲

镢 jué ①箱子上安锁的纽。②有舌的环。

扁镢 固镢 金镢 玉镢
施镮镢 形如镢

噱 jué 又音 xué ①大笑。②口腔。

嘲噱 大噱 欢噱 三噱 谈噱 嗢噱
哂噱 笑噱 诙噱 一噱

爵 jué ①古代饮酒的酒器。②古代贵族封号的等级。

宾爵 伯爵 般爵 辞爵 宠爵 赐爵
奠爵 德爵 得爵 废爵 丰爵 封爵
芳爵 罚爵 公爵 官爵 贵爵 国爵
高爵 好爵 侯爵 虎爵 加爵 金爵
康爵 男爵 禄爵 晋爵 煎爵 平爵
权爵 琼爵 求爵 让爵 饰爵 受爵
失爵 天爵 五爵 买爵 卖爵 序爵
勋爵 袭爵 先爵 洗爵 献爵 玉爵
羽爵 影爵 瑶爵 媵爵 子爵 女爵
卒爵 酢爵 真爵 贬爵
大夫爵 丹云爵 金紫爵 男子爵 剖符爵
无算爵 武功爵 尊者爵
高官贵爵 加官晋爵 买官鬻爵 卖官鬻爵
祖斑偷爵 渊鱼从爵

嚼 jué 又音 jiáo jiào 用牙齿咬烂食物。

馋嚼 大嚼 复嚼 咀嚼 茹嚼 品嚼
吞嚼 细嚼 咬嚼 吟嚼
两螯嚼 屠门嚼
耐人咀嚼 屠门大嚼
过屠门而大嚼/

爝 jué 火把。

累爝 微爝 一爝 萤爝

矍 jué ［矍铄］形容年纪大的人精神好。

惊矍 矍矍

攫 jué 抓，夺。

北攫 搏攫 采攫 独攫 狗攫 虎攫
奴攫 拿攫 鸟攫 蟠攫 贪攫 忘攫
下攫 虚攫 昼攫
左右攫 蛰虫攫

镢 jué ①刨土的工具。②用镢掘地。

持镢 犁镢 锹镢 荷镢
左右镢 垫虫镢

倔 juè 又音 jué 说话耿直，态度生硬。

脾气倔 性子倔

缺 quē ①残缺。②缺少。③亏缺。④缺口。⑤旧指官职的空额。⑥该到而未到。

不缺　彼缺　崩缺　补缺　初缺　出缺
残缺　点缺　玷缺　地缺　短缺　洞缺
肥缺　花缺　候缺　就缺　紧缺　亏缺
块缺　开缺　空缺　匮缺　列缺　虑缺
破缺　七缺　欠缺　缺缺　山缺　书缺
尚缺　守缺　生缺　损缺　售缺　散缺
天缺　秃缺　兔缺　亡缺　无缺　微缺
小缺　罅缺　余缺　月缺　湮缺　刓缺
剞缺　圆缺　遗缺　暂缺　字缺
短墙缺　歌壶缺　金波缺　金瓯缺　奇偏缺
壶敲缺　天北缺　唾壶缺
不可或缺　抱残守缺　保残守缺　补残守缺
斧破戕缺　花残月缺　金瓯无缺　峣峣易缺
刊谬补缺　食物短缺　填空补缺　完好无缺
完美无缺　物资欠缺　拾遗补缺

阙 quē　又音 què　①损害。②过错。③短少。

补阙　榜阙　大阙　当阙　丹阙　犯阙
负阙　服阙　过阙　盖阙　官阙　巨阙
金阙　经阙　冀阙　叩阙　匮阙　情阙
守阙　双阙　书阙　声阙　闻阙　信阙
象阙　新阙　永阙　月阙　诣阙　瑶阙
在阙　箴阙　珠阙
芙蓉阙　甘旨阙　月晕阙
抱残守阙　格致独阙　拾遗补阙　瑜知音阙

却 què　①退避。②拒绝。③犹“了”。④反而。⑤语气转折，但。

安却　不却　报却　变却　败却　除却
丢却　过却　合却　后却　间却　可却
寥却　了却　冷却　难却　屏却　抛却
前却　潜却　如却　失却　杀却　省却
势却　胜却　退却　推却　忘却　畏却
小却　行却　心却　谢却　引却　偃却
折却
河流却
好意难却　情不可却　盛情难却

埆 què　土地贫瘠。

财埆　寒埆　坚埆　墝埆　土埆

确 què　①确实，真实。②坚硬。③土地贫瘠。

不确　撑确　丰确　坚确　精确　背确
荦确　明确　平确　硗确　学确　详确
虚确　意确　正确　准确　真确　贞确
志确
论点正确　千真万确　用语准确　语言准确

悫 què　①恭谨。②忠厚。

抱悫　诚悫　反悫　谨悫　洁悫　清悫
宗悫　情悫　谦悫　纯悫　信悫　严悫
愿悫　忠悫　致悫　质悫　真悫　宗悫
乘风宗悫

雀 què　又音 qiāo　qiǎo　鸟名，俗称麻雀。

白雀　百雀　宝雀　宾雀　捕雀　八雀
赤雀　钗雀　大雀　丹雀　冻雀　放雀
飞雀　郭雀　化雀　鹳雀　黄雀　画雀
金雀　家雀　孔雀　林雀　龙雀　鸟雀
罗雀　箩雀　麻雀　瞑雀　儿雀　青雀
群雀　水雀　射雀　山雀　神雀　鼠雀
弹雀　庭雀　铜雀　五雀　小雀　仙雀
驯雀　义雀　云雀　雪雀　杨雀　晏雀
鸩雀　鹦雀　燕雀　朱雀　众雀　捉雀
竹雀　紫雀　中雀
报恩雀　碧鹳雀　穿屋雀　翻火雀　飞帘雀
化玉雀　黄口雀　金丝雀　空仓雀　蓬间雀
入幕雀　五色雀　旋木雀　珠弹雀
崔剖瘤雀　霸奏鹖雀　巩申放雀　锦屏射雀
梁山训雀　梁公驯雀　门可罗雀　门堪罗雀
明珠弹雀　蓬间小雀　廷尉罗雀　随珠弹雀
为丛驱雀　王祥黄雀　以珠弹雀　掩目捕雀
怡堂燕雀　悬屏画雀
闭塞眼睛捉麻雀/为渊驱鱼，为丛驱雀/

阕 què　①终了。②乐曲歌辞。③量词。

服阕　繁阕　欧阕　一阕　乐阕　雨阕
上阕
耽乐阕　金管阕　留春阕

阙 què　又音 quē　①宫门外两边的楼台。②大夫门前的旌表标志。③古代宫殿。

北阙　出阙　城阙　帝阙　伏阙　赴阙
凤阙　辅阙　宫阙　观阙　汉阙　京阙
绛阙　恋阙　琳阙　楼阙　门阙　趋阙
石阙　魏阙　下阙　仙阙　烟阙　乐阙

终阙　辅阙

登楼望阙　瑾明双阙　心居魏阙

身在江湖，心存魏阙/

鹊　què　喜鹊，鸟名。

白鹊　扁鹊　巢鹊　翠鹊　大鹊　干鹊

和鹊　寒鹊　金鹊　倦鹊　两鹊　林鹊

灵鹊　鸟鹊　练鹊　木鹊　蓬鹊　山鹊

宋鹊　喜鹊　驯鹊　玉鹊　义鹊　有鹊

野鹊　占鹊　枝鹊　鸩鹊

刀化鹊　雕陵鹊　南枝鹊　填河鹊　云间鹊

月下鹊　知风鹊　珠弹鹊

公输为鹊　卢医扁鹊

公输子为鹊/庄周逐异鹊/

推　què　①商讨。②敲打。

大推　明推　商推　研推　扬推

榷　què　①专利。②商榷。③渡水的横木。

茶榷　酤榷　官榷　辜榷　酒榷　纳榷

利榷　莞榷　税榷　商榷　杨榷　征榷

掌榷

削　xuē　又音 xiāo　①剃掉头发。②削减。③删除。④削弱。

剥削　笔削　车削　成削　财削　锄削

黜削　刻削　地削　断削　顿削　凋削

斧削　国削　划削　毁削　斤削　句削

夫削　减削　家削　朘削　峻削　镌削

可削　刊削　苛削　刻削　鲁削　切削

峭削　清削　若削　日削　如削　洒削

芟削　适削　岁削　绳削　瘦削　删削

酸削　剔削　天削　危削　洗削　刓削

形削　消削　削削　秀削　恤削　铣削

月削　再削　斫削　编削

被剥削　翠玉削　两崖削　桐圭削　羊头削

奇崛险削　神寒形削

靴　xuē　有长筒的鞋。

翠靴　短靴　弓靴　胶靴　马靴　皮靴

脱靴　绣靴　雨靴　毡靴

刺史靴　虎皮靴　红绵靴　系钱靴　吉莫靴

踏云靴　五文靴　小菱靴　雪至靴　朱云靴

力士脱靴

薛　xuē　①周代诸侯国名，在今山东滕州。②草名，即赖蒿。③姓。

贡薛　卢薛　毛薛　峣薛　滕薛　姓薛

之薛　在薛　筑薛

三湖薛

成帝听薛

穴　xué　①土室，岩洞。②洞窟。③动物的窝。④针炙穴位。⑤墓圹。

丙穴　背穴　虫穴　层穴　出穴　巢穴

穿穴　点穴　丹穴　地穴　洞穴　耳穴

风穴　凤穴　封穴　匪穴　共穴　根穴

怪穴　管穴　攻穴　化穴　火穴　回穴

合穴　虎穴　海穴　吼穴　金穴　狡穴

旧穴　结穴　掘穴　孔穴　空穴　圹穴

窟穴　龙穴　暖穴　买穴　墓穴　窍穴

戎穴　入穴　三穴　水穴　山穴　失穴

首穴　深穴　寿穴　树穴　鼠穴　缩穴

土穴　同穴　探穴　陶穴　万穴　罅穴

仙穴　崖穴　一穴　岩穴　玉穴　禹穴

野穴　鱼穴　源穴　蚁穴　腰穴　猿穴

牖穴　走穴　灶穴　珠穴

藏书穴　蹈虎穴　古槐穴　官蚁穴　混沌穴

金牛穴　鸟鼠穴　梦蚁穴　楼灵穴　太阳穴

铜山穴　探虎穴　寻鸟穴

白蚁争穴　郭家金穴　狡兔三穴　狡兔餮穴

犁庭扫穴　樊晔虎穴　深入虎穴　十鼠同穴

琼厨金穴　两鼠斗穴　狡兔多穴

才出龙潭，又入虎穴/甫出龙潭，又入虎穴/猫鼠不可以同穴/千里之堤，溃于蚁穴/生则同衾，死则同穴/

峃　xué　［峃口］地名，在浙江省。

大峃　截峃　荦峃

学　xué　①模仿。②学习。③分门别类的知识。④讲学。⑤学校。⑥学问。⑦学派。

不学　白学　兵学　闭学　办学　抱学

饱学　博学　辩学　从学　才学　初学

村学　禅学　耻学　莱学　策学　粹学

辍学　大学　冬学　多学　地学　读学

道学　耽学　典学　独学　帝学　督学

笃学 法学 放学 负学 肤学 佛学
复学 废学 公学 古学 光学 共学
官学 高学 贵学 阁学 国学 化学
后学 汉学 画学 和学 红学 好学
宦学 荒学 鸿学 居学 旧学 就学
进学 疾学 讲学 经学 家学 监学
绝学 倦学 教学 禁学 绩学 开学
困学 苦学 科学 力学 六学 老学
来学 农学 礼学 论学 留学 理学
赖学 未学 灭学 名学 茂学 美学
蒙学 懋学 内学 朴学 品学 谱学
求学 劝学 曲学 弃学 浅学 强学
勤学 二学 入学 耳学 热学 儒学
三学 上学 升学 社学 失学 仕学
史学 私学 声学 受学 俗学 射学
算学 视学 宿学 诗学 散学 涉学
神学 硕学 善学 数学 邃学 赡学
太学 同学 退学 逃学 停学 提学
通学 题学 文学 无学 为学 晚学
微学 下学 小学 心学 回学 四学
习学 西学 乡学 休学 行学 兴学
相学 玄学 星学 效学 显学 羞学
修学 新学 义学 幼学 易学 运学
远学 议学 夜学 医学 眼学 游学
愿学 邀学 韵学 隐学 正学 中学
专学 字学 治学 自学 杂学 宗学
哲学 志学 转学
不科学 词汇学 代数学 电工学 地质学
地理学 动力学 动物学 仿生学 法医学
和声学 贺人学 邯郸学 海洋学 鸿都学
几何学 京氏学 经济学 校勘学 基因学
假道学 考古学 伦理学 论理学 罗宫学
逻辑学 民俗学 民族学 马才学 平生学
捧心学 气象学 人口学 人类学 三冬学
三角学 生态学 生理学 生物学 俗文学
社会学 声韵学 天文学 拓扑学 屠龙学
统计学 文艺学 文字学 文法学 文选学
物理学 心理学 宣夜学 形态学 修辞学
训诂学 新文学 优生学 夜大学 以政学
运动学 运筹学 音韵学 语义学 语法学
语音学 语言学 语源学 遗传学 政治学
章句学 植物学
白话文学 边缘科学 报告文学 暴露文学
长材茂学 处世哲学 初级小学 初级中学
当代文学 电视大学 断织励学 笃志好学
笃实好学 笃信好学 烦琐哲学 讽刺文学
附属小学 附属中学 古代文学 古典文学
革命文学 国防文学 高级小学 高级中学
黄色文学 鸿儒硕学 阚泽儒学 尖端科学
技术科学 讲唱文学 奖掖后学 经院哲学
军事科学 军事医学 基础科学 难素之学
民间文学 妙处难学 青箱家学 诠才末学
勤工俭学 儿童文学 人文科学 耳食之学
热爱科学 市民文学 说唱文学 社会科学
同窗共学 通才硕学 通俗文学 文艺科学
文帝好学 无机化学 外国文学 完全小学
现代文学 形而上学 戏剧文学 新兴科学
献之大学 一家之学 业余大学 用非所学
有机化学 颜渊好学 应用科学 贻误后学
中国文学 矢熹正学 自然科学 真才实学
综合大学 贤良文学
宏观经济学/微观经济学/政治经济学/

噱 xué 又音 jué 发笑。

发噱 吟噱

雪 xuě ①从云中降落具有六角形的白色结晶体。②白色。③比喻高洁。④洗除。⑤擦拭。

皑雪 傲雪 白雪 变雪 冰雪 鬓雪
尺雪 初雪 陈雪 春雪 残雪 窗雪
楚雪 苍雪 澄雪 大雪 丹雪 冬雪
钓雪 飞雪 风雪 封雪 回雪 红雪
花雪 厚雪 含雪 黄雪 海雪 滑雪
颔雪 鸿雪 见雪 金雪 积雪 肌雪
绛雪 湔雪 卷雪 珂雪 驮雪 立雪
弄雪 腊雪 粒雪 落雪 凌雪 零雪
梨雪 啮雪 明雪 埋雪 冒雪 蒙雪
片雪 披雪 飘雪 晴雪 清雪 轻雪
茹雪 瑞雪 融雪 少雪 申雪 水雪
扫雪 松雪 沈雪 伸雪 似雪 湿雪
宿雪 素雪 涩雪 霜雪 汤雪 踏雪
涛雪 沃雪 闻雪 握雪 卧雪 舞雪
小雪 下雪 行雪 学雪 洗雪 夏雪
香雪 喜雪 胸雪 新雪 絮雪 谢雪

玉雪 有雪 叶雪 阴雪 咏雪 要雪
郢雪 映雪 艳雪 萤雪 雨雪 吟雪
印雪 中雪 杂雪 澡雪 昭雪 照雪
紫雪 煮雪 载雪
暴风雪 程门雪 娥媚雪 鹅毛雪 霏霏雪
花似雪 寒江雪 衡门雪 芦花雪 林亭雪
玲珑雪 梁苑雪 梁园雪 漫天雪 毛振雪
千里雪 兔园雪 三月雪 三径雪 山阴雪
剡溪雪 消残雪 尧年雪 榆关雪 袁安雪
瑶池雪 燕脂雪 朱楼雪
奥犬吠雪 程门立雪 程门飞雪 程门度雪
斗霜傲雪 鹅毛大雪 飞鸿印雪 洪炉点雪
嘉宾赋雪 立程门雪 梨花似雪 梁园宴雪
棉花似雪 平反昭雪 披霜蹈雪 如汤沃雪
孙康映雪 味道贺雪 谢家咏雪 袁安卧雪
袁安困雪 以汤沃雪 郢中白雪 阳春白雪
终年积雪 蝉不知雪 翻风回雪
各人自扫门前雪/自扫门前雪/

血 xuè 又音 xiě ①古代祭礼用的牲畜血。②血液。③有同一祖先的血统。④喻刚强热烈。⑤染。⑥红色。⑦悲痛的泪水。

白血 补血 便血 鼻血 碧血 出血
充血 采血 刺血 赤血 抽血 地血
喋血 滴血 赒血 飞血 放血 冠血
骨血 膏血 回血 含血 汗血 化血
活血 咸血 换血 混血 寒血 秽血
久血 井血 经血 鸡血 鹃血 精血
溅血 咯血 口血 咳血 沥血 凉血
泪血 流血 淋血 尿血 呕血 贪血
青血 泣血 潜血 人血 茹血 溶血
热血 失血 收血 涉血 死血 洒血
嚏血 唼血 歃血 溲血 输血 嗜血
吐血 涕血 淌血 啼血 涂血 铁血
吻血 窝血 心血 吸血 畜血 鲜血
献血 腥血 阴血 吮血 余血 浴血
饮血 郁血 妖血 淹血 淤血 隐血
止血 战血 轸血 指血 赈血 埋血
苌弘血 苌叔血 大出血 杜鹃血 内出血
脑充血 脑溢血 脑贫血 洒狗血 养气血
卞和泣血 残阳如血 椎心沥血 椎牛歃血
杜鹃啼血 丹心碧血 费尽心血 拊心沥血
叩心泣血 泪红手血 镂心呕血 马嵬恨血
满腔热血 穆亲杵血 磨牙吮血 呕心沥血
披心沥血 青肝碧血 茹毛饮血 舒经活血
熊性恶血 一针见血 以血洗血 子规啼血
避火浴血
杀人不见血/予卿荐刚血/

谑 xuè 戏谑，开玩笑。

暴谑 丑谑 嘲谑 恶谑 诽谑 歌谑
欢谑 恢谑 酣谑 论谑 浪谑 俳谑
巧谑 善谑 食谑 挑谑 谈谑 调谑
戏谑 相谑 笑谑 谐谑 嬉谑 谑谑
言谑 雅谑 饮谑
好笑谑
莱陈善谑 南楼咏谑

四 支齐辙

（合古韵四支、六鱼、八齐、七虞、四纸、六语、八荠、七雨、四置、六御、八霁、七遇、四质、十三职、十二锡、十四缉）

之 zhī ①往，到。②至，直到。③此。④其。⑤代词。⑥用法同现代汉语助词“的”。

安之 兵之 卑之 从之 藏之 代之
得之 贵之 反之 丰之 棼之 瓜之
工之 顾之 贺之 环之 扣之 戒之
进之 兼之 敬之 叩之 胥之 离之
念之 凝之 勉之 耄之 劝之 私之
思之 玩之 伟之 挽之 微之 小之
训之 献之 羲之 引之 宥之 走之
宗之 咒之 总之
杜牧之 独无之 笃好之 非议之 顾恺之
换言之 韩退之 绝怜之 教诲之 快吐之
力排之 耄及之 目笑之 梦见之 任所之
始基之 天启之 心许之 信有之 一问之
一慰之 饮食之
不了了之 从骀妒之 乘船徽之 大而化之
淡然处之 淡然置之 等而上之 等而下之
等闲视之 分而治之 刮目视之 姑妄言之
姑妄听之 感慨系之 何以知之 好自为之
中笥藏之 久而久之 交臂失之 极而言之

兼而有之　经之营之　恝然置之　敬而远之
笼而统之　睨而视之　漠然置之　漠然处之
取而代之　容惑有之　人皆有之　听之任之
堂而皇之　泰然处之　寤寐思之　心向往之
一走了之　一笑置之　一笑了之　要而言之
总而言之　坐五行之　诈睡羲之　乱者取之
亲戚叛之
从而得诛之/川渊深而鱼鳖归之/楚人遗弓，楚人得之/恻隐之心，人皆有之/反其道而行之/姑妄言之，姑妄听之/既来之，则安之/将欲取之，必先与之/老将至而耄及之/鸣鼓而攻之/漫人者，人亦漫之/民不畏死，奈何以死惧之/群起而攻之/人亡弓，人得之/人有善愿，天必从之/上之所好，下必从之/谁为为之，孰念听之/天下本无事，庸人自扰之/勿以恶小而为之/勿以善小而不为，勿以恶小而为之/先教而后师之/笑骂由他笑骂，好官我自为之/一言以蔽之/以不解解之/欲将取之，必将与之/思之思之，鬼神通之/

芝

zhī　①灵芝。②香草。③形状如盖的东西。

丹芝　地芝　凤芝　芳芝　鬼芝　红芝
华芝　兰芝　来芝　老芝　灵芝　揽芝
奇芝　青芝　琼芝　肉芝　茹芝　瑞芝
石芝　五芝　仙芝　祥芝　雪芝　元芝
芸芝　银芝　夜芝　紫芝
翠灵芝　凤脑芝　故山芝　红玉芝　九光芝
金兰芝　三秀芝　寿星芝　万年芝　五色芝
水精芝　月精芝　延年芝　养神芝　紫金芝
室中芝
寿标进芝　周术茹芝

支

zhī　①伸出。②四肢。③分支。④分散。⑤付出。⑥支持。⑦支撑。⑧度量。⑨地支的简称。⑩借给。⑪领款。⑫用话敷衍。⑬量词。

不支　本支　长支　超支　大支　地支
度支　垫支　分支　干支　高支　胡支
借支　金支　九支　开支　龙支　兰支
年支　旁支　千支　枪支　弱支　燃支
四支　收支　岁支　天支　条支　透支
鲜支　月支　预支　烟支　约支　正支
宗支　杂支　坐支　总支　玉支
不足支　不能支　抄总支　党总支　短策支
断桥支　高六支　力难支　青花支　强自支
十二支　玉臂支　玉液支　玉腰支　壮本支
不蔓不支　独木难支　力不能支　乐不可支
困顿难支　体力不支　一木难支　增收节支

吱

zhī　又音 zī　似声词。

咯吱　嗝吱　嘎吱　吱吱
小鸡吱吱

枝

zhī　①由主干上分出来的枝条。②分支的。③分散。④支持。⑤量词。

北枝　别枝　标枝　碧枝　薄枝　词枝
垂枝　插枝　侧枝　低枝　芳枝　扶枝
锋枝　疯枝　繁枝　共枝　果枝　故枝
高枝　桂枝　红枝　花枝　蕙枝　交枝
矫枝　剪枝　空枝　枯枝　柯枝　老枝
冷枝　龙枝　灵枝　连枝　南枝　离枝
柳枝　嫩枝　荔枝　落枝　蘖枝　孽枝
满枝　缥枝　骈枝　千枝　青枝　虬枝
曲枝　纤枝　琼枝　栖枝　素枝　绕枝
孙枝　松枝　诜枝　树枝　素枝　疏枝
条枝　秃枝　桃枝　小枝　郤枝　斜枝
修枝　歇枝　新枝　一枝　玉枝　叶枝
压枝　远枝　桠枝　异枝　盈枝　竹枝
折枝　众枝　宗枝　濯枝　整枝　选枝
傲霜枝　百尺枝　百丈枝　碧玉枝　碧梧枝
出墙枝　齿寒枝　翠竹枝　大夫枝　婀娜枝
拂花枝　凤凰枝　粉盈枝　翡翠枝　干树枝
橄榄枝　合欢枝　借一枝　蛱蝶枝　鹧鸪枝
垄头枝　老龙枝　连理枝　路旁枝　绿杨枝
攀高枝　上林枝　松柏枝　珊瑚枝　徒长枝
万年枝　玉树枝　杨柳枝　折桂枝　折柳枝
赠一枝　缀新枝　屠龙枝
不蔓不枝　春木发枝　巢林一枝　逗节成枝
桂月桂枝　桂林一枝　桂折同枝　槐子悬枝
节外生枝　桂林一枝　连理分枝　南枝北枝
梅寄一枝　旁逸斜枝　千仞无枝　强干弱枝
卧柳生枝　喜鹊登枝　玉叶金枝　玉树琼枝
越鸟南枝　桂折一枝　节上生枝
庇其叶而伤其枝/种桃花砍竹枝/越鸟巢南枝/

肢 zhī ①人体两臂两腿的总称为四肢。②人体的腰肢。

胳肢　后肢　假肢　截肢　前肢　上肢
四肢　下肢　雪肢　义肢　腰肢　折肢
扭动肢肢　楚女腰肢

氏 zhī 又音 shì ［月氏］我国古代西部民族名。

月氏

胝 zhī ［胼胝］手或脚因劳动摩擦变硬的皮肤。

跰胝　瘢胝　跰胝　胼胝
右手胝　骨并胝
手足胼胝

祗 zhī 恭敬。

肃祗

只 zhī 又音 zhǐ ①量词。②单独的。

船只　舰只　踦只　镜只　千只　万只
影只　一只　阴只　天只　人只　德只
乐只
三十只　形影只　鸳鸯只
鸾孤凤只　形孤影只　形单影只
小猫三只四只/母也天之，不谅人只/

织 zhī 用丝、麻、棉织成的绸布绒。

布织　罢织　编织　虫织　促织　蚕织
断织　纺织　缝织　勾织　耕织　火织
花织　徽织　交织　机织　积织　女织
罗织　裂织　孟织　纴织　司织　手织
盛织　停织　文织　心织　夕织　学织
新织　衣织　有织　夜织　营织　自织
沾织　组织
班女织　当窗织　凤女织　鲛人织　软组织
手工织　天孙织　鸳机织　中妇织　蜘蛃织
地下组织　结缔组织　男耕女织　孟母断织
皮下组织　群众组织　王勃心织　游人如织
拔葵去织
废学如断织/

卮 zhī 古代的器皿。

宝卮　春卮　臣卮　夺卮　分卮　泛卮
甘卮　拱卮　观卮　会卮　九卮　金卮
酒卮　举卮　老卮　农卮　漏卮　盟卮
千卮　琼卮　清卮　秋卮　倾卮　寿卮
桑卮　修卮　一卮　玉卮　有卮　侑卮
扈卮　饮卮　盈卮　醉卮
白玉卮　玳瑁卮　泛琼卮　金屈卮　临邛卮
葡萄卮　万年卮　万寿卮　无当卮　咒酒卮
相如涤卮

汁 zhī ①含有某些物质的液体。②雨夹雪。③眼泪。

白汁　残汁　啜汁　纯汁　豆汁　多汁
胆汁　毒汁　粪汁　果汁　花汁　橘汁
金汁　鸡汁　苦汁　兰汁　沥汁　柳汁
脑汁　淋汁　露汁　目汁　米汁　茗汁
蜜汁　墨汁　清汁　漆汁　乳汁　肉汁
石汁　豉汁　香汁　雪汁　腥汁　叶汁
余汁　雨汁　烟汁　盐汁　液汁　蔗汁
渍汁
沉香汁　橘子汁　金壶汁　狡脑汁　搅脑汁
绞脑汁　牛肉汁　蜜蜂汁　吮奶汁　松煤汁
云雾汁
饱含甜汁　固言柳汁　金壶墨汁　绞尽脑汁
黑汁白汁

知 zhī ①知道。②相契，相亲。③知识。④告知。⑤使人知道。⑥记忆。⑦知觉。

谙知　别知　辨知　禀知　觇知　大知
达知　的知　地知　洞知　都知　谍知
得知　恩知　广知　共知　告知　故知
高知　贯知　感知　何知　画知　获知
鹤知　见知　旧知　讵知　可知　空知
了知　良知　理知　哪知　量知　明知
朋知　求知　岂知　权知　情知　亲知
前知　认知　稔知　睿知　上知　四知
司知　所知　受知　识知　深知　谁知
谂知　孰知　天知　同知　体知　通知
推知　无知　闻知　微知　小知　心知
习知　行知　先知　相知　须知　奚知
新知　易知　预知　愚知　谕知　遇知
中知　争知　自知　周知　週知　至知
征知　真知　怎知　烛知　致知　昭知
报我知　寸心知　答故知　非苟知　蜂蝶知

故人知　鬼神知　教不知　鸟先知　莫能知
莫我知　明月知　梦里知　千古知　千载知
日月知　三不知　四海知　圣君知　岁寒知
殊不知　天下知　天地知　特达知　畏人知
忆旧知　有谁知　猿鸟知　鸭先知　只自知
总难知
不得而知　拜剑审知　藏用三知　妇孺皆知
格物致知　尽人皆知　旧雨新知　老小皆知
年少无知　路人皆知　暮夜无知　蒙昧无知
懵然无知　轻薄无知　人事不知　人所共知
俾众周知　山器难知　事先可知　通告用知
一物不知　无所不知　未卜先知　无一不知
心到神知　一物不知　一无所知　一生而知
由是可知　一望而知　一体周知　愚昧无知
极震四知　愚蠢无知　众所周知　尊闻行知
藏用五知　贫贱之知
不干己事不张口，一问摇头三不知/兵家胜败全难料，卷土重来未可知/风流事那怕人知/各人冷暖，各人自知之/好书不厌百回读，熟读深思子自知/个中滋味自家知/久旱逢甘雨，他乡遇故知/买咸鱼放生，死活弗得知/如人饮水，冷暖自知/入门休问荣枯事，观看容颜便得知/司马昭之心，路人皆知/十年寒窗无人问，一举成名天下知/他乡遇故知/天知地知，你知我知/一问三不知/一举成名天下知/一问摇头三不知/哑子吃黄连，自己苦自已知/哑子慢尝黄连味，自家有苦自家知/知者不言，言者不知/

脂 zhī ①动植物含的油质。②象油脂的东西。③用油膏涂抹。

冰脂　不脂　赤脂　唇脂　蟾脂　点脂
丹脂　淡脂　鹅脂　发脂　芳脂　膏脂
黄脂　画脂　截脂　口脂　旷脂　流脂
磷脂　石脂　民脂　茅肢　皮脂　弃脂
琼脂　软脂　乳脂　石脂　松脂　树脂
脱脂　血脂　香脂　玉脂　羊脂　油脂
硬脂　烟脂　凝脂　胭脂　燕脂
白猿脂　赤玉脂　啖松脂　芙蓉脂　素麟脂
洗垢脂
鼻腻鹅脂　唇如胭脂　肤如凝脂　弘治凝脂
民膏民脂　凝粉醺脂

执 zhí ①拿。②选取。③驾驭。④施行。⑤捉，逮捕。⑥治理。⑦处置。⑧保持。⑨杜塞。

不执　秉执　存执　残执　操执　待执
倒执　父执　固执　管执　四执　横执
久执　拘执　间执　坚执　胶执　禁执
宁执　良执　迷执　貌执　偏执　亲执
收执　无执　异执　友执　允执　迂执
言执　有执　愿执　自执　左执　争执
宰执
蒙正非执

絷 zhí ①拘系马脚。②拘捕囚犯。③捆。

不絷　从絷　方絷　拘絷　见絷　将絷
羁絷　可絷　笼絷　旧絷　受絷　身絷
授絷　缧絷　维絷　永絷　幽絷
南冠絷　腾驹絷

直 zhí ①正见。②不弯曲。③正直。④竖。⑤直接，坦率。⑥伸直。⑦爽快。⑧连续。⑨汉字的一种笔形。

不直　笔直　秉直　逼直　绷直　纯直
豹直　弼直　垂直　诚直　稠直　酬直
大直　当直　敦直　端直　谠直　陡直
价直　方直　分直　发直　逢直　过直
刚直　顾直　梗直　耿直　鲠直　戆直
好直　横直　憨直　旧直　迳直　汲直
举直　就直　酒直　简直　径直　绞直
奸直　劲直　假直　僵直　疆直　伉直
亢直　抗直　狂直　忼直　悫直　剀直
拉直　亮直　理直　溜直　讷直　谅直
路直　廉直　鲁直　蓦直　平直　扑直
朴直　气直　曲直　铅直　清直　陗直
强直　峭直　謇直　人直　山直　三直
守直　实直　伸直　审直　宿直　恕直
肆直　爽直　率直　绳直　通直　挺直
枉直　下直　心直　宵直　修直　悻直
一直　月直　易直　友直　严直　夷直
雅直　遗直　愚直　正直　执直　忠直
员直　准直　质直　照直　饲直　嘴直
帆影直　幡影直　江流直　金华直　箭锋直
立端直　枉则直　如矢直　香烟直
笔管条直　秉公任直　鼻子挺直　痴翁廷直

词正理直　分文不直　横平竖直　介诚狂直
矫枉过直　矩周规直　口快心直　可折半直
狂词规直　理正词直　挠曲枉直　气壮理直
是非曲直　苏生正直　为人正直　魏公切直
性格爽直　一钱不直　物有所值
白沙在涅，不染自黑；蓬生麻中，不扶自直/船到桥门自然直/船到桥头自然直/蓬生麻中，不扶自直/坐得正，站得直/真不掩伪，曲不藏直/众曲不容直/

值 zhí ①价钱。②物和价相当。③数学式演算的结果。④值得。⑤措置。⑥恰当。

不值　币值　比值　保值　贬值　产值
对值　当值　调值　工值　公值　后值
价值　净值　列值　轮值　难值　石值
前值　潜值　热值　所值　升值　时值
适值　实值　宿值　数值　无值　相值
有值　音值　正值　再值　重值　总值
增值
不可值　逢时值　近似值　岂再值　总产值
半文不值　货币贬值　交换价值　票房价值
使用价值　剩余价值　一文不值　一钱不值

埴 zhí 黏土。

赤埴　垆埴　黏埴　擿埴　斑埴　陶埴
瓦埴　转埴
冥行擿埴

植 zhí ①栽种。②戳住。③关闭门户所用的直木。④筑墙两端所竖的木柱。⑤刚强。⑥树立。

百植　并植　补植　曹植　才植　栽植
攒植　定植　多植　倒植　扶植　改植
根植　耕植　户植　互植　坏植　横植
交植　净植　假植　立植　埋植　密植
培植　期植　如植　弱植　手植　时植
散植　属植　土植　天植　新植　一植
艺植　易植　移植　种植　栽植
等高种植　能文曹植　鱼山瞽植　诱导扶植
上无固植　弱颜固植

殖 zhí ①生息，孳生。②经营，经商。③种植。④树立。⑤殖民主义的简称。

宝殖　保殖　播殖　产殖　胆殖　丰殖
封殖　蕃殖　繁殖　骨殖　耕殖　货殖
荒殖　久殖　困殖　垦殖　农殖　生殖
学殖　易殖　养殖　殖殖　增殖　滋殖
松柏之下，其草不殖/

侄 zhí 兄弟的儿子。

爱侄　表侄　娣侄　抚侄　姑侄　孤侄
女侄　内侄　令侄　舍侄　叔侄　外侄
子侄
亲儿侄
康侯训侄

职 zhí ①执掌。②职业。③职位。④掌管。⑤旧日公文用语。⑥职能。⑦职责。⑧税赋。

不职　布职　本职　百职　保职　兵职
拜职　宾职　版职　播职　卑职　贬职
罢职　才职　从职　称职　常职　辞职
撤职　辍职　褫职　大职　当职　夺职
到职　渎职　调职　分职　负职　妇职
法职　复职　奉职　赴职　废职　副职
公职　共职　供职　官职　革职　贵职
挂职　钢职　馆职　衮职　火职　何职
还职　久职　近职　尽职　借职　就职
均职　剧职　军职　兼职　揭职　降职
解职　谨职　开职　旷职　六职　内职
乐职　历职　吏职　理职　留职　莅职
沴职　浪职　落职　累职　离职　溺职
滥职　民职　免职　母职　谋职　去职
迁职　求职　劝职　勤职　任职　让职
失职　述职　使职　世职　岁职　守职
设职　实职　受职　事职　顺职　授职
塞职　思职　天职　退职　条职　忝职
停职　文职　伪职　武职　仙职　习职
先职　削职　闲职　现职　修职　巷职
虚职　殉职　循职　卸职　效职　袭职
谢职　右职　有职　原职　要职　陨职
越职　子职　正职　专职　在职　众职
治职　重职　政职　宗职　职职
词赋职　龟人职　高华职　三冬职　三都职
司天职　司马职　文墨职　修贡职
官复原职　克尽厥职　热爱本职　王晞辞职
洗手奉职　一官半职　以身殉职

摭 zhí ①拾取。②摘取。

采摭 钩摭 穷摭 攟摭 收摭 拾摭
顺摭 椅摭

跖 zhí ①践踏。②脚掌着地。

抵跖 盗跖 跗跖 巨跖 交跖 鸡跖
聚跖 说跖 千跖 路跖 仙跖 夷跖
远跖 跻跖

止 zhǐ ①脚。②至。③停止。④静止。⑤居住。⑥处所。⑦拘留。⑧禁止。⑨容貌举止。

不止 弊止 草止 萃止 辍止 定止
动止 底止 得止 遏止 风止 防止
废止 艮止 观止 何止 尽止 节止
进止 即止 诅止 举止 景止 敬止
霁止 降止 禁止 谏止 静止 截止
坎止 戾止 劳止 莅止 露止 麟止
浼止 去止 且止 岂止 起止 劝止
勤止 栖止 谯止 憩止 客止 时止
是止 宿止 投止 停止 为止 休止
行止 息止 限止 仰止 蝇止 抑止
中止 折止 足止 阻止 终止 制止
滞止 至止 知止 坎止 容止
当自止 到处止 风不止 干戈止 没行止
无定止 无休止 行行止 一箕止
不禁不止 当止不止 犯罪中止 工倿思止
高山仰止 戛然而止 令行禁止 呕吐不止
迄今为止 窃金不止 浅尝辄止 叹为观止
望门投止 言谈举止 永无底止 欲言又止
陈力就列，不能者止/树欲静而风不止/一箭中麋，毋曰自能；百兔未得，未可遽止/

址 zhǐ ①地址。②遗址。

厂址 定址 地址 店址 废址 故址
会址 旧址 基址 疆址 抗址 灵址
起址 岐址 颓址 校址 新址 余址
原址 岩址 遗址 住址

沚 zhǐ 水中的小块陆地。

碧沚 川沚 泛沚 芳沚 寒沚 江沚
夹沚 兰沚 清沚 深沚 小沚 玄沚
远沚 中沚 洙沚 沼沚
水中沚 湜湜沚

芷 zhǐ ［白芷］多年生草本植物，花白色，根可入药。

岸芷 白芷 芳芷 蘅芷 绿芷 兰芷
辟芷 佩芷 请芷 如芷 夏芷 泛芷
药址

祉 zhǐ 福。

多祉 帝祉 发祉 福祉 蕃祉 繁祉
合祉 回祉 介祉 降祉 灵祉 如祉
受祉 圣祉 寿祉 天祉 休祉 锡祉
祚祉

趾 zhǐ ①脚。②脚趾。③支撑器物的脚。④踪迹。

安趾 步趾 断趾 颠趾 鼎趾 发趾
交趾 举趾 基趾 脚趾 劳趾 麟趾
没趾 妙趾 三趾 山趾 双趾 疏趾
饰趾 投趾 五趾 踠趾 下趾 小趾
穴趾 玄趾 玉趾 足趾
敢攀玉趾 望移玉趾 圆颅方趾

只 zhǐ 又音 zhī ①唯一。②副词。

按只 不只 地只 仅只 乐只 人只
神只 任只 天只 只只
阿儿只 朵儿只

枳 zhǐ ①木名，枸橘。②古县名。

芳枳 甘枳 化枳 花枳 荆枳 六枳
老枳 种枳
橘为枳 鸾栖枳 实如枳 淮北枳
淮橘为枳 橘化为枳
渡淮橘成枳/

轵 zhǐ 古代指车辆的末端。

狗轵 祭轵 雨轵

咫 zhǐ ①古代长度名。②短。

尺咫 大咫 法咫 立咫 天咫 行咫
盈咫
不踰咫 道如咫

旨 zhǐ ①美味。②封建时代帝王的诏谕。③主张。

奥旨 本旨 冲旨 称旨 承旨 辞旨
醇旨 大旨 达旨 得旨 恩旨 风旨
法旨 奉旨 甘旨 告旨 高旨 弘旨
宏旨 简旨 酒旨 今旨 纶旨 妙旨
密旨 歧旨 情旨 趣旨 睿旨 上旨
圣旨 食旨 顺旨 天旨 题旨 微旨
心旨 先旨 希旨 远旨 音旨 要旨
意旨 谊旨 稚旨 谕旨 懿旨 中旨
主旨 宗旨 遵旨
物其旨 虚白旨
不关宏旨 乃称懿旨 无关宏旨 先意承旨

指 zhǐ ①手指。②足趾。③指斥。④指给人看。⑤仰仗。⑥直立起来。

变指 扳指 搬指 辞指 大指 东指
堕指 断指 凤指 发指 泛指 粉指
观指 顾指 钩指 合指 巨指 戒指
季指 将指 六指 掺指 偻指 隆指
啮指 目指 鸣指 拇指 其指 鹊指
歧指 屈指 素指 染指 上指 十指
失指 手指 顺指 食指 特指 弹指
文指 无指 五指 微指 诬指 小指
希指 笑指 纤指 系指 响指 玉指
绕指 言指 约指 盈指 遥指 牙指
颐指 谕指 燕指 中指 专指 知指
枝指 诎指 直指 锥指 马指
臂使指 动食指 兰花指 千夫指 人人指
二拇指 十手指 三拇指 四拇指 首屈指
头构指 无名指 小拇指 一弹指 颜闲指
中拇指 舟中指 织纤指
不能偻指 别有所指 动其食指 和尚竖指
闳意眇指 令人发指 另有所指 骈拇枝指
千夫所指 千人所指 如臂使指 十手所指
使臂使指 首屈一指 眼语颐指 赠栗囷指
不知所指
伸手不见五指/十目所视，十手所指/

纸 zhǐ ①用来书写印刷或绘画的制成品。②字据。③量词。

布纸 白纸 半纸 报纸 靶纸 壁纸
薄纸 寸纸 衬纸 采纸 蚕纸 持纸
草纸 窗纸 彩纸 糙纸 度纸 得纸
钿纸 答纸 乏纸 风纸 仿纸 费纸
粉纸 废纸 工纸 官纸 故纸 贡纸
港纸 稿纸 钢纸 化纸 火纸 坏纸
画纸 黄纸 毫纸 湖纸 茧纸 寄纸
蕉纸 谏纸 剪纸 精纸 蠲纸 空纸
谷纸 落纸 烂纸 蜡纸 滤纸 名纸
麦纸 麻纸 满纸 绵纸 棉纸 片纸
皮纸 千纸 迁纸 契纸 墙纸 仁纸
手纸 生纸 砂纸 烧纸 剡纸 试纸
素纸 熟纸 土纸 吞纸 苔纸 图纸
糖纸 藤纸 小纸 信纸 宣纸 锡纸
一纸 引纸 印纸 油纸 养纸 字纸
竹纸 壮纸 折纸 摺纸 诏纸 状纸
著纸 镇纸
白报纸 布纹纸 白云纸 玻璃纸 薄于纸
餐巾纸 侧理纸 蔡伦纸 绸纹纸 东昌纸
道林纸 放大纸 复写纸 高丽纸 感光纸
隔音纸 还魂纸 红儿纸 黄表纸 糊墙纸
赫蹏纸 江米纸 金花纸 蕉叶纸 拷贝纸
葵邑纸 牛皮纸 兰印纸 连史纸 洛阳纸
糯米氏 马粪纸 毛边纸 毛太纸 毛头纸
命如纸 美浓纸 描红纸 片艳纸 书写纸
松花纸 桑皮纸 桃花纸 拓蓝纸 卫生纸
瓦楞纸 吸水纸 吸墨纸 箱中纸 雪连纸
斜界纸 销金纸 新闻纸 之书纸 玉版纸
羊皮纸 有光纸 印相纸 鱼子纸 银光纸
匀碧纸 鸦青纸 渔网纸 竹素纸 竹帘纸
照相纸 陟厘纸 钻故纸 蔡侯纸
笔毫落纸 蔡伦造纸 澄心堂纸 刘弘一纸
迷金醉纸 烧钱烈纸 做小伏纸 烧钱化纸
老天隔不了一层纸/心高于天，命薄如纸/

黹 zhǐ 缝纫、刺绣等针线活。

负黹 衮黹 绣黹 依黹 针黹

徵 zhǐ 又音 zhēng 古代五音阶中的一个音价。

采徵 变徵 薄徵 得徵 肤徵 工徵
宫徵 华徵 击徵 角徵 嚼徵 叩徵
捆徵 流徵 密徵 清徵 少徵 生徵
双徵 商徵 细徵 新徵 用徵 正徵
脂徵
真音徵

至 zhì ①指夏至、冬至。②到。③至善。④极点。⑤得当。⑥至于。⑦甚。

不至 北至 毕至 必至 备至 信至
川至 长至 遄至 诚至 大至 电至
冬至 迨至 逮至 独至 短至 敌至
方至 分至 风至 妇至 番至 富至
蜂至 甘至 贵至 格至 果至 后至
患至 及至 交至 极至 竟至 竞至
既至 嘉至 景至 截至 客至 恳至
款至 乃至 乐至 礼至 南至 麇至
屡至 莫至 密至 切至 群至 二至
日至 仁至 三至 四至 岁至 时至
始至 甚至 神至 思至 深至 投至
沓至 五至 心至 先至 行至 夏至
须至 有至 以至 远至 聿至 饮至
掩至 之至 自至 直至 周至 踵至
飞锡至 秋水至
丁宁周至 凤鸟不至 福无双至 蜂拥而至
何所不至 鸿鹄将至 欢迎之至 关怀备至
接踵而至 继踵而至 精神毕至 可恶之至
联翩而至 联袂而至 麻烦之至 齐冠将至
人迹罕至 三狗魏至 飒然而至 讨厌之至
沓来踵至 天通之至 无所不至 无微不至
闻风而至 信宿可至 应声而至 自始自至
朝发夕至 福无双至
口惠而实不至/为者常成，行者常至/

厔 zhì 阻碍。

盩厔

郅 zhì 最，极。

蹑郅

桎 zhì ①古代拘束犯人两脚的刑具。②束缚。

桎桎 梏桎 囚桎 穷桎 自桎 杜桎

轾 zhì ［轩轾］车子前高后低叫轩，前低后高叫轾。

后轾 轩轾
不分轩轾

致 zhì ①送去。②达到。③表达。④招引。⑤求得。⑥归还。⑦竭尽。⑧意志。

不致 必致 毕致 标致 笔致 备致
别致 此致 辞致 大致 导致 得致
德致 丰致 风致 傅致 工致 高致
格致 钩致 华致 获致 久致 皆致
坚致 极致 俱致 景致 胶致 精致
孝致 罗致 理致 难致 密致 巧致
缥致 奇致 强致 清致 情致 二致
书致 私致 所致 始致 思致 神致
胜致 同致 推致 文致 学致 祥致
兴致 细致 咸致 驯致 虚致 一致
以致 引致 远致 有致 逸致 幽致
诱致 意致 轶致 韵致 雅致 周致
直致 招致 张致 终致
安可致 不得致 高士致 青云致
百虑一致 别无二致 步调一致 错落有致
工笔细致 高情远致 毫无二致 极情尽致
劲健有致 耐心细致 淋漓尽致 妙有词致
素净雅致 团结一致 跌宕有致 秀丽雅致
闲情逸致 新颖别致 逸韵高致 幽靓雅致
雅人深致 质地细致

铚 zhì ①一种短镰刀。②割禾穗。

纳铚

窒 zhì ①填。②阻塞。③遏制。

不窒 词窒 庚窒 事窒 屯窒 烟窒
意窒 自窒 专窒 惩窒
果而窒 有孚窒

蛭 zhì ①水蛭。②肝蛭。

草蛭 得蛭 肺蛭 肝蛭 红蛭 泥蛭
蝼蛭 马蛭 蛸蛭 山蛭 石蛭 水蛭
屯蛭 吞蛭 蛙蛭
楚王吞蛭

志 zhì ①意志。②志愿。③神志。④立志。⑤记在心里。⑥文字。⑦记号。⑧称轻重。

爱志 本志 宝志 字志 标志 碑志
存志 成志 初志 挫志 苍志 骋志
瘁志 酬志 藏志 大志 斗志 定志
达志 多志 地志 夺志 遁志 笃志
得志 父志 方志 奋志 负志 忿志

府志 辅志 归志 观志 贵志 国志
高志 诡志 概志 后志 合志 环志
害志 鹤志 居志 尽志 寄志 洁志
赍志 降志 继志 搞志 快志 苦志
立志 内志 礼志 励志 勒志 砺志
黎志 溺志 迈志 民志 明志 浸志
美志 勉志 墓志 迁志 求志 齐志
奇志 耆志 强志 前志 情志 靖志
勤志 惬志 人志 二志 日志 迩志
挠志 贰志 锐志 弱志 弭志 失志
石志 矢志 述志 死志 尚志 守志
伸志 丧志 肃志 夙志 神志 省志
素志 硕志 遂志 宿志 缩志 诵志
肆志 誓志 托志 同志 他志 通志
覃志 颓志 无志 玩志 违志 微志
心志 小志 心志 先志 仙志 县志
遐志 逊志 蓄志 谐志 永志 易志
有志 严志 言志 淫志 远志 异志
动志 抑志 逸志 养志 咏志 泳志
意志 野志 雅志 隐志 遗志 溢志
正志 传志 众志 壮志 杂志 致志
着志 展志 职志 章志 藻志
不得志 地方志 浮云志 鸿鹄志 经世志
流遁志 留侯志 廉隅志 名山志 攀鳞志
青霞志 穷愁志 人物志 四方志 题桥志
艺文志 烟霞志 移山志 纵横志 拔山志
比物比志 报章杂志 博闻强志 承欢养志
踌躇满志 东山之志 淡泊明志 澹泊明志
范张之志 风云之志 患心丧志 感物咏志
鸿鹄之志 还年却志 豪情壮志 可舒雅志
凌霄有志 轻世肆志 人各有志 染神乱志
四方之志 任治远志 松柏之志 未竟之志
玩物丧志 小人得志 失言承志 心怀异志
先意承志 雄心壮志 原无大志 隐居求志
燕雀之志 寝丘之志 专心致志 丈夫之志
足怡素志 张翰适志 蝼蚁得志 箕山之志
不坠青云之志/匹夫不可夺志/穷且益坚，不坠青云之志/永州铁炉步志/燕雀安知鸿鹄之志/人生贵适志/

痣 zhì 皮肤上生的斑痕。

白痣 赤痣 红痣 黑痣 褐痣 毛痣
青痣 手痣 足痣 紫痣
长颗黑痣

豸 zhì 古书上指没有脚的虫子。

虫豸 此豸 花豸 獬豸 有豸 豸豸
弄獬豸 庶有豸

忮 zhì 害，嫉妒。

忿忮 解忮 苛忮 强忮 为忮 阴忮
勇忮

识 zhì 又音 shí ①加上标记。②记住。

表识 标识 聪识 附识 镌识 款识
练识 默识 器识 阴识
博闻强识

帜 zhì ①旗子。②标记。

标帜 拔帜 赤帜 扶帜 幡帜 黄帜
麾帜 军帜 旌帜 酒帜 旗帜 塞帜
小帜 易帜 摇帜 偃帜 张帜
别树一帜 拔帜易帜 拔帜树帜 拔旗易帜
独树一帜 独竖一帜

帙 zhì ①用布帛制成包书的套子。②书的卷册卷次。③量词。

案帙 部帙 残帙 典帙 梵帙 荷帙
旧帙 卷帙 缋帙 开帙 绿帙 满帙
披帙 篇帙 缥帙 守帙 书帙 胜帙
素帙 数帙 天帙 缇帙 晚帙 仙帙
湘帙 芸帙 余帙 逸帙 隐帙 掩帙
帙帙 祝帙 展帙

秩 zhì ①聚积。②官吏的俸禄。③秩序。④十年为一秩。⑤依次排列。⑥整齐。

八秩 兵秩 罢秩 部秩 典秩 常秩
称秩 宠秩 残秩 父秩 服秩 官秩
司秩 高秩 扣秩 均秩 旧秩 寄秩
空秩 孔秩 考秩 年秩 禄秩 名秩
平秩 品秩 前秩 七秩 清秩 人秩
荣秩 上秩 私秩 思秩 散秩 无秩
田秩 位秩 未秩 无秩 望秩 小秩
咸秩 显秩 永秩 有秩 职秩 秩秩
藻秩 正秩 资秩
河海秩 金印秩 三槐秩 膳夫秩

彦达分秩　阊阊秩秩

制　zhì ①断木。②制作。③制止。④禁止。⑤墨守。⑥法式。⑦帝王的命令。⑧规定。⑨制度。⑩指居亲丧。

安制　币制　北制　便制　编制　采制
处制　创制　初制　称制　裁制　订制
达制　定制　地制　典制　待制　度制
帝制　大制　抵制　断制　扼制　遏制
凡制　方制　风制　仿制　非制　法制
防制　服制　复制　缝制　公制　古制
改制　更制　官制　革制　管制　规制
割制　灌制　画制　绘制　九制　巨制
旧制　节制　机制　军制　经制　监制
矜制　锦制　缄制　建制　兼制　禁制
精制　矫制　检制　克制　控制　力制
内制　拉制　礼制　录制　炼制　难制
卤制　米制　名制　美制　品制　拼制
炮制　配制　气制　弃制　权制　巧制
牵制　强制　清制　钳制　鞣制　市制
守制　书制　时制　圣制　私制　受制
岁制　神制　税制　索制　试制　摄制
天制　同制　体制　提制　条制　特制
统制　调制　文制　外制　无制　心制
学制　形制　宣制　宪制　限制　新制
挟制　熏制　辖制　义制　压制　应制
异制　易制　月制　宜制　仪制　永制
英制　音制　轧制　约制　抑制　腌制
研制　预制　意制　遥制　译制　雅制
般制　主制　专制　众制　治制　自制
周制　芰制　总制　诏制　终制　宰制
姿制　颛制

八进制　兵役制　包干制　包书制　包乘制
百分制　代议制　父权制　工资制　公有制
共和制　供给制　股份制　国际制　合议制
井田制　九班制　京洛制　家长制　将军制
内婚制　内阁制　两党制　两院制　劳卫制
联合制　联邦制　母权制　募兵制　犬牙制
全日制　二部制　所有制　十进制　市用制
私有制　所有制　五分制　议会制　责任制
总统制　征兵制　责任制

比例税制　程序控制　复本位制　官府专制
国际公制　鸿篇巨制　鸣章巨制　汉称七制
君主专制　军事管制　经济体制　锦囊佳制
皎然旧制　犬牙相制　如法炮制　受人牵制
数字控制　诗囊佳制　维护法制　小私有制
薛姬裁制　固态旧制　志愿兵制　依法炮制
整军有制　自动控制

曹参饮酒，不改萧制/个体所有制/国家所有制/国际单位制/雇佣兵役制/民主立宪制/集体所有制/民主集中制/民主共和制/全民所有制/人民代表大会制/社会主义所有制/义务兵役制/原始社会所有制/资本主义所有制/

质　zhì ①典当。②本质。③朴实。④盟约。⑤诚信。⑥物质。⑦禀性。⑧验证。⑨评断。

不质　白质　比质　本质　保质　变质
才质　赤质　村质　纯质　传质　称质
粹质　诚质　大质　对质　地质　单质
多质　敦质　毒质　风质　反质　伏质
访质　范质　斧质　铁质　赋质　改质
归质　贵质　互质　化质　合质　灰质
虎质　活质　皓质　藿质　蕙质　秽质
介质　交质　旧质　角质　金质　劲质
简质　劫质　嘉质　截质　激质　壳质
矿质　劣质　兰质　牛质　女质　良质
论质　丽质　流质　兰质　陋质　卤质
凝质　木质　弥质　吕质　明质　茂质
母质　美质　媒质　品质　皮质　朴质
叛质　气质　纤质　清质　情质　曜质
人质　仁质　任质　容质　肉质　溶质
弱质　水质　尚质　隼质　实质　随质
素质　殊质　淑质　善质　土质　天质
同质　体质　特质　为质　文质　无质
我质　伟质　委质　玮质　顽质　纨质
物质　下质　向质　仙质　形质　心质
相质　秀质　性质　新质　修质　一质
牙质　言质　优质　羊质　原质　音质
浴质　釉质　雅质　瑶质　专质　杂质
芝质　贞质　政质　招质　昭质　资质
姿质　稚质　椹质

冰玉质　电介质　电解质　多血质　胆汁质
蛋白质　雕朽质　恶病质　腐殖质　兰蕙质
龙凤质　蒲柳质　庆云质　乔松质　石灰质

十粉质 神经质 素丝质 天梃质 特异质
细脆质 象牙质 有机质 原形质 泳丈质
烟霄质 脂肪质 黏液质
变卖典质 赐绢胡质 大脑皮质 道德品质
非电解质 高产优质 化学性质 蕙心纨质
金相玉质 弃文存质 深润弱质 天生丽质
蜕化变质 物理性质 虎皮羊质 金相玉质

锧 zhì ①砧板。②铡刀（古代刑具）座。

伏锧 斧锧 铁锧 砧锧

踬 zhì ①被绊倒。②做事不顺利。

不踬 奔踬 跋踬 词踬 多踬 顿踬
倒踬 欺踬 后踬 骇踬 跻踬 蹇踬
困踬 力踬 难踬 沦踬 流踬 马踬
贫踬 前踬 事踬 屯踬 佯踬 足踬
屡试屡踬 中年遭踬

炙 zhì ①烤。②烤熟的肉。③烧灼。④喻受熏陶。

焙炙 啜炙 冻炙 焚炙 脯炙 燔炙
割炙 火炙 九炙 鸡炙 焦炙 酒炙
脍炙 鲙炙 牛炙 冷炙 炮炙 求炙
亲炙 二炙 日炙 食炙 嗜炙 烧炙
天炙 筒炙 铜炙 丸炙 行炙 鸮炙
薰炙 欲炙 肴炙 鱼炙 蓬炙
残羹炙 缓火炙 黄雀炙 牛心炙 秦人炙
驼峰炙 专诸炙
残羹冷炙 残杯冷炙 荣啖执炙 余杯冷炙
见弹而求鸮炙/

治 zhì ①管理。②治理。③整理。④整治。⑤有秩序。⑥研究。⑦医疗。⑧政治。⑨惩罚。⑩征服。⑪从事研究。⑫旧称地方政府所在地。

安治 按治 不治 保治 毕治 邦治
必治 班治 摆治 辨治 处治 鉏钽
惩治 大治 代治 队治 德治 分治
付治 法治 防治 粪治 辅治 古治
共治 根治 弘治 潢治 居治 洁治
今治 计治 径治 就治 家治 娇治
救治 辑治 鞫治 开治 立治 内治
吏治 利治 礼治 轮治 掠治 难治
疗治 练治 隆治 民治 没治 磨治
平治 枉治 求治 穷治 葺治 潜治
人治 仁治 圣治 世治 收治 省治
宿治 顺治 上治 土治 深治 盛治
疏治 缮治 绳治 同治 弹治 图治
统治 调治 王治 外治 卧治 小治
下治 心治 相治 县治 修治 新治
辖治 言治 佚治 医治 欲治 营治
姚治 怨治 游治 正治 主治 专治
在治 杂治 自治 至治 郅治 政治
致治 制治 净治 诊治 拯治 整治
综治 弓治 区治 欧治
不见治 不需治 家事治 三明治 太平治
唐虞治 蒸蒸治
标本兼治 辨证施治 辨证论治 残酷统治
贵族政治 寡头政治 加强统治 励精图治
鸣琴而治 生物防治 天下大治 无为而治
魏颗从治 委任统治 萧何不治 天为之治
正理平治 贞观之治
逆子顽妻，无药可治/民族区域自治/自家有病自家治/

栉 zhì ①梳篦的总称。②古代妇女的发饰。③梳理。

不栉 风栉 冠栉 巾栉 金栉 盥栉
沦栉 鳞栉 沐栉 密栉 如栉 濡栉
石栉 梳栉 中栉 自栉 栉栉
执巾栉
其崇如墉，其比如栉/

峙 zhì 又音 shì ①屹立。②具备。③建立。

鸥峙 对峙 鼎峙 飞峙 凤峙 峰峙
高峙 寒峙 鹄峙 峻峙 鸡峙 踞峙
列峙 灵峙 流峙 骈峙 棋峙 峭峙
山峙 竦峙 秀峙 相峙 轩峙 霄峙
瓜分鼎峙 高山耸峙 两山对峙 两军对峙
渊渟岳峙 川渟岳峙

畤 zhì 古时祭天地、五帝的特定场所。

东畤 鄜畤 广畤 高畤 旧畤 两畤
灵畤 逆畤 密畤 平畤 上畤 三畤
田畤 五畤 武畤 西畤 紫畤
定泰畤 后土畤 句芒畤 五福畤

痔

zhì 痔疮。

内痔 舐痔 瘴痔 外痔 秦痔
秦王痔
吮痈舐痔 舐痈吮痔

陟

zhì 登高，上升。

黜陟 登陟 共陟 难陟 跻陟 扪陟
暮陟 攀陟 乔陟 武陟 新陟 易陟
优陟 游陟 坐陟
邯郸陟

骘

zhì 排定。

陛骘 译骘 阴骘

贽

zhì 初次拜见人时所送的礼物。

空贽 女贽 男贽 陆贽 委贽 重贽
载贽

挚

zhì ①诚恳。②握持。③贽见。④诚挚。

兵挚 出挚 传挚 称挚 湛挚 诚挚
纯挚 笃挚 妇挚 发挚 奉挚 高挚
还挚 厚挚 极挚 举挚 恳挚 女挚
龙挚 剀挚 六挚 狼挚 貌挚 求挚
情挚 师挚 送挚 深挚 同挚 无挚
渥挚 委挚 文挚 为挚 虚挚 用挚
伊挚 有挚 依挚 猿挚 忳挚 肫挚
真挚 置挚 挚挚
情同深挚 意笃情挚 鹰击毛挚

鸷

zhì ①凶猛的鸟。②如鹰之类。

百鸷 博鸷 草鸷 沈鸷 大鸷 电鸷
独鸷 雕鸷 分鸷 飞鸷 刚鸷 孤鸷
横鸷 鸿鸷 虎鸷 交鸷 击鸷 骄鸷
捷鸷 家鸷 狼鸷 毛鸷 猛鸷 轻鸷
阴鸷 勇鸷 欲鸷 野鸷 鹰鸷 争鸷
鹰隼鸷
乖戾阴鸷

掷

zhì ①投。②腾跃。③抛弃。

白掷 次掷 果掷 后掷 好掷 虎掷
角掷 连掷 浪掷 怒掷 漫掷 抛掷
弃掷 前掷 戟掷 散掷 梭掷 试掷
投掷 透掷 腾掷 一掷 遥掷 野掷
莺掷 振掷 整掷
佳辰掷 金韵掷
孤注一掷 千金一掷

智

zhì ①聪明。②智谋。③指聪明的人。

不智 辩智 才智 成智 材智 聪智
诚智 大智 斗智 达智 多智 谈智
非智 负智 故智 诡智 和智 怀智
尽智 机智 奸智 尽智 急智 竭智
谫智 礼智 灵智 类智 理智 民智
明智 泯智 谋智 权智 齐智 取智
曲智 人智 二智 仁智 弱智 锐智
睿智 上智 圣智 私智 色智 似智
神智 损智 饰智 盛智 赡智 谞智
舞智 小智 心智 习智 性智 须智
黠智 予智 言智 有智 运智 用智
余智 勇智 益智 长智 自智 足智
忠智
过人智 挈瓶智
曹公多智 聪明才智 聪明睿智 陈平多智
见仁见智 急中生智 弄獐弄智 魏主求智
三家灭智 失张失智 孙庞斗智 袭人故智
勇敢机智
不因一事，不长一智/不经一事，不长一智/吃一堑，长一智/经一事，长一智/仁者见仁，智者见智/下下人有上上智/

滞

zhì ①凝积。②静止。③遗落。④滞涩。

板滞 出滞 沉滞 呆滞 道滞 底滞
钝滞 觝滞 分滞 干滞 化滞 沮滞
久滞 拘滞 窘滞 澮滞 蹇滞 锢滞
固滞 拘滞 窘滞 困滞 泞滞 留滞
泥滞 流滞 腻滞 破滞 气滞 曲滞
岂滞 屈滞 情滞 涩滞 无滞 停滞
枉滞 系滞 心滞 萧滞 云滞 迂滞
慜滞 拥滞 阴滞 郁滞 幽滞 淤滞
愚滞 壅滞 淹滞 腌滞 凝滞 主滞
沾滞 浊滞 阴滞 粘滞 迍滞 枕滞
惉滞
目光呆滞

彘 zhì 〈古〉猪.。

白彘 长彘 赤彘 臭彘 狗彘 汉彘
毫彘 犬彘 人彘 如彘 田彘 熊彘
猪彘
汉姬人彘 行同狗彘

置 zhì ①安放。②废弃。③搁置。④设立。⑤购办。⑥安置。⑦释放。

安置 不置 办置 布置 标置 别置
佈置 变置 处置 初置 措置 错置
多置 倒置 诞置 分置 放置 废置
各置 归置 姑置 高置 购置 搁置
横置 悫置 建置 厩置 开置 空置
列置 留置 配置 求置 骑置 弃置
侨置 三置 私置 舍置 始置 散置
设置 天置 投置 添置 勿置 位置
选置 闲置 匣置 新置 易置 引置
预置 抑置 扬置 移置 邀置 驿置
自置 召置 招置 传置 擢置 掷置
增置
棕装置 居士置 周行置 众所置
懊丧不置 本末倒置 避雷装置 枪支装置
轻重倒置 自动装置 指挥位置 赞叹不置
障碍投置 高自标置

雉 zhì ①野鸡。②古代城墙长三丈、高一丈叫一雉。③旧时博戏的三色之一。

白雉 百雉 春雉 城雉 雌雉 鼎雉
非雉 分雉 孤雉 化雉 海雉 金雉
雏雉 梦雉 千雉 十雉 山雉 射雉
士雉 文雉 万雉 下雉 祥雉 驯雉
新雉 一雉 云雉 鹞雉 泽雉 贽雉
爱野雉 翠毛雉 呼群雉 南山雉 离为雉
山梁雉 随东雉 桑中雉 升鼎雉 五色雉
舞影雉 献白雉 朝飞雉
大泽之雉 呼芦喝雉 狡狐捕雉 如皋射雉
家鸡野雉 卫母抚雉 翳草待雉

稚 zhì ①幼小。②年少。③晚植的谷类。

村稚 丁稚 蜂稚 孤稚 红稚 孩稚
娇稚 老稚 苗稚 蒙稚 妻稚 儿稚
笱稚 韶稚 土稚 童稚 鲐稚 幼稚
秧稚 遗稚

觯 zhì 古时饮酒的器皿。

奉觯 山觯 扬觯

吃 chī ①说话结巴不流利。②咀嚼食物之后咽下。③感受。④行动迟缓艰难。⑤下棋去掉对方的棋子。⑥赌博术语。⑦承受。

不吃 白吃 吃吃 采吃 嘲吃 饱吃
淡吃 够吃 好吃 蹇吃 酒吃 口吃
来吃 呐吃 难吃 零吃 漫吃 猛吃
生吃 使吃 受吃 笋吃 同吃 贪吃
偷吃 小吃 语吃
邓艾吃 混饭吃 韩非吃 饥来吃 山鸟吃
相待吃 相如吃 一牛吃 扬雄吃 周昌吃
讨冷饭吃 自讨苦吃 软硬不吃
客栈臭虫，逢人就吃/癞蛤蟆想天鹅肉吃/捧着金饭碗讨饭吃/事要多知，酒要少吃/手板心煎鱼给你吃/有饭大家吃/一个和尚挑水吃，两个和尚抬水吃/

哧 chī 拟声词。

哼哧 呼哧 吭哧 扑哧

蚩 chī 无知，愚痴。

蚩蚩 妍蚩

嗤 chī 讥笑。

谤嗤 常嗤 嘲嗤 共嗤 可嗤 噗嗤
自嗤
后世嗤 燕雀嗤

媸 chī 面貌丑。

笑媸 妍媸
不辨妍媸

鸱 chī ①传说中的怪鸟。②猫头鹰一类的鸟。

鸱鸱 恶鸱 蹲鸱 饿鸱 伏鸱 怪鸱
寒鸱 鸠鸱 茅鸱 庶鸱 为鸱 枭鸱
一鸱
北山鸱 酒千鸱 梁相鸱
梁相鹓鸱

絺 chī 细葛布。

葛绨　轻绨　绣绨　纻绨　织绨　绉绨

瓻 chī　古代的一种酒器。

借书还瓻

眵 chī　眼眵，眼睑分泌出的淡黄色的东西。

眼眵

痴 chī　①傻。②发呆。③疯癫。④入迷。

騃痴　白痴　笔痴　船痴　大痴　呆痴
非痴　发痴　共痴　花痴　魂痴　憨痴
娇痴　狂痴　弄痴　卖痴　破痴　情痴
二痴　如痴　书痴　撒痴　外痴　用痴
佯痴　有痴　愚痴　自痴　诈痴　增痴
爱吾痴　半生痴　蝶意痴　古人痴　虎痴痴
鸟雀痴　殊不痴　笑吾痴　笑叔痴　雨意痴
吹毛求痴　济叔不痴　李孟妒痴　李益护痴
撒娇撒痴
性痴则志痴/有书借人为痴/

螭 chī　从前传说中一种没有角的龙。

赤螭　蟠螭　蛟螭　铜螭　云螭

池 chí　①池塘。②护城河。③水道、沟渠。

半池　陂池　滮池　碧池　长池　仇池
春池　差池　柴池　城池　电池　方池
风池　广池　沟池　河池　花池　汉池
潢池　金池　酒池　教池　鲲池　龙池
临池　雷池　莲池　鲤池　淋池　洓池
梅池　渑池　满池　墨池　片池　盆池
青池　曲池　秋池　清池　水池　石池
衰池　缭池　天池　台池　汤池　铜池
午池　舞池　小池　习池　西池　咸池
新池　玉池　月池　乐池　园池　鱼池
浴池　欲池　砚池　晕池　瑶池　盐池
雁池　沼池　装池　张池　凿池
百子池　不见池　白莲池　白藕池　出灵池
春风池　风雨池　凤凰池　放生池　放鱼池
芙蓉池　干电池　光电池　荷风池　华清池
菡萏池　化粪池　九曲池　流杯池　积翠池
昆明池　莲花池　墨水池　七宝池　桥影池
秋莲池　曲江池　蓬莱池　喷水池　水通池
太液池　跳水池　蓄电池　醒酒池　学书池
谢郎池　谢家池　养明池　浴春池　养鱼池
逸少池　瑶华池　游泳池　缘锦池　作酒池
高阳池
化学电池　金城汤池　弄兵潢池　蓬岛瑶池
石城汤池　太阳电池　瞎马临池　荀夺凤池
殃及鱼池　亘夕之池
城门失火，殃及鱼池/盲人骑瞎马，夜半临深池/

弛 chí　①去掉弓的弦。②解除。③延缓。④放纵。

爱弛　驰弛　废弛　东弛　驽弛　慢弛
松弛　势弛　斲弛　徒弛　凋弛　颓弛
玩弛　携弛　张弛
一张一弛
文武之道，一张一弛/

驰 chí　①车马疾行。②快跑。③传播。④追逐。

波驰　背驰　飙驰　车驰　舛驰　独驰
方驰　飞驰　风驰　光驰　火驰　横驰
交驰　急驰　疾驰　箭驰　竞驰　流驰
雷驰　明驰　骛驰　披驰　骈驰　厥驰
情驰　驱驰　四驰　声驰　神驰　颓驰
心驰　星驰　懈驰　异驰　远驰　遥驰
游驰　坐驰　争驰　骤驰
白日驰　寸心驰　赤羽驰　浮云驰　九阳驰
夹路驰　露布驰　名声驰　日西驰　任驱驰
一雁驰　羽檄驰
背道而驰　电掣风驰　列车奔驰　急荡神驰
心荡神驰　心往神驰

迟 chí　①缓，慢。②晚。③徐行。④迟钝。

表迟　步迟　迟迟　钝迟　来迟　凌迟
陵迟　马迟　栖迟　钦迟　倾迟　舒迟
疏迟　推迟　未迟　倭迟　逶迟　行迟
虚迟　喜迟　嫌迟　云迟　依迟　延迟
淹迟　怨迟　蚁迟　至迟　重迟　瞻迟
出句迟　尺书迟　春到迟　得句迟　得来迟
蝶过迟　放杯迟　过云迟　花信迟　见机迟
结梦迟　酒行迟　酒熟迟　卷帘迟　看书迟
留客迟　临江迟　临风迟　落花迟　落潮迟
马行迟　莫怨迟　去宜迟　去帆迟　日光迟

曙光迟　未为迟　舞态迟　下钓迟　夕阳迟
寻春迟　信偏迟　已觉迟　玉漏迟　云过迟
月华迟　叶落迟　夜钟迟　引步迟　应对迟
羽书迟　雨露迟　夜漏迟　谕尉迟　雁来迟
自影迟　织锦迟　日迟迟
贵人语迟　悔恨已迟　七步嫌迟　事不宜迟
司马淹迟　姗姗来迟
船到江心补漏迟/黑发不知勤学早，白发方悔读书迟/临崖勒马收缰晚，船到江心补漏迟/事情到来悔却迟/善恶到头终有报，只争来早与来迟/心急马行迟/

持 chí ①握住。②拿着。③遵守不变。④治理。⑤保持。⑥支持。⑦扶持。⑧要挟。

不持　标持　把持　保持　秉持　霸持
称持　持持　操持　撑持　倒持　扶持
护持　获持　夹持　坚持　军持　赍持
劫持　矜持　僵持　堪持　力持　内持
难持　揽持　捧持　挈持　撣持　维持
相持　挟持　胁持　携持　易持　主持
支持　住持　执持　自持　争持　撍持
不自持　共扶持　好共持　力能持　栖独持
手板持　文墨持　勿轻持　蟹螯持
百拱相持　蚌鹬相持　独立难持　水土保持
太阿倒持　鹬蚌相持　秦阿倒持　神物护持
荷花虽好，也要绿叶扶持/牡丹虽好绿叶扶持/牡丹花好，终须绿叶扶持/牡丹花儿虽好，还要绿叶扶持/

匙 chí 又音 shí 舀汤用的小勺子。

荣匙　羹匙　汤匙　铜匙　玉匙　银匙
滑流匙　雪翻匙

墀 chí 台阶上的空地或台阶。

栖楚叩墀

篪 chí 古代一种用竹管制成的乐器。

竹篪
吴市篪　埙应篪
伯埙仲篪　苍龙吹篪　老婢吹篪

尺 chǐ 又音 chě ①量词。②市制长度单位。③尺子，量长度的器具。④像尺子一样的东西。⑤画图的器具。

八尺　百尺　北尺　宝尺　标尺　表尺
长刀　刀尺　斗尺　度尺　得尺　方尺
法尺　仿尺　腹尺　公尺　关尺　过尺
钩尺　钢尺　进尺　角尺　戒尺　金尺
界尺　军尺　卷尺　矩尺　卡尺　六尺
连尺　累尺　皮尺　七尺　千尺　曲尺
琼尺　软尺　三尺　市尺　算尺　塞尺
数尺　缩尺　书尺　忝尺　铁尺　细尺
襄尺　羡尺　人尺　玉尺　亿尺　月尺
英尺　盈尺　折尺　指尺　直尺　准尺
镇尺　只尺　咫尺
比例尺　百分尺　催刀尺　丁字尺　计算尺
金粟尺　立方尺　鲁班尺　平方尺　戚里尺
千分尺　三角尺　深千尺　提三尺　云过尺
玉界尺　营造尺　鱼卡尺
冰冻三尺　垂涎三尺　得寸进尺　光逢玉尺
喙长三尺　近在咫尺　进寸得尺　立方英尺
烈日当尺　日高三尺　绳趋步尺　危楼百尺
游标卡尺　进寸退尺
百尺竿头，更进一尺/让一寸，得一尺/让礼一寸，得礼一尺/山高一丈，水深一尺/

齿 chǐ ①牙齿。②排列像牙齿形状的东西。③年龄。④刻为齿形。⑤并列。

不齿　白齿　百齿　贝齿　逼齿　版齿
齿齿　唇齿　龀齿　单齿　反齿　腐齿
挂齿　庚齿　合齿　含齿　虎齿　恒齿
毁齿　皓齿　黑齿　臼齿　见齿　旧齿
眷齿　驹齿　锯齿　口齿　亏齿　可齿
叩齿　扣齿　六齿　历齿　冷齿　利齿
牟齿　龙齿　软齿　龄齿　落齿　鲵齿
啮齿　露齿　门齿　马齿　没齿　茂齿
暮齿　犬齿　去齿　切齿　启齿　起齿
敲齿　龋齿　儿齿　乳齿　弱齿　孺齿
生齿　尚齿　牧齿　甚齿　素齿　鹑齿
韶齿　无齿　勿齿　序齿　笑齿　象齿
稚齿　一齿　义齿　已齿　有齿　夭齿
玉齿　牙齿　羊齿　银齿　雁齿　折齿
壮齿　蛀齿　咫齿　稚齿　凿齿　智齿
不足齿　斗口齿　观止齿　何敢齿　牛折齿
犬马齿　前臼齿　霜入齿　五色齿　折屐齿
张巡齿
不足挂齿　仇深切齿　斗牙拌齿　睢阳嚼齿

共为唇齿　汉王封齿　黄发儿齿　何足挂齿
辅车唇齿　金黄牙齿　镶金牙齿　伶牙俐齿
怒目切齿　难以启齿　明眸皓齿　蓬头历齿
人所不齿　搜根列齿　投梭折齿　为人不齿
雪白牙齿　咬牙切齿　朱唇皓齿　张霭拾齿
乡党尚齿　谢鲲折齿　张睢阳齿
咬人狗儿不露齿/

侈 chǐ　①浪费。②夸大。③奢华。④邪行。
崇侈　浮侈　繁侈　甘侈　贵侈　怙侈
华侈　浩侈　闳侈　豪侈　骄侈　夸侈
丽侈　量侈　贫侈　示侈　俗侈　视侈
肆侈　奢侈　太侈　同侈　汰侈　泰侈
邪侈　绚侈　已侈　淫侈　游侈　逾侈
纵侈　张侈
禄不侈　奢华侈
放辟邪侈　穷奢极侈　石崇豪侈　原非自侈
有节有侈

耻 chǐ　①羞辱。②羞愧。③感到侮辱的事。
报耻　抱耻　丑耻　惭耻　大耻　负耻
含耻　国耻　诟耻　寡耻　怀耻　讳耻
剧耻　解耻　骄耻　可耻　愧耻　垒耻
廉耻　明耻　蒙耻　奇耻　忍耻　辱耻
示耻　刷耻　宿耻　无耻　小耻　心耻
雪耻　洗耻　羞耻　状耻　有耻　怨耻
自耻　滞耻　知耻
不知耻　恶小耻　会稽耻　胯下耻　荆山耻
不以为耻　不知羞耻　报仇雪耻　卑鄙无耻
寡廉鲜耻　荒淫无耻　厚颜无耻　礼义廉耻
浪费可耻　缾罍之耻　诗人无耻　恬不知耻
吾争周耻　淆山之耻　鲜廉寡耻　引以为耻
温饱不耻　会稽之耻　不醉反耻　包羞裹耻
行己有耻

豉 chǐ　豆豉。
草豉　豆豉　法豉　姜豉　卖豉　玉豉
盐豉　作豉
炒豆豉
莼菜盐豉　莼羹下豉　莼羹盐豉

褫 chǐ　剥夺。
魂褫　三褫　装褫

敕 chì　①告诫。②谨饬。③特指帝王的诏书、命令。
承敕　刀敕　多敕　帝敕　告敕　进敕
教敕　检敕　诫敕　谨敕　警敕　口敕
密敕　谴敕　手敕　申敕　修敕　严敕
约敕　自敕　准敕
李藩批敕
手把文书口称敕/

叱 chì　①大声呵斥。②呼喊。③叹词。④拟声词。
叱叱　咄叱　大叱　底叱　愤叱　可叱
呼叱　虎叱　怒叱　目叱　廷叱　啸叱
一叱　言叱　咤叱　责叱　张叱
项羽叱　王尊叱　仙人叱　张目叱
回车而叱

斥 chì　①使离开。②支付。③扩展。④指责。⑤众多。⑥大。
不斥　兵斥　中斥　摈斥　驳斥　贬斥
鞭斥　叱斥　斥斥　充斥　词斥　黜斥
诋斥　迂斥　敌斥　广斥　呵斥　河斥
呵斥　劾斥　挥斥　见斥　简斥　刻斥
连斥　流斥　怒斥　陵斥　召斥　捂斥
屏斥　排斥　迁斥　请斥　消斥　谴斥
攘斥　申斥　使斥　投斥　推斥　痛斥
外斥　训斥　远斥　荫斥　烟斥　拆斥
致斥　指斥　准斥　责斥　谪斥
寇盗充斥　坟衍斥斥
除边开益斥/

赤 chì　①红色。②忠诚。③裸露。④赤为南方之色。⑤空，尽。⑥用以象征革命。
得赤　唇赤　草赤　大赤　丹赤　洞赤
夺赤　谷赤　光赤　精赤　影赤　毛赤
目赤　面赤　青赤　日赤　山赤　尚赤
小赤　心赤　血赤　徐赤　舄赤　霞赤
叶赤　眼赤　子赤　足赤　质赤　紫赤
江枫赤　金带赤　金鲤赤　珊瑚赤　因蔬赤
竹姑赤
脸红目赤　面红耳赤　金无足赤
人无完人，金无足赤/

饬 chì ①整治。②谨慎。③命令，告诫。

不饬 东饬 创饬 捯饬 篚饬 戒饬
校饬 敬饬 谨饬 临饬 谦饬 申饬
纯饬 暂饬 修饬 严饬 约饬 整饬
簠不饬

炽 chì ①火炽热。②热烈，旺盛。③燃烧。

白炽 写炽 德炽 方炽 丰炽 蓄炽
火炽 报炽 隆炽 日炽 暑炽 煽炽
炭炽 休炽 凶炽 薰炽 絶炽 永炽
炎炽 走炽 增炽
火云炽 横议炽 奸雄炽 韶光炽

翅 chì ①翅膀。②像翅膀的东西。

不翅 鼻翅 长翅 垂翅 春翅 插翅
起翅 蝶翅 飞翅 凤翅 奋翅 鼓翅
金翅 戢翅 龙翅 鸟翅 帽翅 鞘翅
双翅 收翅 铁翅 尾翅 玉翅 孟翅
鱼翅 雁翅 翼翅 鹰翅 折翅 展翅
振翅 坠翅
玲珑翅 凌云翅 摩天翅 排虚翅 擘风翅
云母翅
猛虎插翅 鲲鹏展翅 青冥垂翅 雄鹰展翅
银鹰银翅 燕窝鱼翅

啻 chì ①但，只。②是。③余。

不啻 弗啻 何啻 奚啻

眙 chì ①直视，注视。②惊视。

瞠眙 愕眙 目眙 竦眙 停眙

傺 chì ［侘傺］形容失意。

侘傺 欿傺

尸 shī ①尸体。②陈列。③古代祭祀时代表死者受祭的人。④居其位不做事情。⑤主持。⑥阵法。

傲尸 暴尸 鞭尸 传尸 陈尸 大尸
多尸 断尸 反尸 伏尸 浮尸 干尸
公尸 裹尸 后尸 虎尸 欋尸 巨尸
祭尸 鸣尸 荆尸 僵尸 疆尸 煎尸
枯尸 六尸 龙尸 戮尸 皮尸 彭尸
曝尸 三尸 闪尸 伤尸 收尸 拾尸
送尸 死尸 谷尸 寿尸 碎尸 谁尸
透尸 挺尸 心尸 行尸 硬尸 验尸
舆尸 子尸 坐尸 诈尸 载尸
不迎尸 季女尸 灭三尸
掘墓鞭尸 柳骂三尸 马革裹尸 五牛分尸
五马分尸 伍员鞭尸 走肉行尸
杀老牛，莫之敢尸/

失 shī ①遗失。②过失。③耽误。④错误。⑤改变常态。⑥消失。

暗失 不失 百失 报失 差失 重失
常失 错失 蹉失 察失 大失 丢失
度失 得失 顿失 废失 观失 过失
挂失 官失 护失 耗失 患失 荒失
戒失 酒失 救失 娇失 礼失 沦失
流失 漏失 名失 迷失 冒失 谬失
弃失 前失 缺失 阙失 少失 闪失
丧失 损失 散失 疏失 输失 同失
听失 铁失 逐失 天失 亡失 勿失
违失 误失 惋失 小失 消失 陷失
销失 一失 言失 易失 艺失 雨失
有失 淫失 逸失 夜失 遗失 意失
隐失 愆失 走失 自失 注失 志失
坐失 醉失
百忧失 打前失 回头失 纤微失 前梦失
黯然若失 百无一失 成败得失 怅然若失
粗鲁冒失 多言多失 得不偿失 傥得傥失
红晕消失 患得患失 一举两失 记功忘失
机不可失 鸡虫得失 利弊得失 鲁莽冒失
冒冒失失 忙中有失 茫然自失 茫然若失
千虑一失 如有所失 若有所失 爽然若失
水土流失 时不可失 塞翁得失 万无一失
忘怀得失 唯恐有失 惘然若失 旋得旋失
遗漏疏失 言多必失 梓占错失
东野毕之马失/智者千虑，不免一失/智者千虑，必有一失/

师 shī ①军队编制。②军队。③老师。④由师徒关系而产生的。⑤对擅长某种技术的人的称呼。⑥仿效。⑦众人。⑧古官名。⑨榜样。⑩征伐。⑪和尚、道士的尊称。

本师 班师 拜师 饼师 宾师 般师
以师 出师 陈师 场师 常师 厨师

禅师 犬师 邓师 甸师 拖师 帝师
导师 督师 恩师 父师 发师 法师
妇师 铸师 工师 高师 官师 国师
罟师 鼓师 火师 会师 回师 还师
花师 画师 挥师 麾师 篙师 京师
济师 间师 军师 讲师 经师 枝师
教师 简师 六师 女师 老师 农师
良师 龙师 劳师 鸟师 练师 炼师
律师 雷师 隆师 末师 名师 母师
牧师 明师 蒙师 梦师 满师 偏师
暴师 乞师 求师 琴师 拳师 潜师
二师 人师 贰师 三师 士师 水师
世师 始师 讼师 遂师 塾师 誓师
土师 太师 天师 同师 屯师 投师
无师 王师 为师 吾师 巫师 武师
兴师 仙师 先师 行师 兴师 相师
圉师 旋师 义师 云师 元师 业师
右师 幼师 乐师 延师 严师 医师
间师 阅师 移师 雨师 药师 渔师
左师 舟师 追师 宗师 朕师 钟师
致师 择师 祖师 尊师 座师
百世师 草堂师 大元师 大宗师 独立师
大工师 答其师 防空师 国子师 工程师
古之师 建筑师 好为师 会计师 空降师
航空师 李师师 理发师 蛆虫师 实可师
是我师 伞兵师 十万师 天下师 王者师
万世师 五经师 羽裳师 友兼师 一字师
自得师 自传师 咒禁师
安石求师 大学教师 大兴义师 代作帝师
负笈从师 高级教师 狗头军师 郭泰人师
何何尊师 好为人师 后事之师 桓荣帝师
教无常师 季子投师 级任老师 开山祖师
立本画师 能者为师 五代米师 问罪之师
为王者师 无名之师 先圣先师 徐知真师
小学教师 一字之师 一代宗师 艺术大师
雍友杨师 中学教师 主任医师 主治医师
至圣先师 住院医师 枕席过师 结发事师
大成至圣先师/高级工程师/孔子拜童为师/李固千里求师/前事不忘，后事之师/三人行，必有我师/宋濂冒雪访师/问罪之师/助理工程师/

狮 shī 狮子。

伏狮 金狮 耍狮 睡狮 雄狮
百花狮 五色狮
舞龙舞狮

诗 shī ①文学中的一种体裁。②指诗经。③赋诗歌颂。

百诗 邠诗 班诗 悲诗 编诗 幽诗
抄诗 采诗 陈诗 成诗 唱诗 裁诗
杜诗 短诗 盗诗 反诗 赋诗 工诗
古诗 改诗 贡诗 格诗 和诗 好诗
旧诗 祭诗 教诗 看诗 论诗 能诗
律诗 毛诗 美诗 情诗 敲诗 绮诗
史诗 书诗 删诗 赛诗 史诗 颂诗
声诗 笙诗 唐诗 题诗 卫诗 挽诗
歪诗 仙诗 写诗 寻诗 新诗 献诗
言诗 吟诗 咏诗 逸诗 有诗 役诗
遗诗 冀诗 艳诗 幽诗 左诗 杂诗
周诗 做诗 组诗 造诗 轴诗 谄诗
赠诗
白话诗 白云诗 百篇诗 百家诗 比红诗
别山诗 柏梁诗 壁间诗 才子诗 春色诗
草堂诗 池塘诗 催妆诗 大好诗 大风诗
断肠诗 打油诗 定情诗 定场诗 古体诗
故事诗 格律诗 感遇诗 回文诗 红叶诗
画中诗 怀旧诗 今体诗 交响诗 近体诗
惊人诗 旧体诗 即兴诗 即景诗 街头诗
锦字诗 锦囊诗 女郎诗 李杜诗 离合诗
朗诵诗 囊中诗 梦中诗 盘中诗 七言诗
七步诗 墙头诗 泣鬼诗 情新诗 二言诗
三家诗 四言诗 四家诗 三步诗 三笔诗
上朝诗 忝苗诗 四愁诗 山水诗 少陵诗
抒情诗 散文诗 赏花诗 撒盐诗 田园诗
团扇诗 推敲诗 探春诗 无题诗 谢女诗
无韵诗 五字诗 五言诗 叙事诗 新体诗
谢女诗 养生诗 乐府诗 应制诗 雨催诗
咏史诗 雁足诗 游仙诗 遗愁诗 子建诗
杂体诗 自由诗 煮豆诗 赞美诗 织锦诗
碧纱笼诗 黄鸟悲诗 红叶题诗 红叶留诗
画中有诗 觉范沦诗 横槊赋诗 贾岛祭诗
击钵催诗 鸡林售诗 露沁新诗 刻烛赋诗
七步作诗 七步成诗 汝锡奇诗 十四行诗

扫壁寻诗　扫壁觅诗　弹琴咏诗　宣文删诗
行酒赋诗　三笺六诗　击钵催诗　任笔沈诗
能理乱丝，可以读诗/

虱 shī　寄生在人、畜身上的一种昆虫。

壁虱　辨虱　床虱　点虱　笃虱　飞虱
贯虱　鸡虱　奸虱　虮虱　裤虱　六虱
老虱　龙虱　狼虱　扪虱　遗虱　琴虱
水虱　颂虱　体虱　头虱　铁虱　饕虱
悬虱　一虱　阴虱　有虱　鱼虱　竹虱
捉虱
邯郸虱　雾如虱
安石须虱　穿杨贯虱　树孔藏虱　之才觅虱
纪昌贯虱

絁 shī　古时的一种粗绸子。

粉絁　绢絁　绫絁　纱絁　紫絁

施 shī　①散布。②铺陈。③给予。④实施。⑤施舍。⑥实行。

不施　布施　报施　博施　薄施　偏施
褊施　大施　东施　点施　德施　恩施
敷施　广施　官施　沟施　好施　厚施
惠施　横施　兼施　况施　令施　逆施
勒施　能施　难施　匆施　隆施　鳞施
平施　普施　戚施　潜施　墙施　荣施
首施　设施　声施　实施　顺施　施施
撒施　野施　条施　擅施　文施　无施
穴施　先施　两施　信施　谢施　云施
有施　雨施　远施　杂施　重施　振施
成施
菖蕌施　典章施　帝皇施　德教施　芳泽施
粉末施　粉薄施　圣策施　茑萝施　雨露施
醉西施
恩可遍施　断然措施　倒行逆施　恩威并施
好善乐施　计无所施　急公好施　乐善好施
逆行倒施　轻财好施　蒲鞭不施　软硬兼施
唐突西施　无计可施　威无所施　云布雨施
云行雨施　蘧篨戚施　靡计不施
范蠡载西施/情人眼里有西施/

湿 shī　①低下潮湿。②沾水

不湿　本湿　卑湿　潮湿　打湿　地湿
垫湿　繁湿　花湿　汗湿　海湿　巾湿
浸湿　流湿　露湿　淋湿　软湿　润湿
濡湿　沙湿　水湿　束湿　宿湿　暑湿
湿湿　土湿　体湿　透湿　外湿　违湿
溻湿　心湿　阴湿　叶湿　衣湿　雨湿
遇湿　雁湿　沾湿　朝湿　致湿
红莲湿　泪痕湿
操操居湿　水过地湿　推操居湿
水过地皮湿/

十 shí　①数目。②特指十倍。③表示完备具足。

百十　成十　地十　弓十　功十　合十
好十　获十　九十　井十　金十　六十
累十　路十　七十　二十　三十　四十
双十　数十　五十　息十　一十　盈十
知十
百二十　春九十　地相十　一当十　整二十
百儿八十　拆饼拆十　大年三十　七老八十
闻一知十　问一答十　贤人七十　一五一十
一以当十　以一当十　用一当十
八九不离十/行百里，半九十/行百里者半九十/

什 shí　又音 shén　①以十为单位的，同十。②数多，品杂。

澄什　匪什　家什　佳什　家什　嘉什
丽什　联什　庙什　篇什　琼什　诗什
天什　艳什　稚什　篇什
崔罗什　素什什
破家烂什

石 shí　又音 dàn。　①岩石。②石磬，古乐器名。③石刻。④药石。⑤石针。⑥用石制成的。⑦坚固。

八石　比石　白石　百石　宝石　补石
拜石　责石　标石　砭石　败石　笔石
碑石　碧石　鞭石　赤石　长石　草石
叱石　吹石　础石　穿石　错石　翠石
磁石　镵石　丹石　对石　斗石　电石
点石　担石　岛石　磴石　儋石　嶝石
伏石　发石　浮石　矾石　氟石　釜石
匪石　肺石　古石　关石　矸石　甘石
固石　高石　刚石　怪石　硅石　化石
火石　花石　旱石　黄石　虎石　苍石

滑石　辉石　衡石　介石　井石　击石
金石　巨石　机石　戒石　讲石　界石
假石　卷石　结石　坚石　菊石　箭石
九石　基石　荐石　钧石　镌石　碣石
聚石　锦石　积石　渐石　嘉石　礁石
叩石　刊石　矿石　刻石　康石　立石
老石　离石　兰石　弄石　冷石　岚石
勒石　卵石　浪石　流石　砾石　练石
炼石　垒石　砺石　廉石　兰石　裂石
礌石　栏石　美石　木石　明石　麻石
礞石　鸣石　脉石　密石　墓石　磨石
片石　破石　抛石　磐石　漂石　砑石
奇石　泉石　峭石　驱石　敲石　青石
瑞石　燃石　然石　山石　水石　矢石
闪石　书石　沙石　松石　砾石　神石
乘石　瘦石　漱石　燧石　土石　田石
铁石　跳石　危石　文石　五石　顽石
娲石　小石　下石　洗石　玄石　相石
信石　硝石　息石　锡石　新石　霞石
衔石　藓石　一石　玉石　月石　用石
牙石　员石　阴石　阳石　英石　迎石
研石　岩石　油石　映石　陨石　婴石
饮石　萤石　药石　缘石　燕石　狱石
贞石　砖石　枕石　柱石　珍石　铝石
轸石　铸石　赭石　箴石　镇石
安王石　白云石　冰洲石　鞭阴石　鞭雨石
补天石　昌化石　大理石　电光石　点头石
到公石　剁斧石　剁假石　垫脚石　奠基石
鹅卵石　光卤石　化女石　化公石　河卵石
红丝石　红宝石　活化石　鸡血石　九子石
金刚石　俱焚石　金雀石　鸡血石　角闪石
俱焚石　孔雀石　困子石　浣花石　女娲石
龙尾石　玲珑石　钠长石　蓝宝石　落星石
绿宝石　木化石　木变石　马肝石　猫眼石
猫睛石　磨刀石　绊脚石　青田石　三生石
三品石　三侯石　水刷石　山子石　水投石
水磨石　生锦石　松风石　神鞭石　泰山石
试金石　太湖石　调猿石　水磨石　生锦石
为柱石　五色石　望夫石　仙人石　仙镜石
吸铁石　雪公石　新妇石　醒酒石　雨花石
郁林石　云根石　羊公石　贞女石　自立石
支矶石　支机石　支琴石　沾夫石　钟乳石
斩假石
安于磐石　安如磐石　冰坚如石　初平起石
初平叱石　穿云裂石　垂诫泐石　补天炼石
滴水穿石　多蒙药石　鼎铛玉石　飞沙走石
玫玉以石　刚玉宝石　汉白玉石　坚比金石
精卫衔石　金刿之石　金刚锡石　金绿宝石
家无儋石　坚如磐石　焦熬投石　李广射石
临危下石　女娲炼石　陆绩载石　流金铄石
落井下石　敲金击石　眠云卧石　秦王构石
授书黄石　清时安石　人非木石　宋人燕石
身非木石　孙劂骗石　射虎中石　声成金石
他山之石　投井下石　投井下石　投卵击石
泰山磐石　王诈怪石　王劣安石　梧台燕石
娲皇炼石　稳如磐石　行冲药石　心如金石
心如铁石　炫玉贾石　悬驼就石　衔玉贾石
以卵击石　以卵投石　沿河求石　燕然勒石
虞观越石　张荧化石　助人下石　枕流漱石
陆绩廉石　冤禽衔石　山溜穿石　以升量石
孙楚漱石
神运昭功石/熊渠子射石/眼里观宝珠，嘴是试金石/十日一水，五日一石/

祏 shí　①介于陶器与瓷器之间的陶瓷制品。②宗庙中藏神主的石室。

庙祏　松祏　神祏　宗祏

时 shí　①时间。②时间的。③时宜。④现在的。⑤时常，有时候。⑥季节。⑦光阴，岁月。⑧时代。⑨时势。

安时　爱时　按时　不时　半时　必时
别时　彼时　报时　悖时　背时　此时
初时　忍时　辰时　趁时　乘时　昌时
春时　错时　丁时　大时　对时　定时
当时　多时　到时　顿时　登时　敦时
得时　尔时　芳时　泛时　饭时　逢时
废时　费时　铺时　辅时　工时　共时
过时　瓜时　观时　遘时　感时　合时
何时　花时　亥时　几时　及时　近时
今时　计时　旧时　校时　奸时　积时
佳时　即时　经时　届时　救时　惊时
嫁时　嘉时　匡时　课时　康时　六时
历时　立时　来时　利时　良时　那时
农时　凉时　午时　临时　垒时　落时
曩时　卯时　民时　明时　梦时　平时

片时 凭时 迁时 权时 清时 趋时
徭时 二时 儿时 入时 迩时 若时
巳时 少时 四时 失时 书时 申时
戌时 伤时 首时 适时 守时 岁时
啥时 顺时 俟时 授时 斯时 审时
盛时 随时 瞬时 霎时 天时 同时
他时 谈时 午时 未时 为时 违时
往时 微时 小时 禺时 行时 学时
现时 闲时 昔时 喜时 暇时 一时
因时 有时 应时 雨时 迎时 酉时
夜时 尧时 眼时 逾时 寅时 移时
莺时 盈时 子时 这时 走时 知时
战时 准时 遭时 暂时 醉时
不多时 不逢时 不踰时 半阴时 布衣时
别离时 标准时 采桑时 趁潮时 对花时
对酒时 地方时 到家时 独来时 独坐时
断肠时 挂帆时 欢乐时 会面时 几许时
具四时 近腊时 卷帘时 酒酣时 酒醒时
撷芳时 困穷时 老大时 纳凉时 落花时
落帽时 明月时 梦醒时 暮钟时 千瓦时
青春时 二八时 十二时 上半时 少壮时
世界时 识天时 时不时 顺天时 太平时
脱稿时 未嫁时 下半时 下楼时 向阙时
酩酊时 相思时 月夜时 月残时 忆日时
忧患时 英妙时 浴兰时 倚阑时 夜雪时
夜阑时 跃龙时 游冶时 樱笋时 正及时
正当时 坐禅时 醉吟时 田塍时
不违农时 曾几何时 藏器待时 传诵一时
猖獗一时 独步一时 风行一时 风靡一时
驷马不时 冠绝一时 火候足时 轰动一时
花随四时 寒燠失时 将曙之时 旷日废时
立雪杨时 名噪一时 千载一时 倾动一时
赏不踰时 生不逢时 盛极一时 适逢共时
适俗随时 盛行一时 天变一时 威赫一时
玩岁愒时 显赫一时 煊赫一时 烜赫一时
嚣张一时 显耀一时 喧嚣一时 装束入时
作事不时

彼一时，此一时/此一时，彼一时/常将有日思无日，莫须无时思有时/聪明一世，糊涂一时/聪明一世，懵懂片时/聪明了一世，懵懂在一时/洞房花烛夜，金榜题名时/黄河尚有澄清日，岂可人无得运时/孔明借东风，巧用天时/养兵一日，用兵一时//驼子打伞，背时（湿）/天下尽多意外事，天师亦有鬼谜时/养军千日，用军一时/养兵千日，用兵一时/一朝权入手，看取令行时/恨不相逢未嫁时/

埘 shí 古代称在墙壁上挖洞做成的鸡窝。

鸡埘 栖埘 于埘 雉埘

识 shí 又音 zhì ①知道，认识。②相知者。③知识。④思想或意识。⑤见识。

不识 拜识 博识 辨识 才识 常识
测识 多识 达识 淡识 胆识 非识
广识 古识 共识 故识 高识 根识
含识 决识 交识 近识 见识 记识
结识 纪识 绝识 精识 鉴识 可识
六识 内识 礼识 览识 脑识 朗识
名识 妙识 迷识 明识 谋识 铭识
妍识 洽识 前识 浅识 强识 清识
趣识 认识 睿识 舌识 私识 所识
赏识 熟识 审识 深识 商识 小识
心识 先识 性识 形识 相识 学识
省识 新识 远识 言识 有识 吟识
员识 意识 渊识 淹识 雅识 应识
知识 早识 卓识 志识 祖识 智识
器识
卞和识 国土识 旧相识 君子识 老相识
潜意识 如相识 善知识 商人识 无知识
王粲识 无意识 下意识 有意识 山公识
半面之识 多闻博识 凡才浅识 肤见谫识
高见远识 广见多识 宏观博识 感性认识
基本知识 理性认识 社会意识 似曾相识
思想意识 铮于罕识 素不相识 嗣宗远识
一丁不识 一般见识 远见单识 卓见绝识
反眼不识 纥字不识

不打不相识/反眼不相识/同是天涯沦落人，相逢何必曾相识/

实 shí ①实在，其实。②真诚。③种子。④富裕。⑤物资。⑥坚实。⑦事实。

谙实 爱实 把实 扳实 宾实 悃实
播实 核实 才实 从实 出实 查实
充实 驰实 持实 粗实 诚实 瓷实
订实 豆实 的实 得实 谛实 敦实

笃实　鼎实　方实　丰实　非实　芳实
肥实　富实　公实　光实　过实　固实
故实　国实　果实　篚实　洪实　厚实
核实　佳实　坚实　军实　荐实　纪实
结实　践实　精实　口实　靠实　款实
老实　牢实　灵实　莲实　落实　名实
麦实　茂实　美实　密实　平实　皮实
朴实　萍实　芡实　切实　求实　弃实
其实　曲实　秋实　琼实　情实　确实
如实　山实　失实　声实　史实　属实
事实　慎实　吐实　听实　条实　妥实
跖实　挑实　怛实　庭实　塌实　踏实
无实　完实　务实　委实　写实　信实
香实　秀实　讯实　详实　现实　虚实
橡实　翔实　璇实　玉实　匀实　应实
严实　预实　硬实　贺实　殷实　瑶实
子实　折实　早实　竹实　扎实　早知
知实　坐实　籽实　折实　轧实　壮实
治实　枳实　茁实　资实　忠实　俎实
征实　证实　贞实　着实　照实　真实
致实　榛实
不踏实　欢实实　实打实
按名责实　差无故实　春华秋实　楚江萍实
楚昭萍实　粗粗实实　瓷瓷实实　打听虚实
敦敦实实　敦里敦实　敦本务实　飞声腾实
肥肥实实　骨架坚实　汉大心实　厚厚实实
欢欢实实　浑厚朴实　华而不实　货真价实
浑厚朴实　画风朴实　击瓮君实　结结实实
既成事实　亏名损实　开花结实　考名责实
控名责实　老老实实　劳动果实　揽名责实
名过其实　名副其实　名不副实　密密实实
木讷朴实　朴朴实实　切切实实　烹荣秀实
羌无故实　授人口实　胜利果实　生活真实
踏踏实实　探听虚实　谈过其实　腾声飞实
逃避现实　文过其实　先声后实　秀而不实
循名责实　虚虚实实　衔华佩实　一老一实
予人口实　以虚带实　有文无实　严严实实
言过其实　语尝林实　有名无实　有名有实
英声茂实　贻人口实　语言朴实　扎扎实实
忠厚老实　真真实实　综核名实　正视现实
你是曾老九的弟弟，真（曾）老实（十）/耳闻是虚，眼见是实/驼子翻筋斗，两头不落实/一人传虚，万人传实/

拾　shí　①收拾。②捡。③数词。“十”的大写。

不拾　采拾　得拾　蹈拾　掇拾　俯拾
刚拾　敢拾　芥拾　决拾　抉拾　捃拾
捡拾　难拾　蒙拾　取拾　裙拾　手拾
收拾　施拾　删拾　欲拾　招拾　摭拾
青紫拾　瑶草拾
不可收拾　仰取俯拾
豆腐掉到灰堆里，没法子收拾/一人善射，百夫决拾/

食　shí　又音 sì　①吃。②吃的食物。③吞没。④饭食。⑤粮食。⑥享受。⑦接受。⑧俸禄。

安食　不食　白食　兵食　伴食　别食
扁食　饱食　捕食　禀食　存食　刍食
采食　吃食　传食　茶食　草食　粗食
馋食　蚕食　辍食　大食　打食　对食
斗食　多食　箪食　鼎食　耳食　分食
哺食　饭食　服食　副食　菲食　福食
干食　甘食　囊食　火食　化食　伙食
活食　环食　海食　劳食　寒食　藿食
节食　即食　进食　艰食　具食　寄食
俱食　荐食　积食　饥食　艰食　禁食
绝食　疽食　酒食　稷食　口食　克食
堪食　内食　农食　礼食　冷食　能食
旅食　遛食　猎食　粒食　粮食　鸟食
禄食　粝食　零食　啮食　禀食　木食
民食　米食　面食　卖食　庙食　觅食
牟食　美食　蜜食　猫食　谋食　馔食
偏食　配食　乞食　求食　劝食　全食
强食　雀食　寝食　冗食　日食　肉食
软食　蓐食　少食　生食　外食　伤食
受食　时食　豕食　尝食　素食　稍食
朔食　蛇食　熟食　索食　摄食　疏食
蔬食　膳食　同食　吞食　吐食　停食
挑食　推食　徒食　退食　甜食　贪食
偷食　忘食　喂食　误食　晚食　小食
夕食　仙食　昔食　寻食　吸食　血食
消食　鲜食　饩食　飧食　玉食　月食
余食　衣食　养食　饮食　侑食　野食
易食　厌食　餍食　鱼食　游食　主食

争食 杂食 佐食 足食 坐食 昃食
蚤食 斋食 逐食 訾食 啄食 蒸食
猪食 耳食
不家食 并目食 吃独食 大官食 方丈食
甘可食 花上食 寒泉食 君子食 嗟来食
藜藿食 猫儿食 日全食 人贪食 日环食
漂母食 水乡食 烧尾食 生堪食 烟火食
蒸蒸食 狠卜食
浣衣菲食 八珍玉食 不劳而食 不食盗食
并日而食 布衣粗食 敝衣粝食 弊衣疏食
暴饮暴食 布衣疏食 吹箫乞食 吃猪狗食
粗衣粝食 粗衣恶食 黜衣缩食 恶衣菲食
恶衣恶食 丰衣足食 发愤忘食 壶浆箪食
废寝忘食 侯服玉食 慌不择食 饥不择食
鲸吞蚕食 井渫不食 节衣缩食 见噎废食
月盈则食 锦衣玉食 角衣推食 解衣推食
锦囊玉食 敛财饮食 暖衣饱食 漂母进食
灭此朝食 缺衣少食 日旰忘食 弱肉强食
三旬九食 缩衣节食 鹑居谷食 王胡索食
无衣无食 忘寝废食 式饮式食 省衣节食
秀赦复食 相邀会食 喜蒙能食 宵衣旰食
牺牛衣食 袭衣兼食 鲜美衣食 易子而食
因噎废食 颜回进食 燕子衔食 鹰鸷猿食
子过不食 足衣足食 钟鸣鼎食 朝趁著食
摇尾乞食 凿饮耕食
不吃烟火食/君子不吃无名之食/惜衣有衣，惜食有食/原汤化原食/一日不作，一日不食/羊角顶，狼得食/愚者得哀家，梨必蒸食/

蚀 shí ①虫等蛀伤物。②日月蚀。③亏耗。

不蚀 剥蚀 薄蚀 风蚀 腐蚀 海蚀
蠹蚀 晦蚀 亏蚀 啃蚀 枯蚀 浸蚀
侵蚀 朘蚀 啮蚀 磨蚀 破蚀 二蚀
日蚀 溶蚀 水蚀 苏蚀 吞蚀 苕蚀
五蚀 绣蚀 销蚀 雨蚀 再蚀 字蚀
蛀蚀
交会蚀 玉盘蚀
虫穿蚁蚀 推排销蚀 日月薄蚀
精铜不蠹蚀

湜 shí水清见底。

千湜 高湜 泾湜 清湜 舍湜 湜湜
挹湜
黄浦湜

寔 shí 放置。

陈寔 崔寔 黄寔 流寔 张寔

史 shǐ ①旧时文职官员。②历史。③古代官名。④史书。⑤古代专门记载史实的人。

哀史 别史 班史 稗史 病史 厂史
从史 丑史 村史 刺史 椽史 春史
典史 党史 读史 风史 腐史 古史
革史 观史 国史 瞽史 画史 秽史
讲史 旧史 经史 简史 家史 鉴史
令史 女史 廿史 内史 历史 良史
佞史 南史 鲁史 命史 秘史 眉史
迁史 青史 前史 二史 三史 书史
四史 杀史 私史 社史 诗史 侍史
天史 太史 通史 统史 彤史 铜史
文史 外史 讦史 主史 往史 巫史
小史 心史 仙史 刑史 信史 修史
胥史 铁史 萧史 一史 右史 因史
咏史 逸史 野史 艳史 演史 御史
左史 主史 正史 专史 长史 佐史
杂史 柱史 祝史 周史 卒史 诸史
班姑史 编年史 创业史 藏室史 斗争史
断代史 奋斗史 古代史 革命史 廿四史
花御史 罗曼史 浪漫史 毛刺史 书云史
侍御史 血泪史 薰香史 一纸史 柱下史
稗官野史 白州刺史 班昭汉史 彪炳青史
池州长史 电影历史 鞋脚刺史 风流萧史
柜中刺史 裹巾辱史 金张许史 经传御史
军事历史 伶人刺史 伶人谑史 名垂青史
骑牛读史 二十四史 二十五史 搜罗子史
四铁御史 铁面御史 铁肝御史 永垂青史
拥炉修史 左图右史 张说修史
殿中侍御史/三冬足文史/胆落温御史/

驶 shǐ ①马行疾速。②疾速。③开动车船。

奔驶 船驶 飞驶 风驶 帆驶 航驶
急驶 疾驶 驾驶 空驶 牛驶 马驶
流驶 轻驶 清驶 停驶 行驶 迅驶
三滩驶 岁月驶

轮船行驶

矢

shǐ ①箭。②发誓。③古代投壶的筹码。④正直。

八矢 白矢 兵矢 布矢 痹矢 长矢
车矢 抽矢 砥矢 毒矢 锻矢 飞矢
发矢 负矢 弓矢 恒矢 孤矢 黄矢
嚆矢 蒿矢 金矢 劲矢 集矢 棘矢
箭矢 连矢 流矢 驽矢 庐矢 马矢
迷矢 命矢 蒲矢 蓬矢 二矢 三矢
舍矢 束矢 受矢 拾矢 神矢 绶矢
乘矢 鼠矢 天矢 田矢 彤矢 亡矢
枉矢 一矢 余矢 遗矢 雨矢 正矢
中矢 竹矢 争矢 志矢 锥矢
穿扬矢 赐弓矢 弓与矢 狼牙矢 鲁连矢
聊城矢 破叶矢 青蝇矢 三遗矢 天山矢
忘归矢 猿号矢 遗一矢 自弩矢 直如矢
存勖三矢 洁清自矢 箭鸣嚆矢 桑弧蓬矢
桃弧棘矢 无的放矢 一狙搏矢 有的放矢
青蝇之矢
一饭三遗矢/

豕

shǐ 猪。

白豕 放豕 封豕 官豕 狗豕 亥豕
击豕 辽豕 鹿豕 羸豕 牧豕 犬豕
人豕 三豕 特豕 亡豕 有豕 野豕
辽东豕
辽东白豕 鲁鱼亥豕 子晋牧豕 仲彧牧豕

使

shǐ ①命令，派遣。②致使。③支使。④假使。⑤使用。⑥让。⑦出来。⑧官名。

唉使 不使 备使 逼使 臂使 出使
重使 促使 差使 催使 大使 动使
乏使 肤使 发使 奉使 副使 公使
官使 司使 固使 好使 华使 函使
近使 间使 即使 借使 假使 遽使
力使 来使 良使 奴使 口使 可使
客使 目使 命使 密使 什使 迫使
气使 强使 遣使 驱使 器使 任使
若使 使使 时使 所使 受使 设使
唆使 嗾使 天使 同使 倘使 傥使
特使 探使 务使 小使 乡使 仙使
向使 行使 星使 信使 新使 乡使
易使 远使 悦使 役使 译使 驿使
雁使 左使 支使 中使 主使 自使
专使 纵使 指使 制使 致使
布政使 鞭菫使 朝贺使 飞鸟使 风作使
花鸟使 河伯使 皇华使 黑松使 节度使
寄驿使 青鸟使 祈请使 埋轮使 梅花使
三司使 枢密使 天帝使 修书使 一介使
云弁使 佚道使 盐铁使 智足使
白衣天使 班超汉使 狄青天使 发纵指使
君臣佐使 目指气使 轼折辽使 神差鬼使
一介之使 颐指气使
两国相争，不斩来使/钱无耳，鬼可使/

始

shǐ ①初。②生。③方才。④当初。⑤开始。

本始 创始 倡始 唱始 风始 方始
凤始 发始 复始 更始 鼓始 怀始
建始 祸始 机始 经始 违始 开始
念始 虑始 谋始 起始 乾始 二始
人始 三始 四始 岁始 事始 顺始
太始 天始 托始 图始 文始 万始
未始 旬始 新始 形始 原始 伊始
疑始 玉始 主始 止始 知始 再始
终始 执始 资始 肇始 造始
布衣始 从此始 从隗始 光华始 天地始
王道始
从头开始 从零开始 请自隗始 下车伊始
洒心更始 与民更始 战役开始 周而复始
终而复始
人生识字忧患始/万事不理问伯始/

屎

shǐ ①大便。②眼耳等器官的分泌物。③排泄。

蚕屎 殿屎 耳屎 狗屎 牛屎 拉屎
马屎 鼠屎 稀屎 羊屎 眼屎
狗吃屎 三遗屎
吃人饭，拉狗屎/狗改不了吃屎/骑在头上拉屎/骑在脖子上拉屎/占着茅坑不拉屎/

士

shì ①古指未婚青年男子。②我国古代四民之一。③先秦时地位低的贵族。④古代称法官为士。⑤军士。⑥古代指读书人。

八士 白士 巴士 兵士 便士 邦士
罢士 贲士 博士 弼士 辩士 才士

处士 村士 残士 策士 大士 斗士
达士 的士 道士 多士 端士 德士
谍士 鼎士 方士 指士 富士 公士
官士 贡士 高士 国士 护士 情士
虎士 恒士 皇士 寒士 圜士 豪士
今士 介士 吉士 甲士 计士 节士
进士 佳士 杰士 技士 居士 军士
钧士 将士 俊士 教士 较士 静士
隽士 爵士 开士 快士 旷士 苦士
魁士 力士 立士 女士 乐士 农士
良士 烈士 廉士 门士 名士 茂士
妙士 谋士 取士 暝士 髦士 猛士
蒙士 区士 匹士 贫士 蓬士 庆士
奇士 曲士 取士 秋士 青士 请士
穷士 群士 骑士 人士 若士 锐士
饶士 儒士 髯士 十士 三士 上士
术士 戌士 书士 庶士 说士 死士
俗士 胜士 绅士 素士 硕士 善士
绅士 遂士 淑士 酸士 盛士 天士
秃士 退士 通士 文士 卫士 武士
闻士 威士 下士 乡士 先士 习士
选士 信士 字士 显士 星士 秀士
息士 相士 炫士 侠士 修士 遐士
学士 新士 元士 义士 羽士 远士
医士 员士 夜士 翼士 逸士 院士
彦士 讶士 野士 勇士 隐士 雅士
遗士 轶士 游士 韵士 岩士 中士
庄士 正士 志士 作士 忠士 壮士
征士 战士 直士 造士 致士 宰士
不霸士 白屋士 布衣士 兵革士 版筑士
抱关士 避世士 筚门士 辩护士 传教士
茶博士 草莱士 大力士 大学士 方外士
功名士 黄头士 虎贲士 介胄士 酒博士
女学士 女道士 女战士 女博士 龙头士
老博士 流麦士 礼乐士 廖郭士 陋巷士
木居士 明哲士 齐三士 青云士 皮相士
奇谋士 曲道士 前进士 算博士 山谷士
石处士 天下士 探花士 文武士 无双士
卫道士 韦带士 贤良士 嬉皮士 岩居士
游侠士 遥方士 助产士 直谏士
八百壮士 北山学士 布帐分士 博学之士
不栉进士 白衣秀士 白衣战士 白屋之士
饱学之士 成侯举士 杜畿国士 斗方名士
多才之士 斗酒学士 端人正士 得参名士
观音大士 高人逸士 桓桓武士 豪侠之士
火居道士 湖海之士 横行介士 鹤鸣之士
金台招士 金刚力士 敬贤下士 积学之士
嫉贤傲士 开科取士 开明绅士 李佳国士
吕诛华士 六一居士 礼贤下士 南郭处士
柳泉居士 七十卫士 七松处士 青钱学士
求贤下士 青莲居士 轻财重士 谦躬下士
仁人志士 十八学士 山谷之士 骚人雅士
瘦羊博士 桃林处士 文人雅士 文翁教士
文人学士 文章取士 王民名士 五经博士
喜得佳士 谢敷处士 婿皆贤士 香山居士
幽人雅士 一介之士 一目之士 有识之士
隐逸之士 子居名士 智谋之士 忠贞之士
知名之士 招贤纳士 斗酒学士 孤仙处士
辟人之士 小儿学士 百金之士
名下无虚士/二桃杀三士/越王好勇士/

仕

shì ①任职。②审察。③旧称做官。

不仕 从仕 出仕 登仕 弗仕 贵仕
宦仕 际仕 旧仕 进仕 将仕 禄仕
美仕 求仕 强仕 入仕 辱仕 三仕
筮仕 未仕 学仕 养仕 致仕
公养仕 际可仕 为贫仕 行可仕 月无仕
阿权胜仕 隐居不仕 勒令致仕

氏

shì 又音 zhī ①姓。②古代宗族系统的称号。③氏族。④古代称已婚的妇女。⑤对后世有影响人物的称呼。

伯氏 赐氏 大氏 高氏 后氏 慌氏
舅氏 志氏 名氏 鸟氏 命氏 媒氏
二氏 人氏 书氏 释氏 外氏 姓氏
英氏 阏氏 宜氏 雍氏 字氏 仲氏
夫已氏 凤鸟氏 伏羲氏 官为氏 高阳氏
高辛氏 爵为氏 佞侯氏 命之氏 鸤鸠氏
挈壶氏 神农氏 燧人氏 太史氏 无名氏
羊舌氏 鸦鸠氏 有巢氏 有熊氏 龙荀氏
三后梁氏 万石秦氏 印屏王氏 印屏王氏
忠义刘氏
施氏与孟氏/

示

shì ①显示，表示。②以事告人。③告诉。④告示。

暗示 表示 标示 颁示 出示 传示
宠示 垂示 赐示 地示 讽示 告示
观示 诲示 惠示 戒示 矜示 揭示
觉示 惊示 夸示 明示 默示 批示
牌示 暴示 启示 请示 申示 提示
威示 相示 宣示 显示 炫示 晓示
悬示 训示 远示 预示 演示 游示
谕示 指示 招示 诏示 展示 章示
昭示
安民告示 发纵指示 无头告示 油气指示
拾到封皮当告示/

世 shì ①古称三十年为一世。②父子相继的时段。③后嗣。④世，继承。⑤时代。⑥人的一生。⑦地质学名词。⑧世界。

晻世 暗世 安世 慠世 傲世 八世
不世 百世 半世 背世 毕世 避世
霸世 长世 尘世 出世 传世 存世
处世 重世 昌世 垂世 超世 辞世
东世 当世 度世 遁世 渡世 砥世
阿世 风世 凡世 非世 浮世 拂世
范世 逢世 讽世 愤世 辅世 干世
过世 更世 观世 故世 高世 感世
盖世 隔世 诡世 后世 幻世 还世
护世 活世 惑世 骇世 今世 近世
戒世 经世 家世 即世 就世 济世
季世 拘世 矫世 举世 疾世 惊世
诫世 捐世 间世 竞世 救世 靳世
捄世 降世 绝世 警世 夸世 旷世
康世 诳世 龛世 令世 来世 累世
乱世 历世 乐世 年世 两世 连世
留世 理世 料世 拟世 虐世 末世
面世 没世 迈世 名世 命世 茂世
悯世 鸣世 慢世 媚世 暮世 殁世
耦世 平世 辟世 七世 长世 去世
齐世 劝世 弃世 清世 欺世 前世
驱世 趋世 瞰世 二世 人世 入世
仍世 瑞世 十世 三世 上世 适世
苏世 身世 圣世 时世 宿世 衰世
叔世 寿世 善世 涉世 逝世 盛世
叹世 逃世 韬世 遁世 万世 无世
问世 吾世 透世 忤世 玩世 忘世
往世 纬世 晚世 挽世 下世 先世
行世 见世 希世 邪世 现世 系世
秀世 训世 晓世 稀世 险世 谢世
虚世 遐世 一世 亦世 远世 永世
厌世 用世 有世 易世 奕世 永世
阳世 夷世 延世 应世 依世 阅世
喻世 逸世 陨世 演世 游世 遗世
御世 中世 在世 再世 早世 治世
浊世 终世 驻世 振世 昭世 转世
赞世 拯世 宰世 载世 擢世
成康世 益上世 活现世 金玉世 人间世
挽近世 羲皇世 云官世 气盖世
敖复郢世 不可一世 本支百世 拔山盖世
拔毛济世 吹箫吴世 超脱尘世 操身行世
丁兹盛世 盗名欺世 风行一世 风靡一世
非熊再世 蜉蝣在世 公之于世 公超成世
公诸于世 轨物范世 躬逢盛世 洪荒之世
恍如隔世 横空出世 今生今世 金悬秦世
即即世世 经邦济世 觉人觉世 匡时济世
立身处世 流芳百世 靦颜人世 邈如旷世
泊乎近世 千秋万世 升平盛世 生生世世
斯称盛世 太平盛世 衣被后世 一生一世
一佛出世 永生永世 越凡遗世 遗臭万世
鬻声钓世 知人论世 遭逢盛世 曲学阿世

市 shì ①商品贸易的地方。②交易。③购买。④人口密集的城市。⑤属我国度量衡市用制的长度单位。

闭市 罢市 鲍市 村市 蚕市 草市
茶市 菜市 参市 朝市 城市 酬市
辍市 大市 灯市 地市 登市 都市
发市 罚市 复市 关市 归市 官市
宫市 股市 钩市 互市 行市 花市
亥市 海市 荒市 黑市 阛市 槐市
交市 近市 奸市 军市 酒市 集市
街市 开市 冷市 利市 闾市 闹市
落市 门市 面市 米市 贸市 平市
七市 弃市 衢市 入市 如市 三市
上市 书市 司市 收市 肆市 听市
屠市 下市 小市 夕市 仙市 圩市
晓市 应市 鱼市 夜市 要市 倚市
燕市 之市 早市 朝市 炸市 超市
不同市 不利市 长安市 大城市 发利市
火浣市 咸阳市 淮阴市 交易市 居城市

门如市　日中市　山腰市　省辖市　小城市
逍遥市　烟花市　莺花市　隐于市　竹外市
直辖市　公超市
臣门如市　搀行夺市　蜃楼海市　工业城市
工商城市　公超城市　观者如市　花街柳市
海滨城市　湖滨城市　门庭如市　欺行霸市
生产城市　商业城市　随行就市　消费城市
朝衣东市　中等城市　招摇过市　综合城市
日中为市　吹箫吴市　金悬秦市
千金之子，不死于市/如入鲍鱼之市/争名于朝，争利于市/怒室者色市/

柿

shì　柿树。

赐柿　船柿　丹柿　盖柿　红柿　黄柿
绿柿　木柿　软柿　山柿　生柿　酸柿
霜柿　塔柿　小柿　削柿　油柿　野柿
种柿　榛柿
丁香柿　丹果柿　湖畔柿　金钱柿　牛心柿
牛乳柿　鹿心柿　西红柿　映日柿、玉树柿
郑虔贮柿

式

shì　①榜样。②制度。③样式。④仪式。⑤表示自然规律的一组符号。⑥表示物体外形的样子

边式　把式　必式　表式　倍式　扳式
版式　程式　常式　承式　定式　单式
等式　典式　调式　方式　分式　发式
法式　抚式　范式　服式　古式　公式
根式　格式　轨式　合式　句式　旧式
检式　解式　矜式　稽式　楷式　款式
老式　灵式　南式　模式　品式　派式
凭式　曲式　俏式　日式　如式　时式
师式　受式　算式　天式　体式　通式
往式　西式　形式　新式　因式　有式
仪式　洋式　样式　遗式　中式　正式
壮式　准式　整式
不等式　便携式　被动式　车把式　代数式
分子式　方程式　分列式　化学式　恒等式
回旋式　结构式　开幕式　拉锯式　三段式
三点式　示性式　实验式　无理式　有理式
阅兵式　走形式　车把式
波浪发式　变奏曲式　京剧程式　价值形式
假模假式　民族形式　生产方式　三招两式
授枪仪式　旋涡发式　自由花式　奏鸣曲式
常山蛇式

试

shì　①考，测验。②尝试地做。③用。

不试　比试　百试　笔试　初试　茶试
春试　尝试　策试　测试　典试　都试
待试　殿试　复试　赴试　公试　各试
会试　加试　就试　角试　监试　剑试
口试　可试　考试　历试　累试　览试
难试　末试　免试　面试　明试　目试
朋试　求试　亲试　秋试　入试　扫试
身试　收试　廷试　挑试　帖试　调试
枚试　小试　乡试　旋试　新试　已试
衣试　应试　中试　主试　召试　会试
春官试　试一试　锁厅试　汤饼试　童生试
仙方试
及锋而试　牛刀小试　期中考试　期终考试
日省月试　学年考试　新硎初试　跃跃欲试
兵革不试　师干之试

拭

shì　擦。

拔拭　擦拭　拂拭　巾拭　揩拭　磨拭
枚拭　扫拭　莹拭
净如拭　晴如拭
唾面自拭　唾面勿拭

轼

shì　古代车厢前用做扶手的横木。

登轼　伏轼　广轼　华轼　横轼　见轼
凭轼　书轼　苏轼　熊轼　在轼
大器苏轼　三言苏轼　索诗苏轼

似

shì　又音 sì　相似的事物或情形。有“似的”，“是的”之意。

势

shì　①势力。②表现出来的情况。③情势。④形势。⑤姿势。⑥阵势。⑦雄性生殖器。

不势　百势　兵势　笔势　病势　乘势
处势　成势　财势　常势　春势　趁势
大势　电势　定势　动势　地势　多势
得势　分势　风势　负势　帆势　佛势
搏势　附势　辅势　峰势　干势　共势
古势　怙势　故势　官势　攻势　国势
孤势　割势　火势　后势　虹势　虎势

害势 豪势 懽势 江势 旧势 局势
均势 借势 角势 就势 家势 教势
架势 集势 假势 吏势 龙势 利势
农势 劳势 来势 流势 楼势 面势
每势 猛势 派势 气势 去势 奇势
权势 情势 窃势 趋势 山势 失势
水势 手势 生势 守势 时势 声势
事势 伤势 岁势 俗势 视势 私势
恃势 始势 顺势 蛇势 态势 体势
颓势 文势 无势 往势 忘势 威势
形势 昔势 现势 选势 询势 因势
优势 有势 越势 依势 雨势 义势
倚势 音势 奕势 要势 语势 作势
长势 走势 伏势 治势 知势 志势
造势 战势 逐势 肢势 姿势 阵势
逐势 张势 政势
打手势 打把势 电动势 飞白势 花把势
将军势 借权势 老把势 凌云势 慕人势
作手势
鼎足之势 恶人借势 狗势人势 狗仗人势
衡情度势 掎角之势 揆时度势 揆情审势
拿腔作势 燎原之势 破竹之势 趋炎附势
失时落势 倚财仗势 审时度势 审曲面势
摄威擅势 狮威虎势 舞蹈姿势 虚张声势
依官仗势 倚官挟势 倚仗权势 以壮声势
有钱有势 逐名趋势 装腔作势 常山蛇势
时势造英雄，英雄造时势/

事 shì ①事情。②职业。③从事，治事。④做。⑤变故。⑥旧指侍奉。⑦典故。⑧治理。

谙事 暗事 碍事 不事 百事 本事
白事 兵事 办事 边事 毕事 败事
朝事 蚕事 出事 从事 丑事 尘事
处事 成事 辰事 参事 炊事 常事
差事 闯事 痴事 春事 耻事 惨事
粗事 触事 诧事 错事 葳事 蠢事
大事 代事 多事 鸟事 党事 底事
悼事 抵事 都事 顶事 懂事 董事
父事 凡事 非事 伏事 犯事 法事
房事 封事 佛事 发事 废事 费事
服事 偾事 梵事 干事 工事 古事
公事 共事 更事 供事 故事 怪事
管事 国事 鬼事 感事 割事 臬事
后事 红事 何事 罕事 恒事 好事
怀事 坏事 花事 恨事 混事 害事
惑事 海事 绘事 婚事 横事 憾事
已事 旧事 近事 急事 讲事 记事
计事 纪事 奸事 即事 机事 军事
济事 佳事 进事 将事 吉事 举事
就事 经事 集事 家事 解事 绝事
家事 教事 稼事 贱事 竣事 窘事
接事 警事 紧事 酒事 稷事 苦事
块事 了事 力事 立事 老事 内事
乐事 农事 来事 年事 录事 佥事
隶事 乱事 劳事 男事 闹事 理事
领事 丽事 能事 料事 莅事 练事
难事 临事 拿事 落事 涖事 揽事
民事 每事 没事 美事 蒙事 秘事
谋事 猛事 怕事 鄙事 启事 去事
巧事 弃事 讫事 奇事 浅事 起事
亲事 清事 秋事 趋事 情事 阙事
趣事 儿事 人事 任事 戎事 惹事
染事 三事 士事 失事 史事 生事
私事 丧事 时事 世事 受事 圣事
首事 设事 岁事 师事 司事 受事
始事 实事 胜事 所事 省事 视事
顺事 施事 丝事 涉事 善事 琐事
遂事 盛事 慎事 赛事 塾事 穑事
擅事 韶事 摄事 田事 厅事 同事
听事 通事 堂事 推事 淡事 亡事
万事 无事 五事 文事 王事 外事
为事 问事 畏事 完事 危事 往事
物事 武事 误事 葳事 诬事 小事
心事 习事 行事 凶事 昔事 选事
刑事 闲事 洗事 寻事 叙事 细事
省事 晓事 幸事 询事 险事 象事
诇事 喜事 新事 褎事 一事 义事
易事 因事 余事 艺事 用事 有事
异事 佚事 倚事 役事 要事 议事
阴事 逸事 遇事 淫事 幽事 欲事
轶事 雅事 遗事 渔事 姻事 艳事
餍事 缘事 韵事 疑事 正事 主事
治事 坐事 知事 执事 杂事 找事
造事 战事 招事 指事 重事 到事

政事　逐事　致事　真事　诈事　昭事
洛事　滋事　詹事　张事　做事　诸事
颛事　肇事
不更事　不济事　不经事　不顶事　不碍事
办公事　办丧事　办喜事　宾客事　长门事
蚕桑事　封侯事　关心事　管闲事　华胥事
红白事　尽人事　家务事　龙山事　礼拜事
两回事　两码事　七件事　强解事　三有事
少年事　尚书事　升平事　天下事　天外事
棠树事　温饱事　心中事　心腹事　仙中事
显本事　修禊事　云梦事　正经事　治万事
总领事　做好事
不省人事　半由人事　宾王论事　搬演故事
秉公办事　跋足从事　参知政事　草率从事
诧为奇事　草草了事　查无其事　参与其事
代人做事　胆小怕事　雕虫小事　咄咄怪事
风闻言事　风流韵事　抚时感事　敷衍了事
奉行故事　干卿何事　国家大事　感情用事
各司其事　红白喜事　婚丧喜事　何济于事
回首往事　好人好事　毫不费事　坏人坏事
韩陈四事　见机行事　结绳记事　借端生事
就事论事　军法从事　奸臣用事　内无寸事
例行公事　老不晓事　米芾趣事　木鹅论事
民间故事　谋身行事　黾勉从事　凭空起事
平安无事　便宜行事　全家行事　巧能成事
前尘影事　青州从事　请言农事　前尘后事
确有其事　区区小事　人浮于事　若无其事
四如给事　死亦常事　山公启事　鼠首偾事
苏章椟事　少不更事　赏心乐事　思贤启事
慎重其事　煞有介事　慎重行事　少不经事
肆力农事　托人言事　天下大事　通功易事
通天本事　头等大事　文忠奏事　文墨之事
无补于事　无所事事　畏口惧事　无济于事
无裨于事　无端生事　相机行事　相安无事
行若无事　炫举五事　虚应故事　因人成事
便宜行事　依法办事　逸闻轶事　逸闻琐事
意气用事　玉成其事　因人成事　因人没事
因循误事　与闻其事　言谈行事　郑重其事
终身大事　造谣生事　造言生事　择业而事
照章办事　属辞比事　摭拾故事　张大其事
自行甚事　追怀往事　追忆往事　造次行事
甲子之事　名贤启事　终身大事

饱暖生闲事/不管闲事终无事/不知人间有羞耻事/闲人有忙事/多一事不如少一事/多一事不如省一事/范川庄的故事/贵人多忘事/狗咬耗子，多管闲事/狗拿耗子，多管闲事/和尚拜丈人，怪事/海底捞针，难办的事/好事不瞒人，瞒人没好事/今日不知未来，今日不知明日事/酒能成事，酒能败事/家有贤妻，夫不遭横事/开门七件事/临渴掘井，不济事/明人不做暗事/婆婆妈妈事/棋待诏逸事/清官难断家务事/千人吃饭，一人主事/三杯和万事/世上无难事/宋嫂鱼羹轶事/胜负兵家常事/胜败乃兵家常事/受人之托必当终人之事/生一利不如除一害，生一事不如省一事/少饮不济事，多饮济甚事/有事坏了事，无事生出事/文章经国之大业，不朽之盛事/西线无战事/像煞有介事/秀才不出门，能知天下事/要做长命人，莫做短命事/

侍　shì　①侍奉。②陪在尊者旁边。③进献。④亲临。

常侍　伏侍　扶侍　奉侍　服侍　欢侍
久侍　给侍　姬侍　内侍　女侍　来侍
门侍　陪侍　妾侍　亲侍　趋侍　入侍
私侍　随侍　媵侍　卫侍　幸侍　翼侍
正侍　自侍　坐侍
玉阶侍　执笔侍
登床常侍　钩弹常侍

恃　shì　①依赖。②矜持。

不恃　负恃　怙恃　何恃　矜恃　可恃
凭恃　失恃　依恃　倚恃　仗恃　自恃
不足恃
居功自恃　五不足恃　英雄自恃

饰　shì　①人物外表的修饰。②装饰用的东西。③在戏曲剧中角色的扮演。④掩饰。⑤饰物。

不饰　白饰　宝饰　备饰　豹饰　采饰
菜饰　彩饰　窗饰　大饰　多饰　待饰
琱饰　雕饰　掇饰　飞饰　非饰　妇饰
粉饰　眼饰　繁饰　复饰　藩饰　广饰
功饰　怪饰　花饰　绘饰　讳饰　校饰
举饰　矫饰　建饰　奖饰　假饰　锦饰
夸饰　立饰　厉饰　丽饰　女饰　靓饰

美饰　明饰　妙饰　去饰　巧饰　前饰
雀饰　旗饰　容饰　润饰　私饰　首饰
侍饰　身饰　素饰　殊饰　衰饰　头饰
涂饰　添饰　祖饰　无饰　文饰　为饰
纹饰　渥饰　心饰　绚饰　修饰　绣饰
玉饰　衣饰　引饰　严饰　异饰　扬饰
油饰　隐饰　掩饰　艳饰　缘饰　庄饰
妆饰　珍饰　琢饰　装饰　藻饰　整饰
缀饰
芳泽饰　金翠饰
簠簋不饰　合理装饰　金银首饰
清水出芙蓉，天然去雕饰/

视 shì　①看。②视察。③看待。④活，生存。⑤效法。⑥比照。⑦治理。

傲视　鄙视　逼视　不视　仇视　侧视
眙视　鸱视　攒视　大视　电视　达视
对视　敌视　洞视　短视　谛视　瞪视
分视　反视　发视　抚视　俯视　高视
观视　回视　幻视　环视　忽视　虎视
衡视　久视　近视　进视　芥视　间视
疾视　贱视　惄视　监视　鸠视　检视
鉴视　警视　嫉视　瞰视　窥视　内视
力视　立视　逆视　掠视　昵视　睨视
怒视　凝视　裸视　鹿视　瞵视　目视
民视　明视　眇视　昧视　漠视　慢视
谩视　眄视　蔑视　藐视　渺视　偶视
平视　剖视　偏视　瞥视　前视　轻视
歧视　覷视　二视　弱视　十视　收视
扫视　审视　豕视　绥视　眴视　梭视
熟视　天视　听视　透视　探视　通视
睇视　鹗视　文视　无视　勿视　午视
玩视　忤视　望视　往视　小视　下视
相视　省视　斜视　雄视　询视　遐视
巡视　邪视　远视　仰视　阅视　养视
淫视　影视　遥视　遗视　盈视　鹰视
正视　自视　注视　坐视　诊视　珍视
重视　瞩视　瞻视　鸷视
不忤视　非礼视　内斜视　缺凝视　拭目视
万目视　左右视
闭路电视　长生久视　彩色电视　侧目斜视
侧目而视　瞋目而视　瞋目怒视　奉识半视
眈眈虎视　风叹虎视　高步阔视　高顾遐视
横目而视　龙骧虎视　怒目而视　目不旁视
目不邪视　目不斜视　目不忍视　密切注视
十目所视　无线电视　唯利是视　惟力是视
一瞑不视　凝神注视　鹰扬虎视　鹰瞵鹗视
张目注视　种族歧视　唯利是视　人己一视
过颐豕视　禽息鸟视
重足而立，侧目而视/

是 shì　①表示解释和分类。②表示存在。③表示承认所说的。④此，这个。⑤正确。⑥对，合理。⑦匡正。⑧表示适合。

不是　比是　便是　别是　此是　称是
定是　但是　倒是　凡是　非是　反是
公是　改是　国是　敢是　还是　或是
横是　今是　就是　净是　皆是　既是
可是　乃是　求是　如是　若是　失是
似是　是是　所是　审是　胜是　算是
试是　谁是　亡是　无是　为是　先是
许是　须是　一是　于是　由是　有是
用是　要是　硬是　正是　在是　只是
自是　总是　真是
比于是　白云是　寸心是　大不是　担不是
公无是
姑舍是　何必是　就不是　江山是　落不是
派不是
赔不是　前日是　若不是　是不是　无乃是
有的是
要不是　主张是
不宁唯是　比比皆是　百无一是　触目皆是
独行其是　反以为是　俯拾即是　俯拾皆是
各行其是　积非成是　没衷一是　莫衷一是
人非不是　实事求是　习非成是　自行其是
自以为是　自道我是　昨非今是
左不是，右不是/猪不是，狗不是/王墨复生不过是/

适 shì　又音 kuò　①往。②刚才。③舒适。④女子出嫁。⑤恰当。

安适　不适　重适　畅适　大适　风适
合适　欢适　酣适　节适　佳适　快适
科适　来适　利适　马适　莫适　普适
忻适　取适　清适　荣适　手适　时适
舒适　顺适　赏适　谁适　天适　恬适
调适　无适　心适　休适　行适　闲适

暇适 谐适 一适 异适 仪适 远适
宜适 有适 游适 意适 晕适 愉适
自适 众适 再适 纵适
不自适 佳光适 林下适 情弥适 天位适
无位适 幽人适
匀称舒适 直言高适

室 shì ①房间。②房屋，住宅。③家。④机关团体内的工作单位。⑤妻子。⑥刀剑的鞘。

爱室 奥室 晴室 不室 比室 半室
百室 别室 冰室 暴室 川室 次室
处室 重室 某室 此室 陈室 蚕室
祠室 舱室 禅室 侧室 当室 斗室
地室 洞室 第室 帝室 德室 垩室
分室 伏室 房室 副室 佛室 公室
官室 宫室 故室 桂室 贵室 鼓室
合室 汉室 画室 皇室 婚室 海室
寒室 豪室 京室 巨室 旧室 记室
局室 夹室 居室 枢室 郏室 荆室
教室 家室 精室 禁室 鞠室 考室
科室 课室 窟室 内室 令室 兰室
路室 脑室 陋室 凌室 密室 墓室
绵室 蓬室 蒲室 前室 青室 琼室
曲室 琴室 请室 清室 绮室 妻室
漆室 憩室 寝室 衢室 入室 绕室
闰室 贰室 少室 山室 石室 世室
书室 私室 丧室 受室 庶室 深室
始室 授室 续室 天室 太室 同室
停室 通室 透室 堂室 铁室 缇室
滕室 文室 王室 外室 我室 卧室
温室 蜗室 小室 心室 夕室 先室
仙室 相室 玄室 宣室 序室 香室
虚室 旋室 新室 藓室 璇室 玉室
有室 岩室 夜室 浴室 阴室 医室
幽室 淫室 陕室 翼室 丈室 正室
专室 在室 竹室 壮室 住室 诊室
宗室 周室 拙室 织室 冢室 斋室
梓室 筑室 钟室
办公室 保健室 长夜室 传达室 陈蕃室
储藏室 藏书室 藏经室 地下室 放映室
更衣室 化妆室 会议室 环堵室 候机室
居士室 君子室 金华室 教研室 接待室
会计室 窥万室 盥洗室 罗舍室 录音室
美容室 铭陋室 栖霞室 千岁室 人事室
手术室 扫一室 实验室 散花室 试验室
图书室 王母室 休息室 有家室 原宪室
医务室 阅览室 游艺室 演播室 芝兰室
资料室
不欺暗室 陈蕃一室 操戈同室 操矛入室
慈悲作室 椿庭楦室 慈悲作室 登堂入室
富家大室 韩心王室 欢言一室 金匮石室
剑辞圜室 椒房兰室 金城石室 兰台石室
三狗魏室 升堂入室 生木为室 无家无室
袁闳士室 引狼入室 引虎入室 芝兰之室
如入芝兰之室/

逝 shì ①死亡。②过去。③经过，消失。

不逝 奔逝 病逝 川逝 长逝 猝逝
电逝 东逝 独逝 凋逝 飞逝 过逝
火逝 怀逝 殂逝 溘逝 年逝 流逝
明逝 飘逝 迁逝 弃逝 上逝 岁逝
闪逝 伤逝 同逝 叹逝 先逝 仙逝
西逝 消逝 遐逝 一逝 夭逝 永逝
远逝 遥逝 殒逝 早逝 坐逝 增逝
从此逝 浮云逝 光阴逝 流水逝 流年逝
溘然长逝 流光易逝 时光流逝 稍纵即逝
鼠窜蜂逝 瞬息即逝 旋踵即逝 一瞬即逝
转瞬即逝

誓 shì ①表示决心的话。②古代告诫将士的言辞。③发誓。④盟约。⑤谨慎。

不誓 背誓 财誓 黩誓 发誓 法誓
更誓 鸿誓 立誓 明誓 命誓 密誓
盟誓 默誓 起誓 私誓 死誓 使誓
受誓 设誓 心誓 先誓 信誓 相誓
宣誓 一誓 言誓 要誓 约誓 作誓
自誓 早誓
击楫誓 墓前誓 剖付誓 山河誓 中流誓
赌咒发誓 吏人立誓 墓前自誓 入团宣誓
入队宣誓 入党宣誓 山盟海誓 授旗宣誓
祖狄之誓

释 shì ①说明。②解释。③消散。④消除。⑤放开。⑥放下。⑦把坐监服刑的人释放。⑧佛教创始人“释珈牟尼”的省称。⑨浸渍。⑩依次，陈列。⑪淘米。

百释 保释 冰释 辨释 次释 阐释
帝释 教释 分释 复释 愤释 诂释
获释 解释 集释 假释 嘉释 孔释
开释 考释 两释 怒释 诠释 融释
神释 殊释 舒释 疏释 善释 未释
慰释 形释 消释 训释 销释 稀释
旋释 云释 原释 月释 烟释 衍释
演释 忧释 字释 注释 真释
烦襟释 元居释 众累释
爱不忍释 冰解冻释 法律解释 涣如冰释
涣然冰释 旧嫌尽释 无罪开释 疑团莫释

谥 shì ①古代帝王、大臣等死后的称号。②加给谥号。

称谥 册谥 赐谥 定谥 告谥 号谥
加谥 立谥 命谥 美谥 请谥 荣谥
失谥 世谥 私谥 同谥 无谥 为谥
行谥 显谥 作谥 赠谥 追谥
碧香谥 门人谥

嗜 shì ①喜爱，爱好。②贪求。

阿嗜 爱嗜 笃嗜 耽嗜 甘嗜 绝嗜
酷嗜 廉嗜 癖嗜 情嗜 私嗜 食嗜
神嗜 同嗜 贪嗜 鱼嗜

筮 shì ①占卦。②古人用蓍草占卦以卜问凶吉。③占卜用具。

从筮 初筮 龟筮 立筮 枚筮 命筮
蓍筮 守筮 相筮 有筮 原筮 占筮
作筮 坐筮 执筮

噬 shì ①咬，吃。②侵吞。③喘息。

不噬 搏噬 抵噬 毒噬 反噬 虎噬
攫噬 狂噬 乱噬 狼噬 啮噬 猛噬
脐噬 犬噬 侵噬 巧噬 善噬 吞噬
误噬 相噬 哮噬 咋噬
鲸吞虎噬 鸷击狼噬
善搏与善噬/

奭 shì 盛大。

酣奭

匙 shì 又音 chí 开锁的东西。

茶匙 饭匙 羹匙 锁匙 汤匙 停匙
玉匙 银匙 钥匙

日 rì ①太阳。②天，一昼夜。③白天。④时候。⑤指日本。⑥他日。⑦往日，从前。⑧光阴。

爱日 暖日 不日 白日 半日 百日
本日 并日 报日 彼日 宾日 蔽日
璧日 辩日 次日 尺日 此日 初日
成日 长日 灿日 赤日 残日 春日
除日 畴日 大日 当日 旦日 队日
多日 冬日 定日 递日 单日 度日
短日 等日 倒日 端日 诞日 工日
各日 过日 改日 格日 则日 庚日
果日 贯日 隔日 鬼日 感日 回日
后日 化日 火日 何日 红日 好日
画日 晦日 挥日 皓日 慧日 赫日
浮日 九日 今日 计日 供日 地日
近日 旧日 加日 吉日 尽日 节日
忌日 间日 佳日 挟日 浃日 诘日
寄日 就日 祭日 即日 经日 意日
降日 接日 舰日 愒日 鸡日 集日
皎日 疾日 骄日 继日 嘉日 假日
皦日 克日 空日 夸日 渴日 旷日
康日 窥日 刻日 酷日 宁日 历日
另日 来日 礼日 良日 临日 连日
腊日 朗日 丽日 轮日 练日 鲁日
烈日 累日 落日 暖日 曩日 嫩日
末日 每日 扪日 弥日 明日 梦日
靡日 摩日 平日 频日 捧日 前日
晴日 弃日 云日 穷日 秋日 遣日
倾日 人日 柔日 闰日 瑞日 十日
三日 上日 生日 双日 守日 送日
时日 是日 社日 死日 射日 视日
朔日 祀日 食日 商日 胜日 顺日
素日 寿日 霜日 天日 它日 同日
他日 吐日 泰日 汤日 无日 午日
我日 往日 沃日 畏日 舞日 望日
夕日 休日 先日 昔日 凶日 向日
圩日 旬日 信日 闲日 选日 旭日
斜日 晓日 夏日 曈日 霁日 销日
隙日 烜日 飨日 暇日 一日 云日
元日 异日 月日 园日 余日 有日
言日 阴日 沿日 浴日 炎日 泳日

映日 夜日 越日 熯日 淹日 移日
晏日 翌日 冀日 曜日 游日 仄日
竹日 正日 在日 早日 朱日 卒日
至日 昃日 主日 昨日 择日 住日
昼日 祖日 终日 指日 斋日 逐日
奏日 值日 朝日 珠日 张日 诹日
整日 转日 障日 镇日 逐日
安息日 半规日 八砖日 长天日 返照日
翻落日 风让日 戈回日 戈挥日 工作日
过隙日 过生日 火流日 壶中日 烘窗日
红窗日 浣花日 江梅日 节假日 纪念日
金曜日 可畏日 礼拜日 鸟飞日 劳动日
木曜日 母难日 卜牲日 日曜日 如焚日
水曜日 祀灶日 熟食日 三竿日 土曜日
往亡日 无二日 仙家日 惜阴日 星期日
云烘日 工作日 雨竿日 鱼登日 竹醉日
做生日 长安日
暗无天日 不可终日 不见天日 白虹贯日
百花生日 拨云见日 补天浴日 饱食终日
长天老日 长虹贯日 长绳系日 重见天日
黄天焦日 惨无天日 丹挂秋日 大天白日
分阴冬日 浮云蔽日 千云蔽日 光天化日
杲杲出日 后羿射日 黄道吉日 黄琬对日
回天倒日 和风丽日 河清三日 荷花生日
挥戈返日 挥戈退日 黑天白日 黑家白日
稽延时日 景短秋日 精贯白日 经书暇日
开云见日 狂犬吠日 矻矻终日 夸父逐日
夸父追日 六龙回日 吕望见日 葵花向日
良辰吉日 良时吉日 李密爱日 片白秋日
良时吉日 鲁人回日 平原十日 盘桓终日
青天白日 迁延时日 清天白日 儿童争日
日复一日 日甚一日 日炽一日 如出一日
绕梁三日 日胜一日 士别三日 山衔落日
爽气秋日 时至今日 蜀犬吠日 誓天指日
偷天换日 天无二日 天云见日 曈曈红日
天高秋日 微红秋日 天天无日 玩岁愒日
西沉冬日 心贯白日 响晴勃日 羲和驭日
羲和鞭日 鲜兹暇日 一叶蔽日 一轮红日
云开见日 余声三日 有天无日 有天没日
延误时日 以夜继日 有朝一日 阴公麾日
阴云蔽日 羿射九日 营工度日 尧沉九日
尧天舜日 早露怕日 孜孜终日 追风逐日
指天誓日 遮天蔽日 昭云夹日 浮云翳日
野人献日 移天易日 生申令日 援戈挥日
牖中窥日 鲁阳回日
惶惶不可终日/混一日过一日/弄花一年，看花十日/嫩草怕霜，霜怕日/人在世间，日失一日/人无再少年，花有重开日/十年如一日/三万六千日/长安远于日/山中无历日/逝世纪念日/种花十年，看花十日/

孜

zī ①勤勉。②笃爱。

孜孜
乐孜孜 美孜孜 喜孜孜

咨

zī ①商议，询问。②叹息。

不咨 畴咨 常咨 酬咨 访咨 赍咨
究咨 嗟咨 李咨 民咨 呀咨 询咨
悉咨 怨咨 谕咨 诹咨
事事咨
母杖尧咨

姿

zī ①姿态。②资质。③形态

冰姿 豹姿 骋姿 多姿 诞姿 丰姿
风姿 芳姿 凤姿 繁姿 古姿 高姿
洪姿 恒姿 赫姿 鹤姿 鸿姿 娇姿
骄姿 龙姿 令姿 弄姿 兰姿 灵姿
丽姿 浓姿 妙姿 茂姿 明姿 美姿
秋姿 虬姿 琼姿 奇姿 清姿 容姿
柔姿 生姿 声姿 舍姿 身姿 素姿
纯姿 神姿 奢姿 殊姿 淑姿 霜姿
天姿 卧姿 顽姿 舞姿 小姿 仙姿
秀姿 雄姿 玉姿 英姿 余姿 妖姿
异姿 妍姿 音姿 逸姿 幽姿 游姿
艳姿 贞姿
白玉姿 逞芳姿 芙蓉姿 更多姿 红粉姿
海鸥姿 绝世姿 竞秀姿 吕容姿 鸾凤姿
庙堂姿 明月姿 蒲柳姿 山野姿 圣明姿
食肉姿 松柏姿 雪霜姿 贞委姿 野鹤姿
绰约多姿 婀娜多姿 凤表龙姿 凤骨龙姿
姑射仙姿 顾影弄姿 顾盼生姿 鹤发松姿
鹤骨松姿 龙章凤姿 龙颜凤姿 袅娜多姿
蒲柳之姿 搔首弄姿 思曼风姿 搔头弄姿
飒爽英姿 雪魄冰姿 绚丽多姿 浊质凡姿

资 zī ①财物或钱财。②供给。③智慧能力。④资历。⑤积蓄。⑥帮助。⑦资质。⑧凭借。⑨禀赋。⑩资料。⑪贩卖。⑫指地位，声望。

不资 半资 笔资 川资 寸资 出资
斥资 成资 茶资 筹资 车资 独资
赌资 乏资 哺资 费资 脯资 工资
归资 高资 合资 含资 华资 好资
恒资 耗资 核资 巨资 借资 捐资
家资 集资 兼资 醵资 牟资
劳资 纳资 量资 粮资 门资 欠资
倾资 荣资 润资 融资 上资 生资
师资 砍资 散资 天资 投资 谈资
调资 无资 王资 外资 物资 微资
相资 循资 薪资 一资 余资 英资
邮资 药资 游资 自资 重资 竹资
稻粱资 买山资 天地资 五世资 万金资
忠信资 杖头资 赠别资
附加工资 计件工资 计时工资 军需物资
积压物资 名义工资 朋友相资 润笔之资
实际工资 兴无灭资 战略物资 廪筑收资
效益工资

粢 zī 古时祭祀用的谷类。

糕粢 洁粢 明粢 黍粢 醍粢 馨粢

兹 zī 又音 cí ①草木滋盛。②年。③现在。

存兹 此兹 负兹 欢兹 赫兹 今兹
及兹 鉴兹 来兹 念兹 媚兹 如兹
事兹 于兹 弃兹 在兹 注兹 昭兹
忽来兹 华尔兹 尽于兹 心在兹 允迪兹
念兹在兹 挹彼注兹 志兹在兹

嗞 zī 拟声词。

嗞嗞

嵫 zī［崦嵫］ ①山名，在甘肃省。②古代指太阳落山的地方。

崦嵫

滋 zī ①增长。②草木生长。③培植。④增益。⑤滋味。⑥润泽，液汁。

碧滋 草滋 芳滋 蓄滋 繁滋 甘滋
化滋 含滋 华滋 空滋 灵滋 蔓滋
美滋 荣滋 水滋 岁滋 五滋 务滋
有滋 阴滋 雨滋 滋滋
白云滋 百谷滋 春花滋 帝渥滋 德宜滋
粉汗滋 九谷滋 景物滋 乐滋滋 绿草滋
莫如滋 美滋滋 蔓草滋 石苔滋 甜滋滋
宿云滋 喜滋滋 新雨滋 藓苔滋 雨露滋
密甜滋滋 树德务滋

孳 zī ①繁殖。②孳生。

蕃孳 乳孳 种孳 孳孳

赀 zī ①罚缴（财物。）②计量。

不赀 高赀 家赀 散赀 硕赀 余赀
破费不赀

觜 zī 又音 zuǐ 觜宿，二十八宿之一。

凤觜 蜂觜 尖觜 蜡觜 山觜 沙觜
铁觜 莺觜 鹰觜 雉觜 诹觜
黄鹤觜 泰山觜

髭 zī 嘴边上的胡子。

赤髭 愁髭 虎髭 黑髭 拈髭 捻髭
生髭 霜髭 剃髭 雪髭 吟髭 捋髭
粉茎髭 雪染髭 一尺髭
长须短髭

菑 zī ①已开垦了一年的田地。②除草。③茂盛的草。

东菑 敷菑 既菑 停菑

淄 zī 淄水，水名。

临淄 渑淄

缁 zī ①黑色的帛。②黑色。③玷污。

尘缁 单缁 纺缁 名缁 披缁
素化缁 玉不缁
素衣化缁
磨而不磷，涅而不缁/

辎 zī ①古代有帷盖的车。②装有军需物资的车。

电辎 列辎 灵辎 雷辎 车辎 并辎
行辎 霞辎 云辎 盐辎

锱 zī 古代重量单位。

铢锱

子 zǐ ①古代指儿女。②子孙。③特指太子。④对人的称呼。⑤臣民，百姓。⑥颗粒状的东西。⑦古代的第四等爵位。⑧古代对男子的称呼。⑨古代对老师的称呼。⑩先秦诸子百家的著作，或指古代图书的分类。⑪动物的幼儿。⑫动物的卵。⑬植物的种子。⑭指细小的物件。⑮幼小的，稚嫩的。⑯派生的。⑰地支第一位。⑱名词后缀。

艾子　哀子　袄子　案子　爱子　庵子
埯子　矮子　鞍子　八子　本子　冰子
兵子　贝子　半子　百子　包子　扳子
板子　报子　别子　败子　把子　坝子
步子　卑子　杯子　变子　背子　表子
柄子　孢子　拨子　班子　秕子　帮子
钵子　饼子　刨子　婢子　稗子　跛子
摆子　堡子　棚子　豹子　雹子　婊子
脖子　棒子　锛子　绷子　被子　鼻子
膀子　瘪子　缏子　辈子　榜子　靶子
梆子　鞭子　簿子　篦子　褙子　彪子
辫子　镏子　貔子　厂子　才子　叉子
从子　车子　尺子　次子　虫子　处子
汆子　吵子　冲子　杈子　池子　呈子
册子　床子　赤子　创子　村子　臣子
场子　岔子　串子　呈子　肠子　厨子
茬子　谄子　绸子　矬子　蚕子　菜子
蚶子　程子　燥子　铲子　痴子　蛏子
超子　窗子　锉子　筹子　搋子　翅子
猪子　椽子　锤子　艚子　橙子　槽子
撮子　橱子　镩子　察子　子子　刀子
斗子　电子　代子　对子　当子　呆子
吊子　定子　钉子　弟子　肚子　顶子
甸子　胆子　多子　豆子　道子　底子
帝子　单子　垡子　挡子　独子　底子
帝子　单子　垡子　挡子　担子　独子
垛子　档子　油子　蛋子　砘子　等子
点子　带子　适子　笛子　垫子　货子
段子　掸子　荡子　兜子　袋子　锭子
铫子　渡子　调子　犊子　弹子　颠子

稻子　篼子　戥子　凳子　嫡子　墩子
煅子　缎子　喋子　碟子　呆子　镫子
簟子　癫子　儿子　蛾子　耳子　飞子
分子　方子　义子　夫子　份子　凤子
妇子　妃子　房子　斧子　法子　枋子
浮子　附子　拂子　桴子　脯子　筏子
疯子　痱子　贩子　幡子　蜂子　麸子
榧子　缝子　个子　公子　弓子　关子
谷子　光子　杠子　杆子　秆子　矸子
尻子　姑子　竿子　瓜子　攻子　拐子
乖子　柜子　果子　沟子　羔子　埂子
国子　柑子　缸子　冠子　股子　蚶子
格子　桂子　岗子　盖子　根子　歌子
贵子　孤子　鬼子　阁子　稿子　钩子
锅子　管子　槅子　骨子　馆子　粭子
鸽子　嘎子　骰子　膏子　磙子　辊子
褂子　耩子　罐子　合子　会子　化子
行子　汉子　后子　伙子　花子　号子
呼子　环子　囮子　胡子　划子　桄子
皇子　蒿子　晃子　海子　虎子　孩子
荒子　袋子　盒子　斛子　黑子　核子
盔子　耗子　幌子　毫子　瘊子　猴子
瓠子　豁子　貉子　憨子　镬子　介子
巨子　早子　句子　交子　尖子　节子
芥子　叫子　机子　虮子　机子　夹子
局子　君子　金子　角子　疖子　妗子
茧子　剂子　监子　骄子　驹子　卷子
鸡子　季子　架子　举子　结子　涓子
绢子　饺子　禁子　家子　偈子　菌子
寄子　茧子　榉子　继子　锯子　锔子
集子　轿子　剪子　橘子　棘子　嫁子
毽子　截子　精子　糨子　酵子　腱子
假子　舅子　鞠子　镜子　糗子　橛子
嚼子　糨子　口子　孔子　壳子　扣子
坎子　坑子　空子　捆子　客子　框子
侉子　棵子　筷子　诃子　裤子　袴子
铐子　款子　盔子　馃子　锞子　诳子
蝌子　力子　女子　内子　乐子　令子
龙子　老子　列子　冷子　男子　痄子
乱子　里子　奶子　逆子　李子　奈子
逻子　牢子　刺子　卵子　拢子　呢子
泥子　炉子　妮子　林子　枘子　娘子

料子　浪子　妞子　纽子　帘子　砬子
轮子　驴子　孪子　娄子　便子　栗子
粒子　粟子　路子　领子　笼子　兰子
落子　离子　络子　狸子　捻子　量子
梨子　莲子　赖子　聋子　溜子　瘤子
棱子　绫子　脑子　廊子　碾子　柳子
漏子　辣子　篓子　骡子　镏子　脸子
蛹子　翎子　腻子　绺子　链子　麂子
篮子　檩子　镊子　孽子　癞子　攮子
门子　毛子　马子　末子　民子　面子
沫子　牤子　抹子　麦子　妹子　码子
母子　明子　苗子　抿子　美子　麻子
绵子　棉子　蛮子　媒子　孟子　茂子
帽子　模子　觅子　媚子　梅子　毪子
糜子　谜子　猸子　猛子　眸子　磨子
满子　幔子　沤子　瓯子　片子　皮子
品子　朴子　坯子　泡子　孢子　炮子
拍子　帕子　泊子　狍子　袍子　袢子
绊子　秕子　胚子　胖子　票子　耙子
棚子　喷子　配子　盆子　盘子　铺子
跛子　骗子　谱子　铯子　篇子　篷子
痞子　牌子　瓶子　貔子　飘子　七子
犬子　卡子　扦子　钎子　枪子　茄子
青子　屈子　祈子　浅子　亲子　曲子
掐子　瘸子　起子　钳子　棋子　雀子
腔子　妻子　裙子　旗子　签子　圈子
茕子　鞘子　镩子　卿子　樵子　儿子
入子　任子　日子　耳子　如子　乳子
弱子　饵子　褥子　孺子　壤子　瓤子
士子　山子　仕子　石子　勺子　生子
世子　色子　式子　书子　杓子　私子
沙子　孙子　尚子　体子　师子　虱子
松子　刷子　衫子　身子　砘子　苏子
俗子　首子　要子　柿子　哨子　啥子
庶子　神子　尸子　妹子　索子　黍子
痧子　树子　扇子　鼠子　筛子　竖子
粟子　梳子　塞子　嗉子　臊子　瘦子
嗓子　嫂子　狮子　释子　婶子　绳子
醇子　锁子　梭子　榫子　穗子　嗣子
馓子　傻子　颡子　天子　太子　屯子
头子　团子　托子　坨子　台子　坛子
秃子　听子　驮子　屉子　驼子　桃子

砣子　条子　帖子　跎子　兔子　沓子
桃子　堂子　统子　桐子　提子　筒子
梯子　亭子　推子　唐子　探子　铳子
铜子　蹄子　套子　绦子　梃子　童子
娣子　毯子　骰子　瘫子　推子　腿子
藤子　王子　丸子　五子　圩子　汪子
外子　位子　网子　吾子　围子　弯子
卧子　望子　苇子　杌子　娃子　蚊子
痦子　袜子　救子　湾子　屋子　帷子
崴子　嗡子　腕子　小子　下子　仙子
西子　行子　心子　芯子　杏子　戏子
先子　孝子　席子　学子　系子　匣子
性子　些子　息子　巷子　星子　训子
弦子　虾子　须子　袖子　蝎子　夏子
销子　雪子　鞋子　楦子　席子　旋子
贤子　箱子　喜子　儇子　褯子　楦子
靴子　貉子　瞎子　楔子　蟢子　橡子
须子　义子　元子　尤子　云子　引子
月子　动子　叶子　因子　羊子　余子
牙子　芽子　园子　犹子　印子　饮子
舀子　垸子　油子　原子　柚子　哑子
养子　邑子　圆子　秧子　样子　院子
邮子　银子　幽子　窑子　椅子　蚁子
烟子　鱼子　要子　釉子　鸭子　姨子
影子　遗子　颜子　踊子　椰子　腰子
橧子　辕子　蝇子　游子　燕子　鹞子
婴子　餍子　饔子　繇子　骥子　缨子
之子　支子　爪子　汗子　拽子　中子
主子　长子　庄子　侄子　住子　朱子
枝子　竹子　宅子　卒子　种子　舟子
肘子　柱子　札子　折子　杖子　众子
招子　重子　老子　查子　宗子　陈子
状子　争子　砟子　砧子　抓子　振子
侲子　钻子　租子　曾子　珠子　蛭子
匙子　桌子　贞子　浊子　质子　状子
坠子　帐子　桩子　栅子　渣子　庄子
座子　珠子　栽子　冢子　钟子　蟑子
章子　稚子　雉子　毡子　罩子　疹子
桢子　障子　嶂子　獐子　诸子　寨子
拶子　轴子　崽子　贼子　族子　枣子
掌子　粽子　锥子　榛子　转子　礤子
撮子　嘴子　赘子　凿子　镇子　褶子

盅子　镯子　蚊子　甑子　簪子　錾子
稚子　雉子
哀孺子　暗门子　暗楼子　矮个子　碍面子
爱面子　八君子　八辈子　不忆子　不肖子
白蛉子　白鼻子　木嗓子　半吊子　半拉子
半辈子　兵油子　拜把子　背褡子　败家子
笆篱子　笔杆子　拔尖子　脖颈子　脖梗子
绷弓子　摆样子　摆架子　摆摊子　驳面子
被褡子　鼻洼子　鼻梁子　蓖麻子　鼻翅子
病秧子　拔罐子　掰腕子　长条子　长脖子
车前子　车帷子　丑婆子　吃刀子　吃枪子
吃馆子　乘鸾子　出门子　出月子　出乱子
出岔子　出点子　出份子　闯牌子　出麻子
出漏子　臭架子　串门子　村夫子　抄把子
炒靶子　赤松子　赤帝子　重身子　重瞳子
创牌子　抽冷子　插杠子　草甸子　草垫子
秤杆子　秤盘子　逞性子　菜包子　菜篮子
菜墩子　窗格子　窗屉子　窗棂子　掺沙子
凑份子　凑胆子　馋猫子　醋坛子　醋罐子
醋娘子　绸纹子　刀把子　大个子　大身子
大肚子　大胡子　大老子　大伯子　大姑子
大麻子　大姨子　大轴子　大腹子　大舅子
吊膀子　吊嗓子　打吵子　打拍子　打场子
打底子　打棍子　打摆子　打幌子　打圈子
打榧子　当家子　灯罩子　东家子　电匣子
电炉子　电驴子　电滚子　丢面子　地窨子
定点子　担担子　独生子　都人子　逗闷子
登徒子　兜圈子　调嗓子　倒牌子　搭架子
端架子　风门子　放印子　反质子　发疟子
反粒子　负离子　负薪子　浮圆子　粪箕子
干妹子　女公子　过日子　光量子　过房子
光质子　过筛子　谷莠子　刮胡子　刮鼻子
挂幌子　官架子　高个子　给面子　高拔子
高帽子　狗逗子　狗腿子　狗崽子　孤哀子
贵甲子　鬼点子　鬼谷子　管城子　管扳子
孤哀子　管钳子　管城子　逛窑子　锅烟子
火匣子　火筷子　火蝎子　汗珠子　好日子
河汉子　蛤喇子　花池子　花点子　花架子
花洞子　坏分子　红土子　红刀子　红顶子
红横子　红模子　红裙子　红帽子　花样子
含酸子　茴香子　划圈子　泥腿子　灰孙子
护犊子　胡荐子　淮南子　皇太子　旱鸭子

活局子　话匣子　海呖子　货架子　混日子
黑匣子　谎汉子　黑瞎子　喊嗓子　韩湘子
叫天子　叫花子　金樱子　讲盘子　尖嗓子
金龟子　金嗓子　京油子　讲面子　架秧子
家人子　家生子　鸠哺子　急性子　绝缘子
酒嗉子　酒疯子　酒望子　揭盖子　假嗓子
假小子　揪辫子　脚丫子　脚脖子　脚腕子
脚蹬子　宴人子　箭垛子　箭靶子　嘉庆子
开口子　开方子　克家子　扣帽子　空当子
空架子　葵花子　女公子　牛脖子　牛鼻子
空桑子　客行子　哭鼻子　来巴子　老夫子
老毛子　老头子　老爷子　老油子　老样子
老套子　老妈子　老婆子　老鼻子　哪门子
那会子　那程子　那阵子　你老子　奴产子
两下子　两口子　冷脸子　拉肚子　拉场子
良家子　罗锅子　劣虎子　炉箅子　劳什子
牢什子　泥腿子　闹乱子　闹肚子　孪生子
亮牌子　南梆子　烂摊子　凌波子　脑勺子
脑门子　脑瓜子　劳什子　撂挑子　浪荡子
愣小子　碾滚子　溜沟子　鲁男子　链钳子
练嗓子　绿帽子　哪门子　黏涎子　拿架子
莲逢子　滥套子　褦襶子　齉鼻子　门弟子
马奶子　马驹子　马鞍子　马褡子　木筏子
毛小子　毛孩子　毛锥子　目瞳子　买面子
抹脖子　没性子　没落子　卖关子　卖面子
命根子　美男子　棉花子　慢性子　螟蛉子
麻雷子　欧冶子　袜线子　卜算子　皮夹子
皮捅子　批条子　炮筒子　绊桂子　胖小子
碰钉子　七十子　七桯子　乞老子　卡脖子
气包子　穷棒子　奇男子　枪杆子　枪把子
浅坯子　青矜子　青春子　钱串子　钱树子
球拍子　晴楼子　墙围子　翘辫子　二三子
二杆子　二性子　二流子　二混子　二辈子
二愣子　人贩子　耳刮子　耳坠子　耳挖子
耳掴子　软刀子　软钉子　惹乱子　绕弯子
绕脖子　绕圈子　热核子　褥垫子　十二子
十八子　山冈子　山桐子　士君子　上辈子
四君子　失面子　石头子　石砬子　水舀子
水鳖子　书呆子　书虫子　圣天子　手腕子
尥蹶子　甩脸子　私生子　私窝子　俗套子
双身子　双生子　松墙子　使性子　舍利子
散摊子　树行子　树林子　树墩子　摔脸子

随份子　扇骨子　桑葚子　梳辫子　碎步子
锁链子　碎嘴子　赡表子　腮帮子　算盘子
馊亏子　摔把子　蒜瓣子　撒丫子　涮锅子
涮坛子　土包子　土嗓子　土狗子　土粉子
田舍子　天开子　台柱子　托门子　讨口子
贴身子　贴饼子　兔崽子　菟丝子　挑担子
抬轿子　捅乱子　捅娄子　汤婆子　踢毽子
跌跤子　通路子　跳房子　腿肚子　腿弯子
腿腕子　偷汉子　五倍子　五味子　五梧子
五敛子　瓦垄子　瓦楞子　伪君子　外孙子
捂盖子　武把子　歪脖子　魏公子　问霞子
小小子　小女子　小日子　小伙子　小姑子
小肚子　小叔子　小册子　小胡子　小筏子
小娘子　小家子　小矮子　小姨子　小舅子
小圈子　小辫子　小性子　下辈子　四公子
西门子　戏园子　戏馆子　戏板子　戏报子
戏班子　先君子　相思子　线头子　线桃子
线坯子　细伢子　香胰子　香榧子　想法子
虚套子　鞋拔子　胸脯子　蝎虎子　靴腰子
熊瞎子　一个子　一程子　一阵子　一竿子
一辈子　一揽子　一撇子　迂夫子　玉京子
幺娥子　月强子　予小子　压轴子　牙庄子
有日子　有面子　有会子　有身子　永辈子
印把子　油底子　油柑子　油菜子　油椰子
雨点子　雨星子　详码子　洋鬼子　洋嗓子
硬汉子　银角子　眼皮子　眼珠子　眼圈子
眼眶子　阴离子　夜猫子　要面子　野汉子
野鸽子　寓父子　鱼秧子　盐坨子　遗腹子
药引子　药捻子　药胰子　药罐子　腰杆子
瘾君子　中微子　左性子　左嗓子　左撇子
扎猛子　支炉子　这下子　这会子　这阵子
这程子　坐月子　重身子　找岔子　找缝子
争些子　真性子　直肠子　丧家子　直筒子
抓空子　抓辫子　澡堂子　纸叶子　真嗓子
帐主子　准稿子　钻门子　钻空子　转弯子
转圈子　猪秧子　掌珠子　装样子　嘬鼻子
摘桃子　摘帽子　嘴皮子　照西子　乘鸾子
欧治子　灵珠子　枸杞子　白附子　风信子
金楼子　南乡子　南歌子　更漏子　天仙子
长春子　长真子　王阳子　太古子　长生子
螟蛉子
阿郎娘子　八字胡子　白马王子　北五味子

巴豆孝子　扁起虢子　播撒种子　博士弟子
帮人笞子　摆臭架子　鲍氏之子　从龙介子
草台天子　草台班子　村夫俗子　苍蝇拍子
扯开嗓子　痴顽老子　扯长颈子　奓着胆子
撑腰杆子　慈母望子　大喜日子　邓放弃子
电线杆子　逗嘴皮子　独逾诸子　读书种子
读书君子　戴高帽子　戴绿帽子　凡夫俗子
风流才子　发粉引子　扫眉才子　放下架子
封妻荫子　不当人子　富埒天子　福孙荫子
广寒仙子　关西孔子　过河卒子　光脚板子
高门弟子　高足弟子　狗拿耗子　孤臣孽子
贵介公子　搞小圈子　胳膊肘子　骨头架子
花白胡子　花花公子　花中君子　花花肠子
花儿洞子　河北梆子　河南坠子　河南梆子
河东狮子　和丸教子　和事天子　画荻教子
黄口孺子　黄锦袄子　豪吟释子　虎穴得子
皇帝老子　黑眼珠子　九龙生子　龙生九子
甲种粒子　军称娘子　江湖骗子　金鱼公子
金玉君子　积极分子　鸡毛掸子　俭称安子
基本粒子　经授母子　建安七子　蹇裳宣子
鞠躬君子　支丝钳子　空心架子　六十甲子
乃逢天子　历人生子　乐羊啜子　老八辈子
老年得子　龙生九子　牢头禁子　乱葬岗子
乱臣贼子　亮起嗓子　连鬓胡子　脑袋瓜子
捻着鼻子　梁上君子　凌统虎子　梨园弟子
络腮胡子　洛阳才子　览饮母子　落难公子
凌波仙子　螺丝起子　露水桌子　目无余子
卖妻鬻子　美人胚子　卖散文子　摸着胡子
棉花套子　梅妻鹤子　磨嘴皮子　扑灯蛾子
蒲子梆子　翩翩公子　七十二子　千金之子
岂弟君子　前半辈子　强盗头子　翘着胡子
请卖爵子　谦谦君子　二三君子　二道贩子
仁人君子　耳朵底子　耳朵根子　认贼为子
乳臭小子　一七弟子　三尺童子　山西梆子
山东梆子　山羊胡子　上半辈子　上党梆子
三娘教子　三移款子　石头粒子　私淑弟子
是父是子　杀彘教子　扫眉才子　使小性子
苏州码子　伸长脖子　耍嘴皮子　视民如子
莘莘学子　陕西梆子　耸动鼻子　睡图妃子
撒播种子　缩着脖子　天之骄子　天子太子
天王老子　太平天子　太阳黑子　投河丐子
投机分子　陶母教子　弹簧垫子　为人为子

卫人嫁子　王孙公子　唾图妃子　文舒戒子
无肠公子　乌黑眸子　晚年生子　歪着脖子
卧游宗子　微观粒子　下半辈子　西家之子
洗儿妃子　悬河郭子　血性汉子　犯牛脖子
细长脖子　狭小圈子　像皮钉子　一塌刮子
乙种粒子　以位传子　玉真娘子　衣同莱子
袁韶佛子　乐羊食子　异己分子　有一阵子
有两下子　延师教子　要饭花子　娱妻弄子
鞅法太子　鬻书戒子　正人君子　竹称君子
仲尼老子　中路梆子　知识分子　政治骗子
抓小辫子　战争贩子　贼臣乱子　尊称天子
掌印把子　掌刀把子　睁眼瞎子　猪油果子
戴高帽子　颛帝三子　腹内生子　孤臣孽子
犁牛之子　平头奴子　上清童子　三千弟子
豚儿犬子　掇蜂谮子　易牙蒸子　全真七子
含丹阳子　东家之子

不入虎穴，焉得虎子/棒头出孝子/不中用的小子/穿一条裤子/穿连裆裤子/擦粉进棺材，死要面子/大王的架子/大历十才子/打肿脸充胖子/瞪眼睛吹胡子/对着聋子骂瞎子/多福多寿多男子/东一榔头西一棒子/盗虽小人，智过君子/大鱼吃小鱼，小鱼吃虾子/腹黄享行义杀子/高级知识分子/观棋不语真君子/虎父无犬子/虎父生犬子/横插一杠子/黄连刻猴，苦猻（孙）子/久病无孝子/击邻家之子/将门出虎子/酒中不语真君子/狸猫换太子/鲁班的锯子/脸丑怪不着镜子/墨子与巫马子/趋吉避凶者为君子/旗杆上扎鸡毛，好大的掸（胆）子/生子须知李亚子/舍命陪君子/暑天无君子/三张纸画个脸，好大的面子/瓦片尚有翻身的日子/无冤不成夫妇，无债不成父子/先小人后君子/瞎猫碰着死耗子/瞎猫碰见死耗子/瞎猫碰上死耗子/严父出好子/有其父，必有其子/一口吃个大胖子/眼睛里不藏沙子/眼睛里揉不得沙子/竹筒倒豆子/至亲莫如亲父子/指着和尚骂秃子/日没处天子/捧心效西子/炙背献天子/

姊

zǐ　姐姐。

阿姊　伯姊　奉姊　贵姊　家姊　圣姊
月姊　依姊　姊姊
屈原姊　聂政姊

笫

zǐ　竹子编的床席。

床笫　帷笫　枕笫

紫

zǐ　蓝红合成的颜色。

阿紫　胞紫　碧紫　垂紫　姹紫　夺紫
带紫　官紫　龟紫　绀紫　灰紫　红紫
花紫　荷紫　黄紫　核紫　甲紫　金紫
剑紫　绛紫　假紫　酱紫　浓紫　皮紫
佩紫　齐紫　青紫　茄紫　浅紫　日紫
肉紫　拖紫　太紫　万紫　魏紫　袭紫
一紫　衣紫　艳紫　朱紫
胞衣紫　赐金紫　貂裘紫　龙胆紫　琅玕紫
玫瑰紫　暮山紫　葡萄紫　蓬莱紫　拾青紫
赏朱紫
重金兼紫　大红大紫　骨梗如紫　红得发紫
怀黄佩紫　露红烟紫　被朱佩紫　茄子润紫
拖金委紫　拖青纡紫　纡朱拖紫　姚黄魏紫
嫣红姹紫　腰金衣紫　邹婴齐紫　嘴唇发紫
纡青佩紫　纡朱曳紫　纡青拖紫　芥拾青紫
齐桓公好服紫/

籽

zǐ　某些植物的种子，也作“子”。

菜籽　棉籽

訾

zǐ　又音 zī　①厌恶。②考虑。③说别人的坏话。

哲訾　聱訾　不訾　百訾　谤訾　诋訾
非訾　苟訾　高訾　诟訾　毁訾　娵訾
马訾　面訾　跂訾　取訾　无訾　相訾
足訾　啀訾　訾訾
福不盈訾

梓

zǐ　①木名。②治木器。③雕刻印书的木板。④故乡的代称。

白梓　大梓　便梓　付梓　伐梓　观梓
灵梓　梦梓　乔梓　杞梓　桥梓　上梓
生梓　桑梓　桐梓　父梓
碧瑶梓　黄心梓　遴杞梓　泗滨梓　庭生梓
敬恭桑梓　书成绣梓　商论乔梓　违述杞梓
荆南杞梓

滓

zǐ　①沉淀物。②污黑。③渣子。

不滓　尘滓　酒滓　沦滓　泥滓　冗滓

心滓　无滓　五滓　汁滓　渣滓
泥而不滓　社会渣滓

自 zì ①鼻，呼吸和嗅觉器官。②始，开头。③自己。④自然，当然。⑤从，由。

暗自　称自　独自　各自　敢自　何自
尽自　径自　竟自　空自　来自　林自
亲自　私自　所自　是自　擅自　兀自
无自　枉自　笑自　奚自　有自　犹自
纵自　肇自
风之自　思所自　自顾自
灯台不照自/耗子爬秤钩，自秤自/蜻蜓咬尾巴，自吃自/

字 zì ①文字。②字音。③字体。④书法作品。⑤字据。⑥名字。⑦旧时称女子许嫁。⑧人的表字。⑨怀孕。⑩养育。

八字　不字　白字　百字　本字　表字
别字　补字　川字　赤字　拆字　称字
衬字　草字　刺字　测字　错字　撮字
丁字　大字　打字　单字　点字　待字
叠字　讹字　方字　风字　腓字　抚字
古字　瓜字　汉字　号字　环字　花字
活字　呼字　画字　毫字　换字　今字
金字　旧字　笄字　借字　锦字　快字
抻字　楷字　立字　冷字　炼字　留字
难字　练字　隶字　摘字　陋字　篆字
名字　没字　妙字　盲字　谜字　秘字
破字　排字　去字　奇字　铅字　签字
敲字　认字　如字　乳字　十字　私字
汉字　书字　俗字　实字　遂字　熟字
数字　天字　吐字　提字　题字　文字
问字　误字　小字　习字　行字　写字
析字　相字　学字　许字　姓字　虚字
新字　喜字　一字　用字　玉字　押字
异字　咬字　银字　正字　只字　字字
朱字　折字　助字　杂字　状字　赃字
逐字　煮字　篆字　铸字　錾字
八行字　春坊字　错别字　宫叶字　方块字
繁体字　梵王字　黄绢字　回文字　换鹅字
画十字　鹤识字　金瓯字　简他字　蛟龙字
简体字　连绵字　离别字　美术字　破体字
破读字　排八字　千金字　上口字　手头字
宋体字　书根字　俗体字　说奇字　数目字
题风字　通假字　五云字　一万字　问奇字
云锦字　异体字　银函字　蝇头字　中国字
珠排字　假借字　通假字　形声字　独体字
会意字　转注字　象形字
白纸黑字　表音文字　拆白道字　粗成四字
仓颉造字　仓颉制字　点指画字　点纸画字
戴酒问字　讳不识字　居易识字　回文锦字
拂尘看字　钩书蝇字　简化汉字　罗马数字
片言只字　片纸只字　拼音文字　士安正字
生辰八字　时辰八字　识文断字　说文解字
天文数字　图画文字　王奇雁字　象形文字
楔形文字　音节文字　音素文字　咬文嚼字
殷墟文字　知书识字　载酒问字　不留一字
不易一字　蒸饼十字
阿拉伯数字/不知人间有羞耻二字/八个金刚抬不动一个“礼”字/怀素种蕉练字/陆羽牛背练字/一生读别字/郑虔柿叶练字/

牸 zì 雌性的牲畜。

牿牸　良牸　牧牸　畜牸

恣 zì ①放纵。②〈方言〉舒服。③听任。

暴恣　大恣　得恣　放恣　横恣　豪恣
骄恣　僭恣　狂恣　权恣　日恣　贪恣
奢恣　听恣　妄恣　凶恣　专恣　自恣
纵恣　躁恣　颛恣
喜恣恣
跋扈自恣　专横放恣

眦 zì ①眼眶。②视。

赤眦　决眦　内眦　列眦　两眦　泪眦
裂眦　目眦　破眦　双眦　拭眦　修眦
衣眦　厓眦　眼眦　盈眦　隅眦　睚眦
福不盈眦

渍 zì ①浸。②沾染。③湿润。④垢迹。

惭渍　大渍　汗渍　含渍　河渍　浸渍
渐渍　内渍　泥渍　留渍　露渍　蜜渍
漂渍　水渍　污渍　下渍　细渍　自渍
油渍　瑕渍　雨渍　腌渍　肿渍　渍渍
沾渍
防洪排渍

差 cī 又音 chà、chā、chāi ［参差］长短、高低不齐。

参差

玉参差 影参差

错落参差

疵 cī ①小毛病。②缺点。③诽谤。

卑疵 毁疵 毛疵 纤疵 受疵 索疵
托疵 天疵 无疵 微疵 水疵 细疵
瑕疵 濯疵 肿疵 箴疵

吹毛求疵 大醇小疵 披毛求疵 批毛求疵
饰垢掩疵

词 cí ①在句子里能自由运用最小的语言单位。②特别有组织的语言、文字。③文辞。④文体名，韵文的一种。

巴词 卑词 宾词 贬词 褒词 出词
昌词 陈词 唱词 粗词 春词 大词
代词 对词 动词 多词 单词 悼词
答词 遁词 殚词 奉词 副词 古词
宫词 高词 构词 根词 供词 敢词
歌词 诡词 鼓词 含词 好词 华词
宏词 贺词 介词 吉词 晋词 借词
抗词 阙词 令词 龙词 连词 离词
摛词 丽词 赖词 量词 詈词 名词
没词 曼词 慢词 判词 诐词 巧词
青词 强词 情词 清词 遣词 谦词
潜词 冗词 生词 守词 侍词 苏词
实词 诗词 颂词 饰词 释词 誓词
数词 吐词 叹词 台词 托词 体词
提词 题词 弹词 填词 文词 畏词
伟词 芜词 危词 挽词 温词 谓词
猥词 婉词 微词 小词 戏词 系词
训词 讯词 巽词 新词 虚词 献词
雄词 谢词 与词 异词 严词 言词
有词 英词 欲词 淫词 谀词 语词
艳词 游词 寓词 中词 主词 助词
祝词 证词 宗词 致词

白纻词 白苎词 白头词 闭幕词 贬义词
褒义词 创刊词 掐弹词 大风词 代名词
对口词 多口词 多义词 单音词 单纯词
典诰词 敦煌词 断肠词 反义词 方位词
方言词 发刊词 发语词 发端词 复合词
复音词 古语词 关联词 鼓子词 合成词
黄绢词 昏镜词 基本词 绝妙词 开幕词
柳枝词 落花词 派生词 潜台词 群口词
十香词 时间词 数量词 同音词 同义词
外来词 纨扇词 写新词 形容词 惜春词
新选词 新名词 象声词 幼妇词 音译词
语助词 养鸷词 主题词 竹枝词 织素词
助动词 幼妇词

奥言隐词 博学鸿词 不实之词 不赞一词
存助之词 陈言浮词 陈言肤词 大放厥词
反目之词 复合量词 各执一词 过甚其词
禁止之词 绝妙好词 慷慨陈词 丽句清词
念念有词 片面之词 三宥之词 闪烁其词
吞吐其词 写诗填词 一面之词 疑似之词
语气助词 隐约其词 溢美之词 以言害词
支吾其词 众口一词 自谦之词 振振有词
张大其词 穷塞主词 披沥陈词
不能赞一词/

祠 cí ①春祭。②祖庙，祠堂。③供奉鬼神、祖宗或功德的人的地方。

闷祠 丛祠 崇祠 古祠 荒祠 亲祠
仁祠 水祠 神祠 宗祠 晋祠
碧鸡祠 范蠡祠 节孝祠 柳姑祠 露筋祠
漂母祠 天女祠 王母祠 五侯祠 武侯祠
夏王祠 玉女祠
罗友乞祠 桐乡立祠

茈 cí 又音 zǐ 指荸荠。

凫茈 危茈

雌 cí ①特指女性。②泛指生物中能产生卵细胞的。③柔弱。④声音柔细似女性。

伏雌 故雌 孤雌 挟雌 将雌 求雌
辟雌 柔雌 十雌 守雌 霜雌 亡雌
无雌 雄雌 执雌 种雌 众雌
蛱蝶雌 射九雌 望风雌 无为雌 辨雄雌
井伯烹雌 知雄守雌

茨 cí ①用茅苇盖屋。②蒺藜。③堆积。④茅草盖的屋顶。

凫茨 荒茨 剪茨 两茨 茅茨 苑茨
墙茨 茸茨
墙有茨

瓷 cí 用高岭土烧成的一种器物。

白瓷 冰瓷 抱瓷 绷瓷 彩瓷 翠瓷
电瓷 花瓷 黑瓷 绿瓷 缥瓷 青瓷
素瓷 搪瓷 陶瓷 细瓷 湘瓷 洋瓷
紫瓷
青花瓷

慈 cí ①慈爱。②指对父母尊敬奉养。③称母亲为慈。④佛家用语。

不慈 宸慈 父慈 惠慈 鸿慈 家慈
矜慈 令慈 母慈 人慈 仁慈 睿慈
圣慈 天慈 温慈 先慈 心慈 孝慈
修慈 有慈 左慈
厚于慈 文之慈 紫庭慈
口严心慈 宽厚仁慈
子不孝是父不慈/

磁 cí ①指有吸引铁、镍等物的性能。②紧密。③同“瓷”。

冲磁 电磁 地磁 激磁 剩磁 退磁
消磁
又硬又磁

鹚 cí ［鸬鹚］鸟名，羽毛黑色，嘴扁而长，善于捕鱼，又叫墨鸭。

鸬鹚 鹭鹚

辞 cí ①告别。②不接受。③古代的一种文学体裁。④诉讼的供词。⑤言词。⑥推辞。⑦辞退。⑧遣去。⑨斥责。⑩同“词”。

哀辞 不辞 卑辞 拜辞 便辞 彼辞
波辞 悲辞 辩辞 长辞 厝辞 措辞
帱辞 错辞 楚辞 达辞 祷辞 谠辞
诞辞 肤辞 浮辞 费辞 告辞 过辞
卦辞 固辞 苟辞 佹辞 改辞 歌辞
诡辞 华辞 黄辞 进辞 敬辞 讦辞
谬辞 祭辞 蹇辞 谲辞 亢辞 苦辞
抗辞 狂辞 姱辞 睽辞 六辞 力辞
令辞 礼辞 离辞 丽辞 俪辞 美辞
曼辞 蔓辞 谩辞 嫚辞 媚辞 卜辞
颇辞 偏辞 巧辞 奇辞 曲辞 驱辞
谦辞 二辞 挠辞 润辞 失辞 尚辞
书辞 说辞 孙辞 顺辞 饰辞 澹辞
托辞 讬辞 推辞 题辞 谈辞 彖辞
文辞 无辞 误辞 挽辞 猥辞 温辞
婉辞 微辞 两辞 析辞 学辞 邪辞
训辞 修辞 虚辞 谢辞 一辞 爻辞
庾辞 象辞 异辞 因辞 有辞 言辞
轧辞 逸辞 淫辞 谀辞 占辞 阵辞
真辞 祝辞 赞辞 致辞 置辞 缀辞
廋辞
安足辞 不敢辞 从此辞 大江辞 黄绢辞
发语辞 何苦辞 绝命辞 列子辞 落花辞
莫推辞 潘兵辞 迁客辞 秋风辞 生死辞
惜春辞 幼妇辞 渔父辞 竹枝辞
悖言乱辞 传闻异辞 刀死不辞 归去来辞
过甚其辞 含混其辞 含糊其辞 黄台瓜辞
绝妙好辞 情见乎辞 善不能辞 万死不辞
叙别之辞 一诺无辞 义不容辞 与世长辞
隐约其辞 在所不辞 拙于言辞 振振有辞
杂歌谣辞 卒语之辞
欲加之罪，何患无辞/不能赞一辞/

此 cǐ 这，这个。

爱此 彼此 从此 出此 寘此 到此
故此 欢此 及此 仅此 就此 敬此
乐此 来此 类此 去此 取此 如此
特此 为此 效此 像此 因此 曰此
以此 饮此 中此 止此 至此 准此
值此 臻此
不办此 寒至此 技止此 赖有此 十倍此
谵如此 智尽此
不分彼此 不过如此 彼愈于此 彼此彼此
大致如此 大体如此 等因奉此 故当如此
何至于此 活该如此 竟敢如此 理当如此
理应如此 事已至此 实逼处此 向来如此
一寒如此 树犹如此

泚 cǐ ①清澈。②用毛蘸墨。

泚泚 寒泚 清泚
颡有泚 香雾泚
段击朱泚

次 cì ①次第，等第。②第二。③质量或品质较差。④出外远行停留的处所。⑤量词。⑥停留。⑦编次。

安次 哀次 案次 挨次 八次 不次

半次 北次 比次 边次 备次 表次
班次 版次 笔次 宾次 编次 出次
车次 辰次 采次 吹次 处次 传次
层次 初次 草次 宠次 成次 细次
成次 齿次 场次 参次 差次 蚕次
陈次 宠次 超次 常次 朝次 躔次
湔次 纂次 大次 东次 当次 定次
单次 迭次 待次 递次 达次 多次
道次 挡次 等次 奠次 戴次 耦次
方次 分次 非次 返次 放次 复次
番次 蕃次 峰次 焚次 工次 干次
功次 归次 更次 官次 乖次 故次
观次 馆次 航次 河次 活次 横次
九次 介次 久次 江次 交次 节次
近次 讲次 军次 即次 阶次 纪次
级次 居次 将次 进次 校次 郊次
君次 就次 季次 家次 既次 捷次
架次 救次 卷次 楫次 渐次 爵次
考次 客次 块次 内次 历次 立次
龙次 列次 伦次 论次 乱次 年次
闾次 旅次 路次 轮次 鸟次 类次
南次 累次 禄次 屡次 离次 露次
鳞次 名次 沔次 目次 命次 每次
模次 幕次 墓次 庖次 排次 频次
篇次 蓬次 谱次 迁次 气次 其次
穷次 取次 秋次 诠次 铨次 阙次
逡次 群次 入次 人次 日次 尔次
如次 荣次 三次 上次 少次 石次
水次 俟次 仕次 事次 失次 授次
书次 续次 世次 觞次 岁次 受次
所次 舍次 思次 适次 食次 识次
司次 师次 苫次 声次 顺次 神次
删次 设次 屯次 同次 途次 亭次
谈次 涂次 壇次 外次 武次 位次
物次 无次 胃次 亡次 帏次 卫次
幄次 文次 小次 夕次 凶次 西次
先次 行次 相次 咸次 序次 县次
巷次 学次 席次 星次 信次 笑次
故次 需次 虚次 胸次 晓次 循次
绪次 弦次 详次 月次 揩次 右次
以次 有次 玉次 厌次 依次 吟次
野次 员次 印次 雨次 语次 预次
烟次 庸次 淹次 言次 亚次 远次
易次 雁次 越次 榆次 主次 中次
左次 自次 这次 舟次 知次 再次
造次 妆次 卒次 俎次 逐次 资次
座次 职次 诸次 掌次 整次 撰次
不从次 不相次 北辰次 赤白次 鹑火次
当生次 功臣次 花垂次 厩库次 看心次
礼之次 两壬次 如其次 璇玑次 儒翰次
十二次 三槐次 四时次 岁弃次 侍事次
寿星次 天文次 闻歌次 星回次 析未次
仙即次 杖藜次 准水次
不可造次 各归其次 济泾而次 累日为次
三番五次 三番两次 食货为次 一次一次
语无伦次 栉比鳞次

伺

cì 又音 sì ①旧指侍奉或受役使。②照料。

捕伺 防伺 狙伺 静伺 谨伺 明伺
巧伺 卧伺 微伺 相伺 迎伺 夜伺

刺

cì 又音 cī ①刺激。②行刺。③用锐利之物戳入。④绣。⑤侦察。⑥指责，讽刺。⑦名片。⑧打听。⑨尖锐像针的东西。

半刺 拔刺 被刺 促刺 冲刺 穿刺
草刺 操刺 多刺 带倒 毒刺 风刺
讽刺 粉刺 蜂刺 攻刺 骨刺 怀刺
还刺 横刺 击刺 讥刺 棘刺 睢刺
牢刺 门刺 毛刺 面刺 名刺 马刺
明刺 芒刺 美刺 漫刺 拼刺 劈刺
去刺 枪刺 三刺 司刺 手刺 书刺
条刺 投刺 桃刺 探刺 通刺 无刺
小刺 行刺 修刺 袭刺 悬刺 绣刺
辖刺 孟刺 鱼刺 遇刺 竹刺 佐刺
指刺 针刺 直刺
颠不刺 骆驼刺 肉中刺
话中带刺 话里带刺 挑毛拣刺 长着酒刺
七十三，八十四，不死也是儿女眼中一根刺/眼中钉，肉中刺/

赐

cì ①给予。②赏给的东西。③敬辞。

并赐 报赐 颁赐 拜赐 班赐 存赐
宠赐 多赐 恩赐 封赐 复赐 好赐
厚赐 嘉赐 礼赐 亲赐 曲赐 庆赐

钦赐 秋赐 荣赐 辱赐 上赐 受赐
神赐 赏赐 天赐 特赐 慰赐 谢赐
予赐 优赐 押赐 宴赐 御赐 账赐
绨袍之赐
曾子不受赐/

私 sī ①个人的。②秘密的不公开。③暗地里。④禾名。⑤谦称。⑥便服。⑦非法的。⑧个人的意见。⑨偏爱。⑩指发生不正当的男女关系。⑪男女生殖器。

阿私 爱私 不私 寸私 逞私 斗私
鸟私 多私 恩私 贩私 肥私 光私
顾私 怀私 鸿私 交私 金私 济私
挟私 家私 缉私 虑私 昧私 谋私
破私 偏私 瞻私 天私 无私 外私
忘私 行私 徇私 殉私 言私 有私
阴私 姻私 营私 隐私 缘私 燕私
嬿私 自私 至私 走私
不受私 别公私 好恶私 雨露私 言其私
造物私
伯鱼有私 出公志私 大公无私 公正无私
公而忘私 公而无私 火院家私 兼爱无私
假公济私 结党营私 假公营私 廉正无私
岂是阿私 窃窃私私 损公肥私 托公行私
铁笔无私 铁面无私 弹劾无私 枉法徇私
忧心忘私 至公忘私 植党营私
蚕肚子，尽是丝（私）/公是公，私是私/

司 sī ①主管。②所主持的事。③中央各部中设立的分工办事单位。④古代官署名。

盐司 百司 北司 曹司 厨司 大司
典司 都司 鼎司 分司 枋司 公司
官司 军司 谏司 禁司 六司 南司
门司 牧司 判司 派司 二司 三司
上司 守司 收司 土司 台司 吐司
王司 攸司 有司 员司 阴司 押司
邑司 正司 专司 职司 总司
白云司 吃官司 打官司 分公司 翰林司
看命司 客帐司 罗曼司 派力司 派立司
膳夫司 献纳司 玉女司 子公司 总公司
百货公司 笔墨官司 避甓主司 鼎鼎之司
顶头上司 股分公司 跨国公司 皮包公司
人命官司 耳目殊司 无限公司 信托公司
义同三司 有限公司 医药公司 运甓主司
打肚皮官司/打笔墨官司/一脑门子官司/在肚皮里打官司/

丝 sī ①蚕丝。②像丝的东西。③长度单位。④丝织物。⑤八音之一。⑥喻事物的细微。

白丝 拔丝 悲丝 鬓丝 碧丝 厂丝
寸丝 虫丝 出丝 抽丝 垂丝 成丝
刺丝 彩丝 采丝 春丝 蚕丝 灯丝
钓丝 飞丝 粉丝 棼丝 纺丝 钢丝
蓴丝 红丝 花丝 焊丝 黄丝 机丝
金丝 茧丝 绞丝 绢丝 菌丝 寄丝
缫丝 克丝 刻丝 拉丝 乱丝 络丝
柳丝 履丝 螺丝 藕丝 千丝 青丝
牵丝 琴丝 情丝 铅丝 轻丝 二丝
珥丝 珥丝 肉丝 染丝 生丝 色丝
素丝 瑟丝 吐丝 铁丝 甜丝 丝丝
条丝 鸟丝 万丝 吴丝 血丝 荇丝
细丝 香丝 雪丝 新丝 悬丝 一丝
云丝 雨丝 烟丝 银丝 游丝 在丝
朱丝 真丝 蛛丝
百丈丝 保险丝 悲染丝 鬓如丝 悲素丝
玻璃丝 斗烟丝 拂台丝 海堂丝 镜中丝
鞚青丝 哭练丝 冷丝丝 乱绞丝 凉丝丝
两鬓丝 辣丝丝 绿扬丝 美丝丝 七条丝
三皮丝 续命丝 天然丝 甜丝丝 五十丝
五色丝 婉转丝 雪藕丝 绣户丝 烟斗丝
杨柳丝 越人丝 走钢丝
剥茧抽丝 长债馈丝 地脚螺丝 独茧抽丝
果甜丝丝 苦竹哀丝 鸟迹虫丝 绿草如丝
鸾胶凤丝 命若悬丝 满头青丝 品竹弹丝
墨翟悲丝 万缕千丝 绣幕牵丝 细小如丝
亚麻如丝 瑛鞭团丝 系足红丝 春雨如丝
媚眼如丝
惊霜落素丝/
病来如山倒，病去如抽丝/墨子悲素丝/

咝 sī 拟声词

咝咝
子弹咝咝

鸶 sī ［鹭鸶］鸟名，嘴直而尖，颈长。白鹭、苍鹭较为常见。

鹭鸶

思 sī ①想，考虑。②想念。③思路，想法。④特指创作的构思。

哀思　奥思　别思　悲思　才思　尘思
沉思　怆思　春思　陈思　驰思　愁思
酬思　筹思　多思　独思　耽思　荡思
笃思　谛思　反思　浮思　罩思　费思
繁思　归思　构思　顾思　辜思　感思
何思　怀思　迥思　浩思　九思　计思
近思　佳思　倦思　极思　积思　酒思
教思　炯思　葭思　谨思　静思　精思
孔思　苦思　客思　来思　留思　凉思
丽思　劳思　念思　恋思　虑思　离思
族思　凝思　妙思　冥思　缅思　眇思
敏思　梦思　祕思　慕思　呕思　巧思
去思　求思　奇思　覃思　清思　秋思
情思　绮思　潜思　翘思　锐思　睿思
三思　少思　书思　圣思　所思　深思
诗思　神思　慎思　熟思　鼠思　土思
托思　退思　颓思　潭思　无思　文思
卧思　我思　往思　渥思　心思　乡思
兴思　寻思　相思　孝思　侠思　蓄思
悬思　遐思　于思　永思　有思　远思
运思　忧思　冶思　余思　研思　异思
幽思　逸思　萦思　意思　绎思　淫思
艳思　泳思　野思　遥思　雅思　愿思
遗思　疑思　游思　鸳思　渊思　自思
再思　壮思　伫思　追思　哲思　湛思
杼思　滞思　藻思　撰思　镇思　瞻思
不容思　北风思　别后思　春女思　长相思
春夜思　单相思　雕龙思　费心思　千相思
故园思　够意思　何所思　好意思　害相思
后人思　尽思思　江山思　江海思　系我思
结去思　两系思　两地思　没意思　梦中思
扁舟思　潘郎思　曝鱼思　千里思　秋风思
日夜思　岁时思　停杯思　望云思　万里思
味美思　慰相思　小意思　乡关思　席梦思
云水思　用心思　有所思　有意思　夜寐思
治游思　芷兰思
八斗陈思　白费心思　不好意思　低头沉思
风情月思　发人深思　匪夷所思　费尽心思
俯首而思　好学深思　见马克思　极智穷思
精心构思　乐不蜀思　靡日不思　暮想朝思
潜研精思　清夜月思　若有所思　挖空心思
闻声相思　行成于思　一门心思　于思于思
瑶想琼思　遗风余思
君子有展采之思/苛政不亲，烦苦伤思/心之官则思/业精于勤，行成于思/

虒 sī ［虒亭］地名，在山西省。

此虒

斯 sī ①劈开。②这个。③就，乃。④是，为。

波斯　常斯　忖斯　成斯　思斯　高斯
何斯　怀斯　欢斯　赫斯　斛斯　鸡斯
李斯　栗斯　密斯　取斯　勤斯　如斯
若斯　荣斯　色斯　万斯　瓦斯　微斯
奚斯　于斯　饮斯　泳斯　螽斯
毒瓦斯　德如斯　法西斯　歌于斯　勒克斯
品节斯　说项斯　盛于斯　托拉斯　通古斯
意在斯
鄂尔多斯　极口项斯　逝者如斯　一至于斯
以至于斯　涅訾栗斯
逢人说项斯/

厮 sī ①古代时服役者的男子的蔑称。②互相。

蓄厮　那厮　趋厮　小厮　幺厮　这厮

澌 sī 随水流动的冰块。

不澌　马澌　声澌　雄澌　雁澌

撕 sī 用于扯开分裂。

提撕　狠撕　猛撕

嘶 sī ①马叫。②声音嘶哑。③虫鸟声凄切幽咽的叫声。④拟声词。

悲嘶　长嘶　蝉嘶　寒嘶　骄嘶　频嘶
群嘶　呻嘶　酸嘶
隔花嘶　寒蝉嘶　枥上嘶　柳外嘶　陌上嘶
踏花嘶　望尘嘶　向风嘶　玉骢嘶　逸马嘶
逐雷嘶　紫骝嘶
力竭声嘶　牛叫马嘶　气竭声嘶　人喊马嘶

凘 sī 尽。

流凘　凌凘　凘凘

蛳 sī ［螺蛳］螺的通称。

螺蛳

死 sǐ ①生物生命的终结。②不可调和的。③不灵活。④死刑。⑤拼死。⑥表示态度坚决。⑦固守。⑧不通达。⑨形容极甚。⑩失去知觉。

爱死　不死　半死　暴死　出死　处死
重死　垂死　惨死　打死　吊死　冻死
抵死　堵死　郤死　毒死　断死　扼死
饿死　奋死　甘死　敢死　梗死　该死
坏死　灰死　花死　恨死　逭死　劾死
抓死　讳死　横死　决死　急死　救死
绞死　假死　僵死　若死　客死　枯死
溘死　老死　良死　临死　勒死　累死
昧死　冒死　溺死　弄死　设死　觅死
拼死　濒死　起死　怯死　强死　怕死
判死　十死　生死　杀死　守死　送死
说死　受死　贯死　殊死　树死　瘦死
誓死　讨死　投死　逃死　兔死　脱死
遄死　无死　未死　万死　枉死　畏死
忘死　罔死　心死　凶死　寻死　吓死
惜死　效死　鲜死　一死　夭死　义死
佯死　要死　馌死　瘐死　药死　缢死
竹死　早死　作死　诈死　找死　知死
战死　诛死　珠死　致死　揍死　贼死
装死　猝死
安乐死　别离死　傅说死　寒不死　韩擒死
狡兔死　老不死　三不死　守经死　同生死
香人死　以寿死　雁奴死　鹬蚌死　知己死
触槐死
爱身避死　白起与死　长生不死　出生入死
肠烂将死　回生起死　含冤屈死　狙公饿死
结缨而死　恐素不死　老而不死　乐而忘死
鲁人起死　潞令当死　去瘿而死　蛲蛸之死
人生易死　生老病死　舍生忘死　睡生梦死
誓同生死　同生共死　贪生怕死　贪生畏死
忘生舍死　祥桑自死　一生九死　养生送死
延颈受死　遇贼争死　捉生替死　朝闻夕死
醉生梦死　朝生暮死　罪该万死　贼心不死
十生九死　乳药求死　群雁啮死　民不畏死
哀莫大于心死/不自由毋宁死/不到黄河心不死/嗜书之心烧不死/不求同日生，只愿同日死/不求同日生，但求同日死/出师未捷身先死/楚王好细腰，宫中多饿死/扯着老虎尾巴喊救命，找死/大粪缸里练游泳，不怕死（屎）/棺材后里咬牙，恨人不死/火烧芭蕉，心不死/活人不能叫尿胀死/活人不能让尿憋死/耗子舔猫鼻子，自找死/耗子舐猫鼻子，找死/黄泥巴滚裤裆，不是屎（死）也是屎（死）/女为悦己者容，士为知己者死/千死万死，终究是死/千人所指，无病而死/求生不能生，求死不能死/人死账不死/人挪活，树挪死/人生自古谁无死/人生百岁，终须一死/士为知己者死/武臣不惜死/文臣不爱钱，武臣不惜死/一棍子打死/一棒子打死/一不怕苦，二不怕死/在一棵树上吊死/竹筒里煨蛇，直死/

巳 sì ①地支的第六位。②巳时。指上午九点到十一点。③胎儿。④嗣。⑤起。

病巳　初巳　除巳　得巳　何巳　吉巳
极巳　建巳　良巳　破巳　情巳　若巳
三巳　上巳　无巳　休巳　元巳　异巳
斗指巳　岁在巳

汜 sì 汜水，水名，在河南省。

川汜　东汜　灵汜　蒙汜　濛汜　曲汜
三汜　西汜　一汜　虞汜　朱汜

祀 sì ①祭祀。②特指祭祀天神。③祭神的地方。④世，代。

从祀　次祀　春祀　大祀　代祀　祷祀
奉祀　国祀　后祀　旧祀　间祀　郊祀
祭祀　灵祀　庙祀　配祀　七祀　千祀
亲祀　群祀　清祀　絫祀　日祀　司祀
社祀　世祀　时祀　瑟祀　万祀　外祀
五祀　望祀　小祀　先祀　血祀　享祀
恤祀　修祀　元祀　阳祀　淫祀　禋祀
中祀　北祀　冢祀　宗祀　秩祀
糕枣祀　停车祀
配享从祀
惟十有三祀

四 sì ①数目字。②工尺谱记音符号之一。

重四　初四　廛四　第四　道四　封四

故四 环四 九四 挟四 驾四 绝四
暮四 平四 三四 始四 数四 通四
往四 平四 二四 衣四 有四 再四
周四 朝四 诸四 震四
二十四 商山四 星期四 周于四 朝暮四
捱三顶四 不三不四 重三叠四 差三错四
丢三落四 颠三倒四 低三下四 勾三搭四
怪三怪四 横三竖四 解厄严四 急三火四
紧三火四 拉三扯四 怕三怕四 偏三向四
求三拜四 捧三挂四 师术有四 说三道四
桃三李四 挑三豁四 挑三拣四 推三阻四
推三推四 调三窝四 调三斡四 言三语四
再三再四 朝三暮四 张三李四 丢三忘四
板板六十四/版版六十四/吃一着二，拿三说四/顾三不顾四/

泗 sì ①鼻涕。②水名，在山东省。

渡泗 浮泗 合泗 河泗 淮泗 睢泗
涉泗 涕泗 汶泗 雨泗 洙泗

驷 sì ①古代一车套四马。②马。③量词。④驾，乘。

安驷 奔驷 苍驷 骋驷 飞驷 华驷
竿驷 结驷 钧驷 驾驷 良驷 鸾驷
千驷 二驷 上驷 天驷 万驷 文驷
下驷 小驷 隙驷 玉驷 月驷 有驷
逸驷 中驷 子驷
悲颜驷 老颜驷
不易千驷 杜佑骂驷 三朝颜驷

寺 sì ①古代官署名。②寺院。③通"侍"。

百寺 北寺 败寺 大寺 定寺 都寺
貂寺 妇寺 访寺 法寺 佛寺 古寺
孤寺 宫寺 宦寺 寒寺 阉寺 豪寺
江寺 旧寺 棘寺 老寺 两寺 名寺
秒寺 卿寺 山寺 水寺 省寺 圣寺
僧寺 天寺 塔寺 小寺 雪寺 寻寺
仙寺 萧寺 修寺 远寺 野寺 烟寺
阉寺 作寺 住寺
春风寺 垂柳寺 大理寺 大佛寺 芳草寺
花叶寺 黄叶寺 寒山寺 湖边寺 鸿胪寺
孔子寺 礼拜寺 灵隐寺 秣陵寺 眠竹寺
暮山寺 秋江寺 清真寺 少林寺 太仆寺
吴殉寺 夕阳寺 英山寺
躲得和尚躲不得寺/和尚拆屋，废寺（费事）/有发头陀寺/

似 sì 又音 shì ①相像。②似乎。③给，赠。④表比较，超过。

褒似 又似 定似 好似 活似 忽似
浑似 近似 姬似 绝似 酷似 令似
类似 貌似 匹似 恰似 强似 任似
胜似 社似 赛似 文似 无似 宛似
兴似 形似 相似 一似 以似 亚似
姚似 疑似 子似
浑不似 花相似 口相似 闻情似 闲情似
玉人似
形神肖似
十指有长短，痛惜皆相似/

姒 sì ①姊的古称。②称丈夫的嫂子。③同嫁一夫的女子的年长者。

褒姒 姬姒 太姒 姊姒 姚姒 子姒

兕 sì 指雌的犀牛。

白兕 大兕 苍兕 伏兕 匪兕 虎兕
狂兕 猛兕 求兕 石兕 水兕 兽兕
犀兕

伺 sì 又音 cì ①暗中探察。②等待。

候伺 诇伺 谨伺 窥伺 眄伺 密伺
潜伺 掩伺 密伺

饲 sì 喂养。

鼻饲 冬饲 待饲 供饲 秣饲 如饲
喂饲 饮饲 养饲

笥 sì 盛东西的竹器。

宝笥 单笥 方笥 发笥 腹笥 鼓笥
巾笥 经笥 锦笥 开笥 山笥 石笥
文笥 小笥 箧笥 玉笥 衣笥 岩笥
竹笥 在笥
便便笥 五经笥 孝先笥

嗣 sì ①继承君位。②继承。③次，第二。④子孙。

不嗣 承嗣 嫡嗣 法嗣 广嗣 根嗣
国嗣 孤嗣 后嗣 皇嗣 近嗣 绝嗣

继嗣　克嗣　立嗣　令嗣　良嗣　苗嗣
庆嗣　天嗣　无嗣　万嗣　血嗣　先嗣
贤嗣　胤嗣　遗嗣　子嗣　作嗣　哲嗣
冢嗣
罚弗及嗣

俟　sì　又音 qí　①大。②等待。

俟俟　静俟　列俟　陆俟　先俟　行俟
百世俟　太史俟　倚马俟　钟石俟
放僻淫俟　河清难俟

涘　sì　水池，水边。

川涘　河涘　海涘　江涘　津涘　水涘
渭涘　雨涘　漼涘　涯涘
扶桑涘　笠泽涘　水之涘

食　sì　又音 shí　拿东西给别人吃。

给食　饲食　执食
嗟来食
裹饭相食　嗟来之食

耜　sì　①古代的一种农具。②跟犁上的铧相像的东西。

长耜　持耜　黛耜　故耜　六耜　农耜
良耜　耒耜　覃耜　于耜
负耒耜　木为耜　无悬耜　修耒耜　制耒耜

肆　sì　①不顾一切。②旧时指铺子、商店。③"四"字的大写。④处死刑后陈尸示众。⑤放纵。⑥陈设。⑦延缓。

卡肆　闭肆　倡肆　茶肆　骋肆　大肆
店肆　邸肆　都肆　诞肆　放肆　坊肆
和肆　阛肆　荒肆　酣肆　旧肆　讲肆
居肆　惊肆　骄肆　矜肆　街肆　酒肆
锦肆　开肆　酤肆　列肆　陵肆　廊肆
门肆　轻肆　儒肆　书肆　市肆　唐肆
文肆　无肆　妄肆　玩肆　行肆　雄肆
一肆　羊肆　言肆　夜肆　正肆　自肆
专肆　在肆　志肆　恣肆　纵肆　辄肆
不改肆　不成肆　鲍鱼肆　驰以肆　黄公肆
君平肆　醇而肆
百钱卜肆　鲍鱼之肆　茶楼酒肆　茶场酒肆
茶房酒肆　成都卜肆　君平卜肆　骄横恣肆
枯鱼之肆　目动言肆
如人鲍鱼之肆/

儿　ér　①小孩。②年轻的男子。③儿子。④尊长对幼辈的称呼。⑤词尾。⑥子女对父母的自称。⑦古时妇女的自称。

宝儿　扁儿　产儿　词儿　宠儿　刺儿
常儿　岔儿　痴儿　戳儿　雏儿　大儿
当儿　鹅儿　方儿　哺儿　幡儿　蜂儿
干儿　个儿　过儿　姑儿　哥儿　肝儿
果儿　龟儿　孤儿　后儿　好儿　呼儿
会儿　红儿　花儿　孩儿　虎儿　富儿
猴儿　几儿　佳儿　娇儿　骄儿　角儿
健儿　寄儿　驹儿　空儿　客儿　颗儿
女儿　乐儿　志儿　老儿　男儿　弄儿
亮儿　庐儿　妞儿　孥儿　哪儿　门儿
名儿　面儿　苗儿　迹儿　卜儿　球儿
佩儿　乞儿　纤儿　浅儿　弃儿　泅儿
前儿　群儿　勤儿　人儿　肉儿　乳儿
少儿　侍儿　试儿　狮儿　天儿　头儿
忒儿　条儿　童儿　胎儿　俞儿　僮儿
豚儿　偷儿　无儿　吴儿　玩儿　娃儿
弯儿　物儿　小儿　洗儿　性儿　奚儿
香儿　雪儿　想儿　雄儿　义儿　玉儿
牙儿　爷儿　幼儿　眼儿　舀儿　姨儿
婴儿　莺儿　子儿　主儿　这儿　壮儿
招儿　造儿　侄儿　珠儿　崽儿　碴儿
试儿
安琪儿　掰文儿　大个儿　大伙儿　大耳儿
大面儿　大谱儿　大姑儿　当间儿　打杂儿
打蹦儿　挡横儿　低能儿　道道儿　倒过儿
捯根儿　倒绷儿　耀包儿　凤凰儿　混血儿
郭雀儿　假厮儿　弄潮儿　女曹儿　利齿儿
泪人儿　宁馨儿　离谱儿　愣神儿　面坯儿
石码儿　门鼻儿　闷头儿　眯盹儿　没词儿
模特儿　轻薄儿　蛐蛐儿　识俞儿　矮个儿
田舍儿　听莺儿　甜话儿　偷桃儿　玖艺儿
小孩儿　雪色儿　笑靥儿　谢茬儿　一小儿
压根儿　应门儿　郢中儿　有佳儿　游侠儿
燕哺儿　这块儿　逐蜂儿　红孩儿
八十孩儿　伯道无儿　春字头儿　崇还泰儿
大杂院儿　大家伙儿　斗心眼儿　当中间儿
登字头儿　倒绷孩儿　都护怖儿　郭巨埋儿
公子哥儿　花花女儿　黄口小儿　皇别父儿

虎与小儿 九宫格儿 救护孤儿 南八男儿
良粥课儿 闹心眼儿 门插昊儿 米字旁儿
美不滋儿 菩萨哥儿 破玩意儿 谦己爱儿
褓褓小儿 琼崖小儿 热血男儿 乳臭小儿
寿星老儿 羲之书儿 小不点儿 向火乞儿
一股脑儿 质史斥儿 造化小儿 赵氏孤儿
三尺童儿 喔咿嚅儿
好大的面皮儿/虎毒不吃儿/虎毒不食儿/女婿顶半个儿/泥人也有个土性儿/

而 ér ①颊毛。②像，似。③通“如”，如果。④作语助词，表转折。
不而 从而 殆而 俄而 反而 故而
忽而 衔而 进而 既而 继而 若而
然而 时而 甚而 始而 率而 幸而
已而 远而 因而 意而

尔 ěr ①华丽。②如此这样。③代词，你。④词尾。⑤那，其（指时间）。
不尔 百尔 般尔 绰尔 猝尔 顿尔
淡尔 俄尔 凡尔 甫尔 故尔 果尔
敢尔 廓尔 息尔 复尔 豁尔 具尔
揭尔 可尔 乃尔 淖尔 诺尔 靡尔
谧尔 偶尔 彼尔 配尔 尔尔 式尔
帅尔 肃尔 顺尔 俶尔 谡尔 率尔
脱尔 为尔 莞尔 云尔 倏尔 翔尔
云尔 宴尔 燕尔 卓尔 蕞尔
独他尔 吉赛尔 卡特尔 萨他尔
不过尔尔 出尔反尔 何苦乃尔 呼而蹴尔
人情乃尔 新婚燕尔 新婚宴尔 鬼子敢尔
何其相似乃尔/英特耐雄纳尔/

迩 ěr 近。
道迩 发迩 好迩 孔迩 路迩 能迩
密迩 柔迩 室迩 事迩 善迩 率迩
向迩 遐迩 远迩 自迩
不可向迩 传名遐迩 驰名遐迩 名扬遐迩
名重遐迩 柔远能迩 声震遐迩 闻名遐迩
行远自迩 父母孔迩

耳 ěr ①耳朵。②像耳朵的。③〈古〉表示罢了。④耳闻。⑤弯曲如耳朵之类的东西。
充耳 长耳 苍耳 刺耳 穿耳 垂耳
侧耳 聪耳 大耳 单耳 动耳 到耳
滌耳 短耳 鼎耳 飞耳 风耳 拂耳
附耳 果耳 刮耳 括耳 贯耳 聒耳
感耳 护耳 亥耳 黄耳 虎耳 缀耳
焕耳 骇耳 交耳 季耳 金耳 卷耳
抉耳 焦耳 举耳 罜耳 谨耳 惊耳
截耳 口耳 快耳 盥耳 李耳 龙耳
里耳 苓耳 逆耳 聂耳 绿耳 麫耳
木耳 妙耳 蒙耳 帽耳 牛耳 内耳
亲耳 清耳 倾耳 入耳 尔耳 揉耳
三耳 属耳 伤耳 顺耳 鼠耳 塞耳
天耳 帖耳 贴耳 提耳 外耳 心耳
洗耳 秀耳 喧耳 熊耳 右耳 悦耳
语耳 眼耳 掩耳 银耳 盈耳 中耳
正耳 左耳 在耳 震耳 尊耳 儋耳
白木耳 吹马耳 巢由耳 鼎黄耳 风过耳
禾生耳 黑木耳 六辔耳 老鼠耳 蒲式耳
茄子耳 墙有耳 上士耳 书生耳 诗人耳
顺风耳 天有耳 为君耳 二选耳 言在耳
凝香耳 执牛耳 筝笛耳 钟期耳 招风耳
垂肩大耳 垂首帖耳 巢父洗耳 巢由洗耳
噪音刺耳 洞心骇耳 盗铃掩耳 欧公白耳
俛首帖耳 俯首帖耳 方面大耳 肥头大耳
隔墙有耳 轰雷贯耳 毁钟掩耳 交头接耳
技止此耳 贱目贵耳 老聃李耳 玲玲盈耳
聊复尔耳 蹑足附耳 霹雷掩耳 秋风过耳
墙风壁耳 如风过耳 如雷贯耳 士衡黄耳
危言逆耳 褎如充耳 言犹在耳 弈在貂耳
言提其耳 殷牛在耳 游心骇耳 忠言逆耳
许由洗耳 属垣有耳 出口入耳
东风吹马耳/东方射马耳/法不传六耳/疾雷不及掩耳/久闻大名，如雷贯耳/久闻高名，如雷贯耳/墙有风，壁有耳/迅雷不及掩耳/

饵 ěr ①糕饼。②饲。③钓鱼用的鱼食。④牲畜的筋腱。
宝饵 饼饵 垂饵 钓饵 毒饵 芳饵
某饵 果饵 钩饵 厚饵 钓饵 龙饵
猛饵 禄饵 蜜饵 死饵 食饵 吞饵
投饵 贪饵 为饵 小饵 香饵 糗饵
玉饵 盂饵 油饵 饴饵 鱼饵 诱饵
药饵 禄饵
黄金饵 食钓饵 汤官饵 云英饵
贪以死饵 争食鱼饵 张钓不饵

珥 ěr ①古代女子的珠玉耳饰。②剑鼻。③日、月两旁的光晕。④插。

不珥 抱珥 宝珥 赤珥 珫珥 钗珥
蝉珥 翠珥 貂珥 戴珥 服珥 贯珥
冠珥 黄珥 金珥 解珥 笄珥 两珥
卖珥 美珥 七珥 青珥 祈珥 日珥
荣珥 四珥 三珥 双珥 善珥 象珥
玉珥 晕珥 月珥 瑶珥 瑜珥 坠珥
直珥 珠珥 簪珥
傅玑珥 黄白珥 日月珥 脱簪珥
弈世貂珥

二 èr ①数目字。②第二，次的。③两样。④不专一。⑤同“贰”。⑥双；比。

不二 百二 地二 第二 道二 分二
封二 寡二 九二 老二 雷二 去二
取二 情二 士二 土二 少二 生二
爽二 瑟二 无二 为二 巽二 一二
元二 易二 主二 周二 丈二
店小二 金钗二 礼拜二 农为二 二百二
星期二
粗知一二 丁一卯二 丁一确二 的一确二
独一无二 划一不二 金钗十二 连三接二
略知一二 三占从二 矢心不二 说一不二
数一数二 誓死不二 头一无二 闻一知二
一分为二 一心无二 有一无二 有死无二
至死不二 扬一蜀二
三下五去二/三下五除二/三分天下，有其二/说一是一，说二是二/桃三李四，梅子十二/一是一，二是二/有一说一，有二说二/知其一不知其二/知其一，不知其二/知一不知二/只知其一，不知其二/知其一而不知其二/

贰 èr “二”的大写。

不贰 猜贰 储贰 得贰 方贰 非贰
副贰 篡贰 怀贰 离贰 陪贰 配贰
劝贰 挈贰 二贰 三贰 参贰 守贰
体贰 无贰 我贰 违贰 勿贰 无贰
携贰 嫌贰 于贰 疑贰 作贰 自贰
再贰 掌贰
不敢贰 为之贰
忠贞不贰 思而不贰

迂 yū ①迂回，曲折。②言行见解陈旧不合时宜。③夸诞不实。

不迂 惨迂 道迂 怪迂 计迂 际迂
老迂 论迂 路迂 疏迂 卒迂 语迂
院迂 萦迂 仄迂
古人迂 介且迂 水程迂 岁月迂 性灵迂
笑我迂 众所迂

纡 yū ①曲折。②萦回。③系，结。

般纡 烦纡 盘纡 郁纡 萦纡
中弱则纡

淤 yū ①水中沉淀的泥沙。②污浊。③河沟中沉积的泥沙。

潮淤 放淤 沟淤 河淤 花淤 泥淤
沙淤 慎淤 塞淤 阗淤 淤淤 滓淤
洲淤 涨淤

于 yú ①往，到。②好像，如。③对，对于。④在。⑤自，从。

安于 便于 濒于 长于 处于 唱于
淳于 对于 等于 富于 工于 甘于
过于 关于 归于 敢于 惯于 合于
护于 厚于 介于 见于 近于 跻于
菌于 居于 基于 就于 急于 倦于
精于 鉴于 苦于 乐于 利于 林于
难于 忙于 蔓于 偏于 企于 期于
趋于 少于 生于 适于 单于 善于
胜于 商于 属于 位于 小于 刑于
相于 限于 轩于 陷于 鲜于 由于
于于 易于 亚于 友于 依于 勇于
寓于 囿于 在于 至于 盅于 忠于
终于 诸于
不下于 不至于 不亚于 得竹于 歌喁于
跻身于 乃至于 颂形于 相依于 有利于
有助于 有碍于
甚而至于

盂 yú ①装液体的器皿。②盛饭的器皿。

钵盂 饭盂 覆盂 花盂 茗盂 盃盂
盘盂 倾盂 水盂 石盂 肾盂 痰盂
右盂 衣盂 银盂 左盂
水晶盂 送别盂 漱口盂 玉唾盂 玉盘盂
任水一盂

竽 yú 乐器名。

长竽 吹竽 操竽 盗竽 好竽 骇竽
呼竽 嗟竽 滥竽 齐竽 笙竽 听竽
叹竽 调竽 自竽
饮羽衔竽

玙 yú 美玉。

璠玙

欤 yú 文言助词，表疑问，表感叹。

在鲁欤 在齐欤

予 yú 又音 yǔ 我。

夺予 高予 善予

妤 yú ［婕妤］古代女官名，是帝王妃嫔的称号。也作倢伃。

婕妤

余 yú ①剩下来的。②我。③后。④其他的。⑤整数后余计的零数。

编余 此余 词余 残余 愁余 多余
德余 富余 工余 公余 告余 归余
过余 后余 欢余 悔余 节余 奇余
积余 净余 结余 接余 烬余 儆余
空余 宽余 课余 詈余 粱余 庆余
气余 其余 弃余 起余 琴余 遗余
日余 三余 山余 思余 声余 诗余
剩余 同余 唾余 无余 王余 闻余
望余 血余 旬余 刑余 胥余 圉余
绪余 羡余 暇余 月余 业余 有余
雨余 纡余 盈余 赢余 子余 字余
诸余 蝤余
不弃余 百尺余 虎威余 庋三余 三拾余
岁月余 笑谈余 爨下余 子知余 蒸负余
掘鼠余
败事有余 绰绰有余 绰然有余 墦间乞余
恢恢有余 酒后茶余 积善庆余 枯朽之余
拾人唾余 推及其余 一览无余 游刃有余
足足有余 读书三余 董遇三余 食鹅求余
比上不足，比下有余/

馀 yú 同余。

波馀 残馀 德馀 饭馀 闰馀 贾馀
君馀 三馀 纾馀 食馀 诗馀 兴馀
香馀 绪馀 羡馀 盈馀 醉馀
不食馀 风景馀 姑少馀 欢宴馀 花落馀
掘鼠馀 乐有馀 落照馀 千亩馀 损有馀
万年馀 万卷馀 笑谈馀 雪华馀 糟粕馀

狳 yú ［犰狳］一种哺乳动物，穴居土中，产于南美洲等地肉可吃。

犰狳

臾 yú ［须臾］片刻。

瓯臾 须臾 颛臾
灾生不测，祸起须臾/

谀 yú 谄媚，奉承。

阿谀 谄谀 谗谀 导谀 道谀 进谀
奸谀 佞谀 面谀 巧谀 人谀 尚谀
善谀 偷谀 险谀 誉谀
谄媚阿谀

萸 yú ［茱萸］又叫“山茱萸”，落叶小乔木，果为长椭圆形，枣红色，可入药。

插萸 丹萸 泛萸 囊萸 茱萸 紫萸
长房萸 斗佩萸 山茱萸 食茱萸 吴茱萸
长房茱萸

腴 yú ①腹下的肥肉。②丰满。③肥胖。④肥沃。

道腴 丰腴 肥腴 芳腴 愤腴 敷腴
腹腴 甘腴 高腴 膏腴 华腴 囷腴
海腴 苦腴 瓤腴 浓腴 美腴 清腴
上腴 松腴 诗腴 香腴 鲜腴 云腴
脂腴
碧云腴 稻苗腴 河豚腴 明月腴

鱼 yú ①水生脊椎动物。②像鱼类水栖动物的称呼。③喻指人遭淹死。④捕鱼。

鳌鱼 白鱼 壁鱼 鲞鱼 鲍鱼 鳊鱼
车鱼 虫鱼 池鱼 尝鱼 沈鱼 垂鱼
草鱼 鲭鱼 大鱼 打鱼 多鱼 冻鱼
带鱼 钓鱼 飞鱼 放鱼 肺鱼 虎鱼
鲂鱼 附鱼 绯鱼 甘鱼 竿鱼 干鱼
观鱼 歌鱼 狗鱼 蛤鱼 贯鱼 钓鱼
蠹鱼 鳄鱼 鲑鱼 红鱼 河鱼 涸鱼

咸鱼　黄鱼　海鱼　黑鱼　甲鱼　井鱼
金鱼　寄鱼　煎鱼　镜鱼　锦鱼　嘉鱼
鲸鱼　鲫鱼　鳜鱼　快鱼　枯鱼　龙鱼
留鱼　陵鱼　鲁鱼　缆鱼　鲈鱼　鳓鱼
腊鱼　木鱼　米鱼　鲇鱼　鲤鱼　梦鱼
墨鱼　猫鱼　鳖鱼　平鱼　佩鱼　烹鱼
捕鱼　泔鱼　青鱼　前鱼　亲鱼　却鱼
侵鱼　妾鱼　筌鱼　锤鱼　鳍鱼　旗鱼
鳅鱼　人鱼　柔鱼　双鱼　沙鱼　生鱼
索鱼　神鱼　善鱼　梭鱼　鲨鱼　鳝鱼
团鱼　投鱼　豚鱼　铜鱼　亡鱼　文鱼
为鱼　乌鱼　小鱼　咸鱼　孝鱼　悬鱼
鲜鱼　鲟鱼　章鱼　熏鱼　羡鱼　献鱼
元鱼　玉鱼　衣鱼　余鱼　阳鱼　养鱼
鱿鱼　银鱼　游鱼　鲎鱼　鲅鱼　燕鱼
鲙鱼　鳙鱼　子鱼　仔鱼　知鱼　捉鱼
种鱼　纸鱼　炸鱼　章鱼　棕鱼　罩鱼
钟鱼　鳟鱼　思鱼
八带鱼　丙穴鱼　比目鱼　白鳞鱼　北溟鱼
包有鱼　曹白鱼　炒鱿鱼　大头鱼　大黄鱼
淡水鱼　钓鳏鱼　涸辙鱼　蠹子鱼　凤尾鱼
放生鱼　釜中鱼　釜望鱼　范蠡鱼　观赏鱼
化龙鱼　咸水鱼　花鲫鱼　黄花鱼　惠子鱼
海大鱼　九罭鱼　加级鱼　金枪鱼　季鹰鱼
锦江鱼　鳎目鱼　烤子鱼　龙睛鱼　鹭看鱼
鲁为鱼　墨斗鱼　马鲛鱼　胖头鱼　琴高鱼
偏口鱼　人作鱼　软骨鱼　热带鱼　三鳣鱼
上竿鱼　泣前鱼　山椒鱼　双鲤鱼　沙钻鱼
食无鱼　石首鱼　缩项鱼　吞舟鱼　叹车鱼
叹无鱼　桃花鱼　脱钩鱼　掉尾鱼　獭祭鱼
五色鱼　武昌鱼　娃娃鱼　小黄鱼　戏莲鱼
戏鼎鱼　信豚鱼　雪潭鱼　忆鲈鱼　殃池鱼
阳桥鱼　杨枝鱼　胭脂鱼　游釜鱼　盈车鱼
总鳍鱼　注虫鱼　纵壑鱼　直钩鱼　釜生鱼
大马哈鱼　大麻哈鱼　莼菜鲈鱼　浮阳之鱼
冯谖有鱼　釜底游鱼　挂府丞鱼　花卉虫鱼
侯门似鱼　海底之鱼　涸泽沽鱼　浑水摸鱼
混水摸鱼　祸及池鱼　濠上观鱼　濠梁观鱼
校人烹鱼　牛蹄中鱼　李章移鱼　鲁隐观鱼
龙阳泣鱼　老头儿鱼　临河羡鱼　临渊羡鱼
鹿鹿鱼鱼　漏网之鱼　落雁沉鱼　幕燕鼎鱼
秦桧进鱼　三日打鱼　水清无鱼　沙丘鲍鱼
太公钓鱼　吞舟之鱼　弹铗歌鱼　为渊驱鱼
网中之鱼　信及豚鱼　学士焚鱼　瞎子摸鱼
羊续悬鱼　殃及池鱼　缘木求鱼　宗孟银鱼
郑人惜鱼　詹何钓鱼　甑尘釜鱼　挂府丞鱼
盈车之鱼　指天射鱼　以蚓投鱼
才食武昌鱼/长腰粳米，缩头鳊鱼/城门失火，殃及池鱼/大鱼吃小鱼/放长线钓大鱼/公仪休辞鱼/姜太公钓鱼/急急如丧家之狗，忙忙如漏网之鱼/水至清则无鱼/水浅养不了大鱼/

渔 yú ①捕鱼。②捕鱼的人。③谋取不应得的东西。

不渔　东渔　菲渔　涸渔　将渔　秋渔
侵渔　汝渔　畋渔　为渔　溪渔　夜渔
坐渔
大泽渔　武陵渔　晚可渔
竭泽而渔
农林牧副渔/入山问樵，入水问渔/

禺 yú ①古书上说的一种猴。②［番禺］地名，在广东省。

封禺　附禺　南禺　闽禺　番禺
日转禺

隅 yú ①（山水）弯曲边角处。②角落。③靠边的地方。

奥隅　床隅　边隅　城隅　东隅　德隅
方隅　负隅　海隅　九隅　价隅　娵隅
路隅　偏隅　濂隅　邱隅　墙隅　三隅
山隅　四隅　室隅　天隅　庭隅　无隅
乡隅　向隅　西隅　一隅　幽隅　渊隅
座隅
补东隅　碧涧隅　东西隅　虎负隅　凤城隅
固处隅　偏安隅　僻处隅　五湖隅　跃娵隅
败亡一隅　斗艳一隅　失之东隅

嵎 yú ①山弯曲的地方。②同“隅”。

负嵎　海嵎　山嵎
虎负嵎　三秀嵎

愚 yú ①愚笨。②愚弄。③自称的谦辞。

不愚　砭愚　椎愚　痴愚　蠢愚　丹愚
古愚　赣愚　昏愚　憨愚　惛愚　尽愚
矜愚　教愚　骄愚　狂愚　迷愚　蒙愚

懦愚　朴愚　迁愚　全愚　欺愚　钱愚
黔愚　如愚　若愚　受愚　少愚　守愚
纯愚　甚愚　梯愚　憧愚　顽愚　下愚
凶愚　巧愚　效愚　贤愚　庸愚　知愚
朱愚　洙愚　颛愚　鲰愚
不我愚　北山愚　半似愚　存我愚　城中愚
谷名愚　谷号愚　回不愚　杞人愚　学愈愚
哲人愚　醉如愚
大智如愚　大智若愚　上知下愚　为人所愚
萧宏钱愚　一得之愚　颜子非愚　朱穆专愚
使贪使愚

俞　yú　又音 shù　①姓。②古代刳空树木做船。③叹词，表示应允。

巴俞　伯俞　帝俞　都俞　府俞　女俞
申俞　唯俞　辛俞　呴俞　允俞　吁俞
吁咈都俞

揄　yú　①拉，引。②拿出。③动。

舂揄　扶揄　攘揄　佩揄　枢揄　神揄
挑揄　邪揄　耶揄　揶揄　攘俞
鬼揶揄
路鬼揶揄

嵛　yú　［昆嵛］山名，在山东省。

昆嵛

愉　yú　①愉快。②悦服。

不愉　欢愉　和愉　快愉　宽愉　利愉
色愉　舒愉　恬婉　心愉　折愉　欣愉
煦愉　諠愉　佚愉　悦愉　敫愉　怡愉
意愉　钦愉　愉愉　忧愉

渝　yú　①变。②重庆市的别称。

不渝　巴渝　开渝　无渝　有渝
丹青渝　黑白渝　吴锦渝　始终渝
坚贞不渝　坚持不渝　金石不渝　恪守不渝
矢志不渝　生死不渝　始终不渝　誓死不渝
信守不渝　至死不渝　忠贞不渝

逾　yú　①越过，超过。②更，越发。③经过。④通“愈”，更加。

超逾　过逾　昏逾　窥逾　远逾
不可逾　不能逾　互相逾　何超逾　邈难逾
日月逾　三刻逾　无得逾

瑜　yú　①美玉。②玉器的光彩。③美貌，美好。

不瑜　百瑜　碧瑜　璠瑜　珪瑜　怀瑜
瑾瑜　琨瑜　佩瑜　孙瑜　握瑜　瑕瑜
瑛瑜　瑶瑜　子瑜　周瑜
富金瑜　象载瑜
怀瑾握瑜　摘暇指瑜　瑕不掩瑜

榆　yú　①榆树。②落叶乔木，材质坚固。

白榆　碧榆　壁榆　长榆　地榆　飞榆
风榆　扮榆　高榆　肝榆　槐榆　灌榆
老榆　柳榆　扮榆　青榆　枪榆　闪榆
桑榆　神榆　树榆　塞榆　小榆　星榆
中榆
夹道榆　连理榆　落钱榆　满庭榆　铺地榆
鹊起榆　足槐榆
景入桑榆　日薄桑榆　收之桑榆
失之东隅，收之桑榆/

觎　yú　［觊觎］非分的希望或企图。

窥觎　觊觎　觑觎　无觎

窬　yú　①门边的小洞。②挖空。③凿穿。

不窬　传窬　穿窬　圭窬　可窬　窥窬
窃窬　亡窬　已窬　远窬

蝓　yú　［蛞蝓］一种软体动物，身体像蜗牛，但没有壳。

蛞蝓

娱　yú　①快乐，使人快乐。②欢娱。

娭娱　骋娱　钓娱　观娱　酣娱　欢娱
交娱　极娱　寄娱　可娱　康娱　清娱
所娱　文娱　心娱　昔娱　欣娱　相娱
戏娱　细娱　嬉娱　弋娱　娱娱　遊娱
自娱
翰墨娱　静无娱　苦中娱　清夜娱　声色娱
诗酒娱　一日娱　一杯娱　钟鼓娱
洪乔之娱　聊以自娱　耳目之娱　未足欢娱

虞　yú　①预料。②猜度。③准备。④忧虑。⑤欺诈。⑥周代诸侯国名。

不虞　多虞　飞虞　反虞　防虞　工虞

歌虞 欢虞 黄虞 骝虞 近虞 艰虞
人虞 尔虞 山虞 师虞 绥虞 疏虞
韶虞 吞虞 唐虞 无虞 我虞 心虞
西虞 轩虞 野虞 愆虞 自虞 泽虞
终虞 舟虞
不我虞 无尔虞
陈蔡之虞 尔诈我虞

雩 yú 古人求雨的一种祭祀。

春服舞雩

舆 yú ①车中装载东西的部分。②车。③抬，扛。④乘，坐。⑤众人。⑥疆域。⑦地多。⑧运载。

步舆 板舆 版舆 编舆 赋舆 敕舆
乘舆 宸舆 地舆 登舆 得舆 德舆
方舆 凤舆 扶舆 共舆 迴舆 金舆
寄舆 肩舆 接舆 坤舆 堪舆 龙舆
农舆 灵舆 路舆 莲舆 轮舆 銮舆
篮舆 鸾舆 权舆 轻舆 山舆 笋舆
厮舆 停舆 题舆 鹓舆 文舆 仙舆
云舆 玉舆 子舆 竹舆 舟舆 载舆
八景舆 侍銮舆 陆敬舆 卿相舆 五云舆
谢仙舆 驻仙舆
百草权舆 冯诞同舆 裹饭子舆 梓匠轮舆

与 yǔ 又音 yú、yù ①赞助。②对付。③亲近。④允许。⑤支持。⑥给予。⑦交往。

诉与 不与 胞与 传与 储与 当与
党与 多与 方与 付与 非与 干与
过与 归与 姑与 寡与 何与 魂与
交与 皆与 寄与 借与 将与 嘉与
竞与 客与 那与 连与 漫与 难与
平与 取与 请与 容与 私与 少与
失与 送与 谁与 施与 孰与 天与
推与 徒与 无与 我与 外与 勿与
吾与 物与 心与 行与 夕与 体与
相与 席与 巽与 易与 与与 有与
移与 犹与 猗与 阒与 自与 赠与
说与
不足与 不私与 不我与 抄曲与 解佩与
邻僧与
莫不与 谁能与 赊酒与 桐叶与
丰取刻与 日不我与 岁不我与 时不我与
色受魂与 予取先与 民胞物与

屿 yǔ 小岛。

白屿 别屿 碧屿 丹屿 钓屿 岛屿
孤屿 绝屿 林屿 绿屿 鹭屿 连屿
浦屿 金屿 秋屿 双屿 沙屿 外屿
晚屿 霞屿 云屿 月屿 远屿 鱼屿
药屿 竹屿
沧海屿 丹枫屿 丹荔屿 荷叶屿 海中屿
芦花屿 蒲中屿

予 yǔ 又音 yú 给予。

赐予 付予 弗予 赋予 过予 借予
给予 寄予 赍予 免予 颁予 起予
轻予 取予 授予 锡予 用予 准予
宰予 赠予 我予 相予 自予
贫能予 取怀予 神所予 天子予

伛 yǔ 驼背。

肩伛 蹇伛 偻伛 伸伛
百命伛 再命伛

俣 yǔ 大。

俣俣

宇 yǔ ①屋檐。②房屋。③住处。④疆土。⑤指上下四方整个空间。⑥扩大。⑦原野。⑧覆庇。⑨器宇。⑩地质学名词。

奥宇 八宇 并宇 皈宇 巷宇 祠宇
成宇 宸宇 禅宇 大宇 对宇 杜宇
栋宇 夺宇 殿宇 凡宇 风宇 反宇
佛宇 梵宇 广宇 公宇 桂宇 馆宇
环宇 海宇 黉宇 衡宇 寰宇 居宇
净宇 结宇 基宇 峻宇 疆宇 空宇
宽宇 旷宇 六宇 宁宇 连宇 丽宇
莲宇 廊宇 琳宇 庙宇 眉宇 秘宇
泯宇 甍宇 平宇 蓬宇 篷宇 乞宇
区宇 绀宇 琼宇 墙宇 穹宇 情宇
器宇 仁宇 守宇 苫宇 神宇 厦宇
土宇 天宇 亭宇 坛宇 托宇 堂宇
泰宇 庭宇 晚宇 屋宇 仙宇 玄宇

轩宇 胥宇 霄宇 斡宇 一宇 玉宇
月宇 亚宇 驭宇 院宇 营宇 银宇
御宇 韵宇 在宇 宅宇 芝宇 斋宇
汗漫宇 环堵宇 青莲宇 神仙宇
翰林院宇 琼楼玉宇 上栋下宇 声震寰宇
声震屋宇 紫芝眉宇 望衡对宇 魂销杜宇
载酒问奇宇/

羽 yǔ ①羽毛。②古代五音之一。③箭羽。④鸟类的代称。⑤古代文舞所执的雉羽扇。⑥党羽。

白羽 百羽 沉羽 赤羽 毳羽 翠羽
燕羽 藏羽 大羽 党羽 短羽 谪羽
飞羽 凤羽 负羽 粉羽 干羽 鹤羽
积羽 旌羽 罽羽 建羽 列羽 两羽
流羽 旅羽 鹭羽 落羽 鳞羽 毛羽
美羽 没羽 鸟羽 全羽 轻羽 儿羽
受羽 刷羽 素羽 铩羽 脱羽 仙羽
迅羽 绣羽 鲜羽 檄羽 一羽 衣羽
饮羽 阴羽 鹓羽 子羽 雉羽 振羽
掉羽 张羽
不设羽 差池羽 垂天羽 翡翠羽 蜉蝣羽
归乡羽 麾白羽 鸿鸾羽 南飞羽 陆沉羽
凌霄羽 落鸡羽 石饮羽 肃清羽 献六羽
舟岫羽 石没羽
吉光片羽 零光片羽 片光零羽 射石饮羽
引商刻羽 移宫换羽 钻皮出羽 镞砺括羽

雨 yǔ 又音 yù ①从云层中小水珠相遇降向地面的水滴。②朋友。③比喻离散。④比喻教泽。

白雨 布雨 饱雨 暴雨 茶雨 初雨
春雨 楚雨 愁雨 大雨 冬雨 对雨
挡雨 冻雨 带雨 顿雨 弹雨 断雨
祷雨 风雨 飞雨 丰雨 法雨 佛雨
干雨 甘雨 谷雨 怪雨 膏雨 化雨
红雨 和雨 汗雨 荷雨 好雨 花雨
画雨 黑雨 豪雨 煌雨 晦雨 今雨
久雨 旧雨 急雨 降雨 锦雨 苦雨
快雨 𫘤雨 冷雨 灵雨 凉雨 凌雨
雷雨 落雨 漏雨 陵雨 零雨 淋雨
霖雨 毛雨 冒雨 沐雨 梅雨 梦雨
密雨 鸣雨 暮雨 濛雨 霉雨 泥雨
沛雨 炮雨 偏雨 飘雨 求雨 其雨
纤雨 青雨 祈雨 起雨 凄雨 秋雨
勤雨 膂雨 山雨 少雨 送雨 神雨
时雨 宿雨 瑞雨 酥雨 疏雨 驶雨
酸雨 天雨 透雨 无雨 望雨 微雨
雾雨 小雨 下雨 行雨 细雨 迅雨
香雨 消雨 斜雨 峡雨 夏雨 霄雨
祥雨 溪雨 新雨 喜雨 云雨 阴雨
夜雨 烟雨 欲雨 硬雨 淫雨 凝雨
艳雨 霪雨 中雨 乍雨 知雨 蛀雨
阴雨 着雨 准雨 阵雨 珠雨 泽雨
澍雨 骤雨
巴陵雨 芭蕉雨 悲秋雨 毕好雨 蔽风雨
暴风雨 必夜雨 催诗雨 锄头雨 大暴雨
对流雨 豆花雨 分龙雨 风从雨 茅店雨
过云雨 瓜步雨 高唐雨 红杏雨 花洞雨
黄梅雨 黄霉雨 寒食雨 及时雨 甲子雨
家家雨 间断雨 惊风雨 牛毛雨 枯荷雨
泪如雨 来旧雨 留客雨 联床雨 连宵雨
流星雨 连阴雨 犁花雨 雷陈雨 雷暴雨
毛毛雨 蒙松雨 麻麻雨 偏东雨 泼火雨
沧海雨 破萍雨 霈然雨 千里雨 青夜雨
清尘雨 清明雨 骑月雨 倾盆雨 山杏雨
三时雨 三更雨 三尺雨 社公雨 社翁雨
洒泪雨 神女雨 随东雨 疏疏雨 听秋雨
桃花雨 巫山雨 巫峡雨 巫阳雨 梧桐雨
杏花雨 香成雨 弦中雨 洗兵雨 洗车雨
萧萧雨 霞脚雨 一簑雨 一帘雨 阳台雨
迎梅雨 月额雨 榆荚雨 御史雨 以润雨
状元雨 作霖雨
别风准雨 暴风骤雨 冲风冒雨 臣君致雨
痴云骇雨 楚天云雨 春风化雨 础润而雨
绸缪未雨 对床夜雨 对床风雨 风风雨雨
翻云覆雨 耕云播雨 甘霖时雨 和风细雨
呼风唤雨 旱苗得雨 挥汗成雨 挥汗如雨
寒风细雨 横风疾雨 见风是雨 旧雨新雨
蛟龙得雨 急风暴雨 疾风速雨 惊风密雨
景山甘雨 急风骤雨 疾风迅雨 箕风毕雨
景公求雨 狂风暴雨 牛毛细雨 列风淫雨
谅辅祷雨 廉纤小雨 阑风长雨 零星水雨
撩云拨雨 蛮风瘴雨 沐风栉雨 盲风怪雨
茫茫烟雨 蒙蒙细雨 濛濛细雨 密云不雨
满城风雨 滂沱大雨 飘泼大雨 飘风苦雨

飘风暴雨　泣下如雨　倾盆大雨　泣涕如雨
枪林弹雨　枪烟炮雨　前途亦雨　凄风苦雨
栖风宿雨　人工降雨　日光透雨　热风吹雨
矢石如雨　十风五雨　三年不雨　商王祷雨
嵩到即雨　听风是雨　五风十雨　为云为雨
巫山云雨　魏侯冒雨　巫山楚雨　行云行雨
祥风时雨　血风肉雨　硝云弹雨　夏天大雨
夏雷骤雨　斜风细雨　腥风血雨　携云握雨
缅风沐雨　阳台云雨　欲雨不雨　魆风骤雨
栉风沐雨　诛臣如雨　遮风避雨　瘴烟蛮雨
朝云暮雨　殢云尤雨　郑伋时雨　尤云殢雨
桑林祷雨　瀛洲玉雨　箕风毕雨

翻手云，覆手雨/翻手是云，覆手是雨/翻手为云，覆手为雨/过了庙，不下雨/干打雷不下雨/干打雷未下雨/鹳知天将雨/黄梅时节家家雨/久旱逢甘雨/蛟龙失云雨/悭值风，啬值雨/娘要嫁人，天要下雨/梅子黄时雨/日晕而风，础润而雨/说起风就是雨/听见风就是雨/听不得风就是雨/雾沟晴，雾山雨/行得春风，便有夏雨/一夜起雷三日雨/月晕而风础润而雨/久旱逢甘雨/

禹 yǔ ①虫名。②夏朝开国的君主。

伯禹　禅禹　大禹　邓禹　贡禹　敬禹
木禹　命禹　生禹　神禹　舜禹　授禹
兴禹　助禹　缵禹　朝禹
鼓棹张禹　简当祖禹

语 yǔ 又音 yù ①谈话。②成语，谚语或古语。③代替语言的动作或方式。④说。⑤语言。⑥语法术语。

爱语　按语　案语　暗语　不语　标语
表语　宾语　笔语　补语　悖语　褒语
跋语　才语　丑语　出语　传语　成语
参语　粗语　刺语　词语　辞语　谶语
大语　代语　定语　低语　党语　灯语
导语　道语　短语　断语　德语　谛语
俄语　耳语　恶语　凡语　分语　飞语
反语　发语　法语　肤语　放语　讽语
诽语　蜂语　蜚语　梵语　古语　告语
国语　苟语　呼语　汉语　华语　欢语
话语　黑语　诨语　秽语　慧语　豪语
吉语　佳语　结语　诀语　寄语　接语
禁语　隽语　娇语　觉语　解语　家语
聚语　绝语　警语　可语　口语　考语
快语　客语　愧语　诳语　款语　伪语
了语　冷语　浪语　流语　俚语　略语
鸟语　詈语　谰语　琏语　目语　民语
母语　妙语　眉语　梦语　密语　漫语
谩语　嫚语　默语　寐语　谜语　蜜语
美语　偶语　耦语　平语　片语　评语
屏语　批语　鄙语　齐语　俏语　奇语
情语　鹊语　旗语　浅语　绮语　箝语
禽语　谦语　潜语　日语　软语　热语
三语　术语　手语　市语　述语　失语
双语　私语　诗语　胜语　俗语　诉语
饰语　碎语　殊语　剩语　深语　熟语
土语　天语　体语　通语　套语　摘语
无语　外语　妄语　吴语　危唔　唔语
谓语　诬语　温语　心语　巷语　玄语
闲语　细语　笑语　相语　泄语　狎语
湘语　晓语　虚语　羡语　媟语　险语
絮语　亵语　业语　言语　音语　呓语
用语　英语　欲语　哑语　妍语　眼语
语语　硬语　要语　野语　谚语　艳语
晏语　谀语　遗语　韵语　燕语　隐语
左语　主语　正语　庄语　长语　止语
壮语　兆语　自语　咒语　状语　杂语
诈语　致语　直语　稚语　雉语　转语
藏语　赞语　醉语　谵语　耦语

冰人语　标准语　长夜语　词根语　大众语
待业语　对床语　儿女语　分析语　共人语
规范语　孤立语　花间语　花底语　花解语
诙谐语　黄鹂语　寒暄语　华表语　娇歌语
结束语　口头语　平生语　凭肩语　琵琶语
齐东语　桥公语　屈折语　倾盆语　三老语
沙中语　书石语　书卷语　双关语　双宾语
世界语　同心语　谈心语　唾玉语　外来语
外国语　下断语　先入语　习用语　相与语
歇后语　倚阑语　鹦鹉语　纸上语　综合语
黏着语

八哥能语　不言不语　不欺之语　半部论语
冲言冲语　传言送语　谗言讪语　对床夜语
低声细语　跕鸢之语　恶言恶语　风言风语
风言俏语　管通鹊语　寡言寡语　沆读论语

好言好语 欢歌笑语 花香鸟语 花言巧语
花枝能语 谎言骗语 胡言乱语 黑言诳语
桓殷危语 豪言壮语 金华殿语 缄默不语
快人快语 空言虚语 冷言冷语 流言风语
连床夜语 令狐冰语 流言蜚语 陆贾新语
喃喃自语 喃喃而语 名花解语 迷言迷语
曼言细语 谜言谜语 默言不语 片言只语
盘空硬语 七言八语 鹦鹆学语 千言万语
齐东野语 切切私语 窃窃私语 轻言细语
倾盖而语 软谈丽语 三言两语 私情密语
散言碎语 少言寡语 孙权之语 生花妙语
伤言札语 洒言洒语 散言散语 同日而语
同年而语 甜言蜜语 甜言美语 无可告语
文无剩语 污言秽语 妄言妄语 闲言闲语
闲言碎语 闲言赘语 闲言冷语 猇声狺语
絮絮细语 牙牙学语 言谈话语 与人共语
咿牙学语 彦彬座语 喁喁私语 淫词亵语
谙然不语 鹦鹉学语 莺声燕语 莺啼燕语
莺歌燕语 知为戏语 作言造语 只言片语
自言自语 脏言臭语 人平不语 街谈巷语
不欺人之语/不可同日而语/风里言，风里语/你一言，我一语/民族共同语/前言不搭后语/前言不接后语/禽有禽言，兽有兽语/说千言，道万语/食不言，寝不语/未可同日而语/

圄

yǔ ［囹圄］古代称监狱。

汉圄 犴圄 图圄 幽圄 刑圄
身陷囹圄 陷身囹圄 草满囹圄

敔

yǔ 一种打击乐器。

戛敔 祝敔

龉

yǔ［龃龉］牙齿上下对不上。

龃龉 龌龉
添岩龉 口齿龉

圉

yǔ ①牢狱。②养马。

边圉 蔽圉 昌圉 高圉 教圉 立圉
灵圉 囹圉 隶圉 名圉 马圉 牧圉
强圉 四圉 守圉 末圉 幽圉 圉圉
大灾圉 固吾圉 王孙圉 鱼圉圉 仲叔圉

庾

yǔ ①露天的谷仓。②姓。

仓庾 天庾 贵庾 京庾 天庾 我庾
小庾 徐庾 与庾
钟庾
采藏庾 粟塞庾 五千庾 与之庾

瘐

yǔ 瘐死，囚犯因各种情况死掉。

仓瘐 讽瘐 贵瘐 瘠瘐 满瘐 千瘐
清瘐 憔瘐 天瘐 我瘐 盈瘐 瘐瘐
在瘐 中瘐 诸瘐
轻俗寒瘐

窳

yǔ 恶劣，坏

浮窳 合窳 苦窳 良窳 窕窳 行窳

貐

yǔ ［猰貐］古代传说中的一种凶兽名。

猰貐

与

yù 又音 yǔ yú 参加

参与

玉

yù ①矿物的一种。②喻洁白或美丽。③敬辞。④佩玉。⑤温润而有光泽的美石。⑥泛指 玉制品。⑦珍贵的。

大玉 白玉 贝玉 冰玉 宝玉 抱玉
碧玉 卞玉 赤玉 苍玉 炊玉 琛玉
碎玉 棱玉 抵玉 翠玉 楚玉 飞玉
饭玉 古玉 公玉 弓玉 玫玉 改玉
谷玉 龟玉 桂玉 刚玉 戛玉 冠玉
窥玉 化玉 红玉 和玉 合玉 还玉
怀玉 含玉 黄玉 项玉 寒玉 和玉
黑玉 鬻玉 金玉 荆玉 嘉玉 昆玉
兰玉 弄玉 良玉 流玉 丽玉 绿玉
兰玉 埋玉 美玉 蟒玉 瑨玉 暖玉
腻玉 买玉 片玉 普玉 佩玉 铺玉
璞玉 切玉 求玉 泣玉 弃玉 青玉
琼玉 群玉 如玉 软玉 润玉 水玉
双玉 宋玉 属玉 碎玉 漱玉 吐玉
庭玉 文玉 五玉 香玉 献玉 夷玉
硬玉 援玉 夜玉 越玉 燕玉 子玉
贞玉 柱玉 种玉 振玉 珠玉 珍玉
紫玉 藻玉 琢玉

卞和玉　方虎玉　分宝玉　丰年玉　观日玉
汉白玉　和氏玉　含章玉　寒水玉　交枝玉
荆山玉　肌削玉　结缘玉　昆山玉　连城玉
蓝田玉　美如玉　千竿玉　容似玉　食如玉
色似玉　水巷玉　苕华玉　搔头玉　田田玉
温如玉　晚香玉　圆龙玉　占风玉　脂如玉
子罕玉
伯雍种玉　斑斑美玉　碔砆乱玉　版镌苕玉
不吝金玉　鄙人弃玉　达人自玉　赤虹化玉
炊金馔玉　炊金爨玉　碎琼乱玉　焚柱炊玉
堆金积玉　堆银砌玉　敲冰戛玉　断香零玉
飞泉鸣玉　风生珠玉　飞珠溅玉　改步改玉
贯珠扣玉　洪不执玉　怀珠韫玉　浑金璞玉
贺循冰玉　金书梦玉　荆山泣玉　晶莹如玉
蒹葭倚玉　精金美玉　昆山片玉　咳珠唾玉
铿金嘎玉　良金美玉　怜香惜玉　蓝田种玉
面如冠玉　美如冠玉　鸣金墨玉　抛砖引玉
裴楷如玉　被褐怀玉　片笺成玉　片笺片玉
敲金击玉　锵金鸣玉　如花似玉　铄金点玉
守身如玉　田父得玉　偎香偷玉　乌金黑玉
温香软玉　小家碧玉　薪桂炊玉　谢庭兰玉
愚人怖玉　蝇粪点玉　钟鼓馔玉　酌金馔玉
万条寒玉　荆山之玉　被褐怀玉　蓝田生玉
化干戈为玉/书中有女颜如玉/书中自有黄金屋，书中自有颜如玉/他山之石，可以攻玉/有眼不识荆山玉/有眼不识金镶玉/

驭

yù　①驾驭车马。②驾车的人。③统率。

叱驭　大驭　凤驭　广驭　鹤驭　讲驭
驾驭　假驭　控驭　兰驭　轻驭　日驭
失驭　收驭　善驭　羲驭　无驭　五驭
仙驭　朽驭　驯驭　远驭　在驭　左驭
执驭
王良驭　王尊驭　仙客驭　朽索驭　羲和驭
六龙日驭

芋

yù　芋头

白芋　葱芋　大芋　得芋　红芋　姜芋
菊芋　魔芋　山芋　水芋　生芋　收芋
土芋　煨芋　新芋　野芋　洋芋　竹芋
种芋　栽芋　紫芋
烘山芋　洋山芋
懒残喂芋　狙公倒芋

吁

yù　又音 xū　①呼喊。②和谐，和顺。

感吁　呼吁　率吁　吁吁　嘻吁　歔吁
大声呼吁

浴

yù　①洗澡。②鸟飞忽上忽下。

湢浴　出浴　池浴　沸浴　干浴　谷浴
潒浴　好浴　鹤浴　海浴　净浴　倡浴
淋浴　旅浴　鹭浴　沐浴　盆浴　入浴
日浴　三浴　双浴　沙浴　拭浴　休浴
洗浴　新浴　衅浴　薰浴　夜浴　药浴
自浴　澡浴
蚕正浴　春水浴　黑鸟浴　咸池浴　海水浴
冷水浴　日光浴　桑那浴　五香浴　鸳鸯浴
三衅三浴

欲

yù　①欲望。②想要。③愿意。④需要。⑤将要。

爱欲　佚欲　侈欲　充欲　逞欲　大欲
多欲　得欲　诞欲　放欲　苟欲　寡欲
何欲　节欲　金欲　究欲　极欲　绝欲
激欲　禁欲　可欲　觊欲　六欲　利欲
理欲　敛欲　民欲　情欲　遣欲　人欲
肉欲　少欲　失欲　私欲　色欲　室欲
食欲　遂欲　野欲　兽欲　肆欲　嗜欲
奢欲　同欲　贪欲　无欲　五欲　物欲
下欲　先欲　邪欲　性欲　泄欲　淫欲
逸欲　意欲　止欲　志欲　纵欲　恣欲
躁欲
不足欲　不纵欲　得所欲　节嗜欲　求知欲
情胜欲　耳目欲
从心所欲　惩忿窒欲　口腹之欲　己所不欲
极情纵欲　绝无情欲　克伐怨欲　清心寡欲
七情六欲　穷奢极欲　庶人愿欲　偿其大欲
随心所欲　恣心纵欲　恣情纵欲
饱暖生淫欲/饱暖思淫欲/如不知足则失所欲/

鹆

yù　［鸲鹆］鸟名，又叫“八哥儿”。

鸲鹆
证杀鹦鹆　指盗鹳鹆

裕 yù ①富饶。②道。③宽容。④丰富。

不裕　长裕　充裕　垂裕　绰裕　独裕
德裕　丰裕　富裕　广裕　光裕　弘裕
宽裕　礼裕　平裕　容裕　饶裕　恬裕
文裕　温裕　闲裕　玉裕　有裕　优裕
余裕　雅裕　裕裕
承恩裕　宫锦裕　高元裕　问则裕
充充裕裕　绰有余裕　富富裕裕　焚车阮裕
共同富裕　击蛇刘裕

饫 yù 饱。

饱饫　欢饫　酣饫　立饫　岁饫　外饫
餍饫　朝饫
甘芳饫　鲜肥饫

妪 yù ①母亲。②年老的女人。③妇女的通称。

村妪　孤妪　酒妪　老妪　媒妪　贫妪
乳妪　少妪　神妪　巫妪　翁妪　严妪
媪妪　煦妪　妪妪
持扇妪　解诗妪　兰桥妪　卖菜妪

郁 yù ①繁茂。②有文采。③形容香气。④腐臭。⑤郁金香草。⑥忧愁。

哀郁　蔼郁　勃郁　悲郁　苍郁　沉郁
畅郁　葱郁　翠郁　忿郁　芳郁　芬郁
弗郁　佛郁　怫郁　拂郁　纷郁　愤郁
膹郁　馥郁　挂郁　肝郁　和郁　荟郁
黑郁　久郁　金郁　积郁　块郁　六郁
理郁　宁郁　流郁　秾郁　兰郁　闷郁
秘郁　浓郁　酴郁　沤郁　盘郁　骈郁
蟠郁　气郁　全郁　松郁　深郁　森郁
树郁　淑郁　通郁　陶郁　腾郁　埕郁
温郁　滃郁　蓊郁　雄郁　忧郁　伊郁
泱郁　阴郁　幽郁　悒郁　堙郁　淫郁
抑郁　炎郁　纡郁　郁郁　遇郁　湮郁
壹郁　怨郁　鞅郁　翳郁　朝郁　蒸郁
柱郁　滞郁
黑郁郁　青郁郁　松郁郁　幽郁郁
悲伤忧郁　芬芳馥郁　芳香馥郁　浓香郁郁
森森郁郁　蓊蓊郁郁　性情沉郁　文采郁郁

育 yù ①生育。②养活。③教育。④成长。⑤生存。

爱育　不育　保育　苞育　哺育　贲育
产育　成育　春育　藏育　德育　恩育
抚育　发育　肥育　孵育　蕃育　敷育
繁育　覆育　杭育　户育　化育　话育
节育　绝育　教育　鞠育　乐育　卵育
理育　茂育　美育　能育　培育　全育
庆育　乳育　生育　圣育　饲育　殊育
率育　天育　体育　胎育　亭育　陶育
晚育　选育　训育　宣育　驯育　煦育
优育　荫育　孕育　悦育　养育　益育
妪育　孕育　蕴育　遗育　子育　字育
自育　早育　载育　滋育　智育　孳育
成人教育　初等教育　电化教育　定向教育
工读教育　国民教育　高等教育　函授教育
军人教育　军事教育　基础教育　奴化教育
普及教育　启迪教育　启发教育　社会教育
素质教育　特殊教育　亡羊王育　学前教育
业余教育　义务教育　幼儿教育　应试教育
中等教育　职业教育

昱 yù ①日光。②光明。

晃昱　晦昱　焜昱　明昱　玉昱　昱昱
赵昱
斩蛟赵昱

煜 yù ①照耀。②光曜。③积盛貌。

炳煜　晖煜　雷煜　日煜　月煜　煜煜
熠煜　曜煜　晔煜

狱 yù ①争讼。②诉讼案件。③牢狱。④官司。

岸狱　按狱　出狱　犴狱　成狱　察狱
大狱　地狱　党狱　典狱　断狱　干狱
归狱　犴狱　缓狱　决狱　劫狱　具狱
掘狱　探狱　监狱　鞠狱　牢狱　留狱
炼狱　梁狱　卖狱　埋狱　入狱　攘狱
书狱　司狱　诗狱　慎狱　鼠狱　讼狱
探狱　逃狱　五狱　下狱　系狱　讯狱
雪狱　议狱　阴狱　冤狱　越狱　燕狱
疑狱　谳狱　鬻狱　析狱　治狱　坐狱
造狱　诏狱　制狱
长安狱　风波狱　觥筹狱　罕留狱　活地狱
京兆狱　龙理狱　泥黎狱　三字狱　生地狱

文字狱　邹阳狱

阿鼻地狱　曹摅开狱　黑暗地狱　画地为狱

酒食地狱　老吏断狱　银铛人狱　卖官鬻狱

平反冤狱　片言折狱　人间地狱　引经断狱

邹衍下狱　真卿辨狱　廷尉泣狱

打下十八层地狱/打进十八层地狱/

域　yù　①邦国，封邑。②区域。③泛指某种范围。④疆界，境地。⑤墓。

奥域　保域　边域　邦域　川域　出域

大域　地域　凤域　封域　海域　九域

旧域　界域　境域　静域　绝域　鞠域

疆域　开域　空域　流域　领域　区域

去域　日域　水域　司域　有域　寿域

殊域　视域　外域　危域　仙域　西域

春域　香域　茔域　有域　异域　音域

禹域　子域　正域　兆域　畛域　轸域

肇域

悲忧域　超尘域　清旷域　英俊域

不分畛域　实可倾域　文化领域　遐方绝域

阈　yù　①门槛。②界限

层阈　城阈　藩阈　桂阈　门阈　阃阈

清阈　视阈　所阈　痛阈　堂阈　造阈

棫　yù　古书说的一种树。

芃棫　柞棫　梓棫　栖棫

蜮　yù　①一种害人的动物。②一种食禾苗的害虫。

大蜮　鬼蜮　狐蜮　蝼蜮　虺蜮　民蜮

鸣蜮　水蜮　蛇蜮　为蜮　溪蜮　淫蜮

含沙蜮　黑蜮蜮　鲁有蜮

为鬼为蜮

预　yù　①安乐。②事先。③参与，干预。④加入到里面去。

出预　参预　杜预　多预　干预　数预

米预　已预　展预　不杜预

言之不预

勿谓言之不预/

蓣　yù　［薯蓣］又叫山药。可吃，可入药。

薯蓣

豫　yù　①安闲。②喜欢。③游乐。④犹豫。⑤厌烦。⑥欺骗。

不豫　备豫　出豫　底豫　和豫　晦豫

戒豫　绝豫　敬豫　朗豫　期豫　待豫

冥豫　鸣豫　忻豫　秋豫　田豫　体豫

戏豫　欣豫　一豫　犹豫　怡豫　悦豫

逸豫　游豫　早豫　自豫　志豫

降金刘豫　犹犹豫豫　戒莫如豫

谕　yù　①告诉。②旧时指上告下。③比喻。④知道，理解。

超谕　风谕　告谕　汗谕　海谕　开谕

教谕　镌谕　口谕　面谕　劝谕　琴谕

上谕　手谕　圣谕　善谕　审谕　诬谕

慰谕　训谕　晓谕　檄谕　诱谕　诏谕

红莲谕　锥餐谕

明白晓谕

喻　yù　①比方。②明白，了解。③晓谕。开导。

安喻　暗喻　比喻　博喻　多喻　风喻

讽喻　古喻　告喻　借喻　寄喻　解喻

教喻　谏喻　理喻　明喻　妙喻　勉喻

呕喻　譬喻　取喻　曲喻　设喻　文喻

兴喻　训喻　引喻　言喻　诱喻　隐喻

自喻

不可理喻　不言而喻　豆萁之喻　三重楼喻

杀辟牛喻　无可理喻　舟水之喻

尝庵婆罗果喻/夫妇食饼喻/口诵乘船法喻/说人喜嗔喻/欲食半饼喻/医与王女药喻/唵米决口喻/愚人食盐喻/

愈　yù　①更，越。②病好了。③胜过。

安愈　俾愈　必愈　病愈　初愈　差愈

除愈　当愈　韩愈　交愈　疾愈　康愈

瘳愈　郎愈　良愈　狼愈　目愈　痊愈

稍愈　小愈　义愈

交相愈　疾自愈　玉生愈

大病初愈

御　yù　①治理，流治。②抗拒。③驾驶车马。④指与皇帝有关的。⑤封建社会指上级对下级的管理。

不御　备御　嫔御　跸御　出御　承御

大御　代御　当御　抵御　得御　抚御

访御 拂御 奉御 服御 命御 傅御
捍御 鸿御 九御 见御 进御 将御
戒御 驾御 缉御 抗御 空御 六御
列御 良御 临御 灵御 能御 领御
律御 目御 南御 内御 女御 仆御
配御 嬖御 强御 日御 守御 侍御
射御 善御 天御 托御 统御 调御
五御 外御 温御 享御 香御 相御
辛御 巡御 羲御 引御 月御 永御
音御 制御 驺御 中御 执御 钟御
诸御 镇御
并力御 百夫御 分兵御 弓矢御 千里御
孅何御 谁能御 同心御 未能御 吾执御
羲和御 中人御 造父御
负喧献御 尹儒学御 晏子之御 造父习御
褰帱请御 落雕侍御
东野稷之御/赵襄主学御/

寓

yù ①寄住，居住。②寓所。③寄托。

公寓 各寓 久寓 寄寓 羁寓 客寓
内寓 留寓 流寓 旅寓 楼寓 萍寓
漂寓 侨寓 水寓 所寓 托寓 外寓
兴寓 相寓 瑕寓 远寓 直寓 暂寓

遇

yù ①相逢。②机会。③对待。④投合。⑤对待。

安遇 不遇 重遇 宠遇 夫遇 春遇
大遇 冬遇 抵遇 待遇 恩遇 顾遇
诡遇 感遇 后遇 会遇 厚遇 机遇
佳遇 居遇 际遇 景遇 眷遇 接遇
境遇 款遇 冷遇 礼遇 良遇 隆偶
难遇 巧遇 恰遇 奇偶 偶遇 任遇
识遇 适遇 受遇 时遇 神遇 谁遇
殊遇 善遇 末遇 外遇 位遇 晚遇
昔遇 相遇 遐遇 显遇 喜遇 信遇
夭遇 引遇 有遇 优遇 夜遇 艳遇
正遇 自遇 知遇 值遇 遭遇 镇遇
障遇 撞遇 暂遇
不相遇 白云遇 冯唐遇 千载遇 石邱遇
赏心遇 邂逅遇 有外遇
不期而遇 百年不遇 怀才不遇 磻溪未遇
仕数不遇 太公奇遇 物质待遇 邂逅相遇
优厚待遇 政治待遇 最惠待遇 千载一遇
棋待诏的夜遇/十年九不遇/鸩与蛇相遇/最惠国待遇/

矞

yù 矞云，象征祥瑞的彩云。

炳矞

潏

yù 水溢出。

滓潏 荡潏 沕潏 漉潏

鹬

yù ①鸟名。②翠鸟，又名翡翠。

翠鹬 蚌鹬

誉

yù ①赞美。②声誉。③欢乐。

冰誉 褒誉 采誉 称誉 驰誉 大誉
党誉 多誉 得誉 德誉 飞誉 非誉
芳誉 封誉 浮誉 诽誉 广誉 功誉
过誉 跬誉 贾誉 华誉 好誉 毁誉
今誉 交誉 借誉 奸誉 洁誉 荐誉
奖誉 骏誉 嘉誉 假誉 口誉 沽誉
立誉 令誉 流誉 廉誉 民誉 名誉
面誉 买誉 美誉 朋誉 求誉 庆誉
劝誉 曲誉 清誉 荣誉 收誉 受誉
声誉 时誉 世誉 实誉 谁誉 赏誉
盛誉 双誉 叹誉 推誉 无誉 闻誉
多誉 享誉 相誉 信誉 显誉 惜誉
虚誉 馨誉 有誉 远誉 饮誉 扬誉
延誉 要誉 溢誉 燕誉 早誉 自誉
众誉 重誉 章誉 赞誉 载誉
不名誉 不虞誉 桂林誉 灵蛇誉 落落誉
如有誉 水终誉 谁毁誉 无双誉 乡曲誉
宣子誉 永终誉
八龙佳誉 不虞之誉 钓名沽誉 盗名窃誉
更垂好誉 沽名钓誉 交口称誉 令闻广誉
千金买誉 无咎无誉 钓名要誉
身后谁毁誉

毓

yù 同“育”，用于人名。

产毓 利毓 浸毓 蓄毓 养毓 孕毓

燠

yù ①热。②鲜明。

安燠 残燠 大燠 冬燠 烦燠 好燠
寒燠 气燠 时燠 温燠 水燠 炎燠

郁燠
安且燠 和风燠

鬻

yù ①生养。②卖。

贩鬻 货鬻 接鬻 孕鬻 炫鬻 衒鬻
獯鬻 淫鬻 自鬻

女

nǚ ①女人。②女儿。③雌性的。④幼小，柔弱。⑤星宿名。

阿女 爱女 骏女 吧女 罢女 奔女
婢女 从女 才女 斥女 产女 次女
采女 倀女 村女 处女 此女 称女
彩女 茶女 倡女 蚕女 春女 姹女
军女 娼女 丁女 大女 帝女 得女
儿女 恶女 恩女 孚女 妇女 腹女
工女 干女 宫女 闺女 蛊女 孤女
歌女 红女 凤女 虎女 湖女 豪女
汉女 宦女 虹女 慧女 节女 机女
妓女 娇女 季女 假女 继女 禁女
静女 嫁女 浣女 旷女 牛女 令女
龙女 老女 列女 男女 丽女 灵女
邻女 烈女 鹿女 螺女 靓女 毛女
蛮女 民女 母女 美女 逆女 贫女
巧女 齐女 曲女 青女 倩女 秋女
二女 弱女 蕊女 士女 少女 仕女
石女 待女 圣女 时女 使女 神女
庶女 孙女 牲女 硕女 室女 素女
甥女 商女 淑女 桑女 善女 天女
童女 髫女 外女 舞女 儛女 下女
小女 仙女 玄女 息女 孝女 侠女
信女 修女 贤女 绣女 义女 元女
云女 佚女 优女 妖女 淫女 鱼女
养女 野女 幽女 游女 怨女 艳女
媛女 逸女 谊女 遗女 越女 缢女
燕女 嬴女 子女 长女 织女 侄女
振女 致女 宗女 贞女 稚女 掉女
智女 赵女
白毛女 表侄女 扶床女 吹箫女 重孙女
采桑女 采菱女 采莲女 乘鸾女 春媪女
东家女 当炉女 点绣女 妒花女 鸟男女
独生女 殿脚女 缝衣女 广寒女 闺绣女
汉滨女 河汉女 怀春女 黄姑女 黄花女
九重女 浣纱女 女英女 龙津女 内侄女
楼上女 露筐女 门户女 孟姜女 牧牛女
摩登女 螟蛉女 贫家女 乔男女 秦川女
轻薄女 纤纤女 日暖女 拾麦女 司花女
散花女 天台女 投梭女 桃叶女 挑荠女
听弘女 弹琴女 童男女 外孙女 外甥女
闲男女 狭邪女 携篮女 烟花女 遗腹女
燕赵女 自媒女 侄孙女 左娇女 曾孙女
执筐女 红线女 红拂女 茶花女 莲花女
寸男尺女 楚野辩女 痴男怨女 大男大女
当垆卓女 江上处女 红男绿女 黄花闺女
九天玄女 金童玉女 截耳胡女 家庭妇女
林甫之女 刘娶吴女 良家妇女 牛郎织女
男男女女 离魂倩女 毛公嫁女 毛仲嫁女
名媛淑女 没男没女 卖儿鬻女 乞浆见女
泼男泼女 三男两女 生儿育女 散花天女
甥男甥女 善男信女 投壶玉女 童男童女
檀男谢女 巫山神女 信男信女 仙童仙女
一男半女 饮食男女 窈窕淑女 养儿育女
重男轻女 占人妻女 撞钟舞女 诈爱魏女
亡国商女 单身男女 大龄剩女
好汉无好妻，懒汉取仙女/泼出门的水，嫁出门的女/只有剩茶剩饭，没有剩儿剩女/

恧

nǜ 惭愧。

惭恧 硬恧 顾恧 怀恧 河恧 愧恧
惭恧 悚恧 缩恧 外恧 自恧

衄

nǜ 鼻衄，鼻子流血。

不衄 兵衄 败衄 奔衄 鼻衄 挫衄
摧衄 粉衄 后衄 诅衄 穷衄 势衄
退衄 小衄 心衄 新衄 折衄 祝衄

驴

lǘ 一种家畜，形状像马，个头比马小。

草驴 策驴 乘驴 公驴 画驴 叫驴
蹇驴 跨驴 木驴 毛驴 牝驴 牡驴
母驴 玻驴 骑驴 黔驴 神驴 似驴
小驴 野驴 坠驴 纸驴
灞桥驴 倒骑驴 浩然驴 惠子驴 秃尾驴
踏雪驴 小黑驴 夏侯驴
博士买驴 怜续题驴 李白乘驴 骑驴寻驴
三纸无驴 卸磨杀驴 世忠跨驴
对着和尚骂秃驴/骑上毛驴找毛驴/西老爷养

驴/养女不教如养猪，养子不教如养驴/张果老倒骑驴/

闾 lǘ ①里门。②古代三十五家为一闾。③泛指乡里。④汇聚。⑤像驴的兽。

奄闾 八闾 表闾 充闾 妇闾 井闾
女闾 林闾 里闾 闾闾 门闾 辟闾
衢闾 三闾 石闾 式闾 州闾 尾闾
爻闾 乡闾 依闾
东门闾
表邵门闾 依门依闾 犁庭扫闾

榈 lú 棕榈，常绿乔木，毛可制绳，叶可做扇。

棕榈 拼榈

吕 lǚ ①古代乐律中的明律的总称。②以口相接。③姓。

从吕 大吕 得吕 宫吕 坤吕 六吕
律吕 命吕 轻吕 小吕 仙吕 夏吕
月吕 伊吕 中吕
公孙吕 蕤宾吕 太簇吕 新调吕
凤凰律吕 黄钟大吕 九鼎大吕

侣 lǚ 同伴

爱侣 伴侣 宾侣 乘侣 俦侣 槎侣
凤侣 共侣 故侣 宫侣 呼侣 怀侣
旧侣 结侣 鸟侣 僚侣 朋侣 情侣
山侣 失侣 诗侣 俗侣 胜侣 商侣
僧侣 同侣 为侣 鹓侣 仙侣 携侣
狎侣 行侣 新侣 云侣 野侣 逸侣
幽侣 游侣 纲侣 燕侣 鸳侣 征侣
追侣 醉侣 侠侣 怨侣
吹笛侣 登云侣 鸥伴侣 金门侣 明月侣
迁莺侣 求羊侣 诗酒侣 神仙侣 鹓鹭侣
烟霞侣 鸳鸯侣 鸳俦侣
鸿俦鹤侣 鸾俦凤侣 鸳俦凤侣 终身伴侣
阳五伴侣 酒朋诗侣

捋 lǚ 又音 luō 用手指顺着抹过去。

采捋 擦捋 鹊捋 摩捋

旅 lǚ ①军事编制单位。②军队。③众多。④在外旅行作客。⑤共同。⑥次序。⑦陈列。⑧六十四卦之一。

兵旅 宾旅 葆旅 大旅 故旅 孤旅
虎旅 劲旅 据旅 军旅 俱旅 鞠旅
羁旅 客旅 恋旅 逆旅 偶旅 贫旅
千旅 楼旅 禽旅 戎旅 上旅 时旅
师旅 神旅 誓旅 天旅 惟旅 下旅
行旅 新旅 一旅 义旅 亚旅 偶旅
游旅 在旅 整旅
八百旅 丰沛旅 麾下旅 饥寒旅 勤王旅
五百旅 五卒旅 熊罴旅 殽核旅 中山旅
进旅退旅 强兵劲旅 一城一旅 万物逆旅

膂 lǚ 脊梁骨。

鳞膂 心膂

偻 lǚ 又音 lóu 脊背弯曲。

俯偻 御偻
欲克偻 一命偻

屡 lǚ ①数次。②每每。③急速。

纮屡 屡屡 迪屡 厌屡
来往屡 乞诗屡 幽赏屡

缕 lǚ ①麻线。②泛指线状物。③详尽，细致。④一条一条地。

布缕 碧缕 寸缕 垂缕 翠缕 飞缕
鲙缕 九缕 交缕 结缕 金缕 接缕
缄缕 锦缕 罗缕 蓝缕 缕缕 命缕
麻缕 篾缕 千缕 青缕 纤缕 如缕
弱缕 丝缕 万缕 纹缕 微缕 细缕
线缕 香缕 絮缕 霞缕 一缕 云缕
烟缕 银缕 织缕 箴缕
长命缕 黄金缕 痕如缕 连枝缕 千万缕
同心缕
不绝如缕 筚路蓝缕 炊烟缕缕 分丝断缕
千丝万缕 情思如缕 丝丝缕缕 身无寸缕
细针密缕 香烟缕缕 云丝缕缕 余音一缕

褛 lǚ ［褴褛］衣服破烂。

褴褛
衣衫褴褛

履 lǚ ①踩踏。②鞋。③穿。④经历。⑤步行。⑥脚步。⑦指领土。⑧实行。

不履 白履 步履 跛履 草履 穿履
操履 赐履 鞮履 代履 堕履 动履

倒履 福履 冠履 葛履 故履 跪履
还履 汉履 黄履 巾履 进履 结履
剑履 履履 藉履 践履 考履 空履
芒履 卖履 麻履 纳履 平履 皮履
失履 四履 丝履 视履 素履 摄履
听履 投履 率履 忘履 幽履 纵履
屣履 蹑履 蹝履 夏履 蹑履 曳履
衣履 幽履 遗履 正履 坠履 郑履
珠履 尊履 杖履 簪履 取履
东郭履 两头履 凌云履 龙口履 尚书履
行雪履 王乔履 行雪履 云生履 圯桥履
紫皮履
不衫不履 晨霜践履 分香卖履 忙不及履
卖西陵履 蒙袂辑履 三千珠履 商颂振履
削足适履 遗簪坠履 西装革履 刖趾适履
圯桥取履 圯桥进履 杞桥授履 郑人买履
澹泉进履 整冠纳履 章甫荐履 截趾适履

律 lǜ ①法则。②约束。③我国古代审定音乐高低的标准。④音律。⑤法律。⑥依法治理。⑦遵守。⑧衡量。⑨律诗的简称。

案律 吹律 茶律 词律 残律 大律
定律 曲律 风律 法律 犯律 佛律
古律 格律 规律 轨律 汉律 忽律
寒律 斛律 节律 艰律 戒律 纪律
金律 经律 禁律 宽律 六律 门律
明律 谋律 暖律 排律 七律 气律
穷律 起律 入律 上律 失律 生律
时律 师律 湎律 诗律 声律 商律
天律 同律 条律 唐律 通律 五律
心律 行律 玄律 刑律 旋律 协律
谐律 一律 月律 玉律 严律 有律
乐律 音律 郁律 耶律 幽律 韵律
正律 自律 在律 作律 邹律 竹律
雌雄律 挟书律 矛盾律 排中律 十二律
三一律 三尺律 三章律 太平律 同一律
玉尺律 主旋律 邹子律
表述定律 价值规律 金科玉律 经济规律
千篇一律 伶伦定律 清规戒律 社会规律
视同一律 自然规律 战场纪律 整顿纪律
邹衍吹律
对立统一规律/无组织无纪律/

虑 lǜ ①考虑。②担忧。③打扰。

百虑 边虑 尘虑 成虑 怆虑 策虑
愁虑 大虑 动虑 多虑 独虑 防虑
非虑 烦虑 过虑 挂虑 顾虑 何虑
计虑 极虑 积虑 焦虑 精虑 竭虑
可虑 考虑 苦虑 客虑 恐虑 聊虑
免虑 谋虑 念虑 凝虑 浅虑 少虑
私虑 俗虑 思虑 慎虑 深虑 熟虑
设虑 惕虑 万虑 亡虑 无虑 勿虑
危虑 心虑 先虑 息虑 悬虑 忧虑
远虑 异虑 雅虑 愚虑 疑虑 自虑
至虑 众虑 志虑 知虑 轸虑 智虑
不足为虑 处心积虑 沉谋研虑 沉思熟虑
措心极虑 残暴酷虑 澄思渺虑 多谋善虑
殚思极虑 殚精竭虑 殚精极虑 毫无顾虑
焦思苦虑 满腹疑虑 迂思迴虑 潜心涤虑
设心积虑 深见远虑 深思熟虑 深谋远虑
无忧无虑 心多过虑 一致百虑 远愁近虑
斋心涤虑 智者千虑
困于心，衡于虑/

滤 lǜ 使气体、液体除去杂质毒气而变得纯净。

过滤 筛滤 网滤

率 lǜ 又音 shuài 一定标准或两个数的比值。

比率 倍率 功率 高率 概率 汇率
几率 彀率 利率 密率 配率 频率
曲率 速率 税率 心率 科率 效率
坐率 周率
百分率 出生率 出勤率 电功率 负利率
发芽率 发病率 废品率 繁殖率 回收率
回潮率 或然率 供求率 利用率 累进率
卖座率 热效率 生产率 死亡率 损耗率
圆周率 增长率 增殖率
浮动汇率 固定记率 机械效率
劳动生产率/

绿 lǜ 又音 lù ①草、树的颜色。②指绿叶。

岸绿 暗绿 不绿 波绿 碧绿 采绿
垂绿 草绿 葱绿 翠绿 愁绿 豆绿
单绿 淡绿 黛绿 莩绿 蛾绿 繁绿

果绿 黄绿 荒绿 寒绿 湖绿 江绿
结绿 娇绿 辑绿 静绿 浓绿 老绿
柳绿 墨绿 品绿 秾绿 凝绿 嫩绿
缥绿 青绿 浅绿 柔绿 染绿 石绿
水绿 深绿 纯绿 森绿 缮绿 吐绿
铜绿 万绿 卧绿 婺绿 闲绿 鲜绿
泻绿 新绿 引绿 叶绿 油绿 秧绿
幽绿 陨绿 鸭绿 艳绿 潋绿 黝绿
争绿 绉绿 振绿
村村绿 层层绿 炊烟绿 差差绿 垂垂绿
春水绿 春酒绿 宫树绿 橄榄绿 江波绿
江蓠绿 孔雀绿 岷江绿 苹果绿 葡萄绿
千畦绿 萋似绿 三冬绿 纱窗绿 随意绿
万亩绿 无情绿 舞衫绿 新蒲绿 鸭头绿
鹦哥绿 祖母绿 樽中绿
薄施青绿 除红促绿 穿红着绿 穿红戴绿
愁红惨绿 大红大绿 灯红酒绿 鹅黄嫩绿
粉白黛绿 回黄转绿 呼红喝绿 红红绿绿
花红叶绿 花花绿绿 花红柳绿 娇红嫩绿
嫩红娇绿 品红品绿 披黄抹绿 伤红骇绿
说白道绿 桃红柳绿 一水绕绿 颜丹鬓绿
漾清泛绿 视丹如绿

车 jū 又音 chē ①象棋棋子的一种。②古音。

吃车 出车
弃卒保车 舍卒保车 丢卒保车

苴 jū ①大麻的雌株，开花后能结果。②粗劣。③填塞。

芭苴 补苴 草苴 苞苴

且 jū 又音 qiě ①文言助词，相当于“啊”。②盛，多。③骏马。

狂且 扬且 只且

狙 jū 一种猴子。

巧狙 群狙 猿狙 众狙 潜狙
楚人养狙 赋栗戏狙 见巧之狙 三四调狙

疽 jū 一种毒疮。

鼻疽 痤疽 坏疽 溃疽 气疽 吮疽
炭疽 瘴疽 痈疽

趄 jū 又音 qiè ［趑趄］①人行走困难。②犹豫不前。

趑趄 趔趄

雎 jū 一种鸟。

关雎 王雎 慈雎 赵雎

拘 jū ①逮捕或扣押。②拘束。③制止。④局限。⑤约制。⑥拘挛不能伸直。⑦聚集。

不拘 官拘 拘拘 裾拘 力拘 挛拘
律拘 囚拘 牵拘 无拘 虚拘 自拘
执拘 絷拘
别太拘 脱尘拘 形迹拘
长短不拘 大小不拘 豪爽不拘 龚遂无拘

驹 jū ①少壮的马。②小马。③比喻。④比喻少年。

白驹 成驹 草驹 春驹 伏驹 骓驹
骅驹 骏驹 龙驹 驴驹 骊驹 麟驹
骡驹 马驹 秣驹 琼驹 神驹 腾驹
玄驹 隙驹 元驹 用驹 子驹 絷驹
昂昂驹 步景驹 赤水驹 伏枥驹 汗血驹
空谷驹 内厩驹 名家驹 千金驹 千里驹
千家驹 小马驹 辕下驹
过隙白驹 紫马留驹

居 jū ①住。②蹲。③坐。④站在。⑤安置。⑥积蓄。⑦停留。⑧固定。⑨担任。⑩处于。⑪占据。

安居 爱居 不居 邦居 部居 避居
村居 宸居 禅居 巢居 簇居 定居
独居 都居 遁居 帝居 单居 端居
分居 废居 广居 共居 甘居 故居
贵居 高居 寡居 鳏居 化居 何居
华居 怀居 浩居 皇居 荒居 寒居
久居 旧居 居居 积居 荐居 借居
郊居 寄居 净居 寂居 家居 鸠居
静居 聚居 可居 匡居 客居 康居
乐居 里居 邻居 林居 留居 离居
旅居 零居 匿居 楼居 嫠居 民居
耦居 卜居 平居 姘居 贫居 蓬居
龢居 迁居 侨居 起居 茕居 屈居
穷居 群居 墙居 潜居 日居 十居
山居 尸居 丧居 散居 似居 胜居
势居 瑟居 索居 谁居 深居 孀居
同居 托居 徒居 退居 温居 猥居

蜗居　小居　心居　仙居　穴居　闲居
析居　兴居　徙居　新居　义居　云居
岩居　逸居　野居　宴居　幽居　移居
寓居　隐居　游居　燕居　住居　自居
舟居　杂居　祖居　族居　蛰居　暂居
谪居　斋居
白云居　大隗居　帝王居　赋闲居　广寒居
故人居　汉西居　君子居　浣花居　龙蛇居
列仙居　木石居　买山居　侨隐居　山水居
水竹居　五柳居　溪上居　一室居　有道居
燕雀居　子云居　竹院居　做邻居
变动不居　搬迁新居　遁世隐居　富女之居
分别部居　功成不居　华阴隐居　濠濮闲居
聚族而居　乐业安居　离群索居　奇货可居
岁月不居　送往事居　盛名难居　饮食起居
野处穴居　烟火邻居　择水草居　准乏楼居
藏衵爰居　鹊巢鸠居
木雁两不居/举秀才，不知书；察孝廉，父别居/危邦不入，乱邦不居/

据　jū　又音 jù　［拮据］经济境况不好，困窘。

拮据

裾　jū　①衣服的前襟。②衣服的后襟。③衣袖。

长裾　后裾　华裾　裾裾　绝裾　廉裾
不裾　香裾　云裾　引裾　衣裾　捉裾
马牛襟裾　前襟后裾

掬　jū　①撮取。②捧取。

半掬　可掬　难掬　手掬　一掬　挹掬
盈掬
香可掬
憨态可掬　笑容可掬

鞠　jū　①古代革制的皮球。②弯曲。③养育。④幼稚。

长鞠　蹴鞠　抚鞠　击鞠　秸鞠　书鞠
育鞠　郁鞠　自鞠

鞫　jū　①审问。②穷困。

逮鞫　蹴鞫　就鞫　考鞫　上鞫　同鞫
推鞫　讯鞫　育鞫　严鞫

局　jú　①局促。②拘束。③量词。④弯曲。⑤部分。⑥机关团体的办事单位。⑦棋盘。⑧着棋的形势。⑨职务。⑩某些商店的名称。⑪近。

布局　兵局　变局　败局　博局　镖局
长局　出局　仓局　残局　曹局　大局
当局　定局　对局　赌局　分局　吠局
负局　饭局　干局　官局　格局　高局
和局　花局　近局　迷局　结局　竟局
揭局　搅局　僵局　羁局　开局　空局
了局　冷局　路局　离局　敛局　平局
骗局　全局　曲局　耆局　器局　棋局
拳局　揪局　蜷局　入局　司局　失局
书局　世局　时局　死局　胜局　体局
危局　纹局　困局　现局　箫局　一局
月局　玉局　异局　芸局　邮局　弈局
药局　中局　主局　专局　政局　战局
诈局　终局　踯局
成衣局　公安局　糊弄局　金帛局　鸡黍局
警蔡局　老志局　民信局　尚衣局　诗书局
税务局　太卜局　题名局　外贸局　先生局
邮电局　邮政局　中央局　政治局
顾全大局　谋篇布局　偏安之局　取景布局
收拾残局　无关大局　通观全局　谢密投局
旰衡大局　战争全局

菊　jú　菊花。

爱菊　百菊　从菊　残菊　常菊　采菊
翠菊　春菊　丹菊　多菊　冬菊　芳菊
服菊　古菊　贡菊　花菊　画菊　黄菊
寒菊　金菊　老菊　灵菊　兰菊　篱菊
露菊　牝菊　墨菊　盆菊　杞菊　秋菊
松菊　赏菊　食菊　瘦菊　霜菊　亭菊
庭菊　仙菊　新菊　艺菊　园菊　浴菊
饮菊　岩菊　咏菊　野菊　幽菊　艳菊
丈菊　紫菊　种菊
傲霜菊　重阳菊　东篱菊　浮金菊　樊川菊
孩儿菊　黄金菊　金英菊　金精菊　冷香菊
南营菊　秋色菊　僧鞋菊　十日菊　三径菊
陶潜菊　晚节菊　西施菊　月下菊　吟秋菊
春兰秋菊　陶怡松菊　渊明赏菊

橘 jú 橘树。

川橘 楚橘 大橘 丹橘 冻橘 福橘
柑橘 贡橘 桂橘 化橘 合橘 欢橘
怀橘 黄橘 江橘 进橘 金橘 寄橘
嘉橘 老橘 南橘 奴橘 绿橘 庐橘
木橘 蜜橘 求橘 秋橘 山橘 少橘
色橘 收橘 霜橘 檀橘 万橘 油橘
香橘 新橘 越橘 朱橘 种橘 枳橘
植橘 载橘
洞庭橘 合欢橘 黄团橘 淮南橘 金辉橘
江南橘 江夏橘 陆绩橘 木奴橘 千头橘
玉液橘 千树橘 千株橘 江陵橘
陆绩怀橘 桓磻系橘 逾淮之橘

矩 jǔ ①画直角的曲尺。②方形。③法度。④法则，规则。⑤刻画留下标记。

半矩 步矩 成矩 大矩 度矩 叠矩
蹈矩 方矩 法矩 风矩 高矩 根矩
规矩 钩矩 合矩 力矩 絜矩 师矩
绳矩 顺矩 授矩 奚矩 易矩 仪矩
应矩 中矩 执矩 逾矩
老规矩 周文矩
重规累矩 重规迭矩 规规矩矩 践规蹈矩
循规蹈矩 周规折矩 珠规压矩 春规秋矩

咀 jǔ 又音 zuǐ ①玩味，品尝。②嚼食。

耽咀 含咀 吐咀 叹咀 微咀 一咀
吟咀
流膏咀 马喷咀 书卷咀 衔须咀

沮 jǔ 又音 jù ①阻止。②坏。③颓丧。

镑沮 惨沮 惭沮 愁沮 大沮 纷沮
惶沮 毁沮 计沮 愧沮 破沮 气沮
巧沮 容沮 色沮 事沮 遄沮 畏沮
消沮 言沮 忧沮 志沮 阻沮
苶然沮
心低意沮

莒 jǔ 周代诸侯国名，在今山东省莒南一带。

奔莒 杞莒 围莒 在莒 走莒 邾莒
邹莒

筥 jǔ 圆形的竹筐。

并筥 奔筥 豆筥 负筥 复筥 活筥
杞筥 聊筥 筐筥 曲筥 轻筥 适筥
提筥 徐筥 箱筥 袭筥 在筥 走筥
寒具筥 寒食筥 九十筥 文竹筥

举 jǔ ①向上抬。②提出。③推荐。④全。⑤拿着，执持。⑥抚养。⑦发动。⑧祭祀。⑨科举考试。⑩没收。

不举 并举 包举 保举 备举 褒举
暴举 创举 措举 刺举 重举 错举
察举 大举 对举 电举 待举 掞举
得举 德举 凤举 废举 公举 过举
高举 贡举 豪举 九举 进举 具举
荐举 检举 科举 筐举 力举 龙举
内举 列举 例举 鸟举 滥举 鸾举
毛举 枚举 明举 美举 鸣举 谬举
辟举 飘举 鹏举 遒举 轻举 清举
任举 辱举 失举 时举 侍举 食举
率举 事举 殊举 善举 盛举 抬举
挺举 推举 万举 勿举 外举 武举
小举 选举 轩举 修举 徙举 遐举
霞举 一举 义举 远举 扬举 应举
再举 壮举 抓举 知举 制举 櫂举
百夫举 百度举 春烟举 进士举 金鞭举
菌桡举 难枚举 香袂举 贤良举 知贡举
不胜枚举 不识抬举 不受抬举 不能尽举
百废待举 百废具举 百废俱举 班荆椒举
差额选举 多此一举 等额选举 范进中举
共襄善举 高飞远举 间接选举 举不胜举
难以枚举 轻而易举 同时并举 兔起凫举
文人鹏举 宣光雄举 众擎易举 直接选举
狗坐轿子，不受抬举/脱了裤子放屁，多此一举/

巨 jù ①大。②最，极。

德巨 功巨 刚巨 郭巨 岂巨 纤巨
事巨 体巨 小巨 细巨 效巨 众巨
致巨
并力业巨

拒 jù ①抵挡。②据守。③拒绝。④关闭。

不拒　错拒　东拒　对拒　挡拒　反拒
护拒　非拒　防拒　攻拒　敢拒　回拒
后拒　捍拒　久拒　坚拒　元拒　抗拒
拉拒　日拒　外拒　违拒　相拒　右拒
左拒　阻拒
来者不拒　墨子九拒　深闭固拒

苣　jù　又音 qǔ　［莴苣］多年生草本植物，茎叶嫩时可吃。
白苣　翠苣　绯苣　蒿苣　苦苣　青苣
莴苣
回风苣　同心苣

炬　jù　①火把。②蜡烛。③火焚。
宝炬　残炬　狄炬　大炬　飞炬　凤炬
法炬　繁炬　火炬　久炬　龙炬　列炬
莲炬　燎炬　蜡炬　明炬　蜜炬　猛炬
燃炬　束炬　松炬　投炬　庭炬　万炬
行炬　息炬　一炬　夜炬
残油炬　干草炬　金莲炬　菩提炬　星如炬
折枝炬　雉尾炬
楚人一炬　金莲花炬　目光如炬　付之一炬

距　jù　①鸡的腿后面突出像脚趾的部分。②古代兵器上的倒刺。③蹲，踞。④达到。⑤距离。⑥离开。
笔距　槽距　差距　超距　测距　蒐距
锋距　钩距　后距　行距　交距　焦距
间距　金距　坚距　鸡距　螺距　芒距
苗距　拨距　二距　双距　脱距　无距
心距　相距　牙距　玉距　严距　朱距
足距　嘴距　株距　轴距　鸷距
赤马生距　麟角凤距

句　jù　又音 gōu　①文句，诗句。②由词和词组成的能表示完整意思的话。
拗句　病句　弊句　从句　长句　锤句
成句　传句　词句　对句　单句　短句
得句　断句　叠句　分句　复句　好句
豪句　佳句　杰句　集句　绝句　警句
嘉句　乐句　丽句　连句　俪句　例句
联句　胪句　练句　炼句　镂句　名句
妙句　觅句　偶句　俳句　排句　破句
骈句　奇句　敲句　冗句　诗句　索句
搜句　停句　题句　文句　问句　秀句
析句　洗句　新句　冶句　要句　语句
逸句　滕句　正句　只句　主句　字句
造句　逐句　章句　琢句　绨句　赘句
摘句
悲凉句　长短句　陈述句　春华句　裁诗句
读破句　感叹句　河梁句　锦囊句　两三句
留别句　命令句　青牛句　祈使句　四六句
同心句　题叶句　寻花句　疑问句　凝香句
瑶华句　招隐句　伤春句　断肠句
断章摘句　雕章镂句　分章析句　孤经绝句
孤女断句　钩章棘句　拘挛章句　金章玉句
剧言苦句　椒花丽句　锦囊佳句　千章万句
钱起神句　清词丽句　清词妙句　骑驴索句
冗词赘句　搜章摘句　违碍字句　寻章摘句
一字一句　遗文逸句　字字句句　逐字逐句
绨章饰句　绨章绘句　摛章绘句
东一句，西一句/活到嘴边留半句/冷一句，热一句/灶王上西天，有一句讲一句/

具　jù　①备有。②酒肴。③器物。④才能。⑤陈述。⑥完备。
不具　别具　才具　餐具　出具　炊具
茶具　草具　厨具　刀具　大具　灯具
道具　钓具　独具　赌具　饭具　工具
共具　耕具　火具　夯具　画具　寒具
戒具　夹具　机具　家具　校具　教具
酒具　莲具　开具　礼具　农具　量具
匳具　面具　茗具　模具　卡具　请具
寝具　器具　刃具　设具　实具　始具
食具　丧具　特具　胎具　文具　玩具
完具　挽具　卧具　行具　刑具　乐具
用具　牙具　雨具　严具　渔具　饮具
烟具　坐具　战具　钻具　张具　馔具
济胜具　假面具　能事具　青云具　生意具
杯器茶具　防毒面具　交通工具　木工刀具
木制家具　二并四具　生产工具　许询胜具
首尾完具　运载工具　杨侃才具　分曹携具
干诚之具

俱　jù　①共同，一起。②相同。③全。
不俱　莫俱　耦俱　与俱　赵俱
赤松俱　夫子俱　冷风俱　四岳俱　诗人俱
心赏俱　雪月俱　与化俱　与云俱　与道俱

惧 jù ①恐惧。②害怕。

不惧 怖惧 逼惧 耻惧 大惧 多惧
愕惧 何惧 悔惧 惶惧 骇惧 戒惧
惊惧 兢惧 窘惧 警惧 恇惧 恐惧
愧惧 内惧 栗惧 懔惧 怕惧 怯惧
茕惧 身惧 耸惧 悚惧 竦惧 通惧
恫惧 惕惧 无惧 外惧 危惧 畏惧
心惧 凶惧 恂惧 恟惧 汹惧 讻惧
优惧 忧惧 陨惧 慴惧 疑惧 惴惧
震惧 詟惧
毫无所惧 季常之惧 栗栗危惧 临危不惧
临事而惧 临难不惧 坦然无惧 无所畏惧
一则以善，一则以惧/

犋 jù 畜力单位名。

插犋
手合手犋

剧 jù ①戏剧。②厉害。③繁多。④繁难。⑤疾速。⑥嬉戏。

案剧 卑剧 病剧 悲剧 编剧 川剧
次剧 丛剧 材剧 丑剧 唱剧 差剧
楚剧 惨剧 愁剧 潮剧 嘲剧 典剧
笃剧 傣剧 滇剧 繁剧 广剧 国剧
更剧 桂剧 歌剧 赣剧 汉剧 花剧
枯剧 话剧 淮剧 徽剧 加剧 吉剧
机剧 京剧 艰剧 晋剧 急剧 激剧
昆剧 狂剧 吕剧 庐剧 沪剧 闹剧
理剧 陇剧 苗剧 闽剧 默剧 婺剧
评剧 偏剧 蒲剧 祁剧 曲剧 琼剧
倦剧 请剧 勤剧 黔剧 趣剧 史剧
生剧 诗剧 稍剧 苏剧 绍剧 太剧
侗剧 谈剧 傣剧 武剧 舞剧 现剧
戏剧 闲剧 兴剧 幸剧 笑剧 赐剧
湘剧 新剧 谐剧 喜剧 谑剧 尤剧
优剧 易剧 甬剧 吟剧 扬剧 哑剧
演剧 粤剧 邕剧 越剧 豫剧 彝剧
正剧 壮剧 冶剧 杂剧 众剧 增剧
案头剧 病大剧 悲喜剧 承欢剧 春困剧
电视剧 多幕剧 独幕剧 恶作剧 风流剧
广播剧 歌舞剧 活报剧 街头剧 假面剧
龙门剧 历史剧 连续剧 幕间剧 清唱剧
暑风剧 秧歌剧 正喜剧 杂耍剧
芭蕾舞剧

倨 jù ①傲慢。②直。

并倨 辞倨 贵倨 浩倨 句倨 倨倨
箕倨 骄倨 简倨 前倨 形倨
恭而不倨

据 jù 又音 jū ①依仗。②根据。③占有。④证明。

本据 霸据 单据 典据 得据 非据
根据 割据 钩据 捍据 九据 据据
借据 坚据 考据 龙据 理据 论据
凭据 票据 蟠据 盘据 窃据 契据
失据 收据 实据 数据 屯据 无据
信据 雄据 新据 引据 依据 有据
原据 约据 援据 占据 专据 宗据
执据 证据
不可据
不足为据 查无实据 封建割据 进退失据
深闭固据 事实依据 无凭无据 虚假论据
言必有据 有凭有据 真凭实据 凿凿有据
文章自古无凭据/醉后许物，无凭据/

锯 jù 又音 jū ①拉开木、石的器具。②用锯拉。③古刑具。

刀锯 电锯 负锯 斧锯 钢锯 拉锯
木锯 手锯 削锯 引锯 油锯 圆锯
钢丝锯 圆盘锯
鼎镬刀锯

踞 jù ①蹲。②伸开脚坐。③依靠。④占据。

对踞 高踞 虎踞 箕踞 蹲踞 狼踞
盘踞 蟠踞 雄踞 夷踞 醉踞 蹲踞
龙跃虎踞 龙盘虎踞 龙蟠虎踞 龙腾虎踞

聚 jù ①会合。②积聚。③村落。

保聚 毕聚 长聚 萃聚 噪聚 春聚
淬聚 凑聚 攒聚 大聚 辐聚 蜂聚
繁聚 公聚 共聚 合聚 会聚 汇聚
欢聚 积聚 纠聚 积聚 结聚 集聚
鸠聚 苦聚 蚁聚 类聚 良聚 难聚
陵聚 凝聚 麇聚 桴聚 萍聚 掊聚
裒聚 酺聚 麕聚 生聚 散聚 鼠聚

绥聚 缩聚 天聚 屯聚 团聚 囤聚
通聚 抟聚 堂聚 瓦聚 完聚 物聚
围聚 晤聚 蚁聚 小聚 乡聚 相聚
畜聚 翕聚 啸聚 云聚 易聚 鱼聚
夜聚 烟聚 宴聚 游聚 鹬聚 杂聚
招聚 珍聚 赘聚 簇聚
贝叶聚 寒箨聚 群龙聚 三花聚 水苔聚
五星聚 细柳聚 鱼云聚 渔艇聚
波委云聚 鸱张蚁聚 凫居雁聚 蜂屯蚁聚
蜂肩蚁聚 群分类聚 物以类聚 星群簇聚
蝇飞蚁聚 蝇营蚁聚 山川米聚 祥瑞钟聚

窭

jù 贫穷。

羁窭 瓯窭 贫窭 终窭

屦

jù ①古代的鞋。②皮制的鞋。③践踏。

堕屦 葛屦 跨屦 菅屦 捆屦 纳屦
芒屦 鞮屦 业屦 营屦 杖屦 织屦
珠屦 簪屦
白云屦 花黏屦 王乔屦 霜入屦
截趾适屦 蒙袂辑屦 孙琏织屦 刖趾适屦
遗簪坠屦 昭悲失屦 昭王坠屦

遽

jù ①驿车。②疾速。③窘迫。④遂，就。

边遽 薄遽 促遽 乘遽 匆遽 称遽
忽遽 大遽 盗遽 飞遽 惶遽 遑遽
骇遽 急遽 凌遽 迫遽 前遽 徒遽
心遽 庸遽 止遽 传遽 智遽 卒遽

区

qū 又音 ōu ①分别。②地域。③行政区划单位。④隐藏。⑤划分，区分。

奥区 陕区 白区 边区 厂区 村区
城区 大区 地区 分区 伐区 防区
工区 贾区 鬼区 管区 灌区 红区
荒区 海区 寰区 九区 郊区 军区
具区 景区 禁区 教区 锦区 考区
垦区 矿区 老区 林区 名区 牧区
盲区 区区 人区 山区 水区 市区
社区 时区 省区 苏区 神区 声区
赛区 天区 特区 误区 小区 学区
选区 绿区 新区 辖区 雨区 岩区
音区 中区 专区 灾区 战区
大军区 敌占区 稻苗区 风景区 工业区
国统区 红灯区 黄泛区 军分区 居民区
解放区 闹市区 沦陷区 水云区 市辖区
省军区 商业区 危险区 行政区 游击区
县辖区 自治区
标准时区 大行政区 高气压区 瓜畴芋区
经济特区 美化山区 贫瘠山区 首善之区
武陵山区 负壶灌区

岖

qū ［崎岖］山路不平。

崎岖 嵚岖 岩岖
道路崎岖 山路崎岖

驱

qū ①驱马前进。②奔驰。③行进。④驱逐。⑤迫使。

并驱 长驱 驰驱 东驱 地驱 风驱
麾驱 饥驱 疾驱 骏驱 驾驱 齐驱
侵驱 前驱 驱驱 跳驱 先驱 星驱
徐驱 胁驱 鱼驱 夜驱 争驱 载驱
绝尘驱 七萃驱 世故驱
并驾齐驱 齐足并驱 载驰载驱 祝网三驱
弗驰弗驱

躯

qū 身体。

病躯 薄躯 此躯 存躯 残躯 单躯
捐躯 贱躯 老躯 縻躯 弁躯 全躯
轻躯 柔躯 荣躯 身躯 神躯 投躯
忘躯 顽躯 微躯 血躯 形躯 遗躯
纵躯 贼躯
不只躯 固陋躯 鹤背躯 七尺躯 千金躯
息我躯
粉骨捐躯 为国捐躯 血肉之躯

曲

qū 又音 qǔ ①弯。②弯曲的地方。③蚕箔。④理亏。⑤偏僻的地方。⑥酿造时，引起发酵的东西。⑦局部的。⑧委屈。

大曲 方曲 犯曲 诡曲 红曲 河曲
局曲 卷曲 酒曲 扭曲 理曲 挛曲
米曲 麦曲 盘曲 蟠曲 虬曲 屈曲
却曲 诎曲 拳曲 特曲 弯曲 委曲
歪曲 骫曲 药曲 枕曲 糟曲
挠直为曲 泸州大曲 弯弯曲曲 言言委曲

蛐

qū ①蛐蟀。②蚯蚓。

蛐蛐 蜒蛐

诎

qū ①短缩。②嘴笨。③屈服。

不诎 充诎 道诎 俯诎 后诎 祸诎
见诎 敬诎 难诎 靡诎 前诎 身诎
受诎 相诎 抑诎 尧诎 致诎
莫能诎 无所诎

屈

qū ①低头。②使弯曲。③屈服。④治。⑤理亏。

不屈 抱屈 悲屈 财屈 辞屈 吊屈
负屈 耗屈 蠖屈 久屈 叫屈 济屈
佶屈 诘屈 蛣屈 劳屈 理屈 挠屈
隆屈 贫屈 蟠屈 盘屈 前屈 虬屈
申屈 受屈 声屈 诉屈 太屈 退屈
委屈 夭屈 应屈 有屈 郁屈 冤屈
隐屈 自屈 知屈
三退屈 受委屈
聱牙诘屈 白公舍屈 辞穷理屈 大直若屈
刚强不屈 含冤负屈 含冤受屈 喊冤叫屈
坚贞不屈 坚强不屈 龙蛰蠖屈 宁死不屈
临难不屈 能伸能屈 鸣冤叫屈 忍辱负屈
情见势屈 誓死不屈 万难不屈 威武不屈
隐甫不屈 至死不屈 指不胜屈 忠贞不屈
郭槐自屈 龚胜不屈 尺蠖之屈
大丈夫能伸能屈/威武不能屈/

祛

qū 除去，驱逐。

鄙祛 揽祛
尘累祛 疾未祛 俗志祛

袪

qū ①衣袖口。②举起。③分开。

豹袪 尘袪 分袪 金袪 襟袪 临袪
三袪
化人袪 执子袪

蛆

qū ①蝇类的幼虫。②喻废话。③酒面的浮沫。

虫蛆 浮蛆 怀蛆 嚼蛆 蝍蛆 生蛆
雪蛆 玉蛆
棉花蛆 瓮浮蛆
见缝下蛆

黢

qū 形容黑。

黑黢黢

趋

qū ①快走。②奔赴。③小步快走。④情势向着某方面发展。⑤趋向。

步趋 奔趋 叱趋 晨趋 风趋 分趋
凫趋 进趋 疾趋 急趋 渐趋 竞趋
龙趋 鲤趋 群趋 趋趋 日趋 时趋
鹜趋 翔趋 走趋 直趋
叱驭趋 丹墀趋 扶杖趋 鬼神趋 歌吴趋
接履趋 绿水趋 石马趋 众壑趋 鲤庭趋
大势所趋 孙堪缓趋 一步一趋 亦步亦趋
禹行舜趋

劬

qú 劳累。

劬劬

朐

qú ①屈曲的干肉。②弯曲。③远。④地名，在山东省。

临朐 北朐 炬朐 庐朐 马朐 宛朐
左朐

鼩

qú 鼱香鼠。

鼱鼩

渠

qú ①人工开凿的壕沟，水道。②古时车轮外的名称。③大。④古代守城设施。⑤盾。

白渠 川渠 长渠 春渠 漕渠 斗渠
干渠 宫渠 沟渠 河渠 荒渠 寒渠
交渠 井渠 沮渠 奸渠 竣渠 开渠
枯渠 魁渠 宁渠 门渠 毛渠 明渠
岂渠 清渠 渠渠 水渠 石渠 私渠
涉渠 同渠 通渠 小渠 凶渠 轩渠
犀渠 御渠 雍渠 支渠 竹渠
白玉渠 防波渠 灌洪渠 清水渠 温香渠
太白渠 燕尾渠
开河挖渠 郑国穿渠 凿壁开渠

蕖

qú 荷花。

芙蕖

磲

qú ［砗磲］一种软体动物，生活在热带海洋中，壳厚，可做装饰品。

砗磲

璩

qú 古代的一种耳环。

犀璩 应璩 尹璩

蘧 qú ①蘧麦。②惊喜的样子。

蝶蘧 菅蘧 蘧蘧 梦蘧
梦蘧蘧 蝶蘧蘧
栩栩蘧蘧

瞿 qú 姓。

长瞿 癸瞿 强瞿 瞿瞿 商瞿 昙瞿
夏瞿 执瞿

臞 qú ①同"癯"。②消瘦。

瘁臞

癯 qú 瘦。

清癯
面容清癯

衢 qú ①大路。②分岔的路。

充衢 长衢 道衢 分衢 高衢 荒衢
九衢 郊衢 街衢 空衢 康衢 路衢
陆衢 门衢 天衢 通衢 五衢 望衢
修衢 云衢 远衢
九达衢

曲 qǔ 又音 qū ①歌。②歌的曲调。

北曲 部曲 词曲 川曲 插曲 唱曲
晨曲 度曲 短曲 风曲 拂曲 古曲
顾曲 歌曲 法曲 鼓曲 和曲 剧曲
款曲 昆曲 看曲 南曲 邻曲 俚曲
名曲 琴曲 俗曲 戍曲 散曲 申曲
神曲 听曲 套曲 无曲 舞曲 情曲
小曲 乡曲 心曲 选曲 序曲 戏曲
新曲 一曲 乐曲 元曲 异曲 音曲
倚曲 渔曲 郢曲 夜曲 雅曲 艳曲
谣曲 正曲 作曲 自曲 杂曲 衷曲
组曲 终曲
白头曲 伯牙曲 拔山曲 大风曲 欸乃曲
肠断曲 采菱曲 春波曲 船夫曲 畅想曲
催眠曲 房中曲 歌旧曲 寡和曲 幻想曲
迴风曲 诙谐曲 交响曲 进行曲 间奏曲
狂想曲 丽分曲 凉州曲 浪漫曲 轮唱曲
练习曲 练声曲 离鸾曲 马赛曲 梅花曲
牌子曲 前奏曲 凄凉曲 三部曲 塞上曲
随想曲 天愁曲 同心曲 吴儿曲 小夜曲
相思曲 协奏曲 叙事曲 阳关曲 云韶曲
阳春曲 阳关曲 杨柳曲 圆舞曲 摇篮曲
自度曲 奏鸣曲
高歌一曲 黄色歌曲 流行歌曲 乱我心曲
清辞丽曲 山阳旧曲 武断乡曲 韦曲杜曲
武夷九曲
邯郸人学曲/霓裳羽衣曲/

取 qǔ ①拿。②从中拿出合乎需要的。③捕兽或抓到战俘时割下左耳。④获得。⑤选取。⑥通"娶"。

白取 必取 备取 逼取 拔取 博取
采取 抽取 萃取 掣取 篡取 夺取
待取 盗取 剟取 俯取 攻取 改取
苟取 购取 钩取 割取 唤取 换取
获取 汲取 尽取 记取 迎取 进取
截取 剪取 攫取 可取 苛取 看取
考取 括取 录取 罗取 逆取 留取
掠取 猎取 捞取 领取 聆取 录取
揽取 蹑取 牟取 觅取 谋取 剽取
骗取 去取 求取 弃取 轻取 窃取
搴取 攘取 收取 拾取 索取 摄取
听取 讨取 挑取 提取 偷取 探取
无取 妄取 小取 写取 选取 吸取
袭取 撷取 义取 言取 远取 挹取
渔取 支取 自取 争取 诈取 追取
择取 摘取 智取 榨取
不足取 不复取 拱手取 马上取 三箭取
随公取 五不取 无足取
分文不取 豪夺巧取 零存整取 人弃我取
唾手可取 无物可取 俯拾仰取 循次进取
一无可取 一介不取 义不苟取
天山三箭取/战无不胜，攻无不取/

娶 qǔ 把女子接过来成亲。

告娶 婚娶 嫁娶 未娶 已娶 迎娶
姻娶 再娶
明婚正娶 明媒正娶 敏修未娶 子平毕娶
有妻更娶

龋 qǔ 龋齿。因牙齿不洁形成小洞，俗称"虫牙"。

齿龋　治龋

去 qù　①离开所在的地方到别处。②离开。③距离。④失掉。⑤往。⑥过去的。⑦扮演。⑧差别。⑨除掉。

不去　出去　除去　辞去　大去　独去
遁去　风去　飞去　帆去　勾去　归去
故去　过去　呵去　化去　回去　击去
进去　减去　龙去　老去　来去　抹去
免去　屏去　去去　弃去　前去　上去
失去　省去　死去　散去　删去　同去
退去　褪去　望去　下去　仙去　相去
引去　远去　转去

不忍去　沧浪去　垂钓去　拂衣去　过不去
过得去　归田去　何处去　昏过去　花落去
豁出去　解绶去　稽山去　南溟去　罗威去
青云去　青春去　人琴去　三不去　随月去
投幻去　堂堂去　望望去　桃源去　引领去
移家去　晕过去　鸳鸯去　子猷去

春来秋去　不如归去　陈言务去　大江东去
大势已去　掉臂而去　踱来踱去　颠来倒去
负气而去　浮来暂去　拂袖而去　翻来覆去
过意不去　麾之即去　挥之即去　年来岁去
来回来去　眉来眼去　穆生决去　破壁飞去
妻怒而去　水至不去　说不过去　说得过去
说来说去　丝来线去　随意道去　想来想去
悻悻而去　踅来踅去　一来二去　一怒而去
扬长而去　鱼来雁去　言来语去　雁来鱼去
左来右去　直来直去　转来转去　楼空人去
挥之不去

暗里来，暗里去/大江漫不过鸭子去/风里来，雨里去/呼之即来，挥之即去/七十三八十四，阎王不请自己去/生不带来，死不带去/无可奈何花落去/小胡同赶猪，直来直去/招之即来，挥之即去/

趣 qù　①意向。②兴味。③行动。④旨趣。⑤兴趣。⑥作为。

奥趣　别趣　笔趣　成趣　淳趣　插趣
辞趣　凑趣　大趣　多趣　打趣　导趣
逗趣　敦趣　得趣　掉趣　督趣　风趣
归趣　古趣　高趣　鬼趣　欢趣　灌趣
局趣　见趣　机趣　佳趣　寄趣　精趣
况趣　苦趣　乐趣　理趣　没趣　美趣
妙趣　媚趣　迫趣　七趣　奇趣　清趣
情趣　琴趣　生趣　识趣　拾趣　诗趣
涉趣　殊趣　天趣　同趣　讨趣　通趣
心趣　兴趣　谐趣　义趣　夭趣　异趣
远趣　有趣　要趣　雅趣　幽趣　意趣
野趣　旨趣　知趣　志趣　助趣　指趣
真趣　诸趣

酒中趣　林壑趣　没情趣　琴中趣　讨得趣
岩下趣　烟霞趣

标情夺趣　发科打趣　饶有风趣　涉猎成趣
涉笔成趣　闲情逸趣　相映成趣　有声没趣
自讨没趣

肉麻当有趣/

觑 qù　看，窥探。

窥觑　偷觑　小觑　穴觑　相觑　羞觑
猿觑　慵觑　鸢觑
鬓边觑　偷眼觑
蜂猜蝶觑　冷眼相觑　面面相觑

吁 xū　又音 yù　①叹息。②叹词。

长吁　吁吁　欷吁　叹吁　仰吁　觑吁
喘吁吁　气吁吁
短叹长吁　气喘吁吁

砉 xū　又音 huā　皮骨相离声。

骈砉　歙砉　磔砉

须 xū　①胡须。②像须的东西。③应当。④等待。⑤终于，总归。⑥本是。⑦必须。

不需　白须　必须　帛须　长须　触须
垂须　多须　短须　夫须　拂须　蜂须
何须　会须　花须　胡须　虎须　军须
亟须　鲸须　卷须　立须　龙须　拈须
眉须　莫须　梅须　密须　邛须　虬须
少须　斯须　鼠须　苔须　无须　务须
相须　香须　虾须　些须　蓄须　吟须
要须　银须　捋须

捋虎须　捻吟须　撩虎须　麦生须　世所须
数茎须　数花须　雪满须　子文须　红须须
钩有须　何所须

吹胡捋须　虎口拔须　李绩焚须　满面髭须

磨砺以须　拍马溜须　升叹白须　燕颔虎须
煮粥焚须　敢捋虎须　撩拔虫须　张毛伸须
帛绳缠须

胥 xū ①蟹酱。②相视。③古代的小官。④全，都。

抄胥　钞胥　储胥　蝶胥　华胥　赫胥
立胥　乐胥　沦胥　里胥　灵胥　间胥
氾胥　小胥　熏胥　象胥　蟹胥　余胥
燕胥　追胥
姑少胥　狼居胥　梦华胥
封狼居胥

谞 xū ①才智。②谋利。

权谞　遗谞　智谞

顼 xū ［颛顼］传说中上古帝王名。

顼顼　轩顼　颛顼

虚 xū ①空。②不真实。③心时怯弱。④徒然。⑤洞孔。⑥衰弱。⑦天空。⑧指政治思想方针。⑨虚假。

暗虚　不虚　抱虚　步虚　碧虚　冲虚
充虚　乘虚　窗虚　胆虚　发虚　浮虚
腹虚　孤虚　很虚　荒虚　衡虚　击虚
拘虚　饥虚　极虚　距虚　集虚　静虚
沽虚　空虚　课虚　六虚　弄虚　凌虚
陵虚　蹑虚　凭虚　排虚　气虚　清虚
谦虚　若虚　入虚　二虚　耳虚　守虚
释虚　山虚　太虚　听虚　恬虚　相虚
逃虚　踏虚　务虚　心虚　玄虚　血虚
寻虚　悬虚　引虚　阴虚　阳虚　玉虚
月虚　庸虚　盈虚　渊虚　子虚　中虚
紫虚
方寸虚　返照虚　赋予虚　锦屏虚　酒樽虚
闹云虚　绿鬓虚　名不虚　水榭虚　不腹虚
天地虚　玉洞虚　月影虚　夜轮虚　夜窗虚
避实就虚　故弄玄虚　名下无虚　明实暗虚
批元捣虚　邛邛岠虚　蛩蛩距虚　事属子虚
纯属子虚　深藏若虚　撒诈捣虚　投刃皆虚
游刃皆虚　膝下犹虚　行酒朱虚　苑枯盈虚
以实涵虚　中馈犹虚　做贼心虚　贼人心虚
蹶与蛩蛩距虚/虾子过河，牵须（谦虚）/眼见为实，耳听为虚/做贼的心虚/做贼人心虚/良贾深藏若虚/

墟 xū ①故城。②荒废的地方。③土丘。④使成废墟。

村墟　成墟　趁墟　斗墟　废墟　归墟
故墟　荒墟　寒墟　郊墟　拘墟　灵墟
平墟　丘墟　黄墟　秦墟　山墟　天墟
星墟　云墟　姚墟　幽墟　殷墟
凤凰墟　郭氏墟　桑枣墟　鸟雀墟

嘘 xū 又音 shī ①慢慢吐气。②叹气。③热力熏炙。

吹嘘　唏嘘
求人吹嘘　仰天而嘘

歔 xū ［欷歔］哭泣时抽噎。

欷歔

欻 xū 又音 chuā 忽然。

奄欻　飙欻　淘欻　翕欻

需 xū ①等待。②需要。③迟疑。④必用的财物。

百需　边需　必需　次需　供需　军需
急需　日需　柔需　濡需　所需　受需
适需　无需　追需
日用需　适时需
不时之需　各取所需　豖虱濡需

繻 xū ①有色彩的缯。②古代一种用帛制的通行证。

分繻　符繻　合繻　给繻　裂繻　弃繻
投繻　申繻　损繻　衣繻　折繻
弃关繻
终军弃繻

魆 xū 暗。

黑魆魆

徐 xú ①缓缓。②安闲貌。③古九州之一。

安徐　迟徐　待徐　风徐　江徐　疾徐
荆徐　清徐　舒徐　微徐　徐徐　虚徐
严徐　纡徐　执徐　载徐
好风徐
不疾不徐　东风徐徐　高低疾徐　愿儿师徐

许 xǔ ①认可。②给予。③赞许。④处所。⑤这样，如此。

不许　此许　称许　裁许　巢许　斗许
伏许　复许　敢许　何许　或许　几许
久许　金许　奖许　嘉许　客许　厅许
来许　面许　默许　亲许　权许　轻许
期许　二许　尔许　如许　容许　少许
身许　神许　稍许　深许　谁许　遂许
誓许　听许　推许　特许　伪许　为许
心许　兴许　相许　许许　些许　允许
也许　应许　预许　颖许　燕许　意许
自许　准许　赞许
半减许　寸心许　芳心许　逋客许　肝胆许
奈何许　如瓮许　一笑许　子云许
点头赞许

诩 xǔ ①夸耀。②出言快而气壮。③普遍。④说大话，夸张。

称诩　高诩　华诩　骄诩　矜诩　夸诩
奢诩　诩诩　扬诩　虞诩　主诩　自诩
陈兵虞诩

栩 xǔ ［栩栩］形容生动的样子。

苍栩　栩栩
梦栩栩
蘧蘧栩栩

姁 xǔ 安乐，和悦。

娥姁　儿姁　姁姁

湑 xǔ 又音 xù ①滤去的酒渣滓。②清。③茂盛。

甘湑　酤湑　酣湑　乐湑　露湑　湑湑
叶湑　饮湑
零声湑　赵令湑

糈 xǔ ①粮食。②古代祭神用的黏米。③粮饷。④米饭。

夺糈　怀糈　美糈　窃糈　蒸糈
怀椒糈　香稻糈

醑 xǔ ①美酒。②醑剂的简称。

桂醑　椒醑　露醑　清醑　香醑　玉醑
杯中醑　氯仿醑　箬溪醑　盈樽醑　中山醑

旭 xù ①早晨太阳初出的阳光。②明亮。

初旭　春旭　晨旭　方旭　红旭　昏旭
朗旭　清旭　晴旭　始旭　天旭　旭旭
阳旭　张旭　朝旭　醉旭
会书张旭　日出旭旭

序 xù ①次序。②排列次第。③在正式内容前的。④庠序，古代的学校。⑤中堂两侧的东西厢房。⑥季节。

别序　次序　出序　词序　程序　承序
大序　代序　东序　第序　冬序　党序
倒序　敦序　分序　反序　芳序　工序
国序　化序　合序　后序　火序　花序
黉序　九序　节序　阶序　校序　菊序
胶序　令序　伦序　逆序　鹭序　旻序
暮序　佩序　气序　秋序　上序　四序
失序　书序　式序　世序　司序　时序
岁序　顺序　诗序　商序　霜序　鳣序
题序　同序　无序　物序　卧序　小序
西序　循序　修序　庠序　叶序　易序
有序　运序　音序　语序　逾序　雁序
愆序　正序　自序　作序　秩序　赠序
八风序　伯仲序　兰亭序　四时序　鹓鹭序
原子序　莺啼序　长幼序　众宾序　照穆序
贯鱼之序　黉宫胶序　混沌无序　井然有序
配合有序　三都作序　生产程序　鹓班鹭序
尊卑失序　整然有序

叙 xù ①叙谈。②排列次第。③陈述。④记叙。

八叙　补叙　班叙　次叙　粗叙　插叙
畅叙　陈叙　得叙　倒叙　笃叙　分叙
亶叙　回叙　欢叙　还叙　荒叙　九叙
即叙　节叙　记叙　讲叙　简叙　列叙
伦叙　论叙　聊叙　面叙　描叙　品叙
铺叙　铨叙　申叙　诉叙　时叙　顺叙
天叙　谈叙　无叙　小叙　信叙　攸叙
详叙　议叙　阳叙　有叙　自叙　追叙
秩叙　载叙　置叙
班荆叙　五事叙　自然叙　尊前叙
平铺直叙　闲言少叙

溆 xù ［溆浦］地名，在湖南省。

别溆　春溆　岛溆　芳溆　海溆　林溆
绿溆　平溆　浦溆　曲溆　沙溆　文溆
溪溆　玉溆　远溆　竹溆　州溆
临芳溆　青草溆　入浦溆　摇浦溆

恤 xù ①忧虑。②救济。③对别人表同情。

爱恤　不恤　保恤　存恤　赒恤　惨恤
大恤　多恤　恩恤　非恤　抚恤　俸恤
愍恤　国恤　顾恤　厚恤　济恤　救恤
矜恤　接恤　怜恤　悯恤　送恤　收恤
赡恤　同恤　无恤　勿恤　问恤　罔恤
休恤　相恤　衔恤　恤恤　营恤　自恤
追恤　周恤　振恤　兹恤

洫 xù 田间的水道，沟渠。

不洫　成洫　城洫　封洫　沟洫　田洫
有洫　造洫
田有封洫

畜 xù 又音 chù ①饲养。②养育。③取悦。④容纳。

池畜　风畜　财畜　贵畜　耕畜　涵畜
豢畜　荐畜　聚畜　牧畜　人畜　仁畜
孕畜　容畜　仔畜　事畜　视畜　牲畜
小畜　畜畜　役畜　子畜　杂畜　种畜
重畜　孳畜　诸畜
不我畜　龙非畜
盘积固畜　仰事俯畜
威震主者不畜/

蓄 xù ①积聚。②等待。③留着。

包蓄　宝蓄　存蓄　储蓄　藏蓄　黛蓄
奉蓄　含蓄　久蓄　积蓄　家蓄　聚蓄
拦蓄　粮蓄　廪蓄　扫蓄　私蓄　心蓄
余蓄　预蓄　蕴蓄　旨蓄　贮蓄　资蓄
九年蓄　秋气蓄　十年蓄　儋石蓄
俱收并蓄　兼收并蓄

勖 xù 勉励。

诚勖　敬勖　奖勖　开勖　愧勖　勉勖
懋勖　训勖　珍勖

绪 xù ①丝头。②头绪。③次序。④残余。⑤事业。⑥情绪。⑦顺从。⑧开头。⑨比喻连绵不断。

百绪　别绪　悲绪　抽绪　成绪　承绪
悰绪　触绪　春绪　愁绪　代绪　多绪
端绪　风绪　归绪　光绪　孤绪　欢绪
华绪　环绪　洪绪　寒绪　鸿绪　旧绪
茧绪　就绪　基绪　家绪　绝绪　继绪
令绪　伦绪　离绪　落绪　览绪　门绪
妙绪　苗绪　美绪　泣绪　秋绪　庆绪
前绪　情绪　入绪　式绪　思绪　师绪
缩绪　事绪　觞绪　头绪　条绪　万绪
文绪　无绪　紊绪　心绪　先绪　修绪
歇绪　月绪　由绪　忧绪　幽绪　意绪
遗绪　坠绪　胄绪　镄绪
百家绪　恢先绪　闹情绪　纤缕绪　青衿绪
阮孝绪
离情别绪　离愁别绪　茫头无绪　茫无端绪
千头万绪　千条万绪　千端万绪　无情无绪
无头无绪　未竟之绪　厌烦情绪　有头有绪
厌倦情绪

续 xù ①连续。②继承。③在原有的上面再加。㊃妻死再娶。⑤接代的人。

不续　存续　持续　骋续　代续　断续
待续　赓续　后续　恒续　间续　接续
绝续　继续　录续　连续　陆续　联续
绿续　似续　手续　绍续　嗣续　探续
续续　延续　衍续　撰续　缀续　貂续
貂可续　狗尾续　悬鲜续
存亡断续　存亡绝续　睹姬严续　断断续续
陆陆续续　李善养续　时断时续
貂不足，狗尾续/

絮 xù ①棉絮。②像棉絮的东西。③在衣服里铺棉花。④连续重复。⑤粗丝绵。⑥优柔寡断。

白絮　布絮　帛絮　败絮　被絮　飞絮
风絮　粉絮　聒絮　花絮　话絮　寒絮
金絮　冷絮　芦絮　柳絮　落絮　棉絮
飘絮　轻絮　吐絮　无絮　絮絮　缊絮
咏絮
白春絮　吹纶絮　沾泥絮
露花风絮　雪飘如絮　谢家轻絮　云朵如絮
干若败絮
谢道韫咏絮/

婿 xù ①夫婿。②女婿。③古代妇女对丈夫的称呼。

夺婿 夫婿 非婿 凤婿 公婿 贵婿
佳婿 可婿 快婿 女婿 两婿 良婿
僚婿 柳婿 郎婿 觅婿 妹婿 少婿
丝婿 缊婿 翁婿 兄婿 衣婿 友婿
咏婿 迎婿 娅婿 子婿 姊婿 宗婿
赘婿 诸婿
接脚婿 招女婿 侄女婿
宝窗选婿 过门女婿 画眉夫婿 入舍女婿
入赘女婿 乘龙快婿 牛归女婿 瑶光夺婿
不挑秦川地，愿挑好女婿/

煦 xù ①温暖。②日出时的霞光。③恩惠。

充煦 春煦 洞煦 恩煦 拂煦 和煦
弘煦 含煦 涵煦 江煦 近煦 鳞煦
灵煦 流煦 明煦 日煦 受煦 天煦
响煦 气煦 苣煦 晴煦 晚煦 温煦
呕煦 相煦 喧煦 煦煦 一煦 阳煦
余煦 妪煦 朝煦 照煦 做煦
和气煦 朗照煦 清光煦 韶阳煦 无温煦
温润煦 扬红煦
春风和煦 春风温煦 和风拂煦 暖风和煦
微风拂煦

蓿 xu ［苜蓿］多年生草本植物，叶长圆形，果实为荚果，可做肥料，饲料。

苜蓿
紫花苜蓿

一 yī ①数目字。②相同。③全，满。④统一。⑤专一。⑥另外的。⑦单独，纯正。⑧一下。⑨一旦。

八一 不一 本一 百一 抱一 从一
尺一 常一 持一 纯一 大一 代一
道一 第一 单一 端一 风一 分一
封一 法一 功一 归一 贵一 贯一
合一 和一 划一 画一 混一 艰一
经一 借一 家一 静一 精一 牛一
令一 宁一 难一 留一 妙一 平一
千一 七一 去一 欠一 其一 巧一
齐一 如一 肉一 十一 什一 生一
失一 守一 舍一 受一 纯一 损一
素一 深一 天一 太一 同一 堂一
统一 万一 五一 物一 惟一 唯一
心一 行一 性一 一一 元一 压一
用一 余一 羊一 夷一 源一 作一
这一 专一 种一 旨一 周一 贞一
执一 逐一 致一 昭一 值一 择一
白雉一 车书一 单打一 金环一 礼拜一
曲盖一 染草一 四海一 三十一 星期一
一百一 知其一
爱惜专一 百里挑一 百喙如一 表里如一
背城借一 表里不一 大小不一 大年初一
合二而一 合而为一 九九归一 既一且一
年年初一 柳清第一 二分之一 十不当一
宋璟第一 始终如一 天人合一 天下第一
万不失一 心口不一 心口如一 心思专一
信用第一 以防万一 言行不一 有一得一
质量第一 杂说不一 整齐划一
不问三七二十一/不管三七二十一/不怕一万，就怕万一/老子天下第一/二者必居其一/三一三十一/生意之道，欺众不欺一/天上人间，方便第一/一而二，二而一/

伊 yī ①作代词，彼，他，她。②文言助词。

皋伊 桓伊 嵩伊 吾伊 伊伊 郁伊
木乃伊

咿 yī ［咿呀］拟声词。

嘤咿 呻咿 喔咿 嘔咿 鸣咿 咿咿
哑咿

衣 yī 又音 yì ①衣服。②披在或包在物体外面的东西。③胎盘的胞衣。④果实的薄皮。⑤苔藓。⑥昆虫的翅膀。⑦鸟羽。

不衣 半衣 白衣 布衣 敝衣 便衣
补衣 班衣 斑衣 胞衣 弊衣 壁衣
长衣 采衣 成衣 陈衣 衬衣 衩衣
蚕衣 垂衣 粗衣 草衣 彩衣 毳衣
裳衣 肠衣 春衣 袗衣 蝉衣 禅衣
采衣 裁衣 翠衣 晨衣 鹑衣 氅衣
大衣 当衣 地衣 冬衣 递衣 单衣
捣衣 蝶衣 拷衣 风衣 反衣 丰衣
法衣 拂衣 佛衣 奋衣 逢衣 弓衣
估衣 故衣 更衣 衮衣 葛衣 缟衣
汗衣 何衣 和衣 红衣 花衣 号衣

荷衣　黄衣　恒衣　厚衣　褐衣　浣衣
祎衣　黑衣　寒衣　横衣　夹衣　金衣
军衣　举衣　兼衣　袷衣　解衣　简衣
锦衣　嫁衣　牛衣　内衣　芦衣　罗衣
林衣　纳衣　衲衣　绿衣　缕衣　燎衣
莱衣　毛衣　明衣　妙衣　麻衣　冥衣
棉衣　缦衣　墨衣　皮衣　炮衣　破衣
偏衣　蒲衣　配衣　黼衣　黻衣　囚衣
青衣　倚衣　衾衣　牵衣　裘衣　墙衣
寝衣　耳衣　戎衣　绒衣　穰衣　上衣
水衣　生衣　私衣　时衣　身衣　胜衣
税衣　寿衣　授衣　枢衣　深衣　素衣
蓑衣　睡衣　僧衣　摄衣　襚衣　天衣
同衣　苔衣　脱衣　胎衣　缇衣　铁衣
糖衣　褖衣　藤衣　无衣　外衣　苇衣
乌衣　舞衣　小衣　血衣　玄衣　香衣
戏衣　孝衣　夏衣　鲜衣　线衣　亵衣
絮衣　霄衣　霞衣　绣衣　衣衣　云衣
易衣　玉衣　雨衣　羽衣　浴衣　药衣
缘衣　褕衣　中衣　作衣　朱衣　织衣
征衣　治衣　沾衣　罩衣　紫衣　振衣
整衣　赘衣　褚衣　褶衣　铢衣　赭衣
缁衣　缀衣
白苎衣　不胜衣　百结衣　百家衣　百衲衣
楚宫衣　藏贼衣　豆腐衣　挂朝衣　火浣衣
救生衣　金缕衣　女萝衣　绿蓑衣　老莱衣
露湿衣　眠牛衣　芒屩衣　泣牛衣　潜水衣
四时衣　送寒衣　天垢衣　五色衣　望白衣
卫生衣　卧牛衣　香拂衣　香满衣　一色衣
一戎衣　羽人衣　一蓑衣　玉为衣　拥牛衣
雨沾衣　银泥衣　子产衣　子夏衣　杂绣衣
煮新衣　水田衣　挂朝衣
白日绣衣　病卧牛衣　苍狗白衣　崔氏绣衣
称体裁衣　澄子得衣　丹徒布衣　刀穿单衣
点头朱衣　杜陵布衣　典冠取衣　旰食宵衣
羹污朝衣　火树银衣　江湛浣衣　矜裘荣衣
蔻准牵衣　量体裁衣　隆中布衣　露水沾衣
霓裳羽衣　芒屩布衣　茅焦解衣　尔敝易衣
如不胜衣　若不胜衣　弱不胜衣　身无完衣
推食解衣　添置新衣　武夫之衣　无缝天衣
王导布衣　未明求衣　宋武纳衣　吴带曹衣
吴袪遗衣　相体裁衣　夏侯妓衣　玉食锦衣
玉女披衣　夜卧牛衣　足食丰衣　章泣牛衣
湛无兼衣　弹冠振衣
澄子忘缁衣/蜂虿入杯，随即解衣/好女不著嫁时衣/看菜吃饭，量体裁衣/二八月，乱穿衣/新沐者必弹冠，新浴者必振衣/

依　yī　①倚傍，靠着。②依托。③亲爱貌。④顺从。⑤按照。

不依　傍依　背依　博依　充依　畴依
斧依　辅依　归依　皈依　何依　借依
据依　可依　马依　靡依　凭依　七依
情依　栖依　时依　是依　孰依　天依
罔依　偎依　相依　因依　沿依　依依
翳依　遵依　瞻依　醉依
长剑依　佛我依　福所依　孤掉依　隔帘依
寒花依　客尽依　利名依　鸟共依　柳依依
黎杖依　绿依依　识所依　天外依　无所依
一言依　吟客依
彼此失依　唇齿相依　多愁相依　辅车相依
祸福相依　怜士无依　鸥水相依　鸥鸟相依
生死相依　无所凭依　杨柳依依　虞虢相依
山水相依

医　yī　①治疗病人的人。②假医神鬼以治病的人。③医学。④治病。⑤治疗。

罢医　拜医　村医　厂医　从医　成医
大医　凡医　法医　古医　官医　高医
国医　挟医　军医　忌医　就医　牛医
女医　卢医　良医　名医　盲医　明医
梦医　巧医　劝医　求医　请医　乳医
儒医　蓐医　上医　世医　俗医　侍医
神医　蛇医　兽医　善医　天医　太医
陀医　投医　巫医　小医　西医　行医
学医　寻医　校医　贤医　新医　牙医
言医　延医　庸医　御医　中医　拙医
藏医
不便医　不信医　地乏医　回生医　翰林医
金匮医　乱求医　猎髓医　岐黄医　三世医
杏林医　玉函医　倚谁医　治国医　折肱医
活国医
保外就医　扁鹊名医　古之名医　讳疾忌医
岂辱马医　俗不可医
病好遇良医/病急乱投医/病笃乱投医/不为良相，当为良医/百病可治，相思难医/久病成良医/久病成名医/且作死马医/死病无良医/三折肱，为良医/死马还须当作活马医/死马当作活马医/心病从来无药医/心病还须心药医/心病还从心上医/心病还须心上医/有病乱投医/隐疾难为医/药医不死病，死病无药医/自家有病自家医/

猗 yī ①叹美之词。②助词。

陶猗　扬猗　猗猗　郁猗

漪 yī 水波纹。

碧漪　层漪　春漪　黛漪　风漪　寒漪
沦漪　绿漪　连漪　涟漪　明漪　曲漪
清漪　文漪　细漪　新漪　漪漪　圆漪
直漪
湖水涟漪

壹 yī ①数词。②"一"的大写。③等同。④均一。⑤专一。⑥划一、统一。

班壹　诚壹　醇壹　大壹　得壹　醇壹
均壹　靡壹　平壹　朴壹　气壹　齐壹
勤壹　统壹　偷壹　泰壹　小壹　恬壹
作壹　专壹　志壹　赵壹
民德壹　与人壹

揖 yī ①拱手礼。②谦让。③挟持。④汲取。⑤拱手肃拜。

拜揖　长揖　对揖　复揖　拱揖　高揖
哀揖　后揖　环揖　进揖　剪揖　客揖
旅揖　平揖　前揖　三揖　手揖　受揖
时揖　土揖　天揖　投揖　持揖　桐揖
一揖　佑揖　迎揖　揖揖　作揖　正揖
坐揖
下车揖
打恭作揖　打躬作揖　哈腰作揖　罗圈儿揖
袁绍横揖　子高高揖

噫 yī 文言叹词。

长噫　风噫　哕噫　凭噫　秋噫　叹噫
五噫　委噫　一噫　余噫　抑噫
大块噫　风雷噫　一气噫　宇宙噫
梁鸿五噫

匜 yí ①一种洗手用的器具。②一种盛酒的器具。

杯匜　凤匜　奉匜　扈匜　螭匜　盘匜
洗匜　香匜
奉一匜

仪 yí ①人的容貌举止。②法度。③准则④仪式。⑤礼物。⑥匹配。⑦仪器。

表仪　拜仪　常仪　朝仪　大仪　典仪
奠仪　风仪　丰仪　菲仪　赙仪　公仪
光仪　汉仪　浑仪　贺仪　鸿仪　衡仪
井仪　旧仪　军仪　金仪　简仪　赆仪
开仪　坤仪　六仪　令仪　礼仪　母仪
姆仪　平仪　二仪　容仪　失仪　司仪
射仪　商仪　土仪　天仪　太仪　无仪
外仪　为仪　物仪　威仪　婉仪　小仪
心仪　西仪　习仪　形仪　相仪　献仪
谢仪　羽仪　养仪　越仪　颜仪　正仪
昭仪　张仪　葬仪
宾主仪　补穹仪　地动仪　地球仪　地震仪
风来仪　光谱仪　汉官仪　回转仪　浑天仪
纪纬仪　经纬仪　六分仪　平板仪　水平仪
水准仪　摄威仪　摄谱仪　盛典仪　天球仪
天象仪　探空仪　无威仪　无情仪　玉为仪
子午仪　振羽仪
彪之练仪　凤凰来仪　汉官威仪　贫乏奁仪
潘安容仪　善辩张仪　通宣朝仪　想望丰仪
侯风地动仪/叔孙通制朝仪/

圯 yí 桥。

高圯　邳圯　岁圯　通圯

夷 yí ①我国古代称东部的民族。②古代对中原以外各族的蔑称。③对外国人的蔑称。④平坦。⑤使之平。⑥古代锄草工具。⑦铲平。

伯夷　冰夷　鄙夷　丑夷　鸱夷　东夷
狄夷　荡夷　岛夷　等夷　冯夷　匪夷
番夷　回夷　华夷　垣夷　淮夷　九夷
金夷　剪夷　来夷　留夷　陆夷　陵夷
凌夷　明夷　蛮夷　蔑夷　平夷　桀夷
禽夷　戎夷　四夷　扫夷　伤夷　色夷
商夷　参夷　芟夷　随夷　无夷　外夷
武夷　威夷　西夷　辛夷　希夷　险夷
淫夷　自夷　治夷　族夷　逐夷　埽夷
东南夷　世道夷　我心夷

化险为夷　履险如夷　视险若夷　以夷伐夷
以夷制夷　用夏变夷
弃车之上无仲尼，覆舟之下无伯夷/

荑 yí　又音 tí　割去田地里的野草。

岸荑　碧荑　春荑　归荑　含荑　枯荑
蕾荑　绿荑　嫩荑　兰荑　茂荑　轻荑
柔荑　芰荑　瑶荑

姨 yí　①妻的姐妹。②母之姐妹。③风神。

阿姨　宝姨　痴姨　大姨　等姨　风姨
封姨　老姨　两姨　娘姨　婆姨　吾姨
小姨　诸姨
大小姨　十八姨

痍 yí　创伤，伤。

补痍　瘢痍　创痍　疮痍　伤痍
满目疮痍

沂 yí　沂河，源出山东省，流入江苏省。

海沂　淮沂　临沂　清沂　浴沂

诒 yí　传给。

馈诒　致诒

饴 yí　①糖浆。②某些糖果。

茶饴　得饴　含饴　醴饴　琼饴　如饴
石饴
高粱饴　芳以饴　露如饴　硕且饴　蔗煎饴
甘之如饴

怡 yí　和悦，愉快。

安怡　不怡　淡怡　和怡　静怡　目怡
情怡　融怡　神怡　心怡　欣怡　熙怡
怡怡　养怡　颜怡　自怡　贞怡
无不怡
圣训怡怡　心悦神怡　心旷神怡　兄弟怡怡
一瓢自怡

贻 yí　①赠送。②遗留。

见贻　馈贻　美贻　相贻　自贻
美人贻　彤管贻

迤 yí　又音 yǐ　［逶迤］形容道路、山脉、河流等弯弯曲曲延续不断的样子。

逶迤　迤迤
山路逶迤

椸 yí　衣架。

灯椸　挥椸　悬椸　竹椸
不同椸　衣在椸　竹为椸

宜 yí　①菜肴。②合适。③适宜的事。④适当。⑤应当。⑥当然，无怪。

不宜　成宜　大宜　地宜　得宜　合宜
久宜　机宜　礼宜　陋宜　便宜　偏宜
权宜　失宜　时宜　所宜　师宜　适宜
事宜　随宜　土宜　物宜　性宜　攸宜
相宜　咸宜　治宜　知宜　最宜　总宜
不相宜　处处宜　到处宜　方俗宜　丽日宜
事事宜　室家宜　受命宜　事思宜　讨便宜
万事宜　物色宜　小便宜　与世宜　与俗宜
月相宜　月色宜　占便宜　醉有宜
不合时宜　处置得宜　好讨便宜　厚薄相宜
浓淡相宜　面授机宜　权时制宜　随时制宜
天地相宜　贪图便宜　因人制宜　因时制宜
应协时宜　因地制宜　坐失机宜
饶人不是痴，过后讨便宜/省事饶人，过后得便宜/欲把西湖比西子，淡妆浓抹总相宜/

扅 yí　门闩。

扊扅

移 yí　①挪动。②移栽。③迁移。④改变。⑤离。

岸移　暗移　不移　搬移　抽移　当移
夺移　风移　翻移　归移　节移　鸡移
景移　夸移　流移　量移　挪移　默移
平移　漂移　飘移　迁移　潜移　日移
山移　身移　时移　刓移　神移　推移
文移　为移　位移　猗移　星移　檄移
云移　月移　渝移　顾移　游移　影移
住移　植移　转移
不可移　不能移　白云移　斗柄移　光阴移
花影移　画船移　画舫移　柳色移　落照移
手自移　岁星移　疏影移　淑星移　天地移
心不移　习俗移　月中移　月晕移　月轮移

愚公移　竹阴移　造化移　志末移
本性难移　百折不移　禀性难移　寸步难移
斗转星移　独立不移　坚定不移　南山可移
默转潜移　默化潜移　贫贱不移　确切不移
确凿不移　确定不移　日月推移　日中则移
矢志不移　参横斗移　物换星移　托人转移
星换物移　一定不移　与世推移　退如山移
江山易改，本性难移/江山可改，本性难移/贫贱不能移/人心齐，泰山移/山河易改，本性难移/山河容易改，禀性最难移/

簃　yí　楼阁旁边的小屋。

倭簃

颐　yí　①腮，下巴。②保养。③面颊。④休养。

葆颐　冲颐　点颐　朵颐　凼颐　短颐
独颐　方颐　丰颐　过颐　项颐　洪颐
浩颐　夥颐　儿颐　解颐　两颐　秘颐
歧颐　耆颐　期颐　探颐　易颐　支颐
滞颐　坐颐　张颐　楮颐
颔其颐　涕交颐　笑脱颐
百岁期颐　令人解颐　西山拄颐　大快朵颐

虵　yí　又音 shé［逶虵］①应付。②同“逶迤”。

委虵　蝼虵　虵虵
虚与委虵　泽神委虵

遗　yí　又音 wèi　①丢失。②遗漏。③丢失的东西。④舍弃。⑤遗忘。⑥遗留。⑦排泄。

不遗　补遗　采遗　憖遗　大遗　多遗
独遗　古遗　孤遗　孑遗　见遗　计遗
虑遗　南遗　阑遗　莫遗　梦遗　靡遗
厥遗　情遗　若遗　如遗　拾遗　脱遗
无遗　问遗　小遗　形遗　有遗　远遗
孑遗　祖遗　滞遗　珠遗
百虑遗　古人遗　孑孓遗　陌上遗　一经遗
野无遗　中道遗　智虑遗
包举无遗　暴露无遗　道不拾遗　巨细无遗
焦饭陈遗　路不拾遗　纤悉无遗　途不拾遗
士正无遗　义路同遗　一览无遗

疑　yí　①不信。②不能解决的。③疑问。④怀疑。⑤犹豫。⑥疑思。

弼疑　迟疑　沉疑　存疑　传疑　持疑
参疑　陈疑　猜疑　大疑　多疑　洞疑
答疑　断疑　犯疑　烦疑　孤疑　共疑
怀疑　胡疑　滑疑　狐疑　钳疑　惶疑
九疑　见疑　惊疑　决疑　夹疑　稽疑
解疑　可疑　嵬疑　难疑　莫疑　起疑
权疑　祛疑　群疑　阙疑　窃疑　然疑
生疑　设疑　思疑　善疑　释疑　斧疑
无疑　勿疑　向疑　我疑　危疑　心疑
信疑　析疑　蓄疑　嫌疑　献疑　悬疑
谳疑　犹疑　意疑　自疑　致疑　质疑
谘疑　置疑
不用疑　不需疑　到今疑　广旧疑　更生疑
两不疑　两威疑　来者疑　莫相疑　千古疑
窃铁疑　尚可疑　事可疑　投杼疑　无复疑
远多疑
不容置疑　半信半疑　驳象虎疑　东猜西疑
火浣魏疑　何嫌何疑　坚信不疑　进退狐疑
将信将疑　满腹狐疑　深信不疑　事避嫌疑
听微决疑　无不置疑　毋庸置疑　形迹可疑
以释群疑　犹豫多疑　自信不疑　众难群疑
赏奇析疑　时至而疑　无以致疑　其妻献疑
孔子辨疑
疑人勿用，用人勿疑/疑人莫用，用人莫疑/

嶷　yí　［九嶷］山名，在湖南。

端嶷　九嶷　岌嶷　明嶷　嵬嶷　岐嶷
奇嶷　荚嶷　尧嶷　嶷嶷

彝　yí　①古代盛酒的器具。②常，常规。③我国的少数民族名。

秉彝　朝彝　典彝　鼎彝　匪彝　古彝
皇彝　虎彝　斝彝　鸡彝　六彝　民彝
清彝　王彝　尊彝
夏鼎商彝　禹梦玄彝

乙　yǐ　①天干的第二位。②序数的第二的代称。③用作符号。④旧时乐谱记音符号。

白乙　报乙　抽乙　丹乙　党乙　帝乙
凫乙　勾乙　甲乙　苦乙　令乙　郎乙
磨乙　某乙　师乙　天乙　太乙　涂乙
乙乙　鱼乙　祖乙
虎挟乙　甲变乙

丹黄甲乙　越凫楚乙

已 yǐ ①停止。②完毕。③已经。④太，过。

不已　而已　久已　既已　可已　三已
式已　无已　修已　虚已　已已　业已
不得已　曷云已　情何已　无穷已
不得自已　逼不得已　方兴未已　嗟叹不已
谋求无已　迫不得已　情不自已　如此而已
如斯而已　死而后已　万不得已　有加无已
有增无已　争论不已　赞叹不已　孜孜不已
诛求无已
虎狼当道，不治狐狸；先除大害，小害自已/烈士暮年，壮心不已/庆父不死，鲁难未已/

以 yǐ ①用。②凭借。③以为。④依顺。⑤因为。⑥目的在于。

不以　得以　冠以　何以　加以　借以
给以　可以　难以　所以　屑以　予以
有以　优以　足以
不知所以　忘乎所以　忘其所以

苡 yǐ ［薏苡］多年生草本植物，果实坚硬而光滑，又叫薏仁米，可吃。

茅苡　芣苡　吐苡　香苡　薏苡
遭薏苡　的中苡
明珠薏苡　文渊薏苡

矣 yǐ 文言语气词：表已然；表必然；表疑问；表命令。

备矣　多矣　广矣　归矣　皇矣　焕矣
久矣　旧矣　可矣　礼矣　老矣　秾矣
落矣　某矣　美矣　痛矣　往矣　危矣
休矣　信矣　已矣　有矣　至矣　足矣
长已矣　今已矣　可教矣　年长矣　木拱矣
时去矣　吾老矣　吾过矣　事急矣　亦幸矣
从此逝矣　当如此矣　悔之晚矣　穷斯滥矣
吾道东矣　叹观止矣　先生休矣　由来久矣
至矣尽矣　咥其笑矣　亡无日矣　瞠乎后矣
叹为观止矣/温故知新，可以为师矣/

苢 yǐ ［芣苢］古书上指车前，叶和种子可入药。

芣苢

迤 yǐ 又音 yí ①地势斜着延长。②延伸。

逦迤　沵迤

蚁 yǐ ①玄色。②蚂蚁。

白蚁　兵蚁　虫蚁　蚕蚁　雌蚁　大蚁
飞蚁　芳蚁　浮蚁　工蚁　巨蚁　酒蚁
牛蚁　绿蚁　蝼蚁　蚂蚁　蓐蚁　千蚁
群蚁　如蚁　小蚁　穴蚁　香蚁　蠓蚁
成行蚁　床下蚁　撼树蚁　溃堤蚁　穴槐蚁
蠓文蚁　知雨蚁
宝珠穿蚁　床头斗蚁　董昭救蚁　多如蚂蚁
汽车如蚁　耳虚闻蚁　殷怖闻蚁　先驱蝼蚁
命如蝼蚁　贱如蝼蚁
热锅上的蚂蚁/热锅灶上的蚂蚁/热地上的蚂蚁/油锅上的蚂蚁/

倚 yǐ ①靠着。②仗恃。③偏，歪。④靠近。

毗倚　不倚　荡倚　附倚　福倚　交倚
肩倚　逦倚　楼倚　门倚　名倚　傍倚
切倚　亲倚　树倚　限倚　相倚　闲倚
形倚　笑倚　斜倚　徙倚　依倚　舟倚
枕倚　醉倚
长剑倚　风斜倚　孤棹倚　隔簾倚　寒花倚
利名倚　藜杖倚　天外倚　一言倚　吟船倚
不偏不倚　冰山难倚　祸福相倚　狼狈相倚
无偏无倚

椅 yǐ 又音 yī 有靠背的坐具。

长椅　电椅　高椅　交椅　靠椅　凉椅
龙椅　轮椅　排椅　圈椅　软椅　桐椅
躺椅　藤椅　文椅　徙椅　云椅　摇椅
折椅　竹椅　桌椅　转椅
安乐椅　扶手椅　金交椅　太师椅　嶧阳椅
坐交椅
皇帝乘椅
第一把交椅/坐第一把交椅/

扆 yǐ ①古代的一种屏风。②古代宫殿内门和窗户间的地方。③姓。

当扆　丹扆　负扆　陆扆　平扆　屏扆
黻扆　二扆　夙扆　天扆　香扆　绣扆
玉扆　帐扆　紫扆
九凤丹霞扆/

乂 yì 治理，安定。

安乂 保乂 俊乂 隽乂 英乂 作乂
海内乂 能俾乂 私淑乂 万邦乂 巫戎乂
朝野安乂 有能俾乂

义 yì ①正当。②文义。③品德的根本，伦理的原则。④公正。⑤有正义感的。⑥名义上的。⑦意义。⑧感情的联系。⑨指认作亲戚的。⑩姓氏。

奥义 不义 本义 贬义 辨义 褒义
才义 词义 成义 存义 陈义 谌义
辞义 大义 定义 独义 达义 道义
地义 典义 笃义 恩义 父义 风义
负义 富义 抉义 广义 古义 公义
归义 高义 格义 贵义 寡义 后义
何义 宏义 弘义 好义 含义 害义
惠义 涵义 见义 计义 结义 讲义
就义 举义 教义 经义 解义 绝义
精义 聚义 口义 六义 礼义 难义
门义 名义 民义 明义 慕义 秘义
墨义 气义 取义 起义 歧义 诠义
情义 二义 人义 仁义 认义 市义
私义 首义 守义 尚义 说义 识义
伤义 事义 肆义 率义 释义 善义
通义 无义 文义 五义 违义 行义
兴义 侠义 狭义 玄义 信义 显义
新义 异义 有义 音义 养义 语义
要义 喻义 译义 衍义 演义 疑义
懿义 正义 主义 仗义 字义 忠义
展义 重义 滞义 制义 遵义 转义
姓义 节义
比喻义 第一义 抽象义 引申义 要言义
朦胧义 象征义
本本主义 本位主义 不仁不义 保守主义
表现主义 背信弃义 背恩忘义 背恩负义
霸权主义 薄情寡义 从容就义 成仁取义
持有意义 辞不达义 慈母公义 达达主义
地方主义 杜林行义 多情多义 帝国主义
断章取义 方腊起义 封建主义 负恩忘义
个人主义 工团主义 古典主义 广州起义
共产主义 功利主义 改良主义 官僚主义
构成主义 孤文只义 孤恩负义 国际主义
感伤主义 顾名思义 辜恩负义 寡情寡义
黄巢起义 毫无疑义 见利忘义 构文牵义
机会主义 结构主义 极权主义 军国主义
居仁由义 金田起义 绝仁弃义 经济主义
急功好义 集体主义 教条主义 绝情寡义
假仁假义 开宗明义 扩张主义 客观主义
乐观主义 奴隶主义 农民起义 列宁主义
利己主义 玲锺道义 浪漫主义 南昌起义
绿林起义 马列主义 民权主义 马赫主义
民族主义 民生主义 命令主义 沐仁浴义
冒险主义 蒙昧主义 平均主义 捧檄毛义
轻身重义 秋收起义 轻身殉义 轻财仗义
人道主义 乳母守义 三民主义 沙文主义
始终守义 舍身取义 实用主义 社会主义
舍生取义 实证主义 事务主义 伸张正义
神秘主义 深明大义 随文释义 疏财仗义
释生取义 天经地义 迪不解义 投降主义
桃园结义 颓废主义 无仁无义 无情无义
未来主义 文牍主义 忘恩失义 忘恩负义
忘恩背义 望文生义 望文主义 武昌起义
武装起义 唯心主义 唯我主义 唯物主义
唯美主义 微言大义 写实主义 行侠好义
行侠主义 相对主义 形式主义 序列主义
现实主义 现代主义 修正主义 锡安主义
象征主义 虚无主义 夷齐守义 言不及义
印象主义 子威忠义 自由主义 中立主义
主情主义 主观主义 自然主义 殖民主义
资本主义 重财轻义 宗派主义 种族主义
羔羊之义 资父之义 民族大义 引喻失义
遵王之义 视觉主义 解构主义 朦胧主义
分裂主义 拿来主义 送来主义 买来主义
奢华主义 极简主义 简约主义 微模主义
恐怖主义 沙文主义 感性主义 货币主义
大棒主义 铁血主义 独身主义 绝对主义
平均主义 结果主义 建构主义 男性主义
浪漫主义 完美主义 悲观主义 微观主义
宏观主义 静态主义 独裁主义 门罗主义
阡能起义 黄巾起义 赤眉起义 杜弢起义
卢循起义 裘甫起衣 庞勋起义 捻军起义
赵广起义 盖吴起义 瓦岗起义 袁晁起义
梁山聚义 宋江起义
君子喻于义/绿林赤眉起义/八一南昌起义/

辩证唯物主义/陈胜吴广起义/大民族主义/大泽乡起义/达尔文主义/地方民族主义/法西斯主义/革命现实主义/官僚资本主义/机械唯物主义/空想社会主义/科学社会主义/科学共产主义/客观唯心主义/历史唯物主义/历史唯心主义/刘邦斩蛇起义/马克思主义/马克思列宁主义/孟德尔主义/摩尔根主义/墨子教为义/批判现实主义/一日夫妻百日恩义/宋江十二义/社会现实主义/无政府主义/右倾机会主义/犹太复古主义/衣食足而知礼义/有山无木，有水无鱼，有人无义/左倾机会主义/主观唯心主义/左倾宗派主义/太平天国起义/元末农民起义/刘六刘七起义/古州苗民起义/白莲教起义/后现代主义/个人冒险主义/右倾逃跑主义/新享乐主义/大男子主义/无政府主义/极端民族主义/民族虚无主义/大国沙文主义/新干涉主义/新制度主义/绝对意识主义/道德绝对主义/绝对环保主义/绝对唯心主义/绝对理性主义/新保守主义/凯恩斯主义/古典自由主义/大俄罗斯主义/达尔文主义/相对均衡主义/抽象表现主义/慈善资本主义/慈善虚无主义/种族灭绝主义/泛日耳曼主义/大日耳曼主义/泛奥斯曼主义/破六朝韩拔陵起义/莫折大提起义/方清、陈庄起义/王仙芝起义/王小波、李顺起义/杜洛周起义/鲜于修礼、葛荣起义/窦建德起义/西原人民起义/八字军抗金起义/红巾军起义/邵兴抗金起义/钟相、杨幺起义/魏胜抗金起义/红袄巾起义/

刈

yì ①割草的工具。②割。③杀。

刬刈 获刈 蒿刈 秋刈 手刈 生刈
收刈 始刈 是刈 芟刈 删刈 薪刈
铚刈 自刈 再刈 斫刈 助刈 斩刈
观铚刈

艾

yì 又音 ài 治理。

创艾 惩艾 自艾 斩艾
自怨自艾 一年不艾

议

yì ①言谈。②谋虑。③非议。④评论是非。⑤表明意见的言论。⑥商议，讨论。

百议 别议 驳议 博议 傍议 刍议
成议 创议 参议 疵议 昌议 倡议
持议 筹议 大议 动议 典议 党议
诋议 谠议 风议 非议 浮议 复议
访议 讽议 附议 腹议 诽议 公议
共议 高议 替议 会议 合议 和议
阂议 横议 计议 决议 讲议 诅议
较议 建议 集议 聚议 谏议 抗议
款议 窥议 另议 吏议 拟议 末议
面议 谋议 密议 平议 品议 评议
濮议 丘议 窃议 清议 世议 思议
私议 审议 事议 殊议 商议 熟议
廷议 提议 谈议 调议 五议 妄议
物议 巷议 协议 喧议 献议 一议
异议 英议 逸议 诒议 疑议 谚议
与议 正议 杂议 争议 忠议 奏议
咨议 酌议 訾议 诹议 谘议
明哲议 无异议 云台议 盐铁议 丞相议
不可思议 办公会议 从长计议 从长商议
崇论闳议 代表会议 电话会议 法而不议
扩大会议 闳言崇议 夹叙夹议 街谈巷议
力排众议 联席会议 窃窃私议 饵兵会议
无可非议 无可訾议 心非巷议 圆桌会议
自报公议 执行决议
政治协商会议/唯酒食是议/大功言而不议/

弋

yì 用带着绳子的箭来射鸟。

布弋 毕弋 避弋 浮弋 钩弋 牵弋
清弋 善弋 弹弋 无弋 玄弋 巡弋
游弋 止弋 终弋 矰弋

亿

yì ①安。②数词。③满足。

不亿 百亿 供亿 洪亿 巨亿 逆亿
千亿 十亿 时亿 万亿 有亿 杨亿
兆亿
古人万亿

艺

yì ①才能，技能。②限度。③种植。④古代“六艺”之一。⑤艺术。⑥准则。

博艺 薄艺 才艺 从艺 初艺 呈艺
传艺 荣艺 逞艺 材艺 词艺 掇艺
代艺 多艺 道艺 负艺 工艺 高艺

贡艺　好艺　画艺　伎艺　讲艺　技艺
经艺　绝艺　较艺　精艺　六艺　农艺
末艺　卖艺　平艺　片艺　权艺　巧艺
亲艺　曲艺　球艺　棋艺　十艺　手艺
色艺　识艺　纯艺　树艺　殊艺　试艺
天艺　徒艺　特艺　谈艺　通艺　文艺
无艺　伟艺　玩艺　武艺　舞艺　小艺
习艺　学艺　兴艺　校艺　献艺　新艺
一艺　乐艺　园艺　涯艺　游艺　作艺
众艺　执艺　造艺　遵艺
雕虫艺　后文艺　手工艺　耍手艺　随时艺
五土艺　新文艺　一方艺　张公艺　罗程艺
文武艺　无双艺
多才多艺　科班学艺　贪贿无艺　特种技艺
特种工艺　阴谋文艺　因材施艺　展示才艺
用人无艺
程咬金的武艺/十八般武艺/一十八般武艺/

忆　yì　①思念。②回忆。③记住。

谙忆　不忆　长忆　共忆　回忆　怀忆
迴忆　久忆　见忆　记忆　旧忆　静忆
荒忆　苦忆　空忆　偏忆　日忆　思忆
深忆　诵忆　琐忆　同忆　心忆　相忆
有忆　远忆　追忆
沧州忆
丧失记忆　美好回忆
间歇性失忆/暂时性失忆/短暂性失忆/选择性失忆/全盘性失忆/连续性失忆/局部性失忆/

呓　yì　梦话。

梦呓　醉呓　谵呓

屹　yì　山势高耸。

昂屹　屹屹

亦　yì　也（表示同样），也是。

人亦　吾亦
嚣嚣亦

弈　yì　①围棋。②下棋。③大。

布弈　博弈　残弈　对弈　赌弈　方弈
海弈　巧弈　棋弈　射弈　善弈　习弈
仙弈　闲弈　学弈　戏弈
别墅弈　斗智弈　柯山弈　秋海弈　松下弈
手谈弈
柯公罢弈　二字学弈　三方博弈

奕　yì　①大。②美丽。③娴熟。④重，累。

焕奕　赫奕　来奕　烜奕　有奕　奕奕
英奕　悠奕　游奕
神通奕　争道奕　坐隐奕
精神奕奕　声明赫奕　声势赫奕　神采奕奕
四壮奕奕
息金消石，往小来奕/

裔　yì　①后裔。②边远的地方。

八裔　边裔　丑裔　贵裔　回裔　后裔
华裔　海裔　昆裔　流裔　门裔　苗裔
容裔　融裔　四裔　贤裔　遐裔　余裔
远裔　涌裔　裔裔　胄裔
波容裔　德垂裔　盆禽裔　迁四裔
炎黄后裔　德垂后裔

异　yì　①不同的。②分开。③另外的。④特别的。⑤奇怪。

爱异　不异　百异　并异　禀异　变异
剥异　驳异　褒异　辨异　出异　存异
舛异　差异　宠异　错异　诧异　大异
多异　德异　分异　非异　古异　高异
乖异　怪异　诡异　瑰异　好异　何异
迥异　横异　恒异　骇异　惊异　名异
俊异　立异　灵异　离异　考异　睽异
名异　茂异　区异　奇异　曲异　歧异
人异　三异　时异　尚异　神异　殊异
天异　同异　特异　文异　万异　外异
违异　小异　心异　仙异　形异　性异
幸异　贤异　学异　秀异　新异　尤异
异异　优异　崖异　圆异　妖异　幽异
讶异　颖异　疑异　灾异　卓异　桌异
珍异　志异　镇异　自异
出处异　风神异　巧拙异　人情异　头角异
烟景异
敖曹雄异　本同末异　标新立异　大同小异
道同功异　党同伐异　函新趣异　景同情异

鲁恭三异　求同存异　日新月异　饵同钓异
学说互异　歆向自异　驯雉之异　文章奇异
贞淫各异　拔新领异
求大同，存小异/

抑

yì ①压制。②文言连词，表选择；表转折，表递进。③按。④俯。⑤冤屈。⑥低沉。

捽抑　贬抑　沉抑　挫抑　裁抑　摧抑
低抑　顿抑　遏止　幅抑　挤抑　勒抑
敛抑　平抑　排抑　屈抑　谦抑　沉抑
损抑　压抑　忧抑　郁抑　抑抑　掩抑
淹抑　怨抑　冤抑　拚抑　自抑　阻抑
窒抑　遮抑
臧否扬抑　不可遏抑

邑

yì ①古代称国为邑。②京城。③城市。④封地。

阿邑　比邑　百邑　边邑　敝邑　鄙邑
弊邑　采邑　昌邑　成邑　赤邑　赐邑
城邑　大邑　代邑　都邑　巅邑　分邑
丰邑　封邑　公邑　改邑　故邑　观邑
桓邑　九邑　江邑　井邑　旧邑　祭邑
京邑　建邑　捐邑　家邑　绝邑　陵邑
马邑　谋邑　平邑　山邑　四邑　食邑
神邑　天邑　田邑　同邑　通邑　为邑
万邑　琯邑　下邑　乡邑　新邑　诩邑
县邑　一邑　余邑　远邑　邑邑　於邑
菸邑　宗邑　知邑　在邑　州邑　致邑
增邑
单父邑　夫人邑　汾阳邑　宓贼邑　三秦邑
汤沫邑　云阳邑
名喧洛邑　始分部邑　通都六邑

挹

yì ①舀。②引。③抑制。④拉。

冲挹　陈挹　代挹　久挹　近挹　降挹
奖挹　可挹　内挹　劝挹　钦挹　谦挹
如挹　损挹　推挹　一挹　易挹　仰挹
情存损挹

悒

yì 愁闷。

愁悒　忿悒　何悒　怏悒　劳悒　谦悒
息悒　忧悒　快悒　郁悒　悒悒
守此悒悒

浥

yì ①湿润。②浸沾。③香气盛貌。

趋浥　涧浥　酒浥　露浥　厌浥　浥浥
注浥

佚

yì ①散失。②过失。③放纵。④美。

安佚　不佚　饱佚　独佚　荡佚　丰佚
后佚　辑佚　骄佚　龙佚　求佚　轻佚
奢佚　探佚　贪佚　亡佚　遐佚　遗佚
淫佚
湮汨佚
骄奢淫佚

泆

yì ①水奔突而出。②放荡。

奔泆　放泆　决泆　淫泆

轶

yì ①散失。②超过。

奔轶　超轶　驰轶　夺轶　繁轶　贯轶
轰轶　驾轶　夸轶　乐轶　屈轶　侵轶
突轶　散轶　天轶　亡轶　雄轶
伏式结轶

役

yì ①服兵役。②服兵役的人。③使唤。④劳役。⑤服劳役的人。⑥役夫。⑦战事。

碍役　兵役　百役　本役　保役　边役
捕役　铺役　差役　丁役　大役　调役
夫役　负役　服役　赋役　工役　公役
功役　恒役　缓役　久役　拘役　军役
饥役　就役　解役　空役　苦役　科役
课役　力役　吏役　奴役　劳役　隶役
虏役　门役　免役　平役　仆役　驱役
人役　日役　戎役　水役　书役　色役
使役　师役　厮役　同役　退役　徒役
物役　行役　形役　校役　戏役　现役
于役　义役　应役　役役　徭役　繇役
衙役　遥役　专役　杂役　职役　助役
战役　督役　逐役
长桥役　预备役
无能为役　一身两役
毕其功于一役/

疫

yì ①流行的急性传染病的通称。②疫鬼。

病疫 赤疫 大疫 防疫 媾疫 旱疫
虎疫 疾疫 救疫 检疫 饥疫 流疫
疗疫 厉疫 免疫 去疫 青疫 时疫
送疫 兽疫 湿疫 鼠疫 瘟疫 畜疫
息疫 禳疫 主疫 灾疫 逐疫
鸡新城疫 可除厉疫 天然免疫
先天性免疫/

毅 yì ①果决，刚毅。②严厉。

步毅 沉毅 方毅 刚毅 果毅 弘毅
洪毅 坚毅 乐毅 明毅 奔毅 深毅
心毅 雄毅 扰毅 英毅 勇毅 贞毅
忠毅
面容刚毅

译 yì ①解释。②翻译。

别译 笔译 编译 传译 重译 大译
方译 翻译 改译 九译 今译 节译
旧译 口译 考译 老译 累译 破译
偏译 曲译 使译 通译 问译 细译
详译 象译 音译 宜译 迻译 远译
遗译 意译 正译 拙译 直译 摘译
机器翻译

怿 yì ①欢善。②悦服。

不怿 辞怿 高怿 和怿 内怿 流怿
桑怿 外怿 喜怿 欣怿 有怿 以怿
悦怿 怡怿 夷怿

驿 yì ①驿站。②驿路。③用驿马传递。

表驿 奔驿 仓驿 传驿 驰驿 翠驿
飞驿 风驿 凤驿 废驿 古驿 官驿
馆驿 孤驿 荒驿 黄驿 江驿 旧驿
给驿 两驿 落驿 陆驿 骆驿 乘驿
十驿 信驿 远驿 音驿 野驿 驿驿
郑驿
大洲驿 金鹰驿 连云驿 留宾驿 流星驿
青云驿 青泥驿 清夜驿 上马驿 郑庄驿

绎 yì ①抽丝。②理。③引出头绪。④连续不断。

抽绎 差绎 细绎 等绎 皂绎 傅绎
句绎 讲绎 间绎 皦绎 络绎 连绎
七绎 说绎 舒绎 讨绎 玩绎 湿绎
寻绎 细绎 熊绎 由绎 引绎 吟绎
有绎 衍绎 演绎 绎绎

易 yì ①“周易”的简称。②改变。③交换④散漫。⑤修整。⑥容易。⑦和平。⑧交易。⑨轻视。

不易 变易 博易 采易 成易 大易
地易 点易 读易 攻易 改易 更易
互易 何易 和易 忽易 换易 交易
艰易 居易 讲易 经易 俭易 俊易
解易 简易 狂易 老易 乐易 礼易
流易 难易 陵易 陋易 民易 贸易
慢易 嫚易 平易 辟易 迁易 浅易
轻易 榷易 人易 容易 柔易 三易
上易 市易 说易 生易 色易 朔易
甚易 始易 碎易 率易 嬗易 天易
太易 佻易 脱易 无易 文易 为易
味易 形易 性易 险易 循易 谐易
易易 移易 语易 自易 周易 注易
造易 折易 治易
分金易 好客易 九师易 节序易 霜花易
天心易 兴贸易 相见易
肮脏交易 百世不易 保护贸易 补偿贸易
成之极易 对外贸易 风移俗易 公平交易
冠履倒易 何晏谈易 居大不易 来处不易
来之不易 名贸实易 权会诵易 荣悴不易
双边贸易 守成不易 时移俗易 时移世易
谈何容易 畏难求易 诩不求易 一字不易
一定不易 伊川传易 至当不易 知人不易
长安居大不易/来得易，去得易/连山归藏周易/一粥一饭来之不易/一粥一饭，当思来之不易/画犬马难，画鬼魅易/

埸 yì ①边界。②田间的界限。③道路。

边埸 广埸 瓜埸 疆埸
荒郊埸 田边埸

蜴 yì ［蜥蜴］俗称“四脚蛇”。

虺蜴 脉蜴 石蜴 蛇蜴 蜥蜴 易蜴

诣 yì ①到。②前往。③（学问等）所到达的境界。

不诣 奔诣 传诣 超诣 孤诣 见诣

俱诣 抗诣 来诣 流诣 莫诣 识诣
送诣 心诣 先诣 行诣 一诣 造诣
指诣
被褐诣 阙迁诣 无所诣 小船诣
苦心孤诣

羿 yì ①鸟张翅旋风而上。②夏尧时候的射师。

帝羿 后羿 慕羿 仁羿 夷羿 淫羿
虞羿 疑羿

翊 yì 帮助，辅佐。

冯翊 辅翊 藩翊 环翊 童翊 右翊
左翊 镇翊
饷东刘翊

翳 yì ①用羽毛制成的车盖。②隐藏。③遮蔽。④眼球上生长的障蔽视线的膜。⑤阴影。⑥起遮蔽作用的东西。⑦除掉。

暗翳 不翳 白翳 蔽翳 参翳 逗翳
氛翳 负翳 繁翳 幼翳 祸翳 久翳
降翳 纶翳 陵翳 目翳 冥翳 蒙翳
媒翳 屏翳 请翳 萋翳 日翳 上翳
神翳 手翳 体翳 勿翳 无翳 芜翳
翁翳 夕翳 下翳 兴翳 献翳 云翳
永翳 阴翳 愔翳 荫翳 掩翳 隐翳
翳翳 菑翳 织翳 雉翳 装翳
滃滃翳

翼 yì ①翅膀。②指某些翅状物。③左右两侧中的一侧，或政治思想上的派别。④帮助。⑤遮蔽。⑥星宿名。

白翼 比翼 毗翼 鼻翼 垂翼 侧翼
蝉翼 大翼 殿翼 飞翼 风翼 浮翼
伏翼 冯翼 扶翼 奋翼 副翼 辅翼
掛翼 化翼 虎翼 巨翼 机翼 居翼
金翼 矫翼 戢翼 健翼 鹈翼 考翼
匡翼 两翼 励翼 卵翼 墨翼 鹏翼
千翼 奇翼 二翼 轻翼 三翼 双翼
树翼 鹓翼 卫翼 蚊翼 尾翼 希翼
钦翼 旋翼 一翼 云翼 玉翼 引翼
右翼 羽翼 翼翼 雁翼 燕翼 只翼
左翼 足翼 壮翼 展翼 赞翼 鹓翼
垂天翼 垂云翼 冲天翼 图南翼 蓬蒿翼
凌风翼 双凤翼 三年翼 上林翼 伤弓翼
冲天羽翼 崔琦忤翼 鸿渐之翼 龙翰凤翼
连枝比翼 猛虎添翼 如虎傅翼 天生羽翼
为虎傅翼 为虎添翼 小心翼翼 与虎添翼
赚帖萧翼 万里鹏翼 攀麟附翼

益 yì ①水漫出器皿。②富裕。③更加。④增加。⑤利益。⑥有益。

补益 裨益 刺益 垂益 多益 得益
附益 辅益 广益 公益 规益 何益
后益 进益 荆益 教益 匡益 内益
利益 盆益 哀益 渤益 求益 权益
请益 人益 日益 饶益 润益 山益
无益 牧益 受益 私益 实益 损益
思益 天益 效益 有益 羽益 欲益
掩益 愈益 诱益 曾益 忠益 增益
滋益
黄主益 谦受益 闲中益
缓急非益 集思广益 经济效益 积思广益
静坐有益 开卷有益 卖菜求益 七损八益
日增月益 身心受益 徒劳无益 为学求益
向长损益 有当公益 有损无益 知其无益
曾参务益
夫妻交市，莫问谁益/满招损，谦受益/枣百益一损，梨百损一益/宋太宗开卷有益/

嗌 yì 又音 ài 咽喉。

哽嗌 号嗌 涩嗌 鸣嗌 嗌嗌

溢 yì ①液体满而向外面流。②水泛滥成灾。③超过。

不溢 崩溢 川溢 充溢 丰溢 芳溢
浮溢 沸溢 富溢 泛溢 广溢 光溢
沟溢 化溢 河溢 寒溢 横溢 井溢
决溢 皆溢 江溢 金溢 骄溢 苦溢
溃溢 馈溢 流溢 漫溢 满溢 溔溢
匹溢 湓溢 飘溢 泉溢 庆溢 乳溢
荣溢 融溢 饶溢 上溢 水溢 神溢
散溢 奢溢 阗溢 涛溢 外溢 危溢
杨溢 洋溢 淫溢 演溢 渝溢 盈溢
意溢 艳溢 溢溢 银溢 衍溢 涌溢
自溢 眦溢 纵溢 张溢 沾溢 注溢
智溢
芳塘溢 酒浃溢 名誉溢 月华溢

稻香四溢　果香四溢　江河横溢　江满河溢
热情洋溢　深情厚溢　夏江水溢　幽香四溢
才华横溢

缢 yì　用绳子勒死。

必缢　逼缢　绞缢　乃缢　密缢　刎缢
自缢

镒 yì　古代的重量单位。

百镒　斤镒　千镒　万镒

鹢 yì　同“鹝”，古书中说的一种水鸟。

白鹢　巷鹢　彩鹢　泛鹢　浮鹢　花鹢
画鹢　巨鹢　六鹢　蘭鹢　青鹢　双鹢
退鹢　文鹢　绣鹢　云鹢

谊 yì　①交情。②议论。③通“义”。

不谊　大谊　道谊　恩谊　风谊　分谊
古谊　高谊　故谊　厚谊　交谊　节谊
经谊　贾谊　年谊　联谊　美谊　戚谊
情谊　仁谊　失谊　世谊　私谊　深谊
信谊　乡谊　行谊　友谊　永谊　寅谊
正谊　造谊
鲍叔谊　敦风谊　交友谊
袍泽之谊　东道之谊　地主之谊　隆情厚谊
巨伯高谊　加深友谊　深情厚谊　盛情厚谊
至纫高谊

逸 yì　①散失。②奔跑。③释放。④安闲。⑤超过一般。⑥超迈。⑦安闲。

安逸　傲逸　奔逸　播逸　博逸　逋逸
才逸　处逸　昌逸　冲逸　超逸　多逸
荡逸　遁逸　颠逸　飞逸　风逸　放逸
浮逸　奋逸　高逸　怪逸　火逸　欢逸
宏逸　横逸　豪逸　旧逸　居逸　均逸
举逸　俊逸　驾逸　娇逸　骄逸　镜逸
酒逸　骏逸　隽逸　怙逸　狂逸　良逸
丽逸　劳逸　迷逸　媚逸　飘逸　奇逸
轻逸　情逸　清逸　遒逸　潜逸　人逸
任逸　散逸　思逸　山逸　少逸　奢逸
势逸　寿逸　逃逸　恬逸　锐逸　忘逸
无逸　心逸　仙逸　讯逸　闲逸　贤逸
秀逸　暇逸　雄逸　翔逸　优逸　远逸
医逸　英逸　淫逸　逸逸　遗逸　宴逸
艳逸　野逸　渝逸　衍逸　幽逸　越逸
游逸　燕逸　隐逸　自逸　治逸　纵逸
恣逸　壮逸
笔意超逸　风姿秀逸　骄奢淫逸　惊人风逸
孔子马逸　兰亭豪逸　李订六逸　龙蟠凤逸
清新俊逸　清雅飘逸　山林隐逸　神采飘逸
贪图安逸　一劳永逸　竹溪六逸

意 yì　①意向。②考虑。③意思。④感情。⑤心愿。⑥料想。

阿意　不意　白意　表意　别意　败意
笔意　鄙意　薄意　褒意　寸意　称意
词意　承意　垂意　措意　侈意　创意
初意　春意　畅意　错意　禅意　诚意
醋意　大意　达意　的意　歹意　敌意
夺意　敌意　笃意　得意　荡意　诞意
德意　恶意　恩意　反意　非意　芳意
放意　拂意　咈意　附意　讽意　愤意
广意　工意　古意　过意　官意　挂意
高意　顾意　构意　好意　合意　会意
何意　怀意　花意　含意　话意　画意
迴意　厚意　寒意　介意　句意　尽意
加意　匠意　决意　奸意　经意　极意
倦意　绝意　建意　寄意　敬意　解意
降意　精意　涧意　减意　假意　激意
可意　快意　刻意　款意　瑰意　酷意
立意　冷意　来意　乐意　两意　凉意
逆意　留意　腊意　领意　炼意　绿意
柳意　目意　木意　民意　命意　美意
密意　满意　芹意　茜意　起意　恰意
曲意　秋意　轻意　情意　遣意　倾意
琴意　惬意　歉意　二意　人意　任意
如意　锐意　示意　失意　生意　述意
杼意　圣意　私意　适意　身意　受意
设意　神意　顺意　实意　诗意　授意
素意　深意　率意　商意　睡意　遂意
肆意　盛意　善意　随意　天意　同意
托意　特意　贴意　通意　题意　无意
为意　我意　迕意　忤意　玩意　顽意
违意　微意　下意　先意　心意　写意
信意　息意　悉意　系意　笑意　惜意
屑意　羞意　虚意　喜意　新意　蓄意

懈意 谢意 一意 云意 叶意 易意
雨意 运意 用意 有意 悦意 原意
淫意 语意 娱意 迎意 野意 幽意
愿意 愚意 喻意 谕意 遗意 寓意
雅意 艳意 游意 援意 中意 正意
主意 作意 在意 专意 至意 旨意
志意 足意 造意 注意 执意 杼意
指意 贞意 重意 真意 纵意 恣意
致意 着意 诛意 珠意 智意 着意
尊意 属意 缀意 醉意 澍意
不在意 不快意 不过意 不经意 不注意
不中意 不自意 不屑意 出主意 传笔意
沧州意 春风意 打主意 得真意 法外意
何限意 花鸟意 宦游意 金如意 解人意
凌云意 拿主意 梅柳意 平生意 跑生意
强人意 清净意 松作意 馊主意 思归意
天地意 物外意 小生意 小说意 作主意
珍重意 做生意 著述意 不如意
不以为意 不怀好意 别出新意 秉承首意
词不达意 词不逮意 称心如意 称心快意
陈遵放意 趁心像意 出其不意 差强人意
差人强意 春风得意 藏行敛意 粗心大意
诚心诚意 点头会意 低心下意 孤行一意
高情雅意 寡情薄意 何足介意 回心转意
好心好意 合心合意 红情绿意 挥手致意
画出新意 毫不介意 击其不意 救帝诚意
吉祥如意 举手示意 见财起意 尽如人意
可心可意 快心遂意 来情去意 耐心耐意
虑心平意 柳情花意 隆情厚意 麻痹大意
漫不经意 满不在意 全心全意 讫情尽意
琴张礼意 琴张李意 遣词命意 遣词造意
慊心快意 遣词措意 强奸民意 柔情蜜意
饶有新意 三心二意 书不尽意 伤词就意
舒心适意 事皆拂意 事非有意 诗情画意
抒情达意 实心实意 遂心如意 深情厚意
疏忽大意 输心服意 徒乱人意 通情达意
无私有意 温情蜜意 心知其意 心不由意
絃外之意 虚情假意 一心一意 云情雨意
用心用意 以辞害意 有心有意 有心无意
以目示意 言外之意 有意无意 言不违意
言不尽意 依心像意 扬扬得意 洋洋得意
自鸣得意 正心诚意 知心着意 招手示意
走失原意 专心一意 造心如意 直杼胸意
真心诚意 真心实意 醉翁之意
婊子送客，虚情假意/吃剩饭长大的，尽出馊主意/言者无心，听者有意/流水无情，落花有意/

薏 yì ［苡薏］叫薏仁米，可吃，也可入药。

吐薏 香薏
的中薏

臆 yì ①胸部。②主观的想法。

膈臆 凤臆 服臆 活臆 空臆 凭臆
心臆 匈臆 胸臆 盈臆 中臆 在臆
直抒胸臆

肄 yì ①学习。②嫩条。③劳苦。

都肄 更肄 高肄 讲肄 教肄 目肄
请肄 素肄 税肄 条肄 习肄 贻肄

熠 yì 光耀 鲜明。

煌熠 明熠 闪熠 宵熠 又熠 煜熠
熠熠 烨熠
电光熠熠 光彩熠熠

殪 yì 死或被杀死。

滃殪

懿 yì ①美德。②赞美。③深。④美好。

端懿 丰懿 芳懿 光懿 高懿 弘懿
理懿 明懿 鸣懿 柔懿 三懿 私懿
纯懿 淑懿 醇懿 体懿 显懿 贤懿
遐懿 懿懿 贞懿 雅懿 遗懿 渊懿
忠懿
戎职弑懿

劓 yì ①割除。②古代割鼻子的刑罚。

被劓 遭劓

逼 bī ①迫近。②逼迫。③狭窄。④强迫。

不逼 逼逼 处逼 催逼 多逼 单逼
风逼 见逼 进逼 矫逼 煎逼 紧逼
恐逼 内逼 立逼 老逼 乱逼 勒逼

凌逼 迫逼 气逼 权逼 迁逼 强逼
扰逼 山逼 时逼 势逼 畏逼 威逼
喂逼 诱逼 逾逼 自逼 终逼 拶逼
豆萁煎逼

鼻 bí ①动物的嗅觉器官。②像鼻的东西。③器物上带孔的部分。④创始。

鞍鼻 白鼻 巴鼻 把鼻 长鼻 赤鼻
刺鼻 衝鼻 穿鼻 盾鼻 断鼻 犊鼻
浮鼻 粉鼻 过鼻 高鼻 红鼻 虎鼻
获鼻 斲鼻 减鼻 健鼻 铖鼻 口鼻
扣鼻 拉鼻 捺鼻 齆鼻 门鼻 目鼻
马鼻 灭鼻 叵鼻 扑鼻 澎鼻 酸鼻
缩鼻 塌鼻 无鼻 瓮鼻 响鼻 玉鼻
印鼻 蚁鼻 掩鼻 拥鼻 鹰鼻 齆鼻
针鼻 斫鼻 捉鼻
长谷鼻 高粱鼻 鬼井鼻 酒糟鼻 没把鼻
劝掩鼻 狮子鼻 山准鼻 天台鼻 心门鼻
拥吟鼻 鹰爪鼻
嗤之以鼻 稻香扑鼻 芳香扑鼻 哀绐掩鼻
匠石斫鼻 奇香扑鼻 滥死高鼻 清香扑鼻
听人穿鼻 踏床啮鼻 魏女掩鼻 香气扑鼻
异香扑鼻 糟气逆鼻

匕 bǐ ①古代一种取食的器具。②匕首。③箭镞。

持匕 操匕 刀匕 加匕 举匕 棘匕
挟匕 取匕 失匕 食匕 疏匕 五匕
丧匕 一匕 玉匕 遗匕 折匕 执匕

比 bǐ ①勾结。②六十四卦之一。③比较。④比配。⑤类。⑥比喻。⑦诗的六义之一。⑧表示比赛双方得分的对比。

案比 不比 比比 伯比 邦比 般比
次比 错比 大比 打比 对比 地比
单比 党比 敦比 反比 附比 复比
公比 古比 戈比 高比 皋比 好比
肩比 绝比 较比 九比 焦比 可比
科比 伦比 吏比 卢比 良比 邻比
连比 类比 昵比 暱比 鄰比 鳞比
明比 评比 排比 俳比 朋比 譬比
骈比 攀比 求比 洽比 轻比 窃比
师比 顺比 慎比 熟比 它比 他比
无比 我比 罔比 相比 协比 羞比
谐比 义比 易比 与比 有比 叶比
雁比 正比 自比 杂比 追比 征比
栉比 诸比 整比 夸比
百分比 古人比 琼华比 云孙比
今非昔比 洁白无比 连说带比 鳞次栉比
丝纷栉比 史无伦比 无与伦比 无有伦比
综辑排比

妣 bǐ ①已故的母亲。②祖母和祖母辈以上的女性祖先。③母亲的通称。

皇妣 考妣 先妣 显妣
皇考妣 皇祖妣 晋之妣 母曰妣 阳成妣
遇其妣 祖考妣
如丧考妣

秕 bǐ ①瘪谷。②子实不饱满。

糠秕

彼 bǐ ①斜。②代词：那个，他。

从彼 得彼 协彼 见彼 乐彼 取彼
去彼 如彼 失彼 适彼 涉彼 汎彼
挹彼 盈彼 在彼 知彼 酌彼
焉用彼
非此即彼 顾此失彼 厚此薄彼 息攘及彼
由此及彼 知己知彼

笔 bǐ ①写字画图的工具。②书写。③文笔，写文章的技巧。④（汉字的）笔画。⑤量词。⑥像笔一样的东西。⑦笔法。

白笔 办笔 把笔 补笔 表笔 抱笔
败笔 秉笔 斑笔 笔笔 罢笔 才笔
出笔 此笔 讹笔 采笔 词笔 操笔
挫笔 错笔 擒笔 彩笔 筹笔 辍笔
刀笔 大笔 代笔 斗笔 电笔 丹笔
点笔 班笔 获笔 动笔 冻笔 顿笔
短笔 戴笔 垩笔 凡笔 飞笔 伏笔
奋笔 放笔 粉笔 附笔 缚笔 赋笔
工笔 古笔 阁笔 柑笔 鬼笔 鼓笔
膏笔 钢笔 搁笔 呵笔 汉笔 画笔
怀笔 灰笔 洪笔 海笔 挥笔 获笔
湖笔 毁笔 鸿笔 豪笔 徽笔 江笔
巨笔 乩笔 金笔 挟笔 寄笔 降笔
绝笔 健笔 谏笔 假笔 橛笔 开笔
枯笔 狂笔 炼笔 渴笔 老笔 弄笔
练笔 励笔 蜡笔 落笔 揽笔 麟笔

木笔 毛笔 名笔 命笔 妙笔 卖笔
梦笔 漫笔 墨笔 扑笔 俳笔 排笔
佩笔 巧笔 奇笔 弃笔 戕笔 起笔
曲笔 亲笔 秦笔 铅笔 入笔 冗笔
任笔 珥笔 润笔 濡笔 搦笔 石笔
水笔 史笔 手笔 双笔 诗笔 似笔
顺笔 俗笔 神笔 肆笔 率笔 涉笔
煞笔 试笔 随笔 天笔 台笔 投笔
秃笔 炭笔 提笔 吮笔 停笔 铁笔
调笔 舔笔 韬笔 橐笔 文笔 枉笔
误笔 舞笔 小笔 下笔 仙笔 行笔
戏笔 闲笔 宣笔 信笔 息笔 雄笔
虚笔 一笔 引笔 有笔 运笔 用笔
迎笔 硬笔 逸笔 遗笔 摇笔 译笔
援笔 御笔 主笔 朱笔 竹笔 住笔
走笔 纵笔 壮笔 执笔 制笔 拙笔
捉笔 纸笔 朱笔 直笔 振笔 着笔
载笔 稚笔 驻笔 著笔 醉笔 蘸笔
簪笔 鬻笔 椽笔
班生笔 草元笔 春秋笔 大手笔 定名笔
定远笔 董狐笔 黻黻笔 画仙笔 江生笔
江令笔 江淹笔 扛鼎笔 拷贝笔 栗尾笔
临川笔 凌云笔 郎官笔 梦失笔 坡仙笔
蒙恬笔 如椽笔 生花笔 试电笔 鼠须笔
天子笔 唐人笔 文通笔 五色笔 心如笔
旋风笔 原子笔 佣书笔 银金笔 圆珠笔
鸭嘴笔 燕许笔 获麟笔
班超投笔 丹青妙笔 点睛之笔 董狐之笔
董狐直笔 公亮举笔 江淹彩笔 江淹梦笔
凌云健笔 南史直笔 乐旨潘笔 脑后插笔
蒙恬造笔 梦中传笔 倩人执笔 如椽之笔
生花之笔 生花妙笔 神来之笔 调墨弄笔
添上一笔 欣然命笔 新春开笔 元礼铁笔
自来水笔 燕许手笔 自动铅笔 贞夫举笔
捉刀代笔 智永瘗笔 蘸水钢笔 钟繇阁笔
掌朝进笔

鄙 bǐ ①小邑。②边远的地方。③庸俗。④质朴。⑤俚俗。⑥品质低劣。⑦轻蔑。

阘鄙 八鄙 边鄙 北鄙 卑鄙 蚩鄙
草鄙 嗤鄙 粗鄙 都鄙 负鄙 烦鄙
谷鄙 近鄙 皆鄙 晋鄙 居鄙 见鄙
交鄙 讥鄙 贱鄙 可鄙 陋鄙 蒙鄙
朴鄙 轻鄙 任鄙 仁鄙 三鄙 四鄙
俗鄙 食鄙 天鄙 贪鄙 无鄙 芜鄙
顽鄙 猥鄙 贤鄙 野鄙 庸鄙 愚鄙
智鄙
歌北鄙
俭有可鄙 肉食者鄙

币 bì ①钱币。②帛。③财物。④赠送。

本币 帛币 边币 重币 财币 陈币
藏币 东币 楮币 低币 大币 奠币
法币 辅币 更币 珪币 货币 厚币
金币 荐币 假币 旌币 礼币 纳币
量币 镍币 皮币 聘币 取币 亲币
钱币 器币 热币 三币 上币 受币
授币 铜币 外币 伪币 夕币 玉币
用币 有币 益币 硬币 银币 赝币
中币 正币 主币 职币 珍币 质币
纸币 资币 制币 铸币 造币
纪念币 人民币 虞夏币
本位货币 补助货币 辅助货币 基本货币

必 bì ①一定。②肯定。③必须。④保证。⑤果真。

不必 固必 何必 可必 谅必 难必
毋必 莫必 谋必 势必 未必 务必
信必 想必 自必 专必
不可必 讵能必

苾 bì 芳香。

苾苾 芳苾 芬苾 香苾

闷 bì ①掩蔽。②关闭。③闭门拒绝。④闭塞。

道闷 清闷 潜闷 山闷 深闷 天闷
云闷 有闷 隐闷 珍闷 昭闷
不自闷 九重闷

毖 bì 谨慎。

诰毖 勖毖 谋毖 清毖 首毖 深毖
天毖 无毖 小毖

闭 bì ①关门。②门闩的孔。③壅塞不通。④闭塞。⑤停止。

不闭 便闭 闭闭 帮闭 重闭 地闭

道闭　倒闭　伏闭　否闭　封闭　关闭
宫闭　鬲闭　阖闭　户闭　肩闭　径闭
禁闭　急闭　噤闭　健闭　紧闭　楗闭
镉闭　谨闭　开闭　内闭　癃闭　门闭
密闭　启闭　清闭　潜闭　山闭　司闭
时闭　深闭　善闭　色闭　天闭　停闭
拖闭　外闭　象闭　永闭　余闭　夜闭
郁闭　幽闭　掩闭　隐闭　壅闭　竹闭
宅闭　张闭
柴扃闭　重门闭　关禁闭　天地闭　眼睛闭
朱户闭　坐禁闭　长门闭
一张一闭　牙关紧闭　眼睛一闭　嘴巴一闭
嘴巴紧闭

毕 bì ①结束。②完全。③星宿名。④古时田猎用的一种柄网。

哀毕　不毕　初毕　成毕　册毕　大毕
甫毕　犯毕　功毕　光毕　会毕　九毕
几毕　讲毕　建毕　将毕　简毕　礼毕
离毕　手毕　呻毕　说毕　食毕　寿毕
天毕　万毕　忘毕　完毕　相毕　献毕
雨毕　饮毕　愿毕　占毕　召毕
公事毕　欢娱毕　嫁娶毕　六王毕　农功毕
能事毕　情未毕　月离毕
创造已毕　诸事已毕　月离于毕

筚 bì 用荆条，竹子等编成的篱笆。

筚筚　柴筚　圭筚　衡筚　旧筚　蓬筚
芜筚

跸 bì ①帝王出行时清道。②帝王出行时的车驾。

不跸　从跸　传跸　大跸　动跸　帝跸
犯跸　归跸　回跸　呼跸　扈跸　金跸
警跸　清跸　倚跸　神跸　天跸　停跸
仙跸　星跸　云跸　永跸　卮跸　止跸
驻跸

庇 bì ①遮蔽。②保护。③袒护。

包庇　保庇　大庇　党庇　德庇　鼎庇
福庇　火庇　护庇　藉庇　能庇　门庇
蒙庇　求庇　曲庇　栖庇　荣庇　受庇
天庇　同庇　托庇　投庇　袒庇　永庇
佑庇　依庇　荫庇　影庇　自庇　作庇
障庇
葛累庇　藤阴庇
大醇小庇

陛 bì ①阶梯。②宫殿的台阶。

陛陛　城陛　丹陛　殿陛　飞陛　高陛
阶陛　基陛　禁陛　纳陛　廉陛　千陛
琼陛　台陛　堂陛　庭陛　文陛　云陛
玉陛

毙 bì ①仆倒。②死。③败亡。

暴毙　冻毙　待毙　倒毙　甘毙　击毙
溘毙　力毙　溺毙　犬毙　枪毙　射毙
殄毙　无毙　危毙　夕毙　形毙　先毙
瘦毙　自毙　诛毙　致毙
车顿马毙　犬兔俱毙　束手待毙　作法自毙
做祟自毙　坐以待毙　枕麋而毙
多行不义必自毙/

篦 bì ①古代梳发的用具。②古代旗上的一种装饰物。

金篦　鸾篦　眉篦　梳篦　象篦　银篦
竹篦
发短不胜篦/贼如梳，军如篦/

畀 bì ①赐予。②给予。③付托。

不畀　秉畀　痹畀　帝畀　风畀　付畀
简畀　天畀　投畀　顽畀　痿畀　自畀
坐畀

痹 bì ①肢体麻木或疼痛的症状。②麻木。

风痹　寒痹　麻痹　湿痹　痛痹　顽痹
痿痹　坐痹

箅 bì 有空隙能起间隔作用的片状器物。

笔箅　炉箅　铁箅

敝 bì ①破旧。②谦辞。③疲困。④失败。⑤丢弃。

不敝　败敝　罢敝　凋敝　乘敝　大敝
貂敝　改敝　高敝　积敝　敬敝　困敝
劳敝　裂敝　靡敝　疲敝　前敝　裘敝
舌敝　损敝　衰敝　土敝　颓敝　刓敝
新敝　衣敝　正敝

貂裘敝　乌裘敝　画眉敝　黑裘敝　黑貂敝
唇焦舌敝　季子裘敝　民生凋敝　衣履不敝
振衰起敝

蔽 bì ①遮盖。②隐蔽。③概括。④博具。⑤审断。

暗蔽　杜蔽　独蔽　罚蔽　光蔽　扞蔽
鬲蔽　捍蔽　六蔽　理蔽　明蔽　蒙蔽
朦蔽　屏蔽　蒲蔽　疲蔽　欺蔽　浅蔽
双蔽　时蔽　寻蔽　相蔽　一蔽　余蔽
拥蔽　掩蔽　庸蔽　雍蔽　荫蔽　翼蔽
隐蔽　壅蔽　自蔽　遮蔽　鄣蔽　障蔽
蔽蔽
丹霞蔽　一言蔽
金尽裘蔽　墨鱼自蔽　束手待蔽　引叶自蔽

弊 bì ①欺蒙人的行为。②倒下。③弊病。④坏。⑤对自己的谦称。⑥低劣。

不弊　补弊　罢弊　弊弊　成弊　除弊
承弊　大弊　蠹弊　法弊　烦弊　共弊
革弊　故弊　诡弊　和弊　积弊　救弊
矫弊　家弊　浇弊　困弊　抗弊　刻弊
立弊　论弊　利弊　流弊　厘弊　隆弊
糜弊　麋弊　疲弊　奇弊　亲弊　欺弊
情弊　儒弊　扫弊　私弊　生弊　时弊
收弊　受弊　世弊　宿弊　通弊　颓弊
无弊　文弊　畏弊　舞弊　形弊　相弊
衣弊　掩弊　滕弊　作弊　治弊　惩弊
宫市弊　儒服弊　文章弊
补偏救弊　东坡作弊　利多于弊　切中时弊
切中世弊　贪赃舞弊　无私有弊　为法自弊
兴利除弊　徇私舞弊　有利无弊　有利有弊
营私舞弊　针砭时弊
考弊司舞弊/有利必有弊/

庳 bì 又音 bēi 低下，矮。

卑庳　屋庳　有庳　音庳

婢 bì ①古代罪人的眷属入官府称婢。②女仆。③古代妇女的谦称。

爱婢　丁婢　灯婢　佛婢　傅婢　宫婢
官婢　户婢　好婢　佳婢　菊婢　女婢
老婢　奴婢　买婢　群婢　少婢　侍婢
诗婢　小婢　鱼婢　媵婢
大家婢　康成婢　卢同婢　琵琶婢　为官婢
织门婢
公瑜嫁婢　散豆赚婢　王莽买婢　郑家诗婢
执刀孙婢　织当访婢　为奴为婢

髀 bì 大腿。

半髀　搏髀　赤髀　抚髀　附髀　拊髀
贯髀　贵髀　肱髀　枯髀　肩髀　两髀
拍髀　伤髀　豚髀　一髀　右髀　燕髀
腰髀　左髀　折髀　坐髀　周髀
带厌髀　肉生髀　云中髀

愎 bì 固执，乖戾。

骜愎　刚愎　狠愎　矜愎　骄愎　贪愎
顽愎　阳愎　专愎　鸷愎

弼 bì ①辅助。②辅佐的人。③矫正弓弩的器具。④违背。

保弼　承弼　得弼　辅弼　古弼　公弼
光弼　匡弼　良弼　赉弼　汝弼　莫弼
上弼　台弼　元弼　永弼　右弼　聿弼
有弼　作弼　桢弼
戮卒公弼　左辅右弼　忠贞古弼

辟 bì 又音 pì ①天子。②法，刑。③大辟。④征召。⑤彰明。

符辟　过辟　还辟　皇辟　匡辟　列辟
屡辟　启辟　群辟　二辟　肉辟　攘辟
十辟　维辟　小辟　贤辟　英辟　应辟
隐辟　招辟　缁辟　征辟
连府辟　天子辟　倚窗辟
元立熏辟　张勋复辟

壁 bì ①墙壁。②营垒。③陡峭的山崖。④像壁一样的东西。⑤一边。

岸壁　矮壁　半壁　白壁　保壁　闭壁
保壁　赤壁　尘壁　穿壁　残壁　蚕壁
城壁　翠壁　大壁　东壁　抵壁　陡壁
反壁　飞壁　复壁　粉壁　戈壁　古壁
高壁　挂壁　拱壁　隔壁　红壁　坏壁
护壁　寒壁　画壁　鹤壁　九壁　井壁
巨壁　近壁　夹壁　挤壁　间壁　剑壁
坚壁　椒壁　绝壁　继壁　开壁　孔壁
空壁　立壁　泥壁　连壁　留壁　垒壁
鲁壁　面壁　破壁　碰壁　峭壁　曲壁
秋壁　清壁　墙壁　山壁　石壁　四壁

书璧　室璧　牲璧　天璧　徒璧　题璧
铁璧　涂璧　屋璧　下璧　穴璧　削璧
香璧　藓璧　一璧　云璧　岩璧　营璧
绮璧　崖璧　影璧　油璧　竹璧　照璧
障璧　凿璧
成都璧　长卿璧　大戈璧　灯映璧　蛩吟璧
和氏璧　回香璧　家四璧　千仞璧　神仙璧
四立璧　纱笼璧　笋穿璧　相如璧　细胞璧
霞耀璧　云间璧　夜光璧　砚合璧
残垣断璧　杜门面璧　断垣残璧　达摩面璧
飞檐走璧　飞车走璧　扶墙摸璧　九年面璧
家徒四璧　匡衡凿璧　排门粉璧　十年面璧
视同拱璧　室徒四璧　随珠和璧　颓垣败璧
偷光凿璧　铜山铁璧　颓垣断璧　铜墙铁璧
悬崖陡璧　悬崖峭璧　悬崖削璧　悬崖绝璧
一榻挂璧　瑜烧赤璧　银山铁璧　旗亭画璧
画水掀璧
烂泥块不上璧/

避　bì　①躲开。②防止。③避免。

不避　巴避　边避　躲避　阿避　防避
规避　还避　迴避　讳避　力避　敛避
趋避　潜避　闪避　退避　逃避　无避
畏避　逊避　易避　引避　隐避　自避
走避
烽烟奚避

璧　bì　①平圆形中间有孔的玉器。②泛指美玉。③“璧还”的省称。

百璧　宝璧　抱璧　尺璧　苍璧　残璧
楚璧　操璧　当璧　夺璧　反璧　奉璧
圭璧　归璧　拱璧　珪璧　珙璧　合璧
红璧　和璧　还璧　弘璧　怀璧　寒璧
毁璧　金璧　荆璧　荐璧　孔璧　谷璧
连璧　联璧　美璧　破璧　蒲璧　弃璧
琼璧　如璧　双璧　送璧　素璧　授璧
完璧　香璧　献璧　衔璧　予璧　易璧
玉璧　疑璧　执璧　赵璧
陈苍璧　和氏璧　邯郸璧　荆山璧　连城璧
蓝田璧　明合璧　题侍璧　相如璧　夜光璧
赵氏璧
贵阴贱璧　和氏之璧　还珠返璧　捐金抵璧
季龙沉璧　连城之璧　连珠合璧　林回弃璧
陆家双璧　陆生双璧　灭明毁璧　秦庭归璧
束帛加璧　诗画合璧　随珠和璧　相如完璧
遗珠弃璧　千金之璧　阳雍五璧　舆金辇璧
中西合璧　中外合璧　朱公说璧

襞　bì　古代指给衣裙打褶子，也指衣裙上的褶子。

采襞　秋襞　青襞　缣襞　衣襞　皱襞
襞素襞　文字襞　鱼纲襞

躄　bì　①腿瘸。②仆倒。

蹩躄　脚躄　老躄　跛躄　起躄　弯躄
笑躄
胜妾笑躄

碧　bì　①青绿色的玉石。②青绿色。

初碧　寸碧　沉碧　池碧　层碧　重碧
草碧　春碧　残碧　澄碧　翠碧　醇碧
叠碧　泛碧　浮碧　霏碧　光碧　高碧
化碧　环碧　泓碧　海碧　横碧　寒碧
江碧　金碧　净碧　开碧　空碧　冷碧
浓碧　绿碧　嫩碧　镂碧　莫碧　眉碧
埋碧　藦碧　缥碧　青碧　绀碧　纤碧
浅碧　峭碧　轻碧　晴碧　软碧　唐碧
山碧　双碧　水碧　生碧　松碧　收碧
深碧　舒碧　碎碧　疏碧　血碧　秀碧
削碧　虚碧　新碧　潇碧　衣碧　孕碧
油碧　映碧　幽碧　瑶碧　晕碧　遥碧
凝碧　竹碧　孕碧　珠碧　著碧　皱碧
湛碧　缀碧
丛篁碧　寒溜碧　千里碧　秋岑碧　秋影碧
伤心碧　纱笼碧　莎轻碧　松梢碧　天水碧
天漏碧　血化碧　新酿碧　一村碧　玉宇碧
无穷碧
苌弘化碧　辉煌金碧　静影沉碧　看朱成碧
三年化碧　水天一碧　夏山如碧　血化为碧
接天莲叶无穷碧/

丕　pī　大。

丕丕　显丕
临江曹丕

伾　pī　［伾伾］有力的样子。

伾伾

邳 pī ［邳州］地名，在江苏省。

下邳 徐邳

坯 pī ①未烧制过的陶瓷等。②砖、瓦、陶瓷的半成品。

打坯 钢坯 毛坯 面坯 土坯 脱坯
陶坯 线坯 甏坯 砖坯 凿坯

狉 pī 野兽蠢动的样子。

榛狉
鹿豕狉狉

批 pī ①手击。②批评。③削。④排除。⑤触。⑥批示。⑦评判。

报批 大批 逐批 分批 横批 夹批
击批 揭批 眉批 手批 首批 审批
线批 一批 御批 朱批 竹批 朱批
一大批
大批特批

纰 pī 布帛，丝缕等破坏散开。

缝纰 霜纰 玉纰

砒 pī ①砷的旧称。②砒霜。

白砒 红砒

披 pī ①打开。②裂开。③劈开。④覆盖在肩背上。⑤散开。⑥翻阅。

昌披 猖披 纷披 花披 荷披 横披
尖披 肩披 离披 霓披 披披 勤披
手披 雾披 逻披 胸披 云披 雨披
椅披
不停披 百花披 待风披 芙蓉披 浮云披
腹心披 肝胆披 鹤氅披 肩上披 荆棘披
路难披 连倒披 手自披 宿雾披 一蓑披
一卷披 云雾披 月金披 叶露披 御筵披
朝华披
断烂朝披 雾散云披
枝大于本，胫大于股，不折必披/

劈 pī 又音pǐ ①用刀斧等破开。②冲着，正对着。③雷电击毁。④尖劈。

刀劈 斧劈 尖劈 雷劈 猛劈 竹劈
天打雷劈

霹 pī ［霹雳］响声很大的雷。

震霹
雷霆霹

皮 pí ①动植物体的表层组织。②皮革。③兽皮制成的箭靶。④包在外面的东西。⑤制皮革的工匠。⑥某些薄平的片装物。⑦韧性大。⑧顽皮，不老实。⑨橡胶质的。⑩表面。

白皮 包皮 表皮 剥皮 饼皮 斑皮
豹皮 瘪皮 车皮 串皮 扯皮 陈皮
草皮 丹皮 地皮 单皮 肚皮 掉皮
貂皮 掇皮 封皮 浮皮 粉皮 麸皮
翻皮 瓜皮 果皮 刮皮 桂皮 狗皮
羔皮 猾皮 画皮 虎皮 横皮 狐皮
胶皮 牛皮 内皮 龙皮 南皮 鹿皮
奶皮 兰皮 鸟皮 俪皮 脸皮 狼皮
赖皮 毛皮 马皮 面皮 麻皮 扒皮
泼皮 青皮 纤皮 俏皮 铅皮 漆皮
寝皮 肉皮 书皮 水皮 栓皮 砂皮
树皮 兽皮 臊皮 霜皮 土皮 佻皮
头皮 蜕皮 脱皮 兔皮 铁皮 调皮
獭皮 文皮 顽皮 纹皮 心皮 西皮
信皮 虾皮 橡皮 羊皮 有皮 眼皮
油皮 竹皮 织皮 闸皮 真皮 张皮
猪皮 装皮 植皮
白龙皮 包袱皮 剥地皮 豹留皮 吹牛皮
粗毛皮 春地皮 大腹皮 豆腐皮 玳瑁皮
单眼皮 刮地皮 刮面皮 刮脸皮 果丹皮
羔羊皮 港地皮 灰鼠皮 画榴皮 湖羊皮
厚脸皮 黄羊皮 海蜇皮 寒羊皮 桦脸皮
假虎皮 鸡子皮 内果皮 老面皮 老虎皮
老脸皮 老头皮 赖泼皮 狸子皮 没脸皮
卖嘴皮 绵羊皮 千羊皮 荞麦皮 润竹皮
上眼皮 水獭皮 山羊皮 双眼皮 耍赖皮
搔头皮 苔藓皮 滩羊皮 五羊皮 五加皮
外果皮 猬子皮 细毛皮 云作皮 中果皮
紫貂皮 剥面皮
豹死留皮 抽筋剥皮 垂着眼皮 放开脸皮
惠击羊皮 鹤发鸡皮 金钱豹皮 鸡毛蒜皮
老着脸皮 勒紧肚皮 莫吹虎皮 食肉寝皮
笑痛肚皮 学士肚皮 与虎谋皮 羊质虎皮

羊蒙虎皮　硬着头皮　抓破脸皮　与狐谋皮

断送老头皮/瓜皮搭李皮/拉大旗作虎皮/人心隔肚皮/人怕伤心，树怕剥皮/人有脸，树有皮/人人有面，树树有皮/人怕丢脸，树怕剥皮/人哄地皮，地哄肚皮/人死留名，豹死留皮/少吃多滋味，多吃坏肚皮/

陂 pí　又音 bēi　pō　［黄陂］地名，在湖北省。

黄陂

疲 pí　①劳累。②厌倦。③怠隋。

不疲　昏疲　饥疲　筋疲　困疲　力疲

劳疲　驽疲　目疲　马疲　民疲　手疲

身疲　神疲　忘疲　心疲　形疲　已疲

不告疲　不知疲　车马疲　津梁疲　脚力疲

老更疲　梦想疲　腕欲疲　辙迹疲

力尽筋疲　乐此不疲　明镜不疲　帅老兵疲

陴 pí　城垛子。

登陴　守陴　夕陴　增陴

脾 pí　脾脏，人和高等动物的内脏之一。

巢脾　燥脾　肝脾　肱脾　密脾　沁脾

诗脾　宛脾　心脾　醒脾

冰作脾　雪沁脾

沁人心脾　痛人心脾

裨 pí　又音 bì　副，辅佐的。

偏裨　小裨

鼙 pí　古代军中用的一种鼓。

边鼙　更鼙　鼓鼙　寒鼙　鸣鼙　秋鼙

戍鼙　朔鼙　霜鼙　塞鼙　听鼙　应鼙

征鼙

柳烟鼙　渔阳鼙

罴 pí　熊的一种，毛棕褐色。

赤罴　翠罴　非罴　老罴　梦罴　熊罴

雄罴

虎畏罴　非熊罴　梦非罴

非熊非罴　兆寄熊罴

匹 pǐ　①量词。②比得上。③匹偶。④匹敌。⑤单独。

不匹　百匹　布匹　俦匹　对匹　端匹

非匹　好匹　灵匹　恋匹　裂匹　令匹

良匹　难匹　马匹　莫匹　配匹　逑匹

群匹　三匹　少匹　谁匹　偷匹　五匹

无匹　吾匹　万匹　为匹　下匹　相匹

绡匹　一匹　亚匹　盈匹　正匹　丈匹

灵匹

秦晋匹　松香匹　桃李匹　伊周匹

绝世无匹　难以为匹　懒堕无匹　天下无匹

正为佳匹　雉求牡匹

积丝成寸，积寸成尺，寸尺不已，遂成丈匹/

圮 pǐ　倒塌，坍塌。

坍圮　高圮　邳圮　倾圮　岁圮　颓圮

否 pǐ　又音 fǒu　①非议。②因穷不顺。③恶，坏。④六十四卦之一。

出否　大否　困否　善否　泰否　休否

臧否

陟罚臧否

痞 pǐ　①痞块。②流氓，无赖。

兵痞　地痞　流痞　文痞

大肚子痞

癖 pǐ　对事物的偏爱成为习惯。

病癖　成癖　地癖　怪癖　痼癖　画癖

荒癖　洁癖　酒癖　痂癖　名癖　墨癖

气癖　棋癖　琴癖　钱癖　三癖　山癖

石癖　书癖　诗癖　睡癖　邪癖　香癖

霞癖　医癖　研癖　烟癖　左癖

久成癖　季常癖　盘龙癖　云凯癖　烟霞癖

誉儿癖　左传癖

杜预传癖　好洁成癖　李憕地癖　嗜痂成癖

嗜痂有癖　嗜之成癖　嗜痂之癖　嗜酒成癖

嗜茶成癖　元章石癖

屁 pì　①从肛门排出来的臭气。②表轻视，常用来骂人。

放屁　狗屁　马屁

拍马屁

掇臀捧屁　撒谎撂屁

春天的梦，秋天的屁/吃了灯草灰，放轻巧屁/三拳打不出一个闷屁/脱了裤子放屁/

辟 pì　又音 bì　①开辟，从无到有的建设。②屏除。③透彻。④法律。⑤开启。

八辟　不辟　百辟　便辟　般辟　鞭辟
常辟　催辟　重辟　定辟　斗辟　多辟
洞辟　得辟　方辟　非辟　广辟　光辟
更辟　阖辟　交辟　机辟　经辟　剪辟
精辟　开辟　垦辟　内辟　来辟　路辟
门辟　明辟　盘辟　磐辟　透辟　万辟
文辟　罔辟　维辟　雾辟　刑辟　邪辟
选辟　修辟　险辟　翕辟　虚辟　右辟
云辟　远辟　有辟　渊辟　止辟　在辟
召辟　再辟　制辟　招辟　造辟
草莱辟　情田辟　四门辟　土地辟
重门洞辟　鸿蒙初辟

僻 pì　①不正，邪。②偏僻。③冷僻。④怪僻。

处僻　苍僻　夺僻　道僻　谷僻　乖僻
孤僻　怪僻　痼僻　好僻　荒僻　机僻
境僻　历僻　冷僻　林僻　陋僻　便僻
颇僻　偏僻　褊僻　桀僻　穷僻　奇僻
钱僻　屈僻　山僻　生僻　尚僻　赊僻
文僻　乡僻　邪僻　效僻　险僻　遐僻
用僻　远僻　幽僻　隐僻　仄僻　宅僻
搞僻　斋僻
厚地僻　分题僻　孤村僻　茅齐僻　山路僻
幽荒僻　委季僻　季常僻

澼 pì　［洴澼］漂洗（丝绵）。

洴澼

甓 pì　砖。

翠甓　古甓　金甓　瓴甓　碎甓　运甓
一口甓　中唐甓
陶公运甓　陶侃远甓

譬 pì　打比方。

合譬　罕譬　谲譬　开譬　苦譬　宽譬
没譬　切譬　取譬　牵譬　善譬　无譬
未譬　慰譬　心譬　晓譬　抑譬　引譬
远譬　旨譬　责譬
惠子善譬　能近取譬

咪 mī　①拟声词。②微笑的样子。

口咪　咪咪　吟咪

眯 mī　又音 mí　①眼缝。②眼皮微微合拢。

不眯　尘眯　数眯　无眯
笑眯眯　眼眯眯

弥 mí　①更加。②长久。③弥漫。④终于。⑤补合。⑥满，遍。

地弥　封弥　弥弥　渺弥　沙弥　僧弥
须弥　云弥　有弥　婴弥　翳弥
春流弥　帝载弥　岁月弥　素尘弥　四海弥

祢 mí　姓。

辞祢　宗祢　造祢　祖祢
至于祢　名于祢
释历于祢

迷 mí　①匪惑。②昏乱。③媚惑。④沉醉于某种事物的人。⑤使人陶醉。⑥失去辨别能力。⑦沉醉于某种事物，有特殊的爱好。

不迷　避迷　沉迷　财迷　遄迷　痴迷
低迷　棼迷　复迷　官迷　高迷　歌迷
红迷　好迷　昏迷　惛迷　九迷　金迷
积迷　蕉迷　快迷　离迷　路迷　岚迷
迷迷　蒙迷　瞀迷　破迷　牌迷　球迷
棋迷　凄迷　萋迷　入迷　失迷　书迷
色迷　神迷　痰迷　舞迷　先迷　戏迷
雪迷　霄迷　湘迷　云迷　淫迷　影迷
疑迷　自迷　竹迷　执迷　指迷　着迷
纸迷　醉迷
彼花迷　尘坯迷　草树迷　翠黛迷　蜂蝶迷
归路迷　花下迷　尽日迷　路欲迷　旅思迷
柳边迷　梦魂迷　曲涧迷　樵径迷　下蔡迷
心不迷　夕烝迷　晓风迷　月色迷　野径迷
醉眼迷
当局者迷　临事而迷　柳宠花迷　目乱精迷
心醉神迷　心醉魄迷　夜色凄迷　意乱情迷
纸醉金迷　昛道犹迷

酒不醉人人自醉，色不迷人人自迷/旁观者清，当局者迷/人在事中迷/

谜 mí 谜语，射影事物成文字的隐语。

猜谜 灯谜 破谜 诗谜 商谜 传谜
哑谜 字谜
打哑谜 一个谜 与客谜
张飞曹操打哑谜/

糜 mí 又音 méi ①稠粥。②浪费。

薄糜 侈糜 齿糜 残糜 橡糜 豆糜
餔糜 灰糜 浲糜 焦糜 间糜 琼糜
肉糜 乳糜 山糜 食糜 调糜 屠糜
糠糜 芋糜 粥糜 蒸糜
饭成糜 沙作糜
谌纪成糜

縻 mí ①牛缰绳。②系拴。

荣縻 绠縻 拘縻 羁縻 酴縻 系縻
缨縻 转縻 绠縻
好爵縻 世所縻 组绶縻

靡 mí 又音 mǐ 浪费。

不靡 薄靡 侈靡 奓靡 催靡 弟靡
浮靡 轸靡 后靡 华靡 积靡 浇靡
俊靡 丽靡 妙靡 靡靡 绮靡 水靡
衰靡 奢靡 骫靡 闲靡 纤靡 消靡
咸靡 胥靡 谐靡 夷靡 妖靡 淫靡
移靡 施靡 陁靡

醾 mí ［酴醾］酴重酿的酒。

酴醾

麋 mí ①麋鹿。②草名。③烂。④野兽名。

莱麋 多麋 糠麋 猎麋 求麋 秋麋
秦麋 山麋 食麋 射麋 施麋 天麋
行麋 野麋 逐麋 饘麋
带箭麋 入泽麋 水作麋
崔谌乞麋 临江之麋

米 mǐ ①谷类或其他植物子实去壳的名称。②国际长度单位。③小粒像米的食物。④古代绣在衣上的花纹。

八米 白米 百米 包米 苞米 赤米
陈米 炒米 柴米 粗米 糙米 丁米
大米 多米 稻米 得米 分米 发米
负米 粉米 饭米 覆米 古米 谷米
贡米 桂米 忽米 海米 黄米 菰米
黑米 毫米 江米 机米 粳米 酒米
精米 六米 立米 老米 厘米 粟米
粒米 粱米 菱米 黏米 粝米 糯米
碾米 买米 苗米 平米 千米 乞米
生米 少米 籼米 送米 丝米 秫米
碎米 数米 熟米 淘米 小米 仙米
吓米 虾米 献米 薪米 新米 玉米
易米 有米 苡米 薏米 盐米 溢米
杂米 种米 租米 淅米 禄米 斗米
饷米 纳米
白玉米 百车米 炊玉米 长安米 东方米
雕胡米 方朔米 风播米 扶老米 供鹤米
高粱米 红莲米 花生米 鸡头米 开司米
流珠米 立方米 老玉米 平方米 双弓米
脱粟米 五斗米 新香米 延龄米 薏仁米
珍珠米 折腰米 诸葛米 指团米 侏儒米
长安索米 机器碾米 空觋辞米 立方分米
立方厘米 矛头淅米 平方厘米 舐糠及米
太仓稊米 油盐柴米 子路负米 性禾善米
大鱼吃小鱼，小鱼吃虾米/人多讲出理，田多长出米/偷鸡不成蚀把米/偷鸡不着蚀把米/偷鸡不着，倒蚀一把米/偷鸡不着，反折一把米/一锅费柴，两锅费米/

弭 mǐ 止，息。

鞭弭 灰弭 渠弭 忘弭 消弭 笑弭
象弭 咒弭 自弭
东光弭 英雄弭

靡 mǐ 又音 mí ①无，没有。②倒下。③散乱。④奢侈。⑤细腻。

波靡 草靡 摧靡 风靡 浮靡 封靡
幻靡 亏靡 流靡 离靡 泯靡 曼靡
靡靡 披靡 轻靡 倾靡 柔靡 颓靡
泰靡 委靡 萎靡 猗靡
波流芳靡 风行草靡 鼓绥旗靡 夸侈斗靡
所向披靡 望风披靡 辙乱旗靡

汨 mì ［汨罗江］水名，在湖南省。

滑汨 减汨 投汨 望汨 赠汨

觅 mì ①寻找。②偷窃。

采觅 访觅 苦觅 难觅 觅觅 求觅
搜觅 同觅 寻觅 相觅 自觅 走觅
再觅
何处觅 谁相觅 携客觅 般勤觅

泌 mì 又音 bì 分泌

丹泌 分泌 衡泌 江泌 静泌 李泌
柳泌 清泌 幽泌 泽泌
内分泌 外分泌
能言李泌

秘 mì 又音 bì ①不可侧的。②不公开的。③神秘。④隐蔽。⑤秘书的简称。⑥与皇帝有关的。

奥秘 不秘 便秘 宝秘 阐秘 楚秘
法秘 怪秘 诡秘 计秘 旧秘 尽秘
奸秘 揭秘 静秘 谲秘 缄秘 奇秘
悄秘 清秘 二秘 书秘 神秘 事秘
邃秘 天秘 探秘 韬秘 无秘 文秘
一秘 永秘 欲秘 幽秘 隐秘 中秘
自秘 珍秘 尊秘
重扃秘 甘泉秘 壶中秘 青囊秘 三馆秘
天花秘 仙书秘 烟霞秘
行踪诡秘 不传之秘

密 mì ①形状像堂屋的山。②靠近。③秘密。④亲近。⑤细致。⑥静默。⑦安宁。⑧事物之间的距离短。

不密 闳密 半密 保密 粗密 绸密
稠密 翠密 藏密 遏密 繁密 工密
广密 告密 绠密 高密 纲密 花密
厚密 讳密 几密 交密 近密 机密
坚密 俱密 绝密 精密 静密 减密
峻密 紧密 苛密 款密 窥密 内密
林密 丽密 隆密 浓密 秾密 茂密
绵密 蒙密 绵密 秘密 求密 去密
切密 巧密 穷密 曲密 亲密 窃密
猗密 清密 情密 靖密 茸密 少密
失密 松密 审密 深密 枢密 甚密
疏密 邃密 慎密 善密 太密 妥密
体密 微密 信密 细密 效密 泄密
详密 修密 新密 沥密 谐密 云密
叶密 阴密 严密 言密 雨密 要密
岩密 宥密 郁密 阏密 饴密 意密
影密 子密 仔密 竹密 栉密 政密
周密 致密 职密 藻密 缜密 堂密
春心密 风荷密 宫院密 津亭密 龙宫密
浓阴密 林塘密 炉锤密 弥缝密 缩砂密
谈笑密 招寻密
稠稠密密 过从甚密 河同水密 挤挤密密
亲亲密密 情何款密 青草茂密 人烟稠密
树高林密 森林茂密 退藏于密 虚实疏密
细细密密 严严密密 情好日密 陈楚之密
止旅乃密

谧 mì 安静。

安谧 冲谧 禅谧 地谧 道谧 静谧
内谧 宁谧 谧谧 清谧 恬谧 永谧
政谧

蜜 mì ①蜂蜜。②像蜂蜜那样甜美的。

白蜜 成蜜 春蜜 赐蜜 盛蜜 刀蜜
斗蜜 啖蜜 分蜜 蜂蜜 甘蜜 膏蜜
割蜜 红蜜 和蜜 花蜜 加蜜 苦蜜
凝蜜 酿蜜 买蜜 如蜜 热蜜 乳蜜
山蜜 水蜜 石蜜 食蜜 熟蜜 土蜜
投蜜 甜蜜 偷蜜 糖蜜 香蜜 写蜜
玉蜜 原蜜 油蜜 崖蜜 饮蜜 饴蜜
野蜜 摇蜜 竹蜜
菠萝蜜 刀头蜜 甘露蜜 金房蜜 梨花蜜
千树蜜 钱如蜜 甜于蜜 甜蜜蜜 五升蜜
渍梅蜜
果汁甜蜜 蜜蜂采蜜 桃甜似蜜 甜甜蜜蜜

幂 mì 又音 míng ①覆盖东西的巾。②覆盖。③数学名词。

长幂 尘幂 乘幂 发幂 巾幂 加幂
积幂 降幂 女幂 历幂 罗幂 幂幂
升幂 疏幂 烟幂 尊幂
云如幂 茑萝幂 共巾幂 三次幂
篚有盖幂

氐 dī 又音 dǐ ①我国古代西部的少数民族名。②星宿名。

白氐 巴氐 故氐 九氐 青氐 生氐
沙氐 政氐
角亢氐 天根氐

低 dī ①矮，离地面近。②指声音细微。③向下垂。④俯下。

贬低 潮低 斗低 低低 峰低 花低
高低 减低 降低 眉低 墙低 日低
山低 声低 天低 星低 云低 月低
压低 原低 影低 檐低 枝低 最低
暮云低 把头低 翠幕低 翠黛低 淡烟低
河汉低 含露低 见高低 柳絮低 绿鬟低
万象低 夕阳低 远峰低 压枝低 玉绳低
燕飞低
不知高低 扒高踩低 斗转河低 风吹草低
高高低低 脚步高低 眉眼高低 眉高眼低
七高八低 上下高低 山高水低 头高头低
言高语低 眼高手低 知识高低
狗眼看人低/牛眼看人高，狗眼看人低/跛子走路，一脚高一脚低/世情看冷暖，人面逐高低/云暗不知天早晚，眼花难认路高低/小犬无知嫌路窄，大鹏展翅恨天低/

羝 dī 公羊。

羝羝 牧羝
两头羝 触藩羝

堤 dī ①江河海挡水的建筑。②瓶类的底座。

北堤 碧堤 穿堤 大堤 长堤 古堤
固堤 回堤 花堤 河堤 海堤 横堤
获堤 决堤 江堤 金堤 溃堤 路堤
柳堤 平堤 偏堤 沙堤 隋堤 圩堤
危堤 修堤 新堤 杨堤 子堤 障堤
筑堤
白公堤 白铜堤 防洪堤 放波堤 绿杨堤
千丈堤 千金堤 苏公堤 万年堤 秀才堤
蚁溃堤
蚁穴溃堤 尊欲填堤

鞮 dī 古代的一种皮鞋。

勃鞮 东鞮 狄鞮 革鞮 若鞮 铜鞮
西鞮 英鞮

磾 dī 用于人名，石头。

段匹磾 金日磾 耶琊磾 染绘磾

滴 dī ①水点。②液体一点一点的落下来。③量词。

成滴 涔滴 残滴 翠滴 点滴 滴滴
汗滴 交滴 涓滴 沥滴 泪滴 漏滴
露滴 沥滴 水滴 手滴 渗滴 碎滴
数滴 血滴 晓滴 霄滴 金滴 余滴
雪滴 雨滴 遗滴 欲滴 檐滴 珠滴
残血滴 翠欲滴 打点滴 汗血滴 画蜡滴
娇滴滴 姣滴滴 青玉滴 松露滴 天香滴
铜龙滴 小槽滴 香醪滴 烟岚滴 胭脂滴
垂露欲滴 垂涎欲滴 馋涎欲滴 红艳欲滴
娇娇滴滴 鲜嫩欲滴 一点一滴

狄 dí ①我国古代民族名。②古代低级职员。

北狄 长狄 丑狄 狄狄 伏狄 金狄
近狄 简狄 女狄 蛮狄 康狄 猛狄
平狄 全狄 戎狄 使狄 讨狄 铜狄
夷狄 褕狄 在狄 召狄
丽时狄 申屠狄
摩挲铜狄

荻 dí 跟芦苇相似的多年生草本植物。

岸荻 春荻 代荻 火荻 画荻 枯荻
乱荻 芦荻 蓬荻 青荻 秋荻 细荻
萧荻 迎荻 野荻
欧母画荻 修母画荻

迪 dí ①道理。②开导。③依照。④进。

春迪 迪迪 光迪 惠迪 棐迪 启迪
天迪 训迪 言迪 先迪 由迪 出迪
弗求弗迪 易初本迪

笛 dí ①一种管乐器。②响声尖锐的发音。

哀笛 宝笛 长笛 村笛 吹笛 大笛
短笛 风笛 凤笛 奇笛 高笛 骨笛
孤笛 胡笛 横笛 寒笛 佳笛 警笛
芦笛 拉笛 朗笛 邻笛 牧笛 鸣笛
汽笛 羌笛 秋笛 清笛 樵笛 蕲笛

戍笛　铁笛　晚笛　仙笛　晓笛　箫笛
玉笛　有笛　远笛　夜笛　渔笛　雅笛
竹笛
吹玉笛　苍玉笛　穿云笛　风月笛　桓伊笛
鹤骨笛　柯亭笛　宁玉笛　牛背笛　落梅笛
流羽笛　三弄笛　山阳笛　吴山笛　折柳笛
桓伊弄笛　美姬工笛　品箫弄笛　棚车鼓笛
细吹竹笛　山阳邻笛　笙箫管笛　玉屏箫笛
山阳闻笛

的　dí　又音 dì　de　①真实，实在。②确实，的确。

标的　打的　的的　贯的　精的　弩的
破的　棚的　仙的　怎的　质的　高的
朱唇的

籴　dí　买粮食。

闭籴　边籴　罢籴　辨籴　出籴　菿籴
遏籴　分籴　告籴　和籴　解籴　开籴
离籴　买籴　妙籴　平籴　剖籴　乞籴
求籴　收籴　伪籴　析籴　旋籴　檄籴
中籴

涤　dí　洗。

澄涤　大涤　荡涤　涤涤　浣涤　流涤
扫涤　命涤　平涤　气涤　清涤　三涤
疏涤　漱涤　洗涤　宣涤　雨涤　自涤
在涤

敌　dí　①敌人。②相当。③对抗。④同等。⑤抵挡。

不敌　背敌　避敌　仇敌　挫敌　残敌
尝敌　彻敌　大敌　当敌　对敌　待敌
断敌　赴敌　格敌　候敌　公敌　近敌
歼敌　拒敌　劲敌　酒敌　坚敌　钧敌
骄敌　克敌　抗敌　困敌　力敌　临敌
论敌　料敌　量敌　免敌　猛敌　匹敌
破敌　畔敌　全敌　权敌　前敌　强敌
情敌　轻敌　勍敌　却敌　饵敌　守敌
杀敌　受敌　夙敌　宿敌　死敌　胜敌
树敌　善敌　天敌　头敌　投敌　退敌
通敌　无敌　外敌　玩敌　顽敌　威敌
小敌　相敌　陷敌　雄敌　易敌　应敌
怨敌　迎敌　遇敌　野敌　圉敌　诱敌
御敌　怎敌　纵敌　政敌　资敌
假想敌　全无敌　仁无敌　讨酒敌　万人敌
一人敌　扬雄敌
八面受敌　青腹受敌　腹背受敌　工力悉敌
举世无敌　誉名克敌　力均势敌　权均力敌
如临大敌　四面受敌　所向无敌　所当无敌
势均力敌　势若难敌　天下无敌　无与匹敌
雄威岂敌　英雄无敌　英勇杀敌　众寡不敌
斩将搴敌　一忾退敌
读书论易，其锋难敌/王者之师，天下无敌/一夫拼命，万夫难敌/

觌　dí　相见。

不觌　俯觌　光觌　惊觌　良觌　莫觌
披觌　去觌　觊觌　如觌　私觌　思觌
远觌　夜觌　幽觌　在觌
不可觌　无曰觌

髢　dí　假发。

髢髢

嫡　dí　①正妻。②正妻所生之子称嫡子。省称"嫡"。③亲的。

储嫡　世嫡　冢嫡

镝　dí　又音 dī　箭头。

飞镝　锋镝　金镝　流镝　鸣镝　破镝
矢镝　霜镝　中镝

翟　dí　又音 zhái　①长尾山雉。②古代乐舞手执的雉羽。③古代有野鸡图案的衣服。④古代哲学家墨子称翟。

北翟　白翟　宝翟　秉翟　采翟　翠翟
攻翟　简翟　墨翟　去翟　宋翟　驯翟
右翟　厌翟　阳翟　黄翟　翚翟　助翟
执翟

诋　dǐ　①诬蔑。②根底。

贬诋　谤诋　丑诋　嗤诋　谗诋　嘲诋
非诋　诽诋　毁诋　诃诋　历诋　面诋
排诋　巧诋　深诋　痛诋　相诋　直诋
訾诋
深文诋
恶言先诋　舞文弄诋

邸 dǐ ①高级官员的住所。②旅舍。③屏风。④停。

储邸 代邸 夺邸 凤邸 府邸 官邸
国邸 皇邸 客邸 内邸 垆邸 留邸
旅邸 鲁邸 亲邸 潜邸 守邸 私邸
司邸 外邸 西邸 寓邸 朱邸 在邸
治邸
钱塘驿邸

坻 dǐ 又音 chí 山坡。

板坻 宝坻 川坻 丹坻 空坻 绿坻
隆坻 丘坻 山坻 鼠坻 岩坻
钓鱼坻 水中坻

抵 dǐ ①拒，挡。②至，到。③抵赖。④抵消。⑤抵抗。⑥抵押。⑦牛、羊等有角的兽用角顶。

安抵 不抵 冲抵 触抵 大抵 根抵
过抵 进抵 见抵 角抵 急抵 觳抵
历抵 两抵 排抵 手抵 首抵 无抵
未抵 相抵 远抵 愊抵 自抵 直抵
深根固抵

底 dǐ 又音 de ①最下面的部分。②尽头。③底子。④根基，基础。⑤图案的底子。⑥到达。⑦草稿。

案底 保底 标底 班底 笔底 床底
存底 池底 船底 草底 彻底 澈底
打底 地底 到底 垫底 兜底 方底
甫底 壶底 封底 功底 谷底 根底
锅底 花底 海底 获底 湖底 井底
交底 见底 揭底 脚底 焦底 家底
坎底 老底 年底 亮底 留底 腊底
漏底 楼底 露底 卖底 梅底 摸底
谜底 平底 铺底 清底 琴底 阙底
湫底 山底 石底 水底 天底 托底
透底 掏底 推底 无底 袜底 卧底
心底 宣底 泄底 鞋底 箱底 月底
叶底 有底 眼底 缘底 雍底 知底
照底 足底 舟底 枕底 辙底
包袱底 甘瓠底 黄泉底 揭老底 井窥底
弄字底 覆无底 囊无底 皿字底 清彻底
水见底
从头到底 归根结底 归根到底 江清到底
坚持到底 尽收眼底 剑埋狱底 刨根问底
盘根究底 穷根究底 栖息水底 清澈见底
书囊无底 深不见底 下沉水底 血战到底
寻根究底 一望见底 伊于胡底 有根有底
冤沉海底 鱼翔浅底 知根知底 追根问底
追根究底
打破砂锅问到底/打破沙盆问到底/一竿子到底/一竿子插到底/一竿子打到底/一碗清水看到底/

柢 dǐ ①树的主根。②喻指事物的本源或基础。

共柢 固柢 根柢 入柢 守柢 危柢
围柢 株柢
归根究柢

砥 dǐ ①磨刀石。②平坦。

砺砥 平砥 如砥 永砥 砻砥 由砥
苍王砥 路成砥
坦荡如砥

地 dì 又音 de ①大地，地面。②陆地。③田土。④地点。⑤地区。⑥地球。⑦表思想活动的领域。⑧地位。⑨质地。

暗地 不地 本地 巴地 边地 白地
便地 拔地 报地 背地 宝地 坝地
避地 薄地 川地 才地 尺地 斥地
次地 吹地 此地 产地 采地 抽地
赤地 穿地 场地 铲地 春地 菜地
草地 蹴地 大地 当地 定地 动地
低地 度地 洞地 道地 堕地 棣地
分地 伏地 伕地 飞地 凤地 防地
坟地 封地 佛地 富地 福地 腹地
翻地 广地 工地 古地 谷地 故地
各地 观地 高地 岗地 聒地 根地
贵地 该地 割地 盖地 耕地 忽地
坏地 纥地 画地 荒地 旱地 呼地
海地 霍地 黑地 寒地 九地 井地
旧地 见地 阶地 极地 泊地 剧地
金地 酒地 迹地 就地 绝地 接地
菊地 锦地 禁地 静地 境地 基地
碱地 瘠地 括地 空地 困地 客地
垦地 立地 乐地 内地 连地 领地
林地 两地 良地 离地 旅地 掠地

落地 略地 犁地 陆地 绿地 酹地
裂地 撂地 买地 没地 牧地 美地
槊地 锚地 满地 墓地 猛地 蓦地
平地 仆地 片地 坡地 辟地 遍地
盆地 扑地 耪地 弃地 穷地 抢地
悄地 硗地 侵地 秋地 情地 圈地
黔地 人地 入地 任地 让地 恁地
贰地 绕地 濡地 山地 水地 失地
扫地 生地 圣地 声地 属地 死地
沙地 实地 始地 食地 散地 倏地
松地 胜地 畲地 瘦地 素地 善地
缩地 隋地 熟地 土地 天地 台地
田地 投地 特地 踏地 涂地 滩地
亡地 无地 外地 委地 洼地 旺地
茔地 踠地 皖地 舞地 下地 心地
凶地 行地 汎地 闲地 席地 削地
邪地 险地 隙地 义地 右地 玉地
易地 远地 莹地 有地 园地 研地
异地 原地 阳地 余地 阴地 逸地
要地 映地 野地 养地 营地 舆地
淤地 专地 自地 匝地 在地 位地
知地 坐地 宅地 注地 重地 灶地
驻地 灼地 战地 种地 阵地 沼地
质地 坠地 载地 照地 转地 整地
葬地 掷地
白兰地 拜天地 处女地 咫尺地 插花地
承天地 策源地 藏书地 弹丸地 读书地
方寸地 芳草地 风流地 发祥地 发源地
壶中地 腹心地 繁华地 广大地 根据地
高阳地 歌舞地 膏腴地 壶公地 佳丽地
集散地 继天地 经天地 均土地 开垦地
牛眠地 立锥地 里把地 两亩地 留余地
离别地 名利地 麦茬地 片子地 丘陵地
樵渔地 十边地 生荒地 三摩地 师只地
四维地 神仙地 宿营地 太阳地 托管地
忘机地 文稚地 小天地 休闲地 休耕地
逍遥地 新天地 月亮地 洋灰地 荫凉地
盐碱地 庄稼地 自留地 针尖地 争名地
招贤地 砖漫地 租借地 殖民地 载物地
壶公地
安身之地 安之画地 不食之地 不毛之地
不留余地 半殖民地 北风卷地 必争之地

冰天雪地 别有天地 薄霜铺地 充塞天地
扯天扯地 出人头地 出一头地 春回大地
顶天揭地 道道地地 顶天立地 洞天福地
弹丸之地 德配天地 饿殍满地 风波平地
方寸之地 俯视大地 肥天沃地 沸天震地
焚香扫地 翻天覆地 工业基地 改天换地
古为黔地 攻城略地 攻城掠地 高人头地
膏腴之地 高天厚地 高城深地 肝脑涂地
肝胆涂地 管辂画地 感天动地 呱呱坠地
欢天喜地 汗颜无地 呼天唤地 呼天抢地
花天酒地 昏天黑地 花天镜地 撼天动地
荒郊野地 黄叶满地 轰天烈地 壶中天地
黑天摸地 九天九地 极天际地 极天罔地
局天扣地 局天蹐地 惊天动地 惊雷动地
经天纬地 军事基地 寂天寞地 脚踏实地
脚不点地 撅天撲地 开天辟地 开天假地
枯黄遍地 哭天哭地 垦荒造地 立足之地
立锥之地 老天拨地 留有余地 琅环福地
涙天倒地 雷声动地 绿毡铺地 落红遍地
犁田遍地 擂天倒地 名誉扫地 埋天怨地
骂天骂地 漫天昧地 幕天席地 猛抓丁地
铺天盖地 蟠天际地 栖身之地 箧书潜地
如履平地 刃游余地 容身之地 四战之地
十边路地 实时实地 设身处地 孙山落地
斯文扫地 死心塌地 梭天摸地 商业基地
随时随地 随高逐地 骂山骂地 托足之地
天花坠地 体面扫地 推天抢地 通天达地
通天彻地 谈天说地 跳天索地 谭天说地
五体投地 五经扫地 文艺园地 威信扫地
威风扫地 信用扫地 下临天地 乡里故地
陷入绝地 掀天揭地 焮天铄地 谢天谢地
一败涂地 一席之地 一牛吼地 一射之地
一乱涂地 一天一地 一易之地 一隅之地
一箭之地 云阶月地 衣冠扫地 夷为平地
云天雾地 严光乐地 曳遐堕地 远天远地
吆天喝地 怨天怨地 咽喉要地 野草遮地
用武之地 豫章之地 颜面扫地 战天动地
战天斗地 战略要地 柱天踏地 指天画地
空军基地 遮天盖地 震天撼地 震天动地
震天骇地 朝晖满地 置之死地 置锥之地
葬身之地
半空翻筋斗，不着实地/藏垢纳污之地/赤口上天，白舌入地/大丈夫顶天立地/立于不败之地/宁弃千军，不弃寸地/贫无立锥之地/七十二福地/日月经天，江河行地/若无高山，怎显平地/生有时，死有地/死无葬身之地/上不着天，下不着地/上无片瓦，下无立锥之地/上无片瓦，下无插针之地/生脚踏生地/无用武之地/无容身之地/无立锥之地/生有时辰死有地/一块石头落地/一块石头方落地/一块石头落了地/英雄无用武之地/

弟 dì ①同父母比自己年龄小的男子。②称同辈比自己小的男子。③弟子。

安弟 阿弟 爱弟 本弟 把弟 表弟
胞弟 从弟 痴弟 大弟 当弟 弟弟
地弟 高弟 孤弟 介弟 俊弟 椒弟
蒋弟 橘弟 襟弟 昆弟 凯弟 女弟
内弟 令弟 男弟 老弟 年弟 难弟
母弟 盟弟 岂弟 妻弟 取弟 仁弟
汝弟 舍弟 师弟 侍弟 徒弟 悌弟
堂弟 外弟 我弟 吾弟 小弟 兄弟
学弟 孝弟 贤弟 义弟 有弟 友弟
砚弟 宣弟 愚弟 子弟 长弟 宗弟
把兄弟 表兄弟 带徒弟 婚兄弟 佳子弟
内兄弟 盟兄弟 亲兄弟 三阿弟 师兄弟
堂兄弟 外兄弟 梧桐弟 小兄弟 语孝弟
族兄弟 真兄弟
八千子弟 八旗子弟 拜把兄弟 称兄道弟
父老兄弟 浮浪子弟 佛门子弟 姑表兄弟
姑舅兄弟 贵游子弟 膏粱子弟 膏腴子弟
隔山兄弟 江东子弟 牛宏爱弟 郎君子弟
难兄难弟 梨园子弟 孪生兄弟 权豪子弟
亲如兄弟 乳饮兄弟 如兄如弟 叔伯兄弟
仕宦子弟 书香子弟 同房子弟 同母兄弟
同胞兄弟 同堂兄弟 唾面戒弟 桐叶封弟
乌衣子弟 误人子弟 韦纯举弟 纨袴子弟
香火兄弟 兄弟相弟 以身代弟 远房兄弟
异母兄弟 姨表兄弟 赵孝替弟 腰鼓兄弟
打虎还须亲兄弟/凡令之人，莫如兄弟/四海之内皆兄弟/世间最难者兄弟/有钱有酒多兄弟/姊妹和兄弟/

递 dì ①传递。②顺着次序。③驿车。④押送。

步递 长递 呈递 逞递 承递 传递
风递 发递 附递 更递 急递 寄递
铺递 水递 投递 迢递 嬗递 握递
相递 邮递 遥递 驿递 转递
急脚递
关山迢递

娣 dì ①弟妻。②古时姐姐称妹为娣。③女弟。

阿娣 伯娣 从娣 处娣 弟娣 奉娣
贵娣 良娣 老娣 姒娣 弃娣 群娣
桑娣 小娣 兄娣 贤娣 月娣 有娣
艳娣 依娣 中娣 侄娣 诸娣
同生娣 聂政娣 姪从娣

睇 dì 斜着眼睛。

回睇 含睇 横睇 戒睇 静睇 精睇
流睇 月睇 微睇 邪睇 斜睇 右睇
远睇 仰睇 迎睇 遥睇 凝睇 注睇
转睇
此时凝睇 离娄微睇

第 dì ①次第。②等级。③科举时代士人应试合格。④上等房屋为第。⑤但。

不第 别第 才第 次第 赐第 床第
大第 东第 邸第 等第 登第 官第
归第 故第 高第 馆第 还第 及第
甲第 就第 家第 开第 科第 考第
列第 年第 里第 落第 门第 没第
美第 品第 谱第 起第 如第 上第
失第 私第 太第 同第 帷第 下第
西第 乙第 有第 依第 中第 宅第
治第 争第 擢第 自第
长安第 春申第 青云第 三等第 侍中第
郤诜第
代赎端第 方叔下第 富豪之第 高公未第
郊祁并第 角巾私第 刘蕡下第 书香门第
诗书门第 颜峻建第 簪缨门第 孙山落第

的 dì 又音 dí de ①箭靶的中心。②鲜明。③古代女子用朱色点在面部的装饰。

表的 端的 发的 画的 箭的 鹄的
目的 中的 砇的 射的 准的
集矢之的 连中鹄的 一语破的 众矢之的
战争目的

菂 dì 〈古〉莲子。

金菂 莲菂 细菂 紫菂
千万菂 新莲菂 椅中菂

帝 dì ①君主。②天神。③天。④帝国主义的简称。

白帝 称帝 赤帝 大帝 得帝 反帝
古帝 后帝 黄帝 皇帝 黑帝 美帝
青帝 二帝 上帝 天帝 五帝 望帝
先帝 享帝 云帝 玉帝 炎帝
重华帝 东林帝 儿皇帝 土皇帝 太古帝
铜马帝 耻秦帝
驰王骤帝 读勃明帝 洪武讽帝 高逢白帝
傀儡皇帝 南面称帝 牢不及帝 三皇五帝
五帝为帝 舄鸟虎帝 玉皇大帝 筑扑秦帝
纪信诈帝
程咬金做皇帝/

谛 dì ①仔细。②意义。③明白。④佛教名词。

大谛 胆谛 道谛 佛谛 精谛 空谛
苦谛 灭谛 妙谛 明谛 泣谛 二谛
三谛 四谛 圣谛 审谛 无谛 信谛
详谛 有谛 真谛

蒂 dì 花或瓜果跟枝茎相连接的部分。

白蒂 并蒂 翠蒂 瓜蒂 固蒂 根蒂
花蒂 芥蒂 连蒂 绿蒂 落蒂 秋蒂
柿蒂 霜蒂 无蒂 悬蒂 玉蒂 阴蒂
烟蒂
命含蒂
法西斯蒂 归根结蒂 深根固蒂 无根无蒂
甘瓜抱苦蒂/

缔 dì 结合。

交缔 取缔
良缘风缔
良缘由风缔/

棣 dì ①植物名。②同"弟"。

白棣 赤棣 常棣 德棣 棣棣 青棣
仁棣 唐棣 棠棣 塘棣 无棣 学棣
贤棣
程邈棣 王母棣
浑仪贺棣

剔 tī ①分解骨肉。②疏导。③从孔隙中往外挑出东西。④挑拣。⑤弦乐器弹奏指法之一。

半剔 剥剔 反剔 扶剔 纠剔 剪剔
考剔 力剔 明剔 旁剔 披剔 强剔
攘剔 搜剔 疏剔 挑剔 屠剔 刳剔
浴剔

踢 tī 用脚触及。

对踢 脚踢 猛踢 矍踢
鳖斯踢 飞脚踢
拳打脚踢
头三脚难踢/

梯 tī ①梯子。②比喻导致事故的因由。③梯形的。④凭，攀登。⑤像梯子的东西。

宝梯 背梯 层梯 丹梯 吊梯 电梯
低梯 登梯 飞梯 法梯 扶梯 高梯
货梯 晃梯 滑梯 金梯 阶梯 楼梯
爬梯 盘梯 人梯 软梯 山梯 石梯
松梯 绳梯 天梯 突梯 危梯 仙梯
舷梯 悬梯 旋梯 云梯 玉梯 月梯
转梯 罪梯
百尺梯 广寒梯 连云梯 鲁班梯 浪作梯
蹑景梯 青云梯 乳桐梯 上天梯 太平梯
梯思梯 万仞梯 月屈梯
枯肠生梯 上楼去梯 上树拔梯 上房抽梯
身登青云梯/

锑 tī 一种金属元素。

火齐镛锑

鹈 tí 〔鹈鹕〕水鸟名，形状略像鸭而小，羽毛黄褐色。

鹈鹕

绨 tí 又音 tì 光滑厚实的丝织品。

绛绨 绿绨 绵绨 青绨 绀绨 线绨
弋绨 皂绨 紫绨
范叔绨

鹈 tí 水鸟名。

鹕鹈 饥鹈 维鹈
集池鹈

提 tí 又音 dī ①悬持。②取出。③说起。④提拔。⑤扶持。⑥举拔。⑦率领。⑧提取。⑨向前移挪时间。⑩一种舀取液体的量具。⑪使物体由低往高由后往前移动。

不提 半提 别提 重提 称提 阐提
醋提 孩提 拘提 偏提 菩提 全提
前提 耳提 手提 摄提 拓提 相提
携提 油提 左提 朱提 支提 招提
笔漫提 长者提 大前提 胡卢提 葫芦提
鸟劝提 小前提
不值一提 旧事重提 面命耳提 少君挽提
闲话休提 只字不提
肩不能挑，手不能提/

缇 tí 橘红色。

赤缇 青缇 香缇 遗缇
室覆缇

騠 tí ［駃騠］ ①驴骡。②古书上说的一种骏马。

駃騠

啼 tí ①啼哭。②某些鸟兽叫鸣。

哀啼 悲啼 长啼 号啼 花啼 鸡啼
鹃啼 鸟啼 鸣啼 儿啼 少啼 笑啼
玉啼 夜啼 银啼 猿啼 莺啼 枕啼
诅啼
伴夜啼 杜宇啼 到晓啼 唤雨啼 寒蛩啼
尽日啼 尽情啼 恰恰啼 耳边啼 傍人啼
傍林啼 伤春啼 无声啼 午鸡啼 喔喔啼
向人啼 晓莺啼 陷林啼 一鸠啼 掩袖啼
子规啼 鹧鸪啼
斑衣儿啼 虎啸猿啼 哭哭啼啼 鸟哭猿啼
柳泣花啼 湿哭干啼 哇哇儿啼 月落乌啼
燕舞莺啼

蹄 tí 马、羊、牛等生在趾端的角质保护物。

碧蹄 攒蹄 乘蹄 归蹄 鬼蹄 鹘蹄
红蹄 花蹄 赫蹄 骒蹄 金蹄 健蹄
蹶蹄 牛蹄 龙蹄 轮蹄 麟蹄 马蹄
轻蹄 前蹄 筌蹄 四蹄 收蹄 兽蹄
霜蹄 铁蹄 香蹄 新蹄 玉蹄 夜蹄
猪蹄 掌蹄
趁马蹄 蹀躞蹄 花衬蹄 没马蹄 任遊蹄
天马蹄 獭印蹄 玉香蹄
马不停蹄 马失前蹄 明纠漏蹄 走毂奔蹄
人有失手，马有失蹄/得兔而忘蹄/

题 tí ①古指额头。②题目。③写上。④奏章。⑤品评。

不题 白题 本题 标题 笔题 次题
出题 承题 猜题 大题 点题 答题
雕题 额题 分题 反题 发题 封题
粉题 副题 怪题 合题 话题 花题
鸿题 巨题 讲题 借题 解题 阄题
扣题 看题 考题 课题 拟题 论题
留题 离题 难题 例题 录题 漏题
懒题 命题 眉题 品题 偏题 跑题
破题 切题 抢题 式题 试题 诗题
审题 榱题 算题 帖题 贴题 无题
问题 小题 习题 新题 绣题 璇题
叶题 玉题 月题 押题 议题 御题
主题 正题 专题 走题 醉题
不对题 不堪题 出难题 赐笔题 搭截题
副标题 红叶题 考试题 客观题 是非题
填充题 问答题 小标题 选择题 相如题
应用题 掩泪题 雁塔题 主观题 纸背题
拂尘觅题 提炼主题 文不切题 文不对题
许劭品题

体 tǐ 又音 tī ①人、动物的全身的总称。②肢体。③事物的本身或全部。④形式、规格。⑤文章的体裁。⑥占卜的兆象。⑦几何上的形体。⑧体谅。⑨亲身。⑩亲近。

拗体 八体 白体 百体 本体 补体
别体 变体 便体 苞体 逼体 病体
笔体 蔽体 称体 沉体 垂体 成体
草体 磁体 大体 导体 敌体 单体
胴体 独体 得体 个体 古体 固体
宫体 国体 贵体 刚体 合体 或体

活体 黄体 黑体 皓体 机体 肌体
具体 晶体 竟体 解体 简体 基体
静体 集体 贱体 继体 禁体 可体
矿体 抗体 客体 楷体 立体 来体
连体 流体 劳体 隶体 倮体 柳体
裸体 量体 落体 陋体 名体 母体
媒体 欧体 俳体 骈体 辟体 破体
气体 全体 齐体 其体 群体 球体
轻体 亲体 躯体 二体 人体 肉体
弱体 上体 尸体 四体 水体 失体
书体 适体 俗体 诗体 身体 实体
事体 散体 善体 涩体 肆体 骚体
天体 同体 团体 通体 贴体 透体
特体 万体 文体 往体 物体 伪体
误体 小体 下体 心体 形体 选体
香体 星体 一体 玉体 月体 异体
幼体 有体 阴体 阳体 芽体 语体
掩体 仪体 遗体 颜体 缘体 液体
主体 正体 知体 杂体 字体 贞体
政体 总体 纵体 绌体 赵体 肢体
转体 载体 整体 篆体
半导体 半流体 扁桃体 病原体 编年体
柏梁体 玻璃体 长方体 超导体 长庆体
多面体 单晶体 多晶体 非导体 非晶体
共同体 馆阁体 几何体 脑上体 结晶体
晶状体 纪传体 建安体 六面体 立方体
老宋体 螺旋体 配子体 胼胝体 齐梁体
染色体 上官体 四六体 手写体 四面体
四叠体 宋字体 商籁体 瘦金体 噬菌体
台阁体 统一体 太康体 椭圆体 五云体
支原体 衣原体 欧虞体 西昆体 徐瘦体
线粒体 香奁体 旋转体 元和体 元祐体
元嘉体 玉台体 永明体 印刷体 圆柱体
有机体 有常体 正方体 正始体 知大体
章回体
不识大体 卑身贱体 赤身露体 雌雄同体
雌雄导体 惰性气体 多离子体 芳兰竞体
浑然一体 魂不附体 降颜屈体 人民团体
热爱集体 融合一体 三位一体 无定形体
无关大体 无伤大体 物象解体 稀有气体
一心同体 月露之体 衣不蔽体 同功一体
百家衣体
纪传本末体/立克次氏体/喜时之言多失信，
怒时之言多失体/

屉 tì ①抽屉。②笼屉。

抽屉 笼屉 一屉

剃 tì 用刀刮去毛发。

刀剃 草剃 干剃 烧剃

悌 tì 敬爱兄长。

不悌 本悌 出悌 称悌 敦悌 发悌
公悌 和悌 恺悌 立悌 能悌 仁悌
示悌 兴悌 孝悌 友悌 益悌 长悌
尝馔悌 立敬悌 侍坐悌 随行悌

涕 tì ①眼泪。②流泪。③鼻涕。

哀涕 悲涕 鼻涕 长涕 出涕 吹涕
垂涕 多涕 感涕 恨涕 挥涕 寒涕
流涕 沦涕 揽涕 破涕 泣涕 清涕
拭涕 酸涕 危涕 下涕 雪涕 泄涕
陨涕 淹涕 掩涕 余涕 增涕
垂泣涕 滴滴涕 陨泗涕
牛山下涕 痛哭流涕
举目江河涕/

逖 tì 远。

刘逖 离逖 疏逖 遐逖 祖逖
蛮方逖

惕 tì ①警惕。②小心谨慎。

不惕 惨惕 惭惕 怀惕 惶惕 巨惕
交惕 兢惕 警惕 渐惕 愧惕 日惕
束惕 怵惕 悚惕 室惕 怛惕 惕惕
心惕 夕惕 析惕 夏惕 耆惕 震惕
朝乾夕惕

裼 tì 又音 xì 婴儿的包被。

当裼 假裼 素裼

替 tì ①废弃。②衰落。③止歇，断绝。
④更，代。

不替 本替 残替 代替 顶替 倒替
讹替 化替 更替 久替 交替 接替

降替　亏替　沦替　轮替　陵替　隆替
厘替　迁替　枪替　裘替　衰替　通替
蝗替　调替　无替　未替　亡替　勿替
罔替　小替　下替　夕替　兴替　星替
袭替　献替　用替　掩替　一替
包办代替　可知兴替　冒名顶替　世代交替
循环交替

嚏　tì　嚏喷，也叫”喷嚏”，因鼻粘膜受刺激引起猛烈带声的喷气。

阿嚏　喷嚏
打喷嚏

趯　tì　①跳跃。②汉字的一种笔形

趯趯

妮　nī　①婢妮。②女孩子。③方言：母亲

二妮　狎妮
阿妈妮　红毛妮　小二妮

尼　ní　①梵语“比丘尼”省称。②出家修行的女子，僧尼。

偓尼　济尼　女尼　牟尼　摩尼　潘尼
僧尼　宣尼　伊尼　仲尼　阻尼
比丘尼　比基尼
踏曲杖尼　削发为尼

呢　ní　又音 ne　①一种毛纺织物。②［呢喃］悄声细语。③燕子鸣声。

花呢　呢呢　毛呢　线呢
薄花呢　粗花呢　粗服呢　大衣呢　大众呢
钢花呢　红毛呢　华达呢　海军呢　女式呢
女衣呢　礼服呢　凉爽呢　马裤呢　直贡呢
制服呢
毛横贡呢　麦尔登呢

怩　ní　［忸怩］不好意思，不大方的样子。

忸怩　恧怩

泥　ní　又音 nì　①土和水合成的东西。②像泥的东西。③墙壁的涂料。④软弱。

不泥　白泥　并泥　赤泥　尖泥　沈泥
春泥　斲泥　封泥　芳泥　粉泥　红泥
河泥　灰泥　黄泥　拘泥　金泥　堇泥
椒泥　胶泥　锦泥　井泥　泥泥　烂泥
阛泥　兔泥　青泥　如泥　肉泥　水泥
沙泥　蒜泥　土泥　塘泥　涂泥　未泥
丸泥　圬泥　污泥　葳泥　香泥　雪泥
衔泥　稀泥　云泥　印泥　油泥　音泥
淤泥　燕泥　艺泥　斫泥　枣泥　紫泥
终泥　障泥
壁间泥　澄浆泥　封关泥　隔云泥　和稀泥
鸿爪泥　净无泥　旧巢泥　锦幛泥　隗嚣泥
烂污泥　落花泥　抹稀泥　山药泥　需于泥
紫沾泥　橡皮泥　一丸泥　雨化泥　玉在泥
鹰琢泥　紫封泥　嘴啃泥　沾絮泥　醉如泥
锦幛泥
钢骨水泥　函谷封泥　烘爪雪泥　加气水泥
烂醉如泥　判若云泥　判如云泥　切玉如泥
削铁如泥
儿处早莺争暖树，谁家新燕啄春泥/空梁落燕泥/

倪　ní　①弱小，小儿。②边际。③细微。

俾倪　齿倪　端倪　介倪　坤倪　旄倪
耄倪　辟倪　陴倪　僻倪　迁倪　天倪
无倪　王倪
渐露端倪　略有端倪

猊　ní　［狻猊］传说中的一种猛兽。

金猊　怒猊　青猊　狻猊　双猊
吐穗猊　玉狻猊

霓　ní　①虹的一种。②分际。

不霓　白霓　川霓　长霓　彩霓　雌霓
红霓　洪霓　涧霓　看霓　晴霓　素霓
扫霓　文霓　晚霓　夕霓　云霓　朝霓
紫霓　堳霓
横空霓　驾青霓　气如霓　万丈霓　五色霓
七彩如霓　文子击霓
大旱望云霓/

鲵　ní　两栖动物，有大鲵和小鲵两种，大鲵俗称娃娃鱼。

大鲵　钓鲵　海鲵　鲸鲵　鲲鲵　守鲵
扫鲵　小鲵　修鲵　鲉鲵
尺泽鲵
尺泽之鲵

麑　ní　小鹿。

禁魔　惊魔　裘魔　射魔　纵魔
秦巴放魔　西巴释魔

拟

nǐ ①量度。②打算。③模仿。④拟定。

比拟　草拟　非拟　构拟　进拟　解拟
能拟　难拟　妙拟　模拟　摹拟　摩拟
评拟　配拟　取拟　佁拟　偷拟　昔拟
虚拟　悬拟　易拟　杂拟　自拟　注拟
难以比拟　无可比拟　优孟摹拟

你

nǐ 代词，指称对方。

迷你　是你　爱你
隔断红尘三十里，你也看不见我，我也看不见你/六月的火炉，谁向你/判官手中笔，死活由你/十二月间的桑叶，谁采（睬）你/药里的甘草，少不得你/

旎

nǐ ［旖旎］柔和美丽。

旎旎　旖旎
风光旖旎

泥

nì 又音 ní ①涂抹。②固执，死板。③用纸绢之类裱糊。

迹泥　拘泥　泥泥　执泥　滞泥

昵

nì 亲近。

爱昵　不昵　嬖昵　宠昵　欢昵　近昵
敬昵　款昵　昵昵　亲昵　情昵　私昵
相昵　狎昵　亵昵
痴痴昵昵

逆

nì ①接受。②迎接。③方向相反。④抵触。⑤背叛者或背叛的。⑥倒，反。⑦预料。

不逆　拜逆　背逆　悖逆　佛逆　誖逆
处逆　错逆　舛逆　踳逆　诋逆　大逆
呃逆　扼逆　恶逆　风逆　反逆　伐逆
咈逆　法逆　复逆　附逆　拂逆　覆逆
横逆　交逆　拒逆　结逆　欸逆　寇逆
六逆　内逆　目逆　莫逆　嫫逆　畔逆
叛逆　气逆　曲逆　顺逆　师逆　弑逆
嗜逆　讨逆　痛逆　无逆　忤逆　迕逆
违逆　牾逆　心逆　凶逆　月逆　意逆
雁逆　作逆　助逆　众逆　忠逆
不教横逆　宁交莫逆　相视莫逆

匿

nì ①逃亡。②隐藏。③隐瞒。

不匿　百匿　蔽匿　避匿　窜匿　藏匿
侧匿　大匿　遁匿　伏匿　服匿　告匿
讳匿　阏匿　埋匿　祕匿　辟匿　潜匿
首匿　舍匿　私匿　饰匿　夻匿　退匿
逃匿　亡匿　畏匿　狎匿　消匿　销匿
衔匿　引匿　掩匿　隐匿　自匿　作匿
日西匿　休光匿
澄明服匿　浩从床匿

睨

nì ①斜视。②望。③窥伺。④偏斜。

傲睨　不睨　方睨　高睨　环睨　火睨
睛睨　鸡睨　临睨　眇睨　眄睨　辟睨
睥睨　前睨　起睨　四睨　斜睨

腻

nì ①肥。②油腻。③污垢。④细腻。⑤厌烦。

半腻　尘腻　发腻　肥腻　粉腻　干腻
垢腻　滑腻　积腻　猫腻　蛮腻　去腻
餞腻　绮腻　轻腻　软腻　柔腻　稔腻
润腻　松腻　听腻　乌腻　细腻　香腻
腥腻　云腻　油腻　莹腻　犹腻　枕腻
脂腻　涨腻　著腻
春光腻　风荷腻　红药腻　滑腻腻　湖烟腻
鸡肋腻　甜腻腻
表演细腻　感情细腻　肥而不腻　肌理细腻
渭流涨腻

溺

nì 又音 niào ①淹没。②陷入危难境地。③沉湎无节制。

哀溺　爱溺　备溺　便溺　出溺　沉溺
耽溺　酖溺　焚溺　饥溺　济溺　救溺
沮溺　烬溺　尿溺　沦溺　淖溺　没溺
汩溺　偏溺　飘溺　私溺　撒溺　贪溺
无溺　危溺　心溺　胥溺　陷溺　引溺
言溺　掩溺　援溺　淫溺　自溺　逐溺
宠溺　桀溺
七诅桀溺　道在屎溺　己饥己溺　仲田拯溺

丽

lí 又音 lì ［高丽］朝鲜历史上的王朝名。

高丽
王维画石飞高丽/

骊 lí 纯黑色的马。

资骊 黄骊 温骊 探骊
高句骊

鹂 lí 黄鹂，鸟名。

黄鹂 叹鹂 探鹂

鲡 lí ［鳗鲡］鱼名，生活在淡水中，到海洋中产卵。

鳗鲡

厘 lí ①单位名。②治理。③小数。

保厘 分厘 蕃厘 公厘 毫厘 鸿厘
芒厘 市厘 受厘 一厘 火厘 总厘
肇厘 祝厘 陟厘
受重厘 祝皇厘
不失毫厘 差以毫厘 剖析毫厘 一丝一厘

喱 lí ［咖喱］用胡椒、姜黄做成的调味品。

咖喱

狸 lí ①貉。②哺乳动物。

佛狸 河狸 海狸 狐狸 寒狸 灵狸
林狸 梦狸 文狸 香狸 野狸
花面狸 牛尾狸 老狐狸 听水狸 玉面狸
安问狐狸 穷鼠啮狸
豺狼当道，安问狐狸/虎狼当路，不治狐狸/

离 lí ①［离黄］鸟名。②失去。③相距，隔开。④离开。⑤缺少。⑥八卦之一。⑦分开。⑧叛离。⑨离间。⑩割取。⑪违背。⑫明避。⑬经历。

不离 别离 背离 笆离 被离 剥离
出离 长离 侈离 撤离 电离 调离
兜离 反离 分离 甫离 茀离 附离
费离 攻离 割离 隔离 华离 间离
将离 距离 钱离 解离 渐离 可离
暌离 乱离 林离 陆离 流离 难离
离离 淋离 迷离 仳离 披离 破离
偏离 畔离 叛离 飘离 迁离 群离
二离 日离 散离 捨离 疏离 黍离
骚离 天离 脱离 无离 违离 纤离
先离 象离 相离 霄离 携离 月离
远离 眼离 淤离 作离 支离 朱离
再离 侏离 棿离 钟离 摘离 暂离
不大离 不忍离 长距离 差不离 短距离
寒玦离 近距离 苦别离 莫轻离 双燕离
似花离 未可离 未成离 远距离 耀陆离
高渐离
不即不离 斑驳陆离 寸步不离 甘殒流离
颠沛流离 发夁钟离 扶疏披离 分开隔离
光怪陆离 故土难离 光彩陆离 酣畅淋离
傑侏兜离 貌合神离 破镜分离 扑朔迷离
若即若离 死别生离 手足分离 琐尾流离
睡眼迷离 惝恍迷离 须臾不离 形影不离
形神游离 月色迷离 叶散冰离 众叛亲离
鱼网鸿离
穷家难舍，热土难离/人生最苦处，死别共分离/十年九不离/

漓 lí ①水渗流貌。②薄。③淋漓。④漓江，在广西。

洗漓 流漓 淋漓 潦漓 渗漓
俗米漓 云勿漓
大汗淋漓 餔糟啜漓 酣畅淋漓 淋淋漓漓
墨迹淋漓 痛快淋漓

缡 lí ①古时妇女的佩巾。②用丝装饰鞋头。③带子。

衫缡 纤缡 凤缡 绋缡 棼缡 幡缡
结缡
绁缡 缡缡 森缡 幓缡 舟缡 缁缡

篱 lí 篱笆。

半篱 笆篱 编篱 村篱 柴篱 穿篱
插篱 东篱 短篱 藩篱 樊篱 故篱
构篱 隔篱 荒篱 江篱 结篱 菊篱
棘篱 枯篱 绿篱 漉篱 满篱 入篱
绕篱 委篱 树篱 疏篱 霜篱 杏篱
雪篱 竹篱 笊篱
豆花篱 妇窥篱 虎入篱 近疏篱 菊满篱
绿满篱 络纬篱 筍过篱 雪压篱 野花篱
篱帮楗，楗帮篱/

醨 lí 味淡的酒。

薄醨 啜醨 醇醨 糟醨

梨 lí ①果木名。②苍老。

白梨 病梨 刺梨 脆梨 地梨 杜梨
啖梨 凤梨 芳梨 广梨 红梨 胡梨
环梨 湖梨 花梨 黄梨 交梨 家梨
木梨 美梨 满梨 秋梨 攎梨 让梨
山梨 沙梨 收梨 稣梨 桑梨 推梨
糖梨 棠梨 仙梨 雪梨 玉梨 园梨
鸭梨 御梨 种梨 紫梨 蒸梨 阇梨
哀家梨 冰肌梨 大谷梨 龙珠梨 京白梨
雪老梨 冷香梨 切玉梨 青田梨 琼肤梨
似蜜梨 骭座梨 玉容梨 玉颊梨 紫修梨
祸枣灾梨 李泌烧梨 让枣推梨
如食哀家梨/

犁 lí ①耕地的农具。②耕翻土地。③杂色。

步犁 耙犁 春犁 撑犁 锄犁 电犁
地犁 抉犁 耕犁 火犁 铧犁 驾犁
开犁 拉犁 泥犁 木犁 扒犁 爬犁
套犁 雪犁 新犁 祝犁 掌犁
白云犁 伯州犁 双铧犁 雨一犁 谕尉犁
拽欄扶犁
双轮双铧犁/

嫠 lí 寡妇。

孤嫠 寡嫠 桓嫠 茕嫠 茕嫠
行义桓嫠

黎 lí ①古时用黍米作糊，用以粘鞋子。②众。③黑色。④天刚亮。

巴黎 苍黎 昌黎 冻黎 藿黎 九黎
萌黎 群黎 黔黎 生黎 庶黎 熟黎
玄黎 暗黎 悬黎 元黎 兆黎 重黎
灾黎 蒸黎

藜 lí 一年生草本植物，嫩叶可以吃。

扶藜 羹藜 蒿藜 蒺藜 配藜 篷藜
青藜 烧藜 小藜 燃藜 杖藜
太乙藜 铁蒺藜 夜分藜

黧 lí 黑里带的颜色。

垢黧 霉黧 形黧 缁黧
面目黧

罹 lí ①遭受灾难或不幸。②忧患。

百罹 備罹 遘罹 遗罹 重罹 遭罹

蠡 lí 又音lǐ ①虫蛀木。②器物因虫蚀或磨损而断。③贝壳做的瓢。

东蠡 范蠡 谷蠡 彭蠡 倾蠡 铜蠡
引蠡 赵蠡 种蠡 追蠡
测海蠡
五湖范蠡

礼 lǐ ①敬神。②礼节。③封建社会的行为准则和道德规范。④为表敬意而举行的仪式。⑤礼物。⑥儒家经典名。⑦表示尊敬的态度或动作。

不礼 百礼 表礼 败礼 背礼 悖礼
备礼 宾礼 贩礼 薄礼 初礼 齿礼
成礼 常礼 荣礼 彩礼 疵礼 大礼
达礼 定礼 订礼 敌礼 队礼 顶礼
道礼 典礼 答礼 读礼 禘礼 恩礼
风礼 非礼 菲礼 浮礼 废礼 复礼
繁礼 干礼 公礼 古礼 过礼 告礼
观礼 贵礼 割礼 冠礼 跪礼 合礼
后礼 还礼 回礼 昏礼 贺礼 荒礼
厚礼 盒礼 婚礼 九礼 节礼 加礼
交礼 吉礼 见礼 讲礼 军礼 拘礼
钧礼 敬礼 祭礼 嘉礼 亢礼 伉礼
抗礼 苛礼 旷礼 六礼 牢礼 隆礼
慝礼 昧礼 赔礼 破礼 聘礼 庆礼
情礼 签礼 二礼 缛礼 三礼 少礼
失礼 守礼 送礼 俗礼 丧礼 受礼
设礼 诗礼 稍礼 寿礼 施礼 颂礼
殊礼 无礼 为礼 五礼 问礼 违礼
习礼 乡礼 先礼 行礼 凶礼 相礼
腥礼 巡礼 须礼 洗礼 修礼 循礼
虚礼 新礼 献礼 谢礼 襄礼 元礼
由礼 用礼 有礼 仪礼 阳礼 阴礼
议礼 逾礼 越礼 庸礼 燕礼 中礼
正礼 知礼 执礼 治礼 周礼 致礼
重礼 制礼 展礼 贽礼 葬礼 赞礼
瞻礼 赠礼
宾射礼 宾有礼 奠基礼 恭近礼 进以礼
见面礼 加冕礼 俭示礼 谦受礼 注目礼
彬彬有礼 鲍鱼非礼 卑词厚礼 过庭闻礼

烦文缛礼 繁文缛礼 分庭抗礼 花红彩礼
急慢失礼 结婚典礼 克己复礼 牛弘尽礼
轻薄无礼 请客送礼 爇香顶礼 送人厚礼
誓师典礼 熟不拘礼 虚文浮礼 知书达礼

李

lǐ ①木名。②果名。③使者。

哀李 报李 碧李 沈李 短李 瓜李
金李 孔李 苦李 依李 秾李 木李
彭李 绮李 雀李 桃李 树李 温李
仙李 行李 玉李 御李 槜李 紫李
钻李
北山李 不言李 北孙李 道旁李 甘香李
龙血李 青皮李 邱中李 入画李 树桃李
水晶李 霜容李 同心李 铁拐李 王戎李
雪堆李 颜渊李 玉叶李 有根李 盈盈李
栽桃李 钻核李 鸡血李
陈仲食李 道边苦李 道旁苦李 侯未封李
浮瓜沉李 兰菊裴李 浓桃艳李 鸟鹊识李
门墙桃李 桑中生李 爽欣御李 投桃报李
王子辞李 一介行李 以桃代李 夭桃秾李
赵钱孙李
投之以桃，报之以李/

里

lǐ ①市制长度单位。②居住的地方。③故乡。④居住。⑤街坊。⑥衣服的内层。⑦里面，内部。⑧某个时间内。⑨在内或在中。

安里 暗里 北里 半里 百里 表里
被里 长里 出里 村里 衬里 草里
朝里 窗里 廛里 城里 东里 底里
道里 方里 风里 凤里 伏里 坊里
法里 返里 封里 腹里 樊里 个里
公里 共里 关里 高里 故里 官里
宫里 归里 歌里 花里 华里 坏里
画里 黄里 海里 蒿里 阛里 句里
井里 见里 角里 记里 就里 居里
美里 家里 郊里 锦里 街里 镜里
珂里 内里 闾里 邻里 那里 笼里
哪里 梦里 皮里 瓶里 千里 丘里
穷里 绮里 戚里 阙里 仁里 市里
水里 手里 素里 田里 同里 头里
万里 我里 屋里 碗里 下里 乡里
心里 相里 胥里 雪里 旋里 鞋里
墟里 一里 云里 月里 雨里 远里
吟里 邑里 英里 眼里 夜里 院里
阅里 烟里 之里 这里 宅里 竹里
朱里 知里 者里 州里 在里 梓里
醉里 巴里
暗地里 八万里 八下里 白云里 背地里
长干里 车公里 吨公里 吨海里 飞千里
负百里 方寸里 凤凰里 归故里 桂林里
骨子里 隔千里 红尘里 侯万里 黑地里
芦花里 角暗里 卡路里 空山里 浣花里
里外里 两下里 脑子里 酩子里 平方里
平原里 轻千里 清夜里 清溪里 人公里
三元里 三江里 山门里 山仞里 四十里
四下里 深山里 深闺里 胜母里 田间里
桃源里 武乡里 文章里 鸣珂里 行千里
香霞里 一地里 延寿里 烟尘里 月千里
烟波里 烟霞里 知千里
不知就里 不知底里 巴人下里 奔泻千里
碧空万里 跛鳖千里 鞭辟近里 鞭辟入里
尺幅千里 昌囚羑里 赤地千里 负笈千里
广袤千里 鼓闻百里 行间字里 河润百里
海润千里 皓月千里 毫厘千里 横亘千里
负米百里 拒人千里 封侯万里 距人千里
锦衣还里 决胜千里 鲲鹏万里 离题万里
绿衣黄里 哪里哪里 明见万里 明光万里
绵延千里 谬以千里 蒙在鼓里 平方公里
平方英里 平畴千里 鹏程万里 鹏霄万里
前程万里 晴空万里 日行千里 荣归故里
深透膜里 山河表里 田畴千里 沃土千里
沃野千里 望表知里 相为表里 香飘万里
羞归故里 歇斯底里 一日万里 一日千里
一瞬千里 一泻千里 由表及里 月明千里
倚马千里 志在千里 这里那里 咫尺千里
转斗千里 舳舻千里 一举千里 烟波千里
悬旌万里 推辇归里
吃在碗里，看着锅里/吃在碗里，瞧着碟里/差之毫厘，失之千里/差之毫厘，谬以千里/池里爬出来，再掉到井里/恶事传千里/恶事行千里/毫厘之差，将致千里/好事不出门，恶事传千里/好事不出门，恶事行千里/鸿鹄高飞，一举千里/六百里和六里/肉烂在锅里/十万八千里/失之毫厘，谬以千里/死人臭一里，活人臭千里/头颅行万里/吊桶落在井里/惜毫厘，失千里/下笔千言，离题万里/一块好羊肉，落到狗嘴里/愚智三十里/早霞不出门，晚霞行千里/苍蝇附骥尾，而致千里/朝霞不出门，晚霞行千里/智差三十里/

俚 lǐ ①民间的，通俗的。②聊赖，依托。

不俚　巴俚　鄙俚　楚俚　无俚　芜俚　下俚

娌 lǐ ［妯娌］兄和弟的妻子合称。

妯娌

理 lǐ ①物质组织的条纹。②道理。③整理。④料理。⑤治玉。⑥使者。⑦答。⑧温习。⑨条理。⑩对别人的言行表示态度。

按理　不理　办理　背理　悖理　病理　辩理　辨理　从理　处理　常理　侧理　禅理　腠理　大理　代理　达理　当理　地理　定理　多理　道理　懂理　得理　董理　搭理　反理　分理　非理　法理　服理　辅理　公理　管理　纲理　合理　护理　和理　节理　近理　机理　肌理　讲理　校理　教理　绝理　经理　敬理　精理　疆理　伦理　连理　论理　逆理　料理　掠理　名理　明理　脉理　曼理　谬理　梦理　平理　评理　千理　切理　求理　穷理　缺理　清理　情理　戚理　人理　入理　认理　失理　生理　申理　伤理　顺理　说理　实理　诉理　审理　事理　受理　绥理　署理　梳理　疏理　摄理　输理　天理　讨理　条理　通理　推理　调理　统理　无理　文理　纹理　位理　悟理　卧理　违理　歪理　物理　心理　玄理　学理　性理　信理　协理　讯理　析理　寻理　详理　循理　襄理　修理　燮理　一理　义理　乐理　易理　远理　言理　有理　原理　音理　医理　洋理　谊理　语理　药理　缘理　正理　在理　佐理　至理　自理　治理　总理　助理　真理　哲理　照理　综理　整理

不合理　大道理　合情理　讲道理　冷处理　逆定理　明情理　认死理　热处理　一面理

爱理不理　爱答不理　不近情理　不合情理　不通情理　比翼连理　擘肌分理　变态心理　阐明定理　惨无人理　从权处理　残民害理　定性处理　导演助理　洞彻事理　断无处理　洞达事理　待理不理　待理非理　懂事明理　公平合理　合乎伦理　合乎情理　合情合理　胡搅蛮理　横蛮无理　衡情度理　尽情尽理　间接推理　冥事地理　绝对真理　精心护理　践踏真理　剀切中理　揆情度理　练达事理　逆反心理　逆情悖理　蛮不讲理　蛮横无理　蔑伦悖理　靡颜腻理　慢条斯理　剖明事理　切中事理　岂有此理　强词夺理　入情入理　似理非理　伤天害理　丧天害理　通文达理　通书达理　通情达理　探索真理　违天逆理　相对真理　晓明事理　晓之以理　晓事明理　心同此理　细心护理　详情度理　一面儿理　有条有理　言之有理　言之成理　知书说理　知书达理　知情达理　直接推理　置之不理　酌情处理　理论物理　初中物理　高中物理　苍色腻理　井井有理　璧袭无理　不可胜理

持之有故，言之成理/公说公有理，婆说婆有理/人同此心，心同此理/三分吃药，七分调理/小道理服从大道理/晓之以情，动之以理/

鲤 lǐ 鲤鱼。

白鲤　冰鲤　尺鲤　乘鲤　赤鲤　赐鲤　冬鲤　得鲤　分鲤　红鲤　鲙鲤　景鲤　锦鲤　陵鲤　鲮鲤　梦鲤　骑鲤　双鲤　霜鲤　遗鲤　赪鲤　鰋鲤

过庭鲤　金色鲤　千岁鲤　琴高鲤　山上鲤　王字鲤

唾盘成鲤　琴高赤鲤　琴高乘鲤　之亨放鲤　水客骑鲤　王祥求鲤　渭川跃鲤　卧冰求鲤　祐辨鲮鲤

逦 lǐ ［迤逦］曲折绵延。

迤逦

曲折迤逦

澧 lǐ 澧水，水名，在湖南省。

澧澧　湘澧　沅澧

醴

lǐ　①甜酒。②甜美的泉水。

不醴　白醴　百醴　春醴　醇醴　冻醴
稻醴　芳醴　甘醴　花醴　酒醴　嘉醴
绿醴　清醴　如醴　设醴　天醴　仙醴
饗醴　玉醴　用醴　饮醴　盈醴　造醴
酌醴

金浆玉醴　牲牢酒醴　甘之如醴

君子之交淡如水，小人之交甘如醴/君子之交淡如水，小人之交浓如醴/

鳢

lǐ　鱼名，又叫黑鳢。

鲂鳢　鸟鳢　鲢鳢

力

lì　①力量，力气。②用极大的力量。③改变物体运动状态的作用叫做力。④物理学名词。⑤权力。⑥努力。⑦尽力地。⑧务劳。⑨劳力。

不力　并力　兵力　毕力　葆力　笔力
臂力　暴力　才力　出力　斥力　吃力
冲力　齿力　陈力　材力　财力　策力
春力　畜力　诚力　辞力　磁力　骋力
大力　代力　电力　地力　动力　独力
顿力　帝力　胆力　殚力　弹力　得力
鼎力　分力　风力　乏力　扶力　负力
法力　浮力　奋力　佛力　肥力　费力
工力　弓力　功力　国力　骨力　耕力
合力　火力　活力　核力　豪力　耗力
加力　见力　尽力　进力　局力　军力
角力　借力　沮力　极力　疾力　酒力
剪力　筋力　绝力　接力　脚力　精力
较力　竭力　警力　抗力　苦力　内力
牛力　拉力　年力　扭力　论力　劳力
能力　努力　赁力　量力　耐力　旅力
脑力　落力　膂力　戮力　日力　马力
民力　蛮力　勉力　卖力　绵力　猛力
魔力　魅力　朴力　迫力　魄力　鹏力
气力　全力　屈力　巧力　齐力　权力
强力　勤力　潜力　倾力　人力　目力
耳力　热力　升力　生力　水力　手力
思力　识力　死力　受力　身力　实力
食力　视力　省力　神力　诗力　事力
兽力　肆力　盛力　势力　天力　同力
听力　体力　推力　抟力　通力　挺力
替力　弹力　文力　无力　为力　外力
武力　伟力　物力　蚊力　微力　威力
握力　腕力　下力　心力　宣力　学力
悉力　协力　吸力　息力　惜力　畜力
泄力　效力　一力　引力　压力　运力
业力　阴力　余力　用力　有力　曳力
应力　夜力　眼力　勇力　遗力　诱力
意力　药力　毅力　液力　主力　自力
足力　专力　知力　重力　助力　坐力
志力　阻力　诈力　展力　着力　智力
资力　致力　赀力　张力

拔山力　爆发力　侧压力　地应力　恶势力
反冲力　附着力　购买力　歌帝力　感染力
股肱力　后坐力　回天力　记忆力　鉴赏力
稽古力　内聚力　劳动力　离心力　理解力
蝼蚁力　卖苦力　免疫力　摩擦力　旁压力
巧克力　全劳力　牵引力　亲和力　强有力
生产力　生命力　说服力　续航力　陶钧力
吸引力　想象力　自然力　战斗力　造化力
注意力　黏着力　螳螂力　尧舜力

熬心费力　不可抗力　不自量力　不遗余力
半劳动力　表面张力　傍人门力　吹灰之力
苍劲有力　粗大有力　苍白无力　粗壮有力
揣时度力　绰有余力　地心引力　地心吸力
度德量力　缚鸡之力　皋惟团力　鬼功神力
灌园食力　回天之力　回天无力　尽心竭力
竭尽全力　稽古之力　涓埃之力　简短有力
劲富弹力　集结兵力　孔武有力　蒙子公力
绵薄之力　齐心戮力　犬马之力　齐心合力
齐心协力　群策群力　缺乏劳力　遒劲有力
强健有力　强大火力　少气无力　实与有力
事不量力　淘神费力　同心合力　同心协力
同等学力　同心戮力　万有引力　无能为力
问天无力　文治武力　习惯势力　雄壮有力
行有余力　行为能力　效犬马力　圆润有力
一臂之力　有气无力　自食其力　自不量力
战争潜力　触山之力　螳螂之力

不费吹灰之力/吃力不赚钱，赚钱不费力/费了九牛二虎之力/九牛二虎之力/见人挑担弗吃力/劳心不如劳力/手无缚鸡之力/狮象搏

兔，皆用全力/螳臂挡车，自不量力/有钱出钱，有力出力/助一臂之力/只有招架之功，没有还手之力/

荔 lì 荔枝，果名。

苍荔 薜荔 丹荔 扶荔 粉荔 红荔
蕉荔 龙荔 荔荔 山荔 细荔 香荔
新荔 早荔
腮凝新荔
唐蒙与薜荔/

历 lì ①经历。②越过。③历来。④普遍。⑤，遍，完全。⑥日月星辰运行的推算方法。⑦历书。⑧年代。

宝历 柏历 步历 毕历 病历 簿历
宸历 大历 带历 登历 凤历 公历
共历 改历 故历 国历 挂历 惯历
化历 花历 皇历 黄历 回历 久历
旧历 经历 践历 简历 锦历 寂历
历历 来历 辽历 农历 律历 履历
扣历 弥历 幂历 辟历 七历 巧历
庆历 亲历 日历 手历 司历 世历
身历 苏历 涉历 天历 台历 万历
先历 西历 行历 学历 星历 夏历
险历 新历 玉历 月历 尧历 阴历
阳历 依历 扬历 延历 阅历 妖历
逾历 游历 殷历 治历 周历 诸历
资历 骤历 藏历
格里历 回回历 景初历 老皇历 儒略历
太阳历 太阴历 万年历 辛苦历 想所历
阴阳历
翻老皇历 隔年皇历
伊斯兰教历/

苈 lì ［葶苈］一年生草本植物，可入药。

葶苈

呖 lì 拟声词。

呖呖

沥 lì ①滤。②液体一滴一滴地下落。③水下滴。

残沥 滴沥 金沥 绝沥 沥沥 淋沥
霖沥 披沥 渗沥 淅沥 余沥 竹沥
肝胆披沥 淅淅沥沥 雨声淅沥

枥 lì ①马槽。②古时刑具。③养蚕器。

槽枥 伏枥 寒枥 恋枥 青枥 同枥
音枥
老骥伏枥

疬 lì ①麻风病。②瘟疫。

项疬 黑疬 疟疬 瘰疬 痰疬 瘴疬

雳 lì ［霹雳］响声很大的雷。

霹雳
斗霹雳
青天霹雳 晴天霹雳 迅雷霹雳 琰之霹雳

厉 lì ①磨刀石。②猛烈。③勉励。④严格切实。⑤严励，严肃。⑥凶猛。⑦灾祸。

哀厉 褒厉 不厉 饬厉 疵厉 敕厉
惨厉 粗厉 訾厉 踔厉 大厉 底厉
督厉 蹈厉 风厉 奋厉 俯厉 愤厉
括厉 高厉 垢厉 火厉 横厉 尖厉
决厉 救厉 经厉 狷厉 疾厉 荐厉
皎厉 矫厉 奖厉 峻厉 精厉 揭厉
苛厉 狂厉 黠厉 厉厉 冷厉 砻厉
雷厉 勒厉 亵厉 凛厉 陵厉 猛厉
鞶厉 气厉 切厉 期厉 凄厉 色厉
已厉 声厉 天厉 惕厉 危厉 温厉
心厉 相厉 笑厉 虚厉 凶厉 勖厉
雄厉 有厉 严厉 言厉 阴厉 扬厉
幽厉 札厉 壮厉 灾厉 志厉 藻厉
春冰厉 小子厉
变本加厉 撤关胡厉 发愤自厉 发扬踔厉
发扬蹈厉 海风凌厉 目光严厉 铺张扬厉
青色俱厉 漆身为厉 声色俱厉 渊涌风厉
再接再厉

励 lì 劝勉。

策励 诫励 督励 奋励 鼓励 感励
矫励 奖励 精励 诚励 激励 刻励
惢励 劝励 少励 惕励 慰励 相励
勖励 严励 愈励 自励
自勉自励

砺 lì ①粗磨刀面。②磨治。③钻研。

淬砺 刀砺 牏砺 砥砺 带砺 公砺
砻砺 磨砺 取砺 峭砺 用砺 勇砺
药砺 自砺
河山带砺 扪膝汝砺

蛎 lì 牡蛎。一种软体动物，体成卵圆形有两面壳。

牡蛎

粝 lì 粗糙的米。

粗粝 毒粝 粱粝 鹿粝 疏粝 食粝
嗜粝 蔬粝 粢粝

立 lì ①站。②存在，生存。③立刻。④订立。⑤建树。⑥设立。⑦帝王死，诸侯即位。⑧决定。

不立 并立 笔立 壁立 赤立 成立
存立 册立 草立 创立 绰立 侧立
矗立 代立 订立 对立 陡立 独立
道立 倒立 蹲立 鼎立 而立 鹗立
废立 公立 更立 拱立 国立 孤立
骨立 鸽立 行立 画立 迥立 海立
鹄立 鹤立 孑立 角立 建立 俱立
崛立 僵立 困立 宁立 两立 林立
露立 凝立 木立 名立 缦立 旁立
僻立 求立 跂立 起立 峭立 确立
禽立 强立 鹊立 翘立 人立 二立
石立 山立 市立 私立 设立 省立
耸立 侍立 肃立 耸立 竦立 树立
森立 竖立 势立 停立 挺立 特立
兀立 危立 县立 洗立 信立 义立
玉立 移立 言立 屹立 有立 岳立
雨立 欲立 鱼立 跃立 援立 中立
孑立 专立 伫立 自立 侄立 卓立
拄立 峙立 站立 直立 置立 驻立
而立
伴花立 尝独立 当户立 当岸立 扶花立
花下立 花边立 家声立 鸡群立 看云立
四季立 四壁立 双耳立 双燕立 五经立
向风立 一峰立 倚松立
哀毁骨立 傲然挺立 昂首挺立 傲然屹立
不破不立 冰塔林立 重足而立 垂足而立
大破大立 高高屹立 岿然独立 鸿骞凤立
孑孓而立 金鸡独立 坚拔挺立 家徒壁立
傀然独立 裴侠独立 茕茕孑立 情绪对立
三十而立 三足鼎立 势不两立 商店林立
亭亭玉立 婷婷玉立 挺然屹立 腾身倒立
嵬嵬耸立 嵬然耸立 顽然懦立 巍然屹立
巍然耸立 相对而立 形销骨立 雪峰林立
英英玉立 延祖鹤立 屹然耸立 烟囱林立
遗世独立 直面而立 事豫则立 势不两立

莅 lì 到。

出莅 端莅 分莅 抚莅 临莅 莅莅
浏莅 亲莅 守莅 周莅 通莅 以莅
远莅 庄莅

粒 lì ①成颗的东西。②米粒，谷粒。③量词。

不粒 半粒 冰粒 病粒 产粒 出粒
尝粒 刀粒 弹粒 端粒 豆粒 饭粒
谷粒 甘粒 贵粒 火粒 汗粒 计粒
绝粒 聚粒 颗粒 临粒 粟粒 粮粒
米粒 麦粒 却粒 琼粒 沙粒 素粒
困粒 脱粒 陶粒 无粒 微粒 薪粒
玉粒 余粒 盐粒 子粒 籽粒 质粒
珍粒
古松粒 鹦鹉粒
桂薪玉粒 留侯却粒

笠 lì ①用竹篾编成的帽子。②用竹蔑编成的笠形的覆盖物。

背笠 车笠 草笠 锄笠 斗笠 钓笠
戴笠 负笠 贯笠 荷笠 借笠 绿笠
蓬笠 青笠 弱笠 箬笠 篛笠 松笠
莎笠 蓑笠 簑笠 台笠 藤笠 王笠
行笠 雨笠 圆笠 氈笠 毡笠
曲柄笠
乘车戴笠 赵祖斫笠

吏 lì ①古时官员的通称。②特指汉以后官府中的小官差役。

傲吏 百吏 卑吏 兵吏 悲吏 承吏
除吏 残吏 楚吏 大吏 刀吏 达吏
都吏 法吏 干吏 故吏 官吏 悍吏
候吏 滑吏 豪吏 计吏 奸吏 健吏
假吏 酒吏 疆吏 快吏 苛吏 酷吏

老吏 能吏 铃吏 廉吏 虐吏 门吏
蒙吏 墨吏 人吏 冗吏 三吏 世吏
俗吏 纯吏 属吏 天吏 廷吏 贪吏
文吏 污吏 委吏 猾吏 小吏 下吏
胥吏 县吏 邪吏 循吏 园吏 邮吏
野吏 驿吏 狱吏 主吏 佐吏 治吏
最吏 诸吏 赃吏
沧江吏 驰小吏 刀笔吏 刀书吏 风尘吏
豪杰吏 经术吏 监门吏 橘园吏 青云吏
清白吏 天涯吏 投笔吏 三刀吏 文法吏
仙阁吏 香案吏 朱衣吏 真仙吏 漆园吏
对水蠢吏 裹巾辱吏 刻木为吏 库狄杖吏
陆但遣吏 滥官污吏 水浇醉吏 贪官污吏
为刀笔吏 削木为吏 一钱诛吏 一行作吏

丽 lì 又音 lí ①好看，漂亮。②附着。③成对的。④拴系。⑤美好。⑥华丽。

比丽 辩丽 长丽 罕丽 灿丽 澄丽
侧丽 倩丽 粲丽 都丽 多丽 典丽
雕丽 端丽 丰丽 风丽 浮丽 富丽
附丽 繁丽 广丽 光丽 诡丽 瑰丽
红丽 环丽 华丽 花丽 宏丽 弘丽
闳丽 浩丽 惠丽 画丽 皓丽 辉丽
焕丽 慧丽 晖丽 鸿丽 佳丽 极丽
绝丽 娟丽 姣丽 俊丽 娇丽 钜丽
骄丽 锦丽 静丽 精丽 警丽 夸丽
姱丽 瑰丽 罗丽 亮丽 流丽 朗丽
梁丽 浓丽 秾丽 櫂丽 靓丽 末丽
民丽 明丽 妙丽 曼丽 媚丽 美丽
縻丽 靡丽 耦丽 披丽 骈丽 铺丽
芊丽 奇丽 俏丽 轻丽 窃丽 清丽
晴丽 遒丽 绮丽 悽丽 凄丽 二丽
日丽 柔丽 润丽 缛丽 纯丽 神丽
殊丽 琛丽 韶丽 奢丽 森丽 盛丽
赡丽 天丽 文丽 伟丽 委丽 宛丽
温丽 逶丽 玮丽 骫丽 婉丽 纤丽
闲丽 弦丽 秀丽 祥丽 绚丽 娴丽
新丽 雄丽 鲜丽 云丽 月丽 治丽
严丽 妖丽 昳丽 妍丽 幽丽 倚丽
逸丽 裔丽 轶丽 淫丽 掞丽 艳丽
鱼丽 缊丽 雅丽 庄丽 壮丽 珍丽
藻丽 增丽
芙蓉丽 含日丽 江山丽 金波丽 仙宫丽
迎日丽 银钩丽 珠帘丽
冰莹玉丽 彩云绚丽 斗美誇丽 风和日丽
光昌流丽 棖株附丽 山河壮丽 色彩秾丽
堂皇富丽 无所附丽 晚霞瑰丽 纤巧秾丽
霞光绚丽 语言华丽 争艳斗丽 朝霞绚丽
视富贵若脱足丽/

俪 lì 相并的，对偶的。

俦俪 伉俪 骈俪 嫔俪 偕俪
束帛俪
荣谐伉俪

利 lì ①锋利。②好处。③使得到好处。④顺利。⑤利息。⑥利润。⑦加快。⑧加快。⑨优良。⑩利益。⑪富饶。

不利 百利 本利 便利 病利 薄利
暴利 长利 权利 创利 则利 纯利
宠利 地利 单利 钓利 得利 复利
福利 溥利 锋利 蜂利 广利 公利
功利 苟利 高利 股利 钴利 互利
红利 亨利 好利 滑利 获利 厚利
货利 今利 见利 计利 尖利 机利
吉利 近利 奸利 净利 坚利 兼利
监利 浚利 骏利 快利 年利 两利
流利 龠利 毛利 良利 名利 没利
明利 牟利 麻利 贸利 美利 谋利
求利 取利 权利 轻利 趁利 趋利
人利 让利 荣利 锐利 少利 尸利
失利 水利 生利 舍利 世利 声利
私利 实利 税利 爽利 顺利 胜利
射利 势利 土利 天利 同利 图利
棠利 贪利 调利 无利 为利 完利
微利 小利 兴利 憸利 殉利 犀利
羡利 一利 月利 有利 易利 用利
余利 营利 鱼利 渔利 颖利 盈利
溢利 赢利 专利 争利 重利 债利
逐利 撰利
不为利 不吉利 分地利 干馔利 毫末利
居奇利 利滚利 谋福利 有加利
不谋私利 变夹为利 从中通利 出师不利
词锋犀利 齿冠锐利 大吉大利 啖以重利
党员权利 高功厚利 互惠互利 计功谋利
晋人好利 急功近利 急功好利 节节胜利

将本求利 将本图利 流年不利 民事权利
麻麻利利 牟取暴利 目光犀利 平等互利
攘权夺利 饵以重利 什一之利 书写流利
谈锋犀利 天时地利 无往不利 蜗名蝇利
文笔犀利 眩于名利 一本万利 一己私利
渔人之利 渔人得利 渔翁之利 蝇头小利
蝇头微利 蝇名蜗利 邀名射利 自私自利
争名夺利 争权夺利 政治权利 坐收渔利
嘴尖牙利
有百害而无一利/鹬蚌相争，渔人得利/鹬蚌相争，渔翁得利/鹬蚌相持，渔翁得利/坐收渔人之利/君子喻于义，小人喻于利/逐什一之利/

俐 lì ［伶俐］聪明，灵活。

不俐 伶俐
百伶百俐 聪明伶俐 积伶积俐 口齿伶俐
伶伶俐俐

莉 lì ［茉莉］常绿灌木，花白色，花很香。

茉莉
草茉莉 孤芳莉 刻冰莉 弄雪莉 紫茉莉
刘夸茉莉 削玉茉莉

猁 lì ［猞猁］哺乳动物，像狸猫，皮毛珍贵。

猞猁

痢 lì ①痢病。②泻痢。

疤痢 白痢 赤痢 鬎痢 渴痢 拉痢
痢痢 瘌痢 下痢 泻痢 止痢
红白痢 赤白痢 噤口痢

例 lì ①类，列。②例子。③规程。④比照。⑤旧例。⑥可以做依据的事例。⑦规定。

案例 按例 比例 病例 成例 常例
大例 定例 凡例 范例 公例 格例
故例 惯例 旧例 举例 禁例 检例
开例 老例 理例 律例 类例 名例
品例 破例 起例 前例 润例 少例
示例 史例 适例 实例 事例 条例
图例 体例 通例 特例 铁例 违例
委例 小例 向例 先例 循例 一例
义例 月例 用例 永例 引例 沿例
援例 缘例 正例 在例 知例 战例
照例
反比例 正比例
不乏先例 不成比例 打破惯例 打破常例
发凡起例 格于成例 格物成例 国际惯例
史无前例 向无比例 下不为例 因袭成例
援用成例 自来旧例
只此一遭，下不为例/

疠 lì ①瘟疫。②恶疮。

病疠 成疠 荒疠 害疠 疥疠 疾疠
瘰疠 气疠 染疠 湿疠 生疠 天疠
无疠 疫疠 治疠 瘴疠
酿疫疠

戾 lì ①吹干。②违背。③乖张。④安定。⑤劲疾貌。⑥罪恶。⑦凶残。⑧到达。

孛戾 背戾 暴戾 愎戾 大戾 飂戾
刺戾 错戾 宸戾 舛戾 蠢戾 忿戾
浮戾 佛戾 拂戾 怫戾 恶戾 乖戾
诡戾 刚戾 狠戾 诲戾 悍戾 鹤戾
狷戾 角戾 胶戾 骄戾 了戾 翏戾
料戾 缭戾 寥戾 憀戾 谬戾 漫戾
僇戾 僻戾 叛戾 凄戾 湫戾 飒戾
贪戾 无戾 惟戾 枉戾 凶戾 言戾
止戾 作戾 灾戾 罪戾 鸷戾
粒米狼戾 鸷狠狼戾 天降灾戾 民之未戾
端直无戾
诛严不为戾/

唳 lì 鸟鸣。

别唳 风唳 孤唳 鹤唳 惊唳 嘹唳
凄唳 清唳 雁唳
哀鸣唳 华亭唳 九皋唳
风声鹤唳 华亭鹤唳 鸾咽鹤唳

隶 lì ①古代奴隶。②附属。③汉字字体的一种。④察看。⑤封建时代的衙役。

不隶 婢隶 草隶 常隶 饿隶 分隶
工隶 古隶 国隶 汉隶 今隶 旧隶
家隶 女隶 内隶 奴隶 氓隶 萌隶
蛮隶 仆隶 陪隶 配隶 人隶 司隶
什隶 世隶 散隶 徒隶 唐隶 为隶

外隶　刑隶　形隶　役隶　舆隶　皂隶
篆隶　罪隶
王母隶　程邈隶
贩夫皂隶

栎 lì ①木名。②栏杆。③搏击。④超越。⑤传说中的鸟名。⑥刮擦器物以作声。
白栎　重栎　苍栎　城栎　丁栎　导栎
杜栎　樗栎　红栎　槲栎　麻栎　枵栎
青栎　社栎　散栎　寿栎

轹 lì 车轮碾轧。
车轹　刻轹　凌轹　辏轹　辚轹　陵轹
镂轹　卓轹

砾 lì 小石，碎石。
白砾　的砾　伏砾　积砾　石砾　沙砾
沙砾　瓦砾　玉砾　走砾　珠砾　碛砾
飞沙走砾　弃琼拾砾

跞 lì 又音 luò 走动。
骐骥一跞

鬲 lì 又音 gé 鼎一类的东西。
宝鬲　锴鬲　鼎鬲　釜鬲　瓦鬲　周鬲
庚父鬲　戊己鬲

栗 lì ①木名。②栗树的果实。③发抖。④坚实。
不栗　冰栗　怖栗　板栗　炒栗　春栗
惨栗　辞栗　醋栗　悼栗　篥栗　大栗
多栗　地栗　钿栗　风栗　芳栗　果栗
股栗　红栗　好栗　汗栗　寒栗　巨栗
佳栗　茧栗　角栗　金栗　渐栗　嘉栗
枯栗　恐栗　宽栗　栗栗　纳栗　惏栗
憭栗　浏栗　梨栗　廪栗　凛栗　聊栗
木栗　蜜栗　憀栗　齐栗　取栗　凄栗
入栗　石栗　山栗　水栗　收栗　授栗
食栗　松栗　烧栗　缩栗　嗜栗　脱栗
茅栗　心栗　恂栗　橡栗　以栗　严栗
用栗　宜栗　银栗　颖栗　竹栗　自栗
祝栗　战栗　枣栗　斋栗　惴栗　菑栗
震栗　煮栗　锥栗　榛栗　颤栗　蒸栗
楚宫栗　车门栗　操则栗　春风栗　汉珍栗
寒而栗　狼偷栗　秦宛栗　首阳栗　霜包栗
霜剥栗　天师栗　走兽栗　煮秋栗
不寒而栗　尺布斗栗　飞刍挽栗　火中取栗
狙公分栗　狙公倒栗　投枣报栗　陆畜水栗

傈 lì ［傈僳族］我国的少数民族。
庙傈

篥 lì ［觱篥］古代的一种管乐器。
觱篥
痛妃笮篥

詈 lì 骂
悖詈　诋詈　忿詈　诟詈　怒詈　骂詈
辱詈　受詈　斯詈　善詈　往詈　怨詈
诅詈
瞋目詈　箕踞詈
怒不至詈

哩 lì 又音 lī lǐ 助词，同“吧”。
着哩
扬子江内吹唢呐，那哩那哩/

蜊 lí ［蛤蜊］软体动物，肉可吃。
蛤蜊

璃 lí ［玻璃］一种质地硬而脆的透明物体。
玻璃　琉璃
钠玻璃　钾玻璃　毛玻璃　铅玻璃
安全玻璃　不碎玻璃　光学玻璃　化学玻璃
夹层玻璃　夹丝玻璃　磨砂玻璃　泡沫玻璃
万顷琉璃　有机玻璃

几 jī 又音 jǐ ①小或矮的桌子。②几乎。③苗头。
案几　沉几　成几　荣几　操几　赐几
雕几　抚几　伏几　扶几　古几　净几
铭几　凭几　耒几　去几　琴几　书几
庶几　设几　试几　神几　素几　授几
条几　投几　彤几　玉几　倚几　益几
盈几　燕几　隐几　竹几　执几
八仙几　岛皮几　君子几　刻香几　庙堂几
凭素几　七贤几　七宝几　石琢几　书架几

珊瑚儿　养和儿
明窗净儿　雪窗萤儿

讥 jī ①讥刺。②进谏。③盘问。

贬讥　谤讥　成讥　刺讥　嘲讥　诽讥
官讥　垢讥　交讥　取讥　群讥　市讥
诮讥　讪讥　无讥　相讥　贻讥　招讥
不材讥　百世讥　嘲群讥　大雅讥　唐生讥
硕鼠讥　众所讥　唐生讥
反唇相讥　李峤贻讥　司马微讥　手重贻讥
王葛交讥　忧谗畏讥　誓泉之讥

饥 jī ①饿。②旧时指庄稼收成不好或没有收成。③灾荒。

不饥　兵饥　抱饥　充饥　冲饥　常饥
大饥　点饥　度饥　饿饥　腹饥　光饥
告饥　亥饥　寒饥　荒饥　鹤饥　荐饥
口饥　苦饥　渴饥　乐饥　年饥　疗饥
耐饥　馁饥　民饥　马饥　普饥　二饥
人饥　忍饥　岁饥　始饥　同饥　搪饥
啼饥　调饥　吾饥　忘饥　小饥　凶饥
鹰饥　止饥　朝饥
不知饥　巢中饥　淮阴饥　季女饥　方朔饥
曼倩饥　暮鸦饥　午禽饥
饱不忘饥　大荒大饥　号寒啼饥　画饼充饥
荒年大饥　积谷防饥　司马微饥　眼饱肚饥
漏脯充饥　惄如调饥
饱汉不知饿汉饥/饱人不知饿人饥/望梅止渴，画饼充饥/一日不食，十日不忍饥/眼饱肚中饥/养儿防老，积谷防饥/坐儿不觉立儿饥/

玑 jī ①不圆的珍珠。②古代测天文的仪器。

丹玑　明玑　天玑　瑶玑　璇玑
珠玑
露凝玑　明月玑　水孕玑　舞容玑　鱼眼玑
照夜玑
满腹珠玑　字字珠玑

机 jī ①古代弩箭发动机关。②事物发生变化的枢纽。③灵巧。④机器。⑤形势。

暗机　包机　兵机　板机　班机　病机
靶机　尘机　呈机　长机　乘机　趁机
唱机　抽机　禅机　触机　梼机　藏机
大机　电机　敌机　待机　动机　断机
耳机　飞机　分机　伏机　风机　芳机
发机　佛机　汉机　化机　合机　货机
候机　祸机　决机　见机　借机　军机
开机　客机　良机　灵机　弄机　农机
临机　灵机　陆机　轮机　露机　僚机
母机　冥机　榻机　气机　巧机　启机
汽机　契机　戎机　热机　失机　生机
司机　伺机　杀机　待机　时机　枢机
神机　事机　俟机　随机　善机　天机
投机　停机　脱机　万机　无机　危机
忘机　握机　微机　下机　玄机　先机
心机　相机　寻机　息机　旋机　弦机
新机　薪机　压机　牙机　有机　阴机
样机　轧机　圆机　遇机　晕机　鸳机
主机　支机　专机　争机　战机　抒机
总机　织机　座机　钻机　真机　珠机
转机
不投机　步话机　步行机　步谈机　报话机
冲压机　柴油机　吹风机　抽水机　抽气机
铲土机　铲运机　裁纸机　打火机　打字机
打印机　动力机　电传机　电传机　电影机
电动机　电话机　电唱机　电视机　电算机
单放机　反潜机　发电机　发动机　放映机
放像机　复印机　缝纫机　鼓风机　锅驼机
滚齿机　幻灯机　汉阴机　轰炸机　滑翔机
久忘机　计算机　交换机　歼击机　卷扬机
掘土机　搅拌机　精神机　扩音机　快慢机
矿石机　内燃机　联合机　录像机　录音机
留声机　邻女机　钻探机　气轮机　驱逐机
起重机　汽油机　球磨机　前锋机　强击机
石支机　水压机　水轮机　升降机　收音机
收录机　送风机　摄像机　摄影机　推土机
拖拉机　物外机　杜德机　悟禅机　玉人机
压路机　压力机　有真机　运输机　原动机
印刷机　轧花机　轧道机　油压机　液压机
隐形机　子母机　战斗机　造化机　织女机
总危机　铡草机　凿岩机　织布机　侦察机
钻探机　照相机　直升机　蒸气机　收割机
饱含生机　持重待机　狄塞耳机　费尽心机
工作母机　话不投机　航天飞机　富贵危机

汉渚绝机　毫无生机　歼击敌机　经济危机
可乘之机　快机慢机　随物应机　妙算神机
孟母断机　鸥鹭忘机　鸥鸟忘机　日理万机
燃气轮机　水上飞机　识破天机　施关发机
傻瓜相机　同于梼机　通险畅机　枉费心机
一日万机　一片生机　一派生机　语不投机
一线生机　遥集知机　工作母机　坐失良机
诸葛神机　荆鬼越机
电子计算机/电视接受机/电影摄影机/矿石收音机/联合收割机/喷气式飞机/无线电发射机/无线电收音机/

肌

jī ①肌肉。②肌肤。③指植物皮以下的物质。

冰肌　丰肌　肤肌　粉肌　腓肌　刮肌
红肌　荐肌　颊肌　刻肌　论肌　缕肌
凝肌　铭肌　侵肌　浸肌　琼肌　素肌
涂肌　心肌　香肌　雪肌　玉肌　沾肌
醉肌
腓肠肌　姑射肌　骨骼肌　横纹肌　睫状肌
括约肌　冷透肌　肋间肌　栗生肌　平滑肌
随意肌　玉为肌
不随意肌　浃髓论肌　镂骨铭肌　雪肤冰肌
玉骨冰肌

矶

jī ①水流冲激岩石。②露出水面的岩石、石滩。③摩。

钓矶　花矶　蓼矶　秋矶　石矶　苔矶
鱼矶　隐矶
采石矶　斗鸭矶　钓鱼矶　凤凰矶　黄鹄矶
牛渚矶　芦中矶　柳映矶　燕子矶　坐石矶

击

jī ①打。②攻击。③杀。④拂拭。

不击　波击　搏击　出击　冲击　齿击
侧击　锤击　触击　攒击　打击　电击
迭击　弹击　反击　奋击　腹击　攻击
鼓击　合击　好击　回击　还击　訇击
轰击　笏击　击击　夹击　技击　进击
歼击　狙击　戛击　截击　括击　叩击
毂击　内击　逆击　拦击　雷击　擂击
目击　殴击　扑击　抨击　拍击　排击
掊击　破击　炮击　鹏击　枪击　钳击
敲击　拳击　挠击　三击　舌击　水击
闪击　射击　隼击　赏击　柝击　突击
梃击　痛击　霆击　物击　围击　袭击
移击　迎击　要击　掩击　遊击　邀击
鹰击　远击　住击　追击　斫击　纵击
阻击　遮击　震击　鸷击　撞击
刀斗击　打游击　雕鹗击　风雨击　飘风击
泉声击　秦任击　如意击　戍鼓击　饮可击
不堪一击　单发射击　分进合击　反戈一击
风弛电击　跟踪追击　肩摩毂击　空中袭击
空中游击　禽息头击　连发射击　雷电袭击
旁敲侧击　炮火反击　人身攻击　突然袭击
无懈可击　衣颁魏击　迎头痛击　自卫反击

圾

jī ［垃圾］脏土或扔掉的破烂东西。

垃圾

芨

jī 白芨。多年生草本植物，可入药。

白芨　豚芨　棠芨
入其芨

乩

jī ［扶乩］旧时迷信的人占卜问疑。

扶乩
武穆降乩

鸡

jī 家禽。

白鸡　宝鸡　碧鸡　柴鸡　草鸡　晨鸡
雏鸡　雌鸡　彩鸡　瓷鸡　春鸡　斗鸡
冻鸡　风鸡　公鸡　割鸡　裹鸡　火鸡
红鸡　黄鸡　荒鸡　寒鸡　鹤鸡　骇鸡
叫鸡　金鸡　家鸡　锦鸡　昆鸡　鹍鸡
鹁鸡　连鸡　卤鸡　鲁鸡　邻鸡　露鸡
木鸡　名鸡　牝鸡　母鸡　取鸡　二鸡
肉鸡　攘鸡　山鸡　水鸡　杀鸡　沙鸡
松鸡　烧鸡　埘鸡　素鸡　笋鸡　莎鸡
树鸡　曙鸡　天鸡　头鸡　田鸡　谈鸡
瓦鸡　闻鸡　瓮鸡　小鸡　凶鸡　夏鸡
雄鸡　鹖鸡　玉鸡　原鸡　油鸡　秧鸡
鱼鸡　野鸡　越鸡　子鸡　只鸡　竹鸡
榛鸡　炙鸡　裹鸡
白切鸡　白斩鸡　报午鸡　报晓鸡　碧树鸡
唱黄鸡　食火鸡　大公鸡　打野鸡　稻花鸡
渡关鸡　断尾鸡　奉母鸡　会稽鸡　淮南鸡
褐马鸡　来亨鸡　老母鸡　狼山鸡　卵用鸡

落汤鸡 日双鸡 汝南鸡 肉用鸡 水中鸡
宋宗鸡 失旦鸡 司晨鸡 说天鸡 宋窗鸡
寿光鸡 天小鸡 听荒鸡 吐绶鸡 铁公鸡
童子鸡 五更鸡 喔喔鸡 五德鸡 武城鸡
舞山鸡 玉羽鸡 一城鸡 厌家鸡 远树鸡
枕中鸡 珍珠鸡
澳洲黑鸡 处宗谈鸡 褚医腹鸡 斗酒只鸡
呆若木鸡 呆如木鸡 鸿鹄与鸡 九斤黄鸡
叫花童鸡 纪渻驯鸡 纪渻木鸡 金马碧鸡
嫁鸡随鸡 龙友颂鸡 牛刀割鸡 牛鼎烹鸡
刘琨听鸡 茅客割鸡 儒子驱鸡 三足金鸡
田主见鸡 陶犬瓦鸡 舞剑闻鸡 瓮里酥鸡
跃鲤杀鸡 以猫饲鸡 夜半闻鸡 夜狸取鸡
跃鲤杀鸡 鹞鹰抓鸡 仙翁祝鸡 祖逖闻鸡
拔了毛的凤凰不如鸡/初一忌杀鸡/贵妃与贵妃鸡/蛤蟆蛙蝇与晨鸡/嫁狗随狗，嫁鸡随鸡/纪渻子养斗鸡/淋漓似水鸡/三更火，五更鸡/乌鸦与蜀鸡/

奇 jī 又音 qí ①单数。②旧指命运不好。③不正当的。

命奇 一奇 鹜奇

唧 jī ①用水射击。②拟声词。

吧唧 长唧 啁唧 咕唧 呱唧 诟唧
哼唧 唧唧 啾唧 蜜唧 啫唧
滑不唧 蔫不唧
滑不唧唧

积 jī ①聚。②累积。③蕴蓄。④留滞。⑤数学名词。⑥积乘。

骙积 充积 冲积 乘积 材积 重积
沉积 残积 储积 翠积 藏积 谶积
大积 定积 多积 道积 地积 堆积
德积 风积 丰积 阜积 愤积 纷积
庚积 高积 故积 花积 厚积 久积
居积 金积 积积 聚积 简积 兼积
阔积 痡积 乃积 捏积 劳积 奶积
岚积 累积 露积 凝积 面积 隅积
辟积 痞积 乞积 钱积 仞积 客积
闰积 三积 山积 水积 实积 食积
私积 宿积 岁积 思积 散积 善积
体积 囤积 慎积 文积 委积 香积
雪积 蓄积 修积 新积 云积 余积
阴积 郁积 怨积 阏积 盈积 淤积
瘦积 壅积 殷积 贮积 珍积 著积
铢积 滞积
表面积 苍苔积 春梦积 芳燕积 芳草积
红英积 流埃积 良村积 奇峰积 秋阴积
三年积 苔衣积
扩展面积 林深雪积 溪深雪积 寒深雪积
民怨深积

笄 jī 古代盘头发用的簪子。

副笄 冠笄 及笄 磨笄 玉笄 逾笄
发笄 弁笄
翠羽笄 绿云笄
代妃摩笄

屐 jī 古代的木头鞋。

车屐 草屐 大屐 得屐 短屐 倒屐
飞屐 方屐 高屐 好屐 画屐 屐屐
解屐 老屐 蜡屐 木屐 卖屐 阮屐
秋屐 裙屐 失屐 双屐 僧屐 苔屐
桐屐 认屐 万屐 洗屐 新屐 云屐
玉屐 月屐 雨屐 幽屐 游屐 着屐
置屐 谢屐
齿析屐 东山屐 登山屐 花间屐 几两屐
灵运屐 秋雨屐 阮家屐 沙际屐 行乐屐
寻山屐 喜折屐 谢公屐 谢安屐 遊春屐
好酒爱屐 灵运木屐 阮孚蜡屐 脱鞋易屐
玩之蹑屐 谢安折屐

姬 jī ①古时对妇女的美称。②旧时称妾。③姓。相传为皇帝之姓。④以歌舞为职业的。

班姬 村姬 宠姬 楚姬 樊姬 歌姬
鼓姬 姣姬 家姬 嫁姬 丽姬 名姬
妙姬 美姬 琼姬 琴姬 如姬 侍姬
淑姬 文姬 王姬 舞姬 吴姬 小姬
仙姬 幸姬 养姬 妖姬 瑶姬 虞姬
艳姬 贞姬 诸姬
蔡文姬 失宠姬 杨柳姬 柘枝姬
半臂怜姬 豹内薄姬 霸王别姬 处道还姬
程松献姬 泣别虞姬 外道还姬 侂胄四姬
越女齐姬

基 jī ①基础。②化学上的名词。③根据。④开始。⑤起头。⑥基业。⑦谋划。

氨基 靶基 广基 昌基 创基 承基
垂基 镃基 大基 定基 地基 帝基
登基 奠基 得基 阜基 房基 弗基
佛基 福基 故基 根基 洪基 荒基
祸基 鸿基 开基 灵基 路基 丕基
球基 氢基 羟基 墙基 山基 始基
树基 天基 田基 烃基 羰基 羧基
盐基 宅基 植基 肇基 增基
霸业基 苯甲基 帝王基 固洪基 旧台基
礼为基 绿草基 民为基 太平基 万世基
万物基 壮帝基
宣统登基 韩信开基

期 jī 又音 qī 〈古〉一周年。

弥期 旬期 十期
不杖期

箕 jī ①簸箕。②不成圆形的指纹。③星宿名。

北箕 畚箕 赍箕 簸箕 撮箕 巢箕
斗箕 颠箕 扶箕 粪箕 弓箕 家箕
柳箕 掐箕 骑箕 筲箕 溲箕 微箕
有箕 扬箕 箢箕
大如箕 南弓箕 日在箕 学为箕 星聚箕
云出箕
傅说骑箕 为裘为箕 月丽于箕

赍 jī ①怀抱着，带着。②把东西送给别人。

飘赍 轻赍 私赍 野赍 装赍
百钱赍 笔床赍 各有赍 远客赍

嵇 jī 姓。

攀嵇 阮嵇 寻嵇
锻柳嵇
命驾访嵇

稽 jī 又音 qǐ ①停留。②至、及到。③考核。④计较。⑤相合。

不稽 勾稽 钩稽 滑稽 久稽 简稽
可稽 会稽 考稽 验稽 面稽 无稽
心稽 赞稽
不可稽 古与稽 简书稽 一时稽
荒诞无稽 有案可稽 幽默滑稽 紫髯会稽
滑天下之大稽/

缉 jī 又音 qī ①绩。②继续。③光明。④搜捕。

不缉 补缉 采缉 查缉 采缉 抚缉
结缉 刊缉 宁缉 礼缉 旁缉 纫缉
手缉 梭缉 绥缉 通缉 文缉 外缉
巡缉 营缉 追缉 招缉 侦缉 雉缉
装缉

跻 jī 登，上升。

晨跻 登跻 颠跻 难跻 攀跻 日跻
越跻 阻跻 朝跻
不可跻 带月跻 分寸跻 君子跻 寿城跻
无人跻 玉阶跻 阳气跻

齑 jī ①捣碎的姜，蒜等。②细，碎。

吹齑 淡齑 断齑 黄齑 寒齑 芥齑
金齑 冷齑 绿齑 如齑 酸齑 霜齑
五齑 香齑 蟹齑 玉齑 盐齑
捣香齑 菊亩齑 屑橙齑 照面齑
惩羹吹齑 文正断齑

畿 jī ①古代王都所辖的千里地域。②指王畿之外的九畿。③门槛。

邦畿 采畿 东畿 甸畿 帝畿 都畿
封畿 汉畿 侯畿 九畿 京畿 郊畿
男畿 蛮畿 卿畿 天畿 卫畿 王畿
乡畿 知畿

墼 jī ①土坯。②砖坯。

炭墼 土墼

激 jī ①水势腾涌飞溅。②阻挡水流。③冲刷。④猛烈。⑤激越。⑥急剧的。

哀激 奔激 褊激 冲激 刺激 大激
电激 荡激 反激 风激 忿激 奋激
愤激 过激 诡激 感激 急激 矫激
矜激 健激 奖激 沾激 浪激 迫激
偏激 喷激 气激 切激 清激 矢激
水激 石激 声激 赏激 推激 湍激
迅激 相激 扬激 沾激 躁激 震激
春涨激 风雷激 惊湍激 雷风激 青丝激
操之过激 条件刺激 枉矫过激

非条件刺激/

羁

jī ①马龙头。②系住。③约束。④牵制。⑤古代女孩的发髻。⑥停留。

不羁 尘羁 拘羁 就羁 金羁 绝羁
名羁 马羁 绊羁 牵羁 潜羁 首羁
俗羁 受羁 释羁 天羁 脱羁 相羁
玉羁 远羁 珠羁
不可羁 此身羁 利名羁 马脱羁
放达不羁 放纵不羁 放浪不羁 放荡不羁
豪放不羁 落落不羁 落拓不羁 洒脱不羁
跌宕不羁 倜傥不羁 游荡不羁

及

jí ①到。②趁着。③跟。④比得上。

不及 比及 波及 齿及 触及 迨及
逮及 访及 顾及 何及 祸及 罕及
惠及 儿及 赍及 可及 累及 略及
难及 莫及 耄及 靡及 旁及 普及
遍及 企及 全及 牵及 前及 跂及
儿及 尔及 日及 仍及 书及 所及
世及 涉及 覃及 推及 无及 未及
危及 信及 相及 刑及 又及 有及
远及 以及 欲及 正及 泽及 罪及
等不及 赶不及 赶得及 来得及 来不及
愚何及
不可企及 不暇顾及 鞭长莫及 措手不及
凑手不及 谗言三及 触手可及 过犹不及
管见所及 管窥所及 后悔不及 后悔无及
后悔莫及 悔之不及 悔之无及 悔之莫及
嗟悔无及 剑及屦及 力所能及 连类而及
履及剑及 目力所及 马尘不及 冥顽不及
始料不及 噬脐莫及 噬脐何及 无所不及
无暇顾及 望尘莫及 兄终弟及 学如不及
愚不可及 追悔莫及 诈奸不及 颜狂莫及
风马牛不及/风马牛不相及/有过之而不及/
见善如不及/

伋

jí 用于人名。

郭伋 伋伋 吕伋

岌

jí ①高貌。②危险貌。

地岌 岌岌 立岌 岃岌 岌岌 岦岌
嵬岌 嶷岌 山岌岌

汲

jí ①从井里取水。②牵引。③引导。

暗汲 不汲 春汲 短汲 谷汲 溉汲
鲠汲 井汲 汲汲 空汲 日汲 少汲
为汲 未汲 外汲 行汲 晓汲 新汲
用汲 引汲 远汲
皇皇汲 临水汲
提瓮出汲

级

jí ①丝的优劣次第。②层次，等级。③石阶。④年级、学校编制的名称半级。⑤古代斩下的人头。

班级 陛级 初级 层级 超级 多级
低级 等级 得级 分级 风级 高级
各级 计级 节级 甲级 进级 阶级
军级 晋级 降级 镌级 爵级 考级
历级 年级 连级 能级 留级 名级
密级 平级 品级 排级 评级 求级
二级 荣级 上级 石级 升级 拾级
守级 首级 苏级 市级 税级 省级
师级 算级 拾级 殊级 摄级 头级
团级 同级 提级 莕级 持级 调级
跳级 梯级 县级 学级 下级 寻级
一级 越级 逾级 营级 中级 终级
震级
数量级 质量级 轻量级 重量级
剥削阶级 地主阶级 地震震级 第三等级
工人阶级 奴隶阶级 连升三级 农民阶级
统治阶级 无产阶级 外交等级 中产阶级
自为阶级 自在阶级 资产阶级
半无产阶级/官僚资产阶级/垄断资产阶级/
买办资产阶级/民族资产阶级/小资产阶级/
游民无产阶级/

极

jí ①房屋的正梁。②顶点。③穷极。④准则。⑤竭尽。⑥最高的地位。⑦北极星。⑧指地球的南北两端。⑨天文学名词。⑩磁体的两端。⑪数学中极坐标的原点。⑫正午。

受极 八极 不极 北极 宝极 板极
补极 倍极 博极 辰极 苍极 宸极
磁极 代极 电极 地极 道极 登极
得极 负极 归极 高极 贵极 皇极

回极　纪极　基极　建极　积极　坤极
六极　立极　两极　礼极　南极　灵极
臬极　难极　隆极　目极　民极　妙极
屏极　区极　二极　入极　日极　人极
四极　枢极　丝极　神极　思极　太极
天极　同极　无极　罔极　小极　心极
消极　锡极　元极　云极　有极　阳极
阴极　艺极　用极　要极　艳极　御极
之极　正极　至极　造极　宗极　终极
栅极　紫极
宸极极　惆怅极　地磁极　风流极　萧条极
幽兴极
断鳌之极　登峰造极　计穷虑极　四荒八极
罪大恶极
无所不用其极/志不可满，乐不可极/

笈 jí ①书箱。②书籍。

宝笈　败笈　长笈　尘笈　茶笈　担笈
负笈　黄笈　函笈　巾笈　锦笈　灵笈
满笈　千笈　取笈　琼笈　书笈　双笈
藤笈　箱笈　湘笈　携笈　云笈　玉笈
有笈　盈笈　药笈　织笈
千里笈　石渠笈
葛洪负笈

吉 jí ①善，美。②阴历每月初一。③幸福的，吉利的。

安吉　不吉　保吉　从吉　长吉　常吉
初吉　大吉　逢吉　晖吉　涓吉　借吉
结吉　即吉　嘉吉　纳吉　聊吉　名吉
平吉　卜吉　求吉　请吉　审吉　追吉
迪吉　万吉　勿吉　习吉　袭吉　祥吉
献吉　元吉　月吉　之吉　占吉　直吉
乍吉　致吉　择吉　诹吉
布拉吉　君子吉　家人吉
百事大吉　避凶趋吉　多凶少吉　逢凶化吉
关门大吉　龟厌不吉　开门大吉　开张大吉
溜之大吉　梦兰叶吉　万事大吉　转凶为吉
完事大吉
家有贤妻，逢凶化吉/脚板抹油，溜之大吉/

佶 jí 健壮。

包佶　裴佶　许佶　张佶　赵佶

即 jí ①就是。②接近。③便，立刻。④符合。⑤倘若。⑥当时或当地。⑦便，就。

不即　当即　赓即　可即　立即　来即
能即　随即　体即　未即　往即　迅即
相即　旋即　移即　在即　着即
不能即　我心即　溪水即　行复即
成功在即
可望不可即/可望而不可即/

亟 jí 又音 qì ①表时间副词。②急。③急迫。

放亟　亟亟　流亟　受亟　天亟　勿亟
因亟
心太亟　朝光亟

殛 jí 杀死。

放殛　纠殛　流殛　雷殛　鼠殛　诛殛

革 jí 又音 gé〈古〉指病危。

病革

急 jí ①急速。②迫切。③急躁。④急忙。⑤危急。⑥困，窘迫。⑦急需。⑧紧。

卞急　备急　逼急　褊急　才急　促急
惨急　捽急　喘急　大急　打急　风急
发急　帆急　干急　告急　火急　遑急
缓急　慌急　狷急　加急　济急　机急
劲急　惊急　狷急　艰急　急急　悁急
救急　解急　窘急　焦急　捷急　峻急
紧急　警急　激急　疆急　孔急　困急
渴急　刻急　内急　民急　闵急　暮急
猛急　迫急　偏急　气急　切急　穷急
浸急　起急　峭急　请急　情急　凄急
所急　叔急　甚急　水急　声急　事急
时急　遄急　特急　湍急　末急　危急
舞急　心急　迅急　性急　袖急　憬急
忧急　严急　应急　谒急　遇急　在急
周急　杖急　灼急　着急　躁急　赒急
震急
从来急　春潮急　巢燕急　倒悬急　捣衣急
短景急　干着急　归思急　归情急　更筹急
呼声急　流年急　谋生急　鸣蛩急　夕波急
羽书急　雁来急　漪澜急　雁飞急　征求急

操之过急　当务之急　缓不济急　江水湍急
急人所急　济人之急　佩弦自急　轻重缓急
燃眉之急　十万火急　水流湍急　水深流急
水流峻急　先后缓急　心忙意急　先务之急
相煎太急　相煎何急　移缓就急
本是同根生，相煎何太急/天祥大，火祥急/王蓝田性急/

疾 jí ①病。②瘟疫。③疼痛。④缺点。⑤恨。⑥迅速。⑦病残（人）。⑧疾苦。⑨憎恶。⑩嫉妒。⑪急速。⑫毒物。

瘖疾　暗疾　不疾　百疾　抱疾　被疾
暴疾　长疾　疢疾　差疾　成疾　称疾
除疾　陈疾　谄疾　残疾　猜疾　缠疾
帆疾　犯疾　废疾　奋疾　腹疾　告疾
孤疾　痼疾　蛊疾　怀疾　候疾　讳疾
毁疾　久疾　旧疾　进疾　疥疾　劲疾
将疾　经疾　疾疾　捷疾　急疾　厥疾
脚疾　蹇疾　痁疾　快疾　苛疾　力疾
年疾　老疾　娘疾　劳疾　鸟疾　痁疾
痢疾　末疾　目疾　冒疾　勉疾　剽疾
漂疾　去疾　齐疾　秋疾　起疾　前疾
窃疾　轻疾　寝疾　如疾　少疾　示疾
生疾　声疾　首疾　宿疾　衰疾　商疾
同疾　屯疾　托疾　痛疾　无疾　问疾
卧疾　忘疾　顽疾　痿疾　小疾　心疾
行疾　形疾　迅疾　癣疾　月疾　引疾
意疾　婴疾　隐疾　舆疾　愈疾　羸疾
中疾　足疾　治疾　诈疾　致疾　疹疾
重疾　遭疾　整疾
风霜疾　鸿飞疾　邻有疾　来归疾　亲有疾
无妄疾　维摩疾　幽忧疾　鹰眼疾　羸老疾
唱叫扬疾　操劳成疾　疮疥之疾　含蓼问疾
河鱼腹疾　膏肓之疾　疥癣之疾　积劳成疾
积忧成疾　陆云笑疾　李贺得疾　冉耕之疾
深恶痛疾　霜露之疾　心腹之疾　纤芥之疾
癣疥之疾　淹病滞疾　烟霞痼疾　治病疗疾
拥经问疾　事春之疾
细菌性痢疾/

嫉 jí ①妒忌。②憎恨。

仇嫉　谗嫉　妒嫉　忿嫉　愤嫉　媢嫉
见嫉　念嫉　同嫉　怨嫉　忮嫉　众嫉
憎嫉
人神共嫉

瘠 jí ①瘦。②贫穷。③（土地）不肥沃。④薄待。

背瘠　大瘠　多瘠　地瘠　肥瘠　沟瘠
荒瘠　毁瘠　寒瘠　鹤瘠　捐瘠　救瘠
苦瘠　旷瘠　牛瘠　里瘠　貌瘠　贫瘠
弃瘠　起瘠　硗瘠　确瘠　臞瘠　书瘠
身瘠　瘦瘠　素瘠　霜瘠　消瘠　羞瘠
羸瘠
土地贫瘠

蹐 jí 小步。

蹩蹐　局蹐　跼蹐　踧蹐

棘 jí ①酸枣树。②泛指有刺的草木。③针形的刺。

苞棘　被棘　从棘　丛棘　茨棘　抽棘
垂棘　穿棘　楚棘　撤棘　大棘　丹棘
多棘　伐棘　负棘　钩棘　槐棘　篙棘
寒棘　九棘　艰棘　棘棘　荆棘　枯棘
刻棘　牛棘　列棘　杞棘　如棘　槭棘
生棘　食棘　小棘　危棘　严棘　有棘
枳棘　长棘　榛棘
挑孤棘　左九棘
穿荆度棘　凤不栖棘　披荆斩棘　天荆地棘
铜驼荆棘　斩荆披棘　周巷荆棘　胸中柴棘
肚里生荆棘/

集 jí ①群鸟栖止在树上。②聚集。③古代图书分类之一。④汇集单篇作品成书册。⑤定期的市场。⑥某些篇幅较长的著作。⑦成就。

安集　坌集　并集　办集　宝集　别集
背集　博集　从集　存集　采集　萃集
筹集　凑集　攒集　动集　堆集　调集
凤集　逢集　勾集　赶集　合集　后集
会集　汇集　画集　祸集　甲集　交集
纠集　结集　积集　家集　鸠集　辑集
聚集　考集　内集　来集　丽集　年集
连集　鸟集　鳞集　密集　募集　骈集
裒集　齐集　全集　群集　麇集　上集
市集　沙集　收集　拾集　诗集　思集
搜集　数集　续集　屯集　文集　外集

鬼集 猬集 下集 小集 选集 咸集
翕集 蓄集 翔集 云集 玉集 远集
约集 雨集 邮集 遗集 蚁集 宴集
雅集 遥集 影集 誉集 邀集 凝集
召集 专集 总集 走集 征集 招集
缀集
百忧集 丁卯集 地图集 妇人集 峰峦集
冠盖集 花萼集 壶人集 巾箱集 联珠集
天香集 斜川集 英豪集 珠履集 祯祥集
百感交集 百感丛集 悲喜交集 大业未集
峰附云集 冠盖云集 观者云集 悔愧交集
惊喜交集 经史子集 鸾翔凤集 雷雨交集
哀然成集 人口密集 云屯雨集 云合雾集
应者云集 虞潭鹰集 蚁附蝇集 黔首未集
沙鸥翔集

楫

jí ①船桨。②划（船）。

持楫 船楫 钓楫 罢楫 短楫 独楫
飞楫 风楫 帆楫 桂楫 孤楫 画楫
横楫 击楫 倦楫 利楫 乱楫 理楫
兰楫 露楫 求楫 弭楫 弱楫 素楫
试楫 特楫 无楫 为楫 小楫 迅楫
修楫 雨楫 扬楫 摇楫 舣楫 瑶楫
再楫 舟楫 杖楫 棹楫 祖楫
芙蓉楫 荆江楫 秦淮楫 吴娃楫 中流楫
渡江楫
袁绍横楫 中流击楫 中流鼓楫

辑

jí ①和谐。②和睦。③和同，齐一。④聚集。⑤整套书籍资料按内容分成的各个部分。

安辑 比辑 编辑 采辑 词辑 辞辑
抚辑 钩辑 怀辑 和辑 汇辑 降辑
辑辑 剪辑 宁辑 逻辑 睦辑 内辑
哀辑 氏辑 特辑 统辑 未辑 尉辑
完辑 选辑 完辑 新辑 又辑 允辑
专辑 招辑 总辑 缀辑 纂辑
邻封辑 诗文辑 总编辑
辩证逻辑 符合逻辑 数理逻辑 形式逻辑
责任编辑

戢

jí ①兵器。②收敛。③收藏。

安戢 不戢 兵戢 顿戢 画戢 戢戢
莫戢 铭戢 少戢 未戢 武戢 衔戢
永戢 羽戢 营戢 自戢 载戢

踖

jí ［踧踖］恭敬而不安的样子。

踧踖 蹶踖 踖踖

藉

jí 又音 jiè ①践踏，凌辱。②进贡。

崩藉 藉藉 凌藉 狼藉
杯盘狼藉 声名狼藉 声名藉藉 肮脏狼藉

籍

jí ①薄书。②登记隶属关系的簿册。③记录。④籍贯。⑤征税。

案籍 本籍 白籍 表籍 板籍 变籍
版籍 簿籍 尺籍 唱籍 除籍 承籍
地籍 党籍 典籍 坟籍 法籍 封籍
附籍 古籍 固籍 国籍 贯籍 户籍
会籍 河籍 黄籍 黑籍 计籍 记籍
经籍 军籍 寄籍 禁籍 籍籍 口籍
客籍 六籍 内籍 礼籍 来籍 凌籍
落籍 门籍 名籍 苗籍 秘籍 欠籍
巧籍 球籍 群籍 入籍 阮籍 史籍
市籍 书籍 食籍 势籍 土籍 团籍
图籍 通籍 脱籍 外籍 仙籍 学籍
削籍 徙籍 原籍 账籍 宗籍 珍籍
诊籍 祖籍 载籍 注籍 州籍 贱籍
禄籍 鬼籍
长生籍 承明籍 丹城籍 甲乙籍 金门籍
金马籍 金闺籍 蓬壶籍
双重国籍 萧收图籍 曾摈阮籍

几

jǐ 又音 jī ①询问数量多少。②表示不定的数目。③表数量不多。

赐几 大几 第几 非几 好几 几几
见几 讵几 寄几 降几 乃几 年几
老几 前几 庶几 无几 亡几 未几
万几 微几 先几 有几 余几 研几
在几 珠几 女几
不可几 春风几 今能几 当须几 橐驼几
废者几 复能几 会当几 麦有几 其有几
刘知几 南郭几
不知凡几 寥寥无几 所剩无几 相去无几
相差无几 一日万几
畏首畏尾，身其余几/

己 jǐ ①天干的第六位。②自己。

百己 从己 出己 除己 揣己 反己
防己 抚己 福己 归己 贵己 恭己
后己 害己 尽己 拘己 洁己 矜己
克己 刻己 利己 律己 亲己 屈己
趣己 戛己 任己 似己 私己 审己
舍己 胜己 恕己 同己 体己 梯己
贴己 妲己 无己 为己 忘己 枉己
误己 诬己 小己 行己 修己 孝己
一己 异己 悦己 约己 正己 自己
知己 总己 责己 着己 罪己 拯己
颛己
不失己 不若己 过称己 孔乙己 知彼己
安分守己 陈瓘责己 奉公克己 反求诸己
高人洁己 毫不利己 酒逢知己 可称知己
露才扬己 目为知己 瞒心昧己 排斥异己
排除异己 清身洁己 强者反己 倾城妲己
攘除异己 身不由己 损人利己 视为知己
先人后己 严于律己 晏能处己 知彼知己
诛锄异己
被窝里放屁，糟蹋自己/半天云里的风筝，半点不由己/对着镜子作揖，自己恭维自己/害人终害己/靠人不如靠自己/求人不如求自己/欲图他人，反失自己/

挤 jǐ ①推挤。②拥挤。③排挤。④榨。

挨挤 共挤 合挤 挤挤 慢挤 排挤
倾挤 太挤 推挤 显挤 压挤 欲挤
拥挤 撞挤
楚所挤 沟壑挤
挨挨挤挤 喧阗拥挤

济 jǐ 又音 jì 济水，古水名。济济，众多。

济济
水济济
人才济济 生徒济济

给 jǐ 又音 gěi ①充足。②供给。③给予。④敏捷。

不给 补给 禀给 辨给 充给 代给
半给 分给 赋给 共给 供给 敢给
家给 接给 捷给 口给 馈给 量给
敛给 目给 敏给 面给 配给 齐给
取给 求给 人给 日给 润给 饶给
绕给 始给 肃给 赡给 特给 新给
薪给 优给 仰给 养给 月给 自给
再给 赒给 沾给 紫给 资给 周给
保证供给 利口捷给 目不暇给 日不暇给
饔飧不给

脊 jǐ ①人和动物背中的骨头。②物体中高起的部分。③理，条理。

背脊 出脊 刀脊 地脊 断脊 伏脊
虎脊 合脊 海脊 鹤脊 牛脊 龙脊
伦脊 里脊 马脊 美脊 曲脊 三脊
山脊 书脊 石脊 首脊 瘦脊 瓦脊
罔脊 婉脊 屋脊 云脊 鱼脊 要脊
正脊 檐脊
波起脊 高压脊 天下脊
蹿房越脊

掎 jǐ 拖住，牵制。

角掎 牵掎

戟 jǐ ①古兵器名。②刺激。

兵戟 拔戟 陛戟 长戟 持戟 力戟
顿戟 短戟 倒戟 分戟 负戟 奋戟
弓戟 古戟 钩戟 画戟 荷戟 虎戟
金戟 剑戟 门戟 矛戟 棨戟 三戟
手戟 失戟 收戟 迪戟 文戟 小戟
夕戟 雄戟 新戟 义戟 牙戟 折戟
执戟 注戟 杖戟 战戟
蜂揽戟 金门戟 金铃戟 将军戟 三叉戟
沙沉戟 须如戟
李心剑戟 天方画戟 三朝执戟 须髯若戟
营门射戟

计 jì ①核算。②计算。③谋划。④结算。⑤主意。⑥计划，打算。⑦计谋。⑧计议。⑨计簿。

暗计 不计 边计 邦计 便计 长计
成计 筹计 大计 定计 点计 得计
毒计 恶计 非计 共计 官计 过计
估计 国计 顾计 诡计 鬼计 久计
合计 伙计 好计 画计 活计 核计
巾计 火计 决计 极计 奸计 良计

狡计 校计 家计 建计 较计 会计
匡计 苦计 苛计 客计 良计 逆计
虑计 略计 累计 明计 妙计 密计
谋计 巧计 全计 奇计 情计 人计
日计 上计 失计 生计 书计 审计
私计 岁计 时计 身计 诗计 受计
设计 胜计 深计 商计 审计 算计
熟计 数计 他计 统计 万计 未计
问计 误计 无计 小计 下计 心计
先计 译计 悉计 献计 一计 异计
远计 阴计 预计 约计 遗计 左计
正计 中计 再计 总计 追计 拙计
诈计 综计 智计 赀计 贼计
安培计 不再计 长久计 电压计 电流计
东窗计 大年计 动名计 杜预计 反间计
分光计 伏特计 光度计 高度计 缓兵计
金生计 举大计 静电计 苦肉计 空城计
库仑计 六官计 连环计 木马计 美人计
千金计 齐相计 晴雨计 体温计 田园计
五官计 温度计 消愁计 血压计 寻春计
掩鼻计 掌邦计
不可胜计 百年大计 布景设计 百计大计
成本会计 唱空城计 楚歌之计 服装设计
固言柳计 化装设计 缓兵之计 将计就计
减灶之计 精心设计 锦囊妙计 锦囊之计
六出奇计 民生国计 铺谋定计 全无心计
千方百计 权宜之计 桥桃钟计 穷竭心计
三十六计 数以千计 数以万计 随人作计
韬晦之计 菟裘归计 退兵之计 万全之计
舞台设计 舞美设计 阴谋秘计 阴谋诡计
曳兵之计 研桑之计 再生二计 在所不计
终身之计 走为上计 为今之计 迂直之计
兼权熟计
肚子里唱空城计/多用兵不如巧用计/人无百岁斯，枉作千年计/三十六计，走为上计/三十六策，走为上计/一计不成，又生一计/一计不成，再生二计/自以为得计/诸葛亮用空城计/

记 jì ①记忆。②把人、事、物写下来。③记载人事物的书册。④记号。⑤思念，不忘。⑥旧时的公文。⑦印章。

谙记 暗记 不记 本记 表记 补记
笔记 碑记 墼记 簿记 垂记 场记
常记 侧记 骢记 戳记 斗记 登记
惦记 牒记 睹记 浮记 附记 腹记
广记 故记 国记 管记 后记 徽记
旧记 经记 简记 疆记 牢记 论记
念记 目记 漫记 描记 铭记 梦记
默记 片记 凭记 切记 曲记 前记
钤记 牵记 强记 日记 失记 史记
手记 书记 速记 散记 死记 识记
诵记 琐记 授记 随记 疏记 图记
胎记 题记 文记 忘记 安记 须记
忆记 有记 印记 永记 赝记 游记
左记 主记 作记 札记 追记 传记
杂记 志记 奏记 摘记 掌记 诏记
载记
桥城记 大事记 宦游记 石头记 搜神记
总书记 枕中记
博闻强记 出何典记 读书笔记 年久失记
年远失记 洽闻强记 新罗传记 玉楼修记
永州八记

纪 jì 又音 jǐ ①丝的头绪。②记载。③记年的单位。④制度，法度。⑤道。⑥整治。⑦记律。⑧年岁。⑨地质学名词。

本纪 表纪 朝纪 大纪 地纪 度纪
党纪 风纪 法纪 国纪 规纪 纲纪
火纪 经纪 军纪 六纪 历纪 年纪
乱纪 南纪 鸟纪 律纪 民纪 命纪
满纪 千纪 穷纪 二纪 人纪 三纪
上纪 世纪 受纪 时记 丧记 顺纪
神纪 寿纪 绳纪 天纪 通纪 统纪
行纪 五纪 往纪 违纪 星纪 宪纪
一纪 有纪 阵纪 政纪 遵纪
日星纪 上世纪 上年纪 善可纪 五音纪
中世纪
黼蔀黻纪 目无法纪 违法乱纪 小本经纪
遵守党纪

忌 jì ①嫉妒。②畏惧。③禁忌。④特指忌日。

傲忌 不忌 兵忌 怖忌 避忌 蚕忌
猜忌 触忌 谗忌 大忌 多忌 妒忌
犯忌 归忌 国忌 顾忌 诟忌 四忌
何忌 还忌 迴忌 患忌 讳忌 拘忌

奸忌 戒忌 禁忌 龙忌 辟忌 切忌
钳忌 二忌 俗忌 天忌 无忌 畏忌
违忌 威忌 血忌 相忌 性忌 嫌忌
隐忌 疑忌 忮忌 憎忌
不妒忌 道家忌
百无禁忌 横行无忌 频来无忌 肆行无忌
童言无忌 无所畏忌 恣行无忌
言多众所忌/

伎

jì ①同伴。②技巧，才能。③古代以歌舞为业的女子。

倡伎 壶伎 故伎 歌伎 伎伎 进伎
名伎 声伎 倘伎 舞伎 杂伎
歌舞伎

芰

jì 指菱。

红芰 绿芰 嗜芰 食芰 香芰
翻鸡芰 煎荷芰 青水芰
屈到嗜芰

技

jì ①才能，手艺。②工匠。

百技 薄技 才技 长技 车技 材技
骋技 方技 故技 工技 国技 惯技
竞技 绝技 贱技 口技 科技 末技
奇技 巧技 球技 穷技 二技 手技
声技 殊技 鼠技 他技 特技 武技
鼯技 小技 心技 献技 异技 有技
演技 鬻技 中技 作技 杂技 众技
雕虫技 龟兹技 天竺技 屠龙技 鼯鼠技
雕虫小技 鬼有三技 片片薄技 黔驴之技
身怀绝技 屠龙之技 橐驼之技 鼯鼠之技
梧鼠五技 梧鼠学技 贯虱之技
无所施其技/

妓

jì ①妇人小弱。②从事歌舞杂技表演的女艺人。③卖淫的女子。

鸨妓 从妓 出妓 倡妓 娼妓 宠妓
放妓 光妓 宫妓 官妓 故妓 歌妓
呼妓 红妓 甲妓 角妓 酒妓 家妓
贱妓 女妓 男妓 名妓 妙妓 美妓
嫖妓 群妓 驱妓 上妓 声妓 绳妓
赏妓 听妓 调妓 舞妓 小妓 仙妓
选妓 狎妓 畜妓 携妓 艺妓 夜妓
迎妓 营妓 艳妓 游妓 中妓 争妓
珠妓 筝妓 雏妓 妆妓 醉妓 赠妓
东山妓 铜雀妓 习花妓
材童妙妓 觞酒木妓

系

jì 又音 xì 结、扣。

捕系 逮系 反系 贯系 久系 机系
拘系 横系 求系 牵系 事系 绳系
释系 无系 枉系 心系 形系 鞋系
械系 易系 有系 自系
赤绳系 离情系 青骢系 渔舟系 雁足系

际

jì ①交会。②交界。③事物的边际。④中间。⑤彼此之间。⑥时候。⑦达到。⑧适逢其时。

岸际 不际 宝际 边际 川际 草际
导际 地际 分际 风际 发际 国际
后际 花际 河际 海际 交际 空际
礼际 林际 脑际 楼际 密际 前际
人际 日际 水际 事际 实际 天际
庭际 无际 五际 晚际 心际 星际
云际 岩际 涯际 檐际 族际 遭际
风云际 高吟际 花雨际 无人际
不着边际 草原无及 春夏之际 高入天际
茫无边际 弥留之际 茫茫无际 茫无涯际
漫无边际 漭漭无际 平衍无际 生平遭际
诗穷五际 天人之际 往来交际 无边无际
一望无际 窈然无际
东不着边，西不着际/

季

jì ①兄弟排行第三。②三个月为一季。③泛指弟弟。④季节。

伯季 标季 成季 春季 禅季 冬季
淡季 风季 爪季 汉季 旱季 坏季
画季 换季 节季 艰季 浇季 昆季
忙季 麦季 沛季 辟季 齐季 悄季
秋季 绮季 凄季 三季 四季 世季
叔季 商季 盛季 五季 旺季 闲季
夏季 贤季 一季 月季 雨季 展季
黄梅季 柳下季 三春季
伯仲叔季 香飘四季

悸

jì ①心惊跳。②心悸病。③下垂貌。

不悸 怖悸 病悸 悲悸 惨悸 动悸
寒悸 惶悸 骇悸 交悸 惊悸 积悸

悸悸　恐悸　情悸　神悸　体悸　心悸
羞悸　余悸　夜悸　慴悸　夏悸　战悸
審悸
心有余悸

剂 jì ①剪断。②古代买卖时用的一种契卷。③调节。④药剂。⑤分剂。⑥.量词。

宝剂　砭剂　冲剂　酊剂　毒剂　锭剂
分剂　粉剂　膏剂　刚剂　火剂　含剂
焊剂　良剂　蜜剂　浸剂　秘剂　乳剂
柔剂　熔剂　鞣剂　熔剂　十剂　色剂
栓剂　散剂　试剂　汤剂　调剂　添剂
丸剂　下剂　酯剂　医剂　药剂　约剂
制剂　针剂　调剂
除草剂　催化剂　催吐剂　防腐剂　赋形剂
腐蚀剂　防染剂　胶粘剂　龙香剂　利尿剂
麻醉剂　媒染剂　清凉剂　强心剂　强壮剂
驱虫剂　强化剂　祛痰剂　杀菌剂　收敛剂
消毒剂　兴奋剂　洗涤剂　氧化剂　注射剂
黏合剂　镇静剂　增白剂
合成洗涤剂/

荠 jì　又音 qí　荠菜。

不荠　碧荠　茶荠　採荠　春荠　大荠
芳荠　荒荠　寒荠　老荠　绿荠　食荠
雪荠　香荠　新荠　摘荠
树如荠

济 jì　又音 jǐ　①渡过。②停止。③成功。④救助。⑤补益。⑥对困苦的人加以帮助。

不济　半济　百济　北济　必济　博济
成济　存济　阐济　慈济　大济　导济
道济　渡济　得济　干济　广济　共济
功济　光济　供济　会济　互济　含济
河济　弘济　惠济　近济　兼济　就济
经济　经济　给济　既济　据济　救济
津济　接济　假济　开济　克济　匡济
勖济　康济　力济　利济　临济　能济
谋济　平济　排济　普济　朋济　求济
曲济　清济　轻济　二济　人济　日济
润济　涉济　时济　世济　事济　赡济
同济　通济　无济　未济　往济　相济
下济　先济　旋济　鲜济　宵济　永济
医济　英济　胀济　自济　周济　週济
蚤济　振济　赒济
不逾济　梵舟济　酤如济　河包济　巨川济
宽猛济　乃有济　李元济　檀道济　英才济
材优干济　发展经济　工业经济　个体经济
刚柔相济　国民经济　和衷共济　计划经济
集体经济　精神不济　宽猛相济　农业经济
垄断经济　市场经济　商业经济　商品经济
同舟共济　同恶相济　王播强济　小农经济
自然经济
合作社经济/小商品经济/

霁 jì　①雨止。②雨雪停。③怒气消除。④明朗。

不霁　川霁　初霁　春霁　澄霁　风霁
既霁　光霁　林霁　浪霁　岭霁　秋霁
清霁　晴霁　日霁　少霁　色霁　稍霁
爽霁　善霁　霜霁　天霁　午霁　雾霁
晚霁　小霁　夕霁　雪霁　晓霁　新霁
喜霁　雨霁　野霁　朝霁
江山霁　秋山霁　天威霁　雪初霁　烟花霁
风止雨霁　文昌游霁

洎 jì　到，及。

不洎　多洎　德洎　咸洎　来洎　乳洎
少洎　栖洎　允洎　远洎　泽洎

迹 jì　①脚印。②痕迹。③形迹。④寻迹。⑤推究。

笔迹　屏迹　霸迹　车迹　陈迹　残迹
遁迹　恶迹　方迹　风迹　发迹　扶迹
佛迹　芳迹　放迹　泛迹　古迹　故迹
轨迹　割迹　晦迹　痕迹　鸟迹　混迹
秽迹　鸿迹　旧迹　径迹　检迹　景迹
践迹　绝迹　炯迹　脚迹　假迹　抗迹
老迹　来迹　泪迹　灵迹　逆迹　难迹
浪迹　狼迹　劣迹　流迹　匿迹　敛迹
兰迹　蹑迹　履迹　迈迹　名迹　灭迹
马迹　昧迹　墨迹　萍迹　去迹　齐迹
迁迹　奇迹　人迹　染迹　濡迹　失迹
水迹　手迹　史迹　声迹　事迹　胜迹
同迹　托迹　推迹　王迹　污迹　伟迹
尾迹　蜗迹　心迹　行迹　仙迹　形迹

香迹　血迹　寻迹　息迹　袭迹　削迹
新迹　言迹　有迹　印迹　远迹　禹迹
雨迹　油迹　烟迹　逸迹　遗迹　疑迹
遊迹　影迹　字迹　足迹　追迹　真迹
踪迹　踵迹　辙迹　阵迹
林栖迹　露行迹　行云迹　兴废迹　元祐迹
莺花迹
不拘形迹　播吾之迹　避影敛迹　虫书鸟迹
车辙马迹　风萍浪迹　耿弃发迹　来踪去迹
敛声匿迹　名胜古迹　渺无人迹　鸥波萍迹
萍踪浪迹　骈肩累迹　飘萍浪迹　潜形匿迹
叹为奇迹　畏影恶迹　销声匿迹　杳无人迹
杳无踪迹　蛛丝马迹
疾行无善迹/

既　jì ①食既，日全食或月全食。②完尽。

拜既　酒既　食既　蚀既　肆既　未既
终既
不可既　食之既

暨　jì ①与、及、和。②太阳初出。③果毅貌。

不暨　后暨　告暨　居暨　暨暨　来暨
傍暨　市暨　深暨　下暨　一暨　攸暨
云暨　远暨　诸暨

鲫　jì 鱼名，鲫鱼。

冬鲫　鲋鲫　河鲫　金鲫　脍鲫　来鲫
绿鲫　青鲫　纤鲫　石鲫　田鲫　鲜鲫
玉鲫　雨鲫　银鲫
过江之鲫
如过江之鲫/

觊　jì 希望，希图。

非觊　窥觊　贪觊　妄觊　希觊　幸觊
阴觊　仰觊

继　jì ①连续。②继承。③继承者。④增益。⑤延续。

爱继　不继　出继　常继　春继　承继
猜继　奋继　复继　广继　后继　继继
激继　可继　联继　莫继　破继　绍继
殊继　善继　谁继　嗣继　天继　外继
无继　相继　易继　有继　援继　中继
足继　职继　踵继
难乎为继　前仆后继　前赴后继　首尾相继
饔飧不继

偈　jì 又音 jié 和尚唱的词句。

梵偈　呼偈　金偈　僧偈　小偈　说偈
妙偈
安心偈　持平偈　如来偈　诵千偈　童子偈
天竺偈

寄　jì ①托付、寄托。②依靠、依附。③托人传递。④客居。⑤认作亲属。

不寄　长寄　重寄　宠寄　东寄　都寄
浮寄　封寄　附寄　共寄　高寄　汇寄
函寄　居寄　惊寄　缄寄　阃寄　灵寄
旅寄　梦寄　萍寄　飘寄　请寄　情寄
求寄　亲寄　如寄　受寄　送寄　深寄
投寄　委寄　先寄　相寄　悬寄　一寄
攸寄　友寄　有寄　远寄　遥寄　邮寄
在寄　真寄
边陲寄　腹心寄　蕃宣寄　诗筒寄　轩冕寄
北门之寄　人生如寄　盐梅之寄

祭　jì ①祭奠。②念咒。③供奉鬼神。④对死者表示追悼敬意。

哀祭　不祭　拜祭　次祭　察祭　常祭
丁祭　大祭　吊祭　奠祭　共祭　公祭
供祭　告祭　瓜祭　国祭　吉祭　将祭
家祭　敬祭　肋祭　路祭　酹祭　庙祭
墓祭　陪祭　请祭　辟祭　人祭　日祭
如祭　肉祭　上祭　社祭　丧祭　时祭
受祭　商祭　设祭　条祭　遁祭　獭祭
望祭　小祭　相祭　血祭　新祭　又祭
月祭　牙祭　虞祭　雩祭　野祭　遥祭
脡祭　礿祭　主祭　致祭
打牙祭　如不祭　扫地祭　新谷祭　遇蜡祭
鱼寂祭　燕人祭
怀金垂祭　生刍致祭

寂　jì ①静。②安静。③冷落。④佛教称僧尼死为寂。

黯寂　悲寂　沉寂　岑寂　冲寂　常寂
澄寂　湛寂　愁寂　地寂　淡寂　归寂
孤寂　荒寂　寂寂　静寂　叩寂　怙寂
枯寂　空寂　冷寂　廖寂　漏寂　凝寂

门寂 冥寂 全寂 悄寂 清寂 凄寂
阒寂 入寂 沉寂 死寂 岁寂 深寂
太寂 午寂 韫寂 心寂 闲寂 岁寂
兴寂 肃寂 虚寂 萧寂 音寂 夜寂
圆寂 养寂 幽寂 淹寂 湛寂 滞寂
照寂 示寂
春渡寂 风榛寂 江声寂 寥天寂 蓬门寂
秋园寂 四楹寂 万缘寂 鱼龙寂 竹林寂
天籁俱寂 万籁俱寂

绩 jì ①把麻搓成线或绳。②功业，成果。

不绩 报绩 败绩 细绩 称绩 成绩
湛绩 大绩 底绩 风绩 纺绩 懋绩
干绩 功绩 高绩 弘绩 鸿绩 巨绩
纪绩 嘉绩 聚绩 考绩 溅绩 立绩
劳绩 迈绩 母绩 茂绩 懋绩 丕绩
亲绩 请绩 手绩 书绩 声绩 实绩
苏绩 庶绩 树绩 殊绩 万绩 伟绩
显绩 宣绩 夏绩 勋绩 新绩 迈绩
蓄绩 业绩 异绩 勇绩 禹绩 隅绩
蕴绩 主绩 治绩 政绩 战绩 儹绩
盖代绩 循良绩
不忠徐绩 不夸已绩 丰功伟绩 怀橘陆绩
业峻鸿绩

蓟 jì 多年生草本植物，茎叶多刺。可入药。

刺蓟 大蓟 马蓟 山蓟 小蓟 幽蓟
燕蓟

稷 jì ①谷物名。②五谷的总称。③古代主管农业的官。④五谷之神。⑤祭祀谷神。⑥祭祀谷神的处所。

后稷 稷稷 木稷 日稷 黍稷 社稷
禹稷 益稷
春残稷 秋极稷
讦歒梁稷

髻 jì 梳在头顶或脑后的发结。

宝髻 椎髻 长髻 翠髻 鬏髻 大髻
风髻 发髻 宫髻 高髻 合髻 花髻
剪髻 两髻 罗髻 绿髻 螺髻 盘髻
失髻 双髻 头髻 推髻 扒髻 斜髻
丫髻 云髻 雅髻 鸭髻 治髻 抓髻
珠髻 露髻 蟠髻 握髻 小髻 簪髻
朝天髻 堕马髻 芙蓉髻 蝴蝶髻 仙人髻
迎春髻
广眉高髻 贵妃桃髻 蟠桃发髻 梳个发髻
甄后蛇髻

冀 jì ①希望。②河北省的别称。

附冀 怪冀 温冀 枥冀 鹏冀 青冀
窃冀 神冀 妄冀 希冀 幸冀 幽冀
知冀 展冀
辟空冀 庸可冀
崔琦忤冀

骥 jì 好马

白骥 伴骥 绊骥 赤骥 船骥 骖骥
附骥 骏骥 老骥 龙骥 良骥 騄骥
名骥 鸣骥 骐骥 驱骥 十骥 索骥
天骥 仙骥 一骥 有骥 中骥 走骥
知骥 展骥
呈材骥 千里骥 人中骥 识途骥 追风骥
按图索骥 伯乐哭骥 人中骐骥 吴板骐骥
卒马从骥 百马伐骥 道远知骥 怒猊渴骥

罽 jì 用毛做成毡子一类的东西。

白罽 宝罽 花罽 金罽 锦罽 毛罽
山罽 文罽 香罽 衣罽 杂罽

七 qī ①数目。②文体名。③人死后七天一祭。

第七 断七 凡七 加七 六七 柳七
满七 七七 二七 三七 四七 十七
什七 双七 数七 天七 五七 仙七
星七 虚七 一七 元七 用七 羽七
阴七 阳七 鱼七 置七
不堪七 静臣七 建安七 七月七 殷七七
秋七七 十六七 竹林七
一二三四五六七，忘八（王八）/

漆 qī ①做的涂料。②涂漆。③黑色。④各种黏液状涂料的统称。

垂漆 承漆 瓷漆 磁漆 大漆 点漆
丹漆 底漆 雕漆 古漆 光漆 割漆
火漆 红漆 黄漆 烘漆 厚漆 黑漆
泾漆 沮漆 胶漆 建漆 假漆 口漆

刻漆 毛漆 抹漆 墨漆 喷漆 如漆
前漆 清漆 漆漆 生漆 涂漆 外漆
泻漆 新漆 有漆 油漆 用漆 研漆
占漆 朱漆 泽漆 种漆 梓漆
雕红漆 黑漆漆 山有漆 天似漆 调和漆
虫胶清漆 陈雷胶漆 情同胶漆 如胶似漆

妻 qī 又音 qì ①以女嫁人。②男子的配偶。③奸淫。

本妻 逼妻 出妻 丁妻 妒妻 嫡妻
荡妻 夫妻 发妻 故妻 鬼妻 诟妻
寡妻 后妻 今妻 杞妻 将妻 娇妻
荆妻 敬妻 可妻 女妻 令妻 老妻
良妻 莱妻 民妻 梅妻 卜妻 判妻
旁妻 傍妻 贫妻 聘妻 弃妻 取妻
前妻 强妻 悽妻 娶妻 少妻 山妻
生妻 首妻 丧妻 庶妻 亡妻 外妻
未妻 问妻 往妻 忘妻 小妻 休妻
孝妻 谐妻 贤妻 元妻 有妻 欲妻
羿妻 正妻 拙妻 稚妻 逐妻
伯鸾妻 窦滔妻 窦家妻 窦氏妻 好夫妻
后羿妻 画眉妻 杞梁妻 举案妻 馌饷妻
老夫妻 梁鸿妻 买臣妻 黔娄妻 太常妻
室无妻 未婚妻 王浑妻
半路夫妻 百里奚妻 薄命夫妻 叱狗去妻
柴米夫妻 恩爱夫妻 花烛夫妻 鹤子梅妻
结发夫妻 留舌示妻 刘伶贤妻 柳下惠妻
览镜归妻 露水夫妻 梁氏夫妻 明复娶妻
孟子休妻 弓人之妻 齐人骄妻 唐高得妻
剔目房妻 吴起杀妻 乡里夫妻 荫子封妻
徙宅忘妻 原配夫妻 追女失妻 髽髻夫妻
糟糠之妻 蒸梨出妻
楚人有两妻/贵易交，富易妻/宁可无官，不可无妻/万种恩情，一夜夫妻/至亲莫如亲父子，至爱莫如夫妻/

凄 qī ①寒凉。②悲伤。③悲凉。④冷落寂静。

悲凄 怆凄 惨凄 恻凄 愁凄 风凄
街凄 露凄 凄凄 秋凄 声凄 霜凄
晚凄 余凄 阴凄 幽凄 憯凄
冷凄凄 秋声凄 晓塞凄 有余凄 夜色凄
韵清凄
蝶怨蛩凄 风雨凄凄

萋 qī ［萋萋］形容草木长得茂盛。

萋萋 暄萋 莰萋
草萋萋 长松萋 卉木萋
春草萋萋 芳草萋萋

栖 qī 又音 xī 鸟停留在树上。

不栖 独栖 共栖 故栖 孤栖 瓠栖
鹤栖 鸡栖 羁栖 林栖 两栖 高栖
鸟栖 暮栖 偏栖 秋栖 宿栖 山栖
双栖 同栖 梧栖 心栖 云栖 岩栖
宜栖 依栖 幽栖 止栖 枝栖
白鹤栖 凤凰栖 粉蝶栖 旧巢栖 晚鸦栖
一枝栖 月光栖 燕双栖 枳棘栖 择木栖
择木而栖 双宿双栖 水陆两栖
影视歌三栖/林深则鸟栖/

戚 qī ①古代兵器名。②忧愁。③亲近、亲密。④亲戚。

哀戚 不戚 抱戚 悲戚 重戚 惨戚
恩戚 广戚 干戚 国戚 贵戚 婚戚
欢戚 今戚 旧戚 近戚 六戚 内戚
劣戚 密戚 朋戚 亲戚 忻戚 穷戚
亲戚 凄戚 戚戚 愀戚 私戚 世戚
实戚 同戚 外戚 忘戚 休戚 欣戚
勋戚 喜戚 右戚 忧戚 远戚 懿戚
姻戚 憂戚 众戚 宗戚 族戚
串亲戚 大帝戚 走亲戚
哀哀戚戚 悲悲戚戚 长歌宁戚 鼓盆之戚
皇亲国戚 皇帝国戚 兰友瓜戚 苏程之戚
同休艺戚 沾亲带戚 自贻伊戚 自谦劣戚
柴米夫妻，酒肉朋友，盒儿亲戚/

嘁 qī ［嘁嘁］拟声词。

嘁嘁

期 qī 又音 jī ①约会。②一定的时日。③限度。④盼望。希望。⑤必定。⑥契约。⑦周期。⑧地质学名词。

安期 按期 不期 冰期 班期 霸期
长期 昌期 初期 超期 常期 春期
大期 订期 定期 到期 短期 等期
耋期 分期 凤期 工期 归期 改期
过期 瓜期 后期 会期 花期 活期

婚期 缓期 及期 吉期 近期 居期
佳期 届期 经期 基期 假期 嘉期
襟期 可期 克期 考期 刻期 立期
农期 难期 临期 龄期 末期 旄期
满期 耄期 穷期 前期 秋期 请期
期期 愆期 骞期 日期 任期 如期
褥期 失期 生期 时期 死期 岁期
事期 素期 暑期 霜期 天期 同期
脱期 无期 未期 为期 我期 务期
误期 违期 晤期 晚期 心期 先期
行期 限期 汛期 刑期 相期 学期
星期 虚期 喜期 遐期 一期 有期
以期 远期 约期 延期 孕期 应期
预期 蛹期 愆期 豫期 幽期 逾期
子期 中期 自期 早期 周期 志期
杖期 征期 展期 择期 斋期 钟期
不知期 不负期 半衰期 百代期 百年期
冰川期 别离期 保险期 碧云期 产褥期
独后期 帝乡期 凤楼期 负佳期 负归期
发情期 古人期 更年期 隔岁期 隔年期
话襟期 坚冰期 鸡黍期 菊花期 枯水期
没了期 没有期 命世期 平水期 乞巧期
青春期 潜伏期 送日期 试用期 无霜期
学前期 相见期 向子期 小冰期 携手期
一昔期 远如期 有效期 预产期 野人期
指后期 钟子期
非常时期 瓜代有期 后会有期 霜冻时期
雨约云期 遥遥无期 殷殷以期 燕得佳期
周曰期期
宓子贱与巫马期/俞伯牙不遇钟子期/

欺

qī ①骗。②欺压。

不欺 被欺 诋欺 诞欺 话欺 可欺
狂欺 诳欺 吏欺 凌欺 面欺 漫欺
谁欺 调欺 无欺 勿欺 我欺 诬欺
相欺 有欺 余欺 隐欺 自欺 诈欺
诪欺
不我欺 不能欺 不敢欺 白发欺 百人欺
不可欺 不忍欺 鬼神欺 三不欺 世所欺
岁寒欺 无不欺 我谁欺 雪霜欺 愚而欺
安可自欺 暗室不欺 老少无欺 洽五无欺
软弱可欺 童叟无欺
家不和，被人欺/雷公打豆腐，专找软的欺/雷公打豆腐，拣软的欺/龙居浅水遭虾戏，虎落平阳被犬欺/龙戏浅水遭虾戏，虎落平阳被犬欺/马善被人骑，人善被人欺/人善人欺天不欺/人恶人怕天不怕，人善人欺天不欺/

攲

qī 倾斜。

案攲 花攲 倾攲 虚攲 月攲 足攲
白日攲 江树攲 数峰攲

缉

qī 又音 jī 一针对一针地缝。

莫缉 谐缉 缀缉 修缉 缝缉

蹊

qī 又音 xī ［蹊跷］奇怪。

跷蹊

齐

qí ①整齐。②整治。③平。④同等。⑤齐全。⑥排列。⑦达到。⑧同时，同样。

盎齐 不齐 北齐 补齐 长齐 村齐
大齐 等齐 德齐 分齐 发齐 广齐
功齐 归齐 斋齐 歌齐 火齐 和齐
会齐 寒齐 郡齐 肩齐 聚齐 空齐
看齐 力齐 冷齐 临齐 南齐 难齐
绿齐 乱齐 醴齐 丽齐 眉齐 茅齐
求齐 齐齐 取齐 青齐 琴齐 慊齐
三齐 山齐 上齐 书齐 思齐 散齐
摄齐 天齐 汤齐 缇齐 五齐 午齐
务齐 小齐 下齐 心齐 相齐 信齐
绚齐 萧齐 一齐 云齐 异齐 夷齐
饮齐 药齐 瑶齐 作齐 竹齐 在齐
治齐 找齐 致齐 崭齐 整齐
八关齐 白云齐 保不齐 碧峰齐 大概齐
法令齐 画舫齐 江草齐 鸟知齐 柳正齐
麦初齐 宓不齐 芳草齐 水火齐 太常齐
五云齐 物我齐 星汉齐 一傅齐 一崭齐
月明齐 远树齐 苜蓿齐 掩竹齐 一刀齐
白酒到齐 伯夷叔齐 从事到齐 参差不齐
错落不齐 见贤思齐 良莠不齐 舍牛相齐
郤克聘齐 乌鲁木齐 小白兴齐 妍丑不齐
整整齐齐

脐 qí ①肚脐。②螃蟹腹部下面的甲壳。

肚脐 尖脐 龙脐 磨脐 然脐 燃脐
噬脐 霜脐 麝脐 天脐 团脐 凝脐
酒到脐 劈蟹脐 腽腽脐
麝抉其脐

祁 qí ①盛大。②众多貌。

郊祁 黎祁 伊祁 支祁

圻 qí 地的边界。

赭圻 海圻 九圻 京圻 入圻

祈 qí ①向上天或神明求福。②请求。

不祈 忏祈 陈祈 春祈 祷祈 供祈
敬祈 六祈 披祈 情祈 虔祈 先祈
享祈 远祈 仰祈 雩祈 颙祈 宗祈
斋祈
酒脯祈 野庙祈

颀 qí 身子高。

长颀 美颀 秀颀

蕲 qí ①求。②地名用字。

方蕲 牛蕲 山蕲
异马蕲

芪 qí 黄芪，草本植物，根可入药。

黄芪

祇 qí 又音 zhǐ ①地神。②大。③此。

北祇 川祇 苍祇 地祇 灵祇 民祇
人祇 神祇 顺祇 万祇 阴祇

岐 qí ①岐山，山名。在陕西省。②分歧。③同“歧”。

豳岐 角岐 两岐 泣岐
凤鸣岐
麦穗两岐 伊邪那岐

歧 qí ①岔道。②不相同，不一致。③叉开。

成歧 多歧 分歧 纺歧 过歧 江歧
郊歧 两歧 临歧 路歧 泣歧 歧歧
水歧 他歧 涌歧 无歧 邪歧 征歧
泣路歧
杨朱泣岐 麦穗两歧 亡羊多歧

跂 qí 又音 qì 多生出的脚趾。

跂跂 踶跂 蔚跂 悬跂 鹤跂 鸟跂
鸾跂 蹄跂 翼跂

其 qí ①代词，他，他的。②那，那个，那些。

更其 何其 佳其 极其 卡其 黎其
旁其 凄其 尔其 如其 认其 任其
四其 涉其 亡其 唯其 维其 魏其
尤其 与其 祝其 赘其
大概其 究谁其 夜何其
苦之何其

萁 qí 〈方〉豆茎。

採萁 豆萁 燃萁 芗萁
煮豆燃萁

淇 qí 淇水，源出河南，流入卫河。

河淇 清淇
云南古淇

骐 qí 有青黑色条纹的马。

苍骐 四骐 素骐 秀骐 玉骐 珠骐

琪 qí ①一种玉。②珍异。

安琪 绿琪 清琪 祯琪

棋 qí 文娱用品名。

布棋 兵棋 败棋 臭棋 残棋 斗棋
迭棋 睹棋 粪棋 赋棋 共棋 观棋
回棋 和棋 好棋 悔棋 军棋 举棋
校棋 旌棋 剧棋 酒棋 枯棋 看棋
窥棋 临棋 能棋 敛棋 累棋 盲棋
品棋 弃棋 敲棋 死棋 胜棋 善棋
嗜棋 弹棋 跳棋 围棋 下棋 仙棋
象棋 弈棋 走棋 着棋
洞中棋 睹墅棋 国手棋 黑白棋 橘臾棋
柯烂棋 客窗棋 烂柯棋 十二棋 山间棋
五子棋 下围棋 谢传棋 雪窗棋 一局棋

一围棋 玉局棋 一盘棋 竹间棋 竹院棋
国际象棋 君王象棋 临战一棋 汝霖围棋
死前弈棋 宋后卜棋
人情三峡水，世事一盤棋/

祺 qí ①吉祥。②安详貌。

春祺 兰祺 瑞祺 受祺 维祺

蜞 qí ［蟛蜞］螃蟹的一种。

雷蜞 马蜞 蟛蜞 蝦蜞

綦 qí ①帛苍艾色。②鞋带。③青黑色。④极，难。

步綦 承綦 缟綦 锦綦 履綦 轻綦
素綦 五綦 文綦 珠綦

奇 qí 又音 jī ①特殊的，稀罕。②惊异。③出人意外。④异常。

不奇 白奇 标奇 才奇 出奇 传奇
称奇 超奇 春奇 骋奇 大奇 斗奇
多奇 钓奇 颠奇 非奇 发奇 负奇
共奇 高奇 瑰奇 好奇 怀奇 画奇
恢奇 句奇 居奇 局奇 届奇 惊奇
娟奇 绝奇 矜奇 精奇 傀奇 魁奇
龙奇 列奇 灵奇 离奇 猎奇 拔奇
权奇 穷奇 清奇 尚奇 时奇 神奇
山奇 耆奇 搜奇 数奇 同奇 叹奇
体奇 吐奇 特奇 探奇 韬奇 问奇
伟奇 玮奇 握奇 希奇 学奇 稀奇
眩奇 炫奇 新奇 雄奇 玉奇 遇奇
运奇 英奇 幽奇 讶奇 雅奇 韫奇
鬻奇 自奇 状奇 珍奇 逐奇 振奇
擢奇 承奇 艰奇
八龙奇 分外奇 发兴奇 句句奇 句更奇
绝世奇 景物奇 女工奇 蒙太奇 巧吐奇
十别奇 山水奇 擅英奇 探神奇 未为奇
一段奇 一般奇 亦自奇 意自奇 造化奇
簇锦奇
不足为奇 并属珍奇 百怪千奇 词赋愈奇
斗怪争奇 飞将数奇 翻空出奇 劲健新奇
李广数奇 娄如穷奇 碌碌无奇 木石皆奇
平淡无奇 潘岳诚奇 拍案惊奇 囤积居奇
炫异争奇 英物称奇 严武称奇 运筹出奇
愈出愈奇 自荐才奇 朱亥雄奇
腐朽化神奇/化腐朽为神奇/

崎 qí ［崎岖］形容山路不平。

崛崎 岿崎 嵚崎 倾崎 嵌崎
山路崎

骑 qí ①跨马。②骑马兵。③跨坐。④兼跨两边。

百骑 宝骑 边骑 奔骑 镖骑 斥骑
车骑 乘骑 常骑 春骑 驰骑 彀骑
单骑 东骑 独骑 倒骑 飞骑 弓骑
毂骑 归骑 欢骑 花骑 胡骑 虎骑
鹤骑 健骑 骏骑 堪骑 龙骑 连骑
逻骑 霓骑 名骑 旄骑 票骑 骠骑
千骑 轻骑 日骑 锐骑 使骑 身骑
散骑 射骑 善骑 数骑 天骑 突骑
铁骑 缇骑 万骑 尾骑 仙骑 星骑
枭骑 骁骑 一骑 云骑 引骑 羽骑
勇骑 夜骑 野骑 驿骑 越骑 游骑
只骑 朱骑 壮骑 纵骑 坐骑 驺骑
灞桥骑 车万骑 驰驿骑 朝天骑 浮云骑
妃子骑 花下骑 红尘骑 湖上骑 海鲸骑
金路骑 金谷骑 借马骑 款款骑 平原骑
青丝骑 青霄骑 桃花骑 遊春骑 云间骑
醉中骑
结驷连骑 乌兰牧骑 东方千骑
大家马儿大家骑/人善得人欺，马善得人骑/
他妻莫爱，他马莫骑/

琦 qí 美玉。

韩琦 瑯琦 灵琦 韫琦
宵朗之琦

锜 qí ①古代的三脚锅。②古代的一种凿子。

兰锜 崎锜 维锜 甗锜

俟 qí 又音 sì ［万俟］姓。

万俟

耆 qí ①六十岁的老人。②长者。③强横。④厌恶。⑤走兽的背脊。

癞耆 村耆 老耆 绅耆 伊耆
名儒宿耆

鳍 qí 鱼类和其他水生脊椎动物的运动器官。

背鳍 腹鳍 鼓鳍 脊鳍 鳞鳍 肉鳍
臀鳍 尾鳍 轩鳍 修鳍 胸鳍

鬐 qí 马脖子上的长毛。

长鬐 奋鬐 鼓鬐 剑鬐 龙鬐 青鬐
双鬐 神鬐 铁鬐 轩鬐 扬鬐 振鬐

旗 qí ①用布、纸、绸子做成的标志。②旗帜的总称。③表识。④属于满族八旗的。⑤内蒙古自治区的行政区划单位。

八旗 白旗 兵旗 拔旗 赤旗 采旗
茶旗 彩旗 春旗 翠旗 大旗 队旗
党旗 动旗 飞旗 凤旗 国旗 挂旗
火旗 红旗 会旗 花旗 罕旗 华旗
挥旗 虹旗 黄旗 虎旗 画旗 黑旗
军旗 举旗 捲旗 降旗 旌旗 酒旗
搴旗 锦旗 靠旗 令旗 龙旗 灵旗
绿旗 鸾旗 取旗 青旗 枪旗 戎旗
升旗 手旗 帅旗 神旗 隼旗 素旗
霜旗 团旗 挑旗 望旗 小旗 校旗
熊旗 献旗 云旗 牙旗 义旗 拥旗
扬旗 援旗 摇旗 正旗 朱旗 珠旗
战旗 载旗 幢旗
白虎旗 拔起旗 翠凤旗 翠华旗 芙蓉旗
降半旗 龙虎旗 闹春旗 日月旗 三辰旗
上降旗 天王旗 午牙旗 五色旗 下半旗
杏黄旗 飐酒旗 玉帐旗 羽林旗 占风旗
紫宫旗
扯顺风旗 揝鼓夺旗 风卷红旗 顺风扯旗
五星红旗 斩将刈旗 斩将搴旗
程咬金拜大旗/

畦 qí ①田园中分成的小区。②田界。③（分畦）栽种。

菜畦 春畦 稻畦 花畦 荒畦 旧畦
菊畦 满畦 绿畦 兰畦 麦畦 圃畦
柔畦 田畦 町畦 夏畦 雪畦 阳畦
野畦 烟畦 药畦
两三畦 落花畦
瓜菜成畦

乞 qǐ ①乞求。②取。③乞丐。④姓。

哀乞 陈乞 差乞 赐乞 道乞 固乞
好乞 寒乞 恳乞 匽乞 贫乞 求乞
全乞 请乞 虔乞 讨乞 西乞 行乞
悻乞 邀乞 自乞
不客乞 抱璧乞 墦间乞 歌讴乞 将诗乞
巧堪乞 人来乞 吴市乞

芑 qǐ 一种植物。

采芑 丰芑

屺 qǐ 没有草木的山。

翠屺 陟屺
陟岵陟屺

杞 qǐ ①木名。②枸杞。③杞柳。

苞杞 肥杞 枸杞 佳杞 荆杞 柳杞
卢杞 迁杞 松杞 树杞 种杞 梓杞
仙人杞

企 qǐ ①踮起脚跟。②站立。③企及，赶上。④希求。

长企 俯企 鹄企 怀企 鹤企 难企
慕企 勉企 渺企 情企 群企 翘企
耸企 叹企 慰企 希企 欣企 悬企
允企 仰企 延企 遥企 颙企 追企
踵企 瞻企

启 qǐ ①打开。②开创。③开始。④萌芽。⑤教导。⑥陈述。⑦古指立春、立夏。

哀启 不启 半启 表启 大启 洞启
伏启 副启 愤启 花启 经启 钧启
谨启 开启 款启 来启 览启 明启
辟启 日启 书启 双启 时启 思启
天启 台启 小启 永启 先启 谢启
牖启
禅房启 林逋启 琅逐启 山公启 山云启
山涛启

棨 qǐ ①古时用的一种木制的符信。②古代官吏出行时用的一种仪仗。③树木的小枝条。④古时搁放兵器的棚台。⑤制茶的器具。

赐棨 戟棨 旌棨 受棨 树棨 信棨
新棨 幢棨
银字棨

起 qǐ ①由躺而坐，或由坐而立。②起床。③长出。④升起。⑤发生。⑥出发。⑦出身。⑧扶持。⑨开始。⑩建立。⑪草拟。⑫取出。

暗起 白起 波起 抱起 浡起 拔起
背起 勃起 熛起 暴起 吹起 此起
尘起 差起 晨起 绰起 愁起 潮起
大起 迭起 飞起 泛起 发起 奋起
复起 愤起 锋起 蜂起 更起 挂起
鼓起 寡起 搁起 后起 唤起 鹘起
祸起 输起 举起 倔起 屈起 掘起
继起 崛起 激起 扛起 抡起 掠起
拿起 浪起 隆起 雷起 撩起 末起
萌起 频起 七起 屈起 起起 群起
强起 鹊起 燃起 四起 升起 双起
说起 岁起 睡起 竖起 凸起 头起
提起 突起 挑起 五起 吴起 卧起
晚起 猬起 雾起 蔚起 兴起 秀起
掀起 喜起 雄起 霞起 翔起 一起
乙起 元起 云起 由起 月起 引起
音起 原起 涌起 夜起 晏起 源起
慵起 缘起 早起 乍起 再起 坐起
站起 振起 张起 朝起 震起 骤起
螽起
按剑起 白云起 春早起 大夫起 东山起
对不起 对得起 担不起 经不起 经得起
禁不起 禁得起 看得起 了不起 拿得起
鸟惊起 瞧不起 清夜起 瞧得起 请孟起
受不起 投笔起 闻鸡起 鸣鸣起 微不起
因风起 烟火起 游丝起 莺呼起
波涌涛起 波澜不起 勃然而起 拔地而起
从头学起 炊烟四起 此伏彼起 沉渣泛起
楚歌四起 东山再起 拂衣而起 峰峦突起
奋袂而起 奋袖而起 烽烟四起 干戈四起
高高耸起 高原峰起 欢声四起 洪波涌起
肌肉隆起 揭竿而起 狂风骤起 狼烟四起
拍案而起 披衣坐起 十馈十起 声名鹊起
声誉鹊起 天明火起 投袂而起 特立后起
腾空而起 无从说起 闻风而起 心头火起
谢公终起 一哄而起 一夜十起 一卧不起
一病不起 异军突起 早睡早起 振衣而起
百病从脚起/百尺高楼从地起/人无利己，谁肯早起/事不关己，高高挂起/痿人不忘起/一波未平，一波又起/一根麻绳拴豆腐，挂不起/一部二十四史，不知从何处说起/

绮 qǐ ①平纹底有花的丝织品。②华丽。③光色。④精美。⑤纵横交错。

白绮 成绮 裁绮 华绮 黄绮 结绮
锦绮 流绮 罗绮 绿绮 木绮 青绮
轻绮 双绮 谈绮 文绮 纨绮 霞绮
云绮 圆绮 组绮 赠绮
灯照绮 合欢绮 侣黄绮 弹缘绮 新样绮
一端绮

气 qì ①云气。②气体的通称。③气息。④自然界寒暖、阴晴等现象。⑤气势。⑥人的精神状态。⑦愤怒。⑧中医术语。⑨作风。⑩气氛。⑪气势。⑫习气。⑬欺压。

艾气 爱气 氨气 傲气 不气 宝气
背气 闭气 补气 变气 逼气 笔气
碧气 闷气 憋气 霸气 才气 出气
冲气 赤气 词气 村气 岔气 伧气
臭气 财气 材气 串气 喘气 差气
春气 辞气 燥气 潮气 褫气 大气
斗气 打气 呆气 夺气 电气 挡气
氮气 底气 胆气 地气 动气 蛋气
逗气 嗲气 肴气 断气 呆气 捣气
毒气 倒气 短气 戴气 赌气 恶气
风气 伏气 忿气 放气 芳气 发气
服气 福气 锋气 腐气 光气 谷气
丐气 肝气 官气 挂气 卦气 骨气
乖气 贯气 圣气 鼓气 火气 和气
汗气 好气 花气 哈气 吭气 活气
含气 恨气 浩气 晦气 宏气 虎气
惠气 秽气 晦气 涣气 换气 缓气
颢气 寒气 蕙气 豪气 灏气 猴气
加气 节气 吉气 佳气 金气 间气
军气 景气 酒气 接气 解气 绝气
娇气 绛气 降气 剑气 精气 骄气
脚气 静气 力气 女气 牛气 老气
冷气 龙气 疠气 氛气 灵气 闹气
理气 凉气 逆气 流气 岚气 炼气
氯气 怒气 丽气 敛气 冽气 累气
落气 暖气 漏气 米气 民气 名气

闷气 没气 煤气 美气 媚气 霉气
暮气 怄气 殴气 平气 屏气 贫气
脾气 偏气 喷气 齐气 迁气 起气
氢气 清气 二气 任气 忍气 柔气
瑞气 锐气 惹气 热气 三气 士气
山气 失气 水气 四气 手气 生气
书气 使气 受气 死气 杀气 时气
疝气 声气 送气 伤气 食气 丧气
神气 松气 俗气 顺气 爽气 朔气
骚气 酸气 湿气 胜气 煞气 暑气
盛气 馊气 善气 臊气 撒气 傻气
膻气 输气 土气 天气 太气 吐气
叹气 同气 透气 讨气 体气 通气
吞气 胎气 淘气 调气 痰气 颓气
碳气 文气 王气 外气 望气 忘气
晚气 窝气 雾气 蔚气 下气 小气
习气 行气 心气 西气 仙气 凶气
闲气 吸气 侠气 血气 邪气 笑气
性气 斜气 洗气 秀气 泄气 消气
香气 雪气 息气 泄气 祥气 腥气
歇气 嘘气 懈气 絮气 喜气 一气
义气 元气 云气 压气 运气 余气
夜气 阳气 语气 油气 逸气 养气
淫气 英气 妖气 咽气 郁气 氧气
硬气 勇气 意气 怨气 游气 烟气
冤气 噍气 中气 正气 仗气 作气
志气 走气 召气 沼气 浊气 杂气
争气 泽气 挣气 蒸气 稚气 驻气
紫气 朝气 障气 醉气 嶂气 瘴气
谖云气 不吐气 不送气 不顺气 不景气
不负气 不服气 不透气 摆阔气 别客气
吹大气 沉住气 电石气 定心气 道学气
栋梁气 涤暑气 方巾气 放空气 丰狱气
丰城气 犯节气 发脾气 和平气 孩子气
湖海气 寒酸气 沆瀣气 黄钟气 豪爽气
鼓烈气 夹板气 居余气 芥子气 犟脾气
金石气 金银气 贱脾气 牛脾气 龙虎气
冷空气 老脾气 凌云气 闹脾气 泥土气
闹意气 卖力气 冒热气 平旦气 肉脾气
水煤气 水蒸气 石油气 石煤气 书生气
书卷气 送寒气 神仙气 耍脾气 土腥气
天然气 探口气 通声气 碳酸气 窝囊气

小淘气 星辰气 虚白气 一口气 一般气
一连气 元龙气 有生气 药性气 中和气
丈夫气 钟瑞气 脂粉气
唉声叹气 丰城紫气 丰城剑气 不平之气
不用客气 鼻孔出气 串通一气 浊声浊气
沈心静气 搓手呵气 垂头丧气 粗心浮气
粗心粗气 粗声大气 撑腰打气 粗里粗气
大暑天气 东来紫气 低声下气 低头丧气
斗嘴怄气 低声低气 跺脚赌气 嗲声嗲气
恶声恶气 负才任气 富有生气 怪里怪气
怪声怪气 骨鲠之气 鬼里鬼气 灰心丧气
亢心骄气 和和气气 灰烟瘴气 湖海豪气
好声好气 沆瀣一气 回肠荡气 虎虎生气
徊肠荡气 浩然之气 濠梁之气 浩然正气
虎声虎气 互通声气 尖声尖气 娇里娇气
金陵之气 酒色财气 俭栋梁气 娇声娇气
骄矜之气 降心下气 娇娇气气 客客气气
林下风气 乱说一气 老里老气 奶声奶气
流里流气 敛声屏气 脸带稚气 呶声呶气
明公正气 闷声闷气 满脸喜气 暮春天气
平心静气 泼声浪气 屏声静气 屏声敛气
青牛真气 青牛紫气 怯声怯气 轻声轻气
轻声重气 乾坤瑞气 柔声下气 三伏天气
尸居余气 社会风气 申冤吐气 伸张正气
死里活气 神气活气 数九天气 傻里傻气
土里土气 吞声忍气 通同一气 歪风邪气
乌烟瘴气 蔚成风气 窝火憋气 瓮声瓮气
小家子气 消磨正气 西山爽气 小肠吊气
秀里秀气 细声细气 虚心冷气 瞎说一气
瞎闹一气 雄军喜气 一团和气 一鼓作气
一身正气 一脸稚气 元龙豪气 压缩空气
扬眉吐气 洋里洋气 妖风邪气 妖里妖气
阴阳怪气 液态空气 颐神养气 珠光宝气
朝来爽气 早春天气 终军意气 丰城剑气
丰城紫气 乾坤清气

八十岁老头学吹打，上气不接下气/不给活人做主，却替死鬼争气/唱戏的吹胡子，假生气/倒抽一口冷气/当差的官面上看气/多一分享用，少一分志气/肚脐眼放屁，妖(腰)气/佛争一炉香，人争一口气/风箱板做的锅盖，受了冷气受热气/虎豹驹有食牛之气/虎虎有生气/龙王打屁，神气/老鼠钻风箱，两头受气/老鼠进风箱，两头受气/癞蛤蟆打哈欠，好大的口气/麦秆吹火，小气/没头的苍蝇，乱撞一气/破蒸笼不盛气/破甑蒸饭，费气/二十四节气/上气不接下气/使出吃奶的力气/寿星公公放屁，老气/说金子晃眼，说银子傻白，说铜钱腥气/歪嘴吹灯，斜（邪）气/歪嘴吹喇叭，一股斜（邪）气/一个鼻孔出气/油田伴生气/只比死人多口气/子弟吃磨刀水，（锈）秀气/钻进风箱的老鼠，两头受气/

汽 qì 蒸气，气体。

包汽　水汽　蒸汽

讫 qì ①终止。②完毕。③截止。

查讫　付讫　两讫　流讫　起讫　清讫
速讫　收讫　未讫　下讫　有讫　永讫
言讫　验讫　用讫
银货两讫

汔 qì 差不多。

涤汔　水汔

迄 qì ①到。②始终。

今迄　靡迄　远迄

弃 qì ①舍去。②废除。③遗忘。④抛尸于野。

不弃　背弃　贬弃　摒弃　鄙弃　摈弃
敝弃　播弃　暴弃　辍弃　黜弃　大弃
丢弃　掉弃　顿弃　放弃　废弃　弓弃
割弃　会弃　荒弃　毁弃　久弃　见弃
捐弃　箭弃　绝弃　践弃　剪弃　蠲弃
立弃　离弃　名弃　蔑弃　篾弃　拚弃
排弃　抛弃　撇弃　屏弃　取弃　轻弃
扔弃　舍弃　扫弃　捨弃　讪弃　损弃
散弃　揄弃　吐弃　汰弃　唾弃　无弃
我弃　伍弃　委弃　诿弃　休弃　行弃
相弃　嫌弃　遐弃　奄弃　扬弃　遗弃
自弃　恣弃　掷弃　擿弃
不可弃　等闲弃　茎蹄弃　前事弃　前鱼弃
无所弃　无情弃　中道弃
黄钟毁弃　排挤抛弃　全功尽弃　前功尽弃
始乱终弃　为人所弃　自暴自弃
自成自立，自暴自弃/

泣 qì ①小声哭。②眼泪。③无声或低声哭。

哀泣　卡泣　悲泣　猋泣　抽泣　垂泣
啜泣　大泣　对泣　哽泣　歌泣　号泣
后泣　巷泣　悔泣　聚泣　哭泣　沥泣
涟泣　鳞泣　麟泣　沐泣　暮泣　抳泣
球泣　瓶泣　如泣　石泣　涕泣　啼泣
恸泣　相泣　泫泣　衔泣　絜泣　仰泣
雨泣　夜泣　饮泣　掩泣　淹泣　怨泣
自泣　知泣
抱璞泣　釜中泣　枯鱼泣　牛山泣　南浦泣
美人泣　穷途泣　山鬼泣　长门泣　吞声泣
下车泣　相见泣　杨朱泣　燕市泣　雍门泣
商女泣
楚囚对泣　楚下三泣　呱呱而泣　呱然而泣
桓山之泣　可歌可泣　牛衣对泣　冯氏伪泣
吞声饮泣　向隅而泣　新亭对泣　新亭相泣
虚引猿泣　皋鱼之泣　虚引猿泣　掷刀对泣

契 qì 又音 xiè ①卷证。②兵符。③契约。④投合。⑤刻。⑥刻的文字。

白契　常契　地契　道契　符契　房契
官契　合契　红契　活契　交契　袷契
结契　借契　燋契　款契　冥契　妙契
默契　齐契　情契　契契　卷契　日契
书契　死契　深契　神契　田契　投契
铁契　文契　伪契　微契　心契　相契
贤契　谐契　一契　玉契　右契　言契
要契　约契　幽契　左契　凿契
风云契　金石契　林中契　卖身契　参同契
松心契　簑笠契　忘年契　鱼水契　艺兰契
得人遗契　情孚意契　丹书铁契

砌 qì ①台阶。②将砖石层层垒起，用泥灰黏合。③堆积。

暗砌　闭砌　壁砌　春砌　大砌　堆砌
雕砌　花砌　画砌　金砌　锦砌　钿砌
流砌　鸣砌　曲砌　绮砌　石砌　霜砌
台砌　堆砌　文砌　闲砌　雪砌　右砌
玉砌　月砌　夜砌　瑶砌　杂砌
风生砌　云覆砌
雕栏玉砌

碛

qì 水中的沙滩。

暗碛 边碛 春碛 大碛 断碛 古碛
高碛 荒碛 空碛 枯碛 平碛 穷碛
石碛 沙碛 霜碛 滩碛 万碛 细碛
雪碛 远碛 雁碛 战碛
帆度碛 红螺碛 鸡翁碛 舟凝碛

跂

qì 又音 qí 踮着脚站着。

凤跂 归跂 鸿跂 矜跂 离跂 攀跂
蹻跂 如跂 斯跂 蹲跂
綦溪利跂

葺

qì 用茅草覆盖房子。

补葺 加葺 且葺 缮葺 善葺 完葺
修葺 营葺 整葺 增葺

器

qì ①器具。②生物的器官。③器重，器度。④才能，人才。⑤有形的具体事物。⑥用具的总称。⑦人的肚量。

暗器 不器 白器 兵器 宝器 补器
便器 备器 邦器 才器 尘器 成器
陈器 茶器 盛器 瓷器 大器 电器
风器 分器 法器 饭器 福器 古器
国器 贵器 火器 宏器 横器 毁器
害器 衡器 怀器 巨器 近器 机器
吉器 佳器 金器 祭器 酒器 俊器
剑器 口器 空器 令器 礼器 利器
良器 奁器 料器 陋器 滤器 木器
名器 民器 明器 庙器 冥器 秘器
盟器 配器 奇器 敧器 漆器 器器
容器 锐器 石器 什器 生器 时器
算器 食器 神器 寿器 深器 随器
铁器 铜器 陶器 藤器 伟器 瓦器
武器 舞器 小器 凶器 形器 刑器
显器 响器 虚器 玉器 用器 乐器
音器 仪器 饮器 雅器 敧器 宴器
银器 庸器 彝器 主器 竹器 知器
珍器 宗器 重器 梓器 泽器 智器
整器 脏器 伟器
不成器 变压器 变速器 变阻器 避雷器
传声器 存储器 电容器 飞行器 放大器
发话器 干将器 管乐器 瑚琏器 感应器
呼吸器 火石器 化油器 航空器 核武器
计数器 经济器 加速器 寄存器 继电器
激光器 扩胸器 砍砸器 拉力器 连通器
离合器 量角器 廊庙器 灭火器 泌尿器
喷火器 排泄器 喷雾器 汽化器 青云器
取暖器 轻武器 容电器 软武器 热水器
示波器 水准器 生殖器 送话器 受话器
拾音器 太庙器 听诊器 替续器 探雷器
跳跃器 晚成器 微音器 弦乐器 循环器
消声器 吸尘器 效应器 细胞器 消化器
远大器 雨刮器 运算器 扬声器 宥坐器
硬武器 验电器 注射器 助听器 制动器
重武器
常规武器 当垆涤器 斗筲之器 打击乐器
电子乐器 董获异器 凡偶近器 化学武器
怀才抱器 核子武器 家用电器 积厚成器
键盘乐器 开动机器 窃弄神器 觊觎神器
热核武器 生物武器 探试武器 投鼠忌器
弹拨乐器 外生殖器 相如涤器 细菌武器
原子武器 东园秘器 薰莸异器
冰炭不同器/不琢不成器/放下包袱，开动机器/古书换古器/工欲善其事，必先利其器/火焰喷射器/螺旋推进器/十八般兵器/三心二意，永不成器/朽木难成器/薰莸不同器/欲投鼠而忌器/玉不琢，不成器/工欲善其事，必先利其器/

憩

qì 休息。

独憩 分憩 共憩 四憩 佳憩 假憩
来憩 留憩 旅憩 棲憩 少憩 小憩
休憩 行憩 歇憩 远憩 游憩 招憩
暂憩
同作同憩

荠

qì 又音 jì ［荸荠］多年生草本植物，生在池沼或水田里。茎白色，可以吃。

荸荠 甘荠
甘如荠
甘心如荠

夕

xī ①傍晚。②夜。③在傍晚和夜间进行某种活动。④倾斜。⑤西向。

悲夕 除夕 晨夕 春夕 旦夕 当夕
抵夕 灯夕 芳夕 今夕 佳夕 阑夕

兰夕 漏夕 七夕 巧夕 秋夕 前夕
清夕 入夕 尔夕 日夕 二夕 山夕
岁夕 室夕 宿夕 霜夕 通夕 未夕
晚夕 望夕 向夕 西夕 先夕 昕夕
熏夕 一夕 元夕 云夕 月夕 永夕
依夕 夜夕 幽夕 烟夕 遥夕 中夕
昼夕 朝夕 终夕 醉夕
风雨夕 孤舟夕 花敛夕 江村夕 空城夕
萝茎夕 秋堂夕 啼鸭夕 相思夕 银河夕
莺经夕
花朝月夕 祸在旦夕 今夕何夕 连朝接夕
命在旦夕 申旦达夕 危在旦夕 一旦一夕
一朝一夕 永朝永夕 只争朝夕 朝不保夕
朝不及夕 朝不谋夕 朝不虑夕

汐 xī 夜间的海潮。

潮汐 归汐 暮汐 秋汐

穸 xī ［窀穸］ 墓穴。

瀍穸 泉穸 窀穸 幽穸

兮 xī 古汉语的助词，相当于现代汉语中的“啊”。

伯兮 粲兮 父兮 凤兮 简兮 乐兮
母兮
赋莘兮 侯人兮 渺渺兮 洗洗兮
大风起兮 归去来兮

西 xī ①鸟类歇宿。②方向名。③太阳没落的方向。④西洋。⑤事物的样式或方法属于西方。

巴西 百西 村西 城西 矬西 洞西
东西 广西 公西 归西 关西 户西
河西 华西 淮西 江西 来西 辽西
陇西 门西 平西 日西 三西 山西
市西 陕西 胜西 泰西 往西 欧西
坞西 向西 西西 中西 正西 宅西
竹西 征西 再西 浙西
灞凌西 瀍水西 斗柄西 凤城西 狗东西
坏东西 画桥西 锦江西 镜湖西 老东西
阆苑西 岭云西 日渐西 弱水西 水棠西
石栏西 树影西 太行西 小桥西 小窗西
小楼西 夕阳西 瀼东西 牙克西 玉东西
月华西 月流西 月沉西 夜郎西 御苑西
不成东西 螭魅罔西 掂斤播西 各奔东西
声东击西 说东忌西 说东道西 太阳平西
太阳偏西 学贯中西 指东话西 指东画西
指东说西 扶东倒西 日又平西
风里絮，任东西/三十年河东，三十年河西/

栖 xī 又音 qī ［栖栖］心不安定的样子。

栖栖

牺 xī ①供祭祀用的毛色纯一的牲畜。②为正义献身。

陈牺 炮牺 畏牺
被肃牺 免为牺
庄周畏牺
犁牛生子而牺/

粞 xī 碎米。

糠粞

吸 xī ①吸气入内。②饮。③吸取。

鼻吸 吹吸 茶吸 抽吸 倒吸 风吸
呼吸 解吸 口吸 空吸 鲸吸 吮吸
吞吸 吐吸 捐吸 吸吸 嘘吸 有吸
深呼吸
人工呼吸
同甘苦，共呼吸

希 xī ①罕見。②盼望。③稀少。④希望。⑤迎合。⑥物体相摩擦。⑦干涸。⑧少。

诚希 几希 见希 交希 敬希 可希
女希 情希 声希 妾希 知希
鼓瑟希 世所希 似我希 天音希 仙夫希
怨用希 知我希

唏 xī 叹息。

暄唏 嘘唏

晞 xī ①干燥。②破晓，天亮。③晒。

不晞 难晞 露晞 未晞 夕晞 旭晞
虚晞 朝晞
氛雾晞 露光晞 日未晞 湛露晞

欷 xī ［欷歔］抽搭，哭泣后不自主地急促呼吸。

嗟欷　悽欷　涕欷　歔欷

稀 xī ①稀疏。②浓度小。③不少。④事物中间距离远，空隙大。

晨稀　蹿稀　蝶稀　德稀　发稀　古稀
花稀　今稀　渐稀　客稀　拉稀　民稀
人稀　糖稀　悟稀　信稀　鲟稀　云稀
月稀　友稀　依稀　雨稀　珍稀
伯乐稀　薄书稀　尺书稀　车马稀　草木稀
翠色稀　蝶影稀　访旧稀　古来稀　过客稀
故人稀　会面稀　和者稀　见面稀　见亦稀
梦寐稀　麦面稀　人踪稀　人烟稀　岁月稀
识者稀　树影稀　素书稀　霜叶稀　晚渡稀
行人稀　相见稀　星斗稀　玉漏稀　雁行稀
足音稀　踪迹稀　知音稀
地广人稀　地旷人稀　路绝人稀　年近古稀
年逾古稀　七十者稀　月明星稀　月朗星稀
白发故人稀/人生七十古来稀/人生百岁，七十者稀/

豨 xī 指猪。

陈豨　苍豨　妃豨　封豨　海豨　豪豨
江豨　擒豨
妃呼豨
行同狗豨

昔 xī ①通“夕”。②从前。

畴昔　旦昔　古昔　歌昔　感昔　慨昔
今昔　乃昔　曩昔　平昔　如昔　夙昔
宿昔　胜昔　缩昔　谁昔　素昔　殊昔
豕昔　通昔　往昔　昔昔　一昔　忆昔
依昔　伊昔　娱昔　在昔　自昔　重昔
追昔　终昔
今胜昔　人非昔
抚今追昔　抚今悼昔　感今怀昔　今不如昔
今胜于昔　一如往昔

惜 xī ①可惜。②爱惜。③痛。④舍不得。

哀惜　爱惜　不惜　宝惜　褒惜　怅惜
悼惜　顾惜　贵惜　慨惜　何惜　护惜
憾惜　今惜　矜惜　嗟惜　谨惜　靳惜
渐惜　可惜　苦惜　空惜　愧惜　吝惜
怜惜　恋惜　闵惜　祕惜　悯惜　愍惜
慎惜　赏惜　伤惜　省惜　深惜　叹惜
体惜　痛惜　吾惜　惋惜　忾惜　心惜
惜惜　怨惜　追惜　珍惜　轸惜
詈贼惜惜　弃之可惜　轻怜重惜　惺惺相惜
寅三可惜　在所不惜
爱之骄痴，独儿得惜/食之无味，弃之可惜/

腊 xī 又音 là ①干肉。②极。③皮肤干燥，皴裂。

鹑腊　雕腊　风腊　肤腊　干腊　酋腊
人腊　肉腊　豖腊　鲊腊　鱼腊　无腊
戒腊　夏腊　法腊

析 xī ①劈柴。②分开。③分析。④解析。

辨析　寸析　邓析　荡析　分析　件析
讲析　解析　栲析　论析　离析　缕析
厘析　民析　妙析　剖析　评析　偏析
生析　渗析　赏析　释析　探析　透析
学析　析析　详析　易析　盐析　自析
金线析
定性分析　定量分析　分崩离析　化学分析
毫分缕析　阶级分析　科学分析　丝分缕析
条分缕析　铢分毫析
奇文共欣赏，疑义相与析/

淅 xī 淘米。

接淅　两淅　淅淅
风淅淅　矛头淅

晰 xī 明白，清楚。

明晰　清晰　透晰　哲晰
炤晰
明晰晰
木纹清晰　十分明晰　声音清晰　纹理清晰

皙 xī 人的皮肤白。

白皙　洁皙　肌皙　束皙　欣皙　子皙
照皙
近游东皙　脸色白皙　小腿白皙
吴儿多白皙/

蜥 xī 一种爬行动物，俗称“四脚蛇”。

虺蜥　蜴蜥

守宫蜥

肸 xī ①［肸响］布散。②振动。③多用于人名。

肸肸

膝 xī 大腿和小腿相连的关节的前部。

按膝 抱膝 敝膝 促膝 代膝 对膝
动膝 过膝 护膝 花膝 鹤膝 加膝
搂膝 牛膝 两膝 啮膝 扪膝 没膝
盘膝 屈膝 容膝 尧膝 诎膝 胶膝
绕膝 生膝 视膝 翁膝 一膝 右膝
摇膝 蹁膝 左膝 坐膝 指膝 枕膝
造膝
金英膝 龙眼膝 泥溅膝 诗人膝
卑躬屈膝 奴颜婢膝 儿孙绕膝 少帝坐膝
双手抱膝 双手抵膝 双肘抵膝 身躬屈膝

息 xī ①呼吸进出的气。②滋生。③停止。④休息。⑤消息。⑥儿女。⑦利息。

安息 不息 本息 闭息 保息 鼻息
出息 存息 拆息 喘息 大息 定息
迭息 动息 独息 得息 怠息 顿息
盗息 惵息 风息 伏息 蕃息 蚡息
愤息 繁息 姑息 股息 忾息 慨息
后息 遑息 喙息 将息 贱息 静息
减息 纡息 内息 宁息 冷息 年息
利息 敛息 累息 慑息 民息 娩息
脉息 平息 屏息 欠息 气息 求息
全息 讫息 栖息 愒息 憩息 楼息
寝息 人息 儿息 弭息 弱息 生息
苏息 声息 悚息 宿息 视息 数息
稍息 瞬息 太息 叹息 惕息 退息
停息 贴息 胎息 调息 无息 未息
问息 小息 心息 休息 信息 息息
消息 胁息 讯息 歇息 稍息 一息
月息 数息 余息 有息 仰息 音息
养息 奄息 语息 晏息 淹息 偃息
游息 燕息 谳息 子息 止息 作息
坐息 孳息 冢息 窒息
尘虑息 扼腕息 氛禄息 好消息 佳人息
没出息 群动息 通消息 透消息 香篆息
有出息
按时作息 悲观叹息 川流不息 官方消息
还本封息 巨山龟息 经久不息 鸡豚之息
间不容息 减租减息 马路消息 渺无声息
屏声敛息 悄无声息 人亡政息 生生不息
无声无息 小道消息 休养生息 寻消问息
杳无消息 奄奄一息 左书右息 自强不息
孜孜不息 终古不息 仰人鼻息
泥牛入海，至今绝消息/日出而作，日入而息/卧寝之旁，岂容它人鼾息/阳旺清而洪灾息/

熄 xī ①火灭。②火种。③止息。

迹熄 殄熄
奸回熄
火势已熄

螅 xī 水螅。一种腔肠动物，身体圆筒形，附着在池沼、水沟中的水草上。

水螅

奚 xī ①大腹。②古代的奴隶。③表示疑问。

达奚 酒奚 祁奚 苑奚 小奚 羊奚
琅与嬖奚
五张羊皮买百里奚/

傒 xī 烦恼，急躁。

虓傒 高傒

徯 xī ①等待。②同“蹊”。

凫徯 苏徯

溪 xī 山里的小河沟。

碧溪 长溪 春溪 翠溪 大溪 端溪
鹅溪 古溪 贵溪 花溪 回溪 横溪
璜溪 寒溪 虎溪 九溪 金溪 建溪
涧溪 锦溪 龙溪 莲溪 缘溪 兰溪
梅溪 磻溪 青溪 曲溪 琴溪 清溪
晴溪 箬溪 山溪 石溪 苕溪 霜溪
天溪 桃溪 文溪 五溪 小溪 夏溪
云溪 玉溪 剡溪 浯溪 霅溪 烟溪
瑶溪 愚溪 竹溪
白蘋溪 垂钓溪 访剡溪 帆影溪 浣花溪
九旧溪 梅影溪 尚父溪 武陵溪 屋枕溪
小桥溪 云出溪 云涨溪 月映溪 禹陵溪

子陵溪　子猷溪　者郁溪　竹阴溪
垂钓磻溪　马跃檀溪　斩岸堙溪

蹊 xī　又音 qī　①山路。②践踏。③足迹。

成蹊　花蹊　旧蹊　菊蹊　鹿蹊　跷蹊
山蹊　鼠蹊　僧蹊　霜蹊　庭蹊　小蹊
野蹊　幽蹊　成蹊
花满蹊　女萝蹊　落花蹊　桃李蹊
李下无蹊　委肉虎蹊
桃李不言，下自成蹊/

悉 xī　①知道。②详尽。③尽其所有。

谙悉　备悉　備悉　粗悉　酬悉　洞悉
得悉　该悉　获悉　骇悉　尽悉　具悉
究悉　惊悉　皆悉　据悉　谨悉　精悉
鉴悉　力悉　练悉　缕悉　稔悉　能悉
明悉　取悉　实悉　审悉　收悉　熟悉
缌悉　赏悉　体悉　探悉　闻悉　欣悉
纤悉　详悉　至悉　知悉　织悉　注悉
周悉　综悉　昭悉
至纤至悉

蟋 xī　［蟋蟀］北方俗名叫“蛐蛐”。

斗蟋
似道斗蟋

翕 xī　①收敛。②聚合。③协调。④和顺。

卉翕　呼翕　静翕　剪翕　阖翕　吐翕
翕翕　嘘翕　阴翕　歙翕　张翕　载翕
兄弟既翕

犀 xī　①犀牛。②犀牛皮。③犀牛角。④坚固。⑤瓠中的子。

白犀　碧犀　材犀　煅犀　伏犀　函犀
寒犀　瓠犀　角犀　两犀　灵犀　辟犀
燃犀　石犀　水犀　鹅犀　通犀　檀犀
犗犀　文犀　心犀　悬犀　优犀　野犀
鱼犀　腰犀　珠犀　簪犀
辟水犀　辟尘犀　双龙犀　照水犀
齿如瓠犀　裴度还犀　温峤燃犀

锡 xī　①一种金属元素。②僧人所用的锡杖的省称。③赏赐。

阿锡　班锡　宠锡　帝锡　短锡　锻锡
恩锡　飞锡　放锡　封锡　广锡　挂锡
孤锡　灰锡　荷锡　焊锡　九锡　加锡
交锡　金锡　赉锡　爵锡　令锡　老锡
鸣锡　瓶锡　曲锡　取锡　铅锡　三锡
少锡　师锡　申锡　神锡　赏锡　天锡
铜锡　无锡　休锡　锡锡　一锡　优锡
永锡　用锡　禹锡　竹锡　沾锡　卓锡
珍锡　振锡　掷锡　蔗锡　赠锡
蕃庶锡　茅土锡　天厨锡　支云锡
金银铜铁锡/

裼 xī　又音 tì　脱去上衣，露出一部分身体。

偏裼　裘裼　徒裼　袒裼　见裼
锦衣裼　裘之裼　无事裼　衣之裼

熙 xī　①晒干。②兴盛。③光明。④和乐。

安熙　编熙　重熙　春熙　灯熙　阜熙
光熙　咸熙　洪熙　缉熙　嘉熙　康熙
目熙　日熙　荣熙　纯熙　同熙　武熙
熙熙　雍熙　载熙　滋熙
爱待熙　百工熙　春台熙　积阳熙　似郭熙
文教熙
攘攘熙熙

僖 xī　快乐。

孔僖　鲁僖

嘻 xī　嬉笑的样子。

长嘻　叹嘻　新嘻　嘻嘻　噫嘻
笑嘻嘻

嬉 xī　①欢乐。②容貌美丽。③玩耍。

遨嬉　春嬉　斗嬉　娥嬉　凤嬉　荒嬉
孩嬉　久嬉　聚嬉　鸟嬉　目嬉　群嬉
水嬉　同嬉　恬嬉　戏嬉　相嬉　谐嬉
嬉嬉　娱嬉　宴嬉　游嬉　噫嬉　譙嬉
醉嬉
插花嬉　放杆嬉　竞鸢嬉　尽日嬉　舍镘嬉
勿荒嬉　舞彩嬉　小儿嬉　一笑嬉　逐队嬉
众雏嬉　竹马嬉
耄安稚嬉　文恬武嬉

熹 xī ①炽热。②美。③光明。

安熹 晨熹 共熹 欣熹 朱熹 自熹
时人熹 嫣然熹

巇 xī ［险巇］山险。

登巇 岭巇 崄巇 险巇 嵚巇 绮巇
历万巇 梦登巇

羲 xī 姓。

伏羲 皇羲 宓羲 倾羲 轩羲 虞羲
朱羲

曦 xī 阳光。

春曦 晨曦 冬曦 丹曦 和曦 赫曦
寒曦 流曦 秋曦 晴曦 曙曦 晚曦
尧曦 炎曦 朝曦
早潮晨曦

习 xí ①飞翔。②学习。③复习。④对某些事物熟悉。⑤习惯。

安习 爱习 谙习 补习 变习 博习
传习 大习 定习 独习 耽习 恶习
风习 服习 讽习 复习 过习 固习
改习 故习 贯习 惯习 贯习 痼习
禾习 和习 罕习 久习 见习 结习
近习 旧习 究习 讲习 简习 教习
竞习 口习 骒习 练习 陋习 妙习
明习 癖习 气习 情习 绮习 日习
实习 素习 诵习 熟习 善习 通习
调习 玩习 温习 习习 乡习 学习
闲习 狎习 晓习 翕习 修习 循习
驯习 余习 夜习 映习 研习 预习
演习 肄习 缘习 专习 作习 遵习
自习
风习习
陈规陋习 凉风习习 秋风习习 听课复习
晚风习习 相沿成习
向胡人学习/

席 xí ①席子。②座位。③职务。④酒席。⑤船帆。⑥筵席。⑦凭借。⑧特指议会中的席位。

安席 布席 包席 便席 豹席 褴席
避席 次席 床席 出席 促席 侧席
草席 春席 翠席 翅席 撤席 夺席
底席 丰席 芳席 粉席 匪席 拂席
工席 广席 挂席 高席 歌席 割席
回席 花席 红席 还席 迴席 函席
加席 就席 卷席 经席 即席 金席
讲席 揭席 绝席 酒席 将席 缫席
孔席 炕席 睽席 列席 良席 芦席
凉席 离席 联席 暖席 兰席 躐席
末席 免席 幕席 篾席 满席 辟席
撤席 前席 缺席 琴席 入席 衽席
软席 衽席 上席 首席 设席 笋席
寿席 素席 试席 扇席 同席 坛席
逃席 苔席 徒席 退席 藤席 文席
为席 五席 污席 莞席 温席 苇席
下席 向席 仙席 西席 膝席 一席
玉席 议席 萤席 研席 砚席 宴席
预席 茵席 硬席 越席 筵席 瑶席
筠席 御席 仄席 主席 正席 专席
竹席 折席 坐席 争席 择席 桌席
枕席 展席 造席 祖席
不同席 被告席 长睡席 冯铭席 芙蓉席
光荣席 迥风席 结草席 荐枕席 柳叶席
流水席 来宾席 流霞席 麟文席 秋水席
如卷席 少安席 题名席 云生席
程主讲席 沉锦床席 大摆筵席 管宁割席
戴凭重席 戴凭夺席 犯哭弃席 荆王枕席
连舆接席 寝不安席 黔突暖席 扇枕温席
卧不安席 温枕扇席 温床扇席 夜不就席
坐不安席 执行主席 坐五香席 座无虚席
孙晨稿席 魏侍虚席
没有不散的筵席/天下无不散的筵席/天下没有不散的筵席/未有不散的筵席/一领破苇席/

觋 xí 男巫。

庙觋 巫觋

袭 xí ①死者穿的衣服。②照样做。③因袭。④掩袭。⑤袭击。⑥合拢。

暗袭 八袭 步袭 抄袭 递袭 钞袭
承袭 代袭 蹈袭 服袭 卷袭 郡袭
家袭 进袭 践袭 剿袭 可袭 空袭

考袭　内袭　掠袭　摹袭　贸袭　剽袭
奇袭　侵袭　什袭　尸袭　世袭　叔袭
数袭　突袭　徒袭　偷袭　外袭　相袭
一袭　易袭　因袭　运袭　沿袭　夜袭
掩袭　淹袭　阴袭　诱袭　再袭　杂袭
追袭　重袭　藻袭　缵袭
反空袭

媳　xí　儿媳。

弟媳　婆媳　儿媳
童养媳

隰　xí　低湿的地方。

布隰　阪隰　川隰　春隰　芳隰　广隰
管隰　亘隰　寒隰　徂隰　兰隰　面隰
平隰　丘隰　山隰　远隰　原隰

檄　xí　古代用于征召或声讨的文书。

长檄　传檄　唱檄　草檄　弛檄　飞檄
封檄　府檄　奉檄　怀檄　移檄　露檄
捧檄　水檄　书檄　受檄　文檄　星檄
宣檄　一檄　羽檄
斗鸡檄　毛义檄　相如檄
毛义捧檄　马头草檄　千里移檄

洗　xǐ　又音 xiǎn　①用水涤除污垢。②洗雪。③抢光、杀尽。④洗礼。⑤照相的显影定影。

不洗　兵洗　笔洗　拜洗　冲洗　拆洗
搓洗　澄洗　擦洗　锻洗　涤洗　干洗
姑洗　浣洗　盥洗　换洗　尽洗　净洗
踞洗　浆洗　湔洗　力洗　内洗　泪洗
领洗　沐洗　漂洗　请洗　清洗　如洗
水洗　受洗　刷洗　涮洗　梳洗　庭洗
勿洗　沃洗　心洗　血洗　洗洗　新洗
一洗　月洗　雨洗　盏洗　澡洗　濯洗
尘缨洗　从此洗　泪如洗　心自洗　脏腑洗
碧空如洗　赤贫如洗　家贫如洗　囊空如洗
秋山如洗　一贫如洗

铣　xǐ　又音 xiǎn　用一种能旋转的多刃刀具切削金属。

北铣　今铣　金铣　镠铣　鋈铣　郄铣
萧铣　瑶铣　钟铣

枲　xǐ　大麻的雄株。

担枲　典枲　胡枲　厚枲　麻枲　丝枲
原枲

玺　xǐ　印。

宝玺　赐玺　放玺　封玺　符玺　国玺
怀玺　金玺　六玺　蜜玺　佩玺　求玺
石玺　神玺　台玺　衔玺　信玺　玉玺
御玺　制玺　紫玺

徙　xǐ　①迁移。②调职。③调戎，流放。

东徙　除徙　丰徙　发徙　九徙　内徙
流徙　南徙　募徙　靡徙　鹏徙　气徙
求徙　迁徙　清徙　黥徙　三徙　山徙
师徙　散徙　滩徙　悉徙　新徙　一徙
议徙　移徙　意徙　转徙
安仁八徙　流离转徙　孟母三徙　桑荫不徙
魏牟尺徙

蓰　xǐ　五倍。

倍蓰　蓰蓰　芰蓰

屣　xǐ　①鞋。②拖着鞋走。

步屣　敝屣　倒屣　冠屣　花屣　利屣
纳屣　履屣　弃屣　如屣　容屣　通屣
脱屣　踏屣　曳屣　跕屣
真脱屣
伯喈倒屣　蔡邕倒屣　弃之敝屣　弃之如屣
弃如敝屣　如弃敝屣　视如敝屣

喜　xǐ　①快乐，喜悦。②吉庆的事。③指妇女怀孕。④爱好。⑤可庆贺的。⑥适于。

安喜　暗喜　不喜　报喜　悲喜　冲喜
大喜　道喜　共喜　高喜　恭喜　后喜
欢喜　怀喜　贺喜　害喜　惊喜　屐喜
激喜　可喜　狂喜　酷喜　内喜　民喜
妹喜　且喜　庆喜　鹊喜　四喜　失喜
书喜　守喜　双喜　送喜　随喜　同喜
讨喜　忘喜　慰喜　心喜　欣喜　新喜
幸喜　有喜　忧喜　悦喜　燕喜　谦喜
折喜　自喜　至喜　助喜　坐喜　志喜

百事喜　贡公喜　我心喜　恐然喜　胡不喜
时人喜　无颜喜　王贡喜　心独喜　沾沾喜
诚欢诚喜　奉檄色喜　回瞋作喜　欢欢喜喜
皆大欢喜　见猎心喜　桑中之喜　闻过则喜
又惊又喜　沾沾自喜　弄瓦之喜　弄璋之喜
出门见喜　喜上加喜　抬头见喜

禧 xǐ ①福。②喜庆。

繁禧　鸿禧　介禧　集禧　年禧　午禧
新禧　喜禧
恭贺新禧　敬颂年禧

葸 xǐ 害怕，畏惧。

畏葸　葸葸

戏 xì 又音 hū ①角力。②嬉戏。③嘲弄。④古指歌舞、杂技等表演。⑤戏剧。

遨戏　不戏　本戏　百戏　扮戏　把戏
宾戏　搏戏　孎戏　出戏　村戏　串戏
唱戏　嘲戏　大戏　点戏　灯戏　蝶戏
得戏　儿戏　伏戏　勾戏　观戏　诟戏
鬼戏　火戏　回戏　好戏　虎戏　赫戏
黑戏　猴戏　憨戏　京戏　讥戏　阄戏
聚戏　开戏　看戏　弄戏　南戏　闹戏
虐戏　谑戏　马戏　没戏　秘戏　嫚戏
朋戏　排戏　配戏　抢戏　扢戏　泅戏
禽戏　如戏　社戏　送戏　散戏　耍戏
说戏　绳戏　土戏　听戏　堂戏　谈戏
调戏　文戏　晚戏　武戏　顽戏　小戏
学戏　消戏　笑戏　险戏　谐戏　亵戏
嬉戏　玉戏　有戏　言戏　淫戏　眼戏
鱼戏　雅戏　逸戏　演戏　诱戏　猿戏
影戏　燕戏　游戏　谯戏　壮戏　杂戏
做戏　藏戏
斑衣戏　传统戏　采茶戏　唱工戏　草台戏
大轴戏　对台戏　地方戏　答宾戏　短打戏
独角戏　独脚戏　倒七戏　福州戏　翡翠戏
广东戏　鬼把戏　歌仔戏　隔壁戏　滑稽戏
诡把戏　活把戏　花灯戏　花鼓戏　淮海戏
黄梅戏　江淮戏　金华戏　开锣戏　看家戏
傀儡戏　老莱戏　连台戏　梆子戏　蜡凤戏
莱子戏　拿手戏　梨园戏　木偶戏　皮影戏
莆仙戏　秋千戏　牵衣戏　秋胡戏　绍兴戏
泗州戏　耍把戏　天女戏　桐叶戏　弹棋戏
文明戏　文琴戏　五禽戏　顽把戏　维扬戏
小把戏　现代戏　兴化戏　喜嬉戏　弦子戏
折子戏　竹马戏　重头戏　莱子戏
矮人弄戏　蹦蹦儿戏　出洞嬉戏　唱对台戏
唱独角戏　常锡文戏　非同儿戏　逢场作戏
蜂窠唱戏　淮海小戏　樗蒱之戏　龙鱼杂戏
戾家把戏　连台本戏　莱衣彩戏　拿手好戏
视同儿戏　鱼龙百戏　蓄蝎为戏
重打锣鼓另开戏/人在世上一台戏/三个老婆一台戏/

饩 xì ①赠送人的粮食。②赠送。③活的牲口。④饲料。

拜饩　常饩　告饩　归饩　馆饩　脯饩
牛饩　礼饩　生饩　田饩　饔饩　致饩

系 xì 又音 jì ①维系。②有联系关系的。③大学中的教学单位。④是。⑤联结。⑥捆住。⑦地质学名词。

莱系　帝系　嫡系　鼎系　分系　父系
发系　法系　干系　关系　根系　官系
归系　河系　劾系　今系　鞫系　轮系
联系　母系　品系　派系　谱系　匏系
亲系　如系　三系　山系　上系　水系
世系　收系　颂系　体系　统系　我系
维系　先系　仙系　星系　姓系　徙系
语系　萦系　作系　支系　直系　转系
瞻系
参考系　恒星系　拉关系　没关系　太阳系
银河系　总星系　转关系
安全体系　发生关系　公共关系　隔断关系
河外星系　军民关系　紧密联系　内部联系
密切联系　人际关系　群众关系　裙带关系
十二音系　生产关系　社会关系　思想体系
因果关系　作战体系

屃 xì ［赑屃］传说中的一种动物，像龟。

赑屃

细 xì ①微小的。②与“粗”相反。泛指事物细微。③仔细。④精致。⑤精美。⑥详细。⑦不重要，细小。⑧检朴。⑨琐屑。

不细　把细　底细　得细　风细　烦细
繁细　工细　过细　火细　巨细　尖细
金细　奸细　肌细　精细　谨细　苛细
力细　能细　柳细　毛细　明细　眉细
曼细　轻细　情细　黔细　入细　三细
琐细　慎细　探细　铜细　委细　微细
猬细　小细　心细　纤细　细细　香细
详细　雨细　意细　腰细　竹细　至细
仔细　致细　质细
不厌细　除烦细　眉黛细　诗律细　杨柳细
鱼鳞细　游丝细　朝雨细
不遗巨细　粗中有细　胆大心细　拿粗挟细
墨汁浓细　事无巨细　详详细细　仔仔细细
食不厌精，脍不厌细/治大者不治细/张飞穿针，粗中有细/

绤　xì　粗葛布。

巾绤　轻绤　下绤　絺绤　纤绤　袗绤

舄　xì　鞋。

豹舄　赤舄　飞舄　凫舄　黑舄　金舄
鸟舄　青舄　尔舄　失舄　委舄　玉舄
仙舄　正舄　整舄
安期舄　病庄舄　丹凤舄　倒凫舄　金华舄
凫化舄　凌云舄　尚方舄　尚书舄　双凫舄
王乔舄　仙人舄
王乔凫舄

隙　xì　①墙壁裂缝。②漏洞。③裂痕。④空。⑤空闲。⑥隔阂。

百隙　寸隙　仇隙　乘隙　谗隙　地隙
缝隙　光隙　过隙　构隙　荒隙　鸿隙
间隙　积隙　驹隙　集隙　兼隙　开隙
孔隙　空隙　农隙　裂隙　门隙　目隙
排隙　浅隙　入隙　伺隙　驷隙　事隙
天隙　无隙　小隙　下隙　穴隙　寻隙
闲隙　衅隙　嫌隙　罅隙　云隙　运隙
有隙　要隙　蚁隙　缘隙　政隙　驻隙
窒隙
驹过隙　目间隙
白驹过隙　盖忘苏隙　驹光过隙　可乘之隙
驷之过隙　逾墙钻隙　指瑕造隙　睚眦之隙
有机可乘隙/

禊　xì　古代春秋两季在水边的祭祀。

祓禊　春禊　秋禊　受禊　修禊
兰亭修禊

潝　xì　水急流的声音。

潝潝

五　姑苏辙

（合古韵　一屋、五物）

乌　wū　又音 wù　①乌鸦。②黑色。③太阳的别称。

巴乌　赤乌　草乌　晨乌　大乌　丹乌
待乌　飞乌　哺乌　竿乌　金乌　渴乌
栖乌　踆乌　樯乌　乳乌　霜乌　暑乌
铜乌　童乌　啼乌　鸟乌　孝乌　阳乌
夜乌　雅乌　燕乌　御乌　檐乌　朱乌
白头乌　唱鸟乌　楚幕乌　赋灵乌　火流乌
何首乌　九子乌　集戟乌　日中乌　上苑乌
夜明乌　青陵乌
爱屋及乌　次仲为乌　萧放二乌　义府题乌
白兔赤乌　羿落九乌
衣冠了乌

呜　wū　①呜咽。②拟声词。③叹词。④指死亡。

咪呜　呜呜　嘤呜
呀呀呜
汽笛呜呜

污　wū　①污秽。②脏东西。③社会风气不正。④诬蔑。⑤贪污渎职。

不污　败污　避污　卑污　斑污　尘污
耻污　臭污　谶污　点污　玷污　道污
粉污　粪污　垢污　虆污　秽污　潢污
奸污　亏污　泥污　降污　隆污　纳污
烂污　滥污　隆污　墨污　辟污　去污
骞污　辱污　损污　山污　失污　泰污
退污　通污　贪污　无污　污污　小污
血污　雪污　虚污　亵污　易污　油污
淫污　杂污　渍污　浊污
不作污　不受污　扯烂污　拆烂污　撒烂污
青蝇污

藏垢纳污　含垢纳污　满手油污　同流合污
川泽纳污
峣峣者易缺，皎皎者易污/

巫 wū ①女巫，巫师。②古代医师也称巫。

暴巫　村巫　大巫　焚巫　荆巫　女巫
老巫　男巫　灵巫　庙巫　缄巫　俗巫
神巫　蛇巫　僧巫　投巫　卫巫　小巫
乡巫　信巫　行巫　医巫　越巫　雍巫
作巫　钟巫
汉宫巫　呼星巫　唤神巫　鬼笑巫　请雨巫
邺令投巫
小巫见大巫/西门豹投巫/

诬 wū ①欺骗。②诬蔑。

不诬　抱诬　谤诬　辩诬　丑诬　谗诬
诋诬　反诬　厚诬　见诬　矫诬　捃诬
诳诬　攀诬　欺诬　失诬　相诬　谄诬
虚诬　愚诬　自诬　诈诬　致诬　妆诬
造诬　栽诬　遭诬　增诬
不敢诬　苟且诬　巧言诬
非愚则诬

屋 wū ①房子。②以屋覆盖。③帷幕。

爱屋　矮屋　宝屋　比屋　北屋　白屋
败屋　板屋　柏屋　版屋　蔀屋　场屋
船屋　重屋　车屋　草屋　翠屋　大屋
弟屋　洞屋　短屋　帝屋　殿屋　方屋
分屋　丰屋　夫屋　房屋　发屋　废屋
佛屋　古屋　过屋　高屋　花屋　华屋
黄屋　荷屋　海屋　黑屋　井屋　旧屋
金屋　居屋　结屋　架屋　鸡屋　僦屋
客屋　牛屋　老屋　林屋　暖屋　里屋
陋屋　漏屋　木屋　民屋　矛屋　帽屋
密屋　匹屋　披屋　偏屋　破屋　蓬屋
蒲屋　起屋　秋屋　茸屋　人屋　润屋
上屋　石屋　书屋　戍屋　舍屋　松屋
神屋　乘屋　僧屋　土屋　天屋　台屋
同屋　突屋　堂屋　无屋　王屋　外屋
我屋　瓦屋　小屋　仙屋　婿屋　雪屋
夏屋　胥屋　玉屋　云屋　仰屋　幽屋
鱼屋　岩屋　寓屋　野屋　银屋　中屋
正屋　作屋　竹屋　朱屋　灶屋　毡屋
斋屋
村村屋　风灯屋　风绕屋　风雨屋　花当屋
浣花屋　黄金屋　居士屋　老子屋　龙据屋
林间屋　木皮屋　梅花屋　栖鸡屋　容膝屋
山下屋　水边屋　通天屋　小木屋　雪埋屋
一间屋　云如屋　云埋屋　鱼鳞屋
重床叠屋　叠床架屋　破房烂屋　牵萝补屋
穷阎漏屋　申屠松屋　土阶茅屋　屋上架屋
屋上加屋　屋下架屋　修房造屋　掀树倒屋
银屏金屋　燕雀处屋　象慨矮屋　折木飞屋
支床叠屋　筑房造屋　携带满屋
阿娇贮金屋/床上叠床，屋上架屋/人有福，阿娇贮金屋/书中自有黄金屋/

恶 wū 又音 è　wù　ě　表疑问，哪，何。

忌恶　可恶　怨恶　中恶

无 wú ①没有。②不。③不论。④不要。

不无　得无　贵无　更无　毫无　可无
即无　竟无　绝无　了无　如无　十无
三无　实无　题无　文无　无无　虚无
一无　有无　之无　真无　资无
本来无　不能无　淡欲无　我独无　今在无
旷代无　前代无　恰恰无　四方无　识之无
天下无　一尘无　忆我无　有若无　有意无
有诗无　有笋无　眼中无　儋不无
不识之无　德奉三无　互通有无　可有可无
略识之无　聊胜于无　灭资兴无　若有所无
若有若无　似有似无　音信全无　音信杳无
踪迹全无　有生于无
大事化小，小事化无/防人之心不可无/宁可信其有，不可信其无/是非终日有，不听自然无/种田不熟不如荒，养儿不肖不如无/天上有，地下无/

芜 wú ①田园荒废。②草多而乱。③杂草丛生的地方。④杂乱。

不芜　碧芜　才芜　苍芜　草芜　道芜
芳芜　蓄芜　繁芜　荒芜　寒芜　蘅芜
绿芜　糜芜　蘼芜　平芜　青芜　秋芜
删芜　太芜　田芜　庭芜　薇芜　烟芜
欲芜　野芜　缘芜　杂芜　秦芜　榛芜

笔砚芜　故园芜　天下芜

一日不书，百事荒芜/

吾

wú ①我。②姓。

从吾　非吾　故吾　今吾　金吾　讥吾

肩吾　昆吾　内吾　木吾　新吾　吾吾

误吾　伊吾　余吾　酋吾　在吾　支吾

真吾

不负吾　不如吾　孰金吾　执金吾　子知吾

足慰吾

江左夷吾　申侯顺吾　一味支吾　支支吾吾

左支右吾

郚

wú ［郚部］地名，在山东省昌乐。

郚部

梧

wú ①梧桐。②屋梁上的斜柱。③支撑。

碧梧　苍梧　抵梧　宫梧　珪梧　寒梧

槐梧　鸿梧　井梧　据梧　开梧　魁梧

飘梧　青梧　秋梧　强梧　庭梧　修梧

掖梧　竹梧　枝梧

凤栖梧　待凤梧

惠连才梧　身材魁梧　支策据梧

鼯

wú ［鼯鼠］哺乳动物，外形像松鼠。

饥鼯　鹿鼯　山鼯　狂鼯　鼩鼯　穴鼯

吴

wú ①周朝国名。②三国之一。③吴地，指江苏南部，浙江一带。④大声说话。

东吴　归吴　句吴　旧吴　劲吴　荆吴

瓯吴　昆吴　平吴　全吴　秦吴　二吴

三吴　孙吴　神吴　天吴　吞吴　小吴

西吴　游吴　越吴　沼吴

泥沼吴

勾践灭吴　张翰思吴

五

wǔ ①数目。②指五行。③纵横交错。④乐谱上用的记音符号。

比五　百五　补五　避五　燮五　尺五

重五　称五　承五　当五　地五　弟五

得五　端五　鼎五　隔五　行五　合五

咸五　九五　六五　破五　二五　三五

失五　参五　数五　天五　五五　夏五

岩五　周五

长枝五　春秋五　赐绢五　列爵五　良马五

礼拜五　名称五　名邱五　蒲桃五　二百五

送钱五　土数五　天数五　星期五　诸侯五

中央五

拨十得五　猜三划五　攒三聚五　隔三差五

去天尺五　歇后郑五　十十五五

躲过初一，躲不过十五/二一添作五/一退六二五/一推六二五/

伍

wǔ ①古代军队五人为伍。②一伙的人。③同列。④交互错杂。⑤同“五”。

比伍　兵伍　保伍　部伍　簿伍　参伍

队伍　行伍　后伍　哙伍　揆伍　夔伍

邻伍　闾伍　流伍　落伍　民伍　偏伍

配伍　全伍　入伍　人伍　士伍　什伍

失伍　设伍　叁伍　退伍　为伍　有伍

营伍　越伍　率伍　褚伍

樊哙伍　嵇刘伍　哙等伍　麋鹿伍　弋钧伍

猿鸟伍　燕雀伍　夜蟾伍　与哙伍

耳歧哙伍　羞与为伍　宇儿部伍　应征入伍

与哙为伍

午

wǔ ①纵横交错。②地支的第七位。③午时。④违逆。

丙午　蚌午　旁午　重午　典午　端午

蜂午　过午　交午　甲午　近午　贾午

罗午　南午　轮午　旁午　傍午　二午

日午　上午　戊午　晌午　亭午　庭午

午午　未午　杵午　下午　饷午　月午

夜午　逾午　移午　子午　中午　正午

卓午　转午

车东午　春江午　斗指午　鸡鸣午　门书午

秋日午　琪林午　日正午　小晌午　银箭午

正当午

日轮当午

仵

wǔ 姓

泾仵　翻仵

忤

wǔ ①违逆。②不和睦。③抵触。

不忤　百忤　怫忤　错忤　犯忤　抵忤

倒忤　诋忤　多忤　乖忤　很忤　接忤

酒忤　切忤　轻忤　取忤　天忤　无忤

违忤　先忤　憎忤
毫发忤　与物忤
与人无忤

迕　wǔ　①遇见。②违背。
触迕　错迕　逆迕　违迕　相迕

庑　wǔ　①古代正屋四周的房子。②大屋子。
长庑　大庑　丰庑　飞庑　蕃庑　挂庑
后庑　寄庑　空庑　凉庑　两庑　赁庑
廊庑　门庑　千庑　堂庑　庭庑　轩庑
檐庑
步先庑　伯通庑　读书庑　游凯庑
崔室无庑

怃　wǔ　①爱怜。②怅然失意。③惊愕。
哀怃　眉怃　泰怃
去何怃

妩　wǔ　①娇媚。②美女。
眉妩　媚妩　妍妩

武　wǔ　①指军事攻击。②勇猛。③足迹。④继承。
比武　布武　备武　步武　辨武　长武
崇武　大武　丁武　豹武　动武　渎武
黩武　伐武　共武　广武　洪武　讲武
经武　接武　建武　戢武　继武　孔武
怒武　练武　烈武　民武　圣武　尚武
孙武　苏武　神武　韶武　摅武　汤武
文武　务武　威武　纬武　魏武　习武
玄武　修武　雄武　象武　遐武　右武
元武　用武　英武　阅武　演武　勇武
跃武　偃武　作武　忠武　壮武　祖武
踵武
不穷武　不发武　不解武　小修武
赐钱愧武　桂冠神武　经交纬武　驾肩接武
揆文奋武　能文能武　弃文就武　穷兵黩武
令严孙武　通文调武　韬壹偃武　韦文朱武
玩兵黩武　舞姿英武　行不数武　兴文偃武
洗清步武　修文偃武　一元大武　允文允武
婴扶赵武　扬威耀武　止戈为武　资兼文武
整军经武
衣冠挂神武/

鹉　wǔ　［鹦鹉］鸟名，也名“鹦哥”。能模仿人说话。
鹦鹉
白鹦鹉　红鹦鹉
猫噬鹦鹉　说梦鹦鹉　证杀鹦鹉

侮　wǔ　①欺负，轻慢。②戏弄。
爱侮　不侮　卑侮　讧侮　腹侮　讦侮
讥侮　骄侮　詈侮　凌侮　陵侮　铭侮
蔑侮　骂侮　谩侮　嫚侮　谩侮　轻侮
欺侮　色侮　受侮　讪侮　肆侮　无侮
外侮　玩侮　戚侮　戏侮　狎侮　笑侮
亵侮　尤侮　有侮　荧侮　御侮　自侮
不可侮　少年侮　谁敢侮
折冲御侮

捂　wǔ　①遮盖。②抵触。
逆捂　抵捂　牾捂　枝捂
遮遮捂捂

舞　wǔ　①舞蹈。②玩弄。③舞动。④鼓舞。⑤钟本顶部。
伴舞　扑舞　兵舞　从舞　成舞　楚舞
绸舞　斗舞　对舞　独舞　蝶舞　飞舞
凤舞　干舞　歌舞　鼓舞　鬼舞　观舞
合舞　会舞　花舞　恒舞　欢舞　挥舞
鹤舞　蛟舞　家舞　教舞　剑舞　狂舞
龙舞　乱舞　丽舞　罗舞　领舞　鸾舞
马舞　旄舞　妙舞　曼舞　慢舞　鸣舞
怯舞　巧舞　起舞　群舞　二舞　人舞
三舞　手舞　色舞　伞舞　笙舞　蛇舞
扇舞　兽舞　善舞　鼠舞　跳舞　万舞
文舞　兴舞　忻舞　学舞　笑舞　翔舞
夏舞　旋舞　新舞　云舞　乐舞　羽舞
跃舞　雅舞　毛舞　合舞　字舞　杂舞
战舞　钥舞醉舞
阿飞舞　芭蕾舞　扁担舞　摆手舞　斑衣舞
霹雳舞　长鼓舞　长袖舞　春风舞　草裙舞
踩鼓舞　缠头舞　灯前舞　多朗舞　盾牌舞
蹲蹲舞　飞燕舞　风吹舞　花棍舞　花鼓舞
回风舞　红绸舞　划船舞　孤步舞　横鼓舞
黑灯舞　咸池舞　九功舞　交际舞　交谊舞

集体舞 鸡催舞 农乐舞 刘琨舞 芦笙舞
扭摆舞 霓裳舞 筷子舞 民间舞 婆娑舞
七德舞 儿风舞 山鸡舞 双人舞 扇子舞
神鱼舞 随风舞 素娥舞 商羊舞 狮子舞
天鹅舞 听鸡舞 柘枝舞 踢踏舞
铜鼓舞 跳脚舞 藤牌舞 闻鸡舞 小车舞
仙仙舞 项庄舞 细腰舞 弦子舞
迎风舞 阳阿舞 夜起舞 应雅舞 俞儿舞
秧歌舞 腰歌舞 燕姬舞 织布舞 折腰舞
掌中舞 掌上舞 招腰舞 中宵舞
边鼓边舞 扑手而舞 笔歌墨舞 长袖善舞
村歌社舞 伯歌季舞 对镜鸾舞 孤鸾罢舞
凤歌鸾舞 蜂飞蝶舞 蜂游蝶舞 欢欣鼓舞
酣歌恒舞 缓歌曼舞 鸡鸣起舞 龙飞凤舞
龙盘凤舞 龙翔凤舞 鸾歌凤舞 眉飞色舞
婆娑起舞 翩然起舞 翩翩起舞 轻歌曼舞
清歌妙舞 鹊笑鸡舞 群魔乱舞 肉飞眉舞
色飞眉舞 神飞色舞 笙歌曼舞 闻鸡起舞
雪花飞舞 喜跃扑舞 莺歌燕舞 足蹈手舞
珠歌翠舞 掌上可舞 载歌载舞
公孙大娘的剑舞/身轻若燕掌上舞/

兀

wù ①高耸。②形容山秃。③浑噩无知。④高而上平。

傲兀 摧兀 荡兀 硉兀 湎兀 臬兀
浪兀 飘兀 突兀 陶兀 兀兀 小兀
摇兀 竹兀
蜀山兀 醒睡兀
高峻突兀 腾腾兀兀 相去无兀

杌

wù ①摇。②［杌陧］不安定。③树木无枝。

梼杌 突杌

勿

wù 不要，副词。

居勿 密勿 四勿

物

wù ①东西。②颜色。③客观存在的事物。④物产。⑤相，察看。⑥内容，实质。

爱物 傲物 傲物 八物 不物 百物
宝物 备物 败物 嫔物 博物 搏物
暴物 辨物 薄物 产物 长物 尘物
存物 采物 常物 称物 超物 痴物
宠物 残物 财物 蠢物 当物 代物
冬物 地物 多物 动物 待物 睹物
赌物 毒物 读物 蠹物 方物 风物
凡物 伏物 付物 发物 法物 服物
贩物 福物 废物 工物 公物 古物
改物 谷物 故物 观物 官物 怪物
鬼物 格物 轨物 贾物 鼓物 互物
何物 货物 秽物 晦物 介物 吉物
见物 节物 旧物 寄物 景物 进物
接物 济物 绝物 救物 静物 贱物
骄物 开物 刊物 若物 矿物 老物
念物 类物 利物 逆物 凉物 裸物
陵物 礼物 灵物 猎物 览物 狸物
木物 名物 妙物 美物 慢物 魔物
品物 舶物 贫物 求物 弃物 奇物
群物 轻物 钱物 器物 人物 容物
瑞物 三物 示物 失物 什物 水物
生物 书物 时物 俗物 庶物 拾物
实物 食物 饰物 审物 事物 善物
神物 烧物 土物 天物 同物 体物
托物 图物 陶物 万物 文物 无物
外物 玩物 忤物 唯物 悟物 微物
小物 先物 朽物 凶物 信物 闲物
祥物 香物 饷物 虚物 写物 象物
新物 一物 尤物 云物 衣物 用物
运物 原物 阳物 有物 异物 养物
应物 议物 轧物 英物 娇物 遗物
盈物 寓物 野物 泳物 咏物 药物
作物 兆物 重物 杂物 织物 珍物
泽物 造物 证物 植物 赀物 赃物
赘物
阿堵物 杯中物 池中物 大人物 等价物
等作物 副产物 古生物 构筑物 化合物
混合物 壶中物 吉祥物 纪念物 建筑物
老废物 理万物 农作物 酿热物 囊中物
乔人物 傥来物 微生物 忘忧物 无用物
小人物 乡三物 新事物 有机物 自然物
珍异物
变温动物 扁形动物 别无长物 暴殄天物
丑类恶物 常温动物 长照植物 大田作物
大秋作物 低等动物 池中之物 低等植物
待人接物 风云人物 风流人物 反面人物
负才傲物 飞潜植物 浮游生物 哺乳动物

俯仰拾物　过时之物　谷类作物　光复旧物
过冬作物　古董玩物　关键事物　关键人物
观赏植物　高等动物　高等植物　环节动物
恒温动物　海绵动物　海洋生物　甲壳动物
吉归男物　节肢动物　机关刊物　济人利物
技术作物　经济作物　脊索动物　脊椎动物
棘皮动物　蕨类植物　空洞无物　裸子植物
宁馨英物　冷血动物　连类比物　两栖动物
两栖植物　粮食作物　篱壁间物　绿色植物
囊中之物　木本植物　漫游生物　蔓生植物
庞然大物　孢子植物　爬行动物　青毡旧物
纤维植物　轻世傲物　腔肠动物　软体动物
热血动物　热爱公物　蠕形动物　身外之物
恃才傲物　身无长物　水生植物　殊方异物
逆天暴物　头面人物　倘来之物　铁腕人物
苔藓植物　贪爱钱物　探囊取物　藤本植物
王家旧物　晚秋作物　谓之尤物　温血动物
写人状物　小春作物　显花植物　寻遗生物
叙景状物　线形动物　胸无宿物　悉为异物
喜光植物　一无长物　言之无物　言之有物
玉茎人物　言必有物　原生矿物　原生动物
阳性植物　原索动物　运输货物　油料作物
菌类植物　圆形动物　阴柔害物　药笼中物
隐花植物　越冬作物　缘情体物　正面人物
种子植物　烛照万物　智囊人物　藻类植物
铸鼎像物　滋养万物　张华博物　家无长物
矫情镇物　筐箧中物
地方性植物/地方性类物/短日照植物/风土性植物/夹袋中人物/卤水点豆腐，一物降一物/钱财是身外之物/碳水化合物/天低吴楚，眼空无物/无机化合物/无脊椎动物/一物降一物/一物克一物/有机化合物/张旭学书观万物/掌中观指，怀中取物/杖头沽酒物/终非池中物

戊

wù　天干的第五位，用做顺序的第五。

丁戊　告戊　坎戊　青戊　太戊

务

wù　①事业。②从事。③勉力从事。④务必。⑤要事。⑥集市。

百务　本务　边务　报务　尘务　成务
堂务　场务　春务　财务　朝务　大务
当务　党务　德务　非务　防务　烦务
服务　公务　国务　港务　会务　航务
机务　剧务　军务　急务　家务　警务
立务　内务　农务　劳务　民务　末务
茗务　侨务　勤务　人务　冗务　耳务
任务　上务　三务　司务　生务　时务
世务　俗务　实务　枢务　税务　庶务
乘务　事务　商务　同务　特务　外务
物务　先务　细务　校务　义务　业务
役务　邮务　医务　要务　洋务　正务
至务　执务　杂务　政务　职务　总务
债务
大司务　根本务　赶任务　尽义务　软任务
经花务　南亩务　山客务　硬任务　总任务
不识时务　不急之务　不晓世务　党员义务
开物成务　适时应务　识时达务　通时达务
虚谈废务

雾

wù　①雾气。②像雾一样的东西。③像雾的许多小水滴。

豹雾　薄雾　碧雾　鬓雾　尘雾　重雾
草雾　垂雾　成雾　彩雾　朝雾　晨雾
大雾　多雾　堕雾　毒雾　风雾　飞雾
浮雾　花雾　海雾　寒雾　江雾　岚雾
浓雾　沐雾　迷雾　喷雾　起雾　轻雾
瑞雾　山雾　水雾　吐雾　无雾　夕雾
仙雾　学雾　香雾　晓雾　云雾　引雾
雨雾　夜雾　妖雾　烟雾　嶂雾
半天雾　豹藏雾　春台雾　吹沙雾　公超雾
南山雾　花庭雾　迷春雾　披云雾　水中雾
三星雾　纱窗雾　螣蛇雾　五里雾　银山雾
张公雾　张楷雾
穿去破雾　愁云惨雾　结成香雾　柳云花雾
弥天大雾　喷云吐雾　如坠云雾　吞云吐雾
滕云驾雾　文豹隐雾　五里之雾　一层薄雾
雨雪氛雾　如坐云雾

坞

wù　①防守用的土堡。②停船的港湾。③四面高中间低的地方。

村坞　船坞　城坞　大坞　花坞　金坞
林坞　梅坞　弹坞　秋坞　山坞　小坞
松坞　桑坞　深坞　雪坞　野坞　营坞
竹坞　作坞　筑坞
藏春坞　浮船坞　金作坞　琅玕坞　桃花坞
仙旁坞　辛夷坞

金埒金坞

误 wù ①错误。②耽误。③妨害。④误伤。

不误 笔误 鄙误 迟误 舛误 差误
错误 耽误 讹误 过误 挂误 絓误
诖误 罣误 顾误 哗误 惑误 耗误
惊误 口误 刊误 勘误 搁误 论误
谬误 名误 迷误 曲误 清误 缺误
阙误 失误 事误 疏误 脱误 勿误
无误 违误 相误 陷误 延误 语误
诒误 贻误 药误 疑误 愆误 正误
至误 坐误 注误
白首误 才名误 春风误 聪明误 浮生误
翻知误 弓旌误 归期误 轻言误 儒冠误
一字误
聪明自误 订疑考误 明白无误 是非正误
庶不致误 一误再误 因循生误 土木之误
准确无误
聪明反被聪明误/准拟佳期又误/

恶 wù 又音 è ě wū ①讨厌。②憎恨。③诋毁。

爱恶 烦恶 怪恶 好恶 可恶 民恶
深恶 天恶 痛恶 羞恶 厌恶 怨恶
憎恶 谮恶 只恶
可憎可恶 十分憎恶 羞羞恶恶
护家之狗，盗贼所恶/

悟 wù ①明白，理解。②觉悟。③启发。

不悟 才悟 超悟 禅悟 聪悟 触悟
测悟 澈悟 彻悟 大悟 多悟 洞悟
抵悟 牴悟 顿悟 方悟 烦悟 发悟
拂悟 高悟 槁悟 感悟 会悟 何悟
烧悟 悔悟 豁悟 惠悟 慧悟 讲悟
景悟 俊悟 憬悟 解悟 渐悟 惊悟
警悟 开悟 了悟 领悟 妙悟 明悟
敏悟 默悟 启悟 契悟 思悟 识悟
神悟 率悟 爽悟 深悟 通悟 未悟
晚悟 心悟 玄悟 省悟 悬悟 惺悟
晓悟 醒悟 一悟 易悟 英悟 颖悟
追悟 楮悟
大彻大悟 幡然悔悟 翻然悔悟 恍然大悟
忽然顿悟 豁然大悟 阶级觉悟 一闻千悟
至死不悟 执迷不悟 跕鸢之悟

晤 wù 见面，相遇。

把晤 逢晤 会晤 惊晤 聚晤 面晤
透晤 相晤 秀晤 言晤 英晤 瞻晤
赏心晤 叙会晤
卿卿如晤 彼美淑晤

寤 wù ①睡醒。②做梦。

不寤 大寤 觉寤 燎寤 寐寤 惊寤
少寤 夙寤 想寤 远寤 在寤
南柯寤 蹶然寤
遂迷不寤

婺 wù ①婺水，水名，在江西省。②不顺从。

宝婺 娥婺

骛 wù ①乱跑。②同“务”。

驰骛 骋骛 遏骛 广骛 过骛 激骛
惊骛 驱骛 胜骛 游骛 争骛 湍骛
轻骛 逸骛 旁骛 外骛
六龙骛 轻车骛
驰心旁骛 不敢旁骛

鹜 wù 鸭子。

池鹜 更鹜 孤鹜 寒鹜 江鹜 鸡鹜
夕鹜 野鹜 霞鹜 雁鹜
湖中鹜
家鸡野鹜 刻鹄类鹜 轻鸡爱鹜 趋之若鹜

逋 bū ①逃亡。②拖欠。③拖延。

毕逋 酒逋 激逋 稽逋 林逋 诗逋
宿逋 腾逋 游逋 争逋 招逋
价所逋 六龙逋 偿所逋 尾毕逋
书扇偿逋

晡 bū ［古］申时，指下午三点到五点。

日晡 三晡 西晡
西鸽晡 日将晡 语至晡

醭 bú 醋、酱油等表面上长的白色的霉。

白醭 梅醭

花如醭　清不醭　儿衣醭　蕴生醭

卜　bǔ　又音 bo　①占卜。②选择。③估计。④给予。

卜卜　大卜　得卜　分卜　改卜　观卜
龟卜　合卜　后卜　虎卜　吉卜　加卜
君卜　茧卜　鸡卜　基卜　镜卜　箕卜
难卜　鸟卜　枚卜　卖卜　梦卜　穆卜
求卜　瓯卜　耳卜　饰卜　善卜　太卜
无卜　未卜　向卜　瓦卜　先卜　行卜
许卜　须卜　黠卜　异卜　言卜　易卜
预卜　羊卜　医卜　子卜　阻卜　占卜
詹卜
百钱卜　成都卜　灯花卜　君平卜　金钱卜
金瓯卜　李主卜　仙人卜　油花卜　严君卜
詹尹卜　都卖卜　毛锥卜
存亡未卜　存亡难卜　君平卖卜　吉凶未卜
吉凶难卜　老医少卜　求签问卜　胜败难卜
休咎难卜　金瓯亲卜　成都卖卜

补　bǔ　①补缀衣服。②修整破损的东西。③补救。④补充。⑤补益。

不补　抱补　禅补　帮补　赙补　寸补
订补　抵补　递补　点补　搭补　垫补
发补　缝补　衮补　割补　互补　何补
荷补　候补　机补　进补　借补　弥补
平补　赔补　巧补　迁补　铨补　强补
热补　示补　升补　食补　贴补　提补
铜补　替补　添补　填补　外补　完补
无补　挖补　娲补　小补　选补　洗补
相补　修补　犀补　绣补　衣补　找补
追补　织补　增补　滋补　缀补　整补
转补
白的补　炊烟补　惭无补　干将补　女娲补
千钧补　阙不补　山甫补　丝毫补　獭毫补
獭随补　一字补
缝缝补补　铺衍缀补　七破八补　于事无补
屁股里吃人参，后补/一个要补锅，一个锅要补/

捕　bǔ　①捉拿。②旧时差役。

被捕　采捕　兜捕　逮捕　督捕　购捕
海捕　迹捕　急捕　拘捕　剿捕　缉捕
警捕　课捕　名捕　擒捕　收捕　赏捕
搜捕　讨捕　围捕　巡捕　严捕　渔捕
诱捕　掩捕　追捕　促捕　逐捕　张捕
大肆搜捕

哺　bǔ　①喂食。②鸠饲幼鸟。③咀嚼食物

抱哺　待哺　反哺　饭哺　含哺　及哺
母哺　乌哺　收哺　三哺　受哺　吐哺
望哺　衔哺　辍哺
乌反哺
嗷嗷待哺　慈乌反哺　握发吐哺　周公吐哺
一饭三吐哺/

堡　bǔ　又音 bǎo　pù　①堡子。②有围墙的村子。

瓦窑堡

不　bù　①不是，非。②不到，未。③无。

从不　独不　鄂不　何不　好不　毫不
胡不　决不　健不　绝不　可不　莫不
岂不　巧不　听不　无不　应不　有不
要不　在不　再不　暂不
不得不　到家不　两忘不　今在不　寄书不
免笑不　是运不　似旧不　似我不　忆侬不
有酒不　有此不　再来不

布　bù　①棉、麻等织品的总称。②宣布。③分布。④布置。⑤布施。⑥古代的一种钱币。

帛布　抱布　班布　颁布　摆布　跛布
尺布　传布　衬布　粗布　賨布　刀布
大布　动布　多布　道布　都布　墩布
夫布　飞布　分布　发布　帆布　敷布
广布　公布　官布　功布　故布　葛布
花布　画布　忽布　黄布　货布　黑布
金布　季布　苴布　胶布　荆布　口布
刊布　蒯布　扣布　昆布　堪布　卢布
女布　老布　冷布　吕布　罗布　里布
尿布　流布　胪布　帘布　蓝布　纳布
露布　毛布　抹布　麻布　棉布　密布
幕布　匹布　坯布　遍布　披布　漂布
篷布　瀑布　青布　泉布　钱布　棋布
溪布　漆布　绒布　市布　色布　式布
苔布　洒布　散布　砂布　纱布　森布
疏布　慑布　土布　台布　拖布　橦布

榻布　韦布　宣布　细布　悬布　夏布
霞布　一布　云布　业布　衣布　油布
绝布　洋布　雨布　竹布　桌布　展布
织布　绉布
不织布　白市布　白竹布　本白布　被单布
被单布　粗葛布　凡蓝布　防雨布　光明布
裹足布　火浣布　黄草布　红遮布　花纱布
吉贝布　金绳布　鸡鸣布　精无布　劳动布
涤棉布　如雪布　土林布　水洗布　沙发布
笋巾布　双瀑布　疏密布　同帛布　维棉布
香茎布　细麻布　斜白布　斜纹布　一尺布
义声布　印花布　朱丝布　竹露布　遮羞布
操诛吕布　斗粟尺布　工农蓝布　浓阴密布
切切此布　升米尺布　丝纷棋布　彤云密布
无纺织布　乌云密布　学生蓝布　星罗棋布
一诺季布　衣无完布　王烈遗布　阴云密布
黄果树瀑布/染匠下河，摆布/

埗

bù　［茶埗］地名，在福建省建阳。

茶埗

怖

bù　①惧怕。②恐吓。

抱怖　惨怖　愁怖　惭怖　大怖　怛怖
多怖　惶怖　惊怖　悸怖　惧怖　渐怖
惊怖　警怖　可怖　恐怖　立怖　摄怖
危怖　畏怖　先怖　相怖　眩怖　汹怖
喜怖　忧怖　疑怖　畲怖　战怖　振怖
震怖
白色恐怖　氓作氓怖

步

bù　①脚步。②阶段。③行走。④地步，境地。⑤跟随。

安步　遨步　半步　百步　步步　便步
拨步　大步　代步　边步　地步　点步
动步　独步　断步　荡步　踱步　方步
飞步　放步　过步　高步　弓步　故步
贵步　鼓步　顾步　后步　亥步　虎步
狐步　换步　缓步　间步　进步　举步
径步　矩步　疾步　急步　绞步　健步
箭步　脚步　疆步　快步　枉步　跬步
跨步　阔步　款步　窘步　那步　留步
劳步　挪步　溜步　难步　敛步　狸步
莲步　偻步　迈步　马步　慢步　漫步
平步　跑步　七步　齐步　顷步　却步
祛步　趹步　轻步　雀步　起步　歧步
让步　弱步　攘步　失步　沙步　散步
肃步　碎步　随步　天步　台步　同步
退步　坦步　徒步　推步　停步　踏步
五步　危步　舞步　稳步　小步　行步
仙步　学步　迅步　相步　闲步　信步
香步　袭步　徐步　遐步　膝步　翔步
谢步　一步　亦步　玉步　运步　雅步
禹步　幽步　拽步　翼步　摇步　游步
野步　腰步　躞步　止步　正步　足步
占步　追步　纵步　展步　逐步　驻步
躧步　醉步
踌躇步　踱方步　大踏步　独舞步　第一步
蹀躞步　邯郸步　金莲步　金试步　进一步
卷旋步　扭旋步　留后步　留地步　凌波步
螺旋步　失本步　失故步　迈大步　迈方步
四方步　踏拍步　之驹步　玉墀步　游人步
折旋步　枝履步　周旋步　轴旋步　紫庭步
昂首阔步　陈思七步　戴生独步　鹅行鸭步
弓腿跨步　高视阔步　规行矩步　规言矩步
邯郸学步　金莲步步　基本舞步　蹇视高步
龙行虎步　龙骧虎步　柳诗三步　万着方步
青云独步　轻足捷步　雀目鼠步　让韩独步
失其故步　蛇行鼠步　绳趋尺步　寿陵失步
诗成七步　方领矩步　望而却步　蜗行牛步
闲庭信步　一个箭步　原地踏步　移形换步
雍容雅步　鹰视狼步　子建七步　肘行膝步
不敢越雷池一步/百尺竿头，更进一步/五十步笑百步/远行无急步/以五十步笑百步/终身让路，不枉百步/

埔

bù　又音 pǔ［大埔］地名，在广东省。

大埔

部

bù　①部分。②机关企业分设的单位。③统属。④布置安排。⑤门类。

按部　比部　白部　边部　半部　本部
丙部　百部　兵部　北部　背部　残部
初部　丁部　大部　东部　队部　分部
法部　肺部　腹部　工部　干部　户部
军部　旧部　局部　金部　经部　讲部
集部　驾部　库部　六部　女部　内部

男部　吏部　礼部　农部　连部　南部
民部　面部　妙部　全部　启部　铨部
人部　上部　水部　四部　声部　社部
所部　说部　率部　算部　善部　团部
臀部　外部　小部　下部　学部　行部
刑部　雨部　选部　胸部　细部　学部
乙部　阴部　虞部　引部　腰部　韵部
子部　竹部　主部　中部　正部　支部
总部　椟部
阿月部　编辑部　参谋部　党支部　国防部
高车部　后勤部　俱乐部　南北部　门市部
十二部　十三部　书四部　四十部　司令部
诗酒部　头胸部　外交部　蛙两部　蛙一部
蛙成部　外贸部　武装部　云诏部　掩蔽部
政治部　诸藏部
琎除酿部　论语半部　瓮间吏部　瓮边吏部

瓿 bù　小瓮

安瓿　多瓿　瓯瓿　覆瓿　寡瓿　酱瓿
取瓿　铜瓿　鱼瓿
覆酱瓿　蟠虬瓿　饕餮瓿　为我瓿　杨子瓿
杨雄瓿　酌孔瓿

埠 bù　埠头，停靠船只的码头。

本埠　船埠　港埠　轮埠　开埠　商埠
外埠　抵埠

簿 bù　①本子。②登记册。③手板。④文书。

兵簿　丛簿　对簿　短簿　典簿　货簿
纷簿　革簿　化簿　号簿　寡簿　军簿
计簿　简簿　空簿　酷簿　例簿　青簿
融簿　髯簿　世簿　文簿　位簿　帷簿
勋簿　悬簿　缘簿　主簿　租簿　账簿
转簿　帜簿
白纸簿　笔记簿　大楷簿　点鬼簿　登记簿
发文簿　户口簿　甲乙簿　记录簿　金兰簿
考勤簿　练习簿　拍纸簿　签到簿　禽兽簿
日记簿　收文簿　小楷簿　作文簿　照相簿
长髯主簿　寇却例簿

仆 pū　又音 pú　①向前跌倒。②倒下。

必仆　碑仆　顿仆　跌仆　颠仆　顾仆
虎仆　面仆　惊仆　僵仆　前仆　蹶仆
日仆　射仆　伤仆　眩仆　杨仆　佯仆
陨仆　偃仆　御仆　醉仆　踬仆
度水跌仆

扑 pū　①打。②直冲。③拍。④古时扑责的刑杖。

白扑　卑扑　鞭扑　尘扑　存扑　捶扑
诚扑　催扑　大扑　当扑　反扑　粉扑
复扑　翻扑　共扑　关扑　孤扑　花扑
环扑　击扑　静扑　剪扑　巢扑　开扑
乱扑　囊扑　雷扑　猛扑　全扑　歼扑
去扑　轻扑　敲扑　商扑　示扑　守扑
散扑　尚扑　鼠扑　任扑　人扑　雾扑
相扑　香扑　阳扑　自扑　执扑　拙扑
尘埃扑　粉扑扑　红扑扑　红尘扑　红棉扑
罗巾扑　儿童扑　扬花扑
颠倒悬扑　还淳反扑　邵调遭扑

铺 pū　又音 pù　①铺设。②街门环的底座。③把东西散置。

边铺　广铺　居铺　锦铺　平铺　霜铺
星铺　霞铺　义铺　云铺　延铺　揄铺
枝铺
碧簟铺　粉暗铺　落红铺　瑞色铺
水平铺　月色铺
金琐银铺

仆 pú　又音 pū　①仆从。②谦称自己。③驾车。④依附。

病仆　婢仆　从仆　车仆　称仆　臣仆
代仆　道仆　公仆　更仆　家仆　俭仆
女仆　老仆　令仆　男仆　林仆　奴仆
木仆　门仆　马仆　命仆　仆仆　陪仆
群仆　儿仆　太仆　童仆　外仆　义仆
主仆　走仆　忠仆
宫中仆　亲僮仆　太子仆　添健仆
风尘仆仆　艰难顿仆　仲涂尘仆

脯 pú　又音 fǔ　胸脯，胸部。

鸿脯　箠脯　无脯　芗脯　削脯　胸脯
毋脯　鸭脯　鱼脯　燕脯　桌脯　枣脯
红虬脯　拍胸脯　山羊脯　笋旬脯　偿失脯
桑皮脯　遗毋脯　迎凉脯
以恶秀人，如馈漏脯/

蒲 pú ①香蒲。②草盖的圆屋。③蒲柳。

白蒲 奔蒲 初蒲 编蒲 翠蒲 菖蒲
董蒲 楞蒲 风蒲 菰蒲 寒蒲 江蒲
居蒲 金蒲 萑蒲 截蒲 葭蒲 茅蒲
绯蒲 南蒲 老蒲 绿蒲 青蒲 水蒲
题蒲 吾蒲 小蒲 削蒲 下蒲 香蒲
优蒲 野蒲 织蒲 渚蒲 紫蒲 瞻蒲
鞭蒲
九节蒲 十幅蒲 唐菖蒲

酺 pú ［古］聚会饮酒。

赐酺 大酺 观酺 祭酺 酒酺
春秋祭酺 天下大酺

璞 pú 含玉的石头或没有雕琢过的玉石。

卞璞 抱璞 败璞 楚璞 大璞 返璞
和璞 毁璞 巨璞 金璞 荆璞 镜璞
理璞 玫璞 剖璞 奇璞 石璞 市璞
守璞 鼠璞 天璞 顽璞 献璞 玉璞
逸璞 蕴璞 郑璞
珪璋璞 昆吾璞 南山璞 夜光璞
覆镜郭璞 归真返璞 深金玉璞 周人怀璞
卖朴与买璞/

濮 pú ①地名，在河南省。②姓。

百濮 巴濮 城濮 濠濮 济濮 临濮
彭濮 桑濮 宛濮 夷濮 武濮
娄额濮 种稻濮
割草盖房濮/

朴 pǔ 又音pò pō piáo ①没有细加工的材料。②木皮。③质朴。④原价，本钱。

抱朴 策朴 淳朴 粗朴 诚朴 纯朴
醇朴 敦朴 反朴 古朴 怀朴 厚朴
浑朴 俭朴 简朴 栎朴 鄙朴 去朴
守朴 素朴 鼠朴 桑朴 阳朴 幽朴
野朴 械朴 柞朴 拙朴 质朴 真朴
谆朴
红朴朴
陈设简朴 刚健质朴 浇淳散朴 稳重古朴
自然淳朴 斫雕为朴 见素抱朴

圃 pǔ ①菜园。②种花。③管理园圃的人。

出圃 场圃 茶圃 菜圃 池圃 春圃
地圃 芳圃 樊圃 瓜圃 桂圃 后圃
华圃 花圃 荒圃 蕙圃 老圃 林圃
农圃 阑圃 茗圃 苗圃 平圃 群圃
山圃 书圃 社圃 射圃 蔬圃 傻圃
庭圃 秋圃 小圃 相圃 学圃 新圃
悬圃 艺圃 月圃 苑圃 扬圃 园圃
野圃 瑶圃 药圃 竹圃 芝圃 郑圃
黄精圃 缑氏圃 桔槔圃 吕安圃 兰蕙圃
篇章圃 郡王圃 苏公圃 丈人圃
邵平瓜圃
吾不如老圃

浦 pǔ ①水滨。②江与支流会合处。

安浦 暗浦 巴浦 冰浦 别浦 帮浦
称浦 春浦 晨浦 大浦 东浦 冻浦
钓浦 枫浦 过浦 港浦 隔浦 合浦
荷浦 获浦 淮浦 黄浦 横浦 寒浦
江浦 剑浦 金浦 涧浦 蛟浦 极浦
菊浦 镜浦 橘浦 洛浦 荔浦 练浦
南浦 绿浦 柳浦 阑浦 蠡浦 门浦
溢浦 苹浦 全浦 前浦 入浦 沙浦
石浦 山浦 西浦 荇浦 象浦 胥浦
犀浦 夏浦 湘浦 蟹浦 云浦 玉浦
月浦 远浦 营浦 依浦 夜浦 银浦
渔浦 盐浦 雁浦 珠浦 洲浦
板桥浦 沉书浦 赤栏浦 沉香浦 垂杨浦
垂钓浦 丹凤浦 帆出浦 公路浦 黄芦浦
黄金浦 黄鹤浦 衡阳浦 捐佩浦 女儿浦
刘郎浦 落星浦 明月浦 茄子浦 三江浦
桃花浦 相思浦 雪梦浦 潇湘浦 鱼腹浦
遗佩浦 猗兰浦 鸳鸯浦 珍珠浦
还珠合浦 樵村鱼浦 珠还合浦 珠归合浦
珠去合浦

溥 pǔ ①广大。②普遍。

恩溥 宏溥 隆溥 施溥 周溥
德泽溥 恩膏溥 露溥溥
储与乎大溥/

普 pǔ ①普遍。②广大。③姓。

程普 德普 恩普 化普 弘普 科普
流普 施普 越普 泽普 赞普
德泽普 德施普 九州普 受赐普
笔涂越普 苟息谏普

谱 pǔ ①按事物的类别编成的表册。②记录声音节拍的符号。③编写歌谱。④作示范的图书的样本。

按谱 波谱 摆谱 茶谱 词谱 菜谱
大谱 打谱 分谱 光谱 国谱 歌谱
合谱 花谱 画谱 局谱 记谱 菊谱
简谱 家谱 酒谱 兰谱 历谱 年谱
离谱 脸谱 没谱 梅谱 频谱 曲谱
腔谱 棋谱 琴谱 钱谱 书谱 诗谱
食谱 声谱 同谱 图谱 贴谱 舞谱
系谱 香谱 新谱 乐谱 有谱 吟谱
药谱 韵谱 宗谱 在谱 总谱 治谱
准谱 族谱
城南谱 工尺谱 金兰谱 教坊谱 淋铃谱
荔枝谱 牡丹谱 书画谱 四声谱 芍药谱
世系谱 无双谱 五线谱 新声谱 毛诗谱
英雄谱 付琰县谱 守素向谱 曾传箭谱
乱点鸳鸯谱/老人不讲古，后生会失谱/

蹼 pǔ 青蛙、鸭子、乌龟等动物脚趾中间的膜。

脚蹼

铺 pù 又音 pū ①商店。②驿站。③床铺。

床铺 茶铺 查铺 草铺 大铺 当铺
吊铺 地铺 单铺 递铺 店铺 搭铺
饭铺 行铺 花铺 金铺 酒铺 门铺
面铺 琼铺 上铺 双铺 书铺 通铺
铜铺 统铺 卧铺 窝铺 小铺 下铺
茵铺 银铺 药铺 毡铺 馔铺
裱褙铺 成衣铺 急递铺 盛业铺 杂货铺
别筵铺
开中药铺
饭后百步，不问药铺/

瀑 pù 又音 bào 水从高山上陡直流下，像悬挂的白布。

奔瀑 垂瀑 冻瀑 飞瀑 发瀑 挂瀑
寒瀑 涧瀑 渍瀑 泉瀑 山瀑 双瀑
松瀑 悬瀑 一瀑 雨瀑 幽瀑
布泉瀑 分岩瀑 有飞瀑
一挂飞瀑

曝 pù 又音 bào 晒。

画曝 芹曝 日曝 十曝 事曝 献曝
扬曝 自曝
秋阳曝 十日曝 一日曝
田夫献曝

模 mú 又音 mó 模子；

冲模 接模 木模 砂模 铜模 字模
钻模 铸模

母 mǔ ①养育。②母亲，妈妈，娘。③对女性长辈的称呼。④雌性的动植物。⑤事物所以产生出来的。⑥根源。

阿母 白母 贝母 伯母 布母 保母
宝母 抱母 鸨母 从母 出母 蚕母
慈母 大母 杜母 电母 嫡母 分母
父母 奉母 范母 佛母 傅母 公母
国母 鬼母 姑母 火母 后母 胡母
祸母 金母 家母 假母 寄母 酒母
教母 继母 酵母 舅母 坤母 吕母
老母 念母 奶母 离母 螺母 名母
母母 孟母 姆母 嫫母 魔母 骈母
漂母 亲母 钳母 妾母 綦母 如母
乳母 十母 水母 生母 圣母 世母
叔母 声母 食母 事母 师母 寿母
庶母 婶母 丧母 胜母 续母 太母
同母 文母 王母 为母 外母 晚母
先母 香母 喜母 贤母 元母 义母
云母 因母 异母 雨母 养母 岳母
尧母 妗母 姻母 姨母 韵母 左母
子母 丈母 主母 字母 竹母 知母
祖母 族母 诸母 瘴母
伯祖母 菩萨母 鼻韵母 兹颜母 欧获母
封鲊母 浮乙母 范谤母 高祖母 九子母
零声母 螺丝母 亲家母 声将母 叔祖母
外祖母 西王母 鲜酵母 倚门母 义父母
养父母 曾祖母
成功之母 重生父母 寿昌寻母 大写字母

范谤诀母 鹌吊陶母 拼音字母 手指字母
食依漂母 寿昌寻母 依闾假母 王烹云母
小写字母 希腊字母 贤妻良母 衣食父母
倚闾假母 再生父母 注音字母 知母贝母
自楚谏母 召父杜母 赵苞弃母 思归病母
升堂拜母 缄扇思母
孤犊触乳，骄子骂母/失败为成功之母/失败乃成功之母/失败者成功之母/失败乃成功之母/身体发肤受之父母/天下无不是的父母/千金荅漂母/

拇 mǔ 手脚的大指。

咸拇 就拇 履拇 骈拇
察其拇

姆 mǔ ①古代教妇道的教师。②保姆。③料理家务的女工。

保姆 褓姆 斗姆 傅姆 奶姆 媄姆
姆姆 欧姆 叔姆 天姆

牡 mǔ ①雄性兽类。②古代军阵名。③锁器的一部分。④丘陵。

白牡 辰牡 犉牡 大牡 肥牡 广牡
关牡 荐牡 两牡 门牡 牝牡 求牡
四牡 使牡 生牡 元牡 钥牡 玄牡
虚牡 骍牡
火之牡 丘陵牡
骊黄牝牡

亩 mǔ ①地积单位。②田埂。

百亩 长亩 地亩 公亩 开亩 南亩
陇亩 农亩 千亩 畎亩 市亩 田亩
乡亩 英亩 盈亩

姥 mǔ 又音 lǎo ①年老的妇人。②古代教妇德的女教师。

宝姥 保姥 慈姥 斗姥 东姥 段姥
负姥 公姥 酒姥 吕姥 裴姥 山姥
石姥 师姥 天姥 为姥 仙姥 倚姥
鹦姥
持扇姥 登天姥 骊山姥 余杭姥

木 mù ①木本植物的通称。②木料。③用木料制成的。④木本的。⑤麻木。⑥质朴。

爱木 白木 百木 板木 病木 尺木
丛木 沉木 材木 草木 春木 大木
电木 道木 断木 冻木 端木 独木
椴木 蠹木 恶木 方木 风木 发木
芳木 伐木 腐木 古木 甘木 拱木
果木 怪木 格木 槁木 滚木 棺木
灌木 火木 红木 花木 项木 坏木
黄木 桦木 金木 积木 惊木 就木
胶木 涧木 接木 嘉木 空木 桤木
坑木 刻木 枯木 牛木 林木 良木
浪木 楝木 楠木 檑木 名木 苗木
麻木 蟠木 乔木 秋木 曲木 奇木
若木 软木 瑞木 三木 生木 水木
书木 杉木 拾木 思木 松木 神木
苏木 沈木 散木 树木 寿木 杀木
霜木 土木 桃木 檀木 万木 午木
文木 五木 瓦木 鸟木 行木 仙木
秀木 朽木 削木 细木 修木 相木
醒木 云木 有木 运木 阳木 圆木
原木 榆木 硬木 柚木 寓木 茨木
瑶木 正木 朱木 竹木 直木 杂木
枕木 择木 砧木 贞木 枣木 置木
宰木 樟木 谤木
不灰木 不材木 不然木 百衲木 长生木
常春木 参天木 孤立木 诽谤木 合抱木
花桐木 流红木 黄连木 交穰木 惊堂木
鸡舌木 牛山木 拦道木 萝芙木 马醉木
摩天木 平衡木 千寻木 青葱木 虬松木
仁寿木 软硬木 天弦木 沙棠木 松贞木
声音木 三围木 桃花木 相思木 孝竹木
悬铃木 薪炭木 圆光木 阴沉木 猿抱木
八公草木 存鲁端木 大兴土木 丁兰刻木
甲乙属木 教猱升木 精卫衔木 良禽择木
屏营忧木 群蚁萃木 死灰槁木 声震林木
泰山梁木 行将就木 一草一木 移花接木
鞅予徙木 诽谤之木 三丈之木
出于幽谷，迁于乔木/无源水之，无本之木/一年之计，莫如种谷；十年之计，莫如种木/

沐 mù ①洗头，洗澡。②润泽。③整治。④米汁。

初沐 出沐 晨沐 宠沐 归沐 膏沐

骇沐 盥沐 露沐 沐沐 晒沐 起沐
如沐 三沐 汤沐 休沐 洗沐 熏沐
新沐 一沐 雨沐 栉沐 澡沐
风栉雨沐

霂 mù [霡霂]〈书〉小雨。

霡霂

目 mù ①眼睛。②看。③大项中再分小项。④以目示意。⑤孔眼。⑥名称。⑦标题。⑧目录。⑨条目。⑩头目。

案目 比目 本目 标目 闭目 表目
逼目 编目 饱目 壁目 赤目 齿目
常目 豺目 除目 刺目 侧目 驰目
瞠目 骋目 谄目 嗔目 触目 瞠目
瞋目 电目 动目 夺目 荡目 戴目
耳目 遏目 反目 凤目 凡目 夫目
放目 过目 刮目 观目 鬼目 纲目
瞽目 回目 环目 晖目 迥目 蒿目
还目 黄目 挥目 虎目 横目 焕目
慧目 豁目 节目 尽目 价目 金目
抉目 极目 即目 举目 剧目 绝目
惊目 开目 孔目 科目 课目 睽目
牛目 利目 狞目 栏目 老目 龙目
历目 留目 流目 朗目 努目 凝目
怒目 马目 名目 面目 迷目 明目
眊目 眉目 盲目 美目 码目 冥目
眇目 满目 眯目 螟目 瞑目 品目
篇目 曲目 全目 青目 亲目 群目
惬目 人目 螽目 入目 十目 四目
双目 书目 伤目 色目 送目 俗目
涉目 爽目 舜目 拭目 善目 嵩目
税目 铄目 瞬目 数目 鼠目 天目
头目 条目 突目 推目 兔目 停目
睇目 题目 腾目 网目 迕目 无目
心目 戏目 序目 显目 选目 炫目
泫目 细目 项目 限目 炫目 眩目
醒目 一目 远目 用目 悦目 养目
怡目 扬目 要目 眙目 遥目 逸目
晕目 娱目 鱼目 夜目 愉目 游目
音目 眼目 眙目 寓目 掩目 隅目
溢目 韵目 子目 仄目 在目 中目
众目 总目 拙目 注目 纵目 著目
指目 眝目 字目 属目 照目 张目
撑目 最目 驻目 转目 账目 账目
醉目 瞩目
垂青目 狗瘠目 和音目 横波目 灵长目
离朱目 莲花目 木晴目 千里目 秋水目
时极目 伤春目 送春目 无眉目 天涯目
他乡目 天下目 悬珠目 银海目 真面目
属耳目 知音目
不堪入目 本来面目 保留剧目 避人耳目
传统剧目 璀璨夺目 疮疾满目 刺眼射目
慈眉善目 大纲细目 道路以目 洞心骇目
光芒刺目 光彩炫目 光焰夺目 光彩夺目
光耀夺目 贯耳贱目 红得耀目 横眉怒目
惑人耳目 樻眉努目 骇心动目 豁人耳目
挥戈反目 樻眉反目 九泉瞑目 金光耀目
金刚怒目 金刚努目 举世瞩目 结舌瞠目
惊心夺目 惊世骇目 惊心触目 怒人耳目
历历在目 龙精于目 龙眉凤目 庐山面目
列列在目 琳琅满目 霓虹炫目 迷人眼目
巧立名目 泉下瞑目 雀屏中目 箝口侧目
攘臂嗔目 三年送目 伤心惨目 死不瞑目
适心悦目 散魂荡目 蛇头鼠目 疏眉朗目
赏心悦目 爽心悦目 辣魂骇目 伍胥抉目
伍员抉目 宛然在目 西施颦目 洗眉刷目
胥门抉目 显处视目 显达中目 亵人耳目
新亭举目 鲜艳夺目 悬门抉目 炫人耳目
一叶蔽目 一叶障目 一新耳目 引人注目
以耳代目 炫人耳目 娱心悦目 以娱心目
艳丽夺目 犹在心目 掩人耳目 游心寓目
鸢肩豺目 耀人夺目 政治面目 众所瞩目
助我张目 遮人耳目 獐头鼠目 麞头鼠目
白头深目 播糠眯目 五色乱目
熊罴眼直，恶人横目/不识庐山真面目/难得一人手，掩得天下目/

睦 mù ①周和。②和睦。

不睦 初睦 敦睦 和睦 恭睦 惊睦
辑睦 民睦 睦睦 亲睦 清睦 肃睦
始睦 信睦 相睦 修睦 友睦 雍睦
族睦
家里睦 潘阳睦
讲信修睦 上和下睦

牟 mù 又音 móu 地名用字。

顿牟 来牟 大牟 东牟

牧 mù ①放养牲口。②放牧的人。③牧场。④治民。

不牧 邦牧 杜牧 典牧 放牧 耕牧
歌牧 豢牧 九牧 井牧 君牧 驷牧
良牧 牛牧 农牧 轮牧 鸟牧 明牧
牧牧 颇牧 藩牧 群牧 樵牧 人牧
薮牧 少牧 司牧 私牧 神牧 水牧
善牧 畜牧 修牧 雨牧 岳牧 游牧
自牧 州牧 杂牧 舟牧 邹牧
金华牧 十二牧 司人牧
卑以自牧 毕称颇牧 东郭之牧 牧民放牧
卫青作牧 十羊九牧 赵翦颇牧

募 mù 广泛征求。

点募 鸟募 多募 购募 顾募 化募
损募 鸠募 开募 劝募 上募 赏募
宣募 选募 应募 勇募 夜募 占募
招募 征募

墓 mù ①埋死人的地方。②与墓相关的。

表墓 大墓 盗墓 坟墓 封墓 防墓
古墓 公墓 建墓 祭墓 旌墓 哭墓
庐墓 陵墓 丘墓 入墓 守墓 扫墓
誓墓 土墓 谈墓 题墓 墟墓 修墓
易墓 谀墓 茔墓 展墓
花下墓 烈士墓 五人墓 徐君墓 鸳鸯墓
真娘墓
踏青扫墓 自掘坟墓 徒不上墓
古无门匠墓/马王堆汉墓/

幕 mù ①帐幕。②垂挂的帘幕。③遮东西的帷幔。④“幕府”的简称。⑤戏剧中的段落。⑥覆盖。

布幕 闭幕 边幕 报幕 出幕 垂幕
侧幕 翠幕 大幕 毒幕 帝幕 弹幕
飞幕 分幕 俯幕 共幕 隔幕 花幕
黑幕 结幕 揭幕 锦幕 开幕 内幕
罗幕 络幕 莲幕 僚幕 暖幕 帘幕
落幕 兰幕 鸾幕 面幕 屏幕 启幕
青幕 铅幕 入幕 上幕 纱幕 天幕
同幕 铁幕 卫幕 帷幕 雾幕 小幕
序幕 雪幕 袖幕 新幕 绡幕 绣幕
谢幕 云幕 夜幕 扬幕 雨幕 银幕
游幕 烟幕 字幕 竹幕 找幕 战幕
帐幕 张幕 毡幕
敞云幕 放烟幕 芙蓉幕 青油幕 谁南幕
猩红幕 燕巢幕 张绣幕
景行莲幕 举袂成幕 燕巢于幕 燕巢危幕

暮 mù ①傍晚。②迟，晚。③喻指年老衰弱。

必暮 薄暮 迟暮 齿暮 辰暮 晨暮
垂暮 春暮 大暮 高暮 好暮 昏暮
江暮 及暮 年暮 临暮 昧暮 暮暮
迫暮 疲暮 穷暮 日暮 山暮 伤暮
岁暮 时暮 衰暮 天暮 投暮 颓暮
未暮 推暮 顽暮 晚暮 夕暮 一暮
云暮 易暮 雨暮 至暮 朝暮
歌来暮 空郊暮 来何暮 两陵暮 轻霞暮
桑榆暮 斜阳暮
美人迟暮 天寒岁暮
途穷日暮 途遥日暮 云朝雨暮 朝暮岁暮
朝朝暮暮

慕 mù ①羡慕。②思念。

哀慕 爱慕 悲慕 崇慕 愁慕 诚慕
遏慕 浮慕 归慕 顾慕 感慕 欢慕
怀慕 久慕 敬慕 景慕 眷慕 渴慕
恋慕 企慕 倦慕 窃慕 倾慕 翘慕
如慕 孺慕 思慕 绍慕 耸慕 搉慕
叹慕 贪慕 望慕 无慕 畏慕 向慕
相慕 钦慕 羡慕 永慕 远慕 忻慕
余慕 有慕 仰慕 蚁慕 悦慕 怨慕
追慕 注慕 轸慕 詹慕 尊慕 瞻慕
不足慕 那达慕 天下慕 往如慕 一国慕
婴儿慕
善行可慕 终天之慕

穆 mù ①严肃。②温和。③恭敬。④淳和。⑤美好。

不穆 白穆 敦穆 次穆 化穆 红穆
和穆 具穆 静穆 辑穆 穆穆 七穆
轻穆 清穆 群穆 如穆 肃穆 汤穆
为穆 于穆 沃穆 洳穆 物穆 婉穆

熙穆　玉穆　友穆　郁穆　怡穆　悦穆
渊穆　雍穆　雕穆　庄穆　昭穆
碎车道穆　浚汨武穆　落落穆穆　深深肃穆
泽奇武穆

夫　fū　又音 fú　①古代男子的通称。②丈夫。③从事体力劳动的人。④被征调服劳役的人。

爱夫　敌夫　阍夫　百夫　病夫　鄙夫
薄夫　车夫　村夫　谄夫　孱夫　船夫
春夫　丁夫　大夫　达夫　递夫　担夫
遁夫　独夫　堕夫　黛夫　饿夫　凡夫
非夫　贩夫　工夫　丐夫　扛夫　更夫
功夫　故夫　姑夫　耕夫　寡夫　灌夫
鳏夫　火夫　后夫　伙夫　巷夫　虎夫
悍夫　褐夫　系夫　奸夫　金夫　肩夫
姐夫　郡夫　脚夫　矿夫　旷夫　狂夫
女夫　老夫　拉夫　戾夫　农夫　良夫
泷夫　烈夫　驴夫　懦夫　骡夫　门夫
马夫　民夫　命夫　牧夫　妹夫　谋夫
仆夫　匹夫　姘夫　千夫　怯夫　浅夫
香夫　前夫　纤夫　妻夫　情夫　樵夫
潜夫　人夫　儿夫　土夫　矢夫　俗夫
私夫　丧夫　啬夫　事夫　穑夫　膳夫
田夫　挑夫　贪夫　屠夫　亡夫　万夫
无夫　文夫　武夫　望夫　顽夫　小夫
行夫　玄夫　孝夫　贤夫　雄夫　一夫
元夫　义夫　迂夫　远夫　园夫　余夫
邮夫　夜夫　役夫　野夫　淫夫　姨夫
驿夫　勇夫　渔夫　庸夫　慵夫　愚夫
丈夫　作夫　壮夫　拙夫　征夫　准夫
斋夫　哲夫　贞夫　宰夫　姊夫　棹夫
独夫
不丈夫　抱关夫　莽大夫　嬖大夫　搬运夫
抽工夫　司女夫　吃功夫　大丈夫　敌万夫
官大夫　贱丈夫　接脚夫　女丈夫　没功夫
落魄夫　美女夫　卖工夫　磨工夫　清道夫
纤挽夫　卿大夫　士大夫　石望夫　未婚夫
伟丈夫　五大夫　问樵夫　下工夫　下功夫
小丈夫　闲工夫　用工夫　中丈夫　周亚夫
抓工夫　逐臭夫　松大夫
床上功夫　残贼一夫　草野之夫　盗玉大夫
谷口耕夫　覆舟尧夫　负主秀夫　纠纠武夫
窥御激夫　女中丈夫　罗敷有夫　闽越樵夫
民贼独夫　骂座灌夫　妻不识夫　肉眼凡夫
松号大夫　松封大夫　水磨工夫　亡国大夫
梧邱农夫　西山饿夫　相女配夫　一介武夫
怨女旷夫　御史大夫　聂悯田夫　逐臭之夫
缁衣大夫　松封大夫　三闾大夫　眇小丈夫
拔围出夫

财上分明大丈夫/得来全不费功夫/恨小非君子，无毒不丈夫/酒中不语真君子，财上分明大丈夫/男子汉大丈夫/宁管千军，莫管一夫/美女终须累其夫/婆媳两人守寡，没公（工）夫/踏破铁鞋无觅处，得来全不费工夫/无毒不丈夫/量小非君子，无毒不大丈夫/刑不上大夫/仙人无妇，玉女无夫/一女不嫁二夫/晏子的车夫/有恩不报非君子，有仇不报非丈夫/重赏之下必有勇夫/孟姜女寻夫/

肤　fū　①皮肤。②肥美。③浅薄。④大。

冰肤　剥肤　地肤　丰肤　芳肤　发肤
附肤　肤肤　割肤　花肤　金肤　肌肤
鸡肤　裂肤　镂肤　凝肤　铭肤　至肤
皮肤　切肤　身肤　硕肤　噬肤　体肤
完肤　雪肤　玉肤
粟生肤　无完肤　玉为肤　滋发肤
堕脂裂肤　身无完肤　体无完肤　偃旗裂肤
自愧字肤　身体发肤

𫓧　fū　铡刀。

刀𫓧　金𫓧　窃𫓧　亡𫓧　王𫓧　锡𫓧
疑人窃𫓧

麸　fū　小麦磨面过筛后剩下的皮。

甘麸　金麸　烤麸　麦麸

趺　fū　①同“跗”脚背。②碑下的石座。③足迹。

宝趺　莺趺　龟趺　花趺　金趺　跏趺
僧趺　璇趺　石趺
白玉趺　编龟趺　红翠趺　嵌石趺

跗　fū　脚背。

旗跗　蛇跗　俞跗　足跗　胫跗
错宝跗

稃 fū 小麦等植物的花外面的硬壳。

内稃 外稃

敷 fū ①施予。②涂擦。③铺陈。④布置。⑤足够。⑥铺叙。

不敷 笔敷 播敷 春敷 诞敷 纷敷
光敷 弘敷 宏敷 横敷 敬敷 冷敷
罗敷 面敷 平敷 秋敷 热敷 式敷
外敷 星敷 谢敷 遐敷 云敷 永敷
阴敷
德化敷 粉匀敷 琼林敷 瑞色敷 五教敷
夏阴敷 枝叶敷

夫 fú 又音 fū ①文言发语词。②文言助词。

若夫
人尽可夫
逝者如斯夫/

芙 fú ①落叶灌木，花有红、白等色。②荷花的别称。

红芙 灵芙 晚芙 芝芙

扶 fú ①帮助。②扶持。③古代女子肃拜的姿势。④倚仗。⑤护送。

不扶 帮扶 挡扶 搀扶 搭扶 颠扶
东扶 共扶 加扶 将扶 匡扶 力扶
七扶 挈扶 倾扶 亲扶 人扶 如扶
抟扶 收扶 提扶 五扶 挽扶 相扶
协扶 翼扶 自扶 杖扶
春风扶 红袖扶 倩谁扶 任人扶 侍儿扶
影相扶 翼控扶 竹枝扶
大厦将倾，一木难扶/ 凶吉相救，患难相扶/

蚨 fú 传说中的虫名，古代是铜钱的别名。

飞蚨 花蚨
妻试踏青蚨/

弗 fú ①不。②除灾求福。

弗弗 黜弗 翟弗 劳弗 荒弗 肯弗
构弗 积弗 亲弗 田弗 乙弗 夷弗
舍利弗

佛 fú 又音 fó ［仿佛］ ①好像。②类似。

仿佛

茀 fú 道路上草多，不便行走。

道茀 翟茀 芬茀 茀茀 咇茀 积茀
荒茀 吣茀 田茀 簟茀 茀茀 婴茀

拂 fú ①违背。②拂拭。③甩动。④掸去。

秉拂 拨拂 飙拂 吹拂 除拂 低拂
风拂 霏拂 拂拂 粉拂 鬓拂 风拂
花拂 挥拂 巾拂 娇拂 剪拂 内拂
弄拂 乱拂 柳拂 飘拂 轻拂 手拂
双拂 水拂 扫拂 拭拂 提拂 天拂
无拂 违拂 勿拂 小拂 一拂 右拂
云拂 郁拂 艳拂 莹拂 蝇拂 再拂
竹拂 自拂 振拂 醉拂 照拂 飐拂
垂杨拂 春风拂 帆影拂 红袖拂 舞衣拂
白云飘拂 参差披拂 春风轻拂 清风轻拂

怫 fú 忧郁或愤怒的样子。

不怫 郁怫

绋 fú 大绳。

执绋

伏 fú ①俯伏。②隐藏。③屈服。④伏日。⑤电压单位。⑥孵卵。⑦伏天。

不伏 波伏 拜伏 才伏 出伏 沉伏
初伏 赤伏 摧伏 黜伏 雌伏 顿伏
独伏 倒伏 蹲伏 二伏 蛾伏 飞伏
发伏 伏伏 扶伏 俯伏 归伏 庚伏
跪伏 火伏 虎伏 交伏 见伏 金伏
惊伏 奸伏 狙伏 截伏 戢伏 奸伏
款伏 六伏 龙伏 理伏 匿伏 末伏
埋伏 明伏 趴伏 薄伏 匐伏 气伏
起伏 屈伏 跧伏 慹伏 栖伏 潜伏
蜷伏 入伏 弭伏 三伏 四伏 收伏
设伏 始伏 鼠伏 数伏 头伏 体伏
叹伏 逃伏 兔伏 调伏 五伏 畏伏
武伏 蔚伏 心伏 玄伏 昫伏 驯伏
歇伏 夏伏 降伏 压伏 迎伏 蚁伏
妪伏 倚伏 阴伏 鱼伏 湮伏 慑伏
中伏 坻伏 终伏 醉伏 罪伏 制伏
蛰伏 詟伏 擿伏 潛伏

打埋伏　嘉言伏　良臣伏　同人伏　忘三伏
不甘雌伏　波状起伏　波澜起伏　此起彼伏
发奸擿伏　高低起伏　高原起伏　海波起伏
狐凭鼠伏　鸿隐凤伏　蠖屈鼠伏　胯下蒲伏
龙跳虎伏　龙蟠虎伏　连绵起伏　破奸发伏
擒奸擿伏　十面埋伏　杀机四伏　思潮起伏
擿奸发伏　危机四伏　膝行蒲伏
祸福所倚，福兮所伏/

洑 fú　又音 fù　水流回旋的样子。

洄洑　湍洑　洞洑　湖洑

袱 fú　包裹覆盖用的布单。

包袱
背包袱　抖包袱　放包袱　甩包袱　卸包袱

凫 fú　①水鸟。②泅。

春凫　晨凫　翠凫　飞凫　归凫　化凫
海凫　江凫　金凫　锦凫　惊凫　履凫
秋凫　轻凫　双凫　沙凫　宿凫　舒凫
王凫　小凫　仙凫　舄凫　戏凫　弋凫
浴凫　鱼凫　野凫
叶县凫　郏县凫　县令凫　舄化凫
单鹄寡凫　断鹤续凫　寡鹄单凫

罘 fú　①捕兔网。②捕鸟的网。

解罘　置罘　之罘　芝罘　帐罘

孚 fú　①信用。②信服。③浮露。

成孚　诞孚　广孚　感孚　惠孚　交孚
简孚　夙孚　信孚　永孚　有孚　远孚
中孚　作孚
不戒孚　豚鱼孚　一德孚　已日孚
好梦罗孚　蜡履阮孚　意气不孚

俘 fú　①俘虏。②擒获。

百俘　被俘　多俘　反俘　还俘　获俘
遣俘　生俘　伤俘　受俘　献俘　押俘
纵俘　陈俘　战俘

郛 fú　古代城外围的大城。

环郛　近郛　郡郛　郊郛　空郛　罗郛
入郛
海中郛　众说郛

莩 fú　又音 piǎo　芦苇秆里的薄膜。

撇莩　葭莩　芦莩　琼莩　柔莩

浮 fú　①表面的。②暂时的。③浮躁。④空虚。⑤超过。⑥游泳。⑦漂。

杯浮　碧浮　川浮　尘浮　沉浮　粗浮
纷浮　浮浮　光浮　归浮　花浮　儇浮
镜浮　夸浮　罗浮　岚浮　浪浮　莲浮
名浮　鸥浮　泡浮　拍浮　萍浮　漂浮
飘浮　气浮　轻浮　日浮　生浮　水浮
色浮　天浮　心浮　香浮　悬浮　虚浮
谖浮　嚣浮　云浮　意浮　影浮　朱浮
舟浮　竹浮
白云浮　采鹭浮　春色浮　翠黛浮　桂香浮
滚龙浮　汉星浮　花影浮　画舫浮　荇菜浮
剑光浮　剑虹浮　落叶浮　震华浮　乾坤浮
水天浮　水纹浮　水精浮　月影浮　月暗浮
羽觞浮　紫翠浮
丹灶烟浮　随地沉浮　世事沉浮　随俗沉浮
一生拍浮　与世沉浮　雨雪浮浮　好梦罗浮

桴 fú　①房栋。②小筏子。③鼓槌。

编桴　贲桴　桧桴　寄桴　鸡桴　楝桴
乘桴　投桴　玉桴　夜桴　援桴　扬桴
重桴　沉桴
济川桴

罦 fú　古时捕鸟的网。

决罦　离罦　置罦　兔罦

蜉 fú　一种昆虫，幼虫生在水中。

蚍蜉

苻 fú　同“莩”。

萑苻　秦苻

符 fú　①传达命令或调兵的凭证。②记号，标志。③符合。④符节。

不符　兵符　赤符　昌符　藏符　地符
德符　分符　焚符　官符　圭符　轨符
合符　汉符　护符　画符　茌符　虎符

缓符　吉符　节符　金符　郡符　刻符
灵符　剖符　佩符　窃符　日符　睿符
示符　守符　声符　神符　蛇符　天符
同符　桃符　铜符　万符　伍符　武符
握符　相符　信符　星符　训符　祥符
元符　玉符　远符　应符　阴符　印符
音符　意符　银符　援符　左符　字符
真符　祯符　萑符
赤伏符　赤鸟符　大白符　读阴符　盗兵符
鬼画符　护官符　护身符　六壬符　六癸符
冷痴符　辟蝗符　欲鼠符　驱鬼符　太守符
太平符　太公符　调水符　王母符　休止符
郁垒符　玉麟符　隐身符　竹叶符　竹使符
鬼画桃符　简练阴符　名实相符　无长掷符
言语相符　言行相符

服　fú　又音 fù　①衣服。②穿（衣服）。③承担。④服从。⑤习惯。⑥吃（药）。⑦适应。

艾服　不服　布服　百服　卑服　便服
毕服　补服　奔服　拜服　宾服　被服
车服　采服　初服　赤服　冲服　常服
除服　成服　臣服　持服　草服　朝服
春服　粗服　诚服　鹓服　彩服　夺服
冬服　惮服　甸服　伐服　抚服　法服
反服　古服　公服　弓服　归服　功服
衮服　缟服　冠服　感服　后服　怀服
华服　和服　汉服　咸服　虎服　荒服
毁服　骇服　九服　加服　江服　佳服
其服　均服　军服　衿服　具服　洁服
敬服　戛服　姣服　极服　秸服　矩服
期服　惊服　畿服　爵服　口服　克服
愧服　款服　六服　内服　礼服　男服
南服　丽服　芦服　蛮服　靓服　黎服
民服　命服　美服　满服　冕服　平服
皮服　品服　蒲服　佩服　捧服　犬服
齐服　囚服　奇服　屈服　窃服　钦服
诎服　戎服　柔服　儒服　上服　守服
收服　耸服　时服　声服　丧服　受服
帅服　说服　首服　税服　顺服　舒服
素服　嗣服　率服　慑服　殊服　署服
盛服　释服　天服　同服　叹服　吞服
推服　套服　帖服　无服　五服　外服
伪服　委服　畏服　武服　我服　微服
心服　西服　形服　凶服　协服　信服
祛服　驯服　孝服　降服　校服　象服
锡服　绚服　鲜服　绣服　亵服　一服
元服　压服　厌服　引服　衣服　易服
羽服　有服　仪服　阴服　仰服　悦服
要服　异服　禹服　雅服　野服　洋服
艳服　鱼服　舆服　谳服　檐服　中服
自服　折服　杂服　祖服　征服　制服
着服　奢服　紫服　章服　赞服　镇服
鹓服
不舒服　吃不服　大礼服　登山服　工作服
挂朝服　老莱服　山龙服　五拜服　隐居服
燕尾服
白龙鱼服　白龙改服　白龙微服　白衣素服
粗衣布服　葛巾野服　何晏妇服　华冠丽服
给养被服　口服心服　令人折服　柳卿变服
茂弘练服　奇装异服　儒者之服　水土不服
商安鹓服　隋文昔服　心悦诚服　心服口服
永不屈服　虾须修服　虞诩易服　弓调马服
乱头粗服
口服心不服/兄弟如手足，妻子如衣服/兄弟如手脚，夫妻如衣服/周人好姣服/

菔　fú　萝卜。

芦菔　萝菔　莱菔　檐菔
沙芦菔

箙　fú　古代装箭的器具。

雕箙　鞬箙　弩箙　天箙　矢箙　击箙
竹箙

绂　fú　古代系印章或佩玉用的丝带。

赤绂　绣绂　朱绂　簪绂

韨　fú　古代朝见或祭祀时穿的一种服饰。

赤韨　印韨　缊韨　朱韨　制韨　章韨

祓　fú　古代迷信习俗，用斋戒沐浴等方式来消灾求福。

祇祓　湔祓　嘉祓　祈祓　清祓　禊祓
薰祓　斋祓　澡祓

黻 fú ①古代礼服上绣的半黑的花纹。②系印的丝带。

丹黻 黻黻 圭黻 衮黻 华黻 龙黻
投黻 印黻 绣黻 朱黻

匐 fú ［匍匐］爬，手足并行。

颠匐 匍匐
邯郸匍匐

幅 fú ①布、呢、绒的宽度。②边缘。③量词。

百幅 半幅 边幅 播幅 长幅 单幅
短幅 方幅 怀幅 画幅 横幅 巾幅
巨幅 检幅 降幅 锦幅 六幅 累幅
满幅 篇幅 全幅 前幅 四幅 双幅
升幅 素幅 条幅 脱幅 调幅 邪幅
修幅 烟幅 盈幅 正幅 字幅 振幅
增幅 载幅 涨幅
大舆幅 画裙幅 十三幅 三四幅 三十幅
生半幅
不修边幅 修饰边幅
成大事者，不修边幅/

辐 fú 联结车辋和车毂的直条。

车辐 轮辐 千辐 楺辐 说辐 天辐
脱辐 无辐 员辐 折辐

福 fú ①古人认为富贵寿考等齐备为福。②保佑。③幸福

百福 昌福 赐福 大福 多福 祷福
恩福 发福 福福 光福 后福 洪福
祸福 鸿福 介福 吉福 极福 降福
景福 家福 嘉福 戳福 口福 纳福
俪福 冥福 谋福 千福 全福 求福
祈福 祺福 清福 失福 受福 身福
寿福 生福 私福 顺福 神福 授福
速福 天福 同福 托福 讫福 万福
五福 威福 享福 惜福 幸福 新福
遐福 永福 余福 要福 院福 饮福
有福 迎福 眼福 祐福 艳福 作福
折福 追福 祝福 祉福 致福 造福
罪福 提福 增福 威福
饱耳福 饱眼福 家乐福 全家福 受以福
天下福 贪口福 享清福
避祸就福 大饱眼福 番番是福 箕陈五福
难分祸福 齐天洪福 惜福积福 如天之福
寒翁祸福 一饱眼福 因祸得福 庸人多福
自求多福 作威作福 转祸为福
笨人有笨福/白璧不可为，容容多后福/大难不死，必有后福/积善之家，有余福/吕向连绵书百“福”/欺人是祸，饶人是福/儿孙自有儿孙福/人欺不是辱，人怕不是福/人在福中不知福/身在福中不知福/塞翁失马，安知非福/塞翁失马，焉知非福/天有不测风云，人有旦夕祸福/庸人多厚福/

蝠 fú ［蝙蝠］哺乳动物，头和身体的样子像老鼠。

蝙蝠
张果蝙蝠

父 fǔ 又音 fù 老年人。

田父 渔父

斧 fǔ ①砍物的工具。②古代的一种兵器。③用斧砍。

宝斧 板斧 长斧 赤斧 持斧 刀斧
方斧 扶斧 关斧 鬼斧 荷斧 挥斧
斤斧 巨斧 金斧 劲斧 快斧 利斧
砺斧 雷斧 眉斧 破斧 樵斧 窃斧
神斧 授斧 投斧 螳斧 螗斧 寻斧
绣斧 玉斧 月斧 运斧 有斧 腰斧
钺斧 郢斧 齐斧 椎斧 椹斧 棋斧
资斧 藻斧
长柯斧 电如斧 伐性斧 太平斧 修月斧
修日斧 因买斧 斫桂斧 祖师斧
班门弄斧 暴胜持斧 大马阔斧 东征破斧
伐性之斧 李傅晶斧 螳螂劲斧 神工鬼斧
提刀弄斧 郢人运斧
鲁班门前弄大斧/鲁班门前耍大斧/

釜 fǔ ①古炊器。②古代量器名称。

翠釜 夺釜 鼎釜 负釜 覆釜 镀釜
戛釜 栎釜 漏釜 平釜 破釜 锜釜
三釜 石釜 土釜 铜釜 为釜 瓦釜
洗釜 悬釜 玉釜 鱼釜 造釜 执釜
钟釜 甑釜 栎釜
裹以釜 虹饮釜 加压釜 饴沃釜 鱼游釜

莱无釜
焚舟破釜　沉舟破釜　尘鱼甑釜　以饴沃釜
漏瓮沃釜
臼中无焦釜/

甫 fǔ ①古代对男子的美称。②刚才。③开始。④大。

杜甫　甫甫　皇甫　交甫　吉甫　名甫
某甫　申甫　神甫　台甫　新甫　众甫
忠甫　章甫
王介甫　王夷甫　仲山甫
充隐皇甫　能诗杜甫　尊姓台甫

辅 fǔ ①车轮上的两条直木。②帮助。③官名。④辅骨。

比辅　毗辅　弼辅　车辅　鼎辅　防辅
公辅　关辅　京辅　近辅　夹辅　颊辅
谏辅　几辅　畿辅　口辅　龙辅　留辅
良辅　禅辅　强辅　戚辅　二辅　三辅
四辅　首辅　师辅　台辅　咸辅　相辅
贤辅　义辅　右辅　靥辅　诩辅　自辅
支辅　召辅　作辅　宰辅　镇辅
车依辅　公室辅　明哲辅　弃尔辅　伊吕辅
元凯辅
扣缳道辅

脯 fǔ 又音 pú ①肉干。②果脯。

蚌脯　翠脯　果脯　火脯　酒脯　鹿脯
麟脯　擘脯　肉脯　市脯　笋脯　受脯
束脯　笱脯　设脯　桃脯　兔脯　杏脯
削脯　修脯　膳脯　脂脯
牛作脯　龙根脯　山羊脯　桑皮脯　药脂脯

簠 fǔ 古代祭祀时盛粮食的器具。

四簠　竹簠
梁以簠

黼 fǔ 古代礼服上饰以半白半黑的花纹。

禅黼　负黼　衮黼　画黼　绡黼　绣黼
依黼

抚 fǔ ①保护。②抚摩。③用手轻轻按。④慰问。⑤安抚。

安抚　爱抚　出抚　仓抚　存抚　城抚
大抚　独抚　督抚　公抚　故抚　归抚
和抚　旧抚　将抚　教抚　内抚　乐抚
怜抚　摩抚　幕抚　仁抚　手抚　少抚
书抚　私抚　水抚　思抚　设抚　诗抚
天抚　王抚　文抚　外抚　慰抚　绥抚
学抚　仙抚　宣抚　巡抚　循抚　雄抚
一抚　远抚　优抚　召抚　招抚　制抚
镇抚
君其抚　清弦抚　琴晚抚

拊 fǔ ①抚摸。②拍。③安抚。

承拊　棰拊　击拊　摩拊　搏拊　伛拊
执拊
两手拊　髀空拊

府 fǔ ①储藏文书或财物的地方。②大官办公或居住的地方。③人物聚集之处。④官署的通称。⑤对别人住宅的尊称。

安府　爱府　案府　奥府　北府　兵府
柏府　霸府　长府　出府　存府　册府
成府　策府　城府　大府　丹府　地府
都府　洞府　恩府　法府　公府　故府
宫府　官府　贵府　回府　何府　怀府
花府　厚府　阃府　记府　军府　家府
酒府　绛府　开府　六府　内府　两府
灵府　鸟府　南府　莲府　蜂府　蛮府
明府　冥府　秘府　幕府　谋府　盟府
泉府　二府　柔府　少府　水府　书府
色府　首府　守府　诗府　枢府　顺府
天府　通府　潭府　王府　外府　委府
心府　仙府　玄府　西府　学府　巡府
相府　雄府　玉府　义府　乐府　艺府
月府　阴府　怨府　招府　造府　政府
尊府　紫府　镇府　藏府　乌府
东山府　登天府　芙蓉府　古乐府　鬼神府
汉乐府　蛟龙府　礼乐府　秋官府　群玉府
清虚府　三公府　神明府　太常府　图书府
仙候府　庾开府　芸香府　元帅府　真人府
不设城府　柏台乌府　打道回府　敌伪政府
过渡政府　合法政府　看守政府　联合政府
沁人肺府　泛莲幕府　清虚洞府　秦孝灵府
人民政府　图书之府　二恕成府　文宗学府
笑中义府　胸有城府　胸无城府　阴曹地府
最高学府　东西二府

孙悟空闹地府/有钱的是财主，有势的是官府/

俯

fǔ ①屈身向下。②称对方行动的敬辞。

卑俯 拜俯 进俯 仰俯 容俯

腑

fǔ 脏腑

肺腑 肝腑 襟腑 六腑 蚀腑 心腑
绣腑 脏腑
荡人心腑 感人肺腑 铭诸肺腑 沁人肺腑
深铭肺腑 痛切肺腑 五脏六腑

腐

fǔ ①朽烂。②臭。③腐烂的物体。④豆腐。⑤宫刑。

不腐 北腐 败腐 尘腐 陈腐 臭腐
唇腐 豆腐 伐腐 防腐 槁腐 红腐
积腐 老腐 粟腐 木腐 气腐 乳腐
酸腐 台腐 吞腐 朽腐 熏腐 迂腐
庸腐
吃豆腐 仓谷腐 臭豆腐 冻豆腐 酱豆腐
南豆腐 老豆腐 米豆腐 磨豆腐 脾半腐
摧枯折腐 流水不腐 麻婆豆腐 推枯折腐
蚁羶鼠腐
关门卖豆腐/性急吃不了热豆腐/张豆腐，李豆腐，一夜思量千百计，明朝依旧卖豆腐/

父

fù 又音 fǔ ①父亲，爸爸。②对男性长辈的通称。③旧时男子之美称。

阿父 伯父 豳父 从父 出父 伧父
策父 巢父 大父 杜父 电父 嫡父
粉父 傅父 于父 弓父 共父 桂父
国父 姑父 耕父 后父 宏父 交父
季父 君父 举父 教父 将父 寄父
家父 继父 假父 舅父 嘉父 玃父
孔父 夸父 乃父 内父 尼父 老父
农父 能父 梁父 名父 苗父 庆父
妻父 圻父 祈父 樵父 二父 任父
壤父 若父 山父 石父 生父 圣父
尚父 师父 叔父 世父 丧父 俗父
事父 粉父 似父 神父 弑父 天父
同父 五父 为父 外父 王父 晚父
先父 行父 宣父 显父 贤父 溪父
雄父 义父 亚父 有父 异父 严父
野父 岳父 养父 雍父 姨父 猿父
鹦父 中父 正父 子父 作父 召父
主父 促父 造父 证父 壤父 犹父
重父 曾父 祖父 族父 尊父 诸父
不知父 保君父 称圣父 大王父 父之父
积善父 家风父 老师父 觅句父 十阿父
庭训父 天下父 他人父 外大父 外祖父
位过父 拥书父 越石父 作室父 曾祖父
瞻望父
君山老父 刽子贡父 令孜称父 认贼作父
缇萦救父 弃杖夸父 象林桂父 武陵渔父
杖策夸父 忠寄伟父
一日为师，终生为父/一日为师，终身为父/知子莫如父/知臣莫若君，知子莫若父/择子莫如父/

讣

fù 报丧或报丧的信。

奔讣 凶讣 远讣

赴

fù ①前往。②到达。③奔走以从事。④投入。

不赴 奔赴 从赴 长赴 出赴 驰赴
电赴 蛾赴 分赴 归赴 赶赴 解赴
救赴 惊赴 开赴 临赴 鸟赴 齐赴
潛赴 投赴 往赴 心赴 遐赴 一赴
云赴 应赴 夜赴 走赴 争赴 总赴
百川赴 应响赴
全力以赴

付

fù ①授予。②交给。③支付。④同“副”。

并付 拨付 长付 唱付 偿付 对付
兑付 独付 垫付 分付 发付 过付
割付 划付 几付 交付 讲付 给付
寄付 缴付 密付 轻付 手付 申付
天付 托付 停付 委付 心付 相付
选付 应付 鱼付 预付 遥付 支付
竹付 指付 照付 嘱付
两手付

附

fù ①另外加上。②靠近。③捎带。④依附。⑤归附。⑥附带。

阿附 不附 白附 比附 谄附 党附
肺附 归附 和附 怀附 欢附 皆附
款附 内附 鲵附 黏附 末附 明附
朋附 凭附 攀附 趋附 亲附 前附

新附 入附 私附 颂附 疏附 徒附
讬附 托附 涂附 听附 畏附 外附
望附 小附 吸附 相附 胥附 香附
降附 咸附 谐附 义附 云附 阴附
影附 依附 荫附 蚁附 豫附 蛾附
再附 枝附 忠附 最附 招附
得所附 明党附 闲田附
蛇盘鬼附
皮之不存，毛将焉附/

鲋 fù 古代指鲫鱼。

涸鲋 井鲋 枯鲋 美鲋 三鲋 射鲋
辙鲋
涸辙鲋 苏涸鲋
涸泽之鲋 涸辙之鲋 辙中有鲋

负 fù ①背。②仗恃。③遭受。④违背。⑤抱持。⑥赔偿。⑦亏欠。⑧失败。

阿负 抱负 逋负 背负 多负 担负
负负 告负 孤负 辜负 荷负 肩负
矜负 亏负 愧负 民负 捧负 连负
欺负 欠负 券负 愆负 襁负 人负
任负 身负 胜负 鼠负 驼负 驮负
蚊负 心负 有负 正负 自负 重负
载负 偿负
弗克负 释重负
不分胜负 海涵地负 决一胜负 千钧重负
穷涸自负 如释重负 文责自负

妇 fù ①妇女。②已结婚的女子。③女性的通称。④儿媳。⑤妻子。⑥柔美娴雅的样子。

别妇 嫔妇 产妇 丑妇 村妇 蚕妇
倡妇 娼妇 春妇 大妇 刁妇 弟妇
妒妇 娣妇 荡妇 嫡妇 夫妇 妇妇
冯妇 贩妇 贵妇 寡妇 悍妇 介妇
节妇 奸妇 洁妇 佳妇 杞妇 荆妇
家妇 健妇 鸠妇 良妇 来妇 莱妇
俚妇 邻妇 姒妇 烈妇 螫妇 懒妇
命妇 美妇 谋妇 匹妇 仆妇 冯妇
否妇 怕妇 姘妇 泼妇 巧妇 去妇
取妇 齐妇 妾妇 妻妇 情妇 人妇
阮妇 妊妇 蓐妇 少妇 世妇 思妇
索妇 骚妇 鼠妇 孀妇 外妇 小妇
戏妇 孝妇 贤妇 新妇 媳妇 幼妇
孕妇 鱼妇 淫妇 野妇 怨妇 愚妇
艳妇 子妇 长妇 主妇 侄妇 宗妇
贞妇 织妇 晳妇 诸妇
长干妇 长舌妇 采桑妇 荡子妇 东窗妇
花媳妇 悍虎妇 机中妇 节孝妇 箕帚妇
金谷妇 鸠逐妇 刘伶妇 亮妻妇 马郎妇
命含妇 取贤妇 娶媳妇 青楼妇 儿媳妇
孙媳妇 善射妇 商人妇 无私妇 小媳妇
贤室妇 新夫妇 效颦妇 养媳妇 侄媳妇
糟糠妇
怀清巴妇 促君有妇 东海孝妇 道见桑妇
黄昌获妇 高却献妇 孤儿寡妇 偶以夫妇
河伯娶妇 黄绢幼妇 虎化美妇 介妇家妇
骂婢出妇 卖儿帖妇 匹夫匹妇 破墙得妇
牵丝娶妇 三日新妇 桃夭新妇 荀粲熨妇
下马冯妇 一做冯妇 又作冯妇 饮醇近妇
愚夫愚妇 再作冯妇 重作冯妇

阜 fù ①土山。②盛。③肥硕。④强健。

苍阜 财阜 大阜 高阜 国阜 孔阜
内阜 林阜 陆阜 民阜 曲阜 邱阜
如阜 山阜 生阜 沙阜 岁阜 俗阜
土阜 物阜 冈阜 香阜 殷阜 众阜
钟阜 孳阜
民康物阜 民熙物阜 物殷俗阜 魏明惮阜

复 fù ①恢复。②重复。③报复。④许多的。⑤回答。⑥转过去。

不复 必复 报复 剥复 持复 重复
产复 赐复 大复 单复 答复 敦复
反复 奉复 复复 繁复 光复 归复
规复 顾复 回复 函复 恢复 迥复
径复 将复 就复 给复 兼复 开复
克复 匡复 空复 康复 克复 凯复
来复 迷复 平复 批复 评复 迁复
起复 请复 葺复 三复 水复 收复
思复 苏复 往复 神复 孰复 岫复
谁复 同复 体复 陶复 万复 无复
为复 往复 忘复 小复 习复 兴复
修复 循复 霞复 研复 医复 阳复
遇复 知复 灾复 终复 谆复
不可复 七昧复

打击报复 低回往复 反反复复 韩仇良复
交替往复 挟嫌报复 姜桂敦复 三番四复
山重水复 万劫不复 卧云师复 循环反复
循环往复 一反一复 一阳来复 语句重复

腹 fù ①肚腹。②厚。③抱在怀中。④中心部位。

八腹 白腹 病腹 抱腹 充腹 肠腹
痴腹 枵腹 大腹 方腹 丰腹 负腹
饭腹 果腹 鼓腹 画腹 海腹 江腹
肌腹 俭腹 口腹 叩腹 空腹 刳腹
龙腹 裂腹 量腹 馁腹 扪腹 满腹
梦腹 袜腹 摩腹 平腹 便腹 披腹
破腹 剖腹 捧腹 气腹 切腹 热腹
燃腹 实腹 笥腹 诗腹 晒腹 缩腹
坦腹 胃腹 慰腹 小腹 心腹 愕腹
虚腹 胸腹 严腹 有腹 鱼腹 韵腹
遗腹 牙腹 鰋腹 在腹 左腹
不负腹 便便腹 春生腹 将军腹 枯树腹
琅琊腹 彭亨腹 三茅腹 石人腹 松生腹
诗人腹 贪口腹 五经腹 小人腹 贮书腹
不及马腹 愁绪满腹 含哺鼓腹 君子之腹
经论满腹 精神满腹 牢骚满腹 隆贪晒腹
令人捧腹 蜜口剑腹 便便大腹 攘肌及腹
食不果腹 推心置腹 弯腰捧腹 孝先便腹
葬身鱼腹 东床坦腹 谏而剖腹
鞭长不及马腹/肉脯可充腹/虽鞭之长，不及马腹/以小人之心，度君子之腹/七月七日暴腹/

蝮 fù 蛇名。

毒蝮 虺蝮

覆 fù ①翻转。②遮盖。③颠覆。④败坏。⑤察看，审察。

案覆 宝覆 布覆 败覆 怖覆 被覆
车覆 层覆 仇覆 豆覆 荡覆 德覆
倒覆 颠覆 方覆 发覆 釜覆 翻覆
宫覆 盖覆 花覆 华覆 洪覆 精覆
较覆 兼覆 僵覆 垦覆 恐覆 糠覆
沦覆 临覆 满覆 免覆 没覆 偏覆
埋覆 披覆 倾覆 仁覆 三覆 私覆
生覆 申覆 射覆 土覆 天覆 亡覆
瓦覆 屋覆 下覆 心覆 陷覆 薪覆
循覆 良覆 云覆 宇覆 夷覆 肴覆
掩覆 陨覆 荫覆 自覆 舟覆 坠覆
春阳覆 芙蓉覆 红罗覆 金瓯覆 流黄覆
鸟翼覆 万物覆 无私覆
刘诗瓿覆 前车之覆 三翻四覆 天翻地覆
云翻雨覆

馥 fù ①香气。②香气浓厚。③香气散发。

暗馥 残馥 初馥 春馥 风馥 芬馥
芳馥 馥馥 桂馥 含馥 寒馥 花馥
留馥 流馥 七馥 气馥 清馥 秋馥
散馥 吐馥 温馥 香馥 馨馥 已馥
郁馥 运馥 幽馥 遗馥 众馥 再馥
芳台馥 红馥馥 花馥馥 金炉馥 香馥馥
残膏剩馥 兰薰桂馥

洑 fù 又音 fú 在水里游。

怒洑
刘郎洑 太子洑

副 fù ①居第二位的。②次要的。③相称。④辅助的职务。⑤符合。

不副 次副 车副 储副 大副 队副
光副 国副 军副 居副 兼副 克副
立副 良副 贫副 全副 二副 三副
书副 相副 削副 永副 余副 移副
自副 佐副 置副 正副
金根副 乘舆副
名实相副 盛名难副 言行不副 名高难副
盛名之下，其实难副/

富 fù ①宽裕。②富有。③资源。④充裕。⑤财物多。

安富 不富 本富 暴富 侈富 才富
昌富 重富 浊富 财富 春富 藏富
大富 地富 多富 德富 鼎富 丰富
芳富 发富 繁富 国富 该富 怙富
后富 宏富 很富 豪富 今富 巨富
给富 奸富 极富 家富 女富 丽富
年富 亮富 露富 末富 民富 命富
美富 平富 贪富 权富 求富 奇富
谦富 起富 日富 仁富 人富 饶富
守富 岁富 首富 似富 殊富 奢富
太富 同富 完富 玩富 危富 无富

望富　未富　心富　先富　学富　昔富
写富　虚富　雄富　优富　有富　艺富
用富　艳富　易富　雅富　殷富　欲富
在富　子富　自富　致富　骤富
不义富　不继富　北阮富　大夫富　多文富
黄榜富　槁学富　君子富　均贫富　金谷富
晋楚富　钱井富　润屋富　善人富　天所富
五车富　文词富　紫榜富
春秋正富　发财致富　发家致富　国亦致富
荐羊致富　恺崇斗富　官久心富　官久自富
技法丰富　七贫八富　却知学富　欺贫爱富
二技致富　网罗宏富　特产丰富　嫌贫爱富
语汇丰富　子文逃富　荐羊致富
贫而有子非贫，富而有子非富/为富不仁，为仁不富/

赋 fù ①旧指田地税。②征收。③兵赋。④一种文体。⑤念诗或做诗。

不赋　并赋　比赋　别赋　敞赋　禀赋
充赋　词赋　财赋　成赋　辞赋　春赋
服赋　逋赋　更赋　贡赋　古赋　口赋
苛赋　歌赋　会赋　厚赋　九赋　甲赋
酒赋　律赋　木赋　买赋　梦赋　七赋
请赋　轻赋　日赋　述赋　收赋　诗赋
税赋　天赋　田赋　温赋　兴赋　宣赋
牺赋　献赋　云赋　用赋　邺赋　鱼赋
意赋　徭赋　繇赋　作赋　治赋　征赋
资赋　徽赋
长门赋　曹植赋　洞箫赋　登高赋　登楼赋
河东赋　横槊赋　凌云赋　梁园赋　千金赋
秋声赋　二京赋　二都赋　三都赋　投湘赋
一纸赋　子虚赋　逐贫赋　张衡赋
长门买赋　登高能赋　广平作赋　黄金买赋
量金买赋　千金买赋　琴歌酒赋　诗词歌赋
悉数敞赋　左思三赋　左思都赋　逐贫雄赋

傅 fù ①辅佐。②师傅。③附着。④教导。

怀傅　保傅　驰傅　储傅　道傅　风傅
冯傅　火傅　耿傅　近傅　贾傅　家傅
口傅　六傅　内傅　老傅　良傅　浪傅
流傅　胪傅　命傅　皮傅　青傅　二傅
少傅　司傅　师傅　疏傅　太傅　未傅
外傅　卧傅　心傅　先傅　学傅　仙傅
相傅　系傅　宣傅　贤傅　元傅　业傅
伊傅　邮傅　燕傅　作傅　总傅　祖傅
纸傅　智傅
暗香傅　尺书傅　草圣傅　长沙傅　大师傅
丹青傅　东山傅　道统傅　禁漏傅　箕裘傅
锦里傅　老师傅　漏声傅　妙不傅　岂无傅
清白傅　三才傅　颂声傅　太史傅　托雁傅
万里傅　晚钟傅　姓名傅　一经傅　月里傅
衣钵傅　羊太傅　有书傅　到处傅
吐丝自傅　剃头师傅
皮之不存，毛将焉傅/

缚 fù 捆绑。

彼缚　拜缚　绑缚　尘缚　缠缚　大缚
带缚　反缚　佛缚　怀缚　交缚　就缚
解缚　系缚　劫缚　羁缚　捆缚　宽缚
累缚　掠缚　怒缚　连缚　留缚　面缚
囚缚　牵缚　生缚　束缚　绳缚　拴缚
五缚　系缚　有缚　诱缚　辕缚　札缚
重缚　抓缚　紫缚
四禅缚　微名缚
肉袒面缚　作茧自缚

赙 fù 拿钱财帮人办理丧事。

赐赙　骖赙　弗赙　法赙　赗赙　却赙
求赙　赏赙　脱赙　住赙　助赙　赠赙

咐 fù ［吩咐］口头指派或命令

吩咐　托咐　呕咐　嘱咐
千叮咛万嘱咐/

玌 dū 用指头、棍棒等轻击轻点。

点玌

都 dū 又音 dōu ①首都。②大城市。③国。④建都。⑤总共。⑥汇聚。⑦居。⑧头目。

伯都　邦都　拨都　炽都　成都　大都
定都　帝都　奠都　鞯都　丰都　古都
故都　国都　钢都　汉都　洪都　皇都
江都　京都　旧都　建都　内都　两都
留都　丽都　名都　煤都　陪都　全都
迁都　清都　琼都　上都　山都　宋都

首都　蜀都　天都　通都　五都　行都
先都　仙都　玄都　娴都　锡都　新都
元都　郢都　移都　幽都　子都　中都
仲都　紫都　肇都
定霸都　帝王都　赋三都　怀比都　琳琅都
落雁都　美且都　山水都
苍鹰郅都　历史古都　木刻郅都　贯酒成都
研京练都

嘟 dū ①拟声词。②量词。

嘟嘟　咕嘟
喇叭嘟嘟　饮酒咕嘟　嘴巴一嘟

督 dū ①监督。②察视。③中央，中间。

催督　别督　大督　都督　董督　分督
非督　基督　教督　家督　监督　身督
天督　为督　威督　缘督　专督　早督
责督　总督
殿中督　父九督　华父督　京下督　门下督
群众监督　四乳都督　舞台监督

毒 dú ①毒品。②毒物。③罪恶。④凶狠。⑤伤害。⑥狠毒。⑦毒害。⑧憎恶。

百毒　拔毒　便毒　病毒　败毒　尘毒
逞毒　常毒　除毒　楚毒　惨毒　虿毒
疮毒　残毒　憯毒　大毒　歹毒　丹毒
痘毒　毒毒　蠹毒　恶毒　负毒　放毒
发毒　防毒　愤毒　贩毒　服毒　粪毒
蝮毒　蛊毒　寡毒　鼓毒　辜毒　火毒
虺毒　很毒　恨毒　狠毒　祸毒　介毒
剧毒　缉毒　渐毒　解毒　鸡毒　积毒
箭毒　鸩毒　禁毒　揵毒　抗毒　苦毒
坎毒　焙毒　刻毒　酷毒　疗毒　流毒
狼毒　罹毒　嫪毒　煤毒　梅毒　排毒
千毒　去毒　侵毒　人毒　忍毒　热毒
水毒　蛇毒　身毒　施毒　鼠毒　螫毒
酸毒　肆毒　天毒　投毒　亭毒　胎毒
余毒　痰毒　铜毒　屠毒　涂毒　无毒
五毒　污毒　下毒　小毒　心毒　行毒
吸毒　消毒　险毒　险毒　腊毒　仰毒
阴毒　余毒　有毒　怨毒　遇毒　淫毒
遗毒　药毒　中毒　至毒　杂毒

纵毒　疹毒　酖毒　肿毒　瘴毒　鸩毒
鸷毒
赋敛毒　河豚毒　马肝毒　莫子毒
电脑病毒　蜂虿有毒　刮骨疗毒　李邺饮毒
狼猛蜂毒　马肝大毒　煤气中毒　人莫予毒
食物中毒　投毒放毒　无名肿毒　心狠手毒
以毒攻毒　阴险恶毒　阳解阴毒　宴安鸩毒
燕安酖毒　鸩谋肆毒

独 dú ①单一。②孤单。③没有子孙的老人。④唯独，单是。

不独　抱独　单独　大独　非独　峰独
孤独　寡独　好独　见独　简独　慎独
鳌独　茕独　僧独　慎独　惟独　唯独
行独　闲独　惸独　幽独　专独　贞独
终独
大小独　访幽独　俾我独　天使独
鳏寡孤独

顿 dú 又音 dùn［冒顿］汉初匈奴族的一个君主名。

冒顿

读 dú 又音 dòu ①照文字说出。②阅。

暗读　百读　把读　伴读　饱读　拜读
遍读　罢读　抄读　重读　粗读　诚读
藏读　导读　眈读　伏读　泛读　讽读
工读　攻读　耕读　吁读　横读　进读
借读　寄读　校读　就读　讲读　急读
精读　解读　苦读　快读　朗读　能读
领读　懒读　默读　判读　披读　批读
捧读　勤读　且读　侍读　诵读　审读
释读　竖读　熟读　通读　谛读　末读
卧读　误读　先读　宣读　一读　优读
应读　音读　研读　夜读　阅读　走读
住读　卒读　展读　转读
灯前读　流涕读　且勤读　五车读　月下读
夜深读
半工半读　囊萤照读　悬梁苦读
好书不厌百回读/一写当十读/

渎 dú ①小沟。②亵渎。③大川。

川渎　大渎　贯渎　沟渎　烦渎　灌渎
淮渎　海渎　黩渎　江渎　巨渎　旧渎

经渎　木渎　沐渎　冒渎　山渎　四渎
水渎　尚渎　塘渎　污渎　罔渎　亵渎
险渎　新渎　央渎　引渎　岳渎　自渎
众渎
龙门渎　铜姑渎

椟 dú　①函匣。②放入椟中。③柜子。

藏椟　发椟　故椟　坏椟　慧椟　金椟
缄椟　连椟　买椟　卖椟　启椟　赏椟
韫椟　玉椟　盈椟　早椟
龟玉椟　启剑椟

犊 dú　小牛。

爱犊　白犊　抱犊　叱犊　产犊　晨犊
归犊　羔犊　驹犊　驾犊　虎犊　牛犊
留犊　栗犊　牧犊　卖犊　鸣犊　佩犊
青犊　禽犊　乳犊　失犊　舐犊　童犊
卧犊　野犊　饮犊
春山犊　晨驱犊　刀买犊　耕黄犊　牛舐犊
牛带犊　南山犊　新生犊
初生之犊　带牛佩犊　老牛舐犊　罗威饲犊
卖刀买犊
黑牛生白犊/

牍 dú　①古时写字的木片。②古乐器名。③书籍。

案牍　百牍　笔牍　补牍　版牍　尺牍
春牍　公牍　竿牍　函牍　后牍　秽牍
进牍　荐牍　惊牍　简牍　乱牍　累牍
判牍　篇牍　前牍　寝牍　书牍　私牍
诗牍　文牍　削牍　玉牍　刿牍　扎牍
奏牍
公府牍　萧氏牍
长篇累牍　连篇累牍

黩 dú　①贪污。②污辱。③随便。

不黩　鄙黩　掺黩　黩黩　媟黩　烦黩
干黩　后黩　货黩　秽黩　惊黩　乱黩
慢黩　侵黩　上黩　私黩　谄黩　贪黩
渫黩　喧黩　疑黩
百吏黩　尘埃黩　交不黩

讟 dú　诽谤。

谤讟　谗讟　毁讟　怨讟　谣讟　嚣讟
祸讟　诽讟　讪讟　诟讟

肚 dǔ　又音 dù　动物的胃作食品时叫肚。

爆肚　肠肚　袍肚　牛肚　羊肚　猪肚
香肚　小肚　头肚
油爆肚

笃 dǔ　①忠实。②病沉重。③深厚。④厚实。

病笃　惇笃　诚笃　敦笃　笃笃　恩笃
惊笃　疾笃　敬笃　谨笃　老笃　礼笃
论笃　民笃　绵笃　劝笃　倩笃　情笃
勤笃　仁笃　世笃　神笃　危笃　益笃
延笃　谆笃　忠笃　肫笃
恩宠笃　交友笃　情好笃　学弥笃　信道笃
孝益笃　友爱笃
志坚意笃
彼其之子，硕大且笃/

堵 dǔ　①阻塞。②墙壁。

阿堵　安堵　按堵　案堵　百堵　半堵
败堵　分堵　粉堵　红堵　华堵　横堵
环堵　旧堵　千堵　仁堵　如堵　围堵
观如堵　玉遗堵
观者如堵　围者如堵

赌 dǔ　①用财物作注，争输赢。②不服气任性做事。

打赌　豪赌　禁赌　聚赌　牌赌　嫖赌
戏赌
吃喝嫖赌

睹 dǔ　①看见。②观察。

阿睹　观睹　快睹　逆睹　难睹　目睹
圣睹　时睹　熟睹　无睹　先睹　欣睹
再睹
百世睹　披云睹　万目睹　万物睹
惨不忍睹　目不忍睹　耳闻目睹　视若无睹
熟视无睹　有目共睹
近视不如近睹/

芏 dù　［茳芏］多年生草本植物，叶子细长，茎可用来织席。

茳芏

杜 dù ①杜树。②阻塞。③鸟名。

川杜　林杜　服杜　防杜　房杜　老杜
李杜　枥杜　兰杜　秋杜　宋杜　唐杜
外杜　小杜　香杜　云杜　杕杜
比雀杜　城南杜　饲阿杜　汀洲杜　唐香杜
桓狱李杜　玄龄留杜　字询杖杜

肚 dù 又音 dǔ ①腹部。②像肚子似的。

兜肚　俄肚　腹肚　鼓肚　裹肚　画肚
空肚　拉肚　跑肚　梭肚　泻肚　盂肚
荐肚
将军肚　泥拍肚　蛙缩肚　杨大肚　指头肚
杈腰凸肚　撑肠柱肚　腆胸叠肚　翻肠倒肚
蛆心搅肚　牵肠挂肚　手指头肚　挺胸凸肚
挺胸收肚　撑肠挂肚　翻肠搅肚　鸡肠狗肚
雀儿肠肚　搜肠刮肚　悬肠挂肚　直肠直肚
走不走留路，吃不吃留肚/

妒 dù 因为别人好而心里忌恨。

不妒　疮妒　醋妒　猜妒　谗妒　反妒
妇妒　花妒　见妒　忌妒　解妒　骄妒
娇妒　疾妒　嫉妒　妻妒　情妒　甚妒
燕妒　性妒　险妒　羡妒　止妒　争妒
憎妒
聪明招妒　莺猜燕妒　郑袖不妒　冬扇夏妒
莺惭燕妒

度 dù 又音 duó ①计量长短。②限度。③章程。④宽容。⑤度量。⑥器度。

安度　不度　八度　百度　伴度　败度
尺度　长度　出度　初度　常度　差度
程度　超度　纯度　裁度　测度　躔度
大度　达度　忖度　调度　得度　飞度
风度　丰度　法度　幅度　广度　光度
过度　高度　规度　刚度　国度　轨度
火度　化度　弘度　合度　欢度　候度
弧度　厚度　衡度　几度　句度　计度
节度　局度　进度　纪度　极度　角度
晋度　经度　季度　检度　谨度　精度
襟度　架度　开度　空度　刻度　跨度
宽度　窥度　力度　年度　礼度　亮度
浓度　捻度　难度　粒度　量度　烈度
落度　挠度　履度　黏度　灭度　明度
密度　平度　坡度　破度　千度　气度
求度　纤度　权度　前度　情度　诠度
铨度　期度　强度　器度　桡度　溶度
热度　韬度　色度　失度　适度　速度
湿度　深度　酸度　剃度　态度　无度
王度　弯度　纬度　温度　心度　信度
奚度　纤度　响度　限度　像度　虚度
一度　月度　玉度　有度　印度　用度
硬度　雅度　语度　雁度　韵度　亿度
中度　正度　再度　征度　则度　制度
锥度　咨度　谘度　照度
对比度　等闲度　风叶度　芳菲度　光洁度
光明度　光照度　加速度　经纬度　眉语度
精密度　可见度　跨年度　年光度　能见度
灵敏度　球面度　倾斜度　屈光度　溶解度
要态度　视亮度　摄氏度　酸碱度　欲败度
云态度　烟花度　知名度　棹声度　筝雁度
篇承古度　吃穿用度　财政年度　超音速度
春风一度　地震烈度　风流态度　封建制度
匪石匪度　繁简造度　工作制度　规章制度
高矮适度　华氏温度　划一制度　恢宏大度
挥霍无度　荒淫无度　豁达大度　疾足节度
进退有度　经济制度　绝对高度　绝对温度
绝对零度　奖惩制度　陆逊调度　虞拟裴度
会计制度　抗拉强度　抗张强度　宽宏大度
宽豁大度　奴隶制度　劳动强度　权量衡度
容宜有度　司法制度　射击精度　社会制度
摄氏温度　舞台调度　学习制度　相对温度
修短合度　相对高度　一年一度　宇宙速度
有效温度　虞拟裴度　政治制度　诛求无度
指挥调度　肆行非度
第一宇宙速度/第二宇宙速度/热力学温度/三分钟热度/社会主义制度/五分钟热度/众生好度人难度/

渡 dù ①过河。②渡口。

北渡　半渡　杯渡　摆渡　车渡　漕渡
待渡　飞渡　风渡　发渡　古渡　官渡
汩渡　过渡　河渡　唤渡　横渡　江渡
竞渡　競渡　津渡　南渡　轮渡　屡渡
抢渡　泅渡　强渡　透渡　偷渡　问渡

晚渡 小渡 溪渡 云渡 引渡 欲渡
远渡 野渡 争渡
棹影渡 彩虹渡 垂野渡 芳草渡 鼓声渡
虎北渡 黄牛渡 牛女渡 人争渡 桃叶渡
夕阳渡 杨柳渡
安期东渡 端阳竞渡 飞仙可渡 龙舟竞渡
乱云飞渡 同观竞渡
天师过海不用船，自有法渡（度）/

镀 dù 用电解或其他化学方法使金属上附着别的金属
电镀
真金不镀

蠹 dù ①蛀虫。②蛀蚀。③损害。
不蠹 百蠹 秕蠹 纰蠹 除蠹 残蠹
大蠹 多蠹 飞蠹 耗蠹 巨蠹 橘蠹
老蠹 留蠹 禄蠹 吏蠹 毛蠹 木蠹
螟蠹 皮蠹 群蠹 去蠹 三蠹 书蠹
五蠹 朽蠹 隙蠹 有蠹 竹蠹
户枢不蠹 杆穿皮蠹
流水不腐，户枢不蠹/

凸 tū 高于四面的。
凹凸 雹凸 利凸 面凸 扑凸 戋凸
凸凸 外凸 微凸 窾凸 心凸
凹凹凸凸

秃 tū ①头顶无发。②光着头不戴帽。③树上没有枝叶。④山无草木。⑤不圆满。
半秃 鬓秃 病秃 斑秃 发秃 圪秃
光秃 郭秃 项秃 酒秃 老秃 盲秃
硗秃 二秃 树秃 突秃 顽秃
龙角秃 光秃秃 千毫秃
对着和尚骂贼秃/

突 tū ①突然。②超出。③烟突。④冲撞。⑤鼓起。
奔突 暴突 冲突 晨突 驰突 触突
飞突 伏突 干突 孤突 忽突 胡突
悍突 鹘突 堕突 掘突 立突 龙突
凝突 陵突 旅突 米突 冒突 墨突
排突 曲突 欺突 黔突 豕突 耸突
挑突 突突 唐突 搪突 腾突 樘突
胸突 碭突 意突 直突 猪突
孔席墨突 狼奔豕突 戏剧冲突 徙薪曲突
溃冒冲突 孔无黔突
孔不暖席墨不黔突/孔子无黔突/

葖 tū ［蓇葖］①果实的一种，如芍药八角的果实。②骨朵儿。
蓇葖

图 tú ①版图。②画出来的形状。③计谋。④谋取。⑤画。⑥法度。
不图 标图 本图 宝图 版图 霸图
昌图 草图 成图 插图 负图 佛图
浮图 附图 粉图 改图 挂图 构图
龟图 合图 后图 弘图 皇图 河图
画图 洪图 海图 绘图 宏图 航图
鸿图 江图 进图 究图 冀图 框图
力图 令图 龙图 良图 灵图 略图
绿图 蓝图 描图 秘图 谋图 丕图
披图 鹂图 鹏图 庆图 企图 二图
睿图 旋图 私图 是图 笋图 试图
兽图 晒图 视图 王图 安图 望图
布图 徐图 星图 雄图 像图 缃图
新图 璇图 云图 易图 远图 永图
英图 要图 瑶图 意图 药图 膺图
豫图 舆图 作图 早图 壮图 展图
战图 制图 阵图
八阵图 北风图 百子图 百寿图 避暑图
侧面图 侧视图 春秋图 春社图 春意图
采菱图 黜异图 电路图 地形图 顶视图
捣衣图 方框图 芙蓉图 俯视图 活地图
浑天图 九老图 蛱蝶图 稼穑图 聚芳图
立体图 流民图 荔枝图 平面图 扑蝶图
剖视图 耆年图 十眉图 三笑图 山水图
四海图 示意图 陞官图 天气图 太极图
透视图 五岳图 五服图 文武图 卧游图
辋川图 戏鸭图 星斗图 行乐图 心电图
细部图 璇玑图 云汉图 玉芝图 舆地图
主观图 主客图 正面图 正视图 醉僧图
暗射地图 别作良图 大展宏图 悼心失图
翻然改图 呼图克图 鸿业远图 进退失图
九老成图 军用地图 经营构图 蒋七诵图
龙马负图 七级浮图 巧绘蓝图 世界舆图
唯利是图 有利可图 战略意图 郑侠呈图

滋蔓难图　擿埴索图　淑匿殊图　河不出图
九九消寒图/张衡脚绘怪兽图/

茶 tú ①苦。②苦菜。③芳草之类的白花。

剥荼　采荼　干荼　甘荼　苦荼　取荼
秋荼　如荼　食荼　神荼　荚荼
女如荼　鱼灌荼
如火如荼

涂 tú ①道路。②粉饰。③乱写。④抹去。⑤染污。

不涂　笔涂　尘涂　东涂　垩涂　孤涂
胡涂　海涂　糊涂　金涂　既涂　椒涂
假涂　兰涂　乱涂　泥涂　喷涂　跂涂
衢涂　涂涂　滩涂　汙涂　乌涂　晚涂
迂涂　夷涂　夜涂　银涂　在涂　辍涂
老糊涂　豕负涂　装糊涂　老识涂
糊里糊涂　糊糊涂涂　胡里胡涂　难得糊涂
端不糊涂　稀里糊涂　一塌糊涂　玺之于涂
大事不糊涂/米汤盆里洗澡，糊里糊涂/小事糊涂，大事不糊涂/

途 tú ①道路。②途径。

半途　长途　大途　当途　道途　短途
帝途　方途　归途　改途　梗途　龟途
轨途　迥途　亨途　皇途　荒途　宦途
径途　戒途　津途　客途　逵途　康途
泥途　路途　旅途　兰途　溺途　命途
迷途　瞑途　巧途　取途　穷途　泉途
歧途　前途　情途　清途　阮途　荣途
失途　仕途　世途　首途　胜途　殊途
坦途　通途　为途　畏途　纬途　仙途
邪途　险途　晓途　修途　悬途　云途
艺途　用途　沿途　运途　要途　翼途
遥途　中途　正途　在途　则途　征途
指途　载途
哭穷途　倦世途　泣穷途　老识途　阮籍途
有前途　忠义途
不绝于途　大雾迷途　风雪载途　荆棘浇途
荆棘载途　老马识途　络绎于途　末路穷途
平路坦途　彷徨歧途　视为畏途　霜路盐途
同归殊途　王阳畏途　误入歧途　瞻念前途

徒 tú ①步行。②步兵。③空。④只。⑤徒弟。⑥同一类的人。⑦徒刑。⑧服劳役的犯人。

白徒　奔徒　博徒　暴徒　出徒　车徒
刁徒　歹徒　党徒　饿徒　登徒　钓徒
赌徒　恶徒　非徒　法徒　佛徒　匪徒
工徒　公徒　高徒　棍徒　匠徒　奸徒
金徒　骏徒　酒徒　教徒　狂徒　课徒
女徒　猎徒　流徒　门徒　叛徒　囚徒
穷徒　钳徒　人徒　司徒　生徒　师徒
使徒　收徒　授徒　厮徒　释徒　僧徒
无徒　吾徒　凶徒　仙徒　刑徒　学徒
信徒　邪徒　迁徒　艺徒　饮徒　左徒
正徒　卒徒　罪徒　缁徒
大司徒　道教徒　非吾徒　佛教徒　毁誉徒
高阳徒　管鲍徒　回教徒　清教徒　守真徒
铁官徒　亡命徒　烟霞徒　株送徒
不轨之徒　不法之徒　不逞之徒　馋妄之徒
载酒之徒　好色之徒　好事之徒　高阳酒徒
酒色之徒　绛帐授徒　狂妄之徒　喇嘛教徒
清真教徒　铜臭司徒　市井之徒　鼠狗之徒
实繁有徒　天主教徒　亡命之徒　无耻之徒
饕餮之徒　无藉之徒　耶稣教徒　烟波钓徒
穴处之徒　乞丐之徒　厮与白徒
水至清则无鱼，人至察则无徒/勇士和暴徒/生也死之徒/

菟 tú 又音 tù ［于菟］老虎的别称。

于菟

屠 tú ①宰杀牲畜。②残杀人。③以宰杀牲畜为业的人。

断屠　浮屠　贩屠　狗屠　禁屠　剪屠
龙屠　市屠　申屠　吞屠　休屠　先屠
向屠　自屠
鼓刀屠　吞卜屠　太公屠
非熊卖屠
救人一命，胜造七级浮屠/

腯 tú 指肥猪。

备腯　肥腯

土 tǔ ①土壤。②土地。③本地的。④出自民间的。⑤不开通。⑥乡土。⑦平地。

安土　埃土　本土　邦土　边土　表土
被土　奋土　寸土　尺土　尘土　出土
赤土　穿土　撮土　瓷土　东土　动土
冻土　底土　方土　凡土　分土　风土
犯土　佛土　浮土　矾土　封土　肥土
覆土　粪土　翻土　广土　故土　高土
国土　膏土　廓土　后土　合土　红土
迴土　灰土　黄土　秽土　耗土　荒土
圜土　九土　净土　脊土　坚土　解土
践土　爵土　掬土　焦土　碱土　聚土
脊土　降土　客土　篑土　列土　垆土
泥土　恋土　南土　领土　累土　落土
黏土　买土　妙土　茅土　髦土　霾土
培土　破土　辟土　癖土　迁土　齐土
启土　青土　群土　入土　如土　任土
热土　壤土　水土　生土　守土　适土
沙土　宿土　蜀土　桑土　率土　熟土
田土　同土　拓土　陶土　五土　王土
沃土　委土　下土　心土　乡土　香土
星土　泻土　虚土　业土　有土　炎土
盐土　烟土　壅土　赢土　中土　宅土
征土　脏土　冢土　煮土　秋土
不践土　尺寸土　蕞尔土　东华土　观音土
高岭土　灰化土　混凝土　黑钙土　函谷土
九州土　极乐土　口中土　丽手土　栗钙土
雷出土　弃如土　清净土　平水土　十二土
三合土　士敏土　沙壤土　五色土　无旷土
一抔土　盐渍土　赵州土
不服水土　本乡木土　不辞曲土　保持水土
挥金如土　回乡故土　皇天后土　开疆拓土
面色如土　桥居客土　潜遗青土　侵占领土
土智囊土　视如粪土　食毛践土　五行缺土
王道乐土　朽木粪土　行歌乐土　西方净土
一抔黄土　营丘之土
半截身子入土/人到三十五，半截入了土/上无片瓦，下无寸土/太岁头上动土/

吐

tǔ　又音 tù　①食物从嘴里吐出来。②说出。③唾弃。④露出。

不吐　初吐　含吐　虹吐　急吐　兢吐
龙吐　闷吐　猛吐　梅吐　呕吐　喷吐
倾吐　三吐　拭吐　上吐　食吐　神吐
天吐　吞吐　推吐　谈吐　谭吐　末吐
香吐　月吐　音吐　珠吐
迸莲吐　花心吐　兰英吐　骊珠吐　茄花吐
群山吐　清言吐　晴光吐　新菊吐　月初吐
珠玑吐
半吞半吐　柔茹刚吐　吞吞吐吐　三握再吐
一饭三吐　再握三吐　轻吞慢吐

吐

tù　又音 tǔ 消化道或呼吸道的东西从嘴里涌出。

大吐　刚吐　秽吐　呕吐　孕吐　醉吐
止吐　再吐

兔

tù　①兔子。②月亮的别称。

白兔　赤兔　呈兔　毚兔　待兔　得兔
飞兔　伏兔　放兔　槁兔　桂兔　顾兔
孤兔　金兔　家兔　狡兔　老兔　鸣兔
捧兔　全兔　秋兔　霜兔　蟾兔　投兔
脱兔　乌兔　玄兔　仙兔　雪兔　香兔
雄兔　月兔　玉兔　用兔　阴兔　野兔
银兔　中兔　坠兔　逐兔　制兔　雉兔
走兔
小白兔　月中兔
动如脱兔　买罝猎兔　守株待兔　守株伺兔
狮子搏兔
静如处子，动如狡兔/静如处女，动如脱兔/人中有吕布，马中有赤兔/

堍

tù　桥两头靠近平地的地方。

桥堍

菟

tù又音 tú　植物名。如菟丝子，菟葵。

白菟　羔菟　鸣菟　乌菟　于菟　元菟
鹿徒菟
佩珏逐菟

奴

nú　①奴隶。②仆人。③奴役。④古代妇女自称。

阿奴　翠奴　丁奴　大奴　飞奴　粉奴
官奴　龟奴　呼奴　花奴　惛奴　荔奴
豪奴　金奴　荔奴　寄奴　监奴　家奴
橘奴　狂奴　女奴　老奴　农奴　念奴
酪奴　狸奴　木奴　名奴　牧奴　美奴
青奴　钳奴　群奴　髯奴　私奴　诗奴
檀奴　童奴　小奴　匈奴　奚奴　玉奴

洋奴 养奴 野奴 雁奴 庸奴 竹奴
烛奴
笔头奴 巷头奴 家生奴 看财奴 刘寄奴
李衡奴 两髻奴 荔枝奴 名利奴 牧猪奴
守财奴 千木奴 守钱奴 亡国奴 玉川奴
玉腰奴 颖士奴 洲中奴 千头奴 金寄奴
典妻为奴 读书郑奴 故态狂奴 耕当问奴
栾布为奴 牧猪之奴 橘树呼奴 入主出奴
朱不责奴 千头橘奴 千头木奴 郗氏文奴
玉肃酪奴 孝寿杖奴 子寿飞奴 朱不责奴

孥 nú 妻和子。

寄孥 妻孥

驽 nú 劣马，也喻才能低劣。

不驽 罢驽 策驽 铅驽 接驽 骀驽
愚驽 羸驽

努 nǔ ①尽量使出力量。②突出。③用力过大，身体内伤。

杲荡努

弩 nǔ ①一种射箭的弓。②书法笔法之一。

兵弩 避弩 赤弩 刀弩 伏弩 负弩
犯弩 弓弩 机弩 角弩 劲弩 建弩
积弩 疆弩 老弩 连弩 末弩 马弩
排弩 四弩 水弩 神弩 善弩 投弩
万弩 习弩 玉弩 羿弩 游弩 中弩
作弩 竹弩 张弩 煮弩
涛头弩 千石弩 养由弩 樽中弩 潮头弩
彬解赤弩 罣通异弩 强弓劲弩 血流漂弩

怒 nù ①生气。②气势盛。③谴责。④气势强盛。

傲怒 拗怒 不怒 百怒 悲怒 赑怒
暴怒 逞怒 嗔怒 瞋怒 渐怒 赪怒
触怒 大怒 动怒 藏怒 奋怒 忿怒
冯怒 发怒 犯怒 愤怒 逢怒 诟怒
鼓怒 号怒 诃怒 含怒 悔怒 恚怒
吼怒 赫怒 骇怒 狂怒 惊怒 解怒
惧怒 骄怒 战怒 戢怒 激怒 恼怒
赧怒 气怒 去怒 凭怒 迁怒 水怒
斯怒 肆怒 盛怒 天怒 涛怒 武怒
畏怒 威怒 息怒 笑怒 池怒 悬怒
汹怒 喜怒 蓄怒 一怒 云怒 有怒
愠怒 跃怒 众怒 真怒 造怒 震怒
按剑怒 波涛怒 犯众怒 逢彼怒 官长怒
赫然怒 蛟龙怒 敬天怒 令公怒 云水怒
勃然大怒 悲痛愤怒 登无恚怒 赫然而怒
老羞成怒 龙蛙喜怒 恼羞成怒 雷嗔电怒
雷霆之怒 头闲触怒 停止发怒 异常愤怒
钟仁忠怒 彬解赤怒 布衣之怒
怒后不可便食，食后不可便怒/虚船触舟人不怒/

噜 lū ［噜苏］〈方〉啰嗦。

嘟噜 咕噜 呼噜 胡噜 秃噜
打呼噜 打嘟噜 咕噜噜 呼噜噜 噗噜噜
一嘟噜
滴星嘟噜 叽里咕噜

庐 lú ①房舍。②古代沿途迎宾的房舍。③古代官员值宿住所。④山名。

比庐 闭庐 剥庐 敝庐 成庐 草庐
处庐 地庐 当庐 的庐 都庐 豆庐
佛庐 故庐 瓜庐 呼庐 胡庐 壶庐
阖庐 韩庐 结庐 家庐 精庐 遽庐
昆庐 鹿庐 刘庐 茅庐 抉庐 破庐
勃庐 蓬庐 蒲庐 穷庐 青庐 穹庐
若庐 土庐 苏庐 索庐 彤庐 吾庐
蜗庐 学庐 雪庐 枭庐 倚庐 野庐
周庐 造庐 湛庐 直庐 冢庐 雉庐
爱吾庐 北封庐 宝头庐 博士庐 采成庐
处土庐 承明庐 旧田庐 介葛庐 卖酒庐
提壶庐 武侯庐 蜗牛庐 玉川庐
边地穷庐 初出茅庐 出手成庐 焚鼠毁庐
三顾茅庐 三顾其庐 三谒茅庐 天似穹庐
云绕匡庐 掩口胡庐 三谒茅庐

卢 lú 姓

胡卢 勇卢 湛卢 枭卢 的卢
前后王卢 田父魏卢 出手得卢

垆 lú ①黑色坚硬的土。②放置酒瓮的台子。③燃火的器具。

布垆 饼垆 赤垆 村垆 茶垆 当垆
红垆 黄垆 酒垆 亦垆
黄公垆 柳下垆 文君垆 卓氏垆 煮酒垆

黄公酒垆　文君当垆　卓家当垆　涤器当垆

泸　lú　①泸水，指金沙江在四川宜宾以上，同云南交界处。②泸水，指怒江。

渡泸　岷泸　西泸　渝泸

孤军孤泸　五月渡泸

栌　lú　落叶灌木。

欂栌　层栌　甘栌　黄栌　梁栌　千栌

绣栌　卉栌

标栋欂栌　华枫枰栌

胪　lú　陈列。

传胪

大鸿胪

颅　lú　头的上部，包括颅骨和脑。也指头。

鬓颅　垂颅　脑颅　隆颅　头颅

脑月颅　饰当颅　雪盈颅

方趾圆颅　瘦马的颅

舻　lú　[舳舻] 船尾和船头，也指首尾相接的船只。

彩舻　归舻　钩舻　飞舻　篙舻　挟舻

轻舻　柔舻　艟舻　行舻　云舻　舳舻

洞庭舻　飞雨舻　横江舻　离岸舻　讴鸦舻

数声舻　桃叶舻　摇曳舻

鲈　lú　鲈鱼。

碧鲈　脍鲈　尊鲈　思鲈　莼鲈　银鲈

步兵鲈　四腮鲈　一尺鲈　玉花鲈　张翰鲈

张翰思鲈　秋思莼鲈

芦　lú　芦苇，生在浅水里。

碧芦　吹芦　残芦　短芦　葫芦　蒿芦

阖芦　获芦　瓠芦　结芦　捲芦　匡芦

藜芦　莲芦　区芦　穹芦　荻芦　栖芦

遽芦　茹芦　种芦

两岸芦　闷葫芦　水葫芦　糖葫芦　西葫芦

雪点芦　油葫芦

冰糖葫芦　烂蒸葫芦　依样葫芦　义伦清芦

看样画葫芦/依样画葫芦/指冬瓜，骂葫芦/

炉　lú　取暖，做饭或冶炼用的设备。

边炉　宝炉　壁炉　出炉　茶炉　翠炉

大炉　丹炉　当炉　电炉　地炉　锻炉

风炉　高炉　膏炉　篝炉　锅炉　火炉

红炉　回炉　洪炉　烘炉　怀炉　寒炉

鸿炉　金炉　钾炉　脚炉　开炉　烤炉

煖炉　暖炉　茗炉　煤炉　平炉　蓬炉

熔炉　手炉　司炉　僧炉　土炉　投炉

铜炉　小炉　香炉　熏炉　荀炉　玉炉

御炉　药炉　支炉　竹炉　造炉　转炉

博山炉　打气炉　电磁炉　沸腾炉　翡翠炉

搰拙炉　鼓风炉　火油炉　菡萏炉　炼钢炉

炼铁炉　马丁炉　煤气炉　煤油炉　煤球炉

七宝炉　雀尾炉　索耳炉　太乙炉　太阳炉

天地炉　五凤炉　万字炉　宣德炉　洋油炉

隐煨炉　竹火炉

官法如炉　天地为炉

冰炭不同炉/人心似铁，官法如炉/孙悟空进八卦炉/

卤　lǔ　①盐碱地。②鲁莽。③卤族元素。④浓汁。⑤用盐水香料汁制作的食品。

莽卤　斥卤　茶卤　淳卤　粗卤　大卤

打卤　地卤　刚卤　碱卤　惊卤　漂卤

水卤　瓦卤　泻卤　鱼卤　盐卤　走卤

泽卤

表淳卤

流血漂卤

虏　lǔ　①俘获。②俘虏。③奴隶。④对敌人的蔑称。

捕虏　被虏　丑虏　臣虏　俘虏　格虏

胡虏　悍虏　剧虏　戒虏　系虏　狡虏

美虏　平虏　破虏　囚虏　迁虏　欲虏

强虏　什虏　首虏　索虏　亡虏　为虏

袭虏　降虏　黠虏

出降虏　祭征虏　临淄虏　守残虏　守钱虏

献民虏

捕获俘虏　弭使强虏　郝餐击虏　陵甘降虏

三矢平虏　王伦使虏　乞为囚虏　奔亡之虏

斩首捕虏

严家无格虏/何日平胡虏/

掳　lǔ　①抢取。②俘获。③服。

动掳　剽掳　撕掳

鲁 lǔ ①迟钝。②鲁莽。③古代诸侯国名。④山东省的别称。

存鲁 处鲁 粗鲁 蠢鲁 东鲁 反鲁
过鲁 归鲁 还鲁 居鲁 朴鲁 去鲁
聘鲁 齐鲁 生鲁 颂鲁 王鲁 顽鲁
小鲁 西鲁 性鲁 协鲁 愚鲁 邹鲁
雅鲁 之鲁 椎鲁
参虽鲁 候于鲁 二稚鲁 三省鲁
恚贺公鲁

橹 lǔ ①划水使船前进的工具。②兵器，大盾。③望楼。

八橹 唱橹 摧橹 传橹 楯橹 飞橹
干橹 戈橹 归橹 汉橹 华橹 篙橹
鸿橹 高橹 挟橹 劲橹 健橹 楼橹
橹橹 矛橹 鸣橹 漂橹 其橹 谯橹
轻橹 柔橹 双橹 万橹 望橹 修橹
摇橹 正橹
洞庭橹 飞两橹 横江橹 离岸橹 讴鸦橹
千村橹 数声橹 桃升橹 摇曳橹

陆 lù 又音 liù ①陆地。②大土山。③陆路。④跳跃。

安陆 宝陆 博陆 处陆 崇陆 大陆
东陆 都陆 登陆 防陆 海陆 寒陆
顾陆 鸿陆 居陆 魁陆 内陆 南陆
领陆 陆陆 陵陆 马陆 漫陆 皮陆
平陆 穷陆 翘陆 二陆 水陆 三陆
双陆 随陆 小陆 西陆 苋陆 阳陆
在陆 着陆 蹈陆 回陆
南顾陆 软着陆 新大陆 硬着陆
舰艇登陆 推舟于陆 雅戏双陆

录 lù ①记录。②记载。③录取。④采纳。⑤收藏。

别录 笔录 补录 褒录 板录 簿录
编录 出录 存录 采录 参录 抄录
齿录 草录 綦录 大录 对录 典录
登录 防录 分录 抚录 附录 翻录
过录 鬼录 灌录 果录 节录 记录
进录 拘录 纪录 兼录 劬录 集录
捡录 旌录 谨录 辑录 可录 历录
令录 老录 录录 名录 目录 哀录
弋录 曲录 诠录 钱录 驱录 日录
史录 手录 书录 收录 私录 实录
赏录 试录 天录 同录 图录 推录
眷录 腾录 行录 选录 学录 香录
笑录 省录 新录 详录 员录 移录
语录 誉录 药录 杂录 自录 执录
著录 转录 摘录 箸录
不足录 备忘录 传灯录 臣名录 登科录
登鬼录 花木录 回忆录 金石录 金签录
教育录 羯鼓录 清翼录 天文录 同年录
退朝录 闻见录 孝子录 忠臣录
有闻必录 贞信可录

渌 lù 水名。发源于江西，流入湖南。

酃渌 晓渌 涨渌
夺湖渌 江水渌 杯中渌 湿渌渌

禄 lù ①福。②古代官吏的俸给。③封邑。④食物。

不禄 百禄 保禄 饱禄 薄禄 称禄
持禄 赐禄 辞禄 大禄 誉禄 得禄
待禄 丰禄 奉禄 茀禄 富禄 福禄
俸禄 公禄 光禄 管禄 贵禄 高禄
回禄 厚禄 吉禄 景禄 就禄 爵禄
吏禄 利禄 禄禄 美禄 品禄 千禄
求禄 荣禄 尸禄 少禄 失禄 书禄
世禄 尚禄 受禄 食禄 顺禄 天禄
田禄 贪禄 逃禄 无禄 小禄 显禄
惜禄 重禄 秩禄 回禄
大夫禄 投天禄 五斗禄 折腰禄 遭回禄
侏儒禄
功名利禄 高位厚禄 高官厚禄 无功食禄
无功受禄 万钟之禄 衣禄食禄
吃了是福，穿了是禄/大难不死，必有后禄/介之推不言禄/无功不受禄/

碌 lù 又音 liù ①平凡。②繁忙。

骨碌 康碌 劳碌 碌碌 忙碌 曲碌
石碌 庸碌 纸碌
骨碌碌 黑碌碌
阿奴碌碌 波波碌碌 咭力骨碌 忙忙碌碌
庸庸碌碌

箓 lù ①簿子。②道士画的所谓驱鬼神的符号。

宝箓 别箓 帝箓 得箓 法箓 金箓

名箓 生箓 受箓 天箓 图箓 王箓
玉箓 应箓 主箓 谣箓 紫箓 秘箓
长生箓 登鬼箓 金檀箓 桐君箓

醁 lù ［醽醁］古代的一种美酒。

春醁 芳醁
杯中醁 片山醁

辂 lù ①古代车前的横木。②古时的大车。

宝辂 筚辂 翠辂 大辂 金辂 龙辂
銮辂 五辂 云辂 玉辂

赂 lù ①赠送财物。②行贿。

宝赂 财赂 大赂 得赂 公赂 货赂
贿赂 馈赂 奸赂 利赂 礼赂 纳赂
密赂 求赂 赇赂 受赂 岁赂 琛赂
赏赂 行赂 相赂 遗赂 诱赂 重赂

鹿 lù ①反刍类的哺乳动物。②喻政权或爵位。③粮仓。

白鹿 奔鹿 触鹿 苍鹿 大鹿 打鹿
多鹿 独鹿 得鹿 盗鹿 分鹿 赴鹿
逢鹿 覆鹿 公鹿 给鹿 乎鹿 交鹿
惊鹿 借鹿 迹鹿 饥鹿 瘥鹿 痃鹿
蕉鹿 家鹿 驾鹿 昆鹿 渴鹿 历鹿
鹿鹿 木鹿 马鹿 母鹿 牡鹿 买鹿
鸣鹿 麋鹿 求鹿 困鹿 群鹿 骑鹿
秦鹿 如鹿 瑞鹿 五鹿 山鹿 失鹿
沙鹿 死鹿 似鹿 神鹿 睡鹿 涿鹿
射鹿 哨鹿 沈鹿 驼鹿 天鹿 文鹿
五鹿 亡鹿 小鹿 仙鹿 洗鹿 驯鹿
羊鹿 由鹿 友鹿 印鹿 野鹿 争鹿
走鹿 逐鹿 掌鹿 指鹿 子鹿
白唇鹿 长颈鹿 九色鹿 惊睡鹿 林间鹿
梅花鹿 眼野鹿 千古鹿 千角鹿 七星鹿
闻唤鹿 衔花鹿 雪色鹿 饮泉鹿
船沉钜鹿 覆蕉寻鹿 梦鹿分鹿 梦蕉得鹿
权移马鹿 群雄逐鹿 魏帝射鹿 朔言重鹿
羽救巨鹿 中原逐鹿 朔言委鹿 梦蕉鸣鹿
秦西巴纵鹿/秦西马释鹿/心头撞小鹿/

漉 lù ①渗出。②使干涸。③过滤。

白漉 车漉 巾漉 沦漉 涝漉 流漉
淋漉 扑漉 渗漉 淘漉 阴漉
歌独漉 汗漉漉 酒新漉 湿漉漉 雪漉漉
月上漉 中虚漉

辘 lù 安在井上汲水用的器具。

轱辘 辘辘 字辘
车轱辘
饥肠辘辘

簏 lù 竹箱。

篋簏 筐簏 囊簏 书簏 素簏 簏簏
筠簏 妆簏
书盈簏 字纸簏 真珠簏

麓 lù ①山脚下。②长在山脚的林木。

北麓 层麓 苍麓 翠麓 大麓 峰麓
旱麓 巨麓 江麓 峻麓 林麓 南麓
平麓 千麓 秋麓 泉麓 山麓 无麓
依麓 岩麓 岳麓 狱麓 早麓
九疑麓 云迷麓
泰山之麓

路 lù ①道路。②纹理。③方面。④种类。⑤地区。⑥大。⑦比喻权位。

隘路 八路 米路 宝路 布路 笔路
便路 碧路 跸路 长路 出路 岔路
次路 村路 财路 宸路 春路 磁路
翠路 大路 当路 对路 电路 带路
囱路 短路 道路 挡路 断路 方路
分路 返路 抉路 广路 公路 归路
过路 干路 管路 赶路 回路 后路
活路 花路 旱路 黄路 黑路 海路
航路 横路 滑路 蕙路 篁路 江路
旧路 近路 金路 近路 进路 间路
径路 兼路 就路 夹路 奸路 绝路
开路 空路 客路 跎路 六路 老路
来路 两路 陆路 领路 南路 理路
鸟路 拦路 落路 辇路 礼路 路路
阑路 木路 门路 末路 毛路 没路
明路 觅路 马路 陌路 迷路 平路
鹏路 坡路 跑路 陪路 去路 纤路
球路 曲路 前路 歧路 棋路 泉路
情路 衢路 二路 戎路 让路 阮路

上路 山路 水路 仕路 生路 失路
私路 沙路 送路 死路 首路 世路
识路 升路 思路 顺路 丝路 遂路
殊路 熟路 天路 田路 头路 同路
套路 偷路 塘路 退路 通路 铁路
探路 文路 外路 五路 问路 宛路
纹路 弯路 小路 下路 乡路 仙路
心路 行路 先路 血路 戏路 寻路
线路 邪路 斜路 峡路 狭路 销路
象路 贤路 险路 修路 轩路 溪路
一路 云路 义路 玉路 月路 引路
异路 迂路 有路 言路 沿路 甬路
阳路 远路 邮路 郢路 要路 养路
盈路 驿路 子路 中路 朱路 争路
正路 知路 竹路 征路 支路 走路
直路 筑路 指路 逐路 载路 趱路
柏油路 抄小路 抄后路 抄近路 沧江路
朝天路 导綮路 当要路 扶摇路 芳洲路
妨贤路 回头路 华胥路 黄金路 耕御路
几千路 金堤路 金牛路 津浦路 哭歧路
留后路 林荫路 绿扬路 马识路 梦中路
谋生路 盘陀路 泣歧路 泉绕路 青云路
青霄路 清郊路 十字路 上坡路 三岔路
却洗路 砂码路 桃源路 望乡路 下坡路
西州路 寻诗路 欲诜路 寻春路 香草路
幸福路 寻门路 杨朱路 冤枉路 之字路
走小路 走门路 走老路
必由之路 必有之路 冰雪封路 别开生路
闭合电路 别无出路 柏油马路 广开言路
广开贤路 广开才路 广开财路 高速公路
花生满路 画江成路 慌不择路 进退无路
君王末路 集成电路 另寻出路 沥青马路
李鬼劫路 老马识路 褴褛筚路 铺平道路
徘徊歧路 穷途末路 青云得路 轻车熟路
青云有路 阮公失路 扫清道路 水泥马路
丝绸之路 视同陌路 熟门熟路 投石问路
铁路公路 王睿广路 亡羊歧路 行者让路
修桥补路 云泥异路 杨朱歧路 走上坡路
走回头路 走投无路
穿新鞋，走老路/车到山前必有路/读万卷书，行万里路/方轨八达路/好狗不挡路/两条脚走路/蚂蚁上磨子，条条是路/晴天开水路/入地无门，上天无路/天无绝人之路/杨朱哭歧路/钟馗站在十字路/

潞 lù ①潞水，水名。指今天山西的浊漳河。②指怒江。

赤潞 丹潞 东潞 汾潞 克潞 入潞
失潞 西潞 云潞 泽潞

璐 lù 美玉。

祥璐 大璐 连璐 佩璐 纫璐

鹭 lù 水鸟名。

白鹭 苍鹭 飞鹭 凫鹭 归鹭 江鹭
绿鹭 鸾鹭 秋鹭 拳鹭 水鹭 沙鹭
双鹭 宿鹭 霜鹭 雪鹭 翔鹭 浴鹭
鸳鹭 鹓鹭 朱鹭 只鹭 振鹭
衔鱼鹭
同盟鸥鹭

露 lù 又音 lòu ①露水。②加果汁、药汁而成的饮料。③加香料制成的化妆品。④显现出来。⑤润泽。⑥显露。

不露 白露 布露 宝露 表露 毕露
罢露 败露 薄露 暴露 赤露 呈露
尘露 赤露 初露 辰露 承露 垂露
陈露 草露 残露 春露 晨露 恶露
风露 发露 防露 扶露 浮露 繁露
覆露 甘露 桂露 孤露 锢露 膏露
华露 花露 寒露 豁露 久露 揭露
眷露 绛露 谲露 薤露 刻露 冷露
浓露 倪露 流露 零露 楙露 倮露
裸露 漏露 羸露 露露 凝露 沐露
美露 蜜露 萌露 暮露 披露 偏露
暴露 曝露 浅露 秋露 清露 情露
擎露 鲐露 山露 首露 霜露 天露
吐露 苔露 透露 袒露 文露 外露
雾露 夕露 行露 显露 星露 宣露
香露 泄露 衙露 云露 月露 玉露
阳露 雨露 扬露 夜露 饮露 饴露
颖露 早露 展露 珠露 重露 朝露
绽露 湛露 彰露 多露
碎玉露 蝉饮露 草头露 花上露 果汁露
果子露 横江露 华亭露 荷叶露 金盘露
罗衣露 浓浓露 玫瑰露 枇杷露 青台露

青房露　琼花露　仙掌露　千条露　天酒露
五色露　受甘露　下地露　玉垂露　银塘露
滋花露　沾衣露
本相毕露　餐风饮露　餐风宿露　词意浅露
晨曦初露　汉王饮露　锋芒外露　锋芒初露
锋芒毕露　含而不露　金银花露　溢光朝露
美竹显露　秘而不露　人生朝露　声色不露
深藏不露　危如朝露　凶相毕露　仙童取露
吸风饮露　一层厚露　原形毕露　原形不露
真迹已露　浮云朝露
白露身不露/口袋里装锥子，锋芒毕露/人生如朝露/天机不可泄露/富贵草头露/

戮　lù　①杀。②羞辱。③并，合。

被戮　刨戮　除戮　大戮　就戮　家戮
孥戮　弃戮　杀戮　受戮　殄戮　屠戮
行戮　刑戮　婴戮　诛戮
丁公被戮

轳　lú　［辘轳］①安在井上绞起汲水斗的器具。②机械上的绞盘。

轮轳　辘轳　镅轳　轴轳

氇　lǔ　［氆氇］藏族地区出产的一种毛织品。

氆氇

估　gū　又音 gù　①估量。②商人。

偏估　粗估　低估　公估　官估　高估
海估　加估　旧估　较估　禄估　毛估
评估　庇估　市估　商估　抬估　万估
增估
不可低估

咕　gū　拟声词。

叨咕　嘀咕　咕咕　叽咕　唧咕　挤咕
毛咕　捅咕贼咕
拉拉咕　蝲蝲咕　贼咕咕
嘀嘀咕咕　叽叽咕咕　唧唧咕咕
麻布口袋装茄子，叽叽咕咕/

沽　gū　①古水名。②买。③卖。

待沽　坊沽　功沽　零沽　漉沽　劝沽
市沽　屠沽　衔沽　自沽
典衣沽　踏雪沽
待价而沽　善贾而沽

姑　gū　①丈夫的母亲。②父亲的姊妹。③姑且。④妇女的通称。⑤出家的女子。

阿姑　表姑　勃姑　鲍姑　村姑　蚕姑
慈姑　道姑　妇姑　公姑　姑姑　花姑
黄姑　皇姑　箕姑　舅姑　老姑　女姑
尼姑　柳姑　麻姑　山姑　少姑　师姑
祀姑　桑姑　鼠姑　王姑　五姑　外姑
巫姑　威姑　翁姑　小姑　乡姑　仙姑
雪姑　暇姑　紫姑
金仆姑　青亚姑　申夜姑
东海麻姑　鲁国义姑　山村野姑

鸪　gū　［鹧鸪］鸟名，背和腹部黑白两色相杂，头顶棕色，脚黄色。

勃鸪　帝鸪　鹧鸪
水勃鸪　郑鹧鸪
郑号鹧鸪

菇　gū　蕈。

春菇　草菇　冬菇　蘑菇　香菇
凤尾菇　金针菇　泡蘑菇　种芳菇

蛄　gū　［蝼蛄］俗名叫“土狗子”。是一种有害昆虫。［蟪蛄］一种小蝉。

蟪蛄　蝼蛄　蝲蛄　湿蛄　啼蛄

酤　gū　①一夜酿成的酒。②买酒。③卖酒。

村酤　芳酤　酒酤　禁酤　米酤　清酤
市酤　署酤　私酤　仙酤
鸟催酤　青旗酤　无酒酤　夜夜酤
不对榷酤　滕屠郑酤

辜　gū　①罪分。②分裂肢体。③亏负。

不辜　毕辜　蔽辜　优辜　伏辜　何辜
见辜　酒辜　蒙辜　泣辜　速辜　恤辜
亡辜　无辜　嫌辜　余辜　知辜　招辜
木罹辜　受其辜　幽情辜
平白无辜　切于无辜　死有余辜　无罪无辜
挟目而辜

孤　gū　①幼年丧父或失去父母。②单独。③古代君王的自称。④负。

不孤　出孤　存孤　称孤　独孤　丰孤

帆孤　拐孤　鳏孤　宦孤　旧孤　教孤
畸孤　羁孤　客孤　睽孤　立孤　劣孤
老孤　琅孤　貌孤　山孤　三孤　设孤
身孤　势孤　桑孤　孀孤　托孤　彤孤
弯孤　心孤　恤孤　象孤　悬孤　月孤
幼孤　遗孤　雁孤　自孤　张孤　字孤
妆孤
风枕孤　锦屏孤　客楚孤　藐诸孤　片云孤
缺抉孤　素娥孤　桃孤孤　星孤孤　人迹孤
一棹孤　月轮孤　玉树孤　弧螯孤
道寡称孤　成匿固孤　六尺之孤　牛心拐孤
南面称孤　人单势孤　三尺之孤　舍身救孤
曙后星孤　高悝匿孤

菰　gū　多年生草本植物，生在浅水里，开淡紫红色小花，果实可以吃。

茨菰　兹菰　狄菰　雕菰　芳菰　浦菰
青菰　蕈菰　香菰　云菰　杳菰　竹菰
秋风菰　未生菰

觚　gū　①古代的盛酒器具。②剑柄。③多棱角的器物。

百觚　操觚　大觚　丰觚　谲觚　龙觚
棱觚　破觚　奇觚　弃觚　腾觚　危觚
象觚　滕觚　执觚　灶觚
觚不觚
介子弃觚　率尔操觚

箍　gū　用条、丝状的东西束紧器物。

红箍　黑箍　箍箍　金箍　桶箍　缺箍
针箍

古　gǔ　①过去已久的年代。②旧，原来。③古体诗歌。④历时久远的。

半古　变古　博古　苍古　大古　吊古
反古　仿古　发古　非古　放古　法古
访古　复古　缶古　亘古　高古　冠古
合古　怀古　好古　荒古　今古　近古
汲古　进古　讲古　径古　简古　稽古
考古　旷古　礼古　泥古　拟古　茏古
来古　览古　邈古　七古　千古　琴古
菇古　染古　三古　上古　戍古　尚古
师古　思古　是古　遂古　邃古　太古
苔古　谈古　泰古　通古　万古　五古
往古　温古　先古　兴古　学古　修古
循古　言古　引古　用古　中古　作古
自古　振古　质古　终古　尊古
不合古　成千古　钗头古　风俗古　风烟古
歌风古　花栏古　经千古　毛发古　琴台古
前元古　墙垣古　山川古　山容古　石萝古
岁月古　僧舍古　蜗篆古　仙台古　状貌古
彪炳千古　超今冠古　风流千古　访论稽古
怀旧恋古　厚今薄古　君起盘古　流芳千古
名芳千古　名垂千古　名垂万古　攀今览古
秦氏好古　人心不古　镕今铸古　事不师古
通今博古　文笔简古　远奥高古　自我作古
疑今者，察之古/

诂　gǔ　用现代汉语解释古汉语中的字义或方言字义。

达诂　间诂　解诂　诗诂　释诂　通诂
训诂　义诂　引诂　字诂　传诂

牯　gǔ　母牛。

牸牯　牛牯　伤牯
童手牯

罟　gǔ　①捕鱼的网。②法网。

断罟　良罟　入罟　数罟　兔罟　罔罟
小罟　鱼罟　罪罟

嘏　gǔ　福。

状远崇嘏

谷　gǔ　又音 yù　①两山之间的水道。②两山之间狭长而有出口的地带。③喻有困难。④庄稼和粮食的总称。⑤俸禄。

暗谷　八谷　不谷　白谷　包谷　兵谷
百谷　冰谷　半谷　布谷　苍谷　波谷
秕谷　播谷　瘥谷　川谷　长谷　出谷
村谷　赐谷　储谷　藏谷　大谷　打谷
登谷　断谷　盗谷　得谷　毒谷　稻谷
泛谷　腐谷　广谷　公谷　谷谷　关谷
沟谷　鬼谷　馆谷　禾谷　河谷　函谷
获谷　寒谷　荒谷　九谷　击谷　旧谷
金谷　粳谷　涧谷　峻谷　戬谷　嘉谷
空谷　坑谷　青谷　六谷　林谷　年谷
峦谷　浪谷　落谷　陵谷　糯谷　美谷
卖谷　盲谷　昧谷　蒙谷　绵谷　坡谷

辟谷 盘谷 千谷 穹谷 钱谷 入谷
仞谷 上谷 山谷 水谷 石谷 式谷
伤谷 岁谷 收谷 食谷 神谷 黍谷
树谷 深谷 天谷 田谷 条谷 退谷
汤谷 无谷 五谷 晚谷 小谷 斜谷
泄谷 香谷 峡谷 虚谷 悬谷 新谷
险谷 溪谷 豁谷 云谷 亚谷 雨谷
阳谷 禺谷 岩谷 阴谷 幽谷 愚谷
淫谷 隅谷 莺谷 子谷 中谷 至谷
泽谷 载谷 甘谷 旸谷
丹霞谷 登场谷 富力谷 国宝谷 荒年谷
嘉生谷 康王谷 泥封谷 郎君谷 牛儿谷
美种谷 民天谷 马蹄谷 鸣幽谷 封泥谷
三年谷 神仓谷 太仓谷 吞百谷 桃花谷
王宫谷 响深谷 新陈谷 有道谷 愚公谷
止解谷 子午谷 郑生谷
改姓陶谷 高岸深谷 海桑陵谷 进退维谷
鸡鸣函谷 泥封函谷 满坑满谷 满山满谷
遍山盈谷 迁乔出谷 树执五谷 深山穷谷
万丈深谷 亡羊藏谷 白驹空谷 愿归盘谷
虚怀若谷 子房辟谷 愚公之谷 在谷满谷

汩 gǔ ①治水。②扰乱。③水流貌。

汤汩 拂汩 汩汩 决汩 宓汩 潏汩
私汩 瑟汩 与汩 滅汩
垂天汩 分流汩 泉性汩
泉水汩汩 滔滔汩汩

股 gǔ ①大腿。②一绺或一缕。③事物的一部分。④股份。⑤不等腰直角三角形构成直角的较长边。

八股 豹股 病股 碧股 长股 刺股
钗股 翅股 动股 干股 勾股 公股
刲股 割股 合股 控股 鹭股 募股
屁股 求股 渠股 入股 私股 尾股
小股 玄股 玉股 右股 左股 在股
折股 招股 掌股 锥股
拍屁股 擦屁股 打屁股 金钗股 天中股
夷左股 洋八股 烟屁股 锥刺股
拧成一股 耳下斗股 苏秦刺股 香烟屁股
悬梁刺股 引锥刺股 子推割股
摸老虎屁股/一根肠子通屁股/

羖 gǔ 公羊。

牝羖 三羖 童羖 五羖

骨 gǔ 又音 gū ①骨头。②像骨头的东西。③指人的品质。

傲骨 白骨 并骨 扁骨 砭骨 暴骨
髌骨 髀骨 尺骨 长骨 次骨 刺骨
炊骨 耻骨 肠骨 彻骨 脆骨 痴骨
锤骨 顶骨 度骨 短骨 道骨 骶骨
镫骨 蝶骨 额骨 凡骨 反骨 风骨
佛骨 腓骨 跗骨 腐骨 归骨 刮骨
股骨 躬骨 钢骨 骾骨 颧骨 花骨
画骨 肱骨 换骨 寒骨 浑骨 骸骨
肌骨 金骨 脊骨 胫骨 荐骨 颊骨
骏骨 建骨 距骨 胛骨 接骨 鸡骨
筋骨 枯骨 刻骨 髂骨 胯骨 髋骨
牛骨 龙骨 泥骨 灵骨 肋骨 颅骨
练骨 砺骨 柳骨 露骨 没骨 买骨
埋骨 媚骨 铭骨 排骨 破骨 切骨
奇骨 人骨 入骨 肉骨 软骨 弱骨
桡骨 尸骨 山骨 市骨 水骨 俗骨
松骨 灼骨 诗骨 扇骨 瘦骨 筛骨
锁骨 颞骨 天骨 头骨 听骨 透骨
铁骨 文骨 尾骨 腕骨 心骨 仙骨
朽骨 秀骨 须骨 侠骨 袭骨 胸骨
修骨 玉骨 宜骨 英骨 有骨 硬骨
艳骨 正骨 折骨 坐骨 砧骨 趾骨
枕骨 指骨 掌骨 椎骨 蹠骨
冻死骨 封侯骨 花作骨 肩胛骨 脊椎骨
脊梁骨 建安骨 肋巴骨 踝子骨 买骏骨
皮包骨 琵琶骨 乞骸骨 膝盖骨 舍利骨
市马骨 市骏骨 身子骨 锁子骨 相思骨
玉为骨 主心骨 千金骨 市马骨
冰肌玉骨 砭人肌骨 刺心刻骨 碎身粉骨
戮脊梁骨 夺胎换骨 粉身碎骨 钢筋铁骨
铜筋铁骨 恨之入骨 会厌软骨 寒风刺骨
寒风砭骨 环状软骨 甲状软骨 积毁销骨
金丹换骨 建安风骨 刻肌刻骨 龙章秀骨
冷风砭骨 奴颜媚骨 劳筋苦骨 铭肌镂骨
铭肌刻骨 铭心刻骨 铭心镂骨 千金买骨
千金市骨 千金骏骨 辟龙无骨 柔心弱骨
柔情侠骨 乞归骸骨 柔筋脆骨 生死肉骨

苏秦刺骨　霜晨寒骨　勺状软骨　骚情赋骨
伤筋动骨　松身鹤骨　瘦眉窄骨　铄金毁骨
透人心骨　脱胎换骨　痛心切骨　王戎支骨
顽皮赖骨　仙风道骨　雪肌梅骨　燕昭市骨
殒身靡骨　歆筋柳骨　冢中枯骨　众毁销骨
泽及枯骨　粘皮著骨　铮铮铁骨　枯茎朽骨
千金市骏骨/画风画皮难画骨/起死人，肉白骨/妍皮不裹媸骨/妍皮不裹痴骨/众口铄金，积毁销骨/朱门酒肉臭，路有冻死骨/画龙画虎难画骨/

鹘 gǔ　又音 hú　古代的一种鸟。

白鹘　霸鹘　苍鹘　雕鹘　俄鹘　饿鹘
飞鹘　回鹘　画鹘　黄鹘　俊鹘　健鹘
江鹘　青鹘　秋鹘　如鹘　面鹘　宿鹘
松鹘　沙鹘　蜀鹘　霜鹘　兔鹘　吐鹘
义鹘　银鹘　野鹘
穿云鹘　金吐鹘　摩天鹘　千里鹘　桃花鹘

贾 gǔ　又音 jiǎ　①做买卖。②商人。③求取。④招引。

百贾　鞭贾　大贾　富贾　服贾　工贾
海贾　好贾　巨贾　讲贾　久贾　良贾
廉贾　蛮贾　荣贾　市贾　分贾　商贾
食贾　贪贾　善贾　行贾　须贾　洋贾
勇贾　豫贾　斩贾　终贾　待贾　二贾
大腹贾　鸡林贾　洛阳贾　西域贾　余勇贾
多财善贾　富商大贾　余勇可贾
长袖善舞，多钱善贾/句满鸡林贾/

蛊 gǔ　①蛀虫。②毒虫。③诱惑。④害人的邪术。

暗蛊　吹蛊　成蛊　毒蛊　飞蛊　腹蛊
千蛊　狐蛊　惑蛊　瘵蛊　泥蛊　雷蛊
埋蛊　千蛊　菇蛊　山蛊　水蛊　受蛊
食蛊　畜蛊　巫蛊　握蛊　物蛊　雨蛊
妖蛊　育蛊　裕蛊　作蛊　中蛊
金蚕蛊　山风蛊　受以蛊　裕文蛊

鹄 gǔ　又音 hú　射箭的靶子。

废鹄　木鹄　中鹄

鼓 gǔ　①打击乐器。②敲鼓。③高起。④鼓舞的简称。⑤鼓动。

不鼓　边鼓　布鼓　败鼓　抱鼓　板鼓
长鼓　村鼓　船鼓　槌鼓　茶鼓　寡鼓
大鼓　打鼓　迭鼓　单鼓　捣鼓　伐鼓
弗鼓　法鼓　桴鼓　烽鼓　更鼓　咎鼓
鼓鼓　臬鼓　花鼓　河鼓　堠鼓　簧鼓
击鼓　金鼓　晋鼓　街鼓　箭鼓　谏鼓
羯鼓　警鼓　令鼓　灵鼓　量鼓　雷鼓
腊鼓　锣鼓　擂鼓　漏鼓　鸣鼓　暮鼓
贲鼓　羖鼓　盆鼓　鞞鼓　敲鼓　旗鼓
琴鼓　二鼓　耳鼓　日鼓　铙鼓　三鼓
石鼓　手鼓　舌鼓　升鼓　社鼓　司鼓
戍鼓　土鼓　天鼓　田鼓　听鼓　通鼓
堂鼓　提鼓　铜鼓　巫鼓　围鼓　小鼓
戏鼓　县鼓　旋鼓　箫鼓　衅鼓　严鼓
讶鼓　渔鼓　偃鼓　衙鼓　迎鼓　腰鼓
足鼓　再鼓　战鼓　钲鼓　钟鼓
八角鼓　不肯鼓　拨浪鼓　长腰鼓　插秧鼓
催花鼓　打边鼓　打花鼓　打腰鼓　定音鼓
冬冬鼓　都县鼓　登闻鼓　风浪鼓　敢谏鼓
四帆鼓　花奴鼓　货郎鼓　江南鼓　进军鼓
空腹鼓　两棒鼓　卜浪鼓　气鼓鼓　敲边鼓
戍楼鼓　太平鼓　柘枝鼓　退堂鼓　万物鼓
细腰鼓　引琴鼓　羽葆鼓　迎神鼓　眼鼓鼓
圆鼓鼓　震地鼓
村箫社鼓　亘整旗鼓　传花击鼓　催花之鼓
枞金伐鼓　晨钟暮鼓　莼菜盐鼓　大锣大鼓
打退堂鼓　京韵大鼓　紧锣密鼓　开台锣鼓
厉王击鼓　梨花大鼓　明皇羯鼓　密锣紧鼓
敲锣打鼓　铁皮大鼓　铁板大鼓　王省伐鼓
心中打鼓　扬铃打鼓　偃旗息鼓　子龙息鼓
朝钟暮鼓　三吊钟鼓
打开扬场锣鼓/当面锣，对面鼓/海鸟悲钟鼓/

臌 gǔ　肚子胀起的病。

气臌　水臌

瞽 gǔ　眼瞎。

暗瞽　不瞽　道瞽　发瞽　感瞽　狂瞽
两瞽　来瞽　聋瞽　离瞽　目瞽　朦瞽
神瞽　相瞽　有瞽　愚瞽

毂 gǔ　①借指车。②车轮中心可以穿轴承幅的部分。

宝毂 长毂 车毂 畅毂 错毂 丹毂
短毂 雕毂 断毂 方毂 奉毂 过毂
杠毂 华毂 交毂 击毂 接毂 连毂
轮毂 雷毂 鸣毂 旁毂 破毂 轺毂
日毂 容毂 失毂 通毂 推毂 行毂
香毂 旋毂 引毂 左毂 折毂 转毂
轺毂 挽毂
经纬毂 文因毂
摩肩击毂

榖 gǔ 榖树，落叶乔木，开淡绿色花，树皮可造纸。

安榖 藏榖 不榖
不寡不榖 亡羊臧榖

故 gù ①原因。②意外的事情。③故意。④旧，老。⑤本来的。⑥死。⑦事。⑧久。

变故 病故 常故 粗故 大故 多故
典故 道故 恩故 反故 复故 国故
故故 何故 怀故 欢故 价故 旧故
具故 借故 解故 巧故 去故 亲故
如故 进故 身故 送故 思故 素故
事故 他故 吐故 堂故 托故 亡故
无故 韦故 物故 温故 细故 衅故
新故 义故 有故 已故 因故 用故
原故 遇故 雅故 姻故 缘故 诈故
掌故
不压故 不忘故 汲冢故 事多故 绨袍故
遐叔故
安常有故 不知何故 班荆道故 饱经世故
饱谙进故 薄物细故 版图如故 持之有故
蹈常袭故 鼎新革故 非新非故 非亲即故
工伤事故 交通事故 老于世故 纳新吐故
毛举细故 平白无故 凭白无故 倾盖如故
人情世故 人身事故 三亲六故 无亲无故
无缘无故 一见如故 医疗事故 依然如故
自我作故 政治事故 沾亲带故 责任事故
事变多故
哀妇不忘故/白头如新，倾盖如故/三朝三暮，黄牛如故/一不沾亲，二不带故/衣不如新，人不如故/衣不经新，何由得故/

固 gù ①坚牢。②巩固。③结实。④原来。⑤坚持。⑥固执。

不固 保固 班固 常固 道固 父固
负固 防固 广固 巩固 根固 获固
加固 金固 坚固 倨固 胶固 稽固
疆固 劣固 牢固 练固 凝固 秘固
锚固 盘固 迁固 强固 守固 思固
天固 填固 顽固 稳固 心固 兴固
险固 玉固 永固 庸固 专固 贞固
埴固 颛固
藏身固 藩篱固 金城固 胶漆固 老顽固
盘石固 死顽固
传诗辕固 鼎新革固 根深蒂固 根深柢固
金汤之固 磐石之固

崮 gù 四周陡峭，上端较平的山。

抱犊崮 孟良崮

锢 gù ①用熔化的金属液填塞空隙。②囚禁。③封闭。④束缚。

党锢 废锢 规锢 久锢 禁锢 锁锢
遮锢

痼 gù ①痼疾。②不易克服的习惯。

抱痼 痹痼 沉痼 废痼 根痼 解痼
癖痼 沈痼 深痼 重痼
蒙疾痼 烟霞痼

顾 gù ①回头看。②照管。③但是。④顾惜。

八顾 不顾 北顾 存顾 鸱顾 恩顾
鹗顾 反顾 返顾 关顾 光顾 后顾
回顾 环顾 迴顾 惠顾 见顾 矜顾
兼顾 眷顾 睠顾 解顾 看顾 肯顾
内顾 良顾 吝顾 狼顾 旁顾 盼顾
三顾 四顾 思顾 枉顾 温顾 下顾
西顾 相顾 右顾 有顾 左顾 再顾
只顾 主顾 知顾 指顾 周顾 照顾
瞻顾
伯乐顾 周郎顾
不管不顾 不屑一顾 伯乐一顾 草庐三顾
鸱视狼顾 堕甑不顾 奋身不顾 公私兼顾
患难相顾 悍然不顾 计无反顾 弃置不顾
统筹兼顾 鹯视狼顾 无暇兼顾 熊经鸱顾
枭视狼顾 义无返顾 义不返顾 议不反顾
鹰视狼顾 置之不顾

梏 gù ①刑具。②戴上手铐。③拘禁。

弓梏 械梏 羁梏 明梏 钳梏 手梏
施梏 脱梏 杖梏 制梏 桎梏

雇 gù ①拿钱请人做事。②租赁交通运输工具。③受顾的。

典雇 官雇 解雇 可雇 佣雇 召雇
转雇

矻 kū ［矻矻］努力，勤劳的样子。

矻矻 款矻 石矻
用心矻
孜孜矻矻

刳 kū 从中间破开再掏空。

刲刳 剖刳
石再刳 一剑刳

枯 kū ①水分全部失去了。②干瘦。③枯槁。

沉枯 肠枯 茶枯 草枯 莱枯 齿枯
摧枯 凋枯 发枯 干枯 槁枯 瘝枯
灰枯 海枯 荷枯 集枯 焦枯 燋枯
拉枯 木枯 麻枯 侵枯 偏枯 泉枯
荣枯 水枯 衰枯 萎枯 叶枯 油枯
砚枯 苑枯 枝枯 失枯
爱河枯 泪眼枯
熬清受枯 功成骨枯 集苑集枯 拉朽推枯
石烂海枯 势若摧枯 羊续悬枯 羊续悬枯
一将功成万骨枯/

哭 kū ①因悲痛而流泪。②吊唁。③伤心地诉说。

哀哭 不哭 悲哭 长哭 大哭 对哭
反哭 愤哭 干哭 鬼哭 歌哭 号哭
巷哭 嚎哭 节哭 见哭 狂哭 女哭
泣哭 生哭 湿哭 善哭 叹哭 啼哭
偷哭 痛哭 恸哭 伪哭 望哭 心哭
宵哭 行哭 预哭 野哭 卒哭 助哭
坐哭
步兵哭 勃胥哭 杜鹃哭 鬼母哭 秦庭哭
杞妻哭 鲛人哭 阮生哭 阮籍哭 穷途哭
青龙哭 途穷哭 唐衢哭 申包哭 兄弟哭
咸阳哭 湘泪哭 一路哭 羊昙哭 朱公哭
崩城之哭 长歌当哭 放声大哭 干啼湿哭
号啕大哭 虾蟆夜哭 牛衣夜哭 狼嚎鬼哭
穷途之哭 秦廷之哭 神号鬼哭 西台病哭
扪疮辄哭

窟 kū ①洞穴。②人或事物汇集的地方。③穴居。

冰窟 巢窟 蜃窟 禅窟 蟾窟 洞窟
地窟 盗窟 贿窟 富窟 匪窟 佛窟
鬼窟 花窟 荒窟 酒窟 痟窟 聚窟
林窟 灵窟 俚窟 目窟 魔窟 泉窟
窍窟 乳窟 三窟 山窟 石窟 生窟
深窟 诗窟 土窟 兔窟 穴窟 仙窟
侠窟 雪窟 蟹窟 玉窟 云窟 月窟
岩窟 营窟 幽窟 鱼窟 烟窟 艳窟
贼窟
豹虎窟 藏春窟 风波窟 奸邪窟 龙蜩窟
贫民窟 青山窟 兔三窟 山水窟 时亮窟
神仙窟 香雾窟 云水窟 营三窟
兔藏三窟
敦煌石窟 狡兔三窟 龙门石窟 孟尝三窟
冯谖三窟 王衍三窟 夷甫三窟 张凭埋窟

苦 kǔ ①苦菜。②像胆汁、黄连的味道。③刻苦。④困辱。⑤穷苦。⑥使伤苦。⑦恳切。

哀苦 八苦 不苦 悲苦 吃苦 赤苦
茶苦 惨苦 痴苦 愁苦 厄苦 发苦
烦苦 共苦 甘苦 攻苦 功苦 孤苦
鼽苦 好苦 何苦 很苦 恍苦 寒苦
叫苦 坚苦 极苦 艰苦 焦苦 疾苦
克苦 苦苦 困苦 刻苦 难苦 良苦
劳苦 耐苦 命苦 盲苦 贫苦 疲苦
穷苦 前苦 劬苦 清苦 勤苦 凄苦
茹苦 受苦 事苦 诉苦 生苦 食苦
思苦 涩苦 酸苦 太苦 同苦 荼苦
痛苦 特苦 无苦 味苦 挖苦 微苦
小苦 心苦 行苦 辛苦 言苦 严苦
忧苦 语苦 燕苦 腌苦 作苦 自苦
杂苦
不叫苦 不知苦 不怕苦 边地苦 别离苦
抄诗苦 丹心苦 胆汁苦 风尘苦 发生苦
妇啼苦 关山苦 歌者苦 黄连苦 阶级苦
羁怀苦 牛马苦 农事苦 鸟声苦 莲药苦

匏叶苦 秋霖苦 识字苦 瑟思苦 霜雪苦
田家苦 轩冕苦 夏多苦 行役苦 月色苦
用心苦 猿声苦 越吟苦 做诗苦 作巢苦
折腰苦 征战苦 碪声苦
不辞劳苦 风尘劳苦 分甘共苦 狗彘不苦
含辛茹苦 海水咸苦 艰难困苦 伶丁孤苦
良工心苦 千辛万苦 同甘共苦 停辛伫苦
昔年辛苦 用心良苦 装穷叫苦 不知甘苦
端起金碗讨饭，装穷叫苦/谁知盘中餐，粒粒皆辛苦/哑子吃黄连，说不出的苦/

库 kù ①收藏兵器的处所。②泛指收藏物品的地方。③店铺。④电荷量实用单位名库仑。

兵库 宝库 暴库 仓库 车库 大库
府库 封库 公库 管库 国库 骨库
机库 季库 金库 经库 开库 内库
冷库 粮库 楼库 庙库 皮库 盘库
入库 四库 司库 书库 水库 实库
帑库 文库 五库 武库 血库 压库
语库 银库 胀库
长生库 火药库 九经库 军火库 军械库
举管库 十二库 实府库 五经库 生民库
小金库 真珠库
杜预武库 侵吞国库 清仓查库 修建水库

裤 kù 裤子。

不裤 布裤 补裤 弊裤 长裤 衬裤
草裤 大裤 单裤 得裤 短裤 合裤
歌裤 花裤 画裤 袴裤 久裤 旧裤
锦裤 裸裤 内裤 毛裤 马裤 棉裤
皮裤 穷裤 裙裤 绮裤 球裤 绒裤
襦裤 套裤 筒裤 纨裤 膝裤 作裤
置裤
白绢裤 豹文裤 灯笼裤 兜兜裤 工装裤
歌五裤 开裆裤 牛仔裤 连裆裤 连脚裤
鹿皮裤 喇叭裤 廉公裤 练功裤 棉毛裤
手脚裤 三角裤 卫生裤 中式裤 直筒裤
紫绫裤
陈重还裤 穿连裆裤 膏粱纨裤 韩侯敝裤
民歌五裤 茂德露裤 十妻为裤 绮襦纫裤
阮咸曝裤 士瞻百裤 拙妇凿裤 七夕犊裤
聊晒犊裤

酷 kù ①残酷。②极。③酒味浓厚。④惨痛。

暴酷 残酷 惨酷 峻酷 苛酷 刻酷
冷酷 烈酷 闵酷 贫酷 忍酷 扇酷
深酷 荼酷 杜酷 香酷 严酷 炎酷
怨酷 政酷
风霜酷 兰薰酷 炎蒸酷
荀矛转酷 荷弟转酷

乎 hū ①文言助词，表疑问。②文言叹词。③同“于”。

断乎 二乎 恶乎 公乎 关乎 归乎
合乎 焕乎 憨乎 几乎 近乎 迥乎
嗟乎 精乎 恐乎 乱乎 谅乎 类乎
命乎 芒乎 茫乎 平乎 全乎 旗乎
确乎 日乎 然乎 热乎 时乎 似乎
庶乎 於乎 乌乎 温乎 玄乎 邪乎
相乎 险乎 悬乎 月乎 医乎 渊乎
在乎 忠乎 赚乎
不在乎 白乎乎 臭乎乎 稠乎乎 潮乎乎
肥乎乎 粉乎乎 何为乎 浩浩乎 何归乎
红乎乎 黄乎乎 灰乎乎 几几乎 急急乎
拉近乎 愣乎乎 辣乎乎 烂乎乎 乱乎乎
暖乎乎 毛乎乎 买菜乎 胖乎乎 肉乎乎
热乎乎 软乎乎 臊乎乎 傻乎乎 湿乎乎
酸乎乎 庶几乎 烧乎乎 甜乎乎 套近乎
无怪乎 无须乎 巍巍乎 稀乎乎 笑乎乎
恤恤乎 咸乎乎 犹之乎 晕乎乎 圆乎乎
油乎乎 洋洋乎 匀乎乎 在兹乎
不亦乐乎 毫不在乎 藩王举乎 技亦穷乎
蛮不在乎 满不在乎 岂其然乎 软软乎乎
者也之乎
何要名爵乎/

呼 hū ①吐气。②大声喊叫。③拟声词。④招呼。⑤称道。⑥鸣叫。⑦称呼。

不呼 鞭呼 长呼 传呼 唱呼 称呼
大呼 高呼 歌呼 回呼 合呼 号呼
呼呼 欢呼 酣呼 鼾呼 谑呼 嚎呼
欢呼 叫呼 惊呼 疾呼 急呼 鸠呼
快呼 狂呼 来呼 齐呼 上呼 山呼
四呼 呻呼 嵩呼 傻呼 叹呼 我呼
乌呼 鸣呼 相呼 喧呼 啸呼 云呼
邪呼 先呼 一呼 夜呼 召呼 走呼

咋呼 指呼 招呼 炸呼 追呼 欢呼
臭呼呼 撮口呼 打招呼 火呼呼 海鹤呼
夹道呼 急呼呼 开口呼 陇禽呼 鸢呼呼
拍手呼 气呼呼 齐齿呼 入云呼 顺风呼
天子呼 笑相呼 折简呼
大声疾呼 登高一呼 雀跃欢呼 攘臂高呼
一命呜呼 振臂一呼 振臂高呼 式号或呼

曶 hū ①疾速。②古人名

抄曶

忽 hū ①倏忽。②粗心。③忽然。④迅速。⑤轻视。

岸忽 阔忽 谙忽 不忽 暴忽 出忽
常忽 超忽 刺忽 粗忽 怠忽 忽忽
感忽 荒忽 洸忽 见忽 简忽 绝忽
沦忽 拉忽 凌忽 陵忽 杪忽 秒忽
眇忽 茫忽 平忽 飘忽 轻忽 十忽
闲忽 疏忽 倏忽 瞬忽 恬忽 天忽
玩忽 欻忽 相忽 翕忽 一忽 易忽
奄忽 轧忽 悠忽 治忽
耶那忽 里忽忽 佚忽忽
不可或忽 须发飘忽 悠悠忽忽

惚 hū ［恍惚］ ①神志不清。②看、听、记得不真切、清楚。

恍惚 慌惚 芒惚
恍恍惚惚 迷离恍惚 神思恍惚 神情恍惚
迢遥恍惚 心神恍惚

糊 hū 又音 hú hù 涂抹或黏合使封闭起来。

支糊
黑糊糊 模糊糊 黏糊糊 血糊糊 麻糊糊
模模糊糊 含含糊糊 黏黏糊糊 马马糊糊
迷迷糊糊 血肉模糊

狐 hú ①狐狸，野兽名。②姓。

白狐 赤狐 草狐 城狐 大狐 董狐
貂狐 丰狐 芃狐 封狐 篝狐 火狐
化狐 红狐 寒狐 稷狐 两狐 老狐
水狐 霜狐 天狐 吞狐 文狐 小狐
解狐 玄狐 妖狐 雄狐 薰狐 野狐
蝇狐 银狐
北极狐 粹白狐 九尾狐 假威狐 听冰狐
听讲狐 通天狐
晋文次狐 狡猾如狐 社鼠城狐 威假虎狐
直笔董狐
猛虎不如群狐/

弧 hú ①弓的通称。②木弓。③圆周的一段。④违戾。

长弧 电弧 岛弧 弓弧 括弧 控弧
琅弧 鳌弧 木弧 双弧 设弧 桑弧
天弧 桃弧 弯弧 形弧 象弧 悬弧
燕弧 张弧
弦木为弧

胡 hú ①我国古代称北方的少数民族。②乱。③文言疑问语气词。④胡须。⑤兽颔下垂部分。⑥何。

安胡 板胡 垂胡 柴胡 大胡 东胡
雕胡 二胡 风胡 卦胡 肥胡 戈胡
高胡 含胡 函胡 模胡 京胡 贾胡
卢胡 连胡 南胡 麻胡 秋胡 秦胡
四胡 太胡 西胡 黠胡 云胡 钟胡
躐胡
京二胡 络腮胡 劝酒胡 仁丹胡 山羊胡
老臊胡 月氏胡
一圈银胡
上马击狂胡/

湖 hú 陆地上聚集水多的地方。

北湖 春湖 大湖 冬湖 东湖 鼎湖
鹅湖 江湖 加湖 旧湖 镜湖 礁湖
昆湖 内湖 两湖 灵湖 卢湖 渌湖
南湖 练湖 撩湖 明湖 锦湖 平湖
秋湖 晴湖 钱湖 二湖 山湖 双湖
申湖 太湖 芜湖 文湖 五湖 小湖
潟湖 湘湖 舄湖 夏湖 阳湖 盐湖
鸳湖
冰川湖 冰水湖 冰壶湖 冰蚀湖 冰碛湖
鄱阳湖 赤砭湖 闯江湖 大明湖 淡水湖
断层湖 洞庭湖 弓形湖 红藕湖 贺家湖
昆明湖 九鲤湖 牛轭湖 绿扬湖 老江湖
莫愁湖 明月湖 跑江湖 排水湖 青草湖
泣鼎湖 人工湖 水光湖 拾翠湖 天鹅湖
万顷湖 玄武湖 西子湖 咸水湖 玉娘湖
鸳鸯湖 岩溶湖 莺脰湖 走江湖

扁舟五湖　闯荡江湖　浪迹江湖　三江五湖
藻绘西湖　范蠡泛湖
不若相忘于江湖/西施泛五湖/功成去五湖/范蠡出五湖/范蠡泛五湖/

瑚 hú　［珊瑚］一种腔肠动物所分泌的石灰质东西，形状像树枝。可做装饰品。

六瑚　四瑚　珊瑚　玉瑚
碎珊瑚　击珊瑚
击碎珊瑚　铁网珊瑚

鹕 hú　［鹈鹕］水鸟名，俗叫"淘河"体大嘴长，捕食鱼类。

鹈鹕

糊 hú　又音 hū　hù　①黏合。②稠粥。

裱糊　稠糊　含糊　黏糊　糨糊　烂糊
马糊　迷糊　模糊
绵漫糊　麻糊糊　玉米糊　纸窗糊　棒子糊
刷糨糊
化学糨糊

醐 hú　［醍醐］精制的奶酪。

清醐　醍醐　□醐
如饮醍醐

壶 hú　一种有把儿有嘴的容器，通常用来盛茶、盛酒等。

百壶　大壶　半壶　冰壶　便壶　茶壶
春壶　蟾壶　帝壶　断壶　倒壶　方壶
凫壶　宫壶　花壶　瓠壶　金壶　酒壶
孔壶　六壶　内壶　尿壶　狼壶　暖壶
漏壶　鲁壶　入壶　喷壶　蓬壶　倾壶
挈壶　水壶　汤壶　唾壶　投壶　提壶
铜壶　仙壶　悬壶　玉壶　有壶　夜壶
银壶　雁壶　圆壶　中壶　执壶
百娇壶　百兽壶　茶汤壶　大官壶　凤鱼壶
击玉壶　击歌壶　咖啡壶　卖药壶　票纹壶
缥粉壶　青田壶　缺唾壶　烧心壶　碎唾壶
用方壶　小方壶　云女壶　瘿木壶
击碎唾壶　击缺唾壶　青田之壶　食箪浆壶
雅歌投壶　齐君投壶　王敦击壶　玉女投壶
哪把壶不开提哪把壶/洛阳亲友如相问，一片冰心在玉壶/贮乾坤于一壶/

斛 hú　量器名。

百斛　杯斛　古斛　升斛　石斛　数斛
万斛　末斛　小斛　一斛
尘满斛　愁成斛　方石斛　三百斛　司农斛
株一斛
温成万斛　泉源万斛

鹄 hú　又音 gǔ　鸟名，也叫天鹅。

哀鹄　白鹄　别鹄　苍鹄　词鹄　翠鹄
独鹄　父鹄　放鹄　寡鹄　鸹鹄　化鹄
侯鹄　海鹄　黄鹄　皓鹄　鸿鹄　江鹄
刻鹄　鸾鹄　木鹄　亲鹄　二鹄　水鹄
四鹄　天鹄　田鹄　文鹄　云鹄　翔鹄
雄鹄　一鹄　夜鹄　野鹄　养鹄　雁鹄
正鹄　若鹄　选鹄
鹓不鹄　摩天鹄　清如鹄　若水鹄
画虎刻鹄　周师猿鹄

縠 hú　有皱纹的纱。

不縠　碧縠　尺縠　翠縠　动縠　红縠
净縠　罗縠　锦縠　绮縠　生縠　沙縠
纱縠　文縠　雾縠　纨縠　烟縠　丈縠
动雾縠　牵翠縠

觳 hú　［觳觫］恐惧得发抖。

不觳　大觳　俭觳　五觳
长及觳

虎 hǔ　①猛兽名。②老虎。③脸上露出凶恶的表情。④比喻威武勇猛。

艾虎　白虎　伴虎　笔虎　搏虎　壁虎
貔虎　暴虎　刺虎　豺虎　雌虎　痴虎
藏虎　打虎　灯虎　帝虎　渡虎　饿虎
风虎　飞虎　伏虎　分虎　非虎　匪虎
浮虎　符虎　蜂虎　铸虎　缚虎　化虎
画虎　孩虎　虎虎　见虎　金虎　激虎
棍虎　老虎　龙虎　芦虎　猎虎　蜡虎
狼虎　螭虎　馁虎　履虎　马虎　猛虎
扑虎　罴虎　驱虎　群虎　骑虎　二虎
如虎　乳虎　水虎　石虎　市虎　死虎
射虎　松虎　乘虎　蛇虎　神虎　鼠虎
天虎　谈虎　铜虎　无虎　文虎　卧虎

为虎　小虎　狎虎　哮虎　蝎虎　虓虎
绣虎　玉虎　袁虎　幼虎　养虎　夜虎
蝇虎　遇虎　翼虎　纸虎　制虎　逐虎
不怕虎　白额虎　爬山虎　爬墙虎　雌老虎
渡河虎　地上虎　帝作虎　打老虎　电老虎
地老虎　殿上虎　殿中虎　风从虎　冯妇虎
风从虎　凤凤虎　过山虎　火与虎　韩擒虎
孤假虎　踞牙虎　两啸虎　拦路虎　连珠虎
猫画虎　秋老虎　如龙虎　死老虎　诗中虎
射石虎　唐伯虎　文中虎　吴亭虎　笑面虎
巡夜虎　雪毛虎　胭脂虎　纸老虎　周召虎
卞庄刺虎　卞庄擒虎　苍鹰乳虎　除狼得虎
藏龙卧虎　豺群噬虎　打死老虎　道士救虎
冯妇博虎　敲山震虎　贾氏三虎　鸲鹆噪虎
开柙出虎　李广射虎　刘公殿虎　南山射虎
烈裔刻虎　鲁市帝虎　梁姬值虎　没羽之虎
马马虎虎　蒙人叱虎　蒲龙艾虎　螭龙踞虎
鹊集噪虎　如狼似虎　宋均渡虎　市中有虎
生龙活虎　三人成虎　三言成虎　势成骑虎
童恢捕虎　投畀豺虎　徒手搏虎　畏蜀为虎
畏敌如虎　武松打虎　畏狮如虎　握蛇骑虎
信市有虎　稀里马虎　降龙伏虎　雄狮猛虎
云龙风虎　以肉诿虎　壮夫缚虎　灶前老虎
众口成虎　照猫画虎　卓敬冯虎　张守挞虎
三夫成虎　郑氏群虎　官邻金虎　宁成乳虎
伴君如伴虎/初生之犊不畏虎/初生之犊不怕虎/初生之犊不惧虎/吃了砒霜药老虎/卡庄子刺虎/管庄子刺虎/跟官如伴虎/苛政猛于虎/莫易于说鬼，莫难于说虎/前怕狼，后怕虎/前门拒狼，后门进虎/三人成市虎/脱了裤子打老虎/一山不藏二虎/云从龙，风从虎/众口销骨，三人成虎/

唬 hǔ　又音 xià　威吓或蒙混。

吓唬　诈唬

琥 hǔ　矿物名。

白琥　双琥
西方琥

浒 hǔ　又音 xǔ　水边。

河浒　汉浒　谁浒　江浒　水浒

户 hù　①单扇的门。②住户。③门第。④户头。⑤帐册登记的户头。⑥阻止。

挨户　白户　北户　扁户　闭户　编户
出户　存户　昌户　茶户　菜户　柴户
春户　船户　城户　窗户　储户　大户
东户　佃户　定户　订户　当户　地户
洞户　方户　富户　公户　过户　丐户
扃户　挂户　后户　花户　黑户　阖户
匠户　戟户　酒户　绝户　开户　客户
窥户　立户　女户　农户　隶户　流户
猎户　粮户　陵户　落户　门户　民户
灭户　旁户　铺户　蓬户　棚户　启户
辟户　倚户　樵户　鹊户　入户　人户
儒户　三户　上户　生户　石户　首户
升户　守户　桑户　僧户　贴户　庭户
屠户　亡户　万户　外户　网户　小户
纤户　轩户　新户　绣户　玉户　用户
园户　阴户　乐户　夜户　烟户　岩户
映户　绮户　雁户　渔户　狱户　燕户
牖户　中户　主户　庄户　正户　在户
朱户　住户　妆户　租户　照户　债户
账户　紫户　蛰户　藏户
不出户　暴发户　吃大户　采香户　单干户
钉子户　花照户　救济户　乌啼户　冒光户
破落户　千门户　容膝户　十万户　外来户
西南户　修月户　袁安户　子桑户　专业户
走人户　织锦户　珠结户　不脂户　袁安户
安家落户　挨家挨户　挨门挨户　缠门缠户
对门对户　单门独户　独门独户　顶门立户
关门闭户　高门大户　花门柳户　寒族小户
阖门闭户　进门奉户　金门绣户　荆室蓬户
家家户户　另立门户　留侯万户　傍人门户
蓬门荜户　千门万户　千家万户　清门静户
辱门败户　三星在户　小门小户　元胄蔽户
依门旁户　倚旁门户　夜不闭户　自立门户
走门串户　走村串户　朱楼倚户　足不出户
窄门窄户

护 hù　①监领。②保护。③掩藏。④包庇。

爱护　办护　布护　保护　庇护　蔽护
辩护　春护　刁护　等护　防护　固护
拱护　呵护　回护　将护　救护　监护

看护 康护 拦护 落护 偏护 启护
守护 谁护 摄护 挡护 袒护 特护
调护 卫护 维护 佑护 医护 拥护
营护 荫护 养护 掩护 翼护 占护
照护 瞻护 坐护
打掩护
官官相护 环境保护 劳动保护 前车崔护
题诗崔护 谒浆崔护 植物保护

戽

hù 灌田汲水的旧式农具，戽水斗。

斗戽 风戽 水戽

扈

hù ①古国名。②随从。③制止。④披、带。

跋扈 春扈 扈扈 九扈 老扈 卤扈
拨扈 秋扈 桑扈 霄扈 元扈 有扈
尔母扈
飞扬跋扈 专横跋扈

互

hù ①交错。②彼此。③差错。④副词。

编互 舛互 参互 错互 当互 迭互
递互 诡互 回互 虹互 横互 交互
连互 绵互 偏互 盘互 磐互 取互
歧互 乘互 相互 云互 延互
翠微互 天地互

怙

hù 依靠、仗恃。

互怙 失怙 相怙

祜

hù 福。

承祜 薄祜 大祜 多祜 皇祜 介祜
求祜 受祜 天祜 体祜 锡祜 永祜
宗祜 张祜
登山羊祜 浩叹羊祜

糊

hù 又音 hú hū 像粥一样的食物。

面糊
眵目糊 辣椒糊 芝麻糊

笏

hù 古代大臣上朝拿着的手板。

拄笏 赐笏 动笏 夺笏 奉笏 古笏
故笏 掛笏 良笏 袍笏 十笏 上笏
书笏 说笏 投笏 万笏 文笏 小笏
象笏 玉笏 遗笏 相笏 鱼笏 竹笏
执笏 致笏 簪笏 珰笏
看山笏 璆玉笏 满床笏 魏公笏 鱼须笏
西山笏 长官笏
表圣坠笏

瓠

hù 是一种草本植物。

放瓠 画瓠 甘瓠 瓜瓠 枯瓠 巨瓠
金瓠 坚瓠 破瓠 如瓠 杀瓠 食瓠
种瓠
苍体若瓠

朱

zhū ①赤心木。②正红色。③朱砂。

称朱 程朱 唇朱 丹朱 点朱 金朱
禁朱 口朱 离朱 练朱 描朱 尔朱
施朱 陶朱 轩朱 研朱 扬朱 靥朱
银朱 朱朱 斫朱
半林朱 碧成朱 双脸朱 绶拖朱 云山朱
傅粉施朱 面若傅朱 恶紫夺朱 言富称朱
红紫乱朱

诛

zhū ①惩罚。②杀戮。③把罪人杀死。④责罚。

不诛 必诛 当诛 殚诛 伏诛 伐诛
鬼诛 杌诛 禁诛 口诛 连诛 滥诛
门诛 天诛 无诛 外诛 行诛 义诛
有诛 佐诛 坐诛 族诛 遭诛 惧诛
不忍诛 不容诛 斧钺诛 复何诛 两观诛
茅可诛 窃钩诛 涿野诛 下泣诛
不教而诛 笔伐口诛 逵泉之诛 有尾惧诛
势不过诛 罪不容诛

洙

zhū 洙水，洄水的支流。

洛洙 孙洙 泗洙 尹洙

珠

zhū ①珍珠。②像珠子的东西。③似珠的圆滴。

冰珠 宝珠 报珠 碧珠 编珠 玭珠
赤珠 采珠 串珠 朝珠 赐珠 得珠
电珠 顶珠 鹅珠 飞珠 佛珠 粉珠
法珠 繁珠 龟珠 贯珠 钢珠 滚珠
火珠 含珠 怀珠 红珠 还珠 黄珠
荷珠 滑珠 汗珠 鲛珠 菊珠 龙珠
灵珠 良珠 泪珠 弄珠 念珠 联珠

蜡珠　连珠　梁珠　量珠　卵珠　绿珠
骊珠　露珠　美珠　明珠　觅珠　蚌珠
胚珠　浦珠　佩珠　青珠　泣珠　绀珠
琼珠　秦珠　耳珠　蕊珠　三珠　水珠
双珠　蛇珠　数珠　隋珠　丧珠　送珠
无珠　吐珠　探珠　跳珠　偷珠　宛珠
万珠　宛珠　小珠　云珠　悬珠　星珠
雪珠　衔珠　香珠　雪珠　玉珠　眼珠
遗珠　瑶珠　璎珠　珍珠　真珠　智珠
掌珠　摘珠　辎珠　缀珠
不夜珠　白眼珠　报恩珠　出双珠　沧海珠
颏虬珠　合浦珠　汗成珠　黑眼珠　记事珠
九品珠　龙颔珠　灵蛇珠　骊龙珠　落烟珠
露水珠　千金珠　水晶珠　上清珠　隋侯珠
珊瑚珠　颂联珠　天雨珠　探玄珠　唾成珠
弹雀珠　一串珠　一斛珠　雨阵珠　月光珠
夜明珠　夜照珠　早珍珠　自悬珠　招凉珠
照乘珠　掌中珠　转九珠
蚌病成珠　蚌孕双珠　沧海遗珠　垂实如珠
垂垂联珠　翠羽明珠　国器掌珠　海出明珠
惠王之珠　好语似珠　和璧隋珠　合浦还珠
皆获元珠　龙颔借珠　鲛人泣珠　继善种珠
竭池求珠　咳唾成珠　老蚌生珠　灵蛇衔珠
粒粒珍珠　龙颔摘珠　柳条挂珠　绿伞托珠
骊颔探珠　买椟还珠　妙语如珠　破玉锤珠
隋侯之珠　剖腹藏珠　剖蚌求珠　青盘滚珠
泣泪成珠　声如贯珠　记事一珠　瑟瑟灵珠
丝线串珠　探骊获珠　探颔得珠　五星连珠
五氏三珠　卫玠若珠　刳服藏珠　涎玉沫珠
喜获玄珠　噀玉喷珠　象罔寻珠　薪桂米珠
一串骊珠　有眼无珠　鱼目混珠　一字一珠
月满如珠　夜光之珠　薏苡明珠　圆器掌珠
掌上明珠　缀玉联珠　掷米成珠　明月之珠
泣面出珠　颔下之珠　得匣还珠
握灵蛇之珠/薪如桂，米如珠/蚁穿九曲珠/

株

zhū　①露出地面的树根。②植株。③量词。④株连。

病株　分株　根株　鸡株　枯株　老株
两株　灵株　劣株　母株　千株　守株
数株　同株　万株　朽株　犀株　幼株
鸦株　植株
傲霜株　八百株　八九株　花满株　橘千株
锦千株　柳五株　千万株　珊瑚株　陶令株
杏八株
待兔守株　雌雄同株　雌雄异株　枯木朽株
柳吐绿株　陶宅五株　因兔守株

铢

zhū　古代的重量单位。

九铢　数铢　五铢　万铢　锱铢
计较锱铢　算尽锱铢

蛛

zhū　蜘蛛。

壁蛛　垂蛛　钢蛛　饥蛛　喜蛛　詹蛛
檐蛛　蛛蛛　蜘蛛
报善蛛　网户蛛　红蜘蛛　火蜘蛛　罥钗蛛
棉红蜘蛛　报喜蜘蛛　垂户蜘蛛

诸

zhū　①众，许多。②之于、之乎的合音。③凡是。

扁诸　藏诸　方诸　扶诸　付诸　忽诸
公诸　居诸　敬诸　鉴诸　撰诸　孟诸
梅诸　盟诸　偏诸　其诸　望诸　于诸
有诸
熊背专诸

猪

zhū　体肥多肉的一种家畜。

貑猪　白猪　蠢猪　大猪　打猪　豆猪
肥猪　公猪　花猪　活猪　海猪　豪猪
獾猪　江猪　箭猪　娄猪　毛猪　米猪
卖猪　母猪　苗猪　墨猪　肉猪　山猪
生猪　杀猪　田猪　煺猪　瘟猪　小猪
养猪　野猪　仔猪　种猪　宰猪
白条猪　河阳猪　荷兰猪　架子猪　壳郎猪
老母猪
胡广饲猪　一龙一猪　一亩一猪
死了张屠户，不吃浑毛猪/

术

zhú　又音 shù　多年生草本植物，可入药。

白术　苍术　服术　莪术　秋术　山术
收术　松术　食术　术术　种术

竹

zhú　①竹子。②竹制乐器。③竹筒。

爱竹　昂竹　白竹　比竹　斑竹　编竹
爆竹　苍竹　成竹　楚竹　残竹　春竹
雌竹　葱竹　慈竹　窗竹　翠竹　大竹

代竹　笛竹　帝竹　毒竹　淡竹　恶竹
风竹　方竹　凤竹　伐竹　粉竹　腐竹
古竹　高竹　怪竹　格竹　刚竹　孤竹
汗竹　好竹　花竹　黄竹　画竹　荒竹
黑竹　击竹　晋竹　金竹　挟竹　荆竹
棘竹　箭竹　涧竹　空竹　哭竹　枯竹
苦竹　看竹　老竹　龙竹　绿竹　泪竹
良竹　南竹　裂竹　楠竹　簕竹　木竹
毛竹　美竹　麻竹　茂竹　茅竹　墨竹
剖竹　破竹　濮竹　邛竹　青竹　骑竹
藓竹　箬竹　山竹　石竹　水竹　孙竹
丝竹　松竹　瘦竹　疏竹　天竹　涕竹
兔竹　文竹　小竹　仙竹　秀竹　修竹
雪竹　新竹　溪竹　湘竹　云竹　玉竹
异竹　宜竹　鱼竹　阴竹　岩竹　幽竹
银竹　野竹　烟竹　朱竹　杖竹　柱竹
种竹　醉竹　紫竹
风动竹　凤尾竹　凤凰竹　拂云竹　观音竹
高节竹　过墙竹　故人竹　公孙竹　化龙竹
河宁竹　淮南竹　井冈竹　鸡头竹　居士竹
柯亭竹　弄月竹　莱公竹　龙孙竹　千竿竹
淇园竹　人面竹　桃枝竹　天亲竹　投陂竹
停雪竹　虚心竹　湘妃竹　湘娥竹　萧萧竹
湘君竹　胸中竹　雨痕竹　迎风竹　云罔竹
子母竹　壮如竹　子猷竹　胸有竹　莱公竹
抱鸡养竹　江娥啼竹　金石丝竹　茎象青竹
寇公枯竹　鲇鱼上竹　茂林修竹　茂林秀竹
孟宗哭竹　乔松疏竹　青松翠竹　雪松翠竹
势如破竹　昙缀丝竹　湘妃泣竹　湘妃斑竹
胸有成竹　与可画竹　易如破竹　张仪折竹
哀丝豪竹　栖梧食竹　江娥啼竹
王徽之爱竹/郑板桥画竹/

竺　zhú　①姓。②有关佛教的。③印度的古译名。

乾竺　三竺　天竺　无竺　西竺　下竺
中竺

逐　zhú　①赶走。②追赶。③驱逐。④竞争。⑤依次。

不逐　逼逐　奔逐　摈逐　斥逐　驰逐
趁逐　骋逐　黜逐　发逐　放逐　共逐
缓逐　诃逐　交逐　竞逐　较逐　角逐
撵逐　马逐　梦逐　追逐　迁逐　弃逐
驱逐　日逐　示逐　尸逐　勿逐　心逐
相逐　争逐　征逐　追逐　逐逐
夸父逐　千里逐　香风逐
酒食征逐　群雄角逐　豕窜狼逐
一兔走而百人逐/

烛　zhú　①火炬。②蜡烛。③照亮。

秉烛　炳烛　寸烛　禅烛　残烛　大烛
电烛　地烛　洞烛　飞烛　风烛　凤烛
高烛　宫烛　釭烛　桂烛　火烛　花烛
华烛　桦烛　辉烛　借烛　举烛　剪烛
翦烛　刻烛　龙烛　列烛　朗烛　牢烛
莲烛　蜡烛　兰烛　粼烛　明烛　旁烛
上烛　岁烛　盛烛　神烛　燃烛　吐烛
玄烛　香烛　玉烛　吟烛　夜烛　银烛
执烛　置烛　转烛　烛烛　龙烛
垂泪烛　洞房烛　分光烛　金莲烛　南天烛
凝脂烛　莲炬烛　龙衔烛　冷翠烛　兰房烛
调玉烛　仙人烛　月如烛　洋蜡烛　摇红烛
夜来烛
不燃官烛　洞房花烛　风中之烛　风中残烛
风前残烛　嵇康灭烛　扣槃扪烛　扣盘扪烛
龙凤喜烛　刘沔双烛　石火风烛　西窗剪烛
夜阑秉烛　照天蜡烛

蠋　zhú　蝴蝶。

蚕蠋　藿蠋　踯蠋
蜎蜎蠋

躅　zhú　①足迹。②踯躅。

尘躅　芳躅　改躅　高躅　轨躅　华躅
局躅　继躅　蹋躅　连躅　劳躅　前躅
遗躅　踊躅　游躅　遊躅　蹢躅　踯躅
躅躅
红踯躅　凌云躅　山郑躅

舳　zhú　船尾和船头，也指首尾相接的船只。

盖舳　连舳　南舳　驴舳　玉舳
苍鹰舳

主　zhǔ　①主人。②物主。③掌管。④主张。⑤最重要的。⑥主持。⑦预示。

爱主　奥主　本主　班主　帮主　兵主

宾主　霸主　车主　财主　春主　船主
大主　丁主　店主　东主　地主　道主
得主　夫主　府主　房主　副主　公主
供主　贵主　国主　孤主　雇主　顾主
龟主　火主　户主　行主　后主　还主
货主　惑主　吉主　旧主　君主　举主
寄主　极主　救主　家主　教主　郡主
祭主　爵主　苦主　力主　女主　内主
劳主　狼主　领主　栗主　练主　木主
芒主　民主　买主　庙主　牧主　明主
卖主　谋主　盟主　雀主　人主　荣主
山主　石主　失主　社主　圣主　俗主
尚主　松主　事主　神主　宿主　施主
搠主　天主　田主　题主　无主　王主
为主　物主　屋主　窝主　翁主　先主
县主　雄主　业主　月主　园主　易主
原主　有主　浴主　英主　长主　庄主
作主　自主　州主　宗主　做主　真主
债主　座主　寨主
陈后主　东道主　风雅主　吠非主　逋逃主
封建主　房产主　观所主　鬼择主　花有主
湖山主　翰林主　花天主　救世主　奴隶主
农奴主　二地主　社稷主　松菊主　神明主
天下主　万物主　万儿主　小业主　长公主
造物主　庄园主　真英主
不由自主　独立自主　独具自主　当家做主
恶霸地主　吠非真主　反客为主　翻身做主
豪无民主　基业易主　军事民主　六神无主
绿珠辞主　卖卜季主　梅花屋主　身不由主
铁扇公主　五色无主　物归原主　物各有主
心里没主　先入为主　喧宾夺主　以栗为主
宜伯木主　冤家债主　寓氏公主　做东道主
犬马恋主　狗吠非主　五色无主
灶王爷的横批，一家之主/腐木不可以为柱，卑人不可以为主/狗吠非其主/家有家主，庙有庙主/儿无常父，衣无常主/司马炎废魏主/孙悟宝制服铁扇公主/五心不做主/王伦当梁山寨主/一物自有一主/一客不烦二主/冤有头，债有主/一客烦二主/

拄

zhǔ　扶着和支持身体的手杖。

撑拄　支拄

渚

zhǔ　①水中小陆地。②水涯。

北渚　宝渚　板渚　川渚　成渚　春渚
苍渚　对渚　钓渚　风渚　凫渚　顾渚
后渚　华渚　花渚　环渚　虹渚　荒渚
寒渚　鸿渚　鹤渚　鄂渚　金渚　荆渚
津渚　江渚　牛渚　练渚　柳渚　流渚
菱渚　兰渚　朋渚　茗渚　媚渚　庙渚
浅渚　曲渚　鹊渚　去渚　秋渚　送渚
沙渚　莎渚　逝渚　潭渚　汀渚　五渚
晚渚　小渚　下渚　星渚　戏渚　雪渚
轩渚　溪渚　象渚　湘渚　新渚　因渚
远渚　幽渚　烟渚　银渚　雁渚　中渚
洲渚　遵渚
柴桑渚　洞庭渚　芙蓉渚　富春渚　牛口渚
劳劳渚　天孙渚　桃花渚　江有渚　潇湘渚
鸳鸯渚
绝机汉渚　袁宏泊渚

煮

zhǔ　①把食物放在水中加热至熟。②煮盐。

炊煮　茶煮　管煮　羔煮　火煮　缓煮
卤煮　煎煮　烂煮　烹煮　石煮　水煮
固煮　通煮　熏煮　宵煮　新煮　蒸煮
豆难煮　和根煮　缓火煮　庖人煮　敲冰煮
琪花煮　雪水煮　一锅煮　夜深煮

属

zhǔ　又音 shǔ　①连缀。②意念集中在一点。③佩系。④集合。

波属　奔属　服属　付属　联属　朴属
水属　相属　羽属　衣属　愿属　属属
缀属
前后相属

嘱

zhǔ　①告诫。②托付，叮嘱。

叮嘱　医嘱　遗嘱　至嘱
以事相嘱

瞩

zhǔ　注视。

俯瞩　改瞩　环瞩　近瞩　灵瞩　览瞩
留瞩　旁瞩　天瞩　停瞩　眺瞩　下瞩
遐瞩　欣瞩　遊瞩　遥瞩　凝瞩　震瞩
瞻瞩
高瞻远瞩

麈 zhǔ 古书上指鹿一样的动物。尾巴毛可以拂尘。

挥麈 谈麈

褚 zhǔ 又音 chǔ ①在衣服里铺丝绵。②口袋。

寸褚 房褚 高褚 故褚 家褚 空褚
来褚 倾褚 上褚 小褚 下褚 衣褚
原褚 中褚

伫 zhù 长时间站着。

伧伫 久伫 拘伫 空伫 企伫 实伫
停伫 小伫 钦伫 虚伫 延伫 凝伫
踌伫

苎 zhù 又音 níng 苎麻，多年生草本植物。

剥苎 葛苎 麻苎 漂苎 青苎
桑苎
种苎
千亩苎 一束苎

纻 zhù 苎麻织成的布。

白纻 贩纻 缟纻 夹纻 绫纻 麻纻
沤纻 青纻 丝纻 投纻 细纻 雪纻
绨纻 溪纻 绮纻 织纻
公子白纻 公孙白纻

贮 zhù ①贮藏。②久远。③盛放。

发贮 封贮 腹贮 广贮 积贮 窖贮
留贮 满贮 青贮 私贮 收贮 盛贮
心贮 箱贮 衣贮 延贮
采楼贮 金屋贮 金满贮 锦囊贮 囊中贮
五麻贮 玉缸贮 银瓶贮

助 zhù ①帮助。②传说是殷代的租赋制度。

补助 帮助 裨助 臂助 次助 多助
非助 扶助 弗助 福助 辅助 公助
共助 更助 寡助 互助 借助 济助
救助 捐助 奖助 赍助 匡助 力助
内助 乐助 能助 莫助 冥助 劝助
求助 日助 天助 谈助 勿助 我助
心助 相助 协助 雪助 襄助 医助
欲助 祐助 语助 援助 邀助 翼助
支助 自助 资助 赞助
百金助 拨苗助 灯火助 江山助 贤内助
知己助
爱莫能助 拔刀相助 得道多助 互相帮助
缓急相助 江山之助 经济援助 解囊相助
失道寡助 守望相助 同恶相助 天佑神助
足资误助
得道多助，失道寡助/路见不平，拔刀相助/

住 zhù ①停止。②留下。③居住。

不住 百住 长住 常住 打住 堵住
挡住 顶住 逮住 扼住 惯住 唤住
久住 记住 进住 借住 居住 家住
寄住 截住 扣住 苦住 留住 拦住
拿住 拢住 买住 迷住 蒙住 且住
潜住 身住 神住 同住 停住 稳住
畏住 小住 羞住 挹住 咬住 永住
有住 止住 捉住 抓住 站住 遮住
暂住
岸上住 熬不住 保不住 备不住 背不住
吃不住 吃得住 春且住 对不住 对得住
挂不住 搁不住 搁得住 君且住 架不住
架得住 佳处住 禁不住 禁得住 酒中住
靠不住 靠得住 临水住 留花住 留春住
联墙住 忍不住 投竿住 挺得住 走持住
站得住
按捺不住 双手接住 双手搂住 招架不住
水浅鱼不住/走了一步说一步，哪里黑了哪里住/

注 zhù ①灌入。②集中在一起。③投。④用文字来解释词句。⑤记载。⑥附着。⑦附着。⑧赌注。

不注 本注 北注 波注 补注 备注
奔注 标注 垂注 春注 侧注 绰注
大注 东注 点注 赌注 飞注 分注
附注 复注 跗注 勾注 关注 共注
更注 孤注 贯注 感注 灌注 合注
回注 汉注 加注 金注 记注 夹注
校注 浇注 简注 醉注 集注 脚注
笺注 眷注 立注 泪注 流注 连注
鸟注 来注 睨注 凝注 目注 批注
旁注 巧注 泉注 诠注 情注 窃注
签注 麈注 倾注 翘注 二注 如注

水注 剡注 疏注 五注 外注 瓦注
小注 下注 先注 西注 心注 详注
泄注 选注 训注 修注 新注 易注
仪注 引注 雨注 淫注 押注 译注
挹注 遥注 子注 自注 专注 支注
朱注 郑注 传注 转注
百川注 华不注 青简注 起居注 水经注
五经注 周官注
大雨如注 卢三改注 全神贯注 血流如注
依经傍注 凝神专注

驻 zhù ①停止。②停留在一个地方。

笔驻 常驻 迴驻 鹤驻 可驻 空驻
久驻 进驻 驾驻 兢驻 留驻 派驻
少驻 日驻 师驻 屯驻 停驻 偷驻
危驻 小驻 星驻 云驻 永驻 占驻
暂驻
红颜驻 龙节驻

柱 zhù ①柱子。②像柱子的东西。③直立。

冰柱 宝柱 抱柱 础柱 拆柱 翠柱
代柱 底柱 砥柱 飞柱 干柱 光柱
高柱 火柱 花柱 环柱 华柱 蛤柱
蒿柱 击柱 角柱 金柱 脊柱 胶柱
矿柱 立柱 龙柱 梁柱 棱柱 睨柱
篱柱 兰柱 攀柱 权柱 虬柱 桥柱
枪柱 琴柱 三柱 石柱 双柱 水柱
四柱 沙柱 天柱 台柱 题柱 樘柱
铁柱 铜柱 绣柱 玉柱 依柱 倚柱
烟柱 雁柱 圆柱 楹柱 支柱 住柱
珠柱 筝柱 凿柱 鳌柱
抱信柱 顶梁柱 栋梁柱 华表柱 江珧柱
江瑶柱 金龙柱 明珠柱 秋千柱 擎天柱
十三柱 水银柱 水精柱 珊瑚柱 天无柱
题桥柱
冰绘玉柱 霹雳破柱 抽梁换柱 李膺破柱
马援铜柱 偷梁换柱 尾生抱柱 相如题柱
中流砥柱
家无主，屋倒柱/

炷 zhù ①灯中火炷。②灯芯。③点香。

艾炷 大炷 灯炷 高炷 蕙炷 蓝炷
兰炷 十炷 试炷 深炷 小炷 下炷
香炷 玄炷 一炷 夜炷
心香一炷

砫 zhù [石砫]地名，在重庆市。

石砫

蛀 zhù 蛀虫。

虫蛀 遭蛀
木犀蛀
蚁食虫蛀 风蚀虫蛀

杼 zhù 织布机上的梭子。

操杼 春杼 风杼 机杼 龙杼 弄杼
雷杼 日杼 释杼 梭杼 投杼 仙杼
义杼 欲杼 鸳杼 流杼 砧杼
催机杼 断机杼 鲛人杼 邻家杼
别出机杼 三告投杼 自出机杼 曾母投杼

祝 zhù ①断绝。②请求。③司祭礼的人。④祝祷词。

暗祝 必祝 拜祝 持祝 灯祝 大祝
伺祝 奠祝 祷祝 雩祝 诡祝 工祝
进祝 举祝 教祝 禁祝 口祝 六祝
庙祝 秘祝 密祝 卜祝 庆祝 三祝
尺祝 善祝 寿祝 神祝 觞祝 太祝
巫祝 小祝 笑祝 预祝 愚祝 野祝
遥祝 殷祝 咒祝 宗祝 致祝 祝祝
坐祝 诅祝
千秋祝 汤饼祝 豚酒祝
华封三祝 焦湖庙祝 亡国怨祝 馨香祷祝
祭祀必祝 望空代祝 大家公祝

著 zhù 又音 zhuó ①显著。②写作。③著作。④记载。

不著 别著 炳著 编著 丛著 错著
大著 定著 地著 废著 耿著 功著
合著 巨著 榻著 较著 立著 论著
门著 名著 明著 启著 情著 失著
世著 俟著 事著 土著 文著 未著
伟著 心著 显著 因著 原著 译著
遗著 渊著 自著 专著 执著 卓著
拙著 焯著 昭著 课著 撰著
悔吝著 交不著 廉洁著 盛名著 县象著

臭名昭著　鸿章巨著　鸿篇巨著　皇皇巨著
见微知著　积微致著　令名攸著　劣迹昭著
信誉卓著　勋劳卓著　众目昭著　识微知著
罪恶昭著　彰明昭著　彰明较著
若要安乐，不脱不著/死棋肚里有仙著/

箸 zhù　筷子。

匕箸　别箸　冰箸　插箸　放箸　火箸
交箸　金箸　借箸　六箸　两箸　前箸
如箸　入箸　失箸　沙箸　食箸　投箸
铁箸　下箸　象箸　玉箸　只箸　折箸
置箸
垂玉箸　何曾箸　失匕箸　文犀箸　良借箸
超超玄箸　刘备失箸　闻雷失箸　亚夫讨箸
纣为象箸　张良借箸

翥 zhù　鸟向上飞。

并翥　低翥　飞翥　凤翥　光翥　迴翥
鸿翥　骞翥　龙翥　露翥　鸣翥　轻翥
腾翥　檀翥　轩翥　羽翥　翔翥　远翥
霸毛翥　金雀翥
鸿轩凤翥　龙盘凤翥　龙蟠凤翥　龙翔凤翥
鸾翔凤翥　麟超龙翥

铸 zhù 把金属熔化后倒在模子里制器物。

不铸　别铸　电铸　雕铸　锻铸　放铸
官铸　更铸　鼓铸　合铸　加铸　奸铸
金铸　浇铸　可铸　民铸　熔铸　镕铸
陶铸　压铸　冶铸　煮铸
铜打铁铸　铜浇铁铸

筑 zhù　①建造。②古代玄乐器。③捣土使坚实。④贵阳的另称。⑤捣土的杵。

北筑　别筑　备筑　板筑　版筑　悲筑
创筑　功筑　构筑　耕筑　搆筑　鼓筑
九筑　击筑　举筑　浇筑　基筑　建筑
鸣筑　卜筑　琴筑　十筑　小筑　修筑
新筑　岩筑　远筑　营筑　幽筑　早筑
总筑　筝筑　增筑
渐离筑　秦中筑　新坦筑　燕台筑
悲歌击筑　工事构筑　傅说版筑　渐离击筑
上层建筑　债台高筑

出 chū　①从里面到外面。②离开。③产生。④发生。⑤出任。⑥显露。⑦支出。⑧超出。

爱出　不出　百出　拔出　辈出　虫出
吹出　初出　层出　重出　裁出　超出
察出　侧出　错出　当出　迭出　地出
叠出　独出　嫡出　隋出　淡出　夫出
飞出　分出　付出　泛出　法出　发出
放出　浮出　复出　蜂出　公出　贵出
革出　刚出　榾出　鼓出　何出　化出
幻出　汗出　划出　呼出　迴出　尽出
交出　角出　进出　间出　惊出　将出
杰出　洁出　简出　精出　绝出　口出
看出　六出　内出　列出　理出　量出
阑出　每出　名出　冒出　卖出　娩出
呕出　旁出　喷出　抛出　七出　气出
切出　轻出　请出　歧出　潜出　日出
四出　舌出　生出　私出　身出　伸出
送出　首出　神出　庶出　声出　岁出
所出　说出　试出　崇出　渗出　势出
输出　凸出　吐出　剔出　退出　脱出
特出　提出　突出　跳出　陶出　挺出
无出　文出　勿出　外出　晚出　妄出
心出　析出　闲出　写出　戏出　选出
先出　现出　秀出　泻出　显出　削出
洗出　协出　新出　云出　引出　易出
轶出　月出　言出　有出　远出　夜出
语出　逸出　涌出　演出　燕出　溢出
子出　支出　正出　再出　自出　争出
折出　纵出　卓出　展出　忠出　逐出
罪出　指出　做出　绽出　暂出　走出
早出　长出
不世出　第一出　孤烟出　灵境出　醴泉出
荣光出　脱颖出　新诗出　易衣出　由中出
洲渚出
悖入悖出　冲口而出　层见叠出　丑态百出
层见错出　错误百出　杜门不出　夺门而出
和盘托出　呼之欲出　和盘托出　祸从口出
计无所出　酒入舌出　浓淡便出　量入为出
漏洞百出　墨如泼出　矛盾百出　平入平出
旁求侧出　旁逸斜出　排门而出　破门而出
破绽百出　喷薄欲出　倾巢而出　权变锋出

全盘托出　入不敷出　人才辈出　水落石出
世不二出　深入浅出　深居简出　蛇入鼠出
投入产出　脱口而出　脱颖而出　探口而出
挺身而出　笑话百出　云开口出　原为同出
英雄辈出　颖囊未出　政由己出　资本输出
原为同出　昼伏夜出
红刀子进，白刀子出/病从口入，祸从口出/茶壶装饺子，有货倒不出/风从地起，云从山出/哭不出，笑不出/水多了什么虾蟹都有，山大了什么鸟兽都出/一只耳朵进，一只耳朵出/一字入公门，九牛拨不出/左耳听，右耳出/

初 chū ①开始。②当初。③引起追叙往事之词。④副词。
春初　当初　冬初　反初　复初　古初
花初　黄初　厥初　几初　开初　年初
起初　秋初　如初　岁初　遂初　太初
泰初　往初　夏初　月初　有初　原初
夜初　最初
拜谒初　百花初　出路初　春草初　草昧初
我生初　化龙初　冱寒初　霁景初　绿阴初
庙堂初　二毛初　受恩初　识面初　睡起初
天地初　桃花初　填厥初　晚钟初　夕阳初
杏花初　变叶初　月来初　月出初　雁飞初
何必当初　和好如初　恍然若初　悔不当初
完好如初　远识太初
早知今日，何必当初/早知今日，悔不当初/

樗 chū 樗树，即臭椿树。
寒樗　山樗　散樗　新樗　庄樗　壮樗
不材樗　官道樗
胡嫔争樗

刍 chú ①割草。②牲口吃的草。③草把。
不刍　必刍　从刍　反刍　芳刍　负刍
化刍　牧刍　苾刍　生刍　束刍　投刍
涂刍　香刍　薪刍　置刍
甘露刍　玉山刍
反裘负刍　徐稚置刍　为置牛刍

鸰 chú ［鹓鸰］古代传说中像凤凰一样的鸟。
鹓鸰

雏 chú ①小鸡。②泛指幼小动物。③事物初具的规模。
凤雏　哺雏　凫雏　呼雏　九雏　将雏
鸡雏　龙雏　鸟雏　匹雏　鹏雏　乳雏
吓雏　宛雏　引雏　育雏　鸭雏　燕雏
鹓雏　鄹雏
一匹雏　燕方雏　燕调雏　雉方雏　疑鹓雏
猜意鹓雏　雕鸟哺雏　凤引九雏　卧龙凤雏
龙驹凤雏　陆云凤雏　勿论年雏

除 chú ①去掉。②宫殿的台阶。③减免。④修治。⑤拜官授职。⑥不计算在内。
不除　拜除　拔除　摒除　摈除　拆除
乘除　铲除　铲除　乘除　黜除　撤除
锄除　划除　丹除　涤除　荡除　雕除
剟除　防除　复除　废除　拂除　粪除
归除　公除　革除　根除　割除　化除
划除　害除　豁除　阶除　歼除　戒除
建除　解除　剪除　翦除　剿除　鹚除
开除　扣除　揩除　类除　连除　灭除
免除　明除　泯除　平除　屏除　刨除
破除　排除　辟除　迁除　去除　切除
清除　轻除　祛除　驱除　弭除　攘除
岁除　洒除　芟除　扫除　埽除　骚除
删除　庭除　剔除　堂除　殄除　祓除
王除　屋除　消除　削除　羡除　销除
早除　折除　斩除　逐除　摘除　真除
诛除　整除
大扫除　纲罗除　酒消除　青蔓除　二惑除
习气除　月临除
风雨攸除　日月共除　手到病除　药到病除
扶辇下除　听事前除
爆竹声中一岁除/

蜍 chú ［蟾蜍］俗名叫“癞蛤蟆”皮上有许多疙瘩，内有毒腺。
蟾蜍　螗蜍　玉蜍
粉蟾蜍　玉蟾蜍　砚滴蜍
月中蟾蜍
守宫蜥蜴粉蟾蜍/

锄 chú ①翻草、松土的农具。②挖土。③铲除。
不锄　把锄　持锄　春锄　负锄　挂锄
耕锄　荷锄　挥锄　荒锄　开锄　犁锄

闷锄 亲锄 薅锄 芟锄 兴锄 夏锄
携锄 银锄 耘锄 松锄 耰锄 自锄
诛锄
带日锄 带月锄 带轻锄 鹤头锄 破云锄
踏雪锄 鸦咀锄
前耕后锄 一肩两锄
芳兰生门，不得不锄/

厨 chú ①厨房。②烹饪。③主持烹饪的人。

八厨 宝厨 帮厨 东厨 郇厨 监厨
酒厨 俊厨 内厨 名厨 疱厨 琼厨
山厨 食厨 天厨 王厨 下厨 仙厨
行厨 香厨 一厨 尧厨 烟厨 御厨
正厨 中厨 斋厨 掌厨
冰室厨 步兵厨 郇公厨 甘露厨 鸟窥厨
露充厨 香积厨 山厨厨 膳羞厨 越俎厨
樱笋厨 煮豆厨
君子远庖厨/

橱 chú 一种前面有门能放置东西的家具。

被橱 壁橱 柜橱 书橱 纱橱 躺橱
碗橱 衣橱
床边橱 五斗橱 碧纱橱
有脚书橱

蹰 chú ［踟蹰］心里犹豫，要走不走的样子。

踟蹰 踷蹰

躇 chú ［踌躇］犹豫，拿不定主意。

踌躇 踟躇

处 chǔ 又音 chù ①居住。②存，居。③决定。④交往。⑤中止。⑥安排

不处 捕处 参处 常处 存处 查处
裁处 错处 惩处 代处 单处 定处
地处 独处 敦处 分处 逢处 共处
归处 故处 鳏处 合处 几处 久处
旧处 计处 居处 极处 坚处 静处
谨处 困处 看处 论处 留处 判处
浅处 群处 穷处 棲处 山处 水处
审处 室处 善处 士处 深处 托处
退处 调处 无处 穴处 闲处 相处
用处 议处 移处 野处 游处 燕处
杂处 自处 周处 战处 坐处 酌处
重处 择处 蛰处 责处 诸处
抱义处 高明处 空中处 容易处 同宫处
白云行处 和平共处 和睦相处 陵谷易处
五方杂处 穴居野处 有以善处 岩居穴处
朝夕相处

杵 chǔ ①舂米或捣衣的木棒。②筑土的木锤。

漂杵 碧杵 赤杵 春杵 城杵 捧杵
浮杵 故杵 孤杵 巷杵 花杵 后杵
金杵 肩杵 节杵 力杵 邻杵 灵杵
流杵 琴杵 清杵 琼杵 漂杵 日杵
仞杵 霜杵 湛杵 听杵 兔杵 铁杵
夕杵 香杵 相杵 玉杵 衣杵 倚杵
夜杵 药杵 砧杵
吉祥杵 金莲杵 鸣秋杵 数声杵 往里杵
细腰杵 雪花杵 月中杵 砧干杵
血流漂杵

础 chǔ ①础石。②事物的根本或起点。

沉础 巢础 方础 凤础 后础 纪础
阶础 基础 流础 千础 润础 石础
亭础 文础 绣础 玉础 柱础
花侵础 气蒸础 润柱础 山作础 先流础
云生础
经济基础

楮 chǔ 就是榖树。

白楮 币楮 败楮 笔楮 碧楮 寸楮
方楮 毫楮 缣楮 救楮 江楮 片楮
铜楮 行楮 新楮 玉楮 造楮 芝楮
刻玉楮 入毫楮 三年楮
削玉为楮

储 chǔ ①储蓄。②储君。③等待。

边储 仓储 存储 斗储 冬储 帝储
公储 国储 皇储 积储 军储 年储
明储 痊储 青储 王储 小储 有储
子储 椎储 贮储 珠储 赀储 资储
冰雪储 东西储 九年储 十年储 室无储
儋石储
预识卢储

楚 chǔ ①古国名。②痛苦。③齐整。④鲜明。⑤古时的刑仗。

哀楚 悲楚 榜楚 存楚 陈楚 愁楚
楚楚 苌楚 箠楚 恻楚 棰楚 捶楚
大楚 发楚 故楚 含楚 怀楚 挥楚
欢楚 项楚 艰楚 济楚 荆楚 樌楚
激楚 开楚 苦楚 木楚 蒙楚 平楚
凄楚 齐楚 秦楚 清楚 强楚 悽楚
翘楚 二楚 三楚 收楚 伤楚 束楚
酸楚 挞楚 痛楚 望楚 西楚 休楚
夏楚 新楚 献楚 原楚 吟楚 远楚
老楚 张楚
不清楚 尝梅楚 东途楚 伐荆楚 庚桑楚
何必楚 令狐楚 云横楚 镇吴楚
不清不楚 北辕适楚 笔花入楚 吹箫散楚
敦洽忤楚 口齿清楚 清清楚楚 凄凄楚楚
吐字清楚 条理清楚 伍员覆楚 衣冠楚楚
衣莊楚楚 一清二楚 朝秦暮楚 子胥鞭楚

亍 chù [彳亍]慢慢走路的样子。

彳亍

处 chù 又音chǔ ①处所地方。②行政机关团体的部门。

暗处 爱处 本处 别处 长处 敝处
出处 此处 处处 大处 到处 短处
钓处 方处 放处 古处 谷处 各处
高处 何处 坏处 巷处 害处 患处
涸处 近处 家处 绝处 聚处 静处
苦处 空处 科处 廊处 露处 难处
狼处 木处 明处 妙处 平处 遍处
僻处 区处 去处 启处 群处 四处
生处 所处 是处 深处 散处 宿处
饰处 胜处 随处 同处 他处 调处
痛处 危处 卧处 玩处 下处 行处
响处 详处 用处 远处 余处 逸处
要处 遥处 益处 易处 痒处 游处
誉处 在处 治处 住处 着处 诸处
锥处 好处 某处 高处
不知处 办事处 藏经处 得意处 焚香处
归何处 花开处 花发处 久留处 居静处
嘉遁处 看山处 留题处 鸟啼处 缥囊处
日出处 思家处 射鲛处 神女处 送别处
售票处 谈经处 题诗处 无言处 无寻处
无定处 无是处 险要处 下箸处 云深处
有长处 幽床处 移花处 在何处 作战处
总务处
不足之处 独到之处 风光去处 灵魂深处
密林深处 恰到好处 三无坐处 身首异处
首足异处 所到之处 搔着心处 天下佳处
要害之处 蠹居棋处 小姑独处 白云行处
岩居穴处
此处不留人，自有留人处/大丈夫有泪不轻弹，只因未到伤心处/男儿有泪不轻弹，只因未到伤心处/愚公的住处/生处不如聚处/

怵 chù 恐惧。

充怵 怵怵 悼怵 发怵 惊怵 心怵
诱怵 增怵

绌 chù 不足，不够。

支绌
经费支绌 心余力绌 相形见绌 左支右绌

黜 chù ①降职或罢免。②减损。③摈弃。

不黜 罢黜 贬黜 裁黜 放黜 废黜
见黜 尽黜 纠黜 禁黜 降黜 简黜
克黜 柳黜 暮黜 免黜 屏黜 斥黜
谯黜 谴黜 三黜 受黜 赏黜 神黜
退黜 未黜 相黜 削黜 咸黜 一黜
义黜 自黜 专黜 坐黜 左黜
蔡女黜 柳惠黜 史官黜 一鸣黜
荣辱升黜

畜 chù 又音xù 禽兽，有时专指家养的兽类。

不畜 放畜 公畜 耕畜 家畜 六畜
力畜 牛畜 老畜 难畜 母畜 奇畜
肉畜 乳畜 水畜 兽畜 谁畜 土畜
驮畜 幼畜 养畜 役畜 孕畜 治畜
仔畜 长畜 掌畜
豕交兽畜

搐 chù 牵动。

抽搐

触 chù ①抵、顶。②接触。③触动。④遇着。⑤触犯。

不触 奔触 笔触 枨触 抵触 牴触
点触 羝触 犯触 额触 感触 交触
击触 角触 接触 激触 棱触 怒触
面触 蛮触 摩触 人触 头触 万触
惟触 忤触 相触 意触 指触
闲云触 织芥触
刺称触触 干戈蛮触

憷 chù 害怕，畏缩。

犯憷 发憷

矗 chù ①高耸。②笔直。

矗矗 高矗 斜矗 云矗 月矗

殳 shū 古代的一种用竹子做成的兵器。

抽殳 竿殳 荷殳 挑殳 舆殳 执殳
八觚殳 丈二殳

书 shū ①书籍。②信。③文件。④写字。⑤记载。

爱书 八书 贝书 兵书 标书 宝书
帛书 补书 板书 报书 背书 榜书
谤书 簿书 曝书 尺书 虫书 车书
辞书 丛书 持书 倡书 出书 册书
赤书 抄书 钞书 敕书 成书 残书
除书 驰书 草书 赐书 程书 裁书
藏书 代书 但书 丹书 稻书 短书
点书 多书 读书 方书 飞书 法书
翻书 工书 古书 关书 官书 观书
龟书 国书 故书 稿书 鼓书 回书
汉书 护书 花书 黑书 鹤书 婚书
惠书 计书 旧书 进书 军书 讲书
经书 疾书 浇书 借书 锦书 解书
校书 筋书 家书 寄书 检书 简书
捷书 教书 禁书 谏书 箭书 刊书
快书 看书 刻书 楷书 款书 六书
兰书 令书 来书 历书 蜡书 奴书
录书 洛书 隶书 类书 念书 凭书
妙书 密书 秘书 慢书 盟书 谩书
判书 辟书 聘书 七书 犬书 求书
全书 券书 琴书 情书 漆书 上书
石书 殳书 四书 手书 生书 史书
尚书 送书 受书 诵书 射书 诗书
损书 晒书 署书 嗜书 天书 投书
唧书 图书 题书 通书 帖书 摊书
文书 伪书 纬书 误书 温书 下书
乡书 仙书 行书 血书 学书 写书
寻书 休书 闲书 刑书 相书 修书
降书 狎书 新书 玺书 檄书 玉书
殳书 友书 印书 佣书 羽书 医书
爰书 异书 邮书 淫书 鱼书 药书
样书 遗书 逸书 移书 颜书 寓书
雁书 庸书 韵书 御书 子书 左书
佐书 主书 支书 正书 杂书 字书
竹书 专书 作书 证书 诏书 战书
直书 制书 真书 著书 紫书 载书
篆书
八分书 八行书 八体书 贝叶书 不朽书
白皮书 百家书 保证书 壁中书 婢如书
擘窠书 才子书 尺一书 参考书 藏秘书
咄咄书 谈墨书 读父书 倒薤书 读汉书
等身书 敦诗书 读死书 反左书 封禅书
福音书 腹中书 工具书 故人书 红皮书
黄皮书 黄石书 黄犬书 胡巴书 惠子书
悔过书 换羊书 换鹅书 今瘦书 系帛书
金匮书 金管书 检讨书 绝交书 锦字书
绝命书 教科书 抗议书 蝌蚪书 内史书
牛腹书 阆苑书 蓝皮书 绿皮书 女校书
鲁连书 临池书 鸟虫书 两篌书 鸟唧书
竺泽书 弄獐书 匿名书 坌头书 蚕尾书
雷岸书 名读书 茂陵书 满架书 旁行书
判决书 乞米书 起诉书 犬寄书 犬送书
请战书 小人书 二酉书 三大书 四库书
申请书 识亡书 说明书 时宪书 烧丹书
瘦金书 数行书 太史书 相牛书 万言书
万里书 五云书 五色书 五车书 舞剑书
万卷书 蚊脚书 小说书 向空书 信手书
线装书 相斫书 相牛书 一车书 一本书
一床书 一卷书 一封书 一箭书 一编书
一纸书 右军书 玉府书 议定书 圯桥书
圯上书 引胜书 养生书 意向书 雁足书
子云书 子弟书 中秘书 竹板书 志愿书
枕中书 证明书 种树书 紫泥书

白衣尚书 百科全书 北面授书 毕业证书
博览群书 次道藏书 传言稍书 大书特书
度支尚书 递交国书 咄咄空书 岑忧中书
赐绢市书 奄笔疾书 公车上书 公绰侍书
官修史书 黄犬寄书 红杏尚书 河图洛书
黄石授书 黄耳寄书 黄耳传书 鸿雁传书
鸿雁捎书 郝隆晒书 衡万量书 进履之书
结婚证书 寄雁传书 蒋干盗书 简册帛书
牛角挂书 梁狱上书 梁主焚书 刘协负书
临池学书 刘勰校书 刘杳综书 老不中书
鲁壁藏书 柳城射书 囊萤照书 麟吐玉书
平安豕书 皮里晋书 披览群书 捧读诗书
全权证书 穷愁著书 罄竹难书 罄笔难书
二酉藏书 十年读书 三大奇书 三余读书
山东琴书 山东快书 史不绝书 识字知书
晒腹中书 识礼知书 朔雁传书 撕衣成书
袒腹晒书 徒读父书 铁券丹书 添丁抹书
万金家书 小人儿书 下帷攻书 下帷读书
应用细书 由窦尚书 圯下传书 仰屋著书
虞卿著书 映月读书 燕说郢书 映雪读书
雁足捎书 雁足传书 雁足捎书 蝇头细书
竹筒置书 纵贤群书 走笔疾书 稚子钱书
枕经籍书 掣肘难书 振笔直书 德润拥书
衡石量书 据鞍读书 柳毅传书 牧羊读书
蒲牒写书 柿叶临书 燕足系书

哀的美敦书/无巧不成书/顾炎武读破万卷书/与君一夜话，胜读十年书/九娘娘的天书/尽信书不如无书/荆书杨版写诏书/孔夫子搬家，全是书（输）/孔夫子搬家，尽是书（输）/两耳不闻天下事，一心只读古人书/两耳不闻天下事，一心只读圣贤书/骑牛读汉书/王欢乞食读书/无巧不成书/王羲之临池学书/为人不可不读书/屋里书和肚里书/李密牛角挂书/与君一席话，胜读十年书/郑虔柿叶学书/张丞相草书/张芝临池学书/赵括徒读父书/

抒 shū ①抒发，尽量表达。②汲出。

发抒 难抒 情抒 疏抒 直抒

舒 shū ①伸展。②迟缓。③从容。④舒畅。

安舒 长舒 电舒 发舒 匪舒 哥舒
和舒 花舒 卷舒 宽舒 老舒 柳舒
眉舒 轻舒 申舒 舒舒 望舒 闲舒
羲舒 霞舒 用舒 叶舒 意舒 影舒
自舒 展舒

百花舒 楚天舒 翠盖舒 地气舒 化凤舒
化日舒 金枝舒 筋骨舒 锦屏舒 老来舒
柳叶舒 烂漫舒 暮帆舒 骑筵舒 日旗舒
晚光舒 心自舒 绣衾舒 艳态舒 鸳绵舒
朱颜舒 蕊渐舒

眼笑眉舒 宅相魏舒

枢 shū ①户枢。②主开发的机关。③枢纽关键。

斗枢 电枢 古枢 户枢 化枢 机枢
金枢 均枢 韵枢 礼枢 灵枢 门枢
马枢 卷枢 璇枢 上枢 山枢 松枢
事枢 桑枢 绳枢 天枢 万枢 握枢
西枢 星枢 元枢 运枢 中枢 政枢
紫枢

帝当枢 六部枢 天下枢 赞鸿枢
赤电绕枢 公议袁枢 瓮牖绳枢

叔 shū ①拾取。②称丈夫的弟弟。③称父亲的弟弟。④兄弟的排行，在伯、仲、叔、季为次序中表示第三。

阿叔 伯叔 病叔 表叔 脆叔 博叔
鲍叔 伧叔 从叔 层叔 成叔 常叔
痴叔 丁叔 大叔 范叔 和叔 公叔
蹶叔 蹇叔 孔叔 康叔 老叔 路叔
毛叔 权叔 群叔 二叔 仍叔 世叔
叔叔 太叔 文叔 万叔 望叔 五叔
萧叔 有叔 爷叔 幺叔 夷叔 仲叔
族叔 子叔

傅粉平叔 山踇大叔 轼攻正叔 庄重申叔

菽 shū ①豆类的总称。②大豆。

巴菽 半菽 采菽 赤菽 茶菽 大菽
饭菽 瓜菽 膏菽 含菽 嘉菽 葵菽
来菽 食菽 蔬菽 新菽 芋菽 鱼菽
种菽 啜菽

得时菽 中原菽

淑 shū 善，美。过去指妇女的品德好。

不淑 邦淑 才淑 从淑 惠淑 盥淑

久淑　嘉淑　能淑　明淑　敏淑　清淑
私淑　淑淑　婉淑　贤淑　闲淑　娴淑
英淑　妍淑　咽淑　贞淑
遇人不淑

姝 shū ①美丽，美好。②美好。③美女。

彼姝　待姝　歌姝　娇姝　静姝　令姝
丽姝　靓姝　名姝　明姝　清姝　世姝
姝姝　文姝　吴姝　仙姝　霞姝　暖姝
玉姝　妍姝　院姝　艳姝　庄姝
静女姝　陌上姝　倾城姝　十二姝　郢中姝
燕赵姝
暖暖姝姝
五湖载越姝/

殊 shū ①很，极。②不同。③特殊。④断绝。

安殊　不殊　舛殊　材殊　差殊　独殊
分殊　匪殊　功殊　乖殊　好殊　迥殊
绝殊　家殊　魁殊　令殊　曼殊　邈殊
清殊　人殊　容殊　世殊　散殊　天殊
特殊　体殊　万殊　形殊　星殊　性殊
悬殊　有殊　用殊　优殊　枝殊　政殊
报功殊　拜恩殊　大路殊　风景殊　风教殊
斐然殊　贵贱殊　今古殊　价最殊　礼数殊
鸟声殊　世界殊　世路殊　物态殊　语言殊
众蹩殊
高下悬殊　力量悬殊　日翼月殊　卧榻事殊
士誉多殊　言人人殊　众寡悬殊

倏 shū 很快地，忽然。

闪倏　倏倏

梳 shū 梳理头发的用具。

宝梳　晨梳　木梳　爬梳　琼梳　水梳
松梳　天梳　小梳　香梳　晓梳　一梳
月梳　牙梳　妆梳　桩梳
不暇梳　鬓慵梳　玳瑁梳　发有梳　柳堪梳
水晶梳　霜满梳　晓废梳　向日梳　象牙梳

疏 shū ①疏导。②分散。③空隙大。④粗糙。⑤不熟悉。⑥空虚。⑦清除。

暗疏　拜疏　鬓疏　才疏　粗疏　草疏
翠疏　绛疏　粗疏　分疏　扶疏　高疏
荒疏　计疏　讲疏　挟疏　简疏　笺疏
谏疏　抗疏　空疏　狂疏　阔疏　亲疏
情疏　清疏　轻疏　绮疏　上疏　山疏
生疏　手疏　书疏　疏疏　森疏　调疏
文疏　顽疏　稀疏　行疏　萧疏　义疏
迂疏　意疏　影疏　慵疏　自疏　直疏
注疏　章疏　奏疏
碧萝疏　薜荔疏　短帘疏　冠盖疏　旧槐疏
结网疏　酒杯疏　剑术疏　礼法疏　利名疏
朋友疏　世情疏　俗尘疏　树扶疏　树阴疏
叶扶疏　云叶疏　音信疏　野花疏　野兴疏
鹰影疏　钟鼎疏　斋雨疏
百密一疏　花叶扶疏　花木扶疏　海瑞上疏
韩琦焚疏　内旷外疏　人地两疏　人地生疏
志大才疏　志广才疏　枝叶扶疏　网目不疏
井深槐树粗，街阔人义疏/眼高手低，志大才疏/

蔬 shū 蔬菜，可以做菜的植物。

百蔬　冰蔬　尝蔬　菜蔬　餮蔬　丰蔬
涧蔬　家蔬　嘉蔬　冷蔬　圃蔬　盘蔬
荠蔬　秋蔬　清蔬　畦蔬　茹蔬　时蔬
霜蔬　晚蔬　晓蔬　新蔬　远蔬　异蔬
圆蔬　野蔬　鬻蔬　摘蔬
佛影蔬　剪翦蔬　七白蔬　小甲蔬　玉露蔬
雨沾蔬　庾郎蔬　园有蔬
季伟草蔬

输 shū ①运送。②捐献。③胜、负。④送达。

爱输　兵输　罢输　班输　般输　传输
代输　方输　伏输　赋输　服输　广输
公输　贡输　灌输　还输　华输　交输
就输　均输　捐输　课输　乐输　流输
秋输　私输　认输　岁输　神输　顺输
陕输　田输　委输　一输　优输　运输
移输　自输　征输　争输　折输　转输
不服输　百川输　博局输　斗争输　赋来输
老力输　免征输
大败亏输　军事运输　远程运输　诈败佯输
刻凤公输
棋错一著，满盘皆输/一着错，满盘输/一着不慎，满盘皆输/

毹 shū ［氍毹］ 毛织的地毯。

红毹　锦毹　氍毹

毡毹毹

秫 shú 黏高粱，可以酿酒。

丹秫　党秫　春秫　公秫　染秫　秫秫

众秫

半顷秫　云亮秫

孰 shú ①什么。②谁。③哪个。

粹孰　进孰　申孰

塾 shú ①古代门内外两侧的堂屋。②古时民间教读的地方。

村塾　东塾　公塾　横塾　家塾　书塾

私塾　西塾　乡塾　学塾　痒塾　义塾

左塾

熟 shú 又音 shóu ①食物到可吃的程度。②成熟。③程度深。④有收成。⑤习惯常见。⑥美善。⑦熟练。⑧经过加工的。⑨仔细。

谙熟　不熟　背熟　成熟　催熟　纯熟

大熟　豆熟　德熟　稻熟　飞熟　丰熟

伏熟　腐熟　饭熟　瓜熟　谷熟　果熟

禾熟　火熟　和熟　虎熟　黄熟　记熟

精熟　路熟　邻熟　谅熟　练熟　滥熟

米熟　麦熟　梦熟　暮熟　梅熟　全熟

秋熟　认熟　耳熟　软熟　饪熟　上熟

生熟　手熟　岁熟　睡熟　托熟　透熟

未熟　晚熟　锐熟　小熟　习熟　先熟

夏熟　驯熟　娴熟　杏熟　匀熟　眼熟

意熟　圆熟　樱熟　早熟　诈熟

村酒熟　道心熟　道途熟　千黍熟　交游熟

梨枣熟　鸟语熟　茗花熟　千年熟　人情熟

山田熟　松花熟　三年熟　桑葚熟　世故熟

新醅熟　芝田熟

半生不熟　半生半熟　滚瓜烂熟　黄粱未熟

技巧娴熟　驾轻就熟　时机成熟　熊掌难熟

梅子青青麦未黄，仁（人）生面不熟/人生地不熟/人生地不熟/人生面不熟/一回生，二回熟/一次生，两次熟/一遭生，两遭熟/

赎 shú ①用财物挽回押品。②用行动抵消，弥补罪过。③通“续”。

回赎　何赎　厚赎　金赎　减赎　莫赎

听赎　运赎　欲赎　自赎　责赎　助赎

百身赎　出缫赎　如可赎　世故赎　残钱赎

为奴赎　五羖赎　罪可赎

面身自赎

暑 shǔ 热，中。

避暑　处暑　溽暑　残暑　大暑　惮暑

伏暑　泛暑　防暑　繁暑　更暑　过暑

寒暑　旧暑　解暑　开暑　苦暑　酷暑

凉暑　烈暑　耐暑　逆暑　阑暑　隆暑

破暑　犬暑　去暑　清暑　祛暑　入暑

热暑　溽暑　受暑　伤暑　湿暑　扇暑

盛暑　天暑　畏暑　小暑　消暑　熇暑

销暑　新暑　炎暑　游暑　缘暑　暍暑

中暑　知暑　蒸暑　组暑

不受暑　蝉吟暑　风气暑　纳马暑　三伏暑

浮瓜避暑　炎蒸无暑　载离寒暑

署 shǔ ①部署。②官署。③签名。④暂代。

案署　不署　部署　柏署　大署　丰署

府署　粉署　副署　祥署　繁署　公署

官署　何署　还署　进署　兼署　禁署

检署　内署　联署　郎署　连署　秘署

密署　求署　亲署　琴署　钱署　签署

同署　五署　位署　违署　行署　仙署

玉署　印署　芸署　衙署　在署　专署

总署　紫署

含香署　三司署　石渠署　仙郎署　玉堂署

纸尾署

兵办部署　四友题署　行政公署　专员公署

郑人逃署

薯 shǔ 植物名。

白薯　豆薯　番薯　甘薯　红薯　凉薯

木薯　香薯

烤白薯　马铃薯

曙 shǔ 天刚亮。

残曙　达曙　拂曙　花曙　清曙　秋曙

识曙　爽曙　天曙　远曙　迎曙　至曙
晨鸡曙　蓬莱曙　千门曙　起清曙　司空曙
僧榻曙　天将曙　银河曙
连昏达曙

黍 shǔ ①黄米。②黍子的简称。

白黍　百黍　北黍　炊黍　尝黍　晨黍
残黍　多黍　得黍　饭黍　燔黍　华黍
黄黍　和黍　禾黍　戈黍　巨黍　角黍
具黍　鸡黍　我黍　累黍　茅黍　取黍
十黍　宋黍　食黍　蜀黍　盛黍　稻黍
容黍　团黍　为黍　晚黍　委黍　新黍
羊黍　雨黍　宜黍　中黍　主黍　种黍
碧筒黍　炊无黍　馈鸡黍　速作黍　喜欢黍
羊宜黍　玉蜀黍
不差累黍　豆粮椒黍　范张鸡黍　子约先黍

属 shǔ 又音 zhǔ ①一，独。②同一家族的。③是。④有管辖关系的。⑤生物系统分类。⑥隶属。

阖属　从属　部属　飙属　此属　砥属
登属　分属　附属　藩属　官属　归属
骇属　迥属　近属　军属　金属　家属
眷属　嬔属　抗属　苦属　六属　乐属
内属　灵属　隶属　连属　丽属　领属
烈属　缅属　僚属　墨属　愿属　七属
亲属　倾属　疏属　戚属　山属　私属
善属　所属　疏属　天属　吐属　徒属
统属　五属　文属　吾属　下属　心属
系属　延属　役属　援属　遗属　掾属
姻属　寓属　支属　枝属　直属　缀属
非金属　贵金属　旁系属　轻金属　十二属
重金属
非君莫属　黑色金属　稀有金属　有色金属
拥军优属　直系亲属
有情人终成眷属/

蜀 shǔ ①一，独。②朝代名。③四川的别称。④蛾蝶类的幼虫。

巴蜀　抱蜀　出蜀　大蜀　定蜀　得蜀
伐蜀　发蜀　归蜀　古蜀　宁蜀　陇蜀
鹿蜀　岷蜀　二蜀　入蜀　三蜀　吐蜀
讨蜀　通蜀　统蜀　望蜀　西蜀　幸蜀
相蜀　怨蜀　有蜀　之蜀　至蜀　治蜀
不思蜀　盟于蜀　山连蜀
得陇望蜀　获陇望蜀　乐不思蜀　二人入蜀
二使入蜀　四川西蜀　使星入蜀　张咏守蜀

鼠 shǔ ①穴居兽的统称。②老鼠。③隐忧。

白鼠　仓鼠　捕鼠　抱鼠　苍鼠　厕鼠
祠鼠　巢鼠　大鼠　豆鼠　多鼠　袋鼠
稻鼠　堕鼠　犊鼠　坟鼠　腐鼠　飞鼠
伏鼠　鼢鼠　沟鼠　拱鼠　怪鼠　恢鼠
怀鼠　昏鼠　黄鼠　褐鼠　黑鼠　寒鼠
饥鼠　掘鼠　姬鼠　绛鼠　家鼠　困鼠
刻鼠　牛鼠　老鼠　礼鼠　邻鼠　鸟鼠
盲鼠　梦鼠　雀鼠　群鼠　二鼠　饵鼠
社鼠　杀鼠　首鼠　守鼠　松鼠　硕鼠
射鼠　天鼠　同鼠　田鼠　投鼠　豚鼠
跳鼠　梧鼠　斗鼠　鼯鼠　穴鼠　吓鼠
仙鼠　行鼠　相鼠　香鼠　熏鼠　驯鼠
黠鼠　鼷鼠　子鼠　贼鼠
百年鼠　白衣鼠　冰下鼠　床头鼠　穿墉鼠
大家鼠　大袋鼠　狗捉鼠　虎变鼠　海狸鼠
褐家鼠　留山鼠　两山鼠　啮藤鼠　失窑鼠
社君鼠　松狗鼠　松柏鼠　麝香鼠　土拨鼠
天竺鼠　无牙鼠　小家鼠　穴虫鼠　玉枢鼠
野火鼠　缘树鼠　狼伏鼠　争腐鼠
杵血似鼠　城孤社鼠　蔡占白鼠　胆小如鼠
饿猫扑鼠　过街老鼠　孤雏腐鼠　狗乃取鼠
进退首鼠　稷蜂社鼠　罗雀掘鼠　目光如鼠
马捉老鼠　猫哭老鼠　以狸饵鼠　越人溺鼠
稷蜂社鼠　鸱争腐鼠　鸱得腐鼠
不怕出山狼，就怕藏家鼠/狮猫与大鼠/永某氏之鼠/一亩之地，三蛇九鼠/

数 shǔ 又音 shù　shuò ①计算。②列举罪状。③责备。

暗数　敖数　不数　百数　重数　共数
故数　何数　就数　遽数　可数　连数
莫数　卜数　频数　速数　孰数　徐数
细数　须数　悉数　游数　只数　责数
不可数　不足数　不胜数　从此数　何足数
数一数　向谁数
不可胜数　不可悉数　不足齿数　车量斗数
更仆难数　金谷酒数　寥寥可数　历历可数
莫可指数　屈指可数　数不胜数　显者禄数

余难悉数　游鱼可数　擢发难数　吏仆难数
金谷酒数

术

shù　又音 zhú　①技艺。②方法。③手段。④学说。

奥术　兵术　棒术　鞭术　才术　叉术
茶术　铲术　锤术　大术　万术　丹术
道术　得术　锐术　方术　风术　乏术
斧术　法术　戈术　古术　国术　棍术
悭术　诡术　何术　幻术　悔术　技术
经术　兼术　挟术　剑术　戟术　锏术
六术　龙术　良术　矛术　农术　灵术
陋术　马术　魔术　美术　骗术　奇术
权术　清术　枪术　拳术　骑术　仁术
柔术　儒术　四术　失术　手术　书术
时术　寿术　神术　善术　算术　槊术
天术　同术　文术　无术　巫术　武术
蚊术　雾术　小术　心术　仙术　性术
学术　相术　新术　星术　一术　艺术
有术　异术　妖术　医术　郁术　营术
蚁术　蛾术　钺术　占术　咒术　针术
治术　祖术　诈术　智术　战术　执术
贱术　缀术
安期术　长短术　苍生术　催眠术　动手术
点石术　读书术　壶中术　壶公术　黄金术
黄白术　黄石术　黄老术　迴戈术　救荒术
锦囊术　牧民术　田单术　青鸟术　清静术
少君术　孙吴术　申韩术　养生术　圯上术
演魔术　纵横术　紫乏术　学无术
表演艺术　拜金艺术　点金乏术　单豹好术
独尊儒术　防御之术　工艺美术　方冀仆术
霍光无术　回天乏术　军事技术　枯骨衰术
民间艺术　平仲无术　人海战术　文仲七术
外明奇术　书法艺术　说唱艺术　视觉艺术
舞台艺术　舞台美术　夏侯经术　造型艺术
综合艺术　不学无术
于公破妖术/

述

shù　①陈述。②顺行。③申述。

不述　表述　报述　备述　褒述　编述
传述　称述　陈述　阐述　缵述　复述
概述　记述　亟述　讲述　继述　口述
论述　练述　缕述　缅述　描述　评述
巧述　球述　轻述　罄述　上述　申述
书述　诉述　伸述　绍述　善述　无述
下述　攸述　行述　序述　详述　虚述
叙述　引述　影述　作述　自述　传述
追述　祖述　著述　综述　转述　赞述
赘述　撰述
抵掌述　无庸述　银笔述
面壁王述

戍

shù　军队防守。

边戍　北戍　兵戍　别戍　长戍　春戍
伏戍　关戍　广戍　古戍　瓜戍　归戍
孤戍　河戍　荒戍　久戍　建戍　秋戍
屈戍　遣戍　適戍　守戍　屯戍　卫戍
向戍　西戍　远戍　寅戍　繇戍　卒戍
征戍　诸戍　镇戍　谪戍　置戍
孤烟戍　黄云戍　金可戍　金浦戍　金屈戍
麦恶戍　星居戍

束

shù　①捆，系。②控制。③捆儿。④约制。⑤束缚。

隘束　半束　拔束　刍束　肚束　老束
阁束　管束　辋束　花束　节束　局束
拘束　结束　卷束　检束　羁束　敛束
末束　牵束　钤束　如束　束束　收束
拴束　素束　绳束　纯束　系束　削束
严束　有束　约束　装束　整束
电子束　密纲束　森似束　向芳束　腰如束
重带自束　时髦装束　疏氏改束　无拘无束
徐刍一束　生刍一束　崭新装束　华营茅束

树

shù　①木本植物的总称。②培养。③建立。④门屏。

按树　白树　宝树　标树　抱树　柏树
拜树　碧树　茶树　崇树　春树　椿树
大树　杜树　柊树　稻树　椴树　风树
伐树　封树　芳树　枫树　广树　古树
果树　棺树　火树　红树　槐树　花树
久树　井树　巨树　江树　佳树　鸡树
建树　楹树　绛树　嘉树　老树　女树
陇树　柳树　绿树　梨树　母树　茂树
梅树　鸣树　旁树　千树　全树　琼树
曲树　亲树　秋树　琪树　钱树　漆树
壤树　市树　松树　桑树　庭树　桃树

铁树　万树　小树　仙树　兴树　朽树
香树　橡树　一树　玉树　永树　泵树
幽树　杨树　营树　游树　雍树　烟树
榆树　自树　志树　种树　柞树　杂树
枣树　棕树　植树　樟树
贝叶树　白杨树　白果树　百影树　伴生树
邦君树　常青树　常绿树　灯台树　风入树
风声树　扶桑树　枫香树　封禅树　烦恼树
烽火树　公孙树　高低树　甘棠树　桂皮树
规那树　合欢树　花果树　恒春树　黄金树
降香树　空中树　空桐树　枯梧树　阔叶树
栗子树　连理树　埋玉树　岷江树　落叶树
面包树　菩提树　三株树　三珠树　上林树
山山树　反魄树　圣诞树　娑罗树　慎所树
酸枣树　珊瑚树　文章树　小橡树　云外树
行道树　相思树　橡皮树　橡胶树　谢家树
月桂树　依玉树　依月树　摇钱树　针叶树
胡杨树　夫妻树　红豆树
刀山剑树　桂飘风树　繁花满树　猴儿爬树
金鸡纳树　蒹葭玉树　枯藤老树　暮云春树
媚臣誉树　菩提无树　蚍蜉撼树　琪花玉树
婆罗双树　一瓢桂树　银花火树　瑶林琼树
林无静树　芝兰玉树　后皇嘉树　华堂嘉树
山花海树　参天大树　琼枝玉树　琼林玉树
瑶林玉树
瓜皮搭李树/蒹葭倚玉树/蚍蜉撼大树/小叶白蜡树/印度橡皮树/指桑树，骂槐树/朔风吹海树/山花对海树/华堂对嘉树/

竖　shù　①直立。②直。③竖子。④汉字的笔画名。

本竖　丑竖　高竖　晋竖　贾竖　宦竖
横竖　橛竖　牛竖　内竖　逆竖　哪竖
孪竖　目竖　牧竖　匹竖　群竖　二竖
童竖　僮竖　小竖　西竖　凶竖　阉竖
一竖　荛竖　愚竖　中竖　正竖　直竖
毛发竖　偃木竖
一横一竖　起偃为竖　三横一竖　霞文横竖
毛发皆竖　柳眉倒竖
家无主，屋倒竖/

恕　shù　①恕道。②宽恕。③差不多。

不恕　诚恕　慈恕　多恕　公恕　贵恕
鼓恕　弘恕　见恕　矜恕　怜恕　降恕
宽恕　理恕　廉恕　路恕　谅恕　明恕
平恕　情恕　强恕　仁恕　容恕　饶恕
失恕　善恕　堆恕　通恕　忘恕　先恕
详恕　宥恕　愿恕　自恕　忠恕
持法恕　及物恕　推己恕　张惠恕
纯仁忠恕　罪无可恕

庶　shù　①众多。②将近。③旧时家庭的旁支。④幸。⑤百姓。⑥差不多。

丞庶　臣庶　诋庶　殆庶　嫡庶　富庶
蕃庶　繁庶　可庶　几庶　立庶　黎庶
理庶　民庶　匹庶　品庶　贫庶　黔庶
群庶　人庶　士庶　徒庶　为庶　徐庶
亿庶　中庶　兆庶　支庶　众庶　枝庶
蔗庶　蒸庶
废长立庶　杀嫡立庶

腧　shù　又音 yú　腧穴。人体内的穴道。

肺腧　胃腧　井腧　荥腧　输腧　经腧
合腧
督五腧

数　shù　又音 shǔ，shuò　①数目。②几个。③表事物的量的基本概念。④算术。⑤规律。⑥技术，技艺。⑦（迷信）劫数。

变数　备数　报数　倍数　辈数　出数
次数　充数　成数　乘数　齿数　参数
除数　差数　凑数　常数　大数　代数
对数　地数　定数　多数　顶数　度数
独数　点数　敌数　单数　底数　到数
倒数　答数　得数　读数　恩数　额数
分数　负数　烦数　复数　给数　个数
供数　过数　够数　概数　合数　号数
和数　函数　荒数　加数　叫数　件数
节数　计数　尽数　积数　急数　奇数
伎数　劫数　基数　级数　酒数　减数
家数　窭数　谲数　扣数　历数　列数
年数　礼数　逆数　路数　零数　滥数
名数　民数　面数　命数　偶数　篇数
求数　乞数　全数　取数　奇数　青数
钱数　人数　日数　如数　十数　少数
双数　术数　岁数　扫数　实数　商数

寿数 数数 疏数 算数 天数 推数
套数 万数 无数 为数 尾数 小数
子数 心数 系数 序数 虚数 解数
象数 易数 因数 页数 运数 余数
有数 异数 约数 意数 盈数 渊数
支数 占数 作数 正数 兆数 字数
足数 知数 质数 招数 指数 总数
着数 准数 智数 真数 整数
百分数 不名数 大衍数 大多数 倒读数
反函数 复名数 互质数 花无数 河涧数
逆函数 平头数 平均数 千分数 齐头数
上岁数 事君数 天地数 未知数 无理数
相反数 已知数 有理数 自变数 自然数
质因数 给个数 估个数
安全系数 不计其数 常用对数 肚里无数
等比级数 等差级数 法定人数 恒河沙数
浑身解数 几何级数 绝大多数 将军礼数
滥竽充数 膨胀系数 区区之数 三角函数
十进对数 说话算数 算术级数 善工心数
无限小数 物价指数 心中无数 心中有数
胸中无数 胸中有数 犄角之数 有限小数
遭劫在数 命中劫数 正弦函数 余弦函数
心里有数 正切函数 余切函数
瞎子吃馄饨，心里有数/少数服从多数/茶壶里煮饺子，心里有数/反三角函数/瞎子吃汤圆，心里有数/

墅 shù ①乡间简陋的房子。②住宅以外供游玩休养的园林房屋。

北墅 别墅 村墅 春墅 赌墅 戴墅
芳墅 花墅 荒墅 郊墅 家墅 立墅
兰墅 秋墅 山墅 水墅 桑墅 午墅
晚墅 仙墅 新墅 谢墅 元墅 烟墅
营墅 野墅 渔墅 草墅
城南墅 金谷墅 南廊墅 梨栗墅 三家墅
围棋墅 辋川墅 西山墅
香山别墅 沿河别墅 西溪梅墅

漱 shù 含水荡洗口腔。

晨漱 盥漱 净漱 口漱 清漱 水漱
吞漱 洗漱 玉漱

澍 shù 及时的雨。

冬澍 飞澍 丰澍 甘澍 嘉澍 连澍
流澍 霖澍 滂澍 祈澍 水澍 时澍
云澍
无地不澍

如 rú ①依照。②相似。③比得上。④到、往。⑤应当。⑥假如。⑦用于语末，相当于“然”。⑧用于语末，相当于“焉”。

蔼如 不如 比如 斑如 怅如 丹如
突如 死如 弃如 肥如 凉如 善如
淡如 斐如 肤如 纷如 焚如 廓如
何如 浑如 恍如 谎如 豁如 九如
交如 进如 即如 假如 桀如 铿如
来如 浏如 例如 挛如 涟如 凛如
莫如 密如 蔑如 篾如 谧如 匹如
譬如 皤如 齐如 恰如 亲如 强如
凄如 愀如 阙如 如如 肃如 纯如
洒如 倘如 亡如 无如 宛如 威如
炜如 婉如 相如 翕如 一如 有如
犹如 俨如 裕如 绎如 跃如 逸如
宴如 翼如 正如 自如 追如 真如
诸如 湛如 襜如 焉如 瞿如 姓如
汉相如 画不如 竟何如 绵不如 女相如
有谁如 意自如 意何如 拟相如 蔺相如
皇皇如 申申如
从容自如 措置裕如 狗彘不如 进退自如
竞告阙如 挥写自如 挥洒自如 看付阙如
冷暖自如 禽兽不如 舒卷自如 天保九如
潇洒逸如 旋转自如 运用自如 运掉自如
应付自如 应付裕如 圆转自如 自愧不如
自愧弗如 涤器相如 付诸阙如 二月为如
本觉为如 司马相如 乘马班如

茹 rú ①吃。②根相牵连的样子。③忖度。④柔软。⑤腐臭。

不茹 本茹 饱茹 捽茹 草茹 菜茹
春茹 冬茹 啖茹 甘茹 果茹 荤茹
藿茹 可茹 佳茹 肌茹 灵茹 来茹
连茹 兰茹 木茹 茅茹 柔茹 蔬茹
神茹 吐茹 仙茹 饮茹 竹茹
不可茹 白露茹 采山茹 灵药茹 美可茹
普六茹 芝同茹 拔茅茹
白露之茹 拔茅连茹
我心匪鉴，不可以茹/

儒 rú ①旧时的读书人。②儒家。③孔子的学术流派。④柔顺。

八儒 鄙儒 村儒 崇儒 醇儒 大儒
凤儒 腐儒 国儒 高儒 汉儒 洪儒
寒儒 鸿儒 坑儒 巨儒 拘儒 假儒
瑰儒 老儒 陋儒 名儒 瞀儒 批儒
贪儒 辟儒 犬儒 曲儒 浅儒 耆儒
群儒 少儒 土儒 世儒 荣儒 俗儒
散儒 宿儒 竖儒 硕儒 酸儒 通儒
偷儒 文儒 为儒 吾儒 小儒 玄儒
先儒 相儒 学儒 侠儒 迂儒 英儒
庸儒 朱儒 侏儒 众儒 诸儒 真儒
尊儒 鲰儒 守儒
不喜儒 饱侏儒 草衣儒 大成儒 华首儒
讲学儒 老笃儒 力为儒 鲁少儒 溶德儒
书观儒 为山儒 洗心儒 学林儒 一统儒
君子儒 小人儒
焚书坑儒 沟犹瞀儒 嬴政坑儒 硕学鸿儒
宿学通儒 袭为名儒 舌战群儒 一介寒儒
章句小儒 汉武崇儒 刘邦轻儒 尊孔崇儒
祖龙坑儒
吾生本寒儒/汝为君子儒，无为人小儒/华门一酸儒/读书未到康成处，安敢高谈议汉儒/

薷 rú 一年生草本植物。茎和叶可以提取香油。

香薷

嚅 rú ［嗫嚅］口动，吞吞吐吐，想说又停止。

吐嚅 嗫嚅 咪嚅 喔嚅
嗫嗫嚅嚅 赵趄嗫嚅

濡 rú ①沾湿。②柔顺。③等待。④停留。

不濡 蝶濡 和濡 涵濡 酒濡 口濡
恰濡 如濡 响濡 煦濡 歔濡 衣濡
沾濡 滋濡 澍濡 滞濡 渐濡 澍濡
泽濡 肾濡 濯濡
雨露濡 雨苔濡
笔墨相濡 耳染目濡 渥泽沾濡 以沫相濡
相响相濡 羊羔如濡

孺 rú ①孩子，幼儿。②幼稚。

妇孺 耄孺 孩孺 画孺 徐孺 庸孺
幼孺 婴孺 稚孺
老幼妇孺 和乐且孺

襦 rú 短衣，短袄。

布襦 长襦 禅襦 襜襦 旧襦 解襦
锦襦 罗襦 绿襦 麻襦 袍襦 青襦
裙襦 失襦 脱襦 缍襦 绣襦 衣襦
绮襦 腰襦 朱襦 著襦 短襦 复襦
上襦
合欢襦 鸳鸯襦 咏裤襦 红罗襦 绣腰襦
玉匣珠襦 雪中赠襦
香绷小绣襦/

颥 rú ［颞颥］头颅两则靠近耳朵上方的部分。

颞颥

蠕 rú 像蚯蚓一样慢慢地行动。

蠕蠕

汝 rǔ ①古州名。②代词，你。③水名。

安汝 倡汝 承汝 福汝 罚汝 告汝
和汝 淮汝 恐汝 江汝 界汝 教汝
临汝 名汝 命汝 飘汝 去汝 求汝
尔汝 送汝 似汝 啼汝 惜汝 醒汝
玉汝 用汝 阴汝 艳汝 语汝 怨汝
追汝 尔汝 姓汝
不负汝 富贵汝 何关汝 谁缚汝 吾与汝
笑骂由汝

乳 rǔ ①乳房。②生子。③白色的奶汁。④像乳的东西。⑤生殖繁衍。⑥初生的。

碧乳 湩乳 产乳 茶乳 豆乳 滴乳
瓶乳 丰乳 发乳 哺乳 法乳 粉乳
腐乳 蜂乳 跪乳 膏乳 花乳 和乳
虎乳 孩乳 交乳 佳乳 胶乳 口乳
牛乳 龙乳 两乳 炼乳 鹿乳 酪乳
马乳 母乳 兔乳 胚乳 去乳 求乳
琼乳 雀乳 人乳 石乳 四乳 水乳
食乳 狮乳 漱乳 土乳 同乳 桐乳
五乳 我乳 穴乳 香乳 新乳 玉乳
字乳 自乳 钟乳 兹乳 含乳 蜡乳
腊乳 蜜乳

不饮乳 茶花乳 豆腐乳 酒如乳 口尚乳
邻家乳 浓浓乳 猫相乳 七尺乳 千岁乳
青鸽乳 石钟乳 石鼎乳 西施乳 云根乳
半跪乳 雉方乳 石腊乳
袒胸露乳 婴儿断乳 羊羔跪乳 主人方乳
妇抚儿乳

辱 rǔ ①羞耻。②使受到羞辱。③委屈。④污浊。⑤辜负。

不辱 逼辱 谤辱 丑辱 宠辱 蚩辱
羞辱 笞辱 耻辱 萃辱 挫辱 楚辱
摧辱 黜辱 大辱 点辱 多辱 玷辱
诋辱 顿辱 厖辱 反辱 负辱 烦辱
缚辱 过辱 垢辱 诟辱 诃辱 后辱
获辱 毁辱 溷辱 见辱 价辱 降辱
践辱 窘辱 困辱 抗辱 愧辱 临辱
耐辱 詈辱 凌辱 名辱 骂辱 蔑辱
僇辱 嫚辱 殴辱 弃辱 屈辱 诎辱
侵辱 诮辱 期辱 轻辱 二辱 忍辱
荣辱 讪辱 守辱 受辱 谇辱 损辱
山辱 廷辱 忝辱 挞辱 无辱 污辱
侮辱 洿辱 下辱 笑辱 刑辱 羞辱
衅辱 忧辱 远辱 贻辱 幽辱 自辱
折辱 诎辱 遭辱 搏辱
不可辱 胯下辱 跨下辱 三败辱 义不辱
子云辱
城下之辱 含垢忍辱 韩非报辱 进退荣辱
进荣退辱 胯下之辱 梦中受辱 蒲鞭示辱
奇耻大辱 盛衰荣辱 徐政不辱 榆次之辱
知足不辱 知荣守辱 装疯忍辱 三败之辱
命长多辱 自取其辱 包羞忍辱 大白若辱
求亲反疏，求荣反辱/士可杀，不可辱/衣食足则知荣辱/

入 rù ①由外到内。②加入。③合乎。④入声。⑤收进。⑥交纳。

爱入 不入 半入 必入 编入 出入
冲入 孱入 闯入 插入 斗入 打入
独入 洞入 淡入 堕入 督入 飞入
风入 攻入 化入 呼入 划入 幻入
混入 介入 加入 箭入 捷入 进入
既入 卷入 筋入 列入 流入 纳入
阑入 量入 没入 模入 猛入 旁入
切入 曲入 侵入 强入 潜入 日入
双入 收入 岁入 室入 始入 送入
渗入 涉入 深入 烧入 擅入 输入
突入 投入 偷入 通入 外入 未入
误入 微入 夕入 先入 陷入 选入
一入 引入 月入 宜入 言入 夜入
意入 跃入 迎入 诣入 延入 燕入
赢入 再入 杂入 直入 注入 辄入
转入 长入
浮岚入 花不入 飘风入 秋光入 三不入
疏量入 斜照入 月光入 有出入
病从口入 长驱直入 达之不入 大含细入
单刀直入 非公不入 过门不入 孤军深入
捍格不入 格格不入 就不欲入 国民收入
寒露浸入 破门而入 排挞直入 四舍五入
乘虚而入 乖虚直入 乘隙而入 无孔不入
一拥而入 诱敌深入 鱼贯而入 曾子不入
岁恶不入
曲直不相入/百病从口入/祸从口出，病从口入/篱牢犬不入/里言不出，外言不入/三过其门而不入/三过家门而不入/水银泻地，无孔不入/天堂有路不肯走，地狱无门自撞入/殚其地之出，竭其庐之入/

洳 rù 低湿的地带。

沮洳 渐洳 瀸洳 涟洳 泳洳

蓐 rù 草席，草垫子。

产蓐 床蓐 除蓐 草蓐 策蓐 华蓐
虎蓐 临蓐 绿蓐 寝蓐 生蓐 卧蓐
席蓐 茵蓐 竹蓐 追蓐 坐蓐
左追蓐

溽 rù ①湿。②味浓厚。

卑溽 烦溽 袢溽 润溽 暑溽 午溽
不溽

缛 rù 繁多，繁琐。

采缛 典缛 雕缛 纷缛 繁缛 华缛
苛缛 丽缛 绮缛 通缛 文缛 婉缛
掩缛 珍缛 藻缛
永织缛
轻靡繁缛

褥 rù 装着棉絮铺在床上的东西。

被褥 苍褥 草褥 床褥 罢褥 凤褥
芳褥 合褥 锦褥 毛褥 皮褥 软褥
素褥 绣褥 茵褥 裀褥 紫褥 氈褥
芙蓉褥 欲尘褥 鸭茵褥 鸳鸯褥
重裀叠褥

租 zū ①田赋。②租用。③出租。④积聚。

不租 包租 出租 承租 茶租 除租
催租 代租 地租 佃租 夫租 房租
负租 逋租 赋租 国租 海租 减租
酒租 缴租 抗租 宽租 赁租 牛租
免租 市租 收租 食租 索租 输租
鹅租 田租 学租 蓄租 押租 占租
征租 折租 招租 转租
偿官租 橘柚租 富国租
货币地租 劳役地租 实物地租 虚田实租

菹 zū ①酸菜。②切碎。

三脔八菹 文德菜菹

足 zú ①人体下肢的总称。②充实。③值得。

鳖足 不足 百足 白足 步足 补足
饱足 跛足 长足 充足 赤足 侧足
重足 常足 厕足 插足 筹足 凑足
缠足 踏足 独足 多足 顿足 断足
跺足 蹈足 鼎足 丰足 发足 富足
福足 弓足 甘足 各足 龟足 国足
高足 裹足 鼓足 何足 酣足 举足
茧足 给足 疾足 寄足 急足 趼足
假足 绝足 家足 接足 捷足 骏足
骥足 夔足 力足 立足 两足 利足
留足 良足 敛足 蹑足 民足 满足
马足 驻足 平足 绊足 跰足 齐足
轻足 跷足 裘足 翘足 饶足 十足
失足 水足 手足 适足 涉足 实足
蛇足 素足 睡足 澹足 赡足 天足
托足 投足 涹足 讬足 跌足 踏足
无足 危足 玩足 伪足 腕足 洗足
跣足 易足 远足 有足 卫足 余足
雨足 刖足 厌足 逸足 餍足 腰足
雁足 殷足 止足 折足 左足 自足
知足 驻足 足足 专足 躁足 重足
置足 濯足 碾足 卫足
安蛇足 卞和足 扁平足 断鳖足 方事足
蛇添足 画蛇足 金莲足 茧生足 家给足
夔一足 凌波足 启手足 千里足 启手足
三不足 三鼎足 蛇有足 踏月足 未人足
文章足 玉趾足 一杯足 一夔足 鸡三足
盐不足 骐骥足 追水足 知不足 添蛇足
矮榻缺足 不一而足 车尘马足 赤绳系足
搓手搓足 捶胸顿足 椎胸顿足 拊膺顿足
龟支床足 高才捷足 高材疾足 画蛇添足
画蛇著足 劲头十足 举手投足 救经引足
家给人足 家给民足 家给户足 精神十足
唧唧足足 科头跌足 科头跣足 龙首豕足
敛手屏足 蹑手蹑足 美中不足 品头评足
品头论足 评头论足 评头品足 骈肓累足
被发跣足 胼手胝足 翘首企足 亲如手足
情同手足 轻步轻足 人给家足 伤胸扪足
所愿已足 神气十足 神完气足 势成鼎足
恬然自足 贪心不足 为蛇画足 信心十足
心满意足 先天不足 孝恭粗足 胁肩累足
有头有足 盐车绝足 怏然自足 一手一足
一夔已足 殷实家足 自给自足 文献不足
人给家足 濯缨濯足
败事有余，成事不足/湖广熟，天下足/人心无厌足/书生气十足/苏湖熟，天下足/无所措手足/吴敬梓暖足/无官一身轻，有子万事足/无家一身轻，有钱万事足/心有余而力不足/兄弟情亲如手足/贵冠履，忘头足/

卒 zú 又音 cù ①古时指兵。②旧称差役。③死亡。④完毕。

兵卒 补卒 败卒 暴卒 病卒 大卒
残卒 恶卒 发卒 复卒 勾卒 合卒
军卒 劲卒 街卒 禁卒 精卒 牢卒
老卒 逦卒 隶卒 逻卒 练卒 旅卒
楼卒 秦卒 轻卒 趣卒 傔卒 骑卒
人卒 锐卒 士卒 厮卒 戍卒 散卒
私卒 始卒 亡卒 勿卒 为卒 日卒
言卒 月卒 语卒 武卒 小卒 选卒
训卒 一卒 义卒 有卒 芸卒 驿卒
狱卒 正卒 走卒 杂卒 卒卒 掉卒

驺卒 阻卒 旱卒 知卒
抱关卒 过河卒 河阳卒 马前卒 挽舟卒
畜我卒 舟工卒
败夫走卒 身先士卒 无名小卒 为德不卒
整旅厉卒 臣合之卒

崒 zú ①山顶。②突兀。
崔崒 嵬崒 屹崒 崒崒

族 zú ①众多。②集合。③宗族。④灭族。⑤民族。
白族 本族 百族 邦族 部族 赤族
赐族 大族 帝族 德族 傣族 氮族
鼎族 父族 风族 芳族 覆族 公族
贵族 国族 冠族 回族 华族 汉族
皇族 巷族 寒族 豪族 九族 巨族
甲族 京族 节族 皆族 家族 聚族
令族 逆族 类族 怒族 零族 卤族
黎族 兰族 鳞族 灭族 民族 名族
苗族 满族 蒙族 品族 七族 权族
羌族 亲族 润族 三族 土族 氏族
水族 收族 世族 散族 绥族 素族
势族 盛族 畲族 土族 天族 同族
他族 侗族 万族 文族 无族 王族
五族 外族 佤族 望族 维族 小族
仙族 姓族 右族 云族 异族 夷族
羽族 语族 遗族 瑶族 彝族 壮族
宗族 种族 藏族
阿昌族 布依族 布朗族 保安族 崩龙族
朝鲜族 独龙族 德昂族 东乡族 芳香族
高山族 哈尼族 赫哲族 基诺族 景颇族
立三族 珞巴族 拉祜族 纳西族 门巴族
毛南族 蒙古族 普米族 十六族 撒拉族
土家族 韦杜族 锡伯族 裕固族 钟鼎族
主文族
达斡尔族 鄂温克族 鄂伦春族 俄罗斯族
工人贵族 高门贵族 哈萨克族 豪门大族
豪门贵族 名门望族 汜滕施族 四大家庭
少数民族 塔吉克族 同宗同族 塔塔尔族
维吾尔族 中华民族 株连九族
柯尔克孜族/乌孜别克族/

镞 zú 箭镞，箭头。
白镞 飞镞 放镞 锋镞 后镞 金镞
箭镞 利镞 没镞 铅镞 失镞 霜镞
石镞 吞镞 亡镞 雨镞 遗镞 中镞
镞镞
穿杨镞 洒如镞
君谟啮镞

诅 zǔ ①盟誓。②诅咒。
长诅 谗诅 大诅 腹诅 谤诅 万诅
漆诅 巫诅 西诅 厌诅 祝诅 咒诅
众诅
三物诅 同李诅 一国诅

阻 zǔ ①险要。②阻碍。③阻止。④疑惑。⑤艰难。
兵阻 阪阻 长阻 川阻 尝阻 重阻
猜阻 电阻 多阻 地阻 道阻 遏阻
附阻 防阻 梗阻 火阻 河阻 话阻
计阻 间阻 禁阻 谏阻 睽阻 内阻
林阻 理阻 拦阻 难阻 穷阻 劝阻
世阻 恃阻 深阻 室阻 无阻 万阻
雾阻 危阻 险阻 限阻 伊阻 疑阻
依阻 幽阻 越阻 遥阻 烟阻 中阻
窒阻 采阻
长江阻 肠梗阻 递修阻 风雨阻 关塞阻
山川阻 远道阻 自贻阻
畅行无阻 风雨无阻 横加梗阻 艰难险阻
七推八阻 崎岖险阻 川山险阻 通行无阻

组 zǔ ①宽而薄的丝带。②结合。③编织。④组织。
奔组 班组 编组 璧组 尺组 长组
车组 垂组 词组 春组 蝉组 刀组
丹组 党组 风组 分组 怀组 改组
龟组 珪组 合组 华组 巩组 机组
金组 结组 解组 锦组 继组 纶组
渺组 齐组 青组 屈组 秋组 绮组
綦组 日组 如组 绕组 岁组 神组
文组 小组 筱组 玺组 云组 元组
曳组 纡组 约组 腰组 朱组 自组
织组 樽组 纂组 簪组 迈组
尘中组 党小组 会稽组 后勤组 互助组
滑轮组 尖兀组 节物组 教研组 摄影组
素丝组 雾縠组 雁影组

固定词俎
公息忌为俎/

俎 zǔ ①割肉用的砧板。②几案。③古代祭祀时盛放牲体的礼器物。

刀俎 登俎 高俎 雕俎 鼎俎 丰俎
妇俎 负俎 房俎 膰俎 九俎 牛俎
列俎 加俎 没俎 盘俎 所俎 取俎
升俎 为俎 玉俎 有俎 越俎 杂俎
执俎 祝俎 尊俎 樽俎 笾俎
不越俎 不登俎 从献俎 归析俎 庖人俎
青入俎 琼杯俎 三牲俎 主人俎
自投鼎俎 折冲樽俎

祖 zǔ ①宗庙。②父亲的上一辈。③祖先。④事业的创始人。⑤效法。⑥熟悉。

伯祖 鼻祖 次祖 出祖 初祖 禅祖
道祖 父祖 佛祖 公祖 高祖 钩祖
火祖 黄祖 怀祖 皇祖 介祖 祭祖
家祖 舅祖 六祖 乐祖 乃祖 南祖
烈祖 嫘祖 老祖 马祖 妈祖 孟祖
彭祖 二祖 始祖 宋祖 世祖 叔祖
诗祖 始祖 祀祖 绳祖 太祖 同祖
田祖 铁祖 五祖 外祖 物祖 先祖
显祖 香祖 元祖 艺祖 远祖 曾祖
祖祖 尊祖
赏于祖 登先祖 继吾祖 开山祖 毛虫祖
群物祖 始迁祖 厌高祖
不祧之祖 成佛之祖 崇圣太祖 光宗耀祖
挂黄兴祖 诃佛骂祖 开山鼻祖 欺师灭祖
荣宗耀祖 数典忘祖

粗 cū ①跟“细”相反。②颗粒大的。③粗疏。④鲁莽。⑤粗大。

粗粗 胆粗 短粗 加粗 精粗 老粗
气粗 声粗 食粗 太粗 贪粗 心粗
细粗
不发粗 脖子粗 大老粗 电光粗 浪花粗
心计粗 雪片粗 雨点粗 用意粗 颜色粗
财大气粗 胆大心粗 黑脖溜粗 气壮胆粗
食淡衣粗 傻大黑粗 五大三粗
拔出一根毫毛来，比我们腰杆还粗/脸红脖子粗/人穷理短，有钱的气粗/

殂 cú 死亡。

夭殂

卒 cù 又音 zú 同“猝”。忽然：突然。

不卒 仓卒 匆卒 记卒 迫卒

猝 cù 忽然。

仓猝 卒猝 匆猝 悤猝 逼猝 忽猝
急猝 应猝

促 cù ①靠近。②紧迫。③靠近。④催促。⑤推动。

别促 逼促 褊促 仓促 匆促 刺促
促促 催促 恻促 多促 地促 敦促
短促 督促 方促 烦促 会促 画促
恨促 惶促 慌促 节促 局促 急促
紧促 景促 窘促 检促 跼促 力促
命促 迫促 气促 戚促 琴促 岁促
甚促 小促 相促 偓促 弦促 一促
夜促 自促
简书促 离怀促 橹声促 漏短促 游咎促
舒徐疾促 悠长短促 郑玄算促

醋 cù ①调味品。②醋泡的食品。③嫉妒而心酸。

阿醋 白醋 薄醋 吃醋 尝醋 陈醋
高醋 酱醋 酒醋 苦醋 米醋 石醋
醯醋 盐醋 造醋
半瓶醋
加油添醋 拿糖作醋 穷酸饿醋 添油加醋
油盐酱醋 争风吃醋
买酱油的钱不能买醋/有哪个肚，吃哪个醋/

蔟 cù ①堆积。②供蚕作茧的设备。

春蔟 上蔟 蔟蔟 太蔟
七大蔟

簇 cù ①聚集。②簇聚的东西。③量词。

蚕簇 簇簇 攒簇 夆簇 花簇 红簇
锦簇 浪簇 山簇 碎簇 树簇 万簇
一簇 玉簇 云簇
丛丛簇 花簇簇 黑簇簇 一簇簇
花团锦簇 花攒锦簇 洪波拥簇 锦团花簇

石英石簇

踧 cù ①惊惧不安。②同“蹙”。

踧踧 踞踧 踖踧 穷踧 驱踧

蹙 cù ①急促。②困窘。③局促不安。④缩小。

频蹙 嚬蹙 草蹙 悴蹙 蹙蹙 单蹙
风蹙 局蹙 紧蹙 局蹙 荆蹙 窘蹙
刺蹙 困蹙 浪蹙 迫蹙 屏蹙 颦蹙
穷蹙 拳蹙 日蹙 水蹙 势蹙 危蹙
一蹙 己蹙
两崖蹙 梦境蹙
眉头紧蹙 双眉紧蹙

蹴 cù ①踏。②踢。

潮蹴 蹴蹴 怒蹴 圪蹴 排蹴 一蹴
燕蹴

苏 sū ①植物名。②死后又活过来。③苏州。④取草。

白苏 采苏 大苏 复苏 姑苏 汇苏
胡苏 抉苏 江苏 积苏 鸡苏 罗苏
来苏 流苏 噜苏 落苏 兰苏 青苏
琼苏 樵苏 二苏 髯苏 三苏 苏苏
天苏 涂苏 屠苏 香苏 薪苏 月苏
昭苏 紫苏
草木苏 凉苏苏 万象苏 一时苏 醉屠苏
驮騠食苏 韩柳欧苏 况钟治苏 万象复苏
死而复苏 蛰虫昭苏

酥 sū ①酪。②松脆。③软柔无力。④喻物的光洁滑腻。

含酥 花酥 红酥 流酥 酪酥 凝酥
暖酥 琼酥 蝤酥 土酥 桃酥 酴酥
玉酥 香酥 新酥 油酥
滑于酥 频凝酥 辣酥酥 麻麻酥 麻酥酥
软酥酥 润如酥 小天酥 痒酥酥 为甚酥
一合酥
滴粉搓酥 骨软筋酥 钻冰求酥

窣 sū ①拟声词，细小的摩擦声。②突然。

宝窣 勃窣 窣窣 屑窣 悉窣 郁窣

俗 sú ①风俗。②大众化的。③庸俗。④世俗。

比俗 边俗 本俗 卑俗 变俗 拨俗
鄙俗 弊俗 避俗 丑俗 出俗 伧俗
侪俗 成俗 尘俗 村俗 浊俗 醇俗
超俗 粗俗 蠢俗 低俗 雕俗 蠹俗
恶俗 讹俗 方俗 风俗 凡俗 法俗
返俗 负俗 肤俗 浮俗 毁俗 繁俗
腐俗 改俗 归俗 革俗 国俗 犷俗
观俗 诡俗 化俗 还俗 恒俗 惛俗
混俗 婚俗 秽俗 骇俗 旧俗 矫俗
浇俗 绝俗 家俗 俊俗 惊俗 嫉俗
跨俗 立俗 伧俗 乐俗 礼俗 乱俗
里俗 俚俗 流俗 敛俗 聋俗 离俗
陋俗 末俗 免俗 民俗 氓俗 甿俗
美俗 媚俗 偶俗 破俗 剽俗 齐俗
弃俗 轻俗 浅俗 人俗 入俗 恶俗
世俗 适俗 时俗 伤俗 涉俗 僧俗
疏俗 奢俗 殊俗 释俗 酸俗 随俗
土俗 脱俗 通俗 颓俗 文俗 同俗
污俗 物俗 乡俗 习俗 玄俗 寻俗
邪俗 循俗 喜俗 一俗 余俗 逸俗
谣俗 庸俗 轶俗 越俗 雅俗 翼俗
繇俗 拙俗 追俗 整俗 拯俗
关中俗 怀砖俗 三闲俗 无知俗 庄老俗
整风俗
安于故俗 阿世媚俗 阿时趋俗 变风易俗
避世离俗 避世绝俗 采风问俗 超尘拔俗
超世绝俗 遁世离俗 非僧非俗 愤世嫉俗
感世愤俗 革风易俗 化民易俗 哗世动俗
惊世骇俗 矫世变俗 降心顺俗 惊愚骇俗
激贪厉俗 医时济俗 抗尘走俗 狃于习俗
流风余俗 离世绝俗 悯时病俗 迁风移俗
入乡问俗 入国问俗 入境问俗 入乡随俗
入里问俗 士思喻俗 伤风败俗 随乡入俗
通达脱俗 未能免俗 违世绝俗 习非成俗
相沿成俗 一民同俗 一表风俗 英华绝俗
厌世恶俗 移风易俗 移风败俗 语言通俗
遗风旧俗 遗风余俗 遗风越俗 贞不绝俗
怀砖之俗
入国而问俗/百里不同风，千里不同俗/千里不同风，百里不同俗/入境观风俗，入国问禁俗/

夙 sù ①早晨。②平素，向来。③肃敬。

昏夙 载夙

诉 sù ①叙说。②控告。③毁谤。④辞酒不饮。

哀诉 败诉 詈诉 辩诉 陈诉 辞诉
撤诉 低诉 牒诉 反诉 烦诉 还诉
公诉 告诉 抗诉 哭诉 控诉 缅诉
交诉 难诉 泣诉 求诉 起诉 倾诉
如诉 上诉 申诉 讼诉 审诉 胜诉
孰诉 投诉 逃诉 通诉 谈诉 诬诉
先诉 渲诉 暄诉 于诉 仰诉 原诉
焉诉 越诉 冤诉 狱诉 主诉 自诉
追诉 谮诉
如泣如诉

肃 sù ①恭敬。②严正。③揖拜。④清除。⑤急。

安肃 报肃 沉肃 惨肃 东肃 诋肃
端肃 风肃 甘肃 改肃 恭肃 闳肃
涧肃 简肃 检肃 谨肃 静肃 客肃
激肃 令肃 露肃 明肃 气肃 清肃
秋肃 虔肃 谦肃 勤肃 容肃 三肃
肃肃 慎肃 森肃 无肃 惟肃 畏肃
心肃 严肃 政肃 整肃 忠肃 振肃
震肃
登荐肃 皇情肃 民有肃 天地肃 严正肃
军容整肃 林寒雕肃 林寒涧肃 官规宣肃
穆穆肃肃

素 sù ①白色的丝。②本来的。③平素。④不带油、肉的食品。⑤质朴。

哀素 布素 朴素 抱素 尺素 吃素
词素 茶素 春素 丹素 点素 道素
毒素 德素 反素 分素 风素 发素
夏素 范素 樊素 肝素 缟素 冠素
环素 寒素 毫素 豪素 浩素 寒素
毫素 浩素 寒素 皓素 核素 荤素
见素 金素 积素 洁素 建素 俭素
束素 结素 简素 绢素 激素 缣素
酵素 襟素 开素 楷素 立素 尿素
流素 卤素 酪素 鲤素 名素 梅素
平素 朴素 贫素 纤素 清素 情素
铅素 惬素 如素 茹素 儒素 守素
色素 拭素 夙素 素素 纯素 宿素
蔬素 天素 太素 退素 脱素 味素
纨素 顽素 心素 械素 香素 弦素
潇素 献素 湘素 缃素 元素 音素
养素 因素 语素 要素 油素 雅素
药素 正素 竹素 执素 皂素 贞素
质素 斋素 缀素 缁素
沙订素 地霉素 核黄素 寒光素 黑色素
金霉素 抗生素 抗菌素 抗毒素 氯霉素
钴胶素 链霉素 硫胺素 麻黄素 猫吃素
青霉素 轻元素 四环素 同位素 王霉素
胎里素 味之素 维生素 血色素 性激素
叶绿素 鱼中素 盈养素 胰岛素 重元素
脂里素
安之若素 我行我素 化学元素 艰苦朴素
简单朴素 结核病素 朴朴素素 青蝇点素
纹样朴素 微量元素 相知有素 训练有素
稀土元素 稀有元素 稀散元素 鱼传尺素
盈养之素 曳履危素 萤辉竹素 齐紫贩素
田豫俭素
丁种维生素/放射性元素/甲种维生素/

嗉 sù ①鸟类喉下装食物的地方。②装酒的小壶。

抱嗉 鹌嗉 鸟嗉 烟嗉

愫 sù 真实的心情。

情愫 清愫

速 sù ①快。②邀请。③招致。④速度。

不速 波速 别速 从速 车速 初速
迟速 葱速 超速 电速 独速 颠速
风速 飞速 光速 归速 高速 火速
呼速 航速 加速 机速 急速 疾速
降速 减速 捷速 快速 流速 禄速
敏速 全速 去速 巧速 轻速 失速
生速 视速 速速 时速 声速 神速
听速 心速 迅速 析速 星速 效速
音速 欲速 作速 追速 拙速 转速
瞻速
叉手速 超声速 超音速 毫端速 年华速
岁月速 马蹄速 云奔速 著鞭速
兵贵神速 曹兵迅速 马工枚速

觫 sù ［觳觫］（书）因恐惧而发抖。

觳觫 斛觫

宿 sù 又音 xiǔ xiù ①过夜。②居住。③安于。④住宿的地方。⑤年老的。⑥平素。⑦隔夜。

不宿 包宿 伴宿 齿宿 常宿 独宿
蝶宿 逗宿 共宿 过宿 归宿 鬼宿
合宿 惊宿 奸宿 经宿 寄宿 借宿
居宿 魁宿 女宿 老宿 路宿 留宿
鸟宿 旅宿 柳宿 露宿 名宿 暮宿
浦宿 耆宿 群宿 楼宿 寝宿 瘖宿
入宿 日宿 任宿 三宿 水宿 宿宿
食宿 射宿 锁宿 僧宿 膳宿 土宿
天宿 同宿 投宿 托宿 讬宿 妄宿
晚宿 芜宿 信宿 歇宿 一宿 夜宿
淹宿 野宿 鸦宿 雁宿 中宿 止宿
众宿 住宿 斋宿 直宿 照宿 整宿
抱书宿 巢下宿 花卫宿 画三宿 寒窗宿
芦中宿 铜雀宿 湘川宿 崖口宿
东食西宿 才新齿宿 草行露宿 风餐露宿
鹿门栖宿 牛女两宿 韦氏三宿 晓行夜宿
鹿门栖宿
三世修来同一宿/

粟 sù ①古代泛指谷类。②粟谷。③俸禄。④颗粒如粟状的东西。

白粟 赐粟 储粟 斗粟 断粟 稻粟
贷粟 分粟 发粟 府粟 公粟 官粟
贵粟 汗粟 红粟 旧粟 金粟 进粟
家粟 禄粟 麻粟 民粟 曲粟 钱粟
瑞粟 入粟 少粟 水粟 食粟 实粟
菽粟 输粟 脱粟 五粟 握粟 薪粟
一粟 易粟 刈粟 雨粟 余粟 银粟
罂粟 征粟 周粟 啄粟 致粟 转粟
粽粟 辞粟
刍挽粟 丁氏粟 金如粟 太仓粟 万钟粟
一斗粟 首阳粟
不食周粟 布帛菽粟 尽布斗粟 沧海一粟
监河贷粟 太仓一粟
书中自有千钟粟/

僳 sù ［傈僳］我国少数民族。

傈僳

谡 sù 起，起来。

马谡 尸谡 谡谡
诸葛亮斩马谡/

塑 sù 用泥土等做成的人物形象。

壁塑 采塑 雕塑 绘塑 减塑 泥塑
面塑 陶塑 小塑 注塑
貌若塑 坐如塑
木雕泥塑

溯 sù ①逆着水流的方向走。②追求根源。

反溯 回溯 难溯 上溯 沿溯 追溯

蔌 sù 菜肴，野菜。

槲蔌 蹇蔌 流蔌 扑蔌 山蔌 时蔌
蔌蔌 蔬蔌 秃蔌 溪蔌 薪蔌 园蔌
肴蔌 野蔌 鱼蔌
韩侯蔌 维何蔌

簌 sù ①拟声词。②纷纷落下的样子。

簏簌 扑簌 簌簌

六 开怀辙

（合古韵 九泰）

哀 āi ①悼念。②悲痛。③怜悯。④指居亲丧。

哀哀 悲哀 沉哀 发哀 告哀 含哀
节哀 极哀 举哀 矜哀 可哀 牛哀
佞哀 愍哀 乐哀 英哀 默哀 七哀
乞哀 同哀 衔哀 新哀 余哀 志哀
助哀 致哀
边马哀 杜鹃哀 笛声哀 断猿哀 风雨哀
后人哀 画角哀 侯燕哀 暮吹哀 玉琴哀
庾信哀 野鹤哀 雍门哀 庄舄哀
哭母不哀 生荣死哀 怨怨哀哀
贫贱夫妻百事哀/

埃 āi ①灰尘。②物理学计算微小长度的单位。

碧埃 薄埃 尘埃 点埃 风埃 浮埃

芳埃　飞埃　红埃　黄埃　涓埃　气埃
秋埃　纤埃　清埃　轻埃　俗埃　嚣埃
远埃　翔埃
不染埃　万里埃　袜生埃　袖拂埃　一砚埃
苏维埃
半点尘埃　扇障尘埃　蛛网尘埃

挨 āi　又音 ái　①靠近。②依次。

紧挨　相挨
边儿也不挨/

騃 ái　傻

痴騃　愚騃

捱 ái　又音 āi　①遭受。②拖延。③困难地度过。

苦捱　强捱
死打活捱　痛苦难捱　愿打愿捱
周瑜打黄盖，一个愿打一个愿挨/周瑜打黄盖，打的愿打，挨的愿挨/

皑 ái　白（叠）。

皑皑
白皑皑
白雪皑皑　冰峰皑皑　雪山皑皑

癌 ái　生物体内的细胞，由于某些致癌因素的作用，变成恶性增生细胞，形成肿瘤。

肠癌　肺癌　肝癌　脑癌　胃癌　血癌
淋巴癌　乳腺癌　食道癌

矮 ǎi　①人的身材短。②高度小的。③等级地位低。

矮矮　低矮　高矮　缩矮　屋矮　足矮
松形矮
道高不矮

蔼 ǎi　①和气。②油润貌。③树木茂密。

阇蔼　暗蔼　庵蔼　蔼蔼　黯蔼　慈蔼
芳蔼　纷蔼　和蔼　弦蔼　荒蔼　景蔼
乐蔼　浓蔼　兰蔼　明蔼　庆蔼　沈蔼
树蔼　圣蔼　森蔼　天蔼　往蔼　温蔼
威蔼　蓊蔼　香蔼　远蔼　幽蔼　杳蔼
窃蔼　翳蔼　篆蔼
槐市蔼　轻帷蔼　仙门蔼　紫烟蔼
和和蔼蔼

霭 ǎi　①云气。②笼罩。

晻霭　霭霭　苍霭　宠霭　春霭　彩霭
翠霭　城霭　大霭　淡霭　芳霭　景霭
聚霭　凉霭　林霭　岚霭　流霭　嫩霭
暮霭　平霭　青霭　晴霭　瑞霭　三霭
山霭　宿霭　霰霭　晚霭　雾霭　夕霭
兴霭　香霭　晓霭　新霭　远霭　雨霭
映霭　烟霭　杳霭　窨霭　阴霭　郁霭
游霭　竹霭　朝霭
霏霏霭　松明霭

艾 ài　又音 yì　①艾蒿。②绿色。③美好。④年老的。⑤停止。⑥养育。

艾艾　保艾　搏艾　从艾　长艾　惩艾
锄艾　得艾　耋艾　福艾　服艾　获艾
虎艾　好艾　火艾　悔艾　横艾　荒艾
蒿艾　康艾　及艾　金艾　荆艾　灸艾
娇艾　蕲艾　老艾　兰艾　年艾　嫩艾
美艾　沛艾　蒲艾　蓬艾　求艾　青艾
群艾　耆艾　蓍艾　上艾　少艾　时艾
灼艾　食艾　烧艾　未艾　丸艾　芜艾
仙艾　萧艾　悬艾　幼艾　有艾　野艾
腰艾　药艾　银艾　作艾　芝艾　炷艾
针艾　紫艾
凉宵艾　三年艾　王子艾　夜来艾
方兴未艾　期期艾艾　分痛灼艾　屈到嗜艾
三年之艾　邓云艾艾　兰芷萧艾
求三年之艾/

爱 ài　①惠。②喜好。③喜爱。④男女间的情爱。⑤怜惜。⑥容易。

爱爱　懊爱　表爱　保爱　宝爱　编爱
胞爱　博爱　存爱　常爱　垂爱　潺爱
眷爱　宓爱　错爱　痴爱　惇爱　慈爱
冬爱　独爱　敦爱　多爱　道爱　耽爱
笃爱　恩爱　父爱　抚爱　附爱　敷爱
溥爱　广爱　关爱　光爱　过爱　贵爱
顾爱　割爱　互爱　欢爱　怀爱　厚爱
惠爱　见爱　旧爱　近爱　尽爱　结爱
极爱　将爱　兼爱　敬爱　骄爱　绝爱
矜爱　静爱　教爱　可爱　苦爱　款爱

酷爱 立爱 令爱 怜爱 吝爱 昵爱
恋爱 溺爱 民爱 母爱 密爱 秘爱
谬爱 睦爱 剖爱 偏爱 癖爱 求爱
曲爱 亲爱 情爱 仁爱 闰爱 忍爱
柔爱 染爱 热爱 示爱 失爱 私爱
顺爱 深爱 天爱 同爱 托爱 抬爱
覃爱 通爱 推爱 贪爱 疼爱 痛爱
五爱 温爱 婉爱 下爱 心爱 相爱
性爱 协爱 狎爱 新爱 喜爱 羡爱
月爱 友爱 优爱 雅爱 贻爱 遗爱
颐爱 子爱 至爱 专爱 憎爱 自爱
作爱 重爱 致爱 忠爱 最爱 尊爱
珍爱 钟爱 造爱 做爱 挚爱 犨爱
地不爱 高堂爱 明主爱 平生爱 禽犊爱
少小爱 手足爱 舐犊爱 土物爱 天伦爱
同辈爱 他人爱 谈恋爱 吾何爱 屋乌爱
幽人爱
冬日可爱 恩恩爱爱 夫妻恩爱 分情破爱
憨直可爱 洁身自爱 阶级龙爱 男欢女爱
难得割爱 美姿可爱 卿怜我爱 忍痛剖爱
三角恋爱 谈情说爱 绨袍垂爱 尤宜友爱
相亲相爱 自由恋爱 枕席之爱 周阳憎爱
横刀夺爱
打是疼，骂是爱/姥姥不疼，舅舅不爱/热油苦，各人心爱/

暧 ài ①昏暗。②隐蔽。

暧暧 甘暧

隘 ài ①险要的地方。②狭小。③窘迫。

厄隘 褊隘 度隘 垫隘 地隘 关隘
井隘 狷隘 据隘 峻隘 绝隘 搅隘
湫隘 困隘 宽隘 门隘 扑隘 绮隘
山隘 守隘 设隘 太隘 脱隘 无隘
务隘 危隘 性隘 狭隘 险隘 惬隘
要隘 越隘 乍隘 执隘 迮隘 作隘
重隘 阻隘 窄隘
伯夷隘 车马隘 孤城隘 乱石隘 平野隘
人寰隘 耳目隘 天地隘 羲之隘 云梦隘
斩关夺隘
十个妇人，九个心胸狭隘/

碍 ài ①防碍。②阻止。③遮蔽。

不碍 蝶碍 干碍 关碍 挂碍 隔碍
花碍 柳碍 阙碍 山碍 天碍 违碍
限碍 有碍 要碍 阻碍 窒碍 滞碍
踬碍 障碍
叠岭碍 横蓧碍 江流碍 鸟飞碍 松林碍
无窒碍 无屋碍 卧柳碍 行云碍 渔曾碍

白 bái ①雪那样的颜色。②清楚。③明亮。④空无所有。⑤指字形或字音有错。⑥纯洁。⑦丧事的代称。⑧彰明。⑨没有功名、官职。

白白 半白 表白 补白 别白 宾白
颁白 班白 拔白 斑白 辩白 长白
拆白 草白 苍白 扯白 唱白 齿白
纯白 淳白 垂白 摄白 掺白 葱白
粹白 潮白 大白 对白 变白 独白
点白 搭白 道白 蛋白 戴白 风白
飞白 发白 浮白 锋白 粉白 附白
翻白 关白 告白 火白 花白 灰白
红白 胡白 或白 活白 黄白 荒白
黑白 皓白 江白 京白 尽白 夹白
举白 郊白 洁白 坚白 建白 举白
娇白 鸡白 精白 蔺白 口白 空白
科白 李白 吏白 里白 念白 连白
弄白 郎白 涅白 卵白 浪白 蜡白
露白 嫩白 面白 梅白 明白 篾白
平白 旁白 傍白 剖白 暴白 漂白
启白 青白 抢白 呛白 清白 乳白
三白 上白 私白 身白 苏白 说白
刷白 素白 煞白 霜白 土白 太白
帖白 坦白 吐白 添白 五白 乌白
物白 小白 仙白 写白 纤白 皙白
洗白 雪白 锌白 羞白 锈白 熊白
虚白 元白 玉白 月白 用白 牙白
曳白 羽白 远白 夷白 萤白 幽白
扬白 拽白 眼白 鱼白 银白 韵白
蓥白 自白 贞白 郑白 准白 皂白
增白 醉白
茶乳白 春潮白 东方白 定场白 鹅群白
何郎白 红处白 金气白 开场白 辽豕白
莲花白 梨云白 眉最白 秋浦白 三分白

水帘白　霜气白　驼茸白　天然白　天水白
乌头白　吴月白　新月白　西方白　遗清白
一阵白　云杪白　鱼肚白　盂胜白　盂鱼白
照夜白
不分皂白　不问皂白　半文半白　半文不白
不明不白　鬓角花白　鬓发斑白　长于念白
才压元白　财不露白　沉冤莫白　唇红齿白
东方泛白　东方发白　颠倒黑白　分行布白
风清月白　冯唐头白　混淆黑白　辉铋锡白
晶莹洁白　襟怀坦白　内心独白　论黄数白
脸色苍白　脸色惨白　明明白白　潘岳鬓白
青红皂白　青浑皂白　清清白白　说黑道白
身家清白　纯净清白　纯粹清白　天空灰白
头发斑白　桃红李白　心地坦白　须发皆白
血红蛋白　须眉交白　胸怀坦白　小葱拌白
一清二白　一穷二白　一身清白　夜光投白
以一奉白　压倒元白　叶青茎白　朱朱白白
指皂为白　指黑为白　真相大白　嘴唇苍白
治生祖白　马角乌白　荇朗皂白　富埒陶白
不分青红皂白/不管青红皂白/不问青红皂白/菠菜煮豆腐，清清白白/出外做客，不要露白/初二三的月亮，不明不白/当家头先白/

百　bǎi　①数词。②众多。③百倍。

八百　半百　度百　夺百　凡百　九百
满百　千百　二百　数百　人百　日百
五百　一百　序百　正百　在百　指百
车逾百　金城百　季八百　卷盈百　年半百
里走百　李八百　连城百　僚凡百　青桐百
千取百　书盈百　桑三百　庭僚百　彤矢百
竹偷百
百分之百　鞭尸三百　惩一儆百　惩一警百
讽一劝百　举一赅百　歼一警百　千儿八百
人上一百　人一已百　杀一儆百　以一儆百
杜敌数百　以一警百　盈成我百　正经八百
庭实旅百　以一奉百
入山一千，出山五百/杀人一千，自损八百/一传十，十传百/

伯　bǎi　又音 bó　丈夫的哥哥。

五伯　大伯

柏　bǎi　又音 bó、bò　常绿乔木，种类繁多。

扁柏　长柏　刺柏　侧柏　翠柏　道柏
伐柏　高柏　古柏　孤柏　汉柏　寒柏
巨柏　枯柏　劲柏　晋柏　列柏　柳柏
泊柏　秦柏　水柏　山柏　松柏　续柏
蜀柏　团柏　桐柏　文柏　王柏　乌柏
小柏　仙柏　杏柏　修柏　新柏　圆柏
烟柏　种柏　紫柏　梓柏
丞相柏　倒生柏　侧叶柏　积雪柏　经霜柏
汉台柏　横柯柏　横肠柏　来公柏　凌云柏
凌霜柏　青铜柏　学士柏　珠子柏
苍松翠柏　餐松啖柏　青松翠柏　岁寒松柏
岁寒知柏　贞松劲柏
岁寒然后知松柏/

摆　bǎi　①拨开。②陈列，安放。③陈述。④来回地摇动。

布摆　风摆　赶摆　可摆　撼摆　扭摆
柳摆　唆摆　停摆　下摆　显摆　衣摆
鱼摆　摇摆　钟摆　振摆
傅科摆　金玲摆　锯牙摆
摇摇摆摆　左右摇摆

败　bài　①输，失利。②打败。③毁坏。④败坏。⑤解除。⑥衰落。⑦腐烂。⑧危害。⑨败露。

成败　挫败　残败　摧败　蹉败　惨败
大败　打败　敌败　凋败　颠败　丰败
负败　腐败　观败　花败　坏败　瘝败
击败　沮败　亏败　困败　溃败　内败
挠败　莲败　馁败　兰败　破败　颇败
前败　裘败　肉败　三败　失败　山败
司败　师败　胜败　损败　事败　衰败
酸败　退败　推败　颓败　亡败　未败
勿败　朽败　小败　行败　陷败　新败
因败　易败　衣败　意败　芋败　窳败
再败　诈败　阵败　战败　屯败　斫败
转败　自败
扑满败　官渡败　炉鼎败　穷巷败　阮屐败
未尝败　屋垣败　一鼓败
兵骄必败　不计成败　多言多败　花开不败
骄兵必败　屡战屡败　沐经三败　七残八败
收成弃败　身名俱败　俏成俏败　优胜劣败

坐观成败 坐视成败
既有成，必有败/

拜 bài ①表示敬意的礼节。②以礼会见。③崇敬。④授官。⑤结成某种关系。
八拜 不拜 百拜 拜拜 褒拜 参拜
除拜 朝拜 崇拜 大拜 代拜 答拜
端拜 扶拜 卦拜 跪拜 回拜 会拜
环拜 伏拜 虎拜 几拜 加拜 交拜
即拜 结拜 剪拜 稽拜 叩拜 龙拜
罗拜 礼拜 纳拜 懒拜 面拜 暝拜
膜拜 陪拜 迁拜 起拜 亲拜 趋拜
三拜 山拜 手拜 双拜 受拜 师拜
鼠拜 团拜 投拜 特拜 勿拜 望拜
下拜 夕拜 仙拜 相拜 心拜 侠拜
蟹拜 壹拜 迎拜 谒拜 雅拜 占拜
竹拜 再拜 展拜 载拜 瞻拜 赞拜
便当拜 厂礼拜 大礼拜 隔水拜 何足拜
九江拜 藉手拜 冒雨拜 屏人拜 千官拜
望尘拜 山人拜 深深拜 小礼拜 下马拜
降筵拜 做礼拜
顶礼膜拜 焚香礼拜 躬身下拜 磕头礼拜
盲目崇拜 王丹不拜 蚊虫结拜 望尘而拜
深源万拜
兹膝不屈，今为公拜/

稗 bài ①稗子。②坏。③微小的。
秕稗 谷稗 蒲稗 水稗 似稗 有稗
野稗 荑稗 种稗

拍 pāi ①拍打。②拍打东西的用具。③拍马屁。④照相。⑤节拍。
暗拍 吹拍 促拍 催拍 打拍 待拍
地拍 独拍 定拍 蝶拍 风拍 放拍
发拍 抚拍 翻拍 挂拍 歌拍 合拍
花拍 挥拍 节拍 肩拍 开拍 两拍
拍拍 破拍 曲拍 千拍 球拍 入拍
二拍 三拍 豚拍 弹拍 歇拍 右拍
应拍 蝇拍 舞拍 坐拍 抓拍 椎拍
造拍 簇拍
红牙拍 惊涛拍 狼牙拍 霓掌拍 十八拍
石刁拍
吹吹拍拍 劈劈拍拍 应节合拍
胡笳十八拍/

俳 pái 古代的滑稽戏。
倡俳 诙俳 进俳 秦俳 夕俳 一俳
优俳 丈俳

排 pái 又音 pǎi ①摆成行列。②军队的编制。③排除。④排斥。⑤排遣。⑥排演。
安排 并排 冰排 编排 成排 彩排
术排 诋排 舥排 付排 发排 鼓排
横排 花排 击排 讥排 忌排 挤排
接排 力排 牛排 男排 连排 马排
品排 铺排 巧排 千排 前排 人排
肉排 蕊排 水排 松排 深排 响排
羊排 严排 众排 自排 竹排 珠排
照排 猪排
九霄排 闯难排 俗所排 晓岫排 玉笋排
雁字排 侦察排
对称安排 路树排排

牌 pái ①牌子。②挡箭牌。③商标。④娱乐用的东西。⑤词或曲调的名称。⑥凭证。⑦丧礼所设的灵位。
标牌 出牌 词牌 打牌 斗牌 底牌
盾牌 粉牌 功牌 关牌 骨牌 挂牌
火牌 号牌 红牌 黄牌 黑牌 金牌
奖牌 立牌 令牌 老牌 灵牌 亮牌
路牌 鹿牌 门牌 名牌 冒牌 铭牌
品牌 曲牌 桥牌 水牌 石牌 时牌
诗牌 松牌 神牌 头牌 摊牌 藤牌
王牌 午牌 玩牌 新牌 小牌 玉牌
牙牌 油牌 银牌 正牌 折牌 杂牌
招牌 纸牌 篆牌
斗魁牌 挡箭牌 凤字牌 虎头牌 揭示牌
金字牌 免战牌 牡丹牌 扑克牌 日份牌
象牙牌 月份牌 指路牌
金字招牌 袁珙金牌 十二金牌

派 pài ①水的支流。②泛指分支。③流派。④作风。⑤委任。⑥安排。
百派 别派 编派 帮派 党派 调派
嫡派 分派 反派 风派 公派 归派
互派 汇派 画派 海派 九派 江派
巨派 旧派 京派 捐派 简派 教派
老派 灵派 勒派 流派 千派 泉派

气派 遣派 双派 诗派 势派 疏派
天派 托派 特派 摊派 委派 小派
选派 学派 新派 右派 引派 远派
洋派 左派 正派 支派 宗派 政派
指派 做派
表现派 保重派 促进派 点彩派 反动派
公安派 过激派 观潮派 官僚派 革新派
华亭派 湖洲派 江西派 竟陵派 激进派
立体派 乐天派 乐观派 两面派 岭南派
南村派 谦溪派 浅生派 少壮派 松汇派
死硬派 体验派 未来派 吴门派 娄车派
顽固派 学院派 新安派 印象派 野兽派
虞山派 中间派 中日派 正统派 走资派
造反派
党内有派 动作画派 故相远派 拉帮结派
民主党派 无党无派 文学流派 新印象派
江西诗派
婊子上庙堂，假装正派/

湃 pài 大浪相激。

惊湃 涝湃 泙湃 砰湃 滂湃 湃湃
澎湃
消日湃
波涛澎湃 奔腾澎湃 怒涛澎湃 思潮澎湃
心潮澎湃 汹涌澎湃

埋 mái 又音 mán ①隐藏在土里。②掩盖。③泯灭。

暗埋 冰埋 尘埋 沉埋 藏埋 活埋
厚埋 痉埋 抗埋 泥埋 轮埋 收埋
沙埋 深埋 香埋 云埋 掩埋 淹埋
湮埋 忧埋 自埋 在埋 椎埋 葬埋
镜已埋 利器埋 落花埋 麴糵埋 石麟埋
雪霜埋 玉树埋 烟雾埋

霾 mái ①空中悬浮的烟尘而形成的混浊现象。②遮掩

沉霾 风霾 旱霾 昏霾 画霾 黑霾
积霾 晓霾 云霾 阴霾 散霾 幽霾
烟霾
水乡霾 雾雨霾
布满阴霾

买 mǎi ①用钱换物。②招惹。

阿买 不买 补买 采买 耻买 采买
得买 贩买 官买 贾买 购买 酤买
贿买 可买 难买 零买 赂买 卖买
求买 启买 钱买 日买 石买 市买
收买 赎买 听买 王买 易买 要买
邀买 争买 贼买
不用买 公子买 千金买 无处买
楚尾吴买 重作收买 千金难买 旋用旋买

劢 mài 努力。

索劢 王劢 萧劢 用劢

迈 mài ①跨。②老。③超过。④远行。⑤时光消逝。

哀迈 傲迈 从迈 长迈 冲迈 驰迈
超迈 电迈 道迈 风迈 发迈 高迈
豪迈 节迈 俊迈 健迈 开迈 可迈
抗迈 夸迈 老迈 年迈 迈迈 敏迈
目迈 清迈 爽迈 上迈 时迈 声迈
苏迈 顺迈 衰迈 先迈 行迈 信迈
迅迈 朽迈 星迈 遐迈 引迈 运迈
言迈 英迈 征迈 瑰迈
大步迈 美人迈 日月迈 四时迈
大力敏迈 日月逾迈 子荆爽迈
大门不出，二门不迈/

麦 mài 麦子。

赤麦 春麦 炒麦 成麦 炊麦 大麦
斗麦 冬麦 打麦 地麦 登麦 毒麦
稻麦 饭麦 割麦 禾麦 黑麦 倮麦
稞麦 佳麦 窖麦 流麦 裸麦 荞麦
磨麦 青麦 荞麦 雀麦 瞿麦 三麦
收麦 伤麦 菽麦 食麦 税麦 宿麦
天麦 小麦 莜麦 秀麦 细麦 新麦
元麦 玉麦 油麦 野麦 销麦 燕麦
种麦
春小麦 春大麦 冬小麦 风吹麦 绿浪麦
青波麦 四时麦 宜春麦 耀芒麦 中庭麦
不辨菽麦 纯仁助麦 高风流麦 兔丝燕麦
兔葵燕麦 未辨菽麦 友谅献麦 苑中种麦

卖 mài ①以物换钱。②叛卖。③卖弄。④尽量使出。

不卖 标卖 变卖 摽卖 斥卖 出卖

常卖 拆卖 典卖 倒卖 捣卖 盗卖
发卖 贩卖 沽卖 贵卖 拐卖 活卖
货卖 叫卖 见卖 寄卖 剑卖 贱卖
禁卖 鸡卖 可卖 略卖 零卖 买卖
平卖 拍卖 叛卖 欺卖 强卖 趣卖
饵卖 生卖 岁卖 私卖 甩卖 售卖
烧卖 掉卖 小卖 义卖 鬻卖 专卖
占卖 自卖 住卖 转卖
打碑卖 待扇卖 黄柏卖 拉买卖 拎书卖
牵龙卖 跑买卖 千金卖 小买卖 做买卖
炒买炒卖 倒买倒卖 公买公卖 热抄热卖
生意买卖 生炒热卖 投机贩卖 现趸现卖
小买小卖 沿河叫卖 应时小卖
担水向河里卖/宁可卖了悔，休要悔了卖/十二月贩扇，背时的买卖/砂锅砸蒜，一锤子的买卖/网中得蟹，无鱼可卖/一锤子买卖/

脉 mài 又音 mò ①血脉。②脉搏。③像血管那样分布的东西。

案脉 按脉 百脉 把脉 迟脉 动脉
道脉 肤脉 过脉 根脉 合脉 号脉
河脉 洪脉 滑脉 江脉 结脉 经脉
诀脉 静脉 筋脉 口脉 矿脉 看脉
扎脉 六脉 老脉 龙脉 络脉 落脉
毛脉 民脉 命脉 平脉 评脉 切脉
气脉 泉脉 弱脉 山脉 色脉 沙脉
土脉 体脉 微脉 心脉 血脉 细脉
虚脉 喜脉 新脉 叶脉 一脉 言脉
玉脉 支脉 正脉 走脉 株脉 诊脉
春一脉 川为脉 大动脉 大静脉 肺动脉
肺静脉 门静脉 千嶂脉 如生脉 松底脉
炎黄脉 主动脉 洛生脉
过筋过脉 过经过脉 冠状动脉 来龙去脉

呆 dāi ①痴傻。②停滞。③死板。

暗呆 嗤呆 痴呆 发呆 卖呆 童呆
吓呆 滞呆
木呆呆
目怔口呆 目睁口呆 目瞪口呆 吴人卖呆

歹 dǎi 坏，恶。

诡歹 好歹
知好歹
不知好歹 不识好歹 没好没歹 说好说歹
为非作歹 作好作歹 做好做歹

逮 dǎi 又音 dài 捉，捕。

不逮 博逮 尤逮 相逮 善逮

代 dài ①替换。②朝代。③世系的辈分。④地质学名词。⑤更。

八代 不代 百代 补代 传代 代代
定代 当代 迭代 递代 断代 古代
告代 改代 瓜代 盖代 冠代 后代
何代 换代 几代 交代 近代 借代
绝代 锦代 旷代 礼代 历代 列代
乱代 年代 累代 末代 明代 疱代
求代 取代 前代 亲代 二代 三代
上代 尚代 世代 时代 受代 盛代
摄代 同代 替代 万代 五代 先代
希代 选代 现代 一代 云代 易代
永代 异代 远代 子代 中代 指代
昭代 诛代 暂代 辄代 篡代
臣五代 第二代 官五代 更前代 划时代
及瓜代 取而代 升平代 天工代 下一代
兄弟代 新一代 新时代 越俎代 追三代
振百代
丑遗万代 传宗接代 地质年代 及瓜而代
冯官五代 改朝换代 黄金时代 千秋万代
儿孙万代 儿孙后代 石器时代 世世代代
桃僵李代 铁器时代 铜器时代 祥钟汉代
远古时代 遗臭万代 遥远年代 野无相代
子孙万代 祖宗三代 祖宗列代
富不过三代/旧石器时代/新石器时代/一代不如一代/中石器时代/祖宗十八代/

岱 dài 泰山的别称。

东岱 封岱 华岱 海岱 济岱 如岱
天岱 泰岱 望岱 巡岱 燕岱
北至岱 淮海岱

贷 dài ①饶恕。②借。③贷款。

保贷 差贷 出贷 称贷 成贷 陈贷
春贷 大贷 地贷 放贷 弘贷 含贷
厚贷 横贷 干贷 告贷 共贷 官贷
给贷 加贷 借贷 举贷 皆贷 假贷

宽贷　年贷　农贷　民贷　乞贷　全贷
请贷　容贷　私贷　赦贷　善贷　信贷
优贷　原贷　淫贷　有贷　子贷　自贷
租贷　赈贷　丐贷
不相贷　承恩贷　高利贷　千金贷　偿所贷
无私贷　庄周贷　庄西贷
恶愆不贷　放高利贷　严惩不贷　责无旁贷

袋 dài　①袋子。②像袋那样的东西。③量词。

布袋　冰袋　被袋　插袋　缠袋　带袋
服袋　饭袋　龟袋　夹袋　剑袋　口袋
脑袋　麻袋　皮袋　茄袋　琴袋　肉袋
水袋　沙袋　睡袋　五袋　网袋　信袋
香袋　衣袋　邮袋　烟袋　鱼袋　装袋
大脑袋　掉书袋　旱烟袋　锦香袋　面口袋
青年袋　热水袋　水烟袋　塑料袋　天客袋
小脑袋
酒囊饭袋　耷拉脑袋　榆木脑袋　猢狲入袋
猢孙入布袋/申公豹的脑袋/

黛 dài　①青黑色的颜料。②妇女眉毛的代称。

不黛　春黛　残黛　翠黛　愁黛　钿黛
蝶黛　蛾黛　粉黛　红黛　敛黛　浓黛
绿黛　柳黛　螺黛　凝黛　抹黛　眉黛
泼黛　巧黛　秋黛　青黛　铅黛　秦黛
如黛　染黛　石黛　色黛　旋黛　调黛
香黛　羞黛　远黛
横翠黛　梁家黛　青蛾黛　生眉黛　远山黛
山泼黛
烟花粉黛　妆螟费黛

绐 dài　欺哄。

蚩绐　空绐　巧绐　欺绐　疑绐
饰辞绐　勿余绐

殆 dài　①差不多。②危险。③仅，只。

不殆　车殆　亏殆　几殆　力殆　疲殆
欺殆　阙殆　危殆　四殆　行殆　闲殆
百战不殆
学而不思则罔，思而不学则殆/知已知彼，百战不殆/

怠 dài　①轻慢。②松懈。③疲倦。

不怠　兵怠　惰怠　忽怠　荒怠　耕怠
解怠　骄怠　积怠　简怠　倦怠　力怠
懒怠　慢怠　谩怠　轻怠　勤怠　偷怠
末怠　慫怠　佚怠　恬怠　先怠　休怠
懈怠　戏怠　易怠　淫怠　豫怠　逸怠
业怠　意怠　庸怠
父规儿怠　孜孜不怠　尊师不怠

带 dài　①带子。②地带。③携带。④捎。⑤显出。⑥引导。⑦连带。⑧围绕。

白带　宝带　贝带　般带　博带　壁带
绷带　从带　车带　赤带　持带　垂带
春带　彩带　翠带　磁带　地带　吊带
肚带　绦带　断带　附带　光带　革带
拐带　冠带　缟带　亘带　红带　荇带
环带　海带　横带　盒带　缓带　寒带
惠带　夹带　金带　胶带　解带　锦带
襟带　卞带　裤带　罗带　里带　连带
轮带　林带　纽带　柳带　领带　略带
履带　麻带　皮带　佩带　频带　薜带
飘带　辇带　请带　浅带　轻带　脐带
裙带　挈带　如带　热带　韧带　山带
双带　书带　束带　丝带　声带　似带
捎带　稍带　顺带　素带　缓带　随带
拖带　绦带　腿带　无带　外带　韦带
袜带　温带　晚带　相带　雪带　挟带
鞋带　携带　一带　云带　玉带　引带
衣带　音带　远带　映带　萦带　腰带
左带　沾带　钟带　缁带
百花带　百金带　传动带　传送带　吊袜带
红玉带　合欢带　附热带　回归带　黄道带
金泥带　连理带　录音带　录像带　绿珠带
留玉带　流苏带　葡萄带　叔子带　三角带
松紧带　沈约带　书色带　随身带　同心带
卫生带　犀角带　相思带　萱花带　月经带
亚热带　原声带　这一带　紫金带
褒衣博带　峨冠博带　分钗断带　夫人裙带
江如罗带　明皇还带　蟒衣玉带　芳留玉带
披襟解带　丘陵地带　轻裘缓带　束紧裤带
舒伸缓带　望人引带　衣不解带　赠刀赠带
山河襟带

一人在朝，百人缀带/

待 dài 又音 dāi ①等待。②对待。③需要。④御备。⑤将要。

不待 薄待 处待 储待 错待 酬待
对待 担待 等待 欢待 厚待 久待
交待 加待 近待 亟待 接待 管待
可待 亏待 空待 客待 苛待 看待
宽待 款待 礼待 留待 虐待 慢待
勉待 亲待 期待 谦待 少待 善待
停待 退待 相待 信待 须待 优待
有待 迎待 欲待 招待 坐待 直待
女招待 守株待
刮目相待 计日可待 急不可待 另眼相待
另眼看待 迫不及待 企足而待 迫不及待
翘足而待 扫榻以待 时不我待 拭目以待
虚左以待 虚位以待 虚席以待 严阵以待
以礼相待 倚马可待 鹬蚌相待 枕戈以待
指日可待
士别三日，刮目相待/士别三日，即更刮目相待/士别三日，便当刮目相待/士别三日，就当刮目相待/

埭 dài ①土坝。②船舶往来征税之处。

不埭 花埭 上埭 隄埭 吴埭 堰埭
郭风埭 湖桑埭 九里埭 鸡鸣埭 吕梁埭
梁公埭 邵伯埭

逮 dài 又音 dǎi ①及到。②逮捕。③押解囚犯。

偻逮 毕逮 传逮 逮逮 弗逮 访逮
赴逮 及逮 就逮 谨逮 连逮 难逮
莫逮 求逮 曲逮 请逮 上逮 束逮
收逮 随逮 染逮 未逮 无逮 下逮
引逮 优逮 仰逮 沾逮 坐逮 转逮
恩逮 泪逮 津逮
芫菁逮 行必逮 云叆逮
匡我不逮 力有未逮 似有未逮

逮 dài ［叆逮］云彩很厚的样子。

叆逮

戴 dài ①尊奉。②顶在头上。

爱戴 鳌戴 备戴 抱戴 次戴 穿戴
重戴 插戴 大戴 斗戴 顶戴 担戴
伐戴 负戴 扶戴 访戴 归戴 感戴
民戴 觅戴 铭戴 履戴 佩戴 取戴
二戴 日戴 天戴 同戴 推戴 恩戴
望戴 小戴 寻戴 相戴 喜戴 依戴
欲戴 蚁戴 拥戴 翊戴 忆戴 亿戴
运戴 翼戴 思戴
大小戴 宫人戴 山中戴 剡溪戴 头上戴
星犹戴 元后戴
张冠李戴

襶 dài ［褦襶］不晓事，不懂事。

褦襶

台 tāi 又音 tái ［天台］山名，在浙江省。

天台

苔 tāi 又音 tái ［舌苔］舌头上的垢腻。中医观察它的颜色用以诊病。

舌苔

胎 tāi ①人或一些动物体内的幼体。②轮胎。③事物的根由。

安胎 蚌胎 保胎 车胎 打胎 堕胎
富胎 鬼胎 怀胎 祸胎 鹤胎 内胎
龙胎 泥胎 娘胎 轮胎 鹿胎 麦胎
胚胎 圣胎 死胎 受胎 食胎 天胎
头胎 投胎 脱胎 铁胎 外胎 夭胎
玉胎 有胎 燕胎 子胎 坐胎 珠胎
不杀胎 出娘胎 错投胎 豆蔻胎 凤凰胎
怀鬼胎 棉花胎 葡萄胎 祸之胎 双胞胎
紫豹胎
浊骨凡胎 窦武蛇胎 怀着鬼胎 换骨脱胎
龙肝豹胎 十月怀胎 心怀鬼胎
拜师如投胎/城隍庙娘娘害喜，心怀鬼胎/柔软是立身之本，刚强是惹祸之胎/

台 tái 又音 tāi ①高而平的建筑物。②敬辞。③桌子。④台湾的省称。⑤台风。⑥像台的家具。⑦戏台，⑧古代官署名。

柏台 靶台 出台 从台 吹台 层台
重台 拆台 城台 池台 船台 春台
翠台 窗台 丹台 电台 钓台 敌台
灯台 帝台 倒台 登台 墩台 风台

方台 凤台 公台 高台 观台 柜台
歌台 耕台 锅台 后台 哈台 花台
海台 滑台 恢台 井台 军台 角台
金台 钓台 讲台 救台 镜台 禁台
开台 客台 看台 垮台 魁台 内台
灵台 拦台 凉台 晾台 南台 莲台
炉台 轮台 蜡台 禀台 棱台 鹿台
鸾台 兰台 露台 楼台 擂台 麟台
门台 明台 芳台 平台 配台 陪台
炮台 蓬台 曲台 前台 琴台 泉台
秦台 琼台 券台 二台 三台 上台
水台 石台 时台 晒台 莎台 舜台
厮台 霜台 亭台 坍台 塔台 跳台
塌台 壇台 澹台 乌台 危台 舞台
隗台 下台 乡台 兄台 戏台 相台
笑台 香台 夏台 新台 铉台 宪台
襄台 云台 月台 玉台 压台 印台
芸台 尧台 阳台 英台 烟台 夜台
砚台 圆台 移台 银台 瑶台 舆台
赢台 瀛台 中台 正台 在台 艺台
燕台 灶台 坐台 制台 烛台 妆台
照台 站台 债台 钻台 章台 转台
洲台 紫台
八风台 打擂台 拜将台 摆擂台 柏梁台
避风台 避债台 承露台 槽丘台 操纵台
船若台 打印台 读书台 杜康台 电视台
对空台 登春台 钓鱼台 得月台 断头台
凤凰台 佛影台 凤女台 凤去台 烽火台
姑苏台 瓜步台 观象台 郭隗台 黄金台
聚仙台 九子台 九城台 瞭望台 女玉台
李陵台 内舍台 弄玉台 狼烟台 落成台
秘书台 气象台 七宝台 二人台 司令台
上讲台 视草台 梳妆台 肃政台 天文台
通天台 铜雀台 闻琴台 望乡台 望夫台
吴公台 写字台 戏马台 玉女台 玉镜台
应三台 雨花台 阏伯台 颜风台 圆锥台
御史台 燕昭台 主席台 子陵台 中天台
站柜台 掌钧台 载马台 债筑台 长夜台
怀清台
绰赋天台 广播电台 功显云台 近水楼台
刘阮入台 临水楼台 历史舞台 明镜非台
平地楼台 僧儒西台 无线电台 温峤一台
舞榭歌台 下不了台 走马章台 站好柜台
政治舞台 债避无台 女怀清台 燕赵筑台
任凭风浪起，稳坐钓鱼台/稳坐钓鱼台/赵老送灯台/赵巧儿送灯台/刘阮上天台/

苔 tái 又音 tāi 隐花植物的一类，根茎、叶的区别不很明显。

冰苔 碧苔 苍苔 春苔 翠苔 点苔
繁苔 海苔 践苔 绿苔 嫩苔 霉苔
青苔 砌苔 石苔 新苔 云苔 紫苔
称意苔 丰弓苔 垢草苔 狗尿苔 鹤啄苔
苦麻苔 绿痕苔 露染苔 屐印苔 满壁苔
青钱苔 水衣苔 石发苔 玉阶苔 夜明苔
竹埽苔

抬 tái ①提高。②合力共举物件。

高抬 哄抬
情人抬 手懒抬
狗坐轿子，不受人抬/

骀 tái ①疲顿。②劣马。

才骀 策骀 荡骀 狐骀 驾骀 驽骀
朽骀 弱骀 台骀 王骀 羸骀

炱 tái 黑灰，俗称“烟子”。

灰炱 煤炱 烟炱

薹 tái ①多年生草本植物。②韭菜、油菜、蒜等长出的花茎。

抽薹 菜薹 蒜薹 芸薹

太 tài ①过于。②最。③高、大。④对大两辈的尊长的称呼所加的字。

大太 老太 水太 师太 蒿太 太太
险太 献太 以太
老太太 姨太太

汰 tài ①滑过。②清洗。③淘汰。

百汰 裁汰 法汰 滑汰 豪汰 击汰
湔汰 简汰 精汰 镌汰 冷汰 埋汰
沙汰 删汰 奢汰 洮汰 淘汰 涤汰
洗汰

态 tài ①形状。②体态。③态度。④情状。

傲态 百态 表态 变态 病态 丑态

常态 春态 绰态 多态 动态 调态
风态 妇态 富态 粉态 故态 固态
诡态 花态 恒态 酣态 憨态 鹤态
交态 佳态 奸态 娇态 基态 倦态
静态 窘态 狂态 女态 老态 姒态
柳态 美态 媚态 千态 气态 秋态
情态 容态 人态 柔态 失态 生态
色态 俗态 诗态 世态 事态 碎态
神态 势态 睡态 体态 伪态 物态
舞态 心态 行态 仙态 相态 性态
形态 修态 斜态 笑态 羞态 香态
霄态 喜态 献态 仪态 余态 有态
妖态 妍态 逸态 意态 语态 艳态
轶态 液态 绮态 作态 状态 姿态
醉态
奔竞态 超固态 风流态 妇人态 闺门态
高姿态 红儿态 迴雪态 君子态 可怜态
女儿态 凌波态 千人态 儿女态 望尘态
小人态 云多态 游离态 中子态 脂粉态
滂心淖态 狗偷致态 密则无态 富富态态
楚楚作态 端端体态 等离子态 故作姿态
观念形态 胶着状态 矜情作态 骄矜之态
紧急状态 狂奴故态 柳腰花态 柔情绰态
社会形态 松姿柳态 形声意态 惺惺作态
鲜花百态 冀妻妖态 一反常态 炎凉世态
意识形态 注视事态
刘阮上天态/一贫一富，乃知交态/览将帅之变态/

泰

tài ①平安。②极。③通畅。④过甚。⑤康宁。⑥骄恣。

安泰 变泰 长泰 处泰 道泰 富泰
国泰 华泰 亨泰 和泰 今泰 交泰
骄泰 景泰 开泰 康泰 老泰 平泰
否泰 齐泰 去泰 庆泰 起泰 穷泰
清泰 情泰 升泰 时泰 身泰 始泰
舒泰 奢泰 恬泰 同泰 体泰 文泰
武泰 忘泰 心泰 详泰 休泰 显泰
新泰 永泰 淫泰 知泰
安平泰 处之泰 方隅泰 皇图泰 九围泰
乾坤泰 天下泰 无骄泰 阴阳泰
持盈保泰 民安国泰 三阳开泰 阴阳交泰
天地交泰 时亨运泰 身名两泰 运开时泰

乃

nǎi ①你。②是。③才。④好像。

颖乃 锻乃 嘉乃 砺乃 尔乃 而乃
若乃 无乃

艿

nǎi ［芋艿］就是芋头。

陂艿 林艿 芋艿
烧火艿

奶

nǎi ①乳房。②乳汁。③象乳头的东西。④喂奶。

阿奶 吃奶 催奶 断奶 发奶 挤奶
牛奶 奶奶 生奶 酸奶 喂奶 下奶
鲜奶 瞎奶 羊奶 芋奶 漾奶
姑奶奶 老奶奶 老阿奶 少奶奶 酸牛奶
小奶奶 姨奶奶
求爷爷，告奶奶/

奈

nài ①奈何。②对付。③无奈。

白奈 不奈 此奈 赐奈 多奈 何奈
计奈 且奈 切奈 无奈 怎奈 争奈
植奈
百般无奈 万般无奈

柰

nài ①落叶小乔木，花白色，果小。②古同“奈”。

白柰 赤柰 冬柰 丹柰 甘柰 何柰
嘉柰 李柰 目柰 美柰 颇柰 青柰
岂柰 守柰 神柰 素柰 亭柰 温柰
杏柰 园柰 余柰 缓柰 朱柰 怎柰
争柰 紫柰
后堂柰 元都柰

耐

nài ①禁得住。②愿。③适宜。

不耐 大耐 含耐 寒耐 讵耐 能耐
难耐 叵耐 且耐 巧耐 忍耐 性耐
依耐
不可耐 临事耐
急不可耐 俗不可耐

鼐

nài 大鼎。

鼎鼐 奚鼐
清庙鼐

来 lái ①跟“去”、“往”相反。②表示时间经过。③表约数估计。④表示发生，来到。⑤以来。⑥招致。⑦做。⑧取来。⑨将来。

不来　本来　比来　抱来　秉来　从来
出来　重来　锄来　大来　当来　到来
都来　迩来　飞来　扶来　负来　古来
光来　怪来　过来　归来　歌来　耕来
后来　回来　合来　怀来　还来　胡来
鸿来　近来　拘来　进来　炬来　嗟来
将来　俱来　肯来　看来　客来　力来
历来　乱来　年来　劳来　拿来　明来
伻来　朋来　贫来　舶来　佩来　去来
顷来　起来　趄来　日来　尔来　如来
迩来　入来　上来　失来　生来　书来
拾来　神来　素来　释来　数来　投来
倘来　傥来　特来　泰来　为来　未来
外来　往来　我来　晚来　小来　下来
向来　修来　想来　新来　向来　元来
月来　由来　以来　远来　迎来　原来
悦来　夜来　燕来　子来　作来　自来
知来　再来　招来　坐来　转来
安肯来　暗香来　白衣来　抱琴来　白雉来
吃不来　吃得来　翠华来　到头来　带雨来
得意来　反过来　反转来　拂面来　赋归来
归去来　故人来　滚滚来　合不来　合得来
划不来　划得来　好音来　含笑来　儿回来
旧雨来　惊地来　破寒来　千里来　去又来
青鸟来　入座来　入帘来　山阳来　双燕来
尚往来　送酒来　送春来　殊未来　说不来
说得来　食嗟来　乘兴来　天外来　谈得来
踏青来　伟祭来　下不来　仙客来　一麾来
玉人来　迎春来　雨星来　远客来　野艇来
夜珠来　雁归来　早期来
不请自来　报春归来　悲从中来　长期以来
长铗归来　憧憬未来　春去秋来　崔护重来
春风徐来　触处机来　冬去春来　冬去夏来
蜂拥而来　纷至沓来　滚滚而来　古往今来
割裂开来　惠然肯来　计上心来　贾郁重来
倦游归来　近悦远来　卷土重来　接踵而来
鉴往知来　继往开来　苦尽甘来　乐往哀来
礼尚往来　灵感袭来　能识未来　露往霜来
来从何来　慕名而来　暮去朝来　否极泰来
区分开来　秋去冬来　清风徐来　麇至沓来
人往人来　日往月来　攘往熙来　手到拈来
手到擒来　死去活来　送往迎来　时不再来
说不上来　乘兴而来　数往知来　爽气朝来
突如其来　往古今来　小往大来　信手拈来
与生俱来　忧从中来　一往一来　友好往来
有生以来　有史以来　眼去眉来　远道而来
源源而来　自古以来　振作起来　招之即来
紫气东来　长铗归来　观往知来　近悦远来
以往鉴来　召之不来
按倒葫芦，瓢起来/按倒葫芦，瓢又起来/白刀子进去，红刀子出来/白日莫闲过，青春不再来/闭门家里坐，祸从天上来/插翅也飞不起来/茶铺里摆手，胡（壶）来/茶壶煮饺子，倒不出来/豆腐里挑出骨头来/福地福人来/福地留与福人来/福地自有福人来/狗嘴里吐不出象牙来/葫芦内卖出什么药来/旧的不去，新的不来/机不可失，时不再来/鸡犬之声相闻，老死不相往来/苦的不尽，甜的不来/老死不相往来/乐极悲生，泰极否来/来者不善，善者不来/老年人常思既往，少年人常思将来/眉头一皱，计上心来/马尾穿豆腐，提不起来/没有梧桐树，引不到凤凰来/满园春色关不住，一枝红杏出墙来/气不打一处来/烧香引了鬼来/三杠子压不出个屁来/太阳从西边出来/天下衙门朝南开，有理无钱进不来/天堂有路却不走，地狱无门却要来/无事家中坐，祸从天上来/瓮中捉鳖，手到擒来/小钱不去，大钱不来/瞎子走路，一步一步的来/一个钱在手心里攥出汗来/阎罗开饭店，鬼弗来/夜猫子上门，无事不来/衙门八字开，有理无钱莫进来/只闻楼梯响，不见人下来/赵老送灯台，一去便不来/

莱 lái ①藜。②生满杂草。③除草。

草莱　东莱　荒莱　蒿莱　剪莱　老莱
蓬莱　田莱　吴莱　污莱
北山莱　故园莱　醉蓬莱

崃 lái ［邛崃］山名，在四川省。

邛崃

徕 lái ①把人招来。②到来。③就。

徂徕　劳徕　招徕
天马徕

赉 lài 赐，给。

别赉　赐赉　酬赉　大赉　帝赉　恩赉
扶赉　欢赉　供赉　来赉　梦赉　蒙赉
普赉　神赉　殊赉　商赉　赏赉　太赉
用赉　露赉　租赉

睐 lài ①瞳仁不正。②向旁边看。

眄睐　旁睐　青睐　群睐　善睐
明眸善睐

赖 lài ①依恃。②抵赖。③诬赖。④怪罪。⑤坏。⑥不肯离开。

不赖　百赖　春赖　大赖　多赖　都赖
抵赖　讹赖　何赖　好赖　荷赖　贺赖
交赖　减赖　狡赖　寥赖　聊赖　木赖
凭赖　泼赖　迁赖　亲赖　生赖　是赖
甚赖　俗赖　耍赖　深赖　恃赖　斯赖
顺赖　撒赖　如赖　天赖　贪赖　亡赖
无赖　我赖　涴赖　诬赖　细赖　信赖
溪赖　虚赖　晓赖　永赖　仰赖　依赖
倚赖　有赖　影赖　摭赖
若世赖　耍无赖　四民赖　四境赖　无聊赖
乡党赖　行旅赖　兆民赖　真不赖
百无聊赖　刁钻无赖　恶义白赖　费厄泼赖
粒食攸赖　矢口抵赖　死乞白赖　袁安待赖

濑 lài ①流得很急的水。②湍急。

奔濑　春濑　飞濑　花濑　江濑　急濑
惊濑　蛟濑　激濑　流濑　怒濑　浅濑
泉濑　秋濑　石濑　湍濑　万濑　涡濑
下濑　响濑　严濑　幽濑
重泉濑　风撼濑　江渲濑　空中濑　客星濑
水生濑　漱寒濑　投金濑　西施濑　严陵濑
严子濑
严光钓濑

癞 lài ①麻风病。②一种癣疥的皮肤病。③喻低劣。

病癞　过癞　疥癞　染癞　生癞　长癞
治癞
漆身癞　龟首癞

籁 lài ①古代的一种箫。②孔穴里发出的一种声音。

百籁　吹籁　春籁　窗籁　地籁　风籁
凤籁　寒籁　金籁　灵籁　林籁　笼籁
籁籁　鸣籁　朴籁　清籁　起籁　群籁
轻籁　人籁　山籁　松籁　爽籁　天籁
万籁　心籁　晓籁　仙籁　虚籁　箫籁
吟籁　严籁　夜籁　幽籁　竹籁
江喧籁　空中籁　笠泽籁　鸣石籁　众壑籁
如闻天籁

该 gāi ①应当。②欠。③注定。④尽备。

不该　本该　备该　博该　合该　活该
兼该　乐该　理该　偏该　山该　双该
应该　研该　淹该　坐该
该不该　六法该　思力该　万卷该　宇宙该
众妙该　造化该
负布辱该

陔 gāi ①阶次。②层次。③台阶。

九陔　兰陔　南陔　田陔　循陔

垓 gāi ①［垓下］古地名。②界限。

八垓　城垓　崇垓　九垓　累垓　挺垓
埏垓
山城垓　秭生垓

荄 gāi 草根。

草核荄

赅 gāi 完备。

言简意赅

改 gǎi ①变更。②改正。③修改。

不改　变改　鬓改　窜改　细改　房改
翻改　更改　候改　悔改　旧改　棱改
奸改　急改　将改　教改　刊改　可改
劳改　能改　厘改　面改　评改　批改
迁改　悛改　日改　收改　审改　事改

删改 土改 涂改 添改 文改 无改
夕改 修改 沿改 欲改 颜改 总改
争改 增改 整改 糟改 篡改
本性改 斗批改 恩情改 风俗改 皤然改
花枝改 柯叶改 人心改 山容改 庶几改
诗难改 事儿改 勿惮改 心不改 城邑改
反复修改 风移俗改 风雨不改 江山不改
累教不改 屡教不改 文不重改 闻过即改
知过必改 知错不改 知错即改 朝令夕改
朝令暮改 雀儿参改

丐 gài ①乞求。②乞丐。③给予。

假丐 敛丐 流丐 踝丐 千丐 乞丐
启丐 强丐 请丐 土丐 文丐 阳丐
要丐 游丐 佣丐 子丐 沾丐
九儒十丐

钙 gài 一种金属元素。

补钙 缺钙
过磷酸钙

盖 gài 又音 gě ①器物上部有遮蔽作用的东西。②压倒，胜过。③加在上面。④遮盖。⑤房屋的代称。

不盖 白盖 闭盖 宝盖 碧盖 敞盖
车盖 赤盖 重盖 翠盖 大盖 斗盖
等盖 短盖 飞盖 风盖 覆盖 翻盖
功盖 高盖 缸盖 冠盖 锅盖 还盖
华盖 壶盖 荷盖 海盖 麾盖 涵盖
鹤盖 衡盖 九盖 交盖 金盖 揭盖
假盖 口盖 孔盖 灵盖 陵盖 露盖
米盖 弥盖 满盖 平盖 瓶盖 铺盖
区盖 曲盖 倾盖 石盖 苫盖 松盖
似盖 伞盖 如盖 天盖 投盖 团盖
帷盖 小盖 下盖 轩盖 膝盖 修盖
玉盖 压盖 仰盖 羽盖 掩盖 圆盖
竹盖 张盖 绽盖 幢盖 驻盖 遮盖
宝瓶盖 波浪盖 波棱盖 茶壶盖 卷铺盖
磕膝盖 明珰盖 天为盖 天灵盖 秃宝盖
云似盖 羽叶盖 指甲盖
不遮不盖 冰铺雪盖 彩分华盖 黄旗紫盖
孔不假盖 亭亭如盖 授周御盖 捂捂盖盖
珠幡皂盖 程孔倾盖
周瑜打黄盖/

溉 gài ①浇灌。②洗涤。

丛溉 常溉 到溉 覆溉 灌溉 江溉
夹溉 浇溉 培溉 四溉 田溉 涤溉
为溉 淤溉 一溉 洗溉 养溉 沾溉
赞溉 增溉 濯溉
波水溉 甘雨溉 灵雨溉 西门溉 一心溉
引泉溉
自流灌溉

概 gài ①大略。②情况。③气度。④系念。⑤限量。⑥要略。

大概 风概 高概 梗概 感概 芦概
老概 气概 权概 胜概 一概

戤 gài 旧指冒牌图利。

影戤

开 kāi ①打开。②打通。③使显露出来。④发动。⑤设置。⑥扩大。⑦支付。⑧起始。⑨开发。⑩开创。⑪发放。

半开 避开 初开 冲开 拆开 敞开
错开 除开 窗开 晨开 撤开 打开
对开 丢开 洞开 德开 躲开 分开
放开 帆开 翻开 繁开 广开 公开
高开 隔开 滚开 花开 横开 九开
讲开 计开 揭开 解开 叩开 看开
廊开 拉开 能开 离开 垒开 撩开
裂开 帘开 迈开 破开 跑开 剖开
劈开 撇开 全开 切开 起开 让开
瑞开 山开 闪开 松开 说开 散开
扇开 盛开 撕开 天开 拓开 推开
摊开 未开 心开 夕开 小开 想开
云开 月开 眼开 筵开 支开 召开
展开 争开 张开 绽开 挣开 智开
白云开 把路开 报花开 吃不开 吃得开
阊阖开 择不开 帝阍开 浮萍开 腻粉开
红蕖开 好怀开 画图开 九光开 金樽开
看不开 看得开 六合开 凉白开 柳眼开
面面开 抹不开 抹得开 茗旗开 磨不开
磨得开 浅深开 顷刻开 三七开 山花开
水纹开 石壁开 商丘开 寿域开 夕阳开
笑口开 心花开 向谁开 细细开 笑颜开

想不开　想得开　月华开　玉龙开　约兰开
野船开　郁不开　绮窗开
八字打开　百花盛开　饱荚绽开　春花盛开
春暖花开　狗窦大开　混沌初开　海禁大开
金石为开　金菊盛开　见钱眼开　截然分开
米苞绽开　妙想天开　玫瑰花开　茅塞顿开
蓓蕾初开　千岫柳开　奇想天开　秋菊盛开
情窦初开　三面网开　笑颜常开　笑逐颜开
喜笑颜开　云散天开　异想天开
好景不常在，好花不常开/忽如一夜春风来，千树万树梨花开/蒺藜沙上野花开/精诚所至，金石为开/没有骨头的伞，支撑不开/人间四月芳菲尽，山寺桃花始盛开/衙门从古向南开/一夫当关，万夫莫开/一堆乱丝，理不伸，解不开/

揩 kāi　擦，抹。
净揩　摩揩　劘揩

凯 kǎi　①军队得胜所奏的乐曲。②和乐。③大。
衔凯　燕凯　奏凯

垲 kǎi　地势高而干燥。
高垲　胜垲　爽垲　幽垲

恺 kǎi　①快乐。②军队胜利后所奏之乐。
八恺　唱恺　崇恺　大恺　告恺　高恺
归恺　和恺　宏恺　乐恺　吕恺　寿恺
王恺　先恺　旋恺　元恺　奏恺　振恺
长歌恺　将军恺

铠 kǎi　铠甲。
兵铠　被铠　重铠　陈铠　大铠　刀铠
戈铠　金铠　甲铠　解铠　刘铠　弩铠
披铠　首铠　兽铠　天铠　铁铠　脱铠
玄铠　徐铠　犀铠　献铠　玉铠　用铠
杂铠　纸铠
明光铠　忍辱铠　狮子铠　银莲铠

楷 kǎi　又音 jiē　①模范。②楷书。③刚直。
寸楷　才楷　成楷　程楷　大楷　多楷
度楷　端楷　反楷　工楷　女楷　两楷
留楷　柳楷　模楷　妙楷　强楷　遗楷
书楷　蜀楷　通楷　小楷　行楷　中楷
正楷　作楷　章楷
古字楷　今字楷
用短李楷　蝇头小楷

慨 kǎi　①感叹。②愤慨。③慷慨。
不慨　悲慨　出慨　常慨　柴慨　多慨
方慨　愤慨　高慨　感慨　忧慨　愧慨
慷慨　慨慨　情慨　爽慨　深慨　胜慨
叹慨　自慨　忠慨　志慨　至慨
歌慷慨　后人慨　增感慨
诚申慨慨　激昂慷慨　些小感慨

忾 kài　愤怒。
敌忾　抗忾　怫忾　作忾
敌所忾　瘖叹忾
同仇敌忾

欬 kài　咳嗽。
謦欬
亲承謦欬

孩 hái　①幼童。②子女。
大孩　孤孩　皆孩　将孩　女孩　男孩
灵孩　毛孩　弃孩　如孩　童孩　小孩
携孩　幼孩　英孩　婴孩
呆答孩　弟子孩　倒绷孩　家生孩　弃泥孩
色如孩　拾弃孩　小女孩　心尚孩
苗振绷孩

骸 hái　①骨头。②指身体。
百骸　病骸　暴骸　残骸　道骸　焚骸
归骸　骨骸　槁骸　筋骸　枯骸　六骸
乞骸　躯骸　尸骸　忘骸　仙骸　形骸
遗骸
炊骨爨骸　放浪形骸　四肢百骸　土木形骸

海 hǎi　①靠近大陆比洋小的水域。②容量大的器物。③大湖。④积聚广大的人或事物。⑤巨大的。
暗海　瀚海　北海　冰海　拔海　薄海
碧海　稗海　渤海　滨海　才海　填海

沧海 出海 尘海 成海 辞海 春海
超海 葱海 愁海 大海 动海 东海
丹海 倒海 酙海 蹈海 泛海 法海
帆海 浮海 负海 佛海 沸海 福海
公海 观海 过海 赶海 绀海 桂海
幻海 红海 火海 河海 花海 环海
旱海 黄海 淮海 黑海 宦海 航海
慧海 湖海 输海 寰海 江海 巨海
近海 金海 觉海 鲸海 架海 酒海
鞠海 苦海 跨海 内海 辽海 林海
里海 泥海 刘海 临海 南海 陆海
领海 绿海 脑海 孽海 楼海 蓝海
冥海 溟海 墨海 泡海 蒲海 蓬海
鹏海 气海 青海 琼海 浅海 清海
情海 旗海 人海 如海 洱海 上海
山海 四海 史海 沙海 刹海 涉海
似海 松海 射海 深海 烧海 桑海
蜃海 天海 吞海 投海 跳海 填海
文海 外海 下海 心海 西海 血海
学海 秀海 雪海 香海 训海 星海
云海 业海 玉海 远海 鱼海 有海
沿海 炎海 饮海 要海 语海 欲海
银海 烟海 渊海 瀛海 夜海 之海
在海 珠海 棹海 涨海 煮海 箴海
鲲海
爱欲海 白云海 变桑海 表东海 波翻海
长生海 蹈东海 地中海 蠹四海 飞过海
功德海 歌吹海 后脑海 欢喜海 蝗入海
孔北海 内陆海 罗刹海 鸟镇海 登陆海
鸾花海 蠡测海 胖大海 膨大海 禽填海
人物海 什刹海 水趋海 笙歌海 心平海
相思海 香水海 香雪海 星宿海 霞出海
莺花海 中南海 珠藏海 智慧海 旃檀海
八仙过海 百川归海 百川会海 百川朝海
苍山如海 曾经沧海 愁山闷海 东渐于海
刀山火海 福如东海 翻江倒海 火山汤海
回山倒海 何称学海 迴山转海 花涛香海
浩如烟海 侯门如海 侯门似海 韩潮苏海
黑风孽海 鹤归辽海 精禽填海 精卫填海
精卫塞海 景公治海 跨山压海 连山排海
肉山酒海 鲁连蹈海 泥牛入海 哪吒闹海
鲁连赴海 囊括四海 棉田似海 卖剑渤海
瞒天过海 盟山誓海 排山倒海 潘江陆海
漂洋过海 情天恨海 擎天架海 如堕烟海
融赋沧海 尸山血海 石沉大海 山行宿海
桑田东海 桑田沧海 桑田成海 桑田变海
桑田碧海 寿山福海 投山窜海 堆山积海
文山会海 文江学海 文浪书海 五湖四海
五洲四海 汪洋大海 威加四海 瓮天蠡海
先河后海 挟山超海 谢安泛海 元龙湖海
以蠡测海 移山造海 移山倒海 云游四海
移山填海 眼空四海 逾山越海 稻山麦海
总汇入海 众流归海 钻天塞海 铸山煮海
茹毛穷海 人山人海 梯山航海 金翅擘海
长风破浪会有时，直挂云帆济沧海/宁可跳东海/卢敖游北海/老虎入山，蛟龙下海/千河归大海/水流千遭归大海/挟泰山以超北海/义重如山，恩深似海/

醢 hǎi ①肉酱。②古代的一种酷刑，将人剁成肉酱。

赐醢 覆醢 共醢 加醢 菹醢 亨醢
脯醢 女醢 盛醢 晓醢 鱼醢 雁醢
作醢 菹醢

亥 hài ①草根。②亥时。

丁亥 吉亥 建亥 癸亥 鲁亥 豕亥
算亥 位亥 下亥 朱亥 章亥
辨豕亥 斗指亥
亡秦胡亥

骇 hài ①起，散。②马受惊。③惊扰。

奔骇 怖骇 波骇 眙骇 从骇 大骇
恫骇 荡骇 飞骇 蜂骇 虎骇 哗骇
机骇 惊骇 鸡骇 可骇 恐骇 鹿骇
目骇 马骇 去骇 水骇 师骇 神骇
兽骇 日骇 如骇 渲骇 无骇 异骇
夜骇 鱼骇 惴骇 震骇
畴官骇 观者骇 六师骇 水虫骇
蚁溃鼠骇

害 hài ①伤害。②祸害。③灾害。④发生疾病。⑤妨害。⑥使受损失。⑦坏的。

暗害 隘害 不害 备害 病害 逼害
被害 避害 弊害 虫害 除害 残害
辞害 谗害 丁害 刀害 达害 地害

妒害 冻害 毒害 蠹害 风害 防害
妨害 公害 贾害 构害 搆害 火害
寒害 祸害 毁害 交害 巨害 加害
讦害 疾害 忌害 禁害 剑害 鸠害
翦害 亏害 机害 苦害 刻害 酷害
厉害 冷害 利害 能害 涝害 雷害
鸟害 虐害 民害 每害 谋害 蒙害
莫害 螟害 迫害 破害 侵害 群害
战害 人害 扰害 辱害 三害 水害
受害 杀害 伤害 损害 霜害 天害
田害 土害 无害 毋害 为害 危害
诬害 险害 陷害 因害 有害 阴害
要害 遇害 贻害 诱害 遗害 隐害
自害 招害 忮害 重害 灾害 诈害
诛害 栽害 遭害 障害 糟害 鸷害
潜害
病虫害 除三害 除四害 除民害 秋风害
三时害 贪酒害
不知利害 池鱼受害 击中要害 开利除害
切中要害 切身利害 为民除害 幸离其害
正中要害 自相残害 自然灾害 周处除害
栽赃陷害
程咬金只有三斧头厉害/程咬金的斧头，头三下子厉害/打蛇不死，反遗其害/无多言，多言多败；无多事，多事多害/

斋 zhāi ①书房或校舍。②迷信的人祭祀前整洁身心。③舍饭给僧人。④素食。

把斋 长斋 吃斋 持斋 大斋 东斋
分斋 泛斋 发斋 封斋 共斋 高斋
化斋 火斋 讥斋 旧斋 郡斋 句斋
敬斋 拣斋 开斋 口斋 刊斋 内斋
冷斋 南斋 清斋 上斋 生斋 手斋
书斋 设斋 搜斋 施斋 讨斋 偷斋
下斋 小斋 心斋 笑斋 新斋 旋斋
萧斋 晓斋 修斋 营斋 自斋 中斋
读书斋 董帷斋 翠柳斋 林泉斋 经义斋
经史斋 琴韵斋 书奇斋 松竹斋 治事斋
三畏名斋 羊侃水斋
吕蒙正赶斋/

摘 zhāi ①采摘。②选取。③去掉。

采摘 东摘 雕摘 扶摘 掊摘 攀摘
手摘 搜摘 文摘 寻摘 一摘 指摘
甄摘
美人摘 纤手摘 星辰摘

宅 zhái ①住宅。②居处。③墓穴。④任职。⑤存心，归心。

安宅 奥宅 八宅 避宅 尺宅 大宅
旦宅 弟宅 店宅 邸宅 方宅 分宅
府宅 泛宅 广宅 古宅 光宅 故宅
官宅 贵宅 火宅 花宅 怀宅 荒宅
准宅 申宅 旧宅 家宅 空宅 坤宅
窟宅 久宅 洁宅 内宅 老宅 民宅
买宅 卖宅 冥宅 贫宅 卜宅 迁宅
起宅 乾宅 漆宅 入宅 尔宅 上宅
尸宅 山宅 世宅 私宅 守宅 室宅
仁宅 同宅 田宅 五宅 筮宅 外宅
屋宅 围宅 仙宅 凶宅 闲宅 相宅
徒宅 云宅 玉宅 阳宅 阴宅 园宅
幽宅 野宅 遗宅 住宅 真宅 镇宅
筑宅 缀宅
帝子宅 环堵宅 罗含宅 老和宅 蓬蒿宅
秋水宅 清溪宅 山公宅 宋玉宅 苏小宅
陶令宅 五亩宅 五柳宅 王珣宅 仙尉宅
云外宅 幽人宅 瘦信宅 烟波宅 子云宅
崔家共宅 浮家泛宅 融天第宅 郗超造宅
元方卖宅 隐逸之宅 寸田尺宅

窄 zhǎi ①不宽。②气量小。③生活不宽裕。

逼窄 匾窄 褊窄 船窄 斗窄 地窄
短窄 黑窄 宽窄 命窄 迫窄 天窄
太窄 屋窄 蜗窄 心窄 袖窄 险窄
狭窄 韵窄 院窄 窄窄
酒肠窄 两岸窄 理生窄 蜗庐窄 网罗窄
心眼窄 轩庭窄 眼界窄
街道狭窄 心地狭窄 胸怀狭窄 冤家路窄
狭路相逢，冤家路窄/

债 zhài ①欠别人的钱财。②租赁。③过取。

背债 逼债 笔债 逋债 避债 出债
偿债 顶债 抵债 躲债 负债 放债
公债 国债 还债 京债 旧债 举债
借债 酒债 揭债 了债 内债 理债
赖债 孽债 欠债 起债 前债 消债

钱债　收债　私债　诗债　宿债　索债
讨债　逃债　万债　文债　外债　行债
戏债　血债　县债　息债　已债　义债
余债　吟债　冤债　药债　众债　责债
读书债　风同债　风流债　清净债　三角债
三郎债　三生债　行脚债　寻常债　香花债
云水债　佣书债　阎王债　鸳鸯债
抵租还债　恩不放债　风情月债　焚券收债
还阎王债　收租逼债
偿不完的儿女债/怕见的是怪，难躲的是债/

寨 zhài ①旧时的军营。②防守用的栅栏。③村庄。
边寨　堡寨　拔寨　村寨　大寨　烽寨
夹寨　结寨　立寨　鹿寨　山寨　盛寨
屠寨　营寨　御寨　紫寨　扎寨
白沙寨　春径寨　古木寨　木兰寨　学大寨
羊罗寨　烟花寨　莺花寨　真珠寨
安营扎寨　村村寨寨　偷营劫寨

瘵 zhài ①病。②灾害。③疾苦。
沉瘵　笃瘵　毁瘵　病瘵　劳瘵　群瘵
寝瘵　衰瘵　雕瘵　形瘵　婴瘵　羸瘵
自瘵　增瘵

钗 chāi 妇女发髻上的一种首饰。
宝钗　翠钗　钿钗　得钗　凤钗　古钗
花钗　今钗　金钗　荆钗　鸾钗　裙钗
雀钗　松钗　玉钗　瑶钗　燕钗　坠钗
箸钗
成金钗　翠玉钗　垂珠钗　玳瑁钗　贵荆钗
两股钗　辟寒钗　七宝钗　三凤钗　双凤钗
同心钗　玉燕钗　紫玉钗
布服荆钗　裙布荆钗　潘妃鸾钗

差 chāi 又音 chā chà cī ①差役。②派遣去做事。③公务。④挑选。
办差　兵差　出差　层差　撤差　当差
到差　肥差　公差　官差　跟差　好差
话差　交差　借差　兼差　解差　苦差
枯差　例差　拉差　美差　谋差　跑差
秋差　钦差　双差　谁差　听差　添差
外差　小差　信差　选差　邮差　支差
抓差　专差　僭差
开小差
鬼使神差　神使鬼差
思想开小差/

侪 chái ①同辈。②匹敌。
等侪　合侪　匹侪　朋侪　尔侪　同侪
吾侪

柴 chái ①小木散材。②方言。
半柴　春柴　打柴　担柴　负柴　斧柴
藩柴　燔柴　干柴　高柴　火柴　积柴
郊柴　棘柴　涧柴　叩柴　砍柴　枯柴
相柴　柳柴　木柴　芳柴　劈柴　如柴
山柴　松柴　拾柴　实柴　桑柴　烧柴
薪柴　引柴　曳柴　烟柴　止柴　治柴
半扇柴　锦里柴　引火柴
骨瘦如柴　侯瑾燃柴　枯瘦如柴　抡斧劈柴
烈火干柴　满口胡柴　秀才买柴　一口胡柴
有了老婆不愁孩，有了木匠不愁柴/只有不快的斧，没有劈不开的柴/

豺 chái ①一种像狼的野兽。②喻贪心残忍的人。
阿豺　捕豺　祭豺　饥豺　飑豺　投豺
野豺
当路豺　瘦如豺　羊见豺
骨瘦如豺

茝 chǎi 古书上说的一种香草，即白芷。
芳茝　蕙茝　兰茝　英茝　藻茝

虿 chài 古书上的蝎子一类的毒虫。
蜂虿　蝮虿　见虿　水虿　触虿
发如虿　今如虿

筛 shāi ①筛子。②敲（锣）。③用筛子过东西。④斟酒。
过筛　红筛　糠筛　米筛　箩筛　药筛
分子筛　花满筛　借风筛　雪如筛　月影筛
竹器筛

色 shǎi 又音 sè 用于一些口语。
落色　捎色　套色　褪色　走色

晒 shài ①晒干。②展现。
白晒　暴晒　冲晒　翻晒　晾晒　曝晒

晴晒　日晒　西晒　洗晒　阴晒
花上晒　经往晒　万里晒　夏景晒
风吹日晒　雨淋日晒

灾 zāi ①灾害。②个人的不幸遭遇。

袄灾　兵灾　被灾　雹灾　避灾　虫灾
成灾　除灾　躲灾　澹灾　厄灾　分灾
飞灾　风灾　防灾　火灾　后灾　洪灾
旱灾　荒灾　蝗灾　鸿灾　救灾　降灾
抗灾　闹灾　涝灾　潦灾　罹灾　取灾
弭灾　攘灾　禳灾　穰灾　水灾　沙灾
受灾　思灾　眚灾　挺灾　天灾　无灾
遗灾　凶灾　消灾　幸灾　恤灾　远灾
遇灾　援灾　召灾　招灾　屯灾　遭灾
赈灾
不为灾　柏梁灾　金作灾　无妄灾
泛滥成灾　瞆祸玩灾　桓景避灾　横祸飞灾
蝗虫成灾　溃决成灾　沥涝成灾　灭顶之灾
没病没灾　二竖为灾　七年旱灾　无妄之灾
血光之灾　月值年灾　淫雨成灾　积道之灾
马舞之灾　舞马之灾
火烧城隍殿，庙灾（妙哉）/男人无才方是福，女人有貌必招灾/破财是挡灾/

哉 zāi ①表感叹语气词。②表疑问或反问的助词。

哀哉　悲哉　大哉　咄哉　高哉　归哉
怪哉　艰哉　快哉　康哉　美哉　善哉
雄哉　信哉　优哉　至哉　壮哉
何有哉　思深哉
彼哉彼哉　虫号怪哉　得其所哉　耗矣哀哉
何足道哉　堂哉皇哉　唐哉皇哉　乌足道哉
呜呼哀哉　於乎哀哉　优哉游哉
戛戛乎难哉/

栽 zāi ①种植。②安上。③可以移栽的幼苗。④跌倒。

分栽　旧栽　轮栽　买栽　培栽　盆栽
手栽　树栽　诬栽　新栽　移栽　早栽
傍水栽　趁春栽　到处栽　古人栽　和雨栽
烂漫栽　满庭栽　乞桃栽　去后栽　取花栽
入梦栽　任意栽　绕屋栽　十年栽　无私栽
选菊栽　一时栽　倚云栽　早晚栽

载 zǎi 又音 zài ①年。②记录。

半载　百载　编载　初载　多载　帝载
登载　倒载　附载　儿载　今载　记载
刊载　年载　连载　论载　千载　前载
三载　少载　五载　万载　先载　祖载
五百载
乐羊七载　三年五载　一年半载　反赠熙载
山公倒载

宰 zǎi ①杀牲畜。②向购物者、接受服务者索取高价。③主宰。④制，治理。⑤古代官名。

阿宰　不宰　出宰　大宰　瓯宰　封宰
改宰　宫宰　衡宰　戒宰　匠宰　内宰
良宰　里宰　泥宰　名宰　茂宰　莹宰
上宰　少宰　社宰　守宰　视宰　试宰
神宰　太宰　屠宰　为宰　无宰　武宰
小宰　仙宰　县宰　贤宰　右宰　元宰
英宰　有宰　邑宰　圆宰　主宰　真宰
冢宰　诸宰　作宰
百里宰　单父宰　神明宰　武城宰　弦歌宰
造化宰

崽 zǎi ①幼小的动物。②骂人的话。③称小孩子。

牛崽　烂崽　靓崽　西崽　猪崽

再 zài ①两次。②重复。③作副词。

不再　勿再　一再　有再　至再
其可再　时难再
良机难再　青春不再　盛筵难再　韶华不再
美景不长，良辰难再/

在 zài ①存在。②处于。③在于。④视，察，正在。

安在　不在　长在　存在　常在　春在
东在　恩在　何在　还在　好在　话在
简在　见在　教在　健在　内在　名在
忙在　命在　恰在　亲在　潜在　如在
日在　山在　舌在　书在　实在　声在
所在　僧在　外在　小在　兴在　行在
攸在　笑在　现在　现在　一在　云在
月在　正在　自在　旨在　在在
不自在　残蕊在　风流在　芳意在　观自在
几人在　精灵在　老母在　名空在　青松在

人何在　圣敬在　苏君在　文章在　无定在
香犹在　雄心在　余雪在　野情在　野鹤在
遗恨在　贞心在　知有在　知心在
淳风安在　徜徉自在　我今何在　观世自在
画尽意在　精神永在　清闲自在　人心何在
人亡物在　人在情在　社会存在　实实在在
无所不在　逍遥自在　音容宛在　优游自在
悠闲自在　悠悠自在　钥匙尚在　自由自在
不死者今安在/拔了萝卜，有眼在/虎瘦雄心在/买卖不成仁义在/千自由百自在/人在人情在/生意不成，仁义在/势在人情在/蛇入竹筒，曲性犹在/刑天舞干戚，猛志固常在/忠厚人常在/

载 zài　又音 zǎi　①用交通工具装运。②充满。③乘坐。④开始。⑤设置。⑥装饰。

不载　般载　车载　初载　船载　承载
超载　独载　顶载　帝载　焘载　方载
负载　覆载　功载　过载　荷载　厚载
寄载　坤载　稛载　连载　累载　满载
轻载　水载　私载　乘载　说载　同载
驮载　往载　诉载　写载　欣载　卸载
亿载　运载　自载　重载　装载　转载
斗量车载　山简倒载　投石满载　天覆地载
獐头元载　反赠熙载　山公倒载

猜 cāi　①揣摩测度。②疑心。③嫉恨。

费猜　怀猜　花猜　胡猜　见猜　忌猜
骄猜　惊猜　可猜　浪猜　料猜　量猜
无猜　相猜　雄猜　嫌猜　鱼猜　有猜
疑猜　欲猜　鹰猜
不须猜　海鸥猜　漫相猜　让你猜　野鹤猜
燕雀猜　真难猜
两小无猜　耦俱无猜
仙机人不识，妙算真难猜/

才 cái　①能力。②才智。③有才能的人。

爱才　不才　边才　拔才　笔才　抱才
禀才　薄才　辨才　霸才　长才　成才
词才　逞才　程才　粗才　楚才　储才
辍才　大才　达才　冬才　多才　妒才
钝才　砥才　得才　方才　飞才　丰才
负才　菲才　赋才　干才　公才　高才
鬼才　刚才　瑰才　诡才　怀才　宏才
豪才　儇才　鸿才　近才　忌才　极才
将才　骄才　隽才　降才　矜才　俊才
绝才　捷才　贱才　骏才　蹇才　谫才
口才　狂才　令才　利才　吕才　抡才
吏才　留才　论才　良才　奴才　怜才
练才　量才　驽才　陋才　馁才　民才
名才　妙才　美才　茂才　敏才　谋才
泼才　骋才　全才　乔才　浅才　曲才
弃才　奇才　屈才　轻才　群才　绮才
麴才　翘才　人才　睿才　三才　上才
四才　失才　生才　适才　时才　识才
帅才　身才　神才　善才　琐才　搜才
硕才　殊才　天才　通才　文才　外才
五才　伟才　违才　歪才　枉才　微才
小才　凶才　仙才　朽才　选才　秀才
雄才　絜才　贤才　枭才　谀才　英才
育才　养才　议才　逸才　异才　野才
渊才　艳才　庸才　雅才　隐才　周才
真才　姿才　智才　铸才
八斗才　不凡才　不成才　百里才　博洽才
碧云才　才不才　大雅才　夺锦才　法三才
公辅才　贯斗才　济时才　经纶才　谫劣才
女秀才　良史才　洛阳才　咏絮才　勒铭才
命世才　七步才　屈宋才　水镜才　酸秀才
天下才　太白才　通三才　吐凤才　掞天才
王佐才　武库才　小雅才　燮理才　一斗才
倚马才　谢女才　咏絮才　咏雪才　卓越才
宰相才
安道多才　八斗之才　不束线才　虮蚱秀才
不羁之才　博学多才　尺二秀才　蔡徙延才
摧残人才　栋梁之才　韬晦奇才　方是奇才
盖世之才　济世之才　计斗负才　经世之才
经国之才　旷代之才　旷世之才　罗致人才
奴爱萧才　女貌郎才　埋没人才　七步之才
人尽其才　苏轼奇才　搜罗人才　三耳秀才
网罗人才　王佐之才　一表人才　一介之才
倚马之才　杨修俊才　专门人才　造就人才
仙才鬼才　咏雪之才
我劝天公重抖擞，不拘一格降人才/唐玄宗试才/天有九头鸟，地有三耳秀才/

材 cái ①木材。②原料。③才能。④寿材。⑤资质。

八材 薄材 长材 成材 粗材 楚材
樗材 蠢材 达材 栋材 方材 凡材
伐材 非材 腐材 干材 官材 棺材
管材 钢材 鸿材 巨材 季材 建材
集材 酒材 积材 教材 精材 六材
良材 抡材 论材 梁材 栎材 练材
驽材 木材 美材 箱材 樗材 乞材
抢材 取材 清材 器材 翘材 人材
生材 身材 诗材 散材 疏材 遂材
寿材 素材 天材 提材 题材 通材
五材 心材 选材 线材 因材 异材
育材 铁材 药材 中材 正材 竹材
至材 资材
不成材 斗筲材 栋梁材 活教材 巨川材
廊府材 樗散材 无弃材 小棺材
长挑身材 车辆器材 栋梁之材 就地取材
晋用楚材 晋得楚材 积累素材 将遇良材
连抱之材 绵力薄材 剃眉渊材 五短身材
选取题材 中等身材
棋逢对手，将遇良材/

财 cái ①物资和金钱的总称。②材料。③才能。

爱财 半财 贝财 出财 差财 地财
多财 盗财 黩财 分财 阜财 发财
浮财 费财 货财 害财 横财 贿财
节财 积财 家财 禁财 聚财 浚财
空财 诓财 老财 论财 理财 临财
纳财 敛财 露财 民财 美财 冥财
贸财 谋财 靡财 破财 弃财 轻财
钱财 让财 饶财 失财 生财 伤财
私财 散财 输财 退财 贪财 通财
外财 委财 邪财 畜财 循财 羡财
良财 余财 用财 详财 遗财 淫财
诈财 资财 珍财 贵财 蹦财
发详财 发横财 国难财 昧心财 胜利财
恭喜发财 和气生财 婚姻论财 劳民伤财
三世同财 升官发财 万贯家财 孝基还财
作商得财 仗义疏财 重义轻财 重书轻财
小人徇财 祖约好财
不辞辛苦意，难近世间财/抱着元宝跳井，舍命不舍财/财神庙的土地，爱财/慈不掌兵，义不主财/君子相送以言，小人相送以财/千里为官只为财/亲是亲，财是财/

裁 cái ①裁剪。②削减。③决定。④节制。⑤估量。⑥裁决。⑦自杀。

别裁 穿裁 对裁 独裁 风裁 化裁
恒裁 鸿裁 可裁 检裁 鉴裁 剪裁
论裁 妙裁 巧裁 清裁 手裁 殊裁
体裁 套裁 心裁 学裁 新裁 玉裁
雅裁 主裁 自裁 仲裁 总裁 制裁
栽裁
玉女裁
别出心裁 独出心裁 法律制裁 废除独裁
自出心裁

采 cǎi 又音 cài ①摘取。②选取。③神采。④采头。⑤彩色。⑥文采。

八采 邦采 辅采 搏采 薄采 豹采
宾采 采采 鞡采 春采 辞采 大采
丰采 风采 凤采 伐采 符采 访采
服采 共采 高采 回采 含采 虹采
恒采 喝采 九采 申采 见采 近采
捃采 接采 五采 绛采 可采 开采
力采 六采 吏采 列采 亮采 纳采
捞采 丽采 僚采 蒙采 秋采 樵采
山采 少采 收采 舍采 食采 神采
搜采 文采 微采 休采 绚采 薪采
易采 言采 有采 渔采 晁采 早采
杂采 展采 诸采 赞采 藻采 甄采
得采
佳人采
承宫推采 雕文织采 广征博采 龙姿凤采
龙潜凤采 镂金错采 没精打采 旁收博采
旁征博采 旁搜博采 文定纳采 无精打采
想望风采 藜藿不采

彩 cǎi ①各种颜色。②彩色的绸子。③称赞。④光彩。⑤文采。⑥负伤流血。⑦赌博或竞赛中得到钱物。

八彩 比彩 斑彩 笔彩 璧彩 壁彩
出彩 采彩 词彩 抽彩 承彩 春彩
错彩 蟾彩 大彩 夺彩 灯彩 点彩
倒彩 得彩 雕彩 风彩 发彩 博彩
服彩 光彩 高彩 衮彩 挂彩 构彩

蔼彩　花彩　华彩　画彩　虹彩　混彩
喝彩　结彩　精彩　剪彩　蒴彩　六彩
列彩　丽彩　莱彩　流彩　纳彩　绫彩
抹彩　芒彩　迷彩　七彩　奇彩　牵彩
琼彩　日彩　染彩　四彩　水彩　收彩
书彩　侍彩　受彩　诗彩　散彩　舒彩
素彩　头彩　添彩　五彩　戏彩　雪彩
夏彩　薪彩　鲜彩　霞彩　云彩　玉彩
月彩　异彩　英彩　浴彩　音彩　摇彩
油彩　艳彩　耀彩　中彩　重彩　扎彩
众彩　缯彩　藻彩

不纯彩　白受彩　笔生彩　缠头彩　打毬彩
夺云彩　凤九彩　放光彩　发绚彩　服五彩
华虫彩　喝成彩　喝倒彩　经典彩　凌雪彩
满堂彩　尧眉彩　隋宫彩　唐三彩

冰灯异彩　当场出彩　地方色彩　大放光彩
大放异彩　丰富多彩　各呈异彩　金翠华彩
锦屏中彩　龙章凤彩　流光溢彩　浓墨重彩
衣不重彩　美丽多彩　奇光异彩　如兼五彩
天光云彩　薛笺成彩　悬灯结彩　绚丽多彩
绚烂多彩　尧眉八彩　张灯结彩

睬

cǎi　理会，搭理。

不睬　理睬

不理不睬　不瞅不睬

踩

cǎi　用脚踏在上面。

脚下踩

自行车下坡，不睬（踩）/

菜

cài　①蔬菜。②主要食品以外的食品。③肴馔的总称。

熬菜　白菜　布菜　菠菜　川菜　炒菜
采菜　草菜　刺菜　巢菜　莼菜　春菜
厨菜　大菜　冬菜　点菜　淡菜　番菜
饭菜　干菜　瓜菜　盖菜　花菜　黄菜
荤菜　海菜　寒菜　菰菜　蒿菜　芥菜
韭菜　祭菜　酒菜　贱菜　堇菜　蕺菜
嘉菜　酱菜　壳菜　苦菜　洿菜　凉菜
年菜　莲菜　卤菜　辣菜　名菜　买菜
卖菜　闽菜　梦菜　泡菜　盆菜　飘菜
盘菜　七菜　青菜　芹菜　窃菜　荠菜
山菜　生菜　水菜　食菜　菘菜　素菜
蔬菜　释菜　酸菜　熟菜　桃菜　甜菜
苔菜　污菜　小菜　西菜　苋菜　香菜
荇菜　细菜　咸菜　夏菜　新菜　蕹菜
湘菜　园菜　有菜　肴菜　洋菜　油菜
野菜　盐菜　粤菜　腌菜　中菜　种菜
择菜　摘菜　榨菜　紫菜　煮菜　酢菜

八宝菜　包心菜　宝培菜　菠棱菜　长寿菜
刺儿菜　大白菜　大头菜　大巢菜　豆芽菜
风叶菜　扫帚菜　甘紫菜　合欢菜　花椰菜
黄矮菜　黄花菜　厚皮菜　盒子菜　君家菜
金花菜　金针菜　卷心菜　堇堇菜　空心菜
牛皮菜　龙须菜　麻绳菜　片玉菜　盘儿菜
麒麟菜　鼠耳菜　山蔬菜　五辛菜　夏笋菜
小白菜　元修菜　叶甜菜　洋白菜　银条菜
银根菜　越粤菜　圆白菜　紫茄菜　诸葛菜
杂和菜　鹧鸪菜

闭门种菜　吃糠咽菜　瓜类蔬菜　鲈鱼莼菜
梅传植菜　鹦鹉菠菜　掌厨做菜

金米银虾菜/挑在篮里便是菜/

蔡

cài　①周代诸侯国名。②大龟。③姓。

陈蔡　大蔡　归蔡　高蔡　淮蔡　居蔡
灵蔡　耆蔡　入蔡　适蔡　上蔡　神蔡
讨蔡　唐蔡　向蔡　下蔡　右蔡　走蔡
张蔡　丁蔡

迷下蔡　千龄蔡　中郎蔡

雪夜擒蔡　苏黄米蔡

腮

sāi　面颊下半部。

彩腮　粉腮　两腮　檀腮　香腮　霞腮
痄腮

泪满腮

尖嘴猴腮　杏脸桃腮　搔耳抓腮　拙口笨腮
抓耳挠腮

塞

sāi　又音 sè，　sài　①填入。②堵住器物口的东西。③堵塞。④闭塞。⑤弥补。⑥充满。

博塞　蔽塞　充塞　池塞　遏塞　类塞
鬲塞　活塞　加塞　蜜塞　否塞　瓶塞
栓塞　填塞　旋塞　严塞　运塞　游塞
火花塞　软木塞　往里塞

塞 sài 又音 sāi，sè ①据守险要之处。②边境。③酬神祭。

安塞 按塞 隘塞 北塞 边塞 葆塞
堡塞 川塞 出塞 度塞 阨塞 防塞
古塞 关塞 固塞 河塞 横塞 鹤塞
花塞 九塞 近塞 旧塞 极塞 经塞
绝塞 近塞 立塞 鹿塞 莱塞 茅塞
秋塞 入塞 上塞 四塞 守塞 沙塞
朔塞 陕塞 王塞 险塞 雪塞 殽塞
严塞 远塞 要塞 雁塞 榆塞 堙塞
筑塞 紫塞
光禄塞 黄云塞 黄花塞 九嶷塞 金陵塞
酒泉塞 卢龙塞 陇西塞 昆仑塞 木兰塞
桃林塞 云中塞 月横塞 玉关塞 榆林塞
青林墨塞 雁门紫塞 昭君出塞

赛 sài ①比，竞争。②胜过。③完毕。④酬报神的祭典。

比赛 报赛 杯赛 罢赛 参赛 初赛
春赛 大赛 答赛 赌赛 复赛 告赛
决赛 竞赛 径赛 祭赛 开赛 联赛
祈赛 球赛 时赛 田赛 先赛 义赛
亚赛 预赛
安尉赛 半决赛 表演赛 对抗赛 冠军赛
锦标赛 排球赛 田径赛 淘汰赛 选拔赛
循环赛 友谊赛 越野赛 邀请赛 足球赛
劳动竞赛

歪 wāi ①不正。②侧身躺卧。

掸歪 敲歪 腻歪 侧歪
病歪歪 歪对歪
病病歪歪 鼻塌嘴歪 东倒西歪 横倒竖歪
七扭八歪 屋漏墙歪
上梁不正下梁歪/身正不怕影儿歪/身正不怕影斜，脚正不怕鞋歪/歪嘴吃螺蛳，歪对歪/

外 wài ①跟“内”相反。②不是自己这面的。③指外国。④关系疏远的。⑤非正式的。⑥抛弃。⑦戏曲角色名。

不外 边外 编外 笔外 仇外 出外
此外 除外 禅外 窗外 单外 党外
度外 等外 额外 方外 分外 伤外
关外 格外 国外 户外 化外 号外
好外 海外 画外 荒外 江外 见外
局外 郊外 酒外 静外 徼外 口外
开外 阃外 课外 另外 乐外 内外
老外 流外 里外 例外 岭外 帘外
门外 媚外 平外 排外 跑外 情外
人外 攘外 四外 山外 失外 舌外
身外 书外 室外 塞外 涉外 诗外
伤外 事外 天外 题外 无外 物外
文外 望外 骛外 形外 限外 月外
以外 言外 余外 员外 意外 域外
野外 援外 中外 竹外 自外 在外
枕外 宙外 寨外
尘垢外 茶烟外 春山外 打野外 风尘外
扶桑外 浮云外 纮指外 海内外 壶天外
九州外 空王外 林影外 秋浦外 人境外
三界外 孙山外 矢地外 无例外 形骸外
云天外 之圃外 烟霞外 珠帘外
安内攘外 摈诸门外 出乎意外 除此以外
出人意外 吃里爬外 崇洋媚外 超然物外
超以象外 彻里彻外 驰誉中外 驰名中外
遁迹方外 蜚声中外 古今中外 概莫能外
闳中肆外 毫无例外 魂飞天外 九霄云外
拒之门外 里里外外 名声中外 漫步郊外
绷中彪外 权倾中外 闻名中外 逍遥法外
喜出望外 一无例外 预料之外 遗身物外
意料之外 意在言外 直内方外 置之度外
置身事外
隔窗吹喇叭，鸣（名）声在外/拒人于千里之外/苦瓜虫，吃内不吃外/抛到九霄云外/生死置之度外/意事在言内，御敌于国门之外/运筹于帷幄之中，决胜于千里之外/

乖 guāi ①不顺，不和谐。②指小孩听话。③机灵。④乖巧。

不乖 脖乖 打乖 乖乖 花乖 好乖
老乖 礼乖 弄乖 命乖 卖乖 谋乖
时乖 声乖 撒乖 讨乖 偷乖 小乖
心乖 学乖 运乖 真乖 张乖 嘴乖
号令乖 好音乖 林壑乖 物情乖 小乖乖
遇合乖 蹇时乖
命途多乖 运拙时乖 运蹇时乖
吃一回亏，学一回乖/

拐 guǎi ①转折。②骗走人或财物。③拐杖。④跛行。⑤改变路的方向。

被拐　出拐　孤拐　架拐　木拐　铁拐
诱拐　杖拐　转拐
脚孤拐　李铁拐　向东拐
七弯八拐　一瘸一拐
胳膊时朝外拐/

夬 guài　又音 jué　坚决，果断。

夬夬　刚夬　入夬　生夬

怪 guài　①奇怪的。②惊异。③怪物。④非常。⑤埋怨。

不怪　百怪　丑怪　逞怪　错怪　嗔怪
大怪　斗怪　古怪　光怪　鬼怪　瑰怪
怪怪　诡怪　好怪　骇怪　近怪　见怪
角怪　奸怪　惊怪　精怪　谲怪　可怪
狂怪　傀怪　沴怪　来怪　老怪　灵怪
难怪　魔怪　奇怪　窃怪　水怪　山怪
少怪　神怪　谁怪　无怪　诬怪　行怪
相怪　邪怪　炫怪　险怪　遐怪　言怪
迂怪　阴怪　冶怪　沃怪　妖怪　语怪
怨怪　疑怪　自怪　作怪　珍怪　真怪
志怪　责怪
不见怪　不足怪　不知怪　丑八怪　江水怪
群石怪　山鸟怪　天公怪　鱼鸟怪
揣歪捏怪　刁钻古怪　大惊小怪　小惊小怪
古古怪怪　古里古怪　见怪不怪　陆离光怪
离奇古怪　千奇百怪　清勿见怪　奇离古怪
奇奇怪怪　少见多怪　三刁九怪　水族鬼怪
失惊倒怪　索隐行怪　恬不为怪　调风帖怪
兴妖作怪　希奇古怪　稀奇古怪　又丑又怪
妖魔鬼怪　扬州八怪　装妖作怪
不知者不为怪/大人不见小人怪/黑馍多包菜，丑人多作怪/刘知远收瓜精，捉（作）怪/礼多人不怪/

会 kuài　又音 huì　①计算；总计。②管理和计算财务的工作。

财会

侩 kuài　①介绍买卖。②买卖人。

催侩　大侩　贾侩　牛侩　女侩　马侩
榷侩　市侩　商侩　书侩　奢侩　推侩
文侩　牙侩　主侩　驵侩

郐 kuài　周代诸侯国名。

虢郐　曹郐　歌郐　小郐

哙 kuài　咽下去。

樊哙　哙哙　立哙　止哙　肿哙

狯 kuài　狡猾。

狡狯　谲狯　贫狯　黠狯　诈狯
故弄狡狯

浍 kuài　田间水沟。

沟浍　九浍　涓浍　浲浍　列浍　蹇浍
千夫浍　通水浍

脍 kuài　细切的肉。

赐脍　风脍　羹脍　红脍　江脍　鲸脍
牛脍　浪脍　缕脍　名脍　美脍　庖脍
切脍　肉脍　设脍　思脍　食脍　生脍
蛇脍　索脍　为脍　行脍　细脍　莼脍
玉脍　野脍　有脍　鱼脍　银脍　作脍
化蝶脍　江东脍　郎书脍　绿鲫脍　鲈鱼脍
蓬池脍　秋风脍　四腮脍　同心脍　银丝脍
张翰脍
秋风鲈脍　莼羹鲈脍

块 kuài　①土块。②量词。③孤独貌。④无动于衷。

冰块　成块　板块　大块　堙块　堕块
块块　金块　积块　卵块　那块　垒块
磊块　量块　煤块　痞块　破块　肉块
山块　石块　苦块　碎块　土块　糖块
血块　一块　株块　肿块　枕块　整块
风疹块　壶中块
酒浇垒块　寝苫枕块　送块土块　条条块块
砖块瓦块　尊浇磊块

快 kuài　①高兴。②速度大。③赶紧。④敏捷。⑤锋利。⑥舒畅。

不快　步快　捕快　病快　称快　敞快
畅快　脆快　大快　飞快　风快　赶快
火快　欢快　何快　好快　很快　加快
尽快　佳快　俊快　口快　快快　凉快
马快　明快　庆快　取快　奇快　轻快

清快 勤快 二快 耳快 手快 松快
爽快 乘快 稍快 殊快 通快 特快
痛快 外快 心快 欣快 雄快 歆快
一快 益快 语快 愉快 自快 枕快
直快 嘴快
笔端快 当年快 短平快 风雨快 襟袍快
跑得快 耳目快 生平快 事事快 小眼快
只脚快
讥人不快 口直心快 凉凉快快 拍手称快
勤勤快快 曲调欢快 亲痛仇快 热情勤快
松松快快 手疾眼快 手勤脚快 身子不快
胜任愉快 爽爽快快 痛痛快快 心直口快
先睹为快 性急口快 一吐为快 眼明手快
眼疾手快 眼尖手快 亲痛仇快
骨鲠在喉，不吐不快/骨鲠于喉，不吐不快/脚底下擦油，溜得快/说时迟，那时快/置之死地而后快/

筷 kuài 用竹，木，金属等制作的餐具。

铁筷 碗筷 牙筷 竹筷
象牙筷

怀 huái ①想念。②包藏。③胸前。④使怀。⑤胸怀。⑥心愿。⑦安抚。⑧包围。⑨怀念。

懊怀 不怀 卞怀 冰怀 别怀 表怀
备怀 鄙怀 抱怀 悲怀 寸怀 长怀
怅怀 尘怀 参怀 驰怀 春怀 畅怀
骋怀 诚怀 惨怀 愁怀 夺怀 淡怀
恩怀 风怀 放怀 发怀 烦怀 肺怀
关怀 挂怀 攻怀 高怀 顾怀 耿怀
感怀 概怀 豪怀 海怀 豁怀 介怀
记怀 近怀 佳怀 卷怀 疾怀 究怀
积怀 眷怀 寄怀 酒怀 襟怀 羁怀
可怀 开怀 孔怀 空怀 旷怀 客怀
狂怀 渴怀 款怀 内怀 老怀 冷怀
弄怀 虑怀 旅怀 离怀 囊怀 民怀
缅怀 满怀 扪怀 铭怀 娩怀 披怀
怆怀 情怀 琼怀 凄怀 遣怀 听怀
潜怀 惬怀 人怀 入怀 仁怀 柔怀
荣怀 挠怀 少怀 私怀 思怀 使怀
抒怀 伤怀 送怀 述怀 散怀 诗怀
舒怀 善怀 损怀 素怀 赏怀 绥怀
释怀 酸怀 摅怀 天怀 同怀 坦怀
袒怀 推怀 替怀 通怀 恸怀 无怀
往怀 委怀 下怀 心怀 乡怀 兴怀
朽怀 闲怀 系怀 性怀 写怀 胸怀
喜怀 隙怀 虚怀 义怀 玉怀 永怀
远怀 有怀 忧怀 咏怀 聿怀 幽怀
萦怀 逸怀 遗怀 雅怀 隐怀 掩怀
中怀 壮怀 坐怀 追怀 重怀 志怀
造怀 招怀 滞怀 轸怀 撞怀 瞻怀
半生怀 到无怀 动秋怀 满胸怀 取诸怀
橘堪怀 喜开怀 月入怀 月盈怀 游子怀
燕投怀 壮士怀
不足介怀 敞胸露怀 耿耿于怀 闳识孤怀
豪情满怀 尽情抒怀 宽大为怀 能扩襟怀
明月入怀 梦日入怀 穷鸟入怀 柔远绥怀
阮籍咏怀 庶畅开怀 袒胸露怀 托物兴怀
玉燕投怀 游目骋怀 遗寝载怀 正中下怀
触目伤怀

徊 huái ［徘徊］来回地走。

低徊 徘徊

淮 huái ①大。②淮河，源出河南省，至江苏注入洪泽湖。

抱淮 背淮 长淮 渡淮 方淮 江淮
泾淮 济淮 河淮 海淮 两淮 平淮
秦淮 旁淮 清淮 三淮 吞淮 望淮
引淮 逾淮 银淮 治淮 镇淮
渡秦淮
夜泊秦淮

槐 huái 槐树，落叶乔木。

爱槐 白槐 刺槐 大槐 登槐 古槐
宫槐 高槐 兰槐 老槐 龙槐 绿槐
梦槐 青槐 秦槐 轻槐 三槐 水槐
市槐 省槐 树槐 疏槐 台槐 庭槐
小槐 洋槐 植槐 触槐
避日槐 独秀槐 翠影槐 夹道槐 连理槐
南柯槐 落花槐 龙鳞槐 浓荫槐 鼠目槐
守宫槐 兔目槐 月桂槐 御沟槐
锄鹿触槐 克渊梦槐 蚂蚁缘槐 王祐三槐
指桑骂槐

踝 huái 脚腕两旁的踝子骨。

重踝 及踝 内踝 两踝 没踝 膝踝
外踝

坏 huài ①受了损伤。②坏主意。③恶劣。④跟“好”相反。

不坏 变坏 败坏 崩坏 残坏 城坏
打坏 堤坏 道坏 堕坏 陊坏 风坏
腐坏 粉坏 感坏 蛊坏 好坏 毁坏
隳坏 揃坏 礼坏 理坏 把坏 破坏
舌坏 使坏 损坏 碎坏 惰坏 颓坏
听坏 替坏 污坏 兴坏 朽坏 易坏
欹坏 颜坏 终坏 最坏 凿坏
北军坏 城郭坏 斧斫坏 阁道坏 渐败坏
梁木坏 蒲轮坏 秋霖坏 器服坏 碎巧坏
鱼梁坏 药栏坏
不好不坏 两头使坏 礼崩乐坏 气急败坏
山颓木坏 三圣搬坏 隙大墙坏 一肚子坏
见怪不怪，其怪自坏/蠹众而木折，隙大而墙坏/

跩 zhuǎi 走路摇摆。

一跩一跩

拽 zhuài 又音 zhuāi，yè 拉，牵引。

捽拽 林拽
生拉硬拽

揣 chuāi 又音 chuǎi，chuài 藏在衣服里。

怀揣 囊揣
怀里揣

揣 chuǎi 又音 chuāi，chuài ①估量，忖度。②揣摩。

不揣 钩揣 默揣 摩揣 摹揣 细揣
悬揣 阴揣 研揣

闼 chuài ［阘闼］同“挣揣”多见于元曲。

阘闼

嘬 chuài 又音 zuō ①咬，吃。②大口吞食。

求嘬 毋嘬 余嘬
不忍嘬 儿肉嘬

揣 chuài 又音 chuǎi chuāi ［挣揣］挣扎。

挣揣

踹 chuài 践踏，用脚底踢。

蹬踹 脚踹 乱踹 踩踹
连踢带踹

膪 chuài ［囊膪］猪的腹部肥而松软的肉。

囊膪

衰 shuāi 又音 cuī 事物发展转向微弱。

不衰 半衰 避衰 持衰 迭衰 凋衰
德衰 割衰 扶衰 积衰 将衰 减衰
兰衰 老衰 年衰 柳衰 门衰 苗衰
耄衰 齐衰 起衰 衰衰 盛衰 逃衰
未衰 兴衰 中衰 早衰 在衰 赵衰
风衰
草木衰 菡萏衰 几盛衰 酒力衰 筋力衰
眉毛衰 香味衰 已早衰 药苗衰 颜色衰
精爽不衰 年老力衰 年老体衰 年老色衰
累世不衰 盛极必衰 未老先衰 畏盛凌衰
壮志不衰 物盛则衰
世事有成必有败，为人有兴必有衰/文起八代之衰/

摔 shuāi ①扔。②跌跤。③毁坏。

撴摔 乱摔
胡打海摔
破罐子破摔/

甩 shuǎi ①扔。②抛开。

蝇甩

帅 shuài ①军中主将。②英俊。③率领。④遵循。

兵帅 充帅 大帅 夺帅 挂帅 将帅
魁帅 良帅 连帅 名帅 谋帅 勉帅
牵帅 渠帅 儒帅 少帅 身帅 师帅
统帅 文帅 无帅 问帅 元帅 亚帅
主帅 找帅 真帅
白波帅 博弈帅 大元帅
舍身保帅 舍车保帅 政治挂帅 赵公元帅

率 shuài 又音 lǜ ①带领。②轻易地。③爽直。④大概。⑤遵循。⑥榜样。⑦潦草。

不率 百率 表率 虫率 初率 仇率
唱率 草率 粗率 犒率 大率 队率
后率 火率 荒率 刚率 躬率 加率
俭率 交率 鸠率 木率 茂率 亮率
连率 能率 平率 牵率 耆率 轻率
劝率 渠率 亲率 谦率 任率 收率
水率 身率 坦率 统率 为率 相率
悉率 性率 新率 咸率 野率 诱率
有率 义率 中率 真率 直率 躁率
祖率 藻率
毛玠俭率

蟀 shuài 俗称蛐蛐，一种有害的昆虫。两翅能发声。

秋蟀 蟋蟀

七 飞堆辙

(合古韵 五微、十灰、五尾、十贿、五未、十一队)

陂 bēi 又音 pí pō ①山坡。②池。③边际。④倾斜。

偏陂 春陂 河陂 荒陂 高陂 龙陂
渼陂 山陂 私陂 险陂 鱼陂 夷陂
千顷陂 永丰陂
化龙葛陂

杯 bēi ①盛酒、水、茶的器皿。②环状物。③量词。

保杯 把杯 茶杯 持杯 残杯 夺杯
分杯 浮杯 罚杯 傅杯 覆杯 干杯
好杯 荷杯 海杯 毫杯 交杯 举杯
金杯 酒杯 椒杯 奖杯 连杯 流杯
绿杯 量杯 螺杯 醴杯 碰杯 棒杯
劝杯 琼杯 烧杯 天杯 停杯 推杯
贪杯 仙杯 香杯 衔杯 霞杯 玉杯
月杯 印杯 羽杯 饮杯 银杯 作杯
竹杯 掷杯
白云杯 北海杯 玻璃杯 碧筒杯 承露杯
高脚杯 合欢杯 画蛇杯 菊花杯 金荷杯
蕉叶杯 李膺杯 连理杯 临邛杯 流霞杯
婪尾杯 暖玉杯 玛瑙杯 明月杯 三百杯
三雅杯 水精杯 无何杯 圣贤杯 铁石杯
万年杯 歇马杯 玉莲杯 玉带杯 有限杯
夜光杯 宴镐杯 鹦鹉杯 竹根杯 掌中杯
弓影浮杯 景让擎杯 太祖祝杯 为酒贪杯
象箸玉杯 左慈掷杯 乐圣衔杯
白玉莲花杯/一饮三百杯/左持蟹，右持杯/

卑 bēi ①低下。②低劣。③轻视。④谦仰。⑤卑微。

不卑 卑卑 崇卑 辞卑 地卑 高卑
官卑 居卑 勤卑 谦卑 甚卑 事卑
守卑 太卑 位卑 心卑 鲜卑 羞卑
自卑 至卑 秩卑 志卑 职卑 尊卑
不失卑 不厌卑 地道卑 道不卑 扶桑卑
俭目卑 苦宦卑 礼自卑 莫嫌卑 傍人卑
山林卑 势位卑 士阶卑 一椽卑
不亢不卑 不只高卑 登高自卑 男尊女卑
如子之卑 天高地卑 天高听卑
黄公好谦卑/

庳 bēi ①低下。②矮。

卑庳 事庳 污庳 有庳
青霄庳

碑 bēi ①竖石。②碑文。③刻上文字或图案作为纪念物。

村碑 残碑 队碑 断碑 读碑 丰碑
古碑 界碑 建碑 口碑 刊碑 立碑
临碑 路碑 勒碑 墓碑 石碑 神碑
树碑 苔碑 题碑 卧碑 魏碑 寻碑
羊碑 禹碑
碧落碑 村史碑 草堂碑 党人碑 堕泪碑
道旁碑 德政碑 纪幼碑 纪念碑 荐福碑
岘山碑 内史碑 里程碑 没字碑 千岁碑
千金碑 涕泪碑 水中碑 神道碑 孝女碑
有道碑 雨昏碑 野庙碑 岘首碑 岘亭碑
岘山碑
信本观碑 有口皆碑 下拜骏碑
欧阳询卧看索靖碑/路上行人口似碑/路上行人口胜碑/

悲 bēi ①哀痛。②怜悯。③动听。

长悲 春悲 慈悲 大悲 独悲 含悲

酒悲 可悲 堪悲 能悲 愀悲 孺悲
伤悲 舒悲 五悲 心悲 叙悲 新悲
余悲 幽悲 仰悲 自悲 阵悲
暗想悲 不胜悲 半祖悲 虫响悲 草木悲
草树悲 翟子悲 古木悲 鼓琴悲 鼓角悲
鼓盆悲 画角悲 黄犬悲 角声悲 假慈悲
了不悲 牛山悲 女心悲 老大悲 老易悲
老更悲 旅心悲 鸟声悲 曲终悲 穷途悲
秋草悲 歧路悲 鹏鸟悲 阮籍悲 染丝悲
使人悲 宋玉悲 朔官悲 蜀弦悲 吾心悲
望月悲 昔日悲 湘女悲 远堪悲 羊昙悲
有余悲 雨声悲 夜郎悲 夜猿悲 遊子悲
壮志悲
大慈大悲 大发慈悲 虋墙之悲 寒水之悲
风木之悲 风树之悲 禾黍之悲 乐极生悲
徒自伤悲 兔死狐悲 狐死兔悲
凫胫虽短，续之则忧；鹤胫虽长，断之则悲/老虎挂佛珠，假慈悲/生男无喜，生女无悲/少壮不努力，老大徒伤悲/少年不努力，老大徒伤悲/泰极还生否，乐处又逢悲/

北

běi ①方向。②相背。③败。

败北 奔北 罢北 背北 村北 池北
城北 春北 挫北 摧北 大北 东北
岛北 汉北 飞北 拱北 河北 淮北
华北 湖北 江北 积北 街北 口北
社北 南北 离北 隆北 挠北 岭北
腻北 漠北 三北 山北 水北 沙北
舍北 陕北 朔北 塞北 天北 退北
往北 渭北 西北 有北 佯北 砚北
冀北 正北 折北 追北 逐北 战北
大西北 斗柄北 横塘北 龙沙北 莲叶北
阑干北 秋浦北 星拱北 绮窗北 雁门北
闯南走北 东南西北 东西南北 代马望北
背南面北 连战皆北 廖居郭北 面南背北
青威漠北 山南海北 透巡河北 天南海北
天南地北 通南彻北 雁南燕北 走南闯北
追亡逐北 追奔逐北 指南攻北

贝

bèi ①蛤蜊、蛤螺之类的软体动物的总称。②锦上的贝形花纹。③古代用贝壳作货币。

白贝 宝贝 碧贝 编贝 川贝 翠贝
大贝 分贝 梵贝 干贝 古贝 龟贝
呵贝 含贝 货贝 慧贝 老贝 兼贝
拷贝 连贝 穷贝 饶贝 双贝 扇贝
施贝 淡贝 文贝 尾贝 小贝 象贝
玉贝 羽贝 贻贝 绮贝 壮贝 珠贝
照贝 织贝 浙贝 紫贝
大秦贝 径尺贝 南海贝 雄梵贝 硬拷贝
珍珠贝
齿如列贝 齿如含贝 心肝宝贝 珍珠宝贝

狈

bèi 传说中的一种兽。

狼狈
进退狼狈

背

bèi 又音 bēi ①背脊。②物体的后面。③凭记忆力读出。④违背。⑤偏僻。⑥不顺利。⑦离开。⑧背叛。

表背 暴背 赤背 刺背 笞背 槌背
船背 错背 擦背 愁背 鳖背 刀背
灯背 垫背 搭背 瘩背 膝背 分背
拊背 腹背 弓背 后背 龟背 乖背
画背 荷背 黑背 鹤背 见背 局背
肩背 脊背 捐背 偻背 殒背 脚背
镜背 阘背 靠背 牛背 驴背 离背
鸾背 面背 马背 拍背 蓬背 曝背
抢背 弃背 耳背 山背 手背 书背
沙背 苦背 灼背 稍背 树背 睡背
搔背 台背 佗背 透背 童背 鲐背
驼背 骀背 跎背 臀背 文背 违背
乡背 心背 向背 相背 项背 笑背
喜背 熊背 云背 叶背 拥背 鱼背
鸦背 腰背 雁背 正背 在背 众背
纸背 炙背 转背 装背
背对背 背靠背 苍生背 归帆背 孤城背
汗沾背 梅花背 马肿背 祖示背
挨肩擦背 败军之背 扼亢拊背 蜂腰猿背
弓腰驼背 勾肩搭背 拱肩缩背 黄发台背
鸡胸龟背 力透纸背 汗流浃背 芒刺在背
摸手抓背 摩肩擦背 马骆驼背 曲腰哈背
人心向背 如芒在背 耸肩曲背 袒胸露背
弯腰曲背 弯腰弓背 弯腰驼背 望其项背
熊腰虎背 膝痒搔背 压肩叠背 阴阳向背
睟面盎背 嗌咽付背

不能望其项背/

褙 bèi 把布或纸一层一层地粘在一起。

裱褙

孛 bèi 古书上指彗星。

慧孛 酥孛
同妖孛

悖 bèi ①遮蔽。②违背。③谬误。

不悖 辞悖 大悖 烦悖 荒悖 货悖
解悖 狂悖 论悖 老悖 逆悖 忍悖
师悖 贪悖 无悖 相悖 言悖 益悖
淫悖 政悖
心矫悖 衣相悖
并行不悖 并存不悖

备 bèi ①具备。②防备。③设备。④后墙。⑤长的兵器。

不备 毕备 才备 充备 常备 醇备
储备 筹备 大备 多备 防备 法备
丰备 告备 该备 赅备 后备 军备
具备 俱备 戒备 兼备 禁备 警备
儆备 礼备 明备 配备 齐备 起备
求备 少备 守备 时备 设备 素备
体备 无备 完备 武备 休备 形备
详备 胥备 悉备 用备 有备 预备
自备 在备 周备 责备 制备 战备
贮备 准备 置备 装备 整备 臻备
典章备 酒肴备
攻其不备 德才兼备 出其不备 花卉俱备
军火装备 军火储备 军械配备 扩充设备
炮火准备 求全责备 若石之备 若石撤备
僧家所备 恃胜失备 万事俱备 卫生设备
文事武备 无所不备 形神兼备 侦察设备
傥荡不备
出其不意，攻其不备/

糒 bèi 干饭。

持糒 脯糒 干糒 粮糒 醪糒 轻糒
乾糒 潴糒 糗糒 载糒

惫 bèi ①极度疲乏。②衰竭。

昏惫 顿惫 困惫 力惫 老惫 绵惫
疲惫 甚惫 衰惫 庸惫 忧惫 壮惫
助惫
卫子惫 老夫惫 诸君惫 颜色惫

倍 bèi ①增益。②增加跟原来数相等的数。③加一倍。

不倍 百倍 才倍 触倍 独倍 低倍
灯倍 反倍 罚倍 高倍 合倍 儿倍
见倍 加倍 力倍 年倍 木倍 暮倍
鄙倍 全倍 情倍 容倍 三倍 上倍
十倍 岁倍 数倍 违倍 无倍 万倍
一倍 永倍 专倍 增倍
功半事倍 利市三倍 身价百倍 事半功倍
信心百倍 战气百倍
伯乐一顾，马价十倍/一登龙门，则身价十倍/

焙 bèi 用微火烤东西。

茶焙 春焙 干焙 火焙 红焙 烘焙
官焙 能焙 土焙 团焙 上焙 私焙
衣焙 研焙 夜焙 正焙 制焙 蒸焙
溪口焙

蓓 bèi 花骨朵儿。

黄蓓 金蓓 细蓓 玉蓓

碚 bèi 地名，在重庆市。

北碚

被 bèi ①被褥。②遮盖。③表面。④穿着。

布被 抱被 薄被 穿被 翠被 大被
单被 广被 共被 光被 覆被 化被
花被 画被 寒被 横被 交被 夹被
举被 姜被 锦被 牛被 罗被 棉被
蒙被 朴被 缥被 襆被 取被 绮被
入被 仁被 身被 神被 絮被 舒被
同被 体被 添被 无被 温被 香被
渊被 絮被 衣被 异被 拥被 诱被
正被 纸被 珠被 植被
百幅被 百福被 鄂君被 合欢被 红绣被
黄纱被 九华被 九州被 毛巾被 七彩被
丝棉被 鹅毛被 王章被 蜀锦被 鸭绒被

鸳鸯被　紫熊被
长枕大被　公孙布被　姜肱共被　牛衣当被
无已佣被　黔娄布被　文德啮被　宵同大被
宗亲广被　东浙西被　祭遵布被

琲

bèi　珠子串儿
镠琲　琛琲　珠琲

輩

bèi　①车百辆。②同类（指人）。③相比。④尊卑长幼的行次。
班辈　彼辈　辈辈　介辈　此辈　曹辈
大辈　等辈　党辈　我辈　父辈　行辈
后辈　君辈　老辈　奴辈　年辈　流辈
名辈　平辈　朋辈　群辈　渠辈　前辈
儿辈　尔辈　汝辈　若辈　三辈　十辈
上辈　俗辈　善辈　鼠辈　同辈　吾辈
晚辈　小辈　下辈　闲辈　先辈　贤辈
长辈　祖辈
百万辈　版筑辈　巢许辈　归女辈　归时辈
红颜辈　金张辈　家人辈　老一辈　老前辈
前后辈　尔汝辈　少年辈　书生辈　鼠狗辈
桃李辈　陶谢辈　屠酥辈　王谢辈　五六辈
小字辈　兄弟辈　先进辈　游夏辈　诸郎辈
滑稽之辈　女流之辈　论资排辈　匹夫之辈
平庸之辈　善良之辈　屠狗之辈　无名小辈
无名之辈　无能之辈　庸碌之辈　绮罗之辈
祖祖辈辈　知音之辈　当今无辈
有钱的王八大三辈/

臂

bèi　又音 bì　①胳膊。②动物的前肢。
巴臂　半臂　把臂　膀臂　虫臂　重臂
垂臂　错臂　缠臂　掉臂　断臂　割臂
反臂　丰臂　奋臂　胳臂　交臂　巨臂
肩臂　力臂　内臂　孽臂　前臂　契臂
攘臂　上臂　手臂　伸臂　使臂　伤臂
铁臂　螳臂　悬臂　猿臂　右臂　引臂
玉臂　扬臂　肘臂　紾臂　折臂　助臂
左臂　振臂　指臂
九折臂　羞攘臂　阻力臂
冯妇攘臂　举首奋臂　两段粉臂　如身使臂
失之交臂　三头六臂　鼠肝虫臂　螳螂奋臂
无如虎臂　弯肘伸臂　相失交臂　揎拳裸臂
云奇折臂　咽喉右臂　左膀右臂　伫袖捋臂
滩凶如虎臂/

醅

pēi　没有过滤的酒。
白醅　吹醅　春醅　覆醅　旧醅　金醅
蚁醅　绿醅　酥醅　泼醅　酸醅　香醅
新醅　玉醅　糟醅
天台醅　瓦缸醅

陪

péi　①随同。②增加。③辅佐。
叨陪　鼎陪　奉陪　共陪　旧陪　家陪
连陪　屡陪　攀陪　亲陪　强陪　少陪
失陪　相陪　游陪　作陪　重陪　追陪
暂陪
儿度陪　群彦陪　讨酒陪　笑语陪　喜相陪
愿一陪

培

péi　①垒土。②培养。
安培　深培　耘培　栽培　滋培
手自培
花卉栽培　软化栽培　提携栽培　颜阖凿培

赔

péi　①赔偿。②亏损。③向人道歉。
包赔　倒赔　贿赔　认赔　索赔　退赔
通赔　贴赔　追赔
炒下豆子众人吃，打烂砂锅一人赔/

裴

péi　姓。
八裴　萋裴　文裴　玉裴　有斐　江斐
刘慧裴　君子裴　两眷裴　洗马裴

沛

pèi　①有水有草的地方。②水充盛貌。③水流湍急。④盛大。
比沛　充沛　大沛　颠沛　丰沛　洋沛
泛沛　过沛　坏沛　浩沛　黄沛　据沛
客沛　乐沛　历沛　陵沛　澧沛　沫沛
沛沛　滂沛　起沛　轻沛　濡沛　泗沛
思沛　受沛　小沛　滞沛
楚得沛　冻雨沛　神哉沛　田於沛
精力充沛　敬宗从沛　流离颠沛　乾棋杨沛
造次颠沛

旆

pèi　①泛指旌旗。②旗尾上状如燕尾的垂旒。
白旆　红旆　结旆　建旆　旆旆　青旆

戎旆　文旆　星旆　旋旆　悬旆　绣旆
羽旆　拥旆　征旆
方叔旆　还乡旆　酒家旆　三军旆　捎云旆
行春旆　仙人旆　燕山旆

霈 pèi ①大雨。②雨、雪多的样子。③恩泽。

丰霈　大霈　甘霈　横霈　流霈　滂霈
雾霈　霈霈　收霈　天霈　覃霈　云霈
雨霈　油霈　沾霈　露霈
大雨霈　恩活霈　甘霖霈　甘澍霈　西泽霈
兴云霈　一线霈　阳侯霈

帔 pèi ①披肩。②披。

宝帔　翠帔　道帔　葛帔　红帔　花帔
巾帔　肩帔　锦帔　毛帔　青帔　群帔
天帔　香帔　霞帔　云帔　羽帔　油帔
月帔

佩 pèi ①佩带。②佩服。③古时系在衣带上的装饰品。④钦佩。

宝佩　苍佩　垂佩　蝉佩　带佩　飞佩
芳佩　风佩　各佩　冠佩　感佩　汉佩
环佩　合佩　荷佩　缓佩　交佩　旧佩
剑佩　解佩　敬佩　缄佩　可佩　珂佩
刻佩　锵佩　联佩　落佩　露佩　兰佩
鸣佩　铭佩　秋佩　钦佩　琼佩　群佩
倾佩　仞佩　三佩　士佩　双佩　水佩
世佩　投佩　拖佩　文佩　未佩　委佩
仙佩　香佩　湘佩　献佩　霞佩　玉佩
曳佩　摇佩　鱼佩　遗佩　腰佩　叟佩
詹佩　缨佩　左佩　自佩　杂佩　组佩
执佩　珠佩　紫佩　振佩　整佩　赞佩
缀佩　簪佩　犊佩
苍玉佩　春风佩　楚客佩　倒龙佩　汉皋佩
君子佩　琼瑶佩　童子佩　神女佩　韦弦佩
壬任佩　鸳鸯佩
倒冠落佩　汉皋解佩　我黼子佩

配 pèi ①两性结合。②配合。③安排。④匹敌。⑤婚配。⑥调配。⑦流放。

不配　比配　班配　般配　搬配　刺配
定配　迭配　搭配　调配　嫡配　德配
分配　妃配　发配　割配　合配　婚配
交配　佳配　郊配　继配　嘉配　克配
流配　美配　匹配　平配　攀配　齐配
巧配　四配　失配　送配　天配　无配
外配　先配　相配　许配　修配　贤配
元配　有配　抑配　原配　愿配　支配
杂配　正配　作配　宗配　择配　陡配
装配
不相配　崇高配　天仙配　微时配　贤哲配
阴阳配　鸳鸯配
自然交配　按需分配　按劳分配

辔 pèi 驾驭牲口的嚼子和缰绳。

按辔　鞍辔　迸辔　长辔　策辔　方辔
孤辔　缓辔　金辔　绝辔　控辔　六辔
良辔　连辔　揽辔　钉辔　纳辔　敛辔
日辔　霜辔　天辔　停辔　无辔　仙辔
行辔　衔辔　义辔　云辔　玉辔　英辔
御辔　止辔　执辔　总辔　纵辔　振辔
分辔　从辔
浮云辔　青丝辔　羲和辔
诡衔窃辔　执策分辔　公子执辔

没 méi 又音 mò ①没有，无。②不曾。

秘没　常没　抄没　电没　荡没　颠没
帆没　覆没　干没　汩没　盖没　花没
截没　泥没　临没　溺没　喷没　尾没
叶没　汰没

枚 méi ①树干。②古代士兵口衔用以防止喧哗的用具。③钟乳似的饰物。④马鞭。⑤量词。

百枚　猜枚　枚枚　乔枚　双枚　条枚
王枚　行枚　新枚　衔枚　一枚　延枚
折枚　邹枚
鱼万枚　珠十枚
伐其条枚　施于条枚

眉 méi ①眉毛。②眉目。③书眉。④物的旁侧。⑤指美女。

白眉　寸眉　长眉　赤眉　蚕眉　粗眉
摧眉　翠眉　愁眉　攒眉　蹙眉　低眉
淡眉　黛眉　蛾眉　娥眉　画眉　虎眉
黑眉　横眉　毫眉　豪眉　介眉　蛟眉
剑眉　镜眉　亢眉　开眉　龙眉　列眉
两眉　敛眉　175眉　浓眉　柳眉　美眉

明眉 描眉 庞眉 颦眉 纤眉 齐眉
青眉 渠眉 轻眉 然眉 燃眉 撚眉
山眉 双眉 书眉 扫眉 舒眉 伤眉
伸眉 疏眉 寿眉 烧眉 霜眉 天眉
通眉 仙眉 细眉 须眉 秀眉 斜眉
修眉 须眉 一眉 月眉 尧眉 扬眉
眼眉 银眉 晕眉 作眉 展眉 芝眉
皱眉
八字眉 半额眉 婵娟眉 翠黛眉 淡扫眉
娥媚眉 宫祥眉 含愁眉 横烟眉 京兆眉
解笑眉 列女眉 柳叶眉 马良眉 扫埽眉
卧蚕眉 新月眉 叶如眉 远山眉 偃月眉
紫芝眉 张敞眉
淡扫蛾眉 得挹芝眉 倒挂八眉 皓齿娥眉
京兆画眉 季常白眉 举案齐眉 立眼竖眉
龙颜虎眉 马良白眉 菩萨低眉 螓首蛾眉
肉眼愚眉 送眼留眉 吐气扬眉 协肩低眉
仰首伸眉 莹粮修眉 睁眼苦眉 展眼舒眉
张敞画眉 西施颦眉

嵋 méi ［峨嵋］山名，在四川省。

峨嵋 远嵋

湄 méi 河岸，水滨。

川湄 河湄 海湄 江湄 水湄 云湄
汉川湄 九江湄 易水湄

楣 méi 门框上边的横木。

窗楣 倒楣 棼楣 连楣 门楣 文楣
云楣 圆楣
门上楣
光大门楣

鹛 méi 鸟名。

画鹛

莓 méi 植物名。种类很多，常见的是草莓。

草莓 麇莓 木莓 莓莓 山莓 蛇莓
树莓

梅 méi ①果木名。②梅花。③梅的果实。④节候名。

白梅 百梅 标梅 变梅 摽梅 衬梅
出梅 刺梅 春梅 残梅 大梅 冬梅
多梅 度梅 独梅 调梅 答梅 反梅
古梅 宫梅 官梅 观梅 后梅 红梅
怀梅 黄梅 画梅 鹤梅 江梅 寄梅
李梅 老梅 岭梅 绿梅 腊梅 落梅
酿梅 露梅 梅梅 墨梅 千梅 青梅
绮梅 入梅 山梅 送梅 食梅 疏梅
酸梅 探梅 无梅 乌梅 往梅 小梅
雪梅 香梅 新梅 细梅 湘梅 羞梅
醯梅 桨梅 玉梅 用梅 咏梅 扬梅
英梅 苑梅 迎梅 盐梅 野梅 早梅
在梅 折梅 植梅
半窗梅 齿寒梅 丹肤梅 飞鸾梅 傅春梅
甘酸梅 黄熟梅 九英梅 渴望梅 嫩寒梅
罗浮梅 猎前梅 陇头梅 陆生梅 绿萼梅
岭上梅 水边梅 疏影梅 十里梅 上苑梅
寿阳梅 瘦於梅 松竹梅 舞烟梅 屋角梅
香雪梅 雪后梅 雪压梅 玉堂梅 玉蝶梅
隐士梅 玉铺梅 映月梅 月波梅 瘦岭梅
驿使梅 珍珠梅 止渴梅
斗雪红梅 和靖观梅 和债观梅 陆凯寄梅
逢使攀梅 踏雪寻梅 止渴思梅

酶 méi 一种有机化合物，对于生物化学变化起催化作用。

作酶 知酶 罪酶

霉 méi ①霉菌。②长霉菌。③面垢黑。

白霉 倒霉 发霉 黑霉 青霉 曲霉
茶与郁霉

媒 méi ①媒人。②媒介。

保媒 传媒 触媒 大媒 风媒 匪媒
官媒 合媒 花媒 恨媒 鹤媒 鸠媒
女媒 龙媒 劳媒 良媒 明媒 媒媒
容媒 说媒 睡媒 无媒 行媒 谢媒
自媒 纸媒 做媒 雉媒
蝶作媒 花为媒 红叶媒 鸠唤媒 雷为媒
水云媒 仕进媒 叹无媒 杏花媒
蝶使蜂媒 屏雀为媒 作伐说媒

煤 méi ①黑褐色的矿物。②煤炱。③墨。

白煤 宝煤 草煤 灯煤 乏煤 肥煤

饭煤 褐煤 火煤 红煤 焦煤 块煤
蓝煤 泥煤 气煤 奇煤 青煤 轻煤
松煤 瘦煤 麝煤 臭煤 洗煤 息煤
香煤 新煤 原煤 硬煤 烟煤 纸煤
弟一煤 扶蛛煤 蜂窝煤 积旧煤 无烟煤
写霜煤 有烟煤 主焦煤
节约用煤

每 měi ①各个。②每一次。③时常，往往。
我每 每每
原田每每

美 měi ①善。②赞美。③使美。④得意。⑤指美国。⑥味好。⑦形貌好看。⑧素质好。⑨景好。
爱美 不美 比美 半美 闭美 播美
蔽美 褒美 沌美 称美 陈美 臭美
脆美 粹美 醇美 大美 的美 多美
都美 欧美 风美 丰美 肥美 服美
甘美 归美 观美 高美 瑰美 含美
华美 好美 弘美 和美 慧美 惠美
酣美 见美 尽美 洁美 济美 敬美
极美 娇美 具美 娇美 兼美 绝美
将美 姣美 继美 静美 俊美 精美
健美 惊美 隽美 竞美 开美 誇美
内美 两美 凉美 丽美 掠美 埒美
流美 明美 美美 曼美 茂美 貌美
斐美 媲美 全美 浅美 清美 遒美
凄美 晴美 求美 肉美 软美 柔美
饶美 攘美 四美 失美 色美 甚美
岁美 饰美 纯美 劭美 顺美 审美
颂美 荪美 殊美 诵美 睡美 盛美
韶美 赏美 擅美 邃美 叹美 恬美
甜美 调美 通美 推美 五美 沃美
完美 温美 舞美 行美 形美 选美
秀美 显美 炫美 绚美 驯美 鲜美
新美 虚美 修美 谐美 优美 有美
幽美 倚美 研美 雅美 圆美 誉美
遗美 艳美 溢美 懿美 作美 专美
重美 贞美 知美 质美 真美 壮美
追美 致美 钟美 资美 赞美 昭美
尊美 颛美 增美 訾美
病态美 陈世美 尝蔗美 邯郸美 健康美
潘岳美 曲线美 其四美 世济美 习俗美
子都美 真善美 宗庙美
成人之美 辞章华美 辞采华美 东南之美
动作优美 凤毛济美 工艺精美 古朴优美
功架优美 甘罗堪美 尽善尽美 价廉物美
牛羊肥美 年轻貌美 两全其美 鲈肥莼美
荔枝鲜美 美益求美 蜜桃甘美 潘岳貌美
十全十美 水草鲜美 水果鲜美 天公作美
天不作美 文章全美 文恕翻美 五讲四美
舞姿健美 舞姿俊美 舞姿优美 形象完美
旋律优美 雅以为美 圆润甜美 音质醇美
溢言虚美 樱桃鲜美 臻于完美
粪堆上开花，臭美/君子成人之美/

浼 měi ①污染。②请托。
尘惊浼 若将浼 焉能浼
春宵一刻千金浼/

妹 mèi ①称同父母年龄比自己小的女子。②小女。
阿妹 表妹 病妹 胞妹 弟妹 归妹
姐妹 内妹 令妹 丽妹 妹妹 弃妹
妻妹 师妹 舍妹 叔妹 堂妹 外妹
小妹 兄妹 迎妹 有妹 姨妹 姊妹
表姐妹 班超妹 东宫妹 姑姊妹 伣天妹
嫁外妹 领贤妹 李园妹 亲姐妹 苏小妹
姑姊妹 堂姐妹 贫票妹 咸水妹 延年妹
诸姊妹
姑表姐妹 姑舅姐妹 表伯姊妹 同房姐妹
同堂姐妹 同胞姐妹 香火姐妹 姨表姐妹
远房姐妹 赵家姐妹

昧 mèi ①昏暗。②愚昧。③欺瞒。④冒犯。⑤隐藏。
暗昧 爱昧 暧昧 骏昧 黯昧 晚昧
不昧 必昧 陈昧 草昧 晨昧 冲昧
惷昧 大昧 耽昧 肺昧 寡昧 赣昧
含昧 昏昧 荒昧 晦昧 灵昧 聋昧
迷昧 冒昧 茫昧 目昧 咪昧 蒙昧
漫昧 谩昧 濛昧 懵昧 瞒昧 瞢昧
朦昧 欺昧 三昧 尸昧 耸昧 深昧
神昧 事昧 同昧 童昧 贪昧 梼昧
顽昧 暐昧 凶昧 香昧 宵昧 庸昧
幽昧 疑昧 愚昧 翳昧 造昧 稚昧

昆虫昧 智所昧

不揣冒昧 混纯蒙昧 兼弱攻昧 拾金不昧

诗家三昧 雨天三昧 游戏三昧 作画三昧

寐

mèi 睡眠。

安寐 不寐 成寐 常寐 独寐 昏寐

监寐 假寐 良寐 梦寐 魇寐 入寐

失寐 少寐 睡寐 熟寐 托寐 无寐

忘寐 寤寐 宵寐 晓寐

恍如梦寐 耿耿不寐 连宵不寐 寝不成寐

夙兴夜寐 喜而不寐 夜不成寐 夜不能寐

夜雨对寐 辗转难寐

魅

mèi ①传说中的鬼怪。②迷惑。

病魅 非魅 鬼魅 狐魅 精魅 聚魅

魑魅 山魅 水魅 邪魅 厌魅 妖魅

野魅 魇魅 走魅 众魅

临濑魅

临濑木魅

袂

mèi 衣袖。

把袂 长袂 动袂 短袂 分袂 风袂

飞袂 奋袂 拂袂 挥袂 举袂 解袂

襟袂 敛袂 联袂 蒙袂 判袂 袪袂

牵袂 入袂 攘袂 双袂 投袂 香袂

玉袂 引袂 扬袂 榆袂 掩袂 执袂

振袂

风掀袂 风入袂 泪盈袂 牵衣袂 香沾袂

分首判袂 掎裳联袂 连襟联袂 魏姝掩袂

媚

mèi ①喜爱。②奉承。③美好。

阿媚 爱媚 不媚 百媚 薄媚 妩媚

嬖媚 逞媚 成媚 称媚 谄媚 春媚

多媚 弗媚 附媚 服媚 干媚 贡媚

狐媚 儇媚 奸媚 娇媚 霁媚 娟媚

谨媚 客媚 内媚 靓媚 明媚 千媚

求媚 巧媚 纤媚 取媚 曲媚 绮媚

清媚 趋媚 韶媚 软媚 柔媚 送媚

淑媚 思媚 婉媚 闲媚 希媚 邪媚

秀媚 鲜媚 谐媚 蛊媚 悦媚 妍媚

妖媚 映媚 雅媚 艳媚 诱媚 韵媚

仄媚 自媚 姿媚 侧媚

花颜媚 晴虹媚 墨彩媚 汀沙媚 舞态媚

修篁媚 云鬟媚

妇容姣媚 花明柳媚 花朵娇媚 胡广柔媚

刘非求媚 柳娇花媚 千娇百媚 桃夭柳媚

魏徵妖媚 鲜丽娇媚 一笑百媚 倚姣作媚

姿姿媚媚

飞

fēi ①鸟在空中拍翅活动。②像飞似的快。③特别地。④无根据地。⑤奔驰的马。⑥高在半空中。⑦声音。

迸飞 笔飞 壁飞 虫飞 长飞 逌飞

踔飞 单飞 低飞 独飞 倒飞 分飞

凤飞 放飞 帆飞 奋飞 纷飞 凫飞

翻飞 过飞 高飞 孤飞 灰飞 红飞

花飞 恒飞 横飞 晕飞 魂飞 鸿飞

输飞 剑飞 急飞 疾飞 倦飞 将飞

快飞 牛飞 龙飞 鸟飞 猛飞 梦飞

漂飞 翩飞 齐飞 泉飞 起飞 肉飞

山飞 双飞 射飞 时飞 试飞 神飞

觞飞 天飞 突飞 停飞 腾飞 心飞

仙飞 星飞 雪飞 雄飞 翔飞 于飞

云飞 予飞 叶飞 远飞 营飞 岳飞

雨飞 鸢飞 烟飞 燕飞 雁飞 张飞

斋飞

比翼飞 白云飞 败叶飞 采凤飞 草上飞

穿云飞 彩凤飞 蝶双飞 蝶梦飞 奋翅飞

故飞飞 孤鹜飞 化蝶飞 画龙飞 欻欻飞

九宵飞 夹岸飞 金雁飞 款款飞 南海飞

鸟倦飞 落花飞 柳絮飞 梦魂飞 暮云飞

暮烟飞 目送飞 满天飞 拍拍飞 片帆飞

破镜飞 鹊南飞 冉冉飞 绕树飞 如鸟飞

双凫飞 石燕飞 顺风飞 同心飞 贴水飞

塔雁飞 万里飞 兴欲飞 惜分飞 一鹭飞

夜能飞 玉雪飞 玉屑飞 羽书飞 影回飞

燕子飞 鹢退飞 燕于飞 映水飞 燕双飞

作花飞 展翅飞 雉朝飞

不翼而飞 比翼双飞 比翼齐飞 笨鸟先飞

笨鸟双飞 草长莺飞 插翅难飞 大雪纷飞

大雁南飞 风举云飞 凤凰于飞 凤舞龙飞

挂壁梭飞 顾盼神飞 骨腾肉飞 坌鸟先飞

河阳花飞 魄散魂飞 鸿鹄之飞 劫尽灰飞

健步如飞 六出纷飞 乱云纷飞 鸟草翠飞

劳燕分飞 鸾凤分飞 情夺神飞 缺唇雄飞

瑞雪纷飞　双宿双飞　水尽鹅飞　兔走鸟飞
唾沫横飞　无翼而飞　血肉横飞　雪花纷飞
玉走金飞　雨散云飞　远走高飞　鱼跃鸟飞
逸兴遄飞　燕雀翻飞　鹓动鸾飞　战火纷飞
展翅高飞　雏鸟试飞　振翅高飞　振翮高飞
振翅奋飞　张范杀飞　白云孤飞　燕雁代飞
劫烬灰飞

夫妻本是同林鸟，大难来时各自飞/海阔凭鱼跃，天高任鸟飞/钦差大臣满天飞/蛇无头不行，鸟无翅而不飞/螣蛇无脚而飞/一心忙似箭，两脚走如飞/

妃 fēi ①配偶。②指天子之妾。③太子，王侯之妻。④女神的尊称。

嫔妃　楚妃　蟾妃　宓妃　贵妃　后妃
汉妃　江妃　洛妃　灵妃　纳妃　明妃
梅妃　潘妃　琼妃　漆妃　太妃　王妃
西妃　香妃　贤妃　湘妃　元妃　玉妃
月妃　羿妃　杨妃　虞妃　众妃　真妃
火妃
鼓瑟妃　杨贵妃　玉真妃　醉杨妃　醉仙妃
太子妃
东昏畏妃　洛浦宓妃

非 fēi ①不是。②不对。③错误。④责怪。⑤没有。

北非　辟非　弼非　错非　东非　非非
防非　腹非　格非　厚非　韩非　今非
奸非　觉非　迥非　嫁非　理非　莫非
岂非　若非　人非　是非　饰非　绳非
无非　为非　违非　悟非　心非　行非
西非　闲非　邪非　昔非　相非　自非
知非　追非　昨非　逐非
不为非　百事非　薄宦非　故人非　悔前非
厚厚非　计已非　旧交非　竟成非　举目非
去路非　人已非　惹是非　是耶非　世情非
事已非　事事非　无是非　未全非　昔人非
西南非　又成非
伯玉知非　变易是非　播弄是非　搬弄是非
大是大非　颠倒是非　洞察是非　覆是为非
公是公非　混淆是非　今是昨非　讲是说非
拒谏饰非　拒谏是非　建胜相非　口是心非
口舌是非　面是心非　面耳全非　明辨是非
判明是非　貌是情非　蘧瑗知非　惹是生非
唆恶为非　似是而非　招是搬非　说是弄非
随声是非　心谤腹非　讨是寻非　啼笑皆非
痛改前非　文过饰非　未可厚非　无可厚非
无事生非　物是人非　闲是闲非　寻事生非
言是人非　掩过饰非　自以为非　招是揽非
招惹是非　招是惹非

两个哑巴吵嘴，不知谁是谁非/行年五十，而知四十九年非/他家自有儿孙在，安用旁人说是非/五十九年非/

菲 fēi 又音 fěi ①微，薄。②花草芳香。

采菲　春菲　芳菲　菲菲　余菲　再菲
荒菲
春物菲　拾涧菲
郁郁菲菲

啡 fēi ［吗啡］用鸦片粉末制成的有机化合物。［咖啡］一种饮料。

咖啡　吗啡

骓 fēi 古时车前中间的两个叫服马，服马两旁的叫骓马。

驰骓　骖骓　骓骓　四骓　停骓　征骓
郑骓
四牡骓骓

绯 fēi 红色。

赐绯　黄绯　锦绯　绛绯　青绯　浅绯
染绯　云绯　衣绯　牙绯　著绯
冻不绯　满林绯　如桃绯　乍叶绯
浅紫深绯

扉 fēi ①门。②书刊封面之内的一页。

北扉　半扉　扁扉　重扉　宸扉　城扉
船扉　柴扉　禅扉　窗扉　荻扉　户扉
华扉　黄扉　金扉　荆扉　郊扉　扣扉
林扉　芦扉　民扉　门扉　片扉　蓬扉
启扉　绮扉　山扉　石扉　双扉　庭扉
吾扉　小扉　心扉　圆扉　岩扉　袁扉
筠扉　夜扉　烟扉　疑扉　瑶扉　竹扉
朱扉
白云扉　白板扉　鹤过扉　青楼扉　半掩扉
笱过扉　玉女扉　月照扉　野人扉
扣人心扉　有功掩扉

蜚 fēi （古）同“飞”。

刺蜚　蠕蜚　山蜚　循蜚　雄蜚

霏 fēi ①雨雪大。②飘扬。③云气。

春霏　晨霏　纷霏　粉霏　霏霏　岚霏
林霏　水霏　雾霏　夕霏　香霏　阴霏
烟霏
轻雾霏　雪霏霏　秋霜霏　玉霄霏　雨霏霏
烟雨霏
雨雪霏霏　淫雨霏霏

肥 féi ①含脂肪多。②肥沃。③肥料。④（植物）茁壮。⑤使土地肥沃。⑥宽大。

道肥　饼肥　膘肥　抄肥　策肥　春肥
畜肥　催肥　痴肥　冬肥　底肥　地肥
凶肥　氮肥　荡肥　堆肥　丰肥　分肥
弗肥　粪肥　干肥　甘肥　骨肥　国肥
滚肥　化肥　合肥　汇肥　红肥　花肥
河肥　环肥　瓠肥　积肥　钾肥　基肥
菌肥　圈肥　减肥　窖肥　家肥　厩肥
尿肥　泥肥　粒肥　绿肥　磷肥　面肥
沤肥　轻肥　圊肥　人肥　乳肥　施肥
上肥　石肥　水肥　身肥　瘠肥　土肥
田肥　堆肥　塘肥　鲜肥　宜肥　育肥
月肥　鱼肥　语肥　壅肥　中肥　自肥
壮肥　杂肥　种肥　追肥
草色肥　春笋肥　春波肥　稻粱肥　黄花肥
得道肥　芥台肥　锦鳞肥　牛羊肥　芦花肥
绿芋肥　食道肥　笋正肥　桑叶肥　土老肥
杏子肥　蟹初肥　玉容肥　药曲肥　雨中肥
雨梅肥　子夏肥
齿甘乘肥　残民自肥　根外施肥　积肥施肥
脑满肠肥　裘马轻肥　卜式羊肥　人工造肥
食言而肥　乘坚策肥　桃精拣肥　衣马轻肥
叶面施肥　越瘦秦肥　燕瘦环肥　秋高马肥
君瘦天下肥/貌虽瘦，天下肥/

淝 féi 水名，在安徽省。

东淝　淮淝　西淝　南淝　北淝

腓 féi ①人的小腿肌。②躲避。

百腓　兵腓　草腓　外腓

匪 fěi ①强盗。②不是。③行为不正的人。

比匪　白匪　兵匪　绑匪　残匪　盗匪
匪匪　股匪　惯匪　胡匪　海匪　蒋匪
剿匪　叛匪　水匪　土匪　通匪　顽匪
窝匪　曾匪　贼匪

诽 fěi 说别人的坏话。

谤诽　谗诽　大诽　诋诽　得诽　腹诽
公诽　毁诽　讥诽　论诽　外诽　云诽
怨诽

菲 fěi 又音 fēi ①微薄。②一种菜名。

才菲　葑菲　萋菲　绳菲　蔬菲　瓦菲
蔚菲　庸菲　鹿菲

悱 fěi 想说，可是说出的话又不恰当。

不悱　悱悱　愤悱

棐 fěi ①辅助。②矫正弓弩的器具。

笃棐　天棐　杨棐
欧阳棐

斐 fěi ①有文采。②显著。

斐斐　狂斐　萋斐　衰斐　文斐　有斐
刘慧斐

榧 fěi 常绿乔木。种子叫榧子。可榨油，可入药。

粗榧　尝榧　香榧　玉榧

翡 fěi 是一种鸟名。

君翡　雄翡
赤羽翡　翠鸟翡

篚 fěi 盛东西的竹器。

贡篚　筐篚　厥篚　瑶篚
受以篚　萧蒿篚

芾 fèi 又音 fú ［蔽芾］形容树干及树叶小。

蔽芾　芾芾　棠芾　米芾

肺 fèi 肺脏。人和一些高等动物体内的呼吸器官。

病肺　尘肺　愁肺　地肺　肺肺　硅肺
肝肺　矽肺　枯肺　取肺　润肺　授肺
心肺
灰尘肺　驴肝肺　气炸肺
狼心狗肺　没心没肺　鼠心狼肺　撕心裂肺
把好心当成驴肝肺/

吠 fèi ①狗叫。②泛指一般鸟叫蛙声。

蛤吠　狗吠　号吠　画吠　惊吠　警吠
狂吠　鸣吠　犬吠　起吠　群吠　守吠
时吠　天吠　蛙吠　行吠　狺吠　迎吠
夜吠
村龙吠　隔花吠　龙也吠
鸡鸣犬吠　鸡鸣狗吠　驴鸣犬吠　驴鸣狗吠
蛙鸣狗吠　邑犬群吠　赵效犬吠

狒 fèi ［狒狒］猿一类的动物。多产在非洲。

狒狒

沸 fèi ①水波翻滚。②声音喧闹。③液体受热后到沸腾状态。

波沸　鬻沸　茶沸　蜩沸　鼎沸　粉沸
沸沸　歌沸　滚沸　海沸　难沸　麻沸
糜沸　崩沸　泉沸　秋沸　如沸　三沸
天沸　喧沸　煮沸
百川沸　茶三沸　海水沸　挠摇沸　四海沸
鱼龙沸
抽薪止沸　救火扬沸　群情鼎沸　人声鼎沸
以汤止沸　以指挠沸　扬汤止沸　飏汤止沸
以汤沃沸

费 fèi ①花费。②费用。③烦琐。

不费　白费　百费　兵费　川费　处费
车费　城费　辞费　大费　党费　工费
公费　官费　稿费　会费　汇费　花费
耗费　节费　匠费　近费　军费　经费
寄费　捐费　津费　缴费　僦费　口费
空费　旷费　力费　路费　陆费　旅费
浪费　滥费　免费　靡费　縻费　破费
抛费　盘费　求费　人费　冗费　守费
私费　收费　受费　岁费　所费　膳费
团费　未费　枉费　小费　学费　消费
用费　邮费　运费　淫费　泽费　遊费
药费　战费　珍费　诊费　资费　纸费
安家费　硺之费　车马费　差旅费　藏书费
缠头费　反浪费　复员费　好处费　伙食费
惠而费　交通费　机动费　救济费　劳务费
差旅费　露台费　遣散费　十家费　食饮费
生活费　赡养费　丧葬费　事业费　学杂费
一马费　运输费　医药费　游山费　脂粉费
东山之费　挥霍浪费　惠而不费　缴纳会费
缴纳团费　缴纳党费　明赏下费　铺张浪费
少慢差费　奢侈浪费　贪污浪费　甘馨之费
旦夕之费

废 fèi ①停止。②废黜。③荒芜。④残疾。⑤厌弃。

报废　残废　齿废　夺废　道废　怠废
惰废　荡废　功废　锢废　遏废　荒废
堕废　毁废　隳废　久废　举废　困废
空废　枯废　旷废　沦废　圮废　破废
偏废　抛废　起废　桥废　棋废　三废
身废　衰废　事废　田废　颓废　芜废
瘘废　兴废　言废　业废　湮废　意废
陻废　瘾废　作废
半途废　孤域废　农力废　千人废　三经废
生理废　文字废　窝囊废　中道废
半途而废　不可偏废　包取荒废　成败兴废
递兴递废　过期作废　改旧利废　修旧利废
凡事预则立，不预则废/

得 děi 又音 dé de ①必须。②表示揣测的必然。③满意。

等得　得得　非得　觉得　挺得　务得
总得

馁 něi ①饥饿。②丧失勇气。③鱼腐烂。

冰馁　饥馁　冷馁　气馁　怯馁　羸馁
自馁
败不馁
若敖鬼馁
胜不骄，败不馁/

内 nèi ①里面。②女色。③皇室。④妻，妻妾。⑤亲近。

别内　处内　城内　大内　党内　都内
分内　方内　伤内　封内　府内　广内
关内　管内　国内　阁内　河内　好内

海内 寰内 见内 局内 军内 居内
界内 惧内 寄内 禁内 酒内 贱内
境内 畿内 阃内 年内 男内 南内
流内 门内 曲内 期内 墙内 入内
日内 身内 视内 说内 守内 市内
室内 天内 庭内 五内 无内 卧内
小内 西内 先内 修内 虚内 蓄内
以内 言内 易内 宇内 寓内 衙内
直内 知内 泽内 族内 治内 职内
洲内
东华内 浮生内 六合内 名教内 眉睫内
屏风内 青铜内 琴书内 造化内
铭感五内 盘龙斋内 四海之内 恂留河内
一包在内 五步之内
老虎花在背，人心花在内/

勒 léi 又音 lè 用绳子等捆住或套住，再用力拉紧。

特勒
使劲勒

累 léi 又音 lěi，lèi ①雄畜和雌畜交配。②绳索。③缠绕。

解累 系累

罍 léi 一种形状像壶的盛酒的器具。

碧罍 大罍 濯罍 浮罍 古罍 金罍
空罍 倾罍 山罍 铜罍 玉罍 尊罍
樽罍 酌罍
翠羽罍 玛瑙罍

雷 léi ①云层放电时发出的声音。②喻迅疾。③一种爆炸性的武器。

布雷 冰雷 奔雷 鼻雷 暴雷 薄雷
瀑雷 沉雷 成雷 春雷 雌雷 大雷
打雷 地雷 多雷 风雷 法雷 干雷
谷雷 滚雷 旱雷 忽雷 巨雷 惊雷
焦雷 疾雷 洊雷 落雷 闷雷 排雷
漂雷 霹雷 起雷 轻雷 黔雷 如雷
水雷 手雷 扫雷 探雷 霆雷 蚊雷
畏雷 闻雷 晚雷 迅雷 响雷 新雷
阴雷 鱼雷 译雷 殷雷 阵雷 炸雷
蛰雷 置雷
打闷雷 釜鸣雷 旱天雷 疾如雷 动威雷
出震雷 齿应雷 撼风雷 六丁雷 破山雷
破柱雷 喷雪雷 绕殿雷 推车雷 息如雷
十月雷 一声雷 引鼓雷 禹门雷 殷其雷
掌心雷 占屯雷 赵龙雷 震惊雷
暴跳如雷 鼻息如雷 鼻鼾如雷 鼾声如雷
疾风迅雷 胶漆阵雷 聚蚊成雷 咆哮如雷
挟电携雷 一声春雷 仲宛吟雷
平地一声雷/禹门三级浪，平地一声雷/

擂 léi 又音 lèi ①研磨。②打。

吹擂
大吹大擂

羸 léi 瘦。

饥羸 牛羸 老羸 驽羸 马羸 贫羸
疲羸 清羸 瘦羸 危羸 形羸 邪羸
惜民羸

诔 lěi ①古代的祭文。②做诔。

哀诔 铭诔 箴诔
千字诔 士有诔

垒 lěi ①军营御敌的建筑物。②堆砌。③累积。

半垒 壁垒 堡垒 城垒 对垒 堕垒
负垒 坟垒 古垒 高垒 故垒 孤垒
沟垒 九垒 军垒 金垒 坚垒 将垒
街垒 块垒 垒垒 魁垒 双垒 石垒
深垒 荼垒 无垒 畏垒 一垒 雄垒
云垒 玉垒 夜垒 郁垒 营垒 中垒
造垒 筑垒 茶垒
曹公垒 干打垒 居畏垒 山垒垒
酒浇块垒 两军对垒 深沟高垒 四郊多垒
神荼郁垒 森严壁垒 交锋对垒 顽固堡垒
张辽冲垒

累 lěi 又音 lèi léi ①重叠。②连累。③屡次，接连。④合计。

尘累 层累 断累 带累 房累 积累
家累 亏累 连累 卵累 累累 免累
名累 挂累 蓬累 赔累 棋累 牵累
纤累 私累 受累 黍累 物累 无累
芜累 系累 湘累 遗累 罪累 滞累
寸累 楚累 挂累 竿累 九累 积累
绝累

受连累

负债累累　公共积累　日积月累　铢积寸累

罪行累累　果实累累　秋果累累　硕果累累

罪行累累　铢积寸累　疵蒙谬累

磊 lěi　石头多。

嵬磊　磈磊　落磊　磊磊　碨磊

石磊磊

胸中磈磊

蕾 lěi　含苞未放的花。

半蕾　冻蕾　含蕾　花蕾　金蕾　嫩蕾

蓓蕾　味蕾　小蕾　细蕾　玉蕾

花蓓蕾　绽春蕾

丁香花蕾　新枝吐蕾

儡 lěi　［傀儡］木偶戏里的木头人。

傀儡　儡儡　木儡　水儡　思儡

梁吟傀儡

肋 lèi　又音 lē　胸部的侧面。

鸡肋　牛肋　两肋　山肋　沙肋　胁肋

细肋　羊肋　右肋　左肋

伯伦鸡肋　刘伶鸡肋　味如鸡肋　尊拳鸡肋

泪 lèi　①眼泪。②流泪。

迸泪　别泪　悲泪　出泪　垂泪　慈泪

带泪　堕泪　多泪　掉泪　风泪　粉泪

梗泪　红泪　花泪　含泪　挥泪　江泪

急泪　流泪　蜡泪　落泪　零泪　缪泪

抹泪　抛泪　泣泪　悽泪　凄泪　忍泪

热泪　洒泪　声泪　拭泪　涕泪　弹泪

抆泪　下泪　乡泪　血泪　泻泪　香泪

喜泪　湘泪　有泪　雨泪　眼泪　饮泪

怨泪　浥泪　淫泪　烛泪　珠泪　妆泪

包胥泪　碑堕泪　楚囚泪　和氏泪　黄犬泪

灵均泪　牛衣泪　牛山泪　阑干泪　流眼泪

孟尝泪　迁客泪　穷途泪　伤春泪　三声泪

西洲泪　孟尝泪　岘山泪　湘妃泪　薛公泪

相思泪　新亭泪　新秋泪　羊昙泪　杨朱泪

眼中泪　壅门泪　英雄泪　眼中泪

哭天抹泪　伤心落泪　鳄鱼眼泪　湘篁染泪

西门洒泪　新亭堕泪　襄阳堕泪

不见棺材不落泪/不见棺材不掉泪/不听好人言，必有悽惶泪/丈夫流血不流泪/

类 lèi　①和类。②类似。③法式。④类推。⑤大率。

不类　部类　败类　拔类　辈类　编类

愎类　爆类　从类　出类　充类　畜类

丑类　粗类　侪类　炒类　词类　赐类

萃类　俦类　畴类　触类　大类　党类

调类　等类　分类　反类　风类　非类

匪类　祃类　归类　告类　夔类　含类

菌类　噍类　举类　绝类　连类　林类

伦类　乱类　逆类　奶类　类类　鸟类

溜类　孽类　门类　名类　品类　千类

气类　亲类　人类　二类　肉类　失类

生类　是类　烧类　庶类　善类　薯类

殊类　兽类　酸类　同类　汤类　统类

推类　万类　无类　小类　心类　昕类

仙类　钖类　瑕类　义类　异类　有类

引类　倚类　盐类　鱼类　知类　种类

珍类　炸类　蒸类　族类　藻类　纂类

甜菜类

比物连类　不伦不类　拔萃出类　涤地天类

分门别类　呼朋引类　柳政不类　民无噍类

讬物引类　物伤其类　有教无类　轶群绝类

诸如此类

兔死狐悲，物伤其类/

纇 lèi　缺点，毛病。

辞纇　疵纇　忿纇　花纇　破纇　蔬纇

淡无纇　黄丝纇

累 lèi　又音 lǎi　léi　①疲乏，过劳。②受伤害。③负担。

不累　病累　曾累　负累　烦累　过累

苦累　久累　劳累　情累　受累　世累

身累　施累　释累　同累　忝累　拖累

无累　小累　心累　自累　招累　终累

免累　吾累

不觉累　负吒累　何足累　去民累　无余累

多男多累　负俗之累　又乏又累

一世为官，三世累/

酹 lèi 把酒浇在地上，表示祭奠。

孤酹 祭酹 敬酹 亲酹 沃酹 一酹
远酹 致酹
尝新酹 举觞酹 时饮酹 椒山酹 清泉酹
元斝酹
束氏狸酹

擂 lèi 又音 léi ①击。②擂台。

打擂 摆擂
自吹自擂

给 gěi 又音 jǐ ①为，替。②叫，让。

递给 发给 还给 交给 教给 留给
拿给 让给 送给 献给 转给
给不给

黑 hēi ①光线暗。②私下的。③隐秘的。④象征反动。⑤黑龙江的简称。⑥恶毒。

黯黑 不黑 白黑 班黑 半黑 傍黑
苍黑 沉黑 惨黑 擦黑 洞黑 光黑
灰黑 昏黑 焦黑 六黑 落黑 路黑
黧黑 民黑 抹黑 摸黑 墨黑 縻黑
片黑 窃黑 浅黑 骊黑 焌黑 漆黑
黢黑 手黑 时黑 尚黑 守黑 身黑
纯黑 深黑 天黑 炭黑 五黑 乌黑
微黑 心黑 先黑 曛黑 幽黑 月黑
柳黑 油黑 映黑 眼黑 银黑 黝黑
正黑
巴里黑 发鬒黑 公孙黑 黑吃黑 连云黑
罗黑黑 麻麻黑 慕尼黑 头上黑 乌黑黑
乌鸦黑 一抹黑 云沙黑 乌陈黑
盗琶黑黑 发茬粗黑 粉白黛黑 近墨者黑
脸色黝黑 脸膛赤黑 眉毛乌黑 千山章黑
起早摸黑 起早贪黑 起早搭黑 石墨铁黑
食亲财黑 发头乌黑 乌漆墨黑 一团漆黑
一片漆黑 知白守黑
近朱者赤，近墨者黑/谁家的锅底没有黑/天下乌鸦一般黑/

嘿 hēi 又音 mò 表示招呼或惊异。

嘿嘿 腆嘿

贼 zéi ①偷东西的人。②小窃。③邪的。④不正派的。⑤伤害。⑥狡猾。

不贼 残贼 谗贼 大贼 抵贼 打贼
钝贼 盗贼 飞贼 工贼 谷贼 苟贼
国贼 惯贼 汉贼 花贼 活贼 海贼
寒贼 祸贼 滑贼 猾贼 江贼 奸贼
劫贼 家贼 剧贼 抗贼 宽贼 老贼
乱贼 逆贼 良贼 流贼 木贼 米贼
毛贼 名贼 民贼 马贼 牟贼 骂贼
蟊贼 平贼 叛贼 骗贼 剽贼 轻贼
窃贼 戕贼 辱贼 山贼 设贼 宿贼
鼠贼 讨贼 乌贼 五贼 微贼 小贼
心贼 阴贼 养贼 怨贼 妖贼 隐贼
做贼 自贼 征贼 纵贼
抱乌贼 大眼贼 老家贼 卖国贼 王八贼
独夫民贼 富翁五贼 肉啖来贼 田骄贫贼
为国杀贼 恶贵美贼 畜犬吠贼 贼喊捉贼
郑浑平贼
老而不死是为贼/懦者事之贼/偷书不为贼/

鲗 zéi 乌贼，又叫“墨鱼”。

乌鲗

危 wēi ①危险。②损害。③忧惧。④屋脊。⑤高的。⑥指人将死。

安危 病危 濒危 初危 存危 乘危
垂危 巢危 定危 阽危 殆危 蹈危
扶危 高危 孤危 怀危 济危 居危
急危 艰危 倔危 临危 难危 虑危
履危 倾危 三危 山危 身危 涉危
危危 行危 险危 言危 优危 自危
拯危
八云危 不忘危 寄安危 堇喜危 人心危
一叶危 朝露危
安不忘危 趁人之危 乘人之危 郭系安危
见利忘危 济困扶危 岌岌可危 居安思危
救困扶危 累卵之危 人人自危 人心惟危
于安思危

巍 wēi 高大。

崔巍 颤巍 岿巍 �巍 峨巍 嵬巍
巍巍
百尺巍 颤巍巍 武功巍

颤颤巍巍　赫赫巍巍

威 wēi ①威力。②威严。③可怕。④法则。⑤震惊。

副威　不威　成威　宸威　崇威　雌威
大威　电威　斗威　等威　德威　动威
恩威　风威　犯威　发威　奋威　国威
盖威　寡威　洪威　狐威　虎威　寒威
豪威　军威　疾威　霁威　立威　令威
龙威　灵威　雷威　凌威　廉威　陵威
露威　明威　权威　取威　屈威　仁威
阮威　容威　示威　生威　声威　神威
施威　狮威　肆威　摄威　天威　同威
堂威　探威　霆威　无威　武威　心威
宪威　相威　宣威　雄威　业威　扬威
伊威　阴威　用威　严威　炎威　余威
淫威　扬威　英威　谕威　作威　助威
载威　振威　震威

不怒威　丁令威　男生威　貔虎威　圣人威
望自威　下马威　一国威　严霜威　咫尺威
振雄威

打下马威　狐虎之威　狐假虎威　狐藉虎威
敬而不威　假虎之威　克爱老威　下马作威
耀武扬威　正欲立威　草木知威
官不威牙爪威/虎死不倒威/傻子见扬威/

葳 wēi ［葳蕤］草木茂盛的样子。

紫葳

偎 wēi ①亲密地挨着。②不明晰。

不偎　紧偎　免偎　相偎　倚偎　依偎

隈 wēi ①水流弯曲处。②弓柎两边的弯曲处。③角落。

岸隈　城隈　江隈　林隈　路隈　曲隈
墙隈　山隈　水隈　岩隈　隅隈
白云隈　翠屏隈　风庭隈　留山隈　曲江隈
紫禁隈

煨 wēi ①烹调法。②把食物放在火里烧熟。

燔煨　深煨　炎煨
栗自煨　暖和煨　石驳煨　野衲煨　药鼎煨

微 wēi ①细小。②衰落。③贫贱。④隐蔽。⑤精深。⑥轻微。

卑微　处微　翠微　诚微　兔微　阐微
侧微　辞微　畅微　代微　低微　动微
得微　防微　扶微　菲微　霏微　光微
高微　功微　孤微　忽微　火微　寒微
几微　九微　久微　见微　金微　急微
精微　六微　力微　略微　剖微　七微
清微　轻微　起微　人微　入微　日微
三微　少微　手微　式微　声微　衰微
深微　省微　慎微　稍微　缩微　太微
体微　彤微　文微　王微　危微　小微
兴微　形微　纤微　些微　希微　细微
歇微　嫌微　晞微　熹微　曦微　义微
幽微　雨微　研微　湮微　隐微　渊微
仄微　知微　志微　烛微　织微　紫微
赠微

白云微　边树微　草芥微　动力微　粉色微
鹤料微　酒力微　陆探微　漏声微　气力微
容光微　暑气微　午风微　夕照微　谢弘微
笑微微　远山微　远树微　用意微　夜光微
夜钟微　雨雪微　烛影微　篆烟微

悲心更微　阐幽明微　晨光熹微　杜渐防微
洞隐烛微　发隐探微　福薄命微　公信采微
官卑俸微　芥子细微　芥豆之微　具体而微
涓埃之微　谨小慎微　收效甚微　身轻言微
索隐探微　慎小事微　体贴入微　探幽发微
探幽烛微　通幽洞微　玩目知微　为数甚微
微乎其微　纤芥之微　纤毫之微　细致入微
细腻入微　幽眇精微　月光熹微　研精究微
烟雾霏微

薇 wēi 古书上指巢菜。

白薇　采薇　芳薇　红薇　蕨薇　绿薇
蔷薇　茹薇　食薇　云薇　紫薇
白蔷薇　北山薇　春山薇　淡香薇　当户薇
藿兴薇　画屏薇　连春薇　买笑薇　石山薇
石绿薇　首阳薇　省中薇　题诗薇　野蔷薇
首山薇
公信采薇　深绿蔷薇　首阳采薇

韦 wéi ①背离。②熟牛皮。

布韦　乘韦　孔韦　佩韦　取韦　陶韦
弦韦　元韦　依韦　周韦　脂韦

吕不韦　佩弦韦　三绝韦
麦克斯韦　稚子钱韦
西门豹佩韦/

围 wéi ①包围。②环绕。③四周。④防守。⑤打猎的围场。⑥物体四周的长度。

包围　被围　长围　重围　春围　慈围
打围　堤围　带围　花围　雾围　范围
峰围　攻围　宫围　规围　合围　九围
见围　解围　妓围　棘围　匡围　阃围
溃围　帽围　破围　秋围　入围　十围
山围　四围　数围　没围　天围　突围
堤围　铁围　庭围　外围　昔围　行围
胸围　腰围　再围　竹围　周围　烛围
珠围　坠围　桌围
白云围　百花围　百计围　鼓笛围　垓下围
红袖围　九重围　金带围　妓成围　锦绣围
看打围　猎一围　柳十围　绿阴围　破愁围
水石围　山光围　万树围　玉带围　竹成围
竹树围　紫翠围
翠绕珠围　曹仁突围　带减腰围　垓下之围
杀出重围　势力范围　唐帝罢围　为夫解围
荀灌突围　陷入重围　谢女解围
鲁酒薄而邯郸围/

帏 wéi ①香囊。②幔幕。

重帏　裳帏　春帏　翠帏　丹帏　殿帏
风帏　凤帏　孤帏　闺帏　卷帏　空帏
罗帏　帘帏　经帏　家帏　锦帏　佩帏
秋帏　琼帏　纱帏　胜帏　绣帏　湘帏
燕帏
翠成帏　蕙香帏　入房帏　叶如帏　映书帏
映鸳帏
董子下帏

闱 wéi ①宫的小门。②父母居室。③科举时代的考场。

北闱　重闱　春闱　慈闱　储闱　宫闱
虎闱　萑闱　阃闱　壶闱　礼闱　南闱
秋闱　入闱　棘闱　琐闱　彤闱　庭闱
萱闱　棘闱

违 wéi ①违背。②离开。③乖异。④过失。

不违　背违　弼违　从违　多违　逃违
乖违　久违　稽违　抗违　揆违　暌违
立违　离违　辟违　僻违　人违　乘违
忤违　无违　小违　心违　行违　有违
依违　猗违　愿违　正违
寸心违　故人违　经岁违　民不违　千金违
群侣违　生计违　世相违　世情违　身世违
未忍违　心事违　与俗违　与我违　野性违
壮志违
色仁行违　事与愿违　无不可违　言与心违
阳奉阴违　昭德塞违　德音无违
色取仁而行违/

为 wéi　又音 wèi　①做。②充当。③是。④成为。⑤治理。⑥以为。⑦被。

不为　百为　必为　变为　成为　称为
大为　代为　讹为　规为　敢为　化为
何为　好为　胡为　径为　极为　较为
力为　沦为　能为　难为　略为　目为
勉为　谋为　颇为　人为　认为　若为
所为　施为　谁为　事为　稍为　天为
妄为　行为　修为　尤为　云为　有为
应为　营为　猷为　翼为　作为　自为
指为　转为　最为
不可为　不失为　不忍为　不自为　不可为
古人为　及时为　破不为　尚堪为　听客为
未能为　未忍为　忘我为　性行为　语难为
逞性妄为　大有可为　大有作为　胆大妄为
法律行为　奋发有为　官官相为　敢作敢为
何以家为　何乐不为　何所不为　胡作非为
胡行乱为　见义勇为　尽力而为　年轻有为
碌碌无为　量力而为　青年有为　禽兽行为
清静无为　清虚无为　人有大为　肆意妄为
所作所为　事在人为　恬淡无为　为所欲为
无所不为　不知妄为　无所作为　有所作为
雅不愿为　壮夫不为　恣意妄为
不遭者可无不为/何乐而不为/若要人不知，除非己莫为/无言息女为/勿以善小而不为/勿以恶小而为之，勿以善小而不为/匈奴不灭，无以家为/欲人莫知，除己莫为/欲人勿知，莫若勿为/有所不为而后可以有为/万物与我为/

圩 wéi 又音 xū ①防水护田的堤岸。②盐滩筑堤为界。

盐圩 筑圩

桅 wéi ①一种航行用的信号灯。②船上挂帆的杆子。

船桅 灯桅

唯 wéi ①同“惟”。②答应的声音。

阿唯 大唯 诺唯 唯唯 应唯

帷 wéi 帐子，罗帷。

不帷 敞帷 床帷 重帷 翠帷 垂帷
窗帷 大帷 丹帷 低帷 幨帷 殿帷
芳帷 房帷 孤帷 隔帷 寒帷 讲帷
卷帷 绛帷 空帷 罗帷 扆帷 帘帷
屏帷 青帷 秋帷 绮帷 入帷 书帷
纱帷 素帷 文帷 下帷 香帷 绣帷
檐帷 朱帷 襜帷 珠帷 缁帷
风雨帷 画倦帷 翡翠帷 绛纱帷 傍绣帷
薜荔帷 月侵帷 紫绡帷
董子下帷 连衽成帷 书囊作帷

惟 wéi ①单单。②思想。③为，是。

不惟 伏惟 仳惟 深惟 图惟 永惟
载惟

维 wéi ①系物的大绳。②纲要。③联结。④维持。⑤以，因为。

八维 地维 方维 藩维 纲维 国维
管维 恭维 火维 间维 睢维 解维
羁维 坤维 盘维 磐维 斡维 绕维
四维 时维 思维 天维 图维 屠维
无维 王维 纤维 追维 絷维
风教维 肌纤维 烟雾维
玻璃纤维 动物纤维 光导纤维 高谓坤维
化学纤维 合成纤维 逻辑思维 人造纤维
韧皮纤维 形象思维 善画王维 艺术思维
植物纤维

嵬 wéi 高大耸立。

背嵬 层嵬 崔嵬 骨嵬 嵬嵬 马嵬
茅嵬 无嵬 崴嵬 眼嵬 峭嵬
石累嵬

伟 wěi ①伟大。②壮美。③盛大。④高大。

骏伟 端伟 丰伟 怪伟 好伟 宏伟
闳伟 豪伟 恢伟 俊伟 隽伟 瑰伟
魁伟 奇伟 温伟 颀伟 秀伟 雄伟
英伟 渊伟 懿伟 足伟 在伟 卓伟
崔孝伟 风仪伟 芳季伟 器重伟 容貌伟
衣冠伟
高峻雄伟 规模宏伟 气势雄伟 身躯魁伟
薪尽火伟

苇 wěi 芦苇。

白苇 大苇 东苇 伐苇 行苇 荷苇
芦苇 绿苇 帘苇 蒲苇 蓬苇 索苇
一苇 竹苇
风动苇 双竹苇

纬 wěi ①编织物的横线。②地理学上的术语。③纬度。

北纬 持纬 谶纬 地纬 分纬 纺纬
九纬 经纬 角纬 绩纬 聚纬 六纬
内纬 理纬 南纬 络纬 七纬 全纬
秋纬 书纬 天纬 图纬 文纬 五纬
恤纬 轩纬 星纬 义纬 月纬 易纬
忧纬
厘不恤纬 直径横纬 周嫠恤纬

玮 wěi ①玉名。②珍奇。③赞美。

瑰玮 奇玮 琦玮 英玮

炜 wěi 光明。

炜炜 炎炜 煜炜
红莲炜 彤管炜

铧 wěi 盛，光明。

铧铧

韪 wěi ①是，对。②赞美。

不韪 才韪 刁韪 思韪 有韪 昭韪
称谓韪 大不韪 皇风韪 君子韪 五不韪
先哲韪
冒大不韪
冒天下之大不韪/

伪

wěi ①欺诈。②虚假。③不合法的。

不伪 必伪 成伪 除伪 敌伪 防伪
烦伪 奸伪 疾伪 假伪 难伪 虐伪
去伪 情伪 饰伪 无伪 行伪 学伪
虚伪 言伪 易伪 淫伪 作伪 杂伪
真伪 诈伪 造伪 僭伪
抉摘真伪

尾

wěi 又音 yǐ ①尾巴。②鸟兽鱼虫交配。③末端。④在后面。⑤底。⑥水流的下游。

爱尾 白尾 北尾 豹尾 虿尾 榜尾
长尾 词尾 草尾 尘尾 祠尾 船尾
赬尾 鸱尾 窥尾 鹑尾 断尾 短尾
风尾 凤尾 斐尾 狗尾 跟尾 后尾
话尾 虎尾 挥尾 狐尾 湖尾 交尾
进尾 焦尾 结尾 箕尾 牛尾 龙尾
年尾 栗尾 临尾 连尾 阑尾 棼尾
履尾 木尾 末尾 美尾 马尾 麻尾
蛮尾 排尾 盘尾 陪尾 阙尾 鹊尾
曲尾 入尾 日尾 濡尾 上尾 水尾
收尾 扫尾 岁尾 首尾 蛇尾 琐尾
鼠尾 煞尾 烧尾 头尾 掉尾 遁尾
畏尾 尾尾 心尾 相尾 修尾 衔尾
叶尾 羊尾 月尾 曳尾 押尾 鱼尾
摇尾 韵尾 燕尾 朱尾 在尾 追尾
孳尾 雉尾 缄尾 蔗尾
洞庭尾 附骥尾 龟摇尾 龟曳尾 火牛尾
狐九尾 狐濡尾 九牛尾 孔雀尾 科斗尾
履虎尾 狼疐尾 琴焦尾 裘有尾 骑箕尾
书纸尾 续貂尾 托骥尾 杏花尾 悬豹尾
羽林尾 曳牛尾 鱼赬尾 鲂鱼尾 续狗尾
从头至尾 蚕头马尾 蚕头燕尾 减头去尾
彻头彻尾 藏头露尾 道头知尾 啖蔗过尾
毒蝎去尾 虎头蛇尾 鹤山凤尾 狗续貂尾
截头去尾 街头巷尾 孔雀爱尾 龙头蛇尾
连头带尾 没头没尾 眉头眼尾 掐头去尾
少头无尾 书成凤尾 蛇头蝎尾 无头无尾
吴头楚尾 畏首畏尾 雄鸡断尾 有头有尾
摇头摆尾 蝇附骥尾 针头线尾 犊牛麈尾
老鼠烧尾 鲂鱼赪尾
好头不如好尾/神龙见首不见尾/雄鸡自麈尾/野鸡钻草堆，顾头不顾尾/

娓

wěi 形容说话动听或不知疲倦。

霏娓 娓娓

委

wěi 又音 wēi ①委任。②抛弃。③推托。④堆积。⑤曲折。⑥确实。

谙委 部委 草委 常委 党委 地委
端委 加委 军委 谲委 佩委 蟠委
亲委 强委 少委 山委 市委 省委
受委 事委 慎委 团委 推委 相委
信委 云委 原委 源委 蛇委 专委
支委 注委 政委
臣佩委
叩源推委 穷原竟委 穷原竟委 溯端竟委
原原委委

诿

wěi 推卸。

推诿

萎

wěi ①干枯。②衰落。

凋萎 调萎 红萎 黄萎 枯萎 离萎
气萎 荣萎 伤萎 衰萎 心萎 猗萎
哲萎
不同萎 百草萎 寸草萎 芙蓉萎 惠兰萎
晚香萎 众芳萎 哲人萎

痿

wěi 身体某部分萎缩或丧失机能的病。

下痿 阳痿

洧

wěi 地名。在河南省。

泛洧 曲洧 涉洧 溱洧

鲔

wěi ①体呈纺锤形的鱼。②鲟鱼。

春鲔 蝉鲔 鳣鲔 玉鲔 荐鲔 朱鲔

隗

wěi 又音 kuí 人名。

尊隗 大隗 郭隗 季隗 任隗 双隗
始隗 需隗 燕隗 拜隗 龚隗 皞隗
尊郭隗 延郭隗
叔隗季隗 燕师郭隗

猥

wěi ①苟且。②多，杂。③鄙贱。④鄙陋。

悲猥 鄙猥 除猥 凡猥 烦猥 积猥
聚猥 驽猥 冗猥 曲猥 取猥 受猥
贪猥 细猥 依猥 淫猥 庸猥 杂猥
总猥

卫 wèi ①守卫。②驴的别名。③周朝国名。④护卫者。

兵卫 保卫 葆卫 餐卫 定卫 典卫
导卫 待卫 分卫 飞卫 防卫 辅卫
藩卫 宫卫 拱卫 歌卫 后卫 护卫
环卫 捍卫 获卫 近卫 军卫 精卫
蹇卫 警卫 男卫 鲁卫 门卫 前卫
侵卫 骁卫 綦卫 人卫 戎卫 守卫
侍卫 宿卫 摄卫 天卫 无卫 屯卫
文卫 武卫 右卫 仪卫 羽卫 营卫
舆卫 左卫 正卫 中卫 自卫 郫卫
飞龙卫 黑白卫 金吾卫 千牛卫 千宫卫
千城卫 螳螂卫 三通卫 子通卫
炊粱跨卫 放虎自卫 官官相卫 南山精卫
螳螂之卫 文攻武卫 西山精卫 正当防卫
曾子居卫 螳螂之卫
坐吃穷山，引虎自卫/

为 wèi 又音 wéi ①与，对。②因为。

特为 因为 以为

未 wèi ①没（跟“已”相对。）②将来。

取未 晴未 我未 申未 尚未 验未
指未
去开未
寻流逐未

味 wèi ①舌头尝东西的感觉。②滋味。③气味。④研究。

不味 百味 变味 串味 茶味 逞味
此味 臭味 尝味 醇味 禅味 脆味
大味 对味 谛味 鼎味 澹味 恶味
风味 乏味 讽味 甘味 够味 膏味
寡味 四味 合味 还味 海味 厚味
京味 佳味 疾味 兼味 酒味 焦味
精味 隽味 椒味 嗟味 减味 口味
开味 况味 苦味 六味 老味 南味
卤味 腊味 辣味 腻味 兰味 芒味
没味 美味 茫味 品味 脾味 气味
情味 趣味 入味 肉味 上味 少味
水味 世味 色味 伤味 是味 思味
诗味 食味 深味 涩味 赏味 膻味
酸味 馊味 体味 调味 提味 甜味
糖味 无味 五味 味味 忘味 玩味
先味 乡味 兴味 寻味 形味 邪味
咸味 香味 羞味 鲜味 腥味 一味
迂味 余味 吟味 有味 异味 研味
逸味 野味 盐味 意味 药味 韵味
绎味 烟味 旨味 走味 知味 至味
珍味 真味 钻味 致味 滋味
不知味 不是味 淡中味 淡无味 稻粱味
火药味 合口味 江南味 江湖味 济五味
秋菘味 人情味 烧笋味 书三味 甜味味
味外味 忘肉味 易和味
不是滋味 别有风味 低级趣味 淡而无味
博不重味 干燥无味 绘声绘味 海水腥味
艰涩无味 佳肴美味 津津有味 枯燥无味
穆氏四味 平淡无味 频充鼎味 三月忘味
山珍海味 食不甘味 索然寡味 酸甜美味
未始知味 闻诏忘味 鲜甜美味 元达知味
易牙调味 言外之味 语言无味 珍馐美味
熟读玩味
腐鼠成滋味/面目可憎，语言无味/三月不知肉味/

位 wèi ①居处。②位置。③职位。④君主的地位。⑤皇位。

本位 把位 保位 备位 宝位 部位
变位 步位 才位 充位 出位 车位
床位 船位 错位 舱位 潮位 篡位
大位 定位 电位 地位 吨位 单位
段位 帝位 到位 登位 得位 方位
父位 复位 个位 各位 官位 功位
高位 岗位 皇位 货位 进位 加位
极位 即位 就位 借位 建位 爵位
扣位 空位 旷位 客位 历位 列位
灵位 恋位 离位 哪位 禄位 末位
名位 锚位 品位 泊位 炮位 铺位
牌位 去位 权位 屈位 牵位 窃位
人位 让位 辱位 闰位 上位 尸位
失位 水位 首位 哨位 素位 师位
神位 禅位 嗣位 摄位 数位 天位

体位　同位　退位　贪位　胎位　脱位
榻位　摊位　无位　王位　下位　穴位
学位　显位　席位　相位　幸位　逊位
有位　音位　要位　越位　主位　正位
在位　职位　尊位　诸位　座位　众位
金本位　全方位　银本位
动量单位　导出单位　复量单位　辅助单位
各就各位　基本单位　免役虚位　谋君篡位
杀不篡位　思不出位　素餐尸位　数量单位
天文单位　阴阳易位　战斗部位　怀宠尸位
度量衡单位/五公子抢位/原子质量单位/思不出其位/

畏　wèi　①畏惧。②敬。③吓唬。④自杀。

不畏　怖畏　猜畏　出畏　大畏　多畏
道畏　惮畏　反畏　顾畏　恭畏　兢畏
沮畏　敬畏　谨畏　苦畏　吏畏　内畏
懔畏　明畏　怯畏　清畏　三畏　守畏
四畏　慑畏　无畏　惟畏　险畏　羞畏
永畏　严畏　寅畏　忧畏　抑畏　鱼畏
子畏　众畏　周畏
大无畏　敌敌畏　龙虎畏　望风畏　忧生畏
后生可畏　人言可畏　人鬼可畏　三不足畏
无私无畏　闻而生畏　望而生畏　夏日可畏
杨嘲四畏
气昂昂后生可畏/

喂　wèi　①唤叫声。②把食物送到嘴里。③饲养。

哀喂　不喂　才喂　充喂　大喂　冻喂
乏喂　丰喂　鬼喂　荒喂　寒喂　救喂
困喂　民喂　鸥喂　穷喂　饲喂　贪喂
相喂　贤喂　鱼喂
狙公喂　若敖喂　诗鬼喂　太常喂

碨　wèi　石磨。

石碨　恭碨　小碨　转碨
红丝碨　井石碨

胃　wèi　①动物体内的消化器官。②二十八宿之一。

败胃　肠胃　反胃　复胃　腹胃　翻胃
肝胃　画胃　浣胃　健胃　口胃　开胃
逆胃　暖胃　瘤胃　脾胃　伤胃　温胃
心胃　羊胃　洗胃　治胃　皱胃
尘土胃　重瓣胃　对脾胃　蜂巢胃　浣肠胃
烂羊胃　日在胃
不伤脾胃　洗肠涤胃　饮灰洗胃　刮肠洗胃

谓　wèi　①告语。②告诉。③说。④叫做。

不谓　从谓　此谓　称谓　帝谓　何谓
可谓　难谓　窃谓　琦谓　所谓　谁谓
人谓　亡谓　为谓　无谓　王谓　相谓
意谓　有谓　自谓　之谓
讵其谓　无所谓　遐不谓
同窗之谓　投书丁谓　曾除丁谓

猬　wèi　刺猬。哺乳动物，身上长着硬刺。

白猬　博猬　刺猬　从猬　插猬　大猬
锋猬　梦猬　品猬
橡斗刺猬
老虎和刺猬/

渭　wèi　渭河，发源于甘肃经陕西流入黄河。

北渭　从渭　导渭　洞渭　钓渭　渡渭
沸渭　河渭　函渭　寒渭　濩渭　泾渭
流渭　临渭　清渭　饮渭　浊渭　注渭
照渭
太公钓渭　浊泾清渭

尉　wèi　又音 yù　①武职官名。②今，军衔名。

霸尉　簿尉　陈尉　城尉　大尉　都尉
官尉　国尉　津尉　启尉　上尉　少尉
岁尉　守尉　太尉　廷尉　亭尉　卫尉
妄尉　巫尉　小尉　仙尉　校尉　香尉
县尉　中尉　丞尉　准尉　醉尉
霸陵尉　都水尉　嫖姚尉　枝江尉　烂羊尉
霸陵醉尉　藏锋都尉　罗伤廷尉　雀罗廷尉
玄衅校尉　朱号书尉

蔚　wèi　又音 yù　①草木茂盛。②有文采的。③聚集。

炳蔚　彬蔚　采蔚　苍蔚　葱蔚　对蔚
丰蔚　弗蔚　荟蔚　焕蔚　交蔚　林蔚
蓝蔚　弥蔚　芊蔚　清蔚　舒蔚　森蔚
文蔚　蓊蔚　隈蔚　蔚蔚　秀蔚　雄蔚
霞蔚　云蔚　荫蔚　映蔚　仲蔚　紫蔚

琼林蔚　文炳蔚　张仲蔚
离离蔚蔚　云兴霞蔚　云蒸霞蔚

慰 wèi ①问。②安慰。③使人心情安适。

安慰　褒慰　存慰　赐慰　道慰　独慰
抚慰　附慰　何慰　告慰　恭慰　感慰
解慰　寄慰　开慰　快慰　浣慰　宽慰
劳慰　能慰　聊慰　莫慰　勉慰　忻慰
庆慰　劝慰　亲慰　少慰　侍慰　甚慰
温慰　心慰　宣慰　欣慰　以慰　言慰
有慰　娱慰　自慰
我心慰　以诗慰
聊以自慰

遗 wèi 又音 yí ①送给。②赠与。

赐遗　多遗　归遗　厚遗　加遗　交遗
馈遗　礼遗　劳遗　赂遗　酪遗　赍遗
乞遗　巧遗　往遗　饷遗　贽遗　赠遗
裘葛之遗

魏 wèi ①周朝国名。②三国之一。③北魏。

阿魏　北魏　丙魏　昌魏　曹魏　楚魏
辞魏　东魏　房魏　复魏　汉魏　黄魏
韩魏　灭魏　全魏　启魏　去魏　三魏
上魏　盛魏　投魏　小魏　西魏　象魏
右魏
北游魏　出居魏
干木在魏　结草报魏　生张熟魏

堆 duī ①堆积。②成堆的东西。③土墩。④累积。

成堆　草堆　翠堆　堆堆　稻堆　粪堆
凤堆　估堆　火堆　红堆　灰堆　魁堆
龙堆　浪堆　麦堆　培堆　千堆　青堆
鮀堆　书堆　沙堆　天堆　土堆　万堆
香堆　雪堆　霞堆　叶堆　盐堆　扎堆
白龙堆　白骨堆　博浪堆　柴草堆　柴火堆
反应堆　拂云堆　故纸堆　狗屎堆　火齐堆
红叶堆　金碧堆　锦绣堆　黄金堆　乱峰堆
垃圾堆　浪作堆　往前堆　云涛堆　玉一堆
玉成堆　一大堆
归里包堆　核反应堆　雪球银堆
吃得亏，做一堆/东山日头，一大堆/叫花子烤火，各扒各的堆堆/屎不知道在哪里，屁就放下大堆/原子反应堆/

队 duì ①行列。②集体编制单位。③量词。④特指少先队。

本队　部队　编队　车队　插队　大队
掉队　带队　方队　分队　风队　富队
广队　归队　鼓队　合队　后队　花队
行队　虎队　横队　军队　结队　舰队
客队　抗队　列队　连队　领队　练队
离队　马队　莫队　排队　配队　千队
青队　穷队　球队　入队　商队　团队
台队　梯队　驼队　万队　卫队　舞队
小队　象队　喜队　一队　乐队　厌队
羽队　雨队　押队　鱼队　陨队　中队
仗队　主队　支队　作队　总队　站队
逐队　阵队　纵队　整队
鞍马队　保安队　别动队　赤卫队　采莲队
大戢队　担架队　饿鹘队　蜂儿队　工作队
工程队　敢死队　纠察队　救护队　内家队
拉拉队　罗绮队　捧日队　抛毬队　少先队
生产队　双旌队　突击队　天女队　踏歌队
武工队　小分队　行刑队　行春队　先锋队
先遣队　宣传队　消防队　巡逻队　仪仗队
医疗队　运输队　鱼龙队　游击队　莺花队
鹰犬队　战斗队　种子队
成群结队　成群集队　嫡系部队　第五纵队
防空部队　公安部队　国际纵队　管弦乐队
交响乐队　机械部队　民族乐队　人民军队
随行逐队　铜管乐队　武装部队
海军陆战队/摩托化部队/

对 duì ①对待。②朝着。③答。④对面的。⑤互相。⑥敌对。⑦成双的。⑧对子。⑨适合。⑩正确。

不对　查对　猜对　酬对　大对　当对
敌对　答对　掂对　反对　伏对　放对
欢对　婚对　核对　可对　佳对　克对
进对　借对　挤对　接对　校对　结对
敬对　较对　绝对　立对　鲤对　门对
目对　名对　面对　密对　偶对　配对
匹对　巧对　强对　受对　同对　条对
无对　问对　晤对　相对　巡对　喜对
引对　言对　应对　遥对　主对　正对

召对　占对　坐对　专对　作对　捉对
择对　质对　洲对　针对　奏对　转对
白眼对　抱柱对　碧山对　工作对　括头对
隆中对　起而对　人名对　人物对　秋月对
数目对　虚字对　溪山对　煮香对
成双成对　楚囚相对　东阳巧对　横眉冷对
门当户对　率尔而对　无词可对　无言以对
摇头反对　遥遥相对　鸳鸯成对　针锋相对
城隍庙的鼓槌，一对/画地为狱议不入，刻木为吏期不对/

怼 duì　怨恨。

不怼　多怼　忿怼　困怼　如怼　陷怼
怨怼　众怼

兑 duì　①直。②通达。③兑换。④孔穴。

变兑　拔兑　从兑　拆兑　掺兑　搀兑
风兑　改兑　勾兑　后兑　汇兑　和兑

推 tuī　①用力使物体移动。②推移。③辞让。④举荐。⑤排除。⑥进一步想。⑦推托。

不推　公推　交推　究推　解推　类推
漫推　情推　人推　三推　士推　手推
首推　枢推　索推　善推　廷推　踏推
五推　挽推　选推　相推　雄推　牙推
引推　友推　衙推　众推
不易推　不能推　次弟推　独步推　介之推
举世推　理可推　闾里推　谬见推　屈指推
身自推　世所推　五丁推　往前推　两犁推
意可推　颜之推　余类推　众多推
其余类推　双手一推
鼓破乱人捶，墙倒众人推/墙倒众人推/十月雷，人死用耙推/

颓 tuí　①落下。②坍塌。③败坏。④衰落。⑤头发脱落。⑥流逝。⑦倾斜。⑧寂静。

波颓　崩颓　崔颓　摧颓　凋颓　风颓
堕颓　隆颓　沙颓　衰颓　虺颓　玉颓
振颓
古岸颓　画壁颓　龙火颓　流光颓　日月颓
泰山颓　夕阳颓　玉人颓　玉山颓　夜难颓
醉玉颓
玉倒山颓　自谦衰颓

腿 tuǐ　①人和动物的行走部分。②像腿一样的东西。③指火腿。

拔腿　绑腿　扯腿　大腿　断腿　蹬腿
裹腿　火腿　护腿　寒腿　裤腿　泥腿
驴腿　盘腿　前腿　瘸腿　伸腿　撒腿
挺腿　踏腿　潭腿　小腿　宣腿　歇腿
抱大腿　抱粗腿　扯后腿　飞毛腿　金刚腿
拉后腿　挡堂腿　罗圈腿　二郎腿　拖后腿
一条腿
花拳绣腿　就棍打腿
当官的动动嘴，当兵的跑断腿/当官的动动嘴，当兵的跑折腿/胳膊扭不过大腿/胳膊拧不过大腿/说书的嘴，唱戏的腿/

退 tuì　①退却。②离去。③减退。④送还。⑤归。⑥消失。⑦退让。

包退　败退　病退　避退　才退　斥退
促退　辞退　撤退　黜退　倒退　方退
废退　革退　告退　鼓退　火退　后退
伪退　击退　进退　军退　静退　减退
溃退　老退　吏退　乱退　劝退　清退
请退　倾退　潜退　谦退　日退　挠退
身退　衰退　恬退　伪退　休退　消退
息退　引退　易退　佯退　勇退　隐退
止退　早退　知退
赛三退　不知退　大夫退　功成退　寒暑退
疏烟退　以旌退　闻金退
不知进退　功成身退　节节败退　急流勇退
难进难退　旅进旅退　知难而退　寸进尺退

褪 tuì　又音 tùn　①脱去衣装。②褪色。

粉褪　眉褪　香褪　衣褪
春衫褪　残红褪　残妆褪　残寒褪　蜂黄褪
梅花褪　搔头褪　衣料褪

蜕 tuì　①蛇、蝉等蜕下的皮。②使蜕皮。③蜕化。

变蜕　蝉蜕　肤蜕　纷蜕　龙蜕　灵蜕
离蜕　潜蜕　生蜕　神蜕　蛇蜕　委蜕
遗蜕　习蜕　仙蜕　蚴蜕　坐蜕
蝉衣蜕　箨龙蜕
杨亿鹤蜕

归 guī ①女子出嫁。②归还。③返回。④投案自首。⑤归并。⑥属于。⑦珠算中的除法。

不归 春归 催归 大归 当归 安归
返归 复归 告归 回归 还归 划归
怀归 鹤归 九归 疾归 空归 可归
客归 凯归 乐归 来归 梦归 暮归
全归 日归 如归 荣归 三归 适归
思归 双归 所归 算归 同归 亡归
王归 未归 忘归 妄归 西归 凶归
星归 旋归 于归 云归 忆归 言归
押归 依归 攸归 异归 欲归 聿归
谒归 燕归 指归 真归 总归 姊归
终归 诸归 载归 暂归
不言归 百川归 带雨归 鼓浪归 范蠡归
华表归 浩然归 胡不归 锦衣归 倦游归
鸟知归 李膺归 美人归 陌上归 片帆归
乞诗归 三不归 送君归 岁月归 踏花归
完璧归 携手归 衣锦归 雨中归 勇士归
雁南归 子猷归 众心归 中道归 至如归
醉酒归 醉言归
白首同归 白往黑归 伯约当归 班荆道归
败兴而归 宾至如归 叱石羊归 富贵不归
犯夜醉归 风雪夜归 扫兴而归 击其惰归
久假不归 竟日忘归 柯烂忘归 凯旋而归
临难如归 马去马归 满载而归 秋风思归
穷人无归 全受全归 生寄死归 舍肉怀归
视死如归 室至名归 殊途同归 无家可归
吾谁与归 虚德实归 一心同归 衣锦荣归
仪不忘归 以情相归 异途同归 游骑无归
燕燕于归 自拨来归 众望所归 早出晚归
责有攸归 责有所归 奏凯而归 庄舄思归
张翰思归 舐乳得归 华表鹤归 白首空归
挈履而归
包公不持一砚归/避其锐气，击其惰归/半夜回来不点灯，乌龟（归）/乘兴而来，败兴而归/

圭 guī ①古玉器名。②指古时测日影时的东西。③古代重量单位。

白圭 半圭 碧圭 赤圭 苍圭 操圭
畅圭 大圭 刀圭 洞圭 弓圭 谷圭
躬圭 桓圭 介圭 角圭 蒯圭 裸圭
命圭 如圭 瑞圭 土圭 王圭 琬圭
去圭 析圭 信圭 锡圭 园圭 琰圭
执圭 珍圭 组圭 镇圭
剪相圭 五等圭 月如圭 治水圭
三复白圭

邽 guī ［下邽］地名，在陕西省渭南。

下邽

闺 guī ①宫中的小门。②闺房。③内宅。

碧闺 刺闺 重闺 春闺 翠闺 凤闺
红闺 寒闺 空闺 牛闺 兰闺 鸾闺
青闺 琼闺 秋闺 深闺 霜闺 天闺
香闺 秀闺 璇闺 玉闺 幽闺 正闺
中闺 朱闺
九重闺

龟 guī 又音 jūn，qiū ①龟科动物。②龟甲。③以龟称代印章。④龟袋。

宝龟 藏龟 拂龟 放龟 海龟 金龟
解龟 龙龟 泥龟 灵龟 名龟 梦龟
卜龟 佩龟 石龟 双龟 守龟 灼龟
神龟 筮龟 蓍龟 天龟 乌龟 小龟
元龟 蠵龟 玉龟 曳龟 腰龟 钻龟
北斗龟 床下龟 垫床龟 放白龟 琥珀龟
季主龟 金壶龟 绿毛龟 锦文龟 千岁龟
五总龟 气引龟 食竹龟 十月龟 脱筒龟
五色龟 浴水龟 支床龟
刘赞香龟 毛宝放龟 千岁之龟 庄子涂龟
援鳖失龟
老桑主元龟/

妫 guī 妫水，水名，在河北省。

翠妫 常妫 息妫

规 guī ①法则。②画圆的工具。③相劝。④谋划。⑤效法。⑥画圆。⑦典范

厂规 长规 成规 陈规 常规 定规
说规 分规 风规 犯规 法规 合规
行规 弘规 宏规 恒规 家规 教规
监规 卡规 块规 良规 量规 路规
例规 陋规 前规 清规 戎规 塞规
世规 素规 神规 绳规 天规 条规
协规 相规 校规 线规 鲜规 萧规

循规 要规 圆规 英规 子规 正规
壮规 综规 箴规
不忘规 百年规 丁字规 方有规 分线规
厚薄规 两脚规 太平规 万世规 月半规
仰成规 药名规 搢床规 直言规
革除陋规 光进五规 橛守成规 监狱有规
胶于成规 界限量规 墨守成规 扇隔无规
谢人箴规 一定之规 因袭陈规 战争法规
国有国法，家有家规/

瑰 guī ①美玉。②珍奇。③（珠石）圆好。

碧瑰 改瑰 怀瑰 玫瑰 明瑰 奇瑰
琪瑰 琼瑰 任瑰 璇瑰
脸似玫瑰 霞似玫瑰

宄 guǐ 坏人。

奸宄 内宄

轨 guǐ ①车迹。②轨道。③道路。④法度。⑤依照。

安轨 不轨 并轨 出轨 车轨 尘轨
成轨 常轨 撤轨 单轨 道轨 地轨
度轨 方轨 风轨 芳轨 发轨 覆轨
合轨 高轨 轨轨 钢轨 九轨 旧轨
接轨 继轨 绝轨 路轨 链轨 铺轨
千轨 齐轨 前轨 二轨 濡轨 失轨
扫轨 双轨 书轨 扫轨 殊轨 同轨
脱轨 铁轨 文轨 无轨 卧轨 先轨
修轨 遐轨 一轨 异轨 仪轨 月轨
易轨 越轨 逾轨 正轨 政轨 珠轨
真轨 转轨 辙轨 导轨
覆车继轨 纳入正轨 沥觞仁轨 廉蔺易轨
谋为不轨 谋图不轨 唾砚仁轨 图谋不轨
水饯赵轨 心怀不轨 一辞同轨 走上正轨
书同文，车同轨/

匦 guǐ 箱子，匣子。

包匦 丹匦 票匦
四方匦 受书匦 伸冤匦 廷恩匦 通元匦
招谏匦

诡 guǐ ①欺诈。②奸猾。③怪异。④责成。⑤违反

波诡 椒诡 淑诡 吊诡 诞诡 浮诡
怪诡 华诡 坏诡 恢诡 浇诡 激诡
谲诡 权诡 奇诡 欺诡 崛诡 諔诡
闻诡 相诡 黠诡 义诡 阴诡 言诡
自诡 卓诡
波谲诡 巉岩诡 公孙诡
波谲云诡 言行相诡 云谲波诡

鬼 guǐ ①迷信的人以为人死后有灵魂。②精灵。③喻隐秘不测。④阴险。⑤狡黠。⑥沉湎不良嗜好。

辟鬼 敝鬼 才鬼 伥鬼 馋鬼 大鬼
打鬼 点鬼 捣鬼 赌鬼 饿鬼 恶鬼
伐鬼 逢鬼 故鬼 搞鬼 孤鬼 红鬼
哄鬼 耗鬼 狐鬼 黑鬼 井鬼 见鬼
俊鬼 酒鬼 狂鬼 厉鬼 灵鬼 弄鬼
流鬼 闹鬼 路鬼 疟鬼 卖鬼 猫鬼
魔鬼 青鬼 奇鬼 前鬼 穷鬼 琼鬼
群鬼 驱鬼 骗鬼 二鬼 人鬼 如鬼
山鬼 水鬼 尚鬼 死鬼 苏鬼 沈鬼
色鬼 神鬼 社鬼 审鬼 说鬼 事鬼
视鬼 射鬼 食鬼 滔鬼 无鬼 五鬼
为鬼 巫鬼 乌鬼 微鬼 小鬼 先鬼
昔鬼 湘鬼 阴鬼 有鬼 役鬼 洋鬼
冤鬼 淫鬼 怨鬼 烟鬼 缢鬼 作鬼
灶鬼 捉鬼 逐鬼 做鬼 载鬼 醉鬼
不怕鬼 促狭鬼 催命鬼 鸱呼鬼 大烟鬼
胆小鬼 短命鬼 活见鬼 韩五鬼 九尾鬼
机灵鬼 老面鬼 吝啬鬼 冒失鬼 魔合鬼
怕死鬼 破面鬼 屈死鬼 缺德鬼 人而鬼
司书鬼 祀貓鬼 调皮鬼 替死鬼 枉死鬼
小气鬼 吸血鬼 新故鬼 羲之鬼 一东鬼
语破鬼 油炸鬼 忠义鬼
大贤杀鬼 定伯捉鬼 非人非鬼 耿生对鬼
韩驱五鬼 孤魂野鬼 桓公见鬼 惊神泣鬼
将军禳鬼 见神见鬼 荆人畏鬼 乃成厉鬼
罗友逢鬼 弄神弄鬼 黎邱奇鬼 捻神捻鬼
瞒神弄鬼 摩墨涂鬼 怕鬼有鬼 三尸五鬼
神神鬼鬼 蛇神牛鬼 书诵骂鬼 少翁至鬼
亡赖附鬼 心中有鬼 心里有鬼 揄揶有鬼
疑神疑鬼 做神做鬼 装神弄鬼
才脱了阎王，又撞着小鬼/城隍庙里拉弓，射（色）鬼/陈鹏年吹气退缢鬼/打死了阎王，吓煞了小鬼/豆腐是水，阎王是鬼/豆腐

渣撒水饭，哄鬼/和尚是色中恶鬼/活是你家人，死是你家鬼/涓蜀梁见鬼/阎罗三次撞着对面鬼/门神老了不捉鬼/钱可通神，财能役鬼/日里不说人，夜里不说鬼/死人身边有活鬼/三分像人，七分像鬼/也做巫婆也做鬼/疑心生暗鬼/有钱可使鬼/若敖氏之鬼/

癸 guǐ 天干的第十位。

报癸 父癸 庚癸 呼癸 六癸 壬癸
人癸 三癸 天癸 文癸 乙癸 主癸
呼庚癸 月在癸
呼庚呼癸

晷 guǐ ①日影。②指测日影以定时刻的仪器。

步晷 别晷 寸晷 尺晷 长晷 辰晷
度晷 短晷 合晷 何晷 继晷 矩晷
留晷 穷晷 日晷 司晷 天晷 同晷
停晷 星晷 一晷 余晷 移晷 正晷
中晷
冬至晷 夏至晷
焚膏继晷 日无暇晷 日中则晷

簋 guǐ 古时盛食的器具，两耳，圆口。

入簋 边簋 饭簋 簠簋 桂簋 胡簋
镂簋 馈簋 二簋 土簋 玉簋 周簋

柜 guì 又音 jǔ ①搁放衣物的器具。②柜台。

冰柜 橱柜 货柜 僦柜 立柜 冷柜
拦柜 钱柜 书柜 食柜 铁柜 躺柜
碗柜 小柜 箱柜 衣柜 押柜 专柜
掌柜
保险柜 床头柜 床边柜 电冰柜 内掌柜
食品柜 小掌柜
翻箱倒柜

桧 guì 又音 huì 常绿乔木，幼树的叶子像针，木材桃红色，果实球形。

矮桧 八桧 苍桧 翠桧 古桧 高桧
海桧 枯桧 老桧 柳桧 盆桧 秋桧
书桧 双桧 松桧 霜桧 庭桧 万桧
雾桧 小桧 仙桧 杉桧 严桧 雨桧
咏桧 贞桧 栽桧 紫桧 输桧
垂丝桧 独孤桧 何公桧 交枝桧 七星桧
千金桧 手植桧 仙庭桧 西园桧 闲斋桧
璎珞桧 再生桧

贵 guì ①价格高。②值得重视。③旧指社会地位高。④重观。⑤敬辞。

阿贵 昂贵 不贵 半贵 宝贵 处贵
大贵 达贵 貂贵 德贵 鼎贵 侦贵
富贵 骨贵 贽贵 高贵 贵贵 华贵
豪贵 今贵 旧贵 居贵 矜贵 降贵
娇贵 可贵 良贵 隆贵 米贵 命贵
明贵 全贵 亲贵 权贵 乔贵 取贵
清贵 生贵 世贵 身贵 神贵 天贵
通贵 腾贵 文贵 物贵 小贵 显贵
挟贵 新贵 翔贵 一贵 云贵 欲贵
涌贵 阳贵 驭贵 踊贵 中贵 自贵
主贵 至贵 专贵 贞贵 纸贵 珍贵
尊贵 最贵
大富贵 貂冠贵 凤池贵 高眼贵 和为贵
金紫贵 金屋贵 金张贵 贱妨贵 旌节贵
将相贵 爵取贵 男为贵 兰台贵 三司贵
三公贵 五侯贵 无常贵 拖玉贵 萧史贵
狱吏贵 银黄贵 知希贵 朱紫贵 真如贵
长安米贵 长安纸贵 长命富贵 弟兄具贵
都中纸贵 夫荣妻贵 贩贱卖贵 功名富贵
贱反轻贵 洛地纸贵 洛阳纸贵 难能可贵
履贱踊贵 弥足珍贵 牡丹富贵 攀高结贵
攀高接贵 荣华富贵 鼠凭社贵 毋以子贵
五十晚贵 忘其尊贵 物离乡贵 洵属可贵
薪米腾贵 纡尊降贵 雍容华贵
不当家不知柴米贵/不读华严经，焉知佛富贵/当家才知柴米贵/贵其所以贵者贵/人孰无过，改之为贵/物以稀为贵/学书者纸贵，学医者人贵/

桂 guì ①桂树。②借指薪柴昂贵。③广西壮族自治区的简称。

丛桂 炊桂 春桂 蟫桂 大桂 得桂
丹桂 风桂 芳桂 服桂 伐桂 古桂
官桂 姜桂 椒桂 贾桂 年桂 兰桂
老桂 绿桂 落桂 培桂 攀桂 肉桂
诜桂 失桂 食桂 小桂 仙桂 香桂
新桂 薪桂 云桂 月桂 吟桂 玉桂
依桂 崖桂 银桂 折桂 芝桂 紫桂
擢桂 炊桂

淮山桂　凌风桂　攀仙桂　王母桂　仙人桂
薪如桂　一枝桂　月中桂　淮王桂　招摇桂
炊琼爇桂　蟾宫折桂　饭玉饮桂　米珠薪桂
食玉炊桂　欲诜折桂　锡兰肉桂　禹钧五桂
炊琼爇桂

跪 guì ①两膝弯曲，使一个或两个膝盖着地。②屈曲。
八跪　拜跪　长跪　罚跪　列跪　起跪
下跪　习跪　刖跪　祝跪
玉女跪　主客跪
屈膝下跪

亏 kuī ①缺损。②损耗。③毁坏。④亏负。⑤幸亏。⑥虚弱。
暗亏　不亏　半亏　蔽亏　吃亏　初亏
成亏　多亏　地亏　得亏　匪亏　功亏
何亏　悔亏　渐亏　内亏　礼亏　理亏
莫亏　全亏　仁亏　上亏　生亏　蚀亏
输亏　无亏　小亏　心亏　血亏　幸亏
虚亏　义亏　有亏　盈亏　影亏　赢亏
知亏
满则亏　星汉亏　月未亏　月将亏　月轮亏
哑巴亏　眼前亏　颜色亏
背日见亏　吃哑巴亏　吃眼前亏　行止有亏
好汉不吃眼前亏/人自欺，天不亏/日中则移，月中则亏/身大力不亏/

刲 kuī 割。
刺刲　屠刲
鸾刀刲　士乍刲

岿 kuī 高大独立的样子。
嵬岿　山岿　云岿

悝 kuī 人名用字。
李悝
戏难悝

盔 kuī ①作战时护头的金属帽子。②像盔形状的东西。
钢盔　锅盔　帽盔　头盔　藤盔　瓦盔

窥 kuī ①从孔隙中偷看。②暗中探伺。
暗窥　不窥　俯窥　管窥　进窥　静窥
鸟窥　旁窥　窃窥　潜窥　伺窥　深窥
偷窥　微窥　星窥　觇窥　斜窥　易窥
欲窥　仰窥　自窥　正窥　争窥　坐窥
白露窥　蔽竹窥　等闲窥　隔篱窥　隔帘窥
画中窥　镜中窥　静中窥　冷眼窥　月下窥
月华窥　玉女窥　牖中窥
豹文管窥　隙穴之窥　蝇营鼠窥

奎 kuí 星宿名。
窦俨占奎　叹叱薛奎

逵 kuí ①道路。②水中连通的穴道。
长逵　古逵　九逵　古逵　康逵　李逵
兰逵　通逵　中逵　庄逵　歧逵
民爱贾逵
张顺浪冲斗李逵/

馗 kuí 同“逵”。
中馗　钟馗
擘妖钟馗
捉鬼之钟馗/

隗 kuí 又音 wěi 姓。
姓隗

魁 kuí ①舀汤的用具。②为首的。③（身材）高大。④星名。⑤第一名。
春魁　菜魁　大魁　斗魁　夺魁　党魁
都魁　盗魁　濮魁　花魁　河魁　杰魁
经魁　酒魁　里魁　渠魁　市魁　诗魁
天魁　为魁　侠魁　胥魁　蟹魁　元魁
亚魁　占魁　争魁　罪魁
斗香魁　独占魁　豪杰魁　瑞草魁　火芋魁
无言抡魁

葵 kuí ①葵菜。②蒲葵的简称。③向日葵的简称。
凫葵　海葵　锦葵　龙葵　露葵　拔葵
薄葵　烹葵　秋葵　倾葵　生葵　拾葵
蜀葵　夏葵　刈葵　园葵　忧葵　种葵
终葵　紫葵
鲍照葵　翠妆葵　江南葵　六合葵　七月葵
倾心葵　蜀锦葵　仙态葵　新染葵　向日葵
鸭脚葵

鲁女忧葵

揆

kuí ①度量。②尺度。③管理。

百揆 陈揆 测揆 道揆 度揆 端揆
法揆 合揆 阁揆 机揆 纳揆 揽揆
协揆 一揆 准揆
纳百揆 千载揆 天道揆 宅百揆
凤仪李揆

骙

kuí ［骙骙］形容马强壮。

骙骙

睽

kuí ①违背。②目不相视。

分睽 乖睽 孤睽 久睽 日睽 相睽
阻睽
出处睽 旧游睽 事已睽 天地睽 言笑睽
玠杀王睽 万目睽睽 众目睽睽

夔

kuí 传说中的奇异动物，似龙。

杜夔 姜夔 龙夔 一夔
典乐夔
玠杀王夔

傀

kuǐ ①高大。②怪异。

大傀

跬

kuǐ 一只脚迈出去的距离。

旋跬 一跬

匮

kuì ①缺乏。②同“柜”。③通“馈”，赠送。

不匮 茶匮 财匮 大匮 代匮 多匮
乏匮 耗匮 扣匮 金匮 俱匮 箧匮
空匮 困匮 木匮 民匮 穷匮 日匮
书匮 石匮 同匮 铁匮 无匮 韫匮
匣匮 香匮 虚匮 悬匮 一匮 玉匮
言匮
卞和匮 木菌匮
民穷财匮 石室金匮

蒉

kuì 盛土的草包。

荷蒉 织蒉

愦

kuì 糊涂，昏乱。

惨愦 处愦 愁愦 耽愦 昏愦 惛愦
惶愦 愦愦 龙愦 乱愦 聋愦 耳愦
释愦 雪愦 宜愦 忧愦

馈

kuì 馈赠。

不馈 充馈 财馈 陈馈 反馈 供馈
家馈 粮馈 来馈 亲馈 石馈 设馈
台馈 饩馈 飧馈 饷馈 献馈 羊馈
远馈 中馈 置馈
不受馈 执酱馈
六朝胡馈 桃李之馈 妇主中馈 敬微谢馈
犹虚中馈

溃

kuì 又音 huì ①达到。②水冲破（堤坝）。③溃败。④饥肉腐烂。⑤散乱。

兵溃 贲溃 奔溃 崩溃 悲溃 川溃
愁溃 大溃 粉溃 蜂溃 暨溃 河溃
横溃 祸溃 击溃 决溃 溃溃 民溃
靡溃 破溃 血溃 雪溃 霄溃 鱼溃
蚁溃 陨溃 自溃 众溃
冰雪溃 万雉溃
鸟散鱼溃 一触即溃

聩

kuì ①聋。②糊涂。③昏聩。

耋聩 瞽聩 昏聩 聩聩 聋聩 眊聩
耄聩 朦聩 启聩 耳聩 双聩 微聩
愚聩
发聋振聩 发朦振聩 振聋发聩

篑

kuì 盛土的筐子。

覆篑 进篑 积篑 勉篑 若篑 石篑
万篑 一篑 易篑 止篑 竹篑 织篑
亏一篑
功亏一篑 未成一篑 为山止篑
为山九仞，功亏一篑/

喟

kuì 叹息。

长喟 发喟 感喟 喟喟 慷喟 慨喟
嗟喟 我喟 深喟 叹喟 自喟
不容喟 良自喟

愧 kuì ①惭愧。②引以为耻。

不愧 抱愧 悲愧 惭愧 大愧 负愧
发愧 俯愧 感愧 欢愧 何愧 怀愧
含愧 疚愧 涧愧 惊愧 可愧 内愧
廉愧 赧愧 默愧 如愧 忍愧 深愧
叹愧 痛愧 砚愧 无愧 下愧 羞愧
有愧 永愧 仰愧 忧愧 自愧 知愧
折愧 追愧
当之无愧 问心无愧 问心有愧 林惭涧愧
死者不生，生者不愧/

灰 huī ①粉状物的东西。②尘土。③灰色。④沮丧。⑤石灰。⑥消沉。

暗灰 不灰 白灰 布灰 拨灰 草灰
吹灰 池灰 成灰 残灰 柴灰 冬灰
淡灰 垩灰 藕灰 飞灰 扫灰 奉灰
浮灰 垢灰 骨灰 化灰 红灰 灰灰
画灰 寒灰 久灰 劫灰 葭灰 炉灰
抹灰 煤灰 扒灰 炮灰 爬灰 青灰
秦灰 浅灰 铅灰 染灰 石灰 死灰
深灰 土灰 吞灰 铁灰 塔灰 无灰
瓦灰 心灰 香灰 薪灰 新灰 用灰
饮灰 扬灰 洋灰 油灰 银灰 烟灰
中灰 灶灰 纸灰
不燃灰 百念灰 拨红灰 草木灰 获画灰
复燃灰 煅石灰 劫余灰 昆明灰 蜡炬灰
葡萄灰 生石灰 世事灰 熟石灰 心已灰
消石灰 意未灰 志未灰 自然灰
常撒冷灰 吃粉笔灰 长孺燃灰 焚尸扬灰
槁木死灰 昆池劫灰 面如死灰 齐邱画灰
切石如灰 漆身吞灰 色若死灰 万念俱灰
心如死灰 朽木死灰 一鼻子灰
抱着木炭亲嘴碰了一鼻子灰/对着香炉打喷嚏，碰了一鼻子灰/抹一鼻子灰/碰一鼻子灰/眼中流血心里成灰/触一鼻子灰/撞一鼻子灰/

诙 huī ①戏谑。②嘲笑。

嘲诙 俳诙 善诙 谈诙

恢 huī 宽广，广大。

恢恢 里恢 石恢 王恢 外恢 相恢
雄恢 叶恢 张恢
汉道恢 圣武恢 宇量恢 智纲恢
法网恢恢 天网恢恢

挥 huī ①舞动。②指挥。③散发。④洒，泼。

笔挥 初挥 错挥 电挥 发挥 古挥
戈挥 高挥 亮挥 手挥 自挥 坐挥
指挥
不停挥 郢匠挥 汗欲挥 捷书挥 巨拳挥
举肩挥 泪自挥 任意挥 霜刀挥 天戈挥
为谁挥 月亮挥 羽扇挥 左右挥 总指挥
大笔一挥 借题发挥 目送手挥 长机指挥
子显一挥

珲 huī 又音 hún ［爱珲］地名，在黑龙江省。

爱珲

晖 huī 同“辉”，阳光。

冰晖 冒晖 重晖 春晖 宸晖 晨晖
驰晖 帝晖 奋晖 耿晖 华晖 晖晖
寒晖 减晖 亢晖 弄晖 流晖 落晖
兰晖 凝晖 明晖 启晖 晴晖 秋晖
清晖 双晖 收晖 素晖 韶晖 霜晖
天晖 未晖 夕晖 玄晖 斜晖 星晖
霄晖 霞晖 余晖 阳晖 炎晖 争晖
朝晖
伴落晖 报春晖 背斜晖 对晓晖 带夕晖
借条晖 借余晖 浸碧晖 三春晖 一寸晖
月沉晖 有清晖
寸草春晖 奖善元晖 木马段晖 落日余晖
谁言寸草心，报得三日晖/

辉 huī ①光彩。②照耀。

冰辉 炳辉 寸辉 长辉 昌辉 呈辉
春辉 晨辉 澄辉 蟾辉 德辉 光辉
含辉 华辉 黄辉 辉辉 涵辉 鸿辉
江辉 交辉 晶辉 灵辉 流辉 轮辉
明辉 全辉 庆辉 前辉 琼辉 秋辉
清辉 潜辉 日辉 山辉 生辉 圣辉
素辉 同辉 天辉 吐辉 韬辉 腾辉
西辉 星辉 弦辉 雪辉 祥辉 霞辉
月辉 余辉 芸辉 雨辉 阳辉 炎辉

扬辉　映辉　遗辉　争辉　朝辉　增辉
紫辉
棣萼辉　服清辉　慧灯辉　九命辉
庆云辉　日月辉
东壁余辉　顾盼生辉　花萼相辉　金边生辉
南极星辉　满室生辉　蓬荜生辉　生色增辉
星月交辉　月洒清辉　凿壁借辉

袆 huī 袆衣，古时的一种祭服。

副袆　冕袆　佩袆　裙袆

虺 huī 撞击。

喧虺

麾 huī ①用作指挥的旌旗。②指挥。

尘麾　大麾　戈麾　肱麾　节麾　军麾
旌麾　建麾　前麾　手麾　望麾　雄麾
羽麾　拥麾　钺麾　指麾　招麾
白羽麾　大将麾　米谈麾　谈笑麾　笑谈麾
拱揖指麾　一麾云麾　据床指麾　韦睿树麾

徽 huī ①绳索。②束缚。③标志。④美好的。⑤旗帜。⑥弹奏。

安徽　宝徽　崔徽　队徽　帝徽　风徽
犯徽　国徽　会徽　宏徽　鸿徽　徽徽
机徽　金徽　军徽　继徽　理徽　难徽
路徽　帽徽　琴徽　前徽　清徽　仁徽
市徽　嗣徽　团徽　星徽　弦徽　相徽
校徽　余徽　玉徽　永徽　英徽　音徽
仰徽　遗徽　瑶徽　珠徽
奏朱徽

隳 huī ①毁坏。②奉献。

荡隳　颓隳

回 huí ①旋转。②曲折环绕。③掉转。④答复。⑤辞去。⑥运转。⑦返回。⑧量词。

岸回　不回　扳回　驳回　车回　初回
迟回　场回　春回　儃回　掣回　撤回
低回　单回　斗回　方回　凤回　返回
赴回　峰回　归回　孤回　回回　环回
几回　九回　奸回　旧回　奸回　空回
康回　利回　来回　礼回　轮回　路回
鸾回　面回　每回　梦回　鳗回　俳回
辟回　棨回　盘回　千回　去回　遣回
请回　清回　日回　入回　上回　山回
收回　声回　湍回　赎回　释回　缩回
溯回　天回　头回　退回　推回　往回
挽回　小回　下回　星回　巡回　险回
旋回　溪回　修回　翔回　一回　右回
有回　云回　月回　迂回　阳回　纡回
营回　萦回　庸回　烟回　燕回　影回
左回　召回　折回　竹回　舟回　追回
周回　只回　纵回　昭回　邅回　转回
百川回　打来回　斗柄回　第一回　带月回
得意回　蝶飞回　海燕回　鹤翅回　酒船回
锦文回　看花回　六龙回　梦中回　千里回
去不回　日月回　日暮回　石经回　送春回
午梦回　未忍回　往复回　衣锦回　夜光回
载月回
百折不回　凤翥鸾回　陋巷颜回　片甲不回
曲折迂回　鹊返鸾回
大姑娘上轿，头一回/当叔若不行方便，如入宝山空手回/肉包子打狗，一去不回/肉包子打狗，有去无回/杀得他片甲不回/

洄 huí ①水流回旋。②逆流而上。

洄洄　溯洄　澶洄　湾洄　云洄　沿洄
萦洄　潆洄

虺 huǐ 古书上说的一种毒蛇。

蟒虺　虫虺　雌虺　蝮虺　虺虺　蛇虺
土虺　雄虺　玉虺　养虺　召虺　仲虺

悔 huǐ ①后悔。②灾咎。

懊悔　百悔　背悔　悲悔　忏悔　惭悔
疵悔　悼悔　反悔　番悔　翻悔　过悔
改悔　感悔　寡悔　后悔　惶悔　恚悔
憾悔　久悔　疚悔　怯悔　嗟悔　惊悔
愧悔　龙悔　迁悔　六悔　失悔　深悔
悛悔　恫悔　退悔　痛悔　无悔　悟悔
威悔　训悔　媳悔　尤悔　月悔　忧悔
雅悔　贻悔　怨悔　中悔　自悔　折悔
贞悔　志悔　追悔　责悔　罪悔　贼悔
辄悔

嫦娥悔　迟有悔　东坡悔　德靡悔　轮台悔
千古悔　失时悔　死无悔　死不悔　死未悔
无大悔　无穷悔　吾何悔　壮夫悔　徵士悔
飞鸢悔
幡然改悔　翻然改悔　九死不悔　亢龙有悔
死不改悔
事不三思，终有后悔/言寡尤，行寡悔/

毁 huǐ ①破坏。②减损。③糟蹋。④烧掉。⑤毁谤。⑥撤除。
背毁　败毁　谤毁　拆毁　摧毁　柴毁
槌毁　訾毁　撤毁　谗毁　大毁　诋毁
擣毁　捣毁　非毁　焚毁　诽毁　攻毁
诟毁　轰毁　击毁　沮毁　积毁　减毁
嫉毁　立毁　流毁　積毁　平毁　排毁
弃毁　萋毁　水毁　身毁　谁毁　速毁
损毁　盛毁　烧毁　撕毁　廷毁　逃毁
颓毁　无毁　闻毁　诬毁　笑毁　形毁
销毁　原毁　盈毁　誉毁　自毁　坠毁
注毁　椓毁　炸毁　谮毁
龟玉毁　金气毁　求全毁　一人毁
道破被毁　面誉背毁　求全之毁
铎以声自毁/

卉 huì ①百草的总称。②特指花。
百卉　初卉　池卉　草卉　春卉　翠卉
沸卉　芳卉　禾卉　花卉　怪卉　寒卉
嘉卉　灵卉　林卉　烂卉　名卉　美卉
葩卉　奇卉　泉卉　秋卉　群卉　日卉
山卉　生卉　万卉　仙卉　旭卉　异卉
阳卉　妍卉　园卉　炎卉　野卉　艳卉
众卉　珍卉
奇花异卉

汇 huì ①汇合。②类聚。③合并。④聚合。⑤把钱划付到某地。
川汇　池汇　词汇　炒汇　创汇　电汇
倒汇　交汇　结汇　沦汇　部汇　票汇
切汇　侨汇　水汇　套汇　外汇　信汇
邮汇　语汇　迤汇　字汇　总汇　转汇
沧溟汇　深谷汇　桃溪汇　众流汇
百川所汇　基本词汇　舞蹈语汇

会 huì 又音 kuài ①见面。②聚合。③能。④会议。⑤多数人的集合。⑥大城市。⑦机会。⑧恰巧。⑨懂得。⑩应当。⑪领会。
八会　不会　闭会　笔会　毕会　拜会
帮会　出会　初会　昌会　茶会　参会
错会　常会　大会　灯会　多会　到会
待会　等会　都会　厄会　分会　法会
浮会　赴会　附会　逢会　酺会　傅会
复会　工会　公会　观会　过会　高会
赶会　国会　构会　后会　行会　和会
花会　画会　黑会　鹤会　交会　纠会
讲会　径会　际会　箕会　机会　就会
教会　酒会　集会　聚会　嘉会　开会
逛会　年会　立会　良会　那会　佞会
哪会　农会　难会　理会　离会　领会
莅会　流会　例会　露会　面会　默会
庙会　冥会　密会　盟会　片会　娉会
全会　庆会　期会　勤会　綦会　人会
融会　社会　私会　手会　士会　司会
受会　书会　圣会　时会　设会　胜会
事会　诗会　省会　事会　散会　神会
商会　赏会　赛会　盛会　天会　头会
听会　体会　堂会　文会　五会　吴会
误会　晚会　雾会　舞会　小会　仙会
心会　兴会　休会　协会　宵会　学会
相会　幸会　新会　飨会　香会　谐会
脍会　与会　议会　延会　要会　约会
运会　彦会　幽会　意会　预会　宴会
缘会　燕会　谳会　一会　这会　知会
再会　志会　招会　展会　照会　总会
朝会　计会
奥运会　不一会　报告会　博览会　兵车会
茶话会　党委会　董事会　风云会　哥老会
赶庙会　汇报会　互助会　欢迎会　欢送会
盒子会　黑社会　九老会　交流会　金钱会
鸡黍会　救国会　龙山会　兰亭会　联欢会
暖寒会　渑池会　扑蝶会　批判会　碰头会
七老会　群英会　耆英会　兴中会　声讨会
尚齿会　神仙会　同盟会　万方会　万花会
文酒会　五老会　委员会　兴中会　学生会
有一会　运动会　衣裳会　夜总会　营火会
瑶池会　游艺会　游园会　鸳鸯会　总工会
追悼会　展览会　珠翠会　招待会　座谈会

竹林会 真率会
北杏大会 不期而会 兵车之会 穿凿附会
单刀赴会 豆觞之会 地方机会 风云际会
封建社会 红十字会 黄池大会 阶级社会
解散国会 开故事会 开赛诗会 龙山高会
牛女相会 流觞高会 奴隶社会 默契神会
蟠头胜会 牵引附会 牵强附会 鹊桥相会
上流社会 盛传吴会 适逢其会 周业公会
无遮大会 三个大会 心领神会 迎神赛会
一时半会 衣裳之会 盂兰盆会 营火晚会
因缘时会 遭遇际会 诸葛亮会
安全理事会/洛阳耆英会/宁在人前全不会/不在人前会不会/千里有缘来相会/人民代表大会/社会主义社会生活检讨会/有缘千里来相会/原始共产主义社会/中国同盟会/资本主义社会/

荟
huì ①草木繁盛。②聚集。

丛荟 芳荟 鸿荟 潜荟 芜荟 蓊荟
蔚荟 幽荟 翳荟 榛荟
云斯荟
山林翳荟

绘
huì ①绘画。②描写。③五彩的刺绣。

采绘 成绘 彩绘 测绘 雕绘 粉绘
黼绘 勾绘 锦绘 刻绘 描绘 摹绘
取绘 绮绘 收绘 实绘 图绘 文绘
鲜绘 绣绘 缔绘 以绘 衣绘 作绘
藻绘
丹青绘 高阁绘 麟阁绘 墙壁绘 兔丝绘
雕镂藻绘 正面描绘

桧
huì 又音 guì 用于人名。

秦桧

烩
huì 烹调方法。

杂烩
大杂烩

讳
huì ①避忌。②隐瞒。③旧时不敢称帝王或尊长的名字。④忌讳的事情。

不讳 褒讳 避讳 触讳 大讳 妇讳
犯讳 公讳 国讳 见讳 旧讳 拒讳
家讳 忌讳 龙讳 内讳 名讳 庙讳
偏讳 请讳 辟讳 书讳 时讳 深讳
私讳 同讳 无讳 问讳 晓讳 隐讳
月讳 尊讳
不可讳 出门讳 触忌讳 为尊讳 有公讳
宗庙讳
供认不讳 入门问讳 无所忌讳 文经武讳
直认不讳 直言不讳 击断无讳 卒哭乃讳
犯忌干讳

诲
huì ①教导。②劝谏的话。

垂诲 慈诲 规诲 海诲 教诲 矩诲
诫诲 纳诲 妙诲 劝诲 清诲 慰诲
相诲 训诲 雅诲 诱诲 指诲 谄诲
忠诲 谆诲
子产诲 执手诲
韩潮苏诲

晦
huì ①夜晚。②昏暗。③隐藏。④日暮。⑤倒霉。⑥不明显。⑦阴历月终。

暗晦 信晦 背晦 蔽晦 悖晦 初晦
大晦 告晦 规晦 高晦 画晦 昏晦
后晦 晦晦 见晦 居晦 客晦 枯晦
来晦 内晦 理晦 明晦 蒙晦 霾晦
劝晦 如晦 朔晦 善晦 时晦 深晦
韬晦 慰晦 显晦 响晦 阴晦 养晦
用晦 幽晦 暗晦 隐晦 韫晦 自晦
在晦 志晦 忠晦 折晦 谆晦 昼晦
誖逆晦 长烟晦 风尘晦 明灯晦 秋山晦
天地晦 云物晦
诚正之晦 风洒雨晦 风雨如晦 艰涩隐晦
疗足元晦 骑鹏沉晦 韬光养晦 韬光隐晦
天色阴晦 阴晴明晦 遵养时晦 陈不违晦
道途显晦

恚
huì 恨 怒。

爱恚 愁恚 耻恚 多恚 忿恚 奋恚
愤恚 恨恚 怀恚 怪恚 解恚 怒恚
心恚 余恚 怨恚 止恚 增恚

贿
huì ①贿赂。②财物。③赠送财物。

不贿 宝贿 财贿 方贿 富贿 好贿
货贿 厚贿 拒贿 居贿 积贿 荐贿

纳贿 辇贿 求贿 取贿 收贿 受贿
索贿 通贿 贪贿 万贿 行贿 用贿
重贿 赠贿
不藏贿 四方贿
贪污行贿 贪污受贿 招权纳贿

彗 huì ①扫帚。②星名。

白彗 孛彗 流彗 扫彗 埽彗 拥彗
日中彗

慧 huì ①聪明。②狡黠。③清爽。

不慧 孛慧 卑慧 炳慧 辨慧 辩慧
处慧 策慧 除慧 草慧 苍慧 才慧
聪慧 惹慧 大慧 短慧 德慧 恶慧
福慧 腐慧 花慧 黄慧 荒慧 垢慧
机慧 奸慧 净慧 荆慧 俊慧 姞慧
精慧 警慧 可慧 灵慧 流慧 两慧
朗慧 妙慧 明慧 敏慧 去慧 巧慧
弃慧 清慧 若慧 上慧 三慧 生慧
扫慧 散慧 身慧 说慧 天慧 通慧
擅慧 无慧 闻慧 悟慧 婉慧 小慧
行慧 形慧 心慧 秀慧 邪慧 腥慧
晓慧 贤慧 黠慧 牙慧 引慧 英慧
拥慧 营慧 妖慧 艳慧 妍慧 颖慧
自慧 早慧 竹慧 长慧 致慧 杂慧
诈慧 姿慧 智慧
白足慧 才禅慧 花入慧 戒定慧 拾牙慧
天锋慧 无上慧 鹦鹉慧 牙后慧
景公褫慧 拾人牙慧 周兄无慧

秽 huì ①肮脏。②污浊。③杂草。④淫乱。

阇秽 鄙秽 丑秽 虫秽 尘秽 臭秽
除秽 粗秽 点秽 玷秽 涤秽 恶秽
烦秽 氛秽 粪秽 荒秽 痕秽 溷秽
苛秽 解秽 腻秽 清秽 声秽 臊秽
膻秽 獖秽 贪秽 污秽 芜秽 行秽
形秽 邪秽 腥秽 亵秽 阴秽 芰秽
淫秽 浊秽 赃秽 榛秽 滓秽
草木秽 积污秽 形貌秽 衣巾秽 有何秽
除残去秽 涤瑕荡秽 高风自秽 梦尺梦秽
余腥残秽 自觉形秽 自惭形秽 自投於秽

惠 huì ①给予好处。②敬辞。③仁慈。④恩惠。⑤柔顺。⑥赐给。

爱惠 不惠 病惠 宠惠 耻惠 惭惠
慈惠 大惠 达惠 德惠 恩惠 风惠
互惠 分惠 怫惠 和惠 怀惠 厚惠
光惠 加惠 矜惠 骏惠 警惠 嘉惠
口惠 孔惠 宽惠 康惠 流惠 朋惠
敏惠 清惠 柔惠 市惠 受惠 实惠
树惠 损惠 施惠 淑惠 覃惠 文惠
渥惠 温惠 小惠 行惠 先惠 宣惠
信惠 贤惠 新惠 优惠 阴惠 夷惠
淫惠 怨惠 愠惠 子惠 贞惠 忠惠
终惠 震惠
稻粱惠 漂母惠 绨袍惠 玉帛惠 柳下惠
齿牙余惠 好行小惠 浇瓜之惠 平等互惠
小恩小惠 夷称慈惠 婴收孝惠

蕙 huì ①香草名。②蕙兰。③芳美。

碧蕙 采蕙 多蕙 芳蕙 绿蕙 兰蕙
荃蕙 秋蕙 若蕙 吐蕙 苏蕙 香蕙
缘蕙 作蕙 矫蕙

喙 huì ①鸟兽的嘴。②借指人的嘴。③像嘴的东西。④疲困。

白喙 罢喙 病喙 长喙 赤喙 方喙
勾喙 口喙 尖喙 鸟喙 马喙 群喙
黔喙 万喙 乌喙 笑喙 有喙 置喙
妇人喙 三尺喙
不容置喙 无可置喙 毋庸置喙 长颈鸟喙

阓 huì ［阛阓］围绕。

尘阓 带阓 阛阓 甲阓 解阓 铠阓
豉阓 献阓 新阓
忍辱阓

缋 huì 同“绘”。

采缋 雕缋 粉缋 锦缋 开缋 列缋
文缋 以缋 衣缋 作缋 藻缋

骓 zhuī 毛色青白相杂的马。

班骓 骏骓 神骓 小骓
楚亡骓 项别骓

椎 zhuī 又音 chuí ①木名。②椎骨。

骶椎 脊椎 颈椎 腰椎 胸椎
第一颈椎 第二颈椎

锥 zhuī ①锐。②锥子。③用锥刺。④钻孔的工具。⑤像锥的东西。

冰锥 称锥 持锥 穿锥 刀锥 打锥
钉锥 锻锥 风锥 纺锥 改锥 赶锥
尖锥 角锥 立锥 利锥 囊锥 庐锥
凌锥 棱锥 木锥 毛锥 二锥 如锥
水锥 丝锥 神锥 握锥 悬锥 玉锥
引锥 圆锥 竹锥 针锥 置锥
处囊锥 画沙锥 解结锥 利和锥 囊中锥
透颖锥 颖脱锥
钝槌利锥 地无立锥 两目如锥 贫无立锥
毛遂囊锥 身无立锥
上无片瓦，下无卓锥/

追 zhuī ①追赶。②追随。③追求。④追究。⑤回溯。⑥补救。⑦寻求。

不追 步追 风追 芳追 跟追 可追
狂追 堪追 力追 难追 莫追 猛追
攀追 穷追 术追 怵追 手追 谁追
尾追 相追 远追 驿追 自追 逐追
不复追 不敢追 飞翔追 悔莫追 邈难追
去莫追 尚能追 尤可追
奋起直追 急起直追 穷寇莫追 驷马难追
心慕手追 穷寇勿追
大丈夫一言既出，驷马难追/往者不可谏，来者犹可追/一言已出，驷马难追/一言出口，驷马难追/一言既出，驷马难追/

坠 zhuì ①落下。②往下沉。③系在器物上下垂的东西。④失去。

不坠 必坠 表坠 驰坠 颠坠 雕坠
飞坠 防坠 空坠 累坠 露坠 马坠
偏坠 飘坠 日坠 耳坠 扇坠 殄坠
夭坠 跌坠 无坠 危坠 下坠 星坠
香坠 月坠 玉坠 叶坠 欲坠 陨坠
暂坠 鸢坠
风味坠 家声坠 西风坠 日西坠 随风坠
天花坠 往下坠 玉钗坠 忧天坠
金乌西坠 金乌乱坠 天花乱坠 摇摇欲坠
杞忧天坠

缀 zhuì ①缝补。②联结。③装饰。④点缀。

白缀 补缀 比缀 编缀 表缀 班缀
层缀 词缀 赤缀 采缀 点缀 分缀
复缀 缝缀 工缀 构缀 更缀 后缀
行缀 花缀 集缀 校缀 罗缀 连缀
旒缀 拼缀 铺缀 曲缀 巧缀 前缀
如缀 上缀 诗缀 停缀 未缀 完缀
雪缀 星缀 旋缀 玉缀 云缀 引缀
羽缀 雨缀 仰缀 依缀 音缀 中缀
珠缀 缀缀
花如缀 露华缀
左支右缀 朱衣点缀

惴 zhuì 又忧愁，又恐惧。

不惴 危惴 慴惴 忧惴 优惴 惴惴

缒 zhuì 用绳子拴住人或物往下送。

绠缒 柳缒 绳缒 悬缒
千寻缒 仙球缒

膇 zhuì 脚肿。

沈膇 重膇

赘 zhuì ①抵押。②入赘。③多余的。④会聚。

不赘 出赘 痤赘 附赘 瘊赘 句赘
具赘 内赘 累赘 瘤赘 齐赘 秦赘
入赘 冗赘 肉赘 消赘 行赘 形赘
疣赘 作赘 招赘 易赘
悬疣附赘

吹 chuī ①合拢嘴唇用力出气。②失败。③奉承。④夸口。⑤类似吹的动作。⑥感情破裂。

并吹 边吹 低吹 断吹 风吹 凤吹
告吹 管吹 歌吹 鼓吹 鼙吹 含吹
胡吹 横吹 混吹 劲吹 镜吹 凉吹
流吹 煖吹 鸾吹 滥吹 妙吹 齐吹
窃吹 青吹 清吹 轻吹 骑吹 松吹
笙吹 善吹 卧吹 蛙吹 晚吹 仙吹
休吹 相吹 徐吹 香吹 铣吹 瞎吹
一吹 云吹 玉吹 远吹 阳吹 幽吹
鱼吹 雅吹 遥吹 自吹 竹吹 肿吹

陈吹　奏吹　滥吹
北风吹　次弟吹　东风吹　洞箫吹　拂面吹
画角吹　横笛吹　面面吹　满意吹　秦女吹
任风吹　松风吹　朔风吹　五更吹　香风吹
祥风吹　晓风吹　雪风吹　渐渐吹　萧史吹
一风吹　玉女吹　玉笛吹　月中吹
戴颙鼓吹　寒谷难吹　两部鼓吹　鸣蛙鼓吹
群蛙鼓吹　诗肠鼓吹　蛙声鼓吹　雨打风吹
瑀识卧吹

炊　chuī　烧火做饭。

茶炊　晨炊　爨炊　断炊　急炊　来炊
停炊　未炊　午炊　晚炊　新炊　夜炊
野炊　早炊
趁时炊　待新炊　剑头炊　量腹炊　萁豆炊
日中炊　嫂不炊　数米炊　悬釜炊　淅玉炊
一人炊　黄粱炊
断粮断炊　剑米危炊　米已成炊　数米而炊
无米之炊
趁热打铁，称薪而爨，数米而炊/巧妇难为无米之炊/

垂　chuí　①边疆。②自上而縋下。③低下。④流下。⑤传下去，传留后世。

北垂　边垂　鬓垂　鞭垂　垂垂　低垂
德垂　发垂　久垂　荒垂　疆垂　禄垂
披垂　二垂　耳垂　双垂　小垂　下垂
悬垂　玉垂　永垂　白垂
花外垂　绿脚垂　耳朵垂　星斗垂　悬雍垂
竹洞垂
累累下垂　云幕低垂

陲　chuí　①边疆。②危。③流传。

边陲　荒陲　疆陲　南陲　四陲　天陲
远陲
北山陲　白云陲　五天陲　幽涧陲　紫陌陲

捶　chuí　①用力敲打。②捣。③锤炼。

被捶　鞭捶　尺捶　箠捶　大捶　荷捶
加捶　炉捶　马捶　猛捶　殴捶　榜捶
轻捶　驱捶　萨捶　土捶　十捶　挝捶
衔捶　折捶　自捶　找捶　占捶
打冷捶
背鼓进庙，找捶/墙倒众人推，鼓破乱人捶/

棰　chuí　①杖刑。②用棍子打。③鞭子。④鞭打。

鞭棰　加棰　衔棰　马棰　命棰　小棰
博浪飞棰　陈馀杖棰
黑马不畏鞭棰/

锤　chuí　①秤锤。②锤形物。③锻打。④敲打东西的工具。

秤锤　穿锤　钉锤　锻锤　风锤　纺锤
金锤　卢锤　炉锤　千锤　气锤　汽锤
铅锤　情锤　钳锤　水锤　神锤　铁锤
铜锤　舞锤　星锤　玉锤　运锤　扬锤
镏锤　囊锤　握锤
空气锤　擂大锤　千钧锤　蒸汽锤

椎　chuí　又音 zhuī　①敲打。②愚钝。③捶击的器具。

大椎　钝椎　风椎　奋椎　寰椎　金椎
荐椎　解椎　雷椎　木椎　神椎　铁椎
手椎　犀椎　引椎　扬椎
博浪椎　力士椎　脱颖椎　无孔椎　朱亥椎
博浪飞椎

槌　chuí　敲打用具。

箔槌　棒槌　蚕槌　鼓槌
响鼓何用重槌/

谁　shuí　又音 shéi　①代词，任指无论什么人。②表疑问。

阿谁　对谁　待谁　服谁　和谁　寄谁
其谁　书谁　是谁　谁谁　孰谁　吾谁
为谁　我谁　问谁　心谁　寻谁　恨谁
云谁　与谁　伊谁　依谁　语谁　有谁
怨谁　知谁　找谁　赠谁
不知谁　当告谁　更有谁　和者谁　拟留谁
隙进谁　欲问谁　知是谁　知者谁
舍我其谁
劝君莫做亏心事，古往今来放过谁/

水　shuǐ　①无色无味的透明的液体。②像水一样的东西。③河流。④江河湖海的通称。⑤汁液。⑥额外附加的费用。⑦洗衣的次数。

氨水　白水　丙水　下水　半水　背水
波水　碧水　川水　车水　吃水　池水

茶水 赤水 春水 抽水 垂水 踩水
潮水 掺水 大水 斗水 冬水 点水
担水 坦水 跌水 淡水 滴水 得水
钓水 荡水 断水 奠水 蹈水 德水
恶水 反水 风水 发水 负水 放水
浮水 符水 返水 赴水 范水 肥水
凫水 废水 沸水 腹水 洑水 腑水
覆水 甘水 过水 谷水 泔水 给水
癸水 滚水 观水 钢水 会水 回水
汇水 汗水 河水 汉水 洄水 恨水
怀水 划水 洪水 浑水 湖水 海水
喝水 活水 黄水 寒水 戽水 祸水
鸿水 江水 井水 击水 净水 泾水
洁水 积水 浆水 接水 胶水 经水
洚水 笕水 酒水 金水 降水 激水
碱水 口水 可水 开水 苦水 客水
跨水 洿水 乐水 内水 卤水 逆水
冷水 奶水 泪水 凉水 丽水 泥水
沥水 临水 漏水 流水 劳水 领水
落水 脸水 绿水 溺水 露水 嫩水
明水 沔水 墨水 模水 泮水 萍水
排水 瀑水 乞水 汽水 曲水 奇水
秋水 奇水 泉水 饯水 轻水 清水
渠水 潜水 湫水 乳水 浚水 软水
弱水 热水 上水 失水 山水 石水
升水 死水 圣水 生水 神水 散水
菽水 顺水 渗水 逝水 蓄水 缩水
素水 瀡水 头水 湍水 挑水 汤水
贴水 透水 铁水 甜水 淌水 蹚水
跳水 投水 脱水 糖水 停水 泰水
踏水 蹓水 外水 王水 污水 温水
雾水 小水 下水 行水 孝水 信水
泻水 泄水 咸水 血水 香水 巽水
汲水 雪水 新水 薪水 悬水 戏水
溪水 涎水 湘水 一水 易水 云水
引水 羊水 夜水 雨水 鱼水 饮水
远水 硬水 用水 油水 砚水 扬水
游水 盐水 淫水 药水 挹水 砚水
檜水 月水 止水 汁水 走水 浊水
重水 着水 治水 准水 脂水 酌水
资水 载水 涨水 照水 浙水 盗水
福水

白开水 百川水 朝宗水 春天水 沧浪水
曹溪水 斗升水 豆花水 倒苦水 地下水
东流水 动若水 淡如水 洞庭水 钓渭水
濯缨水 发大水 洑止水 覆杯水 覆地水
浮上水 化戾水 浩浩水 红药水 荷兰水
花露水 黑墨水 喝墨水 夹风水 浇冷水
坎为水 空沉水 矿泉水 拉下水 龙吟水
龙惊水 两点水 蓝墨水 捞油水 难收水
米泔水 清冷水 清溪水 泼冷水 泼污水
泡力水 瓶注水 二河水 若流水 热投水
三尺水 三峡水 十篙水 石投水 升斗水
收复水 上池水 三点水 沙壅水 沙滤水
随流水 吞天水 图山水 桃花水 太湖水
趟溪水 温吞水 心如水 幸福水 香蕉水
一杯水 一滴水 一派水 阴阳水 衣带水
耶溪水 鱼矢水 盐汽水 盈盈水 自来水
志在水 枕秋水 阵背水 紫药水 煮海水
蒸馏水 濯缨水
白山黑水 冰川融水 背山面水 背山临水
冰寒于水 巴山蜀水 悲歌易水 跋山涉水
爬山涉水 餐风宿水 楚山巫水 臣心如水
残山剩水 裁衣翦水 潺潺流水 啜菽饮水
跕鸢坠水 苞居让水 飞鸢坠水 芙蓉出水
樊英噀水 高山流水 高山深水 观山玩水
盖冰寒水 怪雨盲水 滚瓜流水 寒风易水
汉帝渡水 何远还水 蛟龙得水 金山碧水
酤信风水 乐山乐水 连汤带水 落花流水
廉泉让水 难收覆水 流觞曲水 绿山绿水
鲤鱼戏水 马龙车水 马前泼水 千山万水
青山绿水 穷山恶水 屈原溺水 蜻蜓点水
清汤寡水 浅绛山水 清尘浊水 蒲元识水
劈山引水 蓬莱弱水 壬癸属水 如鱼失水
任清防水 如鱼得水 人心似水 若涉渊水
柔情似水 生理盐水 双瞳剪水 三日曲水
山鸡映水 山山水水 双手掬水 失足落水
顺风顺水 送汤送水 剩山残水 堂开洛水
塘中戏水 拖人下水 拖泥带水 泰山泰水
尺山寸水 污泥浊水 望穿秋水 行云流水
孝卿退水 昱山露水 悬河泻水 一衣带水
一败如水 一潭死水 一泓秋水 月光如水
月明如水 以石投水 一水两水 一清如水
一汪秋水 月光似水 攸饮吴水 邺仙秋水

依山傍水　眼如秋水　源头活水　游山玩水
隐显墨水　走山走水　中流击水　治山治水
竹篮打水　沾泥带水　征山战水　真山真水
智者乐水　洪乔掷水　以水济水　性犹湍水
不显山露水/打得落花流水/不饮盗泉水/不图打鱼图混水/吹皱一池春水/曾经沧海难为水/管山吃山，管水吃水/河水不犯井水/井水不犯河水/君子之交淡如水/鸡寒上树，鸭寒下水/嫁出去的女，泼出去的水/靠山吃山，靠水吃水/美不美，家乡水/强按牛头不喝水/亲不亲，故乡人；美人美，家乡水/无根之木，无源之水/一口吸尽两江水/由你奸似鬼，吃了老娘洗脚水/在山靠山，在水靠水/止如斩足，行如流水/渴辞盗泉水/

说

shuì　又音 shuō　yuè　用话劝说别人，使他听从自己的意见。

游说

帨

shuì　古代的佩巾，像现在的毛巾。

结帨　佩帨　设帨
无感帨　闲花帨

税

shuì　①田赋。②国家征收税赋。③赠送。④放置。

安税　不税　版税　薄税　查税　出税
抽税　财税　刨税　丁税　定税　逋税
赋税　公税　关税　官税　国税　贡税
户税　耗税　交税　捐税　家税　假税
减税　缴税　抗税　课税　鲈税　纳税
粮税　漏税　民税　免税　轻税　契税
榷税　上税　失税　私税　收税　田税
逃税　偷税　完税　屋税　衣税　雨税
野税　正税　杂税　重税　征税　租税
薄赋税　地方税　地价税　进口税　间接税
农业税　累进税　上演税　所得税　田渔税
盐业税　印花税　营业税　子弟税　直接税
保护关税　互惠关税　苛捐杂税　令公请税
茂贞苛税　免收关税　食租衣税　特惠关税
走私偷税　征粮征税

睡

shuì　①睡觉。②坐着打瞌睡。③躺下。

安睡　还睡　沉睡　春睡　盹睡　昏睡
好睡　画睡　酣睡　貉睡　鼾睡　鹤睡
困睡　渴睡　瞌睡　美睡　惊睡　卵睡
龙睡　临睡　浓睡　腻睡　鹿睡　昏睡
疲睡　入睡　少睡　兽睡　思睡　熟睡
嗜睡　贪睡　甜睡　午睡　晚睡　温睡
小睡　细睡　醒睡　引睡　欲睡　莺睡
醉睡
安稳睡　不肯睡　北窗睡　茶敌睡　打瞌睡
登床睡　齁鼽睡　花里睡　骊龙睡　黑甜睡
山如睡　双鸾睡　摊饭睡　知愁睡　枕书睡
掩关睡
大地沉睡　昏昏欲睡　文山如睡　卧榻鼾睡
杨妃春睡
卧榻之下，岂容他人酣睡/卧榻之侧，岂容鼾睡/

蕤

ruí　①草木花纷披下垂。②花蕊。③下垂的装饰物。

翠蕤　丹蕤　芳蕤　霏蕤　敷蕤　华蕤
矫蕤　兰蕤　露蕤　蕤蕤　松蕤　素蕤
霜蕤　委蕤　葳蕤　纤蕤　玺蕤　云蕤
玉蕤　研蕤　英蕤　育蕤　缨蕤

蕊

ruǐ　①草木果实累累貌。②花蕊。③草木丛生貌。

初蕊　雌蕊　粉蕊　繁蕊　含蕊　花蕊
红蕊　黄蕊　九蕊　金蕊　嚼蕊　内蕊
浪蕊　落蕊　绿蕊　嫩蕊　千蕊　浅蕊
青蕊　琼蕊　石蕊　散蕊　吐蕊　小蕊
仙蕊　香蕊　雄蕊　新蕊　一蕊　玉蕊
英蕊　瑶蕊
敖梅蕊　金丝蕊　落霜蕊　珊瑚蕊
百花吐蕊　浮花浪蕊

芮

ruì　周代诸侯国名，在今陕西省内。

丛芮　蕞芮　纳芮　侵芮　石芮
吴芮
雄芮　虞芮

汭

ruì　河流汇合的地方，河流弯曲的地方。

妫汭

枘

ruì 榫［枘凿］（古）枘，圆凿，喻意见不合。

柄枘　方枘　柱枘　凿枘
圆凿方枘

蜹 ruì 蚊子一类的昆虫。吸人畜的血液。

蚊蜹 蝇蜹

锐 ruì ①感觉灵敏。②锋利。③细小。④快或尖。⑤锐气。⑥上小下大。

笔锐 挫锐 骋锐 蜂锐 锋锐 刚锐
铦锐 华锐 尖锐 尽锐 进锐 坚锐
精锐 口锐 老锐 劳锐 明锐 敏锐
铓锐 气锐 强锐 轻锐 情锐 甚锐
思锐 刃锐 骁锐 蓄锐 新锐 勇锐
意锐 止锐 专锐 志锐 执锐 糟锐
螽锐
山岳锐 星芒锐
长颈圆锐 齿少心锐 目光敏锐 披坚执锐
蓄精养锐 养精蓄锐

瑞 ruì ①吉祥。②征兆。③瑞玉。

爱瑞 百瑞 昌瑞 呈瑞 大瑞 符瑞
今瑞 金瑞 嘉瑞 精瑞 六瑞 灵瑞
庆瑞 人瑞 仁瑞 圣瑞 善瑞 神瑞
天瑞 同瑞 无瑞 五瑞 休瑞 祥瑞
锡瑞 玉瑞 永瑞 言瑞 祯瑞 众瑞
圣主瑞 天然瑞 太平瑞 台阁瑞 江山瑞
稀世瑞 子孙瑞
门阑蔼瑞 醉人为瑞

睿 ruì ①明智。②通达，看得深远。

聪睿 慧睿 尽睿 明睿 敏睿 圣睿
思睿 神睿 实睿 僧睿 英睿

嘴 zuǐ ①口。②形状像嘴的东西。③指说话。

白嘴 伴嘴 闭嘴 别嘴 摆嘴 辩嘴
搬嘴 撇嘴 吃嘴 吵嘴 插嘴 撺嘴
嘬嘴 馋嘴 打嘴 斗嘴 电嘴 动嘴
多嘴 点嘴 顶嘴 兜嘴 堵嘴 嘟嘴
凤嘴 犯嘴 封嘴 蜂嘴 过嘴 改嘴
赶嘴 花嘴 红嘴 回嘴 还嘴 壶嘴
谎嘴 豁嘴 光嘴 忌嘴 讲嘴 拣嘴
强嘴 犟嘴 噘嘴 撅嘴 开嘴 快嘴
夸嘴 奶嘴 弄嘴 利嘴 笼嘴 咬嘴
努嘴 脸嘴 零嘴 腊嘴 漏嘴 咧嘴
马嘴 抿嘴 卖嘴 满嘴 磨嘴 贫嘴
喷嘴 婆嘴 偏嘴 抢嘴 亲嘴 缺嘴
绕嘴 山嘴 沙嘴 说嘴 松嘴 顺嘴
碎嘴 涩嘴 停嘴 挑嘴 贫嘴 铁嘴
偷嘴 歪嘴 围嘴 喝嘴 信嘴 锡嘴
油嘴 烟嘴 鸦嘴 莺嘴 鹰嘴 支嘴
咂嘴 住嘴 走嘴 争嘴 雉嘴 掌嘴
尊嘴 诹嘴 箍嘴 张嘴
别多嘴 吃零嘴 刀子嘴 过滤嘴 黄铁嘴
黄鹄嘴 黄鳝嘴 要贫嘴 说走嘴 说破嘴
泰山嘴 乌鸦嘴
龇牙咧嘴 点头咂嘴 颠唇簸嘴 咕嘟着嘴
箭穿雁嘴 磕牙料嘴 努一努嘴 龙雕凤嘴
麟角凤嘴 七张八嘴 中公豹嘴 说嘴打嘴
咨牙露嘴 龇牙裂嘴 龇牙裂嘴
牛头不对马嘴/驴唇不对马嘴/两个肩膀抬一张嘴/老鼠偷糨糊，糊嘴/宁叫累了腿，不叫累了嘴/全凭一张嘴/三年不漱口，一张臭嘴/雀儿吃粪虫，臭嘴/自己打自己的嘴/

最 zuì ①副词。②合计。③政绩有上（大）功。④聚合。⑤首位。

边最 称最 殿最 功最 计最 居最
佳最 举最 考最 课最 连最 论最
殴最 三最 书最 善最 投最 文最
贤最 要最 治最 政最 奏最 掌最
最最
百城最 策勋最 将军最 兰亭最 千日最
文史最
以此为最

晬 zuì 婴儿周岁。

甫晬 周晬
孙未晬

醉 zuì ①沉迷，过分爱好。②酒后糊涂。③饮酒过量。④糊涂。⑤用酒浸渍的食品。

不醉 半醉 长醉 沉醉 春醉 痴醉
醒醉 大醉 独醉 喝醉 昏醉 欢醉
虎醉 酣醉 轰醉 共醉 灌醉 久醉
皆醉 极醉 娇醉 酒醉 客醉 狂醉
泥醉 留醉 烂醉 露醉 迷醉 麻醉
买醉 人醉 如醉 日醉 宿醉 神醉
数醉 霜醉 熟醉 托醉 陶醉 无醉

小醉　心醉　先醉　香醉　俞醉　欲醉
饮醉　竹醉　在醉　自醉　沾醉
花下醉　几回醉　临流醉　酩酊醉　千日醉
天下醉　山公醉　山翁醉　山简醉　鱼鸟醉
中山醉
金迷纸醉　酩酊大醉　酕醄大醉　目酣神醉
如痴如醉　饮醇自醉　越快越醉　自我陶醉
针刺麻醉　饮糙亦醉
今朝有酒今朝醉/若饮醇醪自醉/张公吃酒，李公醉/酒不醉人人自醉/

罪　zuì　①罪名。②过失。③犯法的行为。④刑罚。⑤惩处。⑥苦难。⑦归罪。

办罪　白罪　比罪　抱罪　避罪　吃罪
除罪　定罪　顶罪　待罪　道罪　抵罪
诋罪　得罪　非罪　服罪　犯罪　伐罪
放罪　服罪　逋罪　负罪　甘罪　功罪
告罪　故罪　归罪　怪罪　后罪　活罪
悔罪　横罪　获罪　间罪　见罪　旧罪
加罪　极罪　净罪　降罪　开罪　科罪
女罪　论罪　连罪　耐罪　罹罪　领罪
免罪　明罪　片罪　辟罪　判罪　赔罪
求罪　泣罪　请罪　谴罪　认罪　声罪
首罪　身罪　受罪　死罪　实罪　速罪
赦罪　深罪　恕罪　赎罪　数罪　听罪
同罪　讨罪　替罪　陶罪　无罪　问罪
畏罪　委罪　诬罪　诿罪　小罪　心罪
行罪　宣罪　谢罪　引罪　阴罪　远罪
原罪　有罪　洋罪　宥罪　婴罪　愆罪
折罪　治罪　重罪　坐罪　造罪　遭罪
伏其罪　覆谏罪　公治罪　和氏罪　怀璧罪
活受罪　鞠鼠罪　匹夫罪　清谈罪　挟风罪
欲加罪　意何罪　御史罪
吊民伐罪　低头认罪　奉天讨罪　奉辞伐罪
犯法服罪　负荆请罪　罚不当罪　公治非罪
故入人罪　将功折罪　将功赎罪　立功赎罪
弥天大罪　死罪死罪　赦过宥罪　怀璧其罪
赏功罚罪　滔天大罪　下车泣罪　刑事犯罪
兴师问罪　兴兵问罪　言者无罪　应当何罪
欲加之罪　忠信得罪　宰人请罪　匹夫无罪
捶楚求罪　觳觫伏罪
不知者不为罪/见蛇不打三分罪/匹夫无罪，怀璧其罪/赏必加于有功，而刑必断于有罪/王子犯法，与民同罪/知恶不举，与恶同罪/王子犯法，庶民同罪/

衰　cuī　又音 shuāi　①等次，等差。②同“缞”。

等衰　锡衰　斩衰

缞　cuī　古代用麻布制成的丧服。

单缞　墨缞　五缞　着缞

榱　cuī　古代指椽子。

华榱　文榱
廊庙榱　木兰榱

崔　cuī　①姓。②高大。③动貌。

八崔　博崔　崔崔　错崔　三崔
清河崔
太史载崔

催　cuī　①催促。②加快事物的产生变化。

暗催　风催　花催　紧催　年催　漫催
频催　诗催　晚催　雨催　烟催
白发催　白驹催　别离催　北雁催　宝镜催
归思催　画角催　羯鼓催　击钵催　禁漏催
客梦催　柳暗催　落花催　暮色催　暮鼓催
漫相催　去鹢催　四序催　岁月催　诗句催
诗兴催　淑气催　暑色催　夕阳催　玺书催
羽书催　逸兴催　玉花催
葡萄美酒夜光杯，欲饮琵琶马上催/

摧　cuī　①折断。②摧毁。③讥讽。④伤。

白摧　崩摧　残摧　低摧　敌摧　风摧
花摧　击摧　挤摧　困摧　兰摧　柳摧
心摧　玉摧　雨摧
不可摧　不能摧　车轮摧　草木摧　风雨摧
方草摧　古堞摧　径竹摧　双鬟摧　为雨摧
叶未摧　紫药摧　中心摧
桂折兰摧　惠损兰摧　坚不可摧　锐而莫摧
树倒根摧　无坚不摧
单者易折，众者难摧/黑云压城城欲摧/

璀　cuǐ　［璀璨］形容玉石的光辉鲜艳夺目。

璀璀

戈甲璀　玉光璀　珠光璀

脆 cuì ①容易折断。②脆弱。③爽快。④声音明亮。⑤食物松脆。⑥轻。

碧脆　薄脆　大脆　风脆　芳脆　干脆
甘脆　攻脆　焦脆　坚脆　抹脆　美脆
清脆　软脆　柔脆　松脆　爽脆　酥脆
鬆脆　恬脆　危脆　香脆　新脆　自脆
歌声脆　嘎嘣脆　芦叶脆　甜又脆
干干脆脆　声音清脆　细嫩清脆　香甜酥脆
鲜甜香脆
大热天吃炒豆，干脆/

萃 cuì 草丛生。

拔萃　奔萃　萃萃　攒萃　大萃　东萃
多萃　顿萃　荟萃　肆萃　六萃　乃萃
鳞萃　交萃　俱萃　惊萃　蕉萃　俊萃
七萃　群萃　清萃　三萃　神萃　四萃
森萃　翕萃　云萃　英萃　蚁萃　屹萃
总萃
百禄萃　球球萃　休祥萃　英豪萃
出类拔萃　精英荟萃　人才荟萃　超群拔萃

悴 cuì [憔悴] 黄瘦，面色不好。

半悴　丛悴　愁悴　摧悴　凋悴　顿悴
槁悴　毁悴　煎悴　零悴　羸悴　愍悴
扑悴　憔悴　殄悴　洟悴　萎悴　萧悴
忧悴　瘏悴
面容憔悴　形容憔悴
衣带渐宽终不悔，为伊消得人憔悴/

淬 cuì 金属和玻璃的一种热处理工艺。

炊淬　冷淬　凌淬　砺淬　来淬　磨淬
水淬　为淬　再淬　阵淬
吴钩淬　犹堪淬

瘁 cuì ①过度劳累。②毁坏。③困病。

尽瘁　焦瘁　躬瘁　剪瘁　困瘁　况瘁
枯瘁　力瘁　劳瘁　频瘁　勤瘁　穷瘁
日瘁　人瘁　身瘁　伤瘁　殄瘁　同瘁
朽瘁　先瘁　心瘁　自瘁
不辞劳瘁　鞠躬尽瘁　心力交瘁

粹 cuì ①纯。②精华。③专一。④精通。

不粹　冲粹　淳粹　纯粹　醇粹　淡粹
发粹　翻粹　刚粹　高粹　国粹　含粹
荟粹　精粹　灵粹　礼粹　纳粹　明粹
平粹　清粹　入粹　天粹　文粹　完粹
秀粹　玉粹　英粹　夷粹　渊粹　雅粹
蕴粹　毓粹　贞粹　忠粹　钟粹
涵养纯粹

翠 cuì ①翠鸟。②翠鸟的羽毛。③青、绿、碧之类的颜色。④绿色的玉。

丛翠　苍翠　耸翠　葱翠　彩翠　愁翠
点翠　滴翠　叠翠　娥翠　蛾翠　飞翠
翡翠　红翠　环翠　含翠　横翠　黑翠
寒翠　金翠　积翠　集翠　孔翠　空翠
岚翠　柳翠　浓翠　绿翠　蜺翠　敛翠
暖翠　凝翠　铺翠　青翠　晴翠　轻翠
山翠　舍翠　生翠　拾翠　松翠　刷翠
湿翠　深翠　锁翠　吐翠　挺翠　晚翠
翁翠　香翠　新翠　鲜翠　雪翠　晓翠
霞翠　云翠　岩翠　倚翠　迎翠　幽翠
妍翠　姻翠　拥翠　织翠　珠翠　紫翠
穿云翠　垂红翠　澄澜翠　高低翠　花里翠
金翡翠　千林翠　通帘翠
春红假翠　裁红点翠　飞花点翠　辉石翡翠
金玉珠翠　精舍飞翠　镂金铺翠　满眼青翠
铺青叠翠　青竹吐翠　耳带珠翠　万顷苍翠
笑青吟翠　夏树苍翠　匀红点翠　叶子翡翠
叶稠阴翠　尨红殢翠　簪花戴翠　层峦叠翠
重峦叠翠

毳 cuì ①鸟兽的细毛。②加工而成的毛织品。③毛纠结。

白毳　百毳　苍毳　顶毳　甘毳　鸿毳
火毳　结毳　金毳　鸟毳　落毳　毛毳
鸣毳　美毳　幕毳　披毳　柔毳　素毳
雨毳　众毳

荽 suī [胡荽] 芫荽，俗称"香菜"。

胡荽　蓼荽　香荽　芫荽　园荽

睢 suī 睢县，在河南省。

恣睢　睢睢

绥 suí ①安抚。②舒缓。③平安。

宠绥 抚绥 交绥 良绥 蓼绥 绥绥

随 suí ①跟随。②顺从。③顺便。④沿着。⑤听任。

伴随 奔随 笔随 谤随 长随 倡随
唱随 附随 跟随 诡随 毁随 和随
何随 肩随 空随 陪随 亲随 侵随
顺随 无随 尾随 委随 相随 远随
依随 影随 自随 足随 在随 争随
追随
白鹿随 步步随 笔砚随 春色随 到处随
风云随 扶策随 富贵随 蜂蝶随 共追随
何锸随 锦囊随 明月随 梦魂随 琴鹤随
少妇随 书剑随 五云随 小溪随 小艇随
笑相随 形影随 喜气随 月光随 月相随
意所随 长相随 载酒随 众自随 竹枝随
夫唱妇随 令出法随 僚机跟随 澜倒波随
形影相随 衔尾相随 萧规曹随 言出法随
荷锸相随
一波方动万波随/业精于勤荒于嬉，行成于思毁于随/

遂 suí 又音 suì 义同“遂”。用于身体一侧发生瘫痪。

半身不遂

髓 suǐ ①骨中的凝脂。②象骨髓的东西。③比喻事物的精华。

不髓 笔髓 碧髓 齿髓 丹髓 得髓
凤髓 骨髓 膏髓 肌髓 脊髓 精髓
乐髓 龙髓 脑髓 流髓 麟髓 民髓
卖髓 入髓 神髓 透髓 獭髓 文髓
透髓 心髓 洗髓 星髓 血髓 雪髓
玉髓 易髓 泱髓 延髓 潴髓 芝髓
真髓
红膏髓 花黏髓 黄骨髓 溜骨髓 墨龙髓
千金髓 文章髓
剥肤及髓 碧玉玉髓 椎肤剥髓 捶骨沥髓
代毛洗髓 恨入骨髓 沦肌浃髓 龙肝凤髓
龙血凤髓 麟肝凤髓 敲骨吸髓 深入骨髓
痛入骨髓 怨入骨髓

岁 suì ①岁月。②计算年龄的单位。③年成，农业收成。

百岁 保岁 别岁 比岁 拜岁 初岁
常岁 辞岁 登岁 恶岁 分岁 丰岁
犯岁 发岁 芳岁 封岁 富岁 古岁
过岁 改岁 冠岁 隔岁 华岁 近岁
间岁 积岁 极岁 竞岁 径岁 俭岁
嘉岁 开岁 客岁 馈岁 餽岁 乐岁
来岁 年岁 潦岁 曩岁 累岁 宁岁
末岁 暮岁 满岁 平岁 千岁 去岁
弃岁 青岁 歉岁 弱岁 时岁 首岁
守岁 送岁 暑岁 龆岁 髫岁 嗣岁
太岁 同岁 万岁 问岁 往岁 晚岁
望岁 小岁 先岁 凶岁 旬岁 星岁
献岁 新岁 虚岁 一岁 亚岁 压岁
迎岁 绮岁 中岁 正岁 早岁 卒岁
壮岁 足岁 志岁 周岁 週岁 罪岁
终岁 肇岁 贝岁
八千岁 半百岁 欠赋岁 辞旧岁 长命岁
成丰岁 六十岁 年年岁 鹊知岁 十五岁
十六岁 三十岁 四十岁 三呼岁 太平岁
五十岁 悬东岁
长命百岁 寸阴若岁 花花太岁 饥馑之岁
枯耘伤岁 林类百岁 聊以卒岁 明年同岁
千秋万岁 剃眉卒岁 凶年饥岁 新年新岁
远年近岁 逾年历岁 镇山太岁 绮纨之岁
有志不在年高，无志空长百岁/

谇 suì ①谏诤。②责骂。③直言观劝。④诘问。⑤告知。

朝谇 诟谇 立谇 妄谇 众谇

碎 suì ①破碎。②不完整。③说话唠叨。④琐屑。

冰碎 兵碎 败碎 步碎 璧碎 瘁碎
柴碎 打碎 钿碎 风碎 粉碎 烦碎
繁碎 骨碎 打碎 怪碎 焦碎 剪碎
苛碎 零碎 拍碎 破碎 揉碎 首碎
声碎 碎碎 散碎 琐碎 撕碎 踏碎
文碎 小碎 心碎 星碎 细碎 雪碎
霞碎 玉碎 衣碎 月碎 叶碎 意碎
杂碎 珠碎 砸碎 嘴碎
春玉碎 灯花碎 和愁碎 花影碎 红影碎
鲛绡碎 揪捂碎 浪花碎 芦花碎 鸟声碎
琉璃碎 莺声碎 琼瑶碎 珊瑚碎 心肝碎
玉石碎 应手碎 竹影碎 嘴太碎

构图破碎　鸡零狗碎　宁为玉碎　零零碎碎
零七八碎　七零八碎　琐琐碎碎　珊瑚击碎
心肝俱碎　香消玉碎　支离破碎　珠沉玉碎

祟 suì　鬼神给人带来的灾祸。

被祟　除祟　大祟　多祟　鬼祟　怪祟
祸祟　解祟　求祟　受祟　祟祟　无祟
邪祟　有祟　作祟　招祟　灾祟
笔墨祟　弗敢祟　文章祟　云为祟
鬼鬼祟祟

遂 suì　又音 suí　①如意。②成功。③于是。④进荐。⑤成功。⑥通达。

不遂　长遂　畅遂　大遂　得遂　郢遂
夫遂　俯遂　壶遂　龚遂　功遂　甘遂
决遂　郊遂　六遂　毛遂　名遂　茂遂
莫遂　曲遂　仁遂　生遂　顺遂　遂遂
事遂　陶遂　天遂　未遂　小遂　乡遂
于遂　有遂　易遂　阳遂　攸遂　长遂
自遂　忠遂
不顺遂　功名遂　计始遂　群生遂　身意遂
功成名遂　径情直遂　劝课龚遂

隧 suì　①地道。②道路。③旋转。

百隧　大隧　长隧　陈隧　除隧　重隧
陀隧　斑隧　古隧　井遂　郊遂　临遂
门遂　入隧　丘隧　松隧　亭隧　无隧
有隧　陬隧　直隧

燧 suì　①燃。②上古取火器具。③古代告警的烽火。

边燧　成燧　出燧　巢燧　大燧　烽燧
燔燧　关燧　改燧　金燧　举燧　鉴燧
列燧　木燧　马燧　秋燧　松燧　亭燧
万燧　蹊燧　阳燧　钻燧　中燧

邃 suì　①深远。②精深。

冲邃　重邃　岑邃　华邃　迥邃　好邃
泓邃　高邃　静邃　精邃　寥邃　秘邃
清邃　深邃　森邃　堂邃　诿邃　透邃
学邃　闲邃　英邃　幽邃　渊邃　中邃
洞中深邃　意境深邃　林中幽邃　目光深邃

襚 suì　①给死者衣被。②赠给活人的衣服。

袿襚　加襚　敛襚　赠襚
毳衣襚　侏儒襚

穗 suì　①谷类植物聚在一起的长条。②灯花。③拴起未往下垂的装饰品。④广州的别称。

百穗　抽穗　插穗　大穗　短穗　分穗
芳穗　谷穗　果穗　共穗　和穗　合穗
禾穗　花穗　九穗　金穗　接穗　嘉穗
六穗　绿穗　麦穗　绀穗　生穗　实穗
数穗　吐穗　霜穗　秀穗　香穗　孕穗
中穗　滞穗　执穗
风吐穗　黄金穗　齐眉穗　一穗穗
狼尾谷穗　盂郢九穗　一禾九穗　扬花吐穗
盈车嘉穗
高田种小麦，冬久不成穗/

八　豪条辙

（合古韵　三肴、三萧、四豪、十七筱、十八巧、十九皓、十八啸、十九效、二十号、三觉、十药）

凹 āo　洼下，跟凸相反。

低凹　凸凹

敖 áo　①姓。②闲游。③忧虑。

敖敖　仓敖　居敖　倨敖　连敖　若敖
笑敖　虚敖　嬉敖　由敖　游敖
浣花敖　上庵敖
谑浪笑敖

嗷 áo　拟声词。嘈杂声，叫喊声。

哀嗷　嗷嗷　嘈嗷　欢嗷　启嗷
雁嗷嗷
敲声嗷嗷

廒 áo　收藏粮食的仓房。

仓廒
叔仓廒

遨 áo　遨游，游逛。

陶遨

熬 áo 又音 āo ①忍受。②久煮。

熬熬 煎熬 苦熬 难熬 烹熬 炮熬
设熬 淳熬
课丁熬 慢火熬 受煎熬 一锅熬

聱 áo 话不顺气。

点鼠聱聱 黠鼠聱聱

螯 áo 螃蟹等动物变形的第一对脚。

持螯 江螯 空螯 蜇螯
持海螯 拥剑螯
毕卓持螯
蟹六跪而二螯/

謷 áo 诋毁。

暴謷 訾謷 謷謷

鳌 áo 传说中海里的大鳖。

持鳌 大鳌 钓鳌 断鳌 伏鳌 海鳌
巨鳌 金鳌 灵鳌 跨鳌 鲸鳌 石鳌
乘鳌 神鳌 斩鳌
钓六鳌 钓大鳌 戴山鳌 冠山鳌
龙伯钓鳌 群蚁观鳌 饷砚蒯鳌 毕卓持鳌

翱 áo ［翱翔］展开翅膀回旋地飞。

风翱 将翱 李翱 鹏翱 谢翱 翔翱
逐雁翱
思从祥风翱/

拗 ǎo 又音 ào niù （方）弯曲使断、折。

打拗 手拗 力拗 风拗

袄 ǎo 有衬里的上衣。

布袄 缝袄 红袄 花袄 失袄 锦袄
袷袄 棉袄 皮袄 破袄 袍袄 襦袄
衫袄 绣袄
花夹袄 万里袄 小棉袄
捐红纳袄

媪 ǎo 年老的妇人。

慈媪 顿媪 富媪 酒媪 女媪 吕媪
刘媪 老媪 魔媪 乳媪 巫媪 王媪
翁媪 魏媪
白头媪 黄发媪
相分公媪 相分本媪

坳 ào 地名用字。

黄坳

坳 ào 山间平地。

凹坳 地坳 泓坳 路坳 螭坳 山坳
水坳 深坳 凸坳 堂坳 塘坳 云坳
砚坳 鸭坳 枕坳
九龙坳 月半坳

拗 ào 又音 ǎo，niù 不顺，不顺从。

八拗 摧拗 两拗 十拗 违拗 撤拗
歌字拗 世情拗
安石执拗 南山撤拗

奡 ào ①矫健。②人名。

排奡

傲 ào ①自高自大。②藐视。③名言。

不傲 暴傲 长傲 怠傲 高傲 骨傲
孤傲 倨傲 简傲 寄傲 菊傲 骄傲
蹇傲 夸傲 狂傲 慢傲 轻傲 欺傲
清傲 无傲 兀傲 啸傲 黠傲 志傲
助傲 自傲
渔家傲
戒骄戒傲 居功骄傲 居功自傲 无端倨傲
田方简傲 心高气傲 揶揄倨傲 竹林笑傲
才高必狂，艺高必傲/

骜 ào ①快马。②傲慢。③骏马。

怠骜 桀骜 悍骜 骄骜 骥骜 枭骜
雄骜 驽骜

奥 ào ①室内的西南隅。②指室外深处。③奥妙精深，难懂。

处奥 达奥 典奥 古奥 关奥 华奥
洪奥 阃奥 壶奥 精奥 理奥 冥奥
媚奥 秘奥 穷奥 奇奥 清奥 情奥
四奥 室奥 神奥 深奥 枢奥 邃奥

堂奥　文奥　玄奥　遐奥　缊奥　蕴奥
主奥

墺　ào　可居住的地方。

四墺
四方墺
深山野墺

懊　ào　烦恼，悔恨。

依懊　恼懊　惊懊

澳　ào　①深。②海边可以停船的地方。③刷洗。④澳门。⑤澳洲。

关澳　港澳　江澳　浦澳　曲澳　淇澳
入澳　室澳　鱼澳　席澳　幽澳　衍澳

包　bāo　①取。②裹扎。③容纳。④约定专用。⑤装东西的袋。⑥肿起的疙瘩。⑦量词。⑧保证。

敖包　并包　病包　背包　承包　草包
大包　打包　丢包　豆包　掸包　裕包
调包　发包　谷包　钢包　鼓包　跟包
红包　荷包　含包　开包　坤包　挎包
浓包　锦包　搂包　脓包　门包　面包
棉包　麻包　皮包　蒲包　钱包　二包
容包　山包　书包　沙包　松包　烧包
汤包　套包　提包　糖包　小包　心包
熊包　雄包　元包　云包　衣包　月包
邮包　银包　腰包　沾包
汉堡包　急救包　绿箨包　绿奇包　落腰包
蒙古包　藕丝包　手提包　受气包　掏腰包
献世包　元命包　针钱包　炸药包
兼容并包　元合所包　刘比吕包　蒙古毡包
骑马顶包　羌愿姓包　无所不包

苞　bāo　①花苞。②茂盛。③草名。④丛生。⑤草木的根或茎干。

百苞　宝苞　才苞　打苞　芳苞　含苞
黄苞　寒苞　花苞　九苞　金苞　菊苞
渐苞　山苞　石苞　土苞　天苞　新苞
长苞　竹苞　张苞
荔枝苞　笋脱苞
松茂竹苞

胞　bāo　①胞衣。②同胞。③细胞。

黄胞　好胞　鹤胞　难胞　解胞　民胞
侨胞　双胞　同胞　脱胞　细胞　玉胞
衣胞　育胞　鱼胞　鸭胞　紫胞
白细胞　刺细胞　卵细胞　红细胞　腺细胞
血细胞　姹女胞　蒸莒胞　子母胞
淋巴细胞　稽懒转胞

炮　bāo　又音 páo　pào　①烧烤食物。②一种烹调方法。

毛炮　烹炮　蒸炮　自炮　甘炮
教民炮　兔首炮

剥　bāo　又音 bō　去掉皮壳或其他东西。

般剥　困剥　穷剥　身剥　屠剥

煲　bāo　①壁较陡直的锅。②用煲煮或熬。

沙煲　铜煲　瓦煲

褒　bāo　赞扬。

恩褒　旌褒　孔褒　荣褒
过情褒　一字褒
争死孔褒

雹　báo　空中水气遇冷结成的冰粒。

冰雹　春雹　大雹　飞雹　风雹　化雹
乱雹　怒雹　秋雹　霰雹　无雹　闻雹
下雹　夏雹　叶雹　灾雹
大成雹　大雨雹　江南雹　棋称雹　时闻雹

薄　báo　又音 bó　①厚度小。②味淡。③感情冷淡。④不肥沃。

不薄　浮薄　很薄　履薄
酒味薄　鲁酒薄　鲁缟薄　世情薄　欢情薄
官情纸薄　临深履薄　肉嫩皮薄
官情如纸薄/

饱　bǎo　①吃足了。②满足。

安饱　不饱　半饱　长饱　吃饱　常饱
独饱　德饱　风饱　帆饱　腹饱　虎饱
饥饱　解饱　可饱　立饱　梦饱　耳饱
求饱　奇饱　肉饱　软饱　食饱　素饱
宿饱　实饱　为饱　温饱　饫饱　饫饱
餍饱　中饱　真饱　醉饱
不宿饱　吃不饱　甘露饱　罗汉饱　无求饱

侏儒饱　终身饱
笔酣墨饱　半饥半饱　曾辞温饱　酒足饭饱
侏饥伤饱　食无求饱　贪污中饱
人不宜好，狗不宜饱/

宝 bǎo ①玉器的总称。②珍贵的东西。③珍贵。④珍爱。

爱宝　卞宝　百宝　邦宝　宝宝　川宝
寸宝　财宝　陈宝　藏宝　大宝　地宝
非宝　法宝　佛宝　国宝　龟宝　瑰宝
贵宝　狗宝　和宝　会宝　怀宝　花宝
活宝　洪宝　货宝　鸿宝　金宝　荐宝
家宝　荆宝　揭宝　可宝　六宝　良宝
丽宝　灵宝　毛宝　冥宝　美宝　密宝
墨宝　七宝　千宝　奇宝　鹊宝　二宝
三宝　圣宝　水宝　世宝　室宝　淑宝
授宝　识宝　神宝　琛宝　谥宝　天宝
通宝　万宝　吾宝　玮宝　小宝　献宝
已宝　元宝　异宝　押宝　御宝　蕴宝
至宝　重宝　珍宝　珠宝　真宝　载宝
增宝
不贪宝　宝中宝　传家宝　蚕宝宝　登大宝
好力宝　金元宝　荆山宝　龙渊宝　连城宝
蓝田宝　送元宝　数来宝　善为宝　无价宝
现世宝　献世宝　昭华宝
不贪为宝　宝中之宝　画狮光宝　牛黄狗宝
灵运二宝　明珠玮宝　奇珍异宝　如获至宝
神器大宝　身有至宝　文房四宝　无价之宝
物华天宝　瑶台琼宝　衣褐怀宝　智能散宝
忠信为宝　招财进宝　子罕辞宝　狱货非宝
枕中鸿宝
安国之道，先戒为宝/丑妇家中宝/家有一老，黄金活宝/人抬人，无价之宝/有眼无珠不识宝/

保 bǎo ①看守住。②养；育。③负责任。④担保。⑤保卫。⑥保持。⑦占有。

阿保　不保　域保　慈保　承保　大保
对保　地保　担保　诞保　共保　格保
管保　互保　环保　惠保　交保　具保
酒保　家保　康保　内保　劳保　灵保
难保　鄰保　明保　民保　铺保　取保
强保　襁保　任保　若保　容保　弱保
三保　少保　师保　时保　收保　顺保
神保　天保　太保　投保　五保　相保
宣保　义保　佣保　庸保　中保　自保
作保　准保　植保
百日保　吃劳保　酒家保　连环保　羊元保
子孙保
十三太保　自身难保
泥菩萨过河，自身难保/

堡 bǎo 又音 bū　pù ①小城。②堡垒。

暗堡　城堡　地堡　碉堡　入堡　石堡
隋堡　霜堡　屯堡　云堡　筑堡　战堡
桥头堡　松林堡　瓦子堡　蓥泉堡　柴沟堡

葆 bǎo ①草木繁盛。②保持。

丛葆　翠葆　芳葆　锦葆　旅葆　蓬葆
文葆　永葆　羽葆　荫葆
垂翟葆　旗上葆

褓 bǎo ［襁褓］包婴儿的被、毯等。

对褓　锦褓　裂褓　襁褓　香褓
解衣褓　文绣褓　孝者褓

鸨 bǎo ①大鸨。②旧时的老妓女。③毛黑白相杂的马。

大鸨　花鸨　老鸨

报 bào ①传达信息。②报纸。③告知。④按罪判决。⑤回答。⑥报复。⑦情报。⑧电报。

不报　白报　补报　板报　被报　报报
表报　壁报　禀报　呈报　层报　重报
晨报　测报　酬报　大报　电报　党报
待报　登报　德报　谍报　恩报　恶报
反报　半报　发报　浮报　福报　匪报
公报　关报　果报　合报　回报　会报
还报　汇报　迥报　画报　海报　厚报
谎报　见报　惊报　举报　祭报　军报
急报　简报　剪报　假报　捷报　警报
口报　可报　快报　诳报　立报　年报
捏报　连报　来报　美报　冥报　密报
祈报　清报　墙报　鹊报　犬报　求报
日报　上报　书报　申报　收报　受报
善报　赏报　施报　天报　投报　团报
图报　探报　通报　搪报　填报　无报

勿报　望报　晚报　小报　休报　学报
现报　诇报　虚报　喜报　旬报　义报
月报　有报　阳报　阴报　预报　欲报
御报　竹报　作报　自报　战报　招报
周报　忠报　朝报　酢报　蒸报　转报
罪报
不受报　大字报　地方报　国士报　黑板报
金花报　机关报　结草报　泥金报　拍电报
千金报　善相报　现世报　衔花报　以德报
春祈秋报　断烂朝报　恶有恶报　恩将仇报
感恩图报　回眸之报　厚恩图报　好人好报
活眼现报　结草之报　科技情报　派遣谍报
善有善报　蛇雀之报　受恩不报　叔敖阳报
天气预报　投桃之报　无线电报　新闻公报
有线电报　冤冤相报　知恩图报　睚眦必报
知恩必报
恶有恶报，善有善报/好心必有好报/好心不得好报/善有善报，恶有恶报/受人点水之恩，必当涌泉相报/一报还一报/

刨　bào　又音 páo　①推刮木料或金属的工具。②用刨推刮。

牛头刨　龙门刨　平木刨　郢匠刨

抱　bào　①用手臂围住。②怀藏。③存在心里。④胸怀。⑤禽鸟伏卵。

保抱　丹抱　父抱　芳抱　负抱　固抱
拱抱　合抱　怀抱　环抱　孩抱　横抱
鸿抱　襟抱　空抱　朗抱　女抱　连抱
揽抱　搂抱　满抱　千抱　亲抱　情抱
强抱　日抱　乳抱　声抱　送抱　水抱
索抱　天抱　假抱　心抱　远抱　拥抱
幽抱　雅抱　影抱　子抱　抄抱
白细抱　蝶入抱　琵琶抱　神相抱　云如抱
志空抱
恫瘝在抱　琵琶别抱　群山环抱　双手一抱
山环水抱　推襟送抱
阿婆不嫁女，哪得孙儿抱/

鲍　bào　①鲍鱼。②盐渍鱼。

大鲍　腐鲍　高鲍　粪鲍　管鲍　江鲍
入鲍　五鲍　谢鲍　瘦鲍　嗜鲍　鱼鲍
夷鲍
餐腐鲍　化兰鲍　月无鲍
汉多二鲍

趵　bào　跳。

踔趵

豹　bào　像虎一样的野兽。

白豹　半豹　赤豹　产豹　对豹　飞豹
优豹　海豹　绘豹　虎豹　空豹　窥豹
猛豹　全豹　雀豹　三豹　水豹　土豹
屠豹　文豹　五豹　雾豹　雪豹　戏豹
象豹　谢豹　雄豹　云豹　遇豹　隐豹
蝇豹　朱豹
炳蔚豹　管中豹　管窥豹　藏雾豹　金钱豹
箕水豹　留皮豹　南山豹　为枕豹　西门豹
羊裘豹
豺狼虎豹　大言桃豹　管中窥豹　九关虎豹
南山雾豹　善驱王豹　陶违雾豹　以管窥豹

暴　bào　又音 pù　①强大而突然来的。②凶狠残酷的。③急骤。④突然。⑤损害。⑥欺凌。

不暴　暴暴　钞暴　尘暴　逞暴　除暴
残暴　懆暴　磁暴　粗暴　多暴　风暴
伐暴　防暴　犯暴　鼓暴　火暴　好暴
昏暴　横暴　豪暴　蛤暴　硚暴　憍暴
骄暴　抗暴　炕暴　苛暴　狂暴　虏暴
栗暴　凌暴　陵暴　雷暴　虐暴　强暴
沙暴　施暴　食暴　肆暴　贪暴　无暴
凶暴　雪暴　性暴　行暴　易暴　淫暴
御暴　作暴　自暴　诛暴　纵暴　躁暴
鸷暴
脾气暴
不畏强暴　鹿驯豕暴　凶狠残暴　武王伐暴
以暴易暴　自弃自暴

爆　bào　①竹木以火发爆裂声。②突然发生。③猛然破裂。④一种烹调方法。

豆爆　起爆　闪爆　引爆　音爆
冷灰豆爆

抛　pāo　①舍弃。②扔投。③暴露。

错抛　弹抛　风抛　髻抛　乱抛　泪抛
难抛　梦抛　轻抛　絮抛　同抛　喜抛
勇抛　雨抛　一抛

笔砚抛　渐欲抛　脑后抛　莫轻抛　明镜抛
青春抛　诗书抛　未即抛　未能抛　望涯抛
小令抛

泡　pāo　又音 pào　①虚而松软。②鼓起松软的东西。③量词。

发泡　二泡　眼泡
豆腐泡　砌下泡

脬　pāo　①膀胱。②食物名。

白脬　客脬　尿脬　鱼脬

咆　páo　［咆哮］猛兽怒吼。

虎咆　龙咆　怒咆　雷咆　鹿咆　盛咆
熊罴咆

庖　páo　①厨房。②厨师。

常庖　大庖　代庖　佛庖　寒庖　近庖
君庖　内庖　良庖　禀庖　名庖　亲庖
入庖　山庖　实庖　天庖　行庖　远庖
夜庖　野庖　盈庖　主庖
充君庖　六丁庖　调味庖
刘氏一庖　越俎代庖

炮　páo　又音 bāo　pào　烧。

炙炮

袍　páo　①有夹层，中间填棉花的长衣。②长衣。③战袍。④衣服的前襟。

白袍　敝袍　长袍　禅袍　大袍　夺袍
道袍　恩袍　法袍　宫袍　红袍　花袍
黄袍　金袍　借袍　宽袍　龙袍　联袍
绫袍　棉袍　蟒袍　去袍　青袍　秋袍
旗袍　施袍　同袍　绨袍　绣袍　缊袍
中袍　柘袍　战袍　征袍　族袍　珠袍
罩袍　紫袍　赠袍
赤霜袍　得遗袍　夺锦袍　凤尾袍　范叔袍
宫锦袍　金兽袍　蒙古袍　兽锦袍　团花袍
有意袍　赠丝袍　赠绨袍
红嘴绿袍　鬼赠珠袍　推襟送袍　诗成得袍
谓之同袍　张禄绨袍　与子同袍

匏　páo　匏瓜。

风匏　金匏　苦匏　青匏　陶匏　酌匏
九星匏　曲沃匏　无口匏
沆口如匏

跑　pǎo　又音 páo　①逃走。②急走。③为某种事务而奔走。

奔跑　长跑　短跑　飞跑　赶跑　虎跑
空跑　快跑　狂跑　溜跑　鹿跑　没跑
起跑　赛跑　逃跑　小跑　迅跑　中跑
足跑　助跑
东奔西跑　疾驰飞跑　接力赛跑　泉访虎跑
越野赛跑
马拉松赛跑/

泡　pào　又音 pāo　①浮沤。②气体在液体内鼓起来形成的球状物。③用液体浸东西。④像泡一样的东西。

打泡　灯泡　肺泡　卵泡　燎泡　浸泡
冒泡　气泡　浸泡　起泡　水泡　血泡
眼泡　液泡　同泡
电灯泡　肥皂泡　脚打泡　燎浆泡　肉眼泡
胰子泡
出了气的尿泡/一点水一个泡/

炮　pào　又音 páo　bāo　①爆竹。②重型武器的一类。

鞭炮　车炮　大炮　打炮　放炮　发炮
燔炮　钻炮　火炮　号炮　花炮　舰炮
开炮　空炮　礼炮　鸣炮　排炮　枪炮
山炮　沙炮　试炮　头炮　土炮　瞎炮
远炮　哑炮　野炮　重炮　命炮　行炮
打头炮　放大炮　放空炮　过山炮　高射炮
火箭炮　海岸炮　盒子炮　加农炮　连珠炮
榴弹炮　马后炮　平射炮　迫击炮　曲射炮
坦克炮　天地炮　小钢炮　匣子炮　自动炮
扯旗放炮　反坦克炮　放马后炮　防坦克炮
无坐力炮　自行火炮
老兵怕号，新兵怕炮/无后坐力炮/

疱　pào　皮肤上长的小水泡。

脓疱　水疱

猫　māo　又音 máo　①一种家畜。②小兽。

八猫　白猫　豹猫　斑猫　藏猫　馋猫
称猫　花猫　画猫　黑猫　寒猫　金猫
诘猫　灵猫　郎猫　狸猫　木猫　梦猫

乞猫　人猫　山猫　失猫　祀猫　亡猫
香猫　雄猫　熊猫　迎猫　野猫　醉猫
赠猫
白老猫　不捕猫　大熊猫　虎威猫　化龙猫
滥郎猫　三脚猫　鼠将猫　鼠啮猫　小熊猫
雪姑猫　相乳猫　中山猫　正午猫　戈虎猫
紫英猫
患鼠乞猫　齐奄号猫　如鼠见猫　世无良猫
义府人猫　义府称猫　武后怯猫
天下无良猫/

毛 máo ①动植物皮上的丝状物。②特指人的头发。③像毛的东西。④地面生的草木。⑤不是纯净的。⑥粗糙的。⑦小。⑧行动慌忙。⑨慌乱。⑩约计。⑪货币。⑫币制单位。

爱毛　不毛　比毛　白毛　病毛　拔毛
鞭毛　鬓毛　长毛　吹毛　疵毛　毳毛
翠毛　大毛　吊毛　貂毛　鹅毛　凤毛
发毛　翻毛　刚毛　根毛　汗毛　寒毛
黄毛　鸿毛　豪毛　毫毛　金毛　胫毛
鸡毛　睫毛　牛毛　拉毛　理毛　奶毛
绿毛　翎毛　燎毛　鬣毛　毛毛　眉毛
皮毛　普毛　披毛　二毛　如毛　茸毛
茹毛　柔毛　绒毛　氄毛　沙毛　竖毛
霜毛　土毛　退毛　脱毛　胎毛　煺毛
小毛　细毛　纤毛　溪毛　豁毛　吓毛
一毛　羊毛　羽毛　阴毛　雨毛　原毛
油毛　颖毛　燕毛　腋毛　长毛　作毛
棕毛
背上毛　地生毛　凤凰毛　借一毛　九牛毛
落尘毛　落雁毛　海马毛　漂鸿毛　拔一毛
二道毛　人造毛　舌生毛　肠绒毛　眼睫毛
鹰爪毛　纸生毛
不少皮毛　不拔一毛　超宗凤毛　粗黑眉毛
命轻鸿毛　腹背之毛　多如牛毛　火烧眉毛
九牛一毛　块儿八毛　荒芜不毛　刘求凤毛
略知皮毛　麟角凤毛　潘岳二毛　千里鹅毛
轻于鸿毛　轻如鸿毛　轻若鸿毛　泰山鸿毛
洗髓伐毛　饮血茹毛　雁过拔毛　债如牛毛
赵宗凤毛
狗咬狗，一嘴毛/九牛身上拔一毛/名节重于泰山，利欲轻于鸿毛/千里送鹅毛/人之相去，如九牛一毛/雁过也要拔毛/重于泰山，轻于鸿毛/

旄 máo ①一种牛。②用旄牛尾做装饰品。③旄牛尾。

白旄　秉旄　持旄　干旄　麾旄　节旄
建旄　老旄　灵旄　蜺旄　旗旄　骑旄
设旄　星旄　拥旄　羽旄　烟旄　朱旄
杖旄　执旄　载旄
倚采旄

髦 máo 幼儿垂在前额的短头发。

弁髦　才髦　垂髦　髧髦　加髦　俊髦
两髦　群髦　时髦　说髦　轩髦　贤髦
英髦　誉髦　左髦
赶时髦　追时髦

矛 máo ①古代兵器。②虫名。

长矛　持矛　操矛　刀矛　电矛　盾矛
短矛　倒矛　飞矛　横矛　戈矛　良矛
厹矛　酋矛　二矛　蛇矛　天矛　通矛
卫矛　相矛　用矛　拥矛　折矛　执矛
杖矛
两刀矛　屈卢矛　入室矛　丈八矛
阿余得矛　杯酒戈矛　亡戟得矛　丈八蛇矛
掷级承矛

茅 máo ①茅草。②茅屋。③破损。

白茅　布茅　包茅　把茅　苞茅　板茅
拔茅　草茅　飞茅　分茅　封茅　共茅
衡茅　寒茅　苴茅　菁茅　菅茅　青茅
前茅　土茅　仙茅　香茅　用茅　于茅
竹茅
三脊茅　三径茅　宋玉茅　心寒茅
进贡包茅　狂公赋茅　名列前茅

蝥 máo 一种昆虫，可入药。

斑蝥　蛑蝥

蟊 máo 吃苗根的害虫。

贼蟊

茆 máo 同“茅”。

采茆　芹茆　水茆

锚 máo　铁制的停船器具。

拔锚　抛锚　起锚　铁锚　下锚

卯 mǎo　①地支的第四位。②卯时。③木器上安榫头的孔眼。

比卯　出卯　丁卯　当卯　点卯　刚卯
画卯　金卯　魁卯　灵卯　岁卯　三卯
榫卯　脱卯　望卯　五卯　小卯　辛卯
乙卯　应卯　严卯　阴卯　子卯　在卯
至卯　指卯
木旺卯　卯是卯　二月卯　许丁卯
可丁可卯　子丑寅卯
丁是丁，卯是卯/

昴 mǎo　星宿，二十八宿之一。

冒昴　守昴　五昴　虚昴
日在昴　生应昴　星犯昴　月食昴

铆 mǎo　用钉子把金属物相连。

钉铆　冷铆
钉是钉，铆是铆/

茂 mào　①草木茂盛。②盛、美。③优秀。

半茂　并茂　㒰茂　宠茂　葱茂　材茂
畅茂　翠茂　大茂　丰茂　非茂　阜茂
蕃茂　繁茂　功茂　华茂　活茂　机茂
景茂　骏茂　俊茂　零茂　兰茂　林茂
苗茂　目茂　茂茂　朴茂　日茂　荣茂
时茂　色茂　纯茂　神茂　遂茂　韶茂
翁茂　伟茂　行茂　秀茂　蓄茂　业茂
英茂　幽茂　郁茂　阘茂　掩茂　淹茂
争茂　茁茂　枝茂
翳翳茂
百草丰茂　春草繁茂　春树繁茂　椿萱并茂
风华正茂　奋禽隗茂　根深叶茂　花繁叶茂
青草繁茂　水草丰茂　松柏之茂　声情并茂
图文并茂　竹苍松茂
松柏之姿，经冬犹茂/

眊 mào　①眼睛混浊，视物不清。②惑乱。

悖眊　翠眊　皤眊　昏眊　惛眊　结眊
精眊　贵眊　目眊　眊眊　眸眊　稍眊
孔雀眊　五色眊

耄 mào　八九十岁的年纪。

耋耄　昏耄　惛耄　年耄　老耄　谬耄
耆耄　衰耄　晚耄　言耄　重耄

冒 mào　又音 mò　①不顾。②不加小心。③冲犯。④向外透。⑤用假的充真的。⑥贪污。⑦覆盖。

布冒　冲冒　触冒　抵冒　焘冒　仿冒
犯冒　覆冒　干冒　结冒　盖冒　感冒
敢冒　久冒　假冒　陵冒　廉冒　蒙冒
丕冒　胼冒　频冒　轻冒　食冒　设冒
是冒　叨冒　玷冒　忝冒　冒冒　突冒
贪冒　伪冒　罔冒　眩冒　相冒　郁冒
雨冒　占冒
面见冒　向上冒
流行性感冒/

帽 mào　①帽子。②形状像帽子的器物。③戴帽。

白帽　笔帽　碧帽　便帽　吹帽　草帽
侧帽　愁帽　大帽　钉帽　短帽　戴帽
貂帽　风帽　妨帽　过帽　高帽　盖帽
官帽　红帽　花帽　华帽　黄帽　巾帽
军帽　老帽　凉帽　礼帽　呢帽　落帽
螺帽　绿帽　马帽　皮帽　破帽　箬帽
绒帽　僧帽　衫帽　纱帽　睡帽　傻帽
屉帽　脱帽　铁帽　氈帽　温帽　小帽
仙帽　席帽　衣帽　雨帽　缨帽　毡帽
摘帽　著帽
八角帽　参军帽　船形帽　大盖帽　丢纱帽
戴愁帽　戴绿帽　戴高帽　方山帽　风落帽
风雪帽　瓜皮帽　盖弓帽　掼纱帽　橄榄帽
华阴帽　红缨帽　螺丝帽　柳条帽　孟嘉帽
司徒帽　乌纱帽　王郎帽　委嘉帽　压发帽
扬州帽　鸭舌帽
穿靴戴帽　独狐侧帽　龙山落帽　李晟绣帽
李巽席帽　孟嘉落帽　慕信侧帽　千金掷帽
山头落帽　袁耽掷帽
男怕穷靴，女怕戴帽/

瑁 mào　［玳瑁］一种爬行动物，跟龟相似。壳可做装饰品或入药。

玳瑁　瑇瑁　悔瑁　执瑁

贸 mào ①交换。②变易。③冒冒失失的样子。

不贸　边贸　财贸　贾贸　化贸　交贸
贱贸　来贸　老贸　名贸　贸贸　双贸
商贸　外贸　远贸

袤 mào 南北距离的长度。

地袤　广袤　高袤　廷袤　文袤　延袤
周袤　筑袤

瞀 mào ①眼睛昏花。②低目谨视。③看望。

沟瞀　晦瞀　闷瞀　瞀瞀　味瞀　蒙瞀
眩瞀　眼瞀

懋 mào ①努力。②盛。

不懋　长懋　德懋　功懋　关懋　弘懋
气懋　时懋　昭懋

貌 mào ①相貌。②人的外表。③姿态。④礼貌。⑤样子。

变貌　璧貌　才貌　地貌　队貌　道貌
风貌　分貌　丰貌　粉貌　古貌　光貌
概貌　寡貌　花貌　合貌　鹤貌　环貌
计貌　近貌　绝貌　旧貌　接貌　礼貌
年貌　脸貌　难貌　黧貌　面貌　庙貌
美貌　描貌　我貌　品貌　气貌　乞貌
求貌　全貌　情貌　戚貌　趣貌　柔貌
容貌　水貌　声貌　始貌　思貌　神貌
扇貌　姝貌　天貌　体貌　态貌　调貌
文貌　五貌　外貌　仙貌　肖貌　心貌
小貌　先貌　相貌　形貌　笑貌　险貌
相貌　香貌　新貌　须貌　一貌　玉貌
艺貌　衣貌　月貌　阴貌　佚貌　悦貌
原貌　意貌　烟貌　颜貌　影貌　正貌
状貌　醉貌
羞花貌　红儿貌　湖山貌　南国貌　潘安貌
苔为貌　新风貌
岸然道貌　花容玉貌　花容月貌　篦车干貌
精神风貌　精神面貌　礼为情貌　郎才女貌
戎峤悴貌　声容笑貌　雪肤花貌　枭心鹤貌
绮年玉貌　云容月貌　遗形去貌　谨毛失貌

刀 dāo ①用于切、割、砍、削的器具。②形状像刀的东西。③纸张的计量单位。④古代的一种钱币。⑤兵器名。

刨刀　白刀　冰刀　并刀　宝刀　笔刀
帝刀　板刀　薄刀　吃刀　长刀　抽刀
车刀　刺刀　菜刀　操刀　春刀　厨刀
锉刀　大刀　单刀　短刀　耳刀　飞刀
风刀　古刀　关刀　光刀　国刀　刮刀
割刀　滚刀　鼓刀　钢刀　火刀　挥刀
横刀　今刀　光刀　交刀　积刀　军刀
戒刀　剂刀　金刀　狡刀　绞刀　剪刀
开刀　砍刀　尖刀　客刀　狂刀　六刀
牛刀　立刀　抡刀　猎刀　落刀　镰刀
马刀　买刀　梦刀　麻刀　畇刀　磨刀
欧刀　拍刀　朴刀　创刀　跑刀　佩刀
劈刀　秋刀　铅刀　契刀　钱刀　情刀
容刀　三刀　双刀　书刀　钐刀　善刀
韶刀　霜刀　䂓刀　剃刀　挑刀　屠刀
吴刀　瓦刀　委刀　弯刀　小刀　学刀
香刀　铣刀　旋刀　一刀　用刀　肄刀
鱼刀　银刀　腰刀　主刀　作刀　竹刀
战刀　则刀　捉刀　闸刀　奏刀　铢刀
铡刀　錾刀
百练刀　百辟刀　保险刀　裁纸刀　操捉刀
打八刀　单耳刀　飞泉刀　割玉刀　鬼头刀
花样刀　含霜刀　金错刀　解剖刀　解腕刀
快并刀　龙文刀　吕虔刀　螺丝刀　卯金刀
梦三刀　拼刺刀　铅笔刀　二把刀　肉腰刀
双耳刀　手术刀　剃头刀　螳螂刀　小洋刀
笑里刀　笑中刀　尧舞刀　益郡刀　迎雪刀
偃月刀　指挥刀
安全剃刀　大马金刀　得丈人刀　放下屠刀
奋臂挥刀　解手尖刀　警晋奇刀　两面三刀
两肋插刀　吕虔赠刀　蜜里藏刀　鞘里藏刀
色上有刀　太公鼓刀　王浚三刀　笑里藏刀
笑中有刀　元性成刀　杨志卖刀　朝歌鼓刀
不知细叶谁裁出，二月春风似剪刀/不怕明处枪和炮，只怕阴阳两面刀/割鸡用牛刀/割鸡焉用牛刀/关公面前舞大刀/关夫子门前卖大刀/酒是穿肠毒药，色是刮骨钢刀/林冲买宝刀/个个屠户一把刀/色是杀人刀/杀鸡焉用牛刀/文人口似刀/为朋友两肋插刀/张良

卖剪刀/

叨 dāo 又音 tāo 话多。

叨叨 劳叨 念叨 唠叨 贫叨 数叨
忙叨 絮叨
唠唠叨叨 念念叨叨 絮絮叨叨

忉 dāo 焦虑。

忉忉

导 dǎo ①引导。②传导。③向导。④开导。⑤疏通。

报导 编导 弼导 昌导 传导 创导
倡导 电导 督导 辅导 鼓导 互导
化导 呵导 决导 荐导 教导 开导
利导 领导 启导 劝导 前导 帅导
顺导 疏导 推导 通导 误导 乡导
向导 先导 相导 宣导 训导 引导
玉导 绣导 谕导 主导 执导 指导
制导
执传导
南渡王导 扇遮王导 艺术指导 凯容王导
因势利导 新亭王导 战局指导 助理编导
最佳编导 谆谆教导 南渡王导 扇遮王导

岛 dǎo 江、湖中被环绕的陆地。

半岛 宝岛 碧岛 长岛 沧岛 东岛
孤岛 花岛 环岛 荒岛 海岛 九岛
江岛 金岛 绝岛 贾岛 列岛 离岛
浪岛 溟岛 蓬岛 群岛 三岛 山岛
水岛 松岛 神岛 苔岛 小岛 仙岛
香岛 一岛 远岛 愚岛 烟岛 野岛
渔岛 竹岛 诸岛
安全岛 朝迥岛 大陆岛 方壶岛 红云岛
卉服岛 海南岛 交通岛 金门岛 巨鳌岛
金银岛 琼华岛 石马岛 沙山岛 珊瑚岛
瑶华岛 珍宝岛 诸萦岛
西沙群岛 瀛台琼岛

捣 dǎo ①砸。②攻打。③搅乱。

鼓捣 可捣 麻捣 磨捣 兔捣 敲捣
熟捣 如捣 细捣 虚捣 新捣 一捣
衣捣 夜捣 直捣 蒸捣
梦中捣 怒马捣 心如捣 玉杵捣 忧心捣

倒 dǎo 又音 dào ①倒下。②颠倒。③对调，改换。④转移，更换。⑤整理。⑥倾服。

拗倒 拜倒 驳倒 病倒 壁倒 吹倒
出倒 扯倒 丁倒 东倒 打倒 跌倒
风倒 勾倒 估倒 官倒 跪倒 虎倒
昏倒 皲倒 惊倒 绝倒 厥倒 蹶倒
拉倒 弄倒 路倒 难倒 潦倒 澜倒
碰倒 批倒 排倒 绊倒 起倒 倾倒
墙倒 如倒 三倒 树倒 射倒 摔倒
推倒 躺倒 颓倒 腾倒 卧倒 心倒
吓倒 玉倒 压倒 晕倒 傎倒 栽倒
醉倒
板不倒 春瓶倒 两边倒 难不倒 三松倒
顺风倒 随风倒 诗压倒 一边倒 一面倒
玉山倒 应弦倒 接䍦倒
扳手扳倒 笔头不倒 东扶西倒 东歪西倒
黑白颠倒 龙钟潦倒 令人倾倒 令人绝倒
贫困潦倒 偏偏倒倒 七颠八倒 七病八倒
穷途潦倒 穷愁潦倒 失意潦倒 歪歪倒倒
应弦而倒 玉山未倒 玉山倾倒 玉山自倒
摇摆欲倒 醉山颓倒
扶得东来西又倒/军令如山倒/墙上草，两边倒/墙上的草，两边倒/墙头一棵草，风吹两边倒/挽狂澜于既倒/

祷 dǎo ①迷信人向神祝告求福。②祝颂。③请求。

拜祷 诚祷 祠祷 分祷 祭祷 既祷
精祷 明祷 默祷 口祷 盼祷 请祷
祈祷 入祷 如祷 私祷 申祷 身祷
谁祷 颂祷 善祷 为祷 禳祷 吁祷
早祷 至祷 祝祷 斋祷
焚香祷 无所祷
是所至祷 善颂善祷

蹈 dǎo ①实行。②跳动。③变动不定。

长蹈 扑蹈 赴蹈 俯蹈 高蹈 躬蹈
敬蹈 舞蹈 遐蹈 远蹈 自蹈 足蹈
遵蹈

到 dào ①到达。②往。③周到。④得，成。

挨到　八到　不到　办到　报到　笔到
迟到　代到　达到　单到　待到　独到
等到　得到　飞到　赶到　槁到　感到
掼到　后到　还到　画到　虎到　俱到
驾到　精到　可到　恳到　老到　来到
弄到　临到　念到　理到　料到　落到
梦到　碰到　去到　签到　三到　上到
手到　书到　受到　投到　未到　晚到
心到　想到　先到　远到　雨到　应到
遇到　执到　周到　做到　再到　直到
遭到
办不到　春光到　花边到　梦想到　清风到
时机到　天人到　想不到　想得到
初来乍到　大限已到　读书三到　面面俱到
彭城两到　说到做到　先来后到　新来乍到
意想不到
不是不报，时间未到/打着灯笼找不到/会说会笑，金钱来到/镜子里的钱，看得见拿不到/说曹操，曹操就到/水底捞月，天上摘星；想得到，做不到/眼睛跳，晦气到/

倒 dào　又音 dǎo　①上下颠倒。②使容器里的东西出来。③逆。④反而。
反倒　翻倒
衣裳倒
疯癫识倒　魂颠梦倒　江翻海倒　鸾颠凤倒
梦魂颠倒　人妖颠倒　是非颠倒　神魂颠倒
言颠语倒

悼 dào　①恐惧。②悲伤。③追念死者。
衣悼　悲悼　鄙悼　惊悼　怜悼　慕悼
愍悼　伤悼　深悼　怛悼　痛悼　忧悼
自悼　追悼　轸悼　震悼

盗 dào　①偷窃。②抢劫别人财物者。③男女私通。④诈骗。⑤窃据。
不盗　邦盗　大盗　多盗　盗盗　防盗
匪盗　狗盗　惯盗　海盗　患盗　见盗
巨盗　诘盗　奸盗　劫盗　缉盗　苦盗
阙盗　寇盗　老盗　掠盗　鸣盗　剽盗
去盗　群盗　强盗　窃盗　弭盗　攘盗
水盗　失盗　书盗　视盗　赏盗　鼠盗
突盗　偷盗　外盗　为盗　小盗　凶盗
行盗　黠盗　迎盗　疑盗　妖盗　遇盗
疑盗　揖盗　有盗　淫盗　正盗　追盗
止盗　贼盗
淮南盗　君子盗　犬吠盗
处女遇盗　穿窬之盗　单车化盗　诲淫诲盗
监主自盗　监守自盗　鸡鸣狗盗　开门揖盗
绿林大盗　窃国大盗　鼠窃狗盗　托佣诛盗
鼠偷狗盗　汪洋大盗　畏鬼致盗　揶揄去盗
犬吠之盗　蔡奝陨盗　陈寔遗盗

道 dào　①路。②取道。③途径。④道理。⑤水道。⑥方法。⑦道家。⑧治理。⑨料想。⑩说。⑪规律。
暗道　不道　白道　布道　半道　伯道
乘道　步道　阪道　倍道　报道　便道
霸道　避道　车道　出道　抄道　产道
赤道　传道　称道　岔道　除道　驰道
唱道　肠道　槽道　傀道　大道　打道
达道　东道　当道　都道　道道　帝道
地道　等道　弹道　得道　德道　墱道
磴道　董道　分道　父道　发道　妇道
访道　复道　甫道　干道　广道　古道
公道　过道　故道　谷道　肛道　改道
国道　阁道　贾道　贯道　怪道　鬼道
管道　轨道　诡道　火道　红道　河道
旱道　行道　胡道　巷道　皇道　喝道
厚道　横道　航道　黄道　黑道　喊道
近道　交道　夹道　荐道　间道　劲道
就道　讲道　借道　奸道　究道　竟道
家道　觉道　教道　街道　涧道　筋道
解道　假道　开道　孔道　空道　考道
坑道　力道　女道　乐道　老道　礼道
乱道　尿道　论道　领道　鸟道　难道
路道　粮道　廊道　辇道　楼道　履道
门道　米道　母道　马道　明道　谋道
媚道　慢道　漫道　墓道　坡道　破道
跑道　贫道　叛道　频道　盘道　曲道
青道　劝道　奇道　取道　权道　歧道
清道　琴道　乾道　渠道　衢道　入道
人道　让道　柔道　绕道　山道　失道
水道　市道　守道　世道　说道　涉道
顺道　视道　师道　神道　食道　索道
恕道　疏道　树道　熟道　善道　蜀道
隧道　天道　同道　通道　坦道　涂道

探道 铁道 跌道 蹚道 亡道 王道
无道 五道 卫道 午道 外道 迕道
问道 枉道 旺道 味道 危道 闻道
畏道 悟道 弯道 歪道 望道 小道
穴道 乡道 先道 向道 休道 行道
学道 孝道 训道 邪道 修道 新道
殉道 一道 迂道 引道 远道 运道
妖道 艺道 有道 阳道 阴道 原道
甬道 泳道 拥道 医道 雅道 要道
驿道 子道 中道 左道 正道 至道
治道 重道 知道 周道 造道 遮道
直道 助道 祖道 栈道 政道 载道
转道
暗地道 不人道 不足道 霸王道 长生道
长安道 车行道 常言道 打交道 赌东道
呼吸道 红尘道 花临道 皆正道 金光道
金仙道 空手道 哭歧道 康庄道 林荫道
林阴道 洛阳道 人行道 上水道 上轨道
山阴道 三湘道 石牛道 蛇当道 无知道
无足道 外耳道 外听道 妾妇道 武士道
下水道 一贯道 云中道 阳光道 阳关道
用吾道 溢洪道 遵王道
安贫乐道 不死之道 卑不足道 出家人道
赭衣满道 惨无人道 豺狼当道 大行其道
地地道道 大逆不道 地下铁道 地下地道
盗亦有道 饿殍载道 妇人之道 夫子自道
逢山开道 耿弇北道 光明大道 躬耕乐道
胡说八道 厚厚道道 混说白道 横行霸道
豪强霸道 鹤也败道 金光万道 金光大道
精于此道 经邦论道 绝口不道 津津乐道
孔孟之道 口碑载道 开锣鸣道 康庄大道
老于此道 老马知道 老罴当道 老熊当道
能说会道 离经叛道 马老知道 妙言要道
昧良昧道 鸣锣喝道 鸣锣开道 旁门左道
却衣师道 强横霸道 轻手熟道 却衣师道
人子之道 人行横道 上呼吸道 似父之道
三史安道 生财有道 束装就道 射箭之道
颂声载道 神神道道 天公地道 天地公道
头头是道 听说听道 途途是道 替天行道
通衢大道 踏水之道 文以载道 五斗米道
歪门邪道 无足称道 微不足道 行将就道
邪魔外道 邪门外道 乡亲里道 邪门歪道
瞎说八道 霞光万道 夷虏之道 羊肠小道
阳光大道 阳关大道 怨声载道 咽喉要道
遗风古道 养生之道 燕王学道 颜回乐道
中兴之道 主持公道 正明公道 中庸之道
坐而论道 尊师重道 阴陵失道 盗亦有道
石牛开道 贫而乐道

不足为外人道/车行车路，马行马道/婚姻论财，夷虏之道/君子爱财，取之有道/巧言不如直道/人情为人情，公道归公道/三杯通大道/替古人行道/小辩破言，小言破道/遇水叠桥，逢山开道/玉不琢，不成器；人不学，不知道/郑庄公挖地道/

稻

dào ①一种谷类植物。②禾的总称。③量词。

白稻 存稻 割稻 火稻 红稻 禾稻
旱稻 获稻 观稻 江稻 金稻 粳稻
精稻 陆稻 糯稻 青稻 水稻 守稻
生稻 食稻 籼稻 田稻 为稻 晚稻
夏稻 香稻 新稻 玉稻 有稻 雨稻
秧稻 宜稻 移稻 中稻 早稻 治稻
种稻 栽稻 珠稻
单季稻 荒田稻 虎堂稻 琅玡稻 平沙稻
千顷稻 青精稻 三季稻 双季稻 由拳稻
再生稻
越人种稻 子干与稻
屈原与"诚实"稻/

纛

dào 古代军队里的大旗。

白纛 宝纛 大纛 钉纛 风纛 鼓纛
旌纛 祭纛 建纛 六纛 如纛 思纛
神纛 鱼纛 押纛 左纛 早纛 祝纛
执纛 皂纛 紫纛
风中纛 十二纛 左执纛

叨

tāo 又音 dāo ①承受。②贪。

重叨 贪叨
分赠叨 清秩叨

涛

tāo ①大波浪。②像波涛的声音。

波涛 奔涛 碧涛 春涛 翠涛 飞涛
风涛 愤涛 观涛 宏涛 洪涛 海涛
骇涛 江涛 巨涛 惊涛 金涛 鲸涛
狂涛 龙涛 林涛 浪涛 怒涛 泷涛

起涛　秋涛　山涛　松涛　素涛　射涛
湍涛　涛涛　晚涛　胥涛　雪涛　悬涛
薛涛　云涛　银涛　烟涛
广陵涛　海门涛　听松涛　万顷涛　伍子涛
伍员涛　伍胥涛　煮松涛
绰鄙山涛　骇浪惊涛　鷩风怒涛　悬丝山涛

焘 tāo　多用于人名。

覆焘　远焘
拓跋焘

绦 tāo　用线编织成的花边或带子。

赤绦　东绦
碧丝绦　红绒绦　吕公绦　柳散绦　山人绦
紫金绦

滔 tāo　①大水弥漫。②连续不断。③激荡。

白滔　窦滔　伏滔　滔滔
稻浪滔滔　滚滚滔滔　河水滔滔　洪水滔滔
海水滔滔

韬 tāo　①剑套。②隐藏。③弓袋。④宽、缓。

兵韬　金韬　六韬　戎韬　文韬　云韬
玉韬　用韬
郭崇韬　虎豹韬　甲兵韬　展龙韬
姜公六韬　吕锜伏韬

饕 tāo　喻为凶恶贪吃的人。

兵饕　风饕　果饕　吏饕　老饕　贪饕
赤油饕　风霜饕　云师饕
雪虐风饕

啕 táo　［号啕］大声哭喊。

号啕　嚎啕　嗷啕

洮 táo　水名，在甘肃省。

度洮　汾洮　会洮　临洮

逃 táo　①逃跑。②躲避。③脱离。

败逃　奔逃　逋逃　出逃　窜逃　禅逃
遁逃　拐逃　卷逃　溃逃　难逃　叛逃
潜逃　兽逃　鼠逃　脱逃　遯逃　无逃
外逃　窝逃　形逃　在逃　追逃
不目逃　处士逃　负母逃　南郭逃　窃负逃
许由逃　鱼龙逃
败阵而逃　刦数难逃　临阵脱逃　临阵怯逃
落荒而逃　畏罪潜逃　望风而逃　闻风而逃
席卷而逃　卓氏之逃　在劫而逃　罪责难逃

桃 táo　①桃花。②桃树的果实。③桃树。④核桃。⑤像桃子的东西。

白桃　扁桃　碧桃　村桃　残桃　俳桃
燔桃　宫桃　红桃　含桃　胡桃　核桃
荆桃　咒桃　灵桃　烂桃　嫩桃　木桃
毛桃　棉桃　蟠桃　琴桃　山桃　寿桃
投桃　偷桃　仙桃　雪桃　夭桃　羊桃
曳桃　杨桃　银桃　鸦桃　御桃　樱桃
重瓣桃　洞口桃　啖君桃　红腮桃　夹竹桃
连心桃　李代桃　绿叶桃　露井桃　猕猴桃
十月桃　山樱桃　山核桃　水蜜桃　绥山桃
天台桃　王母桃　武陵桃　小胡桃　仙根桃
远火桃　园有桃　朱粉桃　醉脸桃
唇似绽桃　猴子摘桃　将李代桃　孔丘吃桃
颗颗棉桃　荐山咏桃　秋菊春桃　如珠樱桃
似火樱桃　仲尼后桃　珠胎樱桃　嘴如樱桃

陶 táo　又音 yáo　①制造的陶器。②快乐的样子。③瓦器。④比喻教育、培养

白陶　百陶　波陶　彩陶　定陶　董陶
古陶　故陶　馆陶　和陶　洪陶　黑陶
钧陶　冷陶　刘陶　气陶　上陶　酕陶
舜陶　汰陶　陶陶　学陶　熏陶　咏陶
郁陶　甄陶
河滨陶　乐陶陶　五柳陶　一人陶　砚出陶
醉陶陶
操行陈陶　其乐陶陶

萄 táo　指葡萄，水果名。

葡萄
干葡萄　马乳萄　玉骨萄　琼浆萄
千株葡萄

淘 táo　①消除泥沙。②洗去杂质。③顽皮，淘气。

冷淘　浪淘　温淘　一淘
乐淘淘

绹 táo ①绳索。②〈方〉用绳捆。

壮绹 歌绹 哀绹

壮歌哀绹

醄 táo ［酕醄］大醉的样子。

酕醄 酩醄

梼 táo ［梼杌］①古代传说中的恶兽，恶人。②春秋时楚史名。

青梼

讨 tǎo ①研究。②治理。③声讨。④索取。⑤请求。⑥招惹。

不讨 北讨 逼讨 催讨 大讨 东讨
奋讨 国讨 攻讨 旧讨 究讨 简讨
检讨 来讨 冥讨 谋讨 乞讨 穷讨
取讨 前讨 禽讨 辱讨 申讨 声讨
商讨 搜讨 天讨 探讨 寻讨 喜讨
檄讨 研讨 自讨 在讨 追讨 征讨
专讨 战讨 指讨 珠讨

去义讨 遗文讨

论列探讨

本钱易寻，伙计难讨/

套 tào ①罩在外面。②拴系住东西。③诱人说出情况。④模拟。⑤串联。⑥同类事物组成的整体。

袄套 帮套 被套 笔套 成套 常套
陈套 浮套 封套 河套 话套 客套
龙套 老套 拉套 乱套 陋套 落套
棉套 配套 全套 圈套 褥套 书套
手套 俗套 散套 熟套 头套 套套
铜套 褪套 外套 袜套 虚套 椅套
枕套 轴套 整套

大车套 老一套 连环套 跑龙套 软套套
上圈套 书套套 设圈套 一大套 有一套
中圈套

不落俗套 成龙配套 生搬硬套 因袭旧套

表面一套，心里一套/当面一套，背后一套/老虎拉磨，不听那一套/老虎推磨，不听那一套/阴一套，阳一套/

孬 nāo ①不好。②怯懦。

孃孬 装孬

呶 náo 喧哗。

叫呶 呶呶 喧呶

挠 náo ①扰乱。②搅动。③弯曲，抓。

不挠 刺挠 大挠 逗挠 风挠 肤挠
计挠 可挠 利挠 曲挠 屈挠 侵挠
柔桡 色桡 实挠 手挠 数挠 危挠
先挠 下挠 易挠 曳挠 鱼挠 自挠
抓挠 阻挠 杂挠 折挠

不屈不挠 百折不挠 横加阻挠 守正不挠

猱 náo 古书上说的一种猴。

飞猱 火猱 教猱 青猱 山猱 悬猱
猿猱

挂壁猱 太行猱

恼 nǎo ①烦闷。②发怒。③病痛。

懊恼 触恼 春恼 道恼 风恼 发恼
烦恼 愤恼 惯恼 惑恼 煎恼 可恼
客恼 苦恼 蒿恼 恼恼 气恼 热恼
辱恼 娆恼 惹恼 熟恼 痛恼 无恼
羞恼 着恼 躁恼

被花恼 春光恼 春色恼 诗翁恼 无情恼
支郎恼

忧愁苦恼 自寻烦恼

不做中人，不做保，一世不烦恼/热心招是非，冷眼无烦恼/

瑙 nǎo ［玛瑙］矿物品，颜色美丽，质硬耐磨，可做轴承，装饰品等。

玛瑙

脑 nǎo ①头部。②物体的中心部分。③像脑状的东西。

补脑 潮脑 大脑 电脑 关脑 肝脑
龟脑 后脑 虎脑 间脑 居脑 坚脑
菊脑 监脑 开脑 龙脑 流脑 颅脑
破脑 乞脑 丘脑 前脑 雀脑 人脑
入脑 石脑 书脑 守脑 首脑 沈脑
髓脑 头脑 通脑 危脑 小脑 易脑
用脑 鱼脑 中脑 主脑 樟脑

大头脑 电门脑 豆腐脑 没头脑 梅花脑
微电脑 珠出脑

傲头傲脑　巴头探脑　笨头笨脑　垂头搭脑
柴头柴脑　蠢头蠢脑　呆头呆脑　颠头播脑
獃头獃脑　愣头愣脑　浮头滑脑　疯头疯脑
勾头探脑　盖头盖脑　怪头怪脑　鬼头鬼脑
浑头浑脑　昏头昏脑　虎头虎脑　滑头滑脑
憨头憨脑　猴头猴脑　罼头罼脑　磕头碰脑
磕头磕脑　淋头蓄脑　愣头磕脑　愣头愣脑
木头木脑　毛头毛脑　没头没脑　懵头懵脑
劈头盖脑　肉头肉脑　缩头缩脑　傻头傻脑
土头土脑　团头团脑　秃头秃脑　探头探脑
瘟头瘟脑　寻头讨脑　淹头搭脑　蔫头奋脑
摇头晃脑　摇头摆脑　摇头晃脑　针头线脑
直头直脑　贼头贼脑　主司头脑
被胜利冲昏头脑/摸不着头脑/丈二和尚摸不着头脑/丈二的金刚，摸不着头脑/

闹　nào ①喧扰。②激动。③旺盛。④发生病害。⑤发作。

隘闹　吵闹　炒闹　大闹　打闹　蝶闹
房闹　蜂闹　繁闹　惯闹　合闹　欢闹
哄闹　胡闹　狂闹　怕闹　取闹　人闹
热闹　嚷闹　耍闹　声闹　骚闹　寻闹
笑闹　喧闹　瞎闹　嬉闹　要闹　作闹
众闹
百鸟闹　车马闹　村市闹　趁热闹　春意闹
凑热闹　风竹闹　繁华闹　赶热闹　看热闹
儿女闹　山鸟闹　无理闹　杨花闹　雨声闹
吵吵闹闹　打打闹闹　大吵大闹　无理取闹
一片喧闹　又笑又闹
行家看门道，外行看热闹/

淖　nào 烂泥。

出淖　沉淖　滑淖　泞淖　泥淖　霖淖
普淖　深淖　涂淖　有淖　雨淖　阻淖
渍淖　濯淖
天雨淖　世沉淖

捞　lāo ①获取。②从液体中取物。

捕捞　打捞　渔捞

劳　láo ①勤劳。②劳动。③疲劳。④忧愁。⑤功劳。⑥慰劳。⑦烦劳。⑧耗费。

不劳　伯劳　奔劳　捕劳　苾劳　罢劳
博劳　备劳　从劳　尘劳　成劳　赐劳
操劳　辞劳　酬劳　大劳　代劳　道劳
惮劳　芬劳　抚劳　烦劳　服劳　功劳
告劳　好劳　怀劳　久劳　加劳　悁劳
忌劳　积劳　焦劳　矜劳　郊劳　孔劳
苦劳　犒劳　劳劳　耐劳　能劳　面劳
孟劳　民劳　勉劳　排劳　偏劳　疲劳
劬劳　亲劳　清劳　勤劳　任劳　神劳
操劳　懆劳　施劳　赏劳　徒劳　无劳
忘劳　尉劳　慰劳　微劳　小劳　心劳
先劳　形劳　相劳　效劳　辛劳　宣劳
虚劳　贤劳　勋劳　熏劳　熟劳　有劳
忧劳　优劳　佚劳　逸劳　燕劳　在劳
自劳　作劳　再劳
抱瓮劳　斗涩劳　高新劳　汗马劳　口舌劳
田间劳　问字劳
不辞辛劳　车胤重劳　吃苦耐劳　负任蒙劳
汗马之劳　汗马功劳　好逸恶劳　举手之劳
刻苦耐劳　能者多劳　犬马之劳　忍苦耐劳
日夜辛劳　往返徒劳　辛勤劬劳　消除疲劳
以逸待劳　以逸待劳　逸以待劳　主忧臣劳
蚊虻之劳
没有功劳，还有苦劳/一举手之劳/

痨　láo 多指肺结核病。

肺痨　骨痨　虚痨
久病成痨

牢　láo ①关养牲畜的圈。②关犯人的监狱。③结实。④祭祀享用的牲畜。⑤忧劳。

哀牢　不牢　百牢　补牢　大牢　地牢
共牢　皋牢　虎牢　黑牢　记牢　圈牢
监牢　牢牢　阑牢　蒲牢　七牢　囚牢
少牢　水牢　生牢　死牢　豕牢　深牢
搜牢　太牢　土牢　同牢　铁牢　提牢
五牢　枭牢　坐牢
餐五牢　吼涓牢　结屋牢　站得牢　雉堞牢
画地为牢　投人水牢　亡羊补牢　关里是牢
闭口深藏舌，安身处处牢/嘴上无毛，办事不牢/

醪　láo ①醇酒。②浊酒。

白醪　春醪　单醪　醇醪　冬醪　芳醪
甘醪　酒醪　绿醪　山醪　松醪　漱醪
投醪　香醪　浊醪　肿醪
白府醪
楚子投醪　公瑾醇醪　酌香醪醪　周交醇醪

老 lǎo ①年岁大的人。②敬老。③不嫩。④老练。⑤经历长久。⑥老子的省称。⑦极，很。

不老　半老　白老　拜老　邦老　罢老
鄙老　悲老　村老　苍老　蚕老　垂老
大老　到老　耋老　笃老　父老　法老
扶老　芳老　服老　防老　佛老　古老
告老　故老　国老　贵老　盖老　耇老
阁老　孤老　华老　黄老　鹤老　敬老
家老　鸡老　绛老　渐老　孔老　老老
浪老　年老　柳老　邻老　难老　虐老
犁老　黎老　米老　麦老　卖老　屋老
髦老　却老　穷老　请老　耆老　卿老
二老　三老　四老　史老　送老　庶老
室老　衰老　宿老　寿老　释老　霜老
赡老　退老　投老　鲐老　王老　五老
侮老　尪老　翁老　小老　心老　乡老
休老　朽老　偕老　谢老　一老　元老
月老　尧老　佚老　娱老　养老　野老
遗老　颐老　丈老　长老　宗老　泽老
壮老　终老　稚老　尊老
不服老　不显老　长乐老　春不老　春既老
春秋老　垂垂老　策扶老　催人老　愁花老
杜陵老　风情老　冯唐老　冯公老　红颜老
花奴老　讳言老　黄石老　江山老　江村老
绛县老　江湖老　黧老老　洛中老　廉颇老
秋巴老　磻溪老　冯唐老　人未老　三老老
圯上老　商山老　诗中老　寿星老　随春老
土地老　望云老　徐娘老　香山老　月中老
月下老　烟霞老　颜郎老　腌躯老　知事老
冯公老
百年偕老　白头偕老　白头到老　宝刀不老
长生不老　打算养老　杜陵野老　冯唐易老
冯唐已老　贵壮贱老　怜贫惜老　七十日老
耆寿耆老　耆德硕老　胜朝遗老　诗称偕老
三朝元老　松柏之老　天荒地老　天荒野老
田夫野老　徐粮半老　携幼扶老　以老卖老
倚老卖老　养儿防老　颖滨遗老　阎罗包老
长年三老
关节不到，有阎罗包老/活到老，学到老/黄忠人老刀不老/何颜见江东父老/积谷防饥，养儿防老/男大女小，团圆到老/老吾老以及人之老/娶妻要小，嫁汉要老/若要好，问三老/人老春不老/人要传话不好，一世苦到老/无面目见江东父老/养小人不养老/有何面目见江东父老/做官莫做小，做树莫做老/

佬 lǎo 成年男子。

赤佬　鼓佬　阔佬
和事佬　美国佬　乡下佬　乡巴佬
当和事佬

姥 lǎo 又音 mǔ 称外祖母或接生的人。

姥姥　姨姥
姑姥姥　老姥姥

栳 lǎo ［栲栳］一种用竹子或柳条编织的盛东西的器具。

栲栳

潦 lǎo 又音 liáo ①雨水大。②雨后的积水。

洪潦　黄潦　九潦　泥潦　淖潦　潦潦
霖潦　流潦　秋潦　水潦　收潦　停潦
涂潦　行潦　淫潦　野潦　雨潦　炎潦
潴潦
两家潦

络 lào 又音 luò「络子」 ①绕线的器具。②用线绳结成的网状口袋。

结络　霸络

烙 lào 又音 luò ①用烧热的铁器烫、熨。②把食物在锅上烤熟。

炝烙　饼烙　镀烙　刻烙

落 lào 又音 luò là 用于一些口语。

捡洋落

酪 lào ①用奶汁做成的食品。②用水果做成的糊状食物。

北酪　冰酪　盛酪　甘酪　沽酪　酒酪
奶酪　醴酪　乳酪　食酪　酥酪　糖酪
羊酪　余酪　饮酪　饴酪

核桃酪　杏仁酪

唠

lào　又音 láo　闲聊。

叨唠
慢慢唠　一起唠

涝

lào　①雨水过多。②浇灌。

防涝　甘涝　旱涝　洪涝　九涝　抗涝
内涝　沥涝　排涝　秋涝　清涝　水涝
行涝　灾涝

皋

gāo　①水边的高地。②沼泽。

东皋　地皋　皋皋　汉皋　寒皋　九皋
江皋　兰皋　临皋　狼皋　枚皋　如皋
神皋　隰皋　亭皋　兀皋　幽皋　水皋
九方皋
张貌丰皋

槔

gāo　［桔槔］一种吸水的设备。

桔槔

高

gāo　①由下至上距离大。②高度。③声音响亮，尖锐。④热烈。⑤尊贵。⑥年岁大。⑦大。⑧高尚。

比高　本高　步高　卑高　标高　拔高
蹦高　大高　东高　登高　弓高　功高
高高　孤高　河高　价高　际高　加高
居高　矜高　老高　芦高　年高　隆高
名高　弥高　鸣高　偏高　攀高　气高
迁高　曲高　琴高　清高　山高　式高
升高　身高　瘦高　傻高　崧高　天高
体高　提高　特高　堂高　跳高　位高
斜高　细高　义高　月高　音高　晕高
眼高　志高　贞高　争高　赵高　最高
资高　赠高
不厌高　比山高　柏子高　波浪高　步步高
鼻梁高　春秋高　晨辰高　风云高　风格高
甲弟高　节节高　年弥高　玉树高　里门高
庐山高　门弟高　情绪高　秋月高　秋风高
索价高　天色高　月轮高　燕雀高　誉才高
重九登高　巢父清高　重阳登高　撑竿跳高
风急天高　贵人眼高　何点三高　黄麻高高
海阔天高　九日风高　年事已高　劳苦功高
梁辣矜高　廉远堂高　棉山高高　品格崇高
其势最高　任未燃高　四君清高　水涨船高
说相殷高　位卑言高　心比天高　云淡天高
月黑风高　自视甚高　自命清高
矮子放风筝，节节高/井淘三遍吃甜水，人从三师武艺高/水涨则船高/水望低流人望高/万般皆下品，唯有读书高/有志不在年高/有智不在年高/有理言自壮，负屈声必高/这山看着那山高/芝麻开花节节高/众人拾柴火焰高/

膏

gāo　又音 gào　①脂肪。②油脂。③很稠的东西。④肥沃。

春膏　唇膏　丰膏　焚膏　火膏　灰膏
肓膏　金膏　浸膏　龙膏　兰膏　流膏
兰膏　梨膏　民膏　琼膏　软膏　石膏
土膏　屯膏　糖膏　香膏　豨膏　玉膏
牙膏　药膏　烟膏　作膏　雉膏　脂膏
白獭膏　芙蓉膏　狗皮膏　挤牙膏　生石膏
续骨膏　熟石膏　雪花膏　橡皮膏　玉龙膏
玉蝉膏　阴雨膏　雨如膏
春雨如膏　韩愈焚膏　民脂民膏　石棉石膏
印渍桂膏
晴则如刀，雨则如膏/

篙

gāo　撑船用的工具。

米篙　长篙　撑篙　风篙　放篙　横篙
举篙　轻篙　千篙　三篙　杉篙　樯篙
竹篙　著篙
白木篙　点轻篙　水没篙

羔

gāo　①黑羊。②幼小的生物。

大羔　花羔　节羔　接羔　鹿羔　失羔
尚羔　豚羔　羊羔　雁羔　献羔　子羔
紫羔
宜春羔　饮羊羔

糕

gāo　用米或面做成的食品。

扒糕　冰糕　吃糕　蛋糕　发糕　蜂糕
花糕　金糕　年糕　奶糕　麦糕　买糕
丝糕　题糕　雪糕　喜糕　枣糕　蒸糕
炸糕　糟糕
百花糕　槽子糕　粉白糕　花红糕　九月糕

鸡蛋糕　年年糕　绿豆糕　秋社糕　山楂糕
五色糕　云片糕　紫雪糕
伍子胥筑城藏年糕/

睾 gāo　雄性动物生殖器的一部分。

附睾　隐睾

杲 gǎo　明亮。

东杲　公杲　杲杲　里杲　千杲　日杲
文杲　崖杲
烈日杲杲　秋阳杲杲

搞 gǎo　做，干。

胡搞　乱搞　难搞　瞎搞　在搞
好好搞
瞎子熬糖，乱搞/

缟 gǎo　一种白色的丝织品。

阿缟　白缟　薄缟　发缟　鲁缟　破缟
素缟　纯缟　吴缟　雪缟　纤缟　衣缟
曳缟　夜缟　纻缟
织缟　赠缟
强弩之末，矢不能穿鲁缟/强弩之极，势不能穿鲁缟/

槁 gǎo　①枯木。②干瘪。

骨槁　灰槁　枯槁　茎槁　木槁　面槁
苗槁　色槁　形槁　夏槁　样槁　振槁
泽槁　枝槁
科上槁　木枯槁　千秋槁　双鬓槁　天地槁
梧未槁
未秋先槁　形容枯槁

镐 gǎo　又音 hào　刨土的工具。

冰镐　电镐　定镐　丰镐　风镐　镐镐
尖镐　居镐　举镐　侵镐　吐镐　铁镐
洋镐　宴镐　自镐　宅镐　张镐
丁字镐　鹤嘴镐　来归镐　十字镐　邑子镐

稿 gǎo　①禾秆。②文字、图画的草底。③样子。

病稿　初稿　草稿　春稿　残稿　电稿
定稿　底稿　断稿　发稿　焚稿　腹稿
甘稿　官稿　供稿　画稿　交稿　讲稿
校稿　截稿　空稿　来稿　拟稿　内稿
去稿　起稿　清稿　矢稿　水稿　手稿
收稿　书稿　审稿　续稿　视稿　投稿
退稿　脱稿　文稿　外稿　完稿　写稿
席稿　削稿　薪稿　穰稿　原稿　样稿
约稿　遗稿　译稿　主稿　征稿　属稿
组稿　拙稿　制稿　撰稿
打腹稿　发言稿　锦囊稿　批判稿　囊中稿
起腹稿　未定稿
箧中存稿　万卷杜稿

藁 gǎo　藁城，地名，在河北省。

刍藁

告 gào　①报告。②把情况说给别人。③告诉。　④请求。⑤告状。⑥表明。⑦宣布。⑧古时休假叫告。

哀告　不告　布告　必告　怖告　报告
变告　被告　颁告　禀告　长告　承告
传告　赐告　大告　电告　祷告　风告
反告　讣告　甫告　放告　弗告　赵告
奉告　广告　公告　过告　官告　敢告
函告　訏告　句告　举告　敬告　嘉告
警告　控告　明告　密告　乞告　求告
劝告　取告　轻告　请告　情告　谴告
入告　人告　上告　守告　诉告　谁告
通告　文告　无告　诬告　先告　宣告
训告　予告　用告　央告　吁告　原告
预告　豫告　谒告　谕告　在告　正告
忠告　祝告　昭告　嘱告　转告
初筮告　长木告　出必告　小报告　做广告
作报告
奔走相告　打小报告　科学报告　越衙上告
越级上告　直言相告　责人诬告　有事相告
无可奉告

诰 gào　①警诫。②古代的一种告诫之文。

报诰　典诰　多诰　官诰　酒诰　鸾诰
亲诰　前诰　书诰　世诰　商诰　天诰
通诰　听诰　文诰　言诰　雅诰　言诰
作诰　忠诰　制诰　真诰　紫诰
金花诰　仲虺诰　知制诰

尻 kāo ①屁股。②肛门。③髋骨。

兔尻

孔雀尻 三捆尻

考 kǎo ①老。②试验。③检查。④落成。⑤推求。⑥已死的父亲。⑦考核。⑧讯问。⑨探索。

不考 补考 备考 报考 妣考 罢考
抽考 参考 查考 承考 察考 大考
定考 带考 待考 赶考 高考 会考
皇考 计考 进考 校考 监考 稽考
考考 年考 能考 路考 掠考 免考
期考 谴考 上考 三考 书考 岁考
时考 思考 寿考 投考 统考 文考
王考 微考 下考 小考 兄考 先考
显考 引考 月考 应考 研考 夷考
主考 迢考 追考 招考 祖考 咨考
资考

春官考 大主考 大字考 弗深考 里组考
无可考 中书考

认真思考

讨饭的怕狗咬，秀才怕岁考/自注下下考/

拷 kǎo 打。

施拷 刑拷

烤 kǎo ①把东西放在火的周围使干或使热。②向着火取暖。

烘烤 烧烤

铐 kào ①手铐。②用手铐束缚。

镣铐 手铐 锁铐

犒 kào 用酒食或用财物慰劳人。

悴犒 酬犒 高犒 厚犒 梦犒 赏犒
弦犒

展喜犒

靠 kào ①挨近。②倚靠。③信得过。④依靠。

挨靠 捱靠 背靠 挂靠 紧靠 可靠
牢靠 凭靠 求靠 投靠 妥靠 停靠
贴靠 稳靠 依靠 倚靠 扎靠 指靠
不可靠

六亲无靠 牢牢靠靠 卖身投靠 无依无靠
无倚无靠 翔实可靠

没有根的浮萍，无依无靠/

蒿 hāo ①香蒿，即青蒿。②消耗。

艾蒿 白蒿 莪蒿 古蒿 黄蒿 江蒿
结蒿 萝蒿 蒌蒿 黎蒿 麻蒿 蓬蒿
青蒿 如蒿 焄蒿 同蒿 香蒿 野蒿
任末燃蒿 邢山谏蒿 邢诗谏蒿 张居蓬蒿

薅 hāo 拔，除去。

晨薅 锄薅

号 háo 又音 hào ①呼叫。②大声哭。③风发出声音。

哀号 奔号 悲号 长号 惨号 干号
呼号 惊号 狂号 哭号 乱号 鸟号
怒号 马号 猫号 咆号 伤号 啼号
先号 相号 吁号 永号 夜号 怨号
猿号

风怒号 寒虫号 捧弓号

北风怒号 奔走呼号 涣汗大号

蚝 háo 牡蛎。

子瞻嗜蚝

嗥 háo 野兽吼叫。

苍嗥 春嗥 大嗥 昊嗥 和嗥 嗥嗥
狂嗥 狼嗥 青嗥 清嗥 穹嗥 少嗥
兽嗥 太嗥 西嗥 有嗥 炎嗥 猿嗥
豺狼嗥 虎豹嗥

豺狼嗥嗥

毫 háo ①长而光亮的细毛。②秤上的提绳。③言其微小。④计量单位名。

白毫 挫毫 驰毫 秤毫 彩毫 都毫
飞毫 丰毫 分毫 粉毫 合毫 还毫
挥毫 归毫 金毫 兼毫 景毫 南毫
狼毫 鳌毫 耄毫 墨毫 去毫 迁毫
秋毫 二毫 染毫 濡毫 润毫 市毫
守毫 丝毫 收毫 蒜毫 损毫 头毫
兔毫 铁毫 汤毫 西毫 仙毫 纤毫
修毫 云毫 月毫 一毫 羽毫 羊毫
洋毫 银毫 援毫 止毫 治毫 紫毫

折毫 锱毫
冰折毫 察秋毫 郭璞毫 五色毫 细抽毫
不爽分毫 对客挥毫 颊上添毫 明察秋毫
未易挥毫 一丝一毫 一分一毫

豪 háo ①豪猪。②才德、威望出众的人。③豪放。④（气势）壮。⑤强横。
哀豪 白豪 百豪 村豪 词豪 粗豪
犄豪 大豪 风豪 丰豪 富豪 古豪
国豪 居豪 奸豪 巨豪 俊豪 酒豪
健豪 骄豪 夸豪 民豪 气豪 权豪
酋豪 遒豪 群豪 人豪 四豪 时豪
舒豪 收豪 宿豪 诗豪 奢豪 撒豪
土豪 文豪 武豪 乡豪 西豪 兴豪
贤豪 雄豪 邑豪 英豪 意豪 自豪
醉豪
百篇豪 范叔豪 洛社豪 络纬豪 五色豪
乡曲豪 意气豪 有诗豪 雁门豪
词赋雄豪 放泼撒豪 梦得诗豪 石与三豪
逸兴太豪 禹锡诗豪

壕 háo ①壕沟。②同“濠”。
边壕 城壕 石壕 沙壕 跳壕 外壕
游壕 战壕 堑壕 拙壕
防空壕 交通壕
寒雨空壕

嚎 háo 大声哭喊。
长嚎 哭嚎
鬼哭狼嚎 虎啸狼嚎 鬼哭神嚎

濠 háo ①护城河。②水名，在安徽省。
临濠 观濠 石濠
古柳濠 雪平濠

好 hǎo 又音 hào ①善美。②优点多。③易于，便。④友爱。⑤完毕。⑥可以，能。⑦表赞许。⑧同意或结束。
安好 不好 办好 摆好 长好 常好
称好 唱好 畅好 春好 崇好 大好
刀好 都好 带好 倒好 耽好 恩好
非好 公好 更好 槁好 刚好 化好
合好 和好 还好 欢好 花好 好好
惠好 见好 交好 叫好 旧好 佼好
皆好 姣好 结好 讲好 景好 娟好
狡好 接好 绝好 较好 婕好 静好
精好 竞好 可好 看好 款好 女好
老好 良好 邻好 蛮好 美好 买好
梦好 卖好 媚好 朋好 恰好 逑好
契好 晴好 情好 人好 肉好 容好
三好 上好 少好 山好 水好 夙好
时好 世好 俗好 淑好 宿好 讨好
讬好 通好 问好 完好 我好 玩好
心好 习好 行好 相好 学好 性好
幸好 新好 修好 鲜好 谐好 嘘好
謣好 一好 也好 友好 永好 悦好
怡好 妍好 要好 雅好 燕好 只好
作好 正好 众好 祗好 做好 最好
肆好
不讨好 春光好 春兰好 池亭好 风日好
风味好 风光好 放船好 归去好 瞽者好
花长好 喊倒好 几时好 交情好 老相好
林泉好 美且好 贫赤好 青春好 人间好
三春好 武相好 生前好 宿昔好 室家好
随时好 无限好 晚上好 仙人好 西湖好
新年好 永为好 园林好 烟花好 颜色好
中心好 早上好 总角好 朝朝好 茱叟好
百年之好 杯酒交好 重修旧好 大事不好
和谐欢好 好上加好 洁身自好 敬之说好
连声叫好 累世通好 帽缨系好 睦邻友好
拍手叫好 评功摆好 潘杨之好 秦晋之好
二姓之好 束身自好 通家之好 忘年至好
一床两好 言归于好 月圆花好 朱陈之好
成秦晋之好/吃力不讨好/草帽烂边，顶好/吃尽味道，盐好/走遍天下，娘好/道士弈棋，结秦晋之好/费力不讨好/干姜与枣，越老越好/好物贱，贱物不好/老婆是人家的好/癞子做和尚，刚刚好/谁笑得最后，谁笑得最好/须千手观音才好/阴地好不如心地好/衣裳是新的好，人总是旧的好/衣要新好，不要旧好/以色事他人，能得几时好/走遍天地是娘好/

郝 hǎo 姓。
娄郝 钟郝

号 hào 又音 háo ①名称。②号令。③扬言。④记号。⑤别号。⑥排定的次序。⑦吹出的信号。⑧标志。

暗号 百号 本号 变号 宝号 别号
拨号 标号 病号 编号 吹号 称号
出号 除号 乘号 绰号 彩号 藏号
大号 代号 对号 逗号 单号 点号
短号 等号 顿号 调号 父号 分号
负号 发号 佛号 番号 符号 官号
更号 挂号 国号 贵号 根号 合号
行号 诨号 混号 徽号 句号 旧号
叫号 加号 记号 纪号 军号 佳号
枷号 减号 简号 假号 警号 嘉号
僭号 口号 括号 立号 年号 溜号
螺号 名号 明号 冒号 庙号 蒙号
慕号 鸣号 排号 牌号 票号 谱号
旗号 戎号 氏号 书号 俗号 申号
受号 散号 神号 商号 善号 赏号
殊号 谥号 同号 头号 叹号 惕号
堂号 无号 外号 问号 小号 显号
信号 休号 星号 讯号 型号 新号
引号 押号 银号 圆号 雅号 中号
正号 字号 自号 专号 祝号 总号
账号 尊号 赠号
不等号 百分号 冲锋号 创刊号 打问号
低标号 第一号 法国号 高标号 感叹号
进军号 间隔号 惊叹号 老字号 连接号
卖字号 卖大号 泡病号 破折号 仁人号
天之号 山翁号 书名号 尚书号 省略号
删节号 万籁号 仙人号 一泉号 专名号
看重号 捧弓号
标点符号 电报挂号 更令明号 隔离符号
军队番号 军种番号 媒妁之号 施令发号
萨克斯号 元素符号
天字第一号/只此一家，别无分号/

好 hào 又音 hǎo ①爱好，喜欢。②指常常容易发生。

爱好 从好 独好 酷好 乐好 偏好
癖好 弃好 所好 肆好 嗜好 殊好
同好 特好 喜好 自好 至好
阿其所好 断袖之好 公诸同好 啮臂之好
衽席之好 投其所好 竹马之好
穿衣戴帽，各人所好/

昊 hào 广大的天。

苍昊 春昊 昊昊 穹昊 清昊 晴昊
有昊 炎昊

耗 hào ①亏损。②零落。③坏的音信。④拖延。

不耗 打耗 蠹耗 遏耗 噩耗 丰耗
费耗 风耗 火耗 官耗 加耗 亏耗
空耗 内耗 灵耗 煤耗 磨耗 糜耗
请耗 折耗 省耗 伤耗 时耗 损耗
衰耗 蚀耗 物耗 凶耗 消耗 萧耗
虚耗 油耗 音耗 作耗
雀鼠耗 照虚耗
精神损耗 生事作耗 无形损耗 物质损耗
有形损耗 张晒米耗

浩 hào ①水势盛大。②犹高。③众多。④无边无际。

奥浩 暴浩 圭浩 繁浩 刚浩 浩浩
寄浩 滂浩 深浩 殷浩 渊浩
风埃浩 归思浩 天浩浩
筹赈戴浩 庾信义浩 昼责邹浩

皓 hào ①老翁。②明亮。③白。

缟皓 华皓 皓皓 青皓 清皓 绮皓
日皓 四皓 首皓 商皓 太皓 台皓
五皓 西皓 雪皓 鲜皓 月皓 羽皓
友皓 志皓 昭皓
白首皓 采芝皓 南山皓 商山皓 月出皓
商山四皓 丧邦黄皓 忠臣洪皓

鄗 hào 古县名，在今河北省。

城鄗 会鄗 霄鄗
胸中鄗

灏 hào 水势大。

灏灏 瀚灏

钊 zhāo ①弩牙。②劝勉。

成钊 郭钊 槅钊 劻钊
无不钊

招 zhāo ①打手势叫人。②承认自己的罪行。③拳术的动作。④招惹。

币招 步招 摈招 大招 对招 旃招
弓招 高招 馆招 花招 悔招 角招
见招 绝招 礼招 禄招 妙招 旁招
屈招 软招 市招 手招 实招 挑招
特招 小招 相招 虚招 一招 远招
应招 自招 招招
楚辞招 东阁招 隔江招 华山招 蕙兰招
举手招 千金招 耍花招 自我招
不打自招 目桃心招 屈打成招 挖耳当招
忍字中间一把刀，不忍分明把祸招/

昭 zhāo ①光。②清楚。③表明。④明亮。

布昭 成昭 道昭 光昭 孔昭 明昭
懋昭 庆昭 仁昭 泰昭 文昭 显昭
一昭 於昭 宜昭 英昭 张昭
德容昭 令闻昭 日月昭 宋若昭
蠋耻臣昭
以其昏昏，使人昭昭/

啁 zhāo 又音 zhōu ［啁哳］指声音杂乱。

嘲啁 诙啁 同啁 戏啁 朝啁

着 zhāo 又音 zhuó zháo zhe ①放。②下棋落子。③表示同意。

高着 妙着 没着 末着 失着 阴着
支着

朝 zhāo 又音 cháo ①初。②早晨。③日。

春朝 晨朝 芳朝 花朝 今朝 诘朝
经朝 连朝 念朝 明朝 晴朝 日朝
生朝 宣朝 雪朝 一朝 寅朝 昨朝
朝朝 终朝
百花朝 半夏朝 花柳朝 锦城朝 看今朝
如今朝 上林朝 胜昨朝 属明朝 惜花朝
暮暮朝朝 五彪明朝 月夕花朝
养兵千日，用在一朝/

着 zháo 又音 zhuó zhāo zhe ①受到。②睡着。③接触。④感受。⑤中，对。⑥燃烧。

猜着 打着 点着 捞着 瞒着 睡着
着着
犯不着 合不着 合得着 划得着 数不着
数得着 明摆着
摸门不着 歪打正着
秃子头上的虱子，明摆着/天塌下来，自有高人顶着/

爪 zhǎo 又音 zhuǎ ①鸟兽的趾甲。②人的趾甲。③像爪的东西。④抓。

碧爪 长爪 措爪 凤爪 奋爪 佛爪
刚爪 钩爪 红爪 虎爪 韩爪 鹤爪
鸿爪 芥爪 系爪 脚爪 龙爪 利爪
厉爪 泥爪 鸟爪 落爪 鳞爪 魔爪
破爪 去爪 弃爪 前爪 手爪 霜爪
透爪 铁爪 王爪 仙爪 雪爪 新爪
一爪 鹰爪 指爪
金钗爪 麻姑爪
东鳞西爪 雕心鹰爪 雕心雁爪 牛膝鸡爪
片鳞半爪 握拳透爪 雪泥鸿爪 一鳞一爪
一鳞半爪 鹰心雁爪 斩断魔爪 张牙舞爪
虎豹不外其爪/

找 zhǎo ①寻求。②补还。

查找 倒找 好找 难找 探找 寻找
自找
两不找

沼 zhǎo ①清。②水池。

壁沼 池沼 凤沼 芳沼 泥沼 林沼
灵沼 临沼 兰沼 绿沼 清沼 亭沼
为沼 吴沼 玉沼 月沼 苑沼 盐沼
幽沼
芙蓉沼 龙游沼 潘岳沼 忘忧沼 仙人沼
鱼跃沼 鸳浴沼

召 zhào 又音 shào ①呼唤。②招致。③征召。

不召 保召 被召 才召 除召 齿召
陈召 丁召 恩召 父召 发召 号召
顾召 感召 后召 呼召 贺召 急召
礼召 命召 密召 募召 辟召 请召
琴召 实召 收召 特召 微召 宣召
相召 檄召 新召 引召 应召 诱召
主召 招召 周召 诈召 征召 濯召
不应召 龙楼召 西宫召 鸟审召 使人召

天帝召
乏才感召　玉楼赴召
祸福无门，唯人自召/祸福无门，唯人所召/

诏 zhào ①启示。②告诉。③告。④皇帝下达的命令。⑤召见。

哀诏　拜诏　碧诏　草诏　称诏　池诏
东诏　待诏　答诏　恩诏　飞诏　凤诏
奉诏　废诏　阁诏　矫诏　口诏　内诏
灵诏　蜡诏　林诏　临诏　露诏　明诏
命诏　密诏　颁诏　曲诏　手诏　受诏
私诏　圣诏　书诏　申诏　亭诏　听诏
特诏　台诏　为诏　无诏　温诏　下诏
宣诏　戏诏　玉诏　应诏　有诏　遗诏
游诏　自诏　作诏　制诏
不带诏　尺一诏　凤尾诏　黄麻诏　金门诏
金花诏　龙游诏　五色诏　贤良诏　衣带诏
紫泥诏
段不纳诏　居输改诏　李藩涂诏　陶谷出诏

照 zhào ①察看。②光线射在物体上。③比照。④察知。⑤照相。⑥按着。⑦照管。⑧通知。⑨镜子。⑩凭证。

按照　半照　比照　冰照　辨照　碧照
车照　存照　参照　重照　彩照　残照
查照　晨照　察照　代照　电照　对照
达照　洞照　反照　仿照　返照　辐照
光照　观照　高照　顾照　火照　合照
化照　护照　久照　即照　寂照　静照
剧照　绝照　镜照　快照　朗照　落照
明照　拍照　凭照　牌照　普照　青照
轻照　晴照　情照　日照　上照　声照
深照　续照　神照　摄照　隋照　同照
无照　透照　聩照　晚照　物照　小照
夕照　凶照　心照　先照　写照　两照
昔照　戏照　雪照　斜照　犀照　虚照
霞照　一照　玉照　月照　余照　远照
雅照　依照　仰照　萤照　映照　眼照
夜照　遗照　自照　知照　执照　烛照
遵照
报名照　花四照　免冠照　日两照　容光照
团体照　文明照　无偏照　艺术照　迎头照
烛尤照
腹心相照　肝胆相照　回光反照　回光返照
鸿运高照　金台夕照　吉星高照　僵尸自照
脐脂自照　窥井自照　立此存照　明月高照
文星高照　雪峰夕照　阳光普照　艳阳光照
艳阳普照
灯台不自照/破衣破帽，红运高照/撒泡尿，自已照照/撒泡尿，把自己的影子照照/

兆 zhào ①预兆。②卜兆。③预示。④数目。⑤开始。

测兆　谶兆　恶兆　噩兆　方兆　凤兆
符兆　功兆　卦兆　龟兆　火兆　红兆
吉兆　佳兆　京兆　机兆　金兆　开兆
奸兆　灵兆　兰兆　萌兆　权兆　前兆
潜兆　柔兆　三兆　示兆　朓兆　未兆
瓦兆　凶兆　先兆　形兆　祥兆　新兆
亿兆　玉兆　预兆　游兆　豫兆　正兆
宅兆　征兆　朕兆　缀兆
丰年兆　非熊兆　秋云兆　人中兆　熊罴兆
中星兆　鸽成兆
不吉之兆　画眉京兆　男子之兆　五日京兆
老鸡叫，没好兆/乌鸦叫，没好兆/

赵 zhào ①疾行。②姓。③战国国名。

伯赵　奔赵　璧赵　存赵　啖赵　伐赵
奉赵　负赵　归赵　击赵　救赵　强赵
瓦赵　围赵　下赵　燕赵　老赵　至赵
助赵　制赵　镇赵
璧归赵　来从赵　思用赵
甘罗报赵　杞梓未赵　完璧归赵　围魏救赵
赵公无赵　张王李赵

棹 zhào 划船的一种工具。

别棹　拨棹　单棹　短棹　飞棹　方棹
风棹　返棹　放棹　拂棹　归棹　歌棹
挂棹　孤棹　击棹　举棹　金棹　辑棹
枉棹　陵棹　阑棹　去棹　手棹　失棹
小棹　云棹　玉棹　远棹　逸棹　夜棹
移棹　摇棹　舟棹
沧海棹　花渚棹　徽之棹　南浦棹　山阴棹
五湖棹　武陵棹　剡溪棹　西风棹　雪中棹
月边棹　银河棹
戒舟慈棹

罩 zhào ①捕鱼的竹笼。②养鸡鸭的笼子。③覆盖。④穿在衣服外面的单衣。

被罩 床罩 持罩 灯罩 棺罩 机罩
口罩 奶罩 笼罩 面罩 袍罩 全罩
乳罩 纱罩 外罩 雾罩 下罩 胸罩
眼罩 烟罩 鱼罩 圆罩 罩罩
金钟罩 金瓯罩 轻云罩 鱼在罩
夜幕笼罩 烟笼雾罩 云山雾罩

肇 zhào ①发生。②敏捷。③创建。

初肇 潮肇 阮肇 生肇 式肇 万肇
爰肇 游肇
宋陷仁肇

抄 chāo ①誊写。②抄袭。③搜查。④掠取。⑤走近路。

包抄 簿抄 传抄 查抄 兜抄 攻抄
好抄 借抄 露抄 频抄 清抄 日抄
史抄 书抄 手抄 诗抄 深抄 誊抄
匙抄 五抄 小抄 胥抄 月抄 夜抄
再抄 杂抄 照抄 摘抄
白云抄 瓜蔓抄 金穴抄 六经抄 史诏抄
辕门抄

钞 chāo ①掠夺。②钞票。③纸币名。

宝钞 大钞 点钞 发钞 会钞 给钞
交钞 劫钞 寇钞 令钞 陆钞 买钞
美钞 冥钞 破钞 侵钞 钱钞 数钞
诗钞 外钞 伪钞 小钞 现钞 虚钞
羡钞 银钞 影钞 造钞 制钞 置钞
掐尖落钞
娘儿爱俏，鸨儿爱钞/贤母辞拾遗钞/

超 chāo ①远。②跳过。③在某种范围以外不受限制。④超出。

班超 出超 尘超 超超 飞超 功超
赶超 高超 慧超 境超 麟超 名超
马超 清超 入超 上超 神超 心超
郗超 一超 元超 轶超 张超
独远超 古昔超 老班超 万里超
茂弘龙超 投笔班超 意境高超 逐妇班超
曹操遇马超/许褚战马超/张飞战马超/

巢 cháo ①鸟、蚁、蜂等的窝。②简陋的住处。③做窝。

爱巢 本巢 补巢 处巢 凤巢 匪巢
蜂巢 覆巢 故巢 归巢 高巢 龟巢
寒巢 居巢 鸠巢 寄巢 精巢 空巢
老巢 来巢 辽巢 南巢 卵巢 鸟巢
落巢 倾巢 鹊巢 容巢 深巢 书巢
为巢 蚊巢 下巢 香巢 新巢 云巢
蚁巢 野巢 燕巢 止巢 作巢 争巢
曾巢 榛巢 橧巢
不覆巢 百鸟巢 捣匪巢 海棠巢 毁雀巢
凤还巢 树为巢 鹊始巢 一枝巢 燕贺巢
莺归巢
百鸟归巢 春燕回巢 翠鸟移巢 覆窟倾巢
鸠占鹊巢 蒙鸠为巢 蒙鸠筑巢 奇计居巢
雨窟云巢 燕处焚巢 幕上燕巢 苇苕系巢
理院鹊巢

朝 cháo 又音 zhāo ①拜访。②向着。③封建时代臣进见君王。④朝廷。⑤朝代。

本朝 北朝 班朝 齿朝 大朝 当朝
风朝 府朝 公朝 国朝 回朝 会朝
皇朝 诘朝 六朝 立朝 内朝 屡朝
历朝 列朝 来朝 南朝 牡朝 明朝
满朝 齐朝 前朝 期朝 清朝 请朝
趋朝 热朝 上朝 三朝 市朝 圣朝
岁朝 视朝 胜朝 天朝 退朝 唐朝
外朝 王朝 我朝 先朝 熙朝 燕朝
中朝 正朝 在朝 杖朝 治朝 早朝
不趋朝 不再朝 北营朝 共天朝 揖逊朝
绛节朝 南北朝 上林朝 圣明朝 事三朝
玉帛朝 愿立朝 杖於朝 众仙朝
班师回朝 得胜回朝 封建王朝 季相三朝
抗美援朝

嘲 cháo 又音 zhāo ①讥笑。②鸟鸣声。

谤嘲 答嘲 讽嘲 诙嘲 共嘲 讥嘲
解嘲 客嘲 冷嘲 任嘲 诵嘲 善嘲
胎嘲 相嘲 戏嘲 笑嘲 喜嘲 吟嘲
自嘲
白堕嘲 便便嘲 跨驴嘲 落帽嘲 旅鹤嘲
解客嘲 泉石嘲 世明嘲 子云嘲
北陇孔嘲 聊以解嘲 三公解嘲 五彪明嘲
自我解嘲

潮 cháo ①因日月引力定时涨落的海水。②像潮水那样起伏的。③潮湿。④成色低。

暗潮 赤潮 春潮 大潮 地潮 低潮
风潮 返潮 防潮 工潮 归潮 观潮
高潮 回潮 迥潮 红潮 诙潮 海潮
黑潮 寒潮 江潮 讯潮 惊潮 狂潮
来潮 灵潮 弄潮 浪潮 怒潮 落潮
暮潮 平潮 秋潮 人潮 热潮 十潮
上潮 受潮 乘潮 射潮 思潮 顺潮
随潮 退潮 通潮 脱潮 午潮 晚潮
心潮 戏潮 初潮 学潮 汐潮 新潮
引潮 迎潮 涌潮 夜潮 早潮 涨潮
白马潮 东海潮 带雨潮 浮天潮 翻雪潮
富春潮 固体潮 广陵潮 歌如潮 海门潮
海宁潮 落寒潮 喷花潮 去来潮 趋早潮
钱塘潮 送女潮 山倾潮 伍员潮 伍胥潮
往来潮 雪阵潮 月中潮 云垒潮 银山潮
子午潮 子胥潮 枕上潮 浙江潮 手艺潮
车马如潮 革命高潮 思绪如潮 文艺思潮
心血来潮 心平来潮 钱王射潮 钱镠射潮
伍员乘潮

吵 chǎo 又音 chāo ①声音乱搅扰人。②打嘴架。

大吵 鼓吵 聒吵 闹吵 喧吵 争吵
争争吵吵

炒 chǎo 把食物放在锅里加热弄熟。

爆炒 单炒 煎炒 烹炒 热炒 沙炒
香炒 小炒 油炒
生稻炒 云子炒

捎 shāo ①选择。②拂。③捎带。

长捎 风捎 上捎 顺捎 叶捎 夜捎
莺捎 足捎
扁月捎 新月捎

梢 shāo ①树枝的末端。②事物的末尾。③长竿子。④事情结束。

鞭梢 草梢 春梢 拆梢 盯梢 跟梢
旧梢 炕梢 老梢 拉梢 林梢 柳梢
末梢 眉梢 满梢 蒲梢 梢梢 树梢
头梢 藤梢 下梢 萧梢 新梢 云梢
玉梢 月梢 曳梢 眼梢 竹梢
豆蔻梢 翡翠梢 没下梢 弱枝梢 雪里梢
连根带梢 喜上眉梢
有上梢没下梢

稍 shāo 又音 shào 略微。

刍稍 饩稍 稍稍 致稍

蛸 shāo 又音 xiāo ［蟏蛸］就是蠨子。

蟏蛸

筲 shāo ①畚箕一类的竹器。②桶。

大筲 斗筲 绿筲 瓶筲 水筲
家无斗筲

艄 shāo 船尾。

船艄 掌艄

鞘 shāo 又音 qiào ①鞭梢。②马鞭的条饰。

鞭鞘

烧 shāo ①使物着火。②烹饪方法之一。③发烧，受热起变化。④超出人的正常体温。

暗烧 兵烧 被烧 叉烧 赤烧 骀烧
低烧 煅烧 发烧 焚烧 高烧 后烧
合烧 火烧 红烧 花烧 劫烧 急烧
乱烧 猎烧 烈烧 频烧 秋烧 燕烧
燃烧 山烧 似烧 退烧 晚烧 细烧
香烧 虚烧 熏烧 霞烧 新烧 引烧
远烧 野烧 延烧 杂烧 自烧
北洋烧 赤舌烧 带时烧 火云烧 红於烧
绛蜡烧 怒火烧 榴火烧 片香烧 水沉烧
薰香烧 原头烧 野火烧 鱼尾烧 照天烧
口渴如烧 怒火中烧 雷打火烧
百日斫柴，一日烧/留得青山在，不怕没柴烧/留得青山在，哪怕无柴烧/留得青山在，不愁没柴烧/千日打柴，一日烧/真金不怕火烧/薰以香自烧/

勺 sháo ①舀东西的有手柄的用具。②象勺的东西。

半勺 长勺 炒勺 涔勺 斗勺 饭勺
回勺 魁勺 脑勺 漏勺 兰勺 马勺
瓢勺 漱勺 市勺 疏勺 汤勺 铁勺

舞勺　箫勺　一勺　移勺　指勺　掌勺
转勺
夺魁勺　后脑勺　玉衡勺　指斗勺　指寅勺
转龙勺
十三舞勺

芍 sháo　［芍药］多年生草本植物，根可入药。花可供观赏。
白芍　赤芍　红芍　赠芍
采兰赠芍

杓 sháo　又音 biāo　同"勺"。
半杓　杯杓　长杓　翠杓　大杓　桂杓
巨杓　加杓　酒杓　枯杓　龙杓　栖杓
勺杓　升杓　实杓　小杓　犀杓　一杓
玉杓　婴杓　用杓
胡芦杓　琉璃杓　鸬鹚杓　银马杓

苕 sháo　又音 tiáo　甘薯，俗名红苕。
红苕

韶 sháo　①古代乐曲名。②美好。
大韶　风韶　九韶　角韶　开韶　闻韶
舞韶　仙韶　咸韶　萧韶　云韶　英韶
妖韶　虞韶　征韶
不闻韶　春正韶　红颜韶　九成韶　梦春韶
衰少韶　协舜韶
碎牒王韶　唤雷廷韶

少 shǎo　又音 shào　①跟"多"相反。②时间短。③丢失。④不足。⑤轻视。⑥欠。
不少　才少　多少　顶少　短少　德少
乏少　发少　共少　功少　贵少　官少
寡少　还少　很少　花少　豪少　减少
绝少　简少　匮少　粮少　木少　民少
秋少　轻少　缺少　群少　情少　阙少
人少　日少　肉少　少少　尚少　殊少
太少　亡少　微少　心少　血少　香少
鲜少　稀少　用少　益少　逸少　至少
竹少　知少　众少　最少　醉少
不加少　不算少　才智少　分多少　宫人少
交游少　历年少　良会少　量多少　情味少
情伪少　生计少　善人少　识字少　天下少
行人少　云出少　知音少　知者少　追呼少
不多不少　必不可少　道多不少　分毫不少
或多或少　瓜甜子少　绝甘分少　狼多肉少
人烟稀少　僧多粥少　温岐不少　凶多吉少
彦升飞少　争多论少　争多要少
百不为多，一不为少/酒逢知已千杯少/年夜狗不叫，来年疾病少/自古妻贤夫祸少/

少 shào　又音 shǎo　①年幼。②年轻人。③次序在后的。
爱少　斗少　恶少　怀少　健少　阔少
女少　老少　年少　群少　尚少　王少
遗少　长少　再少　诸少
老来少　年又少　容如少
老医卜少　老老少少　老女老少　男女老少
没老没少　青春年少　窃书逸少　卧床逸少
遗老遗少
黄泉路上无老少/恼一恼，老一老；笑一笑，少一少/死生无老少/

邵 shào　①姓。②古地名，水名。
才邵　德邵　吕邵　毛邵　周邵　张邵
瓜种邵

劭 shào　①劝勉。②美好。③自强。
动劭　奉劭　孤劭　何劭　横劭　名劭
清劭　声劭　许劭　应劭　余劭
年高德劭

绍 shào　①继承。②介绍。
不绍　陈绍　复绍　介绍　飏绍　继绍
嵇绍　去绍　勤绍　夭绍　有绍　远绍
袁绍　要绍
明僧绍　平陆绍
弗念厥绍

哨 shào　①警戒防守的岗位。②一种小笛。③细削。④侦察。⑤用口吹尖叫。
暗哨　步哨　吹哨　查哨　嗤哨　打哨
放哨　防哨　岗哨　会哨　呼哨　花哨
唿哨　口哨　逻哨　旅哨　瞭哨　模哨
偏哨　遍哨　前哨　潜哨　上哨　哨哨
枉哨　下哨　巡哨　陈哨　侦哨　踔哨
踮哨

吹口哨　打口哨　打呼哨　观察哨　了望哨
瞭望哨　流动哨　气象哨
花里胡哨　站岗放哨

潲　shào　①〈方〉泔水。②雨点被风吹得斜洒。

猪潲
雨往南潲

饶　ráo　①富足。②添。③宽恕。

不饶　白饶　春饶　地饶　耽饶　丰饶
肥饶　富饶　广饶　告饶　功饶　娇饶
景饶　假饶　僬饶　宽饶　难饶　求饶
上饶　市饶　土饶　田饶　讨饶　沃饶
饫饶　兴饶
春雨饶　地肥饶　景偏饶　山泽饶　色转饶
天下饶　土肥饶　月色饶　雨露饶　渔田饶
竹箭饶
山环水饶　物产丰饶
公道世间惟白发，贵人头上不肯饶/

娆　ráo　又音 rǎo　①柔弱。②妍媚。

不娆　烦娆　解娆　娇娆　苛娆　嫽娆
娆娆　夭娆　妖娆　窈娆
女貌娇娆

桡　ráo　〈方〉船桨。

败桡　层桡　大桡　短桡　栋桡　风桡
归桡　挂桡　桂桡　回桡　画桡　酒桡
露桡　鸣桡　谋桡　轻桡　柔桡　双桡
善桡　停桡　天桡　枉桡　畏桡　仙桡
云桡　烟桡　自桡　杂桡　折桡
拔短桡　出浦桡　林陵桡　木兰桡　仙客桡
越女桡

扰　rǎo　①扰乱。②烦。③浑浊。④侵扰。⑤安抚。⑥柔顺。

安扰　阿扰　不扰　逼扰　窜扰　吵扰
憧扰　躁扰　俶扰　大扰　打扰　叨扰
顿扰　専扰　烦扰　纷扰　干扰　聒扰
昏扰　忽扰　惶扰　横扰　耗扰　豢扰
惊扰　纠扰　搅扰　胶扰　叩扰　困扰
六扰　劳扰　凌扰　屈扰　侵扰　驱扰
人扰　扰扰　攘扰　四扰　色扰　思扰
肆扰　慅扰　骚扰　五扰　勿扰　相扰
心扰　驯扰　喧扰　袭扰　云扰　樱扰
自扰　杂扰　滋扰
性骚扰
内心纷扰　排除干扰　徒自惊扰　庸人自扰
自相惊扰　纷纷扰扰

绕　rào　①缠绕。②环绕。③围着转。

白绕　百绕　从绕　肠绕　缠绕　旦绕
低绕　分绕　发绕　峰绕　纷绕　钩绕
回绕　迴绕　花绕　环绕　缴绕　空绕
辽绕　袅绕　缭绕　梦绕　盘绕　鹊绕
曲绕　晴绕　山绕　水绕　施绕　树绕
围绕　巡绕　香绕　溪绕　斜绕　旋绕
匀绕　远绕　纡绕　营绕　烟绕　萦绕
缘绕　暖绕　竹绕
白水绕　冰雪绕　春江绕　春云绕　愁肠绕
歌声绕　弯弯绕　三日绕　闲情绕　烟花绕
渔舟绕　腰玉绕
盘曲回绕　山环水绕　香烟缭绕　溪流萦绕
余音缭绕　烟雾缭绕　珠围翠绕

遭　zāo　①遇到。②遭受。③周次。

不遭　迭遭　万遭　相遭　一遭　周遭
第一遭　千万遭
更渡一遭
大姑娘出嫁，第一遭/恩师易遇，人师难遭/
破题儿第一遭/

糟　zāo　①带渣的酒。②喻搞坏了事。③用酒腌制的食品。④腐烂。

懊糟　麋糟　楚糟　铺糟　酒糟　醪糟
糠糟　清糟　窃糟　曲糟　肉糟　稀糟
香糟　新糟
甘醯糟　乱糟糟　一团糟　紫蟹糟
乱七八糟　烂七八糟　乱乱糟糟　鲁人窃糟
迂七八糟　污七八糟　乌七八糟　姚馥啜糟

凿　záo　①凿子，挖空的工具。②穿孔。③（古）器物上的孔是容枘的。④明确。

初凿　传凿　穿凿　斗凿　雕凿　方凿
斧凿　弓凿　改凿　耕凿　圜凿　巨凿
斤凿　镌凿　开凿　孔凿　空凿　刻凿

六凿 巧凿 确凿 枘凿 瑞凿 石凿
疏凿 神凿 天凿 五凿 旋凿 新凿
元凿 凿凿 窃凿
混沌凿 方寸凿 量其凿 五丁凿
炳炳凿凿 混沌未凿 方枘圆凿 附会穿凿
确确凿凿 言之凿凿 证据确凿

早

zǎo ①早晨。②在一定的时间以前。③何时。

不早 迟早 趁早 常早 春早 大早
古早 过早 故早 赶早 花早 寒早
及早 今早 尽早 绝早 忌早 老早
您早 遛早 溜早 明早 起早 秋早
侵早 清早 日早 尚早 岁早 霜早
太早 退早 提早 闻早 务早 休早
一早 月早 眼早 莺早 早早
白发早 春来早 催客早 大清早 红日早
寒事早 名誉早 梅花早 假装早 霜钟早
天光早 闻名早 相逢早 一清早 雁飞早
知儿早 致身早
大清老早 人勤春早 时来迟早 修学务早

枣

zǎo ①枣子。②枣树。③姓。

白枣 剥枣 碧枣 赐枣 脆枣 拐枣
甘枣 红枣 壶枣 黑枣 海枣 佳枣
金枣 焦枣 嚼枣 苦枣 龙枣 梨枣
木枣 美枣 蜜枣 切枣 让枣 软枣
山枣 沙枣 实枣 食枣 酸枣 投枣
甜枣 问枣 乌枣 小枣 香枣 新枣
献枣 喜枣 牙枣 羊枣 雨枣 椰枣
醉枣
安期枣 安邑枣 丹心枣 东家枣 丹脸枣
夫人枣 鸡心枣 如瓜枣 上林枣 王母枣
无核枣 仙人枣 细腰枣 细核枣 羊角枣
玉文枣
安期食枣 安期仙枣 囫囵吞枣 浑沦吞枣
鹘仑吞枣 交梨火枣 仨瓜俩枣 推梨让枣
王吉完枣 灾梨祸枣

蚤

zǎo ①蛇蚤。②车轮与车辐相接的榫头。

捕蚤 得蚤 蛇蚤 狗蚤 獨蚤 水蚤
跳蚤 亡蚤

澡

zǎo ①洗手。②沐浴。③整治。

搓澡 擦澡 灌澡 护澡 获澡 沐澡
抹澡 身澡 洗澡 再澡 振澡 濯澡
冷水澡
饥梳头，饱洗澡/

藻

zǎo ①藻类植物。②华丽。③辞藻。④文采。⑤系玉器的五彩丝绳。

笔藻 才藻 采藻 摛藻 词藻 辞藻
德藻 凤藻 奋藻 浮藻 斧藻 凫藻
光藻 硅藻 红藻 华藻 海藻 褐藻
鸿藻 黑藻 翰藻 井藻 金藻 缉藻
精藻 聚藻 嘉藻 兰藻 丽藻 狸藻
绿藻 品藻 芹藻 睿藻 水藻 速藻
盛藻 天藻 团藻 文藻 蕴藻 戏藻
洗藻 鲜藻 矽藻 挟藻 云藻 玉藻
鱼藻 掞藻 在藻 振藻 甄藻
小球藻 鱼潜藻
扬葩振藻

皂

zào ①黑色。②差役。③皂角。

苞皂 厕皂 方皂 肥皂 服皂 集皂
内皂 罗皂 牛皂 奴皂 恋皂 同皂
香皂 衣皂 药皂 缘皂
牛骥一皂
一言既出，如同染皂/

唣

zào ［啰唣］吵闹。

啰唣

灶

zào ①做饭的设备。②煮盐的设备。③灶神。

病灶 茶灶 祠灶 辞灶 大灶 丹灶
电灶 都灶 倒灶 锻灶 妇灶 共灶
锅灶 毁灶 行灶 井灶 金灶 继灶
祭灶 减灶 跨灶 两灶 冷灶 泥灶
炉灶 灭灶 梦灶 茅灶 媚灶 破灶
祀灶 送灶 石灶 天灶 无灶 小灶
行灶 炀灶 夷灶 野灶 中灶 作灶
造灶 增灶 掌灶
吃小灶 节约灶 老虎灶 太阳灶 轩光灶
萤生灶
笔床茶灶 重起炉灶 黄平祭灶 另起炉灶

清灰冷灶　苏廷吹灶　黄羊祀灶

造 zào ①制作。②成就。③到。④培养。⑤（学业）达到的程度。⑥农作物收获次数。⑦开始。⑧建立。

不造　必造　编造　抄造　敕造　创造
大造　打造　杜造　独造　缔造　锻造
恩造　仿造　翻造　改造　好造　盖造
构造　甲造　俊造　经造　结造　建造
监造　假造　空造　坤造　两造　良造
灵造　捏造　类造　酿造　末造　巧造
曲造　乾造　人造　上造　述造　升造
圣造　生造　私造　深造　始造　缮造
塑造　天造　伪造　晚造　心造　虚造
新造　修造　一造　有造　营造　意造
盈造　酝造　臆造　再造　早造　众造
治造　织造　诈造　直造　紫造　制造
撰造　铸造　肇造
宾客造　徵子造　鸣条造　日中造　随意造
小子造
粗制滥造　恩同再造　曳曳独造　劳动改造
两仪所造　凭空捏造　向壁虚造　乡壁虚造
遭家不造

慥 zào ①急忙。②忠厚诚实的样子。

慥慥

噪 zào ①群鸣。②（名声）广为传扬。③众多人大声吵嚷。

不噪　蝉噪　大噪　附噪　咶噪　聒噪
鼓噪　呼噪　欢噪　惊噪　焦噪　叫噪
鸡噪　狂噪　鸟噪　雷噪　怒噪　鸣噪
犬噪　群噪　鹊噪　雀噪　嘶噪　晚噪
哓噪　一噪　夜噪　鸦噪　噪噪
虫声噪　群鸦噪　莺乱噪
蜩虫嘶噪　昏鸦聒噪　群鸦乱噪　秋蝉聒噪

燥 zào ①干枯。②燥烈。③中医病因。

炽燥　烦燥　干燥　弓燥　高燥　归燥
火燥　红燥　焦燥　枯燥　渴燥　凉燥
路燥　明燥　去燥　舌燥　土燥　吻燥
闲燥　虚燥　叶燥　燕燥　炽燥
虫避燥　高岸燥　火就燥　林木燥
唇焦口燥　口干舌燥　口干唇燥　山高地燥
生发未燥　语言枯燥

躁 zào ①性情急。②浮躁。③骄狂。④狡猾。

不躁　暴躁　浮躁　忿躁　烦躁　聒躁
戒躁　进躁　劲躁　简躁　急躁　焦躁
骄躁　狂躁　毛躁　褊躁　起躁　遒躁
怀高躁　心夭躁　性子躁
不骄不躁　风狂龙躁　戒骄戒躁　少安无躁
少安毋躁　稍安毋躁　稍安勿躁　心浮气躁
性情暴躁　晏幽飕躁

操 cāo ①手握持住。②操作。③从事某方面的工作。④用某种语言、方言说话。⑤操练。⑥掌握。⑦行为。

兵操　莽操　柄操　冲操　出操　对操
端操　德操　风操　分操　高操　躬操
会操　节操　军操　洁操　猗操　絜操
练操　廉操　烈操　懒操　奇操　亲操
琴操　趣操　情操　清操　上操　士操
手操　守操　收操　霜操　体操　特操
下操　学操　异操　雅操　作操　早操
贞操　志操　执操　陬操
八公操　保健操　工间操　井白操　君子操
临河操　染翰操　柏舟操　十二操　水仙操
土风操　团体操　徒手操　文王操　未能操
渔阳操　造父操　将归操
广播体操　竞技体操　刘子高操　刘琎立操
琴诗自操　器械体操　宋弘秉操　松柏节操
孝伯清操　艺术体操　彧臣曹操　韵律体操
自由体操　捉刀曹操　徵羽之操

糙 cāo ①糙米。②不细腻。③不贵重。

粗糙　精糙　毛糙　杂糙
毛糙糙
毛毛糙糙　毛里毛糙

曹 cáo ①辈，类。②古代分科办事的官署。③群，众。④陈旧。

部曹　版曹　词曹　辞曹　我曹　尔曹
分曹　法曹　功曹　官曹　豪曹　军曹
铠曹　六曹　两曹　马曹　谋曹　秦曹
人曹　儿曹　汝曹　三曹　水曹　市曹
天曹　无曹　吾曹　心曹　西曹　仙曹
萧曹　仪曹　阴曹　议曹　坐曹　诛曹

冠花曹　念诸曹　十三曹　太史曹　踏歌曹
著作曹
击鼓骂曹　四值功曹

嘈 cáo　杂乱。

敖嘈　刺嘈　嘈嘈　豪嘈　蛴嘈　秋嘈
呀嘈　哪嘈　喧嘈
謷跸嘈　呀嘈嘈
急雨嘈嘈　呀呀嘈嘈

漕 cáo　①水道运粮。②古邑名。

城漕　大漕　海漕　减漕　开漕　庐漕
理漕　水漕　岁漕　通漕　题漕　引漕
运漕　转漕
不可漕　岁运漕

槽 cáo　①一种盛草料的器具。②像槽一样的器具。③水道。④中间凹下。

茶槽　齿槽　地槽　渡槽　分槽　官槽
河槽　海槽　金槽　键槽　溜槽　落槽
马槽　平槽　刨槽　石槽　水槽　烧槽
跳槽　檀槽　小槽　香槽　新槽　药槽
猪槽
凤尾槽　麒麟槽　紫檀槽
三马四槽　琛作银槽　三马同槽

螬 cáo　［蛴螬］金龟子的幼虫。是农作物的害虫。

蛴螬

艚 cáo　载货的木船。

船艚　大艚　鸣艚　吴艚

草 cǎo　①草本植物的总称。②草稿。③简略。④草率。⑤草。⑥起稿。

奥草　不草　本草　白草　毕草　宾草
百草　班草　败草　鬯草　碧草　川草
寸草　虫草　茨草　刺草　莝草　除草
创草　草草　柴草　春草　锄草　斗草
灯草　稻草　毒草　滴草　丰草　芳草
风草　腐草　干草　甘草　谷草　红草
花草　黄草　荒草　横草　缓草　薅草
今草　江草　具草　劲草　结草　筋草
碱草　谏草　嘉草　缬草　苦草　枯草
狂草　六草　女草　立草　兰草　凉草
灵草　丽草　粮草　苳草　戾草　绿草
落草　潦草　嫩草　蘸草　矛草　芒草
牧草　麦草　茅草　茂草　蔓草　莽草
平草　甫草　蓬草　蒲草　披草　启草
去草　青草　奇草　起草　琼草　茜草
仁草　柔草　瑞草　茹草　染草　三草
山草　水草　生草　杀草　丝草　食草
宿草　莎草　视草　衰草　散草　箕草
神草　蓍草　烧草　睡草　蓑草　汀草
通草　庭草　舞草　蕴草　惟草　小草
行草　席草　削草　秀草　香草　萱草
新草　线草　缓草　叶草　衣草　莎草
野草　烟草　药草　瑶草　偃草　在草
朱草　芝草　苿草　荮草　杂草　奏草
属草　章草　制草　紫草　榛草　猪草
魏草
北堂草　不凋草　池塘草　翠羽草　窗前草
灯心草　多情草　斗百草　带雨草　断肠草
鹅冠草　鹅观草　凤尾草　返魂草　宫人草
狗尾草　和事草　红花草　化鹤草　含羞草
河畔草　吉公草　芨芨草　金光草　科名草
嫩色草　连理草　龙牙草　龙舌草　南宫草
铃儿草　龙须草　捞稻草　狼尾草　露润草
门东草　理芳草　骆驼草　披云草　千里草
青青草　墙头草　青冢草　蛐蜒草　屈轶草
侵阶草　三秀草　三经草　书带草　伤春草
蛇根草　蓑衣草　田字草　天心草　文章草
五孙草　五色草　忘忧草　乌拉草　仙人草
仙鹤草　向日草　相思草　闲庭草　夏枯草
西塘草　绣墩草　醒醉草　羊刺草　近梅草
沿阶草　杨桐草　宜男草　野田草　鱼腥草
隐身草　益母草　枳机草　指甲草　指佞草
白露沾草　出山小草　长林丰草　吃回头草
池塘春草　冬虫夏草　断粮绝草　浮皮潦草
肤皮潦草　方朔献草　饭糗茹草　花花草草
黄云白草　惊蛇入草　鞠为茂草　疾风劲草
救命稻草　枯蓬断草　阔叶高草　老人结草
拈花惹草　潦潦草草　马吃夜草　美人香草
梦得春草　描花绘草　迷花沾草　奇花异草
奇葩异草　琪花瑶草　寝苫枕草　魏颗结草
十步芳草　铜驼栖草　闲花野草　谢公梦草
谢池梦草　衔环结草　沾风惹草　招风惹草

沾花惹草　昨叶何草　三真六草　轻尘弱草

成家子，钱如宝；败家子，钱如草/好马不吃回头草/疾风知劲草/既要马儿好，又要马儿不吃草/轻尘栖弱草/神农尝百草/十步之内，必有芳草/兔儿不吃窝边草/兔子不吃窝边草/罔与勿耨草/绣花枕头一包草/

搔

sāo　①骚动。②用东西轻轻地刮。

报搔　爬搔　蚧搔　钖搔　抑搔　搔搔

白玉搔　白发搔　隔靴搔　仙人搔　首自搔

痒不搔　痒处搔

骚

sāo　①骚扰。②《离骚》。③同“臊”。④忧愁。

爱骚　变骚　唱骚　楚骚　刁骚　反骚

风骚　惊骚　空骚　牢骚　离骚　诗骚

骚骚　萧骚　效骚　驿骚　绎骚　庄骚

北部骚　楚人骚　楚臣骚　发牢骚

满腹牢骚　稍逊风骚

不吃羊肉空惹一身骚/十个胡子九个骚/羊肉没吃，倒先惹一身骚/

缫

sāo　抽出蚕茧的丝。

初缫　抽缫　蚕缫　垂缫　待缫　华缫

茧缫　丝缫

柳如缫　手自缫　四邻缫　丝可缫

臊

sāo　又音 sào　①腥臭。②像尿那样难闻的气味。

扯臊　臭臊　膏臊　狐臊　朊臊　怕臊

山臊　腥臊

想吃羊肉，又怕挨一身臊/

扫

sǎo　又音 sào　①用扫帚扫除尘土。②像扫一样的动作。③清除。④扫射。

不扫　笔扫　别扫　拜扫　吹扫　打扫

代扫　淡扫　电扫　风扫　广扫　回扫

挥扫　浑扫　洒扫　祭扫　立扫　却扫

清扫　入扫　如扫　霆扫　汛扫　自扫

直扫

不可扫　笔陈扫　春风扫　反道扫　风竹扫

风伯扫　风霆扫　呼儿扫　呼童扫　花未扫

和云扫　阍人扫　家童扫　眉淡扫　无人扫

新妇扫　眼一扫　烟尘扫　缘客扫

闭关却扫　闭门却扫　阖门却扫　杜门却扫

嫂

sǎo　哥哥的妻子。

阿嫂　次嫂　大嫂　盗嫂　奉嫂　姑嫂

敬嫂　家嫂　舅嫂　令嫂　丘嫂　邱嫂

妻嫂　事嫂　嫂嫂　兄嫂　牙嫂　养嫂

依嫂　长嫂　尊嫂

陈平嫂　手援嫂　苏秦嫂　鱼羡嫂

不疑盗嫂

扫

sào　又音 sǎo　一种用于竹枝等做成的扫地工具。

竹扫

杈头扫　高粱扫

埽

sào　①河上用的材料。②用埽修成的堤坝或护堤。

靶埽　挥埽　欲埽

风霆埽　无人埽

瘙

sào　皮肤发痒的病。

疥瘙

臊

sào　又音 sāo　害羞。

害臊　怕臊　羞臊

不害臊

没羞没臊

幺

yāo　①〈方〉小。②数目。

六幺　弦幺　妆幺

夭

yāo　①曲仰。②早死。③茂盛的样子。

不夭　鄙夭　草夭　代夭　多夭　颠夭

伐夭　含夭　横夭　亟夭　燋夭　枯夭

女夭　民夭　去夭　杀夭　伤夭　寿夭

天夭　桃夭　脱夭　胎夭　无夭　枉夭

邪夭　遐夭　先夭　夭夭　妖夭　中夭

竹夭　致夭　早夭　自夭

彭祖夭

桃之夭夭　逃之夭夭

妖

yāo　①艳丽。②一切反常怪异的东西。③神话，传说中用妖术害人的事物。④指装束奇特，作风不正派。

虫妖　草妖　除妖　地妖　服妖　氛妖

鼓妖　花妖　黄妖　娇妖　降妖　木妖

平妖　秦妖　人妖　山妖　水妖　诗妖
射妖　蛇妖　鼠妖　撒妖　天妖　小妖
兴妖　妍妖　夜妖　淫妖　字妖　斩妖
花月妖　海棠妖　文字妖　小桃妖　玉环妖
断怪除妖
张天师捉妖/

要 yāo　又音 yào　①系在腰间。②强求。③要挟。④邀请。⑤拦阻。⑥相约。

高要　二要　三要
割烹要　上宫要　食午要　玉佩要

腰 yāo　①胯上胁下部分。②裤、裙围在腰上的部分。③肾脏的俗称。④物体的中间部分。⑤像腰一样的地形。

白腰　半腰　抱腰　叉腰　长腰　楚腰
撑腰　缠腰　大腰　电腰　当腰　低腰
搭腰　蜂腰　弓腰　宫腰　哈腰　花腰
迴腰　虹腰　海腰　横腰　鞬腰　裤腰
牛腰　拦腰　菱腰　绿腰　柳腰　凝腰
懒腰　廊腰　岭腰　帘腰　毛腰　猫腰
蓬腰　青腰　纤腰　轻腰　琼腰　山腰
收腰　束腰　伸腰　沈腰　身腰　树腰
素腰　搜腰　土腰　弯腰　窝腰　舞腰
小腰　下腰　细腰　暇腰　绣腰　玉腰
岩腰　中腰　折腰　直腰
艾盈腰　不弯腰　半中腰　半截腰　楚宫腰
胫如腰　剑横腰　女儿腰　懒折腰　水桶腰
水蛇腰　水泥腰　沈郎腰　伸懒腰　细抹腰
一搦腰
摧眉折腰　打拱哈腰　点头哈腰　低眉折腰
低头哈腰　虎背熊腰　鹤膝蜂腰　两手叉腰
罗锅着腰　纳裤挪腰　潜懒折腰　十万缠腰
为米折腰　五斗折腰　五斗低腰　杨一弓腰
不为五斗米折腰/楚王好细腰/泰山压顶不弯腰/

邀 yāo　①迎候。②希求。③约请。④取得。

颖邀　奔邀　花邀　见邀　难邀　朋邀
时邀　同邀　特邀　相邀　月邀　应邀
坐邀　招邀
半道邀　尺书邀　泛花邀　妓舸邀　酒侣邀
莲舍邀　明月邀　茗椀邀　千金邀　清歌邀
玉人邀　夜真邀

爻 yáo　八卦中每一卦中的长短横线。

布爻　宝爻　观爻　卦爻　六爻　论爻
明爻　上爻　生爻　阴爻　阳爻　演爻
读一爻　换易爻　梦吞爻　十二爻
易布三爻　易饮三爻

肴 yáo　①做熟的肉类食物。②通“爻”，八卦中的符号。

菜肴　丰肴　惠肴　蕙肴　佳肴　概肴
酒肴　精肴　嘉肴　灵肴　美肴　绮肴
肉肴　尔肴　上肴　山肴　触肴　觞肴
无肴　鲜肴　有肴　野肴　左肴　珍肴
大官肴　橐中肴　无俗肴　易酒肴　载酒肴

尧 yáo　①至高貌。②传说中上古帝王名。

刍尧　吹尧　大尧　帝尧　吠尧　父尧
法尧　继尧　慕尧　生尧　神尧　顺尧
颂尧　体尧　唐尧　有尧　尧尧　祝尧
祖尧　遵尧　纂尧
荷塘尧　舜继尧
羹墙见尧　桀犬吠尧　跖犬吠尧

侥 yáo　又音 jiǎo　［僬侥］古代传说中的矮人。

岧侥　焦侥

峣 yáo　［僬峣］山高。

崔峣　岹峣　茗峣　体峣　迢峣　岧峣
岩峣　峣峣

姚 yáo　①姓。②美好。③飞扬。

禀姚　大姚　工姚　孟姚　票姚　嫖姚
剽姚　飘姚　骠姚　桥姚　二姚　魏姚
姓姚　有姚　余姚　远姚　虞姚　姚姚

珧 yáo　生活在海里的软体动物。

江珧

陶 yáo　又音 táo　［皋陶］传说中上古人名。

皋陶　斯陶

窑 yáo　①烧制砖、瓦等的大灶。②采煤而挖的洞。③窑洞。④妓院。

瓷窑　定窑　封窑　官窑　昊窑　建窑

女窑　煤窑　彭窑　青窑　烧窑　土窑
瓦窑　小窑　宣窑　象窑　薰窑　越窑
砖窑　柴窑　蒸窑
播功窑　大食窑　哥哥窑　高丽窑　吉州窑
龙泉窑　石灰窑

谣 yáo ①不用乐器伴奏的歌唱。②民谣。③谣言。

长谣　成谣　村谣　传谣　憧谣　楚谣
风谣　謌谣　歌谣　欢谣　农谣　里谣
民谣　町谣　辟谣　癖谣　衢谣　人谣
山谣　诗谣　时谣　童谣　闻谣　听谣
新谣　吟谣　舆谣　造谣
尺布谣　独酌谣　康衢谣　来暮谣　贫女谣
去思谣　水仙谣　太平谣　童子谣　五裤谣
小姑谣　晓仙谣　玉鸾谣　醉中谣
尺布之谣　烂羊之谣　陶安应谣

摇 yáo ①摆动。②动摇。③上升。

步摇　波摇　超摇　齿摇　动摇　独摇
风摇　扶摇　撼摇　金摇　旌摇　精摇
庶摇　柳摇　目摇　飘摇　摽摇　山摇
手摇　扇摇　头摇　揣摇　心摇　星摇
须摇　云摇　摇摇　影摇　摇摇　舟摇
招摇
灯影摇　红裙摇　画旗摇　画桨摇　黄麾摇
酒旗摇　抉扶摇　金步摇　浪花摇　浪中摇
铃索摇　麦浪摇　满地摇　簟纹摇　任风摇
山岳摇　石帆摇　望招摇　心摇摇　玉尘摇
吟笔摇　雨色摇
地动山摇　风吹枝摇　风雨飘摇　目眩神摇
判不可摇　食指忽摇　心惊神摇　心药神摇
整瓶不摇半瓶摇/

徭 yáo ①劳役。②瑶族。

百徭　丁徭　大徭　代徭　多徭　皇徭
官徭　均徭　咎徭　门徭　轻徭　戎徭
率徭　五徭　同徭　爻徭　优徭　占徭
杂徭　征徭　钟徭　租徭
百工徭　河朔徭　三月徭
隶善钟徭

遥 yáo ①远。②逍遥。③飘荡。

超遥　悲遥　道遥　风遥　非遥　峰遥
歌遥　路遥　翘遥　人遥　任遥　山遥
水遥　逍遥　西遥　云遥　遥遥
北斗遥　故乡遥　隔水遥　鹤声遥　酒船遥
马蹄遥　梦魂遥　暮山遥　去路遥　水石遥
天地遥　一身遥　眼界遥　雁行遥
馆号逍遥　路远山遥　鹏程逍遥　鹏鹏逍遥

瑶 yáo ①美玉。②美好。③我国少数民族名。

白瑶　丹瑶　飞瑶　劳瑶　江瑶　娇瑶
瑾瑶　琨瑶　兰瑶　浓瑶　陆瑶　珉瑶
青瑶　琼瑶　沙瑶　天瑶　吐瑶　小瑶
新瑶　叶瑶　有瑶　玉瑶　月瑶　瑶瑶
朱瑶　枝瑶　紫瑶
陆士瑶　智作瑶
漫天琼瑶　瑞世琼瑶

飖 yáo ［飘飖］随风摆动。

飘飖　飖飖

杳 yǎo 无影无声。

空杳　緜杳　青杳　深杳　夭杳　雾杳
云杳　杳杳
灯火杳　关河杳　红尘杳　秋天杳　仙鹤杳
音信杳
音书已杳　任沉雁杳

咬 yǎo ①用牙压碎或夹住东西。②用钳子等工具夹住。③受审讯时扯上不相关的人。④腐蚀。⑤读字音。

虫咬　叮咬　反咬　狗咬　乱咬　哇咬
蛙咬　小咬　咬咬　哑咬
遭虫咬
黄鸟咬咬

窅 yǎo 眼睛眍进去。

深窅　香窅　阴窅　幽窅　窅窅
天地窅　禹地窅

窈 yǎo ①深远。②美好。③幽静貌。

浮窈　窈窈
可以窈

药 yào ①药品。②用药物治疗。③毒杀。④有某些化学物品。

熬药 白药 百药 补药 川药 次药
采药 採药 吃药 成药 常药 尝药
草药 春药 打药 丹药 逗药 弹药
毒药 得药 饵药 方药 分药 风药
芳药 服药 敷药 峰药 贡药 怪药
国药 膏药 给药 火药 红药 好药
汗药 悍药 花药 焊药 婚药 九药
进药 莨药 基药 救药 酒药 快药
苦药 狂药 裤药 弄药 良药 灵药
农药 凉药 兰药 末药 名药 迷药
买药 没药 妙药 麻药 卖药 蒙药
求药 乞药 气药 取药 弃药 去药
秋药 奇药 窃药 平药 配药 饯药
入药 乳药 热药 上药 山药 勺药
生药 芍药 送药 司药 收药 圣药
时药 神药 试药 蛇药 施药 赎药
投药 汤药 特药 偷药 丸药 易药
乌药 误药 下药 心药 仙药 朽药
西药 行药 寻药 泻药 新药 献药
用药 阳药 仰药 医药 要药 眼药
野药 阴药 中药 自药 至药 知药
灼药 坐药 种药 炸药 抓药 制药
著药
安眠药 不死药 不龟药 催眠药 后悔药
韩康药 迷魂药 蒙汗药 洴澼药 二和药
特效药 下烂药 中草药
不可救药 不龟手药 不死之药 采兰赠药
吃后悔药 嫦娥偷药 嫦娥窃药 对症下药
带雨芍药 狗皮膏药 腐肠之药 回春灵药
韩琦与药 韩康卖药 韩公卖药 黄色炸药
黑色炸药 狂香芍药 苦口良药 灵丹妙药
灵丹圣药 刘晨采药 鹿门采药 齐王赐药
枪支弹药 缺医少药 入画芍药 姮娥窃药
蜀贾卖药 万应灵药 无可救药 无烟火药
辛勉引药 瑕邱卖药 徐福求药 仙丹圣药
谢医却药 应融丸药 延医抓药 醉粉芍药
陆杭尝药 腐肠之药
不知葫芦里卖的甚么药/葫芦里装的什么药/急脱急着，胜如服药/卖狗皮膏药/闷葫芦里究竟藏着什么药//穷算命，富吃药/售胝足之药/说真方卖假药/

钥 yào 又音 yuè 钥匙。

管钥 启钥

要 yào 又音 yāo ①应该。②索取。③重要。④将要。⑤请求。⑥总要。⑦值得看重的。⑧叫让。

不要 比要 必要 兵要 从要 次要
冲要 禅要 粹要 撮要 大要 达要
典要 道要 倒要 端要 扼要 凡要
非要 归要 固要 纲要 概要 合要
会要 华要 覆要 衡要 久要 旧要
机要 就要 纪要 诀要 举要 将要
简要 津要 紧要 辑要 襟要 快要
款要 农要 难要 理要 领要 明要
秘要 切要 权要 清要 日要 首要
守要 世要 枢要 识要 诗要 深要
势要 索要 体要 提要 握要 文要
武要 心要 相要 须要 形要 显要
险要 需要 月要 殷要 雅要 游要
中要 只要 正要 主要 至要 旨要
知要 执要 治要 指要 总要 择要
重要 政要 招要 质要 摘要
千秋要 上纲要 天地要
地势险要 钩言提要 简明扼要
简单扼要 权豪势要 山峰险要 事关紧要
无关紧要 多端寡要 王戎简要

鹞 yào 一种凶猛的鸟。

白鹞 捕鹞 怀鹞 黄鹞 海鹞 佳鹞
南鹞 飘鹞 铁鹞 畏鹞 献鹞 纸鹞
鸷鹞
从风鹞 击霜鹞
太守怀鹞 信陵捕鹞

曜 yào ①照耀。②日、月、星都称"曜"。③明亮。

炳曜 重曜 光曜 火曜 海曜 交曜
金曜 精曜 两曜 灵曜 朗曜 敛曜
木曜 全曜 奇曜 清曜 潜曜 二曜
日曜 升曜 双曜 水曜 土曜 吐曜
文曜 星曜 眩曜 羲曜 月曜 阳曜
有曜 曜曜 争曜 振曜 照曜

孟德曜
日出有曜

耀 yào ①强光照射。②显扬。③光荣。④眩惑。

忭耀 炳耀 碧耀 被耀 彪耀 惮耀
道耀 电耀 光耀 耿耀 冠耀 户耀
华耀 海耀 黑耀 辉耀 赫耀 焜耀
熀耀 九耀 炯耀 景耀 矜耀 晶耀
精耀 夸耀 诳耀 流耀 门耀 明耀
奇耀 潜耀 清耀 荣耀 闪耀 晟耀
韬耀 文耀 炫耀 显耀 衔耀 引耀
月耀 有耀 炎耀 炀耀 熠耀 艳耀
颖耀 隐耀 耀耀 隐耀 烛耀 照耀
电光闪耀 金星闪耀 潜光隐耀 炫烨光耀
阳光炫耀

标 biāo ①树梢。②准的。③记号。④写明。⑤旗帜。⑥工程招标。⑦出色。⑧标志。

岸标 靶标 觇标 超标 草标 词标
漕标 达标 灯标 导标 夺标 风标
丰标 浮标 发标 高标 孤标 会标
航标 横标 界标 金标 酒标 建标
锦标 开标 立标 龙标 路标 落标
木标 目标 名标 明标 权标 清标
土标 山标 诗标 神标 商标 天标
投标 温标 甍标 小标 袖标 玉标
英标 音标 游标 中标 治标 抬标
指标 员标 坐标 紫标
赤诚标 风向标 桂精标 绛林标 万世标
姓名标 仰清标 硬指标 雁塔标
错认颜标 国际音标 卢肇夺标 华氏温标
开氏温标 适射目标 预定目标

彪 biāo 小虎。

班彪 彪彪 高彪 怒彪 社彪 卧彪
颜彪 张彪 熊彪
虎彪彪
人马一彪

膘 biāo 肥肉。

保膘 掉膘 肥膘 黄膘 落膘 扑膘
上膘 跌膘 长膘 脂膘 抓膘 蹲膘
马著膘 玉露膘 鹰落膘
催肥蹲膘

镖 biāo ①标枪。②一种金属投掷暗器。③刀锋。

保镖 飞镖 劫镖 梭镖 走镖

飙 biāo ①暴风。②风。

奔飙 冲飙 飞飙 风飙 回飙 寒飙
金飙 狂飙 凉飙 轻飙 神飙 商飙
天飙 仙飙 迅飙 香飙
凌风飙 舞回飙 挹清飙 御天飙 昨夜飙
紫清飙

镳 biāo ①同“镖”。②马嚼子两头露在嘴外的部分。

镳镳 分镳 飞镳 华镳 金镳 举镳
解镳 龙镳 连镳 联镳 弯镳 鸣镳
轻镳 驱镳 玉镳 扬镳 征镳
扈仙镳 卷征镳 五陵镳 肃鸾镳
分路扬镳 分道扬镳

表 biǎo ①外部。②中医用药方法之一。③表格。④钟表。⑤计量事物量的器具。⑥表亲关系。⑦表彰。⑧树立的标志。⑨表明。⑩特出。⑪表示。

八表 百表 扁表 表表 报表 尘表
代表 对表 地表 电表 断表 风表
防表 发表 圭表 挂表 姑表 火表
合表 华表 怀表 海表 桓表 江表
旌表 口表 抗表 坤表 课表 女表
立表 林表 老表 年表 略表 马表
民表 美表 秒表 密表 墓表 跑表
谱表 青表 阡表 奇表 亲表 签表
人表 日表 四表 水表 石表 手表
世表 身表 师表 寿表 试表 数表
天表 图表 停表 填表 万表 无表
外表 为表 物表 舞表 微表 形表
降表 一表 云表 言表 仪表 议表
营表 意表 遗表 姨表 姻表 中表
战表 制表 钟表 植表 姿表 甄表
八荒表 百分表 曝光表 电子表 电压表
登记表 电流表 防水表 负债表 肛门表
归华表 寒暑表 金字表 检字表 刊误表
勘误表 课程表 履历表 目力表 马蹄表

煤气表　千分表　气压表　人伦表　日历表
时间表　视力表　天下表　天文表　体温表
统计表　铜柱表　万用表　万里表　温度表
一州表　云台表　一览表　依刘表　夜光表
游泳表　正误表　自动表　座次表　字母表
出人意表　电子手表　鹤归华表　辽天华表
辽东华表　令威华表　全权代表　三爵刘表
徒有其表　为人师表　万世师表　虚有其表
一代师表　溢于言表　金玉其表　天下之表
千里立表
摩氏硬度表/资产负债表/

裱　biǎo　用纸、丝等装饰字、画。

潢裱　衣裱　装裱

摽　biào　①举。②落下。③用胳膊紧紧钩住。

掰摽　相摽　有摽
无不摽

鳔　biào　鱼体内的气囊，俗称鱼泡。

盂鳔　鱼鳔

剽　piāo　①抢劫，剽窃。②攻击。③轻捷而勇猛。④削分。

本剽　仇剽　椎剽　大剽　恶剽　攻剽
惊剽　权剽　轻剽　耳剽　勇剽　中剽
稚剽
公孙剽　准楚剽

漂　piāo　又音　piǎo，piào　①浮在液体上面不沉下去。②动摇。

凫漂　浮漂　萍漂　漂漂　水漂　鱼漂
焚漂　发漂
水上漂　鱼子漂

飘　piāo　①旋风。②随风飘动。③落。④漂泊，无依无靠。

尘飘　电飘　风飘　发飘　浮飘　帆飘
纷飘　粉飘　红飘　花飘　开飘　狂飘
驾飘　流飘　鸾飘　螺飘　萍飘　蓬飘
飘飘　轻飘　衫飘　丝飘　诗飘　雪飘
香飘　絮飘　霞飘　云飘　衣飘　雨飘
烟飘　雁飘　影飘　萤飘
暗香飘　碧梧飘　酒旗飘　空飘飘　练晨飘
柳絮飘　霓旌飘　浪花飘　满座飘　轻飘飘
任风飘　素练飘　舞袖飘　雪花飘　绣带飘
虚飘飘　一叶飘　云外飘　羽盖飘　异香飘
雨飘飘　迎风飘　游丝飘
冰封雪飘　大雪飘飘　风吹雪飘　凤泊鸾飘
梗浮萍飘　红旗飘飘　军旗飘飘　万里雪飘
雪花飘飘

嫖　piáo　玩弄妓女为嫖。

虎嫖　宿嫖　哮嫖　夜嫖
又赌又嫖　日赌夜嫖

瓢　piáo　①一种舀水用具。②瓠瓜。

茶瓢　操瓢　箪瓢　大瓢　瓜瓢　挂瓢
掛瓢　花瓢　画瓢　寒瓢　酒瓢　满瓢
弃瓢　雀瓢　水瓢　诗瓢　僧瓢　天瓢
团瓢　秃瓢　仙瓢　洗瓢　一瓢　云瓢
玉瓢　引瓢　用瓢　颜瓢　药瓢　椰瓢
风瓢
长生瓢　泛泛瓢　乐一瓢　乐箪瓢　绿玉瓢
曲阜瓢　五石瓢　许由瓢　月入瓢　子洲瓢
瘳凝挈瓢　陋巷箪瓢　一箪一瓢　许由弃瓢
许由挂瓢
按下葫芦浮起瓢/抱住葫芦不放瓢/富贵如风中秉烛，私名似水上浮瓢/信了调，丢了瓢/照葫芦画瓢/

殍　piǎo　饿死的人。

饿殍　浮殍　饥殍　流殍　馁殍

漂　piǎo　又音 piāo　piào　①冲洗。②加药水使纺织品变白。

常漂　大漂　风漂　竞漂　浏漂　麦漂
轻漂　清漂　发漂
风雨漂　蚕妇漂　诸母漂

缥　piǎo　又音 piāo　青白色，淡青。

白缥　碧缥　赤缥　含缥　青缥　水缥
天缥　湘缥　装缥
陂色缥　萍含缥

瞟　piǎo　①斜视。②眼边。

乱瞟
到处瞟　眼一瞟

票 piào ①钞票。②印的或写的凭证。③迅疾。④标出。⑤指被匪徒绑架。⑥非职业性的戏曲表演。

白票 半票 布票 包票 保票 补票
绑票 车票 传票 查票 唱票 钞票
彩票 船票 大票 打票 当票 飞票
废票 发票 饭票 官票 股票 火票
红票 汇票 货票 计票 角票 拘票
监票 检票 借票 剪票 开票 客票
粮票 毛票 门票 面票 免票 牌票
全票 期票 钱票 肉票 水票 税票
售票 撕票 退票 胎票 逃票 通票
玩票 小票 选票 月票 邮票 银票
支票 站票 债票
藏书票 打保票 打回票 打包票 多数票
飞机票 发货票 来回票 联运票 往返票
写包票 选举票 月台票 印花票 印税票
站台票
纪念邮票 空头支票 普通邮票 特种邮票
信任投票
无记名投票/

喵 miāo 拟声词，形容猫叫声。

猫叫喵喵

苗 miáo ①幼小的植株。②某些初生的动物。③形状像苗的东西。④疫苗。⑤事情的因由。⑥民众。

白苗 保苗 补苗 拔苗 出苗 春苗
菜苗 锄苗 定苗 豆苗 灯苗 独苗
痘苗 蹲苗 稻苗 根苗 禾苗 火苗
花苗 缓苗 介苗 扶苗 间苗 菊苗
践苗 矿苗 灵苗 良苗 黎苗 藜苗
嫩苗 露苗 苗苗 麦苗 茂苗 全苗
青苗 山苗 黍苗 时苗 树苗 蒜苗
田苗 天苗 小苗 心苗 仙苗 新苗
有苗 育苗 幼苗 疫苗 油苗 秧苗
鱼苗 银苗 揠苗 药苗 烟苗 壮苗
植苗 猪苗
不秀苗 草长苗 法王苗 放青苗 琥珀苗
牛痘苗 买青苗 芍药苗 新田苗 玉生苗
莠乱苗
留犊时苗

描 miao 依照原样摹画、写。

白描 笔描 勾描 轻描 手描 扫描
素描 细描 新描 烟描
黛重描 银管描 左手描
淡写轻描

瞄 miáo 视力集中在一点上看。

枪瞄 眼瞄

鹋 miáo ［鸸鹋］鸵鸟的一种，善走，不能飞，生活在大洋洲森林中。

鸸鹋

杪 miǎo ①树梢。②微小。③末端。

春杪 冬杪 华杪 剑杪 林杪 木杪
杳杪 秋杪 舌杪 岁杪 松杪 树杪
天杪 夏杪 月杪 烟杪 竹杪 枝杪
青云杪 云木杪
峰若剑杪

眇 miǎo ①一目失明。②眯着眼看。③细小。

川眇 冲眇 福眇 幻眇 浩眇 肌眇
蹇眇 眇眇 么眇 莽眇 蒙眇 轻眇
仁眇 辱眇 深眇 途眇 微眇 玄眇
乡眇 形眇 月眇 言眇 幼眇 杳眇
幽眇 要眇 至眇 蕞眇

秒 miǎo ①禾芒。②时间单位。③微妙。

度秒 分秒 禾秒 加秒 余秒
分分秒秒 争分夺秒 抓分捉秒

渺 miǎo ①微小。②水势无际貌。③渺茫。

奥渺 莽渺 洸渺 晶渺 旷渺 茫渺
渺渺 漂渺 杳渺 烟渺
荒江渺 水势渺
湖水浩渺 烟波浩渺

缈 miǎo ［缥缈］形容隐隐约约，若有若无。

缥缈
虚无缥缈

藐 miǎo ①小。②小看。③广阔。

孤藐　绵藐　藐藐　三藐　县藐　悠藐
昭藐
听藐藐
听者藐藐
言者谆谆，听者藐藐/

邈 miǎo ①远。②离去。③超过。

冲邈　尘邈　广邈　高邈　宏邈　荒邈
浩邈　峻邈　路邈　茗邈　绵邈　眇邈
冥邈　溟邈　缅邈　邈邈　清邈　神邈
殊邈　轩邈　遐邈　元邈　云邈　愚邈
悠邈　渊邈
妻唾冯邈

妙 miào ①美好。②奇巧。③精微。

奥妙　不妙　笔妙　称妙　粗妙　超妙
大妙　多妙　端妙　功妙　高妙　诡妙
绝妙　隽妙　诀妙　精妙　龙妙　灵妙
丽妙　烂妙　美妙　曼妙　墨妙　敏妙
巧妙　穷妙　奇妙　轻妙　清妙　二妙
入妙　手妙　胜妙　深妙　神妙　韶妙
特妙　为妙　微妙　婉妙　心妙　纤妙
玄妙　尤妙　妍妙　优妙　研妙　英妙
幼妙　益妙　愈妙　众妙　至妙　知妙
最妙　钟妙
精严净妙　莫名其妙　曲尽其妙　谈经入妙
谈玄说妙　诗壁天妙　一台二妙　庄严华妙
造微入妙　臻于精妙　璀靖二妙

庙 miào ①宗庙。②供神佛等的地方。③祭祀。④庙会。

出庙　成庙　祠庙　大庙　得庙　古庙
告庙　国庙　赶庙　高庙　逛庙　荒庙
鹤庙　九庙　江庙　旧庙　浃庙　郊庙
祭庙　家庙　建庙　孔庙　立庙　陵庙
廊庙　破庙　七庙　起庙　亲庙　清庙
寝庙　山庙　双庙　圣庙　守庙　神庙
设庙　太庙　特庙　塔庙　檀庙　文庙
武庙　小庙　行庙　学庙　元庙　园庙
原庙　岳庙　治庙　宗庙　祖庙
防风庙　关帝庙　黄陵庙　开佛庙　龙女庙
龙王庙　罗池庙　土地庙　王母庙　胥口庙
读疏宣庙　堕泪祜庙　高祖蛛庙　嗣宗毁庙
大水冲了龙王庙/躲得和尚躲不得庙/跑得了和尚，跑不了庙/孙猴子变山神，三个土地堂，庙庙庙（妙妙妙）/走了和尚走不了庙/

刁 diāo ①刁斗。②狡猾。③勾引。

逞刁　才刁　斗刁　放刁　奸刁　击刁
鸣刁　嫫刁　耍刁　竖刁　撒刁　调刁
夜刁　嘴刁

凋 diāo ①凋谢。②衰败。③损伤。

半凋　草凋　槁凋　后凋　荷凋　久凋
涧凋　兰凋　零凋　露凋　木凋　秋凋
霜凋　外凋　先凋　已凋　牙凋　叶凋
早凋
暗绿凋　本不凋　碑藓凋　翠幄凋　藕花凋
片片凋　四时凋　岁寒凋　望秋凋　叶叶凋
叶已凋　永不凋　朱颜凋
松柏后凋

碉 diāo 碉堡。

暗碉　地碉

雕 diāo ①一种凶猛的大鸟。②刻竹、木、玉石、金属等。③用彩画装饰。

贝雕　冰雕　彩雕　瓷雕　大雕　堆雕
雕雕　放雕　浮雕　根雕　改雕　后雕
花雕　匠雕　可雕　刻雕　泥雕　落雕
镂雕　木雕　鹏雕　盘雕　秋雕　漆雕
石雕　双雕　射雕　善雕　透雕　微雕
玉雕　牙雕　圆雕　椰雕　竹雕　斫雕
坠雕　琢雕　篆雕
匪琢雕　翡翠雕　箭双雕　近虫雕　贯双雕
璞已雕　四时雕　石崇雕　雪外雕　夜鸣雕
坐山雕
金铸玉雕　泥塑木雕　朽木难雕　骈贯双雕
一箭双雕　骈贯双雕
朽木不可雕/

鲷 diāo ［真鲷］鱼名。通称“加吉鱼”，体红色，肉味鲜美。

真鲷

貂 diāo 一种哺乳动物。

捕貂　大貂　丰貂　汉貂　华貂　黑貂

金貂 解貂 客貂 秦貂 囚貂 名貂
珥貂 水貂 竖貂 松貂 香貂 续貂
玉貂 紫貂
狗续貂 七叶貂 上公貂 续狗貂 侍中貂
尾续貂 烛烧貂
狗尾续貂

吊 diào ①祭奠死者。②悬挂。③伤痛。④凭吊。⑤提取。

哀吊 不吊 独吊 浮吊 赴吊 会吊
鹤吊 吉吊 就吊 敬吊 可吊 开吊
临吊 凭吊 陪吊 泣吊 庆吊 起吊
亲吊 受吊 使吊 上吊 生吊 塔吊
往吊 相吊 唁吊 自吊 箴吊
故旧吊 双鹤吊 褐裘吊 龙门吊 青绳吊
生刍吊 徐稚吊 越疆吊
形影相吊 虮虱相吊
癞蛤蟆吃豇豆，悬吊吊/茕茕孑立，形影相吊/

钓 diào ①钓鱼虾等。②设法谋取。③钓钩。④引诱。

鳌钓 垂钓 沉钓 独钓 公钓 耕钓
吕钓 上钓 设钓 太钓 投钓 陶钓
渭钓 下钓 学钓 弋钓 一钓 渔钓
引钓 夜钓 游钓 舟钓 屠钓
寒江钓 磻溪钓 太公钓 严滩钓 严陵钓
隐居钓 子陵钓 羊裘钓
光安耕钓 老和耽钓 临河而钓 任公垂钓
磻溪直钓 渭滨垂钓 羊裘垂钓

调 diào 又音 tiáo ①调动。②曲调。③选拔官吏。④征调。⑤说话的腔调，人的才情风格。⑥转动。⑦计算。

步调 变调 笔调 悲调 才调 出调
词调 抽调 常调 楚调 辞调 彩调
大调 对调 低调 单调 调调 风调
反调 发调 讽调 工调 古调 改调
高调 宫调 格调 嘎调 汉调 徽调
旧调 讥调 借调 基调 绝调 口调
内调 老调 论调 柳调 谰调 滥调
落调 谑调 慢调 平调 跑调 启调
曲调 情调 腔调 强调 入调 柔调
上调 双调 时调 色调 声调 商调
顺调 殊调 同调 提调 投调 调调
外调 小调 下调 选调 息调 协调
宣调 叙调 新调 乐调 音调 易调
语调 移调 窑调 雅调 韵调 中调
走调 杂调 字调 征调 智调 转调
嘲调 撒调 排调
巴人调 唱反调 唱高调 宫商调 华胥调
黄梅调 清平调 相思调 咏叹调 租庸调
正宫调 诸宫调
陈词滥调 陈腔滥调 陈规滥调 浮词滥调
内查外调 南腔北调 流腔流调 拿腔拿调
行腔转调 引为同调 油腔滑调 野腔无调
荀陆排调
你打鼓，我吹号，各奏各的调/

掉 diào ①落下。②摆动。③振动。④遗失。⑤减损。⑥回转。⑦对换。⑧摆弄。

拔掉 吃掉 除掉 对掉 丢掉 帆掉
干掉 改掉 狂掉 难掉 能掉 怒掉
免掉 卖掉 泼掉 抛掉 去掉 倾掉
扔掉 失掉 手掉 甩掉 舌掉 省掉
头掉 脱掉 忘掉 尾掉 心掉 摇掉
足掉 战掉 钟掉 振掉 震掉
风蒲掉 花影掉 脚不掉 马尾掉 轻心掉
手足掉 参旗掉
尾大不掉 一口吞掉
末大必折，尾大不掉/扫帚不到，灰尘不掉/

铫 diào 又音 yáo 煮开水用的器具。

伴铫 石铫 沙铫 药铫

佻 tiāo ①轻薄放纵。②窃取。

猜佻 儇佻 惯佻 奸佻 巧佻 轻佻
佻佻 心佻 纤佻 县佻 言佻 愚佻
躁佻

挑 tiāo 又音 tiǎo ①用肩担着。②担东西。③选、拣。

担挑 高挑 口挑 堪挑 懒挑 没挑
手挑 数挑 心挑 选挑 针挑
肩上挑 双肩挑 细高挑 一肩挑 一起挑
仔细挑 杖头挑
一条扁担两头挑/

祧 tiāo ①帝王远祖的庙。②超越。

承祧 合祧 兼祧 临祧 庙祧 去祧
私祧 守祧 无祧 享祧 裡祧 主祧
宗祧 昭祧
文王祧 武王祧 先君祧

条 tiáo ①植物的长枝条。②形状像长条形的东西。③长。④项目。⑤条理。

白条 本条 冰条 便条 报条 长条
车条 赤条 春条 翠条 插条 单条
飞条 丰条 风条 分条 发条 封条
幅条 粉条 藩条 劲条 金条 借条
戒条 教条 荆条 锯条 假条 口条
枯条 科条 六条 肋条 南条 路条
领条 律条 料条 炉条 柳条 绿条
链条 檩条 零条 木条 毛条 面条
棉条 篾条 鸣条 皮条 屏条 攀条
千条 欠条 青条 铅条 荣条 束条
收条 身条 松条 散条 桑条 霜条
天条 同条 条条 通条 铁条 藤条
苇条 万条 信条 细条 线条 雪条
萧条 玉条 压条 有条 沿条 油条
银条 远条 正条 中条 字条 灾条
枝条 种条 毡条 逐条
不改条 白玉条 搬教条 碧丝条 赤条条
粗浅条 短长条 打白条 第一条 合欢条
红绒条 吕公条 老油条 拉皮条 柳散条
万千条 万纫条 云对条 忘忧条 织柳条
紫锦条
冰柱条条 颁国六条 风雨萧条 进井有条
金科玉条 精赤条条 色彩线条 死路一条
商业萧条 冶叶倡条 造立律条
庙里的旗杆，光棍一条/歪理十八条/

鲦 tiáo 鱼名。身体小，银白色，生活在淡水中。

春鲦 轻鲦 纤鲦 游鲦

苕 tiáo 又音 sháo ①苇子的花。②苕子。③古书上指“紫威”。

翠苕 剪苕 兰苕 灵苕 连苕 陵苕
兰苕 美苕 苕苕 苇苕 青苕 荣苕
烟苕 旨苕
溪花苕 颜若苕
黄发垂苕

迢 tiáo 远。

暮迢 迢迢 韦迢 违迢 誉迢
别思迢
路远迢迢 千里迢迢 万里迢迢

髫 tiáo 小孩头上垂下的短发。

垂髫 抚髫 双髫 蜗髫
黄发垂髫

调 tiáo 又音 diào ①协调。②挑拨。③调配。④嘲弄。

不调 别调 鼎调 弓调 美调 和调
镜调 空调 刘调 奴调 来调 能调
烹调 气调 亲调 凄调 请调 失调
手调 时调 味调 微调 性调 协调
谐调 爕调 一调 匀调 逐调
八风调 大禾调 鼎鼎调 风雨调 凤凰调
户正调 虎豹调 律吕调 马新调 琴瑟调
人曲调 四时调 玉露调 玉柱调 玉烛调
阴阳调 意自调
动作协调 后天失调 琴瑟不调 嗓音失调
雨顺风调 众口难调 智者能调
羊羹虽好，众口难调/

蜩 tiáo 指蝉。

承蜩 寒蜩 鸣蜩 秋蜩 时蜩 蟪蜩
噪晚蜩 风引蜩 嘒嘒蜩 柳上蜩 乳莺蜩
叶底蜩 咏风蜩
佝偻承蜩 痀偻承蜩 丈人承蜩

挑 tiǎo 又音 tiāo ①用竹竿把东西拨开或支起。②一种刺绣方法。③拨动。④汉字笔画。

出挑 灯挑 斗挑 目挑 堪挑 频挑
琴挑 时挑
带泪挑 尽堪挑 锦字挑 秋灯挑 琴心挑
绣懒挑

朓 tiǎo 农历月底月亮在西方出现。

北朓 独朓 广朓 顾朓 高朓 晦朓
临朓 览朓 目朓 清朓 四朓 晚朓
夕朓 西朓 闲朓 谢朓 远朓

望舒眺

窕

tiǎo ［窈窕］形容女子文静而美好。

袅窕 目窕 眉窕 轻窕 窍窕 深窕

杳窕 窅窕 窈窕

小者不窕

眺

tiào ①眺望。②斜视。

觇眺 还眺 迥眺 顾眺 临眺 览眺

目眺 凭眺 清眺 轻眺 晚眺 闲眺

远眺 仰眺 窅眺 吟眺 窈眺 延眺

临轩眺

登高远眺 凭栏远眺

跳

tiào ①跳跃。②越过障碍。③跳动。④跳板。

暗跳 波跳 暴跳 蹦跳 蹿跳 颤跳

飞跳 高跳 欢跳 虎跳 惊跳 龙跳

临跳 乱跳 起跳 雀跳 弹跳 踢跳

无跳 蛙跳 心跳 雨跳 鱼跳 眼跳

跃跳

蹦极跳 不要跳 白鱼跳 撑杆跳 东门跳

活跳跳 开口跳 泥蛙跳 索蚁跳 雪珠跳

雨珠跳

蹦蹦跳跳 欢蹦乱跳 虎卧龙跳 活蹦乱跳

龙飞虎跳 龙拏虎跳 连跑带跳 连续纵跳

连蹦带跳 跑跑跳跳 七纵八跳 耳热眼跳

上蹿下跳 心惊肉跳 一戳即跳 纵身一跳

粜

tiào 卖粮食。

出粜 春粜 对粜 贩粜 官粜 贵粜

贱粜 平粜 劝粜 秋粜 市粜 腾粜

宜粜 自粜 招粜 振粜

把米粜 无米粜 五月粜

鸟

niǎo 飞禽的统称。

白鸟 百鸟 赤鸟 苍鸟 翠鸟 春鸟

踆鸟 大鸟 丹鸟 凡鸟 飞鸟 凤鸟

风鸟 蜂鸟 归鸟 高鸟 歌鸟 孤鸟

国鸟 花鸟 好鸟 画鸟 害鸟 黄鸟

候鸟 海鸟 寒鸟 旧鸟 娇鸟 惊鸟

禁鸟 倦鸟 俊鸟 孔鸟 狂鸟 女鸟

灵鸟 卵鸟 留鸟 雷鸟 鸟鸟 旅鸟

遛鸟 梦鸟 鸥鸟 匹鸟 朋鸟 鹏鸟

青鸟 琴鸟 栖鸟 仁鸟 三鸟 水鸟

沙鸟 时鸟 宿鸟 素鸟 射鸟 蜀鸟

吞鸟 田鸟 童鸟 啼鸟 铁鸟 铜鸟

鸵鸟 文鸟 屋鸟 小鸟 玄鸟 仙鸟

信鸟 戏鸟 星鸟 孝鸟 狎鸟 枭鸟

犀鸟 玉鸟 元鸟 云鸟 妖鸟 阳鸟

焉鸟 益鸟 鱼鸟 众鸟 朱鸟 织鸟

征鸟 拙鸟 鸷鸟 瞻鸟

安巢鸟 比翼鸟 布谷鸟 百灵鸟 保护鸟

报春鸟 传信鸟 催花鸟 冬候鸟 反舌鸟

伽蓝鸟 鹌鹑鸟 花间鸟 桓山鸟 唤春鸟

护花鸟 九头鸟 儿维鸟 极乐鸟 迦陵鸟

惊鹏鸟 笼口鸟 能言鸟 欧椁鸟 青陵鸟

失林鸟 三青鸟 三足鸟 时闻鸟 伤弓鸟

始祖鸟 绶带鸟 随阳鸟 吐绶鸟 题凡鸟

同心鸟 鹈天鸟 无翼鸟 尾上鸟 闻啼鸟

惜春鸟 相凤鸟 夏候鸟 一足鸟 燕行鸟

枝上鸟 啄木鸟

不离飞鸟 沉仲为鸟 承尘鹏鸟 东兔西鸟

海上鸥鸟 惊弓之鸟 罗舍梦鸟 笼中之鸟

梦中吞鸟 潜鱼飞鸟 伤弓之鸟 忘机鸥鸟

忘情鱼鸟 休鸟留鸟 桃园打鸟

以秕喂鸟 燕王好鸟 烛邹主鸟

夫妻本是同林鸟/歼良歌黄鸟/枪打出头鸟/

袅

niǎo ①细长柔美。②摇曳。③缭绕。

暗袅 低袅 女丹 歌袅 芦袅 袅袅

青袅 苒袅 姌袅 丝袅 声袅 蓧袅

香袅 斜袅 烟袅 幼袅 嫋袅

波纹袅 钓竿袅 金钗袅 凉风袅 裙袅袅

柔条袅 腰袅袅

炊烟袅袅 东风袅袅 亭亭袅袅 婷婷袅袅

余音袅袅

尿

niào 又音 suī ①小便。②撒尿。

不尿 把尿 粪尿 更尿 就尿 利尿

尿尿 泌尿 排尿 溲尿 撒尿 无尿

遗尿 夜尿

狗噢热尿

单见鸡吃水，不见鸡撒尿/

撩 liáo 又音 liāo ①掀起。②用手洒水。

先撩 重撩 见撩 腿撩 下撩

辽 liáo ①远。②开阔。

冰辽 冒辽 大辽 道辽 荡辽 度辽
辽辽 清辽 戌辽 事辽 沈辽 通辽
小辽 幽辽 窔辽 阻辽 张辽
鹤归辽 江海辽

疗 liáo ①止。②医治。

病疗 电疗 妒疗 放疗 光疗 就疗
化疗 饥疗 救疗 灸疗 泥疗 理疗
蜡疗 贫疗 求疗 全疗 请疗 水疗
善疗 体疗 巡疗 医疗 营疗 疫疗
自疗 治疗 诊疗
精心治疗 巡回医疗

窌 liáo 外灸穴位名。

南窌 石窌 塞窌 掌窌
牛鸣窌

聊 liáo ①依赖。②慰藉。③姑且。④聊天。闲谈。

不聊 残聊 圭聊 椒聊 难聊 聊聊
穷聊 且聊 守聊 神聊 无聊 亡聊
闲聊 萧聊 瞎聊 亦聊
为圃苏聊

僚 liáo ①官。②一起做官的人。

百僚 宾僚 宦僚 大僚 共僚 官僚
阁僚 局僚 姣僚 君僚 幕僚 朋僚
清僚 群僚 绮僚 松僚 庶僚 散僚
同僚 王僚 下僚 仙僚 新僚 元僚
友僚 众僚
君子僚 托下僚 电裙僚

撩 liáo 又音 liāo 挑弄，引逗。

暗撩 歌撩 相撩 萧撩
蝶意撩 物华撩

嘹 liáo 声音响亮。

风嘹 嘹嘹 萧嘹

獠 liáo 面貌凶恶。

北獠 村獠 洞獠 恶獠 饿獠 古獠
孤獠 群獠 山獠 生獠 熟獠 土獠
宵獠 夷獠
扑杀此獠

寮 liáo ①小屋。②僧舍。

茶寮 窗寮 度寮 山寮 松寮 僧寮
庶寮 疏寮 下寮 元寮 云寮 曳寮
鸭寮 药寮 榨寮
枯木寮 七客寮 绮作寮 退居寮 西掖寮

缭 liáo ①缠绕。②围绕。③缝纫方法之一。

回缭 环缭 青缭 岑缭 屈缭 翘缭
绕缭 相缭 支缭
矜纠改缭

燎 liáo 又音 liǎo ①烫。②延绕。

从燎 毒燎 告燎 桂燎 寒燎 举燎
就燎 龙燎 门燎 明燎 守燎 升燎
松燎 设燎 庭燎 远燎 仰燎 原燎

鹩 liáo ［鷦鹩］鸟名，也叫巧妇鸟，身小而尾短，捕食小虫。

鷦鹩

寥 liáo ①空旷。②稀疏。③天空。

碧寥 参寥 廓寥 寂寥 寥寥 森寥
清寥 凄寥 入寥 泬寥 星寥 萧寥
幽寥 纵寥 窒寥
伴寂寥 碧天寥 景廓寥 影寥寥

了 liǎo 又音 le ①明白。②结束。③聪明有才智。④副词，完全。

必了 便了 毕了 草了 聪了 到了
得了 公了 过了 皆了 吉了 可了
抗了 康了 了了 临了 难了 没了
末了 明了 私了 事了 心了 易了
已了 自了 终了 照了
不得了 春又了 春事了 大不了 短不了
官事了 何时了 免不了 青未了 秦吉了
少不了 受不了 心已了 吟未了 做得了
简单明了 孔融了了 没完没了 烹狗藏了

王室完了　心中了了　小时了了　秀才康了
一了百了　左右开了
大事化小，小事化了/过这村，就没这店了/含在嘴里怕化了，提在手里怕碎了/三日三夜说不了/兔子尾巴，长不了/一人跌倒，众人都了/真的假不了，假的真不了/

蓼

liǎo　一年生或多年生草本植物。

不蓼　白蓼　尝蓼　甘蓼　红蓼　集蓼
枯蓼　六蓼　蓼蓼　木蓼　芹蓼　秋蓼
荣蓼　水蓼　舒蓼　食蓼　天蓼　汀蓼
荼蓼　戏蓼　香蓼　野蓼　种蓼　紫蓼
泽蓼
垂岸蓼　木天蓼
周颙葵蓼

燎

liǎo　又音 liáo　①放火焚烧。②烘烤。③挨近了火而烧焦。

火燎　焚燎　燔燎　燎燎　薪燎　炎燎
野燎
火燎燎
火冒急燎　火急火燎　火烧火燎　心急火燎
心焦火燎　油煎火燎　烟熏火燎　董脐昏燎

瞭

liào　又音 liǎo　瞭望，远远地望。

明瞭　清瞭　视瞭
眸子瞭　朦而瞭　双目瞭　童子瞭

料

liào　①预测。②计数。③材料。④料想。⑤烧料。⑥整理。⑦可供人制造的东西。

不料　布料　拌料　备料　材料　衬料
猜料　草料　厨料　错料　大料　电料
单料　肥料　肺料　俸料　废料　辅料
敷料　工料　公料　共料　更料　果料
骨料　焊料　糊料　鹤料　计料　加料
讵料　可料　逆料　炉料　粮料　难料
料料　零料　木料　毛料　马料　面料
麻料　摩料　磨料　坯料　配料　岂料
如料　染料　饵料　鞣料　燃料　石料
生料　双料　史料　诗料　饲料　事料
谁料　塑料　善料　深料　烧料　投料
涂料　谈料　调料　填料　香料　笑料
陷料　稀料　云料　衣料　油料　饮料
原料　语料　养料　预料　意料　药料
颜料　佐料　作料　自料　杂料　质料
资料　照料　整料　装料
边角料　出所料　粗饲料　红麻料　核燃料
青饲料　如所料　软饮料　下脚料　原材料
不出所料　玻璃肥料　出人意料　出乎意料
迟效肥料　复合肥料　酚醛塑料　化学肥料
合成染料　活性染料　间接肥料　颗粒肥料
历史资料　农家肥料　劳力资料　耐火材料
泡沫塑料　生产资料　生活资料　速效肥料
商品肥料　搜集资料　图书资料　偷工减料
文献资料　无机肥料　消费资料　细菌肥料
有机肥料　有机染料　直接肥料
曹操败走华容道，果然不出所料/

撂

liào　放下，搁置。

乱撂
到处撂　随手撂

镣

liào　脚镣

脚镣　铐镣　炉镣　炉镣　铁镣

艽

jiāo　［秦艽］草本植物，根可入药。

秦艽

交

jiāo　①付托。②相连。③相互接触。④结交。⑤交情。⑥交错。⑦接合。⑧交配。⑨交纳。⑩交易。

邦交　博交　成交　初交　订交　点交
定交　递交　淡交　缔交　断交　发交
泛交　复交　烦交　好交　怀交　厚交
工交　故交　国交　掼交　寡交　欢交
混交　恒交　魂交　贿交　交交　旧交
金交　结交　绝交　接交　解交　建交
健交　开交　款交　立交　老交　兰交
利交　论交　纳交　耐交　啫交　滥交
撂交　面交　卖交　平交　朋交　贫交
攀交　齐交　穷交　前交　情交　绮交
上交　石交　失交　私交　世交　死交
硕交　社交　深交　神交　善交　势交
舌交　摔交　素交　托交　提交　泰交
谈交　外交　下交　性交　相交　息交
宣交　贤交　祥交　新交　一交　阴交

阳交　有交　移交　养交　知交　至交
杂交　栽交　择交　转交
八拜交　布衣交　车笠交　出门交　道义交
方外交　管鲍交　贵易交　九月交　金石交
金兰交　纪群交　青云交　莫逆交　贫贱交
贫时交　尔汝交　如水交　上下交　水草交
生死交　杵臼交　世外交　市逆交　势利交
文字交　忘年交　忘形交　刎颈交　杵血交
小人交　云霞交　异代交　有素交　再世交
尔汝交
八拜之交　不可开交　不得开交　半面之交
持禄养交　单拆重交　点头之交　戴笠故交
泛泛之交　割席绝交　管鲍之交　和平外交
患难之交　金兰之交　金石之交　君子之交
季英定交　经济杂交　建立邦交　口头之交
狂士仲交　老实巴交　乌集之交　半面之交
莫逆之交　拍板成交　炮舰外交　贫贱之交
千里论交　市道之交　水火无交　是谓神交
水米无交　生死之交　忘年之交　文字之交
无性杂交　杵臼之交　刎颈之交　心照神交
心腹之交　与善人交　与恶人交　一人之交
一面之交　有性杂交　总体外交　总角之交
郭解借交

郊

jiāo　①城市以外地区。②祭祀名。

彼郊　出郊　城郊　春郊　大郊　奉郊
荒郊　活郊　寒郊　江郊　京郊　近郊
金郊　浚郊　乐郊　老郊　孟郊　满郊
圻郊　青郊　晴郊　三郊　四郊　市郊
宛郊　西郊　雪郊　远郊　烟郊　游郊
止郊
白杨郊　碧水郊　长安郊　淡烟郊　孤村郊
花明郊　稼盈郊　上幸郊　桑柘郊　晚云郊
溪山郊　竹老郊
射鸭孟郊

茭

jiāo　指“茭白”，可做蔬菜。

刍茭　长茭　寒茭　青茭　玉茭
万东茭　峙乃茭

姣

jiāo　①容貌美好。②妖媚。

长姣　炒姣　娥姣　姣姣　煎姣　夸姣
母姣　美姣　天姣　娃姣　纤姣　研姣
夭姣
红姣姣　毛嫱姣　文君姣　梧子姣　西子姣
颜空姣　庸中姣　子都姣　朝云姣
凤女鸾姣　西施至姣

胶

jiāo　①能黏合器物的东西。②橡胶。③像橡胶的东西。④牢固。⑤黏着。

阿胶　白胶　杯胶　虫胶　春胶　东胶
段胶　发胶　怀胶　黄胶　呵胶　果胶
硅胶　骨胶　割胶　皎胶　口胶　孔胶
栲胶　鸾胶　铅胶　明胶　麇胶　鳔胶
漆胶　如胶　乳胶　溶胶　水胶　松胶
树胶　塑胶　投胶　桃胶　脱胶　西胶
弦胶　橡胶　鱼胶　脂胶　黏胶
杯则胶　大豆胶　杜仲胶　德音胶　驴皮胶
鹿角胶　石花胶　熟橡胶　透明胶　万能胶
雨后胶　紫凤胶
丁笨橡胶　合成橡胶　还魂橡胶　硫化橡胶
人造橡胶　似漆如胶　歙漆阿胶　天然橡胶

蛟

jiāo　①蛟龙。②鲨鱼。

搏蛟　飞蛟　伐蛟　巨蛟　龙蛟　老蛟
梦蛟　猛蛟　潜蛟　二蛟　如蛟　山蛟
水蛟　射蛟　神蛟　腾蛟　舞蛟　鱼蛟
御蛟　斩蛟　遭蛟
得雨蛟　化龙蛟　九子蛟　连眉蛟　裂山蛟
千年蛟　贤人蛟　走青蛟　枕石蛟
抱虎枕蛟　次非斩蛟　南山之蛟　起凤腾蛟
李子射蛟　许逊除蛟　周处杀蛟　周处斩蛟

跤

jiāo　跟头。

跌跤　掼跤　摺跤　摔跤

鲛

jiāo　鲨鱼。

鱼鲛　舟鲛
合浦鲛　剑饰鲛

浇

jiāo　①灌溉。②浇铸。③薄。④水的回波。

风浇　浮浇　酒浇　漓浇　泉浇　水浇
俗浇　深浇　汤浇　先浇　洗浇
抱瓮浇　古今浇　茗椀浇　似汤浇
钢铸铁浇

娇 jiāo ①姿态妩媚。②娇气。③爱怜过甚。④宠爱。

百娇 村娇 宠娇 楚娇 春娇 藏娇
大娇 多娇 黛娇 娥娇 风娇 含娇
花娇 黄娇 佼娇 娇娇 女娇 弄娇
柳娇 眉娇 媚娇 儿娇 声娇 撒娇
态娇 殢娇 夭娇 语娇 烟娇 眼娇
艳娇 燕娇 莺娇 作娇 助娇 争娇
枝娇 最娇 贮娇 姿娇
不胜娇 并鸳娇 百啭娇 春色娇 逗红娇
蝶翅娇 粉黛娇 红逞娇 花助娇 困眼娇
泥人娇 柳眉娇 柳眼娇 恋春娇 入春娇
学语娇 玉面娇 玉环娇 语目娇 燕语娇
鹦哥娇 雉媒娇 掌中娇
江山多娇 金屋藏娇 金屋贮娇 江山多娇
金屋藏娇 金屋贮娇 柳亸花娇 柳弱花娇

骄 jiāo ①猛烈。②自满。③马健壮。④放纵。

阿骄 不骄 宠骄 随骄 偾骄 狠骄
军骄 戒骄 将骄 揭骄 骄骄 矜骄
马骄 虎骄 要骄 奢骄 天骄 无骄
勿骄 宣骄 虚骄 歇骄 志骄 自骄
风雪骄 火云骄 狐兔骄 马蹄骄 贫贱骄
气势骄 怯去骄 秋正骄 晴鸟骄 豺虎骄
玉骢骄 紫骝骄
贵不期骄 气充老骄 一代天骄 在上不骄
偃蹇而骄 我马唯骄
国清才子贵，家富小儿骄/棋逢敌手难相胜，将遇良才不敢骄/上交不谄，下交不骄/

教 jiāo 又音 jiào ①传授（知识）。②使，让。

放教 悔教 口教 懒教 谁教 悉教
阿母教 单名教 净母教 上卿教 日者教

椒 jiāo ①木名，花椒。②花椒子。

半椒 春椒 大椒 斗椒 夫椒 芳椒
番椒 焚椒 红椒 花椒 胡椒 海椒
甜椒 金椒 辣椒 青椒 秦椒 茂椒
山椒 申椒 蜀椒 颂椒 天椒 涂椒
握椒 香椒
工点椒 开口椒 柿子椒 天仙椒 小辣椒
玉盘椒 竹叶椒
配盐幽椒 桃李之椒 三迁之椒

焦 jiāo ①黄黑色。②干燥至极。③焦炭。④火烧物体发出焦味。⑤着急。⑥烦躁。

半焦 跋焦 鲍焦 芳焦 焚焦 龟焦
结焦 焦焦 聚焦 枯焦 林焦 炼焦
木焦 冒焦 茅焦 煤焦 扰焦 三焦
上焦 舌焦 烧焦 团焦 头焦 调焦
下焦 心焦 叶焦 忧焦 中焦 早焦
阵焦
草木焦 爨下焦 客心焦 落叶焦 鲤尾焦
婆饼焦 起枯焦 琴尾焦 桐尾焦 一荚焦
鸭脚焦
管秃唇焦 敬客背焦 老实八焦 舌敝唇焦
弃蔬鲍焦
事不关心，关心者焦/

蕉 jiāo ①香蕉。②芭蕉科植物名。

白蕉 芭蕉 败蕉 翠蕉 甘蕉 红蕉
护蕉 金蕉 鹿蕉 梦蕉 山蕉 水蕉
题蕉 覆蕉 香蕉 牙蕉
丛丛蕉 倒插蕉 凤尾蕉 覆鹿蕉 翻风蕉
佛手蕉 鹿藏蕉 鹿覆蕉 美人蕉 亭亭蕉
雪中蕉 新叶蕉 羊角蕉 战雨蕉
覆鹿遗蕉 覆鹿寻蕉 怀素种蕉 摩诘芭蕉
徐写甘蕉

礁 jiāo ①江河海洋中浮现水面的岩石。②海中珊瑚虫遗骸堆积的岩石。

暗礁 啁礁 触礁 倒礁 环礁 海礁
呶礁 数礁 咀礁
珊瑚礁

嚼 jiáo 又音 jué jiào ①用牙齿磨碎食物。②辨味。

出嚼 含嚼 呼嚼 嚼嚼 马嚼
水嚼 始嚼
大吃大嚼 浅斟细嚼 屠门大嚼
过屠门而大嚼/

角 jiǎo 又音 jué ①牛、羊等头上长出骨状突出物。②形状像角的。③几何学名词。④角落。⑤额骨。⑥古代量器。⑦物体边沿相接处。⑧量词。

八角 白角 边角 把角 背角 补角

崩角 鬓角 璧角 辰角 吹角 残角
茱角 陈角 触角 船角 窗角 大角
斗角 瓜角 豆角 对角 顶角 独角
地角 底角 钝角 调角 额角 风角
反角 奋角 粉角 封角 俯角 圭角
瓜角 宫角 拐角 乖角 鼓角 号角
画角 海角 寒角 交角 军角 夹角
决角 角角 金角 岬角 犄角 畸角
厥角 警角 羁角 口角 叩角 扣角
内角 龙角 牛角 邻角 利角 劣角
犖角 狼角 棱角 楼角 菱角 鹿角
篱角 骥角 帘角 麟角 毛角 芒角
麦角 明角 鸣角 平角 鼙角 傍角
雀角 倾角 墙角 日角 锐角 四角
山角 石角 失角 三角 双角 沙角
戍角 死角 塞角 视角 笋角 树角
烧角 丧角 日角 天角 头角 秃角
田角 无角 外角 吻角 闻角 屋角
晚角 蜗角 小角 晓角 犀角 虚角
一角 右角 玉角 印角 衣角 月角
牙角 羊角 印角 羽角 掎角 余角
远角 仰角 意角 眼角 夜角 隅角
银角 燕角 韵角 詹角 周角 长角
折角 皂角 总角 周角 直角 制角
转角 左角 爪角 嘴角 纸角
成山角 磁倾角 对顶角 东北角 东南角
多面角 毒八角 姑洗角 钩栏角 巾垫角
立体角 两蜗角 羚羊角 露头角 马生角
梅花角 球面角 青林角 倾斜角 蜗牛角
星八角 西南角 西北角 圆周角 圆心角
眼犄角 中心角 折巾角 折方角
不露圭角 初露头角 说持牛角 风毛麟角
饭牛叩角 拐弯抹角 龟毛兔角 含牙戴角
黑牛白角 贾宪三角 龙头锯角 龙章麟角
羚羊挂角 马头无角 鸣鼓吹角 鼠牙雀角
天粟马角 天涯海角 头上长角 乌头马角
乌白马角 旋风羊角 有棱有角 杨收辨角
杨辉三角 五鹿折角 蝇头蜗角 崭露头角
转弯抹角 勾心斗角 钩心斗角
天雨粟，马生角/学者如牛毛，成者如麟角/
乌头白，马生角/

侥 jiǎo 又音 yáo ［侥幸］免去不幸。

避侥 海侥 溪侥 行侥 追侥
长游侥 理系侥 凌云侥 青衣侥 谁海侥

佼 jiǎo 美好。

肥佼 佼佼 僄佼 壮佼
养壮佼
诡术尸佼 庸中佼佼

狡 jiǎo ①少壮的狗。②强健。③狡猾。④美好。

奸狡 挟狡 内狡 朦狡 僄狡 剽狡
巧狡 宿狡 肆狡 兔狡 凶狡 雄狡
淫狡 阴狡
庸中狡狡

饺 jiǎo 有陷的面食。

煎饺 肉饺 水饺 蒸饺 煮饺
锅铁饺

绞 jiǎo ①两根线状物扭成一根绳索。②扭紧。③一种酷刑。④勒死。⑤缠绕。

根绞 句绞 纠绞 绞绞 手绞 索绞
言绞
吏议绞 履中绞
心如刀绞 心痛如绞

铰 jiǎo ①用剪刀剪。②机械工业上的一种切削法。

宝铰 金铰
胡钉铰 剪子铰
枪枪铰铰

皎 jiǎo ①月光洁而明亮。②光明。

白皎 华皎 晶皎 皎皎 皤皎 日皎
素皎 月皎 珠皎 铮皎
白皎皎 明皎皎 沙岸皎 目星皎
星空皎皎

筊 jiǎo 竹索。

绹筊 竹筊

挢 jiǎo ①举。②假托。③纠正。

担挢 举挢 舌挢 坦挢

矫 jiǎo 又音 jiáo ①纠正。②抑制。③强健。④假托。⑤杂糅。

初矫 诡矫 惊矫 矫矫 内矫 奇矫
清矫 轻矫 强矫 失矫 天矫 痛矫
无矫 外矫 夭矫 言矫 远矫 自矫
赠矫
孤鸿矫 龙夭矫 轻鸥矫
高允矫矫 龙骧凤矫

脚 jiǎo 又音 yué ①人和动物行走的器官。②物体的下端。③剩下的废料。④脚步。

岸脚 碍脚 白脚 百脚 别脚 病脚
绊脚 抱脚 拔脚 跛脚 豹脚 撇脚
笨脚 长脚 赤脚 出脚 茶脚 草脚
称脚 差脚 插脚 城脚 春脚 船脚
大脚 打脚 电脚 动脚 地脚 跌脚
搭脚 顿脚 跺脚 垫脚 踮脚 殿脚
风脚 佛脚 废脚 泔脚 国脚 赶脚
根脚 跟脚 裹脚 后脚 汗脚 合脚
横脚 交脚 金脚 肩脚 举脚 蛟脚
阶脚 接脚 筋脚 开脚 裤脚 立脚
拉脚 林脚 落脚 篱脚 马脚 舶脚
跛脚 蓬脚 起脚 前脚 跷脚 拳脚
墙脚 日脚 忍脚 软脚 四脚 失脚
山脚 水脚 手脚 双脚 伸脚 捎脚
顺脚 煞脚 撒脚 挑脚 抬脚 铁脚
踏脚 跳脚 腿脚 无脚 屋脚 小脚
下脚 行脚 洗脚 朽脚 信脚 线脚
跣脚 修脚 霞脚 歇脚 弋脚 云脚
右脚 月脚 运脚 曳脚 秧脚 雨脚
鸭脚 腰脚 韵脚 左脚 正脚 字脚
折脚 注脚 针脚 展脚 阵脚 直脚
坠脚 驻脚
抱佛脚 折墙脚 春有脚 大脑脚 打赤脚
费手脚 古钗脚 弄手脚 露马脚 前后脚
二踢脚 山水脚 捎带脚 挖墙脚 仰八脚
阳春脚 站住脚 做手脚
碍手碍脚 比手画脚 笨手笨脚 叉手叉脚
草头木脚 搓手顿脚 粗手笨脚 捶胸跺脚
大手大脚 动手动脚 电脑风脚 多手多脚
点手划脚 撷手颠脚 慌手慌脚 捏手捏脚
露出马脚 蹑手蹑脚 毛手毛脚 慢手慢脚
忙手忙脚 绊手绊脚 七手八脚 轻手轻脚
轻手蹑脚 束手束脚 缩手缩脚 槌胸跌脚
小手小脚 羞手羞脚 阳春有脚 蝇头蚊脚
指手画脚 扎手舞脚 站不住脚 拙手钝脚
搬起石头砸自己的脚/打翻在地，再踏上一只脚/高一脚低一脚/急来抱佛脚/急则抱佛脚/临时抱佛脚/平时不烧香，临时抱佛脚/棋高一着，缚手缚脚/三花脸唱戏，配脚/台上握手，台下踢脚/头痛医头，脚痛医脚/闲时不烧香，急则抱佛脚/闲时不烧香，急来抱佛脚/闲时不烧香，忙时抱佛脚/

搅 jiǎo ①扰乱。②搅动。

悲搅 缠搅 打搅 翻搅 胡搅 混搅
肩搅 搅搅 乱搅 浪搅 绿搅 遍搅
情搅 挠搅 树搅 数搅 搜搅 骚搅
痛搅 掀搅 萦搅
春风搅 春寒搅 诗肠搅 征尘搅

湫 jiǎo 又音 qiū 低洼。［湫隘］低温狭小。

隘湫

徼 jiǎo 又音 jiào 徼倖。

巴徼 方徼 故徼 火徼 豪徼 惠徼
黄徼 江徼 继徼 日徼 石徼 山徼
无徼 幸徼 紫徼
福可徼

缴 jiǎo 又音 zhuó ①交纳。②缠绕。

盘缴 上缴 收缴 搜缴 销缴 火缴
追缴

剿 jiǎo 又音 chāo 讨伐，消灭。

包剿 清剿 搜剿 围剿

叫 jiào ①呼喊。②鸣叫。③称呼。④召唤。⑤叫做。⑥使。

哀叫 不叫 扑叫 长叫 唱叫 惨叫
大叫 高叫 聒叫 鼓叫 号叫 呼叫
欢叫 吼叫 喊叫 豪叫 灌叫 阚叫
酣叫 嗥叫 嚎叫 叫叫 鸡叫 绝叫
惊叫 哭叫 狂叫 难叫 鸣叫 齐叫
嚷叫 色叫 嘶叫 通叫 啼叫 夕叫

嚣叫　嘘叫　仰叫　夜叫　猿叫　自叫
澡叫
不知叫　大语叫　咕咕叫　嘎嘎叫　呑呑叫
呱呱叫　呷呷叫　连声叫
大呼小叫　大吵大叫　大声吼叫　大喊大叫
飞禽鸣叫　鸡飞狗叫　乱嚷乱叫　驴嘶马叫
喇叭鸣叫　马嘶驴叫　咪咪猫叫　汽笛鸣叫
清唏大叫　人欢马叫　夜莺鸣叫　鹧鸪啼叫
紧急呼叫

峤 jiào　又音 qiáo　山道。

春峤　方峤　风峤　荒峤　湖峤　峻峤
千峤　群峤　梯峤　危峤　烟峤

轿 jiào　抬人的工具。

车轿　彩轿　大轿　颠轿　过轿　花轿
来轿　起轿　上轿　山轿　乘轿　抬轿
驮轿　温轿　小轿　舆轿　竹轿　走轿
坐轿
大姑娘上轿/

觉 jiào　又音 jué　①醒。②睡醒。③量词。

大觉　困觉　响觉　睡觉　午觉　一觉
鸳鸯觉　囫囵觉　瘬无觉　睡大觉
眯了一觉

校 jiào　又音 xiào　①订正。②考核。③比较。④查对。⑤古代的囚具。⑥计较。

案校　比校　编校　仇校　初校　参校
点校　订校　对校　钩校　互校　活校
核校　荷校　计校　讲校　精校　检校
刊校　考校　课校　勘校　屡校　量校
评校　三校　审校　死校　推校　通校
详校　新校　严校　研校　遗校　隐校
优校　总校　众校
犯而不校　周程不校

较 jiào　①比较。②明显。③计较。④概略。大旨。

比较　大较　重较　参较　辜较　计较
金较　考较　猎较　情较　岁较　倚较
锱铢较
斤斤计较　铢施两较　锱铢必较

教 jiào　又音 jiāo　①指导。②宗教。③教诲。④使。⑤政教。

不教　邦教　拜教　罢教　从教　吃教
呈教　传教　成教　垂教　承教　春教
赐教　叨教　电教　道教　敦教　德教
睹教　风教　父教　发教　犯教　妇教
佛教　服教　敷教　公教　拐教　高教
国教　管教　诰教　火教　回教　红教
好教　黄教　诲教　候教　计教　见教
旧教　尽教　就教　家教　科教　内教
礼教　劳教　来教　领教　聆教　名教
母教　明教　姆教　密教　七教　求教
请教　勤教　仁教　人教　任教　如教
儒教　失教　世教　四教　书教　受教
声教　设教　帅教　施教　师教　身教
神教　诗教　说教　释教　善教　唆教
率教　施教　土教　天教　听教　讨教
胎教　庭教　调教　万教　文教　无教
王教　五教　外教　往教　祆教　玄教
行教　信教　训教　先教　邪教　宣教
修教　新教　有教　异教　言教　幼教
严教　阴教　诱教　雅教　遗教　谕教
翊教　主教　正教　助教　在教　执教
宗教　指教　遵教　政教　智教　箴教
八卦教　拜火教　拜物教　错改教　东正教
多神教　浮邪教　净名教　基督教　喇嘛教
清真教　三从教　十二教　萨满教　天主教
天理教　一神教　一经教　印度教　犹太教
耶稣教　尊儒教
不吝指教　不吝赐教　称师善教　奉令承教
红衣主教　九流三教　加特力教　罗马公教
聆听指教　明刑弼教　婆罗门教　孺子可教
辱承指教　枢机主教　神道设教　桃李之教
先生施教　谢人指教　虚心求教　有何见教
因材施教　言传身教　义方之教　伊斯兰教
移樽就教　三迁之教　没有家教　尊师重教
不听管教　用心调教
以言教不如身教/要孩子好，生下来就要教/

酵 jiào　①发酵。②酒酵。

发酵　酒酵　老酵　引酵　余酵　糟酵

窖 jiào ①贮藏物品的地洞。②埋藏。

宝窖 冰窖 穿窖 菜窖 大窖 地窖
独窖 窦窖 发窖 风窖 君窖 老窖
泉窖 人窖 石窖 诗窖 土窖 雪窖
仁裕诗窖

噍 jiào 嚼，吃东西。

倒噍 啁噍 镌噍

醮 jiào ①道士设坛祭神。②古人婚娶时的祭神礼。

初醮 打醮 改醮 满醮 盃醮 秋醮
水醮 夜醮 再醮 斋醮

徼 jiào 又音 jiǎo ①边界。②巡查。

海徼 边徼 关徼
长游徼 淮海徼 青衣徼

藠 jiào 藠头，就是薤（xiè）。

花藠 金藠 梅藠 攀藠 寿藠 紫藠

悄 qiāo 又音 qiǎo 没有声音。

悄悄
轻悄悄 阴悄悄
夜静悄悄

硗 qiāo 土地坚硬不肥沃。

肥硗 硗硗

跷 qiāo 又音 juē ①举足。②踮起脚后跟。③竖起大拇指。

高跷 蹊跷 踏跷
一踩八头跷/

锹 qiāo 挖土，铲物的器具。

铁锹

敲 qiāo ①打击。②讹诈财物。③推敲。

暗敲 风敲 经敲 禁敲 磕敲 乱敲
连敲 垒敲 频敲 手敲 僧敲 推敲
雨敲 闲敲 一敲 杖敲
碧玉敲 唱月敲 风竹敲 金蹬敲 蕉雨敲
一僧敲 竹风敲
出手推敲 盎盂相敲 反复推敲 贾岛推敲
零打碎敲 推敲推敲 唾壶频敲

橇 qiāo ①在冰雪上滑行的器具。②古人在泥泞路上乘坐的器物。

冰橇 纤橇 雪橇

缲 qiāo 又音 sāo 做衣服边儿时藏着针脚的缝法。

绀缲 山缲

乔 qiáo ①乔木高而上曲。②詈词。③装假。

伯乔 豹乔 重乔 大乔 杜乔 洪乔
蓝乔 拿乔 迁乔 二乔 松乔 王乔
惟乔 小乔 玉乔 莺乔 张乔 桩乔
锁二乔 王子乔 欲成乔
出谷迁乔 大乔小乔 惟乔惟乔 误付洪乔

侨 qiáo ①客居在国外的人。②寄居异地。

归侨 罕侨 华侨 军侨 难侨 外侨
填侨 徐侨 谢侨 郑侨

荞 qiáo 荞麦。

花荞 苦荞 麦荞 收荞 种荞 钟荞

峤 qiáo 又音 jiào 山尖而高。

比峤 孤峤 和峤 海峤 李峤 温峤
云峤 月峤 越峤 野峤 山峤
绝裙温峤

桥 qiáo ①桥梁。②器物上的横梁。③像桥的东西。

鞍桥 冰桥 抱桥 板桥 便桥 版桥
般桥 霸桥 灞桥 长桥 草桥 拆桥
大桥 电桥 吊桥 登桥 道桥 搭桥
断桥 钓桥 飞桥 浮桥 过桥 拱桥
绠桥 河桥 虹桥 红桥 旱桥 黄桥
横桥 湖桥 巨桥 杞桥 旧桥 金桥
建桥 架桥 荐桥 津桥 垮桥 六桥
炉桥 浪桥 陆桥 脑桥 柳桥 兰桥
蓝桥 木桥 秦桥 鹊桥 水桥 山桥
石桥 市桥 索桥 绳桥 天桥 铁桥
题桥 五桥 午桥 渭桥 小桥 星桥
修桥 野桥 悬桥 旋桥 云桥 引桥
阳桥 仪桥 圯桥 银桥 驿桥 鼋桥

正桥　竹桥　朱桥　拓桥　造桥　舟桥
栈桥　填桥
白板桥　百花桥　鞭石桥　傍小桥　彩虹桥
赤栏桥　丁卯桥　灯满桥　独木桥　短长桥
飞岸桥　飞虹桥　公路桥　高架桥　活动桥
海棠桥　花霞桥　金水桥　跨线桥　开合桥
廿四桥　立交桥　罗锅桥　洛阳桥　南山桥
奈何桥　绿杨桥　卢沟桥　鸟雀桥　梦笔桥
漫水桥　七星桥　十五桥　石渡桥　升仙桥
锁魂桥　天津桥　铁索桥　万里桥　卧波桥
玩月桥　夕阳桥　孝廉桥　幸福桥　悬索桥
饮马桥　野溪桥　雁齿桥　豫让桥　早荚桥
赵州桥　涨平桥
鞭石成桥　长江大桥　过河拆桥　过街天桥
魂断蓝桥　据水断桥　挟剑长桥　君谟修桥
拉线搭桥　牵线搭桥　水浒兰桥　乌鹊成桥
乌鹊填桥　喜鹊搭桥　遇水架桥　广德从桥
掷巾为桥
白娘子哭断桥/独木不成桥/逢山开路，遇水搭桥/你走你的阳关道，我走我的独木桥/

翘　qiáo　又音 qiào　①抬起，举起。②鸟尾的长毛。③木板弯曲不平。

布翘　翠翘　花翘　兰翘　春翘　大翘
花翘　九翘　灵翘　连翘　翘翘　首翘
舒翘　肖翘　云翘　玉翘　有翘
悲翠翘　金雀翘　锦鸾翘　压翠翘　草舒翘
珊瑚翘　午云翘　向阳翘

谯　qiáo　谯楼，可以在城上瞭望。

重谯　华谯　丽谯　木谯　沛谯　谯谯
危谯　羽谯
军次谯

憔　qiáo　憔悴。

面容憔憔　柳悴花憔

樵　qiáo　①打柴。②木柴。③打柴的人。

采樵　春樵　负樵　贩樵　归樵　耕樵
歌樵　画樵　肩樵　荆樵　老樵　王樵
晚樵　薪樵　遇樵　渔樵　醉樵
伴山樵　布衣樵　谷口樵　懒拾樵　山可樵
武陵樵　玉山樵
买臣采樵　买妻耻樵

瞧　qiáo　①看。②偷看。

炳瞧　光瞧　够瞧　偷瞧　小瞧　夏瞧
到处瞧　等着瞧　瞧一瞧　四下瞧　仔细瞧
走着瞧
骑驴看唱本，走着瞧/西洋镜儿，慢慢往后瞧/

巧　qiǎo　①技巧。②灵巧。③美妙。④虚浮不实的话。⑤恰好。

不巧　兵巧　百巧　变巧　便巧　辩巧
呈巧　成巧　词巧　逞巧　藏巧　凑巧
大巧　斗巧　端巧　雕巧　风巧　浮巧
繁巧　工巧　赶巧　乖巧　刚巧　怪巧
锸巧　诡巧　化巧　花巧　匠巧　见巧
伎巧　机巧　技巧　精巧　靳巧　渐巧
隽巧　可巧　看巧　女巧　弄巧　佞巧
灵巧　俪巧　目巧　名巧　妙巧　僇巧
谬巧　缪巧　七巧　乞巧　齐巧　奇巧
曲巧　取巧　恰巧　情巧　绮巧　群巧
権巧　轻巧　倩巧　示巧　手巧　似巧
施巧　饰巧　善巧　天巧　佻巧　讨巧
偷巧　文巧　完巧　伪巧　小巧　炫巧
细巧　险巧　纤巧　邪巧　新巧　象巧
黠巧　乙巧　言巧　余巧　阴巧　妍巧
溲巧　遗巧　遇巧　淫巧　诱巧　艳巧
燕巧　正巧　至巧　众巧　作巧　拙巧
诈巧　最巧　智巧　嘴巧
春水巧　春盘巧　雕虫巧　公输巧　横波巧
金梭巧　来得巧　龙工巧　来凤巧　木鸡巧
眉样巧　眉移巧　如簧巧　天姥巧　天孙巧
五倕巧　一字巧　莺声巧　鹦舌巧　鹦鹉巧
张弓巧
工艺精巧　急中生巧　精致小巧　双手灵巧
使乖弄巧　神工天巧　耍奸取巧　熟能生巧
投机取巧　偷奸取巧　憔熟生巧　心灵手巧
艺术技巧　因难见巧　庄重精巧
吃根灯草，轻巧/吃根灯草，放屁轻巧/缺牙巴咬虱子，碰巧/人算不如天算巧/

悄　qiǎo　又音 qiāo　①忧愁。②寂静。

魂悄　静悄　空悄　梦悄　轻悄　夜悄

夜悄悄

壳 qiào 又音 ké 坚硬的外皮。

地壳 甲壳

俏 qiào ①容态漂亮。②商品的销路好。

波俏 绰俏 撮俏 疾俏 俊俏 紧俏
夸俏 看俏 灵俏 卖俏 倩俏 轻俏
讨俏 撣俏 黠俏 走俏 真俏
花枝俏 老来俏 生得俏
打情骂俏 卖乖弄俏 面容俊俏 行奸卖俏
迎奸卖俏 倚门卖俏 抓乖异俏 装疯卖俏

诮 qiào ①嘲讽。②责备。③完全，简直。

冰诮 都诮 谤诮 诋诮 带诮 诽诮
垢诮 讥诮 加诮 解诮 民诮 面诮
让诮 书诮 受诮 讪诮 生诮 畏诮
相诮 言诮 诒诮 自诮 责诮
未敢诮 移文诮
一婆至诮 元琫折诮

峭 qiào ①山势险峻。②陡岩。③严厉。

波峭 遒峭 才峭 苍峭 崥峭 庸峭
城峭 巉峭 陡峭 啸峭 高峭 孤峭
寒峭 难峭 陂峭 陵峭 岑峭 峻峭
刻峭 冷峭 料峭 奇峭 陂峭 峭峭
石峭 山峭 双峭 恃峭 耸峭 深峭
竦峭 森峭 挺峭 危峭 险峭 玉峭
崖峭
春寒料峭 春风料峭

鞘 qiào 又音 shāo ①刀剑套。②古代装银的空心木筒。

出鞘 抽鞘 刀鞘 挥鞘 近鞘 剑鞘
锦鞘 腱鞘 六鞘 鸣鞘 山鞘 丝鞘
铁鞘 玉鞘 叶鞘
三尺鞘
扬眉剑出鞘/

窍 qiào ①孔穴，空洞。②比喻事情的关键。

火窍 后窍 九窍 诀窍 捷窍 孔窍
开窍 空窍 两窍 七窍 前窍 泉窍
入窍 双窍 生窍 诗窍 天窍 通窍
无窍 万窍 心窍 腥窍 小窍 穴窍
蚁窍 凿窍
穿石窍 丹灵窍 浑无窍 混沌窍 瓠无窍
瓶二窍 七孔窍
财迷心窍 鬼迷心窍 混沌凿窍 痰迷心窍

翘 qiào 又音 qiáo 头向上昂起。

鸡翘 雉翘
横鬓翘 金凤翘 尾巴翘

肖 xiāo 又音 xiào 姓。

生肖
十二生肖

削 xiāo 又音 xuē ①用刀平着去掉皮。②减少。

刀削 刮削

消 xiāo ①除去。②溶化。③消遣。④减削。⑤消息。⑥消受。

不消 冰消 愁消 打消 对消 冻消
抵消 茅消 寒消 洒消 刻消 难消
鸾消 容消 水消 姗消 雾消 血消
清消 雪消 夏消 赐消 烟消 意消
翳消 只消 灾消 篆消
白日消 吃得消 吃不消 冻全消 见晛消
局棋消 静中消 泪痕消 怒气消 离忧消
暖初消 髀肉消 水浪消 宿雾消 雪半消
一醉消 业境消
肠断魂消 愁绪全消 胆丧魂消 滴水难消
涣如冰消 魄清魂消 瓦解冰消 玉陨香消
玉碎香消 王减香消 疑云难消
忍气饶人祸自消/心里痛快百病消/

宵 xiāo 夜。

丛宵 长宵 彻宵 残宵 春宵 灯宵
分宵 隔宵 花宵 寒宵 今宵 经宵
禁宵 良宵 连宵 凉宵 明宵 侵宵
清宵 前宵 深宵 夙宵 太宵 通宵
昕宵 元宵 月宵 衣宵 迎宵 夜宵
中宵 昨宵 终宵
度中宵 风雨宵 覆棋宵 诂一宵 可怜宵
闹元宵 月临宵 压连宵 只隔宵 醉春宵
朝朝寒食，夜夜元宵/服药千朝，不如独宿一宵/服药千朝，不如独寝一宵/

绡 xiāo 生丝。

冰绡 碧绡 长绡 春绡 飞绡 凤绡
红绡 绛绡 鲛绡 龙绡 卖绡 青绡
轻绡 文绡 生绡 云绡 中绡 紫绡
百尺绡 隔红绡 海上绡 今藕绡 泉客绡
雾苍绡
襟见红绡 元载鲛绡

硝 xiāo ①矿物名。②朴硝加黄米面处理毛发。

白硝 川硝 芒硝 皮硝 朴硝 甜硝
英硝
风化硝 今英硝 马牙硝

销 xiāo ①熔化金属。②消费。③注销。④销钉。⑤卖出。

包销 报销 尘销 产销 冲销 促销
插销 畅销 撤销 代销 吊销 定销
兜销 低销 反销 返销 焚销 勾销
供销 骨销 购销 回销 火销 花销
华销 虹销 核销 魂销 金销 经销
缴销 开销 内销 零销 情销 倾销
上销 适销 声销 试销 赊销 拓销
推销 统销 脱销 外销 旺销 行销
香销 运销 银销 注销 展销 滞销
烛销 制销
黯魂销 宝气销 笔锋销 冰魂销 客华销
蜡炬销 水沉销 宿恨销 睡里销 篆烟销
志气销
骨立形销 骨化形销 骨瘦形销 实报实销
一笔勾销 雨断云销

蛸 xiāo 螵蛸。

蜱蛸 虫蛸 蝉蛸 螵蛸 寒蛸

霄 xiāo ①高空云气。②天空。③夜间。

碧霄 长霄 冲霄 重霄 层霄 赤霄
丹霄 洞霄 九霄 绛霄 空霄 连霄
凌霄 陵霄 凝霄 摩霄 庆霄 青霄
清霄 三霄 神霄 遐霄 云霄 玉霄
因霄 烟霄 周霄 紫霄
逼空霄 粲九霄 挂层霄 鹤冲霄 九重霄
快冲霄 入云霄 上青霄 在碧霄 坐半霄
高入云霄 高插云霄 耸入云霄 声振九霄
耸壑凌霄 响彻云霄 翼振云霄 志在九霄
直上云霄

魈 xiāo ［山魈］ ①猴子的一种。尾短，脸蓝色。②传说中山里的鬼怪。

山魈

枭 xiāo ①勇健。②一种凶猛的鸟。③魁首。④悬挂（人头示众）。⑤山顶。

赐枭 鸱枭 得枭 毒枭 贵枭 呼枭
捕枭 穰枭 私枭 送枭 行枭 盐枭
争枭 雉枭 鸷枭
车徙枭 天下枭 庭树枭 哲妇枭

枵 xiāo ①空虚。②布类的丝缕稀疏而薄。

腹枵 元枵 中枵
诗肠枵 宽壶枵

鸮 xiāo 因恐惧而发出的声音。

鸱鸮

哓 xiāo ［哓哓］因恐惧乱嚷乱叫。

哓哓

骁 xiāo ①好马。②勇健。

百骁 凭骁 十骁 骁骁
莲花骁 士卒骁 万人骁

嚣 xiāo ①喧哗。②嚣张。

尘嚣 大嚣 多嚣 氛嚣 烦嚣 浮嚣
纷嚣 灌嚣 叫嚣 市嚣 司嚣 甚嚣
顽嚣 凶嚣 轩嚣 喧嚣 嚣嚣 炎嚣
众嚣
市井嚣 脱尘嚣 舞意嚣 远市嚣
城市嚣嚣 大肆叫嚣 一片喧嚣

萧 xiāo ①凄清。②萧条。③肃敬。

艾萧 苞萧 采萧 多萧 富萧 蓼萧
蔌萧 沛萧 飘萧 取萧 清萧 森萧
苇萧 纬萧 香萧 萧萧
昂生萧 汉庭萧 继八萧 马萧萧 青赐萧
山学萧 风萧萧
落叶萧萧 秋风萧萧 易水萧萧

潇 xiāo 水清而深。

潇潇

雨潇潇

风雨潇潇 洒洒潇潇

箫 xiāo ①竹管乐器。②弓的末端。

碧箫 长箫 吹箫 大箫 洞箫 笛箫
短箫 凤箫 弓箫 管箫 横箫 教箫
龙箫 两箫 弄箫 品箫 排箫 琼箫
秦箫 清箫 颂箫 森箫 韶箫 听箫
文箫 锡箫 玉箫 赢箫 雅箫 赵箫
紫箫

白玉箫 凤鸣箫 缓吹箫 九成箫 弄玉箫
听吹箫 少女箫 市中箫 舜作箫 伍员箫
象牙箫 月下箫

缑岭吹箫 弄玉吹箫 吴市吹箫 伍相吹箫

韩湘子吹箫/伍子胥吹箫/

翛 xiāo ①飞羽声。②自由自在。

戏翛 翛翛

洨 xiáo 洨河，水名。

都洨 斯洨

南会洨

淆 xiáo ①浊水。②混淆，杂乱。

报淆 登淆 纷淆 混淆 涸淆 困淆
两淆 曲淆 土淆 郑淆 战淆

神人淆 玉石淆

黑白混淆

崤 xiáo 崤山，山名，在河南省。

古崤 函崤 二崤 石崤

不下崤 肉为崤

小 xiǎo ①细。②时间短。③稍微。④小人。⑤轻视。⑥低微。⑦年幼。⑧稍微。

矮小 不小 白小 贝小 卑小 褊小
从小 初小 差小 痴小 大小 低小
胆小 短小 防小 附小 高小 花小
恨小 黄小 见小 极小 娇小 绝小
家小 口小 苛小 老小 弄小 年小
利小 量小 陋小 杪小 眇小 渺小
藐小 求小 浅小 妄小 起小 轻小
妻小 器小 群小 弱小 山小 示小
少小 术小 生小 事小 苏小 瘦小
缩小 贪小 讨小 无小 完小 忘小
微小 小小 心小 纤小 些小 霄小
细小 狭小 一小 衣小 迁小 幼小
作小 自小 众小 迮小 舟小 宅小
郑小 窄小 最小 做小

苏小小

无限小 心眼小 心欲小 心益小 香篝小
怨天小 银杯小 众山小

矮矮小小 不大不小 半大不小 道大不小
胆大心小 可大可小 来头不小 老大不小
雷大雨小 没大没小 七老八小 七大八小
妻儿老小 若大若小 头大尾小 无大无小
一家老小 由大变小 鱼大水小

胆欲大而心欲小/会当凌绝顶，一览众山小/
雷声大，雨点小/

晓 xiǎo ①天刚亮。②知道。③告知。

暗晓 不晓 半晓 报晓 初晓 敕晓
乘晓 春晓 窗晓 彻晓 撤晓 达晓
到晓 洞晓 憧晓 谛晓 方晓 分晓
风晓 拂晓 纷晓 该晓 户晓 昏晓
解晓 借晓 精晓 揭晓 渐晓 镜晓
开晓 明晓 破晓 譬晓 请晓 琴晓
侵晓 日晓 山晓 深晓 天晓 通晓
檄晓 心晓 知晓 谆晓

不知晓 春山晓 扶桑晓 鸡催晓 没分晓
秋江晓 山馆晓 霜天晓 天欲晓 银烛晓
晨鸡报晓 东方欲晓 家喻户晓 鸡鸣报晓
无所不晓 雄鸡报晓

浑身是口也难分晓/

筱 xiǎo ①小竹子。②同“小”。

岸筱 碧筱 丛筱 翠筱 丰筱 风筱
孤筱 高筱 寒筱 篁筱 涧筱 林筱
嫩筱 茂筱 密筱 奇筱 清筱 弱筱
松筱 霜筱 细筱 岩筱 烟筱 竹筱
临潭筱 山北筱 堂西筱 汶阳筱

釜沸渡筱

孝 xiào ①祭祀。②尊敬奉养父母。③孝顺。④指丧服。

不孝 表孝 出孝 成孝 传孝 穿孝
大孝 达孝 吊孝 笃孝 戴孝 挂孝
尽孝 敬孝 教孝 能孝 名孝 劝孝
仁孝 热孝 生孝 守孝 纯孝 父孝
望孝 小孝 兴孝 秀孝 谢孝 义孝
有孝 言孝 子孝 中孝 至孝 忠孝
质孝 重孝 终孝 昭孝
拜树孝 岑公孝 陆绩孝 寄鱼孝 姜鱼孝
老忠孝 民知孝 申生孝 用忠孝 望云孝
不只鸠孝 重华大孝 父慈子孝 父子忠孝
骄子不孝 二十四孝 披麻戴孝 王祥之孝
姊拒广孝 赵娥尽孝 不忠不孝

哮 xiào ①野兽吼叫。②人呼吸道的疾病。

嗷哮 嘲哮 訇哮 怒哮 咆哮
黄河哮 虎咆哮 饥虎哮 狮子哮
奔腾咆哮 海涛咆哮 猛虎咆哮
仁贵虎将哮/

肖 xiào 又音 xiāo ①仿效。②相貌相似。

不肖 逼肖 毕肖 才肖 德肖 酷肖
神肖 相肖 贤肖 雅肖
实因子肖 神情华肖 惟吉不肖 惟妙惟肖
无不毕肖 丹朱不肖

笑 xiào ①露出喜悦的表情。②讥笑。③笑纳。

傲笑 暗笑 诶笑 汴笑 贬笑 被笑
长笑 蚩笑 耻笑 谄笑 惨笑 嘲笑
痴笑 大笑 呆笑 逗笑 独笑 带笑
诋笑 非笑 发笑 诽笑 干笑 高笑
观笑 怪笑 歌笑 诟笑 后笑 好笑
花笑 含笑 哄笑 欢笑 虎笑 哗笑
哈笑 憨笑 哗笑 诙笑 酣笑 毁笑
灌笑 见笑 讥笑 极笑 奸笑 娇笑
疾笑 菊笑 假笑 可笑 苦笑 狂笑
堪笑 愧笑 冷笑 咧笑 狞笑 浓笑
戮笑 佞笑 朗笑 睨笑 谑笑 目笑
买笑 卖笑 闵笑 悯笑 媚笑 俳笑
破笑 鄙笑 赔笑 颦笑 嗤笑 巧笑
取笑 倩笑 浅笑 强笑 轻笑 窃笑
认笑 软笑 忍笑 失笑 色笑 似笑
哂笑 耍笑 似笑 讪笑 说笑 趣笑
赏笑 姗笑 索笑 傻笑 天笑 讨笑
谈笑 偷笑 调笑 玩笑 安笑 微笑
先笑 狎笑 欣笑 消笑 诩笑 喧笑
喜笑 媟笑 枭笑 熙笑 嬉笑 谐笑
一笑 月笑 永笑 迂笑 言笑 佯笑
迎笑 阴笑 冶笑 哑笑 妍笑 淫笑
宴笑 语笑 娱笑 艳笑 掩笑 遗笑
靥笑 贻笑 燕笑 谦笑 竹笑 訾笑
醉笑
不厌笑 斥鹦笑 低头笑 抚掌笑 妃子笑
胡卢笑 哄堂笑 绝倒笑 君莫笑 开口笑
莞尔笑 开玩笑 聊樽笑 拈花笑 傍人笑
拍手笑 破颜笑 倾城笑 龋齿笑 天一笑
向谁笑 投壶笑 欣然笑 莺鸠笑 阳城笑
袁盎笑 西向笑
爱说爱笑 不苟言笑 不禁失笑 淳于窃笑
輾然而笑 吃吃地笑 粲然一笑 打情骂笑
打情卖笑 点头微笑 淡然一笑 付之一笑
附之博笑 拊掌大笑 哄堂大笑 哄然大笑
哈哈大笑 胡卢大笑 莞尔而笑 利鬼为笑
拈花一笑 柳颦梅笑 眉花眼笑 眉开眼笑
眉语目笑 皮开肉笑 破涕为笑 破颜为笑
捧腹大笑 扑哧一笑 千金一笑 强颜欢笑
说说笑笑 似笑非笑 拓苌不笑 为人耻笑
胁肩谄笑 一颦一笑 一嚬一笑 有说有笑
颜嗔谢笑 仰天大笑 倚门卖笑 遣愁索奚
哑然失笑 宜颦宜笑 掩口而笑 嫣然一笑
颜嗔谢笑 纵声大笑 追欢买笑 追欢奏笑
载欢载笑 谯周独笑
皮笑肉不笑/千金难买一笑/人世难逢开口笑/人作千年调，见鬼拍手笑/一骑红尘妃子笑/

效 xiào ①模仿。②献出。③授予。④验证。⑤功效。

不效 表效 报效 成效 程效 残效
耻效 诚效 仿效 放效 法效 肥效
工效 功效 后效 高效 见效 近效
尽效 就效 绩效 立效 良效 疗效
明效 模效 摹效 颦效 奇效 取效

日效 儒效 上效 失效 时效 世效
收效 生效 速效 师效 实效 思效
神效 善效 殊效 投效 特效 无效
罔效 下效 行效 胥效 显效 尤效
玉效 有效 语效 愿效 自效 则效
知效 阵效 致效 奏效
尺寸效 鸡犬效 稽古效 犬马效 汝曾效
持之有效 立奏奇效 上行下效 提高工效
行之有效 西颦东效 以观后效 药不罔效
卓有成效

校 xiào 又音 jiào ①学校。②军衔名称。③古代军营名。

兵校 别校 仇校 传校 成校 大校
党校 都校 分校 返校 干校 高校
黉校 虎校 军校 技校 建校 将校
老校 留校 民校 母校 七校 群校
戎校 上校 少校 首校 授校 团校
五校 外校 我校 小校 乡校 学校
庠校 夏校 院校 异校 夜校 营校
中校 佐校 在校 执校 住校
干部学校 公立学校 国立学校 高等学校
函授学校 技工学校 教会学校 技术学校
私立学校 市立学校 省立学校 师范学校
五七干校 县立学校 中等学校 专科学校
中兴学校
中等专科学校/

啸 xiào ①撮口出声。②动物拉长声音叫。③自然界发出的声音。

悲啸 长啸 大啸 风啸 高啸 鬼啸
歌啸 呼啸 虎啸 海啸 寒啸 鹤啸
光啸 叫啸 狂啸 龙啸 沧啸 曼啸
哀啸 前啸 清啸 群啸 如啸 山啸
石啸 舒啸 闲啸 永啸 吟啸 野啸
猿啸 伫啸 坐啸
高士啸 洪崖啸 孙登啸 苏门啸
北风呼啸 奔腾呼啸 大风呼啸 登楼清啸
海涛呼啸 列登坐啸 龙吟虎啸 龙腾虎啸
龙骧虎啸 山苏海啸 山呼海啸 苏门长啸
孙登长啸 孙登坐啸 仰天长啸 子弹尖啸
越石清啸

九 侯求辙

（合古韵 十一尤、二十五有、二十六宥）

讴 ōu ①歌曲。②赞美。③歌唱。

倡讴 酣讴 歌讴 江讴 民讴 名讴
甿讴 呕讴 清讴 樵讴 水讴 善讴
吴讴 学讴 永讴 哑讴 艳讴 越讴
赵讴 棹讴
白雪讴 采者讴 成者讴 红裙讴 击壤讴
河西讴 马上讴 五袴讴 小山讴 小童讴
庄舄讴 醉宴讴
射稽之讴 薛谭学讴

沤 ōu 又音 òu 水泡。

白沤 霸沤 大沤 地沤 凤沤 发沤
浮沤 可沤 清沤 沙沤
水上沤 同一沤 雨中沤

瓯 ōu ①小盆。②小碗。③瓯江，在浙江省。

白瓯 茶瓯 东瓯 击瓯 金瓯 酒瓯
擎瓯 升瓯 铜瓯 玉瓯 银瓯 盈瓯
白瓷瓯 碧三瓯 酒盈瓯
琳卜金瓯 名动金瓯 名履金瓯

欧 ōu ①姓。②指欧洲。

北欧 东欧 南欧 仆欧 西欧

殴 ōu ①击打。②用同"呕"，呕吐。

捶殴 棰殴 攒殴 斗殴 逆殴 凌殴
群殴 辱殴 肆殴 痛殴 凶殴 杖殴
争殴
道宗被殴 盗盗殴殴 字盗与殴

鸥 ōu 水鸟名。

白鸥 飞鸥 发鸥 泛鸥 海鸥 江鸥
来鸥 浪鸥 眼鸥 鸣鸥 梦鸥 盟鸥
轻鸥 群鸥 沙鸥 双鸥 宿鸥 睡鸥
狎鸥 翔鸥 远鸥 野鸥
不惊鸥 芙蓉鸥 海上鸥 海浪鸥 浩荡鸥
万里鸥

呕 ǒu 吐。

啜呕 发呕 干呕 哯呕 如呕 虚呕
哑呕 噎呕 作呕

偶 ǒu ①对，双。②偶像。③配偶。④同辈。⑤偶然。⑥相对。

不偶 伴偶 褒偶 媲偶 成偶 对偶
非偶 妃偶 俳偶 共偶 合偶 佳偶
奇偶 嘉偶 力偶 良偶 俪偶 木偶
命偶 匹偶 排偶 配偶 仇偶 求偶
奇偶 人偶 上偶 失偶 丧偶 土偶
托偶 桃偶 无偶 为偶 玩偶 远偶
野偶 怨偶 冤偶 正偶 择偶
非吾偶 寡俗偶 相人偶 鸳鸯偶 众禽偶
提线木偶 无独有偶 邂逅不偶
木偶与土偶/

耦 ǒu ①古代的农具名。②一对。③偶数。

不耦 比耦 丹耦 敌耦 妃耦 耕耦
寡耦 合耦 嘉耦 人耦 三耦 四耦
射耦 万耦 一耦 怨耦 御耦
二五耦
齐大非耦

藕 ǒu 莲的地下茎。

碧藕 丹藕 红藕 华藕 金藕 蕉藕
灵藕 莲藕 秋藕 雪藕 玉藕 早藕
白花藕 饥食藕 泥中藕 并根藕 七孔藕
同心藕 益节藕

沤 òu 又音 ōu 长时间浸泡。

把麻沤

剖 pōu ①破开。②剖析。③分开。

出剖 裁剖 刀剖 电剖 分剖 瓜剖
击剖 解剖 擘剖 天剖 同剖 未剖
细剖 玉剖 自剖

掊 pǒu 抨击。

锄掊 攻掊 击掊 虎掊 谁掊 一掊
落叶掊 仙人掊

哞 mōu 拟声词。

牛叫哞哞

牟 móu 又音 mù ①牛叫声。②贪取。③眼珠。

大牟 东牟 敦牟 来牟 李牟 岑牟
鲜牟 夷牟 子牟 中牟 周牟 麦牟
卢牟 兜牟 侵牟

侔 móu ①等同。②同“牟”。③姓。

不侔 比侔 必侔 孔侔 辟侔 相侔
不相侔 日月侔 卫霍侔
气类不侔

眸 móu 眼珠，泛指眼睛。

寸眸 攒眸 丹眸 低眸 瞪眸 飞眸
昏眸 回眸 迴眸 黄眸 黑眸 机眸
金眸 惊眸 睫眸 良眸 灵眸 凝眸
明眸 清眸 双眸 闪眸 睡眸 星眸
雨眸 吟眸 盈眸 注眸 醉眸
龟六眸 青莲眸
皓齿明眸

蛑 móu ［蝤蛑］又叫“梭子蟹”，海中的一种螃蟹，肉味鲜美。

螟蛑 蝤蛑 遒蛑

谋 móu ①谋划。②商议。③计谋。④咨询。⑤设法寻求。⑥计划。

才谋 出谋 成谋 参谋 策谋 筹谋
大谋 代谋 多谋 道谋 毒谋 伐谋
非谋 高谋 共谋 过谋 鬼谋 诡谋
寡谋 合谋 好谋 弘谋 宏谋 祸谋
鸿谋 计谋 机谋 进谋 狡谋 积谋
嘉谋 谲谋 力谋 老谋 良谋 逆谋
略谋 连谋 虑谋 联谋 面谋 庙谋
密谋 谟谋 巧谋 奇谋 权谋 人谋
尚谋 首谋 设谋 思谋 身谋 神谋
善谋 同谋 通谋 图谋 我谋 吾谋
小谋 凶谋 先谋 相谋 显谋 讦谋
蓄谋 雄谋 询谋 用谋 远谋 有谋
阴谋 异谋 预谋 营谋 主谋 足谋
自谋 拙谋 忠谋 造谋 诈谋 哲谋
钻谋 智谋 谘谋 诹谋

苍生谋　独善谋　稻粱谋　鸿鹄谋　即我谋
借箸谋　绕朝谋　升斗谋　食肉谋　顺时谋
一壑谋　与仇谋　与妇谋　自为谋
不相为谋　道不相谋　惠施之谋　将须智谋
轻虑浅谋　善自为谋　童子之谋　谢女善谋
与人设谋　远虑深谋　有勇有谋　足智多谋
筑室为谋　曹社之谋　筑室道谋
道不同，不相为谋/生子当如孙仲谋/小不忍则乱大谋/

缪 móu　又音 miào　miù　［绸缪］①修缮。②缠绵。
绸缪
情意绸缪　未雨绸缪　意甚绸缪

鍪 móu　古代的一种锅。
兜鍪

某 mǒu　代替不明确指出的人、地、事、物等用的词。
某某　命某　使某　谁某　贤某

缶 fǒu　①盛酒浆的瓦器。②一种瓦质打击乐器。
宝缶　拊缶　覆缶　鼓缶　击缶　盘缶
盆缶　土缶　瓦缶　玉缶　用缶
扣鼓缶　秦人缶　相如缶　雨盈缶
秦王击缶　黄钟瓦缶

否 fǒu　又音 pǐ　副词，表否定。
安否　存否　成否　害否　工否　果否
可否　能否　美否　去否　然否　是否
识否　信否　亿否　有否　欲否　旨否
中否　在否　治否
国若否　利出否
白衣到否　白衣来否　不加可否　不置可否
太宗可否　唯唯否否　献可替否

兜 dōu　①古代头盔名。②形状像兜鍪的。③环绕上。④承担。
布兜　插兜　兜兜　驩兜　锦兜　裤兜
箩兜　漏兜　丝兜　贴兜　网兜　衣兜
竹兜

蔸 dōu　①指某些植物的根或靠近根的茎。②量词。
禾蔸　坐蔸

篼 dōu　①竹、藤、柳条等做成的器物。②竹轿。
背篼　篼篼　竹篼

斗 dǒu　又音 dòu　①古代酒器。②星宿名。③形如斗状的器物。④古代建筑中的构件。⑤斗状的指纹。⑥刁斗。⑦量器。⑧计量单位。
阿斗　巴斗　八斗　北斗　背斗　畚斗
笆斗　搬斗　冲斗　辰斗　抽斗　大斗
刁斗　吊斗　风斗　翻斗　挂斗　跟斗
庳斗　斛斗　斤斗　金斗　箕斗　筋斗
科斗　壳斗　挎斗　用斗　南斗　料斗
漏斗　滤斗　门斗　煤斗　墨斗　如斗
上斗　山斗　市斗　升斗　箐斗　筲斗
台斗　挑斗　拖斗　踏斗　泰斗　铜斗
五斗　尉斗　小斗　星斗　玉斗　运斗
邑斗　熨斗　烟斗　盈斗　用斗
才八斗　才论斗　查犯斗　城依斗　胆如斗
萍似斗　日在斗　水烟斗　天垂斗　围红斗
饮一斗　印如斗　酌大斗　瞻八斗
臂悬金斗　步罡踏斗　才无一斗　才当曹斗
才高八斗　才储八斗　胆大如斗　何知铜斗
军中刁斗　巨源八斗　积金至斗　金印如斗
连车平斗　南箕北斗　满天星斗　气冲牛斗
泰山北斗　头大如斗　文章山斗　一天星斗
移星换斗　腰印如斗　折腰五斗　孔章望斗
子建八斗　腰印如斗

抖 dǒu　①抖动。②哆嗦。③战栗。
颤抖　发抖　战抖

蚪 dǒu　［蝌蚪］蛙和蟾蜍的幼体，生活在水中。黑色，身体椭圆，有长尾。
蝌蚪

斗 dòu　又音 dǒu　①打。②争斗。③比赛胜负。④接合，拼合。
暗斗　鏖斗　搏斗　城斗　打斗　恶斗
奋斗　忿斗　攻斗　格斗　敢斗　合斗
好斗　决斗　角斗　疾斗　觔斗　戒斗
鸣斗　解斗　健斗　急斗　可斗　苦斗
力斗　内斗　龙斗　连斗　能斗　民斗
巧斗　确斗　群斗　拳斗　私斗　蛇斗
善斗　讼斗　鼠斗　文斗　武斗　维斗

威斗　心斗　相斗　喜斗　循斗　械斗
鱼斗　夜斗　蚁斗　犹斗　智斗　争斗
战斗　贼斗　牛斗
花下斗　金钱斗　蚁陈斗　龙虎斗　两虎斗
窝里斗　鱼龙斗　鸦儿斗
奋勇搏斗　艰苦奋斗　鸡争鹅斗　困兽犹斗
龙争虎斗　两虎相斗　明争暗斗　泰山武斗
殷师牛斗　蚁动牛斗
坐山观虎斗/

豆　dòu　①双子叶植物的一科。②形状像豆的。③古代食器。④盛食品的器皿。

白豆　巴豆　杯豆　扁豆　笾豆　蹦豆
长豆　赤豆　炒豆　菜豆　垂豆　蚕豆
春豆　大豆　刀豆　短豆　饭豆　红豆
胡豆　黄豆　虎豆　霍豆　黑豆　槐豆
加豆　萁豆　豇豆　绿豆　恋豆　料豆
篱豆　木豆　毛豆　米豆　梅豆　满豆
猫豆　青豆　如豆　三豆　四豆　收豆
实豆　土豆　天豆　铜豆　五豆　为豆
豌豆　小豆　贤豆　献豆　芸豆　玉豆
引豆　芸豆　雨豆　宴豆　芽豆　众豆
俎豆　在豆　竹豆　种豆　栈豆　煮豆
遵豆　澡豆　蒸豆
赤小豆　陈俎豆　花生豆　海红豆　红小豆
南山豆　恋栈豆　罗汉豆　灵光豆　明纱豆
抛红豆　天子豆　铁蛋豆　小赤豆　相思豆
羊角豆　野豌豆
豆萁燃豆　胆小如豆　祭遵俎豆　目光如豆
眼光如豆　元修蚕豆　御车泰豆　种豆得豆
驽马恋栈豆/种瓜得瓜，种豆得豆/

逗　dòu　①招惹。②停留。③逗引。④句中的停顿。

哄逗　句逗　撩逗　挑逗　拖逗　腾逗
调逗　夕逗　云逗　引逗　勇逗　远逗
迤逗　韵逗

脰　dòu　脖子。

颈脰　绝脰
戟在脰　矢夹脰
湖循莺脰

痘　dòu　①水痘。②痘疮。

牛痘　水痘　豕痘　羊痘　钟痘
种牛痘

读　dòu　又音 dú　旧指文章里一句话中间念起来要稍稍停顿的地方。

句读

窦　dòu　①孔穴。②地窖。③水沟。④端倪。⑤穿通。

鼻窦　弊窦　翠窦　大窦　飞窦　弓窦
古窦　狗窦　高窦　闺窦　决窦　开窦
乱窦　泉窦　情窦　乳窦　石窦　生窦
田窦　无窦　虚窦　玉窦　云窦　阴窦
岩窦　余窦　疑窦　自窦　凿窦　智窦
鼻旁窦　雕玉窦　开云窦　人情窦　自其窦
荜门圭窦　及之由窦

偷　tōu　①苟且。②窃取。③暗中。④抽出时间。

暗偷　苟偷　狗偷　惯偷　姁偷　民偷
明偷　巧偷　群偷　琴偷　情偷　鼠偷
善偷　偷偷　小偷　语偷　莺偷
蜂蝶偷　雀鼠偷
明抢暗偷　鼠窃狗偷

头　tóu　①脑袋。②事情的起点。③为首的人。④第一。⑤物的顶端。⑥买卖中抽的回扣。⑦开头的。⑧方面。

昂头　案头　敖头　遨头　鳌头　半头
并头　扒头　包头　把头　白头　布头
抱头　陌头　报头　部头　步头　背头
弃头　笔头　捧头　捕头　钵头　埠头
被头　摆头　鼻头　寸头　从头　尺头
长头　车头　出头　仓头　抽头　苍头
初头　采头　床头　词头　重头　伧头
刺头　唱头　插头　垂头　草头　承头
船头　彩头　僜头　城头　艚头　春头
葱头　孱头　椿头　槎头　藏头　槽头
磁头　锄头　缠头　螭头　大头　刀头
斗头　对头　打头　当头　电头　地头
灯头　低头　带头　等头　点头　搭头
顶头　到头　掉头　调头　细头　逗头
都头　多头　倒头　断头　弹头　渡头
额头　分头　风头　凤头　月头　矾头
浮头　坟头　斧头　粉头　锋头　工头
个头　勾头　关头　过头　光头　狗头

骨头　盖头　杠头　龟头　跟头　寡头
裹头　罐头　镐头　户头　火头　和头
后头　回头　号头　花头　话头　虎头
唤头　黄头　喉头　滑头　黑头　鸿头
江头　机头　巨头　尖头　近头　劲头
尽头　举头　焦头　浇头　肩头　教头
荐头　借头　街头　解头　剪头　驾头
箭头　接头　聚头　镜头　蹶头　镢头
镬头　口头　开头　刊头　扣头　叩头
块头　空头　看头　科头　砍头　苦头
看头　塊头　魁头　盔头　磕头　靠头
髡头　裤头　来头　龙头　年头　老头
牢头　两头　牛头　扭头　留头　奶头
年头　里头　闹头　理头　临头　零头
领头　笼头　浪头　挠头　络头　犁头
念头　路头　纳头　拢头　陇头　蜡头
楼头　搂头　榔头　露头　囊头　锄头
木头　名头　矛头　买头　冒头　闷头
面头　苗头　芒头　码头　眉头　抹头
唛头　帽头　埋头　梅头　码头　摸头
蓦头　旄头　馒头　髦头　霉头　懑头
平头　帕头　片头　匹头　辟头　排头
破头　盼头　派头　姘头　喷头　碰头
劈头　幞头　蹦头　辔头　齐头　启头
气头　起头　牵头　前头　桥头　俏头
峭头　捧头　拳头　魍头　墙头　入头
人头　日头　肉头　挠头　认头　乳头
锐头　饶头　瑞头　上头　山头　水头
石头　市头　手头　杀头　舌头　怵头
说头　宿头　梢头　梳头　树头　塞头
蒜头　索头　笋头　势头　搔头　榫头
锁头　天头　头头　台头　抬头　挑头
秃头　剃头　提头　汤头　探头　推头
桡头　谈头　题头　甜头　烫头　滩头
无头　外头　为头　鸟头　瓦头　屋头
望头　窝头　下头　心头　穴头　兴头
西头　先头　行头　兴头　校头　响头
戏头　辛头　线头　绡头　楦头　袖头
悬头　想头　弦头　噱头　压头　由头
羊头　月头　引头　押头　芋头　迎头
养头　咽头　袁头　窑头　源头　烟头
蝇头　摇头　仰头　隅头　丫头　冤头

御头　檐头　韵头　瓮头　瘾头　庄头
竹头　折头　灶头　状头　兆头　作头
找头　杖头　枝头　准头　针头　枕头
钟头　纸头　趾头　指头　柱头　钻头
砖头　猪头　棹头　嘴头　醮头　赚头
矮坐头　不叵头　不到头　不对头　宝盖头
避风头　包字头　摆噱头　摆舌头　出风头
出一头　吃苦头　楚江头　大刀头　大舌头
大块头　大丫头　毒日头　风池头　分镜头
贫骨头　翻跟头　古渡头　赶浪头　龟缩头
贵人头　轧姘头　鬼剃头　掼跟头　顾虎头
火车头　和尚头　花满头　话搭头　虎字头
孩子头　核弹头　海蛰头　卷字头　酒炉头
脚指头　贼骨头　精神头　橘千头　嚼舌头
贾长头　锦缠头　浣溪头　啃馒头　龙抬头
拉山头　老鸡头　老实头　弄笔头　老骨头
垒山头　镴枪头　南陌头　鸟白头　年年头
拿大头　拿讹头　烂羊头　懒骨头　癞痢头
烂羊头　毛丫头　马锅头　没骨头　梦刀头
跑马头　跑码头　蓬蓬头　贫骨头　沁着头
二婚头　二锯头　软骨头　少白头　石点头
四字头　三道头　手指头　摔跟头　水龙头
死对头　耍滑头　狮子头　天地头　土馒头
剃光头　鬼剃头　五更头　窝窝头　下场头
小毛头　香椿头　雪满头　雪蒙头　玉搔头
有年头　有奔头　有骨头　岘山头　硬骨头
药罐头　银大头　愿低头　冤大头　折跟头
竹字头　竹立头　点鳌头　做对头　抓大头
枕石头　栽跟头　转念头　触霉头
百尺竿头　木奴千头　百丈竿头　败子回头
冰水浇头　参政鱼头　楚尾吴头　摆尾摇头
粗服乱头　大难临头　大祸临头　大毒日头
当冤大头　独占鳌头　粉面油头　封建把头
敢扼虎头　广角镜头　挂满枝头　狗血喷头
垢面蓬头　黄毛丫头　金融寡头　紧要关头
李橘千头　六臂三头　牛渚矶头　冷水浇头
连枝并头　浪子回头　露尾藏头　马面牛头
马角乌头　马上墙头　钱挂杖头　频频点头
日返戈头　十字街头　三天两头　双手抱头
生死关头　鼠目獐头　事到临头　水调歌头
摄影镜头　头上安头　太平龙头　头痛医头
推拉镜头　特写镜头　万绪千头　王豹系头

顽石点头　淅米矛头　绣花枕头　燕颔虎头
燕子楼头　一把骨头　一年到头　压弯枝头
冤家对头　杨咏楼头　朱衣点头　缀满枝头
攥紧拳头　辽豕白头　聚石点头
不撞鼻子不回头/不是冤家不聚头/把好话说在前头/吃人不吐骨头/丑话说在前头/锤子吃钉子，钉子吃木头/得缩头时且缩头/恩爱夫妻不到头/蛾眉是伐性的斧头/烦恼使人白头/狗咬乌龟，找不到头/狗头上搁不住骨头/好官不到头/好记性不如烂笔头/鸡蛋碰石头。/鸡蛋里挑骨头/鸡蛋里找骨头/鸡蛋里出骨头/酒在口里，事上心头/酒在肚里，事上心头/既在矮墙下，不得不低头/拉老婆舌头/牛不吃水强按头/女人舌头上没有骨头/蚂蚁啃骨头/米芾悬腕书"绳头"/卖油娘子水梳头，卖肉儿郎啃骨头/平地跌跟头/肉烂在锅头/人在矮墙下，谁敢不低头/三打不回头/十步九回头/石上画青草，望断牛头/树叶掉下来怕打破头/树上掉叶儿怕打破头/是非只为多开口，烦恼皆因强出头/是非只因多开口，烦恼皆因强出头/事不三思终有悔，人逢得意早回头/三亩地一头牛，老婆孩子热炕头/问事不休贾长头/一心挂两头/银样镴枪头/哑子吃黄连，苦在心头/一头撞在南墙上，死不回头/在他矮墙下，怎敢不低头/菱角磨作鸡头/

投 tóu ①抛掷。②投射。③投人。④走向。⑤合。⑥临近。⑦投奔。⑧寄。

暗投　皈投　空投　浪投　情投　顺投
梭投　相投　易投　远投　依投　夜投
走投　自投　珍投
何处投　客刺投　两心投　木瓜投　莫轻投
莫暗投　趣相投　宿鸟投　饮马投　夜光投
自相投　知音投　珠再投
臭味相投　胶膝相投　两不相投　明珠暗投
情趣相投　脾胃相投　趣味相投　气味相投
声趣相投　一身两投　意气相投　意合情投
鱼水相投　针芥相投
有家难奔，有国难投/

透 tòu ①跳跃。②通过。③显露。④极度。⑤彻底。

奔透　碧透　吃透　刺透　春透　钉透
飞透　光透　火透　红透　坏透　恨透
寒透　见透　讲透　浸透　精透　看透
灵透　绿透　摸透　沁透　清透　声透
参透　晒透　说透　渗透　深透　湿透
熟透　剔透　谈透　通透　外透　星透
虚透　月透　优透　雨透　印透
猜不透　光斜透　寒风透　香汗透　胭脂透
风雨不透　浓淡渗透　玲珑剔透

搂 lōu 又音 lǒu ①用手搂聚东西。②向着自己的怀里拨。

扒搂　手搂

瞜 lōu 看。

瞜瞜　眍瞜

娄 lóu ①星名。②瓜熟而变质。

非娄　附娄　部娄　工娄　桂娄　奎娄
娄娄　离娄　卷娄　降娄　牟娄　黔娄
务娄　曳娄　伊娄
唾面娄

偻 lóu 又音 lǚ ①脊背弯曲。②偻罗。

佝偻　痀偻　伛偻
足离偻
齐母观偻

蒌 lóu 栝蒌，多年生草本植物。

栝蒌　女蒌　蔏蒌

喽 lóu 又音 lou [喽啰]旧社会称盗贼的部下，现比喻追随恶人的人。

吱喽

楼 lóu ①两层以上的房屋。②楼房的一层。③有上层的车船。④古代建成的土台。⑤茶市、酒店或妓院等场所。

白楼　百楼　碧楼　此楼　层楼　岑楼
村楼　重楼　茶楼　城楼　翠楼　彩楼
大楼　东楼　当楼　抖楼　顶楼　吊楼
登楼　碉楼　飞楼　风楼　凤楼　樊楼
古楼　高楼　岗楼　更楼　阁楼　栝楼
鼓楼　红楼　花楼　画楼　虹楼　海楼
江楼　角楼　酒楼　箭楼　锦楼　空楼
龙楼　南楼　离楼　木楼　门楼　迷楼

鸣楼 名楼 满楼 炮楼 牌楼 气楼
青楼 起楼 前楼 秦楼 清楼 琼楼
谯楼 绮楼 骑楼 上楼 山楼 石楼
市楼 书楼 戎楼 是楼 神楼 谁楼
蜃楼 塔楼 跳楼 危楼 望楼 小楼
仙楼 香楼 箫楼 新楼 一楼 云楼
月楼 玉楼 庾楼 洋楼 倚楼 眼楼
烟楼 驿楼 主楼 竹楼 朱楼 妆楼
钟楼 珠楼 坠楼 土楼
白云楼 白玉楼 百尺楼 彩牌楼 藏书楼
大观楼 吊脚楼 得月楼 凤凰楼 风满楼
翡翠楼 过街楼 故国楼 歌舞楼 鹳雀楼
黄鹤楼 倦登楼 绛霄楼 凌风楼 李白楼
临江楼 鹿谯楼 落星楼 楼外楼 懒下楼
美酒楼 摩天楼 披云楼 齐云楼 曲江楼
人倚楼 十二楼 十三楼 水面楼 梳妆楼
筒子楼 万春楼 万岁楼 五凤楼 玩花楼
望江楼 望海楼 夕阳楼 文选楼 一层楼
烟雨楼 月当楼 月波楼 岳阳楼 瘦公楼
燕子楼 鸳鸯楼 枕江楼 蜃气楼 唾面楼
帮昌登楼 背山起楼 堕绿珠楼 寸木岑楼
楚馆秦楼 侯事五楼 海市蜃楼 金谷堕楼
肩耸玉楼 绿珠坠楼 摩天大楼 平地高楼
五角大楼 元龙百楼 玉宇琼楼 迂公毁楼
庾亮南楼 长孺为楼 萧史之楼 著脚书楼
鹊噪狱楼 凤去秦楼
更上一层楼/山雨欲来风满楼/欲得侯，事五楼/欲穷千里目，更上一层楼/元龙百丈楼/五城十二楼/

耧 lóu 播种用的农具。

开耧 靠耧 套耧 摇耧

蝼 lóu ［蝼蛄］又叫“土狗子”，一种农作物的害虫。

蛞蝼

髅 lóu ［骷髅］没有皮肉毛发的尸首或头骨。

髑髅 骷髅
庄梦髑髅

搂 lǒu 又音 lōu 两手合抱持，

抖搂 自搂

嵝 lǒu ［岣嵝］山名，即衡山，在湖南省。

句嵝 连嵝 岣嵝

篓 lǒu 用竹、荆、条等编成的装东西的器具。

背篓 笆篓 炭篓 席篓 油篓 竹篓
字纸篓

陋 lòu ①丑的。②狭小。③简略。④见闻不广。⑤鄙视。

阨陋 隘陋 黯陋 百陋 卑陋 庳陋
鄙陋 被陋 弊陋 薄陋 褊陋 丑陋
村陋 尘陋 孱陋 侧陋 粗陋 蠢陋
凡陋 菲陋 肤陋 固陋 怪陋 孤陋
诡陋 寡陋 锢陋 戆陋 坏陋 荒陋
寒陋 秽陋 窳陋 居陋 俭陋 浇陋
简陋 湫陋 贱陋 谫陋 枯陋 蒙陋
蔑陋 谬陋 朴陋 贫陋 辟陋 僻陋
权陋 浅陋 寝陋 色陋 俗陋 事陋
衰陋 疏陋 屋陋 猥陋 下陋 形陋
狭陋 陬陋 远陋 伣陋 庸陋 弇陋
愚陋 拙陋 质陋 蕞陋 仄陋
其若陋 杨侧陋 颜巷陋 儋耳儋
粗疏浅陋 设备简陋 外貌丑陋 学识浅陋
样子丑陋 独学孤陋

镂 lòu ①雕刻。②雕金为饰。

虫镂 雕镂 花镂 刻镂 铭镂 青镂
题镂 彤镂 文镂 细镂 玉镂 银镂
精雕细镂 雕文刻镂

瘘 lòu 瘘管，身体里面因发生病变而向外溃破所形成的管道。

痔瘘

漏 lòu ①漏壶。②物体从孔穴中滴下。③泄。④遗漏。⑤逃避。

百漏 补漏 崩漏 传漏 穿漏 错漏
待漏 地漏 独漏 更漏 罣漏 纲漏
挂漏 锢漏 河漏 滑漏 壶漏 井漏
捡漏 菹漏 刻漏 莲漏 难漏 名漏
纰漏 破漏 情漏 浅漏 缺漏 阙漏
上漏 参漏 渗漏 若漏 水漏 时漏
疏漏 天漏 透漏 脱漏 偷漏 无漏
午漏 屋漏 下漏 泄漏 晓漏 洩漏

罅漏　已漏　玉漏　夜漏　遗漏　走漏
痔漏　转漏
补天漏　小纰漏　修屋漏
不愧屋漏　补苴罅漏　盛水不漏　多鱼之漏
点水不漏　滴水不漏　涓滴不漏　江心补漏
弥缝缺漏　耳有三漏　疏而不漏　吞舟是漏
铜壶刻漏　铜壶滴漏　脱有遗漏　一字不漏
不怕屋漏，就怕锅漏/天机不可泄漏/天网恢恢，疏而不漏/

露　lòu　又音 lù　义同“露”用于一些口语，如“露马脚”。
泄露

勾　gōu　又音 gòu　①涂去。②招引。③弯曲。④画轮廓。⑤数字名词。
管勾　居勾　稽勾　检勾　权勾　斯勾
巡勾　营勾　总勾　枳勾
势相勾　一笔勾　直勾勾
范一笔勾

沟　gōu　①田间水道。②古代护城河。③用沟状物榨取。④开沟。⑤划断。
暗沟　碧沟　城沟　代沟　车沟　潮沟
代沟　地沟　河沟　洪沟　海沟　濠沟
壕沟　鸿沟　井沟　金沟　禁沟　泥沟
垄沟　明沟　曲沟　清沟　山沟　水沟
沙沟　深沟　渗沟　天沟　推沟　填沟
瓦沟　小沟　湘沟　阴沟　愚沟　御沟
檐沟　造沟
白马沟　朝阳沟　腹股沟　甲庚沟　交通沟
龙须沟　蓼花沟　排水沟　五一沟　丈八沟
车轱辘沟　高垒深沟　判若鸿沟　月满鸿沟

钩　gōu　①探取东西的器具。②形状像钩子的。③古兵器。④汉字的一种笔画。⑤镰刀。⑥弯曲。⑦牵连。⑧探取。
病钩　车钩　成钩　秤钩　窗钩　蟾钩
藏钩　刀钩　打钩　吊钩　带钩　钓钩
芳钩　挂钩　花钩　金钩　空钩　龙钩
拉钩　灵钩　领钩　帘钩　幔钩　琼钩
窃钩　挠钩　上钩　双钩　伸钩　纯钩
射钩　吞钩　脱钩　拖钩　无钩　吴钩
香钩　悬钩　玉钩　衣钩　鱼钩　银钩
中钩　直钩　错钩　钝钩
钓诗钩　钓璜钩　玳瑁钩　翡翠钩　珊瑚钩
谓湄钩　月一钩　偃月钩
虿尾银钩　大钓无钩　盗玉窃钩　挂耳金钩
铁画银钩　新月如钩　子牙垂钩　礼乐为钩
姜太公钓鱼，愿者上钩/留得五湖明月在，何愁没有下金钩/人见利而不见害，鱼见食而不见钩/贪食鱼儿易上钩/太公钓鱼，愿者上钩/

缑　gōu　刀剑等柄上所缠的绳。
蒯缑

耩　gōu　古代的套袖。
臂耩　韦耩

篝　gōu　①熏笼。②篝火。
寒篝　秦篝　诗篝　响篝　熏篝　衣篝
一篝
麝兰篝

苟　gǒu　①姑且。②马虎。③假如。④如果。
不苟　鄙苟　孚苟　苛苟　狗苟　黄苟
权苟　耆苟　任苟　离苟　寿苟　唐苟
无苟　小苟　羞苟
王孙苟　一事苟　一字苟　营苟苟
临难不苟　临财不苟　且也狗苟　一字不苟
一丝不苟　言笑不苟　蝇营狗苟

狗　gǒu　①犬。②十二生肖。③走狗。
刍狗　疵狗　苍狗　豺狗　盗狗　恶狗
放狗　疯狗　功狗　国狗　呼狗　好狗
黄狗　黑狗　海狗　唤狗　老狗　猎狗
狼狗　犁狗　木狗　烹狗　乳狗　热狗
山狗　水狗　失狗　神狗　土狗　天狗
屠狗　瓦狗　笑狗　玉狗　鱼狗　野狗
走狗　猪狗　瘈狗　猘狗
巴儿狗　变仓狗　川中狗　东门狗　吠尧狗
功臣狗　狗咬狗　哈巴狗　虎类狗　看家狗
癞皮狗　落水狗　马如狗　埋益狗　耍死狗
丧家狗　狮子狗　鹰背狗
阿猫阿狗　白云苍狗　白衣苍狗　斗鸡走狗
打鸡骂狗　打落水狗　飞鹰走狗　功人功狗
关门打狗　画虎类狗　镬兔烹狗　嫁狗随狗

灵征刍狗　泥猪疥狗　傫如丧狗　溺井之狗
冉氏烹狗　丧家之狗　土龙刍狗　土鸡瓦狗
偷鸡摸狗　已陈刍狗　羊祉天狗　越人遇狗
指鸡骂狗　见兔呼狗
对口不得嗔狗/画虎不成反类狗/嫁鸡随鸡，嫁狗随狗/清明不带柳，来生变黄狗/肉包子打狗/社鼠与猛狗/

枸 gǒu　又音 gōu　jǔ　［枸杞］落叶灌木，果实红色可入药。

枳枸

笱 gǒu　竹制的捕鱼器。

冻笱

构 gòu　①架屋。②构造。③结成。④作品。⑤造成。⑥图谋。⑦建立。

兵构　粗构　草构　大构　华构　功构
宏构　交构　机构　佳构　杰构　简构
解构　结构　基构　架构　接构　开构
肯构　力构　门构　丕构　巧构　奇构
前构　牵构　上构　始构　神构　宿构
实构　善构　天构　亭构　堂构　兴构
伟构　虚构　修构　云构　有构　臆构
欲构　谮构　坐构　筑构　造构
阶级结构　肯堂肯构　向壁虚构　雪巢既构

购 gòu　①悬赏征求。②买。③赎取。

罢购　采购　代购　订购　定购　导购
访购　函购　官购　控购　急购　密购
批购　抢购　前购　认购　收购　设购
赊购　善购　套购　统购　西购　选购
寻购　询购　阴购　预购　邮购　重购
征购　争购
杜郎之购

诟 gòu　①耻辱。②辱骂。③花言巧语。

嘲诟　潮诟　诋诟　何诟　含诟　交诟
诃诟　泥诟　凌诟　怒诟　欧诟　排诟
弃诟　巧诟　谯诟　忍诟　辱诟　思诟
谇诟　污诟　相诟　喧诟　尤诟　谊诟
责诟　訾诟
忍辱含诟

垢 gòu　①污秽。②肮脏貌。③污辱。

埃垢　尘垢　疵垢　齿垢　藏垢　荡垢
涤垢　耳垢　氛垢　粉垢　刮垢　灰垢
含垢　积垢　泥垢　离垢　腻垢　面垢
蒙垢　七垢　去垢　忍垢　攘垢　水垢
身垢　头垢　汙垢　无垢　污垢　纤垢
洗垢　解垢　瑕垢　牙垢　油垢　中垢
足垢　津垢
春藏足垢　藏污纳垢　纳污含垢　满地污垢
忍辱含垢

够 gòu　①达到。②满足。③厌烦。

不够　吃够　尽够　看够　流够　能够
没够　足够
有钱三分寿，穷命活不够/

遘 gòu　遇见。

得遘　启遘　昔遘　遐遘　想遘　远遘
坐遘
良时遘　千秋遘

媾 gòu　①讲合。②宠爱。③交好。④交合。

欢媾　昏媾　婚媾　交媾　亲媾　为媾
烟媾
乃称婚媾

觏 gòu　遇见。

我觏　罕觏
莫子觏　亦既觏

彀 gòu　①张满弓。②善射者。

机彀　老彀　入彀　悬彀　羿彀
不变彀　彤弓彀

抠 kōu　①用手挖。②雕刻。③抓紧。④吝啬。

钩抠　金抠　穷抠　手抠　死抠　瓦抠

口 kǒu　①嘴。②口才。③容器通外的部分。④口味。⑤进出的通道。⑥物件破裂的地方。⑦港口。⑧锋刃。⑨牲畜的年龄。⑩人口。⑪口占。

隘口　碍口　拗口　白口　百口　闭口

把口　变口　帮口　版口　搬口　辩口
彪口　辨口　谤口　寸口　虫口　车口
吃口　出口　创口　侈口　岔口　插口
茬口　疮口　错口　敞口　槽口　撤口
窗口　谗口　大口　丁口　刀口　斗口
当口　对口　迭口　多口　单口　杜口
垛口　到口　洞口　道口　荡口　毒口
渡口　恶口　反口　风口　发口　防口
封口　费口　锋口　饭口　翻口　甘口
关口　谷口　改口　归口　挂口　贯口
柑口　钢口　缸口　港口　户口　火口
合口　回口　汉口　哈口　和口　还口
活口　河口　话口　焊口　海口　害口
黑口　黄口　虎口　荤口　壶口　豁口
蹩口　鸿口　糊口　井口　江口　交口
京口　决口　角口　佳口　极口　进口
金口　结口　忌口　佳口　给口　借口
净口　狡口　禁口　荐口　家口　假口
鸡口　眷口　街口　绝口　噤口　缄口
开口　可口　快口　空口　坑口　苦口
看口　夸口　女口　牛口　利口　罗口
男口　两口　论口　丽口　讷口　路口
领口　裂口　门口　灭口　麦口　满口
浦口　破口　喷口　瓶口　气口　启口
切口　枪口　掐口　亲口　轻口　清口
钳口　辟口　缺口　箝口　儿口　入口
人口　弭口　弱口　髯口　上口　山口
勺口　矢口　失口　生口　手口　守口
伤口　松口　爽口　守口　声口　收口
适口　书口　讪口　说口　食口　甚口
饰口　顺口　爽口　牲口　率口　塞口
慎口　肆口　释口　随口　熟口　漱口
狮口　天口　头口　吐口　讨口　停口
脱口　檀口　无口　畏口　胃口　碗口
诿口　小口　心口　信口　笑口　巷口
泄口　袖口　夏口　羞口　峡口　绣口
胸口　溪口　一口　牙口　业口　岩口
应口　吟口　悦口　舁口　奄口　焰口
逸口　有口　硬口　养口　要口　鱼口
源口　垭口　雍口　掩口　舆口　檐口
鬻口　子口　众口　朱口　知口　住口
总口　闸口　帐口　碴口　张口　转口
辙口　尊口

不出口　彼妇口　雌黄口　巢湖口　倒胃口
吊胃口　飞狐口　浮石口　敷伤口　樊素口
含香口　火山口　胡同口　绛唇口　脍炙口
夸海口　老两口　三缄口　深岩口、探虎口
谈天口　吞海口　通道口　小两口　湘浦口
樱桃口　张家口　张谊口

垂耳虎口　凤梨可口　分兵把口　反咬一口
饭来张口　高下在口　躬耕谷口　阖门面口
金舌蔽口　金舌弊口　精唇泼口　绵心绣口
脍炙人口　拉家带口　良药苦口　咬了一口
宁为鸡口　琅琅上口　免开尊口　美味可口
寞窜牛口　没牙没口　齐大非口　曲不离口
轻言肆口　如出一口　三岔路口　生涩拗口
杀人灭口　十字路口　三缄其口　上下钳口
声声口口　说不出口　蛇心佛口　酸脆可口
香甜可口　衔肉著口　誉不绝口　养家活口
养家糊口　折腰营口　赞不绝口　最堪适口
田骈天口

不干己事休开口/不关己事不开口/不到长安辜负眼，不到两湖辜负口/茶来伸手，饭来张口/瓜果之生摘者，不适于口/狗咬刺猬，无法下口/江阴莫动手，无锡莫开口/老虎吃天，无从下口/拿得住的是手，掩不住的是口/落雨天的芝麻，难开口/庙前狮子，常开大口/拳不离手，曲不离口/强中自有强中手，莫向人前夸大口/善言不离口/狮子开大口/是非只为多开口/水来伸手，饭来张口/使碎自己心，笑破他人口/一人难说众人口/要打没好手，厮骂没好口/

叩

kòu　①叩头。②敲打。③探问。

跪叩　叩叩　款叩
三跪九叩

扣

kòu　①用圈、环等东西套住。②衣扣。③扣留。④减法。⑤系住。

拜扣　持扣　成扣　大扣　吊扣　待扣
摁扣　回扣　活扣　欢扣　九扣　捡扣
击扣　脚扣　叩扣　克扣　空扣　纽扣
面扣　鸣扣　纫扣　死扣　松扣　深扣
绳扣　听扣　小扣　徐扣　一扣　衣扣
折扣

吃回扣　打折扣　风纪扣　连环扣　螺丝扣
丝入扣　相鱼扣
不折不扣　环环相扣　九折八扣　七折八扣
三环五扣　丝丝入扣

寇 kòu ①盗匪。②敌人来侵略。③劫掠。④进犯。⑤砍伐。

边寇　初寇　草寇　尝寇　大寇　敌寇
怠寇　盗寇　反寇　伏寇　防寇　匪寇
海寇　见寇　尽寇　借寇　歼寇　接寇
剧寇　流寇　凉寇　平寇　穷寇　侵寇
勍寇　入寇　日寇　弭寇　山寇　扫寇
司寇　讨寇　外寇　诿寇　小寇　凶寇
一寇　有寇　永寇　养寇　蚁寇　御寇
止寇　招寇　自寇　准寇　追寇　逐寇
致寇　贼寇
大司寇　堂堂寇　为司寇　仲由寇　追穷寇
猛追穷寇
成则为王，败则为寇/

蔻 kòu ［豆蔻］多年生草本，形似姜，种子棕色有香味，可入药。

草蔻　豆蔻　蔻蔻
草豆蔻　肉豆蔻

瞉 kòu 初生的小鸟。

鹑瞉

侯 hóu 又音 hòu ①古代的第二位爵位。②泛指达官贵人。③封官。④美。⑤箭靶。

布侯　病侯　百侯　豹侯　重侯　豻侯
大侯　甸侯　飞侯　封侯　粉侯　公侯
高侯　故侯　欢侯　虎侯　九侯　君侯
节侯　就侯　建侯　假侯　坎侯　空侯
康侯　力侯　老侯　龙侯　伦侯　监侯
列侯　留侯　鲁侯　门侯　名侯　明侯
墨侯　射侯　事侯　探侯　停侯　通侯
文侯　王侯　五侯　武侯　小侯　形侯
夏侯　熊侯　迎侯　医侯　阳侯　要侯
郧侯　虞侯　诸侯　展侯　尊侯　侦侯
白版侯　博生侯　定远侯　东陵侯　关内侯
郭细侯　管城侯　好畤侯　颉羹侯　即墨侯
晋康侯　监河侯　客成侯　内黄侯　名号侯
十九侯　松滋侯　万户侯　万里侯　袭封侯
醉乡侯　种瓜侯
富埒王侯　李广不侯　胯下韩侯　琴撞魏侯
岂意封侯　万里封侯　谈笑封侯　卫青封侯
玄拜隐侯　蚁穴封侯　猿臂不侯　仲康虎侯
雍齿封侯
窃钩者诛，窃国者侯/挟天子以令诸侯/直如弦，死道边；曲如钩，反封侯/

喉 hóu 喉头。

白喉　寸喉　椿喉　大喉　断喉　扼喉
歌喉　矜喉　娇喉　结喉　酒喉　戟喉
襟喉　空喉　枯喉　清喉　诗喉　王喉
心喉　香喉　咽喉　莺喉　珠喉　转喉
啭喉
贯株喉　巧转喉
骨鲠在喉　如鲠在喉　铁板歌喉

猴 hóu ①猴子。②像猴子似的蹲着。③乖巧，机灵。

白猴　楚猴　斗猴　猴猴　观猴　冠猴
金猴　棘猴　攫猴　玃猴　炼猴　懒猴
马猴　沐猴　狝猴　猕猴　棉猴　皮猴
辟猴　似猴　耍猴　瘦猴　戏猴　训猴
叶猴　猿猴
楚沐猴　金丝猴　棘端猴　为沐猴　沐冠猴
笑沐猴
燕人养猴　楚人烹猴　刺刺母猴　棘刺造猴
弄鬼掉猴　杀鸡吓猴　杀鸡骇猴　杀鸡儆猴
土龙沐猴　雪愤猕猴　轩鹤冠猴　因棘为猴

篌 hóu ［箜篌］古代弦乐器，像瑟而比较小。

箜篌
悼夫箜篌

骺 hóu 长骨的两端。

骨骺

吼 hǒu ①兽大声叫。②人因激动而大声呼喊。

唱吼　大吼　风吼　鼓吼　虎吼　狂吼
龙吼　牛吼　怒吼　雷吼　狼吼　鸣吼
气吼　黥吼　兽吼　狮吼　声吼　喧吼
哮吼　猿吼　众吼
寒溪吼　九虎吼　林涛吼　蒲牢吼　狮子吼

大轰大吼　鬼哭狼吼　河东之吼　河东狮吼
龙鸣狮吼　朔风怒吼　阴风怒吼
河东狮子吼/张飞到了长板桥，一声大吼/

后 hòu ①皇后。②后代，子孙。③君主。④落在后面。⑤时间较晚。⑥位置在后。

别后　背后　拜后　从后　产后　成后
抄后　此后　称后　垂后　春后　储后
东后　敌后　殿后　断后　尔后　丰后
风后　妃后　饭后　过后　皇后　今后
见后　举后　卷后　救后　绝后　酒后
坤后　靠后　牛后　女后　立后　年后
留后　吕后　虑后　落后　末后　母后
明后　幕后　求后　启后　前后　群后
娶后　人后　二后　日后　而后　然后
三后　山后　书后　死后　舍后　身后
事后　神后　续后　嗣后　善后　随后
天后　太后　退后　文后　无后　午后
王后　往后　先后　贤后　轩后　元后
由后　以后　预后　迎后　雨后　有后
羿后　之后　在后　佐后　肘后　战后
柱后　滞后　醉后　最后
北枝后　昌厥后　春晓后　瞠乎后　大夫后
皇太后　君子后　灵运后　千载后　秋风后
人散后　如云后　西太后　徯我后　新雨后
郑歇后
鞍马前后　百年之后　跋前踕后　跋前踬后
从此以后　从今以后　长虑顾后　茶余饭后
承先启后　承前启后　耻居王后　瞠乎其后
惩前毖后　光先裕后　观前顾后　何存信后
鸡口牛后　酒余茶后　空前绝后　卢前王后
驴前马后　狼前虎后　撇在脑后　千秋之后
前前后后　刃婢张后　而今而后　思前想后
思前顾后　乘人之后　太皇太后　退却在后
通前彻后　毋为牛后　星分前后　先前绝后
享乐在后　阴山背后　争先恐后　遮前掩后
置于脑后　置之脑后　瞻前顾后　撰书皇后
成佛在后　跋前踕后　意前笔后　万世之后
耻居人后
不在人前，不落人后/吃苦在前，享受在后/赶前不赶后/顾前不顾后/骄傲使人落后/宁为鸡口，不为牛后/螳螂捕蝉，黄雀在后/螳螂伺蝉，黄雀在后/触龙说太后/

垕 hòu 地名，在河南省。

神垕

茩 hòu ［薢茩］菱。

薢茩

逅 hòu ［邂逅］没约会而遇到。

邂逅

厚 hòu ①物体两面的距离。②厚度。③不刻薄。④重视。⑤重、深、多。⑥忠，厚。

博厚　搏厚　薄厚　沉厚　宠厚　淳厚
纯厚　诚厚　慈厚　醇厚　地厚　单厚
敦厚　惇厚　端厚　笃厚　德厚　墩厚
恩厚　丰厚　肥厚　富厚　广厚　过厚
高厚　宏厚　弘厚　很厚　浑厚　憨厚
极厚　积厚　浸厚　谨厚　坤厚　宽厚
浓厚　禄厚　隆厚　醲厚　覆厚　命厚
蒙厚　皮厚　扑厚　朴厚　庆厚　亲厚
亲厚　情厚　谦厚　仁厚　荣厚　实厚
深厚　纯厚　赏厚　太厚　退厚　腆厚
无厚　物厚　渥厚　温厚　雄厚　优厚
腴厚　意厚　颜厚　隩厚　忳厚　周厚
忠厚　质厚　最厚　载厚
脸皮厚　培蕴厚　生业厚　诗意厚　主恩厚
赠赐厚
冰层极厚　得天独厚　笃实敦厚　思深义厚
个大皮厚　憨憨厚厚　霍光忠厚　功底深厚
疾恶伯厚　脚板肥厚　老脸皮厚　两友极厚
民淳宿厚　棉衣墩厚　情深谊厚　情深意厚
穹穹厚厚　实力雄厚　苏琼言厚　天高地厚
为人忠厚　温柔敦厚　忠忠厚厚　嘴尖皮厚
嘴笨舌厚　有厚无厚
不知天高地厚/

侯 hòu 又音 hóu ［闽侯］地名，在福建省。

闽侯

候 hòu ①侦察。②等候。③看望。④时节。⑤观察。⑥警戒敌情的哨所。⑦气候。⑧征兆。⑨事物在变化中呈现的情状。

兵候 病候 伺候 斥候 测候 趁候
春候 赐候 当候 待候 等候 谍候
风候 封候 粉候 烽候 官候 卦候
恭候 火候 欢候 函候 鹄候 节候
间候 君候 军候 季候 监候 静候
敬候 六候 立候 临候 门候 麦候
破候 气候 入候 少候 失候 手候
侍候 守候 射候 时候 天候 听候
探候 通候 亭候 问候 往候 物候
先候 谢候 应候 迎候 谒候 占候
在候 专候 儛候 指候 征候 证候
侦候 致候 祗候 症候
成气候 春耕候 大气候 黄昏候 鸡鸣候
那时候 全天候 青岛候 是时候 小气候
小时候 云中候 幽谷候 这时候
不成气候 成了气候 季风气候 正是时候
中华气候
海洋性气候/三伏天穿棉袄，不是时候/

堠 hòu 古代瞭望敌情的土堡。

封堠 粉堠 古堠 关堠 孤堠 石堠
双堠 土堠
路傍堠 云千堠

舟 zhōu ①船。②乘船。③用船运。④带。⑤器物名。

百舟 别舟 柏舟 车舟 沉舟 刺舟
操舟 船舟 採舟 綵舟 打舟 钓舟
动舟 登舟 渡舟 荡舟 方舟 飞舟
风舟 放舟 皇舟 泛舟 凫舟 覆舟
归舟 挂舟 贾舟 孤舟 画舟 横舟
浘舟 解舟 金舟 芥舟 系舟 济舟
空舟 客舟 刻舟 龙舟 莲舟 栏舟
挐舟 螺舟 麦舟 买舟 扁舟 泊舟
拍舟 偏舟 攀舟 弃舟 轻舟 山舟
松舟 乘舟 舍舟 吞舟 停舟 特舟
推舟 维舟 小舟 行舟 仙舟 雪舟
虚舟 云舟 玉舟 引舟 仪舟 叶舟
用舟 夜舟 扬舟 银舟 腰舟 渔舟
漾舟 膺舟 造舟 棹舟 载舟 舣舟
船若舟 不系舟 沧海舟 赤壁舟 乘兴舟
洞庭舟 独夜舟 李膺舟 范蠡舟 芙蓉舟
壑藏舟 济时舟 龙负舟 李郭舟 木兰舟
马驰舟 破浪舟 使君舟 天外舟 万斛舟
万里舟 五湖舟 武陵舟 刳木舟 雪夜舟
鸭头舟 月明舟 月满舟 鱼吞舟 越女舟
野人舟 云水舟 一叶舟 一钓舟 竹叶舟
追云舟 载月舟 舴艋舟 季膺舟
白鱼入舟 赐帝龙舟 敌国同舟 风雨同舟
访戴操舟 范蠡乘舟 积羽沉舟 借水引舟
李郭同舟 李郭仙舟 逆水行舟 木已成舟
破釜沉舟 骑马乘舟 顺水行舟 顺水推舟
刳木成舟 王基载舟 网漏吞舟 吴越同舟
仙侣同舟 载舟覆舟 范蠡扁舟 水则覆舟
敝蓬即官舟/错过此渡无好舟/父子不同舟/陆无屋，水无舟/三更泛访戴之舟/水则载舟，水则覆舟/水能载舟，亦能覆舟/陆无屋，水无舟/

辀 zhōu 车辕。

安辀 推辀 钩辀 华辀 画辀 龙辀
梁辀 双辀 汰辀 行辀 挟辀
绿琼辀 雨随辀

鸼 zhōu ［鹘鸼］古书上说的一种鸟，羽毛青黑色，尾巴短。

鹘鸼

州 zhōu ①行政区域划名。②自治州。③聚集。

百州 东州 德州 方州 福州 广州
甘州 瓜州 贵州 皇州 环州 杭州
几州 九州 锦州 嘉州 荆州 蓟州
凉州 兰州 南州 留州 柳州 麟州
青州 汀州 交州 苏州 神州 他州
永州 西州 徐州 雄州 扬州 银州
雍州 瀛州 中州 知州 郑州 沧州
隘九州 白蘋州 白鹭州 百二州 博凉州
帝王州 古凉州 过西州 虎头州 吉时州
聚星州 刘豫州 磊落州 岭外州 梦九州
十二州 识荆州 万户州 五凤州 上扬州
自治州 铸六州
从事青州 赤县神州 翻徒交州 郭伋还州
泪洒西州 庞统南州 五斗凉州 一斛凉州
骑鹤扬州 醉扣西州 赤县中州
大意失荆州/关羽失荆州/刘备借荆州/骑鹤上扬州/生不愿封万户侯，但愿一识韩荆州/

天生重庆，铁打庐州/腰缠十万贯，骑鹤上扬州/腰缠十万贯，骑鹤下扬州/羊昙哭西州/斗酒博凉州/一斗取凉州/一斗胜凉州/一斗得凉州/

洲 zhōu ①河流中的陆地。②大陆和附近岛屿的总称。

鳌洲 澳洲 边洲 长洲 春洲 刀洲
大洲 荻洲 非洲 芳洲 瓜洲 桂洲
花洲 河洲 环洲 硇洲 荒洲 获洲
芦洲 南洲 绿洲 麟洲 美洲 满洲
欧洲 平洲 确洲 十洲 三洲 沙洲
汀洲 五洲 仙洲 星洲 亚洲 虞洲
瀛洲 中洲 竹洲
白露洲 百花洲 百蘋洲 杜若洲 登瀛洲
黑非洲 金凤洲 橘子洲 绿水洲 绿杨洲
绿莎洲 蓼花洲 五大洲 武陵洲 牧笛洲
小姑洲 谢朓洲 鱼凫洲 雁落洲 燕尾洲
鹦鹉洲
四海五洲 三岛十洲

诌 zhōu 随口编。

胡诌 古诌 瞎诌
信口诌
随口编诌 瞎说胡诌

周 zhōu ①周到。②周围。③环绕。④时期的一轮。⑤完备。⑥接济。⑦亲和。⑧普遍。⑨周密。⑩圆形的外围。

不周 比周 才周 成周 东周 道周
钧周 后周 华周 还周 环周 圣周
姬周 孔周 况周 宁周 虑周 梦周
气周 庆周 曲周 歧周 商周 如周
四周 下周 西周 兴周 一周 伊周
圆周 殷周 宗周 抓周 周周 知周
咨周 莊周 尊周 试周
重以周 蝶与周 蝶为周 力村周 绕四周
少室周 岁月周 岁初周 天运周 一从周
责已周 触不周
蝴蝶庄周 梦章马周 朋党比周 嫠忧宗周
体大虑周 衣食不周 招待不周 纵览四周
周岁试周
责已重以周/

啁 zhōu 又音 zhāo ［啁啾］拟声词，鸟叫的声音。

唧啁
麻雀吱啁

赒 zhōu 同“周”，济。

赡赒 相赒
岁将赒

粥 zhōu ①稀饭。②柔弱貌。

熬粥 茶粥 菜粥 豆粥 担粥 淡粥
贩粥 佛粥 呼粥 桴粥 分粥 粰粥
干粥 羹粥 寒粥 鸡粥 麴粥 冷粥
糜粥 米粥 面粥 麦粥 卖粥 茗粥
乳粥 市粥 私粥 食粥 受粥 设粥
僧粥 天粥 土粥 糖粥 香粥 稀粥
饧粥 蟹粥 用粥 淫粥 自粥 馇粥
作粥 粥粥 煮粥
赤豆粥 大米粥 分钵粥 泛膏粥 黄花粥
绿豆粥 兰香粥 腊八粥 散俸粥 桃花粥
小米粥 香麦粥 一锅粥 养老粥 鱼生粥
煮茗粥
断齑画粥 林宗倾粥
打了一挑柴，煮锅腊八粥/范仲淹断齑划粥/

轴 zhóu ①轮轴。②枢纽。③扭动琴弦的轴。④像轴的东西。⑤卷轴形的书画。⑥机械零件之一。

百轴 宝轴 乘轴 摆轴 车轴 成轴
超轴 磁轴 大轴 当轴 地轴 断轴
钿轴 副轴 过轴 高轴 挂轴 后轴
花轴 画轴 横轴 衡轴 机轴 卷轴
钧轴 过轴 坤轴 辊轴 立轴 轮轴
陆轴 千轴 曲轴 权轴 漆轴 胚轴
素轴 诗轴 伤轴 数轴 枢轴 穗轴
天轴 脱轴 图轴 铁轴 心轴 行轴
新轴 线轴 牙轴 玉轴 抑轴 运轴
主轴 征轴 杼轴 转轴
横画轴 莲花轴 清人轴 三万轴 硕人轴
添卷轴 主光轴 住杼轴
群轻折轴 谁当鼎轴 牙签万轴 临江折轴

肘 zhǒu ①人体上臂与前臂的交接处。②制肘。③用肘触动。

被肘　臂肘　掣肘　缚肘　拐肘　贯肘
击肘　两肘　露肘　曲肘　束肘　素肘
向肘　右肘　引肘　运肘　左肘　再肘
枕肘
胳膊肘　柳生肘　矢贯肘　印系肘　踵决肘
臂有四肘　金印系肘　柳生左肘　每多掣肘
捉衿见肘　捉襟见肘

帚 zhǒu ①扫帚。②扫除秽土。

宝帚　敝帚　败帚　弊帚　持帚　奉帚
挥帚　交帚　荆帚　箕帚　泥帚　扫帚
笤帚　笼帚　拥帚　竹帚　执帚
奉箕帚　鸡毛帚　扫花帚　扫愁帚　铁扫帚
执箕帚
眉如扫帚　铜盆铁帚　尾形如帚
诸葛亮要扫帚/

纣 zhòu 古人名。

桀纣　商纣
昏庸桀纣

酎 zhòu 醇酒。

春酎　尝酎　芳酎　花酎　醲酎　醅酎
秋酎　清酎　神酎　献酎　饮酎

绉 zhòu 一种有皱纹的丝织品。

湖绉　裙绉　双绉　文绉　衣绉　褶绉
文绉绉

皱 zhòu ①皮肤松弛而起的褶纹。②收缩。③使生褶纹。

打皱　胡皱　湖皱　绿皱　黧皱　面皱
裙皱　皮皱　水皱　纹皱　瞎皱　众皱
折皱　褶皱
波纹皱　春水皱　蛾眉皱　风卷皱　水面皱
双蛾皱　松鳞皱
眉头一皱

咒 zhòu ①祝告。②咒骂。③某些巫师可驱鬼降魔的口诀。④赌咒。

持咒　赌咒　符咒　禁咒　念咒　诵咒
诅咒
金箍咒　紧箍咒
孙悟空戴上紧箍咒/

咮 zhòu 鸟嘴。

风咮　濡咮　束咮　霜咮

宙 zhòu ①栋梁。②无限时间的总称。③天空。

碧宙　巢宙　区宙　上宙　世宙　宇宙
知宙
垂宇宙　古今宙
震撼宇宙

胄 zhòu ①头盔。②古代指帝王或贵族的后代。

齿胄　地胄　高胄　贵胄　国胄　冠胄
华胄　甲胄　铠胄　龙胄　门胄　名胄
免胄　贝胄　氏胄　世胄　食胄　脱胄
文胄　玄胄　绪胄　遐胄　元胄　遗胄
裔胄　执胄
名贤胄　神明胄　诸生胄
皇帝之胄　天潢地胄　仁贵免胄　炎黄之胄
遥遥华胄　削稿戴胄

昼 zhòu 白天。

白昼　出昼　常昼　旦昼　夺昼　分昼
昏昼　据昼　攫昼　平昼　山昼　深昼
行昼　夜昼
焚膏继昼　挥戈再昼　月明如昼　锦衣行昼

甃 zhòu ①井壁。②以砖砌井壁。③砌井壁。

方甃　花甃　荒甃　古甃　井甃　涓甃
金甃　列甃　珉甃　石甃　苔甃　新甃
玉甃

骤 zhòu ①疾速。②马奔驰。③屡次。

步骤　奔骤　驰骤　忽骤　决骤　急骤
飘骤　驱骤　矢骤　太骤　骛骤　走骤
风雷骤　来得骤
风狂雨骤　风驰雨骤　龙驰虎骤　纵横驰骤

籀 zhòu ①籀文。②阅读。

古籀　积籀　切籀　染籀　史籀　书籀
颜籀　篆籀
篆推史籀

禱 zhòu ［碌禱］农具名。圆柱形，用石头做成，用来扎脱谷粒。

碌禱

抽 chōu ①引出。②抽出。③吸。④长出。⑤减缩。⑥抽打。⑦抽取。

长抽　抽抽　春抽　花抽　荷抽　菊抽
渐抽　兰抽　麦抽　猛抽　旁抽　笋抽
新抽　旋抽　右抽　芽抽　左抽
碧玉抽　鞭子抽　冻末抽　稻芽抽　茧丝抽
绿针抽　柳绿抽　睿藻抽　荀芽荀　紫茗抽
紫茵抽　簪帚抽

紬 chōu 又音 chóu ①引出。②缀集。

碧紬　山紬
朝霞紬

瘳 chōu ①病愈。②损害。

弗瘳　渐瘳　乃瘳　少瘳　未瘳　微瘳
先瘳　已瘳　易瘳　有瘳　夷瘳　足瘳
病全瘳　喜病瘳

仇 chóu 又音 qiú ①仇恨。②仇敌。

兵仇　扳仇　避仇　仇仇　称仇　崇仇
多仇　敌仇　党仇　恩仇　反仇　父仇
复仇　攻仇　国仇　举仇　贾仇　好仇
花仇　旧仇　记仇　结仇　家仇　校仇
举仇　爵仇　老仇　民仇　命仇　夙仇
世仇　私仇　宿仇　事仇　深仇　同仇
无仇　我仇　忘仇　诬仇　血仇　雪仇
寻仇　衅仇　冤仇　怨仇　执仇　章仇
不记仇　不避仇　不我仇　报国仇　报秦仇
恩化仇　父母仇　国君仇　九世仇　阶级仇
快恩仇　颇不仇　三彭仇　时命仇　血泪仇
有何仇　睚眦仇
敌忾同仇　反目成仇　国恨家仇　公报私仇
官报私仇　旧恨新仇　咎妃荐仇　解剑拜仇
疾恶如仇　嫉贫如仇　贸首之仇　觋颜事仇
切骨之仇　视如寇仇　是增一仇　尔我相仇
近日无仇　血海深仇　解孤荐仇　聂报严仇
枕午之仇　与我相仇　袖剑刺仇　借交报仇
祁奚荐仇
不共戴天之仇/夫妻无隔宿之仇/夫妻无隔夜之仇/美女入室，恶女之仇/往日无冤，近日无仇/一代冤家，三世仇/有冤报冤，有仇报仇/

俦 chóu 同伴，伴侣。

多俦　等俦　颇俦　寡俦　罕俦　鸿俦
鹤俦　结俦　可俦　空俦　堪俦　夔俦
侣俦　良俦　鸾俦　匹俦　朋俦　前俦
失俦　私俦　同俦　无俦　吾俦
白云俦　草木俦　管乐俦　黄绮俦　将相俦
贾晁俦　尽堪俦　鸾凤俦　莫与俦　朋语俦
二儿俦　入隽俦　水石俦　新得俦　云鹤俦
无介俦
燕侣莺俦

帱 chóu 又音 dào ①帐子。②车帷。

丹帱　蕙帱　绎帱　蛟帱　罗帱　蜺帱
轻帱　褰帱　素帱　芸帱
翠纱帱　入轻帱　月临帱

畴 chóu ①田地。②种类。③壅土。

等畴　分畴　范畴　光畴　惠畴　鸿畴
九畴　近畴　旧畴　焦畴　良畴　南畴
明畴　绿畴　兰畴　蜜畴　平畴　失畴
田畴　沃畴　西畴　原畴　园畴
萃满畴　稷盈畴　田瓜畴

筹 chóu ①计数的用具。②筹码。③投壶的矢。

持筹　唱筹　赌筹　更筹　觥筹　画筹
机筹　借筹　鸡筹　举筹　酒筹　良筹
莲筹　募筹　商筹　深筹　头筹　探筹
添筹　统筹　通筹　行筹　晓筹　牙筹
运筹　夜筹　预筹　一筹　争筹　坐筹
报晓筹　碧玉筹　第一筹　海屋筹　借前筹
借箸筹　太公筹　幄中筹　王母筹　子房筹
张良筹
海屋添筹　借箸代筹　略高一筹　略逊一筹
略胜一筹　添海屋筹　稍逊一筹　帷幄运筹

绸 chóu ①缠扎。②稠密。③绸缎。

春绸　彩绸　府绸　纺绸　红绸　茧绸
拷绸　莨绸　棉绸　衾绸　丝绸　羽绸

绉绸 柞绸
黑胶绸 美丽绸 薯莨绸 塔夫绸 榨丝绸
柞树绸
挥舞彩绸 挥舞红绸

稠 chóu ①多，密。②浓。

蝉稠 禾稠 花稠 红稠 节稠 人稠
山稠 树稠 香稠 星稠 稀稠 云稠
阴稠 烟稠 影稠 字稠 黏稠
草木稠 春雨稠 翠幄稠 绿阴稠 人烟稠
岁月稠 霜雪稠 万绿稠 晚山稠 杏粥稠

酬 chóu ①酒宴礼节。②报答。③实现愿望。④偿。⑤报复。⑥用诗文赠誉。

薄酬 报酬 唱酬 对酬 菲酬 稿酬
赓酬 还酬 九酬 交酬 计酬 举酬
眷酬 旅酬 默酬 片酬 轻酬 劝酬
私酬 三酬 赏酬 箕酬 通酬 天酬
相酬 饷酬 献酬 应酬 众酬
价莫酬 七倍酬 志未酬
按劳取酬 按劳付酬 同工同酬 许金不酬
壮志未酬

愁 chóu ①忧愁。②悲愤。③愤恨。④形容景物惨淡。

哀愁 暗愁 别愁 愁愁 僝愁 长愁
春愁 多愁 断愁 蝶愁 犯愁 发愁
妇愁 烦愁 更愁 归愁 高愁 何愁
怀愁 含愁 旧愁 结愁 浇愁 寄愁
解愁 客愁 牢愁 浓愁 旅愁 离愁
民愁 买愁 莫愁 眉愁 破愁 抛愁
千愁 清愁 牵愁 埽愁 穷愁 驱愁
四愁 生愁 识愁 诗愁 同愁 添愁
无愁 顽愁 心愁 乡愁 先愁 消愁
闲愁 洗愁 新愁 云愁 易愁 引愁
医愁 忧愁 萦愁 凝愁 正愁
不胜愁 半生愁 百种愁 别离愁 白发愁
草木愁 翠黛愁 多少愁 各自愁 古今愁
鬼见愁 故乡愁 寒草愁 酒消愁 两地愁
路人愁 落日愁 满眼愁 暮云愁 暮雨愁
暮烟愁 去国愁 人自愁 送春愁 使人愁
散春愁 无限愁 万古愁 未禁愁 万斛愁
相对愁 惜花愁 一片愁 一天愁 一夜愁
玉人愁 异乡愁 倚门愁 镇日愁
风僝雨愁 鬼哭天愁 借酒浇愁 酒病花愁
绿惨红愁 雾参云愁 玉惨花愁 雨泣云愁
雨恨云愁
穷有穷愁，富有富愁/虱多不痒，债多不愁/一醉解千愁/一盏能消万古愁/一醉能消万古愁/雨打五更头，行人不用愁/

雠 chóu ①对答。②校对文字。③同“仇”。

校雠

丑 chǒu ①地支第二位。②指事物不好。③丑时。④戏剧角色。⑤可厌恶的。⑥面貌难看。⑦羞耻。⑧恶劣。⑨憎恶。

聱丑 不丑 出丑 粗丑 丁丑 大丑
地丑 丢丑 非丑 妇丑 诟丑 诡丑
好丑 获丑 记丑 居丑 极丑 家丑
里丑 南丑 女丑 露丑 名丑 明丑
貌丑 去丑 求丑 奇丑 群丑 僦丑
生丑 善丑 戎丑 忍丑 文丑 武丑
小丑 凶丑 现丑 雪丑 献丑 嫌丑
亿丑 言丑 寅丑 妍丑 雁丑 怨丑
在丑 遮丑 状丑 指丑 直丑
美与丑
出乖露丑 当场出丑 何嫌貌丑 卢携貌丑
莫知其丑 跳梁小丑 么麽小丑 遮羞小丑
遮羞包丑
一佼遮百丑/一白遮九丑/

瞅 chǒu 看。

乱瞅 一瞅
瞅一瞅 往上瞅 往里瞅

臭 chòu 又音 xiù ①秽恶难闻的气味。②腐败。③狠狠地。

恶臭 发臭 粪臭 腐臭 孤臭 搞臭
汗臭 很臭 狐臭 极臭 酒臭 脚臭
口臭 客臭 莽臭 兰臭 怕臭 气臭
奇臭 钱臭 群臭 容臭 五臭 为臭
尚臭 声臭 酸臭 臊臭 膻臭 太臭
特臭 味臭 香臭 腥臭 鱼臭 腋臭
遗臭 烟臭 自臭 浊臭 逐臭
鲍鱼臭 粉香臭 海上臭 如蘭臭 有余臭
周尚臭
苍蝇逐臭 腐尸恶臭 海上逐臭 腐恶奇臭

口尚乳臭　满身铜臭　梅香窦臭　秽恶奇臭
是香是臭　侍中口臭　无声无臭
懒婆娘的裹脚布，又长又臭/如入鲍鱼之市，久而不闻其臭/

收 shōu ①拘押。②收取。③获得。④收获。⑤招回。⑥接收。⑦合拢。⑧结束。⑨收心。⑩收敛。

并收　备收　薄收　抽收　创收　抄收
查收　唱收　催收　晨收　超收　藏收
大收　点收　风收　丰收　广收　干收
功收　回收　并收　加收　卷收　俱收
饯收　兼收　接收　绝收　内收　没收
麦收　普收　全收　抢收　棋收　秋收
签收　歉收　失收　实收　税收　授收
善收　勿收　西收　行收　吸收　相收
夏收　云收　应收　雨收　宜收　预收
验收　自收　追收　专收　征收　招收
酌收　增收
白云收　笔底收　夺丰收　带月收　带霜收
讲席收　菊初收　泪难收　暮云收　片帆收
四望收　三季收　水痕收　宿云收　宿雨收
晚浪收　小秋收　夕阳收　夕照收　晓雾收
一望收　雨初收　药笼收
反水不收　覆水难收　覆水不收　覆水再收
广种薄收　谷食难收　贵种贱收　旱涝保收
蛱蝶讥收　美不胜收　泼水难收　水泼难收
雨散云收　雨歇云收　泼水难收　水覆难收
天不留地不收/

熟 shóu 又音 shú 义同“熟”（shú）用于口语。

烂熟　面熟

手 shǒu ①腕以下，指掌能拿东西的部分。②技能。③拿着。④持。⑤徒手搏击。⑥亲手。⑦手迹。⑧手艺。⑨小巧易拿的。

碍手　白手　扳手　把手　拨手　捕手
背手　搏手　帮手　罢手　拜手　摆手
叉手　出手　车手　吹手　赤手　抄手
扯手　厝手　措手　刺手　揣手　词手
垂手　扠手　趁手　衫手　搓手　称手
凑手　错手　插手　触手　辍手　缠手
大手　打手　对手　动手　丢手　独手
敌手　低手　到手　带手　得手　搭手
倒手　舵手　毒手　断手　额手　分手
反手　扶手　放手　负手　拊手　佛手
拂手　副手　附手　烦手　繁手　翻手
覆手　弓手　过手　龟手　拱手　高手
国手　掴手　歌手　跟手　鼓手　合手
后手　号手　回手　还手　护手　呵手
好手　挥手　画手　篙手　黑手　巨手
击手　旧手　举手　龟手　佳手　净手
就手　绞手　犇手　接手　棘手　经手
锦手　绝手　解手　假手　捡手　戟手
借手　可手　快手　空手　苦手　靠手
搁手　鲙手　了手　老手　拉手　两手
里手　连手　弄手　练手　联手　猎手
能手　敛手　拿手　搦手　辣手　孥手
马手　名手　妙手　魔手　平手　扒手
拍手　炮手　偏手　甥手　配手　捧手
巧手　扦手　起手　亲手　抢手　琴手
旗手　拳手　强手　骑手　二手　入手
人手　让手　染手　绕手　热手　上手
手手　术手　失手　水手　甩手　双手
生手　杀手　圣手　束手　书手　身手
伸手　顺手　散手　舍手　松手　射手
涉手　试手　神手　素手　肆手　掺手
释手　随手　螯手　缩手　熟手　撒手
投手　提手　脱手　唾手　徒手　停手
偷手　褪手　摊手　外手　抚手　挽手
握手　下手　先手　凶手　选手　纤手
洗手　信手　袖手　携手　歇手　新手
一手　义手　引手　右手　与手　乐手
玉手　易手　余手　妍手　硬手　驭手
摇手　援手　游手　赝手　抬手　鬻手
正手　左手　在手　扎手　只手　往手
作手　沾手　执手　招手　炙手　助手
着手　泽手　转手　触手　贼手　捽手
不下手　不龟手　八叉手　不释手　补天手
臂使手　霹雳手　吹鼓手　掺掺手　大垂手
大撒手　刀斧手　打下手　打出手　打平手
丹青手　多面手　第一手　翻覆手　翻云手
刽子手　鼓吹手　鼓乐手　好自手　回澜手
寒俱手　换鹅手　机械手　留一手　留后手
兰花手　南风手　拉云手　拉偏手　露一手

露灌手 笼着手 摺开手 摺过手 扪天手
捧日手 骗子手 秋生手 二传手 二把手
二垒手 三只手 三垒手 手把手 射雕手
神枪手 散花手 桐君手 屠龙手 无敌手
文在手 文人手 下毒手 下得手 小垂手
修月手 显身手 一把手 一传手 一垒手
一上手 右翼手 一撒手 有一手 游击手
隐于手 左右手 左翼手 中坚手 主攻手
争春手 争先手 招敌手 斫轮手 霹雳手
爱不释手 粗黑大手 大打出手 大显身手
得心应手 第一把手 丹青能手 顿足搓手
革面敛手 藩王举手 高下在手 高抬贵手
棺中鬼手 行家里手 狠下毒手 枷脰械手
空拳白手 捻脚捻手 鹿死谁手 七脚八手
情场老手 棋逢对手 上下其手 上下之手
生产能手 书不释手 遂心应手 踢脚绊手
五凤楼手 无从下手 无可措手 纤细巨手
险遭毒手 衣来伸手 斫轮老手 政治扒手
十目十手

不知鹿死谁手/巴掌里生胡子，老手/得放手时须放手/得罢手时须罢手/打拳师傅教徒弟，留一手/饭来张口，衣来伸手/饭来张口，水来温手/君子动口不动手/林冲棒打林教头，专捡你的破绽下手/强中更有强中手/强中还有强中手/强盗遇到拐子手/曲不离口，拳不离手/三拳不敌四手/三个不开口，神仙难下手/提起定子春海椒，有点辣手/肖公有竹，哑巴有手/相骂没好口，相打没好手/英雄难脱美人手/言语传情不如手/粉白不去手/

守 shǒu ①看守。②保持。③镇守。④操守。⑤掌管。⑥遵守。⑦收捕。⑧守候。⑨靠近。⑩久。

兵守 边守 保守 把守 葆守 出守
创守 操守 慎守 城守 独守 德守
滴守 笃守 扼守 法守 防守 官守
攻守 固守 火守 护守 虎守 居守
拘守 坚守 据守 郡守 距守 将守
监守 假守 谨守 困守 枯守 苦守
看守 恪守 六守 老守 良守 牢守
罗守 廉守 留守 墨守 屈守 劫守
穷守 确守 仁守 四守 失守 设守
死守 戍守 神守 素守 善守 厮守
盛守 屯守 太守 退守 武守 相守
巡守 信守 贤守 义守 严守 有守
沿守 住守 作守 宗守 拙守 战守
株守 坐守 职守 驻守 镇守 遵守
画地守 黄人守
闭门自守 闭关自守 刘氏自守 逆取顺守
南柯太守 廉政自守 清平自守 擅离职守
输攻墨守 玩忽职守 一钱太守 以攻为守
一麾出守 忠于职守 郑爱墨守 逆取顺守

首 shǒu ①头。②领导人。③首先。④第一。⑤出头告发。⑥要领。⑦有罪自陈。

昂首 匕首 白首 兵首 并首 部首
拜首 般首 榜首 出首 称首 倡首
春首 陈首 碎首 大首 东首 点首
低首 顿首 盗首 反首 分首 凤首
匪首 瘢首 愤首 福首 俯首 归首
官首 裹首 四首 后首 会首 行首
还首 回首 华首 皓首 颔首 豪首
祸首 函首 缳首 居首 举首 界首
卷首 救首 解首 矫首 剑首 稽首
疾首 聚首 开首 叩首 空首 肯首
寇首 髡首 魁首 牛首 内首 龙首
年首 里首 乱首 隶首 泥首 雷首
难首 狸首 黎首 陇首 面首 马首
贸首 糜首 馒首 铺首 蓬首 骈首
丘首 齐首 权首 屈首 起首 邱首
倾首 翘首 螓首 黔首 戎首 拏首
濡首 上首 石首 尸首 岁首 赏首
鼠首 授首 搔首 兔首 投首 为首
外首 畏首 挽首 下首 玄首 悬首
降首 献首 枭首 犀首 骧首 右首
元首 仰首 淫首 营首 陨首 耀首
鹢首 左首 自首 斩首 族首 姿首
章首
吹剑首 独叩首 风人首 风华首 高台首
孤去首 泥丸首 乾为首 神龙首 天下首
王枕首 正邱首 忠义首
不堪回首 垂耳下首 悼心疾首 独叩马首
低眉下首 蛾眉螓首 疾心疾首 降心俯首
六朝会首 女中魁首 眉如匕首 糜躯碎首

皤皤华首 庞眉皓首 群龙无首 搔弄姿首
痛心疾首 投案自首 文章魁首 褎如举首
欲兼三首 殒身碎首 雍门刎首 罪魁祸首
一蛇三首
清明不戴杨柳，红颜成皓首/万恶淫为首/

寿 shòu ①年纪老。②生日。③年岁。④祝寿。⑤寿命。⑥装殓死人的东西。

比寿 保寿 拜寿 耄寿 称寿 长寿
陈寿 椿寿 大寿 地寿 多寿 得寿
富寿 福寿 广寿 归寿 高寿 龟寿
贵寿 贺寿 韩寿 鹤寿 介寿 久寿
进寿 极寿 老寿 来寿 年寿 老寿
灵寿 暖寿 母寿 眉寿 冥寿 曼寿
麋寿 平寿 全寿 庆寿 耆寿 人寿
仁寿 上寿 三寿 圣寿 身寿 损寿
续寿 天寿 添寿 万寿 为寿 吾寿
吴寿 下寿 享寿 恰寿 修寿 献寿
遐寿 新寿 夭寿 玉寿 永寿 阴寿
阳寿 远寿 尧寿 养寿 延寿 益寿
雅寿 中寿 自寿 祝寿 折寿 智寿
做寿 整寿 增寿
百龄寿 长生寿 得上寿 龟龄寿 鹤年寿
南山寿 马齿寿 彭祖寿 彭聃寿 千金寿
乔松寿 仁者寿 三祝寿 天量寿 一人寿
野人寿 朱颜寿 妆学寿
称觞祝寿 蔡泽年寿 八十大寿 必得其寿
大德必寿 龟年鹤寿 河清人寿 猫祝鼠寿
松乔之寿 心得其寿 香寄韩寿 延年益寿
颐性养寿 驻颜益寿 玉枝卜寿

受 shòu ①接受。②容纳。③忍耐某种遭遇。④收。⑤适合。⑥收买。⑦遭到。

并受 备受 拜受 笔受 禀受 辞受
尝受 承受 大受 多受 担受 独受
登受 躭受 肤受 甘受 够受 感受
合受 好受 活受 涵受 皆受 经受
禁受 接受 继受 女受 能受 纳受
难受 领受 民受 蒙受 恰受 情受
耳受 容受 忍受 生受 檀受 收受
身受 稍受 授受 天受 无受 心受
消受 信受 享受 笑受 悉受 虚受
迎受 膺受 忧受 正受 自受 折受
遭受
庚辛受 合掌受 量服受 郤弗受 稽首受
升斗受 无所受
感同身受 逆来顺受 美感享受 末学肤受
大清大受 私相授受 贪图享受 相安相受
圮桥授受 自作自受
将在外，君命有所不受/

授 shòu ①给予。②传授。

柄授 补授 版授 才授 初授 传授
超授 除授 顿授 夏授 固授 脆授
函授 今授 加授 讲授 将授 假授
教授 口授 刊授 客授 内授 目授
面授 命授 墨授 秘授 诠授 亲授
手授 色授 受授 私授 师授 赏授
神授 天授 廷授 误授 心授 相授
寻授 虚授 左授 正授 占授 专授
指授 追授
副教授
称得秘授 口传心授 客座教授

绶 shòu ①拴系印章、玉饰的丝带子。②系帷幕的带子。

艾绶 螭绶 龟绶 挂绶 馆绶 花绶
黄绶 结绶 解绶 锦绶 两绶 纶绶
绿绶 鸳绶 墨绶 佩绶 青绶 文绶
仙绶 玺绶 新绶 系绶 印绶 衣绶
朱绶 组绶 紫绶
灵飞绶 绾两绶 腰间绶
金印紫绶 买臣怀绶 箫朱结绶

狩 shòu ①打猎。②征伐。

不狩 从狩 春狩 大狩 冬狩 蒐狩
两狩 巡狩 召狩 西狩

售 shòu ①卖。②实现，施展。

不售 出售 代售 兜售 得售 发售
沽售 和售 见售 交售 径售 奖售
寄售 零售 配售 抛售 奇售 日售
速售 售售 摊售 惜售 销售 自售
争售
酒酸不售 宝货难售

兽 shòu ①有四足的哺乳动物。②兽性。③兽形的。④比喻野蛮，下流。

百兽　捕兽　搏兽　产兽　斗兽　毒兽
害兽　怪兽　黑兽　海兽　拘兽　金兽
狡兽　蹶兽　困兽　灵兽　鸟兽　木兽
猛兽　奇兽　取兽　禽兽　擒兽　人兽
仁兽　山兽　杀兽　神兽　铜兽　文兽
吻兽　瓦兽　信兽　香兽　驯兽　玉兽
异兽　牙兽　妖兽　用兽　野兽　药兽
子兽　众兽　走兽　仔兽　杂兽　逐兽
蛰兽
悲挚兽　禽走兽　精精兽　三角兽　十二兽
五行兽　腽肭兽　食铁兽　鸭嘴兽　触邪兽
不离走兽　渡河之兽　毒蛇猛兽　法雄息兽
河中石兽　洪水猛兽　象虎伏兽　衣冠禽兽
悉陵搏兽　珍禽异兽
猩猩能言，不离禽兽/

瘦 shòu ①肌肉不丰满。②衣服窄小。③土地瘠薄。④笔画细。⑤消瘦。⑥脂肪少。

暴瘦　瘪瘦　丁瘦　粉瘦　肥瘦　干瘦
花瘦　红瘦　黄瘦　鹤瘦　黑瘦　今瘦
菊瘦　精瘦　枯瘦　老瘦　鹿瘦　面瘦
目瘦　清瘦　容瘦　水瘦　松瘦　沈瘦
身瘦　损瘦　疏瘦　性瘦　消瘦　玉瘦
月瘦　烟瘦　影瘦　竹瘦
杜甫瘦　饭山瘦　花枝瘦　兰蕙瘦　梅影瘦
伤春瘦　沈郎瘦　沈约瘦　沈侯瘦　霜菊瘦
珊瑚瘦　休父瘦　云根瘦　吟枝瘦
不肥不瘦　抽肥补瘦　环肥燕瘦　黄皮黑瘦
郊寒岛瘦　绿肥红瘦　脸黄肌瘦　面黄肌瘦
明皇貌瘦　七肥八瘦　沈约腰瘦　沈昭狂瘦
上官马瘦　挑肥选瘦　挑肥拣瘦　兄肥弟瘦
竹清松瘦

柔 róu ①柔和，可以曲直。②使软。③温和。④嫩。⑤怀柔。

春柔　错柔　低柔　风柔　丰柔　芳柔
刚柔　骨柔　欢柔　怀柔　和柔　滑柔
江柔　娇柔　辑柔　口柔　宽柔　力柔
丽柔　面柔　曼柔　绵柔　气柔　清柔
妻柔　轻柔　谦柔　仁柔　如柔　软柔
舌柔　顺柔　思柔　桑柔　手柔　善柔
体柔　文柔　温柔　微柔　纤柔　细柔
性柔　香柔　驯柔　煦柔　用柔　优柔
忧柔　阴柔　腰柔　至柔　知柔
不如柔　采芳柔　翠条柔　道可柔　酒味柔
鸟语柔　绿荑柔　橹声柔　轻柔柔　绕指柔
晚风柔
动作轻柔　轻轻柔柔　吐刚茹柔　文烈温柔

揉 róu ①使木条变直。②来回地按，抚摩。③团弄。

搓揉　错揉　纷揉　拂揉　和揉　矫揉
义揉
暖手揉　香可揉
造作矫揉
打一巴掌揉三揉/

糅 róu ①混杂。②杂饭。

错糅　纷糅　和糅　混糅　集糅　路糅
相糅　杂糅
玉石糅
直伪杂糅

蹂 róu 践踏，踩。

弛蹂　攻蹂　践蹂　蹦蹂　马蹂　芟蹂
深蹂

肉 ròu ①共食用的禽兽肉。②人的皮肤肌肉。③果肉。④使长肉。⑤吃肉。⑥声音丰满。⑦柔软。⑧性子慢。

白肉　布肉　髀肉　多肉　啖肉　豆肉
冻肉　鼎肉　飞肉　分肉　肥肉　脯肉
腐肉　燔肉　膰肉　干肉　瓜肉　果肉
骨肉　膏肉　狗肉　割肉　羹肉　火肉
还肉　好肉　横肉　甲肉　肌肉　角肉
酒肉　精肉　鸡肉　筋肉　酱肉　扣肉
烤肉　牛肉　龙肉　灵肉　脔肉　腊肉
粱肉　买肉　卖肉　马肉　皮肉　庖肉
去肉　切肉　品肉　弱肉　生肉　少肉
舍肉　食肉　社肉　宿肉　笋肉　损肉
烧肉　兽肉　瘦肉　羶肉　土肉　兔肉
祖肉　弹肉　无肉　血肉　咸肉　息肉
相肉　象肉　线肉　新肉　羊肉　叶肉
鱼肉　鸭肉　腌肉　竹肉　走肉　炸肉
宰肉　猪肉　著肉　紫肉　鲊肉　糟肉
白切肉　东坡肉　粉蒸肉　过油肉　桂圆肉
骨髀肉　滚刀肉　火腿肉　胡桃肉　花映肉

花猪肉　鸡头肉　米粉肉　木樨肉　茗消肉
亲骨肉　生髀肉　涮羊肉　食无肉　死骾肉
天鸡肉　五花肉　心头肉　消髀肉　一块肉
俎上肉　皱油肉　髀生肉
白骨生肉　陈平分肉　备悲髀肉　大鱼大肉
大酒大肉　狄山之肉　钝刀割肉　肥鱼大肉
虎头食肉　罚人吃肉　樊恶禽肉　伋辞馈肉
娇皮嫩肉　金镴刺肉　浆水霍肉　枯骨生肉
牛首马肉　满脸横肉　情同骨肉　强食弱肉
寝皮食肉　生死骨肉　贪狼食肉　攸辞馈肉
行尸走肉　一家骨肉　衣锦食肉　有血有肉
羊头狗肉　羽翮飞肉　至亲骨肉　自相鱼肉
自摩髀肉　猪头狗肉　周妻何肉　陈平分肉
爱叫的麻雀不长肉/东方朔割肉/犬虫不吃伏肉/打野鸡不是为了几根毛，是要想吃肉/挂羊头卖狗肉/狗行千里吃屎，狼行千里吃肉/螺蛳壳嵌肉/癞蛤蟆想吃天鹅肉/人为刀俎，我为鱼肉/手心是肉，手背也是肉/新剥鸡头肉/悬羊头卖狗肉/想治疮不能怕挖肉/一斗米，十斤肉/砧板上的肉/

邹

zōu　古代的诸侯国名。

枚邹　徐邹　严邹
谈天邹

驺

zōu　骑马的侍从。

八驺　鸣驺　前驺

诹

zōu　在一起商量事情。

嗟诹　咨诹

陬

zōu　①角落。②山角。③山脚。

毕陬　城陬　海陬　荒陬　江陬　林陬
孟陬　庙陬　穷陬　黔陬　山陬　庭陬
息陬　遐陬　远陬

走

zǒu　①跑。②驰逐。③走路。④离去。⑤通过。⑥经过。⑦移动。⑧走散。⑨走漏。⑩失去原样。⑪前往。

迸走　败走　奔走　出走　弛走　撤走
大走　遁走　反走　飞走　放走　赶走
拐走　互走　会走　好走　竞走　惊走
疾走　开走　狂走　龙走　能走　难走
临走　溜走　撵走　慢走　漫走　跑走
趋走　驱走　趣走　兽走　使走　善走
同走　逃走　兔走　退走　脱走　跳走
丸走　往走　行走　迅走　旋走　远走
运走　逸走　雁走　夜走　游走　足走
争走
怪石走　跨下走　牛马走　龙蛇走　两步走
盘珠走　齐步走　循墙走　曳兵走　羽檄走
踰墙走
不胫而走　大杖则走　东奔西走　风弛云走
高飞远走　亟亟奔走　乌飞兔走　乌踆兔走
落荒而走　释车下走　无胫而走　衔枚疾走
吃不了兜着走/吃不了包着走/饭得一口一口地吃，路得一步一步地走/嫁鸡与之飞，嫁狗与之走/牵着鼻子走/牵着不走打着走/三月三，九月九，无事不向江边走/有路必有人走/职方贱如狗，都督满街走/

奏

zòu　①作乐。②奉献。③向帝王上书或进言。④取得成就。⑤进刀。⑥呈现，做出。

案奏　伴奏　变奏　奔奏　吹奏　重奏
草奏　楚奏　朝奏　毕奏　独奏　读奏
敷奏　古奏　歌奏　鼓奏　孤奏　合奏
后奏　劾奏　交奏　节奏　举奏　急奏
金奏　可奏　口奏　立奏　拟奏　领奏
面奏　迷奏　鸣奏　启奏　齐奏　穷奏
前奏　笺奏　日奏　三奏　上奏　书奏
申奏　始奏　疏奏　数奏　通奏　弹奏
文奏　闻奏　又奏　乐奏　邮奏　演奏
执奏　助奏　章奏
多新奏　飞琼奏　风泉奏　金石奏　钧天奏
临风奏　三重奏　四重奏　尚书奏　五重奏
萧鼓奏　云咸奏　雍门奏
管弦伴奏　鸾鸣凤奏　先斩后奏　弦管伴奏
掾者作奏　钟仪楚奏

揍

zòu　①打人。②打碎。③凑集。

挨揍　狠揍　捱揍

凑

còu　①聚合。②接近。③碰，趁。

并凑　帮凑　奔凑　大凑　东凑　豆凑
福凑　辐凑　互凑　合凑　交凑　急凑

紧凑 聚凑 拼凑 辀凑 巧凑 齐凑
生凑 同凑 题凑 下凑 西凑 相凑
月凑 阳凑 依凑 殷凑 杂凑 指凑
九德凑 往前凑 越裳凑
东拼西凑 紧紧凑凑 拼拼凑凑 七拼八凑
生拼硬凑 趋舍指凑 黄肠题凑

辏 còu 车纶的辐聚集到中心。

辐辏

搜 sōu ①聚。②寻找。③搜索检查。

编搜 博搜 搊搜 草搜 春搜 雕搜
抠搜 沟搜 精搜 解搜 狂搜 冥搜
免搜 茅搜 旁搜 千搜 穷搜 勤搜
渠搜 束搜 研搜 幽搜 邹搜
到处搜 束矢搜 象外搜
抠抠搜搜

嗖 sōu 拟声词。

嗖嗖
北风嗖嗖 箭声嗖嗖 冷风嗖嗖 子弹嗖嗖

馊 sōu 食物变质而发出异味。

菜馊 饭馊

溲 sōu ①浸泡。②排泄大小便。③伴和。

泡溲 聚溲 牛溲 小溲 偃溲
黑便溲

飕 sōu ①风吹。②同"嗖"。

飕飕
冷飕飕 凉飕飕

螋 sōu ［蠼螋］昆虫名。黑褐色，身体扁平狭长，生活在潮湿的地方，是害虫。

蠼螋

艘 sōu 量词，用于船只。

百艘 楚艘 船艘 飞艘 巨艘 客艘
连艘 万艘 战艘
芙蓉艘 龙楼艘
军舰十艘

叟 sǒu 老头。

白叟 北叟 村叟 氏叟 钓叟 高叟
橘叟 老叟 路叟 鲁叟 邻叟 耆叟
樵叟 胥叟 山叟 田叟 童叟 渭叟
迂叟 烟叟 智叟 淄叟 塞叟
北窗叟 苍胥叟 持竿叟 黄石叟 萝月叟
黎杖叟 齐瓢叟 磻溪叟 漆园叟 渭滨叟
渭上叟 烟霞叟 延枚叟
黄童白叟 磻溪姜叟 朝歌居叟

瞍 sǒu ①瞎子。②缩。

鼓瞍 蒙瞍

嗾 sǒu ①唆使。②指使狗时发出的声音。

指嗾 嗾嗾

薮 sǒu ①多草的湖泽。②人或物聚集的地方。③草。

八薮 禅薮 大薮 斗薮 归薮 九薮
郊薮 利薮 林薮 灵薮 陵薮 穷薮
千薮 山薮 谈薮 仙薮 易薮 原薮
远薮 幽薮 渊薮 泽薮
逋逃薮

擞 sǒu 又音 sòu ［抖擞］振作，振奋。

抖擞
精神抖擞

嗽 sòu 咳嗽。

咳嗽 欬嗽

优 yōu ①丰饶。②优良。③充足。④美好的。⑤优待。⑥协调。⑦柔弱。⑧戏谑。⑨宽大。⑩柔弱。⑪戏谑。⑫俳优。

才优 从优 持优 承优 倡优 大优
兼优 力优 女优 伶优 弄优 名优
俳优 品优 仕优 市优 谈优 学优
优优 伊优 自优 壮优 政优 职优
择优 最优 真优 尊优
宠渥优 德业优 礼意优 锡命优 意自优
品学兼优 品貌兼优 养尊处优

忧 yōu ①发愁。②使人忧愁。③困难。④疾病。⑤闭塞不通。

不忧　百忧　沉忧　常忧　大忧　丁忧
担忧　多忧　分忧　父忧　烦忧　过忧
国忧　顾忧　沟忧　何忧　患忧　怀忧
近忧　居忧　积忧　解忧　堪忧　内忧
乐忧　农忧　浪忧　嫠忧　离忧　明忧
买忧　埋忧　千忧　杞忧　去忧　少忧
尚忧　私忧　思忧　谁忧　深忧　天忧
无忧　忘忧　小忧　心忧　先忧　写忧
消忧　喧忧　阴忧　幽忧　遗忧　忧忧
殷忧　隐忧　主忧　宅忧　纾忧　轸忧
不胜忧　不必忧　不堪忧　百无忧　抱薪忧
苍生忧　采新忧　丁父忧　丁母忧　加心忧
酒消忧　内顾忧　千岁忧　杞国忧　杞人忧
风夜忧　散千忧　添我忧　无宿忧　天堕忧
为国忧　望云忧　意外忧　子孙忧　壮士忧
卒岁忧　终身忧
伯道之忧　采薪之忧　高枕无忧　后顾之忧
乐以忘忧　内顾之忧　嫠纬之忧　杞人之忧
破镜之忧　无妄之忧　唯食忘忧　萱草忘忧
负薪之忧　萧墙之忧　畴咨之忧
惧法朝朝乐，欺公日日忧/看三国流泪，替古人担忧/看戏流泪，替古人担忧/人无远虑，必有近忧/人生不满百，常怀千岁忧/忍一时之气，免百日之忧/唯食可以忘忧/一日为官一日忧/

攸

yōu　①水流貌。②迅疾。③所。

令攸　相攸　郁攸　攸攸

悠

yōu　①长久。②闲适。③稳住。④忧思貌。⑤在空中摆动。

颤悠　道悠　忽悠　晃悠　苦悠　路悠
谬悠　缪悠　飘悠　幽悠　悠悠　郁悠
窈悠　猋悠　转悠
碧悠悠　颤悠悠　颤颤悠　冠佩悠　晃悠悠
忽悠悠　乐悠悠　来回悠　慢悠悠　清悠悠
轻悠悠　水悠悠　天悠悠　往事悠　心悠悠
闲悠悠　韵悠悠
荡荡悠悠　慢慢悠悠　七魄悠悠　冉冉悠悠
岁月悠悠

呦

yōu　表惊异的叹词。

呷呦　呦呦
鹿鸣呦

幽

yōu　①隐蔽。②很僻静的地方。③使人感到安闲的。④幽禁。⑤深远的。⑥幽界。⑦昏暗不明。⑧囚禁。

处幽　阐幽　达幽　独幽　墳幽　告幽
鬼幽　感幽　含幽　九幽　极幽　景幽
就幽　境幽　空幽　林幽　明幽　眯幽
泉幽　清幽　情幽　人幽　山幽　色幽
深幽　邃幽　薮幽　托幽　通幽　亭幽
探幽　心幽　选幽　兴幽　寻幽　遐幽
言幽　阴幽　岩幽　喑幽　幽幽　意幽
竹幽　宅幽　烛幽
洞壑幽　花竹幽　景色幽　径通幽　林塘幽
凉幽幽　南山幽　盟于幽　千里幽　青幽幽
曲卷幽　清幽幽　山水幽　四山幽　事事幽
庭院幽　万象幽　物色幽　兴偏幽　云树幽
玉殿幽　夜窗幽　野池幽　渔唱幽　竹径幽
竹亭幽　枕簟幽　栅门幽
风清月幽　块奥阐幽　曲径通幽　微显阐幽
寻微索幽　显微阐幽　下乔人幽

麀

yōu　古书上指母鹿。

聚麀

耰

yōu　①古代碎土的农具。②用耰推土块覆盖种子。

锄耰　归耰　熟耰　耘耰
寸田耰　草尽耰

尤

yóu　①特异的。②过失。③怨恨。④格外。⑤尤其。

蚩尤　倡尤　大尤　归尤　姑尤　寡尤
何尤　悔尤　见尤　绝尤　离尤　民尤
去尤　愆尤　忍尤　石尤　深尤　殊尤
无尤　物尤　言尤　怨尤　效尤　侜尤
瑕尤　隐尤　众尤　招尤　择尤　罪尤
拨其尤　风伯尤　古所尤　更何尤　勿效尤
无相尤
采薪之尤　无耻之尤　以儆效尤

犹

yóu　①兽名。②还。③尚且。④可以。

仇犹　厹犹　相犹　董犹　夷犹　溢犹
犹犹　壮犹
固尔犹　命不犹

疣

yóu 一种皮肤病。

病疣 疮疣 恶疣 附疣 疽疣 千疣
臀疣 县疣 瘿疣 赘疣
临事疣 也悬疣
附赘悬疣

莸

yóu ①有臭味的草。②落叶小灌木。

兰莸 薰莸 一薰一莸

由

yóu ①原因。②由于。③因缘。④顺随。⑤经历。⑥介词，从，凭借。

案由 成由 巢由 共由 根由 何由
好由 祸由 居由 经由 来由 理由
梁由 明由 起由 情由 端由 所由
事由 谁由 率由 无由 行由 许由
由由 因由 治由 远由 夷由 源由
缘由 自由 摘由
不自由 观所由 祸福由 竞自由 可使由
没来由 坦道由 问来由 鲜克由 仲各由
不禁不由 登楚冉由 方慕巢由 隶善钟由
晃拟巢由 人身自由 是拟巢由 优游自由
千自在百自由/事到头来不自由/

邮

yóu ①邮递。②有关邮务的。③古代传送文件或书信的人。

边邮 传邮 代邮 督邮 付邮 附邮
公邮 官邮 高邮 黄邮 军邮 家邮
集邮 鸡邮 街邮 山邮 书邮 速邮
宿邮 通邮 乡邮 星邮 行邮 寓邮
直邮 置邮 罪邮
白沙邮 避贤邮 东郭邮 考异邮
薄酒督邮 从事督邮 平原督邮 元衣督邮

油

yóu ①用油涂饰。②动植物、矿物所含的脂肪。③狡猾。④浮滑。

桉油 冰油 扳油 柏油 碧油 采油
茶油 柴油 打油 豆油 点油 灯油
发油 焚油 蚝油 甘油 膏油 火油
花油 黄油 焊油 荤油 江油 交油
加油 机油 焦油 煎油 酱油 揩油
糠油 牛油 奶油 蜡油 绿油 炼油
面油 明油 卖油 麻油 煤油 贫油
泼油 汽油 青油 清油 轻油 煖油
如油 乳油 然油 上油 石油 生油
双油 食油 神油 黍油 素油 烧油
酥油 输油 头油 相油 套油 涂油
沃油 杏油 心油 虾油 香油 鞋油
云油 印油 洋油 原油 鱼油 油油
野油 椰油 足油 重油 走油 周油
脂油 猪油 榨油 滋油
碧油油 唱打油 菜子油 动物油 锭子油
焚膏油 花生油 挥发油 寒具油 滑润油
黑油油 绿沚油 卤虾油 煤焦油 煤黑油
清凉油 润滑油 润如油 水如油 生发油
松节油 万金油 武库油 乌油油 一泓油
鱼肝油 芝麻油 指甲油 照水油 植物油
春雨如油 火上加油 火上浇油 合成石油
合成汽油 脚底檫油
春雨贵如油/骨头里榨油/脚底板抹油/眼睛里出火，脚底板檫油/由你官清如水，难逃吏滑如油/

游

yóu ①在水中游泳。②河流的一段。③流动。④虚浮不切实。⑤闲逛。⑥交游。

遨游 步游 伴游 秉游 从游 出游
串游 重游 晨游 畅游 春游 导游
钓游 惰游 鼎游 凤游 浮游 官游
贵游 逛游 回游 洄游 活游 环游
宦游 晃游 魂游 交游 旧游 件游
记游 居游 俊游 郊游 倦游 羁游
客游 良游 浪游 旅游 烂游 曼游
漫游 梦游 旁游 盘游 漂游 飘游
秋游 亟游 潜游 上游 四游 水游
说游 胜游 神游 遡游 溯游 天游
同游 外游 问游 卧游 下游 先游
仙游 闲游 巡游 遐游 嬉游 云游
远游 治游 优游 佚游 夜游 泳游
逸游 野游 囿游 雅游 鱼游 悠游
魂游 燕游 豫游 中游 至游 壮游
周游 滞游 恣游
白云游 长者游 赤松游 翠辇游 帝子游
凤凰游 扫花游 泛觞游 故人游 广寒游
河汉游 汗漫游 拂石游 结伴游 据上游
锦衣游 镜中游 灵花游 弄珠游 搂席游
烂熳游 旅客游 名山游 陌上游 满院游
千里游 青夜游 秋色游 曲江游 骑鹤游

士女游 山阴游 少年游 上国游 拾翠游
乘风游 天际游 探花游 踏青游 万里游
玩月游 五湖游 五陵游 武陵游 物外游
乌衣游 信天游 逍遥游 狭斜游 与天游
与云游 远林游 月中游 忆月游 治活游
鱼鸟游 渔村游 雁南游 缨裙游 野店游
竹林游 醉乡游
秉烛夜游 故地重游 甘居中游 季节洄游
旧地重游 跨鹤西游 力争上游 其父善游
生殖洄游 息交绝游 效岳遨游 雅称春游
衣锦昼游

蝣 yóu ［蜉蝣］昆虫，幼虫生活在水中，有两对翅，在水面飞行。

蚍蝣 蜉蝣

猷 yóu ①计谋，打算。②法规。③道术。

安猷 大猷 多猷 帝猷 芳猷 皇猷
鸿猷 徽猷 薇猷 国猷 九猷 厥猷
嘉猷 谋猷 谟猷 令猷 声猷 讦猷
宣猷 勋猷 远猷 尧猷 有猷 作猷
壮猷
王子猷

輶 yóu ①轻。②古代一种轻巧的车。

德輶 飞輶

友 yǒu ①朋友。②互相合作。③交好。④友爱。⑤顺从，有友好关系的。⑥兄弟相敬爱。

爱友 宾友 病友 碧友 称友 窗友
队友 敦友 笃友 赌友 得友 丰友
访友 工友 故友 贵友 寡友 红友
会友 好友 和友 花友 伙友 怀友
婚友 憾友 交友 旧友 金友 佳友
教友 酒友 诤友 俊友 嘉友 接友
昆友 老友 凉友 丽友 良友 昵友
难友 棣友 僚友 腻友 面友 卖友
密友 盟友 幕友 睦友 朋友 票友
贫友 七友 求友 洽友 取友 亲友
欺友 棋友 契友 戚友 稔友 十友
三友 石友 四友 尚友 师友 孙友
死友 诗友 胜友 损友 素友 悌友
谈友 无友 亡友 王友 畏友 小友
乡友 玄友 学友 孝友 讯友 校友
贤友 契友 变友 义友 玉友 佚友
员友 逸友 益友 砚友 谊友 莺友
正友 至友 争友 知友 战友 忠友
执友 择友 净友 挚友 诸友
布衣友 拜尖友 谓谓友 发烧友 够朋友
金兰友 女朋友 老朋友 男朋友 林泉友
鸟求友 鹿鹿友 良朋友 莫逆友 青云友
山林友 山水友 泗滨友 三益友 同门友
同袍友 谈朋友 忘年友 文会友 望尘友
小朋友 邀来友 云龙友 饮红友
不忘死友 非亲即友 花间四友 狐朋狗友
皆资朋友 酒肉朋友 良师益友 联为益友
鸾变凤友 郦况卖友 面朋口友 岂云面友
求亲靠友 二十四友 肉朋酒友 三朋四友
岁寒三友 孙山答友 诗朋酒友 苏章案友
同窗好友 投亲靠友 探亲访友 投师访友
忘形之友 相人之友 寻亲访友 以文会友
玉昆金友 淫朋狎友 莺朋燕友 诸亲好友
猪朋狗友 益者三友
柴米夫妻，酒肉朋友/不知其人，不视其友/叫花子也有三个穷朋友/投亲不如访友/在家靠父母，出门靠朋友/

有 yǒu 又音 yòu ①同“无”相对。②获得。③保存。④丰收。⑤具有。⑥呼唤的应答语。

伯有 别有 保有 备有 处有 重有
尝有 常有 崇有 大有 倒有 独有
带有 迭有 丰有 负有 抚有 富有
赋有 公有 共有 国有 固有 故有
何有 含有 罕有 九有 仅有 旧有
济有 具有 据有 跨有 领有 略有
民有 没有 蔑有 区有 饶有 少有
尚有 私有 是有 所有 始有 特有
无有 万有 勿有 未有 乌有 唯有
惟有 小有 形有 希有 享有 现有
稀有 鲜有 新有 应有 奄有 原有
掩有 拥有 只有 自有 占有 专有
在有
不多有 何处有 皆且有 莫须有 贫人有
前哲有 始可有 随宜有 天下有 未必有
物其有 胸中有

从无到有　得未曾有　富贵自有　功安九有
亘古未有　化为乌有　何所不有　据为己有
绝无仅有　绝无所有　尽其所有　空前未有
空无所有　鸟名希有　前所未有　无奇不有
相惊伯有　一无所有　应有尽有　子虚乌有
左宜右有
锅里有，碗里才有/劳动人民两只手，工作起来样样有/酸甜苦辣，样样都有/天地之大，无奇不有/爷有不如娘有/

酉 yǒu ①地支第十位。②酉时，指下午五点指七点。③酒器。
半酉　丁酉　大酉　二酉　建酉　癸酉
卯酉　渠酉　入酉　三酉　午酉　小酉
下酉
即及酉　日没酉　书二酉　岁在酉

莠 yǒu 狗尾草。
恶莠　禾莠　良莠　稂莠　粮莠　藜莠
苗莠　去莠　生莠　幽莠
去良莠
不稂不莠

牖 yǒu ①木窗。②引导。
北牖　窗牖　穿牖　风牖　户牖　扃牖
开牖　窥牖　兰牖　门牖　启牖　山牖
松牖　塞牖　疏牖　甕牖　轩牖　雪牖
月牖　萤牖　竹牖
青龙牖　朱鸟牖
蓬户瓮牖　篷户甕牖　绳枢甕牖　桑枢瓮牖
身镜体牖

黝 yǒu 黑色。
昏黝　绀黝　深黝　黝黝
黑黝黝

又 yòu ①表重复。②表还有。③表加重语气或转折。
多又　却又
几回又

右 yòu ①跟"左"相对。②赞助。③保佑。④政治思想上属保守或反动的。⑤古代以右为上。⑥右手。⑦崇高，贵。⑧往右。
处右　朝右　东右　道右　端右　鼎右
反右　关右　贵右　后右　河右　海右
豪右　江右　惊右　极右　闾右　陇右
门右　齐右　取右　权右　前右　趋右
如右　仁右　戎右　山右　尚右　推右
祖右　往右　浙右　左右　在右　祖右
座右
出其右　风雅右　经居右　兰台右　路由右
无出右　玉銮右
水置座右　无出其右　支左拙右

佑 yòu 帮助。
保佑　常佑　多佑　德佑　护佑　靠佑
吉佑　灵佑　隆佑　命佑　冥佑　庇佑
全佑　神佑　施佑　纯佑　无佑　相佑
休佑　余佑　相佑　拥佑　佐佑

祐 yòu ①保祐。②辅助。③福。
春祐　丰祐　芳祐　贶祐　警祐　灵祐
寝祐　神祐　斯祐　天祐

幼 yòu ①小孩儿。②初出生的。③年少。④爱护幼儿。
慈幼　妇幼　孤幼　教幼　立幼　老幼
年幼　蒙幼　尚幼　童幼　小幼　恤幼
携幼　幼幼　子幼　长幼　自幼
负老携幼　扶老携幼　扶老挚幼　敬老慈幼
男女老幼
老吾老，以及人之老；幼吾幼，以及人之幼/幼吾幼，以及人之幼/

蚴 yòu 絛虫。
毛蚴　尾蚴

侑 yòu ①在筵席上助兴。②配享。③报答。
报侑　拜侑　参侑　酬侑　独侑　鼓侑
戒侑　降侑　命侑　劝侑　三侑　正侑
钟侑
芳樽侑

囿 yòu ①养禽兽的园子。②有围墙的园林。③菜园。④局限。
辨囿　处囿　池囿　场囿　大囿　道囿
繁囿　广囿　古囿　九囿　具囿　拘囿

禁囿 开囿 罗囿 林囿 灵囿 鹿囿
守囿 书囿 疏囿 无囿 文囿 外囿
艺囿 园囿 苑囿 鱼囿 中囿
群山囿 文雅囿 虵渊囿

宥 yòu ①宽容。②劝食。③帮助。

并宥 大宥 贷宥 荡宥 恩宥 罚宥
获宥 见宥 宽宥 凉宥 明宥 蒙宥
全宥 庆宥 曲宥 人宥 认宥 三宥
赦宥 恕宥 绥宥 勿宥 特宥 原宥
怨宥 在宥 再宥
解纲宥 请原宥 三世宥
尚希见宥

狖 yòu 古代一种猴。

愁狖 飞狖 林狖 离狖 腾狖 猩狖
月狖 远狖 幽狖 猿狖 竹狖

柚 yòu 常绿乔木，种类多。

楚柚 橙柚 橘柚 大柚 绿柚 霜柚
杼柚 闽中柚 梁平柚 沙田柚 云梦柚

釉 yòu 以石英、硼砂、长石、黏土等为原料制成的东西，涂在陶土外面，烧后有光泽。

金釉 上釉 彩釉

鼬 yòu 黄鼠狼。

黄鼬 青鼬 鼪鼬 鼯鼬

诱 yòu ①引导。②引，诱惑。③称美之辞。④惑乱。

逼诱 导诱 敦诱 恩诱 化诱 怀诱
蛊诱 鼓诱 感诱 诲诱 教诱 嘉诱
羁诱 开诱 诓诱 诳诱 利诱 觅诱
卖诱 梦诱 迫诱 骗诱 巧诱 劝诱
饵诱 扇诱 善诱 说诱 煽诱 唆诱
引诱 自诱 招诱 诈诱
甘言诱 吉士诱 世味诱 物外诱
威迫利诱 威逼利诱 威胁利诱 循循善诱

谬 miù ①谬误。②差错。

不谬 背谬 信谬 悖谬 粃谬 誖谬
斥谬 舛谬 刺谬 差谬 缪谬 错谬
踳谬 大谬 订谬 妒谬 诞谬 讹谬
罚谬 过谬 乖谬 诖谬 怪谬 诡谬
昏谬 桓谬 荒谬 惑谬 久谬 巨谬
纠谬 积谬 寂谬 刊谬 医谬 抗谬
陋谬 迷谬 秦谬 轻谬 愆谬 阙谬
仍谬 事谬 疏谬 殊谬 渺谬 违谬
误谬 诬谬 小谬 相谬 蓄谬 虚谬
尤谬 迂谬 悠谬 盈谬 专谬
於礼谬
绳愆纠谬 亦非尽谬

缪 miù 又音 miào móu ［纰缪］错误。

不缪 纰缪 铿缪 错缪 斜缪 卷缪
命缪 相缪 应缪 悠缪

丢 diū ①遗失。②抛弃。

乱丢
到处丢 随意丢
东丢西丢 灰不溜丢 酸不溜丢

妞 niū 女孩子。

妞妞 泡妞 小妞

牛 niú ①家畜名。②喻性格固执。③星名。④十二生肖之一。

百牛 鼻牛 车牛 吹牛 莱牛 春牛
喘牛 大牛 斗牛 夺牛 顶牛 饭牛
风牛 放牛 封牛 服牛 贩牛 公牛
牯牛 耕牛 犒牛 犇牛 火牛 汗牛
画牛 黄牛 海牛 黑牛 九牛 近牛
金牛 借牛 剑牛 解牛 犍牛 叩牛
快牛 夔牛 女牛 老牛 奶牛 泥牛
羚牛 犁牛 累牛 瘤牛 木牛 毛牛
马牛 母牛 牧牛 牤牛 牝牛 牡牛
牦牛 牦牛 旄牛 烹牛 佩牛 疲牛
犏牛 千牛 青牛 全牛 桥牛 牵牛
軥牛 骑牛 肉牛 乳牛 失牛 水牛
视牛 乘牛 食牛 蜀牛 竖牛 属牛
烧牛 土牛 天牛 铁牛 童牛 屠牛
问牛 纨牛 蜗牛 小牛 休牛 相牛
犀牛 犧牛 一牛 眼牛 冤牛 野牛
种牛 郑牛 宁牛
白皮牛 吹大牛 锄雨牛 喘月牛 喘吴牛

地黄牛 风马牛 耕耘牛 呼马牛 剑买牛
剑换牛 老黄牛 宁戚牛 马辛牛 目无牛
千里牛 孺子牛 十二牛 叔射牛 鼠食牛
桃林牛 无全牛 问斗牛 问喘牛 文角牛
卧花牛 蚁如牛 蚁斗牛 运粮牛 子母牛
折角牛 指眠牛 无全牛 果下牛
不见全牛 丙吉问牛 床下斗牛 床下闻牛
充栋汗牛 喘月吴牛 柴车夺牛 稻田夺牛
戴松画牛 夫人属牛 归马放牛 恭令归牛
顾令判牛 函谷跨牛 韩愈斗牛 驾起铁牛
恺谏简牛 宁戚饭牛 刘焕乘牛 李耳青牛
落笔画牛 目无全牛 卖剑买牛 卖刀买牛
庖丁解牛 佩犊带牛 气冲斗牛 气喘如牛
齐王舍牛 田单火牛 亡羊得牛 蹊田夺牛
以羊易牛 御虎冤牛 许褚曳牛 辛可饮牛
自矜憧牛 张捕盗牛 乞食饭牛
横眉冷对千夫指，俯首甘为孺子牛/莫为儿孙作马牛/乞儿乘小车，猕猴骑土牛/耳下斗殷牛/儿孙自有儿孙福，莫与儿孙作马牛/相因买老牛/

扭 niǔ ①扭转。②违拗。③揪住。④摆动。

并扭 别扭 波扭 捕扭 蹩扭 丑扭
重扭 错扭 根扭 压扭 腰扭
闹别扭 闹彆扭 腰一扭
别别扭扭 七歪八扭 歪歪扭扭 嘴巴一扭

纽 niǔ ①纽扣。②枢纽。③联结。④控制某些事物的关键。⑤器物上可以提起的部分襻儿。

暗纽 秤纽 地纽 厄纽 关纽 环纽
结纽 解纽 旁纽 枢纽 衣纽 印纽
钟纽
并药纽 生石纽 衫失纽 舜禹纽
水利枢纽 铁路枢纽

钮 niǔ ①印把子。②器物上手提的部分。③衣扣。

按钮 秤钮 电钮

拗 niù 又音 ǎo ào ①固执。②扭。

性拗 执拗
脾气拗
安石执拗

溜 liū 又音 liù ①滑行。②溜走。③沿着。④偷偷跑开。⑤光滑。⑥水流。

迸溜 奔溜 碧溜 长溜 出溜 初溜
刺溜 承溜 春溜 跐溜 丹溜 独溜
逗溜 滴溜 飞溜 发溜 光溜 滑溜
骅溜 决溜 唧溜 急溜 鲫溜 溜溜
排溜 泉溜 起溜 清溜 石溜 山溜
松溜 驶溜 顺溜 瘦溜 吐溜 提溜
渭溜 下溜 吸溜 香溜 泻溜 悬溜
鲜溜 习溜 于溜 宇溜 匀溜 引溜
玉溜 沿溜 中溜 正溜 竹溜 直溜
不顺溜 冲不溜 的溜溜 滴溜溜 光溜溜
灰溜溜 滑溜溜 黑溜溜 巨石溜 疾溜溜
尖溜溜 金钗溜 光溜溜 秋波溜 墙穿溜
酸溜溜 随大溜 瘦溜溜 酸大溜 酸溜溜
顺溜溜 顺口溜 甜溜溜 乌溜溜 匀溜溜
稀溜溜 圆溜溜 中不溜 贼溜溜
滑石唧溜
三间房一溜/

刘 liú ①古代的一种兵器。②杀，戮。③古国名。④凋残。

安刘 报刘 赐刘 遏刘 服刘 过刘
罗刘 毗刘 前刘 虔刘 貔刘 髯刘
孙刘 阮刘 王刘 为刘 忆刘 炎刘
应刘 依刘 诸刘 执刘
短曹刘 寇诸刘 姓安刘 郦下刘
气吞曹刘 神物护刘 王言除刘 王粲依刘
周勃安刘

浏 liú ①凉风。②水深而清澈。

洪浏

留 liú ①停止。②不让人离开。③接受。④保守。⑤长久。⑥守候。⑦遗留。

安留 欸留 不留 保留 逋留 长留
存留 迟留 陈留 残留 裁留 春留
辍留 逗留 封留 费留 欢留 勾留
缓留 久留 句留 居留 借留 寄留
截留 稽留 羁留 扣留 苦留 客留
款留 难留 恋留 面留 目留 名留
马留 牧留 弥留 攀留 去留 容留
石留 水留 守留 尚留 收留 事留
宿留 神留 天留 屯留 妥留 提留

停留　往留　挽留　围留　挽留　慰留
行留　形留　须留　云留　奄留　雨留
延留　淹留　遗留　邀留　中留　止留
招留　择留　阻留　驻留　滞留　紫留
遮留　潴留
不肯留　桂概留　江山留　旧情留　客情留
利名留　去难留　顷刻留　任去留　三不留
世纲留　五马留　为我留　小红留　烟水留
影空留　主人留　遮道留　鹧鸪留
寸草不留　鸡犬不留　女大不留　李使迟留
挽衣不留　挽之不留　心去难留　行政拘留
刑事拘留　只蕊不留　子房辞留　战俘不留
张良择留　川无停留
女大不中留/懒汉街上走，好汉牢里留/

馏　liú　蒸馏。

分馏　干馏　绝馏　馈馏　蒸馏

骝　liú　指黑鬣黑尾巴的红马。

华骝　黄骝　骅骝　骐骝　紫骝

榴　liú　落叶灌木，石榴。

安榴　丹榴　豆榴　甘榴　火榴　红榴
海榴　荐榴　苦榴　山榴　石榴　甜榴
珠榴　缀榴
安石榴　并蒂榴　荐石榴　水晶榴　五月榴
白马甜榴　奸相斫榴

飗　liú　微风吹动的样子。

飗飗

瘤　liú　生物体内增生的疙瘩。

仇瘤　赤瘤　垂瘤　沉瘤　大瘤　毒瘤
粉瘤　根瘤　黑瘤　目瘤　八瘤　肉瘤
蛇瘤　宿瘤　犹瘤　壮瘤　肿瘤　脂瘤
赘瘤
恶性瘤　良性瘤
恶性肿瘤　良性肿瘤

流　liú　①液体流动。②运行。③（声音）流利。④向坏的方面变。⑤流传。⑥流动的东西。⑦流放。⑧品类。⑨往来无定。⑩寻求。

安流　暗流　比流　本流　奔流　波流
迸流　辈流　碧流　瀑流　飙流　川流
长流　车流　传流　浊流　侪流　层流
岔流　春流　承流　汊流　窜流　辍流
潮流　大流　东流　对流　定流　电流
倒流　断流　毒流　滴流　墱流　凡流
飞流　分流　风流　放流　负流　芳流
伏流　洑流　干流　光流　高流　会流
合流　回流　汇流　河流　回流　洄流
洪流　汉流　环流　黄流　海流　澴流
寒流　横流　鸿流　九流　交流　江流
巨流　节流　旧流　决流　饥流　径流
涓流　隽流　绝流　急流　截流　间流
锦流　激流　客流　女流　泪流　逆流
临流　轮流　暖流　末流　民流　名流
盲流　樛流　冕流　漫流　平流　偏流
漂流　傍流　配流　萍流　溢流　气流
迁流　曲流　泉流　侨流　清流　潜流
人流　二流　入流　如流　热流　潏流
三流　士流　上流　水流　时流　俗流
胜流　散流　顺流　素流　漱流　驶流
逝流　射流　遡流　渗流　随流　同流
团流　湍流　湍流　铁流　湍流　万流
外流　汪流　涡流　斡流　下流　习流
夕流　西流　迅流　汛流　新流　星流
细流　血流　旋流　袭流　溪流　悬流
一流　引流　永流　月流　羽流　原流
阴流　余流　远流　洋流　英流　诉流
源流　涌流　淫流　溢流　雅流　淹流
渊流　韵流　檐流　主流　中流　支流
自流　枝流　逐流　争流　周流　枕流
浊流　缁流　整流
百川流　不入流　超一流　翠欲流　大江流
电子流　定常流　第一流　带月流　反潮流
赶潮流　滚滚流　火西流　汗珠流　好音流
滑歌流　江汉流　积石流　金石流　看大流
泥石流　列九流　蜡泪流　卖风流　秋风流
绕屋流　三峡流　水东流　水平流　水自流
水断流　岁月流　随大流　天际流　涕泗流
投鞭流　万古流　万里流　未入流　涡中流
下九流　夕阳流　星汉流　湘水流　言泉流
一派流　玉池流　玉虬流　玉筋流　月光流

萤光流　逐水流
不塞不流　白马清流　从善如流　从令如流
沧海横流　从谏如流　对答如流　砥柱中流
倒背如流　答问如流　断决如流　反动潮流
付之东流　付诸东流　放任自流　放诞风流
锋发韵流　蜂出泉流　感应电流　河出伏流
江水奔流　决断如流　击楫中流　季真风流
浃背汗流　开源节流　老泪横流　令行如流
名士风流　木偶乘流　皮破血流　屁滚尿流
穷源溯流　情报交流　日月如流　任其自流
生物电流　三教九流　岁月如流　漱石枕流
漱石如流　岁月迁流　诗酒如流　随波逐流
头破血流　土壤细流　投鞭断流　涕泪交流
探源溯流　听其自流　跌宕风流　文化交流
文采风流　细水长流　殷号风流　一泓溪流
一代风流　一时横流　雨散风流　应答如流
云散风流　庾公风流　赵岘汗流　杂教九流
枕石漱流　截断众流
孤帆远影碧空尽，唯见长江天际流/红叶御沟流/黄河水上的尿泡，随大流/两句三年得，一吟双泪流/老太婆喝稀饭，无齿（耻）下流/明月松间照，清泉石上流/牡丹花下死，做鬼也风流/碰得头破血流/人平不语，水平不流/人往高处走，水往低处流/问君能有几多愁，恰是一江春水向东流/言泉会九流/

硫　liú　一种非金属元素，硫磺。淡黄色，用来制造火柴、火药等。

挖硫　烧硫　空硫

旒　liú　①古代旗帜上的飘带。②帽子上悬垂的玉串。

采旒　垂旒　宸旒　画旒　九旒　龙旒
凝旒　冕旒　前旒　旂旒　饰旒　悬旒
玉旒　珠旒　缀旒　赘旒

镠　liú　成色好的黄金。

金镠　琳镠　钱镠

柳　liǔ　①聚集。②星名。③柳树。④古代棺盖上的装饰。

岸柳　桉柳　败柳　别柳　长柳　池柳
垂柳　插柳　春柳　翠柳　芳柳　扶柳
访柳　煅柳　广柳　古柳　宫柳　怪柳
高柳　柜柳　红柳　河柳　花柳　怀柳
旱柳　韩柳　杞柳　禁柳　枯柳　绿柳
露柳　梦柳　梅柳　人柳　认柳　弱柳
射柳　丝柳　衰柳　恩柳　柽柳　蛇柳
娶柳　陶柳　隄柳　台柳　五柳　细柳
雪柳　新柳　樨柳　杨柳　烟柳　颜柳
掩柳　子柳　折柳　种柳　缀柳
长亭柳　垂丝柳　垂杨柳　春月柳　风中柳
过街柳　汉宫柳　金隄柳　金城柳　将军柳
陌头柳　千门柳　青青柳　萋萋柳　秋残柳
墙花柳　彭泽柳　日在柳　三眼柳　三眠柳
三春柳　观音柳　随隄柳　台城柳　陶公柳
陶家柳　陶潜柳　陶令柳　五株柳　先生柳
西河柳　相思柳　鱼贯柳　迎风柳　折杨柳
章台柳　张绪柳
残花败柳　长康翳柳　分花钓柳　花花柳柳
湖畔垂柳　桓悲杨柳　拈花弄柳　门前五柳
陶潜五柳　纤纤杨柳　眼花卧柳　墙花路柳
寻花问柳　吟花咏柳　眠花宿柳　咏桑寓柳
营军细柳　质似蒲柳　赵宗削柳　性如杞柳
霸陵折柳

绺　liǔ　量词。

剪绺　五绺　小绺　一绺

六　liù　又音 lù　①数目字。②乐谱记音符号。

阿六　百六　成六　第六　地六　合六
九六　旧六　驾六　麟六　连六　六六
毛六　上六　生六　天六　通六　腾六
滕六　一六　阳六　英六　丈六　终六
周六
龟藏六　马伯六　六六六　六月六　礼拜六
其数六　六零六　三十六　山六六　星期六
呼幺喝六　雪神腾六　骊四俪六　吆五喝六
大老爷坐堂，吆五喝六/

溜　liù　又音 liū　①急流。②檐下接水的长槽。

承溜　大溜　水溜　一溜　檐溜

遛　liù　①缓步行走。②牵着牲口慢慢走。

闲遛
街上遛　牵狗遛

纠 jiū ①缠绕。②集合。③矫正。

裁纠 缠纠 纷纠 粉纠 工纠 纠纠
结纠 酒纠 缭纠 窃纠 绳纠 弹纠
席纠 窈纠 黝纠
有错必纠 青纶竞纠

赳 jiū ［赳赳］健壮威武的样子。

赳赳
雄赳赳

鸠 jiū ①鸽子一类的鸟。②聚集。③安定。

白鸠 斑鸠 楚鸠 春鸠 鹞鸠 飞鸠
放鸠 鹘鸠 化鸠 唤鸠 晴鸠 雎鸠
林鸠 鸣鸠 丘鸠 瞧鸠 山鸠 视鸠
爽鸠 桑鸠 田鸠 啼鸠 五鸠 闻鸠
学鸠 雄鸠 献鸠 莺鸠 杖鸠
白皂鸠 凤池鸠 唤雨鸠 何处鸠 陇上鸠
鲁无鸠 人怀鸠 桑八鸠 枭逢鸠 鹰化鸠
张氏祝鸠
鹞鹰和斑鸠/

究 jiū ①穷尽。②彻底。③谋划。④毕竟。

谙究 毕究 博究 编究 辩究 辨究
查究 测究 澈究 洞究 根究 究究
诘究 讲究 精究 检究 刊究 考究
罗究 难究 能究 练究 靡究 默究
迫究 评究 盘究 穷究 稔究 是究
深究 无究 讨究 通究 探究 推究
下究 学究 寻究 细究 详究 询究
讯究 悉究 永究 有究 研究 源究
焉究 喻究 追究 责究 终究
村学究 老学究
巨细毕究

阄 jiū 抓阄时用的纸团。

拈阄 抓阄

揪 jiū 用手抓住。

揪揪 纹揪
鹅掌揪

啾 jiū ［啾啾］拟声词。

嘲啾 唧啾 啾啾 鸣啾 啁啾
白鸟啾 虫声啾
唧唧啾啾 吱吱啾啾

鬏 jiū 头发盘成的结。

鬟鬏 抓鬏 髽鬏

九 jiǔ ①数词。②泛指多数。③时令名。

出九 成九 初九 昌九 重九 董九
过九 九九 交九 金九 年九 陆九
欧九 牌九 罴九 秋九 入九 三九
上九 数九 天九 下九 元九 用九
有九 阳九 阴九 饮九 洲九 中九
重霄九 钩股九 黄龙九 小交九 吉服九
神州九 堂陛九 小九九 子人九
八拜三九 冬练三九 十居其九
不如意事常八九/热不过三伏，冷不过三九/
天下不如意事，十常八九/晚饭少吃口，活到九十九/

久 jiǔ ①时间长。②等待。③旧。④长久。⑤塞。

不久 长久 陈久 持久 多久 古久
好久 很久 恒久 久久 交久 积久
经久 可久 历久 良久 年久 耐久
虑久 弥久 眠久 日久 事久 投久
望久 许久 宵久 悬久 永久 迂久
忧久 夜久 俞久 淹久 悠久 住久
坐久 终久 最久
别离久 沉吟久 操持久 大大久 隔绝久
嗟叹久 旷日久 历年久 流传久 留香久
迷津久 凭栏久 倾心久 岁时久 思摹久
吾衰久 学无久 心期久 香住久 仰望久
淹留久 知名久 周旋久 坐谈久
长远悠久 达日旷久 国画悠久 旷日持久
年代悠久 年深日久 年长月久 天长日久
天长地久 心仪已久 蓄念已久 蓄谋已久
寿元耐久 由来已久
戏台上的皇帝，做不长久/

玖 jiǔ ①“九”字的大写。②一种像玉的浅黑色石头。

佩玖　琼玖

灸

jiǔ　烧。

艾灸　砭灸　刺灸　点灸　膹灸　火灸
扪灸　天灸　行灸　针灸

韭

jiǔ　韭菜。

白韭　拔韭　吹韭　葱韭　春韭　盖韭
黄韭　祭韭　姜韭　剪韭　葵韭　鹿韭
露韭　青韭　秋韭　三韭　山韭　苏韭
生韭　烧韭　用韭　刈韭　野韭　种韭
春用韭　春初韭　烹早韭　食二韭　食三韭
万年韭　一畦韭
五丈灌韭

酒

jiǔ　①用粮食或水果制成的饮料。②饮酒。③以酒祭祖庙。

按酒　案酒　白酒　伴酒　把酒　柏酒
杯酒　别酒　拜酒　播酒　被酒　薄酒
浊酒　陈酒　残酒　罐酒　春酒　醇酒
斗酒　对酒　打酒　多酒　冻酒　湩酒
毒酒　奠酒　碘酒　颠酒　酖酒　董酒
汾酒　芳酒　泛酒　粪酒　罚酒　脯酒
干酒　甘酒　过酒　果酒　高酒　贡酒
桂酒　酤酒　寡酒　火酒　好酒　花酒
挥酒　厚酒　贺酒　壶酒　黄酒　喝酒
计酒　进烧　忌酒　就酒　禁酒　菊酒
祭酒　敬酒　椒酒　醮酒　困酒　苦酒
沽酒　牛酒　女酒　乐酒　令酒　冷酒
老酒　沥酒　料酒　奶酒　临酒　猎酒
酪酒　烈酒　绿酒　鲁酒　酹酒　酿酒
醁酒　露酒　醴酒　未酒　名酒　卯酒
明酒　美酒　买酒　麦酒　闷酒　湎酒
蜜酒　豚酒　品酒　朋酒　啤酒　蒲酒
缥酒　陪酒　飘酒　求酒　汽酒　弃酒
劝酒　取酒　清酒　缺酒　倾酒　如酒
市酒　水酒　色酒　使酒　宿酒　绍酒
侍酒　神酒　诗酒　事酒　售酒　烧酒
素酒　酥酒　寿酒　蛇酒　筛酒　缩酒
嗜酒　天酒　甜酒　酴酒　文酒　亡酒
望酒　晚酒　下酒　玄酒　行酒　昔酒
新酒　献酒　酗酒　喜酒　絮酒　醒酒
谢酒　玉酒　肴酒　香酒　侑酒　有酒
蚁酒　饮酒　药酒　酽酒　子酒　止酒
中酒　旨酒　卮酒　佐酒　纵酒　造酒
祝酒　酌酒　紫酒　渍酒　载酒　煮酒
醉酒　谘酒　斟酒　鸩酒　樽酒　渍酒
不耐酒　白衣酒　白堕酒　百壶酒　碧筩酒
薄薄酒　薄黄酒　吃花酒　潮上酒　沉红酒
成春酒　茶当酒　辞樽酒　大官酒　大曲酒
酴醾酒　鹅黄酒　发酵酒　故人酒　果子酒
桂花酒　合欢酒　红米酒　虎骨酒　花送酒
黄柑酒　黄似酒　喝闷酒　交杯酒　加饭酒
江米酒　鸡尾酒　金谷酒　剑南酒　君子酒
菊花酒　刘伶酒　临邛酒　梨花酒　流霞酒
洛阳酒　婪尾酒　兰陵酒　蓝尾酒　马奶酒
明星酒　梅花酒　茅台酒　葡萄酒　千日酒
庆功酒　切桂酒　纱巾酒　逡巡酒　绍兴酒
桑落酒　太平酒　屠苏酒　陶潜酒　文君酒
问字酒　仙人酒　香槟酒　新丰酒　雄黄酒
贤人酒　一杯酒　仪狄酒　余杭酒　盈觞酒
鸭绿酒　中山酒　竹叶酒　茱萸酒　樽中酒
白衣送酒　貂裘换酒　孚特帽酒　妇人醇酒
法常评酒　酹之絮酒　根菜壶酒　珪母具酒
灌夫使酒　葛巾漉酒　顾政昔酒　合本做酒
红灯绿酒　金貂换酒　刘伶病酒　刘伶好酒
刘鋹疑酒　漉渊明酒　乞浆得酒　青梅煮酒
青母之酒　潘暐嗜酒　山简醉酒　双柑斗酒
舜饮斗酒　守珪置酒　书壁酬酒　问字载酒
文君送酒　文君沽酒　玄石好酒　玄石戒酒
脱巾漉酒　猩猩好酒　羊羔美酒　羊琇酿酒
仪狄造酒　渊明漉酒　只鸡斗酒　主簿辨酒
只鸡絮酒　炙鸡渍酒　彘肩斗酒　恶醉强酒
茶荈当酒

夫妻进贡桂花酒/旧瓶装新酒/敬酒不吃吃罚酒/潘金莲给武松敬酒/有花方饮酒/遇饮酒时须饮酒/醉翁之意不在酒/素琴无弦，葛巾漉酒/

旧

jiù　①原先。②久。③跟“新”相反。④古老的。⑤老交情。

除旧　陈旧　从旧　当旧　定旧　道旧
笃旧　恩旧　访旧　废旧　复旧　腐旧
古旧　故旧　挂旧　感旧　怀旧　话旧
交旧　究旧　念旧　礼旧　恋旧　门旧
朋旧　破旧　求旧　弃旧　亲旧　耆旧

情旧　戚旧　如旧　失旧　世旧　守旧
思旧　属旧　蓍旧　图旧　通旧　五旧
忘旧　乡旧　寻旧　叙旧　新旧　义旧
引旧　用旧　依旧　厌旧　有旧　原旧
烟旧　折旧　照旧
半新半旧　半新不旧　班荆道旧　笃新怠旧
古老陈旧　怜新弃旧　门生故旧　袍泽故旧
喜新厌旧　一面如旧　一仍其旧　因循守旧
迎新弃旧　迎新送旧　一见如旧
爆竹一声除旧/外甥打灯笼，照旧（舅）/

臼

jiù ①舂米的器具。②臼状的东西。

成臼　穿臼　茶臼　舂臼　辞臼　炊臼
丹臼　断臼　鬼臼　齑臼　窠臼　木臼
破臼　石臼　脱臼　杵臼　鸟臼　玉臼
药臼　纸臼
操井臼　玉杵臼
不落窠臼　穆亲杵臼　外孙齑臼　张瞻炊臼
黄绢幼妇外孙齑臼/

舅

jiù ①母亲的兄弟。②妻子的兄弟。③母亲的父亲。④古代对异性大夫的称谓。

阿舅　称舅　大舅　父舅　国舅　姑舅
皇舅　舅舅　乃舅　娘舅　郎舅　母舅
妻舅　仁舅　似舅　叔舅　甥舅　外舅
小舅　贤舅　元舅　鸦舅　祖舅　诸舅
滥郎舅　速诸舅
外甥打灯笼，照舅（旧）/

咎

jiù ①灾祸，②过失。③加罪。④憎恨。⑤凶。

帮咎　避咎　谤咎　除咎　疵咎　大咎
归咎　何咎　患咎　悔咎　家咎　愧咎
离咎　辟咎　谴咎　任咎　受咎　思咎
谁咎　天咎　托咎　无咎　委咎　畏咎
休咎　稀咎　衅咎　降咎　瑕咎　引咎
原咎　远咎　殃咎　怨咎　自咎　执咎
追咎　责咎　罪咎
非我咎　分休咎
动辄得咎　既往不咎　自取其咎　盈满之咎
福过灾生，自取其咎/

疚

jiù ①久病。②忧苦。

成疚　称疚　耻疚　负疚　憾疚　今疚
孔疚　愧疚　内疚　穷疚　歉疚　如疚
世疚　心疚　在疚　自疚

柩

jiù 装着死尸的棺材。

抱柩　传柩　扶柩　负柩　告柩　棺柩
椁柩　哭柩　灵柩　迁柩　失柩　停柩
完柩　望柩　挽柩　下柩　云柩　引柩
幽柩　止柩

救

jiù 帮助，使脱离困难或危险。

不救　必救　补救　垂救　当救　夺救
答救　得救　搭救　赒救　呼救　抉救
后救　呼救　获救　济救　就救　即救
借救　救救　急救　解救　可救　匡救
疗救　民救　扑救　求救　抢救　请救
司救　申救　善救　赎救　天救　无救
挽救　先救　相救　修救　有救　远救
遇救　营救　援救　自救　治救　拯救
轸救
弗能救　随井救
见死不救　见溺不救　匍匐之救　坐视不救

厩

jiù ①聚会。②牲口棚。

大厩　登厩　伏厩　法厩　还厩　六厩
内厩　留厩　马厩　私厩　天厩　外厩
院厩　下厩　在厩
藏外厩
马不入厩

就

jiù ①凑近。②趋向。③卒，终。④成。⑤从事。⑥因，随。⑦即使。⑧偏偏。⑨只。

不就　葆就　避就　从就　成就　草就
低就　得就　俯就　功就　高就　九就
就就　将就　急就　可就　练就　名就
七就　迁就　去就　屈就　迁就　掴就
人就　日就　生就　事就　速就　未就
下就　先就　相就　云就　有就　要就
依就　营就　早就　卒就　造就　坐就
妆就
春词就　十赋就　移船就　同日就
不堪造就　半推半就　功成名就　花甜蜜就

江淹赋就　计日可就　明推暗就　一呵而就
一挥而就　一蹴而就　一味迁就
功不成，名不就/东也不成，西也不就/高不成，低不就/高来不成，低来不就/

僦 jiù ①租赁。②赁金。
逼僦　出僦　酬僦　私僦　虚僦

鹫 jiù 一种猛禽。
灵鹫　兀鹫　秃鹫

丘 qiū ①土山。②坟墓。③废墟。④聚集。
鳌丘　巴丘　比丘　泌丘　长丘　成丘
残丘　曹丘　崇丘　楚丘　大丘　丹丘
敦丘　方丘　古丘　故丘　孤丘　胡丘
画丘　厚丘　壶丘　虎丘　荒丘　九丘
介丘　旧丘　金丘　家丘　椒丘　葵丘
龙丘　泥丘　灵丘　临丘　闾丘　林丘
梁丘　亩丘　泌丘　旄丘　髦丘　平丘
蓬丘　青丘　山丘　沙丘　首丘　神丘
嵩丘　商丘　土丘　桃丘　陶丘　吾丘
宛丘　虚丘　余丘　员丘　蚁丘　幽丘
虞丘　圜丘　左丘　正丘　紫丘　糟丘
京丘
辞灵丘　貉一丘　崑崙丘　盲左丘　问帝丘
玉成丘
八索九丘　东家之丘　华屋山丘　狐死首丘
狐死正守丘/

秋 qiū ①庄稼成熟。②四季中的第三季。③秋天成熟的作物。④指某个不好的时期。⑤秋千。⑥年。
报秋　悲秋　长秋　初秋　残秋　春秋
桂秋　高秋　花秋　横秋　寒秋　九秋
见秋　经秋　劲秋　季秋　金秋　菊秋
兼秋　惊秋　立秋　令秋　冷秋　兰秋
凉秋　凛秋　末秋　马秋　麦秋　杪秋
孟秋　暮秋　鸣秋　千秋　青秋　清秋
秋秋　入秋　三秋　上秋　收秋　首秋
芟秋　似秋　送秋　始秋　思秋　删秋
素秋　商秋　深秋　天秋　庭秋　亭秋
未秋　无秋　晚秋　先秋　寻秋　新秋
依秋　吟秋　阴秋　有秋　迎秋　怨秋
弈秋　逾秋　银秋　中秋　早秋　知秋
值秋
八千秋　不胜秋　八月秋　白帝秋　白露秋
便成秋　碧汉秋　碧树秋　洞庭秋　得志秋
芙蓉秋　富春秋　广寒秋　故园秋　桂子秋
汉宫秋　汉月秋　侯虫秋　海月秋　海天秋
菡萏秋　几经秋　冷如秋　鸟鼠秋　鲁春秋
木落秋　蓬鬓秋　十分秋　数点秋　水天秋
树系秋　四月秋　天地秋　万里秋　万顷秋
万象秋　五月秋　五湖秋　一天秋　叶落秋
林木秋　烟雨秋　野店秋　雁阵秋　早惊秋
褚烟秋　枕簟秋　紫金秋
安国阳秋　安仁鬓秋　八月中秋　春诵春秋
丹桂迎秋　多事之秋　各有千秋　秽播千秋
黑不溜秋　季野春秋　隽证春秋　老气横秋
皮里阳秋　皮里春秋　裒皮阳秋　宋玉悲秋
霜叶知秋　万古千秋　万岁千秋　一字千秋
一叶知秋　一日三秋　月旦春秋　叶落知秋
有事之秋
人生一世，草木一秋/人生一世，草生一秋/四时皆是夏，一雨便成秋/梧桐一叶落而知秋/一叶落知天下秋/一日不见，如隔三秋/蟪蛄不知春秋/

湫 qiū 又音 jiǎo ①水池。②湖名。③凄凉。
大湫　谷湫　寒湫　涧湫　龙湫　灵湫
清湫　湫湫　山湫　石湫　神湫　深湫
淑湫　潭湫　云湫
百丈湫　山江湫　炭谷湫　仲孙湫

楸 qiū 落叶乔木。
长楸　枯楸　老楸　青楸　松楸　纹楸
梧楸　弈楸
侧局楸

鹙 qiū 秃鹙，一种水鸟。
鸧鹙　梁鹙　秃鹙

鳅 qiū 泥鳅。
火鳅　海鳅　泥鳅　史鳅　虾鳅
富虾鳅　公子鳅　杂蜃鳅

鞧 qiū ①套车时拴在驾辕牲口屁股上的皮带子。②收缩。

后鞧 玉鞧 坐鞧

囚 qiú ①拘禁。②被拘禁的人。③俘虏。④围困。

报囚 被囚 楚囚 察囚 放囚 俘囚
拘囚 系囚 鞫囚 禁囚 羁囚 老囚
录囚 论囚 虑囚 虏囚 累囚 缧囚
情囚 禽囚 死囚 送囚 诗囚 宿囚
算囚 释囚 文囚 休囚 献囚 谳囚
要囚 冤囚 幽囚 狱囚 重囚 纵囚
罪囚 絷囚
常阜囚 阶下囚 搢绅囚 南冠囚 石室囚
天地囚 章句囚 钟仪囚
悲歌楚囚 对泣楚囚 华亭楚囚 南冠楚囚
狠三狠囚 王志遣囚 弈棋判囚

泅 qiú 游泳。

善泅 卧泅 学泅 勇泅

求 qiú ①寻找。②设法得到。③恳请。④需要。⑤要求。⑥请求。⑦终。

哀求 别求 拜求 搏求 博求 重求
吹求 穿求 採求 诚求 得求 祷求
反求 访求 丐求 过求 更求 供求
苟求 规求 诡求 贿求 急求 讲求
家求 冀求 蕲求 籍求 可求 考求
空求 科求 苛求 苦求 渴求 力求
论求 难求 民求 觅求 敏求 谋求
默求 我求 旁求 聘求 气求 乞求
企求 亲求 俅求 期求 祈求 请求
屈求 强求 私求 声求 索求 深求
奢求 搜求 他求 推求 探求 同求
无求 外求 务求 妄求 形求 相求
希求 寻求 需求 详求 须求 胁求
询求 易求 央求 要求 应求 吁求
仰求 研求 欲求 营求 缘求 邀求
影求 只求 征求 追求 诛求 谘求
不易求 不须求 富可求 复何求 旧书求
静中求 扣门求 苦微求 庙堂求 茂陵求
入海求 太苛求 童蒙求 网罗求 险处求
在我求 智力求 执鞭求
不忮不求 不可苛求 供不应求 蕉鹿难求
梦寐以求 蔓引株求 虐政诛求 声气相求
声应乞求 同气相求 同恶相求 同类相求
予取予求
黄金万两易得，知心一个难求/羚羊角挂角无迹可求/礼下于人，必有所求/宁在直中取，不向曲中求/千军易得，一将难求/同声相应，同气相求/三军易得，一将难求/一家有女百家求/

俅 qiú ①恭顺的样子。②俅人。

俅俅

逑 qiú 配偶。

好逑 民逑
君子逑
君子好逑 诗首好逑

球 qiú ①立体的圆形物。②像球形的东西。③地球。④球类活动。⑤美玉。

比球 冰球 棒球 抽球 传球 彩球
蹴球 大球 打球 地球 顶球 光球
滚球 飞球 发球 罚球 红球 环球
好球 浑球 寰球 击球 角球 开球
锵球 琳球 南球 垒球 耶球 琉球
篮球 链球 马球 鸣球 谋球 煤球
皮球 抛球 排球 盘球 气球 全球
球球 铅球 绒球 水球 手球 生球
松球 捎球 丝球 塞球 赛球 天球
台球 铁球 踢球 跳球 网球 王球
玩球 小球 血球 戏球 削球 星球
香球 雪球 绣球 玉球 足球 争球
珠球
北半球 白血球 百花球 保龄球 板羽球
保健球 玻璃球 东半球 滚雪球 橄榄球
挂玉球 红血球 记事球 镜城球 克郎球
康乐球 琉璃球 淋巴球 南半球 茉莉球
乒乓球 七宝球 曲棍球 皮作球 水晶球
栓皮球 踢皮球 仙人球 西半球 戏采球
洋绣球 羽毛球
高尔夫球 名震全球 月绕地球 灌水浮球
狮子滚绣球/

赇 qiú 贿赂。

受赇　行赇　争赇

裘 qiú ①皮衣。②制皮衣的人。

表裘　重裘　敝裘　毳裘　冬裘　短裘
貂裘　反裘　焚裘　弓裘　羔裘　好裘
貉裘　狐裘　解裘　箕裘　良裘　麑裘
腐裘　名裘　皮裘　披裘　轻裘　秦裘
裼裘　绨裘　苑裘　文裘　委裘　袭裘
亵裘　衣裘　羊裘　征裘　珍裘　毡裘
氈裘　旃裘　菀裘
百苧裘　百结裘　白氈裘　敝貂裘　翠云裘
冬不裘　负薪裘　鹔鹴裘　狐白裘　黑貂裘
鹤氅裘　季子裘　集翠裘　孔雀裘　鹿皮裘
木棉裘　千金裘　柔软裘　苏子裘　绍箕裘
三英裘　学为裘　熊罴裘　一腋裘　紫绮裘
爱毛反裘　典鹔鹴裘　肥马轻裘　换鹔鹴裘
缓带轻裘　集腋成裘　克绍箕裘　千金之裘
仁杰携裘　五月披裘　武帝焚裘　尚朴焚裘
衣不重裘

虬 qiú ①传说中的角龙。②蜷曲。

白虬　碧虬　赤虬　苍虬　翠虬　螭虬
丹虬　飞虬　花虬　黄虬　金虬　蛟虬
惊虬　罗虬　蟉虬　青虬　乘虬　素虬
云虬　玉虬
东方虬　五花虬

酋 qiú ①酋长。②（盗匪）头目。③完成。④聚。

大酋　氐酋　敌酋　匪酋　蕃酋　羌酋
酋酋　群酋　长酋　诸酋　贼酋

遒 qiú ①强健，有力。②迫近。③聚集。④坚固。

警遒　力遒　路遒　清遒　声遒　势遒
势遒　未遒　语遒　字遒
百禄遒　笔力遒　榜歌遒　气节遒　四国遒
岁月遒　诗兴遒　万物遒　语更遒

璆 qiú 美玉。

金璆　琳璆
荆山璆

糗 qiǔ ①干粮。②饭或面食成块状。

残糗　芳糗　饭糗　脯糗　菊糗　粱糗

休 xiū ①歇息。②停止。③完结。④休假。⑤旧称离弃妻子。⑥吉庆。⑦树荫。⑧不要。⑨赦宥。

不休　半休　伯休　病休　罢休　厂休
倒休　浮休　服休　番休　工休　干休
公休　甘休　归休　咸休　轮休　难休
离休　丕休　乞休　全休　憩休　日休
神休　甚休　始休　天休　同休　心休
休休　旬休　闲休　用休　迓休　佚休
中休　自休
不肯休　不誓休　几时休　敬天休　乐未休
乐时休　老来休　死不休　誓不休　三宜休
万虑休
拜碑延休　侈侈不休　刺刺不休　喋喋不休
决不罢休　均赋韩休　纠缠不休　呶呶不休
买休卖休　誓不甘休　誓不罢休　孙盼四休
善罢甘休　释碑延休　田豫乞休　无了无休
无尽无休　哓哓不休　欲语还休　争吵不休
争论不休　无疆之休
臣心一片磁针石，不指南方誓不休/腹胀过而休/人到中年万事休/三寸气在千般用，一旦无常万事休/为人性僻耽佳句，语不惊人誓不休/一不住，二不休/一不做，二不休/月过十五光明少，人到中年万事休/

咻 xiū ①喧闹。②口病声。

噢咻　楚咻　唤咻　齐咻　咻咻　呀咻
气咻咻　众口咻　众楚咻
齐傅楚咻　一傅众咻

庥 xiū 庇荫，保护。

常庥　底庥　神庥　荫庥　廕庥

鸺 xiū ［鸱鸺］①猫头鹰一样的水鸟。②一种凶猛的鸟。俗称“猫头鹰”。

鸱鸺

貅 xiū ［貔貅］传说中的一种野兽似熊。

貔貅

髹 xiū 把漆涂在器物上。

髤髹　涂髹　文髹　黝髹

修 xiū ①修饰。②长。③使完美。④整治。⑤修建。⑥编纂。⑦修行。⑧美。⑨钻研字句。

必修　包修　保修　报修　编修　重修
粗修　慎修　藏修　纂修　大修　德修
反修　返修　防修　副修　焚修　翻修
官修　改修　躬修　回修　好修　交修
尽修　机修　精修　进修　家修　敬修
检修　剪修　厥修　监修　姱修　内修
灵修　练修　培修　抢修　清修　免修
前修　勤修　骞修　潜修　失修　世修
顺修　岁修　删修　缮修　同修　万修
往修　维修　舞修　小修　先修　行修
性修　兴修　选修　修修　聿修　元修
杨修　专修　自修　整修　增修　装修
肇修　纂修
封资修　六府修　褉事修　文備修
辞向穆修　斗私批修　犯忌杨修　径明行修
年久失修　衽席不修　士得其修　帷薄不修
帏薄不修
救寒莫若重裘，止谤莫若自修/神仙本是凡人做，只为凡人不肯修/

脩 xiū ①干肉。②枯萎。

段脩　道脩　锻脩　脯脩　蹇脩　束脩
信脩　肴脩　糈脩　运脩　阻脩
凤尾脩　万竹脩　羽已脩　竹清脩
榛栗枣脩

羞 xiū ①感到羞耻。②珍馐。③感到难为情。④惭愧。⑤进献（食品）。

碍羞　不羞　百羞　包羞　伴羞　彪羞
避羞　代羞　丰羞　寡羞　罕羞　含羞
好羞　环羞　怀羞　寒羞　进羞　荐羞
娇羞　口羞　可羞　内羞　兰羞　难羞
没羞　蒙羞　谋羞　怕羞　芹羞　起羞
禽羞　如羞　忍羞　少羞　时羞　神羞
识羞　膳羞　饈羞　桃羞　替羞　向羞
鲑羞　肴羞　玉羞　佯羞　养羞　正羞
自羞　珍羞　庶羞　遮羞
不害羞　不舍羞　半掩羞　宾客羞　长年羞
楚客羞　丹鸟羞　达士羞　谈娥羞　粉黛羞
花见羞　跨下羞　妻妾羞　雪见羞　猿鹤羞
爱口识羞　贫不足羞　怯怯羞羞

馐 xiū 美味食品。

珍馐
九婢珍馐

朽 xiǔ ①腐烂。②衰老。③磨灭。

不朽　败朽　罢朽　材朽　樗朽　雕朽
腐朽　骨朽　槁朽　灰朽　耄朽　焦朽
枯朽　老朽　拉朽　难朽　驽朽　木朽
速朽　衰朽　臭朽　颓朽　学朽　枵朽
驭朽　庸朽　愚朽　在朽　枝朽　糟朽
案将朽　骨未朽　金石朽　名不朽　三不朽
摧枯拉朽　户枢不朽　累孙不朽　死而不朽
死且不朽　死欲速朽　永垂不朽　粟红贯朽
神奇化腐朽/

宿 xiǔ 又音 sù xiù 夜。

半宿　通宿　隔宿
三天两宿

秀 xiù ①谷类抽穗开花。②聪明灵巧。③美丽。④草木茂盛。⑤优异出众。⑥俊美。⑦草木结实。

别秀　标秀　禀秀　碧秀　长秀　重秀
巷秀　春秀　独秀　诞秀　叠秀　发秀
峰秀　敷秀　魁秀　诡秀　骨秀　高秀
贵秀　闺秀　禾秀　合秀　洪秀　迥秀
环秀　慧秀　进秀　竞秀　积秀　隽秀
静秀　娟秀　简秀　精秀　競秀　俊秀
内秀　灵秀　朗秀　秾秀　耸秀　揽秀
醲秀　名秀　目秀　民秀　麦秀　眉秀
明秀　茂秀　美秀　敏秀　髦秀　媚秀
气秀　奇秀　趫秀　岐秀　峭秀　轻秀
清秀　凄秀　翘秀　润秀　耸秀　三秀
庶秀　竦秀　爽秀　森秀　神秀　髻秀
深秀　疏秀　攡秀　韶秀　通秀　特秀
挺秀　文秀　温秀　婉秀　夕秀　向秀
心秀　纤秀　雄秀　新秀　儁秀　撷秀
夭秀　优秀　员秀　彦秀　英秀　妍秀
逸秀　遗秀　雅秀　幽秀　颖秀　隐秀
钟秀　艺秀　稚秀　整秀　擢秀　濯秀
冬华秀　江左秀　兰陵秀　兰有秀　毛女秀

琼枝秀 珠帘秀
不郎不秀 笔老黑秀 齿危发秀 大家闺秀
洞奇石秀 后起之秀 俱称彦秀 脸庞清秀
名门闺秀 苗而不秀 眉目清秀 眉清水秀
山清水秀 山青水秀 山明水秀 神清骨秀
黍油麦秀 黍离麦秀 同心向秀 亭亭秀秀
棠棣竞秀 万木竞秀 一年三秀 争荣竞秀
钟灵毓秀 贾儒商秀
郎不郎秀不秀/

绣 xiù ①五彩具备，刺绣。②绣成织品。③有彩色花纹的丝织品。④华丽的。

荣绣 采绣 刺绣 裳绣 潮绣 纂绣
夺绣 雕绣 广绣 衮绣 顾绣 画绣
绘绣 金绣 锦绣 罗绣 绫绣 苗绣
描绣 瓯绣 绮绣 绒绣 手绣 苏绣
蜀绣 文绣 香绣 絺绣 湘绣 衣绣
粤绣 朱绣 藻绣 织绣 著绣 昼绣
宫花绣 葵花绣 金缕绣 铺茵绣 秦川绣
麒麟绣 蜀国绣 廷枝绣 鸳鸯绣 竹叶绣
朱雀绣
白日衣绣 金玉锦绣 奚图文绣 夜行披绣

锈 xiù ①生锈。②金属表面生的氧化物。③锈病。

茶锈 防锈 水锈 生锈 铁锈 铜锈
长锈

岫 xiù ①山洞。②峰峦。

层岫 芳岫 峰岫 广岫 怪岫 孤岫
灵岫 林岫 峦岫 江岫 穹岫 入岫
山岫 川岫 四岫 数岫 危岫 文岫
王岫 香岫 云岫 远岫 岩岫
毛如岫 深山岫 王屋岫 云出岫
远山近岫

袖 xiù ①衣袖。②藏在袖子里。

白袖 半袖 摆袖 长袖 彩袖 翠袖
大袖 夺袖 短袖 断袖 貂袖 风袖
芳袖 拂袖 广袖 红袖 挥袖 举袖
绝袖 罗袖 裸袖 逻袖 领袖 暖袖
飘袖 水袖 套袖 唾袖 檀袖 挽袖
舞袖 细袖 香袖 玉袖 衣袖 盈袖
腰袖 爪袖 罩袖 郑袖 醉袖
白袷袖 浮邱袖 红沾袖 寒翠袖 迷舞袖
马蹄袖 轻盈袖 揉蓝袖 同心袖 吴娘袖
迎风袖
狐裘羔袖 雀入僧袖 清风两袖 甩动水袖
魏舒领袖 揎拳捋袖 掀拳裸袖 赵妃广袖
蜂虿作于怀袖/狐裘而羔袖/

臭 xiù 又音 chòu ①气味。②同“嗅”。乳臭 铜臭

鲍鱼臭 如兰臭 有余臭 周尚臭
无色无臭 崔烈铜臭

嗅 xiù 闻。

鼻嗅 时嗅 嘘嗅

宿 xiù 又音 sù xiǔ 天上星的集合体。

辰宿 成宿 斗宿 列宿 星宿
苍龙宿 牛斗宿 文星宿 西方宿
二十八宿 胸罗星宿

十 寒前辙

（合古韵 十四寒、十五删、十三覃、十四盐、一先、十五咸、十三元、二十九豏、十四旱、十五潸、二十七感、二十八琰、十六铣、十三阮、十五翰、十七霰、二十八勘、三十陷、二十九艳、十四愿、十六谏）

安 ān ①安全。②安静。③静止。④使平静。⑤安置。⑥存着。⑦安逸。⑧如何。⑨习惯。⑩电流强度单位。

安安 不安 保安 便安 病安 长安
春安 诚安 大安 冬安 伏安 抚安
阜安 奉安 福安 富安 公安 归安
国安 苟安 怀安 遑安 毫安 获安
久安 计安 近安 金安 居安 即安
教安 建安 积安 辑安 叩安 康安
宽安 临安 柳安 缪安 谧安 平安
潘安 偏安 欠安 迁安 求安 秋安
请安 痊安 人安 日安 少安 顺安
寿安 绥安 台安 恬安 偷安 万安
午安 向安 晚安 慰安 微安 小安
心安 信安 相安 讯安 夏安 悬安
新安 谢安 学安 义安 艾安 玉安

仪安　吟安　养安　延安　悦安　袁安
遗安　要安　宴安　愿安　颐安　燕安
自安　早安　治安　招安　著安　尊安
躁安　撰安
苍生安　九有安　梦槐安　梦魂安　磐石安
汝止安　容膝安　随所安　随遇安　泰山安
托身安　万邦安　未曾安　一枝安　一枕安
竹平安　择所安
长治久安　动荡不安　抚念不安　苟且偷安
国泰民安　惶恐不安　惶惶不安　恐惧不安
局促不安　六神不安　买静求安　平平安安
庞德遗安　栖身不安　歉疚不安　去危就安
寝食不安　扰扰不安　入土为安　宋代谢安
索米长安　随遇而安　随寓而安　忐忑不安
畏难苟安　栖身不安　谢职求安　一路平安
一枕槐安　竹报平安　坐立不安　坐卧不安
捉鼻谢安　枕席未安　张清诛安　惴惴不安
转危为安　掷果潘安
国正天心顺，官清民自安/令反侧子自安/无欺心自安/胃不和则卧不安/无功受禄，寝食不安/一家有事，四邻不安/

桉　ān　桉树。

柠檬桉

鞍　ān　搁在骡马背上供人骑坐或载物的器物。

卸鞍　革鞍　金鞍　举鞍　解鞍　锦鞍
马鞍　投鞍　息鞍　歇鞍　绣鞍　玉鞍
御鞍　银鞍　征鞍
不禽鞍　簇金鞍　拂马鞍　解征鞍　跨归鞍
老据鞍　暖玉鞍　七宝鞍　入绣鞍　送客鞍
杏叶鞍　吟雕鞍　耀眼鞍　钱置鞍　暂住鞍
买得起马，备不起鞍/人是衣裳马是鞍/青娥换玉鞍/惜马而负鞍/一马不备两鞍/一马不跨两鞍/有钱买马，没钱置鞍/有钱买马，无钱置鞍/

庵　ān　①小庙。②圆形草屋。

别庵　柏庵　草庵　禅庵　花庵　荒庵
晦庵　乐庵　尼庵　扪庵　茅庵　蒲庵
樵庵　山庵　无庵　小庵　相庵　雪庵
新庵　野庵　渔庵　�庵　竹庵
白石庵　定僧庵　钓鱼庵　海岳庵　结空庵
尼姑庵　老学庵　薜荔庵　听松庵　五老庵
卧雪庵　照水庵　紫云庵　濯缨庵
弹桧澹庵

鹌　ān　［鹌鹑］鸟名，头小，尾短。羽毛赤褐色，肉，卵可以吃。

斥鹌　鹏鹌

谙　ān　①熟悉。②熟记。③经受。

不谙　饱谙　备谙　初谙　大谙　旧谙
难谙　世谙　深谙　素谙　熟谙　未谙
相谙　晓谙　详谙　已谙　自谙
不能谙　世味谙　事事谙　仔细谙

盦　ān　①古代的一种器皿。②同“庵”。

素盦
伯盏盦　蛟虬盦

铵　ǎn　铵银，化学中一种阳性复根。

硫酸铵

埯　ǎn　①点播种子挖的小坑。②挖小坑点种。③量词。

断埯

唵　ǎn　①把食物放在手里吞食。②佛教咒语的发声词。

唵唵

犴　àn　又音 hān　［狴犴］传说中的一种走兽，古代牢狱门上画着它，因此，作为牢狱的代称。

狴犴

岸　àn　①江，河，海靠水边的陆地。②喻高位。③高傲。④高大。

凹岸　傲岸　鹜岸　边岸　泊岸　彼岸
驳岸　赤岸　此岸　楚岸　翠岸　对岸
钓岸　堤岸　断岸　隈岸　风岸　枫岸
法岸　古岸　鬼岸　高岸　瑰岸　河岸
护岸　海岸　江岸　夹岸　口岸　靠岸
魁岸　两岸　拢岸　蓼岸　雷岸　柳岸
迷岸　抹岸　拍岸　畔岸　气岸　曲岸
青岸　起岸　上岸　沙岸　隋岸　凸岸
田岸　汀岸　屠岸　无岸　伟岸　西岸
云岸　异岸　岩岸　沿岸　拥岸　原岸

崖岸　涯岸　幽岸　烟岸　野岸
垂阳岸　芙蓉岸　花改岸　花美岸　红莲岸
蒹葭岸　浪拍岸　茅草岸　平芜岸　千仞岸
松风岸　投钱岸　桃花岸　斜阳岸　鰕妾岸
杨柳岸　烟笼岸
不立崖岸　诞登道岸　回头是岸　湖波拔岸
惊涛裂岸　孤峰艳岸
苦海无边，回头是岸/

按 àn ①用手向下压。②按捺。③抑制。④按照。⑤巡视。⑥考察。

否按　告按　就按　检按　静按　鞫按
考按　廉按　摩按　穷按　收按　巡按
新按　抑按
编者按　贤否按

案 àn ①长方形桌面的木制品。②案件。③处理公务的文书。④有关计划的文件。⑤事件。⑥考察，考据。⑦安定。⑧界限。

办案　白案　报案　备案　驳案　病案
成案　存案　草案　菜案　惨案　错案
大案　对案　到案　洞案　定案　堆案
断案　答案　档案　盗案　方案　伏案
抚案　法案　犯案　俯案　腹案　覆案
翻案　个案　公案　归案　供案　红案
花案　画案　鸿案　几案　旧案　机案
假案　举案　积案　结案　竞案　教案
口案　考案　另案　立案　面案　命案
脉案　麻案　判案　拍案　破案　抢案
琴案　窃案　敕案　书案　诗案　设案
审案　毡案　同案　条案　投案　提案
推案　图案　铁案　文案　向案　凶案
学案　香案　血案　钦案　销案　雪案
悬案　修案　玉案　萤案　议案　要案
原案　预案　医案　药案　冤案　疑案
作案　在案　专案　重案　奏案　罪案
编者案　持节案　丹凤案　度支案　梁苑案
勤雪案　孟光案　齐眉案　青玉案　十二案
杀人案　双玉案　书满案　珊瑚案　同文案
无头案　凶杀案　玉皇案　梁鸿案
画眉举案　举齐眉案　缉拿归案　南山铁案
李逵断案　齐眉举案　孙权斫案　三头对案
未了公案　无头公案　五卅惨案　萤窗雪案
冤假错案　举齐眉案　孟光举案
汉语拼音方案/

胺 àn 一种有机化学中的化合物。

苯胺　磺胺　乙胺　组胺

暗 àn ①不亮。②愚昧不明。③不公开的。④夜。

暗暗　薄暗　处暗　大暗　灯暗　德暗
黮暗　服暗　复暗　光暗　汩暗　灰暗
黑暗　获暗　晦暗　久暗　江暗　矜暗
空暗　狂暗　林暗　凉暗　理暗　柳暗
迷暗　目暗　明暗　冥暗　瞢暗　去暗
披暗　日暗　上暗　山暗　松暗　识暗
事暗　天暗　为暗　尪暗　顽暗　夕暗
心暗　朽暗　星暗　虚暗　云暗　月暗
叶暗　阳暗　阴暗　音暗　幽暗　眼暗
愚暗　至暗　知暗　助暗　忠暗
林烟暗　仙井暗　悬萝暗　云遮暗　云峰暗
月嫌暗　银烛暗
半明不暗　半明半暗　低沉阴暗　忽明忽暗
昏昏暗暗　明珠投暗　偏听则暗　若明若暗
天空灰暗　天阴地暗　天昏地暗　一片昏暗
月昏星暗
吃明不吃暗/兼听则明，偏听则暗/

黯 àn 昏暗。

黯黯　凄黯　污黯　消黯　销黯　云黯
阴黯　黝黯　黤黯　赭黯
情方黯　�处黯
汉武礼黯

扳 bān ①把输了的赢回来。②把螺丝帽或钉御下来。③拉。

乱扳　镘扳
用力扳　使劲扳

颁 bān ①发下。②鬓。③赏赐。

赐颁　春颁　恩颁　匪颁　酒颁　荣颁
下颁

班 bān ①工作或学习的组织。②班次。③遍及。④分赐。⑤铺开。⑥序列。⑦军队编制。⑧工作按时间划分的段落。⑨定时开行的。⑩调（兵力），回。

按班 白班 班班 长班 朝班 插班
楚班 崇班 趋班 大班 当班 顶班
道班 带班 倒班 搭班 蹲班 放班
跟班 合班 换班 航班 加班 交班
旧班 接班 降班 警班 开班 科班
乱班 列班 老班 留班 鲁班 领班
轮班 末班 马班 排班 全班 清班
二班 日班 荣班 上班 史班 升班
随班 同班 脱班 通班 跳班 替班
晚班 小班 下班 西班 戏班 歇班
依班 押班 夜班 鸳班 中班 早班
坐班 值班 掌班
大夫班 点朝班 峨眉班 凤池班 供奉班
尖刀班 警卫班 猛虎班 十八班 上卿班
识字班 通讯班 铜墨班 五云班 学习班
学前班 香案班 一人班 玉笋班 作业班
柱史班
按部就班 吃瓜换班 日夜三班 绍兴大班
若水钱班
九流十八班/

斑 bān 一种颜色夹杂在别的颜色的点子或条纹。

斑斑 豹斑 发斑 光斑 汗斑 红斑
虎斑 黄斑 黑斑 锦斑 泪斑 烂斑
斓斑 雀斑 日斑 诗斑 寿斑 脱斑
湘斑 锈斑 雪斑 云斑 认斑 淤斑
耀斑 竹斑 雉斑
豹一斑 春草斑 翡翠斑 笏头斑 薤露斑
窥一斑 老年斑 泪滴斑 老人斑 荔枝斑
柳紫斑 茗碗斑 暮烂斑 二毛斑 石文斑
舞衣斑 雨痕斑 眼感斑 纸痕斑 鹧鸪斑
可见一斑 假雾成斑 窥见一斑 窥豹一斑
泪痕斑斑 略见一斑 满脸雀斑 树影斑斑
桃点红斑 血迹斑斑 血渍斑斑 血泪斑斑
一豹之斑 一豹三斑
管中窥豹，可见一斑/

瘢 bān 皮肤上斑点的病。

麻瘢 雀瘢

般 bān ①种类。②一样。③同"搬"运。

百般 般般 多般 官般 几般 那般
面般 恁般 千般 若般 万般 一般
颜般 这般 诸般
不一般 乐且般 门尹般 心病般
如此这般

搬 bān ①物体的位置移动。②移用。

照搬

瘢 bān ①疮疖愈后的疤痕。②皮肤上的斑点。

补瘢 创瘢 疮瘢 刀瘢 求瘢 伤瘢
索瘢
刀剑瘢 野烧瘢
洗垢求瘢 洗垢索瘢

阪 bǎn ①斜坡。②山腰小道。

长阪 堤阪 黄阪 峻阪 逆阪 垅阪
泥阪 芒阪 马阪 平阪 蒲阪 丘阪
峭阪 日阪 山阪 少阪 纱阪 外阪
下阪 原阪 在阪
驰峻阪 九折阪 岗施阪 柳阴阪 身热阪

坂 bǎn 山坡，斜坡。

峻坂 吴坂 鸣坂 盐坂
九折坂 局吴坂 羊肠坂

板 bǎn ①木板。②成块的不厚而硬的物体。③打节拍的乐器。④不灵活。⑤老板。⑥印版。⑦手板。⑧拍板。⑨古代刑具。⑩诏书。

呆板 案板 板板 柏板 薄板 床板
禅板 船板 搓板 地板 导板 顶板
倒板 贫板 干板 古板 光板 官板
龟板 钢板 鼓板 户板 画板 黑板
滑板 鹤板 叫板 甲板 夹板 拘板
极板 简板 脚板 快板 刻板 老板
蜡板 楼板 露板 木板 门板 模板
平板 皮板 拍板 铺板 桥板 铅板
上板 石板 手板 死板 寿板 身板
诏板 舢板 缩板 图板 投板 停板
铁板 调板 跳板 铜板 筒板 踏板
檀板 望板 下板 杏板 血板 星板
线板 型板 锌板 云板 压板 样板
腰板 主板 竹板 在板 走板 砧板

闸板 制板 纸板
刨花板 玻璃板 车老板 车载板 传花板
参玉板 登仕板 供金板 跪踏板 呱嗒板
隔音板 红牙板 滑雪板 记事板 胶合板
金钱板 脚底板 老八板 老古板 七巧板
七色板 跷跷板 敲檀板 千金板 三角板
三色板 三合板 水泥板 死板板 天花板
趿拉板 踢脚板 铁脚板 小老板 血小板
纤维板 装饰板
对口快板 后台老板 离弦走板 离腔走板
脱腔落板 誊写钢板 铜琶铁板 一字一板
荆笔杨板
各打五十大板/

版 bǎn ①木板。②筑土的夹板。③古时写的木片。④手版。⑤印刷的版。⑥印刷物排印的次数。⑦报纸的一面。⑧户籍。

凹版 案版 本版 白版 百版 版版
编版 尺版 出版 初版 重版 禅版
大版 顶版 底版 饾版 盗版 雕版
蝡版 粉版 翻版 花版 活版 巨版
击版 金版 妓版 胶版 急版 简版
绝版 开版 扩版 刊版 刻版 蜡版
露版 木版 民版 平版 拼版 俳版
排版 启版 铅版 漆版 手版 书版
石版 数版 缩版 凸版 头版 套版
桃版 图版 铜版 檀版 望版 削版
修版 锌版 云版 玉版 原版 牙版
印版 在版 再版 纸版 装版 制版
凹凸版 活字版 海盗版 聚珍版 珂罗版
三色版 套色版 誊写版 照相版
范谤毁版 范谤投版

钣 bǎn 金属板材。

钢钣 铅钣

舨 bǎn 舢舨。一种小船。

舢舨

办 bàn ①办理。②处罚。③处理。④创设。⑤置备。⑥自备。

不办 包办 补办 备办 帮办 采办
促办 查办 倡办 常办 错办 创办
查办 承办 操办 催办 惩办 筹办
代办 督办 仿办 法办 公办 官办
合办 好办 伙办 缓办 交办 兼办
举办 济办 究办 经办 接办 可办
开办 考办 难办 拿办 能办 民办
密办 买办 且办 取办 请办 私办
申办 省办 夙办 商办 试办 谁办
托办 停办 未办 先办 兴办 协办
校办 县办 襄办 已办 应办 严办
押办 倚办 营办 主办 只办 足办
自办 治办 重办 职办 侦办 责办
组办 酌办 照办 制办 置办
多多办 何时办 口取办 三岁办 输租办
无计办
碍难照办 撤职查办 撤职押办 多而益办
咄嗟立办 咄咄立办 公事公办 临时代办
首恶必办 文化买办 万难照办 一手包办
依法究办 凿空取办
不怕慢全怕站，不走弯路就好办/火到猪头烂，钱到公事办/韩信用兵，多多益办/

半 bàn ①二分之一。②不完全。③比喻很少。㊃在中间。

倍半 尺半 参半 春半 大半 对半
多半 得半 各半 过半 功半 割半
斤半 近半 居半 金半 减半 民半
迷半 秋半 强半 上半 少半 受半
食半 胜半 事半 天半 太半 泰半
无半 小半 一半 云半 月半 有半
原半 夜半 寅半 逾半 子半 折半
妆半
八斤半 八月半 晨昏半 春事半 翠微半
多一半 风光半 鸿沟半 七月半 二斤半
岁云半 思过半 一小半 一多半
瓜分两半 毁誉参半 鹤知夜半 功倍事半
力倍功半 事倍功半 疑倍参半 月圆其半
听人劝，得一半/文选烂，秀才半/一枝红杏出墙来，见一半不见一半/

伴 bàn ①伴侣。②陪同。

春伴 愁伴 待伴 搭伴 跟伴 歌伴
馆伴 火伴 伙伴 呼伴 鹤伴 旧伴
就伴 搅伴 结伴 酒伴 老伴 女伴

良伴 凉伴 侣伴 旅伴 朋伴 陪伴
琴伴 山伴 失伴 诗伴 讼伴 索伴
同伴 无伴 舞伴 寻伴 学伴 约伴
游伴 杂伴 做伴 醉伴 贼伴
吹箫伴 读书伴 风流伴 看花伴 浣花伴
林泉伴 梅作伴 少年伴 青灯伴 鸥鸟伴
同心伴 踏青伴 卧云伴 寻归伴 云作伴
呼朋引伴 合作伙伴 青春作伴 今生相伴
相依相伴

拌
bàn 搅和

久拌 搅拌 搕拌 凉拌 难拌 谁拌
先拌 押拌 杂拌

绊
bàn ①驾马的绳索。②用绳子把足系住。③羁绊。④走路时被别的东西挡住。⑤喻阴谋。

扯绊 瑔绊 系绊 拘绊 绝绊 羁绊
罗绊 连绊 难绊 笼绊 马绊 囚绊
入绊 使绊 索绊
绛缕绊 骐骥绊
磕磕绊绊

扮
bàn ①打份。②扮演。

打扮 改扮 假扮 乔扮 文扮 装扮
穿戴打扮 乔装打扮 乔装改扮 梳妆打扮
三分人才，七分打扮/

瓣
bàn ①花瓣。②瓜类的种子。③瓣膜。

豆瓣 独瓣 分瓣 瓜瓣 活瓣 花瓣
千瓣 蕊瓣 双瓣 蒜瓣 小瓣 一瓣
有瓣
橘子瓣 莲花瓣
七棱八瓣

潘
pān ①淘米汁。②姓。

阿潘 陆潘 米潘 吴潘 庾潘 左潘
张潘
鬓如潘 貌胜潘

攀
pān ①拗折。②攀援。③牵扯。④攀附。

登攀 共攀 孤攀 高攀 跻攀 堪攀
难攀 嫩攀 手攀 先攀 相攀 仰攀
幽攀 追攀
不可攀 后者攀 几度攀 柳可攀 龙髯攀
美人攀 月中攀 杳难攀
不敢高攀 春桂同攀 凤附龙攀 高不可攀

胖
pán 又音 pàng 安泰舒适。

心广体胖 心宽体胖

盘
pán ①敞口的扁平的盛器。②形状像盘的东西。③盘曲。④垒砌。⑤盘查。⑥经营。⑦仔细地清点。⑧市场上的成交价格。

暗盘 冰盘 表盘 杯盘 蚌盘 车盘
出盘 茶盘 赤盘 唱盘 春盘 蟾盘
吊盘 地盘 顶盘 底盘 放盘 飞盘
负盘 封盘 果盘 骰盘 和盘 红盘
花盘 讲盘 金盘 狡盘 绞盘 接盘
椒盘 键盘 考盘 开盘 空盘 龙盘
冷盘 罗盘 脸盘 轮盘 碾盘 露盘
明盘 冥盘 满盘 磨盘 平盘 胚盘
盘盘 拼盘 捧盘 配盘 卡盘 全盘
青盘 曲盘 屈盘 球盘 情盘 棋盘
倾盘 擎盘 软盘 收盘 沙盘 受盘
算盘 蛇盘 素盘 同盘 台盘 托盘
胎盘 通盘 铁盘 铜盘 围盘 小盘
辛盘 仙盘 吸盘 旋盘 云盘 玉盘
牙盘 轧盘 油盘 洋盘 营盘 郁盘
硬盘 殷盘 银盘 字盘 朱盘 招盘
晬盘 转盘
白玉盘 赤璞盘 承露盘 打圆盘 打算盘
定星盘 方向盘 翡翠盘 公输盘 颓玉盘
黄金盘 荐牙盘 落珠盘 老瓦盘 内台盘
烂银盘 玛瑙盘 乞巧盘 青玉盘 起电盘
日可盘 肉台盘 软磁盘 双玉盘 水晶盘
铁算盘 五卒盘 小算盘 响玉盘 苜蓿盘
月一盘 硬磁盘 珠落盘 知寒盘 椎间盘
转玉盘
打小算盘 瓜圆如盘 虎踞龙盘 穆之金盘
面若银盘 如意算盘 夏鼎商盘 月似银盘
一百八盘
错打了算盘/大珠小珠落玉盘/哪个腹中无算盘/

槃 pán 同"盘"。

敦槃 耽槃 涅槃 槃槃
大才槃槃
一佛出世，二佛涅槃/

磐 pán ①大石头。②水滨小丘。

渐磐 鹿磐 磐磐 悬磐
八九磐 黑如磐 千丈磐 青石磐
风雨如磐 室如悬磐

磻 pán ［磻溪］古水名，在今陕西省宝鸡东南。

涧磻 监磻

蟠 pán ①周遍。②盘曲。

飞蟠 根蟠 径蟠 蛟蟠 龙蟠 雷蟠
蟠蟠 山蟠 双蟠 深蟠 仙蟠 萦蟠
黑蛟蟠 鹤乘蟠 髻云蟠 泥虎蟠 鸟道蟠
怒貌蟠 乔松蟠 起蛰蟠 瑞光蟠 石林蟠
万竹蟠 玉虬蟠 烟龙蟠 匝地蟠 蛰龙蟠
王猛螭蟠

判 pàn ①分离。②分辨。③判决。④半。

报判 笔判 词判 裁判 大判 分判
公判 改判 鬼判 火判 花判 口判
考判 内判 两判 离判 批判 评判
剖判 区判 书判 私判 审判 试判
通判 谈判 宣判 励判 研判 臆判
质判 掌判 肇判
大批判 含笑判 吉凶判 胚浑判 陪审判
五花判
独立审判 国际裁判 国家裁判 和平谈判
就地审判 鉴赏评判 巡回审判 元统书判

泮 pàn ①融解。②泮池。

冰泮 初泮 春泮 待泮 集泮 搅泮
将泮 末泮 入泮 阴泮 游泮 主泮
在泮
鸮集泮 思乐泮

叛 pàn ①背叛。②光辉明亮貌。

倍叛 背叛 暴叛 多叛 反叛 乖叛
好叛 悔叛 寇叛 奸叛 纳叛 离叛
民叛 平叛 侵叛 逃叛 讨叛 外叛
委叛 降叛 携叛 众叛 诈叛 诛叛
不吾叛 亲戚叛 以城叛 燕人叛
亲离众叛 招降纳叛

畔 pàn ①田界。②旁边。③界限。

倍畔 背畔 池畔 城畔 愁畔 道畔
河畔 花畔 海畔 湖畔 江畔 际畔
讲畔 那畔 楼畔 篱畔 帘畔 旁畔
泉畔 桥畔 琴畔 耳畔 让畔 水畔
身畔 腮畔 亭畔 溪畔 有畔 涯畔
烟畔 忿畔 宅畔 枕畔 泽畔 侧畔
虫闻畔 红茵畔 灵词畔 茅屋畔 秋千畔
轻烟畔 若个畔 屠苏畔

拚 pàn 又音 pīn 舍弃，豁出去。

谁拚 先拚 死拚

盼 pàn ①看。②盼望。③喻美目流转。

垂盼 恩盼 频盼 顾盼 回盼 含盼
迥盼 久盼 眷盼 渴盼 流盼 留盼
隆盼 美盼 盼盼 切盼 企盼 青盼
清盼 情盼 倩盼 期盼 翘盼 睇盼
相盼 一盼 右盼 远盼 有盼 英盼
坐盼 转盼 增盼
按剑盼 国士盼 踞鞍盼 美目盼
伯乐一盼 左顾右盼 朝思暮盼

襻 pàn ①扣襻。②扣住。③形状或功能像襻的东西。④底细。

车襻 夹襻 假襻 扣襻 纽襻 袷襻
绁襻 鞋襻 衣襻 腰襻

蛮 mán ①粗野。②旧指南方的民族。③轻侮。

八蛮 百蛮 捕蛮 触蛮 荒蛮 横蛮
狂蛮 荆蛮 南蛮 锦蛮 平蛮 小蛮
羞蛮 夷蛮 野蛮 众蛮 诸蛮 镇蛮
菩萨蛮 听绵蛮 五永蛮 蜗角蛮 绣州蛮
谢阿蛮 语作蛮
灯夕平蛮 左触右蛮

谩 mán 又音 màn ①欺骗。②诋毁。

婧谩 池谩 谇谩 欺谩 遭谩

蔓 mán 又音 màn ①［蔓菁］芜菁，二年生草本植物，花黄色，块根可以吃。

日蔓 柔蔓

鳗 máo ［鳗鲡］鱼名。身体前圆后扁。生活在淡水中，到海洋中产卵。

白鳗 电鳗 海鳗

九节鳗 金丝鳗

鬘 mán 形容头发美。

花鬘 月鬘

菩萨鬘

瞒 mán ①隐瞒。②闭目貌。

阿瞒 不瞒 曹瞒 撺瞒 哄瞒 过瞒

诳瞒 老瞒 瞑瞒 瞒瞒 欺瞒 郧瞒

相瞒 隐瞒 遮瞒

似鬼曹瞒

奸不斯欺，俏不斯瞒/

满 mǎn ①充盈。②全。③使满。④到达一定的程度。⑤骄傲。⑥十分。⑦我国少数民族名。

不满 饱满 爆满 膔满 才满 充满

冲满 持满 常满 财满 春满 慎满

盛满 多满 德满 丰满 服满 俸满

复满 功满 贯满 躬满 届满 矜满

骄满 亢满 客满 脑满 流满 隆满

名满 闷满 弥满 满满 美满 穆满

扑满 破满 蟠满 泉满 秋满 期满

人满 日满 水满 塞满 土满 同满

庭满 伪满 完满 小满 心满 兴满

香满 胸满 虚满 屣满 元满 已满

月满 圆满 溢满 盈满 引满 主满

自满 秩满 照满 罩满

不自满 春涨满 芳菲满 孤月满 红叶满

金尽满 客常满 南云满 清阴满 田不满

庭月满 月轮满 攲器满 簪缨满

仓满架满 仓满屯满 肠肥脑满 反骄破满

功德圆满 郭生自满 江满河满 家庭美满

精神饱满 骄傲自满 颗粒饱满 颗圆粒满

潘郎车满 气得志满 荣狱蓬满 胸脯丰满

圆圆满满 羽毛丰满 志得意满 志骄意满

籽粒饱满 三平二满 穷坑难满

大河涨水，小河满/大河里有水，小河里满/

曼 màn ①延长。②柔美。③细腻。

歌曼 滑曼 流曼 曼曼 眇曼 美曼

靡曼 戎曼 柔曼 寿曼 韶曼 坛曼

宛曼 婉曼 秀曼 萧曼 羊曼 夜曼

韵曼

蛾眉曼 坎土曼 路远曼 圣人曼 作漫曼

谩 màn 又音 mán ①轻慢无礼。②冗长。

大谩 诞谩 面谩 私谩 夸谩

墁 màn ①同“镘”，抹墙的工具。②涂抹。③用砖或石块铺地面。

地墁 坎墁 圬墁 斫墁

郢人墁

蔓 màn 又音 mán 细长能缠绕的茎。

长蔓 翠蔓 瓜蔓 根蔓 花蔓 牛蔓

萝蔓 蔹蔓 蔓蔓 爬蔓 霜蔓 藤蔓

芜蔓 香蔓 云蔓 压蔓 烟蔓 枝蔓

紫蔓 滋蔓 株蔓 跃蔓 生蔓 优蔓

延蔓 孳蔓

花自蔓 老柳蔓 莲叶蔓 绿草蔓 兔丝蔓

青树翠蔓 摘瓜抱蔓 不枝不蔓

幔 màn ①帐幕。②床帐。③酒店的招子。

布幔 碧幔 车幔 垂幔 翠幔 采幔

窗幔 地幔 风幔 佛幔 隔幔 卷幔

酒幔 锦幔 搴幔 罗幔 绿幔 毳幔

纱幔 帷幔 孝幔 云幔 油幔 绣幔

鸳幔 云幔 朱幔 张幔

罗縠幔 青布幔 悬酒幔 箱中幔 茱萸幔

嘉贞丝幔 元振丝幔

慢 màn ①迟缓。②态度冷淡。③轻视。④怠惰。⑤放肆。

敖慢 慠慢 傲慢 不慢 逋慢 悖慢

暴慢 薄慢 迟慢 待慢 惰慢 怠慢

诞慢 媟慢 渎慢 黩慢 垩慢 放慢

高慢 很慢 荒慢 缓慢 骄慢 久慢

极慢 倨慢 据慢 桀慢 矜慢 简慢

踞慢 减慢 骄慢 苦慢 快慢 楛慢

礼慢 凌慢 陵慢 懒慢 懒慢 民慢
慢慢 缦慢 靡慢 且慢 欺慢 轻慢
人慢 上慢 手慢 稍慢 肆慢 疏慢
素慢 疏慢 太慢 慆慢 侮慢 诬慢
心慢 謟慢 戏慢 邪慢 闲慢 媟慢
亵慢 懈慢 易慢 言慢
不可慢 科头慢 少则慢 声声慢 溪流慢
缓缓慢慢

漫 màn ①水大过满。②满。③没有限制。④污。⑤浸坏。⑥随意。

波漫 悖漫 大漫 达漫 惮漫 诞漫
高漫 汗漫 罕漫 汉漫 混漫 浩漫
忽漫 滮漫 荒漫 灏漫 巨漫 夸漫
乱漫 流漫 浪漫 烂漫 澜漫 渺漫
迷漫 面漫 弥漫 漫漫 弥漫 森漫
靡漫 平漫 欺漫 水漫 私漫 散漫
诗漫 谡漫 数漫 婧漫 提漫 澶漫
污漫 芜漫 羡漫 谐漫 云漫 夷漫
窅漫 悠漫 遭漫 滋漫
白漫漫 春水漫 花气漫 红粉漫 黑漫漫
井陉漫 红漫漫 科头漫 路杳漫 千蹙漫
水游漫 石池漫 思渺漫 雪漫漫 元郎漫
夜漫漫 折罗漫 自呼漫
长夜漫漫 废气弥漫 浓雾弥漫 山花烂漫
散散漫漫 霜天烂漫 天真烂漫 舞剧浪漫
硝烟弥漫 烟雾弥漫

嫚 màn ①傲慢。②辱骂。③迟缓。

词嫚 黜嫚 荒嫚 简嫚 骄嫚 民嫚
靡嫚 嬚嫚 上嫚 素嫚 凶嫚 僭嫚

缦 màn ①没有花纹的丝织品。②弦索。

帛缦 操缦 缬缦 开缦 难缦 烂缦
缦缦 纰缦 乘缦 续缦 缇缦 夏缦
绚缦 衣缦 阴缦 绝缦
彩帛缦 坚而缦 学操缦 筠管缦

熳 màn ［烂熳］同“烂漫”。

灿熳 烂熳

镘 màn 抹墙用的工具。

雕镘 画镘 泥镘 手镘 舍镘 圬镘

帆 fān ①帆船。②船桅杆上的布篷。

半帆 布帆 冰帆 出帆 春帆 船帆
飞帆 风帆 短帆 归帆 挂帆 孤帆
后帆 回帆 卉帆 航帆 江帆 惊帆
徂帆 进帆 举帆 旌帆 锦帆 开帆
客帆 两帆 来帆 南帆 旅帆 裂帆
满帆 片帆 篷帆 千帆 樯帆 去帆
秋帆 轻帆 石帆 收帆 危帆 行帆
轩帆 仙帆 绣帆 一帆 云帆 余帆
远帆 扬帆 众帆 征帆 张帆
饱风帆 破浪帆 云中帆 渔浦帆
长康龙帆 乘风扬帆 趁风起帆 趁水使帆
长康布帆 顺风扯帆

番 fān 又音 pān ①更替。②量词。③旧时称西方边境各民族。

长番 陈番 分番 番番 翻番 更番
何番 几番 轮番 前番 生番 实番
数番 王番 一番 枝番 者番
翻一番 廿四番
畅谈一番 几次三番 两次三番 屡次三番
五次三番

幡 fān ①变动貌。②旗幡。

春幡 风幡 幡幡 红幡 花幡 画幡
迴幡 经幡 锦幡 灵幡 舒幡 云幡
降幡 扬幡 中幡 珠幡
百尺幡 护花幡 龙子幡 五采幡 鹤乘幡
风占风幡 石醋求幡

藩 fān ①篱笆。②屏障。③车两边的遮风。

边藩 出藩 东藩 和藩 汉藩 开藩
芦藩 篱藩 名藩 屏藩 守藩 输藩
外藩 西藩 雄藩 远藩 竹藩 朱藩
专藩 宗藩
道德藩 羝触藩
羝羊触藩 纱护卜藩 逾性逆藩 逾挫逆藩

翻 fān ①翻卷。②歪倒。③改变。④越过。⑤数量成倍地增加。⑥翻译。

半翻 波翻 缤翻 车翻 扯翻 打翻
对翻 丢翻 兜翻 颠翻 飞翻 风翻
放翻 翻翻 滚翻 河翻 花翻 空翻

搅翻 闹翻 乱翻 浪翻 澜翻 翩翻
旗翻 惹翻 天翻 同翻 跌翻 推翻
腾翻 舞翻 星翻 翔翻 新翻 掀翻
云翻 燕翻
把身翻 波浪翻 笔下翻 趁风翻 带雨翻
翻一翻 覆又翻 攻心翻 缟带翻 红叶翻
好风翻 六幺翻 浪头翻 落鸦翻 日月翻
瑞雪翻 少浪翻 水花翻 手一翻 涸波翻
雪泪翻 夏择翻 新曲翻 玉尺翻 燕慕翻
醉墨翻
沉刀郭翻 地覆天翻 马仰人翻 屈体空翻
人仰马翻 一脚踢翻 雨覆云翻 直体空翻

凡 fán ①只是。②总计。③平常的。④宗教称人世间。⑤世俗的。⑥大概。

尘凡 此凡 超凡 大凡 但凡 都凡
导凡 非凡 发凡 革凡 隔凡 举凡
荆凡 平凡 人凡 山凡 圣凡 是凡
甚凡 思凡 退凡 丸凡 下凡 洗凡
异凡 最凡
隔尘凡 使君凡 表非凡
出世超凡 出手不凡 楚楚不凡 衡志超凡
君子超凡 举例发凡 气度不凡 气概不凡
入圣超凡 身手不凡 自命不凡 仲举不凡
器宇非凡

矾 fán ①化学名词。②山矾花。③用明矾洗刷。

白矾 红矾 明矾 青矾 铅矾 五矾
小矾
波斯矾 金星矾 柳絮矾 马齿矾

烦 fán ①劳苦。②繁多。③混乱。④厌烦。⑤苦闷。⑥表请托的敬辞。⑦热头痛。

不烦 避烦 炊烦 除烦 愁烦 惮烦
浮烦 敢烦 急烦 解烦 礼烦 耐烦
劳烦 耐烦 腻烦 冥烦 麻烦 磨烦
滮烦 求烦 去烦 扰烦 省烦 事烦
黩烦 太烦 涤烦 颓烦 紊烦 心烦
相烦 雪烦 絮烦 欠烦 央烦 厌烦
优烦 忧烦 自烦 政烦 憎烦
不耐烦 薄书烦 捣麻烦 涤襟烦 法令烦
敢惮烦 脱嚣烦 添麻烦 找麻烦 奏请烦
不厌其烦 不胜其烦 百拿不烦 车殆马烦
要言不烦 自找麻烦
活得不耐烦/耳不听，心不烦/眼不见，心不烦/

蕃 fán 又音 fān 茂盛。

花蕃 藉蕃 青蕃 实蕃 硕蕃 吐蕃
枝蕃
宝柞蕃 草木蕃 锡马蕃 遮类蕃
禾稼之蕃

璠 fán 美玉。

鲁璠 瑶璠 璵璠
昆邱璠

膰 fán 祭祀用的熟肉。

受膰 羞膰 羊膰 执膰 致膰 脤膰
有事膰

燔 fán ①焚烧。②烤，炙。

炰燔 火燔 救燔 炮燔 秦燔 肉燔
烧燔 燧燔 煨燔 自燔 载燔
刍狗燔 香新燔

蹯 fán 兽足。

绝蹯 禽蹯 食蹯 柔蹯 深蹯 熊蹯
虎怒决蹯

樊 fán ①篱笆。②关鸟兽的笼子。③纷杂貌。

尘樊 荒樊 笼樊 篱樊 鸟樊 邱樊
小樊
雕陵樊 护花樊 鹤在樊 鸟入樊

繁 fán 又音 pó ①众多。②茂盛。③复杂。④繁殖。

冒繁 翠繁 纷繁 花繁 华繁 浩繁
节繁 济繁 露繁 苹繁 骈繁 频繁
浅繁 冗繁 人繁 实繁 声繁 事繁
遮繁 霜繁 星繁 新繁 云繁 义繁
叶繁 压繁 语繁 影繁 枝繁
不胜繁 草树繁 春色繁 崔喧繁 赋敛繁
禾黍繁 刀露繁 绿阴繁 茅柱繁 宿雾繁
玉露繁 烟雨繁 语史繁 鱼鸟繁 狱讼繁
卷帙浩繁 生齿日繁 食少事繁 思绪纷繁

头绪纷繁

反 fǎn ①翻转。②掉转。③方向相背。④违反。⑤责。⑥类推。⑦背叛。⑧反省。

不反　出反　策反　倒反　反反　顾反
后反　急反　来反　逆反　谋反　平反
偏反　跑反　三反　十反　生反　肃反
逃反　往反　惟反　无反　勿反　违反
推反　心反　先反　相反　星反　旋反
言反　隅反　正反　自反　杂反　枝反
造反　镇反
成礼反　帝修反　我将反　三隅反　望崖反
长毛造反　官逼民反　极则必反　截然相反
适得其反　食鱼无反　物极必反　汶阳用反
一隅三反　自崖而反
官逼民反，不得不反/

返 fǎn ①回归。②归还。③更换。

不返　独返　遄返　返返　复返　归返
后返　回返　魂返　连返　遣返　日返
三返　速返　同返　未返　无返　往返
望返　忘返　先返　旋返　宥返　再返
知返　折返
难回返　鸟争返　去复返　秋雁返　樵唱返
途穷返　兴尽返　远忘返　拥节返
积重难返　极重难返　乐而忘返　流连忘返
迷而不返　迷而知返　迷途知返　徒劳往返
一去不返　羊歧忘返　悠然忘返　只轮不返
逐流忘返　战俘遣返　累骑而返
乘兴而来，败兴而返/一去不复返/

犯 fàn ①侵犯。②犯罪。③抵触。④触犯。⑤发生。⑥罪犯。

案犯　不犯　从犯　初犯　冲犯　重犯
窜犯　触犯　玷犯　抵犯　渎犯　干犯
共犯　过犯　奸犯　惯犯　进犯　监犯
抗犯　凌犯　陵犯　难犯　累犯　屡犯
冒犯　蒙犯　囚犯　侵犯　轻犯　欺犯
人犯　入犯　首犯　身犯　死犯　数犯
逃犯　贪犯　无犯　勿犯　迕犯　忤犯
违犯　误犯　凶犯　细犯　易犯　月犯
有犯　阴犯　要犯　语犯　主犯　自犯
正犯　再犯　重犯　直犯　战犯　罪犯
包庇犯　渎职犯　吉了犯　教唆犯　劳改犯
民事犯　久臧犯　去私犯　劫持犯　抢劫犯
凄凉犯　强奸犯　少年犯　杀人犯　死刑犯
贪污犯　未决犯　未遂犯　下毒犯　刑事犯
现行犯　嫌疑犯　已决犯　有意犯　颜可犯
在押犯　政治犯　诈骗犯　纵火犯
东窗事犯　明知故犯　秋毫无犯　倾巢出犯
纤毫无犯　众怒难犯　众怒难犯　真凶实犯

范 fàn ①榜样。②模子。③用模子制作。④典范。

成范　称范　垂范　粹范　大范　帝范
典范　德范　蜩范　丰范　风范　防范
于范　闺范　高范　格范　规范　轨范
干范　何范　洪范　弘范　韩范　鸿范
就范　家范　峻范　楷范　令范　李范
柳范　廉范　明范　模范　茂范　渠范
强范　前范　清范　钱范　人范　示范
式范　世范　受范　胜范　沈范　淑范
师范　文范　围范　小范　洗范　刑范
形范　宪范　修范　仪范　易范　英范
遗范　雅范　懿范　贞范　尊范　作范
言可范
大家风范　高级师范　久违颜范　鸡黍张范
简易师范　劳动模范　刘器吕范　太宗怒范
胜举洪范　为世师范　盛德遗范

饭 fàn ①吃饭。②喂牲口。③施饭。④煮熟的谷物食品。

白饭　包饭　便饭　博饭　吃饭　出饭
茶饭　尝饭　持饭　餐饭　粗饭　菜饭
盛饭　当饭　啖饭　打饭　多饭　饿饭
放饭　干饭　果饭　过饭　管饭　盖饭
共饭　鬼饭　供饭　会饭　哙饭　混饭
盒饭　九饭　加饭　进饭　酒饭　健饭
开饭　空饭　客饭　烂饭　捞饭　年饭
能饭　米饭　卯饭　焖饭　麦饭　买饭
卖饭　暮饭　泡饭　偏饭　喷饭　乞饭
劝饭　啰饭　去饭　强饭　三饭　十饭
善饭　失饭　送饭　忝饭　晌饭　始饭
僧饭　烧饭　素饭　胜饭　索饭　生饭
送饭　剩饭　蔬饭　讨饭　抟饭　摊饭
烫饭　午饭　忘饭　晚饭　小饭　下饭
先饭　寻饭　现饭　闲饭　鲑饭　香饭

稀饭　严饭　用饭　一饭　有饭　要饭
扬饭　夜饭　中饭　早饭　造饭　斋饭
做饭
八宝饭　白米饭　百家饭　百里饭　吃偏饭
吃白饭　吃闲饭　炒冷饭　吃派饭　糙米饭
大锅饭　豆腐饭　份儿饭　盖碗饭　盖浇饭
后晌饭　九苦饭　及星饭　加餐饭　夹生饭
木樨饭　青粳饭　十一饭　松下饭　随僧饭
柁楼饭　脱粟饭　小米饭　现成饭　邀客饭
玉屑饭　舟子饭　竹叶饭　钟非饭
吃现成饭　吃大锅饭　吃开口饭　炊沙成饭
炊沙作饭　措大吃饭　粗衣淡饭　粗茶淡饭
残茶剩饭　残羹冷饭　黄韭白饭　家常便饭
家常茶饭　令人喷饭　廉颇强饭　靠天吃饭
廉颇善饭　礼先壹饭　孟宗吐饭　埋锅造饭
千金一饭　三茶六饭　烧火做饭　逃荒要饭
一粥一饭　芋魁豆饭　蒸沙成饭　田文比饭
铛底焦饭
嫁汉嫁汉，穿衣吃饭/鸡多不下蛋，人多吃闲饭/拿着银碗讨饭/女人嫁汉，穿衣吃饭/宁吃开眉粥，不吃愁眉饭/捧着金饭碗讨饭/生米煮成熟饭/少饮卯时酒，莫吃申时饭/遇贵人吃饱饭/有钱难买五月旱，六月连阴吃饱饭/

贩　fàn　①贩卖货物的人。②买货出卖。③卖出。

稗贩　负贩　行贩　沽贩　客贩　禅贩
市贩　私贩　商贩　挑贩　屠贩　摊贩
小贩　运贩　营贩
分货贩　佣力贩
山林屠贩

畈　fàn　［方］田地，多用于村镇名。

田畈

泛　fàn　①浮行。②透出。③浮浅。④广泛。⑤泛滥。

浮泛　泛泛　肤泛　凫泛　广泛　梗泛
活泛　菊泛　空泛　宽泛　萍泛　秋泛
清泛　云泛　月泛　远泛　蚁泛　溢泛
杂泛
松声泛　桃花泛

梵　fàn　①梵文的译音词。②梵语，梵摩的省称。③同佛教有关的事物。

晨梵　古梵　归梵　高梵　昏梵　华梵
净梵　开梵　流梵　午梵　下梵　仙梵
修梵　月梵　夜梵　鱼梵　雅梵　演梵
作梵　钟梵
清钟梵　天歌梵

丹　dān　①红色。②照成方配制的中药。③道家练的丹药。

赤丹　唇丹　飞丹　范丹　膏丹　红丹
还丹　金丹　蔻丹　内丹　灵丹　流丹
粒丹　炼丹　砮丹　牡丹　磨丹　契丹
铅丹　仁丹　人丹　染丹　山丹　书丹
苏丹　烧丹　铁丹　外丹　渥丹　仙丹
阴丹　银丹　燕丹　朱丹
蚌吐丹　碧霞丹　此心丹　返魂丹　风流丹
富贵丹　赋体丹　国色丹　红衣丹　换骨丹
黑牡丹　鹤顶丹　金衣丹　口唇丹　荔枝丹
绿变丹　千金丹　儿琼丹　石室丹　五灵丹
仙妆丹　一片丹　一粒丹　映霞丹　折桂丹
紫金丹　醉脸丹　嘴含丹
陈诩牡丹　光轩牡丹　九转仙丹　尽是仙丹
九转金丹　妙剂金丹　二乔牡丹　丸散膏丹
武王蜂丹　天香牡丹　异老郭丹　颜若渥丹
万应灵丹
酒醉起舞似牡丹/

担　dān　又音 dǎn　dàn　①肩挑。②担任。

步担　弛担　承担　代担　分担　负担
公担　肩担　行担　远担　重担
家庭负担

单　dān　又音 shàn　chán　①只，仅。②独。③奇数。④孤独。⑤简单。⑥记事的纸片。⑦单层的。⑧单薄。⑨种类少。

不单　包单　保单　报单　被单　存单
传单　床单　菜单　订单　单单　仿单
发单　挂单　葛单　孤单　回单　货单
简单　款单　兰单　礼单　联单　落单
名单　民单　买单　路单　凭单　茕单
轻单　清单　祷单　失单　税单　孀单
提单　戏单　形单　衣单　议单　药单

影单　支单　知单　账单
不简单　吊影单　汇款单　黑名单　三联单
四联单
提货单　通知单　晚骑单　绣衾单　雁行单
不齐宰单　势力孤单　行囊简单
不怕闹得欢，就怕拉清单/

箪 dān　古代盛饭的竹器。

蚕箪　仿箪　枋箪　空箪　瓢箪　瓦箪
一箪　珠箪

郸 dān　［郸城］地名，在河南省。

郁郸　崔郸
梦邯郸
吕祖邯郸　学步邯郸
鲁酒围邯郸/

殚 dān　尽。

财殚　辞殚　骇殚　力殚　路殚　粮殚
疲殚　心殚　智殚
池鱼殚　两情殚　圣心殚　岁云殚　心力殚

眈 dān　①眼睛向下视。②看。

眈眈
虎视眈眈

耽 dān　①耳垂在肩上。②迟延。③过乐。④沉溺。

荒耽　久耽　女耽　士耽　水耽　苏耽
深耽　心耽
酒是耽　乐且耽　学宜耽　亦足耽
酒色是耽

聃 dān　①哲学家老子的名字。②耳长大。③玩乐。

老聃　彭聃　视聃　庄聃

胆 dǎn　①胆囊。②胆量。③某些器物的内层。

赤胆　尝胆　大胆　斗胆　夺胆　放胆
肝胆　孤胆　魂胆　海胆　惊胆　苦胆
狂胆　龙胆　沥胆　落胆　裂胆　披胆
破胆　瓶胆　泼胆　怯胆　球胆　倾胆
色胆　丧胆　诗胆　蛇胆　鼠胆　惰胆
铁胆　小胆　悬胆　心胆　熊胆　薪胆
义胆　有胆　养胆　仗胆　壮胆　照胆
张胆　醉胆
吃虎胆　放开胆　勾践胆　沥肝胆　暖瓶胆
破鬼胆　汝南胆　书生胆　食人胆　吓破胆
一人胆
报春龙胆　鼻若悬胆　黄连苦胆　浑身是胆
惊心掉胆　口陈肝胆　明目张胆　披肝沥胆
琴心剑胆　剖肝沥胆　琴心侠胆　群威群胆
输肝剖胆　吐肝露胆　提心吊胆　钢心铁胆
亡魂丧胆　闻风丧胆　闻名丧胆　卧薪尝胆
悬心吊胆　侠肝义胆　侠肠义胆　析肝沥胆
熊心豹胆　悬心吊胆　一身是胆　忠肝义胆
忠心赤胆　坐薪悬胆　琴心剑胆
吃了豹子胆/多个人，多个胆/酒是人之威，钱是人之胆/钱是人的胆/一身都是胆/有酒胆没饭胆/衣是人的眼，钱是人的胆/一只眼不是眼，一个儿不壮胆/赵子龙一身都是胆/

疸 dǎn　①黄疸。②植物病名。

黄疸　黑疸

掸 dǎn 又音 shàn　拂。

把土掸　鸡毛掸

赕 dǎn　奉献。

租赕　责赕

亶 dǎn　①笃厚。②诚信。③实在，诚然。

其亶　仕亶　用亶

石 dàn　又音 shí　我国的容量单位。

千石　万石
米一石
马驮三千石/

旦 dàn　①早晨。②明亮。③日。④传统戏剧中扮演女子的角色。

迟旦　丑旦　彩旦　城旦　晨旦　达旦
旦旦　待旦　拂旦　复旦　公旦　谷旦
彀旦　花旦　花旦　昏旦　盍旦　鹖旦
吉旦　戒旦　诘旦　坤旦　老旦　犁旦
明旦　昧旦　暮旦　平旦　请旦　日旦
申旦　朔旦　岁旦　侯旦　叔旦　寿旦

盛旦 爽旦 撒旦 通旦 贴旦 文旦
武旦 微旦 小旦 旭旦 霞旦 一旦
元旦 月旦 厌旦 伊旦 欲旦 正旦
早旦 质旦 装旦 肇旦 震旦
刀马旦 闺门旦 火中旦 忽云旦 孤矢旦
甲子旦 鸡知旦
谷旦吉旦 连宵达旦 通宵达旦 生申令旦
调猱酿旦 信誓旦旦 悬狐令旦 坐以待旦
枕戈待旦 子将月旦 志士待旦 正宜待旦
汝南月旦

但

dàn ①只，仅。②但是。

非但 媒但 岂但 注但

担

dàn 又音 dān dǎn ①扁担。②一挑儿东西。③量词。

百担 扁担 匾担 荷担 力担 零担
清担 石担 市担 挑担 武担 压担
樵担 行担 重担
货郎担 卖花担 千斤担 挑重担 香阁担
远路没有轻担/

诞

dàn ①诞生。②生日。③说大话。④大。⑤荒唐的。⑥欺诈。⑦放荡。

鄙诞 博诞 粗诞 馋诞 多诞 放诞
浮诞 乖诞 怪诞 诡诞 幻诞 华诞
恢诞 荒诞 海诞 豪诞 夸诞 狂诞
诳诞 谲诞 阔诞 冥诞 庞诞 庆诞
欺诞 情诞 奇诞 圣诞 始诞 寿诞
神诞 陶诞 文诞 宛诞 妄诞 诡诞
仙诞 信诞 虚诞 迂诞 迤诞 诱诞
纵诞

萏

dàn ［菡萏］荷花的别称。

菡萏
金菡萏

啖

dàn ①吃。②给吃。③利诱。

白啖 饼啖 餐啖 多啖 啖啖 分啖
供啖 割啖 还啖 虚啖 既啖 健啖
口啖 快啖 冷啖 狠啖 每啖 人啖
生啖 吞啖 先啖 喜啖 饮啖 自啖
坐啖 炙啖 煮啖
煨竽啖
抽刀相啖 割肉相啖 肉可共啖

淡

dàn ①味不浓。②含盐少。③无关紧要。④冷淡。⑤不热心。⑥生意不旺盛。⑦颜色浅。

暗淡 黯淡 扯淡 冲淡 惨淡 澄淡
淡淡 澹淡 风淡 古淡 寡淡 河淡
交淡 简淡 口淡 枯淡 旷淡 冷淡
浓淡 平淡 清淡 轻淡 水淡 色淡
泔淡 生淡 食淡 素淡 太淡 恬淡
甜淡 味淡 闲淡 性淡 咸淡 香淡
夷淡 幽淡 稚淡 湛淡
花气淡 胡扯淡 烟淡淡 远山淡
暗暗淡淡 不咸不淡 风轻云淡 干涩浓淡
攻苦食淡 经营惨淡 冷冷淡淡 平平淡淡
声稀味淡 天高云淡 虚无恬淡

惮

dàn ①畏惧。②敬畏。③憎恶。

不惮 惮惮 见惮 忌惮 惊惮 敬惮
吏惮 惧惮 伤惮 深惮 慑惮 畏惮
心惮 信惮 严惮 疑惮
百僚惮 过勿惮 愧而惮 无忌惮
肆无忌惮 恣无忌惮 横无忌惮

弹

dàn 又音 tán ①弹弓。②枪弹。③装有爆炸物的东西。

避弹 穿弹 导弹 飞弹 防弹 核弹
金弹 挟弹 橘弹 避弹 流弹 泥弹
榴弹 炮弹 枪弹 铅弹 氢弹 拾弹
实弹 霰弹 投弹 糖弹 舞弹 饮弹
中弹 子弹 珠弹 炸弹
碎甲弹 穿甲弹 催泪弹 达姆弹 火箭弹
黄金弹 开花弹 空包弹 流星弹 榴霰弹
破甲弹 枪榴弹 群子弹 燃烧弹 手榴弹
苏合弹 烧夷弹 信号弹 宣传弹 原子弹
曳光弹 烟幕弹 中子弹 子母弹 照明弹
定时炸弹 反坦克弹 反潜艇弹 防空导弹
固体导弹 荷枪实弹 近程导弹 深水炸弹
糖衣炮弹 远程导弹 液体导弹 中程导弹
战略导弹 战术导弹 洲际导弹 真枪实弹
弹道式导弹/飞航式导弹/凝固汽油弹/

瘅

dàn ①因劳累而成的病。②憎恨。

不瘅 皂瘅 从瘅 冷瘅 肾瘅 休瘅

阳瘴　坐瘴　肘瘴

旱如瘴

蛋 dàn ①鸟兽蛇等生的卵。②形状像蛋的东西。③骂人的话。

冰蛋　变蛋　笨蛋　操蛋　捣蛋　光蛋

滚蛋　坏蛋　红蛋　浑蛋　混蛋　鸡蛋

脸蛋　零蛋　皮蛋　二蛋　生蛋　蛇蛋

完蛋　下蛋　喜蛋　小蛋　蚁蛋　腌蛋

鸭蛋　种蛋　煮蛋

吃鸭蛋　茶鸡蛋　鸽子蛋　红脸蛋　荷包蛋

糊涂蛋　驴粪蛋　乌鱼蛋　屁股蛋　穷光蛋

球球蛋　松花蛋　山药蛋　王八蛋　亡八蛋

忘八蛋　小脸蛋　瞎扯蛋　盐茶蛋

鸡不生蛋　球球蛋蛋　调皮捣蛋

苍蝇不钻没缝的蛋/鸡屁股拴线，扯蛋(淡)/屎壳郎搬家，滚蛋/屎蚵螂搬家，滚蛋/王蓝田吃鸡蛋/

氮 dàn 一种化学元素。

液氮

一氧化氮

澹 dàn 又音 tán ①水波起伏貌。②恬淡寡欲。③安静。

澹澹　涵澹　人澹　容澹　恬澹

河水澹澹

坍 tān 崖岸建筑物或堆放的东西倒塌。

崩坍　倒坍　墙坍　榻坍

墙倒屋坍

贪 tān ①爱财。②贪图，求多。③纳赃受贿。④探求。

不贪　多贪　叨贪　丰贪　苟贪　豺贪

好贪　奸贪　痞贪　激贪　狼贪　廉贪

猛贪　去贪　强贪　悭贪　攘贪　饕贪

心贪　鱼贪　止贪　真贪　增贪

蝶意贪　六主贪　名可贪　砍鼠贪　无为贪

又焉贪　一生贪

羊狠狼贪

摊 tān ①铺开。②分担。③摊子。④遇到。

摆摊　报摊　出摊　菜摊　地摊　分摊

公摊　花摊　货摊　均摊　平摊　铺摊

书摊　收摊　设摊　一摊

计口摊　旧货摊　满地摊　水果摊

两手一摊

滩 tān ①河海边淤积而成的平地。②水浅而水流很急的地方。

暗滩　碧滩　草滩　楚滩　钓滩　回滩

河滩　海滩　金滩　急滩　汨滩　逆滩

明滩　蓼滩　跑滩　晴滩　浅滩　上滩

石滩　沙滩　危滩　下滩　险滩　严滩

盐滩

白石滩　白频滩　荻芦滩　红蓼滩　河漫滩

惶恐滩　七旦滩　十八滩　使君滩　夕阳滩

玉漱滩　子陵滩

一曲一弯，一弯一滩/

瘫 tān 瘫痪。神经机能障碍，肢体不能活动。

单瘫　风瘫　截瘫　偏瘫　吓瘫

坛 tán ①古代祭祀的高台。②报刊发表言论的篇幅。③用泥土筑的平台。④形状像坛的东西。⑤一种口小肚大的陶器。⑥会道门集会的场所。⑦专指文艺界的学术评论。

拜坛　菜坛　醋坛　地坛　登坛　飞坛

法坛　封坛　古坛　歌坛　花坛　画坛

荒坛　韩坛　今坛　金坛　祭坛　讲坛

戒坛　郊坛　结坛　菊坛　将坛　钓坛

酒坛　鸡坛　论坛　篮坛　乒坛　球坛

棋坛　清坛　日坛　石坛　设坛　诗坛

桑坛　骚坛　天坛　讨坛　体坛　遄坛

泰坛　文坛　为坛　仙坛　杏坛　学坛

香坛　新坛　义坛　云坛　月坛　艺坛

玉坛　吟坛　弈坛　瑶坛　影坛　筑坛

紫坛　锱坛

步虚坛　韩信坛　李杜坛　麻姑坛　上将坛

太乙坛　先农坛

蜚声影坛　韩信登坛

昙 tán 云彩密布，多云。

钵昙　彩昙　高昙　花昙　何昙　黄昙

潘昙　瞿昙　昙昙　新昙　羊昙　优昙

花满昙　哭羊昙

河阳花昙　繁花一昙　泪尽羊昙

谈 tán ①说。②言论。

不谈 别谈 摆谈 尘谈 长谈 丛谈
扯谈 侈谈 常谈 冲谈 畅谈 大谈
豆谈 多谈 访谈 浮谈 广谈 共谈
过谈 高谈 歌谈 瞽谈 会谈 和谈
胡谈 秽谈 交谈 接谈 较谈 佳谈
鸡谈 健谈 隽谈 街谈 聚谈 口谈
空谈 狂谈 快谈 夸谈 恳谈 款谈
立谈 乐谈 面谈 名谈 美谈 盲谈
密谈 漫谈 谬谈 板谈 攀谈 巧谈
其谈 奇谈 妾谈 洽谈 浅谈 清谈
情谈 倾谈 绮谈 趣谈 膝谈 荣谈
史谈 手谈 时谈 俗谈 诗谈 胜谈
素谈 商谈 善谈 肆谈 深谈 盛谈
吐谈 文谈 妄谈 晤谈 小谈 乡谈
先谈 玄谈 闲谈 笑谈 戏谈 叙谈
挟谈 细谈 详谈 虚谈 絮谈 悬谈
喜谈 雄谈 一谈 元谈 迂谈 余谈
言谈 娱谈 哑谈 研谈 夜谈 雅谈
游谈 燕谈 瀛谈 自谈 杂谈 争谈
助谈 坐谈 纵谈 座谈 终谈 醉谈
巴人谈 逞高谈 促膝谈 彻夜谈 对君谈
抵掌谈 故人谈 花下谈 解关谈 里巷谈
扪虱谈 围火谈 握尘谈 委曲谈 宣室谈
玉居谈 异日谈 饮河谈
避而不谈 不经不谈 并为一谈 传为美谈
彻夜长谈 抵掌而谈 泛泛而谈 姑妇手谈
高睨大谈 互相倾谈 海外奇谈 海内奇谈
混为一谈 举止言谈 经验之谈 侃侃而谈
夸夸其谈 阔论高谈 阔步高谈 老生常谈
流口常谈 扪虱倾谈 扩虱而谈 皮相之谈
欺人之谈 二人对谈 二尢对谈 耳食之谈
无根之谈 王衍清谈 无所不谈 无妄之谈
无稽之谈 温暾之谈 娓娓而谈 巷议街谈
笑话奇谈 悠悠之谈 有益趣谈 友好会谈
虞笔广谈 纸上空谈

郯 tán ［郯城］地名，在山东省。

过郯 何郯

锬 tán 长矛。

相锬

痰 tán 气管或支气管黏膜分泌的黏液。

除痰 化痰 口痰 去痰 祛痰 吐痰
无痰

弹 tán 又音 dàn ①弹射。②用手指敲击。③拨弄乐器。④弹劾。⑤针刺。

哀弹 不弹 包弹 把弹 罢弹 吹弹
动弹 反弹 弓弹 鼓弹 骇弹 纠弹
讥弹 街弹 空弹 乱弹 妙弹 鸣弹
拍弹 抨弹 评弹 轻弹 如弹 善弹
拓弹 为弹 闲弹 一弹 引弹 欲弹
玉弹 自弹 执弹 再弹 指弹
伯牙弹 惠文弹 剑铗弹 客中弹 泪暗弹
马上弹 没仓弹 曲中弹 上章弹 石上弹
随珠弹 五弦弹 席上弹 纤指弹 月下弹
雍门弹 指下弹 张女弹 长铗弹 南风弹
冯铗常弹 旧调重弹 老调重弹 绍兴乱弹
鳞铗星弹
男儿有泪不轻弹/知音说与知音听，不是知音不与弹/

覃 tán 又音 qín ①滋味深长。②延伸。③深入。

骖覃 恩覃 访覃 功覃 葛覃 龙覃
普覃 庆覃 荣覃 社覃 实覃 远覃
研覃 幽覃
宠恩覃 极广覃 圣泽覃 声教覃

谭 tán ①同“谈”。②姓。

参谭 过谭 贯谭 桓谭 衡谭 围谭
鼓琴桓谭 老生常谭 天方夜谭

潭 tán ①水名。②深渊。③深邃。

碧潭 沉潭 参潭 春潭 澄潭 大潭
钓潭 风潭 芳潭 古潭 横潭 寒潭
菊潭 龙潭 灵潭 凉潭 泥潭 连潭
绿潭 平潭 浸潭 清潭 浅潭 秋潭
水潭 石潭 深潭 湘潭 云潭 玉潭
月潭 远潭 夜潭 渊潭 烟潭 鹰潭
竹潭 珠潭 钟潭
白莲潭 百花潭 钓寒潭 伏牛潭 唤鱼潭
九龙潭 绿萍潭 日月潭 水涨潭 树拂潭

桃花潭　玉渊潭　玉镜潭　月印潭　紫石潭
虎穴龙潭　虎窟龙潭
云往东，一场空；云往南，水潭潭/

檀 tán ①木名。②浅绛色。③器具名。④台名。
白檀　伐檀　花檀　黄檀　海檀　灵檀
青檀　树檀　檀檀　文檀　香檀　油檀
椅檀　旃檀　紫檀
逻沙檀　腻于檀　爇沉檀　一株檀

坦 tǎn ①平坦。②宽。③开朗。④心地平静。⑤旧称女婿为"坦"。
安坦　怆坦　城坦　东坦　地坦　道坦
孔坦　履坦　平坦　申坦　舒坦　坦坦
席坦　险坦　夷坦　墉坦
八荒坦　东床坦　箕山坦　屠牛坦　中怀坦
真意坦
道路平坦　街道平坦　平平坦坦

袒 tǎn ①脱去上衣，露出上身。②去衣露臂。③袒护。④开。
冬袒　解袒　两袒　裸袒　露袒　偏袒
褊袒　肉袒　双袒　羞袒　右袒　左袒
劳毋袒　露臂袒　无偏袒　左右袒

菼 tǎn 古代指荻。
翠菼　江菼　葭菼　沙菼　野菼
入秋菼　衣如菼

毯 tǎn 厚实而有毛绒的织品。
布毯　碧毯　床毯　翠毯　地毯　挂毯
罽毯　毛毯　绒毯　莎毯　蜀毯　线毯
氈毯　绣毯　茵毯　毡毯　棕毯
红地毯　红锦毯　花如毯
碧毡绿毯

黮 tǎn 深黑色。
黯黮　画黮　黮黮
黑弇黮　水色黮　云师黮

叹 tàn ①叹息。②吟咏。③继续和唱。④赞叹。
哀叹　爱叹　别叹　悲叹　长叹　称叹
渐叹　愁叹　诧叹　大叹　掉叹　独叹
愤叹　怪叹　慨叹　感叹　欢叹　浩叹
骇叹　惊叹　绝叹　静叹　鉴叹　嘉叹
嗟叹　可叹　夸叹　喟叹　愧叹　恋叹
雷叹　虑叹　屡叹　面叹　悯叹　凄叹
情叹　漆叹　茹叹　三叹　颂叹　赏叹
盛叹　瘖叹　兴叹　欣叹　忾叹　惋叹
永叹　仰叹　詠叹　咏叹　怨叹　忧叹
自叹　轸叹　赞叹　漆叹
不须叹　负乾叹　抚剑叹　抚枕叹　废书叹
华亭叹　黄犬叹　国子叹　广武叹　良可叹
牛山叹　临岐叹　临风叹　聊自叹　墨子叹
且莫叹　戚斯叹　思归叹　投笔叹　喟然叹
望洋叹　应独叹　雍门叹　仰天叹
长嗟短叹　知吁短叹　郭奕三叹　喟然长叹
慨然长叹　连声称叹　岂胜慨叹　人鼠之叹
司马之叹　望洋兴叹　向若惊叹　仰天长叹
一唱三叹　摇头慨叹　艺焚蕙叹　倚柱长叹
川上之叹　悔毒之叹　亡羊之叹　兴丞相叹
李斯黄犬叹/

炭 tàn ①木炭。②形状像炭的东西。③煤炭。④灰。⑤墨。
白炭　冰炭　爆炭　吹炭　草炭　风炭
桴炭　麸炭　焚炭　骨炭　火炭　黑炭
褐炭　焦炭　枯炭　泥炭　履炭　木炭
煤炭　瑞炭　石炭　兽炭　湿炭　蜃炭
土炭　吞炭　投炭　汤炭　涂炭　荼炭
涂炭　煨炭　悬炭　香炭　薪炭　余炭
羽炭　炽炭　掌炭
黑山炭　红王炭　活性炭　绝品炭　钱化炭
山石炭　石墨炭　乌金炭　遭涂炭
黎庶涂炭　民生涂炭　漆身吞炭　如同冰炭
生民涂炭　生灵涂炭　雪中送炭　谓人冰炭
雪里送炭　阳泉大炭　豫让吞炭　漆身吞炭
养儿勿论饭，打铁勿论炭/只有锦上添花，哪有雪中送炭/

碳 tàn 一种非金属元素。
渗碳
二氧化碳　一氧化碳　无定形碳

探 tàn ①摸取。②试探。③看望。④侦察。⑤向前伸出。⑥寻求。⑦探测。⑧做侦察的人。⑨预先。
暗探　包探　初探　刺探　测探　察探

槽探 躐探 打探 敌探 钓探 登探
俯探 共探 后探 井探 勘探 窥探
密探 寄探 穷探 怯探 手探 哨探
深探 试探 讨探 物探 诇探 遐探
易探 幽探 坐探 侦探 钻探 锥探
策频探 好共探 山中探

囡 nān （方）小孩儿。

阿囡 囡囡 孙囡 小囡

男 nán ①男人。②儿子。③儿子对父母的自称。④古代爵位名。

百男 成男 丁男 大男 多男 得男
贵男 鳏男 九男 教男 旷男 能男
儿男 鲁男 奇男 乾男 少男 生男
孙男 童男 髫男 庶男 外男 息男
义男 有男 宜男 养男 子男 中男
长男 壮男 诸男
百斯男 弄璋男 女化男 选丁男 书名男
射矢男 祝多男 执手男
骏女痴男 女渍六男 绿女红男 智妇胜男
张德生男

南 nán ①方位名。②向南。③古代南方的音乐名。

安南 奔南 出南 城南 窗南 巢南
东南 斗南 董南 滇南 扶南 樊南
汉南 华南 河南 怀南 和南 含南
海南 湖南 谁南 江南 济南 荆南
剑南 牛南 陇南 岭南 漠南 幕南
桥南 墙南 黔南 二南 山南 石南
司南 翔南 邵南 天南 图南 无南
往南 危南 西南 香南 县南 效南
云南 月南 沅南 移南 越南 正南
召南 征南 周南 指南 终南
道已南 斗指南 东指南 酒旗南 南山南
莲叶南 吾道南 望江南 竹溪南
彬下江南 地北天南 海北天南 面北眉南
塞北江南 塞上江南 坐北朝南

喃 nán ［喃喃］小声叨唠。

吷喃 呢喃 喃喃 孟喃
燕语喃 燕呢喃
燕子呢喃

楠 nán 楠木。

楩楠 风楠 古楠 篙楠 杞楠 老楠
鎔楠 石楠 香楠 梓楠
树梗楠 逍遥楠 倚江楠

难 nán 又音 nàn ①不容易。②不大可能。③困难。④感到困难。⑤不好。⑥使人不好办

碍难 礙难 变难 才难 迟难 犯难
费难 纷难 烦难 繁难 更难 苟难
高难 昏难 呵难 角难 两难 留难
莫难 四难 屯难 万难 无难 向难
为难 畏难 违难 险难 循难 嫌难
矍难 猗难 膺难 疑难 作难 折难
知难 阻难 迍难 质难 做难 艰难
别离难 创业难 促膝难 忿恩难 关山难
国人难 何妥难 会合难 匠心难 京兆难
稼穑难 老大难 良独难 难上难 佩玉难
夭石难 死打难 守城难 蜀道难 乡人难
行路难 项别难 一字难 勇退难
步履艰难 进退两难 稼穑艰难 稽疑送难
难上加难 勉为其难 排除万难 千难万难
去往两难 行路艰难 元方二难 左右为难
知难不难 阻扰留难 强人所难 说易做难
矮檐之下出头难/别时容易见时难/办酒席易，请客难/请客容易，款客难/创业难，守成更难/凡事起头难/缚虎则易，纵虎则难/画鬼容易画人难/好借好还，再借不难/好借好还，借书不难/国政易，家政难/撼山易，撼岳家军难/擒虎易，放虎难/事非经过不知难/说的易，行的难/上贼船容易，下贼船难/上山擒虎易，开口告人难/万事开头难/万事起头难/为人容易，做人难/上肩容易，下肩难/由俭入奢易，由奢入俭难/在家千日好，出门一时难/比登天还难/

赧 nǎn ①忧愤。②因羞惭而脸红。

惭赧 大赧 怀赧 季赧 愧赧 赧赧
惰赧 羞赧 颜赧 色郝

腩 nǎn 牛肚子上的肥肉。

牛腩

蝻 nǎn 没长翅膀的蝗虫。

蝗蝻 跳蝻

难 nàn 又音 nán ①灾难，困苦。②诘责。③畏惧。④抵挡。⑤兵难。⑥仇敌。

安难 八难 百难 被难 驳难 边难
辩难 刁难 辟难 被难 驳难 避难
仇难 大难 敌难 党难 多难 蹈难
厄难 发难 赴难 非难 匪难 攻难
国难 遣难 海难 患难 获难 祸难
见难 静难 讦难 劫难 诘难 急难
解难 戡难 疆难 家难 济难 空难
苦难 客难 诃难 龛难 内难 论难
木难 消难 靖难 二难 临难 落难
罹难 免难 蒙难 谋难 磨难 山难
色难 首难 受难 世难 说难 设难
死难 同难 头难 脱难 逃难 危难
绡难 殉难 受难 语难 有难 遇难
灾难 追难 众难 责难 值难 遭难
拯难 质难

共患难 内避难

多灾多难 华歆逃难 毁家纾难 紧急避难
救苦救难 末日大难 千灾百难 三灾八难
三灾五难 三涂八难 幸免于难 袁嵩五难
兄弟祸难 政治避难 急人之难 解纷排难
排忧解难 质疑问难 执经问难

兰 lán ①兰草。②兰花。③木兰。

白兰 宝兰 皋兰 班兰 丛兰 草兰
春兰 翠兰 崇兰 采兰 锄兰 杜兰
凋兰 芳兰 谷兰 皋兰 萑兰 贺兰
蕙兰 衡兰 江兰 季兰 奸兰 金兰
剑兰 建兰 椒兰 烤兰 林兰 铃兰
楼兰 木兰 马兰 墨兰 梦兰 品兰
佩兰 欺兰 秋兰 绮兰 砌兰 纫兰
石兰 水兰 生兰 树兰 烧兰 麝兰
天兰 握兰 蔚兰 畹兰 香兰 玉兰
孟兰 浴兰 幽兰 猗兰 支兰 芷兰
芝兰 征兰 珠兰 煮兰 朝兰 湛兰
泽兰 征兰 紫兰

并头兰 并蒂兰 当门兰 凤尾兰 国香兰
花木兰 金粟兰 九畹兰 君子兰 南陔兰
澧有兰 入室兰 三春兰 调红兰 臭如兰
玉树兰 玉佩兰 滕秋兰 迎春兰 燕梦兰
紫罗兰

吹气胜兰 傳报楼兰 吉梦征兰 麟凤芝兰
刘概拍兰 气馥如兰 思肖题兰 商化芝兰
沅臣醴兰 义结金兰 燕姞梦兰 竹梅松兰
披榛采兰

拦 lán 阻兰。

句拦 拘拦 截拦 手拦 阻拦 遮拦

栏 lán ①栏杆。②饲养家禽的圈。③遮栏的东西。④报刊按内容划分的版面。⑤纸上的格子。

半栏 碧栏 车栏 出栏 存栏 池栏
赤栏 低栏 垫栏 雕栏 勾栏 拘栏
高栏 钩栏 回栏 花栏 护栏 画栏
句栏 井栏 旧栏 跨栏 牛栏 木栏
门栏 凭栏 琼栏 曲栏 桥栏 清栏
石栏 通栏 铁栏 跳栏 危栏 小栏
一栏 玉栏 倚栏 中栏 左栏 朱栏
专栏 折栏 栅栏 猪栏

独凭栏 斗鸭栏 广告栏 共倚栏 七宝栏
三匡栏 乌丝栏 新闻栏 亚字栏 朱丝栏
竹映栏

肥猪满栏 矢云折栏

岚 lán ①山林中的雾气。②大风。③山名。

碧岚 层岚 春岚 翠岚 飞岚 秋岚
青岚 晴岚 山岚 晚岚 夕岚 晓岚
虚岚 云岚 烟岚 遥岚 紫岚

斋后岚

烟树晴岚

婪 lán 贪爱财物。

庵婪 饥婪 婪婪 切婪 贪婪

童伯贪婪

阑 lán ①门前的横格栅栏。②遮拦物。③擅自出入。④残，尽。

半阑 重阑 春阑 勾阑 更阑 欢阑
井阑 酒阑 梦阑 情阑 时阑 岁阑
霜阑 玉阑 月阑 猗阑 夜阑 药阑

朱阑
春意阑　蝶梦阑　宦情阑　角声阑　兴未阑
晓星阑　雪意阑　月色阑　玉漏阑　夜色阑
夜将阑　夜雨阑　游署阑

谰 lán　抵赖，诬陷。

抵谰　诋谰　诡谰　满谰　谩谰　相谰
言谩谰

澜 lán　①大波。②微波。③散。

安澜　波澜　碧澜　春澜　诋澜　泛澜
横澜　巨澜　急澜　狂澜　流澜　澜澜
漫澜　水澜　涛澜　文澜　汎澜　微澜
漪澜　助澜
卷巨澜　挽狂澜
狂飙横澜　力挽狂澜　推波助澜　平地波澜
天下安澜
平地起波澜/

斓 lán　［斑斓］灿烂多彩。

斑斓
色彩斑斓　树影斑斓　五色斑斓

蓝 lán　①蓼蓝。②深青色。③用靛青染成的颜色。

宝蓝　碧蓝　采蓝　翠蓝　淡蓝　靛蓝
发蓝　甘蓝　红蓝　灰蓝　华蓝　海蓝
湖蓝　精蓝　烤蓝　蓼蓝　绿蓝　木蓝
毛蓝　马蓝　品蓝　苤蓝　蒲蓝　浅蓝
青蓝　迦蓝　伽蓝　如蓝　染蓝　秋蓝
三蓝　松蓝　烧蓝　深蓝　天蓝　丸蓝
瓦蓝　泰蓝　吴蓝　蔚蓝　轩蓝　幽蓝
银蓝　种蓝　织蓝　煮蓝　湛蓝　藏蓝
鬓边蓝　草拖蓝　海昌蓝　海军蓝　景泰蓝
绿于蓝　青出蓝　士林蓝　水拖蓝　学生蓝
叶剪蓝
帝谒伽蓝　海水深蓝　湖色蔚蓝　结球甘蓝
李青成蓝　晴空蔚蓝　青出于蓝　阴丹士蓝
夜空灰蓝
青出于蓝而胜于蓝/

篮 lán　①笼。②用藤、竹、柳条等编成的装东西的器具。③篮球板上供投球的带网铁匡。

半篮　菜篮　彩篮　篝篮　花篮　烘篮
男篮　女篮　满篮　筐篮　倾篮　蔬篮
投篮　提篮　藤篮　网篮　小篮　携篮
药篮　盈篮　摇篮　筠篮　竹篮
花粉篮　末莉篮

览 lǎn　①观察。②阅读。③游历。

备览　便览　博览　饱览　溥览　呈览
采览　重览　大览　挡览　登览　复览
泛览　翻览　关览　观览　高览　该览
概览　顾览　活览　闳览　惠览　恢览
豆览　记览　既览　解览　缙览　稽览
历览　刘览　吕览　浏览　跻览　秘览
披览　遍览　偏览　凭览　且览　洽览
穷览　清览　强览　深览　涉览　赏览
胜览　诵览　肆览　通览　眺览　玄览
学览　详览　遐览　一览　乙览　元览
宜览　研览　淫览　阅览　游览　御览
总览　纵览　周览　展览　综览
称衡一览

揽 lǎn　①把持。②采摘。③包揽。④搂、捆。

包揽　把揽　承揽　打揽　独揽　兜揽
结揽　流揽　搂揽　辔揽　亲揽　挈揽
手揽　收揽　摄揽　夕揽　已揽　云揽
延揽　竹揽　总揽　坐揽　招揽
大包大揽　大权独揽

缆 lǎn　①系船用的钢索或铁索。②用绳子拴住。

春缆　船缆　晨缆　电缆　短缆　发缆
风缆　放缆　光缆　钢缆　结缆　解缆
紧缆　锦缆　浅缆　篾缆　守缆　绳缆
晚缆　维缆
金锁缆　解锦缆
甘宁锦缆

榄 lǎn　橄榄。

巴榄　橄榄　柯榄　绿榄　木榄　青榄
乌榄　珠榄
洋橄榄　油橄榄
以善规人，如赠橄榄/

罱 lǎn ①捕鱼或捞水草、河泥的工具。②用罱捞。

览罱

壈 lǎn ［坎壈］困顿、不得志。

坎壈

懒 lǎn ①不喜欢劳动。②疲惫，困乏。

惫懒　病懒　春懒　痴懒　惰懒　登懒
喋懒　躲懒　放懒　发懒　蜂懒　过懒
娇懒　简懒　倦懒　困懒　老懒　临懒
懒懒　梦懒　贫懒　疲懒　情懒　软懒
少懒　手懒　书懒　司懒　身懒　疏懒
树懒　酸懒　托懒　贪懒　腿懒　偷懒
卧懒　心懒　闲懒　新懒　性懒　医懒
意懒　慵懒　真懒　坐懒　志懒
蝉声懒　朝参懒　登楼懒　静以懒　嵇康懒
诗情懒　梳洗懒　一味懒
心灰意懒
大懒使小懒/人勤地不懒/

烂 làn ①火熟。②因熟透而变得松软。③东西腐坏。④破碎。⑤有光彩。⑥头绪乱。⑦烧伤。

炳烂　灿烂　燦烂　霏烂　腐烂　瓜烂
粪烂　奂烂　旰烂　焕烂　涣烂　辉烂
焦烂　燋烂　锦烂　枯烂　柯烂　溃烂
焜烂　泥烂　流烂　烂烂　木烂　米烂
霉烂　糜烂　破烂　巧烂　石烂　手烂
灼烂　熟烂　颓烂　未烂　朽烂　稀烂
徇烂　霞烂　易烂　鱼烂　云烂　煮烂
炤烂　昭烂　砸烂
白石烂　词华烂　花枝烂　斧柯烂　锦衾烂
捡破烂　明星烂　卿云烂　五色烂　下三烂
稀巴烂　坐席烂
崩崩烂烂　光辉灿烂　海枯石烂　焦发灼烂
群星灿烂　破破烂烂　色彩绚烂　头焦额烂
星汉灿烂　阳光灿烂
出头椽子先烂/出头椽子先朽烂/钱到公事办，火到猪头烂/贪多嚼不烂/蒸不熟，煮不烂/

滥 làn ①河水泛滥。②浸漫。③不加选择。④过度。⑤贪。

暴滥　草滥　辞滥　风滥　放滥　泛滥
浮滥　罚滥　酒滥　诡滥　广滥　奸滥
苛滥　联滥　流滥　浏滥　去滥　汜滥
斯滥　推滥　通滥　无滥　行滥　刑滥
淫滥　游滥　杂滥　柱滥
初泛滥　穷斯滥　赏不滥　竹声滥
河水泛滥　宁缺勿滥　宁缺毋滥　自由泛滥

干 gān 又音 gàn ①盾。②关联。③追求。④触犯。⑤历法的天干。⑥求取。⑦慢怠。⑧水边。⑨没有水分。⑩干的食品。⑪枯竭。⑫空。⑬拜认的亲属关系。

不干　比干　包干　杯干　饼干　长干
池干　吹干　蛏干　丹干　段干　风干
犯干　糕干　果干　红干　何干　涸干
烘干　旱干　画干　黑干　痕干　江干
枯干　捞干　晾干　兰干　阑干　露干
麻干　萍干　泉干　若干　肉干　舌干
帅干　晒干　射干　笋干　瘦干　甩干
天干　苔干　无干　暵干　夕干　香干
相干　杏干　藓干　云干　叶干　雨干
阴干　砚干　折干　贞干　沾干
不相干　潮痕干　豆腐干　淡墨干　粉字干
汗不干　绀液干　酒肺干　菊花干　老白干
泪未干　萝卜干　绿荷干　露未干　葡萄干
润笔干　小河干　犀凤干　晓漏干　叶声干
雨初干
灯尽油干　非意相干　河枯海干　口血未干
口燥唇干　了不相干　墨渖未干　墨迹未干
日出露干　乳臭未干　唾面自干　外强中干
血迹未干　羽毛未干　朝露易干　陵土未干
抔土未干
搬山山倒，挖海海干/重阳无雨看十三，十三无雨一冬干/春蚕到死丝方尽，蜡炬成灰泪始干/大河有水，小河不干/日暖夜寒，东海地干/蒙鸠与射干/

玕 gān ［琅玕］像珠子的美石。

琅玕　琊玕　明玕　珠玕

杆 gān 又音 gǎn 较长的木棒。

标杆　拔杆　栏杆　连杆　杠杆　旗杆
桅杆　吊杆

电线杆　锦绣杆
苜蓿长栏杆/

肝 gān　肝脏。

炒肝　夹肝　鸡肝　龙肝　马肝　披肝
切肝　青肝　沙肝　鼠肝　铁肝　刳肝
心肝　析肝　洗肝　羊肝　忠肝　猪肝
脍龙肝　沥胸肝　切虮肝　铁作肝　溶肺肝
壮士肝
虫臂鼠肝　刺心裂肝　摧心剖肝　但食猪肝
凤髓龙肝　龙心凤肝　沥胆披肝　怒气伤肝
露胆披肝　闵贡猪肝　剖心析肝　钱颚铁肝
全无心肝　义胆忠肝　虱胫虮肝

矸 gān　夹杂在煤里的石块。

徐矸
南山矸

竿 gān　①竹子的主干。②钓竿。③量词。

百竿　半竿　爆竿　长竿　持竿　垂竿
钓竿　飞竿　滑竿　筋竿　揭竿　扛竿
阑竿　绿竿　马竿　爬竿　千竿　轻竿
投竿　三竿　万竿　文竿　竹竿　朱竿
执竿　蔗竿　掷竿
百尺竿　碧玉竿　钓月竿　翡翠竿　漫持竿
日三竿　水儿竿　珊瑚竿　鱼上竿　笋成竿
高风持竿　日上三竿　日出三竿　日高三竿
斩木揭竿　饮羽衔竿

甘 gān　①甜。②美味的食物。③甘心、自愿。④嗜好。⑤美好。

哀甘　爱甘　不甘　保甘　秉甘　寸甘
成甘　抽甘　大甘　断甘　诞甘　丰甘
分甘　发甘　芳甘　肥甘　古甘　固甘
感甘　回甘　合甘　含甘　号甘　红甘
好甘　尽甘　举甘　家甘　绝甘　季甘
教甘　嘉甘　酒甘　口甘　苦甘　桔甘
葵甘　留甘　立甘　令甘　理甘　量甘
廉甘　流甘　露甘　醴甘　买甘　妙甘
美甘　全甘　曲甘　情甘　清甘　泉甘
茹甘　舌甘　时甘　水甘　岁甘　苏甘
送甘　声甘　松甘　事甘　食甘　神甘
味甘　温甘　行甘　信甘　孝甘　香甘
辛甘　新甘　引甘　阳甘　肴甘　言甘
约甘　应甘　余甘　幽甘　饴甘　蕴甘
子甘　支甘　竹甘　旨甘　知甘　专甘
蔗甘　贞甘　壮甘　志甘　致甘
菜蔬甘　春酒甘　苦亦甘　黎藿甘　如荠甘
十分甘　死亦甘　食莲甘　有余甘　饮水甘
野泉甘　竹笋甘
心犹未甘　咽苦吐甘　忠臣肉甘

坩 gān　盛东西的陶器。

一坩　银坩

苷 gān　有机化合物的一类。

糖苷　皂苷

泔 gān　泔水，淘过米的水。

米泔　如泔　雨泔　鱼泔

柑 gān　橘子树的果实。

传柑　藏柑　分柑　广柑　黄柑　金柑
季柑　进柑　橘柑　露柑　酿柑　蜜柑
破柑　青柑　双柑　饷柑　酥柑　霜柑
嗜柑　食柑　香柑　新柑　油柑　养柑
种柑
垂株柑　洞庭柑　鹅蛋柑　佛手柑　海红柑
金衣柑　罗浮柑　三寸柑　三色柑　上林柑
无核柑　玉指柑

疳 gān　病名。

下疳　牙疳
走马疳
走马牙疳

杆 gǎn　又音 gān　①较小的木条。②像木条的东西。③量词。

杆杆　笔杆　鞭杆　光杆　拉杆　镌杆
枪杆　铁杆　挺杆　蜗杆　腰杆
铁栏杆　耍笔杆　套马杆　烟袋杆　摇笔杆
挺起腰杆

秆 gǎn　稻、麦等植物的茎。

稻秆　禾秆　秸秆　茎秆　麦秆　稭秆
麻秆

蒿子秆　高粱秆

赶 gǎn ①追逐。②驱使。③搭乘。④趁。

催赶　轰赶　急赶　老赶　迫赶　驱赶
趱赶
往前赶
你追我赶

敢 gǎn ①勇于进取。②有勇气。③莫非。④不敢。

安敢　不敢　慄敢　多敢　胆敢　费敢
果敢　管敢　何敢　货敢　岂敢　谁敢
无敢　未敢　乌敢　勇敢
机智勇敢　勤劳勇敢

澉 gǎn ［澉浦］地名，在浙江省。

澹澉

感 gǎn ①感动。②感触。③感觉。④感谢。⑤情感。⑥使在情绪里起反应。⑦感受。

哀感　触感　不感　百感　悲感　愁感
诚感　大感　电感　多感　独感　动感
恶感　反感　复感　广感　观感　感感
互感　好感　荷感　交感　旧感　寂感
口感　可感　快感　愧感　灵感　流感
理感　量感　禄感　妙感　冥感　美感
敏感　魅感　铭感　情感　二感　肉感
手感　实感　私感　伤感　顺感　数感
随感　善感　试感　酸感　同感　通感
痛感　外感　物感　心感　相感　信感
性感　孝感　欣感　衔感　义感　云感
易感　有感　应感　仰感　预感　怨感
语感　意感　摇感　遥感　至感　自感
杂感　志感　追感　质感　震感　潜感
读后感　浮萍感　鬼神感　流年感　亲切感
荣誉感　声气感　失落感　优越感　正义感
自卑感　自豪感　责任感
多情善感　多愁善感　隔世之感　二缶钟感
人琴之感　霜露之感　依依之感　真情实感
终身铭感

干 gàn 又音 gān ①事物的主体。②做。③［方］坏，糟。④树干。⑤才干。⑥从事某种活动。

安干　白干　才干　材干　词干　大干
单干　栋干　釜干　公干　根干　贵干
骨干　高干　合干　何干　河干　洹干
角干　基干　精干　苦干　肯干　灵干
良干　领干　能干　廉干　绿干　愣干
门干　盲干　蛮干　培干　千干　巧干
青干　躯干　强干　染干　如干　矢干
死干　师干　实干　身干　桑干　枢干
耸干　树干　傻干　疏干　擅干　同干
体干　棠干　提干　无干　武干　伟干
修干　一干　玉干　野干　椰干　主干
支干　中干　折干　竹干　柱干　枝干
真干　枕干　质干　桢干
对着干　房仲干　骨利干　拼命干　千丈干
同心干　摇木干
敢想敢干　敢说敢干　精明能干　精明强干
枯枝老干　埋头苦干　甩手不干　洗手不干
有何公干
宁吃三斗炭，不逢杨德干/宁食三斗蒜，不逢杨德干/

旰 gàn 晚上。

晨旰　皓旰　烂旰　日旰　宵旰　燕旰

骭 gàn ①小腿骨。②肋骨。

露骭　骿骭
不蔽骭　衣至骭

绀 gàn 微带红的黑色。

襜绀　发绀　深绀　威绀　线绀　子绀
中绀　祖绀
不以绀

赣 gàn ①赣江，在江西省。②江西省的别称。

湘赣

刊 kān ①削除。②雕刻。③修订。④出版物。

不刊　报刊　丛刊　才刊　出刊　重刊
创刊　雕刊　发刊　复刊　副刊　附刊
合刊　会刊　画刊　季刊　校刊　集刊
镜刊　内刊　年刊　南刊　难刊　期刊
书刊　随刊　同刊　停刊　特刊　旬刊

选刊 校刊 月刊 专刊 周刊 自刊
增刊
不容刊 半月刊 典不刊 石重刊 石鼓刊
双月刊 双周刊

看 kān 又音 kàn ①守护。②监视。

数看 检看 窥看 收看 探看 验看
把门看

勘 kān ①校对。②细查。③探测。

比勘 查勘 参勘 察勘 对勘 蹈勘
点勘 覆勘 根勘 互勘 校勘 检勘
磨勘 取勘 审勘 探勘 推勘 踏勘
行勘 自勘

堪 kān ①地面突起的地方。②胜任③经得起。④能。

不堪 何堪 广堪 忌堪 可堪 克堪
那堪 难堪 哪堪 谁堪 无堪 未堪
自堪
不能堪 我何堪 非所堪 七不堪 一笑堪
忍陋不堪 残破不堪 愁苦不堪 纷乱不堪
腐朽不堪 混乱不堪 嵇七不堪 困惫不堪
困苦不堪 狼狈不堪 媚态难堪 疲惫不堪
破败不堪 破烂不堪 邋遢不堪 贫瘠不堪
奇丑不堪 拥挤不堪 庸俗不堪

戡 kān 平定。

孔戡 战戡

龛 kān ①容纳。②供奉神佛的阁子。③供放僧人遗体的塔。

宝龛 壁龛 尘龛 禅龛 灯龛 佛龛
古龛 花龛 黄龛 寄龛 龙龛 莲龛
蒲龛 千龛 仙龛 山龛 书龛 松龛
神龛 僧龛 苔龛 万龛 仙龛 雪龛
星龛 香龛 云龛 幽龛 作龛 珠龛
白玉龛 宝陀龛 避世龛 藏书龛 弥勒龛
普明龛 峡似龛 远公龛 燕子龛
弥勒同龛

坎 kǎn ①圹穴。②八卦之一。③同“槛”。④发光强度单位。⑤鼓声。⑥根。

穿坎 大坎 对坎 地坎 调坎 方坎
卦坎 鼓坎 方坎 号坎 九坎 井坎
阶坎 坑坎 满坎 坷坎 坎坎 愣坎
棱坎 门坎 囚坎 入坎 上坎 石坎
四坎 土坎 田坎 蛙坎 习坎 心坎
月坎 幽坎 越坎 屯坎 自坎 在坎
贴心坎
沟沟坎坎

砍 kǎn ①用刀、斧等猛剁。②劈。③除去。

刀砍 斧砍 猛砍 相砍

侃 kǎn ①［侃侃］理直气壮。②和悦貌。③调侃。

刚侃 皇侃 胡侃 侃侃 齐侃 调侃
八州陶侃 射子羊侃

槛 kǎn 又音 jiàn 门槛，门限。

雕槛 飞槛 芳槛 拂槛 横槛 幽槛
兰槛 棂槛 门槛 绮槛 山槛 石槛
水槛 小槛 虚槛 玉槛 鱼槛 烟槛
朱槛 小槛
沉香槛 花当槛 朱漆槛
朱云折槛

看 kàn 又音 kān ①以手加额而望。②观察。③访问。④看待。⑤想，以为。⑥照着。⑦照看。⑧提防。⑨先试试以观察结果。⑩料理。

饱看 传看 重看 参看 查看 踹看
愁看 察看 呆看 点看 待看 到看
俯看 翻看 共看 观看 高看 回看
好看 横看 借看 静看 看看 留看
难看 耐看 懒看 没看 拍看 频看
轻看 群看 强看 受看 顺看 睃看
搜看 试看 贪看 偷看 踏看 卧看
小看 下看 行看 巡看 相看 细看
闲看 斜看 喜看 羞看 月看 眼看
遥看 中看 乍看 坐看 照看
不厌看 白眼看 把剑看 此间看 到晓看
带笑看 带月看 画里看 画图看 几何看
借人看 借画看 举杯看 镜中看 静处看
冷眼看 耐久看 懒独看 马上看 每频看
梦中看 砌边看 任人看 山上看 树杪看
神手看 天际看 脱腹看 向晚看 向前看

巡詹看　细细看　想想看　一例看　引领看
月中看　月底看　仰面看　倚兰看　雨后看
眼前看　要好看　野猿看　拄笋看　仔细看
杖藜看　做做看　座上看　着意看　醉中看
钻窗看
丑陋难看　定睛细看　定眼一看　佛眼相看
刮目相看　另眼相看　细心观看　正眼相看
背起碓窝跳加关，吃力不好看/花木瓜儿外好看/女大十八变，越变越好看/士别三日，刮目相看/士别三日，即当刮目相看/三日不见，莫作旧时看/退一步想，过十年看/

衎 kàn ①和乐。②安定。③刚直。
燕衎　蒸衎
乐且衎

埳 kàn ［赤埳］地名，在台湾省。
赤埳

磡 kàn 山崖。
石磡　土磡
岩下磡

阚 kàn 又音 hǎn ①虎声。②口大张貌。
窃阚　私阚　哮阚
使人阚

瞰 kàn ①看。②俯视。③窥视。
频瞰　俯瞰　鬼瞰　红瞰　虎瞰　窥瞰
鸟瞰　屡瞰　前瞰　使瞰　下瞰　鱼瞰
遥瞰

顸 hān 粗圆柱形、直径大的东西。
防顸　颟顸　颙顸
线太顸
颟颟顸顸

鼾 hān 熟睡的鼻息声。
打鼾　鼾鼾

蚶 hān 俗称“瓦垄子”。
白蚶　啾蚶　螺蚶　蝗蚶

酣 hān ①酒乐。②饮够酒。③畅快。④浓，盛。
半酣　笔酣　初酣　沉酣　春酣　朝酣
高酣　歌酣　花酣　昏酣　酣酣　酒酣
娄酣　气酣　琴酣　清酣　沈酣　睡酣
微酣　兴酣　酗酣　嘌酣　云酣　乐酣
余酣　雨酣　语酣　宴酣　战酣
草木酣　春色酣　酒犹酣　镜中酣　梅雨酣
暮雨酣　睡正酣　小桃酣　西施酣　尧樽酣
战方酣　战犹酣
笔饱墨酣　鲁直沉酣

憨 hān ①傻。②朴实。③天真可爱。
矣憨　痴憨　大憨　憨憨　娇憨　汲憨
狂憨　怜憨　浅憨　少憨　孙憨　外憨
小憨　愚憨　真憨
伯夷憨　臣固憨　杜诗憨　桂瓢憨　心太憨
性尤憨　性成憨　一味憨　仲宣憨

汗 hán 又音 hàn 指可汗。
可汗
成吉思汗

邯 hán ［邯郸］地名，在河北省。
梁邯

含 hán ①东西衔在嘴里。②带着某种意思的感情等。③包含。④怀藏。
暗含　包含　苞含　饱含　春含　窗含
风含　饭含　含含　花含　客含　内含
梅含　气含　亲含　水含　声含　受含
深含　吐含　香含　星含　虚含　营含
蕴含　意含　莺含
春已含　露半含　暮烟含　月色含　箨犹含

函 hán ①包含。②匣、套子。③包容。④封套。⑤指信封。⑥含糊不清。
宝函　便函　寸函　大函　调函　法函
发函　复函　公函　画函　浑函　贺函
经函　镜函　鲛函　开函　空函　来函
老函　琅函　密函　峭函　石函　书函
数函　信函　崤函　修函　犀函　新函
云函　玉函　远函　唁函　瑶函　般函
渊函　杖函　致函　珍函

谤木函　达空函　发书函　鲤鱼函　万里函
万物函　九锢函　五百函　燕无函　紫泥函
不尽兹函　龙章凤函　殷羡投函　再续斯函

涵 hán ①水泽多。②包含。③沉浸。④沉没。⑤道路下排水的涵洞。

包涵　浑涵　海涵　泓涵　江涵　既涵
内涵　明涵　桥涵　石涵　韬涵　虚涵
泳涵　烟涵　蕴涵
多包涵　皎镜涵　绿波涵　落包涵　露华涵
万象涵　雨露涵　影秋涵

韩 hán 战国名，在今河南中部山西东南一带。

报韩　黄韩　南韩　柳韩　慕韩　三韩
收韩　说韩　申韩　苏韩　识韩　为韩
相韩　萧韩　应韩　追韩　张韩　瞻韩
子弟韩　副车韩
白愿识韩　极切瞻韩　萧何追韩

寒 hán ①冷。②穷困。③谈忌。④忧惧。⑤声音凄凉。⑥凋零。

变寒　辟寒　避寒　薄寒　簿寒　赤寒
齿寒　春寒　大寒　单寒　冻寒　胆寒
风寒　防寒　号寒　广寒　沟寒　高寒
孤寒　冱寒　江寒　饥寒　极寒　苦寒
枯寒　酷寒　内寒　凌寒　衾寒　耐寒
零寒　隆寒　凝寒　嫩寒　面寒　芒寒
冒寒　盟寒　贫寒　脾寒　气寒　去寒
祁寒　清寒　凄寒　峭寒　轻寒　日寒
山寒　水寒　岁寒　送寒　伤寒　时寒
受寒　散寒　酸寒　天寒　塘寒　五寒
忘寒　卧寒　微寒　小寒　心寒　消寒
雪寒　晓寒　严寒　余寒　阴寒　迎寒
雨寒　夜寒　御寒　酽寒　早寒　枕寒
不胜寒　不禁寒　白屋寒　白露寒　逼人寒
北风寒　碧虚寒　冰玉寒　碧阴寒　刺骨寒
草固寒　肠伤寒　度饥寒　倒春寒　堕指寒
范叔寒　孤零寒　花信寒　惠帐寒　鹤语寒
江上寒　戒晓寒　九九寒　剑光寒　角声寒
夹衣寒　客毯寒　六月寒　吏胆寒　落日寒
梦龙寒　怯轻寒　秋江寒　期风寒　砌蛩寒
水云寒　水禽寒　黍谷寒　暑亦寒　霜月寒
铁索寒　午犹寒　五更寒　杏雨寒　杏花寒
香更寒　雪楼寒　一泓寒　一镜寒　玉帐寒
月晕寒　易水寒　雨灯寒　雨声寒　夜吟寒
夜渔寒　雁声寒　竹阴寒　灶烟寒
不知天寒　唇亡齿寒　唇竭齿寒　城忍饥寒
胆战心寒　胆破心寒　家境贫寒　家境清寒
南热北寒　冽冱天寒　岁暮天寒　十暴十寒
尸骨未寒　送暖偷寒　啼饥号寒　吐火驱寒
一暴十寒　易水风寒　月色清寒　乍暖还寒
不听老人言，必定受饥寒/不听老人言，一定会受饥寒/不听老人言，定会受饥寒/冰冻三尺，非一日之寒/冰厚三尺，不是一日之寒/恶语伤人六月寒/辅车相依，唇亡齿寒/侵官之患甚于寒/甜言美语三冬暖，恶语伤人六月寒/夏至未来莫道热，冬至未来莫道寒/一夫不耕，或受之饥；一女不织，或受之寒/

罕 hǎn ①捕鸟用的长柄小网。②稀少。③旌旗。

罘罕　飞罕　高罕　讥罕　纳罕　希罕
修罕　稀罕
堪达罕
暗中纳罕

喊 hǎn ①尝味。②大声喊叫。③叫人。

大喊　发喊　高喊　呼喊　叫喊　空喊
哭喊　狂喊　呐喊　纳喊　齐喊　声喊
众喊
摇旗呐喊

阚 hǎn 又音 kàn 虚叫声。

虚阚　阚阚

汉 hàn ①水名。②银河。③男子。④丈夫。⑤汉族。⑥汉语的简称。⑦朝代名。

鄙汉　碧汉　长汉　参汉　痴汉　蠢汉
骤汉　大汉　东汉　多汉　钝汉　饿汉
风汉　负汉　疯汉　广汉　后汉　好汉
河汉　华汉　夯汉　好汉　皇汉　横汉
衡汉　江汉　季汉　接汉　老汉　两汉
龙汉　烈汉　罗汉　丽汉　懒汉　奔汉
青汉　前汉　秋汉　清汉　穷汉　潜汉
汝汉　色汉　神汉　朔汉　蜀汉　天汉
吞汉　铁汉　无汉　武汉　西汉　闲汉

斜汉 星汉 霄汉 湘汉 云汉 英汉
炎汉 仰汉 硬汉 银汉 中汉 壮汉
醉汉
阿罗汉 冲霄汉 赤脚汉 单身汉 独身汉
叠罗汉 拂云汉 钢铁汉 憨老汉 阶下汉
渴睡汉 男子汉 流浪汉 门外汉 千头汉
墙外汉 田舍汉 脱空汉 无赖汉 英雄汉
愿婿汉 庄稼汉
彪形大汉 曹参辅汉 吉了思汉 临洮大汉
绿林好汉 气凌霄汉 气冲霄汉 十八罗汉
五百罗汉 王梦罗汉 英雄好汉 铮铮铁汉
不怕红脸关公，就怕笑脸罗汉/痴心女子，负心汉/痴心老婆，负心汉/过了七月半，人似铁罗汉/好汉识好汉/家有万贯，不如出个硬汉/老子英雄，儿好汉/箩筅跟扁担，老婆要有汉/人在曹营心在汉/饶人不是痴汉/二十年又一个好汉/身在曹营心在汉/一文钱急死英雄汉/一文钱难倒英雄汉/一文钱急煞英雄汉/英雄惜英雄，好汉爱好汉/惺惺惜惺惺，好汉惜好汉/

汗 hàn 又音 hán ①汗腺里排泄出来的液体。②出汗。③使汗出。

白汗 备汗 背汗 出汗 臭汗 催汗
大汗 多汗 惕汗 盗汗 反汗 发汗
佛汗 芳汗 粉汗 番汗 赶汗 汗汗
挥汗 恚汗 涣汗 浩汗 惶汗 皓汗
黑汗 骇汗 颢汗 浃汗 颊汗 惊汗
激汗 揩汗 愧汗 冷汗 流汗 赧汗
落汗 澜汗 沐汗 冒汗 码汗 漫汗
泌汗 靦汗 泮汗 青汗 如汗 热汗
拭汗 衫汗 扇汗 淌汗 透汗 无汗
微汗 血汗 香汗 虚汗 羞汗 雨汗
盐汗 颜汗 珠汗 震汗 霈汗
础壁汗 鼻头汗 尘裹汗 出冷汗 出虚汗
泚然汗 花揩汗 香珠汗 玉枝汗
捏一把汗
捏着一把汗/

闬 hàn ①里巷的门。②防备。③墙。

城闬 大闬 关闬 高闬 郊闬 接闬
里闬 闾闬 同闬 庭闬 乡闬
高其闬

旱 hàn ①久晴不雨。②陆地，没有水。③与水相对。

务旱 涝旱 春旱 大旱 风旱 伏旱
防旱 干旱 过旱 归旱 侯旱 蝗旱
久旱 济旱 绝旱 亢旱 抗旱 苦旱
枯旱 冷旱 耐旱 煖旱 潦旱 欠旱
起旱 轻旱 人旱 山旱 水旱 受旱
霜旱 天旱 汤旱 温旱 小旱 夏旱
席旱 雨旱 阳旱 自旱 灾旱 枕旱
七年旱 千里旱 掐脖旱
卡脖子旱 推临必旱

捍 hàn ①捍卫。②抵御。③坚实的样子。

蔽捍 扶捍 防捍 拒捍 距捍 救捍
世捍 守捍 身捍 无捍 卫捍 违捍
相捍 修捍 险捍 要捍 自捍 遮捍
鸷捍

悍 hàn ①勇敢。②凶暴。③猛烈。

骜悍 鸷悍 发悍 愎悍 悖悍 暴悍
骠悍 粗悍 躁悍 蠢悍 刁悍 妒悍
愓悍 雕悍 锋悍 钢悍 犷悍 梗悍
劲悍 狡悍 急悍 骄悍 趫悍 精悍
警悍 亢悍 犷悍 狂悍 戾悍 僄悍
廉悍 猛悍 朴悍 剽悍 情悍 轻悍
强悍 遒悍 人悍 湍悍 顽悍 凶悍
骁悍 猤悍 雄悍 枭悍 黠悍 嚣悍
阴悍 英悍 勇悍 愚悍 壮悍 忮悍
笔力精悍 短小精悍 凶猛强悍 勇猛强悍
英勇强悍

焊 hàn 用熔化的金属把工件连接起来。

电焊 点焊 堆焊 冷焊 卯焊 气焊
熔焊 锐焊 浇焊 铜焊 药焊 铸焊
缓而焊 刃其焊

菡 hàn ［菡萏］荷花的别称。

玉菡 折菡

颔 hàn ①面黄。②下巴。

宾颔 半颔 长颔 虎颔 花颔 龙颔
骊颔 绝颔 探颔 笑颔 牙颔 燕颔

飞燕颔　骊龙颔　探龙颔
虎头燕颔　龙威燕颔　探珠骊颔

翰 hàn ①雉类。②长而硬的鸟羽。③辅翼。④毛笔。⑤书信。⑥文史方面的才能。

笔翰　才翰　尺翰　词翰　宸翰　崔翰
驰翰　翠翰　摛翰　点翰　分翰　凤翰
风翰　芳翰　藩翰　郭翰　鼓翰　华翰
还翰　挥翰　毫翰　输翰　交翰　戕翰
缄翰　内翰　弄翰　来翰　良翰　纶翰
鳞翰　墨翰　屏翰　篇翰　青翰　秋翰
轻翰　如翰　弱翰　柔翰　染翰　濡翰
手翰　舒翰　书翰　诗翰　霜翰　天翰
摇翰　文翰　握翰　维翰　仙翰　羽翰
远翰　音翰　瑶翰　雁翰　藻翰　鸷翰
择术翰　崔之翰　凤池翰　扶摇翰　九霄翰
弄柔翰　凌风翰　岩中翰　长孙翰
飞文染翰　辱承华翰　秋风张翰　如飞如翰
之屏之翰　王后维翰　理翮振翰　大字维翰
思莼张翰

瀚 hàn 大。

葱瀚　浩瀚　混瀚　灏瀚　瀚瀚　李瀚
汪洋浩瀚

撼 hàn ①摇动。②感染。

波撼　顿撼　风撼　撼撼　可撼　缺撼
敲撼　声撼　数撼　言撼　谣撼　震撼

憾 hàn ①悔恨。②感到有所欠缺。

包憾　悲憾　抱憾　怅憾　忿憾　何憾
恨憾　怀憾　悔憾　旧憾　欲憾　私憾
宿憾　肆憾　释憾　蓄憾　无憾　小憾
隙憾　怨憾　遗憾
引以为憾　终身遗憾

占 zhān　又音 zhàn　迷信的人用铜钱或牙牌等判断吉凶。

不占　吉占　君占　可占　卜占　史占
天占　巫占　玩占　星占　月占　易占
山叟占　僧人占　幽人占
幽明之占

沾 zhān ①浸湿。②因接触而附着。③稍微碰上或接触。④分润。

不沾　笔沾　晨沾　恩沾　汗沾　巾沾
均沾　既沾　泪沾　乱沾　露沾　曲沾
仁沾　霜沾　涕沾　瑕沾　衣沾　永沾
沾沾
恩宠沾　水花沾　圣化沾　丝泥沾　水不沾
雨露沾
利益均沾

毡 zhān 用兽毛砑成的片状物。

白毡　餐毡　单毡　分毡　割毡　裹毡
拼毡　花毡　寒毡　锦毡　坑毡　啮毡
毛毡　铺毡　青毡　书毡　受毡　卧毡
细毡　雪毡　线毡　绣毡　衣毡　雨毡
针毡　坐毡
拼肩毡　草为毡　坐针毡　割牛毡　寒无毡
红毛毡　旧青毡　太华毡　王花毡　雪为毡
雪咽毡　压青毡　羊毛毡　油毛毡　重客毡
坐客毡　郑虔毡　蛩蛩毡　子敬毡　坐针毡
绿草如毡　如坐针毡　属国餐毡　苏武餐毡
坐卧针毡　子敬青毡　卧雪吞毡　啮雪吞毡
饮雪吞毡

粘 zhān　又音 nián　①黏的东西使物互相联结。②用胶之类的东西，把它物胶合一起。

不粘　冻粘　蜂粘　纲粘　汗粘　花粘
酒粘　泥粘　萍粘　失粘　秫粘　鼠粘
霜粘　苔粘　香粘
壁蜗粘　碧彩粘　冻云粘　胶漏粘　屐齿粘
绿阳粘　土膏粘　用胶粘　烛泪粘　蛛网粘

旃 zhān ①古代赤色、曲柄的旗子。②旌表。③同“毡”。

飞旃　华旃　旌旃　嚼旃　龙旃　门旃
勉旃　曲旃　戎旃　舍旃　无旃　望旃
星旃　在旃　赠旃
尚慎旃　庶人旃

詹 zhān ①话多。②至。③省视。

宫詹　老詹　史詹　叙詹　应詹　朱詹
郑詹　詹詹
火詹詹　鲁邦詹

吞纸朱詹

瞻 zhān ①向下看。②瞻仰。③向上或向前看。

博瞻　晨瞻　大瞻　富瞻　顾瞻　高瞻
供瞻　观瞻　躬瞻　回瞻　宏瞻　纪瞻
近瞻　敬瞻　举瞻　朗瞻　民瞻　靡瞻
欧瞻　普瞻　旁瞻　巧瞻　翘瞻　人瞻
私瞻　耸瞻　师瞻　视瞻　通瞻　文瞻
欣瞻　雄瞻　永瞻　远瞻　仰瞻　遥瞻
缙绅瞻　马首瞻　靡所瞻　去复瞻　耸观瞻
万民瞻　万国瞻　仰上瞻
马首是瞻　以壮观瞻　有碍观瞻

邅 zhān ①转变方向。②雄走。

屯邅　迴邅　迭邅

鹯 zhān 一种猛禽。

苍鹯　化鹯　饥鹯　老鹯　捕鹯　逃鹯
鹰鹯
晨风鹯　击恶鹯　轻似鹯　霜鹘鹯

鳣 zhān 古书上指的鳇鱼。

红鳣　三鳣　鱼鳣
横海鳣　江湖鳣

斩 zhǎn ①古代死刑的一种。②泛指砍。③断绝。

刀斩　当斩　断斩　陪斩　骈斩　屠斩
刀斩　勿斩　问斩　易斩　要斩　腰斩
追斩　斩斩　诛斩
齐腰斩
满门抄斩　开刀问斩

飐 zhǎn 风吹物体使颤动。

风飐　高飐　乱飐　浪飐　露飐　漫飐
磨飐　旗飐　霞飐
波惊飐　新声飐

盏 zhǎn ①小杯子。②玉质酒器。③酱杯。④杯状器物。⑤量词。

把盏　杯盏　茶盏　灯盏　觥盏　花盏
金盏　酒盏　看盏　咬盏　鳣盏　满盏
盘盏　启盏　三盏　送盏　受盏　授盏
台盏　碗盏　小盏　夏盏　一盏　玉盏
灯千盏　琥珀盏　葡萄盏　屠苏盏　星如盏
蕊玉盏　鸳鸯盏　油灯盏　紫金盏　凿落盏
传杯弄盏　推杯换盏　三杯五盏　孤灯一盏
横飞玉盏

展 zhǎn ①展开。②伸张。③确实。④扩展。⑤视察。⑥陈列。⑦展览。⑧施行。⑨放宽。

暗展　不展　半展　才展　出展　参展
愁展　帆展　发展　复展　敷展　个展
汇展　画展　进展　开展　扩展　宽展
力展　联展　难展　眉展　美展　平展
披展　铺展　飘展　鹏展　亲展　日展
山展　手展　石展　书展　伸展　始展
思展　舒展　推展　拓展　巡展　席展
延展　一展　言展　宜展　玉展　邮展
演展　预展　影展　子展　招展　智展
波纹展　茶期展　愁眉展　红饰展　红旗展
花萼展　佳气展　才开展　莲叶展　平展展
愁眉不展　花枝招展　眉扬目展　一筹莫展

辗 zhǎn ①［辗转］卧不安貌。②转。

玉辗　转辗
璃轮辗

占 zhàn 又音 zhān ①占卜。②用强力拥有。③处于某种地位或情势。④口授。⑤自报数目。

昂占　不占　步占　霸占　别占　搀占
吊占　多占　独占　归占　横占　风占
风占　逢占　广占　共占　归占　攻占
龟占　吉占　进占　挤占　检占　鸡占
嘉占　口占　鸟占　巧占　抢占　穷占
侵占　轻占　强占　圈占　日占　失占
史占　私占　天占　贪占　通占　玩占
稳占　先占　相占　祥占　袭占　雄占
予占　仰占　雨占　遗占　影占　自占
占占　争占　坐占　租占
白步占　纷纷占　风后占　鸟青占　松阴占
五色占　五音占　谓水占　信日占　王镜占
折折占　白云占　松隐占
敖头独占　鹊巢鸠占

战 zhàn ①战斗。②战争。③泛指争胜负高下。④发抖。

鏖战 白战 百战 备战 罢战 饱战
笔战 搏战 车战 出战 初战 参战
大战 斗战 地战 打战 导战 胆战
督战 恶战 反战 非战 奋战 赴战
甘战 谷战 攻战 瓜战 观战 耕战
股战 会战 合战 好战 捍战 混战
海战 寒战 酣战 交战 决战 角战
近战 进战 决战 拒战 急战 接战
噤战 激战 可战 开战 空战 抗战
苦战 寇战 力战 内战 冷战 农战
龙战 论战 连战 耐战 临战 恋战
能战 陆战 偏战 炮战 求战 枪战
请战 轻战 二战 热战 韧战 搦战
水战 舌战 四战 死战 速战 首战
实战 商战 善战 停战 挑战 统战
挺战 心战 休战 血战 序战 宣战
巷战 险战 习战 义战 玉战 厌战
迎战 应战 夜战 要战 遇战 硬战
蚁战 野战 疑战 主战 作战 征战
助战 争战 战战 糟战 转战
不欲战 白刃战 车轮战 持久战 耻三战
打内战 打冷战 地道战 伏击战 地雷战
攻坚战 决死战 歼灭战 阻击战 街垒战
坑道战 绿筱战 免胄战 堑壕战 闪电战
速决战 殊死战 文场战 消耗战 运动战
游击战 争夺战 阵地战 遭遇战 麻雀战
蛮触战 破击战 前哨战 肉搏战
并肩作战 背水一战 长勺之战 独立作战
发动内战 孤军作战 尽锐出战 决死一战
军阀混战 空降作战 来之能战 能征善战
鲁阳苦战 南征北战 牧野之战 蛮争触战
明耻教战 人自为战 率尔应战 世界大战
身经百战 田单火战 太阳贪战 挑灯夜战
心寒胆战 心惊胆战 协同作战 远程作战
以战去战 有征无战 倚相论战 浴血奋战
春秋无义战/第一次世界大战/第二次世界大战/

站 zhàn ①直立不动。②停留。③中途暂时停留。④车站。

兵站 报站 车站 大站 电站 到站
过站 狗站 货站 接站 离站 粮站
前站 送站 甩站
变电站 茶水站 保健站 的士站 打前站
发电站 工作站 火车站 火电站 货运站
核电站 交通站 检查站 客运站 空间站
靠边站 排灌站 汽化站 汽车站 起点站
水电站 始发站 太空站 下客站 运输站
招呼站 中继站 终点站 转运站
侧身横站
不怕慢，就怕站/火力发电站/

栈 zhàn ①用竹木编组或阁架生成的。②储存货物或旅客住宿的房屋。③养牲畜的栅栏。

补栈 登栈 渡栈 堆栈 飞栈 行栈
货栈 黄栈 横栈 旧栈 金栈 剑栈
客栈 内栈 粮栈 恋栈 木栈 马栈
去栈 巧栈 曲栈 石栈 蜀栈 四栈
烧栈 台栈 危栈 下栈 朽栈 云栈
有栈 雨栈 竹栈 左栈
盘江栈 蜀道栈
天梯石栈

绽 zhàn ①裂开。②缝。③比喻言行的漏洞。

白绽 初绽 补绽 饱绽 红绽 花绽
精绽 开绽 梅绽 破绽 肉绽 栗绽
桃绽 微绽 先绽 云绽 衣绽
肥梅绽 红药绽 露破绽 燕脂绽
皮开肉绽

湛 zhàn ①深。②清澈。③露厚重貌。

黯湛 不湛 澄湛 涪湛 道湛 浮湛
房湛 化湛 旱湛 酒湛 精湛 内湛
留湛 清湛 深湛 元湛 月湛 渊湛
颖湛 照湛 湛湛
碧湛湛 金枝湛 蓝湛湛 秋云湛 瓦清湛
学问湛 夏侯湛
白马张湛 晴空湛湛 渭阳袁湛 循良伏湛

颤 zhàn 又音 chàn 同“战”。

打颤 寒颤 震颤 颤颤
广惊颤 花尖颤

蘸 zhàn 在汁液或粉末里沾一下就拿出来。

笔蘸 点蘸 辅蘸 红蘸 轻蘸 肉蘸

油蘸　再蘸
不再蘸　墨水蘸
道士包蘸

觇 chān　看、窥视。
窥觇　密觇

掺 chān　同“搀”。
掺掺　挥掺　箭掺　纤掺
渔阳掺

襜 chān　衣裳的前襟。
布襜　貂襜　锦襜　绿襜
青衣襜　早袖襜
鲍永皂襜

婵 chán　［婵娟］　①（姿态）美好。②旧时指美人。
婉婵

禅 chán　又音 shàn　①佛教用语“禅那”的略称。②佛教的修行。③泛指关于佛教的有关事物。
安禅　半禅　超禅　参禅　大禅　打禅
登禅　护禅　缟禅　进禅　康禅　老禅
练禅　眼禅　罋禅　入禅　升禅　受禅
说禅　仲禅　逃禅　谈禅　壇禅　问禅
悟禅　行禅　学禅　夜禅　尧禅　周禅
坐禅　指禅　真禅　终禅　修禅
到处禅　解脱禅　静如禅　口头禅　老婆禅
梁父禅　默照禅　唐虞禅　学老禅　一味禅
一指禅　玉版禅　野狐禅　竹林禅
黄面老禅　说鬼谈禅　云抱刘禅

蝉 chán　①昆虫名，又叫“知了”。②古代薄绸的一种。③蝉冠的省称。④蝉鬓的省称。⑤连续不断。⑥出。
捕蝉　残蝉　蝉蝉　蜩蝉　貂蝉　飞蝉
寒蝉　金蝉　惊蝉　枯蝉　林蝉　联蝉
鸣蝉　暮蝉　秋蝉　听蝉　脱蝉　万蝉
新蝉　元蝉　玉蝉　耀蝉　蚱蝉　噪蝉
报秋蝉　断续蝉　含风蝉　静闻蝉　柳外蝉
柳梢蝉　清泪蝉　送秋蝉　送残蝉　脱壳蝉
螳捕蝉　夕阳蝉　心净蝉　厌闻蝉　吟云蝉
饮露蝉　叶底蝉　雨中蝉　烟寒蝉
黄雀伺蝉　噤若寒蝉　刘胜寒蝉　脱壳金蝉
守约捕蝉　螳螂捕蝉　自同寒蝉　仗马寒蝉
吕布战貂蝉/人中吕布，女中貂蝉/

谗 chán　在别在面前说陷害他人的坏话。
彼谗　谤谗　察谗　谗谗　防谗　逢谗
蜚谗　毁谗　近谗　进谗　讥谗　口谗
怒谗　面谗　免谗　去谗　受谗　数谗
天谗　听谗　信谗　远谗　止谗　中谗
作谗　山谗
背面谗　国之谗　巧言谗　掩鼻谗　薏苡谗
三至之谗　嫱之蒙谗　杨九蒙谗　掩鼻之谗
掩袖之谗

巉 chán　①［巉岩］①高险的山石。②险峻貌。③尖刻、锋利貌。
峰巉　绝巉　嵌巉　岩巉

馋 chán　①贪吃。②羡慕。③刺。
大馋　解馋　口馋　老馋　守馋　贪馋
眼馋　嘴馋
饿眼馋
又懒又馋
肚饱眼里馋/

镵 chán　古代铁制的刨土工具。
白镵　表镵　长镵　荷镵　镌镵　木镵
切镵　天镵　铁镵　雪镵　腰镵　药镵
白柄镵　土具镵

孱 chán　又音 càn　①谨小慎微貌。②呻吟。③懦弱。④虚弱。⑤低劣。
病孱　菜孱　孱孱　方孱　肤孱　高孱
老孱　目孱　身孱　体孱　虚孱
酒肠孱　茂先孱

潺 chán　［潺潺］拟声词。
淙潺　潺潺　灵潺　弄潺　幽潺
碧潺潺　水潺潺
流水潺潺　大声潺潺

缠 chán　①盘结。②搅扰。③应付。④围绕。
板缠　版缠　长缠　担缠　藕缠　盖缠
裹缠　红缠　胡缠　樛缠　徽缠　纠缠

解缠 结缠 缪缠 搅缠 羁缠 连缠
难缠 赖缠 蛮缠 蔓缠 磨缠 绵缠
盘缠 牵缠 情缠 斯缠 绕缠 丝缠
十缠 拖缠 餔缠 藤缠 歪缠 行缠
香缠 腰缠 黏缠
草头缠 蛟龙缠 双行缠 睡魔缠 镰连缠
香芭缠 争头缠
胡搅蛮缠

廛 chán 一户人家所住的房屋。

百廛 金廛 缴廛 市廛 肆廛 一廛
芝廛
寄一廛 留故廛 田一廛

瀍 chán 瀍河、水名，在河南省。

涧瀍 济瀍 伊瀍

躔 chán ①兽的足迹。②日月星辰的运行。

次躔 初躔 斗躔 奎躔 南躔 明躔
台躔 星躔
暗奎躔 北陆躔 次舍躔 躔北躔 瑞应躔
太白躔 应魁躔 英雄躔

蟾 chán ①［蟾蜍］俗称“癞蛤蟆”。②传说月亮中有蟾蜍。③屋檐下排水的设备。

高蟾 挂蟾 孤蟾 寒蟾 金蟾 凉蟾
秋蟾 双蟾 素蟾 霜蟾 庭蟾 仙蟾
星蟾 新蟾 玉蟾 月蟾 浴蟾 夜蟾
瑶蟾 银蟾 早蟾
八月蟾 八字蟾 半窗蟾 驾银蟾 刘海蟾
三足蟾 望汉蟾

产 chǎn ①人或动物生子。②出生。③财产。④出产。⑤制造。⑥产业。⑦生产。

不产 包产 变产 邦产 薄产 出产
超产 财产 畜产 楚产 催产 定产
单产 地产 低产 动产 夺产 德产
丰产 房产 公产 干产 改产 估产
故产 官产 高产 国产 恒产 海产
尽产 家产 经产 减产 亏产 矿产
立产 年产 林产 灵产 农产 逆产
良产 临产 难产 流产 名产 亩产
平产 破产 欠产 弃产 屈产 孕产
水产 私产 生产 死产 税产 顺产
赛产 盛产 天产 土产 停产 同产
田产 投产 脱产 特产 物产 稳产
小产 析产 月产 玉产 引产 异产
渔产 营产 遗产 子产 早产 珍产
助产 祖产 资产 转产 增产
不动产 冷玉产 剖腹产 千金产 土特产
小生产 中人产 再生产
低质高产 固定资产 军工生产 究为同产
扩大生产 农村破产 流动资产 破家败产
破家荡产 倾家荡产 弃家荡产 人工流产
商品生产 文学遗产
简单再生产/简单商品生产/

铲 chǎn ①一种铲土的器具。②用铲子削平。③铲除。

锄铲 划铲 刀铲 电铲 风铲 饭铲
归铲 钢铲 锅铲 火铲 煤铲 铁铲

谄 chǎn 巴结、奉承。

阿谄 卑谄 扁谄 蔽谄 谗谄 奸谄
教谄 奴谄 佞谄 谋谄 欺谄 柔谄
设谄 听谄 毋谄 相谄 邪谄 言谄
迎谄 谀谄
不骄不谄 教子学谄 贫儿学谄 神亦喜谄
贪而无谄

阐 chǎn ①阐明。②开，广。③说明。

大阐 法阐 化阐 光阐 开阐 阅阐
推阐 誉阐 再阐 追阐 志阐
八声阐 钞法阐 如来阐 王风阐

蒇 chǎn 完成，解决。

礼蒇 肇蒇

忏 chàn 信佛的人请求别人宽恕。

拜忏 符忏 古忏 经忏 口忏 愧忏
礼忏 石忏 双忏 私忏 图忏 星忏
遗忏 昭忏
梁武忏 僧入忏

刬 chàn 又音 chǎn ［一刬］一部、一律。

编划 裁划 锄划 革划 平划

颤 chàn 又音 zhàn ①头摇动不定。②身体颤动。③惧怕。

颤颤 抖颤 胆颤 风颤 发颤 肝颤 惊颤 悸颤 乱颤 肉颤 手颤 打冷颤

羼 chàn 掺杂。

纷羼

韂 chàn 马鞍子下面垫的东西。

鞍韂

山 shān ①地面上由土石构成的高大突起的部分。②特指"五岳"。③山墙。④像山的东西。⑤形容大声。

鳌山 北山 半山 冰山 保山 败山 拨山 宝山 碧山 寸山 出山 丛山 巷山 常山 蚕山 朝山 察山 翠山 春山 触山 大山 刁山 斗山 东山 灯山 冬山 道山 登山 断山 额山 分山 坟山 蒙山 房山 封山 饭山 傅山 关山 姑山 孤山 龟山 果山 高山 顾山 雇山 隔山 火山 回山 河山 好山 还山 华山 环山 黄山 湖山 荒山 篁山 近山 金山 界山 家山 箕山 廉山 假山 鹫山 开山 矿山 靠山 牛山 乐山 龙山 乱山 炼山 泥山 南山 丽山 庐山 连山 灵山 落山 绿山 蓝山 螺山 买山 米山 名山 眉山 漫山 暮山 劈山 盘山 爬山 蓬山 丘山 青山 秋山 邱山 琼山 清山 前山 群山 琴山 入山 肉山 如山 三山 上山 石山 岘山 深山 蜀山 商山 嵩山 搜山 韶山 土山 天山 他山 秃山 涂山 梯山 童山 泰山 颓山 唐山 铜山 为山 屋山 望山 小山 下山 乡山 仙山 西山 血山 香山 晓山 雪山 夏山 溪山 云山 玉山 远山 阴山 应山 夜山 移山 鸦山 银山 雁山 燕山 中山 众山 灾山 钟山 望山

鳌扈山 不周山 百顷山 宝塔山 背斜山 饱着山 笔如山 撮合山 慈母山 藏名山 处处山 大小山 淡淡山 断块山 蛾眉山 封泰山 饭颗山 富春山 虎牙山 过刀山 挂云山 归道山 构造山 火焰山 幻溪山 活火山 环形山 花满山 壶古山 后戢山 海上山 九华山 九仞山 井冈山 九疑山 金马山 箕尾山 菊花山 积如山 屐登山 夸父山 侃大山 昆仑山 力拔山 六朝山 牛蒡山 龙门山 来为山 牛头山 罗浮山 烂柯山 雷首山 买青山 眉绕山 蓬莱山 青城山 侵蚀山 群玉山 三神山 双重山 十里山 石鸡山 山外山 生楚山 石钟山 四面山 首阳山 隋火山 砍大山 死火山 蚀余山 太白山 太行山 天姥山 天台山 桃都山 万岁山 万寿山 王母山 王屋山 武夷山 宛委山 望夫山 蚊负山 向斜山 夕阳山 学白山 雪满山 谢东山 一枕山 玉泉山 有靠山 重如山 种南山 祝南山 苎萝山 坐江山 猪背山 紫金山 褶皱山 终南山

安如泰山 爱山治山 白浪如山 北岳恒山 冰雪封山 半壁江山 半壁河山 拔海荡山 逼上梁山 碧海青山 抱璞荆山 碧水青山 拄笏得山 拄笏看山 藏之名山 藏诸名山 藏舟藏山 大好河山 东岳泰山 邓氏铜山 胆大如山 堆积如山 叠石为山 杜宇西山 堕泪岘山 调虎离山 颠倒孙山 放虎烧山 放虎归山 高会龙山 高宴龙山 火海刀山 红云如山 号令如山 洪峰如山 鸿毛泰山 巨鳌载山 军令如山 锦绣河山 积土成山 锦绣如山 聚米如山 开门见山 六出祁山 乐水乐山 拄笋看山 南岳衡山 罗学龟山 绿水青山 临水登山 流水高山 名川大山 马放南山 名落孙山 眉如春山 眉拂远山 棉花成山 猛虎下山 酩酊颓山 披发入山 气涌如山 日落西山 日薄西山 日衔西山 山上有山 水漫金山 社结香山 三座大山 收服中山 水渠环山 射虎南山 孙膑下山 隋主火山 剩水残山 寿比南山 太阳下山 太阳落山 泰水泰山 铁打江山 铁桶江山 铁证如山 铁案如山 帽落龙山 万水千山 稳如泰山 稳过泰山 小溪环山 休眠火山

西岳华山　秀水青山　雪峰冰山　义恩如山
云雨巫山　引水上山　月出东山　渔海樵山
愚公移山　中岳嵩山　支遁买山　支遁爱山
重于泰山　众煦漂山　竹磬南山　再起东山
执法如山　纵虎入山　纵虎归山　罪恶如山
铸尽铜山　聚米为山　箭定天山　玉海金山
被发入山　猿穴坏山　着屐登山
采菊东篱下，悠然见南山/刀枪入库，马放南山/放下一星火，能烧万仞山/隔行如隔山/隔重肚皮隔重山/干戈归库，马放南山/军令重如山/景公游牛山/女大两，黄金长；女大三，黄金山/女子偷郎隔重纸，男子偷女隔重山/蚂蚁搬泰山/三箭定天山/一叶障目，不见泰山/有眼不识泰山/一人气力担一担，众人力量搬座山/拄笏望西山/

芟

shān ①除草。②大镰刀。

锄芟　枷芟　埽芟　刈芟　耘芟　载芟
草木芟　柳初芟

杉

shān 又音 shā 树名。

白杉　翠杉　古杉　高杉　金杉　桧杉
寒杉　冷杉　绿杉　秋杉　水杉　疏杉
铁杉　香杉　溪杉　云杉　烟杉　紫杉
带月杉　鹤杨杉　蔚汉杉　月笼杉

衫

shān ①上衣。②短衣。③单衣。④衣服的通称。

白衫　布衫　补衫　薄衫　长衫　衬衫
朝衫　翠衫　春衫　短衫　服衫　绯衫
汗衫　花衫　黄衫　袷衫　解衫　接衫
开衫　罗衫　凉衫　蓝衫　篮衫　褴衫
偏衫　青衫　茜衫　球衫　轻衫　裙衫
染衫　绒衫　团衫　脱衫　套衫　舞衫
小衫　新衫　绣衫　衣衫　皂衫　罩衫
紫衫
白布衫　白凉衫　白蕉衫　博士衫　藕丝衫
凤凰衫　黄罗衫　海魂衫　滑雪衫　琥珀衫
沥青衫　泥银衫　落花衫　露湿衫　棉花衫
杏子衫　杏仁衫　月在衫　玉花衫　羊毛衫
隐士衫　越罗衫　燕尾衫
白发青衫　良器玉衫　良器书衫　破衣烂衫
司马青衫

删

shān ①削除。②裁定。

草删　采删　尽删　刊删　平删　手删
善删　字删　增删
不可删　不容删　把诗删　草费删　法令删
繁文删　汉仪删　孔氏删　世虑删　野人删
药苗删

姗

shān 美好貌。指好走路缓慢从容。

便姗　讥姗　嫛姗　窃姗　消姗　姗姗
讨姗
背人姗　众所姗

珊

shān ［珊瑚］一种腔肠动物所分泌的石灰质东西，形状像树枝。可做装饰品。

阑珊　嫩珊　斓珊　佩珊　嫛珊　珊珊
栅珊
佩珊珊　七尺珊　铁网珊
春意阑珊　春兴阑珊

跚

shān ［蹒跚］①走路一瘸一拐。②走路慢，摇摆。

跣跚　盘跚　蹒跚　跚跚
步履蹒跚　蹒蹒跚跚

苫

shān 又音 shàn 草帘子，草垫子。

白茅苫　鸥子苫

痁

shān （古） 疟疾。

痎痁
不受痁

扇

shān 又音 shàn ①摇动扇子生风。②门扇。③遮蔽。

吹扇　代扇　广扇　呼扇　弥扇　驱扇
右扇

煽

shān ①火炽旺。②扇火使盛。③鼓动。

蜂煽　搆煽　鼓煽　交煽　骄煽　競煽
狂煽　始煽　思煽　微煽　相煽　诱煽
愈煽　乍煽
谗口煽　毒炽煽　仁云煽　云雷煽
房摇阴煽

潸 shān 流泪的样子。

长潸 潸潸 涕潸 余潸
泪自潸 泪雨潸 雨潸潸
眼泪潸潸

膻 shān 像羊肉的气味。

慕膻 毳膻 腥膻
剥腥膻 罗荤膻 其臭膻 天庖膻
如蚁附膻 群蚁附膻
吃了羊肉会惹膻/端木饫腥膻/羊肉没吃得，惹了一身膻/

闪 shǎn ①侧身急避。②；转侧受伤。③突然显现。④天空的电光。⑤光辉闪耀。

波闪 打闪 电闪 淡闪 倒闪 躲闪
风闪 迥闪 忽闪 霍闪 金闪 窥闪
亮闪 扑闪 撇闪 抛闪 热闪 失闪
闪闪 腾闪 掞闪 腾闪 畏闪 倏闪
眼闪 焰闪 艳闪 鸦闪 睒闪
灯闪闪 光闪闪 金闪闪 亮闪闪 蓝闪闪
明闪闪 一忽闪
电光闪闪 躲躲闪闪 鳞光闪闪 星光闪闪
银光闪闪

陕 shǎn 陕西省。

背陕 分陕 欢陕 荆陕 两陕 蒲陕
山陕 三陕 西陕 镇陕

讪 shàn ①讥笑。②羞惭。③难为情的样子。④搭讪。

谤讪 嘲讪 搭讪 非讪 发讪 诽讪
毁讪 讥讪 奸讪 惊讪 轻讪 诮讪
讪讪 无讪 乡讪 相讪 怨讪
不相讪 逞讥讪 仆人讪 泣旦讪 妻妾讪
下流讪 行旅讪 众口讪
兴讹造讪

汕 shàn ［汕头］地名。在广东省。

得汕 留汕 汕汕 在汕

疝 shàn 疝气，病名。

涌疝 壮疝

苫 shàn 又音 shān 用布、席等遮盖。

耕苫 披苫 寝苫 在苫

墠 shàn 古代祭祀用的平地。

碧墠 立墠 壇墠 为墠
东门墠

禅 shàn 又音 chán ①封禅。②帝王让位给他姓。③替代。

传禅 登禅 父禅 封禅 汉禅 交禅
纪禅 内禅 世禅

掞 shàn 发抒，铺张。

摛掞 张掞

扇 shàn 又音 shān ①扇子。②量词。③古代仪仗中的用具。

比扇 波扇 班扇 宝扇 翠扇 窗扇
撒扇 打扇 电扇 吊扇 风扇 拂扇
公扇 宫扇 歌扇 隔扇 鼓扇 合扇
花扇 挥扇 荷扇 画扇 绘扇 唿扇
旧扇 举扇 绢扇 假扇 篋扇 蕉扇
葵扇 龙扇 罗扇 两扇 轮扇 门扇
磨扇 摩扇 扑扇 蒲扇 却扇 取扇
秋扇 书扇 台扇 团扇 停扇 题扇
文扇 纨扇 香扇 新扇 玉扇 月扇
羽扇 掩扇 腰扇 走扇 折扇 竹扇
昨扇 雉扇 执扇 掌扇 织扇 障扇
赠扇
白前扇 白团扇 白绮扇 比翼扇 班家扇
班女扇 班姬扇 芭蕉扇 长生扇 电风扇
鹅毛扇 鹅翊扇 凤尾扇 合欢扇 黄香扇
换气扇 九华扇 英雄扇 蒲葵扇 青竹扇
齐纨扇 生风扇 排风扇 暑不扇 同心扇
仁风扇 桃花扇 檀香扇 五湖扇 右军扇
习习扇 雉尾扇 棕心扇
安石授扇 班姬题扇 班姬咏扇 葛巾羽扇
挥动彩扇 挥舞彩扇 茂宏举扇 热有电扇
舞衫歌扇 夏炉冬扇 谢安蒲扇 摇鹅毛扇
毡帽当扇 张敷缄扇 秋风团扇
诸葛亮的鹅毛扇/

善 shàn ①善良。②善于。③赞许。④好的言行。⑤交好。⑥高明的。⑦爱，容易。⑧能做的。

不善　拜善　蔽善　从善　处善　称善
陈善　慈善　粹善　达善　独善　断善
伐善　服善　福善　改善　好善　和善
怀善　恒善　吉善　进善　积善　将善
旌善　奖善　兼善　嗟善　谨善　辽善
乐善　良善　纳善　妙善　面善　美善
平善　片善　迁善　劝善　取善　亲善
懑善　攘善　三善　上善　圣善　首善
实善　顺善　宿善　善善　树善　妥善
文善　为善　完善　伪善　小善　心善
向善　行善　相善　性善　显善　尤善
言善　友善　有善　佯善　益善　扬善
众善　至善　知善　争善　贞善　枕善
责善　最善　泽善　择善　彰善
虎心善　冷然善　拟絜善　匿人善　每事善
秋毫善　轻身善　善之善　一言善　云物善
事翻善
丙吉扬善　惩恶劝善　多多益善　遏恶扬善
改恶为善　改行为善　奏蔑言善　来者不善
弃恶从善　劝虎行善　梧树不善　一介之善
隐恶扬善　张湛诈善　蒲邑三善　止于至善
韩信用兵，多多益善/韩信将兵，多多益善/口善心不善/鸟之将死，其鸣也悲；人之将死，其言也善/

鄯 shàn　［鄯善］　①古代西域国名。②地名，在新疆维吾尔自治区。

涅鄯　喜鄯

墡 shàn 白土。

黝墡

缮 shàn　①修补。②整治。③抄写。

大缮　建缮　宽缮　葺缮　腾缮　兴缮
修缮　营缮　征缮　增缮

膳 shàn　①准备食物。②进献食物。③饮食，吃。

廪膳　堂膳　厨膳　春膳　奉膳　福膳
供膳　毁膳　加膳　进膳　鸡膳　家膳
减膳　六膳　内膳　美膳　亲膳　日膳
贰膳　饵膳　尚膳　时膳　受膳　食膳
视膳　素膳　思膳　午膳　晚膳　忘膳
夕膳　闲膳　玉膳　用膳　肴膳　药膳
主膳　早膳　珍膳
大官膳　郇厨膳　方丈膳　九霄膳　金鼎膳
老莱膳　枯鱼膳　有盛膳　尧树膳　中书膳
五侯奇膳　问安视膳

鳝 shàn　鳝鱼，鱼名。

白鳝　春鳝　化鳝　黄鳝　江鳝　鳅鳝

擅 shàn　①独揽。②据有。③超越职权，独断独行。

独擅　豪擅　奸擅　兼擅　私擅　收擅
雄擅　自擅　专擅
不得擅　名久擅　权独擅　权臣擅

赡 shàn　①供养。②富足。③周济。

不赡　辩赡　才赡　充赡　典赡　丰赡
该赡　负赡　富赡　华赡　宏赡　忽赡
豪赡　兼赡　敏赡　通赡　文赡　未赡
学赡　详赡　养赡　雅赡　拯赡　自赡
智赡
禹称敏赡

蟮 shàn　［蛐蟮］即蚯蚓。

曲蟮　蛐蟮

髯 rán　①两颊的胡须。②须多或须长的人。③动物的须。

白髯　长髯　垂髯　苍髯　髭髯　多髯
短髯　奋髯　胡髯　虎髯　黑髯　皓髯
老髯　龙髯　怒髯　美髯　攀髯　虬髯
苏髯　松髯　霜髯　疏髯　兔髯　须髯
雪髯　掀髯　银髯
老君髯　杂龙髯
白发苍髯　鹤骨霜髯　兀术剃髯　五尺之髯
白发银髯

然 rán　①燃烧。②是，对。③对，是。④应、允。⑤这样，如此。⑥词尾。

安然　奄然　僾然　岸然　昂然　聱然
盎然　阚然　傲然　蔼然　骜然　黯然
不然　泊然　必然　贲然　怫然　炳然
勃然　嫔然　苍然　怆然　怅然　丞然
倜然　惝然　炽然　诧然　查然　弛然
超然　萃然　猝然　灿然　恻然　惨然

灌然　猝然　诚然　愀然　错然　锓然
惭然　粲然　蹙然　当然　的然　定然
点然　嗒然　怛然　顿然　淡然　敦然
陡然　洞然　憺然　荡然　断然　澹然
端然　咢然　俄然　偶然　愕然　峨然
怃然　拂然　忿然　奋然　怫然　沸然
棼然　讽然　朏然　纷然　憣然　皤然
愤然　废然　斐然　翻然　艴然　公然
固然　果然　傀然　故然　呱然　戛然
廓然　欢然　恍然　恍然　胡然　奂然
迥然　皇然　或然　忽然　哄然　昏然
哗然　訇然　惶然　浑然　涣然　泓然
烨然　炜然　惠然　混然　涚然　轰然
睆然　霍然　悍然　涣然　皓然　剨然
赫然　焕然　酣然　骇然　憾然　憨然
豁然　斛然　嘿然　孑然　介然　井然
居然　尽然　冏然　决然　皆然　济然
竟然　踖然　涓然　家然　寂然　炯然
既然　截然　决然　皎然　窘然　燋然
遽然　景然　蹶然　皦然　快然　岿然
旷然　莞然　嵬然　忾然　喟然　溘然
慨然　魁然　铿然　了然　冷然　栗然
恨然　懔然　朗然　儡然　累然　犁然
赧然　落然　凛然　零然　黎然　毅然
木然　忙然　泯然　芒然　冥然　茫然
贸然　缅然　莽然　眊然　闵然　漫然
悯然　蒙然　蔑然　眇然　漠然　瞢然
缦然　谬然　猛然　蓦然　藐然　默然
靡然　渺然　穆然　偶然　沛然　判然
嶓然　飘然　翩然　全然　茕然　悄然
诮然　契然　恝然　缺然　瞿然　阙然
阒然　凄然　遒然　癯然　惬然　歉然
愀然　跫然　罄然　翘然　跷然　鎗然
蘧然　锵然　仍然　虽然　言然　使然
适然　哂然　率然　哂然　帅然　竦然
悚然　耸然　肃然　索然　爽然　琐然
续然　肆然　释然　骚然　撒然　飒然
森然　潸然　辗然　天然　田然　倘然
徒然　恬然　坦然　突然　脱然　蜕然
泰然　贴然　酡然　阗然　倜然　陨然
陶然　颓然　兀然　未然　怃然　枉然
为然　汪然　宛然　罔然　委然　苇然

婉然　滃然　嵬然　惘然　朊然　蔚然
巍然　坼然　怵然　忻然　信然　欣然
洗然　泫然　宣然　显然　炫然　洵然
萧然　轩然　潇然　悻然　渲然　翕然
熏然　修然　嚣然　醺然　已然　云然
亦然　厌然　永然　由然　屹然　喑然
恬然　怡然　依然　怏然　邑然　杳然
宜然　欲然　逸然　俨然　油然　犹然
哑然　讶然　悒然　郁然　跃然　焉然
裕然　窅然　悠然　晏然　愔然　倏然
隐然　毅然　谕然　颓然　诱然　翼然
嘤然　嫣然　嶷然　莹然　燕然　黝然
自然　纵然　卓然　杂然　琤然　肫然
昭然　跫然　龂然　淀然　整然　湛然
崭然　辗然　骤然　喘然
昂昂然　不尽然　不自然　不复然　百花然
超自然　踧踖然　涔涔然　大自然　风飒然
法自然　腹果然　红欲然　昏昏然　祸将然
举世然　竟怆然　景衣然　木木然　乐陶陶
泪潸然　谋将然　飘飘然　岂其然　姗姗然
所以然　恩情然　思渺然　无间然　未必然
欣欣然　想当然　心欲然　栩栩然　愁愁然
已义然　月皎然　自恬然　再不然　志皓然
不以为然　白发皤然　不期而然　白雪皤然
处之恬然　处之漠然　处之泰然　春意盎然
处之晏然　春木蔚然　大谬不然　大义凛然
道法自然　道貌岸然　我意犹然　反之亦然
防患未然　浮云飘然　果不其然　何其凄然
浩气凛然　举座哗然　驾驭自然　林木森然
囊橐萧然　理之当然　理所当然　毛骨悚然
莫不皆然　情所当然　任其自然　如其不然
我意犹然　四野阒然　生机盎然　生意盎然
生趣盎然　四壁萧然　势所必然　天趣盎然
听其自然　天理昭然　条理井然　文采自然
兴味索然　兴致索然　兴趣盎然　祥泰怡然
毅然决然　舆论哗然　音信渺然　稚趣盎然
意兴盎然　意兴索然　雅量豁然　自古已然
周礼则然　足音跫然　秩序井然　正气凛然
正义凛然　自然而然　环堵萧然
不期然而然/忍事者安然/事有凑巧，物有偶然/习惯成自然/

燃 rán ①燃起火焰。②引火点着。

点燃 尽燃 自燃 助燃

火未燃 火始燃 怒火燃 遍地燃 死灰燃

雨中燃

寒灰不燃 寒灰复燃 寝薪未燃 死灰复燃

死灰不燃 死灰再燃

电灯点火，其实不燃/

冉 rǎn ①柔弱下垂的样子。②渐进的样子。③姓。

朝冉 葱冉 范冉 季冉 渐冉 冉冉

奄冉 掩冉 颜冉

尘甑范冉 更衣范冉

苒 rǎn ［荏苒］时间不知不觉地过去。

荏苒

光阴荏苒

染 rǎn ①使布帛等物着色。②沾染不良习惯。③感染。

爱染 不染 变染 传染 草染 大染

丹染 点染 当染 独染 黛染 赋染

感染 钩染 烘染 黄染 旧染 尽染

积染 浸染 渐染 连染 浓染 蜡染

难染 漫染 漂染 气染 迁染 牵染

饰染 始染 陶染 无染 未染 污染

诬染 洿染 揾染 习染 学染 血染

香染 洗染 渲染 熏染 薪染 霞染

易染 印染 夜染 有染 悦染 沾染

竹染

波似染 悲丝染 大药染 东风染 裙腰染

山如染 云可染

大加渲染 大肆渲染 枫林尽染 钩皴点染

空气污染 宏霸指染 目濡耳染 气氛渲染

耳濡目染 外廓渲染 纤尘不染 一尘不染

出淤泥而不染/

簪 zān ① 古人头上束发的用品。②插戴在头上的首饰。

抽簪 朝簪 盗簪 发簪 歌簪 华簪

盍簪 蒿簪 横簪 金簪 解簪 龙簪

磨簪 朋簪 求簪 取簪 琼簪 著簪

窃簪 投簪 脱簪 亡簪 玉簪 衣簪

盈簪 遗簪 银簪 谣簪 缨簪 珠簪

著簪 簪簪

白玉簪 不胜簪 辟尘簪 碧玉簪 碧云簪

玳瑁簪 凤凰簪 风凤簪 翡翠簪 倩人簪

手自簪 雪满簪 象牙簪 斜插簪 醉堕簪

羌后脱簪 刘蓍遗簪

咱 zán ①〈方言〉我。②我们。

多咱 亏咱

噆 zǎn ①吁，衔。②咬。

嘈噆 嗽噆 蚊噆

攒 zǎn 又音 cuán ①积聚，积蓄。②催促。

蚕攒 翠攒 刀攒 凤攒 锋攒 花攒

积攒 林攒 绿攒 矛攒 眉攒 星攒

云攒 竹攒

白虹攒 百忧攒 蜡珠攒 暮山攒 瑞气攒

石剑攒 幽思攒 野竹攒

暂 zàn 短时间。

短暂

时日短暂

錾 zàn ①打凿石头的小凿子。②在金石上雕刻、凿打。

雕錾 钢錾 镌錾 铁錾

赞 zàn ①谒见。②辅佐。帮助。③引见。④夸奖。⑤旧时文体的一种。⑥赞许。

宾赞 毗赞 佽赞 褒赞 称赞 参赞

扶赞 辅赞 讽赞 共赞 高赞 歌赞

合赞 画赞 久赞 交赞 嗟赞 夸赞

立赞 礼赞 论赞 诔赞 美赞 铭赞

书赞 颂赞 盛赞 天赞 图赞 特赞

协赞 宣赞 像赞 亵赞 休赞 雪赞

雄赞 翊赞 吟赞 咏赞 自赞 传赞

赞赞

词人赞 国侨赞 含笑赞 三界赞 四皓赞

云山赞

极口称赞 交口称赞 连声称赞 衣带中赞

众口交赞 啧啧称赞

瓒 zàn 祭祀中用的像勺的一种玉器。

称瓒 尘瓒 翠瓒 瑰瓒 史瓒 受瓒

温瓒　玄瓒　香瓒　洗瓒　像瓒　玉瓒
用瓒　璋瓒
公孙瓒　侯用瓒

参 cān　又音 shēn　cēn　①参加。②检验。③旧指进见。④指弹劾。⑤加入。

并参　把参　出参　刺参　朝参　大参
公参　共参　久参　日参　髯参　设参
散参　台参　廷参　位参　伍参　小参
下参　相参　新参　因参　月参　预参
夜参　衙参　中参
静中参　万木参
上寿童参

骖 cān　①马。②乘。③驾在车前的三匹马。

白骖　方骖　飞骖　归骖　剧骖　解骖
锦骖　惊骖　龙骖　两骖　梦骖　去骖
戎骖　说骖　税骖　廷骖　停骖　脱骖
絷骖　右骖　左骖　朱骖　征骖
柳外骖　使君骖　月下骖　紫阳骖
卓哉解骖　卓茂解骖

餐 cān　①吃。②饭食。③听取。④饮食的次数。

便餐　饱餐　钡餐　传餐　晨餐　独餐
风餐　分餐　供餐　会餐　加餐　进餐
就餐　菊餐　减餐　聚餐　可餐　快餐
粝餐　美餐　配餐　盘餐　劝餐　弃餐
圣餐　松餐　授餐　素餐　同餐　套餐
午餐　忘餐　晚餐　夕餐　西餐　用餐
夜餐　野餐　中餐　正餐　早餐　佐餐
朝餐　辍餐
不及餐　蠹虫餐　腐儒餐　鹤分餐　傍水餐
漂母餐　自助餐
风宿水餐　废寝忘餐　捽沐吐餐　浣妇分餐
虚燕狼餐　饥不及餐　陆生分餐　廉颇雄餐
露宿风餐　窃位素餐　尸位素餐　团圆聚餐
秀色可餐　雪虐风餐　一日三餐　雨雪风餐
雨卧风餐　烟气难餐　周公弃餐
先饮者先餐/

残 cán　①伤害。②毁坏。③凶恶。④不完全的。⑤剩余。⑥不完整。

不残　保残　抱残　病残　丛残　春残
除残　摧残　翠残　灯残　凋残　雕残
更残　花残　菊残　阑残　漏残　懒残
癃残　梦残　飘残　秋残　守残　伤残
声残　衰残　胜残　贪残　形残　凶残
香残　霄残　月残　夜残　自残　蕞残
诛残
白云残　百花残　宝篆残　鬓下残　笛声残
锷未残　帆影残　粉香残　旧偏残　简帙残
酒滴残　菊又残　客梦残　林木残　蜡矩残
柳梢残　旅鬓残　落红残　侍漏残　午梦残
晚烟残　夕阳残　惜花残　晓月残　晓星残
一灯残　月已残
骨肉相残　柳析花残　唾盂敲残　水剩山残
守缺抱残　月缺花残　嬴氏凶残　叶瘦花残
枝勿相残

蚕 cán　家蚕，又叫“蚕桑”。

八蚕　冰蚕　春蚕　地蚕　放蚕　火蚕
红蚕　华蚕　槐蚕　金蚕　家蚕　僵蚕
老蚕　农蚕　劝蚕　亲蚕　秋蚕　生蚕
事蚕　土蚕　天蚕　田蚕　关蚕　卧蚕
晚蚕　畏蚕　先蚕　原蚕　蚁蚕　浴蚕
野蚕　养蚕　再蚕　柞蚕　樟蚕
冰蚕蚕　草石蚕　帝女蚕　娥眉蚕　风戾蚕
虎色蚕　课春蚕　马首蚕　四熟蚕　食叶蚕
吐丝蚕　一妇蚕　正祈蚕　再眠蚕
蜀女化蚕　种桑育蚕

惭 cán　羞愧。

辞惭　大惭　负惭　俯惭　怀惭　荒惭
悔惭　惊惭　可惭　空惭　内惭　面惭
体惭　无惭　心惭　羞惭　自惭　知惭
震惭
大不惭　对花惭　佞者惭　满腹惭　食肉惭
素餐惭　终身惭
大言不惭　梼味自惭　衾影无惭

惨 cǎn　①狠毒。②凄惨。③悲伤。④程度严重。⑤残杀。⑥阴暗。

黯惨　悲惨　惨惨　愁惨　方惨　欢惨
花惨　苛惨　劳惨　情惨　凄惨　日惨
上惨　舒惨　酸惨　疼惨　忧惨　云惨
阴惨　意惨　愉惨　憯惨
悲惨惨　白杨惨　风声惨　寒山惨　寒蝉惨

离情惨 凄惨惨 壮士惨
灯光惨惨 家境凄惨 凄凄惨惨

篸 cǎn 〈方〉一种簸箕。

碧篸 抽篸 朝篸 玉篸
翡翠篸 绿如篸 倩人篸 手自篸 雪满篸
一篸篸

灿 càn [灿烂] 鲜明，耀眼。

曹灿 灿灿 光灿 焕灿 闪灿 星灿
有灿
白灿灿 光灿灿 黄灿灿 金灿灿 晶灿灿
明灿灿 王业灿
金光灿灿 星汉灿灿 霞光灿灿

粲 càn ①精米。②鲜明貌。③鲜艳。④笑貌。

白粲 博粲 翠粲 璀粲 粲粲 璨粲
光粲 桔粲 锦粲 倩粲 绮粲 授粲
王粲 星粲 笑粲 新粲 霞粲 玉粲
於粲 子粲
白石粲 丹华粲 角枕粲 林英粲 南山粲
眉目粲 三英粲 一粲粲 云泚粲

璨 càn ①美玉。②同"粲"。

词璨 璀璨 璨璨 倩璨
北斗璨 赤头璨

三 sān ①数词。②泛指多。③再三。

变三 瘪三 重三 初三 成三 参三
朝三 第三 鼎三 封三 复三 贵三
函三 九三 径三 驾三 老三 礼三
连三 满三 朋三 取三 乾三 人三
生三 三三 思三 实三 慎三 天三
小三 行三 洗三 挟三 远三 在三
再三
唱已三 达尊三 对影三 画接三 蒿呼三
径三三 礼拜三 弄笛三 漏转三 二为三
二二三 三月三 所就三 吐哺三 握发三
小瘪三 星期三 炎官三 异香三 益友三
不二不三 鼎足而三 耕九余三 接二连三
举一反三 考虑再三 民生在三 暮四朝三
连二赶三 为崇宗三 问一得三 咸五登三
像个瘪三 言之再三 子不过三 朝四暮三
可与人言无二三/一日两，两日三/一而再，再而三/

毵 sān ①散乱貌。②头发细长。

参毵 毵毵
雨同毵

伞 sǎn ①车盖。②挡雨或遮太阳的用具。③像伞形的东西。

白伞 布伞 碧伞 大伞 打伞 灯伞
火伞 红伞 花伞 旱伞 黄伞 金伞
锦伞 凉伞 罗伞 破伞 青伞 送伞
跳伞 獭伞 鸟伞 绣伞 云伞 阳伞
油伞 雨伞 折伞 纸伞 竹伞 紫伞
张伞
保护伞 大红伞 红梅伞 荷叶伞 降落伞
尼龙伞 晴雨伞 清凉伞 万民伞 小雨伞
雪如伞 一品伞
伞兵跳伞 雨后送伞

散 sǎn 又音 sàn ①松开。②不受韵律的约束。③零碎的。④不自检束。⑤中药药末。⑥闲散的。

枵散 古散 黄散 简散 灵散 懒散
冗散 丸散 闲散 萧散 栎散 樗散
飞霜散 胡淋散 猢狲散 黄昏散 鸡鸣散
健胃散 七星散 清凉散 轻冰散 斯须散
神梅散 珊瑚散 香不散 云母散 止痛散
零零散散 懒懒散散 松松散散

散 sàn 又音 sǎn ①排遣。②分开。③打开。④分给。⑤散。[方] 解雇。

傲散 材散 布散 兵散 冰散 表散
璧散 吹散 层散 拆散 樗散 分散
飞散 风散 放散 发散 辐散 涣散
魂散 耗散 鹤散 惊散 解散 寄散
酒散 搅散 聚散 扩散 溃散 栎散
流散 栎散 鸟散 离散 鹿散 零散
驽散 马散 名散 弥散 縻散 靡散
疲散 披散 破散 飘散 盘散 魄散
棋散 驱散 迁散 遣散 弭散 热散
四散 失散 色散 松散 身散 舒散
兽散 疏散 投散 逃散 卫散 未散
心散 行散 席散 消散 邪散 星散

香散 销散 潇散 霞散 云散 玉散
月散 雨散 逸散 遗散 游散 莺散
走散 众散 追散 置散
百优散 春社散 广陵散 黄金散 鸟兽散
朋常散 群鸥散 云雨散 猢狲散
不欢而散 不见不散 冰消云散 风消云散
风吹云散 风流云散 好说好散 魂销魄散
魂飞魄散 妻离子散 如鸟兽散 水流不散
兽聚鸟散 盛筵必散 投闲置散 雾消烟散
星飞云散 星离雨散 一哄而散 云消雨散
云飞雨散 云收雨散 云消雾散 云屯鸟散
阴魂不散 鱼溃鸟散 夜雾渐散 烟消云散
烟飞云散 烟飞星散 烟霏雨散
好会不如好散/树倒猢狲散/其实难副，盛筵必散/

咽

yān 又音 yàn yè 人的喉部，食物和气体的通道。

鼻咽 喉咽

烟

yān ①物质燃烧后产生的气体。②像烟一样的东西。③烟灰。④特指鸦片烟。⑤烟草制成的成品。

白烟 板烟 薄烟 鼻烟 长烟 尘烟
吹烟 炊烟 苍烟 村烟 晨烟 抽烟
串烟 郫烟 残烟 翠烟 春烟 愁烟
大烟 淡烟 断烟 倒烟 飞烟 风烟
浮烟 犯烟 芳烟 氛烟 霏烟 锋烟
烽烟 孤烟 灰烟 红烟 含烟 花烟
旱烟 花烟 荒烟 槐烟 黄烟 黑烟
湖烟 海烟 寒烟 江烟 戒烟 忌烟
卷烟 禁烟 烤烟 浓烟 炉烟 岚烟
狼烟 猎烟 柳烟 阑烟 凌烟 冒烟
迷烟 煤烟 暮烟 飘烟 秋烟 轻烟
起烟 漆烟 秦烟 人烟 瑞烟 水烟
生烟 升烟 哂烟 松烟 湿烟 塞烟
麝烟 汀烟 檀烟 无烟 夕烟 吸烟
香烟 祥烟 晓烟 硝烟 新烟 衔烟
玉烟 云烟 永烟 阴烟 吟烟 余烟
油烟 野烟 纸烟 渚烟 紫烟 篆烟
碧海烟 草木烟 草含烟 草带烟 翠微烟
坠江烟 断人烟 隔江烟 鹤避烟 净无烟
吕宗烟 垅生烟 柳生烟 柳含烟 袅细烟
袅晴烟 绿柳烟 破寒烟 起茶烟 起新烟
上林烟 上凌烟 扫云烟 吐青烟 万家烟
万条烟 五色烟 卧风烟 杏花烟 琐尘烟
一人烟 一灶烟 一溜烟 一溪烟 一篷烟
一缕烟 玉生烟 玉炉烟 叶子烟 雨中烟
夜郎烟 鸦片烟 御炉烟 杖头烟
断了香烟 过眼云烟 荒无人烟 渺无人烟
七孔生烟 七窍生烟 弃疾云烟 细雨如烟
杳无人烟 瘴雨蛮烟 纸落云烟

恹

yān ［恹恹］有病的样子。

恹恹
病恹恹

殷

yān 又音 yīn 黑红色。

红殷 花殷 朱殷
花复殷 鹤顶殷 酒色殷 轮朱殷 茜绶殷
夕阳殷 已半殷 紫枝殷

焉

yān ①乃，才。②安，何。③疑问词，怎么。④助词。⑤之，于此。

安焉 奂焉 忽焉 轮焉 皎焉 俪焉
门焉 茂焉 慕焉 洎焉 突焉 问焉
兴焉 终焉
窃莫焉 有人焉
乐不大焉 轮焉奂焉 心不在焉
过而能改，善莫大焉/

鄢

yān ［鄢陵］地名，在河南省。

古鄢
郑伯克段于鄢/

嫣

yān 笑得好看。

婵嫣 韩嫣 嫣嫣
红嫣嫣

阏

yān ［阏氏］汉代匈奴称君王的正妻。

单阏 薰阏 父阏 柳阏 沈阏 天阏
填阏 于阏 夭阏 阳阏 有阏 捆阏
雍阏 淤阏

崦

yān ［崦嵫］山名，在甘肃省。

东崦 望崦 西崦

阉 yān ①阉割。②封建时代的宦官、太监。
宦阉 权阉 天阉
入祀权阉

淹 yān 又音 yǎn ①浸渍。②深入。③停留。④淹没。
迟淹 江淹 久淹 君淹 寂淹 稽淹
难淹 屡淹 漫淹 三淹 水淹 时淹
事淹 淹淹 滞淹 振淹 暂淹
道途淹 晷刻淹 三年淹 水半淹 岁月淹
旬久淹 遭水淹
夺笔江淹 虏惧仲淹 浪激水淹 苦学仲淹

腌 yān 又音 ā 用盐等浸渍食物。
老腌 盐腌
非新腌

湮 yān 又音 yīn 埋没。
迹湮 埋湮 沃湮 郁湮

燕 yān 又音 yàn ①周代诸侯国名。②姓。
近燕 信燕 幽燕 周燕

延 yán ①长行。②展缓。③延长。④引进。⑤聘请。
宾延 捱延 昌延 迟延 岩延 德延
俄延 广延 苟延 呼延 海延 经延
荐延 稽延 搁延 开延 夸延 宽延
拉延 连延 联延 曼延 蔓延 漫延
绵延 旁延 迁延 伸延 顺延 推延
拖延 外延 休延 相延 祥延 永延
压延 迎延 延延 淹延 周延 招延
祝延
不周延 待招延 东阁延 酒杯延 可少延
少相延 天年延 为春延 月影延 尤曼延
斗雷孤延 山脉绵延 下榻相延 子季德延

蜒 yán ［蚰蜒］像蜈蚣一样的爬虫。［蜿蜒］蛇爬行的样子。
蜿蜒 蚰蜒

筵 yán ①竹席。②酒席。③座位。
别筵 宾筵 长筵 初筵 常筵 玳筵
法筵 芳筵 歌筵 红筵 欢筵 华筵
花筵 九筵 儿筵 讲筵 经筵 酒筵
开筵 美筵 满筵 琼筵 绮筵 寿筵
肆筵 盛筵 谈筵 文筵 舞筵 象筵
喜筵 虚筵 玉筵 御筵 宴筵 张筵
玳瑁筵 输墨筵 落舞筵 汤饼筵 探花筵
月侵筵 醉芳筵
孙侍经筵
未有不散之筵/

严 yán ①紧急。②紧密。③认真。④严厉。⑤严峻。⑥整齐。⑦威严。
不严 阒严 从严 宸严 端严 断严
方严 法严 高严 刚严 盖严 华严
加严 戒严 家严 解严 精严 诚严
峻严 谨严 苛严 宽严 令严 穷严
权严 秋严 清严 日严 式严 申严
师严 速严 事严 深严 森严 霜严
外严 威严 先严 性严 刑严 香严
严严 夜严 预严 中严 齐严 庄严
政严 至严 治严 庄严 掌严 妆严
尊严 整严 嘴严
号令严 虎节严 军令严 酒令严 考试严
朔风严 霰雪严 羽卫严 约束严
丙宽魏严 壁垒森严 城府深严 崔郾宽严
戒备森严 紧急戒严 警备森严 抗拒从严
门禁森严 七宝庄严 义正词严 字字森严

言 yán ①说话。②汉语的字。③言词。④言语。⑤言论。⑥学说。
不言 弁言 败言 便言 伴言 鄙言
薄言 谤言 长言 刍言 虫言 出言
昌言 丑言 村言 倡言 传言 重言
仓言 唱言 常言 陈言 成言 参言
粗言 侧言 谄言 辞言 谗言 谶言
大言 代言 定言 达言 道言 导言
党言 答言 多言 短言 断言 端言
德言 谠言 鼎言 恶言 讹言 方言
风言 夫言 反言 非言 发言 放言
法言 妇言 浮言 郛言 肺言 蜚言
烦言 附言 繁言 公言 甘言 过言
供言 苟言 高言 格言 怪言 诡言
感言 寡言 瞽言 鲠言 何言 互言
后言 华言 和言 胡言 恒言 欢言
好言 浩言 闳言 浑言 讳言 秽言

哗言 惠言 毁言 缓言 徽言 衡言
谎言 交言 吉言 旧言 记言 进言
尽言 汗言 讥言 金言 洁言 诤言
结言 佳言 极言 矫言 建言 较言
寄言 家言 急言 精言 谏言 践言
谨言 静言 嘉言 开言 空言 考言
苦言 抗言 匡言 夸言 狂言 宽言
款言 诳言 窾言 立言 内言 兰言
厉言 良言 鸟言 难言 留言 逆言
流言 浪言 俚言 纳言 讷言 朗言
詈言 怒言 诺言 漏言 例言 谰言
滥言 门言 民言 名言 明言 米言
美言 谬言 漫言 谩言 嫚言 瞑言
盟言 貌言 片言 庞言 暴言 气言
切言 齐言 巧言 弃言 弃言 浅言
怯言 前言 桥言 轻言 清言 禽言
群言 谦言 人言 冗言 迩言 软言
贰言 石言 少言 失言 矢言 舌言
声言 申言 实言 私言 讼言 顺言
庶言 深言 硕言 食言 饰言 琐言
慎言 肆言 善言 奢言 誓言 听言
托言 通言 甜言 腾言 万言 亡言
文言 无言 五言 外言 危言 违言
为言 伪言 妄言 忘言 唔言 谓言
诬言 婉言 寤言 慰言 微言 蹩言
小言 凶言 玄言 序言 休言 闲言
行言 戏言 析言 宣言 叙言 邪言
绪言 绚言 险言 谐言 详言 笑言
巽言 训言 逊言 谄言 虚言 息言
暄言 新言 献言 谖言 謣言 一言
引言 异言 迁言 言言 佯言 妖言
呓言 约言 犹言 袄言 预言 扬言
语言 诒言 淫言 誉言 咏言 要言
怨言 飏言 逾言 宴言 遗言 游言
遊言 愚言 寓言 溲言 莠言 谚言
雅言 隐言 庸言 药言 谣言 溢言
鬻言 庄言 左言 正言 知言 重言
至言 杂言 纵言 证言 卮言 执言
择言 质言 责言 造言 诤言 忠言
直言 衷言 坠言 真言 植言 赘言
澡言 訾言 张言 僭言 箴言 赠言
不食言 策万言 畅啧言 对人言 公家言

花解言 涣三言 荒唐言 进一言 狂夫言
平生言 巧笑言 清夜言 去梯言 人多言
丝纶言 所欲言 诵万言 同心言 五千言
无何言 无闫言 无易言 无戏言 小有言
先民言 恤人言 一家言 衣德言 雍门言
药石言 怨读言 自无言 中冓言 纵横言
珍重言 赠人言
背惠食言 闭口无言 不恤人言 刍荛之言
叉手万言 床笫之言 沉默寡言 畅所欲言
曹竹虚言 惨不忍言 惭然无言 杜牧罪言
杜口无言 道路之言 顿口无言 断无可言
得意忘言 风尘之言 范粲何言 肺腑之言
腹饱万言 共同语言 格言至言 诟语恶言
毫无怨言 弘懿雅言 河汉斯言 汗漫之言
皇帝之言 季路一言 金玉良言 金石之言
金石良言 金口玉言 金玉之言 季布一言
缄口不言 昔重鼎言 缄口无言 口试万言
口出狂言 口吐狂言 口不择言 刊落陈言
课语讹言 逆人之言 乐不可言 那律直言
临别之言 临别赠言 美不可言 孟浪之言
茂异简言 妙不可言 木讷寡言 密语甜言
默默无言 卖柑者言 落笔千言 贫不胜言
千金一言 奇丑难言 巧语花言 人重其言
仁人之言 审如其言 夙有名言 洒洒万言
三夫之言 深是其言 书不尽言 三复斯言
洒洒万言 三夫之言 深是其言 书不尽言
三复斯言 舌无留言 叹足昌言 桃李无言
徒托空言 王察蚁言 沩三不言 万语千言
文艺语言 文学语言 无稽之言 妄谈之言
毋庸讳言 无可讳言 王察蚁言 违心之言
无容赘言 无耻谰言 悟道之言 隐忍之言
下笔千言 小小不言 相对而言 询事考言
英雄使言 杨雄法言 一家之言 黯然无言
倚马千言 以人废言 有口难言 幽愤之言
由衷之言 因人戏言 洋洋万言 药石之言
哑口无言 仗义执言 自食其言 知无不言
至理名言 啧有烦言 自食其言 荒唐之言
一遍千言 隐居放言 退有后言 了意忘言
不以人废言/打起来没好拳，骂起来没好言/父母之命媒妁之言/富贵者送人以财，仁人者送人以言/敢怒而不敢言/军中无戏言/酒后吐真言/佥圣叹的遗言/君子绝子不出恶言

/能言者未必能行，能行者未必能言/小儿嘴里出真言/要知心腹事，但听口中言/诗言志，歌永言/事无不可对人言/曰若稽古三万言/

妍 yán ①巧慧。②美丽。③难犯。

避妍 春妍 嫣妍 滥妍 骋妍 斗妍
芳妍 粉妍 孤妍 娇妍 姣妍 娟妍
精妍 嫣妍 丽妍 美妍 便妍 翩妍
清妍 秋妍 轻妍 凄妍 色妍 霜妍
态妍 未妍 纤妍 笑妍 详妍 雪妍
暄妍 鲜妍 夭妍 余妍 妖妍 妍妍
殷妍 争妍 珠妍
傲霜妍 斗清妍 斗草妍 各芳妍 景物妍
捧心妍 为谁妍 心吐妍 万象妍 欲斗妍
着物妍
百花争妍 百花斗妍 抽秘骋妍 斗丽争妍
斗艳争妍 斗媚争妍 练裙溪妍 桃李争妍
炫巧斗妍 以丑为妍 争色色妍

研 yán ①细磨。②研究。③精细。

采研 调研 飞研 高研 钩研 科研
精研 枷研 磨研 摩研 墨研 穷研
潜研 手研 覃研 钻研
和露研 精义研 手自研 细细研

岩 yán ①［岩岩］积石貌。②险要。③山崖。④岩石构成地壳的石头。⑤高峻。

冰岩 板岩 碧岩 层岩 岑岩 传岩
苍岩 翠岩 巉岩 藏岩 浮岩 傅岩
高岩 花岩 寒岩 惊岩 绛岩 克岩
空岩 堪岩 灵岩 砾岩 泥岩 溜岩
楼岩 明岩 梅岩 偏岩 千岩 求岩
穹岩 片岩 荣岩 熔岩 石岩 山岩
双岩 松岩 商岩 砂岩 乘岩 射岩
深岩 嵩岩 投岩 危岩 仙岩 悬岩
一岩 云岩 因岩 页岩 依岩 岩岩
幽岩 枕岩 筑岩 紫岩 耕岩
白石岩 白鹿岩 抱玉岩 避诏岩 沉积岩
翠绕岩 佛手岩 悲翠岩 火成岩 虎头岩
花岗岩 九折岩 积雪岩 七星岩 石山岩
水成岩 少室岩 武氏岩 油页岩 张果岩
谷口耕岩 骨相吕岩 峭壁巉岩 万壑千岩
秀惮元岩 俨洁游岩

炎 yán ①火苗升腾。②焚绕。③热。④炎症。⑤指炎帝。

宝炎 避炎 赤炎 惨炎 肠炎 风炎
发炎 附炎 肺炎 肝炎 火炎 黄炎
赫炎 喉炎 建炎 凉炎 冷炎 脑炎
魔炎 皮炎 趋炎 如炎 上炎 舌炎
肾炎 兽炎 天炎 无炎 威炎 胃炎
向炎 消炎 夏炎 余炎 炎炎 阴炎
焱炎 烟炎 朱炎
鼻窦炎 大脑炎 关节炎 结膜炎 肋膜炎
阑尾炎 盲肠炎 胸膜炎 中耳炎
避凉附炎 赤日炎炎 附势趋炎 贵势炎炎
烈日炎炎 六阙杨炎 岂避烽炎
急性结膜炎/脊髓灰质炎/

沿 yán ①顺着。②顺流而下。③边。④在衣服的边上加一条边。⑤相因，仍就。

边沿 床沿 窗沿 沟沿 河沿 洄沿
井沿 阶沿 炕沿 前沿 相沿 尊沿
不相沿 独沂沿 桃花沿
积习相沿

盐 yán ①食用盐。②海盐。

铵盐 白盐 赤盐 池盐 撒盐 大盐
代盐 地盐 当盐 堆盐 得盐 复盐
负盐 贩盐 贵盐 官盐 红盐 花盐
海盐 井盐 精盐 煎盐 椒盐 碱盐
苦盐 矿盐 颗盐 立盐 卵盐 临盐
络盐 绿盐 淋盐 米盐 牧盐 梅盐
启盐 亲盐 青盐 瑞盐 石盐 使盐
散盐 食盐 售盐 醯盐 商盐 脱盐
统盐 调盐 铜盐 无盐 往盐 吴盐
下盐 相盐 形盐 咸盐 硝盐 泻盐
余盐 用盐 岩盐 原盐 崖盐 鱼盐
饴盐 鬻盐 正盐 中盐 煮盐 紫盐
撒盐
冰鲜盐 大厦盐 刮骨盐 桂花盐 虎形盐
磷酸盐 如霜盐 水化盐 水晶盐 石子盐
食无盐 胜雪盐 五色盐 洗金盐 昔昔盐
雪比盐 雪花盐 雪似盐 雪堆盐 玉结盐

玉华盐 煮海盐
柴米油盐 鬲贩鱼盐 骏骨牵盐 刻画无盐
霜若白盐 庭院堆盐 朝齑暮盐

阎 yán ①里中门。②开门。③里巷。④姓。
甘阎 衡阎 宫阎 穷阎

颜 yán ①两眉之间。②颜色。③额头。④脸色。⑤色彩。⑥堂上的匾额。
哀颜 半颜 伯颜 冰颜 初颜 苍颜
厝颜 泚颜 承颜 春颜 摧颜 孱颜
悴颜 惨颜 惭颜 愁颜 赪颜 慈颜
低颜 笛颜 钝颜 雕颜 恩颜 风颜
芳颜 犯颜 关颜 红颜 和颜 汗颜
欢颜 华颜 胡颜 花颜 厚颜 鹤颜
解颜 酒颜 霁颜 瘠颜 开颜 孔颜
抗颜 款颜 愧颜 老颜 龙颜 奴颜
丽颜 难颜 留颜 炼颜 赧颜 面颜
冒颜 美颜 破颜 頫颜 泣颜 秋颜
清颜 强颜 戚颜 癯颜 柔颜 容颜
圣颜 衰颜 商颜 食颜 姝颜 素颜
盛颜 韶颜 天颜 忝颜 童颜 颓颜
觍颜 无颜 温颜 心颜 笑颜 婿颜
羞颜 熙颜 玉颜 怡颜 瑶颜 朱颜
稚颜 驻颜 姿颜 尊颜 赭颜 蹠颜
惭颜 铸颜
苍有颜 好容颜 旧时颜 近玉颜 酒生颜
镜里颜 孔铸颜 破酒颜 儿女颜 土无颜
少年颜 水雪颜 天开颜 洗忿颜 杨且颜
游子颜 药驻颜 壮士颜 照玉颜 醉中颜
驻童颜
婢膝奴颜 皓首苍颜 鹤发童颜 绿鬓朱颜
面见颜颜 宜后强颜 谢子称颜 壮士无颜
白发苍颜
安得广厦千万间，天下寒士俱欢颜/安能摧眉折腰事权贵，使我不得开心颜/床头金尽；壮士无颜/张飞计擒严颜/

檐 yán ①房屋伸出的边沿。②覆盖物伸出的部分。
步檐 部檐 碧檐 重檐 层檐 雕檐
飞檐 风檐 房檐 挂檐 高檐 画檐
笠檐 廊檐 茅檐 帽檐 破檐 侵檐
秋檐 前檐 轻檐 绮檐 绕檐 扫檐
深檐 疏檐 霜檐 堂檐 危檐 屋檐
巡檐 斜檐 雪檐 修檐 仰檐 倚檐
朱檐 贞檐 遮檐
玳瑁檐 谪仙檐 课风檐 九花檐 雀噪檐
藤刺檐 月明檐 月挂檐 竹映檐 壁飞檐

奄 yǎn ①覆盖。②有。③休息。④昏暗。
涵奄 奄奄
听松奄
气息奄奄 一息奄奄

掩 yǎn ①隐藏。②关闭。③停止。④遮蔽。⑤关合。⑥乘其不备。⑦盖过。
不掩 半掩 尘掩 春掩 辞掩 独掩
风掩 反掩 抚掩 干掩 盖掩 互掩
后掩 画掩 获掩 丽掩 难掩 门掩
埋掩 屏掩 山掩 手掩 收掩 土掩
物掩 雾掩 斜掩 虚掩 云掩 掩掩
遮掩 湛掩
长门掩 莲花掩 纱窗掩 朱阁掩 妆半掩
水来土掩 一重一掩 遮遮掩掩
兵来将挡，水来土掩/疾雷不及掩/

兖 yǎn ［兖州］地名，在山东省。
南兖 青兖 司兖 西兖 徐兖

俨 yǎn 恭敬，庄严。
刻俨
车徒俨 仆夫俨

弇 yǎn ①覆盖。②狭窄。
耿弇 龛弇

衍 yǎn ①为中因抄写错误而多出的字句。②延长。③多余的。④溢出。⑤沼泽。⑥低而平坦之地。
案衍 奥衍 博衍 冒衍 财衍 葱衍
大衍 地衍 反衍 风衍 半衍 呼衍
蕃衍 富衍 敷衍 繁衍 广衍 华衍
奂衍 闳衍 卷衍 箧衍 家衍 旷衍
涅衍 流衍 陵衍 弥衍 曼衍 蔓衍
漫衍 绵衍 平衍 骈衍 畔衍 铺衍
叛衍 人衍 饶衍 纱衍 始衍 澨衍
竖衍 天衍 推衍 五衍 沃衍 由衍

余衍 有衍 医衍 迤衍 晏衍 愉衍
衍衍 孳衍 缵衍
酒有衍 篌篌衍 仁风衍 淡天衍 辛垣衍
敷敷衍衍 珙相盗衍 珙相道衍 民争杜衍
潭天邹衍

剡 yǎn 又音 shàn ①锐利。②削，刮。③举起。

平剡

魇 yǎn ①梦中惊骇。②迷梦。③迷惑。

病魇 昏魇 梦魇 祛魇 沙魇 睡魇
梦成魇 眠受魇 睡中魇

眼 yǎn ①眼睛。②突出貌。③孔洞。④关节，要点。⑤戏曲中的节拍。⑥围棋术语。⑦量词。

碍眼 凝眼 不眼 白眼 伴眼 闭眼
板眼 背眼 逼眼 榜眼 病眼 碧眼
瞥眼 鼻眼 豹眼 虫眼 赤眼 岔眼
刺眼 春眼 触眼 鸱眼 蠢眼 大眼
打眼 单眼 斗眼 对眼 冬眼 电眼
洞眼 丢眼 独眼 掸眼 道眼 读眼
瞪眼 鹅眼 块眼 反眼 凡眼 飞眼
凤眼 法眼 放眼 翻眼 过眼 挂眼
狗眼 龟眼 红眼 花眼 合眼 含眼
害眼 画眼 黑眼 海眼 酣眼 祸眼
活眼 鹤眼 慧眼 巨眼 旧眼 具眼
洁眼 抉眼 矩眼 倦眼 娇眼 鸡眼
捩眼 惊眼 龙眼 利眼 冷眼 泪眼
裸眼 暖眼 柳眼 蓝眼 撩眼 娉眼
鹿眼 明眼 卯眼 眉眼 迷眼 茗眼
卖眼 昧眼 满眼 媚眼 猫眼 铆眼
炮眼 瞟眼 气眼 枪眼 抢眼 起眼
青眼 泉眼 亲眼 钱眼 人眼 入眼
戎眼 肉眼 惹眼 石眼 四眼 失眼
水眼 双眼 手眼 沙眼 砂眼 俗眼
诗眼 顺眼 睡眼 锁眼 善眼 鼠眼
熟眼 傻眼 榫眼 天眼 挑眼 偷眼
无眼 卫眼 网眼 卧眼 望眼 杏眼
现眼 显眼 星眼 洗眼 眩眼 线眼
斜眼 瞎眼 鲜眼 醒眼 象眼 蟹眼
缬眼 云眼 业眼 羊眼 月眼 永眼
芽眼 悦眼 鱼眼 游眼 烟眼 耀眼
腰眼 正眼 字眼 只眼 在眼 作眼
扎眼 走眼 再眼 抓眼 针眼 招眼
照眼 眨眼 着眼 遮眼 展眼 睁眼
转眼 贼眼
不起眼 不顺眼 不错眼 不惹眼 不挂眼
巴着眼 白瞪眼 疤瘌眼 鼻子眼 斗鸡眼
斗心眼 对子眼 丹凤眼 肚脐眼 点龙眼
翻白眼 干瞪眼 骨节眼 花近眼 坏心眼
好心眼 横波眼 横醉眼 鹘鸰眼 近视眼
节骨眼 嚼字眼 抠字眼 看山眼 窟窿眼
老花眼 老视眼 马虎眼 猫儿眼 偏心眼
千里眼 青白眼 青光眼 秋来眼 雀盲眼
鸲鹆眼 觑觑眼 二五眼 阮白眼 内斜眼
耳朵眼 三角眼 死心眼 实心眼 耍心眼
额子眼 势利眼 挑字眼 桃花眼 通身眼
偷针眼 乌鸡眼 小心眼 杏儿眼 细眯眼
斜象眼 一只眼 一晃眼 一转眼 一眨眼
咬字眼 移带眼 远视眼 洋白眼 鹦歌眼
肿泡眼 直心眼 做眉眼 睁开眼
白眉赤眼 白龙鱼眼 别具只眼 瞥了一眼
豹头环眼 苍天有眼 赤髭碧眼 粗眉大眼
愁眉锁眼 大处着眼 刀枪无眼 打马虎眼
低眉垂眼 丢人现眼 丢眉丢眼 点胸没眼
独具只眼 独具慧眼 凡胎肉眼 观察鹘眼
观察鹘眼 鼓睛暴眼 横眉冷眼 核小龙眼
横眉竖眼 挤眉弄眼 开眉笑眼 看人白眼
看不上眼 龙睁虎眼 浓眉大眼 流膏龙眼
弄眉挤眼 柳眉星眼 楞眉横眼 没眉没眼
瞟了一眼 铺眉苫眼 千人白眼 青眼白眼
阮籍青眼 视察鹘眼 死眉瞪眼 舒眉展眼
神眉鬼眼 狮头豹眼 笋头卯眼 善眉善眼
陶谷易眼 桃腮柳眼 鸟鼻儿眼 味甘龙眼
炫目耀眼 小心小眼 喜眉笑眼 鲜眉亮眼
一个心眼 一板一眼 一板三眼 云心鹤眼
云烟过眼 有眉有眼 有板有眼 烟云过眼
愚眉肉眼 鹰鼻鹞眼 子胥抉眼 直眉瞪眼
珠挑龙眼 张眉张眼 贼眉贼眼 遭人白眼
贼眉鼠眼

阿坤巧烹龙凤眼/吹胡子瞪眼/大眼瞪小眼/光屁股坐凳，有板有眼/横桃鼻子，竖挑眼/卖药者两眼，用药者一眼/服药者无眼/杀人不眨眼/脱了毛的牙刷，有板有眼/有鼻子有眼/一个钉子一个眼/一只筷子吃藕，专挑眼/以牙还牙，以眼还眼/睁一眼闭一眼/睁只眼闭只眼/睁着一只眼，闭着一只眼/张飞穿针，大眼看小眼/

偃 yǎn ①仰。②倒伏。③停止。④土堤。

草偃 丰偃 戈偃 高偃 僵偃 仆偃
倾偃 松偃 商偃 武偃 休偃 息偃
云偃 永偃 月偃 政偃 坐偃
风行草偃
草上之风必偃/

蝘 yǎn 指蝉一类的昆虫。

螗蝘 蜓蝘

琰 yǎn 美玉。

翠琰 丰琰 公琰 矢琰 琬琰 琰琰
玉琰 瑶琰 贞琰

演 yǎn ①水长流。②水土滋润。③演习。④当众表演技艺。⑤根据一件事理推广。⑥不断地变化。

布演 表演 别演 扮演 罢演 搬演
编演 出演 重演 串演 操演 辍演
导演 调演 敷演 广演 公演 光演
会演 合演 汇演 弘演 涵演 讲演
开演 秘演 妙演 披演 骈演 排演
派演 配演 全演 三演 上演 述演
首演 饰演 试演 深演 停演 推演
涴演 巡演 虚演 义演 元演 预演
游演 摇演 主演 增演
副导演
本色表演 电影导演 故技重演 观看表演
精彩表演 助理导演

甗 yǎn 古代的蒸煮炊具。

盉甗 重甗 巨甗 纪甗 饮甗 周甗
父乙甗 父已甗

鼹 yǎn 鼹鼠

犁鼹 隐鼹

厌 yàn ①嫌恶。②满足。③美好貌。

不厌 摈厌 鄙厌 摧厌 覆厌 歌厌
会厌 花厌 见厌 荆厌 可厌 控厌
目厌 倾厌 穰厌 山厌 石厌 生厌
沈厌 霜厌 天厌 讨厌 弹厌 心厌
兴厌 无厌 未厌 厌厌 有厌 柳厌
震厌 镇厌 憎厌
百鸟厌 薄书厌 鱼暇厌
百问不厌 百谈不厌 百读不厌 吃人无厌
谄容可厌 浸而不厌 多食无厌 贪心无厌
贪得无厌 贪婪无厌 学而不厌 学而无厌
须索无厌 糟糠不厌
相看两不厌/

餍 yàn 吃饱。

属餍 无餍

砚 yàn ①砚台。②光滑的石头。

爱砚 宝砚 笔砚 端砚 涤砚 风砚
焚砚 官砚 贡砚 呵砚 金砚 可砚
龙砚 卯砚 磨砚 梦砚 捧砚 青砚
入砚 石砚 书砚 水砚 烧砚 天砚
同砚 台砚 铁砚 瓦砚 洗砚 新砚
月砚 玉砚 鱼砚 竹砚 执砚 紫砚
直砚
苍玉砚 澄泥砚 风字砚 焚笔砚 斧形砚
共笔砚 共墨砚 红丝砚 呵冻砚 涵星砚
金斗砚 龙尾砚 龙盘砚 马肝砚 蛮溪砚
青花砚 铜雀砚 新制砚
笔墨纸砚 范乔执砚 贵妃捧砚 君苗焚砚
磨穿铁砚 纸墨笔砚
桑维翰磨穿铁砚/

咽 yàn 又音 yān yè 吞食。

含咽 嚼咽 吞咽 吐咽 小咽 下咽
饮咽 硬咽 仰咽
仇难咽
狼吞虎咽 水声呜咽 细嚼慢咽
打掉了牙往肚里咽/

唁 yàn 吊丧。

吊唁 电唁 掉唁 来唁 门唁 庆唁
慰唁

十朋唁　吴子唁

彦 yàn　古指有才学、德行的人。

邦彦　才彦　朝彦　豪彦　俊彦　良彦
名彦　美彦　茂彦　髦彦　奇彦　清彦
群彦　翘彦　时彦　诗彦　硕彦　文彦
伟彦　秀彦　贤彦　英彦　野彦
鸿笔彦　金声彦　金闺彦　青云彦　山林彦
玉堂彦
廊庙之彦　一朝硕彦

谚 yàn　①粗俗。②谚语。③慰问死者家属。

鄙谚　辞谚　复谚　古谚　里谚　俚谚
农谚　民谚　时谚　俗谚　夏谚　野谚
淫谚　遗谚　谣谚　周谚
秦人谚　吴农谚

艳 yàn　①容色美。②鲜艳。③光焰。④美女。⑤欣羡。⑥旧时说有关男女爱情之事。

哀艳　比艳　白艳　包艳　嬖艳　才艳
初艳　灿艳　逞艳　残艳　楚艳　程艳
春艳　彩艳　侧艳　愁艳　斗艳　对艳
灯艳　端艳　滟艳　凡艳　分艳　风艳
丰艳　发艳　泛艳　芳艳　浮艳　富艳
粉艳　繁艳　光艳　闺艳　怪艳　高艳
国艳　贵艳　孤艳　红艳　花艳　华艳
慧艳　寒艳　酣艳　竞艳　菊艳　角艳
姣艳　晶艳　绝艳　娇艳　静艳　骄艳
荆艳　嘉艳　夸艳　狂艳　愧艳　女艳
冷艳　浓艳　秾艳　猎艳　暖艳　嫩艳
目艳　明艳　美艳　慕艳　貌艳　青艳
绮艳　情艳　轻艳　秦艳　凄艳　容艳
柔艳　色艳　洒艳　神艳　素艳　韶艳
霜艳　姝艳　吐艳　文艳　顽艳　诬艳
婉艳　仙艳　忻艳　欣艳　闲艳　仙艳
血艳　写艳　纤艳　选艳　秀艳　香艳
雪艳　新艳　鲜艳　约艳　冶艳　阳艳
妖艳　遥艳　妍艳　淫艳　云艳　夭艳
玉艳　叶艳　月艳　英艳　幽艳　遇艳
倚艳　逸艳　养艳　烟艳　颖艳　渝艳
揄艳　雅艳　野艳　摇艳　越艳　艳艳
耀艳　作艳　朱艳　贞艳　争艳
丛菊艳　皓齿艳　花有艳　红艳艳　海棠艳
罗裙艳　梅妆艳　眉目艳　嫫母艳　倾国艳
三妇艳　亭亭艳　无双艳　吴娘艳　艳外艳
莺声艳　朱粉艳　朱唇艳
百花争艳　百花吐艳　粉光脂艳　花根本艳
湖光敛艳　惊才绝艳　拈花摘艳　柳夭桃艳
飘飘艳艳　轻靡绮艳　沤珠槿艳　色彩鲜艳
桃夭李艳　吴娃越艳　早霞鲜艳　斗奇争艳
争芳斗艳　争妍斗艳　哀感顽艳　班香宋艳

滟 yàn　[滟滪滩]长江瞿塘峡口的巨石。

吹滟　春滟　滟滟　泛滟　潋滟　汛滟
玉滟　淫滟　滟滟　飐滟

晏 yàn　①晴朗。②迟。③平静。④鲜艳。

春晏　羔晏　管晏　河晏　海晏　静晏
宽晏　漏晏　普晏　人晏　日晏　时晏
岁晏　天晏　未晏　外晏　息晏　夷晏
饫晏　晏晏　早晏　知晏
年益晏　鸟飞晏　物序晏
崔杼释晏　啖饼刘晏　河清海晏　天清区晏

鸮 yàn　鸮雀。

尺鸮　斥鸮　低鸮　蜩鸮　翠鸮　爵鸮
篱鸮　鹏鸮
高鹏只鸮

宴 yàn　①居安。②宴请。③酒席。④安乐。

安宴　闭宴　便宴　罢宴　摆宴　茶宴
赐宴　春宴　大宴　芳宴　赴宴　铺宴
公宴　关宴　观宴　高宴　国宴　会宴
欢宴　荒宴　贺宴　婚宴　酣宴　京宴
饿宴　家宴　酒宴　嘉宴　醵宴　开宴
孔宴　款宴　乐宴　来宴　陪宴　曲宴
秋宴　清宴　寝宴　荣宴　式宴　私宴
侍宴　设宴　砂宴　寿宴　盛宴　同宴
谈宴　午宴　晚宴　仙宴　戏宴　息宴
宵宴　锡宴　飨宴　饷宴　饮宴　淫宴
夜宴　宴宴　贻宴　雅宴　游宴　筵宴
祖宴
白云宴　传柑宴　鸿门宴　金钗宴　金华宴
兰亭宴　南皮宴　梁苑宴　鹿鸣宴　烧尾宴

滕王宴　探花宴　闻喜宴　杏园宴　樱桃宴
瑶池宴　竹林宴　曲江宴
龙门开宴　麻雀请宴

堰 yàn ①池塘。②挡水的堤坝。

败堰　大堰　堤堰　打堰　废堰　古堰
沟堰　高堰　海堰　获堰　巨堰　九堰
决堰　酒堰　金堰　垒堰　埭堰　畦堰
石堰　土堰　天堰　塘堰　小堰　斜堰
修堰　新堰
百尺堰　奔牛堰　都江堰　肥水堰　千金堰
壅水堰　茱叟堰

验 yàn ①检查。②试验。③凭证。④效果。⑤证实

按验　案验　不验　呈验　查验　抽验
参验　测验　察验　酬验　大验　点验
道验　符验　果验　后验　化验　劾验
记验　检验　经验　稽验　考验　勘验
灵验　明验　剖验　票验　气验　入验
实验　事验　识验　设验　殊验　神验
试验　信验　星验　显验　效验　有验
应验　游验　左验　占验　治验　征验
证验　微验
核试验　水泉验　童谣验
反复实验　久经考验　间接经验　科学实验
屡试屡验　民意测验　明效大验　切身体验
唐大无验　严峻考验　战斗经验　直接经验

雁 yàn ①流动无定处。②大雁。③伪造的。

哀雁　白雁　北雁　宾雁　初雁　赤雁
沈雁　春雁　大雁　多雁　得雁　奠雁
鹅雁　放雁　凫雁　戈雁　归雁　过雁
羔雁　孤雁　行雁　寒雁　候雁　鸿雁
见雁　惊雁　金雁　家雁　来雁　南雁
旅雁　落雁　木雁　鸣雁　绵雁　去雁
秋雁　群雁　双雁　书雁　射雁　宿雁
朔雁　塞雁　伤雁　霜雁　舒雁　天雁
头雁　庭雁　云雁　远雁　咏雁　有雁
鱼雁　映雁　燕雁　只雁　众雁　执雁
争雁　筝雁
传书雁　鹘打雁　衡阳雁　寄书雁　落一雁
南飞雁　能鸣雁　上林雁　士林雁　送书雁
数行雁　伤弓雁　云中雁
拔剑割雁　沉鱼落雁　河鱼天雁　空弦落雁
平沙落雁　失群之雁　上林鸿雁　上蔡苍雁
宣咏孤雁　虚弦落雁　吟猿落雁　庄叟悲雁

赝 yàn 假的。

又赝　真赝
鲁鼎赝

焰 yàn ①火苗。②燃烧。③喻威势。

爱焰　初焰　电焰　灯焰　敌焰　得焰
飞焰　粉焰　烽焰　光焰　高焰　火焰
后焰　烘焰　煌焰　鹤焰　金焰　内焰
冷焰　烈焰　虐焰　蜡焰　芒焰　气焰
青焰　情焰　清焰　石焰　水焰　生焰
舌焰　声焰　势焰　吐焰　铁焰　无焰
文焰　外焰　诬焰　凶焰　香焰　犀焰
霞焰　炎焰　阳焰　烟焰　萤焰　焰焰
赵焰
红焰焰　还原焰　青黎焰　似火焰　烧天焰
星尾焰　炎火焰　氧化焰　萤光焰　渔光焰

焱 yàn 火焰。

火焱　焱焱

酽 yàn ①浓，味厚。②颜色深。

茶酽　醋酽　醇酽　美酽　红酽　酒酽
酿酽　饶酽　色酽　酸酽　香酽　药酽
酽酽
村沽酽　春瓮酽　蔷薇酽

谳 yàn ①审判定罪。②评议。

刺谳　定谳　断谳　劾谳　决谳　谏谳
论谳　平谳　秋谳　请谳　上谳　信谳
详谳　奏谳　案谳

燕 yàn 又音yān ①鸟名。②安闲。③喜悦。④亵渎。⑤宴饮。

安燕　白燕　北燕　冰燕　薄燕　吹燕
春燕　巢燕　飞燕　风燕　归燕　贺燕
海燕　饥燕　娇燕　骄燕　家燕　来燕
泥燕　梁燕　绿燕　幕燕　暮燕　去燕
轻燕　秋燕　绮燕　乳燕　石燕　社燕

沙燕 睡燕 土燕 堂燕 贴燕 文燕
舞燕 小燕 闲燕 信燕 香燕 新燕
湘燕 玉燕 迎燕 雨燕 语燕 贻燕
银燕 莺燕 燕燕 慵燕 紫燕
逢社燕 金谷燕 金尾燕 呢喃燕 龙山燕
梁上燕 青琐燕 双飞燕 堂前燕 吴宫燕
巷口燕 迎风燕 朱楼燕
伯劳飞燕 池鱼幕燕 鼎鱼暮燕 东劳西燕
釜鱼幕燕 来鸿去燕 五雀六燕 莺莺燕燕
赵家飞燕

边 biān ①旁。②边缘。③边界。④旁边。⑤方面。⑥几何学名词。

挨边 岸边 安边 半边 北边 被边
旁边 鬓边 鳌边 池边 城边 侧边
愁边 东边 底边 地边 多边 道边
耳边 后边 河边 花边 换边 海边
湖边 江边 近边 金边 靖边 酒边
静边 涧边 开边 混边 靠边 寇边
里边 两边 南边 那边 拢边 路边
溜边 柳边 篱边 栏边 门边 毛边
平边 穷边 前边 桥边 日边 耳边
上边 四边 手边 水边 守边 双边
扫边 戍边 朔边 身边 谁边 锁边
天边 拓边 贴边 无边 外边 下边
西边 斜边 溪边 徙边 镶边 一边
云边 月边 右边 沿边 驭边 眼边
中边 左边 支边 宅边 这边 走边
助边 者边 周边 沾边 纸边 这边
走边 助边 者边 周边 沾边 纸边
枕边 镇边
大江边 地无边 风月边 古木边 古道边
海云边 近日边 酒樽边 禁桓边 落日边
落吟边 落花边 落照边 落梅边 暮云边
傍行边 绕梦边 万里边 渭桥边 夕阳边
星斗边 倚门边 映池边
苍穹无边 代主充边 德裕筹边 风月无边
浩瀚无边 汗漫无边 宽大无边 宽阔无边
李牧备边 林海天边 路出嘴边 输财助边
玉垠无边 一生无边 远在天边 作舍难边
作舍道边
大路朝天，各走一边/直如弦，死道边/毕桌缚瓮边/

笾 biān 古时盛果品的竹器。

豆笾

砭 biān ①古代以石针刺治病。②砭石。③救治。

改砭 割砭 石砭 痛砭 针砭
廉且砭 铭作砭

编 biān ①用皮条或绳子交叉编织成物。②按次序排列。③编结。④创作。⑤捏造。⑥整本的书。⑦编辑。

补编 长编 采编 吹编 陈编 成编
创编 残编 草编 撤编 定编 道编
短编 改编 故编 合编 后编 汇编
胡编 记编 旧编 肩编 绝编 简编
开编 扩编 诳编 乱编 类编 连编
柳编 末编 颇编 蒲编 青编 前编
手编 史编 收编 缩编 简编 腾编
韦编 苇编 纬编 向编 选编 续编
瞎编 新编 芸编 邮编 瑶编 遗编
主编 在编 正编 总编 竹编 责编
棕编 摘编 整编 缀编
百家编 观韦编 黄石编 黄金编 金玉编
绝韦编 圯上编 史臣编 问残编
断简残编 残简断编 蠹走芸编 三绝韦编

煸 biān 把菜蔬、肉等放在热油里久炒。

干煸

鳊 biān 鳊鱼。

槎头鳊 缩项鳊

鞭 biān ①用鞭抽打。②马鞭。③古代刑法之一。④竹根，地下竹根。⑤古代兵器。⑥成串的爆竹。

长鞭 吹鞭 垂鞭 笞鞭 电鞭 单鞭
倒鞭 法鞭 归鞭 钢鞭 回鞭 挥鞭
加鞭 金鞭 静鞭 教鞭 倦鞭 蜡鞭
刘鞭 雷鞭 马鞭 买鞭 鸣鞭 皮鞭
蒲鞭 去鞭 丝鞭 投鞭 停鞭 铁鞭
先鞭 响鞭 玉鞭 扬鞭 摇鞭 竹鞭
执鞭 捉鞭 招鞭 祖鞭 着鞭 掌鞭
着鞭
半露鞭 霸王鞭 缓着鞭 冷铁鞭 珊瑚鞭

卧竹鞭　绕朝鞭　仙人鞭　玉为鞭　愿执鞭
竹节鞭　早着鞭　逐去鞭　着先鞭　逐丝鞭
祖生鞭　祖逖鞭
伯谦皮鞭　策马扬鞭　苻卤投鞭　快马加鞭
马腹逃鞭　猛着祖鞭　闪电雷鞭　先我着鞭
先着祖鞭　一根马鞭　跃马扬鞭　祖逖着鞭
截镫留鞭　祖生之鞭

贬 biǎn ①减少。②降低。③给予低的评价。

褒贬　诋贬　黜贬　忽贬　诽贬　降贬
讥贬　流贬　怒贬　迁贬　少贬　圣贬
升贬　损贬　位贬　心贬　夕贬　愚贬
自贬　致贬　追贬　重贬
贾谊贬　片言贬　一词贬　以直贬
不置褒贬　心有褒贬　一字褒贬

窆 biǎn 埋葬。

从窆　定窆　告窆　归窆　故窆　改窆
客窆　埋窆　禹窆　营窆　野窆

扁 biǎn 又音 piān ①物体阔而薄。②匾额。

侧扁　扁扁　和扁　华扁　高扁　轮扁
看扁　彭扁　头扁　团扁　鲜扁　压扁
轧扁　银扁
刮打扁　斫轮扁

匾 biǎn ①浅的竹器。②题字的横牌。

横匾　金匾　庐匾　门匾　楣匾　牌匾
竖匾　银匾
待轮匾　光荣匾　梦亭匾
金字红匾

褊 biǎn ①衣服狭小。②急躁。

卑褊　刚褊　量褊
禅居褊　陋且褊

卞 biàn ①法度。②急躁。③角力。

楚卞　大卞　会卞　刚卞　过卞　薛卞
取卞　隋卞　疏卞　忻卞　薛卞　语卞
莊卞
子刚卞

抃 biàn 鼓掌。

快抃　雷抃　悚抃　藻抃

忭 biàn 高兴，喜欢。

代忭　歌忭　欢忭　呼忭　惊忭　快忭
雷忭　庆忭　起忭　窃忭　手忭　试忭
舞忭　小忭　欣忭　响忭　仰忭

汴 biàn 河南开封的别称。

出汴　浊汴　残汴　古汴　过汴　河汴
黄汴　开汴　梁汴　取汴　清汴　入汴
沂汴　扬汴

弁 biàn ①古代男子戴的帽子。②旧时称官职低的人。③男子二十加冠。④急快。⑤惊怕。

碧弁　侧弁　大弁　短弁　峨弁　古弁
股弁　冠弁　会弁　马弁　皮弁　琼弁
雀弁　青弁　如弁　天弁　投弁　突弁
武弁　小弁　缨弁　正弁　簪弁　振弁
武弃弁

变 biàn ①变化。②变通。③政治、军事上的突发事件。④奇异的。

癌变　不变　百变　兵变　病变　豹变
出变　处变　常变　惨变　大变　达变
递变　多变　陡变　恶变　飞变　焚变
改变　革变　观变　更变　怪变　诡变
虎变　婚变　哗变　九变　巨变　机变
经变　剧变　矫变　境变　畸变　急变
聚变　谲变　渐变　遽变　激变　立变
龙变　逆变　灵变　流变　量变　料变
裂变　民变　明变　丕变　叛变　千变
求变　迁变　巧变　切变　权变　曲变
秋变　情变　上变　尸变　生变　速变
世变　设变　识变　时变　顺变　率变
事变　蛇变　衰变　善变　嬗变　天变
突变　通变　蜕变　推变　未变　文变
小变　形变　星变　虚变　新变　亿变
云变　月变　运变　雨变　芽变　应变
驭变　遇变　音变　渝变　演变　衍变
折变　杂变　知变　质变　灾变　政变
遭变　转变　骤变

大人变　凡骨变　君子变　鲲鹏变　年华变
鸟声变　受玉变　桑田变　体不变　维摩变
素丝变
不知通变　持权合变　垂死不变　处惊不变
崔治知变　蝉蜕龙变　风移俗变　风云突变
风雷之变　甘露之变　诡谲多变　固定不变
宫廷政变　桓久不变　军事政变　节哀顺变
静止不变　龙行虎变　龙化虎变　龙骧虎变
临机应变　明孝不变　七七事变　穷则思变
求新求变　乌头未变　染丝之变　倏忽多变
说变就变　世事多变　随机应变　瞬息万变
通权达变　通时达变　谈虎色变　万古不变
西安事变　一天之变　一成不变　应权通变
摇身一变　鱼龙百变　至死不变　酌情通变
土木之变　不讳之变　陵谷之变　经达权变
衔橛之变
九一八事变/女大十八变/卢沟桥事变/千变万变，官场不变/孙猴子七十二变/以不变应万变/

便　biàn　又音 pián　①方便。②熟悉。③简单的。④便利的时候。⑤屎尿。

安便　不便　称便　趁便　乘便　大便
刀便　得便　搭便　方便　风便　粪便
告便　活便　鸿便　机便　尽便　近便
即便　借便　就便　简便　静便　两便
良便　利便　灵便　名便　民便　权便
清便　请便　轻便　二便　任便　仍便
省便　顺便　遂便　随便　听便　妥便
童便　通便　溏便　五便　未便　稳便
小便　行便　形便　因便　以便　遇便
缘便　作便　自便　争便　尊便　辄便
不方便　必不便　大小便　东风便　还书便
荷锄便　洒静便　人人便　说方便　乘风便
行方便　渔即便　耳目便
手脚灵便　随随便便　手亲眼便　听其自便
听凭尊便　行人称便　悉听尊便　与人方便
因利乘便　主随客便　诸多不便
与人方便，自己方便/

遍　biàn　①全面，到处。②量词。

百遍　布遍　草遍　大遍　法遍　溥遍
红遍　儿遍　开遍　看遍　两遍　绿遍
漫遍　普遍　跑遍　千遍　绕遍　岁遍
题遍　踏遍　向遍　小遍　写遍　行遍
寻遍　洗遍　香遍　优遍　吟遍　远遍
影遍　走遍　周遍
感德遍　花柳遍　黄叶遍　流传遍　青芜遍
秋阴遍　荣光遍　黍苗遍　深思遍　寻花遍
念一遍　许多遍
红旗插遍　万山红遍

辨　biàn　①辨别。②周遍。③辨认。

不辨　察辨　斗辨　谛辨　分辨　服辨
机辨　能辨　目辨　明辨　七辨　强辨
认辨　手辨　舌辨　色辨　识辨　审辨
思辨　审辨　问辨　微辨　小辨　心辨
详辨　有辨　治辨　昭辨　置辨
豹鼠辨　宫商辨　离经辨　是非辨　五经辨
董犹辨　爻象辨　长幼辨
依稀可辨　皂白不辨　李邕了辨　阮咸莫辨
真伪莫辨　滋味可辨　菽麦不辨　雌雄莫辨

辩　biàn　①治理。②争论。③辩驳。④巧言。⑤聪明。

白辩　博辩　辩辩　才辩　逞辩　词辩
材辩　超辩　陈辩　驰辩　辞辩　酬辩
大辩　斗辩　诋辩　多辩　答辩　飞辩
分辩　伏辩　服辩　高辩　刚辩　诡辩
好辩　弘辩　闳辩　宏辩　华辩　九辩
机辩　讲辩　忮辩　狡辩　精辩　俊辩
口辩　抗辩　力辩　论辩　能辩　敏辩
巧辩　曲辩　强辩　清辩　舌辩　申辩
论辩　声辩　廷辩　通辩　谈辩　文辩
小辩　心辩　详辩　雄辩　有辩　逸辩
用辩　字辩　执辩　知辩　争辩　质辩
置辩
白马辩　雕龙辩　黑白辩　坚白辩　淡天辩
王僧辩　悬殊辩　纵横辩
不可争辩　不容置辩　不屑置辩　百口莫辩
百喙莫辩　百辞莫辩　风生雄辩　高谈雄辩
斤斤置辩　能言巧辩　能言善辩　巧言善辩
无可争辩　无庸争辩　米盐博辩　鹅湖之辩
狼亦巧辩
两小儿辩辩/事实胜于雄辩/

辫 biàn ①发辫。②交织。③像辫子的东西。

长辫 短辫 发辫 交辫 解辫 帽辫
索辫 条辫 五辫 小辫 竹辫
髯髫辫 头发辫 羊角辫 抓小辫

片 piān 又音 piàn ①平而薄的东西。②片子。

唱片 底片 断片 负片 歌片 画片
录片 胶片 镜片 毛片 默片 柔片
相片 像片 雪片 影片 正片 照片
彩色片 电视片 电影片 动画片 泛色片
功夫片 故事片 感光片 红灯片 黑白片
黄色片 纪录片 教学片 惊险片 科教片
立体片 拉大片 拉洋片 录像片 木偶片
明信片 美术片 卡通片 全色片 色盲片
文艺片 无声片 戏曲片 新闻片 原版片
有声片 译制片 正色片 杂志片
黑白影片 君漠龙片 无声影片 有声影片
译制影片 最佳影片
科学教育片/

偏 piān ①倾斜。②偏偏。③不公平。④辅佐。⑤偏差。

不偏 补偏 才偏 车偏 地偏 阿偏
纠偏 偏偏 颇偏 情偏 势偏 无偏
小偏 西偏 性偏 续偏 一偏
本不偏 道路偏 地自偏 锦帆偏 岂有偏
似觉偏 一偏偏 雨露偏 总无偏 烛影偏
轻重力偏

篇 piān ①首尾完整的诗文。②量词。③著作中的一个部分。

百篇 长篇 成篇 初篇 残篇 大篇
短篇 高篇 歌篇 后篇 华篇 鸿篇
佳篇 开篇 内篇 灵篇 连篇 名篇
满篇 谋篇 千篇 全篇 秋篇 奇篇
史篇 诗篇 通篇 外篇 完篇 闲篇
续篇 新篇 玉篇 么篇 遗篇 中篇
不计篇 白华篇 白云篇 柏梁篇 扯闲篇
大风篇 第一篇 道德篇 归来篇 锦绣篇
内外篇 拉闲篇 南风篇 蓼莪篇 鹿鸣篇
囊中篇 木雁篇 入短篇 入新篇 三百篇
诗百篇 逍瑶篇 纸一篇
白字连篇 错字连篇 斗酒百篇 断简残篇
废话连篇 鬼话连篇 鸿范巨篇 谎话连篇
假话连篇 刻烛成篇 咳唾成篇 空话连篇
累牍连篇 连属成篇 三百五篇 一斗百篇
阎王出告示，鬼话连篇/

翩 piān ［翩翩］轻快飞舞的样子。

鸿翩 联翩 飘翩 翩翩
才思翩翩 蝶飞翩翩 风度翩翩 浮想联翩
缉缉翩翩

便 pián 又音 biàn ①安适。②［便便］肚子肥大的样子。③小利。

腹便 便便 事便 意便
腹便便 耳目便 顺便便
大腹便便 喋喋便便 空腹便便

骈 pián ①两物并列成双的、对偶的。②两马并驾一车。

党骈 骈骈
句成骈

胼 pián ［胼胝］手上、脚上因为劳动或运动被摩擦变硬了的皮肤。

手胼 足胼 胝胼
手上胼

片 piàn 又音 piān ①单，只。②指扁而薄的东西。花瓣。③削成薄片。④形容少、短。⑤量词。⑥较大地区的划分。

冰片 薄片 茶片 大片 刀片 地片
灯片 底片 弹片 碘片 阿片 萼片
分片 负片 树片 粉片 瓜片 管片
花片 簧片 几片 巨片 景片 锦片
脚片 开片 裂片 落片 鳞片 名片
麦片 梅片 默片 箧片 片片 切片
琼片 漆片 肉片 软片 柔片 石片
碎片 数片 拓片 铁片 图片 无片
万片 瓦片 小片 香片 霞片 一片
云片 叶片 玉片 衣片 硬片 饮片
药片 鸦片 雅片 逐片 整片
碧云片 吃瓦片 反转片 贺年片 红一片
剪纸片 麻袋片 青藓片 玉兰片 鸭堆片
打成一片 枯草一片 雨丝风片 朝霞片片
稻花香里说丰年，听取蛙声一片/

骗 piàn ①跃上马。②欺蒙。③拐骗。④引诱。

串骗 掇骗 诒骗 盗骗 讹骗 拐骗
棍骗 哄骗 诨骗 谎骗 局骗 坑骗
诓骗 诳骗 蒙骗 瞒骗 欺骗 软骗
受骗 行骗 诱骗 诈骗 赚骗 撞骗
坑蒙拐骗 牢笼诱骗 上当受骗 招摇撞骗

眠 mián ①睡觉。②一些生物的生理状态。③假死。④卧倒。⑤横放。

安眠 不眠 长眠 迟眠 沉眠 成眠
蚕眠 春眠 催眠 冬眠 独眠 单眠
方眠 甘眠 高眠 孤眠 画眠 酣眠
麛眠 佳眠 惊眠 龙眠 眠眠 懒眠
千眠 芊眠 仟眠 阡眠 清眠 入眠
十眠 少眠 失眠 水眠 睡眠 熟眠
头眠 午眠 休眠 闲眠 夏眠 宴眠
慵眠 厌眠 永眠 阳眠 夜眠 自眠
坐眠 醉眠
不遑眠 不夜眠 不成眠 伴花眠 伴云眠
白鹤眠 北窗眠 毕卓眠 抱月眠 抱琴眠
曝背眠 蚕三眠 禅榻眠 对客眠 对愁眠
得牛眠 带雨眠 扫月眠 废书眠 酒家眠
据梧眠 柳三眠 吏部眠 锦屏眠 卜牛眠
傍午眠 人来眠 水底眠 坦腹眠 万家眠
瓮间眠 挟书眠 雪夜眠 隐几眠 一夜眠
竹林眠 枕书眠 枕不眠 枕戈眠 醉歌眠
终日眠
彻夜不眠 彻夜难眠 大被同眠 和衣而眠
猫鼠同眠 夜不成眠 我醉欲眠
巧妻常伴拙夫眠/

绵 mián ①连绵不断。②丝绵。③缠绕。④性质像丝绵的。⑤久远。⑥薄弱。

绵绵 沉绵 楚绵 春绵 缠绵 瓜绵
化绵 海绵 金绵 力绵 连绵 蔫绵
闵绵 眇绵 绵绵 渺绵 披绵 铺绵
芊绵 庆绵 水绵 丝绵 云绵 衣绵
延绵 烟绵 装绵
不衣绵 白如绵 瓜瓞绵 恨绵绵 酒渍绵
苦连绵 冷透绵 柳絮绵 情绵绵 软绵绵
岁月绵 雨绵绵
春雨绵绵 悱恻缠绵 情意绵绵 情愫绵绵
秋雨绵绵 山丘连绵 烟雨连绵 烟雨绵绵
雨丝绵绵 瓜瓞绵绵

棉 mián ①草棉。②棉花。③绵薄。

草棉 粉棉 火棉 红棉 矿棉 木棉
皮棉 软棉 石棉 纯棉 宋棉 梳棉
絮棉 原棉 药棉 子棉 织棉 籽棉
植棉
脱脂棉

沔 miǎn ①沔水，在陕西省。②汉水上源。

湛沔 漠沔 渺沔 清沔
读书王沔 读卷王沔

免 miǎn ①去掉。②避免。③避开。④罢黜。⑤豁免。⑥不可。

不免 拜免 病免 罢免 避免 斥免
策免 撤免 黜免 涤免 赎免 恩免
苟免 讳免 豁免 解免 减免 蠲免
宽免 两免 难免 庇免 乞免 全免
请免 任免 恕免 私免 赦免 逃免
脱免 偷免 未免 完免 幸免 谢免
以免 优免 宥免 黝免 早免 自免
知免
冠毋免 毋苟免 俗未免
在所难免 阳狂自免
临财毋苟得，临难毋苟免/

勉 miǎn ①勉力。②勉励。③尽力。④勉强。

不勉 褒勉 淬勉 策勉 大勉 敦勉
奋勉 讽勉 俯勉 附勉 共勉 规勉
互勉 和勉 加勉 金勉 诫勉 剪勉
嘉勉 激勉 开勉 力勉 劳勉 闵勉
黾勉 眉勉 勉勉 庆勉 期勉 劝勉
穷勉 勤勉 率勉 土勉 同勉 勿勉
慰勉 相勉 笑勉 幸勉 徐勉 训勉
勖勉 免勉 雨勉 堰勉 喻勉 自勉
诛勉
宜黾勉
有则改之，无则加勉/

娩 miǎn ①分娩。②繁殖。

分娩 婉娩 嫵娩
一朝怀胎，十月分娩/

冕 miǎn 古代大夫以上的官员戴的礼帽。

弁冕 禅冕 端冕 貂冕 方冕 凤冕
服冕 黻冕 衮冕 挂冕 冠冕 华冕
加冕 惊冕 毁冕 六冕 麻冕 日冕
山冕 司冕 天冕 文冕 卫冕 五冕
玄冕 希冕 轩冕 云冕 玉冕 缨冕
珠冕 藻冕 簪冕
南州冠冕 裂冠毁冕

湎 miǎn ①沉迷。②放纵。

沉湎 耽湎 浮湎 荒湎 流湎 湎湎
湎湎 淫湎
涕泗涟湎 玄石沉湎

缅 miǎn 遥远。

怀缅 缅缅 思缅 遐缅

腼 miǎn ［腼腆］害羞，不敢见生人。

惭腼 负腼 愧腼 增腼

渑 miǎn 又音 shéng 渑池，地名，在河南省。

绿渑 水渑 崤渑 淄渑
辩淄渑 酒如渑

面 miàn ①脸。②当面。③用脸对着。④面具。⑤面前。⑥事物的外表。⑦几何学的名词。⑧方面。⑨粮食磨成的粉。⑩粉末。

凹面 八面 布面 北面 半面 表面
波面 便面 背面 被面 版面 薄面
长面 出面 吹面 纱面 尘面 层面
场面 沉面 创面 炒面 柴面 春面
侧面 赪面 大面 代面 斗面 东面
当面 对面 地面 豆面 钱面 店面
觌面 断面 端面 方面 民面 放面
发面 负面 封面 浮面 拂面 佛面
幅面 粉面 跗面 腹面 锋面 干面
革面 光面 故面 挂面 格面 刮面
垢面 后面 红面 河面 和面 会面
护面 花面 华面 海面 画面 毁面
湖面 黑面 滑面 江面 见面 进面
局面 界面 娇面 卷面 酒面 假面
精面 脚面 衔面 镜面 截面 觌面
齑面 开面 抻面 驴面 碛面 啖面
六面 老面 冷面 罗面 两面 里面
泥面 拉面 掠面 路面 南面 烂面
脸面 赧面 露面 獠面 黧面 门面
面面 米面 马面 妙面 明面 沐面
麻面 麦面 抹面 满面 猫面 谜面
蒙面 谋面 唇面 墨面 平面 片面
皮面 扑面 破面 票面 剖面 碰面
牌面 辟面 铺面 擘面 闢面 切面
全面 曲面 荞面 秋面 前面 球面
墙面 清面 情面 鲸面 人面 揉面
上面 三面 水面 四面 市面 手面
生面 首面 书面 世面 私面 识面
死面 饰面 拭面 扇面 素面 寿面
兽面 凸面 台面 头面 体面 汤面
砚面 铁面 烫面 唾面 文面 五面
外面 网面 戗面 屋面 洼面 委面
晤面 下面 相面 削面 洗面 笑面
席面 细面 斜面 修面 鞋面 羞面
一面 右面 玉面 阳面 言面 阴面
迎面 洋面 仰面 硬面 药面 掩面
颜面 黝面 左面 正面 字面 杂面
桌面 纸面 柱面 直面 账面 照面
装面 醉面 锥面 骤面 粥面
白云面 摆门面 棒子面 绷门面 绷场面
重罗面 垂直面 称门面 尘污面 春风面
春水面 撑门面 撑场面 刀削面 打击面
打照面 对立面 风打面 方便面 芙蓉面
覆盖面 工作面 过水面 各方面 桄榔面
高粱面 汗沾面 何郎面 红汝面 海平面
花迎面 后背面 胡麻面 胡椒面 混合面
横切面 黑暗面 横剖面 横断面 寒食面
见世面 卷子面 教育面 剪刀面 开生面
看脸面 龙须面 留情面 庐山面 梨花面
面对面 买脸面 猫洗面 平整面 抛物面
亲人面 山识面 水平面 双曲面 速食面
桃花面 小米面 雪作面 旋转面 萱草面
西子面 一尺面 一锅面 玉米面 阴暗面
油茶面 圆锥面 圆柱面 圆桌面 阳春面
纵剖面 纵切面 纵断面 杂和面 装门面
何郎面

不讲情面 别开生面 病容满面 出头露面
春风满面 撑持局面 楚歌四面 春风拂面
愁容满面 瓷砖地面 东风人面 独当一面
改头换面 顾全颜面 割据局面 盖头换面
汗流满面 何郎粉面 红光满面 鸠形鹄面
牛头马面 另开生面 陆绩廉面 怒容满面
冷风割面 冷心冷面 庐山真面 觍然人面
抛头露面 蓬后垢面 蓬首垢面 千人一面
囚首垢面 千里犹面 囚首丧面 清风拂面
人心如面 二合二面 日用北面 三头六面
四方八面 不磨地面 兽心人面 孙非识面
讨没脸面 桃花人面 未尝一面 网开一面
网开三面 污手垢面 威风八面 徐娘半面
洗心革面 笑容满面 一尺三面 一底三面
有失体面 缘悭一面 以点带面 以泪洗面
雨丝风面 愔记障面 眼观八面 眼泪洗面
鱼跃水面 油头粉面 支撑门面 朱唇玉面
蹲点跑面 周新冷面 装潢门面 汤去三面
不看僧面看佛面/不念僧面念佛面/八个钱的馄饨，不见面/嗔拳不打笑面/丑媳妇要见公婆面/丑媳妇迟早要见公婆面/打狗看主人面/打狗要看主人面/经风雨，见世面/酒饮席面，话讲当面/人心不同，譬如其面/闻名不如见面/脂粉加丑面/

眄 miàn ①斜着眼睛看。②一只眼病。③望。

步眄 长眄 春眄 慈眄 俯眄 顾眄
欢眄 惊眄 流眄 眄眄 盼眄 青眄
识眄 殊眄 睇眄 渥眄 休眄 斜眄
英眄 怡眄 仰眄 游眄 转眄
按剑眄 庭柯眄 无人眄
三年一眄

掂 diān 用手按着东西估计轻重。

掂一掂 手里掂

滇 diān ①滇池。②云南省的别称。

巴滇 滇滇 古滇 嵩滇

颠 diān ①头顶。②始。③颠倒。④坠落。⑤颠簸。

白颠 踣颠 茶颠 大颠 扶颠 峰颠
华颠 蹼颠 狂颠 木颠 米颠 山颠
讨颠 思颠 树颠 塔颠 云颠 陨颠
醉颠
巢其颠 颠倒颠 桑树颠 尾连颠 喜欲颠
语尤颠 逐风颠 张旭颠
连跑带颠 跑跑颠颠
鱼鳞天，不雨也风颠/坐得船头稳，不怕浪来颠/

巅 diān 山顶。

层巅 苍巅 顶巅 峰巅 高巅 华巅
荒巅 名巅 丘巅 山巅 危巅 岫巅
岩巅
白云巅 百尺巅 碧峰巅 翠微巅 峨峨巅
昆仑巅 乱石巅 林峦巅 奇山巅 秋毫巅
石岩巅 太白巅 终南巅
南山之巅 鸡鸣树巅 群山之巅
神妙独到秋毫巅/

癫 diān 精神错乱失常。

疯癫 拯癫
疯疯癫癫

典 diǎn ①经籍。②典故。③旧指主持。④常法。⑤盛大的礼仪。⑥法则。⑦典雅。⑧抵押。⑨活买活卖。⑩掌管。

帮典 宝典 出典 词典 操典 攒典
辞典 大典 恩典 凡典 非典 坟典
贲典 法典 封典 墳典 古典 故典
国典 供典 该典 会典 汉典 恒典
加典 旧典 教典 绝典 经典 祭典
假典 坤典 旷典 颀典 宽典 内典
令典 丽典 茂典 妙典 庆典 祀典
琴典 荣典 圣典 司典 守典 事典
释典 盛典 数典 文典 五典 微典
刑典 训典 义典 用典 仪典 应典
有典 异典 药典 遗典 中典 正典
字典 治典 总典 重典 坠典 掌典
政典
动华典 书云典
百科辞典 儒家经典 三坟五典 肆赦之典
永乐大典 引经据典

点 diǎn ①细小的黑色痕迹。②更点。③几何学名词。④部分。⑤汉字的一种笔画。⑥读古书标明句逗的加点。⑦指定。⑧指示。⑨查对。⑩指点。⑪引燃。⑫液体的小滴。⑬查数。⑭钟点。

不点 半点 白点 冰点 标点 笔点
斑点 差点 杪点 茶点 桀点 查点
菜点 传点 踩点 庇点 缀点 丁点
大点 打点 定点 地点 到点 点点
顶点 逗点 掉点 蹲点 伏点 沸点
附点 复点 粉点 改点 观点 赶点
鼓点 孤点 糕点 火点 红点 何点
花点 讳点 黑点 慧点 久点 交点
句点 加点 节点 纠点 极点 奸点
基点 接点 骄点 校点 据点 景点
健点 检点 楝点 简点 焦点 警点
亏点 考点 力点 内点 论点 泪点
劣点 难点 零点 落点 鹭点 露点
面点 明点 盲点 敏点 满点 墨点
评点 批点 盘点 巧点 切点 起点
轻点 抢点 清点 情点 圈点 铅点
缺点 溶点 热点 熔点 弱点 燃点
石点 死点 时点 受点 试点 树点
数点 提点 通点 特点 甜点 万点
污点 网点 误点 晚点 窝点 小点
下点 凶点 西点 星点 细点 一点
云点 玉点 月点 有点 阴点 优点
应点 雨点 眼点 夜点 要点 艳点
圆点 疑点 中点 正点 支点 这点
早点 自点 治点 重点 指点 准点
争点 质点 抓点 钟点 妆点 终点
装点

不大点 不误点 不检点 百分点 出发点
差一点 春分点 丢雨点 定居点 冬至点
弹着点 分至点 发火点 发射点 瓜子点
供应点 火力点 近日点 近地点 居民点
箕尾点 空白点 立脚点 临界点 立足点
那么点 秋分点 青蝇点 十三点 小不点
小数点 笑自点 夏至点 一丁点 一点点
运日点 远地点 凝固点 这么点 转捩点
转折点 最蠢点 主焦点 着眼点 阻力点
着火点 制高点

安全正点 白帆点点 残星几点 法律观点
雇佣观点 加班加点 可圈可点 捋须何点
屏风误点 齐烟九点 失于检点 审美观点
文不加点 星星点点 一丁半点 一星半点
战略要点

大麻子照镜，个人观点/万绿丛中红一点/

跕 diǎn ①跛脚人走路的样子。②提起脚跟、用脚尖着地。

跕跕 盘跕 鸢跕
鸢跕跕

电 diàn ①闪电。②物质中存在的一种能。③喻迅猛。④喻光亮。⑤打电报。

奔电 充电 冲电 赤电 传电 驰电
彩电 触电 掣电 代电 电电 导电
带电 放电 负电 发电 干电 过电
光电 火电 呵电 回电 贺电 函电
骇电 机电 击电 蛟电 家电 急电
静电 烤电 冷电 流电 来电 雷电
联电 漏电 落电 露电 密电 磨电
跑电 配电 热电 舌电 市电 手电
闪电 水电 始电 烁电 胜电 输电
天电 停电 通电 特电 摊电 无电
外电 笑电 阴电 阳电 唁电 邮电
耀电 正电 作电 专电 走电 追电
逐电 致电 紫电 震电

东方电 高压电 交流电 列缺电 雷光电
秋多电 神女电 童女电 无线电 岩下电
直流电 逐雨电 照夜电 走马电 烛天电
追风电 金壶电

安全用电 火力发电 烨烨震电 快如闪电
快邮代电 目光如电 目光若电 投壶起电
声光化电 月光如电 眼如岩电 追风逐电

佃 diàn 又音 tián ①旧时农民向地主租用土地。②田租。③耕种之地。

承佃 撤佃 大佃 东佃 共佃 耕佃
募佃 侵佃 退佃 应佃 营佃 主佃
召佃 治佃 租佃

甸 diàn ①田野。②古时称郊外的地方。③田野出产物。④治理。

哀甸 邦甸 长甸 茶甸 草甸 甸甸
方甸 风甸 凤甸 芳甸 广甸 华甸
花甸 荒甸 海甸 侯甸 寰甸 江甸
郊甸 畿甸 林甸 柳甸 鲁甸 兰甸
缅甸 青甸 晴甸 山甸 沙甸 帅甸

神甸　晚甸　导甸　由甸　禹甸　岩甸
野甸　遥甸　作甸　衷甸
沉甸甸　黄花甸　重甸甸
低地草甸　稻穗沉甸　高山草甸　森林草甸
亚高草甸
稻穗沉甸甸/

钿 diàn　又音 tián　①古代一种镶金花的首饰。②把宝石嵌在器物上作装饰。

宝钿　碧钿　蝉钿　翠钿　钗钿　金钿
螺钿　青钿　碎钿　玉钿　杂钿　洋钿
金雀钿　去金钿

坫 diàn　①古时室内放东西的土台子。②屏障。

崇坫　反坫　高坫　垓坫　坛坫　设坫
西坫　右坫　尊坫

店 diàn　①商店。②旅舍。③集镇名。

布店　出店　村店　草店　春店　店店
邸店　分店　芳店　坊店　饭店　古店
关店　贾店　孤店　荒店　黑店　恒店
酒店　脚店　津店　客店　旅店　粮店
面店　马店　茅店　盘店　取店　起店
染店　日店　山店　市店　书店　商店
无店　午店　小店　下店　新店　野店
药店　渔店　驿店　正店　支店　扎店
住店　造店　追店　总店　莊店
百货店　车马店　残月店　草药店　裁缝店
大车店　点心店　订婚店　道傍店　夫妻店
骨董店　古董店　鸡毛店　孔家店　来时店
连锁店　临时店　理发店　零售店　敲野店
贯器店　剃头店　桃花店　西药店　香满店
小吃店　饮食店　药材店　中药店　杂货店
综合商店
前不着村，后不着店/前不巴村，后不巴店/孙二娘开酒店/孙二娘开黑店/投亲不如落店/只此一家，别无分店/

玷 diàn　①玉上面的瑕斑。②污点。③忝辱。

不玷　成玷　耻玷　疵玷　复玷　毁玷
久玷　可玷　滥玷　颇玷　容玷　实玷
首玷　无玷　猥玷　微玷　瑕玷　一玷
再玷
白圭玷　难容玷
白圭之玷

垫 diàn　①下陷。②地势低洼。③衬托的东西。④垫付。

杯垫　床垫　衬垫　昏垫　靠垫　民垫
赔垫　铺垫　气垫　软垫　褥垫　下垫
鞋垫　已垫　椅垫　毡垫　坐垫
角中垫　巾角垫

淀 diàn　①浅的湖泊。②渣滓。

北淀　碧淀　长淀　沉淀　方淀　灰淀
洄淀　海淀　蓼淀　巨淀　近淀　凉淀
凝淀　蓝淀　埋淀　马淀　陂淀　青淀
浅淀　水淀　沉淀　雾淀　溪淀　淤淀
埋淀
白洋淀　波如淀　长春淀　绿野淀　溪水淀

靛 diàn　①靛青。②蓝色和黑色混合而成的一种颜色。

蓝靛

奠 diàn　①奠基。②祭献。③进献。④置放。

安奠　薄奠　川奠　促奠　朝奠　芳奠
菲奠　告奠　跪奠　浇奠　进奠　祭奠
将奠　礼奠　梦奠　清奠　舍奠　设奠
释奠　朔奠　蔬奠　藤奠　夕奠　献奠
一奠　营奠　野奠　祖奠　宗奠　赞奠
镇奠
生刍奠
孔子梦奠　乾坤始奠　秦王水奠　忠武具奠

殿 diàn　①泛指高大的房屋。②行军走在最后的。③镇守。

宝殿　便殿　别殿　出殿　重殿　撤殿
大殿　代殿　冬殿　杂殿　独殿　飞殿
芳殿　佛殿　广殿　古殿　高殿　宫殿
呵殿　后殿　汉殿　合殿　画殿　亨殿
旧殿　金殿　济殿　鲁殿　兰殿　楼殿
秘殿　偏殿　配殿　绀殿　绮殿　鹊殿
寝殿　日殿　三殿　水殿　升殿　受殿
撤殿　上殿　同殿　外殿　吾殿　幄殿
仙殿　夏殿　行殿　玉殿　月殿　正殿
直殿
长生殿　长乐殿　酴醾殿　大成殿　芙蓉殿

甘泉殿　含元殿　金华殿　金銮殿　灵光殿
灵波殿　洛阳殿　披香殿　清凉殿　清暑殿
一人殿　三宝殿　森罗殿　通明殿　为公殿
武英殿　也宝殿　余花殿　延英殿　阎罗殿
鋃建珠殿　大雄宝殿　剑履上殿　游于月殿
守恺造殿
好佛在后殿/无事不登三宝殿/

簟

diàn　竹席。

宝簟　碧簟　方簟　桃簟　广簟　华簟
金簟　角簟　卷簟　鸡簟　莞簟　凉簟
清簟　秋簟　扇簟　卧簟　夏簟　晓簟
象簟　细簟　湘簟　玉簟　瑶簟　牙簟
竹簟
六尺簟　流黄簟　青玉簟　水纹簟　五花簟
池文带月铺金簟/一壶先醉桃花簟/

天

tiān　①日。②季节。③气候。④自然的，天生的。⑤在地面以上的高空。⑥人的额、头部。⑦天体。⑧人或物的自然秉性。⑨一昼夜的时间。⑩迷信的人所指的那个世界。

暗天　不天　白天　半天　冰天　边天
背天　宾天　逼天　补天　变天　蔽天
碧天　垂天　戴天　飞天　伏天　法天
壶天　沸天　佛天　负天　奉天　梵天
溥天　翻天　告天　过天　关天　归天
改天　光天　高天　观天　聒天　规天
构天　火天　回天　后天　号天　好天
迥天　浑天　呼天　航天　皇天　荒天
黑天　海天　皓天　寒天　颢天　皞天
轰天　鸿天　九天　今天　江天　井天
见天　近天　极天　金天　晶天　景天
均天　绛天　揭天　蹋天　惊天　开天
扣天　靠天　乐天　冷天　辽天　连天
邻天　凉天　丽天　闹天　南天　漏天
楼天　蓝天　露天　聊天　木天　民天
扪天　每天　明天　闵天　弥天　旻天
迷天　满天　绵天　漫天　霉天　暮天
摩天　扑天　排天　泼天　普天　配天
齐天　全天　穷天　青天　弃天　前天
穹天　秋天　晴天　情天　擎天　二天
人天　如天　热天　上天　三天　水天
升天　四天　色天　食天　所天　灼天
射天　事天　顺天　暑天　霜天　曙天
天天　头天　同天　托天　听天　谈天
通天　贪天　滔天　为天　问天　违天
畏天　望天　往天　娲天　瓮天　向天
先天　西天　行天　宣天　刑天　形天
巡天　性天　效天　喧天　雪天　晓天
夏天　薰天　掀天　新天　悬天　煦天
翔天　一天　与天　云天　吁天　阳天
阴天　雨天　仰天　应天　尧天　忧天
炎天　夜天　幽天　瑶天　雁天　琰天
中天　朱天　住天　则天　昨天　周天
烛天　终天　照天　尊天　躅天　整天
震天　瞻天
半边天　补苍天　别有天　碧罗天　不息天
补石天　尘冲天　刺史天　赤县天　翠接天
大后天　大治天　大白天　大伏天　大罗天
载盆天　底朝天　大前天　洞里天　飞冲天
壶中天　拂晴天　负青天　弓张天　刚健天
管窥天　共一天　故乡天　滚浪天　后半天
号通天　护霜天　鸿蒙天　换新天　黄梅天
剑倚天　菊花天　九重天　极乐天　女娲天
乐尧天　那一天　礼拜天　落花天　南明天
老半天　连阴天　能胜天　落九天　丽人天
寥廓天　卵色天　闹翻天　明后天　麦秋天
梅雨天　前半天　杞国天　二三天　日在天
上青天　上西天　上半天　升西天　三九天
水中天　水连天　色界天　食为天　声闻天
神功天　谈闲天　五更天　万里天　物外天
晚半天　下半天　小洞天　小有天　夕阳天
星期天　雪月天　雪后天　一整天　一线天
一半天　义薄天　月黑天　远连天　杏花天
雨余天　雨过天　养花天　欲晓天　欲雪天
艳阳天　雁连天　翼垂天　中水天　人有天
早半天　咫尺天
昂首望天　不共戴天　白日升天　兵火连天
白日青天　别有洞天　波浪涛天　辩士论天
波浪接天　抱恨终天　蹐地呼天　碧海苍天
鼻孔朝天　寸地尺天　浊气滔天　苍穹上天
彩云满天　彩霞满天　臭气冲天　臭气熏天
春雷震天　揭地掀天　大雾满天　大雾蔽天
动地惊天　胆大包天　戴盆望天　飞龙在天

伏而咕天　富贵在天　沸反盈天　福地洞天
烽火连天　覆地翻天　古树参天　鼓东喧天
干劲冲天　高人云天　感戴二天　狗胆包天
呼地呼天　洪福齐天　呵壁问天　火光烛天
黄沙满天　海水连天　鸿章齐天　海浪滔天
海波接天　黑地昏天　喊声震天　猴子搏天
叫苦连天　巨树参天　鸡犬升天　节号中天
酒地花天　棘地荆天　空明洞天　开雾睹天
女娲补天　龙驭宾天　乐广睹天　老桧参天
林荫蔽天　难于登天　炼石补天　烈日中天
浓烟冲天　怒气冲天　寥廓江天　潦原浸天
锣鼓喧天　囊血射天　平步登天　炮火连天
霹雷惊天　霹雳震天　抢地呼天　奇臭冲天
秦宓论天　权势熏天　杞人忧天　秋水长天
秦树楚天　日正中天　人命关天　日月丽天
人定胜天　如日中天　热火朝天　三九寒天
三伏暑天　苏章二天　十大洞天　四脚朝天
手眼通天　色胆包天　顺人应天　射鱼指天
食为民天　素面朝天　神娲补天　数九寒天
势焰熏天　天外有天　无力回天　未定之天
武乙射天　无法无天　纬世经天　娲皇补天
星芒烛天　心雄万天　雪地冰天　雪窖冰天
一支撑天　一疏回天　一步登天　一手遮天
一柱擎天　一飞冲天　月挂西天　月挂中天
以管窥天　玉柱擎天　呓语连天　仰不愧天
仰首望天　仰望蓝天　阴霾满天　怨气冲天
邹衍谈天　坐井观天　朝霞满天　罪恶滔天
罪恶通天　转日回天　飞必冲天　将闾仰天
韩市呼天

拨开云雾见青天/板凳倒地，四脚朝天/父仇不共戴天/飞流直下三千尺，疑是银河落九天/过一天算一天/和尚打伞，无法无天/救人一命，恩重如天/酒情深似海，色胆大如天/瘌子打伞，无法（发）无天/民以食为天/谋事在人，成事在天/拨开云雾见青天/秋后蚱蜢，蹦不几天/人命大如天/人外有人，天外有天/三十六洞天/山外有山，天外有天/送佛送到西天/伤筋动骨一百天/生死由命，富贵在天/死生有命，富贵在天/未晚先投宿，鸡鸣早看天/一手遮不了天/一人得道，鸡犬升天/一子出家，九祖升天/一招鲜，吃遍天/一佛出世，二佛升天/蚁多可以抬象，蝗飞可以蔽天/自知者不怨人，知命者不怨天/做了人类想成仙，坐在地上要上天/银河落九天/披云雾睹青天/

添　tiān　增加，添补。

病添　翠添　愁添　筹添　惭添　潮添
多添　更添　加添　鸡添　酒添　凉添
满添　平添　香添　新添　坐添　增添
白发添　别恨添　病尤添　春雨添　海筹添
阶竹添　酒债添　酒频添　酒筹添　客愁添
脸红添　二毛添　岁月添　细浪添　晓寒添
喜色添　印绶添　忧难添
海屋筹添

田　tián　①打猎。②种植庄稼的土地。③指供开采的藏矿的地带。④大鼓。

白田　闭田　版田　薄田　冲田　沧田
草田　乘田　财田　蛏田　锄田　大田
代田　丹田　荡田　稻田　分田　方田
甫田　肥田　服田　福田　粪田　公田
归田　圭田　瓜田　耕田　蚶田　膏田
溉田　火田　还田　花田　海田　旱田
湖田　薅田　井田　均田　家田　瘠田
耤田　籍田　坎田　空田　垦田　旷田
力田　弄田　沦田　良田　农田　留田
露田　蓝田　名田　麦田　美田　棉田
煤田　平田　甫田　坡田　圃田　辟田
骈田　婆田　气田　求田　青田　齐田
求田　畦田　畎田　日田　穰田　石田
水田　私田　守田　沙田　社田　师田
受田　蛏田　桑田　瘦田　畲田　狩田
台田　屯田　田田　团田　梯田　趟田
无田　间田　圩田　沃田　晚田　心田
学田　闲田　限田　新田　蹊田　义田
玉田　易田　远田　羊田　园田　原田
爰田　油田　耘田　盐田　秧田　游田
砚田　营田　腴田　鰪田　鬻田　中田
占田　庄田　芝田　造田　种田　纸田
职田　蔗田　赈田
不毛田　半桑田　耻归田　大寨田　东山田
低产田　福有田　丰产田　负郭田　古为田
郭外田　高产田　合种田　旱秧田　海绵田
海成田　介堆田　开荒田　林坡田　落秋田

螺丝田　茂林田　绵上田　彭泽田　浅水田
二顷田　三丹田　实验田　沙底田　邵丰田
深水田　熟平田　数亩田　试验田　锡土田
虞芮田　种子田　作琼田　蒸汽田　种蓝田
拔秧插田　沧海桑田　沧海成田　插田耘田
东海桑田　负郭无田　海水桑田　韩劝移田
挂甲归田　灌溉良田　膏腴之田　驾豕耕田
解甲归田　科学种田　李下瓜田　如获石田
豚蹄禳田　邵生瓜田　问舍求田　玉种蓝田
种玉蓝田
肥水不落外人田/肥水不流别人田/无牛捉了马耕田/要先矛之田/

佃
tián　又音 diàn　①耕种田地。②打猎。

耕佃　陆佃　以佃
无与佃　在渔佃

畋
tián　打猎。

出畋　大畋　滑畋　卜畋　苑畋　于畋
游畋

钿
tián　又音 diàn　①钱。②用金宝镶成的花形首饰。

铜钿　花钿　珠钿
搭花钿　帖花钿

恬
tián　①安静。②安适。③淡泊。④安然。

安恬　波恬　风恬　清恬　神恬　恬恬
文恬　心恬　虚恬　学恬　引恬　养恬
傲客王恬

甜
tián　①像糖或蜜的味道。②美好。③喻指美好的事物。

肥甜　甘甜　红甜　黑甜　酣甜　苦甜
梦甜　墨甜　蜜甜　酸甜　甜甜　味甜
心甜　先甜　香甜　鲜甜　蔗甜　嘴甜
果味甜　岗口甜　可口甜　心里甜　荔枝甜
藕芽甜　似蜜甜　为谁甜　香醪甜　蔗境甜
白梨脆甜　花香果甜　口吃蜜甜　石榴酸甜
香瓜香甜　又苦又甜　忆苦思甜　鱼肥藕甜
白糖伴苦瓜，又苦又甜/采了百花成蜜后，为谁辛苦为谁甜/采得百花成蜜后，为谁辛苦为谁甜/蜜罐子里放糖，甜上加甜/强扭的瓜不甜/人亲水也甜/为谁辛苦为谁甜/

湉
tián　［湉湉］形容水面平静。

湉湉

填
tián　①填塞。②充满。③填写。

补填　充填　斥填　粉填　谷填　回填
金填　骈填　窴填　语填　招填　珠填
装填
帝女填　精卫窴
欲壑难填

阗
tián　充满。

隘阗　和阗　窥阗　空阗　骈阗　阗阗
喧阗　虚阗　于阗　幽阗
车马喧阗

忝
tiǎn　①辱没。②谦词。

不忝　重忝　叨忝　后忝　愧忝　滥忝
漫忝　谬忝　日忝　荣忝　身忝　无忝
位忝　我忝　晚忝　猥忝　昔忝　虚忝
已忝　义忝　中忝　自忝　知忝　坐忝
骤忝

殄
tiǎn　尽，绝。

不殄　暴殄　雠殄　宄殄　姦殄　平殄
扑殄　破殄　未殄　消殄　枭殄　瑕殄
妖殄　诛殄

惧
tiǎn　惭愧。

兢惧　惭惧

觍
tiǎn　表现惭愧。

觍觍

腆
tiǎn　①菜饭丰盛。②丰厚。③胸部挺起。

不腆　丰腆　荒腆　加腆　精腆　腼腆
洗腆

觍
tiǎn　又音 miǎn　①人的面目貌。②惭愧。

惭觍　负觍　愧觍　觍觍　增觍

掭
tiàn　用毛笔蘸墨，把墨汁在砚台上弄均匀。

笔搽　舌搽

拈

niān　用手指搓捏。

白拈　酒拈　忌拈　同拈　休拈　戏拈
慵拈　醉拈
酒先拈　岁酒拈　信手拈　绣懒拈
轻拢慢拈

蔫

niān 花卉因失去水分而枯萎。

打蔫　发蔫　花蔫　黄蔫　锦蔫　蔫蔫
萎蔫　夕蔫　早蔫
翠佃蔫　羽幢蔫

年

nián ①年成。②地球环绕太阳一圈的时间。③每年的。④年纪。⑤年景。⑥年节。⑦帝王年号。

艾年　半年　比年　本年　百年　背年
拜年　逼年　编年　暴年　长年　此年
初年　成年　冒年　齿年　陈年　常年
垂年　残年　辞年　驰年　丁年　大年
当年　对年　待年　多年　递年　雕年
畴年　丰年　芳年　逢年　富年　峰年
光年　过年　官年　改年　故年　高年
龟年　隔年　何年　后年　华年　旱年
荒年　贺年　今年　近年　旧年　尽年
间年　纪年　积年　兼年　季年　期年
笄年　饥年　基年　经年　降年　开年
康年　历年　年年　老年　来年　连年
流年　临年　匿年　累年　曩年　末年
牟年　每年　明年　茂年　妙年　弥年
暮年　平年　频年　去年　齐年　全年
青年　顷年　祈年　前年　穷年　轻年
耆年　绮年　歉年　闰年　弱年　瑞年
十年　三年　上年　少年　水年　生年
侍年　尚年　衰年　逝年　熟年　韶年
数年　盛年　天年　同年　团年　头年
他年　通年　童年　髫年　颓年　龆年
无年　万年　往年　旺年　忘年　晚年
小年　凶年　先年　行年　现年　昔年
学年　享年　旬年　虚年　新年　遐年
鱬年　元年　余年　永年　远年　引年
有年　尧年　迎年　英年　延年　幼年
益年　婴年　淹年　翌年　逾年　疑年
中年　长年　字年　早年　蚤年　住年
逐年　壮年　周年　终年　灾年　组年
驻年　整年　转年
不计年　本命年　报州年　大有年　大后年
大前年　斧柯年　丰收年　恶少年　过新年
龟鹤年　会高年　恒星年　贺新年　鹤知年
享遐年　击壤年　酒为年　乐余年　乐少年
龙蛇年　屡丰年　庆丰年　祈丰年　青少年
送流年　胜去年　太平年　太阳年　万亿年
五百年　万斯年　小青年　行义年　迎新年
夜如年　正当年
安度晚年　不减当年　不惑之年　布被十年
百年千年　垂髫之年　垂暮之年　垂老之年
迟暮之年　长安少年　春节拜年　惨绿少年
大有之年　大比之年　当立之年　度日如年
杜秋之年　待业青年　豆蔻之年　风烛之年
芳龄妙年　风烛残年　古首之年　古稀之年
龟鹤延年　恭贺新年　花甲之年　黄发之年
皓首之年　及艾少年　尽其天年　及笄之年
饥馑荒年　锦瑟华年　急景流年　急景凋年
旷日经年　老迈之年　老耄之年　年复一年
累月经年　耄老之年　耄期之年　面壁九年
耄耋之年　眉寿之年　耄期之年　美意延年
翩翩少年　耆老之年　耆艾之年　期颐之年
千年百年　庆贺新年　却病延年　强仕之年
而立之年　瑞雪丰年　耳顺之年　弱冠之年
束发之年　寿考之年　寿民之年　桑榆之年
圣人之年　似水流年　舜日尧年　社会青年
视日如年　鲐背之年　天夺之年　五陵少年
悬车之年　雪兆丰年　事丑万年　喜寿之年
有被十年　有生之年　亿万斯年　益寿延年
颐养天年　遗臭万年　知命之年　知识青年
郑人争年　总角之年　再生之年　在世百年
裙屐少年

不能流芳百世，亦当遗臭万年/不能流芳百世，也必遗臭万年/杜康美酒，醉伶三年/洞中方七日，世上已千年/花有重开日，人无再少年/好人不长寿，祸害一千年/江山代有人才出，各领风骚数百年/金马门外聚群贤，铜驼街上集少年/流芳百世，遗臭万年/人生不过百年，人老何曾再少年/人有前后眼，富贵一千年/山中方七日，世上已千年/王小

二过年，一年不如一年/心宽出少年/新三年，旧三年，缝缝补补又三年/月亮嫦娥爱少年/自古风流误少年/

黏 nián 有黏合物体的性能。

胶黏

鲇 nián 鲇鱼。

大鲇 鲲鲇 鳣鲇

捻 niǎn ①用手指搓。②把纸、布条搓成条状。

斗捻 灯捻 火捻 拢捻 漫捻 炮捻
手捻 闲捻 笑捻 药捻 指捻 纸捻
针愁捻 萧闲捻 一捻捻

辇 niǎn ①人挽或推的车。②君王，皇妃乘坐的车。③京都的别称。④运载。

步辇 从辇 车辇 城辇 翠辇 大辇
都辇 分辇 凤辇 京辇 抉辇 金辇
鹿辇 平辇 陪辇 任辇 同辇 推辇
铜辇 文辇 小辇 香辇 玉辇 主辇
坐辇 追辇
金银辇 迷香辇 七宝辇 逍遥辇 云母辇
迎翠辇
班妃辞辇 班女辞辇

念 niàn ①思念。②念头。③思考。④诵读。

不念 百念 别念 忖念 尘念 存念
常念 财念 垂念 春念 驰念 恻念
慈念 歹念 叨念 多念 动念 谛念
断念 笃念 惦念 恶念 风念 凡念
伏念 抚念 佛念 发念 复念 浮念
讽念 俯念 故念 观念 挂念 鬼念
顾念 感念 回念 灰念 迴念 怀念
纪念 结念 静念 锦念 口念 可念
渴念 概念 怜念 留念 理念 恋念
念念 柳念 凝念 悯念 骂念 萌念
默念 盼念 迁念 起念 秋念 牵念
汝念 闪念 私念 深念 思念 世念
俗念 奢念 素念 诵念 谁念 摄念
熟念 听念 体念 无念 罔念 妄念
委念 卧念 心念 兴念 玄念 蓄念
邪念 系念 息念 信念 钦念 想念
遐念 悬念 一念 宇念 余念 言念
远念 欲念 萦念 遗念 意念 缘念
遥念 幽念 欲念 作念 这念 咒念
杂念 追念 驻念 轸念 转念 置念
瞻念
不唦念 苍生念 大块念 风雷念 圭组念
金屋念 酒中念 念凭念 平生念 一闪念
一气念
私心杂念 殊深轸念 心心念念 萦心为念
羊裘在念

埝 niàn 用土筑的小堤。

打埝 提埝 老埝 来埝 密埝 裴埝
神埝 子埝
逐便埝

奁 lián 女子梳妆的镜匣。

重奁 翠奁 雕奁 房奁 粉奁 古奁
金奁 镜奁 开奁 陪奁 棋奁 二奁
诗奁 香奁 药奁 玉奁 月奁 妆奁
五斗奁 一斛奁 澡头奁

连 lián ①连续。②带，加上。③军队的编制单位。④姻亲关系。⑤兼得。⑥连接。

阿连 并连 扳连 毗连 串连 参连
错连 婵连 颠连 干连 勾连 瓜连
贯连 钩连 黄连 惠连 江连 简连
结连 接连 紧连 连连 留连 流连
目连 蔓连 绵连 牵连 骑连 綦连
十连 少连 赛连 田连 通连 萦连
心连 相连 星连 一连 云连 烟连
株连 粘连 属连 缀连
波涛连 采杖连 翠幛连 断复连 蛾眉连
防化连 故人连 阁道连 紧相连 景物连
襟袂连 警卫连 绿相连 梦阿连 梦惠连
汽车连 阡陌连 受牵连 数家连 太白连
特务连 万壑连 五湖连 项链连 云烟连
与云连 英雄连 雁字连 鸳鸯连 竹相连
车击舟连 藕断丝连 缝缝连连 瓜蔓株连
骨肉相连 里勾外连 山水相连 无辜牵连
蝟起鸡连 血肉相连
哑子吃黄连/

莲 lián 多年生草本植物，叶大而圆，花有红、白两种。

阿莲 白莲 步莲 碧莲 采莲 池莲
翠莲 多莲 泛莲 观莲 红莲 湖莲
江莲 金莲 嘉莲 榴莲 木莲 马莲
青莲 瑞莲 水莲 生莲 双莲 睡莲
吐莲 庭莲 香莲 雪莲 湘莲 玉莲
野莲 早莲 渚莲

白羽莲 半池莲 步生莲 步金莲 并头莲
并蒂莲 钵中莲 出水莲 唱采莲 合欢莲
红妆莲 解语莲 绿水莲 幕中莲 幕下莲
清涟莲 浸碧莲 水固莲 素如莲 水浮莲
水晶莲 水仙莲 散金莲 庾杲莲 亭亭莲
舞池莲 西番莲 香送莲 一顷莲 映红莲
野池莲 淤泥莲 子午莲 转日莲

步步金莲 奉讶金莲 茂叔观莲 潘妃金莲
三寸金莲 水上浮莲

涟 lián ①风吹水面形成的波纹。②泪流不止。③水名。

碧涟 长涟 红涟 流涟 涟涟 浏涟
清涟 轻涟 涕涟 映涟 漪涟 珠涟

泪涟涟 浸碧涟 舞清涟

波光涟涟 海波涟涟 湖波涟涟 泣涕涟涟

鲢 lián 鲢鱼。

白鲢 花鲢 鳐鲢 鲊鲢

怜 lián ①同情。②爱惜。

哀怜 爱怜 慈怜 垂怜 父怜 顾怜
见怜 惊怜 绝怜 眷怜 可怜 怜怜
悯怜 乞怜 取怜 情怜 甚怜 相怜
邑怜 正怜 自怜 憎怜 最怜

我亦怜 故人怜 谁为怜 徒自怜 小可怜
有谁怜 众人怜

楚楚可怜 我见犹怜 顾影自怜 乞哀告怜
同病相怜 摇尾乞怜 谢客怜怜 野荸堪怜

帘 lián ①酒家门前的旗子。②用布、竹等做的遮蔽门窗的用品。

半帘 宝帘 冰帘 车帘 重帘 垂帘
翠帘 窗帘 撤帘 钓帘 飞帘 风帘
古帘 高帘 盖帘 隔帘 红帘 画帘
卷帘 揭帘 酒帘 锦帘 暖帘 门帘
青帘 泉帘 轻帘 上帘 水帘 声帘
筛帘 小帘 下帘 香帘 湘帘 掀帘
绣帘 虾帘 玉帘 杏帘 雨帘 眼帘
燕帘 竹帘 织帘 珠帘

低翠帘 翡翠帘 留香帘 美人帘 鸣风帘
卷珠帘 屁股帘 却寒帘 水晶帘 水精帘
同心帘 绣户帘 一桁帘 燕人帘 月满帘
夜明帘 影穿帘 竹影帘 珠光帘

贾氏窥帘 刘晏携帘 麟士织帘 绣枕帐帘

联 lián ①连。②结合，联合。③彼此交接发生关系。④对联。

并联 班联 邦联 镳联 串联 蝉联
春联 对联 缝联 关联 官联 国联
辉联 颔联 句联 近联 颈联 锦联
联联 缅联 门联 乞联 巧联 骑联
上联 寿联 数联 通联 挽联 下联
星联 喜联 一联 影联 楹联 左联
珠联

碧光联 碎还联 风策联 句好联 鹭序联
上下联 姓氏联 新春联 喜锦联 玉笋联
玉骢联 御沟联 雁塔联

马绎仙联 新巧诗联 璧合珠联 雕玉双联

廉 lián ①屋的侧边。②不贪污。③察考。④便宜。⑤节俭。⑥查访。

不廉 操廉 大廉 低廉 党廉 飞廉
非廉 蜚廉 公廉 高廉 好廉 价廉
节廉 劲廉 洁廉 降廉 矫廉 鸡廉
挈廉 苛廉 廉廉 清廉 守廉 伤廉
素廉 善廉 堂廉 小廉 西廉 兴廉
刑廉 性廉 孝廉 用廉 养廉 左廉
折廉 贞廉 真廉

高士廉 合蒲廉 吏六廉 取人廉 取名廉
侍己廉 太守廉 小臣廉 性本廉 肃堂廉
约身廉 自奉廉 直以廉

高薪养廉 物美价廉 仲子非廉 大法小廉
反腐倡廉

镰 lián 镰刀，收谷物的农具。

持镰 刀镰 短镰 挂镰 钩镰 火镰
挥镰 韭镰 开镰 快镰 磨镰 收镰
投镰 钐镰 腰镰

月似镰

瓜弯若镰

蠊 lián ［蜚蠊］蟑螂的别称。

虫蠊 蜚蠊

琏 liǎn 盛黍稷的器皿。

德琏 高琏 宏琏 瑚琏 四琏 休琏
瑜琏

贾琏琏

敛 liǎn ①收拢。②约束。③征收。④收缩。⑤收拾。

薄敛 暴敛 察敛 春敛 大敛 多敛
冬敛 发敛 赋敛 公敛 汗敛 红敛
花敛 厚敛 江敛 旧敛 惊敛 箕敛
聚敛 口敛 苛敛 科敛 敛敛 凝敛
眉敛 毛敛 掊敛 哀敛 秋敛 私敛
收敛 似敛 省敛 税敛 舒敛 摄敛
畏敛 毋敛 雾敛 消敛 翕敛 云敛
夜敛 欲敛 烟敛 影敛 自敛 重敛
征敛

残虹敛 春岫敛 歌扇敛 青蛾敛

横征暴敛 头会箕敛

脸 liǎn ①面孔。②整个面部。③某些物体的全部。④情面。

白脸 冰脸 板脸 变脸 掰脸 绷脸
长脸 春脸 愁脸 擦脸 丢脸 方脸
芳脸 粉脸 翻脸 勾脸 刮脸 鬼脸
顾脸 给脸 怪脸 红脸 灰脸 好脸
花脸 黄脸 黑脸 讲脸 尖脸 狡脸
酒脸 开脸 苦脸 老脸 泪脸 莲脸
满脸 脸脸 露脸 门脸 浸脸 马脸
抹脸 麻脸 买脸 卖脸 媚脸 扑脸
皮脸 胖脸 破脸 劈脸 抛脸 泣脸
肉脸 上脸 双脸 舍脸 汕脸 扫脸
赏脸 瘦脸 撒脸 头脸 韬脸 檀脸
向脸 杏脸 香脸 秀脸 笑脸 新脸
鞋脸 涎脸 霞脸 匀脸 玉脸 仰脸
要脸 圆脸 朱脸 作脸 争脸 做脸
转脸 妆脸

不要脸 扮鬼脸 绷着脸 长方脸 唱白脸
唱红脸 大花脸 鹅蛋脸 芙蓉脸 粉红脸
瓜子脸 虎起脸 猴子脸 酒晕脸 酒红脸
老着脸 拉下脸 苹果脸 赔笑脸 青水脸
二花脸 三花脸 三角脸 四方脸 撕破脸
桃花脸 觍着脸 小白脸 小花脸 笑着脸
涎着脸 阴阳脸 鸭蛋脸 胭脂脸 抓破脸
做鬼脸 做嘴脸 枣红脸

丑恶嘴脸 愁眉苦脸 兜头盖脸 古铜色脸
呱嗒着脸 灰头土脸 黑丧着脸 焦眉苦脸
急赤白脸 急头赖脸 哭丧着脸 扭歪了脸
搂头盖脸 柳腰莲脸 没皮没脸 平头正脸
劈头盖脸 秋风黑脸 死皮赖脸 酸眉苦脸
桃腮粉脸 西眉南脸 涎皮赖脸 嬉皮笑脸
有头有脸 抓破了脸 绽开笑脸

吊死鬼擦粉，死不要脸/棺材里打粉，死不要脸/割鼻子来换面吃，不要脸/既爱财，休爱脸/眉毛上挂扫把，扫一脸/

蔹 liǎn 多年生蔓生草本植物，叶多而细。

白蔹 赤蔹 豨蔹
赤白蔹

练 liàn ①把生丝煮得洁白。②白色的丝。③经验多。④训练。

谙练 暗练 白练 被练 博练 抻练
闯练 晨练 彩练 操练 澄练 大练
达练 胆练 捣练 飞练 非练 干练
缟练 横练 校练 教练 净练 简练
精练 苦练 历练 老练 拉练 练练
凝练 明练 匹练 排练 缣练 巧练
秋练 倩练 如练 揉练 书练 搜练
生练 素练 熟练 团练 陶练 吴练
稳练 心练 冼练 闲练 训练 雪练
霄练 绡练 洵练 衣练 演练 雨练
招练 诤练 组练 综练 缯练

垂文练 澄如练 捧秋练 江如练 蕉花练
匹似练 飘素练

宝垂百练 平江如练 军队训练 净江如练
苦学苦练 老戎谙练 秋江如练 勤学苦练
献之书练 制式教练

炼 liàn ①用火烧制。②用心琢磨，使精炼。③锻炼身体。④烹熬炮制。

熬炼 百炼 暴炼 锤炼 丹炼 锻炼
服炼 骨炼 灌炼 就炼 祭炼 精炼
磨炼 烹炼 炮炼 熔炼 烧炼 是炼

提炼 娲炼 修炼 冶炼 研炼 铸炼
黄金炼 烈火炼 榴火炼 猛火炼
千锤百炼 射奸沈炼 语言精炼 语言锤炼
事上磨炼 精金百炼
真金不怕火来炼/

恋 liàn ①爱慕。②男女相爱。③思念的意思。
爱恋 别恋 悲恋 初恋 慈恋 多恋
耽恋 蝶恋 挂恋 感恋 鬼恋 顾恋
怀恋 恨恋 婚恋 积恋 酒恋 鸠恋
春恋 畸恋 连恋 恋恋 留恋 嫪恋
迷恋 梦恋 蜜恋 慕恋 盼恋 攀恋
绻恋 热恋 失恋 身恋 似恋 深恋
思恋 诗恋 赏恋 贴恋 贫恋 违恋
乡恋 相恋 系恋 遐恋 亿恋 依恋
仰恋 沾恋 追恋 遮恋 瞻恋
采衣恋 登朝恋 黄昏恋 婚外恋 驽马恋
清夜恋 趋庭恋 三宿恋 三角恋 同性恋
游蜂恋
蜂迷蝶恋 良醖可恋

殓 liàn 装殓。
殡殓 成殓 大殓 含殓 入殓 收殓
小殓 装殓

潋 liàn ［潋滟］水波相连的样子。
碧潋 翠潋 定潋 澹潋 泛潋 红潋
潋潋 雾潋 泻潋 玉潋 滟潋

链 liàn ①多指用金属环连套而成的索子。②计量海洋上距离的长度单位。
百链 表链 错链 吊链 飞链 金链
精链 铰链 拉链 锚链 镕链 锁链
铁链 心链 项链 治链
生物链 食物链 铁锁链 修拉链

楝 liàn 落叶乔木，花淡紫色，种子，树皮都可入药。
苦楝 如楝 树楝
孤凤楝 龙畏楝

裢 lian ［褡裢］一种口袋，中间开口，两头装东西。
褡裢

戋 jiān 小，少。
戋戋
束帛戋
为数戋戋

浅 jiān 又音 qiǎn ［浅浅］拟声词。
浅浅

笺 jiān ①注释的一种。②名片。③精美纸张。④文体名。
巴笺 便笺 寸笺 长笺 传笺 綵笺
裁笺 典笺 读笺 飞笺 华笺 花笺
笺笺 锦笺 蛮笺 鸾笺 七笺 琼笺
手笺 松笺 诗笺 素笺 蜀笺 苔笺
题笺 信笺 修笺 云笺 芸笺 牙笺
鱼笺 郑笺
白玉笺 报晓笺 碧牙笺 彩云笺 藏宗笺
浮花笺 浣花笺 泥金笺 寄一笺 泪洒笺
染云笺 松花笺 三万笺 五色笺 写红笺
薛涛笺 一幅笺 云笺笺 玉版笺 雁头笺
衍波笺 展尺笺 谢公笺
韩浦鸾笺 刻烛分笺

尖 jiān ①物体尾端突出细小的部分。②尖利。③感觉锐敏。④声音高而细。⑤出类拔萃的人才。⑥钻进。⑦尖刻。
拔尖 笔尖 鼻尖 出尖 层尖 承尖
城尖 刀尖 打尖 顶尖 风尖 峰尖
耳尖 岗尖 红尖 合尖 花尖 尖尖
角尖 脚尖 浪尖 溜尖 柳尖 民尖
毛尖 眉尖 冒尖 帽尖 掐尖 耳尖
柔尖 上尖 山尖 舌尖 色尖 笋尖
头尖 塔尖 调尖 臀尖 心尖 鞣尖
玉尖 叶尖 眼尖 爪尖 指尖 针尖
嘴尖
风口尖 高精尖 牛角尖 马耳尖 棉花尖
暮寒尖 耳朵尖 石笋尖 唇嘴尖 五峰尖
远更尖 语多尖
仓满囤尖 踮起脚尖 风口浪尖 黑心歪尖
菱角尖尖 钻牛角尖

奸 jiān ①诈伪，狡猾。②叛国的人。③淫乱。④非法。⑤邪恶作伪的人。
暗奸 长奸 池奸 讪奸 除奸 黜奸

锄奸　藏奸　大奸　刁奸　防奸　发奸
封奸　附奸　锋奸　格奸　国奸　遣奸
汉奸　好奸　河奸　怀奸　豪奸　江奸
巨奸　击奸　讦奸　济奸　检奸　鸡奸
减奸　禁奸　客奸　内奸　阑奸　老奸
列奸　轮奸　兰奸　莫奸　谋奸　朋奸
排奸　破奸　权奸　强奸　若奸　柔奸
诸奸　稔奸　三奸　生奸　私奸　师奸
耍奸　宿奸　售奸　神奸　斯奸　肃奸
绳奸　赏奸　树奸　撒奸　讨奸　通奸
橐奸　玩奸　舞奸　憸奸　下奸　阴奸
养奸　诱奸　遇奸　野奸　殷奸　御奸
止奸　兆奸　朱奸　作奸　捉奸　总奸
照奸
傲江奸　不格奸　彩笔奸　叩角奸　汩阑奸
平蔡奸　岂能奸　舞舞奸　喜戢奸
崔碣发奸　洞烛其奸　党恶佑奸　姑息养奸
进善惩奸　进贤退奸　狼狈为奸　卖俏行奸
朋心为奸　祛蠹除奸　稔恶藏奸　尸保侯奸
无不藏奸　以售其奸
武大郎捉奸/

歼

jiān　消灭。

攻歼　尽歼　就歼　聚歼　齐歼　全歼
身歼　师歼　殄歼　痛歼　安歼　围歼
把敌歼　封豕歼　万类歼

坚

jiān　①硬。②结实。③坚固的事物。④坚定。⑤强硬。

安坚　冰坚　持坚　摧坚　洞坚　方坚
腹坚　攻坚　甲坚　节坚　精坚　看坚
力坚　老坚　覆坚　弥坚　披坚　破坚
剖坚　秋坚　清坚　石坚　实坚　霜坚
无坚　物坚　心坚　学坚　倚坚　益坚
愈坚　中坚　自坚　贞坚　最坚　忠坚
缵坚
百炼坚　节龙坚　金石坚　胶漆坚　穷益坚
水腹坚　晚节坚　意志坚
藏龟符坚　拂矢贯坚　脆而不坚　攻关陷坚
摩顶守坚　穷且益坚　穷当益坚　猛将符坚

间

jiān　又音 jiàn　①中间。②近来。③在时、空或队群之内。④量词。⑤一会儿。⑥房间。

暗间　廒间　白间　波间　车间　尘间
此间　窗间　草间　代间　当间　单间
凡间　坊间　房间　饭间　行间　花间
濠间　几间　居间　间间　开间　空间
两间　林间　里间　覆间　民间　梦间
明间　排间　区间　其间　屈间　期间
日间　人间　少间　山间　司间　水间
生间　舍间　俗间　世间　时间　松间
桑间　殊间　瞬间　田间　庭间　套间
跳间　屠间　午间　外间　晚间　苇间
乡间　心间　选间　一间　元间　云间
因间　阴间　阳间　夜间　檐间　中间
在间　早间　竹间　灶间　杖间　指间
谮间
半中间　伯仲间　碧涛间　苍莽间　沧波间
吃饭间　齿牙间　厕所间　插云间　翠微间
当中间　风尘间　反掌间　俯仰间　公卿间
户牖间　混时间　画梁间　酒吧间　酒杯间
老年间　木屣间　门房间　马桶间　眉睫间
季孟间　渺茫间　清浊间　顷刻间　起坐间
前后间　十百间　人世间　山林间　山岩间
旦夕间　瞬息间　霎时间　天地间　天壤间
太平间　桃李间　亭子间　卫生间　五湖间
屋三间　心腹间　写字间　洗手间　霄汉间
一阵间　云水间　云半间　衣帽间　烟雾间
隐约间　这其间　灶披间　帐房间　转眼间
眨眼间　指顾间　齿舌间
北京时间　伯仲之间　刹那之间　俯仰之间
黄金时间　季孟之间　材不材间　降谪人间
蹑足其间　陌上桑间　说话之间　瞬息之间
三维空间　四维空间　涉足其间　天上人间
弹指之间　未达一间　一瞬之间　一瞥之间
宇宙空间　玉在石间　游戏人间　疑似之间
字里行间　转眼之间　转瞬之间　咫尺之间
造次之间　郑卫桑间　终食之间　矢石之间
不要人夸颜色好，只留清白在人间/百年三万六千日，光阴只有瞬息间/粉身碎骨浑不怕，留得清白在人间/广厦千万间/格林尼治时间/桃李满天下，清白在人间/

肩

jiān　①肩膀。②担负。③任用。④胜任。

挨肩　比肩　并肩　併肩　垫肩　擦肩

过肩 换肩 及肩 肩肩 驾肩 坎肩
靠肩 两肩 联肩 摩肩 平肩 拍肩
坡肩 披肩 骈肩 齐肩 上肩 身肩
耸肩 释肩 随肩 抬肩 兔肩 铁肩
豚肩 袒肩 香肩 卸肩 息肩 胁肩
歇肩 右肩 云肩 鸢肩 左肩 中肩
仔肩 彘肩
比及肩 从雨肩 得体肩 凤集肩 肩并肩
可摩肩 两息肩 鸟巢肩 耳垂肩 耸山肩
挑在肩 笑拍肩 一心肩
赐墙及肩 谄笑胁肩 斗酒彘肩 两耳垂肩
携手并肩 重任在肩

艰 jiān ①艰难。②困难。③险恶。

辞艰 丁艰 大艰 父艰 后艰 济艰
克艰 内艰 覆艰 藐艰 私艰 时艰
事艰 思艰 深艰 投艰 图艰 无艰
外艰 我艰 维艰 心艰 辛艰 险艰
言艰 阻艰
丁父艰 丁外艰 丁内艰 济时艰 稼穑艰
世纲艰 天步艰
步履维艰 创业维艰 蒿目时艰 进退维艰
家计维艰 物力维艰 遗大投艰

监 jiān 又音 jiàn ①监视。②监狱。③掌管。

大监 副监 古监 光监 官监 宫监
狗监 贺监 景监 降监 酒监 驾监
狂监 内监 立监 牛监 灵监 裴监
启监 前监 软监 四监 司监 收监
赏监 天监 台监 探监 治监 学监
中监 字监 坐监 总监
百工监 长秋监 都水监 黄门监 骏马监
郡直监 开宝监 控鹤监 立元监 饮天监
三王监 上卿监 武礼监 太史监
世南书监
人无于水监，当于民监/

兼 jiān ①吞并。②加倍。③有多方面的职务或能力。

爱兼 并兼 佣兼 才兼 封兼 力兼
难兼 守兼 事兼 捨兼 思兼 体兼
通兼 文兼 相兼 勋兼 意兼 义兼
身兼 职兼 智兼
暗能兼 白云兼 把职兼 福寿兼 将相兼
客思兼 水云兼 侍忧兼 色相兼 万智兼
万物兼 一身兼
食宿相兼 熊鱼难兼

蒹 jiān 没长穗的芦苇。

采蒹 苍蒹 汀蒹 秋蒹

缣 jiān 细绢。

百缣 尺缣 出缣 成缣 持缣 残缣
赐缣 断缣 怀缣 黄缣 龙缣 兰缣
青缣 受缣 霜缣 吴缣 纨缣 遗缣
新缣 湘缣 织缣 赠缣
大妇缣 覆青缣 给青缣 隔轻缣 换熟缣
孝子缣 字三缣
保安千缣 归罪遗缣 贯之辞缣 裴度千缣
薛宣分缣 一字一缣

鹣 jiān 鹣鹣，比翼鸟。

孤鹣 鹣鹣 鸣鹣 西鹣 祥鹣 云鹣
微鹣

鳒 jiān 鳒鱼。

比目鳒

菅 jiān 多年生草本植物叶子细长。

白菅 编菅 草菅 黄菅 野菅 榛菅
白华菅 三霄菅

渐 jiān 又音 jiàn ①浸。②流入。③逐渐。④加剧。

大渐 东渐 防渐 鸿渐 几渐 积渐
阶渐 将渐 嗟渐 连渐 能渐 浸渐
同渐 下渐 行渐 延渐 支渐 自渐
沾渐
池水渐 占鸿渐

犍 jiān 又音 qián ①阉过的牛。②阉割的牲畜。

呼犍 两犍 南犍 乌犍 犁犍
吴犍 又犍

鞬 jiān 马上装弓箭的袋子。

兜鞬 櫜鞬

湔 jiān ①洗。②洗雪。

濯湔 湔湔 洗湔 至湔

煎 jiān ①熬。②熔炼。③喻痛苦。④把食物放在熟油里弄熟。

熬煎 愁煎 烦煎 膏煎 甲煎 菊煎
急煎 苦煎 浓煎 梅煎 蜜煎 炮煎
烹煎 日煎 热煎 水煎 鼓煎 忧煎
萤煎 自煎
百虑煎 活火煎 汲水煎 茗独煎 卯时煎
萁豆煎 曲池煎 手自煎 石鼎煎 受熬煎
夏热煎 蟹眼煎
豆萁相煎 腹热火煎 膏火自煎 萁豆相煎

缄 jiān ①扎束。②封、闭。③书信。

表缄 封缄 华缄 机缄 寄缄 开缄
龙缄 披缄 捧缄 启缄 三缄 神缄
素缄 通缄 题缄 滕缄 心缄 讯缄
香缄 幽缄 鱼缄 遥缄 瑶缄
金人三缄 金慎三缄

瑊 jiān ［瑊石］一种像玉的美石。

浑瑊 寇瑊

鞯 jiān 垫马鞍的东西。

鞍鞯 垂鞯 弓鞯 锦鞯 罗鞯 马鞯
蒲鞯 雨鞯 腰鞯
法主蒲鞯

拣 jiǎn ①挑选。②同“检”。

不拣 料拣 拾拣 汰拣 挑拣 选拣
阅拣

笕 jiǎn 在屋檐下、田地间引水的长竹管。

翠笕 接笕 山笕 竹笕
分溜笕 连云笕

茧 jiǎn ①一些昆虫的幼虫在变成蛹之前吐丝做成的壳。②蚕茧。③同“趼”。

白茧 冰茧 剥茧 重茧 抽茧 成茧
蚕茧 春茧 独茧 奠茧 分茧 芳茧
角茧 结茧 缫茧 老茧 累茧 蔺茧
十茧 山茧 缲茧 桑茧 心茧 香茧
献茧 玉茧 野茧 鱼茧 作茧 治茧
胝茧
冰丈茧 园客茧 曳寒茧
满手老茧 老蚕作茧 百舍重茧
嘴上说起老茧/白居易手肘成茧/

柬 jiǎn ①挑选。②柬帖。③信札。

遴柬 清柬 书柬 小柬 信柬 修柬
谢柬 云柬 折柬 致柬

俭 jiǎn ①约束行为。②节省。③贫乏。④谦卑的样子。

不俭 侈俭 崇俭 丰俭 菲俭 翻俭
共俭 苟俭 国俭 贵俭 恭俭 躬俭
汉俭 好俭 荒俭 鹤俭 节俭 简俭
俊俭 谨俭 克俭 廉俭 民俭 清俭
勤俭 仁俭 示俭 省俭 师俭 俗俭
奢俭 岁俭 蔬俭 太俭 凶俭 学俭
行俭 欣俭 一俭 允俭 质俭 昭俭
葛屦俭 茅茨俭 世风俭
黜奢崇俭 克勤克俭 晏婴能俭 埋江张俭

捡 jiǎn ①约束。②察看。③举发。④拾取。

不捡 收捡
把柴捡 无心捡

检 jiǎn ①法度。②约束。③考查。④检点。⑤检察。

案检 不检 白检 标检 抽检 重检
查检 大检 点检 方检 防检 翻检
共检 勾检 国检 活检 婚检 仪检
纪检 拘检 家检 禁检 检检 稽检
泥检 考检 名检 免检 俳检 潜检
偶检 少检 尸检 失检 石检 书检
收检 商检 神检 搜检 绳检 素检
体检 通检 无检 小检 行检 相检
闲检 讯检 玉检 仪检 有检 牙检
药检 悠检 自检 坐检 追检 芝检
东华检 名教检
金泥玉检 行为不检 言语失检

睑 jiǎn ①眼皮。②目。③收敛。

双睑 眼睑

趼 jiǎn 手脚上因运动、劳动而摩擦成的硬皮。

重趼 胝趼 老趼 累趼 马趼 蹄趼
足趼

减 jiǎn ①减少。②减轻。③减弱。④降低程度。

暗减 不减 半减 寸减 除减 翠减
裁减 递减 凋减 顿减 分减 何减
核减 耗减 加减 节减 酒减 爵减
狂减 客减 力减 累减 揽减 清减
轻减 锐减 少减 水减 省减 色减
声减 损减 衰减 食减 删减 瘦减
缩减 膳减 退减 未减 望减 消减
削减 雪减 香减 言减 语减 油减
盈减 主减 至减 昼减 租减 增减
酌减
花片减 名不减 声望减 俗虑减 香初减
纤腰减
防年末减 香消玉减 有增无减 腰围月减

碱 jiǎn ①含有十个分子结晶水的碳酸钠。②被碱侵蚀。③能在水溶液中电离生成氢氧离子的物质。

茶碱 纯碱 胆碱 返碱 刮碱 火碱
汗碱 花碱 净碱 极碱 口碱 耐碱
强碱 弱碱 石碱 水碱 伤碱 食碱
酸碱 烧碱 味碱 洗碱 详碱 宜碱
饮碱 烟碱 盐碱 赝碱 作碱
咖啡碱

剪 jiǎn ①除掉。②剪刀。③像剪子的东西。④用剪刀铰。

背剪 除剪 摧剪 裁剪 刀剪 倒剪
反剪 风剪 火剪 还剪 夹剪 金剪
剪剪 开剪 快剪 阙剪 如剪 水剪
疏剪 删剪 霜剪 童剪 勿剪 修剪
夷剪 烛剪
并州剪 长风剪 风花剪 繁芜剪 女儿剪
桐叶剪 吴绫剪 眼波剪 燕尾剪

谫 jiǎn 浅薄。

谫谫

翦 jiǎn ①剪整齐。②割截。③歼灭。④削减。

除翦 钼翦 姓翦 翦翦 阙翦 雨翦
芟翦

锏 jiǎn 又音 jiàn 古代的一种兵器。

杀手锏 撒手锏
秦琼的杀手锏/

简 jiǎn ①战国时期用于书写的竹片。②书信。③简选。④怠慢。⑤检查。⑥简单，简化。

白简 编简 从简 尺简 残简 错简
大简 短简 牒简 德简 烦简 繁简
古简 苟简 刚简 汉简 汗简 弘简
号简 井简 夹简 就简 俭简 精简
金简 贱简 简简 狂简 宽简 礼简
料简 兰简 木简 妙简 懋简 平简
青简 穷简 轻简 清简 诠简 仁简
示简 山简 手简 书简 使简 事简
授简 素简 删简 霜简 缩简 迪简
听简 投简 恬简 脱简 撢简 小简
信简 行简 希简 象简 湘简 已简
用简 仪简 夷简 阴简 竹简 至简
作简 折简 执简 授简
编金简 尺一简 科条简 太史简 纸代简
残篇断简 残编断简 道虔送简 断编残简
断篇残简 戴和书简 束哲辨简 删繁就简
试子夷简 疏脱土简 一切从简 彦升百简
因陋就简 遗篇断简
世治则礼详，世乱则礼简/

戬 jiǎn ①尽。②剪除。

不戬 降戬 祓戬
人生大戬

蹇 jiǎn ①跛脚。②劣马或跛驴。③六十四卦之一。④口吃。⑤迟钝。

步蹇 病蹇 迟蹇 策蹇 大蹇 多蹇
乖蹇 高蹇 耿蹇 拘蹇 济蹇 骄蹇
蹇蹇 连蹇 驽蹇 马蹇 贫蹇 疲蹇
跛蹇 屈蹇 奇蹇 受蹇 疏蹇 屯蹇
往蹇 小蹇 行蹇 阳蹇 淹蹇 偃蹇
足蹇 忠蹇
彼皆蹇 策小蹇 水山蹇 王臣蹇 瑶台蹇
命乖运蹇 命运多蹇 命途多蹇 时乖命蹇

仕途偃蹇

謇 jiǎn ①口吃。②（文辞）艰涩。③忠诚。

刚謇 耿謇 窘謇 謇謇 勤謇 修謇
因謇 语謇 忠謇

见 jiàn 又音 xiàn ①看见。②看得出。③听见。④接见。⑤遇见。⑥接触。⑦见地。⑧文字出现在某处。⑨了解。

不见 拜见 炳见 陛见 鄙见 賓见
瞥见 从见 传见 常见 创见 成见
闯见 绰见 参见 朝见 逴见 瞅见
才见 的见 定见 达见 迭见 多见
党见 登见 独见 洞见 短见 殚见
肤见 过见 顾见 高见 管见 躬见
寡见 互见 回见 会见 罕见 函见
横见 慧见 核见 已见 仅见 记见
机见 进见 就见 晋见 接见 渐见
觐见 可见 看见 窥见 另见 龙见
林见 利见 李见 陋见 览见 目见
面见 明见 庙见 妙见 梦见 眷见
谬见 偏见 碰见 蹦见 瞥见 乞见
求见 奇见 浅见 亲见 起见 请见
瞧见 觑见 人见 入见 二见 日见
少见 私见 俗见 所见 识见 时见
灼见 宿见 谁见 厮见 听见 推见
脱见 特见 偶见 无见 外见 未见
违见 闻见 望见 温见 小见 习见
穴见 先见 相见 寻见 叙见 显见
想见 稀见 悬见 鲜见 溲见 一见
易见 引见 远见 仰见 迎见 英见
眼见 预见 约见 诣见 夜见 遇见
愚见 臆见 乍见 正见 主见 自见
早见 召见 再见 足见 政见 造见
拙见 卓见 执见 肘见 灼见 证见
贽见 赞见 撞见 踵见 陬见
不相见 賓如见 才人见 回头见 花里见
壶中见 鲛人见 可怜见 看虚见 闹意见
梦中见 披云见 亲眼见 听不见 提意见
寻短见
兵戎相见 长安不见 独抒新见 各抒已见
独到之见 妇人之见 发抒已见 各持已见
各摅已见 各执已见 固执已见 孤行已见
管窥之见 管窥蛙见 羹墙如见 化除成见
黄泉相见 见所未见 坚持已见 井蛙之见
开诚相见 狃于成见 门户之见 皮肤之见
耳闻目见 书生之见 扫门求见 世俗之见
视而不见 倏忽不见 推诚相见 习闻惯见
先入之见 显而易见 喜闻乐见 已忽不见
一如所见 一孔之见 一隅之见 一偏之见
一得之见 一家之见 由此可见 囿于成见
隐约可见 榆枋之见 燕雀之见 咫闻管见
自寻短见 直抒已见 捉衿肘见 真诚相见
卓有远见 真知灼见
百闻不如一见/耳闻不如目见/目短于自见/

舰 jiàn 军舰，战船。

兵舰 百舰 步舰 乘舰 船舰 大舰
斗舰 飞舰 高舰 火舰 画舰 巨舰
军舰 挟舰 舸舰 列舰 楼舰 母舰
皮舰 拍舰 炮舰 轻舰 旗舰 水舰
万舰 小舰 远舰 引舰 游舰 舟舰
战舰 斋舰
白虎舰 布雷舰 供应舰 护卫舰 护航舰
凌波舰 青龙舰 驱逐舰 沙棠舰 铁甲舰
巡洋舰 运输舰 主力舰 战斗舰 战列舰
装甲舰
航空母舰

件 jiàn ①用件计算的事物。②指文书等。③量词。

案件 部件 备件 摆件 抄件 锻件
附件 工件 构件 稿件 逐件 计件
件件 机件 具件 急件 快件 未件
寒件 密件 慢件 配件 器件 软件
什件 事件 条件 文件 物件 信件
元件 原件 邮件 要件 硬件 作件
证件 制件 组件 铸件
无条件
红头文件 机密文件 劳动条件 先决条件
预制构件 桩桩件件

间 jiàn 又音 jiān ①空隙。②距离。③间隔。④间道。⑤更迭。

病间 长间 乘间 得间 反间 发间
何间 内间 年间 离间 难间 门间
少间 无间 为间 相间 有间 易间

有无间

读书得间　红白相间　红绿相间　寒暑无间

黑白相间　亲密无间　融洽无间　团结无间

挑拨离间　相得无间

涧 jiàn　夹在两山之间的水沟。

暗涧　边涧　碧涧　长涧　出涧　春涧

翠涧　瀍涧　过涧　沟涧　大涧　飞涧

花涧　虎涧　皇涧　荒涧　寒涧　绝涧

浚涧　静涧　林涧　暮涧　满涧　千涧

秋涧　入涧　山涧　石涧　松涧　涉涧

深涧　潭涧　文涧　无涧　小涧　雪涧

溪涧　月涧　幽涧　饮涧　竹涧

春申涧　公路涧　金谷涧　斤竹涧　解支涧

空桑涧　羊头涧　幽草涧　鹰愁涧　竹溪涧

茱萸涧

穿山越涧

锏 jiàn　又音 jiǎn　嵌在车轴上的铁件，可以保护车轴可增加摩擦力。

刹锏　煞锏

饯 jiàn　①用酒食送行。②饯别。

出饯　宠饯　赐饯　道饯　班饯　恩饯

公饯　旧饯　郊饯　乃饯　礼饯　留饯

劳饯　开饯　蜜饯　荣饯　送饯　受饯

设饯　诗饯　慰饯　效饯　引饯　迎饯

饮饯　寅饯　祖饯　赠饯

壶觞饯　青门饯　疏广饯

贱 jiàn　①价格低。②地位低下。③轻视。

卑贱　鄙贱　存贱　低贱　黩贱　犯贱

发贱　故贱　贵贱　寒贱　凌贱　澜贱

米贱　篾贱　庇贱　贫贱　轻贱　人贱

少贱　色贱　身贱　素贱　我贱　物贱

微贱　小贱　下贱　由贱　自贱　贼贱

辨贵贱　多不贱　湖蟹贱　千金贱　青山贱

鱼米贱

不忘贫贱　贫而不贱　人微言贱　田骄贫贱

自轻自贱　压良为贱

地有高低，人有贵贱/树老招风，人老招贱/自古妇人无贵贱/自尊自重，自轻自贱/猪八戒吃人参果，不分贵贱/

践 jiàn　①踩。②到，临。③实行。④举行。⑤遵守。

不践　兵践　宝践　跳践　初践　蹴践

超践　蹈践　光践　高践　勾践　允践

凌践　躏践　履践　马践　侵践　荣践

蹂践　柔践　升践　实践　身践　胜践

深践　稍践　徒践　踏践　妄践　行践

有践　遊践　作践　再践　朝践　糟践

春台践　丹梯践　飞鸟践　牛羊践　三台践

事樊践　云壑践　妖梦践

溅 jiàn　又音 jiān　液体受冲激之力向四面飞射。

逆溅　飞溅　溅溅　喷溅　水溅　血溅

雪溅　雨溅

钢花溅　水花溅　银浪溅　珠玑溅

建 jiàn　①创立。②建立。③树立。④提出。⑤建筑。

不建　敕建　重建　初建　承建　创建

城建　筹建　大建　斗建　封建　翻建

福建　改建　构建　黄建　基建　开建

扩建　利建　瓴建　名建　辟建　懋建

杓建　升建　树建　善建　头建　小建

兴建　学建　修建　新建　月建　永建

宜建　营建　自建　组建　钟建　整建

肇建　增建

本支建　东宫建　高牙建　皇极建　六宫建

朱旗建

多才子建

健 jiàn　①刚强。②善于。③健康。④不倦。

保健　笔健　膘健　才健　粗健　瘦健

斗健　肥健　刚健　毫健　鹤健　鸿健

矫健　劲健　俊健　精健　脚健　伉健

康健　鬼健　内健　牛健　老健　贫健

酋健　轻健　强健　钤健　清健　遒健

趫健　素健　竦健　天健　体健　武健

旺健　顽健　稳健　行健　雄健　骁健

黠健　勇健　腴健　雅健　自健　至健

足健　壮健

笔力健　重瞳健　鹏鹗健　青春健　秋隼健

儿女健　诗骨健　天行健　新竹健　知谁健

笔峰雄健　步伐矫健　称人康健　清脆刚健

遒劲刚健　身姿矫健　谈锋甚健　舞步稳健
雄深雅健

楗 jiàn ①关门的闩。②遏制。

关楗　钩楗　管楗　扃楗　铃楗　枢楗
元楗　幽楗
五夺楗　宣房楗

毽 jiàn 一种脚踢的玩具。

踢毽
鸡毛毽

腱 jiàn 肌腱。

肌腱　筋腱

键 jiàn ①鼎上连通两耳的杠子。②钥匙。③一种机械零件。④门闩。

安键　电键　关键　钩键　管键　花键
黑键　扃键　机键　铃键　木键　钤键
琴键　钳键　勺键　善键　天键　无键
玄键　竹键
化学键　离子键　神异键

荐 jiàn ①草席。②藉，垫。③聚集。④荐举。⑤献进。

哀荐　不荐　白荐　保荐　波荐　宾荐
綵荐　初荐　草荐　春荐　登荐　鼎荐
鹗荐　芳荐　饭荐　贵荐　颗荐　稿荐
进荐　举荐　祭荐　力荐　理荐　醴荐
口荐　客荐　木荐　蒲荐　亲荐　秋荐
绮荐　寝荐　升荐　首荐　数荐　同荐
休荐　廷荐　推荐　尉荐　慰荐　乡荐
享荐　席荐　显荐　解荐　引荐　预荐
殷荐　赝荐　愿荐　字荐　自荐　追荐
丙科荐　不自荐　花如荐　廉使荐　明水荐
天方荐　萧君荐　银丝荐　鸳鸯荐　瑶华荐
毛遂自荐　求人引荐　弹冠待荐　叔敖丘荐

剑 jiàn ①古代兵器。②剑术。③用剑杀人。④挟在肋下。

按剑　白剑　宝剑　班剑　长剑　齿剑
淬剑　操剑　赐剑　大剑　刀剑　夺剑
带剑　砥剑　敦剑　短剑　飞剑　伏剑
负剑　拂剑　腹剑　古剑　故剑　挂剑
花剑　交剑　击剑　进剑　掘剑　解剑
扣剑　蒯剑　老剑　龙剑　利剑　良剑
砺剑　离剑　看剑　木剑　名剑　埋剑
蒲剑　求剑　奇剑　琴剑　欧剑　刃剑
石剑　尚剑　手剑　双剑　书剑　私剑
试剑　善剑　天剑　吞剑　提剑　弹剑
铜剑　文剑　玩剑　舞剑　小剑　匣剑
行剑　许剑　学剑　悬剑　笑剑　新剑
倚剑　执剑　紫剑　铸剑
冲天剑　冲斗剑　丰城剑　芙蓉剑　冯谖剑
公子剑　故放剑　雷公剑　龙泉剑　雷焕剑
陆贾剑　鹿卢剑　芒于剑　七星剑　青虹剑
青蛇剑　双龙剑　庶人剑　上方剑　三尺剑
水心剑　尚方剑　腾空剑　文渊剑　吴光剑
匣中剑　星辰剑　龙阿剑　欧冶剑　徐墓剑
阴阳剑　曳影剑　鱼肠剑　腰下剑　倚天剑
专诸剑　诸侯剑　诛佞剑　斩蛇剑　斩蛟剑
斩马剑　留徐剑　欧冶剑
除毒异剑　唇枪舌剑　丰城龙剑　风刀霜剑
犯法有剑　梵裘伏剑　封刀挂剑　鸿门舞剑
季扎挂剑　剑麻以剑　口蜜腹剑　刻舟求剑
刻船求剑　两目如剑　陆家宝剑　弄枪击剑
买犁卖剑　弃学捐剑　契船求剑　欧治铸剑
仍求故剑　尚方宝剑　死生一剑　要刀舞剑
田光伏剑　夤巧掷剑　学书学剑　项庄舞剑
易操守剑　十年磨剑　延津龙剑　延凌许剑
倚天宝剑　赢书囊剑　钟会窃剑　陵母伏剑
衔须伏剑　盘水加剑　步光之剑
口有蜜，腹有剑/

监 jiàn 又音 jiān ①古代的官名。②太监。

都监　方监　太监　外监
国子监　太师监
梳头太监

鉴 jiàn ①古代器物名。②镜子。③照。④儆戒，借鉴。⑤察。

冰鉴　碧鉴　宝鉴　才鉴　成鉴　裁鉴
大鉴　洞鉴　风鉴　古鉴　光鉴　龟鉴
国鉴　纲鉴　惠鉴　开鉴　客鉴　可鉴
金鉴　借鉴　矫鉴　钧鉴　家鉴　简鉴
镜鉴　年鉴　良鉴　例鉴　能鉴　民鉴
明鉴　鞶鉴　鹊鉴　人鉴　日鉴　耳鉴
三鉴　四鉴　水鉴　神鉴　事鉴　赏鉴

天鉴　台鉴　听鉴　图鉴　通鉴　五鉴
物鉴　下鉴　心鉴　一鉴　义鉴　元鉴
玉鉴　永鉴　月鉴　有鉴　印鉴　龟鉴
渊鉴　殷鉴　作鉴　至鉴　烛鉴　藻鉴
大风鉴　夺目鉴　光少鉴　千秋鉴　山公鉴
山涛鉴
覆车之鉴　毫发可鉴　可资借鉴　前车可鉴
前车之鉴　水清可鉴　发光可鉴　唐宗三鉴
引以为鉴　以古为鉴　以人为鉴　以铜为鉴
油光可鉴　资治通鉴

槛 jiàn　又音 kǎn　①关牲畜野兽的笼子。②槛车。③栏杆。

出槛　大槛　伏槛　绝槛　虎槛　栏槛
龙槛　兰槛　灵槛　凭槛　攀槛　囚槛
去槛　曲槛　前槛　松槛　设槛　危槛
仙槛　雨槛　竹槛　折槛　桎槛

渐 jiàn　又音 jiān　①慢慢地。②事物开始发展的过程。③疏导。④加剧。

沉渐　杜渐　防渐　国渐　积渐　疚渐
奸渐　渐渐　木渐　萌渐　日渐　所渐
无渐　微渐　驯渐　羽渐　妖渐　逐渐
湛渐
防萌杜渐　防微杜渐

谏 jiàn　①直言规劝。②止，挽救。③谏正过失之言。

比谏　兵谏　必谏　笔谏　表谏　愎谏
从谏　大谏　多谏　杜谏　犯谏　复谏
讽谏　復谏　给谏　规谏　国谏　鸿谏
几谏　皆谏　进谏　极谏　决谏　拒谏
净谏　谲谏　謇谏　匡谏　窥谏　力谏
纳谏　民谏　满谏　三谏　尸谏　书谏
所谏　死谏　赏谏　数谏　听谏　托谏
文谏　无谏　往谏　微谏　显谏　已谏
又谏　有谏　欲谏　中谏　正谏　忠谏
证谏　直谏　征谏　箴谏
不忘谏　百工谏　风台谏　褰赏谏　謇謇谏
叩马谏　狂颜谏　留侯谏　人事谏　三空谏
沃心谏　相如谏　造膝谏
傲倪昭谏　公叔笔谏　公权隐谏　龙逢极谏
史鱼尸谏　优孟讽谏　主文谲谏

僭 jiàn　①超越身份。②差失。③虚假。

大僭　伏僭　弗僭　告僭　骄僭　奸僭
狂僭　宁僭　礼僭　冗僭　尚僭　无僭

箭 jiàn　①竹名。②用弓发射的武器。③古代的博具。

暗箭　拍箭　雹箭　拔箭　传箭　谗箭
刀箭　毒箭　飞箭　弓箭　火箭　好箭
滑箭　金箭　急箭　令箭　冷箭　流箭
铃箭　漏箭　弩箭　柳箭　木箭　买箭
卖箭　蓬箭　如箭　三箭　似箭　神箭
射箭　香箭　响箭　篠箭　弦箭　袖箭
羽箭　银箭　折箭　竹箭　战箭
白虹箭　穿杨箭　吹毛箭　风流箭　放冷箭
放暗箭　挥马箭　流星箭　鲁连箭　水中箭
锁云箭　天山箭　弦上箭　杨叶箭　倚天箭
如皋箭　雉带箭
阿豺折箭　伯宗药箭　草船借箭　电似金箭
多极火箭　光阴似箭　光阴如箭　归心似箭
蒿人得箭　降雨火箭　南金年箭　弩下逃箭
明枪暗箭　虔拔虎箭　弯弓搭箭　宇宙火箭
运载火箭　郑弘还箭　张巡赚箭　如皋一箭
开弓不放箭/开弓没有回头箭/拿了鸡毛当令箭/只拉弓，不放箭/

千 qiān　①数词。②言其多。③秋千。

百千　半千　大千　打千　几千　鉴千
满千　千千　秋千　十千　上千　三千
数千　万千　盈千
车三千　椿八千　斗十千　牍三千　橘种千
客三千　礼三千　柳十千　路八千　禄二千
岁三千　万取千
变化万千　拔万论千　弟子三千　感慨万千
气象万千　上百成千　思绪万千　万儿八千
仪态万千
杀人一万，自损三千/贤人七十，弟子三千/

仟 qiān　“千”的大写。

佰仟　仟仟

阡 qiān　①田间小路。②道路。③田野。④坟墓。

北阡　东阡　横阡　九阡　开阡　连阡
南阡　陌阡　阡阡　术阡　西阡　新阡
云阡　远阡　遥阡

京北阡　南陌阡　田连阡　沈罔阡

芊 qiān 草木茂盛。

葱芊　绵芊　芊芊
郁郁芊芊

扦 qiān ①用竹木制成像针的东西。②〈方〉插进去。

花扦　腊扦　蜡扦　竹扦

迁 qiān ①贬谪。②徙居。③更动。④变易。⑤晋升。⑥流放。

不迁　逋迁　变迁　播迁　搬迁　拆迁
超迁　东迁　递迁　高迁　化迁　回迁
九迁　南迁　屡迁　躐迁　美迁　贸迁
楙迁　懋迁　乔迁　史迁　情迁　日迁
荣迁　史迁　三迁　升迁　时迁　时迁
世迁　神迁　散迁　岁迁　始迁　升迁
推迁　物迁　心迁　远迁　跃迁　莺迁
左迁　重迁　转迁　滴迁
莳非迁　见善迁　念虑迁　怒不迁　孟母迁
司马迁　世运迁　岁月迁　省郎迁　物外迁
异物迁　逐物迁　法不迁　询国迁
安土重迁　法令变迁　寒暑代迁　见异思迁
孟母三迁　情随事迁　日异月迁　田秋九迁
时序变迁　事过境迁　时过境迁　时过事迁
枭将东迁　一日九迁　一岁三迁　才如史迁
狭乡乐迁　盘庚之迁　百世不迁　既其女迁
成而不迁

钎 qiān 一头尖的长钢棍。

打钎　钢钎　炮钎

签 qiān ①标志。②亲自署名或画押。③简要地写出。④古代官府拘捕犯人的凭证。

标签　付签　抽签　草签　典签　带签
浮签　更签　简签　路签　漏签　棉签
七签　求签　琼签　瑞签　书签　松签
僧签　投签　题签　云签　芸签　牙签
邮签　瑶签　中签　朱签　竹签
白玉签　报晚签　甲乙签　泥金签　三万签
贴标签　云笈签
警睡投签

牵 qiān ①拉。②牵连。③关系。④缠连。⑤拘泥。

报牵　愁牵　多牵　带牵　风牵　挂牵
罣牵　拘牵　劳牵　挛牵　梦牵　情牵
人牵　手牵　丝牵　事牵　未牵　挽牵
相牵　饩牵　线牵　引牵　衣牵　欲牵
意牵　冤牵　萦牵
百丈牵　百虑牵　别兴牵　锦缆牵　柳丝牵
名利牵　梦相牵　石上牵　世纲牵　俗累牵
无挂牵　万感牵　一线牵　徭役牵
千里姻缘一线牵/人被名利牵/

铅 qiān 又音 yán ①铅笔。②一种金属元素。③石墨。

白铅　笔铅　苍铅　丹铅　贡铅　火铅
化铅　怀铅　华铅　驽铅　录铅　哑铅
银铅　朱铅
百炼铅　洗朱铅
腿像灌铅

悭 qiān ①吝啬。②减省。③欠缺。

成悭　财悭　寒悭　老悭　囊悭　偏悭
破悭　天悭　雪悭　缘悭
得句悭　酒樽悭　日色悭　心渐悭　雨露悭
造物悭
苏轼为悭

谦 qiān ①谦让。②六十四卦之一。③称对方的谦辞。

必谦　卑谦　从谦　持谦　辞谦　大谦
非谦　福谦　过谦　恭谦　好谦　㧑谦
劳谦　能谦　履谦　鸣谦　谦谦　柔谦
守谦　尚谦　小谦　逊谦　引谦　用谦
遇谦　益谦　自谦　执谦　早谦　终谦
地道谦　吕祖谦
辞吊思谦　进履之谦

愆 qiān ①失误。②过失。③错过。④罪过。

不愆　德愆　伏愆　过愆　盖愆　获愆
力愆　免愆　靡愆　前愆　十愆　三愆
思愆　青愆　绳愆　脱愆　无愆　罔愆
望愆　谢愆　引愆　有愆　罪愆
乾餱愆　纠绳愆　脊力愆　塞前愆　序不愆
永无愆

鸽 qiān 尖嘴的家禽啄东西。

鸟鸽 物鸽

骞 qiān ①惊动。②亏损。③高举。

不骞 低骞 高骞 孤骞 横骞 驽骞
命骞 骞骞 腾骞 轩骞 渊骞
秋草骞 羡张骞
汉使张骞 闵祖子骞

搴 qiān ①拔取。②撩起。

拔搴 朝搴 丞搴

褰 qiān 把衣服提起来。

高褰 帘褰 帷褰 下褰 霞褰 烟褰
待月褰 浮云褰 锦帐褰

钤 qián ①印章。②盖印章。③锁。

茶钤 枢钤 戎钤 玉钤 鱼钤 智钤

黔 qián ①黑色。②贵州省的别称。

巴黔 苍黔 黎黔 乌黔 蒸黔
突无黔 畏日黔 邑中黔
墨突不黔 徙突未黔
孔席不暖，墨突不黔/

前 qián ①前进。②为前驱。③表方位，与"后"相反。④未来的。

岸前 从前 车前 此前 产前 超前
参前 窗前 不前 当前 得前 父前
赴前 光前 赶前 跟前 火前 护前
呼前 寒前 近前 节前 居前 阶前
若前 忌前 酒前 空前 来前 灵前
猎前 帘前 庐前 面前 马前 目前
明前 趋前 日前 上前 士前 山前
史前 生前 身前 事前 头前 亭前
探前 提前 堂前 无前 午前 王前
往前 向前 先前 席前 胸前 以前
月前 雨前 眼前 御前 檐前 之前
支前 在前 直前 战前 尊前 坐前
终前
沧浪前 付生前 古岸前 更无前 画堂前
酒楼前 罗帐前 落窗前 绿水前 米生前
马不前 暮江前 扑上前 跂路前 耳目前
水车前 舜衫前 笑灯前 玉儿前 永向前
眼面前 绮窗前
吃苦在前 冲锋在前 踌躇不前 策马向前
大敌当前 规模空前 顾后瞻前 裹脚不前
近在眼前 绝后空前 快步向前 阔步向前
糠秕在前 迈步向前 马后驴前 跑步向前
逡巡不前 事宜鉴前 所向无前 盛况空前
天安门前 停滞不前 退缩不前 王后卢前
畏葸不前 畏缩不前 一往无前 月下花前
勇往直前 裕后光前 止步不前 趑趄不前
踟蹰不前 车在马前

虔 qián ①杀害。②恭敬而有诚意。③聪慧。

不虔 诚虔 服虔 告虔 恭虔 挢虔
敬虔 矫虔 恪虔 礼虔 貌虔 求虔
虔虔 如虔 肃虔 心虔 有虔 寅虔
致虔
礼尤虔 夙夜虔

钱 qián ①金属货币。②货币。③像钱的东西。④财物。⑤市制重量单位。

本钱 壁钱 长钱 东钱 赤钱 出钱
茶钱 存钱 抽钱 称钱 趋钱 船钱
楮钱 催钱 臭钱 凑钱 攒钱 大钱
吊钱 打钱 定钱 贷钱 垫钱 赌钱
飞钱 房钱 费钱 饭钱 俸钱 工钱
古钱 还钱 活钱 花钱 荷钱 换钱
黑钱 婚钱 见钱 价钱 金钱 借钱
酒钱 捐钱 荚钱 寄钱 禁钱 脚钱
醵钱 口钱 开钱 力钱 利钱 列钱
泥钱 流钱 赁钱 料钱 敛钱 捞钱
绿钱 零钱 搂钱 囊钱 民钱 母钱
卖钱 埋钱 梅钱 配钱 赔钱 骗钱
乞钱 青钱 轻钱 铅钱 市钱 守钱
死钱 沙钱 送钱 受钱 省钱 耍钱
赏钱 输钱 头钱 讨钱 投钱 苔钱
退钱 帑钱 铜钱 万钱 无钱 小钱
闲钱 学钱 洗钱 现钱 息钱 喜钱
谢钱 业钱 用钱 月钱 佣钱 洋钱
有钱 要钱 银钱 寅钱 瘗钱 榆钱
赢钱 子钱 找钱 捉钱 杖钱 诈钱
制钱 租钱 挣钱 祖钱 纸钱 值钱

楮钱 装钱 赚钱 涨钱 赠钱 铸钱
阿堵钱 八铢钱 不论钱 半西钱 不言钱
不值钱 不受钱 白打钱 补给钱 办装钱
草书钱 草鞋钱 床头钱 贷万钱 邓氏钱
鹅眼钱 挂仗钱 褂纸钱 化金钱 黄金钱
货百钱 九府钱 讲价钱 金花钱 東园钱
简贮钱 孔方钱 买卜钱 买路钱 买卜钱
青苗钱 润笔钱 私房钱 受金钱 食万钱
债还钱 天雨钱 头子钱 体已钱 讨酒钱
投三钱 梯已钱 万先钱 五铢钱 血汗钱
一文钱 压岁钱 月桩钱 压惊钱 印子钱
押岁钱 榆荚钱 冤枉钱 子母钱 沽酒钱
杖百钱 杖头钱 捋须钱 掷金钱
不名一钱 不讲价钱 姹女数钱 狄青钉钱
活佛索钱 林宗贷钱 刘宠一钱 日食万钱
阮孚一钱 受一大钱 食日万钱 饮马投钱
阎尚还钱 衍不言钱 杖挂百钱 仲山投钱
张鷟青钱 一食万钱 不值一钱
棺材里伸手，死要钱/好处安身，苦处用钱/宁舍命，不舍钱/漫天要价，就地还钱/敲门砖，不值钱/媒人不挑担，保人不还钱/人老珠黄不值钱/说大话，使小钱/杀人偿命，欠债还钱/休道黄金贵，安乐最值钱/有闲便是有钱/张三有钱不会使，李四会使却无钱/

钳

qián ①用东西夹住。②夹东西的用具。③古刑具。④强制。

闭钳 产钳 火钳 虎钳 焊钳 禁钳
缄钳 卡钳 髡钳 罗钳 钳钳 台钳
为钳 玄钳 子钳 中钳 紫钳
老虎钳 手术钳 指甲钳
手似铁钳

乾

qián 又音 gān ①八卦之一。②指天。③指君王。④代表男性。

法乾 涵乾 撼乾 灵乾 坤乾 连乾
乾乾 启乾 仁乾 四乾 通乾 握乾
祖乾
帝乘乾 属纯乾 制取乾 重体乾

潜

qián ①没水游。②隐藏。③暗中。④秘密的。

川潜 沉潜 反潜 飞潜 凤潜 浮潜
晦潜 寒潜 鲛潜 龙潜 泥潜 郎潜
山潜 水潜 深潜 思潜 陶潜 挖潜
下潜 心潜 洗潜 形潜 幽潜 鱼潜
渊潜 隐潜
谷口潜 老夫潜 绿江潜 之子潜
白发郎潜 布雷反潜 三径陶潜 随驾子潜

浅

qiǎn 又音 jiān ①水不深。②跟“深”相反，距离小。③不久。④程度不深。⑤颜色淡薄。⑥不深切，浮泛。⑦明白易懂。⑧浅薄。

暗浅 爱浅 才浅 粗浅 春浅 短浅
德浅 洞浅 恩浅 肤浅 浮浅 匪浅
搁浅 红浅 环浅 交浅 机浅 禄浅
陋浅 褊浅 浅浅 清浅 情浅 轻浅
日浅 山浅 水浅 沙浅 识浅 思浅
深浅 退浅 芜浅 危浅 学浅 兴浅
显浅 霞浅 眼浅 意浅 愚浅 庸浅
资浅 鲰浅
白云浅 巢许浅 功夫浅 红妆浅 花阴浅
交情浅 年代浅 蓬莱浅 秋梦浅 水清浅
砂锅浅 天机浅 苔纹浅 兴为浅 兴不浅
云根浅 阅历浅 鱼梁浅
不知深浅 才疏学浅 河水很浅 获益匪浅
见识短浅 见解浮浅 没深没浅 目光短浅
品物深浅 人命危浅 说深说浅 受益匪浅
学疏才浅 蓬莱清浅 眼福不浅 眼光短浅
雅兴不浅 眼皮子浅 情深缘浅
旱鸭子过河，找不到深浅/

遣

qiǎn ①释放。②派遣。③使，教。④排遣。

不遣 别遣 拔遣 编遣 车遣 重遣
差遣 黜遣 调遣 分遣 伏遣 发遣
放遣 互遣 决遣 减遣 劳遣 理遣
命遣 平遣 偏遣 排遣 派遣 驱遣
书遣 特遣 误遣 慰遣 休遣 先遣
选遣 消遣 谢遣 应遣 原遣 自遣
支遣 纵遣 责遣 资遣 装遣 醉遣
车读遣 机事遣 诗酒遣 维摩遣
托言自遣

谴

qiǎn 责备。

被谴 大谴 斥谴 犯谴 告谴 呵谴
厚谴 灵谴 能谴 怒谴 免谴 如谴
少谴 深谴 他谴 天谴 小谴 阴谴

远谴　早谴　至谴　灾谴　诛谴　罪谴
谪谴

缱　qiǎn ［缱绻］情意缠绵，感情好得离不开。

情缱　振缱

欠　qiàn ①借人财物未还。②不够。③亏欠。④身体一部分稍微前伸。⑤哈欠。

逋欠　斥欠　迟欠　宕欠　多欠　短欠
风欠　负欠　挂欠　官欠　该欠　何欠
呵欠　哈欠　欠欠　旧欠　积欠　亏欠
缺欠　伸欠　索欠　赊欠　拖欠　违欠
尾欠　下欠　悬欠　遗欠　银欠　噫欠
打哈欠　酒债欠

芡　qiàn ①叶有刺的一年生水草。②烹饪时用淀粉调成的浓汁。

肥芡　粉芡　勾芡　绿芡

嵌　qiàn ①山深貌。②下陷。③镶嵌。

词嵌　湖嵌　空嵌　穹嵌　西嵌　镶嵌
岩嵌　崭嵌

纤　qiàn 又音 xiān 拉船的绳。

背纤　草纤　船纤　拉纤

茜　qiàn 又音 xī ①茜草。②红色。

成茜　彩茜　葱茜　冬茜　红茜　好茜
江茜　空茜　蓝茜　落茜　峭茜　轻茜
萋茜　叶茜　妍茜　藻茜
舞裙茜　云如茜

倩　qiàn ①古时男子的美称。②美好。③笑靥美。

长倩　葱倩　代倩　顾倩　景倩　假倩
女倩　曼倩　盼倩　巧倩　倩倩　轻倩
笑倩　贤倩　友倩
饥曼倩　利曼倩　孟嘉倩　荀倭倩

堑　qiàn ①壕沟。②挖掘。③高大。④陷坑。

岸堑　败堑　长堑　穿堑　城堑　分堑
果堑　沟堑　环堑　濠堑　横堑　壕堑
巨堑　掘堑　路堑　枯堑　山堑　水堑
石堑　深堑　塞堑　天堑　外堑　小堑
下堑　营堑　越堑　堙堑　墉堑　筑堑
竹堑
白银堑　长江堑　蝉鸣堑　定昏堑　黄河堑
黄榆堑　临溪堑　三丈堑　沙头堑　洗荒堑
泻深堑
长江天堑　险称天堑

椠　qiàn ①书版。②书的版本或刻成的书籍。③古代记事的木板。

抱椠　笔椠　刀椠　堤椠　古椠　怀椠
鹤椠　寄椠　简椠　弄椠　木椠　蒲椠
铅椠　宋椠　松椠　提椠　为椠　握椠
削椠　竹椠
怀铅提椠　怀铅握椠　提铅怀椠

慊　qiàn 又音 qiè ①怨恨。②不足。

内慊　慊慊　自慊
吾何慊
意犹未慊

歉　qiàn ①觉得对不住别人。②收成不好。

抱歉　道歉　款歉　荒歉　饥歉　愧歉
岁歉　致歉
好成歉　岁荒歉
嫌好道歉　以丰补歉　要好成歉

仙　xiān ①神仙。②不同凡俗。③对死者的婉辞。

八仙　半仙　笔仙　斥仙　成仙　词仙
茶仙　大仙　地仙　登仙　遁仙　飞仙
凤仙　鬼仙　花仙　鹤仙　狐仙　九仙
乩仙　角仙　金仙　酒仙　剑仙　锋仙
列仙　灵仙　浪仙　懒仙　灵仙　梅仙
墨仙　蓬仙　翩仙　求仙　棋仙　癯仙
上仙　三仙　水仙　诗仙　散仙　神仙
睡仙　天仙　胎仙　仙仙　玄仙　学仙
修仙　玉仙　游仙　众仙　真仙　肿仙
醉仙　谪仙
碧落仙　地行仙　第一仙　洞里仙　花中仙
九嶷仙　酒中仙　酒成仙　李郭仙　橘中仙
李膺仙　肉飞仙　十洲仙　属诗仙　小神仙
云雨仙　玉堂仙　捉月仙　紫英仙　紫霞仙
醉中仙　谪降仙
八洞神仙　白凤水仙　大罗神仙　花内神仙
汉女永仙　火锻颠仙　鸡犬皆仙　驾鹤缑仙

酒中八仙　洛神水仙　栾大求仙　驾鹤成仙
陆地神仙　蓝桥遇仙　名妓书仙　潘谷称仙
潘容称仙　飘飘欲仙　玉面水仙　饮中八仙
饭后一枝烟，胜过活神仙/没男没女是神仙/没儿没女是神仙/识破人情便是仙/琼林锦绣仙/

籼 xiān 籼稻。
霜籼　早籼

先 xiān ①前进。②时间或次序在前的。③祖先。④对死者的尊称。⑤首要的事情。⑥古时的、古代的。⑦先生的简称。⑧原先。⑨先导。
必先　笔先　从先　弛先　错先　大先
当先　夺先　德先　夫先　孚先　佛先
奉先　古先　光先　何先　后先　尽先
居先　教先　焦先　开先　女先　男先
丽先　领先　民先　起先　抢先　泉先
儒先　首先　帅先　事先　身先　谁先
率先　头先　推先　我先　忘先　惟先
秀先　象先　一先　元先　月先　优先
阳先　原先　预先　占先　在先　争先
早先　祖先　最先
不后先　边孝先　翠微先　得月先　得看先
独占先　公在先　局占先　六府先　礼乐先
农事先　南枝先　驽马先　马当先　莫为先
社人先　似孝先　乘韦先　同人先　务学先
闻道先　先不先　许我先　雪梅先　姓名先
右师先　祖生先　着鞭先　酌谁先
德教为先　奋勇当先　恐后争先　烹狐茂先
一马当先　有言在先　有约在先　遥遥领先
意在笔先
百行孝为先/百善孝为先/无为天下先/万恶淫为首，百善孝为先/

纤 xiān 又音 qiàn ①细小。②细文丝织品。③纤维。④吝啬。⑤手美貌。
笔纤　碧纤　春纤　光纤　化纤　洪纤
鸡纤　廉纤　柳纤　秾纤　眉纤　宋纤
条纤　纤纤　修纤　玉纤　月纤　至纤
富纤　毫纤　光纤　炮纤　纠纤　轻纤
纤纤　条纤　义纤　月纤　至纤
春笋纤　醋酸纤　两头纤　雀舌纤　手纤纤
食纤纤　舞腰纤　月钩纤　玉指纤　两簾纤
云霞纤　争毫纤
细雨纤纤

跹 xiān ［蹁跹］形容旋转舞动。
蹁跹　翩跹　跹跹
舞蹁跹

忺 xiān 高兴，适意。
遇君忺　思未忺　总不忺

掀 xiān ①举起。②揭起，打开。③攻取。④翻动。
风掀　力掀　掀掀
波涛掀　颠倒掀　风浪掀

锨 xiān 铲东西的一种工具。
木锨　铁锨

莶 xiān ［豨莶］一年生草本植物，茎上有灰白色的毛、叶对生，全草入药。
豨莶

铦 xiān ①锋利。②古代的一种兵器。
锋铦　内铦　铓铦
宝刀铦　鹏鹗铦　笔尖铦　利而铦　梁毫铦
莫邪钝，铅刀铦/

鲜 xiān 又音 xiǎn ①新鲜的肉。②活鱼。③刚收获的新鲜食物。④新鲜。⑤鲜明。⑥洁净。⑦味美。
不鲜　保鲜　葩鲜　碧鲜　吃鲜　尝鲜
澄鲜　钓鲜　得鲜　肥鲜　芳鲜　藩鲜
甘鲜　光鲜　割鲜　阁鲜　红鲜　河鲜
活鲜　花鲜　华鲜　海鲜　鲙鲜　鳞鲜
烹鲜　蕤鲜　上鲜　三鲜　生鲜　时鲜
色鲜　送鲜　思鲜　食鲜　味鲜　小鲜
新鲜　鱼鲜　珍鲜　真鲜　朝鲜
百花鲜　衬袍鲜　草木鲜　翠浪鲜　带雨鲜
花鲜鲜　活鲜鲜　黄鲜鲜　菊花鲜　锦袍鲜
鲙正鲜　露华鲜　绿鲜鲜　墨云鲜　墨色鲜
染露鲜　山更鲜　水痕鲜　诗思鲜　味愈鲜
向日鲜　姓名鲜　雪羽鲜　艺术鲜　雨露鲜
浥雨鲜　绮罗鲜　枝上鲜　藻色鲜
屡见不鲜　数见不鲜

函牛之鼎，不可烹小鲜/乡下孩子进城，什么都新鲜/

暹 xiān 暹罗，泰国的旧称。

崔暹 杜暹
晓日暹
统爱盛暹 坠刺崔暹

闲 xián ①木栏之类的遮拦物。②熟悉。③没有事情做。④没有事情做的时候。⑤与正事无关的。⑥限制。⑦防御。

安闲 谙闲 不闲 半闲 病闲 帮闲
抽闲 趁闲 大闲 冬闲 帝闲 得闲
等闲 端闲 反闲 防闲 赋闲 归闲
匄闲 高闲 乖闲 怀闲 画闲 居闲
间闲 静闲 空闲 宽闲 农闲 马闲
鸥闲 清闲 轻闲 少闲 松闲 身闲
神闲 舒闲 乘闲 遂闲 天闲 体闲
投闲 退闲 偷闲 无闲 体闲 心闲
兴闲 闲闲 清闲 相闲 性闲 歇闲
萧闲 璇闲 一闲 月闲 余闲 有闲
遗闲 悠闲 燕闲 稚闲 游闲 疑闲
自闲
不逾闲 不如闲 不肯闲 不识闲 伴菊闲
钓渚闲 浮云闲 公事闲 宦情闲 郡斋闲
酒杯闲 鸟声闲 漏声闲 清且闲 日日闲
守王闲 什不闲 思虑闲 午院闲 舞腰闲
先言闲 相对闲 性自闲 一身闲 庾公闲
野人闲 意自闲 浴鸥闲 夜方闲 枕簟闲
雉媒闲
赤闲白闲 荡检逾闲 忙里偷闲 亭号半闲
贪懒好闲 消消闲闲 游手好闲 钻懒帮闲
官无三日急，倒有七日闲/有钱弗买半年闲/

娴 xián ①熟练。②文静。

丽娴 心娴 妖娴 雍娴 幽娴
辞令娴 礼乐娴

鹇 xián 鸟名。

白鹇 孤鹇

贤 xián ①多财。②有德有才的人。③旧时的敬辞。④胜过。⑤善。

不贤 避贤 蔽贤 褒贤 才贤 材贤
大贤 达贤 妒贤 非贤 妨贤 辅贤
访贤 古贤 高贤 贡贤 和贤 豪贤
儿贤 九贤 进贤 举贤 荐贤 敬贤
简贤 俊贤 渴贤 名贤 明贤 慕贤
七贤 求贤 前贤 耆贤 亲贤 二贤
如贤 让贤 圣贤 时贤 师贤 思贤
尚贤 世贤 赦贤 淑贤 硕贤 推贤
贪贤 往贤 先贤 兴贤 显贤 选贤
贤贤 象贤 一贤 引贤 用贤 英贤
养贤 逸贤 隐贤 遗贤 至贤 知贤
招贤 致贤 忠贤 尊贤
白驹贤 凤立贤 冠世贤 酒圣贤 启后贤
面壁贤 二疏贤 人望贤 世称贤 陶令贤
颇齐贤 云停贤 竹林贤 主人贤 子孙贤
步武前贤 毕竟孙贤 东阁待贤 古圣先贤
交接皆贤 君圣臣贤 酒喻圣贤 敬老尊贤
晋室七贤 内助之贤 理宗思贤 七十二贤
瞿黄进贤 任人唯贤 十圣六贤 谁不称贤
识才尊贤 卫灵为贤 解狐举贤 奚恤器贤
玉署贮贤 誉人自贤 尊老爱贤 野无遗贤
以位让贤 仰望高贤 子玉草贤 踵武前贤
竹林七贤 质颇亲贤 徙宅之贤 野无遗贤
不愿金王一富，但愿子孙贤/淳于髡荐贤/父不忧心因子孝，家无烦恼为妻贤/黄金累千，不如一贤/无药可医卿相寿，有钱难买子孙贤/阉党魏忠贤/有钱难买子孙贤/

弦 xián ①弓弦。②数学名词。③月亮半圆。④乐器上发声的弦。

按弦 辨弦 初弦 大弦 定弦 单弦
断弦 抚弦 拂弦 弓弦 改弦 管弦
钩弦 歌弦 鼓弦 化弦 和弦 徽弦
解弦 惊弦 绝弦 箭弦 口弦 空弦
扣弦 控弦 鹍弦 卡弦 拉弦 龙弦
老弦 弄弦 里弦 弩弦 每弦 鸣弦
佩弦 七弦 琴弦 请弦 二弦 上弦
三弦 四弦 丝弦 续弦 舜弦 他弦
无弦 五弦 外弦 韦弦 下弦 小弦
心弦 右弦 玉弦 牙弦 引弦 幺弦
余弦 应弦 雅弦 子弦 在弦 正弦
竹弦 贞弦 张弦 逝弦
不沾弦 不敢弦 伯牙弦 别离弦 变和弦
鼓五弦 季女弦 南风弦 陇龙弦 霹雳弦

琴上弦　琴无弦　靖凤弦　入舜弦　入秋弦
十三弦　三石弦　三和弦　五十弦　卫国弦
武城弦　相思弦　又无弦　鸳鸯弦　朱丝弦
助管弦　素女弦
伯牙绝弦　蔡琰辨弦　春诵夏弦　九鸟应弦
急管繁弦　扣人心弦　老调丝弦　佩韦佩弦
破琴绝弦　破瑟减弦　似箭离弦　上弦下弦
琴不设弦　二十五弦　丝竹管弦　素琴天弦
陶琴无弦　朝歌夜弦　琴断朱弦
惊雁落空弦/

舷 xián　船、飞机等的左右两侧。

船舷　法舷　扣舷　右舷　左舷

咸 xián　①全、都。②像盐的味道。③普通。④协、同。

不咸　包咸　大咸　够咸　齁咸　海咸
季咸　克咸　扣咸　苦咸　死咸　首咸
韶咸　巫咸　味咸　小咸　西咸　云咸
英咸　杖咸　彰咸
将为咸　武城咸　竹林咸
神识阮咸

涎 xián　①口水。②羡慕。

爱涎　垂涎　馋涎　古涎　口涎　龙涎
流涎　蔓涎　清涎　收涎　吐涎　痰涎
蜗涎　香涎　黏涎
枭龙涎
见食垂涎　言酸流涎

衔 xián　①马嚼子。②含。③互相连接。④职务名称。

半衔　冰衔　悲衔　短衔　镝衔　放衔
官衔　会衔　鹤衔　旧衔　军衔　结衔
龙衔　利衔　领衔　鸟衔　口衔　名衔
密衔　辔衔　入衔　人衔　散衔　授衔
深衔　署衔　天衔　头衔　心衔　夕衔
学衔　相衔　衔衔　宪衔　玉衔　野衔
银衔　燕衔　雁衔　鹰衔　争衔　重衔
职衔　搒衔
赤雁衔　风味衔　日西衔　玉钩衔　紫鸾衔
子瞻换衔　鼠以经衔

嫌 xián　①怨恨。②嫌疑。③厌恶。④近似。

别嫌　避嫌　仇嫌　猜嫌　多嫌　方嫌
防嫌　乖嫌　讳嫌　旧嫌　苦嫌　呢嫌
明嫌　辟嫌　去嫌　弃嫌　前嫌　人嫌
失嫌　尚嫌　世嫌　夙嫌　宿嫌　涉嫌
天嫌　讨嫌　无嫌　为嫌　微嫌　小嫌
心嫌　挟嫌　引嫌　余嫌　应嫌　远嫌
疑嫌　怨嫌　自嫌　增嫌
不我嫌　瓜李嫌　豪贵嫌　两相嫌　讨人嫌
亦自嫌　睚眥嫌
瓜李之嫌　夙无仇嫌　权子避嫌　消释前嫌
杨子避嫌　意实之嫌
阿谀人人喜，直言人人嫌/当家三年狗也嫌/人也憎，鬼也嫌/顺情说好话，免得讨人嫌/遇雨得小屋，不嫌/

猃 xiǎn　古代指秋天打猎。

大猃　蒐猃　秋猃　誓猃

筅 xiǎn　〈方〉筅帚。

茶筅
板松筅

跣 xiǎn　光着脚。

婢跣　惊跣　揭跣　裸跣　露跣　袒跣
徒跣　行跣
村妇跣　一脚跣

显 xiǎn　①有名声，地位。②露出。③公开。④显扬。⑤高贵。⑥旧时对先人的美称。

不显　大显　达显　法显　敷显　光显
功显　贵显　高显　华显　惠显　赫显
快显　渐显　隆显　明显　丕显　强显
清显　荣显　石显　事显　天显　特显
通显　微显　显显　线显　义显　隐显
宜显　自显　章显　忠显　尊显
道理浅显　对策刘显　官高爵显

险 xiǎn　①危险。②要隘。③高峻。④险要。⑤可能遭受的灾害。⑥可能发生灾难的。⑦存心狠毒。⑧险恶。

碍险　隘险　边险　阪险　保险　陂险
出险　处险　重险　脆险　大险　地险
夺险　渡险　陡险　怼险　风险　赴险

负险　关险　攻险　刚险　鼓险　过险
火险　好险　狳险　奸险　艰险　济险
惊险　救险　狡险　绝险　跻险　峻险
陵险　坎险　内险　历险　弄险　冒险
穷险　凭险　偏险　峭险　排险　颇险
攀险　奇险　取险　抢险　轻险　倾险
山险　水险　守险　涉险　设险　寿险
乘险　斯险　深险　蹑险　天险　体险
探险　脱险　挺险　无险　危险　违险
行险　凶险　雄险　袭险　云险　用险
有险　岩险　夷险　阴险　遇险　韵险
越险　走险　重险　至险　阻险　政险
不惮险　担风险　风波险　干戈险　三巴险
天风险　太行险　行舟险　羊肠险　鸭绿险
中条险
不避艰险　官高必险　奸诈阴险　劳动保险
千难万险　山高水险　铤而走险　外陋内险

猃

xiǎn　长嘴的狗。

獢猃　载猃

蚬

xiǎn　一种软体动物。

白蚬　漉蚬　蛤蚬

鲜

xiǎn　又音 xiān　少。

欢鲜　惠鲜　浅鲜　情鲜　世鲜　事鲜
终鲜　转鲜　义鲜　击鲜　絜鲜
欢情鲜　良会鲜　闻见鲜　知者鲜
累不见鲜　屡见不鲜　数见不鲜

藓

xiǎn　茎叶很小的隐花植物。

岸藓　斑藓　碧藓　壁藓　苍藓　翠藓
古藓　红藓　海藓　积藓　金藓　经藓
枯藓　绿藓　青藓　秋藓　砌藓　山藓
石藓　水藓　湿藓　桑藓　苔藓　玉藓
野藓　雨藓　紫藓
经月藓　水城藓　香经藓　一床藓　砚生藓
竹间藓

燹

xiǎn　野火。

兵燹　残燹

见

xiàn　又音 jiàn　同“现”

越石见　春风见
尸居龙见　华佗再见　纤毫毕见　踵决肘见
牵衣肘见　瑕瑜互见　羹墙如见　图穷匕见
读书千遍，其义自见/图穷匕首见/

苋

xiàn　苋菜。

白苋　赤苋　花苋　决苋　藜苋　糠苋
马苋　人苋　野苋　紫苋
马齿苋　五色苋

岘

xiàn　岘山，山名，在湖北省。

出岘　大岘　登岘　过岘　古岘　江岘
京岘　陉岘　蒯岘　南岘　铁岘　襄岘
修岘　羊岘
白右岘　龙门岘　青沙岘　陟陉岘

现

xiàn　①眼前的。②显露。③现在。④实有的。

匕现　半现　表现　出现　呈现　重现
总现　付现　发现　浮现　佛现　火现
化现　活现　画现　虹现　基现　继现
可现　露现　庙现　莫现　频现　普现
情现　清现　潜现　首现　闪现　时现
实现　始现　凸现　体现　透现　贴现
文现　未现　先现　形现　显现　映现
涌现　愠现　隐现　影现　再现　兆现
肘现　则现　展现　载现　自现
币帛现　风规现　干戈现　景星现　南极现
流萤现　体微现　渔火现
活龙活现　活灵活现　良心发现　若隐若现
神气活现　时隐时现　纤毫毕现　图穷匕现
瑕瑜互现　银河渐现　自我表现　真龙活现
昙花一现

县

xiàn　行政区划单位名。

百县　本县　邦县　此县　赤县　驰县
彻县　大县　都县　府县　宫县　花县
古县　九县　江县　京县　郡县　郊县
绛县　傍县　列县　邻县　区县　十县
受县　卅县　特县　为县　外县　下县
乡县　宇县　应县　掖县　字县　知县

治县 杂县 州县 诸县 潘县
百里县 黄花县 乐人县 青衣县 潘安县
三户县 昔阳县 自治县 花满县
神州赤县 晋卿步县 泪尽羊县 河阳花县
成都到华阳，县过县/二十五里骂知县/

限 xiàn ①阻隔。②门槛。③限制。④指定范围。

常限 程限 大限 定限 断限 分限
关限 高限 户限 何限 齐限 仅限
局限 界限 极限 宽限 年限 量限
门限 权限 期限 上限 时限 私限
受限 岁限 事限 天限 无限 下限
象限 有限 涯限 逾限 只限 展限
南北限 一水限 铁门限 艮其限 止足限
裁缝的肩膀，有线（限）/

线 xiàn ①用丝、麻、棉等制成的细长物。②像线一样的东西。③线索。④几何学名词。⑤边缘交界处。⑥线路。⑦路线。

暗线 边线 摆线 绷线 尺线 长线
出线 串线 拆线 垂线 春线 穿线
侧线 翠线 缠线 吊线 电线 底线
点线 单线 导线 地线 短线 断线
端线 伏线 法线 防线 封线 复线
纺线 涤线 干线 光线 改线 宫线
管线 割线 火线 合线 红线 环线
花线 画线 孤线 横线 航线 黑线
旧线 经线 界线 基线 金线 接线
机线 针线 开线 馈线 裤线 内线
拉线 练线 路线 络线 裸线 菱线
链线 棱线 柳线 螺线 毛线 米线
母线 明线 麻线 棉线 墨线 皮线
切线 全线 曲线 前线 牵线 二线
日线 弱线 绒线 热线 三线 水线
双线 手线 纱线 丝线 射线 视线
天线 汀线 添线 停线 膛线 铁线
无线 外线 纬线 袜线 舞线 小线
雪线 斜线 夏线 虚线 新线 一线
玉线 引线 衣线 压线 有线 沿线
眼线 银线 中线 占线 主线 支线
专线 折线 走线 种线 钟线 针线
阵线 战线 轴线 直线 整线
补给线 斑马线 赤外线 初添线 传输线
慈母线 磁力线 垂直线 电力线 对角线
导火线 冬至线 地平线 单行线 第一线
风流线 分数线 分界线 放射线 封锁线
挂镜线 高压线 国境线 红外线 回归线
画镜线 海岸线 饥饿线 交通线 经纬线
渐进线 渐曲线 拉长线 逆行线 来复线
泪如线 流水线 骆驼线 螺旋线 平行线
抛物线 起跑线 铅垂线 漆包线 乳沟线
日添线 日晷线 三八线 生产线 水平线
生命线 死亡线 纱包线 丝包线 铁道线
五色线 夏至线 鞋底线 橡皮线 一根线
羊肠线 运输线 中继线 子午线 扎底线
走内线 自动线 总路线 做针线 紫外线
不绝若线 丙种射线 蛇灰引线 草蛇灰线
炊烟旋线 拈针引线 穿针引线 定向天线
飞针走线 甲种射线 阶级路线 建军路线
见塔射线 联合战线 群众路线 日长一线
上纲上线 统一战线 细针密线 一针一线
乙种射线 宇宙射线 阴极射线 眼眯成线
皂丝麻线 转移视线
阿尔法射线/爱克斯射线/本初子午线/独木不成林，单丝不成线/国际日期变更线/王彤补巾线/无针锥引线/

宪 xiàn ①法令。②指宪法。③公布。④效法。

邦宪 被宪 成宪 垂宪 大宪 风宪
法宪 奉宪 国宪 火宪 黄宪 华宪
立宪 礼宪 明宪 秋宪 司宪 时宪
枢宪 天宪 体宪 通宪 文宪 宪宪
原宪 愿宪 彝宪 中宪 作宪 执宪
昭宪 追宪 赞宪 制宪
百辟宪 承朝宪 迥清宪 贫原宪 三王宪
文武宪 万里宪
断蚓郭宪 君主立宪 汲固抱宪 礼先希宪
淑师黄宪

陷 xiàn ①掉进，坠入。②凹进。③陷阱。④埋没。⑤陷害。⑥刺入。⑦攻破。⑧缺少。⑨过失。

凹陷 不陷 必陷 崩陷 车陷 冲陷
沉陷 摧陷 谗陷 大陷 地陷 广陷
攻陷 构陷 構陷 灰陷 毁陷 几陷

机陷 皆陷 夹陷 阱陷 坑陷 穽陷
立陷 论陷 难陷 民陷 没陷 谋陷
旁陷 破陷 取陷 屈陷 缺陷 倾陷
阙陷 窃陷 入陷 山陷 石陷 水陷
失陷 身陷 首陷 受陷 沙陷 设陷
天陷 坍陷 塌陷 屠陷 洼陷 误陷
诬陷 下陷 袭陷 阳陷 阴陷 益陷
诱陷 自陷 滞陷
屐齿陷 马足陷 偏师陷 宿火陷
罗织诬陷 山崩地陷 天塌地陷 天崩地陷
坐吃山空，立吃地陷/

馅 xiàn 面食品里面包有肉、菜、糖等东西。

夹馅 馈馅 露馅 肉馅
包子馅 饺子馅

羡 xiàn ①羡慕。②多余的。③喜爱而希望得到。④泛滥。⑤超出。

壁羡 充羡 称羡 多羡 妒羡 丰羡
富羡 功羡 何羡 忌羡 惊羡 畸羡
嘉羡 健羡 空羡 堪羡 流羡 木羡
曼羡 漫羡 千羡 去羡 企羡 奇羡
饶羡 荣羡 舌羡 耸羡 食羡 叹羡
心羡 忻羡 欣羡 钦羡 修羡 歆羡
余羡 仰羡 有羡 盈羡 遥羡 溢羡
艳羡 足羡 赞羡
令人羡 临渊羡 四方羡 天下羡
鱼龙曼羡 啧啧称羡

腺 xiàn 生物体内能分泌某些化学物质的组织。

臭腺 毒腺 汗腺 泪腺 蜜腺 乳腺
腮腺 唾腺 胃腺 性腺 胰腺
扁桃腺 颌下腺 甲状腺 淋巴腺 皮脂腺
前列腺 耳下腺 舌下腺 生殖腺 松果腺
肾上腺 摄护腺 唾液腺 增殖腺
甲状旁腺

献 xiàn ①古代作为祭品的犬的专称。②进献。③呈现。④有德行有才能的人。

必献 倍献 宝献 薄献 呈献 初献
朝献 春献 城献 大献 得献 独献
黛献 奉献 峰献 瓜献 供献 贡献
羹献 互献 汗献 河献 花献 儿献
进献 敬献 捐献 靖献 俶献 盥献
来献 礼献 黎献 民献 芹献 请献
亲献 三献 升献 寿献 廷献 替献
獭献 文献 五献 义献 玉献 自献
争献 珍献 酌献
大渊献 访友献 邯郸献 青春献 缩衣献
铜马献 有嘉献 尧酒献 纻衣献 宰天献
卞和三献 白璧三献 多做贡献 匕首还献
负暄思献 荆玉三献 美玉三献 自靖自献

霰 xiàn 水蒸气在高空遇到冷空气凝结成的小冰粒。

白霰 吹霰 飞霰 风霰 集霰 泪霰
流霰 漂霰 秋霰 轻霰 沙霰 朔霰
素霰 霜霰 庭霰 小霰 银霰 余霰
冰霰
花如霰 寒阶霰 积皓霰 梁园霰 小成霰

弯 wān ①开弓。②不直。③使弯曲。④弯曲的地方。

蹈弯 弓弯 拐弯 高弯 急弯 遛弯
蹓弯 荣弯 绕弯 山弯 弯弯 月弯
腰弯 转弯
碧玉弯 潮头弯 九曲弯 急转弯 青弯弯
腰不弯
九曲十弯 露重草弯 麦穗弯弯 曲曲弯弯
曲里拐弯
一百八十度的大转弯/

湾 wān ①河水弯曲处。②海湾。③使船停住。④停泊。

碧湾 长湾 蛤湾 大湾 规湾 港湾
河湾 花湾 海湾 浒湾 江湾 旧湾
清湾 水湾 深湾 汀湾 台湾 溪湾
一湾 远湾 幽湾 渔湾 银湾 竹湾
半江湾 白云湾 渤海湾 翠微湾 东京湾
九折湾 女儿湾 芦荻湾 南泥湾 绿水湾
落星湾 明月湾 消夏湾 紫菱湾
曲曲湾湾

剜 wān 用刀挖空，挖去。

雕剜 神剜

蜿 wān ①蜿蜒。②动貌。

蜷蜿 龙蜿 蟠蜿 蟺蜿 蜿蜿 琰蜿
蜒蜿

豌 wān 豌豆，一年生的草本植物。

白豌　茶豌　菜豌　麻豌

丸 wán ①小而圆的东西。②卵。③专指药丸。④揉物而成丸形。

避丸　赤丸　弹丸　凡丸　凤丸　飞丸
古丸　辜丸　金丸　牢丸　泥丸　弄丸
累丸　雷丸　流丸　蜡丸　墨丸　蜜丸
肉丸　诗丸　探丸　跳丸　铁丸　熊丸
鱼丸　药丸　走丸　转丸
赤白丸　定心丸　函谷丸　开心丸　宽心丸
郃邪丸　水晶丸　卫生丸　武威丸　下陡丸
熊胆丸　朱英丸　樟脑丸
阪上走丸　吃定心丸　缚鸡弄丸　黑子弹丸
逆坂走丸　柳毋和丸　姚沫玉丸　蕞尔弹丸
下阪走丸

芄 wán 芄兰。多年生蔓草。

刺芄　藋芄　咏芄

纨 wán ①白色的细绢。②累。③幼小。

冰纨　罗纨　齐纨　轻纨　素纨　霜纨
湘纨　绮纨

完 wán ①没有了。②做成。③完整。④坚固。⑤保全。⑥修治。⑦缴纳（税）。

城完　钗完　苟完　没完　卖完　售完
神完　缮完　体完　未完　完完　玩完
已完　用完　做完
璧独完　家室完　破镜完　说不完　数字完
提防完　玩儿完
短褐不完　鹿裘不完

玩 wán ①玩弄。②供观赏之物。③研习。④观赏。⑤轻视。⑥玩耍。⑦游戏。

爱玩　白玩　把玩　宝玩　传玩　持玩
嗤玩　耽玩　谛玩　抚玩　肥玩　服玩
观玩　共玩　好玩　近玩　寄玩　借玩
骄玩　静玩　嘉玩　可玩　乐玩　弄玩
闹玩　流玩　秘玩　摩玩　披玩　奇玩
取玩　轻玩　清玩　世玩　饰玩　素玩
赏玩　贪玩　文玩　心玩　戏玩　狎玩
袭玩　亵玩　研玩　要玩　娱玩　游玩
雅玩　淹玩　周玩　珍玩　展玩
钉壁玩　狙公玩　静者玩　闹着玩　守直玩
握中玩

顽 wán ①顽皮。②愚妄。③固执。④贪婪。

傲顽　村顽　痴顽　刁顽　敌顽　父顽
昏顽　憨顽　奸顽　老顽　鸟顽　怒顽
驽顽　凝顽　民顽　苗顽　冥顽　石顽
手顽　庶顽　琉顽　瘦顽　贪顽　童顽
小顽　凶顽　嚚顽　颉顽　心顽　语顽
愚顽　猿顽　坠顽
斗敌顽　木石顽　蛇龙顽　太守顽　斩凶顽
稚子顽
混沌愚顽　冯道痴顽　混沌痴顽

宛 wǎn ①弯曲。②小貌。③好像。

大宛　东宛　句宛　棘宛　曲宛　名宛
使宛　宛宛　小宛　幽宛　紫宛
转转宛宛

菀 wǎn ①紫菀。②茂盛的样子。

睢菀　蕤菀　女菀　紫菀

惋 wǎn ①怅恨。②叹惜。

悲惋　怅惋　惆惋　惭惋　烦惋　愤惋
恨惋　骇惋　惊惋　嗟惋　怆惋　悽惋
叹惋　羞惋

婉 wǎn ①和顺。②美好。③婉转。④简约。

哀婉　悲婉　和婉　华婉　隽婉　况婉
娈婉　曼婉　气婉　遒婉　清婉　凄婉
柔婉　淑婉　忘婉　委婉　温婉　婉婉
谐婉　性婉　纤婉　秀婉　玉婉　幽婉
愉婉　燕婉　嬿婉　贞婉
清惕婉　耍手婉　语未婉　中情婉

琬 wǎn 美玉。

苔琬　玉琬
张净琬
社稷将琬

碗 wǎn ①盛食的器具。②像碗的东西。

白碗　碧碗　茶碗　菜碗　瓷碗　大碗

斗碗　灯碗　顶碗　饭碗　盖碗　海碗
金碗　酒碗　锡碗　蛮碗　满碗　热碗
石碗　汤碗　铜碗　瓦碗　小碗　洗碗
香碗　玉碗　银碗　中碗　注碗　轴碗
丢饭碗　浮云碗　甘露碗　红螺碗　金饭碗
聚宝碗　玛瑙碗　葡萄碗　七宝碗　三两碗
桃核碗　铁饭碗　一大碗　争饭碗　砸饭碗
紫金碗
打破饭碗　衣食饭碗

晼 wǎn　古代称三十亩为一晼。

芳晼　蘅晼　九晼　兰晼　满晼　戚晼
琼晼　芫晼　下晼　秀晼　药晼

莞 wǎn　又音 guǎn　莞尔。微笑的样子。

苕莞　一莞　蒲莞　青莞　苇莞　下莞

脘 wǎn　胃脘。

肺脘　胃脘

挽 wǎn　①拉。②扭转。③追悼死人。

哀挽　充挽　负挽　服挽　敬挽　力挽
拉挽　牵挽　推挽　挽挽　向挽　引挽
撄挽　中挽　折挽　遮挽
一篪轩挽

晚 wǎn　①傍晚。②夜晚。③比在一定的时间以后。④后来的。⑤晚辈对长辈的自称。

白晚　傍晚　薄晚　垂晚　当晚　冬晚
归晚　恨晚　今晚　近晚　来晚　露晚
明晚　前晚　秋晚　日晚　岁晚　时晚
衰晚　太晚　天晚　投晚　未晚　腕晚
小晚　下晚　向晚　已晚　夜晚　作晚
早晚　昨晚　最晚
春莺晚　多早晚　得信晚　芳菲晚　还不晚
花开晚　蕙草晚　开道晚　留客晚　秋风晚
秋景晚　三径晚　授衣晚　相见晚　这早晚
从早到晚　恨相知晚　起早睡晚　为时已晚
相见恨晚　相知恨晚　一天到晚　何见之晚
大丈夫报仇，十年不晚/东隅虽逝，桑榆非晚/赶早不赶晚/君子报仇，十年未晚/临崖勒马收缰晚/

绾 wǎn　①把条状物盘起来打成结。②卷。

重绾　高绾　乱绾　手绾　梳绾　缩绾
卫绾　斜绾　晓绾　一绾　纡绾　织绾
龙蛇绾　绿云绾　盘桓绾　秋蛇绾　鸟云绾
游丝绾　银黄绾　赵思绾

万 wàn　又音 mò　①数目。②众多的。③极大。④绝对。

百万　长万　吹万　放万　九万　巨万
累万　耦万　千万　十万　石万　时万
慎万　数万　庭万　万万　亿万　逾万
盈万　知万　值万　振万
贺钱万　平贾万　千千万　二把万　日食万
日理万　一百万　一万万　一千万　一亿万
宝价十万　成千成万　成千上万　成千累万
挂一漏万　家资巨万　论千论万　累千累万
千千万万　说千论万　无千无万　魏贤十万
以一持万　盈千累万　腰缠十万
胸中自有雄兵百万/

腕 wàn　胳膊下端，跟手掌相连的部分。

把腕　掰腕　大腕　扼腕　搤腕　护腕
皓腕　解腕　脚腕　截腕　口腕　撩腕
人腕　手腕　素腕　脱腕　铁腕　握腕
雪腕　悬腕　玉腕　运腕　仰腕　枕腕
肘腕　珠腕　振腕
胳膊腕　柔弱腕　耍手腕　血没腕
瞋目扼腕　蛇螫断腕　螫手解腕　壮士解腕

端 duān　①头绪。②事物的一头。③端正。④用手平正的拿物。⑤详审。

不端　百端　报端　笔端　弊端　词端
朝端　多端　大端　担端　丹端　多端
顶端　底端　端端　发端　锋端　过端
钩端　更端　故端　祸端　毫端　光端
见端　角端　极端　借端　开端　两端
林端　李端　履端　末端　眉端　品端
起端　浅端　曲端　二端　上端　三端
四端　舌端　水端　事端　树端　台端
无端　万端　问端　下端　行端　玄端
先端　序端　邪端　衅端　一端　云端
元端　忧端　异端　要端　疑端　造端
争端　战端　终端　肇端

兵息端 白云端 避三端 持两端 风化端
好端端 髻云端 连锅端 肃朝端
变化多端 变敌多端 诡计多端 各执一端
感慨万端 进退两端 抉择瞀端 举其一端
刘应百端 品行不端 浚杀曲端 首鼠两端
头绪万端 挑起事端 荦荦大端 作恶多端
滋生事端 斩叔曲端

短 duǎn ①长度小。②缺少。③短处。④说人的缺点。⑤短命。

暗短 隘短 补短 蔽短 褊短 才短
尺短 长短 得短 短短 打短 恶短
非短 发短 绠短 护短 画短 计短
节短 见短 揭短 简短 景短 精短
亏短 能短 泪短 理短 漏短 民短
目短 梦短 去短 气短 弃短 浅短
缺短 墙短 日短 示短 舌短 手短
饰短 缩短 太短 五短 心短 寻短
修短 线短 用短 衣短 阴短 爪短
智短 訾短
笔力短 长胜短 从花短 春光短 酒力短
蒺刺短 兰心短 庙算短 星岁短 玉箸短
优旃短
辫子粗短 寸长尺短 长长短短 冲锋枪短
持人长短 道长论短 道长不短 话长说短
鹤长凫短 隔长不短 家长里短 绝长补短
脚丫肥短 截长补短 减长补短 论长道短
可长可短 来日苦短 七长八短 取长补短
取长弃短 人穷志短 人穷智短 三长两短
手长袖短 说长道短 天时渐短 问长问短
心长发短 一长一短 以长击短 英雄气短
夜长梦短 扬长避短 折长补短 争长论短
臂长衫袖短/打人休打脸，骂人休揭短/大路边上打草鞋，有人说长有人说短/马瘦毛长，人穷就智短/马瘦毛长，人穷智短/人穷令智短/儿女情长，英雄气短/十指有长短/说来话长，做来事短/十个指头有长短/十个指头各有长短/头发长，见识短/五个指头，总有长短/有话则长，无话则短/有话即长，无话则短/张家长，李家短/吃人家的口软，拿人家的手短/

段 duàn ①工矿企业的行政单位。②量词。③事物的分划。④地质学名词。⑤围棋的等级名称。

阿段 欸段 不段 半段 波段 帛段
冰段 唱段 大段 地段 分段 封段
工段 管段 红段 儿段 今段 句段
节段 阶段 金段 锦段 款段 罗段
路段 毛段 片段 频段 区段 前段
手段 时段 身段 数段 条段 万段
形段 选段 线段 新段 一段 乐段
正段 章段
广播段 机务段 锦绣段 要手段 烟成段
紫绮段
不择手段 对待阶段 劳动手段 碎尸万段
外交手段 战争手段 侦察手段

塅 duàn 指面积较大的平坦地区，常作地名。

田心塅

缎 duàn 质地厚密，一面光滑的丝织品。

绸缎 贡缎 亢缎 花缎 锦缎 库缎
罗缎 软缎 素缎 羽缎 洋缎
古香缎 横贡缎 羽毛缎
绫罗绸缎

锻 duàn ①打铁。②锤击。③文句加工。④锻铁用的砧石。

锤锻 共锻 款锻 冷锻 卯锻 推锻
型锻 冶锻 玉锻 药锻
洪炉锻 箕踞锻 嵇康锻 烈火锻 柳下锻
取石锻 山阳锻

断 duàn ①截开。②断绝。③判断。④一定。⑤尽。⑥戒除。⑦裁决。

岸断 拗断 不断 波断 臂断 寸断
吹断 扯断 拆断 参断 宸断 裁断
撺断 肠断 打断 定断 电断 顶断
独断 断断 扼断 公断 高断 果断
歌断 割断 隔断 寡断 后断 横断
句断 击断 节断 决断 间断 截断
剪断 镜断 扣断 砍断 了断 立断
礼断 龙断 内断 利断 拉断 拧断
扭断 论断 陇断 垄断 路断 目断
买断 明断 梦断 谟断 谋断 片断
评断 判断 剖断 偏断 权断 切断
齐断 契断 桥断 清断 请断 掐断

凄断 耳断 熔断 示断 山断 水断
沙断 手断 时断 书断 速断 声断
审断 神断 事断 思断 丝断 续断
撕断 善断 擅断 嘶断 土断 听断
推断 刳断 堂断 无断 武断 误断
尾断 妄断 望断 铳断 心断 学断
详断 悬断 雄断 蟹断 义断 云断
议断 英断 意断 烟断 勇断 预断
鲵断 臆断 中断 爪断 自断 主断
折断 挣断 专断 织断 斫断 斩断
制断 诊断 遮断 谘断 颛断
鳌足断 打不断 芳尘断 刚柔断 锦书断
筋骨断 经术断 金镂断 临机断 略约断
明决断 梦魂断 藕丝断 山不断 温而断
行踪断 乡书断 迎刃断 音信断 吟髭断
幽瀑断 剪不断
吹毛可断 愁肠寸断 愁肠未断 当机立断
多谋善断 当断不断 独行独断 房谋杜断
逢机立断 肝肠寸断 肝肠离断 好谋善断
衡阳雁断 魂劳梦断 坚强果断 锦书雁断
连亘不断 连绵不断 连续不断 连接不断
临机立断 绵绵不断 柔肠寸断 柔懦寡断
豕分蛇断 绳锯木断 听歌云断 一刀两断
应机立断 优柔寡断 眼穿肠断 源源不断
英明果断 鱼沉鸿断 猿肠寸断
车不横推，理不曲断/一刀见两断/

簖

duàn 插在水里捕鱼、蟹用的竹栅栏。

蟹簖 鱼簖

湍

tuān ①急流的水。②水势急。③冲刷。

奔湍 崩湍 碧湍 飞湍 风湍 浮湍
回湍 洪湍 江湍 惊湍 急湍 激湍
龙湍 流湍 棉湍 鸣湍 清湍 浅湍
弱湍 水湍 松湍 素湍 小湍 雪湍
涌湍 湧湍
惊涛急湍

团

tuán ①圆形。②圆形物。③萦。④聚集。⑤估量。⑥军队编制单位。⑦工作或活动的整体。⑧共青团。

白团 兵团 冰团 抱团 成团 财团
党团 风团 凤团 粉团 蜂团 黄团
军团 金团 集团 建团 剧团 锦团
龙团 露团 民团 面团 迷团 谜团
棉团 蒲团 气团 入团 日团 社团
师团 商团 团团 汤团 退团 刓团
小团 星团 玉团 月团 乐团 疑团
政团 珠团 组团 纸团
碧烟团 长门团 参观团 翠云团 代表团
蝶作团 工兵团 官能团 共青团 歌舞团
菊花团 龙凤团 列坐团 落花团 缘成团
暖气团 露珠团 面团团 炮兵团 骑兵团
儿童团 日影团 三青团 水波团 文工团
外交团 小集团 线一团 雪花团 义和团
月团团 原子团 凝一团 主席团
抱成一团 凤蝶如团 公私交团 慌做一团
结成一团 乱成一团 捏沙成团 满腹疑团
漆黑一团
共产主义青年团/老鼠见到猫，缩成一团/

抟

tuán ①把东西捏弄成球形。②回旋。

白抟 陈抟 风抟 扶抟 控抟 鹏抟
十抟 抟抟 直抟
九霄抟 快手抟 万里抟 一鹗抟
鼾睡陈抟

疃

tuǎn ①禽兽践踏的地方。②村庄。

村疃 荒疃 鹿疃 畦疃 山疃 行疃
竹成疃

彖

tuàn 彖辞，《易经》中总括一卦含义的言辞。

艾彖 观彖 临彖 抹彖 习彖 序彖

暖

nuǎn 暖和，不冷。

奄暖 暗暖 采暖 草暖 趁暖 春暖
冬暖 供暖 回暖 和暖 昏暖 花暖
寒暖 景暖 冷暖 衾暖 暖暖 嫩暖
曼暖 汽暖 取暖 轻暖 晴暖 日暖
柔暖 送暖 侍暖 沙暖 晒暖 偷暖
温暖 香暖 睡暖 暄暖 煦暖 云暖
余暖 映暖 妍暖 意暖 焕暖 乍暖
不暇暖 穿不暖 草茵暖 垂杨暖 春水暖
春风暖 日逮暖 貂裘暖 金鸭暖 孤灯暖
寒云暖 锦帆暖 冷復暖 梅初暖 青春暖

轻云暖　三三暖　山光暖　天街暖　夕阳暖
香风暖　游丝暖　鸳被暖
吃饱穿暖　春江水暖　春风送暖　春回地暖
风和日暖　肥甘轻暖　孔席不暖　律通谷暖
青囊春暖　人情冷暖　问寒问暖　席不暇暖
席不暖暖　嘘寒问暖
红外线取暖/墨灶未黔，孔席无暖/人面逐高低，世情看冷暖/

峦 luán ①小而锐峭的山。②泛指山峰。③指连绵的山。
长峦　层峦　重峦　春峦　翠峦　崇峦
峰峦　冈峦　高峦　岗峦　孤峦　荒峦
空峦　林峦　连峦　陵峦　青峦　秋峦
晴峦　山峦　石峦　松峦　嵩峦　危峦
罔峦　雪峦　云峦　远峦　烟峦　岩峦
露远峦　蹑山峦　下峰峦　楂楚峦
叠嶂层峦

娈 luán 美好。
蕃娈　婉娈　絁娈　姝娈

栾 luán 栾树。
采栾　重栾　椽栾　栾栾　团栾　突栾
雕栾　檀栾　香栾
绿栾栾　阴团栾　影团栾　坐团栾

挛 luán ①手脚蜷曲不能伸开。②抽搐。
拘挛　痉挛　脚挛　龙挛　挛挛　末挛
绵挛　牵挛　拳挛　系挛　膝挛

鸾 luán ①像凤凰一样的鸟。②铃子。③鸾镜的省称。
八鸾　伯鸾　彩鸾　乘鸾　骖鸾　飞鸾
扶鸾　孤鸾　回鸾　红鸾　和鸾　鸿鸾
鹤鸾　九鸾　惊鸾　集鸾　跨鸾　龙鸾
离鸾　鸣鸾　虬鸾　青鸾　轻鸾　双鸾
素鸾　神鸾　舞鸾　鹓鸾　栖鸾　献鸾
翔鸾　仪鸾　银鸾　鸳鸾　紫鸾　鉴鸾
操孤鸾　乘白鸾　棘栖鸾　镜中鸾　女乘鸾
蹑飞鸾　栖鸳鸾　月宫鸾　照镜鸾
别鹤孤鸾　刺凤描鸾　跨凤乘鸾　镜里孤鸾
笞凤鞭鸾　倒凤颠鸾　秦氏文鸾　锁凤囚鸾

脔 luán ①切成小块的肉。②瘦。
尝脔　大脔　项脔　活脔　贯脔　禁脔
牛脔　肉脔　数脔　一脔
千段脔
尝鼎一脔　勺水一脔

滦 luán 滦河，水名，在河南身省。
平滦

銮 luán 一种铃铛。
阿銮　八銮　风銮　回銮　华銮　和銮
金銮　鉴銮　鸣銮　琼銮　停銮　钖銮
玉銮　迎銮　御銮　驻銮

卵 luǎn ①蛋。②动植物的雌性生殖细胞。③像卵的东西。④睾丸的俗称。
产卵　重卵　虫卵　巢卵　春卵　大卵
鹅卵　伏卵　孚卵　孵卵　怀卵　画卵
毁卵　圭卵　鸡卵　龙卵　鸟卵　累卵
难卵　麛卵　排卵　破卵　乳卵　生卵
拾卵　碎卵　投卵　探卵　胎卵　完卵
危卵　玉卵　育卵　治卵　鱼卵　鸭卵
翼卵
也投卵
巢无完卵　覆巢毁卵　面如鹅卵　杀鸡取卵
泰山压卵　王述掷卵　危如累卵　苟息累卵
以碫投卵　覆巢破卵
覆巢无完卵/覆巢之下无完卵/覆巢之下，必无完卵/蜂房不容鹄卵/

乱 luàn ①治理。②没有秩序。③战争。④混淆。⑤男女关系不正常。⑥任意。⑦迷惑。⑧叛乱。⑨横渡。
阘乱　不乱　兵乱　变乱　苞乱　浡乱
勃乱　悖乱　拔乱　耄乱　暴乱　避乱
处乱　吹乱　逴乱　乘乱　除乱　错乱
踳乱　篡乱　大乱　打乱　动乱　岛乱
抖乱　捣乱　渎乱　颠乱　沸乱　烦乱
纷乱　棼乱　樊乱　繁乱　汩乱　轨乱
搞乱　构乱　裹乱　浑乱　滑乱　詬乱
构乱　好乱　昏乱　耗乱　活乱　怙乱
胡乱　荒乱　惛乱　混乱　慌乱　秽乱
祸乱　猾乱　霍乱　骇乱　惑乱　江乱

阶乱 惊乱 侵乱 坚乱 奸乱 急乱
亟乱 搅乱 靖乱 翦乱 怙乱 龛乱
狂乱 溃乱 愦乱 寇乱 诳乱 戡乱
内乱 历乱 逆乱 弄乱 理乱 恼乱
虐乱 离乱 嘹乱 缭乱 零乱 陵乱
凌乱 磷乱 忙乱 湎乱 迷乱 冒乱
牦乱 敉乱 贸乱 瞀乱 瞀乱 靡乱
懑乱 平乱 庞乱 畔乱 叛乱 蓬乱
去乱 扰乱 热乱 攘乱 十乱 四乱
市乱 生乱 首乱 丧乱 始乱 散乱
骚乱 搔乱 头乱 通乱 添乱 溷乱
文乱 未乱 紊乱 心乱 先乱 性乱
眩乱 弭乱 喜乱 枭乱 絮乱 淆乱
殽乱 易乱 肴乱 遇乱 营乱 淫乱
愚乱 娅乱 荧乱 爚乱 作乱 治乱
诈乱 造乱 杂乱 战乱 诛乱 慎乱
遭乱 躁乱 贼乱 增乱 辙乱 肇乱
垂缨乱 谗口乱 方寸乱 风絮乱 风影乱
关雎乱 红雨乱 荷珠乱 慌乱乱 灵台乱
千峰乱 人影乱 水纹乱 书叶乱 云脚乱
烟花乱
安史之乱 兵荒马乱 朝天捣乱 方寸已乱
犯上作乱 反正拔乱 蜂狂蝶乱 精神错乱
脚忙手乱 迷留目乱 迷留没乱 七慌八乱
钗横鬓乱 旗靡辙乱 邵雍织乱 神经错乱
神情错乱 思绪纷乱 天下大乱 头发蓬乱
条理紊乱 心忙意乱 心绪缭乱 心烦意乱
心慌意乱 兴妖作乱 虾慌蟹乱 一治一乱
眼花心乱 眼花缭乱 烟尘斗乱 鸦飞雀乱
坐怀不乱 永嘉之乱
可见可欲，使心不乱/当断不断，反受其乱/剪不乱，理还乱/事不关心，关心则乱/唯恐天下不乱/

关 guān ①门闩。②闭。③要塞。④比喻事物发展过程中的界限。⑤关税。⑥事物的关键。⑦领取。⑧发放（薪饷）。⑨重要的转折点。⑩牵连。⑪纳入。

八关 不关 边关 闭关 把关 报关
抱关 扁关 鼻关 出关 重关 除关
插关 闯关 柴关 禅关 城关 大关
当关 度关 赴关 复关 古关 公关
关关 攻关 过关 故关 柜关 鬼关
汉关 华关 花关 海关 荒关 鹤关
九关 江关 交关 机关 间关 抉关
艰关 结关 津关 键关 开关 扣关
叩关 款关 六关 内关 历关 林关
垅关 年关 拦关 离关 鸟关 难关
蓝关 闵关 慕关 启关 轻关 琼关
秦关 翘关 二关 入关 儒关 三关
山关 石关 双关 舌关 守关 松关
晒关 天关 通关 透关 脱关 潼关
无关 乡关 玄关 相关 晓关 贤关
险关 雄关 云关 玉关 牙关 有关
阳关 幽关 验关 攸关 掩关 燕关
榆关 竹关 昭关 紫关
白云关 百石关 闭四关 把好关 拔天关
凤为关 废六关 过大关 过五关 过昭关
归故关 鬼门关 画掩关 壶口关 浒墅关
娄山关 鹿头关 门常关 门插关 名利关
蒲坂关 山海关 通天关 贤士关 玉门关
咬牙关 雁门关 猿护关 造化关 函谷关
紫辰关
逢吉八关 国家机关 侯嬴抱关 利害攸关
门不夜关 漠不相关 蒙混过关 情不相关
生死攸关 痛痒相关 丸泥封关 休戚相关
性命攸关 性命交关 息息相关 萧生抱关
一夫当关 一开一关 一语双关 咬紧牙关
语带双关 语意双关 勇于攻关 斩将过关
郅固拒关 郅挥拒关 自活机关 政权机关
春风不度玉门关/黄飞虎反五关/建造虎牢关/开口错了牙关/羌笛何须怨杨柳，春风不度玉门关/丸泥封函关/生入玉门关/天下第一关/五子胥过昭关/英雄难过美人关/生入玉门关/

观 guān 又音 guàn ①仔细看。②观察。③游览。④给人看。⑤看到的景象。⑥对事物的态度。

饱观 悲观 博观 鼻观 川观 层观
传观 参观 大观 达观 邸观 洞观
谛观 反观 泛观 改观 桂观 宫观
概观 合观 还观 华观 宏观 虎观
巨观 甲观 借观 寄观 极观 禁观
景观 集观 静观 聚观 可观 客观
旷观 阙观 窥观 内观 历观 乐观

丽观　临观　目观　美观　旁观　傍观
蓬观　七观　齐观　奇观　日观　容观
荣观　石观　史观　司观　适观　松观
耸观　诵观　饰观　盛观　殊观　天观
台观　同观　通观　亭观　童观　外观
围观　微观　下观　相观　笑观　省观
细观　雄观　遐观　一观　远观　仪观
仰观　蚁观　雅观　遊观　主观　止观
自观　壮观　纵观　坐观　紵观　直观
总观　陬观
壁上观　白虎观　长生观　尽可观　昆吾观
历史观　面面观　千秋观　清风观　任意观
如是观　世界观　岁时观　熟览观　太乙观
天命观　桃花观　万民观　望气观　袖手观
宇宙观　以心观　云台观　迎风观　拥桥观
坐井观　足游观
大为可观　等量齐观　花纹美观　回非旧观
精致美观　冷眼旁观　平衡美观　齐量等观
唯物史观　唯心史观　蔚为大观　巍峨壮观
袖手旁观　谢绝参观　洋洋大观　作如足观
作壁上观　造型美观

官 guān ①专，主。②官署。③政府机关经过任命的工职人员。④器官。⑤官职。⑥官府。

兵官　百官　本官　补官　扳官　拜官
卑官　备官　罢官　贬官　稗官　从官
材官　成官　粗官　除官　春官　辞官
畴官　大官　当官　冬官　达官　地官
到官　丢官　得官　法官　房官　封官
服官　副官　归官　高官　感官　好官
昏官　宦官　九官　加官　京官　军官
居官　具官　接官　将官　教官　建官
警官　夸官　考官　看官　旷官　客官
六官　内官　女官　伶官　冷官　老官
灵官　郎官　理官　莅官　淮官　免官
命官　麦官　美官　蜜官　媒官　缪官
品官　泮官　判官　乞官　去官　弃官
侵官　赇官　群官　秋官　清官　器官
入官　人官　日官　冗官　热官　儒官
上官　尸官　三官　水官　升官　史官
守官　散官　送官　世官　虱官　庶官
设官　索官　授官　天官　田官　同官
推官　通官　贪官　堂官　文官　王官
五官　问官　物官　武官　尉官　煨官
微官　小官　下官　心官　乡官　休官
仙官　选官　学官　巷官　显官　县官
效官　夏官　新官　巡官　校官　奚官
谢官　牙官　易官　阴官　言官　远官
迎官　炎官　医官　园官　淹官　移官
渔官　衙官　鬻官　中官　左官　在官
竹官　众官　长官　周官　州官　治官
枝官　职官　真官　择官　宰官　做官
甄官　谪官　赃官
不求官　不博官　不胜官　措大官　第一官
父母官　见汉官　检察官　谏诤官　激器官
孔都官　老榜官　列仙官　耐冷官　恋微官
却炎官　清要官　裙带官　耳目官　虱鼠官
司令官　似无官　审判官　胜于官　跳加官
外交官　先行官　斜树官　性器官　新郎官
拥千官　折腰官　芝麻官　郑都官　总百官
指挥官
白发郎官　并美武官　感觉器官　铭捽内官
二疏辞官　消化器官　鸟集迁官　徐勣就官
识面台官　水府三官　延祖弃官　因任授官
弈棋得官　在官言官
朝廷缺清官/朝里有人好做官/朝里无人莫做官/空心大志官/省事不如省官/在京的和尚，出外的官/

倌 guān ①古代称呼小臣。②在茶馆、饭馆服务的人。③农村专管饲养牲畜的人。

车倌　牛倌　马倌　堂倌　羊倌　猪倌

棺 guān 装死人的棺材。

抚棺　盖棺　画棺　金棺　梦棺　破棺
桐棺　题棺　玉棺　悬棺　瓦棺
柏木棺　圣姑棺　豫为棺
顾悌画棺　叔鄂凭棺　牖下停棺
九子不葬父，一女打荆棺/

冠 guān 又音 guàn ①帽子。②鸟头上的毛或肉瘤。③形状像帽子的东西。

不冠　才冠　长冠　冲冠　初冠　朝冠
蝉冠　大冠　典冠　道冠　貂冠　倒冠
戴冠　峨冠　凤冠　法冠　范冠　桂冠

根冠 歌冠 缟冠 花冠 皇冠 黄冠
祸冠 鹖冠 及冠 加冠 极冠 角冠
笄冠 鸡冠 鹬冠 女冠 南冠 林冠
美冠 免冠 冕冠 皮冠 齐冠 去冠
肉冠 儒冠 三冠 受冠 胜冠 树冠
素冠 天冠 投冠 铁冠 弹冠 童冠
未冠 王冠 危冠 武冠 小冠 霞冠
云冠 压冠 衣冠 英冠 羽冠 逾冠
养冠 缨冠 中冠 豸冠 振冠 缁冠
整冠 贼冠 濯冠
白衣冠 不整冠 必弹冠 比德冠 白貂冠
处士冠 才埔冠 方山冠 发冲冠 风落冠
贡禹冠 盍挂冠 虎面冠 贺新冠 惠文冠
九伯冠 进贤冠 鹿皮冠 沐猴冠 青松冠
蓬萌冠 石花冠 太古冠 通天冠 文士冠
文采冠 萧曹冠 远游冠 椰子冠 竹皮冠
自脱冠 章甫冠 缁布冠 钟仪冠 当世冠
神武冠
楚囚南冠 发上冲冠 贡禹弹冠 可整衣冠
鸟鵕义冠 怒发冲冠 沐猴而冠 妹喜男冠
清虚挂冠 逢萌挂冠 暴衣露冠 被衣缨冠
四皓衣冠 神武衣冠 优孟衣冠 子夏更冠
子减鹬冠 植发冲冠 直发穿冠 被发缨冠
神武桂冠
瓜田不纳履，李下不整冠/瓜田不蹑履，李下不正冠/许由弃天下而家人藏其皮冠/楚人沐猴而冠/

鳏

guān ①鱼名。②男子无妻。

鳏鳏 贫鳏 惸鳏 有鳏 旱鳏
东海鳏 国无鳏

莞

guǎn 又音 wǎn ［东莞］地名，在广东省。

东莞

馆

guǎn ①接待宾客用的房舍。②供客人饮食住宿用的场所。③文化工作的场所。④旧时的私塾。⑤一国在另一国办理外交工作人员住的地方。

闭馆 宾馆 别馆 扳馆 碧馆 川馆
村馆 材馆 餐馆 词馆 茶馆 场馆
菜馆 大馆 夺馆 飞馆 饭馆 公馆
共馆 高馆 改馆 宫馆 孤馆 会馆
含馆 花馆 华馆 荒馆 候馆 衡馆
旧馆 金馆 就馆 捐馆 娟馆 津馆
家馆 酒馆 假馆 开馆 客馆 六馆
兰馆 溜馆 离馆 楼馆 旅馆 门馆
名馆 面馆 祕馆 蒙馆 蓬馆 日馆
儒馆 三馆 山馆 史馆 适馆 舍馆
私馆 书馆 使馆 松馆 授馆 素馆
甥馆 拓馆 堂馆 文馆 娃馆 下馆
仙馆 相馆 戏馆 学馆 新馆 月馆
云馆 玉馆 芸馆 雨馆 邮馆 遊馆
野馆 烟馆 瑶馆 驿馆 斋馆 致馆
珍馆 坐馆
殡仪馆 博物馆 天使馆 风月馆 扶桑馆
芙蓉馆 甘棠馆 弘文馆 纪念馆 金张馆
流星馆 理发馆 领事馆 旅人馆 迷孤馆
美容馆 蓬莱馆 平津馆 葡萄馆 秋声馆
清霄馆 翘材馆 水族馆 三秀馆 神女馆
天文馆 天孙馆 体育馆 图书馆 文化馆
文史馆 文杏馆 忘忧馆 先行馆 西华馆
迎风馆 宜春馆 种竹馆 占云馆 招隐馆
展览馆 朝云馆 照相馆
秦楼楚馆 魏储南馆

琯

guǎn 玉管，古代管乐器。

春琯 雕琯 梵琯 华琯 灰琯 琼琯
素琯 舜琯 霜琯 西琯 星琯 献琯
玉琯 尧琯 燕琯 钟琯
咸池琯 昭华琯

管

guǎn ①古乐器。②圆筒形的东西。③管教。④负责。⑤保证。⑥拘束。⑦枢要。⑧钥匙。⑨管理。

哀管 不管 百管 包管 保管 别管
笔管 编管 豹管 斑管 寸管 长管
吹管 差管 持管 肠管 测管 翠管
大管 代管 道管 导管 胆管 滴管
风管 分管 乏管 共管 高管 宫管
肛管 挂管 管管 钢管 歌管 该管
缸管 花管 灰管 涵管 黑管 焊管
获管 机管 尽管 拘管 均管 军管
金管 兼管 经管 监管 接管 葭管
羁管 看管 裤管 窥管 立管 龙管
拈管 芦管 雷管 瘘管 滤管 命管

旁管 气管 清管 榷管 耳管 热管
搦管 上管 水管 收管 声管 双管
枢管 试管 授管 食管 筛管 托管
秃管 套管 通管 铁管 彤管 统管
铜管 陶管 小管 下管 仙管 血管
信管 香管 紘管 弦管 星管 袖管
象管 新管 箫管 旋管 蟹管 辖管
玉管 云管 牙管 油管 伊管 银管
瑶管 只管 主管 在管 竹管 总管
针管 掌管 照管
白玉管 北门管 半规管 东风管 电子管
单簧管 滴定管 孤竹管 虹吸管 红牙管
灰飞管 江南管 胶皮管 晶体管 窥天管
窥豹管 女史管 两极管 落水管 毛细管
煤气管 排水管 青镂管 二极管 耳咽管
十二管 山阳管 三不管 三极管 水落管
双簧管 塑料管 萨克管 输尿管 输卵管
松枝管 输油管 输精管 通风管 太平管
微血管 显像管 橡皮管 雨水管 银字管
嬴女管 支气管 真空管 紫鸾管
鲍叔知管 繁弦急管 国际共管 军事接管
拈毫弄管 撂手不管 联合托管 三寸弱管
撒手不管 萨克斯管 无缝钢管 气炔吹管
自来水管
不怕官，就怕管/不怕你官，就怕你管/端人家的碗，受人家的管/端人家的碗，就得服人家的管/县官不如现管/

观 guàn 又音 guān ①古代官门前的双阙。②道教的庙宇。③泛指高大的楼台。

重观 东观 道观 京观 旧观 列观
楼观 夺观 仙观 贞观 禅观
宝慈观 桂影观 松声观 上国观 仙都观
云洞观 玉题观 珠宫观 朝云观 招仙观

贯 guàn ①连贯。②古时穿钱贝用的绳索。③贯穿。④贯通。⑤服侍。⑥原籍。

本贯 博贯 穿贯 大贯 洞贯 共贯
纲贯 该贯 虹贯 红贯 横贯 旧贯
积贯 讲贯 籍贯 羁贯 连贯 联贯
名贯 满贯 千贯 气贯 清贯 钱贯
如贯 声贯 条贯 通贯 万贯 乡贯
学贯 朽贯 新贯 一贯 淹贯 鱼贯
盈贯 针贯 珠贯 纵贯
赤心贯 鹅眼贯 豁然贯 金石贯 累累贯
七札贯 仍旧贯 天机贯 鱼盐贯
稔恶盈贯 同条共贯 一仍旧贯 腰缠万贯
反尔如贯
破家值万贯/

惯 guàn ①习惯。②纵容，放任。

不惯 见惯 娇惯 习惯 自惯
春游惯 儿童惯 为客惯 幽独惯 看不惯
吃不惯
风俗习惯 怙恶不悛 司空见惯

冠 guàn 又音 guān ①戴帽子。②超出众人。③覆盖。④古时表示男子已成年而举行的加冠礼节。

笔冠 超冠 夺冠 功冠 国冠 华冠
昏冠 敬冠 弱冠 荣冠 已冠 勇冠
才笔冠 海内冠 诸军冠

盥 guàn ①以手承水冲洗。②洗涤。

宾盥 促盥 洁盥 进盥 盘盥 请盥
诜盥 沃盥 相盥 洗盥 薰盥 浥盥
中盥 栉盥

灌 guàn ①灌溉。②流进。③装入。④饮酒。⑤强迫使饮。⑥浇铸。

不灌 宾灌 春灌 赐灌 冬灌 电灌
倒灌 滴灌 粪灌 沟灌 灌灌 后灌
交灌 井灌 机灌 浇灌 浸灌 集灌
绛灌 湔灌 可灌 溉灌 漫灌 排灌
喷灌 畦灌 水灌 提灌 外灌 沃灌
茨灌 下灌 引灌 淹灌 淤灌
百川灌 抱瓮灌 丹桂灌 汉阴灌 绛纱灌
老夬灌 满堂灌 醍醐灌 薇露灌 西园灌
艺圃灌 饮若灌
梁亭窃灌 排灌电灌 乙师荀灌

罐 guàn ①盛东西或盛水用的瓦器。②煤矿装煤用的斗车。

缾罐 陈罐 翟罐 火罐 金罐 柳罐
米罐 闷罐 蜜罐 锡罐 瓦罐 药罐
白羽罐 存钱罐 拔火罐 存钱罐 易拉罐
张父罐

闷葫芦罐 坛坛罐罐

打烂坛坛罐罐/依烂为烂，顶着坛坛碰罐罐/

宽 kuān ①房屋宽敞。②广阔。③横的距离。④宽厚。⑤放宽。

从宽 绰宽 放宽 姑宽 桓宽 弘宽
惠宽 加宽 景宽 开宽 克宽 刻宽
量宽 平宽 少宽 水宽 尚宽 松宽
拓宽 停宽 小宽 心宽 性宽 兴宽
洗宽 衣宽 自宽 政宽 展宽

自憂宽 碧障宽 出门宽 此去宽 带围宽
风月宽 顾人宽 管得宽 汉诏宽 海洋宽
鹤栅宽 江河宽 旧带宽 酒杯宽 酒肠宽
觉衣宽 旅思宽 猛济宽 十分宽 水云宽
随地宽 太虚宽 天地宽 万里宽 舞衣宽
宪令宽 玉宇宽 宇宙宽 月色宽 眼界宽
御象宽 醉乡宽

鹳雀裴宽 痊鹿裴宽 儒雅儿宽 佩苇自宽
坦白从宽 万事从宽 雅量刘宽 衣带渐宽
腰圆膀宽

本小利微，本大利宽/扁担上睡觉，想得宽/吃河水长大的，管得宽/校场坝的土地，管得宽/妻贤夫祸少，子孝父心宽/退一步，自然宽/心宽不在屋宽/子孝父心宽/

款 kuǎn ①法令。②经费。③器物上刻的字。④留。⑤诚恳。⑥敲打。⑦款式。⑧缓。

拨款 摆款 长款 存款 诚款 大款
丹款 边款 兑款 的款 垫款 贷款
付款 犯款 放款 罚款 公款 归款
行款 汇款 划款 还款 货款 巨款
交款 价款 旧款 进款 借款 捐款
钜款 结款 缴款 醵款 款款 来款
沥款 留款 纳款 领款 落款 门款
名款 密款 募款 披款 赔款 欠款
亲款 悃款 欠款 情款 入款 软款
上款 送款 税款 顺款 纯款 吐款
谈款 条款 退款 提款 题款 小款
下款 心款 昔款 现款 效款 新款
献款 用款 余款 押款 愚款 中款
专款 祝款 忠款 账款 债款 择款
脏款

风雨款

董狐落款 割地赔款 亭亭款款 条条款款

窾 kuǎn ①孔穴。②空。

大窾 窾窾 虚窾 崖窾
批却导窾

欢 huān ①欢乐。②古时女子对情人的称呼。③活跃。④喜爱。

哀欢 悲欢 沈欢 成欢 承欢 晨欢
大欢 放欢 古欢 故欢 给欢 割欢
歌欢 寡欢 合欢 呼欢 侑欢 酣欢
叫欢 旧欢 交欢 尽欢 居欢 极欢
减欢 狂欢 两欢 昵欢 流欢 联欢
买欢 谋欢 陪欢 求欢 轻欢 清欢
市欢 失欢 所欢 收欢 撒欢 同欢
讨欢 通欢 贪欢 忘欢 相欢 寻欢
欣欢 喜欢 新欢 谐欢 永欢 言欢
余欢 迎欢 幽欢 邀欢 众欢 纵欢
追欢 逐欢 坠欢

不尽欢 宾主欢 共追欢 故人欢 贡公欢
鼓声欢 合家欢 寒土欢 九日欢 尽君欢
菽水欢 接余欢 两相欢 耐悲欢 落帽欢
聊自欢 鸟声欢 明主欢 梦中欢 满堂欢
平生欢 婆喜欢 强为欢 倾益欢 四座欢
讨喜欢 跳得欢 万国欢 万年欢 慰辛欢
喜交欢 一笑欢 一宵欢 一日欢 众人欢
竹林欢 诸将欢 湛露欢

布笑施欢 薄海同欢 把臂言欢 杯酒言欢
菽水承欢 极愿尽欢 剪马高欢 酒能合欢
落落寡欢 离合悲欢 买笑追欢 驱雀顾欢
荣辱悲欢 万姓胪欢 握手言欢 宋就交欢
怏怏寡欢 鱼人合欢 雨爱云欢 郁郁寡欢
鱼跃人欢

得且欢时且寻欢/翘袖折腰舞悲欢/

貛 huān 野兽名。毛灰色，头部有三条白色纵纹，毛可制笔，油脂可入药。

狗貛 莺貛 狼貛 牡貛 寝貛 沙貛
穴貛 猪貛

还 huán 又音 hái ①回、归。②回报。③归还。④还债。⑤环绕。

报还 般还 壁还 春还 偿还 代还
多还 丹还 抵还 登还 方还 返还
放还 奉还 发还 封还 归还 回还

好还 交还 寄还 锦还 凯还 鸟还
赔还 清还 生还 时还 送还 索还
讨还 退还 末还 外还 往还 小还
星还 旋还 月还 引还 以还 依还
言还 雁还 自还 找还 知还 再还
追还 珠还 掷还
钓舟还 夺标还 戴月还 故乡还 孤云还
化鹤还 海通还 几时还 倦飞还 鸟自还
猎骑还 勒铭还 鸟知还 绿袍还 落帆还
橹声还 匹马还 蓬炬还 去复还 气象还
人自还 送春还 受书还 午梦还 衣锦还
燕初还 奏凯还
父债子还 合浦珠还 拾带重还
春风又绿江南岸，明月何时照我还/鬼门关，十人去，九不还/鬼门关，十人九不还/刘备借荆州，有借无还/

环 huán ①玉环。②圆形的东西。③围绕。④环形的。⑤指射击中靶的环数。⑥循环。

安环 白环 鼻环 赐环 刀环 吊环
光环 回环 花环 环环 九环 金环
抠环 连环 轮环 门环 佩环 如环
挠环 珥环 耳环 搦环 上环 四环
双环 随环 兽环 投环 套环 铁环
铜环 下环 星环 循环 旋环 衔环
玉环 萦环 银环 游环 瑶环 瀛环
周环 指环 郑环 辙环
报恩环 碧水环 赤道环 翠屏环 大刀环
大夫环 大循环 恶循环 肺循环 解连环
女史环 列佩环 绿回环 水循环 体循环
血循环 约腕环 猿献环 子母环
黄雀衔环 结草衔环 良性循环 齐后破环
耳带金环 耳带银环 耳带翠环 王燕投环
恶性循环 体外循环 羊祜探环 杨宝掌环
杨雀衔环 周访设环
一环扣一环/

洹 huán 洹水，水名。

会洹 泥洹 流洹 注洹
般泥洹 耨陀洹

桓 huán ①古代表识寺、桥梁、基的柱子。②大。③盘桓。④木名。

桓桓 娇桓 谋桓 盘桓 槃桓 三桓
文桓 鸟桓 相桓 朱桓
宏景盘桓

貆 huán 幼小的兽。

悬貆

萑 huán 古书上指芦苇一类的植物。

编萑 薛萑 深萑 执萑
薰以萑

锾 huán 古代重量单位，也是货币单位。

罚锾 千锾

圜 huán 又音 yuán 围绕。

大圜 圜圜 邱圜 司圜 转圜
九府圜 五星圜
破觚为圜

阛 huán 阛阓，街市。

尘阛 市阛 世阛 通阛

澴 huán 澴水，水名。

湾澴 漩澴

寰 huán ①指京都千里以内的地方。②广大的地域。

尘寰 九寰 句寰 区寰 人寰 枢寰
仙寰 云寰 宇寰 瀛寰
人烟寰 水石寰
惨绝人寰

嬛 huán ［嫏嬛］传说中天帝藏书的地方。

便嬛 娟嬛 琅嬛 嫏嬛 乡嬛 娅嬛

缳 huán ①以绳缠绕。②绞杀。

投缳
虹蜺为缳

镮 huán 圆形有孔可贯穿的东西。

刀镮 抚镮 古镮 金镮 剑镮 探镮
龙雀镮 双铜镮 月堕镮

鬟 huán ①古代妇女梳的环形发髻。②山峦形色。

鬓鬟 翠鬟 雏鬟 低鬟 黛鬟 蛾鬟
风鬟 歌鬟 花鬟 髻鬟 两鬟 螺鬟
绿鬟 媚鬟 青鬟 倾鬟 柔鬟 双鬟
桃鬟 通鬟 颓鬟 娃鬟 小鬟 仙鬟
斜鬟 丫鬟 元鬟 云鬟 烟鬟 鸦鬟
十二鬟 十八鬟 倭堕鬟 舞绿鬟 西子鬟
玉女鬟 堕马鬟
雾鬓风鬟 雨鬓风鬟

睆 huǎn ①明亮。②美好。

华睆 睍睆 实睆
华而睆 莺睍睆

缓 huǎn ①宽绰。②慢。③延迟。④苏醒。⑤疏松。⑥柔软。

不缓 步缓 迟缓 词缓 弛缓 阐缓
澶缓 低缓 肚缓 怠缓 风缓 罚缓
贵缓 和缓 缓缓 减缓 稽缓 可缓
宽缓 辽缓 流缓 驽缓 楼缓 名缓
平缓 肉缓 儒缓 蕤缓 纾缓 死缓
事缓 爽缓 舒缓 疏缓 停缓 坦缓
挺缓 文缓 心缓 闲缓 性缓 迂缓
纡缓 医缓 延缓 淹缓 优缓 呷缓
徐缓 展缓 暂缓
归期缓 来何缓 鸣驺缓 松风缓 衣带缓
莺歌缓 舟行缓
不可或缓 地面平缓 节奏舒缓 刻不容缓
坡度和缓 起伏和缓 山冈坡缓 溪水潺缓

幻 huàn ①空虚，不真实。②奇异的变化。③或乱。④变幻的法术。

变幻 诞幻 浮幻 佛幻 怪幻 鬼幻
荒幻 皆幻 空幻 科幻 诳幻 梦幻
诡幻 奇幻 善幻 怛幻 为幻 玄幻
虚幻
多变幻 俱是幻 停车幻 涛张幻
诪张为幻 侜张为幻

奂 huàn ①文采鲜明。②涣散。

驰奂 雕奂 奂奂 轮奂 泮奂 善奂
懿奂
东门奂 美轮奂
美轮美奂

换 huàn ①对换财物。②变易。③更改。④兑换。

暗换 包换 变换 伴换 串换 岔换
抽换 承换 撤换 代换 对换 兑换
递换 动换 抵换 调换 倒换 更换
改换 骨换 互换 回换 交换 轮换
美换 畔换 叛换 求换 权换 史换
善换 退换 贴换 替换 淘换 偷换
物换 胥换 修换 易换 周换 置换
转换
暗中换 黄庭换 金不换 金貂换 景物换
耳当换 荣枯换 双鱼换 岁已换 啼鸟换
星霜换 须鬓换
等价交换 星移物换 万金不换
败子回头金不换/避色如避难，冷暖随时换/
浪子回头金不换/性不能改，命不能换/

唤 huàn ①呼叫。②召。③啼叫。

暗唤 不唤 别唤 传唤 错唤 春唤
高唤 呼唤 叫唤 鸠唤 鸣唤 呻唤
使唤 听唤 通唤 万唤 相唤 宣唤
笑唤 佯唤 雨唤 夜唤 莺唤 要唤
召唤 醉唤
渡头唤 山公唤 山猿唤 幽禽唤 鹧鸪唤
知音唤
千呼万唤
吃人家碗半，被人家使唤/受人一饭，替人使唤/

涣 huàn ①流散。②水盛貌。③散开。

冰涣 风涣 号涣 涣涣 判涣 泮涣
畔涣 清涣 散涣
藺泉涣 儒化涣

焕 huàn ①火光。②鲜明。③光明。

炳焕 彪焕 重焕 綵焕 復焕 华焕
焕焕 辉焕 雷焕 明焕 日焕 绚焕
天焕 文焕 蔚焕 绚焕 晌焕 霞焕
义焕 有焕耀焕 昭焕 熷焕
长庚焕 丹书焕 天章焕 英词焕
中天婺焕

痪 huàn 瘫痪。①神经机能发生障碍不能动作。②比喻机构涣散。

瘫痪

宦 huàn ①做官。②游学。③做贵人的奴仆。④太监。

不宦　薄宦　从宦　官宦　孤宦　寒宦
久宦　羁宦　纳宦　名宦　巧宦　妾宦
少宦　仕宦　时宦　世宦　事宦　竖宦
素宦　随宦　位宦　危宦　微宦　显宦
阉宦　游宦　拙宦　善宦
白衣宦　权在宦　十五宦　三年宦
达官显宦　皆称仕宦　设为不宦　田骈不宦

浣 huàn ①洗。②旧时称每月的上中下旬为上中下浣。

补浣　薄浣　大浣　濯浣　湔浣　上浣
手浣　漱浣　沃浣　修浣　下浣　自浣
中浣
袖经三浣

患 huàn ①忧虑。②祸害。③憎恶。④害病。

不患　兵患　边患　避患　大患　毒患
防患　匪患　公患　共患　火患　何患
后患　害患　祸患　近患　旧患　救患
疾患　口患　内患　老患　恼患　虑患
民患　免患　弭患　漫患　排患　去患
人患　攘患　水患　生患　世患　思患
甚患　鼠患　同患　无患　勿患　为患
外患　忧患　贻患　隐患　遗患　灾患
不知患　何足患　留后患　梁叟患　木梗患
贫非患　无有患　心腹患
饱经忧患　放虎遗患　腹心之患　河伯之患
河鱼之患　九年水患　内忧外患　卢杞除患
人满为患　通忧共患　万金之患　心腹大患
心腹之患　一朝之患　阳侯之患　有备无患
养虎贻患　养虎遗患　养痈成患　养痈遗患
意怠免患　肘腋之患　阳侯之患　永绝后患
斩草除根，不留后患/养虎自遗患/一日纵敌，数世之患/乘人之车者，载人之患/斩草除根，以免后患/

漶 huàn ［漫漶］文字图像等磨灭，模糊。

曼漶　漫漶　浸漶

逭 huàn 逃避。

暴戾逭

豢 huàn ①养。②以利收买。③贪图。④喂养牲畜。

闭豢　出豢　刍豢　酣豢　烹豢　失豢
鱼豢　在豢　掌豢

擐 huàn 穿。

不擐　躬擐
衣未擐

轘 huàn 古代用车分裂人体的一种酷刑。

车轘　回轘　截轘　烹轘　振轘
渠弥轘　刑车轘

专 zhuān ①单纯。②专一。③独断。④专长。⑤独自掌握或享有。

不专　白专　卑专　宠专　大专　笃专
卦专　红专　精专　静专　美专　取专
情专　谦专　受专　师专　思专　擅专
听专　铁专　位专　心专　艮专　业专
意专　中专　自专　智专
不敢专　风犬专　健而专　权当专　任自专
使命专　顺以专　语言专　用心专
又红又专
成功无难事，只怕不专/

砖 zhuān ①用土坯烧成的建筑材料。②像砖的东西。

八砖　冰砖　碑砖　茶砖　瓷砖　纺砖
硅砖　缸砖　火砖　汉砖　花砖　金砖
面砖　煤砖　镁砖　磨砖　抛砖　砌砖
烧砖　瓦砖　望砖　压砖　砚砖
玻璃砖　碧苔砖　方尺砖　空心砖　空头砖
耐火砖　绿玉砖　敲门砖　藓生砖
引玉之砖

颛 zhuān ①老实。②善良。③愚昧。

性颛　颛颛
敏且颛

转 zhuǎn 又音 zhuàn ①旋转。②转入。③用于运输。④转移。⑤改变行动方向。⑥移动。⑦迁调官职。⑧把一方的物品、信件等给另一方。

暗转　不转　白转　拔转　承转　漕转
回转　倒转　递转　掉转　调转　翻转
后转　好转　换转　圜转　江转　家转
内转　扭转　捩转　列转　逆转　浪转
路转　流转　搅转　缭转　妙转　偏转
蓬转　飘转　气转　千转　曲转　巧转
迁转　清转　凄转　山转　水转　升转
善转　天转　退转　特转　湍转　宛转
弯转　婉转　星转　相转　易转　月转
右转　远转　运转　意转　移转　眼转
影转　游转　莺转　中转　左转　展转
辗转　輈转
春鸟转　歌宛转　含笑转　儿回转　金鸟转
力能转　明镜转　秋蓬转　清词转　石不转
山禽转　心不转　香风转　羊角转
唱腔宛转　椎拍宛转　愁肠九转　峰回路转
歌声宛转　回肠九转　雷轰电转　千回百转
柔肠九转　三回九转　三弯九转　时来运转
天回地转　弯曲旋转　心回意转　星移斗转
九牛拉不转/

传

zhuàn　又音 chuán　①驿站。②驿站所备的车马。③符信。④传记。⑤阐述儒家经书的文字。⑥叙述历史故事的作品。

本传　别传　大传　雕传　后传　记传
纪传　经传　家传　内传　立传　列传
礼传　毛传　评传　前传　书传　史传
世传　诗传　氏传　同传　无传　外传
小传　仙传　贤传　左传　正传　杂传
自传　誌传　著传
高士传　高僧传　良史传　毛颖传　李赤传
儒林传　神仙传　外史传　梓人传
不见经传　世南写传　圣经贤传　树碑立传
言归正传
南柯太守传/名不见经传/

转

zhuàn　又音 zhuǎn　①旋转，围着中心转。②绕着某物移动。③量词。

电转　打转　飞转　公转　空转　轮转
日转　万转　眩转　旋转　自转
车轮转　弹丸转　更筹转　连轴转　捻捻转
溜溜转　团团转　天地转　二人转　玩不转
玩得转
回旋疾转　滴溜溜转　绕圈旋转　跳跃旋转
天旋地转　原地急转　眼睛一转　钧旋毂转
热锅上的蚂蚁，团团转/驴子赶在磨道里，不愿转也得转/不图锅巴吃，不在锅边转/不图锅巴吃，那肯灶边转/六十年风水轮流转/山不转路转/路不转水转/

啭

zhuàn　①鸟婉转地叫。②婉转动听地歌唱。

百啭　歌啭　昏啭　惊啭　急啭　苦啭
鸟啭　妙啭　鸣啭　目啭　暝啭　巧啭
清啭　学啭　虚啭　眩啭　新啭　治啭
震啭
歌喉啭　黄鹂啭　千百啭
万啼千啭　莺啼鸟啭　莺舌百啭

赚

zhuàn　又音 zuàn　①贱买贵卖。②获得利润。③占便宜。

唱赚　掇赚

撰

zhuàn　①写文章、著书。②纂集。

编撰　抄撰　参撰　敕撰　度撰　杜撰
共撰　结撰　口撰　刊撰　考撰　论撰
密撰　探撰　伪撰　修撰　旋撰　新撰
治撰　争撰　著撰　纂撰　箸撰
司农撰　翰林撰
蚁集蜂撰

馔

zhuàn　①安排食物。②饮食吃喝。

庖馔　薄馔　丰馔　哗馔　海馔　进馔
佳馔　净馔　酒馔　客馔　馈馔　醪馔
名馔　美馔　茅馔　设馔　蜀馔　盛馔
新馔　玉馔　异馔　肴馔　饮馔　野馔
馐馔　殽馔　珍馔
大官馔　笋供馔　同宇馔　先生馔　伊蒲馔
鱼人馔
勿求盛馔

篆

zhuàn　①篆字。②书写篆字。③印章。④汉字的一种书体。⑤雕刻。

宝篆　虫篆　草篆　大篆　丹篆　涤篆
雕篆　风篆　符篆　工篆　金篆　接篆
鸟篆　妙篆　铭篆　祕篆　缪篆　秦篆
摄篆　石篆　台篆　图篆　文篆　蜗篆
小篆　仙篆　学篆　香篆　夏篆　诞篆

印篆　筵篆　玉篆　烟篆　稚篆　珍篆
钟篆　籀篆
大小篆　蝌蚪篆　列仙篆　鸟迹篆　天官篆
太古篆　玉筋篆　璎珞篆　钟鼎篆
李斯作小篆/

川 chuān ①水道河流。②河流的源头。③平地、平原。④指四川。

百川　冰川　川川　长川　臣川　常川
大川　东川　隄川　夫川　防川　河川
寒川　九川　巨川　济川　锦川　两川
流川　洛川　临川　名川　满川　明川
平川　盘川　晴川　秦川　澮川　山川
四川　涉川　逝川　同川　文川　谓川
辋川　小川　西川　吸川　斜川　玉川
银川　颍川
过前川　挂长川　海棠川　记山川　酒投川
渴饮川　乐斜川　米粮川　土默川　叹逝川
问樨川　望晴川　月满川　咒逝川　障日川
冰湖冰川　初奠山川　高山大川　名山大川
司马山川　一马平川
防民之口，胜于防川/穷上山，富下川/夏禹治水，初奠山川/

穿 chuān ①破。②通过（空隙）。③开通。④孔。⑤把衣服鞋子套上。

百穿　吃穿　刺穿　拆穿　戳穿　大穿
点穿　洞穿　关穿　贯穿　横穿　击穿
揭穿　针穿　口穿　孔穿　空穿　看穿
难穿　螺穿　履穿　鸟穿　日穿　耳穿
石穿　说穿　望穿　月穿　雨穿　眼穿
莺穿　蚁穿　燕穿
补天穿　貂裘穿　隔牖穿　四月穿　儿屐穿
居士穿　客履穿　冷风穿　柳丝穿　木榻穿
藕丝穿　七孔穿　曲巷穿　铁砚穿　月影穿
有隙穿　杨叶穿　竹鼓穿　竹篱穿
不愁吃穿　步雪履穿　给小鞋穿　户限为穿
七札俱穿　缺吃少穿　少吃缺穿　水滴石穿
鼠啮虫穿　望眼欲穿　心坚石穿　一语说穿
衣敝履穿　衣敝屣穿
今天脱下鞋和袜，不知明天穿不穿/绳锯木断，水滴石穿/纸糊的老虎，一戳就穿/

传 chuán　又音 zhuàn　①递，转授。②扩大散布。③叫来。④转送。⑤传导。⑥传达。

不传　必传　杯传　播传　承传　乘传
驰传　厨传　代传　单传　电传　道传
谪传　嫡传　易传　讹传　风传　飞传
符传　封传　复传　讽传　共传　火传
哄传　哗传　节传　家传　急传　解传
拘传　绝传　口传　可传　刻传　浪传
胪传　留传　流传　秘传　谬传　亲传
频传　失传　双传　书传　尚传　世传
师传　关传　盛传　台传　亭传　投传
无传　外传　误传　先传　心传　相传
学传　宣传　香传　袭传　虚传　薪传
衣传　业传　言传　用传　迎传　邮传
音传　鱼传　韶传　驿传　燕传　遗传
谣传　专传　坐传　走传　祖传　珍传
征传　真传　纸传　置传　智传　划传
暗香传　尺书传　草圣传　代代传　处处传
道统传　锦里传　禁漏传　箕表传　凯歌传
漏声传　妙不传　岂无传　清白传　颂声传
太史传　托雁传　万里传　文苑传　姓名传
晓钟传　一经传　月里传　有书传　衣钵传
总堪传
代代相传　火尽薪传　黄鸟之传　话不虚传
口耳相传　名不虚传　谬种流传　世代相传
薪尽火传　一脉相传　衣钵相传　衣钵真传
正宗嫡传　斫轮不传　教外别传　黄耳之传
只可意会，不可言传/

船 chuán ①水上交通工具。②用船运载。③船形的酒杯。

兵船　驳船　车船　村船　沉船　茶船
乘船　草船　刺船　彩船　漕船　撑船
艄船　大船　电船　斗船　荡船　都船
擢船　渡船　趸船　飞船　方船　帆船
翻船　戈船　归船　赶船　罟船　觥船
贾船　红船　旱船　划船　画船　海船
货船　航船　江船　金船　酒船　开船
客船　苦船　龙船　浪船　来船　莲船
轮船　舲船　楼船　揽船　木船　民船
泊船　破船　汽船　轻船　上船　沙船
商船　天船　停船　通船　铁船　拖船
袜船　小船　下船　行船　御船　虚船
玉船　压船　月船　邮船　夜船　油船

渔船　摇船　银船　晕船　游船　纸船
斋船　贼船　装船
不上船　不系船　采莲船　採莲船　春风船
乘兴船　艒艒船　大愿船　渡头船　洞庭船
泛钓船　泛楼船　郭泰船　机帆船　火轮船
鹤随船　笏引船　江山船　急水船　救难船
救生船　浚泥船　酒杯船　酒满船　龙凤船
弄笛船　罱泥船　缆客船　木兰船　摩托船
鸥避船　破冰船　碰碰船　跑旱船　婆嫂船
迁渔船　千里船　去来船　气垫船　起重船
秋夜船　水上船　上贼船　上水船　水战船
剡溪船　万里船　王氏船　下水船　夕阳船
西江船　孝廉船　雪下船　雪里船　运粮船
野渡船　夜行船　夜雨船　夜航船　子猷船
醉泛船　载月船
汉水胶船　划桨撑船　借风驶船　借水推船
开顶风船　李郭同船　顺风行船　顺水推船
宇宙飞船　王濬楼船
脚踏两只船/脚踏两条船/鲁肃上了孔明的船/任凭风浪起，稳坐钓鱼船/艄公多了打烂船/稳坐钓鱼船/兄弟俩坐船/有尺水行尺船/阴沟里会翻船/宰相肚里好撑船/米家书画船/

遄 chuán ①往来频繁。②快、迅速。

赋遄　月遄
归言遄　再三遄

篅 chuán 一种盛粮食的器物。

仓篅　豆篅　芦篅　囤篅　圆篅　竹篅

椽 chuán 放在檩上架着屋顶的木棒。

笔椽　扳椽　柏椽　尺椽　采椽　陈椽
短椽　雕椽　古椽　架椽　如椽　数椽
屋椽　修椽　一椽　作椽
八九椽　笔如椽　碧玉椽　瑇瑁椽　柯亭椽
神梳椽　三语椽　屋数椽
大笔如椽　隔屋撺椽　三字为椽

舛 chuǎn ①错乱。②违背。

差舛　错舛　多舛　讹舛　烦舛　纷舛
乖舛　家舛　蹇舛　矛舛　谬舛　疏舛
无舛　亡舛　违舛　运舛　正舛
芳途舛　心述舛　阴阳舛　夷惠舛
命途多舛

喘 chuǎn ①急促的呼吸。②轻声说话。

不喘　残喘　大喘　地喘　发喘　肺喘
荒喘　娇喘　牛喘　疲喘　气喘　穷喘
潜喘　人喘　瘁喘　卧喘　微喘　息喘
哮喘　余喘　延喘
急喘喘　气喘喘　问牛喘　见月喘
苟延残喘　见月妄喘　延口残喘

串 chuàn ①连贯。②相互勾结。③由这里到那里走动。④戏曲术语。

茶串　反串　勾串　贯串　贿串　句串
客串　连串　亲串　戚串　商串　树串
文串　闲串　一串　玉串　游串　珠串
炙串　票串
鬼木串　一连串　一串串
白露串串　葡萄串串　芝麻长串

钏 chuàn 用珠子或玉石等穿起来做成的手镯。

宝钏　钗钏　镮钏　金钏　留钏　名钏
卖钏　手钏　腕钏　玉钏　银钏　著钏

闩 shuān ①绑。②用闩插上。③门闩。
加闩　门闩　上闩

拴 shuān 用绳子系。

树上拴
结束牢拴

栓 shuān ①器物上可以开关的机件。②塞子或是作用跟塞子相仿的东西。

螺栓　木栓　枪栓　血栓
消防栓
地脚螺栓

涮 shuàn ①摇动着冲刷。②把水放在器物中摇动。③把肉食等食物放在油或水里一会儿就取出来。

冲涮　开涮　洗涮
洗洗涮涮

阮 ruǎn ①殷商国名。②一种四根弦的乐器。③姓。

北阮　大阮　呼阮　胡阮　嵇阮　老阮
刘阮　侵阮　二阮　王阮　五阮　师阮

同阮　小阮　星阮　贤阮　应阮　摘阮
赐姓阮　蜡屐阮　五弦阮　筝筑阮
南阮北阮

软 ruǎn ①柔软。②柔和。③没有气力。④意不坚。⑤质量差。⑥懦弱。

罢软　好软　发软　饭软　服软　芳软
甘软　花软　滑软　金软　浸软　娇软
脚软　口软　困软　泥软　脸软　绿软
绵软　疲软　气软　轻软　清软　软软
柔软　石软　舌软　手软　沙软　松软
莎软　酥软　酸软　摊软　瘫软　温软
婉软　心软　细软　香软　玉软　腰软
足软　嘴软
不服软　春浪软　工夫软　歌喉软　红玉软
红尖软　金钩软　绿莎软　青疏软　耳朵软
云裘软　莺声软　紫茸软
怕硬欺软　心慈手软　心善手软　心慈面软
糍粑心，好软/吃人家嘴软/吃硬不吃软/吃人家的口软，拿人家的手软/吃了人家的嘴软，拿了人家的手软/耳朵根子软/

钻 zuān 又音 zuàn ①钻研。②钻孔。③投机钻营。

禅钻　刁钻　眡钻　雕钻　攻钻　铦钻
窥钻　弥钻　剖钻　上钻　灼钻　仰钻
研钻
竭才钻　浪里钻　三术钻
边干边钻
没缝的蛋儿苍蝇也不钻/削尖了脑袋往里头钻/

缵 zuǎn 继承。

灯缵。

纂 zuǎn ①编纂。②五彩的丝带。③妇女梳在头后面的发髻。

编纂　姑纂　恢纂　记纂　论纂　史纂
手纂　说纂　拾纂　兴纂　学纂　训纂
修纂　乐纂　织纂　组纂　纂纂

钻 zuàn 又音 zuān ①打穿孔洞的工具。②钻石，金刚石。

电钻　风钻　火钻　黄钻　卡钻　开钻
石钻　水钻　台钻
金刚钻

汆 cuān 把食物放在水里稍微一煮。

水汆

撺 cuān ①扔。②怂恿。③匆忙地做。④发怒。⑤伸出。

现撺　旋撺　一撺　掇撺

镩 cuān 一种凿冰器具。

冰镩

蹿 cuān 向上跳。

飞蹿
别跸蹿　浪头蹿　往上蹿

攒 cuán 又音 zǎn ①聚集。②用手握住。

记攒　集攒　玉攒

窜 cuàn ①逃走。②放逐。③修改文字。④隐蔽。

并窜　逋窜　败窜　夺窜　点窜　分窜
伏窜　改窜　合窜　海窜　惊窜　解窜
客窜　溃窜　流窜　楼窜　私窜　鼠窜
逃窜　脱窜　涂窜　闲窜　远窜　鱼窜
走窜　珠窜　雉窜
不敢窜　韩子窜　蛟龙窜　山厨窜　有苗窜
烟霞窜
抱头鼠窜　捧头鼠窜　东奔西窜　东跑西窜
狼奔鼠窜

篡 cuàn ①劫夺。②旧指夺取君王为篡。③用阴谋手段夺取地位或权力。

放篡　改篡　奖篡　滛篡
弋人篡
弋人何篡

爨 cuàn ①烧火做饭。②灶。③烧煮。④戏曲名词。

不爨　烦爨　疮爨　分爨　供爨　躬爨
火爨　后爨　起爨　同爨　桐爨　外爨
析爨　一爨　异爨　主爨　自爨　执爨
斧甑爨　供晚爨　呼儿爨　劳薪爨　太羹爨
吴人爨　竹里爨　折骸爨
称薪而爨　分居异爨　何辞执爨　良材入爨
樵苏不爨　同居各爨　析骸以爨

酸 suān ①醋。②酸味。③悲痛。④旧时讥讽人迂腐。⑤形容读书人的贫寒。

暖酸 悲酸 薄酸 鼻酸 臭酸 草酸
醋酸 丁酸 胆酸 发酸 泛酸 甘酸
果酸 硅酸 很酸 核酸 寒酸 尖酸
甲酸 极酸 脚酸 橘酸 鹼酸 蔻酸
尿酸 耐酸 硫酸 酪酸 磷酸 冒酸
梅酸 硼酸 穷酸 强酸 醛酸 乳酸
弱酸 儒酸 撚酸 鞣酸 蹂酸 嘶酸
太酸 吞酸 甜酸 碳酸 腿酸 味酸
胃酸 微酸 心酸 辛酸 细酸 硝酸
乙酸 叶酸 油酸 蚁酸 烟酸 盐酸
腰酸 醯酸 作酸 增酸
氨基酸 半酣酸 别离酸 愁更酸 角声酸
金醴酸 柠檬酸 气味酸 入齿酸 尚鱼酸
水杨酸 桃花酸 心音酸 雨声酸 夜虫酸
雁声酸 脂肪酸
寒寒酸酸 杭坏血酸 梅子留酸 猛狗酒酸

蒜 suàn 大蒜。

葱蒜 大蒜 捣蒜 胡蒜 姜蒜 卵蒜
廉蒜 青蒜 生蒜 石蒜 雅蒜 盐蒜
银蒜 夏蒜 装蒜
大葱大蒜 装葱卖蒜
水仙不开花，装蒜/王羲之黑汁当醋蒜/

算 suàn ①核计。②计算。③推测。④打算。⑤当作。⑥作罢。⑦总算。⑧计划。

暗算 不算 布算 拌算 倍算 笔算
成算 常算 测算 筹算 打算 多算
掂算 倒算 福算 估算 规算 概算
何算 合算 洪算 划算 核算 换算
计算 决算 就算 结算 口算 匡算
年算 良算 料算 搂算 庙算 妙算
默算 谋算 盘算 前算 掐算 清算
日算 上算 失算 设算 速算 神算
胜算 推算 文算 无算 瓮算 心算
星算 悬算 遐算 运算 英算 预算
演算 验算 足算 折算 珠算 总算
赀算 资算 訾算
操胜算 九章算 坚亥算 鸡兔算 逆运算
荣辱算 术家算 神机算 通宵算 帷幄算
遭暗算
持筹幄算 反攻倒算 将军妙算 经济核算
精打细算 老谋深算 能写会算 能掐会算
满打满算 屈指一算 师徒布算 神机妙算
问人寿算 稳操胜算 远谋深算 渊图远算
赵达精算 锱铢必算
人算不如天算/人有百算，天只有一算/人有千算，天只有一算/天算不由人算/摇头不如点头算/要饭的借算盘，穷有穷打算/

鸢 yuān 鸟名，即老鹰。

堕鸢 跕鸢 飞鸢 风鸢 饥鸢 木鸢
鸣鸢 鱼鸢 纸鸢
坠水鸢 跕跕鸢 戾天鸢 射双鸢 投林鸢

鸳 yuān ［鸳鸯］水鸟名。

波鸳 彩鸳 风鸳 孤鸳 惊鸳 双鸳
沙鸳 睡鸳 文鸳 祥鸳 翔鸳 浴鸳
锦裁鸳

鹓 yuān 传说中一种像凤凰的鸟。

乘鹓 集鹓 陪鹓 栖鹓 翔鹓 紫鹓
凤舆鹓

眢 yuān 眼睛枯陷。

井眢
眼未眢

冤 yuān ①冤枉。②仇恨。③欺骗。④上当。

不冤 抱冤 报冤 辩冤 仇冤 沉冤
陈冤 烦冤 呼冤 含冤 还冤 罕冤
喊冤 叫冤 解冤 理冤 鸣冤 蒙冤
奇冤 穷冤 申冤 伸冤 声冤 受冤
讼冤 诉冤 释冤 诉冤 无冤 洗冤
雪冤 衔冤 栽冤 真冤 遭冤
飞霜冤 覆盆冤 千古冤 萋菲冤 宿世冤
伍员冤 武穆冤 心中冤 薏苡冤
不白之冤 定国平冤 覆盆之冤 齐妇含冤
庶女衔冤 为鸦伸冤 罪人诉冤
是儿女，眼前冤/

渊 yuān ①深潭。②深邃。③源头。

冰渊　成渊　重渊　沉渊　澄渊　大渊
广渊　故渊　洪渊　寒渊　九渊　龙渊
灵渊　临渊　魄渊　清渊　潜渊　山渊
水渊　沙渊　深渊　塞渊　天渊　吞渊
文渊　旋渊　湘渊　鱼渊　圆渊　颜渊
渊渊　紫渊
不测渊　藏珠渊　九重渊　蛟龙渊　临深渊
升龙渊　思如渊　鱼跃渊
不测之渊　寸指测渊　加膝坠渊　陋巷颜渊
难策澶渊　判若天渊　如临深渊　悟字九渊
脱网就渊　万丈深渊　悟字九渊　相去天渊
鱼跃于渊　加膝坠渊　积水成渊
白龙下清冷之渊/玩其碛砾，不窥玉渊/

蜎 yuān ①［蜎蜎］虫类蠕动的爬行貌。②孑孓蚊子的幼虫。③弯曲。

蠉蜎　蝴蜎

元 yuán ①人头。②长。③第一。④开始。⑤为首的。⑥大。⑦善。⑧基本的。⑨数学的名词。⑩朝代名。

八元　背元　次元　初元　储元　单元
丹元　德元　殿元　奉元　复元　公元
告元　归元　改元　贵元　根元　化元
会元　洪元　含元　华元　浑元　混元
金元　纪元　敬元　建元　解元　稽元
开元　坤元　魁元　立元　历元　抡元
黎元　美元　七元　乾元　日元　孕元
体元　泰元　调元　铜元　三元　上元
司元　守元　叔元　寿元　肃元　文元
下元　西元　新元　一元　元元　银元
中元　宗元　状元　贞元　赞元
大三元　大纪元　大秋元　大春元　花状元
俱仲元　柳宗元　全会元　上将元　万物元
新纪元　赞花元　子元元
博奥文元　队里状元　渴睡状元　连中三元
窃画桓元　香化陈元
行行出状元/七十二行，行行出状元/三十六行，行行出状元/

芫 yuán　又音 yán　芫花，落叶灌木，开紫色小花，有毒，花蕾可入药。

赤芫　术芫

园 yuán ①种植物蔬菜花果的地方。②供人游玩或娱乐的地方。③比喻事物丛集之处。④墓地。

波园　茶园　菜园　锄园　祇园　芳园
废园　公园　故园　果园　灌园　后园
花园　金园　鸡园　郊园　家园　静园
酱园　开园　窥园　乐园　林园　陵园
梨园　梁园　名园　梅园　潘园　沁园
邱园　琪园　淇园　寝园　漆园　山园
隋园　田园　桃园　庭园　兔园　唐园
文园　小园　西园　杏园　校园　晓园
游园　瑶园　竹园　占园　庄园　梓园
湛园
八杏园　半春园　畅春园　动物园　独乐园
芙蓉园　芳林园　故侯园　给孤园　金谷园
菊坡园　丽春园　漏泽园　茂陵园　苹果园
辟疆园　绮春园　日涉园　数亩园　梧桐园
邵平园　修竹园　香水园　逍遥园　伊甸园
幼儿园　幼稚园　永芳园　野人园　圆明园
颐和园　游乐园　御花园　竹素园　植物园
种菊园　醉习园
抱瓮灌园　春色满园　重建家园　重建花园
繁花满园　奉笔兔园　湖边公园　海滨公园
街心花园　目不窥园　遍历名园　奇香满园
儿童公园　森林公园　屋顶花园
刘姥姥进大观园/墙头上种菜，没园（缘）/三年不窥园/孙猴子守桃园/祇树给孤独园/

沅 yuán　沅江，发源于贵州省。

攒沅　江沅　澧沅　偏沅　上沅　湘沅

鼋 yuán　即鳖。

尝鼋　乘鼋　浮鼋　伏鼋　江鼋　潜鼋
染鼋　天鼋　鱼鼋
将解鼋　千岁鼋
古冶持鼋　韦丹赎鼋

员 yuán　又音 yún　yùn ①人员。②周围。③成员。④人员的数额。⑤量词。

百员　兵员　备员　病员　乘员　成员
常员　超员　船员　裁员　大员　定员
队员　动员　店员　党员　访员　浮员
复员　纷员　幅员　官员　阁员　雇员
股员　会员　海员　教员　减员　科员
滥员　满员　品员　盟员　人员　冗员

生员 社员 伤员 淑员 属员 随员
团员 驼员 委员 行员 闲员 学员
议员 要员 译员 演员 专员 庄员
贞员 职员 增员
不计员 办事员 保育员 保管员 播音员
从业员 采购员 出纳员 承审员 抄写员
乘务员 炊事员 裁判员 调研员 打字员
弟子员 飞行员 辅导员 发货员 服务员
广播员 公务员 观察员 话务员 计时员
记分员 技术员 交通员 讲解员 接线员
接生员 教职员 教养员 教导员 驾驶员
检察员 警卫员 警察员 女演员 乐我员
列车员 理发员 陪审员 情报员 勤务员
潜水员 配种员 司令员 守门员 收发员
收购员 饲养员 售货员 审判员 售票员
投递员 特派员 通信员 通讯员 推销员
卫生员 宣传员 协理员 巡边员 引水员
宇航员 运动员 研究员 邮递员 盈业员
营业员 子弟员 招待员 战斗员 指导员
指战员 指挥员 侦察员 总动员 资料员
副研究员 反面教员 共产党员 公务人员
国务委员 剧团人员 勤杂人员 勤务人员
神职人员 小公务员 战斗减员 战争动员
政治委员 最佳演员
飞机驾驶员/工农兵学员/人民陪审员/宇宙航行员/助理资料员/助理研究员/政治协理员/政治教导员/政治指导员/

圆 yuán ①完整。②圆形。③像球的形状。④周全。⑤我国的本位货币。⑥使圆满。⑦团圆。⑧婉转。

包圆 半圆 扁圆 波圆 长圆 重圆
初圆 大圆 德圆 方圆 复圆 幅圆
光圆 盖圆 高圆 规圆 桂圆 滚圆
红圆 画圆 浑圆 觚圆 机圆 金圆
镜圆 流圆 轮圆 溜圆 米圆 美圆
梦圆 求圆 清圆 日圆 鸟圆 沙圆
体圆 团圆 汤圆 通圆 铜圆 椭圆
心圆 形圆 月圆 匀圆 银圆 因圆
夜圆 走圆 正圆 沼圆 珠圆 智圆
醉圆
白玉圆 彩光圆 大团圆 的溜圆 点点圆
法轮圆 儿缺圆 内切圆 难再圆 颗颗圆
露珠圆 三五圆 水精圆 同心圆 外接圆
望舒圆 向心圆 一镜圆 月初圆 月正圆
影长圆 鸭蛋圆 智欲圆
柄鑿方圆 不方不圆 膀阔腰圆 膀大腰圆
的溜儿圆 稻堆圆圆 滚瓜溜圆 花好月圆
毁方投圆 金镜重圆 空心汤圆 两腿滚圆
南瓜扁圆 脸儿浑圆 露珠溜圆 破镜重圆
全家团圆 随方就圆 随方逐圆 言方行圆
指方画圆 字正腔圆
不以规矩，不能成方圆/不依规矩，不能成方圆/八月十五的月亮，正圆/大漠孤烟直，长河落日圆/藕断丝不断，月圆人未圆/人不能言，车不能圆/天下喜事，无过夫妻团圆/

垣 yuán ①矮墙。②城市。

宸垣 词垣 城垣 崇垣 车垣 短垣
方垣 粉垣 古垣 垢垣 荒垣 输垣
禁垣 谏垣 立垣 离垣 缭垣 空垣
旷垣 藩垣 墙垣 市垣 省垣 庭垣
颓垣 梧垣 辛垣 修垣 新垣 掖垣
逾垣 属垣 筑垣
度紫垣 坏馆垣 月底垣 紫薇垣
败井颓垣 断壁颓垣 断瓦颓垣 断井颓垣
破瓦颓垣 孝绪凿垣 雨井烟垣 萦带为垣

爰 yuán ①于是。②何处，哪里。③为。④改易。

兔爰 徐爰 爰爰 支爰 周爰

援 yuán ①牵、引。②帮助。③引用。④引据。⑤引进。

奥援 扳援 驰援 大援 打援 党援
芳援 弓援 钩援 回援 后援 昏援
结援 救援 接援 继援 攫援 良援
猱援 开援 美援 密援 畔援 攀援
乞援 求援 请援 牵援 荣援 手援
受援 声援 苏援 掸援 善援 托援
推援 无援 外援 系援 引援 应援
迎援 支援 争援 阻援 增援
进相援 溺是援 又马援
孤立无援 炮火支援 围城打援 有例可援

湲 yuán ［潺湲］水流动的样子。

潺湲 湲湲

媛 yuán 又音 yuàn ①相连。②身姿美好。

宝媛 邦媛 楚媛 良媛 巧媛 神媛
天媛 唐媛 要媛 昭媛
柳絮才媛

原 yuán ①水流源头。②根本。③最初的。④本来。⑤谅解。⑥宽阔平坦的地方。⑦推究。

北原 本原 冰原 病原 草原 大原
断原 复原 古原 归原 高原 还原
呼原 荒原 九原 郊原 鉴原 抗原
旷原 力原 辽原 良原 疗原 燎原
莽原 酶原 平原 蓬原 邱原 山原
太原 天原 苔原 推原 探原 题原
糖原 无原 乡原 雪原 鲜原 猳原
移原 幽原 左原 中原 在原 周原
百花原 大草原 吊屈原 独寐原 戴草原
伏羊原 穷本原 探根原 五丈原 仙人原
政教原 准平原 冰水平原 冰封雪原
冰海雪原 冲积平原 风成平原 返本还原
泛滥平原 归本还原 海岸平原 海滨平原
绿遍山原 茫茫草原 莽莽草原 情有可原
侵蚀平原 熔岩高原 丝绣平原 统一中原
问鼎中原 星火燎原 有本有原 原始平原
逐鹿中原 脊令在原
贾谊吊屈原/星星之火，可以燎原/

源 yuán ①水流出的地方。②来源。③事物的根由。

兵源 本源 波源 病源 初源 财源
辞源 澄源 电源 导源 涤源 风源
发源 肥源 复源 富源 光源 根源
稿源 火源 何源 河源 花源 货源
祸源 江源 浚源 津源 濬源 开源
矿源 来源 灵源 能源 澧源 蜜源
平源 求源 泉源 沁源 起源 穷源
秦源 琼源 清源 热源 山源 水源
生源 诗源 塞源 溯源 同源 桃源
探源 无源 心源 仙源 寻源 湘源
泝源 异源 阴源 养源 源源 渊源
择源 政源 资源 震源 肇源
涤性源 谷口源 九液源 及水源 清静源
射电源 桃花源 万物源 无定源 武陵源
洗药源 造化源 湖水源
断绝来源 家学渊源 历史渊源 木本水源
二次热源 世外桃源 遡流求源 推本溯源
一次能源 诉流穷源 没坡讨源 沿流讨源
饮水知源 饮水思源 左右逢源 中得心源
正本清源 追本求源 追本溯源 追根溯源
追本穷源 战争根源 万斛泉源 误入桃源
木有本，水有源/芝草无根，醴泉无源/

嫄 yuán 用于人名。

邦嫄 婵嫄 姜嫄 良嫄 灵嫄 山嫄
淑嫄 天嫄

螈 yuán ［蝾螈］两栖动物，形状像蜥蜴，生活在水中，卵生。

蝾螈

羱 yuán 羱羊，似羊而大。

斗羱
独寐羱 戴草羱

袁 yuán 姓。

曹袁 三袁 推袁 祖袁
卧雪袁
黄巾避袁

猿 yuán 猴一类的动物。

哀猿 白猿 巴猿 愁猿 定猿 断猿
飞猿 孤猿 呼猿 江猿 驾猿 老猿
林猿 暝猿 暮猿 清猿 人猿 山猿
听猿 啼猿 腾猿 心猿 相猿 峡猿
晓猿 玉猿 吟猿 夜猿
抱树猿 长臂猿 断肠猿 蕙帐猿 挂月猿
君子猿 能啸猿 类人猿 栖云猿 山公猿
三峡猿 善援猿 听啼猿 向啼猿 啸月猿
一声猿
北辙南猿 邓芝中猿 意马心猿 调弓号猿
虚引怯猿

辕 yuán ①车辕子，车前驾车的地方。②辕门。③更换。

车辕 方辕 改辕 归辕 还辕 回辕
画辕 褐辕 驾辕 南辕 攀辕 去辕
琼辕 向辕 行辕 系辕 轩辕 右辕

引辕　折辕　转辕
笼中辕　天马辕　下泽辕
起赐移辕　螳臂挡辕　适楚北辕　轴折造辕
张堪折辕

缘 yuán ①器物的边缘。②攀援。③牵连。④循、沿。⑤因由。⑥缘分，机缘。

边缘　饼缘　尘缘　凤缘　根缘　化缘
花缘　汇缘　机缘　阶缘　结缘　津缘
绝缘　金缘　锦缘　丁缘　牛缘　良缘
领缘　没缘　仆缘　泡缘　旁缘　攀缘
青缘　亲缘　前缘　情缘　石缘　俗缘
世缘　水缘　市缘　随缘　善缘　同缘
亭缘　投缘　文缘　无缘　万缘　仙缘
血缘　杏缘　因缘　衣缘　由缘　有缘
夤缘　遇缘　姻缘　众缘　周缘
出主缘　断俗缘　凤昔缘　后生缘　好姻缘
花月缘　今生缘　结酒缘　了万缘　连天缘
偏诸缘　青云缘　岂非缘　未了缘　文字缘
谢世缘　云锦缘　再生缘
不解之缘　虎骇化缘　露水姻缘　梅鹤姻缘
事有奇缘　香火因缘　邂逅之缘　雍伯之缘
雍伯多缘　一面之缘
若说钱便无缘/天有酒星，地有酒泉，人有酒缘/同船过渡，皆是有缘/一人难结万人缘/

橼 yuán ［香橼］常绿小乔木，果皮粗而厚，黄色，供观赏，皮可入药。

枸橼

远 yuǎn ①遥远。②久远。③差距大。④疏远。⑤（差别）大。

安远　奥远　不远　边远　长远　踔远
黜远　超远　大远　灯远　达远　道远
淡远　遯远　穹远　广远　共远　高远
光远　古远　火远　闳远　回远　宏远
弘远　怀远　很远　荒远　鸿远　久远
见远　极远　惊远　近远　敬远　绝远
静远　阔远　旷远　老远　辽远　劳远
路远　明远　缅远　袤远　渺远　邈远
平远　偏远　乞远　求远　青远　清远
情远　日远　柔远　上远　山远　水远
世远　尚远　身远　甚远　顺远　深远
疏远　邃远　天远　太远　迢远　途远
跳远　推远　威远　望远　下远　心远
兴远　相远　玄远　雄远　修远　险远
遐远　以远　永远　迂远　宜远　攸远
夷远　幽远　意远　悠远　怨远　源远
遥远　渊远　莺远　豫远　凝远　走远
自远　旨远　追远　致远　终远
不觉远　庖厨远　鲍明远　长安远　才子远
耻辱远　差得远　风尘远　风流远　古来远
规模远　花情远　京华远　莲荡远　鸾音远
名山远　鸣驺远　平英远　去俗远　清风远
千峰远　日已远　生涯远　天道远　天禄远
无胥远　星槎远　云陛远　音义远　住得远
则怨远　真趣远
长安不远　登高望远　登高眺远　洞幽烛远
负重致远　钩深致远　好高骛远　计深虑远
年岁久远　年代久远　路途遥远　埋牛茂远
清微淡远　日暮途远　任重道远　任重致远
山川悠远　舍近求远　三级跳远　山长水远
山遥水远　慎终追远　舍近求远　室迩人远
天差地远　为期不远　为期甚远　相隔很远
言文行远　言近旨远　言近意远　言约旨远
语近旨远　殷鉴不远　悦近来远　会心不远
天长地远
戴着帽子亲嘴，差得远/戴着草帽亲嘴，隔得太远/伐柯者其则不远/迷而知返，得道不远/日近长安远/山高皇帝远/天高皇帝远/言之无文，行而不远/站得高，看得远/站得高，看得远/

苑 yuàn ①养禽兽并植树木花草的地方。②文学、艺术的会集地。

北苑　沉苑　池苑　词苑　沈苑　春苑
大苑　东苑　法苑　芳苑　凤苑　古苑
宫苑　桂苑　鹄苑　花苑　画苑　翰苑
经苑　禁苑　女苑　林苑　阆苑　柰苑
梁苑　鹿苑　门苑　牧苑　茂苑　琼苑
琴苑　畦苑　隋苑　蕊苑　上苑　沙苑
双苑　说苑　诗苑　睢苑　韶苑　天苑
兔苑　菀苑　文苑　吴苑　仙苑　杏苑
学苑　香苑　贤苑　玉苑　艺苑　囿苑
苑苑　御苑　紫苑
长洲苑　芙蓉苑　甘泉苑　归禁苑　黄山苑

开文苑　梁王苑　蓬莱苑　上林苑　宜春苑
游阆苑
光揺汉苑　柳眠汉苑　三十六苑

怨 yuàn ①仇恨。②不满意，责备。③古诗体的一种。

艾怨　哀怨　百怨　报怨　剥怨　抱怨
悲怨　捕怨　谤怨　暴怨　产怨　仇怨
除怨　春怨　愁怨　黛怨　恩怨　伏怨
负怨　忿怨　讽怨　烦怨　愤怨　悱怨
诽怨　归怨　宫怨　怪怨　闺怨　构怨
搆怨　怀怨　花怨　恨怨　含怨　恚怨
憾怨　鹤怨　久怨　交怨　忌怨　积怨
疾怨　结怨　解怨　嗟怨　嫁怨　街怨
戢怨　聚怨　缄怨　老怨　敛怨　劳怨
懕怨　离怨　民怨　莫怨　埋怨　媒怨
瀸怨　辟怨　起怨　驱怨　凄怨　人怨
任怨　三怨　市怨　生怨　夙怨　私怨
俗怨　讼怨　诉怨　损怨　宿怨　深怨
树怨　偿怨　骚怨　他怨　恫怨　无怨
忤怨　违怨　小怨　心怨　胥怨　挟怨
蓄怨　新怨　衔怨　嫌怨　有怨　远怨
贻怨　幽怨　止怨　众怨　造怨　遭怨
憎怨
白华怨　班姬怨　长门怨　苌弘怨　登高怨
歌女怨　胡笳怨　婕妤怨　绿珠怨　梅笛怨
骚人怨　小弁怨　湘妃怨　睚眦怨　珠娘怨
杯酒解怨　不见之怨　陈判无怨　恩多成怨
封人之怨　旧仇宿怨　肩劳任怨　柳啼花怨
任劳任怨　私恩发怨　丝恩发怨　深仇重怨
深仇宿怨　神怒人怨　天怒人怨　解狐举怨
以德报怨　以怨报怨　以直报怨　云愁雨怨
睚眦之怨　彦伦鹤怨
不赏私劳，不罚私怨/非所怨勿怨/东征西夷怨/西征则东国怨/

院 yuàn ①房屋围墙内的空地方。②某些机关或公共场所的名称。③专指学院。

病院　出院　产院　参院　场院　禅院
大院　当院　独院　道院　粉院　归院
贡院　宫院　馆院　后院　行院　花院
画院　净院　棘院　菊院　剧院　妓院
空院　跨院　六院　阚院　棋院　前院
入院　书院　寺院　松院　深院　僧院
试院　锁院　台院　亭院　塔院　庭院
小院　戏院　学院　医院　议院　幽院
影院　杂院　宅院　住院　转院
卑田院　保育院　博物院　吹笙院　参议院
大杂院　大理院　电影院　都察院　反省院
芙蓉院　疯人院　国务院　翰林院　红药院
教书院　检察院　敬老院　科学院　疗养院
入贡院　上林院　上议院　三合院　四合院
待漏院　枢密院　深琐院　卫生院　梧桐院
下议院　休养院　修道院　烟花院　宜春院
养老院　影戏院　影剧院　众议院　政务院
产科医院　独门独院　精神病院　岂非同院
人民法院　三宫六院　深宅大院　朱门大院
人民检察院/最高人民法院/

垸 yuàn 江湖地带挡水用的堤圩。

堤垸　圩垸

掾 yuàn 古代官署属员的通称。

部掾　丞掾　曹掾　郡掾　计掾　老掾
良掾　冷掾　郎掾　辟掾　市掾　廷掾
英掾　狱掾　左掾
扶风掾　门下掾　三语掾　文字掾
三语为掾　三字为掾

媛 yuàn 又音 yuán 美女。

婵媛　灵媛　富媛　宫媛　名媛　美媛
淑媛　秀媛　英媛　仙媛

瑗 yuàn 大孔的璧。

宝瑗　璧瑗　具瑗　列瑗

愿 yuàn ①乐意。②愿望。③愿意。④希望。⑤迷信的人对神佛许下的酬谢。⑥倾慕。⑦思念。

不愿　本愿　鄙愿　处愿　初愿　常愿
称愿　承愿　诚愿　酬愿　大愿　但愿
趸愿　多愿　敦愿　得愿　憨愿　非愿
发愿　福愿　甘愿　共愿　归愿　弘愿
好愿　还愿　宏愿　结愿　谨愿　嘉愿
诚愿　可愿　恳愿　款愿　立愿　宁愿
良愿　民愿　鸣愿　祈愿　期愿　请愿
情愿　谦愿　人愿　如愿　柔愿　时愿

适愿　始愿　夙愿　奢愿　宿愿　诉愿
遂愿　素愿　慎愿　赛愿　誓愿　同愿
无愿　闻愿　我愿　乡愿　向愿　心愿
仙愿　许愿　修愿　虚愿　逊愿　永愿
远愿　幼愿　意愿　遗愿　盈愿　自愿
至愿　志愿　咒愿　祝愿
不情愿　沧州愿　苍生愿　朝天愿　富贵愿
化而愿　乞如愿　青霞愿　商工愿　香火愿
婢呼如愿　封官许愿　甘心情愿　两厢情愿
两相情愿　平生之愿　烧香许愿　生前夙愿
天从人愿　天遂人愿　心甘情愿　向平之愿
一相情愿　一厢情愿　自觉自愿　子平之愿
除夕乞如愿/东郭敞多愿/人情人情，在人情愿/天不从人愿/

捐 juān ①舍弃。②捐助或献出。③赋税的一种。④除去。

贬捐　车捐　导捐　房捐　共捐　花捐
回捐　缴捐　抗捐　苛捐　康捐　纳捐
流捐　募捐　縻捐　盘捐　乞捐　弃捐
税捐　天捐　唐捐　无捐　委捐　握捐
微捐　斡捐　相捐　虚捐　旋捐　言捐
早捐　左捐　周捐　转捐
不忍捐　尘事捐　青弃捐　死相捐　世所捐
文字捐　为国捐　微躯捐　性命捐　众情捐
功不唐捐　秋扇见捐　细大不捐
生相怜，死相捐/

涓 juān ①细小的水流。②除去。③选择。

涓涓　师涓　疏涓　无涓　微涓　中涓
溜涓涓　输微涓
朕杀庞涓

娟 juān ①［便娟］轻盈美丽的样子。②美好、秀丽。

婵娟　翠娟　净娟　娟娟　女娟　连娟
丽娟　联娟　便娟　山娟　素娟　舞娟
月娟　幽娟
春月娟　貌婵娟　竹使娟
玉翼婵娟

鹃 juān 杜鹃。

杜鹃　鸣鹃　啼鹃　闻鹃　蜀鹃
泣杜鹃　托杜鹃　听春鹃　血泪鹃
望帝啼鹃

圈 juān 又音 quān　juàn ①关住禽兽。②关闭。

禁圈　闭圈

朘 juān 缩、减。

肉朘

镌 juān 雕刻。

半镌　琱镌　雕镌　金镌　磨镌　细镌
翠珉镌　金石镌　青瑶镌　姓名镌　新样镌
钟鼎镌

蠲 juān ①免除。②洁净。③显示。

吉蠲　明蠲
法令蠲　俗虑蠲

卷 juǎn 又音 juàn ①把物弯成圆筒形。②收藏。③被裹成圆筒形的东西。

半卷　波卷　被卷　春卷　风卷　翻卷
裹卷　花卷　荷卷　横卷　胶卷　紧卷
蕉卷　控卷　龙卷　连卷　脔卷　浪卷
簾卷　漫卷　幔卷　且卷　手卷　舌卷
书卷　舒卷　善卷　铜卷　心卷　行卷
席卷　袖卷　霞卷　云卷　叶卷　烟卷
掩卷　折卷
碧筒卷　宫槐卷　流苏卷　铺盖卷　秋涛卷
晴丝卷　朔风卷　鼠街卷　行李卷　虾须卷
云箔卷　珠帘卷　张空卷　紫菌卷
风驰电卷

卷 juàn 又音 juǎn ①可舒卷的书册。②书籍的篇章。③考试卷。④案卷，档案。

案卷　白卷　闭卷　宝卷　长卷　操卷
残卷　大卷　丹卷　吊卷　底卷　答卷
调卷　发卷　焚卷　翻卷　改卷　给卷
盖卷　怀卷　画卷　黄卷　交卷　旧卷
经卷　卷卷　绩卷　开卷　考卷　课卷
内卷　连卷　览卷　秘卷　墨卷　披卷
判卷　上卷　四卷　诗卷　素卷　试卷
释卷　坛卷　投卷　文卷　万卷　问卷
温卷　新卷　一卷　压卷　印卷　阅卷
掩卷　左卷　中卷　宅卷　朱卷　辍卷

长开卷 第一卷 交白卷 破万卷 上章卷
书千卷 庄志卷
青灯黄卷 手不释卷 温公万卷 永和拥卷
胸中万卷 着手成卷 篆吞一卷
吕蒙手不释卷/收账烧债卷/读书破万卷/

倦 juàn ①疲劳。②厌倦。③衰、减。④懈怠。

不倦 笔倦 惫倦 怠倦 烦倦 后倦
画倦 昏倦 饥倦 困倦 苦倦 鸟倦
劳倦 懒倦 闷倦 迷倦 目倦 秘倦
疲倦 手倦 神倦 体倦 免倦 未倦
无倦 忘倦 休倦 息倦 绣倦 言倦
厌倦 眼倦 厌倦 慵倦 志倦
客遊倦 山行倦 岁时倦 莺语倦
等行不倦 好学不倦 诲人不倦 笃学不倦
力学不倦 乐善不倦 孜孜不倦 孳乳不倦
终日不倦
学而不厌，诲人不倦/

圈 juàn 又音 quàn juān 养家禽等用的栅栏。

牛圈 马圈 棚圈 羊圈 猪圈
笼儿里圈

狷 juàn ①胸襟狭窄。②耿直。

高狷 介狷 狂狷 轻狷 性狷 迂狷
忠狷

绢 juàn ①丝织品的统称。②手绢。③一种薄的丝织品。

白绢 扁绢 寸绢 成绢 当绢 堆绢
贩绢 古绢 黄绢 季绢 束绢 课绢
绫绢 露绢 买绢 取绢 青绢 失绢
书绢 生绢 手绢 纱绢 素绢 吴绢
细绢 新绢 遗绢 织绢 柞绢 折绢
缯绢 赠绢 禾绢
白绫绢 蛟女绢 鹅溪绢 真珠绢
范宣受绢 范邵断绢 觊焚锦绢 杨修黄绢

罥 juàn ①捕鸟的网。②挂。③用绳索系取鸟兽。

高罥 挂罥 绝罥 丝罥 施罥
落花罥

桊 juàn 穿在牛鼻子上的铁环。

萝桊
牛鼻桊

眷 juàn ①爱慕。②顾念。③亲属。

本眷 宝眷 存眷 垂眷 宠眷 宸眷
春眷 帝眷 芳眷 过眷 欢眷 皇眷
荷眷 佳眷 家眷 眷眷 女眷 内眷
南眷 美眷 侨眷 亲眷 挈眷 双眷
受眷 胜眷 宿眷 深眷 属眷 思眷
殊眷 天眷 探眷 忘眷 心眷 携眷
瀛眷 宅眷

鄄 juàn 鄄城，地名，在山东省。

会于鄄。

悛 quān ①停止。②悔改。③次序。

可悛 罔悛
秦法悛
长恶不悛 怙恶不悛 讳恶不悛 稔恶不悛
为恶不悛

圈 quān 又音 juàn juān ①屈木。②环形的东西。③画环形。④划定范围。⑤区域。⑥包围。

八圈 杯圈 出圈 车圈 垫圈 风圈
光圈 锅圈 怪圈 花圈 划圈 画圈
极圈 罗圈 里圈 梁圈 起圈 圈圈
入圈 绕圈 套圈 铁圈 外圈 瓦圈
项圈 线圈 眼圈 圆圈 晕圈 转圈
北极圈 包围圈 副线圈 火力圈 救生圈
面包圈 强国圈 生物圈 生活圈 橡皮圈
原线圈
次极线圈 初级线圈
瞎子戴眼镜，多余的圈圈/

权 quán ①黄色。②权力。③势力。④权利。⑤变通。⑥姑宜。⑦秤锤。⑧衡量。

比权 兵权 版权 霸权 从权 财权
特权 篡权 乘权 大权 佃权 当权
达权 夺权 地权 党权 盗权 夫权
分权 放权 法权 国权 皇权 豪权
机权 军权 君权 极权 酒权 集权
监权 谲权 立权 女权 利权 弄权

拿权 揽权 民权 美权 卖权 平权
全权 轻权 弃权 侵权 强权 窃权
人权 生权 市权 受权 世权 事权
实权 恃权 诉权 神权 顺权 授权
擅权 天权 贪权 特权 无权 王权
威权 行权 胁权 用权 有权 越权
鬻权 主权 中权 专权 重权 政权
招权 执权 职权 争权 族权 诈权
债权 掌权
表决权 罢免权 辩护权 财产权 初夜权
得失权 发言权 放明权 否决权 公民权
海洋权 居留权 将帅权 继承权 劳动权
庇护权 人格权 人身权 生平权 所有权
使用权 审判权 统治权 伪证权 选举权
优先权 以远权 授外权 主动权 专利权
占有权 治书权 宗主权 制中权 制空权
制海权 著作权
不负瑾权 被选举权 褫公夺权 独揽大权
独裁政权 反动政权 反对霸权 反经济权
革命政权 红色政权 傀儡政权 利用神权
守经达权 王凤擅权 外交特权 虚实相权
有职有权 治外法权 尊重主权 子瑜喻权
反经行权
杯酒释兵权/领事裁判权/

全 quán ①完备。②整个。③保全。④都。

安全 不全 百全 保全 补全 才全
成全 残全 大全 德全 丰全 福全
功全 苟全 顾全 赅全 具全 俱全
衿全 健全 可全 力全 两全 泥全
难全 齐全 求全 曲全 十全 双全
守全 纯全 身全 神全 天全 万全
无全 完全 瓦全 形全 圆全 周全
赒全
不复全 此身全 道乃全 更不全 几人全
两能全 偏才全 岁功全 味道全 小而全
幸生全 性命全 醉神全
安安全全 百举百全 摆设齐全 才貌双全
残缺不全 福寿双全 福禄双全 货色齐全
计出万全 目牛无全 齐齐全全 体魄健全
文武双全 完完全全 五味俱全 五音不全
五色俱全 五毒俱全 委曲求全 一应俱全
以偏概全 一刀成全 责备求全 智勇双全
宁为玉碎，不为瓦全/宁为玉碎，何能瓦全/
宁为玉碎，不能瓦全/宁为玉碎，不做瓦全/
麻雀虽小，五脏俱全/

佺 quán 用于人名。

期佺 偓佺

诠 quán ①详细解释。②事物的理。③权衡。④选择。

妙诠 秘诠 言诠 真诠

荃 quán 一种香草。

芳荃 芬荃 金荃 兰荃
得鱼而忘荃/

牷 quán ①供祭祀用的纯色毛的牛。②肢体齐全。

告牷 牲牷

铨 quán ①称重量的器具。②选授官职。

分铨 衡铨 律铨 十铨 三铨 四铨
授铨 未铨 小铨
吏部铨 未离铨

痊 quán 病好了。

病痊 理痊 未痊 易痊
不可痊 沉疴痊 谁能痊 头风痊

筌 quán 捕鱼的竹器。

言筌
得鱼忘筌

泉 quán ①泉水。②水源。③钱币的古称。④地下水。

百泉 布泉 冰泉 奔泉 碧泉 重泉
春泉 澄泉 淙泉 冻泉 洞泉 盗泉
飞泉 法泉 沸泉 瀵泉 甘泉 膏泉
虹泉 货泉 黄泉 惠泉 寒泉 九泉
井泉 及泉 汲泉 菊泉 酒泉 街泉
狂泉 矿泉 窟泉 来泉 龙泉 灵泉
冷泉 里泉 泪泉 林泉 凌泉 流泉
洌泉 滥泉 藨泉 澧泉 酿泉 醴泉
鸣泉 濆泉 喷泉 瀑泉 七泉 穷泉
清泉 二泉 乳泉 润泉 山泉 石泉

天泉　贪泉　脱泉　汤泉　温泉　下泉
玄泉　悬泉　响泉　云泉　玉泉　忧泉
阳泉　鱼泉　涌泉　源泉　野泉　盐泉
银泉　渊泉　直泉　珠泉　煮泉　酌泉
不老泉　白云泉　百尺泉　拜井泉　白鹿泉
长梦泉　穿林泉　雌雄泉　妒女泉　濯清泉
飞来泉　飞崖泉　抚掌泉　挂壁泉　花流泉
华池泉　蝴蝶泉　间歇泉　汲飞泉　汲野泉
蛱蝶泉　硫磺泉　吕公泉　难老泉　蘭溪泉
瞑眈泉　鸣琴泉　菩提泉　思沥泉　韶山泉
听流泉　跳珠泉　万斛泉　无声泉　五龙泉
洗心泉　洗钵泉　孝感泉　幸福泉　泻江泉
洗笔泉　吟贪泉　玉女泉　饮贪泉　饮池泉
玉井泉　玉浆泉　云根泉　饮狂泉　御淘泉
朱砂泉　酌贪泉　剮龙泉
不饮盗泉　福水祸泉　含笑九泉　渴骥奔泉
渴辞盗泉　命赴黄泉　栖鸟于泉　师正松泉
归隐林泉　思如涌泉　苏思涌泉　邃谷幽泉
吴饮贪泉　啸傲林泉　一泓清泉　掩口盗泉
操瓶涌泉

拳 quán ①拳头。②屈指卷握的手。③拳术。④肢体弯曲。

抱拳　博拳　长拳　搽拳　猜拳　嗔拳
打拳　斗拳　好拳　划拳　花拳　华拳
挥拳　搳拳　豁拳　猴拳　空拳　抡拳
老拳　连拳　南拳　练拳　挛拳　联拳
曲拳　勤拳　如拳　石拳　双拳　铁拳
握拳　雨拳　尊拳
八卦拳　不控拳　不露拳　凤集拳　奋空拳
光明拳　钩戈拳　每抡拳　七星拳　少林拳
太极拳　通臂拳　仙人拳　形意拳　拽大拳
饱以老拳　赤手空拳　擦掌摩拳　斗酒飞拳
打快通拳　瓜小象拳　鸡肋尊拳　两手握拳
裸袖控拳　袒臂挥拳　汹汹拳拳
双手不敌四拳/

惓 quán ［惓惓］恳挚。

惓惓

蜷 quán ①身体弯曲。②虫形诘屈。

不蜷　连蜷　联蜷　踡蜷　枝蜷

鬈 quán ①头发美好。②头发卷曲。

长鬈　发鬈
美且鬈　云髻鬈

颧 quán 眼睛下面的颧骨。

高颧　颊颧　两颧　面颧

犬 quǎn ①狗。②谦称。③对人的蔑称。

百犬　北犬　奔犬　比犬　村犬　大犬
独犬　冻犬　饿犬　花犬　黄犬　阍犬
戆犬　狡犬　惊犬　鸡犬　家犬　警犬
狂犬　老犬　良犬　猎犬　牧犬　麻犬
群犬　仙犬　仁犬　山犬　双犬　杀犬
守犬　莎犬　食犬　蜀犬　噬犬　射犬
天犬　田犬　豚犬　小犬　戏犬　义犬
玉犬　有犬　用犬　遇犬　野犬　狱犬
鹰犬　走犬　跖犬　纵犬　猘犬
不吠犬　白雀犬　悲黄犬　豹耳犬　穿林犬
东门犬　吠月犬　吠雪犬　孤村犬　隔林犬
花村犬　淮王犬　黄耳犬　黑敌犬　军用犬
金铃犬　寄书犬　念黄犬　龙形犬　秋夜犬
牵黄犬　上蔡犬　守户犬　思牵犬　沙市犬
丧家犬　叹黄犬　亡家犬　乌龙犬　忆黄犬
迎客犬　卓脚犬　仙家犬
补牢顾犬　东门黄犬　达道赋犬　高辛嫁犬
画虎类犬　淮南鸡犬　淮王鸡犬　见兔顾犬
丧家之犬　隐之卖犬　云中鸡犬　仙家鸡犬
尺素托黄犬/画虎不成反类犬/李斯叹黄犬/
一人飞升，仙及鸡犬/上蔡牵黄犬/

畎 quǎn 田地中间的沟。

才畎　长畎　大畎　岱畎　疆畎　开畎
畦畎　清畎　澮畎　腾畎　羽畎

绻 quǎn ［缱绻］情意缠绵，感情好得离不开。

短绻　绠绻　紧绻　谴绻　缱绻
无所绻
绸缪缱绻　网情缱绻

劝 quàn ①勉励。②劝说。③劝告。④勉力。

不劝　百劝　从劝　唱劝　惩劝　董劝

凤劝 奉劝 讽劝 革劝 规劝 尽劝
讲劝 解劝 谏劝 奖劝 爵劝 苦劝
力劝 立劝 讷劝 莫劝 片劝 频劝
失劝 申劝 首劝 所劝 善劝 寿劝
替劝 婉劝 闻劝 用劝 友劝 修劝
相劝 倚劝 渝劝 诱劝 止劝 作劝
诈劝 酌劝
百姓劝 百城劝 发帑劝 谁能劝 同坐劝
多多益劝 婉言相劝

券 quàn 又音 xuàn ①买卖或债务的契据。②喻事成功的保证。

宝券 长券 操券 地券 飞券 焚券
公券 矩券 奖券 库券 礼券 门券
契券 窃券 书券 胜券 烧券 铁券
右券 左券 主券 折券 证券 楮券
债券 赠券 墨卷
操右券 操左券 操胜券 兑换券 公债券
国库券 金圆券 流通券 入场券 执左券
招待券
丹书铁券 冯谖烧券 可操左券 钱镠铁券
如持左券 稳操胜券 有价论券

轩 xuān ①古代的一种便车。②高扬。③有窗的长廊或小屋。④以敞朗为特点的建筑物。

宝轩 补轩 乘轩 东轩 雕轩 方轩
飞轩 芳轩 高轩 华轩 皇轩 涸轩
鸿轩 鹤轩 稼轩 开轩 龙轩 来轩
罗轩 临轩 连轩 南轩 笼轩 棂轩
茅轩 绵轩 軿轩 曲轩 前轩 轻轩
戎轩 辎轩 松轩 施轩 天轩 彤轩
腾轩 文轩 小轩 行轩 星轩 犀轩
轩轩 绣轩 羲轩 云轩 玉轩 油轩
鱼轩 迎轩 遊轩 轺轩 辅轩 朱轩
征轩 珠轩 轾轩 紫轩
飞云轩 夫人轩 鹤乘轩 鹤成轩 鹤在轩
金犊轩 留月轩 面水轩 傍凉轩 芍药轩
侍日轩 听雪轩 吴娃轩 虚明轩 小舆轩
新松轩 云母轩 月临轩 月满轩 月怀轩
夜雨轩 映小轩 紫气轩

宣 xuān ①发表。②疏通。③指宣纸。④宣扬。⑤发泄。⑥显示。⑦表白。⑧帝王的诏书。

不宣 传宣 承宣 当宣 敷宣 蕃宣
广宣 功宣 化宣 节宣 口宣 力宣
立宣 来宣 秘宣 貌宣 日宣 述宣
受宣 诏宣 文宣 威宣 心宣 旬宣
迺宣 言宣 正宣 住宣 周宣 志宣
诹宣
虎皮宣 竞谁宣 庙略宣 普照宣 万里宣
五教宣 玉版宣 紫诏宣
祕而不宣 强项董宣 宿构仲宣 心照不宣

萱 xuān 萱草，多年生草本植物，叶细长，花红黄色。

椿萱 枫萱 令萱 佩萱 树萱 堂萱
庭萱 植萱 紫萱
北堂萱 忘忧萱

揎 xuān ①用手推。②捋起袖子露出胳膊。

排揎 慵揎
约腕揎 拓枝揎

喧 xuān ①大声说话。②声大而嘈杂。③显赫貌。

尘喧 恶喧 烦喧 蜂喧 哗喧 江喧
鸟喧 俗喧 声喧 笑喧 莺喧
百籁喧 避世喧 车马喧 蝉声喧 渡口喧
鼓声喧 管弦喧 海涛喧 寂无喧 林外喧
鸟雀喧 名誉喧 暮天喧 人世喧 市井喧
水声喧 沙虫喧 笑声喧 笑语喧 一瓢喧
雨声喧 夜笛喧 语燕喧 舆颂喧 竹马喧
众口喧
车马喧喧 蝶舞蜂喧 幽阴律喧

瑄 xuān 古代祭天用的璧。

停瑄 温瑄
诵易薛瑄 通易薛瑄

暄 xuān ①松软。②太阳的温暖。

朝暄 春暄 负暄 花暄 流暄 偏暄
气暄 晴暄 日暄 石暄 沙暄 温暄
微暄 迎暄 凝暄
草色暄 春风暄 风辞暄 话寒暄 寒谷暄
律吹暄 天地暄 温朝暄
火炙陈暄 少叙寒暄 幽阴律暄

谖 xuān ①欺骗，欺诈。②忘记。

弗谖 可谖 诈谖

不可谖 莫与谖

儇 xuān ①轻薄，小聪明。②奸。③迅速。

巧儇 便儇

翾 xuān 飞翔。

风翾 翻翾 翾翾

玄 xuán ①赤黑色。②深。③神妙深奥。④奇特。⑤道家的学说。⑥天。⑦虚伪。

本玄 苍玄 陈玄 草玄 参玄 大玄

洞玄 高玄 钩玄 九玄 机玄 青玄

清玄 二玄 人玄 上玄 三玄 思玄

深玄 天玄 太玄 同玄 通玄 谈玄

悟玄 玄玄 虚玄 玉玄 幽玄 渊玄

疑玄 知玄 真玄

个中玄 酱瓿玄 天色玄 玄又玄 著太玄

子猷玄

呼钱葛玄 挥颐钩玄 童鸟预玄 玄之又玄

痃 xuán ［横痃］一种腹股沟淋巴结肿胀、发炎的症状。

横痃

悬 xuán ①吊挂。②悬空。③牵挂。④距离远。⑤久延不决。⑥凭空设想。⑦危险。

逋悬 才悬 灯悬 低悬 倒悬 法悬

宫悬 孤悬 高悬 剑悬 解悬 旌悬

空悬 力悬 乐悬 梁悬 曲悬 情悬

鹑悬 天悬 特悬 心悬 虚悬 悬悬

枭悬 雨悬 一悬

北阙悬 白云悬 壁四悬 寸心悬 斗柄悬

方寸悬 旌旄悬 镜里悬 酒旆悬 客思悬

两情悬 鸟影悬 日月悬 四望悬 万象悬

心旌悬 一榻悬

冰川高悬 解民倒悬 民镜高悬 秦镜高悬

一榻高悬 绝壁天悬

旋 xuán 又音 xuàn ①旋转，转动。②归还。③不久。④随意。⑤旋转的。

便旋 打旋 飞旋 干旋 拱旋 回旋

徊旋 环旋 锦旋 凯旋 螺旋 盘旋

槃旋 气旋 起旋 旗旋 涡旋 蜗旋

斡旋 右旋 月旋 羽旋 言旋 蚁旋

圆旋 左旋 折旋 舟旋 周旋 转旋

白沙旋 高速旋 可回旋 六博旋 妙斡旋

七步旋 射鲇旋 香尘旋 细周旋 已言旋

羽驾旋 蚁磨旋 逐风旋

不足回旋 边走边旋 从中斡旋 班师凯旋

居中斡旋 谓之凯旋 珠去复旋

漩 xuán 水流旋转的圆窝。

洄漩 泡漩 喷漩 撇漩 涉漩 突漩

凝漩

璇 xuán ①美玉。②次于玉的石头。

白璇 枢璇 天璇 仙璇 杨璇 瑶璇

拥璇 紫璇

持衡拥璇

选 xuǎn ①（量才）授官。②被选中的人或物。③整齐。④挑拣。⑤选出来成册的作品。⑥选本。⑦选举。

白选 补选 秉选 被选 博选 编选

次选 重选 初选 材选 常选 持选

宸选 参选 大选 当选 定选 典选

登选 方选 风选 浮选 复选 公选

改选 更选 高选 华选 获选 贿选

候选 豪选 节选 极选 拣选 涓选

竞选 俊选 简选 辑选 精选 棵选

魁选 另选 留选 丽选 连选 郎选

粒选 落选 遴选 民选 马选 明选

妙选 美选 募选 评选 票选 聘选

普选 抢选 亲选 清选 铨选 圈选

入选 人选 荣选 上选 水选 少选

守选 世选 首选 受选 身选 诗选

搜选 筛选 穗选 听选 台选 挑选

提选 特选 推选 通选 万选 无选

文选 伪选 先选 新选 优选 英选

预选 膺选 中选 在选 再选 自选

职选 总选 招选 择选 株选 摘选

甄选

不可选 大殿选 龙头选 吏部选 美妙选

青钱选 三府选 天下选 衣冠选 瀛洲选

昭明选

青钱万选　雀屏中选　一时之选　红丝待选

晅 xuǎn ①日光。②晒干。

赫晅　日晅

癣 xuǎn 一种皮炎病。

白癣　疮癣　发癣　黄癣　疥癣　脚癣

癞癣　手癣　头癣　体癣　顽癣

牛皮癣　钱儿癣

泫 xuàn ①水珠下滴。②泪流貌。

花泫　泪泫　流泫　露泫

珠影泫

炫 xuàn ①光明照耀。②夸耀。③显示。

电炫　浮炫　估炫　贾炫　矜炫　夸炫

炫炫　自炫　震炫

不矜炫　露华炫　榴火炫　匹夫炫

眩 xuàn ①眼睛昏花。②迷惑。③眩晕。

蚩眩　瘢眩　过眩　昏眩　皆眩　惊眩

流眩　目眩　迷眩　眊眩　瞑眩　耳眩

色眩　眩眩　仰眩　晕眩　震眩

金碧眩　锦绣眩　两目眩　时俗眩　晨霞眩

银海眩

头晕目眩

铉 xuàn 横贯鼎耳，可以扛鼎的器具。

鼎铉　公铉　黄铉　槐铉　金铉　三铉

台铉　玉铉　中铉

扑河金铉

券 xuàn 又音 quàn 拱券，门窗、桥梁等建筑物成弧形的部分

拱券　起券

绚 xuàn 色彩华丽。

宝绚　成绚　彩绚　春绚　点绚　雕绚

芬绚　光绚　华绚　忌绚　锦绚　流绚

摛绚　明绚　蒨绚　始绚　素绚　绚绚

霞绚　余绚　英绚　昭绚　藻绚

金沙绚　天章绚

楦 xuàn ①做鞋的模型。②拿东西把物体空的部分填满使物体鼓起来。

黄楦　鞋楦

麒麟楦

十一　人勤辙

（合古韵　十一真，十二文、十三侵、十一轸、十二吻、二十六寝、十二震、二十七沁、十三问）

恩 ēn ①恩惠。②亲爱。③深厚的情谊。

报恩　拜恩　背恩　承恩　测恩　宸恩

慈恩　酬恩　大恩　负恩　孤恩　感恩

寡恩　怀恩　洪恩　皇恩　宏恩　鸿恩

今恩　旧恩　加恩　积恩　捐恩　街恩

弄恩　恳恩　龙恩　隆恩　妙恩　卖恩

蒙恩　乞恩　仁恩　少恩　失恩　圣恩

市恩　私恩　宿恩　受恩　深恩　赦恩

殊恩　施恩　天恩　推恩　忘恩　威恩

渥恩　绚恩　新恩　衔恩　谢恩　用恩

邀恩　沾恩　湛恩　缀恩

不次恩　拔擢恩　大造恩　凤凰恩　国士恩

骨肉恩　救命恩　教育恩　假贷恩　康采恩

咳唾恩　沐天恩　目沐恩　漂母恩　襦袴恩

信陵恩　一饭恩　雨露恩　主人恩

不斩之恩　负义忘恩　吉不道恩　胡服皓恩

救命之恩　救死之恩　母逐怀恩　说易朝恩

谢主龙恩　再生之恩　再造之恩　知恩报恩

知遇之恩　造垒申恩　张陵报恩　以义割恩

顾复之恩　罔极之恩　噬肤之恩

苛政不亲，烦苦伤恩/宁饮三寸，无逢权怀恩/养子才知父母恩/一夜夫妻，百夜恩/一夜夫妻，百日恩/

摁 èn 按压。

手摁

把铃摁

奔 bēn 又音 bèn ①往快跑。②流亡。③旧时女子私往与男子相合。

奔奔　出奔　大奔　车奔　飞奔　风奔

虎奔　急奔　骏奔　狂奔　牛奔　龙奔

浪奔 鹿奔 雷奔 忙奔 私奔 鹑奔
同奔 星奔 云奔 淫奔 夜奔 追奔
直奔 逐奔
大江奔 峰峦奔 狐兔奔 惊鳞奔 龙蛇奔
窃药奔 岁月奔 石榴奔 三女奔 铁骑奔
万马奔
骏马飞奔 豕突狼奔 鼠窜狼奔 有家难奔

锛 bēn 一种木工工具。

用镐锛

贲 bēn 又音 bì ［虎贲］古时的勇士。

白贲 贲贲 庞贲 飞贲 虎贲 敷贲
宏贲 光贲 旌贲 旅贲 孟贲 明贲
下贲 远贲
邱园贲
勇尚孟贲

本 běn ①草木的根和干。②事物的中心。③事物的起始，根基。④原来的，固有的。⑤自己这方面的。⑥现今的。⑦依据。⑧书册。⑨版本。⑩量词。

本本 百本 北本 卞本 报本 标本
报本 邦本 别本 版本 抄本 昌本
成本 重本 唱本 残本 赀本 草本
赐本 崇本 藏本 大本 对本 达本
定本 底本 敦本 读本 殿本 赌本
反本 父本 丰本 奉本 坊本 返本
范本 复本 梵本 粉本 副本 翻本
繁本 工本 古本 官本 固本 阁本
国本 根本 孤本 股本 稿本 歌本
够本 互本 还本 画本 黄本 活本
节本 旧本 角本 间本 基本 剧本
校本 简本 绢本 监本 脚本 亏本
开本 刊本 课本 教本 刻本 立本
历本 老本 离本 捞本 蓝本 木本
民本 母本 模本 摹本 秘本 墨本
赔本 全本 弃本 穷本 亲本 强本
日本 耳本 手本 书本 识本 诗本
蚀本 深本 树本 善本 缩本 台本
同本 拓本 探本 推本 榻本 万本
无本 文本 伪本 务本 院本 忘本
下本 写本 血本 寻本 选本 戏本
新本 元本 园本 样本 异本 印本
有本 院本 原本 淫本 源本 译本
赝本 子本 正本 足本 竹本 治本
传本 政本 折本 知本 珍本 祖本
真本 账本 奏本 张本 资本 章本
不忘本 不背本 百衲本 笔记本 吃老本
重版本 单行本 风化本 合订本 记录本
巾箱本 精装本 啃书本 兰亭本 日记本
试用本 套用本 铁力本 务报本 平装本
普及本 新诗本 袖珍本 演出本 自立本
再版本 增补本
不惜工本 不变资本 除恶务本 财政资本
澄源正本 电影剧本 独占资本 掂捎折本
高大革本 官僚资本 禾科草本 火姆司本
还原反本 镜头剧本 金融资本 可变资本
民为邦本 垄断资本 木叶根本 民族资本
买办资本 清源正本 事当探本 寻源讨本
元元本本 原原本本 勇惭行本 政治资本
逐末捨本 叶落粪本
处世为人，信义为本/和气不蚀本/民乃国之本/无源之水，无本之本/衣食者民之本/

畚 běn 箕畚，撮土用具。

箕畚 苦畚 旅畚 千畚 挈畚 矞畚
执畚 掌畚
莱妻弃畚

坌 bèn ①聚积。②灰尘。③涌出貌。

尘坌 颓坌
尘土坌 困在坌 缭垣坌

奔 bèn 又音 bēn ①直往。②尽全力。③投靠。

打奔 投奔 逃奔 讯奔

笨 bèn ①理解能力，记忆力差。②不灵巧，不灵活。③费力气的，笨重。

不笨 粗笨 痴笨 蠢笨 呆笨 鲁笨
傻笨 愚笨 拙笨 嘴笨

喷 pēn 又音 pèn ①怒叱。②散射而出。

风喷 饭喷 俯喷 井喷 鲸喷 喷喷
气喷 泉喷 水喷 嚏喷 星喷 烟喷
不喷 声喷 头喷 血喷 一喷 玉喷

笛声喷 黑波喷 疾言喷 绛雪喷 嚼墨喷
墨波喷 瀑泉喷 香喷喷 云雨喷 烟雾喷
红喷喷

盆 pén ①洗涤用的器物。②古代量器。

便盆 茶盆 大盆 戴盆 翻盆 覆盆
缸盆 骨盆 鼓盆 火盆 花盆 缸盆
鼓盆 海盆 湖盆 金盆 酒盆 脚盆
叩盆 兰盆 令盆 牢盆 临盆 脸盆
木盆 米盆 面盆 倾盆 石盆 拾盆
炭盆 瓦盆 泻盆 香盆 浴盆 澡盆
聚宝盆 热水盆 受辛盆 望天盆 洗头盆
玉女盆 月在盆 雨泻盆 盂兰盆
大雨倾盆 红线盗盆 庄周鼓盆 庄子鼓盆
捨着金钟撞破盆/

湓 pén 湓水，在江西省。

青湓
河水湓

喷 pèn 又音 pēn ①香气扑鼻。②莱疏，瓜果上市正盛的时期。③开花次数。

西瓜喷

闷 mēn 又音 mèn ①空气不流通而引起不舒服的感觉。②呆在家里不出去。③密闭。④〈方〉声音不响亮。

逼闷 拔闷 愁闷 钝闷 发闷 晦闷
气闷 滞闷 蒸闷 窒闷 躁闷
青山闷 天气闷

门 mén ①守门。②人身上的孔窍。③房屋或区域可以开关的出入口。④形状或作用像门的。⑤门径。⑥家族的一支。⑦事物的分类。⑧家。⑨宗派。⑩量词。

阿门 岸门 按门 挨门 澳门 八门
边门 北门 闭门 把门 笆门 便门
扳门 部门 贲门 拜门 毕门 荜门
筚门 班门 长门 出门 产门 重门
车门 串门 茨门 柴门 晨门 财门
城门 禅门 娼门 侧门 大门 斗门
对门 东门 杜门 单门 独门 电门
多门 顶门 地门 洞门 道门 登门
顿门 端门 调门 德门 三门 风门
扫门 法门 蜂门 房门 封门 梵门
佛门 扉门 阀门 粪门 公门 关门
过门 拱门 高门 闺门 国门 皋门
孤门 跪门 户门 后门 会门 合门
欢门 活门 花门 回门 侯门 虎门
烘门 黄门 海门 阖门 寒门 豪门
衡门 鸿门 九门 及门 叫门 角门
近门 进门 军门 金门 郊门 剑门
街门 旌门 祭门 焦门 棘门 监门
津门 将门 戟门 绝门 教门 橘门
家门 角门 截门 疆门 看门 开门
叩门 孔门 扣门 空门 快门 抠门
款门 夔门 龙门 冷门 李门 礼门
牢门 那门 里门 命门 南门 垆门
留门 路门 娘门 临门 栊门 脑门
胳门 鹿门 篱门 溜门 木门 名门
灭门 没门 妙门 摸门 墓门 满门
披门 旁门 逢门 屏门 破门 贫门
普门 陪门 蓬门 千门 气门 庆门
权门 青门 前门 桥门 清门 缺门
清门 球门 窍门 敲门 阙门 寝门
入门 人门 耳门 儒门 热门 上门
山门 石门 水门 双门 私门 扫门
沙门 守门 苏门 声门 丧门 射门
师门 势门 衰门 释门 桑门 谁门
嗓门 僧门 塞门 暑门 烧门 盛门
天门 它门 同门 台门 突门 通门
阛门 铁门 踏门 王门 吴门 望门
悟门 闱门 帷门 瓮门 寤门 小门
凶门 西门 玄门 相门 学门 囟门
席门 邪门 县门 悬门 席门 幸门
巷门 羡门 新门 厦门 一门 云门
玉门 月门 阴门 仪门 有门 牙门
远门 医门 应门 辕门 迎门 油门
幽门 禹门 阅门 倚门 阙门 鱼门
掖门 雁门 盈门 辕门 壅门 衙门
膺门 多门 长门 正门 专门 朱门
坐门 宅门 宗门 闸门 曾门 栅门
掌门 雉门 颛门 转门 轸门 缁门
踵门 翟门 狗门
安全门 不二门 不登门 班郢门 般若门
爆冷门 出冷门 出远门 穿堂门 垂花门

倒插门 登龙门 公卿门 隔凡门 会道门
画掩门 横城门 九华门 将相门 卷帘门
金马门 开后门 隶长门 南天门 罗雀门
留后门 李膺门 绿杨门 绿侵门 鹭竹门
骂山门 蓬户门 阙四门 傍人门 婆罗门
雀罗门 三过门 三重门 上场门 虱空门
司马门 水抱门 扫相门 神武门 设罗门
锁洞门 天吠门 太平门 太极门 天安门
通德门 跳龙门 弹簧门 文明门 五侯门
望仙门 望龙门 下场门 席为门 囱脑门
易之门 月下门 远家门 映龙门 月亮门
月洞门 袁安门 夜打门 隐鹿门 掩柴门
竭朱门 中书门 竹为门 竹敲门 众妙门
走后门 灶火门 栅栏门 章应门 瞿公门
廷尉门

慈亲倚门 布鼓雷门 宾客盈门 不法二门
冰雪封门 车马盈门 陈觐高门 遁入空门
遁迹桑门 方便之门 法出一门 法无二门
抉目吴门 挂席为门 顾客盈门 祸福同门
祸福无门 贺客盈门 剑舞鸿门 进退无门
口是祸门 立雪程门 立木南门 李膺龙门
弄斧班门 立雪程门 柳户花门 哭西州门
暴鳃龙门 清水衙门 牵狗都门 入地无门
鸟巢辞门 双喜临门 送货上门 扫地出门
索米王门 驷马高门 桃李盈门 通慧作门
未得及门 五豸唐门 五花八门 魏勃扫门
五福临门 玄钺罗门 孝悌李门 月亮儿门
运斧班门 曳裾王门 饮饯都门 揖盗开门
吟扣僧门 鱼跃龙门 御史衙门 左道旁门
自报家门 政出多门 贼走关门 贼去关门
置眼东门 暴鳃龙门

抱着猪头，找不到庙门/不是一家人，不进一家门/大开方便之门/待诏金马门/盗不过五女门/喊天天不应，呼地地无门/口是祸福之门/鲤鱼跳龙门/门门有路，路路有门/瘸子的屁股，斜门/巧者不过习者之门/上天无路，入地无门/铜斗儿家门/铁将军把门/远亲近邻，不如对门/迎新千里，送旧不出门/

扪

mén 按，摸。

抚扪 高扪 可扪 暮扪 手扪
送尉扪

亹

mén ［亹源］回族自治县，在青海省。

亹亹 斐亹 土亹 亶亹 子亹
凫鸥在亹

闷

mèn 又音 mēn ①密闭不通气。②心里烦闷。

燠闷 不闷 敝闷 憋闷 悲闷 沉闷
沈闷 藏闷 多闷 毒闷 烦闷 孤闷
拘闷 解闷 苦闷 愦闷 纳闷 迷闷
闷闷 懑闷 排闷 遣闷 散闷 食闷
太闷 无闷 心闷 忧闷 快闷 郁闷
自闷 胀闷

凝重沉闷

焖

mèn 盖锅盖，用小火把食物煮熟。

红焖 烧焖

懑

mèn ①烦闷。②愤慨。

悲懑 愁懑 奋懑 烦懑 忿懑 怀懑
感懑 愤懑 慨懑 你懑 闷懑 懑懑
吐懑 忧懑 幽懑 忧懑 怡懑 志懑

们

men ①词尾，表人的复数。②助词。

我们 哥们 你们 娘们 人们 它们
他们 她们 俺们 爷们 咱们

弟兄们 老爷们 老娘们 师徒们 同志们
先烈们 学生们 爷儿们

分

fēn 又音 fèn ①分开。②表示分数。③分配。④辨别。⑤分解。⑥离、散。⑦一半。

谙分 八分 不分 百分 比分 表分
才分 充分 冲分 常分 春分 钗分
财分 对分 豆分 洞分 地分 多分
得分 等分 凤分 工分 公分 瓜分
化分 划分 豪分 黑分 计分 记分
均分 积分 解分 考分 科分 肯分
林分 类分 亮分 狼分 零分 漏分
满分 平分 披分 判分 旁分 评分
区分 取分 秋分 契分 群分 二分
十分 市分 石分 司分 生分 食分
蛇分 势分 投分 通分 万分 无分
吴分 微分 仙分 学分 星分 惜分

友分　引分　英分　应分　约分　涯分
预分　夜分　中分　支分　指分　组分
昼分　铢分
白黑分　参袂分　楚汉分　对半分　国土分
贵贱分　九流分　君臣分　泾渭分　积翠分
静夜分　膠漆分　婺女分　七八分　犬牙分
去就分　去往分　日夜分　十二分　上下分
胜负分　暑色分　彤影分　五谷分　未忍分
玉石分　雁陈分　燕钗分
白黑不分　初更时分　豆剖瓜分　鼎足之分
地若瓜分　过庭交分　瓜剖豆分　混浊不分
焦急万分　经纬不分　泾渭不分　论据充分
两边披分　难解难分　难舍难分　排难解分
清浊当分　秋色平分　入木三分　十二万分
胜负未分　胜负难分　是非不分　五谷不分
有口难分　玉石不分　皂白不分　战区划分
枝布叶分　政事攸分　自古攸分　止足之分
用志不分
分久必合，合久必分/乐昌明镜分/明镜乐昌分/人以类聚，物以群分/人言未必真，听言听三分/乘船走马，去死一分/四体不勤，五谷不分/王次仲创八分/物以类聚，人以群分/贼咬一口，入骨三分/乐昌明镜分/

芬 fēn ①香气。②芬芳。③以誉美名或盛德。
必芬　采芬　垂芬　澄芬　芬芬　芳芬
馥芬　高芬　怀芬　含芬　兰芬　灵芬
流芬　鸣芬　清芬　腾芬　香芬　鲜芬
遐芬　英芬　杨芬　左芬　众芬　滋芬
桂子芬　兰麝芬　圣诞芬

纷 fēn ①花边。②众多，杂乱。③混淆。④纠纷。⑤多。
缤纷　碧纷　发纷　纷纷　洪纷　纠纷
解纷　绞纷　群纷　绮纷　俗纷　忧纷
纭纷　缜纷
乱纷纷　雨纷纷
大雪纷纷　彩霞缤纷　落英缤纷　梅雨纷纷
排难解纷　五色缤纷　五彩缤纷　郁郁纷纷
议论纷纷

氛 fēn ①所谓预测吉凶的云气。②情势。③气象。
尘氛　层氛　楚氛　翠氛　火氛　江氛
灵氛　凉氛　敛氛　气氛　清氛　晴氛
器氛　日氛　瑞氛　书氛　俗氛　扫氛
暑氛　望氛　纤氛　香氛　禅氛　霞氛
云氛　阴氛　炎氛　妖氛　夜氛　烟氛
氲氛　游氛　竹氛　战氛　紫氛
样祥氛
舞台气氛

棻 fēn 有香味的木头。
红棻　榆棻
东门棻

雰 fēn 雾气。
碧雰　雰雰　绛雰　浓雰　暮雰　清雰
霜雰　炎雰　朱雰
雨雪雰

坟 fén ①坟墓。②水边的高地。
白坟　拜坟　地坟　典坟　古坟　孤坟
怀坟　荒坟　皇坟　黑坟　老坟　丘坟
邱坟　壤坟　三坟　山坟　上坟　土坟
新坟　圆坟　祖坟
百年坟　赤埴坟　三王坟　数尺坟

汾 fén 汾河，在山西省。
渡汾　河汾　临汾　开汾　树汾　秋汾
温汾　引汾
鼎来汾　树隔汾

棼 fén ①纷乱。②楼阁。
棼棼　柳棼　丝棼
治丝棼
治丝益棼　贯于著棼

焚 fén 烧。
巢焚　火焚　蕙焚　厩焚　坑焚　秦焚
如焚　山焚　烧焚　香焚　自焚
赤壁焚　芬兰焚　急如焚　玉石焚　艺艾焚
债券焚
兰艾同焚　身热如焚　五内如焚　五脏俱焚
玩火自焚　心急如焚　心焦如焚　玉石俱焚
忧心如焚　芝艾并焚　兰艾俱焚

介子推抱木而焚/

濆 fén 水边。

水濆 谁濆 溪濆 幽濆
汉水濆 荥阳濆

粉 fěn ①粉刷。②粉末的。③粉状的一种食品。④浅红色。⑤使破碎。⑥妆饰用的粉末。

白粉 冰粉 薄粉 传粉 搓粉 擦粉
豆粉 丹粉 蛋粉 淀粉 稻粉 蝶粉
发粉 傅粉 粉粉 干粉 果粉 骨粉
红粉 花粉 海粉 胡粉 划粉 黄粉
金粉 齑粉 凉粉 奶粉 腻粉 米粉
面粉 抹粉 梅粉 藕粉 扑粉 焙粉
芡粉 轻粉 铅粉 蕊粉 水粉 生粉
时粉 受粉 拭粉 授粉 腮粉 施粉
牲粉 撒粉 磨粉 团粉 涂粉 调粉
小粉 血粉 细粉 雪粉 香粉 鞋粉
线粉 蟹粉 新粉 匀粉 玉粉 牙粉
洋粉 艳粉 鱼粉 烟粉 银粉 药粉
朱粉 竹粉 珠粉 着粉 脂粉
百英粉 标准粉 玻璃粉 代乳粉 堕林粉
傅脂粉 痱子粉 肥田粉 肥皂粉 观音粉
何郎粉 梨花粉 漂白粉 去污粉 爽身粉
索红粉 通心粉 匀面粉 云母粉 燕支粉
妆台粉
不施脂粉 擦指抹粉 面犹傅粉 培土授粉
平叔傅粉 人工授粉 抟香弄粉 涂脂抹粉
调脂弄粉
东之妆软粉/合成洗衣粉/

分 fèn 又音 fēn ①成分。②料想。③职分。④身份。⑤缘分。⑥整体中的一部分。⑦情分。⑧满意。

安分 本分 俵分 部分 禀分 辈分
处分 出分 充分 成分 重分 抽分
揣分 大分 非分 房分 肥分 福分
赋分 过分 国分 灰分 毫分 交分
旧分 口分 年分 临分 馏分 名分
命分 明分 普分 权分 取分 情分
水分 守分 时分 身分 随分 宿分
素分 俏分 天分 托分 推分 泰分
县分 一分 义分 月分 艺分 有分
应分 养分 盐分 越分 雅分 缘分
逾分 中分 自分 责分 质分 职分
面分
欢情分 受处分
安守本分 句子成分 纪律处分 接受处分
恰如其分 适如其分 行政处分 刑事处分
黄昏时分 中午时分 掌灯时分
秤杆插到茅厕头，过分（粪）/父母的家当；儿一分，女一分/

份 fèn ①整体的一部分。②量词。③用在省、县、年、月后面。④分配计数词。

拔份 备份 摆份 跌份 等份 股份
契份 年份 去份 全份 器份 人份
双份 省份 身份 戏份 县份 一份
月份

忿 fèn ①忿怒。②恨。③服气。

阿忿 不忿 兵忿 报忿 悲忿 褊忿
仇忿 嗔忿 惭忿 惩忿 发忿 忿忿
愤忿 感忿 后忿 好忿 怀忿 恚忿
结忿 积忿 捐忿 狷忿 矜忿 骄忿
激忿 怒忿 恼忿 私忿 甚忿 遂忿
神忿 天忿 小忿 心忿 行忿 忧忿
幽忿 疑忿 怨忿 蠲忿 众忿 争忿
追忿 志忿 醉忿 鸷忿
气不忿 纤介忿 犀去忿 睚眦忿

奋 fèn ①鸟振羽高飞。②振作。③震动。④振起。

昂奋 电奋 风奋 发奋 高奋 感奋
矜奋 竟奋 激奋 亢奋 雷奋 目奋
名奋 猛奋 齐奋 勤奋 首奋 思奋
迅奋 先奋 兴奋 意奋 远奋 自奋
振奋
鸿笔奋 清谈奋 爪牙奋 子房奋
群情激奋 畏风满奋
水不激不跃，人不激不奋/

偾 fèn ①倒仆。②死。③破坏。

不偾 车偾 孤偾 疾偾 马偾 起偾
旗偾 倾偾 一偾
衡涂偾 子胥偾
勉人发偾

愤

fèn ①郁结于心。②愤怒。③困厄。

哀愤 不愤 百愤 抱愤 悲愤 愁愤
惭愤 风愤 发愤 排愤 愤愤 含愤
怀愤 公愤 孤愤 感愤 慨愤 恚愤
愤愤 忌愤 积愤 惊愤 疾愤 狡愤
精愤 激愤 抗愤 愧愤 酷愤 老愤
离愤 民愤 懑愤 气愤 私愤 刷愤
宿愤 纾愤 同愤 痛愤 心愤 雪愤
泄愤 羞愤 衔愤 义愤 忧愤 优愤
余愤 郁愤 怨愤 冤愤 幽愤 愠愤
挹愤 滞愤 憎愤 众愤 躁愤
不怨愤 贾生愤 三闾愤 万古愤 心力愤
壮士愤
韩子孤愤 满腔义愤 人神共愤 同仇共愤
为民平愤

粪

fèn ①施肥。②扫除。③屎，粪便

尝粪 大粪 担粪 底粪 倒粪 扫粪
溉粪 牛粪 泥粪 狼粪 沤粪 马粪
梦粪 喷粪 人粪 上粪 拾粪 送粪
鼠粪 拖粪 挑粪 剔粪 掏粪 逐粪
猪粪 攒粪
百亩粪 佛头粪 花落粪 师子粪
佛头着粪

恁

nèn ①那么。②那。

勤恁

嫩

nèn ①娇嫩，柔弱。②幼稚。③色彩淡。

白嫩 笔嫩 草嫩 茶嫩 脆嫩 肥嫩
粉嫩 红嫩 娇嫩 老嫩 脸嫩 柳嫩
面嫩 青嫩 柔嫩 色嫩 偷嫩 细嫩
甜嫩 香嫩 鲜嫩 叶嫩 莺嫩 稚嫩
脸皮嫩 鹿胎嫩 山莼嫩 银丝嫩
白菜肥嫩 黄瓜鲜嫩

根

gēn ①植物长在土中的部分。②数学用语。③化学上带电的基。④根由。⑤追究。⑥彻底清除。

岸根 不根 本根 病根 草根 除根
词根 城根 存根 陈根 侧根 地根
洞根 道根 钝根 断根 倒根 耳根
方根 复根 归根 拐根 高根 孤根
含根 祸根 慧根 夹根 金根 究根
假根 块根 六根 芦根 灵根 劣根
年根 篱根 孽根 命根 茅根 刨根
胚根 票根 盘根 气根 穷根 起根
情根 氢根 墙根 山根 石根 舌根
生根 宿根 深根 树根 善根 酸根
天根 同根 吐根 托根 无根 挖根
心根 寻根 须根 雪根 虚根 压根
业根 牙根 幼根 芽根 银根 主根
竹根 扎根 追根 自根 珠根 直根
斩根 植根
不定根 百事根 仓琅根 方方根 吠云根
葛庇根 蕙草根 六籍根 立方根 李盘根
利害根 咬菜根 嚼舌根 硫酸根 乔木根
氢氧根 染花根 瘦生根 天地根 桃花根
挖穷根 物归根 卧竹根 误金根 幸福根
叶无根 咬菜根 忧恼根 扎下根 枕面根
拔树寻根 铲草除根 错节盘根 达地知根
剪草除根 薅草除根 落地生根 削草除根
叶落归根 引绳排根 游谈无根 斩草除根
指如葱根
聪明有种，富贵有根/水不同源，树不同根/
树高千丈，落叶归根/树高千丈，叶落归根/
听话听音，刨树刨根/

跟

gēn ①脚的后部。②尾随在后的。③追随。

后跟 脚跟 紧跟 排跟 鞋跟 足跟
脚后跟 索绁跟 息归跟

哏

gén ①滑稽。②滑稽的表情或语言。

逗哏 捧哏 抓哏
这话真哏

亘

gèn ①横贯。②无穷尽。

宏亘 横亘 连亘 联亘 绵亘 盘亘
修亘 延亘

艮

gèn 又音 gěn ①八卦之一。②静止。③艰难。

次艮 敦艮 履艮 艰艮 儒艮 以艮
止艮 作艮 震艮
鼻者艮 兼山艮 乘坤艮 西北艮

茛 gèn ［毛茛］多年生草本植物，茎叶有茸毛。植鸶株有毒，可入药。

毛茛

肯 kěn ①在骨头上附着的肉。②许可。③愿意。

不肯　宁肯　勒肯　綮肯　守肯　首肯
谁肯　屯肯　心肯　意肯　中肯
惠然肯　众莫肯　中心肯
心服首肯

啃 kěn 用牙齿咬下较硬的东西。

冰啃　穿啃　狗啃　啮啃　死啃　牙啃
硬啃　龈啃　重啃
大口啃

垦 kěn ①开垦。②损伤。③用力翻动泥土。

不垦　偿垦　锄垦　耕垦　军垦　开垦
林垦　农垦　殖垦　田垦　屯垦　围垦
占垦
耕田垦

恳 kěn ①真诚。②恳求。

哀恳　词恳　彻恳　诚恳　敬恳　精恳
悃恳　恳恳　沥恳　湎恳　勤恳　懃恳
评恳　吁恳　仰恳　忠恳　转恳　肫恳
诚诚恳恳　勤勤恳恳

掯 kèn 压迫、强迫。

勒掯

痕 hén ①痕迹。②伤疤。③迹印。

半痕　波痕　疤痕　斑痕　碧痕　瘢痕
春痕　创痕　愁痕　刀痕　弹痕　黛痕
斧痕　粉痕　泪痕　迹痕　酒痕　离痕
裂痕　露痕　莫痕　墨痕　泉痕　水痕
沙痕　伤痕　诗痕　腮痕　烧痕　霜痕
苔痕　啼痕　无痕　污痕　血痕　星痕
香痕　新痕　鞋痕　藓痕　玉痕　月痕
印痕　雨痕　遗痕　爪痕　指痕　皱痕
刨斑痕　斧凿痕　剪刻痕　屐齿痕　刻剑痕
刻舟痕　泪双痕　泪竹痕　落潮痕　破水痕
破苔痕　水漱痕　唇吻痕　屋漏痕　月移痕
玉筋痕　远山痕　竹上痕　涨潮痕
无斧凿痕　湘江竹痕
卫青遍身鞭痕/

很 hěn ①险恶。②争讼。③非常。

傲很　骄很　凶很　忮很
多得很　刚且很　好得很　糟得很
半桶水，淌得很/轧总文排很/

狠 hěn ①凶恶。②严厉地。③下定决心。

暴狠　斗狠　发狠　狠狠　疾狠　骄狠
精狠　戾狠　面狠　心狠　凶狠　淫狠
阴狠
对敌狠　恶狠狠　心太狠
争强斗狠

恨 hèn ①怨恨。②懊恨。③违逆。

哀恨　爱恨　懊恨　暗恨　不恨　别恨
抱恨　悲恨　摄恨　悲恨　长恨　仇恨
怆恨　忸恨　怅恨　常恨　春恨　愁恨
大恨　妒恨　毒恨　多恨　笃恨　独恨
负恨　发恨　忿恨　愤恨　古恨　鬼恨
怀恨　恨恨　含恨　恚恨　悔恨　骇恨
慧恨　唧恨　憾恨　计恨　旧恨　记恨
忌恨　寄恨　昝恨　解恨　惭恨　赍恨
嫉恨　缄恨　可恨　苦恨　愧恨　流恨
离恨　恋恨　恼恨　怒恨　娼恨　破恨
去恨　起恨　茹恨　三恨　申恨　私恨
宿恨　叹恨　吞恨　痛恨　恸恨　万恨
忤恨　惋恨　心恨　先恨　血恨　泄恨
消恨　畜恨　惜恨　羞恨　泄恨　雪恨
新恨　销恨　衔恨　厌恨　忧恨　有恨
余恨　远恨　饮恨　幽恨　遗恨　怨恨
亿恨　欲恨　追恨　组恨　憎恨　兆恨
布衣恨　长信恨　东风恨　飞花恨　公子恨
亡国恨　江淹恨　空闺恨　龙阳恨　离群恨
民族恨　无别恨　屋漏恨　心头恨　虞邱恨
终天恨　商女恨
报仇雪恨　含冤饮恨　今愁古恨　家仇国恨
刻骨之恨　千古之恨　千仇万恨　切齿痛恨
深仇大恨　新仇大恨　新仇旧恨　新愁旧恨
云愁雨恨　渊材五恨　终天之恨

一足失成千古根/

贞 zhēn ①占卜。②坚定不移。③旧礼教中要求妇女的一种道德。④真诚。

安贞 不贞 持贞 大贞 妇贞 法贞
菊贞 坚贞 嘉贞 女贞 利贞 男贞
廉贞 全贞 清贞 三贞 守贞 率贞
纯贞 童贞 文贞 心贞 先贞 休贞
永贞 幽贞 至贞 贞贞 忠贞
笃老贞 千载贞 松筠贞 竹箭贞
九烈三贞 元亨利贞 揞屋称贞

侦 zhēn ①探听。②探子，间谍。

侯侦 伺侦 探侦 刑侦 诇侦 远侦
预侦 游侦 中侦 载侦
复涂侦 闪眸侦

帧 zhēn 幅，量词。

装帧

桢 zhēn ①刚木。②木名。③坚硬的木头。④古代筑墙时所立的木柱。

干桢 国桢 家桢 椒桢 为桢 瑶桢
周桢
郎庙桢 万寻桢
三事国桢

祯 zhēn ①吉兆。②福。

崇祯 国祯 降祯 嘉祯 瑞祯 休祯
祥祯

针 zhēn ①缝织衣物的用具。②像针一样的东西。③刺入。④西医医疗工具。⑤针剂。

布针 冰针 表针 别针 贬针 拔针
弼针 出针 杵针 刺针 穿针 唱针
磁针 藏针 大针 打针 顶针 方针
分针 老针 圪针 古针 钩针 钢针
火针 花针 毫针 芥针 金针 棘针
南针 留针 秒针 芒针 棒针 曲针
敲针 耳针 纫针 石针 时针 松针
神针 螯针 探针 停针 下针 细针
悬针 引针 秧针 银针 晕针 扎针
执针 指针 毡针 撞针
避雷针 鼻上针 长命针 大头针 防疫针
缝衣针 回形针 花儿针 九孔针 九尾针
绞包针 快慢针 美人针 毛线针 梅花针
绵里针 磨成针 皮肤针 七夕针 乞巧针
曲别针 热度针 双眼针 水晶针 松五针
瑟龙针 毡中针 线因针 绣花针 一寸针
月下针 杖端针 指南针
船不漏针 大政方针 大海捞针 打预防针
法炙神针 海底捞针 见缝插针 老媪磨针
龙须金针 见缝插针 绵里藏针 磨杵成针
磨杵作针 乞巧之针 水底捞针 铁杵成针
铁杵磨针 引线穿针 制定方针
船里不漏针/裁缝的脑壳，当真（荡针）/伐树须用斧，引线必须针/家有三心，无钱买针/家有一心，堆积黄金；家有二心，无钱买针/只要功夫深，铁杵磨成针/

珍 zhēn ①珠玉之类的宝物。②贵重的。③重视。④精美的食品。⑤珍贵精美的东西。

八珍 宝珍 宠珍 常珍 操珍 厨珍
代珍 道珍 捣珍 怪珍 贡珍 贵珍
环珍 怀珍 混珍 海珍 家珍 嘉珍
可珍 陆珍 奇珍 曲珍 琦珍 儒珍
山珍 市珍 时珍 席珍 袖珍 应珍
翼珍 自珍 最珍 紫珍 馔珍
成八珍 海表珍 连城珍 廊庙珍 四方珍
席上珍 玉厨珍
敝帚自珍 恒结奇珍 近世之珍 精博景珍
勉投犀珍 人品可珍 如数家珍 稀世之珍
扫帚自珍 总属奇珍

胗 zhēn 鸟的胃。

抱胗 风胗 起胗 小胗 瘾胗
皮外胗 中唇胗

真 zhēn ①真实。②道家称“修真得道”的人。③的确。④清楚。⑤本性。⑥本原。⑦实职。⑧真书。

本真 抱真 保真 宝真 葆真 秉真
逼真 采真 成真 传真 纯真 诚真
当真 顶真 道真 得真 额真 飞真
反真 返真 佴真 归真 贵真 果真
混真 货真 贺真 见真 叫真 较真
假真 女真 内真 列真 礼真 乱真

念真 练真 廉真 朴真 七真 全真
情真 清真 任真 认真 上真 失真
守真 识真 谁真 假真 率真 天真
太真 听真 童真 韬真 心真 仙真
写真 性真 学真 玄真 玉真 永真
养真 迎真 应真 遇真 子真 知真
贞真 真真
别较真 风景真 面目真 老天真 情话真
温太真 杨太真 自有真
返璞归真 吹竽混真 传写失真 非常逼真
反朴曰真 画里真真 画物成真 介诚狂真
弄假成真 烂漫天真 去伪存真 弃伪存真
似真枢真 甚言失真 剔伪有真 图唤真真
信以为真 相失未真 以伪害真 以假乱真
以假为真 作业认真
东吴招亲，弄假成真/黄芪无假，阿魏无真/盘古王跳舞，老天真/是真说不假，是假说不真/戏文假，情节真/眼见方为是，信言未必真/

砧 zhēn ①捣衣石。②捶打时垫在下面的东西。
村砧 斧砧 梵砧 孤砧 稿砧 寒砧
金砧 暮砧 墨砧 平砧 千砧 秋砧
清砧 双砧 疏砧 霜砧 铁砧 杵砧
消砧 玉砧 夜砧 早砧
白帝砧 帝城砧 寿衣砧 何处砧 女郎砧
明月砧 野戍砧

蓁 zhēn ①草木茂盛。②同“榛”。
深蓁 葳蓁 蓁蓁
叶蓁蓁

溱 zhēn 又音 qín 溱头河，水名，在河南省。
洧溱 溱溱
汗溱溱

榛 zhēn ①草木丛杂。②落叶灌木。③泛指丛生的荆棘。
荒榛 椇榛 棘榛 荆榛 绿榛 披榛
蓬榛 秋榛 墟榛 诛榛 菑榛 榛榛
紫榛

臻 zhēn ①达到。② 周到。③至。
并臻 德臻 福臻 荐臻 渐臻 来臻
屡臻 軿臻 骈臻 日臻 上臻 遄臻
休臻 翕臻 云臻 泽臻 臻臻
百福臻 帝祉臻 嘉宾臻 群英臻 天休臻
雨露臻
瑞气常臻

斟 zhēn ①汁。②往杯子里倒。③用勺子舀取。
独斟 共斟 孤斟 何斟 缓斟 空斟
酒斟 满斟 频斟 浅斟 轻斟 同斟
小斟 闲斟 自斟 酌斟
不停斟 独自斟 带香斟 带愁斟 鸟欢斟
潋滟斟 取次斟 无力斟 细细斟 玉杯斟
低唱浅斟

甄 zhēn ①制作陶器。②审查。③表明。④瓦解。⑤选取。
阿甄 采甄 化甄 钧甄 精甄 考甄
乞甄 破甄 陶甄 雨甄 左甄 自甄
甄甄
赋感甄 化元甄

箴 zhēn ①劝告。②一种文体。③缝衣服的工具。
垂箴 官箴 规箴 口箴 快箴 九箴
酒箴 六箴 女箴 良箴 我箴 求箴
二箴 十箴 四箴 世箴 司箴 舌箴
师箴 时箴 诵箴 同箴 心箴 学箴
相箴 献箴 攸箴 游箴 作箴 自箴
暗室箴 刺史箴 大宝箴 大仓箴 古人箴
凤扆箴 女史箴 清白箴 守诚箴 王者箴
友于箴 夜气箴 药石箴 座右箴
程颐四箴 李献六箴 蕴古详箴

诊 zhěn 医生给病人察看断定病情。
表诊 初诊 出诊 代诊 复诊 国诊
会诊 候诊 急诊 就诊 开诊 叩诊
困诊 逆诊 门诊 求诊 切诊 确诊
四诊 善诊 庖诊 听诊 停诊 推诊
误诊 巡诊 义诊 应诊 原诊 预诊
杂诊 转诊

轸 zhěn ①古代车子四周的横木。②星宿名。③悲痛。④车的代称。
大轸 当轸 东轸 风轸 飞轸 发轸

共袗 归袗 后袗 还袗 结袗 惊袗
接袗 空袗 来袗 连袗 留袗 鸾袗
求袗 曲袗 前袗 浅袗 清袗 伤袗
殊袗 同袗 停袗 文袗 围袗 心袗
先袗 行袗 修袗 弦袗 玉袗 纡袗
原袗 瑶袗 殷袗 翼袗 隐袗 折袗
驻袗 袗袗 照袗
哀独袗 念常袗 琴去袗 调桂袗 鱼轩袗
摇清袗 朱文袗
殷殷袗袗

畛 zhěn ①田间的小路。②界限。③告，致。

封畛 郊畛 交畛 径畛 接畛 疆畛
连畛 区畛 千畛 畦畛 修畛 有畛
遥畛 组畛

疹 zhěn 病人皮肤上出现的小疙瘩。

麻疹 皮疹 疱疹 丘疹 湿疹 瘟疹
药疹

袗 zhěn ①衣华美。②单衣。

被袗

枕 zhěn ①枕骨。②枕头。③以头枕物。④车箱底前后的横木。

安枕 北枕 被枕 长枕 春枕 侧枕
愁枕 豆枕 对枕 奠枕 分枕 方枕
芳枕 抚枕 伏枕 轨枕 高枕 花枕
孤枕 项枕 交枕 金枕 荐枕 角枕
警枕 靠枕 凉枕 留枕 路枕 衾枕
恋枕 落枕 木枕 埋枕 脉枕 拍枕
曲枕 琴枕 取枕 山枕 首枕 石枕
扇枕 睡枕 视枕 神枕 同枕 瓦枕
卧枕 相枕 玉枕 引枕 鱼枕 夜枕
须枕 香枕 左枕 竹枕 宅枕 掷枕
玻璃枕 豹头枕 蝶入枕 虎头枕 邯郸枕
琥珀枕 鸿宝枕 菊花枕 连理枕 流河枕
玛瑙枕 七宝枕 曲肱枕 琴瑟枕 通中枕
相思枕 绣花枕 喧午枕 杨花枕 夜明枕
游仙枕 鸳鸯枕 支警枕 鹧鸪枕 江夏枕
瓜长似枕 黄香扇枕 曲肱而枕 钱镠警枕
神酣玉枕 巫山荐枕 武帝碎枕 温公警枕
温席扇枕 阳台荐枕

缜 zhěn ①仔细。②周密。③精致。

范缜 玉缜

圳 zhèn 田边水沟，也用于地名。

深圳

阵 zhèn ①军队作战时的行列。②事情的一段落。③阵地。④量词。

八阵 布阵 变阵 笔阵 败阵 出阵
常阵 忏阵 愁阵 错阵 大阵 电阵
对阵 敌阵 督阵 方阵 放阵 蜂阵
火阵 行阵 弘阵 花阵 画阵 叫阵
军阵 坚阵 列阵 那阵 轿阵 利阵
临阵 明阵 骂阵 平阵 部阵 破阵
铺阵 全阵 怯阵 人阵 如阵 肉阵
上阵 水阵 色阵 诗阵 头阵 托阵
突阵 文阵 为阵 陷阵 藓阵 下阵
雪阵 星阵 一阵 云阵 压阵 严阵
雨阵 蚁阵 疑阵 烟阵 鸦阵 雁阵
战阵 在阵 竹阵 直阵 阵阵
背水阵 长蛇阵 常山阵 打头阵 地雷阵
风流阵 火牛阵 横云阵 六花阵 龙门阵
冷一阵 迷惑阵 迷魂阵 热一阵 鱼丽阵
烟花阵 莺花阵 迎云阵
摆龙门阵 冲锋陷阵 赤膊上阵 春风阵阵
春雨阵阵 摧锋陷阵 摧坚陷阵 稻香阵阵
登先陷阵 堵子助阵 贯朽粟阵 花枝粉阵
花营锦阵 黄钟出阵 锦营花阵 雷声阵阵
麦香阵阵 披挂上阵 秋风阵阵 清风阵阵
轻装上阵 馨香阵阵 松涛阵阵 堂堂正阵
长歌入阵 背水之阵 吴宫教阵 吴娃粉阵
司马懿攻八卦阵/一字长蛇阵/正正之旗，堂堂之阵/

纼 zhèn 〈方〉拴牛。

彩纼 红纼 牛纼 马纼 脱纼 执纼

鸩 zhèn ①毒鸟。②用毒酒害人。

持鸩 赐鸩 怀鸩 取鸩 引鸩 医鸩
仰鸩 饮鸩
景公饮鸩 酒色是鸩

振 zhèn ①赈济。②挥动。③奋起。④救助。⑤振动。⑥发放。⑦振作。

不振　波振　重振　独振　董振　风振
分振　复振　共振　惠振　俱振　克振
麟振　名振　偏振　气振　声振　如振
腾振　未振　诚振　心振　遐振　谐振
玉振　严振　抉振　自振　支振　坐振
振振
金玉振　精神振　气益振　文雅振　蛰始振
金声玉振　精神不振　萎靡不振　一跌不振
一蹶不振　子羽名振

赈 zhèn 救济，赈济。

存赈　放赈　富赈　矜赈　施赈　赡赈
同赈　有赈　殷赈　议赈　隐赈　助赈
恤民赈
以工代赈

震 zhèn ①雷。②迅疾地颤动。③惊恐或情绪激动。④八卦之一。⑤威严。

不震　兵震　暴震　爆震　大震　地震
防震　何震　海震　见震　惊震　减震
抗震　雷震　名震　莫震　旁震　权震
如震　声震　事震　始震　天震　霆震
无震　闻震　违震　微震　威震　星震
响震　一震　余震　月震　远震　遇震
足震　在震　震震
防潮防震　构造地震　火山地震　龙威虎震
声威大震　陷落地震

瑱 zhèn 戴在耳垂上的玉。

碧瑱　垂瑱　规瑱　华瑱　环瑱　佩瑱
石瑱　象瑱　玉瑱
以规为瑱

镇 zhèn ①压。②镇压。③安定。④重要。

边镇　兵镇　从镇　村镇　出镇　城镇
代镇　定镇　大镇　方镇　抚镇　藩镇
归镇　久镇　节镇　旧镇　集镇　静镇
两镇　强镇　山镇　市镇　圩镇　卧镇
小镇　乡镇　雄镇　玉镇　要镇　在镇
卅镇　重镇　坐镇
东南镇　钧石镇　景德镇　殊方镇　玉川镇

抻 chēn 扯，拉。

袖一抻

郴 chēn 郴州，地名，在湖南省。

柳郴　韶郴

琛 chēn 珍宝。

楚琛　奉琛　归琛　国琛　海琛　航琛
龙琛　南琛　名琛　山琛　输琛　天琛
西琛　效琛　献琛　致琛
七阶义琛　琰优义琛

嗔 chēn ①生气。②责怪。

怪嗔　含嗔　娇嗔　佯嗔

瞋 chēn ①生气。②睁大眼睛看人。

不瞋　多瞋　恶瞋　怒瞋　神瞋　天瞋
贪瞋　忘瞋　微瞋　尤瞋　业瞋　佯瞋
怨瞋
白鸥瞋　丞相瞋　官长瞋　花应瞋　鱼鸟瞋
任客瞋　玉女瞋　醉慰瞋

臣 chén ①战俘。②奴仆。③封建社会官僚官吏对君的自称。④役使。

不臣　波臣　柄臣　才臣　臣臣　词臣
庞臣　称臣　纯臣　大臣　帝臣　鼎臣
贰臣　蜂臣　功臣　孤臣　虎臣　豪臣
计臣　旧臣　近臣　佳臣　奸臣　具臣
君臣　尽臣　荩臣　家臣　谏臣　抻臣
力臣　内臣　乱臣　妄臣　老臣　良臣
劳臣　弄臣　累臣　孽臣　名臣　媚臣
嫔臣　谋臣　陪臣　叛臣　权臣　亲臣
强臣　群臣　人臣　贰臣　任臣　迩臣
儒臣　史臣　圣臣　守臣　世臣　侍臣
枢臣　纯臣　素臣　兽臣　师臣　竖臣
穑臣　王臣　五臣　外臣　武臣　微臣
小臣　下臣　先臣　刑臣　信臣　陷臣
贤臣　幸臣　谐臣　勋臣　远臣　役臣
药臣　雁臣　谀臣　庸臣　愚臣　媵臣
主臣　正臣　宣臣　争臣　宗臣　贞臣
逐臣　柱臣　忠臣　梓臣　诤臣　曾臣
跋扈臣　版筑臣　草莽臣　吊楚臣　东溟臣

封疆臣 腹心臣 顾命臣 骨鲠臣 划策臣
君择臣 羁旅臣 聚敛臣 虮虱臣 龙一臣
牧羊臣 耳目臣 市井臣 守土臣 社稷臣
帷幄臣 戏弄臣 献纳臣 一介臣 鹰扬臣
紫薇臣
赐绢羞臣 矫矫虎臣 千古良臣 钦差大臣
是社稷臣 申公巫臣 位极人臣 威王宝臣
戏弄使臣 帷幄近臣 窃簪之臣 东海波臣
茵席之臣 羁旅之臣
明君与良臣/三十二名臣/世乱识忠臣/一朝天子一朝臣/忠臣不怕死，怕死不忠臣/

辰 chén ①指时日。②地支的第五位。③辰时。④日、月、星的总称。⑤美善貌。

拱辰 孤辰 间辰 佳辰 浃辰 忌辰
良辰 食辰 三辰 时辰 参辰 侍辰
星辰 玉辰
九九辰 生不辰
初度之辰 初度良辰 吉日良辰 日月星辰
美景良辰 生不逢辰 设帨佳辰 悉是良辰

宸 chén ①屋宇。②帝王的住处。③帝王的代称。

北宸 参宸 昌宸 丁宸 帝宸 德宸
诞宸 我宸 枫宸 芳宸 拱宸 遭宸
后宸 合宸 花宸 槐宸 吉宸 交宸
甲宸 忌宸 佳宸 嘉宸 年宸 良宸
灵宸 茂宸 清宸 入宸 二宸 司宸
时宸 生宸 圣宸 侍宸 寿宸 霜宸
天宸 同宸 泰宸 午宸 休宸 星宸
选宸 萧宸 玉宸 月宸 用宸 元宸
爻宸 紫宸
常及宸 斗建宸 立紫宸 落帽宸 桃李宸
下降宸

晨 chén ①鸡啼报晓之时。②早晨。

报晨 长晨 风晨 芳晨 被晨 拂晨
朏晨 凌晨 今晨 鸡晨 开晨 侵晨
清晨 失晨 司晨 霜晨 向晨 霄晨
萧晨 迎晨 雨晨 翌晨 早晨 朝晨
鸡司晨 祓禊晨
牡鸡司晨 雄鸡司晨
一年之计在于春，一日之计在于晨/

尘 chén ①尘土。②污染。③尘世。④踪迹。⑤佛教称人间为尘。

埃尘 暗尘 边尘 步尘 拜尘 飙尘
车尘 出尘 除尘 承尘 点尘 掸尘
黛尘 飞尘 凡尘 风尘 芳尘 防尘
范尘 法尘 浮尘 拂尘 沸尘 粉尘
烽尘 光尘 轨尘 隔尘 后尘 幻尘
红尘 灰尘 花尘 海尘 挥尘 黄尘
昏尘 寒尘 绢尘 积尘 劫尘 酒尘
旌尘 降尘 绝尘 鸡尘 鞠尘 客尘
矿尘 六尘 刘尘 离尘 浪尘 流尘
凌尘 旅尘 落尘 滤尘 凝尘 镂尘
梦尘 蒙尘 蓬尘 飘尘 曲尘 青尘
前尘 秋尘 侵尘 清尘 轻尘 弭尘
市尘 生尘 扫尘 司尘 沙尘 书尘
声尘 守尘 拾尘 俗尘 塞尘 霜尘
同尘 无尘 望尘 心尘 仙尘 响尘
纤尘 行尘 洗尘 萧尘 香尘 踪尘
嚣尘 一尘 玉尘 扬尘 音尘 烟尘
夜尘 轶尘 庾尘 遗尘 游尘 至尘
爪尘 朱尘 早尘 征尘 蛛尘 掌尘
甑尘 滓尘 缁尘 甑尘
不染尘 不古尘 冰雪尘 拜后尘 翠帏尘
东海尘 帝京尘 动梁尘 釜底尘 隔西尘
九王尘 九衢尘 鸟路尘 马蹄尘 马王尘
破微尘 清路尘 软红尘 染俗尘 水云尘
松下尘 瑟瑟尘 万古尘 万斛尘 杏花尘
袖拂尘 元规尘 玉调尘 玉像尘 宇宙尘
庾公尘 砚留尘 夜復尘 艳阳尘 谒后尘
珠群尘 醉袖尘 甑中尘 甑生尘 拜后尘
傲世出尘 步人后尘 步沉香尘 播土扬尘
吹影镂尘 沧海飞尘 沧海扬尘 超轶绝尘
东海扬尘 釜丝甑尘 和光同尘 海水成尘
接风洗尘 困顿风尘 看破红尘 渴心生尘
沦落风尘 马足车尘 目无下尘 满面风尘
仆仆风尘 破甑生尘 鹏上承尘 鹏在承尘
潇洒出尘 一路风尘 遗俗绝尘 牛马风尘
范甑生尘 鹏上承尘
凌波微步，罗袜生尘/

忱 chén ①诚恳。②真实的情感。

柴忱 赤忱 匪忱 欢忱 克忱 悃忱

难忱　劝忱　热忱　图忱　微忱　谢忱
忠忱
满腔热忱　献曝之忱

沉 chén ①浸人水中。②沉放。③深沉。④重，分量大。⑤沉思。⑥深入。⑦迷恋。

不沉　半沉　沉沉　船沉　丁沉　低沉
耳沉　飞沉　浮沉　钩沉　昏沉　欢沉
酣沉　浸沉　击沉　金沉　口沉　力沉
泥沉　绿沉　陆沉　狸沉　潜沉　胖沉
清沉　祈沉　浸沉　日沉　水沉　升沉
身沉　实沉　死沉　深沉　麝沉　头沉
听沉　文沉　下沉　西沉　血沉　消沉
星沉　悬沉　云沉　月沉　叶沉　阴沉
音沉　幽沉　鱼沉　冤沉　渊沉　影沉
自沉　舟沉　醉沉
岸花沉　暗沉沉　碧影沉　碧纱沉　碧沉沉
河鲤沉　灰沉沉　黑沉沉　蕙烟沉　锦鳞沉
冷沉沉　绿沉沉　落日沉　闷沉沉　莫邪沉
去雁沉　雾沉沉　夕阳沉　夕岚沉　信沉沉
象纬沉　玉漏沉　玉树沉　月影沉　夜沉沉
阴沉沉　月初沉　夜钟沉　舟自沉　紫烟沉
地基下沉　昏昏沉沉　宦海浮沉　鸿断鱼沉
脸色阴沉　暮霭沉沉　闷雷沉沉　暮气沉沉
死气沉沉　神州陆沉　天色阴沉　天空低沉
晚星下沉　雾霭沉沉　夕阳西沉　阴阴沉沉
意志消沉　一头儿沉　云飞泥沉　与世浮沉
玉石同沉　月落星沉　雁杳鱼沉　雁逝鱼沉

陈 chén ①陈列。②行列。③述说。④宣示。⑤旧的。⑥周代诸侯国名。

布陈　电陈　敷陈　顾陈　钩陈　汩陈
荐陈　具陈　口陈　开陈　款陈　六陈
历陈　列陈　丽陈　胪陈　缕陈　面陈
明陈　披陈　铺陈　怯陈　诉陈　条陈
下陈　详陈　星陈　新陈　茵陈　自陈
朱陈　杂陈　指陈　直陈
百味陈　刍狗陈　六义陈　六典陈　七德陈
宿草陈　玉帛陈　俎豆陈
乏善可陈　纷然杂陈　水陆俱陈　绍䌽减陈
吴娃粉陈　吴宫教陈　贯朽粟陈

谌 chén ①相信。②的确。

皆谌　棐谌
命匪谌　天独谌
哭庙刘谌

碜 chěn ①食物里杂着沙子。②丑。

寒碜　砢碜　牙碜

衬 chèn ①内衣。②衬垫。③烘托。④搭配上别的东西。

背衬　帮衬　反衬　辅衬　环衬　烘衬
炉衬　陪衬　铺衬　配衬　逊衬　衣衬
映衬
秋云衬　夕晖衬

疢 chèn 热病，也泛指病痛。

分疢　美疢

龀 chèn 小孩子换牙。

冲龀　方龀　既龀　童龀　髫龀　龆龀
逾龀　始龀

称 chèn 又音 chēng　chèng ①适宜。②配套的衣服。

不称　报称　地称　对称　配称　抬称
心称　相称　匀称
不相称　名实称　轻重称
布局匀称　四肢匀称
屠子念经，不相称/

趁 chèn ①追逐。②往，就。③利用机会。④〈方〉富有。

船趁　驱趁　参趁　寻趁　霞趁　远趁
钟趁　追趁
风雷趁　前村趁

榇 chèn 棺材。

重榇　灵榇　旅榇　面榇　艺榇　幽榇
舆榇

谶 chèn 迷信的人指将应验的预言，预兆。

谍谶　符谶　古谶　石谶　图谶　星谶
遗谶
丁谓符谶　桓谭非谶

伧 chen 又音 cāng ［寒伧］

楚伧　寒伧　饥伧　老伧　吴伧
未饶伧　语音伧

申 shēn　①地支的第九位。②陈述，说明。③重复。④表达。⑤申时。⑥明白。⑦上海的别称。

白申　报申　重申　春申　虹申　降申
腱申　龙申　礼申　露申　上申　申申
戊申　蛇申　天申　吐申　五申　引申
自申
福禄申　兰酮申　日昃申　守庚申　获生申
自天申　志不申
片言伸申　三令五申　熊径鸟申

伸 shēn　①伸直。②引申，伸张。③表白。④舒展开。

不伸　道伸　虎伸　蠖伸　久伸　龙伸
鸟伸　频伸　欠伸　屈伸　诎伸　日伸
荣伸　义伸　延伸　志伸
薄才伸　孤寒伸　士气伸　一朝伸
能屈求伸　龙屈蛇伸　能屈能伸　冤屈未伸
熊经鸟伸
大屈必有大伸/大丈夫能屈能伸/有冤难诉，有屈难伸/

呻 shēn　①吟诵。②呻吟。

哀呻　寒呻　嘅呻　颦呻　频呻　酸呻
吟呻

绅 shēn　①古代官员腰间束腰的带子。②绅士。③束带。

垂绅　高绅　华绅　豪绅　荐绅　锦绅
搢绅　缙绅　解绅　李绅　劣绅　佩绅
耆绅　泉绅　儒绅　士绅　书绅　舒绅
天绅　土绅　乡绅　衣绅　簪绅　书绅
挂玉绅　拖长绅
开明士绅　土豪劣绅　直可书绅　簪缨缙绅

身 shēn　①物的主体部分。②人或动物的躯体。③指生命。④亲身。⑤指人的地位。⑥自身。⑦身份。⑧品德。

安身　挨身　爱身　白身　半身　本身
卑身　拔身　保身　毕身　逼身　报身
长身　出身　车身　呈身　臣身　存身
抄身　床身　处身　抽身　称身　赤身
持身　插身　操身　船身　厕身　攒身
缠身　藏身　代身　动身　低身　多身
跕身　单身　独身　等身　端身　调身
遁身　我身　飞身　分身　反身　凡身
防身　返身　发身　奋身　焚身　附身
俯身　翻身　弓身　过身　光身　躬身
贵身　锢身　告身　孤身　化身　合身
河身　后身　华身　迴身　浑身　横身
豢身　近身　金身　居身　洁身　跻身
健身　净身　检身　跻身　寄身　紧身
絜身　谨身　可身　空身　宽身　靠身
立身　女身　老身　离身　倮身　裸身
镂身　戮身　免身　灭身　卖身　忙身
满身　平身　萍身　破身　摽身　遍身
欠身　乞身　切身　全身　弃身　起身
妾身　前身　桥身　亲身　栖身　屈身
轻身　强身　倾身　潜身　人身　任身
肉身　妊身　容身　辱身　热身　润身
上身　尸身　失身　生身　闪身　守身
首身　束身　伤身　杀身　舍身　受身
丧身　设身　损身　舍身　耸身　蛇身
树身　寿身　搜身　竦身　素身　饬身
随身　赎身　托身　投身　退身　逃身
通身　探身　脱身　贴身　童身　替身
挺身　亡身　文身　外身　完身　委身
危身　忘身　误身　下身　兕身　行身
心身　凶身　闲身　纤身　许身　显身
现身　歇身　修身　陷身　献身　一身
引身　远身　有身　养身　浴身　逸身
鱼身　员身　萦身　隐身　腰身　中身
子身　自身　正身　只身　在身　折身
治身　周身　纵身　厕身　週身　斋身
质身　终身　置身　掷身　转身　葬身
八尺身　不辱身　不赀身　百战身　百年身
步虚身　报主身　处处身　订终身　凤集身
寄此身　苦吟身　老病身　梦中身　薜萝身
绮罗身　上半身　岁寒身　土木身　天地身
物外身　卧云身　下半身　杨柳身　自在身
宰官身
不克分身　百艺防身　抱憾终身　董永卖身
段乐沉身　待罪之身　独善其身　断发文身
反害其身　放火烧身　奋斗终身　忿不顾身
奋不顾身　粉骨碎身　行伍出身　黄袍加身

疾足伤身 君子之身 孑然一身 解械妊身
降志辱身 快然一身 科班出身 潦倒终身
门里出身 明哲保身 泌仪献身 被发文身
被发裸身 惹火烧身 二百六身 人百其身
容头过身 热孝在身 焚火烧身 吞炭漆身
使心用身 三省吾身 旋脚转身 私订终身
象齿焚身 韦岂呈身 县尉回身 引火烧身
验明正身 鹞子翻身 逸豫亡身 丈六金身
凿性斧身 张竦苦身
背蓑衣救火，惹火烧身/翠以羽殃身/此话不听，祸必临身/撑着雨伞湿不了身/得趣便抽身/飞蛾扑火，自损其身/好活不听，祸必临身/积财千万，不如薄技在身/积财千万，不如一艺随身/酒能伐性，色能戕身/即以其人之道，还治其人之身/逆风点火，自烧身/懒惰难成亲，风流不立身/牵一发，动全身/牵一发而动全身/纨绔不饿死，儒冠多误身/以其人之道，还治其人之身/有艺不孤身/忧劳可以兴国，逸豫可以忘身/象有齿以焚其身/人生莫作妇人身/虎卑势，狸卑身/

参 shēn 又音 cān cēn ①海参。②人参。③星宿名。
海参 横参 扪参 秋参 人参 上参
商参 参参 主参 枕参
西洋参 月映参 镇守参
阮致人参

糁 shēn 又音 sǎn 谷类制成的小渣。
雪糁
玉米糁

莘 shēn 又音 xīn ①莘县。②长貌。
耕莘 莘莘
宋若莘 鱼尾莘
士子莘莘 学士若莘 伊尹耕莘

娠 shēn ①胎儿在母体中微动。②女奴。③怀孕。
怀娠 妊娠

深 shēn ①古水名。②从水面到水底的距离大。③历时久。④程度高的。⑤颜色重。⑥深奥。⑦深入。⑧深藏不露。⑨(感情)厚。⑩重大。
奥深 哀深 春深 笃深 恩深 高深
功深 更深 根深 该深 钩深 花深
弘深 很深 迥深 闳深 江深 计深
机深 交深 加深 艰深 进深 景深
精深 内深 年深 良深 虑深 临深
廉深 弥深 门深 庆深 浅深 秋深
情深 恩深 山深 深深 水深 色深
邃深 思深 土深 太深 探深 潭深
文深 未深 威深 穴深 闲深 雪深
义深 云深 月深 恍深 言深 幽深
遥深 源深 夜深 怨深 意深 渊深
阻深 纵深 资深 湛深
白云深 北斗深 冰雪深 碧云深 碧波深
碧茸深 碧痕深 碧潭深 沧海深 愁更深
春色深 大厦深 道理深 洞房深 恩更深
故人深 功夫深 宫柳深 感人深 花径深
画阁深 画帘深 契阔深 酒杯深 林树深
落照深 绿涨深 落花深 祸也深 千里深
三径深 岁月深 岁事深 受恩深 无底深
万丈深 望君深 魏关深 小窗深 乡思深
玉堂深 玉漏深 月色深 雨露深 夜已深
烟雨深
博大精深 创巨痛深 材高智深 城府很深
故剑情深 盖胆毛深 感人至深 绠短吸深
感触良深 火热水深 海水幽深 海岳高深
讳莫如深 辅折余深 交浅言深 苦大仇深
款款深深 漏尽更深 面壁功深 莫测高深
入世不深 情急智深 涉世不深 舐犊情深
树大根深 一往情深 义重恩深 由浅入深
延年浅深 言简意深 阅世渐深 语重情深
夜阑更深
铁杵磨成针，只要功夫深/河海不择细流，故能就其深/量大，福也大，福深，祸也深/人直不富，港直不深/

神 shén ①传说中的天神。②神灵，鬼神。③心力。④神气。⑤精神。⑥神志。⑦神奇。⑧像。
安神 爱神 百神 波神 霆神 出神
存神 茶神 传神 厕神 蚕神 财神
操神 驰神 骋神 定神 地神 道神
洞神 断神 殚神 恶神 愕神 飞神
分神 风神 费神 谷神 供神 鬼神

火神 皇神 回神 耗神 获神 慌神
海神 魂神 骇神 江神 机神 金神
敬神 经神 荐神 矫神 降神 解神
精神 刊神 六神 历神 女神 宁神
礼神 丽神 劣神 灵神 劳神 留神
洛神 愣神 雷神 傩神 木神 门神
民神 明神 求神 全神 栖神 钱神
请神 楼神 人神 入神 山神 失神
水神 社神 守神 伤神 爽神 送神
死神 蛇神 诗神 损神 搜神 赛神
睡神 土神 天神 田神 同神 恬神
汤神 提神 通神 淘神 跳神 无神
巫神 忘神 瘟神 下神 心神 凶神
形神 行神 雪神 湘神 喜神 乐神
有神 妖神 阳神 眼神 驭神 养神
游神 凝神 宅神 灶神 走神 注神
祖神 贞神 战神 针神 真神 姿神
尊神 资神
鲍君神 笔有神 蚩尤神 费精神 酒乱神
伽蓝神 弄精神 泣鬼神 二郎神 耳报神
水为神 赛社神 土地神 伍胥神 玉霄神
玉精神 夜游神 竹窗神 紫姑神 真有神
直愣神
北方之神 屏气凝神 出鬼入神 操心费神
操舟若神 东方之神 达意畅神 点睛传神
抖擞精神 啖鬼之神 过化存神 过路财神
顾盼生神 火神花神 画口传神 绘影绘神
久睡伤神 记撰搜神 进取精神 炯炯有神
精精神神 精义入神 聚精会神 蜡烛精神
列缺电神 南方之神 龙马精神 吕璛讼神
龙鬼蛇神 牛鬼蛇神 劳心费神 料事如神
柳圣花神 钱可通神 钱能通神 二十四神
神乎其神 嵩岳降神 天摇地神 怡养精神
恬性养神 以形写神 西方之神 亦可通神
雅号针神 用兵如神 眼睛有神 游目聘神
颐养精神 遗貌取神 做鬼做神 振作精神
振奋精神 只论精神
笔落惊风雨，诗成泣鬼神/朝山的不是全为了敬神/读书破万卷，下笔如有神/跟着啥人学啥人，跟着巫婆学鬼神/跟着好人学好人，跟着巫师跳假神/惊天地泣鬼神/请神就得送神/娶老婆是接财神/人有三宝，精气神/下笔如有神/元宵祭蚕神/自做巫婆自跳神/正气能驱魅，无私可服神/

沈 shěn 又音 chén ①姓。②汁。③［沈阳］地名。

代沈 酖沈 汗沈 流沈 绿沈 狸沈
取沈 任沈 拾沈 汤沈 挑沈 贮沈
东阳沈 腰似沈

审 shěn ①详细。②详察。③果真，确实。④慎重。⑤审问。⑥知道。⑦一定地。

不审 编审 初审 承审 聪审 谛审
复审 覆审 公审 会审 候审 核审
谨审 精审 开审 考审 揆审 明审
梦审 评审 陪审 取审 清审 二审
送审 收审 受审 听审 提审 庭审
省审 忘审 细审 详审 原审 研审
阅审 颜审 再审 政审 真审 择审
终审 甄审
副编审 旁观审 夏侯审 一审审
旁行斜上，旁观者审/

婶 shěn ①叔母。②对与母亲同辈的年龄小的已婚妇女的尊称。

阿婶 大婶 婶婶

哂 shěn 微笑。

鼻哂 嘲哂 大哂 客哂 人哂 世哂
俗哂 听哂 微哂 相哂 众哂
后代哂 忽自哂 肉食哂 识者哂 笑一哂
聊博一哂 媚老可哂

谂 shěn ①劝告。②思念。

来谂 密谂

肾 shèn 肾脏。

肠肾 副肾 肝肾 祭肾 面肾 伤肾
铁肾 卫肾 腰肾 雁肾 左肾
辛主肾 月託肾
雕肝琢肾

甚 shèn 又音 shén ①很、极。②密集。③胜过。④什么。

不甚 大甚 独甚 恩甚 方甚 过甚
更甚 欢甚 恨甚 疾甚 籍甚 酷甚

力甚 怒甚 良甚 陋甚 弥甚 明甚
满甚 颇甚 巧甚 食甚 太甚 未甚
闲甚 香甚 幸甚 喜甚 已甚 尤甚
雨甚 翼甚 益甚 则甚 壮甚 滋甚
醉甚
孤寂甚 思乡甚 相思甚
不为已甚 逼人太甚 俭啬过甚 恐惧过甚
莫此为甚 莫为已甚 去泰去甚 欺人太甚
奢移过甚 一之谓甚 于今为甚 言之过甚
有甚说甚

葚 shèn 桑葚。

桑葚 细葚 紫葚
春采葚 垂新葚

椹 shèn 又音 zhēn 同"葚"。[桑椹]桑树结的果实。

重椹 打椹 地椹 冬椹 分椹 稿椹
分椹 民椹 取椹 山椹 食椹 收椹
桑椹 盛椹 夏椹 再椹 紫椹 醉椹
饬儿还椹 蔡顺分椹

渗 shèn ①水液慢慢浸出。②水干涸。

淋渗 水渗 血渗 泽渗
水不渗 忧旱渗

蜃 shèn ①大蛤。②祭器。③海市蜃楼。

白蜃 赤蜃 翠蜃 海蜃 蛟蜃 老蜃
磨蜃 文蜃 小蜃 用蜃 盐蜃 执蜃
朝蜃
笼如蜃 气如蜃
旦瓯文蜃

慎 shèn ①慎重。②忧虑。③小心又小心。

不慎 保慎 必慎 大慎 恪慎 固慎
恭慎 尽慎 洁慎 兢慎 将慎 诫慎
精慎 谨慎 警慎 讷慎 廉慎 明慎
朴慎 谦慎 失慎 淑慎 审慎 思慎
慎慎 唯慎 肃慎 葸慎 有慎 子慎
主慎 自慎 至慎 重慎 贞慎 忠慎
伴食怀慎 博洽矜慎 谨谨慎慎 谦虚谨慎
小心谨慎 甄彬廉慎
三思而行，事无不慎/

人 rén ①指人类。②泛指民众。③别人。④每人。⑤人才。⑥指人的品性行为。⑦人的身体。⑧人情事理。⑨伴侣。

艾人 安人 暗人 爱人 隘人 巴人
白人 半人 兵人 本人 闭人 卑人
别人 保人 边人 冰人 便人 邦人
报人 背人 敝人 逼人 稗人 病人
胞人 笨人 弊人 鄙人 帮人 榜人
嬖人 壁人 辩人 才人 长人 出人
冲人 仇人 词人 传人 蚩人 吵人
车人 沈人 成人 宠人 差人 陈人
材人 刺人 常人 超人 淳人 莱人
春人 犓人 粗人 稠人 嘲人 賨人
辞人 裁人 畴人 愁人 篡人 厨人
馋人 蠢人 痴人 丁人 大人 歹人
呆人 东人 达人 动人 丢人 定人
敌人 党人 待人 寺人 单人 甸人
都人 道人 逗人 钓人 惮人 盯人
等人 遁人 鸟人 调人 得人 毒人
雕人 谍人 稻人 盗人 端人 恶人
恩人 夫人 方人 反人 飞人 风人
非人 氾人 凡人 汜人 妇人 放人
犯人 封人 法人 范人 烦人 匪人
防人 佛人 服人 浮人 枫人 福人
疯人 富人 废人 工人 干人 个人
公人 古人 弓人 关人 过人 各人
功人 官人 归人 乖人 宫人 故人
倌人 格人 怪人 国人 贾人 贵人
馆人 恭人 耕人 稿人 篙人 猲人
歌人 鼓人 感人 寡人 瞽人 火人
化人 后人 何人 红人 汉人 环人
哄人 华人 活人 好人 坏人 恨人
怀人 货人 黄人 悍人 浑人 阍人
害人 恒人 宦人 换人 候人 海人
画人 黑人 壶人 祸人 譁人 惠人
惑人 豪人 谎人 骇人 慧人 今人
见人 吉人 巨人 旧人 价人 近人
佼人 佳人 军人 惊人 金人 救人
技人 尽人 匠人 均人 济人 蛟人
迹人 涓人 举人 饥人 俭人 妓人
兼人 姣人 劫人 浆人 鸡人 骄人
净人 奸人 酒人 津人 贱人 家人

绢人 矜人 解人 急人 嫁人 棘人
寄人 �人 靖人 绝人 厩人 姬人
假人 隽人 遽人 畸人 谨人 蹇人
鲛人 羁人 可人 困人 快人 坑人
夸人 狂人 客人 苦人 脍人 阔人
髡人 馈人 诓人 力人 女人 立人
内人 令人 历人 老人 良人 灵人
疠人 冷人 里人 来人 农人 伶人
论人 男人 依人 泪人 隶人 邻人
丽人 恼人 俚人 泥人 浪人 流人
难人 佞人 南人 拟人 路人 临人
理人 旅人 能人 劳人 料人 量人
恋人 离人 衲人 拿人 蜡人 累人
猎人 楞人 恼人 律人 廪人 陵人
餧人 卤人 虐人 阑人 溺人 撩人
黎人 戮人 么人 门人 木人 迈人
民人 面人 忙人 名人 没人 妙人
明人 迷人 麦人 闷人 美人 牧人
盲人 卖人 某人 萌人 媒人 谋人
骂人 媚人 魅人 蒙人 怄人 偶人
仆人 平人 怕人 迫人 庖人 旁人
恁人 屏人 舶人 滂人 配人 暴人
骗人 乞人 囚人 全人 求人 侨人
迁人 杞人 弃人 洽人 取人 亲人
穷人 浅人 前人 椠人 强人 情人
清人 畸人 遒人 旗人 谦人 器人
二人 人人 仁人 认人 任人 肉人
迩人 忍人 容人 辱人 热人 饶人
儒人 孺人 上人 士人 山人 示人
石人 舌人 杀人 司人 书人 生人
私人 时人 俗人 圣人 师人 舍人
侍人 室人 耍人 送人 适人 世人
使人 死人 遮人 散人 涉人 诗人
射人 斯人 硕人 顺人 损人 树人
寿人 瘆人 神人 莘人 竖人 谁人
素人 蛇人 淑人 僧人 遂人 商人
兽人 深人 善人 艄人 骚人 穑人
熟人 膳人 缮人 土人 天人 它人
托人 他人 头人 同人 逃人 桐人
桃人 途人 通人 唐人 糖人 调人
偷人 铁人 替人 铜人 瞳人 涂人
慝人 文人 亡人 王人 为人 伍人

完人 外人 吾人 圬人 忘人 伟人
妄人 歪人 杇人 误人 武人 罔人
闻人 望人 顽人 猥人 舞人 小人
下人 乡人 行人 仙人 先人 凶人
选人 学人 刑人 吓人 闲人 信人
寻人 昔人 玄人 朽人 邪人 相人
校人 许人 训人 纤人 显人 细人
笑人 幸人 捡人 险人 胥人 倖人
贤人 秀人 羞人 雪人 诇人 霄人
袭人 圉人 喜人 降人 雄人 谄人
新人 晓人 象人 虚人 熏人 亵人
黠人 义人 与人 牙人 业人 友人
用人 优人 易人 应人 伊人 印人
艺人 异人 雨人 医人 阴人 阳人
远人 园人 羽人 忧人 洋人 妖人
宜人 邑人 原人 依人 养人 郢人
佣人 育人 夷人 勇人 郁人 阅人
寅人 驭人 咽人 要人 邮人 囿人
鱼人 阉人 雍人 野人 译人 娱人
幽人 渔人 雅人 噎人 诱人 游人
庸人 虞人 隐人 猿人 媵人 猶人
醢人 饔人 愚人 舆人 御人 主人
专人 丈人 中人 至人 众人 竹人
舟人 杂人 重人 治人 准人 族人
走人 择人 职人 贞人 征人 证人
泽人 众人 追人 造人 罪人 宗人
哲人 梓人 忠人 筝人 诤人 梓人
灶人 纸人 诸人 宰人 真人 着人
做人 诈人 贼人 菹人 智人 尊人
憎人 躁人 缒人 赘人 铸人 擢人
蒸人 撰人 整人
哀妇人 本地人 本国人 本乡人 本事人
本分人 本处人 冰下人 百世人 白相人
不成人 不饶人 北京人 不由人 不求人
不见人 表丈人 保护人 保证人 伴诗人
闭关人 别离人 背着人 被害人 薄幸人
薄情人 避世人 出门人 出家人 尘污人
成年人 场面人 创始人 茨冈人 陈死人
城里人 草莱人 聪明人 催生人 丁村人
大庆人 大官人 斗南人 代言人 代理人
当事人 当地人 底下人 单立人 带头人
第三人 钓鳌人 读书人 奠基人 堕楼人

稻草人 非常人 发言人 负责人 奉夫人
负债人 个中人 公证人 公断人 公诉人
过来人 过路人 贵妇人 隔墙人 户外人
何许人 后来人 后夫人 活死人 回头人
画眉人 画中人 黄土人 浣纱人 候选人
宦选人 鹤上人 介绍人 见证人 局内人
局外人 机器人 经纪人 金夫人 继承人
借债人 掘井人 掘塞人 倦游人 健康人
卷帘人 急死人 接班人 家大人 家夫人
鉴定人 鉴护人 镜中人 剧中人 胯下人
女佣人 力过人 弄月人 李三人 女主人
龙头人 老实人 老好人 老成人 老丈人
芦中人 农丈人 莲蓬人 楼头人 乐死人
虞美人 林下人 两性人 陇头人 念书人
亮眼人 聋耳人 落帽人 鸟窥人 聋哑人
烂柯人 路歧人 蜡美人 滥好人 木头人
陌生人 亩丘人 明眼人 陌上人 陌路人
买卖人 牧羊人 没事人 梦中人 欠债人
青年人 牵线人 拳夫人 人已人 如夫人
三面人 少年人 水夫人 失意人 手艺人
色目人 受苦人 受害人 身边人 说合人
俗中人 说话人 叔丈人 散花人 拾翠人
素心人 嫂夫人 送佳人 梯已人 太平人
他乡人 同路人 体已人 体面人 套中人
调解人 贴心人 踏青人 文化人 问字人
文墨人 未亡人 外来人 外地人 外省人
外族人 外国人 外路人 小夫人 小大人
小妇人 乡下人 心上人 写稿人 惜花人
贤主人 虚无人 羲上人 羲皇人 一家人
予一人 引线人 玉阶人 玉蕤人 玉帘人
异乡人 有情人 有心人 月留人 阴阳人
阴心人 运甓人 意中人 洋大人 虞美人
妖夫人 依楼人 眼中人 犹太人 夜行人
语惊人 烟波人 雁塔人 中大人 中间人
中圣人 中贵人 正常人 作古人 主持人
主考人 在教人 主祭人 主婚人 庄稼人
召集人 众主人 折桂人 竹夫人 仲裁人
种柳人 斫轮人 知心人 自己人 自由人
直性人 自然人 自家人 知情人 壮年人
周旋人 证明人 捉刀人 证婚人 著翅人
著作人 尊大人 尊夫人 植物人 债权人
债务人 簪花人

阿拉伯人 哀婉动人 暗箭伤人 八大山人
不可告人 不乏其人 不甘后人 北道主人
半面认人 比之匪人 北京猿人 白水其人
白衣仙人 百年树人 悲天悯人 碧海舍人
帮闲文人 才子佳人 寸铁杀人 从井救人
产业工人 重新做人 出口伤人 成败论人
出丑丢人 传言之人 赤日烫人 城号夫人
春色撩人 赤脚仙人 常屈座人 辞采动人
春风风人 楚楚动人 错死了人 齿颊挂人
醇酒妇人 大历十人 大德之人 斗南一人
达官要人 胆略过人 胆识过人 对影三人
邓禹笑人 夺锦之人 东道主人 咄咄逼人
睹物思人 稻香醉人 盗憎主人 恶臭扑人
飞鸟依人 反光照人 丰姿照人 范贵舟人
锋芒逼人 俯仰由人 俯仰从人 古道照人
光彩照人 鬼蜮害人 鬼怕恶人 肝胆照人
孤家寡人 哥萨克人 汉阴丈人 火日炙人
后继有人 后继无人 和易近人 迥不犹人
后发制人 含沙射人 含血喷人 花香醉人
花色迷人 厚待于人 黄羊任人 黄头小人
黑衣小人 黄鹤仙人 海啸惊人 寒气袭人
寒气逼人 寒霜侵人 慧业文人 鹤山仙人
鸿耻因人 鼾睡他人 吉卜赛人 江湖散人
金针度人 江湖散人 见不得人 俭吝老人
居停主人 济阴贾人 借刀杀人 寂无一人
景色宜人 酒窝迷人 绝傍前人 绛县老人
假手于人 蒹葭伊人 嫁祸于人 孔戮闻人
两世为人 农业工人 乐籍申人 罗浮美人
冷语冰人 刘四骂人 泥足巨人 论世知人
陆玩天人 能生死人 烈日灼人 烈稻烤人
黎丘丈人 碌碌因人 蓝田猿人 膂力过人
木讷老人 目中无人 目光灼人 目光逼人
妙绝时人 靡靡铜人 麋鹿闲人 平易近人
判若两人 旁若无人 排挤他人 婢作夫人
贫贱骄人 齐礼鄙人 气魄惊人 求教愚人
取信于人 取悦于人 欺天罔人 秋水伊人
秋色宜人 前无古人 强作解人 亲如家人
阒无一人 情采动人 日耳曼人 人无完人
荣誉军人 十二金人 三大敌人 山顶洞人
山谷道人 市井小人 舍已为人 舍己从人
受制于人 未有富人 舍已成人 舍己救人
受制于人 圣诞老人 视同路人 斯拉夫人

损己利人　视若路人　松雪道人　声律动人
松菊主人　顺天应人　劭责厨人　势利小人
率兽食人　盛气凌人　素口骂人　善气迎人
蜀贾三人　醇酒美人　田横笑人　听之任人
推己及人　跳脚骂人　亡斧之人　无颜见人
文如其人　文似其人　勿施于人　为政在人
枉己正人　畏天悯人　妄语误人　违天逆人
委过于人　委身事人　下里巴人　小鸟伊人
先声夺人　先发制人　习俗移人　血口喷人
洗耳高人　息事宁人　幸见良人　血统工人
形势逼人　香草美人　香气熏人　夏雨雨人
羞面见人　羲皇上人　仰给于人　以术愚人
一鸣惊人　一字拨人　元谋猿人　玉山映人
压寨夫人　以己度人　以力服人　以言取人
以言举人　饮酖夫人　以情感人　以理服人
以貌取人　圯上老人　应天顺人　月下老人
月色迷人　有已无人　忧能伤人　忧天悯人
押塞夫人　印第安人　苑窳妇人　饮酖庆人
怨天尤人　语不惊人　笑靥动人　英雄欺人
庸医杀人　意态动人　御用闲人　疑参杀人
翳桑饿人　依傍前人　依势欺人　依势压人
依势害人　子贡赎人　扎寨夫人　字如其人
长势喜人　专门利人　作画助人　战争狂人
仗势欺人　株守前人　自作解人　自欺欺人
作假骗人　曾参杀人　治病救人　郑之躁人
织发夫人　志士仁人　鸩毒杀人　智谋超人
纱笼中人　斗筲之人　谋及妇人　抟土作人
神仙中人　姑射神人　东野巴人　寸马豆人
荷篨丈人　痀偻丈人　缚藁为人

爱斯基摩人/不可一日近小人/不出声的狗才咬人/不能正己，焉能正人/不镜于水，而镜于人/不鉴于镜，而鉴于人/不以言取人，不以言废人/不受苦中苦，难为人上人/背人没好事，好事不背人/壁间犹有耳，窗外岂无人/鬓边霜雪不饶人/抱着孩子进当铺；自己当人，人家不当人/宝剑赠与烈士，红粉赠与佳人/宝剑卖与烈士，红粉赠与佳人/床头捉刀人/穿井得一人/吃得亏的是好人/吃笋须记栽竹人/春风风人，夏雨雨人/吃水不忘掘井人/吃得苦中苦，方为人上人/成事在天，谋事在人/成人不自在，自在不成人/长江后浪推前浪，一辈新人赶旧人/茶为花博士，酒是色媒人/春为花博士，酒是色煤人/插起招军旗，就有吃粮人/臭寡妇不如香嫁人/城里人食狗，城外狗食人/藏之名山，传之其人/打狗看主人/得理不让人/独乐不若乐与人/大水冲了龙王庙，一家人不识一家人/大水淹了龙王庙，不认自家人/大水冲了龙王庙，一家人不认得一家人/得饶处且饶人/得放手时须放手，得饶人处且饶人/爹走娘嫁，各人管各人/饿慌的兔儿，都要咬人/娥眉本是婵娟刃，杀尽风流世上人/非同志之人/翻脸不认人/非人磨墨，墨磨人/风高放火，月黑杀人/关门养虎，虎大伤人/官不打送礼人/官大一品压死人/贵人多识贵人/功夫不负有心人/钢刀不斩无罪之人/钢刀虽快，不斩无罪之人/隔墙须有耳，窗外岂无人/狗咬吕洞宾，不识个好人/观棋不语真君子，把酒多言是小人/红起眼睛不认人/皇天不负苦心人/喝水不忘挖井人/喝水不忘掘井人/横财不富穷命人/皇天不负好心人/见金不见人/节令不饶人/酒适性，色迷人/酒乱性，色迷人/己所不欲，勿施于人/己身不正，焉能正人/金无足赤，人无完人/交遍天下友，知心有几人/家有千口，主事一人/解铃还须系铃人/解铃还要系铃人/解铃还是系铃人/酒肉兄弟千个有，落难之中无一人/夸父与狰人/孔夫子的徒弟，贤（闲）人/裤腰上挂死耗子，假充打猎人/礼不下庶人/烂花生，没有好人（仁）/列御寇与伯昏无人/哪里黄土不埋人/路上更有早行人/路上说话，草里有人/能人背后有能人/力微休负重，言轻莫劝人/宁作故乡鬼，莫作异乡人/宁作太平犬，毋为乱世人/宁作太平犬，莫作离乱人/来说是非者，就是是非人/老虎戴佛珠，假善人/哪里的黄土不埋人/宁可荤口念佛，莫将素口骂人/乱世奴欺主，时衰鬼弄人/莫道君行早，更有早行人/美不美，江中水；亲不亲，故乡人/猫不急不上树，兔不急不咬人/平生不作皱眉事，世上应无切齿人/亲不亲，故乡人/求言是非者，即是是非人/真人不露相，露相不真人/强中更有强中手，能人之外有强人/如闻其声，如见其人/人不压众，貌不惊人/人不犯我，我不犯人/人有三分怕虎，虎有七分怕人/人前莫说人长短，始信人中更有人/手工业工人/上天不负苦心人/少年别笑白头人/死了的老虎不吃人/谁个背后不说人/三个钱买个媳妇，贱人/生有益于人，死不害于人/师傅引进门，修行在各人/十年树木，百年树人/世上无难事，只怕有心人/山山出老虎，处处有强人/时来逢好友，运去遇佳人/谁人背后无人说，那个人前不说人/山高自有客行路，水深自有渡船人/天下无穷人/田横五百人/天不打吃饭人/桃符与艾人/无道无亲，常与善人/天下无难事，只怕有心人/兔子急了也要咬人/天要落雨，娘要嫁人/铜钱眼里打秋千，小人/万事不由人/王八当道，泥螺也能吃人/为人莫作妇人身，百年苦乐由他人/献书惠后人/希望不负苦心人/相识满天下，知心能几人/心病还需心药治，解铃还要系铃人/月下看美人艳色可迷人/饮水不忘掘井人/一方水土养一方人/言不出众，貌不惊人/一生皆是命，半点不由人/一言惊醒梦中人/易求无价宝，难求少年人/勇剑敌一人，智剑敌万人/一支竹篙打尽一船人/眼前有夫子，你还找圣人/药医不死病，佛度有缘人/欲知山下路，要问往来人/欲知山下路，须问过来人/有福之人人服侍，无福之人服侍人/只重衣衫不重人/自有渡船人/自立而立人/掘匠人，巧主人/张驴儿告状，冤枉好人/猪八戒照镜子，里外不是人/猪八戒照镜，里外不是人/在家不是贫，路上贫杀人/中国人民志愿人/贫贱者骄人/东西南北人/金谷坠楼人/

壬

rén ①天干第九位。②大。③奸佞。

百壬　超壬　妇壬　孔壬　六壬　金壬
三壬　无壬　辛壬　憸壬　险壬　有壬
丙舍壬　纳甲壬

仁

rén ①仁爱。②同情友爱。③果核部分。④儒家的一种道德范畴。⑤仁政。⑥有仁德。⑦恩惠。

安仁　不仁　处仁　存仁　成仁　慈仁
大仁　当仁　得仁　笃仁　蹈仁　富仁
辅仁　后仁　怀仁　归仁　观仁　果仁
好仁　海仁　核仁　近仁　假仁　蔻仁
宽仁　内仁　里仁　累仁　慕仁　麻仁
取仁　谦仁　三仁　守仁　砂仁　尚仁
松仁　孰仁　素仁　深仁　同仁　桃仁
体仁　曈仁　温仁　行仁　兴仁　杏仁
虾仁　言仁　友仁　咏仁　依仁　苡仁
至仁　种仁　质仁
瓜子仁　化育仁　花生仁　立信仁　天公仁
显其仁　雨露仁
妇人之仁　广被孟仁　冠道履仁　观过知仁
麻木不仁　求仁得仁　求生害仁　取善辅仁
杀身成仁　宋襄之仁　为富不仁　殷室三仁
以德行仁　一视同仁　忠信居仁　孔曰成仁
殷有三仁
不信直中直，须防仁不仁/莫信直中直，须防仁不仁/宋襄公之仁/智者见智，仁者见仁/

忍

rěn ①狠心，残酷。②忍耐。③抑制。④忍心。

安忍　不忍　百忍　猜忍　残忍　甘忍
何忍　含忍　涵忍　坚忍　堪忍　酷忍
难忍　落忍　能忍　情忍　容忍　恶忍
嚅忍　濡忍　贯忍　未忍　小忍　休忍
饮忍　隐忍　自忍　争忍　贼忍　鸷忍
百般忍　跨下忍　能自忍　穷且忍　强难忍
书百忍　死可忍　胜在忍　唾面忍　心不忍
一惭忍
公艺百忍　扪心何忍　忍无可忍　恬退隐忍
心存不忍　于人不忍　于心不忍　欲罢不忍
朱伺能忍
是可忍，孰不可忍/

荏

rěn 柔软。

桂荏　内荏　荏荏　苒荏　苏荏　桑荏
色厉内荏　外厉内荏

稔

rěn ①庄稼成熟。②年。③熟悉。④指事物酝酿成熟。

必稔　常稔　大稔　多稔　登稔　丰稔
风稔　积稔　年稔　穷稔　秋稔　岁稔
素稔　熟稔　太稔　五稔　一稔　尤稔
占稔　再稔　终稔
年来稔　三农稔

刃 rèn ①刀剑等的犀利部分。②刀。③用刀杀。

白刃 兵刃 宝刃 抽刃 持刃 操刃
刀刃 锋刃 合刃 接刃 开刃 狂刃
利刃 虐刃 芒刃 鈋刃 劈刃 柔刃
手刃 受刃 苏刃 霜刃 投刃 推刃
挺刃 握刃 血刃 雪刃 袖刃 优刃
余刃 饮刃 迎刃 游刃 战刃 直刃
植刃 智刃 剸刃
不卷刃 吹毛刃 丹徒刃 恩爱刃 切玉刃
投虚刃 桃氏刃 挺与刃
兵不血刃 吹毛利刃 军不血刃 七星白刃
余地游刃 阴妻怀刃

仞 rèn ①古代长度单位。②测量深度。

百仞 成仞 九仞 累仞 墙仞 数仞
万仞
井九仞 五千仞
壁立千仞 剑峰千仞 山高万仞 为山九仞

纫 rèn ① 引线穿针。②缝缀。

补纫 充纫 缝纫 感纫 针纫 蒲纫
幽居纫 楚客纫 蒲苇纫 秋衣纫 幽居纫

韧 rèn 柔软又结实。

坚韧 蔓韧 强韧 柔韧
软而韧 柔弱韧

轫 rèn ①阻碍车轮滚动的木头。②停止。

动轫 发轫 头轫 玉轫 云轫
西昆轫
云程发轫

牣 rèn 充满。

充牣 鱼牣 泽牣

认 rèn ①承认。②分辨。③认为。④承认同别人的某种关系。

不认 拜认 逼认 辨认 承认 错认
缔认 谛认 否认 公认 供认 记认
默认 确认 识认 休认 妄认 误认
先认 相认 细认 遥认 诈认 指认
追认 招认
不相认
矢口否认
给你棒槌，当针认/

任 rèn 又音 rén ①任用。②负担。③相信。④任命。⑤职务。⑥听凭。⑦职责。⑧承担。⑨担保。⑩放纵。

不任 本任 保任 补任 班任 出任
充任 采任 草任 超任 常任 曾任
大任 代任 担任 独任 到任 调任
分任 專任 返任 放任 负任 赴任
改任 过任 后任 还任 已任 久任
肩任 就任 荐任 级任 简任 接任
解任 兼任 继任 可任 克任 堪任
力任 历任 连任 礼任 莅任 留任
难任 离任 履任 聘任 去任 前任
迁任 器任 容任 上任 史任 升任
首任 送任 受任 是任 身任 事任
胜任 率任 同任 提任 听任 推任
停任 特任 无任 外任 位任 委任
小任 下任 现任 选任 信任 卸任
新任 一任 异任 夷任 之任 主任
在任 专任 自任 治任 重任 择任
责任 纵任 转任
班主任 栋梁任 繁剧任 女为任 异人任
非异人任 力不胜任 连选连任 力能胜任
渠牟偏任 刑事责任 一身二任 知人善任
自由放任 走马上任 肿膝难任
一身而二任/以天下为己任/

饪 rèn 烹饪。

常饪 鼎饪 亨饪 烹饪 失饪 调饪
五饪

妊 rèn 怀孕。

怀妊 妊娠

纴 rèn ①织布帛的纱缕。②纺织。③穿、引。

缝纴 线纴 总纴 织纴

衽 rèn ①衣襟。②衣袖口。③衽席。

床衽 毁衽 见衽 交衽 就衽 结衽
将衽 接衽 裣衽 开衽 连衽 敛衽

六衽　披衽　上衽　失衽　收衽　摄衽
委衽　帷衽　下衽　茵衽　右衽　援衽
正衽　左衽　执衽　振衽
发左衽　吴客衽
被发左衽

谮 zèn　说坏话，诬陷别人。
不谮　共谮　毁谮　前谮　所谮　同谮
诬谮　行谮　欲谮
狄梁被谮　浸润之谮

岑 cén　①小而高的山。②高。③崖岸。
岑岑　黛岑　高岑　故岑　鸟岑　梅岑
山岑　森岑　苔岑　蹄岑　晚岑　云岑
仙岑　瑶岑
头岑岑
江东三岑　闻有三岑

涔 cén　①涝。②路上的积水。③久阴。
涔涔
汗涔涔　头涔涔　雨涔涔
大汗涔涔

森 sēn　①树木高耸繁密貌。②森严。③阴森幽暗貌。
崧森　戈森　冷森　林森　矛森　清森
松森　森森　萧森　严森　阴森　郁森
竹森
碧森森　鬼森森　黑森森　冷森森　苦森森
青森森　武卫森　夏木森　阴森森　竹森森
紫筒森
剑戟森森　头目森森　雪夜阴森　阴天森森
阴阴森森　郁郁森森

因 yīn　①依靠。②沿袭。③犹如。④原因。⑤因为，由于。⑥依据。
本因　病因　成因　陈因　达因　道因
何因　旧因　近因　基因　胶因　内因
良因　起因　前因　上因　世因　视因
速因　事因　胜因　无因　外因　相因
信因　想因　远因　迎因　原因　诱因
缘因
澄净因　海洛因　可卡因　康拜因　菩提因
两无因　平生因　清静因　世外因　前世因
末了因　香火因
陈陈相因　倒果为因　事出有因　絮果兰因
太仓之粟，陈陈相因

茵 yīn　①古代车上的垫子。②垫褥的通称。③嫩草。
长茵　垂茵　翠茵　拂茵　茅茵　歌茵
华茵　花茵　接茵　锦茵　绿茵　累茵
铺茵　吐茵　苔茵　文茵　香茵　绣茵
草如茵　草成茵　绿茵茵　吐车茵　玉纹茵
紫茸茵　污车茵
丙驭吐茵　绿草如茵　小吏污茵　车上吐茵

洇 yīn　液体接触纸张等物后慢慢向四周散开。
迹洇　埋洇　沃洇　郁洇

姻 yīn　①　泛指由婚姻关系而结成的关系。②婚姻。
缔姻　婚姻　旧姻　结姻　嘉姻　六姻
良姻　联姻　未姻　睦姻　求姻　亲姻
私姻　天姻　通姻　外姻　完姻　紫姻
南柯姻
共叙旧姻　甯氏之姻

骃 yīn　浅黑带白色的杂毛马。
崔骃　花骃　居骃　佥骃　命骃　裴骃
有骃　遇骃　装骃　载骃
事事骃

氤 yīn　[氤氲] 形容烟或云气浓郁。
雾氤

裀 yīn　①夹衣。②内衣。
谨选花裀

阴 yīn　①山的北面。②黑暗。③气象用语。④诡诈。⑤凹进去的。⑥云翳。⑦背面。⑧阴暗。⑨浅黑。⑩男女生殖器官。⑪日时指冥间。⑫光阴，时间。
背阴　碑阴　碧阴　薄阴　寸阴　层阴
苍阴　成阴　重阴　沉阴　香阴　除阴
承阴　愁阴　得阴　分阴　芬阴　浮阴
房阴　光阴　共阴　圭阴　因阴　归阴
顾阴　龟阴　汉阴　会阴　花阴　华阴
沍阴　荷阴　涸阴　淮阴　槐阴　江阴

奸阴 积阴 挟阴 绩阴 孔阴 沦阴
凉阴 愒阴 林阴 亮阴 谅阴 凌阴
篱阴 绿阴 柳阴 凝阴 楼阴 迷阴
平阴 穷阴 轻阴 秋阴 清阴 晴阴
二阴 日阴 山阴 少阴 生阴 岁阴
松阴 素阴 树阴 森阴 樯阴 太阴
天阴 庭阴 桐阴 棠阴 午阴 外阴
下阴 夕阴 旬阴 惜阴 歇阴 云阴
月阴 阴阴 迎阴 幽阴 晏阴 缘阴
滋阴
柴门阴 洞房阴 扫花阴 过华阴 古柏阴
海棠阴 鹤在阴 绿阴阴 绿成阴 绿溪阴
绿杨阴 柳下阴 秋棠阴 石磴阴 松柏阴
万壑阴 卧花阴 惜寸阴 惜分阴 绣户阴
一径阴 月成阴 坐行阴 坐亩阴 紫挂阴
爱惜光阴 尺璧寸阴 彻说淮阴 绿叶成阴
绿树成阴 无权汉阴 须当惜阴 夏禹惜阴
桃李成阴 玄德枭阴 一命归阴 禹惜寸阴
张袂成阴
一寸光阴一寸金，寸金难买寸光阴/鹿死不择阴/

音 yīn ①乐音。②消息。③声音。④言辞。

哀音 八音 半音 北音 伴音 边音
贝音 播音 鼻音 齿音 唇音 纯音
噪音 愁音 擦音 颤音 单音 低音
顿音 带音 笛音 德音 读音 飞音
方音 泛音 发音 芳音 梵音 复音
诽音 福音 辅音 古音 观音 高音
国音 隔音 灌音 汉音 回音 洪音
好音 话音 惠音 喉音 滑音 鸿音
徽音 输音 今音 介音 尖音 佳音
角音 畲音 基音 俊音 口音 坎音
空音 录音 灵音 纶音 拢音 流音
拟音 南音 落音 雷音 銮音 律音
兰音 母音 忙音 切音 全音 琴音
轻音 清音 腔音 跫音 儿音 耳音
瑞音 失音 手音 收音 收音 审音
声音 纯音 属音 塞音 赏音 嗣音
嗓音 土音 天音 团音 同音 通音
童音 唐音 调音 万音 无音 五音
芜音 吴音 尾音 微音 乡音 凶音
心音 邪音 响音 新音 谐音 元音
玉音 牙音 乐音 妍音 语音 瘂音
幽音 遗音 译音 雅音 雁音 子音
中音 正音 至音 主音 足音 杂音
壮音 字音 注音 足音 重音 直音
知音 择音 浊音 噪音 蛩音 震音
郑音
哀之音 不成音 不带音 半元音 标准音
白雪音 别离音 爆发音 唇齿音 齿唇音
楚辞音 爨下音 复辅音 广陵音 古槐音
贯珠音 观世音 好奇音 画外音 黄犬音
活世音 侯家音 横笛音 喉擦音 喉寨音
尖团音 君子音 戛玉音 卷舌音 空谷音
咳唾音 女中音 女高音 女低音 男中音
男高音 男低音 流水音 鸟弄音 起回音
破裂音 濮上音 山鸟音 舌共音 舌根音
双唇音 送佳音 送黥音 塞擦音 透和音
谐八音 弦歌音 玉佩音 有道音 雅颂音
瑶光音 郑卫音 最强音 瑶华音
北鄙之音 鼻化元音 长啸鸾音 蔡邕知音
磁性录音 电唱收音 复合元音 黄犬信音
光学录音 混合录音 卷舌之音 空谷足音
空谷回音 伫候佳音 靡靡之音 濮上之音
千手观音 送子观音 舌面前音 舌面后音
通奏低音 谓之纶音 亡国之音 下里巴音
弦外之音 一锤定音 一口同音 中锋之音
早赐玉音 郑卫之音 钟子聆音 振履商音
正始之音 笙磬同音
近水知鱼性，近山知鸟音/南海观世音/破裂摩擦音/千锤打锣，一锤定音/桑间濮上之音/听话听声，敲鼓听音/

喑 yīn ①哑。②缄默不语。

病喑 鸡喑 狂喑 龙喑 聋喑 盲喑
伪喑 嚣喑 噎喑 坐喑
凤鸾喑 活病喑 几似喑 近臣喑 结舌喑
万马喑
万马齐喑

愔 yīn ［愔愔］ ①安静和悦。②沉默寡言。

爱愔 德愔 愔愔

殷 yīn 又音 yān ①乐舞。②众多。③周到尽心。④富裕。⑤深厚，丰盛。⑥正定。

丰殷 服殷 家殷 孔殷 力殷 刘殷
片殷 情殷 事殷 殷殷 有殷
说兴殷 想望殷
参军消殷 辞情殷殷 欢寡愁殷 情意甚殷

堙 yīn ①堵塞。②土山。③埋没。

垂堙 方堙 井堙 乘堙 下堙 迎堙

闉 yīn ①古代城门外。②堵塞。

出闉 重闉 帝闉 荒闉 郊闉 距闉
绮闉 乘闉 吴闉 香闉 兴闉

禋 yīn ①祭天。②泛指祭祀。

崇禋 帝禋 精禋 克禋 礼禋 明禋
祀禋 升禋 严禋 肇禋 蒸禋

吟 yín ①唱。②诗歌的一种。③吟咏。④呻吟。

哀吟 病吟 悲吟 长吟 沉吟 蝉吟
低吟 独吟 短吟 讴吟 风吟 高吟
歌吟 孤吟 和吟 哗吟 函吟 尽吟
笳吟 噤吟 口吟 苦吟 狂吟 龙吟
鸟吟 朗吟 旅吟 曼吟 漫吟 披吟
歧吟 秋吟 清吟 蛩吟 松吟 呻吟
同吟 蚊吟 微吟 行吟 闲吟 啸吟
优吟 吟吟 咏吟 猿吟 越吟 稚吟
醉吟
白头吟 白雪吟 百舌吟 伴客吟 伴僧吟
长短吟 叉手吟 沧浪吟 促织吟 掉头吟
放浪吟 候虫吟 寒蛩吟 陇上吟 梁父吟
柳外吟 乐天吟 蓼花吟 马上吟 击壤吟
暮禅吟 傍山吟 洛下吟 洛生吟 且长吟
俟秋吟 水龙吟 听虫吟 头白吟 万叶吟
万籁吟 笑吟吟 晓松吟 晓莺吟 谢安吟
倚松吟 越客吟 郢中吟 拥鼻吟 掩鼻吟
游子吟 越溪吟 庄舄吟 捉鼻吟
蔡女咏吟 低头沉吟 何逊行吟 虎啸龙吟
机壶长吟 口不绝吟 曼声长吟 如歌如吟
无故呻吟 无病呻吟 玉病呻吟 庄舄越吟
熟读唐诗三百首，不会作诗也会吟/

垠 yín ①界限。②岸。③形迹。

八垠 边垠 重垠 苍垠 丹垠 地垠
汉垠 海垠 九垠 江垠 绝垠 坤垠
邳垠 山垠 四垠 石垠 天垠 无垠
沂垠 涯垠 朱垠 朕垠
北海垠 穷圭垠
大海无垠 吉翰无垠 无边无垠 一望无垠

银 yín ①金属元素。②用银铸的钱。③银印。④象银子的颜色。

白银 包银 饼银 刍银 出银 错银
赤银 过银 丹银 镀银 分银 封银
浮银 贡银 化银 花银 黄银 金银
来银 烂银 佩银 铺银 乞银 如银
水银 似银 烧银 纯银 铜银 纹银
泻银 饷银 注银 烛银 足银
白衣银 白如银 妇成银 髻似银 浪翻银
马蹄银 水嗽银 双鸟银 绾青银 雪花银
云为银 朱提银 坐椅银
大斗分金银/上马一提金，下马一提银/三年青知府，十万雪花银/

龈 yín 又音 kěn 牙龈。

齿龈 牙龈 龈龈
嚼齿穿龈

狺 yín ［狺狺］狗叫的声音。

狺狺

訚 yín 和颜悦色地进行交谈。

訚訚

崟 yín ［嵚崟］山高的样子。

岑崟 嵚崟 嵚崟 腾崟 嶙崟 崟崟
岿崟

淫 yín ①过多。②浸淫。③邪恶。④惑乱。⑤久雨。⑥放纵。⑦男女之间不正当的性行为。

不淫 闭淫 逼淫 渗淫 惩淫 诞淫
遏淫 风淫 坊淫 泛淫 烦淫 华淫
昏淫 荒淫 诲淫 祸淫 酣淫 奸淫
桥淫 娇淫 骄淫 六淫 乐淫 丽淫

连淫 陋淫 民淫 卖淫 湎淫 蛮淫
迫淫 辟淫 朋淫 漂淫 侵淫 浸淫
寝淫 骎淫 书淫 手淫 岁淫 诗淫
声淫 肆淫 奢淫 听淫 通淫 贪淫
慆淫 文淫 哇淫 心淫 凶淫 宣淫
邪淫 歆淫 酗淫 佚淫 阴淫 雨淫
言淫 郁淫 妖淫 淫淫 者淫 贞淫
招淫 志淫 滞淫
花草淫 郑声淫
福善祸淫 诲盗海淫 乐而不淫 刘峻书淫
劳思逸淫 山峻书淫 土安书淫 佟之水淫
治容海淫
富贵不能淫/

霪 yín 连绵不断地下得过量的雨。

阴霪 滞霪
旱降霪

寅 yín ①恭敬。②地支的第三位。③寅时，夜间三到五点。

建寅 上寅 同寅 毓寅
斗当寅 斗转寅 降庚寅 奏稚寅

夤 yín ①深。②大。③恭敬。

八夤 岑夤

龂 yín ①同“龈”。②争辩的样子。

冰龂 重龂 穿龂 龂龂 齶龂 牙龂
龂龂

鄞 yín 鄞县，在浙江省。

治鄞

蟫 yín 一种咬衣服、书籍的蛀虫。

蠢蟫 勘蟫 生蟫 书蟫

嚚 yín ①奸诈。②愚蠢而顽固。

顽嚚 用嚚

尹 yǐn ①治理。②古代官名。

百尹 才尹 大尹 道尹 孚尹 府尹
关尹 郊尹 令尹 门尹 宋尹 师尹
庶尹 说尹 贤尹 小尹 新尹 阉尹
右尹 尹尹 奄尹 咏尹 左尹 詹尹
箴尹
丹阳尹 河南尹 京兆尹 清都尹
占风令尹

引 yǐn ①开弓。②招来。③拉。④延长。⑤导引。⑥划定。⑦用事物作证据。⑧引用。⑨诱发。⑩退却。⑪牵挽。⑫引决。

博引 褒引 称引 茶引 钞引 触引
斗引 导引 多引 党引 道引 典引
逗引 笛引 瞥引 风引 发引 肤引
工引 广引 勾引 高引 钩引 喤引
鹄引 见引 汲引 荐引 接引 具引
款引 六引 面引 蔓引 曲引 挢引
牵引 前引 掔引 潜引 水引 市引
司引 胜引 索引 煽引 通引 挑引
推引 题引 文引 外引 挽引 误引
小引 先引 寻引 相引 吸引 虚引
云引 一引 易引 运引 曳引 延引
迎引 押引 援引 诱引 药引 竹引
自引 争引 招引 株引 稚引
征引
执引 证引 指引 摘引
归云引 金谷引 箜篌引 明月引 梅花引
琼花引 清风引 樵径引 外物引 物相引
新桐引 异香引 贞女引
繁称博引 繁征博引 旁征博引

蚓 yǐn 指蚯蚓。

尺蚓 春蚓 大蚓 地蚓 啖蚓 青蚓
秋蚓 蚯蚓 山蚓 蛇蚓 穴蚓 新蚓
紫蚓
呻吟蚓 善行蚓 蛇行蚓 吐壤蚓 雨见蚓

饮 yǐn 又音 yìn ①喝。②饮料。③可喝的东西。④含忍。⑤隐没。⑥中医病名。

别饮 杯饮 鼻饮 博饮 饱饮 常饮
沉饮 承饮 畅饮 巢饮 大饮 对饮
代饮 当饮 多饮 耽饮 噉饮 罚饮
谷饮 沽饮 过饮 镐饮 会饮 好饮
洪饮 浩饮 欢饮 海饮 虹饮 轰饮
豪饮 寒饮 酣饮 鹤饮 今饮 节饮
井饮 角饮 剧饮 聚饮 绝饮 口饮

快饮 客饮 狂饮 旷饮 渴饮 了饮
力饮 牛饮 立饮 泥饮 礼饮 龙饮
冷饮 连饮 蝼饮 滥饮 卯饮 牧饮
茗饮 梦饮 抔饮 陪饮 飘饮 瓢饮
求饮 囚饮 秋饮 群饮 日饮 热饮
三饮 勺饮 升饮 水饮 四饮 式饮
私饮 适饮 侍饮 俗饮 社饮 食饮
触饮 同饮 贪饮 通饮 痛饮 文饮
小饮 下饮 夕饮 乡饮 休饮 先饮
相饮 狎饮 饫饮 一饮 远饮 夜饮
宴饮 燕饮 雅饮 讌饮 醼饮 卒饮
执饮 恣饮 纵饮 帐饮 湛饮 酌饮
醉饮
白颈饮 百壶饮 北海饮 避暑饮 长夜饮
草间饮 浓香饮 对月饮 浮青饮 高阴饮
花下饮 黄龙饮 黄粱饮 河溯饮 金谷饮
流杯饮 留客饮 篱下饮 十千饮 十日饮
上流饮 投钱饮 田家饮 提壶饮 亡何饮
习池饮 玄石饮 洗爵饮 渔人饮 朝可饮
凿井饮 帐中饮 文字饮
箪食瓢饮 黄龙未饮 黄龙痛饮 饥发渴饮
尽堪欢饮 开怀畅饮 孔群好饮 蔓卿豪饮
陶公限饮 亡何日饮 毓会窃饮 颜回瓢饮
贪泉酌饮
禁而不止魏人饮/主不吃，客不饮/

隐 yǐn ①隐蔽。②隐讳。③藏匿。④隐秘之事。⑤精微。⑥隐语。⑦穷困。⑧忧伤。⑨短墙。

阿隐 不隐 半隐 蔽隐 豹隐 成隐
充隐 朝隐 恻隐 藏隐 大隐 遁隐
当隐 德隐 恩隐 共隐 归隐 高隐
花隐 回隐 訇隐 讳隐 晦隐 鹤隐
渐隐 口隐 老隐 吏隐 能隐 禄隐
奸隐 酒隐 名隐 民隐 谋隐 砰隐
瓶隐 曲隐 欺隐 棲隐 人隐 荣隐
二隐 容隐 市隐 似隐 私隐 身隐
索隐 思隐 说隐 雾隐 天隐 退隐
逃隐 通隐 小隐 心隐 息隐 喜隐
笑隐 偕隐 月隐 依隐 鱼隐 逸隐
隐隐 中隐 自隐 招隐 再隐 自隐
真隐 终隐
北部隐 花半隐 东陵隐 雷隐隐 六逸隐
鹿门隐 留侯隐 买山隐 蓬池隐 庞公隐
七贤隐 青门隐 市朝隐 圣人隐 濑石隐
玄豹隐 啸竹隐 眼花隐 玉绳隐 渊明隐
曜灵隐 支遁隐
晦堂无隐 难言之隐 林棲谷隐 探赜索隐
浔阳三隐 远山隐隐 月明星隐 言中事隐
天地闭，闲人隐/

瘾 yǐn 特别的嗜好。

成瘾 官瘾 过瘾 酒瘾 球瘾 上瘾
烟瘾
过把瘾

印 yìn ①印章。②相合。③痕迹。④留下痕迹。⑤印刷。

白印 半印 抽印 重印 传印 赐印
承印 操印 彩印 大印 打印 夺印
盗印 叠印 付印 封印 佛印 复印
翻印 龟印 官印 挂印 钢印 盖印
火印 红印 怀印 候印 痕印 即印
迹印 金印 胶印 解印 脚印 开印
刊印 扩印 刻印 弄印 烙印 密印
摹印 排印 佩印 去印 鹊印 钤印
铅印 水印 石印 失印 手印 受印
帅印 神印 锁印 誉印 缩印 拓印
桃印 套印 堂印 心印 血印 信印
相印 洗印 香印 玉印 用印 油印
硬印 银印 影印 治印 造印 指印
周印 掌印 增印 铸印 辙印
翻天印 孤月印 青泥印 司农印 沙篆印
一道印 香火印 云法印 子母印 朱宫印
封金挂印 国华取印 扪赘佛印 心心相印
渊明解印 肘悬金印
一步一个脚印/

荫 yìn ①遮盖。②庇护。③帝王时代子孙因先代功劳而受封。④保佑。

庇荫 苞荫 大荫 得荫 德荫 恩荫
父荫 佛荫 槐荫 疆荫 林荫 浓荫
柳荫 绿荫 落荫 门荫 上荫 失荫
世荫 视荫 桑荫 树荫 推荫 午荫
歇荫 云荫 月荫 余荫 樾荫 祖荫
竹荫 资荫 遮荫
得嘉荫 广厦荫 绿杨荫 留来荫 松柏荫

树交荫
插柳成荫　绿叶成荫　绿树成荫　枝浙成荫
张袂成荫　桃李成荫
树荆得荆，树桃李得荫/有心栽花花不开、无意插柳柳成荫/有意种花花不活，无心插柳柳成荫/

胤 yìn　后代。
后胤　苗胤　血胤　支胤　枝胤　诈胤
祚胤

窨 yìn　又音 xūn　①地下室。②窖藏。
澄窨

慭 yìn　①宁愿。②损伤。③［慭慭］谨慎的样子。
慭慭
公子慭　皆未慭

宾 bīn　①客人。②尊敬。③做客。④服从。⑤引导。⑥以客礼对待。
宾宾　酬宾　大宾　待宾　贡宾　国宾
贵宾　好宾　怀宾　九宾　敬宾　接宾
嘉宾　内宾　龙宾　女宾　礼宾　男宾
来宾　留宾　门宾　幕宾　如宾　上宾
尚宾　速宾　四宾　谈宾　王宾　为宾
外宾　西宾　遐宾　优宾　用宾　英宾
迎宾　寅宾　娱宾　延宾　野宾　燕宾
至宾　主宾　支宾　众宾　知宾　招宾
方外宾　扫门宾　观国宾　花下宾　驾鹤宾
吕洞宾　青云宾　兔苑宾　入幕宾　万国宾
五侯宾　瀛台宾
出门如宾　截发留宾　前发待宾　门无杂宾
门不停宾　投辖留宾　先礼后宾　相敬如宾
仪宾国宾　相待如宾　相敬如宾　迎接外宾
郑驿留宾　入幕之宾
狗咬吕洞宾/

傧 bīn　①接引宾客。②接引宾客的人。③阵列。
介傧　交傧　女傧　男傧　排傧　三傧
上傧　绍傧　佐傧
宾客傧　鬼神傧　私人傧　宗人傧

滨 bīn　①水边。②边境。③靠近。
池滨　地滨　河滨　海滨　湖滨　江滨
洛滨　水滨　泗滨　天滨　谓滨　溪滨
湘滨　壤滨　云滨　瑶滨　瀛滨　漳滨
楚江滨　古渡滨　汉水滨　哈尔滨　寂寞滨
曲江滨　山水滨　水石滨　率土滨　易水滨
鲸海滨　幽涧滨　洙泗滨
率土之滨　问诸水滨

缤 bīn　［缤纷］繁多而凌乱。
缤缤

彬 bīn　①文质兼备。②［彬彬］形容文雅。③富有文采。
彬彬　曹彬　璘彬　玉彬
灯候沈彬　举子曹彬　骞辟唐彬　文质彬彬
郁郁彬彬

斌 bīn　义同“彬”。
斌斌　璘斌　颁斌
澄苏石斌　袍赐全斌

豳 bīn　古地名，在陕西省旬邑一带。
吹豳　玢豳　歌豳　轮豳　璘豳

濒 bīn　①接近。②同“滨”。
河濒　淮濒　海濒　江濒　水濒　湘濒
率土之濒

摈 bìn　排除，遗弃。
斥摈　归摈　排摈

殡 bìn　①停柩待葬。②停放灵柩。
出殡　归殡　柩殡　哭殡　灵殡　临殡
理殡　祓殡　丧殡　送殡　停殡　行殡
虞殡
道秩长殡

膑 bìn　同“髌”。
膝膑　孙膑
举鼎绝膑　墨中蒙膑

鬓 bìn　脸旁边靠近耳朵长头发的地方。
白鬓　班鬓　苍鬓　蝉鬓　翠鬓　点鬓

多鬓　芳鬓　华鬓　画鬓　黑鬓　客鬓
两鬓　理鬓　绿鬓　美鬓　蓬鬓　潘鬓
青鬓　秋鬓　双鬓　衰鬓　霜鬓　头鬓
乌鬓　雪鬓　云鬓　玉鬓　银鬓　鸦鬓
烟鬓　颜鬓
钗横鬓　黑鬓鬓　双鹤鬓　迎春鬓
楚腰卫鬓　风鬟雨鬓　风鬟雾鬓　河阳衰鬓
沈腰潘鬓　雾鬓云鬓　捋毛捣鬓　云鬓雾鬓
烟鬟雾鬓　晕眉约鬓

拼　pīn　①连合。②不顾惜。

火拼　死拼　犇拼　笑拼　硬拼　久拼
滩拼
抵死相拼

贫　pín　①贫困。②匮乏。③絮叨可厌。

哀贫　安贫　才贫　长贫　初贫　处贫
次贫　财贫　赤贫　笃贫　扶贫　甘贫
孤贫　掼贫　患贫　贺贫　寒贫　居贫
济贫　家贫　疾贫　贱贫　瘠贫　苦贫
窭贫　乐贫　疗贫　廉贫　妻贫　清贫
山贫　守贫　食贫　素贫　脱贫　忘贫
笑贫　恤贫　一贫　厌贫　原贫　驭贫
周贫　逐贫　最贫　振贫
不忧贫　非病贫　范丹贫　范叔贫　韩信贫
南阮贫　贵能贫　马卿贫　茅屋贫　曼倩贫
如我贫　阮郎贫　阮家贫　伤我贫　未全贫
为酒贫　原宪贫　在官贫　嘴太贫　知命贫
爱老怜贫　北道之贫　打富济贫　地瘠人贫
君子安贫　捐资济贫　劫富济贫　乐退安贫
民不可贫　民困国贫　丧欲速贫　惜老怜贫
雨金助贫　原宪甘贫　重富欺贫　振富恤贫
赈贫恤贫　富不如贫
君子忧道不忧贫/儿不嫌母丑，犬不嫌主贫/儿不嫌母丑，犬不怨主贫/身贫志不贫/为人最怕老来贫/相马失之瘦，相士失之贫/浊富不如清贫/

频　pín　多次，连续。

大频　低频　行频　高频　李频　频频
仁频　三频　声频　射频　视频　调频
学频　音频　中频　酌频　载频
典衣频　风雨频　赋诗频　唤渡频　借冠频
酒行频　寄书频　看花频　看镜频　落英频
梦寐频　去来频　入幕频　往返频　笑语频
玉漏频　燕来频
宜笑宜频

蘋　pín　多年生蕨类植物。

采蘋　绿蘋　青蘋　秋蘋　渚蘋　藻蘋
楚客蘋　雨泛蘋

顰　pín　皱眉头。

长顰　翠顰　开顰　娇顰　柳顰　轻顰
舒顰　学顰　效顰
楚宫顰　翠眉顰　带愁顰　可怜顰　柳业顰
捧心顰　西子顰　苎萝顰
丑妇效顰　东施效顰　东邻效顰

嫔　pín　①古代妇女的通称。②皇宫里的女官。③嫁。

翠嫔　妃嫔　宫嫔　贵嫔　九嫔　来嫔
天嫔　玉嫔　雒嫔
名佳嫔
争矢贵嫔

品　pǐn　①众多。②物品。③等级。④事物的种类。⑤性质。⑥官阶。⑦品评。⑧品质。⑨格调。⑩标准。⑪体察出好坏。

八品　百品　补品　备品　出品　次品
产品　成品　残品　常品　茶品　厨品
藏品　大品　斗品　蛋品　毒品　读品
副品　废品　供品　官品　高品　果品
贡品　花品　画品　货品　九品　佳品
极品　禁品　泾品　俊品　绝品　精品
奖品　祭品　酒品　科品　列品　礼品
流品　能品　木品　门品　民品　妙品
千品　讫品　泉品　奇品　群品　清品
情品　人品　懦品　三品　上品　水品
书品　俗品　身品　食品　神品　商品
饰品　殊品　天品　甜品　题品　万品
五品　物品　小品　下品　心品　仙品
宣品　新品　绣品　一品　月品　异品
用品　音品　样品　鱼品　逸品　药品
赝品　正品　再品　杂品　作品　织品
真品　珍品　展品　植品　症品　制品

赠品
半成品　半制品　必需品　备用品　舶来品
摆设品　处理品　陈列品　粗制品　代用品
抵押品　等外品　非卖品　仿制品　纺织品
副产品　副食品　复制品　工艺品　国产品
化妆品　金三品　金玉品　纪念品　禁制品
精制品　军需品　农产品　毛织品　麻织品
棉织品　舶来品　日用品　山中品　书面品
丝织品　试用品　试销品　奢侈品　调味品
违禁品　小商品　宣传品　消费品　牺牲品
殉葬品　云华品　艺术品　印刷品　主食品
在制品　针织品　战利品　展览品　滞销品
滋补品　滋养品　装饰品
长线产品　短线产品　尖端产品　拳头产品
二十四品　心要产品　秩官九品
龙门十二品/生活必需品/

牝

pìn　①雌性。②古军阵名。

骊牝　骒牝　虚牝　元牝　游牝

聘

pìn　①访问。②聘请。③指女子出嫁。④古时国与国之间交好派使访问。⑤订婚迎娶之礼。

奔聘　报聘　币聘　出聘　朝聘　大聘
敦聘　待聘　返聘　告聘　归聘　柜聘
解聘　礼聘　纳聘　谋聘　三聘　时聘
往聘　受聘　续聘　通聘　小聘　下聘
习聘　性聘　行聘　选聘　相聘　应聘
延聘　再聘　众聘　争聘　征聘　展聘
招聘
席珍待聘

民

mín　①人类。②人群。③民间的。④指奴隶。⑤百姓。⑥非军事的。⑦指从事不同职业的人。

安民　白民　边民　便民　补民　逋民
编民　瘠民　暴民　苍民　初民　村民
臣民　草民　船民　残民　钼民　刁民
遁民　堕民　凡民　丰民　坊民　匪民
富民　附民　公民　工民　怪民　国民
鳏民　回民　汉民　化民　怀民　还民
飑民　害民　惠民　寒民　豪民　横民
军民　奸民　饥民　居民　济民　奇民
俊民　简民　教民　精民　贱民　骏民
畯民　鸠民　劓民　可民　康民　农民
列民　利民　乱民　吏民　良民　劳民
临民　厉民　莅民　佞民　流民　黎民
难民　僇民　戮民　羸民　民民　牧民
平民　贫民　疲民　丘民　齐民　迁民
全民　侨民　取民　轻民　耆民　驱民
勤民　黔民　人民　仁民　客民　士民
山民　市民　生民　石民　四民　手民
司民　世民　时民　庶民　使民　顺民
黍民　寿民　裔民　斯民　舜民　誓民
善民　天民　庭民　亡民　万民　五民
危民　顽民　诬民　罔民　小民　乡民
先民　休民　闲民　幸民　秀民　选民
细民　恤民　息民　绥民　新民　鲜民
一民　义民　佚民　远民　友民　宜民
洋民　尧民　驭民　养民　逸民　裕民
移民　莠民　庸民　渔民　殃民　愿民
生民　愚民　忧民　遗民　盐民　游民
御民　子民　兆民　重民　灾民　烝民
治民　泽民　贼民　殖民　菑民　载民
蒸民
百万民　葛天民　太平民　太古民　为人民
五方民　无怀民　五衢民　小市民　向月民
自由民
安户比民　爱国爱民　除暴安民　残害人民
城市贫民　城市居民　蠹国害民　蠹国耗民
方便人民　伐罪吊民　富国裕民　广土众民
改氏为民　个体农民　化外顽民　祸国殃民
祸国病民　节用裕民　集体农民　能官能民
劳动人民　取信于民　辱国殃民　热爱人民
蹂躏人民　水上居民　盛世黎民　屠杀人民
万石秦民　无方之民　为国为民　误国殃民
小国寡民　元元之民　忧国忧民　鱼肉人民
拥军爱民　拥政爱民　治国安民　朱邑安民
朱邑爱民　造福人民
张释之为延尉，天下无冤民/

岷

mín　①山名。②水名。③州名。

涪岷　崑岷　梁岷　蜀岷　西岷　兆岷

珉

mín　像玉的石头。

白珉　翠珉　雕珉　海珉　季珉　敬珉

贱珉 刻珉 勒珉 绿珉 琳珉 青珉
潜珉 瑞珉 玉珉 燕珉 贞珉

缗 mín ①穿铜钱的绳。②钓鱼用的线。

重缗 钓缗 俸缗 酒缗 缗缗 丝缗
算缗 万缗
百万缗 假丁缗
长孺输缗 给麻为缗 孙济酤缗

旻 mín ①天空。②秋天。

苍旻
星罗秋旻

皿 mǐn 盘，器皿。

次皿 金皿 器皿 贮皿

闵 mǐn ①忧患。②忧虑。③忧愁。

不闵 遘闵 觏闵 怀闵 怜闵 闵闵
无闵 武闵 歆闵 忧闵 颜闵 隐闵

闽 mǐn 福建的别称。

八闽 东闽 南闽 七闽 徂闽
濂洛关闽

悯 mǐn ①哀怜。②忧愁。

哀悯 爱悯 悲悯 慈悯 怀悯 矜悯
嘉悯 可悯 怜悯 流悯 悯悯 勤悯
伤悯 忧悯 隐悯

抿 mǐn ①拭。②收敛。

嘴不抿

泯 mǐn ①消灭。②淆乱。③混合。

风泯 灰泯 灭泯 泯泯 澌泯 消泯
音泯 夷泯 湮泯
鼎字泯 古意泯 化不泯 芝兰泯

湣 mǐn 古谥号用字。

湣湣

愍 mǐn ①悲痛。②忧患。③怜恤。

痛愍 追愍
通人愍 鱼天愍

敏 mǐn ①敏捷。②聪慧。③努力。④庄敬。

不敏 笔敏 博敏 辩敏 辨敏 才敏
持敏 聪敏 多敏 肤敏 过敏 恭敏
刚敏 该敏 弘敏 和敏 慧敏 加敏
机敏 劲敏 敬敏 捷敏 隽敏 精敏
谨敏 警敏 克敏 灵敏 黾敏 明敏
齐敏 清敏 锐敏 睿敏 少敏 时敏
夙敏 通敏 武敏 温敏 详敏 秀敏
谐敏 异敏 英敏 颖敏 贞敏 忠敏
加以敏 农夫敏 孙志敏 文章敏 谢不敏
于事敏
碎碑陈敏 谨谢不敏 敬谢不敏 天非性敏
神经过敏 谢敬不敏 逊志时敏

拎 līn 〈方〉提。

轻拎 手拎

邻 lín ①古代居民组织名。②邻居。③邻近。④邻国。⑤古称君主的近臣。

卜邻 比邻 毗邻 暴邻 臣邻 东邻
地邻 德邻 飞邻 芳邻 富邻 高邻
宫邻 交邻 旧邻 近邻 湣邻 结邻
紧邻 聚邻 邻邻 睦邻 买邻 孟邻
骈邻 乞邻 四邻 宋邻 善邻 同邻
乡邻 西邻 仙邻 云邻 友邻 幽邻
周邻 择邻
帝乡邻 德照邻 德有邻 花际邻 九霄邻
买芳邻 孟母邻 撲枣邻 山为邻 守四邻
宋玉邻 宋家邻 同作邻 烟霞邻 鱼鸟邻
造化邻 竹相邻
慈母择邻 季雅买邻 孟母迁邻 孟母择邻
千万买邻 王悲照邻 与鬼为邻 杨玢让邻
智子疑邻 宋玉东邻
海内存知已，天涯若比邻/好汉护三村，好狗护三邻/天涯若比邻/行要好伴，坐要好邻/远亲不如近邻/

林 lín ①成片的竹木。②林业。③喻指人或事物的会聚。④众盛貌。

冰林 泮林 碑林 碧林 川林 长林
产林 丛林 出林 层林 衷林 穿林
成林 词林 春林 禅林 巢林 辞林

丹林　邓林　踹林　丰林　风林　芳林
范林　菲林　枫林　梵林　归林　故林
桂林　高林　护林　花林　寒林　蕙林
鹄林　鹤林　翰林　鸿林　江林　吉林
旧林　禁林　棘林　嘉林　孔林　嵳林
老林　奈林　丽林　农林　林林　峦林
绿林　茂林　梅林　密林　满林　平林
配林　千林　曲林　青林　泉林　前林
秋林　群林　琼林　栖林　入林　如林
儒林　上林　少林　山林　土林　石林
双林　书林　松林　树林　胜林　桑林
深林　森林　疏林　霜林　天林　同林
投林　桃林　塔林　檀林　文林　武林
晚林　杏林　学林　笑林　秀林　香林
修林　云林　玉林　艺林　幼林　阴林
严林　有林　羽林　雨林　幽林　远林
园林　弈林　幼林　育林　语林　烟林
瑶林　中林　竹林　造林　择林　珠林
阿木林　避深林　次坐林　成材林　朝阳林
祷桑林　防风林　防沙林　防护林　防霜林
赋上林　固沙林　红叶林　护路林　护岸林
护田林　花竹林　混交林　输墨林　经济林
锦绣林　渐成林　嘉树林　集上林　括词林
鸟出林　鸟归林　穆斯林　咆空林　栖山林
水边林　松柏林　桑树林　诗书林　霜满林
万林林　叶绿林　用材林　月满林　原生林
岩下林　子规林　著作林
把臂入林　大厦如林　弹雨枪林　董奉杏林
封山育林　酒池肉林　盘尼西林　日林日林
肉山脯林　石峰如林　松柏世林　司马拜林
诗入鸡林　诗在鸡林　退耕还林　投杖邓林
阴丹土林　幼学琼林　夜鸟投林　众议成林
钟鼎山林　植树造林　独木不林　穷猿投林
独木不成林/单丝不成线，独木不成林/归马华山，放牛桃林/桂林山水甲天下，阳朔山水甲桂林/林冲到了野猪林/人来投主，鸟来投林/只见树木，不见森林/芝兰生于林/

淋

lín　又音 lìn　①［淋淋］水奔流不断貌。②浇。③浸渍。

过淋　汗淋　积淋　露淋　湿淋　雨淋
冰淇淋　汗淋淋　麦淇淋　水淋淋　湿淋淋
血淋淋　雨淋淋
日晒雨淋　夏雨淋淋

琳

lín　美玉。

碧琳　陈琳　崔琳　华琳　九琳　璆琳
琅琳　球琳　香琳　瑶琳　紫琳
曼德琳

霖

lín　久下不停的雨。

成霖　春霖　愁霖　甘霖　洪霖　狂霖
霖霖　梅霖　暮霖　求霖　秋霖　如霖
商霖　田霖　为霖　晚霖　阴霖　幽霖
淫霖　泽霖　作霖
传说霖　逢甘霖　慳啬霖　若望霖　十日霖
三日霖　使君霖　雨成霖　雨霖霖
三日之霖

临

lín　①及，正当。②降临。③到，来。④靠近。⑤面对。⑥古时帝王上朝。⑦模仿字、画。

哀临　按临　贲临　逼临　奔临　初临
赗临　大临　吊临　登临　俯临　凭临
光临　躬临　恭临　惠临　久临　君临
降临　驾临　监临　鉴临　肯临　哭临
来临　临临　莅临　面临　摹临　迫临
濒临　亲临　粢临　辱临　入临　日临
送临　深临　时临　神临　踏临　午临
往临　卧临　下临　咸临　悄临　月临
妖临　远临　知临　烛临　昭临　照临
翠华临　斧钺临　屐齿临　六下临　婺女临
石镜临　岁星临　物外临　喜气临　月斜临
月影临　紫气临　载酒临
广武登临　傍晚来临　署考唐临　夜幕降临

粼

lín　［粼粼］形容水很清澈。

碧粼　间粼　粼粼　砰粼　淄粼
清粼粼
河水粼粼　金波粼粼　银波粼粼

嶙

lín　［嶙峋］山石重叠貌。

嵋嶙　岭嶙　嶙嶙　磨嶙　隐嶙
瘦嶙嶙

遴

lín　谨慎选择。

贪遴　性遴　争遴
不可遴　晚节遴

璘 lín 玉的光泽。

玢璘　结璘　璘璘　石璘

辚 lín ①［辚辚］指车行走的声音。②车轮。

车辚　辚辚　轩辚　殷辚
东辚辚

磷 lín 一种非金属元素。

白磷　碧磷　赤磷　鬼磷　火磷　红磷
黄磷　黑磷　寒磷　磷磷　磨磷　砰磷
青磷　脱磷　血磷　烟磷　野磷　淄磷
缁磷　转磷
草间磷　聚复磷　磨不磷　夜见磷　野飞磷

瞵 lín 注视。

鹰瞵
虎视鹰瞵

鳞 lín ①鱼类身上的角质薄片。②像鱼鳞的东西。

赤鳞　池鳞　沈鳞　翠鳞　飞鳞　伏鳞
犯鳞　涸鳞　介鳞　金鳞　结鳞　酒鳞
戢鳞　锦鳞　鲸鳞　枯鳞　龙鳞　逆鳞
鳞鳞　茅鳞　墨鳞　批鳞　区鳞　穷鳞
清鳞　潜鳞　纤鳞　髯鳞　石鳞　宿鳞
素鳞　霜鳞　文鳞　细鳞　雪鳞　溪鳞
玉鳞　鱼鳞　泳鳞　游鳞　婴鳞　鲕鳞
朱鳞　纵鳞　缀鳞
鞭锦鳞　触龙鳞　批逆鳞　失水鳞　相忘鳞
煦沫鳞　细如鳞　婴逆鳞
斗水活鳞　铩羽暴鳞

麟 lín ［麒麟］古代传说中的一种动物，像鹿，比鹿大，有角。

白麟　班麟　悲麟　炳麟　苍麟　赤麟
促麟　翠麟　骖麟　飞麟　凤麟　犯麟
获麟　介麟　绝麟　嘉麟　龙麟　李麟
麟麟　绂麟　泣麟　麒麟　说麟　神麟
祥麟　翔麟　玉麟　游麟
九真麟　鲁郊麟　五色麟　玉麒麟
炳炳麟麟　威风祥麟　西狩获麟　天上石麟

凛 lǐn ①寒冷。②严肃。③同“懔”。

寒凛　冬凛　凛凛　气凛　清凛　凄凛
严凛　振凛
边风凛　风凛凛　寒凛凛　秋霜凛
寒风凛凛　军威凛凛　威风凛凛

廪 lǐn ①粮仓。②指米粟类。③积聚。④供给。

半廪　边廪　仓廪　常廪　惨廪　发廪
奉廪　焚廪　公廪　官廪　高廪　国廪
既廪　旧廪　口廪　坎廪　廪廪　破廪
上廪　石廪　司廪　实廪　私廪　升廪
受廪　授廪　天廪　田廪　完廪　虚廪
饩廪　月廪　御廪　治廪
富家廪　关口廪　群公廪
李皋发廪

懔 lǐn 畏惧。

冰懔　惨懔　懔懔　危懔　只懔

檩 lǐn 托住椽子的横木。

脊檩　上檩

吝 lìn ①贪鄙。②过分爱惜。③羞耻。

不吝　鄙吝　疵吝　玼吝　大吝　何吝
悔吝　节吝　骄吝　靳吝　刻吝　啬吝
谦吝　慊吝　悭吝　贪吝　往吝　小吝
惜吝　有吝　足吝　终吝　障吝
富而吝　君子吝

赁 lìn 租。

出赁　负赁　含赁　借赁　仆赁　请赁
佃赁　租赁

淋 lìn 又音 lín ①过滤。②淋病。

产淋　膏淋　冷淋　劳淋　气淋　热淋
石淋　沙淋　血淋

蔺 lìn ［马蔺］多年多草本植物。

北蔺　廉蔺　马蔺　慕蔺　谢蔺
久怀慕蔺

蹸 lìn 蹂蹸。

践蹸 蹂蹸 肆蹸

巾 jīn ①手巾。②捆束或覆盖东西的丝织用品。③头巾。

岸巾 白巾 被巾 餐巾 茶巾 池巾
垫巾 方巾 幅巾 拂巾 纶巾 盖巾
冠巾 葛巾 汗巾 红巾 黄巾 鞨巾
角巾 解巾 锦巾 纳巾 领巾 鹿巾
罗巾 毛巾 面巾 前巾 牵巾 綦巾
儒巾 热巾 山巾 手巾 纱巾 僧巾
头巾 秃巾 唐巾 脱巾 围巾 网巾
纨巾 香巾 云巾 衣巾 浴巾 渔巾
枕巾 沾巾 紫巾
纯阳巾 东坡巾 垫雨巾 杜宗巾 戴纶巾
郭泰巾 谷皮巾 华阳巾 虹似巾 虎纹巾
红领巾 居士巾 乌衔巾 绿头巾 林宗巾
领棕巾 辟尘巾 漉酒巾 鼠耳巾 万山巾
乌纱巾 五柳巾 小样巾 雨垫巾 竹叶巾
折角巾 诸葛巾 紫荷巾
富翁戴巾 缟衣素巾 酒漉纱巾 漉酒陶巾
文举葛巾 效泰折巾 羊肚手巾 羽扇纶巾
漉酒葛巾

斤 jīn ①斧头。②古代的一种农具。③量词。

百斤 风斤 斧斤 奋斤 公斤 挥斤
黄斤 斤斤 煤斤 千斤 樵斤 十斤
市斤 宋斤 神斤 霜斤 万斤 运斤
郢斤 镯斤
成风斤 过千斤 巧运斤 市千斤 郢匠斤
成风妙斤 大匠运斤 大匠斧斤 匠石运斤
郢人运斤 郢匠挥斤 郢匠风斤
称虽小，压千斤/秤砣虽小压千斤/

今 jīn ①现在。②现代。③即刻。

悲今 从今 刺今 超今 当今 而今
方今 非今 古今 观今 契今 即今
泊今 暨今 况今 来今 论今 目今
迄今 讫今 如今 示今 是今 伤今
圣今 视今 思今 忘今 现今 修今
只今 至今 自今 知今 者今 证今
不如今 到于今 独步今 古犹今 今古今
事师今 盛至今 现如今 修成今 笑我今
政维今
博古通今 博极古今 陈古刺今 亘古至今
格古通今 贵古贱今 怀古伤今 厚古薄今
讲古论今 极古穷今 借古讽今 鉴古知今
继古开今 情通古今 茹古含今 是古非今
说古谈今 颂古非今 通古博今 谈古论今
学贯古今 雄贯古今 以古观今 以古非今
援古论今 扬榷古今 震古烁今 酌古斟今
自古迄今 追古涵今
不法古不修今/明镜所以照形，古事所以知今/自从盘古开天地，三皇五帝到于今/

衿 jīn ①襟。②系衣服的带子。

青衿 子衿 捉衿

矜 jīn 又音 guān qín ①怜悯。②坚强。③端庄。④自尊自大。⑤慎重。

哀矜 古矜 怀矜 见矜 骄矜 敬矜
矜矜 可矜 夸矜 怜矜 我矜 乞矜
青矜 仁矜 恫矜 相矜 恤矜 王矜
有矜 自矜 壮矜 子矜 志矜
未散矜 洵可矜 有谁矜 业业矜 只自矜
良佐去矜

金 jīn ①金属总称。②一种金属元素。③钱财。④金属制的东西。⑤古代军中金器。⑥五行之一。⑦喻贵重。⑧金色的。

按金 白金 百金 本金 包金 标金
拜金 饼金 成金 赤金 酎金 纯金
莱金 楚金 碎金 错金 翠金 储金
酬金 蹩金 代金 订金 定金 多金
点金 地金 典金 断金 盗金 镀金
分金 飞金 负金 罚金 俸金 费金
关金 贡金 股金 钩金 后金 合金
怀金 黄金 挥金 黑金 贿金 吉金
见金 基金 兼金 捐金 攫金 奖金
觐金 醵金 开金 冷金 利金 礼金
厘金 帑金 流金 劳金 南金 民金
赁金 炼金 镂金 缕金 镏金 囊金
卯金 母金 买金 脉金 美金 描金
梦金 鸣金 募金 平金 破金 佩金
喷金 铺金 聘金 千金 茜金 求金
欲金 钱金 嵌金 如金 瑞金 税金

沙金　散金　偿金　碎金　烧金　烁金
赎金　吐金　吞金　贴金　淘金　唾金
烫金　橐金　万金　五金　乌金　昔金
现金　恤金　修金　祥金　销金　谢金
献金　薪金　镶金　一金　言金　冶金
用金　佣金　雨金　郁金　押金　爰金
遗金　腰金　研金　子金　足金　冶金
职金　赵金　租金　赃金　重金　真金
酌金　资金　簪金　斫金　掷金　铸金
缀金
八尺金　百陶金　百炼金　保证金　从革金
床头金　缠臂金　大五金　大冶金　细黄金
等身金　抚恤金　公积金　公益金　瓜子金
故吏金　郭隗金　郭开金　汉殿金　火熔金
季布金　筍中金　救济金　奖学金　菊绽金
历山金　李子金　陆贾金　诺如金　诺千金
醵成金　暮夜金　满地金　满赢金　披扬金
披沙金　辟寒金　日流金　四知金　三品金
损海金　身苦金　神女金　铁合金　小五金
夕阳金　一掌金　养老金　字字金　助学金
枣穰金　值万金　掷地金　滞纳金　值千金
紫磨金　抿扬金
不疑盗金　不疑诬金　不疑偿金　百忍成金
敝帚千金　寸土寸金　成城断金　馋口铄金
错彩镂金　大治铸金　点石成金　点铁成金
浮光跃金　福利基金　粉末冶金　庚辛属金
光阴似金　管鲍分金　固定资金　红霞散金
黄苡似金　湖水耀金　季布千金　价值千金
戛玉敲金　狡生梦金　积累基金　积毁销金
教育基金　家累千金　良玉精金　李公葬金
栎阳雨金　陆贾分金　脸上飞金　流动资金
擂鼓鸣金　卖赋千金　明善辞金　梦穴唾金
牧竖拾金　买铁思金　梦中得金　梦穴睡金
璞玉浑金　披沙拣金　枇杷泛金　庞蕴投金
排沙简金　齐人攫金　上天雨金　生产资金
铄石流金　三代执金　沙里淘金　死骨千金
沙里淘金　炼石流金　石羊粪金　贪夫攫金
同心断金　挑沙简金　淘沙得金　昔时如金
消费基金　惜学如金　惜墨如金　一字千金
一言千金　一刻千金　一笑千金　一顾千金
一诺千金　一纸千金　一饭千金　一掷千金
一字兼金　一壶千金　衣紫腰金　杨柳垂金

众口铄金　朝霞泛金　馔玉饮金　一曲千金
薪桂米金　东箭南金　披褐怀金　摆袖却金
半路上杀出个程咬金/半夜里杀出个程咬金/春宵一刻值千金/夫妻争度金/家有敝帚，享之千金/烈火炼真金/烈火见真金/男儿膝下有黄金/宁爱本家一捻土，莫爱他乡万两金/钱财容易有，仁义值千金/钱财如粪土，仁义值千金/千淘万漉虽辛苦，吹尽狂沙始到金/身安抵万金/三人一条心，黄土变成金/往脸上贴金/小时偷针，大时偷金/一字值千金/一寸光阴一寸金/一年种谷，三年出金/众心成城，众口铄金/众人一条心，黄土变成金/二人同心，其利断金/

津

jīn ①过渡。②渡口。③口液。④润泽。

不津　碧津　沧津　道津　渡津　芳津
关津　归津　汉津　汗津　九津　江津
旧津　津津　竞津　牛津　龙津　临津
兰津　楼津　迷津　孟津　盟津　前津
天津　通津　无津　问津　仙津　霞津
云津　玉津　远津　延津　鱼津　要津
知津　醉津
斗牛津　妒妇津　汗津津　浣纱津　今古津
落花津　鹿鸣津　曲江津　甜津津　咸津津
玉鸡津　延平津　银河津　众妙津　自然津
紫泥津
不敢问津　窃据要津　身居要津　位居要津
无人问津　指破迷津

筋

jīn ①附着在骨头上的韧带。②植物叶上呈脉络样的组织。③肌肉的肌腱。④像筋的东西。

抽筋　地筋　得筋　钢筋　金筋　胶筋
牛筋　劳筋　脑筋　绿筋　兰筋　露筋
面筋　皮筋　青筋　山筋　铁筋　蹄筋
玉筋　引筋　易筋　眼筋　转筋
动脑筋　换脑筋　猴皮筋　犟牛筋　牛蹄筋
伤脑筋　死脑筋　跳皮筋　夏治筋　橡皮筋
鹤骨松筋　铁骨钢筋　昊雷割筋

禁

jīn 又音 jìn ①禁止。②忌讳。③受得住。④拘押。⑤忍耐。⑥禁令。

不禁　蚕禁　道禁　独禁　开禁　迥禁
难禁　莫禁　入禁　谁禁　锁禁　夜禁

斋禁

不自禁　半不禁　发如禁　苦自禁　情难禁

鲜克禁

奸宄不禁　金吾不禁　情不自禁　忍俊不禁

摇手触禁　入境问禁　入国问禁

襟 jīn ①古代指衣的交领。②胸怀。③“连襟”的省称。

尘襟　大襟　对襟　底襟　分襟　芳襟

烦襟　故襟　闺襟　后襟　怀襟　荷襟

闳襟　鹤襟　鸿襟　解襟　开襟　克襟

款襟　连襟　灵襟　罗襟　领襟　敛襟

兰襟　鸾襟　弥襟　披襟　青襟　前襟

圣襟　神襟　素襟　文襟　小襟　肃襟

云襟　心襟　胸襟　虚襟　衣襟　渊襟

忧襟　正襟　沾襟　捉襟

翠霞襟　涤烦襟　豁胸襟　泪沾襟　泪满襟

薜萝襟　月如襟

露肘捉襟　马燧披襟　泣下沾襟　宋玉披襟

仅 jǐn 又音 jìn ①只（重叠）。②才能够。

不仅　仅仅

胥肝仅　用力仅

尽 jǐn 又音 jìn ①最，极。②表示力求达到最大限度。

历尽　穷尽　遒尽　四尽　完尽　小尽

限尽　整尽

卺 jǐn 古代举行婚礼时用酒器的瓢。

合卺　两卺

紧 jǐn ①线弦受外力而呈现紧张状态。②泛指事物的紧张状态。③牢固。④紧缩。⑤使紧。⑥激急。⑦拮据。⑧急迫。⑨紧要。⑩形势严重。

逼紧　吃紧　赤紧　当紧　打紧　风紧

关紧　赶紧　加紧　紧紧　口紧　捆紧

拉紧　拢紧　勒紧　遒紧　凄紧　上紧

水紧　手紧　收紧　声紧　松紧　严紧

要紧　抓紧　嘴紧

不打紧　不要紧　北风紧　东风紧　风声紧

流年紧　柔橹紧　团结紧

有紧无紧　至关要紧　抓而不紧

堇 jǐn ①堇菜。②紫堇。

粉堇　苦堇　葵堇　紫堇

三色堇

谨 jǐn ①慎重。②郑重，恭敬。

不谨　纯谨　诚谨　独谨　公谨　恭谨

竞谨　拘谨　矜谨　精谨　敬谨　谨谨

恪谨　克谨　宽谨　廉谨　慕谨　朴谨

清谨　曲谨　勤谨　谦谨　鲸谨　柔谨

书谨　肃谨　甚谨　太谨　唯谨　小谨

细谨　信谨　详谨　驯谨　严谨　言谨

译谨　自谨　周谨　忠谨

讥人不谨　论证严谨　握瑜环谨　语言须谨

馑 jǐn ①荒年。②谷物歉收。

饿馑　荒馑　见馑　饥馑　馁馑　凶馑

行馑

瑾 jǐn 美玉。

怀瑾　美瑾　琼瑾　瑶瑾

瑜匿瑾　周公瑾

呈章刘瑾

槿 jǐn 木槿，落叶灌木。

朝槿　芳槿　红槿　寒槿　绿槿　露槿

篱槿　买槿　木槿　秋槿　日槿　双槿

桑槿　蜍槿　夏槿　朱槿　种槿　紫槿

锦 jǐn ①鲜明美丽。②丝织品的类名。

白锦　贝锦　碧锦　川锦　寸锦　采锦

重锦　春锦　翠锦　裁锦　摘锦　大锦

东锦　夺锦　窦锦　飞锦　古锦　宫锦

红锦　画锦　晕锦　还锦　金锦　集锦

库锦　内锦　龙锦　列锦　绫锦　黎锦

美锦　取锦　奇锦　如锦　瑞锦　什锦

散锦　石锦　诗锦　蜀锦　碎锦　苔锦

僮锦　文锦　吴锦　小锦　宵锦　新锦

云锦　衣锦　贻锦　壮锦　浊锦　制锦

昼锦　织锦　缯锦

八段锦　兜罗锦　回文锦　花如锦　金丝锦

景阴锦　罗纹锦　明光锦　邱迟锦　铺公锦

铺地锦　如锦锦　十样锦　天孙锦　团凤锦

同心锦　通心锦　文君锦　相如锦　鱼油锦

鸳鸯锦　一匹锦
败材伤锦　春光如锦　繁花似锦　回文织锦
江郎制锦　江淹残锦　江淹梦锦　锦头作锦
烂若披锦　前程似锦　铺花缀锦　如花似锦
苏蕙织锦　苏绣壮锦　团花簇锦　韦绶蜀锦
文通残锦　湘绣蜀锦　已无残锦　操刀伤锦
萋裴见锦

尽

jìn　又音 jǐn　①完毕。②器物中空。③全部，都。④达到极限。⑤全部用出。⑥死。

不尽　春尽　才尽　大尽　殆尽　捣尽
干尽　红尽　耗尽　功尽　尽尽　金尽
究尽　净尽　极尽　竣尽　精尽　力尽
历尽　年尽　鸟尽　流尽　理尽　漏尽
毛尽　米尽　目尽　破尽　气尽　屈尽
穷尽　罄尽　矢尽　书尽　岁尽　食尽
散尽　说尽　听尽　脱尽　题尽　彫尽
文尽　无尽　兴尽　性尽　许尽　消尽
雪尽　义尽　语尽　用尽　缘尽　自尽
烛尽　朝尽
荷将尽　来无尽　判花尽　书不尽　说不尽
望不尽　心力尽　一纲尽　鱼鳖尽
充类至尽　吃着不尽　词穷理尽　床头金尽
财竭力尽　财物易尽　除恶务尽　操之算尽
斧柯烂尽　江郎才尽　江锦剖尽　机关用尽
精疲力尽　筋疲力尽　民穷财尽　去恶务尽
取之不尽　裘弊金尽　黔驴技尽　山穷水尽
受用不尽　同归于尽　无穷无尽　一言难尽
一网打尽　言无不尽　钟鸣漏尽　仁至义尽
樵柯烂尽　扫地以尽
马死黄金尽/树德莫如慈，去疾莫如尽/油干灯草尽/一朝马死黄金尽/有福不可享尽/知无不言，言无不尽/

荩

jìn　忠诚。

忠荩

烬

jìn　①烧毁。②物体燃烧后剩余部分。③薪柴。

灯烬　飞烬　火烬　红烬　花烬　灰烬
寒烬　祸烬　腊烬　落烬　煤烬　绕烬
炔烬　烧烬　同烬　煨烬　香烬　稀烬
余烬　烛烬
化为灰烬　劫后余烬

进

jìn　①向前。②进入。③收入。④送上。⑤长进。⑥奉献。⑦引进。⑧房院的前后层次。⑨收入的钱财。

凹进　不进　并进　鳖进　寸进　足进
沉进　冲进　促进　崇进　大进　递进
单进　登进　顿进　德进　奋进　干进
改进　苟进　跟进　后进　混进　卷进
疾进　敬进　酒进　掘进　急进　继进
奖进　精进　渐进　激进　继进　亢进
跨进　论进　旅进　难进　累进　躐进
面进　迈进　买进　冒进　猛进　千进
巧进　求进　劝进　齐进　前进　趋进
日进　锐进　扔进　上进　仕进　稍进
塞进　甚进　同进　推进　突进　特进
挺进　行进　乡进　显进　序进　先进
幸进　新进　一进　引进　跃进　演进
诱进　掖进　主进　长进　知进　钻进
擢进　躁进　增进　骤进
不长进　尺寸进　船难进　大跃进　凉风进
三揖进　微月进　鱼贯进　众贤进
昂首前进　彼退我进　不求上进　幡然改进
竿头日进　高歌猛进　兼程并进　奖掖后进
激励先进　同步前进　跬步寸进　里出外进
破浪前进　齐头并进　三开间进　水陆并进
同时并进　提携后进　突飞猛进　稳步前进
文思大进　闲人免进　循序渐进　依流平进
以退为进　勇猛精进　知难而进　直出直进
申黜褒女进/

近

jìn　①附近。②亲近。③差别小。④浅近。⑤靠近。⑥历时不久。

安近　挨近　不近　卑近　偪近　逼近
鄙近　濒近　斥近　抄近　传近　粗近
凑近　东近　店近　蝶近　凡近　犯近
附近　傅近　告近　贵近　华近　欢近
很近　就近　迹近　将近　鸡近　禁近
接近　家近　较近　靠近　溃近　邻近
临近　路近　昵近　难近　冒近　靡近
迫近　浅近　切近　亲近　清近　情近
日近　四近　声近　射近　身近　思近
甚近　枢近　天近　贴近　忘近　晚近
心近　行近　相近　香近　狎近　羞近

新近　以近　月近　言近　远近　语近
要近　跃近　意近　幽近　在近　左近
知近　最近　远近
东家近　长安近　丹墀近　关山近　红楼近
寒食近　居止近　龙颜近　难亲近　民可近
去人近　十州近　沙鸥近　新人近
凹凸远近　贵远贱近　身远心近　射程远近

劲 jìn　又音 jìng　力量，气力。

标劲　拼劲　摽劲　绷劲　寸劲　吃劲
冲劲　差劲　闯劲　蹿劲　醋劲　攒劲
斗劲　对劲　动劲　带劲　哆劲　得劲
风劲　服劲　奋劲　费劲　过劲　够劲
鼓劲　后劲　虎劲　豪劲　豁劲　叫劲
加劲　坚劲　轻劲　酒劲　家劲　脚劲
犟劲　力劲　牛劲　束劲　努劲　拗劲
蛮劲　没劲　卖劲　铆劲　猛劲　碰劲
气劲　巧劲　求劲　起劲　奇劲　峭劲
韧劲　热劲　上劲　手劲　死劲　使劲
松劲　傻劲　下劲　心劲　邪劲　泄劲
懈劲　虚劲　骁劲　用劲　有劲　要劲
逸劲　越劲　拙劲　躁劲
不对劲　不得劲　不松劲　鼓虚劲　加把劲
秋风劲　一个劲　一股劲　用弓劲
鼓足干劲

晋 jìn　①进。②升。③朝代名。

东晋　封晋　福晋　在晋　宏晋　及晋
孟晋　秦晋　三晋　魏晋　西晋　中晋
王子晋
重耳霸晋　吹笙子晋　三家分晋

搢 jìn　插。

笏搢　珽搢
佩琴搢　绅徒搢

缙 jìn　赤色的帛。

王缙

浸 jìn　①大湖泽。②灌溉。③使渗透。④逐渐。⑤渍，泡。

川浸　沈浸　醋浸　大浸　道浸　德浸
泛浸　汩浸　刚浸　红浸　涸浸　巨浸
积浸　渐浸　空浸　里浸　绿浸　潦浸
浸浸　秋浸　润浸　上浸　水浸　天浸
月浸　淹浸　渍浸　皙浸　湛浸
甘泉浸　五湖浸　玉液浸　油浸浸

祲 jìn　迷信的人认为是不祥的妖气。

边祲　大祲　风祲　浮祲　告祲　观祲
高祲　海祲　精祲　气祲　岁祲　祥祲
云祲

靳 jìn　①嘲笑。②吝惜。③取。

嗤靳　骖靳　嘲靳　小靳
宋公靳　乡人靳

禁 jìn　又音 jīn　①不许，制止。②法律上制止的事。③古代皇帝居住的地方。④避忌。⑤关押。

不禁　邦禁　常禁　陈禁　城禁　驰禁
查禁　大禁　对禁　党禁　道禁　反禁
法禁　防禁　犯禁　封禁　符禁　匪禁
古禁　官禁　宫禁　诡禁　火禁　呵禁
花禁　海禁　寒禁　鹤禁　九禁　戒禁
军禁　监禁　解禁　拘禁　酒禁　口禁
苦禁　空禁　狂禁　内禁　厉禁　冷禁
里禁　罗禁　能禁　浪禁　难禁　怒禁
迥禁　例禁　门禁　目禁　昧禁　明禁
默禁　卜禁　囚禁　去禁　清禁　软禁
上禁　少禁　生禁　水禁　时禁　失禁
舍禁　设禁　天禁　同禁　无禁　问禁
违禁　心禁　宵禁　严禁　硬禁　欲禁
营禁　隐禁　幽禁　自禁　咒禁　紫禁
斋禁　斟禁　触禁　赞禁
宾客禁　从仙禁　怀春禁　几度禁　开鹤禁
罗敷禁　老人禁　闻清禁
形格势禁

噤 jìn　①口闭不出声。②关闭。

打噤　冻噤　寒噤　悸噤　口噤　马噤
钳噤　妻噤
梁燕噤　树叶噤　渊冰噤
翅垂口噤

殣 jìn　①埋葬。②饿死。

道殣　饿殣　殍殣　饥殣　年殣

觐 jìn ①古代朝见君王或朝拜圣地。②会见。

朝觐　待觐　告觐　归觐　秋觐　入觐
日觐　肆觐　王觐　享觐　谒觐

钦 qīn ①恭敬。②对皇帝所行之事的敬称。

道钦　德钦　久钦　将钦　可钦　丕钦
佩钦　秋钦　钦钦　上钦　寺钦　时钦
所钦　夙钦　文钦　心钦　叙钦　忆钦
仰钦　知钦
瘖瘀钦　万象钦　远朋钦
高尚可钦　摸碑子钦　英勇可钦

嵚 qīn ［嵚崟］山高的样子。

西嵚　磐嵚　岖嵚
深沟嵚

侵 qīn ①渐进。②侵犯。③荒年。④进入。⑤侵蚀。

尘侵　愁侵　大侵　蠹侵　风侵　海侵
江侵　内侵　吏侵　老侵　年侵　露侵
入侵　苔侵　贫侵　香侵　斜侵
不受侵　白发侵　冰雪侵　草草侵　翠色侵
风雨侵　返照侵　烦恼侵　寒暑侵　角声侵
劫火侵　苦相侵　冷气侵　岚气侵　绿苔侵
落花侵　披裘侵　峭寒侵　三毛侵　人事侵
山影侵　岁月侵　俗虑侵　曙光侵　晚凉侵
晓霞侵　雪霜侵　晓凉侵　藓根侵　云气侵
月华侵　远黛侵　野色侵　语屡侵
雪染霜侵
心里没病，不怕冷语侵/

骎 qīn ［骎骎］马跑得很快的样子。

骎骎

亲 qīn 又音 qìng ①婚姻。②亲属。③亲戚。④父母双亲。⑤本身。⑥亲自参与。⑦亲密的。⑧用嘴唇或脸接触（人或物）。

爱亲　本亲　表亲　鄙亲　拜亲　从亲
成亲　慈亲　定亲　单亲　嫡亲　父亲
附亲　广亲　干亲　高亲　贵亲　躬亲
媾亲　和亲　洪亲　换亲　交亲　近亲
君亲　讲亲　结亲　家亲　接亲　较亲
继亲　可亲　六亲　内亲　宁亲　两亲
令亲　老亲　逆亲　昵亲　睦亲　谑亲
灭亲　母亲　睿亲　穆亲　朋亲　攀亲
求亲　抢亲　亲亲　情亲　娶亲　二亲
仁亲　仍亲　认亲　三亲　双亲　舍亲
世亲　说亲　送亲　事亲　肃亲　寿亲
思亲　疏亲　天亲　讨亲　退亲　投亲
提亲　通亲　题亲　贴亲　探亲　无亲
外亲　乡亲　系亲　血亲　相亲　显亲
许亲　萱亲　省亲　谢亲　因亲　运亲
远亲　严亲　迎亲　养亲　姻亲　娱亲
隐亲　懿亲　长亲　至亲　宗亲　周亲
招亲　做亲　沾亲　尊亲
蔼然亲　白发亲　百花亲　灯火亲　道相亲
范张亲　故乡亲　姑表亲　格外亲　管鲍亲
骨肉亲　阶级亲　结交亲　孔李亲　六籍亲
老更亲　平生亲　气味亲　二婚亲　疏闲亲
宿人亲　僮仆亲　娃娃亲　形影亲　笑语亲
烟霞亲　鱼水亲　鱼鸟亲　姨表亲　猿鸟亲
枕蕈亲
爱亲做亲　斑衣奉亲　得亲顺亲　大义灭亲
东吴招亲　瓜葛之亲　骨肉至亲　和蔼可亲
举目无亲　葭莩之亲　老莱娱亲　亲上加亲
任人唯亲　矢志养亲　王法无亲　戏彩娱亲
乡里乡亲　兄弟相亲　游子思亲　扬名显亲
最见清亲　指腹为亲　疏不间亲　隐不违亲
滴血验亲　滴血认亲
独在异乡为异客，每逢佳节倍思亲/父道亲，母道亲/男女授受不亲/临危望救，遇难思亲/每逢佳节倍思亲/贫居闹市无人问，富贵深山有远亲/亲的到底是亲/认理不认人，帮理不帮亲/三年不上门，当亲也不亲/天下穷人一家亲/

衾 qīn 被子。

布衾　抱衾　包衾　重衾　裁衾　芳衾
孤衾　寒衾　旧衾　锦衾　客衾　罗衾
揽衾　绮衾　同衾　摊衾　纹衾　香衾
绣衾　霞衾　衣衾　鸳衾　纸衾
合欢衾　寒女衾　九华衾　夜雨衾
长枕大衾

芹

qín 芹菜。

曝芹 采芹 东芹 甘芹 美芹 水芹
药芹 献芹 一芹 掇芹
剪春芹 青泥芹 二亩芹 云梦芹

芩

qín 植物名。

高芩 黄芩 青芩 野芩
鼠尾芩

矜

qín 又音 jīn （古）矛柄。

棘矜 奋矜

琴

qín ①古琴。②拨弦乐器。③某些乐器的总称。④弹琴。

抱琴 播琴 碎琴 操琴 楚琴 打琴
风琴 古琴 孤琴 鼓琴 钢琴 胡琴
横琴 焦琴 口琴 伦琴 弄琴 柳琴
弦琴 木琴 买琴 卖琴 眠琴 鸣琴
破琴 青琴 清琴 秋琴 人琴 书琴
舜琴 蜀琴 竖琴 素琴 瑟琴 善琴
舜琴 听琴 停琴 挑琴 陶琴 提琴
弹琴 调琴 玩琴 学琴 携琴 月琴
玉琴 扬琴 幽琴 雅琴 援琴 虞琴
瑶琴 竹琴 奏琴 坠琴 张琴
不鼓琴 百衲琴 伯牙琴 庖犧琴 长卿琴
单父琴 綵鸾琴 楚王琴 爨下琴 大提琴
电子琴 断弦琴 董风琴 戴达琴 凤凰琴
伽耶琴 古钢琴 管风琴 广陵琴 花下琴
海妾琴 蝴蝶琴 焦尾琴 牛腿琴 乱弹琴
六弦琴 卵弹琴 流水琴 落霞琴 绿绮琴
马头琴 木鱼琴 宓贱琴 霹雳琴 七弦琴
靖节琴 清风琴 清夜琴 三终琴 丝桐琴
三尺琴 手风琴 双人琴 松间琴 扇面琴
天随琴 弹钢琴 无弦琴 小提琴 响水琴
响泉琴 一曲琴 一丝琴 云和琴 雍门琴
颖师琴 子贱琴 中提琴 卓氏琴 卓家琴
紫琼琴 珠挂琴 钟仪琴 叹人琴
伯牙鼓琴 倍大提琴 单父弹琴 驺忌伦琴
蔡邕骇琴 对牛弹琴 低音提琴 寂寞人琴
佳政鸣琴 柳浑捶琴 牛听弹琴 良桐之琴
宓子弹琴 卖剑买琴 每令弹琴 邝露抱琴
彭泽横琴 如鼓瑟琴 市中弹琴 师父学琴
师旷调琴 太昊制琴 稀世珍琴 子昂碎琴
煮鹤焚琴 雍门鼓琴 蔡琰辨琴 聂政鼓琴
戴逵破琴
成连海上琴/俞伯牙学琴/雍门周鼓琴/宓子贱弹鸣琴/

秦

qín ①秦国。②朝代名。③禾名。④香草名。

椎秦 暴秦 避秦 大秦 东秦 帝秦
符秦 过秦 剧秦 绝秦 狂秦 前秦
却秦 强秦 三秦 苏秦 烧秦 事秦
逃秦 五秦 先秦 向秦 西秦 相秦
姓秦 仪秦 嬴秦
不帝秦 耻帝秦
曹商使秦 合纵抗秦 连横亲秦 茅焦说秦
暮楚朝秦 三户亡秦 三良殉秦 唐雎见秦
义不争秦 仲连却秦

溱

qín 又音 zhēn 地名，在江苏省秦州。

西溱

嗪

qín 译音用字。

哌嗪 哒嗪

覃

qín 又音 tán 姓。

姓覃 名覃 字覃 号覃 老覃

禽

qín ①捉拿。②鸟类的总称。③泛指鸟兽鱼类等动物。

并禽 颁禽 川禽 从禽 春禽 得禽
德禽 飞禽 放禽 归禽 怪禽 孤禽
花禽 荒禽 寒禽 即禽 惊禽 嘉禽
家禽 六禽 灵禽 乱禽 鸟禽 陆禽
落禽 鲁禽 陇禽 露禽 鸣禽 猛禽
暮禽 票禽 攀禽 齐禽 轻禽 前禽
仁禽 肉禽 山禽 失禽 水禽 沙禽
伤禽 时禽 涉禽 宿禽 文禽 五禽
委禽 仙禽 雪禽 祥禽 新禽 翔禽
献禽 原禽 幽禽 逸禽 夜禽 怨禽
野禽 游禽 种禽 走禽 杂禽 众禽
执禽 珍禽
归巢禽 九苞禽 三青禽 善鸣禽 武成禽
息影禽 叶底禽
解网祝禽 一面驱禽 异卉珍禽

擒 qín 捕捉。

被擒 俘擒 浮擒 躬擒 计擒 七擒
就擒 生擒 手擒 双擒 身擒 威擒
易擒 纵擒
耻为擒 乐七擒 七纵擒 一战擒 越王擒
壮士擒
获被七擒 鬼迓韩擒 七纵七擒 束手就擒

檎 qín 花红（植物）。

林檎

勤 qín ①辛劳。②常常，多。③做事努力。④勤务。⑤照规定的时间上班工作。⑥努力。⑦帮助。⑧殷勤。

不勤 长勤 出勤 地勤 恩勤 富勤
服勤 公勤 功勤 钩勤 后勤 劬勤
倦勤 俭勤 精勤 克勤 空勤 考勤
恪勤 内勤 农勤 劳勤 满勤 全勤
缺勤 勤勤 三勤 手勤 肆勤 特勤
外勤 惟勤 微勤 心勤 辛勤 息勤
悁勤 殷勤 忧勤 主勤 助勤 重勤
执勤 忠勤 战勤 值勤
白首勤 半生勤 补衮勤 车马勤 封事勤
好古勤 跑外勤 手脚勤 四体勤 夙夜勤
讨殷勤 往来勤 献殷勤 乙夜勤 雨水勤
傅翙清勤 何等忠勤 空勤地勤 宁越弥勤
四体不勤 业精于勤
大富由命，小富由勤/新来的媳妇三日勤/主贤客来勤/贞妇怕殷勤/

锓 qǐn 雕刻。

镌锓

寝 qǐn ①躺卧。②睡觉。③睡觉的地方。④止，息。⑤面目丑陋。⑥卧室。

安寝 不寝 兵寝 避寝 长寝 床寝
大寝 废寝 共寝 甘寝 归寝 宫寝
孤寝 锢寝 华寝 画寝 就寝 椒寝
客寝 六寝 乃寝 内寝 灵寝 路寝
陵寝 庙寝 谋寝 媚寝 貌寝 入寝
少寝 失寝 司寝 适寝 侍寝 受寝
私寝 事寝 神寝 熟寝 同寝 午寝
问寝 晚寝 夕寝 修寝 新寝 寝寝
一寝 园寝 夜寝 偃寝 燕寝 正寝
早寝 制寝 载寝 暂寝
伴花寝 共被寝 甲土寝 积薪寝 曲月宏寝 山窗寝 无正寝 夜不寝
寿终正寝 寿终内寝 其议遂寝

沁 qìn ①渗入。②透出。③汲水。

碧沁 红沁 暖沁 露沁 入沁 香沁
泽沁
河洛沁 绿沁沁 水图沁

心 xīn ①心脏。②脑的代称。③中央。④主要部分。⑤内心。⑥思想。⑦心思。⑧思虑。⑨指思器官和思想感情。⑩苗尖。⑪古代哲学名词。

安心 哀心 爱心 懊心 熬心 白心
百心 边心 本心 把心 标心 扁心
变心 冰心 背心 波心 病心 靶心
悲心 豹心 鄙心 版心 褊心 寸心
长心 吃心 成心 存心 赤心 处心
尘心 词心 初心 怆心 称心 秤心
怵心 衷心 逞心 臣心 持心 垂心
残心 驰心 耻心 操心 畅心 愁心
摧心 骋心 禅心 春心 椎心 粗心
澄心 瘁心 槌心 诚心 痴心 酬心
醋心 磁心 慈心 攒心 斗心 歹心
丹心 冬心 担心 达心 杜心 动心
担心 定心 丢心 顶心 多心 道心
遁心 躭心 堵心 觊心 殚心 点心
荡心 德心 盗心 董心 蠹心 恶心
二心 讹心 方心 凡心 分心 反心
抚心 放心 非心 负心 芳心 发心
浮心 费心 富心 拊心 佛心 废心
拂心 烦心 福心 梵心 腑心 愤心
腹心 腐心 公心 关心 甘心 归心
攻心 过心 改心 革心 挂心 瓜心
高心 故心 果心 垓心 格心 闺心
贯心 皈心 隔心 合心 后心 红心
灰心 回心 还心 好心 幻心 欢心
花心 河心 怀心 活心 害心 恒心
狠心 湖心 悔心 慧心 核心 横心
祸心 患心 黑心 熏心 豪心 寒心
欢心 缓心 慧心 鸿心 鹤心 骥心

江心　交心　决心　夹心　尽心　匠心
居心　记心　机心　究心　均心　军心
经心　惊心　革心　戒心　净心　炯心
狡心　绞心　悸心　结心　奸心　焦心
矫心　解心　鸡心　棘心　疾心　降心
锦心　静心　揪心　蕉心　煎心　骄心
街心　精心　谨心　燋心　脚心　皦心
镌心　可心　开心　亏心　叩心　扣心
空心　快心　壳心　枯心　苦心　肯心
客心　款心　愧心　刻心　捆心　宽心
葵心　乃心　内心　立心　宁心　龙心
乐心　疗心　论心　良心　灵心　戾心
泥心　连心　劳心　莲心　两心　耐心
朗心　留心　狼心　敛心　怒心　念心
莲心　路心　啮心　离心　累心　凝心
镂心　民心　毛心　扪心　盲心　没心
迷心　冥心　眉心　昧心　眄心　满心
慢心　铭心　谋心　盟心　呕心　藕心
平心　披心　剖心　凭心　畔心　朋心
凭心　捧心　偏心　冯心　蓬心　婆心
巧心　齐心　启心　奇心　球心　穷心
牵心　起心　倾心　钦心　欺心　秋心
琴心　清心　情心　栖心　虔心　钱心
惬心　轻心　群心　悛心　凄心　慊心
倾心　翘心　潜心　罄心　人心　仁心
任心　柔心　容心　忍心　热心　上心
石心　手心　失心　书心　生心　收心
豕心　圣心　虱心　私心　松心　识心
守心　伤心　死心　所心　善心　舒心
实心　设心　思心　省心　散心　砂心
爽心　宿心　深心　烧心　素心　赏心
琐心　兽心　惰心　肆心　竖心　遂心
酸心　随心　竦心　摄心　盛心　誓心
缮心　输心　天心　它心　同心　头心
托心　惕心　谈心　推心　通心　童心
溏心　铁心　贴心　甜心　覃心　掏心
贪心　透心　塌心　陶心　踏心　痛心
檀心　无心　文心　王心　问心　外心
沃心　委心　违心　忘心　物心　挖心
危心　悟心　顽心　唯心　委心　窝心
刳心　小心　乡心　向心　心心　休心
习心　写心　辛心　玄心　叙心　闲心

信心　性心　细心　系心　邪心　省心
幸心　孙心　洗心　孝心　倖心　息心
息心　型心　洒心　悉心　险心　喜心
歇心　虚心　逊心　雄心　醒心　枭心
翕心　携心　悬心　蓄心　遐心　一心
云心　于心　义心　贡心　忧心　异心
用心　因心　易心　运心　印心　曳心
业心　有心　原心　言心　远心　困心
养心　怡心　悦心　岩心　研心　欲心
英心　淫心　痒心　幽心　跃心　淹心
愿心　遗心　娱心　萦心　隐心　雅心
愉心　圆心　野心　渊心　摇心　怨心
愿心　焰心　撄心　愚心　欲心　遥心
虞心　游心　疑心　中心　长心　专心
在心　治心　至心　扎心　走心　知心
壮心　纵心　众心　足心　重心　宅心
忮心　枕心　注心　壮心　衷心　诈心
阻心　贞心　致心　诛心　掌心　湛心
坠心　忠心　钟心　真心　斋心　枣心
镇心　驻心　轸心　轴心　恣心　载心
贼心　置心　糟心　醉心　煎心
爱君心　不甘心　不专心　不速心　不称心
白云心　百年心　本无心　半生心　布衣心
表序心　不胜心　别离心　报国心　冰雪心
寸草心　赤手心　丹府心　动我心　妒忌心
道义心　得人心　风月心　方寸心　古人心
故园心　盖世心　汗背心　后彫心　好奇心
惑人心　黄屋心　虎狼心　黑良心　横了心
进取心　济时心　忌妒心　酒杯心　见天心
贾谊心　脚底心　寂寥心　警惕心　苦用心
苦知心　灵台心　两地心　利名心　灵无心
两人心　恋花心　昧良心　捧日心　菩提心
赔小心　千古心　区区心　穷开心　青云心
惬素心　巧妇心　倾葵心　然诺心　上进心
手掌心　圣贤心　岁寒心　似有心　事业心
同情心　天君心　铁石心　甜点心　螳螂心
万里心　无瑕心　无二心　物外心　心中心
心连心　下狠心　向化心　寻开心　学捧心
虚荣心　一寸心　一条心　一片心　亿万心
应物心　有二心　主雄心　自信心　子房心
子陵心　至人心　自尊心　指甲心　责任心
安抚人心　不得人心　白首之心　比干剖心

百人百心 包菜卷心 包藏祸心 碧血丹心
扁鹊换心 别具匠心 别有用心 赤子之心
赤胆忠心 促膝谈心 财动人心 触目惊心
触目伤心 大快人心 待人诚心 动魄惊心
顶名冒心 低首下心 帝尧用心 独具匠心
独运匠心 掉以轻心 尔我同心 放不下心
佛眼佛心 佛眼禅心 佛口佛心 佛口蛇心
傅綷操心 古貌古心 革面洗心 耿耿于心
高下在心 狗行狼心 蛊惑人心 缪力同心
火烛小心 怀狠在心 花貌蓬心 惑乱人心
航空中心 航运中心 黑眼定心 骇目惊心
交通中心 计算中心 经济中心 急痛攻心
急杵捣心 剑胆琴心 妓号称心 系念于心
金藏披心 疾首痛心 将心比心 精贯虱心
激动人心 镌刻铭心 开门见心 苦口婆心
刻骨铭心 刻骨镂心 刳精鉥心 力不从心
沥血叩心 内疚于心 里丑捧心 笼络人心
利欲熏心 劳形苦心 鸟声兽心 略迹论心
怒气攻心 狼子野心 戮力同心 烂熟于心
镂骨铭心 莫负初心 木人石心 漠不关心
漫不经心 铭记在心 蒙面丧心 叵测之心
破胆寒心 濮真剖心 切齿拊心 切齿腐心
亲无怨心 清夜扪心 拳拳之心 人面狗心
人面兽心 人貌狙心 尔我同心 矢力同心
十指连心 上下一心 上下用心 上下同心
收买人心 怵目惊心 司马琴心 四海归心
苏轼文心 伤伤心心 世人邪心 深入人心
煞费苦心 通有一心 铁肠石心 陶冶人心
文化中心 万众一心 无所用心 望峰息心
唯系人心 西子捧心 西施捧心 协力同心
眩目惊心 险恶用心 一片冰心 一片苦心
一寸丹心 有口无心 一见倾心 一身五心
一德一心 压服人心 玉色铁心 云出无心
玉骨冰心 西子捧心 有嘴无心 以心问心
悦目赏心 荧惑人心 瓮菜空心 翼翼小心
邀买人心 足寒伤心 政治中心 指日誓心
知章破心 振奋人心 震惑人心 震撼人心
皱眉捧心 酌泉励心 一片冰心 犬马之心
卫鱼之心

白糖嘴巴，砒霜心/饱食终日，无所用心/白酒红人面，黄金黑世心/楚王拿晏子开心/吃了秤砣，铁了心/苍蝇药不死人，恶心/刀子嘴，豆腐心/公道原在人心/瓜子不大是人心/狗咬吕洞宾，不识好人心/火要空心。人要忠心/黄鼠狼给鸡拜年，不怀好心/黄鼠狼给鸡拜年，不安好心/画龙画虎难画骨，知人知面不知心/海枯终见底，人死不知心/将心比心，强如佛心/将人心，比自心/叫花子唱山歌，穷开心/宁知白首之心/老当益壮，宁移白首之心/宁失千里，毋失一人之心/路遥知马力，日久见人心/路遥知马力，事久见人心/清酒红人面，财帛动人心/日久见人心/人之相知，貴在知心/树怕剥皮，人怕伤心/司马昭之心/孙悟空翻筋斗，还在如来佛手心/天下穷人心连心/天下最毒妇人心/听书长智，看戏乱心/跳不出如来佛的掌心/无情最是黄金物，变金天下儿女心/心应手，手应心/咸吃萝卜，淡操心/小和尚念经，有口无心/胸口上挂钥匙，开心/虽无千丈钱，万里系人心/有心算无心/以己之腹，度人之心/运用之妙，存乎一心/知人知面不知心/知人知面不知心，未可全抛一片心/

芯

xīn 又音 xìn 去皮的灯芯草。

灯芯 铅芯
铅笔芯 油笔芯 气门芯
家有千金，不添双芯/

辛

xīn ①辣味。②劳苦。③悲伤。④天干第八位。

爱辛 悲辛 宠辛 春辛 得辛 父辛
甘辛 桂辛 荤辛 吉辛 艰辛 剧辛
苦辛 去辛 茹辛 上辛 受辛 食辛
酸辛 偷辛 味辛 细辛 忧辛 宜辛
殷辛 作辛 最辛
斗指辛 化庚辛 姜桂辛 巽纳辛 戒五辛
禁五辛
不食五辛 历尽艰辛 茹苦含辛 万苦千辛
性笑迁辛 夏癸殷辛 愈老愈辛
曲直作酸，从草作辛/东君用意不辞辛/仓卒骨肉情，能不怀苦辛/

忻

xīn 同“欣”。

怍忻 欢忻 忻忻

昕 xīn 太阳将要出来的时候。

初昕 大昕 昏昕 昒昕 昕昕 霞昕

欣 xīn ①喜悦。②悦服。③快乐。④欣赏。

含欣 欢欣 懽欣 交欣 欣欣 悦欣

鼓舞欢欣 老少欢欣

炘 xīn 烧，灼。

敲炘 畏炘

池上炘 龙甲炘

新 xīn ①新近，刚。②称结婚的人或物。③刚出现的。④改变旧的。⑤新疆维吾尔自治区的简称。⑥没有使用过的。

不新 布新 从新 长新 重新 常新
抽新 创新 尝新 簇新 代新 斗新
鼎新 翻新 更新 革新 贵新 怀新
骇新 见新 尖新 旧新 荐新 金新
绝新 精新 立新 念新 纳新 弥新
明新 术新 全新 巧新 取新 情新
清新 日新 如新 时新 刷新 赏新
替新 图新 文新 维新 欣新 戏新
纤新 相新 献新 一新 衣新 迎新
自新 争新 妆新 装新 斋新 崭新
最新

白头新 别恨新 碧盘新 处处新 宠物新
点缀新 管弦新 汉代新 号令新 娇态新
结构新 景福新 锦字新 泪痕新 柳色新
露红新 墨色新 晴云新 茜裙新 四时新
岁序新 暑色新 天气新 物候新 晚晴新
修葺新 咸与新 一番新 月华新 越罗新
燕泥新

白头如新 百日维新 变法维新 出陈易新
除旧布新 除旧换新 改过自新 革旧图新
革故鼎新 花样翻新 悔过自新 焕然一新
辉光日新 记忆犹新 技术革新 纳新履新
历久弥新 面目一新 面貌一新 破旧立新
弃过图新 弃旧怜新 弃旧迎新 去故纳新
弃故揽新 熔旧铸新 日新又新 耳目一新
送故迎新 送旧迎新 舍旧谋新 吐故纳新
岁序更新 推陈出新 修葺一新 新益求新
惟在从新 万户更新 完好如新 温故知新
修旧翻新 月异日新 厌旧喜新 厌故喜新
终古常新 政治更新 整旧如新
桃符万户更新/

薪 xīn 柴火。

抱薪 车薪 刍薪 采薪 传薪 错薪
队薪 胆薪 底薪 断薪 雕薪 伐薪
负薪 发薪 焚薪 工薪 干薪 桂薪
高薪 官薪 鬼薪 加薪 积薪 绝薪
减薪 棘薪 年薪 劳薪 评薪 取薪
束薪 双薪 松薪 施薪 霜薪 贪薪
停薪 乌薪 卧薪 析薪 徙薪 月薪
刈薪 移薪 遗薪 舆薪 杂薪 斫薪
柞薪 掇薪

干竹薪 老桑薪 蜡代薪 燃桂薪 拾涧薪
抱火卧薪 杯水车薪 尝胆眠薪 厝火积薪
釜底抽薪 公曾识薪 救火投薪 粒米束薪
买臣负薪 披裘负薪 去火抽薪 曲突徙薪
曲突移薪 添油炽薪 石家蜡薪 噬指弃薪
尝胆卧薪 枉突徙薪 未焚徙薪 奚指负薪
玉粒桂薪 以蜡代薪 止沸益薪 张汤后薪

歆 xīn 喜爱，羡慕。

不歆 德歆 华歆 居歆 娇歆 口歆
未歆 灵歆 民歆 时歆 神歆 遗歆
噫歆

祭见歆 上帝歆

馨 xīn ①香。②香气远闻。

传馨 德馨 风馨 芳馨 芬馨 桂馨
丰馨 含馨 怀馨 洁馨 椒馨 宁馨
劳馨 兰馨 清馨 尔馨 如馨 售馨
素馨 无馨 温馨 微馨 衣馨 余馨
桂子馨 去留馨 十分馨 石髓馨 月里馨
御墨馨 御炉馨

明德惟馨 如兰之馨 惟在德馨

信 xìn ①诚实。②信任。③消息。④信件。⑤确实。⑥凭据。⑦宗教信徒。⑧使者。⑨随便。

不信 必信 报信 背信 长信 传信
宠信 成信 淳信 春信 陈信 诚信
潮信 大信 电信 的信 教信 党信

带信　笃信　恩信　风信　孚信　芳信
发信　负信　奋信　符信　复信　俯信
幡信　干信　过信　贵信　国信　寡信
怀信　回信　花信　贺信　荒信　谎信
黑信　鸿信　近信　讲信　荐信　结信
践信　坚信　奇信　家信　谨信　口信
可信　快信　来信　浪信　怜信　鸟信
溺信　迷信　明信　盲信　昧信　梅信
密信　平信　叵信　凭信　棨信　齐信
弃信　取信　秋信　亲信　轻信　诎信
确信　仁信　然信　失信　少信　书信
死信　守信　尚信　送信　捎信　私信
实信　素信　深信　谁信　誓信　霜信
听信　体信　透信　通信　谛信　无信
违信　误信　委信　温信　威信　小信
乡信　凶信　信信　写信　相信　瞎信
义信　月信　引信　有信　印信　言信
雁信　雅信　诱信　中信　正信　自信
作信　至信　杂信　足信　杖信　重信
志信　贞信　忠信　助信　准信　昭信
置信　彰信
白云信　保价信　抱柱信　传口信　传花信
潮有信　带口信　公开信　挂号信　花间信
黄龙信　航空信　输书信　介绍信　恐吓信
匿名信　平安信　青马信　亲笔信　山中信
守物信　沙场信　捎口信　桐叶信　通潮信
豚鱼信　万字信　尾生信　无妄信　慰问信
行义信　驭士信　云木信　云出信　证明信
不可置信　白水旌信　不足凭信　何奇韩信
捐生纪信　空间通信　陇头春信　难以置信
民符于信　民保于信　梅花香信　杳无音信
偏听偏信　破除迷信　扼吭立信　弃义背信
迄无音信　轻言寡信　轻诺寡信　人服其信
数字通信　通风报信　尾生之信　卫星通信
无征不信　无微不信　徙木立信　一枝梅信
云期雨信　言而有信　言而无信　有线通信
杳无音信　柱下期信　直躬之信　文行忠信
不可全信，也不可不信/求只求张良，拜只拜韩信/信言不美，美言不信/萧何追韩信/眼见之事犹恐不真，背后之言岂可尽信/

衅　xìn　①缝隙。②用牲畜的血涂抹器物的缝隙。③事端。

不衅　成衅　大衅　告衅　观衅　构衅
启衅　起衅　隋衅　挑衅　铜衅　涂衅
无衅　未衅　寻衅　瑕衅　愆衅　有衅
招衅　致衅
钩党衅　上眷衅
绿珠成衅　兴戎起衅　众奸鼓衅　觳觫钟衅

温　wēn　①暖和。②使暖和。③不冷不热。④性情柔和。⑤温和。⑥温度。⑦温习。

保温　重温　常温　春温　粹温　大温
冬温　低温　地温　高温　和温　恒温
贺温　候温　寒温　积温　酒温　降温
凉温　炉温　明温　软温　气温　清温
裘温　日温　少温　水温　色温　始温
纯温　土温　体温　为温　温温　香温
云温　玉温　语温　晏温
超低温　钓石温　火尚温　那摩温　南风温
柳絮温　拿摩温　气候温　升温温　色思温
石床温　黍谷温　席未温　笑语温　挟纩温
盘眼温　玉体温　玉鼎温　异寒温　战高温
抚枕桓温

瘟　wēn　①瘟疫。②发瘟的。

春瘟　冬瘟　鸡瘟　牛瘟　扒瘟　暑瘟
猪瘟　遭瘟
胆胀瘟　烂肠瘟

文　wén　①纹理。②刺画花纹。③文字。④外表。⑤字。⑥法令条文。⑦辞采。⑧文章。⑨文雅。⑩非军事的。⑪华丽。⑫柔和。

本文　宝文　背文　变文　炳文　斑文
碑文　豹文　跋文　彪文　博文　榜文
虫文　呈文　重文　草文　初文　成文
宸文　垂文　残文　擒文　大文　丹文
电文　多文　地文　帝文　蒂文　悼文
倒文　反文　风文　飞文　分文　讣文
发文　浮文　烦文　范文　梵文　广文
公文　古文　关文　国文　贵文　龟文
互文　和文　回文　华文　汉文　花文
换文　桓文　虎文　衡文　鸿文　今文
计文　见文　旧文　金文　具文　扬文
经文　佳文　迦文　讥文　祭文　解文

寄文 建文 碣文 绩文 继文 锦文
峻文 睿文 空文 考文 科文 课文
刻文 立文 来文 龙文 礼文 弄文
丽文 论文 练文 绿文 诔文 廉文
潄文 明文 盲文 卖文 漫文 慕文
铭文 穆文 平文 批文 骈文 佩文
抛文 千文 全文 奇文 琼文 遒文
清文 情文 绮文 阙文 二文 睿文
上文 少文 水文 书文 守文 时文
圣文 省文 收文 舍文 叔文 诗文
斯文 散文 深文 寿文 颂文 盛文
释文 饰文 赡文 土文 天文 同文
条文 投文 脱文 陶文 外文 温文
维文 舞文 小文 下文 见文 行文
玄文 序文 西文 戏文 学文 闲文
信文 星文 叙文 修文 绚文 训文
虚文 雄文 檄文 一文 右文 优文
引文 宇文 英文 阴文 阳文 异文
语文 唁文 尧文 靥文 逸文 洋文
邕文 淫文 遗文 译文 衍文 韵文
胤文 疑文 鬻文 懿文 中文 正文
主文 专文 作文 注文 折文 征文
属文 朱文 织文 杂文 咨文 掌文
质文 拙文 志文 著文 转文 斋文
篆文 载文 赘文 撰文 缀文 籀文
不名文 八股文 白话文 不成文 北山文
豹成文 沈休文 春华文 谷城文 俳谐文
韩柳文 甲骨文 锦心文 记叙文 戒虎文
假斯文 蝌斗文 论说文 模学文 勉经文
骈体文 千字文 乞巧文 前后文 秋实文
石鼓文 上下文 实用文 色丝文 说明文
送穷文 丧斯文 投湘文 文言文 小品文
下公文 叙事文 玉笈文 应用文 语体文
竹成文 振玉文 掷地文 中古文 质胜文
钟鼎文
不名一文 不值一文 陈琳檄文 地下修文
杜诗韩文 骥子龙文 锦字回文 孔壁古文
刘辉奇文 令孜称文 刘蜕埋文 良孙盗文
弄法舞文 捧檄毛文 铺采摛文 七步成文
求人改文 送穷愈文 身无分文 斯斯文文
纬武经文 雾豹成文 雾豹怀文 写作论文
象林桂致 应试无文 一纸空文 一纸具文
偃武修文 遵彦龙文 援笔成文 重厚少文
织锦迴文 樽酒论文 织锦回文 周勃少文
自亵斯文 虎豹成文 听乐属文 雕不憎文
车同轨，书同文/

纹

wén 又音 wèn 条纹。

冰纹 波纹 斑纹 成纹 断纹 锻纹
花纹 虎纹 锦纹 夔纹 龙纹 罗纹
练纹 绫纹 裂纹 螺纹 平纹 绮纹
水纹 条纹 苔纹 簟纹 笑纹 斜纹
藓纹 缬纹 玉纹 衣纹 足纹 枕纹
指纹 浩纹 皱纹 褶纹 紫纹
锦绣纹 露笑纹 秋色纹 抬头纹 五花纹
鱼尾纹
布满皱纹 苦瓜皱纹 两道皱纹 满脸皱纹
眼角皱纹 陶侃手纹 掌上观纹

蚊

wén 昆虫名。

暗蚊 按蚊 避蚊 常蚊 巢蚊 打蚊
多蚊 毒蚊 惊蚊 饥蚊 家蚊 聚蚊
库蚊 鹪蚊 疟蚊 灭蚊 扪蚊 去蚊
雄蚊 伊蚊 野蚊 摇蚊 憎蚊
豹脚蚊 黑斑蚊 聚雷蚊 库雷蚊 骂尸蚊
扑面蚊 贪婪蚊 文政蚊 细腰蚊
沈怒驱蚊 朝蝇暮蚊

雯

wén 成花纹的云彩。

苍雯 高雯 锦雯 彤雯 晓雯

闻

wén ①听见。②知识见闻。③名声。④听见的事情。⑤出名，有名望。⑥传布。⑦用鼻子嗅气闻。⑧闻名。

不闻 百闻 报闻 补闻 博闻 丑闻
传闻 陈闻 侧闻 达闻 多闻 短闻
逖闻 耳闻 方闻 风闻 发闻 讣闻
绯闻 关闻 高闻 寡闻 好闻 欢闻
罕闻 骇闻 秽闻 计闻 见闻 旧闻
记闻 具闻 急闻 惊闻 荐闻 据闻
嘉闻 瑰闻 令闻 宁闻 流闻 浪闻
难闻 秘闻 瞥闻 剽闻 窃闻 洽闻
奇闻 顷闻 趣闻 日闻 仁闻 稔闻
上闻 升闻 声闻 所闻 宿闻 耸闻
琐闻 熟闻 赡闻 听闻 条闻 无闻

卧闻　习闻　希闻　相闻　新闻　腥闻
与闻　佚闻　远闻　言闻　异闻　要闻
逸闻　愿闻　饫闻　渡闻　预闻　誉闻
遥闻　轶闻　驿闻　遗闻　艳闻　知闻
珍闻　奏闻　属闻
不堪闻　处处闻　功名闻　何所闻　静夜闻
空谷闻　暮钟闻　洽洽闻　天际闻　天语闻
无穷闻　闻所闻　晓漏闻　雍上闻
不问不闻　爆炸新闻　惨不忍闻　充耳不闻
臭不可闻　杜耳恶闻　殚见洽闻　广见洽闻
孤陋寡闻　花边新闻　骇我见闻　黄色新闻
见不逮闻　鸡犬相闻　碌碌无闻　碌碌无闻
旷古未闻　略有所闻　目见耳闻　马路新闻
没没无闻　默默无闻　浅见寡闻　洽博多闻
前古未闻　强记博闻　强识博闻　如是我闻
续有所闻　少见寡闻　耸人听闻　如见如闻
听而不闻　桃色新闻　聊而不闻　闻所不闻
闻所未闻　腥臭难闻　遐迩著闻　一如所闻
杳不可闻　湮没无闻　轶事遗闻　雅雀无闻
置若罔闻　真名难闻
臭猪头，自有烂鼻子闻/福有双全从未有，祸不单行自古闻/视而不见，听而不闻/十个铜钱丢掉一个，九文（久闻）/

刎 wěn ①割颈。②断。

颈刎　自刎
楚霸王自刎

吻 wěn ①嘴唇。②嘴唇接触表示亲爱。

初吻　出吻　齿吻　唇吻　鸥吻　馋吻
点吻　飞吻　钩吻　鼓吻　火吻　合吻
虎吻　黄吻　巨吻　决吻　接吻　健吻
枯吻　快吻　口吻　两吻　流吻　敛吻
怒吻　亲吻　热吻　伤吻　肆吻　头吻
脱吻　血吻　秀吻　引吻　摇吻　重吻
泽吻　张吻
豺狼吻　鸥虓吻　弄唇吻　润喉吻　太室吻

紊 wěn 乱。

不紊　驰紊　弛紊　繁紊　击紊　亏紊
礼紊　缪紊　枉紊　淆紊　字紊
章程紊
井然不紊　有条不紊

稳 wěn ①准确，可靠。②使稳定。③安稳。④稳当。⑤有把握。⑥妥帖。⑦诱人暂缓行动。

安稳　不稳　把稳　川稳　沉稳　差稳
工稳　牢稳　平稳　巧稳　深稳　睡稳
未稳　稳稳　卧稳　心稳　行稳　住稳
舟稳　站稳　枕稳　嘴稳
牛背稳　气深稳　荣路稳　手不稳　吟不稳
嘴不稳
安安稳稳　脚步不稳　平平稳稳　十拿九稳
四平八稳
老要癫狂，少要稳
三个指头捡螺蛳，十拿九稳/

问 wèn ①慰问。②审讯追究。③干预。④询问。⑤书信。⑥命令。⑦馈赠。⑧周代诸侯国的一种礼节。⑨旧时男方向女方下聘礼。

按问　案问　不问　驳问　逼问　叱问
重问　查问　存问　采问　垂问　唱问
策问　裁问　瞅问　打问　叮问　对问
钉问　动问　待问　独问　答问　逮问
反问　风问　抚问　妇问　发问　范问
访问　过问　高问　故问　顾问　怪问
敢问　河问　好问　惠问　蕙问　覆问
计问　吉问　见问　记问　究问　借问
诘问　讲问　谒问　家问　鞫问　口问
叩问　扣问　考问　苦问　栲问　来问
录问　廉问　难问　临问　面问　明问
盘问　聘问　切问　取问　抢问　亲问
清问　请问　俶问　十问　失问　收问
书问　声问　所问　设问　审问　淑问
试问　天问　套问　提问　探问　推问
通问　庭问　五问　问问　闻问　慰问
下问　先问　休问　相问　学问　寻问
省问　详问　细问　诇问　讯问　询问
巡问　谀问　羞问　义问　因问　音问
佯问　有问　音问　语问　研问　疑问
在问　作问　召问　自问　再问　执问
追问　责问　质问　赠问　摘问　谘问
长跽问　多相问　呼天问　公羊问　金玉问
每事问　求多问　桥边问　三年问　书壁问

使君问　停车问　无疑问　无人问　挟贵问
宣室问　渔父问　瑶华问　长者问　再拜问
做学问　载酒问
不闻不问　不耻下问　出国访问　答非所问
严刑拷问　抚躬自问　反躬自问　飞蓬之问
国事访问　概不过问　毫无疑问　近不逼问
款学寡问　明知故问　扪心自问　勤学好问
三推六问　疏于音问　胁从不问　衢室之问
到处留心皆学问/富在深山有远亲，贫居闹市无人问/十年寒窗无人问/牙疼不是病，病杀无人问/

汶 wèn　水名，在山东省。

东汶　封汶　会汶　石汶　四汶　汶汶
新汶　引汶　在汶
大小汶　貉逾汶

璺 wèn　器物上的裂痕。

赤璺　东璺　龟璺　裂璺　破璺　山璺
微璺　瑕璺　兆璺

吨 dūn　①重量单位。②计算船只容积单位。

公吨　美吨　英吨

惇 dūn　敦厚。

惇惇
误国章惇

敦 dūn　又音 duì　①督促。②劝勉。③亲密。④敦厚。⑤诚心诚意。

安敦　宝敦　道敦　敦敦　浑敦　憨敦
金敦　困敦　冷敦　两敦　民敦　陪敦
铺敦　情敦　二敦　上敦　四敦　夙敦
树敦　太敦　瓦敦　玉敦　易敦　虞敦
薄夫敦　风教敦　士感敦　王事敦
周觊詈敦

墩 dūn　①土堆。②用木、石砌成的基础。③量词。

菜墩　厚墩　篁墩　锦墩　柳墩　木墩
门墩　皿墩　平墩　蒲墩　胖墩　青墩
桥墩　沙墩　树墩　土墩　绣墩　玉墩
阿姥墩　矮墩墩　粗墩墩　肥墩墩　黑墩墩
厚墩墩　胖墩墩　谢公墩　玉女墩　紫花墩

礅 dūn　厚而粗的石头。

石礅

蹾 dūn　猛地往下放，着地很重。

别蹾
不许蹾

蹲 dūn　又音 cún　①屈膝而坐。②聚集。③停留。④书法术语。

鸱蹲　蹲蹲　凤蹲　虎蹲　舞蹲　下蹲
熊蹲　猿蹲
地冻蹲　冻鸱蹲　龟趺蹲　家里蹲　屁股蹲
石笋蹲

盹 dǔn　很短时间的睡眠。

冲盹　打盹　眯盹　醒盹

趸 dǔn　①整，整数。②整批地买进。

打趸　拥趸

盾 dùn　①盾牌。②盾形的东西。③古星名。

长盾　持盾　丁盾　大盾　刀盾　负盾
革盾　改盾　后盾　矛盾　甲盾　金盾
阶盾　剑盾　龙盾　蓝盾　柔盾　木盾
磨盾　弃盾　裴盾　铁盾　脱盾　藤盾
五盾　小盾　扬盾　银盾　拥盾　赵盾
张盾　藏盾
九尺盾　闹矛盾　外为盾
敌我矛盾　董孤书盾　阶级矛盾　基本矛盾
内部矛盾　蛇矛龙盾　自相矛盾
对抗性矛盾/非对抗性矛盾/人民内部矛盾/以子之矛，攻子之盾/

遁 dùn　①稳去。②逃走。③回避。④欺骗。⑤六十四卦之一。

奔遁　兵遁　败遁　出遁　大遁　飞遁
肥遁　化遁　逡遁　戒遁　嘉遁　逆遁
流遁　民遁　明遁　勉遁　栖遁　三遁
史遁　水遁　师遁　素遁　鼠遁　土遁
叹遁　逃遁　无遁　五遁　行遁　相遁
星遁　霄遁　晓遁　逊遁　喜遁　引遁
佯遁　远遁　悦遁　鱼遁　夜遁　喻遁
诱遁　隐遁　自遁　支遁　知遁　终遁

纵遁
汉兵遁　老聃遁　冒雨遁　齐人遁　天吴遁
许由遁　易衣遁　逾垣遁
仓皇逃遁　毋使潜遁　凿培而遁

楯 dùn　又音 shuǐ，同“盾”。
劳楯　栏楯　阑楯　疏楯　堂楯　引楯

囤 dùn　又音 tún　用竹篾荆条等编成的盛粮食的器物。
大囤　谷囤　米囤　小囤
粮食囤

沌 dùn　①［混沌］传说中天地未分的状态。②水不通。
沌沌　混沌
饰混沌　凿混沌
混混沌沌　混混沌沌　窍凿混沌　凿窍混沌

炖 dùn　①煨食物使熟烂。②加热。
清炖　瑞炖　温炖
风雷炖

钝 dùn　①刀剑不锋利。②笨。③指资质鲁钝。
驽钝　不钝　鄙钝　才钝　迟钝　辞钝
刀钝　锋钝　后钝　老钝　利钝　呐钝
利钝　卤钝　鲁钝　驽钝　蒙钝　磨钝
平钝　朴钝　姓钝　文钝　顽钝　朽钝
性钝　迂钝　眼钝　砚钝　愚钝　羸钝
拙钝　滞钝　铢钝
脚手钝　鸠心钝　莫邪钝　芒刃钝
成败利钝　齿落舌钝　笨顽磨钝　椎鲁朴钝
厉世摩钝　搦巧磨钝

顿 dùn　又音 dú　①以头叩地。②止宿。③困乏。④舍弃。⑤忽然。⑥很短时间的停止。⑦处理。
安顿　不顿　兵顿　簸顿　惙顿　材顿
顿顿　断顿　倒顿　颠顿　废顿　供顿
荒顿　几顿　困顿　立顿　牛顿　劳顿
羸顿　痿顿　绵顿　疲顿　手顿　受顿
说顿　推顿　委顿　尪顿　一顿　倚顿
新顿　赢顿　自顿　振顿　置顿　整顿
吃一顿　甲兵顿　金台顿　五指顿　也上顿
也寄顿　中路顿
鞍马劳顿　臭骂一顿　旅途劳顿　痛打一顿
生计困顿　陶朱倚顿　舟车劳顿
有上顿无下顿/

吞 tūn　①咽下。②消灭。③兼并。④不咀嚼就咽到肚子里。
暗吞　并吞　併吞　悲吞　潮吞　独吞
虎吞　颔吞　龁吞　咀吞　兼吞　鲸吞
狼吞　囫吞　平吞　气吞　侵吞　生吞
声吞　私吞　撤吞　噬吞　误吞　温吞
咽吞　鱼吞
丹篆吞　泪欲吞　慢舌吞　气潜吞　日月吞
吐还吞　文石吞　一口吞　云梦吞
鳌掷鲸吞　蚕食鲸吞　虎踞鲸吞　活剥生吞
气忍声吞　气断声吞
灯窗苦吟，寒酸撤吞/

暾 tūn　①初升的太阳。②渐出貌。
朝暾　海暾　清暾　暾暾　温暾　朝暾
东方暾　扶桑暾

黗 tūn　黄色。
腹黗

屯 tún　又音 zhūn　①村庄。②聚集。③驻守。④屯田。
八屯　边屯　兵屯　分屯　锋屯　混屯
久屯　军屯　列屯　马屯　入屯　四屯
屯屯　万屯　小屯　云屯　驻屯　纺屯
皇姑屯　绿阴屯　田可屯　万马屯　向阳屯
细柳屯　陈云屯

饨 tún　馄饨。一种煮熟有汤的食品。
馄饨

豚 tún　小猪。
搏豚　蔡豚　放豚　公豚　归豚　孤豚
河豚　海豚　江豚　鸡豚　馈豚　水豚
食豚　土豚　豚豚　牙豚　竹豚　蒸豚
珠豚
白鱀豚　白鳍豚　放野豚　乳下豚　散鸡豚
玉羔豚　俎上豚
齐贤啖豚　欲为孤豚　瘠牛偾豚

臀 tún 屁股。

陛臀 肥臀 黑臀 窟臀

猴无臀

抡 lūn 又音 lún ①手臂持物用力挥动。②抡指推算。③举着。

所抡 选抡

锤一抡 匠石抡

胳臂一抡

仑 lūn 条理，伦次。

阿仑 加仑 昆仑 库仑 孟仑 无仑

安昆仑

伦 lún ①辈。②人伦。③伦常。④条理。

比伦 侪伦 超伦 俦伦 蔡伦 大伦

夺伦 等伦 噶伦 罕伦 荒伦 季伦

绝伦 教伦 库伦 老伦 伶伦 逆伦

乱伦 论伦 齐伦 人伦 十伦 失伦

殊伦 天伦 同伦 无伦 汪伦 异伦

有伦 逸伦 轶伦 彝伦 专伦

超群绝伦 超类绝伦 贵贱失伦 荒谬绝伦

拟于不伦 拟非其伦 徐斡中伦 英勇绝伦

逸群绝伦 逸辈殊伦 野合奸伦 疑非其伦

囵 lún [囫囵] 完整，整个。

囫囵 圆囵

沦 lún ①水面上起波纹。②淹没。③沉没。

崩沦 沉沦 策沦 浑沦 混沦 鹘沦

鳞沦 漂沦 清沦 委沦 湮沦 渊沦

隐沦 蕴沦 漪沦

纶 lún 又音 guān ①青丝绶带。②钓鱼用的线。③现代合成纤维的名称。

丙纶 垂纶 翠纶 涤纶 钓纶 纷纶

泾纶 经纶 锦纶 耐纶 氯纶 庐纶

麻纶 弥纶 腈纶 丝纶 维纶 修纶

大展经纶 复杂纷纶 满腹经纶 投环李纶

轮 lún ①车轮。②像车轮的。③代指车。④轮流。⑤轮船。⑥高大的样子。⑦轮回。

冰轮 班轮 摆轮 从轮 车轮 赤轮

重轮 齿轮 代轮 电轮 地轮 动轮

导轮 度轮 舵轮 雕轮 耳轮 娥轮

飞轮 风轮 扶轮 广轮 光轮 挂轮

滚轮 火轮 红轮 画轮 环轮 贷轮

滑轮 海轮 江轮 交轮 巨轮 机轮

金轮 晶轮 经轮 棘轮 脚轮 镜轮

客轮 六轮 年轮 轮轮 雷轮 埋轮

美轮 磨轮 蒲轮 二轮 日轮 耳轮

软轮 三轮 双轮 水轮 砂轮 霜轮

赡轮 天轮 凸轮 投轮 拖轮 铁轮

塔轮 藤轮 为轮 外轮 乌轮 温轮

蜗轮 舞轮 夕轮 相轮 香轮 一轮

月轮 牙轮 叶轮 曳轮 玉轮 邮轮

油轮 羲轮 羽轮 渔轮 逾轮 银轮

左轮 只轮 朱轮 斫轮 征轮 纸轮

椎轮 转轮

定滑轮 第一轮 动滑轮 黄花轮 老斫轮

靠背轮 皮带轮 偏心轮 七香轮 虱如轮

日月轮 宛转轮 万吨轮 隐士轮 庄公轮

老斫轮

独旧重轮 轮扁斫轮 雷扁斲轮 平板三轮

匹马只轮 钩作车轮 螳螂搏轮 美奂美轮

申屠轫轮 视虱如轮 悬虱如轮 张纲埋轮

论 lùn 又音 lún ①议论。②评定。③定罪。④讲述。⑤学说。⑥言论。⑦按照。⑧一种文体。⑨衡量。⑩分析事物的言论文章。

不论 比论 并论 别论 驳论 詈论

辩论 持论 重论 侈论 差论 沉论

持论 策论 崇论 定论 导论 笃论

党论 谠论 风论 泛论 放论 发论

扶论 古论 公论 共论 高论 国论

怪论 轨论 诡论 诰论 概论 瞽论

互论 宏论 弘论 好论 洪论 浑论

遑论 鸿论 讲论 结论 净论 较论

诫论 空论 抗论 考论 苛论 立论

拉论 理论 鲁论 灭论 目论 名论

妙论 谬论 平论 评论 漂论 齐论

奇论 诠论 确论 清论 上论 史论

尚论 私论 时论 社论 申论 试论

数论 天论 同论 讨论 廷论 推论

谈论 通论 谭论 无论 勿论 伟论

物论　乡论　休论　戏论　细论　羞论
雄论　新论　绪论　于论　与论　迂论
引论　言论　月论　异论　余论　议论
隐论　舆论　正论　至论　杂论　争论
总论　政论　纸论　纵论　鲰论
不能论　不需论　不争论　棃花论　对榻论
多元论　方法论　反映论　泛神论　符号论
古今论　过秦论　故人论　高谈论　何足论
决定论　均衡论　进化论　机械论　可知论
两点论　目的论　梦中论　平心论　朋党论
破群论　钱神论　潜夫论　人性论　认识论
二元论　十二论　三段论　世俗论　社二论
宿命论　无鬼论　无神论　五行论　唯心论
唯物论　违心论　唯理论　蜗角论　相对论
先验论　信息论　循环论　一元论　有神论
养生论　资本论　中散论　至公论　造舆论
诛心论
不可知论　不刊之论　不易之论　存心而论
长篇大论　持平之论　齿牙余论　棃花之论
大发议论　电影评论　电影理论　泛泛而论
肤泛之论　浮乏之论　泛夸之论　放言高论
姑置勿论　高文宏论　格杀勿论　高声谈论
高谈阔论　盖棺定论　好生议论　普读鲁论
文艺理论　违心之论　学术讨论　徐斡中论
相提并论　一偏之论　迂阔之论　又当别论
一概而论　迂谈之论　语妙绝论　纵横谈论
诛心之论　凿空之论　张辅著论　自有公论
象形文字论/

衮　gǔn　①古代君王祭祀穿的衣服。②大。③上公穿的礼服。

补衮　拜衮　褒衮　风衮　法衮　服衮
复衮　公衮　衮衮　华衮　龙衮　上衮
司衮　饰衮　裳衮　台衮　绣衮　元衮
英衮

滚　gǔn　①大水奔流。②极，特。③离开。④旋转。⑤液体到沸点以上的翻滚。

打滚　电滚　翻滚　滚滚　石滚　一滚
轧滚
波浪滚　肥滚滚　驴打滚　两边滚　热滚滚
硝烟滚　圆滚滚
波涛滚滚　车轮滚滚　春雷滚滚　稻浪滔滚
稻浪翻滚　河流滚滚　洪水翻滚　洪流滚滚
洪涛滚滚　海波滚滚　湖波翻滚　急流滚滚
浓烟滚滚　麦浪滚滚　麦浪翻滚　滔滔滚滚
乌云翻滚　乌烟滚滚　屎尿屁滚　烟尘滚滚
刀山上爬，油锅里滚/墙上的冬瓜，两边滚/

磙　gǔn　用作压轧的器物。

石磙

绲　gǔn　①织成的带子。②沿衣服边缘上的布条子。

冯绲　束绲　荀绲

辊　gǔn　①转动。②圆筒状能旋转的东西。

毂辊　雷辊　皮辊　轧辊

鲧　gǔn　①一种大鱼。②传说中夏禹的父亲。

共鲧　郊鲧
不及鲧　崇伯鲧

棍　gùn　①棒。②称坏人。

冰棍　地棍　党棍　赌棍　蠹棍　恶棍
匪棍　光棍　拐棍　夹棍　警棍　木棍
闷棍　魔棍　痞棍　市棍　讼棍　土棍
铁棍　小棍　学棍　焉棍　游棍　竹棍
纣棍
打光棍　打闷棍　金钱棍　文明棍　拄拐棍
流氓土棍　青皮光棍　游花光棍
眉毛上插针，眼前光棍

坤　kūn　①八卦之一。②旧时称女性的。

法坤　流坤　履坤　乾坤　轧坤　转坤
鳌负坤　韩令坤　江抹坤　六四坤　象乾坤
颠倒乾坤　扭转乾坤　朗朗乾坤　袖中乾坤
旋乾转坤　旋转乾坤　淆乱乾坤　一掷乾坤
妃子投生的和坤

昆　kūn　①兄。②子孙。③众多。④［昆仑］山脉名。

弟昆　登昆　粉昆　焚昆　后昆　金昆
来昆　刘昆　木昆　二昆　无昆　望昆
西昆　云昆　玉昆　长昆　诸昆
金友玉昆　玉友金昆

琨　kūn　一种玉。

刘琨　佩琨　玉琨　摇琨

鹍 kūn　一种像鹤的鸟。

干鹍　金鹍　乾鹍　鹏鹍　翔鹍　只鹍
五尺鹍

鲲 kūn　一种大鱼。

灵鲲　罗鲲　鹏鲲　仙鲲　翔鲲　化鲲
北冥鲲　变化鲲　鱼有鲲

裈 kūn　旧时称裤子是裈。

曝裈　处裈　露裈　脱裈　著裈
犊鼻裈　花下裈　掐裙裈　阮郎裈　屋为裈
茂德露裈　七夕犊裈　阮咸曝裈　拙妇凿裈

髡 kūn　剃去头发的一种刑罚。

留髡　钳髡　岁髡　熊髡
管城髡　号醉髡　季布髡　柳可髡

捆 kǔn　①捆绑。②打。③用绳捆紧打结。④量词。

稻捆　麦捆　一捆
连绑捆　履自捆　千成捆　棕绳捆

悃 kǔn　诚心，诚实。

欸悃　诚悃　丹悃　守悃　谢悃　愚悃
忠悃

阃 kǔn　①门槛。②郭门。③妇女住房。

分阃　闺阃　画阃　令阃　椒阃　灵阃
专阃
不出阃　不越阃　闺中阃　决地阃

壸 kǔn　①宫里面的路。②妇女居处。

宫壸　内壸　下壸　中壸

困 kùn　①艰难。②陷在艰难困苦里面。③窘迫。④疲倦。⑤〈方〉睡。⑥被围。⑦贫乏。

不困　半困　必困　被困　处困　重困
茶困　策困　春困　悖困　大困　顿困
凋困　颠困　雕困　厄困　乏困　扶困
负困　犯困　发困　鳏困　告困　闺困
久困　交困　饥困　艰困　家困　酒困
倦困　解困　窘困　蹇困　匡困　力困
内困　劳困　屡困　懒困　羸困　民困
排困　贫困　疲困　穷困　罄困　人困
日困　软困　士困　守困　身困　受困
舒困　兽困　骚困　瘦困　添困　勿困
危困　我困　围困　心困　形困　学困
醒困　已困　倚困　忧困　幽困　虚困
鱼困　淹困　佣困　慵困　知困　重困
坐困　斩困　志困　振困　遭困　醉困
春醒困　东风困　非所困　妃子困　红玉困
花柳困　老僧困　灵府困　郎官困　青袍困
游丝困　智勇困　鱼服困
扶危济困　内外交困　贫瘠瘦困　生活贫困
雨羞云困

昏 hūn　①日暮。②黑暗。③神志不清楚。④（目）昏花。⑤昏迷。⑥早死。⑦结婚。

碧昏　冲昏　晨昏　巢昏　黜昏　大昏
定昏　东昏　多昏　登昏　黩昏　发昏
氛昏　滑昏　合昏　黄昏　昏昏　久昏
景昏　镜昏　鑑昏　开昏　老昏　林昏
柳昏　耄昏　破昏　热昏　头昏　苔昏
童昏　雾昏　心昏　晓昏　新昏　夭昏
月昏　云昏　雨昏　幽昏　夜昏　眼昏
淫昏　烟昏　中昏　朝昏　智昏
北斗昏　报晨昏　断碑昏　寒气昏　斗牛昏
千里昏　习气昏　月黄昏　烟树昏　野色昏
醉梦昏
地老天昏　将近黄昏　利令智昏　目眢神昏
温凊定昏
疏影横斜水清浅，暗香浮动月黄昏/夕阳无限好，只是近黄昏/

惛 hūn　①糊涂。②心乱。

钝惛　迷惛　惛惛

阍 hūn　①守门人。②宫门。

重阍　叫阍　帝阍　九阍　叫阍　叩阍
可阍　引阍　司阍　无阍　紫阍

婚 hūn　①妻之家。②结婚。

毕婚　别婚　逼婚　成婚　初婚　重婚

订婚 多婚 方婚 访婚 复婚 腹婚
后婚 悔婚 交婚 军婚 金婚 结婚
降婚 解婚 抗婚 男婚 连婚 离婚
赖婚 联婚 卖婚 冥婚 觅婚 求婚
群婚 二婚 世婚 逃婚 退婚 图婚
通婚 未婚 外婚 完婚 晚婚 许婚
锡婚 新婚 已婚 约婚 银婚 幽婚
正婚 主婚 杂婚 再婚 早婚 征婚
证婚 纸婚
掠夺婚 世通婚
陈峤初婚 金刚石婚 男大须婚 女嫁男婚
旅行结婚 同姓不婚 宴尔新婚 燕尔新婚
指腹为婚 卢充逃婚
久别当新婚/久别胜似新婚/

荤 hūn ①有鸡、鸭、鱼、肉等食品。②葱蒜等有特殊气味的菜。③粗俗的，下流的言行。

不荤 驳荤 吃荤 肥荤 荤荤 开荤
冷荤 茹荤 膳荤 五荤 腥荤 有荤
不吃荤 不食荤 不茹荤 病破荤

浑 hún ①水不清。②简直。③浑浊。④全、满。⑤骂人糊涂。⑥天然的。

不浑 波浑 茶浑 潮浑 苍浑 大浑
犯浑 浑浑 谷浑 鸡浑 搅浑 陆浑
朴浑 胚浑 气浑 全浑 清浑 水浑
土浑 铜浑 许浑 雄浑 圆浑 凿浑
半溪浑 大雅浑 道眼浑 河水浑 水半浑
吐谷浑 洗砚浑
笔致圆浑 把水搅浑 打水不浑 沌沌浑浑
俚语柳浑

魂 hún ①古人以为的阳气。②精神。③诗文中人格化的事物的精灵。④崇高的精神表现。

别魂 冰魂 春魂 蟾魂 褫魂 丢魂
夺魂 掉魂 断魂 风魂 飞魂 返魂
芳魂 勾魂 归魂 国魂 孤魂 鬼魂
还魂 化魂 海魂 叫魂 惊魂 精魂
鹃魂 羁魂 灵魂 离魂 旅魂 落魂
米魂 迷魂 梦魂 片魂 清魂 柔魂
三魂 市魂 死魂 伤魂 诗魂 神魂
蜀魂 摄魂 天魂 讨魂 淘魂 亡魂
心魂 仙魂 香魂 消魂 销魂 月魂
艺魂 阴魂 英魂 怡魂 幽魂 怨魂
冤魂 遗魂 游魂 贞魂 招魂 忠魂
真魂 驻魂 醉魂 蜀魂 剩魂 残魂
暗销魂 姹女魂 楚客魂 蜂蝶魂 赋招魂
杜宇魂 古帝魂 简子魂 恋阙魂 罗浮魂
民族魂 千载魂 蜀帝魂 梧丘魂 望帝魂
湘水魂 月夜魂 怨女魂 游子魂
黯然销魂 败北之魂 不渐影魂 出卖灵魂
丢掉云魂 借尸还魂 倩女离魂 扬幡招魂
雨魄云魂 梧丘之魂
三魂丢了两魂/

诨 hùn ①同“混”。②开玩笑的话。

打诨 作诨
插科打诨 发科打诨 设科打诨

混 hùn 又音 hún ①蒙混。②苟且度过。③掺杂在一起。④水势盛大。⑤胡乱。

赤混 大混 墩混 恶混 鬼混 掴混
含混 胡混 混混 搅混 蒙混 朦混
气混 色混 书混 善混 厮混 玄混
谢混 淆混 元混 影混 殽混 瞎混
车书混 万物混
含含混混

溷 hùn ①肮脏。②厕所。③猪圈。

不溷 粪溷 藩溷 圊溷 相溷 尧溷
浊溷 猪溷 厕溷
坠茵落溷 贺诗投溷 飘茵落溷

屯 zhūn 又音 tún ①艰难。②吝惜。

纺屯

迍 zhūn ①迟迟不前。②处在困难中，十分不得志。

购迍 贱迍

肫 zhūn ①〈方〉鸟类的胃。②恳切，真挚。

鸡肫 鸭肫 肫肫

谆 zhūn ①恳切。②教诲不倦貌。③辅佐。

千谆 周谆 谆谆 谵谆
言者谆谆 言之谆谆

准 zhǔn ①平。②比照。③允许。④依照。⑤标准。⑥一定。⑦测平的器具。⑧瞄准。⑨正确。

不准 标准 保准 尺准 长准 吃准
瞅准 大准 定准 对准 法准 蜂准
公准 管准 格准 个准 何准 浣准
很准 恒准 获准 核准 衡准 校准
基准 较准 靠准 理准 隆准 没准
瞄准 平准 批准 认准 三准 水准
书准 恩准 视准 绳准 心准 一准
元准 久准 永准 音准 依准 邀准
正准 左准 在准 中准 宅准 作准
造准 照准

吃不准 天地准 万物准 无定准

斗胸龙准 文艺标准 以此为准 自行瞄准
政治标准

放之四海而皆准/隔山打炮，哪能有个准/

春 chūn ①春季。②泛指一年。③指男女情欲。④生气。⑤春色。⑥唐人呼酒为春。

半春 边春 别春 报春 悲春 鞭春
长春 初春 残春 大春 当春 打春
度春 妒春 放春 发春 芳春 富春
回春 怀春 珲春 酣春 嚎春 九春
江春 叫春 借春 景春 季春 惊春
钱春 禁春 锦春 开春 苦春 立春
束春 丽春 弄春 临春 连春 帘春
买春 卖春 莫春 孟春 暮春 平春
破春 青春 前春 琼春 浅春 轻春
入春 如春 上春 三春 生春 首春
俗春 送春 伤春 思春 始春 烧春
搜春 韶春 赏春 盛春 同春 讨春
探春 添春 偷春 踏春 王春 万春
晚春 小春 先春 选春 寻春 惜春
线春 新春 熙春 嬉春 元春 引春
永春 冶春 阳春 余春 迎春 宜春
尧春 逾春 莺春 游春 子春 占春
主春 仲春 知春 早春 争春 驻春

八千春 八月春 不胜春 笔下春 碧螺春
草木春 翠华春 处处春 斗柄春 帝城春
第一春 风池春 故乡春 桂宫春 汉宫春
画堂春 江南春 甲账春 京华春 锦江春
镜中春 萝月春 梨花春 绿影春 暖如春
满园春 沁园春 人间春 上苑春 十分春
水私春 四时春 手中春 蜀园春 天下春
桃李春 透帘春 万家春 万象春 万里春
五柳春 物皆春 瓮头春 小阳春 一枝春
一犁春 一家春 一色春 玉女春 玉阶春
玉树春 阳春春 迎新春 眼前春 野寺春
绮罗春 鸭头春 瓮头春 只报春 竹小春

白雪阳春 触手生春 大地回春 粉脸含春
好雨知春 枯木逢春 枯树逢春 柳暖花春
妙手回春 梅雪争春 踏青寻春 温暖如春
万古长春 王亲公春 有女怀春 永葆青春
有脚阳春 着手成春

百年难遇岁朝春/沉舟侧畔千帆过，病树前头万木春/德行恂恂召伯春/等闲识得东风面，万紫千红总是春/美女不观灯，美男不看春/千金买美人，何处买青春/向阳花木易逢春/一年之计在于春/

椿 chūn 香椿，植物名。

臭椿 大椿 令椿 老椿 买椿 松椿
仙椿 香椿 萱椿 庄椿 灵椿

纯 chún ①蚕丝。②同一颜色的丝。③专一不杂。④熟练。⑤善，好。⑥全，皆。

不纯 纯纯 道纯 单纯 德纯 风纯
粉纯 甫纯 还纯 含纯 画纯 精纯
缋纯 气纯 青纯 清纯 提纯 物纯
温纯 下纯 心纯 性纯 忠纯 贞纯
真纯 缀纯

帝德纯 文章纯

盗降耿纯 邃密周纯 赵普不纯

莼 chún 莼菜，可以食用。

九莼 鲈莼
陆机莼 千里莼

唇 chún ①嘴唇。②圆状物的外圈。

鬓唇 薄唇 吹唇 丹唇 点唇 反唇
芳唇 歌唇 膏唇 厚唇 寄唇 焦唇
绛唇 聚唇 涧唇 龙唇 弄唇 捧唇
青唇 缺唇 钱唇 濡唇 石唇 挑唇

兔唇　檀唇　香唇　猩唇　盂唇　鱼唇
摇唇　樱唇　占唇　朱唇　沾唇　脂唇
嘴唇
白嘴唇　薄嘴唇　费口唇　红嘴唇　厚嘴唇
缺嘴唇　樱桃唇　紫嘴唇
薄如钱唇　挑牙料唇　缚舌交唇　鼓舌摇唇
皓齿朱唇　咬住嘴唇　舔舔嘴唇　调舌弄唇
油嘴花唇　咂嘴舔唇

淳 chún ①味道浓厚。②敦厚。③朴实。④大。
风淳　憨淳　归淳　化淳　民淳　朴淳
气淳　清淳　时淳　深淳　温淳　元淳
二淳　忠淳　真淳　颛淳
风俗淳　古人淳　雅化淳

鹑 chún ①赤凤。②鹌鹑。
安鹑　县鹑　象鹑　悬鹑
子夏悬鹑

醇 chún ①酒质浓厚。②淳朴。③有机化合物一类。④专纯不杂。
疵醇　芳醇　甘醇　化醇　鸿醇　甲醇
精醇　浓醇　木醇　清醇　香醇　乙醇
饮醇　懿醇　贞醇
百花醇　胆固醇　交如醇　酒酿醇　类固醇
俗美化醇

蠢 chǔn ①愚笨。②蠕动貌。③愚蠢。
坌蠢　浊蠢　春蠢　蠢蠢　根蠢　今蠢
菌蠢　窘蠢　灵蠢　茫蠢　跛蠢　太蠢
韫蠢　允蠢　愚蠢　展蠢
蛮方蠢　拙且蠢

吮 shǔn 聚拢嘴唇吸取。
含吮　濑吮　玩吮　吻吮　吸吮　徐吮
研吮　饮吮　痈吮

楯 shǔn 又音 dùn 阑干。
板楯　陛楯　丹楯　栏楯　轩楯　詹楯

顺 shùn ①趋向同一个方向。②顺服。③沿着同一方向。④随，趁。⑤服从。⑥调和。⑦适合。
阿顺　安顺　不顺　百顺　比顺　笔顺
从顺　惭顺　辞顺　大顺　达顺　耳顺
风顺　伏顺　犯顺　抚顺　妇顺　奉顺
附顺　干顺　归顺　荀顺　恭顺　久顺
効顺　将顺　奖顺　健顺　口顺　克顺
六顺　内顺　理顺　礼顺　民顺　平顺
谦顺　耳顺　人顺　仁顺　日顺　柔顺
水顺　时顺　思顺　随顺　善顺　势顺
天顺　听顺　通顺　悌顺　涂顺　温顺
婉顺　下顺　心顺　兴顺　性顺　孝顺
驯顺　循顺　降顺　逊顺　一顺　依顺
雨顺　远顺　优顺　言顺　研顺　壅顺
执顺　忠顺　主顺
寒暑顺　天地顺
安时处顺　安常处顺　百战百顺　百依百顺
夫义妇顺　风调雨顺　和和顺顺　名正言顺
千依百顺　文从字顺　文理通顺　温和柔顺
一帆风顺　言和意顺　语言不顺　语言通顺
字从文顺　字通句顺
官清民自安，法正天心顺/名不正，言不顺/

瞚 shùn 眼跳。
不瞚　来瞚　留瞚　妙瞚　时瞚

舜 shùn ①一种蔓生植物。②上古帝王名。
禅舜　九舜　继舜　圣舜　思舜　絜舜
尧舜　禹舜　虞舜　佐舜
女中尧舜　禹承虞舜　尊君尧舜　祖述尧舜

瞬 shùn 一眨眼，转眼。
清瞬　倏瞬　一瞬　转瞬
不逾瞬　千秋瞬
黄粱一瞬　一霎一瞬

闰 rùn ①历法术语。②增加。③余事。
重闰　别闰　厄闰　红闰　计闰　经闰
历闰　年闰　门闰　荣闰　盈闰　知闰
再闰
黄扬闰　三月闰
黄扬厄闰

润 rùn ①不干枯。②加油或加水使不干枯。③细腻光滑。④温润。⑤雨水。⑥有光泽。

白润　波润　笔润　础润　朝润　草润
大润　恩润　分润　丰润　肤润　芳润
光润　甘润　功润　红润　和润　河润
华润　含润　弘润　滑润　惠润　浸润
津润　内润　利润　腻润　浪润　朗润
露润　明润　普润　清润　寖润　濡润
柔润　水润　湿润　饰润　体润　甜润
通润　沃润　温润　秀润　细润　鲜润
云润　玉润　雨润　妍润　莹润　洇润
圆润　泽润　沾润　滋润
甘雨润　身德润　月叟润
冰清玉润　苍翠秀润　发音圆润　洁亮细润
脸色红润　腻腻润润　露水滋润　平均利润
声音圆润　妩媚嫣润　佣书德润　玉圆珠润
月晕础润　雨露滋润　脂膏不润

尊 zūn ①古代盛酒器具。②地位或辈分高。③敬重。④尊重。⑤高位。

卑尊　部尊　崇尊　辞尊　达尊　道尊
独尊　德尊　古尊　贵尊　近尊　居尊
家尊　六尊　令尊　年尊　履尊　美尊
匏尊　屈尊　二尊　三尊　上尊　卅尊
师尊　所尊　牺尊　天尊　太尊　位尊
污尊　望尊　席尊　亵尊　献尊　元尊
至尊　自尊　周尊　独尊
八座尊　百鸟尊　北斗尊　布衣尊　定于尊
大宝尊　德义尊　德业尊　奉至尊　虎豹尊
九俞尊　世所尊　万乘尊　万国尊　五峰尊
无二尊　妄自尊　狱吏尊　不动尊
齿德俱尊　佛道自尊　高年当尊　求佛求尊
唯我独尊　元始天尊　遭见贤尊
学问无大小，能者为尊/

遵 zūn ①沿着。②按照。③依照。

奉遵　鸿遵　祭遵　恪遵　凛遵　咸遵
永遵　依遵　阵遵　准遵
迹常遵　群牧遵　逸轨遵　知所遵
投辖陈遵

樽 zūn 盛酒的器具，杯子。

八樽　凫樽　壶樽　鹤樽　金樽　开樽
空樽　绿樽　雷樽　罍樽　满樽　匏樽
琴樽　清樽　仙樽　倾樽　山樽　陶樽
迁樽　瓦樽　窪樽　献樽　携樽　牺樽
玉樽　侑樽　瑶樽　彝樽
白虎樽　北宸樽　北海樽　倒芳樽　父祭樽
凤凰樽　黄目樽　桂花樽　江二樽　榴花樽
软脚樽　兄丁樽　喜盈樽　月入樽　忆酒樽
竹里樽　照金樽

鳟 zūn 鳟鱼。

鲍鳟
罩落鳟

撙 zǔn 撙节，从全部财物中节省下一部分。

节撙　为撙　撙撙

村 cūn ①村庄。②粗俗。③冒犯人。

出村　茶村　大村　鸥村　古村　孤村
花村　环村　荒村　江村　进村　鸟村
农村　狼村　邻村　孟村　梅村　前村
晴村　二村　山村　撒村　苇村　晚村
小村　乡村　仙村　新村　远村　烟村
遥村　渔村　鸦村　竹村
白鹤村　独家村　隔溪村　凤凰村　桂月村
红杏村　红雨村　浣花村　进山村　橘柚村
老人村　老树村　绿扬村　千里村　三家村
水云村　水香村　桃花村　杏花村　雨外村
禹会村　榆柳村　自然村
远山近村
恶犬护三村/柳暗花明又一村/山重水复疑无路，柳暗花明又一村/

皴 cūn ①皮肤皲裂。②皮肤表面粗糙。③中国画的一种画法。④打皴。

冻皴　风皴　鳞皴　面皴　皮皴
古黛皴　玉蕊皴

存 cún ①存在，活着。②保存。③储蓄。④寄放。⑤积聚。⑥思念。

安存　并存　保存　备存　长存　存存
残存　操存　储存　大存　道存　堆存
抚存　封存　匪存　共存　过存　告存
固存　荀存　滚存　惠存　积存　结存
具存　集存　寄存　兼存　存存　临存
留存　名存　目存　默存　普存　盘存

舌存 全存 实存 思存 身存 同存
图存 温存 慰存 心存 下存 现存
相存 幸存 永存 羊存 余存 佚存
依存 意存 遗存 犹存 自存 著存
贮存
寸无存 赤心存 道意存 典型存 断石存
风雅存 古风存 功业存 故事存 儿人存
经术存 礼乐存 茂德存 其人存 秋兴存
手泽存 世业存 松菊存 吾舌存 吾道存
舌尚存 姓名存 字半存 簪笏存 治法存
涨痕存
齿亡舌存 荡然无存 父母俱存 岿然独存
汉纪备存 浩气长存 救亡图存 灵光独存
片瓦无存 磐石犹存 片甲不存 硕果仅存
万古长存 无性何存 一息尚存 与世长存
亡人自存
青山不老，绿水长存/

忖 cǔn ①揣度。②掌握。

黠忖 猜忖 量忖 思忖

寸 cùn ①长度单位。②形容短小。③中医的寸脉。

尺寸 丹寸 得寸 分寸 方寸 扶寸
肤寸 过寸 火寸 进寸 金寸 经寸
积寸 兼寸 累寸 眉寸 七寸 如寸
三寸 市寸 守寸 头寸 一寸 英寸
运寸 盈寸 铢寸
不及寸 脍鱼寸 立方寸 没分寸 平方寸
有分寸
积铢累寸 立方英寸 平方英寸 徐遮方寸
桐棺三寸
打蛇打七寸/

孙 sūn ①儿子的儿子。②孙子以后的各代。③再生或孳生的植物。④孙子同辈的亲属。

抱孙 重孙 慈孙 冬孙 多孙 稻孙
儿孙 耳孙 公孙 胡孙 鹤孙 季孙
酒孙 鸡孙 昆孙 坤孙 女孙 龙孙
来孙 弄孙 兰孙 孽孙 麟孙 孟孙
耳孙 仍孙 顺孙 庶孙 天孙 徒孙
桐孙 文孙 王孙 外孙 乌孙 翁孙
玄孙 系孙 云孙 裔孙 鸦孙 子孙
竹孙 长孙 侄孙 祖孙 曾孙 颛孙
臧孙
哀王孙 饱鸡孙 承重孙 读书孙 家娇孙
太子孙 胎二孙 土行孙 喜添孙 一品孙
宜子孙 自课孙
不肖子孙 有襄王孙 昶不及孙 敌畏长孙
断子绝孙 公子王孙 虎子狼孙 含饴弄孙
绝子断孙 七世子孙 徒子徒孙 王任子孙
孝子顺孙 老子贤孙 炎黄子孙 猿与王孙
子子孙孙

荪 sūn 一种香草。

春荪 芳荪 蕙荪 兰荪 荃荪 溪荪
芷荪

狲 sūn 猢狲。生活在北方的一种猕猴。

猢狲

飧 sūn 晚饭。

不飧 百飧 大飧 风飧 簋飧 壶飧
客飧 盘飧 受飧 素飧 索飧 鱼飧
饔飧
腐儒飧 笋可飧

损 sǔn ①减少。②丧失。③使蒙受害处。④用刻薄的话挖苦人。⑤刻薄。⑥六十四卦之一。

不损 贬损 挫损 残损 擦损 大损
得损 法损 何损 货损 毁损 耗损
减损 亏损 内损 劳损 满损 磨损
破损 清损 侵损 缺损 骞损 谦损
日损 蹂损 伤损 瘦损 天损 桐损
无损 污损 物损 撝损 下损 消损
销损 降损 虚损 阴损 益损 抑损
挹损 折损 杂损 招损 真损 增损
酌损 啸损
满招损 三友损
说话太损 无益反损 欲益反损 有益无损
衣芦闵损 损之又损
谦受益，满招损/

笋 sǔn ①竹的青皮。②竹笋。

不笋 斑笋 拔笋 茶笋 苍笋 初笋

抽笋　春笋　翠笋　大笋　冬笋　东笋
地笋　短笋　盗笋　获笋　关笋　金笋
荐笋　谏笋　龙笋　芦笋　篱笋　毛笋
蜜笋　青笋　泣笋　取笋　秋笋　嗜笋
石笋　食笋　土笋　莴笋　咒笋　孝笋
细笋　新笋　夏笋　鲜笋　玉笋　牙笋
瑶笋　银笋　子笋　竹笋　煮笋
江岩笋　金露笋　排江笋　头番笋　脱棚笋
云母笋　玉版笋
班名玉笋　尖尖竹笋　哭竹生笋　孟宗泣笋
孟宗之笋　手如玉笋　雨后春笋　雨过春笋
指如春笋
纤指如春笋/

隼　sǔn　一种凶猛的鸟。
白隼　飞隼　花隼　画隼　黄隼　击隼
惊隼　建隼　青隼　秋隼　落隼　鸾隼
射隼　微隼　养隼　鹰隼
臂花隼　高墉隼　方舆隼　见秋隼

榫　sǔn　器物利用凹凸相接固定物体。其中凸出的部分。
暗榫　斗榫　单榫　合榫　接榫　卯榫
明榫　双榫　投榫　脱榫　燕榫
牵牛榫　燕尾榫
卯不对榫

晕　yūn　又音 yùn　昏迷。
头晕　眩晕
头昏目晕

氲　yūn　［氤氲］云气或烟浓郁。
氛氲　氤氲　氲氲
云烟氤氲

云　yún　①说。②悬浮在空中的水汽。③形状像云的。④有。⑤为。⑥友善。
白云　宝云　碧云　薄云　搏云　鬓云
出云　赤云　重云　层云　昌云　穿云
涔云　巢云　稠云　彩云　綵云　裁云
楚云　春云　潺云　翠云　愁云　慈云
冬云　朵云　多云　洞云　冻云　低云
淡云　断云　稻云　雕云　遏云　分云
风云　飞云　范云　浮云　法云　拏云
高云　怪云　歌云　孤云　緪云　耕云
火云　红云　何云　还云　花云　胡云
寒云　黄云　旻云　烘云　黑云　慧云
鬟云　吉云　决云　积云　娇云　卷云
驾云　景云　锦云　霁云　髻云　开云
孔云　看云　乱云　笼云　留云　流云
浓云　绿云　拿云　凌云　陵云　暖云
嫩云　眠云　密云　梦云　暮云　片云
披云　攀云　切云　巧云　庆云　青云
绮云　清云　晴云　秋云　湃云　轻云
楼云　擎云　卿云　入云　如云　弱云
瑞云　山云　水云　松云　神云　扫云
梢云　宿云　湿云　商云　乘云　烧云
塞云　屯云　同云　彤云　停云　颓云
搯云　腾云　文云　午云　五云　巫云
乌云　卧云　望云　顽云　行云　仙云
笑云　纤云　祥云　稀云　峡云　夏云
香云　星云　湘云　啸云　云云　亦云
阴云　言云　雨云　油云　幽云　语云
烟云　鸦云　依云　游云　疑云　凝云
癡云　悠云　中云　占云　作云　杂云
朱云　征云　芝云　坐云　战云　阵云
朝云　赵云　驻云　族云　蒸云　紫云
徵云　瞻云　眠云
白如云　半月云　步青云　北渚云　垂天云
乘风云　出岫云　楚山云　楚峡云　遏行云
非雾云　吠吠云　附青云　过行云　高积云
高唐云　火烧云　觔斗云　匼匝云　海东云
积雨云　卷积云　晋机云　两鬓云　梨花云
妙鬟云　梦五云　暮天云　蘑菇云　亲舍云
若烟云　数尺云　三素云　石痳云　神女云
树拂云　万里云　万鳌云　万顷云　巫山云
袭彩云　一炷云　玉海云　银城云　云亦云
义薄云　衣上云　叶叶云　阳台云　玉叶云
一溪云　一程云　影胜云　欲陵云　溜淡云
真珠云　坐白云　朝暮云　望夫云
不测风云　不知所云　叱咤风云　春树暮云
楚雨巫云　杜索紫云　朵朵白云　断雨残云
风卷残云　富贵浮云　覆雨翻云　过眼烟云
高遏行云　高义薄云　高耸入云　高唱入云
高歌入云　高楼连云　冠盖如云　概日凌云
河内星云　景星庆云　际会风云　驾雾腾云

啮指霁云　龙虎风云　流水行云　裂石流云
啮指雾云　蓝天白云　镂月裁云　渺若烟云
密密浓云　暮雨朝云　平步青云　平地青云
片片浮云　琼鸟春云　轻如浮云　人云亦云
仁杰望云　仁杰顾云　说雨谈云　梳云掠云
谈辞如云　卫瓘披云　万里无云　韦陟朵云
望断白云　握雨携云　握雾拏云　行雨行云
响遏行云　徐勉风云　旋涡星云　一堆乌云
月露风云　羊如白云　油然作云　野鹤闲云
子曰诗云　壮志凌云　直上青云　殢雨尤云
飞龙乘云　山中白云　行雨朝云　苍狗白云
半天里抹浆子，糊云/翻手是雨，合手是云/人有旦夕祸福，天有不测风云/天有不测风云/富贵如浮云/

芸 yún ①芸香。②油菜。

冰芸　芳芸　古芸　牛芸　清芸　秋芸
石芸　书芸　铜芸　香芸　芸芸
薜灵芸　阳华芸
众生芸芸　阳华之芸

纭 yún 数多而乱。

纷纭　纭纭
聚讼纷纭　人事纷纭　头绪纷纭　众说纷纭

耘 yún ①除掉。②除草。

锄耘　耕耘　火耘　夏耘　鸟耘　军耘
一冉耘　亚夫耘
春耕夏耘　寒耕暑耘　象耕鸟耘　曾圃误耘

匀 yún ①分让。②平均。③均匀。

不匀　拌匀　笔匀　风匀　丰匀　发匀
均匀　搅匀　轻匀　亭匀　调匀　未匀
香匀　匀匀　圆匀
草色匀　骨肉匀　匠心匀　锦书匀　乌丝匀
玉留匀　雨初匀
粗细均匀　调配均匀

畇 yún 田地平坦而整齐。

畇畇
辟原畇
原隰畇畇

员 yún 又音 yùn　yuán 古人名用书。

景员　伍员　乌员

筠 yún 又音 jūn ①竹皮。②竹子。

碧筠　丛筠　东筠　风筠　浮筠　江筠
灵筠　渌筠　绿筠　石筠　水筠　书筠
砂筠　松筠　霜筠　庭筠　父筠　王筠
吴筠　雪筠　修筠　湘筠　玉筠　野筠
贞筠　紫筠　一筠

允 yǔn ①诚信。②公平。③应许。

不允　称允　答允　董允　俯允　公允
贵允　概允　怀允　惠允　假允　明允
默允　平允　曲允　清允　惬允　双允
天允　听允　王允　惟允　信允　详允
许允　应允　依允　俞允　中允　众允
忠允
黄皓畏允

狁 yǔn 猃狁。古代北方的匈奴。

猃狁

陨 yǔn ①毁坏。②坠落。③失去。

摽陨　凋陨　颠陨　风陨　殂陨　木陨
情陨　气陨　石陨　霜陨　涕陨　星陨
月陨　叶陨　夜陨　珠陨　志陨
百卉陨　花不陨　曲蓬陨　若将陨　朱实陨

殒 yǔn 死亡。

颠殒　凋殒　灰殒　涸殒　九殒　秋殒
投殒　心殒　夕殒　销殒　夏殒　玉殒
雉殒
香消玉殒

孕 yùn ①孕育。②怀胎。③包含。

不孕　包孕　避孕　产孕　妇孕　怀孕
含孕　皆孕　内孕　如孕　妊孕　受孕
身孕　胎孕　因孕　有孕　遗孕　瑶孕
字孕
宫外孕　有身孕
宿狱怀孕

运 yùn ①运动。②旋转。③搬运。④运用。⑤命运。⑥人的遭遇。

背运 驳运 搬运 才运 昌运 传运
承运 春运 财运 漕运 代运 冬运
兑运 调运 督运 倒运 厄运 庀运
噩运 发运 抚运 贩运 福运 工运
广运 官运 国运 纲运 火运 红运
河运 洪运 闳运 航运 海运 货运
鸿运 交运 机运 集运 禁运 军运
监运 空运 客运 馈运 农运 礼运
陆运 流运 联运 粮运 骞运 辇运
木运 民运 命运 霉运 盘运 气运
启运 全运 起运 卿运 潜运 鹏运
饶运 山运 水运 四运 时运 世运
适运 神运 韶运 土运 天运 托运
停运 驮运 泰运 拖运 偷运 文运
五运 物运 弯运 娩运 斡运 休运
幸运 星运 饷运 允运 月运 应运
押运 营运 主运 走运 载运 装运
转运 督运
非熊运 华盖运 南溟运 妙恩运 三十运
神功运 桃花运 五行运 应承运 郢石运
走红运 走好运 遭厄运
奉天承运 空运水运 匠心独运 居者迭运
交桃花运 心随笔运

酝 yùn ①酿酒。②酒。③事物的逐渐形成。

兵酝 春酝 法酝 芳酝 官酝 花酝
九酝 佳酝 家酝 精酝 内酝 良酝
梨酝 绿酝 鳢酝 名酝 美酝 茅酝
私酝 深酝 熟酝 土酝 仙酝 香酝
无酝 药酝
程乡酝 木瓜酝 宜城酝 新腊酝

郓 yùn 郓城，在山东省。

城郓 恒郓 居郓 济郓 青郓 取郓
姓郓 争郓 镇郓

恽 yùn ①姓。②敦厚。③谋划。

逢恽 柳恽 杨恽 郅恽

晕 yùn 又音 yūn ①光影模糊之处。②日月周围的光圈。

白晕 碧晕 薄晕 茶晕 彩晕 电晕
倒晕 灯晕 钿晕 风晕 发晕 光晕
红晕 花晕 环晕 黄晕 酒晕 娇晕
流晕 面晕 眉晕 气晕 青晕 浅晕
日晕 山晕 石晕 永晕 檀晕 小晕
血晕 羞晕 藓晕 缬晕 月晕 厌晕
眼晕 正晕 紫晕 珠晕 醉晕
流霞晕 月含晕 燕脂晕

愠 yùn 怨恨。

夫愠 忿愠 愤愠 怀愠 久愠 结愠
解愠 客愠 情愠 无愠 忧愠
季路愠 群小愠
不急不愠

缊 yùn ①乱麻。②新旧混合的丝锦。

敝缊 风缊 纷缊 袍缊 束缊 蔬缊
枲缊 衣缊 细缊 缊缊

韫 yùn 收藏。

道韫 韬韫

蕴 yùn ①积聚。②包含。③乱麻。④事理深奥处。⑤尊崇。

包蕴 宝蕴 地蕴 底蕴 才蕴 发蕴
幻蕴 含蕴 九蕴 金蕴 精蕴 酒蕴
开蕴 内蕴 林蕴 密蕴 庆蕴 奇蕴
琼蕴 遒蕴 情蕴 器蕴 潜蕴 柢蕴
束蕴 舒蕴 善蕴 无蕴 五蕴 仙蕴
有蕴 贤蕴 易蕴 幽蕴 意蕴 淹蕴
蕴蕴
精华蕴 美玉蕴 平生蕴 乾坤蕴 二才蕴
无余蕴 芟夷蕴
忠臣异蕴

韵 yùn ①和谐的声音。②音节的韵母部分。③风度。④风雅。⑤艺术品的风格或气韵。

八韵 不韵 步韵 别韵 次韵 出韵
茶韵 词韵 蝉韵 等韵 得韵 叠韵
风韵 分韵 丰韵 赋韵 古韵 官韵
改韵 高韵 管韵 合韵 和韵 花韵
九韵 惊韵 襟韵 六韵 流韵 落韵
骈韵 气韵 曲韵 泉韵 琴韵 奇韵

清韵 强韵 入韵 十韵 失韵 松韵
神韵 声韵 思韵 诗韵 素韵 骚韵
天韵 唐韵 无韵 叶韵 协韵 险韵
谐韵 月韵 有韵 用韵 引韵 余韵
阳韵 阴韵 远韵 原韵 音韵 押韵
雅韵 逸韵 遗韵 莺韵 竹韵 字韵
转韵
别有韵 闭口韵 孤桐韵 含疏韵 迴风韵
金石韵 名家韵 平水韵 四声韵 松竹韵
一字韵 中州韵
彩鸾书韵 景宗险韵 林籁泉韵 龙褒趁韵
二十四韵 俟偏仄韵 松声竹韵 玉�风韵
霞姿月韵 遗风余韵

熨 yùn 又音 yù 用热东西把衣布等烫平整。

毒熨 攻熨 烫熨 汤熨

军 jūn ①武装部队。②驻扎。③军队的编制单位。④兵士。⑤泛指有组织的集体。

白军 败军 别军 川军 从军 屯军
冲军 充军 参军 裁军 撤军 大军
典军 敌军 带军 督军 殿军 伏军
匪军 抚军 赴军 贲军 覆军 官军
孤军 冠军 红军 号军 后军 还军
海军 挥军 缓军 麾军 九军 进军
季军 将军 建军 酒军 禁军 监军
扩军 空军 犒军 六军 里军 乱军
劳军 陆军 联军 捻军 领军 盟军
縻军 叛军 配军 千军 全军 侨军
前军 荣军 三军 上军 水军 守军
随军 兽军 投军 逃军 退军 统军
铁军 为军 卫军 五军 伪军 顽军
我军 下军 学军 行军 县军 新军
雄军 悬军 义军 右军 友军 引军
亚军 拥军 援军 中军 左军 助军
治军 制军 终军 驻军
白卫军 八路军 豹子军 鲍参军 常行军
常备军 称将军 大将军 地方军 飞将军
方面军 方领军 国际军 国防军 冠三军
故将军 火头军 河北军 后备军 霍将军
急行军 集团军 棘门军 解放军 禁卫军
娘子军 排子军 强行军 欲秦军 髯参军
扫千军 生力军 水犀军 尝劳军 太乙军
铁将军 同盟军 新四军 义勇军 亚夫军
羽林军 岳家军 野战军 远征军 雅儿军
御林军 主力军 真将军 正规军 棕将军
志愿军 战备军
百纸参军 八国联军 跋扈将军 长喙将军
大树将军 断头将军 腹负将军 工农红军
横扫千军 溃不成军 六雄将军 落帽参军
擂鼓进军 投笔从军 事记右军 卫国惟军
勇冠三军 战备行军
矮子里选将军/牛贩子劳军/人民解放军/中国工农红军/中国人民解放军/

皲 jūn 皮肤因寒冷或干燥而破裂。

手皲

均 jūn ①均匀。②音的高低。③都。④调和。⑤宋代瓷窑名。

不均 成均 参均 大均 德均 功均
化均 和均 鸿均 乐均 灵均 路均
妙均 平均 评均 齐均 请均 人均
上均 失均 宋均 淑均 天均 调均
陶均 为均 五均 遐均 运均 宗均
郑均
秉国均 吊灵均 分肉均 风雨均 贡赋均
寒暑均 六御均 六辔均 六合均 四序均
雨露均
劳逸不均 质讷刘均

钧 jūn ①古代的重量单位。②制陶器的转轮。③乐调。④对尊长的敬辞。

百钧 秉钧 淳钧 大钧 东钧 帝钧
雕钧 德钧 凤钧 规钧 好钧 洪钧
鸿钧 六钧 千钧 镕钧 受钧 枢钧
善钧 韶钧 天钧 太钧 提钧 陶钧
万钧 小钧 弋钧 执钧
东国钧 候天钧 击千钧 举百钧 抗万钧
泥在钧 御化钧
力重千钧 雷霆万钧 一发千钧

君 jūn ①对封建统治者的称呼。②主宰者。③统治。④封号。⑤敬称。

爱君 报君 暴君 从君 此君 椿君
储君 大君 东君 帝君 得君 鄂君
夫君 发君 封君 副君 贩君 国君

寡君　昏君　净君　郡君　家君　龙君
女君　老君　郎君　卯君　明君　墨君
鞠君　聘君　求君　人君　仁君　如君
三君　山君　四君　少君　圣君　使君
神君　事君　嗣君　天君　太君　桐君
铁君　亡君　文君　瘟君　小君　先君
相君　县君　细君　闲君　湘君　元君
严君　邑君　院君　长君　征君　灶君
真君　尊君　诸君
不忘君　白英君　沧浪君　春申君　滈池君
寡小君　稷嗣君　孟尝君　平原君　嵩山君
王昭君　无道君　武安君　望诸君　先府君
信陵君　新郎君　缘玉君　中书君　卓文君
尊大君　抱节君
白面郎君　半部匡君　独立使君　当炉文君
帝若严君　方庆悟君　归遗细君　金陵芳君
孔奂神君　琴桃文君　宋景贤君　太上老君
婴辱楚君　薰穴求君　余桃啖君　疲暮逢君
安可一日无此君/朝廷不可一日无君/何可一日无此君/莫愁前路无知己，天下谁人不识君/司马遇父君/知臣莫如君/英雄帷使君/郑侠以画谏君/英雄唯使君/

菌 jūn　又音 jùn　①低等植物的一大类。②细菌。

病菌　采菌　翠菌　地菌　带菌　毒菌
干菌　杆菌　弧菌　黑菌　九菌　鸡菌
椒菌　邻菌　黏菌　螺菌　霉菌　秋菌
球菌　若菌　石菌　杀菌　松菌　嗜菌
土菌　仙菌　香菌　细菌　雪菌　野菌
异菌　雨菌　竹菌　朝菌　真菌　紫菌
病源菌　防细菌　根瘤菌　鸡丝菌　酵母菌
连珠菌　酿母菌　漆园菌　铜钉菌　越路菌
致病菌
大肠杆菌

麇 jūn　又音 qún　獐子。

介麇　惊麇　野麇　银麇
崔湛乞麇

俊 jùn　①才智过人。②出色。③容貌美丽。④大。

八俊　才俊　材俊　得俊　高俊　豪俊
寒俊　慧俊　桀俊　俊俊　冷俊　良俊
朗俊　旄俊　髦俊　气俊　奇俊　俏俊
清俊　遒俊　轻俊　耆俊　二俊　人俊
忍俊　三俊　时俊　硕俊　神俊　爽俊
体俊　秀俊　雄俊　贤俊　英俊　颖俊
今人俊　祢衡俊

峻 jùn　①长大。②山势陡峭。③高超。④高大。⑤）严厉。

崇峻　巉峻　半峻　道峻　陡峻　告峻
高峻　冷峻　路峻　凝峻　清峻　桥峻
遒峻　峭峻　耸峻　天峻　文峻　欣峻
险峻　轩峻　雄峻　云峻　严峻　幽峻
曾峻　整峻
挺拔险峻

馂 jùn　吃剩下的食物。

登馂　古馂　妇馂　受馂　先馂　余馂
从者馂　孺子馂

浚 jùn　又音 xùn　①挹取。②疏通。③深。④索取。

宏浚　急浚　深浚　疏浚　修浚　渊浚
张浚
崔祖浚　源逾浚

骏 jùn　①良马。②迅速。③大。

八骏　不骏　古骏　刚骏　好骏　吉骏
精骏　龙骏　良骏　骠骏　求骏　奇骏
市骏　神骏　雄骏　野骏　燕骏　子骏
浮云骏　黄金骏　千里骏　盐车骏　燕台骏
周王骏
千金市骏

畯 jùn　管奴隶耕种田地的官员。

寒畯　农畯　田畯

竣 jùn　①退伏。②事情完毕。

告竣　完竣　颜竣
大二告竣

郡 jùn　古代的行政区域。

巴郡　边郡　代郡　典郡　到郡　赌郡
带郡　古郡　贵郡　荒郡　建郡　嘉郡
畿郡　六郡　名郡　四郡　守郡　蜀郡

乡郡 象郡 元郡 作郡 州郡
股肱郡 酒泉郡 南柯郡 郎中郡 兰陵郡
平琴郡 山围郡 天水郡 珠官郡 珠崖郡
豫章之郡 颜固巴郡 三十六郡

捃 jùn 拾取。

培捃 收捃
五车捃

隽 jùn 又音 juàn 同“俊”。

奇隽 清隽 幽隽 子隽

囷 qūn ①古代的圆形谷仓。②像囷仓的东西。③积聚。

仓囷 穿囷 草囷 帝囷 东囷 倒囷
分囷 荆囷 空囷 伦囷 纶囷 禀囷
轮囷 辚囷 米囷 破囷 盘囷 囷囷
倾囷 石囷 天囷 箱囷 指囷
东西囷 谷堆囷 酿母囷 雀踩囷 三百囷
鲁肃指囷 子敬赠囷

逡 qūn ①往来。②退让。

纪逡 迁逡 逡逡
东郭逡 年华逡 群臣逡
韩子卢逐东郭逡/

裙 qún 一种围在下身的服装。

布裙 鳖裙 长裙 衬裙 钗裙 翠裙
短裙 绯裙 葛裙 红裙 花裙 虎裙
旧裙 绝裙 绛裙 罗裙 练裙 榴裙
襕裙 袂裙 青裙 墙裙 书裙 衫裙
套裙 筒裙 拖裙 围裙 舞裙 下裙
湘裙 油裙 绮裙 腰裙 渝裙 中裙
捉裙
白练裙 百鸟裙 百褶裙 超短裙 藕花裙
九霞裙 老莱裙 连衣裙 连理裙 连衫裙
留仙裙 柳丝裙 明珠裙 迷你裙 旗袍裙
染雪裙 石榴裙 素腰裙 西服裙 玉线裙
鸳鸯裙 银泥裙 隐花裙 药丝裙 直筒裙
醉红裙
翠袖红裙 荆钗布裙 马后练裙 漫写羊裙
书白练裙 太子牵裙 辛毗引裙
羊欣白练裙

群 qún ①兽畜相聚的集体。②朋辈。③相聚成伙的人。④众人。⑤合群。⑥众多。

不群 败群 拔群 出群 成群 超群
党群 得群 分群 蜂群 干群 合群
害群 机群 鸡群 绝群 空群 乐群
牛群 罗群 类群 离群 恋群 麟群
马群 人群 失群 世群 兽群 随群
同群 仙群 羊群 逸群 咬群 轶群
越群 追群 炸群 种群 阵群 逐群
善群
不掩群 百鸟群 超人群 倜傥群 大雅群
海鸥群 换鹅群 绝人群 建筑群 可以群
鸟兽群 鸾鹤群 麋鹿群 思不群 燕雀群
原始群 鸳鸯群 冀北群 自成群 症候群
鸷鸳群
出世离群 超伦轶群 遁世离群 鹘入鸭群
鹤立鸡群 鹤在鸡群 鹤困鸡群 敬业乐群
矫矫不群 鸡鸭成群 绝伦超群 绝类离群
牛羊成群 妻妾成群 确然不群 儿女成群
三五成群 卓尔不群 卓立不群 鸷鸟不群
人怕齐心，虎怕成群/

勋 xūn ①大功劳。②师、率。③授勋。

成勋 垂勋 策勋 酬勋 大勋 帝勋
放勋 功勋 高勋 华勋 鸿勋 旧勋
军勋 济勋 建勋 酒勋 嘉勋 奖勋
茂勋 铭勋 奇勋 勤勋 厥勋 世勋
受勋 授勋 硕勋 赏勋 树勋 殊勋
盛勋 先勋 云勋 庸勋 奏勋
杜司勋 光禄勋 汗马勋
开国元勋 绝漠之勋 屡建奇勋 马嶙祖勋
殷羡无勋

埙 xūn 用陶土烧制的一种吹奏乐器。

吹埙 篪埙 颂埙 雅埙

熏 xūn 又音 xùn ①火烟上出。②用火烟熏炙。③气味刺鼻。

光熏 火熏 画熏 可熏 来熏 岚熏
懒熏 晴熏 受熏 闻熏 香熏 熏熏
好风熏 任意熏

薰 xūn ①香草名。②香气。③烟气。④熏染。

宝薰 草薰 地薰 德薰 芳薰 嘉薰
南薰 炉薰 浓薰 兰薰 麋薰 树薰
吐薰 香薰 薰薰 衣薰 余薰 夜薰
殿阁薰 和风薰 戒香薰 艺术薰 咏南薰

曛 xūn 日没时的余光。

薄曛 残曛 凉曛 林曛 夕曛 斜曛
余曛 朝曛
落红曛 日将曛 映隙曛 竹檐曛

醺 xūn 醉。

半醺 宿醺 无醺 微醺 醺醺 余醺
盏醺
酒力醺 醉醺醺

旬 xún ①十天。②指十岁为一旬。③周匝。

波旬 初旬 公旬 候旬 浃旬 经旬
兼旬 旷旬 来旬 弥旬 满旬 七旬
三旬 上旬 下旬 淹旬 盈旬 逾旬
中旬 匝旬
年过六旬

询 xún ①询问。②查考。③协调。

博询 查询 垂询 大询 探询 许询
细询 详询 研询 征询 致询 质询
咨询 谘询
八虞询 刍花询 刍荛询 月间询

郇 xún 又音 huán ①周代诸侯国名，在今山西省。②姓。

邦郇

荀 xún 姓。

八龙荀 颍水荀

峋 xún ［嶙峋］山石一层层的重叠不平。

嶙峋
怪石嶙峋 瘦骨嶙峋

恂 xún ①相信。②畅通。③恐惧。

忧恂 寇恂 温恂 恂恂
借寇恂

洵 xún 实在，诚然。

苏洵

珣 xún 一种玉。

璘珣 珉珣 琼珣 玉珣

寻 xún ①长。②不久。③便用。④古代长度单位。⑤找。

白寻 百寻 出寻 常寻 重寻 查寻
东寻 独寻 登寻 访寻 费寻 海寻
高寻 揪寻 精寻 开寻 理寻 蹑寻
密寻 遍寻 攀寻 浸寻 侵寻 前寻
祲寻 寝寻 手寻 思寻 索寻 搜寻
采寻 天寻 同寻 探寻 推寻 万寻
温寻 寻寻 英寻 远寻 有寻 言寻
研寻 勇寻 找寻 追寻 直寻 招寻
秉独寻 缓步寻 蛱蝶寻 涧底寻 刻舟寻
冒雨寻 梦中寻 挈伴寻 惹蝶寻 踏雪寻
无处寻 月中寻 杖藜寻
八尺为寻 枉尺直寻 跰间三寻

浔 xún ①水边。②江西省九江市的别称。

碧浔 长浔 海浔 寒浔 荒浔 江浔
绿浔 清浔 水浔 霜浔 天浔 仙浔
西浔 星浔 烟浔
春江浔 广川浔 花冒浔 绿水浔 千曲浔
桃花浔 湘水浔 渔父浔

鲟 xún 鲟鱼。

江鲟 鲸鲟 鱼鲟
听琴鲟

纠 xún 圆绦子。

粗纠 祖纠

巡 xún ①巡视。②遍。

出巡 查巡 遁巡 扈巡 酒巡 缴巡
警巡 南巡 逻巡 逡巡 踆巡 时巡
梭巡 组巡 微巡 行巡 巡巡 一巡
远巡 夜巡 竹巡 周巡 张巡
迹绰巡 酒千巡 玉辂巡

变法张巡　法变张巡　酒过三巡

循 xún ①顺着。②依循。③抚摩。

持循　蹲循　抚循　俯循　逡循　休循
因循　依循　遵循
苟且因循　人事因循

训 xùn ①教导。②告诫。③解说。④遗训。⑤典试。

不训　成训　传训　垂训　慈训　大训
冬训　导训　帝训　古训　故训　诂训
沽训　轨训　互训　父训　军训　经训
集训　家训　教训　奖训　谏训　诫训
内训　礼训　难训　轮训　明训　谟训
丕训　培训　前训　上训　手训　守训
圣训　声训　时训　受训　湛训　天训
庭训　通训　调训　校训　宣训　义训
易训　严训　音训　雅训　遗训　彝训
正训　字训　周训　祖训　政训　整训
过庭训　荀氏训　李思训　彤管训　娴姆训
倚门训　周公训　过庭训
不足为训　过庭之训　经验教训　经遗世训
因袭古训　义是方训　一经之训

驯 xùn ①马驯服。②使驯服。③善良。

风驯　服驯　和驯　虎驯　鸠驯　马驯
柔驯　调驯　温驯　怡驯　雅驯　稚驯
雉驯
凤凰驯　燕雀驯
桀骜不驯

讯 xùn ①询问。②陈诉。③责问。④审问。⑤消息。

不讯　查讯　传讯　电讯　放讯　芳讯
法讯　闺讯　歌讯　戒讯　简讯　鞫讯
警讯　快讯　考讯　拷讯　兰讯　零讯
面讯　旁讯　启讯　情讯　死讯　受讯
审讯　托讯　提讯　通讯　问讯　闻讯
刑讯　喜讯　音讯　谳讯　再讯　执讯
侦讯
打问讯　歌以讯　聊问讯
新华社讯
无线电通讯/

汛 xùn ①洒水。②有季节性的涨水。

北汛　长汛　春汛　潮汛　对汛　冬汛
独汛　非汛　伏汛　防汛　浮汛　花汛
海汛　湖汛　广汛　江汛　简汛　可汛
凌汛　满汛　莫汛　普汛　秋汛　日汛
水汛　色汛　同汛　桃汛　夕汛　先汛
翔汛　香汛　夏汛　一汛　鱼汛　夜汛
游汛　舟汛
桃花汛

迅 xùn 快。

飙迅　动迅　风迅　奋迅　捷迅　激迅
牛迅　鲁迅　敏迅　飘迅　轻迅　危迅
振迅
风雷迅　雷霆迅　沙鸟迅

徇 xùn ①巡行。②环绕。③依从，曲从。

必徇　炳徇　顾徇　绘徇　康徇　明徇
倩徇　使徇　私徇　素徇　吐徇　余徇
英徇　直徇　藻徇　因徇

殉 xùn ①达到目的而死去。②古代以活人陪葬。

鹤殉　身殉　为殉
以身殉

逊 xùn ①逃盾。②恭顺。③谦让。④不如。

不逊　卑逊　大逊　恭逊　和逊　何逊
迦逊　略逊　谦逊　稍逊　撝逊　心逊
逊逊　言逊
耕者逊　应对逊
傲慢不逊　出言不逊　出妻大逊　煮龟元逊

巽 xùn ①八卦之一。②顺。

卑巽　艮巽　卦巽　谦巽
风为巽　健而巽　语言巽

噀 xùn 喷水。

龙噀　喷噀
栾巴噀　取酒噀　顺以噀

蕈 xùn 某些高等菌类植物。

毒蕈 松蕈 香蕈
青蝇蕈 羊肚蕈

十二 唐江辙

（合古韵 三江、七阳、二十二养、三讲、二十三漾、三绛）

昂 áng ①仰起。②高、贵。③情绪高。④上升。

昂昂 出昂 雀昂 低昂 地昂 大昂
犯昂 高昂 价昂 金昂 激昂 如昂
守昂 升昂 巍昂 轩昂 星昂 溪昂
元昂 应昂 在昂 至昂 兆昂
陈子昂 斗志昂 气昂昂 万物昂
高亢激昂 感慨激昂 慷慨激昂 眉宇轩昂
气宇轩昂 器宇轩昂 事有低昂 士气高昂
意气昂昂
雄赳赳，气昂昂/

盎 àng ①大腹小口的瓦器。②洋溢。

盎盎 大盎 妇盎 泛盎 覆盎 金盎
空盎 兰盎 木盎 满盎 盆盎 盘盎
石盎 土盎 瓦盎 银盎 甕盎 执盎
三斗盎 酥流盎

邦 bāng ①分封。②疆界。③古代诸侯封国之称。

安邦 保邦 大邦 帝邦 番邦 贵邦
海邦 旧邦 家邦 邻邦 南邦 联邦
名邦 迷邦 盟邦 气邦 守邦 殊邦
土邦 他邦 万邦 吾邦 外邦 危邦
小邦 乡邦 兴邦 一邦 有邦 远邦
友邦 异邦 中邦
爱比邦 父母邦 礼仪邦 思乡邦 乌托邦
威远邦 忆旧邦 硬邦邦
定国安邦 多难兴邦 父母之邦 怀宝迷邦
恢复家邦 亏孝刘邦 论道经邦 兴汉刘邦
治国安邦

帮 bāng ①辅助。②帮会。③鞋的边缘部分。④拦住。⑤同伙。

车帮 船帮 大帮 单帮 搭帮 匪帮
行帮 洪帮 黑帮 结帮 蒋帮 客帮
拉帮 马帮 朋帮 青帮 腮帮 同帮
相帮 鞋帮
白蔡帮 跑单帮 青红帮
比学赶帮 同晋相帮

梆 bāng ①打更的梆子。②打击乐器的梆子。③拟声词。

梆梆 击梆 木梆 敲梆 竹梆

浜 bāng ①小河沟。②浦名。

河浜 水浜
沙家浜 洋泾浜

绑 bǎng 捆，缚。

缠绑 反绑 缚绑 解绑 捆绑 陪绑
上绑 松绑
绳捆索绑 五花大绑

榜 bǎng ①匾额。②揭示应试取录的名单。③题署。④公开张贴的文书。

标榜 背榜 摽榜 出榜 茶榜 春榜
发榜 放榜 归榜 歌榜 黄榜 红榜
虎榜 黄榜 金榜 揭榜 龙榜 立榜
两榜 落榜 门榜 秋榜 蕊榜 三榜
试榜 天榜 题榜 文榜 吴榜 鱼榜
银榜 中榜 张榜
长名榜 淡墨榜 光荣榜 黄金榜 鸿都榜
橘皮榜 龙虎榜 凌云榜 棣萼榜 清虚榜
无头榜 英雄榜 名魁虎榜 相殿联榜
自我标榜 紫标黄榜 祝梁梦榜

膀 bǎng 又音 pāng páng ①胳膊靠肩的部分。②鸟类的翅膀。

臂膀 翅膀 肩膀
溜肩膀 滑肩膀
伤了肩膀

蚌 bàng 又音 bèng ①软体动物。②美味。

白蚌 赤蚌 採蚌 大蚌 得蚌 蠹蚌
蛤蚌 河蚌 海蚌 黑蚌 巨蚌 枯蚌
老蚌 灵蚌 螺蚌 琼蚌 拾蚌 土蚌
同蚌 小蚌 玉蚌 夜蚌 鱼蚌 鹬蚌
蛛蚌
洞庭蚌 河东蚌 珠池蚌 珠藏蚌
渔人鹬蚌

棒 bàng ①棍子。②用棍打。③体力强。

八棒 白棒 冰棒 倍棒 避棒 赤棒
綵棒 磁棒 大棒 电棒 杠棒 拐棒
棍棒 火棒 巨棒 驾棒 兰棒 木棒
闷棒 蒲棒 拳棒 三棒 双棒 使棒
天棒 铁棒 硬棒 执棒 真棒
百顿棒 绷儿棒 标三棒 当头棒 拨火棒
范桃棒 画得棒 接力棒 金箍棒 哭丧棒
狼牙棒 千钧棒 杀威棒 五色棒 云门棒
指挥棒
夹枪带棒 结实硬棒 使刀弄棒 使枪弄棒
踢枪弄棒
孙悟空的金箍棒/

傍 bàng ①靠。②临近。

车傍 禅傍 道傍 河傍 好傍 井傍
江傍 靠傍 老傍 路傍 难傍 门傍
偏傍 傍傍 泉傍 歧傍 耳傍 日傍
水傍 树傍 假傍 斜傍 先傍 行傍
云傍 月傍 因傍 依傍 倚傍
沧州傍 东海傍 到君傍 斗魁傍 金殿傍
涟水傍 四圣傍 舍道傍 塞路傍 新市傍
依山傍
霸劳道傍 一空依傍

谤 bàng ①毁谤。②说别人的过失罪恶。③诅咒。

百谤 被谤 避谤 尘谤 谗谤 多谤
诋谤 分谤 飞谤 负谤 诽谤 腹谤
官谤 毁谤 鉴谤 纳谤 可谤 离谤
民谤 弭谤 生谤 讪谤 售谤 受谤
姗谤 闻谤 诬谤 仙谤 息谤 虚谤
渲谤 嚣谤 相谤 引谤 益谤 怨谤
遇谤 谀谤 止谤 造谤 招谤 訾谤
遭谤 潜谤
流言谤 诗惹谤 薏苡谤
乐羊被谤 虚词招谤 薏苡之谤
官大有脸，树大招风，权大生谤/

蒡 bàng 牛蒡，多年生草本植物。

牛蒡

搒 bàng 又音 péng 摇橹使船前进，划船。

標搒 归搒 龙搒 关搒 竹搒

磅 bàng 又音 páng ①英美制重量单位。②磅秤。③用磅秤。

地磅 过磅 评磅

镑 bàng 英国的货币单位。

金镑 英镑

乓 pāng 拟声词。

乒乓

滂 pāng ①水盛漫流的样子。②浇灌。

范滂 洄滂 二滂 唐滂
司徒滂

彷 páng 又音 fǎng ［彷徨］徘徊。

相彷 依彷

庞 páng ①大。②杂乱。③脸蛋。

敦庞 丰庞 高庞 脸庞 面庞 眉庞
孙庞 腮庞 裹庞
鹿门庞 气势庞
鹿门隐庞 严姓冒庞

逄 páng 姓。

析逄
黄主扩逄

旁 páng ①广泛。②边、侧。③汉字的偏旁。④其他，另外。⑤辅佐。⑥邪，偏。⑦妄 乱。

边旁 病旁 耳旁 近旁 剧旁 两旁
路旁 楼旁 民旁 旁旁 偏旁 歧旁
四旁 水旁 声旁 身旁 形旁 一旁
病字旁 单人旁 单耳旁 反文旁 反犬旁
广字旁 火字旁 禾木旁 金字旁 将字旁
建之旁 绞丝旁 牛字旁 立刀旁 木字旁
示字旁 双人旁 双耳旁 食字旁 挑手旁
堤土旁 剔土旁 剔手旁 王字旁 斜玉旁
尤字旁 言字旁 衣字旁 子字旁 足字旁
牛头阿旁 作舍道旁

胖 pàng 又音 pán 人体内含脂肪多。

矮胖 发胖 肥胖 皮胖 虚胖 一胖
右胖 左胖
鹘鸮胖 月无胖
肥肥胖胖

邙 máng ［北邙］山名，在河南省。

北邙 蒿邙 修邙 瞻邙

芒 máng ①草木上的细刺。②像芒的东西。③刀剑的锋芒。④光芒。

垂芒 蚤芒 稻芒 德芒 光芒 钩芒
茐芒 红芒 荒芒 毫芒 混芒 豪芒
精芒 句芒 芒芒 麦芒 无芒 微芒
星芒 雄芒 阴芒 绮芒 针芒 陬芒
宝戈芒 九色芒 剑催芒 蟹输芒
初露锋芒 初试锋芒 剖毫析芒 万丈光芒
小试锋芒 细入毫芒
针尖对麦芒/

忙 máng ①急促。②事情多。③古时分期征收田赋谓分忙。

不忙 奔忙 帮忙 苍忙 匆忙 蚕忙
蚤忙 春忙 大忙 飞忙 繁忙 赶忙
慌忙 急忙 惊忙 紧忙 空忙 乱忙
农忙 连忙 忙忙 漫忙 穷忙 清忙
人忙 似忙 身忙 心忙 闲忙 息忙
瞎忙 月忙 着忙 真忙
帮倒忙 巢燕忙 春耕忙 读书忙 马蹄忙
日日忙 岁月忙 生产忙 世间忙 无事忙
为口忙 为谁忙 小姑忙 游鱼忙 种莲忙
逐风忙
不慌不忙 匆匆忙忙 东奔西忙 汲汲忙忙
急急忙忙 秋收大忙 神色匆忙 无不帮忙
行色匆忙 夏收大忙 越帮越忙 心乱意忙
槐花黄，举子忙/忙家不会，会家不忙/三十晚上糊银锭子，替鬼忙/万事分已定，浮生空自忙/

盲 máng ①眼睛失明。②盲人。③昏暗。

半盲 扫盲 法盲 晦盲 科盲 聋盲
目盲 眇盲 偏盲 青盲 群盲 色盲
岁盲 扫盲 天盲 脱盲 文盲 雪盲
佯盲 音盲 夜盲 乐盲 佯盲
半文盲
丁掾目盲 问道于盲 竖子居盲
五色令人目盲/

氓 máng 又音 méng ［流氓］无业游民，也指品质恶劣的坏人。

编氓 苍氓 残氓 流氓 天氓 颓氓
野氓
耍流氓 小流氓
地痞流氓 青皮流氓

茫 máng ①模糊不清。②指水势浩渺。

苍茫 沧茫 昏茫 沆茫 浩茫 混茫
毫茫 迷茫 茫茫 冥茫 弥茫 溟茫
暝茫 眇茫 渺茫 淼茫 汪茫 杳茫
白茫茫 黑茫茫
草原茫茫 苍穹茫茫 大海茫茫 海水茫茫
林海茫茫 麦海茫茫 暮色茫茫 渺渺茫茫
云海茫茫 雨幕茫茫 夜色茫茫 夜色苍茫
月色微茫 烟涛微茫 烟波淼茫
十年生死两茫茫/

铓 máng 锋铓。

飞铓 风铓 锋铓 钩铓 寒铓 金铓
剑铓 刃铓 铦铓 雄铓

駹 máng 毛色黑白相间的马。

从駹 丽駹 用駹

莽 mǎng ①密生的草。②粗鲁，冒失。③草木深的地方。

丛莽 苍莽 草莽 粗莽 燥莽 蔡莽
伏莽 浩莽 高莽 积莽 空莽 块莽
林莽 浪莽 鲁莽 卤莽 莽莽 渺莽
灌莽 柔莽 宿莽 神莽 衰莽 王莽
傥莽 新莽 蓁莽 榛莽
冰河莽
翳丑王莽

漭 mǎng ［漭漭］形容水广阔无边。

冲漭 荡漭 沆漭 洪漭 浪漭 泱漭
漭漭 漫漭 溟漭 蛇漭 泱漭 野漭

蟒 mǎng 一种无毒的大蛇。

巴蟒 巨蟒 修蟒 绣蟒 大蟒

方 fāng ①全是正方形的六面体。②并船。③祭名。④地方。⑤方面。⑥方向。⑦方法。⑧药方。⑨正直。

八方 比方 北方 毕方 长方 处方
成方 穿方 乘方 摧方 丁方 大方
丹方 斗方 对方 当方 东方 地方
多方 敌方 单方 短方 贷方 端方
方方 反方 伏方 付方 复方 副方
古方 公方 各方 官方 后方 何方
活方 恢方 己方 见方 借方 禁方
开方 孔方 立方 女方 良方 灵方
劳方 男方 南方 祕方 蛮方 魔方
平方 偏方 配方 譬方 奇方 前方
秋方 人方 十方 上方 四方 水方
石方 双方 私方 朔方 收方 省方
设方 庶方 殊方 土方 天方 我方
同方 他方 通方 填方 塌方 坍方
提方 万方 无方 五方 外方 控方
小方 下方 乡方 西方 仙方 徐方
遐方 一方 义方 右方 易方 炎方
远方 有方 医方 药方 越方 谊方
圆方 游方 验方 左方 中方 正方
知方 执方 贞方 直方 职方 陟方
诸方 资方

不死方 大后方 济时方 辟谷方 土石方
行欲方 养生方 用无方 游有方 总后方

八面四方 奔走四方 称霸一方 百计大方
大大方方 割肉东方 宦游四方 见笑大方
举止大方 教育有方 落落大方 囊孔天方
美观大方 朴素大方 品行端方 耳听八方
四面八方 十族诛方 四四方方 缩地之方
随圆就方 天各一方 外圆内方 贻笑大方
云游四方 奕琛二方 仪态万方 元方季方
医药有方 雅致大方 雅观大方 贻笑大方
雍客大方 志在四方 正正方方 祖传秘方
智圆行方 行不踰方

不觅仙方觅睡方/吃饭先喝汤，不用请药方/胆欲大而心欲小，智欲圆而行欲方/和尚吃八方/和尚吃十方/木炭修磨子，走一方黑一方/耳听四面，眼观八方/眼观六路，耳听八方/眼观四面，耳听八方/

邡 fāng ［什邡］地名，在四川省。

什邡

坊 fāng 又音 fáng ①牌坊。②里巷。③店铺。④小手工业者的工作场所。

宝坊 病坊 茶坊 春坊 茬坊 教坊
酱坊 蕃坊 宫坊 街坊 酒坊 内坊
牌坊 书坊 言坊 作坊 织坊
搭街坊 九子坊 菩提坊 上党坊 走街坊

芳 fāng ①花卉。②美好的。③芬芳。④比喻有贤德的人。

暗芳 传芳 逞芳 春芳 承芳 斗芳
飞芳 芬芳 甘芳 孤芳 红芳 含芳
蕙芳 均芳 祠芳 锦芳 橘芳 镜芳
令芳 林芳 芳芳 牟芳 丽芳 留芳
流芳 兰芳 秾芳 青芳 琼芳 清芳
秋芳 辟芳 遗芳 搴芳 时芳 送芳
声芳 树芳 漱芳 吐芳 晚芳 微芳
寻芳 鲜芳 撷芳 一芳 余芳 妍芳
遗芳 饮芳 幽芳 贻芳 瑶芳 游芳
众芳 曾芳

百世芳 草不芳 草自芳 兰蕙芳 赏孤芳
万世芳 吴香芳 万卉芳

百世流芳 斗艳争芳 兰桂齐芳 兰桂滕芳
首冠群芳 万古流芳 兄弟联芳

枋 fāng 方柱形的木材。

门枋 榆枋

防 fáng ①防备。②堤坝。③防御。④防止。

边防 布防 备防 川防 春防 常防
撤防 城防 大防 冬防 堤防 隄防
调防 夫防 返防 范防 固防 关防
国防 海防 河防 换防 垣防 江防
惊防 接防 谨防 空防 恐防 立防
礼防 难防 联防 劝防 曲防 设防
慎防 提防 屯防 铁防 心防 血防
巡防 须防 消防 严防 应防 移防
预防 怨防 壅防 自防 早防 驻防
智防 增防 障防

冷不防 猛不防 千载防 思预防
暗箭难防 步步设防 猝不及防 防不胜防
军民联防 家贼难防 空降消防 桑土之防
骤不及防
明枪易躲，暗箭难防/

坊 fáng 又音 fāng 作坊。

表坊 槽坊 粉坊 谷坊 花坊 碾坊
面坊 挂坊 茗坊 磨坊 染坊 油坊
作坊 糟坊
碧鸡坊 斗鸡坊 碎锦坊 果园坊 解玉坊
青泥坊 曳练坊
荣赐达坊
得了三分颜色，就要开染坊/

妨 fáng ①阻碍。②损害。

不妨 何妨 女妨 去妨 涉妨 无妨
意妨
出处妨 宠辱妨 泾不妨 屐齿妨 下体妨
审母妨

肪 fáng 厚的脂肪。

蟾肪 鹅肪 膏肪 截肪 流肪 凝肪
脂肪
负羊肪

房 fáng ①住人的建筑物。②作用像房子的。③家族的分支。④妻室。

阿房 暗房 闭房 冰房 班房 捕房
病房 豹房 厂房 仓房 产房 茶房
蚕房 查房 草房 禅房 柴房 厨房
翠房 大房 堆房 洞房 都房 地房
二房 耳房 分房 返房 粪房 蜂房
工房 公房 过房 杠房 柜房 闺房
隔房 后房 号房 伙房 灰房 花房
机房 进房 金房 妓房 僦房 椒房
监房 澮房 开房 空房 客房 库房
兰房 连房 闹房 牢房 寮房 碾房
莲房 楼房 暖房 门房 民房 矛房
毛房 茅房 磨房 平房 陪房 票房
偏房 配房 铺房 前房 亲房 曲房
入房 乳房 上房 山房 水房 市房
书房 私房 扫房 神房 僧房 厅房
听房 同房 套房 提房 填房 糖房
文房 危房 瓦房 卧房 温房 下房
心房 行房 刑房 宣房 香房 新房
厢房 绣房 元房 云房 玉房 远房
洋房 营房 圆房 鸭房 瑶房 药房
子房 长房 正房 专房 艺房 斋房
往房 账房 造房 砖房 毡房 栈房
碓房 紫房
按揭房 抱绿房 薜萝房 弹子房 后罩房
健身房 绛宝房 闹洞房 闹新房 练功房
茅草房 乒乓房 铺面房 七娥房 娶补房
娶填房 签押房 日在房 三合房 上书房
四合房 水月房 守空房 商品房 体操房
巡捕房 坐班房 坐牢房 赞公房
高重杜房 花烛洞房 排排厂房 虞庆盖房
幢幢楼房
九月重阳，移火进房/

鲂 fáng 鲂鱼。

阿鲂 鲤鲂 孙鲂 一鲂 宜鲂 伊鲂
丙穴鲂 公子鲂 赪尾鲂 梁水鲂
阳桥与鲂

仿 fǎng ①效法。②依照。③依照范本写字绘画。

比仿 大仿 碘仿 临仿 氯仿 模仿
摹仿 泻仿 相仿 细仿 效仿 象仿
萧仿 月仿 依仿

访 fǎng ①访问。②探望。③探求。

暗访 拜访 博访 出访 存访 采访
查访 採访 踩访 察访 答访 奉访
广访 过访 互访 回访 久访 家访
缉访 叩访 肯访 来访 历访 求访
上访 私访 搜访 谁访 随访 探访
踏访 为访 寻访 信访 相访 巡访
闲访 讯访 效访 询访 谐访 游访
专访 走访 追访 造访 咨访 谘访
诹访
梅堪访 剡溪访
登门拜访 登门造访 明察暗访 私行察访
王敦俱访 微服私访 谢人过访 造府拜访

纺 fǎng ①把丝麻纤维制成纱。②纺绸。

粗纺　东纺　单纺　杭纺　混纺　绩纺
毛纺　棉纺　麻纺　托纺　小纺　细纺
应纺　夜纺　织纺
电力纺　富春纺　绢丝纺　无光纺　有光纺
弹花匠的女，会弹（谈）不会纺

昉 fǎng ①明亮。②起始。

李昉　迷昉　任昉　唐昉　周昉

舫 fǎng ①船。②划船。③相并连的两条船。

秉舫　大舫　短舫　歌舫　官舫　合舫
花舫　画舫　鹤舫　妓舫　开舫　空舫
客舫　轻舫　青舫　雀舫　乘舫　石舫
脱舫　小舫　西舫　游舫　云舫　驿舫
舟舫
白鹊舫　青雀舫

放 fàng ①流放。②解除约束。③任意随便。④发放。⑤释放。⑥点燃。⑦扩展。⑧逃逸。⑨借钱给人。

安放　哀放　骜放　不放　并放　奔放
迸放　摆放　播放　初放　存放　陈放
粗放　黜放　待放　堆放　独放　倒放
飞放　发放　高放　欢放　宏放　花放
闳放　昏放　豪放　酣放　间放　捐放
寄放　解放　骄放　开放　旷放　狂放
录放　浪放　留放　流放　怒放　懒放
码放　牧放　模放　鸣放　排放　请放
情放　遒放　任放　燃放　手放　生放
社放　施放　舒放　疏放　释放　撒放
天放　停放　投放　通放　颓放　心放
下放　闲放　效放　萧放　雄放　原放
淫放　幽放　渊放　自放　争放　纵放
贮放　恣放　逐放
得解放　帆樯放　后人放　将安放　蕉叶放
鸡犬放　梅欲放　山鹿放　心花放
百花齐放　百花怒放　笔势豪放　春花怒放
粗犷豪放　大鸣大放　翻身解放　华灯初放
浩然遭放　含苞待放　含苞未放　含蕾欲放
腊花同放　腊花齐放　咬住不放　门户开放
面皮安放　心花怒放　雄浑豪放　一花独放
战俘释放
瞎猫咬鸡，死活不放/只有错拿，没有错放/

当 dāng　又音 dàng　①担任。②掌管。③相当。④对着。⑤对等。⑥承担。⑦抵敌。⑧应该。⑨判处。⑩遮蔽。⑪顶端。

不当　并当　充当　冲当　承当　丁当
大当　玎当　当当　担当　独当　瓜当
甘当　官当　敢当　该当　含当　会当
何当　极当　捡当　禁当　经当　可当
琅当　难当　理当　即当　铃当　锒当
莫当　每当　平当　配当　权当　确当
惬当　适当　谁当　瓦当　相当　响当
谐当　允当　亚当　应当　正当　值当
罪当
不敢当　会计当　人计当　促堪当　滥郎当
满当当　尚可当　响当当
丁丁当当　吊儿郎当　敢作敢当　鼓旗相当
满满当当　旗鼓相当　人始亚当　有难同当
依头缕当
大丈敢作敢当/大丈夫一人做事一人当/好汉做事好汉当/满壶全不响，半壶响丁当/少女少郎，情色相当/一人做事一人当/一人做事一人当/一人做事一身当/一人有罪一人当/有福同享，有难同当/有福同享，有祸同当/一只碗不响，两只碗丁当/阎王好做，小鬼难当/有饭大家吃，有难大家当/一夫荷戟，万夫莫当/一夫敢死，千夫莫当/

珰 dāng ①玉质的瓦当。②妇女耳饰。③汉代武官的冠饰。

宝珰　碧珰　璧珰　垂珰　丁珰　玎珰
貂珰　华珰　三珰　金珰　锒珰　名珰
明珰　鸣珰　佩珰　耳珰　双珰　文珰
银珰　圆珰　瑶珰　珠珰
白玉珰　声琅珰

铛 dāng　又音 chēng　①［锒铛］锁系囚犯的铁索。②女子的耳饰。

铛铛　铃铛　锒铛　银铛

裆 dāng　裤裆。

横裆　袢裆　绵裆　开裆　裤裆　胯裆
连裆　裲裆　腿裆　绣裆　直裆
绿玉裆

白天游门走四方，黑夜点灯补裤裆/

挡 dāng 又音 dàng ①阻挡。②用来遮蔽的东西。③抵挡。

把挡 抵挡 褡挡 风挡 换挡 空挡
拦挡 炉挡 排挡 阻挡 遮挡
窗户挡 没遮挡 无阻挡
棍来刀挡 水来土挡 势不可挡

党 dǎng ①古代地方组织五百家为一党。②政党。③某种关系结成的集团。④偏私。⑤朋辈。⑥处所。⑦旧时指亲族。

阿党 不党 白党 比党 部党 仇党
俦党 反党 父党 夫党 非党 工党
告党 钩党 合党 会党 巷党 豪党
进党 奸党 酒党 建党 里党 逆党
乱党 潦党 孽党 某党 母党 朋党
偏党 叛党 全党 亲党 妻党 阙党
入党 上党 三党 私党 死党 树党
同党 退党 脱党 无党 亡党 吾党
伪党 乡党 凶党 阉党 一党 余党
异党 羽党 姻党 政党 宗党 族党
植党 忠党 整党 朔党
拆白党 夫人党 反对党 共产党 国民党
黄牛党 救国党 牛季党 农工党 洛蜀党
南北党 民社党 民主党 青年党 三K党
社会党 同盟党 王孙党 元裕党 在野党
执政党 忠于党 致公党
成辟集党 呼辟结党 狐朋狗党 狐群狗党
群而不党 无偏无党

谠 dǎng 正直的。

辞谠 诚谠 论谠 诤谠 忠谠

当 dàng 又音 dāng ①恰当。②抵得上。③作为。④以为。⑤当作。⑥指当铺。

不当 伴当 便当 裁当 打当 的当
定当 抵当 典当 得当 谛当 千当
勾当 过当 合当 行当 简当 家当
精当 谏当 空当 快当 了当 烈当
聊当 那当 明当 求当 切当 曲当
取当 恰当 确当 惬当 屏当 失当
适当 顺当 赎当 妥当 亭当 停当
万当 未当 无当 稳当 忝当 久当
押当 有当 只当 至当 质当
雷霆当 没雕当 披襟当 顺当当 四停当
妥当当 稳当当 言无当
臭不可当 处置失当 脆快了当 大而无当
锋不可当 举措失当 简截了当 平平当当
锐不可当 顺顺当当 势焰莫当 受骗上当
妥妥当当 亭亭当当 停停当当 万夫莫当
稳稳当当 一了百当 用词不当 炎热难当
正正当当 直截了当 玉卮无当
穿铁鞋拄拐棍，稳稳当当/今朝有酒今朝醉，明日愁来明日当/做人做在理上，用钱用得当/

挡 dàng 又音 dǎng ［摒挡］收拾料理。

摒挡

档 dàng ①存放案卷用的橱架。②档案。③横木上的框格。④货物的等第。⑤事件。

存档 查档 低档 断档 搭档 归档
高档 横档 拍档 入档 脱档 中档
老搭档
一搭一档

凼 dàng 塘，水坑。

粪凼 琅凼 清凼 水凼 塘凼

砀 dàng ［砀山］地名，在安徽省。

沆砀 芒砀
玄玄至砀

荡 dàng ①清除。②洗涤。③摇动。④震动。⑤冲杀。⑥行动不检点。

熬荡 板荡 波荡 逋荡 摆荡 播荡
簸荡 冲荡 闯荡 潮荡 动荡 佚荡
淡荡 跌荡 骀荡 荡荡 涤荡 诞荡
滏荡 飞荡 扫荡 放荡 浮荡 鼓荡
洄荡 回荡 晃荡 浩荡 混荡 晃荡
豪荡 豁荡 激荡 剿荡 开荡 旷荡
狂荡 芦荡 流荡 浪荡 莽荡 茫荡
靡荡 漭荡 平荡 扑荡 陂荡 排荡
漂荡 飘荡 渤荡 轻荡 水荡 扇荡
扫荡 埽荡 佻荡 傥荡 怛荡 坦荡
袒荡 滔荡 跳荡 苇荡 心荡 下荡
闲荡 旋荡 洗荡 英荡 怡荡 泱荡

淫荡　婬荡　遥荡　逸荡　轶荡　摇荡
悠荡　盈荡　游荡　振荡　直荡　诛荡
震荡　谵荡　版荡
春风荡　泱荡荡　黄天荡　晃荡荡　空荡荡
芦花荡　心摇荡
春风骀荡　东游西荡　晃晃荡荡　红云浮荡
浩浩荡荡　湖水浩荡　飘飘荡荡　溶溶荡荡
融和骀荡　坦坦荡荡　香飘淡荡　胸怀坦荡
悠悠荡荡　纵横决荡

宕

dàng　①放荡。②拖延。③拖下。

佚宕　动宕　宕宕　跌宕　放宕　豪宕
骄宕　开宕　流宕　浪宕　砰宕　排宕
偏宕　堆宕　泆宕　延宕　逸宕　游宕
谵宕
风流跌宕

汤

tāng　又音 shāng　①热水。②中药煎出的汁水。③煮东西的汁液。④饮料。⑤冲冒。

熬汤　半汤　白汤　茶汤　成汤　菜汤
池汤　陈汤　点汤　得汤　服汤　沸汤
高汤　滚汤　羹汤　黄汤　衮汤　浩汤
换汤　就汤　金汤　姜汤　鸣汤　老汤
兰汤　琅汤　浪汤　莲汤　米汤　面汤
片汤　泡汤　盆汤　清汤　请汤　热汤
送汤　汤汤　探汤　望汤　温汤　香汤
于汤　用汤　尧汤　禹汤　泱汤　饮汤
雨汤　扬汤　原汤　张汤
白菜汤　般若汤　豆蔻汤　沸如汤　灌米汤
混沌汤　木樨汤　迷魂汤　七香汤　石盆汤
续命汤　酸梅汤　蟹眼汤　竹垆汤
吃迷魂汤　蹈火赴汤　固若金汤　喝迷魂汤
如盘如汤　一片黄汤　诈忠张汤
吃了迷魂汤/一个老鼠坏了一锅汤/一只老鼠害了一锅汤/

镗

tāng　又音 táng　拟声词

镗镗
鼓声镗镗

唐

táng　①夸大。②门前的大路。③空。④广大貌。⑤朝代名。

北唐　磅唐　采唐　高唐　歌唐　后唐
荒唐　黄唐　兰唐　南唐　李唐　明唐
旁唐　陂唐　前唐　三唐　盛唐　唐唐
陶唐　颓唐　挽唐　西唐　咸唐　虞唐
中唐
冠有唐　绝高青　老冯唐　叹冯唐
供奉忠唐　汉文责唐　祖逖南唐

塘

táng　①堤岸。②浴池。③水池。

拗塘　陂塘　坝塘　长塘　池塘　春塘
大塘　方塘　芳塘　古塘　归塘　火塘
汉塘　河塘　荷塘　海塘　横塘　寒塘
金塘　龙塘　泥塘　柳塘　练塘　莲塘
藕塘　盆塘　泳塘　钱塘　瞿塘　石塘
水塘　苇塘　新塘　谢塘　月塘　鱼塘
野塘　堰塘　澡塘
春草塘　梦谢塘　习家塘　小池塘　洗澡塘
脂粉塘
春草池塘　灵运池塘　梦草池塘
春草梦池塘/

搪

táng　①抵拒。②抹上，涂上。③支吾。

抵搪　推搪　撞搪
砌词推搪

溏

táng　①泥浆。②水池。

滂溏

螗

táng　古书上指蝉。

蜩螗　沸螗

糖

táng　①从甘蔗、米等提制出来的甜东西。②碳水化合物。

白糖　冰糖　棒糖　多糖　低糖　单糖
方糖　肝糖　果糖　红糖　黄糖　黑糖
核糖　姜糖　奶糖　南糖　拿糖　麻糖
蜜糖　绵糖　皮糖　青糖　醛糖　软糖
乳糖　双糖　砂糖　食糖　酥糖　血糖
饧糖　喜糖　硬糖　饴糖　制糖　蔗糖
关东糖　夹心糖　口香糖　丁丁糖　扭股糖
麦芽糖　绵白糖　泡泡糖　葡萄糖　水果糖
松子糖　芝麻糖　棉花糖　白砂糖　跳跳糖
咖啡糖
不会打仗不吃粮，不会唱歌不卖糖/

糖 táng 赤色。

紫糖

堂 táng ①朝堂，公堂。②正房。③专供某种用途的房屋。④表示同祖父的亲属关系。⑤尊称他人的父母。⑥古代国君行礼、理政的处所。

拗堂 庵堂 白堂 北堂 拜堂 碧堂
参堂 穿堂 祠堂 垂堂 穿堂 草堂
禅堂 辞堂 大堂 东堂 当堂 登堂
殿堂 嫡堂 发堂 法堂 佛堂 饭堂
福堂 工堂 公堂 光堂 更堂 过堂
高堂 坏堂 会堂 哄堂 华堂 黄堂
烧堂 混堂 画堂 九堂 京堂 金堂
郊堂 讲堂 教堂 静堂 孔堂 肯堂
客堂 课堂 龙堂 兰堂 礼堂 令堂
炉堂 弄堂 亮堂 灵堂 棣堂 门堂
名堂 明堂 茅堂 牧堂 庙堂 满堂
炮堂 跑堂 琴堂 上堂 升堂 昇堂
寿堂 射堂 疏堂 陛堂 食堂 鳣堂
天堂 同堂 厅堂 退堂 拖堂 堂堂
帷堂 下堂 心堂 玄堂 学堂 享堂
雪堂 萱堂 虚堂 玉堂 言堂 月堂
阴堂 印堂 浴堂 雁堂 中堂 正堂
在堂 朱堂 坐堂 尊堂 照堂 斋堂
澡堂 爱堂
白云堂 白玉堂 不下堂 翠寒堂 大会堂
画锦堂 九子堂 六鹤堂 纪念堂 聚星堂
礼拜堂 亮堂堂 木兰堂 貌堂堂 泌君堂
群言堂 清心堂 清香堂 入享堂 十二堂
三希堂 射鸭堂 戏鸿堂 秀色堂 一言堂
育婴堂 有美堂 偃月堂 野香堂 政事堂
醉白堂 昼锦堂
对簿公堂 杜甫草堂 荟萃一堂 济济一堂
金玉满堂 金马玉堂 肯构肯堂 七品黄堂
人间天堂 入室升堂 四世同堂 私设公堂
五代同堂 魏野草堂 相貌堂堂 仪表堂堂
燕雀处堂 众笑哄堂 正正堂堂 子孙满堂
坐不垂堂 五世同堂
不登大雅之堂/登大雅之堂/家累千金，坐不垂堂/贫贱之知不可忘，糟糠之妻不下堂/千金之子坐不垂堂/

樘 táng ①门框。②量词。

窗樘 门樘

膛 táng ①体腔。②器物中空的地方。

弹膛 滑膛 开膛 炉膛 脸膛 枪膛
上膛 线膛 胸膛 灶膛
长脸膛
四方脸膛 挺起胸膛

螳 táng 螳螂。

蜩螳 秋螳

棠 táng 植物名。

爱棠 发棠 古棠 甘棠 海棠 锦棠
棣棠 青棠 雒棠 如棠 沙棠 野棠
召棠 坐棠
秋海棠 召伯棠 召南棠 召公棠
春睡海棠 红瘦海棠 含烟海棠 红云海棠
奇节任棠 乡人海棠 香风海棠 召伯甘棠
照水海棠 醉容海棠

帑 tǎng ①指收藏钱财的府库。②国家库藏的金帛。

币帑 仓帑 府帑 公帑 国帑 禁帑
内帑 妻帑 私帑

倘 tǎng 又音 cháng 假设，如果。

清倘 假倘

惝 tǎng 失意。

廓惝

淌 tǎng 流。

流淌
往下淌

耥 tǎng 平田地的农具。

耘耥

躺 tǎng ①身体横卧。②死的婉辞。

横躺 平躺 斜躺
和衣躺 炕上躺

傥 tǎng ①［倜傥］洒脱不拘。②精神恍惚。

倜傥　清傥　俶傥　傥傥

风流倜傥　风流俶傥

烫 tàng ①被高温接触后感觉疼痛。②用高温触物，使物体起变化。

电烫　光烫　滚烫　火烫　冷烫　水烫

熟烫

化学烫

死猪不怕开水烫/

趟 tàng 又音 tāng 量词。

铲趟　光趟　赶趟　跟趟

囔 nāng 又音 náng 囔囔，小声说话。

嘟囔　囔囔

闹囔囔

嘟嘟囔囔

囊 náng 又音 nāng ①口袋。②用袋子装东西。③象袋子的东西。

冰囊　宝囊　被囊　豹囊　处囊　常囊

赀囊　撮囊　胆囊　倒囊　风囊　复囊

浮囊　饭囊　革囊　肝囊　鼓囊　笏囊

宦囊　酒囊　胶囊　笈囊　颊囊　绛囊

解囊　锦囊　精囊　空囊　括囊　毛囊

米囊　墨囊　满囊　皮囊　票囊　傍囊

佩囊　缥囊　革囊　气囊　青囊　缺囊

悭囊　磬囊　倾囊　擎囊　阮囊　书囊

私囊　诗囊　砂囊　索囊　肾囊　嗦囊

缩囊　土囊　探囊　胃囊　寓囊　行囊

泻囊　奚囊　香囊　绣囊　箱囊　一囊

印囊　阴囊　遗囊　萤囊　银囊　药囊

隐囊　子囊　早囊　皂囊　珠囊　智囊

锥囊

臭皮囊　赤白囊　承露囊　金猪囊　捡药囊

佩英囊　气囊囊　上书囊　锁云囊　压酒囊

一钱囊　紫罗囊　锥处囊　紫荷囊　锥在囊

古锦诗囊　古锦句囊　晁错智囊　鼓鼓囊囊

君游布囊　酒瓮饭囊　季长绣囊　揭箧担囊

吕置夹囊　李贺锦囊　李贺诗囊　慷慨解囊

胠箧探囊　王女产囊　秀长绣囊　杆穿皮囊

衣架饭囊　中饱私囊

诸葛亮的锦囊/

曩 nǎng ①从前。②表示时间副词，相当于"昔"、"往"。

悲曩　畴曩　怀曩　缅曩　玄曩　由曩

殊曩

啷 lāng 当啷，拟声词。

当啷　嚁啷　嗟啷　哐啷　啷啷　噔啷

丁零当啷

郎 láng 又音 làng ①旧时妇女对丈夫或所爱的人的称呼。②官名。③称别人的儿子。④旧时对一般男子的尊称。⑤旧时对从事某种职业者的称呼。

八郎　伴郎　才郎　冬郎　法郎　粉郎

歌郎　可郎　花郎　货郎　江郎　六郎

牛郎　女郎　令郎　老郎　刘郎　泥郎

犂郎　马郎　芒郎　彭郎　潘郎　求郎

情郎　潜郎　二郎　儿郎　阮郎　十郎

山郎　沈郎　侍郎　孙郎　省郎　叔郎

散郎　田郎　台郎　檀郎　王郎　我郎

小郎　夕郎　仙郎　行郎　星郎　萧郎

贤郎　新郎　婿郎　玉郎　牙郎　议郎

夜郎　渔郎　中郎　竹郎　周郎　资郎

诸郎　斋郎　何郎　支郎

哀鸟郎　白面郎　陛楯郎　放牛郎　粉署郎

好儿郎　胡须郎　黄头郎　黑面郎　金壳郎

校书郎　女中郎　二婚郎　水部郎　屎壳郎

同心郎　田舍郎　探花郎　同舍郎　乌衣郎

孝廉郎　修文郎　响屧郎　羽林郎　扬六郎

员外朗　游治郎　紫薇郎　傅粉郎

白首为郎　丁零当郎　傅粉何郎　顾曲周郎

黄门侍郎　吉普女郎　女绿衣郎　门下侍郎

前度刘郎　缩葱侍郎　天壤王郎　玉貌潘郎

颜驷为郎　坐稳王郎　掷巾渡郎　掷果潘郎

认奴作郎

崔鸳鸯送郎/莲花似六郎/易求无价宝，难得有情郎/易求元价宝，难得有心郎/

廊 láng ①正房两边的通道。②廊檐。③走廊。

长廊　重廊　穿廊　东廊　发廊　房廊

高廊　回廊　画廊　横廊　阶廊　廖廊

连廊　门廊　庙廊　曲廊　绕廊　西廊

轩廊　修廊　月廊　岩廊　倚廊　游廊
走廊
滴空廊　曲曲廊　响屧廊　月转廊
敞履东廊　河西走廊　空中走廊　辽西走廊

榔 láng　［榔头］锤子。

槟榔　桄榔

螂 láng　［螳螂］俗名“刀螂”，一种食虫性昆虫，前脚很发达，好像镰刀。

刀螂　蛇螂　蚂螂　蜣螂　螳螂　蟑螂
雀捕螂
挡轮螳螂　挂斧螳螂　雀捕螳螂　雀伺螳螂
无声螳螂　有勇螳螂

狼 láng　①一种像狗的野兽。②凶狠。③星名。

白狼　豺狼　豹狼　打狼　恶狼　饿狼
虎狼　封狼　黄狼　饥狼　两狼　寥狼
老狼　秦狼　群狼　山狼　鼠狼　天狼
贪狼　文狼　畏狼　野狼
白眼狼　大灰狼　打豺狼　当道狼　黄鼠狼
射天狼　心是狼　野心狼　中山狼
车夫与狼　单于配狼　拒虎进狼　龙江虎狼
牧童和狼　驱羊战狼　人皮豺狼　投界虎狼
屠遇两狼　使羊将狼
东郭先生救狼/官虎而吏狼/前门去虎，后门进狼/前门拒虎，后门进狼/舍不得孩子打不了狼/舍不得孩子套不住狼/舍不得孩子，骗不住狼/虽有亲父，安知其不为虎；虽有亲兄，安知其不为狼/

琅 láng　①形状像珠的美石。②拟声词。③洁白。

八琅　仓琅　珐琅　金琅　圹琅　林琅
玲琅　琅琅　琳琅　青琅　堂琅　玉琅
书声琅琅

稂 láng　狗尾草。

不稂　草稂　苍稂　大稂　复稂　积稂
农稂　稂稂　凶稂

朗 lǎng　①明朗。②声音清楚。③明亮。④响亮。

才朗　聪朗　洞朗　更朗　高朗　滉朗
豁朗　浚朗　隽朗　洁朗　炯朗　绝朗
开朗　健朗　克朗　旷朗　朗朗　燎朗
明朗　气朗　清朗　晴朗　悽朗　日朗
润朗　爽朗　疏朗　天朗　傥朗　坦朗
通朗　外朗　行朗　秀朗　轩朗　星朗
稀朗　萧朗　英朗　月朗　硬朗　玉朗
有朗　贞朗　藻朗　珠朗
光朗朗　明朗朗　晴朗朗　疏朗朗　硬朗朗
风清月朗　豁然开朗　秋空爽朗　清新爽朗
爽爽朗朗　天气晴朗　天色爽朗　天气清朗
天空明朗　天晴月朗　稀稀朗朗　笑声朗朗
腰板硬朗　硬硬朗朗　中秋月朗

莨 làng　多年生草本植物。

水莨

阆 làng　又音 láng　①［阆中］在四川省。②高大。③空旷。

重阆　闳阆　阆阆　土阆　罔阆

浪 làng　①大波。②像波浪起伏的东西。③放纵。④鼓动。⑤放荡。⑥淫荡。

比浪　白浪　波浪　奔浪　摆浪　碧浪
仓浪　苍浪　沧浪　池浪　层浪　冲浪
茶浪　翠浪　大浪　叠浪　恶浪　风浪
放浪　发浪　浮浪　翻浪　鼓浪　红浪
海浪　荒浪　骇浪　黑浪　湖浪　巨浪
江浪　金浪　惊浪　蛟浪　驾浪　锦浪
激浪　乐浪　逆浪　浡浪　浪浪　流浪
绿浪　柳浪　聊浪　淋浪　澜浪　谑浪
麦浪　孟浪　茫浪　猛浪　拍浪　破浪
劈浪　气浪　起浪　声浪　碎浪　识浪
素浪　吐浪　踏浪　汪浪　血浪　胥浪
细浪　雪浪　玉浪　一浪　衣浪　月浪
余浪　鱼浪　涝浪　淫浪　烟浪　银浪
游浪　幽浪　遊浪　浊浪　逐浪　纵浪
白头浪　风浪浪　风破浪　鲲鲸浪　连天浪
千层浪　千重浪　千叠浪　轻白浪　如山浪
三伋浪　桃花浪　万里浪　胥门浪　饮杯浪
影入浪
不需烟浪　步衬潘浪　被翻红浪　长风破浪
乘风破浪　大风大浪　风流博浪　歌潮乐浪
花翻白浪　黑风恶浪　黑波浊浪　骏波虎浪
久经风浪　惊涛骇浪　惊风骇浪　金沙碧浪
金色稻浪　金黄麦浪　鲸波怒浪　狂风恶浪

狂风巨浪　狂涛恶浪　逆风恶浪　棉田银浪
棉田白浪　劈波斩浪　劈风斩浪　推涛作浪
无风起浪　行人如浪　兴风作浪　掀波鼓浪
险风恶浪
长江后浪推前浪/长江后浪催前浪/后浪推前浪/乘长风，破万里浪/一石激起三层浪/

冈 gāng ①山脊。②山坡。

昆冈　青冈　山冈　长冈
景阳冈
轼谪黄冈

刚 gāng ①坚强。②副词，才正好。③坚硬。④正恰

才刚　燥刚　方刚　过刚　刚刚　好刚
坚刚　金刚　力刚　内刚　气刚　青刚
人刚　柔刚　天刚　太刚　文刚　五刚
吴刚　骍刚　恬刚　用刚　阳刚　幽刚
懿刚　自刚　志刚　挚刚
百练刚　君子刚　膂力刚　柔制刚　柔胜刚
秉性坚刚　膂力方刚　气血方刚　柔中有刚
茹柔吐刚　四大金刚　血气方刚　以柔克刚
至大至刚　柔能制刚

纲 gāng ①提纲的大绳。②唐代成批押运货物的计数编号。③事物的总要。④系束。⑤纠正。⑥生物学上的分类系统。⑦大网。

不纲　本纲　荣纲　垂纲　朝纲　愁纲
翠纲　大纲　斗纲　地纲　党纲　夫纲
法纲　纲纲　国纲　宏纲　花纲　皇纲
纪纲　立纲　李纲　粮纲　乾纲　人纲
弱纲　三纲　上纲　天纲　提纲　网纲
维纲　绣纲　云纲　元纲　盐纲　在纲
抓纲　政纲　张纲　振纲　总纲
柏台纲　第一纲　花石纲　四方纲
浚沮李纲　挈领提纲　振领提纲　若网在纲
四方之纲　举其宏纲

棡 gāng 青棡，落叶乔木。

青棡

钢 gāng 又音 gàng 经过提炼不含硫、磷杂质的铁。

鞍钢　扁钢　出钢　磁钢　槽钢　法钢
方钢　锋钢　蟠钢　硅钢　铬钢　加钢
角钢　精钢　炼钢　镍钢　玛钢　锰钢
硼钢　软钢　纯钢　铄钢　烁钢　条钢
钨钢　矽钢　型钢　元钢　圆钢　殷钢
轧钢
不锈钢　百炼钢　玻璃钢　丁字钢　低碳钢
工字钢　硅锰钢　高碳钢　羊头钢　中碳钢
志如钢　争气钢
百炼成钢
恨铁不成钢/人是铁，饭是钢/

扛 gāng 又音 káng ①两手举（重物）。②多人抬一物。

力扛　抬扛
力能扛　卯金扛

肛 gāng 肛门。

脱肛　痛肛

缸 gāng ①盛东西的器物。②用陶瓷，玻璃等制成的容器。③像缸的器物。

百缸　补缸　茶缸　春缸　翠缸　大缸
冬缸　顶缸　浮缸　烘缸　金缸　酒缸
酱缸　开缸　满缸　蜜缸　气缸　汽缸
秋缸　染缸　石缸　水缸　糖缸　瓦缸
玉缸　鱼缸　浴缸　银缸　腌缸
不满缸　玻璃缸　倒一缸　金鱼缸　守槽缸
小瓦缸　烟灰缸　酌玉缸　紫泉缸
鲁直彩缸　山谷彩缸
当家人，恶水缸/当家人是恶水缸/猪婆龙为殃，癞头鼋顶缸/

罡 gāng ［天罡星］即北斗星。

天罡
马鞍罡
三十六天罡/

岗 gǎng 又音 gāng ①高起的土坡。②岗位，哨岗。

布岗　查岗　顶岗　风岗　高岗　换岗
昆岗　岭岗　门岗　平岗　青岗　乾岗
如岗　上岗　设岗　土岗　下岗　云岗
站岗　陡岗
黄土岗　敌坟岗　千重岗　水青岗　万夫岗
万仞岗　黄花岗

港 gǎng ①江河的支流。②可以停泊大船的江海口岸。③指香港。④港口或港湾的简称。

草港 汊港 荻港 夺港 断港 鹅港
封港 樊港 归港 沟港 汉港 河港
花港 荷港 海港 寒港 军港 金港
领港 流港 鲁港 柳港 秋港 入港
石港 双港 水港 收港 商港 外港
小港 新港 香港 夏港 引港 油港
渔港 正港 支港 竹港 争港 窄港
不冻港 避风港 甘棠港 航空港 寒芦港
女儿港 暖水港 枇杷港 石墨港 深水港
太子港 月子港 自由港
塘沽新港

杠 gàng ①床前的横木。②竹木竿。③较粗的棍子。

顶杠 单杠 杠杠 滚杠 画杠 金杠
空杠 木杠 撬杠 石杠 双杠 天杠
抬杠 徒杠 铁杠 云杠 竹杠
笔如杠 高低杠 看天杠 敲竹杠 抬竹杠
顶嘴抬杠

康 kāng ①广大之意。②逸乐。③富裕。④健康。⑤褒扬。

安康 成康 杜康 阜康 富康 韩康
降康 健康 建康 宁康 乐康 丽康
及康 平康 靖康 少康 太康 武康
惟康 小康 忆康 永康 用康
大小康 茀禄康 顾长康 时俗康 寿而康
长乐永康 家道小康 身心健康 物阜民康

慷 kāng ①［慷慨］情绪激昂。②性格豪放。③感慨。

悲慷 忼慷 慨慷
慨而慷

槺 kāng ［槺梁］器物长大，笨重，用起来不方便。

梆槺

糠 kāng ①从稻、麦等子实上脱下来的皮。②空。

矮糠 粃糠 秕糠 簸糠 吃糠 稻糠
飞糠 谷糠 砻糠 米糠 麦糠 舐糠
筛糠 烧糠 迪糠 扬糠
不弃糟糠 尘后粃糠 陈平食糠 破米糟糠
贫贱成糠

鱇 kāng ［鮟鱇］鱼，全身无鳞，头大而扁，通称老头儿鱼。

鱇

扛 káng 又音 gāng 用肩膀承担物体。

鼎可扛
韩文鼎扛

亢 kàng ①高。②高傲。③过甚。④庇护。

骜亢 督亢 高亢 过亢 刚亢 角亢
矫亢 绝亢 骄亢 蹇亢 气亢 强亢
不卑不亢 嗓音高亢

伉 kàng ①对等。②正直。③骄纵。

比伉 辞伉 高伉 骄伉 伉伉 阆伉
卫伉 又伉 直伉

抗 kàng ①抵御。②匹敌。③高举。④收藏。

不抗 电抗 对抗 抵抗 反抗 高抗
拒抗 矫抗 力抗 狠抗 莫抗 清抗
如抗 三抗 违抗 顽抗 相抗 阻抗
不能抗 不敢抗 巢由抗 龙首抗
负隅顽抗 迹近违抗 两相对抗 软磨硬抗
死力抵抗

炕 kàng ①烤干。②北方用的一种床。

地炕 火炕 尿炕 落炕 暖炕 热炕
上炕 土炕 胥炕 阳炕 砖炕

夯 hāng 又音 bèn ①砸地基的工具。②用夯砸。

大夯 打夯 石夯 砸夯
蛤蟆夯

行 háng 又音 xíng ①行列。②职业。③某些营业性的机构。④排行。⑤行伍。⑥行业。⑦质量差。

百行 本行 半行 班行 辈行 次行
成行 车行 重行 错行 大行 当行
道行 单行 断行 懂行 分行 公行
改行 隔行 后行 行行 画行 儿行
节行 军行 脚行 接行 六行 内行
两行 农行 粮行 米行 目行 排行

前行 戎行 十行 双行 诗行 饰行
数行 商行 随行 太行 同行 提行
跳行 无行 外行 武行 微行 一行
有行 牙行 洋行 银行 雁行 鸳行
子行 中行 在行 仄行 总行 周行
转行 糟行
大排行 电料行 弟子行 老在行 汨成行
全武行 十二行 舞成行 鹓鹭行 一行行
岸柳成行 成畦成行 成队成行 灯杆成行
方家周行 改玉改行 久历戎行 缕缕行行
目下十行 七十二行 畦畦行行 三十六行
十目十行 树木成行 秀出班行 一目十行
蓼莱成行
干一行爱一行/千行万行，庄稼是头一行/敲锣卖糖，各搞一行/敲锣卖糖，各执一行/敲锣卖糖，各干一行/三百六十行/三句不离本行/三句话不离本行/桃李不言，下自成行/做一行怨一行/

吭 háng 又音 kēng 喉咙，嗓子。

弄吭 清吭 圆吭 引吭

杭 háng 杭州，地名，在浙江省。

苏杭 天杭 余杭
勾践杭 一苇杭
上有天堂，下有苏杭/

颃 háng ［颉颃］ ①鸟上下飞动。②泛指不相上下。

颉颃

航 háng ①船。②两船相并成的浮桥。③航行。④在空中飞行。

出航 沉航 綵航 慈航 导航 法航
返航 浮航 归航 护航 呼航 开航
立航 领航 难航 楼航 民航 迷航
裴航 起航 轻航 潜航 乘航 试航
续航 停航 通航 梯航 晚航 误航
巡航 引航 宇航 远航 夜航 野航
舟航
不送航 处女航 送归航 万里航 朱雀航
治水航
飞机起航 俊逸裴航 空中护航 通信导航
石压归航 巡逻护航

肚子里撑船，内航（行）/

沆 hàng ①大水。②［莽沆］水面广阔貌。

漭沆 朝沆 尘沆 到沆 沆沆 瀣沆
大水沆 金茎沆

张 zhāng ①把弦绷在弓上。②紧弓。③展开。④看、望。⑤铺陈。⑥陈设。⑦扩大。⑧张开。

并张 毕张 班张 擘张 弛张 重张
操张 鸱张 定张 分张 范张 共张
关张 供张 更张 改张 乖张 高张
蹶张 彀张 恢张 慌张 赫张 烜张
机张 金张 惊张 紧张 开张 扩张
夸张 弩张 廓张 平张 皮张 拍张
铺张 鹏张 千张 全张 二张 三张
庶张 苏张 声张 伸张 舒张 寿张
森张 随张 掞张 施张 夕张 枵张
先张 翕张 新张 萧张 诩张 雄张
虚张 嚣张 页张 印张 样张 主张
周张 舟张 侏张 钟张 珠张 纸张
展张 侜张 终张 辀张 诪张 曲张
典文张 翠盖张 画眉张 金帆张 暮云张
纸千张
薄如纸张 草木知张 敌焰嚣张 动作夸张
改弦更张 纲举目张 慌里慌张 慌慌张张
解弦更张 剑拔弩张 静脉曲张 气焰嚣张
气势开张 铺陈辉张 神色慌张 五角六张
扬厉铺张 指李推张 自作主张 嘴巴一张
五李三张
秀才人情纸半张/再打锣鼓另开张/

章 zhāng ①音乐一曲为一章。②条款。③表彰。④奏章。⑤章程。⑥戳记。⑦佩带在身上的标志。⑧文采。⑨条理。⑩印章。

矮章 本章 表章 宝章 报章 拜章
辨章 臂章 词章 成章 宸章 残章
辞章 酬章 大章 队章 党章 典章
短章 断章 雕章 飞章 封章 夏章
公章 规章 盖章 会章 华章 洪章
含章 鸿章 徽章 九章 句章 决章
旧章 金章 肩章 建章 简章 奖章
考章 枯章 奎章 大章 令章 龙章

兰章　鸟章　绿章　领章　露章　名章
蜜章　扦章　平章　便章　评章　篇章
曲章　琼章　荣章　三章　上章　私章
身章　尚章　神章　诗章　天章　团章
图章　铜章　文章　五章　违章　挽章
薇章　兄章　闲章　相章　显章　宪章
袖章　胸章　勋章　像章　一章　云章
有章　乐章　羽章　印章　饮章　粇章
詠章　倚章　雅章　韵章　豫章　彝章
卒章　证章　周章　真章　章章　奏章
尊章　总章
八素章　第一章　法三章　汉三章　黄竹章
纪念章　急救章　律九章　木千章　五色章
绾银章　云汉章　有文章　做文章　知文章
笔晕墨章　出口成章　出言有章　大有文章
大块文章　反面文章　竟尚佳章　黼黻文章
官样文章　竟尚佳章　刻章琢章　落笔成章
历史篇章　李杜文章　狼狈周章　墨绶铜章
斐然文章　斐然成章　七步成章　染翰成章
水晕墨章　私刻公章　顺理成章　率由旧章
煞费周章　索贴元章　文物典章　绚出文章
下笔成章　橡皮图章　约法三章　杂乱无章
紫绶金章　摘句寻章　游戏文章　河女之章
三俟之章　龙蛇之章
世事洞明皆学问，人情练达即文章/嬉笑怒骂皆成文章/华星秋月之章/

彰 zhāng ①明显。②表彰。③宣扬。

不彰　表彰　褒彰　曹彰　德彰　功彰
焕彰　孔彰　弥彰　明彰　义彰　知彰
昭彰　彰彰　滋彰
道益彰　法度彰
臭名昭彰　穷迹昭彰　跌宕昭彰　相得益彰
欲盖弥彰　罪恶昭彰　众目昭彰
不颠不狂，其名不彰/

獐 zhāng 即“牙獐”，獐子。

得獐　黄獐　弄獐　麕獐　射獐　王獐
香獐　牙獐　银獐
失林獐　猿与獐
王子训獐

漳 zhāng 漳河，发源山西，流至河北省。

河漳　衡漳　交漳　临漳　清漳　浊漳

嫜 zhāng ①丈夫的父亲。②丈夫之兄称“兄嫜”。

姑嫜　兄嫜　尊嫜

璋 zhāng ①一种玉器。②明。

大璋　奉璋　圭璋　珪璋　金璋　弄璋
受璋　牙璋　用璋　有璋　中璋
玉以璋

樟 zhāng 樟树，常绿乔木。

杠樟　洪樟　枯樟　乌樟　香樟　豫樟

长 zhǎng 又音 cháng ①生长。②年纪大。③发育。④增加。⑤排行第一的。⑥机关、团体的负责人。⑦抚养。⑧崇尚。

百长　保长　伯长　部长　宾长　班长
部长　薄长　厂长　次长　处长　成长
村长　齿长　船长　痴长　潮长　队长
都长　道长　丰长　疯长　工长　官长
股长　馆长　户长　后长　会长　行长
见长　甲长　机长　局长　君长　军长
郡长　敬长　舰长　家长　驾长　警长
克长　科长　快长　年长　里长　连长
旅长　排长　区长　妻长　酋长　耆长
山长　少长　司长　市长　生长　首长
社长　色长　速长　所长　省长　师长
稍长　遂长　土长　天长　屯长　厅长
团长　亭长　侗长　徒长　探长　庭长
腾长　外长　伍长　小长　乡长　兄长
兴长　学长　相长　县长　消长　校长
新长　雄长　异长　议长　院长　营长
药长　子长　作长　仲长　助长　争长
苗长　组长　站长　总长　尊长　镇长
族长　增长　滋长
百夫长　部队长　参谋长　草木长　春草长
董事长　护士长　见风长　检察长　列车长
轮机长　理事长　兰台长　马齿长　秘书长
青春长　水手长　司务长　事务长　五湖长
委员长　五谷长　一日长　纵约长
不管部长　拔苗助长　独阳不长　根生土长

教学相长　目无尊长　蔓延滋长　群忧渐长
潜滋暗长　土生土长　腾薛争长　揠苗助长
莺飞草长　茁壮成长

涨 zhǎng　又音 zhàng　①增长。②价格提高。③水量增加。

川涨　初涨　池涨　暴涨　潮涨　飞涨
高涨　河涨　回涨　看涨　怒涨　绿涨
猛涨　泉涨　如涨　上涨　升涨　夕涨
溪涨　新涨　雨涨　潴涨
潮水涨
河水暴涨　物价飞涨

掌 zhǎng　①手心。②用掌打。③把持。④鞋底前后打的补丁。⑤主管。⑥手拿。

巴掌　焠掌　对掌　抵掌　鹅掌　反掌
抚掌　拊掌　覆掌　高掌　股掌　孤掌
鼓掌　合掌　红掌　巨掌　击掌　脚掌
胶掌　灵掌　马掌　摩掌　磨掌　皮掌
拍掌　权掌　如掌　手掌　神掌　舒掌
陏掌　推掌　铁掌　握掌　仙掌　熊掌
一掌　运掌　鞅掌　执掌　指掌　职掌
八卦掌　巨灵掌　了若掌　平如掌　拍巴掌
三击掌　铁沙掌　仙人掌
惊拳合掌　了如指掌　难鸣孤掌　烂若披掌
明如指掌　摩拳擦掌　如指诸掌　惜指失掌
易如反掌　鱼与熊掌

丈 zhàng　①长度单位。②称长辈男子。③丈夫。④丈量。

百丈　尺丈　方丈　姑丈　函丈　涵丈
姐丈　老丈　累丈　妹丈　墨丈　千丈
清丈　石丈　市丈　数丈　万丈　五丈
寻丈　亿丈　岳丈　姨丈　寅丈　野丈
盈丈　姊丈
光万丈　汉阴丈　平方丈　千万丈　三千丈
松千丈　杏檀丈
光芒万丈　光焰万丈　火冒三丈　高辛嫁丈
和峤千丈　怒涛万丈　气焰万丈　日高三丈
日落千丈　食前方丈　一落千丈　势焰万丈
道高一尺，魔高一丈/佛高一尺，魔高一丈/你敬我一尺，我敬你一丈/魔高一尺，道高一丈/他敬我一尺，我敬他一丈/

仗 zhàng　①兵器。②凭借。③拿着。④仪仗。⑤战斗战事。

半仗　宝仗　兵仗　败仗　爆仗　彩仗
大仗　打仗　对仗　队仗　恶仗　放仗
俯仗　干仗　国仗　行仗　落仗　甲仗
据仗　开仗　铠仗　内仗　立仗　列仗
犁仗　粮仗　派仗　凭仗　排仗　炮仗
千仗　全仗　泣仗　器仗　入仗　软仗
失仗　私仗　死仗　胜仗　深仗　天仗
五仗　委仗　信仗　选仗　细仗　仙仗
雪仗　玉仗　仪仗　依仗　押仗　仰仗
倚仗　雅仗　硬仗　执仗　阵仗　指仗
资仗
打硬仗　打雪仗　打嘴仗　打恶仗　反修仗
翻身仗　黄麾仗　政治仗
明火执仗

杖 zhàng　①拐棍。②泛指棍棒。③古刑法名。④拷打。⑤执持。⑥凭借。

哀杖　兵杖　齿杖　拄杖　禅杖　策杖
笞杖　棰杖　箠杖　大杖　代杖　夺杖
负杖　扶杖　拐杖　谷杖　荷杖　挥杖
盒杖　虎杖　儿杖　击杖　金杖　直杖
抉杖　刻杖　犁杖　黎杖　藜杖　面杖
明杖　魔杖　泣杖　邛杖　水杖　双杖
手杖　受杖　廷杖　停杖　投杖　臀杖
铁杖　苇杖　行杖　削杖　雪杖　锡杖
玉杖　倚杖　银杖　御杖　自杖　竹杖
折杖　蔗杖　置杖　颤杖　落杖
步月杖　成龙杖　过头杖　擀面杖　化龙杖
壶公杖　荷蓧杖　扶老杖　九节杖　敲门杖
夸父杖　青竹杖　桑节杖　同事杖　延年杖
寻春杖
伯俞泣杖　百钱挂杖　韩亿索杖　刘宽带杖
龙头拐杖　拿刀动杖　拿刀弄杖　明火执杖
明火持杖　三澄逃杖　长房骑杖

帐 zhàng　①床帐。②帐幕。③古代游牧民族计算人户的单位。④同“账”。

艾帐　宝帐　报帐　逼帐　黼帐　出帐
床帐　冲帐　拆帐　毳帐　查帐　翠帐
撤帐　大帐　斗帐　呆帐　趸帐　抵帐
登帐　倒帐　付帐　放帐　覆帐　过帐
共帐　供帐　挂帐　该帐　管帐　后帐

会帐　花帐　划帐　还帐　黄帐　虎帐
混帐　核帐　黑帐　甲帐　交帐　计帐
旧帐　记帐　进帐　讲帐　结帐　绛帐
锦帐　假帐　稽帐　开帐　空帐　了帐
内帐　老帐　拉帐　冷帐　罗帐　庐帐
烂帐　赖帐　搂帐　马帐　买帐　幔帐
赔帐　盘帐　千帐　欠帐　轻帐　寝帐
清帐　入帐　认帐　上帐　升帐　舍帐
收帐　设帐　纱帐　赊帐　素帐　煞帐
算帐　撒帐　缌帐　天帐　讨帐　搪帐
万帐　无帐　蚊帐　武帐　卧帐　帏帐
小帐　写帐　细帐　香帐　销帐　新帐
乙帐　云帐　牙帐　玉帐　衣帐　押帐
营帐　要帐　盈帐　营帐　鸳帐　折帐
轧帐　总帐　珠帐　纸帐　转帐　祖帐
总帐　毡帐　旃帐　族帐　帱帐
不认帐　不买帐　百子帐　变天帐　长春帐
打烂帐　扶风帐　芙蓉帐　翡翠帐　翻老帐
红珠帐　糊涂帐　红罗帐　金花帐　九华帐
绛纱帐　鲛绡帐　流水帐　流苏帐　临窗帐
琉璃帐　明细帐　马融帐　青纱帐　日记帐
树如帐　现金帐　序时帐　血泪帐　银灯帐
一本帐　云叶帐　云母帐　阎王帐　竹床帐
查子帐
画付酒帐　绛纱坐帐　立地勾帐　马融绛帐
二疏供帐　秋后算帐
亲兄弟，明算帐/

账 zhàng ①关于钱财出入的记载。②指记钱财收出的本子。③债务。

报账　出账　冲账　拆账　查账　陈账
呆账　抵账　顶账　倒账　分账　付账
放账　过账　挂账　后账　会账　还账
坏账　花账　旧账　交账　结账　借账
开账　了账　立账　拉账　老账　烂账
赖账　落账　买账　盘账　劈账　清账
算账　讨账　退账　贪账　小账　下账
血账　细账　锁账　押账　折账　走账
总账
不买账　翻老账　糊涂账　流水账　算老账
算总账　现金账　阎王账
亲兄弟，明算账

胀 zhàng ①体积变大。②身体内壁受到压迫而不舒服。

发胀　腹胀　鼓胀　逆胀　膨胀　痞胀
溶胀　热胀　肉胀　肿胀
线膨胀　热膨胀　肚子胀
通货膨胀
癞蛤蟆上蒸笼，气鼓气胀/

涨 zhàng 又音 zhǎng ①体积增大。②充满。③多出来。

春涨　飞涨　寒涨　溟涨　猛涨　沙涨
雪涨　乍涨
金波涨　篱根涨　鸣寒涨　蓬壶涨　秋台涨
桃花涨　添新涨　玉绞涨
头昏脑涨

障 zhàng ①阻塞。②阻碍。③遮蔽。④防范。⑤边塞上的小城。⑥似屏障的山峰。

百障　保障　板障　报障　步障　壁障
蔽障　城障　风障　故障　画障　花障
金障　锦障　内障　林障　理障　路障
离障　孽障　矛障　满障　魔障　屏障
肉障　热障　声障　无障　小障　行障
玉障　音障　绮障　翳障　业障　音障
自障　枕障　竹障　筑障
白内障　金鸣障　锦步障　绿内障　七宝障
青绫障　青霞障
青风内障　天然屏障　圆翳内障

嶂 zhàng 形容高险像屏障的山峰。
、
碧嶂　翠嶂　侧嶂　叠嶂　飞嶂　峰嶂
复嶂　古嶂　列嶂　连嶂　峦嶂　屏嶂
千嶂　青嶂　山嶂　危嶂　险嶂　玉嶂
远嶂　岩嶂
界青嶂　迷千嶂
层峦叠嶂　重峦叠嶂　重岩叠嶂

幛 zhàng 上面题有词句的绸布，用作庆贺或吊唁的礼物。

贺幛　寿幛　挽幛　喜幛

瘴 zhàng 瘴气。

多瘴　毒瘴　病瘴　残瘴　江瘴　南瘴
岚瘴　千瘴　山瘴　胜瘴　无瘴　瘟瘴

香瘴　云瘴　烟瘴
黄芽瘴　青草瘴　山岚瘴　鹦鹉瘴

伥 chāng 传说被老虎咬死的人变成鬼又助虎伤人。
伥伥　怊伥　鬼伥　虎伥
为虎作伥

昌 chāng ①美好貌。②兴盛。③有生之物。④正当。⑤公开。⑥美善。
百昌　保昌　博昌　昌昌　大昌　代昌
道昌　德昌　鼎昌　富昌　福昌　蕃昌
归昌　会昌　活昌　国昌　纪昌　家昌
克昌　南昌　粱昌　隆昌　全昌　寿昌
盛昌　泰昌　文昌　武昌　遐昌　业昌
宜昌　永昌　殷昌　遊昌　作昌
皇献昌　五世昌
顺虏邦昌　习射纪昌　五世其昌

菖 chāng ［菖蒲］多年生草本植物。
白菖　泥菖　石菖　夏菖

猖 chāng 凶猛，狂妄。
披猖　妖猖　嫙猖　娸猖

娼 chāng 妓女。
暗娼　猖娼　市娼　宿娼　私娼　窝娼
逼良为娼　拐良为娼　男盗女娼
口上仁义理智，心里男盗女娼/

鲳 chāng 鲳鱼。
平鲳　银鲳

长 cháng 又音 zhǎng ①长度。②跟"短"相反。③长处。④擅长。⑤正确。⑥常。⑦有擅长某些工作的能力。
波长　彼长　鞭长　臂长　川长　寸长
侈长　度长　断长　方长　弓长　画长
很长　恨长　话长　喙长　久长　挟长
见长　极长　截长　六长　利长　灵长
路长　练长　柳长　漏长　虑长　袅长
曼长　梦长　绵长　漫长　谋长　皮长
偏长　去长　全长　取长　趣长　日长
冗长　色长　伸长　身长　深长　瘦长
善长　擅长　缮长　天长　太长　特长
添长　味长　尾长　微长　心长　兴长
欣长　纤长　狭长　细长　修长　遐长
衣长　永长　用长　优长　音长　延长
夜长　扬长　悠长　长长　专长　周长
总长　最长　王长
鼻毛长　长又长　陈孔长　称所长　春波长
翠带长　春夜长　袜线长　匹练长　情谊长
日舒长　日渐长　手杆长　圣恩长　万年长
万恨长　引杯长　引舆长　野趣长　意味长
醉歌长
尺短寸长　地久天长　短短长长　道路漫长
断短续长　福寿绵长　飞短流长　发短心长
蜚短流长　甘蔗修长　各有所长　刚劲见长
好景不长　河流细长　绝短续长　校短量长
较短量长　较短絜长　来日方长　马瘦毛长
命大福长　眉毛修长　七短八长　弃短取长
情谊深长　儿女情长　日短心长　日久天长
日昝初长　山高水长　水远山长　身体颀长
身体修长　合短补长　说来话长　说短道长
善善从长　竖短色长　拖沓冗长　学有专长
学有所长　一无所长　一日之长　一年长长
一技之长　一中同长　有拙有长　义勇云长
医臂云长　语言冗长　语重心长　源远流长
用意深长　寓意深长　语短情长　眼梢细长
意味深长　竹子修长　纸短情长　昼短情长
尺有所短，寸有所长/寸有所短，尺有所长/凤凰飞在梧桐树，自有旁人说短长/黄鳝鱼鳅不一样长/欢娱嫌夜短，寂寞恨更长/家花没有野花香，野花哪有家花长/李杜文章在，光焰万丈长/懒婆娘的裹脚布，又臭又长/人贫智短，马瘦毛长/人穷智短，马瘦毛长/睡多了梦长/闲觉日偏长/以狼放羊，何能久长/英雄气短，儿女情长/

苌 cháng ①姓。②古书上说的一种类似猕猴桃的植物。
毛苌　鸟苌　姚苌
龙邱苌

场 cháng 又音 chǎng ①考场。②用于收打庄稼或晒粮食的平地。③人物进行活动的场所。④集市场所。⑤一件事的经过。
打场　登场　翻场　赶场　看场　碾场

路场 拼场 起场 秋场 税场 晒场
摊场 外场 一场 扬场 作场 筑场
和氏场 梦一场 小麦场
大哭一场
梦里拾钱，瞎高兴一场/人生一世，大梦一场/

肠 cháng ①内脏之一。②内心。③小腿肚子。

别肠 敝肠 寸肠 衷肠 撑肠 愁肠
大肠 肚肠 断肠 涤肠 肥肠 粉肠
肺肠 腐肠 龟肠 肝肠 刮肠 刚肠
灌肠 回肠 黄肠 饥肠 结肠 锦肠
空肠 枯肠 宽肠 冷肠 沥肠 旅肠
离肠 腊肠 木肠 盲肠 梦肠 盘肠
腔肠 情肠 热肠 柔肠 润肠 石肠
诗肠 思肠 肾肠 它肠 无肠 文肠
刳肠 小肠 心肠 侠肠 绣肠 香肠
羊肠 鱼肠 中肠 衷肠 直肠
刺史肠 断猿肠 挂心肠 黑心肠 横结肠
九回肠 降结肠 女娲肠 热心肠 软心肠
升结肠 搜枯肠 有别肠 猿断肠
草腹菜肠 低语回肠 荡气回肠 佛图涤肠
画饼充肠 共话衷肠 古道热肠 绾无他肠
割肚羊肠 挂肚牵肠 锦绣肝肠 酒落快肠
搅肚蛆肠 酒有别肠 鸟道羊肠 木石心肠
雀儿肚肠 莫若羊肠 菩萨心肠 仁裕剖肠
十二指肠 搜索枯肠 蛇蝎心肠 索尽枯肠
鼠肝鸡肠 鼠肚鸡肠 鼠胆鸡肠 鼠腹鸡肠
铁石心肠 吞刀刮肠 铁打心肠 小肚鸡肠
硬着心肠 蝉腹龟肠 石心铁肠
巴东三峡巫峡长，猿鸣三声断客肠/路险如羊肠/

尝 cháng ①辨别滋味。②试探。③曾经。

不尝 必尝 备尝 饱尝 辩尝 烝尝
对尝 独尝 得尝 啖尝 禘尝 欢尝
何尝 共尝 开尝 品尝 孟尝 亲尝
颀尝 浅尝 歆尝 同尝 体尝 迪尝
未尝 先尝 须尝 新尝 载尝
唤客尝 索酒尝
艰苦备尝

偿 cháng ①归还。②酬报。③赔偿。④抵补。⑤满足。⑥实现。

不偿 补偿 报偿 春偿 酬偿 代偿
抵偿 赔偿 清偿 取偿 无偿 望偿
滑偿 有偿 追偿 责偿
不求偿 不可偿 百金偿 酒债偿 买金偿
十倍偿 诗价偿 诗债偿 索试偿 血来偿
如愿以偿 宿愿得偿 夙愿得偿 战争赔偿

裳 cháng 又音 shang 遮蔽下体的衣裙。

布裳 常裳 垂裳 裳裳 飞裳 缝裳
裂裳 红裳 黄裳 甲裳 旧裳 褰裳
菊裳 练裳 蜆裳 裂裳 霓裳 同裳
无裳 帷裳 仙裳 轩裳 绣裳 缥裳
元裳 羽裳 沾裳
丹霞裳 芙蓉裳 公子裳 江罗裳 褰帷裳
柳丝裳 六铢裳 青锦裳 藕丝裳 薜作裳
薜荔裳 五色裳 小衣裳 竹叶裳
衮衣绣裳

常 cháng ①经常。②永久。③普通。④常规。⑤伦常。⑥日常的。⑦一般的。

不常 布常 保常 败常 常常 陈常
超常 大常 达常 典常 反常 凡常
非常 法常 官常 故常 国常 纲常
惯常 红常 虹常 久常 家常 居常
建常 经常 激常 伦常 霓常 每常
谋常 靡常 平常 旂常 日常 如常
失常 司常 时常 守常 胜常 随常
素常 天常 太常 通常 无常 五常
吾常 往常 违常 雾常 习常 寻常
袭常 绣常 异常 有常 蚁常 逾常
子常 中常 正常 照常
不寻常 扯家常 拉家常 叙家常
不主故常 变幻无常 变化无常 出没无常
超乎寻常 持平守常 燥热异常 反复无常
非同寻常 好景不常 进退有常 精神失常
平平常常 日以为常 三纲五常 率以为常
天象之常 习以为常 迅猛异常 异乎平常
喜怒无常 一日无常 异乎寻常 赵壶非常
妇人水性无常/胜败兵家之常/

厂 chǎng ①工厂。②有棚舍的场所。③明代设立的特务机构，“东厂”、“西厂”

出厂　船厂　东厂　工厂　花厂　进厂
建厂　厩厂　开厂　木厂　茅厂　煤厂
偏厂　纱厂　铁厂　下厂　小厂　西厂
轩厂
兵工厂　电热厂　纺织厂　发电厂　加工厂
热电厂　修理厂　制造厂
火力发电厂/

场 chǎng　又音 cháng　①戏剧的一节。②众人会聚进行某些事情的场所。③赌场。④戏剧演出场。

暗场　包场　把场　冰场　靶场　搬场
仓场　出场　车场　初场　词场　茶场
菜场　草场　船场　操场　懵场　磁场
当场　电场　导场　到场　道场　都场
登场　赌场　涤场　分场　返场　法场
逢场　翻场　工场　广场　过场　官场
禾场　火场　会场　后场　花场　货场
候场　进场　井场　角场　机场　剧场
监场　检场　校场　较场　教场　救场
静场　鞠场　疆场　开场　考场　科场
客场　力场　内场　立场　冷场　灵场
农场　莅场　林场　路场　临场　纳场
闹场　陆场　雷场　虑场　碾场　落场
平场　排场　捧场　全场　起场　怯场
秋场　清场　球场　情场　入场　日场
戎场　上场　市场　书场　水场　沙场
怵场　杀场　声场　散场　收场　商场
税场　试场　赛场　擅场　坛场　退场
屠场　跳场　摊场　文场　外场　武场
围场　误场　晚场　舞场　下场　刑场
圩场　选场　笑场　现场　销场　压场
用场　洋场　轧场　哑场　浴场　夜场
圆场　晕场　银场　渔场　盐场　专场
主场　早场　在场　战场　筑场　终场
猪场　櫂场
不在场　百戏场　白玉场　打圆场　电磁场
风月场　放映场　花柳场　翰墨场　荆棘场
溜冰场　练兵场　名利场　跑圆场　少年场
声利场　桃李场　体育场　屠宰场　选佛场
运动场　烟花场　游艺场　游侠场　游乐场
演兵场　众妙场　走过场　做道场
矮子看场　奔赴战场　超级市场　驰骋疆场
独擅胜场　粉墨登场　共同市场　竿木逢场
混战一场　阶级立场　农贸市场　垄断市场
目击现场　袍笏登场　十里洋场　水陆道场
世界市场　跳蚤市场　虚惊一场　自由市场
逐鹿名场
唱戏还有个过场/官场如戏场/螺蛳壳里做道场/天安门广场/戏场小天地，天地大戏场/捉奸在床，捉赌在场/

昶 chǎng　①白天的时间长。②舒畅。

和昶　韩昶　孟昶　清昶　条昶　元昶
夷昶　雅昶

敞 chǎng　①打开。②没有遮蔽，宽绰。

洞敞　厂敞　高敞　何敞　华敞　宏敞
弘敞　开敞　宽敞　亮敞　明敞　平敞
清敞　双敞　疏敞　天敞　亭敞　轩敞
显敞　严敞　幽敞　张敞
画眉敞
画眉张敞　宽宽敞敞　马路宽敞

氅 chǎng　①大氅。②鹜鸟的羽毛。③用羽毛制成的外衣。

白氅　赤氅　大氅　鹤氅　青氅　素氅
仙氅　雪氅　羽氅
披鹤氅　王恭氅　五色氅

怅 chàng　失意，不痛快。

怅怅　惆怅　怪怅　感怅　怊怅　今怅
凄怅　身怅　私怅　惋怅　心怅　怏怅
中怅　忡怅

韔 chàng　古代盛弓的袋子。

虎韔　纳韔　引韔

畅 chàng　①通达。②痛快。③舒适。④尽情。

安畅　哀畅　薄畅　辩畅　充畅　畅畅
酬畅　涤畅　反畅　风畅　溥畅　敷畅
高畅　感畅　鼓畅　和畅　欢畅　酣畅
鸿畅　交畅　静畅　开畅　快畅　宽畅
内畅　流畅　明畅　旁畅　洽畅　曲畅
清畅　融畅　松畅　顺畅　伸畅　舒畅
淑畅　条畅　恬畅　通畅　调畅　陶畅

文畅　外畅　叶畅　宛畅　欣畅　详畅
宣畅　晓畅　修畅　谐畅　雅畅　怨畅
忻畅　自畅
挥写流畅　惠风和畅　明白晓畅　庞公休畅
舒泰安畅　文笔条畅　抒写酣畅　语言流畅
胸次舒畅　自然流畅

倡 chàng 发动。

倜倡　俳倡　故倡　诰倡　建倡　客倡
俍倡　明倡　首倡　天倡　提倡　先倡
戏倡
成都倡　大提倡　邯郸倡　酒家倡　下蔡倡
狭斜倡
杜辞选倡

唱 chàng ①歌唱。②发起。③歌曲。④高呼。⑤吟咏诗词。

不唱　巴唱　伴唱　罢唱　从唱　传唱
吹唱　重唱　酬唱　对唱　低唱　点唱
独唱　夫唱　高唱　歌唱　赓唱　会唱
合唱　欢唱　忽唱　极唱　鸡唱　绝唱
丽唱　流唱　轮唱　胪唱　领唱　联唱
菱唱　名唱　卖唱　讴唱　嘌唱　捧唱
齐唱　清唱　群唱　三唱　首唱　说唱
善唱　同唱　弹唱　小唱　先唱　雪唱
新唱　一唱　吟唱　阳唱　郢唱　妍唱
妖唱　咏唱　逸唱　渔唱　演唱　艳唱
主唱　蛩唱　自唱　曾唱　謳唱　珠唱
驺唱
表演唱　大合唱　没戏唱　小海唱　戏鸡唱
百灵歌唱　吹拉弹唱　低吟浅唱　低吟慢唱
放声歌唱　画眉欢唱　莺吟凤唱　浅斟低唱
千古绝唱　武戏文唱　夜莺欢唱

鬯 chàng ①古代祭祀用的一种酒。②同"畅"。

秬鬯　卣鬯　玉鬯　郁鬯　主鬯

伤 shāng ①创伤。②伤害。③损害。④得病。⑤妨害。⑥丧祭。⑦忧思。⑧刺。⑨得罪。

哀伤　暗伤　不伤　败伤　悲伤　谤伤
蔽伤　重伤　怆伤　挫伤　创伤　惨伤
擦伤　刀伤　冻伤　怛伤　惮伤　跌伤
扶伤　负伤　工伤　公伤　共伤　感伤
火伤　何伤　怀伤　含伤　毁伤　诅伤
枯伤　内伤　劳伤　痨伤　鳞伤　闵伤
殴伤　七伤　轻伤　如伤　杀伤　受伤
死伤　身伤　损伤　烧伤　神伤　探伤
痛伤　颓伤　烫伤　无伤　外伤　误伤
惋伤　心伤　辛伤　弦伤　易伤　言伤
忧伤　夷伤　养伤　瘀伤　验伤　中伤
自伤　足伤　重伤　灼伤　贼伤　缜伤
暗自伤　两心伤　为春伤　羽毛伤　运甓伤
哀而不伤　黯然中伤　黯然神伤　谗口中伤
虫龁鼠伤　吊死扶伤　跌打损伤　恶语中伤
救死扶伤　两败俱伤　遍体鳞伤　七损八伤
五劳七伤　视民如伤　忧愁悲伤　舆死扶伤
造谣中伤
打虎不着，反被虎伤/两虎相斗，必有一伤/二虎相斗，必有一伤/

汤 shāng 又音 tāng 水流大而急。

汤汤
河水汤汤　浩浩汤汤　夏水汤汤

殇 shāng 还没到成年就死了。

长殇　国殇　河殇　嫁殇　彭殇　上殇
三殇　天殇　下殇　中殇

觞 shāng ①古代喝酒的器物。②向上人敬酒。

传觞　持觞　称觞　飞觞　泛觞　奉觞
浮觞　俯觞　华觞　挥觞　壶觞　鹤觞
加觞　金觞　举觞　椒觞　临觞　流觞
滥觞　千觞　倾觞　隋觞　投觞　小觞
行觞　霞觞　玉觞　引觞　羽觞　余觞
侑觞　盈觞　御觞　中觞　自觞
北海觞　河朔觞　九霞觞　昆仑觞　万寿觞
祝尧觞
帝不果觞　虎阜飞觞　铿授行觞

商 shāng ①商量。②货物买卖。③商人。④漏刻。⑤除法中的得数。⑥商朝。⑦古代的音阶。

按商　白商　布商　包商　筹商　厂商
参商　磋商　大商　动商　富商　工商
各商　官商　宫商　贾商　港商　歌商
会商　函商　豪商　奸商　金商　经商

客商　面商　密商　洽商　清商　情商
私商　师商　参商　素商　烧商　通商
万商　外商　婉商　小商　行商　相商
协商　於商　业商　盐商　殷商　游商
郑商　驵商　坐商　奏商　智商
好共商　卜子商　投机商　仔细商
伯商仲商　贵农贱商　谓之参商　真相王商
重农轻商

墒

shāng　田土里土壤的湿度。

保墒　踩墒　趁墒　底墒　放墒　够墒
接墒　开墒　跑墒　抢墒　失墒　透墒
验墒　走墒

晌

shǎng　①正午。②一天内的一段时间。③量词。

半晌　过晌　后晌　片晌　傍晌　前晌
头晌　一晌　歇晌
后半晌　前半晌　晚丰晌　下半晌

赏

shǎng　①赐予，奖给。②敬辞。③奖励。④奖赏的东西。⑤玩赏。⑥称赞。⑦欣赏。

爱赏　不赏　必赏　陛赏　褒赏　出赏
称赏　赐赏　讲赏　酬赏　大赏　德赏
额赏　封赏　樊赏　干赏　公赏　共赏
功赏　观赏　购赏　犒赏　后赏　欢赏
厚赏　酣赏　击赏　加赏　旧赏　极赏
惊赏　嗟赏　给赏　赉赏　奖赏　鉴赏
嘉赏　爵赏　激赏　开赏　可赏　渴赏
牢赏　领赏　例赏　銮赏　品赏　陪赏
庆赏　求赏　劝赏　强赏　清赏　请赏
情赏　睿赏　上赏　世赏　受赏　神赏
识赏　殊赏　天赏　叹赏　玩赏　威赏
心赏　兴赏　行赏　信赏　欣赏　玄赏
刑赏　显赏　悬赏　谢赏　先赏　有赏
优赏　幽赏　游赏　宴赏　至赏　知赏
重赏　真赏　珍赏　致赏　诛赏　赞赏
儹赏　甄赏　缀赏
不受赏　尘外赏　共欣赏　负暄赏　连城赏
受上赏　襄中赏　兔园赏　有功赏
孤芳自赏　击节称赏　计功行赏　论功行赏
奇文共赏　文艺欣赏　果刑信赏　有目共赏
雅浴共赏　邀功求赏　邀功请赏　自我欣赏
啧啧赞赏

上

shàng　①高处。②由低到高处。③增加。④向往。⑤拧紧发条。⑥物体的上端。⑦时间次第在前。⑧等级高。⑨登。⑩进献。⑪凌驾。⑫添加。

安上　阿上　不上　北上　报上　霸上
灞上　川上　呈上　床上　重上　朝上
齿上　场上　祠上　春上　城上　潮上
东上　地上　顶上　道上　飞上　方上
犯上　纷上　佛上　府上　公上　关上
高上　柜上　赶上　冠上　皇上　濠上
海上　今上　江上　井上　节上　机上
界上　居上　交上　架上　借上　街上
娇上　坎上　考上　看上　令上　林上
陇上　难上　路上　梁上　岭上　楼上
隆上　露上　面上　民上　末上　马上
庙上　媚上　幕上　磨上　鹏上　濮上
亲上　泉上　穷上　墙上　裙上　人上
日上　而上　如上　三上　山上　石上
上上　四上　水上　世上　圣上　时上
身上　所上　事上　损上　商上　桑上
塞上　顺上　天上　太上　同上　叹上
头上　图上　堂上　腾上　无上　违上
晚上　屋上　诬上　下上　向上　向上
心上　席上　选上　雪上　秀上　霞上
溪上　献上　云上　叶上　衣上　月上
以上　圯上　炎上　之上　主上　中上
在上　长上　作上　至上　舟上　坐上
早上　纸上　灶上　直上　祖上　座上
最上　罩上　泽上　掌上　种上　枕上
尊上
比不上　半路上　吃不上　场面上　抵得上
犯不上　犯得上　扶摇上　帆初上　赶不上
赶得上　歌声上　浮冰上　火头上　花砖上
聚而上　街面上　基本上　牛背上　炉烟上
林泉上　麟阁上　扪萝上　遨难上　气头上
勤三上　青云上　丘壑上　琼钩上　拳头上
说不上　数不上　实质上　题右上　团扇上
宛邱上　无以上　心坎上　兴头上　携手上
羲皇上　鱼贯上　桌面上
爱情至上　苍天在上　大干快上　黄联池上
放在心上　丰上杀上　风行水上　奋发向上

扶摇直上　蜂拥而上　高高在上　耿介之上
后来居上　箭在弦上　棘门霸上　来者居上
罗敷陌上　逆流而上　目光长上　目无尊上
马陵道上　旁行斜上　飘浮水上　青云直上
轻下慢上　骎骎日上　欺君罔上　墙头马上
人间天上　书传圯上　山阴道上　桑间濮上
溯流而上　甚嚣尘上　天天向上　心在肩上
月出海上　羊殖益上　月钩初上　鱼游濠上
迎头赶上　跃然纸上　燕巢幕上　桌面儿上
在点子上　至高无上　蒸蒸日上　赵游界上
攻心为上

摆到桌面上/把钱花到刀刃上/赶下不要赶上/见困难就上/马屁拍到马腿上/马尾做琴弦，谈（弹）不上/骑在脖子上/拳头上站的人，肐膊上/二两棉花，谈（弹）不上/死狗扶不到墙上/鲜花插在粪堆上/一人之下，万人之上/有钢使到刃上/羊毛出在羊身上/一朵鲜花插在牛屎上/

尚　shàng　①还。②尊崇。③增加。④自负。⑤超过。⑥还，就。⑦匹配。⑧久远。

标尚　崇尚　多尚　德尚　笃尚　风尚
高尚　和尚　好尚　节尚　矜尚　骄尚
概尚　六尚　难尚　气尚　器尚　趣尚
清尚　染尚　时尚　俗尚　素尚　搡尚
奢尚　吾尚　望尚　习尚　心尚　学尚
性尚　相尚　新尚　意尚　雅尚　志尚
祖尚

花和尚　山私尚

不合时尚　得得和尚　道德高尚　富不足尚
风格高尚　品德高尚　人格高尚　情操高尚
叶公好尚　漏春和尚

不念经，休做和尚/鲁达当和尚/丘浚打和尚/

裳　shang　又音 cháng　衣服。

衣裳

小衣裳

作嫁衣裳

佛靠金装，人靠衣裳/为他人作嫁衣裳/

嚷　rāng　又音 rǎng　吵闹，嚷嚷。

嚷嚷

吵吵嚷嚷　嚯嚯嚷嚷

勷　ráng　［劻勷］〈书〉急迫不安的样子。

劻勷

禳　ráng　迷信的人祈祷消灾灭难。

祷禳　祈禳

比户禳　盛德禳

穰　ráng　①脱粒后的禾茎。②禾谷丰收。③丰盛。

丰穰　富穰　福穰　浩穰　金穰　饥穰
积穰　穰穰　岁穰　土穰　熙穰　凶穰

六岁穰　岁小穰

瓤　ráng　①瓜内如絮而多汁的地方。②松软。③浑浊。

丹瓤　瓜瓤　黑瓤　皇瓤　黄瓤　红瓤
沙瓤　信瓤

白玉瓤　甘在瓤　红丝瓤　秫秸瓤

壤　rǎng　①泥土。②地。③毗邻连接。④地区。

边壤　寸壤　赤壤　重壤　帝壤　风壤
丰壤　方壤　放壤　烦壤　肥壤　封壤
赋壤　粪壤　福壤　故壤　盖壤　皋壤
膏壤　搞壤　红壤　灰壤　黄壤　黑壤
九壤　击壤　间壤　接壤　鞠壤　廉壤
裸壤　鄰壤　僻壤　泉壤　穹壤　壤壤
三壤　山壤　沙壤　苦壤　鼠壤　土壤
天壤　同壤　五壤　沃壤　息壤　细壤
锡壤　绣壤　遐壤　霄壤　异壤　蚁壤
尧壤　幽壤　棕壤　珍壤

歌击壤

穷乡僻壤　神皋沃壤

攘　rǎng　①止。②排除。③侵夺。④窃取。

安攘　夺攘　方攘　狂攘　恇攘　寇攘
闹攘　猛攘　殴攘　平攘　侵攘　披攘
驱攘　抢攘　扰攘　攘攘　外攘　枉攘
相攘　熙攘　月攘　药攘　擐攘　磔攘

蜂群扰攘　干戈扰攘　内修外攘　熙熙攘攘

嚷　rǎng　又音 rāng　大声喊叫。

吵嚷　叫嚷　乱嚷　闹嚷　喧嚷
高声嚷　闹嚷嚷
大叫大嚷　人声喧嚷

让 ràng ①不争。②谦让。③责备。④退让。⑤容许。

不让　避让　出让　辞让　禅让　大让
躲让　干让　高让　拱让　割让　恭让
互让　好让　黄让　见让　尽让　讲让
进让　就让　诘让　谨让　口让　克让
宽让　礼让　明让　切让　诮让　谯让
谦让　趋让　谴让　仁让　忍让　闪让
摄让　退让　推让　无让　勿让　小让
相让　逊让　言让　揖让　作让　折让
致让　诛让　尊让　转让
杯羹之让　不遑多让　寸步不让　寸土不让
各尽有让　各不相让　当仁不让　拱手相让
谦逊礼让　推田相让　桃羞杏让　允恭克让
温良恭俭让/

赃 zāng 赃物。

分赃　讳赃　起赃　退赃　贪赃　窝赃
销赃　义赃　议赃　坐赃　追赃　贼赃
栽赃
坐地分赃

脏 zāng 又音 zàng 不干净。

肮脏　抗脏　弄脏　没脏
肮里肮脏

牂 zāng 母羊。

敦牂　炮牂　跛牂　牂牂

臧 zāng ①善、好。②存放。

不臧　克臧　内臧　谋臧　否臧　式臧
心臧　贤臧　久臧　用臧　自臧
德心臧　何足臧　寿而臧　谓我臧

驵 zǎng 好马，壮马。

巨驵　侩驵　夷驵

奘 zàng 又音 zhuǎng ①粗。②健壮。
玄奘

葬 zàng 掩埋处理死人遗体。

安葬　不葬　薄葬　殡葬　碧葬　丛葬
反葬　附葬　古葬　归葬　改葬　国葬
棺葬　槁葬　火葬　合葬　会葬　海葬
厚葬　豪葬　及葬　俭葬　留葬　鸟葬
落葬　埋葬　墓葬　陪葬　乞葬　迁葬
水葬　丧葬　送葬　收葬　随葬　奢葬
天葬　土葬　末葬　下葬　相葬　选葬
徇葬　殉葬　偕葬　异葬　营葬　野葬
崖葬　助葬
郭亮营葬　棺槟椁葬　昙迁营葬　雨钱助葬

脏 zàng 又音 zāng 体内器官的总称。

涤脏　肺脏　腑脏　腹脏　肝脏　九脏
看脏　六脏　内脏　练脏　脾脏　剖脏
无脏　五脏　心脏　肾脏　心脏　胰脏
中脏
六腑五脏

藏 zàng 又音 cáng ①佛教，道教经典的总称。②储放东西的地方。③西藏的简称。

宝藏　大藏　地藏　道藏　多藏　府藏
古藏　华藏　经藏　禁藏　六藏　轮藏
栖藏　全藏　二藏　三藏　释藏　五藏
西藏　药藏　主藏

仓 cāng ①收藏谷物的地方。②监禁罪犯的场所。

敖仓　陈仓　曹仓　楚仓　大仓　倒仓
故仓　发仓　归仓　官仓　谷仓　皓仓
京仓　近仓　积仓　监仓　开仓　空仓
立仓　粮仓　米仓　囷仓　清仓　书仓
神仓　社仓　天仓　太仓　头仓　添仓
填仓　五仓　修仓　新仓　义仓　鱼仓
燕仓
不涸仓　白帝仓　常平仓　钓矶仓　腹五仓
海陵仓　粮满仓　米粮仓　千斯仓　细脚仓
暗渡陈仓　赘食太仓　颗粒归仓　索米官仓
郑默开仓
明修栈道，暗度陈仓/钱过北斗，米烂陈仓/
钱过北斗，米烂成仓/

苍 cāng ①草色。②灰白色。③浅青色。

彼苍 碧苍 苍苍 昊苍 颢苍 鹄苍
九苍 沮苍 葭苍 空苍 老苍 莽苍
青苍 穹苍 黔苍 染苍 上苍 适苍
色苍 天苍 夕苍 云苍 颜苍
白苍苍 莽苍苍 白发苍 鬓毛苍 黑苍苍
蒹葭苍 莽苍苍 暮山苍 色苍苍
古树郁苍 两鬓苍苍 莽莽苍苍 郁郁苍苍

沧 cāng ①暗绿色。②寒、冷。

沧沧 纮沧 蔺沧 漭沧 桑沧
烟雨沧沧

鸧 cāng ［鸧鹒］ 黄鹂。

凫鸧 鸿鸧 内鸧 鹙鸧 云鸧
九头鸧

舱 cāng 船或飞机的内部。

船舱 底舱 房舱 官舱 后舱 货舱
机舱 客舱 前舱 通舱 统舱 卧舱
孟舱 座舱 坐舱
货客舱 驾驶舱

藏 cáng 又音 zàng ①收藏。②隐匿。③收存。④守。

昂藏 暗藏 不藏 白藏 包藏 保藏
闭藏 别藏 豹藏 催藏 春藏 储藏
冬藏 动藏 遁藏 耄藏 躲藏 伏藏
府藏 封藏 腹藏 归藏 盖藏 裹藏
馆藏 含藏 花藏 怀藏 虹藏 久藏
旧藏 居藏 庋藏 卷藏 掘藏 戢藏
蕲藏 窖藏 缄藏 矿藏 库藏 内藏
龙藏 冷藏 林藏 留藏 慝藏 迷藏
埋藏 密藏 秘藏 慢藏 潜藏 少藏
收藏 私藏 水藏 守藏 身藏 胜藏
深藏 寿藏 善藏 天藏 同藏 退藏
推藏 帑藏 替藏 弢藏 遯藏 韬藏
无藏 窝藏 下藏 行藏 心藏 形藏
胸藏 修藏 揜藏 用藏 隐藏 掖藏
掩藏 韫藏 蕴藏 醃藏 中藏 正藏
自藏 知藏 遮藏 珍藏 贮藏 真藏
贮藏 捡藏 诸藏 酒藏
捉迷藏 斗酒藏 良弓藏 壑泽藏 露行藏
美玉藏 秘密藏 千花藏 中心藏 捉迷藏
东躲西藏 典籍储藏 蜚鸟尽藏 狗烹弓藏
鸟尽弓藏 秋收冬藏 三年之藏 闪闪藏藏
什袭而藏 五谷尽藏 用舍行藏 用行舍藏
韫匵而藏 善刀而藏 正法眼藏
枇杷黄，医者忙；橘子黄，医者藏/飞鸟尽，良弓藏/

丧 sāng 又音 sàng 同死了人有关系的事。

报丧 奔丧 殡丧 出丧 初丧 除丧
大丧 吊丧 道丧 发丧 服丧 告丧
国丧 号丧 婚丧 护丧 居丧 降丧
哭丧 临丧 邻丧 送丧 守丧 挽丧
心丧 执丧 治丧 问丧
三年丧 无服丧 有姊丧
德玉居丧 匍匐奔丧 庞涓临丧 脂习临丧

桑 sāng ①木名。②桑叶。③採桑。

包桑 沧桑 搏桑 苞桑 采桑 蚕桑
残桑 柴桑 春桑 冬桑 伐桑 扶桑
佛桑 海桑 观桑 耕桑 郊桑 稼桑
空桑 枯桑 力桑 龙桑 老桑 农桑
论桑 嫩桑 亲桑 女桑 柔桑 山桑
桑桑 树桑 田桑 稚桑 有桑 研桑
翳桑 子桑 种桑 植桑 栽桑 隰桑
八百桑 变海桑 帝女桑 海生桑 妇工桑
妇人桑 金刀桑 连畦桑 陌上桑 墙头桑
如云桑 太守桑 羽葆桑
饱经沧桑 碧海成桑 陵谷沧桑

搡 sǎng 用力猛推。

推推搡搡 用力一搡

嗓 sǎng ①喉咙。②发音器官声带发出的声音。

本嗓 吊嗓 倒嗓 干嗓 好嗓 尖嗓
亮嗓 攮嗓 破嗓 嘶嗓 小嗓 哑嗓

磉 sǎng 柱子下面的石墩。

卑磉 石磉

颡 sǎng ①额，脑门子。②叩头。

白额　大额　的额　方额　鹅额　广额
过额　高额　黑额　刻额　枯额　龙额
隆额　稽额　雄额　尧额　燕额　折额
振额

丧 sàng 又音 sāng 失去，丢掉。

懊丧　不丧　初丧　多丧　得丧　魂丧
沮丧　溘丧　沦丧　免丧　气丧　三丧
私丧　善丧　嗒丧　凋丧　颓丧　心丧
陨丧　自丧　斫丧　赵丧　终丧
斯文丧　资斧丧

央 yāng ①中央。②尽。③恳求。④要求。

当央　坚央　无央　未央　央央　夜央
中央
乐未央　水中央　夜未央　在中央
长乐未央

泱 yāng ①水深广貌。②气势宏大貌。③云兴气貌。

滮泱　漭泱　滃泱　泱泱　郁泱
百川泱　美泱泱　水泱泱
河水泱泱　泱泱大泱

殃 yāng ①灾祸。②损害。

逢殃　火殃　祸殃　罗殃　离殃　天殃
余殃　养殃　贻殃　鱼殃　遗殃　灾殃
迍殃　罪殃　遭殃
池鱼殃　熟为殃
池鱼之殃　城门鱼殃　城门所殃　人民遭殃
积恶余殃
先下手为强，后下手遭殃/

秧 yāng ①泛指植物的幼苗。②水稻，禾苗。③某些初生的小动物。④栽植。

布秧　串秧　春秧　插秧　豆秧　稻秧
分秧　瓜秧　火秧　花秧　拉秧　念秧
挠秧　染秧　水秧　莳秧　塌秧　秧秧
移秧　育秧　鱼秧　早秧　栽秧
白薯秧
尔有垣墙，我有火秧/

鸯 yāng 鸳鸯，鸟，像野鸭。文学上用来比喻夫妻。

梁鸯　鸳鸯
野鸳鸯
被底鸳鸯　棒打鸳鸯
打鸭惊鸳鸯/

鞅 yāng 又音 yàng ①马拉车时套在马颈子上的皮子。②羁绊。

尘鞅　掉鞅　断鞅　归鞅　就鞅　金鞅
解鞅　羁鞅　吏鞅　连鞅　揽鞅　马鞅
商鞅　税鞅　绣鞅　鞅鞅　轮鞅
君杀唐鞅

扬 yáng ①掀起。②向上高举。③飘扬。④向上播撒。⑤容貌出众。⑥传播。⑦赞扬。

昂扬　不扬　表扬　波扬　俵扬　播扬
褒扬　飙扬　簸扬　称扬　阐扬　穿扬
大扬　对扬　导扬　道扬　多扬　荡扬
督扬　蛾扬　飞扬　风扬　沸扬　发扬
浮扬　复扬　高扬　弘扬　讦扬　荐扬
挥扬　旌扬　激扬　亢扬　落扬　名扬
明扬　面扬　冒扬　眉扬　暴扬　飘扬
扢扬　轻扬　清扬　戚扬　榷扬　水扬
声扬　扇扬　舒扬　颂扬　数扬　双扬
外扬　武扬　维扬　室扬　显扬　诩扬
言扬　远扬　扬扬　抑扬　摇扬　揄扬
悠扬　游扬　鹰扬　振扬　赞扬　张扬
百人扬　风絮扬　后班扬　红袖扬　红旗扬
俱悠扬　凯歌扬　旌旆扬　去帆扬　素波扬
五彩扬　姓名扬　意气扬
白雪飘扬　尘灰飞扬　臭名远扬　大雪纷扬
斗志昂扬　笛声悠扬　顿挫抑扬　沸沸扬扬
纷纷扬扬　光大发扬　眉毛一扬　其貌不扬
轻挫抑扬　身显名扬　洒脱不扬　貌丑不扬
神气飞扬　神采飞扬　外貌不扬　威名远扬
宛转悠扬　雪花轻扬　雨花纷扬　意气扬扬
足高气扬　志高气扬　趾高气扬　嘴角上扬
晏御扬扬　拜识清扬　梵韵清扬　美目清扬
得睹清扬
家丑不可外扬/

玚 yáng 玉名。

应玚
憨骥应玚

杨 yáng ①木名。②杨桃。③周国名。④通“扬”。⑤哲学家杨朱派别的简称。

白杨 长杨 赤杨 穿杨 垂杨 椴杨
孤杨 官杨 胡杨 黄杨 桁杨 结杨
津杨 枯杨 林杨 绿杨 潘杨 浦杨
青杨 山杨 水杨 树杨 疏杨 隄杨
响杨 枭杨 折杨 植杨
大叶杨 大隄杨 关西杨 河北杨 夹岸杨
毛白杨 小白杨 御沟杨 御路杨 正月杨
百步穿杨 举问三杨 巧榨子杨 校猎长杨

旸 yáng ①太阳刚出来。②晴天。

旦旸 恒旸 时旸 雨旸

炀 yáng ①熔化金属。②火旺。

不炀 冬炀 南炀 炎炀
前人炀
豆腐心肠，越煮越硬；铁打心肠，见火就炀

钖 yáng 古代马额头上的装饰。

镂钖 取钖 设钖

疡 yáng ①溃烂。②疮。

病疡 肝疡 金疡 溃疡 脓疡
胃溃疡

羊 yáng ①十二生肖之一。②吉利。③家畜名。

爱羊 白羊 昌羊 常羊 莱羊 羝羊
地羊 坟羊 放羊 防羊 肥羊 化羊
黄羊 胡羊 湖羊 换羊 公羊 羔羊
刲羊 加羊 教羊 羯羊 牛羊 奶羊
羚羊 牧羊 牡羊 母羊 绵羊 烹羊
盘羊 犬羊 祈羊 群羊 驱羊 如羊
攘羊 十羊 山羊 石羊 尚羊 失羊
杀羊 丧羊 神羊 商羊 天羊 买羊
屠羊 滩羊 亡羊 吴羊 喂羊 望羊
小羊 相羊 襄羊 献羊 枭羊 玉羊
岩羊 夷羊 原羊 饮羊 貑羊 宰羊
臧羊
北山羊 败群羊 彪著羊 蹴疏羊 大官羊
带头羊 谷亡羊 跪乳羊 牯换羊 六飞羊
曲池羊 石变羊 食万羊 似雪羊 替罪羊
细肋羊 雪窖羊 饕士羊 一角羊 祝求羊
博塞亡羊 叱石成羊 叱石为羊 初平叱羊
多歧亡羊 动石为羊 饿虎吞羊 饿虎扑羊
海上看羊 富者乞羊 谷亦亡羊 告朔饩羊
金华牧羊 挟策亡羊 马愿如羊 卖狗悬羊
歧路亡羊 二俱亡羊 如狼牧羊 肉袒牵羊
顺手牵羊 顺水牵羊 苏武牧羊 苏武看羊
叔向埋羊 武帝驾羊 唯业公羊 驯似羔羊
字栋瘦羊 做替罪羊 臧谷亡羊
失一狼，走千羊/王育卖身赔羊/蚊虻走牛羊/

佯 yáng ①假装。②仿佯。

仿佯 翔佯 装佯

垟 yáng 田地，多用于地名。

翁垟
上家垟

徉 yáng ［徜徉］〈书〉闲游；安闲自在地步行。

常徉 徜徉 尚徉 相徉 倘徉 纕徉
徉徉

洋 yáng ①广大，众多。②比海更大的水域。③外国的。④洋钱。⑤现代化的。

北洋 奔洋 滂洋 出洋 重洋 崇洋
大洋 东洋 定洋 德洋 方洋 凤洋
放洋 光洋 洸洋 钢洋 浩洋 涸洋
海洋 潢洋 毫洋 巨洋 江洋 开洋
南洋 洛洋 留洋 芒洋 茫洋 码洋
清洋 石洋 手洋 五洋 讦洋 外洋
汪洋 望洋 小洋 西洋 现洋 夏洋
远洋 洋洋 银洋 鹰洋 周洋
北冰洋 大西洋 沸洋洋 黑水洋 暖洋洋
懒洋洋 零丁洋 太平洋 五大洋 现大洋
喜洋洋 印度洋
得意洋洋 济济洋洋 馨香洋洋 喜气洋洋
一片汪洋 远渡重洋 远步重洋 远渡重洋
斩丝高洋

阳 yáng ①明亮。②山的南面。③向阳的部分。④凸出的。⑤太阳。⑥温暖。⑦男性生殖器。⑧鲜明。

从阳 初阳 昌阳 重阳 残阳 朝阳

春阳　崇阳　大阳　丹阳　多阳　端阳
伏阳　汾阳　广阳　高阳　汉阳　红阳
华阳　河阳　还阳　黑阳　衡阳　九阳
江阳　吉阳　金阳　骄阳　娇阳　开阳
亢阳　炕阳　酷阳　醺阳　酿阳　洛阳
龙阳　鲁阳　隆阳　名阳　明阳　迷阳
欧阳　平阳　鄱阳　庆阳　青阳　洽阳
清阳　秋阳　二阳　三阳　上阳　山阳
少阳　升阳　岁阳　首阳　孙阳　寿阳
太阳　天阳　颓阳　王阳　汶阳　渭阳
晚阳　下阳　夕阳　向阳　昔阳　性阳
斜阳　晞阳　新阳　羲阳　曦阳　一阳
云阳　月阳　酉阳　迎阳　阴阳　炎阳
洋阳　幽阳　焕阳　渔阳　峄阳　艳阳
正阳　众阳　竹阳　壮阳　朝阳　昭阳
载阳　遮阳
薄淮阳　红太阳　葵倾阳　弄夕阳　三朝阳
踏春阳　挝渔阳　卧南阳　卧南阳　夏侯阳
体阴阳　玉田阳　养微阳
不阴不阳　白救汾阳　掺鼓渔阳　端午端阳
丹凤朝阳　凤鸣朝阳　虎落平阳　挥戈鲁阳
葵花向阳　鸣凤朝阳　酩酊高阳　神交叔阳
神交叔阳　三下渔阳　收遁首阳　桃花太阳
鹤返辽阳　调理阴阳　卧理淮阳　纸贵洛阳
掷果河阳　醉酒高阳　鹤返辽阳
果掷潘河阳/山高遮不住太阳/乌云遮不住太阳/夏天的太阳/

仰 yǎng　①抬头。②敬慕。③抬头看。④旧时公文用语。

爱仰　崇仰　大仰　斗仰　代仰　答仰
戴仰　倒仰　法仰　俯仰　共仰　高仰
观仰　感仰　跪仰　荷仰　可仰　久仰
给仰　敬仰　景仰　渴仰　窥仰　暌仰
恋仰　赖仰　勒仰　面仰　眄仰　慕仰
平仰　攀仰　企仰　庆仰　虞仰　饮仰
跂仰　而仰　首仰　身仰　诉仰　视仰
欣仰　信仰　协仰　斜仰　延仰　晞仰
悬仰　遐仰　吁仰　挹仰　偃仰　止仰
占仰　支仰　宗仰　钻仰　照仰　瞻仰
成规仰　九区仰　清称仰　山斗仰　山俯仰
天叹仰　望久仰
海内宗仰　马翻人仰　泣不可仰　前俯后仰
翘首瞻仰　朱德可仰　随人俯仰　文名共仰
万流共仰　笑不可仰　与世偃仰

养 yǎng　①抚育。②饲养。③培养。④生育。⑤调养。⑥积蓄。⑦修养。⑧长。⑨养护。

安养　爱养　保养　抱养　补养　葆养
豹养　长养　存养　持养　都养　得养
雕养　恩养　放养　负养　奉养　俸养
倖养　扶养　抚养　服养　哺养　辅养
公养　丐养　过养　归养　甘养　供养
顾养　惯养　护养　沆养　含养　怀养
涵养　豢养　惠养　井养　就养　给养
敬养　娇养　教养　家养　将养　寄养
圈养　静养　鞠养　可养　内养　牢养
能养　疗养　笼养　轮养　领养　禄养
民养　母养　蒙养　培养　求养　乞养
齐养　亲养　濡养　三养　生养　失养
色养　私养　收养　所养　侍养　顺养
饲养　善养　厮养　素养　摄养　绥养
蓄养　摄养　赡养　天养　调养　为养
罔养　喂养　下养　心养　习养　休养
学养　性养　畜养　孝养　恤养　修养
驯养　蓄养　喜养　义养　引养　迎养
延养　恬养　育养　医养　养养　营养
盈养　颐养　扈养　燕养　子养　自养
灶养　追养　终养　资养　滋养
刍泰养　恩攻养　官司养　告终养　监门养
求鱼养　三釜养　天下养　雨露养　终身养
灶下养
军事素养　娇生惯养　劳动教养　维护保养
香花供养　悉心调养　烟云供养　犬马之养
监门之养
东边不养西边养/

氧 yǎng　一种化学元素。

臭氧　缺氧　输氧　脱氧

痒 yǎng　①痈疮。②皮肤受刺激需要抓挠的一种感觉。

背痒　刺痒　发痒　腹痒　伎痒　肌痒
技痒　脚痒　苛痒　疴痒　扒痒　手痒
挠痒　搔痒　头痒　体痒　痛痒　心痒
痒痒　眼痒　瘙痒

脚底痒　脚趾痒

不关痛痒　不痛不痒　隔靴搔痒　怕痛怕痒
猱搔虎痒　无关痛痒　心烦伎痒　麻姑搔痒
老虎头上搔痒/

瀁 yǎng　湿瀁。

沉瀁　导瀁　荡瀁　浩瀁　滉瀁　流瀁
漭瀁　滔瀁　泱瀁　瀁瀁　演瀁　洟瀁

怏 yàng　①郁郁（郁郁，不快活）。②惆怅。

怅怏　怆怏　怏怏　郁怏　悒怏
常悒怏　心怏怏
神情怏怏

鞅 yàng　又音 yāng　牛鞅，牛拉东西时架在脖子上的器具。

牛鞅

样 yàng　①形状。②式样。③品种。④做标准的东西。

百样　别样　布样　变样　榜样　膀样
采样　重样　抽样　大样　打样　底样
多样　得样　放样　各样　改样　官样
怪样　宫样　红样　花样　好样　画样
换样　货样　今样　旧样　校样　内样
老样　两样　那样　哪样　毛样　没样
模样　巧样　取样　清样　人样　书样
时样　沙样　是样　式样　时样　同样
图样　小样　选样　血样　鞋样　新样
像样　一样　异样　样样　依样　原样
这样　走样　字样　杂样　展样　怎样
造样　纸样　照样　装样

变了样　不像样　春愁样　大变样　弓月样
搞花样　鬼花样　好榜样　那么样　明月样
耍花样　玩花样　鞋底样　怎么样　做模样
不怎么样　大模大样　多种多样　风格多样
各式各样　怪模怪样　葫芦依样　人模狗样
笑模笑样　像模像样　一模一样　粧模作样
装模作样　柳家新样

曹操诸葛亮，脾气不一样/乡里姑子乡里样/

烊 yàng　又音 yáng　打烊。商店晚上关门停止营业。

打烊

恙 yàng　病。

抱恙　风恙　贵恙　何恙　疾恙　痾恙
疲恙　无恙　亡恙　微恙　小恙　有恙
尚无恙

安然无恙　别来无恙　布帆无恙　片帆无恙
偶然微恙　完好无恙

羕 yàng　形容水长。

江水羕

漾 yàng　①水流长。②水面微微动荡。③泛舟。

暗漾　波漾　川漾　导漾　荡漾　分漾
泛漾　汉漾　浩漾　洸漾　回漾　晃漾
滉漾　潢漾　锦漾　洒漾　暖漾　漭漾
清漾　轻漾　溶漾　融漾　月漾　演漾
摇漾　漾漾　影漾　醉漾

波荡漾　浮光漾　孤舟漾　孤帆漾　沙湾漾
碧波荡漾　湖水荡漾　湖波荡漾

娘 niáng　①古代对少女的称呼。②母亲。③称长一辈的已婚妇女。

阿娘　伴娘　伯娘　虫娘　楚娘　厨娘
漕娘　春娘　大娘　豆娘　爹娘　干娘
姑娘　后娘　红娘　花娘　娇娘　酒娘
寄娘　舅娘　驾娘　女娘　老娘　奶娘
娘娘　妹娘　眉娘　骂娘　婆娘　亲娘
秋娘　秦娘　侍娘　师娘　婶娘　桃娘
乌娘　吴娘　晚娘　小娘　徐娘　细娘
新娘　喜娘　萧娘　爷娘　养娘　窅娘
窈娘　姨娘　渔娘　斋娘　珠娘　真娘
筝娘

骋姑娘　杜夷娘　杜十娘　扫晴娘　纺织娘
干爷娘　过房娘　花枝娘　红粉娘　花姑娘
黄四娘　老大娘　老姑娘　老板娘　络丝娘
马头娘　十八娘　十三娘　田舍娘　铁姑娘
踏谣娘　武媚娘　小姑娘　雪衣娘　香美娘
新嫁娘　玉卮娘　岳母娘　夜度娘　御史娘
丈母娘　竹枝娘　赵五娘　紫云娘

观音娘娘　黄花姑娘　骂爹骂娘　王母娘娘
步衬谣娘

刘孝女漂江，浪荡婆娘/买田不买粮，嫁女不嫁娘/买田不如买粮，嫁女不如嫁娘/儿大

不由娘/女大不由娘/有奶就是娘/

酿 niàng ①酿造。②指酒。③喻逐渐形成。

村酿 充酿 陈酿 春酿 醇酿 冬酿
多酿 甘酿 隔酿 合酿 九酿 旧酿
久酿 佳酿 酒酿 禁酿 家酿 千酿
奇酿 清酿 请酿 沈酿 私酿 剩酿
土酿 小酿 新酿 楦酿 酝酿 翳酿
自酿 造酿
倾家酿

良 liáng ①好。②善良。③身家的清白。④良好。⑤和悦。⑥很。

不良 才良 从良 淳良 德良 方良
弓良 改良 膏良 和良 吉良 精良
俊良 嘉良 畯良 留良 马良 明良
昧良 袂良 茂良 任良 三良 纯良
善良 遂良 天良 无良 王良 温良
先良 驯良 贤良 循良 元良 尤良
因良 优良 余良 隐良 忠良 贞良
质良 张良
白眉良 的确良 股肱良 甲乙良 上相良
存心不良 除暴安良 黄鸟歼良 居心不良
毛的确良 棉的确良 丧尽天良 汰劣留良
消化不良 心地善良 纸质优良
秦穆杀三良/

粮 liáng ①干粮。②谷物。③薪饷。④田赋。

出粮 刍粮 充粮 吃粮 存粮 陈粮
粗粮 糙粮 漕粮 斗粮 多粮 断粮
乏粮 蜂粮 干粮 公粮 花粮 黄粮
皇粮 耗粮 鹤粮 糇粮 军粮 借粮
绝粮 口粮 抗粮 纳粮 米粮 棉粮
乞粮 秋粮 缺粮 钱粮 日粮 糗粮
送粮 食粮 赏粮 屯粮 无粮 完粮
细粮 夏粮 携粮 余粮 有粮 原粮
赢粮 主粮 杂粮 征粮 赀粮
爱国粮 吃皇粮 超产粮 豆类粮 广积粮
公交粮 机动粮 救济粮 赍盗粮 馈贫粮
三日粮 送公粮 商品粮 宿舂粮 五斗粮
禹余粮
公谨乞粮 荒年买粮 精神食粮 孔子断粮
乞人之粮 五谷杂粮 寅吃卯粮 煮石为粮
富家一席酒，贫家一年粮/计毒无过断粮/糠菜半年粮/身上的衣裳，肚里的干粮/天生一个人，必有一份粮/阎王催命不催粮/藉寇兵而赍盗粮/

踉 liáng 又音 liàng ［跳踉］跳跃。

跳踉

凉 liáng 又音 liàng ①淡酒。②薄。③温度低。④微寒。⑤清凉。⑥悲凉。

不凉 必凉 冰凉 悲凉 初凉 冲凉
苍凉 沧凉 趁凉 乘凉 风凉 荒凉
寒凉 矜凉 空凉 凉凉 纳凉 晾凉
梦凉 泡凉 秋凉 轻凉 清凉 凄凉
簟凉 受凉 森凉 暑凉 晚凉 温凉
微凉 小凉 夕凉 心凉 辛凉 西凉
歇凉 暄凉 夏凉 易凉 阴凉 迎凉
夜凉 炎凉 野凉 荫凉 子凉 早凉
追凉 忠凉 招凉 直凉 着凉
北窗凉 桂烟凉 立晚凉 秋风凉 松下凉
树阴凉 笑语凉 月色凉 雨送凉
苍苍凉凉 斗酒博凉 荒荒凉凉 满月荒凉
满月凄凉 清清凉凉 凄凄凉凉 世态炎凉
天气阴凉 一片荒凉 月夜乘凉
前人栽树，后人乘凉/前人种树，后人乘凉/人情冷暖，世态炎凉/心定自然凉/

梁 liáng ①桥。②架桥。③屋梁。④人或物中间高起的部分。⑤朝代名。⑥器物上面便于提携的弧形物。

柏梁 鼻梁 大梁 栋梁 雕梁 飞梁
房梁 杭梁 浮梁 关梁 歌梁 后梁
河梁 画梁 豪梁 横梁 濠梁 旧梁
脊梁 津梁 陆梁 渠梁 齐梁 桥梁
强梁 绕梁 上梁 山梁 石梁 提梁
跳梁 塌梁 屋梁 悬梁 渔梁 舆梁
主梁 正梁 竹梁 舟梁 泽梁
百尺梁 玳瑁梁 涓蜀梁 头悬梁 挑大梁
香木梁 照日梁
不畏强梁 歌声绕梁 画栋雕梁 架海金梁
迁郁大梁 盗跖钱梁 满月屋梁 遏云绕梁
孙敬悬梁 竖起脊梁 小丑跳梁 余音绕梁
落月满梁
狗急跳墙，人急悬梁/孙敬以头悬梁/无衣无

裳，莫过渔梁/蠹啄剖柱梁/

梁 liáng ①粟的优良品种的统称。②细粮。

白粱　持粱　稻粱　飞粱　高粱　膏粱
藿粱　黄粱　粳粱　青粱　黍粱　童粱
大宜粱　雨确粱　枕黄粱　梦黄粱
不顾膏粱　落月星粱　客梦黄粱　纨袴膏粱
一枕黄粱　一觉黄粱

量 liáng 又音 liàng ①用尺、容器等工具测量事物长短、轻重。②估量。③丈量。

才量　忖量　惴量　测量　斗量　掂量
端量　公量　儿量　局量　襟量　权量
矢量　身量　识量　商量　同量　无量
心量　音量　雅量　一量　有量　自量
丈量　酌量
玉尺量
不知分量　车载斗量　同位素量
凡人不可貌相，海水不可斗量/海水难测，人心难量/海水不可斗量/人不可貌相，海水不可斗量/

两 liǎng ①数目。②双。③数量，二。④双方。⑤表示不定的数目。⑥市制重量单位。

百两　别两　车两　储两　地两　合两
斤两　居两　兼两　锦两　开两　两两
马两　麻两　千两　市两　失两　参两
食两　数两　无两　万两　五两　罔两
象两　英两　银两　铢两
掂斤两
半斤八两　称斤约两　缺斤缺两　掂斤估两
掂斤播两　掂斤簸两　分斤掰两　分星拨两
斤斤两两　三三两两
此地无银三百两/道三不着两/大炮一响，黄金万两/一个半斤，一个八两/着三不着两/

俩 liǎng 又音 liǎ ［伎俩］不正当的手段。

伎俩
鬼蜮伎俩

緉 liǎng 一双。

五緉

魉 liǎng ［魍魉］传说中的鬼怪。

魍魉
魑魅魍魉

亮 liàng ①明亮。②光线。③明摆出来。④明朗。⑤辅助。⑥声音响亮。⑦明鉴。⑧显露。

白亮　必亮　背亮　弼亮　灿亮　趁亮
敞亮　擦亮　锃亮　诚亮　灯亮　方亮
发亮　公亮　光亮　高亮　脆亮　鲠亮
火亮　洪亮　黑亮　豁亮　简亮　晶亮
皎亮　鉴亮　辽亮　炼亮　流亮　寥亮
浏亮　瞭亮　嘹亮　明亮　傍亮　漂亮
怆亮　清亮　水亮　闪亮　尚亮　爽亮
释亮　韶亮　天亮　透亮　通亮　乌亮
瓦亮　响亮　婞亮　雪亮　鲜亮　元亮
月亮　油亮　寅亮　眼亮　莹亮　庾亮
银亮　瑜亮　翼亮　真亮　忠亮　照亮
贼亮　锃亮　崭亮
察察亮　黄亮亮　明亮亮　麻麻亮　蒙蒙亮
闪闪亮　眼发亮　诸葛亮
锃光瓦亮　锃明发亮　歌声嘹亮　红得发亮
豁豁亮亮　金光闪亮　军号嘹亮　晶莹透亮
精光发亮　宽敞明亮　露珠闪亮　明明亮亮
明光烁亮　漂漂亮亮　情好备亮　弭盗公亮
声音响亮　声响响亮　十策师亮　条痕光亮
通明透亮　心明眼亮　雪花透亮　鲜红油亮
油光水亮　油光晶亮　眼明心亮　珠里晴亮
朝露晶亮
病人怕肚胀，雨落怕天亮/看着星星想月亮/盼星星，盼月亮/三请诸葛亮/水里捞月亮/事后诸葛亮/三个臭皮匠，合成一个诸葛亮/三个臭皮匠，抵个诸葛亮/三个缝皮匠，比个诸葛亮/木匠怕漆匠，漆匠怕照亮/自身照不亮/

喨 liàng ［嘹喨］（声音）清晰响亮。

嘹喨

谅 liàng ①诚信。②原谅。③相信。④推想。⑤辅佐。

不谅　弼谅　鲠谅　见谅　曲谅　恕谅
体谅　希谅　原谅　寅谅　子谅　直谅

友直友谅
君子贞而不谅/

晾 liàng ①把衣服放在阳光下使干。②同"凉"。
把衣晾　风中晾　树上晾

辆 liàng 量词。
百辆　车辆

靓 liàng 又音 jìng 漂亮，好看。
华靓　酷靓　色靓　闲靓　月靓　艳靓
妆靓　荘靓
煮石鲍靓

量 liàng 又音 liáng ①计算东西多少的器具的总称。②容纳的限度。③估计，审度。
比量　标量　杯量　变量　冲量　产量
差量　参量　常量　裁量　储量　大量
当量　打量　电量　等量　定量　动量
肚量　度量　胆量　分量　风量　放量
饭量　弓量　估量　过量　谷量　高量
惯量　含量　宏量　弘量　洪量　恒量
海量　横量　衡量　痕量　吉量　间量
尽量　坚量　剂量　极量　校量　酒量
较量　嘉量　考量　宽量　力量　能量
留量　料量　批量　评量　气量　轻量
推量　器量　容量　热量　少量　适量
食量　数量　微量　小量　向量　显量
限量　宇量　雨量　运量　预量　渊量
重量　知量　质量　智量　增量
不自量　标准量　饱和量　充其量　磁通量
储藏量　放眼量　工作量　痕迹量　价值量
酒无量　平时量　排水量　消耗量　因变量
玉玲量　运动量　自变量　分子量　肺活量
光通量　排水量　客流量　热容量　师德量
原子量
不知分量　不知自量　保质保量　充乎其量
功德无量　化学当量　斤斤较量　鸟赢谷量
宽宏大量　庙堂之量　前途无量　武装力量
有生力量
蚍蜉撼树不知量/前途不可限量/

踉 liàng 又音 liáng 走路不稳。
跄踉　踌踉

悢 liàng 悲伤。
怆悢　忙悢　悢悢

江 jiāng ①大河的通称。②专指长江。
滨江　碧江　长江　重江　成江　苍江
沧江　澄江　春江　大江　到江　渡江
浮江　枫江　翻江　过江　汉江　荒江
海江　寒江　横江　九江　净江　锦江
空江　内江　两江　流江　领江　临江
菱江　绿江　怒江　蓝江　闽江　暮江
飘江　潘江　清江　秋江　入江　二江
上江　三江　涉江　塞江　汀江　投江
跳江　吴江　乌江　望江　小江　下江
西江　吸江　香江　晓江　湘江　云江
沿江　远江　钦江　浙江　珠江
白鹤江　动秋江　钓桐江　富春江　虎渡江
广陵江　贾长江　金沙江　绿珠江　汨罗江
钱塘江　前姚江　松花江　万里江　卧沧江
孝娥江　月涌江　洋子江　扬子江　鸭绿江
倒海翻江　枫落吴江　搅海翻江　蒋干过江
泥马渡江　陆海潘江　鹊潸宝江　投鞭填江
铁锁横江　铁锁沉江　五马渡江　吴猛渡江
衣带一江　引婴投江　枕山臂江
财通四海，利达三江/李逵骂宋江/投鞭断长江/

豇 jiāng 〔豇豆〕一年生草本植物。
白豇　红豇　青豇

将 jiāng 又音 jiàng ①将要。②下棋术语"将军"。③扶持。④做。⑤顺从，秉承。⑥养。⑦持，拿。⑧赠送。⑨用言语刺激。⑩带领。
半将　必将　称将　分将　凡将　方将
扶将　姑将　几将　节将　即将　姦将
就将　将将　立将　裸将　礼将　明将
末将　世将　素将　鼠将　输将　天将
特将　偷将　我将　自将　行将　肃将
远将　志将　终将

蝶勾将　慷慨将　许子将　一枝将　驿使将
日就月将

浆 jiāng　又音 jiàng　①比较浓的饮料。②用米汤浸润纱、布、衣服等。

白浆　冰浆　打浆　豆浆　粉浆　翻浆
桂浆　灌浆　含浆　灰浆　壶浆　寒浆
金浆　酒浆　椒浆　矿浆　泥浆　脑浆
酪浆　酩浆　乞浆　琼浆　女浆　肉浆
三浆　上浆　水浆　砂浆　桃浆　糖浆
王浆　血浆　仙浆　霞浆　玉浆　岩浆
银浆　纸浆　蔗浆
八种浆　百氏浆　帝台浆　蜂王浆　花生浆
馈十浆　牛痘浆　千岁浆　瑞露浆　试乞浆
五云浆　玉女浆　云母浆　椰子浆
稻粒灌浆　箪食壶浆　桂酒椒浆　汗出如浆
引车卖浆　玉液琼浆
囚人梦赦，渴人梦浆/

姜 jiāng　①多年生草本植物。②姓。

伐姜　干姜　桂姜　红姜　花姜　黄姜
姬姜　老姜　李姜　母姜　闽姜　孟姜
齐姜　十姜　山姜　生姜　蒜姜　蜀姜
太姜　辛姜　鲜姜　玉姜　邑姜　员姜
洋姜　芽姜　此姜　子姜　紫姜　贞姜
诸姜
白芽姜　鬼子姜　千畦姜　社前姜
杀妾齐姜　子野买姜

僵 jiāng　①仆倒，②僵硬。③双方无法交通，难以调和。④死。

不僵　冰僵　蚕僵　冻僵　枯僵　闹僵
马僵　仆僵　树僵　阳僵
冻欲僵　踏雪僵　走且僵　直僵僵
李代桃僵
百足之虫，死而不僵/百足之虫，至死不僵/

缰 jiāng　缰绳。

抖缰　飞缰　封缰　马缰　丝缰　脱缰
游缰　紫缰
马脱缰　紫丝缰
信口由缰　信马由缰
一坛子萝卜，抓不到姜（缰）/

礓 jiāng　①砂礓，一种不透水的矿石。②[礓礤]台阶。

砂礓

疆 jiāng　①国界。②疆域。③划分界限。④划分的界限。

北疆　边疆　逼疆　出疆　此疆　丁疆
分疆　封疆　故疆　葛疆　海疆　井疆
界疆　畿疆　蘋疆　南疆　侵疆　阮疆
四疆　守疆　土疆　他疆　无疆　我疆
新疆　黠疆　越疆　周疆
不越疆
画野分疆　极寿无疆　万寿无疆

讲 jiǎng　①说，谈。②和解。③议论。④讲解。⑤讲求。⑥谋求。⑦商量。

播讲　重讲　串讲　对讲　都讲　发讲
共讲　就讲　旧讲　解讲　精讲　开讲
看讲　窥讲　立讲　慢讲　密讲　没讲
亲讲　起讲　侍讲　世讲　俗讲　神讲
试讲　听讲　通讲　停讲　无讲　望讲
西讲　玄讲　细讲　宣讲　详讲　新讲
研讲　夜讲　演讲　游讲　主讲　自讲
斋讲
车宫讲　重云讲　大林讲　樊生讲　黄殿讲
年年讲　山阴讲　寿安讲　天天讲　西寺讲
月月讲
闲话休讲

奖 jiǎng　①劝勉。②称赞。③用财物或荣誉给予鼓励。④辅助。⑤彩金。

颁奖　褒奖　抽奖　崇奖　大奖　打奖
总奖　得奖　奠奖　恩奖　发奖　过奖
高奖　获奖　海奖　给奖　金奖　嘉奖
开奖　夸奖　领奖　谬奖　评奖　劝奖
受奖　授奖　殊奖　搜奖　叙奖　优奖
银奖　延奖　中奖　重奖　尊奖
金质奖　银质奖　推荐奖
电影评奖　立功受奖　庆功颁奖

桨 jiǎng　划船的用具。

白桨　船桨　打桨　荡桨　飞桨　泛桨
粉桨　桂桨　孤桨　画桨　划桨　金桨
两桨　兰桨　浪桨　去桨　轻桨　二桨
双桨　柘桨　小桨

发双桨　浪浮桨　螺旋桨　鸥衔桨　停画桨

蒋 jiǎng 姓。

白蒋　编蒋　攒蒋　凡蒋　菰蒋　老蒋
刘蒋　菱蒋　蒋蒋　茅蒋　弱蒋　沙蒋
卧蒋

耩 jiǎng 用耧播种。

靠耩　耧耩

匠 jiàng ①有专门技艺的人。②灵巧。③指在某一方面有很深造诣的人。

笔匠　裱匠　词匠　丁匠　大匠　刀匠
定匠　待匠　工匠　功匠　国匠　花匠
画匠　巨匠　剑匠　女匠　良匠　木匠
名匠　篾匠　皮匠　巧匠　漆匠　人匠
少匠　石匠　诗匠　天匠　铁匠　陶匠
铜匠　瓦匠　巫匠　锡匠　鞋匠　治匠
医匠　郢匠　银匠　意匠　宗匠　宰匠
梓匠　哲匠
东园匠　都料匠　成衣匠　花儿匠　教书匠
泥水匠　泥瓦匠　理发匠　巧木匠　水水匠
剃头匠　小炉匠　修自匠　油漆匠
别具意匠　能工巧匠　文章宗匠
长木匠，短铁匠，不长不短是石匠/

降 jiàng 又音 xiáng ①从高处落下来。②使下落。流窜。③诞生。

不降　贬降　从降　沉降　出降　宠降
荣降　春降　黜降　大降　递降　帝降
笃降　诞降　飞降　福降　各降　光降
久降　降降　空降　考降　宽降　来降
灵降　厘降　暮降　迫降　乞降　气降
日降　瑞降　少降　升降　时降　神降
昇降　霜降　未降　巫降　下降　心降
先降　由降　义降　引降　雨降　攸降
宵降　意降　嶽降　陟降　肇降　谪降
骤降　双降
百日降　从天降　毒龙降　凤凰降　防空降
甘露降　华雪降　金母降　借酒降　千花降
气难降　水潦降　时雨降　岁星降　说诗降
睡魔降　天瑞降　天书降　未肯降　望风降
心逾降　灾祸降　祯府降
从天而降　祸从天降　明升暗降　崧生岳降
喜从天降

绛 jiàng 深红色。

出绛　服绛　故绛　高绛　灌绛　华绛
画绛　韩绛　旧绛　李绛　乱绛　浅绛
染绛　三绛　如绛　同绛　吐绛　魏绛
下绛　新绛　谢绛　元绛　衣绛　用绛
诈绛
九天绛　色如绛　壮心绛

将 jiàng 又音 jiāng ①军衔名。②统帅指挥士兵。③带兵。

爱将　兵将　步将　部将　拜将　败将
宾将　称将　闯将　大将　斗将　点将
德将　飞将　府将　副将　逢将　溥将
復将　福将　干将　豪将　汉将　捍将
虎将　健将　激将　老将　女将　良将
末将　名将　命将　麻将　谋将　猛将
偏将　叛将　裨将　遣将　强将　仁将
锐将　儒将　上将　少将　收将　世将
神将　宿将　亡将　为将　武将　小将
信将　选将　相将　枭将　贤将　骁将
义将　牙将　迎将　勇将　主将　中将
作将　准将　折将　斩将　战将　智将
得真将　关西将　九虎将　名飞将　仁贵将
诗坛将　孙子将　五虎将　杨家将　禹人将
北方名将　败军之将　残兵败将　登坛拜将
夺关斩将　调兵遣将　关西出将　黄须骁将
哼哈二将　将门有将　谋臣猛将　遣兵调将
手下败将　杀妻求将　损兵折将　神兵天将
题榜仲将　天兵天将　文臣武将　虾兵蟹将
蝦兵蝦将　运动健将　筑坛拜将　走马换将
兵对兵，将对将/过五关，斩六将/晋襄公放败将/请将不如激将/山东出相，山西出将/相门有相，将门有将/梁山一百零八将/

酱 jiàng ①肉酱。②发酵后的调味品。③用酱腌制的食品。④捣烂成泥状的食物。

百酱　败酱　大酱　点酱　豆酱　操酱
妇酱　脯酱　覆酱　果酱　枸酱　好酱
红酱　黄酱　醯酱　近酱　芥酱　菽酱
蒟酱　卵酱　辣酱　美酱　麻酱　卖酱
蜜酱　清酱　肉酱　甜酱　虾酱　香酱
蚁酱　鱼酱　作酱　执酱　炸酱

豆瓣酱　果子酱　花生酱　红螺酱　芍药酱
甜面酱　芝麻酱
豆瓣儿酱
省了一把盐，酸了一缸酱/

强

jiàng　又音 qiáng　qiǎng　①不柔和。②僵硬。③倔强，固执。

堀强　屈强　倔强　嘴强　拗强
舌本强
赵鼎倔强

羌

qiāng　①我国的西部少数民族。②卿。③章。

濩羌　渴羌　南羌　破羌　西羌　诸羌
白蘭羌　赤水羌　党项羌　南山羌

蜣

qiāng　［蜣螂］俗称“屎壳郎”。身黑色，吃屎。

蛣蜣

呛

qiāng　又音 qiàng　①进食或饮水而引起的咳嗽。②〈方〉咳嗽。

够呛
喝水呛
吃饭吃呛

玱

qiāng　玉相击声。

铿玱　鸾玱　玱玱　凄玱　玉玱　有玱

枪

qiāng　①古代武器名。②火铳。③现代发射子弹的武器。④像枪的东西。⑤代替。⑥茶的嫩芽。

标枪　步枪　长枪　持枪　铳枪　茶枪
欃枪　刀枪　大枪　打枪　短枪　钢枪
割枪　火枪　花枪　焊枪　黑枪　交枪
机枪　金枪　缴枪　禁枪　开枪　扛枪
快枪　冷枪　鸟枪　猎枪　木枪　门枪
马枪　明枪　鸣枪　排枪　七枪　气枪
枪枪　旗枪　手枪　水枪　双枪　授枪
神枪　天枪　抬枪　投枪　铁枪　烟枪
百竿枪　驳壳枪　冲锋枪　大烟枪　打冷枪
电子枪　发令枪　发冷枪　滑膛枪　红缨枪
回马枪　后唇枪　盒子枪　机关枪　来复枪
绿沈枪　毛瑟枪　铆钉枪　卡宾枪　手中枪
耍花枪　五尺枪　信号枪　匣子枪　自动枪
重机枪
持甲持枪　动刀动枪　高射机枪　回马一枪
临阵磨枪　匹马单枪　轻机关枪　舌剑唇枪
杀回马枪　无声手枪　跃马横枪　彦章铁枪
自动步枪　重机关枪　真刀真枪　转轮手枪
不怕金牌张，惟怕七条枪/高射机关枪/

戕

qiāng　杀害。

摧戕　虐戕　胥戕　自戕

斨

qiāng　古代的一种斧子。

斧斨　缺斨　敦斨

腔

qiāng　①动物体内空的部分。②说话的腔调。③曲调。

边腔　帮腔　鼻腔　吹腔　成腔　齿腔
唱腔　答腔　搭腔　腹腔　高腔　官腔
花腔　淮腔　京腔　接腔　口腔　开腔
哭腔　昆腔　炉腔　颅腔　柳腔　满腔
盆腔　秦腔　声腔　甩腔　土腔　托腔
体腔　拖腔　行腔　胸腔　新腔　贼腔
装腔
不同腔　白玉腔　梆子腔　撇京腔　仇满腔
打官腔　杖园腔　恨满腔　鸡腔腔　曲换腔
青阳腔　水调腔　耍花腔　塞上腔　铁笛腔
娃娃腔　碗碗腔　学生腔　泄殖腔　弋阳腔
郢人腔
别创新腔　歌剧行腔　野调无腔　紫韵红腔

锵

qiāng　拟声词。

金锵　铿锵　锵锵　轻锵　养锵
声调铿锵　音调铿锵

镪

qiāng　又音 qiǎng　［镪水］强酸的俗称。

硝镪

强

qiáng　又音 qiǎng　jiàng　①强壮。②强盛。③好。④使用强力。⑤优越。⑥有余。⑦程度高。

兵强　半强　伯强　暴强　霸强　逞强
丁强　斗强　发强　负强　富强　弓强
高强　刚强　好强　悍强　豪强　加强
坚强　健强　克强　康强　列强　隆强
木强　敏强　日强　人强　任强　恃强
擅强　盛强　为强　顽强　挽强　威强
形强　引强　压强　养强　音强　要强

禹强　自强　治强　争强　鸷强　增强
终强
百二强　千文强　弱胜强
扶弱折强　扶弱抑强　发愤图强　奋发图强
国富民强　年富力强　马壮人强　民富国强
求知欲强　武艺高强　诩增示强　英勇顽强
折光率强
寡不敌众，弱不敌强/将相本无种，男儿当自强/男儿当自强/柔能胜刚，弱能胜强/师高弟子强/先下手为强/象人百万，不可谓强/

墙 qiáng ①用土或砖做成的建筑物。②棺罩四周的帷幔。③门屏。
矮墙　板墙　长墙　出墙　城墙　楮墙
东墙　短墙　登墙　雕墙　堵墙　堞墙
断墙　粉墙　粪墙　古墙　宫墙　挂墙
高墙　隔墙　夔墙　火墙　会墙　红墙
坏墙　花墙　圜墙　回墙　夹墙　蹇墙
女墙　连墙　垒墙　阅墙　篱墙　缭墙
邻墙　门墙　抹墙　面墙　排墙　骑墙
仁墙　山墙　松墙　土墙　圩墙　危墙
围墙　帷墙　小墙　胸墙　萧墙　修墙
严墙　垣墙　岩墙　阋墙　苑墙　倚墙
院墙　逾墙　踰墙　正墙　砖墙　筑墙
照墙
白壁墙　赐之墙　风火墙　拂花墙　防火墙
鬼打墙　花出墙　荔枝墙　薜荔墙　青粉墙
水绕墙　水晶墙　宋玉墙　一堵墙　月过墙
雨云墙
蝙蝠骑墙　断垣残墙　狗急跳墙　祸起萧墙
窥宋东墙　事在萧墙　邻女窥墙　泰列门墙
三年窥墙　铁壁铜墙　颓垣断墙　兄弟阋墙
萧字陷墙　衅起萧墙　桃李门墙　引水入墙
月上东墙　颜阖逾墙　衅发萧墙　见尧于墙
钻穴踰墙
多个朋友多条路，多个冤家多堵墙/拆东墙补西墙/鸡飞狗跳墙/没有不透风的墙/人怕上床，马怕上墙/人急烧香，狗急跳墙/死狗扶不上墙/挖东墙补西墙/新人上了床，媒人丢过墙/一头撞倒南墙/

蔷 qiáng ［蔷薇］落叶灌木，花白色或淡红色，味芳香，可入药。
东蔷　红蔷
艺苑新蔷

嫱 qiáng ①宫廷内的女官名。②妇女人名用字。
嫔嫱　妃嫱　毛嫱　施嫱　王嫱　妖嫱
媵嫱
妃嫔媵嫱　嫁劣王嫱

樯 qiáng ①船帆柱子。②边。
飞樯　风樯　帆樯　孤樯　回樯　连樯
千樯　去樯　上樯　速樯　危樯　桅樯
云樯　牙樯　银樯　众樯
十花樯　映蒲樯　燕语樯

抢 qiǎng 又音 qiāng ①赶紧。②抢夺。③汉字书去用语。
大抢　飞抢　哄抢　黑抢　截抢　拼抢
双抢　头抢　参抢　争抢
烧杀掠抢
兄弟让位侄儿抢/

强 qiǎng 又音 qiáng、jiàng ①迫使。②勉强。
力强　勉强　牵强
勉勉强强

镪 qiǎng 又音 qiāng 古代指成串的钱。
白镪　者镪　凫镪　亮镪

襁 qiǎng ［襁褓］包裹婴儿用的被子和带子。
负襁　文襁　诱襁
儿脱襁

呛 qiàng 又音 qiāng 刺激性的东西使鼻子嗓子感到不舒服。
烟呛
辣椒呛

戗 qiàng 又音 qiāng 支持。
戗戗

跄 qiàng 走路不稳当。
趋跄　浪跄　踉跄　跄跄　殳跄
打踉跄
打个踉跄　踉踉跄跄　跌打跄跄

乡 xiāng ①城市郊外的地方。②行政区划的基层单位。③自己出生地或祖籍。④处所。

本乡 背乡 蚕乡 城乡 愁乡 大乡
达乡 都乡 帝乡 返乡 负乡 故乡
归乡 火乡 互乡 回乡 还乡 怀乡
虎乡 江乡 旧乡 家乡 珂乡 宽乡
老乡 离乡 良乡 落乡 鲈乡 迷乡
梦乡 穷乡 侨乡 入乡 山乡 水乡
四乡 圣乡 思乡 睡乡 土乡 同乡
佗乡 他乡 外乡 望乡 下乡 仙乡
狭乡 异乡 羽乡 远乡 渔乡 游乡
要乡 杖乡 醉乡
白云乡 白燕乡 翠红乡 大同乡 华胥乡
黑甜乡 君子乡 女嫔乡 民族乡 入梦乡
入醉乡 水云乡 温柔乡 小同乡 鱼米乡
雨云乡 郑公乡 作醉乡
背井离乡 串街走乡 沟通城乡 进入梦乡
流落他乡 入乡随乡 随乡入乡 无何有乡
沉入醉乡 鱼米之乡 衣锦还乡 作客他乡
昼锦还乡
长安虽好，不是久恋之乡/进入黑甜乡/游子悲故乡/游子思故乡/无何有之乡/

相 xiāng 有音 xiàng ①互相。②实质。③表示一方对另一方有所动作。

迭相 互相 交相 两相 竞相 一相
自相

厢 xiāng ①像房子分隔开的地方。②厢房。③靠近城的地区。

边厢 包厢 壁厢 车厢 城厢 东厢
关厢 那厢 两厢 二厢 一厢 瑶厢
这厢
东西厢 北西厢 打连厢 黄钟厢 那壁厢
这壁厢

湘 xiāng ①湘江。②湖南省的简称。

沉湘 江湘 经湘 南湘 缥湘 三湘
西湘 熊湘 枕湘 濯湘
打莲湘
屈平沉湘 屈原沉湘

缃 xiāng 浅黄色。

缥缃 缣缃
白似缃

箱 xiāng ①箱子。②像箱子样的东西。③古代居室前两边的房屋。

暗箱 冰箱 沉箱 顶箱 方箱 风箱
封箱 服箱 蜂箱 关箱 高箱 烘箱
货箱 黄箱 巾箱 金箱 镜箱 栏箱
柳箱 空箱 烤箱 木箱 皮箱 青箱
钱箱 石箱 水箱 书箱 砂箱 土箱
提箱 跳箱 添箱 藤箱 万箱 西箱
信箱 衣箱 玉箱 印箱 油箱 邮箱
药箱 盈箱 竹箱 执箱 装箱 纸箱
百宝箱 斑竹箱 保险箱 翠云箱 电冰箱
玳瑁箱 副油箱 骨灰箱 节约箱 举报箱
集装箱 检举箱 女儿箱 七宝箱 千百箱
收雀箱 涂金箱 手提箱 五色箱 夜壶箱
意见箱 枕头箱
齐鲁青箱 元鲁青箱 千仓万箱
杜十娘的百宝箱/杜十娘怒沈百宝箱/

香 xiāng ①气味芬芳。②味道好。③蚊香。④声色美。⑤赞美之词。⑥吃得有味或睡得酣畅。⑦旧时女子的代称。

阿香 暗香 碧香 瓣香 吃香 沉香
初香 臭香 草香 菜香 残香 醇香
丁香 度香 稻香 盗香 段香 分香
芳香 浮香 佛香 焚香 饭香 古香
果香 国香 桂香 韩香 红香 茴香
花香 怀香 含香 荷香 黄香 韩香
藿香 进香 戒香 极香 酒香 降香
口香 女香 冷香 留香 浓香 灵香
能香 流香 洌香 暖香 凝香 腻香
木香 迷香 妙香 埋香 梅香 蜜香
披香 辟香 盘香 喷香 飘香 七香
奇香 秋香 清香 软香 乳香 瑞香
上香 市香 生香 书香 松香 速香
送香 试香 烧香 睡香 麝香 天香
投香 亭香 添香 偷香 檀香 无香
五香 温香 味香 蚊香 望香 晚香
夕香 玄香 心香 寻香 线香 雪香
夏香 薰香 馨香 衣香 余香 芸香
异香 油香 幽香 郁香 遗香 专香
众香 贞香 篆香 藏香

安息香 百花香 百品香 白雪香 百濯香
柏了香 班马香 捧儿香 吃得香 春风香
草路香 丁皮香 杜若香 大茴香 洞庭香
都梁香 稻谷香 带露香 稻花香 返魂香
放翁香 浮桂香 过午香 桂枝香 郭密香
隔生香 回头香 韩寿香 琥珀香 含古香
九真香 尽日香 久生香 金凤香 贾女香
鸡舌香 酒蘊香 降真香 锦绣香 屐齿香
口脂香 令公香 令君香 兰灵香 龙诞香
留兰香 鸟嘴香 龙脑香 南海香 落花香
荔枝香 马蹄香 满路香 木兰香 千步香
七里香 却死香 青烟香 奇南香 伽南香
伽蓝香 十二香 三口香 四节香 水殿香
烧高香 体自香 五日香 王者香 卫生香
外国香 晚和香 荀令香 一枝香 玉汁香
玉骨香 一瓣香 叶子香 郁金香 夜来香
一炷香 艳留香 燕泥香 燕尾香 御史香
盈袖香 紫丁香 脂粉香 竹叶香 紫豆香
紫丁香 逐风香 外国香
八角茴香 吃得真香 齿颊生香 朝山进香
瘗玉埋香 古色古香 古墨飘香 果甜瓜香
国色天香 桂子飘香 桂花飘香 荷花清香
韩寿偷香 脍美菰香 鸟语花香 浓墨喷香
缕缕清香 茉莉芳香 秋兰飘香 窃玉偷香
软玉温香 四季飘香 扇枕黄香 粟谷喷香
太尉足香 铜雀分香 王者之香 惜玉邻香
一缕幽香 一缕清香 一瓣心香 一阵奇香
玉兰郁香 倚玉偎香 鱼肥稻香 葬玉埋香
贾女偷香 摘艳薰香 韩寿偷香
不是一番寒彻骨，怎得梅花扑鼻香/不是一番寒彻骨，争得梅花扑鼻香/慈悲胜念千声佛，作恶空烧万炷香/多情还是无情好，真花不及野花香/家花不比野花香/破镜不改光，兰死不改香/穷算命，富烧香/墙里开花墙外香/入芝兰之室，久而不闻其香/人争一口气，佛争一炷香/人受一口气，佛受一炷香/偷佛钱买佛香/在家敬父母，何必远烧香/在家敬父母，何用远烧香/

襄 xiāng 帮助。

波襄 怀襄 龙襄 上襄 七襄 宋襄
陈襄 赞襄
乙尹襄 织女襄

骧 xiāng ①马头俯仰。②马抬头快跑。

春骧 电骧 方骧 风骧 高骧 龙骧
马骧 上骧 冲骧 腾骧 云骧
马首骧 司马骧
虎跃龙骧 破壁腾骧 云起龙骧

瓖 xiāng 同“镶”。

玉瓖

镶 xiāng 把东西嵌进去。

钩镶 嵌镶
玉嵌金镶

详 xiáng ①审填。②详细。③细密完备。④清楚地知道。⑤细说。⑥公平。

安详 不详 参详 端详 究详 精详
看详 内详 礼详 全详 诠详 审详
推详 未详 闲详 消详 云详 意详
周详
和该详 约而详 责人详
不厌其详 内容不详 耳熟能详 言之不详
语焉不详

庠 xiáng ①古代的乡学。②教养。③周时的学校。

国庠 郡庠 膠庠 上庠 宋庠 序庠
邑庠 殷庠 虞庠 周庠
古设胶庠

祥 xiáng ①吉利。②指吉凶的预兆。③美，好。④丧祭名。

祆祥 不祥 百祥 呈祥 参祥 慈祥
大祥 发祥 告祥 国祥 龟祥 吉祥
荐祥 降祥 嘉祥 考祥 农祥 年祥
累祥 气祥 启祥 穷祥 青祥 十祥
天祥 万祥 小祥 体祥 云祥 永祥
妖祥 有祥 应祥 迎祥 占祥 灾祥
兆祥 贞祥 致祥 祯祥
白鸠祥 叫梦祥 爵名祥 六鹤祥 捧日祥
三不祥 受干祥 太室祥 王者祥
长发其祥 举止安祥 枯梧不祥 男子天祥
女子之祥 龙凤呈祥 麟趾呈祥 脸色呈祥
目光慈祥 庆去元祥 遇难成祥 由母发祥

察见渊鱼者不祥/国有三不祥/

降 xiáng 又音 jiàng ①投降。②悦服。③降伏

逼降 等降 伏降 服降 复降 归降
共降 乃降 纳降 每降 叛降 乞降
求降 屈降 劝降 洽降 请降 受降
始降 投降 无降 厌降 佯降 迎降
欲降 诱降 自降 早降 知降 诈降
招降
厚厘降
城筑受降 宁死不降 缴械投降 崧生岳降
白起坑降

翔 xiáng ①鸟展翅回旋而飞。②飞。③行走时张开两臂，像鸟张开翅膀。

翱翔 驰翔 飞翔 凤翔 凫翔 高翔
回翔 滑翔 徊翔 惊翔 鹍翔 来翔
翩翔 趋翔 上翔 双翔 违翔 相翔
翔翔 云翔 远翔 羽翔 雁翔
百鸟翔 百鸥翔 佛士翔 翡翠翔 凌虚翔
千仞翔 万里翔 行不翔 虞仲翔
凤翥龙翔 高速滑翔 鸽峙鸾翔 龙飞凤翔
展翅翱翔

享 xiǎng ①祭祀。②鬼神享用祭品。③享受。

安享 不享 长享 春享 分享 共享
告享 鬼享 荐享 久享 吉享 结享
敬享 嘉享 六享 临享 来享 明享
配享 聘享 虔享 三享 世享 受享
时享 是享 索享 肆享 我享 休享
孝享 歆享 右享 用享 尧享 宴享
饮享 禋享 燕享 再享 专享 坐享
朝享 蒸享
不成享 百神享 大家享 钧台享 朋酒享
一簋享 子孙享
有祸同当，有福同享/

响 xiǎng ①发出声音。②声音。③响亮。④声音高而大。

哀响 不响 百响 半响 虫响 打响
蜩响 方响 反响 凡响 飞响 风响
浮响 谷响 过响 高响 怪响 回响
怀响 混响 轰响 鹤响 交响 巨响
结响 绝响 空响 叩响 两响 灵响
流响 雷响 妙响 切响 奇响 泉响
琴响 清响 双响 声响 山响 石响
嗣响 涛响 无响 夕响 细响 效响
喧响 翕响 鹗响 余响 音响 逸响
遗响 影响 作响 竹响 止响 蛩响
振响
春雨响 春雷响 玎珰响 丰隆响 当当响
洪钟响 金石响 军号响 鸡人响 剪刀响
马蹄响 枪声响 泉溜响 秋槐响 缫车响
笙箫响 吐清响 铁马响 应如响 竹籁响
震天响
不同凡响 不声不响 非同凡响 浮声切响
扩大影响 蕤宾铁响 随声逐响 一声不响
一炮打响 一声噇响
钢珠落进铁盘里，当当响/棉条打鼓，不响/一个巴掌拍不响/洋油桶，一碰就响/钟不扣不鸣，鼓不打不响/

饷 xiǎng ①赠送。②过去指军警的薪水。③用食物款待。

边饷 兵饷 吃饷 仇饷 得饷 乏饷
发饷 俸饷 关饷 归饷 贡饷 给饷
耕饷 见饷 军饷 家饷 馈饷 劳饷
领饷 粮饷 卖饷 铺饷 受饷 食饷
午饷 望饷 薪饷 月饷 一饷
妇子饷 皆衣饷 木牛饷 田间饷
敬叔受饷

蚃 xiǎng 知声虫，也叫“地蛹”。

虫蚃 肸蚃

飨 xiǎng ①用酒食款待。②同“享”。③设盛宴待宾客。

尚飨 壶飨 宴飨
触饭不及壶飨/

想 xiǎng ①想象。②动脑筋思索。③怀念。④料想。⑤希望。

暗想 不想 长想 忖想 存想 成想
承想 诚想 揣想 弛想 猜想 畅想
痴想 断想 浮想 炊想 费想 敢想
构想 感想 回想 幻想 怀想 旧想
寄想 结想 静想 假想 瞻想 空想
狂想 渴想 苦想 内想 乱想 丽想
拟想 念想 料想 理想 联想 凝想

目想　没想　冥想　谬想　缅想　梦想
默想　情想　期想　二想　尚想　识想
思想　设想　试想　涉想　索想　奢想
惕想　投想　徒想　推想　无想　万想
枉想　妄想　望想　温想　休想　心想
玄想　虚想　遐想　悬想　九想　永想
异想　有想　悁想　运想　预想　逸想
意想　索想　遥想　臆想　游想　自想
作想　至想　注想　追想　着想　朝想
紫想
出尘想　非非想　两情想　漆园想　漾濮想
紫霞想
不堪设想　沉思默想　痴心妄想　非分之想
发人遐想　胡思乱想　海怀霞想　濠濮间想
军事思想　解放思想　苦思冥想　苦思苦想
冥冥苦想　冥思冥想　眠思梦想　前思后想
穷思极想　文艺思想　行思坐想　游思忘想
诱发联想　左思右想　中心思想　朝思暮想
白日做梦，胡思乱想/梦是心头想/

鲞 xiǎng　剖开晾干的鱼。

白鲞　脂鲞　茄鲞　笋鲞
黄鱼鲞　牛肉鲞　石首鲞

向 xiàng　①朝北的窗户。②朝着。③方向。④近、临。⑤偏袒。⑥原来的。⑦从前。

不向　北向　背向　朝向　潮向　导向
单向　动向　定向　顿向　飞向　方向
风向　归向　顾向　惯向　何向　会向
怀向　航向　横向　甲向　具向　径向
内向　来向　劳向　逆向　流向　聊向
拿向　面向　片向　偏向　去向　祈向
意向　蕲向　趋向　倾向　上向　山向
四向　双向　生向　所向　投向　推向
通向　外向　晚向　相向　一向　音向
意向　移向　正向　这向　走向　坐向
指向　志向　纵向　转向
大方向　看风向　转了向
锋芒所向　昏头转向　矛头所向　蒙头转向
懵头转向　人心所向　三推六向　有偏有向
晕头转向

项 xiàng　①脖子的后部。②脖子。③事物中的种类或条目。④亢直。⑤数学用语。⑥隆起。

白项　出项　存项　楚项　单项　党项
短项　粉项　各项　贵项　后项　花项
尖项　进项　鸡项　颈项　疆项　款项
内项　立项　刘项　罗项　来项　留项
欠项　曲项　取项　缺项　前项　强项
秦项　禽项　骑项　弱项　生项　说项
事项　缩项　头项　外项　为项　小项
细项　绣项　修项　云项　义项　用项
引项　有项　移项　燕项　正项　专项
杂项　执项　直项　阵项　逐项
青蛇项　狮子项
逢人说项　好人说项　延颈秀项　董宣强项

巷 xiàng　又音 hàng　①街里中的道路。②较窄的街道。

隘巷　村巷　春巷　大巷　道巷　古巷
过巷　花巷　横巷　槐巷　夹巷　家巷
街巷　开巷　空巷　逵巷　里巷　俚巷
闾巷　陋巷　邻巷　民巷　门巷　旻巷
满巷　平巷　蓬巷　僻巷　囚巷　曲巷
阡巷　穷巷　衢巷　阮巷　水巷　深巷
舍巷　同巷　苎巷　涂巷　委巷　小巷
狭巷　绣巷　墟巷　月巷　永巷　遇巷
颜巷　主巷　左巷　转巷　竹巷　煤巷
风巷
白杨巷　长干巷　芙蓉巷　回轩巷　黄苍巷
青杨巷　青铜巷　生穷巷　乌衣巷　烟花巷
榆林巷　颜子巷
荜门委巷　长街短巷　大街小巷　负郭穷巷
花街柳巷　柳陌花巷　柳门竹巷　枇杷门巷
前街后巷　填街塞巷　万人空巷　席门穷巷
烟花柳巷　颜回陋巷　颜渊陋巷

相 xiàng　又音 xiāng　①样子，容貌。②察看。③辅助。④治理。⑤司仪赞礼。⑥选择。

白相　扮相　本相　宝相　变相　槟相
宾相　侯相　薄相　丑相　吃相　成相
惨相　丞相　蠢相　单相　递相　端相
骯相　恶相　方相　法相　非相　傅相
福相　辅相　豪相　幻相　骨相　供相

怪相 鬼相 见相 计相 将相 家相
简相 窘相 假相 苦相 看相 内相
林相 老相 良相 亮相 脸相 露相
禄相 貌相 灭相 面相 梦相 命相
妙相 卜相 皮相 破相 其相 穷相
卿相 瑞相 儒相 入相 上相 少相
首相 生相 失相 圣相 色相 声相
识相 守相 岁相 属相 食相 蜀相
素相 睡相 霜相 摄相 天相 贫相
无相 外相 我相 旺相 小相 心相
行相 凶相 形相 现相 性相 想相
星相 喜相 贤相 新相 玉相 月相
仪相 业相 亚相 元相 雨相 洋相
瘦相 坐相 长相 住相 众相 宅相
站相 真相 宰相 照相 装相 贼相
春不相 揣骨相 出洋相 帝王相 观形相
虎头相 金玉相 可怜相 男傧相 狼狈相
肉食相 山庭相 封侯相 食肉相 听声相
唐举相 窝囊相 燕颔相 众生相 织女相
冰山石相 不可貌相 白衣卿相 比干宰相
伴食宰相 鸱夷齐相 出将入相 蔡泽看相
关东出相 弘影作相 摸棱宰相 吉人天相
景差出相 六国封相 弄獐宰相 浪子宰相
鹿疑郑相 貌疏宰相 配享拗相 齐歌入相
奇形怪相 穷形尽相 穷形怪相 全息照相
勿为楚相 圣君贤相 石苍当相 山中宰相
唐举善相 弹棉宰相 相门有相 谢生拜相
云闻拜相 玉质金相 郑綮作相 掷骰人相
凡人不可貌相/关西出将，关东出相/甘罗十二为秦相/吉人自有天相/家贫思贤妻，国乱思良相/聋子的耳朵，配相/人不可貌相/真人不露相/金香大丞相/

象 xiàng ①最大的哺乳动物。②象牙的省称。③形象。④想象。⑤象征。⑥现象。

白象 表象 病象 辰象 抽象 椿象
大象 对象 豆象 飞象 法象 观象
构象 幻象 活象 旱象 海象 浑象
迹象 景象 假象 历象 乱象 龙象
录象 毛象 米象 脉象 梦象 气象
群象 二象 如象 瑞象 三象 石象
四象 试象 狮象 燧象 天象 图象
吞象 万象 罔象 物象 琬象 舞象
小象 血象 形象 现象 香象 响象
星象 犀象 想象 驯象 险象 牺象
爻象 印象 映象 意象 野象 征象
灾象 脏象 宰象
白耳象 宝座象 代耕象 四不象 蛇吞象
水怪象 投鼻象
包罗万象 拔犀擢象 悲惨景象 成童舞象
丑恶现象 曹冲称象 返祖现象 虹吸现象
功臣列象 假造现象 劳动对象 理解形象
描写现象 毛细现象 社会现象 蛇欲吞象
塑造形象 森罗万象 太平天象 舞台形象
瞎子摸象 艺术形象 原驰蜡象 语言形象
盲人摸象
跟和尚借梳子，找错了对象/隔壁烧辣椒，有点象（呛）/人心不足蛇吞象/猪鼻孔插葱，装象（相）/

像 xiàng ①相似。②做成的人物图像。③比如，比方。④如同。⑤形象。⑥法式。

宝像 成像 尘像 垂像 持像 慈像
定像 雕像 凤像 仿像 法像 佛像
古像 郭像 骨像 鬼像 卦像 何像
好像 和像 绘像 活像 蛤像 画像
金像 绝像 睢像 刻像 丽像 泥像
录像 蜡像 梦像 偶像 取像 群像
人像 如像 石像 四像 首像 尚像
圣像 色像 实像 神像 素像 塑像
头像 塔像 图像 铜像 外像 物像
魏像 肖像 星像 洗像 相像 想像
胸像 虚像 绣像 玉像 音像 有像
遗像 圆像 意像 银像 正像 坐像
造像 真像
垂纶像 浮图像 镜中像 凌烟像 石膏像
四不像 文明像 瀛洲像 中兴像 彭郎像
小姑像
置以为像
麒麟阁画像/

橡 xiàng ①橡树。②橡胶树。

采橡 落橡 拾橡 栗橡

尪 wāng ①胫、脊或胸部弯曲的病。②瘦弱。

曝尪 瘠尪

焚巫尪 瘦欲尪

汪 wāng ①深广的样子。②水停积处。③液体聚集在一个地方。

范汪 孔汪 童汪 汪汪 油汪

汗汪汪 泪汪汪 绿汪汪 水一汪 水汪汪

油汪汪

黄宪汪汪

亡 wáng 又音 wú ①逃亡。②死。③外出。④失去。⑤灭。

补亡 奔亡 败亡 逋亡 奔亡 暴亡

出亡 存亡 昌亡 垂亡 唇亡 残亡

惨亡 道亡 悼亡 法亡 覆亡 梏亡

瞰亡 荒亡 瘵亡 救亡 沦亡 流亡

灭亡 破亡 畔亡 叛亡 倾亡 伤亡

死亡 散亡 丧亡 衰亡 诗亡 澌亡

逃亡 通亡 未亡 危亡 畏亡 兴亡

消亡 销亡 虚亡 夭亡 羊亡 殀亡

陨亡 湮亡 遗亡 雅亡 在亡 早亡

追亡 忠亡 诊亡 阵亡

共存亡 一鉴亡 人琴亡

多藏厚亡 国土沦亡 国破家亡 虢灭虞亡

进退存亡 家破人亡 家败人亡 柳笑杯亡

名存实亡 人琴已亡 人琴两亡 人琴俱亡

若存若亡 生死存亡 死生存亡 衰败死亡

危急存亡 饮弹身亡 鱼烂而亡 中计身亡

自取灭亡 藏穀两亡

灯蛾扑火，自取灭亡/飞蛾扑火，自取灭亡/酒荒色荒，有一必亡/人为财死，鸟为食亡/顺者昌，逆者亡/时日易丧，予及汝皆亡/顺天者昌，逆天者亡/顺之者昌，逆之者亡/顺我者昌，逆我者亡/瓦罐不离井上破，将军难免阵中亡/昔郭君出亡/

王 wáng 又音 wàng ①古代帝王的最高爵位。②古代一国之君。③一族或一辈中最高的首领。④大。⑤辈分高。

百王 兵王 霸王 出王 孱王 闯王

大王 当王 毒王 帝王 法王 楚王

愤王 蜂王 谷王 鬼王 龟王 国王

后王 花王 昏王 侯王 海王 猴王

九王 君王 假王 令王 女王 龙王

来王 名王 冥王 魔王 禅王 七王

亲王 期王 勤王 人王 二王 让王

山王 三王 圣王 市王 诗王 神王

兽王 素王 鼠王 天王 文王 心王

兴王 先王 县王 姓王 一王 医王

蚁王 阎王 药王 在王 召王 灶王

追王 钟王 坐王 诏王 张王 抓王

哲王 尊王

百谷王 鞭平王 草头王 刺秦王 楚霸王

活阎王 猢狲王 见阎王 孔雀王 汝南王

摄政王 水仙王 挞平王 文宣王 夜郎王

阎罗王

百鸟之王 草书大王 斗耻趋王 改陂唐王

黑面大王 混世魔王 籍杀怀王 内圣外王

牡丹花王 墨水郡王 擒贼擒王 二帝三王

三素三王 四大天王 托塔天王 无冕之王

西楚霸王

葆甲笞荆王/扁鹊见秦武王/擒贼先擒王/二人共评王/山中无老虎，猴子称大王/生不怕京兆尹，死不怕阎罗王/射人先射马，擒贼先擒王/土相扶为墙，人相扶为王/土邦土成墙，人邦人成王/西方的霸王/小鬼斗不过阎王/甘罗说赵三/

网 wǎng ①用绳线结成的器具。②用网捕捉。③像网的东西。④像网的系统或组织。⑤搜罗。

补网 虫网 尘网 刺网 触网 大网

打网 电网 法网 封网 火网 河网

结网 极网 解网 置网 罥网 禁网

解网 林网 拉网 拦网 罗网 联网

流网 落网 漏网 漉网 名网 迷网

密网 破网 球网 起网 情网 入网

水网 世网 晒网 撒网 天网 投网

汤网 脱网 拖网 铁网 文网 围网

维网 小网 下网 刑网 宪网 夏网

渔网 祝网 张网 蛛网

初晒网 电力网 关系网 火电网 抛红网

三面网 沙际网 通信网 通讯网 铁丝网

宣传网 溪上网 蠨蛸网 豫且网 张兔网

茱萸网 张鸽网

白雁落网 坠入情网 防鱼雷网 两日晒网

临渊结网　珊瑚在网　天罗地网　一面开网
退而结网　幸井汤网　自投罗网　蜘蛛结网
张禽疏网　祝禽疏网　秋荼密网
临渊羡鱼，不如归而结网/临渊羡鱼，不如退而结网/三天打鱼，两天晒网/脱了天罗，又逢地网/

枉 wǎng　①弯曲。②屈就。③使歪曲。④徒然。⑤冤屈。
阿枉　催枉　错枉　道枉　果枉　含枉
话枉　忽枉　奸枉　举枉　矫枉　屈枉
群枉　天枉　无枉　围枉　猥枉　诬枉
邪枉　雪枉　循枉　夭枉　抑枉　言枉
淹枉　幽枉　冤枉　疑枉　众枉　直枉
遭枉　忠枉
活天冤枉　举直错枉

罔 wǎng　①没有。②欺骗。③蒙蔽。④同“网”。
蔽罔　敞罔　凤罔　古罔　黄罔　慌罔
峦罔　龙罔　昧罔　平罔　欺罔　如罔
天罔　条罔　文罔　勿罔　危罔　诬罔
小罔　仙罔　象罔　用罔　银罔
临渊羡鱼，不如退而结罔/

惘 wǎng　不得意。
怅惘　惝惘　承惘　恍惘　慌惘　迷惘
凄惘　悽惘　惘惘

辋 wǎng　车轮周围的框子。
车辋　重辋　轮辋　铁辋

魍 wǎng　［魍魉］传说中的鬼怪。
夔魍

往 wǎng　①去，到。②送致。③过去。④以后。⑤亡失。⑥死。
不往　步往　从往　长往　常往　代往
独往　飞往　凫往　傅往　过往　改往
归往　孤往　何往　厚往　交往　进往
间往　俱往　既往　来往　能往　露往
梦往　前往　情往　水往　伤往　送往
神往　遂往　通往　遗往　往往　向往
心往　兴往　响往　想往　已往　以往
攸往　勇往　走往　追往　志往　遭往
暂往
持书往　分曹往　瓜时往　素履往　骚人往
闲不往　循吏往
不咎既往　拔来报往　长此以往　从此以往
车来人往　常来常往　穿梭来往　独来独往
过来过往　过此以往　寒来暑往　开来继往
令人神往　来来往往　南来北往　联袂而往
明来暗往　情深一往　心驰神往　熙来攘往
熙来熙往　一如既往　一夜十往　有来有往
迎来送往
扛竹竿进城门，直来直往/天下熙熙，皆为利来，天下攘攘，皆为利往/

王 wàng　又音 wáng　①统治。②统一天下。
王王
以德行仁者王/

旺 wàng　兴盛。
春旺　当旺　分旺　发旺　寄旺　健旺
内旺　神旺　兴旺　壮旺
斗志旺　火正旺　火德旺　以夏旺
六畜兴旺　人畜两旺　凶焰正旺　一派兴旺

望 wàng　①向高处、远处看。②希望。③看望。④希图。⑤农历每月十五前后叫望。⑥探望。⑦察看。⑧看望。⑨名门。⑩名望。⑪酒店的招帘。⑫怨恨。
不望　白望　巴望　拜望　才望　长望
承望　材望　怅望　柴望　骋望　痴望
大望　旦望　呆望　地望　道望　独望
詹望　德望　方望　风望　分望　非望
凤望　法望　房望　公望　过望　观望
更望　高望　贵望　敢望　顾望　何望
华望　回望　环望　厚望　鹄望　今望
极望　郡望　酒望　冀望　既望　绝望
觖望　空望　渴望　凯望　可望　旷望
看望　款望　阚望　窥望　两望　了望
令望　念望　隆望　瞭望　凝望　门望
民望　名望　弥望　脉望　满望　品望
盼望　切望　企望　前望　祈望　亲望
起望　跂望　期望　清望　翘望　觑望
人望　热望　奢望　少望　四望　生望
双望　守望　时望　杀望　伺望　声望

所望　庶望　思望　朔望　宿望　硕望
试望　朘望　深望　天望　探望　眺望
文望　温望　无望　毋望　物望　位望
望望　闻望　威望　鹜望　乡望　西望
相望　希望　折望　信望　弦望　息望
想望　悬望　遐望　月望　永望　伊望
有望　远望　养望　欲望　倚望　迎望
溢望　雅望　誉望　怨望　願望　遥望
逾望　隃望　懿望　在望　至望　走望
专望　众望　兆望　伫望　重望　争望
仔望　责望　属望　终望　展望　指望
族望　姿望　资望　轸望　张望　躁望
瞩望　瞻望
苍生望　登高望　互相望　回首望　还间望
横剑望　君子望　梅可望　民之望　凭栏望
青云望　翘首望　三农望　万天望　天无望
月既望　有希望　引颈望　云霄望　倚阁望
左右望
悲观失望　濒于绝望　不孚众望　春色弥望
迟徊观望　大失所望　大失人望　大喜过望
东张西望　道殣相望　丰收在望　公才公望
宫墙外望　隔河相望　冠盖相望　湖应朔望
衡宇相望　极目四望　肩背相望　门闾之望
日夜盼望　深孚众望　四顾张望　胜利在望
抬头张望　抬头仰望　项脊相望　一线希望
引颈翘望　倚门而望　引颈而望　依门而望
有负众望　朝巴夜望　纵目四望　万里之望
云霓之望　槛车相望　虞骏才望　甚失孤望
以绝秦望

妄

wàng　①荒诞。②虚妄。③胡乱随意。

不妄　悖妄　蚩妄　承妄　谄妄　谛妄
诞妄　非妄　苟妄　怪妄　诡妄　昏妄
奸妄　将妄　矫妄　僭妄　骄妄　谲妄
狂妄　名妄　缪妄　谬妄　入妄　弭妄
无妄　为妄　诬妄　侹妄　虚妄　险妄
迂妄　妖妄　愚妄　真妄　诈妄　恣妄
诸妄　谵妄
远语无妄

忘

wàng　①忘记。②遗失。③舍弃。

不忘　兼忘　病忘　苍忘　多忘　都忘
淡忘　昏忘　兼忘　健忘　弃忘　莫忘
善忘　毋忘　未忘　相忘　旋忘　遗忘
坐忘
处若忘　道难忘　忽忽忘　俗虑忘　永不忘
德音不忘　过目不忘　贵贱不忘　感佩不忘
贵贱相忘　贵人善忘　感德难忘　感佩不忘
念念不忘　没世不忘　没齿不忘　永世难忘
永志不忘　宠辱偕忘　善簪不忘　江湖相忘
中年病忘

光

guāng　①光线。②裸露。③光彩。④光荣。⑤光滑。⑥露着。⑦完了。⑧景色。

不光　布光　白光　报光　宝光　葆光
步光　波光　背光　赤光　采光　重光
辰光　宠光　朝光　崇光　晨光　春光
藏光　蟾光　大光　对光　电光　灯光
地光　道光　洞光　遁光　耳光　分光
反光　飞光　风光　扶光　发光　浮光
佛光　拂光　光光　高光　观光　国光
耿光　感光　火光　回光　红光　灰光
和光　华光　含光　虹光　侯光　孤光
海光　晖光　辉光　黑光　寒光　湖光
吉光　极光　借光　景光　金光　剑光
拘光　净光　驹光　精光　激光　开光
冷光　老光　龙光　灵光　年光　亮光
逆光　疏光　溜光　蜡光　漏光　藜光
磷光　露光　目光　命光　芒光　明光
麦光　孟光　漫光　镁光　磨光　平光
跄光　偏光　抛光　曝光　青光　秋光
清光　晴光　谦光　日光　容光　荣光
瑞光　柔光　三光　山光　闪光　水光
生光　色光　扫光　声光　死光　时光
洒光　湿光　朔光　思光　散光　神光
赏光　丝光　素光　施光　随光　韶光
输光　曙光　天光　叨光　脱光　透光
韬光　偷光　腾光　文光　畏光　微光
星光　细光　祥光　娭光　新光　霄光
虚光　溪光　晓光　晞光　霞光　月光
玉光　阴光　阳光　余光　有光　用光
油光　炎光　呀光　逸光　荧光　眼光
萤光　捱光　夜光　幽光　圆光　遗光
艳光　银光　验光　朱光　折光　争光

珠光 沾光 锃光 烛光 遮光 增光
八面光 百宝光 表面光 邦家光 两面光
地道光 打耳光 分余光 观国光 掴耳光
红光光 红外光 琥珀光 见祥光 净光光
金光光 可见光 亮光光 两面光 明光光
满月光 偏振光 穷光光 千里光 一扫光
闪金光 秃光光 吐红光 天子光 外面光
五色光 消灭光 月争光 油光光 迎曙光
自然光 紫外光
爱克斯光 暗淡无光 八面见光 赤条精光
穿壁引光 穿壁借光 德厚流光 返照回光
汾阳额光 刮垢磨光 合浦夜光 浑俗和光
滑塌精光 金色霞光 晶莹闪光 炯炯发光
积厚流光 鲁殿灵光 溜打精光 漏泄春光
漏泄春光 勒比高光 满面红光 贫女分光
日月重光 山色山光 石大电光 鼠目寸光
同气之光 通风采光 为国争光 顽铁生光
外面儿光 葳蕤生光 消磨时光 乡村风光
迅电流光 煦色韶光 养晦韬光 釉采生光
一扫而光 作述重光 自打耳光 凿壁借光
凿壁偷光
菜刀打豆腐，两面光/跟着大树得乘凉，跟着太阳得沾光/和尚跟着月亮走，沾光/快刀切豆腐，两面光/驴屎蛋蛋，外面光/驴粪球儿，外面光/匡衡凿壁偷光/秃子跟着月亮走，借光/有一分热，发一分光/运去黄金失色，时来铁也生光/运去黄金减价，时来顽铁生光/众星之明，不如一月之光/

洸

guāng 浛洸，地名，在广东。

洸洸 浛洸

胱

guāng ［膀胱］人或高等动物体内储存尿的器官，囊状，位于盆腔内。

膀胱

广

guǎng 又音 ān ①宏大。②多。③普通。④扩大。⑤宽阔。⑥宽慰。

步广 川广 高广 汉广 胡广 河广
浩广 湖广 开广 宽广 李广 西广
路广 面广 闽广 袤广 平广 任广
上广 世广 识广 深广 疏广 土广
天广 推广 西广 心广 闲广 修广
轩广 业广 雁广 意广 志广 泽广
增广 纵广
邦酂广 帝德广 闻见广
悲感徐广 横幅宽广 见识多广 街道宽广
麒麟杜广 平原宽广 耳目不广 少不走广
视野宽广 武分肥广 胸怀宽广 音城宽广
自夸将广

犷

guǎng 粗野。

粗犷 犷犷 荒犷 豪犷 狙犷 蛮犷
粗犷 强犷 顽犷 凶犷

桄

guàng 又音 guāng ①车船、床上的横木。②桄子。

木桄 线桄 一桄

逛

guàng 闲游。

闲逛 游逛

匡

kuāng ①纠正。②方正。③救助。④眼眶。⑤估算。

弼匡 大匡 方匡 拘匡 取匡 靖匡
胥匡 一匡 云匡 有匡 中匡
蚕积蟹匡

劻

kuāng ［劻勷］〈书〉急迫不安的样子。

勷劻

洭

kuāng 洭河，在广东省。

注洭

筐

kuāng ①盛东西的方形竹器。②方正。

背筐 编筐 车筐 茶筐 承筐 莱筐
斗筐 戴筐 扶筐 粪筐 籧筐 空筐
筐筐 箩筐 满筐 顷筐 土筐 抬筐
驮筐 提筐 虚筐 蟹筐 玉筐 懿筐
竹筐 执筐
倒箧倾筐
宁吃仙桃一口，不吃烂杏一筐/

狂

kuáng ①疯狗。②任情地做。③疯狂。④狂妄。⑤放纵。⑥猛烈的，声势浩大的。⑦凶暴。

悖狂 才狂 出狂 谄狂 楚狂 猖狂
粗狂 躁狂 痴狂 颠狂 癫狂 风狂
发狂 放狂 蜂狂 疯狂 古狂 昏狂

计狂 骄狂 酒狂 獝狂 老狂 瘵狂
欺狂 轻狂 清狂 若狂 热狂 山狂
少狂 圣狂 诗狂 疏狂 未狂 兴狂
凶狂 偕狂 醒狂 迂狂 阳狂 妖狂
佯狂 详狂 雨狂 欲狂 愚狂 章狂
诈狂 张狂 障狂 醉狂 麈狂
逞凶狂 我非狂 风雨狂 复辟狂 郦生狂
花上狂 接舆狂 老更狂 李白狂 柳絮狂
郦生狂 梅福狂 水势狂 色情狂 学楚狂
喜欲狂 谪仙狂 执着狂 竹林狂
蝶恋蜂狂 举国若狂 披发佯狂 裘马清狂
若疯若狂 阮籍猖狂 阮籍疯狂 丧心病狂
欣喜若狂 元发疏狂
子系中山狼，得志便猖狂/小人得志便癫狂/
小人得志便猖狂/

诓 kuáng 欺骗。

欺诓

夼 kuǎng 〈方〉两山间的大沟。

大夼
刘家夼 马草夼

圹 kuàng ①墓穴。②空旷处。

成圹 穿圹 方圹 发圹 古圹 及圹
圹圹 人圹 生圹 小圹 新圹 幽圹

纩 kuàng 丝棉絮。

白纩 发纩 衡纩 挟纩 今纩 锦纩
漂纩 青纩 耳纩 纤纩 未纩 絺纩
黈纩 织纩 属纩
洴澼纩 茧为纩

旷 kuàng ①开朗。②空阔。③荒废。④空缺。⑤无妻的成年的男子。

不旷 边旷 超旷 地旷 放旷 高旷
鳏旷 华旷 弘旷 宏旷 回旷 海旷
浩旷 久旷 极旷 开旷 空旷 宽旷
临旷 礼旷 路旷 遼旷 平旷 人旷
神旷 师旷 恬旷 通旷 芜旷 心旷
野旷 悠旷 远旷 夷旷 幽旷 雅旷
怨旷 昭旷 张旷
空空旷旷 心恬神旷

矿 kuàng ①矿物。②采矿的。③采矿的场所或单位。

报矿 厂矿 采矿 苍矿 採矿 富矿
工矿 古矿 金矿 建矿 精矿 开矿
路矿 煤矿 碎矿 贫矿 团矿 探矿
铜矿 铁矿 尾矿 顽矿 下矿 选矿
锡矿 遐矿 原矿 油矿 银矿 在矿
菱锌矿 铝土矿 软猛矿
自然金矿 自然油矿 自然铜矿 自然硫矿

况 kuàng ①比拟。②情况。③更加。④何况。

比况 报况 病况 车况 惨况 大况
概况 钩况 何况 海况 忽况 惛况
近况 君况 简况 景况 境况 窘况
客况 苦况 来况 路况 临况 明况
求况 情况 耳况 而况 实况 神况
盛况 天况 无况 相况 兴况 现况
远况 竟况 雅况 愈况 自况 状况
志况 战况
邓仲况 文字况
真实情况

贶 kuàng 赐，赠。

厚贶 嘉贶 来贶 灵贶 私贶 天贶
珍贶
白璧贶 中心贶
建封受贶

框 kuàng ①门框。②器物的边缘。③周围的圈儿。④加框。⑤限制约束。

边框 窗框 方框 镜框 框框 门框
相框
旧框框 老框框
条条框框

眶 kuàng 眼四周的地方。

夺眶 高眶 目眶
眼眶
热泪盈眶 珠泪盈眶

肓 huāng 心脏和隔膜之间的地方叫肓。

膏肓 鼓肓 心肓 药肓 执肓
病入膏肓 疾在膏肓 晋景膏肓 泉石膏肓

竖子居肓

荒 huāng ①未开垦的。②收成不好。③荒废。④不合情理的事情。⑤迷乱。⑥覆盖。

八荒 包荒 备荒 耄荒 伧荒 肠荒
扯荒 草荒 春荒 残荒 锄荒 大荒
丢荒 怠荒 道荒 耽荒 度荒 非荒
放荒 发荒 房荒 回荒 花荒 洪荒
荒荒 寒荒 忽荒 蒿荒 鸿荒 捄荒
救荒 饥荒 菊荒 骄荒 酒荒 碱荒
开荒 垦荒 康荒 龙荒 年荒 闹荒
流荒 路荒 落荒 粮荒 撂荒 撩荒
丘荒 秋荒 钱荒 禽荒 蛮荒 煤荒
抛荒 暴荒 山荒 石荒 四荒 水荒
生荒 色荒 沙荒 松荒 拾荒 烧荒
殊荒 遂荒 熟荒 天荒 拓荒 田荒
逃荒 投荒 悦荒 踏荒 无荒 文荒
芜荒 玄荒 心荒 息荒 遐荒 要荒
要荒 灾荒 赈荒 遭荒
背饥荒 草树荒 打饥荒 拉饥荒 闹饥荒
闹灾荒 陆荘荒 破天荒 三径荒 野庭荒
御路荒
备战备荒 地老天荒 十年饥荒 天老地荒
雨老烟荒
坐贾行商，不如开荒/

慌 huāng ①慌张。②恐惧。③表示难以忍受。

悲慌 撇慌 懞慌 发慌 慌慌 惊慌
悖慌 恐慌 迷慌 凄慌 心慌 着慌
战慌
饿得慌 累得慌 闷得慌 气得慌
胆战心慌 急急慌慌

皇 huáng ①大。②天。③君主。④古时对封建王朝的敬称。⑤辉煌。⑥美。⑦赞美。⑧黄白色。

保皇 仓皇 春皇 东皇 地皇 娥皇
凤皇 发皇 皇皇 九皇 教皇 遹皇
骊皇 女皇 轮皇 方皇 旁皇 秦皇
二皇 人皇 上皇 三皇 沙皇 斯皇
天皇 泰皇 唐皇 堂皇 惟皇 西皇
先皇 牺皇 轩皇 羲皇 玉皇 余皇
聿皇 裔皇 窒皇 张皇 章皇 紫皇
道应皇 梁孟皇 太上皇
富丽堂皇 冠冕堂皇 人心皇皇 三皇为皇
谦让未皇 堂堂皇皇 形色仓皇 尊师明皇

凰 huáng 凤凰。

飞凰 凤凰 孤凰 呼凰 鸾凰 求凰
赤凤凰 凤求凰 金凤凰 刻凤凰 栖鸾凰
吐凤凰 舞凤凰
火中凤凰 景星凤凰 雉欺凤凰
公输刻凤凰/山雉与凤凰/比翼双飞凤求凰/

隍 huáng 没有水的城壕。

池隍 城隍 復隍 金隍 浚隍
碧满隍 藏诸隍

喤 huáng 拟声词。

喤喤
泣声喤喤

徨 huáng ①［彷徨］心神不安。②往。

不徨 怆徨 苍徨 渐徨 詹徨 彷徨
惆徨 徊徨 惶徨 徨徨 骇徨 惊徨
恇徨 愧徨 恐徨 凄徨 栖徨 忧徨
慞徨
落寞彷徨 悽悽徨徨 人心惶徨

惶 huáng 恐惧。

惊惶 渐惶 惶惶 恐惶
人心惶惶

湟 huáng 水名，在青海省。

汩湟 河湟 潏湟 入湟

遑 huáng ①空闲。②匆忙。③恐惧。

不遑 怠遑 匪遑 回遑 何遑 或遑
遑遑 莫遑 棲遑 未遑 栖遑
莫敢遑 征夫遑

煌 huáng 明亮。

敦煌 燉煌 煌煌 辉煌 焜煌 炜煌
韡煌
金煌煌

灿烂辉煌　灿碧辉煌　灯光辉煌　灯烛辉煌
金碧辉煌　明星煌煌　星火煌煌　战果辉煌

锽 huáng ①一种兵器。②指钟鼓声。

锽锽　铊锽

蝗 huáng 蝗虫。

捕蝗　除蝗　多蝗　飞蝗　旱蝗　贺蝗
祭蝗　吏蝗　灭蝗　驱蝗　似蝗　土蝗
吞蝗　讨蝗　腾蝗　蜩蝗
尖头蝗　鸟食蝗　食蒸蝗
太宗吞蝗

篁 huáng ①竹林。②竹子。③竹田。

碧篁　丛篁　初篁　春篁　翠篁　风篁
林篁　练篁　绿篁　嫩篁　松篁　疏篁
汶篁　修篁　新篁　义篁　幽篁　筠篁
独处幽篁

艎 huáng ［艅艎］古代的一种木船。

艅艎
歇船艎

黄 huáng ①五色之一。②像金子的颜色。③指黄河。④黄帝的简称。⑤黄玉。⑥金印。⑦黄谷。⑧马名。⑨事情失败或计划不能实现。

苍黄　草黄　灿黄　橙黄　雌黄　大黄
丹黄　蛋黄　地黄　淡黄　额黄　二黄
鹅黄　飞黄　发黄　花黄　黄黄　画黄
槐黄　鸿黄　金黄　焦黄　鸡黄　菊黄
韭黄　姜黄　燋黄　橘黄　枯黄　焜黄
牛黄　内黄　奶黄　浓黄　丽黄　卵黄
蜡黄　黎黄　鸳黄　黧黄　嫩黄　鹂黄
骊黄　米黄　明黄　麻黄　铭黄　篾黄
梅黄　十黄　皮黄　青黄　浅黄　岐黄
铅黄　渠黄　二黄　乳黄　石黄　四黄
扫黄　苏黄　食黄　深黄　乘黄　蒜黄
誉黄　土黄　团黄　帖黄　腾黄　藤黄
萎黄　玄黄　杏黄　轩黄　鲜黄　雄黄
新黄　销黄　羲黄　蟹黄　缥黄　嚜黄
元黄　衣黄　芸黄　炎黄　约黄　菸黄
鸭黄　鸦黄　硬黄　银黄　中黄　正黄
朱黄　竹黄　柘黄　治黄　訾黄　缁黄
百尺黄　菜花黄　赭袍黄　栀子黄　槐花黄
九斤黄　鸡蛋黄　菊初黄　菊花黄　橘柚黄
橘络黄　口雌黄　柠檬黄　毛地黄　生地黄
塞草黄　熟地黄　万点黄　夕阳黄　荇花黄
洋地黄　野日黄　匝地黄
半青不黄　半青半黄　菠萝金黄　大豆灿黄
地瘦人黄　稻浪金黄　稻穗泛黄　飞苍走黄
谷子金黄　桂子灿黄　江水深黄　口中雌黄
粒粒金黄　脸色蜡黄　脸色干黄　面色灰黄
牡壮骊黄　佩紫怀黄　七青八黄　人老珠黄
染苍染黄　染指甲黄　上蔡牵黄　蛇黄牛黄
腾达飞黄　妄下雌黄　小米金黄　信口雌黄
迎春嫩黄　油菜花黄　衔口雌黄　浙东三黄
朱紫玄黄
入苍则苍，如黄则黄/天有冬夏，人有二黄/有骄有皇，有骊有黄/

潢 huáng ①染纸。②积水的池。

陂潢　池潢　天潢　五潢　星潢　玉潢
银潢

璜 huáng 半璧形的玉。

大璜　钓璜　璜璜　珩璜　两璜　双璜
玄璜　玉璜　元璜　执璜　琮璜

磺 huáng 巯磺。

硫磺　硝磺

蟥 huáng 蚂蟥，软体动物，生活在水田里，吸人血。

马蟥　蚂蟥

簧 huáng ①乐器里能振动发声的簧片。②笙、竽。③动听的语言。④器物里有弹力的机件。

绷簧　吹簧　雌簧　覆簧　鼓簧　金簧
拉簧　皮簧　盘簧　二簧　如簧　舌簧
双簧　笙簧　丝簧　投簧　弹簧　调簧
滩簧　易簧　银簧　幽簧　莺簧　竹簧
执簧　炙簧　奏簧
唱双簧　女娲簧　五舌簧
鼓舌掀簧　巧舌如簧　巧言如簧　上海滩簧

恍 huǎng ①领悟貌。②模糊不清貌。③狂貌。④惊貌。
怆恍　敞恍　恍恍　忽恍　惚恍　惛恍
惝恍　缟恍　傥恍　欻恍

晃 huǎng 又音 huàng ①闪耀。②明亮。③很快地闪过。
打晃　洞晃　光晃　晃晃　皓晃　晶晃
金晃　罗晃　明晃　一晃　月晃　徐晃
白晃晃　金晃晃　明晃晃　油晃晃
南州冠晃　闪电一晃　眼前一晃

幌 huǎng ①帐幔。②酒店的招牌。
碧幌　翠幌　金幌　锦幌　罗幌　帘幌
秋幌　琴幌　书幌　文幌　蚊幌　帏幌
轩幌　绣幌　新幌　运幌　幽幌　烟幌
珠幌

谎 huǎng ①假话。②哄骗。
扯谎　打谎　卖谎　说谎　撒谎　要谎
圆谎　谄谎
弥天大谎　漫天大谎　瞒天大谎

晃 huàng 又音 huǎng 摇动，摆动。
炯晃　炫晃　摇晃
来回晃　纱灯晃　庭燎晃　银烛晃

滉 huàng 水深广的样子。
瀇滉
百口保滉

庄 zhuāng ①庄重。②恭敬。③村落。④商店名称。⑤古代君主、贵族等所占的成片土地。⑥庄家。⑦四通八达的道路。
不庄　布庄　北庄　村庄　成庄　茶庄
郸庄　都庄　端庄　饭庄　锅庄　杭庄
九庄　康庄　老庄　农庄　靓庄　蒙庄
墨庄　票庄　清庄　齐庄　钱庄　山庄
色庄　田庄　无庄　武庄　心庄　一庄
义庄　云庄　竹庄　庄庄　坐庄
百花庄　处士庄　丁卯庄　高家庄　螺姓庄
潭北庄　午桥庄　雪堆庄　郑传庄　张各庄
避暑山庄　郭象注庄　轮流坐庄　刘式墨庄
群夸美庄　亲襚柳庄
石秀进祝家庄/猪八戒进高家庄/

桩 zhuāng ①木橛。②事物的件数。③旧时赌博头家称"坐庄"。
打桩　界桩　脊桩　柳桩　木桩　马桩
桥桩　树桩　移桩
系马桩　系船桩　梅花桩　事一桩
小事一桩
一个好汉三个帮，一根屋柱三个桩/

妆 zhuāng ①打扮。②女子身上的妆饰。③演员的妆饰。④嫁妆。⑤妆饰物。⑥妆饰的式样。
不妆　半妆　扮妆　薄妆　村妆　成妆
残妆　春妆　催妆　筹妆　对妆　钿妆
淡妆　额妆　娥妆　分妆　佛妆　古妆
宫妆　化妆　红妆　华妆　嫁妆　拉妆
泪妆　弄妆　靓妆　理妆　浓妆　秾妆
明妆　墨妆　梅妆　乔妆　俏妆　轻妆
时妆　送妆　素妆　梳妆　盛妆　啼妆
檀妆　卸妆　洗妆　晓妆　新妆　险妆
严妆　夜妆　欲妆　艳妆　凝妆　治妆
醉妆　寿妆
半面妆　北苑妆　淡不妆　堕马妆　俭梳妆
女红妆　内人妆　浓淡妆　梅花妆　七宝妆
如来妆　巧梳妆　胜花妆　寿阳妆　盛霞妆
春山如妆　公主梅妆　丽色艳妆　梅退残妆
梅花点妆　试学梅妆　徐妃半妆
白头花钿满面，不若徐妃半妆/徐妃半面妆/

装 zhuāng ①行装。②服装。③装饰。④打扮。⑤假作。⑥安置，安放。
安装　办装　包装　扮装　便装　促装
财装　春装　船装　假装　吊装　冬装
对装　独装　短装　袋装　倒装　封装
服装　混装　古装　改装　化装　红装
换装　具装　金装　军装　借装　戒装
简装　解装　精装　假装　牛装　女装
男装　闹装　猎装　靓装　毛装　平装
瓶装　乔装　奇装　倩装　轻装　旗装
趣装　找装　上装　时装　束装　素装
散装　饰装　盛装　听装　套装　童装
腾装　吴装　伪装　武装　下装　西装
行装　戏装　夏装　线装　卸装　御装
新装　衣装　佯装　洋装　原装　银装

艳装 越装 瑶装 中装 治装 组装
总装 着装 征装 珍装 整装 韬装
包背装 翠钿装 地换装 蝴蝶装 卷轴装
儿女装 陆贾装 七宝装 绮树装 软包装
退土装 橐中装 学生装 旋风装 学生装
硬包装 中山装 整行装
全副武装 人民武装 山坡银装 善于伪装
佛是金装，人是衣装/人是衣装，佛是金装/人要衣装，马要鞍装/

壮 zhuàng ①健壮。②人的壮年。③盛大。④雄壮。⑤雄伟。⑥增加勇气和力量。

哀壮 悲壮 彪壮 沈壮 处壮 成壮
齿壮 粗壮 丁壮 大壮 道壮 胆壮
得壮 鼎壮 肥壮 复壮 过壮 高壮
鼓壮 宏壮 洪壮 闳壮 豪壮 角壮
健壮 精壮 魁壮 力壮 年壮 马壮
模壮 胖壮 骠壮 气壮 青壮 耆壮
强壮 少壮 失壮 尚壮 神壮 始壮
硕壮 盛壮 威壮 心壮 骁壮 雄壮
一壮 用壮 幼壮 勇壮 雅壮 幽壮
逾壮 茁壮 志壮 贞壮
禾苗壮 皇都壮 寒力壮 江山壮 金风壮
老益壮 水始壮 声悲壮 心欹壮 银钩壮
老悲壮
兵强马壮 膘肥体壮 楚丘始壮 粗粗壮壮
胆粗气壮 肥肥壮壮 格外健壮 禾苗茁壮
牛肥马壮 龙神马壮 老当益壮 年轻力壮
理直气壮 青春气壮 人强马壮 师直为壮
牲口肥壮 身强力壮 体魄健壮 蟹肥鱼壮
羊肥马壮 秧苗茁壮
里壮强如表壮/穷当益坚，老当益壮/人怕出名猪怕壮/瘦死的骆驼比马壮/

状 zhuàng ①形状。②状况。③善状。④陈述。⑤事情表现出来的情形。⑥礼貌。⑦褒奖，委任等文件。

保状 别状 报状 笔状 病状 惨状
称状 大状 对状 粉状 古状 告状
鬼状 杆状 供状 诡状 行状 劾状
奸状 奖状 家状 块状 哭状 款状
粒状 门状 名状 描状 美状 摹状
暮状 猛状 千状 气状 奇状 前状
情状 山状 俗状 诉状 事状 索状
胜状 殊状 天状 同状 特状 亡状
无状 万状 写状 相状 行状 形状
性状 纡状 现状 絮状 言状 异状
仪状 英状 议状 原状 颜状 冤状
液状 战状 罪状 最状 症状
大会状 功过状 告御状 告地状 军令状
委任状 自供状
安于现状 不可言状 不可名状 出言无状
恶人告状 告枕头状 怪形怪状 辉锑柱状
惊恐万状 年高之状 莫可名状 平久之状
千形万状 奇形怪状 十大罪状 慑服之状
危形脆状 言多之状 妖形怪状
恶人先告状/无慌不成状/

撞 zhuàng ①碰。②闯。③击打。④莽撞地行动。⑤偶然遇到。⑥刺。

不撞 冲撞 舂撞 春撞 顶撞 横撞
撼撞 衡撞 击撞 怒撞 冒撞 莽撞
碰撞 确撞 日撞 突撞 挺撞 微撞
相撞 瞎撞 夜撞 直撞
白日撞 寸莛撞 车毂撞 断渎撞 浪声撞
怒声撞 暮钟撞 石流撞 太师撞 五更撞
相舂撞 晓钟撞
莽莽撞撞 跌跌撞撞 横冲直撞 磕磕撞撞
崧避杖撞 药蒿避撞
过河的卒子，横冲直撞/小鹿儿心头撞/

幢 zhuàng 又音 chuáng ①房屋的量名。②舟车上刑如车盖的幔。

一幢
楼一幢
新屋幢幢

戆 zhuàng 又音 gàng 刚直。

刚戆 狂戆 目戆 扑戆 浅戆 少戆
外戆 小戆

创 chuāng 又音 chuàng ①创伤。②损伤。

刀创 金创 受创 重创
予以重创

疮 chuāng 皮肤肿或溃疡的病。

被疮 棒疮 痤疮 大疮 疔疮 冻疮

痘疮 恶疮 封疮 瘠疮 金疮 疽疮
口疮 奶疮 狼疮 漏疮 癞疮 刃疮
褥疮 生疮 伤疮 鼠疮 天疮 秃疮
洗疮 须疮 养疮 痔疮
对口疮 鹅口疮 黄水疮 砍头疮 天疱疮
杨梅疮
百孔千疮 割肉补疮 头顶生疮 挖肉补疮
剜肉补疮 剜肉医疮
穷生虱子富生疮/

窗 chuāng ①窗户。②泛指房屋。

暗窗 北窗 碧窗 长窗 草窗 禅窗
船窗 橱窗 当窗 东窗 吊窗 灯窗
雕窗 风窗 封窗 纷窗 铜窗 槅窗
隔窗 糊窗 花窗 寒窗 鸡窗 蕉窗
开窗 空窗 窥窗 临窗 泥窗 南窗
绿窗 漏窗 兰窗 木窗 门窗 面窗
梅窗 梦窗 篷窗 曲窗 启窗 气窗
秋窗 亲窗 前窗 绮窗 水窗 书窗
松窗 疏窗 四窗 纱窗 天窗 同窗
凸窗 透窗 铁窗 推窗 陶窗 午窗
小窗 西窗 雪窗 萤窗 斜窗 轩窗
晓窗 舷窗 虚窗 云窗 玉窗 严窗
倚窗 萤窗 芸窗 夜窗 映窗 煙窗
瑶窗 纸窗
白云窗 百叶窗 玻璃窗 碧锁窗 碧纱窗
豆蔻窗 花阴窗 九琳窗 开天窗 勘书窗
绿满窗 绿芸窗 绿绮窗 落地窗 轻纱窗
窈窕窗 珊瑚窗 听雨窗 污东窗 武子窗
云母窗 玉女窗 月到窗 月明窗 月在窗
竹间窗 竹影窗 朱鸟窗 自在窗
刺史鸡窗 高枕北窗 梦窗草窗 剪烛西窗
十年寒窗 十载寒窗 树影摇窗 无垢倚窗
旭日临窗 胸似铁窗 雪牖萤窗

床 chuáng ①供人坐卧的器具。②床铺。③像床的东西。④井栏。⑤放置器物的坐架。

半床 冰床 别床 笔床 板床 剥床
病床 车床 冲床 尘床 插床 禅床
槽床 槌床 痴床 礤床 大床 东床
吊床 道床 登床 犯床 抚床 扶床
高床 龟床 棺床 花床 河床 寒床
交床 机床 金床 踞床 剪床 锔床
锦床 空床 炕床 客床 匡床 矿床
筐床 女床 冷床 连床 拉床 灵床
泥床 临床 尿床 笭床 蜡床 橹床
露床 木床 满床 苗床 磨床 刨床
陪床 铺床 起床 钳床 琴床 寝床
人床 软床 上床 石床 僧床 绳床
素床 同床 坦床 苔床 铁床 搪床
镗床 踏床 榻床 藤床 卧床 温床
下床 西床 小床 柙床 铣床 象床
旋床 徙床 绣床 悬床 一床 玉床
压床 牙床 吟床 银床 摇床 簃床
竹床 折床 棕床 钻床 铡床
八尺床 白玉床 沉香床 帆布床 龟支床
钢丝床 合欢床 黄金床 客卧床 明月床
琴横床 七宝床 上下床 双人床 双层床
水晶床 书满床 坦腹床 弹簧床 卧下床
麈尾床 象牙床 行军床 月照床
床上安床 床上施床 腹坦东床 高帝踞床
鸡骨支床 架屋叠床 太祖毁床 坦腹东床
推万落床 卫瓘抚床 卧七宝床 雨席云床
夜雨对床 雨夜对床 瓦灶绳床 雨夜连床
屋下架屋，床上施床/

幢 chuáng 又音 zhuàng ①古代指支撑帐幕的木杆，后指帐幕、伞盖。②刻着佛号或经咒的石柱子。③仪仗用的旗子。

宝幢 翠幢 幢幢 大幢 都幢 帆幢
旛幢 花幢 麾幢 经幢 建幢 旌幢
戟幢 鸾幢 摩幢 如幢 神幢 胜幢
物幢 绣幢 油幢 云幢 油幢 月幢
珠幢 智幢
碧油幢 翡翠幢 黄油幢 金刚幢 绿油幢
七宝幢 青龙幢 人影幢 驭风幢 羽葆幢
月幢幢
人影幢幢

闯 chuǎng ①猛冲。②串，走。③奔走谋生。

瞎闯 珠闯 直闯
往里闯 往前闯
横冲直闯

创 chuàng 又音 chuāng ①开始。②引以为戒。

初创　草创　惩创　大创　独创　故创
开创　首创　事创　塞创　特创　新创
沿创　自创　造创　肇创
见闻创
宫室始创　艺术独创

怆 chuàng ①悲伤。②通“沧”。

哀怆　悲怆　怆怆　恻怆　摧怆　共怆
感怆　憾怆　愀怆　空怆　悄怆　凄怆
情怆　酸怆　惋怆　有怆　余怆
无任凄怆

双 shuāng ①禽鸟二只。②两个。③偶数的。④加倍的。⑤匹敌。⑥量词。

百双　成双　叠双　千双　少双　双双
无双　一双　月双　影双
不可双　百鸥双　东方双　髻丫双　酒瓢双
两三双　鲤一双　天下双　小鬟双　笑靥双
绣户双　与花双　语双双　雁影双
才辩无双　当世无双　国士无双　盖世无双
江夏无双　佳妙无双　举世无双　绝世无双
李广无双　任智无双　天下无双　许子无双
捉奸拿双　牙管一双　乳燕双双
拿贼要脏，拿奸要双/拿贼拿赃，捉奸拿双/世间少有，天下无双/天生一对，地产一双/捉奸必捉双/捉贼须捉赃，捉奸须捉双/

霜 shuāng ①白色。②像霜的东西。③是地面的水蒸气，冷至零度以下凝成的白色结晶体。④志行高洁。⑤年岁的代称。

艾霜　傲霜　白霜　冰霜　饱霜　薄霜
初霜　晨霜　愁霜　多霜　凋霜　飞霜
风霜　犯霜　霏霜　繁霜　护霜　寒霜
黑霜　近霜　拒霜　降霜　剑霜　戟霜
口霜　冷霜　林霜　流霜　凌霜　浓霜
零霜　落霜　履霜　砒霜　青霜　秋霜
铅霜　清霜　如霜　小霜　柿霜　始霜
糖霜　为霜　晚霜　下霜　旋霜　肃霜
星霜　雪霜　元霜　玉霜　陨霜　严霜
迎霜　欲霜　冤霜　盐霜　燕霜　凝霜
早霜　蔗霜　紫霜　终霜　照霜
白简霜　百錬霜　板桥霜　范履霜　六月霜
范履霜　两鬓霜　十凝霜　万里霜　一层霜
月如霜　雁衔霜　紫琼霜
伯奇履霜　饱经风霜　鬓如银霜　层层厚霜
赤马蒙霜　春露秋霜　葛屦履霜　金鸡纳霜
琨玉秋霜　六月飞霜　冷若冰霜　凛若冰霜
两鬓染霜　凌风傲霜　陆王镜霜　沐露沾霜
青女飞霜　五月飞霜　惟菊傲霜　衔愤飞霜
雪上加霜　字挟风霜　紫电青霜
别人求我三春雨，我去求人六月霜/各人自扫门前雪，休管他人瓦上霜/各人自扫门前雪，莫管他人瓦上霜/清明断雪，谷雨断霜/

孀 shuāng 孀妇，死了丈夫的人。

孤孀　居孀　遗孀

骦 shuāng 良马。

骕骦

礵 shuāng 北礵，岛名，在福建省。

北礵

鹴 shuāng ［鹔鹴］古书上说的一种鸟

鹔鹴
典鹔鹴

爽 shuǎng ①明朗。②清凉。③爽直。④违背。⑤地势开朗。⑥豪迈。⑦舒适畅快。

不爽　冲爽　旦爽　发爽　干爽　高爽
晹爽　魂爽　豪爽　涓爽　竟爽　隽爽
健爽　俊爽　骏爽　精爽　兢爽　口爽
开爽　亢爽　旷爽　慷爽　灵爽　凉爽
目爽　昧爽　明爽　气爽　秋爽　遒爽
清爽　情爽　肃爽　爽爽　神爽　舒爽
森爽　楝爽　飒爽　通爽　迈爽　秀爽
鲜爽　萧爽　雄爽　言爽　英爽　直爽
尘襟爽　德不爽　精神爽　秋气爽　清江爽
诗魂爽　天籁爽　西山爽　新茗爽　烟霄爽
晨风清爽　分毫不爽　丰神俊爽　毫发不爽
毫厘不爽　金风送爽　黎明昧爽　磊落飒爽
屡试不爽　毛发不爽　清清爽爽　秋风送爽
秋高气爽　丝毫不爽　神清目爽　神清气爽
纤毫无爽　性格耗爽　言辞不爽　英姿飒爽

十三　庚东辙

（合古韵　一东、二冬、八庚、九青、十

蒸、一董、二肿、二十三梗、一送、二宋、二十四迥、二十四敬、二十五径）

伻 bēng ①使者。②急。③使令。

乃伻

绝城伻

祊 bēng ①古代宗庙门内设祭之处。②祊河，水名，在山东省。

归祊 祭祊 祀祊 严祊 宗祊

崩 bēng ①山陷塌。②败坏。③破裂。④关系闹僵。⑤古代帝王死称“崩”。⑥中医的“崩症”。

岸崩 不崩 城崩 地崩 分崩 怀崩

驾崩 溃崩 礼崩 山崩 石崩 声崩

土崩 天崩 血崩 雪崩 崖崩

梁山崩 杞天崩 山陵崩 石将崩 沙麓崩

朽壤崩 玉山崩

从恶如崩 电弧雷崩 地坼天崩 栋折榱崩

离析分崩 五内俱崩 瓦解土崩 岩石分崩

鱼烂土崩 铜山西崩

从善如登，从恶如崩/

嘣 bēng 拟声词，东西跳动或爆裂声。

嘣嘣

嘎嘎嘣嘣 心跳嘣嘣

绷 bēng 又音 běng ①张紧，拉紧。②粗粗地缝上或用针别上。

倒绷 怀绷 见绷 紧绷 锦绷 罗绷

脱绷 围绷 小绷 香绷 绣绷 棕绷

紧绷绷 小儿绷 竹竞绷

绷 běng 又音 bēng ①板着脸。②强忍住。

脸绷

琫 běng 古代刀鞘近口处的装饰。

盗琫 剑琫 镣琫 佩琫 珕琫 玉琫

泵 bèng 一种机械装置。

风泵 气泵 水泵 油泵

真空泵

迸 bèng ①涌出。②喷出。③散乱。④向外突然发出。

波迸 飞迸 乱迸 泪迸 凌迸 流迸

泉迸 石迸 跳迸 迮迸 笱迸 远迸

珠迸

白发迸 火星迸 滑欲迸 绵初迸 蒲草迸

镚 bèng 泛指小的硬币。

钢镚儿

蹦 bèng 两脚并着跳。

欢蹦 乱蹦 尥蹦

跳跳蹦蹦

抨 pēng 抨击，攻击对方的短处。

弹抨 惊抨 捭抨 一抨

怦 pēng 形容心跳。

刘怦 怦怦 尹怦

砰 pēng 拟声词（叠）。

磕砰 雷砰 鸣砰 呯砰 砌砰 霆砰

石水砰

烹 pēng ①煮。②一种做菜的方法。③古代一种酷刑。

剥烹 晨烹 醋烹 大烹 待烹 鼎烹

肥烹 割烹 煎烹 受烹 相烹 新烹

自烹 珍烹 遭烹

不鸣烹 对雪烹 活火烹 郦生烹 雀舌烹

笱蕨烹 围葵烹 校人烹 走狗烹

茅蕉伏烹 兔死狗烹 雁默先烹

蜚鸟尽，良弓藏；狡兔死，走狗烹/狡兔死、良狗烹/狡兔得而猎犬烹/

芃 pēng ①［ 芃芃］草木茂盛的样子。②草名。

芃芃

朋 péng ①古代的货币单位。②朋友。③伦比。④结党。⑤同类。⑥成群。

百朋 宾朋 大朋 党朋 得朋 共朋

高朋 会朋 好朋 交朋 旧朋 结朋

酒朋 嘉朋 良朋 面朋 畔朋 齐朋

亲朋 二朋 丧朋 诗朋 同朋 文朋

无朋　贤朋　携朋　友朋　有朋　远朋
淫朋　邀朋　谯朋　作朋
饭牛朋　君子朋　耐久朋　社中朋　寿作朋
探花朋　月为朋　作为朋
硕大无朋　幸得良朋　霞友运朋

堋 péng ①射垛。②分水灌溉的堤坝。

泥堋　望堋　行堋
朝而堋　日中堋

棚 péng ①楼阁。②用布、席等搭成的遮日蔽雨的东西。③清代军队的编制单位。

爆棚　长棚　东棚　茶棚　草棚　拆棚
彩棚　綵棚　顶棚　点棚　豆棚　荳棚
搭棚　鼎棚　工棚　高棚　瓜棚　拱棚
灰棚　花棚　妓棚　架棚　锦棚　牛棚
列棚　凉棚　陆棚　碾棚　木棚　芳棚
秋棚　山棚　水棚　书棚　松棚　射棚
天棚　窝棚　席棚　竹棚　帐棚　粥棚
战棚　罩棚
东西棚　傀儡棚　录音棚　莲花棚　乞巧棚
牲口棚　摄影棚
手搭凉棚

鹏 péng 传说中的大鸟。

抟鹏　苍鹏　大鹏　对鹏　雕鹏　飞鹏
风鹏　奋鹏　赋鹏　怪鹏　贾鹏　忌鹏
鲲鹏　鶤鹏　龙鹏　溟鹏　天鹏　抟鹏
威鹏　枭鹏　忧鹏　云鹏　占鹏　化鹏
叹鹏
北海鹏　蔽日鹏　垂天鹏　长沙鹏　扶摇鹏
化飞鹏　南溟鹏　九万鹏　九霄鹏　借大鹏
贾谊鹏　鲲化鹏　天池鹏　抟风鹏　图南鹏
万里鹏　蔽天鹏　变化鹏
变化鲲鹏　贾生赋鹏　贾谊赋鹏

髼 péng 头发松散。

发髼髼

彭 péng ①拟声词。②腹膨大貌。③行进貌。

岑彭　大彭　韩彭　涓彭　老彭　庐彭
彭彭　黥彭　容彭　三彭　天彭　田彭
巫彭　羡彭　钟彭
匪其彭　齐殇彭
子林降彭

蓬 péng ①飞蓬。②散乱。③象飞蓬的形状。④传说仙人居住处。

大蓬　断蓬　飞蓬　发蓬　蒿蓬　惊蓬
卷蓬　枯蓬　乱蓬　罗蓬　鸟蓬　阆蓬
莲蓬　蓬蓬　飘蓬　秋蓬　黍蓬　舞蓬
心蓬　仙蓬　旋蓬　征蓬　转蓬
饱蓬蓬　独转蓬　断根蓬　灰蓬蓬　九秋蓬
久棲蓬　乱蓬蓬　绿鬓蓬　陌上蓬　万里蓬
叶蓬蓬
走马兰台类转蓬/

篷 péng ①遮蔽日光、风雨的东西。②船帆。

车篷　敞篷　船篷　斗篷　钓篷　低篷
短篷　帆篷　孤篷　盖篷　开篷　箬篷
收篷　疏篷　雪篷　掀篷　雨篷　掩篷
帐篷
半推篷　秋江篷　雨打篷
顺风扯篷

搒 péng 又音 bàng 用棍子或竹板子打。
敲搒　歌搒

捧 pěng ①两手承托。②举起。③奉承或代人吹嘘。

拜捧　吹捧　对捧　花捧　亲捧　手捧
双捧　云捧　易捧　硬捧
红袖捧　门人捧　千官捧　神人捧　天书捧
一笑捧　圆荷捧　紫泥捧
自吹自捧

碰 pèng ①两物撞击。②相遇。③试探。

碰碰　相碰　瞎碰
磕磕碰碰　踢踢碰碰

蒙 mēng 又音 méng měng ①昏迷。②欺骗。③胡乱猜测。

被蒙　蔽蒙　打蒙　龟蒙　瞽蒙　昏蒙
项蒙　击蒙　骏蒙　困蒙　坑蒙　乱蒙
笼蒙　欺蒙　相蒙　瞎蒙　沂蒙　撞蒙
遮蒙
破群蒙　心濛蒙

氓 méng 又音 máng ①民。②野民。

安氓 大氓 劝氓 群氓 偏氓 遮氓
愚氓 良氓 民氓 士氓 文氓 人氓
圣人氓 蚩蚩氓

虻 méng 昆虫名。

飞虻 饥虻 牛虻
雷蚊虻 驱阵虻

萌 méng ①植物的芽。②萌发。③开始发生。④锄去。

巷萌 初萌 抽萌 春萌 丰萌 方萌
防萌 复萌 句萌 将萌 烬萌 孽萌
末萌 群萌 事萌 慎萌 未萌 物萌
旬萌 新萌 意萌 早萌 战萌 紫萌
鄙齐萌 草木萌 嫩芽萌 万物萌
杜渐防萌 防患未萌 故态复萌 峻守葭萌
见于未萌 绿树成萌
愚者暗于成事，智者见于未萌/

盟 méng ①古代诸侯在神前结盟。②个人向天发誓。③结约为朋友。④指国家或个人之间的联合。⑤内蒙古自治区的行政划分单位。

背盟 拜盟 定盟 订盟 缔盟 告盟
贵盟 合盟 会盟 寒盟 加盟 劫盟
结盟 酒盟 柯盟 匮盟 莅盟 联盟
涖盟 屡盟 鸥盟 气盟 求盟 弃盟
齐盟 请盟 山盟 尸盟 司盟 首盟
守盟 私盟 牲盟 诗盟 歃盟 誓盟
同盟 血盟 寻盟 修盟 新盟 约盟
有盟 要盟 渝盟 鸳盟 主盟 宗盟
诅盟 欧盟
白马盟 城下盟 带砺盟 割臂盟 晋齐盟
鸡坛盟 菊松盟 癸邱盟 牛耳盟 啮臂盟
鸥鹭盟 歃血盟 猿鹤盟 鸥鹭盟
城下之盟 工农联盟 攻守同盟 国际联盟
海誓山盟 阶级联盟 啮血为盟 青松示盟
歃血为盟 神圣同盟 澶渊之盟

蒙 méng 又音 mēng měng ①草名。②覆盖。③欺骗。④包。⑤冒犯 ⑥受到。⑦形容雨点细小。

阿蒙 丙蒙 尘蒙 承蒙 葱蒙 槽蒙
大蒙 叨蒙 端蒙 伀蒙 横蒙 晦蒙
鸿蒙 开蒙 空蒙 乱蒙 冥蒙 迷蒙
溟蒙 蒙蒙 蔑蒙 弥蒙 逢蒙 启蒙
欺蒙 童蒙 瞳蒙 嗡蒙 微蒙 训蒙
义蒙 雨蒙 愚蒙 瞍蒙 颛蒙 发蒙
白蒙蒙 荷尔蒙 海力蒙 灰蒙蒙 黑蒙蒙
破群蒙 山色蒙 雾蒙蒙 雨蒙蒙 白云蒙
碧清蒙 五缠蒙 白云蒙 碧清蒙
晨雾溟蒙 大雾蒙蒙 海尔童蒙 海雾蒙蒙
湖色蒙蒙 山色空蒙 通易吕蒙 吴下阿蒙
香雾蒙蒙 烟雨蒙蒙 烟水蒙蒙 烟雾蒙蒙
十七史求蒙/

幪 méng “帡幪”。古代指帐幕之类的东西。

覆幪 锦幪 幪幪 帡幪 帷幪 绣幪

濛 méng 〈书〉形容细雨。

空濛 冥濛 溟濛 濛濛 弥濛 微濛
白濛濛 黑濛濛 山色濛 雨濛濛
晨雾溟濛 湖色濛濛 山色空濛 香雾濛濛
细雨濛濛 烟雾濛濛

檬 méng ［柠檬］ ①柠檬树，果肉味极酸，可制饮料。②这种植物的果实。

柠檬

矇 méng ①眼失明。②昏暗不明。③愚昧。

矇矇

朦 méng ①［朦胧］月不明。②暗。③欺瞒。④遮掩。

昏朦 胧朦 瞳朦

猛 měng ①急骤。②勇猛。③猛烈。④严厉。⑤忽然，突然。

不猛 奔猛 暴猛 粗猛 飞猛 风猛
服猛 过猛 刚猛 虎猛 豪猛 酒猛
精猛 宽猛 犷猛 气猛 前猛 拳猛
生猛 势猛 武猛 威猛 凶猛 迅猛
勇猛 壮猛 政猛 鸷猛
不忍猛 火力猛 客客猛 宽济猛 示服猛
海潮迅猛 来势凶猛 龙精虎猛 晓人张猛
鹰鹌凶猛
猛犬不吠，吠犬不猛/

蜢 měng ［蚱蜢］昆虫，像蝗虫，是害虫。

虫蜢　蚱蜢

艋 měng 〈书〉小船。

舴艋

蒙 měng 又音 méng　mēng　蒙古族。

内蒙　外蒙

獴 měng 哺乳动物的一类。

蟹獴

蠓 měng 蠓虫，昆虫名，比蚊子小，雌的吸人，畜的血。能传染疾病。

蠛蠓　一蠓

飞蝗蠓　朽坏蠓

懵 měng ①糊涂。②欺诈。

阘懵　瞪懵　发懵　昏懵　惛懵　瞢懵

懵懵　坐懵

孟 mèng ①兄弟姊妹中排行最大的。②四季中的第一个月。③勤勉。④大。⑤孟轲的简称。

宾孟　春孟　冬孟　管孟　季孟　剧孟

孔孟　浪孟　梁孟　四孟　思孟　诗孟

王孟　优孟　颜孟　赵孟

廉公号孟　麻面赵孟　衣冠优孟　红纱笼孟

梦 mèng ①医学术语，睡眠中出现的生理现象。②比喻虚幻。③想象。④做梦。

袄梦　别梦　薄梦　尘梦　初梦　残梦

楚梦　春梦　醒梦　痴梦　大梦　短梦

断梦　蝶梦　噩梦　飞梦　告梦　归梦

孤梦　幻梦　好梦　花梦　画梦　槐梦

魂梦　酣梦　鹤梦　吉梦　旧梦　佳梦

惊梦　纠梦　结梦　荆梦　寄梦　觉梦

解梦　客梦　六梦　兰梦　灵梦　娄梦

鹿梦　旅梦　梦梦　迷梦　美梦　沤梦

鸥梦　破梦　秋梦　绮梦　清梦　寝梦

入梦　如梦　若梦　瑞梦　示梦　所梦

述梦　说梦　诗梦　睡梦　疏梦　天梦

同梦　托梦　万梦　午梦　乡梦　香梦

相梦　宵梦　溪梦　晓梦　献梦　一梦

云梦　异梦　雨梦　余梦　远梦　原梦

夜梦　妖梦　郢梦　幽梦　蚁梦　萦梦

遥梦　圆梦　癡梦　占梦　庄梦　昨梦

做梦　醉梦

白日梦　笔花梦　炊粱梦　草池梦　池塘梦

楚王梦　楚殿梦　楚国梦　刀头梦　刀州梦

得鹿梦　辰巳梦　繁华梦　高阳梦　高唐梦

高鹿梦　孤馆梦　华胥梦　邯郸梦　黄粱梦

槐安梦　槐国梦　槐柯梦　寒窗梦　惠连梦

蝴蝶梦　江淹梦　江湖梦　旧田梦　均天梦

家似梦　锦帐梦　焦鹿梦　荆王梦　惊客梦

蘧蘧梦　卢生梦　罗浮梦　南柯梦　梁苑梦

梨云梦　梦中梦　明王梦　青楼梦　青管梦

邱迟梦　青幽梦　秋衾梦　牵情梦　麟阁梦

三刃梦　三刀梦　三万梦　生桑梦　生聚梦

蜀山梦　神女梦　迢迢梦　吞云梦　吞鸟梦

万里梦　巫山梦　巫峡梦　武王梦　吴船梦

行云梦　行雨梦　相思梦　西堂梦　香屏梦

泄塘梦　谢郎梦　熊罴梦　襄王梦　云雨梦

阳台梦　杨柳梦　杨花梦　榆荚梦　烟水梦

鸳鸯梦　燕兰梦　鹦鹉梦　游仙梦　庄周梦

庄公梦　朱帘梦　做春梦　庄叟梦　巫阳梦

周公梦　丁固梦　藏蕉梦　扬州梦

白日做梦　白鸡之梦　虫薨同梦　池塘草梦

炊臼之梦　重温旧梦　楚得楚梦　痴人说梦

飞熊入梦　甘与同梦　华亭旧梦　黄粱一梦

黄粱美梦　酣然入梦　酣然如梦　鼾然入梦

景公占梦　南柯一梦　临川四梦　梦中说梦

生桑之梦　社栎入梦　商岩发梦　同床异梦

仙人入梦　一场春梦　雨魂云梦　熊罴入梦

华胥之梦　罗浮之梦　邯郸之梦　巫山之梦

虺蛇入梦　笔花入梦　同床各梦

春草池塘梦/痴人前不得说梦/梦中有梦原非梦/日有所思，夜有所梦/坛子里睡觉，作瓮儿梦/襄王会神女，还在做梦/

丰 fēng ①大。②丰厚。③丰富。④丰满。⑤茂盛。⑥容貌姿态。

抽丰　昌丰　财丰　大丰　登丰　德丰

丰丰　福丰　繁丰　过丰　歌丰　华丰

厚丰　礼丰　年丰　利丰　隆丰　落丰

屡丰　民丰　岐丰　清丰　尚丰　时丰

岁丰　物丰　凶丰　信丰　新丰　威丰

易丰　永丰　子丰　至丰　滋丰
打抽丰　道义丰　稻粱丰　角犀丰　家道丰
剑理丰　年谷丰　菱黄丰　赍锡丰　时雨丰
五谷丰　虾菜丰　羽毛丰　子之丰　曾南丰
张三丰
鸡犬新丰　谨厚为丰　毛羽未丰　人寿年丰
物阜民丰　先兆年丰　言简意丰　羽毛未丰
鸡犬识新丰/

沣 fēng　水名，在陕西省。

清沣　周沣
至于沣

风 fēng　①跟地面平行流动的空气。②教化。③风俗。④〈诗〉六义之一。⑤放，走失。⑥作风。⑦风声。⑧中医术语。⑨嬉戏。⑩没有确切根据的。⑪表现在外的景象，态度。

八风　北风　把风　抱风　变风　邠风
背风　悲风　避风　捕风　豳风　暴风
鞴风　飙风　从风　长风　冲风　吹风
成风　抽风　赤风　采风　乘风　侈风
逞风　乘风　晨风　措风　搐风　捽风
淳风　春风　攒风　雌风　大风　当风
东风　顶风　冬风　抖风　道风　党风
兜风　颠风　躲风　德风　盗风　倒风
恶风　讹风　飞风　扶风　防风　沨风
放风　芳风　焚风　古风　过风　谷风
观风　高风　肝风　光风　刮风　歌风
罡风　刚风　国风　汉风　火风　会风
回风　和风　还风　华风　花风　怀风
迴风　旱风　胡风　喝风　海风　恒风
惠风　寒风　黑风　蕙风　辉风　豪风
喉风　斤风　区风　金风　惊风　季风
浇风　景风　急风　疾风　酒风　接风
家风　箭风　飓风　噤风　口风　狂风
凯风　恺风　冷风　厉风　凉风　乱风
逆风　丽风　芦风　男风　南风　临风
莅风　陆风　凌风　炼风　流风　陵风
洌风　路风　烈风　熛风　暖风　柳风
阑风　廉风　蓼风　雷风　陋风　漏风
露风　飕风　门风　民风　盲风　美风
眇风　美风　麻风　痳风　苹风　屏风
披风　猋风　培风　飘风　青风　起风
秋风　轻风　脐风　清风　凄风　戕风
趋风　强风　仁风　耳风　柔风　软风
热风　融风　儒风　山风　手风　生风
时风　伤风　沙风　世风　收风　松风
受风　扇风　师风　朔风　湿风　衰风
诗风　舜风　顺风　商风　神风　素风
纯风　爽风　搧风　朔风　霜风　土风
天风　同风　头风　吞风　台风　条风
抟风　谈风　通风　透风　调风　搪风
颓风　痛风　泰风　滔风　文风　无风
王风　五风　歪风　晚风　武风　威风
温风　望风　窝风　微风　下风　向风
西风　玄风　乡风　学风　迅风　信风
省风　邪风　泄风　协风　巡风　校风
细风　香风　晓风　夏风　隙风　新风
腥风　煦风　熏风　雄风　绪风　旋风
箫风　遐风　醺风　嚣风　义风　永风
余风　友风　英风　阳风　阴风　迎风
炎风　妖风　眼风　淫风　夜风　遇风
摇风　谣风　遗风　筠风　中风　止风
正风　走风　众风　作风　竹风　追风
知风　贞风　宗风　招风　真风　阵风
终风　泽风　着风　涨风　贼风　震风
整风

八节风　白癜风　不周风　北窗风　笔生风
摆威风　吹吹风　吹冷风　吹凉风　吹暖风
吃喝风　唱大风　穿堂风　草木风　逞威风
乘东风　乘长风　称雄风　阊阖风　大麻风
打头风　东北风　对清风　打秋风　顶头风
抖威风　德律风　稻花风　鹅掌风　放冷风
抚琴风　发酒风　干旱风　广莫风　过堂风
过耳风　故人风　刮冷风　过时风　歌大风
刮阴风　花信风　海陆风　黄雀风　鸿毛风
横秋风　君子风　箕好风　借东风　急惊风
急急风　酒旗风　剪刀风　蛱蝶风　开新风
快哉风　牛马风　龙卷风　林下风　龙阵风
老庄风　冷冷风　料峭风　鲤鱼风　明庶风
麦克风　贸易风　舶趠风　清明风　祛尘风
清劲风　裙带风　耳边风　耳旁风　耳机风
汝州风　肉屏风　破长风　山谷风　四六风
石龙风　少女风　送香风　撒酒风　要威风

太阳风　踏秋风　万古风　万里风　舞秋风
笑春风　萧索风　小儿风　西北风　西南风
醒酒风　引笛风　欲逐风　羊角风　一帆风
一阵风　一溜风　玉屏风　易水风　羊痫风
愈头风　野棠风　译意风　杨柳风　燕赵风
占上风　坐春风　郑公风　战秋风　坐清风
治国风　枕头风　宗悫风
八面威风　不正之风　笔下生风　拔草瞻风
笔底春风　博士家风　陈茂诃风　莼鲈秋风
蔡衡辨风　吃醋争风　惨雨酸风　代马依风
当耳边风　道骨仙风　澹荡春风　飞蓬随风
观化听风　高节清风　甘拜下风　鳏鱼渴风
何损素风　化育春风　化雨春风　汉祖歌风
喝西北风　濠上之风　贿赂成风　借蓬使风
箕山之风　敛仆成风　接舆歌风　口角生风
口角春风　空穴来风　苦雨凄风　喝西北风
冷月凄风　林下高风　弄月吟风　枥上追风
两袖清风　陆通歌风　马耳东风　明月清风
沐雨栉风　列子御风　抹月披风　密不透风
密不通风　满面春风　满脸春风　满坐春风
穆如清风　靡然成风　人口如风　破浪乘风
秋月春风　清尘浊风　耳后生风　如坐春风
弱不禁风　十雨五风　树大招风　是自古风
世情民风　盛世之风　树高招风　宿水飧风
宿雨餐风　棠树遗风　桃李春风　谈吐生风
蔚然成风　宣圣春风　玄圃阆风　血雨腥风
相习成风　细雨和风　一帆顺风　一路顺风
运斤成风　玉树临风　遇事生风　月晕而风
易俗移风　余韵流风　咏月嘲风　吟风弄风
庸医止风　隐士家风　作浪兴风　斋马清风
逐日追风　骤雨暴风　展获和风　宗悫长风
万里同风　莼鲈秋风　龙门扶风　奉扬仁风
檄愈头风
不是东风压倒西风，就是西风压倒东风/东风压倒西风/对面不相识，千里却同风/女人是枕头边的风/路上行人口似风/破屋怕遭夜雨，烂船偏遇打头风/千里不同风/人口快过风/热极则生风/二十四番花信风/日晕主雨，月晕主风/人生百岁翁，飞花一阵风/日没胭脂雨，无雨必有风/日没胭脂红，无雨也有风/人随王法，草随风/天无时不风/万事俱备，只欠东风/屋漏更遭连夜雨，行船又遇打头风/屋漏更遭连夜雨，行船又被打头风/云从龙，虎从风/长别人志气，灭自已威风/长他人志气，灭自已威风/沾衣欲湿杏花雨，吹面不寒杨柳风/胡马依北风/行雨换追风/

枫　fēng　枫香，落叶乔木。

丹枫　独枫　华枫　槐枫　江枫　锦枫
枯枫　冷枫　灵枫　落枫　青枫　秋枫
霜枫　晚枫　香枫　桠枫
八角枫　楚岸枫　碎锦枫　红叶枫　汉殿枫
集猿枫　江岸枫　两岸枫　青林枫　千里枫
山寒枫　山角枫　吴江枫　一林枫　元宝枫

疯　fēng　①癫狂。②一种精神病。③农作物疯长　但不结实。

半疯　发疯　疾疯　装疯
撒酒疯　发酒疯　人来疯
半天云中挂口袋，装疯（风）/半天云里挂口袋，装疯（风）/

封　fēng　①堆土植树为界。②疆界。③富厚。④古代地积单位。⑤帝王赐给予的东西。⑥封土。⑦大。⑧密闭。⑨封起来的。⑩泛指书信。　⑪封装东西。⑫封建主义的简称。

冰封　尘封　拆封　册封　敕封　查封
大封　当封　堤封　分封　广封　故封
沟封　浩封　花封　华封　护封　函封
黄封　加封　旧封　家封　缄封　爵封
内封　雷封　开封　泥封　邻封　弥封
密封　启封　求封　四封　首封　世封
受封　素封　赏封　塑封　霜封　提封
戏封　信封　县封　斜封　喜封　袭封
仪封　原封　尧封　蚁封　左封　自封
专封　追封
比屋封　白云封　碧苔封　碧藓封　尺土封
寄书封　马鬣封　剖符封　薜荔封　水云封
首日封　实寄封　万户封　五花封　五株封
一丸封　五树封　玉检封　远山封　紫泥封
比屋可封　故步自封　飞将难封　妇人受封
李广不封　李广难封　千里冰封　四季冰封
投笔取封　桐叶之封　雪盖冰封　蚁穴自封
终年冰封　李广未封　尺寸之封

葑 fēng 又音 fèng 即蔓青。古代指芜菁。

采葑 湖葑 蔓葑 泽葑

峰 fēng ①山顶。②高山成峰形的。

本峰 波峰 冰峰 笔峰 碧峰 才峰
层峰 翠峰 攒峰 顶峰 登峰 第峰
高峰 孤峰 观峰 高峰 花峰 洪峰
尖峰 极峰 尧峰 绝峰 乱峰 炉峰
连峰 莲峰 岚峰 眉峰 青峰 前峰
奇峰 晴峰 群峰 上峰 山峰 双峰
神峰 数峰 驼峰 万峰 危峰 小峰
雪峰 秀峰 悬峰 霄峰 晓峰 险峰
云峰 玉峰 远峰 岩峰 逸峰 银峰
遥峰 主峰 中峰 诸峰
白云峰 碧玉峰 处女峰 第几峰 娥眉峰
飞来峰 迴雁峰 九仞峰 九嶷峰 六六峰
两三峰 落雁峰 妙高峰 缥缈峰 如削峰
天都峰 头如峰 五老峰 玉女峰 丈人峰
在险峰 卓笔峰 最高峰
备様刚峰 湖波如峰 攀登高峰 造极登峰
巫山十二峰/珠穆朗玛峰/

烽 fēng 古时边防报警的烟火。

边烽 沉烽 传烽 飞烽 含烽 举烽
三烽 四烽 文烽 县烽 宵烽 夜烽
八面烽 斥堠烽 徹狼烽 久息烽 绝妖烽
苜蓿烽 一星烽 已息烽 映山烽 夜望烽

蜂 fēng ①昆虫名。②成群地，众多。

奔蜂 雌蜂 犯蜂 工蜂 胡蜂 寒蜂
黄蜂 锦蜂 狂蜂 腊蜂 懒蜂 母蜂
马蜂 蜜蜂 芹蜂 群蜂 上蜂 山蜂
师蜂 树蜂 土蜂 窝蜂 雄蜂 熊蜂
叶蜂 园蜂 游蜂 养蜂
报衙蜂 采花蜂 过墙蜂 来往蜂 细腰蜂
一窝蜂 应潮蜂 醉花蜂
拣正敛蜂 丁卜黄蜂 浪蝶狂蜂 喷饭为蜂
吐饭成蜂

锋 fēng ①剑等兵器的尖端。②器物的尖端。③军队的前列。④锐势。⑤尖锐。

边锋 兵锋 笔锋 冲锋 挫锋 词锋
禅锋 摧锋 藏锋 刀锋 镝锋 铦锋
话锋 及锋 交锋 机锋 剑锋 冷锋
利锋 敛锋 暖锋 铓锋 偏锋 奇锋
前锋 锐锋 司锋 神锋 剡锋 塞锋
霜锋 谈锋 先锋 选锋 陷锋 销锋
雄锋 右锋 英锋 左锋 中锋 折锋
争锋 追锋
八面锋 不露锋 百炼锋 百胜锋 宝剑锋
打先锋 打冲锋 急先锋 撄其锋 振霜锋
触英锋
殿后摧锋 发起冲锋 开路先锋 毛笔之锋
吐颖呈锋 圆锐藏锋
蜀中无大将，廖化作先锋/

酆 fēng 地名，在四川省。

镐酆

冯 féng 姓。（古）又同“凭”。

百冯 歌冯 冯冯 有冯
大小冯 桂冯冯
德颂二冯

逢 féng ①遇到。②迎接。③迎合。④大。

不逢 重逢 孤逢 躬逢 忽逢 吉逢
难逢 屡逢 每逢 偶逢 巧逢 恰逢
适逢 无逢 未逢 相逢 欣逢 稀逢
迎逢 焉逢 阏逢 正逢 乍逢 再逢
值逢 遭逢
采药逢 到处逢 虎溪逢 佳处逢 绝世逢
逆旅逢 梦里逢 萍水逢 千载逢 喜相逢
邂逅逢 一笑逢 月下逢 竹间逢
久别重逢 旧雨重逢 萍水相逢 千载难逢
七夕相逢 千载相逢 胜事难逢 狭路相逢
窄路相逢
人生何处不相逢/无缘对面不相会，有缘千里定相逢/无缘对面不相会，有缘千里来相逢/一叶浮萍归大海，人生何处不相逢/有缘千里来相会，无缘对面不相逢/

缝 féng 又音 fèng ①用针线连缀。②弥合。

补缝 裁缝 纫缝 新缝
灯下缝 女手缝 密密缝 去时缝 倩人缝

尚可缝　涩难缝　信手缝　纤手缝

一尺布尚可缝/

讽 fěng ①背诵。②讽刺。③用委婉的语言劝告。

比讽　差讽　嘲讽　赋讽　规讽　歌讽

感讽　瞽讽　诙讽　九讽　讥讽　劝讽

消讽　诵讽　诗讽　托讽　讬讽　文讽

玩讽　吟讽　雅讽　隐讽　作讽　传讽

指讽　箴讽

长杨讽　大夫讽　君子讽　片言讽　诗多讽

相如讽

冷嘲热讽

凤 fèng ①古代传说中的神鸟。②比喻有才德的人。③指有婚姻关系中的男方。

白凤　百凤　悲凤　鞭凤　采凤　刺凤

乘凤　彩凤　翠凤　綵凤　雏凤　丹凤

附凤　高凤　孤凤　火凤　回凤　画凤

鬟凤　金凤　椒凤　髻凤　刻凤　老凤

龙凤　灵凤　猎凤　鸾凤　麟凤　迷凤

鸣凤　卜凤　求凤　秦凤　青凤　骑凤

歎凤　二凤　瑞凤　三凤　石凤　司凤

双凤　神凤　吞凤　吐凤　题凤　铜凤

五凤　威凤　舞凤　小凤　学凤　绣凤

么凤　玉凤　吟凤　引凤　浴凤　鸳凤

歌凤　箫凤

楚人凤　朝阳凤　钗头凤　丹穴凤　九苞凤

九尾凤　金镂凤　锦毛凤　来仪凤　琴台凤

棲梧凤　三合凤　四灵凤　双关凤　吞白凤

吞彩凤　吐白凤　桐花凤　文中凤　五德凤

衔书凤　箫史凤　州山凤　紫庭凤

百鸟朝凤　板龙附凤　鞭台梼凤　乘鸾跨凤

蔡衡辨凤　颠鸾倒凤　雕龙画凤　公输刻凤

惊鸾回凤　镜分鸾凤　吕安题凤　帘飞彩凤

离鸾别凤　描龙刺凤　描龙绣凤　梦吐白凤

烹龙庖凤　攀龙附凤　泣麟悲凤　潜蛟困凤

骑龙弄凤　认鸡作凤　腾蛟起凤　薛家三凤

翔鸾舞凤　杨雄吐凤　接舆歌凤　陆通歌凤

驽马并麒麟，寒鸦配鸾凤/

奉 fèng ①捧。②献给、赞助。③恭敬地捧着。④进献。⑤给予，送。⑥信奉。⑦事奉。⑧敬受。⑨俸禄。

阿奉　禀奉　长奉　出奉　常奉　朝奉

承奉　崇奉　东奉　公奉　共奉　供奉

贡奉　孤奉　黄奉　见奉　进奉　荐奉

敬奉　内奉　陪奉　亲奉　趋奉　入奉

伺奉　是奉　首奉　神奉　侍奉　室奉

顺奉　天奉　信奉　欣奉　新奉　有奉

应奉　阴奉　仰奉　膺奉　冀奉　自奉

追奉　尊奉

风雨奉　公家奉　甘旨奉　玉帛奉

甘旨之奉

俸 fèng ①俸禄，旧时官吏的薪水。②姓。

半俸　薄俸　分俸　服俸　公俸　官俸

厚俸　鹤俸　给俸　年俸　留俸　廉俸

禄俸　全俸　清俸　日俸　双俸　守俸

受俸　食俸　天俸　推俸　无俸　微俸

月俸　益俸　辛俸　薪俸　月俸　增俸

谏官俸　司马俸　侏儒俸

葑 fèng 又音 fēng　古书上指菰的根。

春葑　浮葑　茭葑　枯葑　田葑　尧葑

赗 fèng　古时指用财物帮助别人办丧事。

赙赗　归赗　列赗　追赗　周赗　赠赗

千缣赗　诸侯赗

缝 fèng　又音 féng　①缝合处。②结合的地方。③缝隙。

冰缝　补缝　拔缝　齿缝　合缝　焊缝

甲缝　夹缝　锦缝　络缝　棱缝　漏缝

缭缝　裂缝　门缝　眯缝　墙缝　奇缝

石缝　书缝　无缝　瓦缝　隙缝　罅缝

一缝　云缝　衣缝　中缝　嫩缝　弥缝

天衣无缝　严丝合缝

灯 dēng　照明的器具。

暗灯　冰灯　宝灯　标灯　壁灯　车灯

传灯　吹灯　残灯　春灯　翠灯　吊灯

电灯　顶灯　点灯　风灯　放灯　法灯

古灯　宫灯　观灯　逛灯　篝灯　幻灯

红灯　车灯　后灯　花灯　昏灯　黄灯

狐灯　寒灯　尖灯　金灯　街灯　锦灯

脚灯　开灯　矿灯　看灯　龙灯　列灯

氖灯　笼灯　轮灯　纳灯　莲灯　路灯

绿灯　藜灯　马灯　灭灯　明灯　谜灯
扑灯　喷灯　七灯　汽灯　取灯　青灯
上灯　山灯　石灯　书灯　圣灯　氙灯
纱灯　耍灯　试灯　酥灯　神灯　疏灯
续灯　烧灯　天灯　台灯　头灯　挑灯
提灯　跳灯　剔灯　尾灯　桅灯　香灯
熄灯　月灯　羊灯　油灯　夜灯　银灯
影灯　鱼灯　野灯　朱灯　桌灯　张灯
智灯　掌灯
安全灯　半夜灯　本生灯　不夜灯　百花灯
保险灯　宝莲灯　长明灯　彩山灯　长命灯
闯红灯　点天灯　董卓灯　读书灯　碘钨灯
反光灯　风雨灯　佛前灯　红绿灯　荷盖灯
号志灯　弧光灯　航标灯　九华灯　寂寥灯
聚光灯　酒肆灯　孔明灯　开绿灯　连珠灯
闹花灯　落地灯　卤鸡灯　霓虹灯　庙陵灯
煤气灯　磨电灯　摩电灯　蚂蟥灯　七星灯
日光灯　上云灯　水盆灯　水银灯　闪光灯
省油灯　琉璃灯　太乙灯　太阳灯　炭精灯
探照灯　万盏灯　无尽灯　无影灯　五夜灯
钨丝灯　万龙灯　小窗灯　西瓜灯　信号灯
渔船灯　雁足灯　夜雨灯　荧光灯　夜燃灯
诱虫灯　野市灯　竹马灯　走马灯　照愁灯
照天灯
绿酒红灯　叔夜吹灯　匣剑帷灯　壮士吹灯
人生如灯
八月十五晴，正月十五看龙灯/少男勿鞭春，好女勿看灯/人生如风灯/只许州官放火，不许百姓点灯/人生如风灯/

登　dēng　①升。②高。③升迁。④谷物成熟。⑤立即实现。⑥上册。⑦科举考试中选。⑧踩。⑨刊载。

不登　白登　初登　步登　刖登　豆登
登登　丰登　共登　君登　刊登　立登
年登　乱登　礼登　隆登　名登　摩登
频登　攀登　人登　首登　岁登　时登
同登　徐登　先登　幸登　咸登　新登
再登　摘登　照登
谷不登　虎榜登　龙断登　揽辔登　棱等登
满登登　五谷登　仙府登　姓名登　新谷登
云路登　要路登
从善如登　红不棱登　讳名田登　湖海陈登
花不棱登　捷足先登　龙断之登　龙断可登
垄断独登　年谷之登　两脚一登　满满登登
傻不愣登　五谷丰登

噔　dēng　拟声词。

噔噔　咯噔
鞋声咯噔　走路噔噔

簦　dēng　古代有柄的笠。

担簦
蹑跻担簦

蹬　dēng　又音 dèng　①腿和脚向脚底的方向用力。②同“登”。

蹭蹬　刁蹬　跺蹬　踢蹬

等　děng　①整齐竹简。②等同。③级位。④台阶的级。⑤辈。⑥类。⑦称小东西的衡器。⑧等待。

不等　本等　彼等　次等　此等　初等
差等　超等　对等　独等　低等　等等
我等　分等　公等　观等　高等　何等
会等　恒等　甲等　均等　降等　绝等
钧等　减等　立等　老等　那等　列等
劣等　劳等　躐等　平等　齐等　亲等
晴等　人等　尔等　汝等　上等　甚等
势等　散等　殊等　同等　台等　头等
特等　五等　吾等　下等　学等　相等
星等　乙等　么等　异等　由等　有等
用等　优等　中等　正等　坐等
半途等　彻夜等
低人一等　高一人等　加人一等　三六九等
诬告加三等/知法犯法，罪加一等/

邓　dèng　邓州，地名，在河南省。

伐邓　过邓　会邓　贾邓　聘邓　天邓

僜　dèng　僜人，在西藏自治区。

倭僜

凳　dèng　有腿没有靠背的坐具。

矮凳　板凳　长凳　床凳　春凳　方凳
几凳　脚凳　条凳　桯凳　杌凳　小凳
圆凳　竹凳　桌凳

老虎凳 冷板凳 踏脚凳
桌椅板凳 坐冷板凳

嶝 dèng 山上可攀登的小路。
迴嶝 松嶝 梯嶝 悬嶝

磴 dèng ①小路的石级。②台阶的层级。
碧磴 翠磴 风磴 矻磴 古磴 高磴
连磴 萝磴 前磴 曲磴 石磴 松磴
天磴 土磴 跳磴 危磴 月磴 岩磴
野磴

瞪 dèng ①睁大眼睛。②直视。③怒目而视。
瞪瞪 目瞪 迷瞪 眯瞪
看海瞪 怒目瞪 怒鲸瞪 眼一瞪 直瞪瞪

镫 dèng 挂在马鞍子两边的脚套。
宝镫 出镫 踩镫 金镫 跨镫 磕镫
木镫 马镫 升镫 铁镫 玉镫 执镫
鸣金镫 敲金镫

疼 téng ①痹症。②痛。③爱怜。
负疼 护疼 发疼 偏疼 身疼 酸疼
摔疼 头疼 心疼
不怕疼 肚子疼 忘了疼
好了疮疤忘记疼/三天不害人，一身筋骨疼/

腾 téng ①传递。②奔驰。③跳跃。④骑。⑤上升。⑥挪移。
奔腾 波腾 冲腾 蹦腾 蹿腾 超腾
捣腾 倒腾 雕腾 飞腾 风腾 凤腾
浮腾 纷腾 沸腾 翻腾 光腾 咯腾
欢腾 虎腾 烘腾 价腾 驹腾 捲腾
骞腾 龙腾 乱腾 凌腾 闹腾 瞢腾
懵腾 朴腾 庆腾 绕腾 上腾 水腾
升腾 声腾 神腾 势腾 图腾 跳腾
踢腾 腾腾 轩腾 喧腾 悬腾 谊腾
暄腾 骁腾 掀腾 霞腾 云腾 远腾
折腾 蒸腾
白虫腾 地气腾 兴欲腾 虎气腾 黑腾腾
乱腾腾 慢腾腾 热气腾 热腾腾 万里腾
万物腾 五云腾 雾腾腾 喧腾腾 暄腾腾
逸骥腾 焰腾腾 逐云腾 紫云腾
闭门记腾 海浪翻腾 举国欢腾 虎跃龙腾
烈焰翻腾 毛毛腾腾 民怨沸腾 慢慢腾腾
磅礴冲腾 热血沸腾 热气腾腾 士饱马腾
杀气腾腾 万马奔腾 万众欢腾 雾气腾腾
心潮翻腾 烟雾腾腾 紫霭升腾
老牛拉破车，慢腾腾/一马当先，万马奔腾/

誊 téng 转录，抄写。
崇誊 代誊 手誊
倩人誊 照样誊

滕 téng ①水向上涌。②周代诸侯国名。③滕县，在今山东省。④张口放言。
长滕 曹滕 先滕 笑滕 朱滕

螣 téng 古书上说的一种能飞的蛇。
虺螣

縢 téng ①封闭。②绳索。③约束。
金縢 绲縢 绿縢 行縢

藤 téng ①植物名。②蔓。
白藤 长藤 赤藤 草藤 翠藤 古藤
瓜藤 葛藤 钩藤 红藤 寒藤 交藤
枯藤 老藤 萝藤 蔓藤 攀藤 瘦藤
疏藤 雪藤 溪藤 剡藤 新藤 鱼藤
钟藤 紫藤
葫蔓藤 萝芙藤 葡萄藤 树困藤 卧古藤
一条藤 一根藤 月挂藤 剡溪藤
红葡萄藤 九节苍藤 疗疾寻藤

能 néng ①能力，才干。②有才干的。③能够。④会。⑤应该。⑥能量。⑦亲善。⑧够，到。
不能 本能 表能 薄能 才能 逞能
称能 骋能 磁能 达能 电能 低能
多能 动能 独能 德能 鼎能 方能
甫能 负能 公能 光能 官能 功能
国能 高能 化能 黄能 核能 黑能
慧能 已能 节能 机能 伎能 技能
进能 举能 教能 可能 内能 那能
良能 哪能 廉能 量能 难能 猫能
岂能 全能 劝能 权能 奇能 热能
壤能 十能 上能 三能 水能 书能

所能　授能　殊能　势能　无能　未能
万能　位能　诬能　行能　选能　显能
性能　效能　修能　贤能　鲜能　艺能
有能　异能　翼能　只能　知能　争能
奏能　总能　职能　智能
不甫能　不相能　我独能　非公能　辐射能
更谁能　化学能　核子能　尽可能　尽贤能
君子能　结合能　机械能　矜不能　力未能
太阳能　未为能　无全能　有不能　有何能
原子能
博学多能　逞强称能　称贤使能　大屈才能
妒贤嫉能　伐功矜能　负重称能　腐败无能
各逞其能　各尽其能　各尽所能　昏聩无能
昏庸无能　进贤用能　积不相能　基本技能
进贤任能　居位无能　嫉贤妒能　谫劣无能
老朽无能　良知良能　录录无能　碌碌无能
全知全能　全智全能　奇才异能　人工智能
任贤使能　软弱无能　守拙无能　素不相能
推贤让能　特异功能　无所不能　武器性能
一专多能　一无所能　欲罢不能　颜遗四能
自恃己能　妨功害能
眉眼口鼻争能/十八般武艺，件件皆能/

塄　léng　田地边上的坡子。

打塄　地塄

棱　léng　又音 líng　①物体表面上的边角或夹角。②威势严厉。

冰棱　刺棱　锋棱　刚棱　觚棱　几棱
金棱　棱棱　眉棱　毛棱　模棱　穆棱
卜棱　扑棱　胖棱　秋棱　翘棱　书棱
四棱　瓦棱　威棱　叶棱　月棱　衣棱
银棱　茑棱　支棱　侧棱　抓棱
不露棱　刀剑棱　叠作棱　石露棱　四肢棱
水香棱　石棱
味道模棱　有边有棱

崚　léng　［崚嶒］〈书〉形容山高。

昆崚　峥崚

冷　lěng　①寒，凉。②冷落。③寂静。④冷僻、闲散。⑤冷酷的。⑥意外的。⑦生僻，少见。⑧不热情。

冰冷　床冷　齿冷　春冷　风冷　饭冷
干冷　官冷　灰冷　花冷　寒冷　空冷
凝冷　流冷　衾冷　目冷　梦冷　去冷
气冷　祛冷　泉冷　清冷　凄冷　耳冷
水冷　石冷　生冷　手冷　送冷　湿冷
霜冷　烧冷　香冷　衣冷　云冷　月冷
严冷　衣冷　阴冷　眼冷　意冷　液冷
中冷　乍冷　枕冷　制冷　真冷　贼冷
布衾冷　不怕冷　冰骨冷　抽冷冷　风日冷
风月冷　寒露冷　交游冷　今心冷　剪刀冷
空山冷　露华冷　露啼冷　清冷冷　秋云冷
秋风冷　秋月冷　秋近冷　秋光冷　山齐冷
吴江冷　衣裳冷　鸳鸯冷　珠帘冷
单衣更冷　火尽灰冷　令人齿冷　清清冷冷
天气阴冷　心灰意冷　鸳鸯瓦冷　灯昏帐冷
广寒宫冷
围着火炉吃西瓜，外边热里面冷/下雪不冷，化雪冷/枫落吴江冷/

堎　lèng　长堎，地名。在江西省。

长堎

睖　léng　［睖睁］眼睛发直、发愣。

立睖

愣　lèng　①呆，失神。②鲁莽。

打愣　呆愣　发愣　漠愣　傻愣　斜愣
一愣
直愣愣
迷迷愣愣

更　gēng　又音 gèng　①改变。②替代。③更换。④交替。⑤抵偿。⑥经历。⑦古代夜间计时单位。

不更　报更　变更　妙更　初更　残更
打更　定更　递更　断更　纷更　过更
改更　寒更　交更　荐更　六更　懒更
起更　二更　三更　四更　送更　岁更
率更　深更　岁更　田更　同更　探更
鼍更　五更　一更　严更　中更　值更
长短更　话寒更　寒暑更　起五更　岁月更
三二更　虾蟆更　转眼更
半夜三更　三老五更　夜半三更　县为颜更
阎王注定三更死，定不留人到五更/

庚 gēng ①天干的第七位。②经过的路。③赔偿。④年龄。

从庚 长庚 初庚 仓庚 常庚 苍庚
春庚 订庚 贵庚 火庚 后庚 和庚
呼庚 甲庚 年庚 梦庚 盘庚 入庚
三庚 商庚 太庚 同庚 五庚 小庚
先庚 荀庚 乙庚 由庚 优庚 子庚
斗指庚 梦叶庚 岁在庚 试年庚 夷夷庚
巽在庚
王棱同庚

赓 gēng 继续。

重赓 复赓 共赓 载赓
喜起赓 野人赓

鹒 gēng ［鸧鹒］黄鹂。

春鹒 鸧鹒

耕 gēng 用犁把土翻松。

并耕 备耕 笔耕 促耕 春耕 钮耕
朝耕 催耕 锄耕 辍耕 代耕 冬耕
返耕 古耕 归耕 躬耕 火耕 伙耕
寒耕 耨耕 机耕 力耕 牛耕 农耕
雷耕 鸟耕 鹿耕 目耕 耦耕 劝耕
浅耕 秋耕 亲耕 舌耕 省耕 深耕
畲耕 舜耕 屯耕 退耕 套耕 铁耕
心耕 佣耕 岩耕 中耕 自耕 助耕
不如耕 白云耕 寸地耕 待我耕 带云耕
带月耕 带雨耕 谷口耕 方寸耕 荷来耕
伛堪耕 看春耕 历山耕 买犊耕 卖剑耕
三年耕 退而耕 学稼耕 有莘耕 子孙耕
春雨催耕 谷口躬耕 火种刀耕 火耨刀耕
贾逵舌耕 让畔而耕 宗仪辍耕 筑室反耕
心织笔耕

羹 gēng 煮或蒸成汁状、糊状、冻状的食物。

春羹 尝羹 残羹 菜羹 尊羹 啜羹
斗羹 豆羹 蛋羹 分羹 饭羹 沸羹
粉羹 甘羹 和羹 藿羹 君羹 金羹
觅羹 藜羹 芼羹 肉羹 热羹 设羹
受羹 太羹 调羹 驼羹 香羹 枭羹
新羹 云羹 玉羹 羊羹 鱼羹 鼋羹
闭门羹 白甚羹 婢儇羹 碧涧羹 莼菜羹
豆腐羹 分杯羹 芳鲜羹 甘露羹 金玉羹
鸡蛋羹 橘子羹 藜藿羹 鲈脍羹 石榴羹
无盐羹 香芹羹 一杯羹 玉糁羹 遗母羹
吃闭门羹 尘饭涂羹 德裕调羹 分一杯羹
分我杯羹 菰菜莼羹 平得分羹 千里莼羹
剩菜残羹 蜩螗沸羹 文李争羹 王琎埋羹
盐豉莼羹 爷饭娘羹 羊酪莼羹 章庙龙羹
指雁为羹 箪食豆羹 睹尧于羹 蜩螗沸羹

埂 gěng ①田间稍稍高起的小路。②小坑。③堤坊。

畦埂 土埂 田埂 堤埂 桃埂

哽 gěng ①因哀痛而语塞。②阻塞。③噎住。

哀哽 悲哽 摧哽 哽哽 祝哽 增哽
悲咽哽 银河哽

绠 gěng 汲水时用的绳子。

承绠 垂绠 短绠 纶绠 红绠 汲绠
素绠 细绠 修绠 椽绠 纤绠 紫绠
红丝绠

梗 gěng ①顽固。②草木刺人。③植物的枝或茎。④挺立。⑤阻塞。⑥强硬。⑦灾害。⑧大略。

悲梗 脖梗 粗梗 地梗 道梗 荡梗
非梗 泛梗 纷梗 浮梗 梗梗 花梗
荷梗 荒梗 悍梗 艰梗 菊梗 苦梗
桔梗 路梗 莲梗 流梗 木梗 萍梗
漂梗 弃梗 强梗 生梗 深梗 酸梗
土梗 桃梗 芜梗 顽梗 作梗 阻梗
忠梗 榛梗 鄣梗
高粱梗 人情梗 三江梗 双峤梗 同浮梗
为国梗
从中作梗 飘蓬断梗 土偶桃梗
土偶与桃梗/

鲠 gěng ①鱼骨。②骨刺卡喉中。③祸患。④正直。

除鲠 诚鲠 大鲠 东鲠 风鲠 刚鲠
骨鲠 汲鲠 穷鲠 清鲠 小鲠 峭鲠
强鲠 祝鲠 忠鲠 着鲠
秉性骨鲠 韩休峭鲠

耿 gěng ①光明。②正直。③耳朵贴于脸颊。④清白。

大耿 光耿 耿耿 居耿 鲠耿 千耿
气耿 清耿 凄耿 酸耿 相耿 雄耿
忧耿
斜汉耿 银河耿
忠心耿耿

更 gèng 又音 gēng ①再，重。②愈加。

愈更 践更 新更

坑 kēng ①沟壑。②把人活埋。③地洞。④粪坑。⑤陷害。

打坑 东坑 导坑 弹坑 粪坑 焚坑
沟坑 火坑 饥坑 空坑 矿坑 兰坑
炉坑 泥坑 矛坑 茅坑 满坑 秦坑
清坑 水坑 沙坑 渗坑 挑坑 铜坑
雪坑 陷坑 新坑 窑坑
白云坑 长平坑 甘露坑 螺纹坑 炮弹坑
万人坑 象堕坑 鱼鳞坑 赵卒坑
落入泥坑 满谷满坑 如跳火坑 陷入泥坑
避井落坑
一个萝卜一个坑/

吭 kēng 又音 háng 出声、发言。

鸟吭 呀吭 员吭 搤吭
一声不吭

硁 kēng 敲打石头的声音。

硁硁

铿 kēng 拟声词。

轰铿 钱铿 铿铿 梦铿 敲铿 阴铿
鼓声铿铿

亨 hēng ①通达，顺利。②电感单位名称亨利的简称。

长亨 大亨 帝亨 道亨 复亨 吉亨
境亨 嘉亨 乃亨 彭亨 时亨 泰亨
小亨 心亨 先亨 咸亨 元亨 运亨
草木亨 民物亨 有时亨

哼 hēng 又音 hng ①表痛苦的声音。②轻声随口地唱。

哼哼
气哼哼
口咏鼻哼

脝 hēng ①〈书〉肚子胀的样子。②〈方〉物体庞大，不灵便。

膨脝

恒 héng ①长久。②经常。③恒心。④普通的。

超恒 鼓恒 来恒 如恒 守恒 首恒
无恒 性恒 咸恒 月恒 永恒 用恒
有恒 逾恒 幽恒
雷风恒 天道恒
持之有恒 日升月恒 行之有恒

珩 héng 佩玉上的横玉。

白珩 沈珩 楚珩 璜珩 佩珩 葱珩

桁 héng 就是檩。

椽桁 欂桁 雀桁 屋桁 一桁 朱桁

衡 héng ①车辕头上的横木。②古代绑在牛角上以防触人的横木。③称杆。④战国时张仪所创连横之策的省称。⑤横簪。⑥眉毛以上。⑦称重量。⑧衡量。⑨平正。

阿衡 保衡 楅衡 川衡 尺衡 持衡
称衡 常衡 错衡 杜衡 度衡 封衡
福衡 钩衡 机衡 金衡 均衡 钧衡
鉴衡 亢衡 匡衡 伉衡 杭衡 立衡
连衡 平衡 权衡 桥衡 铨衡 骑衡
失衡 司衡 水衡 枢衡 天衡 台衡
提衡 文衡 盱衡 悬衡 玉衡 月衡
迓衡 倚衡 药衡 纵衡 争衡 宰衡
不平衡 持平衡 度量衡 轨道衡 均物衡
陆士衡 轻重衡 热平衡 武元衡 夏为衡
致平衡 昭明衡 锱铢衡 主文衡
化学平衡 合众连衡 名士道衡 生态平衡
随遇平衡 王充论衡 稳定平衡 璇玑玉衡

蘅 héng ［杜蘅］多年生草本植物，开暗紫色的花，全草可入药。

春蘅 楚蘅 杜蘅 红蘅 绿蘅 蓠蘅
薇蘅 香蘅 萧蘅 园蘅 幽蘅

横 héng 又音 hèng ①横贯。②横渡。③横向。④使物体横向（放、拿）。⑤

连横。⑥交错。⑦广阔。⑧汉字的笔画名。⑨不合情理的。⑩跟地面平行的，跟“竖”、“直”相对。

从横　钗横　斗横　打横　戈横　河横
交横　江横　均横　剑横　抗横　连横
联横　气横　山横　田横　星横　一横
云横　玉横　雁横　作横　舟横　纵横
陵横
半俏横　宝刀横　宝剑横　残霞横　斗柄横
蝶乱横　花影横　画舸横　老树横　老梅横
绿绮横　暝色横　桥影横　铁戈横　膝琴横
一床横　一笛横　一苇横　远山横　雁阵横
笔墨纵横　斗转参横　合纵连横　河汉纵横
老泪纵横　密集纵横　阡陌纵横　水渠纵横
小巷纵横　义土田横　月落参横
春潮带雨晚来急，野渡无人舟自横/

横　hèng　又音 héng　①放纵。②冤屈。③凶暴，不讲理。

暴横　挡横　大横　蠹横　非横　发横
豪横　骄横　赖横　蛮横　气横　权横
强横　要横　商横　肆横　贪横　凶横
专横　忮横　恣横　鸷横
气势横　窝里横
毒蛇骄横　骄纵专横

丁　zhēng　又音 dīng　［丁丁］伐木，弹琴的声音。

丁丁
伐木丁丁

正　zhēng　又音 zhèng　正月，夏历一年的头月。

新正　之正

征　zhēng　又音 zhǐ　①征召。②寻求。③收取。④徭役。⑤征伐。⑥证明。⑦征聘。⑧远行。⑨用武力制裁。⑩现象。

爱征　八征　不征　表征　北征　病征
暴征　薄征　从征　长征　出征　晨征
大征　东征　发征　福征　孤征　汇征
缓征　交征　进征　家征　咎征　剪征
稽征　开征　宽征　力征　六征　南征
纳征　明征　氓征　全征　亲征　起征
秋征　入征　柔征　上征　四征　时征
师征　胜征　输征　殊征　同征　体征
停征　特征　无征　休征　西征　血征
霄征　象征　遐征　云征　远征　有征
应征　雨征　足征　早征　专征　追征
组征
布缕征　百花征　东西征　副性征　归云征
力役征　十一征　事远征　粟米征　万里征
新长征　月斯征　雁南征
暴敛暴征　潘岳西征　晟慕魏征　万里长征
信而有征　相地衰征　阳城缓征　御驾亲征
觉有八征　螽斯之征

怔　zhēng　［怔忡］心悸。

愣怔　发怔　愣怔　楞怔　魔怔　一怔
怔怔
发艺怔　眼怔怔

钲　zhēng　又音 zhòng　古代一种打击乐器。

鼓钲　叩钲　敲钲　金钲　鸣钲　旆钲
石钲　神钲　铜钲　闻钲　小钲　晓钲
银钲

争　zhēng　①争夺。②争斗。③竞争。④争执。⑤〈方〉差，欠。⑥怎么。

不争　必争　兵争　变争　驳争　辩争
淙争　斗争　党争　分争　忿争　奋争
纷争　棼争　革争　红争　好争　江争
虎争　哗争　喙争　交争　角争　竞争
据争　较争　谏争　竞争　抗争　力争
内争　论争　面争　明争　气争　阋争
死争　讼争　廷争　庭争　弹争　无争
诬争　先争　相争　息争　喧争　雄争
有争　蚁争　战争
拔剑争　得失争　触蛮争　核战争　君子争
娇女争　鸡鹜争　口舌争　龙虎争　落花争
没人争　蛮触争　莫有争　靡有争　鹏鹗争
日月争　水火争　市人争　蜗角争　与春争
阴阳争　萤火争　燕蝠争　触蛮争
暗斗明争　寸土必争　伯事廷争　北伐战争
常规战争　地下斗争　独立战争　鹬鸭之争
分秒必争　符支相争　高下之争　国内战争
化学战争　合法斗争　虎斗龙争　局部战争
甲午战争　阶级斗争　据理力争　经济斗争
解放战争　抗日战争　龙战虎争　农民战争

路线斗争　面引廷争　面折廷争　李戡辩争
蛮触相争　人民战争　生存斗争　思想斗争
洒泪相争　洒泪息争　卫国战争　武装斗争
与人无争　与世无争　议会斗争　意气之争
鸦片战争　鹬蚌相争　正义战争　自由竞争
政治斗争　著论息争　蜗角之争　犬兔之争
第一次国内革命战争/第二次国内革命战争/第一次鸦片战争/第二次鸦片战争/土地革命战争/

挣 zhēng　又音 zhèng　［挣扎］尽力支撑或摆脱。

硬挣　力挣

峥 zhēng　［峥嵘］高峻或不寻常。

崩峥　泓峥　峻峥　峣峥　霄峥

睁 zhēng　①张开眼睛。②看，望。

睖睁　睁睁
眼睁睁
怒目圆睁　万目睖睁

铮 zhēng　金属相击拟声词。

徐宣铮铮　铁中铮铮

烝 zhēng　①火气上行。②用麻秸，竹做成的火把。③进。④熏蒸。⑤众多。

尝烝　冬烝　房烝　蠲烝　扶烝　林烝
庐烝　全烝　享烝　歊烝　炎烝　肴烝
饮烝　郁烝　殽烝　烝烝
冬日烝　己卯烝

筝 zhēng　古代弦乐器

古筝　风筝

蒸 zhēng　①热气上升。②用水蒸气加热物品。

不蒸　派蒸　大蒸　骨蒸　裹蒸　龙蒸
煎蒸　礼蒸　烂蒸　气蒸　全蒸　秋蒸
清蒸　樵蒸　暑蒸　陶蒸　王蒸　熏蒸
熊蒸　薪蒸　霞蒸　云蒸　炎蒸　郁蒸
饮蒸　烟蒸　蒸蒸
白薤蒸　花露蒸　潦穷蒸　暑风蒸
虎变龙蒸　暑气熏蒸　雾涌云蒸

拯 zhěng　①上举。②拯救。

哀拯　不拯　拔拯　得拯　济拯　掎拯
匡拯　谁拯

整 zhěng　①整齐。②完美无缺。③整理。④使吃苦头。

挨整　不整　重整　凑整　打整　端整
工整　归整　规整　旧整　结整　精整
厘整　难整　平整　齐整　调整　完整
威整　休整　训整　秀整　修整　元整
匀整　严整　圆整　自整　众整　整整
笔砚整　几席整　两年整　篱落整　庭除整
盗畏来整　风仪秀整　工工整整　化零为整
集零为整　领土完整　齐齐整整　完完整整
衣衫不整　有零有整　子寿秀整

正 zhèng　又音 zhēng　①正中，平正。②作为主体的。③正直。④纯正不杂。⑤纠正。⑥使端正。⑦治罪。⑧止。⑨正面。⑩与“负”相对。⑪改正。⑫跟“反”相对。

阿正　八正　不正　补正　板正　拨正
秉正　禅正　辩正　辨正　才正　呈正
存正　沈正　持正　纯正　朝正　辞正
晨正　醇正　大正　东正　订正　党正
地正　端正　董正　方正　反正　扶正
法正　斧正　复正　工正　公正　过正
归正　革正　官正　改正　刚正　宫正
更正　规正　耿正　火正　悔正　候正
见正　金正　结正　纠正　居正　就正
军正　骞正　坚正　矫正　洁正　教正
劲正　校正　酒正　较正　刊正　考正
匡正　康正　堪正　六正　立正　女正
令正　里正　礼正　农正　男正　伦正
厘正　理正　料正　廉正　木正　牧正
卜正　平正　判正　庖正　求正　奇正
遒正　峭正　清正　人正　十正　上正
三正　是正　守正　庶正　身正　饰正
射正　思正　谡正　饬正　绳正　隧正
梃正　天正　体正　五正　王正　务正
缊正　小正　心正　乡正　先正　行正
学正　削正　绪正　夏正　修正　元正
月正　严正　言正　殷正　仪正　有正

庯正　意正　郢正　雅正　雍正　中正
正正　宗正　忠正　执正　志正　周正
质正　真正　指正　转正　殷正
气朔正　树阴正　璇玑正　中台正　珠帘正
爱信乐正　板板正正　拨乱反正　持身严正
词严义正　辞严义正　端端正正　典雅纯正
方方正正　公公正正　改邪归正　迴邪入正
荐侄蒙正　矫枉过正　匡乱反正　芒寒色正
品行端正　弃邪归正　弃邪从正　前后对正
清廉刚正　上梁不正　七端八正　天气不正
堂堂正正　挺之负正　五官端正　心术不正
邪不干正　邪不压正　邪不犯正　邪蒿不正
贤良方正
矫枉必须过正/

证 zhèng ①谏正。②验证。③证据。④病症。⑤证实。

本证　保证　辨证　辩证　成证　查证
辞证　酬证　对证　订证　的证　党证
方证　反证　法证　干证　公证　古证
孤证　互证　坏证　见证　考证　立证
力证　论证　例证　明证　旁证　凭证
求证　穷证　取证　确证　签证　二证
人证　认证　双证　书证　实证　身证
听证　铁证　文证　为证　伪证　物证
误证　心证　显证　训证　一证　义证
永证　有证　印证　验证　子证　作证
佐证　折证　执证　指证　质证　赃证
罪证
工作证　会员证　花作证　居留证　拘捕证
出生证　身份证　通行证　许可证　医疗证
外交签证　信而有证　循环论证　有寿之证

政 zhèng ①治理（国事）。②政治。③政治权力。④政府的简称。⑤政策。⑥家庭或集体生活中的事务或规则。

八政　把政　邦政　笔政　秉政　柄政
秕政　弊政　暴政　谤政　从政　呈政
初政　参政　财政　朝政　篡政　大政
当政　地政　德政　恶政　风政　法政
辅政　干政　共政　国政　贿政　觥政
会政　弘政　荒政　害政　壶政　军政
家政　简政　建政　苛政　坤政　宽政
酷政　六政　内政　力政　林政　良政
逆政　路政　兼政　虐政　民政　票政
七政　权政　亲政　仁政　市政　时政
庶政　朔政　顺政　施政　摄政　善政
觞政　天政　听政　棠政　为政　问政
委政　行政　学政　宪政　宣政　校政
新政　削政　议政　邮政　郢政　豫政
正政　专政　左政　执政　治政　致政
资政　粃政
秉朝政　秉国政　棠树政　棠对政
垂帘听政　槐生秉政　干涉内政　各自为政
各谋其政　精兵简政　民歌善政　雀儿参政
棠郊成政　行鱼忠政　行雨忠政　鱼头参政
结绳之政　绍述之政
不在其位，不某其政/封建主专政/奴隶主专政/人民民主专政/无产阶级专政/资产阶级专政/

症 zhèng 又音 zhēng 病。

癌症　病症　崩症　痹症　对症　急症
结症　绝症　死症　实症　危症　顽症
虚症　险症　炎症　杂症
并发症　败血症　呆小症　干跟症　后遗症
合并症　霍乱症　梦行症　梦游症　狭心症
夜尿症　隐睾症　脏躁症
不治之症　眼干燥症
精神分裂症/小儿麻痹症/

郑 zhèng 周代诸侯国名，在河南省新郑县。

出郑　陈郑　得郑　伐郑　及郑　晋郑
南郑　马郑　入郑　如郑　先郑　鱼郑
雅郑
大小郑　谷口郑　乡名郑　至南郑
考叔施郑　民皆字郑　魏王索郑

诤 zhèng ①直言规劝。②诉讼。③争夺。

臣诤　忿诤　谏诤　面诤　廷诤　无诤
头尾相诤　铁中诤诤

挣 zhèng 又音 zhēng ①用力摆脱。②劳力获取。

死挣
撒呓挣

柽 chēng 即“柽柳”。枝叶可入药。

赤柽 春柽 丹柽 风柽 花柽 青柽
水柽 杉柽 松柽 文柽 香柽
会于柽

蛏 chēng 一种软伯动物，贝壳长方形。

蚌蛏 螺蛏
蚌舆蛏 市有蛏

琤 chēng 玉石，琴声或流水的拟声词。

琤琤 淙琤 捎琤 清琤 玉琤 琮琤
玉瑽琤

称 chēng 又音 chèn ①称量。②泛指衡器，揣度。③称号。④称道。⑤说。⑥赞扬。⑦名称。⑧举事。⑨叫做。

爱称 不称 并称 倍称 卑称 别称
鄙称 褒称 辩称 代称 度称 道称
独称 德称 泛称 公称 改称 官称
过称 诡称 合称 号称 谎称 见称
敬称 简称 嘉称 口称 可称 堪称
令称 内称 昵称 略称 名称 冒称
美称 蔑称 全称 谦称 人称 实称
声称 受称 俗称 同称 统称 通称
无称 未称 妄称 诬称 小称 行称
戏称 相称 孝称 宣称 狎称 羞称
虚称 又称 有称 佯称 扬称 自称
追称 指称 总称 职称 宗称 尊称
著称 载称 憎称 赞称
不足称 到今称 德可称 洁白称 品谊称
少年称 天下称 世所称 孝义称 一字称
有通称 众口称
便擅英称 付道之称 口讷之称 美恶不称
倖色揣称 武戏见称 万古常称 有节之称
铢两悉称
耗子爬称钩，自称/

铛 chēng 又音 dāng ①温器，似锅。②平底浅锅。

饼铛 鼎铛 酒铛

赪 chēng 红色。

发赪 鲂赪 含赪 肩赪 浃赪 色赪
童赪 微赪 骍赪 颜赪 朱赪 紫赪
带围赪 断霞赪 娇颜赪 锦尾赪 南山赪
潋波赪 双脚赪 兽面赪 吐深赪 鱼尾赪

撑 chēng ①抵住。②用篙抵住河床使船前进。③竖起。④张开。⑤美丽。⑥充满到容不下的程度。

独撑 孤撑 肩撑 苦撑 力撑 难撑
搪撑 硬撑 支撑
阿奴撑 俯卧撑 双髻撑 万卷撑 小舟撑

瞠 chēng ①惊视貌。②瞪着眼睛看。

瞠瞠 回瞠
目但瞠 眼瞠瞠 坐空瞠

成 chéng ①完成。②成就。③变成。④成熟。⑤成全。⑥成为。⑦平定。⑧必定。⑨现成的。⑩达到一个完整的整量单位。⑪表示可能。⑫做好了。⑬成果。⑭定形的。⑮十分之一。⑯够。

八成 不成 扮成 阜成 变成 编成
促成 垂成 椎成 裁成 大成 当成
达成 董成 德成 分成 符成 浮成
广成 功成 告成 宫成 官成 构成
棍成 化成 合成 混成 浑成 宦成
九成 结成 集成 建成 考成 看成
乐成 老成 年成 留成 洛成 牢成
礼成 连成 纳成 落成 难成 酿成
凝成 毛成 目成 铺成 曲成 青成
求成 容成 染成 十成 少成 守成
生成 岁成 速成 受成 收成 事成
饬成 顺成 寿成 深成 天成 提成
腊成 天成 王成 文成 未成 万成
完成 晚成 瓮成 小成 心成 相成
休成 行成 形成 现成 削成 修成
新成 绪成 一成 玉成 易成 印成
艺成 有成 养成 圆成 庾成 翼成
早成 作成 织成 造成 执成 质成
做成 真成 直成 责成 组成 赞成
装成 殖成
不日成 百花成 吃现成 春服成 董其成
丁字成 丹转成 地十成 欢厥成 好诗成
画难成 集大成 咳吐成 落笔成 落檄成
梦不成 七步成 十年成 事无成 事竟成

天生成　无专成　一欢成　一朝成　羽翼成
倚马成　琢玉成　总其成
安享其成　败于垂成　持盈守成　大攻告成
大器晚成　地平天成　功败垂成　悔事无成
浑然天成　急于求成　佳偶天成　六经九成
良匠新成　灵运诗成　年谷顺成　老大无成
马上功成　哀辑而成　求和求成　日色映成
水到渠成　少年老成　身退功成　为学大成
为学初成　外藏不成　悉本天成　相反相成
相生相成　习与性成　一气阿成　一气呵成
一事无成　一挥而成　玉汝于成　羽翼已成
有志竟成　有机合成　约定俗成　疑行无成
专欲难成　卒底于成　终底于成　政以贿成
坐享其成　自愧无成　行而未成　抉心呕成
事以密成　被旨即成
独阳不生，独阴不成/功到自然成/花又不损，蜜不得成/虎头蛇尾，一事无成/家和万事成/佳偶自天成/临事而惧，好谋难成/名不正则言不顺，言不顺则事不成/妻是枕边人，十事商量九事成/人比人活不成/是非只为闲撩拨，烦恼皆因不老成/秀才造反，三年不成/有志者事竟成/作舍道边，三年不成/子孝双亲乐，家和万事成/官怠于宦成/

诚 chéng ①真心诚意。②真实。③果真，如果。④真是，的确。

哀诚　欵诚　不诚　毕诚　表诚　抱诚
笃诚　悫诚　充诚　赤诚　陈诚　存诚
纯诚　丹诚　边诚　端诚　夙诚　棐诚
贾诚　怀诚　见诚　洁诚　积诚　掬诚
竭诚　精诚　挈诚　开诚　考诚　悃诚
恳诚　款诚　立诚　女诚　老诚　沥诚
明诚　朴诚　芹诚　曲诚　轻诚　虔诚
翘诚　任诚　热诚　守诚　实诚　思诚
素诚　输诚　投诚　坦诚　特诚　通诚
推诚　微诚　心诚　血诚　窍诚　修诚
一诚　烟诚　意诚　愚诚　主诚　专诚
庄诚　志诚　至诚　忳诚　宗诚　贞诚
质诚　忠诚　拙诚　真诚　致诚　挚诚
尊诚　肫诚
婢输诚　肝血诚　眷恋诚　天马诚
精忠赤诚　惶恐惶诚　开心见诚　留客之诚
事师独诚　闲邪存诚　一秉虔诚　羊祜推诚
忧喜推诚　衔哀致诚
巧诈不如拙诚/乱世识忠诚/

城 chéng ①都邑四周用作防守的墙垣。②筑城。③守城。④城市。

百城　边城　戎城　崩城　长城　层城
车城　赤城　咸城　春城　愁城　城城
大城　斗城　丹城　帝城　都城　登城
方城　凤城　府城　附城　翻城　干城
古城　关城　攻城　故城　扞城　管城
孤城　割城　化城　火城　环城　黄城
荒城　寒城　狭城　錾城　江城　京城
金城　佳城　锦城　坚城　禁城　境城
克城　枯城　空城　龙城　连城　联城
丽城　兰城　名城　麦城　满城　幔城
平城　偏城　全城　倾城　秦城　蓉城
绕城　山城　水城　石城　司城　书城
松城　省城　屠城　王城　五城　外城
危城　围城　维城　瓮城　轩城　洗城
县城　新城　云城　玉城　月城　牙城
羊城　阳城　应城　蚁城　婴城　盈城
疑城　子城　古城　专城　重城　筑城
不夜城　白帝城　北京城　夫人城　凤凰城
丰都城　甘棠城　攻愁城　遗连城　钢铁城
歌渭城　花满城　价连城　佳丽城　锦为城
锦官城　破阳城　七宝城　蜣螂城　十五城
色倾城　石头城　受降城　石油城　五羊城
五凤城　卫星城　咸阳城　月近城　走麦城
筑长城　紫禁城　芙蓉城
北国冰城　赤言绕城　长竿入城　防意如城
何稠制城　何假百城　花城春城　黑云压城
价重连城　剑出丰城　剑埋丰城　价值连城
解语倾城　哭倒长城　南面百城　满风雨城
秦攻长城　倾国倾城　齐王筑城　石头之城
实可倾城　天平地城　免军犬城　汤池铁城
汤城铁城　铁郭金城　舌卷齐城　武肃锦城
万里长城　五言长城　荀变干城　秀丽名城
一字连城　一字长城　一笑倾城　一顾倾城
众志成城　坐拥百城　自坏长城　自毁长城
祖咏彭城　勣若长城　纸贵络城　笔刀砚城
曹操下宛城/关公战麦城/攻城和守城/二卵弃于城/守口如瓶，守意如城/拥书傲百城/替邢卫砌城/颖考叔攻许城/哲夫成城，哲妇

倾城/骏马换倾城/

盛 chéng 又音 shèng ①容纳。②把东西放进去。③放在祭器里的谷物。

奉盛 酒盛 篮盛 囊盛 印盛 粢盛
宝函盛 丰果盛 金钵盛 黍稷盛 瓦盆盛
牺牲盛 一笼盛 玉椀盛 珠盘盛

丞 chéng ①辅佐，辅助。②官名。

薄丞 长丞 夺丞 府丞 侯丞 海丞
九丞 江丞 家丞 监丞 郡丞 酒丞
令丞 全丞 署丞 屠丞 县丞 右丞
驿丞 疑丞 中丞
得右丞 殿中丞 黄门丞 鸿胪丞 灵台丞
秘书丞 士林丞 水衡丞 太乐丞 羽林丞
御史中丞

呈 chéng ①呈现。②恭敬地送上去。③称下级报告上级的书面文字。

便呈 报呈 初呈 常呈 辞呈 方呈
法呈 封呈 公呈 逛呈 合呈 欢呈
居呈 具呈 兼呈 谨呈 旅呈 面呈
秋呈 签呈 山呈 送呈 肆呈 殊呈
外呈 有呈 宅呈 咨呈
百残呈 百花呈 百怪呈 薄枝呈 错落呈
肺腑呈 腹橐呈 甘液呈 肝胆呈 户版呈
毫发呈 锦臆呈 灵宿呈 灵爽呈 面面呈
毛霞呈 瑞光呈 瑞雪呈 石膏呈 书图呈
诗卷呈 万峰呈 万里呈 万象呈 文采呈
物志呈 星斗呈 晓珠呈 祥瑞呈 鱼龙呈

程 chéng ①法式。②计量。③里程。④进度，限度。⑤度量衡的总称。⑥表现。⑦进度。⑧法度。⑨效法。⑩道理。⑪事物发展的经过。⑫指一段时间。

标程 病程 长程 产程 冲程 单程
登程 短程 方程 返程 纷程 发程
法程 工程 过程 归程 规程 高程
回程 航程 海程 计程 近程 进程
戒程 经程 教程 兼程 客程 课程
历程 里程 疗程 流程 路程 鸟程
旅程 领程 量程 鹏程 启程 全程
起程 前程 期程 骑程 二程 日程
水程 射程 睡程 赛程 途程 行程
霄程 云程 远程 严程 员程 议程
泳程 扬程 邮程 音程 逾程 雁程
游程 愆程 中程 专程 征程 章程
准程 訾程 鹏程
不计程 春日程 春游程 楚江程 几万程
数日程 数归程 问去程 问归程 先民程
一经程 一倦程 指航程
安装工程 操作规程 断送前程 代数方程
系统工程 工作日程 工艺流程 各奔前程
公不至程 化学工程 航空工程 河防工程
机电工程 军事工程 基因工程 绝热过程
锦片前程 锦绣前程 日夜兼程 水利工程
土木工程 万里鹏程 协和音程 云路鹏程
冶金工程 有效射程 遗传工程 议事日程
昼夜兼程 云路鹏程
但知行好路，莫要问前程/技术操作规程/将军不下马，各自奔前程/

裎 chéng 脱衣露体。

裸裎 徒裎
袒裼裸裎

酲 chéng ①病酒。②酒醉不醒。

不酲 春酲 烦酲 含酲 狂酲 解酲
如酲 舍酲 宿酲 洗酲 余酲 朝酲
醉酲
五斗酲 醒宿酲
刘伶病酲 五斗解酲 忧心如酲

枨 chéng ①支撑。②斜柱，木柱。③用东西触动。

枨枨 拂枨 申枨 天枨 中枨

承 chéng ①蒙受。②承载。③承担。④承继，继续。⑤顺承。⑥奉迎。⑦抵御。⑧次弟。⑨起承载作用的物件。

不承 秉承 传承 担承 顶承 待承
奉承 供承 经承 敬承 继承 嘉承
看承 灵承 领承 难承 揽承 勉承
媚承 丕承 钦承 曲承 趋承 石承
色承 师承 思承 师承 绍承 相承
袭承 有承 迓承 仰承 应承 愿承
意承 专承 总承 轴承 湛承
敢不承 露光承 莫敢承 秘书承 仙掌承
阿谀奉承 滚珠轴承 空气轴承 一脉相承

乘 chéng 又音 shèng ①登升。②追逐。③欺凌。④战胜。⑤防守。⑥计算。⑦骑，坐。⑧趁，就着。⑨算术中的一种计算方法。

不乘 出乘 大乘 搭乘 负乘 法乘
公乘 后乘 阶乘 立乘 夹乘 连乘
家乘 秋乘 强乘 随乘 迕乘 小乘
宜乘 野乘 寓乘 卒乘 志乘 上乘
同乘 下乘 相乘 玉乘 自乘 坐乘
赤鲤乘 五位乘 兴难乘 隙可乘 最上乘
屈之乘
光能照乘 无机可乘 无势可乘 无隙可乘
有机可乘 有隙可乘 飞龙失乘 无间可乘
一屈之乘

惩 chéng ①警戒。②止。③惩罚。④苦于。

不惩 成惩 罚惩 纠惩 奖惩 刻惩
莫惩 全惩 劝惩 是惩 小惩 相惩
严惩 膺惩 作惩
荆舒惩 有所惩
有过必惩

塍 chéng 田间的土埂子。

春塍 旧塍 千塍 秋塍 田塍 新塍
水街塍 雪满塍

澄 chéng 又音 dèng ①水清而静止。②宁静。③清澈。④澄清。⑤酒名。

波澄 风澄 河澄 海澄 泓澄 江澄
镜澄 明澄 清澄 水澄 世澄 神澄
天澄 渟澄 心澄 星澄 月澄 烟澄
渊澄
百尺澄 冰镜澄 碧波澄 碧浪澄 碧澄澄
佛图澄 黄河澄 黄澄澄 绿澄澄 秋水澄
山水澄 万象澄 玉宇澄 远浦澄 夜气澄
夜水澄 夜光澄
掐鼻王澄

橙 chéng ①橙子。②红和黄合成的颜色。

北橙 霸橙 擘橙 搓橙 甘橙 柑橙
黄橙 儿橙 金橙 锦橙 绿橙 破橙
秋橙 霜橙 香橙 悬橙 新橙 柚橙
移橙 朱橙
分核橙 给客橙 和露橙 经霜橙 玉液橙
柚似橙

逞 chěng ①快意。②放纵。③炫耀。④施展。

不逞 得逞 弗逞 劲逞 骄逞 求逞
巧逞 未逞 相逞 臆逞
以求一逞

骋 chěng ①奔驰。②放纵。③恣意发挥。④放任。

奔骋 驰骋 飞骋 画骋 驱骋 游骋
纵骋 专骋
骥足骋 历所骋 妙思骋 三光骋 天由骋
老未骋
群马驰骋 自由驰骋 纵横驰骋

秤 chèng ①衡量东西轻重的器具。②量词。

案秤 磅秤 磅秤 才秤 大秤 斗秤
定秤 地秤 趸秤 短秤 戥秤 古秤
过秤 官秤 杆秤 钩秤 亏秤 开秤
平秤 盘秤 市秤 折秤 台秤 抬秤
一秤 压秤
公平秤 弹簧秤
人眼是秤 人心是秤

升 shēng ①上升。②登，上。③成熟。④量具。⑤提高。

百升 褒升 初升 超升 黜升 斗升
东升 递升 德升 分升 公升 高升
化升 合升 回升 毫升 几升 久升
晋升 阶升 降升 渐升 龙升 厘升
冥升 冒升 爬升 日升 上升 勺升
市升 四升 数升 同升 提升 抬升
探升 五升 为升 心升 遐升 一升
云升 玉升 月升 跃升 盈升 擢升
陟升 朝升
大明升 得月升 奉道升 火云升 酒三升
酒数升 椒盈升 历阶升 刘景升 气迁升
二八升 如日升 日初升 日东升 太阳升
说屡升 向东升 一轮升 玉阶升 月初升
有路升 依景升 饮一升 自此升
步步高升 拔宅上升 酒寒气升 红日东升
鸡犬俱升 鸡犬飞升 如日东升 如日方升
冉冉上升 冉冉东升 旭日东升 玉兔东升

月牙初升　指日高升　朝阳初升　祖言二升
矮子登楼梯，步步高升/叫花子买米，只有这一升（身）/一人得道，鸡犬飞升/

生 shēng ①生长。②生育。③出生。④性。⑤活。⑥生存。⑦生命。⑧未煮熟的食物。⑨植物果实未熟的。⑩年长有学问的，有德行的人。⑪读书人的通称。⑫弟子、门徒。⑬戏曲里扮演男子的角色。⑭生硬。⑮使柴煤燃烧。⑯不常见的。⑰不熟练。⑱表示程度深。⑲未经炼制的。

安生　并生　半生　本生　伴生　毕生
变生　从生　长生　产生　次生　此生
丛生　出生　重生　初生　苍生　差生
畜生　超生　残生　春生　催生　侧生
愁生　脆生　潮生　大生　对生　道生
丢生　董生　缔生　蠢生　诞生　耳生
风生　放生　浮生　发生　复生　福生
繁生　腐生　广生　共生　光生　更生
苟生　贡生　孤生　化生　互生　后生
红生　合生　还生　回生　含生　好生
怀生　环生　花生　获生　横生　函生
厚生　寒生　今生　金生　夹生　角生
捐生　救生　家生　贾生　降生　寄生
眷生　接生　嘉生　家生　监生　聚生
考生　狂生　六生　女生　来生　老生
男生　卵生　朗生　礼生　轮生　孪生
劳生　兰生　落生　旅生　聊生　怒生
禀生　嫩生　囊生　门生　毛生　面生
民生　陌生　蔓生　萌生　谋生　暮生
蓦生　平生　怕生　迫生　捕生　贫生
偏生　派生　骈生　求生　全生　前生
曲生　起生　齐生　怯生　戕生　亲生
期生　欺生　轻生　群生　翟生　麯生
潜生　人生　认生　耳生　忍生　儒生
三生　上生　杀生　生生　手生　双生
书生　伤生　所生　宿生　师生　收生
庶生　实生　死生　苏生　丧生　始生
射生　侍生　施生　摄生　缮生　天生
托生　头生　他生　投生　逃生　胎生
童生　贪生　堂生　偷生　卫生　未生
外生　为生　吾生　我生　恶生　武生
尾生　忘生　晚生　寤生　微生　小生
下生　先生　写生　学生　须生　幸生
痒生　象生　萧生　虚生　新生　像生
相生　一生　永生　友生　余生　优生
延生　眼生　养生　有生　医生　营生
野生　遗生　盈生　颐生　衍生　液生
自生　众生　在生　再生　怎生　治生
招生　志生　捉生　祖生　资生　尊生
诸生　终生　转生　增生　滋生　簇生
孳生　鲰生

不共生　白生生　白发生　白马生　北郭生
毕业生　春意生　翠生生　脆生生　插班生
曹丘生　大学生　东先生　二年生　太痍生
多年生　丹邱生　楮先生　风里生　风雨生
风浪生　负恩生　公费生　官费生　高才生
高材生　好生生　活生生　后半生　虎生生
海月生　悔吝生　号长生　函授生　寒云生
见习生　君子生　进修生　借读生　寄宿生
寄托生　寄读生　接线生　愧吾生　卵胎生
弄笔生　劣等生　礼义生　留学生　练习生
内寄生　了一生　绿生生　落花生　门下生
马角生　免费生　品物生　旁听生　髀肉生
泼残生　薜萝生　千年生　齐死生　弃繻生
怯生生　秋暗生　水蘋生　实习生　视平生
睡思生　侍应生　逆而生　太痍生　同门生
太憨生　通学生　通读生　万事生　五馆生
外寄生　梧前生　娃娃生　小后生　小学生
小先生　乡先生　夕牛生　细鳞生　虚白生
一阴生　一阳生　一年生　羽风生　玉带生
玉钩生　阴阳生　研究生　烟雾生　忧惧生
肄业生　中学生　作么生　走读生　住校生
住读生　冶此生　召邹生

白面书生　北郭先生　百病丛生　笔下超生
不如友生　不佞鲰生　寸草不生　出死入生
赤脚医生　测字先生　超度众生　脆脆生生
刀俎余生　冬烘先生　东郭先生　道学先生
洞幽先生　短打武生　抵死漫生　毒草丛生
得意门生　蝶化庄生　恶草丛生　鹅笼书生
孤阴不生　奋斗终生　负局先生　风水先生
妇幼卫生　妇婴卫生　福过祸生　愤不欲生
广文先生　个人卫生　公共卫生　光彩倍生
苟且偷生　国计民生　国际民生　华佗再生

好好先生　环境卫生　黄花后生　缓颊郦生
虎口余生　虎啸风生　豁达先生　九死一生
见事风生　劫后余生　荆棘丛生　教书先生
绝处逢生　绝路逢生　简子放生　钜学鸿生
坎坷一生　枯竹复生　靠把武生　南郭先生
乐极悲生　论议风生　论辩风生　牛角书生
利用厚生　老虎求生　刘图草生　路街先生
洛下书生　落地花生　门馆先生　民不聊生
妙趣横生　怕死贪生　破死忘生　普及众生
捕鸠放生　髀肉夏生　起死回生　情急智生
清洁卫生　前席贾生　趣味横生　人极计生
人不聊生　忍辱偷生　润笔先生　三好学生
十死一生　死里求生　死里逃生　死而复生
舍生忘生　食品卫生　寿光先生　算命先生
素昧平生　树木丛生　天子门生　谈笑风生
逃债丧生　痛不欲生　万死一生　文弱书生
五柳先生　乌有先生　物腐虫生　先生后生
西施再生　形具神生　相面先生　险象环生
栩栩如生　应运而生　一本所生　忧患余生
圆泽三生　由衷而生　议论风生　佯誉申生
余姚先生　阳宅先生　忧世伤生　以备不生
油然而生　悠悠众生　芸芸众生　言论风生
鬻文为生　逸趣横生　自力更生　长靠武生
重义轻生　重气轻生　枝节横生　尊师爱生
有无相生　稷下先生　嘘枯吹生　小子后生
雕胡自生
安宁之日，不如友生/百无一用是书生/黄河清，圣人生/蝼蚁尚且贪生/驴粪蛋子，外面光生/两虎相斗，势不俱生/怒从心上起，恶向胆边生/怒从心中起，恶向胆边生/人死不能复生/受用须从勤苦得，淫奢必定祸灾生/野火烧不尽，春风吹又生/乌头白马角生/田要冬种，崽要亲生/野花不种年年有，烦恼无限日日生/致之死地而后生/置之死地而后生/

牲 shēng ①祭祀用的全牛。②泛指祭祀用的家畜。③指野生动物。

陈牲　大牲　奉牲　割牲　法牲　荐牲
六牲　牢牲　牵牲　三牲　祀牲　盛牲
特牲　五牲　物牲　牺牲　献牲　用牲
宰牲
东邻牲　歌舞牲　木伐牲　十二牲　四时牲
流血牺牲　壮烈牺牲

笙 shēng ①一种传统的民族簧管乐器。②古代东方之乐。

宝笙　吹笙　大笙　凤笙　缑笙　鹤笙
芦笙　捻笙　龙笙　芦笙　鸾笙　蛮笙
鸣笙　怕笙　瓶笙　琼笙　挑笙　调笙
玉笙　银笙　晓笙　竹笙　执笙　奏笙
紫笙
后院笙　女娲笙　弄银笙　巧奏笙　云和笙
叶底笙　子晋笙
王子吹笙　子晋吹笙

甥 shēng ①姊妹的子女。②女儿的子女。③女婿。

表甥　帝甥　贵甥　馆甥　舅甥　弥甥
儿甥　为甥　外甥　我甥　贤甥　婿甥
诸甥
汾王甥　似舅甥　鲁直甥　在此甥

声 shēng ①声音。②声母。③声调。④说出来使人知道。⑤名誉。⑥乐音。⑦宣称。⑧形声字的声旁。⑨宣扬。⑩音讯。

哀声　边声　闭声　变声　波声　悲声
榜声　跸声　丑声　吹声　从声　虫声
出声　促声　成声　杵声　唱声　噪声
彩声　敞声　楚声　豺声　春声　蝉声
雌声　大声　达声　迭声　低声　带声
德声　恶声　风声　放声　发声　芳声
泛声　蜚声　蜂声　繁声　过声　官声
高声　闺声　歌声　耕声　鼓声　化声
合声　号声　回声　和声　呼声　欢声
杭声　洪声　哼声　货声　吼声　贼声
鼾声　旧声　机声　金声　娇声　鸡声
寄声　佳声　笳声　家声　噤声　嘉声
假声　鹡声　口声　吭声　哭声　令声
厉声　女声　连声　鸟声　男声　朗声
浪声　漏声　雷声　铃声　橹声　履声
民声　名声　明声　妙声　美声　卖声
梦声　曼声　鸣声　蛮声　慕声　平声
炮声　七声　千声　齐声　去声　犬声
全声　悄声　泉声　秋声　秦声　琴声
轻声　清声　棋声　鹊声　入声　人声
仁声　荣声　柔声　上声　水声　失声

杀声 四声 书声 市声 双声 省声
收声 送声 松声 舒声 树声 颂声
随声 天声 同声 吞声 听声 柝声
童声 涛声 偷声 檀声 鼍声 滩声
无声 五声 尾声 闻声 蛙声 威声
小声 心声 先声 吸声 笑声 形声
相声 响声 消声 雪声 箫声 谐声
贤声 虚声 新声 嘘声 循声 一声
义声 月声 玉声 乐声 亦声 友声
有声 言声 应声 怡声 英声 郢声
扬声 雨声 哑声 夜声 倚声 轶声
野声 怨声 淫声 越声 雁声 悠声
橹声 艳声 正声 竹声 仄声 作声
吱声 则声 钟声 政声 浊声 郑声
掌声
不作声 不吭声 不则声 不做声 百舌声
冰擘声 步虚声 爆竹声 长啸声 促织声
苍蝇声 楚歌声 爨下声 打麦声 杜鹃声
断肠声 读书声 捣衣声 滴雨声 滴沥声
第一声 第二声 第三声 第四声 风雨声
伐木声 放风声 管弦声 鼓鼙声 画角声
蟪蛄声 击壤声 金石声 桔槔声 戛玉声
剪刀声 立体声 乱军声 流水声 鸟和声
离别声 落叶声 锣鼓声 漏泉声 漏风声
喇叭声 鸾凤声 卖花声 马蹄声 暮钟声
佩玉声 汽笛声 秋蛩声 乳莺声 遏云声
绕梁声 水笆声 身历声 弹指声 踏歌声
万籁声 舞鸡声 夕恬声 弦上声 弦歌声
笑语声 响应声 叶上声 玉钗声 玉篇声
夜啼声 燕雀声 檐马声 忱边声 总闻声
状元声 棹歌声 掷地声 竹秋声 鹧鸪声
不尚虚声 百啭千声 铲迹销声 大音希声
对口相声 杜口吞声 多口相声 单口相声
多蒙寄声 遁迹销声 吠形吠声 蜂目豺声
绘影绘声 喝雉呼声 鹤唳猿声 鹤唳风声
交口同声 金声玉声 嗟嗟有声 鸲鹆效声
口口声声 空谷传声 恐钟有声 南风死声
匿迹销声 连喷义声 诺诺连声 漏了风声
默不作声 屏气吞声 千娄万声 泣不成声
饮气吞声 阒无人声 忍气吞声 士仰直声
尚书履声 舍实听声 沈约四声 痛哭失声
亡国之声 万籁无声 卫放郑声 形形声声

一口同声 一口一声 玉振金声 异口同声
言为心声 饮泣吞声 饮恨吞声 哑口无声
哑然无声 鸦雀无声 雁过留声 燕语莺声
游光扬声 子振家声 走漏风声 正色厉声
众口同声 众犬吠声 烛影斧声 郑崇履声
掷地有声 掷地金声 揣骨听声
人过留名，雁过留声/人过留踪，雁过留声/随风潜入夜，润物细无声/听话听音，锣鼓听声/一犬吠形，百犬吠声/有理不在高声/掷地作金石声/阳关第四声/

绳

shéng ①绳子。②绳墨。③直。④度量。⑤纠正。⑥约束。⑦继续。⑧颂扬。

长绳 赤绳 搓绳 缱绳 大绳 蹈绳
法绳 负绳 翻绳 规绳 钩绳 火绳
红绳 胡绳 系绳 纠绳 金绳 结绳
缰绳 缄绳 缆绳 毛绳 麻绳 墨绳
牵绳 受绳 丝绳 绳绳 头绳 跳绳
无绳 线绳 纤绳 险绳 一绳 玉绳
引绳 中绳 走绳 直绳 准绳 枞绳
纸绳 蛛绳
草绳绳 风引绳 贯采绳 钢丝绳 红头绳
系赤绳 尼龙绳 拧成绳 绒头绳 塑料绳
一股绳 雨如绳 祖武绳
法律准绳 规矩准绳 囚工蹑绳
拧成一股绳/一年被蛇咬，三年怕井绳/

省

shěng 又音 xǐng ①王宫禁署。②行政区域名。③减少。④节约。⑤过失。⑥简约。

北省 宝省 别省 到省 分省 粉省
繁省 各省 归省 宫省 华省 画省
槐省 节省 简省 禁省 俭省 减省
兰省 南省 入省 三省 上省 书省
省省 同省 台省 五省 外省 薇省
行省 西省 学省 怨省 芸省 掖省
中省 左省 定省
东三省 黄门省 金华省 门下省 秘书省
尚书省 文德省 学士省 中书省 紫禁省
紫薇省

眚

shěng ①眼睛生翳。②日月之蚀。③过失。④灾害。

白眚 成眚 大眚 多眚 非眚 思眚

肆眚 天眚 同眚 小眚 一眚 有眚
妖眚 灾眚 罪眚
降妖眚

圣 shèng ①无所不通。②德行高尚的人。③封建时代帝王的尊称。④佛教用语。⑤最崇高的。⑥称学问，技术有特殊成就。

白圣 百圣 笔圣 草圣 朝圣 大圣
凡圣 非圣 后圣 见圣 君圣 俊圣
酒圣 降圣 孔圣 内圣 乐圣 礼圣
来圣 明圣 偶圣 七圣 齐圣 清圣
棋圣 三圣 仁圣 壑圣 三圣 上圣
四圣 书圣 述圣 宋圣 神圣 诗圣
绍圣 天圣 文圣 五圣 先圣 玄圣
希圣 仙圣 学圣 显圣 新圣 元圣
亚圣 彦圣 英圣 谒圣 游圣 中圣
作圣 自圣 至圣 醉圣
孙大圣 中贤圣 徐邈圣
伯英草圣 超凡入圣 扩先表圣 齐天大圣
同乡棋圣 周启师圣 祖莹称圣

胜 shèng 又音 shēng ①胜利。②能承担。③打败（对方）。④尽，如。⑤力量过大。⑥胜过。⑦超过。⑧克制。⑨优越。⑩美好。⑪特指名胜古迹。⑫古代妇女的首饰。

不胜 百胜 持胜 春胜 常胜 陈胜
彩胜 大胜 东胜 斗胜 地胜 道胜
都胜 妒胜 得胜 戴胜 丰胜 方胜
弗胜 复胜 幡胜 播胜 过胜 高胜
和胜 花胜 华胜 好胜 获胜 巨胜
计胜 决胜 角胜 佳胜 奸胜 竞胜
景胜 技胜 较胜 绝胜 克胜 康胜
力胜 罗胜 边胜 虑胜 理胜 览胜
名胜 庙胜 求胜 全胜 巧胜 取胜
奇胜 祈胜 人胜 十胜 水胜 尚胜
速胜 首胜 乘胜 势胜 特胜 探胜
无胜 万胜 武胜 小胜 心胜 寻胜
先胜 选胜 席胜 形胜 新胜 雄胜
一胜 易胜 厌胜 优胜 奕胜 幽胜
谀胜 赢胜 争胜 战胜 贞胜 朝胜
逐胜 制胜 最胜 诎胜 智胜
钗头胜 歌编胜 夫子胜 呼庐胜 翰墨胜
千秋胜 山川胜 山阴胜 双得胜 投壶胜
夏侯胜 宜春胜
哀兵必胜 百战百胜 悲为自胜 出奇制胜
逞强好胜 反败为胜 含蓄取胜 克敌制胜
料敌制胜 旗开得胜 山川形胜 无往不胜
喜不自胜 引人入胜 运筹决胜 隐翁赉胜
争强好胜 志在必胜 转败为胜 战无不胜
风无常顺，兵无常胜/两军相遇勇者胜/两军相逢勇者胜/知己知彼，百战百胜/

晟 shèng ①兴盛。②光明。

又大晟

盛 shèng 又音 chéng ①兴旺。②盛大。③丰富。④充足。⑤极点。⑥深厚。⑦抚育。⑧炽烈。⑨热烈。

白盛 炽盛 昌盛 称盛 敌盛 毒盛
鼎盛 丰盛 忿盛 阜盛 蕃盛 繁盛
共盛 功盛 贵盛 鼓盛 火盛 花盛
华盛 豪盛 嘉盛 力盛 年盛 礼盛
隆盛 门盛 名盛 明盛 美盛 茂盛
满盛 魔盛 气盛 全盛 权盛 齐盛
强盛 荣盛 上盛 色盛 神盛 盛盛
太盛 同盛 腆盛 旺盛 朊盛 休盛
心盛 物盛 兴盛 雄盛 阳盛 炎盛
殷盛 壮盛 族盛 众盛 滋盛 接盛
才华盛 春秋盛 得人盛 花名盛 花木盛
女谒盛 名大盛 儒风盛
春秋鼎盛 繁荣昌盛 躬逢其盛 后人之盛
㚖嵩继盛 交通乃盛 俭恐名盛 精力旺盛
年轻气盛 民气旺盛 牧草丰盛 日新月盛
水草丰盛 水草茂盛 生机旺盛 惔屈孙盛
文气旺盛 学徒称盛 心浮气盛 枝叶茂盛
陆凯贵盛

乘 shèng 又音 chéng ①一车四马的总称。②四。③称史书为乘。④佛经中用作第一称。

百乘 参乘 超乘 骖乘 单乘 大乘
佛乘 金乘 驾乘 陪乘 千乘 三乘
十乘 史乘 万乘 迮乘 一乘

剩 shèng ①多余。②多。

风剩 过剩 校剩 少剩 下剩 余剩
赘剩

残膏剩　奇零剩　应有剩
生产过剩

扔 rēng ①牵引。②抛掷。③丢弃。

乱扔
满地扔

仍 réng ①依照。②重复。③因而。④依然。

重仍　猜仍　昆仍　连仍　频仍　仍仍
相仍　云仍　因仍　有仍
薄书仍　互相仍　旧典仍　岁事仍

曾 zēng 又音 céng ①曾祖，曾孙。②姓。

公曾　高曾　青曾　孙曾　祖曾
伟度王曾

增 zēng 添，加多。

步增　倍增　川增　递增　方增　范增
更增　加增　价增　剧增　激增　力增
礼增　量增　略增　猛增　频增　气增
日增　岁增　同增　无增　益增　增增
白色增　薄暮增　寒气增　价尤增　酒价增
梅影增　庆方增　气益增　岁月增　脱骖增
信心增　月色增　纸价增
齿德俱增　汉间范增　马齿徒增　蒲扇价增
身价倍增　与日俱增

憎 zēng ①憎恨。②畏惧。③厌恶。

爱憎　盗憎　共憎　好憎　加憎　见憎
疾憎　可憎　屡憎　我憎　忾憎　取憎
生憎　收憎　谁憎　无憎　喜憎　怨憎
无所憎　有谁憎
面目可憎　丑态堪憎

缯 zēng 又音 zèng 古代丝织品的总称。

碧缯　赤缯　服缯　贩缯　红缯　黄缯
金缯　绛缯　锦缯　裂缯　买缯　缦缯
取缯　窃缯　丝缯　素缯　剔缯　亡缯
香缯　用缯　杂缯
公子缯　辟具缯　一尺缯　御镂缯

罾 zēng 一种方形的渔网。

大罾　挂罾　投罾　鱼罾
蛟可罾　挂鱼罾　泽中罾

矰 zēng 一种拴着丝绳的箭。

避矰　短矰　飞矰　高矰　十矰　设矰
不受矰　白羽矰　赤羽矰　巧避矰

锃 zèng 器物经打磨闪光耀眼。

亮锃锃

甑 zèng ①古代蒸饭的瓦器。②一种蒸馏器皿。

大甑　堕甑　尘甑　釜甑　范甑　饭甑
覆甑　画甑　空甑　木甑　盆甑　破甑
石甑　陶甑　瓦甑　小甑　玉甑　坠甑
尘生甑　莱芜甑　曲颈甑　生尘甑
鱼釜尘甑　颜回攫甑

赠 zèng ①送给。②送走。③赐死者以官爵或荣誉称号。

颁赠　赙赠　辍赠　持赠　敕赠　分赠
奉赠　复赠　封赠　改赠　回赠　厚赠
惠赠　贿赠　敬赠　捐赠　解赠　贶赠
馈赠　賚赠　谑赠　聊赠　亲赠　贫赠
腆赠　枉赠　相赠　笑赠　有赠　遥赠
贻赠　雅赠　追赠　转赠
麦丹赠　千金赠　田方赠　瑶华赠
芍药之赠

层 céng ①重叠。②重屋。③阶梯。④植物群落的结构单位。

百层　表层　层层　衬层　底层　低层
地层　断层　镀层　高层　九层　几层
夹层　阶层　基层　骥层　刊层　矿层
棱层　楼层　皮层　胚层　上层　石层
深层　数层　土层　下层　一层　云层
岩层　油层　影层　幽层　中层
半云层　臭氧层　大气层　对流层　红千层
花万层　进一层　内胚层　浪几层　浪千层
十二层　山百层　台九层　万万层　文化层
外胚层　内胚层　最上层　最高层
大脑皮层　密密层层　梯田层层

曾 céng 又音 zēng ①曾经。②深。

不曾　尝曾　番曾　何曾　几曾　吾曾

已曾　未曾　何曾
旧时曾　记吾曾

嶒 céng ［崚嶒］形容山高。

峻嶒　崚嶒　嶙嶒

蹭 cèng 摩擦。

蹭蹭　磨蹭
磨磨蹭蹭

僧 sēng ①指出家修行的男性教徒。②梵语“僧伽”的省称。

病僧　茶僧　大僧　度僧　非僧　饭僧
孤僧　访僧　逢僧　归僧　高僧　胡僧
九僧　旧僧　狂僧　尼僧　老僧　留僧
衲僧　名僧　贫僧　七僧　山僧　圣僧
俗僧　诗僧　替僧　唐僧　为僧　外僧
异僧　斋僧　醉僧　诸僧
补纳僧　飞锡僧　古寺僧　挂锡僧　苦行僧
冷干僧　退院僧　望禅僧　洗钵僧　行脚僧
云水僧　月下僧　有发僧　野市僧　游行僧
竹院僧　在家僧　粥饭僧
落发为僧　蜀鄙一僧　削发为僧
白骨精骗唐僧/虎畏化缘僧/修得庵来老了僧/

应 yīng 又音 yìng ①该，当。②答应。③即，随。

采应　答应　兢应　口应　理应　世应
先应
不答应　喊不应

英 yīng ①花。②特出，才能出众。③杰出的人物。④精华。⑤矛上的装饰物。⑥皮衣上的装饰物。⑦指英国。

白英　表英　重英　词英　朝英　春英
楮英　飞英　粉英　功英　后英　华英
昊英　豪英　菁英　俊英　精英　女英
林英　丽英　兰英　流英　落英　民英
妙英　髦英　佩英　气英　琼英　群英
人英　若英　士英　石英　时英　声英
舜英　土英　天英　文英　夕英　玄英
秀英　新英　云英　玉英　英英　妍英
遗英　渊英　芝英　杂英　皂英　珠英
苦英英　蓝英英　蒲公英　三代英　吞玉英
娥皇女英　梁感石英　山川精英
王槐负桂英/

莺 yīng 鸟名。

残莺　晨莺　春莺　巢莺　雏莺　藏莺
飞莺　谷莺　宫莺　黄莺　金莺　娇莺
林莺　流莺　柳莺　鸣莺　迁莺　秋莺
乳莺　山莺　啼莺　闻莺　晚莺　夏莺
晓莺　新莺　野莺　燕莺　夜莺
百啭莺　出谷莺　雀莺莺　粉炉莺　花里莺
柳迷莺　柳藏莺　佳音莺　双飞莺　上林莺
叶底莺　幽谷莺　映水莺　转春莺
弄燕调莺　柳浪闻莺　燕燕莺莺

婴 yīng ①婴儿。②缠绕。③系在颈上。

保婴　程婴　妇婴　灌婴　孩婴　获婴
咳婴　九婴　娇婴　女婴　溺婴　母婴
孺婴　双婴　竖婴　童婴　戏婴　香婴
养婴　晏婴　幼婴　浴婴　育婴　遗婴
逆鳞婴　树生婴　睡熟婴　形化婴　羡灌婴
敏修未婴　狂笑晏婴　弃璧负婴　投璧负婴

撄 yīng ①扰乱。②迫近。③触犯。

宋撄　相撄
虿难撄　怒诈撄　莫敢撄　人事撄　世累撄
世网撄

嘤 yīng 鸟叫的声音。

飞嘤　鸣嘤　时嘤　啭嘤　嘤嘤　呦嘤
仓庚嘤
鸟鸣嘤嘤

缨 yīng ①系帽的带子。②用线、绳做的装饰品。③像缨的东西。④套在马颈上的革带。

长缨　草缨　断缨　繁缨　樊缨　冠缨
红缨　华缨　结缨　衿缨　解缨　绝缨
络缨　弄缨　请缨　世缨　授缨　仙缨
香缨　许缨　玉缨　衣缨　游缨　朱缨
珠缨　组缨　振缨　濯缨　簪缨　醉缨
葆羽缨　楚人缨　沧浪缨　萝卜缨　曼胡缨
请长缨　云作缨　仲由缨
大笔绝缨　孔惜繁缨　遗簪绝缨　子路结缨

终军请缨　楚庄绝缨

璎 yīng　似玉的美石。

钿璎　连璎　香璎　珠璎

杂宝璎　珠络璎

樱 yīng　樱花，落叶乔木。

残樱　春樱　伐樱　宫樱　红樱　含樱

寒樱　金樱　荐樱　林樱　蜡樱　梅樱

青樱　山樱　双樱　声樱　蜀樱　庭樱

新樱　樆樱　朱樱　早樱　珠樱　紫樱

荐庙樱　两树樱　日如樱　一点樱

鹦 yīng　［鹦鹉］鸟名，也叫“鹦哥”能模仿人说话的声音。

春鹦　锦鹦　笼鹦　雪鹦

不离鹦　陇山鹦　能言鹦　吐蕃鹦

罂 yīng　大腹小口的瓶子。

负罂　浮罂　饭罂　金罂　菊罂　酒罂

芦罂　木罂　捧罂　破罂　瓶罂　青罂

琼罂　石罂　双罂　汤罂　铜罂　提罂

瓦罂　银罂　瑶罂　竹罂

玻璃罂　丹林罂　倒玉罂　翡翠罂　黄金罂

酒两罂　琉璃罂　入瓶罂　饷两罂　小口罂

香满罂　泻酒罂

膺 yīng　①胸。②伐，打击。③承当。④接受。

博膺　大膺　当膺　反膺　风膺　抚膺

服膺　拊膺　光膺　钩膺　寒膺　虎膺

击膺　荐膺　洊膺　镂膺　荣膺　时膺

掐膺　填膺　早膺

百福膺　泽雉膺

悲愤填膺　拳拳服膺　爽御李膺　义愤填膺

纵囚元膺

鹰 yīng　鸟名。

按鹰　白鹰　苍鹰　仓鹰　雏鹰　雕鹰

飞鹰　放鹰　花鹰　好鹰　黄鹰　饥鹰

角鹰　老鹰　猎鹰　名鹰　秋鹰　雀鹰

饲鹰　铁鹰　小鹰　雄鹰　鱼鹰　银鹰

养鹰　野鹰　夜鹰　鹞鹰　战鹰

东门鹰　锻羽鹰　九秋鹰　决云鹰　金铃鹰

鸠化鹰　老拳鹰　猫头鹰　却白鹰　脱韝鹰

下韝鹰　眼如鹰

南鹞北鹰　上蔡苍鹰　见兔放鹰

不见兔子不撒鹰/

迎 yíng　①相逢。②迎接。③向着。④预测未来。

不迎　波迎　宾迎　嬖迎　出迎　错迎

待迎　讹迎　奉迎　扶迎　逢迎　恭迎

欢迎　花迎　候迎　欢迎　灌迎　郊迎

将迎　敬迎　吏迎　来迎　犬迎　起迎

亲迎　山迎　失迎　送迎　僧迎　相迎

远迎　迓迎

百两迎　百神迎　百辇迎　把烛迎　白鹿迎

到处迎　倒屣迎　扫径迎　扫雪迎　管弦迎

好风迎　壶浆迎　酒人迎　酒旗迎　明月迎

牧竖迎　蒲轮迎　群鸥迎　山花迎　手饭迎

五丁迎　望尘迎　下阶迎　下机迎　小儿迎

笑相迎　虚左迎　野鹤迎　猿鹤迎　驿船迎

拥琴迎　竹马迎　走马迎　众山迎　杂佩迎

稚子迎

阿谀逢迎　倒屣相迎　皞略送迎　夹道相迎

礼重亲迎　曲意逢迎　笑脸相迎　有失远迎

竹马之迎

茔 yíng　①墓地。②坟墓。

残茔　赐茔　大茔　地茔　坟茔　愤茔

古茔　故茔　孤茔　荒茔　蒿茔　古茔

旧茔　建茔　庐茔　垅茔　墓茔　邱茔

渭茔　先茔　新茔　移茔　园茔　造茔

祖茔　冢茔

将军茔　龙驿茔　松柏茔　万里茔　谢山茔

忠将茔

荧 yíng　①微光。②眼光迷乱。

光荧　精荧　品荧　青荧　双荧　昕荧

滢荧

火荧荧　星荧荧　一点荧

明星荧荧

莹 yíng　①玉体光洁。②明亮。③似玉的光影。④琢磨。⑤透明。

不莹　宝莹　冰莹　澄莹　光莹　红莹

晶莹　镜莹　璠莹　流莹　明莹　磨莹

剖莹 琼莹 邱莹 清莹 岁莹 拾莹
听莹 通莹 文莹 小莹 绣莹 玉莹
月莹 莹莹 妍莹 掩莹 腴莹 自莹
足莹 珠莹
碧莹莹 蓝莹莹 绿莹莹
白雪晶莹 露珠晶莹

萤 yíng 萤火虫。

草萤 窗萤 藏萤 风萤 飞萤 光萤
瓜萤 孤萤 集萤 聚萤 熠萤 乱萤
流萤 绿萤 落萤 囊萤 扑萤 品萤
青萤 秋萤 群萤 收萤 双萤 沈萤
小萤 星萤 新萤 夜萤 映萤 胤萤
照萤 拾萤
案上萤 案堆萤 暗飞萤 穿幔萤 草化萤
草腐萤 草除萤 读书萤 腐草萤 帘外萤
入帘萤 五秋萤 星乱萤 一点萤 照水萤
照书萤
车胤囊萤 积雪囊萤 映雪囊萤 车胤盛萤

营 yíng ①围绕。②扎立营塞。③现代军队编制单位。④经营。⑤中医的营气。⑥筹划、管理。

安营 兵营 边营 拔营 重营 楚营
春营 地营 废营 蜂营 公营 共营
国营 合营 汉营 虎营 军营 结营
经营 建营 禁营 口营 开营 空营
乱营 老营 列营 连营 联营 绿营
柳营 露营 民营 摸营 屏营 山营
市营 私营 宿营 试营 烧营 天营
屯营 团营 偷营 无营 五营 行营
星营 运营 野营 营营 蝇营 燕营
正营 扎营 怔营 战营 征营 斫营
阵营 钻营
大本营 官渡营 花柳营 军旅营 集中营
摩托营 七校营 却月营 水西营 坦克营
五花营 武卫营 星投营 夏令营 魏主营
细柳营 亚夫营 月帐营 偃月营 召伯营
步步为营 惨淡经营 公私含营 狗苟蝇营
樊哙入营 苦心经营 小本经营
徐庶进曹营/

萦 yíng ①缠绕。②弯曲。③牵挂。

缠萦 愁萦 东萦 共萦 花萦 交萦
牵萦 蟠萦 四萦 水萦 万萦 心萦
云萦 纡萦
别怀萦 别绪萦 好爵萦 茧丝萦 苦相萦
两心萦 柳絮萦 名利萦 水回萦 俗务萦
诗酒萦 逐风萦
魂牵梦萦

蓥 yíng ［华蓥］山名，在四川省重庆市。

华蓥 蓥蓥

滢 yíng 清澈。

汀滢 滢滢

潆 yíng ［潆洄］水流回旋。

环潆

盈 yíng ①充满。②圆满。③长。④溢出。⑤多余。

不盈 百盈 半盈 波盈 川盈 充盈
持盈 常盈 朝盈 大盈 待盈 登盈
风盈 丰盈 阜盈 富盈 福盈 愤盈
光盈 贯盈 婴盈 居盈 戒盈 经盈
忌盈 骄盈 酒盈 亏盈 狂盈 烂盈
满盈 捧盈 气盈 求盈 取盈 浸盈
轻盈 水盈 推盈 跳盈 香盈 洗盈
衍盈 胸盈 虚盈 易盈 月盈 盈盈
周盈
百宝盈 百虑盈 别思盈 翠色盈 沟浍盈
汉水盈 怀袖盈 何时盈 晶盈盈 客思盈
泪盈盈 烂其盈 兰盈盈 蔓草盈 玉色盈
庆丰盈 箧笥盈 三五盈 四座盈 小器盈
笑盈盈 蜉蝣盈
碧江盈盈 春水盈盈 恶贯满盈 秋波盈盈
器小易盈 体态轻盈 异宝充盈 志骄气盈
小器而盈 量小器盈

楹 yíng ①堂屋前面的柱子。②量词。

百楹 窗楹 丹楹 奠楹 雕楹 凤楹
柎楹 华楹 桓楹 价楹 洁楹 两楹
梁楹 梦楹 松楹 楯楹 题楹 闲楹
轩楹 挈楹 绣楹 绮楹 檐楹 中楹
朱楹

鹤舞楹　柳拂楹　数十楹　天子楹　太庙楹
雨杯楹　晏子楹　燕窥楹

蝇 yíng　苍蝇。

成蝇　巷蝇　大蝇　飞蝇　狗蝇　画蝇
患蝇　寒蝇　饥蝇　家蝇　苦蝇　牛蝇
马蝇　麻蝇　灭蝇　扑蝇　去蝇　青蝇
蛆蝇　驱蝇　舌蝇　蚊蝇　蝇蝇　凝蝇
蚩蝇
案头蝇　被冻蝇　穿裳蝇　赋青蝇　过耳蝇
狗虱蝇　红头蝇　骥尾蝇　绿豆蝇　扑面蝇
盘中蝇　染白蝇　十月蝇　摇唇蝇　渍酒蝇
没头苍蝇　平叔鼻蝇　王思逐蝇　误点作蝇
以冰致蝇　以肉驱蝇　茹鱼去蝇　落笔点蝇
老虎头上拍苍蝇/烂肉招苍蝇/

羸 yíng　姓。

怀羸　侯羸　匡羸　秦羸
赐姓羸　会于羸

瀛 yíng　大海。

八瀛　沧瀛　城瀛　大瀛　东瀛　登瀛
方瀛　淮瀛　灑瀛　溟瀛　蓬瀛　四瀛
条瀛　望瀛　仙瀛　云瀛
学士登瀛

赢 yíng　①余利，赚钱。②胜。

伯赢　常赢　长赢　啁赢　分赢　丰赢
更赢　孤赢　怀赢　计赢　捐赢　求赢
取赢　奇赢　黔赢　水赢　私赢　收赢
输赢　无赢　余赢　养赢　欲赢　争赢
朱赢
兵储赢　长满赢　斗争赢　双隆赢　无所赢
珠玉赢
操奇计赢　时绌举赢

郢 yǐng　郢都，楚国的都城，今湖北省。

哀郢　楚郢　城郢　发郢　古郢　歌郢
郊郢　匠郢　破郢　盘郢　入郢　思郢
忘郢　有郢
子囊城郢

颍 yǐng　颍河，在河南省登封县，流入淮海。

淮颍　箕颍　临颍　毛颍　汝颍

颖 yǐng　①禾的末端。②东西末端的尖锐部分。③毫毛的尖端。

褒颖　才颖　垂颖　翠颖　聪颖　藏颖
短颖　发颖　锋颖　稿颖　銛颖　禾颖
合颖　慧颖　机颖　箕颖　俊颖　嘉颖
针颖　毛颖　明颖　齐颖　奇颖　二颖
实颖　宿颖　同颖　苕颖　脱颖　秀颖
新颖　英颖　耀颖
锥脱颖
处囊脱颖　囊中脱颖　毛遂脱颖　式样新颖

影 yǐng　①物体挡住光线形成的像。②描摹。③形象。④指电影。⑤图像。⑥隐藏。

暗影　半影　本影　闭影　抱影　捕影
波影　背影　搏影　鞭影　斑影　从影
尘影　钗影　驰影　春影　侧影　对影
电影　妒影　吊影　灯影　定影　动影
钓影　倒影　遁影　端影　蝶影　叠影
娥影　飞影　风影　吠影　仿影　返影
佛影　帆影　圭影　光影　竿影　桂影
孤影　顾影　幻影　合影　后影　花影
含影　黑影　荷影　近影　旧影　急影
驹影　绝影　净影　踢影　酒影　戢影
菊影　剪影　空影　枯影　龛影　窥影
录影　留影　岚影　林影　梦影　丽影
掠影　俪影　鸟影　柳影　落影　帘影
楼影　闷影　没影　梅影　美影　密影
偶影　泡影　桥影　倩影　清影　衾影
潜影　人影　日影　山影　水影　石影
书影　送影　身影　松影　射影　树影
素影　疏影　摄影　缩影　投影　兔影
搭影　潭影　无影　畏影　望影　舞影
小影　心影　先影　显影　形影　息影
笑影　细影　斜影　雪影　霞影　云影
月影　阴影　曳影　眼影　圆影　逸影
遥影　摇影　雁影　只影　竹影　舟影
捉影　烛影　治影　造影　逐影　砖影
真影　踪影　蛇影
杯中影　芭蕉影　参差影　飞絮影　过电影

花弄影　金栗影　龙旗影　驴皮影　难见影
娑娑影　秋千影　千叶影　日中影　山月影
山河影　神羊影　潭底影　梧桐影　相圭影
正投影　张三影
暗香疏影　不见踪影　白昼电影　杯弓蛇影
捕风捉影　捕足捉影　杯弓蛇影　藏开匿影
刀光剑影　低速摄影　电视电影　定格摄影
浮光掠影　孤身只影　化为泡影　合成摄影
含沙射影　绘身绘影　湖光峰影　系风捕影
接景摄影　鉴流顾影　锦纹斑影　空中摄影
快速摄影　立体电影　内景摄影　龙文鞭影
立竿见影　镂尖吹影　梦幻泡影　模型摄影
渺无踪影　萍踪浪影　全景电影　轻烟柳影
特技摄影　外景摄影　无愧衾影　望风捕影
寻风捉影　系风捕影　显微摄影　衣香鬓影
衣香人影　延时摄影　足不履影　捉风捕影
捕风捉影　山鸡照影
宽影幕电影/来无踪，去无影/

瘿 yǐng ①大脖子病。②树木外部隆起如瘤之物。③失音病。

病瘿　虫瘿　多瘿　德瘿　枫瘿　割瘿
结瘿　柳瘿　怒瘿　气瘿　石瘿　生瘿
松瘿　月瘿　造瘿
独壶瘿　陶王瘿

应 yìng 又音 yīng ①接受。②应声回答。③应和。④适应。⑤对付。⑥应付。

不应　报应　承应　策应　酬应　敌应
对应　反应　古应　弓应　供应　该应
嗷应　应该　管应　感应　回应　呼应
符应　救应　接应　内应　妙应　谩应
巧应　二应　瑞应　山应　适应　顺应
视应　神应　肆应　善应　天应　下应
相应　显应　响应　效应　祥应　谐应
玉应　因应　应应　渊应　遥应　子应
支应　照应　酬应　徵应
不相应　磁感应　东风应　核反应　列宿应
逆反应　热效应　山谷应　声相应　心手应
正反应
八方呼应　兵站供应　变态反应　此呼彼应
电磁感应　桴鼓相应　高山反应　膏火自应
化学反应　可逆反应　静电感应　连锁反应
鸟鹤之应　如求斯应　热核反应　山鸣谷应
首尾相应　声气相应　同声相应　心口相应
心手相应　一应因应　一呼百应　云合响应
因果报应　有求必应　遥相呼应　鼍鸣鳖应
铜山西崩，洛钟东应/

映 yìng ①照。②照映。③阳光。④遮。⑤反映。

标映　补映　炳映　播映　衬映　草映
澄映　倒映　反映　放映　广映　公映
光映　红映　花映　涵映　焕映　辉映
辉映　交映　缥映　邃映　开映　流映
绿映　酡映　日映　上映　首映　色映
试映　投映　雾映　隈映　蔚映　夕映
相映　星映　雪映　斜映　猷映　玉映
月映　远映　阴映　掩映　荫映　窅映
翟映　拚映　晻映　召映　展映　照映
增映
交相辉映　金相玉映　相互掩映　先后辉映
珠联玉映　珠辉玉映　朝霞辉映

硬 yìng ①物体组织紧密，性质坚固。②刚强。③强劲。④强硬。⑤勉强。⑥能力强。⑦形容书法遒劲有力。⑧固执。

梆硬　绷硬　豆硬　古硬　过硬　骨硬
刚硬　坚硬　僵硬　苦硬　枯硬　强硬
手硬　生硬　死硬　瘦硬　铁硬　挺硬
挽硬　心硬　志硬　咀硬　嘴硬
过得硬　肝变硬　硬碰硬　嘴好硬
技术过硬　欺软怕硬　软中有硬　用词生硬
吃软不吃硬/关王卖豆腐，人硬/关夫子卖豆腐，人强货不硬/茅厕里的石头，又臭又硬/欺软不欺硬/人逢利处难逃，心到贪时最硬/石板上摔乌龟，硬碰硬/铁观音，又冷又硬/鹦鹉咬断链　嘴好硬/

媵 yìng ①陪送出嫁。②随嫁的人。③妾。

嫡媵　华媵　妓媵　姬媵　美媵　小媵
玉媵

冰 bīng ①水在摄氏零度或零度以下凝结成的固体。②使感到冷。③用冰镇物使冷。

不冰　抱冰　颁冰　刨冰　薄冰　棒冰
池冰　春冰　残冰　碎冰　冻冰　丰冰

伐冰　斧冰　干冰　供冰　化冰　河冰
怀冰　厚冰　滑冰　寒冰　积冰　结冰
蛟冰　窖冰　坚冰　开冰　冷冰　李冰
老冰　凝冰　溜冰　镂冰　履冰　木冰
烹冰　启冰　溶冰　山冰　炭冰　踏冰
为冰　卧冰　心冰　消冰　姓冰　严冰
饮冰　砚冰　语冰　疑冰　作冰　造冰
琢冰　凿冰
澄月冰　风壮冰　火得冰　狐听冰　劲裂冰
荐寒冰　六月冰　冷于冰　冷水冰　泪成冰
凛如冰　履薄冰　鲤出冰　瓶中冰　清如冰
人造冰　三尺冰　水初冰　涉春冰　汤消冰
未泮冰　戏调冰　星流冰　夕饮冰　晓未冰
醒酒冰　一条冰　一轮冰　已成冰　玉井冰
玉池冰　玉壶冰　鱼负冰　砚池冰　珠碎冰
滴水成冰　更结红冰　火上弄冰　虎尾春冰
汉帝渡冰　画脂镂冰　镂玉裁冰　如履薄冰
王祥卧冰　雨结为冰　煎水作冰　钻火得冰
凿破坚冰　戛玉敲冰
如临深渊，如履薄冰/夏虫不可语冰/

兵 bīng　①兵器。②古代的士卒。③军事。④战争。⑤用兵器的人。⑥战士。⑦与军事有关的。

哀兵　按兵　鏖兵　边兵　别兵　标兵
步兵　败兵　罢兵　陛兵　搬兵　尺兵
长兵　出兵　处兵　陈兵　草兵　刺兵
称兵　祠兵　残兵　裁兵　撤兵　刀兵
大兵　当兵　动兵　冻兵　典兵　点兵
顿兵　钝兵　调兵　短兵　盗兵　凋兵
黩兵　分兵　伐兵　伏兵　发兵　逢兵
工兵　官兵　观兵　国兵　构兵　芶兵
号兵　还兵　和兵　护兵　加兵　甲兵
交兵　尖兵　进兵　举兵　劲兵　佳兵
借兵　酒兵　家兵　禁兵　骄兵　解兵
救兵　戢兵　壑兵　酒兵　精兵　聚兵
苦兵　客兵　溃兵　内兵　女兵　列兵
利兵　老兵　乱兵　厉兵　论兵　弄兵
勒兵　练兵　炼兵　罹兵　民兵　弭兵
募兵　墨兵　炮兵　权兵　奇兵　起兵
穷兵　亲兵　轻兵　靖兵　骑兵　寝兵
人兵　锐兵　弱兵　土兵　水兵　收兵
伤兵　身兵　设兵　速兵　散兵　伞兵
善兵　神兵　哨兵　授兵　释兵　天兵
屯兵　逃兵　退兵　徒兵　提兵　卫兵
五兵　小兵　习兵　休兵　心兵　兴兵
行兵　选兵　洗兵　息兵　宪兵　销兵
修兵　新兵　雄兵　弋兵　义兵　用兵
压兵　应兵　阴兵　运兵　养兵　杨兵
阅兵　移兵　衙兵　揄兵　援兵　豫兵
偃兵　疑兵　正兵　足兵　舟兵　重兵
造兵　种兵　追兵　总兵　抓兵　增兵
治兵　征兵　纵兵　招兵　泽兵　嘬兵
贼兵
岸防兵　北府兵　赤壁兵　草木兵　父子兵
防化兵　防空兵　工农兵　工程兵　火牛兵
红卫兵　合五兵　航空兵　酒有兵　酒犹兵
爵士兵　空降兵　六月兵　力士兵　陆战兵
娘子兵　雷达兵　排头兵　屈人兵　勤务兵
二等兵　阮步兵　上谷兵　上等兵　三秋兵
圣人兵　少爷兵　烧牛兵　讨救兵　坦克兵
特种兵　通信兵　铁道兵　武库兵　羲义兵
一等兵　月支兵　羽林兵　义务兵　雨洗兵
子弟兵　志愿兵　侦察兵　装甲兵　触氏兵
案甲休兵　草木皆兵　草木为兵　草率收兵
赤壁鏖兵　地面炮兵　黩武穷兵　富国强兵
高射炮兵　汉卧发兵　活埋赵兵　潢池弄兵
海岸炮兵　擐甲执兵　韩信将兵　韩信用兵
坚甲利兵　极武穷兵　拉夫征兵　老弱残兵
牢甲利兵　老将知兵　临难铸兵　买马招兵
马谡用兵　秣马厉兵　鸣金收兵　全民皆兵
弃甲曳兵　巧退秦兵　孙孔练兵　数万甲兵
盛食厉兵　天河洗兵　吴起养兵　先礼后兵
胸中甲兵　掩护步兵　卷甲束兵　纸上谈兵
植不知兵　江东步兵
海军航空兵/渴而穿井，临难铸兵/赔了夫人又折兵/强将下，无弱兵/强将手下无弱兵/诸葛亮用兵/周郎妙计（算）安天下，赔了夫人又折兵/

槟 bīng　又音 bīn　［槟榔］常绿乔木。

承槟　上槟　受槟　退槟　无槟

丙 bǐng　①指火。②天干的第三位。

安丙　丙丙　出丙　丁丙　付丙　令丙

见丙　纳丙　孟丙　二丙　壬丙　外丙
魏丙　鱼丙

柄 bǐng ①器物的把儿。②斧的杷。③根本。④植物花叶或果实跟茎和枝连着的部分。⑤权力。⑥执掌。

阿柄　八柄　兵柄　把柄　柄柄　彪柄
寸柄　长柄　操柄　锄柄　大柄　刀柄
斗柄　盗柄　得柄　德柄　方柄　斧柄
果柄　国柄　纲柄　花柄　话柄　机柄
解柄　魁柄　六柄　前柄　曲柄　权柄
铨柄　二柄　勺柄　失柄　手柄　事柄
谈柄　万柄　杠柄　为柄　文柄　握柄
蔚柄　笑柄　玉柄　叶柄　正柄　重柄
执柄　政柄　凿柄
留话柄　抓把柄
盗窃国柄　尺土之柄

炳 bǐng ①明亮。②显耀。③点燃。

焕炳　炳炳　彪炳　戴炳　符炳　焕炳
列炳　明炳　日炳　文炳　言炳　作炳
宗炳　藻炳
事功彪炳

秉 bǐng ①禾束。②古量名。③拿。④执掌。

国秉　交秉　六秉　三秉　手秉　素秉
五秉　宜秉　遗秉　总秉
白羽秉　持国秉

饼 bǐng ①用面粉的制成的食品。②饼状物。③像饼的东西。④量词。

白饼　百饼　半饼　薄饼　炊饼　春饼
大饼　豆饼　供饼　耿饼　锅饼　糕饼
怀饼　花饼　画饼　胡饼　儿饼　尖饼
金饼　桔饼　煎饼　枯饼　龙饼　罗饼
箩饼　烙饼　面饼　麻饼　买饼　卖饼
煤饼　棉饼　婆饼　肉饼　乳饼　荣饼
是饼　食饼　说饼　设饼　柿饼　烧饼
上饼　汤饼　铁饼　小饼　行饼　香饼
馅饼　袖饼　月饼　易饼　有饼　油饼
遗饼　煮饼　蒸饼　糟饼
艾粱饼　春风饼　官厨饼　红绫饼　花生饼
荷叶饼　槐芽饼　金花饼　龙团饼　人日饼
试汤饼　汤玉饼　天机饼　五福饼　五色饼
消灭饼　玉叶饼　羊肝饼　遗金饼　芝麻饼
充饥画饼　龙团凤饼　歧曾贩饼　宝珠市饼
碗里拿蒸饼

屏 bǐng 又音 píng ①除去。②抑止。③忍住。④退避。

彻屏　驱屏　守屏　退屏　雄屏　作屏
尘事屏

禀 bǐng ①承受。②旧时下对上的报告。

仓禀　承禀　定禀　赋禀　公禀　孤禀
回禀　敬禀　既禀　灵禀　牢禀　面禀
密禀　虔禀　夙禀　天禀　同禀　物禀
义禀　异禀　英禀　奏禀　咨禀

并 bìng 又音 bīng ①合并。②同。③竞。④屏除。⑤一齐。

裁并　德并　父并　归并　隔并　火并
合并　交并　金并　肩并　兼并　力并
邻并　明并　轻并　谦并　日并　石并
守并　杀并　吞并　无并　心并　一并
英并
差椹并　难与并　轻任并　二难并　荣辱并
天地并　万里并　欣喜并　重任并
俭葬休并

病 bìng ①病重。②患病。③弊害。④担忧。⑤不满。⑥困乏。⑦毛病。⑧损害。⑨恨。⑩错误。

八病　百病　抱病　弊病　饱病　病病
暴病　称病　除病　禅病　大病　多病
得病　癫病　非病　犯病　扶病　发病
肺病　疯病　告病　高病　鬼病　诟病
坏病　黄病　害病　患病　鹤病　久病
旧病　疾病　竟病　寄病　急病　口病
看病　尪病　老病　利病　疗病　闹病
劳病　淋病　痨病　罹病　瘸病　毛病
民病　母病　瞀病　慕病　罢病　贫病
去病　却病　起病　瞧病　热病　染病
三病　生病　时病　声病　受病　湿病
诗病　肾病　托病　通病　探病　无病
问病　胃病　卧病　瘟病　心病　相病
性病　消病　邪病　锈病　谢病　有病
养病　佯病　疫病　移病　语病　瘉病
重病　治病　致病　找病　诊病　疹病

诈病 脏病 装病
白化病 白血病 白斑病 长卿病 出毛病
传染病 粗腿病 地方病 恶苗病 妇女病
放射病 负薪病 富贵病 佝偻病 高山病
红眼病 花柳病 黑锈病 黑穗病 黑热病
黑粉病 黑死病 结核病 急性病 精神病
克山病 狂犬病 恐水病 冷热病 罗汉病
流行病 脓疮病 冷热病 慢性病 贫非病
皮肤病 穷是病 日射病 软骨病 时令病
沈约病 丝虫病 神经病 挑毛病 糖尿病
文园病 血枯病 相思病 象皮病 幼稚病
叶锈病 月子病 疑心病 职业病
扁鹊说病 长卿多病 大骨节病 大脖子病
多愁多病 公义疗病 身心交病 霜露之病
卫人有病 文园多病 为世后病 为世所病
心腹之病 血吸虫病 相如渴病 谢公扶病
针砭治病
不干不净，吃了没病/拔出眼中钉，除却心头病/吃五谷杂粮，保不住不生病/富则盛，贫则病/好酒除百病/胡子上贴膏药，毛病/良药苦口利于病/六十岁尿床，老毛病/偏方治大病/人吃五谷生百病/忠言逆耳利于行，良药苦口利于病/

俜

pīng ［伶俜］形容孤独。

伶俜
瘦骨伶俜 病骨伶俜

娉

pīng ［娉婷］形容女子姿态美好的样子。

交娉 媒娉

平

píng ①宁静。②平坦。③水平。④太平。⑤安定。⑥均等。⑦公正。⑧一种衡量的标准。⑨平常的。⑩媾和。⑪使平。⑫平声。

不平 北平 扁平 摆平 处平 陈平
齿平 承平 划平 持平 池平 铲平
敞平 潮平 地平 垫平 端平 荡平
分平 广平 公平 甘平 高平 国平
贵平 和平 华平 衡平 决平 讲平
均平 翦平 嘉平 克平 概平 践平
良平 拉平 廉平 隆平 溜平 敉平
平平 配平 铺平 气平 齐平 洽平
取平 清平 痊平 水平 生平 升平
扫平 始平 天平 太平 讨平 坦平
贴平 泰平 透平 填平 踏平 韦平
屋平 小平 心平 削平 详平 修平
悬平 义平 阳平 阴平 应平 永平
夷平 烟平 渝平 雍平 运平 音平
子平 正平 找平 治平 至平 展平
执平 忠平 崭平
不太平 抱不平 摆不平 碧澜平 春水平
春树平 赋绳平 谷纹平 寒云平 镜面平
嫉陈平 浪花平 绿毯平 鸣不平 讼狱平
心太平 夕阳平 向子平 细草平 一崭平
远山平 远江平 严君平 原隰平 眼界平
绮色平 野色平 植华平 曲池平
凹凸不平 打抱不平 忿忿不平 奉阶星平
粉饰太平 愤愤不平 公公平平 高低不平
高允清平 沟满濠平 歌舞升平 和和平平
黄巾薵平 可壮生平 坎坷不平 宽广低平
卖卜君平 气愤不平 崎岖不平 气恨难平
生活水平 天下太平 天下升平 太太平平
郁勃不平 郁郁不平 遇物持平 乱极则平
二满三平
不怕肚子不饱，只怕气不平/半部论语治太平/飞机上挂水壶，高水平/害人终害己，报应最公平/金鸡鸣，天下太平/天无三日晴，地无三尺平/文如看山不喜平/一日动干戈，十日不太平/

评

píng ①评议。②评语。③文体名。

补评 扁评 初评 定评 胆评 短评
广评 公评 官评 估评 贡评 花评
好评 画评 几评 讥评 讲评 剧评
考评 论评 漫评 品评 批评 诠评
棋评 市评 书评 史评 述评 时评
社评 诗评 题评 弹评 妄评 乡评
相评 细评 详评 新评 月评 应评
犹评 影评 战评 总评 综评
反批评 三品评 千古评 人物评 任人评
史官评 许氏评 月旦评
文艺批评 自我批评
理怕众人评/

坪 píng ①平坦的场地。②我国西北黄土地区的黄土阶地。

茨坪 草坪 花坪 荷坪 寒坪 米坪
山坪 晒坪 土坪 一坪 扬坪
芙蓉坪 黄金坪 木瓜坪 牡丹坪 软草坪
杏花坪

苹 píng ［苹果］落叶乔木。叶椭圆形，开白花，果实球形，红色或黄色，味甜。

采苹 驰苹 草苹 华苹 蒿苹 绿苹
苹苹 青苹 秋苹 食苹 野苹 烟苹
渚苹 藻苹
楚客苹 风约苹 鹿美苹 昆仑苹 雨泛苹

枰 píng 棋盘。

不枰 对枰 间枰 空枰 枯枰 启枰
棋枰 敲枰 楸枰 推枰 仙枰 一枰
约枰
广羊枰 小于枰
安期推枰

萍 píng 浮萍。

白萍 采萍 池萍 楚萍 春萍 翠萍
浮萍 锦萍 流萍 落萍 绿萍 飘萍
青萍 轻萍 秋萍 水萍 细萍 新萍
紫萍
半池萍 楚江萍 楚昭萍 浮青萍 浮水萍
江汉萍 两叶萍 柳絮萍 无根萍 身若萍
紫花萍

凭 píng ①靠着。②依靠。③证据。④请求。⑤任凭。

不凭 把凭 地凭 方凭 公凭 共凭
何凭 堪凭 任凭 恃凭 听凭 无凭
文凭 下凭 有凭 依凭 中凭 专凭
不敢凭 画楼凭 客念凭 曲栏凭 未足凭
外窗凭 小窗凭 绮楼凭 醉中凭
不足为凭 毕业文凭 口说无凭 空口无凭
来往无凭

屏 píng 又音 bǐng ①当门的小墙。②遮挡。③屏风。④字画的条幅。

柏屏 重屏 草屏 插屏 翠屏 蕃屏
藩屏 耳屏 古屏 挂屏 花屏 画屏
巨屏 尽屏 金屏 锦屏 开屏 内屏
岚屏 列屏 流屏 衾屏 纳屏 屏屏
雀屏 入屏 肉屏 山屏 收屏 水屏
扫屏 石屏 射屏 视屏 树屏 素屏
天屏 外屏 网屏 围屏 雾屏 轩屏
萧屏 绣屏 新屏 云屏 银屏 御屏
宅屏 竹屏 纸屏 隐屏
翡翠屏 锦作屏 孔雀屏 冷画屏 列画屏
水墨屏 四封屏 万山屏 万象屏 秋扇屏
荧光屏 照金屏 左右屏
陈咸触屏 九叠云屏 孔雀开屏 雨帐云屏

瓶 píng ①花瓶。②泛指长颈，大腹，小口的容器。③汲水器。

半瓶 宝瓶 冰瓶 茶瓶 插瓶 瓷瓶
冻瓶 电瓶 胆瓶 滴瓶 古瓶 钢瓶
壶瓶 毁瓶 井瓶 吉瓶 金瓶 净瓶
酒瓶 空瓶 暖瓶 絜瓶 罄瓶 入瓶
水瓶 烧瓶 天瓶 铜瓶 无瓶 携瓶
新瓶 一瓶 玉瓶 油瓶 银瓶 瑶瓶
羸瓶 挚瓶
保温瓶 玻璃瓶 啜土瓶 分花瓶 口如瓶
汲水瓶 汲泉瓶 精良瓶 琉璃瓶 暖水瓶
曲颈瓶 热水瓶 燃烧瓶 水在瓶 双玉瓶
守似瓶 拖油瓶 温水瓶 五位瓶 玉胆瓶
月入瓶 知挈瓶
冷谦隐瓶 守口如瓶 嘴挂油瓶
捕得老鼠，打破油瓶/有这铁钉，才挂瓶瓶/

名 míng ①名字。②命名。③说出。④声誉。⑤名义。⑥指称。⑦文字。⑧眉睫之间。

本名 别名 笔名 报名 标名 败名
避名 丑名 采名 传名 重名 昌名
出名 成名 垂名 策名 臭名 除名
唱名 驰名 黜名 藏名 大名 达名
地名 定名 担名 点名 单名 担名
唊名 钓名 得名 盗名 恶名 非名
法名 负名 芳名 浮名 干名 功名
过名 官名 改名 挂名 更名 高名
贵名 化名 号名 好名 呼名 花名
混名 浑名 诨名 讳名 鸿名 儿名
近名 记名 旧名 具名 佳名 寄名
极名 较名 假名 空名 科名 立名

令名 丽名 奶名 留名 连名 能名
匿名 联名 猎名 灭名 命名 买名
卖名 冒名 美名 埋名 骂名 贸名
慕名 品名 排名 辟名 齐名 求名
起名 取名 佥名 清名 趋名 签名
人名 荣名 乳名 书名 身名 俗名
声名 诗名 饰名 署名 擅名 盛名
它名 头名 同名 托名 讬名 提名
逃名 贪名 通名 题名 无名 为名
问名 闻名 威名 忘名 污名 骛名
小名 仙名 刑名 学名 享名 姓名
惜名 显名 修名 虚名 徇名 雄名
殉名 嫌名 易名 有名 应名 远名
艺名 英名 音名 原名 扬名 要名
逸名 译名 愚名 耀名 专名 主名
正名 知名 众名 治名 重名 杂名
指名 总名 智名 罪名 著名 志名
箴名

不为名 出有名 第一名 得诗名

不务空名 不务虚名 榜上无名 草木知名
鼎鼎大名 范岂徇名 贵在留名 贵姓大名
更姓埋名 诈世取名 惑世盗名 赫赫有名
韩康避名 久慕大名 久慕盛名 金瓯藏名
举世闻名 俊求史名 乃占魁名 烈士徇名
卖药逃名 潘阆藏名 青史留名 欺世盗名
人死留名 辱身败名 三凤美名 书擅时名
孙忭更名 师出无名 师出有名 射利法名
竖子成名 鼠技虎名 天下扬名 徒有虚名
五十功名 蜗角虚名 虚誉浮名 信可扬名
显亲扬名 显祖扬名 遐迩闻名 遐迩驰名
一文不名 一钱不名 一举成名 元凯好名
雁塔题名 隐姓埋名 重望高名 尊姓大名
河水九名 卖药藏名

鸱夷变姓名/豹死留皮，人死留名/八角丢进尿坑里，再香也不出名/高山打锣，四方闻名/老实是无用的别名/入庙拜神，见面闻名/时无英雄，使竖子成名/

茗 míng ①茶。②茶树的嫩芽。

白茗 焙茗 茶茗 採茗 春茗 翠茗
啜茗 大茗 芳茗 甘茗 瓜茗 果茗
好茗 佳茗 寄茗 沽茗 苦茗 看茗
浓茗 嫩茗 绿茗 品茗 烹茗 奇茗
清茗 山茗 试茗 嗜茗 椀茗 仙茗
香茗 新茗 玉茗 饮茗 沧茗 作茗
酌茗

闲应茗 春山茗 煎异茗 青原茗 雀舌茗
苔石茗

敬具杯茗 酽酽香茗

洺 míng 洺河，水名，在河北省。

磁洺 临洺

铭 míng ①记载。②古代铸刻在器物上的文字。③文体名。

碑铭 残铭 鼎铭 古铭 观铭 感铭
儿铭 戒铭 旌铭 口铭 刊铭 刻铭
立铭 勒铭 埋铭 盘铭 请铭 器铭
觞铭 题铭 为铭 心铭 先铭 禹铭
昭铭 钟铭 志铭

鼎鼎铭 东西铭 金人铭 克己铭 陋室铭
墓志铭 秋菊铭 三字铭 石上铭 太常铭
息心铭 一字铭 幽石铭 燕山铭 彝樽铭
座右铭 枕杖铭

班固勒铭 翼道困铭 郑悟汉铭

明 míng ①光明。②次。③显明。④照亮。⑤眼力。(6)明白。⑦贤明的人。⑧神明。⑨人世间。⑩公开，不秘密。⑪能看清事物。

不明 半明 包明 表明 百明 标明
蔽明 炳明 薄明 褒明 辨明 才明
次明 苍明 迟明 昌明 赤明 重明
查明 承明 陈明 晨明 春明 阐明
聪明 窗明 澄明 澂明 大明 打明
旦明 达明 点明 洞明 方明 分明
发明 复明 朏明 广明 光明 高明
赶明 花明 昏明 忽明 晦明 湖明
机明 讲明 究明 焦明 晶明 简明
柬明 建明 较明 将明 浚明 畯明
精明 解明 继明 鹪明 开明 克明
孔明 空明 昆明 康明 内明 灵明
南明 流明 廉明 犁明 朗明 离明
黎明 藜明 茂明 明明 猫明 敏明
平明 判明 剖明 傍明 齐明 启明
浅明 起明 亲明 清明 翘明 二明

日明　仁明　认明　上明　失明　四明
申明　圣明　丧明　松明　声明　恃明
说明　神明　天明　通明　挑明　投明
通明　透明　探明　文明　无明　王明
悫明　微明　心明　向明　休明　宣明
显明　羞明　详明　钦明　晓明　霄明
贤明　修明　鲜明　月明　因明　言明
严明　英明　余明　阳明　扬明　幽明
圆明　眼明　煜明　渊明　验明　朱明
注明　争明　指明　质明　证明　祖明
烛明　著明　炤明　昭明　照明

白沙明　百花明　半轮明　半窗明　寸心明
待月明　分外明　佛灯明　公生明　隔江明
汉月明　火微明　酒面明　涧虹明　剑戟明
监波明　耐久明　离朱明　睛中明　瑞色明
三五明　石决明　晚照明　晚霞明　小聪明
夕阳明　一镜明　月华明　月自明　玉钗明
元首明　玉壶明　眼力明　渔火明　组绣明
哉生明　照水明　照胆明　照眼明

白黑分明　冰雪聪明　背暗弃明　炳烛之明
壁垒分明　察察为明　长夜难明　层次分明
黜陟幽明　当午日明　灯火通明　大放光明
恩怨分明　发表声明　奉如神明　黑白分明
绝顶聪明　江水透明　节奏鲜明　泾渭分明
经术既明　军纪严明　精神文明　兼听则明
剀切详明　来去分明　离朱之明　另请高明
来历不明　来路不明　柳暗花明　漉酒渊明
内疚神明　磊落光明　卖弄聪明　脉络分明
去向不明　充暗投明　旗帜鲜明　耳目聪明
山秀山明　洒酒渊明　升座延明　双目失明
石英透明　升座延明　色彩鲜明　耍小聪明
赏罚分明　头绪分明　条理分明　天象益明
物质文明　下落不明　先见之明　心地光明
妍媸分明　意向不明　医术高明　语言鲜明
一线光明　正大光明　责子渊明　自作聪明
自知者明　知人之明　自知之明

半天云中点灯，高明/冰山难靠，天日复明/财神赵公明/仇人相见，分外眼明/灯不点不亮，话不说不明/灯一拨就亮，理一讲就明/饿出来的见识，穷出来的聪明/月到中秋分外明/钟不打不响，话不说不明/自见者不明/

鸣

míng ①鸟声。②鸟兽昆虫叫。③发出声响。④发表（意见）。⑤闻名。⑥抒发（感情）。

哀鸣　悲鸣　长鸣　虫鸣　蝉鸣　大鸣
打鸣　耳鸣　凤鸣　飞鸣　共鸣　号鸣
和鸣　轰鸣　鹤鸣　江鸣　锵鸣　鸡鸣
剑鸣　牛鸣　龙鸣　鸟鸣　雷鸣　鹿鸣
马鸣　鸣鸣　泉鸣　诗鸣　善鸣　嘶鸣
湍鸣　鼍鸣　蛙鸣　先鸣　翔鸣　啸鸣
雄鸣　一鸣　玉鸣　月鸣　雨鸣　猿鸣
噫鸣　雁鸣　自鸣　争鸣　蛩鸣　钟鸣

不平鸣　伯劳鸣　碪杵鸣　春鸟鸣　刁斗鸣
凤凰鸣　桴鼓鸣　孤雁鸣　机杼鸣　金鸡鸣
角弓鸣　惊人鸣　金凤鸣　牡鸡鸣　烹不鸣
三年鸣　石鼓鸣　松风鸣　思归鸣　莎难鸣
饶砌鸣　万籁鸣　匣中鸣　一飞鸣　雁能鸣
夜猿鸣　纸鸢鸣

百家争鸣　不平则鸣　百鸟争鸣　鞭炮齐鸣
三年不鸣　春暖蛙鸣　电闪雷鸣　狗盗鸡鸣
孤掌难鸣　孤雁悲鸣　感情共鸣　鼓乐齐鸣
篝火狐鸣　海啸轰鸣　黄鸟悲鸣　鸿雁哀鸣
戛然长鸣　机器轰鸣　金鼓齐鸣　龙跃凤鸣
两部蛙鸣　礼炮齐鸣　鸾凤和鸣　雷声轰鸣
漏尽钟鸣　起舞鸡鸣　秋虫啾鸣　松涛呼鸣
王好驴鸣　瓦釜雷鸣　梧凤之鸣　谢艾枭鸣
一片蛙鸣　咿咿鸣鸣　呦呦鹿鸣　钟响磬鸣
牝鸡牡鸣

百花齐放，百家争鸣/鼓不打不响，钟不撞不鸣/千里无鸡鸣/人不劝不善，钟不敲不鸣/物不平则鸣/

冥

míng ①昏暗。②夜晚。③愚昧。④幽深。⑤高远。⑥神名。⑦迷信的人称死后进入的世界。⑧暗合。⑨深奥。

阒冥　北冥　沉冥　巷冥　窗冥　大冥
宕冥　颠冥　高冥　戆冥　混冥　晦冥
鸿冥　空冥　南冥　冥冥　眇冥　渺冥
青冥　穷冥　窈冥　穹冥　靖冥　太冥
通冥　心冥　玄冥　西冥　元冥　杳冥
耶冥　幽冥　窅冥　愚冥　紫冥　湛冥
雾冥冥　雨冥冥

薄薄冥冥　鸿飞冥冥　悄悄冥冥　阴天冥冥
幽思冥冥

大鹏与小焦冥/

蓂 míng 又音 mì [蓂荚] 一种瑞草。

阶蓂 砌蓂 瑞蓂 仙蓂 详蓂 尧蓂
满砌蓂 十五蓂 三十蓂 拾落蓂

溟 mǐng ①水雨濛濛。②海。③幽深。

八溟 北溟 重溟 沧溟 东溟 浮溟
高溟 海溟 九溟 巨溟 开溟 鲲溟
南溟 溟溟 穷溟 二溟 四溟 西溟
滓溟 云溟 瀴溟

暝 míng ①日落。②黄昏。

池暝 晦暝 柳暝 暝暝 清暝 日暝
山暝 松暝 时暝 深暝 天暝 投暝
夜暝 欲暝 野暝 翳暝 知暝
川色暝 房栊暝 海天暝 林霭暝 山色暝
香街暝 岩穴暝 初更半暝 柳昏花暝

瞑 míng ①闭眼。②眼睛昏花。

合瞑 瞑瞑 盰瞑 小瞑
双鹊瞑
豆重榆瞑

螟 míng 螟虫。螟蛾的幼虫，有许多种。危害农作物。

大螟 飞螟 负螟 煌螟 焦螟 鹪螟
灭螟 去螟 秋螟
二化螟 三化螟
沙穆祷螟

酩 mǐng [酩酊] 醉得迷糊。

醴酩 麦酩 饮酩

命 mìng ①命令。②任命，委任。③命令，法全。④古代政府的一种公文。⑤命名。⑥天命，命运。⑦生命。⑧寿命。

安命 爱命 不命 宝命 表命 报命
保命 奔命 併命 葆命 禀命 毕命
拜命 逼命 薄命 毙命 从命 长命
出命 存命 传命 赐命 成命 册命
敕命 策命 偿命 草命 辞命 催命
藏命 滅命 大命 达命 定命 度命
待命 顶命 帝命 抵命 短命 得命
遁命 断命 赌命 鼎命 方命 反命
非命 犯命 发命 伐命 奉命 奋命
福命 复命 符命 公命 共命 归命
革命 狗命 顾命 恭命 诰命 后命
含命 好命 恨命 活命 狼命 害命
九命 加命 尽命 将命 基命 决命
矫命 景命 救命 教命 寄命 绝命
旌命 贱命 嘉命 激命 醮命 抗命
苦命 旷命 立命 厉命 乐命 老命
年命 乱命 逆命 禄命 末命 民命
面命 买命 卖命 没命 殁命 谋命
拼命 破命 配命 七命 乞命 弃命
前命 请命 人命 认命 任命 辱命
饶命 上命 生命 司命 申命 使命
述命 舍命 送命 丧命 受命 时命
损命 倏命 死命 身命 宿命 顺命
授命 算命 说命 寿命 续命 索命
无命 同命 听命 讬命 逃命 投命
提命 脱命 特命 文命 亡命 无命
未命 为命 伪命 玩命 闻命 忘命
违命 委命 小命 宣命 形命 性命
星命 效命 锡命 惜命 悬命 新命
衔命 一命 严命 义命 元命 余命
由命 运命 用命 有命 养命 艾命
永命 蚁命 要命 遗命 诈命 雅命
殒命 正命 专命 自命 佐命 治命
知命 制命 造命 追命 挣命 站命
致命 哲命 尊命 朕命 遵命
奔知命 承未命 大革命 反革命 考终命
闹革命 拼老命 桃花命 玩儿命 维他命
安身立命 爱财如命 不辱使命 暴力革命
草菅人命 达人知命 俯首听命 工业革命
苟全性命 红颜薄命 皇后之命 见危授命
技术革命 乐天知命 乐天安命 农民革命
临危受命 临危授命 历史使命 临危致命
民不堪命 民主革命 谋财害命 罢于奔命
疲于奔命 戕身伐命 耳提面命 十月革命
三军用命 伤生害命 收回成命 死于非命
社会革命 世界革命 视财如命 身家性命
土地革命 听天由命 同船合命 图财害命
桃花薄命 贪财害命 文字革命 文章憎命
畏天知命 为民请命 魏颢之命 幸不辱命

辛亥革命　相依为命　一文如命　一钱如命
有负使命　医者算命　越墙逃命　枕戈待命
追魂夺命　镇压革命　政治生命　了身达命
托孤寄命　有才无命
恭敬不如从命/国以民为本，民以谷为命/哄煞人不偿命/红颜自古多薄命/姜子牙算命/机关算尽太聪明，反误了卿卿性命/社会主义革命/上自蝼蚁贪生，为人何不惜命/脱了裤子打老虎，不要脸不要命/文化大革命/五十年而知天命/新民主主义革命/要财（钱）不要命/药医得到病，医不倒命/资产阶级革命/只顾羊卵子，不顾羊性命/

丁 dīng　又音 zhēng　①天干的第四位。②指某些专职服务的人。③强壮。④仆役。⑤担任赋役的人。⑥人口。⑦遭逢。⑧小块。
不丁　白丁　半丁　丙丁　布丁　兵丁
保丁　补丁　成丁　抽丁　大丁　东丁
地丁　单丁　公丁　孤丁　户丁　花丁
甲丁　计丁　军丁　祭丁　家丁　警丁
抗丁　客丁　六丁　令丁　伶丁　冷丁
拉丁　男丁　卤丁　零丁　门丁　民丁
免丁　庖丁　丘丁　全丁　亲丁　畦丁
二丁　肉丁　上丁　生丁　双丁　识丁
团丁　秃丁　添丁　五丁　武丁　一丁
园丁　幼丁　鱼丁　役丁　婴丁　中丁
正丁　壮丁　征丁　租丁
抽壮丁　炒肉丁　凡尔丁　付丙丁　鹤姓丁
孤丁丁　苦迭丁　令威丁　尼古丁　冷不丁
萝卜丁　冷孤丁　猛不丁　猛抓丁　民古丁
识风丁　喜添丁　眼中钉　轧别丁　抓壮丁
黄花地丁　尽付园丁　目不识丁　咏气斩丁
紫花地丁　拔去一丁　不识一丁
村夫不识一丁/谈笑有鸿儒，往来无白丁/

仃 dīng　［伶仃］孤独。
伶仃
孤苦伶仃　瘦骨伶仃

叮 dīng　①反复申说。②蜂、蚊等刺人畜。③叮嘱。④追问。
紧叮　蚊叮　蜂叮
铃声叮叮

玎 dīng　①［玎玲］拟声词。②［玎铛］同“丁当”。
玲玎

町 dīng　又音 tǐng　［畹町］地名，在云南省。
畹町

钉 dīng　又音 dìng　①钉子。②钉状的。③紧跟。④专注地看。
宝钉　拔钉　钉钉　道钉　钢钉　金钉
螺钉　门钉　铆钉　揿钉　图钉　铁钉
铜钉　万钉　销钉　玉钉　眼钉　银钉
竹钉
出注钉　带万钉　浮沤钉　脑后钉　螺丝钉
蚂蟥钉　水泥钉　万宝钉　眼中钉　竹头钉
板上钉钉　猫眼道钉　铁板钉钉　眼中拔钉
好汉不当兵，好铁不打钉/肉中刺，眼中钉/

疔 dīng　疔毒，疔疮。
暗疔　拔疔　鼻疔　唇疔　颧疔　冷疔
烂疔　内疔　耳疔　舌疔　手疔　消疔
牙疔　疫疔　足疔
刀镰疔　红丝疔　烂头疔　手掌疔　蛇头疔
羊毛疔　紫马疔

酊 dīng　又音 dǐng　医药上用酒精和药配合成的液剂。
碘酊

靪 dīng　补鞋底。
打鞋靪

顶 dǐng　①头的最上部。②物体的最上部。③等于。④用头支撑。⑤抵拒。⑥迎逆。⑦顶撞。⑧冒充。⑨直到。⑩旧时指经营权的转让。⑪代替。⑫最，极。
安顶　出顶　朝顶　春顶　翠顶　打顶
对顶　封顶　焚顶　峰顶　敢顶　灌顶
华顶　灰顶　鹤顶　九顶　尖顶　极顶
绝顶　减顶　拿顶　露顶　楼顶　灭顶
没顶　扪顶　冒顶　满顶　摩顶　平顶
棚顶　攀顶　雀顶　燃顶　出顶　少顶
砂顶　松顶　天顶　头顶　秃顶　透顶
塔顶　颡顶　圩顶　屋顶　桅顶　斜顶
雪顶　歇顶　谢顶　霞顶　一顶　云顶

压顶　崖顶　圆顶　宋顶　帐顶
登其顶　抚儿顶　拿大顶　千斤顶
天雷轰顶　脱帽露顶　泰山压顶　醍醐灌顶
五雷轰顶　眼高于顶
头上长疮，脚下流脓，坏透了顶/

酊　dǐng　又音 dīng　醉得迷迷糊糊的。
铭酊　醉酊
山公酩酊

鼎　dǐng　①古代炊具器名。②立国的重器。③喻三公的代称。④显赫。⑤大。⑥正当。⑦〈方〉锅。
爱鼎　百鼎　宝鼎　别鼎　赤鼎　铛鼎
岑鼎　陈鼎　谗鼎　定鼎　丹鼎　得鼎
调鼎　鼎鼎　负鼎　汾鼎　沸鼎　郜鼎
龟鼎　观鼎　和鼎　汉鼎　洪鼎　槐鼎
九鼎　金鼎　举鼎　钧鼎　镌鼎　扛鼎
列鼎　论鼎　罗鼎　茗鼎　铭鼎　卜鼎
疱鼎　陪鼎　窃鼎　迁鼎　瑞鼎　三鼎
石鼎　实鼎　似鼎　神鼎　舐鼎　同鼎
台鼎　他鼎　文鼎　五鼎　问鼎　帷鼎
小鼎　刑鼎　孝鼎　夏鼎　讯鼎　轩鼎
鼋鼎　玉鼎　吟鼎　言鼎　移鼎　赝鼎
遇鼎　作鼎　折鼎　周鼎　祚鼎　柱鼎
钟鼎
百斛鼎　博山鼎　汾水鼎　郏鄏鼎　九转鼎
昆吾鼎　力扛鼎　铭彝鼎　三足鼎　鱼在鼎
铏铏鼎
拔山扛鼎　重固列鼎　策辨魏鼎　楚庄问鼎
大名鼎鼎　汉王尊鼎　鸣镜列鼎　片言九鼎
一言九鼎　真假汉鼎　晋持刑鼎　毕力杠鼎
大丈夫一言九鼎/

订　dìng　①评定。②订立。③改定。④约定。⑤用线、铁丝把书页连在一起。
补订　编订　裁订　改订　校订　考订
拟订　签订　审订　删订　续订　修订
预订　征订　制订　增订　装订

饤　dìng　［饾饤］供陈设的食品。
族饤　饾饤　芳饤　果饤　柑饤　梨饤
数饤
交错饤　金盘饤　金缕饤　晚梅饤

钉　dìng　又音 dīng　①把钉子打入他物。②连接在一起。
摁钉　链钉　猛钉　敲钉

定　dìng　①安定。②宁静。③镇静。④留，止。⑤不变。⑥一定。⑦决定。⑧审定。⑨规定。⑩约定。⑪究竟。⑫使不移动。
安定　不定　必定　标定　仇定　称定
初定　参定　查定　插定　禅定　测定
湛定　裁定　大定　定定　订定　底定
点定　笃定　奠定　荡定　得定　断定
滴定　额定　风定　分定　抚定　放定
法定　否定　更定　改定　固定　规定
后定　互定　划定　昏定　恒定　核定
决定　界定　坚定　讲定　既定　检定
假定　鉴定　可定　克定　框定　肯定
龛定　戡定　立定　内定　列定　临定
论定　拟定　厘定　量定　理定　难定
料定　捺定　搂定　命定　妙定　平定
评定　判定　派定　聘定　全定　前定
钦定　确定　圈定　敲定　入定　人定
认定　生定　水定　岁定　首定　色定
审定　时定　设定　说定　芟定　神定
算定　商定　绥定　土定　天定　特定
推定　铁定　无定　文定　未定　位定
稳定　下定　心定　先定　协定　写定
限定　修定　翕定　新定　一定　月定
议定　夷定　永定　咬定　约定　阅定
意定　预定　臆定　正定　坐定　注定
站定　准定　制定　指定　酌定　暂定
镇定　肇定　铸定　撰定
保不定　风絮定　讲不定　乾坤定　人语定
会馆定　说不定　势难定　天下定　桃源定
万事定　下插定　心气定　指不定　知否定
变化不定　迟疑不定　从容镇定　赤绳系定
出神入定　传檄可定　大局已定　动摇不定
盖棺论定　灌园陈定　恍惚不定　君子协定
惊魂不定　惊魂未定　举棋不定　命中注定
明文规定　拍板决定　徘徊不定　飘忽不定
萍踪靡定　全盘否定　签署协定　绅士协定
神魂不定　神思不定　司法鉴定　舍馆未定
五人不定　行踪不定　纤踪无定　行止不定

行迹无定　心神不定　一口否定　一口咬定
一言为定　游移不定　语言坚定　摇曳不定
摇摆不定　指挥若定　捉摸不定　张皇无定
万事有分定/

啶 dìng ［嘧啶］有机化合物，无色晶体，溶于水，乙醇和乙醚，供制化学药品。

吡啶　嘧啶

腚 dìng 屁股。

光腚

碇 dìng ①系船的石墩。②柱石。③船停泊下碇。

启碇　起碇　下碇

锭 dìng ①古代盛熟食有足的蒸器。②旧时铸成货币的金银块。③做成块状的金属或药物。④锭子，纺车上的主要机件。

长锭　钿锭　纺锭　挂锭　钢锭　金锭
纱锭　银锭　纸锭
虹烛锭　万应锭　万锞锭　紫金锭

厅 tīng ①官府办公的地方。②会客，宴会用的房间。③现代党政机关的办事机构。

白厅　冰厅　辍厅　餐厅　大厅　都厅
分厅　饭厅　公厅　古厅　过厅　官厅
后厅　花厅　槐厅　寒厅　旧厅　客厅
内厅　门厅　升厅　扫厅　松厅　舞厅
正厅
办公厅　东西厅　公安厅　咖啡厅　决事厅
检察厅　理发厅　美发厅　美容厅　轻步厅
芍药厅　审判厅　旋马厅　宴会厅

汀 tīng ①水中的平地。②水边平滩。

长汀　楚汀　花汀　寒汀　迴汀　鹤汀
兰汀　临汀　绿汀　鹭汀　蓼汀　鸥汀
平汀　蒲汀　浅汀　水汀　沙汀　晚汀
夕汀　阳汀　烟汀　渔汀　制汀
白蘋汀　杜若汀　荻芦汀　红蓼汀　绿扬汀
蓼花汀　鹭满汀　热水汀　水门汀　宿雁汀
雁浴汀
双喜临汀

听 tīng ①用耳朵接受声音。②听取。③顺从。④处理。⑤打听。⑥治理。⑦听觉。⑧马口铁筒。⑨任凭。

爱听　不听　百听　编听　尘听　重听
初听　垂听　赐听　承听　聪听　侧听
打听　达听　动听　道听　督听　谛听
逖听　飞听　凤听　反听　服听　俯听
频听　公听　过听　拱听　恭听　好听
合听　幻听　荒听　狐听　涸听　计听
极听　借听　兼听　谨听　静听　监听
缉听　寂听　镜听　啊听　可听　旷听
内听　留听　伫听　难听　能听　览听
聆听　目听　面听　莫听　盲听　旁听
求听　曲听　强听　清听　倾听　潜听
窃听　入听　耳听　失听　石听　扫听
收听　受听　顺听　视听　时听　睬听
神听　啸听　谁听　耸听　眠听　天听
退听　探听　偷听　涂听　五听　勿听
妄听　我听　卧听　闻听　娓听　心听
闲听　细听　虚听　月听　远听　易听
沂听　厌听　夜听　要听　预听　隐听
凝听　中听　侦听　坐听
不可听　不足听　不忍听　不忽听　不中听
不堪听　包打听　侧耳听　大口听　带雨听
带梦听　姑妄听　隔林听　隔墙听　镜中听
柳间听　梦中听　莫我听　目间听　倾耳听
债谁听　世人听　娓娓听　信可听　月下听
隐约听　子虚听　枕上听　钟期听
闭目塞听　屏息静听　垂手恭听　侧耳细听
混淆视听　混惑视听　嘉言可听　帘视壁听
倾耳而听　耳视目听　声音动听　收视反听
耸动视听　竖耳静听　危言耸听　婉转动听
唯命是听　娓娓动听　洗耳恭听　洗耳静听
虚已以听　眩视惑听　以广视听　言不中听
游鱼出听
多指乱视，多言乱听/好戏耐看，好曲中听/说得比唱得好听/

廷 tíng ①朝廷。②官署。③公正。

朝廷　帝廷　宫廷　汉廷　教廷　内廷
门廷　阙廷　省廷　天廷　王廷　外廷
谈廷　县廷　尧廷　珠廷

二朝廷　小朝廷
战胜朝廷　张志朝廷

莛 tíng　草本植物的茎。

寸莛　槁莛　花莛　举莛　枯莛　兰莛
麦莛　撞莛

庭 tíng　①厅堂正室。②朝廷。③法庭。④院子。

不庭　边庭　出庭　充庭　昌庭　春庭
椿庭　大庭　洞庭　帝庭　芳庭　法庭
公庭　过庭　闺庭　户庭　后庭　汉庭
华庭　荒庭　槐庭　径庭　迳庭　家庭
椒庭　开庭　龙庭　内庭　犁庭　来庭
鲤庭　门庭　民庭　满庭　前庭　秦庭
秋庭　趋庭　二庭　人庭　绕庭　扫庭
讼庭　朔庭　殊庭　鳣庭　天庭　退庭
彤庭　王庭　舞庭　闲庭　刑庭　雪庭
降庭　云庭　扬庭　幽庭　盈庭　虞庭
掖庭　中庭　珠庭
步阶庭　春满庭　翠满庭　大家庭　大微庭
鹤集庭　君子庭　金马庭　鸾降庭　入椒庭
绕户庭　小家庭　月过庭　月满庭　渔里庭
雉集庭　著作庭
初写黄庭　大相径庭　大有径庭　对薄公庭
风月门庭　改换门庭　光耀门庭　孔鲤过庭
舍宜议庭　军事法庭　民事法庭　人民法庭
刑事法庭　振鹭充庭

蜓 tíng　［蜻蜓］昆虫名。俗叫“蚂螂”。胸部有翅两对，腹部细长，是益虫。

蜻蜓
竖蜻蜓　小蜻蜓　伊蜻蜓　竹蜻蜓

霆 tíng　①疾雷。②震动。

奔霆　春霆　发霆　惊霆　疾霆　怒霆
雷霆　威霆　迅霆　震霆
不闻霆　激为霆
大发雷霆　李晟雷霆

亭 tíng　①古代在路旁供行人停留食宿的亭子。②秦、汉时的基层行政单位。③适中，均匀。④公平处理。

岸亭　边亭　报亭　傍亭　长亭　茶亭
草亭　都亭　短亭　官亭　宫亭　岗亭
孤亭　湖亭　江亭　津亭　敬亭　街亭
空亭　考亭　客亭　柯亭　列亭　凉亭
旅亭　兰亭　离亭　阑亭　茅亭　梅亭
幔亭　丘亭　旗亭　如亭　山亭　水亭
书亭　双亭　台亭　亭亭　危亭　小亭
溪亭　新亭　云亭　玉亭　怡亭　邮亭
夜亭　野亭　驿亭　竹亭　珍亭
爱晚亭　百花亭　处士亭　沉香亭　长短亭
短长亭　对空亭　电话亭　风满亭　红罗亭
湖心亭　湖上亭　荷花亭　君子亭　九曲亭
可月亭　开池亭　立雪亭　劳劳亭　七松亭
水边亭　水心亭　山月亭　石径亭　申明亭
送客亭　宿草亭　售货亭　陶然亭　休休亭
夕阳亭　喜满亭　月满亭　遇客亭　燕喜亭
子云亭　竹里亭　种德亭　坐华亭　众芳亭
醉翁亭
长亭短亭　对泣新亭　鹤唳华亭　泣下新亭
十里长亭　洒泪新亭　相对新亭　夜出灞亭
竹弃柯亭
因其失“兰亭”/

停 tíng　①静止。②停留。③中断。④停放。⑤妥当。⑥成数。

安停　不停　长停　孤停　久停　居停
稽停　轮停　鸾停　少停　听停　亭停
停停　调停　无停　休停　消停　息停
云停　匀停　暂停
翠盖停　今夜停　酒杯停　两三停　柳外停
柳边停　小舟停　一息停　玉漏停　玉骑停
雨未停　野鹤停
鹄峙鸾停　军事调停　居中调停　就中调停
昼夜不停

渟 tíng　水停止不动。

川渟　高渟　膏渟　洪渟　海渟　全渟
清渟　水渟　渟渟　行渟　渊渟　中渟

婷 tíng　（叠）美好。

嫋婷　娉婷　婷婷
嫋嫋婷婷　袅袅婷婷　姿态娉婷

町 tǐng　又音 dīng　田间小路。

畦町

侹 tǐng 平直。

侹侹

挺 tǐng ①拔出。②挺拔。③动摇。④挺直。⑤伸直。⑥很。

笔挺 刨挺 窗挺 攒挺 打挺 奋挺
尖挺 劲挺 坚挺 峻挺 宽挺 兰挺
刘挺 荔挺 门挺 茂挺 奇挺 清挺
山挺 森挺 无挺 挺挺 秀挺 玉挺
异挺 英挺 硬挺 折挺 直挺
竹干挺 烛十挺 珠簪挺 直挺挺
辞璧崔挺 鲤鱼打挺 扑厚劲挺 衣裤笔挺

珽 tǐng 玉笏。

搢珽 执珽
白玉珽 三尺珽

梃 tǐng 棍棒。

横梃 连梃

铤 tǐng 快走的样子。

寸铤 金铤 箭铤 制铤

颋 tǐng 直。

较颋 直颋

艇 tǐng 轻便的小船。

约艇 飞艇 泛艇 归艇 孤艇 舰艇
快艇 炮艇 汽艇 潜艇 小艇 云艇
鱼艇 夜艇 渔艇 野艇 摇艇 烟艇
游艇
催去艇 登陆艇 护卫艇 核潜艇 救生艇
猎潜艇 摩托艇 潜水艇 松江艇 巡逻艇
鱼雷艇

宁 níng 又音 nìng ①安宁。②平安。③康健。④已嫁女子回娘家探望父母，也泛指省亲。⑤南京的别称。

安宁 不宁 邦宁 长宁 出宁 成宁
昌宁 茨宁 大宁 丁宁 当宁 道宁
单宁 广宁 共宁 归宁 告宁 和宁
遑宁 建宁 辑宁 嘉宁 奎宁 康宁
列宁 来宁 辽宁 南宁 宁宁 扆宁
民宁 敉宁 庆宁 求宁 清宁 寝宁
上宁 神宁 太宁 庭宁 泰宁 万宁
未宁 小宁 熙宁 玉宁 予宁 永宁
依宁 燕宁 欃宁 撄宁 自宁 珍宁
悲歌宁 勃郎宁 枕席宁 牛口宁 片时宁
片刻宁 日无宁 四海宁 社稷宁 万方宁
万邦宁 未得宁 未曾宁
福寿康宁 鸡犬不宁 女子归宁 思绪不宁
心绪不宁 坐卧不宁

咛 níng ［叮咛］反复地嘱咐。

咛咛

狞 níng 凶恶。

斗狞 虎狞 娇狞 狼狞 毛狞 貌狞
生狞 腾狞 威狞 狰狞
此汉狞 恶状狞 风雨狞 剑戟狞 口眼狞
龙奴狞 守犬狞 双橹狞 天马狞 泰华狞
绣兽狞 烟火狞 竹根狞
面目狰狞

聍 níng ［耵聍］耳垢，耳屎。

耵聍

凝 níng ①聚积。②巩固。③专注。④集中。

冰凝 朝凝 澄凝 冻凝 德凝 粉凝
化凝 冷凝 浓凝 露凝 凝凝 气凝
神凝 霜凝 心凝 阴凝 烟凝 泠凝
脂凝 智凝
暗香凝 翠黛凝 道不凝 汗水凝 海烟凝
六出凝 露欲凝 露华凝 山外凝 庶绩凝
天香凝 晓寒凝 玉壶凝 夜气凝 夜光凝
烟光凝
文靖端凝

拧 nǐng 又音 níng nìng ①扭转。②〈方〉不顺。

满拧 枪拧

宁 nìng 又音 níng ①连词，宁可。②姓。

无宁 毋宁 姓宁

拧 nìng 又音 nǐng níng ①用力扭转。②颠倒。③别扭。

脾气拧
越说越拧

泞

nìng ①泥泞。②滑。

汀泞　道泞　滮泞　苦泞　老泞　泥泞
淖泞　企泞　深泞　澮泞　远泞　遇泞
路面泥泞

佞

nìng ①有才智。②巧言谄媚的人。③伪作。

不佞　保佞　便佞　卑佞　嬖佞　谄佞
谗佞　大佞　蛊佞　见佞　奸佞　狡佞
便佞　巧佞　权佞　唼佞　壬佞　柔佞
三佞　书佞　善佞　体佞　贪佞　污佞
为佞　婉佞　邪佞　小佞　捡佞　贤佞
险佞　雄佞　远佞　谀佞　诈佞
进贤退佞　显忠斥佞

伶

líng ①使唤的人。②乐官。③以唱戏为职业的伶人。

工伶　胡伶　机伶　酒伶　坤伶　女伶
老伶　刘伶　名伶　瓦伶　优伶
孤伶伶　瘦伶伶
嗜酒刘伶

苓

líng ①指茯苓。②［苓耳］药草名。③香草名。④茯苓的简称。

采苓　参苓　茯苓　芳苓　负苓　豨苓
有苓　榛苓　猪苓
储参苓　千岁苓

囹

líng ［囹圄］古代称监狱。

拘囹

泠

líng ①轻妙貌。②清凉貌。

空泠　泠泠　淋泠　清泠　西泠
窗风泠　风泠泠

玲

líng 形容玉碰击的声音。

玎玲　玲玲　珑玲　佩玲　日玲　玉玲
窗风玲　梵阿玲

瓴

líng ①古代的一种盛水瓦器。②砖瓦砌的通水沟。

碧瓴　拊瓴　建瓴　瓦瓴　泻瓴
高屋建瓴　破竹建瓴

铃

líng ①金属制的响器。②铃状物。③喻小声。④铃下，旧指侍卫。

车铃　串铃　掣铃　大铃　叮铃　打铃
电铃　钉铃　铎铃　飞铃　风铃　锋铃
杠铃　阁铃　和铃　花铃　虎铃　金铃
解铃　警铃　流铃　铃铃　鸾铃　淋铃
蕾铃　銮铃　门铃　棉铃　鸣铃　说铃
条铃　塔铃　驼铃　铜铃　摇铃　闻铃
小铃　响铃　愚铃　玉铃　哑铃　银铃
摇铃　詹铃　珠铃　转铃
叮铃铃　殿角铃　梵哑铃　护花铃　九子铃
曼陀铃　雨淋铃
虎项金铃　系铃解铃　解铃系铃　声如银铃
声似银铃　掩耳盗铃　掩耳偷铃

鸰

líng ［鹡鸰］鸟名，头黑额白，背部黑色，尾巴较长，捕食小虫。

鹡鸰

聆

líng ①听。②听从。

聆聆　听聆　细聆

蛉

líng 昆虫。比蚊子小，吸人、畜的血，能传染黑热病。

白蛉　螟蛉　螟蛉　蜻蛉

羚

líng 羚羊。

藏羚

翎

líng 鸟翅和尾巴上的长羽毛。

白翎　薄翎　长翎　翠翎　短翎　鹅翎
粉翎　光翎　红翎　花翎　鹤翎　箭翎
兰翎　毛翎　弱翎　双翎　梳翎　素翎
霜翎　雪翎　羽翎　雁翎
白鹤翎　凤凰翎　鹤刷翎　鹤梳翎　鸡毛翎
孔雀翎　雀梳翎　野鸡翎
雪顶霜翎　顶戴花翎

零

líng ①下雨。②（雨霜）降。③凋落。④零碎。⑤数词。⑥摄氏温度表上的冰点。⑦零失。⑧部分的。

拆零　丁零　打零　兜零　凋零　挂零
孤零　华零　奇零　畸零　抹零　批零
漂零　飘零　拾零　涕零　先零　一零
雨零　有零

等于零　孤零零　望林零　雨露零
灯下拾零　孤孤零零　孤苦仃零　感激涕零
化整为零　琴剑飘零　衰败凋零　望秋先零
学海拾零　夜读拾零
蒲柳之质，望秋先零

龄 líng ①年龄。②年数。③某些生物生长期中划分的阶段。
百龄　长龄　昌龄　冲龄　成龄　超龄
椿龄　大龄　队龄　党龄　芳龄　工龄
龟龄　高龄　幻龄　婚龄　鹤龄　九龄
及龄　军龄　舰龄　教龄　畸龄　髫龄
年龄　老龄　林龄　妙龄　妒龄　龆龄
妙龄　梦龄　暮龄　奇龄　耆龄　驱龄
弱龄　十龄　适龄　松龄　衰龄　树龄
太龄　同龄　团龄　颓龄　髫龄　万龄
学龄　修龄　虚龄　稀龄　遐龄　艺龄
余龄　延龄　育龄　役龄　益龄　秧龄
逾龄　壮龄　稚龄　智龄
十二龄　三千龄　万千龄　虚年龄
顾奋延龄　龟鹤遐龄　实足年龄　为祝遐龄
责任年龄

灵 líng ①古时楚人跳舞降神的巫。②神灵。③好。④灵活。⑤灵验。⑥威灵。⑦灵魂。⑧对死者的尊称。⑨聪明。⑩灵巧。⑪称神或关于神化的。
不灵　北灵　百灵　禀灵　炳灵　亦灵
刍灵　葱灵　悰灵　辞灵　地灵　洞灵
飞灵　高灵　含灵　河灵　魂灵　巨灵
机灵　降灵　精灵　激灵　空灵　坤灵
哭灵　洛灵　冥灵　乞灵　起灵　轻灵
娥灵　人灵　三灵　上灵　山灵　四灵
尸灵　失灵　生灵　水灵　手灵　圣灵
守灵　神灵　素灵　天灵　停灵　通灵
万灵　亡灵　五灵　威灵　心灵　仙灵
性灵　显灵　秀灵　鲜灵　湘灵　阴灵
阳灵　迎灵　英灵　幽灵　移灵　曜灵
耀灵　钟灵　最灵
阿木灵　草木灵　鬼精灵　黑灵灵　山川灵
水灵灵　万物灵　药无灵
必是心灵　超度亡灵　福至心灵　蛊毒之灵
猴子精灵　机机灵灵　拟帝桓灵　激动心灵
妙画通灵　冥顽不灵　葡萄水灵　人杰地灵
头脑机灵　荼毒生灵　殉以刍灵　在天之灵
万物之灵
吃粽子祭先灵/人为万物之灵/人老无能，神老无灵/

棂 líng 窗棂（子）
碧棂　窗棂　翠棂　窗棂　伏棂　曲棂
纱棂　疏棂　透棂　轩棂　牖棂
挂疏棂　月穿棂

凌 líng ①冰。②升登。③高出。④侵犯。⑤迫近。⑥欺凌。
冰凌　成凌　打凌　冻凌　防凌　井凌
结凌　驾凌　凌凌　侵凌　欺凌　石凌
撞凌
冰激凌　清凌凌　水凌凌　遭欺凌
滴水成凌

陵 líng ①大土山。②衰颓。③磨砺。④坟墓。⑤经过。⑥上升。⑦欺侮。⑧严密。
北陵　灞陵　长陵　春陵　大陵　定陵
东陵　杜陵　广陵　甘陵　冈陵　高陵
黄陵　江陵　京陵　金陵　马陵　明陵
茂陵　墓陵　平陵　冯陵　凭陵　七陵
丘陵　侵陵　凄陵　二陵　如陵　上陵
山陵　天陵　颓陵　五陵　为陵　罔陵
武陵　信陵　襄陵　西陵　峤陵　於陵
园陵　夷陵　延陵　谒陵　幽陵
杜少陵　谷为陵　哭昭陵　黄帝陵　十三陵
光昭陵　水襄陵　下马陵　中山陵
夺剑张陵　凤集徐陵　救赵信陵　深谷为陵
高岸为谷，深谷为陵/

菱 líng 一年生草本植物，略呈三角形。
池菱　刺菱　採菱　翻菱　花菱　荷菱
海菱　老菱　菱菱　粘菱　食菱　乌菱
新菱　朱菱　种菱　紫菱　煮菱
刺手菱　翠口菱　海上菱　阔腰菱　绿水菱
软角菱　水口菱　深红菱　蕴玉菱　泳采菱
折腰菱
上树取菱

淩 líng ①乘。②急驰。③高出。④逾越。⑤侵犯。

驾淩　漂淩　欺淩　威淩

节可淩　健峰淩　清淩淩　爽气淩　霜雪淩

绫 líng　一种很薄的丝织品。

白绫　波绫　大绫　宫绫　红绫　罗绫
色绫　文绫　吴绫　越绫　绮绫　朱绫
缯绫

不受绫　半臂绫　镜花绫　棉纬绫　浅碧绫
宴红绫

饼是红绫　夏竦题绫　思复封绫

鲮 líng　［鲮鱼］又叫鲮鱼。属鲤科鱼类，性怕冷。

石鲮

醽 líng　古代的一种美酒。

酒醽　绿醽　仙醽　湘醽

岭 lǐng　①山岭。②指相连的山。

鳌岭　百岭　半岭　长岭　重岭　唇岭
翠岭　大岭　冬岭　高岭　葛岭　桂岭
孤岭　海岭　寒岭　鹤岭　近岭　峻岭
鹫岭　南岭　梅岭　秦岭　篱岭　山岭
瘦岭　天岭　秃岭　五岭　秀岭　雪岭
细岭　云岭　烟岭　幽岭　瘦岭　踰岭
众岭

分水岭　冠秋岭　黄茅岭　千秋岭　万山岭
云横岭　羊肠岭

爬山越岭　冰峰雪岭　吹笙缑岭　嵯峨秦岭
崇山峻岭　翻山越岭　光山秃岭　高山峻岭
荒山野岭　开山劈岭　童山秃岭

领 lǐng　①脖子。②衣领。③引。④接受。⑤领会。⑥统率。⑦明白。

白领　本领　标领　拜领　脖领　簿领
重领　衬领　参领　方领　肥领　翻领
管领　纲领　合领　花领　尖领　拘领
兼领　将领　解领　谨领　愧领　牛领
立领　蓝领　酋领　挈领　绻领　认领
忍领　守领　首领　率领　头领　秃领
统领　心领　项领　斜领　绡领　压领
引领　衣领　圆领　要领　遥领　莺领
踰领　占领　自领　招领　总领　祇领

发垂领　和尚领　拿裘领　蛐蛴领　自活领

不得要领　楚腰蛴领　共同纲领　看家本领
提纲挈领　翘足引领

另 lìng　另外，别的。

打另　孤另

令 lìng　又音 lǐng　①发出命令。②法令。③让，使。④词，调名。⑤酒令。⑥时令。⑦美好。⑧官名。⑨古代官名。

不令　票令　逼令　背令　憋令　从令
叱令　传令　草令　饬令　敕令　春令
辞令　缠令　聪令　丁令　大令　当令
冬令　调令　恩令　法令　发令　奉令
服令　公令　谷令　功令　格令　号令
乎令　花令　喝令　项令　甲令　节令
即令　军令　集令　酒令　将令　靳令
矫令　禁令　脊令　钧令　教令　籍令
假令　嘉令　口令　客令　阃令　酷令
律令　勒令　命令　明令　密令　迁令
秋令　挈令　强令　趋令　贰令　三令
司令　市令　申令　手令　守令　适令
圣令　使令　时令　饬令　劭令　赦令
寿令　施令　韶令　觞令　条令　通令
陶令　伪令　违令　威令　小令　下令
先令　县令　限令　宪令　训令　限令
夏令　新令　衔令　悬令　月令　严令
阴令　印令　夜令　园令　颐令　中令
纵令　政令　指令　坐令　制令　逐令
责令　诏令　遵令

拗口令　庚申令　骰子令　格号令　黄门令
鹤鸽令　进军令　急口令　兰亭令　兰陵令
彭泽令　强项令　如律令　绕口令　三尺令
山阴令　寺人令　尚书令　尚方令　率更令
太官令　调笑令　行时令　新秋令　中书令
总司令　逐客令

白头潘令　不擅辞令　驳逐客令　长于辞令
春行夏令　重申前令　猜拳行令　冬行秋令
冬行春令　飞凫叶令　发号施令　光杆司令
汉宣读令　花间为令　划拳行令　紧急命令
抗拒命令　恪遵功令　慢声慢令　强迫命令
怯声怯令　巧于辞令　师范拜令　善于辞令
擅于辞令　十六字令　外交辞令　王莽使令
娴于辞令　逻福郭令　一卒之令　张巡军令

急急如律令/灭门刺史，破家县令/一个将军一道令/

茎 jīng ①草木的主干部分。②小枝。③器物的柄。④阴茎。

碧茎 初茎 赤茎 抽茎 豆茎 风茎
根茎 合茎 花茎 华茎 荷茎 禾茎
茎茎 几茎 九茎 金茎 块茎 六茎
女茎 连茎 鳞茎 麻茎 芹茎 曲茎
绀茎 球茎 秋茎 弱茎 丝茎 数茎
纤茎 细茎 香茎 咸茎 一茎 阴茎
姚茎 烟茎 芝茎 紫茎
白云茎 白数茎 草质茎 缠线茎 缠绕茎
地上茎 地下茎 发数茎 莲花茎 绿筍茎
露流茎 木质茎 攀缘茎 雪千茎 朱草茎
直立茎
润邑金茎

泾 jīng 泾水，发源宁夏，流入陕西省。

分泾 会泾 渭泾 小泾 寻泾 引泾
跃泾 浊泾 凿泾

经 jīng ①经线。②南北方向的道路。③规范。④经历。⑤缢死。⑥地理学上的术语。⑦计度。⑧经受。⑨治理。⑩历来被遵奉为典范的著作。⑪我国古代图书的分类方法。⑫经过。⑬经脉。⑭月经。⑮宗教的书。

八经 不经 兵经 宝经 闭经 饱经
葩经 壁经 博经 传经 茶经 常经
曾经 残经 大经 道经 读经 反经
东经 财经 佛经 麟经 缁经 翻经
古经 归经 惯经 含经 横经 黑经
九经 几经 间经 讲经 救经 绝经
六经 内经 历经 念经 拟经 离经
麟经 民经 明经 麻经 秘经 嫖经
唪经 七经 取经 穷经 拳经 仁经
儒经 石经 圣经 水经 守经 受经
始经 诗经 要经 说经 授经 神经
算经 诵经 骚经 天经 通经 谈经
调经 涂经 痛经 文经 五经 问经
伪经 武经 小经 心经 西经 行经
玄经 熊经 一经 已经 引经 易经
业经 月经 医经 烟经 译经 中经
正经 自经 专经 执经 治经 忠经
织经 雉经 真经
次仲经 大藏经 道德经 鹅听经 发神经
古兰经 贯九经 纲唪经 换鹅经 黄庭经
几度经 假正经 脊神经 可兰经 脑神经
两函经 来月经 牛马经 郦元经 面神经
千佛经 三字经 十三经 三真经 山海经
视神经 生意经 受五经 受真经 太玄经
听神经 卫生经 相鹤经 嗅神经 种鱼经
猿听经 遗一经 子午经 坐三经 竺国经
醉六经
次仲谈经 传入神经 传出神经 动眼神经
道而不经 诞幻不经 诞曼不经 诞妄不经
怪诞不经 顾歆置经 诡诞不经 闳大不经
侯亶先经 荒诞不经 皓道穷经 刘芳石经
交感神经 迷走神经 末梢神经 叛道离经
三叉神经 舌下神经 舌咽神经 唐僧取经
谈山海经 陶潜三经 外展神经 鹦鹉诵经
一本正经 运动神经 朱号五经 正儿八经
中枢神经 作古正经 正正经经 自主神经
坐骨神经 周围神经 引足数经
婊子上庙堂，假装正经/承宫牧豕听经/副交感神经/各家都有一本难念的经/近寺人家不重僧，远来和尚好看经/家家都有一本难念的经/诗经易经，各自一经/歪嘴和尚念歪经/歪嘴和尚念不出好经/无钱方断赌，临老去看经/远来的和尚会念经/治一经，损一经/缘督以为经/

京 jīng ①人工筑起的高丘。②方形的大谷仓。③高大。④京城。⑤数词。

北京 诋京 东京 帝京 汉京 鹤京
九京 旧京 京京 进京 两京 南京
名京 莫京 陪京 秦京 二京 上京
神京 天京 西京 玉京 舆京 燕京
兆京 周京
白玉京 凤凰京 赋二京 九老京 上瑶京
宋子京
董卓进京 改豹冯京 天才潘京 行乞董京

猄 jīng ［黄猄］鹿的一种。

黄猄

惊 jīng ①骡马狂奔不受控制。②害怕。③震动。④惊动。⑤出人意料的感觉。

不惊 波惊 吃惊 大惊 担惊 耽惊
蝶惊 愕惊 风惊 欢惊 魂惊 骇惊
缓惊 军惊 可惊 客惊 龙惊 鸟惊
凌惊 雷惊 马惊 眠惊 梦惊 若惊
忍惊 受惊 神惊 心惊 迅惊 弦惊
虚惊 压惊 佯惊 语惊 鱼惊 眼惊
猿惊 着惊 震惊 雉惊

暗自惊 百花惊 笔落惊 怵目惊 宠辱惊
打草惊 陡然惊 风雨惊 鬼神惊 虎豹惊
鹤梦惊 几回惊 客心惊 旅魂惊 梦魂惊
人尽惊 四座惊 宿鸦惊 晓猿惊 一军惊
壮心惊

边尘不惊 匕鬯不惊 被宠若惊 处变不惊
从变不惊 宠辱不惊 宠辱若惊 大吃一惊
胆战心惊 胆颤心惊 狗吠之惊 骨颤肉惊
鬼哭神惊 鹤鸳猿惊 鹤唳心惊 见惯不惊
鸡犬不惊 鸾舞蛇惊 鸾跂鸿惊 肉跳心惊
肉跳神惊 石破天惊 受宠若惊 神色不惊
闻弓雁惊 一座皆惊 眼跳心惊 骤然一惊
打草蛇惊 闻弓雁惊

白日不做亏心事，半夜敲门心不惊/白天不做亏心事，半夜敲门不吃惊/日间不作亏心事，半夜敲门心不惊/为人不作亏心事，半夜敲门心不惊/织促鸣，懒妇惊/

鲸 jīng ①大。②长在海里的哺乳动物。

白鲸 奔鲸 捕鲸 长鲸 赤鲸 骖鲸
大鲸 钓鲸 飞鲸 海鲸 骇鲸 巨鲸
锦鲸 鲲鲸 刻鲸 狂鲸 蓝鲸 群鲸
骑鲸 乳鲸 石鲸 射鲸 天鲸 鲲鲸
须鲸

长须鲸 头蛟鲸 横海鲸 吸川鲸 露脊鲸
抹香鲸 太乙鲸 吞舟鲸 掉尾鲸 席雨鲸
李白骑鲸

荆 jīng ①灌木名。②旧时对人称自己妻子的谦词。③春秋时楚国称荆。④荆杖。

班荆 丛荆 存荆 柴荆 楚荆 分荆
负荆 户荆 寒荆 黄荆 金荆 贱荆
蓟荆 老荆 连荆 南荆 蛮荆 全荆
清荆 三荆 山荆 识荆 释荆 帅荆
天荆 田荆 亡荆 问荆 献荆 拙荆
紫荆 榛荆

布舆荆 户编荆

廉颇负荆 假举班荆 子推相荆

菁 jīng （叠）草木茂盛。

冬菁 芳菁 肥菁 华菁 老菁 菁菁
蔓菁 芜菁

艺术菁 紫花菁

草木菁菁

睛 jīng ①眼珠。②眼睛。③视力。

定睛 点睛 鬼睛 虎睛 迴睛 黑睛
金睛 龙睛 猫睛 青睛 人睛 天睛
通睛 月睛 用睛 眼睛 鱼睛 圆睛
转睛

碍眼睛 碧玉睛 大眼睛 多白睛 鼓眼睛
红眼睛 虎输睛 金眼睛 绿眼睛 鹭摇睛
鹳鹆睛 小儿睛 徐青睛 小眼睛

鼓眼努睛 火眼金睛 画龙点睛 金刚眼睛
目不转睛

吹胡子瞪眼睛/高鼻子绿眼睛/蒙着鼻子哄眼睛/

鹡 jīng ［鸡鹡］古书上说的一种水鸟，腿长，头上有红毛冠。

鸡鹡

精 jīng ①优质纯净的米。②指物的纯质。③精灵。④精华。⑤细致。⑥精明。⑦明朗。⑧精神。⑨精力。⑩精液。⑪精密的。⑫聪明。⑬专一。⑭妖怪。

白精 不精 茶精 笔精 播精 赤精
醋精 地精 光精 鬼精 攻精 构精
贵精 够精 棍精 钢精 枸精 火精
花精 含精 黄精 滑精 耗精 糊精
猴精 金精 绝精 竭精 酒精 聚精
内精 龙精 励精 狸精 木精 麦精
煤精 梅精 气精 求精 青精 潜精
二精 人精 日精 山精 水精 受精
天精 通精 炭精 糖精 万精 汪精
味精 憔精 心精 香精 星精 雄精
元精 月精 阴精 阳精 迎精 炎精

养精 研精 妖精 育精 遗精 益精
专精 至精 贼精
不厌精 白骨精 百炼精 败家精 闯祸精
馋嘴精 蜂皇精 敢求精 跟屁精 猴儿精
害人精 狐狸精 琵琶精 木帝精 门槛精
马屁精 群阳精 少而精 太乙精 太阳精
毋摇精 学业精 一字精 野狐精
变性酒精 博而不精 精益求精 刻意求精
去粗取精 人工授精 人老成精 涉猎不精
体大思精 无摇尔精 武帝山精 武都山精
言其不精 捉捕妖精
姜子牙火烧琵琶精/猪八戒的母亲，怪精/

旌

jīng ①古代用羽毛装饰的旗子。②表扬。③旗子的通称。④表明。

表旌 碧旌 褒旌 翠旌 戴旌 多旌
风旌 干旌 弓旌 更旌 红旌 虹旌
迥旌 获旌 麾旌 客旌 兰旌 帘旌
霓旌 睨旌 明旌 茅旌 铭旌 千旌
前旌 双旌 使旌 素旌 文旌 心旌
弦旌 旍旌 霞旌 悬旌 吟旌 羽旌
摇旌 执旌 载旌
碧幢旌 大将旌 扶天旌 建虹旌 上公旌
太常旌 相风旌 招以旌

晶

jīng ①光亮。②明净。③日，太阳。④水晶。⑤晶体。

冰晶 茶晶 翠晶 光晶 高晶 黑晶
辉晶 结晶 晶晶 皎晶 亮晶 墨晶
日晶 石晶 水晶 天晶 玉晶 液晶
百川晶 黄晶晶 亮晶晶 兰晶晶 天气晶
天宇晶 凝寒晶

粳

jīng 粳稻。

香粳 阳粳

兢

jīng ①动。②小心谨慎貌。

兢兢 凌兢 惕兢 吴兢 月兢 邀兢
自兢 战兢
战战兢兢

井

jǐng ①形状像水井的。②象井架形的。③凿地取水的深孔。④六十四卦之一。⑤整齐。

暗井 窨井 碧井 穿井 采井 大井
丹井 东井 当井 风井 副井 粉井
废井 古井 管井 火井 旱井 涸井
寒井 机井 汲井 金井 掘井 浚井
橘井 坎井 坑井 枯井 矿井 立井
龙井 渌井 庐井 浪井 露井 寥井
煤井 满井 墨井 气井 启井 弃井
穷井 邱井 绮井 秋井 辱井 山井
石井 水井 市井 苏井 渗井 竖井
僧井 士井 天井 同井 投井 汤井
透井 唾井 探井 文井 挖井 小井
乡井 仙井 斜井 一井 压井 玉井
洋井 园井 油井 野井 眢井 盐井
在井 坐井 钻井 藻井 凿井
丹砂井 葛洪井 花间井 虹饮井 虹饮井
寒泉井 九仞井 金瓶井 汲深井 金甃井
灵液井 坎儿井 绿珠井 毛公井 双眼井
苏耽井 透河井 桃落井 辖投井 月透井
云母井 自流井 坐观井
背乡离井 避坑落井 丁公凿井 耿恭拜井
渴而穿井 临渴掘井 离乡背井 牵牛下井
苏耽橘井 投石下井 投辖于井 挑雪填井
投河弃井 踢天弄井 心如古井

阱

jǐng 陷阱

阬阱 虎阱 隍阱 机阱 掘阱 坎阱
坑阱 民阱 满阱 槛阱 入阱 深阱
设阱 投阱 为阱 陷阱 崖阱 语阱
自阱
笑里藏机阱/

刭

jǐng 用刀割脖子。

自刭

颈

jǐng 又音 gěng ①颈项。②脖子的前面部分。③器物象颈的部分。

白颈 抱颈 豹颈 脖颈 长颈 大颈
短颈 凤颈 粉颈 宫颈 高颈 虎颈
鹤颈 交颈 系颈 磨颈 瓶颈 青颈
伸颈 缩颈 头颈 延颈 刎颈 歪颈
项颈 秀颈 香颈 细颈 修颈 引颈
玉颈 折颈
阁兰颈 三尺颈 子宫颈
龙行凤颈 龙眉豹颈 龙瞳凤颈 偏头伸颈

燕颔虎颈

景 jǐng ①日光。②景象。③高大。④风景。⑤景色。⑥情况。⑦景仰。⑧剧本中的一幕因布景的不同而划分的段落。

布景 背景 搏景 场景 春景 触景
惨景 晨景 蜃景 冬景 吊景 倒景
风景 芳景 光景 幻景 后景 好景
华景 画景 绘景 海景 寒景 湖景
近景 见景 即景 借景 急景 佳景
家景 绝景 嘉景 霁景 内景 老景
年景 丽景 录景 迈景 美景 暮景
盆景 抢景 取景 奇景 前景 秋景
清景 情景 二景 瑞景 上景 山景
市景 什景 生景 宋景 实景 诗景
胜景 淑景 素景 逝景 盛景 韶景
图景 文景 外景 晚景 小景 写景
孝景 雪景 旭景 夏景 息景 遐景
远景 应景 阳景 雨景 逸景 幽景
夜景 野景 烟景 中景 坠景 制景
昃景 置景 藻景

村落景 场地景 浮华景 壶中景 裂风景
人中景 煞风景 桑榆景 陶然景 西洋景
云外景

此情此景 残年短景 大煞风景 机关布景
京都儿景 简单布景 良辰美景 鸟瞰全景
融情于景 十分佳景 山水盆景 桑榆晚景
桑榆暮景 桑榆之景 网两间景 雪晴美景
新亭风景 缘情布景 夜湖美景 游春玩景
中等年景 潇湘八景

拆穿西洋景/

憬 jǐng 觉悟。

憧憬 荒憬

璟 jǐng 玉的光彩。

宋璟

箸锡宋璟

儆 jǐng ①使人警醒。②戒备。③警报。

懲儆 弗儆 交儆 儆儆 申儆 心儆
箴自儆

警 jǐng ①告诫。②戒备。③敏悟。④警察的简称。⑤提醒危险紧急的情况。⑥警报。

不警 边警 报警 跸警 传警 乘警
聪警 多警 法警 干警 关警 告警
岗警 港警 火警 鹤警 加警 机警
军警 精警 矿警 路警 门警 民警
片警 奇警 清警 示警 善警 天警
提警 特警 无警 武警 行警 巡警
刑警 宪警 宵警 有警 夜警 预警
狱警 箴警

初秋警 风尘警 风夜警 户籍警 交通警
鲁拆警 夙夜警 巡边警

风尘之警 凡尘之警 风声鹤警 犬吠之警

劲 jìng 又音 jìn ①有力。②坚强。③猛烈。

苍劲 燥劲 端劲 刚劲 悍劲 疾劲
精劲 眇劲 虬劲 强劲 遒劲 秀劲
雄劲

笔锋劲 风气劲 角弓劲 晚节劲

苍老遒劲 笔力遒劲

径 jìng ①小路。②圆的直径。③走小路。④经过。⑤直截了当。

百径 半径 别径 壁径 碧径 长径
翠径 侧径 大径 道径 得径 芳径
埽径 古径 孤径 花径 蒿径 荒径
井径 寄径 菊径 疾径 剪径 捷径
蒋径 口径 孔径 兰径 农径 萝径
鸟径 路径 门径 茅径 满径 曲径
畦径 三径 石径 水径 山径 生径
松径 熟径 天径 田径 苔径 途径
晚径 小径 心径 行径 香径 溪径
蹊径 斜径 雪径 胸径 新径 羲径
一径 月径 由径 吟径 淫径 移径
幽径 圆径 野径 游径 行径 陆径
荘径 直径

苍苔径 穿林径 芳草径 芙蓉径 行袖径
黄花径 荒三径 近水径 居士径 间幽径
蒋生径 蒋诩径 看花径 鸟道径 蓬莱径
清三径 三三径 拾翠径 松菊径 苔封径
桃李径 羊肠径 元乡径 元亮径 羊求径
珠子径

另开蹊径　独辟蹊径　蒋舍三径　另辟蹊径
陶家三径　外交途径　渊明三径　终南捷径
行不由径　陶潜三经

胫 jìng 小腿。

寸胫　赤胫　大胫　凫胫　高胫　贯胫
鹤胫　交胫　脚胫　叩胫　龙胫　马胫
没胫　无胫　雪胫　玉胫　羊胫　左胫
杖胫　斫胫
雪没胫　珠无胫

净 jìng ①干净。②洗漱干净。③单纯。④什么也没有。⑤佛家要求戒欲。⑥全部。⑦戏曲中的角色之一。⑧使干净。

白净　纯净　法净　副净　千净　光净
河净　红净　荷净　泓净　洁净　静净
净净　镜净　朗净　绿净　明净　清净
山净　素净　无净　武净　心净　洗净
云净　匀净　眼净　正净
不干净　风色净　禾蒲净　莲花净　平湖净
秋波净
不干不净　白白净净　窗明几净　干干净净
六根清净　面庞白净　秋江明净　晴空明净
耳根清净　素素净净　天空明净　天高云净
一干二净
眼不见为净/

竞 jìng ①角逐比赛。②争辩。③强劲。④争着。

不竞　奔竞　大竞　纷竞　豪竞　久竞
交竞　竞竞　浇竞　南竞　夸竞　朋竞
趋竞　器竞　师竞　贪竞　武竞　心竞
先竞　侥竞　争竞　执竞　职竞　躁竞
笳鼓竞　心不竞
南风不竞　直笔吴竞

竟 jìng ①乐曲终止。②完毕。③穷究。④副词，终于。⑤居然。

不竟　毕竟　读竟　尽竟　局竟　究竟
考竟　力竟　礼竟　理竟　穷竟　岁竟
文竟　无竟　未竟　业竟　压竟　越竟
至竟　争竟　终竟
农务竟　四更竟

境 jìng ①疆界。②区域。③境界。④地方。⑤境况。

奥境　边境　出境　处境　惨境　触境
道境　厄境　凡境　分境　佛境　光境
过境　观境　沟境　国境　化境　幻境
环境　合境　好境　画境　尽境　净境
佳境　家境　绝境　接境　窘境　疆境
苦境　困境　临境　老境　灵境　劣境
逆境　莲境　离境　妙境　美境　眠境
梦境　魔境　秦境　清境　情境　鹊境
入境　人境　山境　四境　庶境　顺境
诗境　神境　胜境　善境　殊境　拓境
无境　吾境　危境　忘境　晚境　心境
仙境　险境　县境　辖境　一境　异境
压境　远境　逸境　依境　意境　逾境
越境　止境　正境　造境　蔗境　真境
白玉境　边外竟　壶中境　华胥境　黄粱境
惶出境　清凉竟　荣辱境　上清境　投老境
文章境　维摩竟　新吟境　云林境　招提境
濒于绝境　濒于危境　大军压境　典型环境
恍如梦境　恍若梦境　渐入佳境　旷见奥境
美化幻境　美化环境　蓬莱仙境　驱逐出境
身历其境　身临其境　无人之境　学无止境
写意达境
啖蔗入佳境/如入无人之境/吴人不识越境/

獍 jìng 像虎豹的兽

枭獍
衣冠枭獍

镜 jìng ①镜子。②物理字名词。③照。④指金镜。⑤鉴察。

凹镜　半镜　冰镜　宝镜　车镜　茶镜
澄镜　刀镜　大镜　地镜　对镜　耳镜
分镜　风镜　方镜　飞镜　法镜　封镜
芳镜　古镜　龟镜　高镜　规镜　火镜
红镜　汉镜　好镜　花镜　荷镜　海镜
喉镜　夹镜　金镜　借镜　皎镜　开镜
考镜　看镜　窥镜　龙镜　临镜　奁镜
棱镜　览镜　犁镜　鸾镜　目镜　明镜
墨镜　满镜　破镜　青镜　秦镜　铨镜
鹊镜　人镜　耳镜　十镜　水镜　沙镜
拭镜　神镜　说镜　天镜　凸镜　透镜
铜镜　胃镜　物镜　握镜　心镜　玄镜
悬镜　一镜　玉镜　月镜　眼镜　黾镜

圆镜 作镜 执镜 照镜 妆镜 藻镜
凹面镜 凹透镜 宝匣镜 变色镜 传衣镜
穿衣镜 陈宫镜 多棱镜 跌眼镜 放大镜
反光镜 分色镜 附加镜 芙蓉镜 翡翠镜
回光镜 合欢镜 哈哈镜 蝦蟆镜 金辉镜
接月镜 聚光镜 接物镜 窥视镜 菱花镜
滤色镜 盲公镜 平面镜 偏光镜 秦台镜
球面镜 潜望镜 水心镜 三棱镜 太阳镜
凸面镜 凸透镜 望远镜 心如镜 西洋镜
显微镜 枭破镜 玉台镜 研磨镜 夷则镜
蚰盘镜 珠光镜 照妖镜 照胆镜
冰湖似镜 对铭希镜 分鞋破镜 放散透镜
高台明镜 孤鸾对镜 孤鸾照镜 孤鸾舞镜
会聚透镜 湖平如镜 乐昌之镜 乐昌分镜
老花眼镜 两分青镜 明澈如镜 抛物面镜
孺子磨镜 山鸡舞镜 水平如镜 隋帝引镜
天莹净镜 虚堂悬镜 以人为镜 有色眼镜
月明如镜 隐形眼镜 人之水镜 盲者得镜
电子显微镜/戴着有色眼镜/磨砖不能成镜/
射电望远镜/天文望远镜/徐德言买半镜/

靖 jìng ①安静。②安定。③平定。④使秩序安定。⑤图谋。⑥恭敬。⑦细小。

安靖 和靖 嘉靖 龛靖 宁靖 能靖
密靖 平靖 仁靖 思靖 绥靖 恬靖
文靖 闲靖 自靖 忠靖
代雨李靖 林宗和靖

静 jìng ①停止的，跟“动”相反。②安静。③平静。④没有声响。⑤道家修炼的境界。

安静 不静 背静 避静 川静 处静
沉静 池静 禅静 澄静 动静 诞静
风静 浮静 高静 好静 鹤静 江静
洁静 寂静 空静 宁静 冷静 林静
浪静 凝静 明静 谧静 平静 僻静
清静 入静 人静 柔静 山静 守静
肃静 神静 淑静 绥静 退静 恬静
温静 文静 心静 习静 性静 闲静
娴静 虚静 之静 匀静 云静 夜静
幽静眼静 渊静 雅静 正静 主静 自静 庄静 贞静 诈静 镇静
春钓静 风波静 四壁静 声容静 天河静
万籁静 晚色静 星辰静
安安静静 沉着冷静 风平浪静 风恬浪静
更深人静 故作镇静 更深夜静 湖面平静
冷冷静静 平平静静 平风浪静 清清静静
生活恬静 头脑冷静 万籁俱静 献章主静
夜深人静 夜阑人静
一动不如一静/

敬 jìng ①恭敬。②戒慎。③尊重。④以礼表示敬意。⑤有礼貌地献上（烟、酒等）。⑥谦词。

哀敬 爱敬 不敬 毕敬 持敬 崇敬
诚敬 达敬 奉敬 非敬 恭敬 互敬
回敬 合敬 恒敬 咸敬 加敬 居敬
可敬 恪敬 立敬 能敬 隆敬 貌敬
起敬 齐敬 亲敬 虔敬 钦敬 谦敬
器敬 容敬 失敬 申敬 思敬 送敬
始敬 肃敬 施敬 同敬 畏敬 往敬
心敬 孝敬 修敬 新敬 喜敬 谢敬
易敬 永敬 庸敬 主敬 自敬 知敬
祗敬 致敬 祝敬 忠敬 尊敬 贽敬
大不敬 食不敬 桑梓敬 宜久敬
毕恭毕敬 成四尝敬 恭恭敬敬 见讥子敬
久而敬敬 可亲可敬 馈物致敬 肃然起敬
迎迓之敬
大不正则小不敬/

青 qīng ①植物叶子的绿色。②蓝色。③青色物。④黑色。⑤年轻。⑥青年。

暗青 碧青 鬓青 吃青 苍青 常青
曾青 茶青 抽青 草青 菜青 垂青
翠青 催青 储青 大青 丹青 冬青
豆青 蛋青 淡青 黛青 雕青 靛青
返青 发青 放青 佛青 峰青 广青
绀青 后青 汗青 红青 海青 湖青
睛青 掬青 苦青 看青 啃青 年青
沥青 凝青 莲青 木青 麦青 眉青
篾青 抛青 青青 浅青 秦青 群青
日青 山青 石青 四青 杀青 社青
拾青 松青 耍青 始青 深青 天青
退青 铁青 贪青 陶青 踏青 氈青
玄青 雪青 蟹青 叶青 纡青 压青
烟青 眼青 银青 鸦青 遥青 中青
正青 知青 煮青 紫青 藏青
草色青 采樵青 地沥青 岛屿青 佛头青

分外青　简编青　老中青　两鬓青　柳眉青
柳条青　愣头青　暮山青　雀头青　入冬青
入廉青　十分青　山色青　水面青　山更青
松竹青　塞草青　数峰青　天地青　晓岫青
小苗青　小梅青　幸垂青　雪后青　一丈青
一抹青　一登青　一痕青　一样青　远近青
已半青　远山青　雨后青　杨柳青　鸭蛋青
竹叶青　杖藜青　冢草青
冬夏常青　愣头儿青　炉火纯青　万古长青
雨过天青　郁郁青青
留取丹心照汗青/人生自古谁无死，留取丹心照汗青/

清

qīng　①水纯净透明。②洁净。③单纯。④清除。⑤干净。⑥寂静。⑦清楚，明白。⑧明晰。⑨廉洁。⑩秀美。⑪高洁。⑫清淡。⑬太平。⑭一点不留。⑮查点。

不清　冰清　碧清　霸清　采清　陈清
词清　澄清　晨清　点清　蛋清　独清
荡清　风清　分清　夫清　付清　扫清
公清　官清　骨清　歌清　还清　怀清
河清　划清　华清　含清　海清　鹤清
江清　记清　洁清　絮清　酒清　看清
控清　夸清　廓清　冷清　了清　弄清
临清　浏清　滤清　门清　明清　密清
梦清　穆清　撇清　气清　泉清　轻清
秋清　琴清　悽清　认清　三清　上清
水清　色清　收清　双清　时清　色清
扫清　诗清　肃清　神清　箕清　誉清
淑清　太清　文清　夕清　心清　西清
行清　血清　香清　晓清　溪清　永清
乐清　玉清　扬清　延清　夜清　源清
宴清　寅清　幽清　争清　贞清　忠清
政清　照清　湛清
池馆清　沧浪清　风月清　高宇清　隔上清
黄河清　江梅清　鸡蛋清　假撇清　冷清清
留声清　绿竹清　帘栊清　美月清　秦朝清
耳目清　说不清　睡味清　天地清　午阴清
巷陌清　相阴清　夏阴清　宇宙清　玉殿清
园林清　夜猿清　篆烟清
弊绝风清　摧陷廓清　刺仇景清　冬温夏清
方寸为清　恍惚不清　海晏河清　混杂不清
含混不清　肺石风清　纠缠不清　涪浊扬清
激浊扬清　激战扬清　冷冷青清　揽辔澄清
模糊不清　旁观者清　日丽风清　扫数还清
身爽神清　宿弊一清　天朗气清　卫玠神清
渭浊泾清　笑比河清　海晏河清　玉洁冰清
抑浊扬清　枨震齿清　月白风清　竹影摇清
政简刑清　志洁品清　滓秽太清
吃稀饭泡米汤，亲（清）上加亲（清）/当局者迷，旁观者清/当事者迷，旁观者清/头头不了，账账不清/跳到黄河也洗不清/跳在黄河也洗不清/跳下黄河也洗不清/秀才遇见兵，有理说不清/秀才遇见兵，有理讲不清/

蜻

qīng　［蜻蜓］昆虫名，俗叫“蚂螂”胸有翅两对，腹部细长，是益虫。

藏蜻　好蜻
舞晴蜻

轻

qīng　①轻率。②分量不大。③声音低弱。④数量少。⑤松软。⑥轻微。⑦不贵重。⑧随意。⑨轻佻。⑩轻视。⑪程度浅。⑫用力小。⑬认为没有价值。

不轻　杯轻　才轻　耻轻　愁轻　车轻
蝶轻　风轻　肥轻　见轻　减轻　口轻
看轻　年轻　命轻　貌轻　僄轻　轻轻
钱轻　人轻　如轻　上轻　手轻　沙轻
世轻　身轻　手轻　太轻　驮轻　务轻
心轻　相轻　云轻　言轻　烟轻　缘轻
腰轻　衣轻　重轻
半纸轻　白鸟轻　白鸥轻　白葛轻　草芥轻
泰山轻　带风轻　得失轻　浮云轻　骨头轻
鸿毛轻　客舟轻　六铢轻　年纪轻　柳絮轻
落花轻　马蹄轻　名利轻　芒履轻　麦浪轻
去就轻　身外轻　俗缘轻　五两轻　仙骨轻
一叶轻　一羽轻　一毛轻　一官轻　一身轻
雁行轻
避重就轻　飞燕身轻　民贵君轻　人微言轻
乘肥衣轻　头重脚轻　汤心重轻　文人相轻
引足救轻　衣薄风轻　杨柳风轻　罪疑惟轻
人微权轻
千钧为重，蝉衣为轻/见客如为客，轻人还自轻/青染缸里洗澡，一身青（轻）/无官一身轻/无事一身轻/无病一身轻/一夫出死，千乘不轻/一言为重，百金轻/

氢 qīng 一种化学元素，是现在所知道的元素中最轻的，无色，无味无臭。

重氢 制氢

倾 qīng ①斜。②尽，用尽。③倒塌。④胜过。⑤钦佩。⑥倾轧。⑦倾向。⑧使器物歪斜。

不倾 壶倾 盖倾 海倾 葵倾 内倾
履倾 权倾 前倾 欹倾 晒倾 势倾
天倾 同倾 心倾 相倾 斜倾 右倾
倚倾 左倾 自倾
寸心倾 此心倾 高台倾 肝胆倾 金盆倾
酒细倾 酒杯倾 酒共倾 酒频倾 葵藿倾
泪欲倾 露珠倾 器满倾 山岳倾 四座倾
笑语倾 一座倾 一笑倾 一厦倾 玉山倾
忧天倾 御酒倾 尊酒倾
大厦将倾 济弱扶倾 贾谊命倾 器满则倾
上身前倾 身体后倾
圆则易缺，满则易倾/

卿 qīng ①古代天子及诸侯所属的高级官员。②古代对人的尊称，君对臣的爱称。③古时夫妻的彼此的称呼。

爱卿 饱卿 长卿 参卿 春卿 冬卿
飞卿 芳卿 公卿 荀卿 国卿 花卿
九卿 介卿 冏卿 君卿 荆卿 嫁卿
客卿 六卿 冷卿 绿卿 名卿 墨卿
清卿 卿卿 群卿 贰卿 胥卿 三卿
上卿 少卿 世卿 圣卿 苏卿 睡卿
太卿 台卿 我卿 仙卿 惜卿 徐卿
玉卿 月卿 亚卿 虞卿 子卿 正卿
冢卿
我卿卿 骨鲠卿 国务卿 贵戚卿 苏子卿
玉堂卿 远秀卿 异姓卿 颜杲卿 颜真卿
飞燕苏卿 三公九卿 为圃苏卿 巨下二卿
寒门生贵子，白屋出公卿/朱门生饿殍，白屋出公卿/

勍 qíng 强。

疆勍 强勍

黥 qíng ①古代刑法之一，即墨刑。②古代在奴婢、兵士身上刻字作记号。③古代的纹身习俗。

当黥 两黥 墨黥 天黥 刑黥 印黥
雨黥 自黥
息我黥 坐法黥

情 qíng ①感情。②情况。③实情。④爱情。⑤情欲。⑥情面。⑦状况。

爱情 案情 本情 边情 补情 别情
表情 悲情 膘情 病情 薄情 寸情
才情 虫情 赤情 冲情 尘情 衷情
传情 村情 沉情 称情 常情 陈情
痴情 承情 察情 揣情 春情 驰情
触情 聘情 催情 辞情 愁情 大情
订情 动情 达情 夺情 敌情 道情
定情 底情 多情 遁情 耽情 恩情
凡情 风情 夙情 方情 负情 发情
放情 芳情 费情 关情 公情 过情
官情 故情 贡情 赶情 国情 闺情
敢情 隔情 割情 感情 寡情 火情
合情 红情 行情 还情 含情 欢情
旱情 怀情 恒情 厚情 害情 宦情
海情 豪情 豁情 翰情 瘝情 交情
见情 旧情 尽情 军情 近情 径情
奸情 讲情 极情 系情 衿情 寄情
剧情 矫情 娇情 酒情 绝情 解情
恝情 煎情 絜情 竭情 襟情 缄情
激情 羁情 抗情 苦情 客情 款情
六情 内情 农情 吝情 丽情 留情
恋情 沥情 凉情 离情 勒情 挠情
匿情 领情 旅情 拿情 凝情 略情
胪情 溺情 隆情 摅情 门情 面情
民情 迷情 买情 卖情 美情 暮情
鸥情 陪情 赔情 七情 欠情 求情
迁情 乞情 奇情 亲情 浅情 群情
惬情 遣情 二情 人情 任情 染情
容情 忍情 弱情 挠情 热情 柔情
睿情 贰情 饶情 山情 水情 私情
生情 书情 色情 声情 伤情 世情
送情 事情 抒情 实情 说情 俗情
杼情 顺情 舒情 诗情 神情 胜情
深情 商情 邃情 筛情 墒情 肆情
势情 盛情 霜情 骚情 天情 同情
叹情 托情 讨情 通情 挑情 推情
调情 陶情 偷情 韬情 亡情 无情
万情 五情 为情 忘情 外情 忤情

物情 伪情 窝情 温情 娃情 诬情
微情 慰情 下情 乡情 心情 闲情
寻情 汛情 邪情 细情 宣情 孝情
性情 显情 线情 叙情 虚情 雄情
循情 衔情 绚情 殉情 遐情 险情
谢情 云情 允情 异情 言情 运情
余情 友情 冶情 雨情 有情 悦情
欲情 夷情 逸情 移情 幽情 疫情
怡情 野情 译情 冤情 意情 愚情
艳情 隐情 萦情 舆情 遥情 遗情
缘情 遊情 鸳情 怨情 狱情 痴情
中情 至情 众情 作情 杂情 灾情
知情 造情 壮情 阻情 炽情 衷情
钟情 恣情 真情 姿情 纵情 滞情
逐情 昭情 酌情 罪情
不世情 不留情 别离情 大地情 风烟情
故人情 故乡情 故旧情 故国情 骨肉情
够交情 怀春情 湖海情 江湘情 阶级情
讲交情 系我情 羁客情 拉交情 老交情
难为情 千里情 丘壑情 强风情 儿女情
若为情 生死情 顺人情 送人情 诉衷情
伤感情 世间情 天地情 太薄情 托人情
套交情 绨袍情 万里情 万物情 无限情
渭阳情 物外情 望乡情 兄弟情 行人情
香火情 玉关情 远遊情 严子情 鱼水情
遗世情 游子情 主人情 走人情 做人情
孟嘉情
不近人情 不通人情 笔下留情 传达神情
刺仇景情 纯净感情 残酷无情 触景生情
触景伤情 动之以情 洞悉虏情 睹物伤情
淡水交情 遁天倍情 蝶享莺情 风土人情
风俗人情 反面无情 分析详情 发意生情
法不容情 翻脸无情 骨肉深情 画意诗情
毫不留情 厚貌深情 见景生情 借景生情
即景生情 口角风情 揆理度情 冷酷无情
流水无情 陆凯传情 难以为情 略迹原情
眉目传情 满怀深情 满怀豪情 满怀激情
脉脉含情 脉脉传情 怕难为情 判断蚁情
遣尖陶情 人之常情 入理切情 三公九情
水火无情 手足之情 手下留情 声闻过情
顺水人情 适性任情 抒发感情 思想感情
天理人情 体物缘情 调神畅情 陶冶性情
踏青恋情 乌乌私情 闻声过情 望影揣情
谢客游情 一见钟情 一往深情 一路风情
云梦闲情 在凫忘情 雨意云情 雅可怡情
鱼鼓道情 自作多情 壮志豪情 着景生情
指事关情 直举胸情 翟公交情 鱼鸟忘情
置水之情
法能为买卖，官可做人情/官法如炉，谁肯容情/酒醉倒真情/落花有意，流水无情/人间重晚情/人非木石，谁能无情/人非草木，焉能无情/水火不留情/石崇有意，绿珠无情/铁面无人情/桃花潭水深千尺，不及汪伦送我情/一生一死，乃见交情/灶王爷上天，句句吐实情/张飞战关公，忘了旧情/

晴

qíng 天空没有云。

半晴 暴晴 初晴 春晴 噪晴 待晴
放晴 花晴 换晴 烘晴 开晴 快晴
弄晴 林晴 秋晴 山晴 天晴 通晴
午晴 晚晴 俄晴 析晴 响晴 雪晴
暄晴 新晴 晓晴 喜晴 阴晴 雨晴
悦晴 乍晴 朝晴 转晴
碧海晴 恨不晴 九陌晴 甲子晴 六合晴
嫩新晴 麦宜晴 秋山晴 二月晴 三日晴
上方晴 山雨晴 万里晴 望庚晴 新放晴
玉楼晴 野渡晴
大落大晴 雨过天晴
半年有雨半年晴/重阳无雨一冬晴/东边日出西边雨，道是无晴（情）却有晴（情）/天下太平，夜雨日晴/下雨出太阳，假晴（情）/

檠

qíng ①灯架。②矫正弓弩的器具。

长檠 灯檠 短檠 弓檠 孤檠 寒檠
韩檠 宵檠 销檠 朱檠
碧玉檠 二尺檠 雪窗檠

擎

qíng 向上托，举。

波擎 孤擎 浪擎 提擎 笑擎 携擎
引擎 枝擎 重擎
翠盖擎 六丁擎 美人擎 秋水擎 双手擎
手重擎 侍儿擎 天魔擎 纤手擎 日轮擎
烛高擎 掌上擎

顷 qǐng ①短时间。②量词。③土地面积单位。

百顷 俄顷 公顷 居顷 千顷 市顷
少顷 食顷 数顷 万顷 西顷 相顷
一顷 有顷
碧波万顷 良田万顷 卖诗万顷 王惠方顷
一碧万顷

请 qǐng ①请求。②谒见。③告诉。④邀请。⑤愿意。⑥延聘。⑦敬辞。

不请 必请 别请 扳请 拜请 吃请
呈请 促请 陈请 催请 诚请 大请
敦请 烦请 更请 告请 国请 敢请
恭请 雇请 回请 交请 见请 坚请
敬请 看请 恳请 礼请 聘请 启请
求请 祈请 申请 受请 声请 私请
伸请 提请 五请 务请 虚请 元请
吁请 有请 仰请 迎请 延请 约请
宴请 谒请 邀请 自请 再请 祝请
招请 造请 奏请 朝请 谘请
登台请 幕中请 人主请 仙人请
不情之请 马援自请

庆 qìng ①赏赐。②祝贺。③福。④值得庆祝的周年纪念日。

拜庆 长庆 重庆 称庆 大庆 多庆
诞庆 福庆 共庆 国庆 感庆 后庆
欢庆 贺庆 鸿庆 节庆 吉庆 具庆
集庆 家庆 嘉庆 连庆 灵庆 礼庆
纳庆 隆庆 柳庆 荣庆 瑞庆 悚庆
天庆 同庆 忻庆 相庆 欣庆 校庆
祥庆 喜庆 锡庆 遐庆 元庆 余庆
遗庆 有庆 祝庆 增庆
充闾庆 笃其庆 农夫庆 学大庆 行人庆
孝孙庆 有余庆
额于称庆 溥天同庆 举手相庆 普天同庆
弹冠相庆 积善余庆
积善之家，必有余庆/

綮 qìng 相结合的地方。

肯綮 牙綮 郑綮
中肯綮
诙谐郑綮 切中肯綮

磬 qìng ①打击乐器。②佛教的打击乐器。③缢杀。④和尚敲打的钵状物。

宝磬 吹磬 残磬 代磬 掉磬 浮磬
饭磬 古磬 歌磬 和磬 击磬 金磬
门磬 偏磬 奇磬 清磬 入磬 山磬
石磬 寺磬 笙磬 神磬 僧磬 颂磬
听磬 铁磬 无磬 为磬 闻磬 夕磬
悬磬 细磬 晓磬 玉磬 烟磬 瑶磬
作磬 钟磬
浮金磬 击石磬 蓝田磬 沈明磬 如悬磬
室如悬磬 泗滨浮磬

罄 qìng 器皿已空，尽，用尽。

告罄 欢罄 空罄 宁罄 轮罄 疲罄
情罄 钱罄 售罄 虚罄
缾之罄
南山竹罄

兴 xīng 又音 xìng ①举办，发动。②起来。③兴盛。④流行。⑤或许。⑥准许。⑦作。⑧举。

不兴 背兴 勃兴 宾兴 丑兴 创兴
初兴 昌兴 趋兴 春兴 晨兴 大兴
代兴 迭兴 递兴 道兴 德兴 鼎兴
风兴 凤兴 发兴 复兴 佛兴 偾兴
讽兴 烦兴 废兴 过兴 谷兴 后兴
侯兴 军兴 降兴 龙兴 林兴 隆兴
秋兴 清兴 寝兴 送兴 时兴 夙兴
苏兴 嗣兴 吴兴 熠兴 新兴 云兴
也兴 远兴 禹兴 猶兴 中兴 作兴
蚤兴 肇兴 振兴 震兴 骤兴
不作兴 百老兴 宝藏兴 浡然兴 东作兴
国将兴 山林兴 豪杰兴 胡床兴 密妃兴
莫能兴 七业兴 烟波兴 知废兴 张翰兴
百废俱兴 邓禹必兴 水波不兴 土木方兴
文艺夏兴 未艾方兴 夜寐夙兴

星 xīng ①宇宙间能发光或反射的星球。②天文。③比喻星状物。④古代妇女装饰面部的美容花点。⑤戥、称等衡器上的标准点。⑥喻有才能的人。⑦形容多而且散。⑧形容细小。⑨乐器名。⑩原子核物理学术语。⑪以星象推算吉凶的方术。

矮星 百星 伴星 孛星 变星 奔星

壁星　才星　长星　辰星　秤星　残星
晨星　春星　丁星　多星　德星　戴星
恩星　方星　飞星　分星　福星　繁星
庚星　歌星　钩星　孤星　火星　红星
花星　恒星　海星　昏星　彗星　寒星
巨星　吉星　金星　经星　酒星　救星
克星　客星　奎星　魁星　列星　间星
郎星　灵星　流星　零星　禄星　木星
明星　七星　球星　群星　二星　日星
瑞星　三星　水星　双星　沙星　使星
岁星　沙星　枢星　捎星　寿星　疏星
土星　天星　台星　童星　文星　卫星
五星　小星　心星　行星　信星　星星
笑星　晓星　祥星　新星　一星　雨星
油星　夜星　妖星　陨星　掩星　影星
榆星　主星　占星　众星　杂星　灾星
周星　帝星　准星　哲星　贼星　值星
镇星　摘星
定盘星　郎官星　入蜀星　使臣星
井中视星　荀陈德星　一路福星

猩 xīng　猩猩，猿类。

猩猩
大猩猩　黑猩猩

惺 xīng　①醒悟。②领会。③聪慧。

惊惺　忪惺　惺惺
假惺惺
洞洞惺惺　仁宗惺惺
好汉爱好汉，惺惺惜惺惺/惺惺惜惺惺/

腥 xīng　①生猪肉。②丑恶。③鱼。④臭气，腥气。

赐腥　臭腥　风腥　分腥　荤腥　荐腥
鹿腥　臊腥　水腥　食腥　土腥　脱腥
味腥　雨腥　血腥　晕腥　有腥　油腥
鱼腥
不吃腥　草木腥　带龙腥　带雨腥　水气腥
水味腥　吐霓腥
那个猫儿不吃腥/一条鱼满锅腥/吃鱼儿又嫌腥/

骍 xīng　赤色的马或牛。

骍骍　用骍　有骍
锦班骍　岂含骍

刑 xíng　①刑罚。②惩治。③杀，割。④通“型”。⑤形成指对犯人的体罚。⑥治理。

熬刑　八刑　从刑　处刑　常刑　除刑
措刑　笞刑　驰刑　大刑　电刑　典刑
动刑　毒刑　德刑　非刑　服刑　刵刑
繁刑　腐刑　过刑　拱刑　宫刑　官刑
剐刑　火刑　怀刑　缓刑　间刑　积刑
极刑　教刑　绞刑　减刑　畸刑　苦刑
科刑　壳刑　酷刑　髡刑　丽刑　临刑
虐刑　流刑　量刑　免刑　明刑　墨刑
判刑　秋刑　钳刑　黥刑　肉刑　上刑
生刑　司刑　私刑　死刑　受刑　慎刑
赏刑　土刑　天刑　逃刑　提刑　徒刑
无刑　五刑　下刑　行刑　恤刑　祥刑
羞刑　象刑　严刑　仪刑　用刑　异刑
阴刑　远刑　刖刑　淫刑　婬刑　劓刑
止刑　主刑　追刑　杖刑　重刑　罪刑
附加刑　政省刑
偈赠提刑　鲟布就刑　明正典刑　无期徒刑
有期徒刑　晏省齐刑　炮烙之刑　弃灰之刑

邢 xíng　姓。

城邢　攻邢　居邢　救邢　尹邢

形 xíng　①样子。②实体。③形象。④势。⑤表现。⑥形容。⑦对照。⑧形成。

扁形　变形　波形　笔形　蔽形　彪形
成形　呈形　词形　残形　雏形　大形
队形　定形　定形　遁形　反形　方形
放形　匪形　赋形　弓形　勾形　化形
环形　弧形　鹤形　矩形　践形　矫形
畸形　口形　龙形　劳形　裸形　利形
鸟形　菱形　流形　卵形　鸾形　脸形
貌形　奇形　球形　情形　人形　二形
山形　石形　生形　伤形　省形　身形
扇形　神形　天形　体形　条形　蜕形
图形　梯形　亡形　无形　外形　要形
忘形　性形　现形　相形　修形　显形
线形　象形　虚形　元形　仪形　羊形

用形 有形 养形 原形 怡形 寓形
圆形 隐形 正形 字形 走形 真形
照形 整形 锥形
不变形 半月形 半圆形 本无形 彼此形
长方形 多边形 多角形 倒卵形 等积形
放射形 辐射形 勾股形 钩月形 连理形
鸟兽形 马蹄形 谋未形 披针形 偶人形
犬吠形 全等形 日中形 三角形 四四形
无定形 椭圆形 弯月形 相似形 新月形
月牙形 月露形 欲忘形 野鹤形 鉴物形
景随形 正方形 祝天形
标准字形 澄神离形 得意忘形 弹道弧形
顾影渐形 绘色绘形 画影图形 鸽面鹤形
几何图形 空间图形 匿影藏形 鸟面鹄形
蹑影藏形 如影随形 随物赋形 无劳尔形
忘乎其形 遗物忘形 正多边形 战斗队形
正三角形
兵无常势，水无常形/钝角三角形/等边三角形/等腰三角形/劳其形者疲其神，悦其神者忘其形/

型 xíng ①铸造器物的模子。②类型。③样式。

变型 成型 大型 定型 典型 付型
发型 巨型 剂型 脚型 口型 孔型
林型 炉型 类型 脸型 面型 模型
轻型 上型 式型 沙型 砂型 体型
微型 小型 心型 血型 选型 线型
新型 仪型 异型 原型 音型 翼型
中型 字型 重型 造型 纸型
流线型 溯芳型 仰典型
佛像造型 人物造型 注重造型

硎 xíng ①磨刀石。②样式。

发硎 磨硎 剖硎 深硎 新硎 支硎
新发于硎

铏 xíng 古代盛羹的器具。

八铏 簋铏 井铏 祭铏 苦铏 六铏
冷铏 升铏 羊铏 殷铏

行 xíng 又音 háng ①行走。②实做。③经历。④所作所为。⑤离开。⑥流传。⑦行程。⑧流行。⑨流通。⑩从事。⑪乐曲。⑫德行。⑬兼代官职。⑭古诗的一种体裁。⑮汉字书法的一种字体。⑯可以。⑰能干。⑱走。⑲流动性的。⑳进行。㉑将要。

安行 案行 不行 百行 并行 北行
迸行 步行 背行 便行 板行 波行
颁行 驳行 暴行 薄行 鳖行 濒行
川行 长行 出行 此行 成行 传行
丑行 纯行 常行 操行 畅行 遄行
朝行 晨行 驰行 辞行 代行 地行
道行 独行 断行 德行 倒行 端行
恶行 鹅行 风行 分行 飞行 纺行
护行 扶行 放行 发行 奉行 辅行
蟠行 公行 过行 功行 告行 更行
高行 贯行 轨行 孤行 鼓行 歌行
躬行 后行 迴行 胡行 环行 画行
秽行 横行 航行 滑行 衡行 骥行
缓行 今行 节行 洁行 进行 纪行
径行 间行 戒行 疾行 举行 将行
奸行 借行 亟行 检行 经行 畸行
兼行 谨行 骄行 饯行 踽行 践行
渐行 脚行 可行 开行 刊行 苦行
伉行 抗行 跬行 内行 力行 立行
另行 厉行 励行 临行 逆行 论行
连行 留行 流行 虐行 雷行 例行
娘行 难行 缕行 旅行 陋行 粪行
鹿行 隆行 例行 履行 羸行 良行
明行 美行 茂行 敏行 慢行 媚行
平行 品行 旁行 爬行 频行 蹒行
齐行 启行 起行 屈行 前行 欲行
跂行 却行 群行 趋行 强行 琦行
秋行 潜行 人行 贰行 辱行 士行
上行 山行 水行 四行 时行 神行
设行 实行 送行 胜行 隋行 施行
试行 素行 驶行 遂行 蛇行 肆行
随行 摄行 施行 善行 兽行 慎行
擅行 盛行 膻行 觛行 天行 太行
同行 体行 徒行 退行 提行 通行
跳行 推行 踏行 文行 无行 五行
为行 往行 剸行 诬行 微行 骛行
下行 先行 兴行 闲行 学行 迅行
休行 戏行 性行 现行 宣行 星行

许行 孝行 邪行 徐行 徇行 巡行
细行 胥行 偕行 跣行 销行 贤行
晓行 修行 膝行 一行 义行 云行
月行 易行 言行 有行 运行 业行
远行 印行 佚行 余行 禹行 夜行
预行 景行 蚁行 萦行 遗行 越行
颜行 雁行 庸行 翳行 游行 懿行
左行 正行 专行 至行 重行 志行
舟行 自行 执行 冶行 坐行 造行
壮行 贞行 蚑行 择行 准行 真行
澡行 藻行 罪行 质行 凿行 暂行
恣行 转行 訾行 赠行 遵行 辄行
躦行
按辔行 苞苴行 并辔行 傍山行 秉烛行
大道行 掉歌行 断人行 我将行 几人行
酒令行 酒船行 荐头行 锦书行 胯下行
丽人行 鸟兽行 三人行 送君行 岫云行
随君行 蜀道行 路难行 踏春行 踏花行
踏莎行 万里行 义鹘行 月中行 以字行
夜绣行 曳履行 丈人行 志在行 逐月行
逐人行 直道行 醉歌行 载酒行 大夫行
兄弟行
按辔徐行 不止不行 不虚此行 保外执行
碎步而行 表扬善行 编队飞行 霸道横行
出家修行 寸步难行 斗折蛇行 低低飞行
代拆代行 砥节励行 遁天妄行 独断专行
独断独行 盗贼公行 擿埴冥行 樊哙横行
革心易行 佝偻而行 高山景行 高速飞行
货贿公行 虎步龙行 贿货公行 贿赂公行
祸不单行 径情直行 简便易行 见机而行
监外执行 家言懿行 锦衣夜行 锦绣夜行
踽踽独行 谨言慎行 嘉言懿行 嘉言善行
亏心短行 困知晚行 瑰意琦行 李靖堪行
逆耳利行 雷厉风行 雷动风行 梁媛高行
末节细行 谋听计行 魔鬼横行 曲折蛇行
曲学波行 轻薄无行 跷足而行 燃烛而行
三思而行 生知安行 水缩山行 势在必行
事修毛行 身体力行 耸肩而行 饰情矫行
特立独行 滔天罪行 文人无行 无胫而行
危言危行 蜗步牛行 挽手同行 信步而行
相辅而行 膝语蛇行 一言一行 一意孤行
一宿之行 言不顾行 言不及行 有文无行
衣食住行 衣锦夜行 衣锦昼行 衣锦还行
衣绣昼行 庸言庸行 鱼贯而行 烟视媚行
坐言起行 直抒径行 直道而行 直情经行
周处改行 直走横行 择善而行 昼伏夜行
着绣昼行 瑰意琦行 秦女休行 坐言起行
怀宝夜行 便宜施行 身无择行 衣绣夜行
不塞不流，不止不行/兵马未动，粮草先行/大胆天下去得，小心寸步难行/福无双至，祸不单行/富贵不归故乡，如衣绣夜行/刚强寸步难行/军马未动，粮草先行/鲁班虽巧，量力而行/良药苦口利于病，忠言逆耳利于行/能行之者未必能言，能言之者未必能行/明知山有虎，偏向虎山行/前人修路后人行/身正不令而行/蛇无头而不行/听其言观其行/王寿负而行/大老爷下轿，不（步）行/小心天下去得，大胆寸步难行/一朝权在手，便把令来行/幼而学，壮而行/有钱走遍天下，无钱寸步难行/有理走遍天下，无理寸步难行/忠言逆耳利于行/纸上得来终觉浅，绝知此事要躬行/良马见鞭影而行/听其言而观其行/

饧

xíng ①糖稀。②糖块、面剂子等变软。

花饧 禁饧 胶饧 卖饧 雀饧 庶饧
饴饧 粥饧
碧寒饧 寒食饧 胶牙饧 膠芽饧 卖春饧
杏花饧

陉

xíng 山脉中断的地方。

绝陉 山陉 灶陉 井陉 苦陉 姓陉
松栩陉 石盟陉

省

xíng 又音 shěng ①察看。②醒悟。③审查。④探望。⑤知觉。⑥检查自己。

不省 表省 并省 从省 参省 晨省
三省 反省 法省 过省 归省 观省
孤省 记省 机省 间省 觐省 客省
内省 览省 默省 猛省 清省 卜省
日省 苏省 视省 深省 熟省 退省
停省 慰省 心省 宣省 寻省 修省
巡省 自省 在省 知省 訾省 爱省
清省 轻省 退省

晨昏定省　反躬自省　发人深省　昏定晨省
人事不省

醒 xǐng ①清醒。②酒醉后恢复常态。③指睡眠状态结束。④觉醒。⑤消除。

不醒　半醒　长醒　吹醒　初醒　草醒
晨醒　愁醒　点醒　独醒　蜂醒　唤醒
缓醒　皆醒　惊醒　酒醒　觉醒　警醒
儆醒　叩醒　闹醒　木醒　眠醒　梦醒
猛醒　轻醒　清醒　苏醒　宿醒　睡醒
膧醒　提醒　未醒　先醒　醒醒　一醒
易醒　摇醒　眼醒　自醒　醉醒
半欲醒　读易醒　我独醒　昏不醒　酒初醒
酒味醒　难唤醒　梦未醒　梦魂醒　片时醒
片刻醒　未能醒　为谁醒　暂时醒　醉后醒
半梦半醒　沉迷不醒　大梦初醒　大地苏醒
冬眠苏醒　昏迷不醒　清醒白醒　如梦初醒
头脑清醒　闻鸡梦醒　众醉独醒　独清独醒
钟鼓馔玉不足贵，但愿长醉不愿醒/

兴 xìng 又音 xīng ①诗歌的表现手法之一。②兴致。③喜欢。④兴趣。

笔兴　败兴　乘兴　此兴　凑兴　登兴
芳兴　归兴　高兴　感兴　好兴　画兴
酣兴　豪兴　即兴　尽兴　佳兴　酒兴
留兴　朋兴　遣兴　起兴　秋兴　趣兴
书兴　扫兴　诗兴　同兴　托兴　谈兴
心兴　喜兴　又兴　吟兴　余兴　犹兴
遇兴　幽兴　意兴　雅兴　野兴　逸兴
游兴　助兴　踵兴　豪兴　宵兴　雪兴
回舟兴　赋比兴　酒中兴　宓妃兴　闻鸡兴
北窗兴　回舟兴　山阴兴　竹林兴　剡溪兴
雪中兴　子猷兴　松菊兴
大发诗兴　高阳饮兴　高情逸兴　高高兴兴
陵母知兴　扁舟乘兴　夜寐夙兴

杏 xìng 杏树，落叶乔木。

爱杏　北杏　赤杏　大杏　丹杏　多杏
封杏　红杏　好杏　巨杏　金杏　嫁杏
林杏　柳杏　梅杏　蜜杏　青杏　山杏
沙杏　偷杏　桃杏　文杏　望杏　小杏
仙杏　野杏　银杏　艳杏　种杏
董仙杏　董林杏　鹅毛杏　红腮杏　汉帝杏
红脸杏　千颗杏　清香杏　山桥杏　微甘杏
云舒杏　野店杏　鸭绿杏　艳红杏
一枝红杏

幸 xìng ①意外地得到好处或免去灾害。②幸亏。③幸福。④喜悦。⑤希冀。⑥泛指皇族亲临。⑦宠幸。⑧希望。⑨庆幸。

爱幸　不幸　忭幸　悲幸　嬖幸　薄幸
宠幸　欢幸　渐幸　得幸　恩幸　过幸
贵幸　荦幸　厚幸　近幸　奸幸　绝幸
奸幸　侥幸　佞幸　临幸　蒙幸　谬幸
巧幸　庆幸　权幸　忻幸　庶幸　天幸
私幸　荣幸　忝幸　钦幸　亲幸　万幸
五幸　微幸　行幸　欣幸　忻幸　希幸
行幸　奚幸　傒幸　巡幸　喜幸　薰幸
有幸　冀幸　邀幸　召幸
孰有幸　以色幸　以音幸　以星幸
门徒有幸　三生有幸
不幸之中大幸/

悻 xìng 怨恨。

悻悻
恼悻悻

婞 xìng 倔强，固执。

很婞　婞婞

性 xìng ①人性。②事物的性质、特性。③性情。④性命。⑤身体。⑥性别。⑦与生殖性欲有关的。⑧指思想感情，生活态度。⑨佛教名词。

本性　秉性　变性　饼性　憋性　出性
材性　呈性　常性　成性　雌性　词性
诡性　醋性　磁性　定性　党性　道性
惰性　毒性　得性　德性　恶性　耳性
反性　伐性　范性　佛性　浮性　辅性
赋性　个性　共性　根性　惯性　感性
火性　会性　好性　活性　慧性　鹤性
见性　尽性　记性　急性　假性　酒性
碱性　快性　牛性　立性　女性　奴性
灵性　龙性　乱性　两性　拧性　弄性
良性　理性　男性　灵性　劣性　耐性
烈性　炼性　黏性　拗性　灭性　母性
慢性　品性　派性　脾性　癖性　气性
情性　人性　任性　软性　忍性　韧性

失性 生性 四性 水性 伤性 生性
适性 食性 使性 受性 素性 恃性
索性 属性 兽性 遂性 摄性 酸性
顺性 爽性 塑性 淑性 率性 缮性
土性 天性 同性 体性 通性 胎性
特性 弹性 陶性 五性 忘性 悟性
物性 小性 习性 心性 血性 邪性
循性 雄性 有性 阴性 阳性 异性
延性 油性 养性 野性 逸性 陨性
遗性 硬性 雅性 药性 中性 长性
至性 治性 直性 展性 真性 姿性
资性 智性 贼性 黏性
不灭性 必然性 背光性 背日性 悲剧性
爆炸性 创造性 巢由性 斗争性 地区性
对抗性 典型性 偶然性 风火性 犯小性
芳杜性 附加性 放射性 各天性 盖然性
惑然性 恒河性 决定性 技术性 阶级性
局限性 金面性 季节性 君子性 积极性
姜桂性 可溶性 可能性 可塑性 抗药性
可燃性 科学性 两重性 两面性 能动性
灵魂性 类犯性 劣根性 凌寒性 民族性
片面性 普遍性 排他性 趋光性 倾向性
全面性 人民性 二重性 热固性 热塑性
热敏性 时间性 识水性 思想性 坦率性
向日性 学科性 戏剧性 旋光性 一次性
优越性 艺术性 延续性 延展性 鱼鸟性
原则性 幽闲性 准确性 真实性 周遍性
主动性
存心养性 超导电性 豺狼成性 动心忍性
高获受性 涵摄限性 刚烈之性 尽心知性
姜桂之性 讲学论性 快人快性 兰心蕙性
兰情蕙性 懒惰成性 明心见性 灭绝人性
穷理尽性 嗜杀成性 陶情适性 凶残成性
习以成性 习与成性 修身养性 怡情悦性
怡情养性 云心水性 杨花水性 执己之性
主观能动性/

姓

xìng ①表明家庭系统的字。②平民。③同“性”。

百姓 本姓 变姓 敝姓 常姓 赐姓
成姓 才姓 大姓 定姓 单姓 动姓
得姓 伐姓 发姓 芳姓 佛姓 复姓
更姓 高姓 贵姓 汉姓 豪姓 旧姓
尽姓 贱姓 客姓 内姓 理姓 民姓
名姓 冒姓 情姓 人姓 二姓 四姓
水姓 失姓 氏姓 庶姓 属姓 神姓
识姓 顺姓 天姓 同姓 万姓 外姓
一姓 右姓 易姓 阴姓 异姓 硬姓
子姓 种姓 族姓 尊姓 恣姓 诸姓
著姓
百家姓 老百姓 十六姓 天有姓 小百姓
百人百姓 变名易姓 称名道姓 残害百姓
改名换姓 更名改姓 高门大姓 化名易姓
假名托姓 黎民百姓 提名道姓 题名道姓
有名有姓 因女得姓 隐名埋姓 仲淹复姓
指名点姓 指名道姓 东京六姓 吴郡四姓
会稽四姓
放尔生，放尔命，放尔湖洲做百姓/行不改名，坐不改姓/

荇

xìng 荇菜，水生植物。

翠荇 红荇 乱荇 绿荇 菱荇 流荇
人荇 水荇 细荇 游荇 紫荇 藻荇
参差荇 连钱荇

翁

wēng ①鸟头颈毛。②父亲。③夫之父或妻之父。④泛指男性老人。⑤对年长者男性的敬称。⑥老头儿。

阿翁 伯翁 冰翁 逋翁 村翁 钓翁
妇翁 封翁 富翁 姑翁 孤翁 海翁
皓翁 居翁 家翁 髡翁 乃翁 令翁
乐翁 老翁 邻翁 卖翁 辟翁 皤翁
樵翁 而翁 若翁 儒翁 山翁 少翁
四翁 世翁 叔翁 诗翁 商翁 衰翁
寿翁 塞翁 殊翁 天翁 太翁 秃翁
讨翁 文翁 吾翁 外翁 翁翁 仙翁
薪翁 岳翁 渔翁 野翁 曾翁 尊翁
醉翁
不倒翁 白岁翁 百岁翁 白头翁 白须翁
碧翁翁 避世翁 大家翁 杜陵翁 钓鱼翁
负薪翁 樊川翁 荷锄翁 黄石翁 黄眉翁
击壤翁 六一翁 老秃翁 南山翁 潦倒翁
鹿门翁 鹿皮翁 卖油翁 捕鱼翁 千岁翁
弃瓢翁 亲家翁 矍铄翁 失马翁 少陵翁
商山翁 桑苎翁 塞上翁 蓑笠翁 儋耳翁
失马翁 同学翁 田舍翁 田野翁 谈天翁

挝妇翁 洗耳翁 一老翁 一钓翁 玉局翁
运甓翁 颍滨翁 主人翁 祝鸡翁 紫芝翁
挝妇翁
阿家阿翁 伯渔挝翁 鼓褃诗翁 庞母得翁
失马塞翁
不痴不聋，不做家翁/吾翁即若翁/

嗡 wēng 拟声词。

嗡嗡
大轰大嗡 蜜蜂嗡嗡

蓊 wěng ①草木茂盛貌。②聚集貌。③韭菜、油菜等生花的茎。

蓊蓊 郁蓊

滃 wěng 又音 wēng ①形容水盛。②形容云起。

浡滃 勃滃 流滃 滃滃 雾滃 云滃

瓮 wèng 一种陶器。

宝瓮 抱瓮 碧瓮 菜瓮 春瓮 大瓮
饭瓮 覆瓮 击瓮 金瓮 揭瓮 酒瓮
开瓮 邻瓮 裂瓮 漏瓮 酿瓮 墨瓮
雀瓮 入瓮 水瓮 书瓮 提瓮 铁瓮
玉瓮 银瓮 瑶瓮 珍瓮
夫子瓮 抉桑瓮 汉阴瓮 黑瓮瓮 鸡舞瓮
玫瑰瓮 葡萄瓮 秃笔瓮 雪浮瓮
毕卓缚瓮 痴人破瓮 沉埋瓿瓮 饭囊酒瓮
汉阴抱瓮 请君入瓮 请公入瓮 丈人抱瓮
周兴大瓮

东 dōng ①太阳出来的方向。②向东。③主人。④东道。

安东 巴东 宾东 从东 村东 朝东
陈东 财东 城东 瀍东 丁东 大东
东东 佃东 店东 道东 登东 赌东
我东 汾东 房东 覆东 广东 关东
供东 郭东 股东 行东 汉东 河东
会东 华东 侯东 淮东 海东 巾东
江东 井东 近东 京东 居东 涧东
极东 街东 乃东 来东 林东 陆东
南东 岭东 篱东 辽东 厨东 门东
母东 泖东 幕东 平东 浦东 齐东
桨东 墙东 寝东 谯东 入东 山东
寺东 水东 桑东 树东 溯东 天东
涂东 堂东 屋东 望东 小东 向东
西东 先东 行东 星东 湘东 瀼东
易东 亚东 远东 原东 甬东 中东
正东 在东 自东 宅东 征东 组东
渚东 雉东 做东 浙东 镇东
百川东 巴峡东 百奥东 灞陵东 闯关东
大江东 大堤东 东復东 店主东 斗柄东
粉墙东 古城东 画桥东 锦城东 昆仑东
陇亩东 莲叶东 柳河东 马首东 马復东
亩尽东 茅屋东 暮江东 秋水东 二房东
日升东 日生东 日在东 日影东 任西东
水长东 水流东 顺流东 世界东 随风东
天汉东 桃园东 五云东 五湖东 吾道东
小苑东 小楹东 西复东 杏园东 星在东
响丁东 易已东 玉门东 月在东 御街东
紫禁东 策据江东 道西谈东 鹤到辽东
禽息击东 宿西食东 疏氏改东 王隐墙东
有星皆拱北，无水不朝东/中国五条龙，条条都朝东/

冬 dōng ①一年四季的最后一季。②冬日。③冬月。④最后。⑤拟声词。

颖冬 帮冬 初冬 残冬 丁冬 冬冬
方冬 过冬 寒冬 今冬 九冬 季冬
开冬 款冬 立冬 凌冬 隆冬 酿冬
门冬 明冬 杪冬 麦发 孟冬 暮冬
庆冬 穷冬 二冬 入冬 忍冬 三冬
立冬 生冬 岁冬 深冬 顽冬 晚冬
严冬 越冬 御冬 禦冬 正冬 主冬
仲冬
不能冬 耐三冬 暖过冬 麦门冬 秋复冬
天下冬 雪应冬 易已冬 忆旧冬
方朔三冬 霜天近冬

咚 dōng 拟声词。

叮咚 咚咚 咕咚
响咚咚
鼓声咚咚 黑咕隆咚 水声叮咚 泉水叮咚
圆咕隆咚

董 dǒng ①监督。②深藏。③正。

大董 丁董 邓董 分董 汩董 古董
怀董 戒董 践董 监董 贾董 焦董

校董 抗董 南董 理董 亲董 石董
孙董 商董 袁董 晁董 专董 周董
躬自董 老古董 下帷董

懂 dǒng 了解，明白。

不懂 半懂 好懂 蒙懂 慢懂 懞懂
懵懂 易懂 装懂
不懂装懂 半懂不懂 粗浅易懂 道懂不懂
晦涩难懂 懵懵懂懂 浅显易懂 浅近易懂
似懂非懂 通俗易懂 一看就懂

动 dòng ①行动。②发动，起始。③改变事物原来的位置或状态。④动摇。⑤使用。⑥不觉。⑦往往。⑧使动。⑨感动。

板动 扳动 不动 拨动 变动 波动
被动 摆动 簸动 搏动 暴动 搬动
从动 出动 冲动 传动 抽动 策动
搐动 触动 颤动 慈动 攒动 蠢动
打动 电动 多动 抖动 地动 带动
颠动 捣动 调动 反动 飞动 风动
浮动 发动 蜂动 翻动 繁动 光动
更动 改动 感动 鼓动 滚动 澒动
欢动 和动 花动 活动 荷动 挥动
荤动 滑动 晃动 膗动 轰动 麾动
灌动 撼动 机动 惊动 沮动 剑动
举动 悸动 搅动 激动 开动 叩动
扣动 螳动 立动 乱动 劳动 扭动
闹动 挠动 流动 能动 挪动 莲动
雷动 撩动 目动 明动 脉动 盲动
萌动 平动 飘动 启动 起动 顷动
牵动 情动 群动 倾动 轻动 驱动
扰动 嚅动 蠕动 山动 闪动 生动
时动 松动 甩动 色动 顺动 扇动
说动 神动 竦动 搧动 耸动 骚动
煽动 天动 挑动 胎动 推动 跳动
妄动 威动 望动 舞动 心动 行动
形动 汹动 泻动 星动 响动 叙动
翕动 歆动 谊动 噏动 歙动 掀动
一动 引动 运动 佯动 阳动 言动
曳动 淫动 鱼动 绎动 蚁动 移动
摇动 游动 影动 主动 走动 自动
制动 振动 震动 转动 躁动 辄动
辗动

半自动 草色动 动不动 风波动 风幡动
活劳动 旌旗动 嚼不动 六爻动 牛斗动
虑善动 日华动 山岳动 死劳动 声律动
食指动 土膏动 天地动 相时动 星斗动
香尘动
必要劳动 变速运动 鼻头翕动 春意萌动
春心萌动 创作冲动 春雷响动 抽象劳动
碎金滚动 蠢蠢欲动 蠢蠢而动 敌对行动
待时而动 垫上运动 登山运动 风吹草动
风吹蟠动 飞速运动 妇女运动 复杂劳动
工人运动 高速运动 高速机动 雇佣劳动
岿然不动 魂悸魄动 欢声雷动 机械运动
技巧运动 具体劳动 蜎飞蠕动 简单劳动
静止不动 健美运动 科学活动 课堂活动
农民运动 劳工运动 乱说乱动 灵机一动
龙蛇飞动 脑力劳动 雷打不动 麋沸蚁动
露珠滚动 民族运动 全能运动 气韵生动
启蒙运动 轻举妄动 倾巢出动 群众运动
人心浮动 人群浮动 热爱劳动 三反运动
山摇地动 水上运动 生产活动 水面浮动
声色不动 社会活动 社会运动 顺时而动
神色不动 肃反运动 食指大动 食指跳动
隋剑舞动 剩余劳动 土改运动 太阳活动
田径运动 体力劳动 体育运动 跳跃运动
文体活动 文丝不动 文风不动 万头攒动
纹丝不动 五反运动 五四运动 五卅运动
物化劳动 纹丝不动 纹风不动 闻风而动
维新运动 蜿蜒游动 相机而动 形象生动
蠉飞蠕动 一举一动 义务劳动 习速运动
艺术冲动 洋务运动 屹立不动 原封不动
语言生动 作战行动 政治运动 镇反运动
掌声雷动 据床不动 视听言动
低级神经运动/大丈夫相时而动/高级神经活动/南山可移，此案不动/社会主义必要劳动/天不能移 地不能动/一二、九运动/犹太复国运动/自由落体运动/

冻 dòng ①珠和石头晶莹润泽。②液体或含水分的东西遇冷凝结。③寒冷。④形容像冰一样晶莹润泽。⑤凝结了的汤汁。⑥感到寒冷或受到寒冷。

挨冻 冰冻 春冻 痴冻 地冻 帆冻
防冻 封冻 果冻 化冻 呵冻 河冻

海冻　寒冻　结冻　烬冻　酒冻　解冻
开冻　冷冻　耐冻　凝冻　萍冻　瓶冻
贫冻　忍冻　肉冻　上冻　手冻　速冻
受冻　霜冻　清冻　香冻　溪冻　云冻
阴冻　阳冻　鱼冻　砚冻　凿冻
春饧冻　灯光冻　花房冻　花壶冻　寒泪冻
金盌冻　龙脑冻　瓶水冻　双眉冻　天街冻
星含冻　烟岗冻　银笙冻
寒江水冻　天寒地冻

栋 dòng ①屋的正梁。②量词。

长栋　充栋　巢栋　大栋　飞栋　法栋
桴栋　高栋　国栋　华栋　宏栋　虹栋
画栋　苦栋　刻栋　连栋　梁栋　隆栋
樑栋　芳栋　绮栋　上栋　松栋　天栋
文栋　屋栋　杏栋　消栋　绣栋　修栋
云栋　詹栋　楹栋　藻栋
大厦栋　房一栋　木兰栋　明堂栋　书充栋
雕梁画栋　汗牛充栋　新房栋栋
龙生龙、凤生凤；老鼠养儿沿屋栋/

垌 dòng　又音 tóng　①田地。②广东、广西的地名用字。

良垌　田垌　中垌

恫 dong　恐惧，恐吓。

惚恫　骇恫　罔恫　心恫　怨恫

峒 dòng　又音 tóng　山洞。

崔峒　空峒

洞 dòng　①（水流）急。②穿透。③透彻。④洞穴。⑤说数字时用来代表零。

百洞　碧洞　鼻洞　出洞　春洞　翠洞
地洞　洞洞　德洞　风洞　古洞　狗洞
澒洞　花洞　洪洞　虹洞　荒洞　黑洞
涵洞　鸿洞　晋洞　近洞　洚洞　兼洞
绝洞　锦洞　孔洞　空洞　炕洞　龙洞
老洞　林洞　漏洞　门洞　萝洞　枪洞
秋洞　桥洞　入洞　溶洞　山洞　石洞
事洞　隧洞　苔洞　通洞　下洞　心洞
仙洞　学洞　月洞　阳洞　岩洞　禹洞
窑洞　玉洞
白云洞　采芝洞　藏书洞　大隐洞　防空洞
防炮洞　华阳洞　黑洞洞　呼猿洞　金星洞
金鸡洞　空洞洞　老鼠洞　刘阮洞　林屋洞
螂嬛洞　迷乐洞　迷香洞　迷魂洞　水帘洞
深挖洞　塞狗洞　桃源洞　桃花洞　无底洞
武陵洞　闻犬洞　王屋洞　仙人洞　钻狗洞
长桑洞
空空洞洞　七穿八洞　引蛇出洞　钻天打洞
龙生龙，凤生凤，老鼠生儿打地洞/

通 tōng　又音 tòng　①到达。②贯通。③全、遍。④通顺。⑤往来。⑥沟通。⑦通晓。⑧通情达理。⑨传达。⑩陈述。⑪显达。⑫通奸。⑬传达。⑭没有阻碍。⑮普遍。

暗通　不通　半通　变通　博通　初通
穿通　串通　畅通　粗通　大通　打通
多通　阜通　勾通　共通　沟通　贯通
该通　感通　搆通　灌通　贿通　互通
红通　会通　宏通　闳通　混通　亨通
海通　贿通　交通　奸通　兼通　津通
精通　开通　卡通　六通　灵通　苓通
路通　理通　连通　流通　木通　明通
马通　买通　扑通　旁通　普通　全通
穷通　情通　清通　钱通　人通　融通
三通　四通　私通　岁通　神通　商通
舒通　深通　疏通　条通　统通　通通
泰通　文通　宣通　相通　修通　一通
运通　远通　幽通　圆通　淹通　渊通
雁通　中通　知通　直通
暗香通　白云通　百世通　百事通　百蛮通
碧水通　春秋通　大神通　道路通　付穷通
凤楼通　红通通　九州通　精诚通　两岸通
亮通通　路路通　鸟道通　理暗通　梦难通
梦魂通　千里通　曲径通　秋水通　事事通
神明通　拾翠通　天地通　天路通　无路通
万里通　万事通　万壑通　行不通　姓名通
一线通　与神通　音信通　言语通　意末通
竹径通　藻思通
博览贯通　财运亨通　触类旁通　大显神通
官运亨通　狗屁不通　固执不通　杆格难通
呼吸相通　豁然贯通　弄臣邓通　脉搏相通
目达耳通　目交心通　裴楷清通　普普通通
融会贯通　水泄不通　思路畅通　商品疏通

万事亨通　无师自通　无所不通　血脉相通
息息相通　一窍不通　一脉相通　语言不通
子史须通
八仙过海，各显神通/棒槌吹火，一窍不通/擀面杖吹火，一窍不通/十八般武艺，件件精通/心有灵犀一点通/一事精，百事通/

同 tóng　又音 tòng　①会合。②六礼之一。③相同。④共同。⑤偕同。⑥齐聚。⑦古代酒器之一。⑧地方百里之称。⑨跟、和。⑩如同。

不同　伴同　帮同　从同　参同　辞同
大同　道同　党同　等同　德同　非同
附同　共同　苟同　合同　好同　会同
和同　伙同　混同　绲同　连同　交同
来同　金同　类同　雷同　陪同　去同
齐同　情同　趣同　如同　认同　事同
时同　思同　深同　随同　通同　五同
位同　小同　下同　心同　形同　相同
协同　偕同　攸同　一同　义同　元同
异同　约同　源同　字同　自同　赞同
长短同　处处同　车书同　草木同　臭味同
大小同　大概同　多寡同　到处同　度量同
我心同　风月同　服履同　欢呼同　好恶同
欢笑同　九服同　九州同　今古同　结构同
将大同　将无同　口碑同　苦甘同　两心同
梦寐同　暮云同　求大同　取舍同　轻重同
日月同　四时同　岁不同　岁时同　事事同
寿者同　赏心同　万方同　万不同　万里同
万国同　翁翕同　笑语同　与天同　与人同
有谁同　约略同　御席同　造化同　尊酒同
不约而同　不敢苟同　道合志同　花样不同
和而不同　迥手不同　迥然不同　截然不同
刘慨三同　判然不同　派衍不同　签订合同
所见略同　忘味三同　小康大同　小异大同
与众不同　宗派不同　臻呼仪同
目下一言为定，早晚时价不同/人面相似，人心不同/戏法人人会变，各有巧妙不同/英雄所见略同/

侗 tóng　又音 dòng　tǒng　①旧指童蒙无知。②轻佻的样子。

傯侗　侊侗　挖侗　笼侗
完粹李侗

峒 tóng　又音 dòng　［崆峒］　山名，在甘肃省。

崆峒

桐 tóng　①木名。②古地名。

白桐　碧桐　刺桐　翠桐　爨桐　古桐
孤桐　珙桐　高桐　红桐　华桐　焦桐
嘉桐　空桐　枯桐　泡桐　青桐　山桐
丝桐　疏桐　梧桐　弦桐　修桐　岩桐
油桐
百尺桐　柏变桐　长生桐　爨下桐　付枯桐
凤集桐　凤栖桐　挂疏桐　露井桐　门前桐
三尺桐　瞿子桐　一叶桐　玉池桐
成云梧桐　凌霄梧桐　绿绮焦桐　荣州梧桐
银井梧桐　月枝梧桐　知月梧桐

铜 tóng　①金属元素。②铜所制器物的省称。③喻坚固，坚强。

白铜　吹铜　赤铜　持铜　点铜　废铜
古铜　红铜　黄铜　金铜　康铜　笼铜
青铜　摧铜　生铜　熟铜　王铜　顽铜
惜铜　紫铜
虎符铜　漏催铜　牝牡铜　首山铜　物为铜
自然铜　钟山铜

酮 tóng　有机化合物的一类。

酪酮　马酮

彤 tóng　①赤红色。②彤管的简称。

丰彤　管彤　金彤　合彤　珥彤　彤彤
槩彤　朱彤
红彤彤

童 tóng　①儿童。②古代男子有罪为仆。③小孩。④愚昧。⑤山无草木。⑥牛羊未长角。⑦愚昧无知。

安童　报童　才童　村童　成童　钓童
儿童　宫童　垓童　孤童　还童　黄童
孩童　海童　结童　狡童　家童　狂童
娈童　灵童　菱童　难童　牧童　蒙童
青童　奇童　琴童　群童　樵童　山童
书童　圣童　神童　文童　宛童　顽童
小童　仙童　香童　学童　玉童　幼童
英童　终童　真童　稚童　颛童

犊背童 课儿童 六七童 认归童 上清童
侍香童 五尺童 问牧童 西山童 颜犹童
竹马童
辩日儿童 齿豁头童 返老还童 江夏黄童
击瓮救童 少逸神童 少年儿童 天才儿童
无双黄童 诱掖儿童 枣阳怪童 五尺之童

僮 tóng 又音 zhuàng ①奴婢。②未成年的男子。

材僮 孱僮 短僮 蕃僮 官僮 歌僮
家僮 仆僮 山僮 书僮 侍僮 僮僮
无僮 小僮 奚僮 溪僮 渔僮 赢僮
八百僮 扫花僮 引泉僮 应门僮
橘树家僮

潼 tóng ［潼关］地名，在陕西省。

河潼 济潼 潼潼 峤潼 橦潼

曈 tóng ［曈昽］天将亮的样子。

秋曈 曈曈
日曈曈

瞳 tóng ①瞳孔。②无知的样子。③看见。

搏瞳 重瞳 方瞳 两瞳 青瞳 绀瞳
双瞳 町瞳 瞳瞳 无瞳
窦子赤瞳 舜目重瞳 舜有重瞳

统 tǒng ①丝的头绪。②一脉相承的系统。③统一。④刚纪，法制。⑤管理。⑥总括。⑦总括起来。

八统 传统 垂统 承统 大统 道统
董统 法统 贯统 恭统 皇统 江统
金统 军统 居统 兼统 接统 开统
令统 礼统 拢统 凌统 笼统 梁统
傍统 人统 三统 圣统 僧统 体统
通统 统统 文统 血统 宣统 系统
一统 元统 遥统 盈统 中统 正统
字统 制统 总统 掌统 增统
百代统 大总统 道人统 六书统 沙门统
万物统 仲长统 直统统
不成体统 别驾庞统 创业垂统 笼笼统统
神以系统 文学传统 消化系统 循环系统
春秋大一统/

捅 tǒng 戳，刺，碰。

棒捅 刀捅 乱捅
刺刀捅 棍棒捅

桶 tǒng 盛水或其他东西的器具。

便桶 斗桶 吊桶 饭桶 粪桶 恭桶
箍桶 净桶 木桶 马桶 满桶 平桶
皮桶 喷桶 漆桶 水桶 石桶 铁桶
痰桶 小桶 油桶
柏油桶 蜂辞桶 煤油桶 汽油桶
抽水马桶

筒 tǒng ①竹管。②钓筒，捕鱼用具。③管形器物。

笔筒 翠筒 电筒 钓筒 浮筒 封筒
饭筒 高筒 滚筒 号筒 花筒 话筒
金筒 蕉筒 剪筒 锯筒 唧筒 量筒
郫筒 气筒 蓍筒 枪筒 钱筒 签筒
书筒 射筒 诗筒 听筒 套筒 痰筒
铁筒 袜筒 信筒 油筒 香筒 袖筒
靴筒 邮筒 烟筒 银筒 药筒 圆筒
竹筒 针筒
爆破筒 吹火筒 出气筒 传声筒 打气筒
钓鱼筒 龟脱筒 火炮筒 火箭筒 寄诗筒
寄鱼筒 刺叭筒 水烟筒 手电筒 万花筒
五经筒 掷弹筒 紫荷筒

同 tòng 又音 tóng ［胡同］巷。

胡同
花胡同 死胡同

恸 tòng ①极裴哀。②指痛哭。

哀恸 悲恸 大恸 感恸 号恸 内恸
悯恸 凄恸 永恸 隐恸 子恸 轸恸
穷途恸

通 tòng 又音 tōng 量词。

吹一通 闹一通 说一通
闹了一通 擂鼓三通 说了一通

痛 tòng ①疼痛。②悲伤。③恨。④尽情地。

哀痛 抱痛 病痛 悲痛 臂痛 长痛

怆痛 创痛 浓痛 沉痛 刺痛 疮痛
惨痛 愁痛 憯痛 斗痛 悼痛 负痛
腹痛 护痛 感痛 含痛 悔痛 惊痛
疚痛 嗟痛 疾痛 剧痛 绞痛 经痛
假痛 脚痛 口痛 苦痛 愧痛 冷痛
目痛 追痛 切痛 肉痛 忍痛 身痛
伸痛 伤痛 深痛 酸痛 体痛 头痛
怛痛 疼痛 忘痛 心痛 县痛 压痛
余痛 牙痛 怨痛 冤痛 腰痛 隐痛
止痛 作痛 阵痛 胀痛 增痛 镇痛
卞和痛 饱余痛 怀长痛 惊猿痛 砍头痛
片时痛 亲厚痛 神经痛 黍离痛 荼蓼痛
心绞痛
八病九痛 疮好忘痛 含悲饮痛 切肤之痛
七病八痛 情真词痛 三病两痛 灼艾分痛
病定思痛 隐隐作痛
长痛不如短痛/好了疮疤忘了痛/十指连心痛/

农 nóng ①耕种。②农民。③古代的田官。④勤勉。⑤农业。

传农 茶农 菜农 蚕农 对农 佃农
弟农 妨农 富农 工农 归农 果农
瓜农 歌农 雇农 花农 黄农 九农
蕉农 困农 愧农 力农 利农 老农
林农 良农 芦农 劳农 隶农 矿农
粮农 黎农 明农 棉农 勉农 贫农
庆农 劝农 三农 上农 山农 世农
司农 伤农 劭农 思农 惰农 神农
盛农 为农 务农 违农 小农 兴农
先农 学农 训农 巡农 惘农 羲农
烟农 药农 中农 在农 自农 治农
重农 蔗农
不违农 不如农 大司农 古羲农 老莱农
上中农 下中农 水田农 自耕农
半自耕农 带经而农 富裕中农 改业归农
谷贱伤农 贫下中农 献日悫农 龚遂劝农

侬 nóng ①侬人，云南境内的一种少数民族。②〈方〉你，我。

阿侬 懊侬 我侬 负侬 个侬 箇侬
劝侬 渠侬 他侬 吴侬 笑侬 新侬
怨侬
负情侬 正愁侬

哝 nóng ［哝哝］小声说话。

嘟哝 咕哝 唧哝 哝哝
唧唧哝哝 嘟嘟哝哝

浓 nóng ①厚密。②颜色重。③感情浓厚。④（姿容）艳丽。⑤深。

稠浓 翠浓 花浓 酒浓 美浓 惰浓
睡浓 态浓 兴浓 香浓 云浓 烟浓
意浓 艳浓
百花浓 春意浓 春思浓 春酒浓 猜翠浓
点点浓 蝶粉浓 粉阴浓 粉痕浓 归兴浓
佳气浓 酒工浓 酒初浓 绿耐浓 露初浓
露华浓 墨末浓 泼墨浓 十分浓 山更浓
石苔浓 似云浓 睡方浓 霜露浓 万山浓
万绿浓 兴转浓 晓露浓 藓色浓 雨意浓
雨浓浓 烟浓浓 烟紫浓 胭脂浓 野兴浓
春意正浓 甘旨肥浓 游兴正浓

脓 nóng ①炎症病变所形成的黄白色汁液。②腐烂。③肥貌。

肥脓 化脓 溃脓 殒脓 流脓
甘脆肥脓 脚底流脓

秾 nóng ①花木繁盛。②浓。③华丽。

春秾 丰秾 繁秾 秾秾 情秾 鲜秾
妖秾
洒花秾 著雨秾
绮丽纤秾

弄 nòng 又音 lòng ①用手玩弄。②作弄。③设法取巧。④扮演。⑤搞，做。⑥搅扰。⑦耍。⑧炫耀。

爱弄 敖弄 抱弄 拔弄 摆弄 编弄
播弄 搏弄 般弄 搬弄 簸弄 蚩弄
搓弄 雌弄 春弄 揥弄 撮弄 嘲弄
爨弄 斗弄 逗弄 捣弄 蝶弄 掇弄
抚弄 贩弄 糊弄 翻弄 顾弄 鼓弄
火弄 好弄 和弄 哄弄 挥弄 唬弄
讥弄 酒弄 娇弄 骄弄 鞠弄 窟弄
捏弄 捻弄 燃弄 撩弄 谑弄 买弄
迷弄 卖弄 摩弄 盘弄 巧弄 奇弄
欺弄 清弄 窍弄 揉弄 三弄 双弄
侍弄 拾弄 耍弄 饰弄 赏弄 吐弄
团弄 抟弄 挑弄 踢弄 弹弄 调弄

玩弄 舞弄 戏弄 显弄 闲弄 狎弄
炫弄 新弄 旋弄 嬉弄 一弄 余弄
吟弄 淫弄 掇弄 揄弄 摇弄 鱼弄
遨弄 愚弄 莺弄 作弄 招弄 杂弄
捉弄 造弄 瞻弄
白鹤弄 桓伊弄 江南弄 龙吟弄 梅花弄
云色弄
桓伊三弄 梅花三弄 弱不好弄

龙 lóng ①比喻英雄才骏。②十二生肖之一。③形状像龙的。④龙形的花纹。⑤骏马。⑥星名。⑦古代传说中的官名。⑧由龙卷风形成的积雨云。⑨传说中的神异动物。⑩封建帝王的象征。

哀龙 爱龙 八龙 白龙 从龙 赤龙
长龙 垂龙 成龙 痴龙 苍龙 乘龙
逴龙 藏龙 大龙 刁龙 登龙 毒龙
雕龙 飞龙 伏龙 樊龙 火龙 红龙
合龙 画龙 黄龙 海龙 黑龙 九龙
巨龙 角龙 金龙 蛟龙 酒龙 接龙
鲛龙 卡龙 恐龙 夔龙 六龙 尼龙
泥龙 来龙 骊龙 梦龙 梅龙 盘龙
蟠龙 攀龙 青龙 劝龙 群龙 虬龙
钱龙 骑龙 豢龙 潜龙 二龙 山龙
水龙 沙龙 神龙 蛇龙 土龙 天龙
铜龙 屠龙 鐸龙 腾龙 鼍龙 文龙
五龙 卧龙 小龙 轩龙 降龙 云龙
元龙 玉龙 叶龙 犹龙 鱼龙 跃龙
游龙 竹龙 知龙 烛龙 祖龙 真龙
钟龙 蛰龙
变色龙 独眼龙 鼎湖龙 过山龙 葛陂龙
滚地龙 壶公龙 海勃龙 剑化龙 剑为龙
马如龙 气如龙 庆云龙 起卧龙 人中龙
水中龙 送游龙 五彩龙 维尼龙 学屠龙
一条龙 叶公龙 云从龙 饮黄龙 赵子龙
竹化龙 杖化龙 猪婆龙
车水马龙 电似火龙 风虎云龙 附凤攀龙
鬼笑伯龙 矫若游龙 黄帝乘龙 豪气元龙
湖海元龙 韩比云龙 酒虎诗龙 贾会一龙
诫子如龙 快婿乘龙 路斯九龙 楼上元龙
麟凤龟龙 马如游龙 平舆二龙 炮凤烹龙
配套成龙 人中之龙 日驭六龙 三人一龙
诗祸花龙 蜀得其龙 思邈医龙 讬凤攀龙
痛饮黄龙 未饮黄龙 未掘双龙 王凤金龙
枉学屠龙 望子成龙 舞狮舞龙 许氏二龙
荀家八龙 叶公好龙 玉凤金龙 游云惊龙
直捣黄龙 帐舞蟠龙 竹杖化龙 竹杖成龙
张华痴龙 荀氏八龙 药店飞龙 谈天雕龙
得婿如龙
车如流水马如龙/风从虎，云从龙/拳打南山猛虎，脚踢北海蛟龙/死水不藏龙/上山捉虎，下海擒龙/鱼跃龙门，过而为龙/

茏 lóng ［茏葱］草木茂盛的样子。

葱茏 答茏 苓茏 蒙茏 蓬茏
春树葱茏 葱葱茏茏 林木葱茏

咙 lóng 喉咙，咽喉。

喉咙 咙咙 瞳咙

珑 lóng ［玲珑］ ①金玉声。②器物细致精巧。③玉色明彻貌。

冬珑 鸿珑 玲珑 瓦珑 珍珑
不玲珑 碧玲珑 髻玲珑 月玲珑 玉玲珑
八面玲珑 娇小玲珑 七窍玲珑 小巧玲珑
纤巧玲珑 宋殿玲珑

栊 lóng ①窗户。②养兽的栅栏。

雕栊 房栊 绛栊 帘栊 绮栊 石栊
星栊 玉栊 岩栊 栅栊 珠栊
排排栊栊

昽 lóng ①［曚昽］不明貌。②月明貌。

葱昽 昽昽 曚昽 通昽 曈昽

胧 lóng ［朦胧］ ①月光不明。②不清楚；模糊。

葱胧 空胧 胧胧 蒙胧 濛胧 朦胧
曈胧
月朦胧
朦朦胧胧 雾色朦胧 月色朦胧 暮色朦胧
烟雾朦胧

砻 lóng ①磨砺。②摩擦。③磨稻谷去壳的工具。

断砻 镌砻 磨砻 巧砻 新砻 芟砻
石砻 工砻

眬 lóng ［蒙眬］目不明。不清楚；模糊。
蒙眬 朦眬
蒙蒙眬眬 曚曚眬眬 日光曚眬 睡眼曚眬

聋 lóng ①听觉失灵。②糊涂。③没有知觉。
痞聋 半聋 痴聋 凝聋 耳聋 宋聋
顽聋 心聋 佯聋 治聋 振聋 装聋
隔壁聋
不哑不聋 不痴不聋 杜微作聋 舌敝耳聋
震耳欲聋 郑昭宋聋 张华痴聋 三日耳聋
有钱千里通，无钱隔壁聋/

笼 lóng 又 lǒng ①盛土器。②古代装箭用的竹器。③鸟笼，也泛指装牲畜或昆虫用的竹器。④收罗。⑤笼罩。⑥藏，把手放在袖筒里。
宝笼 出笼 赤笼 茶笼 采笼 翠笼
大笼 东笼 站笼 灯笼 雕笼 鹅笼
负笼 樊笼 谷笼 罐笼 火笼 回笼
烘笼 鹤笼 金笼 鸡笼 开笼 筷笼
窟笼 牢笼 劳笼 鸟笼 零笼 笼笼
木笼 蒙笼 满笼 囚笼 邛笼 轻笼
水笼 书笼 纱笼 袖笼 条笼 脱笼
兔笼 铁笼 小笼 香笼 薰笼 玉笼
圆笼 烟笼 鱼笼 药笼 筠笼 银笼
竹笼 烛笼 智笼 蒸笼
碧纱笼 淡烟笼 翡翠笼 琥珀笼 鸟窥笼
鹿皮笼 七宝笼 青丝笼 纱为笼 纱碧笼
卫轩笼 象牙笼 蟋蟀笼 玉雕笼 竹露笼
开箱倒笼 仁杰药笼 生寄鹅笼 水晶灯笼
天地为笼 养猿于笼
肚皮里点灯笼/黑漆皮灯笼/

隆 lóng ①高起。②高。③兴盛。④深厚。⑤尊崇。⑥成长。⑦盛大。
不隆 比隆 冲隆 昌隆 春隆 道隆
德隆 恩隆 方隆 丰隆 冯隆 光隆
功隆 咕隆 国隆 化隆 恢隆 轰隆
口隆 克隆 加隆 家隆 年隆 礼隆
隆隆 平隆 穹隆 乾隆 仁隆 世隆
声隆 松隆 盛隆 天隆 太隆 位隆
污隆 洼隆 窊隆 兴隆 云隆 伏隆
郁隆 夷隆 蕴隆 中隆 郅隆 政隆
宠命隆 帝念隆 德声隆 咕隆隆 轰隆隆
礼益隆 雷声隆 炮声隆 日方隆 誉望隆
机器隆隆 天如穹隆 文望尊隆 云师丰隆
炸雷轰隆

癃 lóng ①足不能行。②废疾。③重病。④小便不畅。⑤癃病。⑥年老衰弱老病。
笃癃 罢癃 疲癃 衰癃

窿 lóng 〈方〉煤矿坑道。
苍窿 窟窿 穹窿
风月窿 掏窟窿
窟窟窿窿

陇 lǒng ①陇山。②甘肃省的别称。
北陇 边陇 垂陇 大陇 定陇 得陇
风陇 赴陇 关陇 河陇 九陇 跨陇
亩陇 麦陇 平陇 秦陇 上陇 戍陇
蜀陇 走陇
黄云陇 横江陇

垄 lǒng ①坟墓。②高丘。③田界。④地里的土埂。
毕垄 碧垄 登垄 断垄 地垄 稻垄
高垄 故垄 灌垄 后垄 合垄 怀垄
甲垄 宽垄 满垄 麦垄 坡垄 丘垄
阡垄 邱垄 泉垄 秋垄 渠垄 入垄
三垄 山垄 田垄 瓦垄 卧垄 一垄
药垄 易垄 异垄 远垄 幽垄 作垄
滕公垄 咸阳垄 壮士垄

拢 lǒng ①聚集。②合上。③使不松散。④停靠。⑤靠近。⑥梳理。⑦弹奏弦乐器的一种指法。
并拢 凑拢 纷拢 归拢 箍拢 合拢
汇拢 阖拢 集拢 聚拢 捆拢 靠拢
拉拢 劳拢 拗拢 轻拢 圈拢 收拢
梳拢 缩拢 围拢
说得拢 谈不拢
着意拉拢

笼 lǒng又音 lóng ①罩住。②比较大的箱子。
樊笼 箱笼

弄 lòng 又音 nòng 〈方〉弄堂，小巷。

里弄

哢 lòng 鸟叫，鸟叫的声音。

春哢 鸟哢 清哢 桑哢 闲哢 新哢
余哢 幽哢 莺哢
百舌哢 春禽哢 因风哢

工 gōng ①工人，工匠。②善于③巧妙。④工作。⑤擅长。⑥技巧。⑦工程。⑧工业。⑨工作量。⑩工尺，古代乐工的谱号。⑪精细。⑫工作日。

不工 百工 包工 变工 笔工 称工
创工 帮工 拔工 罢工 长工 车工
出工 臣工 春工 粗工 唱工 辞工
船工 打工 电工 动工 对工 底工
短工 怠工 锻工 分工 返工 妇工
放工 复工 费工 翻工 缝工 甘工
赶工 共工 国工 雇工 鬼工 化工
河工 花工 华工 画工 换工 篙工
焊工 惠工 加工 机工 交工 军工
记工 技工 金工 教工 监工 贱工
竣工 精工 开工 苦工 矿工 旷工
刻工 六工 女工 伶工 农工 良工
论工 男工 劳工 泥工 零工 揽工
木工 民工 牧工 美工 铆工 评工
求工 青工 钦工 钳工 跷工 漆工
群工 人工 日工 上工 石工 水工
手工 书工 师工 梢工 射工 收工
散工 神工 试工 施工 善工 土工
天工 投工 徒工 剃工 涂工 停工
童工 替工 特工 铁工 完工 圬工
务工 武工 误工 窝工 小工 下工
休工 兴工 学工 校工 细工 星工
息工 歇工 铣工 险工 绣工 靴工
玉工 月工 言工 用工 羊工 佣工
员工 医工 雨工 迄工 冶工 语工
营工 夜工 盐工 银工 验工 作工
壮工 宗工 招工 抽工 政工 职工
钻工 做工 铸工
包身工 包装工 保全工 笔记工 搬运工
刺锈工 打长工 打短工 打夜工 挡车工
夺天工 点染工 点缀工 合同工 句未工
季节工 架子工 寄存工 扛长工 亮天工
冷加工 临时工 磨洋工 卖童工 清洁工
勤杂工 热加工 双职工 善事工 诗始工
深加工 剃剪工 外包工 羡诗工 学徒工
养路工 油漆工 造化工 做长工 做短工
做夜工 装配工 总罢工
按图施工 鬼斧神工 教职员工 刻意求工
能不两工 柳遇雨工 破土施工 穷而后工
巧夺天工 师生员工 文章宗工 消极怠工
艺术加工 异曲同工
好书而不工/磨刀不误砍柴工/二七大罢工/书无百日工/

功 gōng ①功绩。②制造，加工。③成效。④功夫。⑤物理学名词。⑥精美，坚固。⑦古代丧服名。

比功 边功 表功 拜功 报功 霸功
褒功 寸功 逞功 成功 唱功 粗功
酬功 大功 敦功 非功 丰功 妇功
公功 归功 高功 狗功 辜功 犒功
贺功 见功 旧功 计功 近功 军功
记功 居功 济功 讲功 効功 积功
解功 建功 矜功 儆功 苦功 夸功
诗功 六功 立功 农功 良功 内功
女功 论功 累功 练功 门功 冒功
茂功 美功 卖功 铭功 懋功 丕功
评功 气功 庆功 全功 齐功 曲功
奇功 清功 人功 二功 戎功 软功
少功 圣功 首功 岁功 苏功 收功
事功 神功 殊功 诵功 赏功 遂功
深功 树功 嗣功 土功 天功 头功
讨功 图功 通功 贪功 无功 外功
武功 小功 玄功 叙功 恤功 悻功
倖功 新功 绪功 喜功 献功 元功
尤功 用功 运功 阴功 阳功 有功
幼功 扬功 硬功 要功 庸功 邀功
自功 争功 坐功 奏功 战功 做功
爱无功 不朽功 补天功 丑表功 第一功
读书功 盖世功 化育功 汗马功 济川功
基本功 绝代功 立新功 练武功 师有功
特等功 橐签功 万里功 无用功 万世功
萧何功 下苦功 一等功 雨露功 造化功

竹帛功
拔剑论功　尺寸之功　对偶亲功　戴罪立功
汗马之功　韩贺争功　浑浚争功　浑睿争功
好大喜功　毁君为功　计日程功　计日奏功
劳不矜功　劳而无功　马到成功　冒誉贪功
彭宠言功　手到成功　颂德歌功　赏不当功
田夫擅功　徒劳无功　贪天之功　文冶无功
文治武功　许叔阴功　一心用功　一举成功
一得之功　疑事无功　指日成功　转败为功
争于事功　二碑纪功　不世之功
旗开得胜，马到成功/旗开俱得胜，马到尽成功/使力不如使功/疑行无成，疑事无功/疑行无名，疑事无功/

红 gōng　又音 hóng　指女子做的缝纫。

女红

攻 gōng　①攻打。②制造。③治疗。④指责。⑤专心从事。⑥坚固精致。

兵攻　愁攻　诋攻　反攻　共攻　火攻
会攻　近攻　进攻　夹攻　快攻　苦攻
力攻　谋攻　猛攻　群攻　强攻　千攻
掊攻　水攻　守攻　速攻　始攻　围攻
先攻　相攻　喜攻　佯攻　研攻　主攻
专攻　助攻　战攻　总攻
酒兵攻　螺丝攻　偏师攻　五毒攻
变守为攻　乖患相攻　内外夹攻　近交远攻
鸣鼓而攻　术有专攻　谭尚相攻　左右夹攻
远交近攻

弓 gōng　①射箭的兵器。②形状像弓的东西。③弯曲。④丈量土地的器具。

杯弓　宝弓　步弓　持弓　楚弓　操弓
大弓　地弓　帝弓　堕弓　雕弓　关弓
挂弓　贯弓　彀弓　号弓　和弓　捍弓
孤弓　惊弓　角弓　六弓　卢弓　良弓
拉弓　路弓　弩弓　眉弓　胖弓　秦弓
强弓　戎弓　手弓　伤弓　射弓　深弓
蛇弓　摄弓　桃弓　彤弓　铁弓　弹弓
櫜弓　天弓　弯弓　挽弓　虚弓　引弓
玉弓　硬弓　遗弓　执弓
半月弓　动脉弓　鼎湖弓　凤凰弓　六钧弓
六材弓　落月弓　两石弓　水如弓　月如弓
竹枝弓
广告漆弓　混填神弓　精尽于弓　盘马弯弓
三石之弓　蛇影杯弓　形似弯弓　裘治承弓
左右开弓　主动脉弓　楚得楚弓　煮勒煮弓
贼过后张弓/

躬 gōng　①身体。②箭靶子的上下幅。③亲自。④弯曲身体。

必躬　背躬　持躬　车躬　打躬　我躬
反躬　返躬　匪躬　蕨躬　鞠躬　末躬
满躬　曲躬　圣躬　饬躬　遯躬　省躬
息躬　玉躬　在躬　早躬　直躬　责躬
征躬
背曲腰躬　哈腰打躬　弯腰鞠躬

公 gōng　①公正。②共同的。③无私。④公家。⑤公共。⑥古爵位名。⑦对老年男子的尊称。⑧让大家知道。⑨公开。⑩公制的。

阿公　不公　包公　办公　伯公　秉公
车公　充公　冲公　大公　东公　端公
德公　恩公　肤公　奉公　妇公　府公
公公　归公　国公　姑公　郭公　呼公
河公　黄公　壶公　巨公　济公　狙公
家公　寄公　荆公　钜公　乃公　女公
令公　龙公　老公　列公　雷公　廉公
名公　明公　慢公　沛公　庞公　二公
壬公　上公　三公　四公　社公　师公
叔公　商公　艄公　天公　太公　铁公
陶公　王公　外公　兕公　先公　相公
徐公　徇公　虚公　谢公　允公　远公
叶公　要公　寓公　愚公　主公　自公
至公　宗公　周公　真公　忠公　灶公
斋公　尊公　诸公
白兔公　长耳公　长明公　楮国公　东王公
驸马公　会稽公　谷城公　黄石公　黑头公
河上公　姜太公　家主公　列上公　老公公
梦周公　杪公公　曲江公　亲家公　庞德公
三公公　十八公　陶朱公　太史公　田舍公
亡是公　文抄公　秀眉公　野老公　衍圣公
主人公　紫髯公　醉舌公
苍天碧公　城北徐公　东海黄公　废私立公
公种生公　衮衮诸公　黑王相公　涓滴归公
均绝山公　洁已奉公　涓涓归公　克己奉公
开诚布公　陆玩为公　廉洁奉公　梦见周公

庞公遗公 清客相公 十贵三公 三旨相公
舍已为公 土地为公 天下为公 推诚布公
舒知为公 枵腹从公 洗手奉公 夏五郭公
一元木公 一国三公 以私害公 源怀奉公
折臂三公 醉倒山公 蟋蟀相公
不痞不聋，不成姑公/牧羊而梦为王公/孙权杀关公/万事不理问伯始，天下中庸有胡公/项庄舞剑，意在沛公/

蚣 gōng ［蜈蚣］节肢动物，由许多环节构成，每节有脚一对，能分泌毒液。可入药。

蜈蚣

供 gōng 又音 gòng 准备着东西给需要的人应用。

提供 日供 资供 取供 消供
茶茗供
求过于供

龚 gōng 姓。

葛龚 黄龚 两龚
渤海龚
杜微诈龚

肱 gōng 胳膊由肘到肩的部分。

长肱 共肱 股肱 麾肱 姜肱 良肱
两肱 奇肱 曲肱 修肱 右肱 枕肱
不横肱 竭股肱 三折肱 作帝肱 诸葛肱
三折其肱

宫 gōng ①房屋的通称。②围。③帝王的住所。④宗庙。⑤神庙。⑥今称文化活动或娱乐的场所。⑦妇女子宫。⑧宫刑。⑨古代五音阶的第一音。

白宫 北宫 泮宫 保宫 逼宫 葆宫
楚宫 春宫 船宫 攒宫 蟾宫 储宫
东宫 冬宫 地宫 法宫 梵宫 刮宫
故宫 汉宫 后宫 花宫 胡宫 蒿宫
皇宫 九宫 净宫 绛宫 六宫 内宫
龙宫 冷宫 两宫 南宫 莲宫 离宫
琳宫 迷宫 青宫 清宫 秦宫 倾宫
寝宫 二宫 入宫 上宫 三宫 水宫
守宫 社宫 射宫 寿宫 天宫 桐宫
王宫 帷宫 行宫 玄宫 西宫 学宫
蕊宫 璇宫 月宫 隐宫 中宫 只宫
子宫 正宫 竹宫 泽宫 斋宫 质宫
梓宫 紫宫 憎宫
阿房宫 长信宫 长乐宫 翠微宫 大槐宫
扶荔宫 梵王宫 广寒宫 郭隗宫 馆娃宫
合欢宫 华清宫 九成宫 建章宫 闹天宫
民族宫 蓬莱宫 青年宫 清虚宫 二进宫
少年宫 水晶宫 寿阳宫 万年宫 碣石宫
文化宫 文昌宫 未央宫 望仙宫 望夷宫
细腰宫 永乐宫 一亩宫 曜华宫 蕊珠宫
白金汉宫 贝阙珠宫 承胃知宫 打入冷宫
打进冷宫 地上天宫 樗忏两宫 艺术之宫
转车藏宫 三十六宫
黄道十二宫/克里姆林宫/孙悟空大闹天宫/信陵君丢宫/

恭 gōng ①恭敬。②奉行。③端正。

不恭 卑恭 出恭 大恭 笃恭 鹄恭
敬恭 静恭 克恭 恪恭 礼恭 弥恭
貌恭 虔恭 靖恭 谦恭 肃恭 温恭
煴恭 协恭 虚恭 象恭 严恭 允恭
寅恭 愿恭 懿恭 足恭
按以恭 出虚恭 大不恭 接以恭 笑稚恭
梓里恭 醉后恭
毕敬毕恭 班宏益恭 机汜学恭 机汜甚恭
却之不恭 前倨后恭 玩世不恭 庾衮过恭
贫不学俭，卑不学恭/

觥 gōng 兽角做的饮酒器具。

飞觥 觥觥 举觥 酒觥 彭觥 兕觥
洗觥 玉觥

巩 gǒng ①牢固。②恐惧。③用皮革束物。

巩巩 河巩 克巩 阙巩 势巩 王巩
曾巩

汞 gǒng 一种金属元素。

甘汞 化汞 红汞 花汞 金汞 泥汞
雷汞 流汞 炼汞 铅汞 升汞 沙汞
神汞 银汞 真汞 朱汞
丹井汞 离宫汞

拱 gǒng ①抱拳。②环绕。③两手合围的粗度。④建筑物成弧形的。⑤肢体弯曲成弧形。⑥肩膀向上耸。⑦顶动，向上推。

北拱 拜拱 垂拱 成拱 大拱 斗拱
打拱 端拱 高拱 合拱 环拱 内拱
木拱 桥拱 人拱 日拱 手拱 深拱
未拱 悬拱 云拱 叶拱 自拱
冬青拱 金栗拱 星北拱 众星拱 冢木拱
墓木已拱 四山环拱

珙 gǒng ①大璧。②珙县，地名，在四川省。

珪珙 命珙 双珙

栱 gǒng ［枓栱］拱是建筑上弧形承重结构，斗是垫拱的方木块，合称斗拱。

层栱 承栱 斗栱 金栱 梁栱 千栱
万栱 仙栱 走栱

共 gòng ①共同。②一同。③合计。④共有。⑤共产党的简称。

长共 大共 公共 合共 靖共 拢共
满共 通共 统共 一共 与共 友共
中共 总共
杯酒共 彼此共 灯光共 佳客共 朋友共
千里共 山山共 庶人共 诗名共 天下共
笑语共 烟云共 忧患共
甘苦与共 呼吸与共 患难与共 生死与共
死生与共 休戚与共

供 gòng 又音 gōng ①供应。②奉献。③祭祀时奉献的物品。④受审者陈述案情。⑤供词。

宝供 笔供 逼供 串供 法供 翻供
果供 画供 恒供 醮供 净供 工供
录供 攀供 上供 蔬供 天供 吐供
投供 擅供 午供 献供 诱供 早供
自供 招供 祖供 斋供 口供 用供
春盘供 采兰供 怪石供 故人供 鸡黍供
名花供 天女供 瓦炉供 维摩供 香钵供
伊蒲供
雅予人口供/

贡 gòng ①进献。②贡品。③相传为夏代税法之名。④进。⑤荐举。⑥告。

别贡 宾贡 邦贡 嫔贡 材贡 楚贡
春贡 朝贡 大贡 地贡 服贡 赋贡
货贡 九贡 进贡 来贡 纳贡 情贡
式贡 岁贡 祀贡 实贡 施贡 岁贡
土贡 小贡 乡贡 相贡 选贡 锡贡
作贡 杂贡 职贡 珍贡
菁茅贡 六州贡 色子贡 万民贡 仙人贡
孝廉贡 雨前贡 要服贡 越裳贡
受菻闵贡 包茅不贡

空 kōng 又音 kòng ①没有东西或内容。②白白地。③天空。④无着落，无成效。⑤空虚。⑥无效果。⑦佛教对事物的理念。

霭空 半空 蔽空 碧空 长空 乘空
穿空 撮空 驰空 澄空 大空 当空
低空 方空 飞空 防空 放空 冯空
浮空 腹空 观空 高空 歌空 回空
横空 航空 寒空 敬空 架空 驾空
寂空 空空 挖空 六空 辽空 领空
陵空 凌空 蓝空 落空 囊空 篱空
篱空 罍空 镂空 扑空 排空 凭空
贫空 劈空 青空 秋空 晴空 二空
三空 上空 四空 司空 书空 色空
时空 树空 桑空 太空 天空 脱空
抟空 探空 谈空 踏空 腾空 悟空
望空 行空 星空 悬空 虚空 一空
云空 远空 夜空 映空 真空 钻空
凿空 馆空 摩空 阙空
百虑空 苍苔空 楚江空 春山空 蕙帐空
大司空 黛染空 怀抱空 鹤驰空 鹤翻空
江海空 计账空 剑跃空 锦字空 空对空
空复空 冷烟空 鸟言空 露滴空 马群空
群山空 阮囊空 四坐空 水连空 书空空
四壁空 孙悟空 天地空 潭影空 往事空
万籁空 望咸空 一场空 月当空 眼界空
庾园空 足搏空 杼柚空 四壁空
扒高淘空 宝兰天空 浊浪排空 咄咄书空
箪瓢屡空 瓜熟瓤空 浩浩长空 海阔天空
皓月当空 金锣腾空 旌旗蔽空 辽阔长空
两手空空 丽日当空 烈日当空 买空卖空
卖空买空 妙手空空 人财两空 人去楼空
十塞九空 四大皆空 色即是空 天马行空
万里长空 乌黑天空 蔚蓝天空 洗劫一空

销售一空　一扫而空　云过天空　月悬碧空
硬语盘空　夜幕垂空　鹰击长空　殷浩书空
指空话空　坐吃山空　坐食山空　囊内钱空
风去台空　望白署空
百年随手过，万事转头空/吃不穷，穿不穷，算来总是一场空/人无千日计，老至一场空/提篮打水一场空/竹篮打水一场空/

孔 kǒng　①通达。②小洞。③洞穴。④深。⑤深远的样子。⑥甚。⑦很。
百孔　壁孔　鼻孔　穿孔　方孔　伏孔
腹孔　汗孔　姬孔　开孔　利孔　匿孔
脸孔　毛孔　面孔　藕孔　批孔　气孔
枪孔　桥孔　钱孔　耳孔　上孔　石孔
桑孔　土孔　脱孔　瞳孔　填孔　无孔
问孔　小孔　心孔　穴孔　细孔　蚁孔
一孔　有孔　阅孔　眼孔　作孔　竹孔
针孔　周孔　钻孔　宰孔　凿孔　轴孔
大面孔　龟酬孔　针九孔　青天孔　熟面孔
鱼脊孔　颜苦孔　挖鼻孔
白扇饷孔　板着面孔　利出一孔　七疮八孔
千疮百孔　三毛七孔　堤溃蚁孔　革带移孔
批林批孔
栀子抹屁股，黄孔（惶恐），黄孔（惶恐）/

恐 kǒng　①畏惧。②恐吓。③恐怕。④威吓。
不恐　诚恐　大恐　多恐　恫恐　皇恐
惶恐　骇恐　久恐　沮恐　惊恐　将恐
恐恐　虑恐　且恐　生恐　虽恐　深恐
无恐　威恐　惟恐　心恐　忧恐　作恐
惴恐　振恐　震恐
牛羊恐　小人恐　肖曹恐
诚惶诚恐　惶惶恐恐　有恃无恐

空 kòng　又音 kōng　①欠缺。②贫穷。③间隙。④空子。⑤闲暇时间。⑥亏空。
抽空　插空　趁空　瞅空　地空　亏空　连空　留空　轮空　拏空　屡空　没空　扑空　嵌空　填空　偷空　晚空　闲空　性空　遥空　稍空
不得空　拉空空　巧补空
三十晚上的案板，不得空/

控 kòng　①拉开弓。②投。③弯。④使容器口朝下。⑤告发。⑥节制。
布控　搏控　被控　程控　测控　归控
监控　困控　力控　琅控　磬控　罄控
上控　失控　声控　受控　提控　调控
诬控　虚控　遥控　自控　指控
大邦控　黄门控　短发控　游戏控　减肥控
星座控

鞚 kòng　带嚼子的马笼头。
尘鞚　驰鞚　飞鞚　放鞚　归鞚　缓鞚
揽鞚　绿鞚　揽鞚　抛鞚　双鞚　释鞚
施鞚　鞞鞚　写鞚　引鞚　朱鞚　纵鞚
捉鞚　紫鞚
羲和鞚　游龙鞚

轰 hōng　①拟声词。②巨大都声响。③驱逐。
铿轰　嘲轰　伐轰　合轰　訇轰　轰轰
交轰　考轰　雷轰　炮轰　突轰　相轰
喧轰　掀轰　游轰　杖轰
雷车轰
天打雷轰

哄 hōng　又音 hǒng　hòng　多人同时发声。
哄哄　闹哄　人哄　一哄　驺哄　笑哄
宣哄　趁哄　撺哄　起哄　米哄　啜哄
两耳哄　乱哄哄　闹哄哄　气哄哄　邹鲁哄
沉雷哄

烘 hōng　①焚烧。②烤干。③衬托。④靠近火取暖。
冬烘　烘烘　帘烘　晴烘　热烘　日烘
文烘　一烘
薄日烘　臭烘烘　春夜烘　火云烘　煖烘烘
暖如烘　毛烘烘　绀碧烘　热烘烘　晚日烘
云日烘　玉簟烘　御炉烘　竹炉烘

訇 hōng　大声。
阿訇　訇訇　铿訇　砰訇　軿訇　薨訇
雷霆訇　笑语訇

薨 hōng　古时称帝王大官死。
薨薨
蝇飞薨

弘 hóng ①大。②扩充。③光大。

苌弘 阐弘 德弘 广弘 恢弘 函弘
精弘 普弘 士弘 深弘 心弘 宣弘
迂弘 业弘 渊弘
化碧长弘 取精用弘

泓 hóng ①水深貌。②潭。③量词。

碧泓 澄泓 方泓 泓泓 寒泓 浦泓
泉泓 乳泓 石泓 水泓 淘泓 渟泓
一泓 玉泓 银泓
碧云泓 涵星泓 水一泓 水半泓 月一泓

红 hóng 又音 gōng ①大红。②鲜血的代称。③胜利，成功。④美人的代称。⑤喜庆的事。⑥红利。⑦指人受宠信。⑧象征革命和政治觉悟。

黯红 版红 班红 川红 赤红 刺红
春红 残红 碎红 潮红 愁红 鞓红
橙红 大红 丹红 淡红 滇红 飞红
分红 发红 肤红 粉红 绯红 霏红
挂红 火红 花红 黑红 金红 蕉红
剪红 绛红 橘红 口红 栲红 女红
老红 脸红 浓红 蔫红 落红 嫩红
面红 妈红 描红 片红 品红 披红
飘红 祁红 浅红 秋红 轻红 肉红
水红 束红 深红 桃红 彤红 套红
退红 通红 填红 题红 剔红 啼红
酡红 心红 血红 杏红 新红 鲜红
袍红 猩红 羞红 夭红 洋红 映红
眼红 妖红 妍红 晕红 艳红 胭红
银红 殷红 嫣红 正红 朱红 走红
枣红 脂红 紫红 醉红
白间红 百叶红 半江红 东方红 杜鹃红
动摇红 枫叶红 刚果红 汞溴红 火初红
鹤顶红 几缕红 夹岸红 借酒红 开门红
两耳红 弄新红 榴火红 落花红 绿映红
玫瑰红 满天红 满堂红 满眼红 落霞红
浅淡红 浅深红 千日红 耳根红 瑞云红
山里红 石榴红 树树红 霜叶红 桃李红
晚日红 小桃红 夕阳红 杏花红 夕照红
雪里红 一枝红 一品红 一点红 月月红
叶流红 映山红 映水红 浴日红 叶底红
映酒红 艳妆红 影摇红 野烧红 雁来红
战旗红 状元红 烛影红 枕痕红 蕴渐红
贮点红 照眼红 醉颜红 珍珠红
百紫千红 白里透红 刺刀见红 辰砂鲜红
齿白唇红 惨绿愁红 姹紫嫣红 番茄猩红
瓜熟瓤红 红茶橙红 黑里透红 酒绿灯红
记曲红红 颗颗紫红 两颊绯红 荔枝丹红
脸儿晕红 脸膛棕红 柳绿花红 柳绿桃红
麻根胭红 蓉翠朝红 皮绿瓤红 苹果殷红
霜叶火红 霜叶丹红 万紫千红 晚霞火红
晚霞绯红 晚霞橘红 玉白花红 依翠偎红
艳紫妖红 指甲殷红 烛影摇红
仇人相见，分外眼红/关夫子流鼻血，红上加红/花无百日红/接天莲叶无穷碧，映日荷花别样红/人无千日好，花无百日红/生疮不晓得化脓，放屁不晓得脸红/

虹 hóng 又音 jiàng ①雨后，天空中出现的彩色圆弧。②喻指桥。

白虹 长虹 垂虹 彩虹 残虹 春虹
断虹 副虹 慧虹 老虹 霓虹 九虹
江虹 架虹 锦虹 沙虹 晚虹 卧虹
仙虹 雄虹 玉虹 烟虹 正虹 走虹
垂天虹 彩桥虹 插空虹 飞玉虹 横春虹
化玉虹 剑光虹 类饮虹 美人虹 气如虹
送雨虹 万丈虹 五彩虹 绣带虹
气贯长虹 圣祖吟虹 魏帝逼虹
壮士气如虹/

鸿 hóng ①大雁。②大。

哀鸿 别鸿 便鸿 悲鸿 宾鸿 长鸿
断鸿 飞鸿 蜚鸿 归鸿 过鸿 孤鸿
鸿鸿 惊鸿 来鸿 梁鸿 鳞鸿 冥鸿
蒙鸿 庞鸿 庆鸿 秋鸿 轻鸿 栖鸿
双鸿 朔鸿 诗鸿 霜鸿 闻鸿 鹓鸿
鱼鸿 烟鸿 燕鸿 征鸿 诸鸿 翔鸿
带月鸿 天外鸿 托鳞鸿 苏卿鸿 听晓鸿
雪里鸿
附骥攀鸿 剖鲤传鸿 社燕秋鸿

闳 hóng ①巷门。②宏大。

高闳 开闳 闳闳 九闳 魁闳 深闳
街头闳 快登闳 洛下闳 路寝闳 甚魁闳

止扉闳

宏 hóng ①宏大。②广大。③广博。④远。

冯宏 樊宏 含宏 宏宏 泓宏 宽宏
铿宏 气宏 声宏 深宏 王宏 用宏
肫宏
公孙宏 意匠宏
牛渚袁宏 取精用宏 学问深宏

纮 hóng ①帽带。②编磬成组的绳子。③维系。

八纮 长纮 帝纮 纩纮 连纮 青纮
社纮 神纮 天纮 西纮 元纮 朱纮
张纮
结束纮 龙负纮 飘彩纮 缁组纮

洪 hóng ①大水。②大。③激湍的水流。

奔洪 暴洪 长洪 恩洪 分洪 发洪
防洪 洪洪 恢洪 江洪 抗洪 宽洪
排洪 洄洪 三洪 山洪 四洪 声洪
射洪 蓄洪 泄洪 溢洪 滞洪
百步洪

莀 hóong 同“红”。

水莀
雪上莀

蕻 hóng 又音 hòng 雪里蕻。一种像芥菜的菜，茎叶可以吃。

菜蕻 嫩蕻 蕨蕻
雪里蕻

黉 hóng 古代称学校。

春黉 二黉 修黉
庠序黉

哄 hǒng 又音 hōng hòng ①说假话骗人。②用语言或行动使人欢喜。

勾哄 构哄 诓哄 蒙哄 瞒哄 欺哄
相哄 虚哄 诱哄 诈哄 赚哄 打哄
终夜哄
天道好还，人眼难哄/

讧 hòng 乱，溃败。

兵讧 内讧 蛮讧

澒 hòng ［澒洞］弥漫无际。

白澒 黄澒 蒙澒 濛澒 青澒 真澒

哄 hòng 又音 hōng hǒng 吵闹，搅扰。

撮哄 交哄 帆哄 市哄

中 zhōng 又音 zhòng ①内、里面。②方位在正中。③中等。④半。⑤中介。⑥内心。⑦一定范围内。⑧中国的简称。⑨适中。

暗中 不中 冰中 杯中 闭中 便中
寸中 从中 尺中 此中 初中 促中
朝中 春中 愁中 丁中 大中 当中
道中 地中 方中 房中 逢中 附中
腹中 个中 关中 公中 宫中 高中
闺中 筒中 彀中 火中 华中 画中
怀中 环中 寰中 江中 机中 计中
局中 居中 军中 就中 禁中 建中
集中 家中 静中 镜中 口中 可中
空中 内中 两中 南中 林中 留中
笼中 路中 量中 郎中 囊中 门中
目中 闽中 明中 眠中 梦中 区中
切中 其中 人中 日中 水中 市中
升中 适中 岁中 时中 省中 诗中
兕中 土中 天中 田中 台中 途中
唐中 文中 卫中 瓮中 心中 匣中
胸中 箧中 云中 月中 宇中 由中
央中 阴中 阳中 亿中 雨中 浴中
眼中 意中 隅中 忧中 域中 中中
正中 折中 治中 执中 舟中 枕中
制中 做中 酌中 泽中 震中 掌中
醉中 裈中 五中
阿堵中 无意中 百年中 半空中 寸心中
春风中 春影中 洞府中 稻花中 方寸中
广座中 瓜田中 感慨中 花池中 画障中
画楼中 浩然中 患难中 给事中 荆棘中
棘闱中 见海中 寂寥中 酒肆中 酒船中
苦愁中 客途中 科目中 林宗中 冷淡中
逆旅中 鸟声中 鸟语中 绿阴中 绿云中
荦路中 落花中 橹声中 柳阴中 滥郎中
柳影中 马蹄中 梦寐中 渺茫中 铭感中
慢郎中 皮树中 褴褛中 日方中 入砚中

水火中　市居中　司马中　圣贤中　诗句中
太虚中　万术中　万顷中　危法中　换强中
小院中　徐邈中　香霭中　想像中　绣浪中
月明中　宇宙中　有无中　烟雨中　药笼中
正当中　众人中　纸窗中　掌握中
草庐之中　掉尾涂中　待字闺中　坠云雾中
浮游水中　何守关中　乐在其中　菱生山中
蓬生麻中　情理之中　情郁于中　气盖关中
恩溢伦中　入吾彀中　三顾隆中　虱处裤中
说嘴郎中　通德宫中　弹婿敏中　秀外慧中
秀外惠中　允执其中　已入掌中　月映水中
曳尾涂中　意料之中　鱼游釜中　走方郎中
锥处囊中　执两用中　三影郎中
不识庐山真面目，只缘身在此山中/超出三界外，不在五行中/金玉其外，败絮其中/急惊风撞着了慢郎中/急惊风遇着慢郎中/瞒在鼓当中/如坠五里雾中/英雄入彀中/群虱处裤中/虱处头而黑虱处裤中/

忠 zhōng ①尽心竭力。②厚。③忠诚。④忠君。

表忠　褒忠　从忠　赤忠　诚忠　大忠
敦忠　贵忠　贡忠　孤忠　怀忠　尽忠
进忠　建忠　竭忠　精忠　离忠　朴忠
幼忠　清忠　矢忠　小忠　效忠　愚忠
至忠　知忠　最忠
报国忠　寸心忠　纯白忠　贯日忠　平生忠
千古忠　铁石忠　直为忠
大奸似忠　敞短文忠　大节不忠　摔恶扬忠
晚节不忠　武穆精忠　阳孝尊忠　愈见心忠
移孝作忠　赵孟怀忠

盅 zhōng 没有把儿的小杯子。

茶盅　酒盅　虚盅　中盅

钟 zhōng ①古代的一种乐器。②佛寺中悬挂的钟。③计时器。④指时间，钟点。⑤杯子。⑥古代盛酒的器皿。⑦集聚。

宝钟　表钟　壁钟　摆钟　编钟　晨钟
大钟　电钟　递钟　盗钟　鼎钟　风钟
法钟　饭钟　福钟　釜钟　梵钟　古钟
挂钟　歌钟　鼓钟　号钟　洪钟　黄钟
寒钟　阛钟　鸿钟　江钟　巨钟　击钟
金钟　禁钟　警钟　嘉钟　鲸钟　叩钟
扣钟　空钟　龙钟　闹钟　林钟　母钟
鸣钟　暮钟　千钟　庆钟　清钟　情钟
敲钟　磬钟　三钟　石钟　水钟　私钟
丧钟　时钟　诗钟　竦钟　僧钟　曙钟
天钟　台钟　特钟　塔钟　万钟　午钟
闻钟　晚钟　小钟　仙钟　晓钟　霄钟
衅钟　悬钟　玉钟　引钟　尧钟　应钟
远钟　夜钟　瑶钟　座钟　撞钟
白云钟　报晓钟　长生钟　长乐钟　长啸钟
带月钟　饭后钟　古寺钟　隔林钟　高楼钟
花外钟　琥珀钟　九耳钟　及时钟　儿点钟
景阳钟　金作钟　酒千钟　老龙钟　灵秀钟
命所钟　暮村钟　暮天钟　情所钟　敲警钟
人定钟　如叩钟　生物钟　石英钟　天文钟
午夜钟　五更钟　万钧钟　一口钟　远寺钟
原子钟　偃月钟　子母钟　自鸣钟
倒挂金钟　鼎食鸣钟　老态龙钟　暮鼓晨钟
暮鼓晨钟　声如洪钟　设鼓悬钟　塞耳盗钟
咏月之钟　咏目之钟　运谐黄钟　掩耳盗钟
陈鼎击钟
吃哪里的饭，撞哪里的钟/当一天和尚撞一天钟/睡如弓，立如松，行如风，声如钟/现钟不打反铸钟/做一天和尚，撞一天钟/做一日和尚，撞一天钟/

衷 zhōng ①内心。②穿在里面的内衣。③正中。④善，福。

不衷　寸衷　初衷　宸衷　动衷　帝衷
和衷　洁衷　降衷　苦衷　葵衷　礼衷
取衷　清衷　谦衷　热衷　圣衷　私衷
深衷　由衷　幽衷　隐衷　渊衷　折衷
别离衷　服不衷　贯日衷
一本初衷　似有隐衷　无动于衷　言不由衷

忪 zhōng 又音 sōng ［怔忪］惊惧。

怔忪

终 zhōng ①把丝缠紧。②竟，尽。③结局。④旨人死。⑤自始至终的时间。⑥到底，总归。

成终　告终　欢终　怙终　疚终　将终
剧终　考终　令终　年终　临终　能终
命终　齐终　全终　曲终　厥终　岁终
送终　始终　受终　身终　善终　饰终

慎终　寿终　托终　图终　无终　凶终
学终　鲜终　一终　月终　吟终　有终
正终　自终　最终　赠终
报岁终　画角终　曲三终　一声终　一星终
乐未终　玉漏终　志有终
不知所终　白头不终　从一而终　从始至终
彻始彻终　贯彻始终　谨始虑终　全始全终
善始善终　晚节不终　有如有终　饮恨而终
有始无终　原始要终　养老送终　自始至终

螽 zhōng　螽斯，一种害虫。身体绿色或褐色，善跳跃，吃农作物。

阜螽　草螽　春螽　青螽　斯螽　蜥螽

肿 zhǒng　①痛。②肌肉浮胀。③向外突出。

癌肿　背肿　地肿　毒肿　发肿　肥肿
浮肿　腹肿　红肿　患肿　疾肿　胫肿
脚肿　脓肿　囊肿　目肿　膀肿　水肿
伤肿　通肿　血肿　虚肿　疣肿　臃肿
足肿　肢肿
背脊肿　肺脓肿　蠡颈肿　目尽肿　马背肿
麦粒肿
鼻青脸肿　鼻歪脸肿　鼻青眼肿　脸青鼻肿
皮泡脸肿　身体臃肿　痰肥臃肿

种 zhǒng　又音 zhòng　chóng　①谷物的种子。②人种。③种族。④果实中能长成新植物的部分。⑤类别式样。⑥生物学名词。

白种　百种　拌种　变种　兵种　败种
播种　采种　传种　菜种　纯种　大种
点种　豆种　稻种　断种　发种　奉种
复种　工种　改种　各种　贵种　钢种
火种　红种　何种　坏种　花种　伙种
黄种　黑种　几种　甲种　军种　浸种
剧种　家种　绝种　将种　嘉种　昆种
垦种　良种　龙种　劣种　戾种　留种
孬种　陇种　孽种　胧种　名种　灭种
母种　麦种　美种　谬种　片种　品种
配种　秋种　浸种　情种　人种　日种
书种　首种　丧种　识种　实种　税种
纯种　善种　树种　试种　撒种　特种
文种　万种　五种　物种　下种　刑种
选种　献种　一种　业种　引种　易种
有种　育种　鱼种　原种　语种　野种
迈种　杂种　种种　竹种　诸种
百谷种　聪明种　大夫种　瓜果种　混血种
佳丽种　牡丹种　书九种　沙田种　世无种
无遗种　王侯种　艺田种
锄去杂种　胡姬人种　泥水选种　蒙古人种
情恨欲种　筛选稻种　亡国灭种　选用良种
夏父夏种　有色人种　盐水选种
虎门无犬种/尼格罗澳大利亚人种/芝麻地里的黄豆，杂种/芝麻搅麦豆，杂种/

冢 zhǒng　①高大的坟墓。②山顶。③大。

笔冢　播冢　蔽冢　川冢　丛冢　大冢
发冢　坟冢　古冢　公冢　高冢　孤冢
坏冢　荒冢　鹤冢　汲冢　家冢　空冢
客冢　枯冢　牛冢　路冢　麟冢　马冢
破冢　丘冢　青冢　起冢　秋冢　上冢
山冢　石冢　守冢　扫冢　寿冢　淮冢
土冢　文冢　卫冢　仙冢　象冢　新冢
义冢　疑冢
楚王冢　河伯冢　黄帝冢　黄耳冢　韩凭冢
季子冢　刘伦冢　奴官冢　埋笔冢　毛遂冢
秦王冢　王弼冢　雪女冢　要离冢　衣冠冢
英雄冢
二儒发冢　诗礼发冢
怀素秃笔成冢/七十二疑冢/

踵 zhǒng　①追逐。②脚后跟。③跟踪。④继承。⑤到。

大踵　顶踵　蹈踵　放踵　反踵　跟踵
还踵　决踵　举踵　接踵　继踵　蹑踵
摩踵　企踵　跂踵　授踵　随踵　旋踵
曳踵　移踵
不旋踵　比肩踵　发至踵　息以踵
比肩接踵　比肩继踵　比肩随踵　计不旋踵
架肩接踵　纳履决踵　摩肩放踵　摩肩顶踵
摩肩接踵　翘首跂踵　亡不旋踵　延颈举踵
延颈企踵

中 zhòng　又音 zhōng　①正对上。②恰好。③遭受。④陷害，中伤。⑤充满。⑥科举及弟。

不中　百中　卒中　猜中　打中　发中
高中　击中　机中　计中　考中　可中

看中　屡中　命中　切中　巧中　奇中
双中　射中　五中　误中　选中　幸中
相中　虚中　言中　意中　得中
不相中　薄寒中　嘉谋中　射雀中　田横中
投壶中　刑罚中
百发百中　巧发奇中　谈言微中　言必有中
言谈微中　羿射不中

仲 zhòng ①居中。②排行第二。

伯仲　春仲　处仲　蔡仲　杜仲　公仲
管仲　亥仲　和仲　扶仲　敬仲　昆仲
南仲　孟仲　田仲　翁仲　羲仲　月仲
潘阳仲　王处仲　相伯仲　瑕邱仲　友牧仲
於陵仲　殪野仲
不分伯仲　河东伯仲　五品南仲　一时伯仲
壮心处仲

种 zhòng 又音 zhǒng chóng ①种植。②播放。③培植。④散布。

催种　点种　播种　分种　复种　粪种
耕种　溉种　后种　间种　救种　接种
家种　改种　口种　连种　拢种　轮种
民种　芒种　杞种　水种　手种　莳种
听种　套种　晚种　先种　夏种　义种
自种　栽种
避日种　锄云种　郭公种　和露种　寒谷种
天上种　仙圣种　芝田种
刀耕火种　挑水点种　镇恶将种
儿要自养，谷要自种/

众 zhòng ①大家。②许多人。③盛多。④许多。⑤指教徒人多。

安众　彼众　从众　出众　大众　当众
对众　动众　得众　抚众　发众　犯众
服众　富众　广众　公众　观众　贯众
鼓众　合众　会众　惑众　惊众　济众
鸠众　绝众　教众　警众　聚众　口众
厉众　利众　莅众　怒众　劳众　民众
殴众　亲众　群众　人众　容众　示众
事众　殊众　誓众　听众　徒众　万众
五众　违众　夏众　一众　用众　蚁众
拥众　营众　越众　游众　御众
苾刍众　东林众　罗绮众　儿女众　十万众
生齿众　赏心众　忧患众
博施济众　超群出众　稠人广众　独出乎众
大庭广众　法不治众　广庭大众　公之于众
寡不敌众　惊师动众　借曹厌众　劳苦大众
力能迈众　劳师动众　毛遂讥众　麻醉群众
人民群众　人多势众　乌合之众　行师动众
兴师动众　一不扭众　游街示众　妖言惑众
谣言惑众　斩首示众
兵贵奇，不贵众/

重 zhòng 又音 chóng ①厚。②分量较大。③重量。④浓厚。⑤深。⑥增益。⑦贵重。⑧重要。⑨看重。⑩音强。⑪色味浓。⑫端重。⑬慎重。⑭负责。⑮价格高。⑯数量多。

爱重　不重　比重　并重　保重　宝重
病重　笨重　弊重　褒重　才重　吃重
仇重　传重　沉重　称重　策重　持重
承重　超重　粗重　侧重　惨重　地重
端重　笃重　钝重　鼎重　恩重　负重
法重　繁重　过重　官重　谷重　功重
贵重　顾重　好重　花重　厚重　恨重
荷重　浑重　鸿重　见重　加重　居重
净重　寄重　借重　举重　积重　矜重
敬重　靖重　口重　看重　内重　伦重
里重　利重　浓重　禄重　柳重　累重
隆重　露重　凝重　面重　毛重　卖重
名重　平重　皮重　朴重　偏重　起重
权重　绮重　轻重　钦重　情重　器重
取重　跨重　任重　容重　失重　手重
申重　双重　受重　世重　色重　身重
伤重　涩重　深重　慎重　势重　托重
头重　体重　推重　文重　外重　危重
物重　望重　威重　稳重　心重　相重
香重　信重　言重　引重　阴重　孕重
严重　养重　倚重　雅重　燕重　自重
作重　庄重　执重　知重　注重　责重
志重　质重　郑重　着重　珍重　滞重
尊重　镇重　载重　辎重　增重
边秋重　蝉翼重　工作重　汉律重　花腰重
鸿毛重　九鼎重　江帆重　眉毛重　千斤重
千粒重　千均重　权轻重　声价重　雨声重
烟雾重　游丝重　足音重
不知轻重　不足轻重　秉节持重　道高德重

端庄稳重 端正庄重 德高望重 互道尊重
缓急轻重 举止庄重 举足轻重 畸轻畸重
礼轻情重 里急后重 老成持重 年高望重
拈轻怕重 两腿沉重 名高望重 千钧之重
权衡轻重 情深意重 裴任轻重 如牛负重
如释负重 忍辱负重 善自保重 山雾浓重
伤亡惨重 声冷字重 损失惨重 无足轻重
乌云低重 稳稳重重 许丞耳重 许丞耳重
拥兵自重 一言为重 着色浓重 灾难深重
质量并重 挚诚凝重 罪孽深重
背着抱着一样重/爬得高，跌得重/担折知柴重/礼轻人情重/攀得高，跌得重/千里送鹅毛，礼轻人意重/人尊自重人尊重/四两能拔千金重/姓名金瓯重/

充 chōng ①充塞。②肥胖。③装满。④满。⑤充实。⑥供应。⑦充当。⑧假冒。

补充 充充 大充 道充 德充 恩充
廓充 混充 辉充 假充 扩充 凉充
冒充 朦充 朋充 权充 食充 体充
填充 未充 性充 殷充 折充
德符充 福履充 国本充 和气充 饥肠充
学力充
等礼相充 抵肉李充 皓折贾充

冲 chōng 又音 chòng ①大路。②互相抵消。③谦和。④直上。⑤古代用以冲击敌阵的战车。⑥水力撞击。⑦突破。⑧快速向前飞跑。

兵冲 抱冲 冲冲 大冲 反冲 飞冲
俯冲 横冲 缓冲 灵冲 怒冲 脉冲
蒙冲 猛冲 气冲 清冲 渠冲 谦冲
思冲 太冲 梯冲 武冲 兴冲 虚冲
云冲 幼冲 要冲 夷冲 渊冲 折冲
直冲
不易冲 波浪冲 道意冲 发上冲 火冲冲
急冲冲 怒冲冲 气冲冲 淑气冲 兴冲冲
喜冲冲 霄可冲 月浪冲 壮气冲 干得冲
交通要冲 集续汉冲 怒气冲冲 首当其冲

忡 chōng 忧虑不安。

忡忡 有忡 怔忡
郁忡忡
忧心忡忡

舂 chōng ①用杵很臼捣去谷物皮壳。②撞击。③掘。

茶舂 村舂 炊舂 冬舂 高舂 怀舂
寒舂 精舂 赁舂 粼舂 女舂 配舂
山舂 石舂 市舂 宿舂 晚舂 下舂
晓舂 溪舂 月舂 夜舂 雅舂 助舂
促晓舂 斗粟舂 带云舂 带月舂 暮村舂
水自舂 手自舂 夜半舂 野碓舂 庑下舂

憧 chōng ①［憧憧］心意不定。②痴呆。

初憧 齿憧 花憧 两憧 泪憧 连憧
隆憧 日憧 损憧 推憧 瓦憧 雨憧
影憧 指憧 栈憧
人影憧憧

艟 chōng ［艨艟］古代的一种战船。

艨艟

虫 chóng ①古代对一切动物的通称。②昆虫。

长虫 虫虫 成虫 草虫 臭虫 春虫
大虫 毒虫 滴虫 雕虫 蠹虫 飞虫
怪虫 刚虫 钩虫 花虫 害虫 蛍虫
寒虫 候虫 蝗虫 蛔虫 介虫 甲虫
㧏虫 金虫 狡虫 精虫 倮虫 戾虫
蜡虫 聋虫 狸虫 蓼虫 裸虫 蛲虫
黏虫 腻虫 懒虫 囊虫 蠃虫 毛虫
鸣虫 螟虫 蠓虫 爬虫 瓢虫 青虫
秋虫 蛆虫 蛲虫 若虫 尸虫 水虫
沙虫 琐虫 桃虫 絛虫 绦虫 跳虫
五虫 涡虫 蚊虫 线虫 星虫 夏虫
玉虫 幼虫 羽虫 阴虫 吟虫 原虫
益虫 鱼虫 勇虫 眼虫 蚜虫 药虫
恙虫 蛀虫 贞虫 螫虫 稚虫 鸷虫
爱墨虫 白蜡虫 百足虫 百吉虫 病原虫
寸白虫 大爬虫 敌百虫 蠹书虫 赴火虫
肺吸虫 赋草虫 肝吸虫 跟头虫 跟屁虫
怪哉虫 化沙虫 害人虫 红铃虫 寒号虫
核桃虫 糊涂虫 吉人虫 金鱼虫 卷叶虫
寄居虫 寄生虫 可怜虫 叩头虫 瞌睡虫
磕头虫 毛毛虫 米蛟虫 毛火虫 麦蚜虫
麦秆虫 棉铃虫 棉桃虫 棉蚜虫 切根虫

松毛虫 食心虫 珊瑚虫 剃枝虫 行军虫
血吸虫 细腰虫 星毛虫 应声虫 萤火虫
竹节虫 注鱼虫 蛀心虫 钻心虫
百足之虫 怪哉冤虫 经济昆虫 剪枝除虫
喷药杀虫 猿鹤沙虫 蚊睫之虫
大虫吃小虫/肚子里的蛔虫/二十八星瓢虫/

种 chóng 又音 zhǒng zhòng 姓。
阮种

重 chóng 又音 zhòng ①重复。②牵连。③层。④加上，表示更进一层。
百重 碧重 重重 翠重 九重 千重
三重 双重 万重 衣重 檐重 山重
彩云重 称九重 第一重 洞壑重 殿阁重
风云重 福履重 花影重 积翠重 锦绣重
困难重 客思重 万千重 一顾重 云树重
玉关重 月影重 意万重
顾虑重重 黑云重重 黑幕重重 结袜取重
困难重重 心事重重 云山万重 榆暝豆重
忧虑重重 朝雾重重

崇 chóng ①山大而高。②高。③尊重。④崇尚。⑤终了。⑥增长。⑦充满。
被崇 褒崇 登崇 道崇 广崇 功崇
高崇 恢崇 惠崇 隆崇 敬崇 钦崇
石崇 圣崇 位崇 攸崇 蕴崇 尊崇
大业崇 岱岳崇 德望崇 功名崇 礼意崇
礼教崇 四术崇 圣敬崇 圣寿崇 万国崇
众所崇
富羡石崇 稽古桓崇 权重望崇 山川之崇
斩妓石崇 止雹王崇

宠 chǒng ①尊崇。②荣耀。③偏爱。④骄纵。⑤过分的爱。
爱宠 并宠 嬖宠 承宠 夺宠 得宠
恩宠 负宠 惯宠 故宠 光宠 贵宠
过宠 荷宠 居宠 近宠 君宠 眷宠
矜宠 荐宠 娇宠 骄宠 假宠 亢宠
怙宠 内宠 厉宠 男宠 纳宠 偏宠
启宠 求宠 权宠 取宠 亲宠 荣宠
市宠 失宠 师宠 身宠 色宠 恃宠
庶宠 殊宠 盛宠 擅宠 天宠 外宠
误宠 渥宠 显宠 席宠 新宠 优宠
姚宠 邀宠 鬻宠 专宠 重宠 争宠
追宠 尊宠
班姬宠 飞燕宠 宫人宠 巾箱宠 金门宠
金吾宠 金带宠 书房宠 子猷宠 卫轩宠
乘轩宠
乘轩庞宠 哗众取宠 哗世取宠 王伾亵宠
系臂之宠 断袖之宠

冲 chòng 又音 chōng ①对着，向。②猛烈。
火冲 水冲
寒意冲 怒气冲 火冲冲 剑气冲 气味冲
嗓门冲 波浪冲 疾风冲 霄可冲
厌难折冲

铳 chòng ①指枪一类的火器。②打眼器具。
火铳 炮铳 土铳

戎 róng ①武器。②军队。③古代称我国的西部民族。④兵车。⑤征伐。⑥敌寇。⑦扩大。⑧拔除。
阿戎 不戎 兵戎 从戎 参戎 伏戎
冯戎 封戎 和戎 军戎 戒戎 克戎
六戎 女戎 郎戎 临戎 蒙戎 启戎
起戎 戎戎 小戎 兴戎 西戎 一戎
元戎 总戎 旃戎 镇戎
辨王戎
辨李王戎 木兰代戎 弃笔从戎 投笔从戎
魏绛和戎 狐裘蒙戎

绒 róng ①鸟身上的柔毛。②上面有一层绒毛的纺织品。③刺绣用的丝线。④柔软细小的纤维。
艾绒 补绒 大绒 鹅绒 火绒 红绒
貉绒 立绒 呢绒 妮绒 棉绒 平绒
蒲绒 石绒 丝绒 睡绒 条绒 驼绒
香绒 羊绒 羽绒 鸭绒 栽绒
长毛绒 长葛绒 灯芯绒 法兰绒 火车绒
海虎绒 骆驼绒 棉花绒 乔其绒 天鹅绒
五色绒 斜纹绒

茸 róng ①草初生的样子。②鹿茸。③柔细的兽毛。
白茸 碧茸 丰茸 莑茸 狐茸 龙茸
茏茸 荒茸 鹿茸 蓼茸 绿茸 毛茸
蒙茸 蓬茸 鬅茸 峭茸 茸茸 参茸
驼茸 翁茸 纤茸 阘茸 芷茸 紫茸
白茸茸 草茸茸 翠织茸 绿云茸 鹿养茸

绿茸茸 莫抽茸 蓬茸茸 上蓊茸 扫鹤茸
散红茸 细草茸 毛茸茸
绿草茸茸

荣 róng ①桐木的别名。②草本植物的花。③繁茂。④富贵。⑤光荣。⑥中医指血为荣，气为卫。

安荣 哀荣 爱荣 不荣 褒荣 陛荣
宠荣 春荣 垂荣 辞荣 德荣 恩荣
飞荣 分荣 风荣 浮荣 纷荣 发荣
蕃荣 敷荣 繁荣 光荣 归荣 割荣
华荣 见荣 极荣 嘉荣 开荣 枯荣
康荣 南荣 兰荣 妻荣 示荣 升荣
生荣 世荣 身荣 岁荣 舒荣 疏荣
殊荣 熟荣 葬荣 苕荣 贪荣 瀹荣
向荣 先荣 欣荣 乡荣 显荣 虚荣
玉荣 余荣 阳荣 争荣 卓荣 珍荣
尊荣 滋荣 增荣
百花荣 草木荣 彩衣荣 恩宠荣 冠带荣
就日荣 木向荣 梦中荣 棨戟荣 书绣荣
桃李荣 题柱荣 卻洗荣 轩冕荣 一顾荣
与有荣 衣锦荣 雨露荣 燕穿荣 竹帛荣
争春荣 章绶荣
安富尊荣 本固枝荣 草木欣荣 夫贵妇荣
夫贵妻荣 街市繁荣 稽古桓荣 乔梓皆荣
母觇子荣 卖友求荣 卖国求荣 市场繁荣
虽死犹荣 万木争荣 万物争荣 欣欣向荣
虚假繁荣 元服初荣 元服加荣 引以为荣
一顾之荣 以耻为荣 遗芳全荣 郁垒神荣
纵饮公荣 衣锦之荣
树无百年荣/

嵘 róng ［峥嵘］ ①高峻，突出。②不平常。

王嵘 峭荣 峥嵘 钟嵘
头角峥嵘 险峻峥嵘

蝾 róng ［蝾螈］一种两栖动物，形状像蜥蜴。

蛛蝾

容 róng ①宽容。②接纳。③容量。④从容。⑤容貌。⑥容纳。⑦或许。⑧允许。

哀容 阿容 不容 包容 变容 病容
从容 仓容 纵容 冒容 尘容 春容
春容 滔容 聘容 悴容 苍容 愁容
电容 动容 帝容 德容 夫容 风容
丰容 妇容 芳容 咕容 光容 改容
姑容 苟容 国容 回容 和容 含容
欢容 花容 华容 辉容 海容 毁容
涵容 微容 金容 进容 军容 倦容
兼容 俊容 娇容 减容 警容 遽容
口容 可容 夸容 库容 宽容 媸容
内容 礼容 泪容 丽容 难容 能容
敛容 怒容 面容 目容 美容 慕容
瞀容 貌容 阙容 求容 取容 轻容
清容 秋容 戚容 轻容 如容 容容
山容 什容 市容 失容 圣容 收容
声容 视容 肃容 舒容 殊容 瘐容
谁容 饰容 睟容 韶容 天容 童容
通容 龆容 无容 为容 威容 微容
婉容 心容 先容 形容 相容 笑容
喜容 狎容 新容 修容 羞容 夭容
易容 仪容 玉容 冶容 优容 远容
有容 忧容 音容 夜容 妍容 艳容
遗容 颜容 盈容 雍容 邕容 颐容
鬻容 壮容 纵容 周容 贞容 真容
阵容 诎容 尊容 昭容 睟容 醉容
姿容 整容
不见容 不改容 冰雪容 惨淡容 妒花容
带秋容 好仪容 花想容 旧时容 绝世容
君子容 酒后容 镜中容 憔悴容 若为容
特地容 雨后容 庸雍容 造化容 罪难容
阿世取容 阿意取容 阿谀取容 不暇修容
不饰仪容 从从容容 曾露愧容 大度包容
杜门绝容 汉文不容 诲让德容 皎皎姿容
祲威盛容 校士昭容 讥其不容 难以形容
面不改容 面带愁容 良伯毁容 满面笑容
满面愁容 满脸笑容 情理难容 阮女乏容
师德宽容 山沧海容 天地难容 天理难容
偷合取容 偷合苟容 态度雍容 无地不容
无地自容 无地可容 望人包容 吾失足容
笑不改容 幸为先容 喻合苟容 月貌花容
依阿取容 整衣敛容 瞻仰遗容 窒塞内容
左右先容 陈群蹙容 孔德之容 物有其容
肚大能容
冰炭不相容/水火不相容/杀人可恕，天理难

容/杀人可恕，情理难容/士为知己者死，女为悦己者容/行善之人有善终，行恶之人天不容/

蓉 róng ［芙蓉］ ①荷花的别称。②落叶灌木，花有红、白等色。也叫"木芙蓉"。

苁蓉 豆蓉 芙蓉 玉蓉 椰蓉 紫蓉
阿芙蓉 碧芙蓉 草芙蓉 粉芙蓉 金芙蓉
木芙蓉 肉芙蓉 水芙蓉 绣芙蓉 玉芙蓉
出水芙蓉 初日芙蓉 李固芙蓉 石主芙蓉

溶 róng ①水盛貌。②在水或其他液体中化开。

动溶 纷溶 沟溶 互溶 洪溶 澒溶
鸿溶 溶溶 水溶 速溶 汹溶 月溶
岩溶 沆溶 摇溶 游溶 悠溶
汗溶溶 煖溶溶 气旄溶 日光溶 水波溶
月溶溶
白云溶溶 月光溶溶

榕 róng ①榕树。②福建省福州的别称。

不才榕 连理榕 满庭榕 爬藤榕 十亩榕

熔 róng 固体受热到一定程度时变成液体。

陶熔 未熔 销熔 冶熔 铸熔
炉中熔

融 róng ①炊气上出。②大明。③融化。④融合。⑤和乐。⑥流通。⑦长久。⑧固体受热变软或变为流体。

冲融 春融 光融 浑融 交融 金融
内融 泥融 熔融 融融 通融 洵融
消融 销融 雪融 圆融 雍融 祝融
蜂蜡融 沍水融 海日融 酒恩融 乐融融
两相融 煖融融 暖融融 露光融 日融融
瑞气融 心神融 晓阁融 雪初融 月色融
白雪融融 春光融融 春雪易融 粗服张融
其乐融融 情景交融 水乳交融 雾释冰融
晚雪销融 咒杯柳融
大隧之中，其乐融融/

冗 rǒng ①闲散的，多余无用的。②繁忙。③繁杂。④逃散。

兵冗 卑冗 拔冗 脞冗 粗冗 浮冗
纷冗 烦冗 繁冗 官冗 旧冗 简冗
流冗 念冗 去冗 穷冗 郤冗 冗冗
俗冗 散冗 文冗 蛸冗 闲冗 虚冗
杂冗 訷冗 柷冗 赘冗
心烦意冗 语近词冗 文烦句冗

氄 rǒng 鸟兽细软的毛。

孑氄 毛氄 细氄
羽毛发氄

枞 zōng 又音 cōng 地名，在安徽省。

鸡枞

宗 zōng ①旧指宗庙，祖庙。②同祖，同族。③朝见。④神庙。⑤皇帝的庙号。⑥主旨。⑦佛教的派别。⑧向往。⑨尊崇。

词宗 朝宗 辞宗 禅宗 大宗 岱宗
地宗 归宗 瞽宗 华宗 卷宗 亢宗
六宗 女宗 礼宗 列宗 连宗 律宗
联宗 莲宗 陋宗 起宗 权宗 强宗
人宗 贰宗 儒宗 水宗 世宗 守宗
诗宗 神宗 天宗 同宗 谈宗 文宗
五宗 吾宗 仙宗 玄宗 兴宗 一宗
元宗 阴宗 有宗 夷宗 正宗 追宗
白云宗 百代宗 百气宗 范尉宗 郭林宗
汉中宗 华严宗 竟难宗 老祖宗 牛联宗
梦高宗 阮嗣宗 夙所宗 五经宗 谢超宗
性命宗 法相宗 云门宗
道义之宗 当世儒宗 告庆于宗 列祖列宗
埋帖太宗 琴操三宗 认祖归宗 唐羡三宗
万源归宗 温恢振宗 一代之宗 一代文宗
一代谈宗 云折充宗 一祖三宗 五家七宗
武林正宗
柳公权巧答唐穆宗/万变不离其宗/张果老戏玄宗/

综 zōng ①总聚。②归纳。

并综 毕综 博综 辨综 穿综 参综
阐综 错综 东综 关综 该综 贯综
兼综 内综 厘综 旁综 穷综 探综
寻综 营综 专综 甄综 纂综
万机综 五曹综
复杂错综

棕 zōng 棕榈树。

编棕 碧棕 海棕 寒棕 浅棕 油棕
楚池棕 石翠棕

踪 zōng 人和动物走过留下的脚迹。

藏踪 芳踪 高踪 跟踪 旧踪 绝踪
鸡踪 嘉踪 客踪 来踪 蹑踪 鸟踪
萍踪 齐踪 前踪 潜踪 人踪 失踪
停踪 行踪 希踪 寻踪 雪踪 遐踪
云踪 遗踪 影踪 游踪 追踪
不可踪 不留踪 白云踪 步往踪 虎留踪
翰墨踪 鹓鹭踪 莲社踪 千古踪 尚留踪
世人踪 无定踪 物外踪
浮迹浪踪 梗迹萍踪 浪迹浮踪 犬迹狐踪
鼠迹狐踪 无影无踪 雨迹无踪
紧行无善踪/来无迹，去无踪/

鬃 zōng 兽类颈上的长毛。

风鬃 金鬃 马鬃 银鬃 朱鬃 猪鬃
白雪鬃 贯珠鬃

总 zǒng ①系扎。②都，老是。③集中。④全面。⑤总共。⑥主要的。

弁总 成总 打总 独总 分总 纷总
烦总 繁总 归总 共总 合总 汇总
夹总 江总 集总 括总 老总 留总
拢总 览总 揽总 纳总 事总 统总
填总 五总 外总 悉总 一总 专总
杂总 抓总 执总 朱总 总总 掌总
百揆总 百禄总 功名总 龟五总 天心总
万物总 玉拢总 职内总
林林总总 狎客江总

偬 zǒng ［倥偬］ ①事情迫促。②穷困。

倥偬
戎马倥偬

纵 zòng ①耸，向上引。②发箭。③发。④放弃。⑤释放。⑥广泛地，任意地。⑦放纵。⑧身体向上的纵跳。⑨直、竖。

阿纵 不纵 笔纵 逞纵 弛纵 粗纵
操纵 怠纵 诞纵 放纵 故纵 高纵
惯纵 合纵 譁纵 酣纵 豪纵 解纵
骄纵 娇纵 狂纵 宽纵 靡纵 权纵
少纵 神纵 似纵 肆纵 疏纵 天纵
英纵 淫纵 妖纵 移纵 意纵 自纵
纵纵 恣纵
孤云纵 巨鳞纵 即鹿纵 民气纵
敌不可纵 葛亮七纵 七擒七纵 七擒八纵
欲擒故纵

疭 zòng ［瘛疭］手脚痉挛，口眼歪斜的症状。

瘛疭

粽 zòng 粽子。

楚粽 角粽 解粽 绿粽 蜜粽 巧粽 食粽 团粽 筒粽 新粽 作粽
杂粽
碧筠粽 九子粽 青菰粽 益智粽

苁 cōng 苁蓉，植物名。①草苁蓉，一种寄生植物。②肉苁蓉，茎可入药。

龙苁

枞 cōng 又音 zōng 又叫冷杉。

美枞 楔枞 松枞 枞枞

匆 cōng 急促。

匆匆
急匆匆
衮衮匆匆 来去匆匆 行色匆匆

葱 cōng ①茎叶有辣味，常用的佐料。②青绿色。

吹葱 春葱 葱葱 大葱 冬葱 贩葱
茏葱 青葱 绮葱 三葱 山葱 水葱
石葱 小葱 削葱 香葱 玉葱 洋葱
郁葱 种葱
倒栽葱 发如葱 孤山葱 龙角葱 绿葱葱
三亩葱 山有葱 水晶葱 许州葱 玉树葱
雨园葱 竹木葱
鼻如玉葱 促侄贩葱 汝州风葱 郁郁葱葱

囱 cōng 烟囱。炉灶出烟的管状物通路。

烟囱

骢 cōng 青白色的马。

步骢 避骢 乘骢 红骢 花骢 青骢

随骢　铁骢　玉骢　银骢
凤头骢　皎雪骢　连钱骢　廉臣骢　绿螭骢
凝露骢　喷玉骢　麝香骢　悬光骢
桓典乘骢　廉臣一骢

聪 cōng ①听。②听觉灵敏。③聪明。

宸聪　达聪　帝聪　贵聪　俊聪　明聪
耳聪　四聪　失聪　圣聪　神聪　天聪
听聪
发尧聪　耳不聪　赞关聪
蔽明塞聪　双豆塞聪

从 cóng ①跟随。②追逐。③随着。④顺从。⑤自，由。⑥依顺。⑦参与。⑧采取某种态度或方式。⑨跟随的人。⑩次要的。⑪指堂房亲属。⑫听凭。

白从　部从　步从　宾从　傧从　常从
打从　导从　风从　法从　服从　过从
苟从　龟从　跟从　后从　何从　护从
扈从　久从　敬从　禁从　傔从　垅从
面从　民从　盲从　谋从　媚从　貌从
仆从　朋从　迫从　陪从　嫔从　曲从
屈从　亲从　群从　骑从　任从　忍从
三从　少从　首从　所从　适从　师从
送从　侍从　顺从　率从　随从　听从
无从　卫从　为从　乡从　辛从　希从
相从　序从　信从　胁从　驯从　贤从
一从　云从　义从　言从　远从　议从
应从　依从　育从　研从　景从　遊从
影从　主从　自从　珍从　驺从　遵从
革新从　六官从　圣人从　太子从　云龙从
赞天从
何去何从　鸡尸牛从　降心相从　靡所适从
轻装简从　轻车简从　轻骑简从　无所适从
唯命是从　云合景从　云集景从　言听计从
言出计从　言出祸从　择善而从

丛 cóng ①聚集。②密集生长的草木。③泛指聚集在一起的人。④细碎。

碧丛　出丛　成丛　草丛　刀丛　断丛
芳丛　桂丛　灌丛　花丛　论丛　林丛
绿丛　满丛　千丛　人丛　石丛　树丛
深丛　新丛　有丛　幽丛　译丛　竹丛
百花丛　百果丛　薄书丛　翠云丛　灌木丛
金共丛　荆棘丛　绮罗丛　盛小丛　万木丛
万花丛　万马丛　望菊丛　晓露丛　烟雨丛
紫芝丛
恒思神丛　绿竹丛丛　密密丛丛

淙 cóng 拟声词。

淙淙　石淙　悬淙　铮淙
水淙淙
流水淙淙　泉水淙淙　水声铮淙　杨忆石淙

悰 cóng ①快乐。②心情。③谋划。

寡悰　久悰　欢悰　情悰
病无悰　洗醉悰

琮 cóng 古时的一种玉器。

碧琮　琮琮　大琮　黄琮　加琮　享琮
用琮
八方琮　玉净琮

潀 cóng ①小水汇入大水。②水声。

奔潀　潀潀　飞潀　夹潀　惊潀　清潀

忪 sōng 又音 zhōng ［惺忪］①清醒。②刚刚睡醒尚未清醒。

忪忪　惺忪

松 sōng ①发乱。②疏松。③瘦肉做成的碎末状的食品。④放开。⑤不紧张。⑥常绿乔木，叶子针形，种类很多。

巴松　长松　赤松　昌松　苍松　大松
放松　封松　干松　古松　果松　高松
怪松　孤松　红松　海松　寒松　巨松
劲松　金松　枯松　宽松　棵松　龙松
老松　茂松　平松　蓬松　鬅松　盘松
乔松　虬松　乔松　乔松　桥松　青松
秦松　轻松　如松　肉松　石松　手松
舒松　寿松　殖松　酥松　霜松　听松
塔松　武松　瓦松　雪松　稀松　偃松
云松　吟松　油松　鱼松　员松　种松
贞松　栽松　植松　嘴松
白皮松　百尺松　宝髻松　伴赤松　百丈松
碧罗松　鬓云松　鬓逢松　苍髯松　大夫松
带园松　风入松　负雪松　凤尾松　古根松
高节松　古殿松　后凋松　几株松　金剑松

金钱松 涧底松 屐声松 龙牙松 罗汉松
龙鳞松 马拉松 马尾松 马蹄松 眉如松
慕赤松 千岁松 七星松 三径松 岁寒松
万年松 万壑松 五陵松 卧云松 雪压松
寻赤松 仙风松 玉珑松 迎客松 迎风松
玉骨松 腰带松 杂青松
丁固梦松 墨竹梅松 蓬蓬松松 轻轻松松
善辩张松 衣带宽松
张良慕赤松/

淞 sōng ［雾淞］寒冷天水气在树枝结成的冰花。
雾淞 霰淞 雨淞

菘 sōng 菘菜。二年生草本植物，叶可吃。
白菘 甘菘 葵菘 绿菘 嫩菘 暮菘
青菘 秋菘 霜菘 晚菘 园菘 早菘
九英菘 四时菘 晚彤菘 雨后菘 雨余菘
紫花菘

凇 sōng 吴淞江，发源于太湖，到上海与黄浦江汇合流入长江。
冻凇 暮凇 霜凇 雾凇 野凇

嵩 sōng ①山大而高。②泛指高大。③特指中岳“嵩山”。
碧嵩 冲嵩 登嵩 封嵩 顶嵩 高嵩
归嵩 还嵩 呼嵩 华嵩 秋嵩 望嵩
维嵩

耸 sǒng ①高起。②耸动。③矗立。④劝勉。
昂耸 不耸 顶耸 骨耸 高耸 孤耸
寒耸 角耸 气耸 耳耸 山耸 身耸
爽耸 天耸 特耸 秀耸 修耸 叶耸
争耸 直耸
孤嶂耸 虎背耸 金刹耸 凌烟耸 云梯耸
峰峦高耸 颧骨高耸 驼峰独耸

悚 sǒng 害怕。
焦悚 惊悚 兢悚 愧悚 畏悚 震悚
惶悚悚 恐惧悚

竦 sǒng ①肃敬。②引颈举踵而立。③惊惧。④耸立。
岸竦 岑竦 蹩竦 奋竦 高竦 林竦
难竦 上竦 山竦 神竦 竦竦 天竦
跳竦 虚竦 修竦 云竦 直竦 战竦
飞观竦 风力竦 楼台竦 毛发竦 千寻竦
银台竦

讼 sòng ①争论。②为人辩冤。③责备。④六十四卦之一。⑤诉讼。
罢讼 辩讼 拆讼 昌讼 词讼 耻讼
辞讼 成讼 大讼 诋讼 断讼 决讼
教讼 健讼 聚讼 内讼 生讼 侍讼
诉讼 涉讼 听讼 五讼 伪讼 小讼
息讼 熄讼 酗讼 嚣讼 言讼 阴讼
遇讼 疑讼 狱讼 正讼 自讼 众讼
争讼 滞讼
不克讼 士女讼 小吏讼
包揽词讼 民事诉讼 三虱相讼 棠阴听讼
调词架讼 阳城决讼 虞芮之讼

颂 sòng ①歌颂。②《诗经》六义之一。③文体之一，颂扬为目的的诗文。④以颂扬为内容的文章或诗歌。
八颂 碑颂 褒颂 传颂 称颂 讽颂
赋颂 歌颂 讲颂 敬颂 橘颂 鲁颂
庙颂 讴颂 世颂 三颂 诗颂 商颂
善颂 投颂 推颂 文颂 王颂 详颂
弦颂 献颂 咏颂 邑颂 舆颂 雅颂
谣颂 周颂 奏颂 终颂 赞颂
风雅颂 甘棠颂 红旗颂 河清颂 吉甫颂
精心颂 酒德颂 龙江颂 龙池颂 鹿苑颂
清风颂 神雀颂 天下颂 西第颂 贤臣颂
与人颂 迎客颂 延安颂 燕山颂 燕然颂
中和颂 朝夕颂
袴襦歌颂 神竭于颂 玚辞碑颂 万世称颂
曾参歌商颂/

宋 sòng ①国名。②朝代名。③指宋刊本或宋字体。
北宋 仿宋 过宋 呼宋 杞宋 窥宋
吕宋 南宋 去宋 屈宋 二宋 入宋
收宋 沈宋 盛宋 唐宋 小宋 兴宋
炎宋 姚宋 影宋 枳宋
始有宋 西为宋
东墙窥宋 衙官屈宋

送 sòng ①送亲。②送行。③送交。④传送。⑤馈赠。⑥断送。
步送 保送 拜送 播送 簿送 抄送

传送 遈送 持送 驰送 大送 递送
逮送 断送 飞送 分送 放送 发送
奉送 赴送 缚送 附送 辅送 告送
供送 歌送 欢送 护送 函送 见送
郊送 荐送 解送 接送 饯送 馈送
愧送 礼送 扭送 辇送 目送 陪送
攀送 遣送 申送 身送 送送 随送
赡送 输送 投送 挽送 选送 相送
月送 远送 运送 吟送 迎送 押送
媵送 自送 走送 坐送 追送 斋送
祖送 载送 转送 醉送 葬送 纵送
装送 赠送
扁舟送 班骓送 春色送 乘风送 风吹送
风雪送 慷慨送 两桨送 临流送 临柳送
南蒲送 买笛送 鸣莺送 鸣驺送 双雁送
沙鸥送 吞声送 携酒送
拱手奉送 来迎去送 手挥目送 旬输月送
阿斗的江山，白送/人怕敬，鬼怕送/未吃端午粽，寒衣未可送/一手接钱，两手送/

诵 sòng ①朗读。②述说。③诗篇。④背诵。⑤颂扬。

暗诵 谙诵 冰诵 便诵 坌诵 背诵
毖诵 传诵 唱诵 持诵 长诵 成诵
春诵 讽诵 光诵 耕诵 豪诵 晦诵
记诵 讲诵 教诵 精诵 口诵 洛诵
朗诵 念诵 暮诵 默诵 讴诵 劝诵
述诵 竦诵 叹诵 推诵 温诵 习诵
惜诵 弦诵 洵诵 吟诵 夜诵 舆诵
谣诵 作诵 赞诵 弦诵
汉覆诵 伶官诵 天下诵 与人诵 朝夕诵
终心诵
过目成诵 熟读成诵 下帷讲诵 一览成诵
吉甫作诵

佣 yōng 又音 yòng ①受雇为人劳动。②雇用劳动者，仆役。

邦佣 雇佣 回佣 女佣 行佣
读书佣 灌园佣 酒家佣 卖菜佣 为人佣
治家佣
触石菜佣 负为保佣

拥 yōng ①抱。②聚集。③围裹。④保护。⑤拥护。

抱拥 出拥 撮拥 地拥 簇拥 攒拥
扶拥 蜂拥 阗拥 花拥 挤拥 妓拥
路拥 桥拥 山拥 沙拥 声拥 事拥
外拥 香拥 雪拥 云拥 自拥
都人拥 金甲拥 群龙拥 虚器拥 岩石拥
朱轩拥
前呼后拥 左抱右拥

痈 yōng 一种毒疮。

肠痈 毒痈 癫痈 决痈 溃痈 破痈
吮痈 养痈

邕 yōng ①邕江，在广西。②广西南宁的别称。

蔡邕 李邕
魂摄李邕

庸 yōng ①采用。②任用。③功劳。④顾工。⑤平常。⑥经常。⑦须，用。⑧隋、唐时的一种赋役法。⑨不高明。

保庸 报庸 才庸 畴庸 代庸 登庸
凡庸 反庸 肤庸 奋庸 附庸 各庸
功庸 昏庸 荒庸 居庸 旌庸 嘉庸
流庸 纳庸 茂庸 铭庸 骂庸 懋庸
平庸 取庸 收庸 无庸 勿庸 妄庸
毋庸 虚庸 勋庸 有庸 庸庸 愚庸
只庸 中庸 至庸 征庸 颛庸
百工庸 车服庸 剑何庸 作尔庸
老朽昏庸 碌碌无庸 平平庸庸

鄘 yōng 周代诸侯国名。

旧鄘 邶鄘

墉 yōng ①城墙。②高墙。

穿墉 城墉 崇墉 高墉 金墉 列墉
四墉 翁墉 垣墉
积如墉 万雉墉

慵 yōng 困倦，懒。

春慵 多慵 放慵 老慵 生慵 疏慵
天慵 无慵 小慵 心慵 性慵 咏慵
养慵
笔未慵 出门慵 蝶飞慵 临镜慵 莫辞慵
梦亦慵 傍门慵 束带慵 叔夜慵 午梦慵
卧龙慵 向酒慵 向诗慵 性疏慵 掩关慵

燕飞慵
百懒千慵　鸾困凤慵

镛 yōng　古乐器名。

大镛　金镛　宿镛　笙镛

鳙 yōng　鳙鱼。

鲋鳙　胡鳙
露鱼禹鳙

雍 yōng　①和谐。②和睦。③遮蔽。

北雍　东雍　丰雍　美雍　国雍　顾雍
歌雍　和雍　河雍　居雍　据雍　荆雍
践雍　南雍　临雍　梁雍　辟雍　岐雍
秦雍　人雍　三雍　上雍　时雍　肃雍
陶雍　下雍　习雍　西雍　辛雍　熙雍
湘雍　雍雍　至雍　著雍
王在雍　治尧雍
成均辟雍　灵拨季雍

壅 yōng　①堵塞。②蒙蔽。③壅土。④培植。

蔽壅　川壅　才壅　沈壅　达壅　道壅
防壅　梗壅　决壅　积壅　鸡壅　口壅
罗壅　劳壅　流壅　路壅　培壅　水壅
事壅　视壅　势壅　天壅　通壅　无壅
五壅　昔壅　消壅　翳壅　至壅
冰澌壅　道路壅　河水壅　奸臣壅　囊沙壅
沙漠壅　土半壅　贤路壅　鱼泊壅　左右壅

饔 yōng　①熟食。②早饭。

馂饔　庖饔　尸饔　外饔　五饔　佐饔
朝饔

喁 yóng　鱼口向上，露出水面。

唱喁　噞喁　喁喁　于喁
蝉鸣喁喁

颙 yóng　①大头。②仰慕。

颙颙

永 yǒng　①水势长流貌。②久远。③永久。

阿永　茶永　春永　江永　隽永　箭永
漏永　梦永　清永　情永　日永　味永
宵永　遐永　永永　夜永　渊永　诈永
昼永
村巷永　春景永　椿寿永　宫漏永　两情永
萝经永　声依永　伤仲永　天水永　云露永
震恩永

咏 yǒng　①声调抑扬地念、唱。②用诗词等来叙述。

爱咏　八咏　长咏　称咏　春咏　綷咏
发咏　讽咏　高咏　歌咏　感咏　含咏
鹤咏　嗟咏　克咏　民咏　讴咏　巧咏
松咏　思咏　诵咏　天咏　叹咏　题咏
文咏　新咏　行咏　戏咏　笑咏　啸咏
吟咏　研咏　雅咏　瑶咏　杂咏　在咏
藻咏　赞咏
沧浪咏　登楼咏　黄竹咏　洛生咏　蓝关咏
七步咏　琵琶咏　五袴咏　月下咏　掩鼻咏
傅霖别咏　南楼理咏　列服张咏　桑间之咏
西溪晏咏　一吟一咏　袁粲啸咏　子猷啸咏
洛下书生咏/

泳 yǒng　在水里游动。

波泳　川泳　侧泳　电泳　冬泳　蝶泳
飞泳　风泳　俯泳　涵泳　爬泳　潜泳
蛙泳　仰泳　浴泳　游泳　渊泳　翔泳
海豚泳　轻鸥泳　鱼川泳　自由泳

甬 yǒng　①古代的量器。②古代的钟柄名。③花含苞欲放的样子。

长甬　斗甬　禁甬
角斗甬　舞上甬

俑 yǒng　古时殉葬的木制、陶制的偶像。

女俑　男俑　泥俑　木俑　陶俑　为俑
作俑
兵马俑　始作俑

勇 yǒng　①有胆量。②兵士。③凶猛。

兵勇　必勇　成勇　沈勇　逞勇　大勇
多勇　非勇　奋勇　愤勇　古勇　观勇
刚勇　贾勇　鼓勇　火勇　好勇　悍勇
豪勇　奸勇　矜勇　健勇　精勇　内勇
能勇　礁勇　谋勇　猛勇　朴勇　僄勇

慓勇　骠勇　奇勇　轻勇　拳勇　仁勇
任勇　锐勇　上勇　尚勇　色勇　送勇
伤勇　恃勇　思勇　伤勇　神勇　文勇
外勇　下勇　小勇　凶勇　息勇　虓勇
骁勇　义勇　余勇　英勇　养勇　欲勇
语勇　游勇　中勇　作勇　忠勇　壮勇
智勇
大敌勇　当年勇　贾余勇　兼人勇　挈鳖勇
仁者勇　圣人勇　西山勇　血气勇　渔义勇
丈夫勇
大智大勇　斗智斗勇　溃兵游勇　匹夫之勇
散兵游勇　无拳无勇　血气之勇　一夫之勇
越战越勇　自告奋勇　猪突狶勇　慈故能勇
小怯大勇
宾卑聚之勇/败兵之将，不敢语勇/兵在精而不在多，将在谋而不在勇/好汉不夸当年勇/孟賁不易勇/万夫不当之勇/败军之将，不可言勇/

涌 yǒng ①水向上冒。②像水升腾那样冒出。③满溢。④呕吐。⑤喻物价上涨。

冰涌　奔涌　迸涌　坌涌　川涌　岔涌
弛涌　潮涌　风涌　奋涌　沸涌　翻涌
濆涌　后涌　花涌　海涌　沮涌　乱涌
汩涌　洛涌　浪涌　怒涌　喷涌　濆涌
溢涌　泉涌　日涌　上涌　山涌　水涌
沙涌　诗涌　涛涌　腾涌　无涌　雾涌
汹涌　云涌　优涌　鱼涌　银涌　游涌
波涛涌　鲍室涌　河汉涌　江流涌　酒价涌
群峰涌　文思涌　银床涌
波涛汹涌　风起云涌　蜂起云涌　海浪峰涌
湖波雪涌　湖波汹涌　巨澜汹涌　江水汹涌
狂澜乱涌　狂澜汹涌　泪如泉涌　浪峰怒涌
人如潮涌　文思泉涌　雾起云涌　思如泉涌

恿 yǒng ［怂恿］鼓动别人去做。

耸恿　怂恿

蛹 yǒng 昆虫从幼虫到成虫时的一种形态。

蚕蛹　土蛹　玉蛹　蝇蛹

踊 yǒng ①上。②跳跃。③（物价）上涨。④垒筑。⑤喷涌。⑥旧指受刖足刑者所穿的特制鞋。

抃踊　碎踊　错踊　飞踊　愤踊　号踊
鹄踊　九踊　价踊　极踊　金踊　绝踊
哭踊　辟踊　擗踊　蹦踊　曲踊　三踊
神踊　竦踊　跳踊　腾踊　心踊　喜踊
翔踊　云踊　跃踊
琅玡踊
群山奔踊　燕擢鹄踊

用 yòng ①施行。②需要。③使用。④运用。⑤任用。⑥因、由。⑦费用。⑧特指吃喝。⑨用处。

不用　白用　百用　半用　并用　包用
边用　别用　备用　柄用　拔用　搬用
采用　拆用　常用　抄用　材用　参用
财用　宠用　採用　藏用　大用　代用
动用　单用　抵用　顶用　待用　得用
叠用　盗用　德用　调用　发用　服用
费用　广用　公用　改用　功用　雇用
国用　管用　惯用　合用　花用　惠用
今用　节用　进用　军用　借用　俭用
检用　给用　技用　急用　绩用　禁用
家用　嚼用　力用　六用　录用　两用
利用　连用　那用　农用　纳用　耐用
拟用　留用　赉用　零用　挪用　滥用
躐用　民用　没用　妙用　密用　破用
聘用　启用　权用　起用　遣用　铨用
器用　人用　入用　日用　任用　私用
世用　时用　识用　受用　适用　使用
所用　实用　食用　神用　授用　试用
施用　听用　他用　体用　套用　通用
推用　无用　文用　勿用　外用　委用
误用　习用　向用　选用　享用　信用
叙用　效用　需用　袭用　引用　沿用
有用　运用　应用　援用　移用　药用
御用　中用　占用　专用　正用　作用
自用　足用　争用　重用　杂用　征用
治用　招用　租用　致用　资用　智用
暂用　擢用　转用　照用
不中用　不受用　刀尺用　当时用　等闲用
反作用　副作用　廊庙用　霖雨用　名教用
烹鲜用　调鼎用　一夫用　知己用
备而不用　薄技大用　材大难用　楚材晋用
大为合用　大材小用　大瓠之用　方便实用

废物利用　古为今用　光合作用　光化作用
光解作用　刚愎自用　经久耐用　坚固耐用
谨身节用　谨行俭用　空存无用　宽打窄用
寇公费用　量材录用　量材使用　美观实用
求物济用　弃瑕录用　强本节用　蒲鞭不用
绕朝不用　私心自用　师心自用　省吃俭用
同化作用　物尽其用　大材小用　小材大用
心不两用　学以致用　写经应用　一夫之用
一饼两用　一搭两用　洋为中用　异化作用
愚而自用　专款专用　综合利用　文史足用
大才必有大用/梁山泊的军师，无（误）用/庞统做县令，大材小用/儿妇人口不可用/所学无所用/一心不能二用/用人不可疑，疑人不可用/中看不中用/

坰 jiōng　离城市很远的野郊。

郊坰　林坰　守坰　野坰

扃 jiōng　①从外面关门的门闩、门环。②鼎上贯穿两耳的横杠。

闭扃　柴扃　禅扃　画扃　扃扃　扣扃
门扃　启扃　松扃　云扃　夜扃　掩扃
竹扃
户不扃　户常扃　画亦扃　雾半扃

冏 jiǒng　①光。②明亮。

光冏　高冏　冏冏

泂 jiǒng　远。

泂泂　截泂　下泂　越泂

迥 jiǒng　①远。②迥然。③僻远的处所。

窗迥　地迥　高迥　江迥　迥迥　林迥
清迥　天迥　墙迥　虚迥　修迥　幽迥
春帆迥　孤鹤迥　江湖迥　秋帆迥　笙歌迥
天月迥　滩声迥　云霄迥
山高路迥

絅 jiǒng　古代称罩在外面的单衣。

裳絅　尚絅
衣锦尚絅

炯 jiǒng　光明，明亮。

吹炯　沉炯　炯炯　目炯　宵炯　扬炯
目光炯炯　月光炯炯

窘 jiǒng　①困惑。②难堪。③穷困。

不窘　大窘　阨窘　发窘　困窘　枯窘
惶窘　寒窘　见窘　饥窘　艰窘　家窘
穷窘　受窘　势窘　数窘
法度窘　黄雀窘　戒步窘　诗才窘　阴雾窘
意象窘
艰难困窘　文思枯窘

邛 qióng　［邛崃］在四川省。

临邛　邛邛　如邛

筇 qióng　古代的一种竹子。

长筇　短筇　扶筇　枯筇　仙筇　疏筇
瘦筇　携筇　曳筇　倚筇
七尺筇

穷 qióng　①极端。②尽。③寻根到尽头。④理屈。⑤止。⑥困窘。⑦贫困。⑧荒僻。⑨环境恶劣。

隘穷　不穷　白穷　赤穷　辞穷　大穷
道穷　缝穷　固穷　交穷　计穷　技穷
救穷　困穷　哭穷　难穷　隆穷　命穷
冥穷　贫穷　人穷　山穷　术穷　守穷
受穷　身穷　送穷　势穷　数穷　途穷
图穷　夕穷　无穷　五穷　鼯穷　学穷
困穷　易穷　御穷　遇穷　振穷　智穷
遭穷
计将穷　敬无穷　哭途穷　乐无穷　岂终穷
阮途穷　岁月穷　水欲穷　尚口穷　善处穷
心力穷　兴不穷　意何穷　志无穷　造化穷
奥义无穷　百巧千穷　变化无穷　层出不穷
道尽途穷　恶鬼计穷　回味无穷　后患无穷
计尽力穷　君子固穷　罗掘俱穷　两败俱穷
理屈词穷　其乐无穷　其味无穷　黔驴技穷
趣味无穷　日暮途穷　水尽山穷　梧鼠技穷
项藉兵穷　意味无穷　韵味无穷　永永无穷
遗祸无穷　贻害无穷
扁担是条龙，一生吃不穷/吃不穷，穿不穷，打算不到死受穷/稻怕午时风，人怕老来穷/宁欺白须公，莫欺少年穷/没有算计一世穷/

人穷志不穷/算计不到一世穷/奢淫无度终遭祸，变诈多端久必穷/

䓖

qióng ［芎䓖］多年生草本植物，叶子像芹菜，全草有香气，根可入药。

无䓖　芎䓖　香䓖

山鞠䓖

茕

qióng ①孤独。②忧愁。

独茕　孤茕　茕茕　惸茕　诸茕

穹

qióng ①穷尽。②大。③高。④深。⑤高起成拱形的隆起。

碧穹　层穹　苍穹　高穹　昊穹　皓穹

颢穹　凌穹　兰穹　摩穹　秋穹　清穹

上穹　天穹　玄穹　璇穹　紫穹

琼

qióng ①赤色玉。②光彩似玉的。③喻美好的事物。④古代游戏用具。

八琼　报琼　春琼　翠琼　飞琼　方琼

黄琼　寒琼　金琼　佩琼　曲琼　琼琼

如琼　素琼　碎琼　投琼　文琼　瑶琼

知琼　紫琼

八素琼　册镂琼　掬香琼　鹿怀琼　佩玉琼

浸寒琼　许飞琼　薛瑶琼　一片琼

投木报琼　月色似琼　致瓜苏琼

关公战秦琼/

蛩

qióng ①［蛩蛩］古代传说中的异兽。②恐惧。③蝗虫。④蟋蟀。

暗蛩　壁蛩　多蛩　贯蛩　寒蛩　客蛩

牛蛩　冷蛩　扪蛩　鸣蛩　秋蛩　砌蛩

蛩蛩　生蛩　杀蛩　沙蛩　豕蛩　莎蛩

头蛩　无蛩　小蛩　吟蛩　絮蛩　幽蛩

择蛩　潜蛩

沙寒蛩　石中蛩　四壁蛩　听夜蛩　晚蛩蛩

跫

qióng 脚踏地的声音。

跫跫

凶

xiōng ①不幸的。②不吉利。③凶恶。④早死。⑤饥荒。⑥恶人。⑦杀人或伤人的行为。⑧争讼，吵闹。

帮凶　暴凶　避凶　呈凶　逞凶　除凶

摧凶　谗凶　大凶　吉凶　奸凶　缉凶

骄凶　鞠凶　闵凶　愍凶　穷凶　权凶

群凶　渠凶　三凶　四凶　肆凶　无凶

顽凶　凶凶　小凶　行凶　酗凶　元凶

御凶　正凶　灾凶　殄凶　遭凶

定吉凶

法外行凶　画虎卫凶　极恶穷凶　趋吉避凶

恃富行凶

镜于水见石之容，镜于人则知吉凶/

匈

xiōng 〈古〉同"胸"。

当匈　匈匈

讻

xiōng ［讻讻］喧扰，纷扰。

鞠讻　讻讻

汹

xiōng ①水波翻腾。②形容声响大。③气势壮盛。

百汹　波汹　谷汹　汹汹

白浪汹　大江汹　洪涛汹　气汹汹　夜潮汹

气势汹汹　来势汹汹　其势汹汹　声势汹汹

人心汹汹

胸

xiōng 胸膛。

逞胸　穿胸　洞胸　抚胸　粉胸　龟胸

护胸　虎胸　鸡胸　叩胸　罗胸　脓胸

扪胸　抹胸　满胸　劈胸　气胸　束胸

酥胸　挺胸　心胸　雪胸

恨萦胸　浩荡胸　豁心胸　芥蒂胸　锦绣胸

磊魄胸　落落胸　涕沾胸　星斗胸　竹在胸

壮士胸

昂首挺胸　抱拳当胸　成竹于胸　成竹在胸

顿足捶胸　高祖伤胸　块垒浇胸　钱唐袒胸

跌脚捶胸　袒臂露胸　义愤填胸

兄

xiōng ①哥哥。②亲戚中同辈而年纪比自己大的男性。③朋友相互间的尊称。

表兄　伯兄　把兄　胞兄　豹兄　称兄

大兄　弟兄　父兄　方兄　妇兄　烦兄

繁兄　唤兄　家兄　俊兄　襟兄　内兄

女兄　乃兄　令兄　老兄　年兄　难兄

母兄　梅兄　盟兄　藕兄　妻兄　日兄

仁兄　如兄　石兄　世兄　师兄　送兄

事兄　为兄　吾兄　兄兄　学兄　友兄

砚兄　愚兄　殷兄　长兄　宗兄　族兄

尊兄　诸兄　直兄

白发兄　交弟兄　孔方兄　难为兄　四海兄
事以兄　愿代兄　愿为兄
道弟称兄　换帖弟兄　季江代兄　结义弟兄
结拜弟兄　景圭荐兄　难弟难兄　刘琎恭兄
求箸代兄　琼渝弟兄　苍吾让兄

芎 xiōng ［芎䓖］即中药“川芎”。多年生草本植物，叶似芹菜，根可入药。

川芎　脑芎　野芎
马街芎

雄 xióng ①公（鸟）。②泛指生物中能产生精细胞的。③雄壮。④称雄。⑤宏大，威武。⑥强有力的。

才雄　沉雄　称雄　抽雄　昌雄　材雄
词雄　财雄　雌雄　貂雄　故雄　鬼雄
河雄　豪雄　奸雄　骏雄　七雄　气雄
去雄　群雄　人雄　诗雄　天雄　文雄
枭雄　雄雄　骁雄　虓雄　英雄　杨雄
长雄　争雄
逞英雄　滑稽雄　决雌雄　剑雌雄　命世雄
气象雄　气雄雄　圣藻雄　万夫雄　文武雄
五岳雄　心更雄　竹雌雄
草莽英雄　独胆英雄　发奋为雄　府尹声雄
发愤自雄　顾盼自雄　割据称雄　挂帻易雄
狐不二雄　巾帼英雄　决一雌雄　决此雌雄
李子豪雄　雷辨雌雄　内秀外雄　劳动英雄
民族英雄　棋决雌雄　投阁杨雄　一决雌雄
一世之雄　猿臂英雄　自古英雄　战斗英雄
战国七雄　赵别雌雄
不以成败论英雄/负义男儿如狗彘，知恩女子胜英雄/黄狸黑狸，得鼠者雄/生当为人杰，死亦为鬼雄/煮酒论英雄/

熊 xióng ①哺乳动物。②〈方〉斥责。③〈方〉怯懦。

白熊　当熊　啖熊　貂熊　非熊　狗熊
画熊　海熊　黄熊　黑熊　猎熊　马熊
梦熊　猫熊　罴熊　人熊　丸熊　熊熊
占熊　兆熊　棕熊　装熊
北极熊　大猫熊　梦飞熊　渭冰熊　渭川熊
小狗熊　小猫熊　援树熊
冯媛当熊　冯后当熊　画荻丸熊　柙虎樊熊

诇 xiòng 刺探。

候诇　窥诇　觇诇　中诇　侦诇

敻 xiòng 远，辽阔。

地敻　辽敻　遐敻　幽敻
故乡敻　清风敻

笔画索引

一 画

一 ……… (196)
乙 ……… (200)

二 画

丁 … (734、767)
十 ……… (138)
厂 ……… (696)
七 ……… (253)
二 ……… (169)
卜…… (37、277)
几 … (239、247)
儿 ……… (167)
匕 ……… (210)
乃 ……… (351)
八 ……… (1)
乂 ……… (202)
人 ……… (629)
入 ……… (335)
九 ……… (492)
又 ……… (487)
刀 ……… (415)
力 ……… (234)
刁 ……… (444)
了…… (69、448)

三 画

三 ……… (538)
干 … (519、521)
亍 ……… (325)
于 ……… (169)
亏 ……… (392)
工 ……… (798)
士 ……… (143)
土 ……… (299)
下 ……… (26)
大 ……… (8)
丈 ……… (693)
万 ……… (584)
兀 ……… (274)
与 … (173、176)
才 ……… (360)
寸 ……… (669)
弋 ……… (203)
上 ……… (699)
口 ……… (469)
山 ……… (531)
巾 ……… (646)
亿 ……… (203)
千 ……… (572)
乞 ……… (258)
川 ……… (597)
个 ……… (72)
义 ……… (202)
夕 ……… (262)
久 ……… (492)
凡 ……… (508)
丸 ……… (583)
么 ……… (66)
勺 ……… (431)
及 ……… (244)
广 ……… (722)
亡 ……… (719)
门 ……… (614)
丫 ……… (17)
之 ……… (120)
尸 ……… (136)
已 ……… (201)
己 ……… (248)
巳 ……… (165)
弓 ……… (799)
卫 ……… (385)
也 ……… (91)
女 ……… (181)
刃 ……… (634)
小 ……… (459)
飞 ……… (374)
叉 …… (13、15)
习 ……… (267)
马 ……… (4)
子 ……… (154)
孑 ……… (101)
孓 ……… (114)
乡 ……… (714)
幺 ……… (437)

四 画

氏 … (122、144)
比 ……… (210)
切 ……… (106)
扎 …… (12、16)
支 ……… (121)
艺 ……… (203)
云 ……… (670)
元 ……… (601)
无 ……… (271)
天 ……… (557)
今 ……… (646)
爪…… (33、428)
斤 ……… (646)
乌 ……… (270)
夭 ……… (437)
夫 … (285、286)
手 ……… (478)
开 ……… (354)
井 ……… (777)
不 ……… (277)
木 ……… (282)
歹 ……… (347)
互 ……… (316)
瓦 …… (27、28)
王 … (719、720)
五 ……… (272)
币 ……… (211)
爻 ……… (438)
丐 ……… (354)
牙 ……… (18)
屯 … (661、665)
车…… (82、184)
丰 ……… (733)
韦 ……… (381)
友 ……… (486)
太 ……… (350)
犬 ……… (609)
尤 ……… (484)
戈 ……… (69)
厅 ……… (769)
仄 ……… (88)
历 ……… (235)
厄 ……… (65)
区 ……… (189)
匹 ……… (216)
巨 ……… (186)
止 ……… (125)
长 … (692、695)
刈 ……… (203)
化 ……… (31)
壬 ……… (633)
专 ……… (595)
升 ……… (749)
勿 ……… (274)
少 ……… (432)
中 … (804、806)
内 ……… (377)
冈 ……… (689)
贝 ……… (368)
见 … (569、580)
日 ……… (151)
曰 ……… (110)
仅 ……… (648)
仍 ……… (754)
仇 ……… (476)
仁 ……… (633)
仆 ……… (279)
什 ……… (138)
仃 ……… (767)
勾 ……… (468)
凶 ……… (819)
丹 ……… (510)

月 ……… (111)
风 ……… (734)
凤 ……… (737)
乏 ……… (5)
匀 ……… (671)
仑 ……… (662)
殳 ……… (326)
气 ……… (359)
仓 ……… (701)
牛 ……… (489)
欠 ……… (576)
兮 ……… (263)
分 … (615、617)
计 ……… (248)
订 ……… (768)
讣 ……… (291)
认 ……… (634)
讥 ……… (240)
忆 ……… (204)
卞 ……… (549)
六 ……… (491)
文 ……… (657)
方 ……… (681)
亢 ……… (690)
户 ……… (315)
冗 ……… (811)
火 ……… (53)
为 … (382、385)
斗 ……… (463)
片 ……… (551)
毛 ……… (413)
从 ……… (813)
午 ……… (272)
反 ……… (509)
介 ……… (104)
父 … (289、291)
心 ……… (653)
闩 ……… (598)
队 ……… (387)
邓 ……… (738)
切 ……… (105)
劝 ……… (609)
双 ……… (729)
以 ……… (201)
引 ……… (638)
孔 ……… (802)
幻 ……… (594)
允 ……… (671)
尺 ……… (134)
央 ……… (364)
尹 ……… (638)
办 ……… (503)
丑 ……… (477)
予 … (170、173)
水 ……… (400)
书 ……… (326)
巴 ……… (1)
公 ……… (799)

五 画

刊 ……… (521)
邛 ……… (818)
巧 ……… (456)
功 ……… (798)
劢 ……… (346)
打 ……… (8)
扑 ……… (279)
扒 ……… (1、3)
扔 ……… (754)
札 ……… (12)
轧 …… (12、19)
艾 … (203、342)
艽 ……… (449)
艿 ……… (351)
节 … (100、101)
平 ……… (762)
灭 ……… (95)
丙 ……… (760)
正 … (734、744)
玉 ……… (176)
丕 ……… (214)
示 ……… (144)
古 ……… (307)
卉 ……… (396)
去 ……… (192)
本 ……… (613)
夯 ……… (690)
末 ……… (39)
未 ……… (385)
术 … (317、331)
击 ……… (241)
戋 ……… (564)
世 ……… (145)
甘 ……… (520)
东 ……… (790)
厉 ……… (235)
布 ……… (277)
石 … (138、511)
右 ……… (487)
左 ……… (60)
龙 ……… (796)
戊 ……… (275)
可 ……… (74)
匝 ……… (17)
叵 ……… (37)
匜 ……… (198)
旧 ……… (493)
归 ……… (389)
帅 ……… (366)
北 ……… (368)
叶 ……… (92)
叮 ……… (767)
叭 ……… (1)
叱 ……… (135)
叨 … (416、418)
叫 ……… (453)
叩 ……… (470)
叹 ……… (515)
卢 ……… (301)
占 … (526、527)
卡 …… (12、24)
号 … (425、427)
只 … (122、125)
兄 ……… (819)
另 ……… (774)
出 ……… (322)
业 ……… (92)
旦 ……… (511)
目 ……… (283)
且 … (106、184)
田 ……… (558)
由 ……… (485)
申 ……… (626)
甲 ……… (22)
电 ……… (555)
皿 ……… (643)
四 ……… (165)
囚 ……… (496)
凸 ……… (298)
凹 ……… (407)
史 ……… (142)
央 ……… (703)
冉 ……… (536)
仡 ……… (69)
仕 ……… (144)
仗 ……… (693)
付 ……… (291)
代 ……… (347)
仙 ……… (576)
仟 ……… (572)
仪 ……… (198)
伋 ……… (244)
们 ……… (615)
他 ……… (9)
仞 ……… (634)
犯 ……… (509)
外 ……… (363)
卯 ……… (414)
印 ……… (639)
饤 ……… (768)
饥 ……… (240)
令 ……… (774)
刍 ……… (323)
尔 ……… (168)
孕 ……… (671)
冬 ……… (790)
务 ……… (275)
丛 ……… (813)
禾 ……… (76)
矢 ……… (143)
失 ……… (136)
生 ……… (750)
丘 ……… (495)
白 ……… (343)
斥 ……… (135)
卮 ……… (122)
瓜 ……… (28)
乎 ……… (312)
句 ……… (187)
匆 ……… (812)
包 ……… (409)
鸟 ……… (447)
处 … (324、325)
册 ……… (88)
用 ……… (817)
甩 ……… (366)
乐 …… (68、112)
氏 ……… (220)
冯 ……… (736)
讦 ……… (101)
讧 ……… (804)
讨 ……… (420)
让 ……… (701)
讪 ……… (533)
讫 ……… (261)
训 ……… (677)
议 ……… (203)
讯 ……… (677)
记 ……… (249)
汁 ……… (122)
汀 ……… (769)
汇 ……… (396)
汉 ……… (524)
阡 ……… (572)
邙 ……… (680)
礼 ……… (231)
立 ……… (236)
玄 ……… (611)
主 ……… (318)
市 ……… (145)

兰 ………(517)
写 ………(108)
宁 ………(771)
宄 ………(390)
穴 ………(118)
永 ………(816)
必 ………(211)
头 ………(464)
半 ………(503)
闪 ………(533)
加 ………(20)
对 ………(387)
弘 ………(803)
奶 ………(351)
奴 ………(300)
纠 ………(492)
召 ………(428)
台 ………(349)
弁 ………(549)
圣 ………(753)
丝 ………(163)
矛 ………(413)
民 ………(642)
弗 ………(286)
皮 ………(215)
发 ………(5、7)
尼 ………(228)
尻 ………(425)
司 ………(163)
辽 ………(448)
边 ………(548)
母 ………(281)
切 ………(416)
厉 ………(235)
幼 ………(487)
卮 ………(122)

六　画

邦 ………(678)
邢 ………(785)
刑 ………(785)
动 ………(791)
玎 ………(767)
玑 ………(240)
式 ………(146)
戎 ………(809)
迁 ………(573)
丢 ………(489)
协 ………(107)
巩 ………(800)
圩 ………(383)
圳 ………(622)
圾 ………(241)
圹 ………(723)
圯 ………(198)
圮 ………(216)
地 ………(222)
场 …(695、697)
朽 ………(498)
朴 ………(280)
机 ………(240)
权 ………(607)
芋 ………(177)
芊 ………(573)
芍 ………(432)
芃 ………(730)
芄 ………(583)
芨 ………(241)
芒 ………(680)
芝 ………(121)
芑 ………(258)
芎 ………(820)
吉 ………(245)
圭 ………(389)
寺 ………(166)
老 ………(422)
考 ………(425)
西 ………(263)
亚 ………(20)
再 ………(359)
耳 ………(168)
吏 ………(236)
亘 ………(618)
共 ………(801)
当 ………(684)
列 ………(98)
夺 ………(44)
压 ………(17)
厌 ………(545)
有 ………(486)
灰 ………(394)
在 ………(359)
存 ………(668)
军 ………(673)
达 ………(7)
迈 ………(346)
戍 ………(331)
成 ………(746)
百 ………(344)
而 ………(168)
页 ………(93)
死 ………(165)
夹 ……(20、22)
扦 ………(573)
扛 …(689、690)
扣 ………(470)
托 ………(45)
执 ………(123)
扩 ………(52)
扪 ………(615)
扫 ………(437)
扬 ………(703)
邪……(91、107)
划 ………(32)
轨 ………(390)
毕 ………(212)
尧 ………(438)
安 ………(499)
过 ………(51)
臣 ………(623)
匡 ………(722)
匠 ………(711)
夼 ………(723)
至 ………(127)
夷 ………(198)
此 ………(161)
乩 ………(241)
贞 ………(620)
师 ………(136)
尘 ………(624)
尖 ………(564)
劣 ………(99)
当 …(683、684)
光 ………(721)
吁 …(177、192)
吓 ……(27、79)
吃 ………(132)
吒 ………(12)
吸 ………(263)
吐 ………(300)
屿 ………(173)
屹 ………(204)
屺 ………(258)
帆 ………(507)
则 ………(87)
刚 ………(689)
岁 ………(406)
岌 ………(244)
岂 ………(258)
吕 ………(182)
吊 ………(445)
早 ………(434)
旯 ………(11)
网 ………(719)
同 …(793、794)
因 ………(635)
团 ………(586)
回 ………(395)
囡 ………(516)
曲 …(189、191)
曳 ………(93)
虫 ………(808)
肉 ………(481)
竹 ………(317)
牝 ………(642)
舌 ………(84)
先 ………(577)
迄 ………(261)
廷 ………(769)
乔 ………(455)
年 ………(560)
朱 ………(316)
缶 ………(463)
传 …(596、597)
伟 ………(383)
休 ………(497)
伍 ………(272)
伎 ………(250)
伏 ………(286)
优 ………(483)
伛 ………(173)
伐 ………(5)
仲 ………(807)
仵 ………(272)
件 ………(569)
任 ………(634)
伤 ………(698)
伥 ………(695)
价 ………(23)
伦 ………(662)
伧 ………(625)
份 ………(617)
仰 ………(705)
仿 ………(682)
伉 ………(690)
伙 ………(54)
伪 ………(384)
伫 ………(320)
伍 ………(272)
伊 ………(196)
似 …(146、166)
华 ………(30)
延 ………(540)
自 ………(159)
血 ………(120)
臼 ………(494)
向 ………(717)
协 ………(107)
兵 ………(679)
行 …(690、786)

后 ……… (472)
舟 ……… (473)
创 … (727、728)
全 ……… (608)
会 … (364、396)
合 …… (72、76)
企 ……… (258)
伞 ……… (538)
余 ……… (599)
众 ……… (307)
杀 ……… (15)
爷 ……… (91)
犴 ……… (500)
犷 ……… (722)
兆 ……… (429)
舛 ……… (598)
饧 ……… (787)
刖 ……… (112)
肌 ……… (241)
肋 ……… (379)
刎 ……… (659)
杂 ……… (17)
朵 ……… (44)
旨 ……… (126)
名 ……… (763)
各 ……… (72)
多 ……… (43)
负 ……… (292)
争 ……… (743)
危 ……… (380)
色 …… (89、358)
凫 ……… (287)
旬 ……… (676)
匈 ……… (819)
旭 ……… (194)
夙 ……… (340)
刘 ……… (489)
祁 ……… (256)
邡 ……… (681)
齐 ……… (255)
充 ……… (808)
衣 ……… (196)
妄 ……… (721)
亦 ……… (204)
交 ……… (449)
农 ……… (795)
产 ……… (530)
亥 ……… (356)
庄 ……… (726)
庆 ……… (784)
忏 ……… (530)
忖 ……… (669)
忙 ……… (680)
闭 ……… (211)
问 ……… (659)
闬 ……… (525)
闯 ……… (728)
灯 ……… (737)
州 ……… (473)
冲 … (808、809)
次 ……… (161)
决 ……… (114)
冰 ……… (754)
汗 … (523、525)
污 ……… (270)
江 ……… (709)
汕 ……… (533)
汐 ……… (263)
汲 ……… (244)
汛 ……… (677)
汜 ……… (165)
池 ……… (133)
汤 … (685、698)
汝 ……… (334)
汊 ……… (15)
壮 ……… (727)
妆 ……… (726)
宇 ……… (173)
守 ……… (479)
宅 ……… (357)
字 ……… (159)
并 ……… (761)
关 ……… (588)
羊 ……… (704)
兴 … (784、788)
米 ……… (218)
讲 ……… (710)
讳 ……… (397)
讴 ……… (461)
讶 ……… (20)
讷 ……… (68)
许 ……… (194)
讹 ……… (647)
论 ……… (662)
讼 ……… (814)
讻 ……… (819)
设 ……… (85)
讽 ……… (737)
论 ……… (662)
访 ……… (682)
诀 ……… (114)
弛 ……… (133)
那 ……… (10)
异 ……… (204)
导 ……… (416)
寻 ……… (676)
尽 … (648、649)
良 ……… (618)
丮 ……… (294)
阱 ……… (777)
阮 ……… (598)
阵 ……… (622)
阳 ……… (704)
阪 ……… (502)
阶 ……… (100)
阴 ……… (635)
防 ……… (681)
收 ……… (478)
迅 ……… (677)
迂 ……… (169)
奸 ……… (564)
如 ……… (333)
妁 ……… (58)
妇 ……… (292)
妈 ……… (3)
好 … (426、427)
妃 ……… (375)
戏 ……… (269)
欢 ……… (592)
观 … (588、591)
牟 … (284、462)
羽 ……… (174)
买 ……… (346)
孙 ……… (669)
驮 ……… (46)
驯 ……… (677)
驰 ……… (133)
纡 ……… (169)
红 … (799、803)
纣 ……… (475)
纤 … (576、577)
纥 ……… (77)
纼 ……… (676)
约 ……… (110)
级 ……… (244)
纨 ……… (583)
纩 ……… (723)
纪 ……… (249)
纫 ……… (634)
丞 ……… (748)
囟 ……… (684)
巡 ……… (676)
芏 ……… (296)
汔 ……… (261)
夸 ……… (29)

七 画

玕 ……… (519)
玓 ……… (170)
玖 ……… (492)
玚 ……… (703)
形 ……… (785)
韧 ……… (634)
弄 … (795、798)
麦 ……… (346)
寿 ……… (480)
吞 ……… (661)
戒 ……… (105)
进 ……… (649)
远 ……… (604)
违 ……… (382)
运 ……… (672)
攻 ……… (799)
坛 ……… (513)
坏 ……… (366)
址 ……… (125)
坝 ……… (2)
圻 ……… (256)
坎 ……… (522)
坍 ……… (513)
坂 ……… (502)
均 ……… (673)
坞 ……… (275)
坟 ……… (616)
坊 … (681、682)
坑 ……… (742)
块 ……… (364)
杆 … (519、520)
杠 ……… (690)
杜 ……… (297)
杖 ……… (693)
机 ……… (274)
材 ……… (361)
村 ……… (668)
杉 ……… (532)
杓 ……… (432)
极 ……… (244)
杞 ……… (258)
杨 ……… (704)
杈 …… (13、15)
却 ……… (117)
劫 ……… (102)
邯 ……… (523)
豆 ……… (464)
丽 … (229、237)
克 ……… (74)
孛 ……… (369)
贡 ……… (801)
汞 ……… (800)
壳 …… (74、457)

志 ……… (127)
声 ……… (751)
芙 ……… (286)
芜 ……… (271)
芫 ……… (601)
苇 ……… (383)
芸 ……… (671)
芾 ……… (376)
芰 ……… (250)
苈 ……… (235)
苣 ……… (187)
芽 ……… (18)
芷 ……… (125)
芮 ……… (402)
苋 ……… (580)
苌 ……… (69)
花 ……… (29)
芹 ……… (652)
芥 ……… (104)
苁 ……… (812)
芩 ……… (652)
芬 ……… (616)
苍 ……… (702)
芪 ……… (256)
芡 ……… (576)
芟 ……… (532)
芳 ……… (681)
苎 ……… (320)
芯 ……… (655)
芭 ……… (1)
苏 ……… (339)
苡 ……… (201)
劳 ……… (421)
芦 ……… (302)
忑 ……… (68)
走 ……… (482)
赤 ……… (135)
孝 ……… (460)
杏 ……… (788)
李 ……… (232)
吾 ……… (272)
严 ……… (540)
巫 ……… (271)
两 ……… (708)
酉 ……… (487)
束 ……… (331)
甫 ……… (290)
更 … (740、742)
劲 … (650、778)
劭 ……… (432)
歼 ……… (565)
励 ……… (235)
矶 ……… (241)
邳 ……… (215)
奁 ……… (561)
否 ……… (463)
尪 ……… (719)
尬 ……… (12)
还 ……… (592)
辰 ……… (624)
豕 ……… (143)
忒 ……… (68)
来 ……… (352)
扶 ……… (286)
抚 ……… (290)
技 ……… (250)
扰 ……… (433)
扼 ……… (65)
批 ……… (215)
找 ……… (428)
抠 ……… (469)
拒 ……… (186)
扯 ……… (83)
抄 ……… (430)
折 …… (80、84)
抓 ……… (33)
扳 ……… (501)
抡 ……… (662)
抢 ……… (713)
扮 ……… (504)
抑 ……… (205)
抛 ……… (411)
抗 ……… (690)
投 ……… (466)
抃 ……… (549)
抖 ……… (463)
护 ……… (315)
抉 ……… (114)
扭 ……… (489)
把 ……… (2)
报 ……… (410)
拟 ……… (229)
抒 ……… (327)
轩 ……… (610)
轫 ……… (634)
软 ……… (170)
连 ……… (561)
迍 ……… (665)
迓 ……… (20)
匣 ……… (24)
医 ……… (197)
求 ……… (496)
步 ……… (278)
卤 ……… (302)
邺 ……… (92)
坚 ……… (565)
肖 … (457、460)
呓 ……… (204)
吱 ……… (121)
吠 ……… (377)
呖 ……… (235)
吨 ……… (660)
呕 ……… (462)
呀 ……… (20)
吵 ……… (431)
呐 ……… (10)
听 ……… (769)
吟 ……… (637)
呛 … (712、713)
吻 ……… (659)
吹 ……… (399)
吭 … (691、742)
吧 ……… (1、2)
吮 ……… (667)
吼 ……… (471)
鸣 ……… (270)
岐 ……… (256)
岖 ……… (189)
岈 ……… (18)
岘 ……… (580)
帏 ……… (382)
帐 ……… (693)
旰 ……… (521)
时 ……… (139)
旷 ……… (723)
旸 ……… (704)
财 ……… (361)
助 ……… (320)
町 … (767、770)
邮 ……… (485)
别 ……… (94)
虬 ……… (497)
呈 ……… (748)
吴 ……… (272)
呆 ……… (347)
足 ……… (336)
员 … (601、671)
邑 ……… (205)
岗 ……… (689)
岑 ……… (635)
岚 ……… (517)
旱 ……… (525)
男 ……… (516)
县 ……… (580)
兕 ……… (166)
冏 ……… (818)
围 ……… (382)
园 ……… (601)
困 ……… (664)
囤 ……… (661)
囵 ……… (662)
里 ……… (232)
串 ……… (598)
牡 ……… (282)
牣 ……… (634)
针 ……… (620)
钉 … (767、768)
钊 ……… (427)
利 ……… (237)
划 ……… (530)
私 ……… (163)
乱 ……… (587)
每 ……… (373)
告 ……… (424)
秃 ……… (298)
秀 ……… (498)
迕 ……… (273)
我 ……… (42)
佞 ……… (772)
攸 ……… (484)
估 ……… (306)
体 ……… (226)
何 ……… (77)
佐 ……… (60)
佑 ……… (487)
伾 ……… (214)
伻 ……… (730)
但 ……… (512)
佃 … (555、559)
伸 ……… (626)
佚 ……… (205)
作 …… (59、60)
伯 …… (34、344)
伶 ……… (772)
佣 ……… (815)
低 ……… (220)
你 ……… (229)
住 ……… (320)
位 ……… (385)
伴 ……… (503)
佗 ……… (46)
伺 … (162、166)
佛 …… (41、286)
伽 ……… (106)
兵 ……… (760)
皂 ……… (434)
身 ……… (626)
囱 ……… (812)
彻 ……… (83)
役 ……… (205)

彷 ……… (679)
近 ……… (649)
返 ……… (509)
邻 ……… (643)
余 ……… (170)
含 ……… (523)
岔 ……… (15)
谷 ……… (307)
妥 ……… (46)
希 ……… (263)
孚 ……… (287)
坐 ……… (61)
豸 ……… (128)
鸠 ……… (492)
狂 ……… (722)
犹 ……… (484)
狈 ……… (368)
狄 ……… (220)
狁 ……… (671)
饨 ……… (661)
饩 ……… (269)
饪 ……… (634)
饫 ……… (178)
饬 ……… (136)
饭 ……… (509)
饮 ……… (638)
肝 ……… (520)
肛 ……… (689)
肚 … (296、297)
肘 ……… (474)
肠 ……… (696)
彤 ……… (793)
卵 ……… (587)
邸 ……… (222)
邹 ……… (482)
劬 ……… (190)
刨 ……… (411)
删 ……… (532)
系 … (250、269)
角 … (115、451)
龟 ……… (389)
奂 ……… (594)
免 ……… (552)
条 ……… (446)
灸 ……… (493)
甸 ……… (555)
岛 ……… (416)
迎 ……… (756)
言 ……… (540)
亩 ……… (282)
亨 ……… (742)
弃 ……… (261)
辛 ……… (655)
吝 ……… (645)
育 ……… (723)
忘 ……… (721)
庑 ……… (273)
床 ……… (728)
库 ……… (312)
沛 ……… (370)
庇 ……… (212)
应 … (755、759)
庐 ……… (301)
序 ……… (194)
疔 ……… (767)
疖 ……… (100)
疗 ……… (448)
怃 ……… (273)
忮 ……… (128)
怀 ……… (365)
忧 ……… (483)
忡 ……… (808)
忤 ……… (272)
忾 ……… (355)
怅 ……… (697)
忻 ……… (655)
忪 … (805、813)
怆 ……… (729)
忺 ……… (577)
忭 ……… (549)
忱 ……… (624)
快 ……… (364)
闰 ……… (667)
闹 ……… (382)
闲 ……… (578)
闳 ……… (803)
间 … (565、569)
闵 ……… (643)
闷 … (614、615)
灶 ……… (434)
灿 ……… (538)
灼 ……… (56)
炀 ……… (704)
冻 ……… (791)
况 ……… (723)
冷 ……… (740)
冶 ……… (91)
沣 ……… (734)
汪 ……… (719)
沅 ……… (601)
沐 ……… (282)
沔 ……… (552)
汰 ……… (350)
沤 … (461、462)
沥 ……… (235)
沌 ……… (661)
沚 ……… (125)
沙 ……… (16)
汩 ……… (308)
汭 ……… (402)
汨 ……… (219)
汽 ……… (261)
沃 ……… (42)
沂 ……… (199)
沦 ……… (662)
汹 ……… (819)
汾 ……… (616)
沧 ……… (702)
泛 ……… (510)
沟 ……… (468)
没 … (40、371)
汴 ……… (549)
汶 ……… (660)
沆 ……… (691)
沉 ……… (625)
沈 ……… (628)
沁 ……… (653)
状 ……… (727)
判 ……… (505)
羌 ……… (712)
兑 ……… (388)
弟 ……… (224)
完 ……… (583)
宋 ……… (814)
宏 ……… (804)
牢 ……… (421)
灾 ……… (359)
究 ……… (492)
穷 ……… (818)
证 ……… (745)
诂 ……… (307)
评 ……… (762)
诅 ……… (337)
识 … (128、140)
诇 ……… (820)
诎 ……… (190)
诈 ……… (13)
诉 ……… (340)
诊 ……… (621)
诋 ……… (221)
诌 ……… (474)
词 ……… (160)
诏 ……… (429)
诒 ……… (199)
译 ……… (206)
社 ……… (85)
祀 ……… (165)
补 ……… (277)
初 ……… (323)
罕 ……… (524)
启 ……… (258)
良 ……… (707)
张 ……… (691)
改 ……… (357)
即 ……… (245)
灵 ……… (773)
忌 ……… (249)
层 ……… (754)
屁 ……… (216)
屃 ……… (269)
尾 ……… (384)
局 ……… (185)
尿 ……… (447)
君 ……… (673)
迟 ……… (133)
陆 ……… (303)
际 ……… (250)
阿 ……… (64)
陇 ……… (797)
陈 ……… (625)
阻 ……… (337)
阼 ……… (60)
附 ……… (291)
陀 ……… (46)
陂 ……… (216)
陉 ……… (787)
坠 ……… (399)
妍 ……… (542)
妩 ……… (273)
妓 ……… (250)
妪 ……… (178)
妣 ……… (210)
妙 ……… (444)
妊 ……… (634)
妖 ……… (437)
姊 ……… (158)
妨 ……… (682)
妫 ……… (389)
妒 ……… (297)
妞 ……… (489)
姒 ……… (166)
妤 ……… (170)
邵 ……… (432)
邳 ……… (215)
忍 ……… (633)
努 ……… (301)
鸡 ……… (241)
到 ……… (777)
劭 ……… (190)
甬 ……… (816)

矣 ……… (201)
孜 ……… (152)
驱 ……… (189)
驳 ……… (35)
驴 ……… (181)
纬 ……… (383)
纭 ……… (671)
纮 ……… (807)
纯 ……… (666)
纰 ……… (215)
纱 ……… (16)
纲 ……… (689)
纳 ……… (10)
纴 ……… (634)
纵 ……… (812)
纶 ……… (662)
纷 ……… (616)
纸 ……… (126)
纹 ……… (658)
纺 ……… (683)
纻 ……… (320)
纼 ……… (622)
纽 ……… (489)
饨 ……… (661)
坌 ……… (613)
否 ……… (216)
陂 ……… (367)

八　画

玩 ……… (583)
玮 ……… (383)
环 ……… (593)
现 ……… (580)
玠 ……… (104)
玱 ……… (712)
玦 ……… (114)
规 ……… (389)
帐 ……… (697)
盂 ……… (69)
青 ……… (780)
责 ……… (87)
表 ……… (441)
忝 ……… (559)
奉 ……… (737)
武 ……… (273)
坩 ……… (520)
坷 ……… (74)
坯 ……… (215)
坪 ……… (763)
坫 ……… (556)
垆 ……… (301)
坰 ……… (818)
垇 ……… (408)
坻 ……… (222)
坦 ……… (515)
坨 ……… (46)
坡 ……… (37)
坳 ……… (408)
坤 ……… (663)
坲 ……… (278)
枉 ……… (720)
林 ……… (643)
杪 ……… (443)
枝 ……… (121)
杯 ……… (367)
枢 ……… (327)
枥 ……… (235)
柜 ……… (391)
枘 ……… (402)
杵 ……… (324)
枚 ……… (371)
枨 ……… (748)
析 ……… (264)
板 ……… (502)
枞 … (811、812)
松 ……… (813)
枪 ……… (712)
枫 ……… (735)
构 ……… (469)
杭 ……… (691)
枋 ……… (681)
枕 ……… (622)
杷 ……… (3)
杼 ……… (321)
㭎 ……… (689)
耶 ……… (91)
取 ……… (191)
刺 ……… (162)
封 ……… (392)
卦 ……… (28)
邦 ……… (389)
刮 ……… (28)
刻 ……… (74)
刷 ……… (33)
刹 ……… (15)
刳 ……… (311)
剁 ……… (45)
剂 ……… (251)
制 ……… (129)
劼 ……… (102)
直 ……… (123)
卖 ……… (346)
苷 ……… (520)
苦 ……… (311)
苛 ……… (72)
若 ……… (59)
茏 ……… (796)
茂 ……… (414)
苹 ……… (763)
苫 … (532、533)
苜 ……… (201)
苴 ……… (184)
苗 ……… (443)
英 ……… (755)
苒 ……… (536)
苻 ……… (287)
苓 ……… (772)
苟 ……… (468)
苑 ……… (604)
苞 ……… (409)
范 ……… (509)
苾 ……… (211)
茀 ……… (286)
苕 … (432、446)
茄…… (20、106)
茎 ……… (775)
苔 … (349、350)
茅 ……… (413)
茔 ……… (756)
昔 ……… (264)
茆 ……… (413)
茁 ……… (56)
芾 ……… (376)
茕 ……… (819)
幸 ……… (788)
杰 ……… (102)
杳 ……… (439)
枣 ……… (434)
者 ……… (81)
其 ……… (256)
或 ……… (54)
述 ……… (331)
迪 ……… (220)
雨 ……… (174)
丧 … (702、703)
殁 ……… (40)
事 ……… (147)
矸 ……… (520)
矻 ……… (311)
矾 ……… (508)
矿 ……… (723)
码 ……… (4)
砀 ……… (684)
郁 ……… (178)
奈 ……… (351)
奔 … (612、613)
奇 … (242、257)
奄 ……… (543)
奋 ……… (617)
态 ……… (350)
垄 ……… (797)
厓 ……… (127)
厕 ……… (88)
顶 ……… (767)
抹 …… (3、39)
拓 …… (9、46)
拢 ……… (797)
拨 …… (1、34)
抨 ……… (730)
拙 ……… (55)
拣 ……… (567)
拈 ……… (560)
担 … (510、512)
押 ……… (18)
抻 ……… (623)
抽 ……… (476)
拐 ……… (363)
拖 ……… (45)
拊 ……… (290)
拍 ……… (345)
拆 ……… (83)
拎 ……… (643)
拥 ……… (815)
抵 ……… (222)
拘 ……… (184)
抱 ……… (411)
拄 ……… (319)
拉 ……… (11)
拦 ……… (517)
拌 ……… (504)
拧 ……… (771)
抿 ……… (643)
拂 ……… (286)
招 ……… (428)
披 ……… (215)
择 ……… (87)
拚 ……… (505)
抬 ……… (350)
拇 ……… (282)
抟 ……… (586)
拗 … (408、489)
转 … (595、596)
轭 ……… (65)
斩 ……… (27)
轮 ……… (662)
软 ……… (599)
欧 ……… (461)
殴 ……… (461)
瓯 ……… (461)
卧 ……… (42)

到 ……… (416)
郅 ……… (127)
鸢 ……… (600)
袅 ……… (802)
妻 ……… (254)
势 ……… (146)
瓯 ……… (390)
歧 ……… (256)
叔 ……… (327)
肯 ……… (619)
齿 ……… (134)
些 ……… (107)
卓 ……… (56)
虎 ……… (314)
虏 ……… (302)
肾 ……… (628)
非 ……… (375)
尚 ……… (700)
味 ……… (385)
贤 ……… (578)
咕 ……… (306)
呵 ……… (76)
咙 ……… (796)
咀 ……… (186)
呷 ……… (24)
呻 ……… (626)
咄 ……… (43)
呶 ……… (420)
鸣 ……… (765)
咋 ……… (87)
咐 ……… (294)
呱 ……… (28)
呼 ……… (312)
咚 ……… (790)
咆 ……… (412)
咛 ……… (771)
咏 ……… (816)
呢…… (68、228)
呦 ……… (484)
呲 ……… (163)
岫 ……… (499)
岭 ……… (774)
岷 ……… (642)
帖 …… (97、98)
帜 ……… (128)
帙 ……… (128)
帕 ……… (3)
帔 ……… (371)
败 ……… (344)
账 ……… (694)
贩 ……… (510)
贬 ……… (549)
购 ……… (469)
贮 ……… (320)
旺 ……… (720)
昕 ……… (656)
明 ……… (764)
昉 ……… (683)
畅 ……… (697)
凯 ……… (355)
岸 ……… (500)
岩 ……… (542)
岿 ……… (392)
忠 ……… (805)
昊 ……… (427)
昙 ……… (513)
杲 ……… (424)
昆 ……… (663)
昌 ……… (695)
易 ……… (206)
昂 ……… (678)
旻 ……… (643)
昃 ……… (88)
罗 ……… (47)
具 ……… (187)
畀 ……… (212)
咒 ……… (475)
典 ……… (554)
迥 ……… (818)
罔 ……… (720)
国 ……… (50)
固 ……… (310)
囷 ……… (675)
囹 ……… (772)
图 ……… (298)
果 ……… (51)
牧 ……… (284)
物 ……… (274)
钏 ……… (598)
钎 ……… (573)
钓 ……… (445)
钗 ……… (358)
钍 ……… (680)
秆 ……… (520)
和………………
(52、54、76、79)
知 ……… (122)
委 ……… (384)
季 ……… (250)
竺 ……… (318)
氛 ……… (616)
迭 ……… (95)
迤 … (199、201)
乖 ……… (363)
垂 ……… (400)
秉 ……… (761)
佳 ……… (20)
侍 ……… (148)
佶 ……… (245)
佬 ……… (422)
供 … (800、801)
使 ……… (143)
侦 ……… (620)
侑 ……… (487)
例 ……… (238)
侠 ……… (25)
侥 … (438、452)
侄 ……… (124)
侗 ……… (793)
侣 ……… (182)
侃 ……… (523)
侧 ……… (88)
侹 ……… (771)
侨 ……… (455)
佩 ……… (371)
侩 ……… (364)
侈 ……… (135)
佻 ……… (445)
侪 ……… (358)
佼 ……… (452)
依 ……… (197)
岭 ……… (774)
佺 ……… (608)
佯 ……… (704)
依 ……… (795)
侔 ……… (462)
版 ……… (503)
的………………
(67、221、224)
货 ……… (54)
帛 ……… (35)
岳 ……… (112)
岱 ……… (347)
凭 ……… (763)
阜 ……… (292)
卑 ……… (367)
迫 ……… (37)
征 ……… (743)
往 ……… (720)
彼 ……… (210)
径 ……… (778)
免 ……… (552)
爬 ……… (3)
欣 ……… (656)
所 ……… (63)
质 ……… (129)
戗 ……… (713)
郐 ……… (364)
乳 ……… (334)
贪 ……… (513)
贫 ……… (641)
忿 ……… (617)
瓮 ……… (790)
命 ……… (766)
舍 ……… (85)
念 ……… (561)
金 ……… (646)
籴 ……… (221)
肴 ……… (438)
斧 ……… (289)
爸 ……… (2)
采 ……… (361)
觅 ……… (219)
受 ……… (480)
颀 ……… (784)
狉 ……… (215)
狙 ……… (184)
狎 ……… (24)
狐 ……… (313)
狗 ……… (468)
狝 ……… (579)
狞 ……… (771)
狖 ……… (488)
狒 ……… (377)
饯 ……… (570)
饰 ……… (148)
饱 ……… (409)
饲 ……… (166)
饴 ……… (199)
肤 ……… (285)
肺 ……… (376)
肢 ……… (122)
肱 ……… (800)
肫 ……… (665)
肿 ……… (806)
肸 ……… (265)
朋 ……… (730)
股 ……… (308)
肪 ……… (682)
肥 ……… (376)
服 ……… (288)
胁 ……… (107)
胀 ……… (694)
苶 ……… (97)
郇 ……… (676)
鱼 ……… (170)
备 ……… (369)
昏 ……… (664)
刍 ……… (313)
忽 ……… (313)

枭 ……… (458)
炙 ……… (130)
咎 ……… (494)
迩 ……… (168)
周 ……… (474)
氓 … (680、732)
放 ……… (683)
兖 ……… (543)
诮 ……… (684)
刻 ……… (74)
劾 ……… (78)
劻 ……… (722)
郊 ……… (450)
京 ……… (775)
享 ……… (716)
夜 ……… (93)
卒 … (336、338)
育 ……… (178)
妾 ……… (106)
变 ……… (549)
盲 ……… (680)
宠 ……… (809)
店 ……… (556)
庙 ……… (444)
府 ……… (290)
底 ……… (222)
庖 ……… (412)
庚 ……… (741)
废 ……… (377)
疟 ……… (113)
疠 ……… (238)
疝 ……… (533)
疚 ……… (494)
疡 ……… (704)
怔 ……… (743)
怯 ……… (106)
怙 ……… (316)
怖 ……… (278)
怦 ……… (730)
怵 ……… (325)
怗 ……… (97)
怛 ……… (8)
怏 ……… (706)
性 ……… (788)
怍 ……… (60)
怕 ……… (3)
怜 ……… (562)
怩 ……… (228)
怫 ……… (286)
怿 ……… (206)
怪 ……… (364)
怡 ……… (199)
闸 ……… (12)
闹 ……… (421)
炜 ……… (383)
炬 ……… (187)
炖 ……… (661)
炒 ……… (431)
炊 ……… (400)
炕 ……… (690)
炉 ……… (302)
炎 ……… (542)
冽 ……… (98)
净 ……… (779)
沫 ……… (40)
浅 … (564、575)
法 ……… (6)
泔 ……… (520)
泄 ……… (108)
沽 ……… (306)
河 ……… (77)
闳 ……… (211)
沾 ……… (526)
泸 ……… (302)
泪 ……… (379)
沮 ……… (186)
油 ……… (485)
泱 ……… (703)
泂 ……… (818)
泅 ……… (496)
泗 ……… (166)
泆 ……… (205)
泊 …… (35、37)
泠 ……… (772)
沿 ……… (542)
沲 ……… (45)
泡 … (412、412)
注 ……… (320)
泣 ……… (261)
泮 ……… (505)
泫 ……… (612)
泞 ……… (772)
沱 ……… (46)
泻 ……… (109)
泌 ……… (219)
泳 ……… (816)
泥 … (223、229)
泯 ……… (643)
沸 ……… (377)
泓 ……… (803)
沼 ……… (428)
波 ……… (34)
泼 ……… (37)
泽 ……… (88)
泾 ……… (775)
治 ……… (130)
郑 ……… (245)
单 ……… (510)
宝 ……… (410)
宗 ……… (811)
定 ……… (768)
宕 ……… (685)
宠 ……… (809)
宜 ……… (199)
审 ……… (628)
宙 ……… (475)
官 ……… (589)
宛 ……… (583)
实 ……… (140)
空 … (801、802)
帘 ……… (562)
穸 ……… (263)
穹 ……… (819)
峃 ……… (118)
学 ……… (118)
券 … (610、612)
卷 ……… (606)
诔 ……… (378)
试 ……… (146)
诗 ……… (137)
诘 ……… (102)
诨 ……… (665)
诚 ……… (747)
诛 ……… (316)
话 ……… (32)
诞 ……… (512)
诟 ……… (469)
诠 ……… (608)
诡 ……… (390)
诣 ……… (206)
询 ……… (676)
诤 ……… (745)
该 ……… (353)
详 ……… (715)
诧 ……… (15)
诩 ……… (194)
诙 ……… (394)
祊 ……… (730)
祉 ……… (125)
视 ……… (149)
祈 ……… (256)
衬 ……… (625)
衫 ……… (532)
衩 ……… (15)
郎 ……… (687)
郓 ……… (672)
戾 ……… (238)
肩 ……… (565)
房 ……… (682)
戽 ……… (316)
弧 ……… (313)
弦 ……… (578)
弥 ……… (217)
刷 ……… (33)
帚 ……… (475)
录 ……… (303)
屉 ……… (227)
居 ……… (184)
届 ……… (105)
屈 ……… (190)
隶 ……… (238)
肃 ……… (340)
建 ……… (570)
陋 ……… (467)
陌 ……… (40)
陕 ……… (535)
降 … (711、716)
陔 ……… (353)
限 ……… (581)
戕 ……… (712)
妹 ……… (373)
姑 ……… (306)
姐 ……… (103)
庞 ……… (679)
姓 ……… (789)
姁 ……… (194)
姗 ……… (532)
妮 ……… (228)
始 ……… (143)
姆 ……… (282)
兔 ……… (300)
孥 ……… (301)
帑 ……… (686)
弩 ……… (301)
驽 ……… (301)
驾 ……… (23)
虱 ……… (138)
迢 ……… (446)
艰 ……… (566)
参 … (537、627)
孤 ……… (306)
驵 ……… (701)
驶 ……… (142)
驷 ……… (166)
驺 ……… (482)
驹 ……… (184)
驻 ……… (321)
驼 ……… (46)
驿 ……… (206)
骀 ……… (350)

线 ……… (581)
绀 ……… (521)
绁 ……… (109)
绂 ……… (288)
练 ……… (563)
组 ……… (337)
绅 ……… (626)
细 ……… (269)
织 ……… (122)
绌 ……… (325)
绝 ……… (138)
终 ……… (805)
绉 ……… (475)
绊 ……… (504)
绋 ……… (286)
绍 ……… (432)
经 ……… (775)
绐 ……… (348)
䌷 ……… (476)
绎 ……… (206)
䌹 ……… (818)
孟 ……… (733)
沓 ……… (9)
贯 ……… (591)
亟 ……… (245)
卺 ……… (648)
承 ……… (748)
函 ……… (523)
画 ……… (32)
臾 ……… (170)
斨 ……… (712)

九　画

顸 ……… (523)
珏 ……… (115)
珂 ……… (72)
珑 ……… (796)
玷 ……… (556)
珀 ……… (38)
珍 ……… (620)
玲 ……… (772)
珊 ……… (532)
珉 ……… (642)
韨 ……… (288)
巷 ……… (717)
籽 ……… (158)
毒 ……… (295)
砉 …… (30、192)
春 ……… (666)
奏 ……… (482)
帮 ……… (678)
契 ……… (261)
型 ……… (786)
贰 ……… (169)
项 ……… (717)
垣 ……… (602)
垮 ……… (29)
城 ……… (747)
垤 ……… (95)
垌 ……… (792)
垢 ……… (469)
垲 ……… (355)
垛 …… (44、45)
垓 ……… (353)
垟 ……… (704)
垠 ……… (637)
栈 ……… (528)
栎 ……… (441)
柑 ……… (520)
枯 ……… (311)
栉 ……… (130)
柯 ……… (73)
柄 ……… (761)
柘 ……… (82)
栊 ……… (796)
柩 ……… (494)
枰 ……… (763)
栋 ……… (792)
栌 ……… (302)
相 … (714、717)
柚 ……… (488)
柙 ……… (25)
枵 ……… (458)
枳 ……… (125)
柞 ……… (61)
柏 ……… (344)
柝 ……… (46)
茛 ……… (619)
枸 ……… (469)
栅 ……… (13)
柳 ……… (491)
栎 ……… (239)
柱 ……… (321)
柿 ……… (146)
栏 ……… (517)
枷 ……… (20)
柽 ……… (746)
树 ……… (331)
柢 ……… (222)
政 ……… (745)
故 ……… (310)
胡 ……… (313)
封 ……… (735)
酊 … (767、768)
荆 ……… (776)
刺 ……… (11)
勃 ……… (35)
郜 ……… (272)
郝 ……… (426)
南 ……… (516)
茸 ……… (809)
茜 ……… (576)
茬 ……… (14)
荐 ……… (571)
荚 ……… (22)
茈 ……… (160)
草 ……… (436)
茧 ……… (569)
莒 ……… (186)
茵 ……… (635)
荞 ……… (455)
茌 ……… (633)
茩 ……… (472)
荇 ……… (789)
荃 ……… (608)
荟 ……… (397)
茶 ……… (14)
荀 ……… (676)
茗 ……… (764)
荠 … (251、262)
荑 ……… (199)
茭 ……… (450)
荒 ……… (724)
荄 ……… (353)
茨 ……… (160)
茫 ……… (680)
荡 ……… (684)
荩 ……… (649)
荫 ……… (639)
茹 ……… (333)
荔 ……… (235)
药 ……… (440)
荪 ……… (669)
兹 ……… (153)
荦 ……… (665)
荣 ……… (810)
荜 ……… (48)
荧 ……… (756)
革 …… (70、245)
莛 ……… (770)
带 ……… (348)
柰 ……… (351)
查 ……… (14)
某 ……… (463)
垩 ……… (65)
贲 ……… (613)
要 … (438、440)
哉 ……… (359)
赴 ……… (291)
赳 ……… (492)
赵 ……… (429)
甚 ……… (628)
柬 ……… (567)
残 ……… (537)
殂 ……… (338)
殃 ……… (703)
殇 ……… (698)
殄 ……… (59)
殆 ……… (348)
研 ……… (542)
砖 ……… (595)
砒 ……… (215)
砌 ……… (261)
砂 ……… (16)
砚 ……… (545)
斫 ……… (56)
砭 ……… (548)
砍 ……… (522)
耐 ……… (351)
奎 ……… (392)
牵 ……… (573)
歪 ……… (363)
泵 ……… (730)
耍 ……… (33)
厘 ……… (230)
厚 ……… (472)
虺 ……… (395)
咸 ……… (579)
威 ……… (381)
面 ……… (553)
拭 ……… (146)
挂 ……… (29)
持 ……… (134)
拷 ……… (425)
拱 ……… (801)
挎 ……… (29)
挞 ……… (10)
挟 ……… (107)
挠 ……… (420)
挝 …… (33、41)
挡 ……… (684)
拽 ……… (366)
挺 ……… (771)
挢 ……… (452)
括 …… (28、52)
拴 ……… (598)
拾 ……… (141)
指 ……… (126)
挑 … (445、446)
挣 … (744、745)

挤 ……… (248)
拼 ……… (641)
挖 ……… (72)
按 ……… (501)
挥 ……… (394)
挪 ……… (47)
拯 ……… (744)
轲 ……… (73)
轳 ……… (306)
轴 ……… (474)
轵 ……… (125)
轶 ……… (205)
轸 ……… (621)
轹 ……… (239)
轻 ……… (781)
鸦 ……… (18)
鸥 ……… (461)
郢 ……… (758)
皆 ……… (100)
毖 ……… (211)
垫 ……… (556)
战 ……… (527)
觇 ……… (529)
点 ……… (554)
总 ……… (812)
背 ……… (368)
虐 ……… (113)
临 ……… (644)
竖 ……… (332)
览 ……… (518)
韭 ……… (493)
削 … (118、457)
省 … (752、787)
尝 ……… (696)
哇 ……… (27)
哄 … (802、804)
哑 ……… (19)
哂 ……… (628)
咧 ……… (98)
哓 ……… (458)
咽 ……… (93、539、545)
哕 ……… (111)
咮 ……… (475)
咻 ……… (497)
哗 … (30、31)
咱 ……… (536)
咿 ……… (196)
响 ……… (716)
哙 ……… (364)
哈 ……… (12)
咯 ……… (69)
哆 ……… (43)
咳 ……… (74)
咬 ……… (439)
咩 ……… (95)
咪 ……… (217)
咤 ……… (13)
哝 ……… (795)
哏 ……… (618)
哞 ……… (462)
帧 ……… (620)
峙 ……… (130)
峡 ……… (25)
峣 ……… (438)
峒 … (792、793)
峤 … (454、455)
峋 ……… (676)
峥 ……… (744)
昧 ……… (373)
昽 ……… (796)
昵 ……… (229)
映 ……… (759)
昨 ……… (59)
昭 ……… (428)
贱 ……… (570)
贴 ……… (97)
觋 ……… (723)
贻 ……… (199)
盼 ……… (505)
眨 ……… (13)
眄 ……… (554)
盹 ……… (660)
眈 ……… (511)
畎 ……… (609)
畋 ……… (559)
畈 ……… (570)
畇 ……… (671)
虹 ……… (803)
虾 ……… (24)
蚁 ……… (201)
虻 ……… (732)
蚂 ……… (3)
剐 ……… (28)
郢 ……… (758)
勋 ……… (675)
趴 ……… (2)
品 ……… (641)
既 ……… (252)
炭 ……… (515)
是 ……… (149)
显 ……… (579)
星 ……… (784)
昴 ……… (414)
昱 ……… (178)
曷 ……… (78)
冒 ……… (414)
盅 ……… (805)
贵 ……… (391)
畏 ……… (386)
胃 ……… (386)
界 ……… (104)
思 ……… (164)
胄 ……… (475)
罘 ……… (287)
罚 ……… (6)
骨 ……… (308)
骂 ……… (4)
幽 ……… (484)
囿 ……… (487)
禺 ……… (171)
牯 ……… (307)
牲 ……… (751)
拜 ……… (345)
秕 ……… (210)
秒 ……… (443)
种 ……… (806、807、809)
秋 ……… (495)
科 ……… (73)
矩 ……… (186)
𫓧 ……… (285)
钙 ……… (354)
钝 ……… (661)
钞 ……… (430)
钟 ……… (805)
钢 ……… (689)
钣 ……… (503)
钤 ……… (574)
钥 … (112、440)
钦 ……… (651)
钧 ……… (673)
钩 ……… (468)
钮 ……… (489)
缸 ……… (689)
卸 ……… (109)
复 ……… (292)
香 ……… (714)
看 ……… (522)
竿 ……… (520)
竽 ……… (170)
笈 ……… (245)
笃 ……… (296)
氢 ……… (782)
选 ……… (611)
适 ……… (149)
毡 ……… (526)
重 … (807、809)
俦 ……… (746)
俨 ……… (543)
便 … (550、551)
俩 ……… (20、708)
俪 ……… (237)
俅 ……… (496)
修 ……… (498)
俏 ……… (457)
俚 ……… (233)
俣 ……… (173)
保 ……… (410)
俜 ……… (762)
促 ……… (338)
俐 ……… (238)
俑 ……… (816)
俄 ……… (64)
侮 ……… (273)
俭 ……… (567)
俗 ……… (339)
俘 ……… (287)
信 ……… (656)
侵 ……… (651)
侯 … (471、472)
俟 … (167、257)
俊 ……… (674)
顺 ……… (667)
段 ……… (585)
贷 ……… (347)
垡 ……… (6)
皇 ……… (724)
泉 ……… (608)
叟 ……… (483)
追 ……… (399)
查 ……… (14)
禹 ……… (175)
鬼 ……… (390)
衎 ……… (523)
待 ……… (349)
徊 ……… (365)
徇 ……… (677)
徉 ……… (704)
衍 ……… (543)
律 ……… (183)
很 ……… (619)
须 ……… (192)
垕 ……… (472)
盾 ……… (660)
逅 ……… (472)
俎 ……… (338)
鸧 ……… (702)
瓴 ……… (772)
叙 ……… (194)

剑 ……… (571)
郛 ……… (287)
盆 ……… (614)
俞 ……… (172)
弇 ……… (543)
食 … (141、167)
爰 ……… (602)
胤 ……… (640)
狭 ……… (25)
狮 ……… (137)
独 ……… (295)
狯 ……… (364)
狡 ……… (452)
狩 ……… (480)
狱 ……… (178)
狠 ……… (619)
狲 ……… (669)
饵 ……… (168)
饶 ……… (433)
蚀 ……… (142)
饷 ……… (716)
饺 ……… (452)
饼 ……… (761)
胧 ……… (796)
胪 ……… (302)
胆 ……… (511)
胛 ……… (22)
胜 ……… (753)
胙 ……… (61)
胗 ……… (620)
胝 ……… (122)
朐 ……… (190)
胞 ……… (409)
胖 … (504、680)
脉…… (40、347)
胫 ……… (779)
胎 ……… (349)
眇 ……… (443)
眊 ……… (414)
飐 ……… (527)
鸨 ……… (410)
急 ……… (245)
盈 ……… (757)
怨 ……… (605)
贸 ……… (415)
訇 ……… (802)
逄 ……… (679)
勉 ……… (552)
逃 ……… (419)
飒 ……… (17)
施 ……… (138)
哀 ……… (341)
亭 ……… (770)
亮 ……… (708)
帝 ……… (225)
音 ……… (636)
亲 ……… (657)
彦 ……… (546)
弈 ……… (204)
峦 ……… (587)
奕 ……… (204)
弯 ……… (582)
娈 ……… (587)
度…… (44、297)
庭 ……… (770)
庥 ……… (497)
庠 ……… (715)
疬 ……… (235)
疣 ……… (485)
疥 ……… (105)
疭 ……… (812)
疮 ……… (727)
疯 ……… (735)
疫 ……… (205)
疢 ……… (625)
疤 ……… (1)
迹 ……… (251)
恸 ……… (794)
恃 ……… (148)
恒 ……… (742)
恹 ……… (539)
恍 ……… (726)
恫 ……… (792)
恺 ……… (355)
恻 ……… (88)
恬 ……… (559)
恤 ……… (195)
恰 ……… (24)
恪 ……… (75)
恂 ……… (676)
恼 ……… (420)
恽 ……… (672)
恢 ……… (394)
恨 ……… (619)
闻 ……… (658)
闺 ……… (389)
闼 ……… (10)
闽 ……… (643)
闾 ……… (182)
阀 ……… (6)
阁 ……… (71)
阂 ……… (78)
炳 ……… (761)
炼 ……… (563)
炽 ……… (136)
炯 ……… (818)
炸 …… (12、13)
炮 … (409、412)
烁 ……… (58)
炷 ……… (321)
炫 ……… (612)
烂 ……… (519)
洭 ……… (722)
洼 ……… (27)
洁 ……… (102)
洪 ……… (804)
洹 ……… (593)
洒 ……… (17)
洧 ……… (384)
洌 ……… (99)
浃 ……… (20)
浇 ……… (450)
泚 ……… (161)
洸 ……… (722)
浊 ……… (56)
洞 ……… (792)
洎 ……… (251)
洇 ……… (635)
洄 ……… (395)
测 ……… (88)
洙 ……… (316)
洗 ……… (286)
活 ……… (52)
洑 … (287、293)
涎 ……… (579)
洫 ……… (195)
派 ……… (345)
浍 ……… (364)
洽 ……… (24)
洮 ……… (419)
洵 ……… (676)
洛 ……… (764)
洛 ……… (48)
浏 ……… (489)
济 … (248、251)
洨 ……… (459)
洲 ……… (474)
洋 ……… (704)
浑 ……… (665)
浒 ……… (315)
浓 ……… (795)
津 ……… (647)
浔 ……… (676)
洳 ……… (335)
将 … (709、711)
叛 ……… (505)
籼 ……… (577)
剃 ……… (227)
前 ……… (574)
酋 ……… (497)
首 ……… (479)
养 ……… (705)
举 ……… (186)
觉 … (115、454)
宣 ……… (610)
宥 ……… (488)
宦 ……… (595)
室 ……… (150)
宫 ……… (800)
宪 ……… (581)
客 ……… (75)
穿 ……… (597)
突 ……… (298)
窃 ……… (106)
窆 ……… (549)
咨 ……… (152)
姿 ……… (152)
染 ……… (536)
差 ………………
(13、15、160、358)
美 ……… (373)
姜 ……… (710)
类 ……… (379)
娄 ……… (466)
奖 ……… (710)
送 ……… (814)
迸 ……… (730)
迷 ……… (217)
逆 ……… (229)
诫 ……… (105)
诬 ……… (271)
语 ……… (175)
诮 ……… (457)
误 ……… (276)
诰 ……… (424)
诱 ……… (488)
诲 ……… (397)
诳 ……… (723)
说 ………………
(58、112、402)
诵 ……… (815)
祛 ……… (190)
祜 ……… (316)
祏 ……… (139)
祐 ……… (487)
祓 ……… (288)
祖 ……… (338)
神 ……… (627)
祝 ……… (321)
祚 ……… (61)

祗 …(122、256)
祢 ………(217)
祠 ………(160)
衲 ………(10)
祎 ………(395)
衽 ………(634)
袄 ………(408)
袂 ………(374)
鸩 ………(622)
冠 …(589、591)
扁 ………(549)
扃 ………(818)
衵 ………(697)
弭 ………(218)
郡 ………(674)
费 ………(377)
垦 ………(619)
屋 ………(271)
屏 …(761、763)
屎 ………(143)
昼 ………(475)
退 ………(388)
咫 ………(125)
陛 ………(212)
陟 ………(131)
陧 ………(97)
陨 ………(671)
除 ………(323)
险 ………(579)
院 ………(605)
胥 ………(193)
眉 ………(371)
娃 ………(27)
姥 …(282、422)
姨 ………(199)
娆 ………(433)
姻 ………(635)
姝 ………(328)
娇 ………(451)
姚 ………(438)
姣 ………(450)
娜 ………(47)
架 ………(23)
贺 ………(79)
怒 ………(301)
衿 ………(646)
矜 …(646、652)
勇 ………(816)
枭 ………(268)
炱 ………(350)
怠 ………(348)
垒 ………(378)
蚤 ………(434)
柔 ………(481)
怼 ………(388)
癸 ………(391)
羿 ………(207)
孩 ………(355)
绑 ………(678)
绒 ………(809)
结 …(100、102)
绕 ………(433)
绖 ………(95)
绘 ………(397)
给 …(248、380)
绚 ………(612)
绛 ………(711)
络……(49、422)
绝 ………(115)
绞 ………(452)
统 ………(794)
骁 ………(458)
骃 ………(635)
骄 ………(451)
骆 ………(48)
骇 ………(356)
骈 ………(551)
宧 ………(595)
蚤 ………(358)
蚤 ………(716)
彖 ………(586)
逊 ………(677)

十　画

艳 ………(546)
珥 ………(169)
珙 ………(801)
顼 ………(193)
珰 ………(683)
珽 ………(771)
珞 ………(49)
珠 ………(316)
珩 ………(742)
珣 ………(676)
珧 ………(438)
琤 ………(746)
班 ………(501)
珲 ………(394)
铧 ………(383)
顽 ………(591)
耕 ………(741)
耘 ………(671)
耗 ………(427)
耙 ………(3)
敖 ………(407)
索 ………(63)
素 ………(340)
蚕 ………(537)
秦 ………(652)
泰 ………(351)
盏 ………(527)
挈 ………(106)
埔 ………(278)
埂 ………(741)
埋 ………(346)
埘 ………(140)
埚 ………(49)
埇 ………(117)
垸 ………(605)
埃 ………(341)
埙 ………(675)
框 ………(723)
桂 ………(391)
梆 ………(678)
栳 ………(422)
郴 ………(623)
栱 ………(801)
桓 ………(593)
栖 …(254、263)
桡 ………(433)
桎 ………(127)
桢 ………(620)
桄 ………(722)
档 ………(684)
桐 ………(793)
株 ………(317)
梃 ………(771)
桥 ………(455)
桦 ………(32)
桁 ………(742)
栓 ………(598)
桧 …(391、397)
桅 ………(383)
格 ………(71)
桃 ………(419)
桩 ………(726)
校 …(454、461)
核 ………(78)
样 ………(706)
桉 ………(500)
根 ………(618)
栩 ………(194)
鸪 ………(306)
耻 ………(135)
耿 ………(742)
耽 ………(511)
豇 ………(709)
酎 ………(475)
酌 ………(56)
配 ………(371)
鬲 ………(239)
都 ………(294)
真 ………(620)
袁 ………(603)
壶 ………(314)
莤 ………(358)
莱 ………(352)
莽 ………(680)
莲 ………(562)
莫 ………(40)
莉 ………(238)
莠 ………(487)
莓 ………(372)
荷 ……(78、79)
莅 ………(236)
荼 ………(299)
莶 ………(577)
莩 ………(405)
莩 ………(287)
莸 ………(485)
荻 ………(220)
获 ………(54)
莘 ………(627)
莎 ………(16)
莞 ………(584)
莨 ………(688)
恭 ………(800)
莼 ………(666)
莹 ………(756)
莺 ………(755)
恚 ………(397)
盍 ………(78)
盐 ………(542)
哥 ………(70)
耆 ………(257)
耄 ………(414)
恐 ………(802)
晋 ………(650)
恶………………(65、271、276)
栗 ………(239)
贾……(22、309)
逋 ………(276)
速 ………(340)
逗 ………(464)
逦 ………(233)
翅 ………(136)
赶 ………(521)

起 ……… (259)
栽 ……… (359)
载 … (359、360)
殊 ……… (328)
殉 ……… (677)
顾 ……… (310)
原 ……… (603)
砢 ……… (73)
砸 ……… (17)
砺 ……… (236)
砰 ……… (730)
砧 ……… (621)
础 ……… (324)
砟 ……… (12)
砥 ……… (222)
砾 ……… (239)
硅 ……… (321)
砣 ……… (46)
破 ……… (38)
硁 ……… (742)
套 ……… (420)
趸 ……… (660)
孬 ……… (420)
砻 ……… (796)
恧 ……… (181)
烈 ……… (99)
辱 ……… (335)
唇 ……… (666)
夏 ……… (27)
厝 ……… (62)
赝 ……… (395)
逐 ……… (318)
振 ……… (623)
捞 ……… (421)
捕 ……… (277)
捂 ……… (273)
捎 ……… (431)
捍 ……… (525)
捏 ……… (97)
捉 ……… (56)
捆 ……… (664)
损 ……… (669)
捐 ……… (606)
挹 ……… (205)
捡 ……… (567)
捋 …… (47、182)
捣 ……… (416)
挫 ……… (62)
换 ……… (594)
挽 ……… (584)
捃 ……… (675)
捅 ……… (794)
挨 ……… (342)
轼 ……… (146)
轻 ……… (127)
轿 ……… (454)
辀 ……… (473)
辂 ……… (304)
较 ……… (454)
顿 … (295、661)
致 ……… (127)
觜 ……… (212)
贽 ……… (131)
挚 ……… (131)
热 ……… (86)
哲 ……… (80)
逝 ……… (150)
逑 ……… (496)
匿 ……… (229)
匪 ……… (376)
赀 ……… (153)
龇 ……… (625)
柴 ……… (358)
桌 ……… (56)
虑 ……… (183)
虔 ……… (574)
紧 ……… (648)
监 … (566、571)
党 ……… (684)
哶 ……… (798)
哧 ……… (132)
唠 ……… (423)
哮 ……… (460)
哺 ……… (277)
哽 ……… (741)
唽 ……… (12)
哨 ……… (432)
哩 ……… (239)
哦 ……… (64)
唏 ……… (263)
唣 ……… (434)
唤 ……… (594)
唁 ……… (545)
哼 ……… (742)
唧 ……… (242)
唆 ……… (63)
崃 ……… (352)
峭 ……… (457)
峨 ……… (64)
峰 ……… (736)
峻 ……… (674)
嶹 ……… (476)
贼 ……… (380)
贿 ……… (397)
赂 ……… (304)
赃 ……… (701)
赅 ……… (353)
晅 ……… (612)
晒 ……… (358)
晓 ……… (459)
晖 ……… (394)
晌 ……… (699)
眬 ……… (797)
眩 ……… (612)
眠 ……… (552)
眙 ……… (136)
廋 ……… (199)
眝 ……… (199)
畛 ……… (622)
畔 ……… (505)
曷 ……… (78)
鸭 ……… (18)
鸮 ……… (458)
蚌 ……… (678)
蚨 ……… (286)
蚜 ……… (19)
蚋 ……… (403)
蚬 ……… (580)
蚝 ……… (425)
蚡 ……… (105)
蚣 ……… (800)
蚊 ……… (658)
蚪 ……… (463)
蚓 ……… (638)
觊 ……… (252)
趿 ……… (9)
趵 ……… (411)
剔 ……… (225)
晟 ……… (753)
晁 ……… (726)
晏 ……… (546)
晕 … (670、672)
罡 ……… (689)
罟 ……… (307)
罢 ……… (2)
盎 ……… (678)
鸯 ……… (703)
恩 ……… (612)
哭 ……… (311)
逞 ……… (749)
圃 ……… (280)
圄 ……… (176)
圆 ……… (602)
特 ……… (68)
牺 ……… (263)
牷 ……… (608)
牸 ……… (159)
钱 ……… (574)
钲 ……… (743)
钳 ……… (575)
钵 ……… (34)
钹 ……… (36)
钺 ……… (113)
钻 ……… (599)
钿 … (556、559)
铁 ……… (97)
铃 ……… (772)
铅 ……… (573)
铆 ……… (414)
铄 ……… (58)
铉 ……… (612)
铎 ……… (44)
秣 ……… (40)
秫 ……… (329)
秤 ……… (749)
租 ……… (336)
积 ……… (242)
秧 ……… (703)
秩 ……… (128)
称 ……… (625、746、749)
秘 ……… (219)
缺 ……… (116)
敌 ……… (221)
眚 ……… (752)
笄 ……… (242)
笕 ……… (567)
笔 ……… (210)
笑 ……… (460)
笏 ……… (316)
第 ……… (158)
笋 ……… (669)
笆 ……… (1)
氤 ……… (635)
氧 ……… (705)
造 ……… (435)
透 ……… (466)
乘 … (749、753)
俸 ……… (737)
倩 ……… (576)
债 ……… (357)
借 ……… (105)
值 ……… (124)
倚 ……… (201)
倾 ……… (782)
倒 ……… (416)
倬 ……… (56)
俳 ……… (345)
候 ……… (472)
倏 ……… (328)

倘 ……… (686)
俱 ……… (187)
倡 ……… (698)
倭 ……… (42)
倪 ……… (228)
俯 ……… (291)
倍 ……… (369)
倦 ……… (607)
倄 ……… (498)
倌 ……… (589)
健 ……… (570)
倨 ……… (188)
倔 … (115、116)
衄 ……… (181)
躬 ……… (799)
射 ……… (85)
陴 ……… (216)
皋 ……… (423)
赁 ……… (645)
恁 ……… (618)
臬 ……… (98)
臭 … (477、499)
息 ……… (265)
隼 ……… (670)
隽 ……… (675)
徒 ……… (299)
徕 ……… (353)
徐 ……… (193)
颀 ……… (256)
殷 ……… (637)
舰 ……… (569)
舨 ……… (503)
舱 ……… (702)
般 ……… (502)
舫 ……… (683)
航 ……… (691)
虒 ……… (164)
颁 ……… (501)
颂 ……… (814)
鸲 ……… (772)
豺 ……… (358)
豹 ……… (411)
釜 ……… (289)
爹 ……… (95)
翁 ……… (789)
耸 ……… (814)
爱 ……… (342)
奚 ……… (265)
拿 ……… (10)
衾 ……… (651)
鬯 ……… (698)
脊 ……… (248)
途 ……… (299)
卿 ……… (782)
狸 ……… (230)
狷 ……… (607)
猁 ……… (238)
狳 ……… (170)
猃 ……… (580)
狺 ……… (637)
狼 ……… (688)
饽 ……… (34)
饿 ……… (66)
馀 ……… (170)
馁 ……… (377)
馂 ……… (674)
胯 ……… (29)
胱 ……… (722)
脍 ……… (364)
脆 ……… (405)
脂 ……… (123)
胸 ……… (819)
朓 ……… (446)
脏 ……… (701)
脐 ……… (256)
胶 ……… (450)
脑 ……… (420)
胳 ……… (691)
胼 ……… (551)
胺 ……… (501)
脓 ……… (795)
鸱 ……… (132)
鸵 ……… (46)
皱 ……… (475)
枭 ……… (447)
胥 ……… (600)
鸳 ……… (600)
留 ……… (489)
玺 ……… (268)
桀 ……… (102)
逛 ……… (722)
逖 ……… (227)
逢 ……… (736)
旆 ……… (370)
旄 ……… (413)
旅 ……… (182)
旃 ……… (526)
欬 ……… (355)
颃 ……… (691)
站 ……… (528)
效 ……… (460)
勍 ……… (782)
剖 ……… (462)
部 ……… (278)
郭 ……… (50)
高 ……… (423)
衰 … (366、404)
衷 ……… (805)
离 ……… (230)
毫 ……… (425)
衮 ……… (663)
旁 ……… (679)
斋 ……… (357)
紊 ……… (659)
竞 ……… (779)
畜 … (195、325)
栾 ……… (587)
挛 ……… (587)
恋 ……… (564)
席 ……… (267)
座 ……… (61)
唐 ……… (685)
症 ……… (745)
疳 ……… (520)
疴 ……… (73)
病 ……… (761)
痁 ……… (532)
疽 ……… (184)
疸 ……… (511)
疾 ……… (246)
疹 ……… (622)
痈 ……… (815)
疼 ……… (739)
疱 ……… (412)
痃 ……… (611)
痂 ……… (20)
疲 ……… (216)
悖 ……… (369)
悚 ……… (814)
悟 ……… (276)
悭 ……… (573)
悄 … (455、456)
悍 ……… (525)
悝 ……… (392)
悃 ……… (664)
悒 ……… (205)
悔 ……… (395)
悯 ……… (643)
悦 ……… (112)
悌 ……… (227)
悢 ……… (709)
悛 ……… (607)
阃 ……… (664)
阄 ……… (492)
阊 ……… (637)
阅 ……… (112)
阆 ……… (688)
浜 ……… (678)
阋 ……… (366)
烤 ……… (425)
烘 ……… (802)
烦 ……… (508)
烧 ……… (431)
烛 ……… (318)
烟 ……… (539)
烨 ……… (94)
烩 ……… (397)
烙 ……… (49、422)
烊 ……… (706)
烬 ……… (649)
剡 ……… (544)
郯 ……… (514)
凌 ……… (773)
淞 ……… (814)
凄 ……… (254)
准 ……… (666)
凉 ……… (707)
凋 ……… (444)
涛 ……… (418)
涝 ……… (423)
浦 ……… (280)
酒 ……… (493)
涟 ……… (562)
涉 ……… (86)
消 ……… (457)
涅 ……… (97)
浞 ……… (57)
涓 ……… (606)
涡 ……… (41)
浥 ……… (205)
涔 ……… (635)
浩 ……… (427)
海 ……… (355)
涂 ……… (299)
浴 ……… (177)
浮 ……… (287)
涣 ……… (594)
涤 ……… (221)
流 ……… (490)
润 ……… (667)
涧 ……… (570)
浣 ……… (595)
涕 ……… (227)
浪 ……… (688)
浸 ……… (650)
涨 … (693、694)
涩 ……… (90)
涌 ……… (817)
涘 ……… (167)
浚 ……… (674)

瓶……(763)
朔……(59)
粉……(617)
料……(449)
粑……(1)
桊……(607)
郸……(511)
剜……(582)
益……(267)
兼……(566)
羔……(423)
浙……(82)
恙……(706)
羖……(308)
害……(356)
宽……(592)
宸……(624)
家……(21)
宵……(457)
宴……(546)
宾……(640)
宰……(359)
案……(501)
窅……(439)
窍……(457)
窄……(357)
容……(810)
窌……(448)
窈……(439)
拳……(609)
桨……(710)
浆……(710)
瓷……(161)
资……(153)
恣……(159)
娑……(62)
烫……(687)
羞……(498)
递……(224)
请……(784)
诹……(482)
诸……(317)
诺……(47)
读……(295、464)
诽……(376)
课……(75)
诿……(384)
谀……(170)
谁……(400)
谂……(628)
调……(445、446)
谄……(530)
谅……(708)
谆……(665)
谇……(406)
谈……(514)
谊……(208)
诼……(57)
祯……(620)
祧……(446)
祥……(715)
袜……(28)
祛……(190)
袓……(515)
袖……(499)
袗……(622)
顽……(583)
袍……(412)
被……(369)
朗……(688)
冢……(806)
冥……(705)
冤……(600)
扆……(201)
扇……(532、533)
弱……(59)
剥……(34、409)
剧……(188)
恳……(619)
展……(527)
屑……(109)
屐……(242)
陬……(482)
陵……(773)
陲……(400)
陷……(581)
陶……(419、438)
陪……(370)
牂……(701)
蚩……(132)
祟……(407)
类……(701)
娠……(627)
姬……(242)
娥……(64)
娌……(233)
娱……(172)
娉……(762)
娖……(57)
娟……(606)
娲……(27)
娩……(552)
娴……(578)
娣……(224)
娘……(706)
娓……(384)
恕……(332)
难……(516、517)
预……(179)
能……(739)
畚……(613)
桑……(702)
通……(792、794)
逡……(675)
骊……(230)
骁……(680)
骋……(749)
验……(547)
骍……(785)
骎……(651)
骏……(674)
骙……(342)
绠……(741)
绳……(708)
绡……(458)
绢……(607)
绣……(499)
絺……(133)
绤……(270)
绥……(406)
绦……(419)
继……(252)
绨……(225)
邕……(815)
鸳……(163)
烝……(744)
捞……(42)
帨……(402)
鸰……(332)
殷……(539)
埃……(523)

十一画

琏……(563)
球……(496)
琐……(64)
理……(233)
琅……(688)
耜……(167)
麸……(285)
春……(808)
焘……(419)
彗……(398)
埭……(349)
堵……(296)
堎……(740)
埴……(124)
域……(179)
埯……(500)
堆……(387)
埠……(279)
埝……(561)
堋……(731)
培……(370)
埠……(533)
埽……(437)
堍……(300)
梼……(420)
械……(109)
彬……(640)
梗……(741)
梧……(272)
栖……(254、263)
梢……(431)
梏……(311)
梅……(372)
梹……(760)
检……(567)
桴……(287)
桷……(115)
梓……(158)
梳……(328)
梯……(225)
棂……(773)
棁……(56)
桶……(794)
梭……(63)
聃……(511)
职……(124)
聆……(772)
聊……(448)
乾……(575)
赧……(516)
赦……(86)
教……(451、454)
敌……(176)
敕……(135)
觋……(267)
豉……(309)
酝……(672)
勘……(522)
靪……(767)
勒……(68、378)
副……(293)
鄄……(607)
壶……(664)
菁……(776)
著……(321)
菱……(773)
萁……(256)

菘 ………（814）
萋 ………（254）
菝 ………（47）
菽 ………（327）
菲 …（375、376）
菖 ………（695）
萌 ………（732）
萝 ………（48）
菌 ………（674）
萎 ………（384）
萑 ………（593）
萸 ………（170）
菂 ………（225）
莱 ………（362）
菜 ………（616）
菔 ………（288）
萄 ………（419）
菟 …（299、300）
萏 ………（512）
菊 ………（185）
萃 ………（405）
菼 ………（515）
萍 ………（763）
菹 ………（336）
菀 ………（583）
菅 ………（566）
萧 ………（458）
萨 ………（17）
菇 ………（306）
菰 ………（307）
菡 ………（525）
萤 ………（757）
营 ………（757）
萦 ………（757）
黄 ………（725）
焉 ………（539）
菑 ………（153）
堇 ………（648）
啬 ………（90）
票 ………（443）
悫 ………（117）
曹 ………（435）
基 ………（243）
娶 ………（191）
梦 ………（733）
梵 ………（510）
婪 ………（517）
訔 ………（590）
逵 ………（392）
殒 ………（671）
殓 ………（564）
殍 ………（442）
硎 ………（786）
埸 ………（206）
硕 ………（59）
硖 ………（25）
硗 ………（455）
硌 ……（49、72）
瓠 ………（316）
匏 ………（412）
奢 ………（84）
聋 ………（797）
龚 ………（800）
袭 ………（267）
盔 ………（392）
盛 …（748、753）
戛 ………（22）
厢 ………（714）
戚 ………（254）
爽 ………（729）
赉 ………（353）
雩 ………（173）
雪 ………（119）
捧 ………（731）
掭 ………（559）
措 ………（62）
描 ………（443）
捺 ………（11）
掎 ………（248）
掩 ………（543）
捷 ………（103）
掮 ………（619）
掉 ………（445）
掳 ………（302）
排 ………（345）
捶 ………（400）
推 ………（388）
掀 ………（577）
授 ………（480）
捻 ………（561）
掐 ………（24）
掬 ………（185）
掠 ………（113）
掂 ………（554）
掖 ……（91、93）
捽 ………（60）
掊 ………（462）
接 ………（100）
掞 ………（533）
掷 ………（131）
掸 ………（511）
控 ………（802）
掉 ………（445）
挽 ………（584）
捩 ………（99）
探 ………（515）
据 …（185、188）
掘 ………（115）
掺 ………（529）
掇 ………（44）
鸷 ………（131）
辄 ………（81）
辅 ………（290）
辆 ………（709）
救 ………（494）
堑 ………（576）
匮 ………（393）
匾 ………（549）
龁 ………（77）
虚 ………（193）
彪 ………（441）
逴 ………（57）
雀 ………（117）
堂 ………（686）
常 ………（696）
啧 ………（87）
喏 ………（105）
喏 ………（47）
喵 ………（443）
唵 ………（500）
啄 ………（57）
啭 ………（596）
唬 ………（315）
啦 ……（11、12）
啃 ………（619）
啮 ………（98）
啡 ………（375）
唱 ………（698）
啯 ………（50）
唯 ………（383）
唾 ………（47）
啁 …（428、474）
啕 ………（419）
唷 ………（43）
啖 ………（512）
啪 ………（2）
啶 ………（769）
唧 ………（687）
唳 ………（238）
啸 ………（461）
唰 ………（33）
啜 ………（58）
崚 ………（740）
崖 ………（19）
崎 ………（257）
崦 ………（539）
崤 ………（459）
崒 ………（337）
崛 ………（115）
帻 ………（87）
帼 ………（51）
帷 ………（383）
赈 ………（623）
赇 ………（496）
赊 ………（84）
晤 ………（276）
啸 ………（276）
晦 ………（397）
唏 ………（263）
晚 ………（584）
眶 ………（723）
眦 ………（159）
眵 ………（133）
睁 ………（744）
眯 ………（217）
眼 ………（544）
眸 ………（462）
眺 ………（447）
畦 ………（258）
時 ………（130）
略 ………（114）
蚶 ………（523）
蛄 ………（306）
蛎 ………（236）
蛆 ………（190）
蛉 ………（772）
蛀 ………（321）
蛇 ……（84、200）
蛏 ………（746）
蚴 ………（487）
野 ………（91）
趼 ………（568）
趺 ………（285）
跂 ………（256）
距 ………（187）
趾 ………（125）
跃 ………（113）
跄 ………（713）
鄂 ………（667）
勖 ………（195）
崮 ………（310）
崔 ………（404）
崟 ………（637）
崩 ………（730）
崇 ………（809）
晨 ………（624）
曼 ………（506）
冕 ………（553）
累 …（378、379）
蛊 ………（309）

悬 ……… (611)
患 ……… (595)
婴 ……… (755)
逻 ……… (48)
匙 … (134、151)
圊 ……… (176)
圈 … (606、607)
铏 ……… (786)
铐 ……… (425)
铗 ……… (22)
铚 ……… (127)
铛 … (683、746)
铜 ……… (793)
铠 ……… (355)
铡 ……… (12)
铢 ……… (317)
铣 ……… (268)
铤 ……… (771)
铦 ……… (577)
铨 ……… (608)
铓 ……… (680)
铛 ……… (746)
铭 ……… (766)
铫 ……… (445)
铮 ……… (744)
铰 ……… (452)
铲 ……… (530)
铳 ……… (809)
铵 ……… (500)
银 ……… (637)
秸 ……… (100)
秽 ……… (398)
移 ……… (199)
秾 ……… (795)
矫 ……… (453)
甜 ……… (559)
鸹 ……… (28)
敏 ……… (643)
笺 ……… (564)
筇 ……… (818)
笨 ……… (613)
笼 ……… (797)
笛 ……… (220)
笙 ……… (751)
笮 ……… (60)
符 ……… (287)
笱 ……… (469)
笠 ……… (236)
笥 ……… (166)
笳 ……… (20)
笾 ……… (548)
第 ……… (224)
梨 ……… (231)
犁 ……… (231)
偾 ……… (671)
做 ……… (61)
鸺 ……… (497)
偃 ……… (545)
偕 ……… (108)
偿 ……… (696)
偶 ……… (462)
佷 ……… (381)
偷 ……… (464)
偈 … (103、252)
偻 ……… (182)
傀 ……… (393)
偬 ……… (812)
停 ……… (770)
偻 ……… (466)
偏 ……… (551)
假 …… (22、23)
偓 ……… (43)
皑 ……… (342)
皎 ……… (452)
衅 ……… (657)
躯 ……… (189)
袋 ……… (348)
悠 ……… (484)
售 ……… (480)
兜 ……… (463)
徙 ……… (268)
得 ………………
(67、68、377)
衔 ……… (579)
舸 ……… (72)
舻 ……… (302)
舳 ……… (318)
舶 ……… (35)
船 ……… (597)
鸼 ……… (473)
舷 ……… (579)
舵 ……… (45)
盘 ……… (504)
领 ……… (774)
翎 ……… (772)
鸽 ……… (70)
斜 ……… (107)
敛 ……… (563)
瓻 ……… (133)
欷 ……… (263)
欲 ……… (177)
彩 ……… (361)
龛 ……… (522)
廊 ……… (687)
盒 ……… (77)
悉 ……… (266)
猜 ……… (360)
猪 ……… (317)
猎 ……… (99)
猫 ……… (412)
猗 ……… (198)
猡 ……… (48)
猖 ……… (695)
猊 ……… (228)
猝 ……… (338)
猛 ……… (732)
猄 ……… (775)
馃 ……… (51)
馅 ……… (582)
馆 ……… (590)
脚 ……… (453)
脖 ……… (35)
脯 … (279、290)
脰 ……… (464)
豚 ……… (661)
脸 ……… (563)
脞 ……… (62)
脬 ……… (412)
脝 ……… (742)
脱 ……… (45)
脘 ……… (584)
脧 ……… (606)
够 ……… (469)
斛 ……… (314)
象 ……… (718)
祭 ……… (252)
訇 ……… (289)
逸 ……… (208)
馗 ……… (392)
凰 ……… (724)
旌 ……… (777)
族 ……… (337)
旎 ……… (229)
旋 ……… (611)
翊 ……… (207)
孰 ……… (329)
毫 ……… (425)
烹 ……… (730)
衮 ……… (663)
商 ……… (698)
袤 ……… (415)
率 … (183、367)
聍 ……… (771)
颀 ……… (302)
跂 ……… (262)
隗 ……… (392)
章 ……… (691)
竟 ……… (779)
鸾 ……… (587)
望 ……… (720)
庶 ……… (332)
庾 ……… (176)
廌 ……… (46)
庳 ……… (213)
庵 ……… (500)
庸 ……… (815)
庳 ……… (367)
康 ……… (690)
鹿 ……… (304)
麻 ……… (3)
痔 ……… (131)
痍 ……… (199)
疵 ……… (166)
痊 ……… (608)
痒 ……… (705)
痕 ……… (619)
情 ……… (782)
惬 ……… (106)
悻 ……… (788)
惜 ……… (264)
惭 ……… (537)
悼 ……… (417)
悱 ……… (376)
惝 ……… (686)
惧 ……… (188)
惕 ……… (227)
惧 ……… (559)
惘 ……… (720)
悸 ……… (250)
惟 ……… (383)
惛 ……… (664)
惚 ……… (313)
惊 ……… (776)
惇 ……… (660)
悴 ……… (405)
惓 ……… (609)
惮 ……… (512)
悰 ……… (813)
惋 ……… (583)
惨 ……… (537)
惙 ……… (57)
惯 ……… (591)
阈 ……… (179)
阉 ……… (540)
阍 ……… (664)
阎 ……… (543)
阏 ……… (539)
阐 ……… (530)
焊 ……… (525)
焕 ……… (594)

烽 ……… (736)
焖 ……… (615)
凑 ……… (482)
减 ……… (568)
清 ……… (781)
渍 ……… (159)
添 ……… (558)
渚 ……… (319)
鸿 ……… (803)
淇 ……… (256)
淋 … (644、645)
淅 ……… (264)
凇 ……… (814)
渎 ……… (295)
涯 ……… (19)
淹 ……… (540)
渐 … (566、572)
淑 ……… (327)
淖 ……… (421)
淌 ……… (686)
混 ……… (665)
涸 ……… (78)
淮 ……… (365)
渑 ……… (553)
淆 ……… (459)
渊 ……… (600)
淫 ……… (637)
淝 ……… (376)
渔 ……… (171)
淘 ……… (419)
淳 ……… (667)
液 ……… (93)
淬 ……… (405)
淤 ……… (169)
淡 ……… (512)
淀 ……… (556)
淙 ……… (813)
涴 ……… (43)
深 ……… (627)
渌 ……… (303)
涮 ……… (598)
渗 ……… (629)
涵 ……… (524)
淄 ……… (153)
浼 ……… (373)
羚 ……… (772)
羝 ……… (220)
粝 ……… (236)
粘 ……… (526)
粗 ……… (338)
粕 ……… (38)
粒 ……… (236)
断 ……… (585)
敝 ……… (212)
剪 ……… (568)
兽 ……… (480)
盖 ……… (354)
着 ……………… (57、82、428)
冕 ……… (600)
兼 ……… (706)
寇 ……… (471)
寅 ……… (638)
寄 ……… (252)
鸰 ……… (546)
寂 ……… (252)
密 ……… (219)
宿 ……………… (341、498、499)
窒 ……… (127)
窑 ……… (438)
窕 ……… (447)
眷 ……… (607)
盗 ……… (417)
挲 ……… (62)
骓 ……… (375)
渠 ……… (190)
梁 ……… (707)
婆 ……… (37)
逭 ……… (595)
谋 ……… (462)
谗 ……… (529)
湛 ……… (625)
渫 ……… (96)
谎 ……… (726)
谏 … (518、572)
谐 ……… (108)
谑 ……… (120)
谒 ……… (94)
谓 ……… (386)
谔 ……… (667)
谕 ……… (179)
谖 ……… (611)
谙 ……… (500)
谛 ……… (225)
谚 ……… (546)
谜 ……… (218)
谞 ……… (193)
祷 ……… (416)
祸 ……… (55)
祲 ……… (650)
裈 ……… (664)
裆 ……… (683)
裀 ……… (635)
袱 ……… (287)
袷 ……… (24)
敠 ……… (673)
扈 ……… (316)
弹 … (512、514)
敢 ……… (521)
尉 ……… (386)
屠 ……… (299)
逮 … (347、349)
随 ……… (406)
隅 ……… (171)
隈 ……… (381)
隍 ……… (724)
隆 ……… (797)
隐 ……… (639)
隗 ……… (384)
蛋 ……… (513)
粜 ……… (447)
堕 ……… (45)
婞 ……… (788)
婳 ……… (132)
婕 ……… (103)
娼 ……… (695)
婢 ……… (213)
婚 ……… (664)
婵 ……… (529)
婶 ……… (628)
婉 ……… (583)
娩 ……… (552)
颇 ……… (37)
颈 ……… (777)
恿 ……… (817)
骐 ……… (256)
骑 ……… (257)
骓 ……… (398)
骖 ……… (537)
骈 ……… (375)
绩 ……… (253)
绪 ……… (195)
绫 ……… (774)
续 ……… (195)
绮 ……… (259)
绰 ……… (58)
绯 ……… (375)
绲 ……… (663)
绳 ……… (752)
维 ……… (383)
绵 ……… (552)
绶 ……… (480)
绷 ……… (730)
绹 ……… (420)
绺 ……… (491)
绻 ……… (609)
综 ……… (811)
绽 ……… (528)
绾 ……… (584)
绿 ……… (183)
缀 ……… (399)
缁 ……… (153)
绸 ……… (476)
巢 ……… (430)

十二画

琪 ……… (256)
琫 ……… (73)
琳 ……… (644)
琦 ……… (257)
琢 ……… (57)
琥 ……… (315)
琲 ……… (370)
琨 ……… (663)
琼 ……… (819)
斑 ……… (502)
琮 ……… (813)
琰 ……… (545)
瑄 ……… (590)
琬 ……… (583)
琛 ……… (623)
靓 ……… (709)
鼋 ……… (601)
替 ……… (227)
辇 ……… (561)
琴 ……… (652)
琶 ……… (3)
博 ……… (36)
堪 ……… (522)
堞 ……… (96)
塔 ……… (9)
堠 ……… (473)
堰 ……… (547)
堙 ……… (637)
堤 ……… (220)
塄 ……… (740)
塅 ……… (585)
棒 ……… (679)
椰 ……… (91)
棣 ……… (225)
椎 ……… (400)
楮 ……… (329)
棱 ……… (740)
棋 ……… (256)
植 ……… (124)
棫 ……… (179)
椟 ……… (296)
椅 ……… (201)
椓 ……… (57)

椤 ……… (48)
椒 ……… (451)
棹 ……… (429)
棵 ……… (73)
棍 ……… (663)
棰 ……… (400)
椎 ……… (399)
棉 ……… (552)
棚 ……… (731)
椁 ……… (51)
棕 ……… (812)
棺 ……… (589)
榔 ……… (688)
楗 ……… (571)
椭 ……… (46)
联 ……… (562)
聒 ……… (50)
颉 ……… (103)
棘 ……… (246)
酣 ……… (523)
酤 ……… (306)
酢 ……… (61)
酥 ……… (339)
鹂 ……… (230)
散 ……… (538)
敬 ……… (780)
款 ……… (592)
欺 ……… (255)
戟 ……… (248)
韩 ……… (524)
朝 … (428、430)
期 … (243、254)
斯 ……… (164)
彭 ……… (731)
觋 ……… (221)
葑 … (736、737)
葴 ……… (381)
葳 ……… (530)
惹 ……… (86)
葬 ……… (701)
葺 ……… (262)
募 ……… (284)
葛 ……… (72)
萁 ……… (393)
葶 ……… (66)
葸 ……… (269)
董 ……… (790)
葆 ……… (410)
葩 ……… (3)
葱 ……… (812)
蒂 ……… (225)
蒌 ……… (466)
蒋 ……… (711)
葓 ……… (804)
落…… (49、422)
萱 ……… (610)
葖 ……… (298)
葭 ……… (21)
葵 ……… (392)
葚 ……… (629)
蛩 ……… (819)
壹 ……… (198)
喜 ……… (268)
覃 … (514、652)
粟 ……… (341)
番 ……… (507)
焚 ……… (616)
棼 ……… (616)
惑 ……… (54)
惠 ……… (398)
煮 ……… (319)
森 ……… (635)
辜 ……… (306)
螯 ……… (95)
赍 ……… (243)
裁 ……… (361)
逼 ……… (209)
越 ……… (113)
趄 ……… (184)
趁 ……… (625)
趋 ……… (190)
超 ……… (430)
殖 ……… (124)
殚 ……… (511)
殛 ……… (245)
硬 ……… (759)
确 ……… (117)
硝 ……… (458)
硪 ……… (43)
硫 ……… (491)
敧 ……… (255)
雄 ……… (820)
寮 ……… (448)
羃 ……… (408)
裂 ……… (99)
奢 ……… (81)
厨 ……… (324)
厦 ……… (16)
雁 ……… (547)
厥 ……… (116)
颊 ……… (22)
雳 ……… (235)
雾 ……… (616)
雯 ……… (658)
揍 ……… (482)
搭 ……… (7)
揩 ……… (355)
揽 ……… (518)
提 ……… (226)
揖 ……… (198)
揭 ……… (100)
揣 ……… (366)
揪 ……… (492)
插 ……… (13)
搜 ……… (483)
揄 ……… (172)
援 ……… (602)
搁 ……… (69)
搓 ……… (61)
搂 … (466、467)
搅 ……… (453)
揎 ……… (610)
握 ……… (43)
揆 ……… (393)
搔 ……… (437)
揉 ……… (481)
掾 ……… (605)
辊 ……… (663)
辋 ……… (720)
辍 ……… (58)
辎 ……… (153)
雅 ……… (19)
蛰 ……… (81)
綮 ……… (123)
棨 ……… (576)
皙 ……… (536)
翘 … (456、457)
断 ……… (638)
紫 ……… (158)
凿 ……… (433)
凿 ……… (126)
棐 ……… (376)
辈 ……… (370)
斐 ……… (376)
悲 ……… (367)
辉 ……… (394)
敞 ……… (697)
敝 ……… (212)
棠 ……… (686)
赏 ……… (699)
掌 ……… (693)
喷 … (613、614)
喋 ……… (96)
嗒 …… (7、10)
喃 ……… (516)
喳 …… (12、13)
喇 ……… (11)
喊 ……… (524)
喈 ……… (100)
喝 …… (76、79)
喱 ……… (230)
喁 ……… (816)
喟 ……… (393)
喂 ……… (386)
喘 ……… (598)
啾 ……… (492)
喤 ……… (724)
喉 ……… (471)
喻 ……… (179)
喨 ……… (708)
喑 ……… (636)
啼 ……… (226)
嗟 ……… (100)
嗖 ……… (483)
喽 ……… (466)
嗞 ……… (153)
喧 ……… (610)
喔 ……… (42)
喙 ……… (398)
嵘 ……… (810)
嵝 ……… (467)
嵫 ……… (153)
嵋 ……… (372)
幅 ……… (289)
帽 ……… (414)
幄 ……… (43)
晴 ……… (783)
晰 ……… (264)
晬 ……… (403)
晾 ……… (709)
喜 ……… (268)
睐 ……… (353)
睏 ……… (667)
睆 ……… (594)
睑 ……… (567)
睇 ……… (224)
赋 ……… (294)
赌 ……… (296)
赎 ……… (329)
赐 ……… (162)
赒 ……… (474)
赕 ……… (511)
赔 ……… (370)
畴 ……… (476)
畯 ……… (674)
觇 ……… (559)
蛙 ……… (27)
蛭 ……… (127)
蛳 ……… (165)
蚰 ……… (189)

蛛 ……… (317)
蜓 ……… (770)
蛤 ……… (71)
蛟 ……… (450)
蛑 ……… (462)
践 ……… (570)
跖 ……… (125)
跋 ……… (2)
跌 ……… (95)
跗 ……… (285)
蹒 ……… (532)
跑 ……… (412)
跞…… (48、239)
跎 ……… (46)
跛 ……… (36)
戢 ……… (247)
颏 ……… (66)
颍 ……… (758)
颌 ……… (77)
鹃 ……… (606)
骭 ……… (521)
嵌 ……… (576)
崽 ……… (359)
嵚 ……… (651)
嵛 ……… (172)
最 ……… (403)
暑 ……… (329)
量 … (708、709)
冕 ……… (553)
晶 ……… (777)
景 ……… (778)
鼎 ……… (768)
罥 ……… (607)
詈 ……… (239)
罦 ……… (287)
罘 ……… (22)
晷 ……… (391)
嵎 ……… (171)
黑 ……… (380)
遇 ……… (180)
遏 ……… (66)
遗 … (200、387)
遄 ……… (598)
犊 ……… (296)
犋 ……… (188)
犍 ……… (566)
铸 ……… (322)
铺 … (279、281)
链 ……… (564)
铿 ……… (742)
销 ……… (458)
锁 ……… (64)
锃 ……… (754)
锄 ……… (323)
锅 ……… (49)
锈 ……… (499)
锉 ……… (62)
锋 ……… (736)
锏 … (568、570)
锐 ……… (403)
锑 ……… (225)
锓 ……… (653)
锐 ……… (403)
嵇 ……… (243)
稍 ……… (431)
程 ……… (748)
稀 ……… (264)
嵬 ……… (383)
稃 ……… (286)
税 ……… (402)
稂 ……… (688)
黍 ……… (330)
短 ……… (585)
甥 ……… (751)
颋 ……… (771)
鹅 ……… (64)
鹄 ……… (314)
剩 ……… (753)
毳 ……… (405)
筐 ……… (722)
等 ……… (738)
筑 ……… (322)
策 ……… (89)
筚 ……… (212)
筛 ……… (358)
筒 ……… (794)
筥 ……… (186)
筅 ……… (579)
筏 ……… (16)
筵 ……… (540)
筌 ……… (608)
答 ……… (7、8)
筋 ……… (647)
筝 ……… (744)
筊 ……… (452)
掣 ……… (83)
智 ……… (131)
氮 ……… (513)
毯 ……… (515)
毽 ……… (571)
傲 ……… (408)
傅 ……… (294)
傈 ……… (239)
脩 ……… (459)
傥 ……… (687)
傒 ……… (265)
傍 ……… (679)
傧 ……… (640)
储 ……… (324)
傝 ……… (252)
牍 ……… (296)
牌 ……… (345)
皓 ……… (427)
舄 ……… (270)
集 ……… (246)
焦 ……… (451)
奥 … (246、408)
粤 ……… (113)
堡 … (277、401)
遑 ……… (724)
街 ……… (100)
御 ……… (179)
徨 ……… (724)
循 ……… (677)
艇 ……… (771)
惩 ……… (749)
遁 ……… (660)
釉 ……… (488)
释 ……… (150)
鹆 ……… (177)
貂 ……… (444)
舒 ……… (327)
畲 ……… (84)
翕 ……… (266)
禽 ……… (652)
舜 ……… (667)
逾 ……… (172)
猸 ……… (176)
猩 ……… (785)
猥 ……… (384)
猬 ……… (386)
猾 ……… (31)
猴 ……… (471)
溲 ……… (804)
猱 ……… (420)
飧 ……… (669)
矞 ……… (180)
馊 ……… (483)
馈 ……… (393)
馋 ……… (529)
腊…… (11、264)
腌 ……… (540)
腓 ……… (376)
腆 ……… (559)
脾 ……… (216)
腋 ……… (94)
腑 ……… (291)
腚 ……… (769)
腔 ……… (712)
腕 ……… (584)
腱 ……… (571)
腴 ……… (170)
觞 ……… (698)
觚 ……… (307)
鲂 ……… (682)
鲍 ……… (411)
詹 ……… (369)
然 ……… (534)
鲁 ……… (303)
斌 ……… (640)
竦 ……… (814)
竣 ……… (674)
瓿 ……… (279)
颏 ……… (73)
就 ……… (494)
敦 ……… (660)
亵 ……… (109)
鄗 ……… (427)
曾 … (754、754)
童 ……… (793)
啻 ……… (136)
蛮 ……… (505)
脔 ……… (587)
庾 ……… (176)
赓 ……… (741)
痣 ……… (128)
痨 ……… (421)
痘 ……… (464)
痞 ……… (216)
痢 ……… (238)
瘓 ……… (595)
痧 ……… (16)
痛 ……… (794)
愤 ……… (618)
慌 ……… (724)
惰 ……… (45)
愠 ……… (672)
惺 ……… (785)
愦 ……… (393)
愕 ……… (66)
惴 ……… (399)
愎 ……… (213)
惶 ……… (724)
愧 ……… (394)
愉 ……… (172)
愔 ……… (636)
慨 ……… (355)
愣 ……… (740)
鹇 ……… (578)
阛 ……… (637)

阑 ……… (517)
阛 ……… (398)
阔 ……… (52)
阕 ……… (117)
焮 ……… (656)
焙 ……… (369)
焰 ……… (547)
欻 ……… (193)
焱 ……… (547)
湛 ……… (528)
港 ……… (690)
渫 ……… (109)
滞 ……… (131)
渣 ……… (12)
湘 ……… (714)
湖 ……… (313)
渤 ……… (35)
湮 ……… (540)
渍 ……… (617)
湎 ……… (553)
湜 ……… (142)
渺 ……… (443)
湿 ……… (138)
渴 ……… (74)
渭 ……… (386)
溃 ……… (393)
湍 ……… (586)
溅 ……… (570)
滑 ……… (31)
湃 ……… (346)
湫 … (453、495)
溲 ……… (483)
湟 ……… (724)
溆 ……… (194)
渝 ……… (172)
湲 ……… (602)
溢 ……… (614)
湾 ……… (582)
渟 ……… (770)
渡 ……… (297)
游 ……… (485)
湉 ……… (559)
温 ……… (657)
溜 ……… (489)
湔 ……… (567)
滋 ……… (153)
溉 ……… (354)
渥 ……… (43)
滑 ……… (643)
湄 ……… (372)
湑 ……… (194)
源 ……… (603)
翔 ……… (716)
粞 ……… (263)
鹄 ……… (309)
鹈 ……… (226)
割 ……… (70)
尊 ……… (668)
粢 ……… (153)
奠 ……… (556)
孳 ……… (153)
晰 ……… (264)
普 ……… (281)
善 ……… (533)
羡 ……… (582)
寒 ……… (524)
寔 ……… (142)
寓 ……… (180)
富 ……… (293)
寐 ……… (374)
窜 ……… (599)
窝 ……… (42)
窖 ……… (455)
窗 ……… (728)
窘 ……… (818)
粪 ……… (618)
粱 ……… (538)
装 ……… (726)
遒 ……… (497)
道 ……… (417)
遂 … (406、407)
谟 ……… (38)
谠 ……… (684)
谡 ……… (341)
谢 ……… (109)
谣 ……… (439)
谤 ……… (677)
谥 ……… (151)
谦 ……… (573)
谧 ……… (219)
祺 ……… (257)
禅 … (529、533)
禄 ……… (303)
禠 ……… (564)
禔 ……… (748)
裕 ……… (178)
裤 ……… (312)
裙 ……… (675)
幂 ……… (219)
扉 ……… (375)
雇 ……… (311)
棨 ……… (258)
遍 ……… (550)
逸 ……… (208)
强 … (712、713)
弼 ……… (213)
粥 ……… (474)
巽 ……… (677)
属 … (319、330)
屡 ……… (182)
犀 ……… (266)
孱 ……… (529)
屩 ……… (114)
遐 ……… (25)
隔 ……… (72)
隙 ……… (270)
隘 ……… (343)
疏 ……… (328)
鹭 ……… (131)
媒 ……… (372)
媪 ……… (408)
嫂 ……… (437)
媛 … (603、605)
婷 ……… (77)
媚 ……… (374)
婿 ……… (196)
嫁 ……… (23)
嫄 ……… (603)
絮 ……… (195)
遏 ……… (66)
嵬 ……… (383)
皴 ……… (668)
毵 ……… (538)
婺 ……… (276)
骛 ……… (276)
登 ……… (738)
騠 ……… (226)
骗 ……… (551)
骙 ……… (393)
骚 ……… (437)
缃 ……… (714)
缄 ……… (567)
缅 ……… (553)
缆 ……… (518)
缈 ……… (443)
缇 ……… (226)
缉 … (243、255)
缊 ……… (672)
缋 ……… (398)
缎 ……… (585)
缑 ……… (468)
缒 ……… (399)
缓 ……… (594)
缔 ……… (225)
缕 ……… (182)
编 ……… (548)
缗 ……… (643)
缘 ……… (604)
缠 ……… (529)
飨 ……… (716)
彘 ……… (132)

十三画

筱 ……… (459)
瑚 ……… (314)
瑊 ……… (567)
瑁 ……… (414)
瑞 ……… (403)
瑰 ……… (390)
瑜 ……… (172)
瑗 ……… (605)
瑄 ……… (610)
谓 ……… (193)
瑕 ……… (25)
瑙 ……… (420)
魂 ……… (665)
搯 ……… (419)
辒 ……… (672)
鹘 ……… (776)
鹉 ……… (273)
瑟 ……… (90)
遨 ……… (407)
遘 ……… (469)
填 ……… (559)
塌 ……… (9)
塘 ……… (685)
椿 ……… (666)
楔 ……… (107)
椹 ……… (629)
楠 ……… (516)
楂 ……… (12)
楝 ……… (564)
楷 ……… (355)
榄 ……… (518)
楫 ……… (247)
楸 ……… (495)
槐 ……… (365)
槌 ……… (400)
楯 … (661、667)
榆 ……… (172)
楹 ……… (757)
椸 ……… (199)
榇 ……… (625)
榈 ……… (182)
槎 ……… (14)
楼 ……… (446)
楦 ……… (612)
概 ……… (354)
楣 ……… (372)
椽 ……… (598)

晢 ……… (264)
聘 ……… (642)
赖 ……… (353)
赪 ……… (746)
酮 ……… (793)
酩 ……… (766)
酪 ……… (422)
酬 ……… (477)
鹋 ……… (443)
鹊 ……… (118)
彀 ……… (469)
毂 ……… (309)
靴 ……… (118)
靶 ……… (2)
靳 ……… (650)
戡 ……… (522)
斟 ……… (621)
甄 ……… (621)
鼓 ……… (309)
献 ……… (582)
剽 ……… (442)
鄢 ……… (539)
鄞 ……… (638)
勤 ……… (653)
蓐 ……… (335)
蓁 ……… (621)
蒜 ……… (600)
蓝 ……… (518)
墓 ……… (284)
幕 ……… (284)
蓓 ……… (369)
蓏 ……… (48)
蓊 ……… (790)
蓟 ……… (253)
蓬 ……… (731)
蒿 ……… (425)
蓑 ……… (63)
蒡 ……… (679)
蓄 ……… (195)
蒹 ……… (566)
蒲 ……… (280)
蓉 ……… (811)
蒴 ……… (59)
蓣 ……… (179)
蒸 ……… (744)
蒙 ……… (731、732、733)
蓂 ……… (766)
蓥 ……… (757)
趦 ……… (819)
禁 … (647、650)
楚 ……… (325)
想 ……… (716)
碑 ……… (220)
碛 ……… (262)
碑 ……… (367)
碍 ……… (343)
碉 ……… (444)
碎 ……… (406)
碚 ……… (369)
碰 ……… (731)
碇 ……… (769)
碗 ……… (583)
碌 ……… (303)
碜 ……… (625)
鹜 ……… (408)
感 ……… (521)
餍 ……… (629)
零 ……… (772)
雷 ……… (378)
雾 ……… (275)
雹 ……… (409)
摄 ……… (86)
摸 ……… (38)
搏 ……… (36)
摁 ……… (612)
摆 ……… (344)
搉 ……… (118)
携 ……… (107)
搬 ……… (502)
觍 ……… (559)
摇 ……… (439)
搞 ……… (424)
搪 ……… (685)
搒 … (679、731)
搐 ……… (325)
搢 ……… (650)
搠 ……… (59)
摈 ……… (640)
搦 ……… (47)
摊 ……… (513)
搡 ……… (702)
揭 ……… (100)
辏 ……… (483)
辐 ……… (289)
辑 ……… (247)
输 ……… (328)
輶 ……… (486)
颐 ……… (200)
蜇 …… (80、81)
裘 ……… (497)
辔 ……… (371)
肆 ……… (167)
频 ……… (641)
龄 ……… (773)
貊 ……… (593)
觜 ……… (153)
訾 ……… (158)
粲 ……… (538)
督 ……… (295)
髡 ……… (664)
髦 ……… (221)
虞 ……… (172)
鉴 ……… (571)
嗪 ……… (652)
嗦 ……… (340)
嗷 ……… (407)
嗫 ……… (97)
嘟 ……… (295)
嗜 ……… (151)
嗑 ……… (76)
嗔 ……… (623)
嗦 ……… (64)
嗝 ……… (72)
嘎 ……… (12)
嗅 ……… (499)
嗡 ……… (790)
嗌 ……… (207)
嗓 ……… (702)
嗥 ……… (425)
嗤 ……… (132)
嵲 ……… (98)
幌 ……… (726)
暖 ……… (586)
暗 ……… (501)
暄 ……… (610)
暇 ……… (25)
睛 ……… (776)
睦 ……… (283)
睹 ……… (296)
睃 ……… (740)
瞄 ……… (443)
睚 ……… (19)
睫 ……… (103)
睡 ……… (402)
睨 ……… (229)
睢 … (184、405)
睬 ……… (362)
畹 ……… (584)
蛸 … (431、458)
蜎 ……… (601)
蜗 ……… (42)
蛾 ……… (65)
蜊 ……… (239)
蜍 ……… (323)
蜉 ……… (287)
蜂 ……… (736)
蜕 ……… (388)
蛹 ……… (817)
蛲 ……… (712)
蜓 ……… (540)
跨 ……… (29)
跷 ……… (455)
跸 ……… (212)
跩 ……… (366)
跣 ……… (579)
跹 ……… (577)
跺 ……… (45)
跪 ……… (392)
路 ……… (304)
跳 ……… (447)
跻 ……… (243)
跤 ……… (450)
跟 ……… (618)
跬 ……… (393)
赗 ……… (737)
缤 ……… (640)
绲 ……… (664)
嗣 ……… (166)
歇 ……… (107)
鄙 ……… (211)
嵩 ……… (814)
署 ……… (329)
置 ……… (132)
罪 ……… (404)
蜀 ……… (330)
罩 ……… (430)
盟 ……… (732)
煦 ……… (196)
照 ……… (429)
愚 ……… (171)
遏 ……… (10)
遗 ……… (575)
遝 ……… (10)
趔 ……… (383)
矮 ……… (342)
雉 ……… (132)
稞 ……… (73)
稚 ……… (132)
稗 ……… (345)
稔 ……… (633)
稠 ……… (477)
错 ……… (62)
锚 ……… (414)
锛 ……… (613)
锜 ……… (257)
锡 … (266、704)
锣 ……… (48)
锢 ……… (310)
锤 ……… (400)

锥 ……… (399)
锦 ……… (648)
锧 ……… (130)
锨 ……… (577)
锭 ……… (769)
锬 ……… (514)
錋 ……… (730)
键 ……… (571)
锯 ……… (188)
锱 ……… (154)
辞 ……… (161)
颓 ……… (388)
筹 ……… (476)
𬕂 ……… (671)
筮 ……… (151)
简 ……… (568)
筲 ……… (431)
签 ……… (573)
筷 ……… (365)
毵 ……… (475)
愁 ……… (477)
氲 ……… (670)
催 ……… (404)
傻 ……… (16)
像 ……… (718)
傺 ……… (136)
牒 ……… (96)
躲 ……… (44)
毁 ……… (396)
舅 ……… (494)
鼠 ……… (330)
煲 ……… (409)
魁 ……… (392)
衙 ……… (19)
微 ……… (381)
徭 ……… (439)
徯 ……… (265)
艄 ……… (431)
愆 ……… (573)
貅 ……… (497)
貉 ……… (78)
颔 ……… (525)
毹 ……… (329)
觎 ……… (172)
愈 ……… (179)
遥 ……… (439)
猿 ……… (603)
鹌 ……… (500)
鄢 ……… (539)
馍 ……… (38)
馏 ……… (490)
馐 ……… (498)
腻 ……… (229)
腩 ……… (516)
腰 ……… (438)
腼 ……… (553)
腥 ……… (785)
腮 ……… (362)
腭 ……… (667)
腹 ……… (293)
腺 ……… (582)
膇 ……… (399)
腯 ……… (299)
腧 ……… (332)
鹏 ……… (731)
塍 ……… (749)
媵 ……… (759)
腾 ……… (739)
腿 ……… (388)
飕 ……… (483)
雏 ……… (323)
觥 ……… (800)
触 ……… (326)
觧 ……… (104、105、109)
颖 ……… (758)
肆 ……… (209)
鸽 ……… (574)
鲅 ……… (2)
鲇 ……… (561)
鲊 ……… (13)
鲈 ……… (302)
鲋 ……… (292)
鲍 ……… (411)
戤 ……… (354)
煞 ……… (16)
詹 ……… (526)
遛 ……… (491)
旒 ……… (491)
靖 ……… (780)
鹑 ……… (667)
鹔 ……… (741)
歆 ……… (656)
韵 ……… (672)
新 ……… (656)
鄘 ……… (815)
亶 ……… (511)
禀 ……… (761)
雍 ……… (816)
意 ……… (208)
裔 ……… (204)
廒 ……… (407)
廓 ……… (52)
廉 ……… (562)
麀 ……… (484)
数 ……… (59、330、332)
瘐 ……… (176)
痹 ……… (213)
痼 ……… (310)
痴 ……… (133)
痿 ……… (384)
瘁 ……… (405)
痰 ……… (514)
瘅 ……… (512)
愫 ……… (340)
慑 ……… (86)
慎 ……… (629)
慥 ……… (435)
慊 ……… (576)
阖 ……… (78)
阗 ……… (559)
阙 ……… (117)
煤 ……… (372)
煜 ……… (178)
煨 ……… (381)
煌 ……… (724)
煸 ……… (548)
溱 … (621、652)
滟 ……… (546)
溽 ……… (335)
溘 ……… (76)
满 ……… (506)
源 ……… (603)
漭 ……… (680)
漠 ……… (40)
滢 ……… (757)
滇 ……… (554)
溥 ……… (280)
滤 ……… (183)
滥 ……… (519)
滉 ……… (726)
溷 ……… (665)
溪 ……… (265)
滃 ……… (790)
溜 … (489、491)
滦 ……… (587)
漓 ……… (230)
滚 ……… (663)
溏 ……… (685)
滂 ……… (679)
溢 ……… (207)
溯 ……… (341)
滨 ……… (640)
溶 ……… (811)
滓 ……… (158)
溟 ……… (766)
溺 ……… (229)
滩 ……… (513)
溻 ……… (74)
滔 ……… (419)
粳 ……… (777)
粮 ……… (707)
鹈 ……… (600)
猷 ……… (486)
数 … (330、332)
煎 ……… (567)
慈 ……… (161)
塞 ……… (90、362、363)
骞 ……… (574)
寞 ……… (40)
寝 ……… (653)
窥 ……… (392)
窦 ……… (464)
窠 ……… (73)
窣 ……… (339)
窟 ……… (311)
誉 ……… (180)
粱 ……… (708)
豢 ……… (595)
誊 ……… (739)
塑 ……… (341)
裟 ……… (16)
酱 ……… (711)
谨 ……… (648)
谩 ……… (505)
谪 ……… (81)
谫 ……… (568)
谬 ……… (488)
禊 ……… (270)
福 ……… (289)
禋 ……… (637)
裱 ……… (442)
褂 ……… (29)
褚 ……… (320)
裸 ……… (48)
裼 … (227、266)
裨 ……… (216)
裾 ……… (185)
裰 ……… (44)
辟 … (213、217)
群 ……… (675)
殿 ……… (556)
愍 ……… (643)
障 ……… (694)
媳 ……… (268)
媾 ……… (469)
媸 ……… (132)
嫄 ……… (603)

嫉 ……… (246)
嫁 ……… (23)
嫌 ……… (579)
嫔 ……… (641)
叠 ……… (96)
骝 ……… (490)
缙 ……… (650)
缜 ……… (622)
缚 ……… (294)
缛 ……… (335)
缝 … (736、737)
缞 ……… (404)
缟 ……… (424)
缡 ……… (230)
缢 ……… (208)
缣 ……… (566)
缤 ……… (640)
剿 ……… (453)

十四画

瑶 ……… (439)
瑱 ……… (623)
璃 ……… (239)
奭 ……… (36)
耩 ……… (468)
静 ……… (780)
觏 ……… (469)
韬 ……… (419)
碧 ……… (214)
赘 ……… (399)
熬 ……… (408)
嫠 ……… (231)
墟 ……… (193)
耥 ……… (686)
墉 ……… (815)
境 ……… (779)
墒 ……… (699)
墁 ……… (506)
增 ……… (754)
墙 … (699、713)
榛 ……… (621)
榼 ……… (73)
榧 ……… (376)
模 …… (38、281)
槚 ……… (22)
槛 … (522、572)
榻 ……… (10)
榫 ……… (670)
榭 ……… (109)
槔 ……… (423)
榴 ……… (490)
榱 ……… (404)
槟 ……… (760)
榨 ……… (13)
槁 ……… (424)
榜 ……… (678)
榕 ……… (811)
榷 ……… (118)
朅 ……… (106)
鹕 ……… (314)
嘏 ……… (307)
兢 ……… (777)
赫 ……… (79)
酵 ……… (454)
酽 ……… (547)
酺 ……… (280)
酷 ……… (312)
酶 ……… (372)
酹 ……… (380)
酿 ……… (707)
酸 ……… (600)
酲 ……… (748)
斡 ……… (43)
鞅 … (703、706)
毂 ……… (310)
戬 ……… (568)
歌 ……… (70)
嘉 ……… (20)
蔫 ……… (560)
蔌 ……… (341)
暮 ……… (284)
摹 ……… (39)
慕 ……… (284)
蔓 ……… (506)
蔑 ……… (95)
蔸 ……… (463)
蔗 ……… (82)
蕖 ……… (190)
蔡 ……… (362)
蓰 ……… (268)
蔹 ……… (563)
蔟 ……… (338)
蔺 ……… (645)
蔽 ……… (213)
蔷 ……… (713)
蔼 ……… (342)
蔻 ……… (471)
蓿 ……… (196)
蔚 ……… (386)
蓼 ……… (449)
綦 ……… (257)
翥 ……… (322)
截 ……… (103)
遭 ……… (433)
殡 ……… (640)
碡 ……… (476)
碴 ……… (14)
碟 ……… (96)
碱 ……… (586)
碬 ……… (386)
碳 ……… (515)
磋 ……… (62)
磁 ……… (161)
碣 ……… (103)
劂 ……… (116)
厮 ……… (164)
愿 ……… (605)
需 ……… (193)
霆 ……… (770)
霁 ……… (251)
摽 ……… (442)
摺 ……… (449)
摞 ……… (49)
摧 ……… (404)
撄 ……… (755)
摭 ……… (125)
摘 ……… (357)
睾 ……… (424)
摔 ……… (366)
撇 ……… (95)
辕 ……… (603)
辖 ……… (26)
辗 ……… (527)
誓 ……… (150)
鹏 ……… (372)
鹗 ……… (66)
鹜 ……… (276)
熙 ……… (266)
赝 ……… (68)
舆 ……… (173)
彀 ……… (471)
膂 ……… (182)
雌 ……… (160)
臧 ……… (701)
龈 ……… (637)
睿 ……… (403)
髦 ……… (413)
蜚 ……… (376)
裴 ……… (370)
裳 … (696、700)
翡 ……… (376)
罱 ……… (519)
嘈 ……… (436)
嗽 ……… (483)
嘁 ……… (254)
嘘 ……… (193)
嘣 ……… (730)
嘤 ……… (755)
嗾 ……… (483)
幔 ……… (506)
幛 ……… (694)
曛 ……… (676)
暧 ……… (343)
暝 ……… (766)
暍 ……… (91)
嶂 ……… (694)
赙 ……… (294)
赚 ……… (596)
瞜 ……… (466)
瞅 ……… (477)
睽 ……… (393)
瞍 ……… (483)
蜻 ……… (781)
蜞 ……… (257)
蜡 ……… (11)
蜮 ……… (179)
蜥 ……… (264)
蝈 ……… (50)
蜴 ……… (206)
蝇 ……… (758)
蜩 ……… (446)
蜷 ……… (609)
蝉 ……… (529)
蜢 ……… (733)
蜿 ……… (582)
螂 ……… (688)
踉 … (707、709)
踊 ……… (817)
颗 ……… (73)
鹘 ……… (309)
罴 ……… (216)
罂 ……… (756)
墅 ……… (332)
犒 ……… (425)
牿 ……… (105)
锷 ……… (66)
锹 ……… (455)
锸 ……… (14)
锻 ……… (585)
锽 ……… (725)
镀 ……… (298)
镂 ……… (467)
锵 ……… (712)
锾 ……… (593)
稳 ……… (659)
毓 ……… (180)
箦 ……… (87)
箧 ……… (107)
箸 ……… (322)
箕 ……… (243)

箍 ……… (307)
箨 ……… (47)
篪 ……… (134)
算 ……… (600)
箅 ……… (212)
箩 ……… (48)
箙 ……… (288)
箪 ……… (511)
箔 ……… (35)
管 ……… (590)
箫 ……… (459)
箓 ……… (303)
篸 ……… (538)
舞 ……… (273)
鹙 ……… (495)
鸷 ……… (113)
熏 ……… (675)
僧 ……… (755)
僖 ……… (266)
儆 ……… (778)
僳 ……… (341)
僚 ……… (448)
僭 ……… (572)
僦 ……… (495)
僮 ……… (794)
僜 ……… (738)
像 ……… (718)
魄 ……… (38)
鼻 ……… (210)
魅 ……… (374)
魃 ……… (2)
魆 ……… (193)
艋 ……… (733)
槃 ……… (505)
貌 ……… (415)
飒 ……… (439)
獐 ……… (692)
獍 ……… (779)
馑 ……… (648)
膜 ……… (39)
膊 ……… (36)
膈 ……… (72)
膀 ……… (678)
膑 ……… (640)
觫 ……… (341)
疑 ……… (200)
鲔 ……… (384)
鲛 ……… (450)
鲜 … (577、580)
鲟 ……… (676)
鲗 ……… (380)
夤 ……… (638)
飕 ……… (490)
旗 ……… (258)
竭 ……… (103)
端 ……… (584)
辣 ……… (11)
韶 ……… (432)
敲 ……… (455)
彰 ……… (692)
裹 ……… (51)
豪 ……… (426)
銮 ……… (587)
膏 ……… (423)
塾 ……… (329)
腐 ……… (291)
麽 ……… (39)
瘩 ……… (9)
瘟 ……… (657)
瘦 ……… (481)
瘥 ……… (62)
瘘 ……… (467)
瘙 ……… (437)
遮 ……… (80)
慢 ……… (506)
慵 ……… (815)
慷 ……… (690)
熄 ……… (265)
熇 ……… (79)
熔 ……… (811)
煽 ……… (532)
澌 ……… (164)
潆 ……… (757)
潇 ……… (459)
漆 ……… (253)
漕 ……… (436)
漱 ……… (333)
潵 ……… (521)
潢 ……… (725)
漂 ……… (442)
漫 ……… (507)
滤 ……… (595)
潡 ……… (564)
漪 ……… (198)
漉 ……… (304)
漩 ……… (611)
漳 ……… (692)
滴 ……… (220)
漾 ……… (706)
演 ……… (545)
漏 ……… (467)
精 ……… (776)
粹 ……… (405)
粽 ……… (812)
糁 ……… (627)
歉 ……… (576)
鹚 ……… (161)
鄯 ……… (534)
鄰 ……… (644)
寨 ……… (358)
赛 ……… (363)
搴 ……… (574)
寡 ……… (28)
察 ……… (14)
蜜 ……… (219)
寤 ……… (276)
寥 ……… (448)
窬 ……… (172)
窭 ……… (189)
窨 ……… (640)
鲞 ……… (717)
槊 ……… (59)
弊 ……… (213)
潜 ……… (635)
谯 ……… (456)
谰 ……… (518)
谱 ……… (281)
谲 ……… (116)
潏 ……… (116)
谭 ……… (514)
褙 ……… (369)
褓 ……… (410)
褛 ……… (182)
褐 ……… (79)
褊 ……… (549)
褪 ……… (388)
肇 ……… (430)
綮 ……… (784)
暨 ……… (252)
屣 ……… (268)
隧 ……… (407)
豨 ……… (264)
嫣 ……… (539)
嫩 ……… (618)
嫱 ……… (713)
嫖 ……… (442)
嫚 ……… (507)
嫜 ……… (692)
嫡 ……… (221)
翟 ……… (221)
翠 ……… (405)
瞀 ……… (415)
熊 ……… (820)
凳 ……… (738)
骡 ……… (48)
骢 ……… (812)
缥 ……… (442)
缦 ……… (507)
缩 ……… (63)
缪 … (463、488)
缫 ……… (437)
缨 ……… (755)

十五画

聚 ……… (188)
瑾 ……… (648)
璜 ……… (725)
璀 ……… (404)
璎 ……… (538)
璇 ……… (611)
璋 ……… (692)
璆 ……… (497)
磓 ……… (349)
耦 ……… (462)
耧 ……… (467)
慧 ……… (398)
奭 ……… (151)
墺 ……… (409)
墩 ……… (660)
墙 ……… (534)
墀 ……… (134)
槿 ……… (648)
横 … (742、743)
榷 ……… (118)
槺 ……… (690)
樯 ……… (713)
槽 ……… (436)
樗 ……… (323)
樘 ……… (686)
樱 ……… (756)
樟 ……… (692)
橡 ……… (718)
樊 ……… (508)
聩 ……… (393)
毂 ……… (314)
聪 ……… (813)
赭 ……… (82)
豌 ……… (583)
醋 ……… (338)
醄 ……… (420)
醇 ……… (667)
醉 ……… (403)
醅 ……… (370)
醁 ……… (304)
鞋 ……… (108)
鞍 ……… (500)
鞲 ……… (567)
觐 ……… (651)
飘 ……… (442)
蔬 ……… (328)

縠 ……… (471)
敷 ……… (286)
蕴 ……… (672)
蕙 ……… (398)
蕈 ……… (677)
蕨 ……… (116)
蕉 ……… (451)
蕃 ……… (508)
蕲 ……… (256)
蕊 ……… (402)
薢 ……… (110)
蔷 ……… (713)
薯 ……… (329)
蕤 ……… (402)
趣 ……… (192)
趟 ……… (687)
题 ……… (226)
殣 ……… (651)
磕 ……… (74)
磔 ……… (81)
磙 ……… (663)
磅 ……… (679)
碣 ……… (103)
磊 ……… (379)
磜 ……… (702)
磻 ……… (94)
魇 ……… (544)
餍 ……… (545)
震 ……… (623)
霄 ……… (458)
霉 ……… (372)
霈 ……… (371)
霂 ……… (283)
撷 ……… (108)
撕 ……… (164)
撒 ……… (17)
撅 ……… (114)
撩 ……… (448)
撑 ……… (746)
撮 …… (60、62)
擒 ……… (653)
播 ……… (34)
撞 ……… (727)
撤 ……… (83)
撙 ……… (668)
撢 ……… (599)
撰 ……… (596)
辘 ……… (384)
賾 ……… (87)
龉 ……… (176)
龊 ……… (57)
遽 ……… (189)
觑 ……… (192)
歔 ……… (193)
髯 ……… (534)
髫 ……… (446)
嘻 ……… (266)
嘶 ……… (164)
嘱 ……… (319)
噆 ……… (536)
噎 ……… (91)
嘿 ……… (380)
嘲 ……… (430)
嘹 ……… (448)
嘬…… (67、366)
噜 ……… (301)
噀 ……… (677)
噔 ……… (738)
颚 ……… (66)
幢 ……… (728)
嶝 ……… (739)
嶒 ……… (755)
瞒 ……… (506)
瞋 ……… (623)
瞎 ……… (24)
瞑 ……… (766)
赠 ……… (754)
蝶 ……… (96)
蝾 ……… (810)
蝠 ……… (289)
蝘 ……… (545)
蝻 ……… (517)
蝮 ……… (293)
蝗 ……… (725)
蝮 ……… (483)
蝓 ……… (172)
蝣 ……… (486)
蝼 ……… (467)
螈 ……… (603)
蝎 ……… (107)
蜡 ……… (11)
踧 ……… (339)
踔 ……… (57)
踝 ……… (366)
踢 ……… (225)
踬 ……… (130)
踩 ……… (362)
踮 ……… (555)
踣 ……… (36)
踪 ……… (812)
踞 ……… (188)
踏 ……… (10)
踖 ……… (247)
颛 ……… (816)
嶙 ……… (644)
骺 ……… (471)
骸 ……… (355)
骼 ……… (71)
颢 ……… (595)
影 ……… (758)
暴 ……… (411)
噍 ……… (455)
墨 ……… (41)
遲 ……… (578)
镊 ……… (97)
镇 ……… (623)
镌 ……… (606)
镍 ……… (98)
镐 ……… (424)
镑 ……… (679)
镒 ……… (208)
稽 ……… (243)
稷 ……… (253)
稻 ……… (418)
稿 ……… (424)
稼 ……… (24)
憩 ……… (262)
憖 ……… (640)
靠 ……… (425)
箱 ……… (714)
箴 ……… (621)
篑 ……… (393)
篙 ……… (598)
篁 ……… (725)
篌 ……… (471)
篓 ……… (467)
箭 ……… (572)
篇 ……… (551)
篆 ……… (596)
黎 ……… (231)
僵 ……… (710)
儇 ……… (611)
僻 ……… (217)
牖 ……… (487)
夐 ……… (820)
滕 ……… (739)
躺 ……… (686)
德 ……… (67)
徵 ……… (126)
幢 ……… (727)
幡 ……… (507)
艎 ……… (725)
艘 ……… (483)
鹧 ……… (225)
磐 ……… (505)
虢 ……… (51)
獠 ……… (448)
獴 ……… (733)
獗 ……… (116)
馔 ……… (596)
膝 ……… (265)
膘 ……… (441)
膛 ……… (686)
滕 ……… (739)
觯 ……… (132)
鲠 ……… (741)
鳊 ……… (230)
鲤 ……… (233)
鲦 ……… (446)
鲧 ……… (663)
鲫 ……… (252)
鲢 ……… (562)
鹞 ……… (440)
颜 ……… (543)
毅 ……… (206)
褒 ……… (409)
斎 ……… (243)
熟 … (329、478)
遭 ……… (527)
摩 ……… (39)
麾 ……… (395)
廛 ……… (530)
廨 ……… (110)
廪 ……… (645)
瘼 ……… (41)
瘪 ……… (94)
瘢 ……… (502)
瘤 ……… (490)
瘫 ……… (513)
瘠 ……… (246)
憧 ……… (808)
憬 ……… (778)
懂 ……… (791)
憎 ……… (754)
憔 ……… (456)
懊 ……… (409)
懈 ……… (110)
阙 … (523、524)
熳 ……… (507)
熠 ……… (209)
澟 ……… (645)
潜 ……… (575)
澍 ……… (333)
澌 ……… (164)
澄 ……… (149)
澳 ……… (409)
潮 ……… (431)
潸 ……… (533)
潭 ……… (514)
潦 ……… (422)

潲 ……… (432)
澝 ……… (270)
潘 ……… (504)
潼 ……… (794)
澈 ……… (84)
澜 ……… (518)
潺 ……… (529)
潏 ……… (180)
潥 ……… (813)
濛 ……… (732)
糊 ………………(313、314、316)
糈 ……… (194)
糅 ……… (481)
甑 ……… (754)
翦 ……… (568)
羱 ……… (603)
额 ……… (65)
鹞 ……… (208)
鹕 ……… (566)
骞 ……… (574)
窳 ……… (176)
鲨 ……… (16)
憋 ……… (65)
遵 ……… (668)
遴 ……… (644)
谳 ……… (547)
谴 ……… (575)
鹤 ……… (79)
褐 ……… (79)
褥 ……… (336)
褫 ……… (135)
翩 ……… (551)
憨 ……… (523)
慰 ……… (387)
熨 ……… (673)
劈 ……… (215)
履 ……… (182)
屦 ……… (189)
嬉 ……… (266)
緦 ……… (108)
豫 ……… (179)
戳 ……… (306)
蝥 ……… (413)
缬 ……… (108)
缯 ……… (754)
缭 ……… (448)
缮 ……… (534)
畿 ……… (243)

十六画

璟 ……… (778)
璘 ……… (645)
璞 ……… (280)
耩 ……… (711)
靛 ……… (556)
聱 ……… (408)
螯 ……… (408)
壈 ……… (519)
壕 ……… (426)
樾 ……… (113)
罾 ……… (754)
橱 ……… (324)
橇 ……… (455)
樵 ……… (456)
檎 ……… (653)
橹 ……… (303)
樽 ……… (668)
橙 ……… (749)
橘 ……… (186)
橼 ……… (604)
檬 ……… (732)
醐 ……… (314)
醒 ……… (788)
醑 ……… (194)
翰 ……… (526)
鞘 …(431、457)
颠 ……… (554)
融 ……… (811)
翮 ……… (78)
瓢 ……… (442)
縠 ……… (314)
蕾 ……… (379)
蕻 ……… (804)
蕘 ……… (802)
薯 ……… (329)
薛 ……… (118)
薇 ……… (381)
薪 ……… (656)
薏 ……… (209)
薮 ……… (483)
薄 ……… (36)
薅 ……… (425)
薙 ……… (110)
燕 …(540、547)
蘋 ……… (641)
颠 ……… (554)
橐 ……… (46)
整 ……… (744)
磬 ……… (784)
檠 ……… (783)
擎 ……… (783)
墼 ……… (243)
噩 ……… (66)
殪 ……… (209)
熹 ……… (267)
礴 ……… (523)
磺 ……… (725)
磔 ……… (190)
飙 ……… (441)
赝 ……… (547)
默 ……… (41)
霖 ……… (644)
霏 ……… (376)
霓 ……… (228)
霍 ……… (55)
霎 ……… (16)
撼 ……… (526)
擂 …(378、380)
擐 ……… (595)
擅 ……… (534)
操 ……… (435)
擞 ……… (483)
辙 ……… (81)
辚 ……… (645)
臻 ……… (621)
錾 ……… (536)
冀 ……… (253)
餐 ……… (537)
髻 ……… (253)
髭 ……… (153)
髹 ……… (497)
遽 ……… (189)
氅 ……… (697)
噤 ……… (650)
嘴 ……… (403)
噱 …(116、119)
噪 ……… (435)
噬 ……… (151)
噫 ……… (198)
幪 ……… (732)
暾 ……… (661)
曈 ……… (794)
曚 ……… (732)
瞟 ……… (442)
瞠 ……… (746)
瞰 ……… (523)
蟒 ……… (681)
螟 ……… (5)
螅 ……… (265)
螭 ……… (133)
螗 ……… (685)
螟 ……… (766)
踹 ……… (366)
踵 ……… (806)
蹄 ……… (226)
蹂 ……… (481)
踱 ……… (44)
蹀 ……… (96)
鹦 ……… (756)
黔 ……… (574)
罹 ……… (231)
器 ……… (262)
圜 ……… (593)
罿 ……… (351)
镖 ……… (441)
镗 ……… (685)
馒 ……… (507)
镛 ……… (816)
镞 ……… (337)
镜 ……… (779)
镝 ……… (221)
镠 ……… (491)
黏 ……… (561)
穆 ……… (284)
穑 ……… (90)
篝 ……… (468)
篚 ……… (376)
篥 ……… (239)
篮 ……… (518)
篡 ……… (599)
篦 ……… (212)
篷 ……… (731)
篙 ……… (423)
篱 ……… (230)
赞 ……… (536)
氇 ……… (306)
儒 ……… (334)
魉 ……… (708)
魈 ……… (458)
翱 ……… (408)
劓 ……… (209)
邀 ……… (438)
衡 ……… (742)
微 …(453、455)
盦 ……… (500)
獭 ……… (9)
膰 ……… (508)
膪 ……… (366)
膳 ……… (534)
媵 ……… (739)
縢 ……… (739)
朦 ……… (732)
雕 ……… (444)
鲮 ……… (774)
鲲 ……… (664)
鲳 ……… (695)
鲵 ……… (228)
鲸 ……… (776)
鲷 ……… (444)

斓 ……… (518)
辩 ……… (550)
辨 ……… (550)
辦 ……… (44)
瘗 ……… (816)
赢 ……… (758)
磨 …… (39、41)
麇 ……… (674)
瘵 ……… (358)
瘿 ……… (759)
瘴 ……… (694)
癃 ……… (797)
瘾 ……… (639)
瘳 ……… (746)
憷 ……… (326)
懒 ……… (519)
憾 ……… (526)
懔 ……… (645)
闤 ……… (593)
燎 … (448、449)
燠 ……… (180)
燔 ……… (508)
燃 ……… (536)
燧 ……… (407)
凝 ……… (771)
濑 ……… (353)
澧 ……… (233)
薄 ……… (409)
濒 ……… (640)
潞 ……… (305)
澡 ……… (434)
澴 ……… (593)
激 ……… (243)
澹 ……… (513)
澼 ……… (217)
濠 ……… (426)
羯 ……… (103)
糒 ……… (369)
糙 ……… (435)
糗 ……… (497)
糖 ……… (685)
糕 ……… (423)
寰 ……… (593)
褰 ……… (574)
窿 ……… (797)
黉 ……… (804)
羲 ……… (267)
瞥 ……… (95)
禧 ……… (269)
褶 ……… (82)
壁 ……… (213)
避 ……… (214)
隰 ……… (268)
嬛 ……… (593)
颡 ……… (702)
氄 ……… (811)
缰 ……… (710)
缱 ……… (576)
缲 ……… (455)
缴 …… (57、453)
缳 ……… (593)
彝 ……… (200)
盥 ……… (591)
塵 ……… (320)

十七画

璨 ……… (538)
璩 ……… (190)
璐 ……… (305)
檄 ……… (268)
檐 ……… (543)
檩 ……… (645)
檀 ……… (515)
镮 ……… (595)
醢 ……… (356)
醨 ……… (230)
[illegible] ……… (686)
鞚 ……… (802)
鞠 ……… (185)
鞬 ……… (556)
觳 ……… (314)
藉 … (105、247)
薹 ……… (350)
藏 … (701、702)
薷 ……… (334)
薰 ……… (676)
藐 ……… (443)
藓 ……… (580)
藁 ……… (424)
罄 ……… (784)
螌 ……… (80)
戴 ……… (349)
磻 ……… (505)
礁 ……… (451)
礅 ……… (660)
磷 ……… (645)
磴 ……… (739)
鹩 ……… (448)
鹬 ……… (180)
霜 ……… (729)
霞 ……… (25)
擦 ……… (17)
擢 ……… (57)
翳 ……… (207)
龋 ……… (191)
蟞 ……… (80)
豳 ……… (640)
黻 ……… (289)
嚏 ……… (228)
嚓 ……… (14)
嚎 ……… (426)
嚅 ……… (334)
曙 ……… (329)
臊 ……… (437)
赡 ……… (534)
瞧 ……… (456)
瞵 ……… (645)
瞳 ……… (794)
瞬 ……… (667)
瞩 ……… (319)
瞪 ……… (739)
曈 ……… (586)
螬 ……… (436)
螳 ……… (686)
蟥 ……… (725)
螺 ……… (48)
蟀 ……… (367)
蟋 ……… (266)
蹑 ……… (97)
蹈 ……… (416)
蹐 ……… (246)
蹊 ……… (255)
髀 ……… (213)
黜 ……… (325)
黝 ……… (487)
嶷 ……… (200)
厨 ……… (253)
镣 ……… (449)
镪 … (712、713)
镩 ……… (599)
镫 ……… (739)
鐍 ……… (118)
穗 ……… (407)
镈 ……… (27)
魏 ……… (387)
矰 ……… (754)
簧 ……… (725)
簌 ……… (341)
篾 ……… (95)
簃 ……… (200)
簏 ……… (304)
篼 ……… (463)
簇 ……… (338)
簖 ……… (586)
篮 ……… (391)
繁 ……… (508)
儡 ……… (379)
皤 ……… (37)
鼾 ……… (523)
黛 ……… (348)
魍 ……… (720)
徽 ……… (395)
艚 ……… (436)
龠 ……… (113)
邈 ……… (444)
爵 ……… (116)
臌 ……… (309)
膻 ……… (209)
臊 ……… (437)
臆 ……… (209)
膻 ……… (533)
鲽 ……… (96)
瞭 ……… (449)
鳄 ……… (66)
鳅 ……… (495)
鳊 ……… (548)
螽 ……… (806)
辫 ……… (551)
襄 ……… (715)
赢 ……… (758)
鹫 ……… (495)
縻 ……… (218)
糜 ……… (218)
麋 ……… (218)
膺 ……… (756)
癍 ……… (502)
癌 ……… (342)
懦 ……… (47)
燥 ……… (435)
燮 ……… (110)
濡 ……… (334)
濮 ……… (280)
瀁 ……… (706)
濯 ……… (57)
蹊 ……… (266)
糟 ……… (433)
糠 ……… (690)
鹹 ……… (51)
豁 …… (52、55)
蹇 ……… (568)
謇 ……… (569)
窾 ……… (592)
謦 ……… (408)
濾 ……… (615)
邃 ……… (407)
襚 ……… (407)
襁 ……… (713)
臀 ……… (662)
臂 ……… (370)
擘 ……… (37)

檠 ……… (37)
甓 ……… (217)
隳 ……… (395)
嬷 ……… (397)
蟊 ……… (413)
鍪 ……… (463)
懋 ……… (415)
翼 ……… (207)
孺 ……… (334)
骤 ……… (475)
𦈡 ……… (193)
谿 ……… (296)

十八画

瞿 ……… (199)
螯 ……… (408)
醪 ……… (421)
鞫 ……… (185)
鞮 ……… (220)
鞭 ……… (548)
鞧 ……… (496)
藕 ……… (462)
爇 ……… (59)
藤 ……… (739)
藜 ……… (231)
藩 ……… (507)
瞽 ……… (309)
藠 ……… (455)
礓 ……… (710)
餮 ……… (97)
屩 ……… (114)
躄 ……… (339)
鬋 ……… (731)
鬈 ……… (609)
鬃 ……… (812)
覆 ……… (293)
嘌 ……… (676)
曜 ……… (440)
瞻 ……… (527)
蟠 ……… (505)
蟫 ……… (638)
蟮 ……… (534)
躇 ……… (324)
蹦 ……… (730)
蹭 ……… (755)
髅 ……… (467)
黠 ……… (26)
嚚 ……… (638)
嚣 ……… (458)
鹭 ……… (305)
瞿 ……… (191)
镬 ……… (55)
镮 ……… (593)
镯 ……… (57)
镰 ……… (562)
矱 ……… (111)
鄹 ……… (62)
馥 ……… (293)
簠 ……… (290)
簟 ……… (557)
簪 ……… (536)
簦 ……… (738)
雠 ……… (477)
鼩 ……… (190)
鼬 ……… (488)
艟 ……… (808)
翻 ……… (507)
鳒 ……… (566)
鳍 ……… (258)
鳈 ……… (590)
燹 ……… (580)
鹕 ……… (527)
颣 ……… (379)
鹰 ……… (756)
癞 ……… (353)
癖 ……… (216)
懵 ……… (733)
瀑 ……… (281)
瀍 ……… (530)
鳖 ……… (94)
襟 ……… (648)
襘 ……… (529)
璧 ……… (214)
戳 ……… (57)
盦 ……… (500)

十九画

醭 ……… (276)
醮 ……… (455)
藿 ……… (551)
蘧 ……… (191)
孽 ……… (98)
蘅 ……… (742)
蘑 ……… (39)
藻 ……… (434)
麓 ……… (304)
警 ……… (778)
霪 ……… (638)
霭 ……… (342)
攉 ……… (52)
攒 … (536、599)
鬏 ……… (492)
黼 ……… (290)
曝 ……… (281)
蠊 ……… (563)
蠓 ……… (733)
蠋 ……… (318)
蟾 ……… (530)
蝼 ……… (55)
蹰 ……… (324)
蹶 ……… (116)
蹼 ……… (281)
蹯 ……… (508)
蹴 ……… (339)
蹬 ……… (738)
蹲 ……… (660)
蹿 ……… (599)
蹾 ……… (660)
黢 ……… (190)
蹮 ……… (611)
巅 ……… (554)
簸 …… (36、37)
籁 ……… (353)
籀 ……… (475)
簿 ……… (279)
攀 ……… (504)
鳗 ……… (506)
鳔 ……… (442)
鳙 ……… (816)
鰊 ……… (690)
鳟 ……… (668)
蟹 ……… (110)
瓣 ……… (504)
颤 … (528、531)
勷 ……… (700)
羸 ……… (48)
嬴 ……… (378)
麑 ……… (228)
靡 ……… (218)
獬 ……… (612)
爆 ……… (411)
瀚 ……… (526)
澀 ……… (109)
瀛 ……… (758)
羹 ……… (118)
鼈 ……… (94)
谶 ……… (625)
巅 ……… (554)
鶉 ……… (661)
襦 ……… (334)
疆 ……… (710)
襞 ……… (214)
缵 ……… (599)
骥 ……… (253)

二十画

壤 ……… (700)
攘 ……… (700)
瓒 ……… (536)
醴 ……… (234)
灏 ……… (334)
蘖 ……… (98)
薇 ……… (582)
馨 ……… (656)
嚷 ……… (700)
嚼 … (116、451)
巇 ……… (267)
曦 ……… (267)
耀 ……… (441)
蠕 ……… (334)
躅 ……… (318)
躁 ……… (435)
黩 ……… (296)
黥 ……… (782)
酆 ……… (136)
甗 ……… (545)
巍 ……… (380)
鬓 ……… (640)
鼍 ……… (46)
罍 ……… (660)
夔 ……… (116)
獾 ……… (592)
臜 ……… (17)
鬐 ……… (258)
镳 ……… (441)
镴 ……… (11)
鳝 ……… (534)
鳞 ……… (645)
龉 ……… (272)
籍 ……… (247)
纂 ……… (599)
黧 ……… (231)
灌 ……… (591)
瀹 ……… (113)
糯 ……… (47)
孀 ……… (729)
骧 ……… (715)
骦 ……… (729)
魔 ……… (39)
譬 ……… (217)
躄 ……… (214)

二十一画

瓖 ……… (715)
礴 ……… (36)
櫰 ……… (484)
醺 ……… (676)
霸 ……… (2)
露 … (305、468)
霹 ……… (215)

蝨 ……… (667)
鼙 ……… (216)
趯 ……… (228)
躪 ……… (646)
巉 ……… (529)
髓 ……… (406)
黮 ……… (515)
黯 ……… (501)
曩 ……… (687)
罍 ……… (378)
鬘 ……… (506)
糴 ……… (641)
鱧 ……… (234)
鱣 ……… (527)
灏 ……… (427)
爝 ……… (116)
禳 ……… (700)
赣 ……… (521)
夔 ……… (393)
麝 ……… (86)
癫 ……… (554)
蠡 ……… (231)
羼 ……… (531)

二十二画

礵 ……… (729)
韂 ……… (531)
懿 ……… (209)
蘸 ……… (528)
囊 ……… (687)
霾 ……… (346)
躐 ……… (99)
躔 ……… (530)
饕 ……… (419)
臞 ……… (191)
镶 ……… (715)
穰 ……… (700)
襳 ……… (349)
瓤 ……… (700)
亹 ……… (615)
饔 ……… (816)
鬻 ……… (181)
韲 ……… (98)
镵 ……… (529)

二十三画

攫 ……… (116)
颧 ……… (609)
鬟 ……… (594)
罐 ……… (591)
鼹 ……… (545)
籥 ……… (113)
麟 ……… (645)
蠲 ……… (606)
癯 ……… (191)

二十四画

齇 ……… (774)
醾 ……… (218)
蠹 ……… (298)
矗 ……… (326)
躞 ……… (110)
衢 ……… (191)
襻 ……… (505)

二十五画

纛 ……… (418)
囔 ……… (687)
钁 ……… (116)
戆 ……… (727)
鬣 ……… (99)

二十六画以上

氍 ……… (96)
鹳 ……… (729)
爨 ……… (599)

图书在版编目（CIP）数据

韵府词库/张昌龄著．—成都：巴蜀书社，2011.10
ISBN 978-7-80752-823-4

Ⅰ．韵…　Ⅱ．①张…　Ⅲ．①汉语－音韵学　Ⅳ．①H11

中国版本图书馆 CIP 数据核字（2011）第 123276 号

韵府词库　　　　张昌龄　著

责任编辑	王　雷
封面设计	张　科
出　　版	四川出版集团巴蜀书社 成都市槐树街 2 号　邮编 610031 总编室电话：（028）86259397
网　　址	www. bsbook. com
发　　行	巴蜀书社 发行科电话：（028）86259422　86259423
经　　销	新华书店
印　　刷	四川机投印务有限公司
版　　次	2011 年 10 月第 1 版
印　　次	2011 年 10 月第 1 次印刷
成品尺寸	210mm × 148mm
印　　张	27.5
字　　数	700 千字
书　　号	ISBN 978-7-80752-823-4
定　　价	60.00 元